Kölner Hand- und Formularbücher der notariellen Praxis

Eckhardt/Hermanns
Kölner Handbuch Gesellschaftsrecht

Kölner Hand- und Formularbücher der notariellen Praxis

Kölner Handbuch Gesellschaftsrecht

Herausgegeben von

Dr. Dirk Eckhardt, Notar, Bergisch Gladbach; *Dr. Marc Hermanns*, Notar, Köln

Bearbeitet von

Dr. Kai Bischoff, Notar, Köln; *Dr. Dirk Eckhardt*, Notar, Bergisch Gladbach; *Dr. Jens Fleischhauer*, Notar, Köln; *Stefan Heinze*, Notarassessor, Würzburg; *Dr. Marc Hermanns*, Notar, Köln; *Dirk Höfinghoff*, Notar, Siegburg; *Dr. Klaus Piehler*, Notar, Köln; *Dr. Georg Specks*, Notar, Aachen; *Dr. Joachim Tebben*, Notar, Pulheim; *Dr. Ulrich Temme*, Notar, Düsseldorf; *Dr. Christoph Terbrack*, Notar, Aachen.

Carl Heymanns Verlag 2011

Zitiervorschlag:
FA-KölnerHdbGesR/*Verfasser* Kap. . . . Rdn. . . .

Bibliografische Information der Deutschen Nationalbibliothek
Die Deutsche Nationalbibliothek verzeichnet diese Publikation in der Deutschen Nationalbibliografie; detaillierte bibliografische Daten sind im Internet über http://dnb.d-nb.de abrufbar.

ISBN 978-3-452-27277-5

www.wolterskluwer.de
www.heymanns.com

Alle Rechte vorbehalten.
© 2011 Wolters Kluwer Deutschland GmbH, Luxemburger Straße 449, 50939 Köln.
Carl Heymanns – eine Marke von Wolters Kluwer Deutschland GmbH.

Das Werk einschließlich aller seiner Teile ist urheberrechtlich geschützt. Jede Verwertung außerhalb der engen Grenzen des Urheberrechtsgesetzes ist ohne Zustimmung des Verlages unzulässig und strafbar. Das gilt insbesondere für Vervielfältigungen, Übersetzungen, Mikroverfilmungen und die Einspeicherung und Verarbeitung in elektronischen Systemen.
Verlag und Autor übernehmen keine Haftung für inhaltliche oder drucktechnische Fehler.

Umschlaggestaltung: Martina Busch, Grafikdesign, Fürstenfeldbruck
Satz: TypoScript GmbH, München
Druck und Weiterverarbeitung: Wilhelm & Adam OHG, Heusenstamm

∞ Gedruckt auf säurefreiem und alterungsbeständigem Papier

Vorwort der Herausgeber

Das Gesellschaftsrecht nimmt im Notariat eine zunehmend größere Bedeutung ein. Gesellschaftsgründungen, Transaktionen, die als Anteilskaufvertrag strukturiert werden, Unternehmensumstrukturierungen, zu deren Umsetzung die Vorschriften des Umwandlungsgesetzes dienstbar gemacht werden, und zu beurkundende Gesellschafterversammlungen sowie damit einhergehende Handelsregisteranmeldungen beschäftigen den Notar mehr und mehr. In nicht wenigen Notariaten nimmt das Gesellschaftsrecht schon vor oder gleichberechtigt mit dem Immobilienrecht eine führende Position ein. Die zunehmende Bedeutung des Gesellschaftsrechts in der Praxis spiegelt sich allerdings nur teilweise in einer größeren Aufmerksamkeit in der Fachliteratur. So werden zwar einzelne für den Notar wichtige Praxisfragen schlaglichtartig und sachkundig erörtert, es fehlt allerdings nach wie vor an einer umfassenden und hinreichend tiefgängigen Gesamtdarstellung der für den Notar wichtigen gesellschaftsrechtlichen Fragen. Diese Lücke zu schließen und dieser Aufgabe gerecht zu werden, ist Ziel und Aufgabe des vorliegenden Kölner Notarhandbuchs Gesellschaftsrecht. Es ist von dem Bemühen getragen, dem Leser sowohl ein strukturiertes Verständnis der Materie zu ermöglichen als auch konkrete Arbeitshilfen durch Formulierungsvorschläge und Praxistipps an die Hand zu geben. Dem gegenüber wurde bewusst darauf verzichtet, vollständige Vertragsmuster abzudrucken und diese zu erläutern, da uns diese Darstellungsform den erstrebten hinreichend tiefgängigen Zugang zu den verschiedenen Themen nicht sicher zu gewährleisten scheint. Die gewählte integrierte Darstellung von systematisch-theoretischen Erkenntnissen einerseits und praktischen Hinweisen andererseits schien uns demgegenüber der probate Weg zum Ziel.

Köln, im August 2010

Dr. Dirk Eckhardt
Dr. Marc Hermann

Verzeichnis der Verfasser

Dr. Kai Bischoff	Kapitel 6
Dr. Dirk Eckhardt	Kapitel 2 Teil A
Dr. Jens Fleischhauer	Kapitel 1 Teil B
Stefan Heinze	Kapitel 1 Teil A
Dr. Marc Hermanns	Kapitel 2 Teil E–F
Dirk Höfinghoff	Kapitel 4 Teil D
Dr. Klaus Piehler	Kapitel 4 Teil C
Dr. Georg Specks	Kapitel 4 Teil A–B
Dr. Joachim Tebben	Kapitel 2 Teil B–D, 5
Dr. Ulrich Temme	Kapitel 3 Teil A
Dr. Christoph Terbrack	Kapitel 3 Teil B

Inhaltsübersicht

Vorwort der Herausgeber V
Verzeichnis der Verfasser VII
Inhaltsverzeichnis XI
Abkürzungsverzeichnis (einschließlich der abgekürzt zitierten Literatur) XXV
Literaturverzeichnis XXXIX

Kapitel 1   **Personengesellschaftsrecht** 1

Kapitel 2   **Recht der Gesellschaft mit beschränkter Haftung** 145

Kapitel 3.   **Aktiengesellschaft** 437

Kapitel 4   **Umwandlungen** 555

Kapitel 5   **Vertragskonzern** 951

Kapitel 6   **Internationales Gesellschaftsrecht** 971

Stichwortverzeichnis 1041

Inhaltsverzeichnis

Vorwort der Herausgeber	V
Verzeichnis der Verfasser	VII
Inhaltsübersicht	IX
Abkürzungsverzeichnis (einschließlich der abgekürzt zitierten Literatur)	XXV
Literaturverzeichnis	XXXIX

Kapitel 1 Personengesellschaftsrecht
(Stefan Heinze/Jens Fleischhauer) 1

A. Gesellschaft bürgerlichen Rechts
(Stefan Heinze) 1

    I. Grundlagen 1
        1. Grundlagen; Typisierung 1
        2. Erscheinungsformen der Gesellschaft bürgerlichen Rechts 2
    II. Haftungsverhältnisse in der Gesellschaft bürgerlichen Rechts 3
        1. Die Entwicklung zur so genannten Akzessorietätstheorie 3
        2. Haftung bei Gesellschafterwechsel; Konsequenzen für die Praxis 4
    III. Entstehung der Gesellschaft 5
        1. Entstehung durch Abschluss eines Gesellschaftsvertrages 5
        2. Entstehung in sonstiger Weise 9
    IV. Die Gestaltung des Gesellschaftsvertrages durch den Notar 10
        1. Aufbau eines Gesellschaftsvertrages 10
        2. Der Gesellschaftsname 10
        3. Der Sitz der Gesellschaft 12
        4. Beiträge und Einlagen 13
        5. Geschäftsführung und Vertretung 16
        6. Gesellschafterbeschlüsse 19
        7. Wettbewerbsverbote 27
        8. Ergebnisverteilung 29
        9. Verfügungen über die Mitgliedschaft unter Lebenden 30
        10. Gesellschafterausschluss 35
        11. Rechtsnachfolge von Todes wegen 39
    V. Die Beendigung der Gesellschaft bürgerlichen Rechts 44
        1. Auflösung und Liquidation 44
        2. Gesamtrechtsnachfolge 48
    VI. Die grundbesitzverwaltende Gesellschaft bürgerlichen Rechts 48
        1. Grundlagen 48
        2. Der Erwerb von Grundbesitz durch eine Gesellschaft bürgerlichen Rechts 51
        3. Die Veräußerung von Grundbesitz durch eine Gesellschaft bürgerlichen Rechts 55
        4. Die Eintragungsfähigkeit von Belastungen und Verfügungsbeschränkungen nach dem ERVGBG 58
        5. Die Veräußerung von Gesellschaftsanteilen an einer grundbesitzverwaltenden Gesellschaft bürgerlichen Rechts 59

B. Personenhandelsgesellschaften
(Jens Fleischhauer) 64

    I. Überblick 64
        1. Kennzeichnende Merkmale der Personenhandelsgesellschaft 64
        2. Form 67
        3. Personenhandelsgesellschaft und Grundbuch 68
    II. Rechtsformübergreifende Grundfragen 68
        1. Gesellschafter 68
        2. Gesellschaftsvertrag 70
        3. Firma 78

Inhaltsverzeichnis

	4.	Die Mitgliedschaft in der Personenhandelsgesellschaft	82
	5.	Haftung	101
	6.	Übertragung von Gesellschaftsanteilen	104
	7.	Ausscheiden eines Gesellschafters unter Lebenden	113
	8.	Tod eines Gesellschafters	119
	9.	Auflösung und Liquidation der Gesellschaft	126
	10.	Anmeldung zur Eintragung in das Handelsregister	127
III.	GmbH & Co. KG		133
	1.	Allgemeines	133
	2.	Besonderheiten der Gesellschaftsverträge bei der GmbH & Co. KG	135
	3.	Haftung	137
	4.	Übertragung von Beteiligungen	139
	5.	Einheitsgesellschaft	139
	6.	UG (haftungsbeschränkt) & Co. KG	141
	7.	Limited & Co. KG	142
	8.	Publikumsgesellschaft	143

Kapitel 2 Recht der Gesellschaft mit beschränkter Haftung
(Dirk Eckhardt/Joachim Tebben/Marc Hermanns) 145

A. Gründung der Gesellschaft mit beschränkter Haftung
(Dirk Eckhardt) 145

I.	Überblick		145
II.	Rechtsformwahl		145
III.	Rechtsnatur der GmbH und Gründungsablauf		146
	1.	Rechtsnatur der GmbH	146
	2.	Gründungsablauf	146
	3.	Die Vorgründungsgesellschaft	147
	4.	Die Vor-GmbH	150
IV.	Errichtung der GmbH		156
	1.	Gesellschafter	156
	2.	Vertretung von Gesellschaftern bei der Gründung	162
	3.	Abschluss des Gesellschaftsvertrags	168
	4.	Geschäftsführerbestellung, § 6 GmbHG	173
V.	Satzung und schuldrechtliche Nebenabreden		178
	1.	Allgemeines	178
	2.	Firma der GmbH	179
	3.	Sitz der GmbH	185
	4.	Gegenstand des Unternehmens	188
	5.	Betrag des Stammkapitals	192
	6.	Zahl und Nennbetrag der Geschäftsanteile	193
	7.	Gründungskosten	195
	8.	Dauer der Gesellschaft	196
VI.	Satzungsgestaltung bei fakultativen Satzungsbestandteilen		198
	1.	Nachschusspflichten	198
	2.	Wettbewerbsverbot	200
	3.	Einschränkung der Veräußerung und Belastung von Geschäftsanteilen	202
	4.	Ankaufsrechte, Vorkaufsrechte und Anbietungspflichten	208
	5.	Teilung von Geschäftsanteilen	212
	6.	Geschäftsführung und Vertretung	212
	7.	Befreiung und Ermächtigung zur Befreiung von § 181 BGB	215
	8.	Gesellschafterversammlung	217
	9.	Stimmrecht	223
	10.	Anfechtung von Gesellschafterbeschlüssen	225
	11.	Protokollierung von Gesellschafterbeschlüssen	225
	12.	Jahresabschluss, Publizität, Ergebnisverwendung	226
	13.	Ergebnisverwendung	226
	14.	Kündigung durch den Gesellschafter	227

	15.	Ausschluss, Einziehung von Geschäftsanteilen	229
	16.	Abfindung	236
	17.	Steuerliche Folgen der Abfindungsregelung	242
	18.	Checkliste: Abfindungsregelung	242
	19.	Fälligkeit und Zahlungsmodalitäten für die Abfindung	242
	20.	Aufsichtsrat und Beirat	243
	21.	Gerichtsstand, Schiedsgericht	246
	22.	Bekanntmachungen	250
	23.	Salvatorische Klausel	250
VII.	Anmeldung der GmbH zum Handelsregister		251
	1.	Allgemeines	251
	2.	Zuständigkeit und anmeldepflichtige Personen	251
	3.	Form	251
	4.	Inhalt der Anmeldung	252
	5.	Anlagen zur Anmeldung	255
	6.	Formulierungsvorschläge Handelsregisteranmeldung	257
VIII.	Mitteilungspflichten gegenüber dem Finanzamt und anderen Behörden		260
IX.	Kapitalaufbringung und Kapitalerhaltung		261
	1.	Allgemeines	261
	2.	Besonderheiten bei der Sachgründung	265
	3.	Verdeckte Sachgründung, Hin- und Herzahlen	276
	4.	Keine Befreiung von der Einlagepflicht gemäß § 19 Abs. 2 S. 1 GmbHG n. F.	288
X.	Besonderheiten bei Gründung der Unternehmergesellschaft haftungsbeschränkt		289
XI.	Gründung im vereinfachten Verfahren		292
	1.	Allgemeines	292
	2.	Einzelfragen bei der Verwendung des Musterprotokolls	293
	3.	Handelsregisteranmeldung bei der Gründung im vereinfachten Verfahren	298
XII.	Notarkosten		298
	1.	Notarkosten bei Gründung im klassischen Verfahren	298
	2.	Notarkosten bei Gründung im vereinfachten Verfahren	299

B. **Änderungen des Gesellschaftsvertrages**
(Joachim Tebben) ... 300

I.	Überblick		300
II.	Einberufung der Gesellschafterversammlung		301
	1.	Zuständigkeit	301
	2.	Form	301
	3.	Frist	302
	4.	Inhalt	303
	5.	Rechtsfolgen fehlerhafter Einberufung	303
III.	Beschlussfassung über die Änderung des Gesellschaftsvertrages		304
	1.	Zuständigkeit und Inhalt	304
	2.	Form	305
	3.	Vertretung	308
	4.	Mehrheits- und Zustimmungserfordernisse	309
IV.	Anmeldung zum Handelsregister		310
	1.	Zuständigkeit	311
	2.	Form	311
	3.	Registersperren	313
	4.	Prüfungsumfang des Registergerichts	313
V.	Besonderheiten bei einer im vereinfachten Verfahren gegründeten Gesellschaft		314
VI.	Satzungsdurchbrechung		314
VII.	Satzungsänderung bei wirtschaftlicher Neugründung		316

C. **Kapitalmaßnahmen** ... 318

I.	Kapitalerhöhung gegen Bareinlagen		318
	1.	Beschluss der Gesellschafterversammlung	318
	2.	Zulassungsbeschluss	321

XIII

Inhaltsverzeichnis

		3. Übernahmeerklärung	321
		4. Kapitalaufbringung	323
		5. Handelsregisteranmeldung	325
		6. Gesellschafterliste	326
		7. Anzeigepflicht gegenüber dem Finanzamt	327
	II.	Kapitalerhöhung gegen Sacheinlagen	328
		1. Beschluss der Gesellschafterversammlung	328
		2. Übernahmeerklärung	328
		3. Handelsregisteranmeldung	329
	III.	Kapitalerhöhung aus Gesellschaftsmitteln	330
		1. Beschluss der Gesellschafterversammlung	330
		2. Handelsregisteranmeldung	333
	IV.	Genehmigtes Kapital	334
	V.	Ordentliche Kapitalherabsetzung	335
		1. Beschluss der Gesellschafterversammlung	336
		2. Sicherstellung der Gläubiger	337
		3. Handelsregisteranmeldung	338
	VI.	Vereinfachte Kapitalherabsetzung	338
	VII.	Umstellung des Stammkapitals auf Euro	341
		1. Nur rechnerische Umstellung	341
		2. Umstellung und Glättung	342
D.	**Beendigung der Gesellschaft**		344
	I.	Auflösung der Gesellschaft	344
		1. Auflösung durch Beschluss der Gesellschafterversammlung	344
		2. Handelsregisteranmeldung	346
		3. Bekanntmachung der Auflösung	347
	II.	Liquidation und Vollbeendigung der Gesellschaft	348
	III.	Fortsetzung einer aufgelösten Gesellschaft	349
	IV.	Nachtragsliquidation	350
E.	**Die Übertragung von Geschäftsanteilen** *(Marc Hermanns)*		352
	I.	Das Zustandekommen des Übertragungsvertrags	352
		1. Die ordnungsgemäße Mitwirkung der Vertragsbeteiligten	352
		2. Das Formererfordernis des §15 GmbHG	358
	II.	Der Inhalt des schuldrechtlichen Verpflichtungsgeschäfts	373
		1. Der Gegenstand des Verpflichtungsgeschäfts	373
		2. Die Causa der Anteilsabtretung	376
	III.	Die dingliche Abtretung des Geschäftsanteils	402
		1. Abtretungsbeschränkungen	402
		2. Der gutgläubige Erwerb durch den Käufer	405
	IV.	Der Vollzug der dinglichen Übertragung	414
		1. Einreichung einer neuen Gesellschafterliste	414
		2. Steuerliche Anzeigepflichten	424
		3. Gesellschaftsrechtliche Anzeige- und Mitteilungsobliegenheiten	426
	V.	Besonderheiten beim Erwerb einer Vorrats-GmbH	426
	VI.	Besonderheiten des Mantelkaufs	428
F.	**Sonstige Verfügungen über Geschäftsanteile**		430
	I.	Die Verpfändung von Geschäftsanteilen	431
		1. Die Bestellung des Pfandrechts	431
		2. Die Person des Pfandgläubigers	432
		3. Inhalt und Umfang des Pfandrechts	433
	II.	Die Bestellung von Nießbrauchsrechten an Geschäftsanteilen	434
		1. Zulässigkeit und Bestellung des Nießbrauchs	434
		2. Inhalt und Umfang des Nießbrauchs	435

Inhaltsverzeichnis

Kapitel 3.	**Aktiengesellschaft** *(Ulrich Temme/Christoph Terbrack)*	437

A. Gründung
(Ulrich Temme) 437
- I. Allgemeines 437
- II. Bargründung 437
  1. Übersicht: Ablauf einer Bargründung 437
  2. Gründungsprotokoll 438
  3. Einzelne Satzungsbestimmungen 444
  4. Satzungsergänzende Nebenabreden 469
  5. Bestellung des Abschlussprüfers 470
  6. Bestellung des ersten Aufsichtsrates 470
  7. Erste Sitzung des Aufsichtsrates/Bestellung des ersten Vorstands .. 470
  8. Einlageleistung 472
  9. Gründungsbericht der Gründer 477
  10. Gründungsprüfungsbericht des Vorstands und des Aufsichtsrates ... 478
  11. Gründungsprüfungsbericht des Gründungsprüfers 478
  12. Bestätigung des Kreditinstitutes 480
  13. Berechnung Gründungsaufwand 480
  14. Liste der Aufsichtsratsmitglieder 480
  15. Handelsregisteranmeldung 480
  16. Übermittlung der Handelsregisteranmeldung an das Handelsregister ... 484
  17. Eintragung in das Handelsregister 484
  18. Mitteilung nach § 20 AktG 484
  19. Mitteilung nach § 42 AktG 484
  20. Notarkosten 485
  21. Steuerliche Mitteilungspflichten 486
- III. Sachgründung 486
  1. Sachgründung und Sachübernahme 486
  2. Gegenstand der Sacheinlage bzw. Sachübernahme 486
  3. Bewertung/Bewertungsstichtag 487
  4. Besonderheiten des Sachgründungsprotokolls 487
  5. Einbringungsvertrag 489
  6. Leistungszeitpunkt der Sacheinlagen 491
  7. Gründungsbericht der Gründer 491
  8. Gründungsprüfungsbericht des Vorstands und des Aufsichtsrates ... 493
  9. Gründungsprüfungsbericht des Gründungsprüfers 493
  10. Handelsregisteranmeldung 495
  11. Prüfungspflicht des Registerrechts bei Sachgründungen ohne Gründungsprüfer .. 496
  12. Bekanntmachung des Vorstands über die Zusammensetzung des Aufsichtsrates .. 497
  13. Notarkosten 497
- IV. Mischeinlage 497
- V. Wirtschaftliche Neugründung 497
  1. Grundlagen 497
  2. Vorliegen einer wirtschaftlichen Neugründung 498
  3. Anwendung der Gründungsvorschriften 499
- VI. Haftung und Vertretung im Gründungsstadium 500
  1. Vorgründergesellschaft 500
  2. Vor-AG 501
  3. Haftung der Gründer 502
  4. Haftung des Vorstands und des Aufsichtsrats 503
  5. Haftung des Gründungsprüfers 504
  6. Haftung der Bank 504
- VII. Nachgründung 504
  1. Grundlagen 504
  2. Voraussetzungen 504
  3. Wirksamkeitsvoraussetzungen 506
  4. Rechtslage vor und nach der Eintragung im Handelsregister ... 507

Inhaltsverzeichnis

B. Hauptversammlung
(Christoph Terbrack) 508
   I. Einberufung der Hauptversammlung 508
      1. Einberufungsfrist 508
      2. Einberufungsmedium 508
      3. Angaben zu Firma und Sitz 509
      4. Angaben zu Zeit und Ort der Hauptversammlung 509
      5. Tagesordnung 510
      6. Angabe der Teilnahmebedingungen usw. 511
      7. Angabe der Einberufenden 512
   II. Notar und Hauptversammlung 512
      1. Einberufung der Hauptversammlung 513
      2. Durchführung der Hauptversammlung 513
      3. Erstellung des notariellen Hauptversammlungsprotokolls 514
      4. Einzuhaltende Formalien des notariellen Hauptversammlungsprotokolls 514
      5. Änderungen des Protokolls 525
      6. Registervollzug 525
   III. Hauptversammlung ohne Notar 525
   IV. Hauptversammlung bei der Einpersonengesellschaft 526
   V. Einzelne Beschlussgegenstände 527
      1. Feststellung des Jahresabschlusses 527
      2. Gewinnverwendung 527
      3. Bestellung des Abschlussprüfers 527
      4. Entlastung von Vorstand und Aufsichtsrat 528
      5. Wahlen zum Aufsichtsrat 530
      6. Reguläre Kapitalerhöhung 530
      7. Genehmigtes Kapital 533
      8. Bedingte Kapitalerhöhung 536
      9. Kapitalerhöhung aus Gesellschaftsmitteln 538
      10. Kapitalherabsetzung 541
      11. Unternehmensverträge 547
      12. Squeeze Out 550
      13. Delisting 552

Kapitel 4   Umwandlungen
(Georg Specks/Klaus Piehler/Dirk Höfinghoff) 555
A. Allgemeines zum Umwandlungsrecht
(Georg Specks) 555
   I. Einleitung 555
   II. Sonstige Umstrukturierungen 556
   III. Gesetzesaufbau 557
   IV. Europarechtliche Vorgaben/Umsetzung der Richtlinie vom 16.9.2009 558
   V. Schutzziele des Umwandlungsgesetzes 559
B. Verschmelzung 560
   I. Allgemeines 560
   II. Ablauf einer Verschmelzung 561
   III. Verschmelzungsfähige Rechtsträger 561
      1. Allgemeines 561
      2. Uneingeschränkte Verschmelzungsfähigkeit 562
      3. Unternehmergesellschaft 563
      4. Aufgelöste Gesellschaften/Sanierungsverschmelzungen 564
   IV. Der Verschmelzungsvertrag 568
      1. Allgemeines 568
      2. Abschlusskompetenz 568
      3. Vertretung 568

	4.	Inhalt	570
	5.	Abfindungsangebot nach § 29	583
	6.	Sonstiger zwingender Inhalt	587
	7.	Fakultative Bestandteile des Verschmelzungsvertrages	588
	8.	Zuleitung an den Betriebsrat	589
	9.	Form	592
V.	Verschmelzungsbericht		595
	1.	Allgemeines/Inhalt	595
	2.	Zuständigkeit für die Erstattung des Berichts	596
	3.	Entbehrlichkeit	596
	4.	Information der Anteilsinhaber	597
	5.	Grenzen der Berichtspflicht	598
	6.	Fehlerhafte Berichte	598
	7.	Künftiges Recht	601
VI.	Verschmelzungsprüfung nach §§ 9 bis 12		602
	1.	Allgemeines	602
	2.	Erforderlichkeit der Verschmelzungsprüfung und des Prüfungsberichts	602
	3.	Gegenstand, Ziel und Umfang der Verschmelzungsprüfung	605
	4.	Bestellung der Verschmelzungsprüfer	609
	5.	Prüfungsbericht, Verzicht, Mängel	609
VII.	Verschmelzungsbeschlüsse		609
	1.	Zweck des Zustimmungserfordernisses/Ausnahmen	609
	2.	Modalitäten der Beschlussfassung	610
	3.	Gegenstand des Verschmelzungsbeschlusses	611
	4.	Vertretung durch Bevollmächtigte	612
	5.	Beurkundung	613
VIII.	Zustimmung einzelner Gesellschafter und sonstige Zustimmungserfordernisse		614
	1.	Vinkulierungen im Sinne von § 13 Abs. 2	614
	2.	Sonstige Zustimmungserfordernisse	615
	3.	Beurkundung und Vertretung	615
IX.	Registeranmeldung		615
	1.	Anmeldepflicht	615
	2.	Anmelderecht	616
	3.	Inhalt der Anmeldung	616
	4.	Anlagen (§ 17)	620
	5.	Art der Übermittlung (§ 12 HGB)	622
	6.	Rechtsformspezifische Besonderheiten/Verschmelzung durch Neugründung	623
X.	Eintragung und Rechtsfolgen		623
	1.	Eintragungsreihenfolge	623
	2.	Eintragungsfolgen	624
XI.	Verschmelzung durch Neugründung		626
	1.	Überblick	626
	2.	Verweis auf Regelungen zur Verschmelzung durch Aufnahme	627
	3.	Verschmelzungsvertrag	627
	4.	Verschmelzungsbericht, Verschmelzungsprüfung und Verschmelzungsbeschluss	628
	5.	Anmeldung und Eintragung	628
	6.	Verweis auf Gründungsrecht und Beteiligung Dritter	629
XII.	Besonderheiten bei der Beteiligung von Personenhandelsgesellschaften		629
	1.	Überblick	629
	2.	Aufgelöste Gesellschaften (§ 39)	630
	3.	Besonderheiten bezüglich des Verschmelzungsvertrages (§§ 40, 43 Abs. 2 S. 3)	630
	4.	Verschmelzungsbericht (§ 41), Unterrichtung der Gesellschafter (§ 42) sowie Verschmelzungsprüfung (§ 44)	636
	5.	Verschmelzungsbeschluss	636
	6.	Nachhaftung, § 45	638
	7.	Checkliste Verschmelzung unter Beteiligung einer Personenhandelsgesellschaft	638

Inhaltsverzeichnis

XIII.	Besonderheiten bei der Beteiligung von Partnerschaftsgesellschaften	639
	1. Verschmelzungsfähigkeit	639
	2. Zusätzliche Vorgaben für den Verschmelzungsvertrag (§ 45 b)	639
	3. Verschmelzungsbericht, Unterrichtung der Partner und Verschmelzungsprüfung (§§ 45 c, 45 e S. 2)	639
	4. Beschluss der Gesellschafterversammlung (§ 45 d)/Zustimmungserfordernisse	640
	5. Fehlendes Widerspruchsrecht	640
	6. Nachhaftung	640
	7. Anmeldung der Verschmelzung	640
	8. Checkliste Verschmelzung bei Beteiligung einer Partnerschaftsgesellschaft	641
XIV.	Besonderheiten bei der Beteiligung von Gesellschaften mit beschränkter Haftung ..	642
	1. Überblick	642
	2. Für übertragende wie übernehmende GmbH anwendbare Regeln zur Verschmelzung durch Aufnahme	643
	3. Nur für übernehmende GmbH anwendbare Regeln zur Verschmelzung durch Aufnahme	645
	4. Nur für übertragende GmbH geltende Vorgaben für die Verschmelzung durch Aufnahme (§ 50 Abs. 2)	657
	5. Besondere Vorgaben für die GmbH-GmbH-Verschmelzung (§ 51 Abs. 1 S. 3)	658
	6. Registeranmeldungen	658
	7. Verschmelzung durch Neugründung	661
	8. Checkliste Verschmelzung durch Aufnahme unter Beteiligung einer GmbH ...	667
	9. Checkliste Verschmelzung durch Neugründung unter Beteiligung einer GmbH	668
XV.	Besonderheiten bei der Beteiligung von Aktiengesellschaften	670
	1. Überblick	670
	2. Für übertragende wie übernehmende AG anwendbare Regeln zur Verschmelzung durch Aufnahme	671
	3. Nur für übernehmende AG anwendbare Regeln zur Verschmelzung durch Aufnahme	676
	4. Nur für übertragende AG geltende Vorgaben für die Verschmelzung durch Aufnahme (§ 72)	685
	5. Registeranmeldungen	686
	6. Verschmelzung durch Neugründung	687
	7. Checkliste Verschmelzung durch Aufnahme unter Beteiligung einer AG	692
	8. Checkliste Verschmelzung durch Neugründung unter Beteiligung einer AG ...	693
XVI.	Besonderheiten bei der Beteiligung von Kommanditgesellschaften auf Aktien	695
XVII.	Besonderheiten bei der Beteiligung von Europäischen Gesellschaften (SE)	696
XVIII.	Notarkosten	697
	1. Verschmelzung durch Aufnahme	697
	2. Verschmelzung durch Neugründung	701

C. Formwechsel
(Klaus Piehler) 702

I.	Einleitung	702
	1. Regelung im Umwandlungsgesetz	702
	2. Grundgedanken	702
	3. Motive für den Formwechsel	703
II.	Formwechselmöglichkeiten	704
	1. Gesetzliche Regelung	704
	2. Aufgelöste Rechtsträger	705
	3. Formwechsel nach anderen Bestimmungen	706
	4. Zielerreichung durch andere Gestaltungen	707
III.	Organisation des Formwechsels	707
	1. Allgemeine Vorbereitungsmaßnahmen	707
	2. (Sach-)Gründungsbericht und -prüfung	709
	3. Vorbereitung der Bestellung des ersten Aufsichtsrats	710
	4. Versammlung	713
	5. Anlagen zur Registeranmeldung	713
	6. Abwicklungsmaßnahmen nach Eintragung	713

Inhaltsverzeichnis

IV.	Der Umwandlungsbericht	713
	1. Gesetzliche Regelung/Schutzzweck/Aufstellungsverpflichtete	713
	2. Inhalt	714
	3. Entbehrlichkeit des Berichts, Verzicht	715
	4. Rechtsfolgen bei Mängeln des Berichts	715
V.	Der Inhalt des Umwandlungsbeschlusses	716
	1. § 194 Abs. 1 Nr. 1 – Zielrechtsform	716
	2. § 194 Abs. 1 Nr. 2 – Firma	717
	3. § 194 Abs. 1 Nr. 3 – Identität der Anteilsinhaber	717
	4. § 194 Abs. 1 Nr. 4 – Kontinuität der Beteiligung	720
	5. § 194 Abs. 1 Nr. 5 – Besondere Rechte für einzelne Anteilsinhaber	724
	6. § 194 Abs. 1 Nr. 6 – Barabfindungsangebot	726
	7. § 194 Abs. 1 Nr. 7 – Folgen für die Arbeitnehmer	727
	8. Formwechselstichtag	730
	9. Bestellung der ersten Organe	730
VI.	Satzung	731
	1. Allgemeines	731
	2. Abweichungen von Gesellschaftsvertrag oder Satzung des formwechselnden Rechtsträgers	732
	3. Einzelfragen	735
	4. Rechtsfolgen	735
VII.	Das Beschlussverfahren	736
	1. Allgemeines	736
	2. Durchführung der Versammlung	736
	3. Mehrheitserfordernisse	737
	4. Ermittlung der Stimmen	740
	5. Änderungen gegenüber Betriebsratsvorlage	741
	6. Beurkundung	741
	7. Vertretung	742
	8. Zustimmung Dritter	745
	9. Aufhebung des Beschlusses, Anfechtung	748
VIII.	Zustimmung einzelner Gesellschafter	749
	1. Allgemeines	749
	2. § 193 Abs. 2 Erfordernis der Zustimmung vinkulierungsbegünstigter Anteilsinhaber	750
	3. Zustimmung anderer Sonderrechtsinhaber	752
	4. Weitere Zustimmungserfordernisse	754
	5. Form	758
	6. Erklärung	758
IX.	Handelsregisteranmeldung	759
	1. Zuständiges Gericht	759
	2. Anmeldepflichtige	760
	3. Inhalt der Registeranmeldung	762
	4. Anlagen zur Registeranmeldung	764
X.	Eintragung und Rechtsfolgen	766
	1. Reihenfolge der Eintragungen	766
	2. Eintragungsfolgen	766
	3. Gläubigerschutz	774
XI.	Besonderheiten beim Formwechsel von Personenhandelsgesellschaften und PartGen	777
	1. Überblick	777
	2. Ablauf des Formwechsels, Einladung	777
	3. Besonderheiten für den Beschlussinhalt	778
	4. Satzung	783
	5. Beschlussverfahren	785
	6. Zustimmung Dritter	786
	7. Zustimmung einzelner Gesellschafter	786
	8. Handelsregisteranmeldung	787
	9. Haftung	788

Inhaltsverzeichnis

XII.	Besonderheiten beim Formwechsel von Kapitalgesellschaften	789
	1. Überblick	789
	2. Besonderheiten beim Formwechsel einer Kapitalgesellschaft in eine Personengesellschaft	790
	3. Formwechsel zwischen Kapitalgesellschaften	801
	4. Besonderheiten beim Formwechsel einer Kapitalgesellschaft in eine eG	815
XIII.	Besonderheiten beim Formwechsel von eingetragenen Genossenschaften	817
	1. Überblick	817
	2. Vorbereitende Maßnahmen, Einladungen, Durchführungen der Versammlung	817
	3. Besonderheiten für den Beschlussinhalt	819
	4. Satzung	824
	5. Beschlussverfahren	824
	6. Zustimmung Dritter	826
	7. Zustimmung einzelner Gesellschafter	826
	8. Handelsregisteranmeldung	827
	9. Haftung	828
XIV.	Besonderheiten beim Formwechsel rechtsfähiger Vereine	828
	1. Überblick	828
	2. Vorbereitende Maßnahmen, Einladung, Durchführung der Versammlung	829
	3. Besonderheiten für den Beschlussinhalt	830
	4. Satzung	834
	5. Beschlussverfahren	834
	6. Zustimmung Dritter	836
	7. Zustimmung einzelner Gesellschafter	837
	8. Handelsregisteranmeldung	837
	9. Haftung	838
XV.	Formwechsel von Versicherungsvereinen auf Gegenseitigkeit sowie von Körperschaften und Anstalten des öffentlichen Rechts	838

D. Spaltung
(Dirk Höfinghoff) 839

I.	Allgemeines	839
	1. Gesetzessystematik	839
	2. Arten der Spaltung	839
	3. Spaltungsfähige Rechtsträger	842
	4. Beteiligung Dritter	845
	5. Kapitalerhaltung und Kapitalherabsetzung beim übertragenden Rechtsträger	846
	6. Anteilsgewährung beim übernehmenden Rechtsträger	849
	7. Gesamtschuldnerische Haftung der beteiligten Rechtsträger	855
	8. Besonderheiten bei Spaltung zur Neugründung	856
	9. Grenzüberschreitende Spaltung	861
	10. Spaltungsvorgänge außerhalb des Umwandlungsrechts	862
II.	Ablauf einer Spaltung, insbesondere Vorbereitung	863
	1. Bilanzaufstellung	863
	2. Entwurf des Spaltungsvertrages/Spaltungsplanes	864
	3. Zuleitung an den Betriebsrat	864
	4. Genehmigungen	864
III.	Spaltungsvertrag und Spaltungsplan	865
	1. Allgemeines	865
	2. Abschlusskompetenz, Vertretung	865
	3. Inhalt	866
	4. Abfindungsangebot nach §§ 125 S.1, 29	879
	5. Sonstiger zwingender Inhalt	880
	6. Fakultativer Inhalt	880
	7. Zuleitung an den Betriebsrat	884
	8. Form	885
IV.	Spaltungsbericht	885
	1. Allgemeines	885
	2. Zuständigkeit für die Erstattung des Berichtes	886

	3.	Entbehrlichkeit des Spaltungsberichts	886
	4.	Näheres zum Inhalt	887
	5.	Informationen der Anteilsinhaber	888
	6.	Grenzen der Berichtspflicht/Fehlerhafte Berichte	888
V.	Spaltungsprüfung (nur Auf- und Abspaltung)		889
	1.	Allgemeines	889
	2.	Entbehrlichkeit	889
VI.	Spaltungsbeschluss und besondere Zustimmungserfordernisse		889
	1.	Entsprechende Anwendung der Verschmelzungsvorschriften	889
	2.	Vorbereitung und Modalitäten der Beschlussfassung	890
	3.	Nichtverhältniswahrende Spaltung	890
	4.	Zustimmung einzelner Gesellschafter und sonstige Zustimmungserfordernisse	892
	5.	Form	892
VII.	Verzichtsmöglichkeiten		892
VIII.	Registeranmeldung		893
	1.	Entsprechende Anwendungen der Verschmelzungsvorschriften	893
	2.	Einzelheiten zur Anmeldung hinsichtlich des übertragenden Rechtsträgers	894
	3.	Anmeldung zum Register des übernehmenden Rechtsträgers	895
	4.	Anmeldung zum Register des neu gegründeten Rechtsträgers	896
	5.	Besonderheiten der Spaltungsbilanz	897
IX.	Eintragung und Rechtsfolgen		898
	1.	Abfolge der Eintragungen	898
	2.	Folgen eines Verstoßes gegen Eintragungsreihenfolge	898
	3.	Eintragungsfolgen	899
X.	Besonderheiten bei der Spaltung von Personenhandelsgesellschaften (OHG; KG einschl. GmbH & Co. KG)		900
	1.	Allgemeines	900
	2.	Personenhandelsgesellschaft als übertragender Rechtsträger	901
	3.	Personenhandelsgesellschaft als übernehmender Rechtsträger	902
	4.	Muster zur Abspaltung aus dem Vermögen einer GmbH & Co. KG auf eine GmbH & Co. KG zur Aufnahme	903
XI.	Besonderheiten bei der Spaltung unter Beteiligung von Partnerschaftsgesellschaften		909
	1.	Allgemeines	909
	2.	Partnerschaftsgesellschaft als übertragender Rechtsträger	909
	3.	Partnerschaftsgesellschaft als übernehmender Rechtsträger	909
XII.	Besonderheiten bei der Spaltung unter Beteiligung von GmbH		910
	1.	Allgemeines	910
	2.	Besonderheiten bei GmbH als übertragendem Rechtsträger	911
	3.	Besonderheiten bei GmbH als übernehmendem Rechtsträger	913
	4.	Besonderheiten bei neu gegründeter GmbH	915
	5.	Muster zur Aufspaltung einer GmbH zur Neugründung auf zwei GmbHs	916
	6.	Muster zur Abspaltung von einer GmbH zur Aufnahme auf GmbH & Co. KG	920
XIII.	Besonderheiten bei der Spaltung unter Beteiligung von Aktiengesellschaften		926
	1.	Allgemeines	926
	2.	Besonderheiten für übertragende Aktiengesellschaft	927
	3.	Besonderheiten für übernehmende Aktiengesellschaft	930
	4.	Spaltung auf Aktiengesellschaft zur Neugründung	931
XIV.	Besonderheiten bei der Spaltung unter Beteiligung von Genossenschaften		932
	1.	Allgemeines	932
	2.	Spaltungsvertrag	933
	3.	Spaltungsprüfung, Spaltungsbericht	933
	4.	Vorbereitung der Generalversammlung	933
	5.	Durchführung der Generalversammlung	933
	6.	Besonderes Ausschlagungsrecht	933

Inhaltsverzeichnis

	7. Informationen der Genossen nach erfolgter Spaltung	934
	8. Fortdauer der Nachschusspflicht	934
	9. Anmeldeverfahren	934
XV.	Besonderheiten bei der Spaltung unter Beteiligung von Vereinen	934
	1. Überblick	934
	2. Spaltungsverfahren	935
XVI.	Ausgliederung aus dem Vermögen eines Einzelkaufmannes	935
	1. Überblick	935
	2. Einzelkaufmann	935
	3. Gegenstand der Ausgliederung	936
	4. Sperre bei Überschuldung	937
	5. Ausgliederungsplan und Ausgliederungsvertrag	937
	6. Ausgliederungsbericht	938
	7. Ausgliederungsprüfung	938
	8. Ausgliederungsbeschluss	938
	9. Besonderheiten bei der Ausgliederung zur Aufnahme	938
	10. Besonderheiten bei der Ausgliederung zur Neugründung	938
	11. Handelsregisteranmeldung	939
	12. Muster Ausgliederung aus dem Vermögen eines Einzelkaufmanns auf eine GmbH zur Neugründung	939
XVII.	Ausgliederung von öffentlichen Unternehmen aus dem Vermögen einer Gebietskörperschaft oder Zusammenschlüssen von Gebietskörperschaften	943
	1. Überblick	943
	2. Ausgliederungsfähige Rechtsträger	943
	3. Gegenstand der Ausgliederung	943
	4. Ausgliederungsplan/-vertrag	944
	5. Ausgliederungsbeschluss	944
	6. Ausgliederungsbericht und Ausgliederungsprüfung	944
	7. Registeranmeldung und -eintragung	945
	8. Beamten- und arbeitsrechtliche Probleme	945
XVIII.	Notarkosten	946
	1. Spaltungsvertrag	946
	2. Zustimmungsbeschlüsse und ggf. weitere Beschlüsse	947
	3. Verzichts- und Zustimmungserklärungen	948
	4. Registeranmeldungen	948
	5. Grundbuchberichtigungsantrag	949
	6. Nebentätigkeiten	949

Kapitel 5   Vertragskonzern
(Joachim Tebben) 951

A. Überblick
(Joachim Tebben) 951

B. Beherrschungs- und Gewinnabführungsvertrag mit einer abhängigen Aktiengesellschaft 953

I.	Vertragsinhalt	953
II.	Vertragsabschluss	956
	1. Zuständigkeit und Form	956
	2. Zustimmung der Hauptversammlung der abhängigen Gesellschaft	957
	3. Zustimmung der Gesellschafterversammlung der herrschenden Gesellschaft	958
	4. Prüfungs- und Informationspflichten	958
	5. Handelsregisteranmeldung	959
III.	Vertragsänderung	960
IV.	Vertragsbeendigung	961
	1. Beendigungsgründe	961
	2. Rechtsfolgen der Vertragsbeendigung	963

Inhaltsverzeichnis

C. Beherrschungs- und Gewinnabführungsvertrag mit einer abhängigen GmbH	964
D. Entherrschungsvertrag	968

Kapitel 6   Internationales Gesellschaftsrecht
(Kai Bischoff) 971

A. Einführung
   (Kai Bischoff) 971
B. Das Gesellschaftsstatut 972
   I. Bestimmung des Gesellschaftsstatuts 972
      1. Vorrangige Staatsverträge 972
      2. Anwendung des Gründungsrechts für EU-Gesellschaften 973
      3. Sitztheorie 974
      4. Ausblick 975
      5. Gesamtverweisung, Rück- und Weiterverweisung 975
   II. Anwendungsbereich des Gesellschaftsstatuts 975
   III. Internationale Sitzverlegung und Zweigniederlassungen von Gesellschaften 975
      1. Sitzverlegung einer deutschen Gesellschaft ins Ausland 975
      2. Sitzverlegung einer ausländischen Gesellschaft nach Deutschland ... 976
      3. Errichtung von Zweigniederlassungen außerhalb des Gründungsstaates 977
   IV. Formstatut 981
C. Gründung von Gesellschaften mit ausländischen Gesellschaftern 982
   I. Ausländische natürliche Personen als Gesellschafter 982
   II. Ausländische Gesellschaften als Gesellschafter 982
D. Außenbeziehungen der Gesellschaft, insbesondere Vertretungsfragen 983
   I. Rechtsfähigkeit 983
   II. Organschaftliche Vertretung 983
      1. Organfähigkeit 983
      2. Selbstkontrahieren, Mehrfachvertretung und Vertretung ohne Vertretungsmacht 987
      3. Register und Vertreterbescheinigungen für deutsche Gesellschaften zur Verwendung im Ausland 987
      4. Nachweis der Vertretungsmacht von Organen und der Existenz ausländischer Gesellschaften 988
   III. Rechtsgeschäftliche Vertretung – Vollmachten 1003
      1. Die kollisionsrechtliche Behandlung der Vollmacht 1003
      2. Verwendung ausländischer Vollmachten in Deutschland 1006
      3. Verwendung deutscher Vollmachten im Ausland 1009
   IV. Legalisation und Apostille 1010
      1. Legalisation 1011
      2. Vereinfachte Legalisation nach dem Haager Abkommen vom 5.10.1961 (Apostille) 1012
      3. Bilaterale Abkommen 1029
E. Anteilsabtretungen und Satzungsmaßnahmen, insbesondere Formfragen 1030
   I. Anwendbares Recht bei Anteilsabtretungen und Satzungsmaßnahmen 1030
   II. Einhaltung von Formerfordernissen bei Beurkundungen betr. deutsche Gesellschaften im Ausland? 1030
      1. Maßgeblichkeit des Geschäftsrechts für Formfragen 1030
      2. Maßgeblichkeit des Ortsrechts? 1032
      3. Neue Entwicklungen 1033
   III. Anteilsübertragungen ausländischer Gesellschaften im Inland 1034
F. Europäische Gesellschaftsformen: SE und EWIV 1036

Inhaltsverzeichnis

G. Beurkundungsrechtliche Fragen	1037
I. Besondere Hinweispflichten des Notars	1037
II. Beurkundungen in einer Fremdsprache und Übersetzung	1037
Stichwortverzeichnis	1041

Abkürzungsverzeichnis
(einschließlich der abgekürzt zitierten Literatur)

a.A.	anderer Ansicht
AAA	American Arbitration Association
a.a.O.	am angegebenen Ort
ABGB	Allgemeines Bürgerliches Gesetzbuch für Österreich
Abk.	Abkommen
abl.	ablehnend
ABl.	Amtsblatt
ABl. EG	Amtsblatt der Europäischen Gemeinschaften
Abs.	Absatz
Abschn.	Abschnitt
Abt.	Abteilung
abw.	abweichend
AbzG	Gesetz betreffend die Abzahlungsgeschäfte (Abzahlungsgesetz) vom 16.5.1894, aufgehoben durch VerbrKrG zum 1.1.1991
abzgl.	abzüglich
AcP	Archiv für die zivilistische Praxis (Band, Jahr, Seite)
ADHGB	Allgemeines Deutsches Handelsgesetzbuch von 1861
a.E.	am Ende
A/E/S/*Bearbeiter*	*Achilles/Ensthaler/Schmidt*, Kommentar zum GmbHG
a.F.	alte Fassung
AfA	Absetzung für Abnutzungen
AFG	Arbeitsförderungsgesetz vom 25.6.1969 (BGBl. I, S. 582), aufgehoben, jetzt SGB III
AfP	Archiv für Presserecht
AFRG	Arbeitsförderungsreformgesetz
AG	Amtsgericht; Aktiengesellschaft; Die Aktiengesellschaft (Zeitschrift)
AGB	Allgemeine Geschäftsbedingungen
AGB-Banken	Allgemeine Geschäftsbedingungen der (privaten) Banken
AGBG	Gesetz zur Regelung des Rechts der Allgemeinen Geschäftsbedingungen vom 9.12.1976 (BGBl. I, S. 3317), aufgehoben durch SchuldRModG)
AGBGB	Ausführungsgesetz zum BGB
AGB-Spark.	Allgemeine Geschäftsbedingungen der Sparkassen und Girozentralen
AGH	Anwaltsgerichtshof
AgrarR	Agrarrecht (Zeitschrift)
AKB	Allgemeine Bedingungen für die Kraftfahrtversicherung
AktG	Gesetz über die Aktiengesellschaften und Kommanditgesellschaften auf Aktien (Aktiengesetz) vom 6.9.1965 (BGBl. I, S. 1089)
AKV	Deutscher Auslandskassenverein AG
ALB	Allgemeine Leistungsbedingungen der Deutschen Bahn AG, DB Cargo
allg.	allgemein
allg.M.	allgemeine Meinung
Alt.	Alternative
a.M.	anderer Meinung
AMG	Gesetz über den Verkehr mit Arzneimitteln (Arzneimittelgesetz)
ÄndAufhG	Gesetz über die Änderung oder Aufhebung von Gesetzen der DDR
ÄndG	Änderungsgesetz
AnfG	Gesetz betreffend die Anfechtung von Rechtshandlungen eines Schuldners außerhalb des Insolvenzverfahrens (Anfechtungsgesetz) vom 5.10.1994 (BGBl. I, S. 2911)
Anh.	Anhang
Anm.	Anmerkung
AnSVG	Gesetz zur Verbesserung des Anlegerschutzes (Anlegerschutzverbesserungsgesetz) vom 28.10.2004 (BGBl. I, S. 2630)
AnwBl	Anwaltsblatt
AO	Abgabenordnung i.d.F. vom 1.10.2002 (BGBl. I, S. 3866)
AöR	Archiv für öffentliches Recht (Zeitschrift – Band, Seite)

Abkürzungsverzeichnis

AP	Nachschlagewerk des Bundesarbeitsgerichts (seit 1954, vorher: Arbeitsrechtliche Praxis)
ApothG	Gesetz über das Apothekenwesen
AR	Aufsichtsrat
ArbeitserlaubnisVO	Arbeitserlaubnisverordnung
ArbG	Arbeitsgericht
ArbGG	Arbeitsgerichtsgesetz i.d.F. vom 2.7.1979 (BGBl. I, S. 853, ber S. 1036)
ArbNErfG	Gesetz über Arbeitnehmererfindungen (Arbeitnehmererfindungsgesetz)
ArbPlSchutzG	Gesetz über den Schutz des Arbeitsplatzes bei Einberufung zum Wehrdienst (Arbeitsplatzschutzgesetz) i.d.F. vom 14.2.2001 (BGBl. I, S. 253)
arg.(e.)	argumentum ex
Art.	Artikel
ARUG	Gesetz zur Umsetzung der Aktionärsrechterichtlinie vom 30.7.2009 (BGBl. I, S. 2479)
Aufl.	Auflage
AÜG	Gesetz zur Regelung der gewerbsmäßigen Arbeitnehmerüberlassung (Arbeitnehmerüberlassungsgesetz) i.d.F. vom 3.2.1995 (BGBl. I, S. 158)
ausführl.	ausführlich
AuslInvestmG	Gesetz über den Vertrieb ausländischer Investmentanteile und über die Besteuerung der Erträge aus ausländischen Investmentanteilen i.d.F. vom 9.9.1998 (BGBl. I, S. 2820), aufgehoben durch InvG 2003
AusfG	Ausführungsgesetz
ausschl.	ausschließlich
AVB	Allgemeine Versicherungsbedingungen
AVG	Angestelltenversicherungsgesetz i.d.F. vom 28.5.1924 (RGBl. I, S. 563), aufgehoben
AVO	Ausführungsverordnung
AWD	Außenwirtschaftsdienst des Betriebsberaters (Zeitschrift)
AWG	Außenwirtschaftsgesetz vom 28.4.1961 (BGBl. I, S. 481)
Az.	Aktenzeichen
BaBiRiLiG	Gesetz zur Durchführung der Richtlinie des Rates der Europäischen Gemeinschaften über den Jahresabschluss und den konsolidierten Abschluss von Banken und anderen Finanzinstituten (Bankbilanzrichtlinie-Gesetz) vom 30.11.1990 (BGBl. I, S. 2570)
BaFin	Bundesanstalt für Finanzdienstleistungsaufsicht (seit 1.5.2002)
BAG	Bundesarbeitsgericht; Bundesamt für Güterverkehr
BAGE	Entscheidungen des Bundesarbeitsgerichts (Band, Seite)
BAKred	Bundesaufsichtsamt für das Kreditwesen, seit 2002 BaFin
BankA	Bankarchiv, Zeitschrift für Bank- und Börsenwesen
Bank-Betrieb	Die Bank, Zeitschrift für Bankpolitik und Bankpraxis (bis 1976: Bank-Betrieb)
BAnz	Bundesanzeiger
BausparKG	Gesetz über Bausparkassen (Bausparkassengesetz) i.d.F. vom 15.2.1991 (BGBl. I, S. 454)
BayObLG	Bayerisches Oberstes Landesgericht
BayOLGZ	Entscheidungen des Bayerischen Obersten Landesgerichts in Zivilsachen
BayStiftG	Bayerisches Stiftungsgesetz
BB	Betriebs-Berater (Zeitschrift)
BBankG	Gesetz über die Deutsche Bundesbank i.d.F. vom 22.10.1992 (BGBl. I, 1782)
BBiG	Berufsbildungsgesetz vom 23.3.2005 (BGBl. I, 931)
BBl	Betriebswirtschaftliche Blätter (Zeitschrift)
BBRL	Bankbilanzrichtlinie
Bd.	Band
BdF	Bundesminister der Finanzen
BDSG	Gesetz zum Schutz vor Missbrauch personenbezogener Daten bei der Datenverarbeitung (Bundesdatenschutzgesetz) i.d.F. vom 20.12.1990 (BGBl. I, S. 2954)
Bearb.	Bearbeiter
Begr.	Begründung
Beil.	Beilage

Abkürzungsverzeichnis

Bem.	Bemerkung
ber.	berichtigt
BErzGG	Gesetz über die Gewährung von Erziehungsgeld und Erziehungsurlaub (Bundeserziehungsgeldgesetz)
BeschFG	Beschäftigungsförderungsgesetz vom 26.4.1985 (BGBl. I, 710)
Beschl.	Beschluss
bestr.	bestritten
betr.	betreffend
BetrR	Betriebsrat
BetrAVG	Gesetz zur Verbesserung der betrieblichen Altersversorgung (Betriebsrentengesetz) vom 19.12.1974 (BGBl. I, S. 3610)
BetrVG	Betriebsverfassungsgesetz i.d.F. vom 25.9.2001 (BGBl. I, S. 2518)
BeurkG	Beurkundungsgesetz vom 28.8.1969 (BGBl. I, S. 1513)
BewG	Bewertungsgesetz i.d.F. vom 1.2.1991 (BGBl. I, S. 230)
BezG	Bezirksgericht
BFG	Bundesfinanzgericht
BFH	Bundesfinanzhof
BFHE	Sammlung der Entscheidungen und Gutachten des BFH
BFuP	Betriebswirtschaftliche Forschung und Praxis (Zeitschrift)
BGB	Bürgerliches Gesetzbuch vom 18.8.1896 (RGBl., S. 195), i.d.F. vom 2.1.2002 (BGBl. I, S. 42)
BGBl. I, II	Bundesgesetzblatt, Teil I und II (Teil, Seite)
BGH	Bundesgerichtshof
BGH EBE	Eildienst der Entscheidungen des BGH
BGHSt	Entscheidungen des BGH in Strafsachen (Band, Seite)
BGHZ	Entscheidungen des BGH in Zivilsachen (Band, Seite)
BilKomm/*Bearbeiter*	*Ellrott/Förschle/Hoyos/Winkeljohann*, Beck'scher Bilanzkommentar, Handelsbilanz Steuerbilanz
BilMoG	Gesetz zur Modernisierung des Bilanzrechts (Bilanzrechtsmoderniesierungsgesetz) vom 25.5.2009 (BGBl. I, S. 1102)
BilReG	Gesetz zur Einführung internationaler Rechnungslegungsstandards und zur Sicherung der Qualität der Abschlussprüfung (Bilanzrechtsreformgesetz) vom 4.12.2004 (BGBl. I, S. 3166)
BiRiLiG	Gesetz zur Durchführung der Vierten, Siebenten und Achten Richtlinie des Rates der Europäischen Gemeinschaften zur Koordinierung des Gesellschaftsrecht (Bilanzrichtlinien-Gesetz) vom 19.12.1985 (BGBl. I 1985, S. 2335)
BKartA	Bundeskartellamt
BKR	Zeitschrift für Bank- und Kapitalmarktrecht
Bl.	Blatt
BMF	Bundesministerium der Finanzen
BMJ	Bundesministerium der Justiz
BMinBlF	Bundesministerialblatt für Finanzen
BNotK	Bundesnotarkammer
BNotO	Bundesnotarordnung vom 24.2.1961 (BGBl. I, S. 1998)
BO	Börsenordnung
BörsG	Börsengesetz vom 21.6.2002 (BGBl. I, S. 2010)
BörsZulVO	Verordnung über die Zulassung von Wertpapieren zum amtlichen Markt an einer Wertpapierbörse (Börsenzulassungsverordnung) i.d.F. vom 9.9.1998 (BGBl. I, 2832)
BPatG	Bundespatentgericht
BR	Bundesrat
BRAGO	Bundesgebührenordnung für Rechtsanwälte (Bundesrechtsanwaltsgebührenordnung) vom 26.7.1957 (BGBl. I, S. 907), aufgehoben zum 1.7.2004 durch KostRMoG vom 5.5.2005 (BGBl. I, S. 718), jetzt: RVG
BRAK	Bundesrechtsanwaltskammer
BRAK-Mitt.	BRAK-Mitteilungen (Zeitschrift)
BRAO	Bundesrechtsanwaltsordnung vom 1.8.1959 (BGBl. I, 565)
BR-Drucks.	Bundesratsdrucksache
BSG	Bundessozialgericht

Abkürzungsverzeichnis

BSHG	Bundessozialhilfegesetz
BStBl. I, II	Bundessteuerblatt, Teil I und II (Teil, (Jahr) und Seite)
bspw.	beispielsweise
BT	Bundestag
BT-Drucks.	Bundestags-Drucksache
Buchst.	Buchstabe
BuW	Betrieb und Wirtschaft (Zeitschrift)
BVerfG	Bundesverfassungsgericht
BVerfGE	Entscheidungen des Bundesverfassungsgerichts (Band, Seite)
BVerfGG	Gesetz über das Bundesverfassungsgericht
BVerwG	Bundesverwaltungsgericht
BVG	Besonderes Verhandlungsgremium
BVR	Bankvertragsrecht
BvS	Bundesanstalt für vereinigungsbedingte Sonderaufgaben (Treuhandanstalt)
BZRG	Gesetz über das Zentralregister und das Erziehungsregister (Bundeszentralregistergesetz) i.d.F. der Bekanntmachung vom 21.9.1984 (BGBl. I, S.1229, ber. 1985 I, S. 195)
bzw.	beziehungsweise
Cc	Code civil, Codice civile, Código civil
cic	culpa in contrahendo
CR	Computer und Recht (Zeitschrift)
DArbR	Deutsches Arbeitsrecht (Zeitschrift)
DAV	Deutscher Anwaltverein
DB	Der Betrieb (Zeitschrift)
DBA	Doppelbesteuerungsabkommen
DBW	Die Betriebswirtschaft (Zeitschrift); vor 1977: Zeitschrift für Handelswissenschaft und Handelspraxis
DCGK	Deutscher Corporate Governance Kodex i.d.F. vom 2.6.2005
DepotG	Gesetz über die Verwaltung und Anschaffung von Wertpapieren (Depotgesetz) vom 4.2.1937 (RGBl. I, 171) i.d.F. vom 11.1.1995 (BGBl. I, 34)
ders.	derselbe
dgl.	dergleichen
DGVZ	Deutsche Gerichtsvollzieherzeitung (Zeitschrift)
d.h.	das heißt
DIS	Deutsche Institution für Schiedsgerichtsbarkeit e.V.
DIS-SchGO	Schiedsgerichtsordnung der Deutschen Institution für Schiedsgerichtsbarkeit e.V.
Diss.	Dissertation
DJ	Deutsche Justiz (Zeitschrift)
DJZ	Deutsche Juristenzeitung (Zeitschrift)
DMBilG	Gesetz über die Eröffnungsbilanz in Deutscher Mark und die Kapitalneufestsetzung (D-Mark-Bilanzgesetz) i.d.F. vom 28.7.1994 (BGBl. I, S. 1842)
DNotI	Deutsches Notarinstitut
DNotZ	Deutsche Notarzeitung (Zeitschrift)
DÖV	Die öffentliche Verwaltung (Zeitschrift)
DR	Deutsches Recht (Zeitschrift)
DrittelbG	Gesetz über die Drittelbeteiligung der Arbeitnehmer im Aufsichtsrat (Drittelbeteiligungsgesetz) vom 18.5.2004 (BGBl. I, S. 974)
DRpfl	Deutsche Rechtspflege (Zeitschrift)
DStR	Deutsches Steuerrecht (Zeitschrift); vor 1962: Deutsche Steuer-Rundschau
DStRE	Deutsches Steuerrecht – Entscheidungsdienst
DStZ	Deutsche Steuerzeitung
DVO	Durchführungsverordnung
DZWir	Deutsche Zeitschrift für Wirtschaftsrecht
e.A.	Einstweilige Anordnung
ebd.	ebenda
EBE/BGH	Eildienst Bundesgerichtliche Entscheidungen

Abkürzungsverzeichnis

EBITDA	earnings before interest, taxes, depreciation and amortization
EFG	Entscheidungen der Finanzgerichte
eG	eingetragene Genossenschaft
EG	Europäische Gemeinschaft; Einführungsgesetz; Vertrag zur Gründung der europäischen Gemeinschaft (ab 1.5.1999; vorher: EGV)
EGAktG	Einführungsgesetz zum Aktiengesetz vom 6.9.1965 (BGBl. I, S. 1185)
EGBGB	Einführungsgesetz zum Bürgerlichen Gesetzbuch vom 18.8.1896 (RGBl. S. 604)
EGGmbHG	Einführungsgesetz zum GmbH-Gesetz
EGHGB	Einführungsgesetz zum Handelsgesetzbuch vom 10.5.1897 (RGBl. S. 437)
EGInsO	Einführungsgesetz zur Insolvenzordnung
EGStGB	Einführungsgesetz zum Strafgesetzbuch
EGV/EG-Vertrag	Vertrag zur Gründung der Europäischen Gemeinschaft (vor 1.5.1999; seither: EG)
EHUG	Gesetz über elektronische Handelsregister und Genossenschaftsregister sowie das Unternehmensregister vom 10.11.2006 (BGBl. I, S. 2553)
Einf.	Einführung
EinigV	Einigungsvertrag
Einl.	Einleitung
einschl.	einschließlich
EMRK	Europäische Konvention zum Schutz der Menschenrechte und Grundfreiheiten
entspr.	entsprechend
EnWG	Energiewirtschaftsgesetz
ErbStG	Erbschaftsteuer- und Schenkungsteuergesetz i.d.F. der Bekanntmachung vom 27.2.1997 (BGBl. I, S. 378)
erg.	ergänzend
Erg.Lfg.	Ergänzungslieferung
ERJuKoG	Gesetz über elektronische Register und Justizkosten für Telekommunikation vom 10.12.2001 (BGBl. I, S. 3422)
Erl.	Erlass; Erläuterung(en)
EStDV	Einkommensteuer-Durchführungsverordnung
EStG	Einkommensteuergesetz i.d.F. vom 19.10.2002 (BGBl. I, S. 4210)
EStR	Einkommensteuerrichtlinien
etc.	et cetera
EU	Europäische Union
EuBVO	Verordnung (EG) Nr. Nr. 1206/2000 des Rates über die Zusammenarbeit zwischen den Gerichten der Mitgliedstaaten auf dem Gebiet der Beweisaufnahme
EuGH	Gerichtshof der Europäischen Gemeinschaften
EuGVO	Europäische Verordnung über die gerichtliche Zuständigkeit und die Anerkennung und Vollstreckung von Entscheidungen in Zivil- und Handelssachen vom 22.12.2000, ABIEG 2001 Nr. L 12/1, zuvor EuGVÜbk
EuGVÜ	Europäisches Übereinkommen über die gerichtliche Zuständigkeit und die Vollstreckung gerichtlicher Entscheidungen in Zivil- und Handelssachen vom 27.9.1968 (BGBl. I, S. 1972)
EuInsVO	Verordnung (EG) Nr. 1346/2000 des Rates über Insolvenzverfahren (ABl. EG Nr. L 160 S. 1)
EuroEG	Gesetz zur Einführung des Euro vom 9.6.1998 (BGBl. I, S. 1242)
EuZVO	Verordnung (EG) Nr. Nr. 1348/2001 des Rates über die Zustellung gerichtlicher und außergerichtlicher Schriftstücke
EuZW	Europäische Zeitschrift für Wirtschaftsrecht (Zeitschrift)
e.V.	einstweilige Verfügung; eingetragener Verein
EWiR	Entscheidungen zum Wirtschaftsrecht (Zeitschrift)
EWIV	Europäische Wirtschaftliche Interessenvereinigung
EWIVG/EWIV-AG	Gesetz zur Ausführung der EWG-Verordnung über die Europäische wirtschaftliche Interessenvereinigung (EWIV-Ausführungsgesetz) vom 14.4.1988 (BGBl. I, S. 514)
EWIV-VO	Verordnung (EWG) Nr. 2137/85 über die Schaffung einer Europäischen Wirtschaftlichen Interessenvereinigung
EWR	Europäischer Wirtschaftsraum
EzA	Entscheidungen zum Arbeitsrecht

Abkürzungsverzeichnis

f., ff.	folgende (r)
F&E	Forschung und Entwicklung
Fa.	Firma
FAmFG	Gesetz über das Verfahren in Familiensachen und in den Angelegenheiten der Freiwilligen Gerichtsbarkeit vom 17.12.2008 (BGBl. I, S. 2586, 2587, 2009 I, S. 1102)
FamRZ	Zeitschrift für Familienrecht
FAZ	Frankfurter Allgemeine Zeitung
FB	FinanzBetrieb (Zeitschrift)
FG	Finanzgericht
FGG	Gesetz über die Angelegenheiten der freiwilligen Gerichtsbarkeit vom 17.5.1898 (RGBl., S. 189) aufgehoben durch FamFG
FGO	Finanzgerichtsordnung
FGPrax	Praxis der freiwilligen Gerichtsbarkeit (Zeitschrift)
FinMin	Finanzministerium (eines Bundeslandes)
FK-InsO/*Bearbeiter*	*Wimmer*, Frankfurter Kommentar zur Insolvenzordnung
FLF	Finanzierung Leasing Factoring (Zeitschrift)
Fn.	Fußnote
FR	Finanzrundschau Deutsches Steuerblatt (Zeitschrift)
FRA	Forward Rate Agreement
FS	Festschrift (für)
FusionsRL	Fusions-Richtlinie
G	Gesetz
GastG	Gaststättengesetz
GB	Grundbuch
GBA	Grundbuchamt
GBl.	Gesetzblatt
GBl. (DDR) I	Gesetzblatt Deutsche Demokratische Republik Teil I
GBO	Grundbuchordnung i.d.F. vom 26.5.1994 (BGBl. I, S. 1114)
GbR	Gesellschaft bürgerlichen Rechts
GebrMG	Gebrauchsmustergesetz i.d.F. vom 28.8.1986 (BGBl. I, S. 1455)
gem.	gemäß
GemSOGB	Gemeinsamer Senat der obersten Gerichtshöfe des Bundes
GenG	Gesetz betreffend die Erwerbs- und Wirtschaftsgenossenschaften (Genossenschaftsgesetz) vom 1.5.1889 (RGBl. S. 55) i.d.F. vom 19.8.1994 (BGBl. I, S. 220)
GenTG	Gentechnikgesetz
GeschmMG	Gesetz über den rechtlichen Schutz von Mustern und Modellen (Geschmacksmustergesetz) vom 12.3.2004 (BGBl. I, S. 390)
GesO	Gesamtvollstreckungsanordnung
GewArch	Gewerbearchiv (Zeitschrift)
GewO	Gewerbeordnung i.d.F. vom 22.2.1999 (BGBl. I, S. 202)
GewStG	Gewerbesteuergesetz i.d.F. vom 15.10.2002 (BGBl. I, S. 4167)
GG	Grundgesetz für die Bundesrepublik Deutschland vom 23.5.1949 (BGBl. I, S. 1)
ggf.	gegebenenfalls
GKG	Gerichtskostengesetz i.d.F. vom 15.12.1975 (BGBl. I, S. 3047)
GmbH	Gesellschaft mit beschränkter Haftung
GmbHÄndG	Gesetz zur Änderung des Gesetzes betreffend die Gesellschaften mit beschränkter Haftung und anderer handelsrechtlicher Vorschriften vom 4.7.1980 (BGBl. I, S. 836)
GmbHG	Gesetz betreffend die Gesellschaften mit beschränkter Haftung vom 20.4.1892 (RGBl., S. 477) i.d.F. vom 20.5.1898 (RGBl., S. 846), zuletzt geändert durch EHUG
GmbHR	GmbH-Rundschau (Zeitschrift)
GmbH-Stb	Der GmbH-Steuerberater (Zeitschrift)
GoA	Geschäftsführung ohne Auftrag
GoB	Grundsätze ordnungsgemäßer Buchführung
GoI	Grundsätze ordnungsgemäßer Inventur
grds.	grundsätzlich

Abkürzungsverzeichnis

GrEStG	Grunderwerbsteuergesetz
GrS	Großer Senat
GrSZ	Großer Senat in Zivilsachen
GRUR	Gewerblicher Rechtsschutz und Urheberrecht (Zeitschrift)
GS	Gedächtnisschrift; Preußische Gesetzsammlung (Jahr, Seite)
GüKG	Güterkraftverkehrsgesetz i.d.F. vom 22.6.1998 (BGBl. I, S. 1485)
GuV	Gewinn- und Verlust-Rechnung
GVBl.	Gesetz- und Verordnungsblatt (Jahr, Seite)
GV	Gerichtsvollzieher
GVG	Gerichtsverfassungsgesetz
GWB	Gesetz gegen Wettbewerbsbeschränkungen i.d.F. vom 15.7.2005 (BGBl. I, S. 2114)
h.A.	herrschende Auffassung
HaftpflG	Haftpflichtgesetz
HansOLG	Hanseatisches OLG
HausTWG	Gesetz über den Widerruf von Haustürgeschäften und ähnlichen Geschäften vom 16.1.1986 (BGBl. I, 122), aufgehoben durch SchuldRModG
HessStiftG	Hessisches Stiftungsgesetz
HFA	Hauptfachausschuss des Instituts der Wirtschaftsprüfer
HGB	Handelsgesetzbuch vom 10.5.1897 (RGBl., S. 219), zuletzt geändert durch EHUG vom 10.11.2006
HGrG	Gesetz über die Grundsätze des Haushaltsrechts (Haushaltsgrundsätzegesetz) vom 19.8.1969 (BGBl. I, S. 1273)
HinterlO	Hinterlegungsordnung vom 10.3.1937 (RGBl. I, S. 285)
h.L.	herrschende Lehre
h.M.	herrschende Meinung
HRefG	Gesetz zur Neuregelung des Kaufmanns- und Firmenrechts und zur Änderung anderer handels- und gesellschaftsrechtlicher Vorschriften (Handelsrechtsreformgesetz – HRefG) vom 22.6.1998 (BGBl. I, S. 1474)
HReg	Handelsregister
HRegGebNeuOG	Gesetz zur Neuordnung der Gebühren in Handels-, Partnerschafts- und Genossenschaftsregistersachen (Handelsregistergebühren-Neuordnungsgesetz) vom 3.7.2004 (BGBl. I, S. 1410)
HRegGebV	Verordnung über Gebühren in Handels-, Partnerschafts- und Genossenschaftsregistersachen (Handelsregistergebührenverordnung) vom 30.9.2004 (BGBl. I, S. 2562)
HRR	Höchstrichterliche Rechtsprechung (Zeitschrift)
HRV	Verordnung über die Einrichtung und Führung des Handelsregisters (Handelsregisterverordnung) vom 12.8.1937 (RMBl., S. 515), zuletzt geändert durch EHUG vom 10.11.2006
Hs.	Halbsatz
Hrsg.	Herausgeber
HV	Hauptversammlung
HwO	Handwerksordnung
HypBG	Hypothekenbankgesetz i.d.F. vom 9.9.1998 (BGBl. I, S. 2674), aufgehoben durch PfandBG
i.A(bw).	in Abwicklung
IAS	International Accounting Standard, ab 1.4.2001 IFRS
ICC	International Chamber of Commerce
ICC-SchGO	Schiedsgerichtsordnung des International Court of Arbitration of the International Chamber of Commerce
i.d.F.	in der Fassung
i.d.gelt.F.	in der geltenden Fassung
i.d.R.	in der Regel
IdW	Institut der Wirtschaftsprüfer in Deutschland e.V.
i.E.	im Einzelnen
i.Erg.	im Ergebnis
i.e.S.	im engeren Sinne
IFRS	International Financial Reporting Standard (seit 1.4.2001, zuvor: IAS)

Abkürzungsverzeichnis

IHK	Industrie- und Handelskammer
IHR	Richtlinien für Insidergeschäfte mit börsenorientierten oder öffentlich angebotenen Aktien (Insiderhandelsrichtlinien)
i.H.v.	in Höhe von
i.Ins.	in Insolvenz
i.L(iq).	in Liquidation
insbes.	insbesondere
InsO	Insolvenzordnung vom 5.10.1994 (BGBl. I, S. 2866)
InsVV	Insolvenzrechtliche Vergütungsverordnung
InvG	Investmentgesetz vom 15.12.2003 (BGBl. I, S. 2676)
InVo	Insolvenz und Vollstreckung (Zeitschrift)
IPR	Internationales Privatrecht
IPRax	Praxis des Internationalen Privat- und Verfahrensrechts (Zeitschrift)
IPRspr	Die Deutsche Rechtsprechung auf dem Gebiete des IPR (Zeitschrift)
i.S.	im Sinne
i.S.d.	im Sinne des (der)
IStR	Internationales Steuerrecht (Zeitschrift)
i.S.v.	im Sinne von
i.V.m.	in Verbindung mit
IZRspr	Sammlung der deutschen Entscheidungen zum internationalen Privatrecht
i.Zw.	im Zweifel
JA	Juristische Arbeitsblätter (Zeitschrift)
JKomG	Gesetz über die Verwendung elektronischer Kommunikationsformen in der Justiz (Justizkommunikationsgesetz) vom 22.3.2005 (BGBl. I, S. 837)
JR	Juristische Rundschau (Zeitschrift)
JuS	Juristische Schulung (Zeitschrift)
JurBüro	Das Juristische Büro (Zeitschrift)
JW	Juristische Wochenschrift (Zeitschrift)
JZ	Juristenzeitung (Zeitschrift)
KAGG	Gesetz über die Kapitalanlagegesellschaften i.d.F. vom 9.9.1998 (BGBl. I, S. 2726), aufgehoben durch InvG 2003
Kap.	Kapitel
KapAEG	Gesetz zur Verbesserung der Wettbewerbsfähigkeit deutscher Konzerne an Kapitalmärkten und zur Erleichterung der Aufnahme von Gesellschaftsdarlehen (Kapitalaufnahmeerleichterungsgesetz) vom 20.4.1998 (BGBl. I, S. 707)
KapErhG	Gesetz über die Kapitalerhöhung aus Gesellschaftsmitteln und über die Verschmelzung von Gesellschaften mit beschränkter Haftung vom 23.12.1959 (BGBl. I, 789), außer Kraft mit Wirkung vom 1.1.1995 durch Gesetz vom 28.10.1994 (BGBl. I, 3210)
KapErhStG	Gesetz über steuerrechtliche Maßnahmen bei Erhöhung des Nennkapitals aus Gesellschaftsmitteln vom 30.12.1959 (BGBl. I, S. 834; BStBl. I 1960, 14)
KapMuG	Gesetz zur Einführung von Kapitalanleger-Musterverfahren (Kapitalanleger-Musterverfahrensgesetz vom 16.8.2005 (BGBl. I, S. 2437, ber. BGBl. I, 3095)
Kfm.	Kaufmann
kfm.	kaufmännisch
KfW	Kreditanstalt für Wiederaufbau
KG	Kommanditgesellschaft; Kammergericht
KGaA	Kommanditgesellschaft auf Aktien
KGJ	Jahrbuch für die Entscheidungen des Kammergerichts (Band, Seite)
KO	Konkursordnung i.d.F. vom 20.5.1898 (RGBl., S. 612)
KK-AktG/*Bearbeiter*	*Zöllner/Noack*, Kölner Kommentar zum Aktiengesetz, 8 Bände
KK-WpÜG/*Bearbeiter*	*Hirte/v. Bülow*, Kölner Kommentar zum WpÜG
KonTraG	Gesetz über die Kontrolle und Transparenz im Unternehmensbereich vom 27.4.1998 (BGBl. I, S. 786)
KostO	Gesetz über die Kosten in Angelegenheiten der freiwilligen Gerichtsbarkeit (Kostenordnung) i.d.F. vom 26.7.1957 (BGBl. I, S. 960)
KSchG	Kündigungsschutzgesetz vom 25.8.1969 (BGBl. I, S. 1317)
KStG	Körperschaftsteuergesetz 2002 i.d.F. vom 15.10.2002 (BGBl. I, S. 4144)

Abkürzungsverzeichnis

KStR	Körperschaftsteuerrichtlinien
KTS	Konkurs, Treuhand- und Schiedsgerichtswesen (Zeitschrift)
KV	Kostenverzeichnis
KVO	Kraftverkehrsordnung für den Güterfernverkehr mit Kraftfahrzeugen i.d.F. vom 23.12.1958, aufgehoben
KVStG	Kapitalverkehrssteuergesetz i.d.F. vom 17.11.1972 (BGBl. I, S. 2129), aufgehoben
KWG	Gesetz über das Kreditwesen i.d.F. vom 9.9.1998 (BGBl. I, S. 2776)
LadschlG	Ladenschlussgesetz vom 28.11.1956 (BGBl. I, S. 875)
LAG	Landesarbeitsgericht
LAGE	Entscheidungssammlung Landesarbeitsgerichte
LFzG/LohnFG	Gesetz über die Fortzahlung des Arbeitsentgelts im Krankheitsfalle (Lohnfortzahlungsgesetz) vom 27.7.1969 (BGBl. I, S. 946)
LG	Landgericht
LHO	Landeshaushaltsordnung
lit.	litera, Buchstabe
LM	Lindenmaier-Möhring, Nachschlagewerk des Bundesgerichtshofs
LohnFG	s. LFzG
LPartG	Gesetz über die eingetragene Lebenspartnerschaft (Lebenspartnerschaftsgesetz) vom 16.2.2001 (BGBl. I, S. 66)
LPG	Landwirtschaftliche Produktionsgenossenschaft (DDR)
LS	Leitsatz
LSG	Landessozialgericht
LStDV	Lohnsteuer-Durchführungsverordnung
ltd./Ltd.	(engl.) Limited, private limited company by shares
LuftVG	Luftverkehrsgesetz i.d.F. vom 27.3.1999 (BGBl., S. 550)
LZ	Leipziger Zeitschrift für Deutsches Recht
MaBV	Verordnung über die Pflichten der Makler, Darlehens- und Anlagenvermittler, Bauträger und Baubetreuer (Makler- und Bauträgerverordnung) i.d.F. vom 7.11.1990 (BGBl. I, S. 2479)
MünchAnwalts-Hdb. GmbH/ *Bearbeiter*	*Römermann*, Münchener Anwaltshandbuch GmbH-Recht
MünchAnwalts-Hdb. PersGes/ *Bearbeiter*	*Gummert*, Münchener Anwaltshandbuch Personengesellschaftsrecht
m.Anm.	mit Anmerkung
MarkenG	Gesetz über den Schutz von Marken und sonstigen Kennzeichen (Markengesetz) vom 25.10.1994 (BGBl. I, S. 3082, ber. 1995 I, S. 156)
MDR	Monatsschrift für Deutsches Recht
MinBl.	Ministerialblatt
MitbestErgG	Gesetz zur Ergänzung des Gesetzes über die Mitbestimmung der Arbeitnehmer in den Aufsichtsräten und Vorständen der Unternehmen des Bergbaus und der Eisen und Stahl erzeugenden Industrie vom 7.8.1956 (BGBl. I, S. 707)
MitbestG	Gesetz über die Mitbestimmung der Arbeitnehmer (Mitbestimmungsgesetz) vom 4.5.1976 (BGBl. I, S. 1153)
MittBl.	Mitteilungsblatt
MittBayNotK	Mitteilungen der Bayerischen Notarkammer
MittRhNotK	Mitteilungen der Rheinischen Notarkammer
MMR	MultiMedia und Recht (Zeitschrift)
m.N.	mit Nachweis(en)
MoMiG	Gesetze zur Modernisierung des GmbH-Rechts und zur Bekämpfung von Missbräuchen i.d.F. vom 23.10.2008 (BGBl. I, S. 2026)
MontanMitbestG	Gesetz über die Mitbestimmung der Arbeitnehmer in den Aufsichtsräten und Vorständen der Unternehmen des Bergbaus und der Eisen und Stahl erzeugenden Industrie (Montan-Mitbestimmungsgesetz) vom 21.5.1951 (BGBl. I, S. 347)

Abkürzungsverzeichnis

MontanMitbestErgG	Gesetz zur Ergänzung des Gesetzes über die Mitbestimmung der Arbeitnehmer in den Aufsichtsräten und Vorständen der Unternehmen des Bergbaus und der Eisen und Stahl erzeugenden Industrie (Montan-Mitbestimmungsgesetz)
MRK	Menschenrechtskonvention
MünchKommBGB/ Bearbeiter	*Rebmann/Säcker/Rixecker*, Münchener Kommentar zum Bürgerlichen Gesetzbuch, 12 Bände und Loseblatt-Aktualisierungsband
MünchKommAktG/ Bearbeiter	*Kropff/Semler*, Münchener Kommentar Aktiengesetz 9 Bände
MünchKommHGB/ Bearbeiter	*K. Schmidt*, Münchener Kommentar zum Handelsgesetzbuch, 7 Bände und Ergänzungsband
MünchKommZPO/ Bearbeiter	*Lüke/Wax*, Münchener Kommentar zur Zivilprozessordnung, 3 Bände und Aktualisierungsband
MünchHdb. GesR I (II/III/IV/V)/*Bearbeiter*	Münchener Handbuch des Gesellschaftsrechts
MuSchG	Gesetz zum Schutze der erwerbstätigen Mutter (Mutterschutzgesetz) i.d.F. vom 20.6.2002 (BGBl. I, S. 1812)
m.w.N.	mit weiteren Nachweisen
m.w.V.	mit weiteren Verweisen
NachhBG	Gesetz zur zeitlichen Begrenzung der Nachhaftung von Gesellschaftern (Nachhaftungsbegrenzungsgesetz) vom 18.3.1994 (BGBl. I, S. 560)
NaStraG	Gesetz zur Namensaktie und zur Erleichterung der Stimmrechtsausübung (Namensaktiengesetz) vom 18.1.2001 (BGBl. I, S. 123)
n.F.	neue Fassung
NJ	Neue Justiz (Zeitschrift)
NJOZ	Neue Juristische Online-Zeitschrift
NJW	Neue Juristische Wochenschrift (Zeitschrift)
NJW-CoR	NJW-Computerreport (Zeitschrift)
NJW-RR	Neue Juristische Wochenschrift Rechtsprechungsreport (Zeitschrift)
NJWE-VHR	NJW-Entscheidungsdienst Versicherungs- und Haftpflicht (Zeitschrift)
NJWE-WettbR	NJW-Entscheidungsdienst für Wettbewerbsrecht (Zeitschrift)
Nr.	Nummer(n)
NRW	Nordrhein-Westfalen
NStZ	Neue Zeitschrift für Strafrecht
NStZ-RR	Neue Zeitschrift für Strafrecht Rechtsprechungsreport
NVwZ	Neue Zeitschrift für Verwaltungsrecht
NVwZ-RR	Neue Zeitschrift für Verwaltungsrecht Rechtsprechungsreport
NZA	Neue Zeitschrift für Arbeitsrecht
NZA-RR	Neue Zeitschrift für Sozialrecht
NZG	Neue Zeitschrift für Gesellschaftsrecht
o.ä. (Ä.)	oder ähnlich/oder Ähnliches
OECD-MA	OECD-Musterabkommen 2003 zur Vermeidung der Doppelbesteuerung auf dem Gebiet der Steuern vom Einkommen und vom Vermögen
OEEC	Organization for European Economic Cooperation
ÖJZ	Österreichische Juristenzeitung
o.g.	oben genannt(e/er/es)
OGH	Oberster Gerichtshof in Österreich
OGHZ	Amtliche Sammlung der Entscheidungen des OGH in Zivilsachen
OHG	Offene Handelsgesellschaft
OLG	Oberlandesgericht
OLGE	Sammlung der Rechtsprechung der Oberlandesgerichte (Band, Seite)
OLG-NL	OLG-Rechtsprechung Neue Länder
OLGR	OLG-Report (Zeitschrift)
OLGZ	Entscheidungen der Oberlandesgerichte in Zivilsachen einschließlich der freiwilligen Gerichtsbarkeit
ÖPNV	Öffentlicher Personennahverkehr
ÖV	Die öffentliche Verwaltung (Zeitschrift)
OVG	Oberverwaltungsgericht
OVGE	Entscheidungen der Oberverwaltungsgerichte (Band, Seite)
OWiG	Gesetz über Ordnungswidrigkeiten i.d.F. vom 19.2.1987 (BGBl. I, S. 602)

Abkürzungsverzeichnis

p.a.	per annum
PachtKG	Pachtkreditgesetz
Palandt/*Bearbeiter*	Palandt, Kurzkommentar zum BGB
PartGG	Gesetz über Partnergesellschaften Angehöriger Freier Berufe (Partnerschaftsgesellschaftsgesetz) vom 25.7.1994 (BGBl. I, S. 1744)
PatAO	Patentanwaltsordnung
PatG	Patentgesetz i.d.F. vom 16.12.1980 (BGBl. 1981 I, S. 1)
PersBfG	Gesetz über die Beförderungen von Personen zu Lande (Personenbeförderungsgesetz) i.d.F. vom 8.8.1990 (BGBl. I, S. 1690)
PfandBG	Pfandbriefgesetz vom 22.5.2005 (BGBl. I, S. 1373)
PGH	Produktionsgenossenschaft des Handwerks (DDR)
PrAngV(O)	Preisangabenverordnung vom 18.10.2002 (BGBl. I, S. 4197)
ProdHaftG	Gesetz über die Haftung für fehlerhafte Produkte (Produkthaftungsgesetz) vom 15.12.1989 (BGBl. I, S. 2198)
PrüfbV	Prüfungsberichtsverordnung
PRV	Partnerschaftsregisterverordnung
PublG	Gesetz über die Rechnungslegung von bestimmten Unternehmen und Konzernen (Publizitätsgesetz) vom 15.8.1969 (BGBl. I, S. 1189, ber. 1970 I, S. 1113)
Publikumsges.	Publikumsgesellschaft
pVV	positive Vertragsverletzung
PWW/*Bearbeiter*	*Prütting/Wegen/Weinreich*, Kommentar zum BGB
RA	Rechtsanwalt
RAK	Rechtsanwaltskammer
RberG	Rechtsberatungsgesetz vom 13.12.1935 (RGBl. I, S. 1478)
RdA	Recht der Arbeit (Zeitschrift)
Rdn.	Randnummer innerhalb des Werkes
Recht	Das Recht (seit 1935 Beilage zu Deutsche Justiz) (Zeitschrift, Jahr und Nr. der Entscheidung bzw. Jahr und Seite)
RefE	Referentenentwurf
RefE MoMiG	Referentenentwurf eines »Gesetzes zur Modernisierung des GmbH-Rechts und zur Bekämpfung von Missbräuchen« vom 29.5.2006
RegBegr.	(Gesetzes-)Begründung der Bundesregierung
RegBl.	Regierungsblatt
RegE	Regierungsentwurf
RFH	Reichsfinanzhof
RG	Reichsgericht
RGSt	Amtliche Sammlung der Entscheidungen des Reichsgerichts in Strafsachen (Band, Seite)
RGZ	Reichsgericht, Entscheidungen in Zivilsachen
RGBl.	Reichsgesetzblatt
Richtl.	Richtlinie
RIW/AWD	Recht der internationalen Wirtschaft/Außenwirtschaftsdienst des Betriebs-Beraters (Zeitschrift)
RJM	Reichsministerium der Justiz
RL	Richtlinie
ROHG	Reichsoberhandelsgericht; mit Fundstelle: amtliche Entscheidungssammlung (Band, Seite)
Rn.	Randnummer in anderen Veröffentlichungen
Rpfleger	Der Deutsche Rechtspfleger (Zeitschrift)
RR	Rechtsprechungsreport
Rspr.	Rechtsprechung
RStBl.	Reichssteuerblatt (Jahr, Seite)
RVG	Gesetz über die Vergütung der Rechtsanwältinnen und Rechtsanwälte (Rechtsanwaltsvergütungsgesetz) vom 5.5.2004 (BGBl. I, S. 718), Ablösung der BRAGO
s.	siehe
S.	Seite; Satz
s.a.	siehe auch

Abkürzungsverzeichnis

SAE	Sammlung arbeitsrechtlicher Entscheidungen (Jahr, Seite)
SCE	Societas Cooperativa Europaea – Europäische Genossenschaft
ScheckG	Scheckgesetz vom 14.8.1933 (RGBl. I, S. 597)
SchiedsG	Schiedsgericht
SchiedsVZ	Zeitschrift für Schiedsverfahren
SchuldRÄndG	Gesetz zur Änderung schuldrechtlicher Bestimmungen im Beitrittsgebiet (Schuldrechtsänderungsgesetz) vom 21.9.1994 (BGBl. I, S. 2538)
SchuldRAnpG	Gesetz zur Anpassung schuldrechtlicher Nutzungsverhältnisse an Grundstücken im Beitrittsgebiet (Schuldrechtanpassungsgesetz) vom 21.9.1994 (BGBl. I, S. 2538)
SchuldRModG	Gesetz zur Modernisierung des Schuldrechts vom 26.11.2001 (BGBl. I, S. 3138); Inkrafttreten 1.1.2002
Sec.	Section
SE	Societas Europaea – Europäische Aktiengesellschaft
SEAG	Gesetz zur Ausführung der Verordnung (EG9 Nr. 2157/2001 des Rates vom 8.10.2001 über das Statut der Europäischen Gesellschaft (SE) (SE-Ausführungsgesetz) vom 22.12.2004 (BGBl. I, S. 3675)
SEBG	Gesetz über die Beteiligung der Arbeitnehmer in einer Europäischen Gesellschaft (SE-Beteiligungsgesetz) vom 22.12.2004 (BGBl. I, S. 3675, 3686)
SEEG	Gesetz zur Einführung der Europäischen Gesellschaft vom 22.12.2004 (BGBl. I, S. 3675)
SE-RL	Richtlinie 2001/86/EG des Rates zur Ergänzung des Statuts der Europäischen Gesellschaft hinsichtlich der Beteiligung der Arbeitnehmer (SE-Richtlinie) vom 8.10.2001 (ABl. EG L 294/22)
SEStEG	Gesetz über steuerliche Begleitmaßnahmen zur Einführung der Europäischen Aktiengesellschaft (SE) – RegE (BR-Drucks. 542/06 vom 11.8.2006)
SE-VO	Verordnung (EG) Nr. 2157/2001 des Rates über das Statut der Europäischen Gesellschaft (SE), Abl. EG L 294/1 vom 10.11.2001
SG	Sozialgericht
SGB	Sozialgesetzbuch
SGG	Sozialgerichtsgesetz
Slg.	Sammlung
s.o.	siehe oben
sog.	so genannte(r/s)
SozPraxis	SozialPraxis (Zeitschrift) (vor 1940)
SpruchG	Gesetz über das gesellschaftrechtliche Spruchverfahren (Spruchverfahrensgesetz) vom 12.6.2003 (BGBl. I, 838)
StAnpG	Steueranpassungsgesetz vom 16.10.1934 (RGBl. I, 925)
Staudinger/*Bearbeiter*	J. von Staudingers Kommentar zum Bürgerlichen Gesetzbuch mit Einführungsgesetz und Nebengesetzen
StB	Der Steuerberater (Zeitschrift)
StBerG	Steuerberatungsgesetz i.d.F. vom 4.11.1975 (BGBl. I, S. 2735) Gesetz über die Rechtsverhältnisse der Steuerberater und Steuerbevollmächtigten vom 23.8.1961 (BGBl. I, S. 1301)
Stbg	Die Steuerberatung (Zeitschrift)
StBP	Die steuerliche Betriebsprüfung (Zeitschrift)
StGB	Strafgesetzbuch i.d.F. vom 13.11.1998 (BGBl. I, S. 3322)
StPO	Strafprozessordnung
str.	streitig
st.Rspr.	ständige Rechtsprechung
StSenkG	Steuersenkungsgesetz vom 23.10.2000 (BGBl. I, S. 1433)
StSenkErgG	Steuersenkungs-Ergänzungsgesetz vom 19.12.2000 (BGBl. I, S. 1812)
StuW	Steuer und Wirtschaft (Zeitschrift)
StV	Der Strafverteidiger (Zeitschrift)
s.u.	siehe unten
TDG	Gesetz über die Nutzung von Telediensten (Teledienstegesetz) vom 22.7.1997 (BGBl. I, S. 1870)
TKG	Telekommunikationsgesetz vom 22.6.2004 (BGBl. I, S. 1190)
TransportR	Transportrecht (Zeitschrift)

Abkürzungsverzeichnis

TransPuG	Gesetz zur weiteren Reform des Aktien- und Bilanzrechts, zu Transparenz und Publizität (Transparenz- und Publizitätsgesetz) vom 19.7.2002 (BGBl. I, S. 2681)
TreuhandG	Gesetz zur Privatisierung und Reorganisation des volkseigenen Vermögens vom 17.6.1990 (GBl. I, S. 300)
TVG	Tarifvertragsgesetz i.d.F. vom 25.8.1969 (BGBl. I, S. 1323)
Tz.	Textziffer
u.a.	unter anderem
UBGG	Gesetz über Unternehmensbeteiligungsgesellschaften i.d.F. vom 9.9.1998 (BGBl. I, S. 2765)
UMAG	Gesetz zur Unternehmensintegrität und Modernisierung des Anfechtungsrechts vom 22.9.2005 (BGBl. I, S. 2802)
UmwBerG	Gesetz zur Bereinigung des Umwandlungsrechts vom 28.10.1994 (BGBl. I, S. 3210)
UmwG	Umwandlungsgesetz i.d.F. vom 28.10.1994 (BGBl. I, S. 3210), ber. 1995 I 428
UmwStE	Umwandlungssteuererlass vom 25.3.1998
UmwStG	Umwandlungssteuergesetz 2002 i.d.F. vom 15.10.2002 (BGBl. I, S. 4133)
UmwVO	Umwandlungsverordnung
unstr.	unstreitig
UrhG	Gesetz über Urheberrecht und verwandte Schutzrechte (Urheberrechtsgesetz) vom 9.9.1965 (BGBl. I, S. 1273)
UrhRWahrnehmungsG	Urheberrechtswahrnehmungsgesetz
Urt.	Urteil
UStG	Umsatzsteuergesetz 1999 i.d.F. vom 9.6.1999 (BGBl. I, S. 1270)
UStR	Umsatzsteuer Rundschau (Zeitschrift)
u.U.	unter Umständen
UWG	Gesetz gegen den unlauteren Wettbewerb vom 3.7.2004 (BGBl. I, S. 1414)
vEK	verwendbares Eigenkapital
VereinsG	Gesetz zur Regelung des öffentlichen Vereinsrechts (Vereinsgesetz) vom 5.8.1964 (BGBl. I, S. 593)
VerbrKrG	Verbraucherkreditgesetz vom 17.12.1990 (BGBl. I, S. 2840), aufgehoben durch SchuldRModG
VerglO	Vergleichsordnung vom 26.2.1935 (RGBl. I, S. 321)
VerkProspG	Wertpapier-Verkaufsprospektgesetz i.d.F. vom 9.9.1998 (BGBl. I, S. 2701)
VermBG	Vermögensbildungsgesetz
VermVerkProspV	Verordnung über Vermögensanlagen-Verkaufsprospekte vom 16.12.2004 (BGBl. I, S. 3464)
VersR	Versicherungsrecht (Zeitschrift)
VersRiLi	Versicherungsbilanzrichtlinie
VersRiLiG	Gesetz zur Durchführung der Richtlinie des Rates der Europäischen Gemeinschaften über den Jahresabschluss und den konsolidierten Abschluss von Versicherungsunternehmen (Versicherungsbilanzrichtlinie-Gesetz) vom 24.6.1994 (BGBl. I, S. 1377)
vGA	verdeckte Gewinnausschüttung(en)
VG	Verwaltungsgericht
VGH	Verwaltungsgerichtshof
vgl.	vergleiche
VIZ	Zeitschrift für Vermögens- und Investitionsrecht
VO	Verordnung
VOB	Verdingungsordnung für Bauleistungen
VOBl.	Verordnungsblatt
Vorb(em).	Vorbemerkung
VorsRichter	Vorsitzender Richter
VorstAG	Gesetz zu Angemessenheit der Vorstandsvergütung vom 31.7.2009 (BGBl. I, S. 2509)
VStG	Vermögensteuergesetz
v.T.w.	von Todes wegen
VuR	Verbraucher und Recht (Zeitschrift)
VVaG	Versicherungsverein auf Gegenseitigkeit
vVG	verdeckte Vorteilsgewährung

Abkürzungsverzeichnis

VVG	Gesetz über den Versicherungsvertrag (Versicherungsvertragsgesetz) vom 30.5.1908 (RGBl, S. 263)
VV RVG	Vergütungsverzeichnis zum RVG
VW	Versicherungswirtschaft (Zeitschrift)
VwGO	Verwaltungsgerichtsordnung i.d.F. vom 19.3.1991 (BGBl. I, S. 686)
VwVfG	Verwaltungsverfahrensgesetz i.d.F. vom 23.1.2003 (BGBl. I, S. 102)
VwVG	Verwaltungs-Vollstreckungsgesetz 27.4.1953 (BGBl. I, S. 157)
VwZG	Verwaltungs-Zustellungsgesetz vom 21.8.2005 (BGBl. I, S. 2354)
WEG	Gesetz über das Wohnungseigentum und das Dauerwohnrecht vom 15.3.1951 (BGBl. I, S. 175, 209)
WG	Wechselgesetz vom 21.6.1933 (RGBl. I, S. 399)
wistra	Zeitschrift für Wirtschafts- und Steuerstrafrecht
WM	Wertpapiermitteilungen (Zeitschrift)
WPg	Die Wirtschaftsprüfung (Zeitschrift)
WP-Hdb	Wirtschaftsprüfer-Handbuch
WpHG	Gesetz über den Wertpapierhandel (Wertpapierhandelsgesetz) i.d.F. vom 9.9.1998 (BGBl. I, S. 2708)
WPO	Gesetz über eine Berufsordnung der Wirtschaftsprüfer (Wirtschaftsprüferordnung) i.d.F. vom 5.11.1975 (BGBl. I, S. 2803)
WpPG	Gesetz über die Erstellung, Billigung und Veröffentlichung des Prospekts, der beim öffentlichen Angebot von Wertpapieren oder bei der Zulassung von Wertpapieren zum Handel an einem organisierten Markt zu veröffentlichen ist (Wertpapierprospektgesetz) vom 22.6.2005 (BGBl. I, S. 1698)
WpÜG	Wertpapiererwerbs- und Übernahmegesetz vom 20.12.2001 (BGBl. I, S. 3822)
WRP	Wettbewerb in Recht und Praxis (Zeitschrift)
WRV	Weimarer Reichsverfassung
WuB	Entscheidungssammlung zum Wirtschafts- und Bankrecht (Loseblatt-Zeitschrift)
WuW	Wirtschaft und Wettbewerb (Zeitschrift)
WZG	Warenzeichengesetz
ZAP	Zeitschrift für die anwaltliche Praxis
z.B.	zum Beispiel
ZBB	Zeitschrift für Bankrecht und Bankwirtschaft
ZBR	Zurückbehaltungsrecht
ZEV	Zeitschrift für Erbrecht und Vermögensnachfolge
ZfA	Zeitschrift für Arbeitsrecht
ZfB	Zeitschrift für Betriebswirtschaft
Zfbf	Zeitschrift für betriebswirtschaftliche Forschung
ZfRV	Zeitschrift für Rechtsvergleichung
ZfS	Zeitschrift für Schadensrecht (Jahr, Seite)
ZfV	Zeitschrift für Versicherungswesen
ZG	Zollgesetz
ZGR	Zeitschrift für Unternehmens- und Gesellschaftsrecht
ZHR	Zeitschrift für das gesamte Handelsrecht und Wirtschaftsrecht (Band (Jahr), Seite)
ZInsO	Zeitschrift für das gesamte Insolvenzrecht
ZIP	Zeitschrift für Wirtschaftsrecht und Insolvenzpraxis
ZMR	Zeitschrift für Miet- und Raumrecht
ZPO	Zivilprozessordnung i.d.F. vom 12.9.1950 (BGBl. I, S. 533)
ZS	Zivilsenat
ZSteu	Zeitschrift für Steuern und Recht
z.T.	zum Teil
zust.	zustimmend
zutr.	zutreffend
ZVG	Gesetz über die Zwangsversteigerung und Zwangsverwaltung (Zwangsversteigerungsgesetz) vom 24.3.1897 (RGBl., S. 97)
ZVI	Zeitschrift für Verbraucher- und Privat-Insolvenzrecht
zzgl.	zuzüglich
ZZP	Zeitschrift für Zivilprozess
z.Zt.	zur Zeit

Literaturverzeichnis

Achilles/Ensthaler/Schmidt,	Kommentar zum GmbHG, 2005
Adler/Düring/Schmaltz,	Rechnungslegung nach Internationalen Standards, Loseblattsammlung, Stand 2007
Adler/Düring/Schmaltz,	Rechnungslegung und Prüfung der Unternehmen, 6. Aufl. 1995 ff.
Andres/Leithaus,	Kommentar zur InsO, 2006
AnwKomm-AktR,	AnwaltKommentar Aktienrecht, herausgegeben von *Heidel*, 2003
AnwKomm-BGB,	AnwaltKommentar BGB, herausgegeben von *Dauner-Lieb/Heidel/Ring*, 2005
Arndt/Lerch/Sandkühler,	Bundesnotarordnung, 6. Aufl. 2008
Assenmacher/Mathias/Göttlich/M ümmler,	KostO, 16. Aufl. 2008
Assmann/Schneider,	Wertpapierhandelsgesetz, 5. Aufl. 2009
Baetge/Dörner/Kleekämper/ Wollmert/Kirsch,	Rechnungslegung nach International Accounting Standards (IAS), Loseblattsammlung, Stand 2007
Baetge/Kirsch/Thiele,	Bilanzanalyse, 2. Aufl. 2004
Baetge/Kirsch/Thiele,	Bilanzen, 10. Aufl. 2009
Ballreich,	Fallkommentar zum Umwandlungsrecht, 4. Aufl. 2008
Bamberger/Roth,	Kommentar zum Bürgerlichen Gesetzbuch, Bd. 1, 2. Aufl. 2007
Baumbach/Hefermehl,	Gesetz gegen den unlauteren Wettberwerb, Zugabeverordnung, Rabattgesetz und Nebengesetze, 28. Aufl. 2010
Baumbach/Hopt,	Handelsgesetzbuch, 34. Aufl. 2010
Baumbach/Hueck,	Aktiengesetz, 17. Aufl. 2000
Baumbach/Hueck,	GmbH-Gesetz, 19. Aufl. 2010
Baumbach/Lauterbach/ Albers/Hartmann,	Zivilprozessordnung, 69. Aufl. 2010
Bechtold,	Kommentar zum GWB, 6. Aufl. 2010
BeckBil-Komm,	Beck'scher Bilanzkommentar, Handelsbilanz Steuerbilanz, herausgegeben von *Ellrott/Förschle/Hoyos/Winkeljohann*, 7. Aufl. 2010BeckOK, Online-Kommentar zum BGB, herausgegeben von *Bamberger/Roth*, 10. Edition 2008
Beck'sches Handbuch der AG,	mit KGaA, Gesellschaftsrecht Steuerrecht Börsengang, herausgegeben von *Müller/Rödder*, 2. Aufl. 2009
Beck'sches Handbuch der GmbH,	Gesellschaftsrecht Steuerrecht, herausgegeben von *Müller/Hense*, 4. Aufl. 2009
Beck'sches Handbuch der Personengesellschaften,	Gesellschaftsrecht Steuerrecht, herausgegeben von *Müller/Hoffmann*, 3. Aufl. 2009
Beck'sches Notarhandbuch,	herausgegeben von *Brambring/Jerschke/Waldner*, 5. Aufl. 2009
Beisel/Klumpp,	Der Unternehmenskauf, 6. Aufl. 2009
Bengel/Reimann, Handbuch der Testamentsvollstreckung,	4. Aufl. 2010
Benicke,	Wertpapiervermögensverwaltung, 2006

Literaturverzeichnis

Binder/Jünemann/Merz/ Sinewe,	Die Europäische Aktiengesellschaft (SE), 2007
Binz/Sorg,	Die GmbH und Co. KG, 10. Aufl. 2005
Birk,	Steuerrecht, 4. Aufl. 2001
Blaurock,	Handbuch der Stillen Gesellschaft, 7. Aufl. 2010
Blümich,	EStG, KStG, GewStG, herausgegeben von *Heuermann u.a.*, Loseblattsammlung, Stand Juni 2008
Böckstiegel,	Recht und Praxis der Schiedsgerichtsbarkeit der internationalen Handelskammer, 1986
Bork,	Einführung in das Insolvenzrecht, 4. Aufl. 2005
Bork,	Handbuch des Insolvenzanfechtungsrechts, 2007
Boruttau,	GrEStG, 16. Aufl. 2007
Braun,	Insolvenzordnung, 4. Aufl. 2010
Bumiller/Harders,	FamFG, 9. Aufl., 2009
Bunjes/Geist,	UStG, 9. Aufl. 2009
Bürgers/Körber,	Heidelberger Kommentar zum Aktiengesetz, 2008
Canaris,	Handelsrecht, 24. Aufl. 2006
Demharter,	GBO, 27. Aufl. 2009
Dötsch/Patt/Pung/Möhlenbrock,	UmwStR, 6. Aufl. 2007
Druckarczyk/Schüler,	Unternehmensbewertung, 5. Aufl. 2007
Ebenroth/Boujong/Just/ Strohn,	Handelsgesetzbuch, 2. Aufl. 2008
Eidenmüller/Rehm,	Ausländische Kapitalgesellschaften im deutschen Recht, 2004
El Mahi,	Die Europäische Aktiengesellschaft, Societas Europaea – SE, 2004
Emmerich,	Kartellrecht, 11. Aufl. 2008
Emmerich/Habersack,	Aktien- und GmbH-Konzernrecht, 5. Aufl. 2008
Emmerich/Habersack,	Konzernrecht, 9. Aufl. 2008
Ensthaler,	Gemeinschaftskommentar zum Handelsgesetzbuch mit UN-Kaufrecht, 7. Aufl. 2007
Erfurter Kommentar zum Arbeitsrecht,	Erfurter Kommentar zum Arbeitsrecht, herausgegeben von *Dieterich/ Müller-Glöge/Preis/Schaub,* 9. Aufl. 2008
Erman,	Handkommentar zum Bürgerlichen Gesetzbuch, herausgegeben von *Westermann,* 12. Aufl. 2008
Eylmann/Vaasen,	Beurkundungsgesetz, 2. Aufl. 2004
Feddersen/Meyer-Landrut,	Partnerschaftsgesellschaftsgesetz. Kommentar und Mustervertrag, 1995
Fehrenbacher,	Registerpublizität und Haftung im Zivilrecht, 2004
Fitting/Engels/Schmidt,	Betriebsverfassungsgesetz, 24. Aufl. 2008
FK-InsO,	Frankfurter Kommentar zur Insolvenzordnung, herausgegeben von *Wimmer,* 5. Aufl. 2009
FK-WpÜG,	Frankfurter Kommentar zum Wertpapiererwerbs- und Übernahmegesetz, herausgegeben von *Haarmann/Schüppen,* 3. Aufl. 2008

Literaturverzeichnis

Fleischer,	Handbuch des Vorstandsrechts, 2006
Freis/Kleinefeld/Kleisorge/ Voigt,	Drittelbeteiligungsgesetz, 2004
Fritzsche/Dreier/Verfürth,	Spruchverfahrensgesetz, 2004
Ganter/Hertel/Wöstmann,	Handbuch der Notarhaftung, 2. Aufl. 2009
Gebel,	Betriebsvermögen und Unternehmernachfolge, 1997
Geibel/Süßmann,	Wertpapiererwerbs- und Übernahmegesetz, 2. Aufl. 2008
Gerkan/Hommelhoff,	Kapitalersatz im Gesellschafts- und Insolvenzrecht, 5. Aufl. 1997
Gessler/Hefermehl/Eckardt/ Kropff,	Aktiengesetz, 1973 ff.
Glanegger/Güroff,	GewStG, 7. Aufl. 2009
Göhler,	Kommentar zum Gesetz über Ordnungswidrigkeiten, 14. Aufl. 2006
GroßkommAktG,	Großkommentar zum Aktiengesetz, herausgegeben von *Hopt/ Wiedemann,* 3. Aufl. 1992 ff.; 4. Aufl. 1997 ff.
GroßkommGmbHG,	GmbHG Großkommentar, herausgegeben von *Ulmer/Habersack/Winter,* 2008
GroßkommHGB,	Handelsgesetzbuch. Großkommentar, herausgegeben von *Staub/Canaris/ Schilling/Ulmer,* 4. Aufl. 1995–2005
Habersack/Mülbert/Schlitt,	Unternehmensfinanzierung am Kapitalmarkt, 2005
Hachenburg,	Großkommentar zum GmbH-Gesetz, 8. Aufl. 1992 ff.
Hamann/Sigle/Demuth,	Vertragsbuch Gesellschaftsrecht, 2008
Happ,	Aktienrecht, 3. Aufl. 2007
Happ,	Die GmbH im Prozess, 1997
Hartmann,	Kostengesetze, 40. Aufl. 2010
Häsemeyer,	Insolvenzrecht, 4. Aufl. 2007
Hauschka,	Coporate Compliance Handbuch der Haftungsvermeidung im Unternehmen, 2007
Heckschen,	Private Limited Company, 2. Aufl. 2007
Heckschen/Heidinger,	Die GmbH in der Gestaltungspraxis, 2. Aufl. 2009
Heidel,	Aktienrecht und Kapitalmarktrecht, 2. Aufl. 2007
HeidelbKommHGB,	Heidelberger Kommentar zum Handelsgesetzbuch, herausgegeben von *Glanegger/Kirnberger/Kusterer,* 7. Aufl. 2007
HeidelbKommGmbHG,	Heidelberger Kommentar zum GmbH-Recht, herausgegeben von *Bartl/ Fichtelmann/Schlarb,* 6. Aufl. 2009
HeidelbKommInsO,	Heidelberger Kommentar zur Insolvenzordnung, herausgegeben von *Eickmann/Flessner/Irschlinger/Kirchhof/Kreft/Landfehrmann/Marotzke/Stephan,* 4. Aufl. 2006
Heinemann,	FamFG für Notare, 2009
Henze,	Aktienrecht, 5. Aufl. 2002
Herrmann/Heuer/Raupach,	Kommentar zu EStG und KStG. Loseblattsammlung, Stand 6/2010
Hesselmann/Tillmann/Mueller-Thuns,	Handbuch der GmbH & Co. KG, 20. Aufl. 2009

Literaturverzeichnis

Hirte,	Kapitalgesellschaftsrecht, 6. Aufl. 2009
Hirte/Bücker,	Grenzüberschreitende Gesellschaften – Praxishandbuch für ausländische Kapitalgesellschaften mit Sitz im Inland, 2. Aufl. 2006
Hofmann,	GrEStG, 8. Aufl. 2008
Hommelhoff,	Die Konzernleitungspflicht, 1982
Hueck,	Das Recht der offenen Handelsgesellschaft, 3. Aufl. 1964
Hueck/Windbichler,	Gesellschaftsrecht, 21. Aufl. 2008
Hüffer,	Aktiengesetz, 8. Aufl. 2008
Hüffer,	Gesellschaftsrecht, 7. Aufl. 2007
Immenga/Mestmäcker,	Gesetz gegen Wettbewerbsbeschränkungen, 4. Aufl. 2007
Jaeger,	Insolvenzordnung, 2004 ff.
Jäger,	Aktiengesellschaft, 2004
Jannott/Frodermann,	Handbuch der Europäischen Aktiengesellschaft – Societas Europaea, 2005
Jayme/Hausmann,	Internationales Privat- und Verfahrensrecht, 13. Aufl. 2006
JurisPK-BGB,	juris Praxiskommentar BGB, Schuldrecht, herausgegeben von *Herberger/Martinek/Rüßmann/Weth*, 4. Aufl. 2009 ff.
Kallmeyer,	Umwandlungsgesetz, Kommentar, Verschmelzung, Spaltung und Formenwechsel bei Handelsgesellschaften, 4. Aufl. 2009
Kegel/Schurig,	Internationales Privatrecht, 9. Aufl. 2004
Keidel/Krafka/Willer,	Handbuch der Rechtspraxis, Bd. 7, Registerrecht, 6. Aufl. 2003
Keidel,	FamFG, 16. Aufl. 2009
Kersten/Bühling,	Formularbuch und Praxis der freiwilligen Gerichtsbarkeit, 23. Aufl. 2010
Kirchhof/Söhn,	EStG, Loseblatt, Stand 6/2010
KarlsruherKommOWiG,	Karlsruher Kommentar zum Ordnungswidrigkeitengesetz, 3. Aufl. 2006
Knopf/Tulloch/Goutier,	Kommentar zum Unwandlungsrecht, Umwandlungsgesetz – Umwandlungssteuergesetz, 2. Aufl. 2002
Knott/Mielke,	Unternehmenskauf, 2. Aufl. 2006
Koch/Magnus/Winkler von Mohrenfels,	IPR und Rechtsvergleichung, 3. Aufl. 2004
KK-AktG,	Kölner Kommentar zum Aktiengesetz, herausgegeben von *Zöllner/Noack*, 3. Aufl. 2004 ff.
KK-KapMuG,	Kölner Kommentar zum Kapitalanleger-Musterverfahrensgesetz, herausgegeben von *Hess/Reuschle/Rimmelspacher*, 2008
KK-WpÜG,	Kölner Kommentar zum WpÜG, herausgegeben von *Hirte/v. Bülow*, 2003
KK-SpruchG,	Kölner Kommentar zum Spruchverfahrensgesetz, herausgegeben von *Riegger/Wasmann*, 2005
Koller/Roth/Morck,	Handelsgesetzbuch, 6. Aufl. 2007
Korintenberg/Lappe/Bengel/Reimann,	Kostenordnung: Gesetz über die Kosten in Angelegenheiten der freiwilligen Gerichtsbarkeit, 17. Aufl. 2008
Köstler/Kittner/Zachert/Müller,	Aufsichtsratspraxis, Handbuch für die Arbeitnehmervertreter im Aufsichtsrat, 7. Aufl. 2003
Krafka/Willer,	Registerrecht, 7. Aufl. 2007

Literaturverzeichnis

Kropff,	Aktiengesetz, Textausgabe des Aktiengesetzes von 1965, 1965
Kropholler,	Europäisches Zivilprozessrecht, 8. Aufl. 2005
Kropholler,	Internationales Privatrecht, 6. Aufl. 2006
Kübler/Assmann,	Gesellschaftsrecht, 6. Aufl. 2006
Küting/Weber,	Die Bilanzanalyse, Beurteilung von Abschlüssen nach HGB und IFRS, 8. Aufl. 2006
Lackner/Kühl,	Kommentar zum StGB, 26. Aufl. 2007
Leffson,	Grundsätze ordnungsmäßiger Buchführung, 7. Aufl. 1987
Lenski/Steinberg,	GewStG, 1957/2007
Lettl,	Kartellrecht, 2. Aufl. 2007
Limmer,	Handbuch der Unternehmensumwandlung 3. Aufl. 2007
Littbarsky,	Einstweiliger Rechtsschutz im Gesellschaftsrecht, 1996
Littmann/Bitz/Pust,	Einkommensteuerrecht, Loseblattsammlung, Stand 5/2010
Looschelders,	Internationales Privatrecht, 2004
Lüdenbach/Hoffmann,	IFRS, 6. Aufl. 2008
Lutter,	Der Letter of Intent, 1998
Lutter,	Europäische Auslandsgesellschaften in Deutschland, 2005
Lutter,	Information und Vertraulichkeit im Aufsichtsrat, 3. Auf. 2006
Lutter/Hommelhoff,	Die Europäische Gesellschaft, Prinzipien, Gestaltungsmöglichkeiten und Grundfragen aus der Praxis, 2005
Lutter/Hommelhoff,	Kommentar zum GmbH-Gesetz, 17. Aufl. 2009
Lutter/Krieger,	Rechte und Pflichten des Aufsichtsrats, 4. Aufl. 2002
Lutter/Winter,	Umwandlungsgesetz Kommentar, 4. Aufl. 2009
Münchener Anwaltshandbuch Aktienrecht,	herausgegeben von *Schüppen/Schaub*, 2005
Münchener Anwaltshandbuch GmbH-Recht,	herausgegeben von Römermann, 2. Aufl. 2009
Münchener Anwaltshandbuch Personengesellschaftsrecht,	herausgegeben von *Gummert*, 2005
Manz/Mayer/Schröder,	Europäische Aktiengesellschaft SE Kommentar 2005
Marsch-Barner/Schäfer,	Handbuch börsennotierte AG, 2005
Martens,	Leitfaden für die Hauptversammlung, 3. Aufl. 2003
Matschke/Brösel,	Unternehmensbewertung: Funktionen – Methoden – Grundsätze, 2005
Meikel,	GBO, 10. Aufl. 2008
Meilicke/Hoffmann/Graf von Westphalen/Lenz/Wolff,	Partnerschaftsgesellschaftsgesetz, 2. Aufl. 2006
Meincke,	Erbschaftsteuerrecht, 15. Aufl. 2009
Michalski,	Kommentar zum GmbH-Gesetz, 2002
Michalski/Römermann,	Vertrag der Partnerschaftsgesellschaft, 4. Aufl. 2002
Müller-Magdeburg,	Rechtschutz gegen notarielle Handeln, 2005

Literaturverzeichnis

MünchKommAktG,	Münchener Kommentar zum Aktiengesetz, herausgegeben von *Kropff/Semler*, 2. Aufl. 2000 ff.
MünchKommBGB,	Münchener Kommentar zum Bürgerlichen Gesetzbuch, herausgegeben von *Rebmann/Säcker/Rixecker*, 5. Aufl. 2007
MünchKommHGB,	Münchener Kommentar zum Handelsgesetzbuch, herausgegeben von *K. Schmidt*, 2. Aufl. 2006 ff.
MünchKommInsO,	Münchener Kommentar zur Insolvenzordnung, herausgegeben von *Kirchof/Lwowski/Stürner*, 2. Aufl. 2008
MünchKommStGB,	Münchener Kommentar zum Strafgesetzbuch, herausgegeben von *Joecks/Miebach* 2003-2007
MünchKommZPO,	Münchener Kommentar zur Zivilprozessordnung, herausgegeben von *Rauscher/Wax/Wenzel*, 3. Aufl. 2007
MünchHdb ArbeitsR,	Münchener Handbuch zum Arbeitsrecht, herausgegeben von *Richardi/Wlotzke*, 3. Aufl. 2009
MünchHdb GesR I,	Münchener Handbuch des Gesellschaftsrechts Band 1: BGB-Gesellschaft, Offene Handelsgesellschaft, Partnerschaftsgesellschaft, Partenreederei, EWIV, herausgegeben von *Gummert/Riegger/Weipert*, 3. Aufl. 2009
MünchHdb GesR II,	Münchener Handbuch des Gesellschaftsrechts Band 2: Kommanditgesellschaft, GmbH & Co. KG, Publikums-KG, Stille Gesellschaft, herausgegeben von *Riegger/Weipert*, 3. Aufl. 2009
MünchHdb GesR III,	Münchener Handbuch des Gesellschaftsrechts Band 3: GmbH, herausgegeben von *Priester/Mayer*, 3. Aufl. 2009
MünchHdb GesR IV,	Münchener Handbuch des Gesellschaftsrechts Band 4: Aktiengesellschaft, herausgegeben von *Hoffmann-Becking*, 3. Aufl. 2007
Münchener Vertragshandbuch Band 1:	Gesellschaftsrecht, herausgegeben von *Heidenhain/Meister/Waldner*, 6. Aufl. 2005
Musielak,	Kommentar zur Zivilprozessordnung, 7. Aufl. 2009
Nagel/Freis/Kleinsorge,	Die Beteiligung der Arbeitnehmer in der Europäischen Gesellschaft – SE 2005
Palandt,	Kurzkommentar zum BGB, 68. Aufl. 2009
Petzel,	Ansprüche der Minderheitsaktionäre bei Unternehmensverbindungen und Umwandlung, 1967
Picot,	Unternehmenskauf und Restrukturierung, 3. Aufl. 2004
Piltz,	Internationales Kaufrecht. Das UN-Kaufrecht (Wiener Übereinkommen von 1980) in praxisorientierter Darstellung, 1993
Preißer/von Rönn,	Die KG und Die GmbH & Co. KG Recht, Besteuerung, Gestaltungspraxis, 2005
Preuß/Renner/Huhn,	Beurkundungsgesetz und Dienstordnung für Notarinnen und Notare, 5. Aufl. 2009
Prütting/Wegen/Weinreich,	BGB, 5. Aufl. 2010
Raiser,	Mittbestimmungsrecht, 5. Aufl. 2009
Raiser/Veil,	Recht der Kapitalgesellschaft 4. Aufl. 2006
Reimann/Bengel/Mayer,	Testament und Erbvertrag, 5. Aufl. 2006
Reithmann/Albrecht/Basty,	Handbuch der notariellen Vertragsgestaltung, 8. Aufl. 2001, mit aktuellen Ergänzungen zur 8. Aufl. 2002
Reithmann/Martiny,	Internationales Vertragsrecht, 5. Aufl. 1996

Literaturverzeichnis

Reul/Heckschen/Wienberg,	Insolvenzrecht in der Kautelarpraxis, 2006
Richardi,	Betriebsverfassungsgesetz, 10. Aufl. 2006
Ringleb/Kremer/Lutter/v. Werder,	Deutscher Corporate Governance Kodex, 3. Aufl. 2008
Rödder/Herlinghaus/van Lishaut,	UmwStG, 2007
Rödder/Hötzel/Mueller-Thuns,	Unternehmenskauf Unternehmensverkauf, 2003
Röhricht/Graf von Westphalen,	Handelsgesetzbuch, 3. Aufl. 2008
Rohs/Heinemann,	Die Geschäftsführung der Notare, 11. Aufl. 2002
Rohs/Wedewer,	Kostenordnung, Loseblattausgabe
Roth/Altmeppen,	Kommentar zum GmbHG, 6. Aufl. 2009
Rowedder/Schmidt-Leithoff,	Kommentar zum GmbH-Gesetz, 4. Aufl. 2002
Sagasser/Bula/Brünger,	Umwandlungen, Verschmelzung, Spaltung, Formwechsel, Vermögensübertragung, Zivil-, Handels- und Steuerrecht, 3. Aufl. 2002
Schäfer/Hamann,	Kapitalmarktgesetze, 2. Aufl. 2008
Schaumburg,	Unternehmenskauf im Steuerrecht, 3. Aufl. 2004
Schaumburg/Rödder,	Umwandlungsgesetz Umwandlungssteuergesetz, 1995
Schippel/Bracker,	Bundesnotarordnung, 8. Aufl. 2006
Schlegelberger,	Kommentar zum HGB, 5. Aufl. 1973 ff.
Schlüter/Knippenkötter,	Die Haftung des Notars, 2004
Schmidt,	Einkommensteuergesetz, 28. Aufl. 2009
K. Schmidt,	Gesellschaftsrecht, 4. Aufl. 2002
K. Schmidt,	Handelsrecht, 5. Aufl. 1999
K. Schmidt/Lutter,	Aktiengesetz, 2008
Schmitt/Hörtnagl/Stratz,	Umwandlungsgesetz, Umwandlungssteuergesetz: UmwG/UmwStG, 5. Aufl. 2009
Scholz,	Kommentar zum GmbH-Gesetz, 10. Aufl. 2010
Schöner/Stöber,	Grundbuchrecht, 14. Aufl. 2008
Schulze zur Wiesche,	Die GmbH & Still, 4. Aufl. 2003
Schütz/Bürgers/Riotte,	Die Kommanditgesellschaft auf Aktien, 2004
Schwark,	Kapitalmarktrechts-Kommentar, 3. Aufl. 2004
Schwarz,	SE-VO Kommentar, 2006
Schwerdtfeger,	FAchanwaltskommentar Gesellschaftsrecht, 2. Auflage 2010
Semler/Peltzer,	Arbeitshandbuch für Vorstandsmitglieder, 2005
Semler/Stengel,	Umwandlungsgesetz, 2. Aufl. 2007
Semler/v. Schenk,	Arbeitshandbuch für Aufsichtsratsmitglieder, 3. Aufl. 2009
Semler/Volhard,	Arbeitshandbuch für die Hauptversammlung, 2. Aufl. 2003
Semler/Volhard,	Arbeitshandbuch für Unternehmensübernahmen, 2001

Literaturverzeichnis

Singhof/Seiler/Schlitt,	Mittelbare Gesellschaftsbeteiligungen, Stille Gesellschaft Unterbeteiligungen Treuhand, 2004
Soergel,	Bürgerliches Gesetzbuch mit Einführungsgesetz und Nebengesetzen, 13. Aufl. 2000 ff.
Söffing/Thümmel,	Praxishandbuch der Unternehmensgestaltung, 2003
Spindler/Stilz,	Kommentar zum Aktiengesetz, 2007
Staub,	Handelsgesetzbuch Großkommentar, 4. Aufl. 2002
Staudinger,	Kommentar zum BGB, 14. Aufl. 2004 ff.
Stein/Jonas,	Kommentar zur Zivilprozessordnung, 22. Aufl. 2002
Steinmeyer/Häger,	WpÜG, 2. Aufl. 2007
Streifzug durch das Kostenrecht,	*Ländernotarkasse* (Hrsg.), 8. Aufl. 2010
Sudhoff,	GmbH & Co. KG, 6. Aufl. 2005
Sudhoff,	Personengesellschaften, 8. Aufl. 2005
Süß/Wachter (Hrsg.),	Handbuch des internationalen GmbH-Rechts, 2006
Theisen/Wenz,	Die Europäische Aktiengesellschaft, Recht, Steuern und Betriebswirtschaft der Societas Europaea (SE), 2. Aufl. 2005
Thielemann,	Das Genussrecht als Mittel der Kapitalbeschaffung und Anlegerschutz, 1988
Thomas/Putzo,	Zivilprozessordnung, 30. Aufl. 2009
Thümmel,	Die Europäische Aktiengesellschaft (SE), 2005
Tiedemann,	Kommentar zum GmbH-Strafrecht, 4. Aufl. 2002
Tipke/Kruse,	Abgabenordnung, Finanzgerichtsordnung, Loseblattsammlung, Stand 6/2010
Tipke/Lang,	Steuerrecht, 20. Aufl. 2009
Uhlenbruck,	Insolvenzordnung, 12. Aufl. 2003
Ulmer,	GmbH-Gesetz, Band III, 2008
Ulmer/Brandner/Hensen,	AGB-Recht, Kommentar zu den §§ 305-310 BGB und zum Unterlassungsklagengesetz, 10. Aufl. 2006
Ulmer/Habersack/Henssler,	Mitbestimmungsrecht, 2. Aufl. 2006
Ulmer/Habersack/Winter,	GmbH-Gesetz betreffend die Gesellschaften mit beschränkter Haftung: GmbH-Großkommentar, Gesamtwerk – Bände I-III, Band I: Einleitung, §§ 1-28, Band II: §§ 29-52, Band III, §§ 53-87 2005-2008
van Hulle/Maul/Drinhausen,	Handbuch zur Europäischen Gesellschaft, 2007
von der Heydt/von Rechenberg,	Die Europäische Wirtschaftliche Interessenvereinigung, 1991
von Hoffmann/Thorn,	Internationales Privatrecht, 9. Aufl. 2007
Waldner,	Beurkundungsrecht, 2007
Wegen/Spahlinger,	Internationales Gesellschaftsrecht in der Praxis, 2005
Weigl,	Stille Gesellschaft und Unterbeteiligung – Beck'sche Musterverträge, 2. Aufl. 2004
Weingärtner,	Dienstordnung für Notariennen und Notare, 11. Aufl. 2010

Literaturverzeichnis

Weingärtner,	Vermeidbare Fehler im Notariat, 8. Aufl. 2009
Widmann/Mayer,	Umwandlungsrecht, Loseblatt, Stand 2009
Wiedemann,	Gesellschaftsrecht 7. Aufl. 2007
Wiedmann,	Bilanzrecht, 2. Aufl. 2003
Wilhelm,	Kapitalgesellschaftsrecht, 3. Aufl. 2009
Winkler,	Beurkundungsgesetz, 16. Aufl. 2008
Wlotzke/Wißmann/Koberski/ Kleinsorge,	Mittbestimmungsrecht, 3. Aufl. 2008
Wolfsteiner,	Die vollstreckbare Urkunde, 2. Aufl. 2006
WP-Handbuch,	Wirtschaftsprüfer-Handbuch Band I, 12. Auflage 2006
WP-Handbuch,	Wirtschaftsprüfer-Handbuch Band II, 12. Auflage 2008
Würdinger,	Aktienrecht und das Recht der verbundenen Unternehmen, 4. Aufl. 1981
Würzburger Notarhandbuch,	herausgegeben von *Limmer/Hertel/Frenz/Mayer*, 2. Aufl. 2009
Zacharias/Hebig/Rinnewitz,	Die atypisch stille Gesellschaft, 2. Aufl. 2000
Zimmermann,	Die Personengesellschaft im Steuerrecht, 9. Aufl. 2007
Zöller,	Zivilprozessordnung, 27. Aufl. 2009

Kapitel 1 Personengesellschaftsrecht

A. Gesellschaft bürgerlichen Rechts

I. Grundlagen

1. Grundlagen; Typisierung

Die Gesellschaft bürgerlichen Rechts ist wohl die zahlenmäßig am häufigsten anzutreffende Gesellschaftsform in der Praxis. Dies liegt weniger an einer bewussten Entscheidung zu Gunsten dieser Gesellschaftsform, sondern daran, dass die Gesellschaft bürgerlichen Rechts den **Grundtypus** der Personengesellschaft bildet. Die rudimentäre gesetzliche Regelung in den §§ 705–740 BGB, welche seit dem Inkrafttreten des BGB nahezu unverändert geblieben ist, bildet die Grundlage für eine Vielzahl unterschiedlicher Erscheinungsformen.

Die Bemühungen, die Vielfalt des BGB-Gesellschaftsrechts zu systematisieren, spiegeln sich in einem Kriterienkatalog wieder. Differenziert wird z.B. danach,

- ob eine **Dauergesellschaft** oder eine **Gelegenheitsgesellschaft** vorliegt;
- ob eine Gesellschaft als solche am Rechtsverkehr teilnimmt (**»Außen-GbR«** oder **»Innen-GbR«**);
- ob es sich um eine **unternehmenstragende** Gesellschaft handelt;
- ob die Gesellschaft eine **personalistische** oder **kapitalistische** Struktur aufweist;
- ob **Gesellschaftsvermögen** existiert.

Die wohl wichtigste Unterscheidung ist diejenige zwischen **Innengesellschaft und Außengesellschaft**.[1] Eine Innengesellschaft liegt nach dieser Begriffsbildung nur vor, wenn die Gesellschafter lediglich untereinander Rechtsverhältnisse begründen, nicht aber am Rechtsverkehr teilnehmen wollen.[2] Eine Außengesellschaft setzt hingegen voraus, dass die Gesellschafter **am Rechtsverkehr teilnehmen** und nach außen in Erscheinung treten wollen.[3] Entscheidend für die Abgrenzung sind die im Gesellschaftsvertrag enthaltenen Regelungen. Welche Indizien für die Abgrenzung tragfähig sind, ist umstritten. Diskutiert werden:

- Die Existenz einer **Organisationsstruktur** für das Auftreten im Außenverhältnis;[4]
- Die Existenz von **Gesellschaftsorganen;**
- Die Existenz von **Gesellschaftsvermögen;**
- Die Existenz eines **Gesellschaftsnamens.**

Ob insoweit eines dieser Kriterien einen zwangsläufigen Vorrang hat, ist unklar. Nach einer moderneren Auffassung liegt eine Außengesellschaft stets dann vor, wenn **gesamthänderisch gebundenes Gesellschaftsvermögen** vorhanden ist.[5] Nach der herrschenden Auffassung ist allein das Auftreten nach außen maßgeblich;[6] die Existenz von Gesellschaftsvermögen allein lasse nicht den sicheren Schluss auf eine Außengesellschaft zu, weil auch die Innengesellschaft über Gesellschaftsvermögen wenigstens in Form von Sozialansprüchen verfüge.[7] Jedenfalls eine Gesellschaft bürgerlichen Rechts, welche im Grundbuch eingetragen ist, dürfte stets eine

---

1 *K. Schmidt*, GesR, § 58 II 2, S. 1695-1696.
2 RGZ 166, 160, 163; BGHZ 12, 308, 314 = NJW 1954, 1159 = LM § 709 Nr. 1.
3 MünchKommBGB/*Ulmer*, § 705 Rn. 253.
4 MünchKommBGB/*Ulmer*, § 705 Rn. 254.
5 *K. Schmidt*, GesR, § 58 II 2 b, S. 1697.
6 RGZ 80, 268, 271; 92, 341, 342; OLG München NJW 1968, 1384, 1385; Soergel/*Hadding*, Vor § 705 Rn. 28; Erman/Westermann, Vor § 705 Rn. 28.
7 *Wiedemann*, GesR II, § 1 II 1, S. 17.

1. Kapitel Personengesellschaftsrecht

Außen-Gesellschaft sein.[8] Die jüngst von *Steffek* vertretene Auffassung, wonach lediglich Außen-Gesellschaften gemäß § 47 Abs. 2 S. 1 GBO in das Grundbuch einzutragen seien,[9] Innengesellschaften jedoch weiterhin nach der früher verwendeten Formel »in Gesellschaft bürgerlichen Rechts«, ist unzutreffend: Auch wenn man die Begründung von Gesamthandsvermögen allein nicht für ausreichend für den Schluss auf eine Außengesellschaft hält, so ist der Erwerb und das für jedermann ersichtliche Halten des Grundbesitzes eine nach außen gerichtete Tätigkeit. Gesellschaften bürgerlichen Rechts, welche Grundbesitz oder Rechte an Grundstücken halten, sind somit **stets Außengesellschaften**.

5 Zusätzliche Schwierigkeiten bei der Rechtsanwendung im Bereich der Gesellschaft bürgerlichen Rechts entstehen dadurch, dass die §§ 705–740 nicht nur bloß eine fragmentarische Regelung bereitstellen, sondern darüber hinaus weitgehend dispositiv sind.[10] Noch nicht abschließend geklärt ist, in welchem Umfang eine **entsprechende Anwendung der Vorschriften über die OHG** auf die Außen-GbR in Betracht kommt.[11] Obwohl dies der in § 105 Abs. 3 HGB angeordneten Verweisungsrichtung eigentlich widerspricht, wird man von einer entsprechenden Anwendung in Einzelfällen angesichts der im Bereich der GbR vollzogenen Rechtsfortbildung ausgehen müssen. In Betracht kommt eine Analogie hinsichtlich:

- § 110 HGB (Aufwendungsersatz);[12]
- § 111 HGB (Verzinsungspflicht);
- §§ 112, 113 HGB (Wettbewerbsverbote);[13]
- § 116 HGB (Geschäftsführungsbefugnis, falls Einzelgeschäftsführung vereinbart wurde; freilich werden dann regelmäßig ergänzende abweichende Regelungen getroffen);[14]
- § 125a HGB, soweit eine Handelsregistereintragung nicht vorausgesetzt wird;[15]
- §§ 128, 129 HGB: Unbeschränkte Außenhaftung der Gesellschafter für Gesellschaftsverbindlichkeiten;[16]
- § 130 HGB: Haftung des eintretenden Gesellschafters für Altverbindlichkeiten;[17]
- § 132 HGB soll § 723 Abs. 1 S. 1 BGB bei Erwerbsgesellschaften modifizieren.[18] Auch dies dürfte praktisch selten zum Tragen kommen, da das Recht zur jederzeitigen ordentlichen Kündigung regelmäßig modifiziert wird.

2. Erscheinungsformen der Gesellschaft bürgerlichen Rechts

6 Der Charakter der Gesellschaft bürgerlichen Rechts als **Grundtypus** aller Personengesellschaften und ihre Flexibilität sind wohl die Hauptgründe für die Vielfalt der Erscheinungsformen. Eine ausführliche Übersicht kann und soll an dieser Stelle nicht geboten werden.[19] In der notariellen Praxis von hervorgehobener Bedeutung sind neben den **Grundbesitzgesellschaften** auch **Stimmbindungsgemeinschaften bzw. Gesellschaftervereinbarungen.**[20]

---

8 MünchHdb. GesR I/*Schücking*, § 3 Rn. 45.
9 Steffek, ZIP 2009, 1445 ff.
10 *Wiedemann*, GesR II, § 7 I 6, S. 632.
11 Groth, Die analoge Anwendung von OHG-Recht auf BGB-Gesellschaften, 1994, S. 65 ff.
12 *Wiedemann*, GesR II, § 7 I 6, S. 631; *K. Schmidt*, GesR, § 58 V 2, S. 1722.
13 Soergel/Hadding, BGB, § 705 Rn. 62.
14 *Wiedemann*, GesR II, § 7 I 6, S. 631.
15 *Wiedemann*, GesR II, § 7 I 6, S. 631; dies ist jedoch weitestgehend unerörtert.
16 BGHZ 146, 341, 358 = NJW 2001, 1056 = RNotZ 2001, 224.
17 BGHZ 154, 370 = RNotZ 2003, 324.
18 *Wiedemann*, GesR II, § 7 I 6, S. 631.
19 Siehe nur *K. Schmidt*, GesR, § 58 III, S. 1701-1712; MünchKommBGB/*Ulmer*, Vor § 705 Rn. 34-84; Soergel/Hadding, Vor § 705 Rn. 41-59; MünchHdb. GesR I/*Weipert*, §§ 24-35.
20 Zu letzteren MünchHdb. GesR I/*Weipert*, § 34; BeckOK-GmbHG, Stand 15.1.2010, »Gesellschaftervereinbarungen«.

II. Haftungsverhältnisse in der Gesellschaft bürgerlichen Rechts

1. Die Entwicklung zur so genannten Akzessorietätstheorie

Bis ins Jahr 1999 ging die überwiegende Auffassung von der Geltung der so genannten **Doppelverpflichtungstheorie** aus.[21] Hiernach begründeten die geschäftsführenden Gesellschafter beim Abschluss eines Rechtsgeschäfts zum einen **eine Verpflichtung hinsichtlich des Gesellschaftsvermögens**; darüber hinaus handelten sie aber auch im eigenen Namen sowie im Namen der übrigen Gesellschafter. Obwohl § 8 Abs. 2 PartGG teilweise als Bestätigung der Doppelverpflichtungstheorie gedeutet wurde,[22] litt sie an der Schwäche, dass sie auf einer **Vielzahl fiktiver Willenserklärungen** fußte, obwohl die Beteiligten letztlich nur einen Vertrag schließen wollten.[23] Insbesondere der Umstand, dass § 128 HGB unmittelbar gelten würde, sobald die Schwelle des § 1 Abs. 2 HGB überschritten wird, führte zu der Erkenntnis, dass zwischen der OHG und der Außen-GbR im **Wesentlichen Strukturgleichheit** besteht. Auch bei der Außen-GbR müsse das Fehlen eines Mindestkapitals und eines Kapitalerhaltungsrechts durch die unbeschränkte Gesellschafterhaftung ausgeglichen werden. Hierfür spricht auch die Möglichkeit, eine Kapitalgesellschaft in eine GbR unter ähnlichen Voraussetzungen umzuwandeln wie in eine OHG.

Seit den Grundsatzentscheidungen des BGH vom 27.9.1999[24] und vom 29. Januar 2001[25] kann von der Geltung der Akzessorietätstheorie ausgegangen werden. Hierdurch ist insbesondere klargestellt, dass die §§ 128, 129 HGB auch auf die Gesellschaft bürgerlichen Rechts anwendbar sind. Die Haftung eines Gesellschafters für Gesellschaftsschulden analog § 128 HGB setzt zunächst eine **wirksame Gesellschaftsschuld** voraus. Die Gesellschafter haften nicht nur für rechtsgeschäftliche Verbindlichkeiten der Gesellschaft, sondern auch für **Ansprüche aus unerlaubter Handlung**. Das Verhalten der Organe wird der GbR dabei analog § 31 BGB zugerechnet.[26] Zu beachten ist jedoch, dass die Gesellschafter nur untereinander gesamtschuldnerisch haften; im Verhältnis zur Gesellschaft ist ihre Haftung nachrangig und eher mit derjenigen **eines Bürgen** zu vergleichen.[27] Eine Haftungsbeschränkung ist auch dann nicht möglich, wenn die Vertretungsmacht des Geschäftsführers entsprechend beschränkt ist; erforderlich ist eine individualvertragliche Vereinbarung mit dem jeweiligen Gläubiger.[28]

Umstritten ist, ob die Gesellschafterhaftung inhaltlich auf **Erfüllung** oder lediglich auf eine **Haftung in Geld** gerichtet ist. Nach wohl überwiegender Auffassung schulden die Gesellschafter ebenfalls die Erfüllung der von der Gesellschaft geschuldeten Leistung.[29] Der BGH neigt wohl grds. zur Erfüllungstheorie; wenn dem Gesellschafter jedoch die Erfüllung persönlich nicht zugemutet werden kann, besteht nur eine auf Geld gerichtete Haftung.[30]

Der Gesellschafter kann der Inanspruchnahme aus der Gesellschafterhaftung neben den ihm persönlich zustehenden Einreden analog § 129 Abs. 1 HGB auch die der Gesellschaft zustehenden Einreden erheben.[31] Dabei ist zu beachten, dass **verjährungsunterbrechende Maßnahmen** gegen einen Gesellschafter nicht erforderlich sind: Ist die Forderung gegenüber der Gesellschaft unverjährt, so kann der Gesellschafter nicht die Einrede der Verjährung erheben.[32]

---

21 BGHZ 74, 240 = NJW 1979, 1821 = DNotZ 1979, 537; BGHZ 79, 374 = NJW 1981, 1213 = DNotZ 1981, 485; BGHZ 117, 168 = DNotZ 1992, 729; BGH NJW 1987, 3124.
22 Vgl. *Kindl*, NZG 1999, 517, 518.
23 *Ulmer*, ZIP 1999, 554.
24 BGHZ 142, 315 = DNotZ 2000, 135 = MittRhNotK 1999, 353.
25 BGHZ 146, 341 = NJW 2001, 1056.
26 BGHZ 154, 88 = NJW 2003, 1445, 1446 = DStR 2003, 747.
27 *Habersack*, AcP 198 (1998), 152, 159.
28 BGH MittBayNot 2008, 67.
29 RGZ 49, 340, 343; 139, 252, 254; GroßkommHGB/*Habersack*, § 128 Rn. 38.
30 BGH NJW 1987, 2369.
31 BGH NJW 2001, 1056.
32 Wertenbruch, NJW 2002, 324, 325.

11 Aus der Ablehnung der Doppelverpflichtungstheorie folgt schließlich, dass die **Bezeichnung »GbR mbH«** oder ähnliche Zusätze, die auf eine beschränkte Gesellschafterhaftung hindeuten, unzulässig sind.[33] Werden derartige Zusätze weiterhin verwendet, so kann darin eine **irreführende geschäftliche Handlung** gemäß § 5 Abs. 1 S. 2 Nr. 3 UWG liegen.[34] Obwohl die einschlägigen Entscheidungen des Bundesgerichtshofes schon einige Zeit zurückliegen, zeigt sich in der Praxis, dass nach wie vor die Vorstellung verbreitet ist, eine »GbR mbH« gründen zu können.

12 Der Grundsatz, wonach auf alle Außengesellschaften bürgerlichen Rechts die OHG-Haftungsregeln im Außenverhältnis anzuwenden sind, wird aus **Vertrauensschutzgesichtspunkten** vereinzelt durchbrochen: Der BGH hat anerkannt, dass die Gesellschafter von **Publikumsgesellschaften** weiterhin nur anteilig für die Gesellschaftsschulden haften, wenn die Haftungsbeschränkung für den Vertragspartner wenigstens **erkennbar** war.[35] Ganz ausgeschlossen soll die Haftung analog § 128 HGB in den Fällen sein, in denen ein Kreditinstitut auf Grund eines (wegen eines Verstoßes gegen das RBerG a.F.) nichtigen Darlehensvertrages die Fondsbeteiligung eines Kapitalanlegers finanziert und unmittelbar an den Fonds ausgezahlt hat: Hier kann das Kreditinstitut den Gesellschafter nicht, auch nicht anteilig, analog § 128 HGB auf Rückzahlung in Anspruch nehmen.[36] Auf welche weiteren Einzelfälle die BGH-Rechtsprechung zur Ausnahme von der gesamtschuldnerischen Haftung auszudehnen ist, ist unklar: **Außerhalb der vom BGH anerkannten Fallgruppen** kommt dies dann in Betracht, wenn im Einzelfall »dem Interesse des auf die Fortgeltung der Rechtslage vertrauenden Gesellschafters gegenüber der materiellen Gerechtigkeit der Vorrang einzuräumen ist«.[37] Hierfür sollen allerdings unbillige Härten erforderlich sein. Der BGH geht jedoch offenbar davon aus, dass die vorstehend zitierte Ausnahme nur für typisierte Immobilienfonds-GbR gelten soll.[38] Hieran hält, soweit ersichtlich, auch die instanzgerichtliche Rechtsprechung fest.[39]

2. Haftung bei Gesellschafterwechsel; Konsequenzen für die Praxis

a) Die Nachhaftung des ausscheidenden Gesellschafters

13 Gemäß § 736 Abs. 2 BGB gelten die für die Personenhandelsgesellschaften geltenden Regelungen über die Begrenzung der Nachhaftung sinngemäß. Nach § 160 Abs. 1 S. 1 HGB haftet ein Gesellschafter für Altverbindlichkeiten, wenn sie **vor Ablauf von fünf Jahren nach dem Ausscheiden fällig** geworden sind und entweder eine Vollstreckungshandlung vorgenommen worden ist oder ein Vollstreckungstitel hierüber errichtet worden ist (§ 197 Abs. 1 Nr. 3-5 BGB). Für den Fristbeginn kann § 160 Abs. 1 S. 2 HGB nicht herangezogen werden, da die Gesellschaft bürgerlichen Rechts nicht im Handelsregister geführt wird. An die Stelle des dort genannten Zeitpunktes tritt daher das Ende des Tages, an dem der Gläubiger von dem Ausscheiden des Gesellschafters Kenntnis erlangt.[40]

14 Wird ein ausscheidender Gesellschafter somit in Anspruch genommen, so kann der ausscheidende Gesellschafter von der Gesellschaft Freistellung beanspruchen (§§ 105 Abs. 3, 738 Abs. 1 S. 2 HGB).[41] Schuldnerin des Freistellungsanspruchs ist die Gesellschaft.

---

33 BGH DNotZ 2000, 135.
34 OLG Jena ZIP 1998, 1797, 1798; OLG München GRUR 1999, 429.
35 BGHZ 150, 1 = NJW 2002, 1642 = DNotZ 2002, 805.
36 BGHZ 177, 108 = ZIP 2008, 1317.
37 OLG Karlsruhe NZG 2009, 503.
38 Vgl. die Aussage des derzeitigen Vorsitzenden des II. Zivilsenats *Goette* in DStR 2002, 818, 819.
39 LG Berlin NZG 2010, 268 mit Anm. *Lode* (n. rkr).
40 BGHZ 117, 168 = DNotZ 1992, 729.
41 GroßkommHGB/*Habersack*, § 160 Rn. 37.

b) Die analoge Anwendung von § 130 HGB

Mit Urteil vom 07. April 2003[42] hat der Bundesgerichtshof entschieden, dass neu eintretende Gesellschafter **grundsätzlich auch für Altverbindlichkeiten haften.** Insbesondere diese Entscheidung hat die Gestaltungspraxis dazu bewogen, von der Gesellschaft bürgerlichen Rechts als Rechtsform abzuraten.[43] Von besonderer Bedeutung für die Gestaltungspraxis ist der Umstand, dass dem in § 130 HGB geregelten Eintritt eines Gesellschafters auch die (dem Gesetz unbekannte) **Übertragung im Wege der Sonderrechtsnachfolge gleichgestellt ist.**[44]

Die Haftung erstreckt sich grundsätzlich auf **alle Altverbindlichkeiten.** Der neue Gesellschafter kann sich nicht darauf berufen, dass er im Zeitpunkt der Entstehung der Verbindlichkeit noch nicht Gesellschafter gewesen sei. In Ermangelung einer besonderen Vereinbarung kann der in Anspruch genommene Gesellschafter von der Gesellschaft **Freistellung** bzw. Regress gemäß § 110 HGB verlangen.[45] Ferner kann der Gesellschafter auch die übrigen Gesellschafter auf Regress in Anspruch nehmen. § 707 BGB steht dem nicht entgegen, da die Ausgleichsverpflichtung der Gesellschafter **lediglich die Folgen der Außenhaftung verteilt,** jedoch keine Nachschusspflicht begründet.[46] Im Zweifel kann der eintretende Gesellschafter die übrigen Gesellschafter nur **anteilig** in Anspruch nehmen.[47] Ob möglicherweise in den Fällen der analogen Anwendung des § 130 HGB der eintretende Gesellschafter einen Anspruch gegen die Altgesellschafter aus dem Gesichtspunkt der Veranlassung haben könnte, mit der Folge einer vollständigen Freistellung, ist noch nicht erörtert worden, muss allerdings als ungewiss gelten.

III. Entstehung der Gesellschaft

1. Entstehung durch Abschluss eines Gesellschaftsvertrages

Die Gesellschaft bürgerlichen Rechts entsteht in den meisten Fällen durch Abschluss eines **Gesellschaftsvertrages,** der die Anforderungen des § 705 BGB erfüllen muss. Mindestens zwei Gesellschafter müssen sich darüber einigen, die Erreichung eines gemeinsamen Zweckes zu fördern, was insbesondere durch Leistung der vereinbarten Beiträge geschieht.

a) Anforderungen an die Gesellschafter

aa) Keine Einpersonengesellschaft

Nach nahezu allgemeiner Auffassung setzen Gründung und Fortbestand der Gesellschaft bürgerlichen Rechts das Vorhandensein mindestens zweier Gesellschafter voraus.[48] Der **Vertragscharakter** wird bei der Personengesellschaft als strukturprägend angesehen, sodass die bei den Kapitalgesellschaften vorgesehenen Möglichkeiten der Ein-Mann-Gründung nicht auf die Gesellschaft bürgerlichen Rechts übertragbar seien; die Gesamthandsstruktur stehe nicht zur Disposition der Gesellschafter.[49] Freilich dürfte diese Begründung überwiegend auf historischen Gegebenheiten und nicht auf zwingenden Sachzusammenhängen beruhen.[50] Dennoch ist dieser Grundsatz hinzunehmen.

---

42 BGHZ 154, 370 = BGH NJW 2003, 1803 = DNotZ 2003, 764.
43 *Wälzholz*, NotBZ 2003, 249, 253.
44 GroßkommHGB/*Habersack*, § 130 Rn. 9 m.w.N.
45 BGHZ 37, 299 = NJW 1962, 1863; BGHZ 39, 319 = NJW 1963, 1873; NJW 1984, 2290; ZIP 2002, 394, 395 = DStR 2002, 319.
46 BGH NJW 1962, 1863; DStR 2002, 319; a.A. noch RGZ 80, 268, 272; 31, 139, 141.
47 GroßkommHGB/*Habersack*, § 128 Rn. 148 m.w.N.
48 MünchKommBGB/*Ulmer*, § 705 Rn. 60.
49 MünchKommBGB/*Ulmer*, § 705 Rn. 60.
50 *Wiedemann*, GesR II, § 5, S. 388.

19 Ausnahmen vom Mehrpersonenerfordernis werden jedoch in **besonderen Situationen** auch von der herrschenden Meinung anerkannt.[51] Dies ist der Fall, wenn Gesellschaftsanteile in einer Hand zusammentreffen und z.B.

- wenn eine **offene Treuhand** besteht, also der Gesellschafter den Anteil zugleich als Treuhänder für einen oder mehrere Treugeber hält;[52]
- wenn über einen Anteil die **Testamentsvollstreckung** angeordnet ist;[53]
- wenn der verbliebene Gesellschafter in die Gesellschafterstellung des anderen als dessen **Vorerbe** eintritt.[54]

20 Nach h.M. nicht ausreichen dürfte dagegen die Belastung mit einem Nießbrauch oder einem Pfandrecht sein.

bb) Gesellschafterfähigkeit

21 Gesellschafter einer GbR kann sein, wer rechtsfähig ist. Bei natürlichen Personen bestehen **keinerlei Schranken**. Gesellschafterfähig sind ferner die juristischen Personen des Privatrechts und des öffentlichen Rechts, Personenhandelsgesellschaften sowie andere Gesellschaften bürgerlichen Rechts. Auch dem nichtrechtsfähigen Verein wird die Fähigkeit zugesprochen, Gesellschafter zu sein.[55] Eine Bruchteilsgemeinschaft sowie eine Gütergemeinschaft können mangels Rechtsträgerschaft hingegen nicht Gesellschafter bürgerlichen Rechts sein. Nach einhelliger Auffassung ist auch die **Erbengemeinschaft nicht fähig**, Gesellschafterin einer werbenden Gesellschaft bürgerlichen Rechts zu sein. Begründet wird dies üblicherweise mit dem Argument, dass die auf Auflösung zielende Struktur der Erbengemeinschaft mit der Struktur einer Personengesellschaft unvereinbar sei.[56]

22 Jedenfalls im Anwendungsbereich der Art. 43, 48 EG darf Gesellschaften, die in einem anderen Mitgliedstaat gegründet worden sind, die Rechts- und Parteifähigkeit in einem anderen Mitgliedstaat nicht verneint werden.[57] Die Rechtsfähigkeit solcher Gesellschaften besteht in dem Umfang, den ihr das Gründungsstatut zubilligt. Hieraus folgt, dass solche ausländische Gesellschaften nicht Gesellschafter einer GbR sein können, deren Beteiligungsfähigkeit nach dem maßgeblichen Gründungsstatut eingeschränkt ist.[58] Außerhalb der Art. 43, 48 EG hält der BGH weiterhin an der Sitztheorie fest, sofern keine vorrangigen völkerrechtlichen Verträge, wie z.B. mit den USA, bestehen.[59] Allerdings werden ausländische Kapitalgesellschaften mit Verwaltungssitz in Deutschland als rechtsfähige Personengesellschaften behandelt.

cc) Beteiligung Minderjähriger

23 Für die Beteiligung Minderjähriger an Gesellschaften bürgerlichen Rechts gelten dieselben Grundsätze wie bei der OHG. Da regelmäßig die Eltern als gesetzliche Vertreter Mitglieder derselben Gesellschaft sind, können sie den Minderjährigen beim Abschluss des Gesellschaftsvertrages sowie bei späteren Änderungen nicht vertreten (§§ 1629 Abs. 2 S. 1, 1795 Abs. 2, 181 BGB). Es muss daher ein Pfleger bestellt werden (§ 1909 Abs. 1 BGB).[60] Bei

---

51 Vgl. KG DNotZ 2007, 954.
52 *K. Schmidt*, GesR, § 45 I 2 b bb, S. 1313.
53 BGH NJW 1996, 1284 = MittRhNotK 1996, 169.
54 BGH DNotZ 1987, 116.
55 Soergel/Hadding, BGB, § 705 Rn. 25.
56 MünchKommBGB/*Ulmer*, § 705 Rn. 80; BGH NJW 1957, 180; NJW 1977, 1339; DNotZ 1984, 35.
57 EuGH, Urt. v. 5.11.2002, Rs. C-208/00 (»Überseering«), www.curia.eu.int, 1. und 2. Leitsatz.
58 MünchHdb. GesR I/*Happ/Möhrle*, § 5 Rn. 27.
59 BGH NJW 2009, 289 (»Trabrennbahn«).
60 BGHZ 38, 26, 31 = NJW 1962, 2344.

Maßnahmen der Geschäftsführung und bei sonstigen (laufenden) Gesellschaftsangelegenheiten ist der gesetzliche Vertreter dagegen nicht gemäß § 181 BGB daran gehindert, sowohl im eigenen Namen als auch als Vertreter des Minderjährigen mitzuwirken.[61] Da § 181 BGB wohl bei sämtlichen Grundlagengeschäften einschlägig ist und andererseits die Abgrenzung zwischen Grundlagengeschäften und laufenden Gesellschaftsangelegenheiten nicht immer leicht fällt, empfiehlt sich die vorsorgliche Bestellung eines Ergänzungspflegers.[62] Weiterhin nicht völlig geklärt ist die Frage, ob der Abschluss eines GbR-Gesellschaftsvertrages unter dem Gesichtspunkt des § 1822 Nr. 3 BGB der familiengerichtlichen Genehmigung bedarf.[63] Dies hängt weitgehend davon ab, wie der Begriff des Erwerbsgeschäfts ausgelegt wird. Es empfiehlt sich, vorsorglich von einer Genehmigungsbedürftigkeit auszugehen[64] und vorsorglich jede Stimmabgabe sowohl von den Eltern/gesetzlichen Vertretern als auch dem Ergänzungspfleger vornehmen zu lassen. Da ein Ergänzungspfleger ebenfalls den Beschränkungen des § 181 BGB unterliegt (§§ 1909 Abs. 1, 1915 Abs. 1 S. 1, 1795 Abs. 2 BGB), insbesondere auch dem **Verbot der Mehrfachvertretung,** ist für jeden Minderjährigen ein eigener Ergänzungspfleger zu bestellen.[65]

dd) Einheitlichkeit/Unteilbarkeit der Beteiligung

Das Recht der GbR ist nach dem derzeitigen Rechtsstand ferner geprägt vom so genannten **Grundsatz der Einheitlichkeit (Unteilbarkeit) der Mitgliedschaft.** Dieser Grundsatz besagt, dass die Mitgliedschaft weder mehreren Gesellschaftern zu Bruchteilen zustehen noch ein Gesellschafter mehrere Mitgliedschaften halten kann.[66] Zur Rechtfertigung des Einheitlichkeitsgrundsatzes wird üblicherweise argumentiert, dass ein Mitglied Vertragspartner des Gesellschaftsvertrages sei und an diesem notwendig nur einmal beteiligt sein könne.[67] Trotz abweichender Stimmen ist auch weiterhin von der Fortgeltung dieses Grundsatzes auszugehen.[68] Dies besagt freilich nicht, dass in Einzelfällen von diesem Grundsatz Abweichungen zugelassen werden. 24

Der Grundsatz der Einheitlichkeit/Unteilbarkeit der Mitgliedschaft hat zunächst folgende Konsequenzen: Erwirbt ein Gesellschafter einen weiteren Anteil hinzu, so vereinigen sich beide Anteile zu einem vergrößerten Anteil; ein Komplementär, der einen Kommanditanteil hinzuerwirbt, bleibt weiterhin Komplementär.[69] Ein Treuhänder hält stets nur einen Gesellschaftsanteil, mag er diesen im Innenverhältnis auch zu Gunsten mehrerer Personen halten. 25

Nach der heute wohl überwiegenden Auffassung sind Ausnahmen vom Grundsatz der Einheitlichkeit in besonderen Fällen denkbar. Eine Parallele besteht zu der Frage, ob und unter welchen Voraussetzungen ggf. eine Ein-Mann-Gesellschaft zuzulassen wäre. Anerkannt werden Ausnahmen vom Grundsatz der Einheitlichkeit in Fällen, in denen trotz eines Zusammentreffens von Gesellschaftsanteilen in einer Hand eine **unterschiedliche Zuordnung geboten ist,**[70] die Anteile also nur formell in einer Hand zusammenfallen. Wohl anerkannte Fallgruppen sind: 26

– das Bestehen von **Vor- und Nacherbschaft;**
– die **Anordnung von Testamentsvollstreckung** über einen Gesellschaftsanteil;

---

61 BGH NJW 1976, 49.
62 Ivo, ZNotP 2007, 210, 211.
63 Ausführlich Rust, DStR 2005, 1942, 1943; *Ivo,* ZNotP 2007, 208, 210, je m.w.N.
64 *Rust,* DStR 2005, 1942, 1943.
65 Vgl. Palandt/*Diederichsen,* § 1795 Rn. 14.
66 MünchKommHGB/*K. Schmidt,* § 105 Rn. 76; BGHZ 24, 106, 108 = NJW 1957, 1026, 1027; BGHZ 58, 316, 318 = NJW 1972, 1755, 1756; BGH WM 1963, 989; BGH NJW-RR 1989, 1259.
67 GroßkommHGB/*Schäfer,* § 105 Rn. 72.
68 Vgl. *Ulmer,* ZHR 167 (2003), 103, 114.
69 BGH NJW 1987, 3184, 3186.
70 OLG Schleswig DNotZ 2006, 374, 376.

- die **Anordnung eines Nachlassinsolvenzverfahrens,** da dies wohl in § 1976 BGB zum Ausdruck kommt.[71]

27 Keinen ausreichenden Grund für einen Verzicht auf das Einheitlichkeitsdogma stellt hingegen wohl eine Verpflichtung zur Vermächtniserfüllung dar,[72] ebenso wenig der Umstand, dass ein Gesellschaftsanteil mit einem Nießbrauch oder einem Pfandrecht belastet ist.[73]

28 **Praxistipp:**
Gerade bei zweigliedrigen Gesellschaften ist bei der Nachfolgeplanung Vorsicht geboten. Wenn man entsprechende qualifizierte Nachfolgeklauseln vorsieht, sollte der gewünschte Nachfolger unbedingt zum Erben eingesetzt werden, um ein Erlöschen der Gesellschaft durch Anwachsung auf den einzigen Restgesellschafter zu vermeiden.

b) Form des Gesellschaftsvertrages

29 Der Gesellschaftsvertrag einer Gesellschaft bürgerlichen Rechts bedarf kraft Gesetzes keiner Form. Insbesondere ein konkludenter Abschluss des Gesellschaftsvertrages ist möglich, dürfte jedoch nur bei Gelegenheitsgesellschaften vorkommen.[74] Jedenfalls ein **schriftlicher Abschluss des Gesellschaftsvertrages** ist aus Gründen der Beweissicherung zu empfehlen.[75] Besondere Formerfordernisse bestehen z.B., wenn der Gesellschaftsvertrag eine Verpflichtung begründet, ein Grundstück (§ 311b Abs. 1 BGB) oder einen Geschäftsanteil an einer GmbH (§ 15 Abs. 4 GmbHG) zu erwerben. Eine Vereinbarung, nach welcher ein Grundstück der Gesellschaft nur zur Benutzung überlassen oder dem Werte nach eingebracht wird, bedarf hingegen nicht der notariellen Beurkundung.[76] Das Formgebot des § 311b Abs. 1 S. 1 BGB gilt ferner nur dann, wenn der Erwerb eines bestimmten oder zumindest bestimmbaren Grundstücks Gegenstand der Gesellschaft ist; dagegen ist ein Gesellschaftsvertrag, dessen Zweck **im Allgemeinen im Erwerb von Grundstücken besteht,** nicht formbedürftig.[77]

30 Liegen die Voraussetzungen der genannten Formvorschriften vor, so gelten die allgemeinen Grundsätze: Beurkundungsbedürftig ist der **gesamte Vertrag,** also alle Abreden, die nach den Vorstellungen der Beteiligten Bestandteil des Rechtsgeschäfts sind. Dies führt dazu, dass eine Beurkundungspflicht nach diesen Vorschriften regelmäßig zur Beurkundungsbedürftigkeit des gesamten Gesellschaftsvertrages führt. Ein Verstoß gegen die Beurkundungspflicht führt zur Formnichtigkeit gemäß § 125 S. 1 BGB. Hat eine nur unvollständige Beurkundung stattgefunden, so ist umstritten, ob hinsichtlich des beurkundeten Teils die von § 139 BGB im Zweifel angeordnete Rechtsfolge eingreift; der BGH bejaht dies jedoch.[78]

31 Wird ein Gesellschafter unentgeltlich beteiligt, so kann dies den Tatbestand eines formbedürftigen **Schenkungsversprechens** ausmachen (§ 518 Abs. 1 BGB).[79] Jedoch wird regelmäßig mit dem Erwerb der Beteiligung der Vollzug der Schenkung und damit die Heilung des Formmangels (§ 518 Abs. 2 BGB) eintreten.[80]

---

71 Vgl. insgesamt MünchKommHGB/*K. Schmidt*, § 105 Rn. 78.
72 Und zwar trotz § 2175 BGB, MünchKommHGB/*K. Schmidt*, § 105 Rn. 78.
73 OLG Schleswig DNotZ 2006, 374; OLG Düsseldorf DNotZ 1999, 440.
74 MünchKommBGB/*Ulmer*, § 705 Rn. 26; BGH NZG 1999, 498.
75 MünchHdb. GesR I/*Happ/Möhrle*, § 5 Rn. 51; *Giefers/Ruhkamp*, Rn. 68.
76 BGH DStR 2009, 2015; DB 1965, 1282.
77 BGH NJW 1978, 2505.
78 Vgl. BGH DNotZ 1983, 231.
79 BGH NJW 1990, 2616.
80 *Giefers/Ruhkamp*, Rn. 72.

Tritt nach dem Vorschriften des materiellen Rechts eine Heilung ein (insbesondere: §§ 311b Abs. 1 S. 2 BGB, 15 Abs. 4 S. 2 GmbHG), so erstreckt sich die Heilungswirkung auf das **gesamte Rechtsgeschäft**.   32

Haben die Gesellschafter vereinbart, dass **Änderungen des Gesellschaftsvertrages nur schriftlich** beschlossen werden können, so ist zu beachten, dass nach der Rechtsprechung derartige Schriftformklauseln im Regelfall nur **Klarstellungsfunktion** haben.[81] Formlos beschlossene Vertragsänderungen stellen nach dieser Rechtsprechung gleichzeitig eine **konkludente Aufhebung der Schriftformklausel** dar.[82] Dem sollte durch entsprechende Klarstellungen Rechnung getragen werden. Freilich kann auch eine qualifizierte Schriftformklausel übereinstimmend formlos aufgehoben werden, da sich die Gesellschafter ihrer Privatautonomie nicht begeben können.   33

Formulierungsbeispiel: 34 M
Änderungen dieses Gesellschaftsvertrages (einschließlich einer völligen Neufassung) bedürfen der Schriftform. Dies gilt auch für einen Verzicht auf das Schriftformerfordernis selbst.

2. Entstehung in sonstiger Weise

Neben der Entstehung durch Abschluss eines Gesellschaftsvertrages kann eine GbR ferner durch einen **Wechsel der Rechtsform** entstehen. Der Rechtsformwechsel kann durch rechtsgeschäftliches Handeln der Gesellschafter oder kraft Gesetzes eintreten. Zu erörtern sind dabei insbesondere die **Umwandlung einer Kapitalgesellschaft in einer GbR nach dem Umwandlungsgesetz** sowie die **Entstehung der GbR aus einer anderen Personenhandelsgesellschaft**.   35

a) Entstehung durch Formwechsel nach UmwG

Gemäß §§ 226, 191 UmwG kommt ein Formwechsel in eine GbR für Kapitalgesellschaften in Betracht, also für AG, KGaA oder GmbH. Eine GbR kann im Wege des Formwechsels jedoch nur entstehen, wenn der Gegenstand des Unternehmens der Kapitalgesellschaft nicht auf den Betrieb eines Handelsgewerbes gerichtet ist (vgl. § 228 Abs. 1 UmwG). Zu beachten ist, dass eine ggf. bestehende Erbengemeinschaft, welche Anteile an der umzuwandelnden Kapitalgesellschaft hält, sich hinsichtlich dieser Anteile auseinandersetzen muss. Noch nicht vollständig geklärt, wohl aber zu bejahen ist die Frage, ob im Zuge der Umwandlung einzelne Gesellschafter den Ein- oder Austritt erklären können.[83] Für den Umwandlungsbeschluss (§§ 194, 214 ff. UmwG) gelten im Wesentlichen die allgemeinen Grundsätze; auf die Erstattung eines Umwandlungsberichts kann durch notariell beglaubigte Verzichtserklärung aller Anteilsinhaber verzichtet werden (§ 192 Abs. 2 UmwG). Bei der Anmeldung zum Handelsregister ist statt der neuen Rechtsform die Umwandlung der Gesellschaft in das Register, in dem die formwechselnde Gesellschaft eingetragen ist, anzumelden; § 198 Abs. 2 UmwG findet keine Anwendung (§ 235 UmwG).   36

b) Entstehung aus einer anderen Personengesellschaft

Eine Personenhandelsgesellschaft wird kraft Gesetzes automatisch zu einer GbR, wenn sie kein Handelsgewerbe mehr betreibt und aus dem Handelsregister gelöscht wird. Bei einer vermögensverwaltenden OHG gemäß § 105 Abs. 2 HGB tritt die Umwandlung bereits durch bloße Löschung derselben aus dem Handelsregister ein.   37

---

81 BGHZ 49, 364 = NJW 1968, 1378.
82 BGH NJW 1966, 826; BGHZ 58, 115 = DNotZ 1972, 432; BGHZ 71, 162 = DNotZ 1978, 541.
83 Vgl. MünchHdb. GesR I/*Happ/Möhrle*, § 5 Rn. 86.

IV. Die Gestaltung des Gesellschaftsvertrages durch den Notar

38 In der notariellen Praxis von besonderer Bedeutung ist die Gestaltung des Gesellschaftsvertrages einer GbR. Gerade dann, wenn eine Teilnahme am Wirtschaftsverkehr intendiert ist, dürften sich die Gesellschafter kaum darauf verlassen, einen lediglich mündlichen Gesellschaftsvertrag ausreichen zu lassen. Nachfolgend sollen die wichtigsten Gestaltungselemente eines GbR-Gesellschaftsvertrages im Überblick dargestellt werden.

1. Aufbau eines Gesellschaftsvertrages

39 Allgemeinverbindliche Hinweise zur Gestaltung eines GbR-Gesellschaftsvertrages lassen sich nicht erteilen. Für die Gestaltungspraxis empfiehlt es sich, mehrere Grundmuster zur Verfügung zu haben und diese im Einzelfall anzupassen. Die in anderen Situationen zweckmäßigere Methode des »Baukastensystems« dürfte bei der Gestaltung von Gesellschaftsverträgen wenig zweckmäßig sein.

40 Die eingangs dargestellte Vielfalt möglicher Gesellschaftsformen führt auch zu einer Vielfalt von Gesellschaftsvertragstypen. Dennoch lassen sich Gesellschaftsverträge typischerweise in die nachfolgenden logischen Abschnitte unterteilen:[84]

- Name, Sitz und Gegenstand der Gesellschaft, ggf. Dauer
- Namen der Gesellschafter, Einlagen, Beteiligung am Vermögen der Gesellschaft, Kontenregelung
- Geschäftsführung und Vertretung
- Gesellschafterversammlungen und Gesellschafterbeschlüsse
- Vorschriften über Geschäftsjahr, Rechnungslegung, Gewinnverteilung und Entnahmerechte
- Wettbewerbsverbote
- Verfügungsbeschränkungen
- Regelungen über den Austritt bzw. die Kündigung von Gesellschaftern; Abfindungsregelungen
- Regelungen hinsichtlich der Rechtsnachfolge von Todes wegen
- Sonstiges (salvatorische Klauseln, Formvorschriften)

2. Der Gesellschaftsname

41 Anders als bei den Personenhandelsgesellschaften wird die Führung eines Gesellschaftsnamens für die Gesellschaft bürgerlichen Rechts durch das Gesetz nicht vorgegeben. Der Gesetzgeber ging offenbar davon aus, dass die Gesellschaft regelmäßig unter den Namen sämtlicher Gesellschafter auftritt und dadurch identifiziert wird.[85] Dies ist jedoch bei einem großen Gesellschafterbestand unpraktikabel.[86] Gleichzeitig ist anerkannt, dass die Namensführung ein wesentliches Merkmal der Identitätsausstattung einer Außengesellschaft ist.[87] Die Verwendung eines Gesamtnamens, der nicht aus den Namen sämtlicher Gesellschafter besteht, ist nach heute wohl unangefochtener Auffassung zulässig.[88]

42 Bei der Auswahl des Namens sind die Gesellschafter weitgehend frei. Ohne weiteres möglich ist es, den Gesellschaftsnamen auf der Grundlage der Namen **sämtlicher Gesellschafter** oder eines der Gesellschafter zu entwerfen, wie dies insbesondere bei Freiberuf-

---

[84] Umfassende Checkliste bei *Giefers/Ruhkamp*, S. 383.
[85] MünchKommBGB/*Ulmer*, § 705 Rn. 225.
[86] OLG Karlsruhe BB 1978, 519.
[87] *K. Schmidt*, GesR, § 60 I 3, S. 1770.
[88] *Giefers/Ruhkamp*, Rn. 89 m.w.N.

ler-GbR typisch sein dürfte.[89] Im Übrigen dürfte eine Orientierung an § 18 HGB empfehlenswert sein. Danach sollte der Name der Gesellschaft Kennzeichnungs- und Unterscheidungskraft enthalten (§ 18 Abs. 1 HGB) und darf nicht zur Irreführung geeignet sein (§ 18 Abs. 2 HGB).

Die erforderliche **Kennzeichnungskraft** liegt vor, wenn eine Individualisierung möglich ist. Nach derzeit noch herrschender Auffassung im Handelsrecht muss eine Firma aus **lesbaren und aussprechbaren** Schriftzeichen bestehen. Dies ist dann nicht der Fall, wenn lediglich Bildzeichen verwendet werden; auch unaussprechbare Buchstabenkombinationen wurden für unzulässig gehalten. **43**

Nach dem **Irreführungsverbot** darf der Name keine Angaben enthalten, die geeignet sind, über geschäftliche Verhältnisse, die für die angesprochenen Verkehrskreise wesentlich sind, irrezuführen. Im Anwendungsbereich des § 18 Abs. 2 HGB werden in Folge des Irreführungsverbots solche Firmen für unzulässig gehalten, die falsche Vorstellungen über **Rechtsform, Größe, Art oder Geschäftsumfang** des Unternehmens vermitteln, ferner Angaben, die hinsichtlich der **Identität der Gesellschafter** irreführend sind.[90] **44**

Auch die Anwendung des **§ 19 HGB**, wonach der Firmenname einen Rechtsformzusatz enthalten muss, ist jedenfalls empfehlenswert; zum Teil wird sie sogar als erforderlich beschrieben.[91] Wie bereits gezeigt, dürfte die Verwendung des Firmenzusatzes »GbRmbH« wettbewerbswidrig sein.[92] **45**

Ungeklärt ist bislang, welche **Konsequenzen** die Verwendung eines unzulässigen Gesellschaftsnamens nach sich zieht. Auszugehen ist von der Feststellung, dass eine handelsregisterliche Kontrolle der Firma nach § 37 Abs. 1 HGB nicht stattfindet. Ansprüche gegen einen unzulässigen Firmengebrauch dürften sich also allein aus dem **quasi-negatorischen Beseitigungsanspruch** ergeben (§§ 12, 823 Abs. 1, 1004 BGB). Auch **wettbewerbsrechtliche und markenrechtliche Unterlassungsansprüche** kommen in Betracht. Eine notarielle Pflicht zur Prüfung der Vereinbarkeit des von den Gesellschaftern gewählten Namens besteht grundsätzlich nicht. Allenfalls in Evidenzfällen (Beispiel: eklatanter Widerspruch zwischen Gesellschaftszweck und Gesellschaftsnamen) wird eine Belehrungspflicht des Notars zu erwägen sein. Im Übrigen verfügt der Notar nicht über die erforderlichen Informationen, um eine evtl. namens-, wettbewerbs- und markenrechtliche Relevanz beurteilen zu können. **46**

Ausdrücklich anerkannt hat der Gesetzgeber die Möglichkeit einer Gesellschaft bürgerlichen Rechts zur Namensgebung in **§ 15 Abs. 1 lit. c GBV**. Nach dieser durch das ERVGBG eingefügten Vorschrift können neben den nach § 47 Abs. 2 S. 1 GBO zwingend einzutragenden Gesellschaftern, welche zur Identifizierung gemäß § 15 Abs. 1 lit. a GBV einzutragen sind, zur Bezeichnung der Gesellschaft **Name und Sitz** in den Eintragungsvermerk aufgenommen werden. Trotz der Änderung der ursprünglich auf der Verordnungsermächtigung in § 1 Abs. 4 GBO beruhenden Grundbuchverfügung hat sich deren Charakter als Rechtsverordnung nicht geändert,[93] so dass Verstöße gegen die GBV nicht für sich genommen zur Unwirksamkeit der Eintragung führen. **47**

Die Formulierung des § 15 Abs. 1 lit. c GBV, wonach der Name der Gesellschaft eingetragen werden kann, wirft die Frage auf, ob das Grundbuchamt über die Eintragung des Namens nach **eigenem Ermessen** entscheidet oder an den Antrag der Gesellschafter gebunden ist. Überwiegend wird angenommen, dass das Grundbuchamt die beantragte Eintragung des Gesellschaftsnamens nicht verweigern dürfe.[94] Dem ist zuzustimmen: **48**

---

89 Vgl. § 2 Abs. 1 PartGG, wonach der Name einer Partnerschaft mindestens den Namen eines Partners enthalten muss.
90 *Koller/Roth/Mork*, § 18 Rn. 12 ff. m.w.N.
91 Staudinger/*Habermeier*, BGB, Vor §§ 705 ff. Rn. 23.
92 OLG Jena ZIP 1998, 1797, 1798; OLG München GRUR 1999, 429.
93 BVerfGE 114, 196, 233.
94 *Steffek*, ZIP 2009, 1445, 1447; *Lautner*, DNotZ 2009, 650, 655; a.A. *Bestelmeyer*, Rpfleger 2010, 169.

1. Kapitel Personengesellschaftsrecht

Ausweislich der Gesetzesbegründung soll die Angabe des Gesellschaftsnamens einem häufig geäußerten Wunsch der Gesellschafter Rechnung tragen.[95] Dies bringt eine subjektiv-rechtliche Zielsetzung zum Ausdruck, welche das Grundbuchamt im Rahmen der Entscheidung über die Eintragung des Namens zu berücksichtigen hat. Aus dem Gang des Gesetzgebungsverfahrens folgt des Weiteren, dass die Nennung des Namens auch im öffentlichen Interesse steht: Sie ermöglicht nämlich die Identifizierung der Gesellschaft und dadurch den Abgleich mit anderen Registern, z.B. dem Liegenschaftskataster.

49 Dem Grundbuchamt steht eine **Prüfungskompetenz** hinsichtlich der Frage, ob der Gesellschaftsname möglicherweise gegen andere Rechtsvorschriften verstößt, nicht zu. Dies folgt aus dem Fehlen einer mit § 37 Abs. 1 HGB vergleichbaren Vorschrift im Grundbuchverfahren. Das Grundbuchamt hat im Regelfall nicht die Möglichkeiten, einen Verstoß gegen Marken- oder Wettbewerbsrecht zu prüfen; darüber hinaus obliegt die Durchsetzung derartiger Rechtspositionen den jeweiligen Rechteinhabern.

50 Ist die Gesellschaft sodann mit ihrem Gesellschaftsnamen in das Grundbuch eingetragen worden, stellt sich die weitere Frage, ob eine Pflicht der Gesellschaft besteht, nachträgliche Änderungen zu berichtigen. Dogmatisch handelt es sich bei der »Berichtigung« des Gesellschaftsnamens nicht um eine Grundbuchberichtigung gemäß § 22 Abs. 1 GBO, sondern um eine **Richtigstellung**. Derartige Richtigstellungen werden auf Anregung von Amts wegen vorgenommen. Nach wohl herrschender Auffassung ist die Form des § 29 Abs. 1 S. 1 oder S. 2 GBO nicht einzuhalten. Eine entsprechende Berichtigung löst freilich gemäß § 67 Abs. 1 KostO Grundbuchkosten in Höhe einer Viertel Gebühr aus.[96] Dennoch empfiehlt es sich, eine entsprechende vertragliche Verpflichtung der Gesellschafter zur Grundbuchberichtigung zu regeln, um den Zweck des § 15 Abs. 1 lit. c GBV, eine Identifizierung der Gesellschaft zu ermöglichen, nicht zu vereiteln.

51 M **Formulierungsbeispiel:**
»Solange die Gesellschaft Inhaberin von Grundbesitz oder sonstigen, im Grundbuch einzutragenden Rechten ist, sind die Gesellschafter verpflichtet, einen satzungsmäßigen Namen zu führen und einen Gesellschaftssitz im Gesellschaftsvertrag festzulegen. Die Gesellschafter verpflichten sich, bei Änderungen des Namens und/oder des Sitzes auf eine Verlautbarung dieser Änderungen in allen Grundbüchern hinzuwirken, in welchen die Gesellschaft als Berechtigte eingetragen ist. Die Kosten der Richtigstellung trägt die Gesellschaft.«

52 Ist der Name eines Gesellschafters zugleich Bestandteil des Gesellschaftsnamens, so bietet es sich an, die Auswirkungen des Ausscheidens des betreffenden Gesellschafters auf die Fortführung des Gesellschaftsnamens besonders zu regeln. Zu beachten ist, dass § 24 Abs. 2 HGB für entsprechend anwendbar gehalten wird mit der Folge, dass die Fortführung des Gesellschaftsnamens in Abweichung einer besonderen Regelung nur mit Zustimmung des betreffenden Gesellschafters möglich wäre.[97]

3. Der Sitz der Gesellschaft

53 Ebenso wenig wie für den Namen enthält das Gesetz eine Regelung über den Sitz einer Gesellschaft bürgerlichen Rechts. Da eine Außengesellschaft jedoch rechts- und parteifähig ist, hat sie zwangsläufig einen Gesellschaftssitz, welcher in Ermangelung einer Wahl der Ort ist, an dem sich die Verwaltung befindet (§ 17 Abs. 1 S. 2 ZPO).

---

95 BT-Drucks. 16/13437, S. 29 li. Sp.
96 BayObLG MittBayNot 1981, 45: Kein Ermessensfehler, wenn Geschäftswert aus 10 Prozent des Wertes aller auf einem Grundbuchblatt gebuchten Grundstücke berechnet wird; vgl. auch BayObLG RNotZ 2002, 347 (Umwandlung einer GbR in eine KG).
97 OLG München NZG 2000, 367.

Gesellschaft bürgerlichen Rechts A

Es spricht einiges dafür, die zum Recht der Personenhandelsgesellschaften entwickelten Grundsätze über den Gesellschaftssitz **auf die Gesellschaft bürgerlichen Rechts zu übertragen**. Nach der bislang herrschenden Auffassung ist der Sitz der Gesellschaft derjenige Ort, an dem die Hauptverwaltung geführt wird.[98] Maßgeblich soll nicht der satzungsmäßige, sondern der tatsächliche Gesellschaftssitz sein. Diese Auffassung wird gerade in jüngster Zeit unter Verweis auf §§ 4a GmbHG, 5 AktG und die Streichung der jeweiligen Absätze 2 dieser Vorschriften bezweifelt.[99] Hierfür spricht auch, dass das Interesse des Rechtsverkehrs, an die Gesellschaft Zustellungen bewirken zu können, bereits durch die ebenfalls anzugebende inländische Geschäftsanschrift (§ 106 Abs. 2 Nr. 2 HGB) geschützt wird. Da der BGH allerdings deutlich gemacht hat, dass er ohne eine entsprechende Gesetzesänderung im Bereich des Internationalen Privatrechts an der so genannten Sitztheorie festhalten werde,[100] sollten Satzungssitz und Verwaltungssitz möglichst übereinstimmen.

54

4. Beiträge und Einlagen

a) Begriffliche Abgrenzung

Eine gesetzliche Definition dieser Begriffe fehlt. Die Pflicht des Gesellschafters zur Leistung der vereinbarten Beiträge ist lediglich in den §§ 706, 707 BGB geregelt. Unter **Beiträgen** gemäß §§ 706, 707 BGB werden Leistungen des Gesellschafters an die Gesellschaft auf der Grundlage der Mitgliedschaft verstanden.[101] **Einlagen** hingegen kennzeichnen eine bestimmte Art von Beiträgen, nämlich **Vermögensgegenstände,** die in das Gesellschaftsvermögen übergehen.[102] Die frühere Abgrenzung, wonach Einlagen bereits erbracht sind und Beiträge noch ausstehen,[103] dürfte als überholt anzusehen sein, da sich an den Tatbestand eines »erfüllten Beitrages« keine Rechtsfolgen knüpfen, die über die Erfüllung hinausgehen.[104] Einlagen sind somit nur solche Leistungen an die Gesellschaft, die dort zu einer **aktivierungsfähigen Vermögensmehrung** führen.[105]

55

b) Arten von Beiträgen und Einlagen

Hinsichtlich der Frage, welche Beiträge bzw. Einlagen die Gesellschafter zu erbringen haben, herrscht im Bereich der BGB-Gesellschaft grundsätzlich **Vertragsfreiheit.** Da bei der BGB-Gesellschaft, anders als bei der KG, an die Erbringung der Einlage keine haftungsbeschränkenden Folgen geknüpft werden, kommt es auf den die Werthaltigkeit einer Einlage grds. nicht an.[106]

56

aa) Sachen und Rechte als Beitrag

Der nächstliegende Gegenstand einer Beitrags- bzw. Einlageverpflichtung sind Sachen (z.B. Grundstücke, Kraftfahrzeuge, Maschinen) sowie Rechte (z.B. Immaterialgüterrechte). Hinsichtlich der **zivilrechtlichen Erbringung** der Einlageleistung besteht ebenfalls eine weitgehende Gestaltungsfreiheit der Gesellschafter. Unterschieden wird üblicherweise

57

---

98 BGH WM 1957, 999, 1000; VG Aachen NJW 2005, 169; GroßkommHGB/*Schäfer*, § 106 Rn. 18 m.w.N.
99 GroßkommHGB/*Schäfer*, § 106 Rn. 18; Baumbach/Hopt, § 106 Rn. 8.
100 BGH NJW 2009, 89.
101 *Wiedemann*, GesR II, § 3 II 1, S. 184.
102 *Wiedemann*, GesR II, § 3 II 1, S. 184.
103 BGH NJW 1980, 1744.
104 *K. Schmidt*, ZHR 154 (1990), 237, 241; MünchHdb. GesR I/*Happ/Möhrle*, § 3 Rn. 19 ff.
105 MünchHdb. GesR I/*Weipert*, § 3 Rn. 22.
106 MünchKommBGB/*Ulmer/Schäfer*, § 706 Rn. 2.

zwischen einer Übertragung zu Eigentum (quoad dominum), einer Übertragung dem Werte nach (quoad sortem) sowie einer Übertragung zum Gebrauch (quoad usum).[107] Die Übertragung zu Eigentum ist der praktisch häufigste Fall. Sind Sachen beizutragen, so hat die Übertragung zu Eigentum nach der widerlegbaren Vermutung des § 706 Abs. 2 BGB ohnehin zu erfolgen.

58 **Praxistipp:**
Die zivilrechtliche Technik der Beitragsleistung sollte unbedingt klargestellt werden, um Auslegungsstreitigkeiten zu vermeiden.

59 M **Formulierungsbeispiel:**
Der Gesellschafter erbringt seine Einlage dadurch, dass der der Gesellschaft das Eigentum an dem Grundstück (genaue Grundstücksbezeichnung) verschafft/dadurch, dass er der Gesellschaft das Grundstück (genaue Bezeichnung) zum Gebrauch überlässt.

bb) Bar- oder Geldleistungen

60 Auch soweit der Beitrag in Geld zu erbringen ist, kann der entsprechende Betrag endgültig zum Eigenkapital geleistet oder der Gesellschaft auf Zeit als Darlehen zur Verfügung gestellt werden. Auch hier sollte eine klare gesellschaftsvertragliche Festlegung erfolgen. Ist der Gesellschafter zu einer Geldeinlage verpflichtet, so hat er der Gesellschaft grundsätzlich die tatsächliche und dauerhafte Verfügungsmacht zu verschaffen.[108]

cc) Dienstleistungen

61 Gemäß § 706 Abs. 3 BGB kann der Beitrag auch im Leisten von Diensten bestehen. Das im Kapitalgesellschaftsrecht geltende Verbot, Dienstleistungen als Sacheinlagen zu bewerten (§ 27 Abs. 2 AktG),[109] gilt im Bereich der GbR nicht. Von der Verpflichtung zur Dienstleistung wird besonders im Zusammenhang mit der **Begründung von Geschäftsführungspflichten** Gebrauch gemacht. Ohne weiteres können derartige Pflichten auch im Wege eines **Anstellungsverhältnisses** vereinbart werden. Beruht die Geschäftsführungsverpflichtung lediglich auf gesellschaftsvertraglicher Grundlage, so steht dem Geschäftsführer im Zweifel keine besondere Tätigkeitsvergütung zu. In Betracht kommt jedoch als Kompensation eine **gesellschaftsvertraglich vereinbarte erhöhte Gewinnbeteiligung**.

62 **Praxistipp:**
Ein Anstellungsverhältnis ist zweckmäßigerweise nicht in den Gesellschaftsvertrag selbst aufzunehmen.

c) Kapitalkonto und Kapitalanteil; Beteiligung am Gesellschaftsvermögen

63 Die gesetzliche Regelung der Gewinnverteilung und der Stimmengewichtung (§§ 709, 722 BGB) wird regelmäßig nicht gewünscht sein. Stattdessen wird üblicherweise ein System von **Kapitalkonten** gebildet, welches die vermögensmäßige Beteiligung der Gesellschafter abbilden soll. Insofern bestehen keine Unterschiede zu den Kontenmodellen bei Personen-

---

107 MünchKommBGB/*Ulmer/Schäfer*, § 706 Rn. 9, 11, 13.
108 BGH NJW 1973, 1328.
109 Vgl. zuletzt BGH DStR 2009, 506 (Qivive); DStR 2010, 560 (Eurobike).

handelsgesellschaften.[110] Die Kontenführung bei einer Personengesellschaft betrifft das Innenverhältnis der Gesellschafter und steht in **deren Ermessen**. Die Abgrenzung hat jedoch Bedeutung für die Frage, ob Leistungen zwischen Gesellschaft und Gesellschaftern der Eigenkapitalsphäre (dann »Kapitalkonto« oder »Beteiligungskonto«) oder der Fremdkapitalsphäre (dann »Privatkonto« oder »Darlehenskonto«) zuzurechnen sind. Innerhalb der Eigenkapitalsphäre ist zudem von Bedeutung, welchem Eigenkapitalposten sie zuzurechnen sind.[111] Für die **Abgrenzung** zwischen Eigenkapital- und Fremdkapitalkonten kommt es nicht auf die Bezeichnung an. Vielmehr ist anhand des Gesellschaftsvertrages zu ermitteln, welche zivilrechtliche Rechtsnatur die Konten haben, ob sie also Eigenkapital oder Forderungen/Schulden ausweisen.[112] Entscheidend für die Prägung eines Kontos als Eigenkapitalkonto dürfte der Umstand sein, dass es auch **Verluste erfasst;** denn eine Verlustbeteiligung ist mit einer Fremdkapitalbeteiligung unvereinbar.[113] Die Verlustbeteiligung muss sich aus dem Gesellschaftsvertrag selbst ergeben. Ist eine laufende Verlustverrechnung nicht vorgesehen, so genügt es auch, wenn die Abfindungsregelung für den Fall des Ausscheidens auf den Saldo sämtlicher Gesellschafterkonten abzüglich eines eventuellen Verlustvortrages abstellt.[114] Unerheblich ist es dagegen, ob das Konto verzinst. Auch das Fehlen eines Höchstbetrages sowie einer Tilgungsregelung steht einer Einordnung als Darlehenskonto nicht notwendigerweise entgegen.[115]

In der Praxis verbreitet sind das so genannte **Zwei-Konten-Modell** sowie das **Drei-Konten-Modell**. Beim Zwei-Konten-Modell existiert ein festes Beteiligungskonto (»Kapitalkonto I«), welches unabhängig von der tatsächlichen Einlageleistung die Beteiligungsquote des Gesellschafters ausweisen soll. Das »Kapitalkonto II« dient der Verbuchung von Gewinnen, Verlusten und Entnahmen. Beim »Drei-Konten-Modell« werden auf dem »Kapitalkonto II« die nicht entnahmefähigen Gewinne und Verluste verbucht, während die entnahmefähigen Gewinnanteile und sonstigen Entnahmen/Einlagen auf dem dritten Konto gebucht werden. Bei dieser Gestaltung ist das Kapitalkonto II ein Eigenkapitalkonto, das Kapitalkonto III hingegen ein Forderungskonto.[116] **64**

Wenig Aufmerksamkeit wurde der Bedeutung der Kontenführung bislang im Zusammenhang mit **Anteilsübertragungen** geschenkt. Soweit ein Gesellschafterkonto Eigenkapitalcharakter aufweist, handelt es sich lediglich um eine buchungstechnische Folge der Mitgliedschaft; eine selbständige Übertragbarkeit kommt nicht in Betracht.[117] Anders ist dies bei **Darlehenskonten**: Der BGH hat entschieden, dass im Falle einer Gesellschaftsanteilsübertragung aus der Vergangenheit herrührende Geldansprüche im Zweifel auf den Erwerber übergehen, wenn sie im Rechenwerk der Gesellschaft Niederschlag gefunden haben, insbesondere auf dem Darlehens- oder Privatkonto ersichtlich sind.[118] **65**

> **Praxistipp:** **66**
> Regelmäßig weist das Darlehenskonto einen Saldo zu Gunsten des Veräußerers aus. Bei den Beteiligten fehlt häufig das Bewusstsein, dass hier ein Problem liegen könnte. Der Veräußerer geht regelmäßig davon aus, dass er »sein Geld« zurückerhalte. Es bietet sich daher z.B. folgende Regelung an:[119]

---

110 *Leitzen*, ZNotP 2009, 255.
111 *Leitzen*, ZNotP 2009, 255.
112 BFH DStR 2008, 1577.
113 *Strahl*, KÖSDI 2009, 16531.
114 BFH DStR 2008, 1577.
115 FG Nürnberg EFG 2009, 2019.
116 *Leitzen*, ZNotP 2009, 255, 257.
117 Vgl. MünchKommHGB/*Priester*, § 120 Rn. 87.
118 BGHZ 45, 221 = NJW 1966, 1307; NJW 1973, 328; NJW-RR 1987, 286.
119 Vgl. *Hesselmann/Tillmann/Müller-Thuns*, S. 1082 (Anhang E).

> »Forderungen des Verkäufers gegen die Gesellschaft und Verbindlichkeiten des Verkäufers gegenüber der Gesellschaft sind nicht Bestandteil des heutigen Kauf- und Übertragungsvertrages. Die Parteien verpflichten sich wechselseitig, alle erforderlichen Handlungen vorzunehmen, damit diese Forderungen und Verbindlichkeiten bis zum ... ausgeglichen werden.«.[120]

5. Geschäftsführung und Vertretung
a) Geschäftsführung

67 Der Begriff der Geschäftsführung bezeichnet **jede zur Förderung des Gesellschaftszwecks bestimmte**, im laufenden Betrieb der GbR vorgenommene Tätigkeit eines Gesellschafters mit Ausnahme von Grundlagengeschäften.[121] Ob eine Maßnahme zur Geschäftsführung gehört, richtet sich nach Zweckbestimmung und Funktion der jeweiligen Tätigkeit.[122] Zur Geschäftsführung gehört auch die Vertretung der Gesellschaft, sodass eine Differenzierung zwischen Geschäftsführung und Vertretung danach, ob das Innen- oder Außenverhältnis betroffen ist, nicht hilfreich ist.[123] Auch der Abschluss von Verträgen im Namen der Gesellschaft ist eine Maßnahme der Geschäftsführung; ob diese Verträge wirksam sind, richtet sich freilich nach den Vertretungsverhältnissen.[124]

68 Die weitgehende Vertragsfreiheit im Recht der Personengesellschaften wird auch bei der GbR beschränkt durch das so genannte Prinzip der **Selbstorganschaft**. Hiernach kann sich eine GbR wie eine Einzelperson nicht durch die Übertragung der Geschäftsführungsbefugnisse an einen Dritten ihrer **Handlungshoheit** begeben.[125] Das Prinzip der Selbstorganschaft hindert die Gesellschaft freilich nicht, einem Dritten im Wege einer Vollmacht, auch einer Generalvollmacht, Geschäftsführungsaufgaben im Wege eines Anstellungsverhältnisses zu übertragen; allerdings müssen die Gesellschafter jederzeit die Möglichkeit haben, die Geschäftsführung wieder »an sich« zu ziehen.[126] Zulässig ist sogar eine Gestaltung, nach der die Geschäftsführungsbefugnis nur **aus wichtigem Grund mit der einfachen Mehrheit der Gesellschafter** widerrufbar ist.[127]

69 Das Gesetz ordnet in der Auslegungsregel des § 709 Abs. 1 BGB das Prinzip der Gesamtgeschäftsführung an. Dies bedeutet, dass entweder alle Gesellschafter gemeinsam handeln müssen oder wenigstens die Zustimmung aller Gesellschafter vorzuliegen hat. Weigert sich ein Gesellschafter, an der Geschäftsführung mitzuwirken, so müssen die übrigen Gesellschafter ihn auf Zustimmung verklagen.[128] Eine **Zustimmungspflicht** besteht dabei regelmäßig nicht, es sei denn, es handelt sich um eine Maßnahme der **Notgeschäftsführung** entsprechend § 744 Abs. 2 BGB oder der Betroffene weigert sich ohne sachlichen Grund, die Zustimmung zu erteilen, obwohl der Gesellschaftszweck und das Interesse der Gesellschaft dies erfordern.[129]

70 Gemäß § 709 Abs. 2 BGB kann die Geschäftsführungsbefugnis einer Mehrheit der Gesellschafter zugewiesen werden. Derartige Mehrheitsklauseln sind unproblematisch, soweit sie sich nur auf Maßnahmen der Geschäftsführung erstrecken und nicht strukturändernde

---

120 Alternative Gestaltung (Darlehen verbleibt beim Veräußerer, detaillierte Regelung der Rückzahlung durch Gesellschaft): BeckFB BHW, Muster VIII.D.22, § 5.
121 Staudinger/*Habermeier*, § 709 Rn. 1.
122 Staudinger/*Habermeier*, § 709 Rn. 1.
123 NomosKommentarBGB/*Heidel/Pade*, § 709 Rn. 2.
124 Staudinger/*Habermeier*, § 709 Rn. 1.
125 BGH MittRhNotK 1994, 224.
126 NomosKommentarBGB/*Heidel/Pade*, § 709 Rn. 3.
127 BGH NJW 1982, 2495; NJW 1982, 877, 878.
128 BGH NJW 1960, 91.
129 JurisPK-BGB/*Bergmann*, § 709 Rn. 11 m.w.N.

Maßnahmen erfassen.[130] Die mehrheitliche Geschäftsführung erstreckt sich auf gewöhnliche und außergewöhnliche Geschäftsführungsmaßnahmen; § 116 Abs. 2 HGB gilt bei einer Klausel gemäß § 709 Abs. 2 BGB nicht entsprechend.[131] Die Mehrheit wird gemäß § 709 Abs. 2 BGB ermittelt durch die »Zahl der Gesellschafter«, sofern nicht, wie häufig, die Stimmrechtsmacht durch die Einlagenhöhe bestimmt wird.

71 Der Grundsatz der Einstimmigkeit kann bei kleineren Gesellschaften praktikabel sein; bei größeren Gesellschaften dürfte er die Gesellschaft in ihrer Handlungsfähigkeit unverhältnismäßig einschränken. Sollte auch eine Mehrheitsklausel nicht die gewünschte Flexibilität bieten, wird zulässigerweise die Befugnis zur **Einzelgeschäftsführung** in den Gesellschaftsvertrag aufgenommen. Die Möglichkeit hierzu setzt das Gesetz in § 711 BGB voraus. Die Befugnis zur Einzelgeschäftsführung kann auch konkludent eingeräumt werden; hierfür muss allerdings der auf die Abweichung von § 709 BGB gerichtete Wille eindeutig erkennbar sein.[132] Eine unbeschränkte Einzelgeschäftsführungsbefugnis dürfte vor allem bei kleineren vermögensverwaltenden Gesellschaften in Betracht kommen; häufiger ist die **funktionell beschränkte Einzelgeschäftsführung** anzutreffen, durch welche eine ressortbezogene Geschäftsführungsbefugnis eingeräumt wird.[133] Ist eine ressortbezogene Einzelgeschäftsführungsbefugnis eingeräumt, so steht den anderen Gesellschaftern im Zweifel kein Widerspruchsrecht gemäß § 711 BGB zu.[134]

72 Der Gesellschaftsvertrag sollte die Geschäftsführungsbefugnis stets eindeutig beschreiben und abgrenzen. Die Frage nach Widerspruchsrechten sollte daher ausdrücklich geregelt und erörtert werden. Ohne weiteres möglich ist auch eine Vereinbarung, wonach die Einzelgeschäftsführungsbefugnis in Anlehnung an § 116 Abs. 1 und Abs. 2 HGB nur im Bereich gewöhnlicher Geschäfte bestehen soll. Wird dies gewünscht, so sollten die außergewöhnlichen Geschäfte im Wege der Enumeration konkretisiert werden, ohne dass die allgemeine Regelung außer Kraft gesetzt wird.

Formulierungsbeispiel: 73 M
Die Geschäftsführer sind zur alleinigen Geschäftsführung der Gesellschaft berechtigt, sofern es sich um Geschäfte handelt, die der gewöhnliche Betrieb des Unternehmens mit sich bringt. Zu außergewöhnlichen Geschäften ist die vorherige Zustimmung aller Gesellschafter erforderlich. Außergewöhnliche Geschäfte sind insbesondere: ....

b) Vertretung

aa) Allgemeines

74 Nach der Auslegungsregel des § 714 BGB richtet sich die Vertretung der Gesellschaft bürgerlichen Rechts im Zweifel nach der Geschäftsführungsbefugnis. § 714 BGB ist jedoch wie die meisten Vorschriften im BGB-Gesellschaftsrecht dispositiv. Dies verdeutlicht bereits die Existenz von § 715 BGB. Der Begriff der Vertretung richtet sich nach den §§ 164 ff. BGB, bedeutet also das Handeln im Namen eines Dritten und mit Wirkung für und gegen diesen.

75 Die Formulierung des § 714 BGB, wonach es um die Vertretung der anderen Gesellschafter gehe, ist durch die Anerkennung der Rechtsfähigkeit der BGB-Gesellschaft überholt. Vertreten werden nicht mehr die Gesellschafter, **sondern die Gesellschaft**. Es kann dahinstehen, ob der Wortlaut des § 714 BGB überholt ist[135] oder ob § 714 BGB den Fall der **organ-**

---

130 Staudinger/*Habermeier*, § 709 Rn. 46.
131 MünchKommBGB/*Ulmer/Schäfer*, § 709 Rn. 24; NomosKommentarBGB/*Heidel/Pade*, § 709 Rn. 18.
132 NomosKommentarBGB/*Heidel/Pade*, § 709 Rn. 22.
133 BeckOK-BGB/*Schöne*, § 709 Rn. 22.
134 MünchKommBGB/*Ulmer/Schäfer*, § 709 Rn. 17.
135 NomosKommentarBGB/*Heidel/Pade*, § 714 Rn. 1.

schaftlichen Vertretung der Gesellschaft gar nicht regelt.[136] Ob § 714 BGB insoweit ein Anwendungsbereich verbleibt, als die Gesellschafter im Zweifel auch mitverpflichtet werden,[137] ist eine Frage der Auslegung, kann allerdings angesichts der akzessorischen Gesellschafterhaftung für Gesellschaftsschulden dahinstehen.

76 Trotz der überholten Formulierung findet § 714 BGB insoweit weiterhin Anwendung, als Geschäftsführungsbefugnis und Vertretungsbefugnis im Zweifel übereinstimmen. Eine Abweichung bedarf einer ausdrücklichen gesellschaftsvertraglichen Bestimmung.

Formulierungsbeispiel: Die Gesellschafter A, B und C sind jeweils einzelgeschäftsführungsberechtigt. Zur Vertretung der Gesellschaft gegenüber Dritten ist jedoch ausschließlich der Gesellschafter B berechtigt.

77 Der Grundsatz der Selbstorganschaft wirkt sich auf der Ebene der Vertretung der Gesellschaft dergestalt aus, dass die Gesellschaft **keinesfalls handlungsunfähig** werden kann. Ist beispielsweise der Mehrheitsgrundsatz als Vertretungsregelung vereinbart und fällt ein vertretungsberechtigter Gesellschafter weg, so bleibt die Vertretungsregel bestehen, sofern die Handlungsfähigkeit der Gesellschaft fortbesteht; würde der Wegfall zur Handlungsunfähigkeit führen, gilt die gesetzliche Regelung (§§ 709, 714 BGB).

bb) Umfang der Vertretungsmacht

78 Nach herrschender Auffassung findet **§ 126 Abs. 2 HGB** auf die BGB-Gesellschaft trotz Anerkennung der Rechtsfähigkeit **keine Anwendung**.[138] Daher richtet sich der Umfang der Vertretungsmacht im Zweifel nach dem Umfang der Geschäftsführungsbefugnis. Entscheidend ist die Ausgestaltung des Gesellschaftsvertrages. Möglich ist z.B. eine Regelung, wonach die Vertretungsmacht auf bestimmte Geschäftsbereiche oder Geschäftstypen beschränkt ist. Unzulässig ist allerdings eine Beschränkung der **organschaftlichen Vertretungsmacht** auf das Gesellschaftsvermögen; hierfür bedarf es einer individualvertraglichen Vereinbarung.[139]

79 Die fehlende Anwendbarkeit von § 126 Abs. 2 HGB gerät zunehmend unter Kritik.[140] Die Rechtsprechung hält allerdings weiterhin an der grds. auf die Geschäftsführungsbefugnis beschränkten Vertretungsmacht fest, lässt im Einzelfall jedoch eine weitergehende Haftung nach Rechtsscheinsgrundsätzen zu.[141] Dies kommt z.B. im Liquidationsstadium in Betracht, wenn für den Vertragspartner nicht erkennbar ist, ob das Geschäft vom Liquidationszweck gedeckt ist.[142]

80 Für die **Passivvertretung** gilt § 164 Abs. 3 BGB, wonach regelmäßig der Zugang einer Willenserklärung an einen vertretungsberechtigten Gesellschafter genügt.[143] Dies wird teilweise unter Berufung auf § 125 Abs. 2 S. 3 HGB hergeleitet, im Zwangsvollstreckungsrecht aus § 170 Abs. 3 ZPO. Diese Vorschriften dürften vertraglicher Disposition nicht unterliegen.

cc) Anwendbarkeit des § 172 BGB bei Vorlage des Gesellschaftsvertrages?

81 Nach wohl inzwischen einhelliger Auffassung sind die vertretungsberechtigten Gesellschafter der GbR **organschaftliche Vertreter**.[144] Für einen Vertragspartner der GbR ist es

---

136 Soergel/*Hadding*, § 714 Rn. 7, 14.
137 Soergel/*Hadding*, § 714 Rn. 14.
138 MünchKommBGB/*Ulmer/Schäfer*, § 714 Rn. 24 m.w.N.
139 BGH MittRhNotK 1999, 353.
140 MünchKommBGB/*Ulmer/Schäfer*, § 714 Rn. 24 m.w.N.
141 BGH MittRhNotK 1996, 414.
142 Staudinger/*Habermeier*, § 714 Rn. 8.
143 Staudinger/*Habermeier*, § 714 Rn. 11.
144 *Wertenbruch*, NZG 2005, 462; Staudinger/*Habermeier*, § 714 Rn. 2; MünchKommBGB/*Ulmer/Schäfer*, § 714 Rn. 165.

daher im Einzelfall schwierig, sich über die Vertretungsverhältnisse der GbR Gewissheit zu verschaffen, da keine Registerpublizität existiert. Um den Bedürfnissen des Rechtsverkehrs entgegen zu kommen, wurde gerade in jüngster Zeit eine (entsprechende) **Anwendung des § 172 Abs. 1 BGB auf GbR-Gesellschaftsverträge** erörtert.[145] Soweit eine Analogie bejaht wird, stellt man zur Begründung häufig auf eine Entscheidung des BGH ab, wonach **§ 174 BGB hinsichtlich des Gesellschaftsvertrages entsprechend anwendbar sein soll**, wenn ein alleinvertretungsberechtigter Gesellschafter gegenüber einem Dritten ein einseitiges Rechtsgeschäft vornimmt.[146] Hiergegen wird eingewandt, dass derjenige, der mit einer GbR einen Vertrag schließe, weniger schutzwürdig sei als derjenige, gegenüber dem die GbR ein einseitiges Rechtsgeschäft vornimmt.[147] Die entsprechende Anwendung des § 172 BGB auf Gesellschaftsverträge einer GbR erscheint jedoch vorzugswürdig: Auch wenn es sich um organschaftliche Vertretungsmacht handelt, so beruht die Vertretungsmacht der Gesellschafter letztlich doch auf einer Willensentscheidung der Gesellschafter, nämlich der Gründung der Gesellschaft.[148] Zudem erscheint es formalistisch, bei der Vorlage des Gesellschaftsvertrages die Anwendung des § 172 BGB zu verneinen, diese jedoch **bei Vorlage entsprechender Vollmachten** der Gesellschafter zu bejahen.[149]

> **Praxistipp:** 82
> Aus diesem Grund empfiehlt es sich jedenfalls bei Grundstücks-GbR, den Gesellschaftsvertrag öffentlich beglaubigen zu lassen. Für den Fall, dass die Rechtsprechung zukünftig die Anwendbarkeit des § 172 BGB auf die Vorlage eines Gesellschaftsvertrages bejaht, kann dadurch die Vertretung nachgewiesen werden. Wenn nicht mit häufigen Wechseln im Gesellschafterbestand gerechnet werden muss, ist die Erteilung entsprechender Vollmachten an die Gesellschafter (so genannte Gründungsvollmachten) wohl ein geeignetes Instrumentarien; derartige Vollmachten sollten bei Grundstücks-GbR möglichst »originär« erstellt und öffentlich beglaubigt werden.

dd) Beendigung der Vertretungsmacht

Gemäß §§ 712, 715 BGB setzt die Beendigung der Vertretungsmacht eines Gesellschafters 83 das Vorliegen eines wichtigen Grundes sowie einen Gesellschafterbeschluss voraus. Die Vertretungsmacht kann nicht isoliert entzogen werden, sondern nur gemeinsam mit der Geschäftsführungsbefugnis.

6. Gesellschafterbeschlüsse

a) Grundlagen

Auch wenn es der Wortlaut zunächst nicht vermuten lässt, wird § 709 BGB als **Grundlage** 84 **für das Beschlussrecht** in der GbR angesehen.[150] Anders als die §§ 45 ff. GmbHG enthält das BGB keine Vorschriften betreffend die **Gesellschafterversammlung, deren Zuständigkeit und das Verfahren.** Dies ist unproblematisch, wenn das Einstimmigkeitsprinzip bei-

---

145 Vgl. jüngst *Kiehnle*, ZHR 174 (2010), 208, 224/225 m.w.N.
146 BGH NJW 2002, 1194, 1195 = DNotZ 2002, 533; *Wertenbruch*, DB 2003, 1099, 1101; *Lautner*, MittBayNot 2005, 93, 96; *Knöfel*, AcP 205 (2005), 645, 652; *Wagner*, ZIP 2005, 637, 644; *Lautner*, DNotZ 2009, 650, 661.
147 *Kiehnle*, ZHR 174 (2010), 208, 224/225; eine entsprechende Anwendung ablehnend auch Schöner/Stöber, Rn. 3635; *Hertel*, DNotZ 2009, 121, 128; Staudinger/*Schilken*, § 172 Rn. 1; *Ruhwinkel*, MittBayNot 2007, 92, 95.
148 *Kiehnle*, ZHR 174 (2010), 208, 224/225.
149 Zu letzterer Möglichkeit *Tebben*, NZG 2009, 288, 292; *Krauß*, notar 2009, 429, 437.
150 MünchKommBGB/*Ulmer/Schäfer*, § 709 Rn. 50.

behalten wird; gilt jedoch das Mehrheitsprinzip, so kommt eine entsprechende Anwendung der §§ 34, 35 BGB sowie des § 47 Abs. 4 GmbHG in Betracht.[151]

85 Nach heute wohl unbestrittener Auffassung ist ein Gesellschafterbeschluss dogmatisch als **mehrseitiges Rechtsgeschäft** einzuordnen, welches sich aus den Stimmabgaben als empfangsbedürftigen Willenserklärungen zusammensetzt. Die allgemeinen Vorschriften der §§ 104 ff. BGB sind auf das Zustandekommen und die Wirksamkeit von Beschlüssen anwendbar.[152]

b) Gegenstände von Gesellschafterbeschlüssen

86 Üblicherweise findet eine Unterteilung von Gesellschafterbeschlüssen in drei Arten statt, und zwar in Beschlüsse über **Grundlagen der Gesellschaft**, insbesondere den Gesellschaftsvertrag, über Geschäftsführungsangelegenheiten sowie über sonstige Angelegenheiten der Gesellschaft.

aa) Grundlagenbeschlüsse

87 Grundlagenbeschlüsse bedürfen grds. der Zustimmung aller Gesellschafter. Der Vertrag kann freilich die einfache Mehrheit der Stimmen als Quorum fixieren. Allerdings werden Mehrheitsbeschlüsse über Vertragsänderungen durch den so genannten **Bestimmtheitsgrundsatz** beschränkt: Dieser besagt, dass sich aus der Mehrheitsklausel auch der jeweils in Frage stehende Gegenstand der Vertragsänderung mit Bestimmtheit ergeben muss.[153] Je schwerwiegender der potenzielle Eingriff des Mehrheitsbeschlusses in die Gesellschafterstellung wiege, desto konkreter müsse die Mehrheitsklausel sein.[154]

88 Der **Bestimmtheitsgrundsatz** wurde in der Rechtsprechung zunächst entwickelt am Beispiel von **Beitragserhöhungen**, welche abweichend von § 707 BGB im Wege eines Mehrheitsbeschlusses beschlossen werden sollten.[155] Dabei blieb die Rechtsprechung jedoch nicht stehen. Der Bestimmtheitsgrundsatz wurde von der Rechtsprechung bisher beispielsweise angewandt auf:

– Feststellung des Jahresabschlusses;[156]
– Änderungen des Gewinnverteilungsschlüssels;[157]
– Vertragsverlängerungen;[158]
– Änderung der Kündigungsfolgen;[159]
– Herabsetzung des Mehrheitserfordernisses für Vertragsänderungen.[160]

89 Der Bundesgerichtshof hat in jüngster Zeit klargestellt, dass an dem Bestimmtheitsgrundsatz weiterhin festzuhalten sei; allerdings sei dieser nicht derart zu verstehen, dass er eine Auflistung der betroffenen Beschlussgegenstände verlange. Grund und Tragweite der Legitimation von Mehrheitsentscheidungen könnten sich vielmehr auch durch Auslegung des Gesellschaftsvertrages ergeben. Aber auch die Eindeutigkeit einer vertraglichen Regelung sei zwar notwendige, aber nicht hinreichende Voraussetzung für die Wirksamkeit

---

151 MünchKommBGB/*Ulmer/Schäfer*, § 709 Rn. 50.
152 MünchKommBGB/*Ulmer/Schäfer*, § 709 Rn. 52.
153 BGHZ 8, 35, 41 = NJW 1953, 102.
154 MünchKommBGB/*Ulmer/Schäfer*, § 709 Rn. 84.
155 RGZ 91, 166; 151, 321; 163, 385.
156 BGHZ 132, 263 = DNotZ 1997, 577; allerdings genügt eine einfache Mehrheitsklausel, BGHZ 170, 283 = DNotZ 2007, 629 (Otto).
157 BGH NJW 1979, 419.
158 BGH NJW 1973, 1602.
159 BGHZ 48, 251 = NJW 1967, 2151.
160 BGH DNotZ 1988, 49.

einer Mehrheitsentscheidung: Einer Mehrheitsentscheidung schlechthin unzugänglich sind **absolut unentziehbare Gesellschafterrechte;** relativ unentziehbare Gesellschafterrechte können nur mit (antizipierter) Zustimmung des betroffenen Gesellschafters oder aus wichtigem Grund entzogen werden. Im letzteren Fall komme es darauf an, dass die Grenzen der Ermächtigung inhaltlich eingehalten worden seien und sich die Mehrheit nicht treuepflichtwidrig über wichtige Belange der Minderheit hinweggesetzt habe.[161] Diese »Zwei-Stufen-Prüfung« ist generell durchzuführen und nicht nur bei solchen Beschlüssen, die die gesellschaftsvertraglichen Grundlagen oder den Kernbereich berühren.[162] Der Minderheitsgesellschafter hat allerdings darzulegen und zu beweisen, dass ein Treuepflichtverstoß vorgelegen habe. Bei einer Stimmbindungsgesellschaft kann hiernach grds. mit einfacher Mehrheit ein bestimmtes Stimmverhalten beschlossen werden, selbst wenn bei der Kapitalgesellschaft selbst eine qualifizierte Mehrheit erforderlich ist.[163]

Auf der Grundlage dieses Verständnisses des BGH vom Bestimmtheitsgrundsatz bedarf es einer Klarstellung, in welchem Verhältnis dieser zur so genannten **Kernbereichslehre** steht. Nach einer in der Literatur vertretenen Ansicht wird der Bestimmtheitsgrundsatz durch die Kernbereichslehre ersetzt: Mehrheitliche Eingriffe in den **Kernbereich der Mitgliedschaft** sollen nur dann zulässig sein, wenn der betroffene Gesellschafter zugestimmt hat.[164] Nach dieser Auffassung ist der Bestimmtheitsgrundsatz überholt; der Minderheitenschutz sei vor allem im Wege der Kernbereichslehre zu gewähren.[165] Die derart verstandene Kernbereichslehre unterscheidet sich von der vom BGH vertretenen Position freilich eher terminologisch.[166] Von einer Aufgabe des Bestimmtheitsgrundsatzes in der Rechtsprechung des BGH zu sprechen,[167] dürfte freilich verfrüht sein. Der BGH geht weiter von einem **zweigliedrigen Verständnis** des Kernbereichs aus: Der **Kernbereich im engeren Sinn** umfasse schlechthin unverzichtbare Gesellschafterrechte; der Kernbereich im weiteren Sinne bezeichne Gegenstände, die nur bei eindeutiger Festlegung in die Mehrheitskompetenz fallen.[168]

90

Die neue Rechtsprechung dürfte zu mehr Rechtssicherheit bei der Gestaltung gesellschaftsvertraglicher Mehrheitsklauseln führen. Denn außer in den Fällen der schlechthin unentziehbaren Gesellschafterrechten dürfte eine Mehrheitsklausel in den meisten Fällen zulässig sein. Die hierfür ggf. erforderliche Zustimmung hat der Gesellschafter entweder bei der Gründung erklärt oder im Zuge eines Anteilserwerbes; beim Erwerb von Todes wegen dürfte der Rechtsnachfolger an die Zustimmung durch den Rechtsvorgänger gebunden sein. In der Literatur wird in Reaktion auf die Rechtsprechung eine noch klarere Trennung zwischen dem (unter dem Gesichtspunkt des Kernbereichs sowie des Belastungsverbotes unterschiedlich wirkenden) Bestimmtheitsgrundsatz sowie der auf der wechselseitigen Treuepflicht beruhenden Inhaltskontrolle gefordert.[169]

91

In absehbarer Zeit dürfte mit einer weiteren Klärung hinsichtlich der Frage zu rechnen sein, wie der Vertragsgestalter mit den Anforderungen des Bestimmtheitsgrundsatzes umzugehen hat. Das KG hat in einer aktuellen Entscheidung festgehalten, dass eine allgemeine Mehrheitsklausel für Grundlagengeschäfte nur dann gilt, wenn sich dies im Wege der Auslegung eindeutig ergebe. Im konkreten Fall hat das KG die Geltung der Mehrheitsklausel für die Feststellung einer Liquidationsschlussrechnung verneint; der Gesellschaftsvertrag enthielt eine einfache Mehrheitsklausel für Gesellschafterbeschlüsse sowie eine

92

---

161 BGHZ 170, 283 = DNotZ 2007, 629 (Otto).
162 BGHZ 179, 13 = DNotZ 2009, 392 (Schutzgemeinschaftsvertrag II).
163 BGH DNotZ 2009, 392.
164 MünchKommBGB/*Ulmer/Schäfer*, § 709 Rn. 90 ff; GroßkommHGB/*Schäfer*, § 119 Rn. 34 ff., 38 ff.
165 GroßkommHGB/*Schäfer*, § 119 Rn. 36.
166 Ebenroth/Boujong/Just/Strohn/*Goette*, § 119 Rn. 53.
167 GroßkommHGB/*Schäfer*, § 119 Rn. 37.
168 Ebenroth/Boujong/Just/Strohn/*Goette*, § 119 Rn. 53, 59.
169 Zu dieser Differenzierung *K. Schmidt*, ZIP 2009, 737, 739/740.

qualifizierte Mehrheitsklausel für vertragsändernde Beschlüsse und die Auflösung der Gesellschaft. Das KG sah hier keine Grundlage für eine Auslegung dergestalt, dass zumindest auch das qualifizierte Mehrheitserfordernis auch für die Feststellung der Liquidationsschlussrechnung gelten könnte.[170] Ob eine solch restriktive Lesart zutrifft, bleibt abzuwarten.[171] Gegen diese Entscheidung wurde Revision zum BGH eingelegt.[172]

> **Praxistipp:**
> Bis zur klärenden Entscheidung durch den BGH besteht die Gefahr, dass »durch die Hintertür« die Notwendigkeit einer Auflistung der Beschlussgegenstände doch wieder eingeführt wird. Dies droht vor allem dann, wenn die Instanzgerichte an die Auslegung des Gesellschaftsvertrages sehr strenge Anforderungen stellen. Der Vertragsgestalter sollte sich bei der Gestaltung von Mehrheitsklauseln mit »insbesondere« – Formulierungen behelfen:
> »Gesellschafterbeschlüsse werden mit der einfachen Mehrheit der Stimmen getroffen. Dies gilt insbesondere auch für Änderungen des Gesellschaftsvertrages, Beschlüsse über die Auflösung der Gesellschaft sowie die Aufstellung einer Liquidationsschlussrechnung. Soweit Mehrheitsbeschlüsse in den Kernbereich der Rechtsstellung eines Gesellschafters eingreifen, erklärt der Gesellschafter bereits jetzt hierzu die Zustimmung zu derartigen Eingriffen in den Kernbereich und verpflichtet sich im Falle einer Rechtsnachfolge, seinen Rechtsnachfolger ebenfalls zu einer entsprechenden Zustimmung zu verpflichten.«
> Bei eklatanten Beschlüssen (Beispiel: Begründung von Nachschusspflichten in erheblicher Höhe) hilft eine Klausel gemäß dem Vorstehenden auch nicht weiter, da dann eine Unwirksamkeit wegen eines Verstoßes gegen die Treuepflicht droht. Der Gestaltungsfreiheit völlig entzogen ist der nicht disponible »absolute Kernbereich«, also ein Mindestmaß an Teilhaberechten und das Recht zur Kündigung aus wichtigem Grund.[173] Hierauf kann der Notar ggf. hinweisen. Ohnehin sollte die Vertragsgestaltung bei Eingriffen in den Kernbereichen Mehrheitsklauseln nur behutsam und bei Vorliegen besonderer Gründe einsetzen.

bb) Geschäftsführungsmaßnahmen

93 Die Frage nach Beschlüssen in Geschäftsführungsangelegenheiten stellt sich vor allem dann, wenn das **Mehrheitsprinzip (§ 709 Abs. 2 BGB)** vereinbart worden ist. Praktisch behilft man sich vor allem damit, dass bestimmte Arten von Geschäften der vorherigen Zustimmung der (einfachen oder qualifizierten) Mehrheit der Gesellschafter bedürfen.[174] In Geschäftsführungsangelegenheiten ist die Gestaltungsfreiheit der Gesellschafter größer als bei Grundlagengeschäften.

cc) Sonstige Gesellschaftsangelegenheiten

94 Unter den sonstigen **gemeinsamen Gesellschaftsangelegenheiten** versteht man z.B. die **Entlastung von Geschäftsführern.** Auch diese Beschlüsse stehen grds. dem Mehrheitsprinzip offen.

---

170 KG NZG 2010, 223.
171 Vgl. *Boesebeck*, JZ 1953, 229: Wenn die Auflösung der Gesellschaft bei der Mehrheitsklausel aufgeführt sei, indiziere dies eine weite Auslegung.
172 Az. II ZR 266/09.
173 Ebenroth/Boujong/Just/Strohn/*Goette*, § 119 Rn. 53.
174 Vgl. Münchener Vertragshandbuch Bd. 1, Muster I.3, § 6 Abs. 2; BeckFB BHW, Muster VIII.A.2.

c) Gesellschafterversammlungen

Das BGB enthält keine Vorschriften über Gesellschafterversammlungen bei der GbR; auch im Recht der Personenhandelsgesellschaften sind derartige Vorschriften nicht zu finden; für Personenhandelsgesellschaften existieren immerhin die §§ 39, 217 UmwG, welche Gesellschafterversammlungen im Bereich des Umwandlungsrecht erwähnen. Aus notarieller Sicht von Bedeutung ist daher die Frage, wie weit in diesem Bereich die **Gestaltungsautonomie** reicht.

Nach einer verbreiteten Auffassung sind die **§§ 47 ff. GmbHG entsprechend** anzuwenden, soweit der Gesellschaftsvertrag regelt, dass Beschlussfassungen der Gesellschafter grds. in einer Gesellschafterversammlung stattzufinden haben.[175] Wie auch bei der GmbH ist jedoch dringend zu empfehlen, die gesetzlichen Regelungen im Einzelfall anzupassen und zu ergänzen.

Regelungen über Gesellschafterversammlungen sollten sich verhalten zu:

- Art und Weise der Einberufung (Form, Ladungsfristen etc.)
- Vollversammlungsprivilegien
- Teilnahmerechten
- Zulässigkeit der Teilnahme durch Vertreter
- Ort der Versammlung
- Protokollierung
- Versammlungsleitung
- Bekanntgabemöglichkeiten
- Anfechtungsfristen
- Stimmrechten und Mehrheiten

aa) Einberufung

In Ermangelung einer abweichenden Regelung steht das Recht zur Einberufung der Gesellschafterversammlung **jedem Gesellschafter** zu.[176] Von der Möglichkeit, dieses Einberufungsrecht zu beschränken, sollte regelmäßig Gebrauch gemacht werden: Beispielsweise kann das Recht zur Einberufung auf die geschäftsführenden Gesellschafter übertragen werden; einer qualifizierten Minderheit kann ein Einberufungsanspruch ergänzend eingeräumt werden.

bb) Durchführung der Gesellschafterversammlung; Stellvertretung

Hinsichtlich der Durchführung der Gesellschafterversammlung bietet es sich an, Regelungen über die Teilnahmeberechtigung, zulässige Bevollmächtigung und Konsequenzen einer Nichtteilnahme zu aufzunehmen. Soweit eine Nichtteilnahme an der Gesellschafterversammlung dazu führen soll, dass dann die Mehrheit der abgegebenen Stimmen genügt,[177] ist dies freilich ohnehin nur in Angelegenheiten denkbar, in denen nach den dargestellten Grundsätzen nicht zwangsläufig die Zustimmung der betroffenen Gesellschafter oder sogar aller Gesellschafter erforderlich ist. Sofern allerdings eine Zustimmung bereits im Voraus erklärt werden kann, sollte der Gesellschaftsvertrag klarstellen, dass sich diese Zustimmung auch auf Beschlüsse erstreckt, die zulässigerweise von der Mehrheit der abgegebenen Stimmen gefasst worden ist.

---

175 MünchKommHGB/*Enzinger*, § 119 Rn. 48; LG Karlsruhe, DB 2001, 693; a.A. *Giefers/Ruhkamp*, Rn. 407.
176 MünchKommHGB/*Enzinger*, § 119 Rn. 49.
177 Dies ist gemäß § 47 Abs. 1 GmbHG der Regelfall bei einer GmbH, Roth/Altmeppen, § 47 Rn. 3.

1. Kapitel Personengesellschaftsrecht

100 Anders als im Recht der GmbH, wo die Zulässigkeit der Bevollmächtigung der gesetzliche Regelfall ist (§ 47 Abs. 3 GmbHG), ist die Ausübung des Stimmrechts in der Personengesellschaft grds. **höchstpersönlicher Natur**.[178] Die Ausübung des Stimmrechts kann und muss entweder vorab im Gesellschaftsvertrag oder im Wege der ad-hoc-Zustimmung erklärt werden; ein Anspruch auf eine solche Zustimmung zur Bevollmächtigung eines außenstehenden Dritten besteht nur ausnahmsweise dann, wenn der Gesellschafter an der persönlichen Stimmabgabe gehindert ist und ihm eine Bevollmächtigung der Mitgesellschafter nicht zumutbar ist.[179] In vielen Fällen dürften sich Klauseln empfehlen, wonach eine Stellvertretung durch solche Personen zulässig ist, die **zur berufsmäßigen Verschwiegenheit verpflichtet sind**. Erwägenswert erscheint es überdies, eine Stellvertretung auch auf der Grundlage einer **Vorsorgevollmacht** zuzulassen.

101 Nur in dem Bereich derjenigen Beschlussgegenstände, die einer Entscheidung durch Mehrheitsbeschluss zugänglich sind, stellt sich darüber hinaus die Frage nach **Beschlussquoren**. Ohne eine Regelung dürfte es stets auf die Mehrheit aller Gesellschafter ankommen; dies kann schnell zur Handlungsunfähigkeit der Gesellschaft führen. Es bietet sich an, ein derartiges Beschlussquorum erst für eine zweite Gesellschafterversammlung anzuordnen, welche erst einberufen wird, nachdem die Beschlussquoren bei der zunächst einberufenen Gesellschafterversammlung nicht erreicht worden sind.

cc) Form der Stimmabgabe

102 Weder im BGB noch im HGB existieren Formvorschriften betreffend die Stimmabgabe. Soweit hier Regelungsbedarf gesehen wird, kommt eine Protokollierungsverpflichtung nach Gesellschafterversammlungen in Betracht, ebenso dann, wenn Beschlüsse einstimmig im Umlaufverfahren beschlossen werden. Eine derartige Formulierung sollte vorsorglich klarstellen, dass ein Verstoß gegen die Protokollierungspflicht nicht zur Unwirksamkeit des entsprechenden Gesellschafterbeschlusses führt.

dd) Anwendbarkeit von § 181 BGB auf Gesellschafterbeschlüsse

103 Insbesondere dann, wenn ein Mitgesellschafter zulässigerweise zum Stimmrechtsvertreter bestellt worden ist, stellt sich die Frage, ob das **Selbstkontrahierungsverbot** bzw. das **Verbot der Mehrfachvertretung** zu beachten ist. Nach der Rechtsprechung ist § 181 BGB von vornherein unanwendbar bei Gesellschafterbeschlüssen, die die **Geschäftsführung** oder im Rahmen des bestehenden Gesellschaftsvertrages **gemeinsame Gesellschaftsangelegenheiten** betreffen.[180] Anders liegt der Fall, wenn es um die Änderung des Gesellschaftsvertrages[181] oder die Bestellung des Stimmrechtsvertreters zum geschäftsführenden Gesellschafter geht;[182] dann ist § 181 BGB anwendbar.[183]

104
> **Praxistipp:**
> Die Abgrenzung fällt – ebenso wie in den Fällen minderjähriger Gesellschafter – im Einzelfall schwer. Stimmrechtsvollmachten sollten stets entsprechende Befreiungen von den Beschränkungen des § 181 BGB enthalten; sofern dies z.B. bei juristischen Personen im Einzelfall nicht möglich ist, sollte jedenfalls die Mehrfachvertretung vermieden, also pro Gesellschafter ein gesonderter Bevollmächtigter bestellt werden.

---

178 MünchKommBGB/*Ulmer/Schäfer*, § 709 Rn. 77.
179 BGH LM § 109 HGB Nr. 8 = NJW 1970, 706 = DNotZ 1970, 303.
180 BGH NJW 1976, 49.
181 BGH NJW 1976, 49.
182 BGH NJW 1991, 691; NJW 1969, 841; BayObLG DNotZ 2001, 887; LG Berlin NJW-RR 1997, 1534.
183 Ausführlich *Baetzgen*, RNotZ 2005, 193.

d) Stimmrechte

105 Nach der gesetzlichen Vorgabe haben alle Gesellschafter das gleiche Stimmgewicht (§ 709 Abs. 2 BGB). Haben die Gesellschafter allerdings Beiträge bzw. Einlagen in **abweichenden Größen** erbracht, wird die gesetzliche Regelung als unsachgemäß empfunden: Vielmehr besteht die Erwartungshaltung, dass sich die Vermögensbeiträge in den Mitspracherechten widerspiegeln. Eine Abhilfemöglichkeit besteht darin, die Stimmrechte der Gesellschafter gemäß ihren **Kapitalanteilen** festzulegen. Der Kapitalanteil in diesem Sinne ist zu verstehen als buchungstechnische Größe, welche die Beteiligung jedes Gesellschafters am Eigenkapital repräsentiert. Hinsichtlich der Ausgestaltung der Stimmrechts, also hinsichtlich der Frage, ob je 1 Euro oder je 100 Euro Kapitalanteil eine Stimme gewähren, sind die Gesellschafter frei.

e) Stimmbindungsvereinbarungen

106 Auch bei der Gesellschaft bürgerlichen Rechts werden die gesellschaftsvertraglichen Pflichten flankiert durch schuldrechtliche Vereinbarungen unter den Gesellschaftern. Häufig finden sich Vereinbarungen, mit denen das Abstimmungsverhalten der Gesellschafter beeinflusst werden soll. Von den so genannten **Stimmbindungsverträgen** lassen sich **Vertreterklauseln** unterscheiden.

aa) Vertreterklauseln

107 Insbesondere Familiengesellschaften sind dadurch geprägt, dass der Gesellschafterkreis durch mehrere »Gesellschafterstämme« geprägt ist. Bei derartigen Gesellschaften sind Vereinbarungen des Inhalts empfehlenswert und üblich, dass innerhalb eines Gesellschafterstammes das **Stimmrecht jeweils nur einheitlich ausgeübt** werden darf. Eine derartige Einschränkung trägt insbesondere dem Umstand Rechnung, dass sich der Gesellschafterbestand durch Erbgänge in unübersehbarer Art und Weise ausweitet. Die Zulässigkeit derartiger Klauseln wird in der Literatur unter Berufung auf die Rechtsprechung des BGH bejaht, wonach eine Verpflichtung der Ausübung der Gesellschafterrechte durch einen einheitlichen Vertreter nach einer Erbfolge für zulässig erachtet wurde.[184] Entscheidend dürfte sein, dass der Vertreter innerhalb einer Gruppe von dieser jederzeit abberufen werden kann. Von der Gruppenvertretungsregelung unberührt bleiben freilich diejenigen Gesellschafterrechte, welche einem Gesellschafter nicht entzogen werden können. Innerhalb einer Gruppe sollten Vereinbarungen über die **interne Willensbildung** getroffen werden.

bb) Stimmbindungsverträge

108 Stimmbindungsverträge sind Verträge, mit denen ein Gesellschafter die Verpflichtung übernimmt, von seinem Stimmrecht in bestimmter Weise Gebrauch zu machen. Der BGH hat die Zulässigkeit derartiger Verträge zunächst bei der GmbH bejaht[185] und sie dann auf alle anderen Gesellschaftsformen übertragen.[186] In der Literatur werden unter Verweis auf das Abspaltungsverbot teilweise zurückhaltendere Auffassungen vertreten, insbesondere dann, wenn es sich um **Vereinbarungen gegenüber Dritten** handelt.[187] Diese Bedenken wurden allerdings bislang vom BGH nicht aufgegriffen. Schranken ergeben sich allerdings weiterhin aus der gesellschaftsrechtlichen **Treuepflicht** sowie aus der **Kernbereichsrechtsprechung**.

---

184 BGHZ 46, 291 = NJW 1967, 826; BGH NJW 1973, 1602.
185 BGHZ 48, 163 = NJW 1967, 1963.
186 Vgl. zuletzt BGHZ 179, 13 = DNotZ 2009, 392.
187 Bamberger/Roth/*Schöne*, § 717 Rn. 15 m.w.N.

f) Beschränkungen des Stimmrechts

109 In den §§ 705 ff. BGB finden sich keine allgemeinen Vorschriften, die mit den §§ 47 Abs. 4 GmbHG, 136 Abs. 1 AktG vergleichbar wären. Ausdrückliche Regelungen enthalten allerdings die §§ 712, 715 und 737 S. 2 BGB. In der Rechtsprechung wird allerdings § 47 Abs. 4 GmbHG als **Ausprägung eines allgemeinen Rechtsgrundsatzes** angesehen. Hiernach kann von einem selbst am Geschäft beteiligten Gesellschafter nicht erwartet werden, er werde bei der Stimmabgabe seine eigenen Belange hinter diejenigen der Gesellschaft stellen.[188] Bereits die im BGB enthaltenen Ausschlusstatbestände verdeutlichen, dass ein Stimmrecht immer dann ausgeschlossen ist, wenn es um ein »**Richten in eigener Sache**« geht (Anwendungsfall des § 47 Abs. 4 S. 1 GmbHG). Das OLG München zieht jedoch auch § 47 Abs. 4 S. 2 GmbHG heran, wenngleich es dessen Voraussetzungen im konkreten Fall verneint. Es spricht daher vieles dafür, die zu § 47 Abs. 4 GmbHG insgesamt entwickelten Fallgruppen auch auf das Stimmrecht innerhalb der Gesellschaft bürgerlichen Rechts heranzuziehen.

110 Neben den gesetzlichen Stimmrechtsbeschränkungen stellt sich auch die Frage, inwieweit **vertragliche Beschränkungen des Stimmrechts** vereinbart werden können. Derartige Beschränkungen können die vorstehend dargestellten Grundsätze zur Kernbereichslehre nicht außer Kraft setzen; in diesen Fällen muss der stimmrechtslose Gesellschafter **zugestimmt haben**.[189] Unter diesen Voraussetzungen dürfte ein Stimmrechtsausschluss zulässig sein, sofern dem stimmrechtslosen Gesellschafter weiterhin Anwesenheits- und Mitspracherechte in der Gesellschafterversammlung zustehen.[190]

h) Beschlussmängelrecht der GbR

aa) Ursachen der Rechtswidrigkeit eines Gesellschafterbeschlusses

111 Beschlussmängel lassen sich unterteilen in **formelle und materielle Mängel**.[191] Bei formellen Mängeln liegt ein Verstoß gegen Verfahrensvorschriften vor (z.B. fehlerhafte Einberufung oder Ladung; unterbliebene Protokollierung). Hier ist zu differenzieren: Handelt es sich um Verstöße gegen bloße **Ordnungsvorschriften,** so hat dies keine Auswirkung auf die Wirksamkeit des Gesellschafterbeschlusses (Beispiel: unterbliebene Protokollierung, siehe auch § 47 Abs. 3 GmbHG). Anders liegt der Fall, wenn der Verstoß **zwingende Verfahrensregeln** betrifft (z.B. unterbliebene Ladung eines Gesellschafters). Verstöße gegen derartige zwingende Verfahrensvorschriften führen dagegen zur Unwirksamkeit des Gesellschafterbeschlusses, wenn nicht ausgeschlossen werden kann, dass das Ergebnis auf dem Mangel beruht. Nach der Literatur soll es sich bei vertraglichen Form- oder Verfahrensklauseln im Personengesellschaftsrecht im Zweifel nur um Ordnungsvorschriften handeln;[192] in der Gestaltungspraxis sollte allerdings regelmäßig eine Klarstellung erfolgen.

112 **Materielle Beschlussmängel** beruhen auf einer Verletzung des Gesetzes, gesellschaftsrechtlicher Grundsätze oder des Gesellschaftsvertrages. In Betracht kommen dabei zum einen Fehler bei der Stimmabgabe nach den allgemeinen Regeln des BGB (fehlende Geschäftsfähigkeit, Anfechtung). Häufiger dürften jedoch **spezifisch gesellschaftsrechtliche Verstöße auftreten** (z.B. Verstöße gegen die gesellschaftsrechtliche Treuepflicht, die Grundsätze zum Kernbereich, den Grundsatz der Gleichbehandlung).

---

188 BGHZ 51, 215, 219 = NJW 1969, 841; 56, 47, 52 = NJW 1971, 1265; OLG München DStR 2009, 2212.
189 MünchKommBGB/*Ulmer*/*Schäfer*, § 709 Rn. 63, der die Differenzierung zwischen Zustimmung (zu Kernbereichsangelegenheiten) und Stimmabgabe betont.
190 BGHZ 14, 264, 270 = NJW 1954, 1563; Ebenroth/Boujong/Just/Strohn/*Goette*, § 119 Rn. 53.
191 *Wiedemann*, GesR II, § 4 I 5, S. 321.
192 *Wiedemann*, GesR II, § 4 I 5, S. 321.

bb) Rechtsfolgen fehlerhafter Beschlüsse

Nach bislang ganz überwiegender Auffassung sind die §§ 241 ff. AktG auf Beschlussmängel im Recht der Personengesellschaften nicht entsprechend anwendbar.[193] Als Begründung wird üblicherweise angeführt, dass bei Aktiengesellschaften das Bedürfnis nach Rechtssicherheit angesichts der typischerweise großen Mitgliederzahl größer sei und daher dem Bestandsschutz im Einzelfall der Vorrang gegenüber den Minderheitsrechten gebühre; diese Erwägung lasse sich jedenfalls nicht auf Personengesellschaften ohne Publikumsöffnung übertragen.[194] *Karsten Schmidt* plädiert hingegen aus Gründen der Rechtssicherheit dafür, die Anfechtungsklage auf alle rechtswidrigen Mehrheitsbeschlüsse auszudehnen.[195]

113

Unabhängig von den vorstehend dargestellten Auffassungen kann der Gesellschaftsvertrag einer Personengesellschaft Fristen festlegen, mit denen die Unwirksamkeit von Gesellschafterbeschlüssen geltend gemacht werden kann.[196] Aus Gründen der Rechtssicherheit sollte von einer solchen Regelung auch Gebrauch gemacht werden. Zu beachten ist, dass eine zu knapp bemessene Frist in unzulässiger Weise in das unverzichtbare Recht eines Gesellschafters eingreift, rechtswidrige Beschlüsse gerichtlich angreifen zu können. Nach dem BGH darf die Frist regelmäßig nicht die in § 246 AktG genannte Monatsfrist unterschreiten.[197]

114

7. Wettbewerbsverbote

a) Grundlagen

Im Unterschied zum OHG-Recht (§§ 112, 113 HGB) existiert im Recht der GbR kein gesetzlich normiertes Wettbewerbsverbot. Dennoch gelten die §§ 112, 113 HGB auch bei der GbR jedenfalls für die **geschäftsführenden Gesellschafter** entsprechend. Zur Begründung wird üblicherweise auf die **gesellschaftsrechtliche Treuepflicht** abgestellt.[198] Unklar ist allerdings, ob ein solches Wettbewerbsverbot auch für die **nicht geschäftsführenden Gesellschafter** gilt. Dies wird zum Teil ohne Einschränkungen bejaht;[199] die wohl herrschende Auffassung in der Literatur geht demgegenüber davon aus, dass das Wettbewerbsverbot für diese jedenfalls dann nicht gilt, wenn dessen Informations- und Kontrollrechte gemäß § 716 Abs. 2 BGB auf das zulässige Mindestmaß beschränkt sind.[200]

115

Unklarheiten bestehen hinsichtlich derjenigen Gesellschafter, die zwar von der Geschäftsführung ausgeschlossen sind, denen aber gleichwohl die in § 716 Abs. 1 BGB genannten Kontrollrechte belassen sind. Auch bei diesen besteht die Gefahr, dass sie ihr »Sonderwissen« im Wege des Wettbewerbsverhaltens zunutze machen. Vorzugswürdig erscheint die Auffassung, dass auch für derartige Gesellschafter kein Wettbewerbsverbot eingreift.[201] Aus der Treuepflicht ergibt sich für diese Gesellschafter ohnehin die Verpflichtung, die auf Grund der Mitgliedstellung erlangten Kenntnisse nicht zum Nachteil der Gesellschaft einzusetzen.

116

---

193 BGH NJW 1999, 3113; MünchKommBGB/*Ulmer/Schäfer*, § 709 Rn. 105; Baumbach/Hopt, § 119 Rn. 31; a.A. *K. Schmidt*, GesR, § 15 II 3, S. 447-449.
194 *Wiedemann*, GesR II, § 4 I 5, S. 324.
195 *K. Schmidt*, GesR, § 15 II 3, S. 448 m.w.N.
196 BGHZ 68, 212, 216 = NJW 1977, 1292; BGH NJW 1995, 1218; *Goette*, DStR 1995, 615: »GmbH-Anfechtungsrecht kann vereinbart werden«.
197 BGH NJW 1995, 1218.
198 MünchKommBGB/*Ulmer/Schäfer*, § 705 Rn. 235 m.w.N.
199 Bejahend: Staudinger/*Habermeier*, BGB, § 705 Rn. 52; *Becher*, NJW 1961, 1998.
200 MünchKommBGB/*Ulmer/Schäfer*, § 705 Rn. 236; differenzierend auch Soergel/*Hadding*, BGB, § 705 Rn. 62.
201 *Armbrüster*, ZIP 1997, 261, 272.

1. Kapitel Personengesellschaftsrecht

117 In einer Publikumsgesellschaft dürften regelmäßig die Rechte der bloß kapitalmäßig beteiligten Gesellschafter auf ein Minimum beschränkt sein. Sie unterliegen daher keinem Wettbewerbsverbot; dieses greift regelmäßig nur für den geschäftsführenden Gesellschafter ein. In einer GmbH & Co. KG ist ein Wettbewerbsverbot also auch dann nicht gerechtfertigt, wenn ein Kommanditist über 1/3 der Stimmrechte verfügt und von den übrigen Gesellschaftern widerruflich zur Ausübung des Stimmrechts bevollmächtigt worden ist.[202]

b) Voraussetzungen der §§ 112, 113 HGB

118 Der Begriff der »**Geschäfte im Handelszweig der Gesellschaft**« wird durch den Gesellschaftsvertrag und den tatsächlichen Geschäftsbetrieb der Gesellschaft bestimmt.[203] Auch Tätigkeiten, die mit dem bisherigen Geschäftsbetrieb eng verwandt sind, sind vom Wettbewerbsverbot erfasst. Zu unterlassen ist im Anwendungsbereich des § 112 Abs. 1 HGB auch die **Beteiligung an einer anderen Handelsgesellschaft**.[204] Keinen Unterschied macht es, ob der Gesellschafter die unzulässige Tätigkeit im eigenen Namen ausübt oder als **Geschäftsführer einer von ihm gegründeten und geführten GmbH**.[205] Eine Geschäftsführerstellung an einer solchen GmbH ist dann nicht erforderlich, wenn der Gesellschafter diese in Folge einer maßgeblichen Beteiligung beeinflussen kann.[206]

c) Wettbewerbsverbot und Kartellverbot

119 Unklar ist, ob vertragliche Ausgestaltungen des Wettbewerbsverbotes im Gesellschaftsvertrag empfehlenswert sind. Nur ganz vereinzelt wurde vertreten, dass das Wettbewerbsverbot in Folge von § 1 GWB völlig gegenstandslos sei[207] oder dass das Wettbewerbsverbot gemäß § 112 HGB überhaupt nicht unter das Verbot des § 1 GWB falle.[208] Nach ganz herrschender und von der Rechtsprechung vertretener Auffassung schließen Wettbewerbsverbot und Kartellverbot sich nicht wechselseitig aus. Das Kartellrecht verbiete jedoch nicht, was zum Schutze des Unternehmens notwendig und von der **Treuepflicht gefordert** ist. Wettbewerbsverbote sind daher zulässig, soweit sie zur **Funktionserhaltung der Gesellschaft** erforderlich sind; derartige Wettbewerbsverbote seien ohnehin gesellschaftsimmanent.[209] Regelmäßig unproblematisch sind daher Wettbewerbsverbote für geschäftsführende Gesellschafter; schwieriger gestaltet sich die Rechtslage hingegen für Gesellschafter, die **vorwiegend kapitalmäßig** beteiligt sind.

120 Noch nicht geklärt ist, ob durch eine jüngst ergangene Entscheidung des BGH die vorstehenden Grundsätze zu modifizieren sind.[210] Der BGH hat entschieden, dass ein Wettbewerbsverbot in einem Gesellschaftsvertrag dann nicht gegen § 1 GWB verstößt, wenn es notwendig ist, um das im übrigen kartellrechtsneutrale Unternehmen in seinem Bestand und seiner Funktionsfähigkeit zu erhalten und davor zu schützen, dass ein Gesellschafter es von innen her aushöhlt oder gar zerstört. Eine Notwendigkeit in diesem Sinne kann sich im Einzelfall daraus ergeben, dass **Minderheitsgesellschafter durch ihr jeweiliges Stimmverhalten** strategisch wichtige Einzelfallentscheidungen wegen einer Einstimmigkeitsklausel blockieren können. In der Literatur wird diese Entscheidung vorsichtig als

---

202 OLG Frankfurt a.M. RNotZ 2009, 610 mit Anm. d. Schriftleitung.
203 BGHZ 70, 331 = NJW 1978, 1001.
204 BGHZ 89, 162, 170 = NJW 1984, 1351.
205 BGHZ 70, 331 = NJW 1978, 1001.
206 BGHZ 89, 162, 170 = NJW 1984, 1351.
207 *Lutz*, NJW 1960, 1833; *Klaue*, WuW 1961, 303.
208 *Gärtner*, BB 1970, 946; *Würdinger*, WuW 1969, 143.
209 BGHZ 38, 306, 311 ff. = NJW 1963, 646; BGHZ 70, 331, 335 f. = NJW 1978, 1001; BGHZ 89, 162 = NJW 1984, 1351; BGHZ 120, 161 = NJW 1993, 1710.
210 BGH NZG 2010, 76.

Auflockerung der bisherigen strenge Linie gewürdigt, da nunmehr auch unter Umständen ein **wirksames Wettbewerbsverbot für Minderheitsgesellschafter** vereinbart werden kann.[211] Auch das OLG Nürnberg hat in einer aktuellen Entscheidung ein Wettbewerbsverbot, welches für die Zeit von fünf Jahren ab Ausscheiden aus der Gesellschaft angeordnet war, im Wege der geltungserhaltenden Reduktion jedenfalls für einen Zeitraum von zwei Jahren für wirksam gehalten.[212] In jedem Fall muss das Wettbewerbsverbot **räumlich, zeitlich und gegenständlich beschränkt** sein. Die Möglichkeit einer geltungserhaltenden Reduktion besteht nur dann, wenn die **zulässigen zeitlichen Grenzen** überschritten sind;[213] sind sowohl die räumlichen als auch die zeitlichen Grenzen überschritten, ist das Wettbewerbsverbot gemäß § 138 Abs. 1 BGB nichtig.[214]

> **Praxistipp:** 121
> Sofern ein Wettbewerbsverbot ausdrücklich im Gesellschaftsvertrag geregelt werden soll, empfiehlt es sich im Regelfall, auf die §§ 112, 113 HGB zu verweisen.[215] Das Wettbewerbsverbot sollte nicht für einen über zwei Jahre hinausgehenden Zeitraum ab Ausscheiden des Gesellschafters gelten. Auch eine räumliche Beschränkung sollte ausdrücklich aufgenommen werden.

Ein größerer Gestaltungsspielraum besteht hingegen bei **Beschränkungen des gesetzlichen Wettbewerbsverbotes.** Üblich sind Klauseln, mit denen die Möglichkeit einer **Befreiung vom Wettbewerbsverbot durch Mehrheitsbeschluss** vorgesehen ist. Auch eine Kombination von Wettbewerbsverbot und Befreiungsmöglichkeit, welche sich unter bestimmten Voraussetzungen zu einem Befreiungsanspruch der betroffenen Gesellschafter verdichtet, ist denkbar; auf diese Weise soll die Inhaltskontrolle des Wettbewerbsverbotes »abgemildert« werden.[216] 122

8. Ergebnisverteilung

Gemäß § 722 Abs. 1 BGB findet im Zweifel unabhängig von der Höhe der Beiträge eine **Ergebnisverteilung nach Köpfen** statt. Die Vorschrift ist jedoch dispositiv; es besteht bis zur Schranke des § 138 BGB weitgehende Gestaltungsfreiheit. Da der Gewinnanspruch eines Gesellschafters zum **Kernbereich** gehört, bedürfen Änderungen des Gewinnverteilungsschlüssels der Einstimmigkeit.[217] Bei Gesellschaften zwischen **gewerblich tätigen Unternehmern** neigt die Rechtsprechung dazu, eine konkludente Abbedingung des § 722 BGB anzunehmen.[218] 123

In der Praxis werden vielfältige Verteilungsmaßstäbe eingesetzt. Häufig ist eine Ergebnisverteilung entsprechend der **jeweiligen Einlagenhöhe** oder eine **Verteilung nach festen Prozentsätzen.** Gebrauch gemacht wird auch von der Möglichkeit, einem geschäftsführenden Gesellschafter ein **Gewinnvoraus** einzuräumen.[219] Sowohl der vollständige Ausschluss von der Gewinn- als auch von der Verlustbeteiligung sind gleichermaßen zulässig.[220] 124

---

211 *Podszun*, GWR 2009, 453.
212 OLG Nürnberg, 30.9.2009, BeckRS 2009 29285.
213 BGH DNotZ 1998, 905; OLG Düsseldorf MittRhNotK 1999, 63.
214 LG Krefeld, 4.1.2007, 3 O 443/06, www.nrwe.de.
215 Vgl. *Lohr*, GmbH-StB 2010, 115.
216 BeckFB BHW, Muster VIII.D.2 Rn. 55.
217 BeckOK-BGB/*Schöne*, § 722 Rn. 2.
218 BGH NJW 1982, 2816, 2817; NJW-RR 1990, 736, 737.
219 BeckOK-BGB/*Schöne*, § 722 Rn. 3.
220 MünchKommBGB/*Ulmer/Schäfer*, § 722 Rn. 5; Staudinger/*Habermeier*, BGB, § 722 Rn. 6.

1. Kapitel Personengesellschaftsrecht

125 Von der Frage nach der Ergebnisverteilung zu unterscheiden sind die Ansprüche eines Gesellschafters auf **Auszahlung**. Im Unterschied zur GmbH, wo der Auszahlungsanspruch für die Entstehung neben der Feststellung des Jahresabschlusses auch die Fassung eines entsprechenden Gewinnverwendungsbeschlusses voraussetzt,[221] entsteht der Anspruch gemäß § 721 Abs. 1 BGB im Zweifel mit der Auflösung der Gesellschaft bzw. nach § 721 Abs. 2 BGB nach Feststellung des Jahresabschlusses.[222]

126 Ein gesetzliches Recht auf **gewinnunabhängige Entnahmen,** wie es für die OHG in § 122 Abs. 1 HGB angeordnet ist, existiert für die GbR nicht. Die Frage nach einer entsprechenden Anwendung dieser Vorschrift wird im Schrifttum uneinheitlich beantwortet.[223] Der BGH geht jedoch davon aus, dass derartige Entnahmerechte nur bei einer entsprechenden Vereinbarung bestehen.[224]

127 Ebenso wie bei der OHG (§ 122 Abs. 1 HGB)[225] ist das **Recht auf Gewinnentnahme** bei der GbR grundsätzlich nicht beschränkt; dem Interesse der Gesellschaft an einer Thesaurierung trägt das Gesetz nicht Rechnung. Ungeschriebene Schranken des Gewinnentnahmerechts ergeben sich jedoch aus der Treuepflicht im Einzelfall.[226]

128 Im Bereich der Entnahmerechte besteht weitgehend Gestaltungsfreiheit: Denkbar sind z.B. Regelungen, mit denen die Gesellschafter Auszahlungen nur **ratenweise** oder unter **Wahrung einer Auszahlungsfrist** verlangen können.

9. Verfügungen über die Mitgliedschaft unter Lebenden

a) Abspaltungsverbot

129 Das so genannte Abspaltungsverbot besagt, dass mitgliedschaftliche Verwaltungsrechte vom Stammrecht der Mitgliedschaft nicht abgespalten werden können. Es wird aus § 717 S. 1 BGB hergeleitet. Klauseln, welche eine derartige Abspaltung vorsehen (Beispiel: unwiderrufliche Stimmrechtsvollmacht bei gleichzeitigem Ausschluss des Gesellschafter-Stimmrechts), sind unwirksam.[227] Allerdings steht das Abspaltungsverbot weder einer Bevollmächtigung bei der Stimmrechtsausübung noch einer Testamentsvollstreckung entgegen (hierzu sogleich).[228] Für die Vermögensrechte gilt allerdings § 717 S. 2 BGB. Gewinnanteile, Abfindungsansprüche und Liquidationsquoten sind also übertragbar und gemäß § 851 ZPO auch pfändbar.[229]

b) Anteilsübertragungen

130 Weder das Recht der BGB-Gesellschaft noch dasjenige der Personenhandelsgesellschaften regeln eine Veräußerung des Gesellschaftsanteil in einer dem § 15 Abs. 3 GmbHG vergleichbaren Weise. Nach der traditionellen Lesart vollzog sich der Wechsel der Mitgliedschaft im Wege einer **Kombination von Eintritt und Austritt**.[230] § 719 Abs. 1 BGB wurde als Hindernis für Verfügungen über den Gesellschaftsanteil angesehen.

---

221 BGHZ 139, 299 = DNotZ 1999, 434.
222 BGHZ 80, 357 = NJW 1981, 2563.
223 Analogie bejahend: *K. Schmidt*, GesR, § 58 V 2, S. 1722, für die Mitunternehmer-GbR; Staudinger/*Habermeier*, BGB, § 721 Rn. 10; verneinend: MünchKommBGB/*Ulmer/Schäfer*, § 721 Rn. 15.
224 BGH NJW-RR 1994, 996 (1. Leitsatz).
225 Schranken bestehen nach der gesetzlichen Vorschrift nur hinsichtlich des Kapitalentnahmerechts, nicht auch hinsichtlich des Gewinnentnahmerechts, MünchKommHGB/*Priester*, § 122 Rn. 1.
226 BGHZ 132, 263, 276 = DNotZ 1997, 597.
227 BGH NJW 1952, 178; NJW 1956, 1198.
228 MünchKommHGB/*K. Schmidt*, § 105 Rn. 195.
229 MünchKommHGB/*K. Schmidt*, § 105 Rn. 195 m.w.N.
230 RGZ 83, 312, 314; RGZ 128, 172, 176.

131 Schon das Reichsgericht änderte jedoch kurz vor Ende des zweiten Weltkrieges seine Auffassung und stellte klar, dass es einer Kombination von Eintritt und Austritt nicht bedürfe. Vielmehr sei auch eine **Verfügung über die Mitgliedschaft** im Wege eines Abtretungsvertrages zwischen Veräußerer und Erwerber zulässig (§§ 413, 398 BGB).[231] Diese Erkenntnis kann inzwischen als unangefochten gelten.[232] Nach der modernen Lesart von § 719 Abs. 1 BGB bringt diese Vorschrift nur zum Ausdruck, dass es sich um eine **Schutzregel zu Gunsten der Mitgesellschafter** handelt, ohne deren Zustimmung die Übertragung nicht zulässig ist.[233] In der Literatur wird § 719 Abs. 1 BGB sogar nur als Klarstellung des Inhalts interpretiert, dass die Vermögensbeteiligung nicht ohne die Mitgliedschaft übertragen werden kann.[234]

132 Die Übertragung des Gesellschaftsanteils unter Lebenden bedarf nach allgemeiner Auffassung der Zustimmung aller übrigen Gesellschafter.[235] Diese kann entweder ad-hoc oder vorab im Gesellschaftsvertrag erklärt werden. Für die dogmatische Rechtfertigung dieses Zustimmungserfordernis zieht der BGH, wie gezeigt, § 719 Abs. 1 BGB heran. Die Literatur stellt hingegen auf den vertragsändernden Charakter einer Veräußerung der Mitgliedschaft ab; dogmatisch lässt sich das Zustimmungserfordernis aus einer analogen Anwendung bzw. einem Erst-Recht-Schluss aus den §§ 414, 415 BGB herleiten.[236]

133 Auf die Zustimmungserklärungen sind die §§ 182 ff. BGB anwendbar. Wird ein Übertragungsvertrag ohne die notwendigen Zustimmungen geschlossen, so ist dieser Vertrag schwebend unwirksam. Eine eventuell im Voraus erklärte Einwilligungserklärung ist gemäß § 183 S. 1 BGB grds. widerruflich. Unwiderruflichkeit kann vorbehaltlich der stets bestehenden Widerrufsmöglichkeit aus wichtigem Grund vereinbart werden.[237] Unklar ist, ob die im Gesellschaftsvertrag erklärte Zustimmung angesichts der vertraglichen Bindung ebenfalls widerruflich ist; im Zweifel dürfte jedoch eine im Gesellschaftsvertrag erteilte Zustimmung eine abweichende Bestimmung gemäß § 183 S. 1 BGB darstellen.

134 Eine antizipierte Zustimmung der Gesellschafter zu beliebigen Verfügungen dürfte nur selten, ggf. bei Publikumsgesellschaften, in Betracht kommen. Häufiger sind Zustimmungserklärungen, die sich auf Verfügungen zugunsten eines bestimmten Personenkreises beziehen (z.B. auf Verfügungen zugunsten von Mitgesellschaftern oder deren Abkömmlingen).[238] Denkbar sind auch solche Klauseln, mit denen anstelle der Zustimmung aller Gesellschafter ein Mehrheitsbeschluss für ausreichend erklärt wird.

135 Hinsichtlich der mit einer Anteilsübertragung verbundenen Rechtsnachfolgen ist zu differenzieren zwischen den Rechtsfolgen, die den Altgesellschafter treffen, und denjenigen, die sich auf den Neugesellschafter auswirken. Als geklärt dürfte gelten, dass der neue Gesellschafter jedenfalls nicht für solche Verbindlichkeiten haftet, die nicht ausschließlich auf der Mitgliedschaft beruhen, sondern zusätzlich an individuelle Merkmale des bisherigen Gesellschafters anknüpfen, z.B. Schadensersatzansprüche wegen Treuepflichtverletzungen oder Verletzungen eines Wettbewerbsverbotes.[239] Nach der Rechtsprechung kann keine generelle Aussage darüber getroffen werden, in welchem Umfang Verpflichtungen gegenüber der Gesellschaft vom bisherigen auf den neuen Gesellschafter übergehen.[240] Grundsätzlich obliege es der Gestaltungsfreiheit zwischen Veräußerer und Erwerber, eine Vereinbarung über den Übergang von Verpflichtungen gegenüber der Gesellschaft zu treffen. In Ermangelung einer ausdrücklichen Vereinbarung ergebe eine Auslegung der Ver-

---

231 RG DNotZ 1944, 195 = WM 1964, 1130.
232 BGHZ 13, 179, 185; 24, 106, 114; 44, 229, 231; 45, 221, 222; 81, 82, 84; 98, 48, 50.
233 BGHZ 13, 179, 183 = NJW 1954, 1155.
234 *K. Schmidt*, GesR, § 45 III, S. 1322.
235 BGHZ 13, 179, 184; 24, 106, 114; 77, 392, 395.
236 *Reiff/Nannt*, DStR 2009, 2376, 2378 m.w.N.
237 BGHZ 77, 392 = DNotZ 1981, 454; Staudinger/*Gursky*, § 183 Rn. 14.
238 Vgl. BeckFB BHW, Form. VIII. A. 2, § 2 Abs. 5.
239 *Reiff/Nannt*, DStR 2009, 2376, 2378 m.w.N.
240 BGHZ 45, 221 = NJW 1966, 1307.

einbarungen, dass der Erwerber nur für diejenigen Verpflichtungen einzustehen habe, die zum Zeitpunkt der Anteilsübertragung »im Rechenwerk der Gesellschaft ihren Niederschlag gefunden haben«. Eine Zustimmung der Mitgesellschafter zu diesen Vereinbarungen zwischen Veräußerer und Erwerber sei entbehrlich, da die Mitgesellschafter bereits dadurch hinreichend geschützt seien, dass sie ihre Zustimmung zu der Anteilsübertragung als solche erklärt hätten. In der Literatur wurde diese Entscheidung kritisiert, da eine Schuldübernahme stets die Mitwirkung des Gläubigers voraussetze; ohne eine solche Zustimmung erlange die Vereinbarung zwischen Alt- und Neugesellschafter lediglich im Innenverhältnis Bedeutung. Die Zustimmung der Mitgesellschafter zur Anteilsübertragung sei auf den Gesellschafterwechsel beschränkt.[241]

136 **Praxistipp:**
Eventuell erforderliche Zustimmungserklärungen der übrigen Gesellschafter sollten sich daher auch ausdrücklich zu den Vereinbarungen zwischen Veräußerer und Gesellschafter hinsichtlich einer eventuellen Übernahme von Verpflichtungen gegenüber der Gesellschaft verhalten.

137 Die Möglichkeit der **Übertragung eines Gesellschaftsanteils** besteht nicht nur dann, wenn die Mitgliedschaft insgesamt übertragen werden soll, sondern auch, wenn nur ein Teilgesellschaftsanteil übertragen werden soll. In derartigen Fällen stellt sich in besonderer Weise die Frage, in welchem Umfang der Erwerber in die Verpflichtungen des Veräußerers gegenüber der Gesellschaft eintritt. Bei vermögensrechtlichen Ansprüchen wird angenommen, dass diese wegen ihrer Teilbarkeit im Zweifel anteilig dem Erwerber zustehen.[242] Die ohnehin in der Literatur kritisierte Auffassung des BGH, wonach Verpflichtungen, die aus der Vergangenheit herrühren, dann auf den Erwerber übergehen, wenn sie ihren Niederschlag im Rechenwerk der Gesellschaft gefunden haben, dürfte hingegen auf bloße Teilübertragungen nicht anwendbar sein, da der Veräußerer in der Gesellschaft bleibt. Die Literatur geht daher davon aus, dass der Veräußerer im Zweifel seine Guthaben oder Verbindlichkeiten auf Gesellschafterkonto nicht übertragen will;[243] teilweise wird angenommen, dass Veräußerer und Erwerber für die auf die Beteiligung entfallenden Verbindlichkeiten als Gesamtschuldner haften.[244] Bei der Gestaltung eines Vertrages über die teilweise Veräußerung eines Gesellschaftsanteils sind daher unbedingt detaillierte Regelungen zu treffen; auch die Zustimmung der Mitgesellschafter sollte sich, wie dargestellt, auf die Haftungsabgrenzung zwischen Veräußerer und Erwerber erstrecken.

138 Von der Haftung gegenüber der Gesellschaft zu unterscheiden ist die Haftung von Veräußerer und Erwerber für Verbindlichkeiten der Gesellschaft im Außenverhältnis. Hierfür gelten, wie gezeigt, einerseits §§ 736 Abs. 2 BGB, 160 HGB sowie andererseits § 130 HGB entsprechend.

139 **Praxistipp:**
Bei der Gestaltung eines Anteilsübertragungsvertrages empfiehlt es sich, auf die Nachhaftung des Veräußerers hinzuweisen, ebenso auf die Haftung des Erwerbers analog § 130 HGB.[245] Der Veräußerer kann überdies garantieren, dass ihm keine bestehenden oder drohenden Verbindlichkeiten bekannt sind, welche zur Illiquidität oder Überschuldung der Gesellschaft führen könnten.[246]

---

241 *Reiff/Nannt*, DStR 2009, 2376, 2379 m.w.N.
242 MünchHdb. GesR I/*Piehler/Schulte*, § 10 Rn. 135.
243 MünchHdb. GesR I/*Piehler/Schulte*, § 10 Rn. 135.
244 MünchKomm-BGB/*Ulmer/Schäfer*, § 719 Rn. 49; *Michalski*, NZG 1998, 95, 98.
245 *Eigner*, MittBayNot 2004, 50, 51.
246 Beck'sche Online-Formulare Vertragsrecht, Muster 7.4.3.2, § 7 Abs. 3.

Die (zulässige) Übertragung aller Anteile auf einen einzelnen Erwerber oder auf den einzi- 140
gen verbleibenden Mitgesellschafter führt dazu, dass die Gesellschaft ohne Liquidation
beendet wird und der Erwerber im Wege der Gesamtrechtsnachfolge Alleineigentümer
des Gesellschaftsvermögens wird, ohne dass eine Verfügung über die Gegenstände des
Gesellschaftsvermögens stattfindet.[247] Sofern zum Gesellschaftsvermögen Grundbesitz
gehört, erfolgt die Eintragung des Erwerbers in das Grundbuch durch Grundbuchberichtigung. Nach der wohl noch herrschenden Auffassung wird die Gesellschaft selbst dann
beendet, wenn ein Anteil mit einem Pfandrecht oder einem Nießbrauch belastet ist.[248]

In den Fällen der fehlerhaften Anteilsübertragung wendet der BGH die Grundsätze 141
über die fehlerhafte Gesellschaft an.[249] Hieran wurde kritisiert, dass damit die Unterscheidung zwischen Aus- und Eintritt einerseits und der Sonderrechtsnachfolge andererseits
verwischt werde. Die fehlerhafte Gesellschaft sei nur für den Abschluss des Gesellschaftsvertrages maßgeblich, nicht aber für den Erwerb einer Beteiligung bestimmt.[250] Für die
GmbH hat der BGH seine Rechtsprechung aufgegeben, dies allerdings unter Verweis auf
§ 16 GmbHG, welcher Regelungen auch für den Fall einer fehlerhaften Übertragung enthält. Da für die GbR eine entsprechende Regelung nicht existiert, darf bezweifelt werden,
ob diese Rechtsprechung übertragbar ist.

c) Nießbrauchsbestellung

An der **Zulässigkeit eines Nießbrauchs an einem GbR-Gesellschaftsanteil** bestehen 142
nach modernem Verständnis keine Zweifel.[251] Ein Verstoß gegen das **Abspaltungsverbot**
besteht nicht: Der Nießbrauch als dingliches Recht führt vielmehr dazu, dass Nießbraucher und Besteller **gemeinsam am Gesellschaftsanteil** berechtigt sind.[252] Der Nießbraucher wird durch die Nießbrauchsbestellung nicht Gesellschafter; die Mitgliedschaft wird
jedoch durch den Nießbrauch »überlagert«.[253]

Für die Bestellung des Nießbrauchs sind die **Zustimmungserklärungen aller Gesell-** 143
schafter erforderlich.[254] Zur Rechtfertigung wird auch hier auf den **höchstpersönlichen**
Zusammenschluss abgestellt. Die Zustimmung kann bereits vorab im Gesellschaftsvertrag erteilt sein; eine Zustimmung zur Übertragung beinhaltet nicht notwendigerweise
auch die Zustimmung zur Belastung des Anteils mit einem Nießbrauch.[255]

Die **Beendigung des Nießbrauchs** folgt allgemeinen Regeln. Hiernach endet der Nieß- 144
brauch durch **Zeitablauf oder Tod des Nießbrauchers (§ 1061 BGB).** Stirbt hingegen der
Besteller, so ist danach zu unterscheiden, ob der Gesellschaftsvertrag eine Fortsetzungsklausel nur unter den übrigen Gesellschaftern (§ 736 Abs. 1 BGB) oder eine Nachfolgeklausel vorsieht; in letzterem Fall setzt sich der Nießbrauch am Anteil des Erben fort, anderenfalls setzt sich der Nießbrauch entsprechend §§ 1074, 1075 BGB am **Abfindungsguthaben**
fort.[256] Auch für den Fall, dass sich die Gesellschaft in eine **Abwicklungsgesellschaft**
umwandelt, besteht der Nießbrauch an dem Gesellschaftsanteil des bzw. der Erben fort.

Gemäß §§ 1068 Abs. 2, 1030 Abs. 1 BGB hat der Nießbraucher das Recht zur Nutzzie- 145
hung. Hierunter fallen diejenigen Erträge und Vorteile, die die Mitgliedschaft ihrer
Bestimmung nach gewährt. Folglich gebühren dem Nießbraucher die **entnahmefähigen**

---

247 BGHZ 71, 296, 297 = NJW 1978, 1525; OLG Düsseldorf DNotZ 1999, 440.
248 OLG Düsseldorf DNotZ 1999, 440; a.A. *Kanzleiter*, DNotZ 1999, 443.
249 BGH DNotZ 1988, 624.
250 *K. Schmidt*, BB 1988, 1053, 1059.
251 BGHZ 58, 316 = DNotZ 1972, 695.
252 BGHZ 108, 187, 199 = DNotZ 1990, 183, 190.
253 MünchKommBGB/*Ulmer/Schäfer*, § 705 Rn. 96.
254 MünchKommBGB/*Ulmer/Schäfer*, § 705 Rn. 97.
255 *Wiedemann*, GesR II, § 5 II 2 a bb, S. 442.
256 MünchKommBGB/*Ulmer/Schäfer*, § 705 Rn. 105 m.w.N.

Gewinne in gleicher Weise wie einem Gesellschafter; diese Berechtigung besteht **unmittelbar gegenüber der Gesellschaft**.[257] Wird der Nießbrauch unterjährig bestellt, so gebührt dem Nießbraucher der Gewinn anteilig für den Zeitraum, der auf seine Berechtigung entfällt. Maßgeblich ist der **tatsächlich ausgeschüttete Gewinn**. Nicht entnahmefähige Gewinnanteile oder Ansprüche, die auf der Wahrnehmung von Organtätigkeiten beruhen,[258] kann der Nießbraucher dagegen nicht beanspruchen.

146 Die formale Abgrenzung der Beteiligung des Nießbrauchers bezogen auf Zeiteinheiten und Gewinnausschüttung unterliegt der Kritik: Einerseits müsse der Nießbraucher analog § 1049 BGB an den nicht entnommenen Gewinnen beteiligt werden, da ansonsten das Fruchtziehungsrecht des Nießbrauchers durch unterlassene Ausschüttungen beeinträchtigt werden könne;[259] andererseits müsse analog § 1039 BGB die Beteiligung des Nießbrauchers an außerordentlichen Erträgen eliminiert werden.[260] Dem ist zu entgegnen, dass die Frage, ob Gewinne ausgeschüttet werden oder nicht, bei üblicher Satzungsgestaltung auch nicht in der Macht eines einzigen Gesellschafters liegen. Der Nießbrauch ist eine Beteiligung am Gesellschaftsanteil und keine Beteiligung am Gesellschaftsvermögen.[261]

147 Noch nicht vollständig geklärt dürfte auch die **Verteilung der Mitwirkungsrechte** zwischen Gesellschafter und Nießbraucher sein. Auszugehen ist von der Feststellung, dass die Verwaltungsrechte keine Gebrauchsvorteile gemäß § 100 BGB sind.[262] Der BGH hat diese Frage in einer Entscheidung aus dem Jahr 1999 noch offen gelassen, aber ausgeführt, dass sich das Stimmrecht des Nießbrauchers **jedenfalls nicht auf Grundlagengeschäfte erstreckt**.[263] Teilweise wird unter Berufung auf eine BGH-Entscheidung zur Testamentsvollstreckung ergangene Entscheidung ausgeführt, dass dem Nießbraucher grds. ein Stimmrecht zustehe.[264] Für den Nießbrauch an einem **Wohnungseigentum** ist in der Rechtsprechung demgegenüber die Auffassung vertreten worden, dass ein Nießbrauch am Wohnungseigentum das Stimmrecht des Eigentümers in der Wohnungseigentümerversammlung unberührt lässt.[265] Aus Gründen der Rechtssicherheit ist dieser Auffassung auch für den Nießbrauch an GbR-Gesellschaftsanteilen zu folgen.[266] Der Gesellschafter dürfte dem Nießbraucher allerdings schon aus dem Begleitschuldverhältnis heraus verpflichtet sein, diesen über die Vorgänge in der Gesellschaft zu unterrichten und dessen Zustimmung einzuholen, es sei denn, es geht um unverzichtbare Gesellschafterrechte. Zweckmäßigerweise sollte das Verhältnis zwischen Nießbraucher und Gesellschafter im Rahmen der Nießbrauchsbestellung klargestellt werden und dem Nießbraucher eine Vollmacht zur Ausübung des Stimmrechts eingeräumt werden. Da die übrigen Gesellschafter ohnehin der Bestellung des Nießbrauchs zustimmen müssen, sollte sich ihre Zustimmung auch darauf erstrecken, dass der Nießbraucher als Bevollmächtigter das Stimmrecht wahrnimmt.

148 Gehört zum Vermögen der Gesellschaft **Grundbesitz**, so stellt sich die Frage, ob der Gesellschafter zur Veräußerung dieses Grundstück im Zusammenwirken mit den übrigen Gesellschaftern, aber ohne Zustimmung des Nießbrauchers berechtigt ist. Entscheidend kommt es auf die Auslegung des **§ 1071 BGB an**. Nach dieser Vorschrift kann ein dem Nießbrauch unterliegendes Recht durch Rechtsgeschäft nur mit **Zustimmung des Nieß-**

---

257 BGHZ 58, 316 = DNotZ 1972, 695.
258 Z. B. Vergütungen für Geschäftsführertätigkeit, *Wiedemann*, GesR II, § 5 II 2, S. 443.
259 *Schön*, ZHR 158 (1994), 229, 242.
260 *Petzold*, DStR 1992, 1171, 1176.
261 *Wiedemann*, GesR II, § 5 II 2, S. 443-444.
262 MünchKommBGB/*Ulmer*, § 705 Rn. 99.
263 BGH NJW 1999, 571 = MittRhNotK 1999, 535 mit Anm. *Hermanns*; offen lassend auch RG JW 1934, 976.
264 BFH NJW 1995, 1918, 1919; LG Aachen RNotZ 2003, 398, 399.
265 BGHZ 150, 109 = DNotZ 2002, 881; OLG Hamburg OLGR 2004, 252 = ZMR 2003, 701.
266 Ausführlich *Wiedemann*, GesR II, § 5 II 2, S. 445-446.

brauchers aufgehoben werden. Bei einem Nießbrauch an einem Erbteil wird überwiegend angenommen, dass die Veräußerung von Nachlassgegenständen der Zustimmung des Nießbrauchers gemäß § 1071 Abs. 1 BGB bedarf, da der Nachlass nicht ohne Zustimmung des Nießbrauchers in seiner Substanz gemindert werden dürfe.[267] Angesichts der Rechtsfähigkeit der Gesellschaft bürgerlichen Rechts dürfte diese Erwägung inzwischen nicht mehr übertragbar sein. Aus diesen Gründen dürfte sich die Eintragungsfähigkeit eines Nießbrauchs an einem GbR-Gesellschaftsanteil erledigt haben.[268]

d) Verpfändung

Auch die Möglichkeit, einen GbR-Gesellschaftsanteil zu verpfänden, ist seit langem in der Rechtsprechung anerkannt.[269] Die Verpfändung bedarf ebenfalls der Zustimmung sämtlicher übriger Gesellschafter, welche ggf. auch im Voraus erklärt sein kann. Einer Anzeige der Verpfändung an die Gesellschafter gemäß § 1280 Abs. 1 BGB bedarf es nicht.[270] **149**

Von besonderer Bedeutung ist die Vorschrift des § 1276 Abs. 1 BGB. Nach dieser Norm kann ein verpfändetes Recht nur mit Zustimmung des Pfandgläubigers aufgehoben werden. Gleichwohl lassen sich aus dieser Vorschrift weder Mitverwaltungsrechte herleiten, noch kann der Pfandgläubiger intervenieren, wenn Gegenstände, die zum Gesellschaftsvermögen gehören, ohne dessen Zustimmung veräußert werden. Aus dem Begleitschuldverhältnis zwischen Verpfänder und Pfandgläubiger, in der Regel auch schon aus dem Verpfändungsvertrag, wird sich im Regelfall zumindest bei wirtschaftlich bedeutsamen Geschäften im Innenverhältnis die Notwendigkeit ergeben, den Pfandgläubiger vorab um Zustimmung zu ersuchen. **150**

Der Verpfändungsvermerk dürfte daher nach Anerkennung der Rechtsfähigkeit der GbR sowie nach Inkrafttreten des ERVGBG auch nicht mehr in das Grundbuch einzutragen sein. **151**

> **Praxistipp:** **152**
> Ggf. empfiehlt sich eine Belehrung darüber, dass der Verpfänder Gegenstände des Gesellschaftsvermögens wirksam auch ohne Zustimmung des Pfandgläubigers veräußern darf.

Die Verwertung durch Zwangsvollstreckung erfolgt auf der Grundlage eines vorläufig vollstreckbaren Duldungstitels im Wege der Anteilspfändung. Alternativ steht auch dem Pfandgläubiger die Möglichkeit der Kündigung gemäß § 725 Abs. 1 BGB zu. **153**

10. Gesellschafterausschluss

a) Zulässigkeit des Ausschlusses

§ 737 BGB regelt den Ausschluss eines Gesellschafters. Nach dieser Vorschrift kann ein Gesellschafter durch Erklärung der übrigen Gesellschafter aus der Gesellschaft ausgeschlossen werden, wenn der Gesellschaftsvertrag eine Fortsetzungsklausel enthält und wenn in der Person des auszuschließenden Gesellschafters ein wichtiger Grund gemäß § 723 Abs. 1 S. 3 BGB liegt. Anders als bei der OHG (dort: Ausschließungsklage gemäß § 140 HGB) erfolgt der Gesellschafterausschluss bei der GbR durch eine Erklärung gegenüber dem auszuschließenden Gesellschafter. **154**

---

267 Staudinger/*Frank*, § 1089 Rn. 13; RGZ 90, 232; KG KGJ 38, 232; BayObLGZ 1959, 50, 57.
268 *Lautner*, DNotZ 2009, 650, 659; *Bestelmeyer*, Rpfleger 2010, 169, 181.
269 RG SeuffA 83 (1929), Nr. 109; BGHZ 97, 392, 394 = NJW 1986, 1991; BGHZ 116, 222, 228 = NJW 1992, 830.
270 RGZ 57, 414, 415; MünchKommBGB/*Ulmer/Schäfer*, § 719 Rn. 52.

155 Hinsichtlich der an den wichtigen Grund zu stellenden Anforderungen ist auch bei § 737 BGB zu beachten, dass die Kündigung nur als **ultima ratio** zulässig ist und nicht auch **mildere Mittel** (Entziehung von Geschäftsführungsrecht und Vertretungsmacht, §§ 712, 715 BGB) zum Erfolg führen. Das Tatbestandsmerkmal des wichtigen Grundes ist wohl in gleicher Weise zu interpretieren wie bei § 723 Abs. 1 S. 3 BGB; an den wichtigen Grund im Falle eines Gesellschafterausschlusses dürften auch keine strengeren Anforderungen zu stellen sein als an einen Kündigungsgrund nach § 723 Abs. 1 S. 3 BGB: Soweit angeführt wird, dass der Auszuschließende schlechter gestellt würde als im Falle einer Kündigung,[271] ist dem zu entgegnen, dass die Rechtsstellung des ausgeschlossenen Gesellschafters sich nicht notwendiger schlechter darstellt als im Falle einer Kündigung mit der Folge der Auflösung der Gesellschaft.[272]

156 Ursprünglich wurde den Gesellschaftern bei der Möglichkeit, einen Gesellschafterausschluss auch **ohne wichtigen Grund** zu beschließen, ein weitgehendes Ermessen eingeräumt: Der Gesellschafterausschluss sollte hiernach nur bei der Ausübung des Hinauskündigungsrechts unter dem Gesichtspunkt unzulässiger Rechtsausübung einer Kontrolle unterliegen.[273] Diese Rechtsprechung hat der Bundesgerichtshof jedoch aufgegeben: Die Wirksamkeit eines Ausschlusses setzt neben einer hinreichenden Erkennbarkeit voraus, dass für den Ausschluss **sachlich gerechtfertigte Gründe** bestehen.[274] Ausschlussklauseln, die diesen Anforderungen nicht genügen, sind gemäß § 138 Abs. 1 BGB nichtig; nur ausnahmsweise kommt eine Aufrechterhaltung in Betracht, wenn die Klausel ihrem Inhalt nach teilbar ist.[275]

157 Hinsichtlich der Frage, welche Anforderungen an die Konkretisierung eines **sachlichen Grundes** zu stellen sind, wird in der Rechtsprechung in jüngster Zeit wieder eine Tendenz zu einer **großzügigeren Haltung** beobachtet: Eine Hinauskündigungsklausel, welche den Ausschluss eines Gesellschafters ohne einen Grund ermöglicht, verstößt nicht gegen § 138 Abs. 1 BGB, wenn sie **ihrerseits durch sachliche Gründe** gerechtfertigt ist.[276] Nach einem Systematisierungsversuch in der Literatur liegen derartige sachliche Gründe unter anderem in folgenden Situationen vor:[277]

- »**Gesellschafter auf Probe**«: Beim Eintritt in eine bestehende Gesellschaft soll dem aufnehmenden Teil eine angemessene Prüfungszeit zustehen, innerhalb derer er den aufgenommenen Gesellschafter auch ohne einen wichtigen Grund ausschließen kann.[278]
- »**Gesellschafter kraft Mitarbeit**« (auch Managermodelle): Ist eine Gesellschaft auf die Mitarbeit aller Gesellschafter ausgerichtet, so soll der Ausschluss des Gesellschafters, welcher nicht mehr mitarbeitet, ohne weiteres zulässig sein.[279] Auch einem **Manager/Fremdgeschäftsführer** (bei der Personengesellschaft freilich auf der Grundlage einer Vollmacht) kann die Gesellschaftsbeteiligung entzogen werden, wenn sein Anstellungsverhältnis beendet ist. Denn die Beteiligung dient dem Manager als Anreiz; sie verliert diese Funktion bei Beendigung der Managerstellung.[280]

---

271 BGH NJW 1952, 461; RGZ 146, 169, 179.
272 Staudinger/*Habermeier*, § 737 Rn. 9.
273 BGHZ 34, 80, 83 = NJW 1961, 504; NJW 1973, 1606 = DNotZ 1974, 71; WM 1962, 462, 463.
274 Grundlegend: BGHZ 68, 212 = DNotZ 1977, 680; BGHZ 81, 264, 266 = DNotZ 1982, 164; BGHZ 105, 213, 216 = DNotZ 1989, 512; BGHZ 107, 351, 353 = DNotZ 1991, 913; aus jüngster Zeit z.B. BGH DStR 2007, 1216; BGH DNotZ 2007, 858; Überblick bei *Nassall*, NZG 2008, 851.
275 MünchKomBGB/*Ulmer/Schäfer*, § 737 Rn. 17 m.w.N.
276 BGHZ 164, 98 = DNotZ 2006, 137.
277 Ausführlich *Nassall*, NZG 2008, 851 ff.
278 BGH NJW-RR 2007, 1256, 1258.
279 BGH NJW 1983, 2880.
280 BGH NJW 2005, 3641.

- **»Gesellschafter kraft Zuwendung«:** Wurde einem Gesellschafter die Beteiligung **unentgeltlich zugewandt,** so macht das den Zuwendungsempfänger zwar nicht zu einem »Gesellschafter zweiter Klasse«;[281] wohl aber steht das Gesellschaftsrecht nicht einer Rückforderung oder einer Weiterleitungsverpflichtung kraft Schenkungsrecht entgegen.[282]

b) Abfindungsbeschränkungen

Der Ausschluss eines Gesellschafters führt neben der in § 738 Abs. 1 S. 1 BGB geregelten Anwachsung ferner dazu, dass dem ausgeschlossenen Gesellschafter ein **Abfindungsanspruch nach § 738 Abs. 1 S. 2 BGB** zusteht. Gemäß § 738 Abs. 2 BGB kann der Abfindungsanspruch auch im Wege der **Schätzung** ermittelt werden. Anders als der Wortlaut des § 738 Abs. 1 S. 2 BGB vermuten lässt, ist die Grundlage einer solchen Schätzung nicht der Liquidationswert, sondern der **Ertragswert der als werbend fortgesetzten Gesellschaft.**[283] Denn auch im Fall der Auflösung der Gesellschaft können durch Verwertung eines fortführungsfähigen Unternehmens Fortführungswerte erzielt werden.[284] **158**

Von besonderer Bedeutung sind **vertragliche Abfindungsvereinbarungen.** Derartige Vereinbarungen können unterschiedliche Zwecke verfolgen. Unproblematisch sind dabei solche Klauseln, die lediglich eine **reibungslose Auseinandersetzung** ermöglichen und die Bewertung des Unternehmens vereinbaren wollen.[285] Hierzu gehört etwa auch die **Festlegung auf eine bestimmte Bewertungsmethode.** In den wohl meisten Fällen wird mit Abfindungsklauseln allerdings das Ziel verfolgt, den **Abfindungsanspruch zu beschränken.** Besonders verbreitet sind dabei so genannte **Buchwertklauseln.** **159**

Während in der Vergangenheit derartige Buchwertklauseln als unproblematisch erachtet wurden, sofern sie alle Fälle des Ausscheidens gleichmäßig erfassten,[286] ist gegenwärtig zu vermeiden, dass derartige Abfindungsklauseln **gleichfalls mit dem Verdikt der Sittenwidrigkeit belegt werden.** Hervorgehoben werden sollen nur einige besonders praxisrelevante Fallgruppen: **160**

- Eine **Differenzierung der Abfindungshöhe nach Ausschlusstatbeständen** kann einen Verstoß gegen § 138 Abs. 1 BGB darstellen, wenn mit dieser **ausschließlich gläubigerbenachteiligende Ziele** verbunden werden.[287] Zulässig ist hingegen eine solche Klausel, die nicht nur den Fall der Anteilspfändung oder Gesellschafterinsolvenz erfasst, sondern auch den Fall einer **Ausschließung aus wichtigem Grund.**[288]
- Weiterhin gültig ist die Rechtsprechung, wonach die Abfindung völlig ausgeschlossen werden kann, wenn ein Gesellschafter **durch Tod ausscheidet.**[289]
- Nach überwiegender Auffassung sind Differenzierungen der Abfindungshöhe je nach **Dauer der Gesellschaftszugehörigkeit** zulässig.[290]

---

281 BGH NJW 1989, 2681.
282 BGH NJW 1990, 2622; OLG Karlsruhe NZG 2007, 423.
283 RGZ 106, 128, 132; BGHZ 17, 130, 136 = NJW 1955, 1025; 116, 359, 370 = DNotZ 1992, 526; NJW 1985, 192, 193.
284 MünchKommHGB/*K. Schmidt*, § 131 Rn. 142–144 m.w.N.; vgl. auch *Leitzen*, RNotZ 2009, 315 ff; MünchKommBGB/*Ulmer/Schäfer*, § 738 Rn. 32 ff.
285 GroßkommHGB/*Schäfer*, § 131 Rn. 162 m.w.N.
286 BGH NJW 1979, 104.
287 BGHZ 32, 151, 156 = NJW 1960, 1053; 65, 22, 26 = NJW 1975, 1835; BGHZ 144, 365, 267 = Mitt-RhNotK 2000, 349.
288 BGHZ 65, 22, 26; BGH NJW 1993, 2101 = DStR 1993, 1109 mit Anm. *Goette*.
289 BGH DNotZ 1978, 166, 169; BGHZ 22, 186, 194 = NJW 1957, 180; Goette, DStR 1997, 337, 338.
290 *Hülsmann*, GmbHR 2001, 409, 412.

1. Kapitel Personengesellschaftsrecht

- Noch unklar ist es, ob Abfindungsbeschränkungen zu erwägen sind, wenn die Gesellschaftsbeteiligung **unentgeltlich erworben worden ist** bzw. ob generell eine **Differenzierung nach dem Erwerbspreis** möglich ist.[291] Derzeit dürfte angesichts der entgegenstehenden älteren Rechtsprechung mit derartigen Differenzierungen Vorsicht geboten sein.[292]
- Abfindungsbeschränkungen sind in der Regel bei Gesellschaften **mit ideeller Zielsetzung** zulässig bzw. dann, wenn sie **genossenschaftlich strukturiert** sind.[293]

161 Abfindungsbeschränkungen, welche die Abfindung **unterhalb des Buchwertes** ansetzen, sind – von den vorgenannten Ausnahmen abgesehen – grds. **sittenwidrig**.[294] An die Stelle einer nichtigen Abfindung tritt die in § 738 Abs. 1 S. 2 BGB geregelte Abfindung nach dem **vollen Wert**.

162 Im weitesten Sinne abfindungsbeschränkend wirken auch Klauseln, mit denen im Interesse der Gesellschaft die Auszahlung **zeitlich gestreckt** wird. Denn nach dem gesetzlichen Regelfall ist die Abfindung mit dem Ausscheiden fällig.[295] Hierzu existiert bislang, soweit ersichtlich, nur wenig Rechtsprechung.[296] Eine Verteilung auf fünf Jahresraten wird im Regelfall nicht zu beanstanden sein; oberhalb dieses Zeitraums droht die Gefahr der Sittenwidrigkeit,[297] und zwar bei einem Zeitraum von 15 Jahren auch bei angemessener Verzinsung.[298]

163 Von der Frage der Sittenwidrigkeit zu unterscheiden ist diejenige der Ausübungskontrolle. Hiernach kann eine ursprünglich nicht zu beanstandende Abfindungsbeschränkung bei einer erfolgreichen Unternehmensentwicklung dazu führen, dass der buchmäßige und der wirkliche Wert der Gesellschaft in einem Ausmaß auseinanderklaffen, der **bei Gründung der Gesellschaft nicht vorhersehbar war**. Ursprünglich hatte der Bundesgerichtshof daher Buchwertklauseln für unwirksam angesehen, wenn im Zeitpunkt des Ausscheidens eine **besondere Diskrepanz zwischen Buchwert und wirklichem Wert** vorlag.[299] Hieran wurde kritisiert, dass eine Abfindungsklausel nicht entweder wirksam oder unwirksam sein könne. Seit 1993 beruht daher die Überprüfung von Abfindungsklauseln, die in Folge einer Veränderung der Verhältnisse zu unbilligen Ergebnissen führen, auf einer **Ausübungskontrolle gemäß § 242 BGB bzw. auf einer ergänzenden Vertragsauslegung**.[300] Hiernach kann ein im Zeitpunkt des Vertragsschlusses noch nicht abzusehendes **Missverhältnis zwischen Abfindungswert und tatsächlichem Anteilswert** dazu führen, dass dem betroffenen Gesellschafter nicht mehr zugemutet werden kann, an der vereinbarten Regelung festzuhalten. Der BGH betont dabei, dass es auf die Umstände des Einzelfalles ankomme; zu berücksichtigen seien insbesondere die Dauer der Mitgliedschaft, der Anteil des Ausscheidenden am Aufbau und Erfolg des Unternehmens sowie der Anlass des Ausscheidens.[301]

164 Ist eine ursprünglich nicht zu beanstandende Abfindungsregelung infolge einer nachträglichen Änderung der Verhältnisse für den betroffenen Gesellschafter unzumutbar geworden, so tritt an ihre Stelle eine **angemessene Abfindung**.[302] Hierbei hat eine Abwägung stattzufinden zwischen den Interessen der Gesellschaft (Liquiditäts- und Existenzsicherung) sowie dem Interesse des ausscheidenden Gesellschafters.[303]

---

291 *Leitzen*, RNotZ 2009, 315, 316 m.w.N.
292 BGH DNotZ 1991, 907; BGH 112, 40, 47 = DNotZ 1991, 819.
293 BGH DNotZ 1998, 802; OLG Hamm GmbHR 1997, 942; OLG Oldenburg GmbHR 1997, 503.
294 BGH DNotZ 1991, 907; so auch *Leitzen*, RNotZ 2009, 315, 318 m.w.N.
295 Palandt/*Sprau*, § 738 Rn. 6.
296 OLGR Karlsruhe 2006, 306; OLG Dresden NZG 2000, 1042.
297 *Leitzen*, RNotZ 2009, 315, 318 m.w.N.
298 BGH DNotZ 1991, 906.
299 BGH NJW 1973, 651 = DNotZ 1973, 480; DNotZ 1991, 910.
300 BGH NJW 1993, 2101; BGHZ 123, 281 = MittRhNotK 1993, 329; vgl. OLGR München 2006, 516.
301 BGH NJW 1993, 2101.
302 BGH DNotZ 1986, 31; DNotZ 1992, 526.
303 BGH NJW 1979, 1705 = DNotZ 1979, 354.

11. Rechtsnachfolge von Todes wegen

a) Der gesetzliche Regelfall: Auflösung

Nach der gesetzlichen Vorgabe wird die GbR durch den Tod einer ihrer Gesellschafter aufgelöst, sofern der Gesellschaftsvertrag keine abweichende Regelung enthält (§ 727 Abs. 1 BGB). Diese Auflösung führt im Regelfall nicht zur Vollbeendigung der Gesellschaft, sondern wandelt diese in eine Abwicklungsgesellschaft um mit der Folge, dass die Gesellschaft als Rechtssubjekt weiterhin existiert, der Gesellschaftszweck jedoch auf Abwicklung gerichtet ist.[304] Eine bloße **Treuhänderstellung** des Verstorbenen ändert nichts an der Auflösung der Gesellschaft, da allein der Treuhänder Gesellschafter ist.[305] Sind juristische Personen oder Personengesellschaften an der Gesellschaft bürgerlichen Rechts beteiligt, so tritt an die Stelle des Todes deren **Vollbeendigung**, nicht bereits die Auflösung.[306]

165

Trotz aller abweichenden Empfehlungen kommen die Fälle, in denen Gesellschaften mit erheblichem Vermögen in Ermangelung einer Fortsetzungs- bzw. Nachfolgeklausel aufgelöst werden, nicht selten vor. Insbesondere bei grundbesitzverwaltenden Gesellschaften ist dies zu beobachten. Ein Grund dafür mag aus dem Notarkostenrecht herrühren: Wird eine GbR in einem Grundstückskaufvertrag gegründet, so ist der Abschluss des Gesellschaftsvertrages mit dem Grundstückskaufvertrag nicht gegenstandsgleich. Für die Beurkundung des Gesellschaftsvertrages soll eine zusätzliche 20/10-Gebühr gemäß § 36 Abs. 2 KostO aus dem Wert des eingebrachten Grundstücks anfallen.[307] Etwas anderes soll gelten, wenn die gesellschaftsrechtlichen Vereinbarungen lediglich daraus bestehen, dass die Käufer erklären, sie seien zu gleichen Teilen an der GbR beteiligt und dass im Übrigen die gesetzlichen Bestimmungen gelten sollen.[308] Eben in diesen Fällen stellt sich die Problematik der »Vererbung in eine Abwicklungsgesellschaft hinein«, welche nachstehend erörtert wird.

166

Die Umwandlung von einer werbenden Gesellschaft in eine Abwicklungsgesellschaft erfolgt automatisch und ohne Mitwirkung der Gesellschafter. Die Erben werden automatisch Gesellschafter der Abwicklungsgesellschaft mit allen Rechten und Pflichten, die dem verstorbenen Gesellschafter selbst zugestanden hätten.[309] Zu beachten ist, dass die Stellung als Liquidationsgesellschafter **mehreren Erben in Erbengemeinschaft zusteht.**[310] Der Grundsatz, dass eine Erbengemeinschaft nicht Mitglied einer werbenden Gesellschaft sein kann, findet auf die Abwicklungsgesellschaft keine Anwendung.[311]

167

Mangels abweichender Regelung erlöschen die einem Gesellschafter durch Gesellschaftsvertrag eingeräumte **Einzelgeschäftsführungs- und Vertretungsbefugnis**. An dessen Stelle tritt die gemeinschaftliche Geschäfts- und Vertretungsbefugnis der Liquidatoren, § 730 Abs. 2 S. 2 BGB. Zu Gunsten eines Gesellschafters gilt jedoch die diesem übertragene Geschäftsführungsbefugnis als fortbestehend, bis er von dem Tod des Mitgesellschafters Kenntnis hat oder Kenntnis haben muss (§ 729 BGB).

168

Wird der verstorbene Gesellschafter durch eine **Erbengemeinschaft** beerbt, so gilt innerhalb der Erbengemeinschaft der Grundsatz der Einstimmigkeit; soweit es um Angelegenheiten ordnungsgemäßer Verwaltung geht, gilt jedoch das Mehrheitsprinzip (§§ 2038 Abs. 1 S. 1, 745 Abs. 1 BGB). Die Rechte der Erbengemeinschaft gegenüber der Gesellschaft können auch durch einen gemeinsamen Vertreter wahrgenommen werden. Fassen die

169

---

304 Staudinger/*Habermeier*, BGB § 727 Rn. 1.
305 MünchHdb. GesR I/*Klein/Lindemeier*, § 11 Rn. 2.
306 BGHZ 84, 379 = NJW 1982, 2821; OLG Frankfurt a.M. Rpfleger 1982, 427.
307 LG München v. 8.9.1972, MittBayNot 1972, 314 f.; Korintenberg/Bengel/Reimann/*Bengel/Tiedtke*, KostO, § 44 Rn. 195.
308 Streifzug durch die KostO, Rn. 996.
309 BGH NJW 1982, 170; NJW 1995, 3314, 3315; Staudinger/*Habermeier*, BGB, § 727 Rn. 7.
310 BGH NJW 1982, 170, 171.
311 MünchKommBGB/*Ulmer/Schäfer*, § 727 Rn. 14.

Gesellschafter jedoch einen **Fortsetzungsbeschluss,** so ist die Zustimmung aller Miterben erforderlich. Der Fortsetzungsbeschluss bewirkt, dass an die Stelle der Erbengemeinschaft die **Erben persönlich** als Mitglieder der fortgesetzen Gesellschaft treten.[312]

170 Gemäß § 727 Abs. 2 S. 1 BGB hat der Erbe des verstorbenen Gesellschafters im Falle der Auflösung den übrigen Gesellschaftern den Tod unverzüglich anzuzeigen und bei Gefahr im Verzug die dem Erblasser durch den Gesellschaftsvertrag übertragenen Geschäfte fortzuführen. Die Anzeige ist grds. an sämtliche Gesellschafter zu richten, nicht nur an den Geschäftsführer.[313] Dabei soll sich die Pflicht auf die Absendung der Anzeige beschränken; ein Zugang soll nicht erforderlich sein.[314]

171 Noch nicht geklärt ist die Frage, in welchem Umfang der bzw. die Erben für Verbindlichkeiten der Abwicklungsgesellschaft haften. Die Literatur geht davon aus, dass sowohl für die vor dem Erbfall entstandenen Gesellschaftsschulden als auch für die nach dem Erbfall begründeten Verbindlichkeiten eine Beschränkung der Haftung auf den Nachlass möglich ist.[315]

172 Ist über den Nachlass des verstorbenen Gesellschafters **Testamentsvollstreckung** angeordnet, so erstrecken sich die Befugnisse des Testamentsvollstreckers auch auf den vererbten Anteil an der Abwicklungsgesellschaft. Nach der Literatur ist für die Testamentsvollstreckung an einem Anteil in der Abwicklungsgesellschaft die Zustimmung der übrigen Gesellschafter nicht erforderlich;[316] auch die Beschränkungen, die für den Testamentsvollstrecker in der werbenden Gesellschaft grds. gelten, sollen nicht zum Tragen kommen.

b) Abweichende Gestaltungen

aa) Fortsetzungsklausel

173 Nach üblicher Terminologie wird unterschieden zwischen so genannten **Fortsetzungsklauseln, Nachfolgeklauseln** sowie **Eintrittsklauseln.**[317] Eine Fortsetzungsklausel bezeichnet üblicherweise eine gesellschaftsvertragliche Bestimmung, welche anordnet, dass die Gesellschaft mit dem Tod eines Gesellschafters unter den übrigen Gesellschaftern fortgesetzt wird.[318] Eine derartige Klausel führt zum **Erlöschen der Mitgliedschaft** des betroffenen Gesellschafters; der Anteil des verstorbenen Gesellschafters am Gesellschaftsvermögen wächst den übrigen Gesellschaftern an (§ 738 Abs. 1 S. 1 BGB). Insbesondere *Karsten Schmidt* kritisiert diese Terminologie:[319] Aus der Sicht der Erben entscheidend sei der **Ausschluss aus der Gesellschaft**, welchen die Klausel im Vergleich zur gesetzlichen Regelung bewirke; daher sei eine Bezeichnung als **Ausschließungsklausel** treffender. Der Begriff Fortsetzungsklausel signalisiert aber immerhin, dass die Gesellschaft in Abweichung zu § 727 Abs. 1 BGB als **werbende Gesellschaft** fortgesetzt wird.

174 Fortsetzungsklauseln werden üblicherweise mit den nachstehend zu besprechenden »Nachfolgeklauseln« kombiniert. Sollte dies ausnahmsweise nicht der Fall sein, so bieten sich ergänzende Vereinbarungen an. Insbesondere bei **zweigliedrigen Gesellschaften** sollte geregelt werden, ob beim Tode eines Gesellschafters der Rechtsübergang auf den anderen Gesellschafter automatisch erfolgen soll oder ob dem überlebenden Gesellschafter das Recht zur Übernahme aller Aktiva und Passiva zustehen soll.[320] Wird die Gesellschaft mit den verbleibenden Gesellschaftern fortgesetzt, so scheidet der verstorbene Gesell-

---

312 BGHZ 1, 324, 328 = NJW 1951, 650; MünchKommBGB/*Ulmer/Schäfer*, § 727 Rn. 20.
313 MünchKommBGB/*Ulmer/Schäfer*, § 727 Rn. 15.
314 MünchKommBGB/*Ulmer/Schäfer*, § 727 Rn. 15.
315 MünchKommBGB/*Ulmer/Schäfer*, § 727 Rn. 21; Staudinger/*Habermeier*, BGB § 727 Rn. 8.
316 Staudinger/*Habermeier*, BGB, § 727 Rn. 12.
317 Vgl. nur MünchHdb. GesR I/*Klein/Lindemeier*, § 11 Rn. 10.
318 MünchHdb. GesR I/*Klein/Lindemeier*, § 11 Rn. 12.
319 *K. Schmidt*, GesR, § 45 V 3, S. 1337.
320 MünchHdb. GesR I/*Klein/Lindemeier*, § 11 Rn. 13, dort auch mit weiteren Regelungspunkten.

schafter aus der Gesellschaft aus (§ 736 Abs. 1 BGB). In den Nachlass fällt der Anspruch auf Abfindung (§ 738 Abs. 1 S. 2 BGB). Nach der herrschenden Meinung ist der **vollständige Ausschluss von Abfindungsansprüchen** der Erben zulässig; eine derartige Vereinbarung bedarf nicht der Form des § 2301 Abs. 1 BGB oder des § 518 Abs. 1 BGB.[321]

bb) Nachfolgeklauseln

Nach der üblichen Terminologie bezeichnen Nachfolgeklauseln gesellschaftsvertragliche Vereinbarungen, auf Grund derer beim Todes eines Gesellschafters dessen Gesellschafterstellung auf einen oder mehrere Nachfolger übergehen soll; die gesetzliche Auflösungsfolge soll nicht eintreten.[322] Die Nachfolgeklausel führt allerdings auch bei der BGB-Gesellschaft nicht dazu, dass die Gesellschaftsbeteiligung »vererblich gestellt« wird, denn nach dem gesetzlichen Regelmodell findet eine Vererbung in eine Liquidationsgesellschaft statt.[323] Vielmehr ermöglicht die Nachfolgeklausel die Rechtsnachfolge von Todes wegen in eine **werbende Gesellschaft**. 175

Eine so genannte **einfache Nachfolgeklausel** ermöglicht die Fortsetzung der Gesellschaft als werbende Gesellschaft mit beliebigen Erben des verstorbenen Gesellschafters. Liegt eine derartige Fortsetzungsklausel vor, so tritt im Falle des Todes eines Gesellschafters dessen Erbe unmittelbar an die Stelle des Verstorbenen. Handelt es sich um einen Alleinerben, so übernimmt dieser in vollem Umfang die Rechtsstellung des Verstorbenen. Sind mehrere Erben vorhanden, so geht die Gesellschaftsbeteiligung nicht auf die Erbengemeinschaft über, sondern auf **jeden Erben persönlich;** der Grundsatz der Gesamtrechtsnachfolge durch die Erbengemeinschaft wird durchbrochen.[324] Für die Rechtsstellung der Erben soll dasselbe gelten wie bei der Übertragung von **Teilgesellschaftsanteilen**.[325] 176

Enthält der Gesellschaftsvertrag hingegen eine so genannte **qualifizierte Nachfolgeklausel,** so ist der Anteil **nur für bestimmte Personen vererblich**. Eine solche Klausel lässt den Gesellschaftsanteil nur auf die durch die Klausel begünstigten Erben übergehen.[326] Zulässig sind auch Klauseln, wonach der Gesellschaftsanteil in unterschiedlichen Quoten auf bestimmte Erben übergeht; diese Quoten müssen nicht den Erbquoten entsprechen.[327] Allerdings setzt die qualifizierte Nachfolgeklausel voraus, dass der vorgesehene Nachfolger **zugleich (Mit)erbe** wird. Auch bei einer Miterbenstellung fällt dem durch die qualifizierte Nachfolgeklausel bestimmten Nachfolger der Anteil **ungeteilt zu**.[328] Die Erbquote spielt hier keine Rolle; gesellschaftsrechtlich genügt auch schon eine Erbeinsetzung zu einem geringen Bruchteil. Ob der begünstigte Erbe gegenüber den anderen Erben zum Wertausgleich verpflichtet ist, richtet sich ausschließlich nach der letztwilligen Verfügung.[329] 177

> **Praxistipp:** 178
> Zweckmäßigerweise sollte dem begünstigten Gesellschafter die Beteiligung im Wege eines Vorausvermächtnisses (§ 2150 BGB) zugewandt werden, um Abgrenzungsschwierigkeiten zu vermeiden.

---

321 BGH WM 1971, 1338, 1339; MünchHdb. GesR I/*Klein/Lindemeier*, § 11 Rn. 47; MünchKommBGB/*Ulmer/Schäfer*, § 738 Rn. 40, 61.
322 MünchHdb. GesR I/*Klein/Lindemeier*, § 11 Rn. 20.
323 *K. Schmidt*, GesR, § 45 V 4, S. 1338-1339.
324 MünchKommBGB/*Ulmer/Schäfer*, § 727 Rn. 33 m.w.N.
325 MünchKommBGB/*Ulmer/Schäfer*, § 727 Rn. 33; § 719 Rn. 49.
326 MünchKommHGB/*K. Schmidt*, § 139 Rn. 16.
327 MünchKommHGB/*K. Schmidt*, § 139 Rn. 16.
328 BGHZ 68, 225, 231 = NJW 1977, 1340.
329 BGHZ 22, 186, 197 = NJW 1957, 180, 181.

179 Bei der Verwendung qualifizierter Nachfolgeklauseln ist zu beachten, dass die beabsichtigte Nachfolge nur dann eintritt, wenn die nachfolgeberechtigte Person wirklich **Erbe** wird. Die bloße **Vermächtniseinsetzung** genügt hingegen nicht. Allerdings kann eine qualifizierte Nachfolgeklausel dann als Eintrittsklausel ausgelegt werden.[330] Gefahren drohen insoweit insbesondere bei **Ehegattengesellschaften:** Haben Eheleute eine Grundbesitz-Gesellschaft gegründet und wünschen sie den Übergang der Gesellschaftsanteile auf ihre Abkömmlinge, so ist dies mit einem **Berliner Testament** unvereinbar: Selbst dann, wenn Vermächtnisse zu Gunsten der begünstigten Abkömmlinge angeordnet sind, führt das Versterben des überlebenden Ehegatten mangels Erbenstellung der nach dem Gesellschaftsvertrag nachfolgeberechtigten Personen zwingend zur **Anwachsung (§ 738 Abs. 1 S. 1 BGB) und Vollbeendigung der Gesellschaft.** Zwar dürfte auch in diesen Fällen ein Anspruch des oder der Erben auf Aufnahme in eine neu gegründete Gesellschaft bestehen; hierauf sollte man aber nicht vertrauen. Der bloße schuldrechtliche Anspruch aus einem Vermächtnis kann auch nicht ausnahmsweise zu einem Fortbestand der Gesellschaft in der Form der »Ein-Mann-Personengesellschaft« führen.[331] In diesen Fällen müssen der bzw. die vorgesehenen Nachfolger unbedingt (zu einer beliebigen Quote) zu Erben eingesetzt werden. Wollen die Eheleute ihre jeweilige Gesellschaftsbeteiligung unterschiedlichen Personen zukommen lassen, so muss die Nachlassplanung getrennt erfolgen.

180 Wird die Gestaltung einer qualifizierten Nachfolgeklausel erwogen, so sollte die Existenz von **steuerlichem Sonderbetriebsvermögen** mit dem Klienten erörtert werden. Nach ständiger Rechtsprechung erfasst das so genannte notwendige Sonderbetriebsvermögen Wirtschaftsgüter im Sinne des Steuerrechts, welche kraft ihrer Funktion dem Betrieb der Personengesellschaft (Sonderbetriebsvermögen I) oder der Beteiligung des Mitunternehmers (Sonderbetriebsvermögen II) dienen.[332] Gewillkürtes Sonderbetriebsvermögen sind hingegen Wirtschaftsgüter, die subjektiv bestimmt und geeignet sind, dem Betrieb der Gesellschaft (I) oder der Beteiligung des Mitunternehmers (II) zu dienen.[333] Sonderbetriebsvermögen zeichnet sich zivilrechtlich dadurch aus, dass es nicht im Eigentum der Gesellschaft steht. In Folge dessen geht das Sonderbetriebsvermögen nicht auf den begünstigten Erben über, sondern unterliegt den allgemeinen Regeln. Dies kann zu einer **anteiligen Entnahme des Sonderbetriebsvermögens** sowie zur Aufdeckung stiller Reserven führen.[334]

181 Zur Vermeidung dieses Ergebnisses kommen mehrere Gestaltungen in Betracht, welche im Einzelfall von Art und Umfang des Sonderbetriebsvermögens abhängen:

– Alleinerbeneinsetzung des begünstigten Erben, ggf. mit entsprechenden Vermächtnissen;[335]
– Übertragung des Gesellschaftsanteils sowie des Sonderbetriebsvermögens auf den Nachfolger in vorweggenommener Erbfolge;[336] alternativ kommt eine Übertragung nur des Sonderbetriebsvermögens auf den Nachfolger in Betracht, allerdings unter Vereinbarung eines Nießbrauchs und eines nicht vererblichen freien Widerrufsrechts;
– Einbringung des Sonderbetriebsvermögens zu Lebzeiten in eine GmbH & Co. KG.[337]

---

330 MünchKommHGB/*K. Schmidt*, § 139 Rn. 22, 25.
331 MünchKommHGB/*K. Schmidt*, § 105 Rn. 25 m.w.N.
332 BFH DStR 1992, 1198.
333 BFH DStR 1999, 314.
334 Ebenroth/Boujong/Just/Strohn/*Lorz*, § 139 Rn. 35 m.w.N.
335 *Reimann*, ZEV 2002, 487, 492.
336 Ebenroth/Boujong/Just/Strohn/*Lorz*, § 139 Rn. 35.
337 Ebenroth/Boujong/Just/Strohn/*Lorz*, § 139 Rn. 35 m.w.N.

cc) Testamentsvollstreckung

182 Es darf inzwischen als gesichert gelten, dass die Testamentsvollstreckung an einem Gesellschaftsanteil einer Personengesellschaft zulässig ist.[338] Entgegen missverständlicher Stimmen hat der BGH ausdrücklich entschieden, dass auch an dem Gesellschaftsanteil eines persönlich haftenden Gesellschafters die Dauervollstreckung nicht schlechthin ausgeschlossen ist.[339] Nach ständiger Rechtsprechung ist jedoch das Verwaltungsrecht des Testamentsvollstreckers durch die im Gesellschaftsrecht wurzelnden Besonderheiten beschränkt: Der Testamentsvollstrecker kann über die mit der Gesellschaftsbeteiligung verbundenen **Vermögensrechte** verfügen, insbesondere über den Anspruch am künftigen Auseinandersetzungsguthaben; der Testamentsvollstreckung entzogen sind jedoch die **inneren Angelegenheiten** der Gesellschaft.[340] Gesichert ist ferner, dass die Gesellschafter einer GbR die Zustimmung zur Anordnung der Testamentsvollstreckung erklären müssen.[341]

183 Diese allgemeine Formel lässt außerhalb der wenigen BGH-Entscheidungen weiterhin Raum für Interpretationsspielräume. Eine Vielzahl von Veröffentlichungen mit teilweise abweichenden Meinungen und Nuancen trägt nur bedingt zur Rechtssicherheit bei. Nach der OLG-Rechtsprechung soll das **Recht zur Verfügung über den Gesellschaftsanteil** dem Testamentsvollstrecker zustehen; der Zustimmung der Erben bedarf es nicht.[342] Andererseits betrachtet die Rechtsprechung die Ausübung der Mitgliedschaftsrechte stets als »innere Angelegenheiten«.[343]

184 Angesichts der spärlichen Rechtsprechung erscheinen sichere Prognosen über das, was der Testamentsvollstrecker darf und wozu die Erben der Zustimmung des Testamentsvollstreckers bedürfen, nur schwer möglich. Systematisierungsversuche in der Literatur stellen darauf ab, dass der Testamentsvollstrecker die Zustimmung zu allen Maßnahmen erteilen müsse, die den Auseinandersetzungs- oder Abfindungsanspruch sowie den Gewinnanspruch betreffen.[344] Soweit er jedoch auch zu Beschlüssen über die Thesaurierung des Gewinns zustimmen soll, stellt sich die Frage, ob dem Testamentsvollstrecker damit nicht ein faktisches Vetorecht zusteht, welches doch stark in den Bereich der »inneren Angelegenheiten« hineinreicht. Vorsicht ist geboten, soweit eine Entscheidung des LG Mannheim zitiert wird:[345] Diese Entscheidung erging zur Testamentsvollstreckung an einem Kommanditanteil. In seiner Grundsatzentscheidung und auch später hat der BGH jedoch zwischen einer Stellung als persönlich haftender Gesellschafter und Kommanditgesellschafter differenziert.

185 Angesichts der Unklarheiten bei der Abgrenzung zwischen »Außenseite« und »Innenseite« dürfte man auf Ersatzlösungen weiterhin nicht verzichten können. Nach der so genannten **Vollmachtslösung** bevollmächtigt entweder der Gesellschafter-Erbe oder der Erblasser im Wege der postmortalen Vollmacht den jeweils mit Zustimmung der übrigen Gesellschafter.[346] Die Vollmachtslösung hat allerdings einerseits den Nachteil, dass eine Vollmacht nicht als unwiderruflich ausgestaltet werden kann; andererseits kann im Wege einer Vollmacht auch keine unbeschränkte Erbenhaftung herbeigeführt werden.[347] Die **Treuhandlösung** sieht die treuhänderische Übertragung des Gesellschaftsanteils auf den Testamentsvollstrecker vor; gegen sie spricht allerdings, dass das Risiko einer persönlichen Haftung analog § 128 HGB potenzielle Amtsinhaber abschrecken könnte.[348]

---

338 BGH NJW 1989, 3152, 3153; NJW 1996, 1284, 1285; KG WM 1995, 1890, 1891.
339 BGH DStR 1996, 929 (Leitsatz); LG Hamburg, ZfIR 2008, 794 mit Anm. *Lang*.
340 BGH DStR 1998, 304 mit Anm. *Götte*.
341 BGH NJW 1986, 2431; OLG Hamm DNotZ 1992, 320.
342 KG RNotZ 2009, 251; auch LG Leipzig Rpfleger 2008, 492.
343 OLG Düsseldorf RNotZ 2008, 303; LG Krefeld, Urt. v. 30.6.2006, 5 O 51/06, www.nrwe.de.
344 *Everts*, MittBayNot 2003, 427, 430.
345 NZG 1999, 824.
346 *Everts*, MittBayNot 2003, 427, 430/431 m.w.N.
347 Ebenroth/Boujong/Just/Strohn/*Lorz*, § 139 Rn. 81 m.w.N.
348 Ebenroth/Boujong/Just/Strohn/*Lorz*, § 139 Rn. 81 m.w.N.

186 Als »große Lösung« verbleibt die Möglichkeit der lebzeitigen »Umwandlung« in eine GmbH (Sachgründung oder Umwandlung nach Eintragung in das Handelsregister) oder in eine GmbH & Co. KG. Freilich werden dadurch die übrigen Gründe für eine Rechtsformwahl in den Hintergrund gerückt. Für den betroffenen Gesellschafter ist § 139 HGB wohl insoweit entsprechend anzuwenden, als ein Austrittsrecht des Erben besteht; teilweise wird auch ein Recht bejaht, eine Umwandlung in die Stellung eines Kommanditisten verlangen zu dürfen, allerdings nur unter den Voraussetzungen des § 105 Abs. 2 HGB und entsprechender Eintragung in das Handelsregister.[349]

V. Die Beendigung der Gesellschaft bürgerlichen Rechts

1. Auflösung und Liquidation

187 Anders als die Formulierung vermuten lässt, führt die Auflösung einer Gesellschaft nicht bereits zu deren Erlöschen als Rechtssubjekt.[350] Die aufgelöste Personengesellschaft besteht vielmehr bis zur so genannten **Vollbeendigung** fort. Die aufgelöste Personengesellschaft ist weiterhin rechtsfähig.[351] Allerdings führt die Auflösung der Gesellschaft nach h.M. zu einer **Änderung des gemeinsamen Zwecks**.[352] Gemäß § 730 Abs. 2 BGB sind im Zweifel alle Gesellschafter nur noch gemeinsam geschäftsführungs- und vertretungsberechtigt.[353] Gegenüber Dritten führt die Auflösung der Gesellschaft grds. keine Änderungen herbei; allerdings gilt § 714 BGB auch im Liquidationsstadium.[354] Die **Identität der Gesellschaft bleibt erhalten;** das Gesellschaftsvermögen wird grds. nicht tangiert.

a) Auflösungsgründe

188 Die gesetzlichen Auflösungsgründe sind in den §§ 723–728 BGB geregelt. Die §§ 723–725 BGB setzen dabei die Ausübung eines Gestaltungsrechts (Kündigung) voraus; die in den §§ 726–728 BGB genannten Auflösungsgründe schließen sich demgegenüber als unmittelbare Folge der dort genannten Sachverhalte an (Zweckerreichung, Tod, Eröffnung des Insolvenzverfahrens).[355]

aa) Kündigung durch einen Gesellschafter

189 Bei der Kündigung handelt es sich um eine einseitige, empfangsbedürftige Willenserklärung, welche an alle Mitgesellschafter gerichtet sein und allen Mitgesellschaftern zugehen muss.[356] Abweichende Regelungen im Gesellschaftsvertrag sind möglich und empfehlenswert (Beispiel: Zugang nur beim geschäftsführenden Gesellschafter erforderlich). Die Kündigung bedarf kraft Gesetzes keiner besonderen Form; es empfiehlt sich aber unbedingt, mindestens die Textform zu vereinbaren, möglichst die Schriftform.[357] Das Wort »Kündigung« muss nicht notwendigerweise verwendet werden; erforderlich ist jedoch, dass der Wille des Erklärenden, entweder die Auflösung der

---

349 *Schäfer*, NJW 2005, 3665, 3669; Mock, NZG 2004, 118; *von Hoyenberg*, RNotZ 2007, 377.
350 *K. Schmidt*, GesR, § 11 V 2, S. 308: »Nur der Laie stellt sich die Auflösung eines Verbandes als dessen Verschwinden vor.«.
351 RGZ 41, 93, 95; 134, 91, 94; BGHZ 1, 324, 329; NJW-RR 1986, 394.
352 Vgl. nur MünchKommBGB/*Ulmer/Schäfer*, Vor § 723 Rn. 22; abweichend MünchKommHGB/*K. Schmidt*, § 145 Rn. 23, 28, wonach der Gesellschaftszweck durch den Liquidationszweck »überlagert« werde.
353 MünchKommBGB/*Ulmer/Schäfer*, Vor § 723 Rn. 22.
354 BeckOK-BGB/*Schöne*, § 730 Rn. 27.
355 MünchKommBGB/*Ulmer/Schäfer*, Vor § 723 Rn. 12.
356 MünchHdb. GesR I/*Gummert*, § 21 Rn. 15.
357 MünchHdb. GesR I/*Gummert*, § 21 Rn. 16.

Gesellschaft herbeizuführen oder aus ihr auszuscheiden (falls eine Fortsetzungsklausel vereinbart ist).[358]

Hinsichtlich des weiteren notwendigen Inhalts ist danach zu differenzieren, ob es sich um eine **ordentliche oder außerordentliche Kündigung** handelt: Eine ordentliche Kündigung kann ohne Angabe von Gründen erklärt werden; eine außerordentliche Kündigung muss zusätzlich den wichtigen Grund angeben, sofern dieser den übrigen Gesellschaftern nicht ohnehin bekannt ist.[359] Eine außerordentliche Kündigung kann wie im Arbeitsrecht ggf. in eine ordentliche Kündigung umgedeutet werden, wenn ein solcher Wille des Kündigenden erkennbar ist. 190

Wird eine Kündigungserklärung unter einer **Bedingung erklärt,** so ist zu differenzieren: Eine Bedingung führt dann zur Unwirksamkeit der Kündigung, wenn die Bedingung zu Unsicherheiten über die Wirksamkeit führt.[360] Unschädlich sind insbesondere so genannte **Potestativbedingungen,** deren Eintritt nur vom Willen des anderen Teils abhängt. 191

Ist die Kündigung wirksam erklärt, so führt sie zur sofortigen Auflösung der Gesellschaft, sofern nichts Abweichendes vereinbart ist, z.B. eine entsprechende Frist im Gesellschaftsvertrag. Zu beachten ist jedoch, dass der Gesellschafter nach dem gesetzlichen Regelmodell **nicht sofort aus der Gesellschaft ausscheidet.** Die Gesellschaft besteht zunächst **mit dem kündigenden Gesellschafter als Liquidationsgesellschaft fort.** Enthält der Gesellschaftsvertrag demgegenüber eine so genannte **Fortsetzungsklausel,** so scheidet der kündigende Gesellschafter sofort aus der Gesellschaft aus (§ 736 Abs. 1 BGB). 192

Der in § 723 Abs. 1 S. 3 Nr. 1 beschriebene wichtige Grund wird in ständiger Rechtsprechung wie folgt definiert: Dem Kündigenden ist nach Lage des Falles eine Fortsetzung der Gesellschaft bis zum Vertragsende oder bis zum nächsten ordentlichen Kündigungstermin nicht zumutbar, weil das Vertrauensverhältnis grundlegend gestört ist oder ein gedeihliches Zusammenleben aus sonstigen Gründen nicht mehr möglich ist.[361] 193

Ob ein wichtiger Grund vorliegt, lässt sich nur in Würdigung **aller Umstände des Einzelfalls ermitteln.** Von maßgeblicher Bedeutung sind dabei Art und Zweck der Gesellschaft, die bisherige Dauer, der Zeitraum bis zum nächsten ordentlichen Kündigungstermin und die Stellung des Kündigenden in und zu der Gesellschaft.[362] Für die Praxis von entscheidender Bedeutung ist die Erkenntnis, dass das Kündigungsrecht in einer Gesellschaft bürgerlichen Rechts allgemein nur unter bestimmten Voraussetzungen beschränkt werden darf (§ 723 Abs. 3 BGB); der Versuch, das Recht zur Kündigung aus wichtigem Grund auszuschließen, ist von vornherein zum Scheitern verurteilt, da derartige Klauseln nichtig sind.[363] 194

Unklar ist, inwieweit das Recht zur Kündigung aus wichtigem Grund einer Konkretisierung zugänglich ist. Ohne weiteres zulässig ist es, wenn die Gesellschafter die Anforderungen an einen solchen wichtigen Grund absenken.[364] Unzulässig dürfte es demgegenüber sein, erschwerende Vereinbarungen zu treffen. Gesellschaftsvertragliche Listen wirken vielmehr als bloße **Klarstellungen.**[365] 195

---

358 RGZ 89, 398, 400.
359 MünchKommBGB/*Ulmer/Schäfer*, § 723 Rn. 27.
360 MünchKommBGB/*Ulmer/Schäfer*, § 723 Rn. 16.
361 BGHZ 4, 108, 113; BGHZ 31, 295, 304; BGHZ 84, 379, 382; MünchKommBGB/*Ulmer/Schäfer*, § 723 Rn. 28 m.w.N.
362 MünchKommBGB/*Ulmer/Schäfer*, § 723 Rn. 29 m.w.N.; vgl. auch MünchKommHGB/*K. Schmidt*, § 133 Rn. 14–42.
363 Staudinger/*Habermeier*, § 723 Rn. 43.
364 Staudinger/*Habermeier*, § 723 Rn. 43.
365 Erman/*Westermann*, § 723 Rn. 22; Soergel/*Hadding*, § 723 Rn. 31.

bb) Kündigung durch einen Pfändungsgläubiger

196 Gemäß § 725 BGB kann der Pfändungsgläubiger nach Pfändung des Anteils am Gesellschaftsvermögens die Gesellschaft ohne Einhaltung einer Kündigungsfrist kündigen; solange die Gesellschaft besteht, kann er die sich aus dem Gesellschaftsverhältnis ergebenden Rechte mit Ausnahme des Anspruchs auf einen Gewinnanteil nicht geltend machen (§ 725 Abs. 2 BGB). Der Hintergrund dieser Regelung besteht darin, dass der Gesellschafter nicht Inhaber des Gesellschaftsvermögens ist und ein unmittelbarer Zugriff des Pfändungsgläubigers folglich ausscheidet. Da die Gewinnansprüche möglicherweise nicht zur Befriedigung des Pfändungsgläubigers ausreichen (oder die Gesellschafter den Gewinn möglicherweise nicht ausschütten), besteht für den Pfändungsgläubiger gemäß § 725 Abs. 1 BGB ein Kündigungsrecht.

197 Entgegen der undeutlichen Formulierung der §§ 725 BGB, 859 ZPO geht die heute herrschende Meinung davon aus, dass Gegenstand der Pfändung nicht der »Vermögensanteil« des Gesellschafters ist (welcher gemäß § 719 Abs. 1 BGB ohnehin nicht übertragbar wäre), sondern die **Mitgliedschaft als solche.**[366] Trotz der Pfändung der Mitgliedschaft wird der Pfandgläubiger nicht Gesellschafter. Das Informations- und Stimmrecht verbleibt weiterhin beim Gesellschafter; auch das Kündigungsrecht ist nicht eines des Gesellschafters, sondern ein Gläubigerrecht.

198 Im Regelfall regelt der Gesellschaftsvertrag die Fortsetzung der Gesellschaft schon für den Fall der Pfändung des Gesellschaftsanteils; um den Gesellschafter gegen eine unberechtigte Pfändung zu schützen und ihm Rechtsmittel zu ermöglichen, wird darüber hinaus üblicherweise eine gewisse Frist eingeräumt, innerhalb derer die Pfändung wieder aufgehoben werden kann.

199 M Formulierungsbeispiel:
Wird der Gesellschaftsanteil eines Gesellschafters gepfändet und die Pfändung nicht innerhalb von zwei Monaten ab Wirksamkeit aufgehoben, so scheidet der betroffene Gesellschafter aus der Gesellschaft aus. Die Gesellschaft wird in diesem Fall nicht aufgelöst, sondern besteht fort.

cc) Eröffnung des Insolvenzverfahrens über das Vermögen der Gesellschaft

200 Während unter der Geltung der Konkursordnung die Gesellschaft bürgerlichen Rechts von der herrschenden Meinung nicht als konkursfähig angesehen worden war, ist die Insolvenzfähigkeit der Gesellschaft bürgerlichen Rechts in § 11 Abs. 2 InsO ausdrücklich geregelt. Voraussetzung einer Auflösung der Gesellschaft ist die Eröffnung des Insolvenzverfahrens, also mit dem Wirksamwerden des Eröffnungsbeschlusses (§ 27 Abs. 1 S. 1 InsO). Das Insolvenzverfahren ist eröffnet in dem Zeitpunkt, in welchem der Richter den Eröffnungsbeschluss unterschrieben und in den Geschäftsgang gegeben hat,[367] im Regelfall also dann, wenn der Richter den unterschriebenen Beschluss der Geschäftsstelle übergeben hat.[368]

201 Das Recht zur Stellung des Insolvenzantrages steht neben den Gläubigern auch jedem persönlich haftenden Geselschafter zu (§ 15 InsO). Eine Glaubhaftmachung des Eröffnungsgrundes ist nur dann erforderlich, wenn nicht alle Gesellschafter den Eröffnungsantrag stellen. Die Antragsberechtigung steht auch solchen Gesellschaftern zu, die von der Geschäftsführung ausgeschlossen sind.[369] Eine Antragspflicht besteht analog § 130a HGB nur für Gesellschaften ohne natürliche Personen als persönlich haf-

---

366 MünchKommHGB/*K. Schmidt*, § 135 Rn. 2 m.w.N.
367 BGHZ 50, 242, 245.
368 Uhlenbruck/*Uhlenbruck*, § 27 InsO Rn. 8 m.w.N.
369 Uhlenbruck/*Hirte*, § 15 InsO Rn. 2.

tende Gesellschafter; sie kann sich im Einzelfall aus der Treuepflicht der Gesellschafter ergeben.[370]

Aus der Insolvenzfähigkeit der Gesellschaft ergeben sich im Wesentlichen folgende Konsequenzen: Die Gesellschaft selbst ist Insolvenzschuldnerin und somit auch Adressatin des Eröffnungsbeschlusses.[371] Beschwerdebefugt ist ebenfalls die Gesellschaft, nicht die Gesellschafter. Gemäß § 32 Abs. 1 InsO ist der Insolvenzvermerk bei den für die Gesellschaft bürgerlichen Rechts eingetragenen Grundstücken einzutragen.

Gemäß § 80 Abs. 1 InsO gehen das Recht des Schuldners, das zur Insolvenzmasse gehörende Vermögen zu verwalten und über es zu verfügen, auf den Insolvenzverwalter über. Der Insolvenzverwalter wird an Stelle der Gesellschafter Liquidator des Gesellschaftsvermögens; die §§ 730 ff. BGB finden jedoch keine Anwendung, sondern die vorrangigen Vorschriften der InsO.[372] Die Geltendmachung von Sozialansprüchen erfolgt durch den Insolvenzverwalter.[373] Ansprüche aus der persönlichen Haftung der Gesellschafter können nur durch den Insolvenzverwalter geltend gemacht werden (§ 93 InsO).

dd) Gesellschafterinsolvenz

Nach § 728 Abs. 2 BGB wird die Gesellschaft durch die Eröffnung des Insolvenzverfahrens über das Vermögen eines Gesellschafters aufgelöst. Diese Vorschrift ähnelt § 725 Abs. 1 BGB, unterscheidet sich jedoch von dieser dadurch, dass es einer Kündigungserklärung nicht bedarf. Die Gesellschaft wandelt sich in eine Abwicklungsgesellschaft um; die §§ 730–735 BGB bleiben anwendbar. Der Insolvenzverwalter tritt jedoch an die Stelle des Gesellschafters bei der Wahrnehmung der Gesellschafterrechte, insbesondere auch des Rechts zur Geschäftsführung.[374] Das Abfindungsguthaben des Insolvenzverwalters bildet Teil seiner Insolvenzmasse und dient damit der Gläubigerbefriedigung.

Ebenso wie die Pfändung stellt die Eröffnung des Insolvenzverfahrens eine erhebliche Gefährdung für den Fortbestand der Gesellschaft dar. Regelmäßig ist es empfehlenswert, das Ausscheiden des entsprechenden Gesellschafters für den Fall der Insolvenzeröffnung anzuordnen.

b) Rechtsfolgen der Auflösung: Überblick über das Auseinandersetzungsverfahren

Abgesehen von den bereits geschilderten Änderungen im Liquidationsverfahren (Änderung bzw. Überlagerung des Gesellschaftszwecks, Ende der Einzelvertretungsbefugnis) ist während der Liquidation die Durchsetzung von Sozialansprüchen der Gesellschafter gegen die Gesellschaft nicht möglich.[375] Denn diese Ansprüche sollen nur einheitlich nach der Schlussabrechnung durchgeführt werden und die Auseinandersetzung nicht gefährden. Drittgläubigeransprüche eines Gesellschafters gegen die Gesellschaft, also solche Ansprüche, die ihren Ursprung nicht im Gesellschaftsverhältnis haben (Schadensersatz aus unerlaubter Handlung, Aufwendungsersatz aus Geschäftsführung ohne Auftrag) bleiben hingegen unberührt.[376] Die Gesellschaft kann jedoch mit Gegenansprüchen gegen einen Gesellschafter aufrechnen.[377] In Ausnahmefällen können auch Einzelansprüche aus dem Gesellschaftsverhältnis im Liquidationsstadium durchsetzbar sein.[378]

---

370 MünchKommBGB/*Ulmer/Schäfer*, § 728 Rn. 12.
371 MünchKommBGB/*Ulmer/Schäfer*, § 728 Rn. 13.
372 MünchKommBGB/*Ulmer/Schäfer*, § 728 Rn. 15.
373 Palandt/*Sprau*, § 705 Rn. 29.
374 Staudinger/*Habermeier*, § 728 Rn. 22; RG NSW § 728 Nr. 1 = SeuffA 89 Nr. 82.
375 BGH NJW 1984, 1455.
376 BGH NJW-RR 2006, 1268, 1270 unter ausdrücklicher Aufgabe von BGH WM 1978, 89, 90.
377 MünchKommBGB/*Ulmer/Schäfer*, § 730 Rn. 53.
378 MünchKommBGB/*Ulmer/Schäfer*, § 730 Rn. 54 ff. m.w.N.

1. Kapitel Personengesellschaftsrecht

207 In der Liquidation sind zunächst die schwebenden Geschäfte zu beenden (§ 730 Abs. 2 BGB). Sodann hat die Gesellschaft einem Gesellschafter Gegenstände, die dieser der Gesellschaft nur zur Benutzung überlassen hat, zurückzugeben (§ 732 BGB). Nach Berichtigung der Gesellschaftsschulden (§ 733 Abs. 1 BGB) werden die Einlagen in Geld erstattet; Sacheinlagen werden nur dem Werte nach erstattet (§ 733 Abs. 2 S. 2 BGB). Ein eventuell verbleibender Überschuss wird sodann unter den Gesellschaftern verteilt (§ 734 BGB). Sofern das Gesellschaftsvermögen nicht zur Begleichung der Schulden ausreicht, sind die Gesellschafter gemäß § 735 BGB zum Nachschuss verpflichtet. § 735 BGB betrifft jedoch ausschließlich das **Innenverhältnis der Gesellschafter;**[379] eine gläubigerschützende Zielrichtung ist mit der Vorschrift nicht verbunden, zumal die Gesellschafter ohnehin nachhaften.

2. Gesamtrechtsnachfolge

208 Darüber hinaus kann eine Beendigung der Gesellschaft bürgerlichen Rechts auch durch Ausscheiden des vorletzten Gesellschafters im Wege der Gesamtrechtsnachfolge eintreten. In diesen Fällen ist ein Liquidationsverfahren nicht erforderlich.[380]

VI. Die grundbesitzverwaltende Gesellschaft bürgerlichen Rechts

1. Grundlagen

209 Wohl der wirtschaftlich bedeutendste Bereich des BGB-Gesellschaftsrechts in der notariellen Praxis ist die Fallgruppe der **Grundbesitzgesellschaften.** Auch diese Erscheinungsform der Gesellschaft bürgerlichen Rechts lässt sich weiter unterteilen: Derartige Grundbesitzgesellschaften können sowohl zu **privaten Zwecken** gegründet werden als auch für gewerbliche Immobilieninvestitionen. Für **geschlossene Immobilienfonds** dürfte sich aus Haftungsgründen nunmehr eher die Rechtsform der Kommanditgesellschaft anbieten.[381]

210 Im privaten Bereich stellt sich die Gründung einer Gesellschaft bürgerlichen Rechts zum Zweck des Immobilienerwerbs als **Alternative zum Erwerb in Bruchteilsgemeinschaft** dar. Beide Erwerbsformen sind mit Vor- und Nachteilen verbunden. Als Vorteile der Gesellschaft bürgerlichen Rechts werden üblicherweise angegeben:[382]

- Fehlende Möglichkeit der **freien Veräußerung von Gesellschaftsanteilen;**
- **Grunderwerbsteuerfreiheit** der Anteilsübertragung bis zur Anwachsung/Anteilsvereinigung in einer Hand (§§ 1 Abs. 1 Nr. 3, Abs. 2a GrEStG)
- **Gezielte Nachfolgesteuerung** durch Fortsetzungsklauseln und qualifizierte Nachfolgeklauseln
- **Abschirmung des Gesellschaftsvermögens** gegen Pfändungen und Gesellschafterinsolvenz durch Ausscheiden des Gesellschafters.

211 **Nachteile** werden gesehen in der gesamtschuldnerischen Haftung aller Gesellschafter im Außenverhältnis sowie ggf. dem Sonderkündigungsrecht Minderjähriger bei Erreichen der Volljährigkeit.

---

379 BeckOK-BGB/*Schöne*, § 735 Rn. 4.
380 OLG Düsseldorf DNotZ 1999, 440; KG DNotZ 2007, 954.
381 MünchHdb. GesR I/*Hamann*, § 27 Rn. 4.
382 *Krauß*, Immobilienkaufverträge in der Praxis, Rn. 377 ff.

a) Veräußerlichkeit von Gesellschaftsanteilen im Vergleich zur Bruchteilsgemeinschaft

Wie dargestellt sind Gesellschaftsanteile an einer Gesellschaft bürgerlichen Rechts nur dann veräußerlich, wenn alle Gesellschafter hierzu ihre Zustimmung erteilen. Üblicherweise wird diese Zustimmung in das **freie Ermessen** der übrigen Gesellschafter gestellt; ferner kommen Vor- und Ankaufsrechte in Betracht. Freilich können ähnliche Vereinbarungen (vormerkungsgesicherte Ankaufsrechte, dingliche Vorkaufsrechte) auch bei **Miteigentumsanteilen** vereinbart werden und eine Miteigentümervereinbarung (§ 1010 BGB) getroffen werden. Allerdings sind derartige Regelungen bei einer Bruchteilsgemeinschaft schwerfällig und kostenintensiv.

212

b) Grunderwerbsteuerfreiheit bei GbR-Anteilsübertragungen

Die genannten grunderwerbsteuerlichen Vorteile ergeben sich daraus, dass der Übertragungsgegenstand »Gesellschaftsanteil« nur unter bestimmten Voraussetzungen Grunderwerbsteuer auslöst. Einschlägige Norm ist insoweit § 1 Abs. 2a GrEStG. Diese Vorschrift ist schon nach ihrer Formulierung (»bei einer Personengesellschaft«) systematisch gegenüber § 1 Abs. 3 GrEStG vorrangig. Gesellschaftsanteilsübertragungen sind aus der Sicht des Gesetzgebers nur dann vergleichbar mit den übrigen grunderwerbsteuerpflichtigen Tatbeständen, wenn sich der Gesellschafterbestand unmittelbar oder mittelbar innerhalb von fünf Jahren dergestalt ändert, dass mindestens 95 Prozent der Anteile am Gesellschaftsvermögen auf neue Gesellschafter übergehen. Der Verbleib von höchstens fünf Prozent der Anteile stellt sich als bloßer »Zwerganteil« dar, welcher die Gleichstellung von gesellschaftsrechtlicher und sachenrechtlicher Verfügung über das Grundstück nicht hindert.

213

c) Flexible Beteiligung der Gesellschafter am Gesellschaftsvermögen entsprechend der Finanzierungsbeiträge

Ein wesentlicher Vorteil der Wahl einer Grundstücks-GbR gegenüber der Bruchteilsgemeinschaft wird ferner in der Möglichkeit gesehen, die **vermögensmäßige Beteiligung am Gesellschaftsvermögen** flexibel auszugestalten.[383] Insbesondere bei nichtehelichen Lebensgemeinschaften wird dieser Vorteil betont. Erwerben die Partner einer nichtehelichen Lebensgemeinschaft in Bruchteilsgemeinschaft, so könnten einerseits ungleiche Finanzierungsbeiträge Schenkungen im Sinne von § 7 Abs. 1 ErbStG sein; zum anderen bestehe bei einer Trennung der nichtehelichen Lebensgemeinschaft kaum Aussicht auf Rückforderung. Freilich müssen beide Aspekte vor dem Hintergrund der jüngsten Rechtsentwicklung relativiert werden: In der Rechtsprechung der Finanzgerichte finden sich Anhaltspunkte dafür, dass **weder der Beitrag übermäßigen Eigenkapitals noch die Übernahme von Zins- und Tilgungsleistungen** als freigebige Zuwendung unter Lebenden (§ 7 Abs. 1 Nr. 1 ErbStG) eingeordnet werden.[384] Hinsichtlich der Möglichkeit einer Rückforderung von Miteigentumsanteilen bei **Trennung** ist die aktuelle Rechtsentwicklung in der höchstrichterlichen Rechtsprechung zu beachten:[385] Hiernach kommt eine Rückforderung nach den Grundsätzen der Zweckverfehlungskondiktion (§ 812 Abs. 1 S. 2, 2. Fall BGB) bzw. des Wegfalls der Geschäftsgrundlage (§ 313 BGB) in Betracht bei **wesentlichen Beiträgen, welche für die Bildung von Vermögenswerten von erheblicher Bedeutung** verwendet wurden; weiterhin ausgeschlossen sind Rückforderungen dagegen in den Fällen, in denen es um die Erfüllung laufender Unterhaltsverpflichtungen oder Leistungen geht,

214

---

383 *Proff zu Irnich*, RNotZ 2008, 313, 325.
384 FG München EFG 2005, 1727; FG München EFG 2006, 686.
385 BGHZ 177, 193; FamRZ 2009, 849; NJW 2010, 868.

die auf das gerichtet sind, was die Lebengemeinschaft Tag für Tag benötigt. Der BGH hat jedoch betont, dass derartige Rückforderungsansprüche »in Betracht kommen«, keineswegs jedoch, dass sie stets ohne weiteres bestehen. Nach wie vor dürfte daher der Erwerb in einer Bruchteilsgemeinschaft bei nichtehelichen Lebensgemeinschaften bei einer Trennung **erhebliche Rechtsunsicherheiten** aufwerfen. Ungeachtet einer eventuellen Schenkungssteuerpflicht fällt für die Übertragung eines Miteigentumsanteils unter Partnern der nichtehelichen Lebensgemeinschaft jedenfalls **Grunderwerbsteuer** an, da anders als bei Ehegatten die Befreiungstatbestände der §3 Nr. 4 und §3 Nr. 5 GrEStG nicht eingreifen.

215 Die Zulässigkeit **beweglicher Beteiligungsquoten** ist unzweifelhaft. Sie folgt schon allein aus der Tatsache, dass bewegliche Beteiligungsquoten der **gesetzliche Regelfall für OHG und KG** (§§ 120, 167 HGB) sind. Werden derartige bewegliche Beteiligungsquoten vereinbart, so sollte die vertragliche Regelung folgende Punkte konkretisieren:[386]

– Berücksichtigung von Beiträgen (Eigenkapitalleistungen, Tilgungsleistungen, Arbeitsleistungen, Bestandserweiterungen);
– Anrechnung von Zeiten der Betreuung gemeinsamer Kinder;
– Wiederkehrende Dokumentationspflichten der Gesellschafter über die erbrachten Leistungen;
– Rechtsfolgen eines Ausscheidens aus der Gesellschaft; ggf. Übernahmerecht hinsichtlich der Immobilie.

d) Möglichkeit der formfreien Übertragung von Gesellschaftsanteilen

216 Als vermeintlicher Vorteil des Halten von Grundbesitzes in der Rechtsform der Gesellschaft bürgerlichen Rechts wird darüber hinaus auf die Möglichkeit hingewiesen, in Ermangelung einer besonderen gesellschaftsvertraglichen Regelung **formlos die Verpflichtung zur Übertragung** der Gesellschaftsanteile an der GbR, welche Eigentümerin des Immobiliarvermögens ist, **begründen zu können.** Diesen vom Reichsgericht für den Ein- und Austritt von Gesellschaftern entwickelten Grundsatz hat der Bundesgerichtshof aufgegriffen und derart weiterentwickelt, dass § 311b Abs. 1 S. 1 BGB auch dann auf die Übertragung von Gesellschaftsanteilen keine Anwendung finde, wenn das Vermögen der Gesellschaft im Wesentlichen aus Grundbesitz bestehe.[387] Zur Begründung hat der BGH im Wesentlichen ausgeführt, dass Formvorschriften, an deren Nichtbeachtung das Gesetz die Nichtigkeit des Rechtsgeschäfts knüpfe, aus Gründen der Rechtssicherheit eng auszulegen seien.[388] Trotz der gerade in jüngster Zeit hieran geäußerten Kritik[389] dürfte die Entscheidung des BGH nach wie vor Geltungskraft haben. Dies verdeutlichen insbesondere die neueren Entscheidungen, welche eine analoge Anwendung des § 15 Abs. 4 S. 1 GmbHG auf Verträge, welche die Verpflichtung zur Übertragung eines GbR-Gesellschaftsanteils begründen, ablehnen, wenn nicht die Errichtung der GbR dazu dient, die Formvorschrift des § 15 Abs. 4 GmbHG zu umgehen.[390]

217 Angesichts der gesetzlich nunmehr ausdrücklich geregelten Berichtigungspflicht bei Veränderungen im Gesellschafterbestand einer grundbesitzhaltenden GbR (§ 82 S. 3 GBO) besteht jedenfalls für solche Gesellschaften bürgerlichen Rechts faktisch eine Einschränkung der Formfreiheit, da jedenfalls die für die Grundbuchberichtigung erforderlichen Erklärungen in der Form des § 29 Abs. 1 S. 1 GBO abgegeben werden müssen. Für den Fall eines Gesellschafterwechsels unter Lebenden kommt eine Berichtigung des Grundbuchs

---

386 Ein Beispiel findet sich bei *Krauß* (Fn. 382), Rn. 380.
387 BGHZ 86, 367; OLG Düsseldorf OLGR 2007, 253 = NZG 2007, 512.
388 BGHZ 86, 367.
389 MünchKommBGB/*Ulmer/Schäfer*, § 719 Rn. 35; *K. Schmidt*, GesR, § 58 IV 3, S. 1720; *Münch*, DNotZ 2001, 535, 549.
390 BGH DNotZ 2008, 785; BFH/NV 2009, 2003; OLG Frankfurt a.M. ZIP 2007, 2167.

entweder auf der Grundlage einer **Berichtigungsbewilligung** (§ 19 GBO) oder auf der Grundlage des **Unrichtigkeitsnachweises** (§ 22 Abs. 1 S. 1 GBO) in Betracht:

- Der **ausscheidende oder veräußernde Gesellschafter** kann die Eintragung der Rechtsänderung gemäß § 19 GBO bewilligen. Erforderlich ist jedoch auch die Zustimmungserklärung des **erwerbenden oder eintretenden Gesellschafters**; dieses Zustimmungserfordernis wird aus § 22 Abs. 2 GBO hergeleitet. Überdies müssen **alle weiteren Gesellschafter der GbR zustimmen,** da dies ein allgemeines gesellschaftsrechtliches Wirksamkeitserfordernis für die Anteilsübertragung bei Personengesellschaften darstellt, welches auch im Grundbuchverfahren zu überprüfen ist.[391] Darüber hinaus müssen die Rechtsvorgänge, die zu einem Gesellschafterwechsel außerhalb des Grundbuches geführt haben, **schlüssig dargelegt werden.**[392]
- Alternativ ist auch der **Nachweis der Grundbuchunrichtigkeit** möglich: Hierfür bedarf es der Vorlage des Anteilsübertragungsvertrages sowie der Zustimmungserklärungen der übrigen Gesellschafter in der Form des § 29 Abs. 1 S. 1 GBO.

Beide Verfahren sind in ihrer Schwerfälligkeit in etwa vergleichbar, da die Zustimmungserklärungen sämtlicher verbleibender Gesellschafter in beiden Fällen vorgelegt werden müssen. Ist eine derartige Zustimmung im Gesellschaftsvertrag vorab erteilt worden, so genügt die **Vorlage des Gesellschaftsvertrages** in der Form des § 29 Abs. 1 S. 1 GBO. Angesichts dieser Formerfordernisse ist es empfehlenswert, für Verfügungen über Gesellschaftsanteile bei Grundbesitz-GbR generell das Formerfordernis der öffentlichen Beglaubigung vorzusehen. **218**

2. Der Erwerb von Grundbesitz durch eine Gesellschaft bürgerlichen Rechts

Durch das ERVGBG ungeregelt geblieben sind die Fälle des Eigentumserwerbs einer Gesellschaft bürgerlichen Rechts. Probleme bestehen allerdings, soweit es um den Nachweis der Existenz der Gesellschaft, den Nachweis der Vertretungsberechtigung der handelnden Personen sowie den Identitätsnachweis geht. **219**

a) Unterschiede zwischen § 19 GBO und § 20 GBO

Unproblematisch sind diejenigen Fälle, in denen die beabsichtigte Grundbucheintragung zu Gunsten der GbR (nur) auf der Grundlage einer Eintragungsbewilligung gemäß § 19 GBO erfolgen soll. Im Anwendungsbereich des § 19 GBO hat das Grundbuchamt **grundsätzlich keine Nachforschungen** hinsichtlich der Existenz des Erwerbers anzustellen; nur wenn es weiß, dass die Angaben in der Bewilligung unrichtig sind, hat es den Antrag zu beanstanden bzw. zurückzuweisen.[393] Strengere Prüfungspflichten treffen das Grundbuchamt im Anwendungsbereich des § 20 GBO. Nach dieser Vorschrift darf die Eintragung im Fall der Auflassung eines Grundstücks bzw. der Bestellung, Inhaltsänderung oder Übertragung eines Erbbaurechts nur erfolgen, wenn die erforderliche Einigung des Berechtigten und des anderen Teils erklärt sind. Geltungsgrund dieser Vorschrift ist, dass mit dem Grundstückseigentum wichtige privatrechtliche und öffentlichrechtliche Verpflichtungen verbunden sind und daher an einer Übereinstimmung von materieller Rechtslage und Grundbuchinhalt ein gesteigertes Interesse besteht.[394] Welche Prüfungspflichten hiermit im Einzelnen verbunden sind, ist im Detail umstritten: Nach überwiegender Auffassung **220**

---

391 OLG Frankfurt a.M. MittRhNotK 1996, 192; BGHZ 13, 179 = DNotZ 1954, 407; BGH 44, 229 = DNotZ 1966, 504.
392 BayObLG DNotZ 1991, 598, 599; BayObLGZ 1994, 33, 38; OLG Frankfurt a.M. NJW-RR 1996, 14.
393 OLG Schleswig DNotZ 2010, 296; *Demharter*, § 19 Rn. 96.
394 *Schöner/Stöber*, Grundbuchrecht, Rn. 108.

darf das Grundbuchamt zwar nur prüfen, ob die Einigung in der Form des §29 Abs. 1 S. 1 und S. 2 GBO so vorliegt, wie sie sachlichrechtlich zur Herbeiführung der Rechtsänderung notwendig ist.[395] Hierzu gehört, dass die Erklärenden geschäftsfähig sind und bei Handeln eines Vertreters oder eines Nichtberechtigten eine wirksame Vollmacht oder Zustimmung bzw. die gesetzliche Vertretungsmacht nachgewiesen wird.[396] Ferner muss die Identität des vertretenen Rechtssubjekts nachgewiesen werden.[397]

221 Die im Anwendungsbereich des §20 GBO gesteigerten Prüfungspflichten des Grundbuchamtes haben bereits kurz nach Inkrafttreten des ERVGBG zu Schwierigkeiten geführt, wenn die Beteiligten erklären, nicht für eine neue, in der Erwerbsurkunde gegründete, sondern eine zwischen ihnen bestehende Gesellschaft bürgerlichen Rechts erwerben zu wollen.

b) Der Meinungsstand für bereits existierende Gesellschaften

222 Vor der Anerkennung der Rechtsfähigkeit der BGB-Gesellschaft machte es keinen Unterschied, ob die erschienenen Personen als Gesellschafter für eine bereits bestehende Gesellschaft bürgerlichen Rechts oder für eine neu gegründete Gesellschaft auftreten wollten.[398] Mangels Rechtsfähigkeit war die Gesellschaft bürgerlichen Rechts nicht Beteiligte des Grundbuchverfahrens, sondern die Gesellschafter. Ihr Zusammenschluss begründete kein Rechtssubjekt, welches im Grundbuchverfahren beteiligt war; Parteien der Einigung nach §20 GBO waren **ausschließlich die Gesellschafter**, sodass es auch nur auf deren Identität ankam. Soweit weiterhin ausgeführt wird, dass es auf die Vorlage eines Gesellschaftsvertrages oder Nachweise über die Existenz einer BGB-Gesellschaft bei Mitwirkung aller Gesellschafter nicht ankomme,[399] erscheint dieses Argument zweifelhaft, da auch personengleiche BGB-Gesellschaften unterschiedliche Identitäten haben können und im Grundbuchverfahren zweifelsfrei festzustellen ist, welches Rechtssubjekt im Grundbuch eingetragen werden soll.[400]

aa) Anknüpfung an bereits eingetragene Rechtspositionen?

223 Wenn zu Gunsten der Gesellschaft in Vollzug des Vertrages bereits eine Eigentumsvormerkung eingetragen worden ist, ließe sich daran denken, dass gemäß §899a S. 1 BGB nunmehr Existenz und Vertretungsberechtigung der Gesellschaft vermutet werden. Entsprechendes ließe sich erst recht schlussfolgern, wenn die Gesellschaft bürgerlichen Rechts bereits in einem anderen Grundbuch auf der Grundlage einer Einigung gemäß §20 GBO in das Grundbuch eingetragen worden ist. Jedoch greift die Vermutung des §899a S. 1 BGB hier nicht, da sie sich nicht auf das Eigentum am zu erwerbenden Grundstück bezieht, sondern nur auf die Vormerkung bzw. das Eigentum an einem anderen Grundstück.[401] Selbst dann, wenn die Gesellschaft Eigentümerin eines Wohnungseigentums ist und ein anderes Wohnungseigentum in derselben Anlage erwerben möchte, kommt ihr die Vermutung des §899a S. 1 BGB nicht zu Gute.

---

395 *Demharter*, GBO, §20 Rn. 38; *Kuntze/Ertl/Herrmann/Eickmann*, Grundbuchrecht, §20 Rn. 3; *Wolfsteiner*, DNotZ 1987, 67, 72; a.A. Meikel/*Böttcher*, §20 Rn. 140: auch Prüfung der materiellen Wirksamkeit.
396 *Demharter*, §20 Rn. 38.
397 OLG Schleswig DNotZ 2010, 296, 297.
398 *Schöner/Stöber*, Rn. 3314; LG Aachen MittRhNotk 1985, 215, 216.
399 *Schöner/Stöber*, Rn. 3314.
400 OLG München NZG 2010, 341 mit Anm. *Weimer*.
401 OLG Schleswig DNotZ 2010, 296, 297; *Lautner*, DNotZ 2009, 650, 660.

bb) Überblick über den Meinungsstand

Die Rechtslage muss insgesamt als noch nicht abschließend geklärt bezeichnet werden. **224** Nach der wohl überwiegenden Auffassung ist der Erwerb durch eine existierende Gesellschaft bürgerlichen Rechts auch dann möglich, wenn der Gesellschaftsvertrag nicht in der Form des § 29 Abs. 1 S. 1 GBO existiert,[402] also nur mündlich oder in Schriftform. Mündliche Gesellschaftsverträge werden bei größeren Werten die Ausnahme darstellen. In diesen Fällen soll eine **Bestätigungserklärung der Gesellschafter** mit dem folgenden Inhalt genügen:

– Erklärung, eine aus ihnen bestehende Gesellschaft bürgerlichen Rechts gegründet zu haben, welche weiterhin existiert;
– Erklärung, die einzigen Gesellschafter der vorbezeichneten Gesellschaft zu sein.

Unbedingt zu beachten ist, dass diese Gesellschaft **hinreichend identifiziert werden** **225** **kann:**[403] Eine Identifizierung kann erfolgen durch die Nennung der schon in § 15 Abs. 1 lit. c GBV (Name und/oder Gesellschaftssitz); darüber hinaus kommt eine Kennzeichnung durch das **Gründungsdatum** oder **den Ort, an dem der Gesellschaftsvertrag abgeschlossen worden ist.**[404] Die bloße Erklärung, dass eine »bereits gegründete« Gesellschaft bürgerlichen Rechts den Grundbesitz erwerben wolle, genügt demgegenüber nicht. Nach einer Entscheidung des KG soll hingegen auch ein Gesellschaftsname allein keine hinreichende Identifizierung ermöglichen, da es mehrere personen- und namensgleiche Gesellschaften geben könne.[405]

Formulierungsbeispiel: **226 M**
Wir, A, B und C haben mit Vertrag vom ... die X-Grundstücksverwaltungsgesellschaft bR mit Sitz in X-Stadt gegründet. Wir bestätigen, dass diese Gesellschaft weiterhin existiert und wir die alleinigen Gesellschafter sind.

Unklar ist, ob die Vorlage des Gesellschaftsvertrages **in der Form des § 29 Abs. 1 S. 1 GBO** **227** verlangt werden kann. Teilweise wird dies nur dann für erforderlich gehalten, wenn **nicht sämtliche Gesellschafter** auftreten.[406] Andere Stimmen deuten an, dass ein schriftlicher Gesellschaftsvertrag zumindest **nachträglich zu beglaubigen** sei.[407] Liegt ein Gesellschaftsvertrag in öffentlich beglaubigter Form vor und wird dieser im Grundbuchverfahren vorgelegt, so ist weiterhin umstritten, ob ergänzend eine **Versicherung an Eides Statt** seitens der Gesellschafter gefordert werden kann, wenn ein längerer Zeitablauf zwischen dem Abschluss des Gesellschaftsvertrages und dem Antrag auf Eintragung in das Grundbuch liegt. Vor Inkrafttreten des ERVGBG wurde wohl unter Berufung auf die BGH-Entscheidung vom 4.12.2008 vertreten, dass ein öffentlich beglaubigter Gesellschaftsvertrag auch bei längerem Zeitablauf genüge;[408] bei einem längeren Zeitablauf verlangten einzelne Gerichte jedoch ergänzend eine eidesstattliche Versicherung des Inhalts, dass sich der **Gesellschafterbestand und die Vertretungsverhältnisse der Gesellschaft im Vergleich**

---

402 *Böttcher*, ZfIR 2009, 613, 618; *Ruhwinkel*, MittBayNot 2009, 177, 180; *ders.*, MittBayNot 2009, 421, 424; DNotZ 2010, 303; OLG Saarbrücken DNotZ 2010, 301.
403 OLG Saarbrücken DNotZ 2010, 301; OLG München NZG 2010, 341.
404 OLG München NZG 2010, 341.
405 KG, 23.3.2010, 1 W 88/10; a.A. OLG München, 20.7.2010 – 34 Wx 63/10.
406 *Ruhwinkel*, MittBayNot 2009, 421, 424; wohl auch OLG Saarbrücken DNotZ 2010, 301.
407 *Böttcher*, ZfIR 2009, 613, 618.
408 *Böhringer*, Rpfleger 2009, 537, 540; *Böttcher*, ZfIR 2009, 613, 618; *Hertel*, DNotZ 2009, 121, 126-127; jurisPR-BGB/*Toussaint*, 2/2009, Anm. 1; *Kesseler*, NZM 2009, 190, 192; *Krauß*, Immobilienkaufverträge in der Praxis, Rn. 344, 348; *Lautner*, NotBZ 2009, 77, 83; *ders.*, DNotZ 2009, 650, 659; *Ruhwinkel*, MittBayNot 2009, 177, 180; *ders.*, MittBayNot 2009, 421, 424; *Schubert*, ZNotP 2009, 178, 182-183; *Steffek*, ZIP 2009, 1445, 1450; *Tebben*, NZG 2009, 288, 291.

zu den vorgelegten Urkunden nicht geändert hätten.[409] Existiert ein Gesellschaftsvertrag in öffentlich beglaubigter Form überhaupt nicht, so soll sich auch auf das Fehlen eines solchen Gesellschaftsvertrages die eidesstattliche Versicherung erstrecken.[410]

228 Das OLG München hat inzwischen in einer Reihe von Judikaten die Auffassung vertreten, dass der Erwerb von Grundbesitz durch eine existierende GbR schlechthin nicht möglich sei.[411] Mit einem mehrere Jahre alten Gesellschaftsvertrag könne der Nachweis nicht geführt werden, dass die Gesellschaft weiterhin existiere und dass die Vertretungsverhältnisse weiterhin zuträfen.[412] Die in der Literatur zunehmend vertretene Auffassung, wonach die zu §§ 172, 173 BGB entwickelten Grundsätze auf Gesellschaftsverträge anwendbar seien,[413] verwirft das OLG München der Sache nach (freilich ohne die Vertreter dieser Auffassung zu zitieren). Die Grundsätze über Nachweiserleichterungen seien auf eine GbR wegen der Häufigkeit, mit der GbR im Rechtsverkehr aufträten, nicht anwendbar. Nachweiserleichterungen seien außerdem nicht erforderlich, da eine in der Erwerbsurkunde gegründete GbR unstreitig Grundbesitz erwerben könne.[414] Gegen einen der Beschlüsse vom 17. August 2010 wurde **Rechtsbeschwerde zum BGH eingelegt.**[415]

229 **Praxistipp:**
Bis zur Entscheidung durch den BGH bestehen je nach Oberlandesgerichtsbezirk unterschiedliche Vorgaben. Rechtssicher gestalten lässt sich der Erwerb durch eine GbR nur dann, wenn diese im Grundstückskaufvertrag den Grundbesitz erwirbt. Wird eine GbR gegründet, welche erst in Zukunft Grundbesitz erwerben soll, so sollten zeitgleich mit der Beurkundung oder Beglaubigung rechtsgeschäftliche Vollmachten an einen oder mehrere Gesellschafter erteilt werden. Wird die Vollmachtsurkunde gleichzeitig mit einer beglaubigten Abschrift des Gesellschaftsvertrages vorgelegt, so greifen die für Vollmachten geltenden Grundsätze. Auf diese Weise wird auch bei einer späteren Veräußerung über den Rechtsschein des § 173 BGB gewährleistet, dass die GbR unabhängig von den zu § 899a BGB geltenden Grundsätzen ordnungsgemäß vertreten wird. Bei einer bereits existierenden GbR kommt nur die Umwandlung in eine OHG (§ 105 Abs. 2 S. 2 HGB und § 2 S. 2 HGB) oder die Gründung einer entsprechenden »Zweckgesellschaft« in der Erwerbsurkunde mit anschließender Anteilsübertragung in Betracht.

230 Soll die Gesellschaft bürgerlichen Rechts ohnehin erst in der Erwerbsurkunde gegründet werden, so hat dies den Vorteil, dass jeder Gesellschaft bürgerlichen Rechts jeweils das auf einem Grundbuchblatt gebuchte Grundstück (Wohnungseigentum, Erbbaurecht) zugeordnet werden kann. Nachteilig an einem derartigen Vorgehen mag die kostenrechtliche Auswirkung sein: Wird eine GbR in einem Grundstückskaufvertrag gegründet, so ist der Abschluss des Gesellschaftsvertrages mit dem Grundstückskaufvertrag nicht gegenstandsgleich. Für die Beurkundung des Gesellschaftsvertrages soll eine zusätzliche 20/10-Gebühr gemäß § 36 Abs. 2 KostO aus dem Wert des eingebrachten Grundstücks anfallen.[416] Etwas anderes soll gelten, wenn die gesellschaftsrechtlichen Vereinbarungen lediglich

---

409 LG Traunstein Rpfleger 2009, 448.
410 LG Darmstadt, 24.3.2009, 26 T 31/09.
411 OLG München ZIP 2010, 1496; 17.8.2010 - 34 Wx 98 und 99/10; 25.8.2010 - 34 Wx 110/10.
412 OLG München, 17.8.2010 - 34 WX 98 und 99/10, Rn. 20.
413 *Lautner*, MittBayNot 2010, 286, 290; *ders.*, MittBayNot 2005, 93, 96; *Wertenbruch*, DB 2003, 1099, 1101; *Kiehnle*, ZHR 174 (2010), 209, 225.
414 OLG München 25.08.2010, 34 Wx 110/10.
415 Nach telefonischer Auskunft (Stand: 15.9.2010) wurde die Rechtsbeschwerde am 2.9.2010 erhoben und wird unter dem Az. V ZB 232/10 geführt.
416 LG München MittBayNot 1972, 314 f.; Korintenberg/Bengel/Reimann/*Bengel/Tiedtke*, § 44 Rn. 195.

daraus bestehen, dass die Käufer erklären, sie seien zu gleichen Teilen an der GbR beteiligt und dass im Übrigen die gesetzlichen Bestimmungen gelten sollen.[417]

3. Die Veräußerung von Grundbesitz durch eine Gesellschaft bürgerlichen Rechts

Nach Anerkennung der Rechtsfähigkeit der GbR durch den BGH, spätestens jedoch seit der Entscheidung vom 4.12.2008 wurde bezweifelt, dass ein gutgläubiger Erwerb von Grundeigentum von einer Gesellschaft bürgerlichen Rechts noch möglich sei. Diese Zweifel gründeten sich insbesondere auf den Umstand, dass die Eintragung der Gesellschafter in das Grundbuch nicht mehr als »Inhalt des Grundbuches« gemäß § 892 Abs. 1 S. 1 BGB, sondern nur noch als Identifizierungsbehelf angesehen wurde. Abhilfe schafften § 47 Abs. 2 S. 1 GBO einerseits und § 899a BGB andererseits: Die Eintragung der Gesellschafter im Grundbuch ist nunmehr wieder »echter Grundbuchinhalt«; gemäß § 899a S. 2 i.V.m. § 892 Abs. 1 S. 1 BGB ist ein gutgläubiger Erwerb möglich, da der gute Glaube an die ordnungsgemäße Vertretung der Gesellschaft geschützt wird.

231

a) Die Reichweite des § 899a BGB

Ist eine Gesellschaft bürgerlichen Rechts im Grundbuch eingetragen, so wird in Ansehung des eingetragenen Rechts auch vermutet, dass diejenigen Personen Gesellschafter sind, die nach § 47 Abs. 2 S. 1 GBO im Grundbuch eingetragen sind (positive Vermutung); ferner wird vermutet, dass über die eingetragenen Personen hinaus keine weiteren Gesellschafter vorhanden sind (negative Vermutung). Die Kombination von positivem und negativem Element führen zu der Vermutung, dass die GbR ordnungsgemäß vertreten wird, wenn diejenigen Personen in ihrem Namen handeln, die als ihre Gesellschafter im Grundbuch verlautbart sind; dies ist zwingende Folge des Grundsatzes der Selbstorganschaft der Personengesellschaften.[418] Die Vermutung des § 899a S. 1 BGB soll funktional der des § 891 BGB entsprechen, gilt allerdings nur in Ansehung des eingetragenen Rechts. Diese an die §§ 893, 894, 936 Abs. 2, 945, 1059c Abs. 1 S. 2, 1208 BGB[419] angelehnte Formulierung bezweckt eine Begrenzung der materiell-rechtlichen Vermutungswirkung: Dem Grundbuch soll nach der Gesetzesbegründung gerade nicht die Funktion eines allgemeinen Gesellschaftsregisters zukommen.[420]

232

Die Eintragung der Gesellschafter soll sich vielmehr nur bei Rechtshandlungen auswirken, die einen **unmittelbaren Bezug zum Eintragungsgegenstand** aufweisen;[421] innerhalb dieses Bereichs soll § 899a S. 1 BGB allerdings eine mit § 15 Abs. 3 HGB vergleichbare Wirkung entfalten.[422] Als Gegenbeispiel nennt die Gesetzesbegründung den Verkauf beweglicher Sachen im Zusammenhang mit einem Grundstückskaufvertrag: Hierauf soll sich die Vermutung des § 899a BGB nicht beziehen.[423] Auch für den Erwerb eines Gesellschaftsanteils soll § 899a BGB nicht gelten, da die Abtretung des Gesellschaftsanteils keine unmittelbar auf das Immobiliarsachenrecht bezogene Rechtshandlung sei.[424]

233

Nach dem gesetzgeberischen Willen soll sich die Vermutung des § 899a S. 1 BGB auch auf die **Existenz der Gesellschaft** erstrecken: Die Existenz sei denknotwendige Voraussetzung für das Vorhandensein von Gesellschaftern.[425] Insbesondere für den Fall des liquida-

234

---

417 Streifzug durch die KostO, Rn. 996.
418 BT-Drucks. 16/13437, S. 30 r. Sp.
419 Vgl. auch § 1138 BGB: »in Ansehung der Forderung«.
420 BT-Drucks. 16/13437, S. 30 r. Sp.
421 BT-Drucks. 16/13437, S. 30 r. Sp.
422 BT-Drucks. 16/13437, S. 31.
423 BT-Drucks. 16/13437, S. 30 r. Sp.
424 BT-Drucks. 16/13437, S. 31.
425 BT-Drucks. 16/13437, S. 31 l. Sp.

tionslosen Anwachsens bei zweigliedrigen Gesellschaften soll also der Fortbestand der Gesellschaft vermutet werden, solange noch zwei Gesellschafter im Grundbuch eingetragen sind. Diese Äußerungen in der Gesetzesbegründung wurden vereinzelt in Frage gestellt;[426] überwiegend wird die Erstreckung der in § 899a S. 1 BGB enthaltenen Vermutung auf den Fortbestand der Gesellschaft hingegen bejaht.[427] Dem ist zuzustimmen, da auch § 32 GBO a.F. so verstanden wurde, dass die Vertretungsbescheinigung zugleich die Existenz als denknotwendige Voraussetzung bescheinigt.[428]

235 Umstritten ist, ob § 899a S. 2 BGB auch den guten Glauben an das **schuldrechtliche Verpflichtungsgeschäft** schützt. Die überwiegende Auffassung bejaht dies unter Verweis auf den gesetzgeberischen Willen;[429] eine abweichende Auffassung hält nur dingliche Rechtsgeschäfte für erfasst.[430] Richtigerweise lässt die Gesetzesformulierung für beide Lesarten Raum; ein Vergleich mit § 893, 2. Var. BGB deutet darauf hin, dass ein Rechtsgeschäft in Ansehung des eingetragenen Rechts nicht notwendig eine Verfügung sein muss, da § 893 BGB dies ansonsten nicht hätte ausdrücklich klarstellen müssen. Bei einer derartigen Gesetzesformulierung muss die Auslegung dem gesetzgeberischen Willen Rechnung tragen und die Verkehrsfähigkeit der Gesellschaft bürgerlichen Rechts wieder herstellen.

236 Nach hier vertretener Auffassung ist also auch das schuldrechtliche Verpflichtungsgeschäft von der Vermutung des § 899a. S. 2 BGB erfasst. Es stellt sich freilich die Frage, in welchem Umfang das schuldrechtliche Geschäft erfasst ist, also welche schuldrechtlichen Geschäfte in Ansehung des eingetragenen Rechts erfolgen und welche nicht. In Ansehung des eingetragenen Rechts dürften solche Verpflichtungsverträge abgeschlossen sein, die durch eine **Verfügung über das eingetragene Recht** zu erfüllen sind. Nebenabreden sind ebenfalls erfasst, soweit sie mit der entsprechenden Verpflichtung ein einheitliches Rechtsgeschäft gemäß § 311b Abs. 1 S. 1 BGB bilden. Auf diese Weise sind die Finanzierungsvollmacht sowie die eingeschränkte Sicherungsabrede ebenfalls von § 899a S. 2 BGB erfasst.

237 Solange die Erstreckung des § 899a S. 1 BGB auf schuldrechtliche Rechtsgeschäfte freilich noch nicht höchstrichterlich entschieden ist, stellt sich die Frage, wie dem Bedürfnis nach möglichst sicherer Vertragsgestaltung Rechnung getragen werden kann. Die nächstliegende Lösung besteht darin, dass sich in dem Veräußerungsvertrag **neben der Gesellschaft zugleich die Gesellschafter** verpflichten; im Innenverhältnis übernimmt gegenüber den Gesellschaftern die Gesellschaft die Verpflichtung. Hintergrund dieser Lösung ist die Befürchtung, ein gutgläubiger Erwerb des Eigentums könne von der nicht ordnungsgemäß vertretenen Gesellschaft im Wege des Bereicherungsrechts zurückgefordert werden. Durch die Verpflichtung der Gesellschafter zur Leistung soll eine Eingriffskondiktion der Gesellschaft gegen den Erwerber wegen einer vorrangigen Leistungsbeziehung ausgeschlossen sein.

238 Die Entstehung der Vormerkung als Voraussetzung der Fälligkeit setzt darüber hinaus die Wirksamkeit des zu sichernden Anspruchs voraus. Diejenigen, die an der Anwendbarkeit des § 899a BGB auf den Kaufvertrag zweifeln, bezweifeln gleichfalls die Wirksamkeit einer Vormerkung. Zwar könnten sich jedenfalls die Gesellschafter wirksam verpflichten; dies widerspreche aber dem so genannten **Identitätsgebot**, wonach im Zeitpunkt der Ent-

---

426 *Steffen*, ZIP 2009, 1445, 1453; *Bestelmeyer*, Rpfleger 2010, 169, 174.
427 JurisPK-BGB/*Toussaint*, § 899a Rn. 23; *Kuckein/Jenn*, NZG 2009, 848, 851; *Lautner*, DNotZ 2009, 650, 667; *Krauß*, DAI-Skript »7. Jahresarbeitstagung des Notariats 2009«, S. 54; offen *Böttcher*, ZfIR 2009, 613, 623 (»nach Auffassung des Gesetzgebers«); *Ruhwinkel*, MittBayNot 2009, 421, 422; *Rebhan*, NotBZ 2009, 445, 447.
428 BayObLG NJW-RR 1989, 977, 978.
429 *Krauß*, notar 2009, 429, 436; *Rebhan*, NotBZ 2009, 445, 447; *Lautner*, DNotZ 2009, 650, 671; *Rebhan*, NotBZ 2009, 445, 448; *Ruhwinkel*, MittBayNot 2009, 421, 423; *Böttcher*, notar 2010, 222, 232; *Heinze*, RNotZ 2010, 289, 297; im Ergebnis *Reymann*, FS Martinek, 2010.
430 JurisPK-BGB/*Toussaint*, § 899a Rn. 25; Palandt/*Bassenge*, § 899a Rn. 7; *Kuckein/Jenn*, NZG 2009, 848, 851; *Bestelmeyer*, Rpfleger 2010, 169, 175; *Kiehnle*, ZHR 174 (2010), 209, 233; *Krüger*, NZG 2010, 801, 805 f.

stehung der Vormerkung Eigentümer und Schuldner des vormerkungsgesicherten Anspruchs übereinstimmen müssen. Da nach dieser Auffassung die Möglichkeit eines vormerkungsgesicherten Schutzes bezweifelt wird, wird vorgeschlagen, die Kaufpreiszahlung über ein **Notaranderkonto** abzuwickeln.[431] Die Auszahlung soll dabei erst nach Umschreibung des Eigentums auf den Erwerber erfolgen; für die Einzahlung auf das Notaranderkonto wäre eine Vormerkung streng genommen nicht erforderlich; da es aber nach dieser Auffassung unsicher ist, ob das schuldrechtliche Geschäft wirksam ist oder nicht, sollte die Eintragung der Vormerkung in das Grundbuch gleichwohl erfolgen.

Die kostenrechtlichen Auswirkungen einer »Doppelverpflichtung« durch die Gesellschafter sind noch nicht gesichert. Wäre die Verpflichtung der Gesellschafter nicht gegenstandsgleich mit derjenigen der GbR, so wären die Werte zusammenzurechnen (§ 44 Abs. 2 lit. a KostO). Meines Erachtens dürfte die Verpflichtung der Gesellschafter jedoch gegenstandsgleich mit der der Gesellschaft sein, da sie auf dasselbe Leistungsinteresse gerichtet ist. Wer der Auffassung ist, dass die Veräußerung durch eine GbR trotz aller Sicherheitsvorkehrungen mit Unsicherheiten verbunden ist, dem bleibt nur die Aufnahme eines entsprechenden Belehrungsvermerks, verbunden mit dem Hinweis auf die Möglichkeit, die Fälligkeit von der Auflassung auf die Gesellschafter in Bruchteilen abhängig zu machen oder der Eintragung der Gesellschaft als OHG in das Handelsregister und entsprechender Richtigstellung des Grundbuches.

239

b) Veräußerung durch Namens-GbR

Während § 899a S. 1 BGB immer dann Anwendung findet, wenn die Gesellschafter bürgerlichen Rechts (zumindest auch) eingetragen sind (unabhängig davon, ob in der vom BGH empfohlenen Buchungsform oder in der klassischen, gesamthänderischen Buchungsform), hat die Gesetzesbegründung diejenigen Fälle ausdrücklich offen gelassen, in denen nach der Entscheidung des BGH vom 4.12.2008 eine Gesellschaft lediglich mit ihrem Namen in das Grundbuch eingetragen worden ist. Es solle der Praxis überlassen bleiben, für den Einzelfall billige Lösungen zu finden, wobei ggf. auf die zur Beweisnot entwickelten Grundsätze zurückgegriffen werden könne, um eine dauerhafte Grundbuchblockade zu verhindern.[432] Ein Berichtigungszwang gemäß §§ 47 Abs. 2 S. 1, 82 S. 3 GBO besteht nicht, da Art. 229 § 21 EGBGB eine Rückwirkung dieser Vorschriften gerade nicht anordnet. Allerdings steht eine »Namens-GbR« vor Schwierigkeiten, sobald sie über ihr Grundstück oder Recht an einem Grundstück verfügen möchte.

240

Da der Bundesgerichtshof die Eintragung einer Gesellschaft bürgerlichen Rechts unter ihrem Namen und unter Angabe der gesetzlichen Vertreter als vorrangige Buchungsform betrachtete,[433] erscheint eine analoge Anwendung des § 899a S. 1 BGB auf die gesetzlichen Vertreter diskutabel. Denn gesetzliche Vertreter einer GbR sind jedenfalls sämtliche Gesellschafter. Ob eine derartige Analogie von der Rechtspraxis nachvollzogen wird, erscheint allerdings ungewiss.

241

Das OLG München hat inzwischen einen Weg aufgezeigt, die Handlungsfähigkeit von Namens-GbR wiederherzustellen.[434] Jedenfalls dann, wenn die Gesellschaft in der Erwerbsurkunde gegründet worden war und die Gesellschafter seinerzeit feststanden, liege eine unvollständige Eintragung vor, die den Berechtigten unrichtig bezeichne. In derartigen Fällen seien nicht die Grundsätze über die Grundbuchberichtigung anzuwenden. Vielmehr handele es sich um das Verfahren der **Richtigstellung,** welches von Amts wegen

242

---

431 Würzburger Notarhandbuch/*Hertel*, Teil 2, Kapitel 2, Rn. 539; *Krauß*, Immobilienkaufverträge in der Praxis, Rn. 334-336.
432 BT-Drucks. 16/13437, S. 30.
433 BGH DNotZ 2009, 115, 119/120, Rn. 20.
434 OLG München, Beschl. v. 27.4.2010 - 34 Wx 32/10, DNotZ 2010, Heft 9 m. Anm. *Heinze*.

und im Freibeweis stattfinde. Daher seien die ursprünglich in der Erwerbsurkunde benannten Gesellschafter nunmehr in das Grundbuch einzutragen; auf die Möglichkeit nachträglicher Veränderungen komme es nur an, wenn hierfür tatsächliche Anhaltspunkte vorlägen. Dieser Auffassung ist zuzustimmen. Hätten die Gesellschafter der GbR keinen Namen gegeben, wäre die Eintragung der GbR unter Nennung der Gesellschafter erfolgt; Änderungen wären dann überhaupt nicht erforderlich gewesen. Unklar bleibt die Rechtslage allerdings, wenn die Eintragung der Namens-GbR auf der Grundlage von § 19 GBO beruht.

4. Die Eintragungsfähigkeit von Belastungen und Verfügungsbeschränkungen nach dem ERVGBG

243 Von großer Praxisrelevanz ist die Frage, ob und in welchem Umfang **Verfügungsbeschränkungen und Belastungen** an einem Gesellschaftsanteil zur Eintragung in das Grundbuch fähig sind. Die Rechtslage bis zum ERVGBG war nicht einheitlich: Umstritten war die Eintragungsfähigkeit des Nießbrauchs,[435] des Insolvenzvermerks bei Insolvenzeröffnung über das Vermögen eines Gesellschafters,[436] der Verpfändung eines Gesellschaftsanteils,[437] des Testamentsvollstreckervermerks,[438] des Nacherbenvermerks[439] sowie der aufschiebend bedingten Anteilsübertragung.[440] Ganz überwiegend verneint wurde dagegen die Eintragungsfähigkeit der Pfändung eines Gesellschaftsanteils.[441]

244 Nach Inkrafttreten des ERVGBG ist im Ausgangspunkt darauf abzustellen, ob die jeweilige Belastung oder Verfügungsbeschränkung **das Recht des Gesellschafters beeinträchtigt, die GbR zu vertreten.**[442] Dies ist jedoch nur **im Insolvenzfall** zu bejahen: Die Insolvenz eines Gesellschafters führt bei entsprechender Vertragsgestaltung entweder zu dessen Ausscheiden oder in Ermangelung einer Regelung gemäß § 728 Abs. 2 S. 1 BGB dazu, dass der Insolvenzverwalter die Rechte des betroffenen Gesellschafters in der Liquidationsgesellschaft wahrnimmt.[443] Der Gesellschafter kann daher nicht mehr die GbR vertreten. Um einen gutgläubigen Erwerb gemäß §§ 899a S. 2, 892 Abs. 1 S. 2 BGB zu verhindern, ist daher der Insolvenzvermerk weiterhin eintragungsfähig.[444] Auch ein Vermerk über die Testamentsvollstreckung an einem Gesellschaftsanteil dürfte zur Eintragung nicht fähig sein: Ungeachtet der genauen Abgrenzung der Befugnisse eines Testaments-

---

435 Bejahend: OLG Hamm DNotZ 1977, 376; *Schiller*, MittRhNotK 1980, 97, 106; *Renz*, MittRhNotK 1996, 377, 385; *Demharter*, Anhang zu § 13 Rn. 33; a.A. *Kruse*, RNotZ 2002, 69, 84; Staudinger/*Frank*, BGB, 2009, Anhang zu §§ 1068, 1069 Rn. 83; MünchKommBGB/*Pohlmann*, § 1089 Rn. 85.
436 Bejahend: OLG München, Beschl. v. 2.7.2010, 34 Wx 62/10, www.dnoti.de; OLG Zweibrücken ZInsO 2001, 1207, 1209; LG Hamburg ZIP 1986, 1590, 1592; LG Dessau InVO 2001, 57 f.; LG Neubrandenburg NZI 2001, 325; MünchKomm-InsO/*Schmal*, § 32 Rn. 17; *Raebel*, FS Kreft, 2004, S. 483 ff.; *Uhlenbruck*, § 32 Rn. 5; Frankfurter Kommentar zur InsO/*Schmerbach*, § 32 Rn. 3; HeidelKommInsO/*Kirchhof*, § 32 Rn. 7; *Schöner/Stöber*, Rn. 1635a; a.A. OLG Dresden ZIP 2003, 130, 131; OLG Rostock NZI 2003, 648; LG Frankenthal Rpfleger 2002, 72; LG Neuruppin ZInsO 2002, 145.
437 Bejahend: OLG Düsseldorf RNotZ 2004, 230; LG Hamburg Rpfleger 1982, 142; *Schöner/Stöber*, Rn. 1671; a.A. MünchKommBGB/*Damrau*, § 1274 Rn. 71; *Rupp/Fleischmann*, Rpfleger 1984, 223; *Lindenmeier*, DNotZ 1999, 876 910; *Keller*, Rpfleger 2000, 205.
438 Bejahend: LG Hamburg ZEV 2009, 94; *van de Loo*, GWR 2009, 276651; *Hörer*, BWNotZ 1990, 16; a.A. *Lang*, ZfIR 2008, 795, 797 m.w.N.
439 *Bestelmeyer*, Rpfleger 2008, 552, 556 m.w.N.
440 LG Zwickau DNotZ 2003, 131, 132 mit zust. Anm. *Demharter*, DNotZ 2003, 133; LG Koblenz, 30.9.2008, 2 T 653/08, www.juris.de.
441 BeckOK-GBO/*Kral*, Gesellschaftsrecht Rn. 84; OLG Düsseldorf NJW-RR 2004, 1111; OLG Hamm NJW-RR 1987, 723; *Schöner/Stöber*, Rn. 1674; a.A. *Hintzen*, Rpfleger 1992, 262.
442 *Bestelmeyer*, Rpfleger 2010, 169, 189; *Lautner*, DNotZ 2009, 650, 670.
443 OLG Zweibrücken RNotZ 2001, 449.
444 *Bestelmeyer*, Rpfleger 2010, 169, 189; *Heinze*, RNotZ 2010, 289, 306; OLG München, Beschl. v. 2.7.2010, 34 Wx 62/10, www.dnoti.de.

vollstreckers hinsichtlich eines Gesellschaftsanteils erstrecken sich diese jedenfalls wohl nach der Auffassung der Rechtsprechung nicht auf das Recht zur Geschäftsführung der Gesellschaft und somit auch nicht auf die Vertretung.[445]

Es erscheint unklar, ob und in welcher Weise die nicht eintragungsfähigen Verfügungsbeschränkungen bzw. Belastungen nunmehr im Wege der **Eintragung eines Widerspruchs** bewirkt werden können.[446] Die Eintragung eines Widerspruchs wird herkömmlich bei **Erbteilsveräußerungen** empfohlen,[447] und zwar als Fälligkeitsvoraussetzung. Da die Eintragung des Widerspruchs auf der Grundlage einer Eintragungsbewilligung gemäß § 19 GBO erfolgt, darf das Grundbuchamt Nachweise über die inhaltliche Richtigkeit des Widerspruchs grds. nicht verlangen. Allerdings wurde in der Vergangenheit entschieden, dass das Grundbuchamt ausnahmsweise dann weitere Nachweise verlangen könne, wenn sich gerade aus der Bewilligungsurkunde ergebe, dass das Grundbuch gerade durch die beantragte Eintragung unrichtig werden könnte.[448] Dem kann dadurch entgegengewirkt werden, dass die Bewilligung nicht zugleich in der Urkunde über das »Hauptgeschäft« enthalten ist. Stattdessen wird die Bewilligung zu separater Urkunde gefertigt; in der Haupturkunde wird auf diese lediglich (untechnisch) verwiesen.

245

5. Die Veräußerung von Gesellschaftsanteilen an einer grundbesitzverwaltenden Gesellschaft bürgerlichen Rechts

Die Veräußerung von Gesellschaftsanteilen an Grundbesitz-Gesellschaften dürfte einen Schwerpunkt der notariellen Befassung mit Gesellschaften bürgerlichen Rechts ausmachen. Bei der Vertragsgestaltung sind den durch das ERVGBG verursachten Neuerungen besondere Aufmerksamkeit zu widmen.

246

a) Die Bezugnahme auf das Grundbuch und die dort eingetragenen Gesellschafter

Die Veräußerung von Gesellschaftsanteilen bei Grundstücks-GbR setzt im Regelfall die vorherige Einsicht in das Grundbuch voraus; nach Möglichkeit ist zu ermitteln, ob dieselbe Gesellschaft auch noch über weiteren, in anderen Grundbüchern verzeichneten Grundbesitz verfügt. § 21 Abs. 1 S. 1 BeurkG ist nicht anwendbar, weil die Veräußerung eines Gesellschaftsanteils kein Geschäft über ein im Grundbuch eingetragenes oder einzutragendes Recht ist. Unabhängig von der Frage jedoch, ob eine entsprechende Pflicht zur Einsichtnahme ggf. aus § 17 Abs. 1 BeurkG resultieren könnte, ist es allein aus Zweckmäßigkeitsgründen dringend zu empfehlen, wie bei der Veräußerung von Grundbesitz sich Gewissheit über den Inhalt des Grundbuches zu verschaffen.

247

Gleichwohl entfaltet der Grundbuchinhalt nicht in gleicher Weise Wirkung wie bei der Veräußerung von Grundbesitz. Zum einen wird der gutgläubige Erwerb eines Gesellschaftsanteils ausweislich der Gesetzesbegründung nicht geschützt. Zum anderen kann der Notar nur schwer überprüfen, ob es sich um dieselbe Gesellschaft bürgerlichen Rechts handelt, wenn Grundbesitz auf mehreren Grundbuchblättern gebucht ist; auch eine eventuelle Namensgleichheit soll für eine Identität der Gesellschaften kein hinreichendes Merkmal sein. Freilich dürften beide Punkte bei entsprechender Aufklärung und Garantieübernahme des Veräußerers keine Schwierigkeiten aufwerfen.

248

---

445 BGH MittRhNotK 1996, 169; *Everts*, MittBayNot 2003, 427, 429; a.A. allerdings MünchKommBGB/*Ulmer*, § 705 Rn. 118 m.w.N.; BeckOK-BGB/*J. Mayer*, § 2205 Rn. 47.
446 Ablehnend: *Bestelmeyer*, Rpfleger 2010, 169, 189; bejahend: *Ruhwinkel*, MittBayNot 2009, 421, 425.
447 BeckFB BHW, Muster VI.34 (Erbteilskaufvertrag); *Mauch*, BWNotZ 1993, 134, 139.
448 *Neusser*, MittRhNotk 1979, 143, 147 unter Bezugnahme auf RGZ 73, 154, 157; siehe auch *Schöner/Stöber*, Rn. 361; BayObLGZ 1954, 225, 230, jeweils im Zusammenhang mit Erbteilsveräußerungen.

1. Kapitel Personengesellschaftsrecht

249 M Formulierungsvorschlag:
Der Veräußerer ist nach seinen Angaben Gesellschafter der am ... gegründeten X-GbR mit dem Sitz in A. Der nach Angaben des Veräußerers aktuelle Gesellschaftsvertrag vom ... ist dieser Urkunde zu Dokumentationszwecken als Beilage beigefügt. Zum Vermögen der vorstehenden Gesellschaft gehört nach Angabe des Veräußerers:

- **das im Grundbuch des AG X von X Blatt X verzeichnete Grundstück ...**
- **das im Grundbuch des AG Y von Y Blatt Y verzeichnete Grundstück ....**

250 Als Eigentümerin beider Grundstücke im Grundbuch eingetragen ist: Gesellschaft bürgerlichen Rechts mit dem Namen X-GbR und dem Sitz in A, bestehend aus dem Veräußerer und den weiteren Gesellschaftern B und C.

b) Erklärungen über das Innenverhältnis

251 Auch nach dem ERVGBG ist die **Beteiligungshöhe** eines Gesellschafters weiterhin nicht in das Grundbuch eintragungsfähig. Denn der Umfang der Beteiligung betrifft das Innenverhältnis der Gesellschafter untereinander, hat aber keinen Einfluss auf die eingetragenen Rechte oder die Verfügungsbefugnis hinsichtlich dieser Rechte.[449] Angesichts dessen empfiehlt es sich, auf einen ggf. existierenden Gesellschaftsvertrag Bezug zu nehmen:

Formulierungsbeispiel:
Ausweislich des vom Verkäufers vorgelegten Gesellschaftsvertrag vom ..., dieser Niederschrift zur Dokumentation beigefügt, ist der Veräußerer zu 1/3 an der Gesellschaft vermögensmäßig beteiligt.

c) Aufnahme der Zustimmungserklärungen

252 Die nächstliegende Möglichkeit zum Umgang mit dem Zustimmungserfordernis besteht darin, die übrigen Gesellschafter an der Urkunde mitwirken zu lassen und ihre Zustimmungserklärungen in die Urkunde aufzunehmen.

253 M Formulierungsvorschlag:
B und C erteilen hiermit als weitere, im Grundbuch eingetragene Gesellschafter ihre Zustimmung zu der in dieser Urkunde enthaltenen Geschäftsanteilsveräußerung.

254 Sind die weiteren Gesellschafter hingegen nicht »greifbar«, so bieten sich im Regelfall ein entsprechender Auftrag und eine entsprechende Vollmacht an den Notar an, die Zustimmung der übrigen Gesellschafter einzuholen und entgegen zu nehmen. Aus kostenrechtlichen Gründen sollte der Notar auch mit der Fertigung des Entwurfs der Zustimmungserklärung beauftragt werden.[450] Liegt ein Auftrag zur Entwurfsfertigung vor, so ist die Gebühr des § 145 Abs. 1 KostO einschlägig, im Übrigen der Tatbestand des § 147 Abs. 2 KostO; § 146 KostO findet keine Anwendung.[451]

d) Sicherung der Kaufpreiszahlung; Zug um Zug

255 Der Sicherung der Zug-um-Zug-Abwicklung ist besondere Aufmerksamkeit zu widmen. Es empfiehlt sich, weitgehend auf die zum Erbteilskauf entwickelten Grundsätze abzustellen. Hiernach muss der Käufer wie bei einem Grundstückskaufvertrag davor bewahrt werden, den Kaufpreis verfrüht zu zahlen. Daher ist die Fälligkeit des Kaufpreises von

---
449 OLG München DNotZ 2006, 35, 36 mit Anm. *Lautner.*
450 OLG Köln RNotZ 2003, 528; LG Düsseldorf RNotZ 2009, 675 mit Anm. der erweiterten Schriftleitung.
451 Korintenberg/Bengel/*Tiedtke,* § 145 Rn. 17d.

einer entsprechenden **Mitteilung des Notars an den Käufer abhängig zu machen**, dass dem Notar die Zustimmungserklärungen der weiteren im Grundbuch eingetragenen Gesellschafter vorliegen; ggf. kann die Fälligkeit auch von der Eintragung eines Widerspruchs im Grundbuch zusätzlich abhängig gemacht sein. Dabei ist jedoch zu berücksichtigen, dass der **Widerspruch zweckmäßigerweise auf der Grundlage einer isolierten Bewilligung abgegeben werden sollte**, um zu vermeiden, dass das Grundbuchamt die Eintragung des Widerspruchs ablehnt.

Formulierungsbeispiel: 256 M
Der Kaufpreis ist fällig binnen einer Woche nach Zugang einer schriftlichen Mitteilung des Notars an den Käufer, dass folgende Voraussetzungen erfüllt sind:

- **Die Zustimmungserklärungen der weiteren, im Grundbuch eingetragenen Gesellschafter liegen dem Notar auflagenfrei vor;**
- **Im Grundbuch ist ein Widerspruch gegen die Eintragung des Verkäufers als Gesellschafter der A-GbR im Grundbuch eingetragen; der Verkäufer wird einen solchen Widerspruch zu Gunsten des Käufers zu gesonderter Urkunde bewilligen.**

Bei der Gestaltung von Erbteilskaufverträgen wird ganz überwiegend vorgeschlagen, die Übertragung des Erbteils nicht unter eine aufschiebende, sondern eine auflösende Bedingung zu stellen.[452] Alternative Gestaltungen sehen eine **Hinterlegung des Kaufpreises** auf ein Notaranderkonto vor; die Abtretung des Erbteils erfolgt dabei aufschiebend bedingt, die Auszahlung soll jedoch erst dann erfolgen, wenn der Käufer im Grundbuch eingetragen worden ist und keine vertragswidrigen Zwischeneintragungen erfolgt sind.[453] Zur Rechtfertigung der auflösenden Bedingung wird vorgetragen, der Eintritt einer aufschiebenden Bedingung (Zahlung des Kaufpreises) könne dem Grundbuchamt gegenüber nicht nachgewiesen werden;[454] ausnahmsweise sei das Grundbuchamt auch im Anwendungsbereich des § 19 GBO dürfe das Grundbuchamt ausnahmsweise weitere Nachweise verlangen, wenn sich aus der Bewilligungsurkunde ergebe, dass das Grundbuch gerade durch die beantragte Eintragung unrichtig werden könnte.[455] 257

Ohne weiteres lassen sich diese Nachweisschwierigkeiten jedoch durch eine zutreffende Formulierung der Bedingung vermeiden. Einzige Bedingung für den Anteilsübergang sollte die Einreichung einer Ausfertigung oder beglaubigten Abschrift der Anteilsübertragungsurkunde beim Grundbuchamt sein.[456] Im Innenverhältnis hingegen überwacht der Notar die Kaufpreiszahlung. Er wird von den Beteiligten übereinstimmend angewiesen, den Antrag auf Grundbuchberichtigung erst zu stellen und Ausfertigungen oder beglaubigte Abschriften erst zu erteilen, wenn (im Fall der Direktzahlung) der Verkäufer die Kaufpreiszahlung bestätigt oder der Käufer die Zahlung des Kaufpreises nachgewiesen hat; erfolgt die Abwicklung der Zahlung über Notaranderkonto, so kommt es auf die vollständige Hinterlegung des Kaufpreises an. 258

Die Hinterlegung auf Notaranderkonto rechtfertigt sich dadurch, dass das beim Grundstückskaufvertrag verwendete Sicherungsmittel der Vormerkung nicht zur Verfügung steht. Der Widerspruch ist demgegenüber kein gleichwertiger Ersatz. Zwar dürfte der Widerspruch rechtsgeschäftliche Verfügungen der Gesellschaft über den Grundbesitz faktisch vereiteln; er führt jedoch nicht zu einer Grundbuchsperre. Gegen Maßnahmen in der Zwangsvollstreckung (Eintragung einer Sicherungshypothek auf dem Grundstück) bietet 259

---

452 BeckFB BHW, Muster VI.34 (Erbteilskaufvertrag); BeckFB ErbR, Abschnitt K.IV; *Wurm/Wagner/Zartmann*, Muster 86.01; Münchener Vertragshandbuch Band 5/*Nieder*, Muster XX.1.
453 Formularbibliothek Vertragsgestaltung, Band 3, § 9 Rn. 130 (Erbteilskauf); *Schulte-Nölke/Frenz/Flohr*, Formularbuch Vertragsrecht, Teil 17 Muster 3 (Rn. 34).
454 *Keim*, RNotZ 2003, 375, 384; *Neusser*, MittRhNotK 1979, 143, 147.
455 RGZ 73, 154, 157; siehe auch *Schöner/Stöber*, Rn. 361; BayObLGZ 1954, 225, 230.
456 *Schulte-Nölke/Frenz/Flohr*, a.a.O., Rn. 34.

er keinerlei Gewähr, anders die Vormerkung wegen § 883 Abs. 2 S. 1 BGB. Ein besonderes Sicherungsinteresse für eine Abwicklung über Notaranderkonto besteht daher weiterhin; freilich wird man bei Übertragungen innerhalb des Gesellschafterkreises hierauf ggf. nach entsprechender Belehrung verzichten können.

260 M Formulierungsbeispiel:
Der Verkäufer tritt dem dies annehmenden Käufer die verkaufte Gesellschaftsbeteiligung unter der aufschiebenden Bedingung der vollständigen Kaufpreiszahlung ab. Die Beteiligten bewilligen die Berichtigung des Grundbuchs in der Weise, dass anstelle des Verkäufers der Käufer als Gesellschafter der im Grundbuch eingetragenen Gesellschaft eingetragen wird. Der Notar wird angewiesen, die vorstehende Bewilligung dem Grundbuchamt erst vorzulegen, wenn ihm der Verkäufer die Kaufpreiszahlung bestätigt hat oder ihm die Kaufpreiszahlung sonst nachgewiesen ist. Vorher darf er keine beglaubigten Abschriften oder Ausfertigungen dieser Urkunde mit dieser Bewilligung an den Käufer oder das Grundbuchamt erteilen. Die vorstehende aufschiebende Bedingung gilt als eingetreten, sobald der Notar die Grundbuchberichtigung beantragt.

e) Garantien

261 Angesichts der (trotz Grundbucheintragung) eingeschränkten Publizität der Gesellschafterstellung ist der Käufer auf verschuldensunabhängige Garantien des Verkäufers angewiesen. Derartige Garantien sollten sich zumindest auf folgende Umstände beziehen:[457]

- Existenz des Gesellschaftsanteils, Lastenfreiheit und Berechtigung des Verkäufers;
- Zugehörigkeit des Grundbesitzes zum Gesellschaftsvermögen
- Richtigkeit des Grundbuches
- Ggf. Verbindlichkeiten/Aktiva der Gesellschaft
- Richtigkeit des beigefügten Gesellschaftsvertrages

262 M Formulierungsbeispiel:
Der Verkäufer garantiert, dass er zu 1/3 Gesellschafter der im Grundbuch eingetragenen Gesellschaft bürgerlichen Rechts ist, dass er über diesen Gesellschaftsanteil frei verfügen kann, der Gesellschaftsanteil nicht mit Rechten Dritter belastet ist, dass der dieser Urkunde zur Dokumentationszwecken beigefügte Gesellschaftsvertrag der aktuell gültige ist und dass die im Grundbuch verlautbarten Angaben zutreffend sind, insbesondere, dass die GbR tatsächlich Eigentümerin des vorbezeichneten Grundbesitzes ist.

f) Grundbuchvollzug

263 Angesichts des Umstandes, dass § 899a S. 1 BGB sich gerade nicht auf den guten Glauben an die Gesellschaftereigenschaft erstrecken soll, sind in der Literatur Zweifel daran geäußert worden, dass die Zustimmung sämtlicher im Grundbuch eingetragener Gesellschafter ausreiche; vielmehr müsse der Nachweis der Gesellschafterstellung der Zustimmenden erbracht werden.[458] Dem ist die oberlandesgerichtliche Rechtsprechung bislang jedoch zu Recht geschlossen entgegen getreten.[459] Zwar trifft es zu, dass der gutgläubige Erwerb eines Gesellschaftsanteils nicht geschützt werden soll. § 899a S. 2 BGB schützt daher nicht

---

457 Vgl. auch BeckFB M&A, Muster C.VI, wo zwischen allgemeinen und grundbesitzbezogenen Garantien differenziert wird.
458 *Bestelmeyer*, Rpfleger 2010, 169.
459 OLG Zweibrücken NJW 2010, 1384; OLG Brandenburg 23.7.2010 - 5 Wx 47/10, www.dnoti.de; OLG München 7.9.2010 - 34 Wx 100/10; DNotI-Report 2010, 145, 147.

davor, dass der Gesellschaftsanteil tatsächlich nicht existiert oder dem Veräußerer zusteht. Jedoch ist es durchaus sachgerecht, hinsichtlich der Wirkung der Grundbucheintragung zu differenzieren zwischen dem **Schutz des Rechtsverkehrs** (dieser wird über die in § 899a S. 2 BGB enthaltene Verweisung bewirkt) und der Frage, in welchem Zusammenhang das Grundbuchamt eine Rechtsvermutung zu beachten hat. Auch § 891 BGB und § 892 BGB unterscheiden sich hinsichtlich der durch sie vermittelten Reichweite. Die Gesetzesgenese untermauert dieses Ergebnis.[460]

Sollte der Notar lediglich mit dem Entwurf der für den Grundbuchvollzug erforderlichen Bewilligungserklärung betraut sein, ist schließlich zu beachten, dass die Berichtigungsbewilligung bzw. der Unrichtigkeitsnachweis den **Grund der Grundbuchunrichtigkeit** schlüssig darzulegen hat.[461]

Formulierungsbeispiel:
»**Als Gesellschafter der im Grundbuch X Blatt 1234 als Eigentümerin eingetragenen X-GbR sind eingetragen: A, B und C. A hat seinen Anteil auf D übertragen und ist aus der Gesellschaft ausgeschieden. B und C haben dem Ausscheiden zugestimmt. Es wird bewilligt und beantragt: Berichtigung des Grundbuchs dahingehend, dass D an Stelle von A nunmehr Gesellschafter der vorbezeichneten GbR ist. B und C stimmen zu. (ggf. ergänzend und unter Einhaltung der Form des § 38 BeurkG): Hiermit versichern wir, A, B und C, an Eides Statt, nach Belehrung durch den Notar insbesondere über die strafrechtlichen Konsequenzen einer falschen Versicherung,: Der im Grundbuch verlautbarte Gesellschafterbestand ist richtig; weitere Gesellschafter sind nicht vorhanden.**«

---

460 § 47 Abs. 2 S. 4 GBO – E lautete in der ersten Entwurfsfassung: »Ist jemand als Gesellschafter im Grundbuch eingetragen, so wird **gegenüber dem Grundbuchamt** vermutet, dass er Gesellschafter sei«. In Grundbuchberichtigungsfällen ist § 899a S. 1 BGB weiterhin in diesem Sinne zu lesen.
461 OLG Frankfurt a.M. NJW-RR 1996, 14.

1. Kapitel Personengesellschaftsrecht

B. Personenhandelsgesellschaften

I. Überblick

1. Kennzeichnende Merkmale der Personenhandelsgesellschaft

a) Prägung

266 Unter dem Oberbegriff »Personenhandelsgesellschaften« werden die Personengesellschaften zusammengefasst, die ein Handelsgewerbe betreiben. Sie sind wie die Gesellschaft bürgerlichen Rechts und im Unterschied zu den Körperschaften gekennzeichnet durch ihre Abhängigkeit von der Person ihrer Gesellschafter, deren gesamthänderische Verbundenheit und grundsätzlich persönliche Haftung sowie die Selbstorganschaft, d.h. die Vertretung der Gesellschaft gegenüber Dritten durch ihre Gesellschafter. Im Unterschied zu der Gesellschaft bürgerlichen Rechts muss das von der Personenhandelsgesellschaft betriebene Unternehmen ein kaufmännisches Handelsgewerbe i.S.d. § 1 HGB sein. Für Kleingewerbetreibende und vermögensverwaltende Gesellschaften gibt es daneben die Möglichkeit der freiwilligen Eintragung in das Handelsregister mit konstitutiver Wirkung (§§ 105 Abs. 2, 161 Abs. 2 HGB).

267 Ein Handelsgewerbe ist nach der Legaldefinition jeder Gewerbebetrieb, außer er erfordert nach Art oder Umfang keinen in kaufmännischer Weise eingerichteten Geschäftsbetrieb (§ 1 Abs. 2 HGB). Gewerbe ist die erkennbar planmäßige, auf Dauer angelegte, selbstständige, auf Gewinnerzielung ausgerichtete oder jedenfalls wirtschaftliche Tätigkeit am Markt unter Ausschluss freiberuflicher, wissenschaftlicher und künstlerischer Tätigkeit.

268 Für die Handelsgesellschaften gelten die Sondervorschriften des HGB für Kaufleute (§ 6 Abs. 1 HGB). Dabei hat die Gesellschaft Kaufmannseigenschaft, ihre Gesellschafter grundsätzlich nicht.[462]

b) Rechtsfähigkeit

269 Die eigene Rechtsfähigkeit der Personenhandelsgesellschaften ist seit langem anerkannt.[463] Sie können selbst und unabhängig von ihren Gesellschaftern Träger von Rechten und Pflichten sein, Eigentum und andere dingliche Rechte an Grundstücken erwerben und vor Gericht unter ihrer Firma klagen und verklagt werden (§§ 124 Abs. 1, 161 Abs. 2 HGB, § 7 Abs. 2 PartGG). Im Grundbuch wird die Gesellschaft als solche unter ihrer Firma als Eigentümerin eingetragen. Ein Wechsel der Gesellschafter hat – anders als bei der Gesellschaft bürgerlichen Rechts – keinen Einfluss auf die Grundbucheintragung.[464]

270 Dessen ungeachtet ist das Prinzip der persönlichen Haftung der Gesellschafter oder eines Teils der Gesellschafter für die Verbindlichkeiten der Gesellschaft kennzeichnend für die Personenhandelsgesellschaften (§§ 128, 161 Abs. 1 HGB, § 8 Abs. 1 PartGG).

c) Rechtsformen

271 Personenhandelsgesellschaften sind die offene Handelsgesellschaft (§§ 105 ff. HGB), die Kommanditgesellschaft (§§ 161 ff. HGB) und ferner die Partenreederei (§§ 489 ff. HGB) und die Europäische Wirtschaftliche Interessenvereinigung (EWIV). Auch in der Spielart mit einer beschränkt haftenden Kapitalgesellschaft als persönlich haftendem Gesellschafter ist die KG Personengesellschaft (GmbH & Co. KG, UG (haftungsbeschränkt) & Co. KG, AG

---

[462] Im Einzelnen ist zu differenzieren, vgl. *Baumbach/Hopt*, § 105 Rn. 19 ff.
[463] BGHZ 50, 307, 312; im Unterschied zur GbR.
[464] *Schöner/Stöber*, Rn. 981 ff., 984; zur Grundbuchfähigkeit der GbR und ihrer Eintragung im Grundbuch siehe Teil A Rdn. 209 ff. (*Heinze*).

& Co. KG, Ltd. & Co. KG), auch wenn in dieser Rechtsform keine natürliche Person mit ihrem gesamten Vermögen für die Gesellschaftsverbindlichkeiten haftet. Es herrscht Rechtsformzwang, d.h. andere als die gesetzlich vorgegebenen Gesellschaftsformen können nicht kraft Vereinbarung geschaffen werden. Als Sonderform für die freiberuflichen Berufe lehnt sich die Partnerschaft nach dem PartGG an die oHG an.[465] Die stille Gesellschaft (§§ 230 ff. HGB) ist eine reine Innengesellschaft, die mit dem Inhaber eines Handelsgeschäfts oder eines Anteils an einer Handelsgesellschaft eingegangen wird.

Die Regelungen über die Gesellschaft bürgerlichen Rechts (§§ 705 ff. BGB) als dem Grundtypus der Personengesellschaft haben Auffangfunktion für die Personenhandelsgesellschaften, teilweise aufgrund ausdrücklicher Verweisung (§ 105 Abs. 3 HGB für die oHG; § 161 Abs. 2 HGB für die KG; § 1 Abs. 4 PartGG für die freiberufliche Partnerschaft). 272

d) Offene Handelsgesellschaft

Eine offene Handelsgesellschaft ist eine Gesellschaft, deren Zweck auf den Betrieb eines Handelsgeschäfts gerichtet ist und bei deren Gesellschaftern die Haftung gegenüber den Gesellschaftsgläubigern nicht beschränkt ist (§ 105 Abs. 1 HGB). Für solche oHG besteht die Pflicht zur Eintragung in das Handelsregister (§ 106 Abs. 1 HGB). 273

Daneben eröffnet § 105 Abs. 2 HGB die Möglichkeit zur Wahl der Rechtsform der oHG durch freiwillige Eintragung in das Handelsregister für Gesellschaften, die kein Handelsgewerbe betreiben (Kleingewerbe) und Gesellschaften, »die nur eigenes Vermögen verwalten«. Solche Gesellschaften sind – wie ein »Kann-Kaufmann« i.S. des § 2 HGB – berechtigt, aber nicht verpflichtet, sich in das Handelsregister eintragen zu lassen (§§ 105 Abs. 2 S. 2, 2 S. 2 HGB). 274

Die Eintragungsoption ist von praktischer Bedeutung insbesondere für Holding-, Besitz-, Verwaltungs- und Objektgesellschaften, deren Tätigkeit sich auf das »Halten und Verwalten« von Beteiligungen und Immobilien beschränkt. Solche Gesellschaften betreiben kein Gewerbe und sind daher nicht oHG oder KG nach §§ 105 Abs. 1, 161 Abs. 2 HGB. Die Eintragungsoption eröffnet diesen Gesellschaften die Möglichkeit der gewerblichen Prägung im steuerlichen Sinne und (als KG) der Haftungsbeschränkung. Umstritten ist, was genau unter der Verwaltung eigenen Vermögens zu verstehen ist. Nach der Gesetzesbegründung muss die Vermögensverwaltung einem Gewerbe vergleichbar sein, so dass eine wirtschaftlich nicht über den privaten Bereich hinausgehende Tätigkeit (z.B. die Vermögensverwaltung von Eheleuten) nicht darunter fallen soll.[466] Die Verwaltung fremden Vermögens wird nicht erfasst; sie ist zudem regelmäßig gewerblich. Verwaltet eine Gesellschaft neben eigenem Vermögen in geringem Umfang auch fremdes Vermögen, so soll dies unschädlich sein.[467] In der Praxis häufig anzutreffen sind Familiengesellschaften, die das aus Immobilien oder Unternehmensbeteiligungen bestehende Vermögen der Familienmitglieder verwalten. 275

e) Kommanditgesellschaft

Eine Kommanditgesellschaft ist eine Gesellschaft, deren Zweck auf den Betrieb eines Handelsgewerbes unter gemeinschaftlicher Firma gerichtet ist und bei der die Haftung von einem oder einigen der Gesellschafter gegenüber den Gesellschaftsgläubigern auf den Betrag einer bestimmten Vermögenseinlage beschränkt ist (Kommanditisten), während bei dem anderen Teile der Gesellschafter eine Beschränkung der Haftung nicht stattfindet (persönlich haftende Gesellschafter, auch Komplementäre genannt), § 161 Abs. 1 HGB. 276

---

465 Die Partnerschaft übt kein Handelsgewerbe aus (§ 1 Abs. 1 S. 2 PartGG). Sie ist aber der oHG nachgebildet, zahlreiche Vorschriften des PartGG verweisen auf das Recht der oHG im HGB.
466 Begr.RegE des Handelsrechtsreformgesetzes (HRefG), BT-Drucks. 13/8444, S. 41, 63.
467 Vgl. zum Ganzen *Baumbach/Hopt*, § 105 Rn. 13, 14.

277 Von großer praktischer Bedeutung ist die GmbH & Co. KG, bei der die Funktion des persönlich haftenden Gesellschafters von einer ihrerseits nur beschränkt haftenden Kapitalgesellschaft übernommen wird. Die Zulässigkeit der GmbH & Co. KG steht heute außer Frage. Der Gesetzgeber hat für die GmbH & Co. KG einige Sonderregeln geschaffen, die dem Umstand Rechnung tragen, dass hier keine natürliche Person mit ihrem Vermögen für Gesellschaftsverbindlichkeiten haftet (z.B. § 19 Abs. 2 HGB).

f) Besteuerung

aa) Ertragsteuern

278 Die Kapitalgesellschaften unterliegen als eigenständige, von den Gesellschaftern getrennte Rechtssubjekte der Besteuerung nach dem Körperschaftsteuergesetz. Im Unterschied dazu existiert für die Personenhandelsgesellschaften kein eigenes Steuergesetz. Die Besteuerung von Unternehmensgewinnen erfolgt nach dem Einkommensteuergesetz (insbesondere §§ 15 ff. EStG). Hierbei wird wie folgt unterschieden: Zunächst erfolgt die Ermittlung der Einkünfte auf der Ebene der Gesellschaft, die eigentliche Besteuerung erfolgt dann auf der Ebene der Gesellschafter unter Berücksichtigung von deren persönlichen Steuermerkmalen. In ertragsteuerlicher Hinsicht sind also die Gesellschafter Steuersubjekt, die Gesellschaft »Subjekt der Gewinnermittlung«.[468] Bei der Ermittlung der Einkünfte geht es darum, ob die Gesellschaft einen Gewerbebetrieb im einkommensteuerlichen Sinn betreibt und daraus Einkünfte erzielt werden. Nach der Legaldefinition des § 15 Abs. 2 EStG setzt der Gewerbebetrieb eine selbstständige, nachhaltige Betätigung voraus, die mit der Absicht Gewinn zu erzielen unternommen wird und sich als Beteiligung am allgemeinen wirtschaftlichen Verkehr darstellt. Davon ist insbesondere die rein private Vermögensverwaltung abzugrenzen. Den originär gewerblich tätigen Gesellschaften stellt das Gesetz die gewerblich geprägten Personengesellschaften gleich. Dabei handelt es sich um Personengesellschaften, bei denen ausschließlich eine oder mehrere Kapitalgesellschaften persönlich haftende Gesellschafter sind und bei denen die Geschäftsführung der Kapitalgesellschaft oder einem Nichtgesellschafter übertragen ist (§ 15 Abs. 3 Nr. 2 EStG). Insbesondere die typisch gestaltete GmbH & Co. KG unterliegt damit der Regelung des § 15 Abs. 1 S. 1 EStG, und zwar auch dann, wenn sie lediglich vermögensverwaltend tätig ist.

279 Die Gesellschafter erzielen nur dann Einkünfte aus Gewerbebetrieb, wenn sie kraft Mitunternehmerinitiative und Mitunternehmerrisiko als Mitunternehmer anzusehen sind. Das ist bei den persönlich haftenden Gesellschaftern regelmäßig der Fall. Auch die nur beschränkt haftenden und von der Vertretung und der Geschäftsführung ausgeschlossenen Kommanditisten werden grundsätzlich als Mitunternehmer anerkannt. Abweichungen vom gesetzlichen Regelstatut, insbesondere die Beschränkung der Kontroll-, Widerspruchs- und Zustimmungsrechte nach §§ 161 Abs. 2, 164 HGB oder der Ausschluss von Vermögensbeteiligungsrechten, können aber die Mitunternehmerstellung des Kommanditisten gefährden.

280 Die gewerblichen Einkünfte der Gesellschafter setzen sich aus ihrem Anteil am Gewinn der Gesellschaft und aus den von den Gesellschaftern bezogenen Vergütungen für Tätigkeiten im Dienst der Gesellschaft (Sondervergütungen, Sonderbetriebsausgaben) zusammen. Die Zurechnung erfolgt auf der Grundlage einer Steuerbilanz der Gesellschaft und in Höhe des dem Gesellschafter nach dem Gesellschaftsvertrag zugewiesenen Anteils. Dieser Anteil wird dem Gesellschafter unmittelbar zugerechnet, auf einen tatsächlichen Zufluss beim Gesellschafter kommt es für die Besteuerung nicht an. Das Gleiche gilt im Prinzip für Verluste der Gesellschaft, wobei die Verlustzurechnung an Kommanditisten sowie der Verlustausgleich mit anderen Einkunftsarten durch § 15a Abs. 1 EStG eingeschränkt ist.

---

[468] Anschaulich MünchHdb. GesR I/*Inhester*, § 65 Rn. 5; MünchHdb. GesR II/*Inhester*, § 26 KG Rn. 8; BFH BStBl. 1995, 617, 621 (partielle Steuersubjektsfähigkeit der Personenhandelsgesellschaften nach der sog. Einheitstheorie im Unterschied zu der überholten Bilanzbündeltheorie).

bb) Objekt- und Verkehrssteuern

Im Bereich der Objektsteuern sind die Personengesellschaften selbst Steuersubjekt. So ist die gewerblich tätige Personenhandelsgesellschaft und nicht die Gesellschafter Steuerschuldner der Gewerbesteuer (§ 2 Abs. 1 GewStG). Das Gleiche gilt für die Grunderwerbsteuer und die Grundsteuer, wenn eine Personengesellschaft Grundbesitz erwirbt bzw. hält. Veränderungen im Kreis der Gesellschafter einer grundbesitzenden Gesellschaft führen grundsätzlich nicht zu einem nach dem GrEStG steuerbaren Vorgang. Die äußere Grenze bildet § 1 Abs. 2 a GrEStG, wonach Änderungen im Gesellschafterbestand als Erwerbsvorgang fingiert werden, wenn mindestens 95 % der Anteile auf neue Gesellschafter übergehen. Die gewerblich tätige Personenhandelsgesellschaft ist auch Unternehmer i.S.d. Umsatzsteuergesetzes, so dass sie und nicht die Gesellschafter für die Vereinnahmung und Abführung der Umsatzsteuer verantwortlich ist. **281**

2. Form

a) Gründung und Gesellschaftsvertrag

Anders als bei den Kapitalgesellschaften bedürfen der Gründungsvorgang und der Abschluss des Gesellschaftsvertrages bei Personenhandelsgesellschaften regelmäßig nicht der notariellen Beurkundung.[469] Die Gründungsunterlagen müssen auch nicht dem Handelsregister eingereicht werden. Die Übertragung von Gesellschaftsanteilen, Beschlüsse der Gesellschafter und die meisten anderen Vorgänge im Leben von Personenhandelsgesellschaften sind ebenfalls in der Regel nicht beurkundungsbedürftig.[470] Das Gesetz sieht nicht einmal Schriftform vor.[471] **282**

Die Formfreiheit der Personenhandelsgesellschaft führt in der Praxis dazu, dass viele Gesellschaften ohne hinreichende rechtliche Beratung gegründet und später Beschlüsse gefasst und Gesellschaftsanteile übertragen werden. Häufig werden Gesellschaftsverträge nur mündlich, konkludent oder rudimentär schriftlich geschlossen. Mitunter stellt sich in diesen Fällen erst später, im günstigen Fall bei der Vorbereitung der Handelsregisteranmeldung durch den Notar, sonst im Streitfall, heraus, dass von den Beteiligten vereinbarte oder beschlossene Regelungen des Gesellschaftsverhältnisses nicht wirksam oder nicht eintragungsfähig und jedenfalls nicht beweiskräftig dokumentiert sind. Sinnvoll erscheint daher regelmäßig die parallele Vorbereitung der vertraglichen Grundlagen und der Anmeldung bzw. eine rechtzeitige Rückkoppelung, um Schwierigkeiten bei der Eintragung der beabsichtigten Regelungen im Handelsregister und Streitpotential zu vermeiden. **283**

> **Praxistipp:** **284**
> Expertise des Notars im Gesellschaftsrecht für eine Rundum-Betreuung der Personenhandelsgesellschaft aus einer Hand nutzen![472]

---

469 Eine Beurkundungsbedürftigkeit des Gesellschaftsvertrages kann sich gemäß § 311 b BGB ergeben, wenn der Vertrag die Verpflichtung zur Übertragung eines Grundstücks enthält, siehe im Einzelnen unten Rdn. 302 ff. Zur Frage der Beurkundungsbedürftigkeit des KG-Vertrages bei Gründung einer GmbH & Co. KG siehe unten Rdn. 308.
470 Beurkundungsbedürftig sind Umwandlungsvorgänge unter Beteiligung von Personenhandelsgesellschaften (§§ 3 Abs. 1 Nr. 1, 6, 191 Abs. 1 Nr. 1, 193 Abs. 3 UmwG).
471 Abweichend hiervon bedarf der Partnerschaftsvertrag der freiberuflichen Partnerschaft(sgesellschaft) der Schriftform (§ 3 Abs. 1 PartGG).
472 So auch *Baumbach/Hopt*, Einl. vor § 105, Rn. 7.

b) Handelsregisteranmeldung

285 Erforderlich ist die Anmeldung der Gesellschaft und von späteren Veränderungen zum Handelsregister. Die Anmeldung zur Eintragung in das Handelsregister ist elektronisch in öffentlich beglaubigter Form einzureichen (§ 12 Abs. 1 HGB). Dies geschieht in zwei Schritten: Zunächst fertigt der Notar die Anmeldung in der herkömmlichen Papierform und beglaubigt die Unterschriften der anmeldenden Personen.[473] Sodann stellt er von dem Papierdokument eine elektronische beglaubigte Abschrift mit qualifizierter elektronischer Signatur her (§ 39 a BeurkG). Diese Datei wird über das Elektronische Gerichts- und Verwaltungspostfach der Justiz (EGVP) an das Handelsregister geleitet.[474]

3. Personenhandelsgesellschaft und Grundbuch

286 Die oHG und die KG können unter ihrer Firma – also als rechtlich selbstständiger Träger von Rechten und Pflichten – Eigentum und andere dingliche Rechte an Grundstücken erwerben (§§ 124 Abs. 1, 161 Abs. 2 HGB).[475] Die oHG und die KG sind also ohne weiteres grundbuchfähig und mit ihrer Firma und ohne Nennung der Gesellschafter als Eigentümer oder als anderweitig dinglich Berechtigter in das Grundbuch einzutragen (vgl. § 15 Abs. 1 lit. b) GBV: Bezeichnung mit Namen oder Firma und Sitz der Gesellschaft). Ein Gesellschafterwechsel hat keinen Einfluss auf die Grundbucheintragung. Umgekehrt kann ein Gesellschafter nicht isoliert über seine Beteiligung an dem Grundbesitz verfügen, das Gesellschaftsvermögen und die einzelnen Vermögensgegenstände der Gesellschaft sind gesamthänderisch gebunden (§§ 718 Abs. 1, 719 Abs. 1 BGB). Auch die Partnerschaftsgesellschaft ist grundbuchfähig.[476]

II. Rechtsformübergreifende Grundfragen

287 Nachstehend werden einige Grundfragen erörtert, die unabhängig von der konkreten Rechtsform jede Personenhandelsgesellschaft betreffen. Die Schwerpunkte der Erörterung sind entsprechend der notariellen Praxis und ihrer Aktualität gewählt.

1. Gesellschafter

a) Grundsatz

288 Die Gründung einer Personenhandelsgesellschaft setzt begrifflich mindestens zwei Gesellschafter voraus, eine Höchstzahl von Gesellschaftern ist nicht vorgesehen.[477] Gesellschafter einer Personenhandelsgesellschaft kann jede natürliche oder juristische Person sowie andere Personenhandelsgesellschaft sein. Auch Minderjährige, Geschäftsunfähige und in der Geschäftsfähigkeit beschränkte Personen können Gesellschafter sein.[478]

---

473 Muster von Handelsregisteranmeldungen: *Fleischhauer/Preuß/Kallrath*, Handelsregisterrecht, Teil D. bis F. (oHG, KG, GmbH & Co. KG) sowie *Fleischhauer/Preuß/Solveen*, Handelsregisterrecht, Teil G. und H. (Partnerschaftsgesellschaft, EWIV); *Gustavus/Boehringer/Melchior*, Handelsregisteranmeldungen.
474 Zum Verfahren im Einzelnen und den in der Praxis hierzu verwendeten Programmen XNotar einschließlich SigNotar siehe *Apfelbaum/Bettendorf*, RNotZ 2007, 89; *Fleischhauer/Preuss/Schemmann*, Handelsregisterrecht, Teil A. Rn. 143 ff., sowie unter www.notarnet.de.
475 Zum Streit über die Rechtsnatur der Personenhandelsgesellschaft *Baumbach/Hopt*, § 124 Rn. 1.
476 *Demharter*, § 19 Rn. 104 f.
477 Ob später eine Ein-Personen-Handelsgesellschaft entstehen kann, ist höchst umstritten (vgl. MünchKommBGB/*Ulmer* § 705 Rn. 60 ff.). Eine Ausnahme bildet die KG in der Sonderform der sog. Einheitsgesellschaft, bei der die Komplementär-GmbH zugleich Kommanditistin ist. Besondere Probleme werfen große Publikumsgesellschaften auf, siehe unten Rdn. 593 f.
478 Zu den Besonderheiten bei der Vertretung von beschränkt geschäftsfähigen und geschäftsunfähigen Gesellschaftern siehe unten Rdn. 312 ff. (Gründung), Rdn. 391 (Ausübung von Mitgliedschaftsrechten) und Rdn. 458 ff. (Übertragung).

Angehörige einer Partnerschaft nach dem PartGG können hingegen nur natürliche Personen sein, die einen freien Beruf ausüben (§ 1 Abs. 1 S. 1 und 3 PartGG). **289**

b) Gesellschaft bürgerlichen Rechts

Eine Gesellschaft bürgerlichen Rechts kann (als Außengesellschaft) Kommanditistin einer KG sein (arg. e § 162 Abs. 1 S. 2 HGB).[479] Ob eine GbR auch Gesellschafterin einer oHG oder Komplementärin einer KG sein kann, ist umstritten.[480] Die Tendenz der Rechtsprechung des BGH zur Rechts- und Grundbuchfähigkeit der GbR und die Reaktion des Gesetzgebers darauf lassen erwarten, dass der GbR in Zukunft noch stärker die Fähigkeit zugeschrieben wird, selbstständig Träger von Gesellschafterrechten und –pflichten zu sein.[481] **290**

c) Erbengemeinschaft

Die Erbengemeinschaft hat nicht die Funktion, selbstständiger Träger von Rechten und Pflichten zu sein. Sie ist vielmehr strukturell auf ihre Auseinandersetzung angelegt und soll grundsätzlich nicht auf Dauer Bestand haben (§ 2042 BGB). Eine Erbengemeinschaft kann sich daher nicht an der Gründung einer Personenhandelsgesellschaft beteiligen.[482] Eine Erbengemeinschaft kann auch nicht kraft Erbfolge oder auf andere Weise Gesellschafterin werden. Beim Tod eines Gesellschafters und Vorhandensein einer entsprechenden Nachfolgeklausel geht sein Gesellschaftsanteil nicht auf die Gemeinschaft seiner Erben, sondern auf die einzelnen Erben unmittelbar über. Die rechtsgeschäftliche Übertragung eines Gesellschaftsanteils auf eine Erbengemeinschaft ist nicht möglich. Sie kann auch nicht identitätswahrend in eine personengleiche Personengesellschaft umgewandelt werden. **291**

d) Ausländische Gesellschafter

Der Beteiligung von Gesellschaftern mit ausländischer Staatsangehörigkeit stehen keine handels- oder gesellschaftsrechtlichen Hindernisse entgegen, allenfalls können sich aus dem Ausländer-, Aufenthalts- oder Gewerberecht Beschränkungen ergeben, z.B. hinsichtlich einer gewerblichen Tätigkeit im Inland. Ein Wohnsitz in Deutschland oder die Kenntnis der deutschen Sprache sind nicht erforderlich. Die neu eingeführte Pflicht zur Anmeldung einer inländischen Geschäftsanschrift[483] trifft nur die inländische Gesellschaft, nicht ihre ausländischen Gesellschafter. **292**

Auch ausländische Gesellschaften und juristische Personen können sich an deutschen Personenhandelsgesellschaften beteiligen. Praktische Bedeutung hat zur Zeit vor allem die Beteiligung einer Limited englischen Rechts als Komplementärin an einer KG (Ltd. & Co. KG).[484] Einschränkungen können sich allenfalls aus dem ausländischen Gesellschaftsrecht **293**

---

479 BGH, Beschl. v. 16.7.2001 – II ZB 23/00, BGHZ 148, 291 = DNotZ 2002, 57 mit Anm. *Heil.*
480 Dafür LG Berlin ZIP 2003, 1201; vgl. *Baumbach/Hopt,* § 105 Rn. 29; MünchKommBGB/*Ulmer* § 705 Rn. 317 m.w.N.
481 BGH, Beschl. v. 4.12.2008 – V ZB 74/08, DNotZ 2009, 115 mit Anm. *Hertel* = RNotZ 2009, 227 mit Anm. *Heil* = ZNotP 2009, 66; § 47 Abs. 2 GBO und § 899a BGB i.d.F. des Gesetzes zur Einführung des elektronischen Rechtsverkehrs und der elektronischen Akte im Grundbuchverfahren sowie zur Änderung weiterer grundbuch-, register- und kostenrechtlicher Vorschriften (ERVGBG) vom 11.8.2009 (BGBl. I, S. 2713).
482 BGHZ 58, 316, 317; zur ehelichen Gütergemeinschaft siehe BayObLG, Beschl. v. 22.1.2003 – 3Z BR 238/02 u.a., DNotZ 2003, 454.
483 Dazu unten Rdn. 543.
484 Dazu unten Rdn. 590 ff.

ergeben, z.B. wenn dieses die Beteiligung als haftende Gesellschafterin an einer anderen Gesellschaft verbietet. Die früher heftig diskutierte Frage der Anerkennung der Rechtsfähigkeit einer ausländischen juristischen Person im Inland (und damit ihrer Beteiligungsfähigkeit an einer deutschen Gesellschaft) spielt in der Praxis kaum noch eine Rolle. Nach der Rechtsprechung des EuGH zu Art. 43, 48 EGV (Niederlassungs- und Dienstleistungsfreiheit) steht die Freizügigkeit von in einem EU-Mitgliedstaat gegründeten Gesellschaften innerhalb der Gemeinschaft fest.[485] Die Teilnahme am Rechts- und Geschäftsverkehr darf danach nicht mehr von eigenen Voraussetzungen des Betätigungsstaats abhängig gemacht werden. In einem anderen EU-Mitgliedstaat oder in einem EWR-Staat gegründete Gesellschaften sind also ohne weiteres »anzuerkennen«. In Bezug auf Gesellschaften aus Drittstaaten ist nach der insofern noch geltenden Sitztheorie zu prüfen, ob die Gesellschaft in dem Staat, in dem sie ihre Rechtsfähigkeit erlangt hat, auch ihren Verwaltungssitz hat.[486] Nur dann ist sie »anzuerkennen«. Hat eine ausländische Kapitalgesellschaft ihren effektiven Sitz hingegen in Deutschland, so wird sie als Personengesellschaft mit unbeschränkter Haftung der Gesellschafter (GbR oder oHG) behandelt.[487] Eine Ausnahme gilt für US-amerikanische Gesellschaften, deren Anerkennung im Deutsch-Amerikanischen Freundschafts-, Handels- und Schifffahrtsvertrag vom 29. Oktober 1954[488] geregelt ist.

2. Gesellschaftsvertrag

a) Entstehung der Gesellschaft

294 Bei der Entstehung einer Personenhandelsgesellschaft ist wie folgt zu differenzieren: Mit dem Abschluss des Gesellschaftsvertrages zwischen den Gesellschaftern oder auch der Aufnahme der Geschäfte aufgrund stillschweigender Verabredung beginnt die Gesellschaft. Sie ist zunächst eine Gesellschaft bürgerlichen Rechts. Erst mit ihrer Eintragung in das Handelsregister entsteht sie als Personenhandelsgesellschaft oHG oder KG (§ 123 Abs. 1 HGB; § 7 Abs. 1 PartGG für die Partnerschaft).[489] Betreibt die Gesellschaft kein Handelsgewerbe, so kann sie nur durch (dann freiwillige und konstitutive) Eintragung in das Handelsregister oHG oder KG werden (§ 105 Abs. 2 HGB). Ohne Eintragung bleibt sie eine Gesellschaft bürgerlichen Rechts, auch wenn die Gesellschafter etwas anderes vereinbart haben sollten. Das Gleiche gilt für die lediglich vermögensverwaltende Gesellschaft, für die seit 1998 ebenfalls die Rechtsform der Personenhandelsgesellschaft eröffnet ist.[490]

295 Der Gesellschaftsvertrag hat sowohl den Charakter eines schuldrechtlichen Rechtsgeschäfts als auch den eines Gemeinschafts- und Organisationsvertrags.[491] Im Einzelnen umstritten ist, welche der allgemeinen Regeln des BGB zum Vertragsschluss anwendbar sind.[492] Die Regelungen zur Leistungsstörung werden zum größeren Teil durch die Grund-

---

485 EuGH, Urt. v. 9.3.1999 – Rs. C-212/97, DNotZ 1999, 593 – Centros; EuGH, Urt. v. 5.11.2002 – Rs. C-208/00, DNotZ 2003, 139 – Überseering; EuGH, Urt. v. 30.9.2003 – Rs. C-167/01, DNotZ 2004, 55 – Inspire Art.
486 Der Referentenentwurf des BMJ eines Gesetzes zum internationalen Privatrecht der Gesellschaften, Vereine und juristische Personen vom Januar 2008 sieht die einheitliche Anwendung der Gründungstheorie auf alle ausländischen Gesellschaften vor (Art. 10 EGBGB n.F.); abrufbar unter www.bmj.bund.de. Dazu *Wagner/Timm*, IPrax 2008, 81. Näher zum Internationalen Gesellschaftsrecht Kapitel 6 (*Bischoff*).
487 BGH, Urt. v. 1.7.2002 – II ZR 380/00, BGHZ 151, 204, 206.
488 BGBl. 1956 II, S. 487; Überblick über weitere zwischenstaatliche Abkommen bei MünchKommBGB/ *Kindler*, IntGesR Rn. 237 ff.
489 Allerdings entsteht die oHG im Verhältnis zu Dritten auch mit der Aufnahme eines kaufmännischen Geschäftsbetriebs vor ihrer Eintragung; an die Aufnahme des Geschäftsbetriebs knüpft das Gesetz die Pflicht zur Eintragung in das Handelsregister (§§ 123 Abs. 1, 106 Abs. 1 HGB).
490 Eingeführt durch das Handelsrechtsreformgesetz (HRefG) vom 22.6.1998 (BGBl. I, S. 1474).
491 BGHZ 112, 40, 45.
492 Im Einzelnen *K. Schmidt*, Gesellschaftsrecht, § 20 III.

sätze der fehlerhaften Gesellschaft verdrängt oder sind der Sache nach nicht angemessen.[493] In der notariellen Praxis von Bedeutung sind die Anwendbarkeit der §§ 158 ff. BGB (Bedingung) und die Regeln über die Vertretung bei der Gründung (§§ 164 ff. BGB). Zum Beispiel kann der Beginn der Gesellschaft aufschiebend bedingt von ihrer Eintragung in das Handelsregister abhängig gemacht werden, um Haftungsgefahren nach § 176 Abs. 1 HGB zu begegnen.

b) Inhalt des Gesellschaftsvertrags

aa) Mindestinhalt

Das Gesetz gibt nur einen bestimmten Mindestinhalt des Gesellschaftsvertrages vor. Zunächst gilt für alle Personengesellschaften die Grundregel des § 705 BGB. Danach müssen die Gesellschafter einen gemeinsamen Zweck vereinbaren, zu dessen Förderung sie sich verpflichten. Die oHG ist daran anknüpfend gemäß § 105 Abs. 1 HGB eine Gesellschaft, deren Zweck auf den Betrieb eines Handelsgewerbes unter gemeinsamer Firma gerichtet ist, wenn bei keinem der Gesellschafter die Haftung gegenüber den Gesellschaftsgläubigern beschränkt ist. Im Unterschied dazu ist die KG gemäß § 161 Abs. 1 HGB eine Gesellschaft, bei der bei einem oder mehreren Gesellschaftern die Haftung gegenüber den Gesellschaftsgläubigern auf den Betrag ihrer Einlage beschränkt ist (Kommanditisten), während bei anderen Gesellschaftern eine Beschränkung der Haftung nicht stattfindet (persönlich haftende Gesellschafter, genannt Komplementäre). Enthält der Gesellschaftsvertrag demnach eine Regelung zur Haftungsbeschränkung eines Gesellschafters, handelt es sich automatisch um eine KG. Schweigt der Gesellschaftsvertrag ganz zur Frage der Außenhaftung, handelt es sich um eine oHG. Einer ausdrücklichen Regelung zur unbeschränkten Außenhaftung bedarf es bei der oHG nicht.

296

Für die Partnerschaft(sgesellschaft) schreibt das Gesetz als Mindestinhalt folgende Angaben vor (§ 3 Abs. 2 PartGG): den Namen und den Sitz der Partnerschaft, den Namen und den Vornamen sowie den in der Partnerschaft ausgeübten Beruf und den Wohnort jedes Partners, den Gegenstand der Partnerschaft.

297

bb) Vertragsfreiheit

Im Übrigen herrscht eine weitgehende Vertragsfreiheit bei der Gestaltung des Gesellschaftsvertrags einer Personenhandelsgesellschaft (vgl. § 109 HGB). Die gesetzlichen Regelungen zum Innenverhältnis der Gesellschafter (§§ 110-122 HGB), zur Auflösung der Gesellschaft und das allgemeine Vertragsrecht des BGB gelten nur subsidiär zum Gesellschaftsvertrag und sind zum großen Teil dispositiv. Zwingenden Charakter haben für das Innenverhältnis im Wesentlichen lediglich §§ 118, 166, 233 HGB (Kontrollrecht der oHG-Gesellschafter, Kommanditisten bzw. stillen Gesellschafter), § 133 HGB (Recht zur Auflösung der Gesellschaft aus wichtigem Grund) und §§ 134, 138 BGB. Außerdem sind die ungeschriebenen gesellschaftsrechtlichen Grenzen der Vertragsfreiheit zu berücksichtigen (insbesondere die gegenseitige Treuepflicht, der Gleichbehandlungsgrundsatz, das Abspaltungsverbot, der Bestimmtheitsgrundsatz und die Kernbereichslehre). Die Rechtsprechung hat zur Prüfung von einzelnen gesellschaftsvertraglichen Regelungen und ihren Auswirkungen eine auf die Grundprinzipien des Gesellschaftsrechts gestützte Inhaltskontrolle entwickelt (z.B. für die Hinauskündigung von Gesellschaftern und Abfindungsklauseln).[494] Die Regelungen für das Außenverhältnis (§§ 123–130 a HGB) haben hingegen im Wesentlichen zwingenden Charakter (insbesondere

298

---

493 Vgl. *Baumbach/Hopt*, § 105 Rn. 50, 75.
494 *Baumbach/Hopt*, § 109 Rn. 3 m.w.N.

1. Kapitel Personengesellschaftsrecht

§ 126 – Umfang der Vertretungsmacht; § 128 – persönliche Haftung der Gesellschafter; § 130 HGB – Haftung des eintretenden Gesellschafters).

cc) Fakultativer Inhalt

299 Üblich und empfehlenswert ist in jedem Fall die individuelle Regelung des Gesellschaftsvertrags nach den Wünschen und Bedürfnissen der Gesellschafter. Regelmäßig sind auf die Verhältnisse abgestimmte Regelungen zur Geschäftsführung und Vertretung, Beschlussfassung und Stimmrecht, Gewinnverwendung und Entnahmerecht, Kündigung und Ausschluss von Gesellschaftern, Einrichtung von Kapitalkonten, Veräußerbarkeit von Gesellschaftsanteilen, eine Nachfolgeklausel und eine Abfindungsklausel sinnvoll. Außerdem muss der Gesellschaftsvertrag mit den erbrechtlichen und ggf. eheverträglichen Regelungen der Gesellschafter abgestimmt werden. Die Gestaltung eines Gesellschaftsvertrags für eine Personenhandelsgesellschaft stellt daher besondere Anforderungen an den Kautelarjuristen. Von der pauschalen Verwendung von Musterverträgen ist abzuraten.

300 **Checkliste: Gestaltung des Gesellschaftsvertrags einer Personenhandelsgesellschaft**

- Gesellschafter
- Zweck der Gesellschaft und Beiträge der Gesellschafter
- Geschäftsführung und Vertretung
- Stimmrecht und Beschlussfassung
- Gesellschafterkonten
- Gewinnverwendung und Entnahmerecht
- Kündigung und Ausschluss von Gesellschaftern
- Veräußerung von Gesellschaftsanteilen
- Auflösung oder Fortsetzung der Gesellschaft
- Tod eines Gesellschafters, Rechtsnachfolge, Testamentsvollstreckung
- Abfindungsklausel
- Schriftformklausel
- Salvatorische Klausel

c) Form

aa) Formfreiheit

301 Für den Abschluss des Gesellschaftsvertrages sieht das Gesetz keine bestimmte Form vor. Eine Personenhandelsgesellschaft kann also formfrei und somit auch mündlich, stillschweigend oder durch konkludentes Verhalten gegründet werden. Selbstverständlich ist aus Gründen der Rechtssicherheit und zu Beweiszwecken sowie im Interesse der steuerlichen Anerkennung die Schriftform als Minimum zu empfehlen. Eine Ausnahme bildet die Partnerschaft nach dem PartGG, für die der Gesetzgeber die Schriftform des Partnerschaftsvertrages vorgeschrieben hat (§ 3 Abs. 1 PartGG).

bb) Formbedürftigkeit in Sonderfällen

302 In Sonderfällen kann sich die Formbedürftigkeit des Gesellschaftsvertrages daraus ergeben, dass einzelne Gesellschafter darin besondere Verpflichtungen übernehmen. So führt die Verpflichtung zur Übertragung oder Einbringung eines Grundstücks oder grundstücksgleichen Rechts durch einen Gesellschafter oder zum Erwerb eines Grundstücks durch die Gesellschaft zum Formerfordernis der notariellen Beurkundung gemäß § 311 b

BGB. Die Verpflichtung zur Übertragung oder Einbringung von GmbH-Geschäftsanteilen macht den Gesellschaftsvertrag formbedürftig nach § 15 Abs. 4 GmbHG. Ferner kann sich der Beurkundungszwang für den Gesellschaftsvertrag daraus ergeben, dass dieser ein Schenkungsversprechen eines Gesellschafters enthält (§ 518 BGB)[495] oder die Verpflichtung, das gesamte Vermögen zu übertragen (§ 311 b Abs. 3 BGB).

303 Neben der Verpflichtung zum Erwerb eines Grundstücks durch die Gesellschaft oder zur Veräußerung eines Grundstücks durch einen Gesellschafter an die Gesellschaft führt auch die Pflicht zum Erwerb eines Grundstücks (oder einer Eigentumswohnung) bei Ausscheiden des Gesellschafters aus der Gesellschaft oder bei Auflösung der Gesellschaft zur Formbedürftigkeit.[496] Das Gleiche gilt für die Begründung eines Vorkaufsrechts zu Gunsten der Gesellschaft.[497] Schließlich begründet die Verpflichtung eines Gesellschafters, ein Grundstück im eigenen Namen zu erwerben und dieses anschließend der Gesellschaft oder einem Dritten zu übereignen, die Formbedürftigkeit des Gesellschaftsvertrages nach § 311 b BGB.[498]

304 § 311 b BGB ist allerdings nur dann anwendbar, wenn der Gesellschaftsvertrag die Verpflichtung zum Erwerb oder zur Veräußerung eines bestimmten Grundstücks enthält.[499] Ein Gesellschaftsvertrag ist nicht formbedürftig, wenn er nur die allgemeine Vereinbarung zum Erwerb irgendwelcher Grundstücke enthält oder als Zweck »Erwerb und Verwaltung von Grundstücken« vereinbart wird (z.B. beim Vertrag zur Gründung einer Immobilienverwaltungs- oder Grundstückshandelsgesellschaft, wenn noch nicht feststeht, welche Grundstücke später zu erwerben sind). Wird der Gesellschaftsvertrag in unmittelbarem Zusammenhang mit dem Erwerb eines Grundstücks geschlossen, spricht viel für die Beurkundungsbedürftigkeit des Gesellschaftsvertrags. Maßgeblich ist dann neben dem Wortlaut auch der erkennbare Wille der Gesellschafter, die Gesellschaft gerade zum Erwerb des betreffenden Grundstücks zu gründen.

305 Keinen Formzwang nach § 311 b BGB begründen gesellschaftsvertragliche Pflichten zur Gebrauchsüberlassung eines Grundstücks oder zur Einbringung eines Grundstücks dem Werte nach ohne Verwertungsrecht der Gesellschaft (»quoad sortem«).[500]

cc) Gesellschaft bürgerlichen Rechts

306 Bei der Gesellschaft bürgerlichen Rechts ist unabhängig vom Beurkundungszwang nach § 311 b BGB in jedem Fall die Beglaubigung der Unterschriften der Gesellschafter bei Abschluss des Gesellschaftsvertrags empfehlenswert. Auf diese Weise kann im Grundbuchverfahren der Nachweis der Vertretungsbefugnis und ggf. der Rechtsnachfolge in der Form des § 29 GBO geführt werden.

---

495 Nach der BGH-Rechtsprechung liegt bei der Aufnahme eines Gesellschafters ohne eigene Einlage regelmäßig keine unentgeltliche Zuwendung vor, BGH WM 1959, 719, BGHZ 112, 40, 44; str., vgl. *Baumbach/Hopt*, § 105 Rn. 56.
496 BGH NJW 1978, 2505, 2506.
497 RGZ 110, 327, 333; RGZ 125, 261, 263.
498 BGHZ 85, 245, 250; BGH NJW-RR 1991, 613, 614.
499 BGH NJW 1992, 3237, 3238; BGH NJW 1996, 1279, 1280.
500 RGZ 109, 380, 381; BGH WM 1965, 744, 745; vgl. auch BGH, Urt. v. 15.6.2009 – II ZR 242/08, DNotI-DokNr. 2zr242_08: nur schuldrechtliche Verpflichtung, keine Änderung der dinglichen Rechtsstellung und der Verfügungsbefugnis.

307 | **Checkliste: Beurkundungsbedürftigkeit des Gesellschaftsvertrags im Zusammenhang mit einem Grundstücksgeschäft**
– Verpflichtung zum Erwerb (oder zur Veräußerung) eines bestimmten Grundstücks führt zum Beurkundungszwang
– Vereinbarung des Zwecks »Erwerb, Halten, Verwaltung, Veräußerung« von bestimmten oder unbestimmten Grundstücken führt nicht zum Beurkundungszwang
– Beglaubigung der Unterschriften bei der GbR in jedem Fall sinnvoll

dd) GmbH & Co. KG

308 Häufig enthalten die Gesellschaftsverträge zur Gründung einer GmbH & Co. KG die Verpflichtung zur Wahrung der Beteiligungsidentität bei der KG und der Komplementär-GmbH. Das bedeutet, dass ein Gesellschafter, der seinen Kommanditanteil veräußert, gleichzeitig auch seinen GmbH-Geschäftsanteil veräußern muss und umgekehrt. Auch aus dieser Gestaltung ergibt sich die Beurkundungsbedürftigkeit des Gesellschaftsvertrags der KG gemäß § 15 Abs. 4 GmbHG, so dass die gesamte GmbH & Co. KG-Gründung mit beiden Gesellschaftsverträgen notariell zu beurkunden ist.

ee) Heilung des Formmangels

309 Die Nichteinhaltung der Form führt zur Nichtigkeit des gesamten Rechtsgeschäfts (§§ 125, 139 BGB),[501] wenn nicht die Heilung des Formmangels durch Vollzug eingetreten ist (§§ 311b Abs. 1 S. 2, 518 Abs. 2 BGB, § 15 Abs. 4 S. 2 GmbHG). Zu beachten ist, dass der Formmangel des Verpflichtungsgeschäfts in den wesentlichen Fällen nur durch Auflassung und Eintragung im Grundbuch (§ 311b Abs. 1 S. 2 BGB), durch notarielle Beurkundung der Abtretung des GmbH-Geschäftsanteils (§ 15 Abs. 4 S. 2, Abs. 3 GmbHG) bzw. durch Vollzug des Schenkungsversprechens (§ 518 Abs. 2 BGB) geheilt werden kann. Eine Heilung des mit dem Formmangel behafteten Gesellschaftsvertrags ist somit in der Praxis eher unwahrscheinlich. Allenfalls kommt die Heilung einer unentgeltlichen Beteiligung eines Gesellschafters in Betracht, weil die wirksame Gründung der Gesellschaft als Vollzug des Schenkungsversprechens angesehen werden kann. Aus Vorsichtsgründen ist in zweifelhaften Fällen zur Beurkundung zu raten.

d) Vertretung und Genehmigungserfordernisse

aa) Vollmacht

310 Die Gründung einer Personenhandelsgesellschaft ist trotz der damit verbundenen persönlichen Haftungsübernahme kein höchstpersönliches Rechtsgeschäft. Die Gesellschafter können sich daher beim Abschluss des Gesellschaftsvertrages durch einen Bevollmächtigten vertreten lassen. Die Vollmacht zur Gründung einer Personenhandelsgesellschaft bedarf keiner besonderen Form (§ 167 Abs. 2 BGB). Zu Beweiszwecken sollte sie aber jedenfalls schriftlich erteilt werden. § 181 BGB findet auf die Erklärungen zum Abschluss eines Gesellschaftsvertrages Anwendung. Wenn also ein künftiger Gesellschafter zugleich in eigenem Namen und als Bevollmächtigter eines anderen Gesellschafters auftreten soll oder wenn ein Bevollmächtigter für mehrere Gesellschafter handeln soll, muss der Bevoll-

---

501 Str., BGHZ 45, 376, 377 und die wohl h.M. halten die Grundsätze über die Teilunwirksamkeit für anwendbar. Richtigerweise dürfte die Nichtigkeit aber den gesamten Gesellschaftsvertrag erfassen; es entsteht eine fehlerhafte Gesellschaft, vgl. MünchKommBGB/*Ulmer*, § 705 Rn. 35, 40 m.w.N.

mächtigte von den Beschränkungen des § 181 BGB befreit sein. Das Original oder eine Kopie der Vollmachtsurkunde sollte dem Gesellschaftsvertrag beigefügt werden.

Auch bei der Unterzeichnung der Handelsregisteranmeldung können sich die Gesellschafter durch einen Bevollmächtigten vertreten lassen. Zu beachten ist allerdings, dass die Vollmacht zur Anmeldung der Gesellschaft zur Eintragung in das Handelsregister formbedürftig ist (§ 12 Abs. 1 S. 2 HGB).

bb) Minderjährige

Minderjährige und andere Personen, die geschäftsunfähig oder beschränkt geschäftsfähig sind, können Gesellschafter einer Personenhandelsgesellschaft werden. Minderjährige werden beim Abschluss des Gesellschaftsvertrags durch ihre sorgeberechtigten Eltern vertreten, und zwar grundsätzlich durch beide Elternteile (§ 1629 Abs. 1 BGB). Wenn die Eltern oder ein Elternteil selbst an der Gesellschaft beteiligt werden sollen, sind die Eltern an der Vertretung des Minderjährigen gehindert und es muss ein Ergänzungspfleger bestellt werden (§§ 1629 Abs. 2 S. 1, 1795 Abs. 1 Nr. 1, Abs. 2, 181, 1909 Abs. 1 BGB). § 181 BGB findet zwar keine Anwendung, wenn das Geschäft für den Minderjährigen lediglich einen rechtlichen Vorteil bringt. Der Abschluss eines Gesellschaftsvertrags ist wegen der damit verbundenen Pflichten und Haftungsrisiken allerdings niemals ausschließlich rechtlich vorteilhaft i.S. des § 107 BGB.[502] Bei Beteiligung mehrerer Minderjähriger ist für jeden Minderjährigen ein eigener Pfleger zu bestellen (§§ 1915 Abs. 1, 1795 Abs. 2, 181 BGB). Falls der Pfleger bei Abschluss des Gesellschaftsvertrags noch nicht bestellt ist, kann er den anderweitig geschlossenen Gesellschaftsvertrag nach Prüfung genehmigen. Bis zur Genehmigung durch den Pfleger ist der Gesellschaftsvertrag schwebend unwirksam.

Eine Personenhandelsgesellschaft ist regelmäßig auf den Betrieb eines Erwerbsgeschäfts gerichtet (§ 105 Abs. 1 HGB). Der Abschluss des Gesellschaftsvertrags durch einen Minderjährigen bedarf daher der Genehmigung des Familiengerichts (§§ 1643 Abs. 1, 1822 Nr. 3 BGB, bis 1. September 2009 Vormundschaftsgericht). Nach einer im Vordringen befindlichen Auffassung ist § 1822 Nr. 3 BGB nicht erfüllt, wenn die Gesellschaft nach ihrem Gesellschaftsvertrag nur eigenes Vermögen verwalten soll.[503] Das kann der Fall sein, wenn die Wohnimmobilie einer Familie auf eine Gesellschaft übertragen und alle Familienmitglieder einschließlich der minderjährigen Kinder an der Gesellschaft beteiligt werden sollen. In einer solchen Konstellation ist kein Erwerbszweck erkennbar. Anders liegt es, wenn die Immobilie ganz oder teilweise an Dritte vermietet werden soll, z.B. bei der Aufspaltung eines Unternehmens in eine Immobilienbesitzgesellschaft und in eine Betriebsgesellschaft.

> **Praxistipp:**
> Die Beteiligung von minderjährigen Familienmitgliedern an einer Gesellschaft ohne Erwerbszweck kann durch Übertragung voll eingezahlter Kommanditanteile an einer bestehenden Gesellschaft leichter – nämlich ohne Genehmigung des Familiengerichts – erreicht werden.[504]

Die Vorgehensweise bei der Beteiligung eines Minderjährigen an einer Personenhandelsgesellschaft – als Gründer oder als Erwerber eines Gesellschaftsanteils – sollte nach Möglichkeit vorab mit dem zuständigen Familiengericht abgestimmt werden.

---

502 BGHZ 68, 225, 232; Palandt/*Ellenberger*, § 107 Rn. 4.
503 So für die schenkweise Übertragung von Kommanditanteilen jüngst OLG Bremen, Beschl. v. 16.6.2008 – 2 W 38/08, RNotZ 2008, 625, und OLG München, Beschl. v. 6.11.2008 – 31 Wx 076/08, DNotZ 2009, 230 = RNotZ 2009, 55.
504 Siehe dazu unten Rdn. 459.

316 Bei der Beteiligung von Minderjährigen ist das Kündigungsrecht nach § 723 Abs. 1 S. 3 Nr. 2 BGB zu beachten. Danach kann der volljährig gewordene Gesellschafter die Gesellschaft aus wichtigem Grund kündigen. Unabhängig davon, ob die Gesellschaft durch die Kündigung aufgelöst oder unter den verbleibenden Gesellschaftern fortgesetzt wird, hat der volljährig Gewordene den Abfindungsanspruch nach § 738 Abs. 1 S. 2 BGB. Eine Vereinbarung, die das Kündigungsrecht ausschließt oder beschränkt, ist nichtig (§ 723 Abs. 3 BGB). Das gilt wohl auch für die mittelbare Beschränkung des Kündigungsrechts durch Beschneidung des Abfindungsanspruchs.[505]

cc) Familiengerichtliche Genehmigung

317 Bei der Einholung und der Entgegennahme der familiengerichtlichen Genehmigung sind zwei Ebenen zu unterscheiden, nämlich das gerichtliche Genehmigungsverfahren und die vertragliche Ebene.

318 Das gerichtliche Genehmigungsverfahren ist durch das Gesetz zur Reform des Verfahrens in Familiensachen und in den Angelegenheiten der Freiwilligen Gerichtsbarkeit (FGG-Reformgesetz, BGBl. I, S. 2587, in Kraft seit 1.9.2009) in dem neuen FamFG wie folgt geregelt worden.[506] Das Gericht fasst die Genehmigungsentscheidung durch Beschluss (§ 38 FamFG). Der Genehmigungsbeschluss wird nicht mit seiner Bekanntgabe, sondern erst mit Rechtskraft wirksam (§ 40 Abs. 2 FamFG). Die Rechtskraft tritt ein nach Ablauf der Beschwerdefrist (§ 45 FamFG). Nach Ablauf der Frist kann das Gericht ein Rechtskraftzeugnis erteilen (§ 46 FamFG). Dazu ist der Beschluss zunächst allen Beteiligten bekannt zu geben (§ 41 Abs. 1 FamFG). Jeder Verfahrensbeteiligte kann den Beschluss durch Beschwerde anfechten. Die Beschwerdefrist beträgt zwei Wochen und beginnt mit der Bekanntgabe der Entscheidung. Ohne Bekanntgabe läuft eine Frist von fünf Monaten (§ 63 Abs. 2 Nr. 2, Abs. 3 FamFG). Der Verzicht auf die Beschwerde ist möglich (§ 67 Abs. 1 FamFG), allerdings erst nach Bekanntgabe des Beschlusses. Verfahrensbeteiligte sind die an dem Vertrag formell und materiell Beteiligten. Der Beschluss ist also nicht nur den Vertretern (Eltern, Betreuer) und dem etwaigen Pfleger bekanntzumachen, sondern auch dem minderjährigen oder betreuten Gesellschafter. Minderjährige über 14 Jahre und betreute Erwachsene gelten als verfahrensfähig; sie sollen ihre Interessen im Verfahren grundsätzlich selbst wahrnehmen und sind daher zu beteiligen. Sollten diese Personen nach Einschätzung des Gerichts nicht verfahrensfähig sein, kann ein Verfahrensbeistand für den Minderjährigen (§ 158 FamFG) bzw. ein Verfahrenspfleger für den Betreuten (§ 276 FamFG) bestellt werden. Einem über 14-jährigen Kind, das nicht geschäftsunfähig ist, muss die Entscheidung in jedem Fall bekannt gemacht werden, auch wenn ein Verfahrensbeistand bestellt ist. Das Kind hat ein eigenes Beschwerderecht (§§ 164, 60 FamFG). Das Gleiche gilt für den betreuten Volljährigen; dieser wird ohne Rücksicht auf seine etwaige Geschäfts(-un)fähigkeit als verfahrensfähig behandelt (§ 275 FamFG).

319 Wenn das gerichtliche Genehmigungsverfahren durchlaufen ist und der Genehmigungsbeschluss mit Rechtskraftzeugnis vorliegt, muss die Genehmigung auf der vertraglichen Ebene dem anderen Vertragsteil mitgeteilt werden (§§ 1829 Abs. 1 S. 2, 1643 Abs. 3, 1908 i, 1915 BGB). Erst mit der Mitteilung wird die Genehmigung vertragsrechtlich wirksam. Die notarielle Praxis hat zur Vereinfachung dieses Vorgangs das Institut der Doppelvollmacht entwickelt. Dabei wird der beurkundende Notar unter Befreiung von den Beschränkungen des § 181 BGB von dem Vertreter des einen Vertragsteils zur Empfangnahme der gerichtlichen Genehmigung und zur Mitteilung an den anderen Vertragsteil und von dem anderen Vertragsteil zur Empfangnahme der Mitteilung bevollmächtigt. Der

---

505 Beck'sches Notarhandbuch/*Hermanns*, Teil D II Rn. 3.
506 Im Einzelnen *Keidel*, FamFG; *Heinemann*, FamFG für Notare; *Litzenburger*, RNotZ 2009, 380; *ders.*, RNotZ 2010, 32; DNotI-Gutachten, DNotI-Report 2009, 145; *Kölmel*, RNotZ 2010, 1, 25.

Notar kann aufgrund einer solchen Vollmacht in einer notariellen Eigenurkunde nach Eingang der Genehmigung alle notwendigen Erklärungen abgeben und entgegennehmen und auf diese Weise ohne weiteren Zeitverlust das wirksame Zustandekommen des Gesellschaftsvertrags beweiskräftig dokumentieren. Ohne Einschaltung eines Notars muss der Vertreter des einen Vertragsteils die Genehmigung dem anderen Vertragsteil selbst mitteilen und sich den Empfang der Mitteilung bestätigen lassen.

Die vorstehenden Regelungen zur Vertretung durch einen Pfleger, zur gerichtlichen Genehmigung und zum Vollzug gelten sinngemäß auch bei Beteiligung anderer nicht voll geschäftsfähiger Personen (z.B. betreute Volljährige, §§ 1897, 1908 i BGB; hier ist das Betreuungsgericht zuständig). **320**

Checkliste: Beschleunigung des gerichtlichen Genehmigungsverfahrens **321**
Das gerichtliche Genehmigungsverfahren kann durch folgende Vorkehrungen beschleunigt werden:

- Abstimmung des Gesellschaftsvertrags und des Verfahrensablaufs mit dem Gericht vor Abschluss des Gesellschaftsvertrags
- Rechtzeitige Bestellung eines Ergänzungspflegers (BGB) und ggf. eines Verfahrensbeistands bzw. –pflegers (FamFG), vorzugsweise einer von den Beteiligten benannten geeigneten Person
- Beantragung der Genehmigung mit Rechtskraftzeugnis
- Sofortiger schriftlicher Verzicht auf Rechtsmittel und auf Einhaltung der Beschwerdefrist nach Bekanntgabe des Genehmigungsbeschlusses
- Kontrolle der Bekanntgabe der Genehmigung an alle Beteiligte
- Mitteilung der Genehmigung an anderen Vertragsteil durch notarielle Eigenurkunde aufgrund Doppelvollmacht

---

dd) Ehegatten

Ein im gesetzlichen Güterstand der Zugewinngemeinschaft verheirateter Gesellschafter bedarf zu der Verpflichtung über sein Vermögen im Ganzen zu verfügen der Zustimmung seines Ehegatten (§ 1365 BGB). Die Vermögensverfügung kann z.B. in der Einbringung eines Grundstücks oder Handelsgeschäfts in eine zu gründende Gesellschaft liegen. Die Verfügungsbeschränkung erfasst auch Verfügungen über einzelne Vermögensgegenstände, wenn sie das ganze oder nahezu das ganze Vermögen ausmachen. Das ist nicht der Fall, wenn dem Ehegatten bei einem kleineren Vermögen 15% und bei einem größeren Vermögen 10% verbleiben. Unbeachtlich ist, dass der Gesellschafter eine Gegenleistung erhält, bei Gründung der Gesellschaft den Gesellschaftsanteil. § 1365 BGB greift aber nur, wenn dem Geschäftspartner bekannt ist, dass das Rechtsgeschäft über einen Einzelgegenstand das ganze oder nahezu ganze Vermögen erfasst.[507] **322**

Bis zur Genehmigung durch den anderen Ehegatten ist das Rechtsgeschäft schwebend unwirksam (§ 1366 Abs. 1 BGB). **323**

ee) Kartellrechtliche Freigabe

Bestimmte Rechtsgeschäfte, darunter auch der Abschluss von Gesellschaftsverträgen, bedürfen der kartellrechtlichen Freigabe im Fusionskontrollverfahren durch das Bundeskartellamt oder durch die EU-Kommission (vgl. §§ 35 ff. GWB, EG-Fusionskontrollverord- **324**

---

507 BGHZ 35, 135; BGHZ 43, 174; BGH NJW 1991, 1739; Palandt/*Brudermüller*, § 1365 Rn. 4, 6, 9.

1. Kapitel Personengesellschaftsrecht

nung)[508]. Bis zur Erteilung der Freigabe oder eines entsprechenden Negativattestes besteht ein Vollzugsverbot, dessen Verletzung oder Umgehung eine Ordnungswidrigkeit darstellt. Die Zusammenschlusskontrolle nach dem GWB findet statt, wenn im letzten Geschäftsjahr vor dem Zusammenschluss die beteiligten Unternehmen insgesamt weltweit Umsatzerlöse von mehr als 500 Mio. Euro und im Inland mindestens ein beteiligtes Unternehmen Umsatzerlöse von mehr als 25 Mio. Euro und ein weiteres beteiligtes Unternehmen Umsätze von mehr als 5 Mio. Euro erzielt haben (§ 35 Abs. 1 GWB). Es ist indes nicht immer von vornherein klar, ob die Voraussetzungen für die Anmeldepflicht und eine Freigabe gegeben sind oder ob das Vorhaben freigestellt ist bzw. anderweitig nicht der Fusionskontrolle unterliegt. Es empfiehlt sich daher, den Abschluss des Gesellschaftsvertrages in kritischen Fällen unter die aufschiebende Bedingung zu stellen, dass die zuständige Behörde die Freigabe oder ein entsprechendes Negativattest erteilt hat.

3. Firma

a) Grundsatz

325 Das Firmenrecht ist durch das Handelsrechtsreformgesetz 1998 liberalisiert worden.[509] Mittlerweile lässt sich sagen, dass sich das Bestreben des Gesetzgebers auch in der Praxis der Gerichte niedergeschlagen hat. Von zentraler Bedeutung ist nunmehr die Namensfunktion der Firma: die Firma ist der Name des Kaufmanns, unter dem er im Geschäftsverkehr agiert und erkannt werden soll (§ 17 HGB).

326 Die Rechtsgrundlagen für die Bildung von Firmen sind in §§ 18, 19 und 30 HGB einheitlich für alle Kaufleute und Handelsgesellschaften geregelt; frühere Sondervorschriften für einzelne Rechtsformen sind aufgehoben. Danach gelten folgende Anforderungen: Eignung zur Kennzeichnung, hinreichende Unterscheidungskraft, Verbot der Irreführung über wesentliche geschäftliche Verhältnisse, Rechtsformzusatz, Unterscheidbarkeit von bestehenden Firmen am gleichen Ort.

327 Nach der Neuregelung von 1998 besteht somit eine weitgehende Freiheit bei der Bildung von Firmen. Zulässig sind Personen-, Sach-, Misch- und auch reine Fantasiefirmen, wenn die vorgenannten Anforderungen eingehalten werden. Insbesondere muss die Firma einer Personenhandelsgesellschaft nicht mehr die Namen der Gesellschafter enthalten.

b) Namensfunktion

328 Die Unterscheidungskraft und die Kennzeichnungseignung sind nach dem Schrift- und Klangbild der Firma unter Berücksichtigung der Verkehrsauffassung zu beurteilen. Unterscheidungskraft besitzt eine Firma, wenn sie ihrer Art nach die Gesellschaft von anderen Unternehmen unterscheiden und auf diese Weise individualisieren kann. Kennzeichnungseignung ist gegeben, wenn die Firma überhaupt als Name für ein Unternehmen im Rechtsverkehr fungieren kann. Grundsätzlich müssen der Firmenkern und etwaige Zusätze eine aussprechbare Bezeichnung darstellen, um die Namensfunktion zu erfüllen. Angesichts der verbreiteten Verwendung von Buchstabenkombinationen war fraglich geworden, ob die Bezeichnung als Wort aussprechbar sein muss. Nach der jüngeren BGH-Rechtsprechung genügt als notwendige, aber zugleich hinreichende Bedingung die Aussprechbarkeit im Sinne der Artikulierbarkeit. Für weitergehende Einschränkungen sei nach der Neuregelung durch das Handelsrechtsreformgesetz kein Raum mehr. Danach

---

508 Verordnung (EG) Nr. 139/2004 des Rates vom 20. Januar 2004 über die Kontrolle von Unternehmenszusammenschlüssen, EG-ABl. L 24/1 vom 29.1.2004.
509 Handelsrechtsreformgesetz (HRefG) vom 22.6.1998 (BGBl. I, S. 1474).

sind auch bloße Buchstabenkombinationen zulässig, wenn sie artikulierbar sind (im entschiedenen Fall »HM & A GmbH & Co. KG«).[510]

Unzulässig sind nicht artikulierbare Bildzeichen (»#«, »*«), denen keine Namensfunktion zukommt. Das kaufmännische Sonderzeichen »&« hat hingegen Verkehrsgeltung erlangt; es ist zudem als »und« ohne weiteres aussprechbar. Auch dem Sonderzeichen »@« wird zunehmend Verkehrsgeltung und Aussprechbarkeit (als englisches Wort »at«) zugesprochen. Nach dieser Auffassung ist das @-Zeichen als Firmenbestandteil eintragungsfähig, z.B. wenn eine Emailadresse als Firma fungieren soll.[511] 329

Fremdsprachige Firmenbestandteile sind zulässig, jedenfalls wenn sie den gängigen Fremdsprachen wie etwa Englisch, Französisch, Spanisch, Italienisch entlehnt sind. 330

Unabdingbar ist die lateinische Schrift. Es besteht kein Anspruch auf eine bestimmte Schreibweise (Satzzeichen, Großbuchstaben im zusammengesetzten Wort, Klein- oder Großschreibweise von Firmenbestandteilen). Aus diesem Grund kann das @-Zeichen zwar ersetzend für das englische Wort »at«, nicht aber als modische Schreibweise des Buchstabens »a« verwendet werden.[512] Die Verwendung von Internetdomains als Firma ist zulässig, auch wenn diese die Verwendung eines Punktes (»dot«) vor der Domainkennung (».de«, ».com« etc.) bedingen. Die Zusammensetzung von Domainbezeichnungen ist heute allgemein bekannt und sogar aussprechbar (»XY Punkt de« oder »XY dot com«). 331

Die Unterscheidungskraft fehlt bei ganz allgemeinen, generischen Begriffen ohne Individualisierung. Bloße Branchen-, Gattungs- oder Ortsbezeichnungen sind daher nicht eintragungsfähig.[513] Dabei kann eine Branchenbezeichnung auch nicht hinreichend durch eine Ortsangabe individualisiert werden, wenn diese selbst nicht unterscheidungskräftig ist.[514] Auch als Internetdomain mit dem Zusatz ».de« wird eine Gattungsbezeichnung nicht unterscheidungskräftig.[515] 332

Praxisempfehlung: Individualisierung von Gattungsbezeichnungen durch Buchstabenkombinationen

Die vom BGH zugelassenen Buchstabenkombinationen können zur Individualisierung gattungsbezogener Firmen herangezogen werden. Dafür reicht es, z.B. die Anfangsbuchstaben der verwendeten Gattungsbegriffe oder die Initialen der Gesellschafter voranzustellen (»AB Autodienst Berlin OHG«). Eine besondere Werkhöhe ist nicht erforderlich.

333

---

510 BGH, Beschl. v. 8.12.2008 – II ZB 46/07, GmbHR 2009, 249 mit Anm. *Lamsa* 251 = DNotZ 2009, 469 = MittBayNot 2009, 160; ebenso bereits OLG Hamm, Beschl. v. 11.12.2007 – 15 W 85/07, RNotZ 2008, 232 = DNotI-Report 2008, 87 (»I2-GmbH & Co. KG« zulässig); anders noch OLG Celle, Beschl. v. 6.7.2006 – 9 W 61/06, DNotZ 2007, 56 (»AKDV GmbH« unzulässig). Nicht artikulierbare Bezeichnungen (»AAAAA AAAAA AAAAA AAAAA Ab ins Internet«) bleiben unzulässig.
511 LG München I, Beschl. v. 15.12.2008 – 17 HKT 920/09, MittBayNot 2009, 315 entgegen BayObLG, Beschl. v. 4.4.2001 – 3Z BR 84/01, NJW 2001, 2337; ebenso LG Berlin, Beschl. v. 13.1.2004 – 102 T 122/03, RNotZ 2004, 412.
512 Großzügiger Lutter/Hommelhoff/*Bayer*, § 4 Rn. 19: Nach der Verkehrsauffassung werde das @-Zeichen innerhalb eines Wortes als »a« gesprochen, z.B. »Met@box«. Anders wohl inzident BGH, Beschl. v. 8.12.2008 – II ZB 46/07, a.a.O.: fremdsprachige Bezeichnungen, die nicht aus lateinischen Buchstaben gebildet werden, und reine Bildzeichen als Bestandteile der Firma nicht zulässig.
513 H.M., vgl. Baumbach/Hopt, § 17 Rn. 12 m.w.N.; OLG München, Beschl. v. 7.3.2007 – 31 Wx 92/06, DNotZ 2007, 866: »Planung für Küche und Bad Ltd.« trotz fehlender Unterscheidungskraft zulässig im Hinblick auf die europäische Niederlassungsfreiheit, Art. 43, 48 EGV, hinter der das Interesse des Allgemeinwohls an der Freihaltung der beschreibenden Begriffe zurückstehen müsse.
514 A.A. KG, Beschl. v. 11.9.2007 – 1 W 81/07, DNotZ 2008, 392 mit abl. Anm. *Kanzleiter* 393: Autodienst – Berlin Limited; abl. auch *Kilian*, notar 2009, 19, 23.
515 LG Köln, Beschl. v. 8.2.2008 – 88 T 04/08, RNotZ 2008, 553 – brillenshop.de GmbH.

c) Irreführungsverbot

334 Weiter darf die Firma keine Angaben enthalten, die geeignet sind, über geschäftliche Verhältnisse, die für die angesprochenen Verkehrskreise wesentlich sind, irrezuführen (§ 18 Abs. 2 HGB). Auch hinreichend individualisierte Firmen mit Kennzeichnungseignung und Unterscheidungskraft können also unzulässig sein, wenn sie zur Irreführung des Geschäftsverkehrs geeignet sind. Die Eignung zur Irreführung ist allerdings nur noch dann zu berücksichtigen, wenn sie ersichtlich ist (§ 18 Abs. 2 S. 2 HGB). Der Prüfungsmaßstab des Gerichts ist also deutlich abgesenkt. Das Irreführungsverbot ist eher als äußere Grenze der Freiheit der Unternehmen bei der Wahl ihrer Firmen zu sehen.[516] Irreführend können Angaben sein, die über die Personen der Gesellschafter, die Art und den Umfang der Tätigkeit oder die Größe des Unternehmens Fehlvorstellungen wecken. Die Irreführung muss zudem wettbewerbliche Relevanz haben (Wesentlichkeitsschwelle).[517]

335 Personenhandelsgesellschaften haben häufig noch Namensfirmen. Beim Wechsel der Gesellschafter kann sich die Frage stellen, ob die Fortführung der Namensfirma zulässig ist, wenn kein Träger des betreffenden Namens mehr Gesellschafter ist. §§ 21, 22 und 24 HGB stellen den Grundsatz der Firmenbeständigkeit vor den der Firmenwahrheit. Die Fortführung einer Namensfirma ist bei Veränderungen im Gesellschafterkreis jedenfalls mit Zustimmung der betroffenen Namensträger grundsätzlich zulässig. Eine Grenze ist dort zu ziehen, wo die weitere Verwendung eines Namens eine Irreführungsgefahr i.S. des § 18 Abs. 2 HGB birgt.[518] Das kann z.B. der Fall sein, wenn ein akademischer Titel als Namensbestandteil in der Firma fortgeführt wird, obwohl der betreffende Titelträger aus der Gesellschaft ausgeschieden ist.[519] Bei der GmbH & Co. KG ist es nicht mehr erforderlich, den Namen des persönlich haftenden Gesellschafters in der Firma zu führen. Die Verwendung des Namens einer anderen Person, etwa eines Kommanditisten, kann irreführend sein, allerdings nicht in Bezug auf die persönliche Haftung dieser Person. Der Rechtsformzusatz »GmbH & Co. KG« ist für den Rechtsverkehr ein eindeutiger Hinweis darauf, dass keine natürliche Person persönlich haftet. Die GmbH & Co. KG und ihre Komplementär-GmbH können heute zudem völlig unterschiedliche Firmen haben.[520]

d) Rechtsformzusatz

336 Zwingend hat die Firma jeder Personenhandelsgesellschaft den entsprechenden Rechtsformzusatz oder eine allgemein verständliche Abkürzung dieser Bezeichnung zu enthalten (§ 19 HGB). Die offene Handelsgesellschaft muss also als solche oder als »oHG« und die Kommanditgesellschaft als solche oder als »KG« bezeichnet werden. Die früher häufig anzutreffende Bezeichnung »& Co.« ist nicht mehr zulässig. Eine Sonderregel enthält § 19 Abs. 2 HGB für Handelsgesellschaften ohne natürliche Person als vollhaftender Gesellschafter. In die Firma einer solchen Gesellschaft muss eine Bezeichnung aufgenommen werden, welche die Haftungsbeschränkung kennzeichnet (»GmbH & Co. KG«). Dies gilt auch im Fall der im Übrigen zulässigen Fortführung einer Firma.

337 Der Name einer Partnerschaft(sgesellschaft) nach dem PartGG muss den Zusatz »und Partner« oder »Partnerschaft« enthalten (§ 2 Abs. 1 PartGG). Andere Gesellschaften dürfen diese Zusätze nicht in der Firma führen bzw. nur noch dann, wenn sie die Bezeichnung

---

516 Siehe S. Meyer, ZNotP 2009, 250.
517 So bejaht das OLG Köln, Beschl. v. 12.3.2008 – 2 Wx 5/08, DNotZ 2009, 140 = RNotZ 2008, 551, eine Irreführung durch Weiterverwendung des Doktortitels eines ausgeschiedenen Gesellschafters in der Firma einer Personalberatung.
518 Zutr. *Baumbach/Hopt*, HGB, § 22 Rn. 14.
519 OLG Köln, Beschl. v. 12.3.2008 – 2 Wx 5/08, RNotZ 2008, 551 zur Fortführung eines Doktortitels in der Firma einer GmbH, die im Bereich der Personalberatung tätig ist.
520 Früher musste in der Firma der GmbH & Co. KG die Firma der GmbH wiederholt werden, was zu unzeitgemäßen Bandwurmkonstruktionen geführt hat (vgl. § 19 Abs. 2, 4 HGB a.F.).

bei Inkrafttreten des PartGG geführt haben und der Bezeichnung einen Hinweis auf ihre Rechtsform hinzufügen (§ 11 Abs. 1 PartGG; z.B. »XY und Partner oHG«).[521]

e) Unterscheidungskraft

Schließlich verlangt § 30 HGB, dass sich jede neue Firma von allen an demselben Ort bereits bestehenden und in das Handelsregister eingetragenen Firmen deutlich unterscheidet (konkrete Unterscheidungskraft). Dies lässt sich durch eine Recherche im elektronischen Handelsregister (www.handelsregister.de) oder Unternehmensregister (www.unternehmensregister.de), im Internet per Suchmaschine oder durch eine Anfrage bei der örtlich zuständigen Industrie- und Handelskammer in der Regel schnell und sicher klären.

338

Praxistipp: Abklärung von Firmen mit der IHK
Die Regelanfrage bei der Industrie- und Handelskammer ist entfallen (vgl. § 23 HRV). Ein IHK-Gutachten zur Firma und zum Unternehmensgegenstand ist seitens des Handelsregisters nur noch in zweifelhaften Fällen einzuholen. Dessen ungeachtet kann die Abstimmung der Firma mit der zuständigen IHK vor Anmeldung zum Handelsregister sinnvoll sein, vor allem zur Klärung, ob eine ähnliche Firma am Ort bereits existiert (§ 30 HGB).

339

Checkliste zur Firmenbildung von Personenhandelsgesellschaften
- Namensfunktion: Kennzeichnungseignung, Unterscheidungskraft
- Keine Irreführung über wesentliche geschäftliche Verhältnisse
- Rechtsformzusatz
- Unterscheidbarkeit von bestehenden Firmen am gleichen Ort.

340

---

f) Partnerschaft

Für die Partnerschaft(sgesellschaft) nach dem PartGG ist die Freiheit zur Firmenbildung eingeschränkt. Der Name der Partnerschaft muss den Namen mindestens eines Partners, den Zusatz »und Partner« oder »Partnerschaft« sowie die Berufsbezeichnungen aller in der Partnerschaft vertretenen Berufe enthalten. Die Namen anderer Personen als der Partner dürfen nicht in den Namen der Partnerschaft aufgenommen werden (§ 2 Abs. 1 PartGG). Zu beachten ist, dass der Begriff »Partner« (statt »und Partner«) für Partnerschaften nicht zulässig ist. Ob andere geringfügige Abweichungen eingetragen werden können, sollte vorab mit dem zuständigen Partnerschaftsregister abgeklärt werden (z.B. die Verwendung des kaufmännischen »&«-Zeichens oder des »+«-Zeichens statt des Wortes »und«, »Partnerschaftsgesellschaft« statt »Partnerschaft«)[522]. Eine Abkürzung des Rechtsformzusatzes sieht das Gesetz nicht vor; »PartG« ist wohl auch (noch) nicht allgemeinverständlich. Zur Vermeidung von Irreführungen ist der Zusatz »und Partner« nur zulässig, wenn nicht alle Namen der Gesellschafter aufgeführt werden, sondern außer den in dem Namen genannten Partnern mindestens ein weiterer Partner existiert. Etwas anderes kann

341

---

521 Nach OLG München, Beschl. v. 14.12.2006 – 31 Wx 089/06, DNotI-Report 2007, 32, ist »Partner« als Wortbestandteil eines zusammengesetzten Wortes zulässig und eine Verwechselung mit »und Partner« ausgeschlossen (»GV-Partner GmbH & Co. KG«); ebenso OLG Frankfurt, GmbHR 2005, 96; KG NJW-RR 2004, 976. Anders verhält es sich, wenn eine Verwechselung mit dem für die Partnerschaft reservierten Rechtsformzusatz mangels wesentlicher Unterscheidungsmerkmale zu deren Rechtsformbezeichnung nicht ausgeschlossen werden kann (OLG Düsseldorf, Beschl. v. 9.10.2009 – I-3 Wx 182/09, GmbHR 2010, 38 zu »Partner Logistics Immobilien GmbH«).
522 Für die Zulässigkeit MünchHdb.GesR I/*Salger* § 38 Rn. 18; OLG Düsseldorf a.a.O.

im Interesse der Namensbeständigkeit gelten, wenn der Name der Partnerschaft sich aus den Namen von zwei Partnern und dem Zusatz »und Partner« zusammensetzt und der dritte Partner ausscheidet.[523] Mehrere Namen müssen getrennt voneinander (und nicht etwa als ein zusammengesetztes Wort) geschrieben werden.[524] Im Übrigen gelten kraft der Verweisung des § 2 Abs. 2 PartGG die dargestellten Grundsätze des handelsrechtlichen Firmenrechts.

4. Die Mitgliedschaft in der Personenhandelsgesellschaft

a) Mitgliedschaftsrechte

342 Die Mitgliedschaft in der Personenhandelsgesellschaft umfasst für den Gesellschafter zahlreiche Rechte (Stimmrecht, Gewinnbeteiligung, Geschäftsführungs- und Vertretungsbefugnis, Informations- und Kontrollrecht) und Pflichten (Zweckförderungs- und Beitragspflicht, Haftung für Verbindlichkeiten der Gesellschaft, allgemeine Treue- und Rücksichtspflicht).

343 Innerhalb der Gesellschafter- oder Mitgliedschaftsrechte sind Verwaltungs- und Vermögensrechte zu unterscheiden. Verwaltungsrechte sind insbesondere das Recht auf Geschäftsführung und Vertretung der Gesellschaft, das Stimmrecht und die Informations- und Kontrollrechte des Gesellschafters gegenüber der Gesellschaft. Zu den Vermögensrechten gehören insbesondere die Ansprüche auf Vergütung und Aufwendungsersatz aus Geschäftsführung, Gewinnbeteiligung und Beteiligung am Auseinandersetzungsguthaben.

b) Abspaltungsverbot

344 Die Verwaltungsrechte sind nicht ohne die Mitgliedschaft übertragbar (§ 717 S. 1 BGB, sog. Abspaltungsverbot). Dem liegt der Rechtsgedanke zugrunde, dass die Ausübung von Rechten nicht von der daraus entstehenden Haftung getrennt werden darf.[525] Der Gesellschafter, den zwingend die Haftung für ein bestimmtes Handeln trifft, soll die Befugnis zu dem Handeln also nicht auf einen Dritten übertragen dürfen. Außerdem soll kein Mitgesellschafter mit der Einwirkung eines Dritten konfrontiert werden, mit dem er nicht selbst gesellschaftsvertragliche Beziehungen aufgenommen hat. Die mit der Mitgliedschaft verbundenen Vermögensrechte, insbesondere die Ansprüche auf Vergütung und Aufwendungsersatz aus Geschäftsführung, Gewinn und ein Auseinandersetzungsguthaben, sind hingegen abtrennbar und können unabhängig von der Gesellschafterstellung abgetreten werden (§ 717 S. 2 BGB).[526]

345 Das Abspaltungsverbot gilt sowohl für die Abtretung von Verwaltungsrechten an Dritte als auch an Mitgesellschafter.

c) Durchbrechung des Abspaltungsverbots

aa) Überblick

346 Eine begrenzte Durchbrechung oder Umgehung des Abspaltungsverbots ist möglich, indem ein Dritter (oder ein Mitgesellschafter) zur Wahrnehmung von Verwaltungsrechten

---

523 OLG Celle, Beschl. v. 11.8.1008 – 9 W 82/08, NZG 2008, 866.
524 OLG Frankfurt a.M., Beschl. v. 25.2.2008 – 20 W 464/07, RNotZ 2008, 630.
525 BGHZ 20, 363, 368.
526 Bei dem Gewinnanspruch wird unterschieden zwischen dem nicht abtretbaren Gewinnstammrecht und dem übertragbaren Gewinnanspruch, i.E. sehr str., vgl. MünchKommBGB/*Ulmer/ Schäfer*, § 717 Rn. 34 ff.

ermächtigt oder dazu bevollmächtigt wird. Eine solche Ermächtigung bedarf stets der Zustimmung aller Gesellschafter. Diese kann speziell für das zugrunde liegende Rechtsgeschäft erteilt oder durch eine entsprechende Regelung im Gesellschaftsvertrag antizipiert werden. Ein Eingriff in den sog. Kernbereich der Gesellschafterstellung darf aufgrund der Ermächtigung nicht erfolgen (sog. Kernbereichslehre).[527]

In der Personengesellschaft herrschen die Grundsätze der Selbstorganschaft, d.h. der 347 Geschäftsführung durch einen oder mehrere Gesellschafter (§§ 114 ff., 164 HGB; § 6 Abs. 2, 3 PartGG), und der organschaftlichen Vertretungsmacht gegenüber Dritten (§§ 125 ff., 170 HGB, § 7 Abs. 3 PartGG). Organschaftliche Geschäftsführer im Innenverhältnis und Vertreter der Gesellschaft im Außenverhältnis können also regelmäßig nur Gesellschafter sein. Diese Prinzipien korrelieren mit dem Grundsatz der persönlichen Haftung der handelnden Gesellschafter für die Verbindlichkeiten der Gesellschaft. Die Verwaltungsrechte der Geschäftsführung und Vertretung können daher nicht als solche auf Dritte übertragen werden. Das Abspaltungsverbot schließt aber nicht die rechtsgeschäftliche Übertragung von Geschäftsführungs- und Vertretungsbefugnissen auf Dritte, z.B. einen angestellten Geschäftsführer, aus. Dazu können weit reichende Vollmachten erteilt werden (Prokura, Handlungsvollmacht, u.U. Generalvollmacht).[528] Eine Umgehung des Abspaltungsverbots und unzulässige Fremdorganschaft liegen jedoch dann vor, wenn alle Gesellschafter von der Vertretung ausgeschlossen werden, auf die eigene Vertretungsmacht oder auf ihr Weisungsrecht vollständig verzichten. Den oder dem geschäftsführungs- und vertretungsbefugten Gesellschafter(n) muss also jedenfalls das Letztentscheidungs- oder Rückholrecht verbleiben. Die Erteilung einer unwiderruflichen Generalvollmacht an einen gesellschaftsfremden Dritten wäre demnach unzulässig.

Die Überlassung der Ausübung von Verwaltungsrechten ohne Übertragung der Gesell- 348 schafterstellung insgesamt ist von großer praktischer Bedeutung. Es gibt zahlreiche Situationen, in denen legitime (rechtliche und/oder wirtschaftliche) Interessen der Beteiligten dafür sprechen, dass Verwaltungsrechte ausnahmsweise nicht durch den Gesellschafter selbst, sondern durch eine andere Person ausgeübt werden sollen, z.B. bei der Mitwirkung in Publikumsgesellschaften, in denen das rechtliche Interesse des einzelnen Gesellschafters an einer unmittelbaren Mitwirkung relativ gering ist, bei Treuhandvereinbarungen oder dem Nießbrauch an einem Gesellschaftsanteil. Die Praxis hat für die typischen Konstellationen rechtlich anerkannte Ausnahmen vom Abspaltungsverbot gefunden bzw. die notwendigen Abweichungen mit dem Prinzip harmonisiert.

bb) Stimmrechtsvollmacht

Der wichtigste Fall einer solchen rechtlich wirksamen Abspaltung von Gesellschafterrech- 349 ten ist die Erteilung einer Stimmrechtsvollmacht an einen Dritten oder einen Mitgesellschafter (§ 167 Abs. 1 BGB). Die Möglichkeit zur Bevollmächtigung einer anderen Person (Mitgesellschafter, Ehegatte, berufsrechtlich zur Verschwiegenheit verpflichteter Angehöriger eines rechts- oder steuerberatenden Berufs) zur Ausübung des Stimmrechts in der

---

527 Zu den Kernrechten werden u.a. gezählt: die Änderung des Gesellschaftsvertrags, Eingriffe in das Stimm-, Gewinn-, Geschäftsführungsrecht sowie das Recht auf Beteiligung am Auseinandersetzungsguthaben und sonstige direkte und indirekte Eingriffe in die vermögensmäßige Rechtsstellung des Gesellschafters, vgl. *Baumbach/Hopt*, HGB, § 119, Rn. 36 (str.).
528 BGH, Urt. v. 20.10.2008 – II ZR 107/07, ZNotP 2009, 26: Vertretung einer KG aufgrund rechtsgeschäftlicher Generalvollmacht des Komplementärs möglich, die auf eine zulässige Generalhandlungsvollmacht i.S.d. § 54 HGB zu reduzieren ist; ebenso BGH, Urt. v. 18.7.2002 – III ZR 124/01, DNotZ 2003, 147: organvertretende Generalvollmacht bei der GmbH unzulässig, aber Umdeutung in Handlungsvollmacht zu prüfen. In das Handelsregister einzutragen ist allerdings nur die Prokura (§§ 48, 53 HGB), eine Handlungs-, Generalhandlungs- oder Generalvollmacht ist nicht eintragungsfähig, zutr. Hanseatisches OLG Hamburg, Beschl. v. 4.12.2008 – 11 Wx 80/08, RNotZ 2009, 347 = GmbHR 2009, 252; a.A. *Schroeder/Oppermann*, JZ 2007, 176, 180 m.w.N.

Gesellschafterversammlung ist vielfach in Gesellschaftsverträgen vorgesehen. Eine solche Vollmacht ist ein sinnvolles Instrument und stellt grundsätzlich keinen Verstoß gegen das Abspaltungsverbot dar. Das Abspaltungsverbot ist jedoch dann berührt, wenn der Gesellschafter sich seines Stimmrechts ganz entäußert bzw. auf spätere Einflussnahme ganz verzichtet, so dass die Bevollmächtigung einer Stimmrechtsübertragung gleichkommt. Das kann der Fall sein, wenn die Stimmrechtsvollmacht unwiderruflich und zeitlich unbegrenzt erteilt wird, der Gesellschafter auf die eigene Ausübung seines Stimmrechts verzichtet oder sich verpflichtet, nicht gegen den Willen des Bevollmächtigten zu stimmen.[529] Solche Stimmrechtsvollmachten sind unwirksam und können auch nicht mit Zustimmung aller Gesellschafter im Gesellschaftsvertrag vereinbart werden.

350 Eine ähnliche Problematik stellt sich dann, wenn ein Gesellschafter die Ausübung seines Stimmrechts an den Willen von Mitgesellschaftern oder Dritten bindet. Solche Bindungen sind z.B. in Stimmbindungsverträgen und Poolvereinbarungen enthalten, mit denen die Beteiligten ihr Stimmverhalten von einem vorher gemeinsam zu fassenden Beschluss, der Weisung eines Beteiligten oder einer anderweitig festgelegten Maßgabe abhängig machen. Solche Stimmbindungsvereinbarungen werden indes als zulässig angesehen, und zwar sowohl mit anderen Gesellschaftern als auch gegenüber Dritten (str.).[530]

351 Eine besondere Bedeutung hat die Stimmrechtsvollmacht in Publikumsgesellschaften oder Fonds, die oft in der Rechtsform der KG mit einer Vielzahl von Kommanditisten konstruiert werden. Der einzelne Kommanditist hat in der Publikumsgesellschaft zumeist ein rein finanzielles Interesse am Unternehmenserfolg und an der Verzinsung seiner Investition. Er möchte regelmäßig nicht das Tagesgeschäft der Gesellschaft beeinflussen. Üblich und zulässig ist daher die Erteilung weit reichender Stimmrechtsvollmachten an den Initiator des Fonds oder an den Komplementär. Die Stimmrechtsvollmacht wird häufig kombiniert mit einer Handelsregistervollmacht zur Anmeldung der anmeldepflichtigen Tatsachen bei dem Handelsregister. Auf diese Weise kann der Initiator im Namen aller Kommanditisten eine Vielzahl von Entscheidungen treffen und vollziehen, nicht zuletzt die Aufnahme weiterer Kommanditisten in die Gesellschaft.

352 Von der rechtsgeschäftlichen Bevollmächtigung ist die gesetzliche Vertretung bei der Stimmrechtsausübung, z.B. von Minderjährigen durch ihre Eltern, zu unterscheiden. Nach der Rechtsprechung ist die Ausübung von Rechten des Vertretenen durch den gesetzlichen Vertreter rechtlich identisch mit der Rechtsausübung durch den Vertretenen selbst.[531] Ein Verstoß gegen das Abspaltungsverbot liegt also nicht vor.

cc) Vertreterklauseln

353 Vertreterklauseln haben die einheitliche Ausübung von Gesellschafterrechten von mehreren Gesellschaftern zum Ziel. Dieses Ziel soll dadurch erreicht werden, dass die Gesellschafter einen gemeinsamen Vertreter bestellen müssen und ihre Gesellschafterrechte nur durch diesen gemeinsamen Vertreter ausüben dürfen. Dabei wird dem Vertreter eine Reihe von Verwaltungsrechten zur Ausübung überlassen (Stimmrecht, Geschäftsführungsbefugnis, Kontroll- und Informationsrechte). Vertreterklauseln können zur Vermeidung der Zersplitterung von Verwaltungsrechten sinnvoll sein, z.B. wenn mehrere Erben die Rechtsnachfolge in einen Kommanditanteil antreten.[532] Die Willensbildung der betroffenen Gesellschafter erfolgt dabei vorab innerhalb der Gruppe, in der Gesellschafterversammlung tritt die Gruppe einheitlich auf. Der Vertreter kann ein Mitgesellschafter oder auch ein Dritter sein. Das Abspaltungsverbot steht allerdings der Übertragung der Verwal-

---

529 BGHZ 3, 354, 358; BGHZ 20, 363, 367.
530 Vgl. *Baumbach/Hopt*, § 119, Rn. 17 f. m.w.N.; MünchKommBGB/*Ulmer/Schäfer*, § 717 Rn. 25.
531 BGHZ 92, 259.
532 BGHZ 46, 291, 294.

tungsrechte als solche auf den Vertreter entgegen. Der Vertreter ist lediglich als rechtsgeschäftlich Bevollmächtigter der Gesellschaftergruppe zu qualifizieren. Er unterliegt den Weisungen der Gesellschafter und muss jedenfalls aus wichtigem Grund abberufen werden können. Außerdem darf die Vertreterklausel nicht zu einer unzulässigen Stimmrechtsbeschränkung führen und nicht mit dem Entzug von höchstpersönlichen Gesellschafterrechten wie dem Kündigungsrecht verbunden sein.[533]

dd) Treuhand

In Treuhandvereinbarungen über Gesellschaftsbeteiligungen wird typischerweise ein ganzes Bündel von Rechten und Pflichten zwischen Treugeber und Treuhänder vereinbart, die gemeinsam zum Ziel haben, dem Treugeber die Kontrolle über die Beteiligung und das Handeln des Treuhänders zu ermöglichen. Dabei wird der Treuhänder als Gesellschafter regelmäßig an die Weisungen des Treugebers gebunden. Damit die Bindung und das Weisungsrecht im Treuhandverhältnis nicht mit den Pflichten des Treuhänders als Gesellschafter in Konflikt geraten, müssen die Treuhandvereinbarungen unter Berücksichtigung des Abspaltungsverbots passgenau mit dem Gesellschaftsverhältnis harmonisiert werden. Die gesellschaftsvertragliche Bindung des Treuhänders muss dabei stets den Vorrang vor seiner treuhänderischen Bindung an den Willen des Treugebers erhalten. Der Treuhänder kann nicht durch Weisung des Treugebers zur Verletzung seiner Gesellschafterpflichten gezwungen werden. Im Konfliktfall haftet der Treuhänder, der eine Weisung des Treugebers missachtet, weil er sich gesellschaftskonform verhält, dem Treugeber nicht wegen der Missachtung der Weisung. Umgekehrt kann sich der Treuhänder gegenüber seinen Mitgesellschaftern nicht auf die Weisung berufen, wenn er in Ausübung der Weisung gegen gesellschafterliche (Treue)Pflichten verstößt. Bei der Gestaltung von Treuhandvereinbarungen sollte daher neben dem Abspaltungsverbot der Grundgedanke berücksichtigt werden, dass das Weisungsrecht eines Treugebers niemals weiter gehen darf als die eigenen Rechte und Handlungsoptionen des Gesellschafters. 354

Eine Treuhandvereinbarung, die die vorstehenden Prämissen zugrunde legt, ist daher notwendigerweise ein Kompromiss zwischen dem Interesse des Treugebers an einer möglichst weitgehenden Kontrolle über die Beteiligung und der Notwendigkeit für den Treuhänder, seine Pflichten als Gesellschafter erfüllen zu können. Der umsichtige Gestalter einer solchen Vereinbarung wird vor allem Wert auf weit reichende Informations- und Kontrollrechte des Treugebers legen, das Weisungsrecht unter den Vorbehalt der gesellschafterlichen Treuepflicht des Treuhänders stellen und die etwa gewünschte Stimmrechtsausübung durch den Treugeber mit einer entsprechenden Stimmrechtsvollmacht oder eine Stimmbindungsvereinbarung absichern. 355

Die Rechtsstellung des Treugebers kann der eines Gesellschafters weitgehend angenähert werden, wenn die Treuhand den Mitgesellschaftern offengelegt wird und diese ihre Zustimmung erteilen (qualifizierte mittelbare Beteiligung, offene Treuhand).[534] Der Treugeber haftet allerdings nicht persönlich für Gesellschaftsverbindlichkeiten (auch nicht analog §§ 128, 130 HGB).[535] 356

Der Treuhand vergleichbar ist die Unterbeteiligung an einem Gesellschaftsanteil. Der wesentliche Unterschied liegt darin, dass bei der Unterbeteiligung der Hauptbeteiligte und der Unterbeteiligte im Innenverhältnis eine Gesellschaft bürgerlichen Rechts bilden, während das Innenverhältnis zwischen Treuhänder und Treugeber unterschiedlich, auch rein schuldrechtlich z.B. als Geschäftsbesorgungsvertrag, ausgestaltet sein kann. Bei der Unterbeteiligung findet keine Übertragung des Gesellschaftsanteils auf den Unterbeteilig- 357

---

533 *Baumbach/Hopt*, § 163 Rn. 10 f.
534 *Baumbach/Hopt*, § 105 Rn. 34.
535 BGH, Urt. v. 11.11.2008 – XI ZR 468/07, ZIP 2008, 235.

ten statt, bei der Treuhand wird hingegen der Gesellschaftsanteil vom Treugeber auf den Treuhänder übertragen (wenn nicht der Treuhänder bereits Gesellschafter ist und vereinbart wird, dass er den Gesellschaftsanteil zukünftig treuhänderisch für den Treugeber hält).

ee) Nießbrauch

358 (1) Von großer praktischer Bedeutung ist neben der Treuhand auch der Nießbrauch an einem Gesellschaftsanteil. So gehört die Einräumung von Nießbrauchsrechten zum Standardinstrumentarium bei der vorweggenommenen Erbfolge, wenn ein Vermögensgegenstand zu Lebzeiten auf den Nachfolger übertragen werden soll, der Veräußerer sich aber bestimmte Nutzungsrechte und Einflussmöglichkeiten bewahren möchte. Die Zulässigkeit der Nießbrauchsbestellung an dem Anteil an einer Personenhandelsgesellschaft ist im Grundsatz anerkannt.[536] Es handelt sich um einen Fall des Nießbrauchs an Rechten (§ 1068 Abs. 1 BGB). Der Nießbrauch kann nach der heute herrschenden Auffassung am Gesellschaftsanteil insgesamt bestellt werden, wenn der Gesellschaftsanteil als ein übertragbares Recht i.S. des § 1069 Abs. 2 BGB ausgestaltet ist. Dabei fallen dem Nießbraucher auch die zur Ausübung des Nießbrauchsrechts notwendigen Verwaltungsrechte zu.[537] Die früher üblichen Umgehungskonstruktionen (z.B. treuhänderische Übertragung des gesamten Anteils mit entsprechenden schuldrechtlichen Abreden im Treuhandverhältnis, Nießbrauch nur an den separat übertragbaren Vermögensrechten oder an einem »Gewinnstammrecht«, Stimmrechtsvollmachten) sind nicht mehr erforderlich. Die Bestellung des Nießbrauchs an einem Teil der mit dem Anteil verbundenen Rechte, insbesondere an dem Gewinnbeteiligungsrecht, bleibt aber weiterhin möglich. Die Bestellung eines Nießbrauchs nur an einem Teil des Gesellschaftsanteils ist hingegen nicht zulässig.

359 Der Nießbrauch an dem gesamten Gesellschaftsanteil bedarf der Zustimmung aller Gesellschafter. Diese kann konkret für die betreffende Nießbrauchsbestellung eingeholt oder in genereller Weise bereits im Gesellschaftsvertrag erteilt werden. Die generelle Zulassung der Übertragung von Gesellschaftsanteilen im Gesellschaftsvertrag ist keine hinreichende Grundlage für die Nießbrauchsbestellung.

360 (2) Allerdings bestehen hinsichtlich der konkreten Ausgestaltung des Nießbrauchs noch zahlreiche umstrittene Einzelfragen. Diese ergeben sich aus dem mit der Nießbrauchsbestellung an einem Gesellschaftsanteil angesprochenen Spannungsverhältnis von Sachenrecht und Gesellschaftsrecht. Gesellschaftsrechtlich gilt das Abspaltungsverbot, wonach die mit dem Anteil verbundenen Verwaltungsrechte nicht separat übertragen werden können (§ 717 S. 1 BGB). Sachenrechtlich handelt es sich bei der Nießbrauchsbestellung gerade um eine dingliche Berechtigung an einem Vermögensgegenstand ohne Vollrechtsübertragung. Das Eigentum bzw. die Inhaberschaft an dem Vermögensgegenstand bleibt beim Nießbrauchbesteller, der Nießbraucher erhält nur einzelne mit dem Gegenstand verbundene Rechte, vornehmlich das Recht zur Ziehung der Nutzungen, aber auch Mitwirkungsrechte.

361 Nach heute herrschender, aber noch nicht umfassend durch Rechtsprechung abgesicherter Auffassung verlaufen die Trennlinien bei der Aufteilung der Vermögens- und Verwaltungsrechte zwischen Gesellschafter und Nießbraucher in etwa wie folgt: Vor allem stehen dem Nießbraucher die Nutzungen in Gestalt der Erträge des Anteils zu (§§ 1068 Abs. 2, 1030 Abs. 1, 100, 99 Abs. 2 BGB). Damit ist der ordentliche, durch Jahresabschluss und

---

536 BGH, Urt. v. 9.11.1998 – II ZR 213/97, NJW 1999, 571 = DNotZ 1999, 607 = MittRhNotK 1999, 250 (zu GbR); BGHZ 58, 316, 320; BGHZ 108, 187, 199 (zum Kommanditanteil); OLG Düsseldorf, DNotZ 1999, 440, 442; *Frank*, MittBayNot 2010, 96; *Kruse*, DNotZ 2002, 69, 81; *Hermanns*, MittRhNotK 1999, 235, 236; anders noch OLG Koblenz, NJW 1992, 2163.
537 A.A. noch OLG Koblenz NJW 1992, 2163: Untrennbarkeit von Mitgliedschaft und Stimmrecht.

Gewinnverwendungsbeschluss als entnahmefähig festgestellte Gewinn einschließlich der Zinsen auf dem Guthabenkonto des Gesellschafters nach Abzug einer etwa beschlossenen Rücklage gemeint.[538] Außerordentliche Erträge und Wertsteigerungen des Anteils, die stillen Reserven und ein Auseinandersetzungsguthaben stehen hingegen dem Gesellschafter zu.[539] Bei Erhöhung des belasteten Gesellschaftsanteils ist die erweiterte Beteiligung allein dem Gesellschafter zugewiesen, der Nießbrauch setzt sich nicht automatisch an dem Erhöhungsbetrag fort.[540] Bei den Verwaltungsrechten – insbesondere Geschäftsführungsbefugnis und Stimmrecht – wird zwischen den Angelegenheiten der laufenden Verwaltung und den sog. Grundlagengeschäften unterschieden. Die Zuständigkeit für die laufenden Angelegenheiten bleibt dem Nießbraucher zugewiesen, der Gesellschafter ist zuständig für Maßnahmen außerhalb der laufenden Verwaltung und für Grundlagenentscheidungen, die die Gesellschafterstellung selbst berühren.[541] Soweit Grundlagenentscheidungen den Bestand des Nießbrauchs tangieren, können sie allerdings nur mit Zustimmung des Nießbrauchers getroffen werden (§ 1071 BGB). Flankierend stehen dem Nießbraucher neben dem Gesellschafter entsprechende Informations- und Kontrollrechte gemäß §§ 118, 166 HGB zu.

362 Die Haftung für Gesellschaftsverbindlichkeiten gegenüber Dritten trifft den Gesellschafter. Umstritten ist, ob und inwieweit auch der Nießbraucher nach außen haftet, wenn er Verwaltungsrechte an Stelle oder neben dem Gesellschafter ausübt.[542] In Betracht kommt auch ein Regress des Gesellschafters gegen den Nießbraucher im Innenverhältnis falls der Gesellschafter für ein Handeln des Nießbrauchers im Außenverhältnis haften muss.

363 Die weiterhin unsichere Rechtslage macht eine (klarstellende) vertragliche Regelung zur Abgrenzung der Rechte und Pflichten von Gesellschafter und Nießbraucher unbedingt erforderlich. Dabei sind der Bestimmtheitsgrundsatz und die Kernbereichslehre zu beachten. Der Bestimmtheitsgrundsatz verlangt die eindeutige und unzweifelhafte Bezeichnung der übertragenen bzw. vorbehaltenen Rechte. Die Kernbereichslehre beschreibt die inhaltlichen Grenzen der Vertragsfreiheit und steht der Übertragung der Kompetenz für sog. Grundlagengeschäfte vom Gesellschafter auf den Nießbraucher entgegen.[543] Außerdem muss die Nießbrauchsvereinbarung oder der Nießbrauchsvorbehalt sorgfältig auf den Gesellschaftsvertrag abgestimmt werden. Der Nießbraucher kann nicht mehr Rechte erhalten als dem Gesellschafter nach dem Gesellschaftsvertrag zustehen.

364 (3) Nicht zuletzt sind die von den Beteiligten mit der Nießbrauchbestellung verfolgten steuerlichen Ziele zu berücksichtigen. Bei der Übertragung eines Gesellschaftsanteils an einer Personenhandelsgesellschaft unter Nießbrauchsvorbehalt stellt sich zum einen die Frage der Besteuerung der Zuwendung nach dem Erbschaft- und Schenkungssteuergesetz und zum anderen die Frage der Besteuerung der Erträge nach Einkommensteuerrecht. Diese Fragen hängen indes eng zusammen. Maßgeblich für die Anwendung des § 13 a ErbStG (Verschonungsabschlag und Abzugsbetrag bei Betriebsvermögen) wie für die Ertragsbesteuerung ist, ob aufgrund der Ausgestaltung des Nießbrauchs und der Zuordnung der Mitgliedschaftsrechte eine Mitunternehmerschaft i.S. des § 15 EStG besteht. Dabei können die steuerlichen Interessen des Veräußerer-Nießbrauchers und des Erwerber-Gesellschafters durchaus in Konflikt geraten. Denn einerseits sind dem Erwerber die

---

538 BGH WM 1985, 1343; BGH DNotZ 1975, 735.
539 BFH NJW 1995, 1918.
540 BGHZ 58, 316.
541 *Baumbach/Hopt*, § 105 Rn. 46; MünchHdb. GesR I/*Gummert*, § 16 Rn. 29, im Anschluss an BGH NJW 1999, 571; BGHZ 108, 187, 199 = NJW 1989, 3. Wegen der damit verbundenen Abgrenzungsschwierigkeiten im Einzelnen sehr umstritten, vgl. *Lindemeier*, RNotZ 2001, 155, 156; *Frank*, MittBayNot 2010, 96, 99 ff.
542 MünchKommBGB/*Ulmer*, § 705 Rn. 106 m.w.N. für gesamtschuldnerische Haftung von Gesellschafter und Nießbraucher; a.A. *Baumbach/Hopt*, § 105 Rn. 44: Haftung nur des Gesellschafters.
543 Instruktiv *Hermanns*, MittRhNotK 1999, 235, 236; ausführlich *K. Schmidt*, ZGR 1999, 601, 606.

Vergünstigungen des § 13 a ErbStG nur dann zu gewähren, wenn er Mitunternehmer wird (Fortführung des Betriebes). Andererseits werden die Einkünfte nur demjenigen ertragsteuerlich zugerechnet, der die Mitunternehmerstellung i.S. des § 15 EStG behält bzw. erwirbt.

365 Maßgeblich für die Mitunternehmerschaft ist, ob eine Person Mitunternehmerinitiative hat und ob sie ein Mitunternehmerrisiko trägt. Mit der Mitunternehmerinitiative ist vor allem die Möglichkeit zur Teilhabe an unternehmerischen Entscheidungen gemeint, also zur Ausübung von Gesellschafterrechten. Zu § 13 a ErbStG a.F. hat der BFH entschieden, dass dem Erwerber-Gesellschafter jedenfalls dann Mitunternehmerinitiative zukommt, wenn der vorbehaltene Nießbrauch nach den Vorgaben des BGB ausgestaltet ist, und zwar unabhängig von dem zivilrechtlichen Meinungsstreit über die Verteilung der Mitgliedschaftsrechte zwischen Nießbraucher und Gesellschafter.[544] Abweichende Gestaltungen können dazu führen, dass die Privilegien der §§ 13 a, 13 b ErbStG für den Erwerber entfallen.[545]

366 Ertragsteuerlich kommt es beim Vorbehaltsnießbrauch hingegen meist darauf an, dass der Veräußerer-Nießbraucher – ggf. neben dem Erwerber-Gesellschafter – Mitunternehmer bleibt. Dafür reicht es nicht aus, dass ihm die Erträge aus dem übertragenen Gesellschaftsanteil zugewiesen werden.[546] Er muss vielmehr einen nennenswerten Einfluss auf die Geschäftsführung behalten, z.B. durch Kontroll- und Widerspruchsrechte und Beteiligung an dem Stimmrecht.[547] Nach der Rechtsprechung des BFH kann wohl darauf vertraut werden, dass eine Nießbrauchsgestaltung nach den Vorgaben des BGB zur Mitunternehmerschaft von Nießbraucher und Gesellschafter führt. Allerdings ist die genaue gesetzliche Verteilung der Mitgliedschaftsrechte zwischen Gesellschafter und Nießbraucher weiterhin unklar. Das macht es in der Praxis schwierig, eine Gestaltung zu finden, die alle steuerlichen Ziele erreicht und gleichermaßen das Bedürfnis der Beteiligten nach einer eindeutigen Abgrenzung ihrer rechtlichen Verhältnisse befriedigt.

367 Ähnlich verhält es sich beim Zuwendungsnießbrauch, also der Bestellung eines Nießbrauchs ohne vorherige Übertragung des Gesellschaftsanteils. Dem Nießbraucher werden die Einkünfte steuerlich nur zugerechnet, wenn er durch Einräumung entsprechender Rechte und Risiken Mitunternehmer neben dem Gesellschafter wird. Die Nießbrauchsbestellung ohne Einräumung einer Mitunternehmerschaft für den Nießbraucher kann zu einer Entnahme und Aufdeckung von stillen Reserven führen.

368 (4) Umstritten ist schließlich, ob der Nießbrauch an einem Gesellschaftsanteil in das Handelsregister einzutragen ist. Die Eintragungsfähigkeit des Nießbrauchs an einem Gesellschaftsanteil wird von der wohl noch überwiegenden Auffassung generell abgelehnt.[548] Richtigerweise besteht ein berechtigtes Interesse des Rechtsverkehrs an einer Information darüber, welche Personen an Beschlussfassungen der Gesellschaft mitwirken und ggf. die Haftung für Verbindlichkeiten der Gesellschaft tragen. Wenn ein Nießbrauch nicht lediglich auf die Beteiligung am Gewinn beschränkt ist, sondern wie regelmäßig auch Verwaltungsrechte umfasst, ist dieser Nießbrauch also zumindest eintragungsfähig. Die Eintragung ist auch für den Nießbraucher von Bedeutung, weil er auf diese Weise seine Haftung für die Gesellschaftsverbindlichkeiten begrenzen kann.[549]

---

544 BFH, Urt. v. 10.12.2008 – II R 34/07, MittBayNot 2010, 156, 157 = ZEV 2009, 149.
545 In casu die Wahrnehmung aller Gesellschafterrechte durch die Nießbraucher, unterlegt durch eine »vorsorglich« erteilte Stimmrechtsvollmacht.
546 BFH, BStBl. II 1976, 592, 594; BFH NJW 1992, 336.
547 Vgl. *Frank*, MittBayNot 2010, 96, 102.
548 *Krafka/Willer/Kühn*, Registerrecht, Rn. 770 m.w.N.
549 Zutr. LG Köln, Beschl. v. 28.7.2000 – 89 T 20/00, RNotZ 2001, 170 m. zust. Anm. *Lindemeier* 155, 157; LG Aachen, Beschl. v. 28.4.2002 – 44 T 06/2003, RNotZ 2003, 398; LG Oldenburg, Beschl. v. 8.4.2008 – 15 T 257/08, DNotI-Report 2008, 166; *Frank*, MittBayNot 2010, 96, 98; MünchHdb.GesR I/*Hohaus*, § 66 Rn. 16 m.w.N.

Checkliste zur Gestaltung des Nießbrauchrechts an einem Gesellschaftsanteil unter Berücksichtigung der steuerlichen Ziele 369

– Umfang des Nießbrauchs: entnahmefähiger Gewinn nebst Zinsen auf Guthabenkonto; außergewöhnliche Erlöse; erhöhte Kapitalanteile; Auseinandersetzungsguthaben?
– Stimmrecht: Abgrenzung der Gegenstände der Beschlussfassung; Aufteilung zwischen Gesellschafter und Nießbraucher; Pflicht zur vorherigen Konsultation und internen Abstimmung; Rücksichtnahme auf die Interessen des anderen; Verpflichtung, für ein bestimmtes Beschlussergebnis zu stimmen (z.B. Ausschüttung des gesamten Gewinns); ggf. Stimmrechtsvollmacht
– Geschäftsführungsbefugnis: Aufteilung entsprechend der Stimmrechtsverteilung
– Entnahmerecht
– Weitgehende beiderseitige Informations- und Kontrollrechte; Einsichtsrecht in Unterlagen der Gesellschaft; Unterrichtungs- und Konsultationspflicht vor jeder Beschlussfassung
– Abstimmung der Nießbrauchsregelung mit dem Gesellschaftsvertrag
– Haftungsregress, -beschränkung oder –ausschluss im Innenverhältnis
– Zustimmung aller Gesellschafter bereits im Gesellschaftsvertrag enthalten oder noch herbeizuführen?
– Eintragung des Nießbrauchers in das Handelsregister?

Formulierungsbeispiel Nießbrauchsvorbehalt an Kommanditanteil bei vorweggenommener Erbfolge:[550] 370 M
Nießbrauchsvorbehalt

1. Der Veräußerer behält sich an der übertragenen Kommanditbeteiligung in einer Höhe von ... Euro (»belasteter Kommanditanteil«) den lebenslänglichen Nießbrauch vor. Schuldrechtlich wird vereinbart, dass eine Gegenleistung für den vorbehaltenen Nießbrauch nicht zu erbringen ist.
Der Nießbrauch erstreckt sich im Verhältnis des belasteten Kommanditanteils zum gesamten Kommanditkapital auch auf einen etwa erhöhten Gesellschaftsanteil. Soweit der Nießbrauchsberechtigte nicht selbst bezugsberechtigt ist, haben die Gesellschafter ihm insoweit einen entsprechenden Nießbrauch an dem erhöhten Gesellschaftsanteil zu bestellen.
2. Dem Nießbrauchsberechtigten steht der auf den belasteten Kommanditanteil entfallende Anteil am Gewinn der Kommanditgesellschaft seit dem Stichtag zu, soweit er im Rahmen von Gesetz, Gesellschaftsvertrag, festgestelltem Jahresabschluss und etwaigen Gesellschafterbeschlüssen entnahmefähig ist. Beruht der Gewinn der Kommanditgesellschaft darauf, dass sie einen Gegenstand des Anlagevermögens zu einem höheren als dem Buchwert veräußert hat (Realisierung stiller Reserven) und übersteigt dieser Teil des Gewinns den nicht entnahmefähigen Gewinn, so steht dem Erwerber von dem entnahmefähigen Gewinn derjenige Teil zu, der seinem Anteil an dem zur Ausschüttung gelangenden Realisierungsgewinn entspricht.
3. Entnahmerechte für Steuerzwecke nach dem Gesellschaftsvertrag der Kommanditgesellschaft stehen dem Nießbrauchsberechtigten zu, soweit sie auf den belasteten Kommanditanteil entfallen. Wenn und soweit dem Erwerber Einkünfte aus dem belasteten Kommanditanteil ertragsteuerlich zugerechnet werden, wird der Nießbrauchsberechtigte den Erwerber von den daraus resultierenden Steuerverbindlichkeiten freistellen. Dem Erwerber aufgrund von vorstehender Ziffer 2 S. 2 zufließende Teile des entnahmefähigen Gewinns sind anzurechnen.

---

550 Weiterer Formulierungsvorschlag bei *Frank*, MittBayNot 2010, 96, 103.

1. Kapitel Personengesellschaftsrecht

4. Die Mitgliedschafts- und Verwaltungsrechte, die mit dem belasteten Kommanditanteil verbunden sind, werden mit Ausnahme der nachfolgend aufgeführten, durch den Erwerber auszuübenden Rechte während der Dauer des Nießbrauchs von dem Nießbrauchsberechtigten ausgeübt. Soweit diese Rechte gesetzlich dem Erwerber zustehen, bevollmächtigt er den Nießbrauchsberechtigten zur Ausübung. Übt der Erwerber insoweit Stimm- oder Verwaltungsrechte aus, ist er an die Weisungen des Nießbrauchsberechtigten gebunden. Insoweit ist der Nießbrauchsberechtigte zur Mitwirkung an
   a) Gewinnverwendungsbeschlüssen, die zu einer geringeren Dotierung der Rücklagen der Kommanditgesellschaft als 15 % des festgestellten Gewinns führen,
   b) Beschlüssen über die Auflösung von Rücklagen zur Ausschüttung an die Gesellschafter,
   c) Gewinnverwendungsbeschlüssen und Entnahmen, die zu einem Wiederaufleben der Haftung des Erwerbers gemäß § 172 Abs. 4 HGB führen,
   jeweils nur mit Zustimmung des Erwerbers berechtigt.
5. In folgenden Angelegenheiten wird das auf den belasteten Kommanditanteil entfallende Stimmrecht bei Beschlüssen in der Kommanditgesellschaft durch den Erwerber ausgeübt, wobei dieser das Stimmrecht nicht ohne Zustimmung des Nießbrauchsberechtigten ausüben darf:
   a) Änderungen des Gesellschaftszwecks,
   b) Änderung der Beteiligungsverhältnisse,
   c) Änderung der Berechnung der Höhe oder der Auszahlungskonditionen oder des Schlüssels für die Verteilung des Gewinns, Auseinandersetzungsguthabens oder Liquidationserlöses,
   d) Änderung der Regelungen über die Zuführungen zu den Rücklagen und die Entnahmebefugnisse,
   e) Änderung des Zinssatzes für Guthaben auf den Gesellschafterkonten,
   f) Einlageerhöhungen oder -herabsetzungen,
   g) Auflösung, Fortsetzung oder Umwandlung der Kommanditgesellschaft,
   h) sonstige Änderungen des Gesellschaftsvertrages, die die Rechtsstellung des Veräußerers als Nießbrauchsberechtigtem beeinträchtigen.
   Der Veräußerer und der Erwerber haben sich insoweit wechselseitig rechtzeitig vor einer jeden Beschlussfassung Gelegenheit zu geben, ihre jeweiligen Zustimmungsrechte auszuüben. Solange eine Zustimmung des berechtigten Vertragsteils nicht vorliegt, hat sich der andere Vertragsteil der Ausübung des Stimmrechts bei der Kommanditgesellschaft zu enthalten.
6. Gestaltungs- und Verfügungsrechte, die die Kommanditbeteiligung als solche betreffen, stehen dem Erwerber zu. Dies gilt insbesondere für
   a) die Kündigung der Kommanditgesellschaft,
   b) die Erhebung der Auflösungsklage gemäß § 133 HGB,
   c) die ganze oder teilweise Veräußerung der Kommanditbeteiligung,
   d) die Erhebung sonstiger Klagen aus dem Gesellschaftsverhältnis, soweit sie die in Absatz 3 aufgeführten Angelegenheiten betreffen.
   Der Erwerber wird diese Rechte nicht ohne Zustimmung des Veräußerers ausüben. Das Gleiche gilt für sonstige Erklärungen und Handlungen, die zum Untergang oder zu einer die Rechtsstellung des Veräußerers als Nießbraucher beeinträchtigenden Veränderung der Kommanditbeteiligung führen.
7. Soweit sich die nachfolgenden Rechte nicht bereits aus der Gesellschafterstellung des Nießbrauchsberechtigten ergeben,
   a) ist dieser berechtigt, an den Gesellschafterversammlungen teilzunehmen, er ist entsprechend einzuladen,

b) steht ihm die gleichen Auskunfts- und Einsichtsrechte gegen die Gesellschaft zu wie den Gesellschaftern,
c) sind die Gesellschafter verpflichtet, dem Nießbrauchsberechtigten sämtliche gewünschten Auskünfte und Einsichtsmöglichkeiten zu geben, insbesondere hinsichtlich des Jahresabschlusses der Gesellschaft und der Entwicklung der Kapitalkonten
8. Der Nießbrauchsberechtigte ist ... Jahre alt. Der Nießbrauch hat einen monatlichen Wert von ca. ... Euro.

ff) Verpfändung

Die Verpfändung eines Gesellschaftsanteils wirft zunächst keine besonderen Fragen auf. Der Gesellschaftsanteil ist ein übertragbares Recht und kann daher mit einem Pfandrecht belastet werden (§§ 1273, 1274 Abs. 2 BGB). Der Pfandgläubiger hat sodann die Rechte nach §§ 1273 Abs. 2, 1204 ff. BGB. Er kann sich durch Veräußerung des Gesellschaftsanteils im Wege der Zwangsvollstreckung (§ 1277 S. 1 BGB) oder durch Kündigung und Beteiligung an dem Auseinandersetzungsguthaben befriedigen. In der Praxis wird häufig die Verwertung ohne vollstreckbaren Titel vereinbart. Das Pfandrecht kann auch in der Weise bestellt werden, dass der Pfandgläubiger berechtigt ist, die Nutzungen des Pfandes zu ziehen (§ 1213 Abs. 1 BGB). Die Nutzungen des Gesellschaftsanteils sind die Gewinnanteile. 371

Für den Pfandgläubiger kann es von Interesse sein, das Pfandrecht durch ihm abgetretene Verwaltungsrechte zu sichern. Zu denken ist z.B. an die Übertragung eines Kontrollrechts bezüglich der Beteiligung oder des Stimmrechts für solche Beschlüsse, die den Bestand oder den wirtschaftlichen Wert des Pfands tangieren.[551] Rechtsprechung zu dieser Fragestellung gibt es soweit ersichtlich nicht. Wie bei der Nießbrauchsbestellung dürfte auch bei der Verpfändung eines Gesellschaftsanteils die Übertragung solcher Verwaltungsrechte mit dem Abspaltungsverbot vereinbar sein, welche die laufenden Angelegenheiten der Gesellschaft betreffen. Für darüber hinaus zu fassende Beschlüsse kann eine Stimmrechtsvollmacht helfen, die berechtigten Interessen des Pfandgläubigers abzusichern. 372

Die Verpfändung eines Gesellschaftsanteils birgt für die anderen Gesellschafter das Risiko, dass ihnen bei Versteigerung des Anteils ein neuer, ihnen unbekannter Gesellschafter aufgedrängt wird. Die Zulassung der Verpfändung will also gut überlegt sein. 373

Formulierungsbeispiel zur Verpfändung eines oHG-Gesellschaftsanteils: 374 M

1. ... (nachfolgend »der Schuldner« genannt) ist an der ... oHG mit dem Sitz in ..., eingetragen im Handelsregister des Amtsgerichts ... unter HRA ... mit einem Gesellschaftsanteil in Höhe von ... Euro beteiligt. Weitere Gesellschafter sind ... und ...
2. Der Schuldner verpfändet hiermit seinen vorgenannten Gesellschaftsanteil zur Sicherung des von ... am ... gewährten Darlehens in Höhe von ... nebst Zinsen in Höhe von ... % jährlich an den dies annehmenden ... (nachfolgend »der Gläubiger« genannt).
3. Die Verpfändung ist zulässig gemäß § ... des Gesellschaftsvertrags der ... oHG vom ... [oder:] Die Verpfändung bedarf der Zustimmung der weiteren Gesellschafter. Die Beteiligten werden die schriftliche Zustimmungserklärung der weiteren Gesellschafter herbeiführen und diesem Vertrag beifügen.
4. Die Verpfändung dient der Sicherung aller bestehenden und künftigen, auch bedingten oder befristeten Ansprüche des Gläubigers gegen den Schuldner aus dem Darlehensvertrag vom ...

---

551 Siehe Beck'sches Notarandbuch/*Hermanns*, Teil D II, Rn. 24.

5. Dem Gläubiger steht der auf den verpfändeten Gesellschaftsanteil entfallende Anteil am Gewinn der offenen Handelsgesellschaft zu, soweit er im Rahmen von Gesetz, Gesellschaftsvertrag, festgestelltem Jahresabschluss und etwaigen Gesellschafterbeschlüssen entnahmefähig ist. Dem Gläubiger steht ferner das auf den verpfändeten Gesellschaftsanteil entfallende Auseinandersetzungsguthaben zu. Der Gläubiger ist berechtigt, den Gewinn einzuziehen. Die an den Gläubiger ausgezahlten Gewinnanteile sind auf die Verbindlichkeiten des Schuldners aus dem Darlehensvertrag vom ... anzurechnen.
6. Die Mitgliedschafts- und Verwaltungsrechte, die mit dem verpfändeten Gesellschaftsanteil verbunden sind, stehen weiterhin dem Schuldner zu. Insbesondere übt der Schuldner das Stimmrecht aus. Bei der Ausübung des Stimmrechts hat der Schuldner jedoch die Interessen des Gläubigers am Bestand und am Umfang des Pfandrechts zu berücksichtigen. Der Schuldner ist verpflichtet, dem Gläubiger auf Verlangen vor Beschlussfassung Auskunft über die zu fassenden Beschlüsse zu erteilen. Der Schuldner verpflichtet sich, alles zu unterlassen, was zu einer Beeinträchtigung des Wertes des verpfändeten Gesellschaftsanteils führen könnte, es sei denn die Maßnahme erfolgt im ordentlichen Geschäftsgang oder der Gläubiger hat der Maßnahme schriftlich zugestimmt.
7. Die Pfandreife tritt ein, wenn der Schuldner seine Verpflichtungen aus dem Darlehensvertrag vom ... bei Fälligkeit nicht oder nicht rechtzeitig erfüllt. Der Gläubiger ist bei Pfandreife berechtigt, den verpfändeten Gesellschaftsanteil auch ohne vollstreckbaren Titel öffentlich versteigern zu lassen. Die Versteigerung kann an jedem Ort in der Bundesrepublik Deutschland stattfinden. Sie ist dem Schuldner mit einer Frist von vier Wochen anzudrohen.

gg) Testamentsvollstreckung

375 Problematisch ist auch die Frage, ob die Testamentsvollstreckung hinsichtlich eines Gesellschaftsanteils mit dem Abspaltungsverbot vereinbar ist. Mehrere höchstrichterliche Entscheidungen haben hier eine gewisse Klärung gebracht;[552] zahlreiche Einzelfragen bleiben jedoch umstritten. Kautelarjuristisch kommt es im Schnittfeld von Gesellschaftsrecht und Erbrecht auf die sorgfältige Abstimmung von gesellschaftsvertraglichen und erbrechtlichen Regelungen an.

376 Beim Tod eines Gesellschafters geht der Gesellschaftsanteil unmittelbar im Wege der Sondererbfolge auf den oder die Erben über. Der durch die Sondererbfolge übergegangene Anteil ist nicht Teil des gesamthänderisch gebundenen Vermögens der Erbengemeinschaft; er gehört aber zum Nachlass.[553]

377 Hinsichtlich der Testamentsvollstreckung bezüglich des Gesellschaftsanteils differenziert die wohl herrschende Auffassung wie folgt:

378 Zunächst wird zwischen der Abwicklungstestamentsvollstreckung (§§ 2204, 2205 BGB) und der Verwaltungs- oder Dauertestamentsvollstreckung (§§ 2205, 2209 BGB) unterschieden. Die Abwicklungsvollstreckung zielt lediglich auf die Auseinandersetzung des Nachlasses durch den Testamentsvollstrecker ab. Der Testamentsvollstrecker muss dazu keine gesellschaftsrechtlichen Verwaltungsrechte in großem Umfang oder über einen längeren Zeitraum ausüben. Seine Aufgabe erschöpft sich im Wesentlichen in der Inbesitznahme

---

552 BGHZ 108, 187 = NJW 1989, 3152 (Testamentsvollstreckung an Kommanditbeteiligung); BGH NJW 1996, 1284 (GbR-Anteile); gegen die Testamentsvollstreckung an einem Kommanditanteil RGZ 172, 199, 203; offen gelassen von BGHZ 91, 132, 137.
553 Die mit dem Übergang des Gesellschaftsanteils unmittelbar auf den oder die zum Nachfolger bestimmten Erben verbundene Ausgliederung aus dem übrigen gesamthänderisch gebundenen Nachlass steht der Nachlasszugehörigkeit des Gesellschaftsanteils und einer Testamentsvollstreckung nicht entgegen, vgl. BGH NJW 1989, 3152, 3153; BGHZ 98, 48, 51.

des Nachlasses und der Verteilung der Nachlassgegenstände unter den Erben bzw. Vermächtnisnehmern.[554] Bei der Personenhandelsgesellschaft geht der Anteil unmittelbar auf den oder die Erben über. Ein Konflikt mit dem Abspaltungsverbot ist daher regelmäßig nicht zu erwarten.

Hingegen hat der Testamentsvollstrecker bei der Verwaltungs- oder Dauertestamentsvollstreckung die Aufgabe, den Nachlass auf Dauer in Besitz zu nehmen und für den oder die Erben zu verwalten (§§ 2205, 2209 BGB). Gehört zum Nachlass ein Anteil an einer Personenhandelsgesellschaft, so stellt sich angesichts des Verbots der Abspaltung von Gesellschaftsrechten von der Gesellschafterstellung die Frage, inwieweit der Testamentsvollstrecker die Mitgliedschaftsrechte an Stelle des Erben ausüben kann. Diese Frage wird für unbeschränkt haftende und beschränkt haftende Beteiligungen unterschiedlich beantwortet. 379

Dem BGH zufolge ist die Dauertestamentsvollstreckung an einer Kommanditbeteiligung grundsätzlich zulässig, wenn der Gesellschaftsvertrag die Testamentsvollstreckung erlaubt oder die Mitgesellschafter nachträglich zustimmen.[555] Dem Testamentsvollstrecker obliegt in diesem Fall die Ausübung sämtlicher Mitgliedschaftsrechte; eine Abspaltung einzelner Rechte ist also nicht gegeben. Der Kommanditist ist durch die auf die Einlage begrenzte Haftung ausreichend geschützt. Der Testamentsvollstrecker bedarf allerdings der Zustimmung des Erben zu Maßnahmen, die dessen persönliche Haftung begründen[556] oder die in den Kernbereich seiner Mitgliedschaft eingreifen.[557] Zum Kernbereich werden die Rechte des Gesellschafters gerechnet, die für die Gesellschafterstellung prägend sind, insbesondere die Regelung der Gewinnverteilung und des Auseinandersetzungsguthabens, das Stimmrecht und weitere zwingende und unentziehbare Mitwirkungs-, Kontroll- und Gestaltungsrechte. Umstritten ist auch, ob der Testamentsvollstrecker die Beteiligung veräußern darf. Nach § 2205 S. 2 BGB ist ihm grundsätzlich die Verfügungsbefugnis über Nachlassgegenstände eingeräumt. Es hängt vom Einzelfall bzw. einer entsprechend klaren Gestaltung ab, ob in der Anordnung der Dauertestamentsvollstreckung ein der Veräußerung entgegenstehender Wille des Erblassers i.S. von § 2208 Abs. 1 S. 1 BGB zu erkennen ist. Zusammenfassend ist für die Praxis festzuhalten, dass die Dauertestamentsvollstreckung an Kommanditbeteiligungen jedenfalls für die laufende Verwaltung ein geeignetes Mittel zur Durchsetzung des Erblasserwillens ist. 380

Weit unklarer ist die Rechtslage bei der Testamentsvollstreckung an voll haftenden Beteiligungen wie dem Anteil an einer offenen Handelsgesellschaft oder der Beteiligung als persönlich haftender Gesellschafter an einer Kommanditgesellschaft. Grundsätzlich dürfte der Widerspruch zwischen der unbeschränkten Haftung des Gesellschafters (§ 128 HGB) und der beschränkten Befugnisse des Testamentsvollstreckers, der den Erben ohne dessen Einverständnis nur begrenzt auf das Nachlassvermögen verpflichten kann (§ 2206 BGB), der Zulässigkeit der Vollstreckungsanordnung entgegenstehen.[558] Zudem ist die Übernahme von Leitungsfunktionen wie der Geschäftsführung durch einen Dritten ohne eigene persönliche Haftung mit dem Grundsatz der Selbstorganschaft bei der Personenhandelsgesellschaft nicht vereinbar.[559] Allerdings hat der BGH die auf die Wahrnehmung der verkehrsfähigen Vermögensrechte beschränkte Testamentsvollstreckung bezüglich des 381

---

554 Siehe KG, Beschl. v. 9.12.2008 – 1 W 417/07, RNotZ 2009, 251, 252 (Übertragung eines GbR-Anteils auf einen Erben durch Abwicklungsvollstrecker in Ausführung einer Teilungsanordnung oder Vorausvermächtnisses).
555 BGHZ 108, 187 = DNotZ 1990, 183 = NJW 1989, 3152, 3154.
556 Die Rückzahlung der Einlage gemäß § 172 Abs. 4 HGB dürfte regelmäßig keine ordnungsgemäße Verwaltung des Nachlasses i.S.d. § 2216 Abs. 1 BGB darstellen; zu weiteren Einzelfragen BGH NJW 1989, 3152, 3155.
557 *Baumbach/Hopt*, § 139 Rn. 27; MünchHdb. GesR I/*Klein/Lindemeier*, § 80 Rn. 43 m.w.N.
558 BGH NJW 1989, 3152, 3154 mit Nachweis der st. Rspr.
559 Zutr. Beck'sches Notarhandbuch/*Hermanns*, Teil D II, Rn. 64.

1. Kapitel Personengesellschaftsrecht

Anteils an einer Gesellschaft bürgerlichen Rechts als zulässig erachtet.[560] Dem BGH zufolge besteht Raum für eine Testamentsvollstreckung auch am Anteil eines persönlich haftenden Gesellschafters, von der die Geschäftsführung und andere, möglicherweise zu einer Haftung der Gesellschaft führende Handlungen unberührt bleiben, und die sich im Wesentlichen auf die Wahrnehmung und Erhaltung der mit dem Anteil verbundenen, übertragbaren Vermögensrechte beschränkt.[561] Danach sollte auch die auf die Wahrnehmung der Vermögensrechte, insbesondere das Gewinnbeteiligungsrecht, beschränkte Testamentsvollstreckung am Anteil eines persönlich haftenden Gesellschafters einer Personenhandelsgesellschaft zulässig sein, und zwar auch ohne Zustimmung der Mitgesellschafter.

d) Einheitlichkeit der Beteiligung

aa) Grundsatz

382 Für die Personenhandelsgesellschaften gilt der Grundsatz der Einheitlichkeit der Beteiligung, d.h. ein Gesellschafter kann stets nur einen Gesellschaftsanteil halten und nicht wie bei der GmbH oder Aktiengesellschaft mehrere voneinander unabhängige Anteile (Geschäftsanteile bzw. Aktien). In der Praxis führt dies beim Erwerb eines weiteren Gesellschaftsanteils durch einen Gesellschafter dazu, dass sich der ursprüngliche Anteil um den hinzu erworbenen Anteil »erhöht«. Augenscheinlich ist dies beim Hinzuerwerb eines weiteren Kommanditanteils durch einen Kommanditisten von einem Mitgesellschafter. Anzumelden und im Handelsregister einzutragen ist nicht etwa der Kommanditist mit nunmehr zwei Kommanditeinlagen, sondern der Kommanditist mit einer einheitlichen, wenn auch nunmehr höheren Einlage. Auch wenn ein Komplementär einen Kommanditanteil hinzu erwirbt, wird er dadurch nicht gleichzeitig Komplementär und Kommanditist. Er bleibt Komplementär mit durch den Erwerb erhöhtem Kapitalanteil an der Gesellschaft.[562]

383 Außerdem kann nicht ein Teil eines Gesellschaftsanteils anders ausgestaltet sein als der andere Teil. Es kann auch nicht ein Teil eines Gesellschaftsanteil belastet werden (z.B. mit einem Nießbrauch oder einem Pfandrecht), während der Rest unbelastet bleibt.

bb) Durchbrechung bei Testamentsvollstreckung

384 Dieser Grundsatz hat in der Rechtsprechung jedoch einige Durchbrechungen erfahren, und zwar immer dann, wenn ein Gesellschafter zu seinem vorhandenen Gesellschaftsanteil einen Gesellschaftsanteil hinzu erwirbt, für den Testamentsvollstreckung angeordnet ist.

385 So hat der BGH die Testamentsvollstreckung an einem ererbten Gesellschaftsanteil auch in einem Fall zugelassen, in dem die Erben bereits Gesellschafter waren. Die Testamentsvollstreckung verhindere die uneingeschränkte Vereinigung der bisher schon gehaltenen und der hinzu erworbenen Anteile.[563] In dem Fall einer zweigliedrigen oHG hatte die Testamentsvollstreckung bezüglich des ererbten Anteils zur Folge, dass die Gesellschaft trotz Vereinigung aller Geschäftsanteile in der Hand des Erben als nicht erloschen anzusehen war.[564] Bis zu diesen Entscheidungen stand der BGH auf dem Standpunkt, dass es aus Rechtsgründen nicht möglich sei, dass ein einheitlicher Gesellschaftsanteil dem Gesell-

---

560 BGH NJW 1996, 1284, 1285; ebenso OLG Düsseldorf, Beschl. v. 24.9.2007 – I-9 U 26/07, RNotZ 2008, 303, für Komplementäranteil an einer KG.
561 Die Abgrenzung klingt bereits in BGHZ 98, 48, 55 bzgl. einer oHG-Beteiligung an.
562 St. Rspr., vgl. BGHZ 66, 98, 101; BGHZ 101, 123, 129.
563 BGH NJW 1996, 1284, 1286, zur GbR, in casu wohl begrenzt auf die Testamentsvollstreckung bezüglich der übertragbaren Vermögensrechte.
564 BGHZ 98, 48, 57.

schafter teilweise zur unbeschränkten Verfügung steht und teilweise der Verwaltung des Testamentsvollstreckers unterliegt.[565] In seiner neueren Rechtsprechung gibt der BGH somit der Testamentsvollstreckung gleichsam den Vorrang vor dem Prinzip der Einheitlichkeit der Beteiligung. Im Extremfall hat der BGH das Entstehen einer Art Ein-Personen-Gesellschaft akzeptiert, obwohl das Zusammenfallen aller Anteile in einer Hand nach allgemeinen Grundsätzen zur Auflösung der Gesellschaft führt (Konfusion).

cc) Einmann-Personengesellschaft?

Im Anschluss an diese Rechtsprechung hat ein Teil der Literatur den Standpunkt eingenommen, dass auch bei testamentarisch angeordneter Vor- und Nacherbfolge keine Vereinigung des unbelasteten vorhandenen und des belasteten ererbten Gesellschaftsanteils stattfinde und eine zuvor nur aus dem Erblasser und dem Erben bestehende zweigliederige Gesellschaft als Einmann-Personengesellschaft fortbestehe.[566] Letztlich ist die gleiche Problematik stets aufgeworfen, wenn der letzte verbleibende Gesellschafter zu seinem bisherigen Gesellschaftsanteil einen weiteren Anteil hinzu erwirbt, der anders als der erste Anteil belastet oder ausgestaltet ist. Zu denken ist z.B. an den Hinzuerwerb eines mit einem Nießbrauchsrecht oder Pfandrecht belasteten Anteils.[567]

386

dd) Nießbrauchsvorbehalt in der Praxis

Für den praktisch wichtigen Fall der Übertragung eines Gesellschaftsanteils unter Nießbrauchsvorbehalt sollten aus den vorstehend aufgezeigten Entwicklungen keine voreiligen Schlüsse gezogen werden. Es ist keineswegs sicher, dass der BGH die Dogmen der Einheitlichkeit der Beteiligung und der Auflösung der Gesamthand durch Konfusion weiter durchlöchern würde. Für die Gestaltung ist bis zur höchstrichterlichen Klärung davon auszugehen, dass ein Gesellschafter nicht mehrere Gesellschaftsanteile halten kann und dass die Gesellschaft bei Zusammenfallen aller Anteile in einer Hand aufgelöst wird.[568] Die Zulässigkeit der Ein-Personen-Handelsgesellschaft kann keineswegs als Regelfall unterstellt werden.

387

Das macht die Übertragung von Gesellschaftsanteilen unter Nießbrauchsvorbehalt schwierig, wenn der Erwerber bereits Mitgesellschafter ist, und unmöglich, wenn er der letzte verbleibende Gesellschafter ist.[569] Beabsichtigt z.B. ein Unternehmer, die nachfolgende Generation nach und nach als Gesellschafter an das Unternehmen heranzuführen und möchte er sich dabei Nutzungs- und Mitwirkungsrechte für einen längeren Zeitraum vorbehalten, so sollte bei der schrittweisen Übertragung von Anteilen der Nießbrauch – am besten aufgrund einer Gesamtplanung – immer gleich ausgestaltet sein. Bei gleicher Belastung können sich die übertragenen Anteile zwanglos zu einem nach und nach erweiterten Gesamtanteil des Nachfolgers vereinigen. Ist die Übertragung oder Vererbung des gesamten Unternehmens auf eine Person geplant, so müssen Vorkehrungen gegen eine

388

---

565 BGHZ 24, 106, 113; Zweifel daran bereits in BGH NJW 1989, 3152, 3155.
566 Ebenroth/Boujong/Joost/*Lorz*, § 139 Rn. 58 m.w.N.
567 Vgl. MünchKommBGB/*Ulmer*, § 705 Rn. 63 f., Rn. 181 f. zu der von ihm als h.M. in der Lit. bezeichnete Auffassung, welche den Fortbestand der Gesellschaft annimmt, wenn die Gesellschaftsanteile zwar in einer Hand zusammenfallen, aber einer »unterschiedlichen quasi-dinglichen oder erbrechtlichen Zuordnung unterliegen«.
568 St. Rspr., BGHZ 24, 106, 108; BGHZ 47, 293, 296; BGHZ 58, 316, 318; BGHZ 66, 98, 101; BGHZ 91, 132, 137; BGHZ 101, 123, 129; jüngst BGH, Urt. v. 7.7.2008 – II ZR 37/07, MittBayNot 2009, 57 = NZG 2008, 704 = ZNotP 2008, 452.
569 OLG Düsseldorf DNotZ 1999, 440 (mit abl. Anm. *Kanzleiter*, 443), und OLG Schleswig ZIP 2006, 615, haben den Fortbestand der Gesellschaft als Ein-Personen-Gesellschaft bei Übertragung des Gesellschaftsanteils des vorletzten Gesellschafters auf den letzten Gesellschafter unter Nießbrauchsvorbehalt abgelehnt.

etwaige Konfusion und Auflösung der Gesellschaft getroffen werden. Durch die rechtzeitige Umwandlung einer GbR, oHG oder KG in eine GmbH & Co. KG wird der Übergang auch auf eine einzelne natürliche Person ermöglicht.

e) Kernbereichslehre

389 Nach der Kernbereichslehre gibt es einen Kernbestand von Mitgliedschaftsrechten, die dem Gesellschafter nicht bzw. nicht ohne seine Zustimmung entzogen werden können. Die Zustimmung kann dabei nicht nur ad hoc im Rahmen der Beschlussfassung erteilt werden, mit der in das betreffende Mitgliedschaftsrecht eingegriffen wird, sondern auch antizipiert z.B. in Gestalt einer entsprechenden (Mehrheits)Klausel im Gesellschaftsvertrag. Um wirksam zu sein, muss eine solche Vertragsklausel eindeutig die Möglichkeit des Eingriffs bezeichnen sowie Art und Ausmaß des Eingriffs genau erkennen lassen. Zum Kernbereich der Mitgliedschaftsrechte werden insbesondere das Stimm- und Gewinnrecht, das Recht auf Beteiligung am Liquidationserlös, das Geschäftsführungsrecht und das Informationsrecht gerechnet. »Kernbereichsrelevanz« haben außerdem alle Maßnahmen, die in die Grundlagen der Gesellschaft eingreifen, z.B. die Entscheidung über ihre Auflösung, die Änderung des Zwecks der Gesellschaft, die Nachforderung von Beiträgen sowie die Änderung des Gewinnverteilungsschlüssels und – jedenfalls in der gesetzestypisch personenbezogenen Gestaltung der Gesellschaft – die Zusammensetzung der Gesellschafter.[570]

390 In der Praxis ist die »Kernbereichsrelevanz« somit das Prüfungskriterium für die Zulässigkeit von Mehrheitsentscheidungen über Maßnahmen, die die Grundstrukturen der jeweiligen Gesellschaft berühren.

f) Ausübung der Mitgliedschaftsrechte von minderjährigen Gesellschaftern

391 Die Ausübung der Mitgliedschaftsrechte eines minderjährigen Gesellschafters obliegt den Eltern als gesetzlichen Vertretern (§ 1629 BGB).[571] Der gesetzliche Vertreter kann den Minderjährigen zum selbstständigen Betrieb eines Erwerbsgeschäfts, also auch zur Ausübung der Mitgliedschaftsrechte in einer Personenhandelsgesellschaft, ermächtigen (§ 112 Abs. 1 BGB). Die Ermächtigung bedarf der Genehmigung des Familiengerichts. Von der Ermächtigung sind diejenigen Rechtsgeschäfte ausgenommen, zu denen der Vertreter der Genehmigung des Familiengerichts bedarf (§§ 112 Abs. 1 S. 2, 1643, 1821, 1822 Nr. 1, 3, 5, 8 bis 11 BGB). Ist ein Elternteil selbst an der Gesellschaft beteiligt, hindert § 181 BGB ihn nicht an der gleichzeitigen Ausübung des Stimmrechts als gesetzlicher Vertreter des Minderjährigen. Die Einrichtung einer Dauerpflegschaft zur Ausübung des Stimmrechts ist daher nicht notwendig.[572]

g) Weitere Aspekte zur Gestaltung von Mitgliedschaftsrechten

aa) Geschäftsführung und Vertretung

392 Das Recht und die Pflicht zur Geschäftsführung betreffen das Innenverhältnis der Gesellschafter untereinander; die Vertretungsmacht hingegen die Befugnis zur Bindung der Gesellschaft im Außenverhältnis gegenüber Dritten. Im Gesellschaftsvertrag sollte entsprechend sorgfältig formuliert werden.

---

570 Vgl. MünchKommBGB/*Ulmer/Schäfer*, § 709 Rn. 91 ff.
571 BGHZ 68, 100.
572 BGHZ 65, 95; Baumbach/Hopt, § 105 Rn. 27.

(1) Die Geschäftsführungsbefugnis umfasst alle tatsächlichen und rechtsgeschäftlichen, gewöhnlichen und außergewöhnlichen Handlungen der Gesellschafter, die auf die Verwirklichung des Gesellschaftszwecks gerichtet sind.[573] Bei der oHG sind grundsätzlich alle Gesellschafter zur Geschäftsführung berechtigt und verpflichtet (§ 114 Abs. 1 HGB, § 709 Abs. 1 BGB). Dabei ist jeder Gesellschafter allein handlungsbefugt; die anderen geschäftsführungsbefugten Gesellschafter haben ein Widerspruchsrecht (§ 115 Abs. 1 HGB). Zur Vornahme von außergewöhnlichen Geschäften ist ein Beschluss sämtlicher Gesellschafter erforderlich (§ 116 Abs. 2 HGB). Bei der KG sind die Kommanditisten von der Geschäftsführung ausgeschlossen (§ 164 HGB). Ihnen steht aber ein Widerspruchsrecht gegen Geschäftsführungsmaßnahmen zu, die über den gewöhnlichen Geschäftsbetrieb der Gesellschaft hinausgehen. Aus dem Zusammenspiel von § 116 Abs. 2 und § 164 S. 1 Hs. 2 HGB ergibt sich nach h.M. die Notwendigkeit, vor der Vornahme einer außergewöhnlichen Maßnahme die ausdrückliche Zustimmung der Kommanditisten einzuholen.[574]

393

Die Vorschriften zur Geschäftsführung sind dispositiv (§ 109 HGB). Der Gesellschaftsvertrag kann somit einzelne Gesellschafter von der Geschäftsführung ausschließen (vgl. § 114 Abs. 2 HGB). Statt der Einzelbefugnis kann bestimmt werden, dass die geschäftsführungsbefugten Gesellschafter nur gemeinschaftlich handeln dürfen (vgl. § 115 Abs. 2 HGB). Die Vornahme von Geschäften kann an zusätzliche Erfordernisse geknüpft werden, z.B. einen Mehrheitsbeschluss aller Gesellschafter, und die gesetzlichen Beschränkungen (§ 116 Abs. 2 und 3 HGB) können im Gesellschaftsvertrag gelockert werden. So können beispielsweise das Widerspruchsrecht und das Zustimmungserfordernis der Kommanditisten für außergewöhnliche Geschäfte ausgeschlossen werden.

394

(2) Die Vertretungsmacht im Außenverhältnis ist bei der oHG gesetzlich als Einzelvertretungsmacht sämtlicher Gesellschafter ausgestaltet (§ 125 Abs. 1 und 2 HGB). Bei der KG sind die Kommanditisten zwingend von der Vertretung der Gesellschaft ausgeschlossen, es sind nur die persönlich haftenden Gesellschafter vertretungsberechtigt (§ 170 HGB). Die Vertretungsmacht erstreckt sich ohne Beschränkung auf sämtliche Geschäfte und Rechtshandlungen (§ 126 Abs. 1 HGB). Weder sind außergewöhnliche Geschäfte von der Vertretungsmacht ausgenommen noch besteht eine Limitierung auf den Zweck der Gesellschaft. Eine Beschränkung des Umfangs der Vertretungsmacht im Innenverhältnis ist gegenüber Dritten unwirksam (§ 126 Abs. 2 S. 1 HGB). Dritte können also auf das inhaltlich uneingeschränkte Bestehen der Vertretungsbefugnis vertrauen (zwingender Verkehrsschutz).

395

Der Gesellschaftsvertrag kann einzelne Gesellschafter von der Vertretung ausschließen (§ 125 Abs. 1 Hs. 2 HGB) sowie die Gesamtvertretung durch alle oder mehrere Gesellschafter anordnen (§ 125 Abs. 2 S. 1 HGB). Bei Gesamtvertretung können einzelne Gesellschafter zur Vornahme bestimmter Geschäfte ermächtigt werden, z.B. bei der Aufteilung nach Ressorts (§ 125 Abs. 2 S. 2 HGB). Auch eine gemischte (oder unechte) Gesamtvertretung durch Gesellschafter in Gemeinschaft mit einem Prokuristen (§ 125 Abs. 3 HGB) sowie Kombinationen (Einzelvertretung des Gesellschafters A, Gesamtvertretung der übrigen Gesellschafter) sind zulässig. Beim Empfang von Willenserklärungen genügt jedoch die Abgabe gegenüber einem der gesamtvertretungsberechtigten Gesellschafter (passive Einzelvertretung, § 125 Abs. 2 S. 3 HGB). Im Übrigen haben die Regelungen der §§ 125–127 HGB im Interesse des Verkehrsschutzes zwingenden Charakter.

396

Einem Kommanditisten kann keine organschaftliche Vertretungsmacht übertragen werden. Möglich ist aber die Erteilung einer rechtsgeschäftlichen Vollmacht, auch einer Prokura. Die Vollmacht kann auch im Gesellschaftsvertrag erteilt werden. Dann sollte klargestellt werden, ob es sich um ein Sonderrecht i.S. des § 35 BGB handelt, das nicht ohne Zustimmung des Kommanditisten wieder entzogen werden kann.

397

---

573 Baumbach/Hopt, § 114 Rn. 2.
574 RGZ 158, 302, 305; Baumbach/Hopt, § 164 Rn. 2.

398 (3) Im Gesellschaftsvertrag sollten die beiden Ebenen der Geschäftsführung und der Vertretungsmacht eng aufeinander abgestimmt und miteinander verzahnt werden. Die äußeren Grenzen der Gestaltungsfreiheit bilden das Abspaltungsverbot, das Gebot der Selbstorganschaft und das Verbot des Eingriffs in den Kernbereich der Gesellschafterrechte. So steht das Abspaltungsverbot der Übertragung von Verwaltungsrechten an Dritte entgegen, nicht aber der Überlassung von deren Ausübung. Möglich ist daher z.B. die Betrauung von Angestellten der Gesellschaft mit Geschäftsführungsaufgaben. Entsprechend verhält es sich bei der Organschaft: Organ der Gesellschaft können nur Gesellschafter sein, die Bestellung eines Dritten zum Geschäftsführer mit Generalvollmacht für die Vertretung im Außenverhältnis ist aber zulässig, wenn die Gesellschafter weisungsbefugt bleiben und die Vollmacht widerruflich ist. An der Kernbereichslehre sind Regelungen zu messen, die einen Zwang zur Abgabe von Geschäftsführungsbefugnissen vorsehen (Vertreterklausel, Beirat).[575]

bb) Stimmrecht und Beschlussfassung

399 Das Stimmrecht ist das zentrale Mitgliedschaftsrecht jeden Gesellschafters. Bei der Personenhandelsgesellschaft hat jeder Gesellschafter eine Stimme, also das gleiche Stimmgewicht. Abgestimmt wird somit nach Köpfen, nicht nach Kapitalanteilen. Das Stimmrecht ist als solches nicht übertragbar; die Ausübung kann aber einem anderen Gesellschafter oder einem Dritten überlassen werden (Stimmrechtsvollmacht).[576]

400 Das Gesetz sieht für die Beschlussfassung der Gesellschafter grundsätzlich das Erfordernis der Einstimmigkeit vor (§ 119 Abs. 1 HGB, § 709 Abs. 1 BGB). Gesellschaftsvertraglich kann aber auch das Mehrheitsprinzip verankert werden (vgl. § 119 Abs. 2 HGB, § 709 Abs. 2 BGB). In diesem Fall kann auch das Stimmgewicht nach anderen Kriterien als nach Köpfen bestimmt werden, z.B. nach der Höhe der Beteiligung an der Gesellschaft. Außer einer einfachen Mehrheit kann der Gesellschaftsvertrag auch eine qualifizierte Mehrheit, das Erfordernis eines bestimmten Quorums, ein Mehrstimmrecht eines oder einzelner Gesellschafter oder andere Varianten vorsehen. Zulässig sind allgemeine Mehrheitsklauseln und Katalogklauseln, die spezielle Beschlussgegenstände bestimmten (qualifizierten) Mehrheitserfordernissen unterwerfen. Auch die Kombination solcher Klauseln ist zulässig.

401 Für die allgemeinen Mehrheitsklauseln ist mittlerweile anerkannt, dass diese nicht gegen den Bestimmtheitsgrundsatz verstoßen. Die Geltung einer solchen Klausel ist also nicht davon abhängig, dass alle denkbaren Beschlussgegenstände erschöpfend aufgezählt werden (hierfür gibt auch § 119 Abs. 2 HGB nichts her). Es genügt vielmehr, dass sich aus dem Gesellschaftsvertrag eindeutig ergibt, dass der betreffende Beschlussgegenstand einer Mehrheitsentscheidung unterworfen sein soll.[577] Dabei ist das Mehrheitsprinzip für keinen Beschlussgegenstand von vornherein ausgeschlossen, auch nicht für sog. Grundlagengeschäfte oder Änderungen des Gesellschaftsvertrags. § 119 Abs. 2 HGB erlaubt den Gesellschaftern, sich beim Abschluss des Gesellschaftsvertrags im Rahmen der Privatautonomie darauf zu einigen, das starre Einstimmigkeitsprinzip für beliebige Beschlussgegenstände durch das flexiblere Mehrheitsprinzip zu ersetzen. Nach der Rechtsprechung ist allerdings auf einer zweiten Stufe im Sinne einer inhaltlichen Wirksamkeitskontrolle zu prüfen, ob die konkrete Beschlussfassung unter dem Aspekt einer etwaigen Verletzung der gesell-

---

575 Siehe oben Rdn. 389 f.
576 Siehe im Einzelnen oben Rdn. 349 ff.
577 BGH, Urt. v. 15.1.2007 – II ZR 245/05 (OTTO), BGHZ 170, 283 = DNotZ 2007, 629, 631; BGH, Urt. v. 24.11.2008 – II ZR 116/08, DNotZ 2009, 392, 393; anders BGH, Urt. v. 5.3.2007 – II ZR 282/05, DNotI-Report 2007, 71: allgemeine Mehrheitsklausel deckt nicht Beschluss über Nachschussverpflichtung, Bestimmtheitsgrundsatz verlangt Festlegung von Kriterien, die das Erhöhungsrisiko eingrenzen.

schafterlichen Treuepflicht in unzulässiger Weise Minderheitsrechte verkürzt. Diese Prüfung ist nicht nur bei Grundlagengeschäften und bei Maßnahmen, die in den Kernbereich der Mitgliedschaftsrechte eingreifen, durchzuführen, sondern bei allen Mehrheitsentscheidungen. Dem BGH zufolge liegt allerdings bei einem Eingriff in den Kernbereich regelmäßig eine treupflichtwidrige Ausübung der Mehrheitsmacht vor, während in sonstigen Fällen die Minderheit den Nachweis einer treupflichtwidrigen Mehrheitsentscheidung zu führen hat.[578]

cc) Gewinnverwendung und Entnahmerecht, Gesellschafterkonten

Das Gesetz sieht vor, dass nach jedem Geschäftsjahr der Jahresgewinn oder –verlust ermittelt und für jeden Gesellschafter sein Anteil daran berechnet und seinem Kapitalanteil zu- bzw. abgeschrieben wird (§ 120 HGB). Der Gewinn ist zunächst in Höhe von 4% des Kapitalanteils, der Rest und ein Verlust nach Köpfen unter den Gesellschaftern zu verteilen (§ 121 HGB). Entnahmen sind bis zur Höhe von 4% des für das letzte Geschäftsjahr festgestellten Kapitalanteils sowie in Höhe eines etwaigen Mehrgewinns zulässig (§ 122 HGB). Auch im Liquidationsfall ist das verbleibende Vermögen der Gesellschaft im Verhältnis der Kapitalanteile unter den Gesellschaftern zu verteilen (§ 155 Abs. 1 HGB). Für Kommanditisten gilt nach der Sonderregel des § 167 HGB nur eine auf die Einlage begrenzte Gewinnzuschreibung und ein begrenzter Verlustanteil. Der Kommanditist hat kein gewinnunabhängiges Entnahmerecht (§ 169 HGB). **402**

Diese Regelungen sind sämtlich dispositiv (§§ 109, 145 HGB). **403**

Die gesetzlich vorgesehenen veränderlichen Kapitalanteile sind Rechnungsziffern, die das Verhältnis der Beteiligung der Gesellschafter bezeichnen. Danach bestimmen sich die Gewinnanteile, das Entnahmerecht und die Beteiligung am Auseinandersetzungsguthaben. Es handelt sich nicht um die Beteiligung der Gesellschafter an dem Gesellschaftsvermögen. Das Gesetz schreibt für die Personenhandelsgesellschaften kein Eigenkapital und kein Festkapital vor. In der Praxis wünschen die Gesellschafter demgegenüber regelmäßig die Festlegung eines nicht veränderlichen Beteiligungsverhältnisses, das meistens an die unterschiedlichen Einlagen der Gesellschafter anknüpft. Üblich und empfehlenswert ist daher die Bildung mehrerer Konten für jeden Gesellschafter. Auf einem festen Kapitalkonto (auch Festkapitalkonto oder Kapitalkonto I) wird der Kapitalanteil des Gesellschafters ausgewiesen. Der Betrag dieses Kontos entspricht der Einlage des Gesellschafters und ist unveränderlich. An diesen Betrag und sein Verhältnis zum gesamten Kapital der Gesellschaft lassen sich die Rechte und Pflichten der Gesellschafter anknüpfen (z.B. Gewinnbeteiligung, Entnahmerecht, Stimmrecht). Auf einem zweiten, variablen Konto (Kapitalkonto II) werden die Gewinne, Verluste und Entnahmen gebucht. Daneben können noch sog. Privatkonten (auch Sonder-, Darlehenskonten) eingerichtet werden, auf die andere Forderungen und Verbindlichkeiten im Verhältnis von Gesellschaft und Gesellschaftern gebucht werden können. **404**

Abweichende Vereinbarungen hinsichtlich der Gewinnverteilung, der Verzinsung der Konten und des Entnahmerechts sind zulässig und weit verbreitet. Insbesondere wird die Beteiligung an Gewinn und Verlust regelmäßig an den festen Kapitalanteil gemäß dem Kapitalkonto I geknüpft. Das Entnahmerecht kann erweitert oder auch beschränkt werden. Nachträgliche Änderungen bedürfen der Zustimmung aller Gesellschafter. **405**

Formulierungsbeispiel für die Kommanditgesellschaft: **406 M**
§ ... Konten

1. **Für jeden Kommanditisten wird ein Kapitalkonto I in Höhe der Kommanditeinlage als Festkonto geführt. Das Kapitalkonto I ist unverzinslich und bleibt, soweit sich aus diesem Gesellschaftsvertrag nichts anderes ergibt, unverändert.**

---

578 BGH DNotZ 2009, 392, 394.

1. Kapitel Personengesellschaftsrecht

2. Rücklagen, die aus Einlagen stammen, die die Kommanditisten über die Kommanditeinlagen hinaus leisten, werden auf einem Rücklagenkonto gebucht, das den Kommanditisten entsprechend ihren Kommanditeinlagen gesamthänderisch zusteht (Kapitalkonto II).
3. Für jeden Kommanditisten wird ferner ein Kapitalkonto III geführt, auf dem Gewinnrücklagen gebucht werden. Etwaige Verluste der Kommanditisten werden auf Verlustvortragskonten, die im Bedarfsfall für jeden Kommanditisten eingerichtet werden, verbucht. Entnahmefähige Gewinne und Entnahmen werden auf Darlehenskonten, die für jeden Gesellschafter geführt werden, verbucht. Die Kapitalkonten III und die Darlehenskonten werden mit 2 Prozentpunkten über dem jeweiligen Basiszinssatz verzinst.

407 M § ... Gewinn- und Verlustbeteiligung

1. Für die Verteilung von Gewinn und Verlust ist der festgestellte Jahresabschluss maßgeblich.
2. Die persönlich haftende Gesellschafterin erhält vorab Ersatz ihrer aus der Geschäftsführung entstandenen Aufwendungen sowie zur Abgeltung ihres Haftungsrisikos jährlich einen Betrag in Höhe von 5 % ihres Stammkapitals. Im Übrigen ist sie am Gewinn und Verlust der Gesellschaft nicht beteiligt.
3. Der verbleibende Gewinn steht den Kommanditisten im Verhältnis ihrer Beteiligung (auf dem Kapitalkonto I gebuchte Kommanditeinlagen) zu. Einen Verlust tragen die Kommanditisten ebenfalls im Verhältnis ihrer Beteiligung.

408 M § ... Rücklagen, Entnahmen

1. Fünfundzwanzig vom Hundert des verfügbaren Jahresgewinns werden in die Rücklage gemäß § ... Ziffer 3. dieses Gesellschaftsvertrages eingestellt und auf den Kapitalkonten III der Kommanditisten verbucht. Über eine abweichende Rücklagendotierung sowie die Auflösung von Rücklagen entscheidet die Gesellschafterversammlung mit einer Mehrheit von drei Vierteln der abgegebenen Stimmen. Die Auflösung von Rücklagen ist allerdings nur zulässig, soweit die Rücklagenkonten gemäß § ... Ziffern 2. und 3. den bilanziellen Bestand des Anlagevermögens abzüglich der Kommanditeinlagen (Summe der Kapitalkonten I laut § ... Ziffer 1.) und des Sonderrücklagenkontos laut § ... Ziffer 4. übersteigt. Entnahmen aus dem Kapitalkonto I sind unzulässig.
2. Die auf dem Darlehenskonto gebuchten Gewinne können jederzeit entnommen werden, soweit hierdurch nicht ein negativer Saldo entsteht oder sich erhöht. Diese Einschränkung gilt nicht, soweit ein Kommanditist unterjährige Entnahmen tätigt, die seinen voraussichtlichen entnahmefähigen Gewinn des laufenden Geschäftsjahres pro rata temporis nicht überschreiten und die Gesellschafterversammlung mit einer Mehrheit von drei Vierteln der abgegebenen Stimmen zustimmt.

dd) Informations- und Kontrollrecht

409 Jedem Gesellschafter stehen gegen die Gesellschaft umfangreiche Informations- und Kontrollrechte zu (§ 118 Abs. 1 HGB; § 716 Abs. 1 BGB). Die Rechte umfassen alle Angelegenheiten der Gesellschaft und erstrecken sich auf die Einsichtnahme in sämtliche Unterlagen der Gesellschaft sowie Zugang zu den Geschäftsräumen, nur ausnahmsweise auf Auskunft. Wegen ihrer persönlichen Haftung haben bei der oHG alle Gesellschafter die gleichen Rechte, unabhängig davon, ob sie von der Geschäftsführung ausgeschlossen sind oder nicht. Das Kontrollrecht des Kommanditisten ist hingegen inhaltlich auf die Prüfung des Jahresabschlusses unter Einsicht in die Bücher und Papiere der Gesellschaft beschränkt (§ 166 Abs. 1 HGB).

Das Informationsrecht ist ein höchstpersönliches Recht des Gesellschafters, das nicht auf Dritte übertragen werden kann. Die Ausübung durch einen Bevollmächtigten ist mit Zustimmung der Gesellschafter zulässig; der einsichtsberechtigte Gesellschafter kann aber einen geeigneten Sachverständigen hinzuziehen.[579]   410

Die Informations- und Kontrollrechte können im Gesellschaftsvertrag eingeschränkt und abbedungen werden (vgl. § 109 HGB), etwa bezüglich bestimmter Unterlagen, in zeitlicher Hinsicht, hinsichtlich der Art und Weise der Wahrnehmung oder der Person von Bevollmächtigten. Umstritten ist, ob das Informationsrecht auch vollständig ausgeschlossen werden kann.[580] Eine nachträgliche Entziehung wie bei der Geschäftsführungsbefugnis (§ 117 HGB) ist indes nicht möglich. Der Ausschluss oder eine Beschränkung stehen der Geltendmachung des Kontrollrechts nicht entgegen, wenn für den Gesellschafter Grund zur Annahme unredlicher Geschäftsführung besteht (§ 118 Abs. 2 HGB). Der Umfang des Informationsrechts kann im Gesellschaftsvertrag auch erweitert werden.   411

5. Haftung

a) Grundsatz

Die Personenhandelsgesellschaften sind gekennzeichnet durch die persönliche und gesamtschuldnerische Haftung ihrer Gesellschafter für die Verbindlichkeiten der Gesellschaft (§ 128 HGB). Diese Haftung ist akzessorisch zu der Haftung der Gesellschaft selbst (§ 129 HGB), aber auch unmittelbar und primär gegenüber den Gesellschaftsgläubigern. Mehrere Gesellschafter haften jeweils aufs Ganze, ein Ausgleich findet nur im Innenverhältnis statt. Die Gesellschafterhaftung ist bei der oHG unbeschränkt und unbeschränkbar (vgl. § 128 S. 2 HGB). Bei der KG kann die Haftung der Kommanditisten auf die Höhe der Einlage (Haftsumme) beschränkt werden; die Haftung entfällt, soweit die Einlage geleistet ist (§ 171 Abs. 1 HGB). Der persönlich haftende Gesellschafter der KG haftet hingegen unbeschränkt mit seinem gesamten Vermögen (§§ 161 Abs. 2, 128 HGB).   412

Die Partner der Partnerschaft haften grundsätzlich wie oHG-Gesellschafter für die Verbindlichkeiten der Partnerschaft (§ 8 Abs. 1 PartGG). Ist allerdings nur ein einzelner Partner mit der Bearbeitung eines Auftrags befasst, so haftet nur dieser für berufliche Fehler neben der Partnerschaft (§ 8 Abs. 2 PartGG). Eine Haftungsbeschränkung der Höhe nach kann durch Gesetz zugelassen werden, wenn das Gesetz zugleich die Pflicht zum Abschluss einer entsprechenden Berufshaftpflichtversicherung begründet (§ 8 Abs. 3 PartGG).   413

Die Haftung gilt für sämtliche Gesellschaftsverbindlichkeiten, gleich aus welchem Rechtsgrund und mit welchem Inhalt.   414

b) Haftung für Altschulden und Nachhaftung

Die Haftung trifft zunächst die Gesellschafter, die im Zeitpunkt der Entstehung der Verbindlichkeit Gesellschafter sind. Später in die Gesellschaft eintretende Gesellschafter haften in gleicher Weise für die vor dem Eintritt begründeten Verbindlichkeiten (§ 130 Abs. 1 HGB). Auf die Kenntnis des eintretenden Gesellschafters von den Altschulden kommt es nicht an. Der Eintritt kann durch Aufnahme in die Gesellschaft, Erbgang oder rechtsgeschäftliche Anteilsübertragung erfolgen.   415

Die Haftung für Altschulden bleibt auch nach Ausscheiden des Gesellschafters bestehen. Die Nachhaftung ist allerdings zeitlich begrenzt auf fünf Jahre nach dem Ausschei-   416

---

579 BGHZ 25, 115.
580 *Baumbach/Hopt*, § 118 Rn. 17 sowie § 166 Rn. 18 m.w.N.: bejahend für oHG, verneinend für KG (Kernbereich).

den des Gesellschafters (§ 160 Abs. 1 HGB).[581] Der Lauf der Enthaftungsfrist beginnt mit der Eintragung des Ausscheidens des Gesellschafters in das Handelsregister (§ 160 Abs. 1 S. 2 HGB). Die Eintragung des Ausscheidens des Gesellschafters ist für den Fristbeginn jedoch nicht konstitutiv. Die Frist beginnt auch mit der anderweitig erlangten positiven Kenntnis des Gläubigers von dem Ausscheiden des Gesellschafters.[582] Der gleichen Nachhaftung unterliegt ein persönlich haftender Gesellschafter, wenn er Kommanditist wird (§ 160 Abs. 3 HGB). Für nach seinem Ausscheiden begründete Verbindlichkeiten (Neuschulden) haftet der Gesellschafter hingegen nicht.

417 Nach Auflösung der Gesellschaft verjähren die Ansprüche der Gesellschaftsgläubiger gegen die Gesellschafter, und zwar in fünf Jahren nach Eintragung der Auflösung in das Handelsregister (§ 159 Abs. 1 und 2 HGB).

c) Die Haftung des Kommanditisten

418 Der Kommanditist in der KG haftet wie folgt für Verbindlichkeiten der Gesellschaft:[583]

419 aa) Vor Eintragung der Gesellschaft in das Handelsregister haftet der Kommanditist unbeschränkt wie ein persönlich haftender Gesellschafter für die bis zur Eintragung der Gesellschaft begründeten Verbindlichkeiten, wenn er dem vorzeitigen Geschäftsbeginn zugestimmt hat (Voreintragungshaftung, § 176 Abs. 1 HGB). Die unbeschränkte Haftung entfällt gegenüber Gläubigern, denen die Beteiligung als Kommanditist bekannt war.[584] Die Haftung für einmal begründete Verbindlichkeiten erlischt nicht mit der Eintragung der Gesellschaft. Die Voreintragungshaftung gilt nur für die Kommanditisten von Gesellschaften, die ein Handelsgewerbe betreiben und die somit bereits mit Aufnahme ihrer Geschäfte und nicht erst durch ihre Eintragung im Handelsregister entstehen. Die Kommanditisten von Gesellschaften, die nur ein Kleingewerbe, Land- oder Forstwirtschaft oder die Verwaltung eigenen Vermögens betreiben, sind von der Haftung ausgenommen (§ 176 Abs. 1 S. 2 HGB).

420 bb) Ab Eintragung der Gesellschaft und der Kommanditeinlage in das Handelsregister (§ 162 Abs. 1 HGB) ist die Haftung des Kommanditisten der Höhe nach auf den Betrag der Einlage beschränkt (§ 171 Abs. 1 Hs. 1 HGB). Maßgeblich ist der im Handelsregister angegebene Betrag (§ 172 Abs. 1 HGB). Mit der Einlage ist somit die Haftsumme gegenüber den Gesellschaftsgläubigern gemeint (Außenverhältnis). Diese Haftsumme ist von der im Gesellschaftsvertrag vereinbarten Pflichteinlage des Kommanditisten (Innenverhältnis) zu unterscheiden. Die Beträge der Haftsumme und der Pflichteinlage können übereinstimmen, müssen es aber nicht. Der Kommanditist haftet summenmäßig beschränkt auf den Betrag der eingetragenen Einlage, aber weiterhin mit seinem gesamten Privatvermögen als Haftungsmasse.

421 cc) Ausgeschlossen ist die Haftung des Kommanditisten mit seinem Privatvermögen gegenüber den Gesellschaftsgläubigern erst, wenn er die Einlage an die Gesellschaft geleistet hat (§ 171 Abs. 1 Hs. 2 HGB). Bei teilweiser Leistung der Einlage entfällt die Haftung nur in Höhe des geleisteten Betrages. Die Einlage kann entsprechend den Vereinbarungen im Gesellschaftsvertrag in Geld, durch Übertragung eines Vermögensgegenstands

---

581 Dabei handelt es sich um eine Ausschlussfrist, nicht um eine Verjährungsregelung, zutr. *Baumbach/Hopt*, § 159 Rn. 2.
582 So nunmehr BGH, Urt. v. 24.9.2007 – II ZR 284/05, DNotZ 2008, 388, 3890 = MittBayNot 2008, 138, im Anschluss an *Altmeppen*, NJW 2000, 2529, 2530; entgegen der bisher h.L.
583 Instruktiv *Peters*, RNotZ 2002, 425; *Specks*, RNotZ 2008, 143.
584 OLG Frankfurt a.M., Beschl. v. 9.5.2007 – 13 U 195/06, RNotZ 2008, 170, lässt hierfür im Einklang mit der wohl h.L. schon die Firmierung als GmbH & Co. KG genügen. Bei der GmbH & Co. KG könne die typische Verkehrserwartung, dass nur die GmbH unbeschränkt hafte, während die beteiligten natürlichen Personen Kommanditisten seien, mit der positiven Kenntnis i.S. von § 176 Abs. 1 S. 1 HGB gleichgestellt werden. Siehe unten Rdn. 573.

(Sacheinlage) oder durch Aufrechnung mit einer Forderung des Kommanditisten gegen die Gesellschaft erbracht werden. Entscheidend ist, dass der Gesellschaft der vereinbarte Wert zugeführt wird. Die Bewertung der Einlage im Innenverhältnis der Gesellschafter ist aber nicht maßgeblich für die Frage der Haftungsbefreiung. Bei Überbewertung droht somit das Risiko des Fortbestehens der Haftung im Außenverhältnis. Die Beweislast für die Erbringung und die Werthaltigkeit der Einlage trägt der Kommanditist. Daneben kann der Kommanditist auch mit der direkten Befriedigung von Gläubigern der Gesellschaft in Höhe seiner Haftsumme den Ausschluss seiner Haftung bewirken.[585] Durch die Zahlung an einen Gesellschaftsgläubiger befreit sich der Kommanditist allerdings nicht von seiner Einlageschuld gegenüber der Gesellschaft. Er erlangt lediglich einen Anspruch gegen die KG auf Erstattung des gezahlten Betrages, den er mit der Einlageforderung aufrechnen kann.[586]

dd) Die Haftung des Kommanditisten lebt wieder auf, soweit ihm die Einlage zurückbezahlt wird (§ 172 Abs. 4 HGB). Eine zurückbezahlte Einlage gilt den Gläubigern gegenüber als nicht geleistet. Das Gleiche gilt, wenn durch Entnahmen der Kapitalanteil des Kommanditisten unter den Betrag seiner Einlage sinkt (Überentnahmen). Eine Einlagenrückgewähr kann nicht nur in der Rückzahlung einer Geldeinlage liegen, sondern mit jeder Leistung der KG an den Kommanditisten verbunden sein, der keine objektiv wertdeckende Gegenleistung des Kommanditisten gegenübersteht (z.B. Kauf- oder Mietverträge zu nicht marktgerechten Preisen, Darlehen zu unangemessenen Konditionen, Vergütungen und Gewinnvorausschüttungen). **422**

ee) Der in eine bestehende Handelsgesellschaft (KG oder auch oHG, die durch den Eintritt eines Kommanditisten zur KG wird) eintretende Kommanditist haftet zunächst für die in der Zeit zwischen seinem Eintritt und dessen Eintragung in das Handelsregister begründeten Verbindlichkeiten der Gesellschaft (§ 176 Abs. 2 HGB). Die Haftung des eintretenden Kommanditisten ist nicht davon abhängig, dass er der Fortführung der Geschäfte zugestimmt hat. **423**

Der eintretende Kommanditist haftet außerdem auch für Altschulden, die vor seinem Eintritt begründet worden sind (§ 173 Abs. 1 HGB). **424**

Die Einlage des eintretenden Kommanditisten kann auch durch einen Dritten erbracht werden, etwa im Wege der Schenkung (§ 276 Abs. 1 BGB). Probleme können entstehen, wenn die Einlage durch einen Mitgesellschafter aus Mitteln erbracht wird, die der Gesellschaft bereits zur Verfügung stehen. Zu denken ist an die Aufnahme eines neuen Kommanditisten, dessen Einlage schenkweise von einem persönlich haftenden Gesellschafter oder durch Umbuchung von dem Konto eines anderen Gesellschafters erbracht wird (sog. Einbuchungsfälle). Nach der Rechtsprechung ist die schenkweise Zuwendung aus dem freien Vermögen des Komplementärs zulässig, auch wenn dadurch der Umfang des unbegrenzt haftenden Vermögens des Komplementärs vermindert wird. Bei der Umbuchung von einem Konto eines Kommanditisten ist darauf zu achten, dass die Buchung aus dem freien Vermögen, etwa dem Darlehenskonto, und nicht aus dem gebundenen Kapitalkonto erfolgt. Anderenfalls droht dem schenkenden Kommanditisten das Wiederaufleben seiner Haftung gemäß § 172 Abs. 4 HGB.[587] **425**

ff) Beim Gesellschafterwechsel ist zu unterscheiden: Bei Austritt des alten Kommanditisten und Eintritt eines neuen Kommanditisten jeweils durch Vertrag mit den übrigen Gesellschaftern (Austritt/Eintritt-Modell) kommt es zur sog. doppelten Kommanditistenhaftung. Der ausscheidende Kommanditist haftet gemäß § 172 Abs. 4 HGB wegen der Rückgewähr seiner Einlage. Den eintretenden Gesellschafter trifft die Haftung gemäß §§ 173 Abs. 1, 176 Abs. 2 HGB. Eine abweichende Haftungsregelung ist nur kraft Vereinba- **426**

---

585 BGHZ 95, 188; BGHZ 51, 391.
586 BGHZ 63, 338, 342; BGH NJW 1984, 2290.
587 Im Einzelnen *Peters*, RNotZ 2002, 425, 431.

rung mit den Gesellschaftsgläubigern möglich. Wird die Kommanditbeteiligung hingegen im Wege der Sonderrechtsnachfolge rechtsgeschäftlich vom alten auf den neuen Kommanditisten übertragen und ein entsprechender Nachfolgevermerk in das Handelsregister eingetragen, so findet keine Einlagenrückgewähr an den ausscheidenden Kommanditisten statt und dem neuen Kommanditisten wird die erbrachte Einlage des alten Kommanditisten zugerechnet.[588]

d) Abweichende Vereinbarungen

427 Abweichende Vereinbarungen der Gesellschafter sind den Gläubigern gegenüber unwirksam (§§ 128 S. 2, 130 Abs. 2, 173 Abs. 2 HGB). Die Gesellschafter können also ihre Haftung im Außenverhältnis nicht durch Vereinbarung im Innenverhältnis beschränken oder ausschließen. Zulässig sind jedoch Vereinbarungen der Gesellschafter mit den Gläubigern, z.B. bei einem Gesellschafterwechsel der Verzicht des Gläubigers auf die Inanspruchnahme des ausscheidenden Gesellschafters bei Haftungsübernahme durch den eintretenden Gesellschafter. Außerdem können die Gesellschafter im Innenverhältnis ihre Haftungsbeiträge sowie die Modalitäten und den Umfang des Regresses bei Inanspruchnahme einzelner Gesellschafter regeln.

6. Übertragung von Gesellschaftsanteilen

a) Durch Rechtsgeschäft unter Lebenden

aa) Sonderrechtsnachfolge

428 Nach heute ganz herrschender Auffassung ist die Übertragung von Anteilen an Personenhandelsgesellschaften durch Abtretung, also durch ein Rechtsgeschäft zwischen dem Zedenten und dem Zessionar, möglich (§§ 413, 398 BGB, sog. Sonderrechtsnachfolge). §§ 717, 719 BGB stehen der Übertragung des Gesellschaftsanteils insgesamt, d.h. der Mitgliedschaft mit allen Rechten und Pflichten, nicht entgegen. §§ 738, 739 BGB gelten für die rechtsgeschäftliche Übertragung eines Gesellschaftsanteils nicht. Es bedarf auch keines Vertrages aller Gesellschafter mit dem ausscheidenden Gesellschafter einerseits und mit dem eintretenden Gesellschafter andererseits (sog. Doppelvertrag oder Austritt-Eintritt-Modell).[589] Neben der direkten Abtretung im Wege der Sonderrechtsnachfolge bleibt allerdings die Möglichkeit des Gesellschafterwechsels durch gleichzeitigen Austritt des alten Gesellschafters und Eintritt des neuen Gesellschafters bestehen.

429 Allerdings bedarf die Abtretung, also das dingliche Verfügungsgeschäft, stets der Zustimmung aller Gesellschafter. Diese kann generell bereits im Gesellschaftsvertrag enthalten sein – auch mit Einschränkungen, z.B. dass die Übertragung eines mit einfacher Mehrheit gefassten Gesellschafterbeschlusses bedarf – oder ad hoc anlässlich der Übertragung erklärt werden. Hierin wirkt die »persönliche« Struktur der Personenhandelsgesellschaft nach. Kein Gesellschafter muss neue Mitgesellschafter gegen seinen Willen akzeptieren.[590]

430 Der Gesellschaftsvertrag kann die Übertragung von Gesellschaftsanteilen an weitere formelle und materielle Voraussetzungen knüpfen, etwa an eine bestimmte Verwandtschaftsbeziehung, Lebensalter oder Ausbildung der neuen Gesellschafter.

431 Auch die Übertragung eines Teils eines Gesellschaftsanteils ist möglich. Treffen mehrere Anteile in der Hand eines Gesellschafters zusammen, so verschmelzen sie zu einem einheitlichen Gesellschaftsanteil. Weiterhin sind die gleichzeitige Auswechselung aller Gesell-

---

588 Siehe im Einzelnen unten Rdn. 433 ff.
589 RG DNotZ 1944, 195 = WM 1964, 1130; Baumbach/Hopt, § 105 Rn. 69 m.w.N.
590 *K. Schmidt*, Gesellschaftsrecht, S. 1323 f., spricht von einer »Vinkulierung im Grundsatz«, noch treffender wäre: »Vinkulierung kraft Gesetzes«.

schafter durch Übertragung der Anteile auf Rechtsnachfolger[591] sowie die Übertragung aller Anteile auf einen Erwerber möglich.[592] Im letzteren Fall wird die Gesellschaft aufgelöst und der Erwerber wird Alleininhaber des Handelsgewerbes der Gesellschaft. Auf diese Weise kann das Vermögen der Gesellschaft ohne Verfügung über den einzelnen Vermögensgegenstand auf einen der Gesellschafter übertragen werden.

Mit dem Gesellschaftsanteil geht die Mitgliedschaft als solche mit allen Rechten und Pflichten des veräußernden Gesellschafters einschließlich aller Ansprüche und Verbindlichkeiten im Verhältnis zur Gesellschaft über. Abweichende vertragliche Vereinbarungen sind möglich, jedoch nur bezüglich der selbstständig übertragbaren Vermögensrechte (sog. Sozialansprüche und -verpflichtungen) und nicht zu Lasten Dritter, von Mitgesellschaftern oder der Gesellschaft. Der Erwerber nimmt also im Grundsatz die gleiche Rechtsposition ein wie der Veräußerer sie innehatte. Ausgenommen sind lediglich höchstpersönliche Rechte, die im Einzelfall so mit der Person des Veräußerers verbunden sind, dass sie nicht mit übergehen und erlöschen (z.B. ein Mehrstimmrecht oder ein Recht zur Geschäftsführung). **432**

bb) Kommanditbeteiligungen

Einen besonderen Vorteil hat die Sonderrechtsnachfolge für die Übertragung von Kommanditbeteiligungen. Mit der Sonderrechtsnachfolge lässt sich nämlich weitgehend die Haftung der beteiligten Gesellschafter vermeiden, die Folge der Auswechselung eines Kommanditisten im Wege des Ein- und Austritts wäre (sog. Verdoppelung der Kommanditistenhaftung gegenüber den Gesellschaftsgläubigern). Im Fall des Ein- und Austritts haftet der ausscheidende Gesellschafter, dem das Auseinandersetzungsguthaben ausgezahlt wird, wegen Rückgewähr der Einlage (§ 172 Abs. 4 HGB). Der eintretende Gesellschafter haftet den Gesellschaftsgläubigern bis zur Bewirkung seiner Einlage (§§ 160 Abs. 1, 171 Abs. 1, 173 Abs. 1 HGB). Bei der Sonderrechtsnachfolge hingegen wird der Kapitalanteil des ausscheidenden Gesellschafters auf den eintretenden Gesellschafter umgebucht. Eine Einlagenrückgewähr findet nicht statt. Der eintretende Gesellschafter kann sich auf die Einlagenerbringung durch den Altgesellschafter berufen; er hat selbst keine neue Einlage zu erbringen. **433**

Nach der Rechtsprechung setzt die Vermeidung der doppelten Kommanditistenhaftung allerdings voraus, dass die Sonderrechtsnachfolge im Handelsregister verlautbart wird. Ohne Verlautbarung lebt die Haftung des veräußernden Kommanditisten wieder auf (§ 172 Abs. 4 HGB). Der Veräußerer wird dann aufgrund eines von ihm gesetzten Rechtsscheins so behandelt, als ob er die von ihm geleistete Einlage im Zuge seines Austritts aus der Gesellschaft zurückerhalten habe.[593] Dieser Rechtsschein kann durch Anmeldung und Eintragung eines klarstellenden Rechtsnachfolgevermerks (»Übertragung im Wege der Sonderrechtsnachfolge« oder »Eintritt an Stelle des bisherigen Kommanditisten im Wege der Einzelrechtsnachfolge«) im Handelsregister beseitigt werden. Durch den Rechtsnachfolgevermerk wird für den Rechtsverkehr ersichtlich, dass kein Gesellschafterwechsel durch Eintritt und Austritt mit den Haftungsfolgen der §§ 160 Abs. 1, 161 Abs. 2, 173, 172 Abs. 4 HGB vorliegt.[594] **434**

---

591 BGHZ 44, 229.
592 BGHZ 71, 269, 299; BGH NJW 1978, 1525.
593 BGHZ 81, 82; OLG Köln, Beschl. v. 4.2.2004 – 2 Wx 36/03, RNotZ 2004, 169. Die Haftung kann nicht mehr auf § 15 Abs. 1 HGB gestützt werden, nachdem die Vorschrift nach der Neufassung der §§ 162 Abs. 2 und 3 HGB durch das NaStraG vom 18.1.2001 nicht mehr anwendbar ist.
594 Auch wenn für die Haftung nur noch »allgemeine Rechtsscheinsgrundsätze« herangezogen werden können, ist die Beantragung eines Rechtsnachfolgevermerks für die Praxis weiterhin zu empfehlen; zutr. *Peters*, RNotZ 2002, 425, 438; *Fleischhauer/Preuss/Kallrath*, Handelsregisterrecht, Teil E., Rn. 11, Erl. 2.

435 In der Praxis setzt die Eintragung des Rechtsnachfolgevermerks die Abgabe der sog. Abfindungsversicherung gegenüber dem Handelsregister voraus.[595] Danach haben der oder die vertretungsberechtigten Gesellschafter und der ausscheidende Kommanditist zu versichern, dass der ausscheidende Kommanditist keine Abfindung von der Gesellschaft erhalten habe und ihm eine solche auch nicht versprochen worden sei. Anhand dieser Versicherung soll das Gericht prüfen können, ob ein Fall der Sonderrechtsnachfolge oder ein Gesellschafterwechsel in Form des getrennten Ein- und Austritts vorliege. Die Abfindungsversicherung sollte sinnvollerweise in der Anmeldung des Kommanditistenwechsels enthalten sein.

436 M **Formulierungsbeispiel zur Anmeldung der Sonderrechtsnachfolge in eine Kommanditbeteiligung:**
Amtsgericht ...
Handelsregister Abt. A
HRA ...
... KG
Zur Eintragung in das Handelsregister melden wir an:

1. **Der Kommanditist ..., geboren am ..., wohnhaft ..., hat seinen Kommanditanteil in Höhe von ... Euro im Wege der Sonderrechtsnachfolge auf ..., geboren am ..., wohnhaft ..., übertragen.**
2. **Herr ... ist damit aus der Gesellschaft ausgeschieden.**
3. **Herr ... ist damit als Kommanditist mit einer Kommanditeinlage in Höhe von ... in die Gesellschaft eingetreten.**
4. **Sämtliche vertretungsberechtigten Gesellschafter und der ausscheidende Kommanditist versichern, dass der ausscheidende Kommanditist keine Abfindung aus dem Gesellschaftsvermögen erhalten hat und dass ihm eine solche auch nicht versprochen worden ist.**

..., den ...
[Unterschriften sämtlicher Gesellschafter einschließlich des ausscheidenden Kommanditisten]
Öffentliche Beglaubigung

437 Umstritten ist, ob ein Kommanditist, der im Wege der Sonderrechtsnachfolge in die Gesellschaft eintritt, gemäß § 176 Abs. 2 HGB für die in der Zeit zwischen seinem Eintritt und dessen Eintragung in das Handelsregister begründeten Gesellschaftsverbindlichkeiten haftet.[596] Einer etwaigen Haftung kann dadurch begegnet werden, dass der dingliche Übergang des Kommanditanteils und damit der Eintritt in die Gesellschaft unter die aufschiebende Bedingung der Eintragung des Kommanditistenwechsels gestellt wird. Im Übrigen hat die Handelsregistereintragung des Gesellschafterwechsels, -eintritts oder -austritts nur deklaratorische Bedeutung.

438 M **Formulierungsbeispiel zur aufschiebenden Bedingung bei der Sonderrechtsnachfolge:**
Die Abtretung der Kommanditbeteiligung erfolgt aufschiebend bedingt auf die Eintragung des Kommanditistenwechsels in das Handelsregister der Gesellschaft.

cc) Mängelhaftung

439 Hinsichtlich der Mängelhaftung des Veräußerers gegenüber dem Erwerber ist danach zu unterscheiden, ob ein einzelner Gesellschaftsanteil oder alle oder nahezu alle Anteile ver-

---

595 Bestätigt von BGH WM 2006, 36, 37, entgegen KG ZIP 2004, 1847, 1849.
596 So BGHZ 66, 100; BGH NJW 1983, 2258, 2259; a.A. Baumbach/Hopt, § 176 Rn. 10 f.; MünchHdb. GesR II/*Piehler/Schulte*, § 35 Rn. 41 m.w.N.; *Specks*, RNotZ 2008, 143.

kauft werden. Beim Verkauf eines einzelnen Anteils handelt es sich mangels abweichender Vereinbarung der Kaufvertragsparteien um einen Rechtskauf und der Veräußerer haftet nur für Mängel des Rechts und nicht des Unternehmens der Gesellschaft. Werden hingegen sämtliche Anteile verkauft, so handelt es sich wirtschaftlich um einen Unternehmenskauf und es gilt Sachmängelrecht.[597]

Zu empfehlen sind eindeutige und individuelle Regelungen der Kaufvertragsparteien zur Frage der Haftung für etwaige Mängel der Beteiligung und/oder des Unternehmens sowie zu den Grenzen der Haftung. **440**

dd) Haftung aufgrund Firmenfortführung

Eine Haftung des Erwerbers für die Verbindlichkeiten der Gesellschaft kann sich nach den Grundsätzen der Haftung bei Firmenfortführung ergeben (§§ 25–28 HGB). Die Haftung nach § 25 HGB setzt voraus, dass ein bestehendes kaufmännisches Handelsgeschäft unter Lebenden erworben wird und der Erwerber das Handelsgeschäft und die Firma fortführt. Der Erwerber haftet mit seinem gesamten Vermögen gesamtschuldnerisch mit dem Veräußerer für sämtliche im Betrieb des Handelsgeschäfts begründeten Verbindlichkeiten. In gleicher Weise haftet der Erbe, der ein zum Nachlass gehörendes Handelsgeschäft fortführt (§ 27 HGB). Wird durch Eintritt eines persönlich haftenden Gesellschafters oder Kommanditisten in ein einzelkaufmännisches Geschäft eine oHG oder KG gegründet, so haftet die Gesellschaft auch ohne Fortführung der Firma für die Verbindlichkeiten des Einzelkaufmanns (§ 28 HGB). **441**

Nach der Rechtsprechung greift die Haftung nach § 25 HGB, wenn zwar der Unternehmensträger wechselt, das Unternehmen selbst aber aus Sicht des maßgeblichen Verkehrs im Wesentlichen unverändert unter der alten Firmenbezeichnung fortgeführt wird.[598] Hierfür genügt es, wenn nur ein Teilbereich des Unternehmens fortgeführt wird, sofern es sich aus Sicht des Rechtsverkehrs um den den Schwerpunkt des Unternehmens bildenden wesentlichen Kernbereich bzw. den Ertragsträger des Unternehmens handelt. Maßgeblich ist, ob der Tätigkeitsbereich, die innere Organisation, die Räumlichkeiten sowie die Kunden- und Lieferantenbeziehungen im Kern beibehalten und/oder Teile des Personals übernommen werden. Indizien für die Fortführung des Ertragsträgers eines Unternehmens, mit dem die Gewinne erwirtschaftet werden, sind der hierfür gezahlte Kaufpreis, die steuerliche Bewertung der Beteiligten und das Schicksal des nicht übernommenen Unternehmensteils.[599] Auch eine sukzessiv erfolgende Übernahme eines Unternehmens, bei der der alte und der neue Unternehmensträger eine gewisse Zeit parallel werbend tätig sind, kann eine Fortführung des Handelsgeschäfts sein, wenn sich die Betätigung des übernehmenden Rechtsträgers für den Rechtsverkehr als Weiterführung des ursprünglichen Unternehmens in seinem wesentlichen Bestand darstellt, z.B. weil die beiden Unternehmen unter der gleichen Anschrift und Telefonnummer, mit ähnlichen Briefbögen und teilweise den gleichen Mitarbeitern auftreten.[600] **442**

Eine Firmenfortführung liegt vor, wenn nach der Verkehrsanschauung der prägende Teil der alten Firma beibehalten oder in die neue Firma übernommen wird, so dass der Kern der alten und der neuen Firma identisch sind. Dabei kommt es nicht darauf an, dass die alte Firma wort- und buchstabengetreu übernommen wird. Entscheidend ist die tat- **443**

---

597 Baumbach/Hopt, § 105 Rn. 73.
598 BGH, Urt. v. 28.11.2005 – II ZR 355/03, DNotZ 2006, 629; BGH, Urt. v. 16.9.2009 – VIII ZR 321/08, ZNotP 2009, 493 = Rpfleger 2010, 81; OLG Bremen, Urt. v. 13.2.2008 – 1 U 78/07, NZG 2008, 946.
599 BGH, Beschl. v. 7.12.2009 – II ZR 229/08, DNotI-Report 2010, 26; BGH, Urt. v. 16.9.2009 – VIII ZR 321/08, ZNotP 2009, 493; BGH DNotZ 1992, 581.
600 BGH, Urt. v. 24.9.2008 – VIII ZR 192/06, DNotZ 2009, 226.

sächliche Fortführung der Firma, auf die rechtliche Zulässigkeit kommt es nicht an.[601] Auch die Weiterverwendung eines Firmenbestandteils als Geschäfts- oder Etablissementsbezeichnung kann unter Umständen die Haftung nach § 25 HGB auslösen.[602]

444 Die Haftung nach §§ 25 und 28 HGB kann durch Eintragung in das Handelsregister und Bekanntmachung ausgeschlossen werden (§§ 25 Abs. 2 und 28 Abs. 2 HGB).

445 Der Haftungsausschluss ist nach der Rechtsprechung in das Handelsregister einzutragen, wenn er formgerecht angemeldet ist und eine Haftung gemäß § 25 Abs. 1 HGB ernsthaft in Betracht kommt.[603] In der Praxis kommt es vor, dass im Einzelfall nicht von vornherein klar ist, ob eine Haftung nach § 25 HGB eingreift, sei es weil das Unternehmen nicht im Ganzen fortgeführt wird oder weil nur Teile der Firma weiterverwendet werden sollen oder nicht als Firma, sondern lediglich als Marken- oder Geschäftsbezeichnung. In diesen Fällen empfiehlt sich eine vorsorgliche Vereinbarung und Registeranmeldung des Haftungsausschlusses. Zu begrüßen ist die Rechtsprechung des OLG München, wonach ein Haftungsausschluss nur dann nicht eintragungsfähig ist, wenn eindeutig und zweifelsfrei keine Haftung des neuen Unternehmensträgers nach § 25 Abs. 1 HGB in Betracht kommt.[604] Nach dieser Rechtsprechung ist die Eintragung des Haftungsausschlusses sogar dann möglich, wenn ausdrücklich vereinbart wird, dass die Fortführung gerade keine Geschäftsübernahme darstellen soll.[605] Dem Erwerber eines Unternehmens ist danach auch in Zweifelsfällen die Möglichkeit eröffnet, den gesetzlich vorgesehenen Haftungsausschluss vorsorglich herbeizuführen. Ein engeres Verständnis würde letztlich dem Erwerber das Risiko aufbürden, dass das Prozessgericht im Streitfall die Frage der Haftung nach § 25 HGB anders beantwortet als das Registergericht. Zudem ist es nicht die Aufgabe des Rechtspflegers, die schwierige Frage einer Haftung nach § 25 Abs. 1 HGB zu entscheiden, wenn es um die Eintragung des Haftungsausschlusses geht.

446 Der Ausschluss der Haftung kann allerdings nur im Register des Erwerbers und nicht (auch) im Register des Veräußerers eingetragen werden. Die Haftung nach § 25 HGB kann nur bei dem fortführenden Rechtsträger eintreten. Eine kraft Eintragung auszuschließende Haftung des ursprünglichen Rechtsträgers gibt es nicht.[606] Außerdem ist die Eintragung des Haftungsausschlusses nach der Rechtsprechung abzulehnen, wenn ein längerer Zeitraum seit der Geschäftsübernahme verstrichen ist. Die Eintragung sei dann nicht mehr geeignet, die an die Firmenfortführung anknüpfende Verkehrserwartung der Haftungsübernahme zu beseitigen. Die zeitliche Grenze liegt bei etwa 7 Monaten nach der Unternehmensübernahme, wobei auch zu berücksichtigen ist, ob die Verzögerung der Eintragung von dem betroffenen Unternehmen zu vertreten oder durch andere Umstände begründet ist.[607]

---

601 Vgl. Baumbach/Hopt, § 25 Rn. 7. Zur Zulässigkeit der Firmenfortführung i.S.d. §§ 22, 24 HGB: OLG Düsseldorf, Beschl. v. 27.7.2007 – I-3 Wx 153/07, RNotZ 2008, 36; OLG München, Beschl. v. 22.7.2008 – 31 Wx 88/07, DNotZ 2009, 73.
602 Str., zum Stand der Rechtsprechung vgl. OLG München, Beschl. v. 30.4.2008 – 31 Wx 41/08, DNotZ 2008, 955 = MittBayNot 2008, 401 = RNotZ 2008, 425 mit Anm. *Heil*, 427.
603 BayObLG, Beschl. v. 15.1.2003 – 3Z BR 225/02, DNotZ 2003, 453; OLG Düsseldorf, Beschl. v. 6.6.2003 – 3 Wx 108/03, RNotZ 2003, 459.
604 OLG München, Beschl. v. 30.4.2008 – 31 Wx 41/08, DNotZ 2008, 955 = MittBayNot 2008, 401 = RNotZ 2008, 425 m. Anm. *Heil* 427.
605 So auch *Weiler*, notar 2009, 154, 164.
606 OLG Düsseldorf, Beschl. v. 25.2.2008 – I-3 Wx 32/08, RNotZ 2008, 424 mit Anm. *Heil*, 427.
607 Vgl. OLG München, Beschl. v. 6.2.2007 – 31 Wx 103/06, DNotI-Report 2007, 69 m.w.N. zur Rechtsprechung: Kein Haftungsausschluss mehr 7 Monate nach Übernahme.

Formulierungsbeispiel zur Handelsregisteranmeldung zur Haftungsvermeidung: 447 M
Amtsgericht ...
Handelsregister Abt. A
HRA ...
... e.K.
Zur Eintragung in das Handelsregister melden wir an:

1. Der bisherige Inhaber ..., geboren am ..., wohnhaft ..., hat das von ihm unter der Firma ... e.K. betriebene Unternehmen mit dem Recht zur Fortführung der Firma an ..., geboren am ..., wohnhaft ..., und ..., geboren am ..., wohnhaft ..., veräußert.
2. Die Erwerber führen das Unternehmen in der Rechtsform der offenen Handelsgesellschaft fort. Die Firma erhält den Rechtsformzusatz oHG.
3. Die Haftung der Erwerber für die im Betrieb des Unternehmens begründeten Verbindlichkeiten des bisherigen Inhabers und der Übergang der im Betrieb des Unternehmens begründeten Forderungen sind ausgeschlossen worden.

..., den ...
[Unterschriften sämtlicher Gesellschafter]
Öffentliche Beglaubigung

b) Form

aa) Übertragungsvertrag

Grundsätzlich ist die Übertragung von Gesellschaftsanteilen an Personenhandelsgesell- 448
schaften formfrei. Zu Dokumentations- und Beweiszwecken ist allerdings die schriftliche
Niederlegung der Vereinbarungen zu empfehlen.

bb) Handelsregisteranmeldung

Veränderungen im Gesellschafterkreis sind zur Eintragung in das Handelsregister anzu- 449
melden (§ 107 HGB für die oHG, §§ 161 Abs. 2, 107 und § 162 HGB für die KG). Dazu sind
keine Unterlagen einzureichen. Die Anmeldung ist von allen Gesellschaftern zu bewirken.

cc) Formbedürftigkeit in Sonderfällen

In Sonderfällen kann das Verpflichtungsgeschäft zur Übertragung von Anteilen an einer 450
Personengesellschaft dem Formerfordernis nach § 311 b Abs. 1 BGB bzw. nach § 15 Abs. 4
GmbHG unterliegen. In diesem Zusammenhang ist anerkannt, dass der Beurkundungszwang nicht schon dann gegeben ist, wenn das Vermögen der Gesellschaft im Wesentlichen aus Grundbesitz oder einem GmbH-Geschäftsanteil besteht. Grundsätzlich ist der
Erwerb oder Verlust der gesamthänderischen Mitberechtigung an dem Grundbesitz oder
Geschäftsanteil nur eine gesetzlich angeordnete Folge des Erwerbs oder Verlusts der Mitgliedschaft und die Konsequenz davon, dass das Gesellschaftsvermögen auch bei einem
Mitgliederwechsel stets dem jeweiligen Gesellschafterkreis zugeordnet bleibt (§ 738 Abs. 1
S. 1 BGB). Nach der BGH-Rechtsprechung ist die Entscheidung des Gesetzgebers für die
Formlosigkeit gesellschaftsrechtlicher Verfügungen zu respektieren, auch wenn bei wirtschaftlicher Betrachtungsweise der Zweck im Vordergrund steht, über das Gesellschaftsvermögen zu verfügen. Lediglich in Fällen der bewussten Umgehung der Formvorschriften, in denen etwa Gesellschaften nur zu dem Zweck gegründet werden, um Vermögen
ohne förmliche Zwänge beweglicher verlagern zu können, kommt eine Anwendung der

§§ 311 b BGB und 15 Abs. 4 GmbHG in Betracht.[608] Ein solcher Umgehungsfall wird von einem Teil der Literatur schon dann angenommen, wenn sich der Zweck der Gesellschaft auf das Halten und Verwalten von Grundstücken bzw. GmbH-Geschäftsanteilen beschränkt. In diesen Fällen sei ohne Weiteres von einer objektiven Umgehung der Formvorschriften auszugehen.[609] Dem ist der BGH kürzlich entgegengetreten. Auch wenn das Halten von GmbH-Anteilen der Haupt- oder alleinige Zweck einer Gesellschaft bürgerlichen Rechts sei, bedürfe ein Verpflichtungsgeschäft über Anteile an dieser Gesellschaft nicht schlechthin der notariellen Beurkundung entsprechend § 15 Abs. 4 GmbHG. Die Formbedürftigkeit könne sich allenfalls daraus ergeben, dass die Schutzzwecke des § 15 Abs. 4 GmbHG (Beweiserleichterung, Erschwerung des leichten und spekulativen Handels mit GmbH-Anteilen) berührt werden.[610]

451   Nach der jüngsten BGH-Rechtsprechung kommt es für die Frage, ob eine gesellschaftsrechtliche Konstruktion eine Umgehung der Formvorschriften des § 15 Abs. 4 GmbHG oder des § 311 b Abs. 1 BGB mit der Folge der analogen Anwendung dieser Vorschriften darstellt, darauf an, dass die Schutzzwecke der Formvorschriften verletzt sind. Das ist zu verneinen, wenn auch andere (legitime) Zwecke verfolgt werden und der Gesellschaftsvertrag der Verletzung der Schutzzwecke auf andere Weise vorbeugt. Hingegen kann allein aus dem Umstand, dass das Vermögen der Gesellschaft nur aus einem Grundstück oder GmbH-Geschäftsanteil besteht oder dass ihr Hauptzweck das Halten von solchen Vermögensgegenständen ist, nicht automatisch auf die analoge Anwendung der Formvorschriften geschlossen werden.

dd) GmbH & Co. KG

452   Werden bei der Übertragung einer GmbH & Co. KG zugleich ein Geschäftsanteil an der Komplementär-GmbH und ein Kommanditanteil veräußert, so ergreift das Formerfordernis des § 15 Abs. 4 GmbHG regelmäßig auch die Verpflichtung bezüglich des Kommanditanteils. Das Formerfordernis erstreckt sich auf alle Vereinbarungen, aus denen sich nach dem Willen der Beteiligten das Rechtsgeschäft zusammensetzt (alle Vereinbarungen, mit denen das Rechtsgeschäft »steht und fällt«).[611]

453   Der formunwirksam geschlossene Übertragungsvertrag über den Kommanditanteil kann nach der Rechtsprechung durch die spätere notarielle Beurkundung der Abtretung des GmbH-Geschäftsanteils geheilt werden (entsprechende Anwendung des § 15 Abs. 4 S. 2 GmbHG).[612] Die Heilung hat allerdings nur Wirkung ex nunc ab dem Zeitpunkt der notariellen Beurkundung.[613] Ein zeitlich nach der Abtretung des GmbH-Geschäftsanteils geschlossener Übertragungsvertrag über den Kommanditanteil bleibt unwirksam. Der Notar, der im Interesse der Beteiligten verpflichtet ist, stets die sicherste Gestaltung zu empfehlen, wird wegen dieser erheblichen Risiken von einer derartigen Gestaltung abraten.

---

608 BGHZ 86, 367, 370 = DNotZ 1984, 169, 171.
609 Mit beachtlichen Argumenten MünchKommBGB/*Ulmer/Schäfer*, § 719, Rn. 35 f. m.w.N.; *Ulmer/Löbbe*, DNotZ 1998, 724 (zu Grundstücksgesellschaften); *K. Schmidt*, AcP 182 (1982), 481, 511.
610 BGH, Urt. v. 10.3.2008 – II ZR 312/06, DNotZ 2008, 785, 786 = ZIP 2008, 876.
611 BGH, Urt. v. 14.4.1986 – II ZR 155/85, DNotZ 1986, 687 = NJW 1986, 2642; BGH, Beschl. v. 20.10.2009 – VIII ZB 13/08, DNotZ 2010, 230, 233.
612 BGH NJW-RR 1992, 991.
613 Siehe im Einzelnen *Hermanns*, ZIP 2006, 2296.

c) Zustimmungserfordernisse

aa) Vinkulierung kraft Gesetzes

Die Übertragung von Gesellschaftsanteilen ist grundsätzlich nur mit Zustimmung aller Gesellschafter möglich (»Vinkulierung kraft Gesetzes«).[614] Das Zustimmungserfordernis gilt für das dingliche Geschäft, nicht für das zugrunde liegende Verpflichtungsgeschäft (Kaufvertrag, Schenkung). Es gilt auch für die treuhänderische Abtretung eines Gesellschaftsanteils.[615] Ohne Zustimmung ist die Übertragung schwebend unwirksam, durch eine nachträgliche Genehmigung wird sie ex tunc wirksam (§§ 182 ff. BGB). 454

Die Zustimmung der Mitgesellschafter kann bereits im Gesellschaftsvertrag generell oder unter bestimmten Voraussetzungen oder für bestimmte Fälle erteilt werden (z.B. für eine Übertragung auf Ehegatten und Abkömmlinge von Gesellschaftern oder auf Mitgesellschafter). Die gesellschaftsvertragliche Zustimmung ist eng auszulegen, sie muss die jeweilige Art der Übertragung ausdrücklich umfassen. So kann nicht von einer generell erteilten Zustimmung zur Anteilsübertragung auf die Zulässigkeit einer Teilübertragung oder von dem Schweigen des Gesellschaftsvertrags bezüglich der Übertragung auf Mitgesellschafter auf deren Zulässigkeit geschlossen werden.[616] 455

Die im Gesellschaftsvertrag erteilte Zustimmung (Einwilligung) ist grundsätzlich unwiderruflich. Ebenso sind die nachträglich erteilte Zustimmung (Genehmigung) und die Verweigerung der Genehmigung unwiderruflich. Die vorherige Zustimmung außerhalb des Gesellschaftsvertrags kann unwiderruflich erteilt werden; sonst ist sie bis zur Vornahme des Rechtsgeschäfts widerruflich. 456

Mit dem Zustimmungserfordernis soll verhindert werden, dass den Mitgesellschafter gesellschaftsfremde Personen als Gesellschafter aufgedrängt werden bzw. dass sich die Beteiligungsverhältnisse gegen ihren Willen verändern. Dieser Zweck lässt sich durch flankierende Regelungen im Gesellschaftsvertrag wie Vorkaufs- oder Vorerwerbsrechte sowie Anbietungspflichten und -rechte weiter fördern.[617] Am besten funktionieren in der Praxis sog. Vorerwerbsrechte, die einen veräußerungswilligen Gesellschafter zwingen, den zu veräußernden Gesellschaftsanteil den Mitgesellschaftern zum Erwerb anzubieten, ohne dass zuvor ein Vertrag mit einem Dritten geschlossen wurde und unabhängig davon, ob die Veräußerung entgeltlich oder unentgeltlich erfolgen soll. Der Zwang liegt darin, dass die Zustimmung der Mitgesellschafter zu einer Veräußerung in jedem Fall davon abhängig gemacht wird, dass der veräußerungswillige Gesellschafter den Anteil den anderen Gesellschaftern zum Erwerb angeboten hat und diese den Erwerb abgelehnt haben. Im Einzelnen muss auch geregelt werden, wie der Preis für den Anteil zu bestimmen ist, welche Gesellschafter in welcher Reihenfolge und mit welcher Beteiligungshöhe zum Erwerb zugelassen werden und innerhalb welcher Frist das Erwerbsrecht auszuüben ist. Ferner können Mitverkaufsrechte und -pflichten den anderen Gesellschaftern das Recht einräumen bzw. die Verpflichtung auferlegen, ihre Beteiligungen zu entsprechenden Konditionen zu veräußern, wenn ein Gesellschafter, regelmäßig der Mehrheitsgesellschafter, seinen Anteil veräußert (sog. »tag along« und »drag along«). 457

bb) Minderjährige

Minderjährige werden beim Abschluss der Rechtsgeschäfte zur Veräußerung und zum Erwerb von Gesellschaftsanteilen von ihren Eltern als gesetzliche Vertreter vertreten 458

---

614 St. Rspr., BGHZ 13, 179, 185; BGHZ 77, 392, 394; *K. Schmidt*, Gesellschaftsrecht, S. 1323 f.
615 BGHZ 24, 106, 114; str. für die Vereinbarungstreuhand, bei der äußerlich kein Gesellschafterwechsel stattfindet.
616 Zu weiteren Einzelfällen und Umgehungssituationen MünchHdb. GesR II/*Piehler/Schulte*, § 73 Rn. 5 ff.
617 Ausführlich *Michalski*, NZG 1998, 95.

1. Kapitel Personengesellschaftsrecht

(§ 1629 Abs. 1 BGB). Wenn die Eltern oder ein Elternteil selbst an dem Rechtsgeschäft beteiligt sind, z.B. bei der Übertragung eines Anteils von den Eltern auf ein Kind, sind die Eltern an der Vertretung des Minderjährigen gehindert und es muss ein Ergänzungspfleger bestellt werden (§§ 1629 Abs. 2 S. 1, 1795 Abs. 1 Nr. 1, Abs. 2, 181, 1909 Abs. 1 BGB). § 181 BGB findet zwar keine Anwendung, wenn das Geschäft für den Minderjährigen lediglich einen rechtlichen Vorteil bringt. Der Erwerb eines Gesellschaftsanteils ist wegen des damit verbundenen Bündels von Rechten, Pflichten und Haftungsrisiken aber nicht ausschließlich rechtlich vorteilhaft i.S. des § 107 BGB.[618] Es bedarf daher stets der Bestellung eines Ergänzungspflegers, wenn Eltern ihren Kindern – auch schenkweise – Anteile an Personenhandelsgesellschaften übertragen wollen.

459 Nach der Rechtsprechung ist außerdem die familiengerichtliche Genehmigung erforderlich (§§ 1643 Abs. 1, 1822 Nr. 3 und Nr. 10 BGB). § 1822 Nr. 3 BGB betrifft zwar nach seinem Wortlaut nur den Erwerb und die Veräußerung eines Erwerbsgeschäfts, dem Genehmigungserfordernis werden aber auch solche Geschäfte unterworfen, die auf den Erwerb und die Veräußerung von Anteilen an Personengesellschaften gerichtet sind, die ein solches Erwerbsgeschäft betreiben.[619] Genehmigungsbedürftig sind sowohl das Verpflichtungsgeschäft wie auch das Verfügungsgeschäft und sowohl die entgeltliche wie auch die unentgeltliche Verfügung.[620] Der Minderjährige ist danach bei der Übertragung eines Anteils an einer Gesellschaft, die ein Erwerbsgeschäft betreibt, in gleicher Weise schutzbedürftig wie bei der Gründung der Gesellschaft. Nach einer im Vordringen begriffenen Auffassung ist § 1822 Nr. 3 BGB bei der Übertragung von Kommanditanteilen jedoch nicht erfüllt, wenn die Gesellschaft nach ihrem Gesellschaftsvertrag nur eigenes Vermögen verwaltet.[621] Das ist z.B. der Fall, wenn die Gesellschaft nur die Wohnimmobilie einer Familie hält und alle Familienmitglieder einschließlich der minderjährigen Kinder an der Gesellschaft beteiligt werden sollen. In einer solchen Konstellation ist in der Tat kein Erwerbszweck erkennbar.

460 Da die Mitgliedschaft in einer Personenhandelsgesellschaft mit der (beschränkten) Haftung für die Verbindlichkeiten der Gesellschaft verbunden ist, greift beim Erwerb eines Gesellschaftsanteils durch einen Minderjährigen auch § 1822 Nr. 10 BGB.[622] Erst bei der Entscheidung über die Genehmigungsfähigkeit des Beitritts des Minderjährigen ist der nach dem Minderjährigenhaftungsbeschränkungsgesetz begrenzte bzw. begrenzbare Umfang der Haftung des Minderjährigen (vgl. § 1629 a BGB) zu berücksichtigen.

cc) Ehegatten

461 Ein im gesetzlichen Güterstand der Zugewinngemeinschaft verheirateter Gesellschafter bedarf zu der Verpflichtung, über seinen Gesellschaftsanteil zu verfügen, der Zustimmung seines Ehegatten, wenn er damit über sein Vermögen im Ganzen verfügt (§ 1365 BGB). Die Verfügungsbeschränkung erfasst auch Verfügungen über einzelne Vermögensgegenstände, wenn sie das ganze oder nahezu das ganze Vermögen ausmachen. Das ist nicht der Fall, wenn dem Ehegatten bei einem kleineren Vermögen 15 % und bei einem größeren Vermögen 10 % verbleiben. Unbeachtlich ist, dass der Gesellschafter eine Gegenleistung erhält, etwa den Kaufpreis für den Gesellschaftsanteil. § 1365 BGB greift aber nur, wenn

---

618 BGHZ 68, 225, 232; Palandt/*Ellenberger*, § 107 Rn. 4; a.A. für die schenkweise Übertragung eines voll eingezahlten Kommanditanteils OLG Bremen, Beschl. v. 16.6.2008 – 2 W 38/08, RNotZ 2008, 625; zu Recht kritisch dazu *Weiler*, notar 2009, 154, 164.
619 BGHZ 17, 160, 164; BGH NJW 1977, 1339; KG NJW 1976, 1946; OLG Frankfurt a.M., Beschl. v. 27.5.2008 – 20 W 123/08, DNotZ 2009, 142 = RNotZ 2008, 627.
620 Vgl. MünchHdb. GesR I/*Piehler/Schulte*, § 73 Rn. 13.
621 OLG Bremen, Beschl. v. 16.6.2008 – 2 W 38/08, RNotZ 2008, 625; OLG München, Beschl. v. 6.11.2008 – 31 Wx 076/08, DNotZ 2009, 230 = RNotZ 2009, 55.
622 BGH NJW 1992, 300, 301.

dem Geschäftspartner bekannt ist, dass das Rechtsgeschäft über einen Einzelgegenstand das ganze oder nahezu ganze Vermögen erfasst.[623]

Bis zur Genehmigung durch den anderen Ehegatten ist das Rechtsgeschäft schwebend unwirksam (§ 1366 Abs. 1 BGB). **462**

dd) Zusammenschlusskontrolle

Der Erwerb eines Unternehmens kann einen Zusammenschluss i.S. des GWB oder der EG-Fusionskontrollverordnung[624] darstellen. Die Zusammenschlusskontrolle nach dem GWB findet statt, wenn im letzten Geschäftsjahr vor dem Zusammenschluss die beteiligten Unternehmen insgesamt weltweit Umsatzerlöse von mehr als 500 Mio. Euro und im Inland mindestens ein beteiligtes Unternehmen Umsatzerlöse von mehr als 25 Mio. Euro und ein weiteres beteiligtes Unternehmen Umsätze von mehr als 5 Mio. Euro erzielt haben (§ 35 Abs. 1 GWB). Wenn die Umsatzschwellen erreicht sind, ist der Zusammenschluss bei dem Bundeskartellamt anzumelden. Das Bundeskartellamt prüft, ob der Zusammenschluss eine marktbeherrschende Stellung begründet oder verstärkt (§ 36 GWB). Ist dies der Fall, ist der Zusammenschluss zu untersagen. Anderenfalls erteilt die Behörde die Freigabe. Bis zur Erteilung der Freigabe oder eines entsprechenden Negativattestes besteht ein Vollzugsverbot, dessen Verletzung oder Umgehung eine Ordnungswidrigkeit darstellt. Wenn nicht von vornherein klar ist, dass der Erwerb einer Gesellschaftsbeteiligung nicht der Fusionskontrolle unterliegt, sollte der Unternehmenskaufvertrag unter die aufschiebende Bedingung gestellt werden, dass die zuständige Behörde die Freigabe oder ein entsprechendes Negativattest erteilt hat. **463**

7. Ausscheiden eines Gesellschafters unter Lebenden

a) Grundsatz der Unternehmenskontinuität

Nach der Neukonzeption durch das Handelsrechtsreformgesetz von 1998[625] wird die Personenhandelsgesellschaft im Wesentlichen nur noch aufgrund von Umständen aufgelöst, die sie selbst betreffen: Zeitablauf, Gesellschafterbeschluss, Eröffnung des Insolvenzverfahrens über das Vermögen der Gesellschaft, gerichtliche Entscheidung (§§ 131 Abs. 1, 161 Abs. 2 HGB). Die Auflösung der Gesellschaft führt regelmäßig nicht unmittelbar zu ihrer Vollbeendigung, sondern zur Änderung ihres Zweckes von der werbenden Tätigkeit zur Abwicklung (Liquidation). Die Abwicklung ist die Auseinandersetzung der Gesellschafter über das Gesellschaftsvermögen (§§ 145 ff. HGB). **464**

Umstände aus der Sphäre eines Gesellschafters führen hingegen nach der gesetzlichen Regelung nicht mehr zur Auflösung der Gesellschaft, sondern zum Ausscheiden des betreffenden Gesellschafters: Tod des persönlich haftenden Gesellschafters, Eröffnung des Insolvenzverfahrens über das Vermögen des Gesellschafters, Kündigung durch den Gesellschafter oder einen Privatgläubiger des Gesellschafters (§§ 131 Abs. 3, 161 Abs. 2 HGB). Mit diesem Paradigmenwechsel hat der Gesetzgeber den Gedanken der Unternehmenskontinuität gestärkt und einen wesentlichen Unterschied zur Gesellschaft bürgerlichen Rechts geschaffen (vgl. §§ 723, 727, 728 BGB). **465**

Ausnahmsweise hat das Ausscheiden eines Gesellschafters bei der Zwei-Personen-Gesellschaft die Auflösung der Gesellschaft zur Folge, wenn nicht zeitgleich ein neuer Gesellschafter aufgenommen wird. So führt z.B. der Tod des einen von zwei Gesellschaftern einer oHG **466**

---

623 BGHZ 35, 135; BGHZ 43, 174; BGH NJW 1965, 909; BGH NJW 1991, 1739; Palandt/*Brudermüller*, § 1365, Rn. 4, 6, 9.
624 Verordnung (EG) Nr. 139/2004 des Rates vom 20. Januar 2004 über die Kontrolle von Unternehmenszusammenschlüssen, EG-ABl. L 24/1 vom 29.1.2004.
625 BGBl. I, S. 1474.

zur Auflösung der Gesellschaft, wenn der verbleibende den verstorbenen Gesellschafter allein beerbt (Konfusion).[626] Das Vermögen der Gesellschaft geht im Wege der Gesamtrechtsnachfolge auf den letzten verbliebenen Gesellschafter über.[627] Ebenso führt der Wegfall des einzigen persönlich haftenden Gesellschafters einer KG zur Auflösung der Gesellschaft. Existieren neben dem weggefallenen Komplementär noch mindestens zwei Kommanditisten, so wird die Gesellschaft liquidiert. Sie kann auch durch Fortsetzungsbeschluss mit einem neuen Komplementär fortgesetzt werden. In der zweigliedrigen Gesellschaft gibt es diese Möglichkeit nicht. Der Wegfall des Komplementärs führt bei dieser zum liquidationslosen sofortigen Erlöschen der Gesellschaft bei gleichzeitigem Übergang der Aktiva und Passiva auf den verbleibenden alleinigen Kommanditisten.[628]

b) Kündigung

467 Von praktischer Bedeutung ist das Kündigungsrecht des Gesellschafters, dessen Ausübung zu seinem Ausscheiden aus der Gesellschaft führt (§§ 723, 724 BGB, §§ 131 Abs. 3 Nr. 3, 132 HGB). Die Kündigung kann mit einer Kündigungsfrist von sechs Monaten zum Schluss eines Geschäftsjahres erfolgen, wenn die Gesellschaft für unbestimmte Zeit (§ 132 HGB) oder für die Lebenszeit eines Gesellschafters eingegangen ist oder, wenn sie für eine bestimmte Dauer eingegangen war, nach Ablauf dieser Dauer stillschweigend fortgesetzt wird (§ 134 HGB). Regelmäßig werden Gesellschaften für eine unbestimmte Zeit oder »auf Dauer« gegründet und sind damit praktisch jederzeit kündbar. Die Festlegung längerer Kündigungsfristen oder einer bestimmten Dauer ohne Kündigungsmöglichkeit liegt häufig im jedenfalls zu Beginn gemeinsamen Interesse der Gesellschafter. Entsprechende gesellschaftsvertragliche Regelungen sind bis zur Grenze der Sittenwidrigkeit (§ 138 BGB) möglich, die unter Berücksichtigung aller Umstände des Einzelfalls zu prüfen ist.

c) Austrittsvereinbarung

468 Ein Gesellschafter kann auch aufgrund einer vertraglichen Austrittsvereinbarung mit allen Gesellschaftern aus der Gesellschaft ausscheiden. Hinsichtlich der Rechtsfolgen des Austritts besteht eine weitgehende Gestaltungsfreiheit. So können die Frage einer Abfindung aus dem Gesellschaftsvermögen, die Freistellung von der Haftung für Verbindlichkeiten der Gesellschaft und andere Aspekte des Ausscheidens auch ohne Bindung an die gesellschaftsvertraglichen Regelungen einvernehmlich geregelt werden.

d) Ausschluss eines Gesellschafters

aa) Ausschließungsklage

469 Schließlich ist es möglich, einen Gesellschafter gegen seinen Willen aus der Gesellschaft auszuschließen. Dies geschieht im Wege der Ausschließungsklage durch gerichtliche Entscheidung (§ 140 Abs. 1 HGB). Voraussetzung für den Erfolg des gerichtlichen Ausschlussverfahrens ist das Vorliegen eines wichtigen Grunds im Sinne des § 133 HGB, der die anderen Gesellschafter sonst zur Auflösungsklage berechtigen würde. Ein solcher Grund

---

626 Etwas anderes soll ausnahmsweise gelten, wenn für den vererbten Gesellschaftsanteil Vor- und Nacherbfolge oder Testamentsvollstreckung angeordnet ist, siehe oben Rdn. 384 ff.
627 BGH, Urt. v. 7.7.2008 – II ZR 37/07, MittBayNot 2009, 57 = NZG 2008, 704 = ZNotP 2008, 452 (st. Rspr.): Ausscheiden des vorletzten Gesellschafters einer Personengesellschaft (in casu einer GbR) führt bei Vorhandensein einer Fortsetzungsklausel zur liquidationslosen Vollbeendigung der Gesellschaft; das Vermögen der Gesellschaft geht im Wege der Gesamtrechtsnachfolge auf den letzten verbliebenen Gesellschafter über (siehe auch *Weiler*, notar 2009, 154, 164).
628 BGHZ 113, 132; instruktiv DNotI-Gutachten, DNotI-Report 2010, 45.

ist insbesondere gegeben, wenn der auszuschließende Gesellschafter eine gesellschaftsvertragliche wesentliche Pflicht vorsätzlich oder grob fahrlässig verletzt hat (§ 133 Abs. 2 HGB). Erforderlich ist, dass den klagenden Gesellschaftern bei Abwägung aller Interessen die Fortsetzung der Gesellschaft mit dem betreffenden Gesellschafter unzumutbar ist. Die Ausschließung kann dabei nur letztes Mittel sein, um Schaden von der Gesellschaft abzuwenden. Alternativ sind mildere Mittel wie die Entziehung oder Beschränkung von Mitgliedschaftsrechten des betreffenden Gesellschafters oder die Umwandlung seiner persönlich haftenden Gesellschafterstellung in eine beschränkt haftende Kommanditbeteiligung zu prüfen. Ferner kann der wichtige Grund in der Person des auszuschließenden Gesellschafters entfallen, wenn er seine Beteiligung an einen Dritten überträgt, der selbst als Gesellschafter nicht zu beanstanden ist.

Im Vordergrund stehen die verhaltensbezogenen Ausschließungsgründe (z.B. Untreue zu Lasten der Gesellschaft und andere grobe Verstöße gegen die Unternehmensinteressen). Es können aber auch nicht verhaltensbezogene und selbst nicht als eigenes Verschulden vorwerfbare Umstände in der Person eines Gesellschafters dazu führen, dass den anderen Gesellschaftern die Fortsetzung des Gesellschaftsverhältnisses unzumutbar ist (z.B. Ehescheidung in der Familiengesellschaft). Ein rein privates Fehlverhalten bildet aber keinen Ausschließungsgrund, weil die Ausschließung keine Strafe für den auszuschließenden Gesellschafter ist, sondern dem Schutz der Gesellschaft dient. 470

Die Ausschließungsklage ist auch in der Zwei-Personen-Gesellschaft zulässig (§ 140 Abs. 1 S. 2 HGB). Die Ausschließung eines von zwei Gesellschaftern führt allerdings zum Erlöschen der Gesellschaft und zur Übernahme des Handelsgeschäfts durch den klagenden Gesellschafter im Wege der Gesamtrechtsnachfolge (deswegen auch »Übernahmeklage«). An den wichtigen Grund sind bei der Übernahmeklage nicht per se höhere Anforderungen als bei der Ausschließungsklage zu stellen. Die Rechtsfolge der Auflösung der Gesellschaft ist aber ein Gesichtspunkt bei der Interessenabwägung und bei der Frage, ob ein milderes Mittel gegeben ist. Liegen beim Streit in der Zwei-Personen-Gesellschaft bei beiden Gesellschaftern Ausschließungsgründe vor, so bleibt regelmäßig nur die Auflösung der Gesellschaft gemäß § 133 HGB. Der (zuerst) klagende von zwei dolosen Gesellschaftern soll nicht die Möglichkeit haben, den anderen Gesellschafter zu verdrängen und das Handelsgeschäft an sich zu ziehen.[629] 471

Anders als die Regelung zur Auflösungsklage (§ 133 Abs. 3 HGB) ist die Regelung zur Ausschließungs- und Übernahmeklage nicht zwingend. Das Ausschließungsrecht und -procedere kann also gesellschaftsvertraglich erleichtert, erschwert, modifiziert und ausgeschlossen werden. Insbesondere können bestimmte Verhaltensweisen oder Ereignisse als Ausschließungsgründe festgelegt oder ausgeschlossen werden. Begrenzt wird die Gestaltungsfreiheit durch § 138 Abs. 1 BGB und den Schutz des Kernbereichs der Gesellschafterrechte. Der Ausschluss von Gesellschaftern ohne Vorliegen eines wichtigen Grundes (sog. Hinauskündigung) oder nach freiem Ermessen der anderen Gesellschafter ist daher grundsätzlich nicht zulässig. 472

bb) Ausschließungsbeschluss

Das Ausscheiden eines Gesellschafters kann weiterhin gesellschaftsvertraglich an den Eintritt eines bestimmten Ereignisses oder an einen entsprechenden Beschluss der Gesellschafter geknüpft werden (§ 131 Abs. 3 Nr. 5 und 6 HGB). Diese Regelung stellt den Ausschluss eines Gesellschafters allerdings nicht in das freie Ermessen der Gesellschafter. Es gelten grundsätzlich die gleichen Schranken wie für die Ausschließungsklage nach § 133 473

---

629 Vgl. Baumbach/Hopt, § 140 Rn. 14 m.w.N.

HGB.[630] Insbesondere muss auch für die Ausschließung aufgrund eines Gesellschafterbeschlusses ein wichtiger Grund vorliegen, der die Ausschließung rechtfertigt.

474 Ein freies Ausschließungsrecht ohne wichtigen Grund hat der BGH nur ganz ausnahmsweise und nur dann für zulässig erachtet, wenn es durch besondere Gründe sachlich gerechtfertigt ist. Derartige Beteiligungen »auf Zeit« oder »zur Honorierung« können in Mitarbeiter- und Managermodellen eine Rolle spielen oder wenn ein neuer Berufsträger »auf Probe« in eine Freiberuflersozietät aufgenommen wird.[631] Die Phase der Erprobung eines neuen Gesellschafters, während der ein freies Ausschließungsrecht gelten soll, darf allerdings drei Jahre nicht überschreiten.[632] In diesen Fällen sollte versucht werden, einen geeigneten sachlichen Umstand bzw. dessen Wegfall als wichtigen Grund für die Ausschließung im Gesellschaftsvertrag zu definieren.

475 Grundsätzlich ist der Ausschließungsbeschluss einstimmig zu fassen, wobei der auszuschließende Gesellschafter stimmberechtigt ist (§ 119 HGB). Der Gesellschaftsvertrag kann den betroffenen Gesellschafter von der Beschlussfassung über seine Ausschließung ausschließen und das Einstimmigkeitserfordernis zugunsten eines qualifizierten oder einfachen Mehrheitserfordernisses abbedingen.

e) Auseinandersetzung, Abfindung

476 aa) Im Fall des Ausscheidens eines Gesellschafters findet die Auseinandersetzung mit dem ausgeschiedenen Gesellschafter, seinen Erben bzw. dem Insolvenzverwalter statt. Hierfür gelten die §§ 738–740 BGB, die mit Ausnahme von § 738 Abs. 1 S. 1 BGB (Anwachsung des Anteils des ausscheidenden Gesellschafters am Gesellschaftsvermögens bei den übrigen Gesellschaftern) dispositiv sind.[633] Gesellschaftsvertragliche Regelungen zur Auseinandersetzung und insbesondere zur Abfindung des ausgeschiedenen Gesellschafters sind daher möglich und üblich.

477 Der ausgeschiedene Gesellschafter haftet weiter für Gesellschaftsverbindlichkeiten, die vor seinem Ausscheiden begründet worden sind (sog. Nachhaftung, §§ 128, 160 HGB). Nach § 738 Abs. 1 S. 2 und 3 BGB sind die verbleibenden Gesellschafter verpflichtet, ihn von diesen gemeinschaftlichen Schulden zu befreien. Der Anspruch ist auf sofortige Befreiung von fälligen Forderungen, d.h. Erfüllung oder Schuldhaftentlassung durch den Gläubiger, bzw. auf Sicherheitsleistung bezüglich noch nicht fälliger Forderungen gerichtet. Falls der ausgeschiedene Gesellschafter nicht befreit wird und von den Gesellschaftsgläubigern in Anspruch genommen wird, kann er die Erstattung seiner Leistungen verlangen. Im Gesellschaftsvertrag kann vereinbart werden, ob und unter welchen Voraussetzungen ein ausscheidender Gesellschafter von Gesellschaftsverbindlichkeiten befreit wird.

478 Andererseits nimmt der ausgeschiedene Gesellschafter im Innenverhältnis am Ergebnis (Gewinn und Verlust) schwebender Geschäfte teil und kann am Schluss eines jeden Geschäftsjahrs Auskunft über die noch schwebenden Geschäfte, die erledigten Geschäfte und die Auszahlung seines Anteils daran verlangen (§ 740 BGB). Schwebende Geschäfte sind solche Umsatzgeschäfte, die im Zeitpunkt des Ausscheidens bindend vereinbart, aber noch nicht voll erfüllt sind.

---

630 Baumbach/Hopt, § 131 Rn. 25 f.
631 Vgl. BGH, Urt. v. 19.9.2005 – II ZR 173/04, BGHZ 164, 98 = DNotZ 2006, 137 = RNotZ 2005, 610, und BGH, Urt. v. 19.9.2005 – II ZR 342/03, BGHZ 164, 107 = DNotZ 2006, 140 = RNotZ 2005, 614 (zur GmbH); *Gehrlein*, NJW 2005, 1971; *Drinkuth*, NJW 2006, 413.
632 BGH, ZIP 2007, 1309 = NZG 2007, 583, für ärztliche Gemeinschaftspraxis; BGH, Urt. v. 8.3.2004 – II ZR 165/02, DNotZ 2004, 865: Prüfungszeit von 10 Jahren in Freiberufler-GbR zu lang.
633 Die Auseinandersetzung betrifft das Innenverhältnis zwischen der Gesellschaft und dem ausgeschiedenen Gesellschafter; im Unterschied dazu betrifft die Liquidation bei Auflösung der Gesellschaft auch die Gesellschaftsgläubiger (§§ 145 ff. HGB).

bb) Praktisch im Vordergrund steht die Regelung der Abfindung des ausgeschiedenen **479** Gesellschafters, mit der regelmäßig alle vermögensmäßigen Ansprüche einschließlich der Beteiligung an schwebenden Geschäften abgegolten werden soll. Nach der gesetzlichen Regelung steht dem ausgeschiedenen Gesellschafter das zu, was er bei Auseinandersetzung der Gesellschaft im Fall der zeitgleichen Auflösung der Gesellschaft erhalten würde (§ 738 Abs. 1 S. 2 BGB). Der gleiche Anspruch steht bei Tod eines Gesellschafters seinen Erben und bei Insolvenz der Insolvenzmasse zu. Er richtet sich gegen die Gesellschaft und gegen die akzessorisch haftenden Mitgesellschafter. Stichtag für die Bewertung des Gesellschaftsvermögens und die Berechnung des Auseinandersetzungsguthabens ist der Tag des Ausscheidens des Gesellschafters. Maßgeblich ist der volle Verkehrswert des lebenden Unternehmens einschließlich aller stillen Reserven und eines etwaigen Goodwill (Ertrags- oder Fortführungswert, nicht Liquidationswert). Dieser Unternehmenswert ist regelmäßig durch Sachverständigengutachten anhand einer besonderen Bilanz zum Stichtag des Ausscheidens zu ermitteln. Die Höhe der Abfindung des ausgeschiedenen Gesellschafters entspricht der Höhe seines Anteils am Gesellschaftsvermögen nach Maßgabe des festen Kapitalkontos. Die Abfindung ist grundsätzlich sofort fällig und ab dem Stichtag verzinslich (§ 271 BGB).

Abweichende Bestimmungen zur Abfindung können im Gesellschaftsvertrag sowie ad **480** hoc für den konkreten Fall des Ausscheidens eines Gesellschafters vereinbart werden. Abfindungsklauseln betreffen im Wesentlichen das Innenverhältnis der Gesellschafter. Der Vertragsfreiheit sind daher nur dort äußere Grenzen gezogen, wo der ausscheidende Gesellschafter in seinen Rechten unzumutbar eingeschränkt wird oder Dritte, zumeist Gläubiger des ausscheidenden Gesellschafters, benachteiligt werden. Diese Schranken ergeben sich aus §§ 138 und 242 BGB, aber auch aus dem Rechtsgedanken des § 732 Abs. 3 BGB. Die Sittenwidrigkeit einer Abfindungsregelung führt zu der Nichtigkeit der Klausel und zur Anwendung des dispositiven Gesetzesrechts (Wirksamkeitskontrolle). Bei der Verletzung der anderen Schranken nimmt die Rechtsprechung hingegen eine Vertragsanpassung im Wege der ergänzenden Vertragsauslegung vor (Ausübungskontrolle). Die Wirksamkeitskontrolle stellt allein auf die bei Abschluss des Gesellschaftsvertrags maßgeblichen Umstände ab. Bei der Ausübungskontrolle werden die – möglicherweise zwischenzeitlich veränderten – Gegebenheiten bei Geltendmachung der Abfindungsbeschränkung betrachtet. So kann es vorkommen, dass eine Klausel bei Abschluss des Gesellschaftsvertrags zwar wirksam ist, aber später aufgrund veränderter Umstände nicht mehr durchgesetzt werden kann.

cc) Der aktuelle Meinungsstand und die Rechtsprechung zu Abfindungsklauseln lassen **481** sich wie folgt zusammenfassen:[634] Der vollständige Ausschluss jeglicher Abfindung ist grundsätzlich sittenwidrig, und zwar auch beim Ausschluss eines Gesellschafters aus wichtigem Grund.[635] Unwirksam ist weiter eine Abfindungsklausel, die zu einem groben Missverhältnis zwischen dem wahren Wert des Anteils und dem Abfindungsbetrag führt. Ein grobes Missverhältnis wird angenommen, wenn der Abfindungsbetrag mindestens 50 % unter dem wahren Wert liegt.[636] Im Einzelfall entscheidend ist aber, ob das Interesse des Gesellschafters an einer seinem Anteil entsprechenden Abfindung in nicht zu billigender Weise missachtet bzw. ob die Erwartung einer niedrigen Abfindung zu einer unzulässigen Einschränkung des Kündigungsrechts des Gesellschafters führt (vgl. § 732 Abs. 3

---

634 Instruktiv *Leitzen*, RNotZ 2009, 315.
635 OLG Frankfurt a.M., Urt. v. 29.7.2008 -5 U 73/02, juris (zur OHG); Baumbach/Hopt, § 131 Rn. 63 m.w.N.
636 Ebenroth/Boujong/Joost/*Strohn/Lorz*, § 131 Rn. 133; BGHZ 123, 281 bzw. OLG München NZG 2004, 1055: Missverhältnis bejaht bei 63 % bzw. 66 % Abweichung; OLG Naumburg, NZG 2000, 698: kein Missverhältnis bei 17 % Abweichung; BGH, Urt. v. 7.4.2008 – II ZR 3/06, DNotI-Report 2008, 93 = ZNotP 2008, 411 (zur Fortsetzungsklausel bei der GbR).

BGB).⁶³⁷ Das mit der Abfindungsklausel verfolgte Ziel, die Gesellschaft vor dem Abfluss von liquiden Mitteln zu schützen, hat demgegenüber keinen Vorrang. Vor diesem Hintergrund sind Buchwertklauseln als unzulässig anzusehen, wenn sie zu einer erheblichen Abweichung der Abfindung von dem wahren Wert führen. Das Gleiche gilt für Klauseln, die einen zu hohen Abschlag von dem durch die Bewertung ermittelten Abfindungsbetrag vorsehen.⁶³⁸ Maßgeblich für die kündigungsbeschränkende Wirkung einer Klausel sind die Verhältnisse bei Gründung der Gesellschaft. Später veränderte Wertverhältnisse sind nicht zu berücksichtigen, weil die Klausel sonst zeitweise wirksam und zeitweise unwirksam wäre.⁶³⁹

482 Unzulässig sind außerdem Klauseln, die ausschließlich auf die Schlechterstellung von Gläubigern des ausgeschiedenen Gesellschafters abzielen. Wegen der damit verbundenen Gläubigerbenachteiligung darf der Gesellschaftsvertrag nicht für den Fall des Ausscheidens aufgrund von Vollstreckungsmaßnahmen oder Insolvenz des Gesellschafters eine niedrigere Abfindung vorsehen als für andere Ausscheidensgründe.⁶⁴⁰

483 Im Übrigen kann durchaus anhand sachlicher Kriterien differenziert werden. Beispielsweise kann die Höhe der Abfindung unterschiedlich danach bemessen werden, ob der Gesellschafter sein Ausscheiden zu vertreten hat (wichtiger Grund in seiner Person, insbesondere eigenes Fehlverhalten, ferner Pfändung und Insolvenz) oder ob er aus anderen Gründen aus der Gesellschaft ausscheidet, die er nicht zu verantworten hat.⁶⁴¹ Anerkannt ist auch, dass die Abfindung des Erben im Fall des Todes eines Gesellschafters beschränkt und sogar ganz ausgeschlossen werden kann.⁶⁴² Ferner können die Dauer der Mitgliedschaft des ausgeschiedenen Gesellschafters und seine unternehmerische Leistung (aktiver Beitrag zum Erfolg oder nur passives Investment) angemessen berücksichtigt werden.⁶⁴³ Wieder stärker im Fluss ist die Frage, ob die Umstände des Erwerbs einer Beteiligung eine unterschiedliche Ausgestaltung der Abfindung beim späteren Ausscheiden rechtfertigen können. Im Anschluss an eine Entscheidung des BGH zum schenkweisen Erwerb einer Beteiligung wird weithin vertreten, dass insofern eine Differenzierung prinzipiell unzulässig sei. Es gebe keinen Gesellschafter »minderen Rechts« aufgrund der Erwerbsumstände. Demgegenüber hat der BGH in jüngerer Zeit durchaus Differenzierungen zugelassen, die ihre Rechtfertigung in den besonderen Rahmenbedingungen der Aufnahme von Neugesellschaftern finden.⁶⁴⁴ Die gleichen Erwägungen können eine Rolle spielen, wenn es um die Abfindung von Gesellschaftern geht, die als Mitarbeiter oder potentielle Nachfolger auf Zeit oder zunächst auf Probe in die Gesellschaft aufgenommen werden.⁶⁴⁵

484 Zulässig und sinnvoll sind Klauseln, die die Bewertungsmethode und den Bewertungsmaßstab festlegen. Regelmäßig wird eine Variante des Ertragswertverfahrens die Methode der Wahl sein (z.B. die Bewertungsgrundsätze des Instituts der Wirtschaftsprüfer, sog. IDW S. 1; die reine Ertragswertmethode, die discounted cash flow-Methode oder das neue

---

637 Zutr. Baumbach/Hopt, § 131 Rn. 64.
638 BGHZ 116, 369 (zur GmbH); BGHZ 123, 283; NJW 1989, 2685. Eine feste Grenze für den Abschlag gibt es nicht; die wohl h.L. hält einen Abschlag von bis zu 25-30% im Unternehmensinteresse für zulässig; ein Abschlag von mehr als 50% dürfte in jedem Fall unzulässig sein.
639 BGH NJW 1993, 3193.
640 BGH, Urt. v. 19.6.2000 – II ZR 73/99, BGHZ 144, 365, 367 (zur GmbH).
641 Vgl. BGH MittBayNot 1994, 157 (zur GmbH); BGH, Urt. v. 17.12.2001 – II ZR 348/99, DNotZ 2002, 305 (GmbH).
642 BGHZ 22, 194, BGH WM 1971, 1339; BGH DNotZ 1978, 166, 169; BGH, Urt. v. 19.3.2007 – II ZR 300/05, DNotZ 2007, 858 (freies Hinauskündigungsrecht zu Lasten des Gesellschaftererben).
643 Zutr. Beck'sches Notarhandbuch/*Hermanns*, Teil II Rn. 46; *Leitzen*, RNotZ 2009, 315, 317.
644 Erweiterte Hinauskündigung im Mitarbeiter- und Managermodell sowie in Freiberufler-Gesellschaften, siehe oben Rdn. ....
645 *Leitzen*, RNotZ 2009, 315, 317 m.w.N.

vereinfachte Ertragswertverfahren gemäß §§ 199 ff. BewG).[646] Auch Buchwertklauseln sind innerhalb der aufgezeigten Grenzen zulässig. Weiter kann bestimmt werden, dass der Unternehmenswert durch einen Sachverständigen, z.B. einen Wirtschaftsprüfer, als Schiedsgutachter mit verbindlicher Wirkung zu ermitteln ist. Ferner kann geregelt werden, durch wen die Person dieses Schiedsgutachters mangels Einigung der Beteiligten zu bestimmen ist und wer die Kosten des Schiedsgutachtens zu tragen hat. Schließlich kann die Zahlung der Abfindung in angemessenen Raten vereinbart werden, wobei die Streckung auf bis zu fünf Jahresraten mit einer verkehrsüblichen Verzinsung der noch nicht fälligen Beträge regelmäßig zulässig ist.[647]

Formulierungsbeispiel Abfindungsklausel 485 M
§ ... Abfindung ausscheidender Gesellschafter

1. Scheidet ein Gesellschafter aus der Gesellschaft aus, ohne dass die Gesellschaft dadurch aufgelöst wird oder sein Gesellschaftsanteil auf einen Rechtsnachfolger übergeht, so erhält er eine Abfindung. Die Höhe der Abfindung des ausgeschiedenen Gesellschafters entspricht der Höhe seines Anteils am Wert des Unternehmens der Gesellschaft nach Maßgabe des festen Kapitalkontos.
2. Der Unternehmenswert ist nach Maßgabe der Bewertungsgrundsätze des Instituts der Wirtschaftsprüfer (IDW S. 1) zu bestimmen, die im Zeitpunkt des Ausscheidens des Gesellschafters gelten. Von dem ermittelten Unternehmens- bzw. Anteilswert ist ein Abschlag von fünfundzwanzig vom Hundert zum Unternehmensschutz zu machen.
3. Die Höhe der Abfindung ist durch einen Steuerberater oder Wirtschaftsprüfer oder eine Steuerberatungs- oder Wirtschaftsprüfungsgesellschaft als Schiedsgutachter zu bestimmen. Das Schiedsgutachten ist für alle Beteiligen verbindlich. Können sich die Beteiligten nicht auf die Person des Schiedsgutachters einigen, so ist dieser auf Antrag einer der Parteien vom Präsidenten der Industrie- und Handelskammer zu ... zu benennen.
4. Der Schiedsgutachter bestimmt auch Einzelheiten der Konkretisierung der Bewertungsgrundsätze. Der Schiedsgutachter kann bestimmen, dass der Abfindungsbetrag in zeitlich gestreckten Teilbeträgen bei angemessener Verzinsung zu zahlen ist. Die Kosten des Schiedsgutachtens tragen die Gesellschaft zur einen und der ausscheidende Gesellschafter zur anderen Hälfte.
5. Zusätzlich erhält der ausscheidende Gesellschafter etwaige Guthaben auf seinem Kapitalkonto III oder seinem Darlehenskonto, soweit diese bei der Bewertung nach Ziffer 2. unberücksichtigt bleiben.

8. Tod eines Gesellschafters

a) Gesetzliche Regelung

Nach der seit 1998 geltenden gesetzlichen Regelung führt der Tod eines persönlich haftenden Gesellschafters zu dessen Ausscheiden aus der Gesellschaft, aber nicht zu deren Auflösung (§§ 131 Abs. 3 Nr. 1, 161 Abs. 2 HGB). Die Gesellschaft wird nach dieser Neukonzeption von den verbleibenden Gesellschaftern ohne den Rechtsnachfolgern des verstorbenen Gesellschafters fortgesetzt. Einer gesellschaftsvertraglichen Fortsetzungs- 486

---

646 Von einer Festlegung einer Bewertung nach dem sog. »Stuttgarter Verfahren« (§ 11 Abs. 2 S. 2 BewG i.V.m. R 96 ff. ErbStR 2003) sollte hingegen abgesehen werden. Dieses Verfahren betraf in erster Linie die Bewertung von Anteilen an nicht notierten Kapitalgesellschaften. Es ist durch das im neuen Bewertungsgesetz geregelten und rechtsformneutral geltenden vereinfachten Ertragswertverfahren ersetzt worden. Siehe DNotI-Gutachten, DNotI-Report 2009, 121.
647 *Leitzen*, RNotZ 2009, 315, 318 m.w.N.

klausel bedarf es hierfür nicht mehr. Beim Tod eines Kommanditisten wird die Gesellschaft hingegen mit den Erben fortgesetzt (§ 177 HGB). Eine Ausnahme ist der Tod des alleinigen persönlich haftenden Gesellschafters in einer KG. Mit dessen Tod wird die Gesellschaft aufgelöst, weil eine KG nicht ohne persönlich haftenden Gesellschafter existieren kann.[648] Auch der Tod des vorletzten Gesellschafters führt regelmäßig zur Auflösung der Gesellschaft.

487 Im Fall des Ausscheidens eines Gesellschafters durch Tod erfolgt die Auseinandersetzung der verbleibenden Gesellschafter mit dem oder den Erben des verstorbenen Gesellschafters (§§ 738–740 BGB). Der Abfindungsanspruch der Erben ist dabei auf den Anteil am Gesellschaftsvermögen gerichtet, den sie bei Auflösung der Gesellschaft und Auseinandersetzung erhalten würden.

488 Von dem Vorstehenden abweichende gesellschaftsvertragliche Regelungen sind möglich, üblich und empfehlenswert.

b) Nachfolgeklauseln

489 Regelmäßig soll der Gesellschaftsanteil beim Tod eines Gesellschafters auf dessen Rechtsnachfolger übergehen. Das kann durch eine gesellschaftsvertragliche Regelung erreicht werden, die die Fortsetzung der Gesellschaft mit dem oder den Erben vorsieht (sog. Nachfolgeklauseln). Zu diesem Zweck hat die Kautelarpraxis verschiedene Varianten entwickelt.

490 Zu beachten ist dabei, dass mehrere Erben die Gesellschafterstellung im Wege einer Sondererbfolge oder Einzelrechtsnachfolge erlangen. Die Erbengemeinschaft kann nicht als solche Gesellschafter werden. Die Erben werden unmittelbar Gesellschafter und an dem Anteil in Höhe ihrer Erbquote beteiligt. Der Gesellschaftsanteil gehört zwar zum Nachlass des Erblassers, ist aber aus dem gesamthänderisch gebundenen übrigen Nachlass ausgegliedert.[649]

491 Die Nachfolgeklausel muss zudem auf die entsprechenden letztwilligen Verfügungen des Gesellschafters abgestimmt werden.

aa) Eintrittsklausel

492 Die Eintrittsklausel besagt, dass die Erben des Gesellschafters oder andere Personen durch Rechtsgeschäft unter Lebenden an Stelle des verstorbenen Gesellschafters in die Gesellschaft eintreten dürfen. Aufgrund einer solchen Klausel findet keine Rechtsnachfolge von Todes wegen in die Gesellschafterstellung statt. Der Begünstigte wird vielmehr durch den von ihm erklärten Eintritt Gesellschafter. Dazu muss der Gesellschaftsanteil nicht durch Abtretungsvertrag auf den Begünstigten übertragen werden. Die Eintrittsklausel wird deswegen auch als gesellschaftsrechtliche Nachfolgeklausel bezeichnet.

493 Die Eintrittsklausel kann auch Personen begünstigen, die nicht Erben des Gesellschafter-Erblassers werden. Sie vermittelt nur einen Anspruch des Begünstigten, keine Pflicht zum Eintritt (begünstigender Vertrag zugunsten Dritter auf den Todesfall).

---

648 Allerdings ist die Fortsetzung der Gesellschaft mit einem neuen persönlich haftenden Gesellschafter möglich; wenn die Kommanditisten die Gesellschaft ohne Komplementär fortsetzen, entsteht eine oHG.
649 H.M., siehe oben Rdn. 376.

Formulierungsbeispiel Eintrittsklausel: **494 M**
– **Gesellschaftsvertrag:**
  § ... Tod eines Gesellschafters

1. Jeder Gesellschafter ist berechtigt, durch letztwillige Verfügung einer oder mehreren Personen das Recht zum Eintritt in die Gesellschaft als Nachfolger beim Tod des Gesellschafters einzuräumen. Der Nachfolger tritt als Gesellschafter in die Gesellschaft ein, wenn er sein Eintrittsrecht ausübt. Die Eintrittserklärung ist innerhalb von sechs Monaten nach dem Tod des Gesellschafters gegenüber allen Gesellschaftern abzugeben.
2. Übt der Nachfolger sein Eintrittsrecht nicht oder nicht fristgerecht aus, so wird die Gesellschaft von den übrigen Gesellschaftern ohne den Eintrittsberechtigten fortgesetzt. Die Erben des verstorbenen Gesellschafters erhalten in diesem Fall eine nach § ... des Gesellschaftsvertrags zu bestimmende Abfindung. Übt der Nachfolger sein Eintrittsrecht aus, so sind Abfindungsansprüche der Erben des verstorbenen Gesellschafters ausgeschlossen.
3. Der eintretende Nachfolger wird so gestellt, als ob er im Zeitpunkt des Todes des verstorbenen Gesellschafters in die Gesellschaft eingetreten wäre. Er erhält alle Gesellschafterrechte, die dem verstorbenen Gesellschafter zustanden.

– **Letztwillige Verfügung des Gesellschafters in Testament oder Erbvertrag:**

1. Ich bin an der ... oHG mit dem Sitz in ..., eingetragen im Handelsregister des Amtsgerichts ... unter HRA ..., als Gesellschafter beteiligt. Der Gesellschaftsvertrag sieht in § ... vor, dass jeder Gesellschafter einer oder mehreren Personen das Recht zum Eintritt in die Gesellschaft als Nachfolger bei seinem Tod einräumen darf.
2. Ich räume hiermit meinem Sohn ... das Recht ein, bei meinem Tod als mein Nachfolger in die ... oHG einzutreten.
3. Mein Sohn ... hat den weiteren Erben zum Ausgleich für seinen Eintritt in die ... oHG jeweils einen Betrag von ... Euro zu zahlen.

bb) Einfache Nachfolgeklausel

Mit der einfachen Nachfolgeklausel wird der Gesellschaftsanteil vererblich gestellt, d.h. der   **495**
Gesellschaftsanteil geht beim Tod des Gesellschafters unmittelbar auf den oder die Erben über. Die einfache (erbrechtliche) Nachfolgeklausel wirkt zugunsten aller Erben, die den Gesellschafter-Erblasser aufgrund gesetzlicher oder testamentarischer Erbfolge beerben.

Formulierungsbeispiel einfache Nachfolgeklausel: **496 M**
§ ... Tod eines Gesellschafters

1. Beim Tod eines Gesellschafters wird die Gesellschaft mit seinen Erben als Nachfolgern fortgesetzt. *[oder: werden seine Erben seine Nachfolger.]*
2. *[Mehrere Erben haben zur Ausübung ihrer Gesellschafterrechte einen gemeinsamen Vertreter zu benennen. Die Gesellschafterrechte können nur einheitlich ausgeübt werden. Vor Benennung des gemeinsamen Vertreters gegenüber der Gesellschaft ruhen die Gesellschafterrechte der Erben.]*

cc) Qualifizierte Nachfolgeklausel

Mit der qualifizierten Nachfolgeklausel wird die Rechtsnachfolge in den Gesellschaftsanteil von vornherein auf einen oder mehrere bestimmte Erben oder auf Erben, die bestimmte Merkmale erfüllen, beschränkt. Dabei können die gewünschten Nachfolger   **497**

1. Kapitel Personengesellschaftsrecht

namentlich, als Gruppe oder mit ihren Merkmalen bezeichnet werden (z.B. der Sohn XY des Erblassers; die Kinder des Erblassers; die Ehefrau; die volljährigen weiblichen Abkömmlinge, die im Erbfall eine kaufmännische Ausbildung oder ein Wirtschafts- bzw. Ingenieursstudium abgeschlossen haben).

498 Die qualifizierte Nachfolgeklausel führt nur zum gewünschten Ergebnis, wenn die in der Klausel bezeichneten Personen auch tatsächlich zu Erben des Gesellschafter-Erblassers berufen sind. Unter Umständen kann eine fehlgeschlagene Nachfolgeklausel in eine Eintrittsklausel umgedeutet werden, z.B. wenn der in der Klausel genannte Nachfolgekandidat nicht Erbe geworden ist.

499 M Formulierungsbeispiel qualifizierte Nachfolgeklausel:
– Gesellschaftsvertrag:
  § ... Tod eines Gesellschafters

1. Beim Tod eines Gesellschafters wird die Gesellschaft mit seinem ältesten Abkömmling fortgesetzt
   [oder: Beim Tod eines Gesellschafters wird sein Ehegatte sein Nachfolger.
   oder: Beim Tod eines Gesellschafters wird das Kind oder die Kinder des Gesellschafters seine Nachfolger, die zu diesem Zeitpunkt eine kaufmännische Ausbildung abgeschlossen haben.]
2. Ist ein solcher Nachfolger nicht vorhanden, so wird die Gesellschaft von den übrigen Gesellschaftern fortgesetzt. Andere Erben des verstorbenen Gesellschafters werden nicht Gesellschafter. Ihnen steht eine Abfindung zu, die nach § ... des Gesellschaftsvertrags zu berechnen ist.

– Letztwillige Verfügung des Gesellschafters in Testament oder Erbvertrag:
1. Ich bin an der ... KG mit dem Sitz in ..., eingetragen im Handelsregister des Amtsgerichts ... unter HRA ..., als persönlich haftender Gesellschafter beteiligt.
2. Ich setze hiermit meine Ehefrau ... zu einhalb Anteil und meine beiden Kinder ... und ... zu jeweils ein Viertel Anteil zu meinen Erben ein. Im Wege der Teilungsanordnung bestimme ich, dass mein Sohn ... mein Nachfolger als Gesellschafter der ... KG ist. [oder: Vorausvermächtnis zugunsten des betreffenden Miterben].
3. Mein Sohn hat einen etwaigen seinen Erbteil übersteigenden Wert der Beteiligung an der ... KG gegenüber den anderen Erben nicht auszugleichen.

dd) Wahlrecht der Erben nach § 139 HGB

500 Aufgrund einer Nachfolgeklausel treten der oder die Erben des persönlich haftenden Gesellschafters unmittelbar in dessen Rechtsstellung ein, d.h. ab dem Zeitpunkt des Erbfalls trifft sie die persönliche und unbeschränkte Haftung für alle Gesellschaftsverbindlichkeiten (§ 128 HGB). Entgehen kann der Erbe dieser Haftung nur durch Ausschlagung des gesamten Erbes (§§ 1943 ff. BGB). Eine teilweise Ausschlagung nur der Gesellschaftsbeteiligung ist nicht möglich. In dieser Situation hilft die Regelung des § 139 HGB, wonach der Erbe sein Verbleiben in der Gesellschaft davon abhängig machen kann, dass die übrigen Gesellschafter der Umwandlung seiner haftenden Beteiligung in eine Kommanditbeteiligung zustimmen. Verweigern die übrigen Gesellschafter die Zustimmung, kann der Erbe ohne weiteres, insbesondere ohne Einhaltung einer Kündigungsfrist, aus der Gesellschaft ausscheiden oder als haftender Gesellschafter in der Gesellschaft verbleiben (Wahlrecht).

501 Stimmen die Mitgesellschafter dem Wechsel zu, wandelt sich die oHG in eine Kommanditgesellschaft um. Der Wechsel bedarf eines Vertrages zwischen allen Gesellschaftern und dem Erben.

ee) Haftung des Erben

Die Haftung des Erben für Gesellschaftsverbindlichkeiten richtet sich danach, ob er persönlich haftender Gesellschafter bleibt, nach Maßgabe von § 139 HGB Kommanditist wird oder aus der Gesellschaft ausscheidet oder ob die Gesellschaft durch sein Ausscheiden aufgelöst wird. Außerdem ist hinsichtlich danach zu unterscheiden, ob es sich bei den Verbindlichkeiten um vor dem Erbfall entstandene Altschulden, während der Schwebezeit des § 139 Abs. 3 HGB oder nach der endgültigen Entscheidung über die Gesellschafterstellung des Erben entstandene Neuschulden handelt.[650] **502**

Daneben kommt eine Haftung des Erben für die Altverbindlichkeiten gemäß § 27 HGB in Betracht, wenn der Erbe das zum Nachlass gehörende Handelsgeschäft fortführt. **503**

c) Testamentsvollstreckung

Beim Tod eines Gesellschafters geht der Anteil an einer Personenhandelsgesellschaft unmittelbar auf den oder die Erben über. Fraglich ist, inwieweit Raum für eine Testamentsvollstreckung besteht. **504**

Dem BGH zufolge ist die Testamentsvollstreckung auch in Gestalt der Verwaltungs- oder Dauertestamentsvollstreckung (§§ 2205, 2209 BGB) an einer Kommanditbeteiligung grundsätzlich zulässig, wenn der Gesellschaftsvertrag die Testamentsvollstreckung erlaubt oder die Mitgesellschafter nachträglich zustimmen.[651] Dem Testamentsvollstrecker obliegt in diesem Fall die Ausübung sämtlicher Mitgliedschaftsrechte. Der Kommanditist ist durch die auf die Einlage begrenzte Haftung ausreichend geschützt. Der Testamentsvollstrecker bedarf allerdings der Zustimmung des Erben zu Maßnahmen, die dessen persönliche Haftung begründen[652] oder die in den Kernbereich seiner Mitgliedschaft eingreifen.[653] **505**

Weit unklarer ist die Rechtslage bei der Testamentsvollstreckung an voll haftenden Beteiligungen wie dem Anteil an einer offenen Handelsgesellschaft oder der Beteiligung als persönlich haftender Gesellschafter einer Kommanditgesellschaft. Grundsätzlich dürfte der Widerspruch zwischen der unbeschränkten Haftung des Gesellschafters (§ 128 HGB) und der beschränkten Befugnisse des Testamentsvollstreckers, der den Erben ohne dessen Einverständnis nur begrenzt auf das Nachlassvermögen verpflichten kann (§ 2206 BGB), der Zulässigkeit der Vollstreckungsanordnung entgegenstehen.[654] Zudem ist die Übernahme von Leitungsfunktionen wie der Geschäftsführung durch einen Dritten ohne eigene persönliche Haftung mit dem Grundsatz der Selbstorganschaft bei der Personenhandelsgesellschaft nicht vereinbar.[655] Allerdings hat der BGH die auf die Wahrnehmung der verkehrsfähigen Vermögensrechte beschränkte Testamentsvollstreckung bezüglich des Anteils an einer Gesellschaft bürgerlichen Rechts als zulässig erachtet.[656] Dem BGH zufolge besteht Raum für eine Testamentsvollstreckung auch am Anteil eines persönlich haftenden Gesellschafters, von der die Geschäftsführung und andere, möglicherweise zu einer Haftung der Gesellschaft führende Handlungen unberührt bleiben, und die sich im Wesentlichen auf die Wahrnehmung und Erhaltung der mit dem Anteil verbundenen, **506**

---

650 Im Einzelnen zu den Fallgruppen MünchKommHGB/*K.Schmidt*, § 139 Rn. 102 ff.
651 BGHZ 108, 187 = DNotZ 1990, 183 = NJW 1989, 3152, 3154.
652 Die Rückzahlung der Einlage gemäß § 172 Abs. 4 HGB dürfte regelmäßig keine ordnungsgemäße Verwaltung des Nachlasses i.S. des § 2216 Abs. 1 BGB darstellen; zu weiteren Einzelfragen BGH NJW 1989, 3152, 3155.
653 Baumbach/Hopt, § 139 Rn. 27; MünchHdb. GesR I/*Klein/Lindemeier*, § 80 Rn. 43 m.w.N.; oben Rdn. 375 ff.
654 BGH NJW 1989, 3152, 3154 mit Nachweis der st. Rspr.
655 Zutr. Beck'sches Notarhandbuch/*Hermanns*, Teil D II, Rn. 64.
656 BGH NJW 1996, 1284, 1285; ebenso OLG Düsseldorf, Beschl. v. 24.9.2007 – I-9 U 26/07, RNotZ 2008, 303, für Komplementäranteil an einer KG.

übertragbaren Vermögensrechte beschränkt.[657] Danach sollte auch die auf die Wahrnehmung der Vermögensrechte, insbesondere das Gewinnbeteiligungsrecht, beschränkte Testamentsvollstreckung am Anteil eines persönlich haftenden Gesellschafters einer Personenhandelsgesellschaft zulässig sein, und zwar auch ohne Zustimmung der Mitgesellschafter.

507 Dessen ungeachtet werden herkömmlicherweise zwei Umgehungsstrategien vorgeschlagen, um das Ziel der umfassenden dauerhaften Verwaltung und damit Kontrolle der Beteiligung durch einen Testamentsvollstrecker zu erreichen.[658] Zum einen kann der Testamentsvollstrecker den Gesellschaftsanteil mit Zustimmung der Mitgesellschafter auf sich als Treuhänder übertragen oder von dem Erben übertragen lassen (sog. Treuhandlösung). Der Testamentsvollstrecker wird dadurch Gesellschafter mit allen Gesellschafterrechten und -pflichten und lediglich schuldrechtlich-treuhänderischer Bindung gegenüber dem Erben als Treugeber. Der Nachteil der Treuhandlösung liegt darin, dass den Testamentsvollstrecker auch die volle persönliche Haftung gemäß § 128 HGB trifft. In der Praxis dürfte ein Testamentsvollstrecker nur in besonderen Konstellationen zur Übernahme dieses besonderen eigenen Risikos bereit sein, z.B. aufgrund persönlicher Verbundenheit mit dem Erblasser.

508 Zum anderen kann der Erbe oder der Erblasser dem Testamentsvollstrecker eine weitreichende Vollmacht zur Ausübung der beim Erben verbleibenden Gesellschafterrechte erteilen (sog. Vollmachtslösung). Dabei kann die Erteilung der Vollmacht durch den Erblasser mit postmortaler Wirkung, also bedingt auf den Tod des Erblassers, erfolgen. Da die Vollmacht nicht unwiderruflich erteilt werden kann, erreicht der Erblasser die von ihm gewünschte Bindung des Erben an den Willen des Testamentsvollstreckers allerdings nur eingeschränkt.

509 Heftig umstritten ist, ob der Erblasser den Erben mit erbrechtlichen Mitteln verpflichten kann, den Anteil treuhänderisch auf den Testamentsvollstrecker zu übertragen oder diesem eine Vollmacht zu erteilen bzw. eine testamentarisch erteilte Vollmacht aufrecht zu erhalten (z.B. durch eine entsprechende testamentarische Auflage oder auflösend bedingte Erbeinsetzung) und unter welchen Voraussetzungen der Testamentsvollstrecker gar einen Anspruch gegen den Erben auf treuhänderische Übertragung des Gesellschaftsanteils hat.[659]

510 Die Zuständigkeit des Testamentsvollstreckers für die Anmeldung der Veränderungen zur Eintragung im Handelsregister knüpft an seine Verwaltungsbefugnisse an (§§ 2205, 2209 BGB). Die Rechtsprechung differenziert auch diesbezüglich zwischen der Abwicklungsvollstreckung und der Dauervollstreckung. Der lediglich zur Abwicklung des Nachlasses bestellte Testamentsvollstrecker ist nicht zur Anmeldung berechtigt und verpflichtet; zuständig sind die Altgesellschafter und die Erben, weil diese ohne Mitwirkung des Testamentsvollstreckers kraft Sonderrechtsnachfolge Gesellschafter werden. Ist hingegen Dauertestamentsvollstreckung bezüglich des Gesellschaftsanteils angeordnet, so ist der Testamentsvollstrecker zuständig.[660] Der Testamentsvollstrecker ist auch für die Anmeldung der Auflösung der Gesellschaft durch Tod eines Gesellschafters und das Ausscheiden des Erblassers sowie von nicht nachfolgenden Miterben verantwortlich. Die Anmeldung des aufgrund einer Eintrittsklausel eintretenden Nachfolgers obliegt dem Ein-

---

657 Die Abgrenzung klingt bereits in BGHZ 98, 48, 55 bzgl. einer oHG-Beteiligung an.
658 Ausführlich *Reimann*, MittBayNot 1986, 232; *Schmellenkamp*, MittRhNotK 1986, 181; OLG Düsseldorf, Beschl. v. 24.9.2007 – I-9 U 26/07, RNotZ 2008, 303, 304 zu einer entsprechenden Testamentsauslegung.
659 Z.B. BGHZ 24, 106, 112.
660 BGHZ 108, 187, 192 = DNotZ 1990, 183 = NJW 1989, 3151, 3153; KG, Beschl. v. 30.5.2000 – 1 W 931/99, DNotZ 2001, 408; KG OLGZ 1991, 261, 265; OLG München, Beschl. v. 7.7.2009 – 31 Wx 115/08, RNotZ 2009, 666 = MittBayNot 2010, 144 mit krit. Anm. *Tersteegen*, 145; *Fleischhauer/Preuss/Kallrath*, Handelsregisterrecht, Teil E. Rn. 21 Erl. 1.

tretenden. In der Praxis schadet es nicht und vermeidet Verzögerungen, wenn die Anmeldung in unklaren Fällen durch den Testamentsvollstrecker und den betreffenden Erben (sowie durch sämtliche Gesellschafter) bewirkt wird.

Ein Testamentsvollstreckervermerk ist nach überwiegender Meinung nicht in das Handelsregister einzutragen.[661]

511

Checkliste zur Testamentsvollstreckung an Kommanditbeteiligungen

– Gesellschaftsvertrag: Rechtsnachfolgeklausel und Zulassung der Dauertestamentsvollstreckung
– Verfügung von Todes wegen des Kommanditisten: Bestimmung des Nachfolgers und Anordnung der Testamentsvollstreckung
– Definition der Aufgaben des Testamentsvollstreckers unter Berücksichtigung der gesellschaftsvertraglichen und gesetzlichen Grenzen

512

Formulierungsbeispiel zur Dauertestamentsvollstreckung hinsichtlich Kommanditanteilen:
Zulassung der Testamentsvollstreckung im Gesellschaftsvertrag:
§ ... Tod eines Gesellschafters

513 M

1. [Nachfolgeklausel][662]
2. Die Anordnung der Testamentsvollstreckung einschließlich der Dauertestamentsvollstreckung bezüglich von Kommanditbeteiligungen an der Gesellschaft ist zulässig. Der Testamentsvollstrecker kann ermächtigt werden, im Rahmen seines Amtes sämtliche mit der Beteiligung verbundenen Gesellschafterrechte auszuüben.
3. Dem Testamentsvollstrecker kann auch eine umfassende Stimmrechtsvollmacht bezüglich der zu vererbenden oder zu vermachenden Beteiligung erteilt werden. Weiterhin ist die treuhänderische Übertragung der zu vererbenden oder zu vermachenden Beteiligung auf den Testamentsvollstrecker zulässig. Die treuhänderische Übertragung auf den Testamentsvollstrecker und die Rückübertragung auf den oder die Erben oder Vermächtnisnehmer bedürfen nicht der Zustimmung der anderen Gesellschafter.

Regelung im Testament oder Erbvertrag:

1. Ich ordne Testamentsvollstreckung an. Der Testamentsvollstrecker hat die Aufgabe, den Nachlass auf Dauer bis zur gesetzlichen Höchstdauer [bis zur Vollendung des .... Lebensjahres durch den jüngsten Erben] zu verwalten. Insbesondere hat der Testamentsvollstrecker die Kommanditbeteiligung in Höhe von ... Euro an der ... KG mit dem Sitz in ..., eingetragen im Handelsregister des Amtsgerichts ... unter HRA ..., zu verwalten. Ihm stehen alle Rechte eines Gesellschafters zu, soweit diese nicht gesellschaftsrechtlich zwingend dem Erben zugewiesen sind. Der Testamentsvollstrecker ist [nicht] berechtigt, über die Kommanditbeteiligung zu verfügen. Ihm wird hiermit eine umfassende Stimmrechtsvollmacht zu allen die Kommanditbeteiligung betreffenden Beschlussgegenständen erteilt. Die Vollmacht gilt ab meinem Tode und kann von den Erben nicht widerrufen werden.

---

661 Ablehnend KG DNotZ 1996, 813; offen gelassen von BGH NJW 1989, 3152, 3153; *Krafka/Willer/Kühn*, Registerrecht, Rn. 769 m.w.N. Davon zu unterscheiden ist die Frage, ob im Grundbuch ein Testamentsvollstreckervermerk einzutragen ist, wenn Grundbesitz zum Gesellschaftsvermögen gehört. Dafür LG Hamburg ZEV 2009, 96, wenn bzgl. der Gesellschaftsbeteiligung Dauertestamentsvollstreckung angeordnet ist. Richtigerweise kann die Eintragung des Vermerks nur dann in Betracht kommen, wenn der Testamentsvollstrecker im Außenverhältnis vertretungsbefugt ist und daher seine Verfügungsbefugnis über den Grundbesitz verlautbart werden soll.
662 Siehe die Formulierungsbeispiele oben Rdn. 496 M, 499 M.

2. Der Testamentsvollstrecker ist in der Eingehung von Verbindlichkeiten für den Nachlass nicht beschränkt, soweit dies zu einer ordentlichen und wirtschaftlichen Verwaltung des Nachlassvermögens gehört. Die Erträge des Nachlasses und bei einer etwaigen Veräußerung von Nachlassgegenständen der Veräußerungserlös unterliegen der Verwaltung des Testamentsvollstreckers. Er hat aus ihnen den Erben die Mittel zur Verfügung zu stellen, die sie zu ihrem angemessenen persönlichen Unterhalt benötigen. Dies soll in Form einer monatlichen Zahlung in angemessener Höhe nach pflichtgemäßem Ermessen des Testamentsvollstreckers und entsprechend der Lebensverhältnisse der Erben zu ihrer freien Verwendung erfolgen.
3. Der Testamentsvollstrecker erhält keine Vergütung; er erhält seine Aufwendungen aus dem verwalteten Nachlass ersetzt. [Der Testamentsvollstrecker erhält eine Vergütung nach Maßgabe der Rheinischen Tabelle des Deutschen Notarvereins.]
4. Der Testamentsvollstrecker ist von allen gesetzlichen Beschränkungen und Pflichten einschließlich der Beschränkungen des § 181 BGB befreit, soweit dies gesetzlich zulässig ist.
5. Zum Testamentsvollstrecker ernenne ich .... Der Testamentsvollstrecker hat unverzüglich nach Annahme des Amtes dem Nachlassgericht einen Nachfolger für den Fall seiner Amtsniederlegung zu benennen. Ersatzweise soll das Nachlassgericht einen Testamentsvollstrecker ernennen.

9. Auflösung und Liquidation der Gesellschaft

514 Die Personengesellschaft wird im Wesentlichen nur noch aufgrund von Umständen aufgelöst, die sie selbst betreffen: Zeitablauf, Gesellschafterbeschluss, Eröffnung des Insolvenzverfahrens über das Vermögen der Gesellschaft, gerichtliche Entscheidung (§§ 131 Abs. 1, 133, 161 Abs. 2 HGB). Das Ausscheiden eines Gesellschafters führt hingegen nach der Neukonzeption durch das Handelsrechtsreformgesetz von 1998[663] regelmäßig nicht mehr zur Auflösung der Gesellschaft. Folge der Auflösung der Gesellschaft ist nicht unmittelbar ihre Vollbeendigung, sondern die Änderung ihres Zweckes von der werbenden Tätigkeit zur Abwicklung (Liquidation). Die Abwicklung ist die Auseinandersetzung der Gesellschafter über das Gesellschaftsvermögen (§§ 145 ff. HGB). Erst nach Abschluss der Abwicklung ist die Gesellschaft beendet und im Handelsregister zu löschen (§ 157 Abs. 1 HGB). Vor der Vollbeendigung können die Gesellschafter die Fortsetzung der Gesellschaft mit Wirkung ex nunc beschließen (§ 144 HGB für den Fall der Insolvenz, allgemeiner Rechtsgedanke). Nach der Vollbeendigung ist die Wiederbelebung der Gesellschaft ausgeschlossen.

515 Die Aufzählung der Auflösungsgründe in § 131 Abs. 1 und 2 HGB ist grundsätzlich abschließend. Daneben wird die oHG durch Wegfall des vorletzten Gesellschafters aufgelöst und gleichzeitig ohne Liquidation beendet, weil es keine Ein-Personen-oHG gibt. Die KG wird durch Wegfall ihres alleinigen persönlich haftenden Gesellschafters aufgelöst.

516 Die Auflösung wegen Zeitablaufs (§ 131 Abs. 1 Nr. 1 HGB) tritt automatisch ein, wenn die kalendermäßig bestimmte Zeit verstrichen oder der zeitlich begrenzte Gesellschaftszweck erfüllt ist. Der Auflösungsbeschluss (§ 131 Abs. 1 Nr. 2 HGB) ist einstimmig zu fassen, wenn der Gesellschaftsvertrag kein anderes Mehrheitserfordernis vorsieht (§ 119 HGB). Die Eröffnung des Insolvenzverfahrens über das Vermögen der Gesellschaft führt zu ihrer Auflösung (§ 131 Abs. 1 Nr. 3 HGB), nicht schon der Antrag auf Eröffnung des Insolvenzverfahrens, die Anordnung von Sicherungsmaßnahmen oder die Ablehnung des Eröffnungsantrags mangels Masse. Verbleibt der Gesellschaft nach Abschluss des Insolvenzverfahrens ausnahmsweise noch Vermögen, ist eine Abwicklung durchzuführen

---

663 BGBl. I, S. 1474; Gedanke der Unternehmenskontinuität.

(§ 145 HGB). Weitergehende Sonderregeln gelten für die oHG, bei der kein persönlich haftender Gesellschafter eine natürliche Person ist (§ 131 Abs. 2 HGB). Schließlich wird die Gesellschaft durch gerichtliche Entscheidung aufgelöst (§ 131 Abs. 1 Nr. 4 HGB), wenn ein Gesellschafter dies beantragt und ein wichtiger Grund vorliegt (§ 133 HGB).

An die Auflösung der Gesellschaft schließt sich die Abwicklung (Liquidation) an, sofern 517
die Gesellschafter nicht etwas anderes vereinbaren oder das Insolvenzverfahren eröffnet worden ist (§ 145 Abs. 1 HGB). Die Abwicklung ist die Auseinandersetzung der Gesellschafter über das Gesellschaftsvermögen. Die Gesellschafter verlieren ihre Geschäftsführungs- und Vertretungsbefugnis an die Liquidatoren. Sämtliche Gesellschafter sind »geborene« Liquidatoren, wenn nicht durch Beschluss oder im Gesellschaftsvertrag einzelne Gesellschafter oder andere Personen zu »gekorenen« Liquidatoren bestellt sind (§ 146 Abs. 1 HGB). Aufgabe der Liquidatoren ist die Beendigung der laufenden Geschäfte der Gesellschaft, die Einziehung von Forderungen, die Versilberung des Vermögens und die Befriedigung der Gläubiger (§ 149 HGB). Das nach der Befriedigung der Gläubiger verbleibende Vermögen ist an die Gesellschafter im Verhältnis ihrer Kapitalanteile nach Maßgabe der Schlussbilanz zu verteilen (§ 155 Abs. 1 HGB). Die Liquidatoren vertreten die Gesellschaft und zwar mehrere Liquidatoren gemeinschaftlich, es sei denn Einzelvertretungsbefugnis ist angeordnet (§§ 149 S. 2, 150 Abs. 1 HGB).

Die Personenhandelsgesellschaft kann auch auf andere Weise als durch ein Liquidati- 518
onsverfahren beendet werden, z.B. durch Übernahme des gesamten Vermögens durch einen Gesellschafter oder infolge Vermögenslosigkeit der Gesellschaft.

Die Auflösung der Gesellschaft und die Liquidatoren sind von allen Gesellschaftern zur 519
Eintragung in das Handelsregister anzumelden (§§ 143 Abs. 1, 148 Abs. 1 HGB). Dabei ist auch die Vertretungsmacht der Liquidatoren, d.h. ihre allgemeine Vertretungsbefugnis, anzugeben. Nach der Beendigung der Liquidation ist das Erlöschen der Firma von den Liquidatoren anzumelden (§ 157 Abs. 1 HGB). Wird keine Liquidation durchgeführt, kann die sofortige Löschung der Firma angemeldet werden, ohne dass Liquidatoren bestellt werden. Anders als bei der GmbH setzt die Beendigung und Löschung einer Personenhandelsgesellschaft nicht die Einhaltung eines Sperrjahres voraus. Die Fortsetzung der aufgelösten, aber noch nicht beendeten Gesellschaft ist von sämtlichen Gesellschaftern unter Angabe der Abbestellung der Liquidatoren und der Vertretungsmacht der Gesellschafter anzumelden.[664] Sämtliche Eintragungen haben nur deklaratorische Wirkung.

10. Anmeldung zur Eintragung in das Handelsregister

a) Allgemeine Anforderungen

Die Personenhandelsgesellschaften sind zur Eintragung in das Handelsregister bzw. das 520
Partnerschaftsregister anzumelden (§§ 106 Abs. 1, 161 Abs. 2 HGB; § 4 Abs. 1 PartGG). Die Anmeldung ist für die Gesellschaft, die ein Handelsgewerbe betreibt, zwingend; die Eintragung hat insofern nur deklaratorische Wirkung. Eine Gesellschaft, die kein Handelsgewerbe betreibt oder nur (eigenes) Vermögen verwaltet, kann kraft freiwilliger Eintragung in das Handelsregister oHG werden (§ 105 Abs. 2 i.V.m. § 2 S. 2 HGB); die Eintragung wirkt in diesem Fall konstitutiv.[665] Die KG bzw. die Haftungsbeschränkung der Kommanditisten entsteht erst mit ihrer Eintragung in das Handelsregister (§§ 172 Abs. 1, 176 Abs. 1 HGB).

Die Anmeldung ist jeweils durch sämtliche Gesellschafter zu bewirken (§ 108 HGB, gilt 521
kraft Verweisung auch für die KG, § 161 Abs. 2 HGB, und für die Partnerschaft, § 4 Abs. 1 S. 1 PartGG).

---

664 Vgl. *Fleischhauer/Preuss/Kallrath*, Handelsregisterrecht, Teil D. Rn. 25.
665 Parallel zu den Regelungen zur Kaufmannseigenschaft natürlicher Personen (Ist-Kaufmann, § 1 HGB; Kann-Kaufmann, § 2 HGB) gibt es also auch die Ist-oHG mit Handelsgewerbe und die Kann-oHG ohne Handelsgewerbe kraft Eintragung in das Handelsregister.

1. Kapitel Personengesellschaftsrecht

522 Zuständig ist jeweils das Gericht, in dessen Bezirk die Gesellschaft ihren Sitz hat (§§ 106 Abs. 1, 161 Abs. 2 HGB; § 4 Abs. 1 PartGG). Zu beachten ist die Zuständigkeitskonzentration der Handelsregister und noch stärker der Partnerschaftsregister in den Ländern.

523 Auch Änderungen der eingetragenen Tatsachen sind anzumelden (§§ 107, 162 Abs. 3, 175 HGB).

524 Unterlagen sind nicht zum Handelsregister einzureichen. Das Gericht prüft lediglich die in der Anmeldung von den Gesellschaftern gemachten Angaben.

525 Seit Inkrafttreten des MoMiG ist nicht nur für GmbH, sondern für sämtliche Rechtsformen und Zweigniederlassungen eine inländische Geschäftsanschrift zum Handelsregister anzumelden (§§ 29, 31 Abs. 1, 13 Abs. 1 S. 1, Abs. 2, 13 d Abs. 2, 13 e Abs. 2 S. 3, 106 Abs. 2 Nr. 2, 107 HGB).

b) Offene Handelsgesellschaft

526 Bei der oHG hat die Anmeldung zu enthalten: (1) den Namen, Vornamen, Geburtsdatum und Wohnort jedes Gesellschafters, (2) die Firma der Gesellschaft, den Ort, an dem sie ihren Sitz hat, und die inländische Geschäftsanschrift, (3) die Vertretungsmacht der Gesellschafter (§ 106 Abs. 2 HGB).

527 Nicht mehr erforderlich ist die Angabe des Beginns der Gesellschaft. Neu ist die Angabe der inländischen Geschäftsanschrift.[666] Unter dieser Adresse können der Gesellschaft Sendungen zugestellt werden, auch wenn sich dort nicht der Sitz oder die Geschäftsräume der Gesellschaft befinden (Zugangsfiktion). Die Gesellschafter werden mit ihrem vollständigen Namen und ihrem Geburtsdatum bezeichnet. Der Beruf oder Stand der Gesellschafter ist nicht mehr anzugeben. Es genügt die Angabe des Wohnorts der Gesellschafter, die Angabe der vollständigen Anschrift ist unschädlich, aber entbehrlich.

528 Nach § 24 Abs. 4 HRV ist zudem der Geschäftsgegenstand der Gesellschaft anzugeben.

529 § 24 Abs. 2 HRV verlangt die Angabe der Lage der Geschäftsräume, wenn diese von der inländischen Geschäftsanschrift der Gesellschaft abweicht. Die inländische Geschäftsanschrift wird in das Handelsregister eingetragen (insofern ist die förmliche Anmeldung erforderlich), die Lage der Geschäftsräume wird nicht eingetragen (hier ist eine einfache schriftliche Mitteilung ausreichend).

530 Die »Vertretungsmacht der Gesellschafter« ist auch anzumelden, wenn sie dem gesetzlichen Regelfall entspricht (§ 106 Abs. 2 Nr. 4 HGB).[667] Bei der oHG ist also anzumelden: »Jeder Gesellschafter vertritt die Gesellschaft einzeln.« (§ 125 Abs. 1 HGB). Sieht der Gesellschaftsvertrag eine davon abweichende Vertretungsregelung oder den Ausschluss eines Gesellschafters von der Vertretung der Gesellschaft vor, so ist dies neben der gesetzlichen (abstrakten) Vertretungsmacht als konkrete Vertretungsbefugnis anzumelden. Weiter ist eine etwaige Befreiung der vertretungsberechtigten Gesellschafter von den Beschränkungen des § 181 BGB anzumelden.

---

666 Neu eingeführt durch das Gesetz zur Modernisierung des GmbH-Rechts und zur Bekämpfung von Missbräuchen (MoMiG) vom 23.10.2008 (BGBl. I, S. 2026).

667 Neu eingeführt durch das ERJuKoG vom 10.12.2001 (BGBl. I, S. 3422). Der Gesetzgeber wollte Registereintragungen zur Vertretungsmacht bei Personenhandelsgesellschaften eindeutiger und verständlicher machen. Zu diesem Zweck sind die (organschaftlichen) Vertretungsverhältnisse anzumelden, auch wenn die Vertretungsregelung dem gesetzlichen Regelfall entspricht.

Formulierungsbeispiel zur Erstanmeldung einer offenen Handelsgesellschaft: 531 M

Amtsgericht ...
   Handelsregister Abt. A
   Neueintragung der ... oHG
   Zur Eintragung in das Handelsregister melden wir an:

   Die unterzeichneten Gesellschafter ..., geboren am ..., wohnhaft ..., ..., geboren am ..., wohnhaft ... und ..., geboren am ..., wohnhaft ..., haben eine offene Handelsgesellschaft mit dem Sitz in ... gegründet.
   Die Gesellschaft führt die Firma ... oHG.
   Die inländische Geschäftsanschrift der Gesellschaft ist: ....
   Jeder Gesellschafter vertritt die Gesellschaft mit Einzelvertretungsbefugnis. Jeder Gesellschafter ist berechtigt, im Namen der Gesellschaft Rechtsgeschäfte mit sich im eigenen Namen oder als Vertreter eines Dritten vorzunehmen.
   Gegenstand des Unternehmens ist ....

..., den ...
[Unterschriften aller Gesellschafter]
Öffentliche Beglaubigung

c) Kommanditgesellschaft

Bei der KG hat die Anmeldung außer den in § 106 Abs. 2 genannten Angaben (1) die Bezeichnung der Kommanditisten und (2) den Betrag der Einlage eines jeden Kommanditisten zu enthalten (§ 162 Abs. 1 S. 1 HGB). 532

Ist eine Gesellschaft bürgerlichen Rechts Kommanditist, so sind auch die Gesellschafter der GbR mit den Angaben nach § 106 Abs. 2 HGB (Name, Vorname, Wohnort) und spätere Änderungen in der Zusammensetzung der Gesellschafter anzumelden. 533

Bei der KG sind die Kommanditisten von der Vertretung der Gesellschaft ausgeschlossen (§ 170 HGB). Als gesetzlich-abstrakte Vertretungsbefugnis ist bei der KG daher anzumelden: »Jeder persönlich haftende Gesellschafter vertritt die Gesellschaft einzeln«. Sind einzelne von mehreren persönlichen haftenden Gesellschaftern von der Vertretung der Gesellschaft ausgeschlossen oder darin beschränkt, so ist dies anzumelden. Ein Kommanditist kann aufgrund Vollmacht zur Vertretung der Gesellschaft berufen sein. Eine solche nicht-organschaftliche Vertretungsmacht ist nicht anzumelden und kann nicht in das Handelsregister eingetragen werden. Hingegen ist die Befreiung eines vertretungsberechtigten Gesellschafters von den Beschränkungen des § 181 BGB anzumelden. 534

Formulierungsbeispiel zur Erstanmeldung einer Kommanditgesellschaft: 535 M

Amtsgericht ...
   Handelsregister Abt. A
   Neueintragung der ... KG
   Zur Eintragung in das Handelsregister melden wir an:

   Die unterzeichneten Gesellschafter ..., geboren am ..., wohnhaft ..., ..., geboren am ..., wohnhaft ... und ..., geboren am ..., wohnhaft ..., haben eine Kommanditgesellschaft mit dem Sitz in ... gegründet.
   Die Gesellschaft führt die Firma ... KG.
   Die inländische Geschäftsanschrift der Gesellschaft ist: ....
   Persönlich haftender Gesellschafter ist ....
   Kommanditisten sind ... mit einer Einlage von ... Euro und ... mit einer Einlage von ... Euro.

1. Kapitel Personengesellschaftsrecht

Jeder persönlich haftender Gesellschafter vertritt die Gesellschaft mit Einzelvertretungsbefugnis. Jeder persönlich haftender Gesellschafter ist berechtigt, im Namen der Gesellschaft Rechtsgeschäfte mit sich im eigenen Namen oder als Vertreter eines Dritten vorzunehmen.
Gegenstand des Unternehmens ist ....

..., den ...
[Unterschriften aller Gesellschafter]
Öffentliche Beglaubigung

d) GmbH & Co. KG

536 In der Anmeldung der GmbH & Co. KG ist die GmbH als persönlich haftende Gesellschafterin mit ihrer Firma und ihrem Sitz zu bezeichnen. Zusätzlich sollten das Amtsgericht und die Handelsregisternummer ihrer Eintragung angegeben werden.

537 Die Ersteintragung einer GmbH & Co. KG erfordert die Anmeldung der Komplementär-GmbH zur Abteilung B und der KG zur Abteilung A des Handelsregisters. Haben die Gesellschaften ihren Sitz an unterschiedlichen Orten, kann sich die Zuständigkeit von zwei verschiedenen Amtsgerichten ergeben. Die KG kann bereits dann in das Handelsregister eingetragen werden, wenn die GmbH gegründet, aber ihrerseits noch nicht eingetragen ist. Dazu ist die Vor-GmbH mit dem Zusatz »in Gründung« als Komplementärin anzumelden und in das Handelsregister einzutragen. Die Gründung der GmbH und die Vertretungsbefugnis ihrer Geschäftsführer sind dem Handelsregister durch beglaubigte Abschriften der Gründungsurkunde und der die GmbH betreffenden Handelsregisteranmeldung nachzuweisen. Außerdem müssen die Geschäftsführer zur Beteiligung der Vor-GmbH an der KG ausdrücklich ermächtigt sein.[668] Ohne einen solchen Nachweis wird das für die KG zuständige Handelsregister die Eintragung der GmbH abwarten, bevor es die Eintragung der KG vornimmt. Andererseits kann die Eintragung der KG auch ausdrücklich von der vorherigen Eintragung der GmbH abhängig gemacht werden. Welche Vorgehensweise empfehlenswert ist, richtet sich nach der Einschätzung der Haftungsrisiken, die mit der Übernahme der Komplementärhaftung durch die Vor-GmbH bzw. der Geschäftsaufnahme vor Eintragung der KG für die Kommanditisten verbunden sind.

538 Bei der GmbH & Co. KG gibt es in vielen Fällen das Bedürfnis, neben der GmbH als persönlich haftender Gesellschafterin der KG auch die Geschäftsführer der GmbH von den Beschränkungen des § 181 BGB zu befreien. Nur wenn auch die Geschäftsführer befreit sind, können sie ihrerseits Geschäfte mit der KG machen und die Befreiung an Dritte weitergeben, z.B. bei der Erteilung von Vollmachten namens der GmbH & Co. KG. Die wohl überwiegende Rechtsprechung gestattet die Eintragung, dass die persönlich haftende Gesellschafterin (GmbH) und ihre Geschäftsführer von den Beschränkungen des § 181 BGB befreit sind. Neben dem Interesse der Gesellschaft an der Wirksamkeit von Rechtsgeschäften zwischen der KG und den GmbH-Geschäftsführern wird dies auch mit einer Warnfunktion für die Geschäftspartner der GmbH & Co. KG begründet, die auf die enge vermögensmäßige Verzahnung der Gesellschaft und der Komplementär-Organe hingewiesen werden sollen.[669] Eintragungsfähig ist allerdings nur die Befreiung der »jeweiligen« Geschäftsführer, nicht die Befreiung von namentlich genannten Geschäftsführern, weil nicht ohne Zuziehung anderer Registerblätter festgestellt werden kann, ob die betreffende Person aktuell noch Geschäftsführer ist.[670]

---

668 Zutr. *Fleischhauer/Preuss/Kallrath*, Handelsregisterrecht, Teil F. I. Rn. 2 Erl. 3; enger *Krafka/Willer/Kühn*, Registerrecht, Rn. 818.
669 BayObLG MittBayNot 1999, 390 sowie 2000, 53 und 241, 330.
670 *Krafka/Willer/Kühn*, Registerrecht, Rn. 809 a.

Formulierungsbeispiel zur Erstanmeldung einer GmbH & Co. KG: **539 M**

Amtsgericht ...
Handelsregister Abt. A
Neueintragung der ... GmbH & Co. KG
Zur Eintragung in das Handelsregister melden wir an:

Wir haben unter der Firma ... GmbH & Co. KG eine Kommanditgesellschaft mit dem Sitz in ... gegründet.
Die inländische Geschäftsanschrift der Gesellschaft ist: ....
Persönlich haftende Gesellschafterin ist die ... GmbH mit dem Sitz in ..., eingetragen [bzw. noch einzutragen] im Handelsregister des Amtsgerichts ... unter HRB ....
Kommanditisten sind ..., geboren am ..., wohnhaft in ..., mit einer Einlage von ... Euro und ..., geboren am ..., wohnhaft in ..., mit einer Einlage von ... Euro.
Jeder persönlich haftender Gesellschafter vertritt die Gesellschaft mit Einzelvertretungsbefugnis. Die persönlich haftende Gesellschafterin ... GmbH mit dem Sitz in ... und ihre jeweiligen Geschäftsführer sind berechtigt, im Namen der Gesellschaft Rechtsgeschäfte mit sich im eigenen Namen oder als Vertreter eines Dritten vorzunehmen.
Gegenstand des Unternehmens ist ....

..., den ...
[Unterschriften aller Gesellschafter]
Öffentliche Beglaubigung

e) Partnerschaft

Die Anmeldung einer Partnerschaft(sgesellschaft) nach dem PartGG hat zu enthalten: (1) **540** den Namen und den Sitz der Partnerschaft, (2) den Namen und den Vornamen sowie den in der Partnerschaft ausgeübten Beruf und den Wohnort jedes Partners, (3) den Gegenstand der Partnerschaft, (4) das Geburtsdatum jedes Partners, und (5) die Vertretungsmacht der Partner (§ 4 Abs. 1 S. 2, § 3 Abs. 2 PartGG). Weiter ist (6) die Zugehörigkeit jedes Partners zu dem Freien Beruf, den er in der Partnerschaft ausübt, anzugeben (§ 4 Abs. 2 PartGG).

Hinsichtlich der Vertretung der Partnerschaft verweist § 7 Abs. 3 PartGG auf die Rege- **541** lungen zur oHG (§§ 125, Abs. 1 und 2, 126, 127 HGB). Es ist also die allgemeine oder abstrakte Vertretungsmacht anzugeben und, falls davon abweichend, auch die besondere oder konkrete Vertretungsbefugnis einzelner Partner.

Eine Pflicht zur Anmeldung einer inländischen Geschäftsanschrift besteht für die Part- **542** nerschaft ausdrücklich nicht (§ 5 Abs. 2 letzter Hs. PartGG). Es soll aber die Lage der Geschäftsräume angegeben werden (§ 1 Abs. 1 PRV i.V.m. § 24 Abs. 2 S. 1 HRV).

Umstritten ist, ob die Partnerschaftsregister in jedem Fall oder nur bei gegebenem **543** Anlass Nachweise über die Zugehörigkeit zu einem Freien Beruf und die Vorlage von Urkunden über die staatliche Zulassung oder anderweitige Befähigung zu dem Beruf verlangen dürfen. Dagegen spricht die Regelung des § 4 Abs. 2 S. 1 PartGG, der die bloße Angabe in der Anmeldung genügen lässt. Die unterrangige Soll-Vorschrift des § 3 Abs. 1 S. 2 PRV kann nicht zu einer anlasslosen Nachweispflicht führen.[671] Dessen ungeachtet verlangen die meisten Registergerichte die Vorlage von urkundlichen Nachweisen über die Zugehörigkeit zum Freien Beruf. Der Praxis ist daher zur Vermeidung von Verzögerungen im Eintragungsverfahren zu empfehlen, die entsprechenden Unterlagen mit der Anmeldung einzureichen.

---

671 Zutreffend *Fleischhauer/Preuß/Solveen*, Handelsregisterrecht, Teil G., Rn. 7, Erl. 19 m.w.N.

1. Kapitel Personengesellschaftsrecht

544 Davon zu unterscheiden ist die Frage, ob die Partnerschaft aufgrund der berufsrechtlichen Bestimmungen selbst der staatlichen Zulassung bedarf (vgl. § 49 StBerG, § 27 Abs. 1 WiPrO, § 130 Abs. 2 WiPrO). In diesem Fall ist der Anmeldung eine entsprechende Unbedenklichkeitsbescheinigung der zuständigen Behörde beizufügen, wonach die Zulassung nach erfolgter Eintragung erteilt wird (§ 3 Abs. 3 PRV). Die eigentliche Zulassung der Partnerschaft wird erst nach ihrer Eintragung in das Partnerschaftsregister ausgesprochen.

545 Weiterhin soll in der Anmeldung der Partnerschaft erklärt werden, dass berufsrechtliche Schranken der Gründung der Partnerschaft nicht entgegenstehen (vgl. § 3 Abs. 2 PRV) und mitgeteilt werden, ob und welche Berufskammern für die in der Partnerschaft ausgeübten Berufe bestehen (§ 4 S. 2 und 3 PRV).

546 M Formulierungsbeispiel zur Ersteintragung einer Partnerschaft von Trägern eines Freien Berufes:

Amtsgericht ...
Partnerschaftsregister

Neueintragung der Partnerschaft ... [z.B. Rechtsanwälte Steuerberater] Partnerschaftsgesellschaft

Zur Eintragung in das Partnerschaftsregister melden wir an:

Wir haben unter dem Namen ... [Rechtsanwälte Steuerberater] Partnerschaftsgesellschaft eine Partnerschaft im Sinne des Gesetzes über Partnerschaftsgesellschaften Angehöriger Freier Berufe mit dem Sitz in ... gegründet.
Gegenstand der Partnerschaft ist ....
Die Partnerschaft hat ihre Geschäftsräume in ....
Partner der Partnerschaft sind:
..., geboren am ..., wohnhaft ..., Rechtsanwalt,
..., geboren am ..., wohnhaft ..., Steuerberater,
..., geboren am ..., wohnhaft ..., Beruf: ...,
..., geboren am ..., wohnhaft ..., Beruf: ....
Jeder Partner vertritt die Partnerschaft mit Einzelvertretungsbefugnis.
[Der Partner ... ist berechtigt, im Namen der Partnerschaft Rechtsgeschäfte mit sich im eigenen Namen oder als Vertreter eines Dritten vorzunehmen.]

Wir versichern,

- die Zugehörigkeit jedes Partners zu dem vorstehend bei seinem Namen genannten Freien Beruf und dass jeder Partner diesen Freien Beruf in der Partnerschaft ausübt,
- dass berufsrechtliche Vorschriften einer Zusammenarbeit der Partner in einer Partnerschaft nicht entgegenstehen oder diese einschränken,
- dass die Partnerschaft nicht der staatlichen Zulassung bedarf [oder: dass die für die Partnerschaft zuständige ... (Berufskammer) bestätigt hat, dass die für die Partnerschaft erforderliche staatliche Zulassung nach deren Eintragung in das Partnerschaftsregister erfolgen kann].

Für die in der Partnerschaft ausgeübten Freien Berufe bestehen [keine bzw.] folgende Berufskammern:

- Rechtsanwaltskammer in ... (postalische Anschrift);
- Steuerberaterkammer in ... (postalische Anschrift),
- ... (postalische Anschrift).

Als Nachweise fügen wir bei:

- Urkunde über die Zulassung zum Beruf des Rechtsanwalts vom ...,
- Urkunde über die Zulassung zum Beruf des Steuerberaters vom ...,
- Bescheinigung der ...-Kammer,
- Zeugnis über die Befähigung zum Beruf des ...,
- Unbedenklichkeitsbescheinigung der ...-Kammer zur Zulassung der Partnerschaft nach erfolgter Eintragung.

..., den ...
[Unterschriften aller Partner]
Öffentliche Beglaubigung

f) Veränderungen

Bei späteren Veränderungen der Gesellschaft und der Gesellschafter sind u.a. folgende Tatsachen zur Eintragung in das Handelsregister anzumelden: alle Änderungen hinsichtlich der eingetragenen Angaben (§§ 107, 162 Abs. 3, 175 HGB), insbesondere der Eintritt und der Austritt von Gesellschaftern; die Auflösung der Gesellschaft (§ 143 Abs. 1 HGB); das Ausscheiden eines Gesellschafters (§ 143 Abs. 2 HGB); die Fortsetzung der Gesellschaft (§ 144 Abs. 2 HGB); die Liquidatoren und ihre Vertretungsmacht (§ 148 Abs. 1 HGB); die Änderung einer Kommanditeinlage (§ 175 HGB). 547

III. GmbH & Co. KG

1. Allgemeines

a) GmbH & Co. KG als Mischform

Zivil- wie steuerrechtlich seit langem anerkannt und in der Praxis von herausragender Bedeutung ist die GmbH & Co. KG. Die GmbH & Co. KG ist eine Kommanditgesellschaft, bei der die Komplementärfunktion von einer ihrerseits nur beschränkt haftenden Kapitalgesellschaft, nämlich einer GmbH, übernommen wird. Die GmbH & Co. KG vereint daher Merkmale der Personen- und der Kapitalgesellschaft. Je nach der Gestaltung dieser Mischform überwiegen die kapitalistischen Züge oder die Charakteristika der Personenhandelsgesellschaft. 548

In der Praxis sind verschiedene Erscheinungsformen der GmbH & Co. KG anzutreffen.[672] In der Grundform der »typischen« GmbH & Co. KG sind die Kommanditisten natürliche Personen und einziger Komplementär eine GmbH, deren alleiniger Zweck die Übernahme der persönlichen Haftung ist (»personenidentische GmbH & Co. KG«). Häufig sind die Kommanditisten in der typischen GmbH & Co. KG im gleichen Verhältnis an der KG und an der GmbH beteiligt (»beteiligungsidentische GmbH & Co. KG«). Als Unterfall der personen- und beteiligungsidentischen GmbH & Co. KG ist die Einpersonen-GmbH & Co. KG zu nennen, bei der nur ein Kommanditist existiert, der zugleich der alleinige Gesellschafter der GmbH ist. Von praktischer Bedeutung ist außerdem die sog. Einheitsgesellschaft oder wechselseitig beteiligte GmbH & Co. KG, bei der die Kommanditgesellschaft alleinige Gesellschafterin ihrer Komplementär-GmbH ist. Die wechselseitige Beteiligung wird dadurch erreicht, dass die Kommanditisten ihre Geschäftsanteile an der GmbH als Einlage in die KG einbringen, allerdings ohne haftungsbefreiende Wirkung gegenüber den Gesellschaftsgläubigern (§ 172 Abs. 6 HGB). Daneben ist auch die doppelstöckige GmbH & Co. KG zulässig, bei der nicht eine GmbH, sondern eine weitere GmbH & Co. KG als Komplementärin eingesetzt wird. 549

---

672 Vgl. den Überblick bei Baumbach/Hopt, Anh. § 177 a, Rn. 6 ff.; MünchHdb. GesR II/*Gummert*, GmbH & Co. KG, § 49 Rn. 12 ff.

550 Die Gestaltungsfreiheit bei der KG erlaubt schließlich die einer Kapitalgesellschaft angenäherte GmbH & Co. KG. Kapitalistisch strukturierte Gesellschaften treten einerseits in der Form auf, dass die Kommanditisten auch mit Geschäftsführungs- und Vertretungsaufgaben betraut werden und die Gesellschaft insofern beherrschen (z.B. Familiengesellschaft). Andererseits kann die Rolle der Kommanditisten auch auf die von Geldgebern oder Investoren beschränkt und die Führung vollständig den Geschäftsführern bzw. Gesellschaftern der Komplementär-GmbH übertragen werden (Publikumsgesellschaft, Investmentfonds). Bei der Publikumsgesellschaft sind die Kommanditisten typischerweise nicht an der GmbH beteiligt.

b) Errichtung der GmbH & Co. KG

551 Eine GmbH & Co. KG kann auf verschiedenen Wegen entstehen: durch Neugründung von GmbH und KG, durch den Eintritt einer bestehenden GmbH in eine bestehende KG oder oHG oder durch Umwandlung eines bestehenden Rechtsträgers. Die Neugründung einer GmbH & Co. KG setzt die Errichtung einer GmbH gemäß § 2 GmbHG und den anschließenden Abschluss des KG-Vertrages zwischen der GmbH und dem oder den Kommanditisten voraus. Hierbei sind u.a. folgende Einzelheiten zu beachten:

552 Die Gründung der GmbH muss zeitlich vor dem Abschluss des KG-Vertrages erfolgen. Die vorherige Eintragung der GmbH in das Handelsregister ist nicht erforderlich. Die Vor-GmbH kann Komplementärin einer KG sein.[673] Sie wird in diesem Fall als »GmbH i.G.« in das Handelsregister der KG eingetragen, nach ihrer Eintragung wird der Zusatz »i.G.« im Handelsregister der KG gelöscht.

553 Unabhängig davon ist es möglich, sämtliche zur Gründung der GmbH & Co. KG erforderlichen Urkunden – Gründung und Satzung der GmbH, Gesellschaftsvertrag der KG, Handelsregisteranmeldung der GmbH, Handelsregisteranmeldung der KG – in einem Termin zu beurkunden. Der Notar kann angewiesen werden, die Anmeldung der KG zeitgleich mit der Anmeldung der GmbH beim Handelsregister oder erst nach erfolgter Eintragung der GmbH einzureichen. Werden beide Anmeldungen zeitgleich eingereicht, so wird das Handelsregister die KG nur dann vor der Eintragung der GmbH eintragen, wenn sich dieses Verlangen eindeutig aus der Anmeldung ergibt.

554 Je nach Ablauf der Gründung und Eintragung ergeben sich allerdings unterschiedliche Haftungsfolgen für die Gesellschafter.[674]

555 Wenn die Geschäftsführer der GmbH auch Kommanditisten werden sollen, müssen sie als Geschäftsführer von den Beschränkungen des § 181 BGB befreit werden. Soll die KG mit der GmbH i.G. in das Handelsregister eingetragen werden, so müssen die Geschäftsführer zur Vornahme der dafür notwendigen Handlungen, insbesondere zum Abschluss des KG-Vertrages, ausdrücklich ermächtigt werden.

c) Form

556 Bei der Gründung der GmbH & Co. KG stellt sich die Frage der Beurkundungsbedürftigkeit des KG-Vertrages. Die Errichtung der GmbH bedarf der notariellen Beurkundung (§ 2 GmbHG). Der Abschluss des KG-Vertrages unterliegt hingegen für sich genommen keinem Formerfordernis. Seine Beurkundungsbedürftigkeit kann sich allerdings aus zwei Gesichtspunkten ergeben. Zum einen ist daran zu denken, dass die Gesellschaftsgründung in vielen Fällen als einheitliches Rechtsgeschäft anzusehen ist, insbesondere wenn es sich bei den Gesellschaftern der GmbH und der KG um dieselben Personen handelt. Wenn die KG-Gründung nach dem Willen der Beteiligten mit der GmbH-Errichtung »steht und

---

673 BGHZ 80, 129, 132.
674 Siehe unten Rdn. 588 ff.

fällt« und die Gründung der einen Gesellschaft nicht ohne die Gründung der anderen erfolgen soll, spricht dies für die Beurkundungsbedürftigkeit des gesamten Vorgangs.[675]

Zum anderen enthalten die Gesellschaftsverträge zur Gründung einer GmbH & Co. KG oftmals die Verpflichtung zur Wahrung der Beteiligungsidentität bei der KG und der Komplementär-GmbH. Dazu wird vereinbart, dass ein Gesellschafter, der seinen Kommanditanteil veräußert, gleichzeitig auch seinen GmbH-Geschäftsanteil veräußern muss und umgekehrt. Auch aus dieser Gestaltung ergibt sich die Beurkundungsbedürftigkeit des Gesellschaftsvertrags der KG gemäß § 15 Abs. 4 GmbHG, so dass die gesamte GmbH & Co. KG-Gründung mit beiden Gesellschaftsverträgen notariell zu beurkunden ist.

557

d) Kapitalaufbringung

Die zur Gründung der Komplementär-GmbH geleistete Bareinlage wird in der Praxis nicht selten als »totes Kapital« betrachtet. Da liegt es nahe, die Einlage nach Eintragung der GmbH in das Handelsregister als Darlehen an die operativ tätige KG weiterzuleiten. Der BGH hat dieser durchaus verbreiteten Praxis kurz vor Inkrafttreten des MoMiG eine deutliche Absage erteilt. Dem BGH zufolge ist die Einlageforderung der Komplementär-GmbH nicht erfüllt, wenn die an die GmbH gezahlte Einlage umgehend an die von dem Einzahlenden beherrschte Kommanditgesellschaft gezahlt wird. Ein Sonderrecht für die Kapitalaufbringung bei der Komplementär-GmbH gebe es auch unter dem Aspekt einer »wirtschaftlichen Einheit« von Komplementär-GmbH und KG bei der GmbH & Co. KG nicht.[676]

558

Fraglich ist, ob die Weiterleitung der Einlagemittel an die KG denkbar ist, nachdem das MoMiG in § 19 Abs. 5 GmbHG die Kapitalaufbringung im Wege des »Hin- und Herzahlens« für zulässig erklärt hat.[677] Danach kann die Einlage auch dann Erfüllungswirkung haben, wenn vor Erbringung der Einlage eine Leistung an den Gesellschafter vereinbart worden ist, die wirtschaftlich einer Rückzahlung der Einlage entspricht und die nicht schon als verdeckte Sacheinlage i.S. von § 19 Abs. 4 GmbHG zu beurteilen ist. Tatbestandlich setzt die Erfüllungswirkung voraus, dass die Leistung durch einen vollwertigen Rückgewähranspruch gedeckt ist, der jederzeit fällig ist oder durch fristlose Kündigung durch die Gesellschaft fällig werden kann. Zudem muss die Leistung oder die Vereinbarung der Leistung in der Handelsregisteranmeldung offen gelegt werden (§ 19 Abs. 5 S. 2 GmbHG).[678] Angesichts der hohen Anforderungen an die Erfüllung des Tatbestands des § 19 Abs. 5 GmbHG, die von der Rechtsprechung nach Inkrafttreten des MoMiG tendenziell verschärft werden, dürfte die Weiterleitung des GmbH-Stammkapitals als Darlehen an die KG jedenfalls aus notarieller Sicht keine empfehlenswerte sichere Gestaltung zur Gründung einer GmbH & Co. KG sein.

559

2. Besonderheiten der Gesellschaftsverträge bei der GmbH & Co. KG

a) GmbH-Vertrag

aa) Nach der Liberalisierung des Firmenrechts unterliegt die Bildung der Firma der Komplementär-GmbH nur noch den allgemeinen Anforderungen (§ 4 GmbHG). Ein Hinweis

560

---

675 So auch *Binz/Mayer*, NJW 2002, 3054, 3055; zu Heilungsmöglichkeiten (Vorsicht!) ebda. und MünchHdb. GesR II/*Gummert*, GmbH & Co. KG, § 50 Rn. 19.
676 BGH, Urt. v. 10.12.2007 – II ZR 180/06, DNotZ 2008, 545 = MittBayNot 2008, 139 = DNotI-Report 2008, 22 = ZNotP 2008, 84.
677 Dafür offenbar *Weiler*, notar 2009, 154, 158.
678 BGH, Urt. v. 16.2.2009 – II ZR 120/07, ZIP 2009, 713 – Qivive; BGH, Urt. v. 20.7.2009 – II ZR 273/09, ZIP 2009, 1561 = DNotI-Report 2009, 134 – Cash Pool II; vgl. auch *Wicke*, GmbHG, § 35 Rn. 35; *Apfelbaum*, notar 2008, 160, 167.

auf ihre Funktion ist nicht erforderlich, aber noch durchaus üblich (»… Verwaltungs GmbH«, »… Beteiligungs GmbH«). Die Firmen der GmbH und der KG müssen nicht übereinstimmen oder auf einander Bezug nehmen, zulässig sind auch völlig verschiedene Fantasiefirmen.

561　bb) Bei der reinen Komplementär-GmbH wird der Unternehmensgegenstand heute üblicherweise mit »Beteiligung als persönlich haftender Gesellschafterin an der … GmbH & Co. KG« bzw. mit »Übernahme der Haftung und der Geschäftsführung von Kommanditgesellschaften, insbesondere der … GmbH & Co. KG« o.ä. beschrieben. Nicht erforderlich ist die Bezugnahme auf den Tätigkeitsbereich der KG.[679]

b) KG-Vertrag

aa) Firma

562　Für die Bildung der Firma der KG gelten die allgemeinen Anforderungen (§§ 18, 19, 30 HGB). Es sind also Personen-, Sach- und Fantasiefirmen mit Unterscheidungskraft und ohne Irreführungspotential zulässig. Zu beachten ist die Sonderregel des § 19 Abs. 2 HGB (früher § 19 Abs. 5 HGB). Danach muss die Firma einer offenen Handelsgesellschaft oder Kommanditgesellschaft, in der keine natürliche Person persönlich haftet, die Haftungsbeschränkung erkennen lassen. Die Bezeichnung als GmbH & Co. KG ist dafür geeignet.

bb) Komplementärin

563　Regelmäßig wird die Funktion der Komplementär-GmbH auf die Übernahme der persönlichen Haftung und die Geschäftsführung der KG beschränkt. Die GmbH wird daher meist nicht am Kapital und am Ergebnis der KG beteiligt. Sie erbringt auch keine Einlage und ist vom Stimmrecht ausgeschlossen. Allerdings muss der GmbH eine Vergütung für die Komplementärstätigkeit (Übernahme der Haftung und Geschäftsführung) und der Ersatz ihrer Aufwendungen gewährt werden, um eine verdeckte Gewinnausschüttung zu vermeiden. Dazu wird häufig eine pauschale Vergütung vereinbart, z.B. eine jährliche Zahlung in Höhe eines bestimmten Prozentsatzes des Haftungskapitals der GmbH.

cc) Geschäftsführung und Vertretung

564　Die Geschäftsführung und Vertretung der KG obliegt der GmbH als persönlich haftender Gesellschafterin (§§ 164, 170 HGB). Die GmbH wird wiederum vertreten und geführt durch ihren Geschäftsführer (§ 35 GmbHG). Der Geschäftsführer ist Organ der GmbH, das der Organstellung zugrunde liegende Dienstverhältnis besteht mit der GmbH. Ein Weisungsrecht gegenüber dem Geschäftsführer hat daher zunächst nur die GmbH bzw. deren Gesellschafterversammlung (§ 37 GmbHG).

565　Davon abweichend kann eine dritte Person, auch ein Kommanditist, rechtsgeschäftlich mit der Vertretung der KG beauftragt werden. Der KG oder den Kommanditisten kann auch vertraglich ein Weisungsrecht gegenüber dem GmbH-Geschäftsführer eingeräumt werden. In der typischen GmbH & Co. KG besteht oftmals Personengleichheit zwischen den GmbH-Gesellschaftern und den Kommanditisten und ggf. auch zwischen den Gesellschaftern und dem Geschäftsführer. Ein Kommanditist ist zwar zwingend von der organschaftlichen Vertretung der KG ausgeschlossen (§ 170 HGB). Er kann aber zum Geschäftsführer der GmbH bestellt werden mit der Folge einer mittelbaren organschaftlichen Vertretung der KG durch einen Kommanditisten (»Gesellschafter-Geschäftsführer«).

---

[679] So die heute h.M. und Praxis, anders noch BayObLG GmbHR 1995, 722.

566 Das gesetzliche Verbot des Selbstkontrahierens und der Mehrfachvertretung (§ 181 BGB) greift bei der GmbH & Co. KG sowohl auf der Ebene der KG als auch auf der Ebene der GmbH. Zum einen darf der GmbH-Geschäftsführer nicht gleichzeitig für die GmbH und die GmbH & Co. KG tätig werden. Zum anderen darf er keine Rechtsgeschäfte zwischen sich selbst und einer der Gesellschaften abschließen. Außerdem ist die GmbH als Komplementärin gehindert, Rechtsgeschäfte zwischen sich selbst und der KG zu schließen. Auf beiden Ebenen kann Befreiung von den Beschränkungen des § 181 BGB erteilt werden, die in das Handelsregister einzutragen ist. In das Handelsregister der KG kann sowohl die Befreiung der Komplementär-GmbH wie auch die Befreiung ihrer Geschäftsführer (im Verhältnis zur KG) eingetragen werden. Allerdings muss die Regelung bezüglich der Geschäftsführer ohne Hinzuziehung anderer Registerblätter aus sich heraus verständlich sein. Die Befreiung der »jeweiligen Geschäftsführer« der Komplementär-GmbH von den Beschränkungen des § 181 BGB gegenüber der KG ist daher eintragungsfähig; die Befreiung eines namentlich benannten Geschäftsführer hingegen nicht.[680]

dd) Wettbewerbsverbot

567 Für die GmbH als persönlich haftende Gesellschafterin und für die Kommanditisten gilt das gesetzliche Wettbewerbsverbot (§§ 112, 113, 161 Abs. 2 HGB). Hingegen besteht kein unmittelbares Wettbewerbsverbot der GmbH-Gesellschafter gegenüber der KG. Für den Geschäftsführer der GmbH wiederum wird auch ein Wettbewerbsverbot im Verhältnis zur KG angenommen, jedenfalls dann, wenn die wesentliche Aufgabe der GmbH die Geschäftsführung der KG ist.[681] Regelmäßig empfehlen sich ausdrückliche gesellschaftsvertragliche Regelungen zum Wettbewerbsverbot und zur Befreiung vom Wettbewerbsverbot für alle Beteiligten.

c) Verzahnung der Gesellschaftsverträge von GmbH und KG

568 Üblich ist die Verzahnung der Gesellschaftsverträge, um einen Gleichlauf der Beteiligungen an den beiden Gesellschaften zu erreichen. Insbesondere bei der typischen GmbH & Co. KG besteht ein Interesse, dass die Beteiligten im gleichen Verhältnis an der GmbH und als Kommanditisten an der KG beteiligt sind und das auch bleiben. Um dieses Ziel zu erreichen kann die Veräußerung der Beteiligungen ganz ausgeschlossen oder von der Zustimmung der Mitgesellschafter abhängig gemacht werden. Vielfach finden sich Regelungen, die die Zustimmung zur Veräußerung z.B. davon abhängig machen, dass der veräußerungswillige Gesellschafter beide Beteiligungen an die gleiche Person abtritt. Um zu verhindern, dass der Beteiligungsgleichlauf auf andere Weise gestört wird, können flankierend die Pflicht zur Übertragung von Gesellschaftsanteilen und die Möglichkeit zur Einziehung von Geschäftsanteilen vereinbart werden, beispielsweise für den Fall, dass beim Tod eines Gesellschafters seine Beteiligungen auf unterschiedliche Nachfolger übergehen. Entsprechende parallele Regelungen sind für den Fall des anderweitigen Ausscheidens eines Gesellschafters, z.B. durch Kündigung, oder die Ausschließung eines Gesellschafters möglich.

3. Haftung

569 Hinsichtlich der Haftung der Gesellschafter für Verbindlichkeiten der GmbH & Co. KG im Gründungsstadium ist wie folgt zu unterscheiden.

---

680 Vgl. BayObLG, Beschl. v. 7.4.2000 – 3Z BR 77/00, MittBayNot 2000, 330; *Krafka/Willer/Kühn*, Rn. 809, 809 a; *Fleischhauer/Preuss/Kallrath*, Handelsregisterrecht, Teil F. I. Rn. 2 Erl. 5.
681 Vgl. Baumbach/Hopt, Anh. § 177 Rn. 27 f.

1. Kapitel Personengesellschaftsrecht

a) GmbH

570 Die Gesellschafter der Komplementär-GmbH haften für die vor Eintragung der GmbH begründeten Verbindlichkeiten nach den allgemeinen für die GmbH entwickelten Grundsätzen. Danach haften die Gründer der Gesellschaft persönlich und nicht begrenzt auf die Höhe ihrer Einlagen für die vom Vermögen der Gesellschaft nicht gedeckten Vorbelastungen, wenn sie die handelnden Geschäftsführer ermächtigt haben (Verlustdeckungshaftung). Nach der Eintragung der GmbH haften die Gesellschafter anteilig für die Differenz zwischen dem Stammkapital und dem Wert des Gesellschaftsvermögens im Zeitpunkt der Eintragung, und zwar in Höhe des vollen Verlustausgleichs (Unterbilanzhaftung). Daneben tritt die persönliche Haftung der vor der Eintragung im Namen der GmbH Handelnden gegenüber den Gläubigern gemäß § 11 Abs. 1 GmbHG (Handelndenhaftung). Die Verlustdeckungshaftung und die Handelndenhaftung entfallen mit der Eintragung der Gesellschaft in das Handelsregister.

571 Im Ergebnis haften die Gesellschafter der GmbH für die von der Vor-GmbH als persönlich haftender und geschäftsführender Gesellschafterin der KG veranlassten Verbindlichkeiten der KG. Es besteht also ein erhöhtes Haftungsrisiko der GmbH-Gesellschafter, wenn die GmbH & Co. KG ihre Geschäfte vor Eintragung der Komplementär-GmbH in das Handelsregister aufnimmt.

b) KG

572 aa) Die Gesellschaft selbst und die Komplementär-GmbH haften für die im Geschäftsbetrieb der Gesellschaft begründeten Verbindlichkeiten (§§ 124 Abs. 1, 128, 161 Abs. 2 HGB).

573 bb) Die Kommanditisten einer KG haften vor Eintragung der Gesellschaft in das Handelsregister grundsätzlich unbeschränkt wie ein persönlich haftender Gesellschafter für die bis zur Eintragung der Gesellschaft begründeten Verbindlichkeiten, wenn sie dem vorzeitigen Geschäftsbeginn zugestimmt haben (Voreintragungshaftung, § 176 Abs. 1 HGB). Allerdings entfällt die unbeschränkte Haftung gegenüber Gläubigern, denen die Beteiligung als Kommanditist bekannt war. Die wohl herrschende Literaturmeinung, der sich nunmehr das OLG Frankfurt angeschlossen hat, lässt hierfür schon die Firmierung als GmbH & Co. KG genügen. Bei der GmbH & Co. KG könne die typische Verkehrserwartung, dass nur die GmbH unbeschränkt hafte, während die beteiligten natürlichen Personen Kommanditisten seien, mit der positiven Kenntnis i.S. von § 176 Abs. 1 S. 1 HGB gleichgestellt werden.[682] Der Gläubiger könne schlechterdings nicht davon ausgehen, dass in der GmbH & Co. KG neben der GmbH noch eine natürliche Person unbeschränkt mit ihrem Vermögen hafte. Nach dieser Auffassung haftet der Kommanditist einer GmbH & Co. KG also nicht nach § 176 Abs. 1 HGB für die vor der Eintragung getätigten Geschäfte, wenn die Gesellschaft unter ihrer korrekten Firma aufgetreten ist und somit auf die Haftungsbeschränkung der Kommanditisten aufmerksam gemacht hat. Eine neuere höchstrichterliche Entscheidung zu dieser bedeutsamen Frage liegt allerdings noch nicht vor. Sicher lässt sich die Vorhaftung daher bis auf weiteres nur dadurch vermeiden, dass keine Geschäfte vor Eintragung der KG getätigt werden oder dadurch, dass der Geschäftspartner ausdrücklich auf die Kommanditisteneigenschaft hingewiesen wird.

574 Die Haftung für einmal begründete Verbindlichkeiten erlischt nicht mit der Eintragung der Gesellschaft. Die Voreintragungshaftung gilt nur für die Kommanditisten von Gesellschaften, die ein Handelsgewerbe betreiben und die somit bereits mit Aufnahme ihrer

---

682 OLG Frankfurt a.M., Beschl. v. 9.5.2007 – 13 U 195/06, RNotZ 2008, 170, m.N. zur Literatur; zust. *Specks*, RNotZ 2008, 143; anders noch BGH NJW 1980, 54; offen BGH NJW 1983, 2258, 2260 für die Zeit nach dem Inkrafttreten des § 19 Abs. 5 HGB a.F. (nunmehr § 19 Abs. 2 HGB).

Geschäfte und nicht erst durch ihre Eintragung im Handelsregister entstehen (vgl. § 123 Abs. 1 und 2, § 176 Abs. 1 S. 2 HGB).
Im Übrigen bestimmt sich die Haftung der Kommanditisten nach den §§ 171, 172 HGB.[683]   575

4. Übertragung von Beteiligungen

a) Gesetzliche Vinkulierung und Beteiligungsgleichlauf

Grundsätzlich gelten für die rechtsgeschäftliche Übertragung von Geschäftsanteilen an   576
der Komplementär-GmbH und von Gesellschaftsanteilen an der KG die jeweiligen gesetzlichen und gesellschaftsvertraglichen Bestimmungen. Die GmbH-Geschäftsanteile sind danach unter Beachtung der notariellen Form frei veräußerlich, wenn der Gesellschaftsvertrag nicht eine Vinkulierung oder andere Beschränkung vorsieht (§ 15 GmbHG). Die KG-Anteile sind hingegen nur veräußerlich, wenn der Gesellschaftsvertrag dies vorsieht oder die Gesellschafter im Einzelfall zustimmen (»gesetzliche Vinkulierung«).

Häufig werden die Gesellschaftsverträge der GmbH und der KG bei der GmbH & Co.   577
KG jedoch derart miteinander verzahnt, dass die Veräußerung der Beteiligungen nur einheitlich, z.B. im gleichen Umfang und an den gleichen Erwerber erlaubt ist. Dadurch soll der Beteiligungsgleichlauf gewahrt werden. Um dieses Ziel zu erreichen, muss die Vinkulierung der GmbH-Geschäftsanteile und der Kommanditbeteiligungen sorgfältig aufeinander abgestimmt werden.

b) Form

Gesetzlich ist nur für die Übertragung der GmbH-Geschäftsanteile die notarielle Form   578
vorgeschrieben (§ 15 Abs. 4 GmbHG). Aufgrund der Vinkulierung zur Wahrung des Beteiligungsgleichlaufs kann sich aber auch für die Veräußerung der Kommanditanteile die Beurkundungsbedürftigkeit nach § 15 Abs. 4 GmbHG ergeben. Die Beurkundungsbedürftigkeit für das gesamte Geschäft ist insbesondere gegeben, wenn die Geschäftsanteile der Komplementär-GmbH nicht ohne die Kommanditanteile veräußert werden sollen. Würde in einem solchen Fall nur die Übertragung der Geschäftsanteile der Komplementär-GmbH beurkundet und die Abtretung der Kommanditanteile in einfacher Schriftform erfolgen, dann hätte dies die Gesamtnichtigkeit des Rechtsgeschäfts zur Folge.[684]

5. Einheitsgesellschaft

a) Gründung

Eine besondere Form der GmbH & Co. KG ist die sog. Einheitsgesellschaft. Diese ist   579
dadurch gekennzeichnet, dass die KG einzige Gesellschafterin ihrer Komplementär-GmbH ist. Die Kommanditisten sind somit mittelbar stets im gleichen Verhältnis an der GmbH wie an der KG beteiligt. Die Zulässigkeit der Einheitsgesellschaft ist seit längerem anerkannt und wird vom Gesetz seit 1980 vorausgesetzt (vgl. 172 Abs. 6 HGB). Die Einheitsgesellschaft bietet den besonderen Vorteil einer automatischen Verzahnung der Beteiligungen an der KG und der GmbH sowie der damit verbundenen Rechte und Pflichten ohne den sonst bei der beteiligungsidentischen GmbH & Co. KG erforderlichen gestalterischen Aufwand und ohne die damit verbundene Fehleranfälligkeit.[685]

---

683 Siehe oben Rdn. 418 ff.
684 BGH, Urt. v. 14.4.1986 – II ZR 155/85, DNotZ 1986, 687; BGH, Beschl. v. 20.10.2009 – VIII ZB 13/08, DNotZ 2010, 230, 233.
685 Weiterhin skeptisch K. Schmidt, Gesellschaftsrecht, § 56 II 3 e: »hypertrophe Rechtskonstruktion«, bei deren Gestaltung »die Phantasie der Kautelarjuristen mit den Gesellschaftsformen durchgegangen« sei.

580 Die wechselseitige Beteiligung wird dadurch erreicht, dass die Kommanditisten ihre Geschäftsanteile an der GmbH als Einlage in die KG einbringen, allerdings ohne haftungsbefreiende Wirkung gegenüber den Gesellschaftsgläubigern (§ 172 Abs. 6 HGB). Dabei müssen die Kapitalaufbringungs- und Haftungsregeln für beide Gesellschaftsformen beachtet werden. Sowohl das Stammkapital der GmbH wie die Kommanditeinlagen müssen den Gesellschaftsgläubigern als Haftungsfonds zur Verfügung stehen. Dazu sind die Bareinlagen auf das Stammkapital der GmbH in voller Höhe zu erbringen; sie dürfen nicht im Zuge des Erwerbs der GmbH durch die KG zurückgezahlt werden. Ferner darf mit der (entgeltlichen) Einbringung der GmbH-Geschäftsanteile keine Rückgewähr von Kommanditeinlagen an die Kommanditisten verbunden sein (§ 172 Abs. 4 HGB). Vermeiden lässt sich die Haftung bzw. das Wiederaufleben der Haftung der Gesellschafter, indem die Kommanditisten die voll eingezahlten GmbH-Geschäftsanteile zusätzlich zu der von ihnen zu erbringenden Kommanditeinlage in die KG einlegen oder der KG zusätzliche Mittel zum Kauf der Geschäftsanteile zur Verfügung stellen.[686]

b) Willensbildung

581 Die besondere Konstruktion der Einheits-GmbH & Co. KG wirft allerdings die Problematik der Willensbildung in der Gesellschafterversammlung der Komplementär-GmbH auf. Diese Frage wird z.B. praktisch, wenn es um die Bestellung und Abberufung von Geschäftsführern der GmbH geht. Die KG ist alleinige Gesellschafterin der GmbH, in der Gesellschafterversammlung der GmbH wird sie gesetzlich vertreten durch die GmbH selbst bzw. deren Geschäftsführer. Bei der Einheitsgesellschaft kommt es also dazu, dass die GmbH in ihrer eigenen Gesellschafterversammlung stimmberechtigt ist und gewissermaßen über ihr eigenes Schicksal entscheidet.

582 Nach einem Teil der Literatur steht der Willensbildung und –umsetzung durch die von den Maßnahmen selbst betroffene GmbH bzw. deren Geschäftsführer der Rechtsgedanke des § 47 Abs. 4 GmbHG entgegen. Die GmbH könne nicht in »eigener Sache« entscheiden.[687] Der BGH hat allerdings in einem ähnlich gelagerten Fall entschieden, dass die Mitgeschäftsführer einer Komplementär-GmbH, die zur Vertretung ihrer Alleingesellschafterin berechtigt ist, durchaus über die Abberufung eines Geschäftsführers entscheiden dürfen. Der BGH verweist für dieses Ergebnis auf die Kompetenzregelung des § 46 Nr. 5 GmbHG, ohne die Frage des Entscheidens in eigener Sache zu erörtern.[688]

583 Bei alledem darf nicht übersehen werden, dass in der Einheitsgesellschaft regelmäßig die Kommanditisten die wirtschaftlich und unternehmerisch maßgeblichen Gesellschafter sind (und nicht die Komplementär-GmbH oder deren Geschäftsführer). Es ist regelmäßig interessengerecht, wenn die Kommanditisten in die Lage versetzt werden, die GmbH zu beherrschen. Dazu kann das Stimmrecht in der GmbH-Gesellschafterversammlung gesellschaftsvertraglich den Kommanditisten zugewiesen werden. Es ist mittlerweile weithin anerkannt, dass eine entsprechende Bevollmächtigung der Kommanditisten in ihrer Gesamtheit zur Ausübung der Gesellschafterrechte der KG in der Gesellschafterversammlung der Komplementär-GmbH nicht gegen § 170 HGB verstößt. Um den Widerruf einer solchen Vollmacht durch den Geschäftsführer der GmbH zu verhindern, kann den Kommanditisten im Gesellschaftsvertrag der KG ein entsprechendes unentziehbares Sonderrecht eingeräumt werden.[689]

---

686 Vgl. MünchHdb. GesR II/*Gummert*, § 51 GmbH & Co. KG, Rn. 5 ff. m.w.N.
687 Insbesondere *K. Schmidt*, Gesellschaftsrecht, § 56 II 3 e.
688 BGH, Urt. v. 16.7.2007 – II ZR 109/06, DNotZ 2008, 145 = MittBayNot 2008, 306, mit Aufsatz *Giehl* 268 = GmbHR 2007, 1034 mit Anm. *Werner* 1035.
689 Im Einzelnen *K. Schmidt*, ZIP 2007, 2193; *Giehl*, MittBayNot 2008, 268.

Unverkennbar droht den Kommanditisten in der Einheitsgesellschaft ohne eine solche gesellschaftsvertragliche Regelung die Beherrschung durch die Geschäftsführer der Komplementär-GmbH. Es besteht also dringender Gestaltungsbedarf, vor allem, wenn ein gesellschaftsfremder Dritter als Geschäftsführer installiert werden soll.

6. UG (haftungsbeschränkt) & Co. KG

Die durch das MoMiG neu eingeführte Unternehmergesellschaft (haftungsbeschränkt) kann als Komplementärin einer KG eingesetzt werden.[690] Die Firma der KG muss den Rechtsformzusatz »Unternehmergesellschaft (haftungsbeschränkt) & Co. KG« oder abgekürzt »UG (haftungsbeschränkt) & Co. KG« enthalten (§ 5 a GmbHG). Weitergehende Abkürzungen sind nicht zulässig.

Die UG (haftungsbeschränkt) kann mit einem Stammkapital gegründet werden, das niedriger als 25.000 Euro ist. Jeder Gesellschafter muss einen Geschäftsanteil von mindestens einem vollen Euro übernehmen. Im Unterschied zu der Limited unterliegt die UG (haftungsbeschränkt) allein dem deutschen Recht. Es steht daher zu erwarten, dass sie der bisher bei kapitalschwachen Unternehmern beliebten Rechtsform der Limited englischen Rechts den Rang ablaufen wird.[691]

Bei der UG (haftungsbeschränkt) handelt es sich nicht um eine neue Rechtsform, sondern um eine Variante der GmbH, für welche die Sonderregeln des § 5 a GmbHG gelten. Unter anderem ist für die UG (haftungsbeschränkt) die Bildung einer gesetzlichen Rücklage zur Ansammlung des Mindeststammkapitals von 25.000 Euro vorgeschrieben (§ 5 a Abs. 3, 5 GmbHG). Nach Inkrafttreten des MoMiG wurde daher die Eignung der UG (haftungsbeschränkt) als Komplementärin bezweifelt, weil eine Komplementärgesellschaft typischerweise nicht am Gewinn der KG beteiligt wird und somit die gesetzliche Pflicht zur Bildung einer gesetzlichen Rücklage nicht erfüllen kann.[692] Vereinzelt ist vorgeschlagen worden, in dem KG-Gesellschaftsvertrag eine angemessene Haftungsvergütung zu vereinbaren, die der UG (haftungsbeschränkt) die Bildung der Rücklage ermöglicht.[693] Demgegenüber geht die wohl herrschende Meinung von der Komplementärsfähigkeit der UG (haftungsbeschränkt) aus. Das lässt sich überzeugend damit begründen, dass das GmbH-Gesetz kein Gebot zur Erwirtschaftung von Gewinnen enthält und der Gesetzgeber in Kauf genommen hat, dass die Pflicht zur Rücklagenbildung z.B. durch die Gestaltung der Geschäftsführervergütung ohne weiteres unterlaufen werden kann.[694]

Sollte die UG (haftungsbeschränkt) als Komplementärin im Einzelfall doch am Gewinn der KG beteiligt sein und ihren Haftungsfonds dadurch auf mindestens 25.000 Euro aufstocken können, besteht die Möglichkeit der Umfirmierung in »GmbH«. Die KG kann sodann als »GmbH & Co. KG« bezeichnet werden. Die Umfirmierung der UG (haftungsbeschränkt) erfolgt durch einfache Satzungsänderung. Einer Umwandlung im Sinne eines Rechtsformwechsels bedarf es nicht, weil die UG (haftungsbeschränkt) keine eigene Rechtsform ist.[695]

Angesichts der Möglichkeit, die UG (haftungsbeschränkt) mit einer Mindesteinlage von einem Euro pro Gesellschafter zu gründen, dürfte die Frage, ob nach der Einführung der Kapitalaufbringung im Wege des »Hin- und Herzahlens« durch das MoMiG (§ 19 Abs. 5

---

690 Zutr. *Wälzholz*, MittBayNot 2008, 425, 427; *Apfelbaum*, notar 2008, 160, 163.
691 Erste Gründungsstatistiken bei *Bayer/Hoffmann*, GmbHR 2009, 124; 2010, 9.
692 *Veil*, GmbHR 2007, 1084; *Wachter*, Sonderheft GmbHR 2008, 87, 91; *Katschinski/Rawert*, ZIP 2008, 1993, 1999.
693 *Katschinski/Rawert*, ZIP 2008, 1993, 1999.
694 *Heckschen*, MoMiG in der notariellen Praxis, Rn. 209; *Miras*, Die neue Unternehmergesellschaft, Rn. 399; *Fleischhauer/Preuss/Kallrath*, Handelsregisterrecht, Teil F. Rn. 3 Erl. 1. Rechtsprechung hierzu liegt soweit ersichtlich noch nicht vor.
695 So auch *Wälzholz*, MittBayNot 2008, 425, 426.

GmbHG n.F.) die zur Gründung der UG erbrachte Bareinlage darlehensweise an die operative KG gezahlt werden kann, keine große praktische Bedeutung haben. Es kommt also in der Praxis nicht darauf an, ob die Anwendbarkeit des § 19 Abs. 5 GmbHG durch das Volleinzahlungsgebot des § 5 a Abs. 2 S. 1 GmbHG ausgeschlossen ist.[696]

7. Limited & Co. KG

590 Zulässig ist ferner die Eintragung einer Kommanditgesellschaft, bei der eine ausländische Kapitalgesellschaft die Komplementärfunktion übernimmt.[697] Von praktischer Bedeutung war eine Zeitlang die Bildung einer sog. Limited & Co. KG mit einer englischen Private Company Limited by Shares (Rechtsformzusatz: Limited) als persönlich haftender Gesellschafterin. Mit dieser Konstruktion ließen sich die Vorteile einer Personenhandelsgesellschaft deutschen Rechts mit der Haftungsbeschränkung der Limited mit einem extrem niedrigen Haftungskapital kombinieren. Nachdem der deutsche Gesetzgeber die UG (haftungsbeschränkt) eingeführt hat, ist zu erwarten, dass die Begeisterung für die Limited und die Limited & Co. KG schnell nachlässt.[698]

591 Fraglich war, ob die Limited eine Zweigniederlassung zum Handelsregister in Deutschland anmelden muss, wenn ihre inländische Geschäftstätigkeit lediglich in der Übernahme der Komplementärstellung in einer Limited & Co. KG besteht. Diese Frage ist bei richtlinienkonformer Auslegung der §§ 13 d, e HGB zu verneinen, weil eine in einem EU-Mitgliedstaat wirksam errichtete Gesellschaft in den anderen Mitgliedstaaten auch dann anzuerkennen ist, wenn sie sich nur in einem anderen Mitgliedstaat wirtschaftlich betätigt.[699] Durch die Übernahme der Komplementärstellung und der Geschäftsführung einer deutschen Handelsgesellschaft wird noch keine Zweigniederlassung im Inland begründet, weil hierin nicht die Schaffung einer selbstständigen Organisationseinheit gesehen werden kann. Die Anmeldung der KG kann also ohne vorherige Anmeldung einer Zweigniederlassung der Limited erfolgen.[700]

592 Das entlastet die Limited allerdings nicht von der Notwendigkeit, dem Handelsregister ihre Existenz und die Vertretungsbefugnis ihrer Direktoren in öffentlich beglaubigter Form nachzuweisen. Der Existenznachweis kann regelmäßig durch ein aktuelles Certificate of Incorporation des Registrars of Companies des zentralen Registers House of Companies in Cardiff geführt werden (mit Apostille nach dem Haager Übereinkommen von 1961). Probleme bereitet hingegen der Vertretungsnachweis, weil das Certificate of Incorporation keine Angabe zu den vertretungsberechtigten Organen enthält und sich die konkrete Vertretungsbefugnis der Direktoren nur aus dem Zusammenspiel von Gesetz, Satzung und Gesellschafterbeschlüssen ergibt. Auch das Certificate of Good Standing des Registrars of Companies bescheinigt nur, wer als Direktor der Gesellschaft eingetragen ist. Die Einzelvertretungsbefugnis eines alleinigen Geschäftsführers sowie die Gesamtvertretungsbefugnis mehrerer Geschäftsführer darf allerdings unterstellt werden. Geeignete Vertretungsbescheinigungen englischer Notare (public notaries) oder englischer Rechtsanwälte (expert opinions) werden selten beigebracht, weil sie mit relativ hohen Kosten verbunden sind. Hilfsweise sind die Vorlage des Gesellschaftsvertrages (»articles of association«) in Verbindung mit einem zeitnah gefassten Beschluss über die Geschäftsführerbestellung geeignet, den Vertretungsnachweis zu führen.[701] Das Handelsregister ist nicht berechtigt, die Vor-

---

696 So Wicke, § 5 a Rn. 7; a.A. die wohl überwiegende Meinung, Herrler, DNotZ 2008, 903, 915; Miras, Die neue Unternehmergesellschaft, Rn. 360 ff.
697 BayObLG, NJW 1986, 3029; OLG Frankfurt, Beschl. v. 24.4.2008 – 20 W 425/07, DNotZ 2008, 860; Binz/Sorg, GmbHR 2003, 249; Kowalski/Bormann, GmbHR 2005, 1045.
698 Zu den zahlreichen Problemen bei der Verwendung der Limited für ausschließlich in Deutschland tätige Unternehmen siehe 6. Kapitel Rdn. 21 ff. (Bischoff).
699 OLG Frankfurt a.M., Beschl. v. 24.4.2008 – 20 W 425/07, DNotZ 2008, 860.
700 Zutr. Kilian, notar 2010, 13, 18; einschränkend bei Geschäftsführung Wachter, GmbHR 2006, 79, 80.
701 OLG Dresden, Beschl. v. 21.5.2007 – 1 W 0052/07, DNotZ 2008, 146.

lage einer beglaubigten Übersetzung des »Table A«, der gesetzlichen Mustersatzung für die Limited, zu verlangen.[702]

8. Publikumsgesellschaft

a) Überblick

Als Publikumsgesellschaft oder Publikums-KG wird eine Personenhandelsgesellschaft bezeichnet, wenn sie eine unbestimmte Zahl von Gesellschaftern als reine Kapitalgeber aufgrund eines Gesellschaftsvertrages aufnimmt, der von einem Initiator vorformuliert und vorgegeben ist. Das Ziel der Publikumsgesellschaft ist die Ansammlung von Kapital zur Vornahme von zumeist steuerbegünstigten Geschäften oder zur Investition in bestimmte Wirtschaftsgüter oder Anlagemodelle. Die Publikumsgesellschaft verwendet die Rechtsform einer Personenhandelsgesellschaft, häufig einer GmbH & Co. KG; sie ist aber kapitalistisch strukturiert. Man spricht daher auch von einer Kapitalgesellschaft im Kleid einer Personengesellschaft.

593

Der Bildung einer Publikumsgesellschaft liegen regelmäßig steuerliche Motive zugrunde, nämlich die Möglichkeit zur Geltendmachung von negativen Kapitalanteilen und Verlustzuweisungen im Einkommensteuerrecht (Abschreibungen und Sonderabschreibungen). Die Rechtsprechung und der Gesetzgeber haben die Abschreibungsmöglichkeiten in den vergangenen Jahrzehnten immer weiter begrenzt.[703] Der Gesetzgeber hat aber auch neue steuerliche Anreize gesetzt, um wirtschaftspolitisch gewünschte Investitionen attraktiv zu machen.[704] Daneben sind geschlossene Fonds verbreitet, die nicht unbedingt steuerorientiert sind (z.B. Immobilienfonds, Schiffsfonds, Leasingfonds).

594

Die Publikums-KG bietet auch zahlreiche rechtliche Vorteile gegenüber anderen Kapitalsammelgesellschaften, insbesondere gegenüber der Aktiengesellschaft. Die KG erlaubt wie die AG die Beschränkung der Haftung der Anleger auf die eingezahlten Einlagen und auch die Trennung von Kapitalanlegern (Investoren) und Management (Initiatoren). Die Gründung, die Aufnahme weiterer Gesellschafter, Kapitalerhöhungen und die Gestaltung von Entscheidungsprozessen sind aber bei der KG weitaus einfacher als bei der satzungsstrengen AG.

595

Heute ist anerkannt, dass die kapitalistisch strukturierte KG im Grundsatz zulässig ist. Es liegt nicht von vornherein ein Missbrauch der Rechtsform vor, auch wenn sich die Publikumsgesellschaft weit von dem gesetzlichen Leitbild der KG entfernt hat. Die Rechtsprechung hat demgemäß für diese besondere Form der KG ein Sonderrecht entwickelt, das die gesetzlichen Regelungen der §§ 161 ff. HGB weithin überlagert und verdrängt.[705] Dieses Sonderrecht dient nicht zuletzt dem Schutz der Anleger, die sich als Kommanditisten an der Publikums-KG beteiligen. Daneben greifen die anlegerschützenden Regeln des Kapitalmarktrechts, insbesondere zur Prospekthaftung.

596

b) Kennzeichnende Merkmale

Kennzeichnend für die Publikums-KG ist das Vorhandensein von aktiven Initiatoren und passiven Investoren. Die Initiatoren geben den Gesellschaftsvertrag und damit die Struktur

597

---

702 OLG Zweibrücken, Beschl. v. 28.2.2008 – 3 W 36/08, DNotZ 2008, 795.
703 Verneinung der Gewinnerzielungsabsicht bei reinen Abschreibungsgesellschaften durch den BFH 1984, BStBl. II 1984, 751; Einführung des § 15a EStG 1980, des § 2b EStG 1999 sowie des § 15b EStG 2005; ferner der sog. Fondserlass und der Medienerlass des BMF.
704 Z.B. die Sonderabschreibung von Kosten für die Anschaffung und Sanierung von Immobilien in den neuen Bundesländern nach der Wiedervereinigung sowie die sog. Tonnagebesteuerung gemäß § 5a EStG, ferner die Denkmalschutz-AfA.
705 Mangels einer abweichenden Vertragsgestaltung gelten allerdings §§ 161 ff. HGB, Einschränkungen ergeben sich nicht allein daraus, dass es sich um eine Publikums-KG handelt; zutr. OLG München, Beschl. v. 5.9.2008 – 31 Wx 063/07, DNotZ 2009, 152 zum außerordentlichen Informationsrecht der Kommanditisten nach § 166 Abs. 3 HGB.

der Gesellschaft vor. Sie übernehmen das Management und beherrschen die Gesellschaft unternehmerisch, häufig über ihre Beteiligung an der Komplementär-GmbH. Die Investoren beteiligen sich lediglich kapitalmäßig als Kommanditisten. Die Zahl der Kommanditisten ist nicht beschränkt, sie wird allenfalls durch die Höhe des insgesamt aufzubringenden Kommanditkapitals und die Mindesteinlage für den einzelnen Anleger definiert. Die Gesellschafterrechte der Kommanditisten sind auf das rechtlich notwendige Maß beschnitten. Sie können zudem häufig nur über ein besonderes Organ (Ausschuss oder Beirat) wahrgenommen werden. Vor allem Treuhandkonstruktionen sind üblich, mittels derer sämtliche Kommanditisten einen Treuhänder mit der Wahrnehmung ihrer Rechte beauftragen (müssen). Für den Erwerb der Beteiligungen an der Publikums-KG wird in der Öffentlichkeit geworben, die Beteiligung steht grundsätzlich jedem Interessenten offen.[706] Nicht selten arbeiten die Initiatoren mit Vertriebsorganisationen zusammen oder vertreiben ihre Produkte über Banken und Anlagevermittler. Die Vertriebsgebühren, Provisionen und das von den Anlegern zu zahlende Agio sind für die Initiatoren und ihre Vertriebspartner wichtige Einkünfte neben dem unternehmerischen Ergebnis der Gesellschaft.

598 In der Praxis werden die Investoren regelmäßig veranlasst, sehr weit gefasste Vollmachten zugunsten des Initiators oder eines Treuhänders zu erteilen, mit der Veränderungen der Gesellschaft und des Gesellschafterkreises vereinbart und zum Handelsregister angemeldet werden können.

c) Sonderrecht der Publikums-KG

599 Soweit Publikumsgesellschaften kapitalistische Strukturen aufweisen, hat die Rechtsprechung zum Schutz der Anleger die Grundsätze des Körperschaftsrechts für anwendbar erklärt. Welche Grundsätze anzuwenden sind, ist allerdings eine Frage des Einzelfalls. Eine »sklavische« Übernahme des Körperschaftsrechts kommt dem BGH zufolge nicht in Frage.[707] Folgende Grundlinien lassen sich festhalten:[708]

600 Der Gesellschaftsvertrag der Publikums-KG, die Beitrittsvereinbarung und die im Zusammenhang mit dem Beitritt von dem Kommanditisten weiter zu schließenden Verträge, z.B. der Vertrag mit dem Treuhandkommanditisten, sind von den Initiatoren für eine Vielzahl von Gesellschaftern vorformuliert und für den einzelnen Anleger nicht verhandelbar. Es handelt sich somit nicht um Individualvereinbarungen. Nach der Rechtsprechung sind der Gesellschaftsvertrag (wie die Satzung einer AG oder GmbH) und die weiteren Verträge daher objektiv auszulegen. Subjektive Vorstellungen der Gründer, die sich dem Vertrag nicht entnehmen lassen, bleiben danach unberücksichtigt.

601 In einem zweiten Schritt nach der Auslegung unterwirft der BGH den Gesellschaftsvertrag und die Begleitverträge der gerichtlichen Inhaltskontrolle, die auf § 242 BGB gestützt wird. § 310 Abs. 4 BGB, der Verträge im Bereich des Gesellschaftsrechts von der AGB-Kontrolle gemäß §§ 305 ff. BGB ausnimmt, soll dem nicht entgegenstehen. Zum Teil fließen die in §§ 305 ff. BGB enthaltenen Rechtsgedanken in die Inhaltskontrolle nach § 242 BGB mit ein. Dies ist nicht verwunderlich, geht es doch in beiden Fällen um den Schutz vor dem Missbrauch von vorformulierten Vertragsbedingungen. So wird auch der Kapitalanleger, der an der Gestaltung der Vertragsklauseln nicht beteiligt war, vor überraschenden und unangemessenen Vertragsklauseln geschützt. Andererseits berücksichtigt die Rechtsprechung auch die Besonderheiten der Publikums-KG und insbesondere die Notwendigkeit von Vorkehrungen, die eine effiziente Willensbildung auch bei einer Vielzahl von Kommanditisten ermöglichen.

---

706 Vgl. MünchHdb. GesR II/*Gummert/Horbach*, § 61 PublKG, Rn. 2.
707 BGHZ 69, 207, 220; vgl. i.E. MünchHdb. GesR II/*Gummert/Jaletzke*, § 65 PublKG, Rn. 1 ff.; zu aktuellen Entwicklungen *Wagner*, ZNotP 2009, 48 ff., 101 ff.
708 Vgl. Baumbach/Hopt, Anh. § 177 a, Rn. 67 f.; MünchHdb. GesR II/*Gummert/Jaletzke*, § 65 PublKG, Rn. 3, 8 ff., dort auch zu Einzelfragen.

Kapitel 2 Recht der Gesellschaft mit beschränkter Haftung

A. Gründung der Gesellschaft mit beschränkter Haftung

I. Überblick

Eine Gesellschaft mit beschränkter Haftung (GmbH) kann auf zweierlei Weise entstehen: Durch Gründung und durch Umwandlung.

Die **Gründung** der GmbH gemäß §§ 2 ff. GmbHG kann im Weg der Bargründung wie auch im Weg der Sachgründung vorgenommen werden. Bei der Bargründung übernehmen die Gründergesellschafter auf ihre Geschäftsanteile Bareinlagen. Bei der Sachgründung haben die Gründergesellschafter auf ihre Geschäftsanteile Sacheinlagen zu leisten. Bei der Bargründung ist seit der Reform des GmbH-Rechts durch das MoMiG wiederum zu unterscheiden zwischen der Gründung einer GmbH im »klassischen« Gründungsverfahren und der Gründung einer GmbH im sogenannten »vereinfachten« Verfahren unter Zugrundelegung des gesetzlichen Musterprotokolls. Weiter kennt das GmbH-Recht seit seiner Reform durch das MoMiG die sogenannte Unternehmergesellschaft (haftungsbeschränkt), bei der es sich um eine (Unterform der) GmbH handelt, die ausschließlich im Wege der Bargründung errichtet werden kann und deren Stammkapital den Betrag von 25.000,00 Euro unterschreitet (§ 5 a GmbHG). Auch die Unternehmergesellschaft (haftungsbeschränkt) kann sowohl im »klassischen« Gründungsverfahren als auch im sogenannten »vereinfachten« Verfahren unter Zugrundelegung des gesetzlichen Musterprotokolls errichtet werden.

Die Entstehung einer GmbH kann schließlich auch durch **Umwandlung** erfolgen. In Betracht kommen hierbei insbesondere die Verschmelzung zur Neugründung (§ 2 Nr. 2 UmwG), die Spaltung zur Neugründung (§ 123 Nr. 2 UmwG) sowie als Unterfall der Spaltung die Ausgliederung aus dem Vermögen eines Einzelkaufmanns (§ 152 UmwG) und der Formwechsel (§ 190 UmwG).[1]

Von der Entstehung der GmbH zu unterscheiden ist der Fall des Erwerbs der Geschäftsanteile an einer **Vorrats-GmbH**. In diesem Fall besteht bereits eine GmbH, die typischerweise auch schon im Handelsregister eingetragen ist. Der von den Gründern der Vorrats-GmbH verfolgte wirtschaftlicher Zweck ist der Verkauf ihrer Geschäftsanteile an der Vorrats-GmbH an Personen, die den mit dem Gründungsverfahren verbundenen Zeitaufwand vermeiden wollen und sofort eine bestehende GmbH als Unternehmensträger benötigen. Die Vorrats-GmbH sollte und hat dementsprechend zu keiner Zeit vor dem Verkauf ihrer Geschäftsanteile ein Handelsgewerbe betrieben. Bei diesem Verfahren sind zum Schutze des Rechtsverkehrs nicht wenige Gründungsvorschriften entsprechend anzuwenden.[2]

II. Rechtsformwahl

Der Gründung einer Gesellschaft geht die Bestimmung der zur Erreichung der von den Gesellschaftern angestrebten Zwecke am besten geeignet erscheinenden **Gesellschaftsform** voraus. Dabei sind insbesondere zu berücksichtigen, wirtschaftliche Gesichtspunkte wie die Höhe des verfügbaren Kapitals und die Kreditwürdigkeit der Gesellschaft, organisatorische Fragen wie die Ausgestaltung der Geschäftsführung, die Haftung der Gesellschaft, der Gesellschafter und der organschaftlichen Vertreter der Gesellschaft (Geschäfts-

---

1 Siehe dazu nachfolgend Kapitel 4.
2 Siehe dazu Rdn. 1058 ff.

2. Kapitel Recht der Gesellschaft mit beschränkter Haftung

führer oder Vorstand), rechtliche Möglichkeiten zur Ausgestaltung der Mitgliedschaft wie etwa zur Höhe der Beteiligung, Übertragbarkeit der Beteiligung und Regelung sonstiger Verfügungen über die Beteiligung, Ausschlussmöglichkeiten, Kündigungsrechte, Informationsrechte, Treuhandverhältnisse, die steuerliche Behandlung der Gesellschaft, der Gesellschafter und der Geschäftsführer, und zwar über den gesamten geplanten »Lebenszyklus« der Gesellschaft, also insbesondere bei der Gründung und der Auflösung der Gesellschaft, der Kündigung der Mitgliedschaft, einer etwaigen späteren Veräußerung der Beteiligung, der Besteuerung der laufenden Erträge der Gesellschaft, der Besteuerung der Vergütung der Geschäftsführer, der erbschaftsteuerlichen Folgen des Versterbens eines Gesellschafters sowie erbrechtliche Fragen, wie die Vererblichkeit der Mitgliedschaft, die Sicherung eines geeigneten Unternehmensnachfolgers und die Abfindung weichender Erben.

6 Im Rahmen dieser Betrachtung sind sämtliche Gesellschaftsformen auf ihre Eignung zur Erreichung der von den Gesellschaftern angestrebten Zwecke zu durchdenken. Als Rechtsformalternativen zur GmbH kommen regelmäßig in Betracht die GmbH & Co. Kommanditgesellschaft und die Aktiengesellschaft.[3]

III. Rechtsnatur der GmbH und Gründungsablauf

1. Rechtsnatur der GmbH

7 Gesellschaften mit beschränkter Haftung (GmbH) können gemäß § 1 GmbHG zu jedem gesetzlich zulässigen Zweck durch eine oder mehrere Personen errichtet werden. Dabei sind die Bestimmungen des GmbH-Gesetzes (GmbHG) zu beachten. Die GmbH ist juristische Person und gilt nach § 13 Abs. 3 GmbHG als Handelsgesellschaft im Sinne des Handelsgesetzbuches (HGB), und zwar unabhängig vom Unternehmensgegenstand selbst dann, wenn sie kein Erwerbsgeschäft betreibt.[4] Die Vorschriften des 1., 3. und 4. Buchs des HGB finden auf sie grundsätzlich volle Anwendung. Ihre Geschäfte sind stets Handelsgeschäfte. Die GmbH ist Unternehmer im Sinne von § 14 BGB und damit gemäß § 310 Abs. 1 BGB nur eingeschränkt gegenüber AGB geschützt. Für sie gelten §§ 38 ZPO, 95 Abs. 1 Nr. 1 GVG. Allerdings ist die GmbH Gewerbetreibender im Sinne der GewO nur dann, wenn sie tatsächlich ein entsprechendes Gewerbe betreibt.[5]

2. Gründungsablauf

8 Die »klassische« Gründung der Gesellschaft mit beschränkter Haftung (GmbH) vollzieht sich herkömmlicherweise in drei Schritten:

– Die Gründer als künftige GmbH-Gesellschafter verabreden, eine GmbH zu gründen. Durch diese Vereinbarung entsteht die sogenannte **Vorgründungsgesellschaft**. Bei der Ein-Personen-GmbH entfällt dieser Gründungschritt.
– Dem folgt die Errichtung der Gesellschaft durch notariellen Gründungsakt. Dadurch entsteht die **Vorgesellschaft**, auch Vor-GmbH genannt.
– Mit der sich daran anschließenden Eintragung der Gesellschaft im Handelsregister entsteht sodann gemäß § 11 Abs. 1 GmbHG die **GmbH** als solche.

9 Begrifflich bezeichnet man im GmbH-Recht den vorstehend beschriebenen Gesamtvorgang als Gründung. Unter der Errichtung versteht man dagegen den Abschluss des Gesellschaftsvertrags samt der Übernahme der Einlagen auf die Geschäftsanteile.

---

3 Vgl. zur Gegenüberstellung der sogenannten »kleinen AG« *Olbing/Binnewies*, GmbH-StB 2001, 59 ff.
4 Baumbach/Hueck/*Fastrich*, § 13 Rn. 73 m.w.N.
5 Baumbach/Hueck/*Fastrich*, § 13 Rn. 73 m.w.N.

3. Die Vorgründungsgesellschaft

Im Stadium der **Vorgründungsgesellschaft** wenden sich die Gründer in Regel noch nicht an einen Notar und nehmen zu diesem Zeitpunkt häufig auch keine anderweitige gesellschaftsrechtliche Beratung in Anspruch. Nicht selten wird aber bereits in diesem Stadium ein Steuerberater oder Wirtschaftsprüfer von den Gründern zugezogen, der steuerliche Vorüberlegungen anstellt und oftmals zu einer bestimmten Gesellschaftsform rät. Für den rechtlichen Berater, insbesondere den Notar ist die Vorgründungsgesellschaft vornehmlich aus amthaftungsrechtlicher Sicht von Bedeutung, da die Gründer in aller Regel über die Rechtsfolgen ihrer Erklärungen und Handlungen im Vorgründungsstadium beratungs- und belehrungsbedürftig sind und diese auch Auswirkungen auf die Vor-GmbH und die GmbH selbst haben können.

a) Entstehung und Rechtsnatur der Vorgründungsgesellschaft

Dem Gang zum Notar zum Zwecke der Errichtung der Gesellschaft mit beschränkter Haftung, also des Abschlusses und der Beurkundung des Gesellschaftsvertrags gemäß § 2 Abs. 1 GmbHG geht in der Praxis bei der Gründung der Mehr-Personen-GmbH in der Regel eine Verabredung der Gründer voraus, in der diese – meist formlos – vereinbaren, eine GmbH zu gründen. Durch diese Vereinbarung entsteht die sogenannte **Vorgründungsgesellschaft**. Sie hat den Zweck, die GmbH als juristische Person ins Leben zu rufen.[6] Die Vorgründungsgesellschaft ist nicht mit der späteren Vor-GmbH und GmbH identisch.

Bei dieser Vorgründungsgesellschaft handelt es sich ihrer **Rechtsnatur** nach um eine Gesellschaft bürgerlichen Rechts (GbR) in der Regel als reine Innengesellschaft ohne eigenes Vermögen oder aber, wenn sie ein Handelsgewerbe betreibt, kraft Rechtsformzwangs nach §§ 105 Abs. 1 S. 1 HGB um eine offene Handelsgesellschaft.[7] Bei der Ein-Personen-GmbH ist die Entstehung einer solchen Vorgründungsgesellschaft ausgeschlossen, da diese zwingend eine Mehrheit von Gesellschaftern voraussetzt.

In diesem Zusammenhang ist von Bedeutung, dass die rechtsverbindliche Verabredung zur Errichtung einer GmbH und damit die Gründung der Vorgründungsgesellschaft ihrerseits **formbedürftig** ist, da es dabei um die Verpflichtung handelt, ein formbedürftiges Rechtsgeschäft (Gründung der GmbH) abzuschließen. Andernfalls würde der mit der Formvorschrift des § 2 Abs. 1 GmbHG auch bezweckte Schutz der Gesellschafter vereitelt.[8] Unterbleibt die Beurkundung, ist eine wirksame Verpflichtung zur Gründung einer GmbH nicht entstanden. Nach herrschender Ansicht besteht eine Haftung des Gründungsunwilligen auf Erfüllung aus c.i.c. in diesem Falle nicht,[9] da der mit § 2 Abs. 1 GmbHG vom Gesetzgeber bezweckte Schutz sonst leerliefe.

Bloße **Vorbereitungshandlungen** zur Gründung der GmbH, wie die Schaffung bestimmter Grundvoraussetzungen, das Ausräumen von Hindernissen, ohne bindende Verpflichtung zum Abschluss des GmbH-Vertrags, können hingegen formfrei vereinbart werden, da es sich insoweit mangels Rechtsbindungswille nicht um einen echten Vorvertrag zur Errichtung einer GmbH handelt.[10] Formfrei möglich soll auch die bindende Zusage einer Beteiligungsmöglichkeit an einer GmbH für den Fall ihrer Gründung sein.[11]

---

6 *Natterer*, Vertragsbuch Gesellschaftsrecht, 2008, § 5 Rn. 37, S. 55.
7 BGH NJW 1983, 2822 ff.; BGHZ 91, 151; NJW 1992, 2698; 1998, 1645; *Heckschen/Heidinger*, Die GmbH in der Gestaltungs- und Beratungspraxis, § 3 Rn. 2; Baumbach/Hueck/*Fastrich*, GmbHG, § 11 Rn. 36 m.w.N.; MünchHdb. GesR I/*Gummert*, § 14 Rechnungsabschluss, Rn. 14.
8 St. Rspr. RGZ 66, 120; 130, 75; 149, 395; 156, 138; BGH WM 1973, 68 obiter; DB 1988, 223; NJW 1992, 362, 363; OLG München GmbHR 1958, 195; Baumbach/Hueck/*Fastrich*, § 11 Rn. 35.
9 Anders jedoch BGH NJW-RR 1988, 288 im Hinblick auf grundlosen Abbruch der Verhandlungen.
10 Baumbach/Hueck/*Fastrich*, § 2 Rn. 35 m.w.N.; Roth/Altmeppen, § 2 Rn. 54.
11 BGH WM 1973, 67.

Für gleichfalls nicht formgebunden wird die Verpflichtung erachtet, als Treuhänder für einen anderen an einer GmbH-Gründung teilzunehmen.[12] Dies gilt im Grundsatz auch bei treuhänderischer Ein-Personen-Gründung. Die Einhaltung der notariellen Form gemäß § 2 Abs. 1 GmbHG kann hier jedoch geboten sein, wenn bereits im **Treuhandvertrag** selbst der Inhalt des GmbH-Vertrags genau festgelegt wird. In diesem Falle ist eine Verurteilung zum Vollzug des einseitigen Errichtungsgeschäfts und die Vollstreckung nach § 894 ZPO nicht ausgeschlossen. Der Treuhandvertrag entspricht dann zugleich einem Vorvertrag und könnte wie der Mehr-Personen-Vorvertrag zur Umgehung der Schutz- und Belehrungsfunktion der Formvorschrift § 2 Abs. 1 GmbHG führen.[13]

b) Geschäftsführung und Vertretung der Vorgründungsgesellschaft

15   Für die **Geschäftsführung** und **Vertretung** der Vorgründungsgesellschaft gelten die für die jeweilige Gesellschaftsform (GbR oder oHG) vorgesehenen gesetzlichen Regeln: Handelt es sich bei der Vorgründungsgesellschaft um eine Gesellschaft bürgerlichen Rechts, gilt der Grundsatz der gemeinschaftlichen Geschäftsführung und Vertretung gemäß §§ 709, 714 BGB. Handelt es sich bei der Vorgründungsgesellschaft hingegen um eine offene Handelsgesellschaft, ist gemäß §§ 114, 125 HGB grundsätzlich jeder Gesellschafter einzeln zur Geschäftsführung und Vertretung befugt.

16   Betreibt die Vorgründungsgesellschaft ein Handelsgewerbe im Sinne der §§ 105 Abs. 1, 1 HGB, handelt es sich auch dann um eine offene Handelsgesellschaft, wenn die Handelnden im Namen einer »GmbH« auftreten. Da eine GmbH mangels notariellen Gründungsakts noch nicht errichtet ist, handelt es sich hier um einen Fall der falschen Bezeichnung des Unternehmens, für das gehandelt wurde. Nach ständiger Rechtsprechung wird dann der wahre Rechtsträger aus dem betriebsbezogenen Geschäft berechtigt und verpflichtet, also die aus dem Handelnden und den weiteren Gesellschaftern bestehende Personenhandelsgesellschaft. Beabsichtigt der Handelnde eine Ein-Personen-GmbH zu errichten, besteht keine Vorgründungsgesellschaft, da diese zwingend eine Personenmehrheit voraussetzt. In diesem Falle haftet der Handelnde persönlich allein.[14]

c) Haftungsverhältnisse bei der Vorgründungsgesellschaft

17   Auch in Ansehung des Haftungsregimes der Vorgründungsgesellschaft gelten die für die jeweilige Gesellschaftsform (GbR oder oHG) vorgesehenen gesetzlichen Regeln.[15]

18   Aus den für die Vorgründungsgesellschaft abgeschlossenen Geschäften haften die Gesellschafter dementsprechend persönlich und unbeschränkt gemäß § 128 HGB, soweit sich aus den Vereinbarungen oder den Umständen nichts anderes ergibt.[16] Den tragenden Grund dafür erblickt der BGH darin, dass es nicht in der Hand der Vertragspartner der Vorgründungsgesellschaft liege, ob und wann die GmbH tatsächlich gegründet und in das Handelsregister eingetragen werde.[17]

---

12   BGH WM 1971, 306.
13   Baumbach/Hueck/*Fastrich*, § 2 Rn. 35.
14   Vgl. zum Ganzen BGH NJW 1998, 1645 sowie BGHZ 91, 148, 152 = NJW 1984, 2164 = LM § 11 GmbHG Nr. 33.
15   BGH Urt. v. 20.6.1983, NJW 1983, 2822.
16   In seiner grundlegenden Entscheidung vom 29. Januar 2001 hat der BGH die Rechtsfähigkeit der GbR anerkannt, soweit sie durch Teilnahme am Rechtsverkehr eigene Rechte und Pflichten begründet. Hinsichtlich der persönlichen Haftung der Gesellschafter für Verbindlichkeiten der GbR, hat der BGH ausgeführt, dass diese dem Verhältnis zwischen der Verbindlichkeit der Gesellschaft und der Haftung des Gesellschafters bei der oHG als akzessorischer Haftung entspreche, BGH NJW 2001, 1056; Fortführung von BGHZ 142, 513 = NJW 1999, 3483.
17   BGH Urt. v. 20.6.1983, NJW 1983, 2822.

Für eine **Haftungsbeschränkung** reicht insbesondere die Tatsache, dass für eine »GmbH **19** in Gründung« gehandelt wird, nicht aus.[18] Der BGH hält zwar bei der Vor-GmbH das Auftreten als »GmbH« oder »GmbH in Gründung« für einen ausreichenden und wirksamen Ausdruck des Willens, nur bis zur Höhe des satzungsgemäß einzusetzenden Kapitals haften zu wollen; eine entsprechende Individualvereinbarung fordert er dazu nicht.[19] Bei der Vorgründungsgesellschaft sieht er dies anders. Den entscheidenden Grund erblickt der BGH darin, dass die Vor-GmbH als notwendige Vorstufe zur juristischen Person ein besonderes, vom Gesetzgeber vorausgesetztes Rechtsgebilde mit einer eigentümlichen, zeitlich und sachlich eng begrenzten Aufgabenstellung sei.[20] Dies gelte aber erst von dem Augenblick an, in dem die Gesellschafter durch Abschluss eines notariellen Gründungsvertrages, der die wesentlichen Grundlagen der einzutragenden Gesellschaft und namentlich die Höhe ihres Kapitals und der darauf zu leistenden Einlagen festlege, den ersten entscheidenden Schritt zur Errichtung der juristischen Person getan hätten.[21] Eine gesetzliche Notwendigkeit, schon vorher im Rechtsverkehr als Gesellschaft in Erscheinung zu treten oder sogar geschäftlich tätig zu werden, bestehe nicht.

Aus demselben Grunde lehnt der BGH das **Ende der Haftung** der Vorgründungsgesell- **20** schaft und der Vorgründungsgesellschafter mit der Eintragung der GmbH im Handelsregister entsprechend den von ihm entwickelten Grundsätzen zur Handelndenhaftung nach § 11 Abs. 2 GmbHG wie auch der Haftung der Gründer als Mitglieder der Vorgesellschaft[22] für Verbindlichkeiten aus der Vorgründungszeit ab. Die Haftung der Vorgründungsgesellschaft endet – anders als die der Vor-GmbH und anders als die Haftung aus § 11 Abs. 2 GmbHG – nicht mit Eintragung der GmbH. Die Rechte und Verbindlichkeiten der Vorgründungsgesellschaft gehen nicht automatisch auf die Vor-GmbH oder später auf die GmbH über, sondern müssen durch Rechtsgeschäft übertragen werden.[23]

Bei der Vorgründungsgesellschaft genügt dementsprechend für eine zeitliche Begren- **21** zung der Haftung nicht allein der Hinweis auf die beabsichtigte Gründung einer GmbH. Vielmehr bedarf es einer besonderen **Vereinbarung** mit dem Gläubiger.[24] Eine solche kann sich ausnahmsweise auch aus den Umständen ergeben. So hat der BGH in einem Fall, in dem nicht nur der Gründungstatbestand deutlich zutage lag, sondern auch ein besonderes Sicherungsbedürfnis für den Geschäftspartner augenscheinlich nicht bestand, aus der Interessenlage gefolgert, dass die Mitglieder der Vorgründungsgesellschaft in dieser Eigenschaft nur bis zur Eintragung der GmbH haften sollten.[25] Für eine Ende der Haftung der Vorgründungsgesellschaft mit Eintragung der GmbH im Handelsregister ist daher entweder eine bei Begründung der Verbindlichkeiten zu treffende entsprechende Vereinbarung mit dem Geschäftspartner erforderlich, die sich nur ausnahmsweise auch aus den Umständen ergeben kann, oder eine nachträglich vereinbarte befreiende Schuldübernahme gemäß §§ 414, 415 BGB. Die dazu erforderliche Zustimmung des Gläubigers lässt sich nicht allein daraus herleiten, dass er bei Vertragsschluss annahm (beispielsweise wegen ihres Auftretens als Vor-GmbH oder GmbH in Gründung), mit einer beschränkt haftenden GmbH zu kontrahieren, da darin die Auswechslung eines unbeschränkt haftenden gegen einen lediglich beschränkt haftenden Vertragspartner liege.[26]

Haben die Gründer der Vorgründungsgesellschaft eine Vereinbarung zum Ende ihrer **22** unbeschränkten Haftung mit den Gläubigern der Vorgründungsgesellschaft nicht getroffen,

---

18 BGH NJW 1983, 2822.
19 So aber *Flume*, DB 1980, 1783; NJW 1981, 1754, 1756.
20 BGHZ 80, 139, 142 = NJW 1981, 1452.
21 BGH ZIP 1980, 658 = WM 1980, 955 (zu 2 a).
22 S. dazu BGHZ 80, 129, 144 ff. = NJW 1981, 1452.
23 BGH NJW 2001, 2635.
24 BGH NJW 1983, 2822.
25 BGH NJW 1982, 932 = LM § 11 GmbHG Nr. 30.
26 BGH NJW 1998, 646, 647 = DNotZ 1999, 224.

kann sich für die Gründer der Vorgründungsgesellschaft ein faktisches Ende der Haftung nur noch unter Verjährungsgesichtspunkten ergeben. Die **Verjährungsregelung** des § 159 Abs. 1 HGB findet auf die Vorgründungsgesellschaft Anwendung, und zwar unabhängig davon, ob es sich bei der Vorgründungsgesellschaft um eine oHG oder um eine Gesellschaft bürgerlichen Rechts handelt. Es ist anerkannt, dass diese Regelung auf die Gesellschaft bürgerlichen Rechts analog anzuwenden ist.[27] Danach verjähren Ansprüche gegen einen Gesellschafter aus Verbindlichkeiten der Gesellschaft innerhalb von 5 Jahren nach Auflösung der Gesellschaft. Die Verjährung beginnt jedoch für die oHG gemäß § 159 Abs. 2 HGB erst am Ende des Tages, an dem die Auflösung in das Handelsregister eingetragen worden ist. Ist die Gesellschaft nicht im Handelsregister eingetragen, entfällt die Verjährung nach § 159 HGB.[28] Für den Beginn der Verjährung sind demnach die Nachholung der Eintragung der Gesellschaft im Handelsregister und die Eintragung ihrer Auflösung erforderlich. Handelt es sich bei der Vorgründungsgesellschaft um eine Gesellschaft bürgerlichen Rechts, scheidet sowohl die Eintragung der Gesellschaft als auch die Eintragung ihrer Auflösung im Handelsregister aus. Der BGH hält bei der Gesellschaft bürgerlichen Rechts daher die Kenntnis des Gläubigers von der Auflösung für den Beginn der Verjährung für maßgeblich.[29]

23 Die notarielle Gründung einer GmbH gibt dem **Notar** Gelegenheit, die Gründer auf die vorstehend dargelegten Grundsätze hinzuweisen und insbesondere darüber zu belehren, dass etwaige Rechte und Pflichten der Vorgründungsgesellschaft nicht von selbst auf die Vor-GmbH und GmbH übergehen. Besondere Bedeutung kommt dabei der Einrichtung eines Kontos für die »GmbH in Gründung« und der Einzahlung der Einlagen auf dieses Konto vor Abschluss des notariellen Gesellschaftsvertrags der GmbH zu. Dieses Guthaben geht nicht automatisch auf die Vor-GmbH und GmbH über, da eine Identität zwischen der Vorgründungsgesellschaft und der durch die Gründung entstehenden Vor-GmbH und der daraus hervorgehenden GmbH nicht besteht. Es wird zwar vertreten, dass eine **konkludente Übereignung** des Guthabens auf die Vor-GmbH anzunehmen sei, wenn sich die Einlagen zum Zeitpunkt der Gründung noch unangetastet auf dem Konto befinden.[30] Sollte der vorstehend beschriebene Sachverhalt vorliegen, sollte der Notar jedoch vorsorglich zur Einrichtung eines neuen Kontos für die gegründete Vor-GmbH und Einzahlung der Einlagen auf dieses Konto raten. Für die Erbringung der Einlagen kann auch das Guthaben auf dem Konto der Vorgründungsgesellschaft herangezogen werden. Dabei ist auf eine klare und deutliche Tilgungsbestimmung zu achten.

4. Die Vor-GmbH

a) Entstehung und Rechtsnatur der Vor-GmbH

24 Zur Gründung der Gesellschaft mit beschränkter Haftung (GmbH) bedarf es gemäß § 2 Abs. 1 GmbHG der Beurkundung des Gesellschaftsvertrags.

25 Mit der Errichtung der Gesellschaft durch notariellen Gründungsakt entsteht die Vorgesellschaft, auch **Vor-GmbH** genannt. Bei der ab Abschluss des förmlichen Gesellschaftsvertrages bis zu ihrer Eintragung in das Handelsregister bestehenden Vorgesellschaft handelt es sich weder um eine oHG noch um eine BGB-Gesellschaft, sondern nach heute nahezu einhellig vertretener Auffassung um eine körperschaftlich strukturierte Gesellschaft eigener Art (sui generis), die weitgehend dem Recht der künftigen Kapitalgesellschaft unterliegt.[31]

---

27 Palandt/*Sprau*, Vorb. v. § 723 Rn. 3; BFH NJW 1998, 1185.
28 Baumbach/Hopt, § 159 Rn. 6.
29 BGHZ 117, 168 für den Fall des Ausscheidens.
30 *D. Mayer*, FS Schippel, S. 473; *Kanzleiter*, DNotZ 1994, 700; Gutachten des DNotI zu § 7 GmbHG Nr. 27798; a.A. OLG Stuttgart DNotZ 1994, 695.
31 BGH WM 1980, 955, 956; BGHZ 80, 129, 132; *Baumbach/Hueck*, § 11 Rn. 6.

Gründung der Gesellschaft mit beschränkter Haftung **A**

Auf die Vor-GmbH sind neben dem Gesellschaftsvertrag bereits die Regelungen des **26** GmbH-Rechts anzuwenden, soweit diese nicht gerade die Rechtsfähigkeit voraussetzen oder sonst mit der Beschränkung auf das Gründungsstadium nicht vereinbar sind.[32] Dies gilt jedoch nicht bei der sogenannten **unechten Vor-GmbH** und auch nicht uneingeschränkt bei fehlgeschlagener Gründung.[33]

Dementsprechend ist anerkannt, dass der Vor-GmbH als körperschaftsrechtliches struk- **27** turiertes Gebilde **Teilrechtsfähigkeit** zukommt.[34] Sie ist heute als Träger von Rechten und Pflichten allgemein anerkannt. Daher ist die Vorgesellschaft selbst als solche und nicht etwa jeder einzelne Gesellschafter oder gar eine von der Vorgesellschaft verschiedene Gesamtheit ihrer Gesellschafter Träger der eingebrachten Vermögenswerte. Die Vorgesellschaft kann unternehmerisch tätig und als solche bereits Trägerin eines Unternehmens sein.[35] Sie verfügt bereits über eine eigene Firma oder doch jedenfalls über einen eigenen Namen,[36] ist konto-, wechsel-, scheck- und grundbuchfähig,[37] aktiv und passiv parteifähig,[38] insolvenzfähig gemäß § 11 Abs. 2 Nr. 1 InsO[39] und auch im übrigen imstande, durch ihre Geschäftsführung als satzungsmäßiges Vertretungsorgan nach außen geschlossen aufzutreten und eigene Rechte und Verbindlichkeiten zu begründen, deren Träger nicht die Gesellschafter, sondern die Gesellschaft selber ist, die infolgedessen auch schon die Fähigkeit besitzt, als solche die Funktion des persönlich haftenden Gesellschafters in einer Kommanditgesellschaft zu übernehmen.[40] Sie kann Anträge im Verfahren vor dem Handelsregister stellen.[41]

Sie ist nicht stets **Handelsgesellschaft**, da § 13 Abs. 3 GmbHG erst für die eingetragene **28** GmbH gilt, kann aber Handelsgesellschaft sein, wenn sie ein Handelsgewerbe betreibt.[42]

Aus der Anwendbarkeit der Vereinbarungen des Gesellschaftsvertrags und der Regelun- **29** gen des GmbH-Rechts ergibt sich ihre Verpflichtung zur **Rechnungslegung** nach §§ 264 ff. HGB auch für den Zeitraum zwischen Gründung (Errichtung) und Eintragung in das Handelsregister. Dies ist nicht Folge des Betriebs eines kaufmännischen Handelsgewerbes oder der direkten oder analogen Anwendung von Vorschriften des Rechts der Personenhandelsgesellschaften und ihrer Verpflichtung zur Rechnungslegung nach §§ 238 ff. HGB.[43] Die Vor-GmbH hat daher eine Eröffnungsbilanz gemäß § 242 Abs. 1 HGB aufzustellen. Die Buchführungspflicht beginnt mit dem ersten buchungspflichtigen Geschäftsvorfall nach dem notariellen Abschluss des Gesellschaftsvertrags.[44] Eine kaufmännische Rechnungslegung ist insbe-

---

32 St. Rspr., BGHZ 21, 242, 246; 45, 338, 347; 51, 30, 32, 72, 45, 48 f.; 80, 129, 132; 134, 333, 336; NJW 2000, 1193, 1194; Baumbach/Hueck/*Fastrich*, § 11 Rn. 6; ausführlich m.w.N. auch zu den vor allem früher vertretenen abweichenden Auffassungen *G. Hueck*, FS GmbHG, 1992, S. 138 ff.; Hachenburg/ *Ulmer*, § 11 Rn. 7 ff.; Scholz/*K. Schmidt*, § 11 Rn. 24; kritisch Roth/Altmeppen, § 11 Rn. 9 f.; a.A. *Beuthien*, ZIP 1996, 305: für Einordnung der Vor-GmbH als Personenhandelsgesellschaft bzw. als nichtrechtsfähigen Verein.
33 Dazu Baumbach/Hueck/*Fastrich*, § 11 Rn. 32 sowie unten Rdn. 44 f.
34 BGHZ 80, 129 ff. zur Vor-GmbH; Scholz/*K. Schmidt*, § 11 Rn. 24 ff. m.w.N.; BGH DNotZ 1994, 107, 109 zur Vor-AG.
35 BGHZ 134, 333, 335; Scholz/*K. Schmidt*, § 11 Rdn. 27 ff.
36 BGHZ 120, 103.
37 BGHZ 117, 323, 326; BGH NJW 1992, 1824.
38 BGHZ 79, 239, 241; BGH NJW 1998, 1079.
39 S. auch BGH NZG 2003, 116.
40 BGHZ 80, 129, 130, BGH NJW 1992, 1824; zur extensiven Handelnden- und Gesellschafterhaftung gegenüber den Gläubigern der KG in diesem Fall vgl. Lutter/Hommelhoff/*Bayer*, § 11 Rn. 13.
41 BGHZ 117, 323, 325.
42 Baumbach/Hueck/*Fastrich*, § 11 Rn. 13; Scholz/*K. Schmidt*, § 11 Rn. 129; Heymann/Emmerich, § 1 HGB Rn. 35; BGH NJW 2000, 1193; abweichend Roth/Altmeppen, § 11 Rn. 44: Vor-GmbH sei stets Handelsgesellschaft.
43 Scholz/*Crezelius*, Anh. § 42a Rn. 35; GroßkommHGB/*Hüffer*, § 238 Rn. 16; abweichend Adler/Düring/ *Schmaltz*, § 262 HGB Rn. 10: nur bei vollkaufmännischer Vorgesellschaft.
44 Lutter/Hommelhoff/*Kleindiek*, § 41 Rn. 7.

2. Kapitel Recht der Gesellschaft mit beschränkter Haftung

sondere auch im Hinblick darauf geboten, dass die Geschäfte der Vorgesellschaft mit der Eintragung der GmbHG auf diese »übergehen«[45] und deshalb ebenso aufgezeichnet und behandelt werden müssen, wie nachfolgend bei der Kapitalgesellschaft.[46]

30 Die **Vorgesellschaft endet** mit der Entstehung der GmbH durch deren Eintragung in das Handelsregister. Da die Vor-GmbH mit der späteren GmbH identisch ist, gehen alle Rechte und Pflichten der Vor-GmbH ohne weiteres, insbesondere also ohne rechtsgeschäftlichen Übertragungsakt auf die GmbH über.[47]

b) Geschäftsführung und Vertretung bei der Vor-GmbH

31 Die laufende Geschäftsführung und die Vertretung der Vor-GmbH obliegt den Geschäftsführern.[48]

32 Dabei deckt die das Innenverhältnis regelnde **Geschäftsführungsbefugnis** alle Maßnahmen, die zur Durchführung der Gründung erforderlich sind, wie insbesondere die Entgegennahme der Mindestbar- und Sacheinlagen nach § 7 Abs. 2 und 3 GmbHG sowie die Anmeldung der GmbH zur Eintragung in das Handelsregister. Darüber hinaus sind die Geschäftsführer aber auch zu allen Maßnahmen berechtigt, die ihre Grundlage im Gesellschaftsvertrag oder in einem einstimmigen Gesellschafterbeschluss haben. Die Geschäftsführer sind daher bei einer Sachgründung zur Verwaltung und Erhaltung der Sacheinlagen und bei Einbringung eines Unternehmens zur Geschäftsfortführung berechtigt. Auch bei einer Bargründung sind die Geschäftsführer zu über gründungsnotwendige Maßnahmen hinaus gehenden Handlungen berechtigt, wenn sie dazu im Gesellschaftsvertrag oder durch die Gesellschafter ermächtigt werden.[49]

33 Die **Vertretung** der Vor-GmbH im Außenverhältnis erfolgt ebenfalls durch die Geschäftsführer. Die Geschäftsführer sind die organschaftlichen Vertreter der Vor-GmbH.[50] Die Geschäftsführer sind für die Vor-GmbH unentbehrliches Handlungsorgan, haben die GmbH zur Eintragung in das Handelsregister anzumelden und sind daher im Gründungsstadium zu bestellen.[51] Die Bestellung der Geschäftsführer erfolgt entweder gemäß § 6 Abs. 3 S. 2 GmbHG im Gesellschaftsvertrag oder durch Mehrheitsbeschluss.[52] Als Organ der Vorgesellschaft handeln die Geschäftsführer unmittelbar nur für diese. Bis zur Eintragung der GmbH im Handelsregister ist die Vor-GmbH Trägerin des Unternehmens.[53]

34 Der Umfang der **Vertretungsbefugnis** der Geschäftsführer ist umstritten. In der Literatur und in der Rechtsprechung wird noch ganz überwiegend die Beschränkung der Vertretungsmacht auf gründungsnotwendige Geschäfte befürwortet, da insbesondere bei Bestehen einer Fremdorganschaft die unbeschränkte persönliche Inanspruchnahme der Gründer drohe, ohne dass diese die Haftung selbst herbeigeführt hätten.[54] Im Verkehr mit einer noch nicht eingetragenen GmbH erscheine die Berücksichtigung der konkret beste-

---

45 BGHZ 80, 129.
46 MünchHdb. GesR I/*Gummert*, § 14 Rechnungsabschluss, Rn. 15.
47 BGHZ 80, 129, 137 ff.; dazu auch *K. Schmidt*, GesR § 11 IV 2 c) m.w.N.
48 *Baumbach/Hueck*, § 11 Rn. 9, 18.
49 BGHZ 80, 129, 139; Baumbach/Hueck/*Fastrich*, § 11 Rn. 10; Lutter/Hommelhoff/*Bayer*, § 11 Rn. 11.
50 BGHZ 80, 129, 132; BGHZ 117, 323, 326; Baumbach/Hueck/*Fastrich*, § 11 Rn. 18; *Heckschen/Heidinger*, Die GmbH in der Gestaltungs- und Beratungspraxis, § 3 Rn. 9.
51 Baumbach/Hueck/*Fastrich*, § 6 Rn. 3.
52 BGHZ 80, 212, 214.
53 Allg. M. BGH BB 1990, 86, BayObLG 1986, 549; Scholz/*K. Schmidt*, § 11 Rn. 61.
54 BGHZ 80, 129, 139 = NJW 1981, 1373, 1375 = GmbHR 1981, 114; Baumbach/Hueck/*Fastrich*, § 11 Rn. 19; Lutter/Hommelhoff, § 11 Rn. 14; Roth/Altmeppen, § 11 Rn. 46 ff.; *Lutter*, JuS 1998, 1073, 1076; *Ulmer*, ZGR 1981, 596 ff.; *Fleck*, GmbHR 1983, 8 f.; dem wird entgegengehalten, dass die Beschränkung der Vertretungsmacht auf gründungsnotwendige Geschäfte mit der Aufgabe des Vorbelastungsverbots durch die Rechtsprechung seine innere Rechtfertigung verloren habe Scholz/*K.Schmidt*, § 11 Rn. 63 f.

henden Vertretungsmacht auch für Dritte zumutbar, zumal zu ihrem Schutz auch bei Überschreitungen i.d.R. die Handelndenhaftung nach §11 Abs. 2 GmbHG eingreife.[55]

Die Vertretungsmacht der Geschäftsführer kann jedoch durch Gesellschaftsvertrag oder auch formlos durch eine von den Gründern zu erteilende **Ermächtigung** erweitert werden.[56] Sollen die Geschäftsführer der Gesellschaft nach der Errichtung aber vor Eintragung der GmbH im Handelsregister bereits Geschäfte vornehmen, die für die GmbH nicht gründungsnotwendig sind, so sollten die Geschäftsführer zur Vornahme dieser Geschäfte in der Satzung oder durch die Gesellschafter ausdrücklich ermächtigt werden. Dies hat insbesondere Bedeutung für die Gründung einer GmbH, die sich vor ihrer Eintragung im Handelsregister als persönlich haftende Gesellschafterin an einer **GmbH & Co. KG** beteiligen soll, anderenfalls droht die Fehlerhaftigkeit des KG-Vertrages.[57]

35

c) Haftungsverhältnisse bei der Vor-GmbH

Die Klärung der Haftungsverhältnisse bei der Vor-GmbH ist in den vergangenen fünfzehn Jahren im Zuge umfangreicher Rechtsprechung und Literatur weitgehend erfolgt. Zu unterscheiden ist insoweit

36

- die Haftung der Vor-GmbH als solcher,
- die persönliche Haftung der Gesellschafter der Vor-GmbH,
- die Handelndenhaftung gemäß §11 Abs. 2 GmbHG.

aa) Haftung der Vor-GmbH als solcher

Geklärt ist heute, dass die Vor-GmbH als solche für Verbindlichkeiten aus Rechtsgeschäften haftet, wenn sie bei deren Abschluss wirksam vertreten worden ist[58] oder wenn sie ein ohne Vertretungsmacht vorgenommenes Rechtsgeschäft genehmigt.[59] Sie selbst wird als Träger des Gesellschaftsvermögens durch das Handeln ihrer Geschäftsführer als Organ verpflichtet.[60] Ein Organverschulden wird der Vor-GmbH analog §31 BGB zugerechnet. Insbesondere gilt §31 BGB entsprechend für zum Schadenersatz verpflichtendes deliktisches Verhalten der Geschäftsführer in ihrer Eigenschaft als Organ der Vor-GmbH.[61] Für Erfüllungsgehilfen gilt im Rahmen von Sonderrechtsverhältnissen, insbesondere also bei Verträgen die Zurechnungsnorm des §278 BGB und für unerlaubte Handlungen von Verrichtungsgehilfen die Regelung des §831 BGB. Die Wissenszurechnung erfolgt nach allgemeinen gesellschaftsrechtlichen Grundsätzen.[62] Kenntnis, Irrtum, guter und böser Glaube der Geschäftsführer und der Liquidatoren werden der Vor-GmbH unmittelbar zugerechnet. Für die Wissenszurechnung von Stellvertretern gilt die Bestimmung des §166 BGB.[63]

37

bb) Persönliche Haftung der Gesellschafter der Vor-GmbH

Ursprünglich versuchte der BGH die Unversehrtheit des Stammkapitals im Zeitpunkt der Eintragung der Gesellschaft gegenständlich durch das Vorbelastungsverbot sicherzustel-

38

---

55 Baumbach/Hueck/*Fastrich*, §11 Rn. 19; *Hachenburg/Ulmer*, §11 Rn. 54; *Fleck*, GmbHR 1983, 9.
56 BGHZ 80, 129, 139 = NJW 1981, 1373, 1375; Baumbach/Hueck/*Fastrich*, §11 Rn. 20 m.w.N.
57 Zur Haftung der Geschäftsführer und der Gesellschafter der Komplementär-GmbH siehe nachfolgend und vgl. Baumbach/Hueck/*Fastrich*, §11 Rn. 69 ff.
58 Siehe zur Vertretung oben Rdn. 33.
59 Scholz/*K. Schmidt*, §11 Rn. 60 ff.
60 Baumbach/Hueck/*Fastrich*, §11 Rn. 22.
61 Allg.M.: Baumbach/Hueck/*Fastrich*, §11 Rn. 22; Hachenburg/*Ulmer*, §11 Rn. 69; *Beuthien*, BB 1996, 1337 f.
62 *K. Schmidt*, GesR, §10 V.
63 Scholz/*K. Schmidt*, §11 Rn. 69.

len. Mit der Aufgabe des Vorbelastungsverbots und der Einführung der **Unterbilanzhaftung**, auch Vorbelastungshaftung genannt (BGHZ 80, 129 = NJW 1981, 1373 dort nicht Unterbilanzhaftung, sondern Differenzhaftung genannt) entstand ein Wertungswiderspruch zwischen beschränkter Außenhaftung der Gesellschafter vor Eintragung der Gesellschaft und unbeschränkter interner Einstandspflicht nach Eintragung. Diesen löste der BGH in seiner Grundsatzentscheidung vom 27.1.1997[64] zugunsten eines durchgängigen **Innenhaftungsmodells** auf. In dieser Entscheidung hat der BGH seine frühere Rechtsprechung, nach der eine auf den Betrag der noch ausstehenden Einlagen beschränkte Außenhaftung der Gesellschafter bestand,[65] aufgegeben.

39 Nach der Rechtsprechung des BGH ist nunmehr von einer internen Verlustdeckungshaftung der Gesellschafter für die Zeit vor der Eintragung der Gesellschaft und von einer internen Unterbilanzhaftung für die Zeit ab Eintragung der Gesellschaft im Handelsregister auszugehen. Sollten die von den Mitgesellschaftern geschuldeten Einlagen von diesen nicht zu erlangen sein, kann die übrigen Gesellschafter nach § 24 GmbHG eine interne Ausfallhaftung treffen. Eine unmittelbare Außenhaftung der Gesellschafter besteht demnach grundsätzlich nicht mehr.

40 Mit der Eintragung der Gesellschaft im Handelsregister entsteht deren Anspruch gegen die Gesellschafter auf Ausgleich der Unterbilanz. Damit trägt der BGH dem **Unversehrtheitsgrundsatz** nicht mehr gegenständlich, sondern bilanziell Rechnung. Die Stammkapitalziffer muss im Zeitpunkt der Eintragung der Gesellschaft durch deren vorhandenes Vermögen -nur vermindert um den Gründungsaufwand – gedeckt sein. Ist das nicht der Fall, sind die Gesellschafter anteilig zum Ausgleich der Differenz der Gesellschaft gegenüber verpflichtet. Bei dieser Ausgleichspflicht handelt es sich um eine **reine Innenhaftung** der Gesellschafter gegenüber der Gesellschaft.[66] Dies gilt auch im Falle der Vermögenslosigkeit der GmbH bei ihrer Eintragung und der Einpersonengesellschaft.[67]

41 Auch bei der Unterbilanzhaftung ist nach dem entsprechend geltenden Grundsatz der realen Kapitalaufbringung ein automatisches **Erlöschen** des Anspruchs durch faktische Zweckerreichung infolge anderweitiger Auffüllung des Haftungsfonds ausgeschlossen. Der aus Unterbilanz haftende Gesellschafter kann nach dem ebenfalls entsprechend geltenden § 19 GmbHG nicht ohne weiteres einseitig mit Forderungen, die er gegen die GmbH besitzt, aufrechnen.[68]

42 Der Anspruch gegen die Gesellschafter auf Ausgleich der Unterbilanz wird wie ein Anspruch auf Leistung fehlender Bareinlagen behandelt und **verjährt** analog der Regelung in § 9 Abs. 2 GmbHG in zehn Jahren. Damit besteht ein Gleichlauf zwischen der Verjährung der Unterbilanzhaftung, der Verjährung der Stammeinlageforderungen gemäß § 19 Abs. 6 GmbHG und der Verjährung der Rückzahlungsforderungen § 31 Abs. 5 GmbHG.[69]

43 Vor der Eintragung der Gesellschaft im Handelsregister besteht grundsätzlich die sogenannte **Verlustdeckungshaftung**, die in ihrer Struktur und in ihrem Umfang der Unterbilanzhaftung entspricht. Auch bei der Verlustdeckungshaftung handelt es sich um eine Innenhaftung der Gesellschafter gegenüber der Gesellschaft.[70] Scheitert die Eintragung der

---

64 DNotZ 1998, 142 = MittRhNotK 1997, 312 = MittBayNot 1997, 186 = NJW 1997, 1507 = ZIP 1997, 679 = WM 1997, 820 = DB 1997, 867 = BGHZ 134, 333.
65 BGHZ 65, 378; 72, 45; 80, 182.
66 DNotZ 1998, 142 = MittRhNotK 1997, 312 = MittBayNot 1997, 186 = NJW 1997, 1507 = ZIP 1997, 679 = WM 1997, 820 = DB 1997, 867 = BGHZ 134, 333.
67 BGH II ZR 129/04, DNotZ 2006, 215 = NotBZ 2006, 99 = NZG 2006, 64 = ZIP 2005, 2257 = WM 2005, 2396 = GmbHR 2006, 88 = DB 2005, 2809 = NJW-RR 2006, 254.
68 BGH DNotZ 2006, 539 = NJW 2006, 1549.
69 Vgl. zu Altfällen *Heckschen/Heidinger*, Die GmbH in der Gestaltungs- und Beratungspraxis, § 3 Rn. 33 m.w.N.
70 Für Außenhaftung Michalski/*Michalski*, § 11 Rn. 62 m.w.N. in Fn. 161.

GmbH oder geben die Gründer die bestehende Eintragungsabsicht auf, haften sie persönlich, unbeschränkt und entsprechend ihrer jeweiligen Beteiligung an der Gesellschaft.[71]

Etwas anderes gilt ausnahmsweise dann, wenn die Gründer der Vor-GmbH von vornherein nicht die Absicht haben, die Eintragung der GmbH in das Handelsregister zu betreiben, sog. **unechte Vor-GmbH**. In diesem Fall handelt es sich nicht um eine Vor-GmbH, sondern um eine Personengesellschaft, und zwar abhängig vom Gesellschaftszweck um eine Gesellschaft bürgerlichen Rechts oder eine offene Handelsgesellschaft. Für diese gelten die jeweiligen gesetzlichen Regeln.[72] Die Gründer haften den Gläubigern der Gesellschaft daher im Wege der **Außenhaftung** unmittelbar, unbeschränkt, persönlich, gesamtschuldnerisch auf das Ganze.[73]   44

Darüber hinaus wird eine **Außenhaftung** von der Rechtsprechung auch angenommen bei   45

– Vermögenslosigkeit der Vor-GmbH,[74]
– der Ein-Mann-Vor-GmbH,[75] wenn sie nur einen Gläubiger hat,[76]
– in masselosen Insolvenzen[77] sowie
– bei Scheitern der Gründung der GmbH ohne sofortige Beendigung der Geschäftstätigkeit und Abwicklung der Vorgesellschaft gemäß den Vorschriften der §§ 60 ff. GmbHG.[78]

Die **subsidiäre Ausfallhaftung** der Mitgesellschafter nach § 24 GmbHG findet auch auf die Verlustdeckungshaftung Anwendung, so dass auch insoweit ein Gleichlauf mit der Unterbilanzhaftung hergestellt ist.[79]   46

cc) Handelndenhaftung gemäß § 11 Abs. 2 GmbHG

Gemäß § 11 Abs. 2 GmbHG haften die im Namen der Gesellschaft vor deren Eintragung im Handelsregister Handelnden persönlich und solidarisch. **Handelnder** im Sinne dieser Regelung sind die Geschäftsführer der Gesellschaft sowie die Personen, die wie ein solcher für die künftige GmbH oder die Vorgesellschaft tätig werden.[80] Die Regelung gilt jedoch auch für den Fall, dass der Geschäftsführer einen anderen für sich handeln lässt.[81] Gesellschafter, die der Aufnahme des Geschäftsbetriebs durch die Vorgesellschaft zugestimmt haben, sind nicht allein deswegen als Handelnde anzusehen.[82]   47

Eine Haftung besteht nur **Drittgläubigern** gegenüber. Eine Haftung den Gesellschaftern gegenüber besteht nicht, selbst wenn diese Drittgläubiger sind.[83]   48

Mehrere gemeinsam Handelnde haften im Außenverhältnis Drittgläubigern gegenüber **gesamtschuldnerisch**.[84]   49

---

71 BGH DNotZ 1998, 142 = MittRhNotK 1997, 312 = MittBayNot 1997, 186 = NJW 1997, 1507 = ZIP 1997, 679 = WM 1997, 820 = DB 1997, 867 = BGHZ 134, 333; BGH ZIP 1996, 590.
72 Ulmer/*Ulmer*, 2005, § 11 Rn. 26; *Heckschen/Heidinger*, Die GmbH in der Gestaltungs- und Beratungspraxis, § 3 Rn. 36.
73 OLG Stuttgart, 20 U 87/99, NZG 2001, 86.
74 DNotZ 1998, 142 = MittRhNotK 1997, 312 = MittBayNot 1997, 186 = NJW 1997, 1507 = ZIP 1997, 679 = WM 1997, 820 = DB 1997, 867 = BGHZ 134, 333, 341; bestätigt durch BGHZ 149, 273, 274 = NJW 2002, 824 zur analogen Anwendung bei der Genossenschaft.
75 BGH ZNotP 2001, 242 = NZG 2001, 561 = ZIP 2001, 789 = WM 2001, 903 = GmbHR 2001, 432 = DB 2001, 975.
76 OLG Dresden GmbHR 1998, 188; BGH NJW 1997, 1507, 1509.
77 LAG Frankfurt a.M. GmbHR 1998, 785.
78 BGH NJW 2003, 429; OLG Hamm NZG 2006, 754, 755.
79 Baumbach/Hueck/*Fastrich*, § 11 Rn. 25.
80 St. Rspr. BGHZ 47, 25; 65, 378, 380; 91, 148, 149; Baumbach/Hueck/*Fastrich*, § 11 Rn. 47.
81 BGHZ 53, 206; BGH NJW 1974, 1284; BGH WM 1983, 230; OLG Hamm GmbHR 1997, 602.
82 Baumbach/Hueck/*Fastrich*, § 11 Rn. 47.
83 BGH NJW 1980, 1630; *Wicke*, 2008, § 11 Rn. 14.
84 Baumbach/Hueck/*Fastrich*, § 11 Rn. 51.

50 Es besteht nur eine Haftung für **rechtsgeschäftlich** begründete Verbindlichkeiten, nicht hingegen für kraft Gesetzes begründete Verbindlichkeiten, wie beispielsweise Sozialversicherungsbeiträge.[85]

51 Die Haftung kann durch Vereinbarung mit dem Geschäftspartner beschränkt und auch gänzlich **ausgeschlossen** werden.[86]

52 Die **Haftung erlischt**, wenn und sobald die GmbH im Handelsregister eingetragen wird.[87]

53 Bei Inanspruchnahme des Handelnden durch Gesellschaftsgläubiger kann dieser **Freistellung** gemäß § 257 BGB und nach Leistung gemäß §§ 675, 670 BGB Erstattung von der Vorgesellschaft und nach Eintragung von der GmbH verlangen.[88]

54 Die vorstehend dargestellten Haftungsgrundsätze zur Handelndenhaftung gelten auch für die **Ein-Personen-Vor-GmbH**.[89]

d) Folgen für den Berater

55 Anlässlich des Gründungsvorgangs empfiehlt sich ein **Hinweis** des Notars zu den vorstehend dargelegten Grundsätzen. Insbesondere sollte

– der Zeitpunkt der Entstehung der GmbH,
– die Teilrechtsfähigkeit der Vor-GmbH,
– die Reichweite und die Grenzen der Geschäftsführungsbefugnis und der Vertretungsmacht der Geschäftsführer,
– die Haftung der Vor-GmbH,
– die Unterbilanz- und die Verlustdeckungshaftung der Gesellschafter sowie ihre
– subsidiäre Ausfallhaftung nach § 24 GmbHG als auch
– die Handelndenhaftung nach § 11 Abs. 2 GmbHG insbesondere der Geschäftsführer

erläutert und dies aus Haftungsgründen in der Urkunde dokumentiert werden.

IV. Errichtung der GmbH

56 Die Gründung der GmbH regelt das GmbH-Gesetz in seinem Ersten Abschnitt. Begrifflich wird dabei in Anlehnung an das Aktienrecht überwiegend zwischen der Errichtung der Gesellschaft, unter der man den Abschluss des Gesellschaftsvertrages und die Übernahme der Geschäftsanteile versteht, und der Gründung, die erst mit Eintragung der GmbH im Handelsregister abgeschlossen ist, unterschieden.[90]

1. Gesellschafter

57 Gründer und Gesellschafter einer GmbH können sein natürliche Personen, juristische Personen, Personenhandelsgesellschaften, die Gesellschaft bürgerlichen Rechts, die Partnerschaft, die Europäische Wirtschaftliche Interessenvereinigung sowie als weitere Gesamthandgemeinschaften die Erbengemeinschaft, die Gütergemeinschaft und der nichtrechtsfähige Verein.

---

85 BGHZ 53, 214; 65, 380; 76, 320, 325; Michalski/*Michalski*, § 11 Rn. 97; Rowedder/*Schmidt-Leithoff*, § 11, Rn. 120; Baumbach/Hueck/*Fastrich*, § 11 Rn. 49; *Wicke*, § 11 Rn. 13.
86 BGHZ 15, 206; 53, 213; Baumbach/Hueck/*Fastrich*, § 11 Rn. 52.
87 Früher str. jetzt allg. M. BGHZ 80, 182; 80, 145; NJW 1982, 932; 1983, 2822; vorher schon BGHZ 69, 103; 70, 139; 76, 323;. Scholz/*K. Schmidt*, § 11 Rn. 118 m.w.N.
88 Baumbach/Hueck/*Fastrich*, § 11 Rn. 54.
89 *Wicke*, § 11 Rn. 16.
90 Baumbach/Hueck/*Fastrich*, § 1 Rn. 2.

a) Natürliche Personen als Gründer

aa) Ehegatten

Ist ein Gründer der GmbH verheiratet, empfiehlt es sich im Urkundeneingang den Güterstand aufzunehmen. Aus dem **Güterstand** können sich sowohl Schranken im Hinblick auf Einlageverpflichtungen als auch Folgen für die Rechtsinhaberschaft am Geschäftsanteil ergeben

Grundsätzlich unterliegen Ehegatten keinen Beschränkungen. Sie können selbständig Gründer und Gesellschafter sein.[91] Ein Ehegatte bedarf zum Abschluss des Gesellschaftsvertrages gemäß § 1365 BGB jedoch ausnahmsweise der Zustimmung seines mit ihm in **Zugewinngemeinschaft** lebenden Ehegatten, wenn er sich in dem Gesellschaftsvertrag verpflichtet, sein gesamtes oder nahezu Vermögen, in die Gesellschaft einzubringen und dies für den Mitgründer erkennbar ist.[92] Dass dem Ehegatten mit dem Geschäftsanteil regelmäßig ein angemessener Gegenwert zufließt, ist im Rahmen des § 1365 BGB unbeachtlich.

Bei **Gütergemeinschaft** wird der im Rahmen der Gründung erworbene Geschäftsanteil Gesamtgut der Ehegatten. Dies kann vermieden werden, wenn hinsichtlich des aufgrund der Einlageverpflichtung an die Gesellschaft zu leistenden Vermögenswerts ehevertraglich Vorbehaltsgut gemäß § 1418 Ziffer 3 BGB vereinbart wird.[93]

bb) Minderjährige und unter Betreuung stehende Personen

Minderjährige und andere nicht unbeschränkt geschäftsfähige sowie geschäftsunfähige Personen können Gründer und Gesellschafter einer GmbH sein. Bei der Gründung bedürfen sie der Mitwirkung des gesetzlichen Vertreters. Die **Vertretung** richtet sich dabei nach den allgemeinen gesetzlichen Regeln. Minderjährige werden gemäß §§ 1629 Abs. 1, 1626 Abs. 1 BGB grundsätzlich durch beide Eltern gemeinschaftlich vertreten. Ist ein Elternteil selbst als Gründer an der Gesellschaft beteiligt und schließt er den Gesellschaftsvertrag somit auch im eigenen Namen, ist er an der Vertretung des Kindes gemäß §§ 1629 Abs. 2, 1795 Abs. 2, 181 BGB gehindert. Ein für die GmbH-Gründung relevantes Vertretungsverbot besteht ferner in den in § 1795 Abs. 1 BGB genannten Fällen. Da die Gründung einer Gesellschaft mit beschränkter Haftung stets auch Verpflichtungen mit sich bringt, ist der Abschluss eines Gesellschaftsvertrages nie ausschließlich rechtlich vorteilhaft i.S.d. § 107 BGB.

Dem Minderjährigen ist in diesen Fällen gemäß § 1909 Abs. 1 BGB ein Ergänzungspfleger zu bestellen. Sollen mehrere minderjährige Kinder Gesellschafter werden, ist für jedes minderjährige Kind gesondert ein Pfleger zu bestellen, da der Pfleger gemäß § 1915 Abs. 1 BGB seinerseits den für die Vormundschaft geltenden Vorschriften und damit gemäß dem Vertretungsverbot der §§ 1795 Abs. 2, 181 BGB unterliegt. Eine gleichzeitige Vertretung mehrerer minderjähriger Kinder durch einen Pfleger ist ausgeschlossen.[94]

Bei der Beteiligung eines Minderjährigen sind die §§ 1822 Ziffer 3., 1643 bzw. 1915 BGB zu beachten. Nach der 2. Alt. von § 1822 Ziffer 3. bedürfen Eltern bzw. Vormund zum Abschluss eines Gesellschaftsvertrages, der zum Betrieb eines Erwerbsgeschäftes eingegangen wird, der **Genehmigung** des Familien- bzw. Betreuungsgerichts. Dies gilt auch, wenn der Abschluss des Gesellschaftsvertrages für den Minderjährigen unentgeltlich ist. Dass das Erwerbsgeschäft von der GmbH als juristische Person betrieben werden soll, steht der Anwendbarkeit des § 1822 Nr. 3 BGB nicht entgegen.[95]

---

91 Baumbach/Hueck/*Fastrich*, § 1 Rn. 27.
92 H.M. im Einzelnen str., siehe zu den Einzelheiten Hachenburg/*Ulmer*, § 2 Rn. 71; Baumbach/Hueck/*Fastrich*, § 1 Rn. 27.
93 Baumbach/Hueck/*Fastrich*, § 1 Rn. 27, 37 zur Gründung durch Ehegatten in Gütergemeinschaft.
94 Differenzierend *Ivo*, ZEV 2005, 193 ff.
95 Baumbach/Hueck/*Fastrich*, § 2 Rn. 26.

64 Bei Mehrpersonengesellschaften greift darüber hinaus – wegen der Ausfallhaftung des § 24 GmbHG – auch die Genehmigungsbedürftigkeit des § 1822 Ziffer 10 BGB unter dem Gesichtspunkt der Übernahme einer fremden Verbindlichkeit ein.[96]

65 Für **Betreute** gilt Vorstehendes entsprechend, wenn vom Betreuungsgericht ein Einwilligungsvorbehalt für Vermögensangelegenheiten angeordnet worden ist. In diesem Fall hat der Betreute gemäß §§ 1903 Abs. 1, 108 ff. BGB eine ähnliche Stellung wie der Minderjährige.[97] Das Geschäft bedarf der betreuungsrechtlichen Genehmigung gemäß §§ 1908 i, 1822 Ziffer 3 BGB.[98] Besteht ein Vertretungsverbot gemäß §§ 1908 i, 1795, 181 BGB oder §§ 1908 i, 1796 BGB ist abweichend von den Regelungen beim Minderjährigen kein Ergänzungspfleger, sondern eine ergänzende Bestellung eines weiteren (Ersatz-) Betreuers gemäß § 1899 Abs. 4 BGB erforderlich.[99]

cc) Ausländer

66 **Ausländer** können sich grundsätzlich an der Gründung einer deutschen GmbH beteiligen.[100] Dies gilt insbesondere für Angehörige EG-Mitgliedstaaten.[101] Allerdings hat der Notar gemäß § 4 BeurkG die Beurkundung abzulehnen, wenn im Pass des ausländischen Gründers ein Verbot der Erwerbstätigkeit (sog. »**Sperrvermerk**«) eingetragen ist, da in diesem Falle die Eintragung einer solchen GmbH im Handelsregister gegen die Bestimmungen des § 134 BGB verstößt.[102] Gleiches soll gelten, wenn der Ausländer durch seine Beteiligung an der GmbH gegen ausländerrechtliche oder gewerbepolizeiliche Beschränkungen verstößt.[103]

dd) Freiberufler

67 Die Möglichkeit und die Art und Weise der Ausübung einer **freiberuflichen Tätigkeit** durch eine GmbH unterliegt oftmals besonderen standesrechtlichen Regeln,[104] z.B.

- Rechtsanwälte: §§ 59 c ff. BRAO;[105]
- Steuerberater: §§ 49 ff. StBerG;
- Wirtschaftsprüfer: §§ 27 ff. WiPrO;
- Patentanwälte: §§ 52 c ff. PatAnwO;
- Architekten: z.B. Art. 8 ff. BauKaG Bayern;
- Ärzte: §§ 23 a f. Musterberufsordnung;[106]
- Zahnärzte: Zahnarzt-GmbH von der Rechtsprechung grundsätzlich für zulässig erachtet;[107] die Zulässigkeitsvoraussetzungen sind in den einzelnen Bundesländern unterschiedlich.

---

96 Vgl. auch *Bürger*, RNotZ 2006, 156, *Wälzholz*, GmbH-StB 2006, 170.
97 Baumbach/Hueck/*Fastrich*, § 1 Rn. 26.
98 Baumbach/Hueck/*Fastrich*, § 2 Rn. 25.
99 Baumbach/Hueck/*Fastrich*, § 1 Rn. 26.
100 Eingehend zum Ganzen *Bohlscheid*, RNotZ 2005, 505 ff.
101 Vgl. dazu Art. 17, 18, 43 EG-Vertrag.
102 OLG Stuttgart MittBayNot 1984, 138; Beck'sches Notarhandbuch/*Mayer/Weiler*, Teil D I Rn. 6.
103 KG GmbHR 1997, 412; Lutter/Hommelhoff/*Bayer*, § 1 Rn. 16, anders die überwiegende Literatur siehe die Nachweise bei Scholz/*Emmerich*, § 2 Rn. 41 ff.
104 Näheres s. unten beim Unternehmensgegenstand Rdn. 201, 213 ff.
105 Vgl. OLG Rostock GmbHR 2007, 377; *Ballof*, GmbH-Stpr 2003, 124; *Vieth/Schulz-Jander*, NZG 1999, 1126 (mit Muster); *Henssler*, NJW 1999, 241.
106 Vgl. *Braun/Richter*, MedR 2005, 685; *Häußermann/Dollmann*, MedR 2005, 255.
107 BGH NJW 1994, 786.

ee) Einzelkaufmann

Der **Einzelkaufmann** kann sich sowohl unter seinem bürgerlichen Namen als auch unter seiner kaufmännischen Firma (§ 17 HGB) an der Gründung einer GmbH beteiligen.[108] Aufgrund der Neufassung des § 5 Abs. 2 GmbHG kann er auch unter beiden Bezeichnungen gesonderte Stammeinlagen übernehmen.

68

b) Juristische Personen als Gründer

Juritische Personen deutschen Rechts können grundsätzlich ohne Einschränkung Gründer und Gesellschafter einer GmbH sein, insbesondere also AG, GmbH, KGaA, Genossenschaft, e.V., rechtsfähige Stiftung bürgerlichen Rechts. Auch juristische Personen des öffentlichen Rechts können eine GmbH gründen oder sich an einer Gründung beteiligen. Grenzen ergeben sich insoweit nicht aus dem GmbHG, können sich jedoch aus den jeweiligen für die juristische Personen des öffentlichen Rechts geltenden gesetzlichen Grundlagen und Aufgabenstellungen ergeben.[109]

69

Nach h.M. können auch die Vor-AG, die Vor-GmbH und die Vor-KGaA, die durch die notarielle Beurkundung der Satzung entstehen, Gesellschafter einer GmbH sein.[110] Die Anerkennung der Vorgesellschaften als Rechtsträger bringt es mit sich, dass sich diese auch als solche bereits an der Gründung einer GmbH beteiligen können.[111]

70

Ausländische juristische Personen können sich ebenfalls an der Gründung einer GmbH beteiligen, soweit dies nach dem für sie geltenden Recht zulässig ist.[112]

71

c) Personenhandelsgesellschaften als Gründer

Die **Personenhandelgesellschaften** (oHG, KG) nehmen gemäß § 124 HGB am Rechtsverkehr als Einheit unter ihrer Firma teil. Sie können sich als Gründer und Gesellschafter an einer GmbH beteiligen. Dies gilt auch für die Einpersonen-Gründung einer GmbH.[113]

72

d) Gesellschaft bürgerlichen Rechts als Gründer

Die **GbR** kann sich an der Gründung einer Mehr-Personen-GmbH mit Dritten beteiligen[114] und auch allein eine Ein-Personen-GmbH gründen.[115] Dies findet seine Bestätigung in der grundlegenden Entscheidung des BGH vom 29.1.2001, in der der BGH die Rechtsfähigkeit der (Außen-) GbR anerkannt hat, soweit sie durch Teilnahme am Rechtsverkehr eigene Rechte und Pflichten begründet (BGHZ 146, 341 = DNotZ 2001, 234; Fortführung von BGHZ 142, 315). Die fehlende Registerpublizität der GbR erfordert jedoch wie bei § 162 Abs. 1 S. 2 HGB, dass in der Satzung und in der Gesellschafterliste nicht nur die GbR unter

73

---

108 Baumbach/Hueck/*Fastrich*, § 1 Rn. 28.
109 BGHZ 20, 124; Baumbach/Hueck/*Fastrich*, § 1 Rn. 30.
110 Hachenburg/*Ulmer*, § 2 Rn. 80; Scholz/*Emmerich*, § 2 Rn. 51 ff; Scholz/*K. Schmidt*, § 11 Rn. 31; Roth/Altmeppen, § 11, Rn. 29; Rowedder/*Schmidt-Leithoff*, §11 Rn. 80; Baumbach/Hueck/*Fastrich*, § 1 Rn. 31; Michalski/*Michalski*, § 2 Rn. 95.
111 Zulässigkeit der Beteiligung der Vor-GmbH an einer KG anerkannt durch BGHZ 80, 129 ff.
112 Michalski/*Michalski*, § 2 Rn. 95; Scholz/*Emmerich*, § 2 Rn. 49; KG NJW-RR 1997, 1127; OLG Frankfurt a.M. NZG 2002, 294; LG Saarbrücken MittRhNotK 1991, 89 = GmbHR 1991, 581.
113 Baumbach/Hueck/*Fastrich*, § 1 Rn. 32; Lutter/Hommelhoff/Bayer, § 2 Rn. 7; Hachenburg/*Ulmer*, § 2 Rn. 58; Scholz/*Emmerich*, § 2 Rn. 50.
114 BGHZ 78, 311; 118, 83, 99 f. für AG; BGH WM 1992, 12 für eG und allg.; Baumbach/Hueck/*Fastrich*, § 1 Rn. 33.
115 Baumbach/Hueck/*Fastrich*, § 1 Rn. 33; Hachenburg/*Ulmer*, § 2 Rn. 58; Scholz/*Emmerich*, § 1 Rn. 29.

ihrer Bezeichnung als Gründer aufgeführt wird, sondern dass auch die Namen ihrer Gesellschafter genannt werden.[116]

74 Nicht geklärt ist bislang die Frage, ob und wie die **Existenz der GbR** als solcher und ihre Vertretung dem die Gründung beurkundenden Notar und dem Handelsregister nachzuweisen ist. Fraglich ist, ob dazu die Vorlage einer Gründungsurkunde erforderlich und genügend ist oder, ob es darüber hinaus der Erklärung und möglicherweise der (eidesstattlichen) Versicherung bedarf, dass sich an den Beteiligungsverhältnissen der GbR seit ihrer Gründung nichts geändert hat, also kein Gesellschafter ausgeschieden und keiner neuer hinzu gekommen ist. Mangels einer konkreten gesetzlichen Regelung dieser Frage, ist zu ihrer Beantwortung auf die allgemeinen Bestimmungen zurückzugreifen. Dabei tragen die beurkundungsrechtlichen Bestimmungen der §§ 9 Abs. 1, 10 Abs. 1, 6 Abs. 2 BeurkG i.V. mit § 26 DONot zur Lösung des Problems insoweit nichts bei, als sie auf einen formellen Beteiligtenbegriff abheben. Nach dem formellen Beteiligtenbegriff sind an einer Beurkundung die Erschienenen beteiligt, deren im eigenen oder fremden Namen abgegebene Erklärungen beurkundet werden. Bei der Gründung durch eine GbR geht es aber um die Klärung der Existenz und Vertretung der materiell beteiligten GbR. Nach § 10 Abs. 1 BeurkG soll die Person so genau bezeichnet sein, dass Zweifel und Verwechslungen ausgeschlossen sind. Daraus wird auch das Erfordernis von Angaben zum Verhältnis des formell zum materiell Beteiligten abgeleitet.[117] Bei der GbR ist also das Verhältnis der Handelnden zur GbR, also insbesondere die organschaftliche oder rechtsgeschäftliche Vertretung aufgrund Vollmacht in der Urkunde festzuhalten. Nach § 12 BeurkG sind darüber hinaus Nachweise zur Vertretungsberechtigung zur Urkunde zu nehmen. Eine Notarbescheinigung nach § 21 BNotO über die Vertretungsberechtigung genügt, wenn diese sich aus dem Handelsregister oder einem ähnlichen Register ergibt. Da solche Register für die GbR nicht geführt werden, hilft dies zur Beantwortung der aufgeworfenen Fragen nicht weiter.

75 Richtigerweise dürfte wie folgt zu differenzieren sein:

76 Wird die GbR bei der GmbH-Gründung von allen ihren Gesellschaftern vertreten, ist zum Nachweis des Bestehens und der Vertretung der GbR die Vorlage des schriftlichen GbR-Vertrags samt der Erklärung der GbR-Gesellschafter, dass sich an den Beteiligungs- und Vertretungsverhältnissen seit Vertragsschluss nichts geändert hat, ausreichend, da die Rechtsordnung strengere Formvorschriften für die GbR-Gründung genauso wenig vorsieht wie eine Registereintragung der GbR und die gemeinschaftliche Vertretung der GbR durch alle ihre Mitglieder immer möglich ist. Eine Glaubhaftmachung durch entsprechende eidesstattliche Versicherungen scheint nicht erforderlich, für die Praxis jedoch bis zu einer Klärung der Problematik gleichwohl ratsam, da in der Angabe der GbR-Gesellschafter zumindest eine konkludente GbR-Gründung liegt, die zum Tragen kommt, falls es an einer vorherigen GbR-Gründung entgegen den Angaben der Beteiligten fehlen würde. Liegt ein schriftlicher GbR-Vertrag nicht vor, genügt die Erklärung sämtlicher Erschienenen, dass zwischen ihnen eine GbR besteht. Auch insoweit ist maßgebend, dass das materielle Recht strengere Formvorschriften für die GbR-Gründung und eine Registereintragung nicht vorsieht, die von formellen Vorschriften aufgrund ihrer dienenden Funktion nicht verschärft werden können.

77 Dieses Ergebnis entspricht der Rechtslage bei der Mitgliedschaft einer GbR in einer Personenhandelsgesellschaft. Gemäß § 162 Abs. 1 S. 2 HGB sind dort neben der GbR als solcher die ihr zum Zeitpunkt ihres Beitritts angehörenden Gesellschafter zur Eintragung in das Handelsregister anzumelden. Nachweise über das Bestehen der GbR und ihre Vertretung sind nicht erforderlich.

---

116 OLG Hamm NJW-RR 1996, 483 f.; *K. Schmidt*, GesR § 34 II 1; Scholz/*Emmerich*, § 2 Rn. 53; Michalski/*Michalski*, § 2 Rn. 99; Baumbach/Hueck/*Fastrich*, § 1 Rn. 33.
117 *Winkler*, BeurkG, § 10 Rn. 12.

Wird die GbR bei der GmbH-Gründung nicht durch alle GbR-Gesellschafter, sondern 78
nur durch einen oder mehrere Gesellschafter organschaftlich vertreten, scheint die analoge
Anwendung der Regelung des § 2 Abs. 2 GmbHG auf den GbR-Vertrag, als Nachweis der
organschaftlichen Vertretungsmacht für die praktische Handhabung naheliegend. Damit
ist dann auch zugleich der Nachweis über die GbR-Gründung erbracht und den formalen
Anforderungen des § 12 BeurkG genügt.

Nichts anderes ergibt sich schließlich aus der Rechtslage bei dem Erwerb von Grundei- 79
gentum durch eine GbR. Spätestens seit der BGH die Grundbuchfähigkeit der GbR als solcher ausdrücklich bejaht,[118] kann (nur) die GbR in das Grundbuch eingetragen werden.
Der BGH hat die Frage der Führung erforderlicher Nachweise über Existenz und Vertretung der GbR ausdrücklich offen gelassen und die Regelung in die Hand des Gesetzgebers
gelegt, der diese Frage in dem Gesetz zur Einführung des elektronischen Rechtsverkehrs
und der elektronischen Akte im Grundbuchverfahren allerdings nur teilweise ausdrücklich geregelt hat.[119] So knüpft die Vermutung in der neuen Regelung des § 899a BGB daran
an, dass die GbR bereits im Grundbuch eingetragen ist. Auch aus §§ 47 Abs. 2, 82 S. 3 GBO
n.F. und § 15 Abs. 1 Buchstabe c GBV n.F. sowie Art. 229 § 20 EGBGB folgt nichts anderes.
Der Gesetzgeber hat die vorstehend aufgeworfene Frage über den Nachweis der Existenz
der GbR für ihre erstmalige Eintragung nicht für regelungebedürftig erachtet, geht demnach davon aus, dass für die Eintragung der GbR die Einhaltung der vorstehend skizzierten allgemeinen Regeln ausreichen.

Zur Vermeidung von Verzögerungen im Eintragungsverfahren empfiehlt es sich, die 80
vorstehende Frage bei Gründung einer GmbH unter Beteiligung einer GbR vorab mit dem
zuständigen Registergericht zu klären.

e) Partnerschaft, Europäische Wirtschaftliche Interessenvereinigung, Erbengemeinschaft, Gütergemeinschaft und nichtrechtsfähiger Verein als Gründer

Die **Partnerschaftsgesellschaft** von Freiberuflern nimmt gemäß § 7 Abs. 2 PartGG, § 124 81
HGB am Rechtsverkehr wie eine oHG teil. Sie kann daher wie diese auch Gründer einer
GmbH sein.

Auch die **Europäische Wirtschaftliche Interessenvereinigung** kann sich nach Maßgabe 82
der Verordnung Nr. 2137/85 EWG an der Gründung einer GmbH beteiligen.[120]

Die **Erbengemeinschaft**, die Gütergemeinschaft und der nichtrechtsfähige Verein kön- 83
nen sich als Gesamthandsgemeinschaften nicht nur im Wege des derivativen Erwerbs,
sondern im Grundsatz auch als Gründer an einer GmbH beteiligen, soweit dem nicht
Besonderheiten des auf sie jeweils anwendbaren Rechts entgegenstehen. So kann sich die
Erbengemeinschaft nur mit Mitteln des Nachlasses und damit sehr beschränkt in ihrer
gesamthänderischen Verbundenheit am Rechtsverkehr und damit auch an der Gründung
einer GmbH beteiligen. Die Möglichkeit der Beteiligung von Gesamthandsgemeinschaften
an der GmbH war vor dem Hintergrund des § 18 GmbHG von jeher anerkannt, wird jetzt
aber auch für die gemeinsame gesamthänderische Teilnahme an der Gründung überwiegend befürwortet.[121]

Die Haftung für die übernommene Einlagepflicht trifft alle Mitglieder der Gesamthand- 84
gemeinschaft persönlich und gesamtschuldnerisch auf den gesamten übernommenen

---

118 BGH, Beschl. v. 4.12.2008 – V ZB 74/08, DNotZ 2009, 115 = NJW 2009, 594 = NZG 2009, 137 = ZIP 2009, 66 = BGHZ 179, 102.
119 BT-Drucks. 16/13437 vom 17.6.2009.
120 *Wicke*, § 1 Rn. 11.
121 Baumbach/Hueck/*Fastrich*, § 1 Rn. 36 mit zahlreichen weiteren Nachweisen; Michalski/*Michalski*, § 2 Rn. 99.

Betrag. Eine Beschränkung auf das Gesamthandsvermögen ist zur Sicherung der Kapitalaufbringung ausgeschlossen.[122]

f) Zusätzliche besondere Qualifikationen

85   Die Gründer können im Gesellschaftsvertrag festlegen, die Gesellschafter und damit auch die Gründer bestimmte persönliche Voraussetzungen erfüllen müssen, wie z.B. Staatsangehörigkeit, Familienzugehörigkeit, Familienstand, Mindestalter, Beruf, ausgeübte Tätigkeit, Ausschluss juristischer Personen. Besondere Bedeutung hat die Vorgabe des Berufs sowie die Ausübung der Berufstätigkeit in der Praxis bei der Freiberufler-GmbH zur Erfüllung standesrechtlicher Vorgaben. Im Außenverhältnis entfaltet eine solche Regelung keine Wirkung. Sie ist vom Registergericht vor der Eintragung nicht zu überprüfen.[123]

86   Ein Verstoß gegen diese Bestimmung macht den Gesellschaftsvertrag nicht unwirksam; er ist bis zur Eintragung der GmbH gegebenenfalls wegen Irrtums oder arglistiger Täuschung anfechtbar. Danach kann der betreffende Gesellschafter nur noch aus der Gesellschaft ausgeschlossen oder Auflösungsklage nach § 61 GmbHG erhoben werden.[124]

2. Vertretung von Gesellschaftern bei der Gründung

87   Bei der Errichtung der GmbH kann sich ein Gesellschafter vertreten lassen. Als Grundlage für die Vertretung kommen in Betracht:

- die rechtsgeschäftliche Vollmacht,
- die organschaftliche Vertretung,
- die gesetzliche Vertretung.

a) Vertretung natürlicher Personen

88   **Natürliche Personen** können sich bei der Gründung der Gesellschaft durch einen Bevollmächtigten vertreten lassen.[125] Für die rechtsgeschäftliche Vertretung bei der Gründung gelten im Grundsatz die Bestimmungen der §§ 164 ff. BGB.

aa) Form der Vollmacht

89   Formell bedarf die **Vollmacht** abweichend von § 167 Abs. 2 BGB gemäß § 2 Abs. 2 GmbHG zu ihrer Wirksamkeit der notariellen Beurkundung (§ 128 BGB, §§ 8 ff. BeurkG) oder der notariellen Beglaubigung (§ 129 BGB, § 40 BeurkG). Bei dieser Formvorschrift handelt es sich um eine **Wirksamkeitsvoraussetzung**, nicht um eine bloße Ordnungsvorschrift, da die gesetzliche Regelung den Zweck hat, spätere Streitigkeiten über die Vertretungsmacht des Vertreters zu vermeiden.[126] Für eine wirksame Vertretung muss die Vollmacht daher in beurkundeter oder beglaubigter Form erteilt sein. Für die Erteilung gilt § 167 Abs. 1 BGB. Fehlt es an einer Erteilung gemäß § 167 Abs. 1 BGB in der Form des § 2 Abs. 2 GmbHG, ist die Vollmacht nicht wirksam. Der Vertreter handelt ohne Vertretungsmacht. Nicht erforderlich ist allerdings, dass der Bevollmächtigte die formgerechte Vollmachtsurkunde in der Beurkundungsverhandlung vorlegt. Es reicht aus, dass die Vollmacht zu diesem Zeitpunkt bereits formgerecht erteilt war, dies nachgewiesen und die Vollmachtsurkunde nachgereicht

---

122 BGHZ 78, 311 zur GbR; Baumbach/Hueck/*Fastrich*, § 1 Rn. 34 ff. mit zahlreichen weiteren Nachweisen.
123 Hachenburg/*Ulmer*, § 2 Rn. 85; Scholz/*Emmerich*, § 2 Rn. 60; Michalski/*Michalski*, § 2 Rn. 100.
124 Baumbach/Hueck/*Fastrich*, § 1 Rn. 38; Michalski/*Michalski*, § 2 Rn. 101.
125 Zur gesetzlichen Vertretung Minderjähriger siehe Rdn. 61 ff.
126 BGH NJW 1968, 1856.

wird.[127] Gemäß § 12 BeurkG hat der Notar Wirksamkeit, Besitz und Fortbestehen der Vollmacht anlässlich der Beurkundung der GmbH-Gründung zu überprüfen und die Urschrift oder eine beglaubigte Abschrift der Vollmacht zur Niederschrift zu nehmen.[128]

Im **Inland** sind für die Beurkundung oder Beglaubigung ausschließlich die Notare zuständig. Wenn und soweit landesrechtliche Bestimmungen Beurkundungs- oder Beglaubigungskompetenz anderen Stellen zuweist, geht die Regelung des § 2 Abs. 2 GmbHG solchen landesrechtlichen Zuweisungen an andere Stellen nach § 63 BeurkG vor.[129] Für ausreichend wird auch die von einer öffentlichen Behörde in einer öffentlichen Urkunde erteilte Vollmacht betrachtet, da in diesem Fall Zweifel an der Legitimation des Vertreters nicht bestehen.[130] 90

Im **Ausland** sind für die Beurkundung oder Beglaubigung sind deutsche Konsularbeamte zuständig (§ 10 KonsularG). Auch die Beurkundung oder Beglaubigung durch einen ausländischen Notar genügt.[131] Allerdings bedarf die durch einen ausländischen Notar beurkundete oder beglaubigte Vollmacht zur Verwendung in Deutschland grundsätzlich der **Legalisation**[132] durch einen deutschen Konsularbeamten. Nicht erforderlich ist die Legalisation, wenn die Beurkundung oder Beglaubigung in einem Staat erfolgt ist, der dem Haager Übereinkommen vom 05. Oktober 1961 zur Befreiung ausländischer Urkunden von der Legalisation beigetreten ist.[133] In diesen Fällen genügt die sog. **Apostille**, bei der es um eine Überbeglaubigung durch eine ausländische Behörde handelt. Nicht erforderlich ist die Legalisation schließlich, wenn zwischen dem betreffenden Staat und Deutschland ein entsprechender **Staatsvertrag** besteht.[134] Ist die Vollmacht nicht in deutscher Sprache abgefasst, muss eine **beglaubigte Übersetzung** der Vollmacht der Vollmacht vorgelegt werden, es sei den der zuständige Registerrichter ist der ausländischen Sprache mächtig, §§ 184, 185 Abs. 3 GVG n.F. (§§ 8, 9 FGG), § 50 BeurkG. 91

Im Falle des **Widerrufs** der Vollmacht gilt für die Vertretungsmacht bei ausgehändigter Vollmachtsurkunde die Regelung des § 172 BGB. 92

bb) Inhaltliche Anforderungen an die Vollmacht

Materiell muss die Vollmacht ihrem Umfang nach das Errichtungsgeschäft nur inhaltlich allgemein umfassen. Nicht erforderlich ist, dass die Vollmacht speziell zur Errichtung dieser Gesellschaft ermächtigt.[135] Die Vollmacht muss keine Vorgaben über die zu gründende Gesellschaft enthalten. Es genügt, wenn sie die Errichtung derartiger Gesellschaften beinhaltet.[136] 93

---

127 MünchHdb. GesR III/*Riemenschneider/Freitag*, GmbH, § 5 Rn. 47.
128 *Winkler*, BeurkG, § 12 Rn. 4 ff.
129 Baumbach/Hueck/*Fastrich*, § 2 Rn. 20.
130 OLG Düsseldorf MittRhNotK 1997, 436 = GmbHR 1998, 238; Roth/Altmeppen, § 2 Rn. 27, Scholz/*Emmerich*, § 2 Rn. 24.
131 Baumbach/Hueck/*Fastrich*, § 2 Rn. 20; Michalski/Michalski, § 2 Rn. 29; Scholz/*Emmerich*, § 2 Rn. 25.
132 Siehe zur Legalisation Kapitel 6 Rdn. 133 ff.
133 Länderliste findet sich bei www.DNotI.de – Arbeitshilfen – IPR und ausländisches Recht – Legalisation und Apostille – Haager Konferenz für Internationales Privatrecht – Liste der Beitrittsstaaten zum Haager Übereinkommen über die Befreiung ausländischer öffentlicher Urkunden von der Legalisation.
134 Übersicht zu Ländern, mit denen Staatsvertrag besteht siehe Kapitel 6 Rdn. 3.
135 Scholz/*Emmerich*, § 2 Rn. 26; Baumbach/Hueck/*Fastrich*, § 2 Rn. 21.
136 Michalski/*Michalski*, § 2 Rn. 33.

2. Kapitel Recht der Gesellschaft mit beschränkter Haftung

94 M Formulierungsvorschlag: Vollmacht zur Gründung einer GmbH in Beglaubigungsform
VOLLMACHT

> Ich, Herr/Frau ..., geboren am ..., wohnhaft ...
> bevollmächtige hiermit
> Herrn/Frau ..., geboren am ..., wohnhaft ...
> in meinem Namen unter der Firma ... oder einer anderen, ihm geeignet erscheinenden Firma eine Gesellschaft mit beschränkter Haftung mit einem Stammkapital in Höhe von ... Euro und dem Sitz in ... zu gründen, die Gründungsurkunde zu unterzeichnen, den Gesellschaftsvertrag für diese Gesellschaft zu vereinbaren und den Geschäftsanteil in Höhe von ... Euro gegen Geldeinlage zu übernehmen sowie in einer ersten Gesellschafterversammlung der Gesellschaft, in der insbesondere die Geschäftsführer bestellt und deren Vertretungsbefugnis geregelt werden sollen, das Stimmrecht auszuüben sowie alle ihm weiter zur Gründung der Gesellschaft erforderlich oder geeignet erscheinenden Erklärungen für mich abzugeben und entgegenzunehmen, Handlungen vorzunehmen sowie Anträge zu stellen, zu ändern und zurückzunehmen.
> Der Bevollmächtigte ist auch berechtigt, bis zur Eintragung der Gesellschaft im Handelsregister den Gesellschaftsvertrag wieder zu ändern, Geschäftsführer wieder abzuberufen, neu zu bestellen und deren Vertretungsbefugnis zu regeln, dazu an Gesellschafterversammlungen teilzunehmen und das Stimmrecht für mich auszuüben.
> Der Bevollmächtigte ist auch berechtigt, Untervollmacht zu erteilen; er ist befugt Rechtsgeschäfte mit sich im eigenen Namen sowie als Vertreter Dritter vorzunehmen (Befreiung von den Beschränkungen des § 181 BGB).
> Bergisch Gladbach, den ...
> (Unterschrift des Vollmachtgebers)
> (notarieller Beglaubigungsvermerk)
> (Unterschrift des Notars)

95 Allgemein anerkannt ist, dass die **Generalvollmacht**[137] und die **Prokura** (KGJ 49, 273) für ein Handelsgeschäft gemäß § 49 Abs. 1 HGB zur Beteiligung an einer GmbH-Gründung ausreichen, nicht jedoch die **Handlungsvollmacht** gemäß § 54 HGB.[138] Zum Nachweis der Vertretungsmacht genügt bei der Prokura ein aktueller Handelsregisterauszug.[139]

cc) Selbstkontrahieren und Mehrfachvertretung – § 181 BGB

96 Soll ein Vertreter bei der Gründung der Gesellschaft mehrere Gründer vertreten oder will er auch zugleich für sich selbst als Mitgründer an der Gründung teilnehmen, so sind die Beschränkungen des **§ 181 BGB** zu beachten. Danach ist eine solche Vertretung grundsätzlich unzulässig. In der Vollmacht kann jedoch Befreiung von dem Verbot der Mehrfachvertretung und dem Verbot des Selbstkontrahierens erteilt werden. Diese Befreiung bedarf zu ihrer Wirksamkeit ihrerseits der Beachtung der Form des § 2 Abs. 2 GmbHG.[140] Fehlt es an der erforderlichen Befreiung nach § 181 BGB in der Vollmacht, so sind die auf der Grundlage dieser Vollmacht abgegeben Erklärungen schwebend unwirksam und können vom Vertretenen genehmigt werden. Die **Genehmigung** bedarf ihrerseits ebenfalls der Form des § 2 Abs. 2 GmbHG.

---

137 RGZ 102, 17.
138 Baumbach/Hueck/*Fastrich*, § 2 Rn. 21.
139 H.M. KGJ 49, 273; Hachenburg/*Ulmer*, § 2 Rn. 29; Scholz/*Emmerich*, § 2 Rn. 27, 29; Roth/Altmeppen, § 2 Rn. 27; Baumbach/Hueck/*Fastrich*, § 2 Rn. 21.
140 KG OLGE 19, 29; OLG Celle NJW 1948, 524; Scholz/*Emmerich*, § 2 Rn. 28; *Wicke*, § 2 Rn. 8.

dd) Mangel der Vollmacht – vollmachtlose Vertretung – Ausland

Wurde eine Vollmacht nicht in der Form des § 2 Abs. 2 GmbHG erteilt, ist sie gemäß § 125 S. 1 BGB unwirksam. Der Vertreter handelt dann ohne Vollmacht und damit als Vertreter ohne Vertretungsmacht. In der Praxis nicht selten ist auch der Fall, dass ein Vertreter offen als Vertreter ohne Vertretungsmacht handelt, wenn eine Vollmacht noch nicht erteilt ist. **97**

Bei einer **Mehrpersonengründung** ist die von dem Vertreter ohne Vertretungsmacht abgegebene Erklärung schwebend unwirksam und kann von dem vollmachtlos Vertretenen gemäß § 177 Abs. 1 BGB nachträglich genehmigt werden. Zu ihrer Wirksamkeit bedarf die Genehmigung abweichend von § 182 Abs. 2 BGB ihrerseits auch der Beachtung der Form des § 2 Abs. 2 GmbHG.[141] Mit **formgerechter Genehmigung** wird die Erklärung wirksam. Bei Verweigerung der Genehmigung wird die Erklärung endgültig unwirksam. **98**

Anders ist dies bei der **Einpersonengründung**. Hier handelt es sich um ein einseitiges Rechtsgeschäft. Die Erklärung des vollmachtlosen Vertreters ist daher gemäß § 180 S. 1 BGB von vornherein nichtig. Eine Genehmigung scheidet aus.[142] Die GmbH-Gründung bedarf in diesem Falle zu ihrer Wirksamkeit der Bestätigung (§ 141 BGB) durch formgerechte Wiederholung. **99**

Wird die GmbH trotz des Formmangels der Vollmacht in das Handelsregister eingetragen, entsteht die GmbH gemäß § 11 GmbHG. Die Folgen der Eintragung hängen von der Art des Mangels ab: War eine Vollmacht unter Missachtung der Formvorschrift des § 2 Abs. 2 GmbHG erteilt, wird der Mangel der Form der Vollmacht durch die Eintragung ebenso **geheilt** wie dies bei einem Formmangel des Gesellschaftsvertrags selbst auch der Fall wäre.[143] Fehlt es jedoch an einer Vollmachtserteilung überhaupt, wird dieser Mangel durch die Eintragung der Gesellschaft nicht geheilt. Die Gesellschaft ist wegen der Bestimmung des § 75 Abs. 1 GmbHG zwar wirksam entstanden, der Geschäftsanteil des zu Unrecht Vertretenen ist aber nicht zur Entstehung gelangt. Es greift das Beanstandungs- und Auflösungsverfahren nach FamFG ein.[144] Der vollmachtlose Vertreter haftet bei Verweigerung der Genehmigung des vollmachtlos Vertretenen gemäß § 179 Abs. 1 BGB auf Schadenersatz oder Erfüllung, wird jedoch nicht selbst Gesellschafter; die Bestimmungen der §§ 179 Abs. 2 und 3 BGB sind nicht anwendbar.[145] **100**

Bei Erteilung der Vollmacht im **Ausland** und bei Erteilung der Genehmigung im Ausland, ist für die Vollmacht und die Genehmigung deutsches Recht maßgebend. In einem solchen Fall richtet sich die Vertretungsmacht aufgrund des deutschen internationalen Privatrechts grundsätzlich nach dem Recht des Landes, in dem die Vollmacht ihre Wirkung entfalten soll.[146] **101**

ee) Kosten der Vollmacht

Bei den **Kosten der Vollmacht** ist danach zu unterscheiden, ob der Notar den Entwurf der Vollmacht selbst anfertigt oder nur die Unterschrift unter einem fremden Entwurf beglaubigt. **102**

Fertigt der Notar den Entwurf der Vollmacht selbst an, entsteht dadurch einschließlich der Beglaubigung der Unterschrift gemäß § 38 Abs. 2 Nr. 4 KostO eine 5/10 Gebühr. Der Geschäftswert bestimmt sich gemäß § 41 Abs. 1 KostO nach dem Ausgabebetrag des vom **103**

---

141 Nunmehr h.M. OLG Köln DB 1995, 2413 = WM 1996, 207 = GmbHR 1995, 725; Michalski/*Michalski*, § 2 Rn. 34; Scholz/*Emmerich*, § 2 Rn. 31; Lutter/Hommelhoff/*Bayer*, § 2 Rn. 21; Hachenburg/ *Ulmer*, § 2 Rn. 27, 37; Roth/Altmeppen, § 2 Rn. 28.
142 LG Berlin GmbHR 1996, 123; Michalski/*Michalski*, § 2 Rn. 34; Baumbach/Hueck/*Fastrich*, § 2 Rn. 22.
143 H.M. Baumbach/Hueck/*Fastrich*, § 2 Rn. 23 m.w.N.; Scholz/*Emmerich*, § 2 Rn. 32.
144 Vgl. Scholz/*Emmerich*, § 2 Rn. 32; Michalski/*Michalski*, § 2 Rn. 37.
145 Baumbach/Hueck/*Fastrich*, § 2 Rn. 45 a.E.
146 BGH v. 27.5.1993 – IX ZR 66/92, DNotZ 1994, 485, 487 = NJW 1993, 2744; vgl. BGHZ 64, 183, 192; BGH, v. 13.5.1982 – III ZR 1/80, NJW 1982, 2733; v. 26.4.1990 – VII ZR 218/89, NJW 1990, 3088.

Vollmachtmachtgeber übernommenen Geschäftsanteils. Nach § 41 Abs. 4 KostO beträgt der Höchstwert 500.000,00 Euro, so dass die höchste entstehende Gebühr sich auf 403,50 Euro beläuft.

104 Fertigt der Notar den Entwurf der Vollmacht nicht selbst an, sondern beglaubigt nur die Unterschrift unter einem fremden Vollmachtsentwurf, fällt dafür gemäß § 45 Abs. 1 S. 1 KostO eine 1/4 Gebühr an. Der Geschäftswert bestimmt sich auch hier gemäß § 45 Abs. 1, 41 Abs. 1 KostO nach dem Ausgabebetrag des vom Vollmachtmachtgeber übernommenen Geschäftsanteils. Die Höchstgebühr beträgt jedoch 130,00 Euro gemäß § 45 Abs. 1 S. 1 KostO.

b) Vertretung von Personengesellschaften und juristischen Personen

105 Die Vertretung von Personengesellschaften und juristischen Personen kann durch ihre organschaftlichen Vertreter und durch rechtgeschäftlich Bevollmächtigte erfolgen.

aa) Vertretung durch organschaftliche Vertreter

106 Auf die Vertretung durch organschaftliche Vertreter findet die Formvorschrift des § 2 Abs. 2 GmbHG keine Anwendung.[147] Zum Nachweis der Vertretungsbefugnis bei **Personenhandelsgesellschaften** und **Kapitalgesellschaften** ist ein aktueller beglaubigter Registerauszug vorzulegen, der nach der uneinheitlichen Praxis der Registergerichte nicht älter als sechs bis zwölf Wochen sein darf und aus dem sich die Vertretungsbefugnis des Handelnden ergeben muss[148] oder eine Bescheinigung des Notars nach § 21 BNotO.

107 Bei der **GbR** als Gründer einer GmbH ist die Vorlage eines Registerauszugs zum Nachweis der organschaftlichen Vertretungsbefugnis nicht möglich. Fraglich ist, ob in diesem Falle der Nachweis der organschaftlichen Vertretungsmacht in der Form des § 2 Abs. 2 GmbHG zu führen ist. Seinem Wortlaut nach kommt die Regelung nur auf Bevollmächtigte und damit nicht auf organschaftliche Vertreter zur Anwendung. Der Zweck des § 2 Abs. 2 GmbHG, spätere Streitigkeiten über die Vertretungsmacht des Vertreters zu vermeiden, gebietet jedoch seine Anwendung auch auf den Fall der organschaftlichen Vertretung der GbR. Wendet man die Bestimmung des § 2 Abs. 2 GmbHG auf die organschaftliche Vertretung bei der GbR an, ist die Vorlage eines der Form des § 2 Abs. 2 GmbHG genügenden GbR-Vertrags erforderlich, aus dem sich die organschaftliche Vertretung ergibt.[149]

bb) Vertretung durch rechtsgeschäftliche Vertreter

108 Personengesellschaften und juristischen Personen können nicht nur durch ihre Organe, sondern auch aufgrund rechtsgeschäftlich erteilter **Vollmacht** vertreten werden. Für die Vollmacht gelten dann die vorstehenden Ausführungen entsprechend.

cc) Vertretung ausländischer Gesellschaften

109 Schwierig ist die rechtliche Situation bei der Vertretung **ausländischer Gesellschaften**.[150] In diesem Zusammenhang ist zu klären die Existenz der ausländischen Gesellschaft und ihrer Anerkennung im Inland sowie der entsprechende Nachweis, die Berechtigung des Vertreters zur Vertretung und der Nachweis seiner Vertretungsmacht.

---

147 Baumbach/Hueck/*Fastrich*, § 2 Rn. 24.
148 Scholz/*Emmerich*, § 2 Rn. 29; Michalski/*Michalski*, § 2 Rn. 30.
149 S. dazu im Einzelnen oben Rdn. 76 ff.
150 Vgl. zum Ganzen *Heckschen/Heidinger*, Die GmbH in der Gestaltungs- und Beratungspraxis, § 2 Rn. 48 ff.

Ausländische Gesellschaften sind in Deutschland als existent und parteifähig anzusehen, wenn sie in den Anwendungsbereich des **EG-Vertrages** fallen und wenn das Recht, dem sie unterliegen, der Gründungstheorie und nicht der Sitztheorie zur Ermittlung des Gesellschaftsstatuts folgt. Ist im Ausgangsstaat die Sitztheorie maßgebend, gilt dies nur, wenn die Gesellschaft ihren tatsächlichen Verwaltungssitz in dem Ausgangsstaat beibehalten und nicht ins Ausland verlegt hat.[151] Nach der Rechtsprechung des EuGH stehen Art. 43, 48 EG nationalen Regelungen eines Mitgliedsstaats, die der Gesellschaft die Verlegung ihres Sitzes in das Ausland (Wegzug) unter Beibehaltung ihrer Eigenschaft als Gesellschaft des nationalen Rechts des Mitgliedsstaats, nach dessen Recht sie gegründet wurde, verwehren, nicht entgegen. Nationale Beschränkungen zur Sitzverlegung in einen anderen Mitgliedsstaat sind also mit den Bestimmungen der Art. 43, 48 EG vereinbar. 110

Gleiches gilt, wenn es sich um ausländische Gesellschaften aus Mitgliedsstaaten des **EWR-Abkommens**, die nicht Mitglied der EU sind (Island, Liechtenstein, Norwegen), handelt. Die Art. 31, 34 EWR-Abkommen beinhalten Regelungen, die den Grundsätzen der gemeinschaftlichen Niederlassungsfreiheit vergleichbar sind.[152] 111

Im übrigen richtet sich die Anerkennung ausländischer Gesellschaften nach **völkerrechtlichen Grundsätzen**. Insoweit sind vorrangig bilaterale Abkommen mit dem jeweiligen ausländischen Staat zu beachten. Diese haben Vorrang vor dem autonomen deutschen IPR. Besteht ein solcher bilateraler Staatsvertrag, der die Anerkennung der Gesellschaften dieses Staates zum Gegenstand hat, nicht, so bestimmt sich die Rechtsfähigkeit der Gesellschaft nach dem Recht des Staates, in dem sich die Hauptverwaltung der Gesellschaft befindet.[153] Tritt eine solche Gesellschaft in Deutschland auf, kommt es demnach darauf an, ob sie ihren Verwaltungssitz im Gründungsstaat oder in Deutschland hat. Hat sie ihren Verwaltungssitz im Gründungssaat, ist für die Anerkennung ihrer Rechts- und Parteifähigkeit erforderlich, dass ein ausreichender Nachweis über die wirksame Gründung und das Fortbestehen der Gesellschaft erbracht wird. Hat sie ihren Verwaltungssitz hingegen nach Deutschland verlegt, wird sie nicht mehr als ausländische Gesellschaft anerkannt. Sie müsste das deutsche Gründungsverfahren durchlaufen, wenn sie als Kapitalgesellschaft anerkannt werden will.[154] Unterbleibt dies, kommen auf sie die Vorschriften der §§ 105 ff. HGB bzw. §§ 705 ff. BGB zur Anwendung.[155] 112

Die Existenz des ausländischen Rechtsträgers und die Vertretungsberechtigung der für ihn Handelnden bedürfen ihrerseits des **Nachweises**. Die Führung dieses Nachweises hat durch öffentliche Urkunden zu erfolgen. 113

Besteht in der ausländischen Rechtsordnung ein **Handelsregister** und beinhaltet dieses eine verlässliche Aussage zur Vertretungsmacht der Gesellschaftsorgane, so ist ein beglaubigter und mit Apostille oder Legalisation versehener Handelsregisterauszug aus dem ausländischen Handelsregister nebst einer deutschen Übersetzung geeignet, den Nachweis der Existenz und der Vertretungsmacht der Handelnden zu führen.[156] Werden Handelsregister nicht geführt oder lassen sich ihnen nicht die erforderlichen Rechtsverhältnisse entnehmen, muss der Nachweis auf andere Unterlagen gestützt werden. In Betracht 114

---

151 S. hierzu EuGH, Urt. v. 16.12.2008, NJW 2009, 569 = NZG 2009, 61 = DStR 2009, 121 = ZIP 2009, 24 = EuZW 2009, 75 »Cartesio«.
152 Zudem orientiert sich der EFTA-Gerichtshof stark an der Rechtsprechung des EuGH, s. *Meilicke*, GmbHR 2003, 793, 798; *Zöllner*, GmbHR 2006, 1, 2; *Eidenmüller/Rehm*, Ausländische Kapitalgesellschaften im deutschen Recht, 2004, § 2 Rn. 47.
153 OLG Hamburg NJW 1986, 2199.
154 BGH NJW 1986, 2194.
155 BGH DNotZ 2009, 385 = EuZW 2009, 59 = BB 2009, 14; BGH NJW, 2002, 3539; OLG Hamburg NZG 2007, 597 = GmbHR 2007, 763 = AG 2007, 870.
156 Handelsregister werden beispielsweise geführt in Belgien, Frankreich, Italien, den Niederlanden, Österreich, Spanien.

kommen dabei insbesondere Satzungen, Vollmachtsurkunden sowie Bescheinigungen oder Zertifikate der zuständigen Registrierungsbehörden.

115 Von der Erteilung **notarieller Vertretungsbescheinigungen** auf der Grundlage ausländischer Handelsregisterauszüge durch einen deutschen Notar ist abzuraten, da die Zulässigkeit solcher Bescheinigungen umstritten ist[157] und Haftungsprobleme auslöst. Hat die ausländische Gesellschaft jedoch in Deutschland eine **Zweigniederlassung**, die im deutschen Handelsregister eingetragen ist, kann auf der Grundlage dieser Eintragung eine notarielle Vertretungsbescheinigung gemäß § 21 BNotO ausgestellt werden.[158] Der Zweck der §§ 13d ff. HGB besteht darin, im Fall der Errichtung einer inländischen Zweigniederlassung für eine ausländische Gesellschaft im Inland eine Handelsregistereintragung zu schaffen, auf die sich der inländische Rechtsverkehr verlassen kann und die ihm den gleichen Schutz gewährt, wie ihn das deutsche Recht auch für im Inland gegründete Gesellschaften vorsieht. Insoweit bezieht sich der Schutz des § 15 HGB in vollem Umfang auf sämtliche Eintragungen beim deutschen Handelsregister.[159]

116 Formal müssen diese ausländischen öffentlichen Urkunden den Anforderungen des § 415 ZPO genügen. Zum Beweis der Echtheit bedarf es der **Legalisation**[160] oder stattdessen einer **Apostille** gemäß dem Haager Übereinkommen vom 5. Oktober 1961 (BGBl. II 1965, S. 875). Legalisation und Apostille sind nach bestehenden Staatsverträgen und bilateralen Abkommen nicht selten entbehrlich.[161] Im Ausland errichtete fremdsprachige Urkunden können dem Gericht vorgelegt werden; regelmäßig verlangen die Gerichte jedoch eine deutsche Übersetzung, wozu sie gemäß § 142 Abs. 2 ZPO berechtigt sind. Gesellschaftsverträge oder Satzungen müssen zur Ermöglichung einer Einsichtnahme stets in deutscher Sprache oder mit deutscher Übersetzung[162] eingereicht werden.[163]

3. Abschluss des Gesellschaftsvertrags

a) Form des Gesellschaftsvertrags der GmbH und der UG (haftungsbeschränkt)

117 Der Abschluss des Gesellschaftsvertrags der GmbH und der Unternehmergesellschaft (haftungsbeschränkt) bedarf gemäß § 2 Abs. 1 GmbHG der **notariellen Beurkundung**. Das Beurkundungserfordernis gilt unabhängig davon, ob eine GmbH mit individuell gestaltetem Gesellschaftsvertrag oder in dem durch das MoMiG eröffneten vereinfachten Verfahren nach § 2 Abs. 1a GmbHG mit dem gesetzlichen Musterprotokoll gegründet wird. Beurkundungsbedürftig ist der gesamte Inhalt des Gesellschaftsvertrags, also nicht nur der nach § 3 Abs. 1 GmbHG notwendige Inhalt, sondern auch der fakultative Inhalt, soweit er unter § 3 Abs. 2 GmbHG fällt oder darüber hinaus körperschaftsrechtliche Wirkung, also Satzungscharakter hat.[164] Regelungen, die nicht nur für die Gründer, sondern darüber hinaus auch gegenüber künftigen Gesellschaftern und Dritten verbindlich sein sollen, sind demnach beurkundungsbedürftig.

118 Nicht beurkundungsbedürftig sind **schuldrechtliche Nebenabreden** der Gründer untereinander, die nur diese persönlich, wenn auch mit Bezug auf das Gesellschaftsverhältnis, binden.

---

157 Dafür *Melchior/Schulte*, NotBZ 2003, 344, 345; dagegen OLG Hamm NJW-RR 1995, 469.
158 DNotI Gutachten vom 8.10.2009.
159 DNotI Gutachten vom 8.10.2009.
160 Str., vgl. aber § 438 Abs. 2 ZPO; Musielak/*Huber*, ZPO, § 438 Rn. 2.
161 Übersicht bei Beck'sches Notarhandbuch/*Zimmermann*, Teil H Rn. 236 ff.
162 LG Düsseldorf NZG 1999, 730 = Rpfleger 1999, 334 zur Zulässigkeit der Abfassung der Satzung einer ausländischen GmbH in englischer Sprache.
163 *Heckschen/Heidinger*, Die GmbH in der Gestaltungs- und Beratungspraxis, § 2 Rn. 86.
164 Baumbach/Hueck/*Fastrich*, § 2 Rn. 12 m.w.N.

b) Form des GmbH & Co. KG-Vertrags

Fraglich ist, ob das für die Gründung einer GmbH bestehende Beurkundungserfordernis, deren Zweck die Übernahme der Stellung des persönlich haftenden Gesellschafters in einer Kommanditgesellschaft ist, auch den Gesellschaftsvertrag der **GmbH & Co. KG** erfasst. Grundsätzlich bedarf der Gesellschaftsvertrag der GmbH & Co. KG zu seiner Wirksamkeit keiner Form. Der **KG-Vertrag** ist jedoch ausnahmsweise dann formbedürftig, wenn er besondere Vereinbarungen beinhaltet, die die Notwendigkeit seiner Beurkundung begründen oder wenn die Errichtung der GmbH mit dem Abschluss des KG-Vertrags zusammenfällt und nach dem Willen der Beteiligten das eine Gesellschaftsverhältnis nicht ohne das andere begründet worden wäre, was in erster Linie bei Gesellschaften mit identischen Gesellschaftern der Fall sein kann.[165] Zu denken ist dabei insbesondere an folgende Fälle:

119

aa) Grundstückseinbringung und Grundstücksgesellschaft

Enthält der KG-Vertrag die Verpflichtung eines Gesellschafters, der KG ein Grundstück oder ein grundstücksgleiches Recht zu übertragen, so bedarf er gemäß § 311 b Abs. 1 S. 1 BGB notarieller Beurkundung. Gleiches gilt für den Fall, dass ein Gesellschafter der KG ein Vorkaufsrecht an einem Grundstück einräumt oder der KG-Vertrag die Verpflichtung enthält, beim Ausscheiden aus der Gesellschaft ein Grundstück oder eine Eigentumswohnung zu erwerben.[166] Dieses Beurkundungserfordernis kann leicht übersehen werden, wenn ein Grundstück oder ein grundstücksgleiches Recht nicht isoliert, sondern im Zusammenhang mit der Einbringung anderer Gegenstände, beispielsweise eines Handelsgeschäftes, zu dessen Vermögen ein Grundstück gehört, auf die KG zu übertragen ist.

120

Das Beurkundungserfordernis besteht nicht, wenn das Grundstück nur zur Nutzung (quoad usum) oder dem Werte nach (quoad sortem) eingebracht, das Eigentum zivilrechtlich also nicht übertragen wird.[167] Bei der Einbringung dem Werte nach kann der einbringende Gesellschafter entsprechend § 732 S. 1 BGB die Rückgabe des Grundstücks nach Auflösung der Gesellschaft verlangen, wird dann aber mit einem in die Auseinandersetzungsrechnung einzustellenden Anspruch auf Ausgleich des Wertes des betreffenden Gegenstandes belastet. Wird der KG bei einer Einbringung des Grundstücks zur Nutzung oder dem Werte nach aber ein Verwertungsrecht eingeräumt, beispielsweise für den Fall der Liquidation, greift das Beurkundungserfordernis des § 311 b BGB ein.[168]

121

Umstritten ist die Frage, ob und unter welchen Voraussetzungen § 311 b BGB auf den Abschluss von KG-Verträgen anwendbar ist, deren Zweck im Erwerb und Halten von Grundbesitz besteht.[169] Weitgehende Übereinstimmung besteht, dass es nicht zur Beurkundungspflicht führt, wenn der Zweck der Gesellschaft allgemein im Erwerb von Grundstücken besteht. Besteht der Zweck der Gesellschaft dagegen im Erwerb eines bestimmten Grundstücks, soll der Gesellschaftsvertrag beurkundungspflichtig sein. Für die notarielle Praxis ist in beiden Fällen als sicherer Weg die Beurkundung des KG-Vertrags zu empfehlen.

122

---

165 Vgl. dazu DNotI-Gutachten Nr. 60312 vom 11.7.2005.
166 Vgl. BGH NJW 1978, 2505; vgl. auch DStR 1998, 1724.
167 BGH WM 1965, 744, 745; ZIP 1998, 956.
168 BGH WM 1977, 196 f.; *Reimann*, DStG 1991, 154/155.
169 Vgl. BGH DNotZ 1997, 40 = NJW 1996, 1279; WM 1997, 2220; *Wenz*, MittRhNotK 1996, 377; *Ulmer/Loebbe*, DNotZ 1998, 711 jew. m.w.N.

bb) Geschäftsanteilseinbringung und Geschäftsanteilsabtretungsverpflichtung

123 Verpflichtet sich ein KG-Gesellschafter im KG-Vertrag, einen Geschäftsanteil an einer GmbH in die KG einzubringen (beispielsweise zur Bildung von Holdinggesellschaften), unterliegt der KG-Vertrag gemäß § 15 Abs. 4 GmbHG dem Erfordernis der notariellen Beurkundung.

124 Häufig übersehen wird dieses Formerfordernis, wenn im Gesellschaftsvertrag einer GmbH & Co. KG die Verpflichtung enthalten ist, zugleich mit dem KG-Anteil auch den Geschäftsanteil an der Komplementär-GmbH zu übertragen, um eine stetige Beteiligungsidentität der Gesellschafter an beiden Gesellschaften zu gewährleisten. Ist eine solche Pflicht zur Übertragung eines Geschäftsanteils im Gesellschaftsvertrag der KG enthalten, ist der gesamte Kommanditgesellschaftsvertrag nach § 15 Abs. 4 GmbHG beurkundungspflichtig.[170]

cc) Schenkung

125 Aus § 518 BGB ergibt sich in dem Fall, dass die Einlage eines Gesellschafters von einem anderen Gesellschafter aufgebracht wird (sog. »Einbuchungsfälle«)[171] für die Wirksamkeit des KG-Vertrags im Ergebnis kein Formproblem.

126 Wird einem persönlich haftenden Gesellschafter einer KG die Gesellschafterstellung durch Einbuchung ohne Gegenleistung verschafft, muss der Betreffende selbst also keine Einlage leisten, handelt es sich nicht um eine Schenkung, auch nicht um eine gemischte Schenkung der Gesellschafterstellung, da es am für eine Schenkung erforderlichen Merkmal der Unentgeltlichkeit dieser Zuwendung fehlt.[172] Die Gegenleistung besteht nach Auffassung des BGH darin, dass der Gesellschafter die persönliche Haftung sowie die Beteiligung an einem etwaigen Verlust übernimmt und im Regelfall zum Einsatz seiner vollen Arbeitskraft verpflichtet ist. Das steht der Annahme auch nur einer gemischten Schenkung grundsätzlich entgegen.[173] Allerdings hat der BGH anerkannt, dass ein Kommanditanteil Gegenstand einer Schenkung sein kann.[174]

127 Liegt danach eine Schenkung vor, führt die Formvorschrift des § 518 BGB jedoch nicht zwangsläufig zur Beurkundungsbedürftigkeit des KG-Vertrages. Auseinanderzuhalten sind insoweit die Schenkung einerseits und ihr Vollzug andererseits. Lediglich das Schenkungsversprechen ist formbedürftig. Unterbleibt eine Beurkundung des Schenkungsversprechens, wird dieser Formmangel gemäß § 518 Abs. 2 BGB durch Bewirkung der versprochenen Leistung, den Abschluss des Gesellschafts- bzw. Beitrittsvertrages geheilt. Die Begründung der Gesellschafterstellung ist Vollzug.

dd) Verpflichtung zum Abschluss eines Ehevertrags oder Pflichtteilsverzichtsvertrags

128 Beinhaltet der KG-Vertrag schließlich die Verpflichtung zum Abschluss eines Ehevertrags oder zum Abschluss eines Pflichtteilsverzichtsvertrags, so erfasst die Beurkundungsbedürftigkeit dieser Vorgänge auch den KG-Vertrag.[175]

---

170 Scholz/Winter, § 15 Rn. 54 m.w.N.; Hopt/Volhard/Tischbirek, Vertrags- und Formularbuch zum Handels-, Gesellschafts- und Bankrecht, S. 558 m.w.N.
171 Vgl. K. Schmidt, BB 1990, 1992.
172 BGH DNotZ 1959, 549; WM 1965, 359; WM 1977, 862; WM 1981, 623, 624.
173 BGH a.a.O.; anders aber der BFH BStBl. II 1992, 923; siehe zum Ganzen Wiedemann/Heinemann, DB 1990, 1992; Jülicher, ZGR 1996, 82.
174 BGH DNotZ 1991, 819 = NJW 1990, 2616 = BGHZ 112, 40.
175 DNotI-Gutachten Nr. 71662 vom 31.10.2006.

c) Beurkundungstechnik

Für die **Errichtung der Niederschrift** gelten die Bestimmungen der §§ 8 ff. BeurkG. Beurkundungstechnisch ist zwischen dem individuell gestalteten Gesellschaftsvertrag einerseits und dem gesetzlichen Musterprotokoll andererseits zu unterscheiden. **129**

aa) Individuell gestalteter Gesellschaftsvertrag

Bei der Errichtung mittels eines **individuell gestalteten Gesellschaftsvertrages** besteht beurkundungstechnisch zum einen die Möglichkeit, ein Gründungsprotokoll zu beurkunden und gemäß § 9 Abs. 1 S. 2 BeurkG den Gesellschaftsvertrag als Anlage dazu zu nehmen. Möglich ist jedoch auch, von der Trennung der Satzung im Wege der Anlage zur Gründungsurkunde abzusehen.[176] **130**

Die **Trennung** von **Gründungsprotokoll** einerseits und Gesellschaftsvertrag im engeren Sinne (Satzung) andererseits ist zu bevorzugen. Sie erleichtert später die Erteilung der Bescheinigung des Notars nach § 54 Abs. 1 S. 2 GmbHG. Zudem wird auf diese Weise deutlich, welche Vereinbarungen der Gründer Bestandteile des Gesellschaftsvertrages und damit »echte« Satzungsbestandteile im Sinne der §§ 53 f. GmbHG sind.[177] Entscheidet man sich für die Beurkundung des Gründungsprotokolls und der **Satzung als Anlage** hierzu, ist zu beachten, dass nach der Rechtsprechung[178] in entsprechender Anwendung des § 54 Abs. 1 S. 2 GmbHG die vollständige und geschlossene Zusammenfassung des Gesellschaftsvertrages in einem Schriftstück schon bei Gründung erforderlich ist. Dies bedeutet, dass alle im Gesellschaftsvertrag im engeren Sinne (Satzung) erforderlichen Bestimmungen in der Anlage wiederholt werden müssen, auch soweit sie bereits im Gründungsprotokoll enthalten sind. Dies gilt insbesondere in Ansehung der Geschäftsanteile und der Person ihrer Übernehmer und der Gründungskosten.[179] Umstritten ist, wie lange diese Angaben zu den Gründungskosten, zu den Geschäftsanteilen und zu der Person der Übernehmer im Gesellschaftsvertrag verbleiben müssen.[180] Die Beibehaltung der Angaben über die Person der Übernehmer ist nach h.M. jedenfalls nach Volleinzahlung des Stammkapitals nicht mehr erforderlich.[181] **131**

Formulierungsvorschlag: GmbH-Gründungsprotokoll mit Satzung als Anlage **132 M**
UR.Nr: ....../......
    Verhandelt zu ... am ...
    Vor Notar/in Dr. vin ...
    erschienen

1. Herr/Frau ..., geboren am ..., wohnhaft ..., ..., ausgewiesen durch ...
2. Herr/Frau ..., geboren am ..., wohnhaft ..., ..., ausgewiesen durch ...
3. Herr/Frau ..., geboren am ..., wohnhaft ..., ..., ausgewiesen durch ..., hier nicht handelnd im eigenen Namen, sondern als alleiniger und von den Beschränkungen des § 181 BGB befreiter Geschäftsführer der und für die im Handelsregister des Amtsgerichts ... unter HR B eingetragenen Gesellschaft mit beschränkter Haftung unter der Firma ..., was der Notar hiermit aufgrund heutiger Einsichtnahme in das Handelsregister des Amtsgerichts ... bescheinigt, mit der Geschäftsanschrift ...

---

176 *Winkler*, DNotZ 1980, 578; *Röll*, DNotZ 1981, 16; GmbHR 1982, 251.
177 So auch Kersten/Bühling/*Kanzleiter*, § 142 Rn. 21; Beck'sches Notarhandbuch/*Mayer/Weiler*, Teil D I Rn. 11.
178 OLG Stuttgart DNotZ 1979, 359; OLG Frankfurt a.M. DNotZ 1981, 706.
179 OLG Stuttgart DNotZ 1979, 359; OLG Frankfurt a.M. DNotZ 1981, 706.
180 Siehe dazu *Winkler*, DNotZ 1980, 578; *Röll*, DNotZ 1981, 16; GmbHR 1982, 251; *Riester*, GmbHR 1973, 169 und die Nachweise bei BayObLG DNotZ 1982, 177.
181 BayObLG DB 1971, 88; ZIB 1996, 2109; OLG Frankfurt a.M. BB 1981, 695.

2. Kapitel Recht der Gesellschaft mit beschränkter Haftung

Diese erklärten, teils handelnd wie angegeben:

I. Wir errichten hiermit eine Gesellschaft mit beschränkter Haftung unter der Firma ... GmbH und vereinbaren für diese Gesellschaft den dieser Urkunde als Anlage beigefügten Gesellschaftsvertrag, auf den hiermit verwiesen wird.

II. Unter Abhaltung einer ersten Gesellschafterversammlung der Gesellschaft mit beschränkter Haftung fassen wir folgende Gesellschafterbeschlüsse:
Zu ... stets einzelvertretungsberechtigten Geschäftsführern für die Gesellschaft mit beschränkter Haftung werden bestellt:
1. ..., ... (Beruf), geboren am ..., wohnhaft ...,
2. ..., ... (Beruf), geboren am ..., wohnhaft ...,
Herr/Frau ... und Herr/Frau ... sind beide jeweils von den Beschränkungen des § 181 des Bürgerlichen Gesetzbuches befreit.

III. Die Geschäftsanschrift der Gesellschaft lautet: ... (Adresse).

IV. Die Gesellschafter bevollmächtigen hiermit unter Befreiung von den in § 181 des Bürgerlichen Gesetzbuches geregelten Beschränkungen
a) Notarfachangestellte ..., geboren am ...,
b) Notarfachangestellte ..., geboren am ...,
beide dienstansässig ..., und zwar jede allein und mit der Berechtigung zur Erteilung von Untervollmacht, bis zur Eintragung der Gesellschaft in das Handelsregister alle Rechtsgeschäfte und Rechtshandlungen vorzunehmen, die vom Amtsgericht, der Industrie- und Handelskammer oder anderen Behörden zur Eintragung der Gesellschaft in das Handelsregister erfordert werden, insbesondere auch den Gesellschaftsvertrag der Gesellschaft einschließlich ihrer Firmierung zu ändern und die in diesem Zusammenhang erforderlich werdenden Registeranmeldungen zu unterzeichnen.
Weiter bevollmächtigen die Gesellschafter hiermit einen jeden von ihnen je einzeln und unter Befreiung von den in § 181 des Bürgerlichen Gesetzbuches geregelten Beschränkungen, den Gesellschaftsvertrag und die Anmeldung zum Handelsregister bis zur Eintragung der Gesellschaft in das Handelsregister abzuändern und zu ergänzen, soweit Änderungen vom Amtsgericht, der Industrie- und Handelskammer oder anderen Behörden erfordert werden.

V. Belehrungshinweise[182]
Diese Niederschrift und die Anlage hierzu wurden vorgelesen, von den Erschienenen genehmigt und von ihnen sowie dem Notar unterschrieben.

(Unterschriften der Beteiligten)
(Unterschrift des Notars)

bb) Musterprotokoll

133 Für die Gründung der GmbH im **vereinfachten Verfahren** gemäß § 2 Abs. 1a GmbHG ist abweichend von den vorstehenden Ausführungen zwingend eines der in der Anlage zum GmbHG enthaltenen **Musterprotokolle** zu verwenden. Diese beinhalten auch die Satzung und gelten gemäß § 2 Abs. 1a S. 4 GmbHG zugleich als Gesellschafterliste. Die Gründung im vereinfachten Verfahren ist nur möglich, wenn die Gesellschaft höchstens drei Gesellschafter und lediglich einen Geschäftsführer hat, der nach dem Inhalt des Musterprotokolls immer zwingend von den Beschränkungen des § 181 BGB befreit ist. Bei einer Gründung im Wege des vereinfachten Verfahrens, ist das Musterprotokoll unverändert zu

---

[182] Ausführlicher Formulierungsvorschlag hierzu bei *Heckschen/Heidinger*, Die GmbH in der Gestaltungs- und Beratungspraxis, § 2 Rn. 124.

übernehmen. Individuelle Vereinbarungen durch Streichungen und Ergänzungen können nicht aufgenommen werden. Wird gleichwohl eine Änderung vorgenommen, entfallen die mit dem Musterprotokoll verbundenen Erleichterungen und die kostenrechtliche Bevorzugung der Gründung nach § 41 d KostO. Außerdem ist nicht auszuschließen, dass die Eintragung der GmbH vom Registergericht mit der (unzutreffenden) Begründung abgelehnt wird, dass durch die Bezugnahme auf § 2 Abs. 1a GmbHG eine Auslegung des modifizierten Musterprotokolls als »normales« Gründungsprotokoll mit Satzung und Geschäftsführerbestellung nicht möglich sei.

4. Geschäftsführerbestellung, § 6 GmbHG

a) Bestellungsvorgang

aa) Bestellung im Gesellschaftsvertrag oder durch Gesellschafterbeschluss

Zu Geschäftsführern können gemäß § 6 Abs. 3 S. 1 GmbHG sowohl Gesellschafter als auch andere Personen bestellt werden. Die **Bestellung** erfolgt gemäß § 6 Abs. 3 S. 2 GmbHG entweder im Gesellschaftsvertrag oder nach Maßgabe der Bestimmungen des dritten Abschnitts des GmbHG, also durch Gesellschafterbeschluss gemäß § 46 Nr. 5 GmbHG, sofern diese Zuständigkeit nicht durch den Gesellschaftsvertrag auf einen Aufsichtsrat, Beirat oder Gesellschafterausschuss übertragen worden ist. **134**

Die Bestellung bedarf in jedem Falle der **Annahme** durch den Geschäftsführer. Die Annahme unterliegt keiner besonderen Form. Bei Bestellung eines Gesellschafter-Geschäftsführers im Gesellschaftsvertrag liegt die Annahme in der Unterzeichnung desselben. Bei Bestellung durch Gesellschafterbeschluss wird die Annahme durch die Vornahme der Handelsregisteranmeldung zum Ausdruck gebracht.[183] **135**

Erfolgt die Bestellung des Geschäftsführers im **Gesellschaftsvertrag**, sollte klargestellt werden, ob es sich dabei um einen echten oder um einen unechten Satzungsbestandteil handelt. Fehlt es an dieser Klarstellung, handelt es sich im Zweifel um einen unechten Satzungsbestandteil.[184] Handelt es sich bei der Bestellung des Geschäftsführers im Gesellschaftsvertrag ausnahmsweise um einen echten Satzungsbestandteil, kann die Abberufung des Geschäftsführers wie auch die Änderung seiner Vertretungsbefugnis grundsätzlich nur im Weg der Satzungsänderung unter Beachtung der dafür geltenden besonderen Form- und Mehrheitserfordernisse erfolgen. Die Abberufung aus wichtigem Grund bleibt jedoch auch in diesem Fall gemäß § 38 Abs. 2 GmbHG möglich. Noch stärker ist die Rechtsposition des Geschäftsführers, wenn mit seiner Bestellung im Gesellschaftsvertrag ein **Sonderrecht** auf Geschäftsführung begründet wird. In diesem Fall bedarf seine Abberufung grundsätzlich einer Satzungsänderung, die nach § 35 BGB nur mit seiner Zustimmung erfolgen kann.[185] Handelt es ich hingegen um einen unechten Satzungsbestandteil, kann der Geschäftsführer mit einfacher Mehrheit durch Gesellschafterbeschluss gemäß § 46 Nr. 5 GmbHG abberufen und seine Vertretungsbefugnis geändert werden. **136**

Bei Gründung der GmbH oder UG haftungsbeschränkt gemäß § 2 Abs. 1a GmbHG im Wege des **vereinfachten Verfahrens** sieht Ziffer 4 des Musterprotokolls die Bestellung des Geschäftsführers der Gesellschaft vor. Dabei lässt der Wortlaut des Musterprotokolls offen, ob es sich dabei um eine satzungsmäßige Bestellung oder lediglich um einen in das Musterprotokoll aufgenommenen Bestellungsbeschluss handelt. Die Aufnahme einer klarstellenden Regelung in das Musterprotokoll erscheint vor diesem Hintergrund naheliegend und sachlich geboten. Gleichwohl sollte eine solche Änderung des Musterprotokolls **137**

---

183 Lutter/Hommelhoff/*Kleindiek*, § 6 Rn. 42 f.
184 Baumbach/Hueck/*Fastrich*, § 6 Rn. 26 m.w.N.; Gutachten des DNotI, Fax-Abruf-Nr. 90975, 3. März 2009.
185 Michalski/*Heyder*, § 6 Rn. 49.

unterbleiben, da Änderungen des Musterprotokolls vor dem Hintergrund des §2 Abs. 1a S. 3 GmbHG, wonach »keine vom Gesetz abweichenden Bestimmungen« getroffen werden dürfen, überwiegend für unzulässig erachtet werden. Daher ist es insbesondere nicht möglich, im Verfahren der vereinfachten Gründung zusätzliche Bestimmungen in die Urkunde mit aufzunehmen oder bei der Gründung mehrere Geschäftsführer zu bestellen.[186] Nach jetzt h.M. hat der im **Musterprotokoll** bestellte Geschäftsführer weder ein satzungsmäßiges Geschäftsführungsrecht noch Sonderrechte. Dementsprechend kann er mit einfacher Mehrheit durch Gesellschafterbeschluss abberufen werden. Bei der im Musterprotokoll enthaltenen Geschäftsführerbestellung handelt es sich nach h.M. um einen sogenannten »unechten« Satzungsbestandteil.[187]

138 Die Bestellung des Geschäftsführers kann gemäß §§6 Abs. 3 S. 2, 46 Nr. 5 GmbHG auch durch **Gesellschafterbeschluss** erfolgen. Bei der Gründung der GmbH wird dieser Beschluss im Gründungsprotokoll festgehalten, wenn man sich der Möglichkeit der Trennung des Gründungsvorgangs in einen Urkundenhauptteil (Mantelurkunde) und in eine Anlage (Satzung) bedient. Anderenfalls kann der Gesellschafterbeschluss zur Bestellung des Geschäftsführers auch im Anschluss an die Satzung beurkundet werden.

139 Mit der Bestellung wird der Geschäftsführer zum Organ der GmbH. Zu unterscheiden davon ist der Abschluss des **Anstellungsvertrages**, bei dem es sich um einen Dienstvertrag handelt.[188] In der Bestellung allein ist grundsätzlich noch nicht der Abschluss eines Dienstvertrages zu sehen. Ebensowenig darf die Abberufung des Geschäftsführers mit der Kündigung seines Dienstverhältnisses gleichgesetzt werden.[189]

bb) Befristete und bedingte Bestellung

140 Die aufschiebend **befristete Bestellung** eines Geschäftsführers ist zulässig.[190] Eingetragen werden kann der Beschluss in das Handelsregister allerdings nicht vor Ablauf der Frist, da die Wirkungen der Beschlussfassung erst dann eintreten.

141 Streitig ist, ob eine **bedingte Geschäftsführerbestellung** trotz der damit verbundenen Rechtsunsicherheit zulässig ist. Für die auflösend bedingte Geschäftsführerbestellung hat der BGH dies bejaht, weil dadurch Belange der Rechtssicherheit nicht in stärkerem Maße als bei einer anderen Form der Abberufung berührt werden.[191] Ob dies auch für die aufschiebend bedingte Geschäftsführerbestellung gilt, hat der BGH nicht ausdrücklich ausgesprochen; er hat in seiner Argumentation jedoch nicht zwischen der auflösend bedingten und der aufschiebend bedingten Geschäftsführerbestellung unterschieden, so dass auch diese zulässig sein dürfte, wenn der Schwebezustand bis zur Annahme der Bestellung durch den Geschäftsführer beendet wird.[192] Die Eintragung des aufschiebend bedingt bestellten Geschäftsführers im Handelsregister kann erst mit Bedingungseintritt erfolgen, da die Anmeldung bedingter Tatsachen unzulässig ist.[193] Bei der Anmeldung ist der Bedingungseintritt dem Registergericht nachzuweisen.

---

186 Siehe dazu DNotI-Report 2009, 57.
187 *Heckschen*, DStR 2009, 166, 167; *Tebben*, RNotZ 2008, 441, 443 f.; Gutachten des DNotI, Fax -Abruf-Nr.: 90975, 3. März 2009.
188 Siehe dazu *Jaeger*, Der Anstellungsvertrag des GmbH-Geschäftsführers, S. 33 ff., 47 ff.; *Nägele*, BB 2001, 305; zur Sozialversicherungspflicht des Geschäftsführers: Baumbach/Hueck/*Fastrich*, §35 Rn. 22; Hessisches LSG ZIP 2007, 545 ff. = GmbHR 2007, 487 ff.
189 *Jaeger*, Der Anstellungsvertrag des GmbH-Geschäftsführers, S. 33 ff.
190 OLG Hamm, Beschl. vom 8.2.2007 – 15 W 34/07; 15 W 414/06, RNotZ 2007, 289 = GmbHR 2007, 762.
191 BGH, Urt. v. 24.10.2006 – II ZR 55/04, DNotZ 2006, 214 = NotBZ 2006, 18 = NZG 2006, 62 = ZIP 2005, 2255.
192 Lutter/Hommelhoff/*Kleindiek*, §6 Rn. 41.
193 OLG Düsseldorf, Beschl. v. 15.12.1999 – 3 Wx 354/99, DNotZ 2000, 529 = MittRhNotK 2000, 77 = NZG 2000, 262; *Gustavus*, Handelsregisteranmeldungen, S.7.

Die auflösende Bedingung und die Befristung sind nach h.M. nicht im Handelsregister eintragungsfähig.[194] **142**

b) Bestellungshindernisse

Geschäftsführer kann gemäß § 6 Abs. 2 GmbHG nur eine **natürliche, unbeschränkt geschäftsfähige Person** sein. Geschäftsunfähige und beschränkt Geschäftsfähige sind als Geschäftsführer ausgeschlossen. Für Minderjährige gilt dieser Ausschluss auch bei Vorliegen einer Ermächtigung nach §§ 112, 113 BGB sowie bei Handeln des gesetzlichen Vertreters und familiengerichtlicher Genehmigung. Ausgeschlossen sind gemäß § 6 Abs. 2 S. 2 Nr. 1 GmbHG auch Betreute, wenn sie ganz oder teilweise einem Einwilligungsvorbehalt gemäß § 1903 BGB unterliegen. Ausgeschlossen sind schließlich auch juristische Personen und sonstige Personengesamtheiten. **143**

Zu Geschäftsführern können Gesellschafter aber auch andere natürliche Personen bestellt werden, die nicht an der GmbH beteiligt sind. Der Grundsatz der **Selbstorganschaft** gilt – anders als im Personengesellschaftsrecht – nicht. **144**

Ausländer können zu Geschäftsführern bestellt werden. Wohnsitz oder ständiger Aufenthalt, Arbeits- oder Gewerbeerlaubnis im Inland sind dafür nicht Voraussetzung.[195] Bislang hat jedoch vor allem die Rechtsprechung und ein Teil der Registerpraxis die Zulässigkeit der Bestellung eines Ausländers zum Geschäftsführer vom Bestehen einer jederzeitigen Einreisemöglichkeit abhängig gemacht, da die Erfüllung der gesetzlichen Mindestpflichten nur dann gewährleistet sei. Danach können EU-Ausländer sowie Ausländer aus jenen Nicht-EU-Staaten, die nach Anhang II der EU-Visums-Verordnung (»Positivliste«) für Aufenthalte bis zu drei Monaten keinen Aufenthaltstitel benötigen, ohne weiteres zu Geschäftsführern bestellt werden. Streitig ist, ob die Bestellung sonstiger Ausländer und ihre Eintragung in das Handelsregister an die Vorlage einer entsprechenden Aufenthalts- bzw. Einreiseerlaubnis geknüpft werden darf.[196] Da die GmbH nach Streichung des § 4a Abs. 2 GmbHG durch das MoMiG ihren Verwaltungssitz auch im Ausland nehmen und nach § 8 Abs. 3 S. 2 GmbHG in der Fassung des MoMiG die Belehrung des Geschäftsführers auch schriftlich oder durch einen ausländischen Notar erfolgen kann und durch Einsatz moderner Kommunikationsmittel die Wahrnehmung der Aufgaben auch vom Ausland aus möglich ist, erscheint es nicht mehr gerechtfertigt, die jederzeitige Einreisemöglichkeit zur Voraussetzung für die Bestellung zum Geschäftsführer zu erheben. Für die Praxis empfiehlt es sich, die Problematik vorab mit dem zuständigen Handelsregister zu klären. **145**

Die **Ausschlussgründe** in § 6 Abs. 2 S. 2 GmbHG wurden durch das MoMiG erheblich erweitert. Danach kann jetzt nicht mehr zum Geschäftsführer bestellt werden, wer **146**

1. als Betreuer bei der Besorgung seiner Vermögensangelegenheiten ganz oder teilweise einem Einwilligungsvorbehalt (§ 1903 des Bürgerlichen Gesetzbuchs) unterliegt,
2. aufgrund eines gerichtlichen Urteils oder einer vollziehbaren Entscheidung einer Verwaltungsbehörde einen Beruf, einen Berufszweig, ein Gewerbe oder einen Gewerbezweig nicht ausüben darf, sofern der Unternehmensgegenstand ganz oder teilweise mit dem Gegenstand des Verbots übereinstimmt,
3. wegen einer oder mehrerer vorsätzlich begangener Straftaten
   – des Unterlassens der Stellung des Antrags auf Eröffnung des Insolvenzverfahrens (Insolvenzverschleppung),

---

194 DNotI-Gutachten, Nr. 87121 vom 30.7.2008.
195 Insoweit allg.M., Baumbach/Hueck/*Fastrich*, § 6 Rn. 9 m.w.N.
196 Dafür OLG Celle ZIP 2007, 1157 = NZG 2007, 633; OLG Köln GmbHR 1999, 182 =; OLG Hamm GmbHR 1999, 1089 = ZIP 1999, 1919; OLG Zweibrücken NZG 2001, 857; Michalski/*Heyder*, § 6 Rn. 30; Scholz/*Schneider*, § 6 Rn. 17 ff.; dagegen Baumbach/Hueck/*Fastrich*, § 6 Rn. 9; Baumbach/Hueck/Zöllner/*Noack*, § 39 Rn. 21; Lutter/Hommelhoff/*Kleindiek*, § 6 Rn. 15; *Bohlscheid*, RNotZ 2005, 525 f.

- nach den §§ 283 bis 283 d des Strafgesetzbuchs (Insolvenzstraftaten),
- der falschen Angaben nach § 82 des GmbH-Gesetzes oder § 399 des Aktiengesetzes,
- der unrichtigen Darstellung nach § 400 des Aktiengesetzes, § 331 des Handelsgesetzbuchs, § 313 des Umwandlungsgesetzes oder § 17 des Publizitätsgesetzes oder
- nach den §§ 263 bis 264a oder den §§ 265b bis 266a des Strafgesetzbuchs zu einer Freiheitsstrafe von mindestens einem Jahr

verurteilt worden ist; dieser Ausschluss gilt für die Dauer von fünf Jahren seit der Rechtskraft des Urteils, wobei die Zeit nicht eingerechnet wird, in welcher der Täter auf behördliche Anordnung in einer Anstalt verwahrt worden ist.

147 Die Regelung des § 6 Abs. 2 S. 2 Nr. 3 gilt entsprechend bei einer Verurteilung im Ausland wegen einer Tat, die mit den in § 6 Abs. 2 S. 2 Nr. 3 genannten Taten vergleichbar ist.

148 Die Bestellung des Geschäftsführers ist **unwirksam**, wenn sie gegen einen der in § 6 Abs. 2 GmbHG genannten Ausschlussgründe verstößt. Tritt ein Bestellungshindernis nachträglich ein, führt dies ohne weiteres zum sofortigen Amtsverlust.[197]

c) Belehrung § 53 Abs. 2 BZRG, § 8 Abs. 3 S. 2 GmbHG

149 Gemäß § 8 Abs. 3 S. 2 GmbHG hat der Notar den Geschäftsführer über seine unbeschränkte Auskunftspflicht gegenüber dem Registergericht nach § 53 Abs. 2 des Bundeszentralregistergesetzes zu belehren. Die Belehrung nach § 53 Abs. 2 des Bundeszentralregistergesetzes kann schriftlich vorgenommen werden; sie kann auch durch einen Notar oder einen im Ausland bestellten Notar, durch einen Vertreter eines vergleichbaren rechtsberatenden Berufs oder einen Konsularbeamten erfolgen. Dies erleichtert das Verfahren, wenn die Geschäftsführer sich im Ausland aufhalten.[198]

d) Bedeutung des § 181 BGB bei der Gründung

150 Die Anwendbarkeit des § 181 BGB im Gesellschaftsrecht auf das Handeln der organschaftlichen Vertreter der Gesellschaften ist heute allgemein anerkannt. Auch der Gesetzgeber bringt dies mittelbar in § 35 Abs. 3 GmbHG zum Ausdruck. Nach der Bestimmung des § 181 BGB kann ein Vertreter im Namen des Vertretenen mit sich im eigenen Namen oder als Vertreter eines Dritten ein Rechtsgeschäft nicht vornehmen, es sei denn, dass das Rechtsgeschäft ausschließlich in der Erfüllung einer Verbindlichkeit besteht, oder dass ihm die Vornahme des Rechtsgeschäfts gestattet ist. Bedeutung hat die Regelung des § 181 BGB demnach nicht nur für das spätere Handeln der bei der GmbH-Gründung für die GmbH bestellten Geschäftsführer, sondern auch für den Gründungsvorgang selbst, da die Bestimmung des § 181 BGB auch auf den Abschluss und die Änderung eines Gesellschaftsvertrags anwendbar ist.[199]

151 Darüber hinausgehende Bedeutung hat § 181 BGB, wenn eine Gesellschaft eine **Tochtergesellschaft** gründen will und der gesetzliche Vertreter der Muttergesellschaft auch zum gesetzlichen Vertreter der Tochter-GmbH bestellt werden soll. Denn auch auf diesen Fall der Stimmrechtsausübung juristischer Personen durch ihre Organe, etwa durch den Vorstand einer Genossenschaft oder AG, die an der gegründeten GmbH beteiligt ist oder die Geschäftsführer einer GmbH, die an einer Tochter-GmbH beteiligt ist, findet § 181 BGB

---

197 Baumbach/Hueck/*Fastrich*, § 6 Rn. 17 m.w.N.; Lutter/Hommelhoff/*Kleindiek*, § 6 Rn. 12; Heckschen/Heidinger, Die GmbH in der Gestaltungs- und Beratungspraxis, § 6 Rn. 16 m.w.N.
198 Formulierungsbeispiel zur unbeschränkten Auskunftspflicht siehe Rdn. 467 M.
199 BGHZ 65, 93 ff. = BGH NJW 1976, 49, 50 = MittBayNot 1975, 263; DNotZ 1989, 26, 27 = NJW 1989, 168, 169.

Anwendung.[200] Die Bestellung des organschaftlichen Vertreters der Muttergesellschaft zum Geschäftsführer der Tochtergesellschaft ist demnach nur wirksam, wenn der den Bestellungsbeschluss für die Muttergesellschaft fassende gesetzliche Vertreter von den Beschränkungen des § 181 BGB wirksam befreit ist. Fehlt es an einer solchen Befreiung, ist die Stimmabgabe schwebend unwirksam. Bei einer Mehr-Personen-GmbH ist der mit der schwebend unwirksamen Stimmabgabe zustande gekommene Beschluss anfechtbar.[201] Bei einer Einmann-Gesellschaft bewirkt die Unwirksamkeit der Stimmabgabe darüber hinausgehend die Unwirksamkeit des Beschlusses.[202] Vorstehende Grundsätze finden jedoch keine Anwendung auf die Beschlussfassung des Einmanngesellschafters, soweit er selbst abstimmt.[203]

Handelt es sich bei der **Muttergesellschaft** um eine Aktiengesellschaft oder Genossenschaft, stellt sich die bislang nicht geklärte weitere Frage, ob die Bestellung eines Vorstands der Muttergesellschaft in ein Organ der Tochtergesellschaft als Vertretung der Muttergesellschaft gegenüber dem Vorstand gilt mit der Folge, dass gemäß §§ 112 AktG, 39 GenG bei (Mutter-) Aktiengesellschaften und Genossenschaften selbst bei Personenverschiedenheit des die Muttergesellschaft Vertretenden Vorstandsmitglieds und des zum Geschäftsführer der Tochter-GmbH bestellten Vorstandsmitglieds der Muttergesellschaft nicht der Vorstand, sondern der Aufsichtsrat der Muttergesellschaft für deren Vertretung bei der Bestellung ihres Vorstandsmitglieds zum Geschäftsführer der Tochter-GmbH zuständig wäre. Danach könnte das AG-Vorstandsmitglied ohne entsprechende Bevollmächtigung durch den Aufsichtsrat nicht wirksam zum Geschäftsführer der GmbH bestellt werden.[204] **152**

An der Bestellung der Geschäftsführer der Tochter-GmbH sollte man in solchen Fällen vor diesem Hintergrund vorsorglich mitwirken lassen: **153**

- die zu wählenden Vorstände der Muttergesellschaft,
- sonstige weitere Vorstände der Muttergesellschaft,
- sämtliche Aufsichtsratmitglieder, und zwar beim Bestellungsakt selbst zur Wahrung der Kompetenzverteilung des § 112 AktG sowie zur Befreiung etwa selbst handelnder Vorstände von § 181 BGB erste und zweite Alternative.

Werden diese Voraussetzungen nicht beachtet, ist bei Bejahung der Anwendbarkeit der §§ 112 AktG, 39 GenG auf diesen Fall eine gleichwohl vorgenommene Bestellung des Vorstandsmitglieds der Mutter-Gesellschaft zum Geschäftsführer der Tochter-GmbH nach neuerer Auffassung schwebend unwirksam und die Gesellschaft daher (noch) nicht ordnungsgemäß nach §§ 7, 8, 78 GmbHG angemeldet.[205] **154**

Fraglich ist, ob ein vom Verbot des § 181 BGB nicht befreiter Geschäftsführer einer GmbH, die ihrerseits eine Tochter-GmbH gründet, bei deren Gründung mitwirken kann **155**

---

200 Baumbach/Hueck/*Zöllner*, § 47 Rn. 60; BayObLG DNotZ 2001, 887 = ZNotP 2001, 72 = NZG 2001, 128 = ZIP 2001, 70 = DNotI-Report 2001, 7 = GmbHR 2001, 72.
201 BayObLG DNotZ 2001, 887 = ZNotP 2001, 72 = NZG 2001, 128 = ZIP 2001, 70 = DNotI-Report 2001, 7 = GmbHR 2001, 72.
202 BayObLG DNotZ 2001, 887 = ZNotP 2001, 72 = NZG 2001, 128 = ZIP 2001, 70 = DNotI-Report 2001, 7 = GmbHR 2001, 72; Baumbach/Hueck/*Zöllner*, § 47 Rn. 65.
203 Baumbach/Hueck/*Zöllner*, § 47 Rn. 60.
204 So LG Berlin NJW-RR 1997, 1534 = GmbHR 1997, 750 = Rpfleger 1997, 312; wohl auch *Heckschen/Heidinger*, Die GmbH in der Gestaltungs- und Beratungspraxis, § 6 Rn. 37; das BayObLG DNotZ 2001, 887 = ZNotP 2001, 72 = NZG 2001, 128 = ZIP 2001, 70 = DNotI-Report 2001, 7 = GmbHR 2001, 72 übergeht die Zuständigkeitsfrage und befasst sich nur mit der der Organzuständigkeit logisch nachgelagerten Frage der Vertretungsbefugnis und der Befreiungsmöglichkeit nach § 181 BGB.
205 LG Berlin NJW-RR 1997, 1534 = GmbHR 1997, 750 = Rpfleger 1997, 312; vgl. auch OLG Karlsruhe AG 1996, 224; OLG Celle AG 2003, 433 = BB 2002, 1483; OLG München WM 2008, 73 = ZIP 2008, 220; *Hüffer*, § 112 AktG Rn. 7; a.A. für endgültige Unwirksamkeit K. Schmidt/Lutter/*Drygala*, § 112 AktG Rn. 19.

und deren (mit ihm nicht identischen) **Geschäftsführer** bestellen und **von § 181 BGB befreien** kann, wenn entweder die Satzung der Tochter-GmbH selbst deren Geschäftsführer von dem Verbot des § 181 BGB befreit oder aber eine entsprechende Ermächtigung der Gesellschafterversammlung dazu vorsieht. Da der Geschäftsführer der Muttergesellschaft den Geschäftsführer der Tochtergesellschaft nicht zu seinem Untervertreter, sondern zum Vertreter der Tochter-GmbH bestellt, wird ein Verstoß gegen § 181 BGB in diesem Fall verneint.[206]

156   Die Notwendigkeit zur Befreiung des Geschäftsführers vom Verbot des Selbstkontrahierens besteht besonders häufig bei der Gründung einer GmbH, die die Komplementärfunktion in einer **GmbH & Co. KG** übernehmen soll. Wirkt der GmbH-Geschäftsführer an dem Abschluss des KG-Vertrages auch als Kommanditist der KG mit, handelt es sich um einen Fall des Selbstkontrahierens. Auch besteht in der Praxis oftmals nach vollzogener Gründung der KG die Notwendigkeit zum Abschluss von Rechtsgeschäften zwischen der GmbH und der GmbH & Co KG oder zwischen der KG und dem Geschäftsführer. Hierzu ist die Befreiung des Geschäftsführers von den Beschränkungen des § 181 BGB auf der Ebene der GmbH und auf der davon zu unterscheidenden Ebene der KG und weiter an die Befreiung der GmbH auf der Ebene der KG erforderlich.

V. Satzung und schuldrechtliche Nebenabreden

1. Allgemeines

157   Das GmbH-Recht unterscheidet bei den Satzungsbestandteilen zwischen obligatorischen und fakultativen Regelungen mit körperschaftlichem Charakter sowie rein schuldrechtlichen Vereinbarungen. Schuldrechtliche Vereinbarungen können nicht nur in der Satzung, sondern auch außerhalb der Satzung in schuldrechtlichen Nebenabreden getroffen werden.[207]

158   Die Unterscheidung zwischen körperschaftlichen Regelungen und individualrechtlichen Bestimmungen hat **Bedeutung** für die bei der Auslegung der entsprechenden Regelungen anzuwendenden Grundsätze – objektivierte Auslegung körperschaftlicher Regelungen einerseits und individuelle Vertragsauslegung individualrechtlicher Bestimmungen unter Anwendung der allgemeinen Regeln über Willenserklärungen und Rechtsgeschäfte gemäß §§ 133, 157 BGB andererseits -, für die Anwendbarkeit des AGB-Rechts, für die Änderung der Regelungen, für die Wirkung gegenüber der Gesellschaft, künftigen Gesellschaftern und Dritten sowie für die Behandlung von Pflichtverletzungen.

159   Die **zwingenden Satzungsbestandteile** sind in § 3 Abs. 1 GmbHG geregelt. Danach muss der Gesellschaftsvertrag enthalten die Firma und den Sitz der Gesellschaft, den Gegenstand des Unternehmens, den Betrag des Stammkapitals und die Zahl und die Nennbeträge der Geschäftsanteile, die jeder Gesellschafter gegen Einlage auf das Stammkapital (Stammeinlage) übernimmt.

160   Gemäß § 3 Abs. 2 GmbHG sind darüber hinaus in den Gesellschaftsvertrag Regelungen über eine Beschränkung der Dauer des Unternehmens ebenso aufzunehmen wie die Übernahme weiterer Verpflichtungen der Gesellschafter gegenüber der Gesellschaft über die Leistung von Kapitaleinlagen hinaus.

161   Handelt es sich um eine **Sachgründung**, muss die Festsetzung der Sacheinlage gemäß § 5 Abs. 4 GmbHG in der Satzung erfolgen. Schließlich bedarf es der Aufnahme einer Regelung über die **Gründungskosten** entsprechend § 26 Abs. 2 AktG.

---

[206] DNotI-Gutachten Nr. 64339 vom 15.12.2005; zur GmbH & Co. KG DNotI-Gutachten, DNotI-Report 2006, 61; *Heckschen/Heidinger*, Die GmbH in der Gestaltungs- und Beratungspraxis, § 6 Rn. 38 m.w.N.
[207] Zur Abgrenzung *Wicke*, DNotZ 2006, 419, 420.

Gründung der Gesellschaft mit beschränkter Haftung   A

Checkliste: Zwingende Satzungsbestandteile   **162**

- Firma der Gesellschaft,
- Sitz der Gesellschaft,
- Gegenstand des Unternehmens der Gesellschaft,
- Betrag des Stammkapitals,
- Zahl und Nennbeträge der Geschäftsanteile, die jeder Gesellschafter übernimmt,
- Regelung der Gründungskosten,
- Zeitbeschränkung, wenn eine solche vorgesehen werden soll,
- Übernahme weiterer Verpflichtungen der Gesellschafter gegenüber der Gesellschaft über die Leistung von Kapitaleinlagen hinaus, wenn solche vorgesehen werden sollen,
- Festsetzung der Sacheinlage bei Sachgründung.

Schuldrechtliche Nebenabreden können neben der Satzung getroffen werden, wenn sie **163** inhaltlich nicht gegen zwingende Grundsätze des GmbH-Rechts verstoßen. Sie können **formfrei** erfolgen. Allerdings stellt sich in jedem Einzelfall die Frage der Abgrenzung der formfreien Nebenabrede zur gemäß § 3 Abs. 2 GmbHG beurkundungspflichtigen gesellschaftsrechtlichen Nebenleistungspflicht. Wird eine solche nicht beurkundet, führt dies zur Nichtigkeit der gesamten Gesellschaftsgründung.[208] Sprechen nicht etwa Geheimhaltungsgründe – seit Inkrafttreten des EHUG und der Einführung der online-Einsicht kann die gesamte Registerakte ohne weiteres eingesehen werden – für die Auslagerung der entsprechenden Vereinbarung in eine Nebenvereinbarung, sollten die entsprechenden Regelungen vorsorglich in die Satzung aufgenommen und mitbeurkundet werden. Anderenfalls sollten die entsprechenden Regelungen sehr genau auf ihre rechtliche Qualität untersucht und die Beteiligten auf die Folgen einer Fehleinschätzung hingewiesen werden.

2. Firma der GmbH

a) Rechtsformzusatz

Die **Firma**, als Name der Gesellschaft, ist nach § 3 Abs. 1 Ziffer 1. GmbHG zwingender **164** Bestandteil der Satzung der GmbH. Das GmbHG trifft zum Firmenrecht der GmbH in § 4 lediglich noch Regelungen zur Erforderlichkeit und zum Inhalt des in die Firma aufzunehmenden Rechtsformzusatzes. Danach muss die Firma der GmbH die Bezeichnung »Gesellschaft mit beschränkter Haftung« oder eine allgemein verständliche Abkürzung dieser Bezeichnung enthalten. Als allgemein verständliche Abkürzung hat sich in der Rechtspraxis die Bezeichnung »GmbH« eingebürgert. Dies gilt auch wenn der Firmenkern nach § 22 HGB oder anderen gesetzlichen Vorschriften fortgeführt wird. Der Rechtsformzusatz ist in diesen Fällen zwingend zu korrigieren und muss den Anforderungen des § 4 GmbHG genügen.

Durch eine Entscheidung des OLG München[209] fraglich geworden ist die Zulässigkeit **165** des Rechtsformzusatzes »gGmbH« für eine gemeinnützige GmbH. Das OLG München hält diesen Rechtsformzusatz für mit dem Grundsatz der Firmenwahrheit unvereinbar und damit für unzulässig. Es könne der Eindruck entstehen, bei der gGmbH handele es sich um eine besondere Rechtsform. Diese Auffassung ist auf Zustimmung[210] und Kritik[211] gestoßen. Vor einer endgültigen Klärung der Frage sollte die Firmierung als »gGmbH« vor

---

208 OLG Dresden GmbHR 1997, 746.
209 OLG München DNotZ 2007 148 = RNotZ 2007, 163 = MittBayNot 2007, 236 = NJW 2007, 1601 = ZIP 2007, 771; NZG 2007 191.
210 *Rohde*, GmbHR 2007, 267; *Paulick*, DNotZ 2008, 167.
211 *Krause*, NJW 2007, 2156; *Heckschen/Heidinger*, Die GmbH in der Gestaltungs- und Beratungspraxis, § 4 Rn. 18.

2. Kapitel Recht der Gesellschaft mit beschränkter Haftung

der Beurkundung mit dem zuständigen Handelsregister und vorsorglich auch mit der zuständigen IHK abgeklärt werden.

166 Bei der durch das MoMiG geschaffenen Unternehmergesellschaft muss nach §5a Abs. 1 GmbHG in die Firma als Rechtsformzusatz die Bezeichnung »**Unternehmergesellschaft (haftungsbeschränkt)**« oder »**UG (haftungsbeschränkt)**« aufgenommen werden. Fraglich ist, ob sie diesen Firmenzusatz auch dann noch beibehalten darf, wenn das Stammkapital der UG auf 25.000,00 Euro oder mehr erhöht worden ist. Dafür spricht die Regierungsbegründung zum MoMiG, wonach die UG sich in diesem Falle sodann nach §4 GmbHG »umfirmieren« könne, nicht aber müsse. Goette[212] weist zutreffend darauf hin, dass dem eine nicht hinreichende Unterscheidung der Firma von dem nach §4 GmbHG vorgeschriebenen Rechtsformzusatz zugrunde liegt. Die Regelung des §5a Abs. 5 Hs. 2 GmbHG ist einschränkend dahin auszulegen, dass der Firmenkern nicht jedoch der sodann sachlich unrichtige Rechtsformzusatz beibehalten werden kann.[213] Wollen die Gesellschafter einer UG trotz einer Kapitalerhöhung auf 25.000,00 Euro oder mehr und der damit zwingend einhergehenden Veränderung der UG in eine GmbH den nunmehr sachlich unzutreffenden Rechtsformzusatz »UG (haftungsbeschränkt)« beibehalten, ist dringend zu raten, dies vorab mit dem Handelsregister zu klären.

b) Firmenbildung

167 Im übrigen richtet sich die **Firmenbildung** nach den allgemeinen Grundsätzen des HGB. Durch das HRefG von 1998 wurde das Firmenrecht weitgehend liberalisiert. Die vormals nach §4 a.F. GmbHG bestehenden Beschränkungen auf eine allein aus Gesellschafternamen bestehende Personenfirma oder eine dem Unternehmensgegenstand entlehnte Sachfirma sind entfallen.[214]

168 Heute muss die Firma nach §18 Abs. 1 HGB zur Kennzeichnung des Kaufmanns geeignet sein und Unterscheidungskraft besitzen. Weiter darf die Firma nach §18 Abs. 2 S. 1 HGB keine Angaben enthalten, die geeignet sind, über geschäftliche Verhältnisse, die für die angesprochenen Verkehrskreise wesentlich sind, irrezuführen. Schließlich muss sich nach §30 HGB jede neue Firma von allen am selben Ort und derselben Gemeinde bereits bestehenden und in das Handelsregister eingetragenen Firmen deutlich unterscheiden. In dem so gesteckten Rahmen besteht Freiheit zur Firmenbildung. Für die Praxis empfiehlt sich, die Zulässigkeit der konkret von den Beteiligten ins Auge gefassten Firma vorab mit dem Handelsregister und der IHK zu klären.

169 Die Firma kann nach wie vor gebildet werden als Sachfirma, als Personenfirma, aber auch – anders als dies vor dem HRefG der Fall war – als Phantasiefirma sowie als Kombination aus diesen Möglichkeiten.

170 Da es sich bei der Firma um den Namen der GmbH handelt, muss sie zur **Kennzeichnung geeignet** sein und von den angesprochenen Verkehrskreisen auch als Name verstanden werden (»Namensfunktion«).[215] Hierunter wird eine abstrakte Namensfähigkeit verstanden. Der Firmenkern ist deshalb aus einer wörtlich aussprechbaren Bezeichnung zu bilden.[216] Bildzeichen sind zur Firmenbildung nicht geeignet.[217] Die Verwendung von Zeichen und Ziffern als Bestandteile einer Firma ist gleichwohl nicht gänzlich ausgeschlossen.[218]

---

212 Einführung in das neue GmbH-Recht, S. 20 f.
213 *Goette*, Einführung in das neue GmbH-Recht, 2008, S. 20 f., Einf. Rn. 47; zustimmend *Heckschen/Heidinger*, Die GmbH in der Gestaltungs- und Beratungspraxis, §4 Rn. 19.
214 Michalski/*Michalski*, §4 Rn. 5; Baumbach/Hueck/*Fastrich*, §4 Rn. 5.
215 BGHZ 24, 11, 214, 217; BGHZ 79, 265, 270; BGH NJW-RR 1998, 253, 254 = BB 1997, 2611.
216 BGHZ 14, 155, 159 f.; OLG Celle GmbHR 1999, 412.
217 BGHZ 14, 155, 159 f.; KG GmbHR 2000, 1101, 1102; Scholz/*Emmerich*, §4 Rn. 10; Baumbach/Hueck/*Fastrich*, §4 Rn. 6a.
218 Zu den Einzelheiten Ebenroth/Boujong/Joost/*Strohn*, HGB, §18 Rn. 28.

Sehr streitig ist die Kennzeichnungseignung von Firmen, die nur aus einer **Buchstaben- 171 kombination** bestehen. So hat das OLG Hamm die Buchstabenkombination »HM & A GmbH & Co. KG« für zulässig gehalten,[219] da diese Buchstabenkombination aussprechbar sei. Anderer Auffassung war das OLG Celle zur Firma »AKDV GmbH«,[220] da es sich dabei nicht um ein Wort der deutschen Sprache, sondern lediglich um die Anfangsbuchstaben einzelner Worte und nicht um ein aussprechbares Phantasiewort handele. Ebenso hatte das OLG Celle bereits zuvor Buchstabenfolgen, bestehend aus demselben Buchstaben (»AAA...GmbH) die Eignung zur Firmenbildung abgesprochen.[221]

Da nur der wörtlichen Bezeichnung Namensfunktion zukommt, wird die vom Rechts- 172 träger gewählte Schreibweise oder graphische Darstellung nicht Firmenbestandteil.[222] Dementsprechend hat der Rechtsträger keinen Anspruch auf die Übernahme der von ihm gewählten Schreibweise oder der von ihm gewählten graphischen Darstellung.[223]

Die Zulässigkeit des »@«-**Zeichens** als Firmenbestandteil dürfte entgegen früherer 173 Bedenken heute zu bejahen sein. Soweit vertreten wurde, dass es als Wortzeichen mangels eindeutiger Aussprache, als Buchstabe mangels Anspruch auf Übernahme eines werblich gestalteten Schriftbildes und als Bildzeichen grundsätzlich nicht zur Firmenbildung geeignet sei,[224] kann dies heute als überholt betrachtet werden. Die heute h.M. bejaht die Zulässigkeit des »@«-Zeichens als selbständig aussprechbares und in den angesprochenen Verkehrskreisen bekanntes Sonderzeichen.[225] Selbst man davon ausgeht, dass im Jahre 2001 eine eindeutige Verkehrsgeltung noch nicht erreicht war, was bei den mit der gewünschten Firma angesprochenen Verkehrskreisen durchaus zweifelhaft erscheint, kann man dies heute m.E. unter Berücksichtigung der sich wandelnden Verkehrsauffassung nicht mehr vertreten.[226] Daher sollte das »@«-Zeichen als wortersetzendes Sonderzeichen ebenso zur Firmenbildung geeignet sein wie dies seit langem für das »&«-Zeichen sowie das »+«-Zeichen anerkannt ist. Für die Praxis empfiehlt sich diese Frage ggf. im Vorfeld mit dem Handelsregister zu klären.

Neben der Eignung zur Kennzeichnung muss die Firma des Kaufmanns gemäß § 18 174 Abs. 1 HGB **Unterscheidungskraft** besitzen. Dabei kommt es nach dieser Vorschrift auf die sogenannte abstrakte Unterscheidungskraft an, die lediglich eine zur Unterscheidung des betroffenen Unternehmens von anderen Unternehmen ausreichende Eigenart voraussetzt.[227] Danach sind Sachfirmen, die im Firmenkern eine bloße **Gattungs- oder Branchenbezeichnung** beinhalten mangels ausreichender Unterscheidbarkeit zur Firmenbildung nicht geeignet. Dies gilt auch dann, wenn es sich um die erste Firma dieses Inhalts im Gerichtsbezirk handelt.[228] So wurde die Bezeichnungen »Profi-Handwerker GmbH«[229] für unzulässig erachtet. Ebenso wurden die Firmen »Getränke-Industrie«,[230] »Management-

---

219 OLG Hamm (RNotZ 2008, 23 = ZIP 2008, 791).
220 RNotZ 2006, 548 = MittBayNot 2007, 140; = DB 2006, 1950.
221 DB 1999, 40 = GmbHR 1999, 412; OLG Frankfurt a.M. NJW 2002, 2400; OLG München NZG 2007, 320 = ZIP 2007, 772 für den Verein.
222 MünchKommHGB/*Heidinger*, § 18 Rn. 14.
223 MünchKommHGB/*Heidinger*, § 18 Rn. 14; KG DNotI-Report 2000, 170 zur Schreibweise in Großbuchstaben.
224 BayObLG NJW 2001, 2337 = ZIP 2001, 960; OLG Braunschweig EWiR 2001, 275 »met@box«; LG Leipzig NotBZ 2002, 112«@toll GmbH«.
225 LG Berlin RNotZ 2004, 412 = NJW-RR 2004, 835 = GmbHR 2004, 428; so auch LG Cottbus NJW-RR 2000, 337; Lutter/Hommelhoff/*Bayer*, § 4 Rn. 19; Baumbach/Hueck/*Fastrich*, § 4 Rn. 6a; MünchKommHGB/*Heidinger*, § 18 Rn. 13.
226 Ebenso MünchKommHGB/*Heidinger*, § 18 Rn. 13.
227 Ebenroth/Boujong/Joost/*Strohn*, § 18 Rn. 4.
228 Vgl. *Meyding/Schnorbus/Henning*, ZNotP 2006, 122, 125.
229 BayObLG NotBZ 2003, 353 = NZG 2003, 1029 = Rpfleger 2003, 589 = BB 2003, 2382.
230 BGH GRUR 1957, 426.

Seminare«,[231] »Video-Rent«,[232] »Leasing-Partner«,[233] »COTTON LINE«[234] mangels Unterscheidungskraft für unzulässig erachtet. Dieser Beurteilung ist auch nach § 18 Abs. 1 HGB zu folgen. Eine bloße Branchen- oder Sachbezeichnung eignet sich nicht zur Kennzeichnung des Kaufmanns.[235]

175 Für zulässig erachtet wurden indessen die Firmen »Autodienst-Berlin Ltd.«[236] Auch wurde die Firma »perspectives consulting« für hinreichend unterscheidungskräftig erachtet.[237] Auch die Firma »Planung für Küche und Bad Ltd.« wurde für hinreichend unterscheidungskräftig gehalten.[238]

176 Fraglich ist in diesem Zusammenhang die Zulässigkeit von allgemein gefassten **Internet-Domains**. So hat das LG Köln[239] die Internet-Domain »brillenshop.de GmbH« als reine Branchenangabe für firmenrechtlich nicht hinreichend unterscheidungskräftig gehalten. Individualisierende Zusätze können Gattungsfirmen zwar zulässig machen, bei der Verwendung des Zusatzes ».de« im Rahmen einer Internet-Domain erscheint dies indessen zweifelhaft, da dieser Zusatz von den betroffenen Verkehrskreisen typischerweise nicht als individualisierender Zusatz, sondern lediglich als Hinweis auf den Charakter einer Internet-Domain verstanden wird und eine unüberschaubare Vielzahl von Internet-Domänen mit genau diesem Zusatz existieren.

177 Weiter ist bei der Firmenbildung das **Irreführungsverbot** des § 18 Abs. 2 HGB zu beachten. Dieses wurde durch das HRefG von 1998 zwar entschärft, indem das Verbot der Irreführung auf verkehrswesentliche Geschäfte beschränkt wurde. Im Verfahren vor dem Registergericht soll die Eignung zur Irreführung nur berücksichtigt werden, wenn sie ersichtlich ist, § 18 Abs. 2 S. 2 HGB. Dementsprechend soll ein Gutachten der IHK nach der Neufassung des § 23 S. 2 Handelsregisterverfügung nur noch in Zweifelsfällen eingeholt werden. Trotz der nach diesen Regelungen vom Gesetzgeber beabsichtigten Liberalisierungen bei der Firmenbildung, ist in der Praxis eine ausgeprägte Neigung zur Überprüfung der Eignung einer Firma zur Irreführung festzustellen. So holen die Registergerichte in der Praxis entgegen dem neugefassten § 23 S. 2 Handelsregisterverfügung in der überwiegenden Zahl der Fälle ein Gutachten der IHK ein.

178 Vor dem Hintergrund des Irreführungsverbots ist bei der Firmenbildung zu beachten, dass bestimmte Firmenbestandteile nur einem genau definierten Adressatenkreis zur Verwendung offenstehen. So unterliegen einzelne Branchenbezeichnungen einem **besonderen gesetzlichen Schutz**. So stehen die Begriffe **Bank, Bankier** sowie Bezeichnungen, in denen diese Worte enthalten sind, die Bezeichnung **Volksbank**, die Bezeichnung Sparkasse gemäß §§ 39 ff. KWG nur entsprechenden Unternehmen offen. Ebenso verhält es sich mit der Bezeichnung Bausparkasse gemäß § 1 des Gesetzes über Bausparkassen sowie mit der Bezeichnung Spar- und Darlehenskasse gemäß § 40 Abs. 2 KWG. Ähnliches gilt für die Bezeichnungen Kapitalanlagegesellschaft, Investmentfond oder Investmentgesellschaft sowie Bezeichnungen, in der diese Begriffe vorkommen.[240] Auch für die Bezeichnung Steuerberatungsgesellschaft (§§ 43 Abs. 1, 53 Abs. 1, 161 StBerG) und Wirtschaftsprüfungsgesellschaft (§§ 27, 31, 33 WPO) bestehen bundesrechtliche Beschränkungen. Landesrecht-

---

231 BGH GRUR 1976, 254, 255.
232 BGH NJW 1987, 438.
233 BGH NJW-RR 1991, 1190.
234 BGH NJW-RR 1996, 230.
235 Ebenroth/Boujong/Joost/*Strohn*, § 18 Rn. 18.
236 KG NZG 2008, 80 = GmbHR 2008, 146; kritisch dazu *Kanzleiter*, DNotZ 2008, 393 ff. (Anmerkung); *Schulte*, GmbHR Heft 3/2008 R 33.
237 OLG Frankfurt a.M. DB 2006, 269 f. = GmbHR 2006, 259 ff.
238 OLG München ZIP 2007, 1949 = GmbHR 2007, 979; vgl. auch LG Aachen ZIP 2007, 1001.
239 Beschluss vom 8.2.2008, Rpfleger 2008, 425.
240 Ebenroth/Boujong/Joost/*Strohn*, § 18 Rn. 21 f.

liche Vorgaben gibt es für die Befugnis zur Führung von Berufsbezeichnungen wie Architekt und Ingenieur.[241]

Auch Firmenbestandteile, die eine besondere **Marktbedeutung** oder **Leistungsfähigkeit** wie zum Beispiel »deutsche«, »europäische«, »internationale« oder einen besonderen Bezug zur Umwelt beinhalten wie zum Beispiel »Bio« oder »Öko« sind im Einzelfall auf ihre Eignung zur Irreführung zu untersuchen. **179**

Fraglich ist die Zulässigkeit der Verwendung des **Namens eines Nichtgesellschafters** im Firmenkern der GmbH. Bis zum Inkrafttreten des HRefG war dies gemäß § 18 Abs. 1 a.F. HGB sowie § 19 Abs. 4 a.F. HGB unzulässig. Diese Beschränkungen sind mit dem HRefG entfallen. Kennzeichnungseignung und Unterscheidungskraft kann dem Namen eines Nichtgesellschafters in gleicher Weise zukommen, wie dem Namen eines Gesellschafters. Die generelle firmenrechtliche Unzulässigkeit der Verwendung des Namens eines Nichtgesellschafters in der Firma der Gesellschaft kann sich aber aus dem Irreführungsverbot des § 18 Abs. 2 HGB ergeben. Gegen die Zulässigkeit der Verwendung von Namen bestimmter anderer existierender Personen in der Firma von Personenhandelsgesellschaften aber auch von Kapitalgesellschaften wie der GmbH wird angeführt, dass die Rechtsordnung in der Vergangenheit das Vertrauen auf die Identität von Namensträger und Unternehmensträger gefördert habe.[242] Es sei nicht anzunehmen, dass diese Grundsätze mit der Handelsrechtsreform 1998 hinfällig geworden seien. Den Gesetzesmaterialien sei nicht zu entnehmen, dass das durch die Neufassung aufgeworfene Problem der Nennung einer unternehmensfremden Person oder eines Kommanditisten in der Firma bedacht worden sei.[243] Dem wird zunehmend entgegengehalten, dass zumindest bei der GmbH die Personen der Gesellschafter aus Haftungsgründen für den Rechtsverkehr keine Rolle spielen und zudem aufgrund der Firmenfortführungsregelungen ohnehin nicht gewährleistet sei, dass stets die Person Gesellschafter ist, die in der Firma der GmbH genannt werde.[244] Das OLG Saarbrücken hebt im Zusammenhang mit der Prüfung der Frage, ob die Aufnahme des Namens eines Kommanditisten in die Firma einer Kommanditgesellschaft zulässig ist, maßgebend darauf ab, dass durch die Zulässigkeit von Sach- und Phantasiefirmen »das zur Identifikation geeignete Band zwischen dem Namen und den Haftungsverhältnissen offenkundig gelöst« sei und die Haftungserwartungen sich richtigerweise nur noch an dem Rechtsformzusatz orientieren dürften.[245] Dies ist zutreffend. Dass das früher vom Gesetzgeber geförderte Vertrauen in die Gesellschafterstellung einer in der Firma genannten Person damit heute nicht mehr gerechtfertigt ist, ist die unausweichliche Folge der Liberalisierung des Firmenrechts und vom Rechtsverkehr hinzunehmen. Die Aufnahme des Namens eines Nichtgesellschafters in die Firma ist daher nicht in jedem Falle täuschend im Sinne des § 18 Abs. 2 S. 1 HGB.[246] Anders dürfte sich dies nur bei der Verwendung von Namen berühmter lebender Personen der Zeitgeschichte wie Unternehmern, Sportlern, Künstlern, Politikern usw. darstellen. **180**

Die Aufnahme **geografischer Bezeichnungen** in die Firma der GmbH bedarf auch im jeweiligen Einzelfall einer genauen Überprüfung auf ihre Täuschungseignung, da eine Orts- oder Regionsangabe eine führende Rolle des Unternehmens im entsprechenden Bereich andeutet und damit zur Täuschung über die Bedeutung und Größe des Unternehmens geeignet sein kann.[247] **181**

---

241 Ebenroth/Boujong/Joost/*Strohn*, § 18 Rn. 23.
242 Ebenroth/Boujong/Joost/*Strohn*, § 18 Rn. 11.
243 Ebenroth/Boujong/Jost/*Strohn* a.a.O.
244 *Heidinger*, DB 2005, 815; DNotI-Report 2003, 107 ff.
245 ZIP 2006, 1772 = NZG 2006, 587 = DNotZ 2006, 711 m. b. N.; ebenso MünchkommHGB/*Heidinger*, § 18 Rn. 168.
246 Gutachten des DNotI zu § 4 GmbHG Nr. 48406.
247 OLG Köln RNotZ 2006, 193 ff. »Deutschland«; OLG Frankfurt a.M. FG Prax 2005, 133 f. »Hessen-Nassau«; LG Aurich Rpfleger 2006, 198 f. »Ostfriesland«.

2. Kapitel Recht der Gesellschaft mit beschränkter Haftung

182 Dem Firmenbestandteil **Institut** ist ein Zusatz hinzuzufügen, der deutlich macht, dass es sich nicht um eine öffentliche oder unter öffentlicher Aufsicht stehende wissenschaftliche Einrichtung handelt, da anderenfalls die angesprochenen Verkehrskreise bei einem Institut von einem öffentlichen Unternehmen bzw. einer öffentlichen oder unter öffentlicher Aufsicht stehenden wissenschaftlichen Einrichtung ausgehen und getäuscht werden.[248] Vor dem Hintergrund des Irreführungsverbotes ebenfalls problematisch ist der Zusatz »**und Partner**« bzw. »**Partnerschaft**«. Diese Begriffe sind seit dem Inkrafttreten des PartGG Partnerschaften im Sinne dieses Gesetzes vorbehalten. Gleichwohl ist die Verwendung dieser Begriffe vor dem Hintergrund des Irreführungsverbotes des § 18 Abs. 2 HGB nicht generell unzulässig. Für zulässig wurde die Verwendung dieser Begriffe dann erachtet, wenn ihre Verwechslung mit dem Rechtsformzusatz »und Partner« ausgeschlossen erschien. Dies wurde beispielsweise dann angenommen, wenn er lediglich als Bestandteil eines zusammengesetzten Wortes verwendet wird und dadurch in einen solchen Zusammenhang gesetzt wird, der eine Verwechslung mit dem Rechtsformzusatz »und Partner« ausschließt.[249]

183 Der **Doktortitel** ist aus der Firma einer GmbH, die sich auf dem Gebiet der Personalberatung betätigt, wegen der Eignung zur Irreführung zu entfernen, wenn kein promovierter Akademiker in der Gesellschaft mehr eine maßgebliche Stellung einnimmt.[250]

184 Bei einer **Sachfirma** ist zur Vermeidung einer unzulässigen Irreführung erforderlich, dass sie dem Gegenstand des Unternehmens entlehnt ist und eine hinreichende Unterscheidungskraft gegenüber anderen Firmen durch weitere Zusätze wie Fantasienamen, Ortsbezeichnungen, Buchstabenkombinationen oder ähnliches aufweist. Sachfirmen, die eine bloße Gattungs- oder Branchenbezeichnung enthalten fehlt die erforderliche Unterscheidungskraft.[251] Dies gilt auch dann, wenn es sich um die erste Firma dieses Inhalts im Gerichtsbezirk handelt.[252]

185 Für die Firmenbildung einer **Komplementär-GmbH**, die bei einer oHG oder KG die Stellung des persönlich haftenden Gesellschafters übernimmt, gelten keine von den vorstehenden Grundsätzen abweichenden Besonderheiten. Zu beachten ist in diesem Zusammenhang jedoch, dass die Firma der Komplementär-GmbH einerseits und der GmbH & Co. oHG bzw. GmbH & Co. KG anderseits unterscheidbar sein müssen. Wird die oHG oder KG nach ihrer Komplementär-GmbH benannt, ist darauf zu achten, dass eine ausreichende Unterscheidbarkeit beider Firmen besteht. Dieses Problem kann beispielsweise durch Aufnahme eines **Funktionszusatzes** in die Firma der GmbH (»XY Verwaltungs«-GmbH, »XY Geschäftsführungs«-GmbH oder »XY Betriebs«-GmbH o.ä.) gelöst werden.[253] Es kommt aber auch jeder andere individualisierende Zusatz in Betracht, der den vorstehenden Anforderungen genügt. Der Rechtsformzusatz GmbH in der Firma der Komplementärin allein, genügt dem nicht.

186 Für die **Firmenbildung** der **oHG** und der **KG** ist die Bestimmung des § 19 Abs. 2 HGB zu beachten. Wenn bei einer oHG und KG keine natürliche Person persönlich haftet muss in die Firma der oHG und KG nach § 19 Abs. 2 HGB zwingend eine Bezeichnung aufgenommen werden, die die **Haftungsbeschränkung** kenntlich macht. Dies kann geschehen, indem die Bezeichnung »GmbH & Co. KG« gewählt wird.[254] Unzulässig ist es, wenn die Rechtsformbezeichnung nicht am Ende oder der Spitze der Firma steht, sondern dem GmbH-Zusatz unmittelbar vorangestellt wird. Bei Firmen wie »XY-KG GmbH & Co.« oder

---

248 OLG Frankfurt a.M. NJW-RR 2002, 459 für eine Ärztepartnerschaft.
249 OLG München ZIP 2007, 770 = NZG 2007, 457 = GmbHR 2007, 266 = DNotZ 2007, 149 = RNotZ 2007, 164.
250 OLG Köln FGPrax 2008, 125.
251 BayObLG NZG 2003, 1029: »Profi-Handwerker GmbH«.
252 Vgl. *Meyding/Schnorbus/Henning*, ZNotP 2006, 122, 125.
253 BGHZ 80, 353; Baumbach/Hueck/*Fastrich*, § 4 Rn. 35.
254 BGH NJW 1980, 2084 st. Rspr.

»XY & Co. KG-GmbH & Co.« wird die Rechtsform der unter dieser Firma auftretenden Gesellschaft nicht hinreichend deutlich.[255] Unterbleibt die erforderliche Kennzeichnung der Haftungsbeschränkung in der Firma ist die begehrte Handelsregistereintragung gemäß § 9 c Abs. 1 GmbHG abzulehnen und kann zu einer Rechtsscheinhaftung führen.[256]

c) Praxisempfehlung

187 Für die **Praxis** empfiehlt es sich, die Zulässigkeit der Firma jeweils im Vorhinein mit dem zuständigen Registergericht und der örtlich zuständigen IHK zu klären, zumal die Praxis der Registergerichte nicht unerheblich von einander abweicht. Zur Beschleunigung der Eintragung der GmbH im Handelsregister kann es sich weiter empfehlen, schon vor der Gründung und Anmeldung der GmbH eine Stellungnahme der IHK zur Zulässigkeit der Firma einzuholen und diese sodann dem Registergericht mit der Anmeldung vorzulegen.

188 Schließlich ist in jedem Falle zu berücksichtigen, dass die Firma der GmbH nicht die Rechte Dritter verletzen darf. Die Verwendung geschützter **Marken** sowie die Verwendung von Namen natürlicher Personen setzt die Zustimmung des jeweiligen Markenrechteinhabers bzw. die Zustimmung des jeweiligen Namensinhabers voraus. Dies gilt auch, wenn in der Firma der Name eines Gesellschafters verwandt wird. In diesem Fall empfiehlt sich der Abschluss einer Vereinbarung, die die (Weiter-) Verwendung dieses Namens nach einem etwaigen Ausscheiden dieses Gesellschafters aus der GmbH regelt.

3. Sitz der GmbH

189 Nach § 3 Abs. 1 Ziffer 1 GmbHG muss der Gesellschaftsvertrag den Sitz der Gesellschaft enthalten. Gemäß § 4a GmbH ist der Sitz der Gesellschaft der Ort im Inland, den die Satzung bestimmt (»**Satzungssitz**«). Bei der Bestimmung des Satzungssitzes sind die Gesellschafter in ihrer Entscheidung frei. Insbesondere besteht seit dem Inkrafttreten des MoMiG die vormals in § 4a Abs. 2 GmbHG geregelte Beschränkung, wonach der Sitz der Gesellschaft nur ein Ort sein konnte, an dem die Gesellschaft einen Betrieb hat oder an dem sich die Geschäftsleitung befindet oder die Verwaltung geführt wird (»Verwaltungssitz«), nicht mehr. Satzungssitz und Verwaltungssitz können nun voneinander abweichen.[257]

190 Bei der Wahl des Satzungssitzes ist zu beachten, dass dieser maßgebend ist für

– die örtliche Zuständigkeit des Handelsregisters nach § 7 Abs. 1 GmbHG;
– den allgemeinen Gerichtsstand der GmbH gemäß § 17 ZPO;
– die Zuständigkeit des Insolvenzgerichts gemäß § 3 Abs. 1 S. 1 InsO;
– die Bestimmung des Erfüllungsorts für die Rechte und Pflichten der GmbH gegenüber den Organmitgliedern;[258]
– Abhaltung von Gesellschafterversammlungen entsprechend § 121 Abs. 5 AktG, wenn die Satzung insoweit keine abweichende Bestimmung trifft;[259]

und dass seine Verlegung eine beurkundungspflichtige Satzungsänderung darstellt gemäß §§ 53, 54 GmbHG.

---

255 Ebenroth/Boujong/Joost/*Strohn*, § 18 Rn. 33, m.w.N.
256 Baumbach/Hueck/*Fastrich*, § 4 Rn. 36, 15.
257 *Wicke*, § 4a Rn. 1.
258 BGH WM 1985, 283 f.
259 Lutter/Hommelhoff/*Bayer*, § 4a Rn. 4.

2. Kapitel Recht der Gesellschaft mit beschränkter Haftung

191 Ein vom Verwaltungssitz abweichender Satzungssitz ist vor diesem Hintergrund in der Praxis von Bedeutung,

- wenn im Rahmen eines Konzerns für alle Konzerngesellschaften eine einheitliche gerichtliche Zuständigkeit (Handelsregister, allgemeiner Gerichtsstand, Insolvenzgericht) herbeigeführt werden soll;[260]
- wenn man sich der Zuständigkeit nicht zügig arbeitender Gerichte entziehen will;[261]
- bei Verwaltungssitznahme im Ausland.

192 Der Satzungssitz muss zwingend im Inland liegen. Im Gesellschaftsvertrag ist eine bestimmte politische Gemeinde anzugeben. Bei Großgemeinden mit mehreren Gerichtsbezirken ist eine nähere Bestimmung erforderlich[262] wie beispielsweise »Berlin-Charlottenburg« oder »Hamburg-Harburg«. Ein Doppelsitz ist grundsätzlich unzulässig.[263]

193 M **Formulierungsvorschlag: Sitz der GmbH**
Der Sitz der Gesellschaft ist ...

Fehlt eine gesellschaftsvertragliche Regelung zum Satzungssitz oder ist sie unzulässig, beispielsweise wegen mangelnder Bestimmtheit oder eines Auslandssitzes, muss das Registergericht die beantragte Eintragung der GmbH gemäß § 9 c Abs. 1 GmbHG ablehnen.

Eine Regelung zum Verwaltungssitz muss der Gesellschaftsvertrag nicht beinhalten. Aus Gründen des Minderheitenschutzes kann es sich im Einzelfall[264] jedoch empfehlen, den Verwaltungssitz ebenfalls zum Satzungsgegenstand zu machen. Geschieht dies, erfordert dessen Verlegung einen Gesellschafterbeschluss mit satzungsändernder Mehrheit.

194 M **Formulierungsvorschlag: Auseinanderfallen von statutarischem und Verwaltungssitz der GmbH**
(1) Der statutarische Sitz der Gesellschaft ist ...
(2) Ihren Verwaltungssitz hat die Gesellschaft in ...

195 Fallen Verwaltungssitz und Satzungssitz auseinander, ist zu beachten, dass es sich bei dem Verwaltungssitz nach einer in der Literatur vertretenen Auffassung rechtlich um eine Zweigniederlassung im Sinne des § 13 h HGB handelt.[265] Für dies Auffassung spricht, dass es sich bei dem Verwaltungssitz typischerweise um einen auf Dauer räumlich und organisatorisch, nicht aber rechtlich verselbstständigten Teil des Unternehmens der Gesellschaft handelt, der regelmäßig über eine eigene Buchführung oder jedenfalls über einen gesonderten Ausweis der Geschäfte verfügt, so dass begrifflich die Voraussetzungen einer Zweigniederlassung erfüllt sein dürften. Folgt man dieser Auffassung, bedarf diese der Anmeldung zum Handelsregister. Zuständig ist dafür seit dem Inkrafttreten des EHUG gemäß § 13 HGB das Gericht der Hauptniederlassung. Bei dem Gericht der Hauptniederlassung handelt es sich nach Wicke[266] zwingend um das Gericht des Satzungssitzes. Die Eintragung kann gemäß § 14 HGB auch erzwungen werden. Ob sich diese Auffassung durchsetzen wird, bleibt anzuwarten.

196 Mit der Neufassung des § 4a GmbHG wollte der Gesetzgeber der deutschen GmbH die Errichtung eines **Verwaltungssitzes im Ausland** ermöglichen. Dies kommt im Wortlaut

---

260 *Hoffmann*, ZIP 2007, 1582.
261 *Hoffmann*, ZIP 2007, 1582.
262 BayObLG GmbHR 1988, 23, 24; Roth/Altmeppen, § 4 a Rn. 5.
263 H.M. Scholz/*Emmerich*, § 4 a Rn. 16; Baumbach/Hueck/*Fastrich*, § 4 a Rn. 6 jeweils m.w.N.; a.A. Borsch, GmbHR 2003, 258; *Pluskat*, WM 2004, 601; vgl. zu Ausnahmefällen: OLG Brandenburg NotBZ 2006, 22; LG Potsdam NotBZ 2004, 402.
264 Dies generell befürwortend *Heckschen*, DStR 2007, 1442, 1447.
265 *Wicke*, 2008, § 4 a Rn. 7.
266 *Wicke*, 2008, § 4 a Rn. 7.

des § 4a GmbHG zwar nur sehr unvollkommen zum Ausdruck, ergibt sich jedoch eindeutig aus der Gesetzesbegründung.[267] Es sollte ein »level playing field«, also gleiche Ausgangsbedingungen gegenüber vergleichbaren Auslandsgesellschaften geschaffen werden.[268] Hintergrund dieser gesetzgeberischen Absicht ist die EuGH-Rechtsprechung zur Niederlassungsfreiheit gemäß Art. 43, 48 EG zur Zulässigkeit der Verlegung des (faktischen) Verwaltungssitzes innerhalb der EU.[269] Danach ist die Verlegung des Verwaltungssitzes ausländischer Gesellschaften nach Deutschland ohne deren Auflösung und Neugründung in Deutschland möglich, wenn das jeweilige Heimatrecht dies gestattet, dort also die »Gründungstheorie« gilt. Nach der Gründungstheorie kommt es für das wirksame Entstehen und Fortbestehen einer Gesellschaft lediglich auf die Einhaltung der Bestimmungen des Gründungslandes an. Der Ort des Verwaltungssitzes spielt, anders als nach der »Sitztheorie«, die bislang für deutsche Gesellschaften galt, keine Rolle. Infolge dieser EuGH-Rechtsprechung war in Deutschland die Rechts- und Parteifähigkeit ausländischer Gesellschaften sowie die Möglichkeit der Eintragung einer Zweigniederlassung am Orte des effektiven Verwaltungssitzes in Deutschland zu akzeptieren. Dies gilt jedoch nur für ausländische Gesellschaften aus EU-Ländern sowie Gesellschaften aus Ländern, die denn EWR-Vertrag verabschiedet haben.[270] Für andere Länder geht der BGH nach wie vor von der Geltung der Sitztheorie aus. So betrachtete er beispielsweise eine schweizerische AG, die ihren Verwaltungssitz nach Deutschland verlegt hatte, für aufgelöst und behandelte die in Deutschland werbend tätige Gesellschaft als Personengesellschaft.[271]

Fraglich ist, ob der Gesetzgeber durch die Neufassung der §§ 4a GmbHG, 5 AktG die Sitztheorie abgeschafft und durch die Gründungstheorie ersetzt hat. Von der Antwort hängt in der Praxis die Möglichkeit der Errichtung eines Verwaltungssitzes im Ausland ab. Ist man der Auffassung, dass die Aufgabe der Sitztheorie nicht durch eine Änderung des materiellen Rechts erfolgen kann, sondern einer kollisionsrechtlichen Regelung bedarf,[272] bleibt es für die Entscheidung der Frage, ob der Verwaltungssitz einer deutschen GmbH wirksam ins Ausland verlegt werden kann, im Ausgangspunkt bei der Anwendung der Sitztheorie. Nach ihr unterliegen alle gesellschaftsrechtlichen Vorgänge dem Recht des Staates, in dem die Gesellschaft ihren tatsächlichen Verwaltungssitz hat. Damit ist sodann ausländisches Recht anzuwenden und entscheidet im Ergebnis darüber, ob der Sitz im Ausland genommen werden kann oder nicht. Folgt das ausländische Recht der Gründungstheorie verweist es auf deutsches Recht und damit auf §§ 4a GmbHG, 5 AktG zurück, die die Verlegung des Verwaltungssitzes ins Ausland gestatten. Folgt das ausländische Recht hingegen nicht der Gründungs-, sondern der Sitztheorie, verweist es nicht auf deutsches Recht und damit auf §§ 4a GmbHG, 5 AktG zurück. Nach der in diesem Fall anzuwendenden Sitztheorie ist eine Verwaltungssitzverlegung ins Ausland nicht möglich. Der mit den §§ 4a GmbHG, 5 AktG verfolgte gesetzgeberische Zweck wird verfehlt. Etwas anderes ergibt sich auch nicht aus der »Cartesio-Entscheidung« des EuGH.[273] Danach ist die Anwendung der Sitztheorie (auch) gegenüber EU- und EWR-Staaten nicht ausgeschlossen, obwohl sie den Wegzug einer Gesellschaft verhindert. Ihrer Anwendung gegenüber sonstigen Staaten stehen Art. 43, 48 EG ohnehin nicht entgegen.

197

Anders würde sich die Rechtslage nur darstellen, wenn man in der Neufassung der §§ 4a GmbHG, 5 AktG – entgegen der vorstehend dargestellten Auffassung – eine kollisi-

198

---

267 BT-Drucks. 16/9737, S. 94; s. auch bei *Goette*, Einführung in das neue GmbH-Recht, S. 160 ff.
268 S. Begr. z. RefE abgedruckt bei *Goette*, Einführung in das neue GmbH-Recht, S. 161 f.
269 EuGH NJW 1989, 2186 »Daily Mail«; EuGH DNotZ 1999, 593 = NJW 1999, 593 = NZG 1999, 298 »Centros«; EuGH NJW 2002, 3614 = MittBayNot 2003, 63 = NotBZ 2002, 463 = NZG 2002, 1164 = ZIP 2002, 2037 »Überseering«; EuGH NJW 2003, 3331 = DNotZ 2004, 55 = NotBZ 2003, 388 = ZIP 2003, 1885 »Inspire Art«; EuGH ZIP 2005, 2311 »Sevic«.
270 S. zu letzterem BGH DNotZ 2006, 143 ff. = NZG 2005, 974 = ZIP 2005, 1869.
271 BGH DNotZ 2009, 385 = NJW 2009, 289 = NotBZ 2009, 135 = ZIP 2008, 2411= NZG 2009, 68.
272 So *Binnewies*, GmbH-StB 2008, 268, 270 f.; *Franz/Laeger*, BB 2008, 678, 683 f.; *Peters*, GmbHR 2008, 245.
273 DNotZ 2009, 553 = NJW 2009, 569 = WM 2009, 223.

onsrechtliche Regelung erblicken würde.²⁷⁴ In diesem Falle wäre die Verlegung des Verwaltungssitzes ins Ausland in jedem Falle möglich.

199 Ob die gesetzgeberische mit der Neufassung des § 4a GmbHG verfolgte Absicht, der deutschen GmbH die Errichtung eines Verwaltungssitzes im Ausland zu ermöglichen, sich in der Praxis verwirklichen lässt, bedarf vor diesem Hintergrund in jedem Einzelfall der Prüfung und **Abstimmung mit dem ausländischen Registergericht**, bei dem die Eintragung des Verwaltungssitzes als (Zweig-) Niederlassung der GmbH erfolgen soll.

4. Gegenstand des Unternehmens

200 Die Regelung des § 3 Abs. 1 Ziffer 1 GmbHG schreibt zwingend vor, dass der **Gegenstand des Unternehmens** der Gesellschaft im Gesellschaftsvertrag enthalten sein muss.

201 Er bezeichnet den Bereich und die Art der Betätigung der Gesellschaft. Gegenstand des Unternehmens der Gesellschaft kann jede erlaubte Tätigkeit materieller sowie auch ideeller Art sein.²⁷⁵ Der Zweck der Aufnahme des Unternehmensgegenstandes in die Satzung und seiner Eintragung in das Handelsregister gemäß § 10 Abs. 1 GmbHG besteht im Wesentlichen in Folgendem:

– Kenntlichmachung des Schwerpunkts der Geschäftstätigkeit nach außen für die beteiligten Wirtschaftskreise;²⁷⁶
– Begrenzung der Geschäftsführungsbefugnis der Geschäftsführer im Innenverhältnis und verbunden damit gewisser Schutz der Gesellschafter der GmbH, da die Geschäftsführer den Unternehmensgegenstand grundsätzlich nicht überschreiten dürfen, es sei denn aus der Satzung, dem Gesetz, einer etwaigen Geschäftsordnung, dem Anstellungsvertrag oder Weisungen der Gesellschafter ergäbe sich etwas anderes.²⁷⁷
– Maßgeblichkeit für den Umfang des Wettbewerbsverbots des Geschäftsführers und gegebenenfalls der Gesellschafter.²⁷⁸

202 Die besondere Bedeutung des Unternehmensgegenstandes kommt darüber hinaus auch in § 75 Abs. 1 GmbHG zum Ausdruck. Danach kann die Gesellschaft bei Fehlen oder Nichtigkeit des Unternehmensgegenstandes für nichtig erklärt werden. Außerdem kann ein Amtslöschungsverfahren gemäß § 397 S. 2 FamFG eingeleitet werden. Daran ist insbesondere unter dem Gesichtspunkt des Scheingeschäfts gemäß § 117 BGB zu denken, wenn im Gesellschaftsvertrag eine Tätigkeit beschrieben wird, die die Gesellschaft in Wahrheit nicht ausübt und auch nicht auszuüben beabsichtigt oder wenn der Unternehmensgegenstand gegen das Gesetz oder die guten Sitten verstößt gemäß §§ 134, 138 BGB.

203 Heute ist allgemein anerkannt, dass entsprechend dieser Zielsetzung der Unternehmensgegenstand in der Satzung so **individualisiert** sein muss, dass er den Schwerpunkt der Betätigung der Gesellschaft hinreichend deutlich erkennen lässt.²⁷⁹ Das ist der Fall, wenn das Registergericht anhand des formulierten Unternehmensgegenstands prüfen kann, ob die Gesellschaft eine erlaubte Tätigkeit verfolgt, den Geschäftsführern der Umfang ihrer Geschäftsführungsbefugnis deutlich vor Augen geführt wird und die Reichweite von etwaigen Wettbewerbsverboten beurteilt werden kann. Es ist daher empfehlenswert den Unternehmensgegenstand im Gesellschaftsvertrag möglichst genau zu fassen und **Leerformeln** zu vermeiden. Solche genügen den Anforderungen der Rechtsprechung an die Individualisierung des Unternehmensgegenstands nicht.²⁸⁰ Daher sind Unterneh-

---
274 So *Tebben*, RNotZ 2008, 441, 447.
275 Baumbach/Hueck/*Fastrich*, § 1 Rn. 6 ff.
276 H.M. BGH DB 1981, 466; Baumbach/Hueck/*Fastrich*, § 3 Rn. 7.
277 H.M. Michalski/*Michalski*, § 3 Rn. 7; Baumbach/Hueck/*Fastrich*, § 3 Rn. 7.
278 Heckschen/*Heidinger*, Die GmbH in der Gestaltungs- und Beratungspraxis, § 4 Rn. 55.
279 Michalski/*Michalski*, § 3 R. 8.
280 Vgl. BGH DB 1981, 466; BayObLG BB 1995, 1814; BayObLG GmbHR 1996, 360; BayObLG NZG 2003, 482; Hachenburg/*Ulmer*, § 3 Rn. 21 ff.; Baumbach/Hueck/*Fastrich*, § 3 Rn. 8.

mensgegenstände wie »Betrieb eines Kaufmannsgeschäfts«, »Handelsgeschäfte aller Art«, »Produktion und Vertrieb von Waren aller Art«, »Betreiben von Handelsgeschäften« und dergleichen nicht ausreichend,[281] und zwar auch dann nicht, wenn durch einen Negativzusatz (wie etwa «soweit dies gesetzlich zulässig ist und die Einholung von Genehmigungen nicht erfordert«) die potentielle Genehmigungsbedürftigkeit oder Verbotswidrigkeit vermieden werden soll.

Die Registergerichte machen sich diese Anforderungen nach Kenntlichmachung des Schwerpunkts der Geschäftsfähigkeit im Gesellschaftsvertrag zunehmend zueigen, so dass auf die Formulierung des Unternehmensgegenstandes entsprechende Sorgfalt zu verwenden ist. In Zweifelsfällen empfiehlt sich, den Unternehmensgegenstand im Vorhinein mit dem Registergericht abzustimmen. **204**

Nicht unzulässig ist es, zu einem entsprechend den vorstehenden Kriterien hinreichend bestimmten Geschäftsgegenstand als **Zusatz** eine Generalklausel aufzunehmen, wonach die Gesellschaft zu Geschäften und Maßnahmen berechtigt ist, die zur Erreichung des beschriebenen Gesellschaftszwecks notwendig oder nützlich erscheinen, und dass sie zur Errichtung von Zweigniederlassungen und zur Beteiligung an anderen Unternehmen befugt ist. Dies dient in erster Linie der Abgrenzung der Kompetenzen zwischen Geschäftsführung und Gesellschafterversammlung. Nicht mehr zweifelsfrei erscheint vor dem Hintergrund der vorstehend skizzierten Grundsätze, ob die Generalklausel auch zur Aufnahme weiterer Geschäftszweige, die ihrerseits nicht näher beschrieben sind, als dass sie zur Erreichung des genau definierten Gesellschaftszwecks notwendig oder nützlich erscheinen, ermächtigen kann. Dafür spricht, dass diese Geschäftszweige im Hinblick auf den definierten Gegenstand des Unternehmens lediglich dienende Funktion haben können und daher hinreichend konkret umschrieben sind. Die Aufnahme sonstiger negativer Zusätze in den Unternehmensgegenstand wie beispielsweise »genehmigungspflichtige Tätigkeiten sind nicht Gegenstand des Unternehmens«, sind zulässig, sofern daneben eine ausreichend positive Umschreibung des Betätigungsfeldes vorliegt.[282] **205**

Für die Eintragung der GmbH ist grundsätzlich nicht mehr von Bedeutung, ob ihr Unternehmensgegenstand **genehmigungsbedürftig** ist oder nicht. Mit Inkrafttreten des MoMiG ist §8 Abs.1 Nr.6 GmbHG a.F. ersatzlos entfallen. Die Handelsregistereintragung erfolgt nunmehr auch ohne weiteres bei genehmigungsbedürftigen Unternehmensgegenständen.[283] Ungeachtet dessen müssen die Geschäftsführer selbstverständlich entsprechende Genehmigungen einholen, wenn sie genehmigungsbedürftige Geschäfte vornehmen.[284] Die Einholung der Genehmigung vor der Handelsregistereintragung ist entgegen dem vorstehenden Grundsatz jedoch dann ausnahmsweise erforderlich, wenn in den die Genehmigungsbedürftigkeit begründenden Spezialgesetzen eine **Registersperre** für Eintragungen in öffentliche Register ohne Vorlage der erforderlichen Genehmigung angeordnet ist. Dies ist beispielsweise bei §43 KWG der Fall. **206**

---

281 KGJ 34, 149; BayObLG NZG 2003, 482; BayObLG BB 1994, 1811; BayObLG BB 1995, 1814; BayObLG GmbHR 1996, 360.
282 *Wicke*, 2008, §3 Rn.6.
283 Allerdings können ausnahmsweise auch heute noch Erlaubnisvorbehalte bestehen, die eine Eintragung in das Handelsregister hindern, so z.B. §32 KWG.
284 Eine ausführliche Übersicht über bestehende Genehmigungserfordernisse im Zusammenhang mit einer GmbH-Gründung findet sich unter www.dnoti.de/DOC/2007/GmbH-Genehmigungserfordernisse.pdf sowie auf der Website der IHK Wiesbaden unter www.ihk-wiesbaden.de-leistungen-recht-informationen-gewerberecht-link auf Verwaltungswegweiser.

2. Kapitel Recht der Gesellschaft mit beschränkter Haftung

207 M **Formulierungsvorschlag: Gegenstand des Unternehmens der GmbH**
(1) Gegenstand des Unternehmens der Gesellschaft ist ...
(2) Die Gesellschaft ist zu allen Geschäften und Maßnahmen berechtigt, die zur Erreichung des vorgenannten Gesellschaftszweckes notwendig oder nützlich erscheinen, auch zur Aufnahme weiterer Geschäftszweige, zur Errichtung vor Zweigniederlassungen im In- und Ausland und zur Beteiligung an anderen Unternehmen.

208 Eine Besonderheit besteht bei der **Komplementär-GmbH** einer GmbH & Co. KG. Hier verlangt die ältere Rechtsprechung zusätzlich zur Bezeichnung der KG-Beteiligung und der Geschäftsführungstätigkeit auch eine Angabe des Unternehmensgegenstandes der KG.[285] In der Literatur wird diese Forderung zurückgewiesen,[286] da dies zu einer Gleichstellung von GmbH und KG führe, obwohl der Unternehmensgegenstand der KG nach den Vorschriften des HGB nicht publizitätspflichtig sei. Beschränkt sich die Tätigkeit der Komplementär-GmbH auf die Geschäftsführung einer bestimmten KG, ist also nicht auf die Einnahme von Komplementärstellungen bei verschiedenen Kommanditgesellschaften ausgerichtet, so verlangen die Registergerichte beim Unternehmensgegenstand der Komplementär-GmbH regelmäßig die Angabe der Firma und des Sitzes der Kommanditgesellschaft.[287]

209 Anerkannt ist heute die Zulässigkeit der Gründung von sogenannten **Vorratsgesellschaften**. Bei der Vorratsgesellschaft handelt es sich um eine nur zum Zwecke der späteren Weiterveräußerung gegründete Gesellschaft, die selbst nicht unternehmerisch tätig werden soll. Im Zeitpunkt der späteren Abtretung der Geschäftsanteile ist sie als Rechtsträger sofort verfügbar. Damit wird in dieser Situation das Durchlaufen des haftungsträchtigen Stadiums der Vor-GmbH vermieden. Wird eine Vorrats-GmbH gegründet, so ist dies im Rahmen des Gegenstands des Unternehmens kenntlich zu machen. Geschieht dies, handelt es sich um eine sogenannte offene Vorratsgründung, deren Zulässigkeit von der Rechtsprechung anerkannt ist.[288]

210 M **Formulierungsvorschlag: Offene Vorratsgründung**
Gegenstand des Unternehmens der Gesellschaft ist das Halten und Verwalten des eigenen Vermögens.
oder alternativ:
Gegenstand des Unternehmens der Gesellschaft ist die Verwaltung eigenen Vermögens.

211 Wird die Vorratsgründung nicht offengelegt, sondern ein fiktiver oder doch zumindest nicht ernstlich gewollter Unternehmensgegenstand in die Satzung aufgenommen, so handelt es sich um ein Scheingeschäft, das gemäß § 117 BGB oder § 134 BGB nichtig ist.[289] Nichtigkeit des Unternehmensgegenstandes kann dazu führen, dass die Gesellschaft für nichtig erklärt wird gemäß § 75 Abs. 1 GmbHG.[290]

212 Die Zulässigkeit der **Rechtsanwalts-GmbH** ist von der Rechtsprechung heute grundsätzlich anerkannt.[291] Heute findet sich die für eine Rechtsanwalts-GmbH maßgebliche Regelung des Unternehmensgegenstandes in § 59c Abs. 1 BRAO. Danach ist der Unternehmensgegenstand einer Rechtsanwalts-GmbH die Beratung und Vertretung in »Rechtsangelegenheiten«. Gemäß § 59e Abs. 1 S. 1, 2 in Verbindung mit § 59a Abs. 1, 3 BRAO darf

---

285 BayObLG NJW 1976, 1694; OLG Hamburg BB 1968, 267.
286 Baumbach/Hueck/*Fastrich*, § 3 Rn. 9 m.w.N.
287 *Heckschen/Heidinger*, Die GmbH in der Gestaltungs- und Beratungspraxis, § 4 Rn. 71; vgl. dazu auch *Binz/Sorg*, Die GmbH & Co. KG, § 3 Rn. 8 ff. mit Formulierungsbeispiel.
288 BGH DNotZ 1994, 107 = BGH, NJW 1992, 1824 = BGHZ 117, 323 für AG; BGH DNotZ 2003, 443 = RNotZ 2003, 193 = MittBayNot 2003, 230 = NZG 2003, 170 = NJW, 2003, 892 = BGHZ 153, 158 für GmbH.
289 BGH DNotZ 1994, 107 = BGH, NJW 1992, 1824 = BGHZ 117, 323 für AG.
290 BGH DNotZ 1994, 107 = BGH, NJW 1992, 1824 = BGHZ 117, 323 für AG.
291 BayObLG, NJW 1995, 199 – Seufert I; BayObLG, NJW 1996, 3217 – Seufert II.

sich der Unternehmensgegenstand von Rechtsanwaltsgesellschaften auch auf die Tätigkeiten von Patentanwälten, Steuerberatern, Steuerbevollmächtigten, Wirtschaftsprüfern und vereidigten Buchprüfern erstrecken. Zur negativen Abgrenzung kann sich die Aufnahme der Regelung empfehlen, dass Tätigkeiten, die mit dem Beruf eines Rechtsanwalts nicht vereinbar sind, ausgeschlossen werden.

Auch **Steuerberatungs-** und **Wirtschaftsprüfungsgesellschaften** können gemäß § 49 Abs. 1 StBerG, § 27 WPO in der Rechtsform der GmbH errichtet werden. Zulässiger Unternehmensgegenstand einer Steuerberatungs- oder Wirtschaftsprüfungsgesellschaft können gemäß § 55 Abs. 1 BOStB nur solche Tätigkeiten sein, die mit dem Beruf des Steuerberaters nach § 57 StBerG vereinbar sind. Entsprechendes gilt für die Wirtschaftsprüfungs-GmbH gemäß §§ 2, 43 Abs. 2, 43 a Abs. 3, 4 WPO. Nicht gestattet ist der Steuerberatungs- und der Wirtschaftsprüfungs-GmbH die Ausübung einer gewerblichen Tätigkeit gemäß § 57 Abs. 4 Nr. 1 StBerG, § 43 a Abs. 3 Nr. 1 WPO. **213**

Zulässiger Unternehmensgegenstand einer GmbH kann weiter auch die Erbringung von **Architektenleistungen** sein. Dazu bestehen spezielle Vorschriften, die sich jedoch nicht in einem Bundesgesetz wie bei der Rechtsanwalts-GmbH (§§ 59 c ff. BRAO) finden, sondern in den Architektengesetzen einiger – nicht aller – Bundesländer, da dem Bund gemäß Art. 70 Abs. 1 GG insoweit keine Gesetzgebungskompetenz zukommt. In den Architektengesetzen[292] finden sich lediglich Regelungen zu der Frage, unter welchen Voraussetzungen die Eintragung der Architekten-GmbH in die Architektenliste des jeweiligen Bundeslandes erfolgen darf.[293] Für die Eintragungsfähigkeit einer Architekten-GmbH in die Architektenliste des jeweiligen Landes ist nicht erforderlich, dass das jeweilige Landesgesetz ausdrücklich die Aufnahme von GmbHs in die Architektenliste gestattet.[294] Die Ablehnung der Eintragung einer Architekten-GmbH in die Architektenliste ist nur zulässig, wenn das entsprechende Landesgesetz die Eintragung von GmbHs ausschließt oder wenn die einzutragende GmbH die an die Eintragung einer natürlichen Person geknüpften Voraussetzungen, die auf die GmbH entsprechend anzuwenden sind, nicht erfüllt. Bei der Gestaltung des Gesellschaftsvertrages der GmbH sind dementsprechend die jeweiligen landesrechtlichen Vorgaben zu beachten. Die jeweiligen Landesgesetze sehen ganz überwiegend vor, dass die GmbH ihre Niederlassung in dem jeweiligen Bundesland haben muss und dass der Geschäftsgegenstand auf die Berufsaufgaben des Architekten und auf Planungsleistungen gemäß den Leistungsbildern der Honorarordnung für Architekten und Ingenieure (HOAI) beschränkt sein muss.[295] **214**

Schließlich können auch andere **freie Berufe** in der Rechtsform der GmbH ausgeübt werden. So hat der BGH die Errichtung einer **Zahnärzte-GmbH** und die Erbringung zahnärztlicher Leistungen durch diese für grundsätzlich zulässig erklärt.[296] Aus der Argumentation des BGH ergibt sich, dass die Erbringung freiberuflicher Leistungen durch eine GmbH grundsätzlich zulässig ist, soweit es nicht Regelungen gibt, die eine entsprechende Berufsausübung verbieten. Dementsprechend können grundsätzlich beliebige freie Berufe in der Rechtsform der GmbH ausgeübt werden. Bei der Vertragsgestaltung sind insoweit etwaige gesetzliche Beschränkungen, insbesondere durch Landesgesetze vorsorglich zu beachten.[297] Etwaige Verbote sind vor dem Hintergrund der grundgesetzlich geschützten Vereinigungsfreiheit nach Art. 9 Abs. 1 GG sowie der Berufswahlfreiheit nach Art. 12 Abs. 1 **215**

---

292 Siehe Art. 3 ff. BayArchG; § 3 BbgArchG; § 7 ArchG NW; §§ 8 a-e ArchG RPf.
293 Michalski/*Römermann*, systematische Darstellung 7 Rn. 129.
294 Michalski/*Römermann*, systematische Darstellung 7 Rn. 130; andere Ansicht *Lenz/Imping/Schlößer*, C/3/50.
295 Zu den weiteren Voraussetzungen siehe Michalski/*Römermann*, systematische Darstellung 7 Rn. 131 ff.
296 BGH. NJW 1994, 786 = ZIP 1994, 381 = BGHZ 124, 224 = DB 1994, 468 = DStR 1994, 469 mit Anm. *Götte*.
297 Vgl. OLG Düsseldorf RNotZ 2007, 352 = NZG 2007, 190 für eine Tierarzt-GmbH.

2. Kapitel Recht der Gesellschaft mit beschränkter Haftung

GG in ihrer Vereinbarkeit mit dem Grundgesetz regelmäßig höchstproblematisch. Ungeachtet dessen sind sie im Rahmen der Beratung zur Vorbereitung einer GmbH-Errichtung zu berücksichtigen. Weiter ist auf die etwaige Notwendigkeit einer streitigen Durchsetzung der Eintragung in das Handelsregister ebenso hinzuweisen wie die Problematik ihrer berufsrechtlichen Anerkennung.

216 Ferner ist die Gründung einer sogenannten **gemeinnützigen GmbH** möglich. Angestrebt wird damit die Steuerfreiheit der Gesellschaft. Um dies zu erreichen, muss über den Unternehmensgegenstand hinaus eine Regelung des ideellen Zwecks der GmbH gemäß §§ 59, 60 AO aufgenommen werden. Es muss sich aus der Satzung ergeben, dass die Gesellschaft ihre Ziele selbstlos, ausschließlich und unmittelbar verfolgt. Ein pauschaler Hinweis, wonach die GmbH gemeinnützige Zwecke verfolge, genügt nicht den Anforderungen des Individualisierungsgebotes. Zur Individualisierung kann auf die steuerrechtlichen Regelungen der §§ 51 ff. AO ergänzend abgestellt werden. Diese beinhalten Regelungen, wann eine Gesellschaft gemeinnützige (§ 52 AO), mildtätige (§ 53 AO), kirchliche (§ 54 AO) verfolgt.[298]

5. Betrag des Stammkapitals

217 Gemäß § 3 Abs. 1 Ziffer 3 GmbHG muss der Gesellschaftsvertrag den **Betrag des Stammkapitals** beinhalten. Eine Definition des Begriffs findet sich im GmbHG nicht. Das Stammkapital kennzeichnet das bei der Gründung durch Einlagen der Gesellschafter aufzubringende Gesellschaftsvermögen.[299] Der Betrag des Stammkapitals ist im körperschaftlichen Teil des Gesellschaftsvertrages als ein fester Betrag in Euro anzugeben. Dies gilt auch bei der Erbringung von Sacheinlagen. Nicht ausreichend ist, die einzelnen Nennbeträge der Geschäftsanteile ohne ihre Summe oder aber einen Circa- oder Höchstbetrag im Gesellschaftsvertrag aufzunehmen.[300] Ebenso wenig genügt es, den Betrag des Stammkapitals an anderer Stelle festzuhalten wie etwa im Gründungsprotokoll oder in der Anmeldung.[301]

218 Das Stammkapital der GmbH muss gemäß § 5 Abs. 1 GmbHG mindestens 25.000,00 Euro betragen. Allerdings ist die Gründung einer GmbH auch mit einem geringeren Stammkapital möglich. Durch das MoMiG wurde das Mindest-Stammkapital auf 1,00 Euro verringert. Zulässig ist die Unterschreitung der Mindest-Stammkapitalziffer von 25.000,00 Euro gemäß § 5a GmbHG dann, wenn in der Firma der Gesellschaft abweichend von § 4 GmbHG die Bezeichnung »Unternehmergesellschaft (haftungsbeschränkt)« oder »UG (haftungsbeschränkt)« aufgeführt wird. Damit hat der Gesetzgeber die Gründung einer Kapitalgesellschaft ohne eine Mindestkapitalausstattung ermöglicht.

219 Die Regelung des § 5 Abs. 3 S. 2 GmbHG schreibt zwingend vor, dass das Stammkapital mit der Summe der Nennbeträge aller Geschäftsanteile übereinstimmen muss. Dies gilt nicht nur bei der Gründung der Gesellschaft, sondern auch danach für die gesamte Zeit ihres Bestehens und hat damit insbesondere Bedeutung für die Formulierung von Gesellschaftsvertragsregelungen, die sich mit der Einziehung von Geschäftsanteilen befassen.[302]

220 Das Stammkapital soll der Gesellschaft ein Mindestmaß an wirtschaftlicher Handlungsfreiheit verschaffen und lässt die ursprüngliche Eigenkapitalausstattung erkennen. Gleichzeitig dient es dem Schutz der Gesellschaftsgläubiger.[303] § 10 Abs. 1 GmbHG schreibt die Eintragung der Stammkapitalziffer im Handelsregister vor. Weiter knüpft § 75 Abs. 1 GmbHG an das Fehlen des Betrags des Stammkapitals im Gesellschaftsvertrag die Folge

---

298 Zur Gestaltung der Satzung einer gemeinnützigen GmbH siehe *Dahlbender*, GmbH-StB 2006, 17; *Briester*, GmbHR 1999, 151.
299 Baumbach/Hueck/*Fastrich*, § 3 Rn. 14.
300 Baumbach/Hueck/*Fastrich*, § 3 Rn. 15.
301 Michalski/*Zeidler*, § 5 Rn. 21; Baumbach/Hueck/*Fastrich*, § 3 Rn. 15.
302 Siehe dazu unten Rdn. 397.
303 Michalski/*Zeidler*, § 5 Rn. 19 m.w.N.

der Nichtigkeit der Gesellschaft und eröffnet damit gemäß §§ 397, 395 FamFG die Möglichkeit, eine gleichwohl im Handelsregister eingetragene GmbH im Wege des Amtslöschungsverfahrens im Handelsregister zu löschen.

Dieser formale Gläubigerschutz wird ergänzt durch strenge materielle Regeln zur Aufbringung und -erhaltung des Stammkapitals wie insbesondere §§ 5, 7 Abs. 2 und 3, 9, 19 ff., 24 GmbHG, die Bilanzierungsvorschriften in den §§ 29 ff. GmbHG, das Verbot der Auszahlung des Stammkapitals gemäß § 30 ff. GmbHG sowie Regelungen zur Kapitalherabsetzung gemäß §§ 58 ff. GmbHG.[304] Im Innenverhältnis der Gesellschafter untereinander bestimmt das Stammkapital die Beiträge der Gesellschafter zur Erreichung des Gesellschaftszwecks,[305] die Deckungspflicht der Gesellschafter für die Einlagen der GmbH gemäß § 24 GmbHG und sonstige Rechte der Gesellschafter wie etwa Minderheitsrechte in § 50 GmbHG sowie § 66 Abs. 2 GmbHG.

221

6. Zahl und Nennbetrag der Geschäftsanteile

Gemäß § 3 Abs. 1 Ziffer 4 GmbHG muss der Gesellschaftsvertrag die **Zahl** und die **Nennbeträge der Geschäftsanteile**, die jeder Gesellschafter gegen Einlage auf das Stammkapital (Stammeinlage) übernimmt, enthalten. Dabei muss deutlich zum Ausdruck kommen, dass es sich um den mitgliedschaftlichen Beitrag des Gesellschafters im Sinne des § 3 Abs. 1 Ziffer 4 GmbHG handelt und nicht etwa nur um eine Leistung nach § 3 Abs. 2 GmbHG oder um eine rein schuldrechtliche Verpflichtung der Gesellschafter untereinander.[306] Die den Geschäftsanteil übernehmende Person ist in der Satzung so genau zu bezeichnen, dass Verwechslungen ausgeschlossen sind. Dazu ist zumindest die Angabe des Namens erforderlich. Weiter ist die Höhe, also der Nennbetrag des übernommenen Geschäftsanteils anzugeben. Dabei müssen die Geschäftsanteile gemäß § 5 Abs. 2 S. 1 GmbHG auf volle Euro lauten. Mit dem Inkrafttreten des MoMiG ist die bislang geltende Mindesthöhe von Geschäftsanteilen von 100,00 Euro und das Erfordernis ihrer Teilbarkeit durch 50,00 Euro entfallen. Da gemäß § 5 Abs. 2 S. 2 GmbHG jeder Gesellschafter auch schon bei der Gründung der GmbH abweichend von der früheren Rechtslage **mehrere Geschäftsanteile** übernehmen kann, muss in der Satzung die Zahl der jeweils übernommenen Geschäftsanteile angegeben werden. Dabei können die von einem Gesellschafter übernommenen Geschäftsanteile durchaus von unterschiedlicher Höhe sein gemäß § 5 Abs. 3 S. 1 GmbHG. Die Summe der Nennbeträge aller Geschäftsanteile muss jedoch mit dem Gesamtbetrag des Stammkapitals übereinstimmen gemäß § 5 Abs. 3 S. 2 GmbHG. Hiergegen darf nach h.M. auch bei einer späteren Einziehung von Geschäftsanteilen nicht verstoßen werden,[307] was durch eine entsprechende Fassung der Einziehungsregelungen sicherzustellen ist.[308]

222

Die Angabe der Nennbeträge der Geschäftsanteile muss unabhängig davon erfolgen, ob die zu leistende Einlage in Geld besteht (»Bargründung«) oder in anderen Vermögenswerten (»Sachgründung«) oder sowohl in Geld als auch in anderen Vermögenswerten (»Mischgründung«). Sollen Sacheinlagen geleistet werden, so müssen der Gegenstand der Sacheinlage und der Nennbetrag des Geschäftsanteils, auf den sich die Sacheinlage bezieht, im Gesellschaftsvertrag festgesetzt werden gemäß § 5 Abs. 4 S. 1 GmbHG. Unterbleibt dies, ist die Einlage in Geld zu leisten.

223

---

304 Siehe dazu ausführlich 783 ff., 801 ff. unten.
305 Scholz/Winter/*H.P. Westermann*, § 5 Rn. 12.
306 Baumbach/Hueck/*Fastrich*, § 3 Rn. 16.
307 Baumbach/Hueck/*Fastrich*, § 5 Rn. 9.
308 Vgl. hierzu unten Rdn. 397, 400 M.

2. Kapitel Recht der Gesellschaft mit beschränkter Haftung

224 Eine Durchnummerierung der Geschäftsanteile muss im Gesellschaftsvertrag nicht erfolgen. Ein derartiges Erfordernis sieht das Gesetz in § 8 Abs. 1 Ziffer 3 GmbHG lediglich für die Gesellschafterliste vor.

225 Unzulässig ist nach § 9 GmbHG die Festsetzung der vom Gesellschafter zu leistenden Einlage unter dem Nennbetrag des dafür genommenen Geschäftsanteils. Aus dieser gesetzlichen Regelung leitet die h.M. das sogenannte Verbot der »**Unter Pari Emission**« ab.[309] Zulässig ist hingegen die sogenannte »**Über Pari Emission**«. Dabei handelt es sich um über die Stammeinlage von allen oder einzelnen Gesellschaftern hinaus übernommene zusätzliche Beitragsleistungen in Form eines sogenannten Agios sowie von Nebenleistungs- oder Nachschusspflichten. Dabei besteht die Möglichkeit, ein Agio (= Aufgeld) als »echtes« oder »statuarisches Agio« gemäß § 3 Abs. 2 GmbHG vorzusehen. Geschieht dies, wird ein Anspruch der Gesellschaft gegen die Gesellschafter begründet, der in der Insolvenz der Gesellschaft vom Insolvenzverwalter geltend gemacht werden kann. Die Vorschriften zur Sicherung der Aufbringung und Erhaltung des Stammkapitals gelten indessen nicht für das Aufgeld.[310] Dem Registergericht ist bei der GmbH ein Nachweis über die Leistung des Aufgeldes nicht zu erbringen.[311] Statt der Vereinbarung eines echten Agios können die Gesellschafter eine rein schuldrechtliche Vereinbarung über die Leistung eines Agios treffen. In diesem Fall handelt es sich um ein sogenanntes »schuldrechtliches Agio«.[312] Bei einem schuldrechtlichen Agio entsteht kein Anspruch der Gesellschaft gegen die Gesellschafter.[313] Vereinbart werden kann ein solches schuldrechtliches Agio im Rahmen schuldrechtlicher Nebenabreden außerhalb der Satzung. Möglich ist aber auch die Vereinbarung eines solchen schuldrechtlichen Agios innerhalb der Satzung. In diesem Falle muss in der Satzung klargestellt werden, dass mit dieser Vereinbarung nur Verbindlichkeiten der Gesellschafter untereinander begründet werden sollen (sogenannter »unechter Satzungsbestandteil«).[314] Anderenfalls besteht die Gefahr, dass die Vereinbarung als echtes Agio im Sinne des § 3 Abs. 2 GmbHG ausgelegt wird und entgegen dem Willen der Gesellschafter einen Anspruch der Gesellschaft selbst begründet.

226 In der Satzung sollte eine Regelung zur **Fälligkeit der Stammeinlagen** vorgesehen werden. Insoweit ist zwischen Bareinlagen einerseits und Sacheinlagen andererseits zu differenzieren. Bei der Bareinlage muss auf jeden Geschäftsanteil mindestens ¼ seines Nennbetrages gemäß § 7 Abs. 2 S. 1 GmbHG vor der Anmeldung geleistet werden. Insgesamt muss auf das Stammkapital mindestens die Hälfte des Mindest-Stammkapitals, also 12.500,00 Euro eingezahlt sein gemäß § 7 Abs. 2 S. 2 GmbHG. Gemäß § 7 Abs. 3 GmbHG gilt bei der Sacheinlage das Volleinzahlungsgebot. Die Sacheinlage ist also vollständig vor der Anmeldung an die Gesellschaft zu leisten. Es empfiehlt sich, im Gesellschaftsvertrag die Fälligkeit der von jedem Gesellschafter auf das Stammkapital zu leistenden Einlage zu regeln. Dabei sollte zur Klarstellung in der Gründungssatzung die Mindesteinlage sofort fällig gestellt werden. Geschieht dies nicht, ist gemäß § 271 Abs. 1 BGB im Zweifel ebenfalls sofortige Fälligkeit mit Entstehung der Forderung anzunehmen. Hinsichtlich der Resteinlage kann für die Fälligkeit gemäß §§ 46 Nr. 2, 45 Abs. 2 GmbHG Regelungen der Satzung getroffen werden. Auch können die Einforderung durch Gesellschafterbeschluss oder auch bestimmte Zahlungstermine festgesetzt werden.

227 Die Satzung kann die Fälligkeit der Resteinlage auch an eine entsprechende Einforderungserklärung der Geschäftsführer binden, sie kann einen zeitlichen Rahmen für die Einforderung festlegen sowie die Form der Übertragung regeln.

---

309 BGHZ 68, 191, 195; Scholz/Winter/*H.P. Westermann*, § 5 Rn. 34; Baumbach/Hueck/*Fastrich*, § 5 Rn. 11.
310 Bilanziell ist das Aufgeld als Kapitalrücklage auszuweisen. § 272 Abs. 2 Nr. 1 HGB.
311 Anders bei der Aktiengesellschaft gemäß §§ 36 a Abs. 1, 37 Abs. 1 AktG.
312 BGH DNotZ 2008, 461 = NZG 2008, 73 = NotBZ 2008, 23 = ZNotP 2008, 130 = ZIP 2007, 2416; BayObLG NZG 2002, 583.
313 BGH DNotZ 2008, 461 = NZG 2008, 73 = NotBZ 2008, 23 = ZNotP 2008, 130 = ZIP 2007, 2416.
314 Vgl. hierzu *Wicke*, DNotZ 2006, 419; *ders.*, DStR 2006, 1137.

7. Gründungskosten

Soll die GmbH die Gründungskosten tragen, so ist dazu entsprechend § 26 AktG eine ausdrückliche Regelung **in der Satzung** erforderlich. Die Aufnahme in das Gründungsprotokoll genügt nicht. Das gilt auch, wenn die Verpflichtung der Gründer (§ 26 Abs. 2 AktG analog) abbedungen werden soll, der GmbH die Gründungskosten zu erstatten, die sie im Außenverhältnis – allein oder neben den Gründern – geschuldet und bezahlt hat.[315] Dabei ist dem gesetzgeberischen Zweck des § 26 Abs. 2 AktG entsprechend im Interesse des Gläubigerschutzes in der Satzung offenzulegen, wie weit das Stammkapital durch Gründungsaufwand vorbelastet ist. Dies wird nur erreicht, wenn der gesamte Aufwand ausgewiesen und nicht danach unterschieden wird, wer ihn im Außenverhältnis schuldet. Soweit die Satzung über den Gründungsaufwand nichts aussagt, sind deshalb entsprechend § 26 Abs. 2 AktG im Verhältnis zur GmbH die Gründer dessen alleinige Schuldner mit der Folge, dass sie im Außenverhältnis für Rechnung der GmbH zu leisten und dieser zu erstatten haben, was sie an Gründungsaufwand aufgebracht hat. Nach der Rechtsprechung ist erforderlich, dass

– sämtliche Gründungskosten in der Satzung als Gesamtbetrag festgesetzt werden,
– alle einzelnen Aufwandspositionen, wie Kosten der Beurkundung, der Eintragung im Handelsregister, des Steuerberaters, des Wirtschaftsprüfers, etwaige Grunderwerbsteuer, Kosten für die Bewertung der Sacheinlage usw. angegeben werden.

228

Nicht erforderlich ist, dass die einzelnen Kostenpositionen in ihren jeweiligen Einzelbeträgen aufgeführt werden. Es genügt die Festsetzung der Höhe des Gesamtbetrages.[316]

229

Eine **prozentuale Höchstgrenze** des Gründungsaufwands im Verhältnis zum jeweiligen Stammkapital besteht nicht.[317] Entscheidend ist, ob dem Registergericht die Höhe des angesetzten Gründungsaufwands nachgewiesen werden kann.[318] Ungeachtet dessen hat sich in der Praxis nicht weniger Registergerichte eine Handhabung durchgesetzt, die 10 % des jeweiligen Stammkapitals als Höchstgrenze für den von der Gesellschaft zulässigerweise zu tragenden Gründungsaufwands betrachtet. Im Übrigen werden je nach Region unterschiedlich bei einer GmbH, die mit einem Stammkapital von 25.000,00 Euro gegründet wird, Gründungskosten von 1.500,00 Euro bis 2.500,00 Euro als Pauschalbetrag anerkannt. Es empfiehlt sich vor der Festlegung des von der Gesellschaft zu tragenden Gründungsaufwands in der Satzung mit dem jeweils zuständigen Registergericht zu klären, bis zu welcher Höhe dort Gründungskosten anerkannt werden.

230

Wird eine GmbH gemäß § 2 Abs. 1a GmbHG im vereinfachten Verfahren unter Verwendung des **Musterprotokolls** gegründet, kann die Gesellschaft die mit ihrer Gründung verbundenen Kosten lediglich bis zu einer Summe von 300,00 Euro tragen, höchstens jedoch bis zu dem Betrag ihres Stammkapitals (Anlage zu § 2 Abs. 1a GmbHG). Diese Regelung des Gesetzes macht deutlich, dass die von einigen Registergerichten gezogene prozentuale Höchstgrenze des Gründungsaufwands im Verhältnis zum jeweiligen Stammkapital nicht zutreffend sein kann. Allerdings genügt das Musterprotokoll insoweit nicht den voraufgeführten vom BGH gestellten Anforderungen, da es die einzelnen Aufwandspositionen nicht nennt, sondern pauschal von den mit »der Gründung verbundenen Kosten« spricht. Daraus kann nicht der Rückschluss gezogen werden, dass die Aufführung der einzelnen Aufwandspositionen bei der Gründung einer GmbH unter Verwendung individueller Regelungen sich nunmehr ebenfalls erübrigt. Es liegt in der Natur des Musterprotokolls, dass die einzelnen im Rahmen der Gründung entstandenen Aufwandspositionen dort nicht aufgeführt werden können, da diese Aufwandspositionen sich von Fall zu Fall unterscheiden.

231

---

315 BGH DNotZ 1990, 124 = BGHZ 107, 1.
316 BGH DNotZ 1990, 124 = BGHZ 107, 1.
317 MünchHdb. GesR III/*Mayer*, GmbH, § 20 Rn. 96.
318 DNotI Gutachten zum Gesellschaftsrecht, 1994, S. 72 ff.

2. Kapitel Recht der Gesellschaft mit beschränkter Haftung

232 Werden die vorstehenden Grundsätze nicht beachtet, so liegt steuerlich eine unwirksame Übernahme der Gründungskosten durch die GmbH vor. Trägt die GmbH auf dieser Grundlage gleichwohl die Kosten, handelt es sich in steuerlicher Hinsicht um eine **verdeckte Gewinnausschüttung**.

233 Die Festsetzungen zur Tragung der Gründungskosten durch die GmbH müssen 5 Jahre nach der Gründung in der Satzung beibehalten werden.[319]

234 M **Formulierungsvorschlag: Gründungskosten**
Die Gründungskosten (Notar-, Gerichts- und Veröffentlichungskosten sowie etwaige im Zusammenhang mit der Gründung entstandene Beratungskosten, insbesondere Steuerberaterkosten) trägt die Gesellschaft mit beschränkter Haftung bis zu einem Gesamtbetrag von ... Euro.

8. Dauer der Gesellschaft

235 Soll das Unternehmen der Gesellschaft auf eine gewisse Zeit beschränkt sein, so bedarf diese Bestimmung der Aufnahme in den Gesellschaftsvertrag gemäß § 3 Abs. 2 GmbHG. Eine wirksame **Zeitbeschränkung** kann kalendermäßig durch Festsetzung eines kalendermäßigen Datums getroffen werden. Ebenso ist die Vereinbarung einer Frist möglich. In diesen Fällen ist sowohl für die Gesellschafter wie für die Geschäftsführer sowie für gesellschaftsfremde Dritte aufgrund der Eintragung der Zeitbeschränkung gemäß § 10 Abs. 2 S. 1 GmbHG im Handelsregister die konkrete Dauer der Gesellschaft von vornherein erkennbar. Es ist jedoch auch möglich, eine Zeitbeschränkung in der Weise vorzusehen, dass die Dauer der Gesellschaft von einem künftigen Ereignis bestimmt wird, dessen Eintritt sicher, der Zeitpunkt des konkreten Eintritts aber ungewiss ist.[320]

236 Treffen die Gesellschafter in der Satzung keine ausdrückliche Regelung zur **Dauer der Gesellschaft**, so ist diese auf unbestimmte Zeit geschlossen. Bei der zeitlich unbeschränkten Gesellschaft handelt es sich um den praktischen Regelfall. Da das GmbHG abweichend vom Recht der Personengesellschaften (§ 723 BGB, §§ 132, 131 Abs. 3 Ziffer 3 HGB, §§ 161 Abs. 2, 131 Abs. 3 Ziffer 3, 132 HGB) keine ordentliche **Kündigung** des Gesellschaftsverhältnisses kennt, besteht für den GmbH-Gesellschafter nach dem Gesetz nur eine Möglichkeit aus der GmbH auszuscheiden. Er muss seinen Geschäftsanteil gemäß § 15 Abs. 1 GmbHG übertragen. Dies ist nach den Regelungen des GmbHG unter Beachtung der in § 15 Abs. 3 und 4 GmbHG geregelten Formvorschriften, die eine notarielle Beurkundung anordnen, jederzeit möglich. Insbesondere bedarf es zur Abtretung des Geschäftsanteils sowie zur Eingehung einer Verpflichtung zur Abtretung des Geschäftsanteils nicht der Zustimmung der Gesellschaft, anderer Gesellschafter oder Dritter. Anders ist dies nur dann, wenn in dem Gesellschaftsvertrag von der in § 15 Abs. 5 GmbHG eingeräumten Möglichkeit der Vinkulierung der Geschäftsanteile Gebrauch gemacht worden ist. In diesem Falle müssen die weiteren im Gesellschaftsvertrag für die Abtretung vorgesehenen Voraussetzungen vorliegen. Solange dies nicht der Fall ist, geht der Geschäftsanteil nicht auf den Erwerber über.

237 Die Rechtsprechung hat allerdings auch für den Fall, dass die Regelung eines Kündigungsrechtes in der Satzung unterblieben ist, ein **Austrittsrecht** anerkannt. Voraussetzung dafür ist das Vorliegen eines wichtigen Grundes, der für den betreffenden Gesellschafter die Fortdauer seiner Mitgliedschaft in der GmbH unzumutbar macht.[321] Als wichtiger

---

319 H. M. Baumbach/Hueck/*Fastrich*, § 5 Rn. 57; Hachenburg/*Ulmer*, § 5 Rn. 186.
320 BayObLG BB 1975, 249 f.; Baumbach/Hueck/*Fastrich*, § 3 Rn. 27, Lutter/Hommelhoff/*Bayer*, § 3 Rn. 35.
321 RGZ 128, 1, 16 f.; BGHZ 9, 162 f.; BGH, DNotZ 1992, 526 = MittRhNotK 1992, 54 = NJW 1992, 892 = BGHZ 116, 359, 369; OLG München DB 1990, 473; Baumbach/Hueck/*Fastrich*, Anhang § 34 Rn. 18 f.; Lutter/Hommelhoff/*Lutter*, § 34 Rn. 70 f.

Grund kommen Umstände in der Person des betreffenden Gesellschafters oder den Verhältnissen der Gesellschaft sowie auch das Verhalten der Mitgesellschafter in Betracht.[322] Bei dem Austrittsrecht handelt es sich um ein Notrecht, das nur dann ausgeübt werden kann, wenn weder eine Fortsetzung der Mitgliedschaft noch eine andere Form der Beendigung derselben zumutbar und möglich ist.[323]

Vor diesem Hintergrund empfiehlt sich zur Vermeidung unnötiger und kostenträchtiger Auseinandersetzungen regelmäßig die **Aufnahme eines Kündigungsrechtes** für die Gesellschafter in die Satzung. Wird ein Kündigungsrecht in der Satzung für die Gesellschafter vorgesehen, so sind zum einen die Voraussetzungen seiner Ausübung wie aber auch die Rechtsfolgen der Kündigung zu regeln. Die Regelung der Rechtsfolgen der Kündigung ist von ganz besonderer Bedeutung, da anderenfalls nicht klar ist, ob die Gesellschaft durch die Kündigung aufgelöst wird[324] oder die Kündigung zum Ausscheiden des kündigenden Gesellschafters führt.[325] Des Weiteren ist in der Satzung bei Einräumung eines Kündigungsrechtes zu regeln, wie sich das Ausscheiden des Kündigenden im Einzelnen vollzieht. Da das im Recht der Personengesellschaften geltende An- und Abwachsungsprinzip (§ 738 BGB, 142 HGB) dem GmbH-Recht fremd ist, bedarf das Ausscheiden eines Gesellschafters eines Vollzugsakts, der in der Einziehung des Geschäftsanteils oder aber in seiner Abtretung bestehen kann. Solange das Ausscheiden des Gesellschafters nicht vollzogen worden ist, ist er nach wie vor Gesellschafter der GmbH und damit auch grundsätzlich stimmberechtigt,[326] wenn dies in der Satzung nicht ausdrücklich anders geregelt ist. In der Satzung kann vorgesehen werden, dass ein kündigender Gesellschafter sofort mit der Kündigung und nicht erst mit der Leistung der Abfindung aus der Gesellschaft ausscheidet.[327]

238

Auch wenn im Gesellschaftsvertrag ein ordentliches Kündigungsrecht verankert wird, kann das Kündigungsrecht nur **ausgeübt** werden, wenn der Geschäftsanteil des Kündigenden voll einbezahlt ist und § 30 GmbHG einer Zahlung der Abfindung durch die Gesellschaft nicht entgegensteht.

239

Formulierungsvorschlag: Dauer und Kündigungsregelung

240 M

(1) Die Gesellschaft wird auf unbestimmte Zeit vereinbart.
(2) Die Gesellschaft ist kündbar unter Einhaltung einer Frist von einem Jahr, erstmals zum ...... des Jahres ...... und in der Folgezeit nur zu einem Zeitpunkt, der jeweils ...... Jahre später liegt, also zum ...... der Jahre ...... und so weiter
(3) Die Kündigung hat durch eingeschriebenen Brief an die Gesellschaft zu erfolgen.
(4) Kündigt ein Gesellschafter die Gesellschaft, so unterliegt sein Geschäftsanteil bis zum Ablauf der Kündigungsfrist der Einziehung oder Zwangsübertragung gemäß den Bestimmungen in § ...... dieses Gesellschaftsvertrages.
(5) Wird der Geschäftsanteil des kündigenden Gesellschafters nicht gemäß § ... dieses Gesellschaftsvertrages eingezogen oder übertragen, so wird die Gesellschaft mit Ablauf der Kündigungsfrist aufgelöst.

---

322 BGH, DNotZ 1992, 526 = MittRhNotK 1992, 54 = NJW 1992, 892 = BGHZ 116, 359, 369; Baumbach/Hueck/*Fastrich*, Anhang § 34 Rn. 19 m.w.N.
323 Lutter/Hommelhoff/*Lutter*, § 34 Rn. 70 m.w.N.
324 RGZ 93, 326, 327; 95, 39, 40; 113, 147, 149; KG JW 1930, 2719; OLG Karlsruhe GmbHR 1960, 24 f.; Michalski/*Nerlich*, § 60 Rn. 329; Baumbach/Hueck/*Haas*, § 60 Rn. 90.
325 Lutter/Hommelhoff/*Kleindiek*, GmbHG, § 60 Rn. 27; Rowedder/Schmidt-Leithoff/*Rasner*, § 60 Rn. 44 f.; *Fischer*, GmbHR 1955, 165, 168 f.; *Hofmann*, GmbHR 1975, 217, 223.
326 BGH ZIP 1983, 1444.
327 BGH GmbHR 2003, 1062; LG Köln ZIP 2005, 439.

VI. Satzungsgestaltung bei fakultativen Satzungsbestandteilen

1. Nachschusspflichten

241 Nach den Bestimmungen der §§ 26–28 GmbHG kann der Gesellschaftsvertrag **Nachschusspflichten** für die Gesellschafter begründen. Bei Nachschüssen handelt es sich um Geldeinlagen, die über die Stammeinlagen hinaus kraft Satzung zur Vermehrung des Vermögens der GmbH zu leisten sind.[328] Nachschüsse haben die **Funktion eines variablen Zusatzkapitals**, dessen Aufbringung gemäß §§ 27, 28 GmbHG besonders gesichert ist, für das die Ausfallhaftung der übrigen Gesellschafter gemäß § 24 GmbHG jedoch nicht gilt und das unter Beachtung der Beschränkungen des § 30 Abs. 2 GmbHG auch wieder zurückgezahlt werden kann.[329] Nachschüsse dienen der Stärkung des Eigenkapitals und sind gemäß § 272 Abs. 2 Nr. 4 HGB in der Bilanz zu passivieren.[330]

242 Besteht bei den GmbH-Gesellschaftern einerseits der Wunsch, das Stammkapital niedrig zu halten, ist andererseits jedoch nicht auszuschließen, dass die ins Auge gefasste niedrige Stammkapitalziffer möglicherweise nicht zu einer ausreichenden Kapitalisierung der GmbH ausreicht, bietet sich die Aufnahme von Nachschusspflichten in die Satzung an. Diese Regelung ermöglicht, das **Eigenkapital** der GmbH nach Bedarf **variabel zu ergänzen** und stellt damit eine Alternative zur Gewährung von Gesellschafterdarlehen dar. Gegenstand einer Nachschusspflicht kann stets nur eine Geldzahlung sein.[331] Es ist der GmbH jedoch unbenommen, eine Sachleistung an Erfüllungs Statt anzunehmen.[332]

243 Hinsichtlich des **Inhalts von Nachschusspflichten** unterscheidet das Gesetz[333] zwischen der

- beschränkten Nachschusspflicht mit statutarischer Höchstgrenze gemäß § 26 Abs. 3, § 28 GmbHG ohne Preisgaberecht,
- der unbeschränkten Nachschusspflicht mit unbeschränktem Preisgaberecht gemäß § 27 Abs. 1 GmbHG,
- der unbeschränkten Nachschusspflicht mit beschränktem Preisgaberecht gemäß § 27 Abs. 4, § 28 Abs. 1 S. 2 GmbHG (sogenanntes Abandon),
- der gemischten Nachschusspflicht dergestalt, dass die Nachschüsse bis zu einem bestimmten Betrag den Regeln über die beschränkte Nachschusspflicht mit statutarischer Höchstgrenze folgen und der darüber hinausgehende Betrag den Regeln über die unbeschränkte Nachschusspflicht folgt.

244 Mit der Vereinbarung einer unbeschränkten Nachschusspflicht gemäß § 27 Abs. 1 GmbHG ist vorsichtig umzugehen, da sie zum Hinausdrängen von Minderheitsgesellschaftern missbraucht werden kann, wenn diese nicht willens oder in der Lage sind die eingeforderten Nachschüsse aufzubringen.[334]

245 Diese gesetzlichen Vorgaben eröffnen sehr präzise und ausgewogene Regelungsmöglichkeiten, um eine Unterkapitalisierung der GmbH zu vermeiden. Gleichwohl wird von ihnen in der Praxis eher selten Gebrauch gemacht.

246 Nachschusspflichten können nur in der Satzung vereinbart werden. Sollen **Nachschusspflichten nachträglich** eingeführt werden, so bedarf dies einer Satzungsänderung, zu deren Wirksamkeit gemäß § 53 Abs. 3 GmbHG die Zustimmung sämtlicher von der Nachschusspflicht betroffener Gesellschafter erforderlich ist.

---

328 Lutter/Hommelhoff/*Bayer*, § 26 Rn. 2.
329 Lutter/Hommelhoff/*Bayer*, § 26 Rn. 2.
330 Lutter/Hommelhoff/*Bayer*, § 26 Rn. 2.
331 Baumbach/Hueck/*Fastrich*, § 26 Rn. 2.
332 Baumbach/Hueck/*Fastrich*, § 26 Rn. 2.
333 Instruktiv Lutter/Hommelhoff/*Bayer*, § 26 Rn. 3.
334 Michalski/*Zeidler*, § 27 Rn. 2; Baumbach/Hueck/*Fastrich*, § 26 Rn. 3.

Für das Entstehen der konkreten Nachschusspflicht bedarf es eines Gesellschafterbeschlusses über die Einforderung der Nachschüsse, der nur auf der Grundlage der Satzungsermächtigung gefasst werden kann. Diesen **Einforderungsbeschluss** kann nur die Gesellschafterversammlung fassen; er kann nicht auf ein anderes Gesellschaftsorgan übertragen werden.[335] Inhaltlich hat der Beschluss den Grundsatz der Gleichbehandlung gemäß § 26 Abs. 2 GmbHG zu wahren, wenn die Zustimmung des Betroffenen zu einer Abweichung dazu nicht in der Satzung bereits erteilt ist oder individuell erteilt wird. Ein Verstoß gegen den Gleichbehandlungsgrundsatz macht den Beschluss anfechtbar.[336]

247

Da der Einforderungsbeschluss zwingend von der Gesellschafterversammlung zu fassen ist und nicht auf ein anderes Organ der Gesellschaft übertragen werden kann, kann auch der **Insolvenzverwalter** in der Insolvenz der Gesellschaft nicht anstelle der Gesellschafter deren gegenüber der Gesellschaft bestehende Verpflichtungen dadurch erweitern, dass er Nachschüsse einfordert. Weder der Insolvenzverwalter noch Gläubiger der Gesellschaft können die Einforderung der Nachschüsse erzwingen.[337] Auch vor diesem Hintergrund besteht daher kein Anlass von der Aufnahme von Nachschussklauseln in GmbH-Satzungen in geeigneten Fällen abzusehen.

248

Von der Nachschusspflicht zu unterscheiden sind **Nebenleistungspflichten** im Sinne des § 3 Abs. 2 GmbHG. Übernehmen die Gesellschafter einer GmbH die Verpflichtung, zu den Kosten der Gesellschaft Deckungsbeiträge zu erbringen, so bedarf dies nur dann der Aufnahme in die Satzung, wenn diese Verpflichtung in der Weise an den Gesellschaftsanteil gebunden sein soll, dass sie ohne weiteres auch künftige Gesellschafter treffen soll; anderenfalls ist eine formfreie Vereinbarung der Gesellschafter untereinander oder der Gesellschaft gegenüber (§ 328 BGB) ausreichend.[338]

249

Treffen die Gesellschafter eine entsprechende Vereinbarung außerhalb der Satzung, so sollte zur Vermeidung von Missverständnissen ausdrücklich klargestellt werden, dass die entsprechende Verpflichtung nicht an den Gesellschaftsanteil gebunden ist und damit im Falle einer Übertragung auch nicht ohne weiteres auf den neuen Gesellschafter übergeht, mithin keinen kooperativen Charakter trägt. Anderenfalls ist nicht auszuschließen, dass die Leistung von Deckungsbeiträgen mit der Begründung verweigert wird, es handele sich dabei um Nachschusspflichten, die mangels Beurkundung der erforderlichen Ermächtigung in der Satzung nicht formwirksam vereinbart und damit nichtig seien.

250

Checkliste: Nachschusspflicht

251

- Satzungsgrundlage für Erhebung von Nachschüssen erforderlich:
- Regelung in der Satzung, ob
  - beschränkte Nachschusspflicht mit statutarischer Höchstgrenze gemäß § 26 Abs. 3, § 28 GmbHG ohne Preisgaberecht oder
  - unbeschränkte Nachschusspflicht mit unbeschränktem Preisgaberecht gemäß § 27 Abs. 1 GmbHG;
  - unbeschränkte Nachschusspflicht mit beschränktem Preisgaberecht gemäß § 27 Abs. 4 GmbHG § 28 Abs. 1 S. 2 GmbHG;
  - gemischte Nachschusspflicht aus vorstehenden Varianten;
- Regelung der erforderlichen Mehrheit für Gesellschafterbeschluss, bei Fehlen genügt absolute Mehrheit;

---

335 Allg.M. BGH GmbHR 1994, 710; Baumbach/Hueck/*Fastrich*, § 26 Rn. 8; Lutter/Hommelhoff/*Bayer*, § 26 Rn. 8.
336 Lutter/Hommelhoff/*Bayer*, § 26 Rn. 8.
337 Baumbach/Hueck/*Fastrich*, § 26 Rn. 8.
338 BGH DNotZ 1994, 310 = MittRhNotK 1993, 123 = MittBayNotK 1993, 223 = NJW 1993, 1788 = NJW 1993, 1788 = ZIP 1993, 432.

2. Kapitel   Recht der Gesellschaft mit beschränkter Haftung

- Minderheitenschutz durch Beschränkung der Höhe der Nachschusspflicht;
- Abgrenzung zu Nebenleistungspflichten i.S. des § 3 Abs. 2 GmbHG.

252 M **Formulierungsvorschlag: Nachschussklausel für beschränkte Nachschusspflicht**
Die Gesellschafterversammlung kann über die Nennbeträge der Geschäftsanteile hinaus die Einforderung von weiteren Einzahlungen (Nachschüssen) beschließen. Die Nachschusspflicht ist auf einen Betrag von insgesamt ... Euro beschränkt. Der vom einzelnen Gesellschafter zu leistende Nachschuss darf ... vom Hundert des Nennbetrags aller von ihm gehaltenen Geschäftsanteile nicht übersteigen. Hält die Gesellschaft eigene Anteile an sich selbst, zählen diese bei Aufteilung der Nachschüsse mit.
Der Beschluss über die Einforderung von Nachschüssen bedarf einer Mehrheit von ... vom Hundert der abgegebenen Stimmen.

2. Wettbewerbsverbot

253 Im Rahmen der Gestaltung von GmbH-Satzungen ist in jedem Einzelfall die Regelung von vertraglichen **Wettbewerbsverboten** sowie die Befreiung von bestehenden gesetzlichen Wettbewerbsverboten zu bedenken. Zu unterscheiden sind insoweit gesetzliche Wettbewerbsverbote von vertraglichen Wettbewerbsverboten ebenso wie die jeweiligen Adressaten des Wettbewerbsverbotes als auch der Zeitraum seiner jeweiligen Geltung.

a) Wettbewerbsverbot für Geschäftsführer

254 Obwohl das GmbHG im Unterschied zu § 88 AktG für die **Geschäftsführer** kein ausdrückliches Wettbewerbsverbot vorsieht, trifft den Fremdgeschäftsführer nach allgemeiner Auffassung aufgrund seiner Organstellung die Verpflichtung zu loyalem Verhalten gegenüber der Gesellschaft.[339] Diese Verpflichtung umfasst ein umfassendes Wettbewerbsverbot, ohne dass dieses in der Satzung oder im Anstellungsvertrag besonders vereinbart werden müsste.[340] Der Geschäftsführer darf seine Organstellung nicht für sich selbst zum Nachteil der Gesellschaft ausnutzen, indem er Geschäftschancen der Gesellschaft an sich zieht.[341] Das Wettbewerbsverbot **beginnt** mit der tatsächlichen Aufnahme der Amtsgeschäfte, spätestens mit der kooperationsrechtlichen Amtsübernahme.[342] Das Wettbewerbsverbot **endet** in dem Zeitpunkt, in dem der Geschäftsführer aus seinem Amt rechtswirksam ausscheidet.[343]

255 Der **Umfang** des Wettbewerbsverbots für den Geschäftsführer wird durch den im Gesellschaftsvertrag festgelegten Unternehmensgegenstand bestimmt. Dies gilt unabhängig davon, ob die Gesellschaft diesen Unternehmensgegenstand tatsächlich vollständig ausfüllt oder nicht.[344] Auch vor diesem Hintergrund empfiehlt sich stets eine enge Fassung des Unternehmensgegenstandes.

---

339 MünchHdb. GesR III/*Marsch-Barner/Diekmann*, GmbH, § 43 Rn. 60.
340 Hachenburg/*Mertens*, § 43 Rn. 41; Rowedder/*Koppensteiner*, § 38 Rn. 17; Scholz/*Schneider*, § 43 Rn. 153; *Marsch-Barner/Diekmann*, a.a.O.; BGHZ 89, 162, 165, OLG Frankfurt a.M. GmbHR 1998, 376.
341 *Langenfeld*, GmbH-Vertragspraxis, § 12 Rn. 267.
342 Lutter/Hommelhoff/*Kleindiek*, Anhang zu § 6 Rn. 21.
343 BGH ZIP 1988, 47; OLG Frankfurt a.M. GmbHR 1998, 376, 378; Lutter/Hommelhoff/*Kleindiek*, Anhang zu § 6 Rn. 21.
344 Beck'sches Notarhandbuch/*Mayer/Weiler*, D I Rn. 37, Lutter/Hommelhoff/*Kleindiek*, Anhang zu § 6 Rn. 22; MünchHdb. GesR III/*Marsch-Barner/Diekmann*, GmbH, § 43 Rn. 62; a.A. BGH NJW 1984, 1351 = BGHZ 89, 162, 170; *Armbrüster*, ZIP 1997, 1269, 1276.

256 Nach dem **Ausscheiden** trifft den Geschäftsführer grundsätzlich kein Wettbewerbsverbot mehr. Wünschen die Beteiligten etwas anderes, so muss ein entsprechendes Wettbewerbsverbot vereinbart werden.[345] Für die Wirksamkeit eines solchen Wettbewerbsverbotes ist erforderlich, dass es einem berechtigten geschäftlichen Interesse der Gesellschaft im Zeitpunkt des Ausscheidens des Geschäftführers dient und dass es nach Ort, Zeit und Gegenstand die Berufsausübung und wirtschaftliche Betätigung des Geschäftsführers nicht unbillig erschwert (Art. 12 GG, § 138 BGB).[346] Die Laufzeit des Wettbewerbsverbotes muss angemessen sein, sie darf in der Regel nicht über 2 Jahre hinausgehen. Als Ausgleich für das Wettbewerbsverbot ist dem ausgeschiedenen Geschäftsführer grundsätzlich eine angemessene Entschädigung zu gewähren, deren Höhe für die Laufzeit des Wettbewerbsverbotes in etwa die Hälfte der zuletzt erhaltenen Bezüge betragen sollte.[347] Teilweise wird eine Entschädigung nicht für erforderlich gehalten, wenn das Wettbewerbsverbot ausschließlich in einer Kunden-/Mandantenschutzklausel besteht.[348]

b) Wettbewerbsverbot für Gesellschafter

257 Auch den **Gesellschafter** kann ein Wettbewerbsverbot treffen. Hier ist zu differenzieren: Der Alleingesellschafter-Geschäftsführer einer **Ein-Personen-GmbH** unterliegt nach h.M. grundsätzlich weder als Geschäftsführer noch als Gesellschafter einer Treuepflicht und daher auch keinem Wettbewerbsverbot, weil die Interessen des Alleingesellschafters von denen der Gesellschaft jedenfalls solange nicht getrennt werden können, als nicht Gläubigerinteressen gefährdet sind.[349]

258 Der Gesellschafter einer **Mehr-Personen-GmbH**, der nicht zugleich Geschäftsführer ist, unterliegt nach h.M. allein aufgrund der Treuepflicht, also ohne besondere vertragliche oder satzungsmäßige Vereinbarung, grundsätzlich keinem Wettbewerbsverbot. Etwas anderes gilt jedoch ausnahmsweise dann, wenn ein Gesellschafter einen bestimmenden Einfluss auf die Gesellschaft ausübt[350] oder ausüben könnte oder wenn die GmbH insgesamt betont personalistisch strukturiert ist.[351] Fraglich ist, ob dies auch dann gilt, wenn die Konkurrenzsituation schon vor dem Erwerb der Mehrheitsbeteiligung bestanden hat. Für den herrschenden Aktionär gegenüber der abhängigen Aktiengesellschaft hat der BGH ein Wettbewerbsverbot kraft Treuepflicht abgelehnt, wenn die Konkurrenzsituation bereits vor dem Erwerb der Mehrheitsbeteiligung bestanden hat.[352]

c) Verstoß gegen ein Wettbewerbsverbot und Vermeidung eines Verstoßes

259 Für den Fall des Verstoßes gegen ein Wettbewerbsverbot sieht das Gesetz verschiedene Folgen vor. Zum einen steht der Gesellschaft ein Anspruch auf Unterlassung und ggf. auch Schadenersatz zu. Darüber hinaus hat die Gesellschaft entsprechend § 113 Abs. 1 HGB ein Eintrittsrecht. Die Verletzung des Wettbewerbsverbotes kann beim Gesellschafter

---

345 Dazu im Einzelnen *Hoffmann-Becking*, FS Quack, S. 273 ff. und *Sina*, DB 1985, 902.
346 BGH NJW 1968, 1717; BGH, WM 1974, 74, 76; 1986, 1282; 1990, 13, 16; BGH, NJW 1984, 2366 = BGHZ 91, 1, 5 ff.; OLG, Düsseldorf GmbHR 1993, 581; OLG Düsseldorf NZG 1999, 405; Lutter/Hommelhoff/*Kleindiek*, Anhang zu § 6 Rn. 25; MünchHdb. GesR III/*Marsch-Barner/Diekmann*, GmbH, § 43 Rn. 73.
347 *Hoffmann-Becking*, FS Quack, S. 273, 277; Hachenburg/*Mertens*, GmbHG, § 35 Rn. 205, MünchHdb. GesR III/*Marsch-Barner/Diekmann*, GmbH, § 43 Rn. 74.
348 MünchHdb. GesR III/*Marsch-Barner/Diekmann*, GmbH, § 43 Rn. 74.
349 BGH NZG 2008, 308 = ZIP 2008, 308 = GmbHR 2008, 257 = DStR 2008, 886 m.w.N. zur Rspr.; Scholz/*Schneider*, § 43 Rn. 161, *Heckschen/Heidinger*, Die GmbH in der Gestaltungs- und Beratungspraxis, § 4 Rn. 123; Baumbach/Hueck/*Zöllner/Noack*, § 35 Rn. 43, MünchHdb. GesR III/*Mayer*, GmbH, § 20 Rn. 17.
350 BGH NJW 1984, 1351 = BGHZ 89, 162 zur KG.
351 Lutter/Hommelhoff/*Bayer*, § 14 Rn. 26.
352 BGH NotBZ 2008, 416 L = NZG 2008, 831 = ZIP 2008, 1872 = WM 2008, 1873 = DStR 2008, 2077.

2. Kapitel Recht der Gesellschaft mit beschränkter Haftung

einen Grund für seinen Ausschluss aus der Gesellschaft oder für die Einziehung seines Geschäftsanteils darstellen. In steuerlicher Hinsicht kann der Verstoß gegen ein bestehendes Wettbewerbsverbot zur Annahme einer verdeckten Gewinnausschüttung führen. Nach Auffassung des BFH ist dies dann anzunehmen, wenn ein Gesellschafter/Geschäftsführer einer GmbH gegen ein ihn treffendes Wettbewerbsverbot verstößt, die Gesellschaft jedoch gleichwohl auf die Geltendmachung eines ihr dadurch entstandenen Schadenersatzanspruchs verzichtet.[353]

260 Vor diesem Hintergrund stellt sich in der Gestaltungspraxis die Frage, ob und wie der Verstoß gegen Wettbewerbsverbote vermieden werden kann. Besteht nach den vorstehend dargestellten Grundsätzen ein Wettbewerbsverbot, kann davon in der Satzung selbst unmittelbar befreit werden. Auch kann in der Satzung die Grundlage für eine spätere Befreiung durch Gesellschafterbeschluss aufgrund Öffnungsklausel gelegt werden.[354]

261 M Formulierungsbeispiel: Öffnungsklausel
Die Gesellschafterversammlung kann mit einfacher Mehrheit der abgegebenen Stimmen Befreiung vom Wettbewerbsverbot erteilen, erweitern, einschränken oder aufheben und beschließen, ob und in welcher Höhe eine angemessene Vergütung an die Gesellschaft zu zahlen ist (Formulierungsvorschlag nach Münchner Handbuch des Gesellschaftsrechts/*Mayer*, GmbH, § 20 Rn. 17).
Gesellschaftern und den Geschäftsführern der Gesellschaft kann Befreiung von gesetzlichen Wettbewerbsverboten erteilt werden. Die Befreiung kann – soweit rechtlich zulässig – auch ohne Entgelt erfolgen. Über die Einzelheiten der Befreiung (Aufgabenabgrenzung, Entgeltvereinbarung) beschließt die Gesellschafterversammlung mit einfacher Mehrheit.

262 Weitere Voraussetzung für die Vermeidung einer verdeckten Gewinnausschüttung ist, dass der aufgrund der Öffnungsklausel gefasste Gesellschafterbeschluss eine klare und eindeutige **Aufgabenabgrenzung** zwischen der Gesellschaft und dem Gesellschafter beinhaltet. Schließlich ist zur Vermeidung einer verdeckten Gewinnausschüttung erforderlich, dass an die Gesellschaft eine angemessene **Gegenleistung** für die Befreiung vom Wettbewerbsverbot vorgesehen wird, was insbesondere dann erforderlich ist, wenn der Gesellschafter/Geschäftsführer aufgrund der Befreiung eine Tätigkeit aus einem Teilbereich des Unternehmensgegenstands der Gesellschaft gestattet wird, in dem die Gesellschaft bereits tätig ist. Insoweit wird nicht beanstandet, wenn 20–25 % vom Gewinn oder 3–5 % vom Umsatz als laufende Vergütung zugunsten der Gesellschaft vereinbart werden. Lediglich bei der Neugründung einer Gesellschaft ist eine unentgeltliche Befreiung vom Wettbewerbsverbot möglich. Allerdings sind die übrigen vorstehend beschriebenen Voraussetzungen auch hier einzuhalten.

3. Einschränkung der Veräußerung und Belastung von Geschäftsanteilen

a) Allgemeines

263 Nach der gesetzlichen Regelung in § 15 Abs. 1 GmbHG sind GmbH-Geschäftsanteile grundsätzlich (frei) veräußerlich und (zwingend) vererblich. Gemäß § 15 Abs. 5 GmbHG kann die Abtretung der Geschäftsanteile durch den Gesellschaftsvertrag jedoch an weitere Voraussetzungen geknüpft, insbesondere von der Genehmigung der Gesellschaft abhängig gemacht werden, sogenannte **Vinkulierung**. Auch kann in dem Gesellschaftsvertrag die Abtretung des Geschäftsanteils gänzlich ausschlossen werden.[355] Ein Verstoß gegen die

---

353 BFH GmbHR 1992, 191.
354 BFH BB 1995, 2513; MünchHdb. GesR III/*Mayer*, GmbH, § 20 Rn. 17.
355 Allg. M., RGZ 80, 175, 179; Baumbach/Hueck/*Fastrich*, § 15 Rn. 38; Lutter/Hommelhoff/*Bayer*, § 15 Rn. 57; Roth/Altmeppen, § 15 Rn. 107; Michalski/*Ebbing*, § 15 Rn. 138.

Bestimmung des § 137 S. 1 BGB ist im Ausschluss der Abtretbarkeit des Geschäftsanteils nicht zu sehen, da es sich hierbei um einen Fall des § 399 BGB handelt.[356]

Von der Vinkulierung wird nur die Abtretung von Geschäftsanteilen sowie die Abtretung von Teilen von Geschäftsanteilen oder Mitberechtigungen am Geschäftsanteil (§ 747 BGB) erfasst.[357] Nicht erfasst wird von der Vinkulierung das zugrundeliegende schuldrechtliche Verpflichtungsgeschäft.[358] Die Vinkulierung erstreckt sich nur auf **rechtsgeschäftliche Übertragungen** im Wege der Abtretung, gilt also nicht für gesetzliche Erwerbsfälle wie beispielsweise die Erbfolge und die Verschmelzung. **264**

Die Bestellung von **dinglichen Belastungen**, wie insbesondere eines Nießbrauchsrechts gemäß § 1069 S. 1 BGB sowie eines Pfandrechts gemäß § 1274 Abs. 1 S. 1 BGB können der Vinkulierung unterworfen werden. **265**

Der **Zweck** solcher Vinkulierungsklauseln besteht zum einen darin, den Gesellschafterkreis vor nicht gewollten Veränderungen zu schützen und zum anderen auch ungewollte quantitative Beteiligungsveränderungen zu vermeiden.[359] In der Praxis ist an die Vinkulierung der Geschäftsanteile daher insbesondere bei personalistisch geprägten Gesellschaften zu denken. Gesetzlich vorgeschrieben wird die Vinkulierung der Geschäftsanteile für Steuerberatungs- und Wirtschaftsprüfungsgesellschaften mit beschränkter Haftung gemäß § 50 Abs. 5 S. 2, 3 StBerG, § 28 Abs. 5 S. 2, 3 WPO. **266**

Unter der »**Genehmigung**« nach § 15 Abs. 5 GmbHG ist die »Zustimmung« im Sinne von §§ 182 ff. BGB zu verstehen.[360] Dementsprechend kann die Genehmigung sowohl vor als auch nach der Abtretung erteilt werden. Dies gilt selbst dann, wenn die Satzung die vorherige Zustimmung verlangt.[361] Bei der Zustimmung (Einwilligung und Genehmigung im Sinne der §§ 182-184 BGB) handelt es sich um eine empfangsbedürftige Erklärung. Die Genehmigung wird mit ihrem Zugang unwiderruflich; die Einwilligung bleibt hingegen gemäß § 183 BGB bis zum Abschluss des Abtretungsvertrages widerruflich.[362] Einwilligung und Genehmigung können unter einer aufschiebenden,[363] nicht jedoch unter einer auflösenden Bedingung erteilt werden.[364] **267**

Bis zur Erteilung bzw. Verweigerung der Genehmigung ist eine bereits erfolgte Abtretung **schwebend unwirksam**.[365] Wird die Genehmigung sodann erteilt, wirkt sie gemäß § 184 Abs. 1 BGB auf den Zeitpunkt des Abschlusses des Abtretungsvertrages zurück. Die Abtretung wird ex tunc wirksam.[366] Zwischenzeitlich getroffene Verfügungen des Veräußerers werden gemäß § 184 Abs. 2 BGB grundsätzlich unwirksam, soweit nicht gutgläubiger Erwerb gemäß § 16 Abs. 3 GmbHG erfolgt ist.[367] **268**

Streitig ist, ob die **Verweigerung der Zustimmung** in jedem Falle zur Unwirksamkeit einer bereits erfolgten Abtretung führt[368] oder ob dies nur gilt, wenn die Verweigerung der Zustimmung rechtmäßig erfolgt ist.[369] **269**

---

356 Lutter/Hommelhoff/*Bayer*, § 15 Rn. 57.
357 Lutter/Hommelhoff/*Bayer*, § 15 Rn. 65; Michalski/*Ebbing*, § 15 Rn. 130.
358 Roth/Altmeppen, § 15 Rn. 91; Lutter/Hommelhoff/*Bayer*, § 15 Rn. 65.
359 Lutter/Hommelhoff/*Bayer*, § 15 Rn. 58; *Liebscher*, Konzernbildungskontrolle, 1995, S. 229 ff. sieht in der Vinkulierung zutreffend auch einen Konzerneingangsschutz.
360 Allg.M. BGHZ 13, 179, 184; Baumbach/Hueck/*Fastrich*, § 15 Rn. 41.
361 BGH NJW 1965, 1376 f.; OLG Celle GmbHR 1999, 131; Baumbach/Hueck/*Fastrich*, § 15 Rn. 41; *Wicke*, § 15 Rn. 24.
362 BGHZ 48, 163, 166; Lutter/Hommelhoff/*Bayer*, § 15 Rn. 75.
363 Scholz/Winter/*Seibt*, § 15 Rn. 132 a.E.
364 Lutter/Hommelhoff/*Bayer*, § 15 Rn. 75; generell gegen Zulässigkeit einer Bedingung bei Genehmigung wegen deren rechtsgestaltender Wirkung Michalski/*Ebbing*, § 15 Rn. 142.
365 Allg.M. Michalski/*Ebbing*, § 15 Rn. 156; Baumbach/Hueck/*Fastrich*, § 15 Rn. 47.
366 Allg.M. Baumbach/Hueck/*Fastrich*, § 15 Rn. 47.
367 Baumbach/Hueck/*Fastrich*, § 15 Rn. 47.
368 H.M. BGHZ 13, 179, 178; 48, 163, 166; Baumbach/Hueck/*Fastrich*, § 15 Rn. 47.
369 So *K. Schmidt*, FS Beusch, 1993, S. 778 ff.; Lutter/Hommelhoff/*Bayer*, § 15 Rn. 77.

b) Satzungsmäßige Festlegung des Zustimmungserfordernisses

270 Bei der Aufnahme von Vinkulierungsklauseln in die Satzung einer GmbH ist schließlich exakt zu formulieren, wessen Zustimmung zur Abtretung des Geschäftsanteils erforderlich ist. Zu denken ist in Anlehnung an die Bestimmung des § 15 Abs. 5 GmbHG zunächst an die **Zustimmung der GmbH**. In diesem Falle sollte in der Satzung eindeutig zum Ausdruck gebracht werden, dass die Zustimmung der GmbH selbst erforderlich ist, dass die Zustimmungserteilung im Außenverhältnis durch die Geschäftsführer in vertretungsberechtigter Zahl erfolgt, ob die Geschäftsführer im Innenverhältnis zuvor einen Gesellschafterbeschluss einholen müssen,[370] mit welcher Mehrheit die Beschlussfassung der Gesellschafter zu erfolgen hat[371] und wer bei der Beschlussfassung stimmberechtigt ist.[372] Im Außenverhältnis wird die Zustimmung durch die Geschäftsführer in vertretungsberechtigter Zahl erteilt.[373]

271 M **Formulierungsvorschlag Vinkulierungsklausel: Zustimmung durch Gesellschaft**
Zur Abtretung der Geschäftsanteile an der Gesellschaft bedarf es der Zustimmung der Gesellschaft.
  Die Zustimmung wird im Außenverhältnis durch die Geschäftsführer in vertretungsberechtigter Zahl erteilt.
  Die Geschäftsführer müssen vor der Erteilung der Zustimmung im Innenverhältnis einen zustimmenden Gesellschafterbeschluss einholen. Der Beschluss kann mit einfacher Mehrheit gefasst werden. Bei der Beschlussfassung sind alle Gesellschafter stimmberechtigt.

272 Nach § 15 Abs. 5 GmbHG kann die Satzung die Abtretung der Geschäftsanteile auch an **sonstige** weitere **Voraussetzungen**, insbesondere die Zustimmung der Gesellschafterversammlung, der Geschäftsführer, eines Aufsichtsrats, eines Schiedsgerichts sowie aller oder einzelner Gesellschafter knüpfen.[374] Sieht die Satzung für die Abtretung der Geschäftsanteile aber anstelle der Genehmigung der Gesellschaft oder zusätzlich dazu die Zustimmung der **Gesellschafterversammlung** vor, ist ein zustimmender Gesellschafterbeschluss im Außenverhältnis Voraussetzung für die Wirksamkeit der Anteilsübertragung.[375] In der Satzung sollte geregelt werden, mit welcher Mehrheit der Beschluss gefasst werden kann und wer dabei stimmberechtigt ist. Nicht ratsam erscheint es, die Zustimmung »*der Gesellschafter*« in der Satzung vorzusehen. Bei dieser Formulierung bleibt unklar, ob alle vorhandenen Gesellschafter zustimmen müssen, oder ob alle in der Gesellschafterversammlung anwesenden Gesellschafter zustimmen müssen, oder ob ein mehrheitlicher Gesellschafterbeschluss ausreicht. Heißt es in der Satzung, dass »*alle Gesellschafter*« zustimmen müssen, so ist entweder ein einstimmiger Gesellschafterbeschluss, der unter Mitwirkung aller vorhandenen Gesellschafter gefasst worden ist (nicht nur der anwesenden Gesellschafter) erforderlich oder es muss jeder Gesellschafter gesondert seine Zustimmung erklären.[376]

---

[370] Fehlt diese Regelung, wird man gemäß § 46 Nr. 4 GmbHG im Zweifel von der Notwendigkeit eines zuvor einzuholenden Gesellschafterbeschlusses ausgehen müssen.
[371] Fehlt eine solche Regelung, ist grundsätzlich die einfache Mehrheit ausreichend, Lutter/Hommelhoff/*Bayer*, § 15 Rn. 66.
[372] Veräußerer und – falls dieser schon Gesellschafter ist – auch der Erwerber haben mangels abweichender Regelung dabei Stimmrecht, Lutter/Hommelhoff/*Bayer*, § 15 Rn. 66.
[373] *Wicke*, 2008, § 15 Rn. 24.
[374] Allg. M. Baumbach/Hueck/*Fastrich*, § 15 Rn. 38.
[375] H.M. Lutter/Hommelhoff/*Bayer*, § 15 Rn. 67.
[376] BayObLG GmbHR 1991, 572, 573; OLG Hamm GmbHR 1997, 950, 951; Lutter/Hommelhoff/ *Bayer*, § 15 Rn. 69.

Formulierungsvorschlag Vinkulierungsklausel: Zustimmung durch Gesellschafter-   273 M
versammlung
Zur Abtretung der Geschäftsanteile an der Gesellschaft bedarf es der Zustimmung der Gesellschafterversammlung.
Die Zustimmung wird durch Gesellschafterbeschluss erteilt. Der Beschluss kann mit einfacher Mehrheit gefasst werden. Bei der Beschlussfassung sind alle Gesellschafter stimmberechtigt.
Eine ohne entsprechenden Gesellschafterbeschluss durch die Geschäftsführer erteilte Zustimmung ist unwirksam.

Wird die Entscheidung über die Zustimmungserteilung von der Satzung auf ein anderes 274
Gesellschaftsorgan wie einen **Aufsichtsrat** oder Beirat übertragen, sollte die Willensbildung dieses Organs im Zusammenhang mit der Zustimmungserteilung in der Satzung im einzelnen geregelt werden. Sind Veräußerer und/oder Erwerber Mitglied des zuständigen Organs, besteht nach herrschender Meinung anders als bei der Abstimmung im Rahmen der Gesellschafterversammlung ein Stimmverbot.[377]

Sehr streitig ist, ob die Satzung für die Abtretung der Geschäftsanteile auch die Not- 275
wendigkeit der **Zustimmung eines Dritten** anordnen kann.[378] Bis zu einer Klärung dieser Frage durch den BGH sollte von einer derartigen Regelung in der Satzung einer GmbH besser abgesehen werden.

Auch im übrigen ist die **Ausgestaltung der Vinkulierungsregelungen** in der Satzung 276
grundsätzlich frei möglich. Sie kann sich auf alle Übertragungen erstrecken, andererseits die Zustimmungspflicht jedoch auch auf einzelne Geschäftsanteile beschränken. Auch kann sie eine Zustimmungspflicht lediglich für die Abtretung von Geschäftsanteilen bestimmter Gesellschafter anordnen und von einer Zustimmungspflicht hinsichtlich der von den anderen Gesellschaftern gehaltenen Geschäftsanteile absehen.[379] Ebenso ist es möglich, bestimmte Übertragungen von der Vinkulierung in der Satzung freizustellen, wie zum Beispiel die Abtretung an Mitgesellschafter, Ehegatten von Gesellschaftern, Abkömmlinge von Gesellschaftern, Schwiegerkinder von Gesellschaftern usw. Von besonderer Bedeutung für die Praxis ist, dass eine Vinkulierungsklausel die Abtretung eines Geschäftsanteils im Rahmen der Erbauseinandersetzung und Verwirklichung des **Erblasserwillens** wie beispielsweise der vermächtnisweisen Abtretung oder der Übertragung aufgrund einer Teilungsanordnung grundsätzlich nicht ohne weiteres erfasst. Soll auch eine solche Abtretung unter Zustimmungsvorbehalt stehen, muss dies in der Satzung ausdrücklich festgelegt werden.[380]

Formulierungsvorschlag Ausnahme von Vinkulierung   277 M
Zur Abtretung der Geschäftsanteile an der Gesellschaft bedarf es der Zustimmung der Gesellschaft.
Die Zustimmung wird im Außenverhältnis durch die Geschäftsführer in vertretungsberechtigter Zahl erteilt.
Die Geschäftsführer müssen vor der Erteilung der Zustimmung im Innenverhältnis einen zustimmenden Gesellschafterbeschluss einholen. Der Beschluss kann mit einfacher Mehrheit gefasst werden. Bei der Beschlussfassung sind alle Gesellschafter stimmberechtigt.
Ohne die Zustimmung der Gesellschaft ist eine Anteilsübertragung zulässig, wenn der Erwerber ein Gesellschafter, der Ehegatte eines Gesellschafters, ein leiblicher ehelicher Abkömmling des übertragenden Gesellschafters oder dessen Ehegatte ist.

---

377 OLG Schleswig, ZIP 2003, 1703; a.A. Baumbach/Hueck/*Fastrich*, § 15 Rn. 43; Michalski/*Ebbing*, § 15 Rn. 149.
378 Dafür Baumbach/Hueck/*Fastrich*, § 15 Rn. 38 m.w.N.; dagegen Scholz/Winter/*Seibt*, § 15 Rn. 91 m.w.N.
379 Lutter/Hommelhoff/*Bayer*, § 15 Rn. 61.
380 OLG Düsseldorf DB 1990, 214.

2. Kapitel Recht der Gesellschaft mit beschränkter Haftung

278 M **Formulierungsvorschlag Ausnahme von Vinkulierung zugunsten eines bestimmten Gesellschafters**
Zur Abtretung der Geschäftsanteile an der Gesellschaft bedarf es der Zustimmung der Gesellschaft.
Die Zustimmung wird im Außenverhältnis durch die Geschäftsführer in vertretungsberechtigter Zahl erteilt.
Die Geschäftsführer müssen vor der Erteilung der Zustimmung im Innenverhältnis einen zustimmenden Gesellschafterbeschluss einholen. Der Beschluss kann mit einfacher Mehrheit gefasst werden. Bei der Beschlussfassung sind alle Gesellschafter stimmberechtigt.
Ohne die Zustimmung der Gesellschaft ist eine Anteilsübertragung durch den Gesellschafter ... zulässig.

279 M **Formulierungsvorschlag: Kombination vorstehender Ausnahmen**
Zur Abtretung der Geschäftsanteile an der Gesellschaft bedarf es der Zustimmung der Gesellschaft.
Die Zustimmung wird im Außenverhältnis durch die Geschäftsführer in vertretungsberechtigter Zahl erteilt.
Die Geschäftsführer müssen vor der Erteilung der Zustimmung im Innenverhältnis einen zustimmenden Gesellschafterbeschluss einholen. Der Beschluss kann mit einfacher Mehrheit gefasst werden. Bei der Beschlussfassung sind alle Gesellschafter stimmberechtigt.
Ohne die Zustimmung der Gesellschaft ist eine Anteilsübertragung durch den Gesellschafter ... zulässig, wenn der Erwerber ein Gesellschafter, der Ehegatte eines Gesellschafters, ein leiblicher ehelicher Abkömmling des übertragenden Gesellschafters oder dessen Ehegatte ist.

c) Nachträgliche Vinkulierung

280 Erfolgt die Regelung der **Vinkulierung** nicht anlässlich der Gründung der GmbH, sondern soll eine solche **nachträglich** eingeführt werden, so bedarf die entsprechende Vinkulierungsregelung nach dem Rechtsgedanken des § 180 Abs. 2 AktG der Zustimmung aller betroffenen Gesellschafter, weil durch die Vinkulierung in die freie Veräußerlichkeit und damit in ein relativ unentziehbares Mitgliedschaftsrecht eingegriffen wird.[381] Das gleiche gilt für die nachträglich in die Satzung aufzunehmende Verschärfung einer Vinkulierung. Für die nachträgliche Aufhebung oder Erleichterung durch Satzungsänderung ist dagegen nur die gesetzliche oder im Gesellschaftsvertrag vorgeschriebene Mehrheit erforderlich.[382]

d) Umwandlungsrechtliche Auswirkungen

281 Weiter sind bei der Formulierung von Vinkulierungsklauseln auf deren Auswirkungen nach dem **Umwandlungsrecht** (§§ 13 Abs. 2, 125, 193 Abs. 2 UmwG) zu berücksichtigen. Ist in der Satzung des übertragenden Rechtsträgers für die Abtretung von Geschäftsanteilen ein Zustimmungserfordernis für einzelne oder alle Gesellschafter vorgesehen, führt dies auch bei einem etwaigen Umstrukturierungsbeschluss – abweichend von §§ 50 Abs. 1 S. 1, 125, 233 Abs. 2, 240 Abs. 1 S. 1 UmwG – dazu, dass dem Umstrukturierungsbeschluss sämtliche Gesellschafter zustimmen müssen, zu deren Gunsten ein Zustimmungsvorbehalt für den Fall der Abtretung in der Satzung vorgesehen ist. Ist in der Satzung der übernehmenden Gesellschaft eine Vinkulierungsklausel vorgesehen, so ist grundsätzlich ein Barabfindungsangebot gemäß § 29 Abs. 1 S. 2 UmwG erforderlich.

---

381 OLG München NZG 2008, 320 = GmbHR 2008, 541, 542; Baumbach/Hueck/*Fastrich*, § 15 Rn. 40.
382 Baumbach/Hueck/*Fastrich*, § 15 Rn. 40.

e) Vinkulierung bei Treuhand- und Sicherungsabtretungen sowie bei »Change of Control-Fällen«

Bei der Aufnahme von Vinkulierungsklauseln in den Gesellschaftsvertrag ist zu bedenken, dass die Vinkulierung auch für **Treuhand- und Sicherungsabtretungen** gilt. Wird die Genehmigung für eine solche erteilt, so liegt darin im Zweifel auch die Zustimmung zur Rückabtretung an den Treugeber.[383] Streitig ist, ob ein satzungsmäßiges Zustimmungserfordernis für Geschäftsanteilsabtretungen auch auf den Fall der Vereinbarungstreuhand anzuwenden ist. Dem ist entgegenzuhalten, dass es bei der Vereinbarungstreuhand gerade nicht zu einer dinglichen Anteilsabtretung kommt. Es findet also kein dinglicher Wechsel in der Anteilsinhaberschaft statt. Dementsprechend kann die lediglich dinglich wirkende Vinkulierung diesen Fall nicht erfassen. Soll auch die Vereinbarungstreuhand unter die Kontrolle der Mitgesellschafter oder der Gesellschaft gestellt werden, so kann dies durch die Aufnahme von Zwangsabtretungs- oder Einziehungsklauseln in die Satzung geschehen. **282**

Ebenso wenig sind Vinkulierungsklauseln geeignet, sogenannte **»Change of Control-Fälle«** zu unterbinden. Darunter versteht man die Übertragung von Anteilen an der Gesellschaft, die ihrerseits den Geschäftsanteil an der Zielgesellschaft hält. Die Vinkulierung ist nur geeignet, die Übertragung von Geschäftsanteilen in der Zielgesellschaft zu kontrollieren. Sie kann nicht verhindern, dass Anteile an ihrer Gesellschafterin übertragen werden. Auch diese Fälle können in der Satzung durch Zwangsabtretungs- oder Einziehungsklauseln beherrscht werden.[384] **283**

Checkliste: Vinkulierung von Geschäftsanteilen **284**

- Gibt es Gründe, die Veränderung des Gesellschafterkreises an die Zustimmung der Gesellschaft, aller oder bestimmter Gesellschafter, der Geschäftsführer, des Aufsichtsrats oder eines Schiedsgerichts zu binden?
- Gibt es Gründe, die Veränderung der Beteiligungshöhe innerhalb des Gründergesellschafterkreises, also eines oder bestimmter oder aller Gesellschafter an die Zustimmung der Gesellschaft, aller oder bestimmter Gesellschafter, der Geschäftsführer, des Aufsichtsrats oder eines Schiedsgerichts zu binden?
- Soll die Vinkulierung auch für Bestellung dinglicher Belastungen an Geschäftsanteilen gelten?
- Soll die Vinkulierungsregelung auch für die Teilung des Geschäftsanteile eines verstorbenen Gesellschafters unter mehreren Rechtsnachfolgern angewendet werden?
- Ist für die Zukunft eine umwandlungsrechtliche Maßnahme geplant?
- An wessen Zustimmung soll die Abtretung oder Belastung des Geschäftsanteils gebunden werden?
  - Sieht die Vinkulierungsregelung die Zustimmung der Gesellschaft selbst vor, ist zu regeln, wie und durch wen die Zustimmung im Außenverhältnis erfolgt, ob und mit welcher Mehrheit im Innenverhältnis zuvor einen Gesellschafterbeschluss eingeholt werden muss und wer dabei stimmberechtigt ist.
  - Sieht die Vinkulierungsregelung die Zustimmung einer Personenmehrheit vor, ist zu regeln, was zur Wirksamkeit der Zustimmung im Außenverhältnis erforderlich ist; bei einem Organ ist die Willensbildung zu regeln, insbesondere erforderliche Mehrheiten sowie Stimmverbote.
- Sollen bestimmte Abtretungen von der Vinkulierung ausgenommen oder die Vinkulierungsanforderungen geändert werden?

---

383 MünchHdb. GesR III/*Mayer*, GmbH, § 20 Rn. 26.
384 MünchHdb. GesR III/*Mayer*, GmbH, § 20 Rn. 26.

2. Kapitel Recht der Gesellschaft mit beschränkter Haftung

- Vinkulierung gilt auch für Treuhand- und Sicherungsabtretungen ist jedoch nicht auf die Vereinbarungstreuhand und auf »Change of Control-Fälle« anwendbar.

4. Ankaufsrechte, Vorkaufsrechte und Anbietungspflichten

a) Allgemeines

285 Zur Steuerung des Hinzukommens und Ausscheidens von Gesellschaftern in die GmbH bedient man sich in der Praxis ergänzend zu den vorstehend erörterten Vinkulierungsklauseln oftmals eines Ankaufsrechts, eines Vorkaufsrechts oder auch einer Anbietungsverpflichtung.

286 Bei dem **Ankaufsrecht** handelt es sich um die Befugnis eines Gesellschafters anlässlich der Veräußerung des Geschäftsanteils durch einen anderen Gesellschafter diesen zu erwerben, wobei das Ankaufsrecht unabhängig davon ausgeübt werden kann, welche schuldrechtliche Verpflichtung der Veräußerung durch den anderen Gesellschafter zugrunde liegt. Als besondere Spielart des Ankaufsrechts stellt sich das **Vorkaufsrecht** dar. Anknüpfungspunkt für seine Ausübung ist auch hier die Veräußerung des Geschäftsanteils durch einen Mitgesellschafter. Das Vorkaufsrecht erfasst jedoch nur solche Veräußerungen, denen schuldrechtlich ein Verkauf des Geschäftsanteils zugrunde liegt. Einen strukturell anderen Ansatzpunkt wählt die **Anbietungspflicht**. Hierbei handelt es sich um eine gesellschaftsvertragliche Bestimmung, nach der ein veräußerungswilliger Gesellschafter verpflichtet ist, seinen Geschäftsanteil zunächst den anderen Gesellschaftern anzubieten.

b) Form

287 Zur Wirksamkeit der Vereinbarung dieser Rechte bedarf es der Beachtung der **notariellen Form** gemäß § 15 Abs. 4 S. 1 GmbHG. Das Ankaufs- und Vorkaufsrecht wie auch die Anbietungsverpflichtung haben lediglich **schuldrechtliche Wirkung**. Wollen die Gesellschafter die Beachtung der sich aus diesen Vereinbarungen ergebenden Pflichten absichern, so kann dies durch die Vinkulierung der Abtretung von Geschäftsanteilen geschehen. Diese wirkt gemäß § 15 Abs. 5 GmbHG dinglich. In diesem Zusammenhang ist zu bedenken, dass bei einer Nichtausübung des Ankaufs- oder Vorkaufsrechtes sowie bei einer Ablehnung der Übernahme der angebotenen Geschäftsanteile im Falle der Vereinbarung einer Anbietungspflicht in der Satzung auch eine Regelung zu treffen ist, die in diesem Falle zur Erteilung der aufgrund der Vinkulierung erforderlichen Zustimmung verpflichtet. Dabei kann Anlass dafür bestehen, die Bedingungen, unter denen eine Zustimmungspflicht besteht, im Einzelnen näher zu regeln.

c) Regelungsinhalte

288 Wird in der Satzung einer GmbH ein Ankaufs- oder Vorkaufsrecht vereinbart, sind in jedem Fall die damit zusammenhängenden Voraussetzungen und Rechtsfolgen im Einzelnen zu bedenken und zu regeln. Zu bedenken ist dabei insbesondere, wer zum Vorkauf berechtigt ist, in welchem Verhältnis mehreren Vorkaufsberechtigten das Vorkaufsrecht zueinander zusteht, welche Folgen die Nichtausübung des Vorkaufsrechts durch einen Vorkaufsberechtigten hat, in welcher Form der Verkäufer den Inhalt des mit dem Käufer geschlossenen Vertrages den Vorkaufsberechtigten mitzuteilen hat, innerhalb welcher Frist und in welcher Form das Vorkaufsrecht durch die Vorkaufsberechtigten ausgeübt werden kann, ob das Vorkaufsrecht durch den Vorkaufsberechtigten nur hinsichtlich des gesamten ihm zustehenden Anteils oder auch beschränkt auf einen Teil davon ausgeübt werden

kann, welchem Vorkaufsberechtigten nicht teilbare Spitzenbeträge eines Geschäftsanteiles zufallen sollen, ob und unter welchen Voraussetzungen die Gesellschafter verpflichtet sind, die zur Übertragung des Geschäftsanteils erforderliche Zustimmung aufgrund bestehender Vinkulierungsklausel zu erteilen, ob eine Zustimmungspflicht zur Veräußerung bei Nichtausübung des Vorkaufsrechtes besteht. Bei Ankaufsrechten ist darüber hinaus zu regeln, zu welchem Preis der zu veräußernde Geschäftsanteil durch den Ankaufsberechtigten erworben werden kann. In diesem Zusammenhang ist bei der Gestaltung der Ankaufsregelung die Rechtsprechung des Bundesgerichtshofs zur »Hinauskündigung« und zu »Abfindungsbeschränkungen« zu beachten.

d) Drag along- und tag along-Regelungen

Insbesondere bei sogenannten »Venture-Capital-Gesellschaften« aber nicht nur dort besteht nicht selten das Bedürfnis in der Satzung **Mitveräußerungspflichten** (»drag along«) und **Mitveräußerungsrechte** (»tag along«) vorzusehen. Drag-along-Klauseln verpflichten den betroffenen Gesellschafter seine Beteiligung zu verkaufen, wenn der berechtigte Gesellschafter seine Beteiligung veräußert und der Erwerber dieses Geschäftsanteils darüber hinaus weitere Geschäftsanteile an der Gesellschaft erwerben möchte. Tag-along-Klauseln verpflichten den betroffenen Gesellschafter bei einem Verkauf seines Geschäftsanteils den anderen berechtigten Gesellschaftern einen Verkauf ihrer Geschäftsanteile zu den gleichen Konditionen zu ermöglichen, zu denen er seinen Geschäftsanteil veräußert hat.[385]

289

Die Mitveräußerungsverpflichtung (drag-along-Klausel) verschafft dem Berechtigten die Möglichkeit, den Verkauf aller Geschäftsanteile an der GmbH, also auch der ihm nicht gehörenden Geschäftsanteile durch die weiteren Gesellschafter, zu einem von ihm bestimmten Zeitpunkt und zu von ihm bestimmten Konditionen zu erreichen. Damit einher geht für die verpflichteten Gesellschafter die Gefahr ihre Geschäftsanteile gegen ihren Willen verkaufen zu müssen. Dem kann entgegengewirkt werden, indem der Verkauf an einen Gesellschafterbeschluss gebunden wird, der einer bestimmten qualifizierten Mehrheit bedarf. Weiter sollte bedacht und geregelt werden, ob der aus der drag-along-Klausel Berechtigte seinen Geschäftsanteil erst nach Ablauf einer bestimmten Haltefrist veräußern darf und/oder ob die Ausübung der drag-along-Klausel an das Erreichen eines bestimmten Preisniveaus geknüpft wird.

290

Formulierungsbeispiel: Einfache Mitveräußerungsverpflichtung:
Die Gesellschafter sind auf Verlangen des Gesellschafters ... verpflichtet, ihre Geschäftsanteile an einen Dritten zu den Bedingungen, zu denen der Gesellschafter ... seine Geschäftsanteile an diesen Dritten veräußert hat, zu veräußern und abzutreten.

291 M

Voraussetzung dafür ist, dass der Gesellschafter ... dieses Verlangen schriftlich unter Vorlage einer beglaubigten Abschrift oder Ausfertigung des von ihm geschlossenen notariellen Geschäftsanteilskaufvertrages über seine Geschäftsanteile an der Gesellschaft allen Mitgesellschaftern gegenüber stellt. Die Ausübung etwaiger in der Satzung vorgesehener Vorkaufs-/Ankaufs- und Vorerwerbsrechte durch die Mitgesellschafter ist in diesem Fall ausgeschlossen.

Die Gesellschafter sind verpflichtet, die Veräußerung und Abtretung ihrer Geschäftsanteile an den Dritten innerhalb von ... Wochen nach Eingang des Veräußerungsverlangens des Gesellschafters ... bei dem letzten Mitgesellschafter zu notarieller Urkunde vorzunehmen.

---

385 Näher zu diesen Vereinbarungen *Wälzholz*, GmbH-StB 2007, 84, 85 f.

Die Mitverkaufverpflichtung trifft die Mitgesellschafter nicht, wenn der Verkaufspreis den Verkehrwert der Geschäftsanteile/nicht erreicht./alternativ/nicht um mindestens ... Prozent übersteigt.
/alternativ/
Die Mitverkaufverpflichtung trifft die Mitgesellschafter nicht, wenn der Verkaufspreis den Nominalwert der Geschäftsanteile/nicht erreicht./alternativ/nicht um mindestens ... Prozent übersteigt.
Sollte keine Einigkeit über den Verkehrwert des Geschäftsanteils bestehen, entscheidet ein Schiedsgutachter über den Verkehrswert nach Maßgabe der in dieser Satzung festgelegten Bestimmungen zur Ermittlung eines Abfindungsguthabens.

292 Mitveräußerungsrechte (tag-along-Klauseln) verschaffen dem berechtigten Gesellschafter hingegen das Recht, an der Beteiligungsveräußerung durch den anderen Gesellschafter zu denselben wirtschaftlichen Bedingungen teilzunehmen. Bei Venture-Capital-Gesellschaften wird über diesen Weg oftmals das Recht des Finanzinvestors gesichert, sich seines Geschäftsanteils an der Gesellschaft zu entledigen, wenn ein anderer Gesellschafter, der über das für die Gesellschaft wesentliche know-how verfügt, seinen Anteil verkauft. Zu regeln ist in diesem Falle in der Satzung die Frage, wie verfahren werden soll, wenn der Erwerber nicht bereit ist sämtliche Anteile, also die des Verkäufers und zugleich die des Mitveräußerungsberechtigten zu erwerben. Gelöst werden kann dieses Problem, indem eine Veräußerung der Anteile im Verhältnis der Beteiligung des veräußerungswilligen und des mitveräußerungsberechtigten Gesellschafters vorgesehen wird. Alternativ dazu kann man für diesen Fall auch daran denken, dass eine Veräußerung insgesamt zu unterbleiben hat.

293 M **Formulierungsbeispiel: Einfache Mitveräußerungsberechtigung**
Beabsichtigt ein Gesellschafter seine Beteiligung an der Gesellschaft insgesamt oder teilweise entgeltlich zu veräußern, können alle übrigen Gesellschafter verlangen, ihnen gehörende Geschäftsanteile zu denselben wirtschaftlichen Bedingungen mitzuveräußern, wenn von den in dieser Satzung vorgesehenen Vorkaufs-/Ankaufs- und Vorerwerbsrechten kein Gebrauch gemacht wird.
Der die Veräußerung beabsichtigende Gesellschafter ist verpflichtet, die Mitgesellschafter spätestens ... Wochen vor Abschluss des beabsichtigten Geschäftsanteilsveräußerungsvertrages unter Vorlage des vollständigen Vertragsentwurfs zu unterrichten. Die berechtigten Gesellschafter sind befugt, ihr Mitveräußerungsverlangen durch Erklärung gegenüber dem veräußerungswilligen Gesellschafter innerhalb einer Frist von ... Wochen auszuüben. Das Mitveräußerungsverlangen hat schriftlich zu erfolgen.
Ist der Erwerber nicht bereit, sowohl die Geschäftsanteile von dem die Veräußerung beabsichtigenden Gesellschafter als auch die Geschäftsanteile zu erwerben, deren Mitveräußerung wirksam verlangt wurde, ist der veräußerungswillige Gesellschafter verpflichtet, seine und die Geschäftsanteile, deren Mitveräußerung verlangt worden ist, im Verhältnis der Beteiligung des veräußerungswilligen Gesellschafters und des betreffenden mitveräußerungsberechtigten Gesellschafters an der Gesellschaft untereinander zu denselben wirtschaftlichen Bedingungen zu veräußern. Wird diese Verpflichtung erfüllt, entfällt das in § ... dieser Satzung geregelte für die Veräußerung geregelte Zustimmungserfordernis. Anderenfalls bleibt es bei dem in § ... dieser Satzung für die Veräußerung geregelten Zustimmungserfordernis. Die Zustimmung zur Übertragung kann dann verweigert werden.

e) Russian Roulette- und Texan shoot out-Regelungen

In den letzten Jahren ist insbesondere für **Joint-venture-Gesellschaften**, an denen zwei Partner mit je fünfzig Prozent der Kapital- und Stimmanteile beteiligt sind, Ausstiegsklauseln entwickelt worden, die das schnelle und reibungslose Ausscheiden eines der beiden Partner bewirken sollen. Um dies zu erreichen, kombinieren die Klauseln, die unter der Bezeichnung »Russian Roulette« bzw. »Texan shoot out« bekannt sind, Elemente der freiwilligen und der erzwungenen Übertragung von Anteilen an einer Joint-venture-Gesellschaft.[386] Beim klassischen **Russian Roulette** sieht der Gesellschaftsvertrag vor, dass ein Gesellschafter dem anderen Gesellschafter ein Verkaufs- und Abtretungsangebot hinsichtlich aller von ihm an der Gesellschaft gehaltenen Geschäftsanteile zu einem in dem Angebot festgelegten Preis unterbreitet. Dabei kann in der Satzung vorgesehen werden, dass die Ausübung dieses Rechtes an ein bestimmtes im Voraus festgelegtes Ereignis gebunden ist oder bestimmte Voraussetzungen eingetreten sein müssen. Es ist jedoch auch möglich, dass dieses Recht jederzeit ohne weitere Voraussetzungen von den Gesellschaftern ausgeübt werden kann. Weiter wird in der Klausel vorgesehen, dass der andere Gesellschafter in einer festgelegten Frist nach Zugang des Verkaufs- und Abtretungsangebots entweder die Annahme dieses Angebotes erklärt oder die von ihm selbst an der Gesellschaft gehaltenen Geschäftsanteile an den anbietenden Gesellschafter verkaufen und abtreten muss, und zwar zu demselben verhältnismäßigen Preis, den der andere Gesellschafter in seinem Angebot vorgesehen hatte (One Way Sell Russian Roulette). Eine zweite Variante des Russian Roulette besteht darin, dass ein Gesellschafter dem anderen Gesellschafter zwei Angebote unterbreitet. Im ersten Angebot bietet der Gesellschafter dem anderen Gesellschafter seine eigenen Anteile zu einem bestimmten Preis zur Veräußerung und Übertragung an. Im zweiten Angebot bietet er dem anderen Gesellschafter den Erwerb von dessen Geschäftsanteilen zu dem gleichen Preis an. Der andere Gesellschafter ist verpflichtet, eines der beiden Angebote innerhalb einer bestimmten Frist anzunehmen (Offer to sell or buy Russian Roulette). Bei dem **Texan-shoot-out**-Verfahren handelt es sich um eine leicht modifizierte Variante des One Way Sell Russian Roulette. Hier unterbreitet der Gesellschafter dem anderen Gesellschafter ein Erwerbsangebot hinsichtlich aller der von dem anderen Gesellschafter an der Gesellschaft gehaltenen Geschäftsanteile zu einem im Angebot festgelegten Preis. Dieses Angebot muss der andere Gesellschafter innerhalb einer bestimmten Frist annehmen, mit der Konsequenz dass er aus der Gesellschaft ausscheidet, oder aber alle von dem das Angebot unterbreitenden Gesellschafter gehaltenen Anteile an der Gesellschaft zu einem verhältnismäßig höheren Preis als demjenigen, den er bei Annahme des anderen Angebots erhalten hätte, zu übernehmen.[387]

Nicht abschließend geklärt ist in diesem Zusammenhang die Frage, ob mit der notariellen Beurkundung des Gesellschaftsvertrages der GmbH bereits dem **Formerfordernis** des § 15 GmbHG genüge getan ist oder ob eine gesonderte Beurkundung der konkreten Ausstiegsmitteilung bei der Ingangsetzung des Russian Roulette und der anderen damit verbundenen Mitteilungen erforderlich ist. Da in der Satzung selbst die Festlegung des Kaufpreises für die Geschäftsanteile nicht erfolgen kann, ist den Gesellschaftern ein entsprechendes Leistungsbestimmungsrecht im Sinne des § 315 BGB einzuräumen, das diese im Rahmen der Durchführung des Russian-Roulette-Verfahrens sodann ausüben können.[388]

In der Praxis sollte mit solchen Regelungen mit Bedacht und äußerster Zurückhaltung umgegangen werden. Sie bieten zwar eine hohe Gewähr für eine gerechte Preisfindung und führen zu einer schnellen Trennung der Gesellschafter, wenn das Kräfteverhältnis zwischen den Gesellschaftern ausgewogen ist. Ist das nicht der Fall, droht die Gefahr, dass die finanziell stärkere Partei den Mechanismus als Zwangsmittel nutzt, um den Geschäfts-

---

386 *Schulte/Sieger*, NZG 2005, 24, 25.
387 *Schulte/Sieger*, NZG 2005, 24, 25.
388 *Schulte/Sieger*, NZG 2005, 24, 28.

2. Kapitel   Recht der Gesellschaft mit beschränkter Haftung

anteil der schwächeren Seite zu übernehmen. Ähnliches gilt, wenn eine der beiden Seiten über das für die Gesellschaft entscheidende Know-how verfügt.

5. Teilung von Geschäftsanteilen

297 Mit der Aufhebung des § 17 GmbHG durch das MoMiG ist eine **Teilung von Geschäftsanteilen** nunmehr grundsätzlich ohne Einschränkungen möglich, und zwar auch zum Zwecke der Veräußerung. Notwendig ist lediglich ein **Gesellschafterbeschluss** gemäß § 46 Nr. 4 GmbHG. Allerdings kann in der Satzung die Teilung von Geschäftsanteilen an das Vorliegen bestimmter Voraussetzungen geknüpft werden. Gemäß § 45 Abs. 2 GmbHG unterliegt die Bestimmung des § 46 Nr. 4 GmbHG der Disposition der Gesellschafter.[389] So können in der Satzung beispielsweise bestimmte qualifizierte Beschlussmehrheiten ebenso vorgesehen werden wie die Festlegung von Mindestbeträgen für Geschäftsanteile, die sodann bei der Durchführung der Teilung zu beachten sind. Umgekehrt ist es auch möglich in der Satzung die Teilbarkeit von Geschäftsanteilen ohne Gesellschafterbeschluss zu ermöglichen. Dies wird sich in der Praxis oftmals zur Vermeidung von Unwirksamkeitsfolgen sowie aus Gründen des Minderheitenschutzes empfehlen. Anderenfalls ist es der Gesellschafterminderheit nicht möglich, ohne Mitwirkung der Gesellschaftermehrheit eine Teilung ihrer Geschäftsanteile vorzunehmen. In jedem Falle sollte in der Satzung geregelt werden, dass die Teilung eines Geschäftsanteils nur durch **schriftliche Erklärung** des teilenden Gesellschafters erfolgen kann und diese Erklärung dem Geschäftsführer der GmbH mitzuteilen ist. Diese Regelung erscheint vor dem Hintergrund des § 40 Abs. 1 S. 2 GmbHG in der Fassung nach dem MoMiG unentbehrlich, weil danach Änderungen der Gesellschafterliste durch die Geschäftsführung nur auf Mitteilung und Nachweis erfolgen.

298 M **Formulierungsvorschlag: Teilung Geschäftsanteil**
Zur Teilung und zur Vereinigung von Geschäftsanteilen ist eine Zustimmung der Gesellschaft nicht erforderlich. Die Teilung und Zusammenlegung ist durch den betroffenen Gesellschafter zu erklären. Die Teilung und die Zusammenlegung von Geschäftsanteilen wird erst wirksam, wenn die entsprechende Erklärung des Gesellschafters einem der Geschäftsführer der Gesellschaft zugegangen ist.

299 Vorstehende Satzungsklausel allein führt indessen nicht dazu, dass eine **Zusammenlegung von Geschäftsanteilen** in jedem Falle nur der entsprechenden Erklärung des Gesellschafters bedarf. Hier ist vielmehr zu beachten, dass es bei der Zusammenlegung nicht voll eingezahlter Geschäftsanteile neben der Erklärung bzw. Zustimmung des Gesellschafters zur Zusammenlegung auch der seiner Rechtsvorgänger bedarf, soweit nicht etwa deren Haftung gemäß § 22 GmbHG ausgeschlossen ist, wie dies beispielsweise gemäß § 22 Abs. 3 GmbHG möglich ist. Darüber hinaus darf ein Nachschuss auf den Geschäftsanteil nicht rückständig sein. Auch ist die Zusammenlegung eines verpfändeten mit einem nicht verpfändeten Geschäftsanteil wegen der notwendigen Teilung bei der Verwertung unzulässig.[390]

6. Geschäftsführung und Vertretung

300 Nach den Bestimmungen der §§ 35 ff. GmbHG erfolgt die Geschäftsführung und Vertretung der GmbH grundsätzlich durch ihre Geschäftsführer.

301 Die Unterscheidung der Geschäftsführungsbefugnis von der Vertretungsmacht ist von grundlegender Bedeutung. Die **Geschäftsführungsbefugnis** ist maßgebend dafür, welche Geschäftsführungshandlungen der Geschäftsführer im Innenverhältnis gegenüber der

---

389 *Mayer*, DNotZ 2008, 403, 425.
390 Baumbach/Hueck/*Fastrich*, § 15 Rn. 19.

Gesellschaft zulässig sind. Die Geschäftsführungsbefugnis befasst sich mit dem rechtlichen »Dürfen« der Geschäftsführer. Die Geschäftsführer sind gemäß § 37 Abs. 1 GmbHG der Gesellschaft gegenüber verpflichtet, die Beschränkungen einzuhalten, die für den Umfang ihrer Befugnis, die Gesellschaft zu vertreten, durch das Gesetz, den Gesellschaftsvertrag oder, soweit dieser nicht etwas anderes bestimmt, durch die Beschlüsse der Gesellschafter festgesetzt sind. Nach § 35 Abs. 1 S. 1 GmbHG wird die Gesellschaft durch die Geschäftsführer gerichtlich und außergerichtlich gegenüber Dritten vertreten. Die Reichweite der **Vertretungsmacht** bestimmt demnach darüber, ob eine Willenserklärung gegenüber Dritten im Außenverhältnis für die GmbH wirksam ist.

Im Gegensatz zur Geschäftsführung ist die organschaftliche Vertretungsmacht der Geschäftsführer nach außen unbeschränkt und auch unbeschränkbar gemäß § 37 Abs. 2 GmbHG.[391] Etwas anderes gilt nur bei kollusivem Zusammenwirken zwischen Geschäftsführer und Drittem sowie in dem Fall, dass ein Zustimmungsvorbehalt zum Inhalt des Vertrages gemacht wird. Außenwirkung kommt darüber hinaus einer durch Gesellschafterbeschluss begründeten Beschränkung der Befugnis des GmbH-Geschäftsführers, die Gesellschaft zu vertreten, dann zu, wenn dem Vertragspartner die Beschränkung erkennbar war. Dabei kommt es nicht darauf an, ob der Geschäftsführer zum Nachteil der Gesellschaft handelt.[392] **302**

Nach dem **gesetzlichen Modell** des § 35 Abs. 2 S. 1 GmbHG wird die Gesellschaft aktiv grundsätzlich durch alle Geschäftsführer gemeinschaftlich vertreten, sogenannte Gesamtvertretung. Zu einer Einzelvertretung kommt es demnach, wenn nur ein Geschäftsführer bestellt ist oder alle weiteren Geschäftsführer ausscheiden.[393] Gemäß § 35 Abs. 2 S. 2 GmbHG genügt zur Passivvertretung der Gesellschaft der Zugang der Willenserklärung an einen der Gesamtvertreter. Dies gilt gemäß § 170 Abs. 3 ZPO auch für Zustellungen in gerichtlichen Verfahren. **303**

In der Praxis ist das gesetzliche Modell der Gesamtvertretung zur allgemeinen Vertretungsmacht oft nicht geeignet die das von den Gründern gewünschte Maß an die Flexibilität und Effektivität der Vertretung der Gesellschaft zu erreichen. Wollen die Gründer einer Gesellschaft mit beschränkter Haftung von dem gesetzlichen Modell der Gesamtvertretung abweichen, so ist dies möglich, bedarf aber einer entsprechenden **Regelung in der Satzung** der Gesellschaft. Dabei ist zwischen der allgemeinen Vertretungsregelung und der besonderen Vertretungsmacht einzelner Geschäftsführer zu unterscheiden. **304**

Wird die gesetzliche Vertretungsregelung in der Satzung geändert, ist zu beachten, dass nach dem Rechtsgedanken des § 125 Abs. 3 S. 1 HGB eine **organschaftliche Vertretung** der Gesellschaft ohne Mitwirkung von rechtsgeschäftlichen Vertretern stets rechtlich möglich sein muss.[394] **305**

Zulässig ist es, die im Gesetz geregelte **allgemeine Vertretungsregelung** (Gesamtvertretung) in der Satzung abzuändern. So kann die Satzung beispielsweise vorsehen, dass nicht alle, sondern nur eine bestimmte Anzahl von Geschäftsführern die Gesellschaft gemeinsam vertreten kann (sogenannte **modifizierte Gesamtvertretung**). Dies hat allerdings zur Folge, dass im Falle des Fortfalls eines nach dieser Regelung zur Gesamtvertretung notwendigen Geschäftsführers ein neuer Geschäftsführer bestellt werden muss, da die verbleibenden Geschäftsführer nicht ohne weiteres vertretungsberechtigt sind, wenn ihre Anzahl die in der Satzung für die Vertretung vorgesehene Anzahl von Geschäftsführern nicht mehr erreicht.[395] **306**

---

391 Baumbach/Hueck/*Fastrich*, § 35 Rn. 3.
392 BGH NZG 2006, 626 = NJW 2006, 2776 = ZIP 2006, 1391.
393 Baumbach/Hueck/*Zöllner/Noack*, § 35 Rn. 103.
394 Vgl. Baumbach/Hueck/*Zöllner/Noack*, § 35 Rn. 112.
395 BGH NJW 1961, 506 = BGHZ 34, 27; BGH WM 1975, 157; Baumbach/Hueck/*Zöllner/Noack*, § 35 Rn. 109; Lutter/Hommelhoff/*Kleindiek*, § 35 Rn. 38; MünchHdb. GesR III/*Marsch-Barner/Diekmann*, § 44 Rn. 17.

2. Kapitel Recht der Gesellschaft mit beschränkter Haftung

307 M **Formulierungsbeispiel: Modifizierte Gesamtvertretung**
Die Gesellschaft wird stets durch zwei Geschäftsführer gemeinschaftlich vertreten.

308 Vorgesehen werden kann in der Satzung auch die sogenannte **unechte Gesamtvertretung**. Eine solche liegt vor, wenn ein Geschäftsführer die Gesellschaft nur in Gemeinschaft mit einem Prokuristen vertreten kann.[396] Diese gesellschaftsvertragliche Regelung zur abstrakten Vertretungsmacht bedarf vor dem Hintergrund des Gebotes der organschaftlichen Vertretung der GmbH einer Ergänzung dahingehend, dass für den Fall, dass nur noch ein Geschäftsführer vorhanden ist, Einzelvertretungsmacht für diesen besteht. Schließlich ist zu beachten, dass die Satzung bei Vorhandensein mehrerer Geschäftsführer nach dem Rechtsgedanken des § 125 Abs. 3 S. 1 HGB die Vertretung durch beide Geschäftsführer ohne Mitwirkung des Prokuristen nicht verbieten kann.

309 M **Formulierungsbeispiel: Unechte (gemischte) Gesamtvertretung:**
Die Gesellschaft hat einen oder mehrere Geschäftsführer. Ist nur ein Geschäftsführer berufen, so vertritt er die Gesellschaft allein. Sind mehrere Geschäftsführer bestellt, so wird die Gesellschaft durch zwei Geschäftsführer gemeinsam oder durch einen Geschäftsführer in Gemeinschaft mit einem Prokuristen vertreten.

310 Möglich ist schließlich auch, Geschäftsführern **Einzelvertretungsmacht** in der Satzung einzuräumen. Nach dem Rechtsgedanken des § 37 Abs. 2 S. 2 GmbHG muss die Einzelvertretungsmacht für alle Geschäfte vorgesehen werden; es ist nicht möglich sie für bestimmte Geschäfte auszuschließen.[397]

311 M **Formulierungsbeispiel: Einzelvertretung:**
Die Gesellschaft wird stets durch einen Geschäftsführer allein vertreten.

312 Soll sich die Einzelvertretungsbefugnis in der **Liquidation** der Gesellschaft fortsetzen, so bedarf dies einer entsprechenden ausdrücklichen Regelung in der Satzung oder einem entsprechenden Gesellschafterbeschluss. Anderenfalls besteht für die vormals einzelvertretungsbefugten Geschäftsführer gemäß § 68 Abs. 1 S. 2 GmbHG als Liquidatoren lediglich Gesamtvertretungsbefugnis.[398]

313 M **Formulierungsbeispiel: Vertretung in der Liquidation:**
Bei Liquidation der Gesellschaft gelten für die Vertretungsbefugnis der Liquidatoren die vorstehenden Bestimmungen über die Vertretung entsprechend.

314 Über die allgemeine Regelung der Vertretungsmacht hinaus ist es möglich, eine davon abweichende besondere **(konkrete) Vertretungsmacht** einzelner Geschäftsführer zu regeln. Dies kann zum einen in der Satzung selbst geschehen. Andererseits kann in der Satzung auch eine **Ermächtigung** vorgesehen werden, auf deren Grundlage die Ausgestaltung der Vertretung im einzelnen einem Beschluss der Gesellschafter, des Beirats oder auch des Aufsichtsrates vorbehalten bleibt.[399] Fehlt eine entsprechende Ermächtigung in der Satzung, sind von der in Satzung abweichende Regelungen der Vertretungsmacht unwirksam, und zwar auch dann, wenn diese auf Gesellschafterbeschluss beruhen.[400]

---

396 Baumbach/Hueck/*Zöllner/Noack*, § 35 Rn. 111; Lutter/Hommelhoff/*Kleindiek*, § 35 Rn. 39; MünchHdb. GesR III/*Marsch-Barner/Diekmann*, § 44 Rn. 19; Scholz/*Schneider*, § 35 Rn. 71.
397 Baumbach/Hueck/*Zöllner/Noack*, § 35 Rn. 107; MünchHdb. GesR III/*Marsch-Barner/Diekmann*, § 44 Rn. 18.
398 BGH ZIP 2008, 34 f.
399 Baumbach/Hueck/*Zöllner/Noack*, § 35 Rn. 106.
400 Baumbach/Hueck/*Zöllner/Noack*, § 35 Rn. 106, Lutter/Hommelhoff/*Kleindiek*, § 35 Rn. 37.

Formulierungsbeispiel: Unechte (gemischte) Gesamtvertretung mit Ermächtigung   **315 M**
zur Einzelvertretung durch Gesellschafterbeschluss
Die Gesellschaft hat einen oder mehrere Geschäftsführer. Ist nur ein Geschäftsführer berufen, so vertritt er die Gesellschaft allein. Sind mehrere Geschäftsführer bestellt, so wird die Gesellschaft durch zwei Geschäftsführer gemeinsam oder durch einen Geschäftsführer in Gemeinschaft mit einem Prokuristen vertreten, soweit nicht durch Beschlussfassung der Gesellschafterversammlung Geschäftsführern die Berechtigung zur Einzelvertretung eingeräumt wird.

7. Befreiung und Ermächtigung zur Befreiung von § 181 BGB

a) Anwendungsbereich des § 181 BGB

In den **Anwendungsbereich** des § 181 BGB fallen alle Geschäfte zwischen der GmbH und   **316**
ihren Geschäftsführern, bei denen die GmbH durch den auf der anderen Seite persönlich an dem Geschäft beteiligten Geschäftsführer vertreten wird (Selbstkontrahieren) sowie auch alle die Geschäfte, in denen die GmbH und ein außen stehender Dritter durch den Geschäftsführer gleichermaßen vertreten werden (Mehrfachvertretung). Diese Vertretungsbeschränkungen sind bei der **Ausgestaltung der Vertretungsmacht** der anlässlich der GmbH-Gründung bestellten Geschäftsführer zu berücksichtigen und die Geschäftsführer gegebenenfalls von den Beschränkungen des § 181 BGB zu befreien. Dabei kann sich die Befreiung auch auf einen der beiden in § 181 BGB geregelten Tatbestände, das Insichgeschäft oder die Mehrfachvertretung, beschränken.

Der Mehrfachvertretung kommt insbesondere in **Konzernverhältnissen** große Bedeu-   **317**
tung zu. Wird eine Person als Geschäftsführer zweier Gesellschaften bestellt, kann er Verträge zwischen den beiden Gesellschaften nur wirksam zustande bringen, wenn er auf beiden Seiten von dem in § 181 BGB geregelten Verbot der Mehrfachvertretung befreit worden ist.

b) Voraussetzungen für eine wirksame Befreiung vom Verbot des § 181 BGB

Für die Frage, welche **Voraussetzungen** für eine wirksame **Befreiung** vom Verbot des   **318**
§ 181 BGB beachtet werden müssen, ist zwischen der Mehrpersonen-GmbH und der Einpersonen-GmbH zu unterscheiden.

aa) Mehrpersonen-GmbH

Bei der **Mehrpersonen-GmbH** unterscheidet die h.M. hinsichtlich der an die Gestattung   **319**
zu stellenden Anforderungen zwischen der generellen Gestattung einerseits und der Gestattung im Einzelfall andererseits. Die **generelle Gestattung** kann nur in der Satzung selbst oder aufgrund einer in der Satzung enthaltenen Ermächtigung (sogenannte Öffnungsklausel) erfolgen. Weiter ist erforderlich, dass die Befreiung im Handelsregister eingetragen wird.[401] Für die Gestattung im **Einzelfall** wird hingegen eine Satzungsermächtigung nicht für erforderlich gehalten. Insoweit soll ein einfacher Gesellschafterbeschluss genügen, wenn nicht die Satzung weitergehende Erfordernisse aufstellt.[402] Da eine generelle Befreiung von den Beschränkungen des § 181 BGB damit einer **Satzungsermächtigung** bedarf, empfiehlt es sich regelmäßig, diese anlässlich der Gründung der Gesellschaft in die Satzung aufzunehmen. Geschieht dies nicht und soll sodann nachträglich eine generelle Befreiung erfolgen, bedarf dies einer nachträglichen Aufnahme einer Öffnungsklau-

---

401   KG ZIP 2006, 2085 = GmbHR 2006, 653 = NZG 2006, 718 = RNotZ 2006, 353.
402   Scholz/*Schneider*, § 35 Rn. 99; *Goette*, DStR 1998, 937, 943; *ders.*, DStR 2000, 697.

sel in die Satzung sowie eines Befreiungsbeschlusses zugunsten des betreffenden Geschäftsführers. Zwar kann die beurkundungspflichtige Satzungsänderung mit dem Befreiungsbeschluss verbunden werden, gleichwohl wird die Befreiung erst mit Eintragung der Satzungsänderung wirksam.

320 Soll die Erteilung der Befreiung aufgrund der Satzungsermächtigung aus Gründen des Minderheitenschutzes nicht durch die einfache Gesellschaftermehrheit erfolgen können, so kann die Satzung **qualifizierte Mehrheitserfordernisse** vorsehen. Erfolgt eine generelle Befreiung eines Geschäftsführers, sei es durch die Satzung selbst oder durch Gesellschafterbeschluss aufgrund einer in der Satzung enthaltenen Ermächtigung, ist die Befreiung von den Beschränkungen des § 181 BGB zur Eintragung in das Handelsregister anzumelden.[403] Begründet wird dies damit, dass die Gestattung des Selbstkontrahierens die Vertretungsbefugnis bestimme und damit gemäß § 10 Abs. 1 S. 2 GmbHG eintragungspflichtig sei.[404]

bb) Einpersonen-GmbH

321 Bei der **Einpersonen-GmbH** stellt sich die Rechtslage hinsichtlich der **generellen Befreiung** nicht abweichend von der bei der Mehrpersonen-GmbH dar. Auch hier ist eine Befreiung von den Beschränkungen des § 181 BGB nur durch die Satzung selbst oder aber aufgrund einer in der Satzung enthaltenen Ermächtigung (Öffnungsklausel) möglich.[405] Anders als bei der Mehrpersonen-GmbH ist jedoch bei der Einpersonen-GmbH auch die auf den **Einzelfall** beschränkte Befreiung des Alleingesellschafter-Geschäftsführers von den Beschränkungen des § 181 BGB nur auf der Grundlage einer entsprechenden Satzungsermächtigung möglich. Ein einfacher Gesellschafterbeschluss reicht dafür, anders als bei der Mehrpersonen-GmbH, nicht aus.[406] Nicht erforderlich ist, dass die Befreiung in der Satzung selbst ausgesprochen wird. In der Rechtsprechung ist anerkannt, dass eine Befreiung des Geschäftsführers von den Beschränkungen des § 181 BGB auch bei der Einpersonen-GmbH aufgrund einer Ermächtigung in der Satzung (Öffnungsklausel) durch Befreiungsbeschluss der Gesellschafter möglich ist.[407] Neben der Satzungsermächtigung ist jedoch erforderlich, dass der Alleingesellschafter sich vor dem Notar zum von den Beschränkungen des § 181 BGB befreiten Geschäftsführer bestellt und dies in das Handelsregister eingetragen wird.[408]

322 M **Formulierungsvorschlag: Ermächtigung zur Befreiung von den Beschränkungen des § 181 BGB**
Geschäftsführer können durch Beschlussfassung der Gesellschafterversammlung von den in § 181 des Bürgerlichen Gesetzbuches geregelten Beschränkungen befreit werden.

cc) Befreiung der Liquidatoren von § 181 BGB

323 Die in der Satzung selbst ausgesprochene Befreiung von den Beschränkungen des § 181 BGB zugunsten einzelner Geschäftsführer, wie auch die Ermächtigung einer Befreiung durch Gesellschafterbeschluss herbeizuführen beziehen sich nicht ohne weiteres auf die nach Auflösung der Gesellschaft mit deren Vertretung befassten **Liquidatoren**. Insoweit bedarf es vielmehr einer eigenen Befreiung des Liquidators entweder durch die Satzung

---

403 BGH DNotZ 1983, 633.
404 BGH DNotZ 1983, 633.
405 *Baetzgen*, RNotZ 2005, 193, 208; BGH DNotZ 1983, 633.
406 BGH DNotZ 1983, 633.
407 BGH DStR 2000, 697.
408 BGH DStR 2000, 697, mit Anm. *Goette*.

der Gesellschaft selbst oder durch Gesellschafterbeschluss, wobei auch hier wiederum dem Gesellschafterbeschluss eine entsprechende Ermächtigung in der Satzung zugrunde liegen muss.[409] Vor diesem Hintergrund empfiehlt sich die Aufnahme einer entsprechenden Regelung in die Satzung.

Formulierungsvorschlag: Geltung der Vertretungsregelungen für Liquidatoren   324 M
Bei Liquidation der Gesellschaft gelten für die Vertretungsbefugnis der Liquidatoren die vorstehenden Bestimmungen entsprechend.

dd) Befreiung von §§ 181 BGB bei der GmbH & Co. KG

Bei der **GmbH & Co. KG** ist für die Befreiung von §§ 181 BGB zwischen drei Rechtsverhältnissen zu unterscheiden, nämlich   325

– der Komplementär-GmbH mit ihren Geschäftsführern,
– der Komplementär-GmbH mit der KG,
– der KG zu den Geschäftsführern der Komplementär-GmbH.

Die vorstehend angesprochene Befreiung des GmbH-Geschäftsführers in der GmbH-Satzung oder durch Gesellschafterbeschluss der GmbH-Gesellschafter hat nur Bedeutung für Vorgänge zwischen der GmbH und dem Geschäftsführer sowie einem durch den Geschäftsführer etwa vertretenen Dritten. Soll ein Vertrag zwischen der (Komplementär-) GmbH einerseits und der (GmbH & Co) KG andererseits durch den GmbH-Geschäftsführer abgeschlossen werden, so bedarf dieser der Befreiung von § 181 BGB sowohl auf der Ebene der GmbH als auch auf der Ebene der KG. Mit der GmbH & Co. KG durch Insichgeschäft einen Vertrag abzuschließen, kann dem Geschäftsführer der Komplementär-GmbH nur die KG gestatten.[410] Dementsprechend bedarf es nicht nur der Befreiung der Komplementär-GmbH, sondern auch ihrer jeweiligen Geschäftsführer auf KG-Ebene für die Vornahme von Insichgeschäften. Im Handelsregister der KG ist sowohl die Befreiung der Komplementär-GmbH von § 181 BGB als auch die Befreiung ihrer Vertretungsorgane von den Beschränkungen des § 181 BGB eintragungsfähig.[411]   326

8. Gesellschafterversammlung

a) Allgemeines

Die **Willensbildung** der Gesellschaft vollzieht sich nach dem gesetzlichen Modell grundsätzlich in der Gesellschafterversammlung gemäß § 48 GmbHG. Dabei kommt der Gesellschafterversammlung als Beschlussorgan der Gesellschaft umfassende **Beschlusszuständigkeit** zu. Der in § 46 GmbHG festgelegte Aufgabenkreis der Gesellschafter ist **satzungsdispositiv** gemäß § 45 Abs. 2 GmbHG. Dementsprechend kann er durch die Satzung erweitert aber auch eingeschränkt werden. So ist es insbesondere zulässig, dort geregelte Zuständigkeiten auf einen Aufsichtsrat oder Beirat, einen Gesellschafterausschuss, einzelne Gesellschafter oder auch die Geschäftsführer zu übertragen.[412] Entsprechende Satzungsbestimmungen müssen bestimmt und eindeutig formuliert sein.[413] Allerdings behält die Gesellschafterversammlung auch bei weitgehender Zuständigkeitsverlagerung auf   327

---

409 *Heckschen/Heidinger*, Die GmbH in der Gestaltungs- und Beratungspraxis, § 6 Rn. 45.
410 BGHZ 58, 115 = DNotZ 1972, 432 = NJW 1972, 623.
411 BayObLG MittBayNot 2000, 53 = GmbHR 2000, 91; BayObLG MittBayNot 2000, 241 = GmbHR 2000, 385 = ZIP 2000, 701; *Westermeier*, MittBayNot 1998, 155, 159; *Heckschen/Heidinger*, Die GmbH in der Gestaltungs- und Beratungspraxis, § 6 Rn. 52.
412 Scholz/K. *Schmidt*, § 46 Rn. 2; Baumbach/Hueck/*Zöllner*, § 46 Rn. 5, 6, 93 ff.
413 BGH DStR 1996, 111 mit Anm. *Goette* zur Übertragung der Befugnis zur Einforderungen von Einzahlungen auf die Stammeinlage auf die Geschäftsführung.

andere Organe als die Geschäftsführer also etwa auf einen Aufsichtsrat, Beirat oder Gesellschafterausschuss zwingend einen Kernbestand eigener Zuständigkeit, kann also dahin gehörende Kompetenzen wahrnehmen, ohne vorher die Satzung entsprechend ändern zu müssen.[414] Dies gilt insbesondere für die Prüfung und Überwachung der Geschäftsführung sowie für die Geltendmachung von Ersatzansprüchen entsprechend § 147 Abs. 1 und Abs. 2 S. 1 AktG.[415] Der Gesellschafterversammlung verbleibt stets auch die Ersatzkompetenz bei Funktionsunfähigkeit des von ihr durch Satzung mit Zuständigkeiten betrauten Organs.[416]

b) Einberufungsbefugnis

328 Die **Einberufung** der Gesellschafterversammlung erfolgt gemäß § 49 Abs. 1 GmbHG durch ihre Geschäftsführer. Dabei ist jeder Geschäftsführer – unabhängig von der satzungsmäßigen Vertretungsregelung – allein zur Einberufung berechtigt.[417] Dies kann zur Klarstellung in der Satzung zum Ausdruck gebracht werden.

329 M **Formulierungsvorschlag: Einfache Regelung zur Einberufungsbefugnis**
Zur Einberufung der Gesellschafterversammlung ist jeder Geschäftsführer, und zwar unabhängig von seiner Vertretungsbefugnis, befugt.

330 Die **Einberufungsbefugnis** der Geschäftsführer kann in der Satzung jedoch abweichend davon geregelt werden.

331 M **Formulierungsvorschlag: Differenzierte Regelung zur Einberufungsbefugnis**
Zur Einberufung der Gesellschafterversammlung ist jeder Geschäftsführer, der die Gesellschaft einzeln vertreten kann, befugt. Sind mehrere gesamtvertretungsberechtigte Geschäftsführer vorhanden, so sind zwei von ihnen gemeinsam zur Einberufung berechtigt; jedoch kann auch dann jeder Geschäftsführer einzeln die Einberufung vornehmen, wenn über ungewöhnliche Betriebsgeschäfte oder aber über die in den §§ 46 oder 49 Abs. 3 GmbH-Gesetz angesprochenen Vorgänge Beschluss gefasst werden soll.

c) Einberufungsform und Einberufungsfrist

332 Gemäß § 51 Abs. 1 GmbHG hat die Einberufung der Gesellschafterversammlung durch Einladung der Gesellschafter mittels eingeschriebener Briefe zu erfolgen. Streitig ist hierbei, ob zur Wahrung der **Form** zwingend ein Übergabe-Einschreiben erforderlich ist, oder ob auch ein Einwurf-Einschreiben ausreicht.[418] Unstreitig genügt zur wirksamen Einberufung ein Einwurf-Einschreiben, wenn dies in der Satzung zugelassen ist.[419] Vor diesem Hintergrund empfiehlt sich die Regelung dieser Frage in der Satzung. Die **Einberufungsfrist** muss gemäß § 51 Abs. 1 S. 2 GmbHG mindestens eine Woche betragen. Eine Verkürzung der Ladungsfrist in der Satzung auf weniger als eine Woche ist nach herrschender Meinung unzulässig.[420] Auch kann die Satzung nicht von der Pflicht zur Ladung aller Gesellschafter befreien.[421] In der Praxis empfiehlt es sich regelmäßig die kurze gesetzliche

---

414 Baumbach/Hueck/Zöllner, § 46 Rn. 94.
415 Baumbach/Hueck/Zöllner, § 46 Rn. 94.
416 Baumbach/Hueck/Zöllner, § 46 Rn. 94 a.E.; Lutter/Hommelhoff/*Bayer*, § 45 Rn. 13.
417 Allg. M. Michalski/*Römermann*, § 49 Rn. 34; Baumbach/Hueck/Zöllner, § 49 Rn. 3.
418 Für die Erforderlichkeit eines Übergabe-Einschreibens Baumbach/Hueck/Zöllner, § 51 Rn. 12; Einwurf-Einschreiben für ausreichend erachtet durch LG Mannheim, NZG 2008, 111; *Köper*, NZG 2008, 96.
419 Baumbach/Hueck/Zöllner, § 51 Rn. 12.
420 OLG Naumburg NZG 2000, 44.
421 Scholz/*K. Schmidt*/*Seibt*, § 51 Rn. 5.

Einberufungsfrist von einer Woche zu verlängern und den Beginn der Laufzeit der Frist zu bestimmen.

Formulierungsvorschlag: Regelung der Einberufungsform und -frist   333 M
Die Einberufung hat durch eingeschriebenen Brief, wobei ein Einwurf-Einschreiben ausreicht, mit einer Frist von mindestens vierzehn Tagen zu geschehen.

d) Tagesordnung und Tagungsort

Gemäß § 51 Abs. 2 GmbHG ist mit der Einberufung die **Tagesordnung** anzukündigen. Ob 334 die Satzung von dem Erfordernis der Ankündigung der Tagesordnung in der Einberufung befreien kann, ist streitig.[422] Bis zu drei Tage vor der Gesellschafterversammlung können gemäß § 51 Abs. 4 GmbHG Tagesordnungspunkte nachgereicht werden.

Formulierungsvorschlag: Regelung der Einberufungsform und -frist sowie der   335 M
Tagesordnung und des Tagungsortes
Die Einberufung hat unter Mitteilung der Tagesordnung und des Tagungsortes durch eingeschriebenen Brief, wobei ein Einwurf-Einschreiben ausreicht, mit einer Frist von mindestens vierzehn Tagen zu geschehen.

e) Einberufung durch eine Gesellschafterminderheit

Die Einberufung kann gemäß § 50 Abs. 3 GmbHG auch durch eine **Gesellschafterminder-** 336 **heit** von mindestens einem Zehntel des Stammkapitals erfolgen, wenn ihrem Begehren eine Gesellschafterversammlung einzuberufen durch die Geschäftsführer gemäß § 50 Abs. 1 GmbHG nicht entsprochen wird. Sollten nach der Satzung nicht die Geschäftsführer die Einberufung vorzunehmen haben, so gilt dies entsprechend für die anderweitig Einberufungsberechtigten. Nach § 52 Abs. 1 GmbHG in Verbindung mit § 111 Abs. 3 AktG gilt dies auch für Einberufungen durch den Aufsichtsrat der mitbestimmten GmbH. Das Einberufungsrecht kann nach h.M. durch die Satzung nicht wirksam eingeschränkt oder aufgehoben werden.[423] Dies gilt auch für die weiteren in § 50 GmbHG geregelten Minderheitsrechte.[424]

Es ist zulässig, dass die Satzung die formellen Anforderungen an die Einberufung 337 herabsetzt, wenn sichergestellt wird, dass alle Gesellschafter die Einladung erhalten und die Möglichkeit haben, ihr Teilnahmerecht wahrzunehmen. So wird eine Satzungsregelung, nach der mündlich, telefonisch, per Fax oder per E-Mail eingeladen werden kann nicht zu beanstanden sein.[425]

f) Einberufungsmängel und Vollversammlung

Da **Einberufungsmängel** in der Praxis den Schwerpunkt bei der Anfechtung von Gesell- 338 schafterbeschlüssen bilden, erscheint es nicht ratsam die gesetzlichen Einberufungsformalitäten in der Satzung herabzusetzen, da mit mündlichen, telefonischen sowie auch mit der Einberufung per Telefax oder E-Mail Nachweisprobleme verbunden sind. Für die Praxis zu empfehlen ist die Aufnahme von Satzungsbestimmungen über die Zahl der einberufenden Geschäftsführer, sei es im Sinne einer Einzelbefugnis oder einer Gesamtbefugnis, die Verlängerung der gesetzlichen Wochenfrist auf zumindest zwei Wochen und die Rege-

---

422 Dagegen Baumbach/Hueck/*Zöllner*, § 51 Rn. 39; Michalski/*Römermann*, § 51 Rn. 123 f.; a.A. Scholz/*K. Schmidt/Seibt*, § 51 Rn. 3.
423 Baumbach/Hueck/*Zöllner*, § 50 Rn. 2.
424 H. M. Michalski/*Römermann*, § 50 Rn. 194; Scholz/*K. Schmidt/Seibt*, § 50 Rn. 6; Baumbach/Hueck/*Zöllner*, § 50 Rn. 2.
425 Baumbach/Hueck/*Zöllner*, § 48 Rn. 39; Lutter/Hommelhoff/*Zöllner*, § 51 Rn. 36.

lung des Fristbeginns. Weiter sollte klargestellt werden, dass die Einberufung durch Übergabe-Einschreiben erfolgen kann. Die Einhaltung dieser Formalitäten führt zu einem hohen Maß an Rechtssicherheit und ermöglicht den Gesellschaftern die Wahrnehmung ihres Teilnahmerechts.

339 Die wirksame Abhaltung einer Gesellschafterversammlung ohne die Einhaltung der gesetzlich und gesellschaftsvertraglich vorgesehenen Formen und Fristen ist gleichwohl möglich, wenn es sich um eine **Vollversammlung** aller Gesellschafter handelt, und in diesem Zusammenhang auf die Einhaltung der gesetzlichen und satzungsmäßigen Form- und Fristvorschriften einvernehmlich verzichtet wird. Dies kann auch schlüssig geschehen. In der Satzung kann dies ausdrücklich klargestellt werden.

340 M **Formulierungsvorschlag: Vollversammlung**
Die Gesellschafter können auch unter Verzicht auf die Förmlichkeiten der Einberufung zu einer Gesellschafterversammlung zusammentreten, sofern alle Gesellschafter sich hiermit einverstanden erklären.

g) Beschlussfähigkeit der Gesellschafterversammlung

341 Ist die Gesellschafterversammlung ordnungsgemäß einberufen worden, ist die Zahl und Beteiligungshöhe der erschienenen Gesellschafter für **Beschlussfähigkeit** der Gesellschafterversammlung nach den gesetzlichen Bestimmungen belanglos. Es besteht dann in jedem Falle Beschlussfähigkeit. Erscheint nur ein einziger Kleinbeteiligter kann dieser wirksam Beschlüsse fassen.[426] Die Satzung kann die Beschlussfähigkeit der Versammlung jedoch regeln. So kann eine Mindestanzahl Erschienener oder Mindestbeteiligungshöhe vorgesehen werden.[427] Wird die Beschlussfähigkeit der Versammlung in der Satzung geregelt, so sollte auch bestimmt werden, ob eine einmal vorhandene Beschlussfähigkeit erhalten bleibt, wenn im Lauf der Gesellschafterversammlung die Zahl der Gesellschafter oder ihre Beteiligung unter kritische Grenze sinkt.

342 M **Formulierungsvorschlag: Beschlussfähigkeit der Gesellschafterversammlung**
Die Gesellschafterversammlung ist beschlussfähig, wenn mindestens drei Viertel des Stammkapitals vertreten sind.

343 Satzungsregelungen, die für den Fall der **Beschlussunfähigkeit** der einberufenen Versammlung die Möglichkeit der Einberufung einer zweiten Gesellschafterversammlung mit der Folge vorsehen, dass diese in jedem Falle beschlussfähig ist, wenn auf diese Rechtsfolge in der Einladung hingewiesen wird, sind zulässig. Dies gilt auch, wenn in der Satzung gestattet wird mit der Einberufung zur ersten Versammlung auch gleichzeitig die zweite Versammlung einzuberufen, die sodann in jedem Falle beschlussfähig ist.[428] Anders ist dies, wenn die Satzung dieses Verfahren nicht ausdrücklich gestattet. In diesem Falle sind die in der zweiten Versammlung gefassten Beschlüsse anfechtbar.[429]

344 M **Formulierungsvorschlag: Regelung der Beschlussfähigkeit**
Die Gesellschafterversammlung ist beschlussfähig, wenn mindestens drei Viertel des Stammkapitals vertreten sind. Ist die Gesellschafterversammlung danach nicht beschlussfähig, so kann nach Maßgabe der Regelung in ... der Satzung zu den gleichen Tagesordnungspunkten eine weitere Gesellschafterversammlung einberufen werden. Diese ist in jedem Falle beschlussfähig, wenn auf diese Rechtsfolge in der Einladung hingewiesen worden ist. Die Einberufung zu der weiteren Gesellschafter-

---

426 Allg.M. Baumbach/Hueck/*Zöllner*, § 48 Rn. 3.
427 Baumbach/Hueck/*Zöllner*, § 48 Rn. 3.
428 OLG Saarbrücken GmbHR 2007, 143.
429 BGH GmbHR 1998, 287.

versammlung kann mit der Einladung zu der Gesellschafterversammlung verbunden werden.

h) Teilnahmerecht

Zweckmäßig sind oftmals Regelungen zur Ausgestaltung des **Teilnahmerechts** an den Gesellschafterversammlungen. Teilnahmeberechtigt ist grundsätzlich jeder Gesellschafter. Dies gilt auch wenn er von der Ausübung seines Stimmrechtes ausgeschlossen ist.[430] Die **Erweiterung des Teilnahmerechtes** in der Satzung ist grundsätzlich möglich. Insbesondere kann die Satzung vorsehen, dass neben dem Gesellschafter weiteren Personen die Teilnahme gestattet wird.[431]

345

Formulierungsvorschlag: Teilnahmerecht Dritter mit Ablehnungsrecht
Jeder Gesellschafter kann zu der Versammlung einen Berater zuziehen. Dieser darf an der Gesellschafterversammlung teilnehmen. Bei dem Berater muss es sich jedoch um einen zur Berufsverschwiegenheit verpflichteten Dritten handeln. Die Gesellschafterversammlung kann den Dritten mit Stimmenmehrheit ablehnen. Dabei hat der betroffene Gesellschafter kein Stimmrecht. Wird der Dritte mit Stimmenmehrheit ablehnt, darf er an der Gesellschafterversammlung nicht teilnehmen.

346 M

Formulierungsvorschlag: Teilnahmerecht Dritter ohne Ablehnungsrecht
Jeder Gesellschafter kann zu der Versammlung einen Berater zuziehen. Dieser darf an der Gesellschafterversammlung teilnehmen. Bei dem Berater muss es sich jedoch um einen sachkundigen, zur Berufsverschwiegenheit verpflichteten Dritten handeln. Die Gesellschafterversammlung kann den Dritten nicht ablehnen.

347 M

Ohne eine solche Gestattung sind die Mitgesellschafter nicht verpflichtet zu dulden, dass sich ein anderer Gesellschafter in der Gesellschafterversammlung von einem Berater begleiten lässt.[432] Es bedarf dann der Gestattung durch die Gesellschafterversammlung.[433]

348

Die **Einschränkung des Teilnahmerechtes** als unverzichtbares und unentziehbares Mitgliedschaftsrecht ist nur in begründeten Ausnahmefällen zulässig. Satzungsregelungen, die die Teilnahme des Gesellschafters verhindern oder auf eine Person beschränken, auf die der ausgeschlossene Gesellschafter keinen Einfluss hat, sind unzulässig.[434] Grundsätzlich zulässig und in der Praxis von nicht unerheblicher Bedeutung sind die sogenannten »**Vertreterklauseln**«. Steht ein Geschäftsanteil mehreren Mitberechtigten gemeinschaftlich zu, so darf die Satzung vorschreiben, dass die Teilnahme an Gesellschafterversammlungen ausschließlich durch einen gemeinsamen Vertreter der Personenmehrheit erfolgt.[435] Dabei ist die Auswahl des Vertreters der Personenmehrheit zu überlassen.

349

Formulierungsvorschlag: Vertreterklausel
Steht ein Geschäftsanteil mehreren Mitberechtigten ungeteilt zu, haben sich diese durch einen von ihnen schriftlich zu bestellenden gemeinsamen Vertreter in Gesellschafterversammlungen vertreten zu lassen. Der Vertreter übt alle sich aus dem Geschäftsanteil ergebenden Rechte und Pflichten in der Gesellschafterversammlung aus. Bis zur Bestellung des Vertreters ruht das Stimmrecht aus dem Geschäftsanteil und gelten Erklärungen der Gesellschaft, die einem von ihnen zugegangen sind, als allen zugegangen. Ein Testamentsvollstrecker gilt als gemeinsamer Vertreter im Sinne dieser Regelung.

350 M

---

430 BGH WM 1985, 567.
431 Baumbach/Hueck/Zöllner, § 48 Rn. 12.
432 Werner, GmbHR 2006, 871.
433 Baumbach/Hueck/Zöllner, § 48 Rn. 13.
434 Michalski/Römermann, 2002, § 48 Rn. 77 f.
435 Michalski/Römermann, 2002, § 48 Rn. 79.

i) Versammlungsleiter

351 Sinnvoll sind auch Satzungsregelungen über die Abhaltung der Gesellschafterversammlung. Um einen geordneten Ablauf der Gesellschafterversammlung zu fördern kann in der Satzung eine Regelung zur Bestimmung eines **Versammlungsleiters** aufgenommen werden. Zur Bestimmung des Versammlungsleiters kann auf das Alter der anwesenden Gesellschafter, die Höhe ihrer Beteiligung oder auch auf das Losverfahren abgehoben werden.

352 M Formulierungsvorschlag: Versammlungsleiter
Den Vorsitz in der Gesellschafterversammlung führt – sofern nicht mit Stimmenmehrheit etwas anderes beschlossen wird – der älteste der anwesenden Gesellschafter.

j) Stimmrechtsvollmachten und Stimmrechtsvertreter

353 Schließlich kann die Satzung auch Regelungen über die Anforderungen an Stimmrechtsvollmachten und Stimmrechtsvertreter treffen. So kann insbesondere auch von der für Vollmachten in § 47 Abs. 3 GmbHG vorgesehenen Textform in der Satzung abgewichen werden. Es kann auf die Einhaltung einer Form generell verzichtet werden wie auch eine strengere Form vorgesehen werden. Auch kann die Satzung bestimmte Anforderungen an die Person der Stimmrechtsvertreter aufstellen.[436] Empfehlenswert erscheint aus Nachweisgründen die Anordnung eines Schriftformerfordernisses für Stimmrechtsvollmachten. Werden bestimmte Anforderungen an die Person der Stimmrechtsvertreter vorgesehen, sollte es sich zur Vermeidung von Streitigkeiten möglichst um objektiv nachprüfbare Anforderungen handeln.

354 M Formulierungsvorschlag: Vertretung in Versammlung, Form der Vollmacht
Jeder Gesellschafter kann sich in der Gesellschafterversammlung durch einen mit schriftlicher Vollmacht versehenen Bevollmächtigten vertreten lassen. Der Bevollmächtigte muss selbst Gesellschafter, der Ehegatte eines Gesellschafters oder ein zur Berufsverschwiegenheit verpflichteter Dritter sein. Die Gesellschafterversammlung kann den Bevollmächtigten mit Stimmenmehrheit ablehnen.

k) Beschlussfassung außerhalb Gesellschafterversammlung

355 Gesellschafterbeschlüsse können auch **außerhalb** einer Gesellschafterversammlung gefasst werden, und zwar gemäß § 48 Abs. 2 GmbHG wenn entweder sämtliche Gesellschafter in Textform mit der zu treffenden Bestimmung oder aber mit der schriftlichen Abgabe der Stimmen sich einverstanden erklären. Sind alle Gesellschafter mit der schriftlichen Abstimmung einverstanden, ist auch eine mehrheitliche Beschlussfassung möglich. Die Satzung kann von dieser gesetzlichen Regelung jedoch abweichen. So kann sie mündliche, telefonische, schriftliche, fernschriftliche und auch telegrafische Abstimmung gestatten oder auch ausschließen. Bei einer entsprechenden gesellschaftsvertraglichen Regelung empfiehlt es sich, das Abstimmungsverfahren, die Art und Weise zur Aufforderung zur Stimmabgabe sowie die Dokumentation der Beschlüsse zu regeln.

356 Für unzulässig hält die Rechtsprechung derartige Regelungen allerdings wenn eine Satzungsänderung Gegenstand der Beschlussfassung ist. Zur Begründung stützt sich die

---

[436] Michalski/*Römermann*, 2002, § 47 Rn. 389, 445; Scholz/*K. Schmidt*, § 47 Rn. 97; *Heckschen/Heidinger*, Die GmbH in der Gestaltungs- und Beratungspraxis, § 4 Rn. 139.

Rechtsprechung auf § 53 Abs. 2 GmbHG. Danach sei die Abhaltung einer Gesellschafterversammlung bei satzungsändernden Beschlüssen unverzichtbar.[437]

Formulierungsvorschlag: Beschlussfassung außerhalb Gesellschafterversammlung 357 M
Beschlüsse der Gesellschafter können – soweit dies gesetzlich zulässig ist und alle Gesellschafter sich hiermit einverstanden erklären – statt in einer Gesellschafterversammlung auch durch schriftliche, telegrafische oder fernschriftliche Stimmabgabe gefasst werden.

Für die Aufforderung zu einer schriftlichen, telegrafischen oder fernschriftlichen Stimmabgabe gelten die Bestimmungen in § ... der Satzung entsprechend.

Die gemäß der Regelung im ersten Abs. gefassten Beschlüsse sind unverzüglich von den Geschäftsführern in einer Niederschrift festzuhalten.

l) Kombinierte Beschlussfassung

Eine **kombinierte Stimmenabgabe** dergestalt, dass die in der Gesellschafterversammlung 358 anwesenden Mehrheitsgesellschafter in der Versammlung einen einstimmigen Beschluss fassen und ebenso einstimmig einem abwesenden Gesellschafter gestatten, seine Stimme in Schriftform nachzureichen, hält der BGH für unzulässig, es sei denn, dass diese Art der Stimmabgabe in der Satzung ausdrücklich zugelassen worden ist.[438] Ist eine kombinierte Beschlussfassung in der Satzung gestattet worden, wird ein entsprechend gefasster Gesellschafterbeschluss erst mit der Feststellung des Beschlussergebnisses wirksam. Fehlt es an einer entsprechenden Satzungsgrundlage, sind in einem solchen Verfahren gefasste Beschlüsse nach Auffassung des BGH generell nichtig, und zwar selbst dann, wenn dem Verfahren sämtliche Gesellschafter zustimmen (BGH a.a.O.).

Formulierungsbeispiel: Kombinierte Beschlussfassung 359 M
Die von den Gesellschaftern in den Angelegenheiten der Gesellschaft zu treffenden Bestimmungen erfolgen durch Beschlussfassung der Gesellschafter. Die Beschlüsse der Gesellschafter werden in der Regel in Versammlungen gefasst.

Beschlüsse der Gesellschafter können – soweit dies gesetzlich zulässig ist und alle Gesellschafter sich hiermit einverstanden erklären – statt in einer Gesellschafterversammlung auch durch schriftliche, telegrafische oder fernschriftliche Stimmabgabe gefasst werden.

Ausdrücklich zulässig ist auch die Kombination beider Beschlussverfahren in Ansehung eines Beschlussgegenstandes, soweit dies gesetzlich zulässig ist und alle Gesellschafter sich hiermit einverstanden erklären.

Die gemäß den vorstehenden Regelung gefassten Beschlüsse sind unverzüglich von den Geschäftsführern in einer Niederschrift festzuhalten.

9. Stimmrecht

Nach der Neufassung des § 47 Abs. 2 GmbHG durch das MoMiG gewährt **jeder Euro** 360 eines Geschäftsanteils eine Stimme. Die frühere Regelung, wonach je 50,-- Euro eine Stimme gewährten, wurde aufgehoben. Da auch die vormalige Mindestbeteiligung eines Gesellschafters in Höhe von 100,-- Euro bei der Gründung der Gesellschaft gemäß § 5 Abs. 1 a.F. GmbHG sowie die Teilbarkeit eines Geschäftsanteils durch fünfzig gemäß § 5 Abs. 3 a.F. GmbHG durch das MoMiG abgeschafft wurden, empfiehlt sich nunmehr es bei

---

[437] BGHZ 15, 324, 328 = NJW 1955, 220; KG NJW 1959, 1446, Roth/Altmeppen, § 48 Rn. 2, § 53 Rn. 17; a.A. Michalski/*Römermann*, § 48 Rn. 207: Baumbach/Hueck/*Zöllner*, § 48 Rn. 28, § 53 Rn. 60.
[438] BGH DNotZ 2006, 548 = RNotZ 2006, 350 = NZG 2006, 428 = ZIP 2006, 852 = GmbHR 2006, 706.

Neugründungen bei der gesetzlichen Regelung des § 47 Abs. 2 GmbHG zu belassen und Altsatzungen auf die entsprechende Regelung umzustellen. Auf diese Weise wird die Entstehung von Geschäftsanteilen, die keine Stimmrechte vermitteln, vermieden, da eine kleinere Stückelung der Geschäftsanteile als auf einen Euro nicht zulässig ist. Zudem sollte in der Satzung geregelt werden, ob ein Gesellschafter, der mehrere Geschäftsanteile hält, aus den unterschiedlichen Geschäftsanteilen nur einheitlich oder auch unterschiedlich abstimmen darf.

361 M **Formulierungsbeispiel: Stimmrecht**
Jeder Euro eines Geschäftsanteils gewährt eine Stimme.
Hat ein Gesellschafter nur einen Geschäftsanteil, kann er aus diesem nur einheitlich abstimmen. Hat ein Gesellschafter mehrere Geschäftsanteile, so kann er sein Stimmrecht für jeden Geschäftsanteil verschieden ausüben.

362 Für das Zustandekommen eines Gesellschafterbeschlusses genügt grundsätzlich die einfache **Mehrheit** der abgegebenen Stimmen. Gezählt werden lediglich die »Ja« und die »Nein«-Stimmen. Nicht gezählt werden Enthaltungen sowie ungültige Stimmen.[439]

363 Es ist zulässig **stimmrechtslose Geschäftsanteile** zu bilden.[440] Die Satzung kann auch **Mehrstimmrechte**, Mindeststimmrechte sowie Höchststimmrechte vorsehen und sich vom kapitalbezogenen Stimmrecht lösen. Solche Regelungen können für alle Beschlüsse vorgesehen, jedoch auch auf bestimmte Beschlussgegenstände beschränkt werden.[441] Der Ausschluss des Stimmrechts für alle Gesellschafter ist unzulässig, da die Gesellschafterversammlung dann nicht mehr handlungsfähig wäre.[442] Die Beschränkung der stimmrechtslosen Anteile auf fünfzig Prozent des Grundkapitals gemäß § 139 Abs. 2 AktG ist ebenso wenig erforderlich wie die Ausstattung der stimmrechtslosen Anteile mit Gewinnvorzug gemäß § 139 Abs. 2 AktG. Diese aktienrechtlichen Regelungen sind auf die GmbH nicht anwendbar.[443]

364 M **Formulierungsbeispiel: Mehrstimmrecht**
Solange der Gesellschafter »X« dinglicher Inhaber von Geschäftsanteilen an der Gesellschaft ist, vermitteln diese mindestens »Y« vom Hundert der Gesamtstimmenzahl aller Geschäftsanteile, und zwar unabhängig vom Nennbetrag der vom Gesellschafter »X« gehaltenen Geschäftsanteile.

365 Von den in § 47 Abs. 4 GmbHG geregelten **Stimmverboten** kann in der Satzung abgewichen werden. Unbedenklich sind insoweit Erweiterungen und Ergänzungen der Stimmverbote.[444] Streitig ist, ob und inwieweit in der Satzung die Stimmverbote des § 47 Abs. 4 GmbHG beseitigt oder eingeschränkt werden können. Das Stimmverbot heute insoweit überwiegend als satzungsfest betrachtet als es dem Gesellschafter verwehrt als Richter in eigener Sache tätig zu werden. Handelt es also um Entlastungsbeschlüsse, Befreiung von Verbindlichkeiten, die Einleitung von Schadenersatzprozessen sowie um Maßnahmen aus wichtigem Grunde, hält die Rechtsprechung das Stimmverbot für zwingend. Es kann insoweit nicht in der Satzung abbedungen werden.[445]

---

439 Baumbach/Hueck/*Zöllner*, § 47 Rn. 23.
440 RGZ 167, 65, 73; BGHZ 14, 264, 269 ff.; Scholz/*K. Schmidt*, § 47 Rn. 11; Baumbach/Hueck/*Zöllner*, § 47 Rn. 33.
441 Scholz/*K. Schmidt*, § 47 Rn. 11.
442 Baumbach/Hueck/*Zöllner*, § 47 Rn. 70; Lutter/Hommelhoff/*Bayer*, § 47 Rn. 5.
443 Baumbach/Hueck/*Zöllner*, § 47 Rn. 70, Lutter/Hommelhoff/*Bayer*, § 47 Rn. 5.
444 Baumbach/Hueck/*Zöllner*, § 47 Rn. 106, Lutter/Hommelhoff/*Bayer*, § 47 Rn. 33.
445 BGHZ 108, 21 = NJW 1989, 2694; Ulmer/*Hüffer*, § 47 Rn. 192; Lutter/Hommelhoff/*Bayer*, § 47 Rn. 33.

10. Anfechtung von Gesellschafterbeschlüssen

Das GmbH-Gesetz regelt die Nichtigkeit oder Anfechtbarkeit von Gesellschafterbeschlüssen bei der GmbH nicht. Die Rechtsprechung wendet die **aktienrechtlichen Vorschriften** der §§ 241 ff. AktG entsprechend an, soweit dem nicht strukturelle Unterschiede der beiden Gesellschaftsformen entgegenstehen.[446] Die allgemeinen zivilrechtlichen Vorschriften über die Anfechtbarkeit und Nichtigkeit werden durch diese Vorschriften verdrängt. Demnach führen nur besonders schwerwiegende Mängel zur Nichtigkeit des Beschlusses, die grundsätzlich von jedermann, in jeder Form und zu jeder Zeit geltend gemacht werden kann, soweit keine Heilung analog § 242 Abs. 2 S. 1 AktG eingetreten ist.[447] Bei Beschlussmängeln stellt vor diesem Hintergrund die Nichtigkeit von Beschlüssen die Ausnahme und ihre Anfechtbarkeit den Regelfall dar. Für die Anfechtbarkeit von Beschlüssen statuiert § 246 Abs. 1 AktG eine Monatsfrist. Diese Monatsfrist gilt nicht strikt, sondern stellt nach der Rechtsprechung lediglich ein Leitbild dar.[448]

366

Rechtssicherheit kann eine Satzungsregelung schaffen, die die **Anfechtungsfrist** regelt. Die Verkürzung der Anfechtungsfrist auf unter einen Monat ist dabei unzulässig. In der Praxis üblich und rechtlich unbedenklich ist vor diesem Hintergrund die Vereinbarung einer zweimonatigen Anfechtungsfrist. Regelungsbedürftig ist in diesem Zusammenhang auch der Beginn der Anfechtungsfrist. Der Gesellschafter muss sich innerhalb der Frist darüber klar werden, ob die Anfechtung eines Beschlusses erfolgen soll oder nicht. In diesem Zusammenhang sind tatsächliche und rechtliche Fragen zu klären. Da dem Gesellschafter dies erst möglich ist, wenn ihm der Beschluss bekannt ist, sollte die Anfechtungsfrist erst mit dem Zugang des Beschlussprotokolls bei dem Gesellschafter zu laufen beginnen. Auf die Absendung des Beschlussprotokolls an den Gesellschafter in der Satzung abzustellen, erscheint aus den vorgenannten Gründen nicht ratsam. Zudem ist dem Gesellschafter der Absendezeitpunkt nicht in jedem Falle bekannt, so dass er mangels zuverlässiger Kenntnis des Fristbeginns auf das Ende der Anfechtungsfrist nicht zuverlässig ermitteln kann. Entsprechend der Satzungsbestimmungen wurden daher von der Rechtsprechung für unwirksam erachtet.[449]

367

11. Protokollierung von Gesellschafterbeschlüssen

Das GmbH-Gesetz ordnet eine Protokollierung von Gesellschafterbeschlüssen nicht allgemein an. Ein **Protokollierungsgebot** wird in § 48 Abs. 3 GmbHG lediglich für die Einpersonengesellschaft ausgesprochen. In der Satzung kann eine generelle Protokollierungspflicht vorgesehen werden. Diese dient der Schaffung von Klarheit über den Inhalt der gefassten Beschlüsse. Zur Streitvermeidung empfiehlt es sich den Mindestinhalt des Protokolls in der Satzung festzulegen. Das Protokoll sollte den Tag, den Ort, und die Zeit der Versammlung, die Personen der Teilnehmer, die Tagesordnung sowie die gestellten Beschlussanträge, die konkreten Abstimmungsergebnisse und den Wortlaut der gefassten Beschlüsse beinhalten.

368

Formulierungsvorschlag: Protokollierung von Gesellschafterbeschlüssen
Über jede Gesellschafterversammlung ist vom Vorsitzenden der Versammlung eine Niederschrift zu fertigen, die von ihm zu unterzeichnen ist.

369 M

In die Niederschrift ist der Tag, der Ort und die Zeit der Gesellschafterversammlung, die Personen der Teilnehmer, die Tagesordnung, die gestellten Beschlussanträge, die konkreten Abstimmungsergebnisse und der Wortlaut der gefassten Beschlüsse aufzunehmen.

---

446 BGHZ 11, 231, 235; BGHZ 51, 209, 210; BGHZ 104, 66, 69 = GmbHR 1988, 304; BGH GmbHR 2003, 171; BGH GmbHR 2009, 426, 427.
447 Lutter/Hommelhoff/*Bayer*, Anhang zu § 47 Rn. 1.
448 BGH GmbHR 1992, 801 = NJW 1993, 129; BGH GmbHR 1999, 714; BGH GmbHR 2005, 925.
449 OLG Düsseldorf NZG 2005, 980.

2. Kapitel Recht der Gesellschaft mit beschränkter Haftung

12. Jahresabschluss, Publizität, Ergebnisverwendung

370 Gemäß § 242 HGB hat jeder Kaufmann, also auch die GmbH, für den Schluss eines jeden Geschäftsjahres einen **Jahresabschluss** aufzustellen. Gemäß § 242 Abs. 3 HGB bilden die Bilanz und die Gewinn- und Verlustrechnung den Jahresabschluss. Bei Kapitalgesellschaften ist der Jahresabschluss durch deren gesetzliche Vertreter um einen Anhang, der mit der Bilanz und der Gewinn- und Verlustrechnung eine Einheit bildet, sowie einen Lagebericht gemäß § 264 Abs. 1 HGB zu erweitern. In §§ 284 ff. HGB wird der in den Anhang aufzunehmende Inhalt im Einzelnen geregelt. Den Inhalt des Lageberichts bestimmt § 289 HGB. Diese gesetzlichen Regelungen lassen für satzungsmäßige Gestaltungen nur einen geringen Spielraum. Es empfiehlt sich im Regelfall, insbesondere für die Frist der Aufstellung des Jahresabschlusses auf die gesetzliche Bestimmung des § 264 Abs. 1 HGB zu verweisen. Satzungsregelungen, die die dort vorgesehene Drei-Monatsfrist für die **Aufstellung** des Jahresabschlusses nach Ablauf des Geschäftsjahres verlängern, sind grundsätzlich unwirksam. So ist insbesondere eine generelle Ausweitung der Bilanzierungsfrist auf sechs Monate in der Satzung ist nicht möglich.[450] Lediglich für kleine Kapitalgesellschaften verlängert § 264 Abs. 1 S. 3 HGB die Frist für die Aufstellung auf höchstens sechs Monate ab Beginn des neuen Geschäftsjahres, sofern dies einem ordnungsgemäßen Geschäftsgang entspricht. Dies kann in der Satzung entsprechend geregelt werden.

371 M **Formulierungsvorschlag: Aufstellung des Jahresabschlusses bei kleinen Kapitalgesellschaften**
Der Jahresabschluss (Bilanz sowie Gewinn- und Verlustrechnung nebst Anhang) und – sofern gesetzlich vorgeschriebenen – der Lagebericht ist in den ersten drei Monaten des Geschäftsjahres für das vergangene Geschäftsjahr aufzustellen. Eine spätere Aufstellung des Geschäftsjahres ist ausnahmsweise dann zulässig, wenn dies einem ordnungsgemäßen Geschäftsgang entspricht und mit den gesetzlichen Bestimmungen vereinbar ist; auch in diesem Fall muss sie innerhalb der ersten sechs Monate des Geschäftsjahres für das vergangene Geschäftsjahr erfolgen.

372 Von der Aufstellung des Jahresabschlusses zu unterscheiden ist seine **Feststellung**. Die Feststellung erfolgt grundsätzlich durch Beschluss der Gesellschafter gemäß § 46 Nr. 1 GmbHG. Die Satzung kann diese Kompetenz abweichend davon regeln und einzelnen Gesellschaftern, einem Aufsichtsrat aber auch den Geschäftsführern zuweisen.[451] Eine Abschlussprüfung schreibt das Gesetz in § 316 Abs. 1 S. 1 HGB nur für mittelgroße und große Kapitalgesellschaften im Sinne des § 267 Abs. 2 und 3 HGB vor. Kleine Kapitalgesellschaften müssen eine Abschlussprüfung nicht vornehmen lassen. Die Entscheidung, ob sie eine freiwillige Abschlussprüfung vornehmen, liegt nicht bei den Geschäftsführern, sondern bei den Gesellschaftern. Dies kann in der Satzung klargestellt werden.[452]

13. Ergebnisverwendung

373 Die Ergebnisverwendung ist von den insoweit gegenläufigen Interessen der Gesellschaft und ihrer Gesellschafter geprägt. Das Interesse der Gesellschaft zielt auf die Thesaurierung und das der Gesellschafter, insbesondere das der Minderheitsgesellschafter, auf Ausschüttung. Gemäß § 29 Abs. 1 S. 1 GmbHG beschließen die Gesellschafter über die Ergebnisverwendung grundsätzlich mit einfacher Mehrheit. Dies kann dazu führen, dass die Gesellschaftermehrheit gegen den Willen der Gesellschafterminderheit von Ausschüttungen gänzlich absieht, obwohl die Minderheitsgesellschafter wirtschaftlich auf die Ausschüttung von Gewinnen angewiesen sind. Es ist in jedem Einzelfall zu überlegen, ob und

---

450 BayObLG, DB 1987, 978; *Meyding/Schnorbus/Hennig*, ZNotP 2006, 122, 127.
451 Vgl. *Hommelhoff/Priester*, ZGR 1986, 375 ff.
452 Vgl. *Hommelhoff/Priester*, ZGR 1986, 475 ff.

inwieweit über die Aufnahme von Thesaurierungs-, Ausschüttungs- und kombinierte Ausschüttungs-/Thesaurierungsklauseln in die Satzung ein angemessener Interessenausgleich zwischen der Gesellschaft einerseits und ihren Gesellschaftern andererseits sowie zwischen Mehrheits- und Minderheitsgesellschaftern erreicht werden kann.

Formulierungsvorschlag: Kombinierte Ausschüttungs- und Thesaurierungsklausel 374 M
Vom Jahresergebnis im Sinne von § 29 Abs. 1 S. 1 GmbHG sind »X« Prozent zu thesaurieren und weitere »Y« Prozent an die Gesellschafter im Verhältnis ihrer Geschäftsanteile zueinander zum Verbleib bei diesen auszuschütten. Über die Verwendung des danach verbleibenden Restes des Jahresergebnisses beschließen die Gesellschafter mit einfacher Mehrheit.

Anders als das Aktienrecht in § 59 Abs. 1 AktG enthält das GmbH-Gesetz kein Verbot von 375
Vorabausschüttungen auf den erwarteten Gewinn während des laufenden Geschäftsjahres und vor Feststellung des Jahresabschlusses des abgelaufenen Geschäftsjahres. Deshalb wird eine (Vorab-) Ausschüttung selbst während des laufenden Geschäftsjahres vor Aufstellung des Jahresabschlusses ganz überwiegend für zulässig gehalten.[453] Voraussetzung dafür ist ein Gesellschafterbeschluss, der auch ohne entsprechende Satzungsgrundlage wirksam gefasst werden kann,[454] wenn bei der Beschlussfassung mit einem die Ausschüttung deckenden Ergebnis im Sinne von § 29 Abs. 1 GmbHG gerechnet werden[455] und die Vorabschüttung ohne Beeinträchtigung des gemäß § 30 GmbHG geschützten Stammkapitals erfolgen kann. (Roth/Altmeppen, GmbHG, § 29 Rn. 56 allgemeine Ansicht). Eine Satzungsregelung erübrigt sich daher insoweit.

14. Kündigung durch den Gesellschafter

Die gesetzlichen Regelungen des Personengesellschaftsrechtes eröffnen einem Gesellschaf- 376
ter die Möglichkeit, seine Gesellschafterstellung im Wege der **Kündigung** zu beenden. Gemäß § 723 Abs. 1 S. 1 kann jeder Gesellschafter eine Gesellschaft bürgerlichen Rechts, die nicht für eine bestimmte Zeit eingegangen ist, jederzeit kündigen. Durch die Kündigung wird die Gesellschaft aufgelöst. Gemäß §§ 132, 161 Abs. 1 HGB kann auch der Gesellschafter einer oHG oder KG das Gesellschaftsverhältnis kündigen, wenn die Gesellschaft für unbestimmte Zeit eingegangen ist. Allerdings ist die Kündigung nur zum Schluss eines Geschäftsjahres mit sechsmonatiger Frist möglich und führt gemäß § 131 Abs. 3 Nr. 3 HGB nicht zur Auflösung der Gesellschaft, sondern zum Ausscheiden des kündigenden Gesellschafters. Vergleichbare Regelungen kennt das GmbH-Gesetz nicht. Allgemein anerkannt ist jedoch, dass auch ohne gesellschaftsvertragliche Regelung jedem GmbH-Gesellschafter bei Vorliegen eines wichtigen Grundes ein **gesetzliches Austrittsrecht** zusteht. Das Recht des Gesellschafters einer GmbH, bei Vorliegen eines wichtigen Grundes aus der Gesellschaft auszutreten, gehört zu seinen zwingenden, unverzichtbaren Mitgliedschaftsrechten. Es darf nicht in unzulässigerweise eingeschränkt werden.[456] Dies ist bei der Gestaltung der Satzung zu berücksichtigen.

Beinhaltet die Satzung einer GmbH keine Kündigungsregelungen, so hat dies zur Folge, 377
dass ein Gesellschafter aus der Gesellschaft nur bei Vorliegen eines wichtigen Grundes unter Inanspruchnahme seines gesetzlichen Austrittsrechts austreten kann oder aber seinen Geschäftsanteil auf einen Dritten übertragen muss, um aus der Gesellschaft auszu-

---

453 Michalski/*Spönemann*, 2002, systematische Darstellung 3 Rn. 536 f.; Baumbach/Hueck/*Zöllner*, § 29 Rn. 60.
454 Allgemeine Ansicht Lutter/Hommelhoff, § 29 Rn. 45; Roth/Altmeppen, § 29 Rn. 56.
455 H.M.: BGH AG 1978, 106, 107; Baumbach/Hueck/*Fastrich*, § 29 Rn. 61; a.A. MünchHdb. GesR III/*Priester*, GmbH, § 57 Rn. 61.
456 BGH II ZR 58/91, DNotZ 1992, 526 = MittBayNot 1992, 213 = MittRhNotK 1992, 54 = NJW 1992, 892 = DStR 1992, 652 = BGHZ 116, 359.

scheiden. Findet sich ein solcher nicht, wäre er bis zum Eintritt eines wichtigen Grundes als Gesellschafter an die GmbH gebunden. Vor diesem Hintergrund empfiehlt es sich in der Regel, ein ordentliches **Kündigungsrecht** für die GmbH-Gesellschafter in der Satzung zu verankern. Um der Gesellschaft in ihrer Aufbauphase nach der Gründung eine gewisse Stabilität zu verleihen, kann die Kündigungsmöglichkeit für eine gewisse Zeit nach der Gründung ausgeschlossen werden. Bei Aufnahme eines Kündigungsrechtes in die Satzung ist darüber hinaus die Kündigungsfrist sowie die Form der Kündigung zu regeln. Bei der Bemessung der **Kündigungsfrist** ist zu berücksichtigen, dass die verbleibenden Gesellschafter ausreichend Zeit erhalten, sich auf die geänderte Situation einzustellen und Klarheit über die wirtschaftlichen und rechtlichen Folgen des Ausscheidens des kündigenden Gesellschafters zu gewinnen. Neben der Kündigungsfrist sollte die **Form** der Kündigung in der Satzung geregelt werden. Aus Gründen der Beweissicherung empfiehlt sich insoweit die Anordnung der Schriftform.

378 Neben den Voraussetzungen der Kündigung ist eine Regelung ihrer **Rechtsfolgen** in der Satzung unentbehrlich. Sieht die Satzung eine ordentliche Kündigungsmöglichkeit ohne eine Regelung von deren Rechtsfolgen vor, so führt die Ausübung des Kündigungsrechts nach überwiegender Meinung im Zweifel nicht etwa zum Ausscheiden des kündigenden Gesellschafters, sondern zur Auflösung der Gesellschaft.[457] Zur Vermeidung solcher Zweifel sind die Rechtsfolgen der Kündigung eines Gesellschafters in der Satzung zu regeln. Dabei kann an die Kündigung sowohl die Rechtsfolge der Auflösung der Gesellschaft als auch die des Ausscheidens des kündigenden Gesellschafters geknüpft werden. Soll der kündigende Gesellschafter infolge seiner Kündigung aus der Gesellschaft ausscheiden, so bedarf dieser Vorgang seinerseits einer Verfahrensregelung, da dem GmbH-Gesetz das An- und Abwachsungsmodell des Personengesellschaftsrechts (§ 738 BGB) fremd ist und dies im GmbH-Recht auch keine analoge Anwendung findet. Der Geschäftsanteil des kündigenden Gesellschafters geht ohne eine entsprechende Regelung weder ohne weiteres auf die übrigen Mitgesellschafter über noch geht er unter. Dementsprechend ist eine Regelung zum Schicksal des Geschäftsanteils des ausscheidenden Gesellschafters erforderlich. Für den Übergang des Geschäftsanteils auf die in der Gesellschaft verbleibenden Gesellschafter oder auf Dritte bedarf es seiner Abtretung. Wird hingegen der Untergang des Geschäftsanteils angestrebt, so lässt sich dies mittels seiner Einziehung gemäß § 34 GmbHG erreichen.

379 Da im Zeitpunkt der Gründung der GmbH in der Regel nicht absehbar ist, ob die Einziehung, die Abtretung oder die Auflösung der Gesellschaft sinnvolle und von den verbleibenden Gesellschaftern gewünschte Rechtsfolge der Kündigung durch einen Gesellschafter ist, empfiehlt es sich in der Regel nicht, die verbleibenden Gesellschafter bereits in der Satzung auf eine bestimmte Rechtsfolge der Kündigung festzulegen. Vorzugswürdig erscheint vielmehr, den verbleibenden Gesellschaftern in der Satzung ein Wahlrecht einzuräumen, ob die Einziehung oder die Übertragung des Geschäftsanteils des kündigenden Gesellschafters erfolgen soll. Wird innerhalb einer zu bestimmenden Frist der Geschäftsanteil weder eingezogen noch übertragen, so sollte die Satzung klarstellen, dass und zu welchem Zeitpunkt die Gesellschaft durch die Kündigung aufgelöst wird.

380 Schließlich empfiehlt es sich, in der Satzung den Zeitpunkt des Ausscheidens des kündigenden Gesellschafters ausdrücklich zu regeln. Anderenfalls droht Streit über die Frage, ob der kündigende Gesellschafter bereits mit Zugang der Kündigungserklärung oder aber erst mit Zahlung der Abfindung aus der Gesellschaft ausscheidet.[458]

---

457 RGZ 93, 326, 327; 95, 39, 40; 113, 147, 149; Baumbach/Hueck/*Haas*, § 60 Rn. 90; Michalski/*Nerlich*, 2002, § 60 Rn. 329; a.A. Rowedder/Schmidt-Leithoff/*Rasner*, § 60 Rn. 45; Lutter/Hommelhoff/*Kleindiek*, § 60 Rn. 27 für Ausscheiden des kündigenden Gesellschafters.
458 Vgl. dazu Ulmer/*Ulmer*, 2006, § 34 Rn. 32 ff.; Scholz/Winter/*Seibt*, Anhang § 34 Rn. 39 ff.

Formulierungsvorschlag: Kündigungsregelung 381 M

(1) Die Gesellschaft wird auf unbestimmte Zeit vereinbart.
(2) Die Gesellschaft ist kündbar unter Einhaltung einer Frist von ... Monaten zum Ende eines Geschäftsjahres, erstmals zum 31. Dezember des Jahres ... und in der Folgezeit nur zu einem Zeitpunkt, der jeweils ... Jahr/e später liegt, also zum 31. Dezember der Jahre ... und so weiter.
(3) Die Kündigung hat durch eingeschriebenen Brief an die Gesellschaft zu erfolgen, wobei ein Übergabeeinschreiben genügt.
(4) Kündigt ein Gesellschafter die Gesellschaft, so unterliegt sein Geschäftsanteil bis zum Ablauf der Kündigungsfrist der Einziehung oder Zwangsübertragung gemäß den Bestimmungen in § ... dieses Gesellschaftsvertrages
(5) Wird der Geschäftsanteil des kündigenden Gesellschafters nicht gemäß § ... dieses Gesellschaftsvertrages eingezogen oder übertragen, so wird die Gesellschaft mit Ablauf der Kündigungsfrist aufgelöst.
(6) Der Zeitpunkt des Ausscheidens des kündigenden Gesellschafters bestimmt sich nach den Regelungen in § ... dieses Gesellschaftsvertrags. Sollte bis zum Ablauf der Kündigungsfrist weder die Einziehung noch die Zwangsabtretung beschlossen worden sein, die Gesellschaft also aufgelöst werden, so nimmt der kündigende Gesellschafter an der Liquidation der Gesellschaft teil.

15. Ausschluss, Einziehung von Geschäftsanteilen

a) Allgemeines

Die Einziehung (Amortisation) von Geschäftsanteilen ist eine vom GmbH-Gesetz vorgesehene Regelung, die zum Untergang des Geschäftsanteils führt, und im Ergebnis das Ausscheiden einzelner Gesellschafter aus der GmbH zur Folge hat, wenn alle seine Geschäftsanteile eingezogen werden. Die Einziehung eines Geschäftsanteils ist vom Ausschluss eines Gesellschafters zu unterscheiden. Der Ausschluss richtet sich gegen den Gesellschafter, die Einziehung bezieht sich auf den Geschäftsanteil selbst und kann Mittel zum Ausschluss sein. Der Ausschluss eines GmbH-Gesellschafters ist gesetzlich nicht geregelt, jedoch allgemein anerkannt.[459] 382

b) Voraussetzungen des Ausschlusses ohne Satzungsregelung

Voraussetzung für den **Ausschluss** gegen den Willen des betroffenen Gesellschafters ist – vorbehaltlich einer anderweitigen Regelung in der Satzung – das Vorliegen eines wichtigen Grundes in der Person oder in dem Verhalten des auszuschließenden Gesellschafters.[460] 383

Der Ausschluss erfordert einen **Gesellschafterbeschluss** mit der dafür in der Satzung vorgesehenen Mehrheit und bei Fehlen einer Satzungsregelung mit ¾ Mehrheit[461] und ein Ausschließungsurteil, dem rechtsgestaltende Wirkung zukommt.[462] Das **Ausschlussurteil** allein führt jedoch nicht zum Ausscheiden des Gesellschafters. Das Ausschlussurteil hat nach der Rechtsprechung des BGH[463] und der h.M. in der Literatur[464] unter der aufschiebenden Bedingung der rechtzeitigen Zahlung der im Urteil festgesetzten Abfindung zu 384

---

459 BGHZ 9, 157, 164; 16, 317, 322; 80, 346, 349; BGH NJW 2000, 35; Baumbach/Hueck/*Fastrich*, Anh. § 34 Rn. 2; Lutter/Hommelhoff/*Lutter*, § 34 Rn. 52.
460 Baumbach/Hueck/*Fastrich*, Anh. § 34 Rn. 3; Lutter/Hommelhoff/*Lutter*, § 34 Rn. 53.
461 Baumbach/Hueck/*Fastrich*, Anh. § 34 Rn. 9; Lutter/Hommelhoff/*Lutter*, § 34 Rn. 5.
462 BGHZ 9, 157, 164; 16, 317, 322; 80, 346, 349; MünchHdb. GesR III/*Kort*, GmbH, § 29 Rn. 43.
463 BGHZ 9, 157.
464 Baumbach/Hueck/*Fastrich*, Anh. § 34 Rn. 8; Lutter/Hommelhoff/*Lutter*, § 34 Rn. 63.

2. Kapitel Recht der Gesellschaft mit beschränkter Haftung

ergehen. Aber auch nach Zahlung der Abfindung ist der Ausgeschlossene immer noch Inhaber des Geschäftsanteils. Dieser kann sodann eingezogen oder aber auf einen Mitgesellschafter, einen gesellschaftsfremden Dritten oder die Gesellschaft selbst übertragen werden. Die Entscheidung darüber trifft die Gesellschafterversammlung durch Beschluss gemäß § 46 Nr. 4 GmbHG.

c) Regelung von Ausschluss und Einziehung in der Satzung

385   Der Ausschluss eines Gesellschafters kann – abweichend von den vorstehenden Grundsätzen – auch in der Satzung geregelt werden. Dabei bedient man sich in der Praxis zumeist des Mittels der Einziehung. Die **Einziehung** ist gemäß § 34 Abs. 1 GmbHG nur zulässig, soweit sie im Gesellschaftsvertrag zugelassen ist. Zu unterscheiden ist insoweit zwischen der Einziehung mit Zustimmung des betroffenen Gesellschafters und der Einziehung ohne Zustimmung des betroffenen Gesellschafters (Zwangseinziehung). Die Zwangseinziehung ist gemäß § 34 Abs. 2 nur zulässig, wenn ihre Voraussetzungen in Ansehung des von der Einziehung betroffenen Geschäftsanteils vor dem Zeitpunkt, in dem der auszuschließende Gesellschafter den Geschäftsanteil erworben hat, im Gesellschaftsvertrag festgesetzt waren. Steht ein Geschäftsanteil mehreren Personen ungeteilt zu, so kann die Satzung die Einziehung dieses Geschäftsanteils auch dann gestatten, wenn ein Einziehungsgrund nur in der Person eines der Mitberechtigten vorliegt.

386   Für folgende **Fälle** wird das Recht zur Einziehung in der Satzung typischerweise vorgesehen:

- Zwangsvollstreckung in den Geschäftsanteil,
- Insolvenzverfahren über das Vermögen des Gesellschafters,
- erbrechtlicher Übergang des Geschäftsanteils an gesellschaftsvertraglich nicht nachfolgeberechtigte Personen,
- Kündigung durch den Gesellschafter,
- Ausscheiden aus Organ- oder Anstellungsverhältnissen,
- Verstoß gegenüber Mitveräußerungspflichten/-rechte,
- »Change of Control«-Fälle (siehe dazu oben Rdn. 283),
- Verstoß gegen Wettbewerbsverbote,
- unterlassene Herausnahme des Geschäftsanteils aus dem Zugewinnausgleich,[465] sowie
- allgemein das Vorliegen eines wichtigen Grundes in der Person des auszuschließenden Gesellschafters.

387   Unzulässig ist es, das Recht zur Einziehung eines Geschäftsanteils für den Fall der Erhebung der Auflösungsklage durch einen Gesellschafter gemäß § 61 GmbHG vorzusehen. Eine solche Regelung ist nichtig.[466]

388   Der Grund für die Schaffung der Einziehungsmöglichkeit bei **Zwangsvollstreckungsmaßnahmen** in den Geschäftsanteil besteht darin, dass nach derzeit herrschender Meinung in der Satzung vorgesehene Zustimmungsvorbehalte für den Fall der Anteilsübertragung im Falle der zwangsweisen Verwertung aufgrund eines Pfandrechtes nicht zu beachten sind.[467] Die Gesellschafter werden bei einer Pfändung des Geschäftsanteils daher nicht nur mit einem ihnen unbekannten Gläubiger konfrontiert, sondern müssen auch noch tatenlos zusehen, dass der gepfändete Geschäftsanteil an Dritte veräußert wird, die auf diese Weise gegen den Willen der verbleibenden Gesellschafter in die Gesellschaft eindringen können. Dasselbe gilt in dem Fall, dass ein Gesellschafter in die Insolvenz gerät. Auch bei der Verwertung seines Geschäftsanteils durch den Insolvenzverwalter greifen in

---

465   Zur Zulässigkeit derartiger Klauseln siehe *Brambring*, DNotZ 2008, 724.
466   BayObLG DB 1978, 2164.
467   Siehe dazu *Liebscher/Lübke*, ZIP 2004, 241, 242 ff.

der Satzung vorgesehene Zustimmungsvorbehalte zur Anteilsübertragung (Vinkulierung) nicht ein. In diesem Fall sehen sich die übrigen Gesellschafter einem ihnen unbekannten Verwalter gegenüber, der die Gesellschafterrechte des insolventen Gesellschafters wahrnimmt. Zudem müssen sie auch hier mit dem Eindringen unerwünschter gesellschaftsfremder Dritter durch Anteilsveräußerung rechnen.

Auch zur Beherrschung des **Todesfallsrisikos** eignet sich das Mittel der Einziehung. Da der Geschäftsanteil zwingend vererblich ist, hat es allein der jeweilige Gesellschafter in der Hand, über die Rechtsnachfolge in seinen Geschäftsanteil zu bestimmen. Insbesondere bei personalistisch strukturierten Gesellschaften haben die übrigen Gesellschafter ein vitales Interesse daran, dass auf diese Weise nicht etwa Personen in die Gesellschaft eindringen, mit denen die einvernehmliche Erreichung des Gesellschaftszwecks erschwert oder gar unmöglich wird.

389

Lange Zeit umstritten war die Frage, ob das Ausscheiden eines Gesellschafters aus einem bestehenden **Organ- oder Anstellungsverhältnis** mit der Gesellschaft in der Satzung wirksam als Grundlage für die Einziehung seines Geschäftsanteils vorgesehen werden konnte. Hintergrund der Problematik war die Rechtsprechung des Bundesgerichtshofs zu Hinauskündigungsklauseln, die er im Rahmen des Personengesellschafts- und GmbH-Rechts entwickelt hat. Der Bundesgerichtshof vertritt in ständiger Rechtsprechung die Auffassung, dass im Personengesellschafts- und GmbH-Recht »Hinauskündigungsklauseln«, die es in das freie Ermessen eines Gesellschafters oder einer Gesellschaftermehrheit stellen, einzelne Gesellschafter aus der Gesellschaft auszuschließen, gemäß § 138 BGB sittenwidrig und damit nichtig sind. Ein freies Hinauskündigungsrecht führe dazu, dass Gesellschafter aus sachfremden Gründen ausgeschlossen werden könnten. Es könne damit einer Willkürherrschaft der ausschließungsbefugten Gesellschafter insgesamt Vorschub leisten. Die Möglichkeit zur jederzeitigen freien Ausschließung von Mitgesellschaftern begründe darüber hinaus die Gefahr, dass diese von den ihnen eingeräumten Rechten nicht mehr Gebrauch machen und die ihnen obliegenden Pflichten nicht mehr ordnungsgemäß erfüllen, sich vielmehr den Wünschen der ausschließungsbefugten Gesellschafter selbst dann beugen, wenn sie nach sorgfältiger Abwägung zu der Auffassung kommen, dass das Vorgehen der ausschließungsbefugten Gesellschafter sachlich nicht zu rechtfertigen sei.[468] Diese abstrakte Gefahr allein reiche zur Annahme der Unzulässigkeit eines freien Hinauskündigungsrechtes grundsätzlich aus. Unerheblich sei dem gegenüber, dass die konkrete Gefahr eines Missbrauchs in Anbetracht der Persönlichkeit der ausschlussberechtigten Gesellschafter nicht drohe.[469] Gleichzeitig hat der BGH jedoch anerkannt, dass Fallgestaltungen denkbar seien, die die Aufnahme einer gesellschaftsvertraglichen **Bestimmung über die Hinauskündigung** ohne Begründung (nach sachgemäß ausgeübten Ermessen) gerechtfertigt erscheinen lassen können. Dies könne – angesichts der dargelegten Gefahren – doch nur bei Vorliegen außergewöhnlicher Umstände angenommen werden. Diese Umstände müssen geeignet sein, dem Ausschließungsrecht an sich eine sachliche Rechtfertigung zu geben.[470] Diese Rechtsprechung hat der BGH auch auf die GmbH übertragen.[471] Auch für das GmbH-Recht erkennt der BGH an, dass eine solche Regelung in Ausnahmefällen wegen besonderer Umstände sachlich gerechtfertigt sein kann.[472] Solche außergewöhnlichen Umstände hat der BGH in jüngster Zeit in einer Reihe von Entscheidungen bejaht. So hat er Hinauskündigungsrechte für sachlich gerechtfertigt und damit grundsätzlich wirksam anerkannt

390

---

468 BGH II ZR 56/80, DNotZ 1982, 164 = NJW 1981, 2565 = BGHZ 81, 264.
469 BGH II ZR 56/80, DNotZ 1982, 164 = NJW 1981, 2565 = BGHZ 81, 264.
470 BGHZ 212, 215 = NJW 1977, 1292; DNotZ 1982, 164 = NJW 1981, 2565 = BGHZ 81, 264.
471 BGHZ 112, 103, 107 f.; NJW 1990, 2622 = DNotZ 1991, 917 = MittBayNot 1990, 319; vgl. *Miesen*, RNotZ 2006, 522, 534.
472 BGH NJW 1990, 2622.

2. Kapitel Recht der Gesellschaft mit beschränkter Haftung

- gegenüber einer Gesellschafterin, die ihren Gesellschaftsanteil von dem zur Hinauskündigung berechtigten Gesellschafter im Rahmen einer »eheähnlichen« lediglich treuhänderisch bzw. treuhänderisch übertragen erhalten hat;[473]
- zur Erprobung eines neu aufgenommenen Gesellschafters in einer Sozietät von Freiberuflern, sofern sich die Länge der Probezeit in einem angemessenen Rahmen hält,[474] wobei die höchstzulässige Frist für die Ausübung des Hinauskündigungsrechtes nunmehr auf drei Jahre festgelegt wurde;[475]
- wenn sich die Mitgliedschaft in der Gesellschaft als bloßer Annex zu einer separaten Geschäftsbeziehung in Form eines Kooperationsvertrages (hier: Franchise-System) darstellt, der seinerseits zulässigerweise nach freiem Ermessen beendet werden kann und so sichergestellt werden soll, dass der Gesellschaft nur die Partner des Kooperationsvertrages angehören.[476]

391 Als zulässig anerkannt hat der BGH auch das sogenannte »**Manager-Modell**«. Dabei handelt es sich um Vertragsgestaltungen, die dadurch gekennzeichnet sind, dass ein Geschäftsführer der GmbH für die Dauer seiner Organstellung auch zum Gesellschafter gemacht wird, seine Mitgliedschaft aber verliert, wenn er als Geschäftsführer abberufen wird.[477] In diesem Fall erachtet der BGH die an keine Voraussetzungen geknüpfte Hinauskündigungsklausel ausnahmsweise als wirksam, da sie wegen besonderer Umstände sachlich gerechtfertigt sei. Dem Geschäftsführer werde lediglich im Hinblick auf seine Geschäftsführerstellung eine Minderheitsbeteiligung eingeräumt, für die er nur ein Entgelt in Höhe des Nennwerts zu zahlen und die er bei Beendigung seines Geschäftsführeramtes gegen eine der Höhe nach begrenzte Abfindung zurück zu übertragen habe. Bei dieser Sachlage ist der das Hinauskündigungsverbot tragende Gedanke, den Gesellschafter bei der Wahrnehmung seiner Mitgliedschaftsrechte nicht unter unangemessenen Druck zu setzen, nicht berührt. Im Vordergrund steht vielmehr die im Gesetz vorgesehene Möglichkeit, den Geschäftsführer ohne Grund aus seiner Organstellung abzuberufen. Der dadurch entstehenden Abhängigkeit von dem Mehrheitsgesellschafter ist der Geschäftsführer schon nach der gesetzlichen Regelung in § 38 Abs. 1 GmbHG ausgesetzt. Die weitere Folge, dass er dann auch seine Gesellschafterstellung verliert, fällt dem gegenüber nicht entscheidend ins Gewicht, weil die – von vornherein auf Zeit eingeräumte – Beteiligung in dem »Manager-Modell« nur einen Annex zu der Geschäftsführerstellung darstellt.[478]

392 Für zulässig hält der BGH ebenso das sogenannte »**Mitarbeiter-Modell**«, bei dem die Gesellschafterstellung des Mitarbeiters mit dem Bestand seines Arbeitsverhältnisses verknüpft wird.[479] Neben den bereits zum Manager-Modell dargestellten Überlegungen stützte der BGH seine Entscheidung hier auf den Gedanken, dass ein willkürliches Hinausdrängen aus der Gesellschaft durch die Beendigung des Arbeitsverhältnisses ausgeschlossen sei, da das Kündigungsschutzgesetz willkürliche Kündigungen unterbinde.

393 Der Rechtsprechung des BGH ist zuzustimmen. In den genannten Fällen lassen die besonderen Umstände die durch die jederzeitige Hinauskündbarkeit hervorgerufene Gefahr der Nichtwahrnehmung von Gesellschafterrechten und -pflichten in den Hinter-

---

473 BGH II ZR 194/89, DNotZ 1991, 917 = MittBayNot 1990, 319 = NJW 1990, 2622.
474 BGH II ZR 165/02 DNotZ 2004, 865 = NZG 2004, 569 = NJW 2004, 2013 = ZIP 2004, 903 = ZNotP 2004, 367.
475 BGH II ZR 281/05 NZG 2007, 583 = DStR 2007, 1216 = NJW-RR 2007, 1256.
476 BGH II ZR 153/03, DNotZ 2005, 792 = RNotZ 2005, 442 = MittBayNot 2006, 59 = GmbHR 2005, 620 = NZG 2005, 479 = ZIP 2005, 706 = ZNotP 2005, 313.
477 BGH II ZR 173/04, DNotZ 2006, 137 = RNotZ 2005, 610 = ZNotP 2006, 33 = NZG 2005, 968 = ZIP 2005, 1917.
478 BGH a.a.O.; ebenso *Habersack*, ZGR 2005, 451, 461 ff.; *Goette*, DStR 1997, 337; *Piehler*, FS Rheinisches Notariat, 1998, S. 321, 326 ff.
479 BGH II ZR 342/03, DNotZ 2006, 140 = RNotZ 2005, 614 = NJW 2005, 3644 = DB 2005, 2404 = ZIP 2005, 1920 = BGHZ 164, 107.

grund treten. Zudem müsste man im Falle der Annahme der Unwirksamkeit des Hinauskündigungsrechtes konsequenterweise auch die Einräumung der Gesellschafterstellung an sich für unwirksam erachten gemäß § 139 BGB, da die Einräumung der Gesellschafterstellung nur im Zusammenhang mit der Hinauskündigungsmöglichkeit gewollt war und erfolgt ist.[480]

Bei der Gestaltung von Mitarbeiter- und Arbeitnehmerbeteiligungsmodellen sollten die entsprechenden Regelungen sowohl auf schuldrechtlicher als auch auf gesellschaftsrechtlicher Ebene getroffen werden. Auf **schuldrechtlicher Ebene** bietet sich dazu die Vereinbarung eines Rückübertragungsangebots an. In Betracht kommt zur Absicherung der Rückübertragung auch die Vereinbarung einer auf den Zeitpunkt des Ausscheidens als Geschäftsführer aufschiebend bedingten Rückabtretung des Geschäftsanteils an den Mehrheitsgesellschafter. Auf **gesellschaftsrechtlicher Ebene** kann das Ausscheiden des Gesellschafters durch eine Zwangseinziehungsklausel oder Zwangsabtretungsklausel erreicht werden. Sowohl auf schuldrechtlicher Ebene bei Vereinbarung eines Rückübertragungsangebots wie auch auf gesellschaftsrechtlicher Ebene sollten **Fristen** vorgesehen werden, innerhalb derer die Annahme des Rückübertragungsangebots erfolgen und das Einziehungs- bzw. Zwangsabtretungsrecht ausgeübt werden kann. Dabei darf die Frist nicht unangemessen lang sein, anderenfalls droht auf schuldrechtlicher Ebene die Unwirksamkeit des Rückübertragungsangebotes gemäß § 308 Nr. 1 BGB. Auf gesellschaftsrechtlicher Ebene stellt sich das Problem der Befristung gleichermaßen. Nach Eintritt des Einziehungsgrundes kann grundsätzlich jederzeit die Einziehung erklärt werden. Damit entsteht ein Einziehungsrecht, das nach freiem Ermessen ausgeübt werden kann. Vor dem Hintergrund der Rechtsprechung des BGH zur zulässigen Dauer einer »Eignungsprüfung« bei Freiberuflergesellschaften erscheint es auch auf gesellschaftsrechtlicher Ebene ratsam, eine Frist für die Ausübung dieses Rechtes vorzusehen. Eine Frist von bis zu einem Jahr dürfte nicht unangemessen sein.

394

Weitere Voraussetzung für die Einziehung ist, dass der Geschäftsanteil voll eingezahlt ist, und dass die Zahlung des Einziehungsentgelts aus dem ungebundenen Bilanzvermögen der Gesellschaft, also ohne Antastung des Stammkapitals möglich ist und erfolgt (§§ 34 Abs. 3, 30 Abs. 1 GmbHG). Die **Notwendigkeit der Volleinzahlung** vor Einziehung des Geschäftsanteils ergibt sich aus § 19 Abs. 2 GmbHG, wonach die Gesellschafter nicht von der Verpflichtung zur Leistung der Einlagen befreit werden können, die Einziehung aber zum Untergang des Geschäftsanteils und aller mit ihm verbundenen Rechte und Pflichten,[481] also unzulässigerweise auch zum Erlöschen der offenen Einlagepflicht führen würde.[482] Der Beschluss über die Einziehung eines nicht voll eingezahlten Geschäftsanteils ist nichtig.[483] Solange die Zahlung des Einziehungsentgelts nicht aus freiem Vermögen der Gesellschaft erfolgen kann, ist die abschließende Durchführung der Einziehung nicht möglich. Steht bereits bei Fassung des Einziehungsbeschlusses fest, dass die Zahlung der **Abfindung aus ungebundenem Vermögen** der GmbH nicht möglich ist, ist der Einziehungsbeschluss wegen Verstoßes gegen § 34 Abs. 3 GmbHG nichtig.[484]

395

---

480 *Kowalski/Bormann*, GmbHR 2004, 1438, 1442; *Binz/Sorg*, GmbHR 2005, 893.
481 BGHZ 9, 168; Baumbach/Hueck/*Fastrich*, § 34 Rn. 11.
482 Lutter/Hommelhoff/*Lutter*, § 34 Rn. 16, 40.
483 MünchHdb. GesR III/*Kort*, GmbH, § 28 Rn. 3.
484 BGH II ZR 263/07, ZNotP 2009, 204 = ZIP 2009, 314 = NZG 2009, 221 = NJW-RR 2009, 464 = WM 2009, 308 = GmbHR 2009, 313; BGH II ZR 73/99, DNotZ 2001, 868=MittRhNotK 2000, 349 = BGHZ 144, 365, 369 = NZG 2000, 1027 = NJW 2000, 2819; a.A. lediglich Anfechtbarkeit OLG Celle GmbHR 1998, 140; Roth/Altmeppen, GmbHG, § 34 Rn. 22.

d) Zwangsabtretung

396 In Anbetracht der oftmals schmalen Kapitalausstattung von Gesellschaften mit beschränkter Haftung empfiehlt es sich dringend, in der Satzung nicht nur die Möglichkeit der Einziehung von Geschäftsanteilen vorzusehen, sondern an ihrer Stelle auch die **(Zwangs-) Abtretung** des Geschäftsanteils an Mitgesellschafter oder Dritte zu ermöglichen. In diesem Fall ist die (»Einziehungs-«) Vergütung durch den Erwerber des Geschäftsanteils zu leisten. Das Gesellschaftsvermögen der GmbH wird nicht belastet.

e) Nennbetragsanpassung des Stammkapitals

397 Weiter ist zu bedenken, dass der eingezogene Geschäftsanteil infolge der Einziehung untergeht. Damit stimmt die **Summe der Nennbeträge** der Geschäftsanteile entgegen der Regelung des §5 Abs. 3 GmbHG in der Fassung des MoMiG nicht mehr mit dem Betrag des Stammkapitals überein. Streitig ist, ob ein solches Auseinanderfallen der Summe der Nennbeträge der Geschäftsanteile und des Betrag des Stammkapitals zur Unwirksamkeit des Einziehungsbeschlusses führt.[485] Vorsorglich sollte daher mit der Einziehung des Geschäftsanteils gleichzeitig eine Maßnahme beschlossen werden, die ein solches Auseinanderfallen verhindert. In Betracht kommt insoweit eine Aufstockung der Nennbeträge der Geschäftsanteile der verbleibenden Gesellschafter, die Bildung eines neuen Geschäftsanteils oder -soweit zulässig- die Herabsetzung des Stammkapitals.

f) Gesellschafterstellung

398 Da der Geschäftsanteil bei seiner Einziehung auf der Grundlage der gesetzlichen Regelungen erst mit der Zahlung der Abfindung aus ungebundenem Vermögen der Gesellschaft untergeht, bleibt er und mit ihm die Gesellschafterstellung des betroffenen Gesellschafters bis dahin mit allen sich aus ihm ergebenden Rechten und Pflichten bestehen.[486] Diese Rechte ruhen nur dann, wenn dies in der Satzung ausdrücklich vorgesehen ist oder die **Ausübung der Gesellschafterrechte** missbräuchlich wäre.[487] Die Satzung einer GmbH kann jedoch für den Fall des Ausschlusses eines Gesellschafters durch Gesellschafterbeschluss anordnen, dass der betroffene Gesellschafter seine Gesellschafterstellung mit sofortiger – also auch schon vor Zahlung seiner Abfindung – verliert.[488] In der Praxis kann es sich empfehlen, von dieser Möglichkeit Gebrauch zu machen, um ein »Hineinregieren« des ausgeschlossenen Gesellschafters in die Angelegenheiten der Gesellschaft zu vermeiden. Vor dem Hintergrund der Haftungsrechtsprechung des BGH zur »**doppelten« Belehrungspflicht** bei ungesicherter Vorleistung[489] sollte man die Beteiligten allerdings darauf hinweisen, dass der ausgeschlossene Gesellschafter damit seine Gesellschafterrechte verliert ohne im Gegenzug seine Abfindung erhalten zu haben, was nach der gesetzlichen Regelung gerade nicht der Fall ist.

---

485 Dafür wohl Beck'sches Notarhandbuch/*Mayer/Weiler*, Teil D I Rn. 66; *Heckschen/Heidinger*, Die GmbH in der Gestaltungs- und Beratungspraxis, §4 Rn. 228; dagegen MünchHdb. GesR III/*Kort*, GmbH, §28 Rn. 42.
486 Baumbach/Hueck/*Fastrich*, §34 Rn. 41 m.w.N.
487 BGHZ 88, 320, 325 ff.; Baumbach/Hueck/*Fastrich*, §34 Rn. 41.
488 BGH II ZR 263/07, ZNotP 2009, 205 = ZIP 2009, 314 = WM 2009, 308 = GmbHR 2009, 313 = DStR 2009, 340 = DB 2009, 340; ebenso für den Fall der Kündigung BGH II ZR 326/01, DNotZ 2004, 62 = RNotZ 2004, 588=ZNotP 2004, 28 = NZG 2003, 871 = ZIP 2003, 1544 = NJW 2004, 1865 = DStR 2003, 1717.
489 Siehe nur BGH III ZR 259/05, DNotZ 2006, 912 = NJW 2006, 3065.

Gründung der Gesellschaft mit beschränkter Haftung **A**

g) Gesellschafterliste

Der Untergang des Geschäftsanteils infolge seiner Einziehung führt zu einer Veränderung in den Personen der Gesellschafter oder des Umfangs ihrer Beteiligung. Die Geschäftsführer haben daher gemäß § 40 Abs. 1 GmbHG in der Fassung des MoMiG eine **neue Gesellschafterliste** zum Handelsregister einzureichen. 399

Formulierungsvorschlag: Einziehungsregelung 400 M

(1) Die Einziehung von Geschäftsanteilen ist zulässig. Die Gesellschafter können die Einziehung von Geschäftsanteilen eines Gesellschafters mit dessen Zustimmung jederzeit beschließen. Ohne dessen Zustimmung kann die Einziehung nur beschlossen werden, wenn
  a) Zwangsvollstreckungsmaßnahmen in einen Geschäftsanteil eines Gesellschafters ausgebracht, diese insbesondere gepfändet werden, sofern diese Maßnahmen nicht innerhalb von zwei Monaten wieder aufgehoben werden,
  b) über das Vermögen eines Gesellschafters das Insolvenzverfahren eröffnet oder die Eröffnung mangels Masse abgelehnt wird;
  c) der Gesellschafter verstirbt und seine Geschäftsanteile kraft Gesetzes oder durch Verfügung von Todes wegen nicht auf einen anderen Gesellschafter, den Ehegatten eines anderen Gesellschafters, leibliche/adoptierte/eheliche Abkömmlinge des verstorbenen Gesellschafters oder den Ehegatten des verstorbenen Gesellschafters übergehen,
  d) der Geschäftsanteil eines verheirateten Gesellschafters nicht binnen ... Wochen nach Eheschließung durch Ehevertrag aus dem Zugewinnausgleich herausgenommen worden ist oder wenn die Herausnahme des Geschäftsanteils aus dem Zugewinnausgleich bei Rechtshängigkeit des Scheidungsantrags nicht mehr besteht,
  e) der Gesellschafter Anlass gegeben hat, ihn aus wichtigem Grunde aus der Gesellschaft auszuschließen,
  f) der Gesellschafter die Gesellschaft gekündigt hat gemäß § ... dieses Gesellschaftsvertrags.
Eine Einziehung ist unzulässig, wenn der Einziehungsgrund vor der Beschlussfassung entfällt.
(2) Die Beschlussfassung über die Einziehung erfolgt mit einfacher Stimmenmehrheit; der betroffene Gesellschafter hat hierbei kein Stimmrecht.
(3) Das Recht zur Einziehung endet in den Fällen des Abs. 1 lit. c) mit Ablauf eines Jahres nachdem die betroffenen Gesellschafter den Erwerb des Geschäftsanteils der Gesellschaft schriftlich angezeigt haben.
(4) Die Einziehung wird mit Zugang des Einziehungsbeschlusses bei dem betroffenen Gesellschafter wirksam. Mit dem Zugang des Einziehungsbeschlusses ist der von der Einziehung betroffene Gesellschafter aus der Gesellschaft ausgeschieden.

Die verbleibenden Gesellschafter haften dem ausscheidenden Gesellschafter gegenüber für das Einziehungsentgelt gesamtschuldnerisch und wie selbstschuldnerisch haftende Bürgen. Im Innenverhältnis untereinander haften sie nach dem Verhältnis der Nennbeträge ihrer Geschäftsanteile.

Der Notar hat die Beteiligten auf die damit verbundenen Folgen hingewiesen. Den Beteiligten ist bekannt, dass der ausscheidende Gesellschafter seine Gesellschafterstellung verliert, ohne die geschuldete Abfindung erhalten zu haben. Er hat darauf hingewiesen, dass dies vermieden werden kann, wenn das Ausscheiden des Gesellschafters an die Zahlung der geschuldeten Abfindung geknüpft wird. Dies wurde von den Beteiligten nicht gewünscht.
Oder alternativ:

(4) Die Einziehung wird erst mit Zahlung des geschuldeten Einziehungsentgelts wirksam und nicht bereits mit dem Zugang des Einziehungsbeschlusses bei dem betroffenen Gesellschafter. Erst mit der Zahlung des geschuldeten Einziehungsentgelts ist der betroffene Gesellschafter aus der Gesellschaft ausgeschieden. Ab dem Zugang des Einziehungsbeschlusses bei dem betroffenen Gesellschafter ruht dessen Stimmrecht bis zu dessen Ausscheiden aus der Gesellschaft.
Der Notar hat die Beteiligten auf die damit verbundenen Folgen hingewiesen. Den Beteiligten ist bekannt, dass die Gesellschaft das Einziehungsentgelt schuldet und dass zu dessen Zahlung das Stammkapital der Gesellschaft nicht angetastet werden darf. Er hat darauf hingewiesen, dass dies vermieden werden kann, wenn das Ausscheiden des Gesellschafters nicht an die Zahlung der geschuldeten Abfindung geknüpft wird. Dies wurde von den Beteiligten nicht gewünscht.
(5) Mit dem Einziehungsbeschluss ist gleichzeitig entweder eine Aufstockung der Nennbeträge der Geschäftsanteile der verbleibenden Gesellschafter oder die Bildung eines neuen Geschäftsanteils oder -soweit zulässig- die Herabsetzung des Stammkapitals zu beschließen, so dass die Summe der Geschäftsanteile mit der Stammkapitalziffer der Gesellschaft auch nach der Einziehung übereinstimmt.
(6) Wird ein Geschäftsanteil gemäß den Bestimmungen in Abs. 1 eingezogen, so hat die Gesellschaft – soweit nicht zwingende Gesetzesvorschriften entgegenstehen – dem betroffenen Gesellschafter für den Anteil einen Betrag nach den im Gesellschaftsvertrag festgelegten Bewertungsgrundsätzen zu vergüten.
(7) Statt der Einziehung kann die Gesellschaft nach entsprechender Beschlussfassung der Gesellschafter verlangen, dass der Geschäftsanteil ganz oder geteilt von ihr erworben oder auf von ihr benannte Gesellschafter oder auf andere Personen übertragen wird. Der betroffene Gesellschafter hat auch bei dieser Beschlussfassung kein Stimmrecht. Als Entgelt für die Übertragung ist der Wert des Anteils nach den in diesem Gesellschaftsvertrag festgelegten Bewertungsgrundsätzen zu vergüten. Auch im übrigen gelten die vorstehenden Regelungen zur Einziehung, ausgenommen Abs. 5, sinngemäß.

16. Abfindung

a) Allgemeines

401 Scheidet ein Gesellschafter durch Einziehung seines Geschäftsanteils aus der Gesellschaft aus, so steht ihm grundsätzlich ein Anspruch auf Abfindung für den Verlust seines Geschäftsanteiles zu.[490] Eine ausdrückliche Regelung findet sich dazu im GmbH-Gesetz nicht. Hergeleitet wird der **Abfindungsanspruch** überwiegend aus einer Analogie zu § 738 Abs. 1 S. 2 BGB.[491] Der Abfindungsanspruch besteht nicht nur im Falle der freiwilligen Einziehung des Geschäftsanteils, sondern auch bei seiner Zwangseinziehung gegen den Willen des betroffenen Gesellschafters. Der Abfindungsbetrag ist nach dem vollen wirtschaftlichen Wert (Verkehrswert) des eingezogenen Geschäftsanteiles zu bemessen, soweit der Gesellschaftsvertrag keine davon abweichende, seine Höhe beschränkende Abfindungsklausel enthält.[492] Dabei entspricht der Verkehrswert des eingezogenen Geschäftsanteils dem Anteil des Kaufpreises, der bei einer Veräußerung des Unternehmens als Ganzes entsprechend der Liquidationsquote gemäß § 72 GmbHG auf ihn entfallen würde.[493] Da ein funktionsfähiger Markt für den Verkauf des Unternehmens und

---

490 Scholz/*Westermann*, § 34 Rn. 25.
491 Baumbach/Hueck/*Fastrich*, § 34 Rn. 22.
492 BGH II ZR 58/91, DNotZ 1992, 526 = MittRhNotK 1992, 54 = MittBayNot 1992, 213 = NJW 1992, 892 = DStR 1992, 652 = BGHZ 116, 359.
493 BGH II ZR 58/91, DNotZ 1992, 526, 530 = BGHZ 116, 359.

damit des Geschäftsanteils regelmäßig nicht vorhanden ist, ist der Wert des Geschäftsanteils auf der Grundlage des wirklichen Werts des Unternehmens nach betriebswirtschaftlichen Grundsätzen zu ermitteln. Dabei sind die stillen Reserven und der Goodwill des Unternehmens zu berücksichtigen. Für die Unternehmensbewertung ist eine bestimmte Berechnungsmethode nicht vorgeschrieben.[494] Überwiegend wird die Berechnung auf der Grundlage des Ertragswerts befürwortet.[495] Bei der Ermittlung des Ertragswertes werden die in der Vergangenheit erzielten und die in der Zukunft voraussichtlich zu erzielenden Erträge berücksichtigt.[496] Bei den zu prognostizierenden künftigen Erträgen sind positive wie negative Entwicklungsfaktoren zu berücksichtigen.[497] Bei ertragsschwachen Unternehmen, bei vermögensverwaltenden Holdings und bei freiberuflichen Unternehmen, deren Ertragskraft maßgeblich von der persönlichen Mitarbeit ihrer Gesellschafter beeinflusst wird, legt die Rechtsprechung den Substanzwert des Unternehmens als Korrektiv zum Ertragswert der Bemessung des Verkehrswertes zugrunde. Der Liquidationswert des Unternehmens wird für die Ermittlung der Höhe der Abfindung relevant, wenn er den Ertragswert erheblich übersteigt.[498]

b) Schuldner des Abfindungsanspruchs

Schuldner des Abfindungsanspruchs ist die Gesellschaft.[499] Der Abfindungsanspruch entsteht mit Wirksamwerden der Einziehung und wird mangels abweichender Regelung in der Satzung grundsätzlich sofort fällig.[500]   **402**

c) Abfindungsregelung

Die Gesellschafter können die Abfindung abweichend von den gesetzlichen Bestimmungen im Gesellschaftsvertrag regeln. Bei der Gestaltung der **Abfindungsregelung** besteht ein weiter Spielraum. In der Abfindungsregelung können sowohl die Höhe des Abfindungsanspruchs als auch die Zahlungsmodalitäten der von der Gesellschaft zu zahlenden Abfindung festgelegt werden. Die Zielsetzung von Abfindungsklauseln besteht typischerweise in der Bestandssicherung des Unternehmens der GmbH und oftmals auch in der Vermeidung von Bewertungsschwierigkeiten.[501] Allerdings kann die Abfindung in der Satzung der GmbH nicht beliebig beschränkt werden. Die Rechtsprechung unterwirft Abfindungsbeschränkungen einer **doppelten Kontrolle**: Auf einer ersten Stufe nimmt die Rechtsprechung eine **Inhaltskontrolle** der Abfindungsvereinbarung vor. In deren Rahmen wird ihre Wirksamkeit bezogen auf den Zeitpunkt ihrer Vereinbarung überprüft. Ergibt diese Prüfung die Wirksamkeit der Abfindungsregelung, findet auf einer zweiten Stufe eine **Anwendungskontrolle** statt, und zwar bezogen auf den Zeitpunkt des Ausscheidens des Gesellschafters.[502] Diese hat die nachträgliche Anpassung einer im Zeitpunkt ihrer Vereinbarung wirksamen Klausel aufgrund eines danach entstandenen Missverhältnisses zwischen Anteilswert und Abfindungshöhe zum Gegenstand. Entsteht ein solches Miss-   **403**

---

494 BGH II ZR 58/91, DNotZ 1992, 526, 530 = BGHZ 116, 359.
495 BGH II ZR 58/91, DNotZ 1992, 526, 530 = BGHZ 116, 359; BGH NJW 1985, 192, 193 für die KG; Baumbach/Hueck/*Fastrich*, § 34 Rn. 23.
496 *Haibt*, MittRhNotK 1998, 261, 265.
497 MünchHdb. GesR III/*Kort*, GmbH, § 28 Rn. 18.
498 BGH II ZR 295/04, DNotZ 2006, 707 = NZG 2006, 425 = ZIP 2006, 851 = WM 2006, 776 = DB 2006, 999.
499 Scholz/*Westermann*, § 34 Rn. 25.
500 MünchHdb. GesR III/*Kort*, GmbH, § 28 Rn. 20.
501 MünchHdb. GesR III/*Kort*, GmbH, § 28 Rn. 21.
502 Baumbach/Hueck/*Fastrich*, § 34 Rn. 28; dogmatisch anders der BGH: ergänzende Vertragsauslegung, s. BGH DNotZ 1992, 526 = NJW 1992, 892 = BGHZ 116, 359.

verhältnis nachträglich, führt dies nicht zur Unwirksamkeit der Abfindungsklausel. Die Abfindungsklausel bleibt wirksam, ist aber nach Auffassung des BGH im Wege der ergänzenden Vertragsauslegung[503] oder aber nach einer in der Literatur vertretenen Meinung auf der Grundlage des Einwands unzulässiger Rechtsausübung im Wege der Ausübungskontrolle anhand von Treu und Glauber an die geänderten Umstände anzupassen.[504]

404 Da die Mehrzahl der Abfindungsregelungen im Zeitpunkt ihrer Vereinbarung wirksam sind, sich ihre abfindungsbeschränkende Wirkung nachträglich im Verlaufe der Zeit durch eine Änderung der tatsächlichen Verhältnisse grundlegend ändern kann, kommt in der Praxis der Anwendungskontrolle ganz erhebliche Bedeutung zu. Entwickeln sich Abfindungshöhe und Wert des Geschäftsanteils deutlich auseinander ist nach der Rechsprechung im jeweiligen Falle zu klären, ob das entstandene **Missverhältnis** so erheblich ist, dass dem von der dieser Entwicklung nachteilig betroffenen Gesellschafter ein Festhalten an der Abfindungsklausel unter Berücksichtigung der berechtigten Interessen der anderen Gesellschafter noch zugemutet werden kann. Zur Beantwortung dieser Frage ist nicht nur das Ausmaß des Missverhältnisses zwischen Abfindungshöhe und Wert des Geschäftsanteils zu berücksichtigen, sondern alle Umstände des konkreten Einzelfalles. So ist insbesondere die Dauer der Mitgliedschaft des Ausgeschiedenen, sein Anteil am Aufbau und Erfolg des Unternehmens und der Anlass seines Ausscheidens von Bedeutung.[505] Kann dem ausscheidenden Gesellschafter das Festhalten an der vertraglichen Abfindungsregelung nicht zugemutet werden, so ist die Abfindung anderweitig unter Berücksichtigung der veränderten Verhältnisse und des wirklichen oder mutmaßlichen Willens der Vertragschließenden festzusetzen.[506]

405 Bei der **Gestaltung** von Abfindungsklauseln ist also nicht lediglich eine Wirksamkeitskontrolle bezogen auf den Zeitpunkt ihrer Vereinbarung vorzunehmen. Vielmehr ist bei der Vertragsgestaltung darüber hinaus darauf zu achten, dass die in der Klausel vorgesehene Regelung bei Veränderung der wirtschaftlichen Verhältnisse der Gesellschaft möglichst nicht zu einer ergänzenden Auslegung führt bzw. der Ausübungskontrolle standhält.

d) Wirksamkeitsgrenzen

406 Bei der Vereinbarung der Klausel zu beachtende Grenzen für die **Wirksamkeit der Beschränkung** des Abfindungsrechts eines GmbH-Gesellschafters ergeben sich aus der Vorschrift des § 138 BGB.[507] Danach ist eine Abfindungsklausel unwirksam, wenn bereits im Zeitpunkt ihrer Vereinbarung ein »grobes Missverhältnis« zwischen dem vertraglichen Abfindungsanspruch und dem Verkehrswert des Geschäftsanteils besteht.[508] Ein grobes Missverhältnis liegt insbesondere dann vor, wenn die mit der Klausel verfolgte Einschränkung des Kapitalabflusses außer Verhältnis zu den im Gesellschaftsinteresse notwendigen Beschränkungen steht und sich die Wertdifferenz als willkürlich und bar jeder sachlichen Rechtfertigung darstellt.[509] Ist die Abfindungsklausel danach unwirk-

---

503 BGH II ZR 104/92, NJW 1993, 3193 = ZIP 1993, 1611 = BGHZ 123, 281, 284 zur KG; BGH NJW 1994, 2536 = ZIP 1994, 1173 = BGHZ 126, 226 zur GbR; a.A. noch BGH DNotZ 1992, 526 = NJW 1992, 892 = BGHZ 116, 359 für nachträglich eingetretene Unwirksamkeit der Klausel.
504 Lutter/Hommelhoff/*Lutter*, § 34 Rn. 87; Baumbach/Hueck/*Fastrich*, § 34 Rn. 28; Scholz/*Westermann*, § 34 Rn. 35; Michalski/*Sosnitza*, § 34 Rn. 88; *Ulmer/Schäfer*, ZGR 1995, 1561, 1570.
505 BGH II ZR 36/92 NJW 1993, 2101, 2102 = MittBayNot 1994, 157 = ZIP 1993, 1160 = DB 1993, 1614.
506 BGH II ZR 36/92, NJW 1993, 2101 = MittBayNot 1994, 157 = ZIP 1993, 1160 = DB 1993, 1614.
507 BGH II ZR 58/91, DNotZ 1992, 526 = MittRhNotK 1992, 54 = MittBayNot 1992, 213 = NJW 1992, 892 = DStR 1992, 652 = BGHZ 116, 359; *Lutter/Hommelhoff*, § 34 Rn. 84; a.A. Baumbach/Hueck/*Fastrich*, GmbHG, § 34 Rn. 26 a.E. Nichtigkeit analog §§ 241 ff. AktG.
508 BGH II ZR 58/91, DNotZ 1992, 526 ff.
509 BGH II ZR 58/91, DNotZ 1992, 526, 532 f.

sam, hat dies zur Folge, dass die Abfindung auf gesetzlicher Grundlage zum Verkehrswert zu erfolgen hat.[510]

Ein **völliger Ausschluss** der Abfindung ist gemäß § 138 Abs. 1 BGB nichtig, es sei denn, **407** dass die Gesellschaft lediglich ideelle oder gemeinnützige Zwecke verfolgt[511] oder, dass das abfindungslose Ausscheiden der Erben eines verstorbenen Gesellschafters vorgesehen wird (aleatorisches Geschäft).[512] Dies gilt insbesondere in dem Fall, dass durch den Abfindungsausschluss der Charakter als »Familiengesellschaft« gesichert werden soll.[513]

Buchwertklauseln, die dadurch gekennzeichnet sind, dass sie eine Abfindung ohne **408** Berücksichtigung stiller Reserven vorsehen, sind im Regelfall nicht gemäß § 138 Abs. 1 BGB zu beanstanden.[514] Etwas anderes würde insoweit allerdings dann gelten, wenn bereits im Zeitpunkt der Vereinbarung der Buchwertklausel ein grobes Missverhältnis zwischen dem Buchwert und dem Verkehrswert des Geschäftsanteils besteht.[515] Ob die Beschränkung der Abfindung auf einen Bruchteil des Buchwerts generell unzulässig ist, ist streitig. Die Kürzung des Abfindungsanspruchs auf die Hälfte des Buchwerts ist jedenfalls sittenwidrig.[516] Vor diesem Hintergrund sollten Abfindungsklauseln den **Buchwert nicht unterschreiten**, da anderenfalls die Unwirksamkeit der Klausel droht.

Formulierungsvorschlag: Buchwertklausel **409 M**
Wird ein Geschäftsanteil gemäß den Bestimmungen in ... dieses Gesellschaftsvertrages eingezogen, so hat die Gesellschaft – soweit nicht zwingende Gesetzesvorschriften entgegenstehen – dem betroffenen Gesellschafter für den Anteil einen Betrag zu vergüten, der der Höhe nach seiner Einzahlung auf das Stammkapital abzüglich oder zuzüglich der Salden auf seinen Konten bei der Gesellschaft entspricht. Hinzuzurechnen sind die anteiligen Kapital- und Gewinnrücklagen, die anteiligen Gewinnvorträge und der anteilige Jahresüberschuss beziehungsweise Bilanzgewinn. Abzuziehen sind anteilig etwa vorgetragene Verluste sowie ein etwaiger Jahresfehlbetrag beziehungsweise Bilanzverlust der Gesellschaft.
An dem seit Beginn des letzten Geschäftsjahres, für das der Jahresabschluss noch nicht erstellt wurde, bis zum Tage der Einziehung erzielten Gewinn oder eingetretenen Verlust nimmt der Gesellschafter nur anteilig im Verhältnis der Zeit nach Maßgabe der Feststellung in der Jahresbilanz teil. Der Firmenwert und stille Rücklagen sind bei der Berechnung der Vergütung außer Ansatz zu lassen.

Nennwertklauseln sind gemäß § 138 Abs. 1 BGB nichtig, wenn der an dem Unterneh- **410** menswert auszurichtende volle wirtschaftliche Anteilswert den Nennwert erheblich übersteigt.[517] Nennwertklauseln sind Klauseln, bei denen sich die Abfindung auf den Nennbetrag des Geschäftsanteils ohne anteilige Rücklagen und Gewinn- aber auch Verlustvortrag beschränkt.[518] Die für die Buchwertklauseln geltenden Zulässigkeitsschranken sind sinngemäß auch bei den Nennwertklauseln zu beachten.

---

510 BGH II ZR 58/91, DNotZ 1992, 526 = MittRhNotK 1992, 54 = MittBayNot 1992, 213 = NJW 1992, 892 = DStR 1992, 652 = BGHZ 116, 359.
511 BGH ZIP 1997, 1453 f. für die GbR; BGHZ 135, 387; Lutter/Hommelhoff/*Lutter*, § 34 Rn. 85.
512 Ausführlich dazu *Reimann*, DNotZ 1992, 472, 487 ff. m.w.N.; BGH, 22, 186, 194; K. *Schmidt*, Gesellschaftsrecht, § 45 V 3 c; Ebenroth/Boujong/Joost/*Strohn*, § 131 Rn. 123 jeweils für die Personengesellschaft; a.A. *Ulmer*, NJW 1979, 81.
513 BGH DB 1977, 342, 343; BGH, DStR 1997, 336; *Haibt*, MittRhNotK 1998, 268.
514 BGHZ 123, 281; BGH NJW 1985, 192, 193; K. *Schmidt*, Gesellschaftsrecht, § 35 IV 2 d, § 50 IV 2 c; *Rasner*, NJW 1983, 2905, 2907; *Haibt*, MittRhNotK 1998, 261, 268.
515 Vgl. BGH DNotZ 1986, 31, 32; BGH MittRhNotK 1989, 173, 174.
516 BGH NJW 1989, 2685 = GmbHR 1989, 508, 509 zur KG.
517 BGH II ZR 58/91, DNotZ 1992, 526, 532.
518 MünchHdb. GesR III/*Kort*, GmbH, § 28 Rn. 31.

2. Kapitel Recht der Gesellschaft mit beschränkter Haftung

411 M **Formulierungsvorschlag: Nennwertklausel**
Wird ein Geschäftsanteil gemäß den Bestimmungen in ... dieses Gesellschaftsvertrages eingezogen, so hat die Gesellschaft – soweit nicht zwingende Gesetzesvorschriften entgegenstehen – dem betroffenen Gesellschafter für den Anteil einen Betrag zu vergüten, der der Höhe nach seiner Einzahlung auf das Stammkapital abzüglich oder zuzüglich der Salden auf seinen Konten bei der Gesellschaft entspricht. Nicht zu berücksichtigen sind die dabei Kapital- und Gewinnrücklagen, die Gewinnvorträge und der Jahresüberschuss beziehungsweise Bilanzgewinn sowie etwa vorgetragene Verluste und ein etwaiger Jahresfehlbetrag beziehungsweise Bilanzverlust der Gesellschaft.

412 Eine Abfindung nach dem sogenannten »**Stuttgarter Verfahren**«, das ursprünglich in den Vermögensteuerrichtlinien und sodann in den Erbschaftsteuerrichtlinien geregelt war, war in der Praxis weit verbreitet. Es ließ sich leicht handhaben und führte in vielen Fällen zu einer sachgerechten Höhe der Abfindung. In der Sache handelt es sich dabei um ein Schätzungsverfahren, das die Finanzbehörde unter den Voraussetzungen des § 11 Abs. 2 S. 2 Bewertungsgesetz anwendet und das sowohl das Vermögen wie auch die Ertragsaussichten der Gesellschaft berücksichtigt. Durch die Änderung des Verfahrens und der ihm zugrundeliegenden gesetzlichen Bewertungsvorschriften seit 1993 führt die Anwendung des Stuttgarter Verfahrens heute jedoch zu kaum prognostizierbaren Ergebnissen der Abfindungshöhe, so dass seine Vereinbarung in der Satzung nicht ratsam erscheint.[519] Ob eine entsprechende Abfindungsklausel wirksam ist, hängt auch in diesem Falle davon ab, ob sie bereits bei ihrer Vereinbarung zu einem groben Missverhältnis zwischen Abfindung und wirklichem Wert des Geschäftsanteiles führt. Die Gefahr eines solchen groben Missverhältnisses wird bei nachträglicher Vereinbarung der Klausel, also Aufnahme der Klausel in die Satzung nach Gründung der GmbH, in nicht wenigen Fällen bestehen und mangels Kenntnis der tatsächlichen wirtschaftlichen Verhältnisse nicht ohne weiteres zu beurteilen sein.

413 **Ertragswertklauseln** sind vor dem Hintergrund des § 138 Abs. 1 BGB in der Regel unbedenklich, da ihre Anwendung in aller Regel zu einer Abfindung in Höhe des Verkehrswertes des Geschäftsanteiles führt.

414 Abfindungsbeschränkungen, die ausschließlich dazu dienen, die Gesellschaftsbeteiligung für die Gläubiger des Gesellschafters zu entwerten, sind wegen **Gläubigerdiskriminierung** gemäß § 138 BGB sittenwidrig und deshalb nichtig.[520] Dies gilt allerdings nur, wenn sie ausschließlich der Gläubigerbenachteiligung dienen. Das ist auch dann der Fall, wenn der Gesellschaftsvertrag für andere Fälle des Ausscheidens keinerlei Abfindungsregelung enthält. Denn dann bestimmt sich die Abfindung für die übrigen Fälle des Ausscheidens nach dem Gesetz.[521] Finden sie hingegen ebenso auf – aus der Sicht der übrigen Gesellschafter – vergleichbare Fälle Anwendung, wie insbesondere auf den Fall der Ausschließung aus wichtigem Grund, werden sie für wirksam erachtet.[522]

415 Bei der Gestaltung der Abfindungsklausel ist der Grundsatz der **Gleichbehandlung** im Gesellschaftsrecht zu beachten. Dieser verbietet eine willkürliche, sachlich nicht gerechtfertigte unterschiedliche Behandlung der Gesellschafter. Die Gewährung unterschiedlicher Rechte im Gesellschaftsvertrag ist demnach nicht generell unzulässig. Sie muss lediglich sachlich berechtigt sein und darf nicht den Charakter der Willkür tragen.[523] Verstößt eine Regelung gegen den Gleichbehandlungsgrundsatz, führt das nicht zu ihrer Nichtigkeit,

---

519 *Langenfeld*, GmbH-Vertragspraxis, § 17 Rn. 328 ff.
520 BGH II ZR 73/99, DNotZ 2001, 868 = NZG 2000, 1027 = BGHZ 144, 365; BGHZ 32, 151; BGHZ 65, 22.
521 BGH DNotZ 2001, 868 = NZG 2000, 1027 = BGHZ 144, 365.
522 BGH NJW 1975, 1835 = BGHZ 65, 22.
523 BGH DNotZ 1992, 526, 531 = NJW, 1992, 892 = BGHZ 116, 359.

sondern lediglich zur Anfechtbarkeit der Bestimmung entsprechend § 243 AktG.[524] Nach Ablauf der Anfechtungsfrist ist die Regelung wirksam.[525] Eine Abfindungsklausel, nach der den Gesellschaftern ein Abfindungsanspruch zusteht, dessen Höhe sich aus dem Nennwert des Geschäftsanteils und einem nach Jahren der Gesellschaftszugehörigkeit bemessenen, nach größeren Zeitabschnitten gestaffelten, durch einen Höchstbetrag begrenzten Betrag errechnet, verletzt den Gleichbehandlungsgrundsatz nicht.[526]

Wann ein **grobes Missverhältnis** im Sinne einer erheblichen Abweichung der satzungsmäßig festgelegten Abfindung vom wirklichen Wert des Geschäftsanteils vorliegt, die Abfindung also in grob unbilliger Weise willkürlich und bar jeder sachlichen Berechtigung hinter dem Verkehrswert des Geschäftsanteils zurückbleibt,[527] hat der BGH bislang nicht prozentual ausgedrückt. Vielmehr will er im jeweiligen Einzelfall das Interesse des Gesellschafters an einer angemessenen Abfindung gegen das Bestandsinteresse der Gesellschaft und der verbleibenden Gesellschafter unter Berücksichtigung der konkreten Verhältnisse abwägen.[528] Vor diesem Hintergrund erscheinen prozentuale Abschläge der Abfindung vom Verkehrswert des Geschäftsanteils von mehr als fünfundzwanzig Prozent nicht unbedenklich. Zulässig ist jedoch bei der Abfindungshöhe nach dem Einziehungsgrund zu differenzieren und die Abfindung bei einer Einziehung des Geschäftsanteils aus wichtigem Grunde geringer zu bemessen als bei sonstigen Einziehungsgründen.[529] Bei einer Einziehung des Geschäftsanteils aus wichtigem Grunde wird eine Abfindung zum Buchwert für vertretbar gehalten.[530] Auch in den Fällen der Einziehung des Geschäftsanteils bei einem Insolvenzverfahren oder einer Zwangsvollstreckung sowie beim Ausscheiden von Erben des Gesellschafters nach dessen Tod wird eine Buchwertklausel für vertretbar gehalten.[531]

416

e) Gestaltung von Abfindungsregelungen

Bei der **Gestaltung von Abfindungsregelungen** sind die vorstehend dargestellten Grenzen zu beachten. Für die Prüfung der Wirksamkeit der beabsichtigten Regelung ist vom Ertragswertverfahren auszugehen und der Substanz- sowie der Liquidationswert als Korrektiv zu berücksichtigen. Von dem so ermittelten Wert können bei der Bemessung der Abfindung Abschläge vorgenommen werden, wobei es für die zulässige Höhe derzeit keine festen Grenzen gibt. Die Abschläge sollten sich grundsätzlich unter 50 vom Hundert des wirklichen Wertes des Geschäftsanteils bewegen[532] und den Buchwert des Geschäftsanteils nicht unterschreiten.

417

Formulierungsvorschlag: Abfindung nach gesetzlichen Vorschriften mit Herabsetzung bei Einziehung wegen Pfändung oder aus wichtigem Grund

418 M

(1) Wird ein Geschäftsanteil gemäß den Bestimmungen in … dieses Gesellschaftsvertrages eingezogen, so hat die Gesellschaft dem betroffenen Gesellschafter für den Anteil einen Betrag zu vergüten, der dem Wert des eingezogenen Geschäftsanteils entspricht. Die Höhe der Vergütung bestimmt sich nach den gesetzlichen Vorschriften.

---

524 BGH DNotZ 1992, 526, 531 = NJW, 1992, 892 = BGHZ 116, 359; Lutter/Hommelhoff/*Lutter*, § 34 Rn. 94.
525 Lutter/Hommelhoff/*Lutter*, § 34 Rn. 94.
526 BGH DNotZ 1992, 526, 531 = NJW, 1992, 892 = BGHZ 116, 359.
527 BGH NJW 1992, 892 = BGHZ 116, 359.
528 BGH NJW 1992, 892 = BGHZ 116, 359, 375 f.
529 Lutter/Hommelhoff/*Lutter*, § 34 Rn. 90.
530 BGH DNotZ 2002, 305 = NZG 2002, 176 = ZIP 2002, 258; MünchHdb. GesR III/*D. Mayer*, GmbH, § 20 Rn. 78.
531 BGH DNotZ 2002, 305; MünchHdb. GesR III/*D. Mayer*, GmbH, § 20 Rn. 78.
532 *Ulmer*, FS Quack, S. 487.

2. Kapitel Recht der Gesellschaft mit beschränkter Haftung

(2) Erfolgt die Einziehung gemäß den Bestimmungen in
- ... lit. a) (Zwangsvollstreckung in den Geschäftsanteil),
- ... lit. b) (Eröffnung des Insolvenzverfahrens über Vermögen des Gesellschafters oder Ablehnung der Eröffnung mangels Masse) oder
- ... lit. e) (Einziehung aus wichtigem Grund),

dieses Gesellschaftsvertrages verringert sich die für den eingezogenen Geschäftsanteil zu zahlende Abfindung auf 75 vom Hundert des nach Abs. 1 ermittelten Betrages.

17. Steuerliche Folgen der Abfindungsregelung

419 Die Abfindung unter dem jeweiligen Steuerwert des Geschäftsanteils kann sowohl erbschaft- und schenkungsteuerliche als auch einkommensteuerliche Folgen nach sich ziehen.[533] Im Umfange des Wertzuwachses liegt eine durch den Gesellschaftsvertrag begründete Vermögenszuwendung im Sinne von § 3 Abs. 1 Nr. 2 S. 3 (Einziehung bei Tod), § 7 Abs. 7 S. 2 (Einziehung unter Lebenden), § 10 Abs. 10 S. 2 Alt. 2 i.V.m. § 7 Abs. 7 S. 3 ErbStG vor, mit der Folge einer steuerbaren **Schenkungsfiktion** vor.[534]

18. Checkliste: Abfindungsregelung

420 **Checkliste: Abfindungsregelung**

1. Feststehende Zulässigkeitsgrenzen:
   - Abfindung unter Buchwert (§ 138 BGB);
   - Gläubigerdiskriminierung (§ 138 BGB);
   - Verletzung des Gleichheitsgrundsatzes (§ 243 AktG);
   - anfängliches grobes Missverhältnis (§ 138 BGB);
   - Rechtsfolge bei Verletzung: Nichtigkeit oder Anfechtbarkeit und damit bei Nichtigkeit oder Anfechtung Geltung gesetzlicher Abfindungsregeln (Verkehrswert)
2. Flexible Ausübungsgrenzen:
   - nachträgliches grobes Missverhältnis (§ 242 BGB/ergänzende Vertragsauslegung)
   - Rechtsfolge: ergänzende Vertragsauslegung (BGH) oder Anpassung der Abfindungsvereinbarung gemäß § 242 BGB (Rechtslehre)

19. Fälligkeit und Zahlungsmodalitäten für die Abfindung

421 Nach den gesetzlichen Bestimmungen ist die Abfindung mit dem Wirksamwerden der Einziehung grundsätzlich **fällig** gemäß § 271 Abs. 1 BGB.[535] Steht in diesem Zeitpunkt die konkrete Abfindungshöhe noch nicht fest, so wird die Abfindung spätestens dann in voller Höhe fällig, sobald dies der Fall ist. Die Zahlung der von der Gesellschaft geschuldeten Abfindung in einer Summe birgt die Gefahr, dass die Liquidität der Gesellschaft überfordert wird. Dem kann in der Satzung durch eine Regelung der **Zahlungsmodalitäten** entgegengewirkt werden. Auch dabei darf in der Satzung jedoch nicht grob unbillig vom Gesetz abgewichen werden und übermäßig lange Auszahlungszeiträume vorgesehen werden. Auch hier sind Schranken, die sich aus dem Gesichtspunkt des Schutzes des betroffenen Gesellschafters als auch aus dem des Schutzes der Gesellschaftergläubiger ergeben

---

533 Vgl. dazu *Haibt*, MittRhNotK 1998, 261, 271.
534 S. zu den mit Abfindungsklauseln verbundenen erbschaft- und schenkungsteuerlichen Problemen *Hübner/Maurer*, ZEV 2009, 361 ff., 428 ff.
535 Baumbach/Hueck/*Fastrich*, § 34 Rn. 24.

können zu beachten.[536] Anders als bei der Frage der Beurteilung des groben Missverhältnisses hat sich die Rechtsprechung hinsichtlich der zulässigen Dauer von Stundungsvereinbarungen erfreulich konkret festgelegt. So hat der BGH eine Vereinbarung, die die Auszahlung der Abfindung in fünfzehn Jahresraten vorsah, auch für den Fall für nichtig gehalten, dass die Abfindungshöhe selbst nicht zu beanstanden ist.[537] Ob die Auszahlung der Abfindung in zehn gleichen Jahresraten vorgesehen werden kann, ist höchstrichterlich noch nicht entschieden. Der BGH hat dies in der vorstehend angeführten Entscheidung ausdrücklich offen gelassen. Eine zehn Jahre übersteigende Abfindungszeit wird ganz überwiegend für rechtlich unzulässig erachtet.[538] Die Vereinbarung einer fünfjährigen Laufzeit für die Zahlung der Abfindungsraten wird überwiegend für zulässig erachtet.[539] Bei einer Laufzeit von fünf bis zehn Jahren sind ist vor dem Hintergrund des § 138 Abs. 1 BGB auf die weiteren Zahlungsmodalitäten, wie etwa die Verzinsung und Sicherung des Abfindungsanspruchs zu achten.[540]

Unter Berücksichtigung dieser Unsicherheiten empfiehlt es sich in der **Praxis** die Abfindungszeiträume auf maximal fünf Jahre zu beschränken, zumal auch der Bundesgerichtshof diesen Zeitraum bislang nicht beanstandet hat.[541] Zudem sollte eine angemessene Verzinsung des jeweils offenen Abfindungsbetrages geregelt werden. Auch sollte bei einer Staffelung der Abfindungsraten möglichst nicht vorgesehen werden, dass der Löwenanteil der Abfindung erst zum Ende der Laufzeit zur Zahlung fällig wird. Schließlich zu berücksichtigen, dass die Abfindung unter dem jeweiligen Steuerwert des Geschäftsanteils sowohl erbschaft- und schenkungsteuerliche als auch einkommensteuerliche Folgen nach sich ziehen kann.[542]

422

20. Aufsichtsrat und Beirat

Anders als bei der Aktiengesellschaft ist bei der GmbH die Bestellung eines **Aufsichtrates** grundsätzlich nicht vorgeschrieben. Etwas anders kann sich aus den Bestimmungen des DrittelbG und aus dem MitBestG ergeben. Übersteigt die Belegschaftsstärke nicht nur vorübergehend fünfhundert Arbeitnehmer muss die Gesellschaft gemäß § 1 Abs. 1 Nr. 3 DrittelbG einen Aufsichtsrat bilden, wenn keine Ausnahme gemäß § 1 Abs. 2 und Abs. 3 DrittelbG besteht. Übersteigt die Mitarbeiterzahl des Unternehmens der Gesellschaft nicht nur vorübergehend die Anzahl von zweitausend, unterliegt die Gesellschaft dem Mitbestimmungsgesetz gemäß § 1 Abs. 1 Ziffer 2 MitBestG und ist gemäß § 6 Abs. 1 MitBestG ein Aufsichtsrat zu bestellen. Schließlich kann sich die zwingende Einrichtung eines Aufsichtsrates aus dem Montanmitbestimmungsgesetz ergeben. Dieses erfasst im Bereich der Montanindustrie tätige Gesellschaften mit beschränkter Haftung, deren Arbeitnehmerzahl regelmäßig mehr als eintausend beträgt (§ 1 Abs. 2 MontanMitBestG).

423

Im Übrigen ist die Bestellung eines Aufsichtsrates bei der GmbH nicht vorgeschrieben, aber gemäß § 52 Abs. 1 GmbHG durch entsprechende Regelungen in der Satzung möglich. Die Einrichtung eines Aufsichtsrates oder Beirats kann sich insbesondere bei Gesellschaften mit einer größeren Anzahl von lediglich kapitalistisch beteiligten Gesellschaftern wie auch bei Familiengesellschaften empfehlen, um eine zügige Willensbildung in und Arbeit der Gesellschaft zu gewährleisten. Vor diesem Hintergrund wird dem Aufsichtsrat typischerweise die Überwachung der Geschäftsführung übertragen. Neben dieser Überwachungsfunktion können dem Aufsichtsrat weitere Aufgaben anvertraut werden, wie die

424

---

536 Baumbach/Hueck/*Fastrich*, § 34 Rn. 38.
537 BGH II ZR 83/88 DNotZ 1991, 906 = MittRhNotK 1989, 173 = MittBayNot 1989, 223 = NJW 1989, 2685.
538 *Ulmer*, NJW 1979, 85.
539 Baumbach/Hueck/*Fastrich*, § 34 Rn. 38.
540 Baumbach/Hueck/*Fastrich*, § 34 Rn. 38.
541 BGH NJW 1993, 3193 = ZIP 1993, 1611 = MittRhNotK 1993, 329 = BGHZ 123, 281.
542 Vgl. dazu *Haibt*, MittRhNotK 1998, 261, 271; *Hübner*, ZEV 2009, 361 ff., 428 ff.

Feststellung des Jahresabschlusses, die Entscheidung über die Ergebnisverwendung und die Hoheit über Personalentscheidungen.[543]

425 So wie die Satzung fakultativ einen Aufsichtsrat nach Belieben der Gesellschafter vorsehen kann, besteht auch weitgehende **Gestaltungsfreiheit** hinsichtlich der Rechtsverhältnisse des Aufsichtsrates selbst. So kann die Satzung die Größe und Zusammensetzung des Aufsichtsrates bestimmen, seine Kompetenzen, seine innere Ordnung und Beschlussfassung regeln und das Maß der Sorgfalt nebst der Haftung der Aufsichtsratsmitglieder festlegen. Nicht zulässig ist es indessen **Grundlagenentscheidungen** in die Kompetenz des Aufsichtsrates zu verlagern. Diese müssen der Gesellschafterversammlung verbleiben. So können insbesondere die Befugnis zur Änderung der Satzung, zur Auflösung der Gesellschaft, zur Umwandlung der Gesellschaft sowie zum Abschluss strukturverändernder Unternehmensverträge nicht auf den Aufsichtsrat verlagert werden. Diese Kompetenzen müssen der Gesellschafterversammlung vorbehalten bleiben.[544] Weiter kann dem Aufsichtsrat nicht die Kompetenz zur Vertretung der GmbH gegenüber Dritten eingeräumt werden. Diese Befugnis liegt zwingend allein bei den Geschäftsführern gemäß § 35 Abs. 1, § 37 Abs. 2 GmbHG.[545] Auch die Pflicht zur Buchführung, zur Aufstellung des Jahresabschlusses, und zur Stellung eines Insolvenzantrags obliegt nach dem GmbHG und der InsO zwingend den Geschäftsführern gemäß §§ 41, 42a GmbHG, § 15 Abs. 1 InsO, kann dem Aufsichtsrat nicht übertragen werden, sondern ist zwingend von den Geschäftsführern zu beachten und zu erfüllen.[546] Auch das Recht Nachschüsse einzufordern verbleibt zwingend in der Kompetenz der Geschäftsführer.[547]

426 Wird in der Satzung die Bildung eines Aufsichtsrates/Beirates vorgesehen, so ordnet § 52 GmbHG die Anwendung einer Reihe aktienrechtlicher Vorschriften an, deren Anwendung jedoch insoweit ausscheidet, als dass zulässigerweise in der GmbH-Satzung vorrangige Regelungen getroffen werden. In der Satzung der GmbH sollte bei Einrichtung eines Aufsichtsrates[548] insbesondere geregelt werden dessen

- Größe und Zusammensetzung,
- die Bestellung,
- Amtszeit und Abberufung von Aufsichtsratsmitgliedern,
- die Sachkompetenzen des Aufsichtsrates,
- die Ermächtigung, sich eine Geschäftsordnung zu geben, falls dies gewollt ist[549] oder die Anordnung einer Geschäftsordnung in der Satzung der GmbH selbst sowie
- die Vergütung der Aufsichtsratsmitglieder.

427 Zu beachten ist schließlich, dass es sich bei der Kontrolle der Geschäftsführung um die unentziehbare **Minimalkompetenz** des Aufsichtsrates handelt, da der Rechtsverkehr bei Bestehen eines Aufsichtsrates typischerweise mit der Überwachung der Geschäftsführung durch den Aufsichtsrat gemäß § 52 Abs. 2 GmbHG rechnet.[550]

---

543 *Langenfeld*, GmbH-Vertragspraxis, § 18 Rn. 340.
544 BGH NJW 1965, 1378 = BGHZ 43, 261, 264; Baumbach/Hueck/Zöllner/Noack, § 52 Rn. 26; Michalski/*Heyder*, § 52 Rn. 213; *K. Müller/Wolf*, GmbHR 2003, 810 m.w.N.; *Langenfeld*, GmbH-Vertragspraxis, § 18 Rn. 340.
545 Baumbach/Hueck/Zöllner/Noack, § 52 Rn. 26; Michalski/*Heyder*, § 52 Rn. 213.
546 Michalski/*Heyder*, GmbHG, § 52 Rn. 213.
547 RGZ 70, 326, 330; Michalski/*Heyder*, § 52 Rn. 213.
548 Es ist streitig ob eine Satzungsgrundlage für den Erlass einer Geschäftsordnung des Aufsichtsrates erforderlich ist, dagegen Baumbach/Hueck/Zöllner/Noack, § 52 Rn. 84 m.w.N.
549 Es ist streitig ob eine Satzungsgrundlage für den Erlass einer Geschäftsordnung des Aufsichtsrates erforderlich ist, dagegen Baumbach/Hueck/Zöllner/Noack, § 52 Rn. 84 m.w.N.
550 Baumbach/Hueck/Zöllner/Noack, § 52 Rn. 27.

Formulierungsvorschlag: Fakultativer Aufsichtsrat 428 M

(1) Die Gesellschaft hat einen Aufsichtsrat. Er besteht aus drei Mitgliedern.
(2) Der Aufsichtsrat wird durch die Gesellschafterversammlung bestellt und abberufen.
(3) Die Mitglieder des Aufsichtsrats werden jeweils auf die Dauer von drei Jahren gewählt, mindestens bis zur Beendigung der Gesellschafterversammlung, die über die Entlastung des Aufsichtsrats für das 3. Geschäftsjahr nach der Wahl abstimmt; hierbei wird das Jahr, in dem die Wahl erfolgt ist, nicht mitgerechnet. Bis zur Neuwahl bleibt der Aufsichtsrat im Amt.
(4) Der Aufsichtsrat berät und überwacht die Geschäftsführung; er ist beschließt insbesondere über
   a) die Bestellung, Abberufung und Entlastung von Geschäftsführern sowie den Abschluss und die Kündigung der Anstellungsverträge mit Geschäftsführern;
   b) die Erteilung und Versagung von Zustimmungen zu zustimmungspflichtigen Geschäften;
   c) den Erlass und die Änderung einer Geschäftsordnung für die Geschäftsführung;
   d) die Bestellung und Abberufung des Abschlussprüfers;
   e) die Feststellung des Jahresabschlusses
(5) Auf den Aufsichtsrat finden die Bestimmungen des Aktiengesetzes keine Anwendung
(6) Der Aufsichtsrat tritt so oft zusammen, wie es die Erfüllung seiner Aufgaben erfordert. Der Aufsichtsrat soll turnusgemäß mindestens zweimal im Jahr tagen. Jedes Mitglied des Aufsichtsrats und der Geschäftsführung kann jedoch im übrigen die Einberufung einer Aufsichtsratssitzung verlangen, wenn es das Interesse der Gesellschaft erfordert
(7) Der Aufsichtsrat ist beschlussfähig, wenn mindestens zwei Mitglieder anwesend sind. Der Aufsichtsrat entscheidet, soweit nichts anderes im Gesellschaftsvertrag geregelt ist, mit Mehrheit nach Köpfen. Der Aufsichtsrat kann sich eine Geschäftsordnung geben
(8) Der Aufsichtsrat wählt aus seiner Mitte einen Vorsitzenden. Wird ein Vorsitzender nicht innerhalb von drei Monaten gewählt, so ist er von der Gesellschafterversammlung mit einfacher Mehrheit der Stimmen sämtlicher Gesellschafter zu wählen. Der Vorsitzende des Aufsichtsrats führt die Geschäfte des Aufsichtsrats. Er vertritt den Aufsichtsrat gegenüber der Geschäftsführung und der Gesellschafterversammlung
(9) Den Mitgliedern des Aufsichtsrats steht außer dem Ersatz der ihnen bei der Ausübung des Amtes entstehenden Auslagen eine von der Gesellschafterversammlung festzusetzende angemessene Vergütung zu
(10) Schadenersatzansprüche gegen Mitglieder des Aufsichtsrats aus ihrer Aufsichtsratstätigkeit sind beschränkt auf den Vorsatz und grobe Fahrlässigkeit. Sie verjähren innerhalb eines Jahres seit Kenntnis von der schadenersatzpflichtigen Handlung oder Unterlassung, spätestens aber seit fünf Jahren nach Vornahme der Handlung oder Unterlassung
(11) Solange ein Aufsichtsrat nicht bestellt ist, werden die ihm nach diesem Gesellschaftsvertrag zugewiesenen Aufgaben durch die Gesellschafterversammlung wahrgenommen

21. Gerichtsstand, Schiedsgericht

a) Allgemeines

429 Im Gesellschaftsrecht kommt schiedsgerichtlicher Streitbeilegung vergleichsweise große Bedeutung zu. Ob die Aufnahme einer **Schiedsklausel** in den Gesellschaftsvertrag einer GmbH zweckmäßig ist, lässt sich nur im jeweiligen Einzelfalle entscheiden.[551] Bezweckt wird mit der Aufnahme einer Schiedsvereinbarung eine im Vergleich zu staatlichen Gerichten schnellere und vertrauliche Beilegung von Streitigkeiten durch erfahrene und mit besonderer Sachkunde ausgestattete Schiedsrichter, die von den Beteiligten selbst ausgewählt werden.[552]

b) Form

430 Wird eine Schiedsvereinbarung im Rahmen der notariell beurkundeten Satzung einer GmbH vereinbart, so ist eine solche Vereinbarung in jedem Falle **formwirksam**. Soweit die Schiedsvereinbarung die Regelung etwaiger statutarischer Streitigkeiten zum Gegenstand hat, unterliegt sie nach einhelliger Auffassung nicht der Regelung des § 1031 Abs. 5 ZPO, wonach die Schiedsvereinbarung mittels gesonderter Urkunde schriftlich getroffen und von beiden Parteien unterschrieben werden muss, da diese Vorschrift sich lediglich auf vertragliche Schiedsvereinbarungen bezieht.[553] Bei den statutarischen Regelungen einer GmbH-Satzung handelt es sich nach allgemeiner Auffassung jedoch nicht um eine vertragliche Schiedsvereinbarung im Sinne des § 1031 Abs. 5 ZPO, sondern um die Anordnung eines Schiedsgerichts durch sonstige Verfügung im Sinne des § 1066 ZPO.[554] Beinhaltet die Satzung neben der Regelung statutarischer Rechtsbeziehungen auch Bestimmungen über sonstige schuldrechtliche Rechte und Pflichten und erfasst die Schiedsklausel auch diese schuldrechtlichen Bestimmungen, ist sie insoweit als vertragliche Vereinbarung anzusehen, die zu ihrer Wirksamkeit der dafür bestimmten Form des § 1031 ZPO bedarf. Das gleiche gilt gemäß § 1031 Abs. 5 ZPO, wenn an der Schiedsvereinbarung ein Verbraucher beteiligt ist. In diesen Fällen muss die Schiedsvereinbarung in einer von den Parteien eigenhändig unterzeichneten Urkunde enthalten sein, wenn die schriftliche Form nicht zulässigerweise durch die elektronische Form gemäß § 126a BGB ersetzt wurde (§ 1031 Abs. 5 S. 2 ZPO). Die Aufnahme in eine gesonderte Urkunde ist gemäß § 1031 Abs. 5 S. 3 ZPO jedoch dann nicht erforderlich, wenn der Vertrag, der die Schiedsvereinbarung enthält, notariell beurkundet wird. Eine Schiedsvereinbarung kann also auch in diesem Falle in die Satzung einer GmbH aufgenommen werden. Damit ist sowohl das Schriftformerfordernis gewahrt als auch die Notwendigkeit der Errichtung einer gesonderten Urkunde vermieden.[555]

431 Aufgrund einer Schiedsvereinbarungen sollen regelmäßig unterschiedliche **Arten von Streitigkeiten** erledigt werden können. Zu unterscheiden ist zwischen statutarischen Streitigkeiten, Streitigkeiten über schuldrechtliche Ansprüche aus dem Gesellschaftsvertrag, Streitigkeiten aus Verträgen der Gesellschaft mit Dritten sowie Ausgleichsansprüchen der Gesellschafter untereinander.

---

551 Vgl. zum Ganzen *Ebbing*, NZG 1999, 754 ff.; *Ebbing*, NZG 1998, 281 ff.; *Westermann*, Gesellschaftsrechtliche Schiedsgerichte, FS Robert Fischer, 1979, S. 853 ff.
552 *Raeschke-Kessler/Wiegand*, AnwBl. 2007, 396 ff.
553 *Ebbing*, NZG 1998, 281.
554 *Ebbing*, NZG 1998, 281.
555 *Ebbing*, NZG 1998, 281, 282.

c) Gegenstand und Inhalt einer Schiedsvereinbarung

Gegenstand einer Schiedsvereinbarung kann gemäß § 1030 ZPO jeder vermögensrechtliche Anspruch sein. Nicht vermögensrechtliche Ansprüche können dagegen nur insoweit Gegenstand einer Schiedsvereinbarung sein, als die Parteien berechtigt sind, über den Gegenstand des Streites einen Vergleich zu schließen. Streitigkeiten der Gesellschafter untereinander und Streitigkeiten der Gesellschaft mit den Gesellschaftern aus dem und über den Gesellschaftsvertrag können danach Gegenstand einer Schiedsvereinbarung sein, und zwar unabhängig davon, ob es sich um statutarische Streitigkeiten aus oder im Zusammenhang mit dem Gesellschaftsverhältnis oder um schuldrechtliche Streitigkeiten aus dem oder im Zusammenhang mit dem Gesellschaftsverhältnis handelt. Die **objektive Schiedsfähigkeit** ist nur dann zu verneinen, wenn sich der Staat im Interesse besonders schutzwürdiger, der Verfügungsmacht privater Personen entzogener Rechtsgüter ein Rechtsprechungsmonopol in dem Sinne vorbehalten habe, dass allein der staatliche Richter in der Lage sein soll, durch seine Entscheidung den angestrebten Rechtszustand herbeizuführen.[556] Bei Rechtsstreitigkeiten über die Wirksamkeit der **Aufbringung des Stammkapitals** einer GmbH ist das nicht der Fall, trotz der gläubigerschützenden Funktion der Kapitalaufbringungsvorschriften. Nach § 1030 ZPO kann jeder vermögensrechtliche Anspruch, also auch der Kapitalaufbringungsanspruch des GmbH-Rechts, Gegenstand einer Schiedsvereinbarung sein (BGH a.a.O.).

Streitig war lange Zeit die Schiedsfähigkeit der Anfechtung von Gesellschafterbeschlüssen bei Kapitalgesellschaften (»**Beschlussmängelstreitigkeiten**«), da Gesellschafterbeschlüsse Wirkungen für und gegen alle Gesellschafter und die Gesellschaft selbst haben. Für die AG sind die Anfechtungsmöglichkeiten in §§ 243 ff. AktG geregelt, die auf die GmbH entsprechende Anwendung finden. Die Anfechtungsklage führt im Falle ihres Erfolges als Gestaltungsklage die Nichtigkeit des angefochtenen Beschlusses gemäß § 241 Nr. 5 AktG herbei. Sie ändert damit allgemeingültig die materielle Rechtslage. Die Entscheidung erwächst nicht nur zwischen den Streitparteien, sondern für alle Gesellschafter sowie für die Mitglieder der Geschäftsführung und eines etwaigen Aufsichtsrates gemäß §§ 248 Abs. 1 S. 1, 249 Abs. 1 S. 1 AktG in Rechtskraft. Diese inter-omnes-Wirkung hat den BGH bis zum Inkrafttreten des Schiedsverfahrens-Neuregelungsgesetzes zur Verneinung der Schiedsfähigkeit von **Beschlussmängelstreitigkeiten** im Recht der GmbH veranlasst.[557] Diese Rechtsprechung hat der BGH in seiner Grundsatzentscheidung vom 6.4.2009 aufgegeben.[558] Beschlussmängelstreitigkeiten im Recht der GmbH sind auch ohne ausdrückliche gesetzliche Anordnung der Wirkungen der §§ 248 Abs. 1 S. 1, 249 Abs. 1 S. 1 AktG grundsätzlich kraft einer dies analog im Gesellschaftsvertrag festschreibenden Schiedsvereinbarung oder einer außerhalb der Satzung unter Mitwirkung aller Gesellschafter und der Gesellschaft getroffenen Individualabrede »schiedsfähig«, sofern und soweit das schiedsgerichtliche Verfahren in einer dem Rechtsschutz durch staatliche Gerichte gleichwertigen Weise – das heißt unter Einhaltung eines aus dem Rechtsstaatsprinzip folgenden Mindeststandard an Mitwirkungsrechten und damit an Rechtsschutzgewährung für alle ihr unterworfenen Gesellschafter – ausgestaltet ist.[559] Der BGH unterwirft die Schiedsklausel auf der Grundlage des § 138 BGB auf die Einhaltung der Gebote des Rechtsstaatsprinzips und zieht dazu die Regelungen der §§ 246 ff. AktG heran. Als

---

556 BGH II ZR 65/03 DNotZ 2004, 920, 921 = BGHZ 160, 127 = NZG 2004, 905 = NJW 2004, 2898 = ZIP 2004, 1736 = WM 2004, 1736 = GmbHR 2004, 1214 = DB 2004, 2036.
557 BGH II ZR 124/95 DNotZ 1996, 694 = NJW 1996, 1753 = BGHZ 132, 278 = GmbHR 1996, 437 = DB 1996, 1172 = MittRhNotK 1996, 182 = MittBayNot 1996, 314 – Schiedsfähigkeit I.
558 BGH II ZR 255/08, DNotZ 2009, 938 = NJW 2009, 1962 = NZG 2009, 620 = ZIP 2009, 1003 = DB 2009, 1171 = DStR 2009, 1043 = WM 2009, 991 – Schiedsfähigkeit II.
559 BGH II ZR 255/08, DNotZ 2009, 938 = NJW 2009, 1962 = NZG 2009, 620 = ZIP 2009, 1003 = DB 2009, 1171 = DStR 2009, 1043 = WM 2009, 991 – Schiedsfähigkeit II.

2. Kapitel Recht der Gesellschaft mit beschränkter Haftung

Unterfall des Prozessvertrags gelten für eine Schiedsvereinbarung dessen materielle Gültigkeitsgrenzen. Schiedsvereinbarungen sind gemäß § 138 Abs. 1 BGB nichtig, wenn sie eine übermäßige Einschränkung des Rechtschutzes zum Gegenstand haben.

434 Folgende **Mindestanforderungen** muss eine Schiedsklausel mit inter-omnes-Wirkung zu ihrer Wirksamkeit erfüllen: Die Schiedsabrede muss grundsätzlich mit **Zustimmung sämtlicher Gesellschafter** in der Satzung verankert sein. Wird die Schiedsabrede außerhalb der Satzung vereinbart, so muss dies unter Mitwirkung sämtlicher Gesellschafter und der Gesellschaft geschehen. Weiter muss sie gewährleisten, dass neben den Gesellschaftsorganen jeder Gesellschafter über die Einleitung und den Verlauf des Schiedsverfahrens **informiert** und dadurch in die Lage versetzt wird, dem Verfahren zumindest als Nebenintervenient beizutreten. Weiter ist erforderlich, dass sämtliche Gesellschafter an der **Auswahl** und Bestellung der Schiedsrichter mitwirken können, sofern nicht die Auswahl durch eine neutrale Stelle erfolgt. Im Rahmen der Beteiligung mehrerer Gesellschafter auf einer Seite des Streitverhältnisses kann dabei grundsätzlich das **Mehrheitsprinzip** zur Anwendung gebracht werden. Schließlich muss gewährleistet sein, dass alle denselben Streitgegenstand betreffenden Beschlussmängelstreitigkeiten bei einem Schiedsgericht konzentriert werden (»**Zuständigkeitskonzentration**«). Die gebotene Erledigung aller denselben Streitgegenstand betreffenden Beschlussmängelstreitigkeiten bei einem Schiedsgericht erfordert entweder die ex ante Bestimmung einer neutralen Person oder Stelle als Schiedsgericht oder die Anordnung einer »Sperrwirkung« des ersten bei der Geschäftsleitung der Gesellschaft eingegangenen Antrags, die Streitigkeit einem Schiedsgericht vorzulegen, in Bezug auf spätere Anträge, bei einem ex post bestimmten Schiedsgericht.[560] Zur Sicherung der **Beteiligungsmöglichkeit** für sämtliche Gesellschafter muss die Schiedsklausel darüber hinaus regeln, dass der Verfahrenseinleitungsantrag ohne Festlegung des Antragstellers auf einen Schiedsrichter bei der Gesellschaft einzureichen und von dort aus sämtlichen Mitgesellschaftern mit der Aufforderung zuzustellen ist, binnen einer bestimmten Frist über einen Beitritt auf Seiten des Antragstellers oder der Gesellschaft zu entscheiden. Eine diese Voraussetzungen nicht berücksichtigende Schiedsklausel ist gemäß § 138 Abs. 1 BGB unwirksam (BGH a.a.O.).

435 Das **Schiedsverfahren** kann gemäß § 1042 Abs. 3 ZPO entweder durch gesellschaftsvertragliche Einbeziehung einer von einer Schiedsorganisation vorgegebenen Schiedsordnung (institutionelles Schiedsverfahren) oder ohne Mitwirkung einer solchen Organisation einzelfallbezogen in der Satzung erfolgen. Die institutionellen Schiedsgerichte verfügen über eigene Schiedsordnungen, die derzeit aber noch nicht alle die vorstehend dargestellten Anforderungen des BGH an Beschlussmängelstreitigkeiten erfüllen. Diese müssen derzeit daher auch bei einer gesellschaftsvertraglichen Einbeziehung einer von einer Schiedsorganisation vorgegebenen Schiedsordnung in die gesellschaftsvertragliche Schiedsklausel einbezogen werden. Hervorzuheben sind für gesellschaftsrechtliche Streitigkeiten die Deutsche Institution für Schiedsgerichtsbarkeit in Köln (Diese hat die Vorgaben der neuen Rechtsprechung des BGH bereits umgesetzt und in eine Musterschiedsvereinbarung aufgenommen. Nähere Einzelheiten unter www.dis-arb.de.) und das Ständige Schiedsgericht bei der Rechtsanwaltskammer Frankfurt a.M. Dieses verfügt über eine eigene Kammer für Gesellschaftsrechtsstreitigkeiten.

436 M **Formulierungsvorschlag: Schiedsgerichtsklausel**

(1) Über alle Streitigkeiten zwischen der Gesellschaft und Gesellschaftern sowie zwischen Gesellschaftern aus oder im Zusammenhang mit dem Gesellschaftsvertrag oder dem Gesellschaftsverhältnis oder betreffend die Gesellschaft entscheidet endgültig und unter Ausschluss des ordentlichen Rechtswegs ein Schiedsgericht,

---

560 BGH II ZR 255/08, DNotZ 2009, 938 = NJW 2009, 1962, 1965 = NZG 2009, 620 = ZIP 2009, 1003 = DB 2009, 1171 = DStR 2009, 1043 = WM 2009, 991 – Schiedsfähigkeit II.

wenn und soweit dem nicht zwingendes Recht entgegensteht. Dies gilt insbesondere auch für Streitigkeiten über
- die Wirksamkeit gesellschaftsvertraglicher Bestimmungen sowie des Gesellschaftsvertrags insgesamt,
- Gesellschafterbeschlüsse, wie deren Nichtigkeit, Wirksamkeit, Anfechtbarkeit und Zustandekommen (Beschlussmängelstreitigkeiten),
- die Einziehung von Geschäftsanteilen, die Kündigung eines Gesellschafters oder das sonstige Ausscheiden eines Gesellschafters einschließlich der an den ausscheidenden Gesellschafter zu zahlenden Abfindung, und zwar auch, wenn der Gesellschafter bereits aus der Gesellschaft ausgeschieden ist.

(2) Das Schiedsgericht besteht aus zwei Schiedsrichtern und einem Obmann. Jeder Beteiligte benennt einen Schiedsrichter. Diese benennen sodann einen Obmann. Der Obmann muss die die Befähigung zum Richteramt haben. Erfolgt die Benennung nicht jeweils innerhalb von zwei Wochen, so ist der Kläger befugt, den Präsidenten des für den Satzungssitz der Gesellschaft örtlich zuständigen Oberlandesgerichts um die Benennung des zweiten Schiedsrichters bzw. des Obmanns zu ersuchen, der die Benennung sodann vorzunehmen hat.

(3) Ort des schiedsrichterlichen Verfahrens ist der Satzungssitz der Gesellschaft. Die Verfahrenssprache ist deutsch. Die Schiedsrichter haben das deutsche materielle Recht anzuwenden

(4) Wird gegen die Gesellschaft eine gerichtliche Klage erhoben, deren Streitgegenstand der Schiedsabrede gemäß vorstehendem Abs. 1 unterfällt, sind die Gesellschafter verpflichtet, darauf hinzuwirken, dass die Gesellschaft die Einrede des Schiedsvertrags gegenüber der Klage erhebt

(5) Soweit vorliegend nicht eine abweichende Regelung getroffen wird, und das 10. Buch der ZPO keine Regelung enthält, werden die Verfahrensregeln vom Schiedsgericht nach freiem Ermessen bestimmt. Das Schiedsgericht ist insbesondere berechtigt, über die Zulässigkeit einer Beweiserhebung zu entscheiden, diese durchzuführen und das Ergebnis frei zu würdigen. Der Schiedsspruch ist schriftlich abzusetzen. Für die Zustellung und Niederlegung gelten die Vorschriften der ZPO, die auch im übrigen anzuwenden sind

(6) Für Beschlussmängelstreitigkeiten und sonstige Schiedsverfahren, die mit dem Ziel eingeleitet werden, die Wirkungen des Schiedsspruchs auf mehr als die beiden Beteiligten zu erstrecken, gelten für die Benennung und das Verfahren folgende weitere besondere Regelungen:
a) Die Klage ist gegenüber der Gesellschaft schriftlich zu erklären. Die Gesellschaft hat die Klageschrift innerhalb von zwei Wochen nach Erhalt den übrigen Gesellschaftern und sonstigen Organmitgliedern in Ablichtung durch eingeschriebenen Brief, wobei ein Einwurfeinschreiben genügt, mit der Aufforderung zuzuleiten, innerhalb von zwei Wochen der Gesellschaft gegenüber schriftlich zu erklären, ob und auf welcher Seite sie sich am Schiedsverfahren beteiligen (Anmeldefrist).
b) Die Gesellschaft hat innerhalb von zwei Wochen nach Ablauf der Anmeldefrist allen nach Anmeldung Verfahrensbeteiligten den Kreis der Verfahrensbeteiligten schriftlich mit der Aufforderung mitzuteilen, dass jede Seite einen Schiedsrichter benennt. Die Benennung des Schiedsrichters der Gesellschaft erfolgt durch einstimmigen Beschluss der Personen, die sich für die Gesellschaft angemeldet haben. Die Benennung des Schiedsrichters der Kläger erfolgt durch einstimmigen Beschluss dieser und der Personen, die sich auf Seiten der Kläger angemeldet haben. Kommt ein einstimmiger Beschluss nicht innerhalb von zwei Wochen nach Zugang der Aufforderung bei allen Verfahrensbeteiligten zustande, ist der Kläger befugt, den Präsidenten des für den Sat-

zungssitz der Gesellschaft örtlich zuständigen Oberlandesgerichts den Schiedsrichter zu benennen. Für die Benennung des Obmanns gilt die Reglung in Abs. 2 entsprechend.

c) Die Gesellschaft hat den Termin für die erste mündliche Verhandlung des Schiedsgerichts allen Gesellschaftern und Organmitgliedern mindestens zwei Wochen zuvor schriftlich mitzuteilen. Alle Gesellschafter und Organmitglieder sind befugt, dem Schiedsverfahren als Nebenintervenient im Sinne des § 69 ZPO beizutreten. Darauf ist in der Mitteilung des Termins von der Gesellschaft hinzuweisen.

d) Während der Dauer eines Schiedsverfahrens sind weitere gesonderte Schiedsverfahren oder sonstige Verfahren im Hinblick auf denselben Streitgegenstand nicht zulässig. Gehen mehrere Klagen mit identischem Streitgegenstand am selben Tage bei der Gesellschaft ein, so sind, sofern bis dahin kein Schiedsverfahren mit diesem Streitgegenstand anhängig war, die entsprechenden Verfahren zusammenzuführen.

e) Schiedssprüche sowie sonstige Entscheidungen des Schiedsgerichts wirken gegenüber allen an der Gesellschaft beteiligten Gesellschaftern, Organen, Organmitgliedern und der Gesellschaft entsprechend §§ 248 Abs. 1 S. 1, 249 Abs. 1 S. 1 AktG, und zwar unabhängig davon, ob der einzelne Gesellschafter an dem Verfahren teilgenommen hat.

22. Bekanntmachungen

437 Die Festlegung eines Veröffentlichungsblattes in der Satzung ist seit dem 1. April 2005 nicht mehr erforderlich, da gemäß § 12 S. 1 GmbHG nun der elektronische Bundesanzeiger das gesetzliche Gesellschaftsblatt ist. Dies gilt gemäß § 12 S. 3 GmbHG auch, wenn in alten Satzungen die Bekanntmachung »im Bundesanzeiger« vorgesehen war. Die Festlegung des elektronischen Bundesanzeigers als Gesellschaftsblatt in der Satzung hat lediglich klarstellende Funktion.

438 M **Formulierungsvorschlag: Bekanntmachungen**
Die Bekanntmachungen der Gesellschaft erfolgen im elektronischen Bundesanzeiger.

23. Salvatorische Klausel

439 Es empfiehlt sich regelmäßig, in die Satzung der GmbH eine salvatorische Klausel aufzunehmen. Bei der Formulierung dieser Klausel sollte zur Wahrung des Formerfordernisses von Satzungsänderungen (Beurkundung der entsprechenden Regelung gemäß § 53 GmbHG) davon abgesehen werden in die salvatorische Klausel eine Fiktion des Inhaltes aufzunehmen, dass »diejenige Bestimmung als vereinbart« gelte, die der unwirksamen Bestimmung möglichst nahe kommt. Vorzugswürdig ist, eine Anpassungspflicht vorzusehen.

440 M **Formulierungsvorschlag: Salvatorische Klausel**
Sollte eine der Bestimmungen dieses Gesellschaftsvertrages nicht rechtswirksam sein oder sollte sich in dem Vertrag eine Lücke herausstellen, so wird hierdurch die Gültigkeit der übrigen Vertragsvorschriften nicht berührt. Die Gesellschafter sind jedoch verpflichtet, dann eine Ergänzungsvereinbarung zu treffen, die gewährleistet, dass anstelle der unwirksamen Bestimmungen oder zur Ausfüllung der Lücke eine angemessene Regelung tritt, die – soweit nur möglich – dem am nächsten kommt, was die Gesellschafter nach dem Sinn und Zweck dieses Vertrages gewollt haben.

VII. Anmeldung der GmbH zum Handelsregister

1. Allgemeines

Die GmbH ist gemäß § 7 Abs. 1 GmbHG nach ihrer Gründung zur Eintragung in das Handelsregister anzumelden. Erst mit ihrer Eintragung in das Handelsregister entsteht die GmbH gemäß § 11 Abs. 1 GmbHG als solche. 441

Vor der **Anmeldung** der Gesellschaft sind die in der Satzung festgesetzten und von den Gründern mit Abschluss der Übernahmeverträge übernommenen **Bareinlagen** und **Sacheinlagen** an die Gesellschaft **zu leisten**. Dabei muss nach § 7 Abs. 2 GmbHG auf jeden nicht mit Sacheinlagen zu belegenden Geschäftsanteil ein Viertel seines Nennbetrags eingezahlt sein. Sacheinlagen sind vor der Anmeldung der Gesellschaft zur Eintragung in das Handelsregister vollständig an die Gesellschaft zu bewirken. Insgesamt muss auf das Stammkapital mindestens soviel eingezahlt sein, dass der Gesamtbetrag der eingezahlten Geldeinlagen zuzüglich des Gesamtnennbetrags der Geschäftsanteile, für die Sacheinlagen zu leisten sind, die Hälfte des Mindeststammkapitals gemäß § 5 Abs. 1 GmbHG, also 12.500,00 Euro erreicht. 442

2. Zuständigkeit und anmeldepflichtige Personen

Die Anmeldung der Gesellschaft hat bei dem **Amtsgericht** als Registergericht zu erfolgen, in dessen Bezirk das jeweils für den Gesellschaftssitz im Sinne des § 4a GmbHG, also den Satzungssitz zuständige Landgericht seinen Sitz hat. Dieses ist für die Anmeldung der GmbH zum Handelsregister sachlich und örtlich ausschließlich zuständig gemäß § 7 Abs. 1 GmbHG i.V. mit § 8 HGB, § 376 Abs. 1 FamFG. Wurde die Handelsregisterführung für mehrere Gerichtsbezirke auf ein Amtsgericht nach § 376 Abs. 2 S. 1 FamFG übertragen, ist dieses zuständig. 443

Zur Vornahme der Anmeldung verpflichtet sind die **Geschäftsführer** der Vor-Gesellschaft. Die Anmeldung der der Gesellschaft muss gemäß §§ 78, 7 Abs. 1 GmbHG durch sämtliche Geschäftsführer der Gesellschaft erfolgen. Auch etwaige Stellvertreter von Geschäftsführern gemäß § 44 GmbHG sind anmeldepflichtig. Die Anmeldung durch Geschäftsführer in vertretungsberechtigter Zahl genügt nicht. Die Anmeldung hat durch die Geschäftsführer höchstpersönlich zu erfolgen. Eine rechtsgeschäftliche Vertretung der Geschäftsführer ist bei der Handelsregisteranmeldung ausgeschlossen. Dies gilt unstreitig für die von den Geschäftsführern abzugebenden Versicherungen nach § 8 Abs. 2, 3 GmbHG und nach h.M. auch für die Abgabe der Anmeldungserklärung als solcher.[561] Die Handelsregisteranmeldung muss daher von allen vorhandenen Geschäftsführern persönlich unterzeichnet werden. Nicht erforderlich ist jedoch, dass alle Geschäftsführer die Anmeldung gleichzeitig unterzeichnen. Ebenfalls nicht erforderlich ist, dass alle Geschäftsführer dieselbe Anmeldungsurkunde unterzeichnen. Die Anmeldung kann auch im Wege der Unterzeichnung unterschiedlicher Anmeldungsurkunden, erfolgen, die jedoch inhaltsgleich sein müssen. 444

3. Form

Die Anmeldung hat gemäß § 12 Abs. 1 HGB in öffentlich beglaubigter Form zu erfolgen. Seit dem Inkrafttreten des EHUG am 1.1.2008 sind Anmeldungen dem Handelsregister gemäß § 12 Abs. 1 GmbHG elektronisch einzureichen. Nach h.M. besteht zwar nach § 378 FamFG keine vermutete Vollmacht zur Einreichung des die Gründung der GmbH beurkundenden Notars, wohl aber eine Ermächtigung des die Anmeldungserklärung beglaubigenden Notars zur Einreichung beim Handelsregister.[562] 445

---
561 Baumbach/Hueck/*Fastrich*, § 7 Rn. 3.
562 Baumbach/Hueck/*Fastrich*, § 7 Rn. 3.

4. Inhalt der Anmeldung

a) Gesellschaft und Geschäftsführer

446 Den **Inhalt der Anmeldung** regeln §§ 7, 8 GmbHG. Danach ist zunächst die Gesellschaft selbst zur Eintragung in das Handelsregister anzumelden. Weiter sind die Geschäftsführer der Gesellschaft zur Eintragung in das Handelsregister anzumelden. In der Anmeldung sind der Familienname, Vorname, Geburtstag und Wohnort jedes **Geschäftsführers** aufzuführen (§ 43 HRV).

b) Inländische Geschäftsanschrift

447 Nach § 8 Abs. 4 Nr. 1 GmbHG, der durch das MoMiG eingeführt worden ist, ist in der Anmeldung die **inländische Geschäftsanschrift** der Gesellschaft angegeben werden. Dies soll Zustellungsprobleme vermeiden, die bisher zu Lasten der Gläubiger bestehen konnten. Die Gesellschaft kann die Geschäftsanschrift im Inland grundsätzlich frei wählen. Ist die Zustellung weder unter der eingetragenen Geschäftsanschrift noch bei einer anderen gemäß § 10 Abs. 2 GmbHG eingetragenen empfangsberechtigten Person möglich, kann künftig öffentlich nach §§ 185 Abs. 2 ZPO, 15a HGB zugestellt werden, wenn keine andere Anschrift bekannt ist.

c) Vertretungsbefugnis

448 Gemäß § 8 Abs. 4 Nr. 2 GmbHG ist die Art und der Umfang der Vertretungsbefugnis der Geschäftsführer anzumelden. Anzumelden ist danach sowohl die **abstrakte Vertretungsbefugnis** aller oder einzelner Geschäftsführer als auch die **konkrete Vertretungsbefugnis** eines Geschäftsführers, wenn diese von der abstrakten Vertretungsbefugnis abweicht. Die abstrakte Vertretungsbefugnis aller oder einzelner Geschäftsführer richtet sich nach dem Gesellschaftsvertrag oder mangels Regelung im Gesellschaftsvertrag nach dem Gesetz (§ 35 Abs. 1 und 2 GmbHG). Die konkrete Vertretungsbefugnis eines Geschäftsführers kann von der abstrakte Vertretungsbefugnis abweichen, wenn die Satzung eine entsprechende Ermächtigung zur Abweichung von der abstrakten Vertretungsbefugnis beinhaltet und von dieser Ermächtigung Gebrauch gemacht wird. Auch die Befreiung von den Beschränkungen des § 181 BGB ist eintragungspflichtig und daher anzumelden. Dies gilt auch für die Befreiung des Alleingesellschafter-Geschäftsführers von dem Verbot des Insichgeschäfts.[563]

449 Diese Unterscheidung ist für die Anmeldung auch bei einer Gesellschaftsgründung unter Inanspruchnahme des gesetzlichen **Musterprotokolls** beizubehalten.[564] Nach nunmehr wohl h.M. enthält das Musterprotokoll in seiner Ziffer 4. keine Regelung der abstrakten Vertretungsbefugnis[565] und damit auch keine Abweichung von der in § 35 Abs. 1 und Abs. 2 GmbHG vorgesehenen gesetzlichen Vertretungsbefugnis. Die abstrakte Vertretungsbefugnis der Geschäftsführer entspricht bei Musterprotokollgründungen also der im Gesetz geregelten Vertretungsbefugnis. Danach ist der Geschäftsführer einzelvertretungsbefugt, solange er alleiniger Geschäftsführer ist. Gesamtvertretungsbefugnis besteht, wenn mehrere Geschäftsführer bestellt sind. Dies ist als abstrakte Vertretungsbefugnis zum Handelsregister anzumelden.

---

563 BGH DNotZ 1983, 633 = NJW 1983, 1676 = BGHZ 87, 59.
564 OLG Stuttgart DNotZ 2010, 71 = NZG 2009, 754 = ZIP 2009, 1011; OLG Hamm NZG 2009, 1431 = ZIP 2009, 2246 = GmbHR 2009, 1334; DNotI-Gutachten Fax-Abruf-Nr. 90975 vom 3. März 2009.
565 OLG Hamm NZG 2009, 1431 = ZIP 2009, 2246 = GmbHR 2009, 1334.

Bei der im Musterprotokoll enthaltenen Befreiung von den Beschränkungen des § 181 BGB handelt es sich um eine konkrete Vertretungsregelung.[566] Da diese von der abstrakten Vertretungsbefugnis abweicht, ist sie gemäß §§ 8 Abs. 4 Nr. 2, 10 Abs. 1 S. 2 GmbHG zur Eintragung in das Handelsregister anzumelden. Da es sich um eine konkrete Vertretungsregelung handelt, gilt die Befreiung von den Beschränkungen des § 181 BGB nicht automatisch für einen weiteren Geschäftsführer. Sie besteht jedoch für den »Gründungsgeschäftsführer« im Rahmen der Gesamtvertretungsbefugnis fort, wenn ein weiterer Geschäftsführer bestellt wird.[567]

Nicht eintragungsfähig und nicht angemeldet werden kann die Befreiung von den Beschränkungen des § 181 BGB unter der Voraussetzung, dass Geschäftsführer Alleingesellschafter ist, da das nicht aus dem Handelsregister hervorgeht.[568] Nicht eintragungsfähig und nicht angemeldet werden kann die bloße Ermächtigung der Gesellschafterversammlung, Geschäftsführer von den Beschränkungen des § 181 BGB zu befreien, wenn davon kein Gebrauch gemacht ist[569] sowie die bloße Ermächtigung zur Erteilung von Einzelvertretungsmacht, wenn davon kein Gebrauch gemacht ist.[570]

d) Einzahlungsversicherung der Geschäftsführer

In der Anmeldung haben alle Geschäftsführer die **Versicherung** abzugeben, dass die in § 7 Abs. 2 und 3 GmbHG bezeichneten **Leistungen** auf die Geschäftsanteile **bewirkt** sind und dass der Gegenstand der Leistungen sich endgültig in ihrer freien Verfügung befindet. Es muss zwar nicht das Wort »Versicherung« enthalten sein, zur Vermeidung von Nachfragen des Gerichts ist zur Verwendung des Begriffs »Versicherung« jedoch zu raten. Die Versicherung kann entweder in der Anmeldung selbst oder nach h.M. auch gesondert in öffentlich beglaubigter Form erklärt werden.[571]

Bei der Versicherung nach §§ 8 Abs. 2, 7 Abs. 2 GmbHG müssen die Geschäftsführer im einzelnen angeben, welcher Gesellschafter was auf welche Art und Weise geleistet hat. Übernimmt ein Gesellschafter bei der Gründung der GmbH mehrere Geschäftsanteile, ist die Einlageleistung für jeden Geschäftsanteil gesondert zu beziffern.[572] Die bloße Wiederholung des Gesetzeswortlauts des § 8 Abs. 2 GmbHG genügt nicht. Ebensowenig genügt die Angabe, dass auf jeden Geschäftsanteil »die gesetzliche Mindestleistung« oder »ein Viertel« geleistet sei.[573] Das Registergericht muss in die Lage versetzt werden, seiner Prüfungsaufgabe anhand konkreter Angaben nachzukommen. Nur bei Volleinzahlung genügt eine eindeutige entsprechende Erklärung der Geschäftsführer in der Anmeldung.[574]

Die Registergerichte verlangen seit Inkrafttreten des MoMiG auf der Grundlage des § 19 Abs. 5 S. 2 GmbHG n.F. teilweise generell eine **Negativangabe**, dass eine Rückzahlung der Einlage weder erfolgt noch vereinbart ist, und zwar auch, wenn hierfür keine Anhaltspunkte bestehen. Ein solches Verlangen der Registerpraxis ist mit dem Gesetz nicht vereinbar. Nach dem Gesetzeswortlaut des § 19 Abs. 5 S. 2 GmbHG n.F. ist lediglich die Leistung, mit der eine Einlage zurückgezahlt wird oder die Vereinbarung einer solchen Leistung anzugeben. Dies bedeutet im Umkehrschluss, dass nichts anzugeben ist, wenn

---

566 OLG Stuttgart DNotZ 2010, 71 = NZG 2009, 754 = ZIP 2009, 1011.
567 OLG Hamm NZG 2009, 1431 = ZIP 2009, 2246 = GmbHR 2009, 1334; DNotI-Gutachten Fax-Abruf-Nr. 90975 vom 3. März 2009; a.A. OLG Stuttgart DNotZ 2010, 71 = NZG 2009, 754 = ZIP 2009, 1011.
568 BGH DNotZ 1983, 633 = NJW 1983, 1676 = BGHZ 87, 59; Baumbach/Hueck/*Fastrich*, § 8 Rn. 19.
569 OLG Hamm DB 1996, 2272; BayObLG BB 1982, 577; OLG Frankfurt a.M. BB 1984, 238; DB 1993, 2174; OLG Karlsruhe BB 1984, 238.
570 OLG Hamm GmbHR 1993, 500.
571 Baumbach/Hueck/*Fastrich*, § 8 Rn. 11.
572 Baumbach/Hueck/*Fastrich*, § 8 Rn. 12.
573 BayObLG DNotZ 1980, 646; OLG Hamm GmbHR 1983, 102; OLG Celle GmbHR 1986, 309.
574 OLG Düsseldorf DNotZ 1986, 180; OLG Frankfurt a.M. BB 1992, 1160.

weder eine Leistung noch die Vereinbarung einer solchen im Raume stehen. Dafür spricht auch die systematische Stellung des § 19 Abs. 5 S. 2 GmbHG n.F., der sich auf den Sonderfall einer Einlagenrückzahlung nach § 19 Abs. 5 S. 1 GmbHG n.F. bezieht. Hätte der Gesetzgeber für alle Fälle der Anmeldung eine Angabe für erforderlich gehalten, ob Einlagen zurückgezahlt worden sind oder nicht, wäre dies richtigerweise in § 8 GmbHG zu regeln gewesen. Schließlich führt die mangelnde Offenlegung des Hin- und Herzahlens zur Strafbarkeit des Geschäftsführers der Gesellschaft gemäß § 82 Abs. 1 Nr. 1 GmbHG, so dass eine ausdrückliche Negativangabe auch vor diesem Hintergrund entbehrlich ist.

455 Da bei der UG (haftungsbeschränkt) nach § 5 a Abs. 2 GmbHG die Anmeldung erst nach Volleinzahlung des Stammkapitals erfolgen darf, kann und muss bei ihrer Anmeldung die Volleinzahlung des Stammkapitals versichert werden.

456 Bei **Sacheinlagen** sind die Übereinstimmung der geleisteten Gegenstände mit den im Gesellschaftsvertrag festgesetzten Gegenständen sowie die wirksame Erfüllung zu versichern. Bei Sachübernahme ist in die Versicherung auch die Durchführung und Höhe der Verrechnung aufzunehmen.

457 Nach ganz h.M. ist in Versicherung nach § 8 Abs. 2 GmbHG auch Angaben zu erklären, ob und inwieweit Anfangskapital durch Verbindlichkeiten **vorbelastet** ist.[575] Die Minderung oder Belastung des Stammkapitals durch gründungsbedingte Gebühren und Kosten ist unschädlich und muss in der Versicherung nicht erwähnt werden, wenn diese im Gesellschaftsvertrag wirksam als Gründungsaufwand festgesetzt worden sind. Alle übrigen im Zeitpunkt der Anmeldung bestehenden, nichtausgeglichenen Minderungen oder Belastungen des Anfangskapitals müssen angegeben werden. Bereits im Zeitpunkt der Anmeldung unrichtige Angaben sind zu berichtigen. Durch Veränderungen nach der Anmeldung wird die Versicherung nicht unrichtig. Es besteht daher nach h.M. auch keine Nachmeldepflicht der Geschäftsführer.[576] Vor der Handelsregisteranmeldung entstandene und bis zur Handelsregisteranmeldung nicht ausgeglichene Vorbelastungen, stellen ein **Eintragungshindernis** dar.[577] Das Registergericht kann und muss nach h.M. die Eintragung der Gesellschaft in diesem Falle ablehnen.

458 **Maßgebender Zeitpunkt** für die Beurteilung der Richtigkeit der Versicherung über die Leistung der Einlagen ist der Eingang der Erklärung beim Registergericht und nicht etwa der Zeitpunkt der Abgabe der Erklärungen beim Notar.[578]

e) Versicherung über Nichtvorliegen von Bestellungshindernissen

459 In der Anmeldung haben die Geschäftsführer weiter zu versichern, dass keine Umstände vorliegen, die ihrer **Bestellung** nach § 6 Abs. 2 S. 2 Nrn. 2 und 3 sowie § 6 Abs. 2 S. 3 entgegenstehen, und dass sie über ihre unbeschränkte Auskunftspflicht nach § 53 Abs. 2 des Bundeszentralregistergesetzes gegenüber dem Gericht belehrt worden sind. Der Katalog der Ausschlussgründe und damit der Inhalt er Versicherung wurde durch das MoMiG erheblich erweitert. Da § 8 Abs. 3 GmbHG jedoch nicht auf § 6 Abs. 2 S. 2 Nr. 1 GmbHG verweist, muss sich die Versicherung des Geschäftsführers nicht auf das Nichtvorliegen eines Einwilligungsvorbehalts gemäß § 1903 BGB erstrecken.

460 Zu beachten ist, dass eine allgemein gehaltene vom Geschäftsführer in der Anmeldung zum Handelsregister gemäß § 8 Abs. 3 GmbHG abgegebene Versicherung, er sei »noch nie, weder im Inland noch im Ausland, wegen einer Straftat verurteilt worden«, den gesetzlichen

---

575 Baumbach/Hueck/*Fastrich*, § 8 Rn. 14 m.w.N.; Scholz/Winter/*Veil*, § 8 Rn. 24; Michalski/*Heyder*, § 8 Rn. 30.
576 Baumbach/Hueck/*Fastrich*, § 8 Rn. 14; Lutter/Hommelhoff/*Bayer*; § 8 Rn. 12.
577 Baumbach/Hueck/*Fastrich*, § 9 c Rn. 11 m.w.N.; Michalski/*Heyder*, § 9 c Rn. 27.
578 Baumbach/Hueck/*Fastrich*, § 8 Rn. 12; Michalski/*Heyder*, § 8 Rn. 25; Scholz/Winter/*Veil*, § 8 Rn. 21; Gutachten in DNotI-Report 2003, 115 f.

Anforderungen nach Auffassung des BGH[579] genügt. Es ist weder erforderlich, die in § 6 Abs. 2 S. 2 Nr. 3 GmbHG genannten Straftatbestände noch die in Rede stehenden vergleichbaren Bestimmungen des ausländischen Rechts in der Versicherung im Einzelnen aufzuführen. Eine Versicherung des Geschäftsführers, er sei »noch nie, weder im Inland noch im Ausland, wegen einer Straftat verurteilt worden«, beinhaltet in hinreichender Weise die Information, dass er (auch) nicht wegen einer vorsätzlich begangenen Straftat im Sinne des Katalogs des § 6 Abs. 2 S. 2 Nr. 3 GmbHG bzw. einer vergleichbaren Auslandstat verurteilt wurde. Damit hat das Registergericht die für die Eintragungsentscheidung erforderliche tatsächliche Information erhalten, der Gesetzeszweck ist vollständig erreicht.

461 Werden die Bestellungshindernisse in der Versicherung jedoch im einzelnen aufgeführt, so ist zu beachten, dass in Teilen des Bundesgebiets (insbesondere in Bayern) die Übernahme des Gesetzeswortlauts des § 6 Abs. 2 S. 2 Nr. 2 des GmbH-Gesetzes in die Versicherung insoweit für unzulässig gehalten wird, als der Geschäftsführer versichert, dass er weder aufgrund eines gerichtlichen Urteils oder einer vollziehbaren Entscheidung einer Verwaltungsbehörde einen Beruf, einen Berufszweig, ein Gewerbe oder einen Gewerbezweig *im Bereich des Unternehmensgegenstands* nicht ausüben darf. Da die Überprüfung, ob ein etwaiges Tätigkeitsverbot in den Bereich des Unternehmensgegenstands falle, dem Registergericht und nicht dem die Versicherung abgebenden Geschäftsführer obliege, dürfe diese Beschränkung nicht in die Versicherung aufgenommen werden. Vielmehr müsse ein etwaiges Verbot offen gelegt oder jegliches Verbot verneint werden.[580]

462 Bei einem **Geschäftsführerwechsel** vor Eintragung der Gesellschaft hat der neue Geschäftsführer in jedem Fall die Versicherung nach § 8 Abs. 3 GmbHG abzugeben, dass keine Bestellungshindernisse in seiner Person bestehen. Die Abgabe der Versicherung nach § 8 Abs. 2 GmbHG ist nur erforderlich, wenn er Anmeldung ergänzt und daher als Anmeldender zur nachträglichen Berichtigung oder Ergänzung verpflichtet ist.[581]

5. Anlagen zur Anmeldung

a) Checkliste

463 **Checkliste: Anlagen zur Anmeldung**
Der Anmeldung müssen gemäß § 8 Abs. 1 GmbHG folgende **Unterlagen** in elektronischer Form (§ 8 Abs. 2 GmbHG i.V. mit § 12 Abs. 2 HGB) als **Anlagen** beigefügt sein:

- der Gesellschaftsvertrag oder eine beglaubigte Abschrift dieser Urkunde;
- die notariell errichtete oder beglaubigte Vollmacht des den Gesellschaftsvertrag unterzeichnenden Bevollmächtigten im Falle der rechtsgeschäftlichen Vertretung eines Gründers, oder eine beglaubigte Abschrift dieser Urkunde,
- die Legitimation der Geschäftsführer, sofern dieselben nicht im Gesellschaftsvertrag bestellt sind, also der Gesellschafterbeschluss oder sonstiger Bestellungsakt in Urschrift oder beglaubigter Abschrift, bei zulässiger mündlicher Bestellung elektronische Aufzeichnung der schriftlichen Bestätigung der Mitglieder des Bestellungsorgans;
- Gesellschafterliste auf von der Anmeldung gesonderten Blatt, die von den Anmeldenden, d.h. sämtlichen Geschäftsführern unterschrieben sein muss und aus der Name, Vorname, Geburtsdatum und Wohnort der Gesellschafter sowie die Nennbeträge und die laufenden Nummern der von einem jeden von ihnen übernommenen Geschäftsanteile ersichtlich sind; halten mehrere Personen einen Geschäftsanteil gemeinschaftlich

---

579 BGH, Beschl. v. 17.5.2010 – II ZB 5/10.
580 Vgl. BayObLGZ 1981, 396 ff.
581 Baumbach/Hueck/*Fastrich*, § 8 Rn. 11; a.A. MünchHdb. GesR III/*Riemenschneider/Freitag*, GmbH, § 8 Rn. 10.

2. Kapitel Recht der Gesellschaft mit beschränkter Haftung

> sind alle Personen aufzuführen sowie die Art des Gemeinschaftsverhältnisses; eine Gesellschafterliste erübrigt sich jedoch bei Gründung im vereinfachten Verfahren, dort ersetzt das Musterprotokoll nach § 2 Abs. 1 GmbHG die Gesellschafterliste; die Unterzeichnung der Gesellschafterliste durch den Notar ist nach dem Gesetz bei der anlässlich der Gründung einzureichenden Gesellschafterliste vorgesehen.
> - bei Sachgründungen
>   - die Verträge, die den Festsetzungen zugrunde liegen oder zu ihrer Ausführung geschlossen worden sind, soweit diese wenigstens in Schriftform verfügbar sind; andernfalls ist nach h.M. die Angabe, dass diese fehlt hinreichend aber auch erforderlich;[582]
>   - der Sachgründungsbericht, der von allen Gründern unterzeichnet sein muss;
>   - Unterlagen darüber, dass der Wert der Sacheinlagen den Nennbetrag der dafür übernommenen Geschäftsanteile erreicht, damit das Registergericht der ihm mangels gesonderter Gründungsprüfung, nach § 9 c GmbHG zugewiesenen Prüfungspflicht nachkommen kann.

464 Grundsätzlich nicht beigefügt sein müssen der Anmeldung seit Inkrafttreten des MoMiG am 1.11.2008 etwaige **Genehmigungsurkunden** für den Fall, dass der Gegenstand des Unternehmens einer staatlichen Genehmigung bedarf. Die entsprechende Regelung des § 8 Abs. 1 Nr. 6 GmbHG a.F. wurde ersatzlos gestrichen. Dies gilt jedoch nicht, wenn in den die Genehmigungsbedürftigkeit begründenden Spezialgesetzen ausnahmsweise eine **Registersperre** für Eintragungen in öffentliche Register ohne Vorlage der erforderlichen Genehmigung angeordnet ist. Dies ist beispielsweise bei § 43 KWG der Fall.

b) Gestaltungsvorschlag: Gesellschafterliste anlässlich Gründung

465 Die Gesellschafter sind im nachfolgenden Gestaltungsvorschlag gleichzeitig auch Geschäftsführer der GmbH. Unterzeichnen müssen die Gesellschafterliste lediglich die Geschäftsführer. Bei Fremdgeschäftsführung ist eine Unterzeichnung der Gesellschafterliste durch die Gesellschafter nicht erforderlich und kann die Unterzeichnung durch die Geschäftsführer nicht ersetzen.

466 M

**Liste der Gesellschafter der
Franz Wilhelm & Xaver Friedrich GmbH
mit dem Sitz in Bergisch Gladbach**

Nr. des Geschäftsanteils	Vor- und Nachname/ Firma des Gesellschafters Geburtsdatum	Wohnort/Sitz des Gesellschafters	Nennbetrag d. Geschäftsanteils
1	Franz Wilhelm 1.1.1985	Köln	12.500,00 EUR
2	Xaver Friedrich 1.1.1975	Bergisch Gladbach	12.500,00 EUR
Stammkapital (EUR)			**25.000,00 EUR**
Bergisch Gladbach, den …		2010	
Franz Wilhelm Geschäftsführer			Xaver Friedrich Geschäftsführer

---

[582] Baumbach/Hueck/*Fastrich*, § 8 Rn. 8.

6. Formulierungsvorschläge Handelsregisteranmeldung

Formulierungsvorschlag: Anmeldung Bargründung Ein-Personen-GmbH   467 M

An das
Amtsgericht ... – Handelsregister

Betr.: Neuanmeldung der ...-Gesellschaft mit beschränkter Haftung mit dem Sitz in ...

Als Geschäftsführer der
...-Gesellschaft mit beschränkter Haftung
in ... (Satzungssitz) überreicht der Unterzeichnete ... (Name), ... (Beruf), geboren am ..., geschäftsansässig/wohnhaft ... (Straße), ... (Ort), als Anlage

1. beglaubigte Abschrift der notariellen Niederschrift vom ... (Datum) – UR.Nr. .../... des Notars ... (Name) in ... (Ort der Amtsstelle) –, die enthält
    a) den Gesellschaftsvertrag,
    b) die Bestellung des Unterzeichneten zum Geschäftsführer der Gesellschaft,
2. die beglaubigte Vollmacht/beglaubigte Ablichtung der notariellen Ausfertigung der Vollmacht der Vertreter, die den Gesellschaftsvertrag unterzeichnet haben,
3. die unterzeichnete Liste der Gesellschafter

Der Unterzeichnete meldet hiermit die Gesellschaft und sich als deren Geschäftsführer zur Eintragung in das Handelsregister an.
Weiter wird zur Eintragung in das Handelsregister angemeldet:
   a) Abstrakte Vertretungsregelung
   (für unechte gemischte Gesamtvertretung mit Ermächtigung zur Erteilung von Einzelvertretung und Befreiung von § 181 BGB)
   Ist nur ein Geschäftsführer berufen, so vertritt er die Gesellschaft allein. Sind mehrere Geschäftsführer bestellt, so wird die Gesellschaft durch zwei Geschäftsführer gemeinsam oder durch einen Geschäftsführer in Gemeinschaft mit einem Prokuristen vertreten, soweit nicht durch Beschlussfassung der Gesellschafterversammlung Geschäftsführern die Befugnis zur Einzelvertretung eingeräumt wird.
   Geschäftsführer können durch Beschlussfassung der Gesellschafterversammlung von den in § 181 des Bürgerlichen Gesetzbuches geregelten Beschränkungen befreit werden.
   b) Konkrete Vertretungsmacht
   (des bestellten Geschäftsführers, der einzelvertretungsbefugt und von § 181 BGB befreit ist)
   Der Unterzeichnete ist zum Geschäftsführer der Gesellschaft bestellt. Er ist als Geschäftsführer stets einzelvertretungsbefugt und von den in § 181 des Bürgerlichen Gesetzbuches geregelten Beschränkungen befreit.
   Der unterzeichnende Geschäftsführer versichert, dass auf sämtliche Geschäftsanteile die Einzahlung jeweils in voller Höhe des Nennbetrags, also in Höhe von ... Euro, in bar bewirkt ist und dass sich der eingezahlte Betrag endgültig in seiner freien Verfügung befindet. Ferner versichert er, dass das Stammkapital – außer den Gründungskosten im Betrag von höchstens ... Euro – nicht durch Verbindlichkeiten vorbelastet ist.

2. Kapitel — Recht der Gesellschaft mit beschränkter Haftung

Der unterzeichnende Geschäftsführer versichert weiter, dass keine Umstände vorliegen, die seiner Bestellung nach § 6 Abs. 2 S. 2 Nrn. 2 und 3 sowie S. 3 des GmbH-Gesetzes entgegenstehen, und dass er weder

1. aufgrund eines gerichtlichen Urteils oder einer vollziehbaren Entscheidung einer Verwaltungsbehörde einen Beruf, einen Berufszweig, ein Gewerbe oder einen Gewerbezweig (*im Bereich des Unternehmensgegenstands; siehe dazu Rdn. 459*) nicht ausüben darf, noch
2. im Inland wegen einer oder mehrerer vorsätzlich begangener Straftaten
   des Unterlassens der Stellung des Antrags auf Eröffnung des Insolvenzverfahrens (Insolvenzverschleppung),
   nach den §§ 283 bis 283d des Strafgesetzbuchs (Insolvenzstraftaten),
   der falschen Angaben nach § 82 des GmbH-Gesetzes oder § 399 des Aktiengesetzes,
   der unrichtigen Darstellung nach § 400 des Aktiengesetzes, § 331 des Handelsgesetzbuchs, § 313 des Umwandlungsgesetzes oder § 17 des Publizitätsgesetzes oder
   nach den §§ 263 bis 264a oder den §§ 265b bis 266a des Strafgesetzbuchs zu einer Freiheitsstrafe von mindestens einem Jahr oder
3. im Ausland wegen einer Tat, die mit den in Ziffer 2. genannten Taten vergleichbar ist, verurteilt worden ist.

Ihm ist bekannt, dass der Ausschluss gemäß vorstehender Ziffer 2. und 3. für die Dauer von 5 Jahres seit der Rechtskraft des Urteils gilt, in welcher der Täter auf behördliche Anordnung in einer Anstalt verwahrt worden ist. Er versichert ferner, dass er von dem seine Unterschrift unter dieser Registeranmeldung beglaubigenden Notar nach § 53 Abs. 2 des Bundeszentralregistergesetzes über seine unbeschränkte Auskunftspflicht gegenüber dem Gericht belehrt worden ist. Außerdem versichert er, dass der Notar über die Strafbarkeit falscher Angaben im Rahmen dieser Handelsregisteranmeldung und darüber belehrt hat, dass das Registergericht zur Überprüfung der Angaben einen Auszug aus dem Bundeszentralregister über strafrechtliche Verurteilungen und andere Eintragungen (z.B. Untersagung der Ausübung eines Berufes, Berufszweiges, Gewerbes oder Gewerbezweiges) einholen kann.
Der Geschäftsführer ist darauf hingewiesen worden, dass er verpflichtet sind, bei jeder Änderung im Gesellschafterbestand unverzüglich eine neue Liste der Gesellschafter dem Handelsregister einzureichen, anderenfalls er den Gläubigern der Gesellschaft für den daraus entstandenen Schaden persönlich haftet (§ 40 Abs. 3 GmbHG).
Die Geschäftsanschrift der Gesellschaft lautet: ..., ...; dies ist auch die inländische Geschäftsanschrift im Sinne des § 10 Abs. 1 S. 1 GmbHG.
Notar ... in ... ist berechtigt, die Anträge aus dieser Registeranmeldung – auch eingeschränkt – dem Registergericht vorzulegen, sie wieder zurückzunehmen sowie Änderungen und Ergänzungen dieser Registeranmeldung vorzunehmen, soweit sie vom Registergericht gefordert werden.

..., den ...

468 M Formulierungsvorschlag: Anmeldung Sachgründung Mehr-Personen-GmbH

An das
Amtsgericht ... – Handelsregister –

Als Geschäftsführer der
XY-GmbH
in ... überreicht der Unterzeichnete als Anlage

Gründung der Gesellschaft mit beschränkter Haftung **A**

1. beglaubigte Abschrift der notariellen Niederschrift vom ... – UR.Nr. .../... des Notars ... in ... –, die enthält
    a) den Gesellschaftsvertrag,
    b) die Bestellung der Unterzeichneten zu Geschäftsführern der Gesellschaft,
    c) die Verträge, die den Festsetzungen der Sacheinlagen zugrunde liegen und zu ihrer Ausführung geschlossen sind,
2. die unterzeichnete Liste der Gesellschafter,
3. den Sachgründungsbericht,
4. die Jahresergebnisse der beiden letzten Geschäftsjahre,
5. die Unterlagen darüber, dass der Wert der Sacheinlagen den Betrag der dafür übernommenen Stammeinlagen erreicht.

Die Unterzeichneten melden hiermit die Gesellschaft und sich als Geschäftsführer zur Eintragung in das Handelsregister an.
Weiter wird zur Eintragung in das Handelsregister angemeldet:

a) Allgemeine Vertretungsregelung
(für unechte gemischte Gesamtvertretung mit Ermächtigung zur Erteilung von Einzelvertretung und Befreiung von § 181 BGB)

a) Die Gesellschaft einen oder mehrere Geschäftsführer. Ist nur ein Geschäftsführer vorhanden, so vertritt er die Gesellschaft allein. Sind mehrere Geschäftsführer bestellt, so wird die Gesellschaft durch zwei Geschäftsführer gemeinsam oder durch einen Geschäftsführer in Gemeinschaft mit einem Prokuristen vertreten, soweit nicht durch Beschlussfassung der Gesellschafterversammlung Geschäftsführern die Befugnis zur Einzelvertretung eingeräumt wird.
Die Gesellschafterversammlung kann ferner Geschäftsführer von den Beschränkungen in § 181 des Bürgerlichen Gesetzbuches befreien.

b) Konkrete Vertretungsmacht
(der bestellten Geschäftsführer, die einzelvertretungsbefugt und von § 181 BGB befreit sind)

Die Unterzeichneten sind als Geschäftsführer stets einzelvertretungsbefugt und von den in § 181 des Bürgerlichen Gesetzbuches geregelten Beschränkungen befreit.

Die unterzeichneten Geschäftsführer versichern, dass die Sacheinlagen auf die Gesellschaft übertragen sind und dass diese sich endgültig in ihrer freien Verfügung befinden. Sie versichern insbesondere, dass alle Vermögensteile des bisher von der ... Gesellschaft bürgerlichen Rechts betriebenen Unternehmens auf die Gesellschaft übertragen sind und sich endgültig in ihrer freien Verfügung befinden. Ferner versichern sie, dass das Stammkapital – außer den Gründungskosten im Betrag von höchstens ... EUR und den übernommenen im laufenden Betrieb des eingebrachten Unternehmens entstandenen und noch entstehenden Verbindlichkeiten – nicht durch Verbindlichkeiten vorbelastet ist und dass der Wert des eingebrachten Unternehmens dessen Verbindlichkeiten, und zwar unter Berücksichtigung der seit dem Zeitpunkt der Eröffnungsbilanz noch entstandenen Verbindlichkeiten um einen über der Summe des Stammkapitals liegenden Betrag übersteigt.
Die unterzeichnenden Geschäftsführer versichern weiter, dass keine Umstände vorliegen, die ihrer Bestellung nach § 6 Abs. 2 S. 2 Nr. 2 und 3 sowie S. 3 des GmbH-Gesetzes entgegenstehen, und dass sie weder

1. aufgrund eines gerichtlichen Urteils oder einer vollziehbaren Entscheidung einer Verwaltungsbehörde einen Beruf, einen Berufszweig, ein Gewerbe oder einen Gewerbezweig (*im Bereich des Unternehmensgegenstands; siehe Rdn. 459*) nicht ausüben dürfen, noch

2. im Inland wegen einer oder mehrerer vorsätzlich begangener Straftaten
   a) des Unterlassens der Stellung des Antrags auf Eröffnung des Insolvenzverfahrens (Insolvenzverschleppung),
   b) nach den §§ 283 bis 283d des Strafgesetzbuchs (Insolvenzstraftaten),
   c) der falschen Angaben nach § 82 des GmbH-Gesetzes oder § 399 des Aktiengesetzes,
   d) der unrichtigen Darstellung nach § 400 des Aktiengesetzes, § 331 des Handelsgesetzbuchs, § 313 des Umwandlungsgesetzes oder § 17 des Publizitätsgesetzes oder
   e) nach den §§ 263 bis 264a oder den §§ 265b bis 266a des Strafgesetzbuchs zu einer Freiheitsstrafe von mindestens einem Jahr oder
3. im Ausland wegen einer Tat, die mit den in Ziffer 2. genannten Taten vergleichbar ist, verurteilt worden sind.

Ihnen ist bekannt, dass der Ausschluss gemäß vorstehender Ziffer 2. und 3. für die Dauer von 5 Jahres seit der Rechtskraft des Urteils gilt, in welcher der Täter auf behördliche Anordnung in einer Anstalt verwahrt worden ist. Sie versichern ferner, dass sie von dem ihre Unterschrift unter dieser Registeranmeldung beglaubigenden Notar nach § 53 Abs. 2 des Bundeszentralregistergesetzes über ihre unbeschränkte Auskunftspflicht gegenüber dem Gericht belehrt worden sind. Außerdem versichern sie, dass der Notar über die Strafbarkeit falscher Angaben im Rahmen dieser Handelsregisteranmeldung und darüber belehrt hat, dass das Registergericht zur Überprüfung der Angaben einen Auszug aus dem Bundeszentralregister über strafrechtliche Verurteilungen und andere Eintragungen (z.B. Untersagung der Ausübung eines Berufes, Berufszweiges, Gewerbes oder Gewerbezweiges) einholen kann.

Die Geschäftsführer sind darauf hingewiesen worden, dass sie verpflichtet sind, bei jeder Änderung im Gesellschafterbestand unverzüglich eine neue Liste der Gesellschafter dem Handelsregister einzureichen, anderenfalls er den Gläubigern der Gesellschaft für den daraus entstandenen Schaden persönlich haftet (§ 40 Abs. 3 GmbHG).

Die Geschäftsanschrift der Gesellschaft lautet: ..., ...; dies ist auch die inländische Geschäftsanschrift im Sinne des § 10 Abs. 1 S. 1 GmbHG.

Notar ... in ... ist berechtigt, die Anträge aus dieser Registeranmeldung – auch eingeschränkt – dem Registergericht vorzulegen, sie wieder zurückzunehmen sowie Änderungen und Ergänzungen dieser Registeranmeldung vorzunehmen, soweit sie vom Registergericht gefordert werden.

..., den ...

VIII. Mitteilungspflichten gegenüber dem Finanzamt und anderen Behörden

469 Gemäß § 137 AO i.V. mit § 54 Einkommensteuerdurchführungsverordnung (EStDV) sind Notare verpflichtet, dem nach § 20 AO zuständigen Finanzamt (Körperschaftsteuerstelle) eine beglaubigte Abschrift aller auf Grund gesetzlicher Vorschrift aufgenommenen oder beglaubigten Urkunden, die die Gründung zum Gegenstand haben, zu übersenden.

470 Die Abschrift ist gemäß § 54 Abs. 2 EStDV binnen zwei Wochen, von der Aufnahme oder Beglaubigung der Urkunde ab gerechnet, einzureichen. Die Kennzeichnung mit der Steuernummer gemäß § 54 Abs. 2 S. 2 EStDV scheidet aus, da eine solche noch nicht besteht. Die Absendung der Urkunde ist vom Notar auf der zurückbehaltenen Urschrift der Urkunde beziehungsweise auf einer zurückbehaltenen Abschrift zu vermerken.

471 Den Beteiligten dürfen die Urschrift, eine Ausfertigung und auch eine beglaubigte Abschrift der Urkunde erst ausgehändigt werden, wenn die Abschrift der Urkunde an das Finanzamt abgesandt worden ist.

IX. Kapitalaufbringung und Kapitalerhaltung

1. Allgemeines

Den Gläubigern der GmbH haftet grundsätzlich nur deren Gesellschaftsvermögen. Eine persönliche Haftung der Gesellschafter sowie der Geschäftsführer der Gesellschaft besteht im Außenverhältnis der Gesellschaft deren Gläubigern gegenüber grundsätzlich nicht.

472

Vor diesem Hintergrund misst der Gesetzgeber der **Aufbringung und Erhaltung des Stammkapitals** der GmbH aus Gründen des Gläubigerschutzes besondere Bedeutung bei. Die Gläubiger der Gesellschaft sollen darauf vertrauen dürfen, dass die GmbH bei ihrer Gründung mit dem im Gesellschaftsvertrag festgesetzten Stammkapital real ausgestattet worden ist. Die Kapitalerhaltungsvorschriften sollen vermeiden, dass der Gesellschaft nach ihrer Gründung und Eintragung im Handelsregister das haftende Stammkapital wieder willkürlich entzogen werden kann. Das Kapitalschutzsystem der GmbH ist gewissermaßen der »Preis« für die mit der Haftungsbeschränkung auf das Gesellschaftsvermögen verbundene Gläubigergefährdung. Beherrschende Grundidee des Kapitalschutzsystems des GmbH-Gesetzes ist daher, dass bei der Gründung der GmbH zumindest zum **Zeitpunkt der Eintragung** der Gesellschaft in das Handelsregister das Stammkapital einmal unbelastet vorhanden ist (Unversehrtheitsgrundsatz). Wird das Kapital der GmbH nach ihrer Eintragung im Handelsregister für Zwecke des Unternehmens der Gesellschaft im allgemeinen Geschäftsverkehr verbraucht, so sind die Gläubiger der Gesellschaft davor nicht geschützt.

473

Bei der **Kapitalerhöhung** hat der BGH den Zeitpunkt, zu dem das erhöhte Kapital für Zwecke der Gesellschaft verbraucht werden kann, weiter vorverlagert. Bei der Kapitalerhöhung muss das erhöhte Kapital im Zeitpunkt der Eintragung der Kapitalerhöhung im Handelsregister und auch im Zeitpunkt der Anmeldung der Kapitalerhöhung nicht mehr wertgleich im Vermögen der Gesellschaft vorhanden sein. Hier genügt es, wenn die geschuldete Einlage nach Entstehung der Einlageverpflichtung, also nach Fassung des Kapitalerhöhungsbeschlusses und Abschluss des Übernahmevertrages, in das Vermögen der GmbH geleistet worden ist. Wird es danach für Zwecke der Gesellschaft verbraucht, so liegt ein Verstoß gegen die Vorschriften der ordnungsgemäßen Kapitalaufbringung nicht vor.

474

Für die praktische Durchführung einer ordnungsgemäßen GmbH-Gründung ist die Wahl des richtigen **Zeitpunkts** für die Erbringung der **Einlageleistung** von ausschlaggebender Bedeutung. Da die mit der späteren durch die Eintragung in das Handelsregister entstehenden GmbH identische Vorgesellschaft erst mit Abschluss des notariellen Gründungsaktes entsteht, ist jede der GmbH zugedachte Leistung vor diesem Zeitpunkt tunlichst zu vermeiden. Die vor der notariellen Errichtung gegebenenfalls bestehende Vorgründungsgesellschaft ist mit der späteren durch die notarielle Errichtung entstehenden Vor-GmbH nicht identisch. Die Leistung der Einlage auf ein für diese Vorgründungsgesellschaft bei einer Bank errichtetes Konto ist daher nicht geeignet, die Bareinlageverpflichtung der GmbH gegenüber zu erfüllen. Anders wird dies teilweise gesehen, wenn der Zahlung an die Vorgründungsgesellschaft eine klare Zweckbestimmung zugrunde lag und die Zahlung nach notarieller Beurkundung des Gesellschaftsvertrages noch als ausscheidbarer Vermögensbestandteil vorhanden ist und zur freien Verfügung der Gründungsgesellschaft steht.[583] Andere sprechen in diesem Zusammenhang von einer »technischen Voreinzahlung« mit Wirkung für die Vor-GmbH.[584] Für den Fall, dass die Einlage – wie in der Praxis nicht selten – bereits **vor dem Notartermin** zur Gründung der GmbH auf ein Konto mit der unrichtigen Bezeichnung GmbH i.G. eingezahlt wurde und sich die Einlagen zum Zeitpunkt der Gründung unangetastet auf diesem Konto befinden, wird teil-

475

---

[583] MünchHdb. GesR III/*Riemenschneider/Freitag*, GmbH, § 7 Rn. 11.
[584] *Kanzleiter*, DNotZ 1994, 700 f.; *Rückert*, BWNotZ 1995, 50, 52.

2. Kapitel Recht der Gesellschaft mit beschränkter Haftung

weise auch von einer konkludenten Übereignung auf die Vor-GmbH ausgegangen.[585] Auch das OLG Schleswig[586] und das OLG Frankfurt[587] gestatten die Einzahlung der Stammeinlage vor Errichtung der GmbH sogar bei einer Ein-Personen-GmbH auf ein Konto des Gesellschafters als Erfüllung der Bareinlagepflicht, wenn diese Vorauszahlung mit einer klaren Zweckbestimmung getroffen wurde und der Stammeinlagebetrag zur Zeit der Übernahme durch die Vorgesellschaft noch als ausscheidbarer Vermögensgegenstand unangetastet vorhanden und vom übrigen Vermögen isoliert und abgrenzbar ist.

476 So begrüßenswert diese Überlegungen aus der Sicht eines **missglückten Gründungsvorgangs** sein mögen, darf nicht übersehen werden, dass es Stimmen gibt, die durch die Zahlung auf das Konto der Vorgründungsgesellschaft nur eine Forderung dieser gegen die Bank sehen, die als Sacheinlage in die Vor-GmbH einzubringen ist.[588] In der Praxis sollte die Einzahlung erst nach der Beurkundung des Gesellschaftsvertrages, also unter Einhaltung der gesetzlich vorgesehenen Reihenfolge, erfolgen. Stellt sich anlässlich der Beurkundung des Gesellschaftsvertrages für den Notar heraus, dass bereits vorher die Stammeinlagen auf ein Konto der Vorgründungsgesellschaft oder auch des Gesellschafters selbst erfolgt ist, so dürfte es sich empfehlen, für die mit der Beurkundung entstehende Vor-GmbH ein neues, auf die Vor-GmbH lautendes Bankkonto einzurichten und auf dieses sodann die Einzahlung der Bareinlagen vorzunehmen. Diese Einzahlung kann auch von dem Konto der Vorgründungsgesellschaft bzw. des Gesellschafters selbst erfolgen. Nach herrschender Meinung ist ohne Belang, ob der Gründer selbst leistet oder ein Dritter, z.B. Treuhänder, Ehegatte eines Gründers oder eine sonstige Person.[589]

477 Zur Erfüllung der **Mindesteinlagepflicht** ist erforderlich, dass die Gründergesellschafter die von ihnen geschuldeten Leistungen auf die übernommenen Geschäftsanteile so an die Gesellschaft bewirken, dass der Gegenstand der Leistungen sich sodann endgültig **in der freien Verfügung** der Geschäftsführer gemäß § 8 Abs. 2 GmbHG befindet. Dabei trifft den Gesellschafter die Beweislast für eine ordnungsgemäße Einlageleistung.[590] Bei der Erfüllung der Bareinlageverpflichtung ist darauf zu achten, dass auf jeden insoweit übernommenen Geschäftsanteil gemäß § 7 Abs. 2 S. 1 zumindest ein Viertel des Nennbetrages eingezahlt wird. Insgesamt muss auf das Stammkapital mindestens so viel eingezahlt sein, dass der Gesamtbetrag der eingezahlten Geldeinlagen zuzüglich des Gesamtnennbetrags der Geschäftsanteile, für die Sacheinlagen zu leisten sind, die Hälfte des Mindeststammkapitals gemäß § 5 Abs. 1 GmbHG, also 12.500,00 Euro erreicht. Dies gilt nunmehr auch für die Gründung der Ein-Personen-GmbH, da die Regelungen in § 7 Abs. 2 S. 3 GmbHG a.F. durch das MoMiG ersatzlos entfallen sind.

478 Wie die GmbH-Gründer ihre Geldleistungen erbringen, überlässt das GmbHG anders als § 54 Abs. 3 AktG ihrer Entscheidung. Die Einlageverpflichtung kann erfüllt werden durch Übergabe eines **Barbetrages** an den Geschäftsführer. Bei der Einpersonen-Gründung ist insoweit jedoch zu beachten, dass die Zahlung an die Vor-GmbH auch für außenstehende Dritte eindeutig erkennbar sein muss.[591] An der objektiv erkennbaren Zugehörigkeit zum Gesellschaftsvermögen fehlt es, wenn der Alleingesellschafter und Alleingeschäftsführer den Barbetrag in einem Briefumschlag in seinem privaten Safe verwahrt[592]

---

585 Beck'sches Notarhandbuch/*Mayer/Weiler*, Teil D I Rn. 84, S. 968.
586 OLG Schleswig GmbHR 2003, 1058.
587 OLG Frankfurt a.M. – 20 W 415/04, RNotZ 2005, 551 = MittBayNot 2005, 421 = NotBZ 2005, 365 = GmbHR 2005, 681 = NZG 2005, 556 = DB 2005, 1049.
588 So z.B. *Wegmann*, DStR 1992, 1620; OLG Stuttgart DNotZ 1994, 695, 698.
589 Vgl. dazu MünchHdb. GesR III/*Riemenschneider/Freitag*, GmbH, § 7 Rn. 10, S. 85.
590 BGH GmbHR 1992, 601; OLG Dresden GmbHR 1998, 884, 885; MünchHdb. GesR III/*Riemenschneider/Freitag*, GmbH, § 7 Rn. 3, S. 82; *Heckschen/Heidinger*, Die GmbH in der Gestaltungs- und Beratungspraxis, § 11 Rn. 40, S. 389.
591 Michalski/*Heyder*, § 7 Rn. 27.
592 OLG Hamburg – 11 U 190/00, NZG 2002, 53 = BB 2001, 2182.

sowie auch in dem Fall, dass dem Notar anlässlich der notariellen Beglaubigung der Anmeldung der GmbH zum Handelsregister der entsprechende Bargeldbetrag vorgezeigt, die Nummern der vorgelegten Geldscheine festgehalten und das **Bargeld** anschließend vom Alleingesellschafter/-Geschäftsführer wieder mitgenommen wird. Auch hier fehlt es an der Erkennbarkeit der Zugehörigkeit des Geldbetrages zum Vermögen der zu gründenden GmbH für einen Außenstehenden.[593] Da die Beweislast für die ordnungsgemäße Erbringung der Einlageleistung beim Gesellschafter liegt, empfiehlt es sich in der Praxis regelmäßig nicht die Geldeinlageverpflichtung durch die Übergabe eines Bargeldbetrages zu erfüllen. Gegen eine Barzahlung spricht auch, dass das Gericht bei erheblichen Zweifeln an der Richtigkeit der Einzahlungsversicherung des Geschäftsführers Nachweise (unter anderem Einzahlungsbelege) gemäß § 8 Abs. 2 S. 2 GmbHG verlangen kann.

479 Zur Erfüllung der Bareinlagepflicht können die Gründer den geschuldeten Betrag auch auf ein **Konto** der (Vor-) GmbH einzahlen oder überweisen. Erforderlich ist insoweit, dass es sich um eine vorbehaltlose Gutschrift auf einem inländischen Bankkonto der (Vor-) GmbH handelt. Es wird auch für zulässig gehalten, dass die Einzahlung auf ein Konto des Geschäftsführers, dass dieser in seiner Eigenschaft als Geschäftsführer der (Vor-) GmbH eingerichtet hat, erfolgt. Es darf sich also nicht um ein privates Konto des Geschäftsführers handeln.[594] Dies wird jedoch dann für zulässig erachtet, wenn der Geschäftsführer nicht gleichzeitig auch selbst Gesellschafter der GmbH ist und das Guthaben sodann tatsächlich der GmbH zur Verfügung steht.[595] In der Praxis sollten die mit der Zahlung auf ein Konto des Geschäftsführers verbundenen Risiken Anlass sein, dieses Verfahren zu meiden.

480 Die Leistung der Geldeinlage muss **unbedingt** und **vorbehaltlos** erfolgen.[596] Dabei hat die Zahlung nach h.M. in deutscher Währung, also in Euro, zu erfolgen.[597] Erfolgt die Leistung der Bareinlage nicht durch Bar- oder Buchgeld, sondern durch **Scheck** oder **Wechsel**, führt dies zu einer Schuldbefreiung erst, wenn die zunächst nicht geschuldete, erfüllungshalber erbrachte Leistung in eine der zulässigen Formen umgesetzt wird, d.h. mit der vorbehaltlosen Gutschrift des Schecks und Zahlung des Wechsels.[598]

481 Eine ausdrückliche **Tilgungsbestimmung** bei Vornahme der Zahlung ist zur Tilgung der Einlageschuld nicht zwingend erforderlich[599] aber dringend zu empfehlen. Es reicht zwar aus, wenn im Falle mehrerer durch die Zahlung nicht vollständig gedeckter Verbindlichkeiten für den Empfänger ersichtlich ist, dass eine bestimmte Forderung nach dem Willen des Leistenden getilgt werden soll.[600] Dies ist unter anderem dann anzunehmen, wenn genau der Betrag der Schuldsumme gezahlt wird und in diesem Zeitpunkt eine andere diesem Betrag entsprechende anderweitige Verbindlichkeit des Gesellschafters bei der GmbH nicht bestand. Zur Vermeidung späterer Zuordnungsschwierigkeiten empfiehlt es sich in der Praxis, dass der Notar die Gründer anlässlich der Beurkundung des Gesellschaftsvertrages auf die im Anschluss daran vorzunehmende Erbringung der Geldeinlagen darauf hinweist, dass die Einzahlungen mit einer eindeutigen Tilgungsbestimmung erfolgen sollten. Folgt der Gesellschafter diesem Rat, scheitert er mit dem ihm obliegenden Beweis der Erfüllung der Einlageschuld nicht schon an dieser Hürde.

---

593 OLG Oldenburg – 1 U 8/07, RNotZ 2008, 40 = NZG 2008, 32 = DB 2007, 2195 = ZIP 2008, 267.
594 Scholz/Winter/*Veil*, § 7 Rn. 29 m.w.N.
595 Michalski/*Heyder*, § 7 Rn. 27.
596 H.M. Scholz/Winter/*Veil*, § 7 Rn. 29.
597 H.M. Scholz/Winter/*Veil*, § 7 Rn. 28; MünchHdb. GesR III/*Riemenschneider/Freitag*, GmbH, § 7 Rn. 8, S. 83.
598 Lutter/Hommelhoff/*Bayer*, § 7 Rn. 13.
599 BGH II ZR 275/99, MittBayNot 2001, 576 = ZNotP 2001, 486 = NZG 2002, 45 = NJW 2001, 3781 = ZIP 2001, 1997 = GmbHR 2001, 1114 = DB 2001, 2437 = WM 2001, 2120.
600 BGH II ZR 275/99, MittBayNot 2001, 576 = ZNotP 2001, 486 = NZG 2002, 45 = NJW 2001, 3781 = ZIP 2001, 1997 = GmbHR 2001, 1114 = DB 2001, 2437 = WM 2001, 2120.

2. Kapitel Recht der Gesellschaft mit beschränkter Haftung

482 Vorsicht ist geboten, wenn die Einzahlung der Einlageleistung auf ein **debitorisches Konto** der Vorgesellschaft erfolgt. Dies wird im Zusammenhang mit der Gründung der GmbH in der Praxis eher der Ausnahmefall sein. Befreiende Wirkung hat die Zahlung auf ein im Debet geführtes Bankkonto, wenn die Geschäftsführung die Möglichkeit erhält, über einen Betrag in Höhe der Einlageleistung frei zu verfügen, sei es im Rahmen eines förmlich eingeräumten Kreditrahmens, sei es aufgrund einer nur stillschweigenden Gestattung der Bank.[601] Für die befreiende Wirkung der Zahlung ist jedoch nicht ausreichend, dass die Geschäftsführung eine bloß tatsächliche, nicht aber rechtlich gesicherte Möglichkeit zur Verfügung über den Einlagebetrag erhält. Erforderlich ist vielmehr, dass eine entsprechende rechtlich gesicherte Möglichkeit zur Verfügung der Geschäftsführung besteht.[602]

483 Vor der Anmeldung der Gesellschaft zum Handelsregister sollte die Geschäftsführung nicht über die geleisteten Einlagen verfügen. Gemäß § 8 Abs. 2 S. 1 GmbHG haben die Geschäftsführer bei Anmeldung der Gesellschaft die Versicherung abzugeben, dass der Gegenstand der erbrachten Leistungen sich endgültig in ihrer freien Verfügung befindet. Daraus wird heute zwar **keine Bar-Depot-Pflicht** mehr hergeleitet, die Einlagen müssen also nicht notwendig gegenständlich unverändert bei Abgabe der Versicherung vorhanden sein, allerdings ist deren **wertmäßiges Vorhandensein** zwingend erforderlich.[603] Die Anmeldung der GmbH zum Handelsregister steht damit unter dem **Vorbehalt wertgleicher Deckung**. Für das wertmäßige Vorhandensein der eingezahlten Einlagen ist entscheidend, ob bilanziell ein Aktivtausch vorliegt. Daran fehlt es bei der Bezahlung von Dienstleistungen, Gebrauchs- und Nutzungsüberlassungen, da es sich insoweit um Gegenleistungen handelt, die sich bilanziell nicht niederschlagen. Dementsprechend sind in die Versicherung auch Angaben darüber aufzunehmen, ob und inwieweit das Anfangskapital durch Verbindlichkeiten **vorbelastet** ist.[604] Anzugeben sind dabei zunächst alle im Zeitpunkt der Anmeldung bestehenden, nicht ausgeglichenen Minderungen oder Belastungen des Anfangskapitals.[605] Darüber hinaus wird von der Rechtsprechung auch die **Offenlegung der Verfügungen** verlangt, die bilanziell nicht zu einer Verminderung oder Belastung des Anfangskapitals geführt haben, weil das aus den Mitteln der Gesellschaft angeschaffte Wirtschaftsgut bilanziell gleichwertig war. Begründet wird dies damit, dass nur auf diese Weise dem Registergericht die Prüfung über die Einhaltung des Vorbehalts wertgleicher Deckung möglich sei.[606] Nur unter Beachtung der vorgeschilderten Voraussetzungen könne das Registergericht die ihm gemäß § 9 c GmbHG obliegende Nachprüfungspflicht erfüllen.

484 Ausgenommen vom Vorbehalt der wertgleichen Deckung sind die im Zusammenhang mit der Gründung der Gesellschaft entstandenen Kosten, wenn diese entsprechend der Regelung des § 26 Abs. 2 AktG in der Satzung wirksam der Gesellschaft auferlegt worden sind.

---

601 BGH DNotZ 2005, 312 = NZG 2005, 180 = ZIP 2005, 121 = WM 2005, 132 = NotBZ 2005, 71 = DStR 2005, 164 = DB 2005, 155 = BB 2005, 123.
602 BGH DNotZ 2005, 312 = NZG 2005, 180 = ZIP 2005, 121 = WM 2005, 132 = NotBZ 2005, 71 = DStR 2005, 164 = DB 2005, 155 = BB 2005, 123; MünchHdb. GesR III/*Riemenschneider/Freitag*, GmbH, § 7 Rn. 14; Baumbach/Hueck/*Fastrich*, § 7 Rn. 11 m.w.N.
603 BGH II ZR 263/91, MittRhNotK 1992, 322 = MittBayNot 1992, 409 = NJW 1992, 3300 = DStR 1992, 1733 = BGHZ 119, 177.
604 BGH II ZR 54/80, NJW 1981, 1373 = BGHZ 80, 129; Baumbach/Hueck/*Fastrich*, § 8 Rn. 14.
605 Baumbach/Hueck/*Fastrich*, § 8 Rn. 14.
606 Vgl. BGH II ZR 263/91, MittRhNotK 1992, 322 = MittBayNot 1992, 409 = BGHZ 119, 177 und; für die Kapitalerhöhung hat der BGH das Erfordernis wertgleicher Deckung im Zeitpunkt der Anmeldung aufgegeben, BGH II ZR 363/00, DNotZ 2002, 808 = RNotZ 2002, 287 = MittBayNot 2002, 301 = NotBZ 2002, 378 = NZG 2002, 522 = NJW 2002, 1716 = ZIP 2002, 799 = WM 2002, 963: Danach ist bei einer Kapitalerhöhung die Bareinlage schon dann zur (endgültig) freien Verfügung der Geschäftsführung geleistet worden, wenn sie nach dem Kapitalerhöhungsbeschluss in ihren uneingeschränkten Verfügungsbereich gelangt ist und nicht an den Einleger zurückfließt – Aufgabe von BGHZ 119, 177 Leitsätze a und b.

Mit der Anmeldung ist der Kapitalaufbringungsvorgang zunächst abgeschlossen. Allerdings können Verfügungen über die eingebrachten Einlagen vor Eintragung der Gesellschaft im Handelsregister zu der oben dargestellten **Unterbilanz- bzw. Differenzhaftung** der Gründergesellschafter führen. Dies ist der Fall, wenn die dem Gesellschaftsvermögen durch die vorgenommenen Verfügungen zufließenden Vermögenswerte einen geringeren bilanziellen Wert aufweisen als der bei der Gesellschaft entstandene Vermögensabfluss. Damit soll die Ausstattung der Gesellschaft mit dem übernommenen Stammkapital bis zum Zeitpunkt der Eintragung der Gesellschaft im Handelsregister sichergestellt werden. Nach der Eintragung der Gesellschaft im Handelsregister sind Verfügungen über die Einlageleistungen für die Gesellschafter grundsätzlich nicht mehr haftungsschädlich. Etwas anderes gilt lediglich bei Nichteinhaltung der Kapitalerhaltungsregeln gemäß §§ 30 ff. GmbHG sowie bei verdeckten Sacheinlagen. 485

Die Erbringung von **Nachweisen** über die erbrachten Einzahlungen sind gegenüber dem Registergericht grundsätzlich nicht erforderlich, es sei denn, es bestehen erhebliche Zweifel an der Richtigkeit der Versicherung, §8 Abs. 2 S. 2 GmbHG. Nur in diesem Falle ist das Registergericht berechtigt Nachweise über die Erbringung der Einlagen, wie beispielsweise Einzahlungsbelege, zu verlangen. 486

2. Besonderheiten bei der Sachgründung

a) Allgemeines

Neben der Bargründung kennt und regelt das GmbH-Gesetz die Sachgründung. Bei der Ermittlung des Willens der Beteiligten anlässlich einer GmbH-Gründung hat der Notar aufzuklären, ob die Beteiligten eine Bar- oder eine Sachgründung anstreben. Kennzeichnend für die **Sachgründung** ist, dass zur Belegung des Stammkapitals kein Geld, sondern anderweitige Vermögenswerte übertragen werden. Bei der Sachgründung sind zur Sicherstellung der Einhaltung des Gebots der realen Kapitalaufbringung im Gesetz besondere Vorkehrungen getroffen worden, da hier die Gefahr besteht, dass zur Erfüllung der Einlagepflicht wertlose oder mangelhafte Gegenstände in die Gesellschaft eingebracht werden. Diese besonderen von der Bargründung abweichenden Gründungsvorschriften für die Sachgründung finden sich im wesentlichen in §5 Abs. 4 S. 1 und 2, §7 Abs. 3, §8 Abs. 1 Nr. 4 und Nr. 5, §8 Abs. 2 S. 1, §9 sowie §9c Abs. 1 S. 2 GmbHG und §19 Abs. 2 S. 2 GmbHG. 487

Nach §5 Abs. 4 S. 1 GmbHG müssen der **Gegenstand der Sacheinlage** und der Nennbetrag des Geschäftsanteils, auf den sich die Sacheinlage bezieht, **im Gesellschaftsvertrag festgesetzt** werden (Sacheinlagevereinbarung), wenn Sacheinlagen geleistet werden sollen. Die Festsetzung in der Satzung bezweckt die Aufklärung der Gesellschaftsgläubiger über die Zusammensetzung des aufzubringenden Stammkapitals und die Ermöglichung der registergerichtlichen Kontrolle.[607] Bei dieser Festsetzung handelt es sich um einen bei der Sachgründung unentbehrlichen körperschaftlichen Teil des Gesellschaftsvertrages.[608] Vor diesem Hintergrund wird vertreten, dass die Sacheinlagevereinbarung nicht in einer gemäß §9 Abs. 1 S. 2 BeurkG dem notariellen Protokoll beigefügten Anlage enthalten sein darf.[609] Dies sollte daher in der Praxis bei Gründung der GmbH vorsorglich vermieden und die Sacheinlagevereinbarung in den Gesellschaftsvertrag selbst aufgenommen werden. 488

---

607 Scholz/Winter/*Westermann*, §5 Rn. 86.
608 BGH II ZR 219/63, NJW 1966, 1311 = BGHZ 45, 338.
609 Scholz/Winter/*Westermann*, § 5 Rn. 86; MünchHdb. GesR III/*Riemenschneider/Freitag*, GmbH, §9 Rn. 20, S. 139 m.w.N.; a.A. Baumbach/Hueck/*Fastrich*, §5 Rn. 43.

b) Sacheinlage und Sachübernahme

489 Die in §5 Abs. 4 GmbHG angesprochene **Sacheinlage** umfasst zwei unterschiedliche Tatbestände, ohne dass dies im Wortlaut des Gesetzes zum Ausdruck kommen würde: §5 Abs. 4 GmbHG gilt sowohl für die Sacheinlage im engeren Sinne, bei der die Einlagepflicht sich selbst unmittelbar auf die Einbringung von Sachen oder sonstigen Vermögensgegenständen bezieht als auch für die **Sachübernahme**, bei der derartige Vermögenswerte durch die GmbH gegen Vergütung und unter Anrechnung auf die als Bareinlage vereinbarte Einlage vom Gründergesellschafter oder einem Dritten übernommen werden. Bei einer Sachübernahme wird also eine Bargründung mit einer von ihr getrennten Vereinbarung zwischen Gesellschaft und Gründergesellschafter bzw. Drittem, wonach die Gesellschaft einen bestimmten Gegenstand in Anrechnung auf die Bareinlagepflicht des Gesellschafters entgeltlich erwirbt, kombiniert.

490 Eine **Sachübernahme** ist zwar in §5 Abs. 4 GmbHG seit der GmbH-Novelle im Jahre 1980 nicht mehr ausdrücklich angesprochen, jedoch bei Beachtung der in §19 Abs. 2 S. 2 GmbHG in Verbindung mit §5 Abs. 4 GmbHG nach wie vor zulässig.[610] Nach §19 Abs. 2 S. 2 GmbHG ist eine Aufrechnung gegen den Bareinlageanspruch der GmbH nur zulässig, wenn mit einer Forderung aus der Überlassung von Vermögensgegenständen aufgerechnet wird, deren Anrechnung auf die Einlageverpflichtung nach §5 Abs. 4 S. 1 GmbHG im Gesellschaftsvertrag vereinbart worden ist. Da die Anrechnungsklausel im Gesellschaftsvertrag danach alle wesentlichen Angaben für die Sachübernahme enthalten muss, ist die praktische Bedeutung der Sachübernahme gering. Die Sachübernahme bietet daher zumindest für den Fall, dass ein Gesellschafter die Sachleistung erbringen soll, keine Vorteile gegenüber der Sacheinlage im engeren Sinne. Anders ist dies lediglich dann, wenn ein Nichtgesellschafter die Sachleistung an die Gesellschaft auf der Grundlage eines von der Bargründung getrennten Verpflichtungsgeschäftes erbringen und diese Sachleistung auf die Bareinlagepflicht eines Gesellschafters verrechnet werden soll. Hier bietet die Sachübernahme mit ihrem von der Gründung getrennten Verpflichtungsgeschäft eine echte Gestaltungsalternative.

491 Bei der **Festsetzung des Gegenstands** der Sacheinlage im Gesellschaftsvertrag ist dieser so genau zu beschreiben, dass seine Identität zweifelsfrei feststeht.[611] Welche Angaben dazu im Einzelfalle erforderlich sind, richtet sich nach der Art des einzubringenden Gegenstands.[612] Entscheidend ist, dass für außenstehende Dritte der eingebrachte Gegenstand eindeutig identifizierbar ist. Nur dann hat das Gericht die Möglichkeit, seinen gesetzlichen Prüfungspflichten effektiv nachzukommen. Werden mehrere Gegenstände im Rahmen einer Sachgründung in die GmbH eingebracht, so gilt das Individualisierungsgebot für jeden einzelnen von ihnen. Bei der Einbringung von Sachgesamtheiten wie Unternehmen genügt deren verkehrsübliche Bezeichnung.[613] Bei Handelsgeschäften genügt dementsprechend regelmäßig die Angabe der Firma und der Handelsregisternummer.[614] Sollen bei der Einbringung von Sachgesamtheiten einzelne Gegenstände nicht eingebracht werden, müssen zur Wahrung des Individualisierungsgebotes entweder sämtliche eingebrachten Einzelgegenstände der Sachgesamtheit einzeln aufgeführt werden oder es müssen die nicht eingebrachten Einzelgegenstände der Sachgesamtheit konkret aufgeführt werden.[615]

---

610 Baumbach/Hueck/*Fastrich*, §5 Rn. 16; Lutter/Hommelhoff/*Bayer*, §5 Rn. 38.
611 Baumbach/Hueck/*Fastrich*, §5 Rn. 45.
612 Baumbach/Hueck/*Fastrich*, a.a.O.
613 Baumbach/Hueck/*Fastrich*, §5 Rn. 45.
614 Baumbach/Hueck/*Fastrich*, a.a.O.
615 OLG Düsseldorf GmbHR 1996, 214.

Formulierungsvorschlag: Sacheinlagevereinbarung 492 M

(1) Auf dieses Stammkapital übernehmen
a) Herr/Frau A ... einen Geschäftsanteil von ... Euro (Geschäftsanteil Nr. 1) durch Sach- und Bareinlage.
b) Herr/Frau B ... einen Geschäftsanteil von ... Euro (Geschäftsanteil Nr. 2) durch Sacheinlage
(2) Der Gesellschafter Herr/Frau A ... ist Mitgesellschafter der im Handelsregister des Amtsgerichts ... (HR B ...) eingetragenen ... GmbH. An dem Stammkapital dieser Gesellschaft mit beschränkter Haftung von ... Euro ist er mit einem zu 100 vom Hundert eingezahlten Geschäftsanteil von ... Euro beteiligt
Der Gesellschafter Herr/Frau A ... leistet seine Einlage auf den von ihm übernommenen Geschäftsanteil von ... Euro (Geschäftsanteil Nr. 1) in Höhe von ... Euro durch Einbringung seines vorbezeichneten Geschäftsanteils an der im Handelsregister des Amtsgerichts ... (HR B ...) eingetragenen ... GmbH in die Gesellschaft. Der Wert der Sacheinlage entspricht dem Nominalwert des eingebrachten Geschäftsanteils, beläuft sich also auf ... Euro. Den Restbetrag seiner Einlage in Höhe von ... Euro hat der Gesellschafter Herr/Frau A ... in bar zu leisten.
(3) Der Gesellschafter Herr/Frau B ... ist Eigentümer des im Grundbuch des Amtsgerichts ... eingetragenen Grundbesitzes von ... Blatt ... der Gemarkung ..., Flur ..., Flurstück ..., Gebäude- und Freifläche, ... Straße, groß .... Der Grundbesitz ist in Abteilung II und III des Grundbuches unbelastet
Der Gesellschafter Herr/Frau B ... leistet seine Einlage auf den von ihm übernommenen Geschäftsanteil von ... Euro (Geschäftsanteil Nr. 2) in voller Höhe durch Einbringung seines vorbezeichneten Grundbesitzes in die Gesellschaft. Der Wert der Sacheinlage entspricht dem Betrag des übernommenen Geschäftsanteils, beläuft sich also auf ... Euro.

Schließlich ist zu beachten, dass die gemäß § 5 Abs. 4 GmbHG in der GmbH-Satzung vorzunehmende Festsetzung des Gegenstands der Sacheinlage und des Nennbetrags des Geschäftsanteils, auf den sich die Sacheinlage bezieht, nach h.M. frühestens **fünf Jahre** nach Leistung der Sacheinlage durch Satzungsänderung aus dieser entfernt werden darf.[616] Grundlage für die Annahme dieser Frist war die Verjährungsregelung gemäß § 9 Abs. 2 GmbHG a.F. Durch die gesetzgeberische Verlängerung dieser Frist auf nunmehr zehn Jahre, stellt sich die Frage, ob die entsprechende Satzungsregelung nicht ebenfalls nunmehr zehn Jahre beibehalten werden muss. Dies dürfte zu bejahen sein. Der Grund für das Verbot der Löschung der gemäß § 5 Abs. 4 GmbHG erforderlichen Festsetzungen in der Satzung liegt in dem Informationsbedürfnis Dritter. Ist aber bei einer Überbewertung von Sacheinlagen der Anspruch der Gesellschaft auf Leistung des Fehlbetrags in Geld gegen den Inferenten nicht wie nach alter Rechtslage bereits nach fünf Jahren, sondern erst nach zehn Jahren verjährt, so besteht das Informationsbedürfnis gesellschaftsfremder Dritter entsprechend länger. Eine entsprechende Anwendung der in § 26 Abs. 5 AktG geregelten dreißigjährigen Frist erscheint dem gegenüber nicht geboten.[617] 493

c) Sacheinlagefähigkeit

Im Zusammenhang mit der Festsetzung des Gegenstands der Sacheinlage ist darauf zu achten, dass es sich um **sacheinlagefähige** Vermögenswerte handelt. Tauglicher Gegenstand einer Sacheinlage können sein Sachen, Rechte und sonstige vermögenswerte Positio- 494

---

616 Michalski/*Zeidler*, § 5 Rn. 167; Baumbach/Hueck/*Fastrich*, GmHG, § 5 Rn. 49; *Priester*, DNotZ 1980, 520.
617 Baumbach/Hueck/*Fastrich*, § 5 Rn. 49.

2. Kapitel Recht der Gesellschaft mit beschränkter Haftung

nen, die wie Geldleistungen bei der Bareinlage zur Bildung der Kapitalgrundlage der Gesellschaft geeignet sind.[618] Einlagefähig sind somit Gegenstände mit einem gegenwärtig erfassbaren Vermögenswert. Sacheinlagen können daher im GmbH-Recht – wie auch im Aktienrecht nach § 27 Abs. 2 AktG – nur solche Vermögensgegenstände sein, deren wirtschaftlicher Wert feststellbar ist.[619] Weitere Voraussetzung für die Einlagefähigkeit ist, dass der Vermögenswert auf die Gesellschaft übertragen werden kann.[620] Eine allgemeine Verkehrsfähigkeit, insbesondere die Eignung des eingebrachten Gegenstands als Zugriffsobjekt für die Gesellschaftsgläubiger ist hingegen für die Annahme der Sacheinlagefähigkeit nicht erforderlich. Es genügt, wenn der Vermögenswert der Gesellschaft zur Verwendung für ihre Zwecke zur freien Verfügung steht und im Rahmen des Gesellschaftsunternehmens den Gläubigerinteressen allgemein nutzbar gemacht werden kann.[621]

495 **Einlagefähig** sind daher insbesondere

- das Eigentum an existierenden Sachen;
- dingliche Rechte an Sachen, wenn diese zugunsten der Gesellschaft bestellt oder aber bestehende dingliche Rechte auf die Gesellschaft übertragen werden,[622] sofern die Gesellschaft durch das Recht in den dauerhaften Besitz der Sache gelangt;
- obligatorische Nutzungsrechte an beweglichen oder unbeweglichen Sachen verbunden mit Besitzübertragung, und zwar auch dann, wenn die Sache dem Inferenten gehört, wenn sie gegen Risiken aus der Sphäre des Eigentümers/Inhabers ausreichend gesichert sind, also nicht nach Belieben wie beispielsweise Kündigung des Inferenten oder durch andere Ereignisse wie Insolvenz oder Zwangsvollstreckung untergehen oder sonst entzogen werden können und damit im Falle des wirtschaftlichen Zusammenbruchs der GmbH anderweitig verwertet werden können;[623]
- Forderungen des Inferenten gegen die Gesellschaft selbst;[624]
- Forderungen gegen Dritte, wenn sie bestehen, für die Gesellschaft einen Vermögenswert haben und übertragbar sind;[625]
- Mitgliedschaftsrechte an anderen Gesellschaften wie Aktien, GmbH-Geschäftsanteile, Beteiligungen an Personengesellschaften sowie Genossenschaften sind einlagefähig, wenn sie übertragbar sind;[626]
- Erbteile (§ 2033 BGB);[627]
- Immaterialgüterrechte, wenn sie übertragbar sind;
- die Firma eines Kaufmanns,[628] Geschäftsbezeichnungen sowie der Goodwill. Da diese nur zusammen mit dem dazugehörigen Unternehmen übertragen werden können, ist dessen Übertragung Voraussetzung für die Einbringung dieser Vermögenswerte;[629]
- Unternehmen und sonstige Sachgesamtheiten, soweit Übertragbarkeit besteht.[630]

---

618 Baumbach/Hueck/*Fastrich*, § 5 Rn. 23.
619 BGH II ZR 121/02, DNotZ 2005, 62 = NotBZ 2004, 343 = NZG 2004, 910 = DStR 2004, 1662 = DB 2004, 1985.
620 Baumbach/Hueck/*Fastrich*, § 5 Rn. 23.
621 H.M. Baumbach/Hueck/*Fastrich*, § 5 Rn. 23, m.w.N.
622 Baumbach/Hueck/*Fastrich*, § 5 Rn. 25.
623 H.M. Lutter/Hommelhoff/*Fastrich/Bayer*, § 5 Rn. 22; Baumbach/Hueck/*Fastrich*, § 5 Rn. 25, jeweils m.w.N.
624 BGH NJW 2001, 67, 69 = BGHZ 145, 150; Baumbach/Hueck/*Fastrich*, § 5 Rn. 28.
625 Baumbach/Hueck/*Fastrich*, § 5 Rn. 27, 23.
626 Baumbach/Hueck/*Fastrich*, § 5 Rn. 25.
627 Baumbach/Hueck/*Fastrich*, § 5 Rn. 25.
628 H.M., Baumbach/Hueck/*Fastrich*, § 5 Rn. 23.
629 BGH NJW 2001, 67 = BGHZ 145, 150; Baumbach/Hueck/*Fastrich*, § 5 Rn. 26.
630 Baumbach/Hueck/*Fastrich*, § 5 Rn. 30.

Nicht einlagefähig sind Forderungen gegen den Einleger oder anderen Gesellschafter,[631] da die gesellschaftsrechtliche Einlagepflicht nicht durch die Begründung einer neuen rein schuldrechtlichen und damit weniger streng gesicherten Verpflichtung erfüllt werden kann. **496**

Nicht einlagefähig sind insbesondere **497**

– bedingte Forderungen; künftige Forderungen; künftige Forderung kann eingebracht werden, wenn und soweit sie bis zum Einbringungszeitpunkt endgültig entstanden ist;[632]
– vom Inferenten selbst geschuldete Dienstleistungen;[633]
– Ansprüche auf Dienste und höchstpersönliche Werkleistungen Dritter,[634] da die künftige Erfüllung unsicher ist, so dass eine reale Wertaufbringung nicht sichergestellt ist. § 27 Abs. 2 Hs. 2 AktG bestätigt das. Danach können Verpflichtungen zu Dienstleistungen nicht Sacheinlagen oder Sachübernahmen sein. Anders wird dies teilweise gesehen, wenn die Erbringung der Dienstleistungen sichergestellt ist, beispielsweise durch die Übernahme von Garantien Dritter.[635]

d) Wert der Sacheinlage

Das Kardinalproblem und der Grund, warum die Sachgründung in der Praxis der GmbH-Gründung nur ein Mauerblümchendasein fristet, liegt in der Erforderlichkeit der **Bewertung der Sacheinlage** und ihrer Überprüfung durch das Registergericht. Im GmbH-Recht gilt wie im Aktienrecht das Gebot der realen Kapitalaufbringung. Erreicht der Wert einer Sacheinlage im Zeitpunkt der Anmeldung der Gesellschaft zur Eintragung in das Handelsregister nicht den Nennbetrag des dafür übernommenen Geschäftsanteils, so hat der Gesellschafter gemäß § 9 Abs. 1 S. 1 GmbHG in Höhe des Fehlbetrages eine Einlage in Geld zu leisten. Das Gericht hat die Eintragung der GmbH gemäß § 9c Abs. 1 S. 2 GmbHG abzulehnen, wenn Sacheinlagen nicht unwesentlich überbewertet worden sind. Auszugehen ist dabei vom **wirklichen (objektiven) Zeitwert** des Einlagegegenstandes. Dieser bildet die Obergrenze für die Festsetzung im Gesellschaftsvertrag.[636] **498**

Ist der in der Satzung gemäß § 5 Abs. 4 S. 1 GmbHG für die Sacheinlage festgesetzte Anrechnungsbetrag höher als der Wert der Sacheinlage, spricht man von einer **Unterpariemission**, die mit dem Grundsatz der realen Kapitalaufbringung nicht vereinbar ist. **499**

Der umgekehrte Fall, die **Überpariemission**, bei der der objektive Zeitwert der Sacheinlage den Nennbetrag des Geschäftsanteils, auf den sie sich bezieht, überschreitet, ohne das eine entsprechende Ausgleichszahlung an den Inferenten vorgesehen wird, ist zulässig. Regelungsbedürftig erscheint vor dem Hintergrund des § 272 Abs. 2 HGB insoweit allerdings die bilanzielle Behandlung des der Gesellschaft durch die Unterbewertung der Sacheinlage zufließenden Mehrbetrages. Soll der Mehrbetrag der Gesellschaft als Eigenkapital verbleiben, handelt es sich um ein **Aufgeld (»Agio)**. Soll es ihr als Fremdkapital verbleiben, handelt es sich um ein **Gesellschafterdarlehen**.[637] Schließlich ist auch denkbar, dass der Betrag an den Inferenten zurückgezahlt werden soll. In den beiden letztgenannten Fällen handelt es sich um eine sogenannte **gemischte Sacheinlage**.[638] Eine betragsmäßige Festsetzung des Mehrbetrages in der Satzung ist rechtlich nicht erforderlich und praktisch oftmals auch gar nicht möglich, da der Zeitpunkt der Bewertung der Sachein- **500**

---

631 Baumbach/Hueck/*Fastrich*, § 5 Rn. 27.
632 Baumbach/Hueck/*Fastrich*, § 5 Rn. 27.
633 BGH II ZR 120/07, (»Qivive«), DNotZ 2009, 766 = DNotI-Report 2009, 78 = NZG 2009, 463 = NJW 2009, 2375 = ZIP 2009, 713 = GmbHR 2009, 540 = DB 2009, 780 = WM 2009, 698.
634 H.M. Baumbach/Hueck/*Fastrich*, § 5 Rn. 27.
635 Roth/Altmeppen/Roth, § 5 Rn. 43; MünchHdb. GesR III/*Riemenschneider/Freitag*, GmbH, § 9 Rn. 16, S. 138.
636 Baumbach/Hueck/*Fastrich*, § 5 Rn. 33.
637 Michalski/*Zeidler*, § 5 Rn. 208 ff.
638 Baumbach/Hueck/*Fastrich*, § 5 Rn. 20.

2. Kapitel Recht der Gesellschaft mit beschränkter Haftung

lage sich nicht mit dem Zeitpunkt der Anmeldung der GmbH deckt. Ausreichend ist die Bestimmbarkeit des Mehrbetrages anhand der Satzungsregelung. Insbesondere bei Einlagegegenständen mit einem schwankenden Wert erscheint die Festlegung eines festen Vergütungsbetrages für die Praxis nicht ratsam, da der Bewertungsvorgang zeitlich zwingend vor der Anmeldung liegt und damit nicht exakt auf den Zeitpunkt der Anmeldung selbst ermittelt wird. Daraus ergibt sich für Einlagegegenstände mit einem schwankenden Wert – wie beispielsweise Unternehmen – dass der ermittelte Wert des Sacheinlagegegenstandes von dessen Wert im maßgebenden Zeitpunkt, dem der Handelsregisteranmeldung, mehr oder weniger abweicht, so dass ein Verstoß gegen das Verbot der Unterpariemission für den Fall droht, dass der Wert des Einlagegegenstandes in der Zeit von seiner Bewertung bis zur Handelsregisteranmeldung gesunken ist. Vor diesem Hintergrund erscheint es ratsam, in solchen Fällen von der Festsetzung eines festen Vergütungsbetrages in der Satzung abzusehen und stattdessen vorzusehen, dass die später objektiv festzustellende Wertdifferenz dem Gesellschafter vergütet wird.[639] Wird gleichwohl ein fester Betrag für die Vergütung vereinbart, so ist dieser im Gesellschaftsvertrag anzugeben.[640]

501 Von entscheidender Bedeutung ist, welche **Bewertungsgrundsätze** im Rahmen der Bewertung der Sacheinlagen heranzuziehen sind. Als **Bewertungszeitpunkt** bestimmt § 9 Abs. 1 GmbHG den Zeitpunkt der Anmeldung der Gesellschaft zum Handelsregister.

502 Im Rahmen der Bewertung ist der **tatsächliche Wert des Einlagegegenstandes** zu ermitteln.[641] Der Wertansatz hat daher grundsätzlich nach den allgemeinen Bewertungsregeln wie für die Eröffnungsbilanz zu erfolgen, und zwar unter Berücksichtigung der Verwendungsmöglichkeiten des eingebrachten Gegenstands für die GmbH. Vor diesem Hintergrund wird in der Literatur und Rechtsprechung überwiegend eine Differenzierung zwischen Gegenständen des Anlagevermögens und des Umlaufvermögens vorgenommen. Für Gegenstände des **Anlagevermögens**, die typischerweise dauerhaft der GmbH verbleiben, soll regelmäßig der Wiederbeschaffungswert des Gegenstandes maßgeblich sein.[642] Handelt es sich bei Gegenständen des Anlagevermögens um solche, bei denen ein Wiederbeschaffungswert nicht vorhanden ist, wie dies bei Immaterialgüterrechten der Fall ist, ist hilfsweise auf den Ertragswert abzustellen.[643] Handelt es sich bei der Sacheinlage um einen Gegenstand, der dem **Umlaufvermögen** der Gesellschaft zuzurechnen ist, ist für die Bewertung von ihrem Veräußerungswert auszugehen.[644]

503 Soll ein **Unternehmen** als Sacheinlage in die GmbH eingebracht werden, ist dessen Wert festzustellen. Für die Ermittlung des Wertes eines Unternehmens sind in der Praxis verschiedene Bewertungsmethoden entwickelt worden. Soll das einzubringende Unternehmen von der GmbH fortgeführt werden, kann es mit seinem Ertragswert angesetzt werden.[645] Soll das eingebrachte Unternehmen hingegen nicht von der GmbH fortgeführt, sondern liquidiert werden, ist der Liquidationswert ausnahmsweise maßgeblich. In seltenen Fällen ist der Substanzwert als Summe der Wiederbeschaffungskosten der Wirtschaftsgüter des eingebrachten Unternehmens in Ansatz zu bringen.[646] Bei dem Buchwert eines Unternehmens schließlich handelt es sich nicht um ein taugliches Bewertungskriterium, da dieser etwa vorhandene stille Reserven außer acht lässt und daher keine zutreffende Aussage über den tatsächlichen

---

639 H.M. Baumbach/Hueck/*Fastrich*, § 5 Rn. 20 m.w.N.
640 Baumbach/Hueck/*Fastrich*, § 5 Rn. 20.
641 Baumbach/Hueck/*Fastrich*, § 9 Rn. 4, § 5 Rn. 33, 34 m.w.N.
642 Michalski/*Zeidler*, § 5 Rn. 188 m.w.N.
643 OLG Düsseldorf GmbHR 1992, 112; OLG München GmbHR 1994, 712; Scholz/Winter/*Westermann*, § 5 Rn. 57 m.w.N.; MünchHdb. GesR III/*Freitag/Riemenschneider*, § 9 Rn. 34, S. 144.
644 Michalski/*Zeidler*, § 5 Rn. 188 m.w.N.
645 Michalski/*Ebbing*, § 14 Rn. 18; *Heckschen/Heidinger*, Die GmbH in der Gestaltungs- und Beratungspraxis, § 11 Rn. 125, S. 410.
646 *Heckschen/Heidinger*, Die GmbH in der Gestaltungs- und Beratungspraxis, § 11 Rn. 125, S. 410.

Wert des Unternehmens treffen kann.[647] Gleichwohl wird in der Praxis bei Unternehmenseinbringungen zur Belegung des Stammkapitals aus steuer- und bilanzrechtlichen Gründen von den Gründern oftmals eine Regelung des Inhaltes gewünscht, dass das Unternehmen zum **Buchwert** in die Gesellschaft eingebracht wird und von einem festzulegenden Stichtag an als auf Rechnung der GmbH geführt gilt. Die Registergerichte erkennen die Buchwerte in der Regel ohne weitere Wertnachweise als Mindestwerte des eingebrachten Unternehmens an. Dem liegt zugrunde, dass die Buchwerte nach dem handelsrechtlichen Vorsichtsprinzip regelmäßig den Mindestwert des eingebrachten Gegenstandes darstellen. Dabei wird überwiegend der letzte Bilanzstichtag gewählt. In diesem Falle kann die letzte **Bilanz** des eingebrachten Unternehmens als Wertnachweis für die Gründung herangezogen werden, wenn der letzte Bilanzstichtag noch zeitnah ist, also nicht zu lange zurückliegt.[648] Als Richtschnur hierfür hat sich in der Praxis die Acht-Monats-Frist des § 57e GmbHG und des § 17 Abs. 2 S. 4 UmwG durchgesetzt. In diesem Fall kann man sich in der Praxis bei der Vorlage einer zeitnahen Bilanz eine gesonderte Unternehmensbewertung ersparen. Eine solche ist allerdings trotz Vorlage einer zeitnahen Bilanz erforderlich, wenn eine **Unterbilanz** vorliegt. In diesem Fall kann das Unternehmen zwar in die GmbH eingebracht werden, erforderlich ist jedoch, dass durch ein Gutachten eines Wirtschaftsprüfers ein höherer Wert des Unternehmens glaubhaft gemacht wird und dieser den in der Satzung festgelegten Anrechnungsbetrag für den Wert des Sacheinlagegegenstandes erreicht oder überschreitet. Die **Aufdeckung stiller Reserven** in der Bilanz ist – soweit überhaupt rechtlich möglich – dazu nicht erforderlich.

Erreicht der Wert einer Sacheinlage nicht den Nennbetrag des dafür übernommenen Geschäftsanteils, hat der betreffende Gesellschafter gemäß § 9 Abs. 1 S. 1 GmbHG in Höhe des Fehlbetrages eine Einlage in Geld zu leisten. Diese **Differenzhaftung** trifft nur den Inferenten und ist von der allgemeinen Unterbilanzhaftung, die alle Gründer belastet, zu unterscheiden. Maßgebender Zeitpunkt für die Differenzhaftung des die Sacheinlage schuldenden Gesellschafters ist der Zeitpunkt der Anmeldung der Gesellschaft zur Eintragung in das Handelsregister. Abweichend davon ist für die Frage, ob und in welcher Höhe eine **Unterbilanzhaftung** aller Gründer besteht, auf den Zeitpunkt der Eintragung im Handelsregister abzustellen. Der Differenzhaftungsanspruch des § 9 Abs. 1 S. 1 verjährt gemäß § 9 Abs. 2 GmbHG in zehn Jahren seit der Eintragung der Gesellschaft in das Handelsregister. Bestehen Zweifel an einer zutreffenden Bewertung von Sacheinlagen hat der **Notar** den Inferenten nach Auffassung des BGH auf die Gefahr einer Differenzhaftung hinzuweisen.[649]

e) Checkliste: Erforderliche Angaben im Gesellschaftsvertrag bei Sachgründung gemäß § 5 Abs. 4 GmbHG

> **Checkliste: Erforderliche Angaben im Gesellschaftsvertrag bei Sachgründung gemäß § 5 Abs. 4 GmbHG**
>
> – Person des Gründers, der Sacheinlage leistet;
> – Gegenstand der Sacheinlage;
> – Nennbetrag des Geschäftsanteils, auf den sich Sacheinlage bezieht;
> – Höhe und Art und Weise der Vergütung des Mehrwerts, falls Wert der Sacheinlage den Nennbetrag des Geschäftsanteils, auf den sie sich bezieht, übersteigt (Überpariemission);

---

647 *Heckschen/Heidinger*, Die GmbH in der Gestaltungs- und Beratungspraxis, § 11 Rn. 125, S. 410.
648 MünchHdb. GesR III /*Riemenschneider/Freitag*, § 9 Rn. 26, S. 141 m.w.N.
649 BGH III ZR 13/07, DNotZ 2008, 376 = RNotZ 2008, 47 = ZNotP 2007, 466 = NJW 2007, 3566 = DB 2007, 2477 = ZIP 2007, 2166.

- bei der Sachübernahme Höhe der Vergütung für die Sacheinlage und Anrechnungsvereinbarung.

f) Einbringung und Einbringungsvertrag

506 Von der Sacheinlagevereinbarung gemäß § 5 Abs. 4 GmbHG, die die Verpflichtung des Gesellschafters zur Übertragung der Sacheinlage auf die Gesellschaft begründet, ist deren Erfüllung zu unterscheiden. Die Erfüllung der Sacheinlageverpflichtung erfolgt als dingliches Verfügungsgeschäft im **Einbringungsvertrag**. Der Einbringungsvertrag muss nicht in der Gründungsurkunde enthalten sein. Wird er in die Gründungsurkunde aufgenommen, so sollte er nicht als Bestandteil der Satzung, sondern getrennt davon beurkundet werden. Ob und welcher **Form** der Einbringungsvertrag bedarf, richtet sich nach dem Gegenstand der Sacheinlage. Handelt es sich um Gegenstände, die nach den allgemeinen Vorschriften zu ihrer Übertragung der notariellen Beurkundung bedürfen, wie dies beispielsweise bei Grundstücken und GmbH-Geschäftsanteilen der Fall ist, bedarf der Einbringungsvertrag der notariellen Beurkundung. In diesem Fall ist die Aufnahme in die Gründungsurkunde ratsam, da dadurch keine zusätzlichen Beurkundungsgebühren entstehen.[650]

507 M Formulierungsvorschlag: Einbringungsvertrag

(1) Der Gesellschafter Herr/Frau A ... leistet seine Einlage auf den von ihm übernommenen Geschäftsanteil von ... Euro (Geschäftsanteil Nr. 1) in Höhe von ... Euro durch Einbringung seines vorbezeichneten Geschäftsanteils an der im Handelsregister des Amtsgerichts ... (HR B ...) eingetragenen ... GmbH in die Gesellschaft. Der Wert der Sacheinlage entspricht dem Nominalwert des eingebrachten Geschäftsanteils, beläuft sich also auf ... Euro. Den Restbetrag seiner Einlage in Höhe von ... Euro hat der Gesellschafter Herr/Frau A ... in bar zu leisten. Die Gesellschafter und die Gesellschaft, vertreten durch ihren Geschäftsführer C ... sind einig, dass der vorgenannte Geschäftsanteil auf die Gesellschaft übergeht. Die Abtretung erfolgt mit allen Rechten und Pflichten vom heutigen Tage an; der auf den übertragenen Geschäftsanteil entfallende Gewinn der Gesellschaft mit beschränkter Haftung steht – soweit er noch nicht ausgeschüttet ist – vom ... an der Gesellschaft zu. Der Gesellschafter Herr/Frau A ... garantiert, dass der übertragene Geschäftsanteil frei von Rechten Dritter auf die Gesellschaft übergeht. Darüber hinausgehende Ansprüche und Rechte der Gesellschaft sind ausgeschlossen.
Die zu der Übertragung des Geschäftsanteils gemäß der Vorschrift in § ... des Gesellschaftsvertrages der im Handelsregister des Amtsgerichts ... (HR B ...) eingetragenen ... GmbH erforderliche Zustimmung der ... Gesellschafter/der Gesellschaft liegt dem beurkundenden Notar bereits vor.
(2) Die Gesellschafter und die Gesellschaft, vertreten durch ihren Geschäftsführer C ... sind einig, dass der vorgenannte Grundbesitz auf die Gesellschaft übergeht und bewilligen und beantragen den Eigentumsübergang in das Grundbuch einzutragen. Besitz und Gefahr, Nutzungen und Lasten gehen mit Wirkung zum Ablauf des heutigen Tages auf die Gesellschaft über. Der Gesellschafter Herr/Frau B ... garantiert, dass der übertragene Grundbesitz frei von im Grundbuch eingetragenen und eintragungsfähigen Rechten auf die Gesellschaft übergeht. Darüber hinausgehende Ansprüche und Rechte der Gesellschaft sind ausgeschlossen.

---

650 OLG Düsseldorf MittRhNotK 1989, 25; MünchHdb. GesR III/*Riemenschneider/Freitag*, § 9 Rn. 36, S. 145.

Zu bewirken sind die Sacheinlagen an die Gesellschaft vor deren Anmeldung zur Eintragung in das Handelsregister, und zwar gemäß §7 Abs. 3 GmbHG so, dass sie endgültig **zur freien Verfügung** der Geschäftsführer stehen. Daraus ergibt sich, dass die Sacheinlagen an die Vor-GmbH zu übertragen sind. Die Vor-GmbH entsteht ihrerseits erst mit Abschluss des notariellen Errichtungsaktes. Werden bereits vor diesem Zeitpunkt Sacheinlagen geleistet, scheidet die Vor-GmbH mangels Existenz als Leistungsempfänger aus. Die Leistung der Sacheinlagen kann dann allenfalls an die Vorgründungsgesellschaft erfolgt sein. Diese ist mit der Vorgesellschaft jedoch weder rechtlich identisch noch geht deren Vermögen auf die Vorgesellschaft durch deren Errichtung automatisch über. Dafür ist vielmehr die Übertragung der Sacheinlagen von der Vorgründungsgesellschaft auf die Vorgesellschaft erforderlich. Dies kann, muss aber nicht in der Gründungsurkunde geschehen. Zur Tilgung der Einlageschuld ist erforderlich, dass die Sacheinlage durch die Vorgründungsgesellschaft unbelastet im Wege der Einzelrechtsübertragung auf die Vorgesellschaft übergeleitet wird.

508

g) Der Sachgründungsbericht

aa) Inhalt und Form

Gemäß § 5 Abs. 4 S. 2 GmbHG haben die Gesellschafter in einem Sachgründungsbericht die für die Angemessenheit der Leistungen für Sacheinlagen wesentlichen Umstände darzulegen und beim Übergang eines Unternehmens auf die Gesellschaft die Jahresergebnisse der beiden letzten Geschäftsjahre anzugeben.

509

Der Sachgründungsbericht dient als Grundlage für die Prüfung durch das Registergericht gemäß § 9c Abs. 1 S. 2 GmbHG und damit der Sicherung der realen Kapitalaufbringung.[651] Gemäß § 8 Abs. 1 Nr. 4 GmbHG ist der Sachgründungsbericht bei der Anmeldung der Gesellschaft zum Handelsregister einzureichen, zusammen mit den Verträgen über die Festsetzung und Ausführung der Sacheinlagen und sonstigen Unterlagen über deren Wert gemäß § 8 Abs. 1 Nr. 4, Nr. 5 GmbHG. Demnach bedarf der Sachgründungsbericht der **Schriftform**. Er ist jedoch nicht Teil des Gesellschaftsvertrags und daher auch nicht mit diesem zu beurkunden.

510

Adressat des § 5 Abs. 4 S. 2 GmbHG sind sämtliche im Zeitpunkt der Handelsregisteranmeldung vorhandenen Gesellschafter, also auch die, die selbst keine Sacheinlage zu erbringen haben.[652] Sollte sich der **Gesellschafterkreis** nach der Anmeldung zum Handelsregister **ändern**, ist ein Sachgründungsbericht der neuen Gesellschafter grundsätzlich entbehrlich. Allerdings bedarf es eines neuen Sachgründungsberichtes aller Gesellschafter, also auch der Altgesellschafter, wenn ein neuer Gesellschafter eine Sacheinlage übernimmt.[653] Die Gesellschafter, die der Vorgesellschaft im Zeitpunkt der Handelsregisteranmeldung angehören, müssen den Sachgründungsbericht **eigenhändig unterzeichnen**. Ist dies nicht möglich wie bei juristischen Personen oder nicht zulässig wie bei Minderjährigen, haben die gesetzlichen Vertreter nach den jeweils geltenden Vorschriften die Unterzeichnung des Sachgründungsberichtes vorzunehmen. Eine **rechtsgeschäftliche Vertretung** scheidet nach h.M. wegen der Strafbewehrung in § 82 Abs. 1 Nr. 2 GmbHG aus.[654] Eine Erstattung des Sachgründungsberichtes durch die Geschäftsführer der Gesellschaft ist nicht erforderlich und auch nicht ausreichend.[655]

511

---

651 Baumbach/Hueck/*Fastrich*, §5 Rn. 54.
652 Baumbach/Hueck/*Fastrich*, §5 Rn. 54.
653 Scholz/Winter/*Westermann*, §5 Rn. 99; Baumbach/Hueck/*Fastrich*, §5 Rn. 54; MünchHdb. GesR III/*Riemenschneider/Freitag*, §9 Rn. 40, S. 147.
654 Baumbach/Hueck/*Fastrich*, §5 Rn. 54; Scholz/Winter, §5 Rn. 100; Michalski/*Zeidler*, §5 Rn. 177; Lutter/Hommelhoff/*Bayer*, §5 Rn. 34; *Priester*, DNotZ 1980, 520.
655 Baumbach/Hueck/*Fastrich*, §5 Rn. 54.

512 Streitig ist, ob ein Sachgründungsbericht auch bei einer **Sachübernahme** erforderlich ist. Dagegen spricht, dass § 19 Abs. 2 S. 2 GmbHG lediglich auf § 5 Abs. 4 S. 1 GmbHG und nicht auch auf § 5 Abs. 4 S. 2 GmbHG verweist. Der Zweck des § 5 Abs. 4 S. 2 GmbHG lässt seine Anwendung jedoch auch auf den Fall der Sachübernahme geboten erscheinen, und zwar sowohl für den Fall, dass der Gesellschafter selbst Leistender ist[656] als auch für den Fall das Leistender ein Nichtgesellschafter ist. Dafür spricht auch § 8 Abs. 1 Nr. 4 GmbHG, der nicht zwischen Sacheinlagen im engeren Sinne und der Sachübernahme unterscheidet.

bb) Inhaltliche Anforderungen

513 Die **inhaltlichen Anforderungen** an den Sachgründungsbericht ergeben sich aus § 5 Abs. 4 S. 2 GmbHG. In den Sachgründungsbericht haben die Gründer entsprechend seinem Zweck alle für die Beurteilung der Angemessenheit der Sacheinlage durch das Registergericht wesentlichen Angaben aufzunehmen. Im Falle der Einbringung eines Unternehmens in die Gesellschaft gehören dazu zumindest die Jahresergebnisse der beiden letzten Geschäftsjahre gemäß § 5 Abs. 4 S. 2 GmbHG. Im Übrigen sieht das GmbHG keine Einzelheiten für den Inhalt des Sachgründungsberichtes vor. Nähere Anhaltspunkte kann man jedoch der Regelung des § 32 Abs. 2 AktG entnehmen. Dieser ist für die GmbH zwar nicht bindend,[657] zeigt aber, welchen Umständen der Gesetzgeber für die Beurteilung der Angemessenheit der Sacheinlagen Bedeutung beimisst. Für die Prüfung der Angemessenheit und Werthaltigkeit der Sacheinlage sind danach insbesondere von Belang ihre Anschaffungs- und Herstellungskosten, ein etwaiger gegenwärtiger Marktpreis, Zustand, Nutzungsmöglichkeiten sowie die Bedeutung für das Unternehmen als auch etwaige weitere im Einzelfall aussagekräftige Gesichtspunkte.[658] Bei der Einbringung von Grundstücken eignen sich oftmals Unterlagen des gemeindlichen Gutachterausschusses, bei der Einbringung von Kraftfahrzeugen die von Sachverständigen erstellten Listen dazu den Einlagewert plausibel zu machen.[659] Auch die Vorlage des Kaufvertrages oder der sonstigen Anschaffungsunterlagen für den Sacheinlagegegenstand können sich im Einzelfall als Wertnachweis eignen. Dies ist insbesondere dann der Fall, wenn der Abschluss des Vertrags noch nicht allzu lange zurückliegt.

514 **Mängel** des Sachgründungsberichtes stehen einer Eintragung der GmbH gemäß § 9 c Abs. 1 S. 2 GmbHG entgegen. Dies gilt insbesondere für das völlige Fehlen des Sachgründungsberichtes, aber auch im Falle seiner Unvollständigkeit oder Ungenauigkeit.[660] Solche Mängel können durch ordnungsgemäße Nachholung **geheilt** werden.[661] Wird die GmbH trotz Fehlen oder trotz Mängeln des Sachgründungsberichtes in das Handelsregister eingetragen, so hat dies nach erfolgter Eintragung keine materiell-rechtlichen Folgen in Bezug auf die Sacheinlagevereinbarung in der Satzung oder gar die gesamte GmbH-Gründung.[662]

---

656 Lutter/Hommelhoff/*Bayer*, § 5 Rn. 40.
657 Baumbach/Hueck/*Fastrich*, § 5 Rn. 55; Lutter/Hommelhoff/*Bayer*, § 5 Rn. 33.
658 Baumbach/Hueck/*Fastrich*, § 5 Rn. 55; Lutter/Hommelhoff/*Bayer*, § 5 Rn. 33.
659 Vgl. Lutter/Hommelhoff/*Bayer*, § 5 Rn. 33.
660 Baumbach/Hueck/*Fastrich*, § 5 Rn. 56.
661 Baumbach/Hueck/*Fastrich*, § 5 Rn. 56.
662 Baumbach/Hueck/*Fastrich*, § 5 Rn. 56; so auch der BGH für den Fall der Sachkapitalerhöhung unter gedanklicher Annahme der Erforderlichkeit eines Sachkapitalerhöhungsberichtes – II ZR 121/02, DNotZ 2005, 62 = NotBZ 2004, 343 = DStR 2004, 1662 = ZIP 2004, 1642 = GmbHR 2004, 1219 = DB 2004, 1985 = NZG 2004, 910.

h) Anmeldung der Sachgründung zum Handelsregister

Gemäß § 7 Abs. 1 GmbHG ist die Gesellschaft bei dem Gericht, in dessen Bezirk sie ihren 515
Sitz hat, zur Eintragung in das Handelsregister anzumelden. Die **Anmeldung** darf erst erfolgen nachdem die Sacheinlagen so an die Gesellschaft bewirkt worden sind, dass sie endgültig zur freien Verfügung der Geschäftsführer der Gesellschaft stehen gemäß § 7 Abs. 3 GmbHG. Übernimmt ein Gesellschafter auf seinen Geschäftsanteil teilweise eine Geldeinlage und teilweise eine Sacheinlage (Mischgründung), deren Notwendigkeit sich für die Praxis im Hinblick auf die Möglichkeit der Übernahme mehrerer Geschäftsanteile durch einen Gesellschaftsgründer gemäß § 5 Abs. 2 S. 1 GmbHG, weitgehend erledigt haben dürfte, ist die Geldeinlage mindestens zu einem Viertel gemäß § 7 Abs. 2 GmbHG und die Sacheinlage in vollem Umfang gemäß § 7 Abs. 3 GmbHG vor der Anmeldung zu leisten. Insgesamt müssen gemäß § 7 Abs. 2 S. 2 GmbHG mindestens 12.500,00 Euro auf das Stammkapital geleistet sein. Dabei sind sowohl die geleisteten Geldeinlagen als auch der Gesamtnennbetrag der Geschäftsanteile, für die Sacheinlagen zu leisten sind, zu berücksichtigen.

Der **Inhalt der Anmeldung** entspricht weitgehend dem Inhalt bei Anmeldung einer 516
Bargründung. Gemäß §§ 8 Abs. 2, 7 Abs. 2 S. 2 GmbHG ist lediglich zusätzlich in der Anmeldung durch die Geschäftsführer zu versichern, dass die Sacheinlagen auf die Geschäftsanteile bewirkt sind und dass der Gegenstand der Leistungen sich endgültig in der freien Verfügung der Geschäftsführer befindet. Weitergehende Versicherungen der Geschäftsführer über die bereits aus der Satzung ersichtlichen Sacheinlagen werden ebenso wie solche zum Wert der Sacheinlagen oder der Art und Weise der Sacheinlageleistungen von der wohl herrschenden Meinung für überflüssig gehalten.[663]

Schließlich sind bei der Anmeldung einer Sachgründung gemäß § 8 Abs. 1 Nr. 4 und 517
Nr. 5 GmbHG neben den bei der Bargründung vorgeschriebenen **weitere Unterlagen** in Urschrift oder öffentlich beglaubigter Abschrift der Anmeldung beizufügen. Dabei handelt es sich gemäß § 8 Abs. 1 Nr. 4 GmbHG zum einen um die Verträge, die den Festsetzungen im Gesellschaftsvertrag zugrunde liegen oder zu ihrer Ausführung geschlossen worden sind, also auch die **Einbringungsverträge** (z.B. Auflassung von Grundbesitz, Abtretung von GmbH-Geschäftsanteilen). Sollte im Einzelfalle der Abschluss dieser Verträge formlos wirksam und nicht zumindest schriftlich erfolgt sein, ist ihre Vorlage nicht erforderlich. Stattdessen ist darauf in der Anmeldung hinzuweisen.[664] Aus § 8 Abs. 1 Nr. 4 GmbHG ergibt sich kein Schriftformerfordernis für die Erfüllung der Sacheinlagevereinbarung.[665] Des weiteren ist gemäß § 8 Abs. 1 Nr. 4 GmbHG der **Sachgründungsbericht** der Handelsregisteranmeldung beizufügen. Schließlich sind der Anmeldung gemäß § 8 Abs. 1 Nr. 5 GmbHG Unterlagen darüber, dass der Wert der Sacheinlagen den Nennbetrag der dafür übernommenen Geschäftsanteile erreicht, beizufügen (**Wertnachweis**). Dabei hängt vom jeweiligen Gegenstand der Sacheinlage ab, in welcher Art der Nachweis über ihren Wert zu führen ist.[666] In Betracht kommen dabei Kaufverträge, Rechnungen, Belege über die Herstellungskosten, Preislisten, Kursnotierungen sowie Gutachten von Sachverständigen.[667] Nicht erforderlich ist, dass es sich um öffentlich bestellte Sachverständige handelt. Erforderlich ist jedoch eine ausreichende Kompetenz und Seriosität des Sachverständigen. Bei der Einbringung eines Unternehmens hält die überwiegende Meinung die Erstellung

---

663 MünchHdb. GesR III/*Riemenschneider/Freitag*, GmbH, § 9 Rn. 43, S. 148.
664 Ganz h.M. Scholz/Winter/*Veil*, § 8 Rn. 10; Baumbach/Hueck/*Fastrich*, § 8 Rn. 8; Michalski/*Heyder*, § 8 Rn. 12.
665 Lutter/Hommelhoff/*Bayer*, § 8 Rn. 5; Michalski/*Heyder*, § 8 Rn. 12.
666 Baumbach/Hueck/*Fastrich*, § 8 Rn. 9; Lutter/Hommelhoff/*Bayer*, § 8 Rn. 6.
667 MünchHdb. GesR III/*Riemenschneider/Freitag*, § 9 Rn. 44, S. 148.

einer Einbringungsbilanz für erforderlich.[668] Bei Einbringung des Unternehmens zu Buchwerten genügt auch ein zeitnaher Jahresabschluss, wenn die Ordnungsmäßigkeit der Bilanzierung durch einen Angehörigen der wirtschaftsprüfenden oder steuerberatenden Berufe bescheinigt wird.[669] Von der Einbringungsbilanz abweichende Einbringungswerte sind in jedem Falle gesondert zu belegen.[670]

518 Bei **Sachübernahmen** mit Verrechnungsabrede gemäß § 19 Abs. 2 S. 2 GmbHG ist die Vornahme der Verrechnung nachzuweisen, da anderenfalls die Sachübernahme nicht im Sinne von § 7 Abs. 3 GmbHG als erbracht dargelegt ist. Ein Hinweis auf eine entsprechende Regelung im Gesellschaftsvertrag genügt insoweit.[671]

i) Sachgründung bei vereinfachtem Verfahren und UG (haftungsbeschränkt)

519 Unzulässig ist eine offene Sachgründung bei der GmbH-Gründung im **vereinfachten Verfahren** gemäß § 2 Abs. 1a GmbHG unter Verwendung des Musterprotokolls. Die Musterprotokolle für die Gründung einer Einpersonengesellschaft wie einer Mehrpersonengesellschaft mit bis zu drei Gesellschaftern sehen jeweils in ihrer Ziffer 3. vor, dass die Einlagen in Geld zu erbringen sind. Da die Gründung im vereinfachten Verfahren gemäß § 2 Abs. 1a GmbHG die Verwendung der gesetzlichen Musterprotokolle vorschreibt, ist eine offene Sachgründung im vereinfachten Verfahren nicht möglich. Ebenso scheidet bei der Gründung einer Unternehmergesellschaft (haftungsbeschränkt) gemäß § 5a Abs. 2 S. 2 GmbHG die Erbringung von Sacheinlagen aus.

3. Verdeckte Sachgründung, Hin- und Herzahlen

520 Durch das MoMiG hat der Gesetzgeber nunmehr erstmals ausdrücklich Regelungen zur verdeckten (verschleierten) Sacheinlage und zum Hin- und Herzahlen der Bareinlage aufgestellt. Die entsprechenden Regelungen finden sich § 19 Abs. 4 und 5 GmbHG.

a) Verdeckte Sachgründung

aa) Rechtslage verdeckte Sachgründung vor MoMiG

521 Nach der bisherigen ständigen Rechtsprechung des BGH liegt eine **verdeckte Sacheinlage** dann vor, wenn die gesetzlichen Regeln für Sacheinlagen dadurch unterlaufen werden, dass zwar eine Bareinlage vereinbart wird, die Gesellschaft aber bei wirtschaftlicher Betrachtung von dem Einleger aufgrund einer im Zusammenhang mit der Übernahme der Einlage getroffenen Absprache einen Sachwert erhalten soll.[672] Bei der Gründung einer Ein-Personen-GmbH, bei der mangels Vorhandensein einer Mehrzahl von Gesellschaftern eine »Absprache« der vorgenannten Art nicht denkbar ist, reicht nach der Rechtsprechung des BGH ein entsprechendes »Vorhaben« des alleinigen Gründungsgesellschafters aus.[673]

---

668 Scholz/Winter/*Veil*, § 8 Rn. 13; Lutter/Hommelhoff/*Bayer*, § 8 Rn. 6; *Priester*, BB 1980, 21; weniger streng: Baumbach/Hueck/*Fastrich*, § 8 Rn. 9.
669 Vgl. *Priester*, DNotZ 1980, 515, 522; Lutter/Hommelhoff/*Bayer*, § 8 Rn. 6; Michalski/*Heyder*, § 8 Rn. 14.
670 Scholz/Winter/*Veil*, § 8 Rn. 13.
671 Lutter/Hommelhoff/*Bayer*, § 8 Rn. 6.
672 BGH II ZR 176/05, DNotZ 2007, 230 = ZNotP 2007, 100 = NJW 2007, 765 = ZIP 2007, 178 = DStR 2007, 263 = BGHZ 170, 47 = NZG 2007, 144; BGH II ZR 235/01, DNotZ 2004, 206 = ZNotP 2003, 467 = NotBZ 2004, 34 = NZG 2003, 867 = DStR 2003, 1844 = ZIP 2003, 1540 = NJW 2003, 3127 = BGHZ 155, 329; BGH II ZR 76/04, DNotZ 2006, 543 = NZG 2006, 344 = ZIP 2006, 665 = NJW 2006, 1736 = DStR 2006, 764 = DB 2006, 772 – Cash-Pool I.
673 BGH II ZR 171/06, DNotZ 2008, 547 = ZNotP 2008, 209 = NZG 2008, 311 = ZIP 2008, 643 = DB 2008, 751 = DStR 2008, 831.

Bei einer verdeckten Sacheinlage handelt es sich demnach um eine Aufspaltung des wirtschaftlich einheitlich gewollten Vorgangs einer Sacheinbringung in mehrere rechtlich getrennte Geschäfte, bei denen der Gesellschaft zwar formal Bargeld als Einlage zugeführt, dieses jedoch im Zusammenhang mit einem Rechtsgeschäft gegen die Übertragung eines anderen Gegenstandes zurückgewährt wird und mit dem die Gesellschaft im wirtschaftlichen Ergebnis keine Bar-, sondern eine Sacheinlage erhält.[674]

Rechtsfolge einer verdeckten Sachgründung bzw. Sacheinlageleistung war bis zum Inkrafttreten des MoMiG nach ganz h.M. die Unwirksamkeit sowohl des schuldrechtlichen Verpflichtungsvertrags über die verdeckte Sacheinlage als auch des dinglichen Erfüllungsgeschäfts analog § 27 Abs. 3 S. 1 AktG.[675] Nach in Krafttreten des MoMiG kommt die Anwendung dieser Rechtsfolgen auf eine verdeckte Sacheinlage nur noch in Betracht, wenn die Anwendung der Regelung des § 19 Abs. 4 GmbHG n.F., in dem die verdeckte Sacheinlage nunmehr in ihren Voraussetzungen und Rechtsfolgen geregelt ist, nicht anwendbar ist. Dies dürfte insbesondere bei der Unternehmergesellschaft (haftungsbeschränkt) der Fall sein. 522

bb) Rechtslage verdeckte Sachgründung nach MoMiG

Durch das MoMiG hat die verdeckte Sacheinlage erstmals eine gesetzliche Regelung gefunden. Nach der **Legaldefinition** des § 19 Abs. 4 GmbHG n.F. liegt eine verdeckte Sacheinlage vor, wenn eine Geldeinlage eines Gesellschafters bei wirtschaftlicher Betrachtung und aufgrund einer im Zusammenhang mit der Übernahme der Geldeinlage getroffenen Abrede diese vollständig oder teilweise als Sacheinlage zu bewerten ist. Die **Rechtsfolgen** der nach dem Gesetz in der Fassung des MoMiG nach wie vor unzulässigen verdeckten Sacheinlage regelt der Gesetzgeber jedoch genau umgekehrt zur bisherigen alten Rechtslage. Gemäß § 19 Abs. 4 S. 2 und 3 GmbHG n.F. sind die Verträge über die Sacheinlage und die Rechtshandlungen zu ihrer Ausführung entgegen der bisherigen Rechtslage nicht unwirksam. Durch die Erbringung einer verdeckten Sacheinlage wird der Gesellschafter jedoch gemäß § 19 Abs. 4 S. 1 GmbHG n.F. gleichwohl nicht von seiner Geldeinlageverpflichtung frei. Allerdings wird der Wert des eingebrachten Vermögensgegenstandes auf die fortbestehende Geldeinlagepflicht des Gesellschafters angerechnet (**Anrechnungslösung**).[676] Maßgebender Zeitpunkt für die Wertbestimmung des Gegenstandes ist der der Anmeldung der Gesellschaft zur Eintragung in das Handelsregister oder aber der Wert des Vermögensgegenstandes im Zeitpunkt seiner Überlassung an die Gesellschaft, falls diese nach der Anmeldung der Gesellschaft erfolgt. Die Anrechnung selbst erfolgt gemäß § 19 Abs. 4 S. 4 GmbHG n.F. nicht vor Eintragung der Gesellschaft in das Handelsregister. 523

Die **Beweislast** für die Werthaltigkeit des Vermögensgegenstandes trägt gemäß § 19 Abs. 4 S. 5 GmbHG n.F. der Inferent. 524

Die Anrechnung erfolgt nach dem Gesetz **automatisch**. Es bedarf keiner Willenserklärung der Beteiligten oder der Gesellschaft. 525

Da die Anrechnung nach dem Gesetz erst nach der Eintragung der Gesellschaft im Handelsregister erfolgt, und zwar auch in dem Fall, dass die (verdeckte) Sacheinlage bereits vor der Eintragung in die Gesellschaft eingebracht worden ist, gibt der **Geschäftsführer** bei Anmeldung der Bar-Gründung trotz Vorliegens einer verdeckten Sacheinlage gemäß § 8 Abs. 2 GmbHG eine falsche und gemäß § 82 Abs. 1 Nr. 1 GmbHG **strafbare falsche Versicherung** ab. Da die Anrechnung gemäß § 19 Abs. 4 S. 4 GmbHG n.F. nicht vor Eintragung der Gesellschaft in das Handelsregister erfolgt, ist dem Geschäftsführer die Möglichkeit sich im Zeitpunkt der Abgabe der Versicherung auf die Erfüllung der Einlageschuld zu 526

---

674 BGH II ZR 171/06, DNotZ 2008, 547 = ZNotP 2008, 209 = NZG 2008, 311 = ZIP 2008, 643 = DB 2008, 751.
675 BGH II ZR 235/01, DNotZ 2004, 206 = NotBZ 2004, 34 = ZNotP 2003, 467 = NZG 2003, 867 = ZIP 2003, 1540 = NJW 2003, 3127 = DStR 2003, 1844 = DB 2003, 1894 = BGHZ 155, 329.
676 Diese geht auf einen Vorschlag des Deutschen Anwaltsvereins zurück.

berufen, abgeschnitten. Darüber hinaus kann das Registergericht nach §9c Abs. 1 GmbHG die Eintragung der Gesellschaft selbst in dem Fall ablehnen, dass der Wert der verdeckten Sacheinlage den Wert der geschuldeten Geldeinlage erreicht oder übersteigt.

527 Vor dem geschilderten Hintergrund ist auch nach Inkrafttreten des MoMiG eine verdeckte Sachgründung unbedingt **zu vermeiden**.

(1) Voraussetzungen der verdeckten Sacheinlage nach MOMiG

528 Aus dem Gesetzeswortlaut des § 19 Abs. 4 GmbHG ergeben sich drei **Tatbestandmerkmale** für das Vorliegen einer verdeckten Sacheinlage.

529 Erstes Tatbestandsmerkmal ist, dass es sich bei der in der Satzung vereinbarten Einlagepflicht des Gesellschafters um eine Geldeinlage handelt. Ob dies der Fall ist oder nicht wird durch die Regelung in der Satzung der GmbH bestimmt.

530 Zweites Tatbestandsmerkmal des Vorliegens einer verdeckten Sacheinlage ist die entgeltliche Zuwendung eines Vermögensgegenstandes durch den bareinlagepflichtigen Gesellschafter an die Gesellschaft. Dies gilt auch für sogenannte »gewöhnliche **Umsatzgeschäfte** im Rahmen des laufenden Geschäftsverkehrs«. Solche sind nicht von vornherein aus dem Anwendungsbereich der verdeckten Sacheinlage ausgenommen, sondern können den Tatbestand einer verdeckten Sacheinlage erfüllen.[677] Ebenso hat der BGH dies für die Aktiengesellschaft entschieden.[678]

531 Auch kann ein Verkehrsgeschäft, bei dem das Anlagevermögen nicht vom Inferenten selbst, sondern von einem **Dritten** erworben wird, der mit dem Inferenten oder der betreffenden GmbH verbunden ist, die Annahme einer verdeckten Sacheinlage begründen. Nach der Rechtsprechung des BGH ist die personelle Identität zwischen dem Inferenten und dem Rückzahlungsempfänger für die Annahme einer verdeckten Sacheinlage nicht zwingend erforderlich. Die Weiterleitung der Einlagemittel an einen Dritten muss sich der Einlageschuldner dann zurechnen lassen, wenn er dadurch in gleicher Weise begünstigt wird wie in dem Fall, dass an ihn selbst geleistet würde.[679] Dies gilt insbesondere bei der Leistung an ein von dem Inferenten beherrschtes Unternehmen.[680] Auch der Rückfluss der Einlagemittel an ein Unternehmen, von dem der Inferent seinerseits abhängig ist, kann unter Umständen die Annahme einer verdeckten Sacheinlage begründen.[681] Nach dieser Rechtsprechung ist die Weiterleitung der Einlagemittel in **Konzernkonstellationen**, also an die Mutter-, Tochter- oder Schwestergesellschaft des Inferenten problematisch und in der Praxis höchste Vorsicht geboten.

532 Eine verdeckte Sacheinlage scheidet aus, wenn die durch das Verkehrsgeschäft an die Gesellschaft erbrachte Leistung **nicht sacheinlagefähig** ist. Die Grundsätze der verdeckten Sacheinlage gemäß § 19 Abs. 4 GmbHG n.F. finden insbesondere auf **Dienstleistungen**, die ein GmbH-Gesellschafter nach Leistung einer Bareinlage entgeltlich erbringen soll, keine Anwendung.[682] Der BGH begründet die mangelnde Sacheinlagefähigkeit von Dienstleistungen mit der Regelung des § 27 Abs. 2 Hs. 2 AktG. Scheidet eine offene Sacheinlage der Dienstleistung aus, kann diese auch nicht verdeckt – also unter Umgehung der Offenlegungspflicht – in die Gesellschaft eingebracht werden.

---

677 BGH II ZR 171/06, DNotZ 2008, 547 = ZNotP 2008, 209 = NZG 2008, 311.
678 BGH II ZR 176/05, DNotZ 2007, 230 = ZNotP 2007, 100 = NZG 2007, 144 = NJW 2007, 765 = BGHZ 170, 47.
679 BGH NJW 1994, 1477 = BGHZ 125, 141, 144; Heidinger/Heckschen, Die GmbH in der Gestaltungs- und Beratungspraxis, § 11 Rn. 156, S. 417.
680 BGH DNotZ 2007, 708, 709; ZIP 2007, 178, 180; GmbHR 2003, 237 = BGHZ 153, 107, 111.
681 BGH DNotZ 2007, 708, 709; BGHZ 110, 740, 66 ff.
682 BGH II ZR 120/07, DNotZ 2009, 766 = DNotI-Report 2009, 78 = NZG 2009, 463 = NJW 2009, 2375 = ZIP 2009, 713 = GmbHR 2009, 540 = WM 2009, 698 = DB 2009, 780 = BGHZ 180, 38 (»Qivive«).

Durch die Rechtsprechung bereits weitgehend geklärt sind die Auswirkungen des 533
MoMiG auf den sogenannten **Cash-Pool**. Das Cash-Pooling ist ein von Konzernen praktiziertes Cash-Management-System, dessen Problematik der Gesetzgeber mit dem MoMiG durch die neue Reglung in § 19 Abs. 5 GmbHG (»Hin- und Herzahlen«) entschärfen wollte. Beim sogenannten physischen Cash-Pool werden alle Konten der in den Cash-Pool einbezogenen Gesellschaften zum Ende eines jeden Tages auf Null gestellt und auf einem Zentralkonto der Betreibergesellschaft zusammengefasst. Befindet sich auf dem Konto der Konzerngesellschaft ein positiver Saldo, wird dieser auf das Zentralkonto transferiert. Die Konzerngesellschaft verliert also Liquidität. Weist das Konto der Konzerngesellschaft hingegen einen negativen Saldo auf, wird dieser durch eine Zahlung vom Zentralkonto ausgeglichen. Der Konzerngesellschaft wird Liquidität zugeführt. In rechtlicher Hinsicht handelt es sich bei diesem Vorgang um die Begründung von Darlehensforderungen und -verbindlichkeiten. Fließt Liquidität von der Konzerngesellschaft auf das Zentralkonto, erhält die Konzerngesellschaft eine Darlehensforderung gegen die den Cash-Pool betreibende Gesellschaft. Fließt ihr hingegen vom Zentralkonto zum Ausgleich eines negativen Saldos Liquidität zu, so entsteht dadurch eine Darlehensverbindlichkeit gegenüber der den Cash-Pool betreibenden Gesellschaft. Von diesem physischen Cash-Pool zu unterscheiden ist der sogenannte virtuelle Cash-Pool. Bei diesem finden keine realen Transaktionen in dem vorbeschriebenen Sinne statt. Dementsprechend werden auch in rechtlicher Hinsicht keine Forderungen und Verbindlichkeiten unter den Konzernunternehmen mehr begründet. Die mit dem physischen Cash-Pooling erstrebten Vorteile, Ausschöpfung der Liquidität des Gesamtkonzerns zugunsten aller Konzerngesellschaften und unabhängig von deren jeweiliger eigener Liquidität verbunden mit einer Absenkung der auf den Gesamtkonzern bezogen geringeren Liquiditätsreserve als für jede Konzerngesellschaft einzeln, gesteht die Bankenpraxis Konzernen auch beim virtuellen Cash-Pool zu.

Fraglich war, ob beim **physischen Cash-Pool** eine verdeckte Sacheinlage denkbar ist, oder 534
ob es sich in jedem Falle um ein Hin- und Herzahlen im Sinne des § 19 Abs. 5 GmbHG n.F. handelt. Dazu hat der BGH vor Inkrafttreten des MoMiG in seiner grundlegenden Entscheidung vom 16.1.2006[683] festgestellt, dass die in ein Cash-Pool-System einbezogenen Gesellschaften mit beschränkter Haftung bei der Gründung und bei der Kapitalerhöhung den Kapitalaufbringungsvorschriften des GmbHG und den dazu von der höchstrichterlichen Rechtsprechung entwickelten Grundsätzen uneingeschränkt unterliegen und ein »Sonderrecht« für diese Art der Finanzierung nicht besteht. Der BGH hat in dem von ihm entschiedenen Fall eine verdeckte Sacheinlage bejaht. Dort war die gesamte Einlage, wie von vornherein beabsichtigt, alsbald nach der nur etwa einen Monat später erfolgten Eintragung der Kapitalerhöhung unter Auflösung des zum Zwecke der Kapitalerhöhung eingerichteten Sonderkontos auf das einzige Geschäftskonto der GmbH weitergeleitet und von dort aus im Rahmen des bestehenden Cash-Pools noch am Abend desselben Tages kraft der Pool-Vereinbarung »automatisch« dem Zentralkonto der von den Inferenten beherrschten Cash-Pool-Gesellschaft gutgeschrieben worden. Da dieses Konto der Gesellschaft einen Debetsaldo aufwies, die Gesellschaft gegenüber der Cash-Pool-Gesellschaft also Verbindlichkeiten hatte, sind diese durch die Gutschrift getilgt worden. Die Gesellschaft hat dementsprechend eine Befreiung von den gegenüber der Cash-Pool-Gesellschaft bereits seit längerem bestehenden Darlehensverbindlichkeiten und damit einen Sachwert erlangt, der verdeckt, also unter Umgehung der dafür vorgesehenen gesetzlichen Voraussetzungen in die Gesellschaft eingebracht worden ist.[684] Die Anwendbarkeit der dargelegten Grundsätze über die verdeckte Sacheinlage hat der BGH auch nach Inkrafttreten des MoMiG für den vorstehend geschilderten Fall bestätigt. Die Einzahlung der Einlage auf

---

683 BGH II ZR 76/04, DNotZ 2006, 543 = NZG 2006, 344 = NJW 2006, 1736 = ZIP 2006, 665 = DStR 2006, 764 = BGHZ 166, 8 – Cash-Pool I.
684 BGH II ZR 76/04, DNotZ 2006, 543 = NZG 2006, 344 = NJW 2006, 1736 = ZIP 2006, 665 = DStR 2006, 764 = BGHZ 166, 8 – Cash-Pool I.

ein Konto, das in einen dem Inferenten zuzurechnenden Cash-Pool einbezogen ist, ist eine verdeckte Sacheinlage, wenn der Saldo auf dem Zentralkonto des Cash-Pools im Zeitpunkt der Weiterleitung zulasten der Gesellschaft negativ ist.[685] Soweit die Einlage dagegen auf ein Zentralkonto des Inferenten weitergeleitet wird, dessen Saldo ausgeglichen oder zugunsten der Gesellschaft positiv ist, liegt ein reines **Hin- und Herzahlen** vor. Mit der Weiterleitung auf das Zentralkonto gewährt die Gesellschaft dem Inferenten ein Darlehen. Nach der Rechtsprechung des Bundesgerichtshofs liegt in diesem Falle die Erfüllung der Einlageschuld erforderliche Leistung zur freien Verfügung der Geschäftsführung nicht vor, wenn der eingezahlte Einlagebetrag absprachegemäß umgehend an den Inferenten zurückfließt und die Einlageforderung der Gesellschaft durch eine schwächere Rückzahlungsforderung ersetzt wird.[686]

535 Nach der Rechtsprechung des BGH ist der Gesetzgeber mit dem **MoMiG** dieser Unterscheidung gefolgt und hat mit § 19 Abs. 4 und 5 GmbHG n.F. lediglich die Rechtsfolgen dieser Vorgänge neu geregelt. Nach § 19 Abs. 4 GmbHG n.F. befreit eine verdeckte Sacheinlage den Gesellschafter zwar nicht von seiner Einlageverpflichtung, führt aber – bezogen auf den Zeitpunkt der Anmeldung bzw. der Leistung – zur Anrechnung des Wertes der Vermögensgegenstände, die der Gesellschafter aufgrund der nunmehr als schuldrechtlich und dinglich wirksam anzusehenden Verträge über die verbotene Sacheinlage tatsächlich erbracht hat.[687] Wenn ein bloßes Hin- und Herzahlen vorliegt, nämlich eine Einlageleistung vereinbart wird, die wirtschaftlich der Rückzahlung der Einlage entspricht und diese nicht als verdeckte Sacheinlage gemäß § 19 Abs. 4 GmbHG n.F. zu beurteilen ist, wird der Inferent gemäß § 19 Abs. 5 S. 1 GmbHG n.F. grundsätzlich ebenfalls nicht von seiner Einlageverpflichtung frei. Etwas anderes gilt nur, wenn die besonderen Voraussetzungen des § 19 Abs. 5 GmbHG n.F. erfüllt sind, also eine die Einlagepflicht substituierende Vereinbarung getroffen wird, die auf ihrer Grundlage erbrachte Leistung durch einen vollwertigen, jederzeit fälligen oder durch fristlose Kündigung fällig werdenden Rückzahlungsanspruch gegen den Inferenten gedeckt ist und der Geschäftsführer diese Umstände bei der Anmeldung nach § 8 GmbHG offenlegt.[688] Liegt schließlich nur teilweise eine verdeckte Sacheinlage vor, weil die Einlagezahlung den negativen Saldo zulasten der Gesellschaft auf dem Zentralkonto übersteigt, ist der Vorgang teilweise als verdeckte Sacheinlage und teilweise als Hin- und Herzahlen zu beurteilen. Da die Einlagezahlung aufgeteilt werden kann, ist nicht in Höhe der gesamten Zahlung von einer verdeckten Sacheinlage auszugehen.[689]

536 Soweit nach dem Vorstehenden eine verdeckte Sacheinlage vorliegt, ist gemäß § 19 Abs. 4 GmbHG n.F. der Wert des verdeckt eingebrachten Vermögensgegenstands im Zeitpunkt der Anmeldung der Gesellschaft zur Eintragung in das Handelsregister anzurechnen. In diesem Zusammenhang ist daher der Wert der Forderung gegen die Gesellschaft

---

685 BGH II ZR 273/07, DNotZ 2009, 941 = NJW 2009, 3091 = NZG 2009, 944 = ZNotP 2009, 359 = NotBZ 2009, 356 = ZIP 2009, 1561 = GmbHR 2009, 926 = WM 2009, 1574 = DB 2009, 1755 = BB 2009, 2108 – Cash-Pool II.
686 BGH II ZR 140/04, DNotZ 2006, 218 = NotBZ 2006, 15 = NZG 2006, 24 = NJW 2006, 509 = ZIP 2005, 2203 = ZNotP 2006, 71 = DStR 2006, 104 = DB 2005, 2743; BGH II ZR 72/05, DNotZ 2006, 536 = NotBZ 2006, 88 = NZG 2006, 227 = NJW 2006, 906 = ZIP 2006, 331 = DStR 2006, 382; BGHZ II ZR 180/06, DNotZ 2008, 545 = ZNotP 2008, 84 = NotBZ 2008, 60 = MittBayNot 2008, 139 = ZIP 2008, 174 = NZG 2008, 143 = NJW-RR 2008, 480 = DStR 2008, 311.
687 BGH II ZR 273/07, DNotZ 2009, 941 = NJW 2009, 3091 = NZG 2009, 944 = ZNotP 2009, 359 = NotBZ 2009, 356 = ZIP 2009, 1561 = GmbHR 2009, 926 = WM 2009, 1574 = DB 2009, 1755 = BB 2009, 2108 – Cash-Pool II.
688 BGH II ZR 273/07, DNotZ 2009, 941 = NJW 2009, 3091 = NZG 2009, 944 = ZNotP 2009, 359 = NotBZ 2009, 356 = ZIP 2009, 1561 = GmbHR 2009, 926 = WM 2009, 1574 = DB 2009, 1755 = BB 2009, 2108 – Cash-Pool II.
689 BGH II ZR 273/07, DNotZ 2009, 941 = NJW 2009, 3091 = NZG 2009, 944 = ZNotP 2009, 359 = NotBZ 2009, 356 = ZIP 2009, 1561 = GmbHR 2009, 926 = WM 2009, 1574 = DB 2009, 1755 = BB 2009, 2108 – Cash-Pool II.

zu ermitteln. Bei dieser Forderung handelt es sich um die Verbindlichkeit der Gesellschaft auf dem Cash-Pool Konto. Ob und inwieweit bei einer als verdeckte Sacheinlage zu behandelnden Einzahlung der Inferent die Nichtschuld tilgend erbrachte Einlage noch einmal leisten muss, hängt nach der geschilderten Rechtsprechung des BGH davon ab, ob und in welcher Höhe die Gesellschaft durch die Einlagezahlung von einer Forderung des Inferenten befreit wird, die sie ohne diese Einlagezahlung aus ihrem (freien) Vermögen hätte erfüllen können.

Der Annahme einer verdeckten Sacheinlage steht schließlich nicht entgegen, wenn eine **gegenständliche Identität** der von dem Inferenten ein- und der an ihn zurückgezahlten Geldmittel nicht besteht.[690] **537**

Vor dem Hintergrund der geschilderten Rechtsprechung kann in der **Praxis** von einer Einbeziehung des Stammkapitals in das Cash-Pool-System nur abgeraten werden. Bei einem bestehenden Cash-Pool-System sollte der Einzahlungsvorgang außerhalb dieses Systems, also auf einem gesonderten Konto möglichst bei einem anderen Kreditinstitut vorgenommen werden. Dadurch geht der Gesellschaft der Einlagebetrag nicht verloren, weil das Geld dort nicht thesauriert werden muss, sondern für Zwecke der Gesellschaft eingesetzt werden darf. Es muss lediglich ein Rückfluss an den Inferenten ausgeschlossen werden.[691] **538**

Drittes Tatbestandsmerkmal des Vorliegens einer verdeckten Sacheinlage gemäß § 19 Abs. 4 S. 1 GmbHG n.F. ist, ist das Vorliegen einer sogenannten **Verwendungsabsprache**. Das Gesetz verlangt in § 19 Abs. 4 S. 1 GmbHG n.F. eine im Zusammenhang mit der Übernahme der Geldeinlage getroffene Abrede. Gegenstand dieser Abrede ist, dass die vereinbarte Bareinlage des Gesellschafters im wirtschaftlichen Ergebnis durch eine andere Leistung als in Geld erbracht werden soll oder kann. Diese Abrede muss zwischen den Gesellschaftern oder mit dem Geschäftsführer im Zeitpunkt der Übernahme der Einlageverpflichtung getroffen worden sein. **539**

Für das Vorliegen einer solchen Abrede spricht eine widerlegliche **Vermutung**, wenn ein enger zeitlicher und sachlicher Zusammenhang zwischen der Leistung der Einlage und der Erfüllung des zwischen Gesellschafter und Gesellschaft vereinbarten Rechtsgeschäfts vorliegt.[692] In diesem Zusammenhang wird ganz überwiegend ein Zeitraum von bis zu sechs Monaten als eine die Vermutung rechtfertigende zeitliche Nähe betrachtet. Acht Monate wurden vom BGH als bereits zu lange Frist betrachtet, um eine Absprache noch vermuten zu können.[693] Der Ablauf der Sechs-Monats-Frist steht dem Vorliegen einer verdeckten Sacheinlage indessen nicht uneingeschränkt entgegen. Vielmehr kann gleichwohl eine verdeckte Sacheinlage vorliegen, wenn eine entsprechende Absprache vorliegt und nachgewiesen werden kann. Dies dürfte in der Praxis nicht selten aufgrund der in den Gesellschaftsunterlagen vorhandenen Dokumente gelingen. **540**

(2) Rechtsfolgen der verdeckten Sacheinlage nach MoMiG

Die Rechtsfolgen der verdeckten Sacheinlage wurden durch das **MoMiG** grundlegend geändert. **541**

---

690 BGH II ZR 132/06 – Rheinmöwe, DNotZ 2008, 628 = NotBZ 2008, 270 = NZG 2008, 425 = ZIP 2008, 788 = WM 2008, 784 = DB 2008, 920 = BGHZ 175, 265; BGH II ZR 137/08 – Lurgi II, NZG 2009, 747 = NJW 2009, 2886 = ZIP 2009, 1155 = WM 2009, 1199 = DB 2009, 1285.
691 *Goette*, Anmerkung zu BGH, Urteil II ZR 76/04, DStR 2006, 764, 767 f.
692 BGH II ZR 89/95, DNotZ 1997, 480 = MittRhNotK 1996, 133 = MittBayNot 1996, 220 = ZIP 1996, 595 = NJW 1996, 1286 = DStR 1996, 794 = DB 1996, 876 = BGHZ 132, 133.
693 BGH II ZR 1/00, DNotZ 2003, 207 = RNotZ 2003, 57 = NZG 2002, 1172 = NJW 2002, 3774 = ZNotP 2003, 33 = DB 2002, 2367 = ZIP 2002, 2045 = WM 2002, 2245 = GmbHR 2002, 1193 = BGHZ 152, 37.

542 Der baren Einlageleistung kommt zwar gemäß § 19 Abs. 4 S. 1 GmbHG n.F. bei Vorliegen einer verdeckten Sacheinlage wie vor Inkrafttreten des MoMiG **keine Erfüllungswirkung** zu.

543 Bis zum Inkrafttreten des MoMiG bestanden die Rechtsfolgen einer verdeckten Sacheinlage jedoch auch bei der GmbH in der Nichtigkeit sowohl des schuldrechtlichen Verpflichtungsgeschäfts als auch des dinglichen Erfüllungsgeschäfts entsprechend § 27 Abs. 3 S. 1 AktG.[694] Im Gegensatz dazu sind mit Inkrafttreten des MoMiG gemäß § 19 Abs. 4 S. 2 GmHG n.F. die Verträge über die Sacheinlage und die Rechtshandlungen zu ihrer Ausführung nicht mehr unwirksam. Auf die fortbestehende Geldeinlagepflicht des Gesellschafters wird der Wert des Vermögensgegenstands im Zeitpunkt der Anmeldung der Gesellschaft zur Eintragung in das Handelsregister oder im Zeitpunkt seiner Überlassung an die Gesellschaft falls diese später erfolgt, gemäß § 19 Abs. 4 S. 3 GmbHG n.F. angerechnet. Die **Anrechnung** erfolgt automatisch und ausweislich des Wortlautes des § 19 Abs. 4 S. 4 GmbHG n.F. nicht vor Eintragung der Gesellschaft in das Handelsregister. Dementsprechend darf der Geschäftsführer im Zeitpunkt der Anmeldung gemäß § 8 Abs. 2 S. 1 GmbHG nicht versichern, dass die Leistungen auf die Geschäftsanteile bewirkt sind, da der Anrechnungszeitpunkt der Versicherung erst zeitlich nachfolgt. Im Zeitpunkt der Abgabe der Versicherung ist diese falsch. Der Geschäftsführer macht sich gemäß § 82 Abs. 1 Nr. 1 GmbHG strafbar.

b) Hin- und Herzahlen gemäß § 19 Abs. 5 GmbHG n. F

aa) Rechtslage Hin- und Herzahlen vor MoMiG

544 Zum Verständnis des § 19 Abs. 5 GmbHG n.F. soll vorab kurz auf die alte Rechtslage vor Inkrafttreten des MoMiG eingegangen werden. Danach war von der vorstehend erörterten verdeckten Sacheinlage das sogenannte **Hin- und Herzahlen** der geschuldeten Einlage zu unterscheiden. Beim Hin- und Herzahlen wird die vom Gesellschafter der Gesellschaft geschuldete Bareinlage zunächst an die Gesellschaft geleistet und anschließend durch die Gesellschaft an den Gesellschafter zurückgezahlt. Die dieser Rückzahlung zugrundeliegende Abrede kann unterschiedlicher Natur sein. In Frage kommt insoweit die gesetzlichen Kapitalaufbringungsvorschriften bewusst umgehende Scheinzahlung. Bei einer Scheinzahlung hat die im Voraus abgesprochene Rückzahlung keinen außerhalb dieser Abrede selbst liegenden Rechtsgrund.[695] Tatsächliche Grundlage für die Rückzahlung der Einlage an den Gesellschafter kann auch eine Darlehensabrede sein. In diesem Fall fließt der eingezahlte Einlagebetrag absprachegemäß als Darlehen an den Inferenten oder an ein mit ihm verbundenes Unternehmen zurück.[696] Ebenso ist der umgekehrte Fall dergestalt denkbar, dass die Gesellschaft dem Gesellschafter ein Darlehen gewährt und dieser sodann dieses Geld zur Tilgung seiner Einlageschuld aus einer später beschlossenen Kapitalerhöhung an die Gesellschaft zurück überweist.[697] Grundlage einer Rückzahlung des Einlagebetrages kann auch eine »Treuhandabrede« sein.[698]

545 Ein Hin- und Herzahlen auf der Grundlage einer Darlehensabrede erfolgte in der Praxis nicht selten bei der Gründung einer **GmbH & Co. KG**, indem die Komplementär-GmbH

---

[694] BGH II ZR 235/01, DNotZ 2004, 206 = NotBZ 2004, 34 = ZNotP 2003, 467 = NZG 2003, 867 = NJW 2003, 3127 = ZIP 2003, 1540 = DStR 2003, 1844 = DB 2003, 1894 = BGHZ 155, 329.
[695] BGH NJW 1991, 1754 = BGHZ 113, 335, 347.
[696] BGH NZG 2003, 168 = DStR 2003, 1131.
[697] BGH NZG 2006, 716 = ZIP 2006, 1633 = GmbHR 2006, 982.
[698] BGH II ZR 72/05, DNotZ 2006, 536 = NotBZ 2006, 88 = NZG 2006, 227 = NJW 2006, 906 = ZIP 2006, 331 = DB 2006, 443 = WM 2006, 438 = DStR 2006, 382 = BGHZ 165, 352.

ihr Barvermögen der Kommanditgesellschaft als Darlehen überlassen hat[699] und in der **Konzern-Praxis** bei den Cash-Pool-Systemen. Auf der Grundlage der Darlehensabrede floss die Einlage an den Inferenten oder einen Dritten mit der Folge zurück, dass der Inferent sich diesen Rückfluss unter bestimmten Voraussetzungen zurechnen lassen musste.[700]

Nach der Rechtsprechung des BGH leistet der Inferent unter dem Gesichtspunkt der Kapitalaufbringung beim Hin- und Herzahlen eines Bareinlagebetrages nichts.[701] Das Hin- und Herzahlen des Einlagebetrages in geringem zeitlichen Abstand **tilgt die Einlageschuld nicht**, weil in einem solchen Fall nicht davon ausgegangen werden kann, dass die Leistung § 8 Abs. 2 S. 1 GmbHG gemäß zur freien Verfügung des Geschäftsführers der Gesellschaft gestanden hat.[702] Die Einlage steht nicht endgültig zur freien Verfügung des Geschäftsführers, wenn die Beteiligten im Zusammenhang mit der Einlageleistung Verabredungen treffen und sodann umsetzen, die zu einem Rückfluss der Mittel an den Gesellschafter oder ihm nahestehende Dritte führen. Der BGH betrachtet das Hin- und Herzahlen – unter Kapitalaufbringungsgesichtspunkten – als einen einheitlichen Vorgang, bei dem der Gesellschaft nichts zugeführt wird und auch der Gesellschafter keine – später zurückzugewährende – Leistung aus dem Vermögen der Gesellschaft erhält. Die Sacheinlage ist vielmehr so zu behandeln, als habe der Gesellschafter nie irgendeinen Betrag zur endgültigen freien Verfügung der Geschäftsführung der Gesellschaft geleistet. Dementsprechend entstehen durch die Zahlungsflüsse auch keine bereicherungsrechtlichen Ansprüche. Dafür besteht unverändert die Einlageschuld des Gesellschafters fort.[703] Die fortbestehende Einlageschuld kann nach der Rechtsprechung des BGH allerdings auch durch die spätere Zahlung auf die vermeintliche »Darlehensschuld« durch den Inferenten bzw. die Auskehrung des vermeintlich »treuhänderisch zurückgewährten Bareinlagebetrages« an die Gesellschaft getilgt werden.[704]

546

Für die praktisch oft schwierige **Abgrenzung** der Hin- und Herzahlungs-Fälle von den Fällen der verdeckten Sacheinlage ist maßgebend, dass bei der verdeckten Sacheinlage bei wirtschaftlicher Betrachtung anstelle der geschuldeten Bareinlage in Wahrheit ein anderer, sacheinlagefähiger Gegenstand eingebracht wird, wie dies beispielsweise bei einer Verrechnung der Einlageschuld mit einer – als Sacheinlage einzubringenden – Forderung des Inferenten gegenüber der Gesellschaft der Fall ist.[705] Demgegenüber bestehen bei der Konstellation der Hin- und Herzahlung keine Forderungen, die als Sacheinlage dienen könnten.

547

---

699 BGH DNotZ 2008, 545 = BGHZ 174, 370 = NZG 2008, 143 = ZIP 2008, 174; zur Heilung dieses Vorgangs bei der personenidentischen GmbH & Co. KG siehe Gutachten des DNotI Fax-Abruf-Nr. 98537 vom 11.11.2009.
700 BGH II ZR 76/04, DNotZ 2006, 543 = NZG 2006, 344 = NJW 2006, 1736 = ZIP 2006, 665 = DStR 2006, 764 = GmbHR 2006, 477 = BGHZ 166, 8 – Cash-Pool I.
701 BGH II ZR 140/04, DNotZ 2006, 218 = NotBZ 2006, 15 = ZNotP 2006, 71 = NZG 2006, 24 = NJW 2006, 509 = ZIP 2005, 2203 = WM 2005, 2397 = DB 2005, 2743 = GmbHR 2006, 43 = BGHZ 165, 113; BGH, II ZR 72/05, DNotZ 2006, 536 = NotBZ 2006, 88 = NZG 2006, 227 = NJW 2006, 906 = ZIP 2006, 331 = DStR 2006, 382 = DB 2006, 443 = WM 2006, 438 = BGHZ 165, 352.
702 BGH a.a.O.; BGH II ZR 7/02, MittBayNot 2004, 373 = ZNotP 2004, 365 = NZG 2004, 618 = ZIP 2004, 1046 = WM 2004, 1140 = DStR 2004, 1096 = DB 2004, 1199.
703 *Goette*, Anmerkung zu BGH II ZR 140/04, DStR 2006, 104, 106 f.
704 BGH II ZR 140/04, DNotZ 2006, 218 = NotBZ 2006, 15 = NZG 2006, 24 = NJW 2006, 509 = ZNotP 2006, 71 = ZIP 2005, 2203 = WM 2005, 2397 = GmbHR 2006, 43 = DB 2005, 2743 = BGHZ 165, 113; BGH II ZR 72/05, DNotZ 2006, 536 = NotBZ 2006, 88 = NZG 2006, 227 = NJW 2006, 906 = ZIP 2006, 331 = DB 2006, 443 = WM 2006, 438 = DStR 2006, 382 = BGHZ 165, 352.
705 BGH II ZR 140/04, DNotZ 2006, 218 = NotBZ 2006, 15 = NZG 2006, 24 = NJW 2006, 509 = ZNotP 2006, 71 = ZIP 2005, 2203 = WM 2005, 2397 = GmbHR 2006, 43 = DB 2005, 2743 = BGHZ 165, 113; BGH II ZR 72/05, DNotZ 2006, 536 = NotBZ 2006, 88 = NZG 2006, 227 = NJW 2006, 906 = ZIP 2006, 331 = DB 2006, 443 = WM 2006, 438 = DStR 2006, 382 = BGHZ 165, 352.

bb) Rechtslage Hin- und Herzahlen nach MoMiG

548 Das Hin- und Herzahlen der Einlage wird durch das MoMiG im neuen § 19 Abs. 5 GmbHG n.F. grundlegend neu geregelt. Mit dieser Regelung wollte der Gesetzgeber insbesondere den physischen Cash-Pool ermöglichen. Seinem Wortlaut nach ist § 19 Abs. 5 GmbHG n.F. jedoch auch auf alle anderen Fälle des Hin- und Herzahlens anwendbar. Liegen die Voraussetzungen des § 19 Abs. 5 GmbHG n.F. vor, so wird der Gesellschafter von seiner Einlageverpflichtung der GmbH gegenüber frei. Trotz des wirtschaftlichen Rückflusses der Einlage fehlt es nicht an dem für die Befreiung von der Einlageleistung erforderlichen Merkmal der Leistung zur endgültig freien Verfügung der Geschäftsführer gemäß § 8 Abs. 2 S. 1 GmbHG.

(1) Voraussetzungen

549 Voraussetzung für die Befreiung von der Einlageschuld trotz wirtschaftlichen Rückflusses der Einlage ist gemäß § 19 Abs. 5 GmbHG n.F., dass vor der Einlage eine Leistung an den Gesellschafter vereinbart wurde, die wirtschaftlich einer Rückzahlung der Einlage entspricht und die nicht als verdeckte Sacheinlage im Sinne von § 19 Abs. 4 GmbHG n.F. zu beurteilen ist. Weiter ist erforderlich, dass die Leistung durch einen vollwertigen Rückgewähranspruch gedeckt ist, der jederzeit fällig ist oder durch fristlose Kündigung durch die Gesellschaft fällig werden kann. Schließlich muss eine solche Leistung oder Vereinbarung einer solchen Leistung in der Anmeldung nach § 8 GmbHG angegeben werden.

550 Es muss also vor der Einlageleistung eine **Vereinbarung** zwischen Gesellschaft und Gesellschafter getroffen worden sein, dass die Leistung des Gesellschafters an die Gesellschaft an ihn zurückgewährt werden soll. Welchen Inhalt diese Vereinbarung zwischen der Gesellschaft und dem Gesellschafter im Einzelnen haben muss, wird im Gesetz nicht näher festgelegt. Es genügt, wenn die Vereinbarung im Ergebnis dazu führt, dass die der Gesellschaft geleistete Einlage wirtschaftlich betrachtet an ihn zurückfließt.

551 Nicht geklärt ist bislang die Frage, ob die Regelung des § 19 Abs. 5 GmbHG n.F. auch auf solche Fälle anwendbar ist, die in der umgekehrten Reihenfolge ablaufen, also sogenannte **Her- und Hinzahlungsfälle**. In diesen Fällen erfolgt die Zahlung der Gesellschaft an den Gesellschafter vor dessen Einlageleistung. Gegen dieses Verständnis des § 19 Abs. 5 GmbHG n.F. spricht sein Wortlaut, da dort von einer »Rückzahlung« der Einlage die Rede ist. Der Begriff der Rückzahlung setzt gedanklich eine im Vorhinein erfolgte Zahlung des Gesellschafters voraus. Dem wird zu Recht entgegengehalten, dass es für die Anwendbarkeit des § 19 Abs. 5 GmbHG n.F. wertungsmäßig – wie nach bisherigem Recht – nicht gerechtfertigt sei, zwischen dem »Hin- und Herzahlen« und dem »Her- und Hinzahlen« zu unterscheiden.[706] Dies kann m.E. jedoch nur dann gelten, wenn die entsprechende Abrede zwischen der Gesellschaft und dem Gesellschafter zeitlich vor der Einlageleistung getroffen worden ist. Für die Beratungspraxis kann dies bis zu einer höchstrichterlichen Klärung nur bedeuten, den Wortlaut des § 19 Abs. 5 GmbHG n.F. einzuhalten, ihn also nur auf das »Hin- und Herzahlen« anzuwenden.

552 Unklar ist auch, ob § 19 Abs. 5 GmbHG n.F. auch auf das Hin- und Herleisten von **Sacheinlagen** anwendbar ist. Gegen die Anwendbarkeit des § 19 Abs. 5 GmbHG n.F. auf das Hin- und Herleisten von Sacheinlagen spricht neben dem Wortlaut der Vorschrift, in dem von »Rückzahlung« die Rede ist auch die Gesetzgebungsgeschichte, die die Schuld tilgende Einlageleistung bei Bestehen eines sogenannten physischen Cash-Pools im Auge hatte sowie schließlich auch der Ausnahmecharakter dieser Regelung.[707]

---

706 *Heckschen/Heidinger*, Die GmbH in der Gestaltungs- und Beratungspraxis, § 11 Rn. 93, S. 402; dagegen, dass § 19 Abs. 5 GmbHG n.F. das Her- und Hinzahlen erfasst *Bormann/Urlichs*, GmbHR-Sonderheft Oktober 2008, 37, 43 f.

707 *Heckschen*, Das MoMiG in der notariellen Praxis, Rn. 131 f.

Gründung der Gesellschaft mit beschränkter Haftung   A

Fehlt es an der Vereinbarung zwischen Gesellschaft und Gesellschafter, dass die an die Gesellschaft zu erbringende Einlageleistung von dieser an den Gesellschafter zurückfließen soll im **Zeitpunkt** der Einlageleistung, ist die Regelung des § 19 Abs. 5 GmbHG n.F. grundsätzlich nicht anwendbar. Wird eine solche Vereinbarung nach Erbringung der Einlageleistung des Gesellschafters an die Gesellschaft getroffen, fällt dieser Vorgang grundsätzlich unter die Regelungen zur Kapitalerhaltung gemäß § 30 Abs. 1 GmbHG.[708] 553

Nicht geklärt ist bislang, ob die Gründungsgesellschafter aus dem Anwendungsbereich des § 19 Abs. 5 GmbHG n.F. in die Kapitalerhaltungsregelungen des § 30 GmbHG n.F. entfliehen können, indem sie das Bestehen einer **Rückzahlungsvereinbarung bestreiten**. Der Gesetzeswortlaut äußert sich dazu nicht. Allerdings hat die Rechtsprechung zur alten Rechtslage bei Vorliegen eines engen zeitlichen Zusammenhangs zwischen Einlageleistung und Rückzahlung eine dem zugrunde liegende entsprechende Vereinbarung widerleglich vermutet.[709] Die Übertragung dieser Rechtsgrundsätze auf das neue Recht erscheint wegen der vergleichbaren Interessenlage nicht fernliegend, so dass sich in der Praxis ein entsprechender **Hinweis des Notars** an die Gründungsgesellschafter und den Geschäftsführer empfiehlt. 554

Die Anwendbarkeit des § 19 Abs. 5 GmbHG n.F. dürfte darüber hinaus voraussetzen, dass es bei der zwischen der Gesellschaft und dem Gesellschafter getroffenen Vereinbarung über die Rückzahlung der Einlage um eine zivilrechtlich **wirksame Vereinbarung** handelt. An der Vereinbarung beteiligt ist auf der einen Seite der Gesellschafter und auf der anderen Seite die Gesellschaft. Dementsprechend kann eine solche Vereinbarung im Gründungsstadium mit Wirkung für und gegen die spätere GmbH erst nach Entstehung der **Vor-GmbH**, also nach notarieller Beurkundung des Gründungsvorgangs getroffen werden. Eine Vereinbarung, die vor Abschluss des Gesellschaftsvertrages getroffen würde, würde allein die Vorgründungsgesellschaft betreffen und nicht von selbst auf die Vor-GmbH und spätere GmbH übergehen. Daraus ergibt sich, dass die von § 19 Abs. 5 GmbHG n.F. geforderte Vereinbarung in dem **Zeitraum** nach notarieller Beurkundung des Gründungsvorgangs bis zur Leistung der Einlage des Gesellschafters an die Gesellschaft getroffen werden muss. Nach einer verbreiteten Auffassung ist der Geschäftsführer der Vor-GmbH während dieses Zeitraums jedoch nur zum Abschluss gründungsnotwendiger Geschäfte berechtigt.[710] Da es sich bei einer Rückzahlungsvereinbarung im Sinne von § 19 Abs. 5 GmbHG n.F. nicht um ein gründungsnotwendiges Geschäft für die GmbH handelt, haben die Geschäftsführer unter Zugrundelegung dieser Auffassung keine Vertretungsbefugnis für deren Abschluss. Dazu bedarf es vielmehr einer ausdrücklichen Erweiterung ihrer **Vertretungsmacht** durch die Gründungsgesellschafter auch auf nicht gründungsnotwendige Geschäfte. 555

Weitere Voraussetzung für die Befreiung des Gesellschafters von seiner Einlagepflicht ist, dass der sich aus der Rückzahlungsvereinbarung ergebende **Rückgewähranspruch** der Gesellschaft **vollwertig** ist. Die Bewertung des Anspruchs hat dabei rein bilanziell zu erfolgen. Die Forderung der Gesellschaft gegen den Gesellschafter muss im Zeitpunkt der Einlagenrückgewähr realisierbar sein und die Kreditwürdigkeit des Gesellschafters darf für absehbare Zeit nicht in Frage stehen.[711] Gesetzlich nicht geregelt ist die Frage, ob die erforderliche Vollwertigkeit des Rückgewähranspruchs der Gesellschaft weiter voraussetzt, dass der Rückzahlungsanspruch verzinslich ausgestaltet und gesichert sein muss. Da für die Bewertung der Vollwertigkeit des Rückgewähranspruchs der Gesellschaft eine bilanzielle Betrachtung vorzunehmen ist, empfiehlt sich sowohl die Vereinbarung einer Verzinsung als auch die Stellung einer Sicherheit. Beide Gesichtspunkte sind bei der vom 556

---

708 *Heckschen*, Das MoMiG in der notariellen Praxis, Rn. 122; *Büchel*, GmbHR 2007, 1065 ff.
709 Vgl. BGH ZIP 2002, 2045, 2048; BGH, Urt. v. 18.3.2002, ZIP 2002, 799, 801.
710 Vgl. Baumbach/Hueck/*Fastrich*, § 11 Rn. 19, 20.
711 *Winter*, DStR 2007, 1484, 1486; *Heckschen*, Das MoMiG in der notariellen Praxis, Rn. 133.

2. Kapitel Recht der Gesellschaft mit beschränkter Haftung

Gesetzgeber für den Rückgewähranspruch zugrunde gelegten bilanziellen Betrachtung zu berücksichtigen. Nur wenn eine **Verzinsung** des Rückgewähranspruchs vorgesehen wird, kann die Gesellschaft aus diesem einen Nutzen ziehen. Daher ist eine Vergleichbarkeit mit einer der Gesellschaft verbleibenden Einlage, mit der sie wirtschaften kann, nur dann gegeben, wenn der Rückgewähranspruch verzinslich gestellt wird.[712] Da nur Forderungen, deren Realisierung gesichert erscheint, in der Bilanz zu ihrem Nennwert angesetzt werden dürfen[713] erscheint die **Besicherung des Rückgewähranspruchs** der Gesellschaft für den Regelfall erforderlich. Für die Praxis empfiehlt sich daher sowohl die Verzinsung als auch die Besicherung des Rückgewähranspruchs, da anderenfalls die Gefahr besteht, dass der Rückgewähranspruch als nicht vollwertig zu betrachten ist, so dass der Gesellschafter von seiner Leistungspflicht nicht gemäß §19 Abs. 5 GmbHG n.F. frei wird, sondern seine Einlageverpflichtung in vollem Umfange bestehen bleibt.

557 Maßgeblicher **Zeitpunkt** für die Beurteilung der Vollwertigkeit des Rückgewähranspruchs der Gesellschaft ist der Zeitpunkt der Rückgewähr der Einlage an den Gesellschafter, also der Zeitpunkt der Mittelausreichung.[714]

558 Weitere Voraussetzung für die in §19 Abs. 5 GmbHG n.F. angeordnete Tilgungswirkung der Einzahlung trotz deren Rückfluss an den Gesellschafter ist, dass der **Rückgewähranspruch** jederzeit **fällig** ist oder durch fristlose Kündigung durch die Gesellschaft fällig gestellt werden kann. Teilweise wird darüber hinaus gefordert, dass der an die Stelle des Bareinlageanspruchs tretende Zahlungsanspruch der GmbH gegen ihren Gesellschafter nicht nur vollwertig, sondern auch gleichwertig sein müsse.[715] Von einer **Gleichwertigkeit** könne jedoch nur die Rede sein, wenn er wie ein als Einlage gesichertes Bankguthaben voll liquide sei. Die jederzeitige Liquidität und Fälligkeit des Rückgewähranspruchs der Gesellschaft trägt dem Umstand Rechnung, dass der Geschäftsführer der Gesellschaft jederzeit in der Lage sein muss, den vollwertigen Anspruch der Gesellschaft zu realisieren. Nur wenn die Forderung der Gesellschaft jederzeit fällig ist oder ihre Fälligkeit jederzeit herbei geführt werden kann, ist der Geschäftsführer der Gesellschaft in der Lage, auf etwa eintretende Veränderungen in der Vermögenssituation des Gesellschafters angemessen zu reagieren. Bei einer Verschlechterung der Vermögenslage des Gesellschafters ist die Geschäftsführung der GmbH berechtigt und verpflichtet, den Einlageersatzanspruch unverzüglich geltend zu machen. Die Geschäftsführer der Gesellschaft haben dementsprechend darauf zu achten, ob der ursprünglich vollwertige Gegenleistungsanspruch nach wie vor diese Einordnung verdient, und, wenn dies nicht mehr der Fall ist, unverzüglich zu reagieren, die fristlose Kündigung auszusprechen und für die Erfüllung des Anspruchs gegen den Gesellschafter zu sorgen. Vor diesem Hintergrund empfiehlt es sich, dem Geschäftsführer der Gesellschaft eine autonom, das heißt von Weisungen der GmbH-Gesellschafter unabhängig wahrzunehmende Möglichkeit einzuräumen, sich über die finanzielle Lage des Inferenten als Schuldner der GmbH zu informieren.[716]

559 Bei der **Anmeldung** der GmbH zum Handelsregister haben die Geschäftsführer der Gesellschaft auch bei Vorliegen eines Hin- und Herzahlungsvorgangs die Versicherung gemäß § 8 Abs. 2 GmbHG abzugeben, wonach die bezeichneten Leistungen auf die Geschäftsanteile bewirkt sind und sich der Gegenstand der Leistungen endgültig in ihrer freien Verfügung befindet. Liegen die Voraussetzungen des §19 Abs. 5 GmbHG n.F. nicht vor, hat die Erbringung der Einlage keine schuldtilgende Wirkung. Der Einzahlungsanspruch der Gesellschaft besteht in voller Höhe fort (»**Alles-oder-Nichts-Prinzip**«). Dem-

---

712 *Heckschen*, Das MoMiG in der notariellen Praxis, Rn. 134; vgl. *Bormann/Urlichs*, GmbHR-Sonderheft Oktober 2008, 37, 44.
713 BGH, NJW 1998, 1559 = NZG 1998, 314 = BGHZ 137, 378, 389; *Baumbach/Hopt*, §252 Rn. 20; *Drygala/Kremer*, ZIP 2007, 1289, 1293; Staub/*Kleindiek*, HGB, §252 Rn. 28.
714 *Bormann*, GmbHR 2007, 902; *Wicke*, §19 Rn. 36.
715 Vgl. *Jung*, Expertenanhörung im Gesetzgebungsverfahren vom 23.1.2008, S. 12.
716 *Goette*, Einführung in das neue GmbH-Recht, 2008, S. 11.

entsprechend ist in diesem Fall die von den Geschäftsführern abzugebende Versicherung nach § 8 Abs. 2 GmbHG falsch. Der Geschäftsführer macht sich gemäß § 82 Abs. 1 Nr. 1 GmbHG strafbar. Eine peinlich genaue Prüfung der Voraussetzungen des § 19 Abs. 5 GmbHG n.F. durch die Geschäftsführer ist daher zwingend erforderlich.

Gemäß § 19 Abs. 5 S. 2 GmbHG n.F. ist die erfolgte Rückzahlung oder die Vereinbarung einer solchen in der **Anmeldung zum Handelsregister** von den Geschäftsführern anzugeben. Nach dem Gesetzeswortlaut ist dem Handelsregister gegenüber also offenzulegen, dass vor der Einlage eine Leistung an den Gesellschafter vereinbart worden ist, die wirtschaftlich einer Rückzahlung der Einlage entspricht und die nicht als verdeckte Sacheinlage im Sinne von § 19 Abs. 4 GmbHG n.F. zu beurteilen ist. Weiter ist anzugeben, dass der Rückgewähranspruch vollwertig und jederzeit fällig ist oder durch fristlose Kündigung seitens der Gesellschaft fällig gestellt werden kann. Fraglich ist, ob der Geschäftsführer die Vollwertigkeit des Rückgewähranspruchs sowie seine jederzeitige Fälligkeit oder das Recht zur fristlosen Kündigung durch die Gesellschaft zu versichern hat. Der Wortlaut des § 19 Abs. 5 S. 2 GmbHG n.F. sieht eine entsprechende Versicherung nicht vor. Danach ist vielmehr lediglich die **Offenlegung** der Hin- und Herzahlung oder die Vereinbarung einer solchen Leistung erforderlich. Die Offenlegung soll dem Handelsregister die Prüfung ermöglichen, ob die Voraussetzungen einer Erfüllungswirkung trotz Hin- und Herzahlen oder der Vereinbarung dessen gegeben sind. Liegen die Voraussetzungen des § 19 Abs. 5 S. 1 GmbHG n.F. nicht vor, ist zwangsläufig die Versicherung des Geschäftsführers gemäß § 8 Abs. 2 S. 1 GmbHG unrichtig und somit der Straftatbestand des § 82 Abs. 1 Nr. 1 GmbHG erfüllt. Die Versicherung des Vorliegens der Voraussetzungen des § 19 Abs. 5 S. 1 GmbHG n.F. kann vom Handelsregister daher richtigerweise nicht verlangt werden. Gleichwohl empfiehlt sich in der **Praxis** die Aufnahme einer entsprechenden Versicherung in die Anmeldung, um den Geschäftsführern die Tragweite ihrer Versicherung hHHHhH HhjH gemäß § 8 Abs. 2 S. 1 GmbHG vor Augen zu führen. Zudem erspart man sich gegebenenfalls (unberechtigte) Beanstandungen des Handelsregisters. Schließlich sieht das Registergericht bei einer entsprechenden Versicherung möglicherweise eher von der Anforderung konkreter Nachweise ab.

Formulierungsvorschlag: Offenlegung einer Hin- und Herzahlung in Handelsregisterabmeldung
Weiter wird angemeldet, dass die vorbezeichnete, in bar erbrachte Stammeinlage des Gesellschafters G von der Gesellschaft dem Gesellschafter zurückgewährt wurde. Die Rückzahlung der Einlage erfolgte aufgrund eines Darlehensvertrages, den die Gesellschaft mit dem Gesellschafter nach notarieller Errichtung der Gesellschaft vor Einlage der Leistung geschlossen hat. Es wird versichert, dass der Rückgewähranspruch der Gesellschaft vollwertig und liquide ist und durch fristlose Kündigung seitens der Gesellschaft jederzeit fällig gestellt werden kann.

Für die Praxis geklärt ist, dass die **Offenlegung** gemäß § 19 Abs. 5 S. 2 GmbHG n.F. Voraussetzung für eine nach § 19 Abs. 5 S. 1 GmbHG n.F. ordnungsgemäße Einlagenrückzahlung und damit für die **Erfüllungswirkung** ist, und dass es sich hierbei nicht allein um eine formelle Verpflichtung handelt, deren Nichtbefolgung zwar gemäß § 9 a GmbHG schadenersatzpflichtig und gemäß § 82 Abs. 1 Nr. 1 GmbHG strafbar machen kann, der Erfüllung der Einlagepflicht gemäß § 19 Abs. 5 S. 1 GmbHG n.F. jedoch nicht entgegen steht. Der BGH knüpft die Erfüllung der Einlageschuld ohne nähere Begründung an die

Offenlegung der verdeckten Finanzierung der Einlagemittel durch die Gesellschaft.[717] Naheliegender wäre gewesen, bei Vorliegen der materiellen Voraussetzungen des § 19 Abs. 5 S. 1 GmbHG n.F. Schuldbefreiung anzunehmen und an die mangelnde Offenlegung lediglich die Strafbarkeitsfolge des § 82 Abs. 1 Nr. 1 GmbHG wegen Verletzung des § 19 Abs. 5 S. 2 GmbHG n.F. zu knüpfen. Dann hätte die gemäß § 4 Abs. 4 EGGmbHG angeordnete Anwendung der Vorschrift des § 19 Abs. 5 GmbHG n.F. auf Altfälle auch praktisch werden können. Auf der Grundlage der Rechtsprechung des BGH läuft diese Rückwirkung für die Praxis leer, da dem Handelsregister vor Inkrafttreten des MoMiG ein Hin- und Herzahlen nicht angegeben wurde.

(2) Rechtsfolgen des ordnungsgemäßen Hin- und Herzahlens

563 Bei Beachtung der Voraussetzung des § 19 Abs. 5 GmbHG n.F. führt die bare Einlageleistung des Gesellschafters zum Erlöschen seiner Einlageverpflichtung. Der Geschäftsführer gibt eine richtige Versicherung zur freien Verfügung über die Einlageleistung ab, macht sich nicht strafbar und haftet nicht. Es kommt zu einer **echten Erfüllung** der baren Einlageschuld und nicht nur wie bei der verdeckten Sacheinlage zu einer wertmäßigen Anrechnung. Fehlt es hingegen an einer nach dem Gesetz erforderlichen Voraussetzung für die schuldtilgende Wirkung der Einlageleistung trotz Rückzahlung, liegt eine wirksame Erfüllung der Einlageschuld nicht vor. Es erfolgt auch keine wertmäßige Anrechnung. Es bleibt bei den vorstehend dargestellten Rechtsprechungsgrundsätzen zum Hin- und Herzahlen, die bereits vor Inkrafttreten des MoMiG galten. Dementsprechend bleibt die Einlageschuld in voller Höhe offen bestehen, und der Geschäftsführer macht sich wegen falscher Angaben im Zusammenhang mit der Gründung strafbar gemäß § 82 Abs. 1 Nr. 1 GmbHG.

4. Keine Befreiung von der Einlagepflicht gemäß § 19 Abs. 2 S. 1 GmbHG n. F

564 Gemäß § 19 Abs. 2 S. 1 GmbHG n.F. können Gesellschafter von der Verpflichtung zur Leistung der Einlagen nicht befreit werden. Danach ist jede rechtsgeschäftliche Beeinträchtigung der Pflicht zur Einlageleistung unzulässig, insbesondere der Erlass gemäß § 397 Abs. 1 BGB, das negative Schuldanerkenntnis gemäß § 397 Abs. 2 BGB, die Ersetzung der Forderung (Novation) wie durch den Austausch der Einlageforderung gegen eine andersartige Forderung oder die Annahme einer anderen Leistung an Erfüllungs Statt.[718]

565 Aus § 19 Abs. 2 S. 2 GmbHG n.F. wird ein **Aufrechnungsverbot** abgeleitet. Danach ist die Aufrechnung durch den Gesellschafter unabhängig von der Art seiner Forderung und unabhängig von dem Zeitpunkt ihrer Entstehung grundsätzlich unzulässig und befreit nicht von der Einlageschuld.[719] Eine Ausnahme vom Aufrechnungsverbot für den Gesellschafter besteht, für die Aufrechnung mit einer Forderung aus der Überlassung von Vermögensgegenständen, deren Anrechnung auf die Einlageverpflichtung nach § 5 Abs. 4 S. 1 GmbHG in der Gründungssatzung vereinbart worden ist.[720]

566 Die **Aufrechnung seitens der Gesellschaft** mit der Einlageforderung wird durch § 19 Abs. 2 S. 2 GmbHG n.F. nicht ausgeschlossen. Ungeachtet dessen unterliegt auch die GmbH im Interesse der realen Kapitalaufbringung erheblichen Einschränkungen und kann nur dann mit der Einlageforderung aufrechnen, wenn sie den vollen wirtschaftlichen

---

717 BGH II ZR 120/07 – »Qivive«, DNotZ 2009, 766, 769 = DNotI-Report 2009, 78 = NZG 2009, 463 = NJW 2009, 2375 = GmbHR 2009, 540 = ZIP 2009, 713 = WM 2009, 698 = DB 2009, 780 = DStR 2009, 809; BGH II ZR 273/07 – Cash-Pool II, DNotZ 2009, 941 = NZG 2009, 944 = NJW 2009, 3091 = ZIP 2009, 1561 = GmbHR 2009, 926 = DB 2009, 1755 = DStR 2009, 1858 = ZNotP 2009, 359 = NotBZ 2009, 356.
718 Zur Ausnahme des Hin- und Herzahlens siehe oben Rdn. 548 ff.
719 *Wicke*, § 19 Rn. 11 m.w.N.
720 Siehe dazu oben Rdn. 489 ff.

Wert der geschuldeten Leistung tatsächlich erhält. Eine Aufrechnung gegenüber Altforderungen des Gesellschafters, die zum Zeitpunkt der Begründung der Einlageschuld bereits bestanden haben ist unzulässig, da solche Forderungen des Gesellschafters als Sacheinlage eingebracht werden müssen.[721] Die Aufrechnung der Gesellschaft gegen eine Neuforderung ist nur zulässig, wenn diese fällig, liquide und vollwertig ist.[722] Dies gilt jedoch nicht, wenn im Zeitpunkt der Fassung des Einlagebeschlusses eine Verrechnungsabrede zwischen den Beteiligten getroffen wurde. In diesem Falle ist auch die Aufrechnung durch die GmbH gegen eine Neuforderung ausgeschlossen.[723]

X. Besonderheiten bei Gründung der Unternehmergesellschaft haftungsbeschränkt

Bei der Unternehmergesellschaft (haftungsbeschränkt) handelt es sich nicht um eine neue Gesellschaftsform, sondern um eine **Sonderform der GmbH**, auf die das GmbH-Recht Anwendung findet. Besonderheiten für die Unternehmergesellschaft (haftungsbeschränkt) ergeben sich insoweit lediglich aus §5a GmbHG. Hinsichtlich des Gründungsverfahrens ergeben sich keine Abweichungen zur GmbH. Die Unternehmergesellschaft (haftungsbeschränkt) kann sowohl im »klassischen« Verfahren als auch im vereinfachten Verfahren unter Verwendung des Musterprotokolls gegründet werden. 567

Bei einer Gesellschaft, die mit einem Stammkapital gegründet wird, das den Betrag des Mindeststammkapitals von 25.000,00 Euro gemäß §5 Abs. 1 GmbHG unterschreitet, muss den **Rechtsformzusatz** »Unternehmergesellschaft (haftungsbeschränkt)« oder »UG (haftungsbeschränkt)« gemäß §5a Abs. 1 GmbHG führen. Andere Rechtsformzusätze wie beispielsweise »Mini-GmbH« oder »Ein-Euro-GmbH« sind unzulässig. Auch ist eine Änderung des gesetzlich vorgeschriebenen Rechtsformzusatzes wie beispielsweise »Gesellschaft (haftungsbeschränkt)« oder »haftungsbeschränkte Gesellschaft« oder »haftungsbeschränkte Unternehmergesellschaft« unzulässig. 568

Hat die Unternehmergesellschaft (haftungsbeschränkt) ihr Stammkapital förmlich auf 25.000,00 Euro oder mehr erhöht, verwandelt sie sich dadurch automatisch zu einer »normalen« GmbH. Sie kann nunmehr ihren bisherigen Rechtsformzusatz »Unternehmergesellschaft (haftungsbeschränkt)« oder »UG (haftungsbeschränkt)« durch eine Satzungsänderung in »GmbH« oder in »Gesellschaft mit beschränkter Haftung« ändern. Eine Pflicht zur Änderung des Rechtsformzusatzes besteht nicht.[724] 569

Hinsichtlich der Höhe des erforderlichen Stammkapitals enthält das Gesetz in §5a GmbHG für die Unternehmergesellschaft (haftungsbeschränkt) erhebliche Abweichungen von der GmbH. Gemäß §5a GmbHG kann das Stammkapital einer UG (haftungsbeschränkt) den Betrag des Mindeststammkapitals gemäß §5 Abs. 1 GmbHG beliebig unterschreiten. Zu beachten ist allerdings, dass die Höhe eines einzelnen Geschäftsanteils sich auf mindestens 1,00 Euro belaufen muss. Dementsprechend beträgt das **Mindeststammkapital** der UG (haftungsbeschränkt) 1,00 Euro. Aus §5a Abs. 1 GmbHG ergibt sich darüber hinaus, dass das Stammkapital einer UG (haftungsbeschränkt) sich auf höchstens 24.999,00 Euro belaufen kann. Die Gründung einer UG (haftungsbeschränkt) mit einem diese Summe übersteigenden statutarischen Stammkapital ist nicht möglich. 570

Gemäß §5a Abs. 2 GmbHG darf die **Anmeldung** der UG (haftungsbeschränkt) zur Eintragung in das Handelsregister erst erfolgen, wenn das Stammkapital in voller Höhe eingezahlt ist. 571

---

721 OLG Celle GmbHR 2006, 433; *Wicke*, §19 Rn. 14.
722 OLG Hamburg GmbHR 2006, 934; *Wicke*, §19 Rn. 14.
723 BGH NJW 2002, 3774, 3776; *Wicke*, §19 Rn. 14.
724 Vgl. Begründung Regierungsentwurf zu §5a GmbHG, abgedruckt bei *Goette*, Einführung in das neue GmbH-Recht, 2008, S. 176 f.; Lutter/Hommelhoff/*Lutter*, §5a Rn. 27.

2. Kapitel Recht der Gesellschaft mit beschränkter Haftung

572 Die Vereinbarung von **Sacheinlagen** ist gemäß § 5a Abs. 2 S. 2 GmbHG ausgeschlossen. Streitig ist, ob damit auch eine Anrechnung verdeckt erbrachter Sacheinlagen gemäß der Bestimmung des § 19 Abs. 4 GmbHG ausgeschlossen ist. Goette ist der Ansicht, dass die Anrechungsbestimmung des § 19 Abs. 4 GmbHG auf verbotenerweise verdeckt erbrachte Sacheinlagen in Frage kommt, da auch die **verdeckte Sacheinlage** nach dem neuen Recht »verboten« sei, zumal es nach dem jetzt vollzogenen Paradigmenwechsel im Recht der verdeckten Sacheinlage von der Unwirksamkeit des schuldrechtlichen und des dinglichen Geschäfts hin zu deren Wirksamkeit aus der Sicht der Gesellschaftsgläubiger ausreiche, dass irgendwann in der Vergangenheit der Gesellschafter der Gesellschaft – wenn auch ohne Tilgungswirkung – einen Wert zugeführt habe.[725] Andere sind der Auffassung, dass das Sacheinlageverbot sowohl offene als auch verdeckte Sacheinlagen betreffe. Es könne daher weder durch verdeckte Sacheinlagen noch durch die Annahme von Sachwerten an Erfüllungs statt umgangen werden. Eine Anrechnung des Sachwerts auf die Einlageforderung gemäß § 19 Abs. 4 GmbHG scheide damit aus. Anderenfalls wäre das Sacheinlageverbot bei der UG (haftungsbeschränkt) weitgehend wirkungslos.[726] Für diese Auffassung spricht, dass nur bei der GmbH die Möglichkeit zur Vornahme einer Sachgründung besteht und gesetzlich im einzelnen geregelt ist. Bei der UG (haftungsbeschränkt) ist eine offene Sachgründung hingegen ausgeschlossen, so dass auch die Anwendung der Regeln der verdeckten Sacheinlage insbesondere die Anrechnung des Werts der Sacheinlage auf die Bareinlageschuld ausscheidet. Die Existenz der Regelung des § 19 Abs. 4 GmbHG ist nur damit erklärbar, dass das GmbH-Recht für die GmbH eine offene Sacheinlage kennt. Wären Sacheinlagen auch für die GmbH generell unzulässig, wäre die Existenz der Vorschrift des § 19 Abs. 4 GmbHG nicht denkbar. So ist es aber für die UG (haftungsbeschränkt). Die Vorschrift des § 19 Abs. 4 GmbHG ist auf diese daher nicht anwendbar. In der **Praxis** empfiehlt es sich, darauf hinzuweisen, dass die Anwendbarkeit der Anrechnungsbestimmung des § 19 Abs. 4 GmbHG auf die UG (haftungsbeschränkt) bislang nicht geklärt und äußerst fraglich ist. Im Falle der Insolvenz der UG (haftungsbeschränkt) hätte der Inferent, der die verdeckte Sacheinlage geleistet hat, seine Einlage gegebenenfalls in voller Höhe (trotz verdeckter Sacheinlage noch einmal) zu leisten.

573 Schließlich hat das Sacheinlageverbot auch Bedeutung für die Gründung der UG (haftungsbeschränkt) im Rahmen von Umwandlungsvorgängen. Danach scheidet die Gründung einer UG (haftungsbeschränkt) durch einen **Umwandlungsvorgang** scheidet aus, wenn sich dieser aus der Sicht der entstehenden UG (haftungsbeschränkt) als Sachgründung darstellt.

574 Dementsprechend scheiden für die Gründung der UG (haftungsbeschränkt) alle Umwandlungsformen, bei denen das Stammkapital der UG (haftungsbeschränkt) im Wege der Einbringung des Vermögens der umzuwandelnden Gesellschaft als Sacheinlage aufgebracht wird, aus. Es entfallen damit Verschmelzung wie auch Aufspaltung zur Neugründung einer UG (haftungsbeschränkt). Der Formwechsel aus der GmbH in die UG (haftungsbeschränkt) scheitert bereits daran, dass es sich bei der UG (haftungsbeschränkt) nicht um eine andere Rechtsform im Sinne der §§ 190 ff. UmwG handelt. Der Formwechsel aus anderen Gesellschaftsformen kommt ebenfalls nicht in Betracht, da auch in diesem Falle vorhandenes Gesellschaftsvermögen zu Vermögen der UG (haftungsbeschränkt) würde, was einer Sacheinlage entspricht und daher unzulässig ist.[727]

575 Ebenfalls ungeklärt ist bislang, ob die Anwendung der Grundsätze zum **Hin- und Herzahlen** gemäß § 19 Abs. 5 GmbHG auf die UG (haftungsbeschränkt) anwendbar sind. Der

---

725 *Goette*, Einführung in das neue GmbH-Recht, Einf. Rn. 44, S. 19 f.
726 Baumbach/Hueck/*Fastrich*, § 5a Rn. 12; *Wicke*, § 5a Rn. 8; *Wachter*, GmbHR-Sonderheft Oktober 2008, 25, 33; *Freitag/Riemenschneider*, ZIP 2007, 1485, 1486; *Bormann*, GmbHR 2007, 897, 901; *Heckschen*, DStR 2009, 166, 171.
727 Vgl. Baumbach/Hueck/*Fastrich*, § 5a Rn. 17; *Wicke*, § 5a Rn. 16, 17; *Wachter*, GmbHR-Sonderheft Oktober 2008, 25, 26, *Miras*, Die neue Unternehmergesellschaft, 2008, Rn. 14, 20, 21, 22, 25.

Anwendbarkeit dieser Regelung auf die UG (haftungsbeschränkt) wird entgegengehalten, dass diese Regelung vom Gesetzgeber zur Beherrschung der Cash-Pool-Problematik bei Konzernen geschaffen worden ist. Dem ist jedoch entgegenzuhalten, dass die Vorschrift des § 19 Abs. 5 GmbHG keine Einschränkung in ihrer Anwendbarkeit für die UG (haftungsbeschränkt) beinhaltet und, dass es sich bei dem Hin- und Herzahlen im Sinne des § 19 Abs. 5 GmbHG gerade nicht um den Fall einer (verdeckten) Sacheinlage handelt. Die Regelung des § 19 Abs. 5 GmbHG dürfte daher auf die UG (haftungsbeschränkt) anwendbar sein. Falls die Voraussetzungen des § 19 Abs. 5 GmbHG vorliegen, steht der haftungsbefreienden Wirkung der geleisteten Bareinlage nichts entgegenstehen. Für die **Praxis** ist gleichwohl von dieser Variante der Leistungserbringung abzuraten. Zum einen ist die Anwendbarkeit des § 19 Abs. 5 GmbHG auf die UG (haftungsbeschränkt) bislang nicht abschließend geklärt. Zum anderen stellt sich die wirtschaftliche Frage, wie eine UG (haftungsbeschränkt) erfolgreich einen Geschäftsbetrieb ins Leben rufen will, wenn ihre ohnehin bescheidenen finanziellen Mittel teilweise oder gar in Gänze an ihre Gesellschafter (darlehensweise) zurückfließen. Wird dies von den Gründern der UG (haftungsbeschränkt) gleichwohl gewünscht, so sollte der Berater in besonderer Deutlichkeit über die Voraussetzungen des § 19 Abs. 5 GmbHG belehren und insbesondere darauf hinweisen, dass der Rückzahlungsanspruch der UG (haftungsbeschränkt) gegenüber dem Inferenten vollwertig, fällig und liquide sein muss. Weiter ist darauf zu achten, dass der Gründer den Vorgang gemäß § 19 Abs. 5 GmbHG dem Handelsregister gegenüber in der Anmeldung offenzulegen hat. Dies wird gerade bei der UG (haftungsbeschränkt) in der Praxis regelmäßig zur Folge haben, dass das Handelsregister die Werthaltigkeit des Rückzahlungsanspruchs der UG (haftungsbeschränkt) gegen den Inferenten durch ein Sachverständigengutachten nachgewiesen sehen will.

Darüber hinaus sind bei der UG (haftungsbeschränkt) die Bestimmungen des § 5 a Absätze 3–5 GmbHG zu beachten. Die Regelung des § 5 a Abs. 3 GmbHG verpflichtet die UG (haftungsbeschränkt) in der Bilanz des nach den §§ 242, 264 des Handelsgesetzbuchs aufzustellenden Jahresabschlusses eine **gesetzliche Rücklage** zu bilden, in die ein Viertel des um einen Verlustvortrag aus dem Vorjahr geminderten Jahresüberschusses einzustellen ist. Vor diesem Hintergrund wurde die **Komplementärfähigkeit** der UG (haftungsbeschränkt) teilweise für den Fall bezweifelt, dass die UG (haftungsbeschränkt) als Komplementärin nicht am Vermögen der Gesellschaft beteiligt ist. Mangels Beteiligung der UG (haftungsbeschränkt) am Vermögen der Kommanditgesellschaft wird die UG (haftungsbeschränkt) faktisch kaum einen Überschuss erwirtschaften, von dem sodann ein Viertel in die gesetzliche Rücklage einzustellen wäre. Daher verstoße ein KG-Vertrag, der die UG (haftungsbeschränkt) als Komplementärin von der Teilnahme am Gewinn ausschließe gegen das Gebot des § 5 a Abs. 3 GmbHG, der infolge dessen gemäß § 134 BGB nichtig sei.[728] Gegen diese Auffasung spricht jedoch, dass die Regelung des § 5 a Abs. 3 GmbHG für die UG (haftungsbeschränkt) kein Gewinnerzielungsgebot aufstellt. Auch beinhaltet diese Bestimmung kein Verbot abweichender Gesellschaftsverträge.[729] Der Gesetzgeber stellt in § 5 a Abs. 3 GmbHG ein Thesaurierungsgebot nur für den Fall auf, dass die UG (haftungsbeschränkt) Gewinne erzielt hat. Der Gesetzgeber trifft weder in § 5 a Abs. 3 GmbHG noch an anderer Stelle Regelungen, die die Erzielung von Gewinnen ermöglichen oder sicherstellen sollen. Insbesondere beinhaltet das Gesetz an keiner Stelle Regelungen, die Gestaltungen in der UG (haftungsbeschränkt), die ihrerseits der Vermeidung der Entstehung von Gewinnen dienen, verbietet. Zudem bleiben der UG (haftungsbeschränkt) auch wenn sie Komplementärin einer Kommanditgesellschaft ist, anderweitige Tätigkeiten, die der Erzielung von Gewinnen dienen können, nicht verwehrt. Ungeachtet dessen

---

728 *Wicke*, § 5 a Rn. 19; *Veil*, GmbHR 2007, 1080, 1084; *Wachter*, GmbHR-Sonderheft Oktober 2008, 51, 58; *Katschinski/Rawert*, ZIP 2008, 1993, 1997 f.
729 *Stenzel*, NZG 2009, 168, 169 f.; *Römermann/Passarge*, ZIP 2009, 1497.

sollten die Gründer der Kommanditgesellschaft kritisch hinterfragen, ob die Aufnahme einer UG (haftungsbeschränkt) statt einer GmbH als Komplementärin ihren Zielen zuträglich oder doch eher abträglich ist.

XI. Gründung im vereinfachten Verfahren

1. Allgemeines

577 In § 2 Abs. 1a GmbHG sieht das Gesetz die Möglichkeit der Gründung einer GmbH und einer UG (haftungsbeschränkt) in einem sogenannten **vereinfachten Verfahren** vor. Voraussetzung dafür ist, dass die Gesellschaft höchstens drei Gesellschafter und nur einen Geschäftsführer hat. Für die Gründung im vereinfachten Verfahren ist das dem GmbH-Gesetz als Anlage beigefügte **Musterprotokoll** zwingend zu verwenden. Über die im Musterprotokoll hinaus vorgesehenen erforderlichen Ergänzungen dürfen keine vom Gesetz abweichenden Bestimmungen getroffen werden.

578 Eine gesonderte **Gesellschafterliste** ist nicht erforderlich, da das Musterprotokoll gemäß § 2 Abs. 1a S. 4 zugleich als Gesellschafterliste gilt. In Ziffer 4 des Musterprotokolls ist die **Bestellung des Geschäftsführers** der Gesellschaft und seine Befreiung von den Beschränkungen des § 181 des Bürgerlichen Gesetzbuches vorgesehen.

579 Somit vereinigt das **Musterprotokoll** unterschiedliche Elemente der klassischen Gründung in einer einzigen Urkunde. Es beinhaltet

– die Gründungsurkunde,
– die Satzung,
– die Liste der Gesellschafter und
– die Bestellung des Geschäftsführers.

580 Der einzige **Vorteil** der Gründung der GmbH oder der UG (haftungsbeschränkt) unter Verwendung des Musterprotokolls besteht in der **kostenrechtlichen Privilegierung** dieser Gründungsvariante gemäß § 41 d KostO. Abweichend von der Gründung im klassischen Verfahren, bei dem der Mindestgeschäftswert 25.000,00 Euro beträgt, richtet sich der bei der Gründung mittels des Musterprotokolls zugrunde zu legende Geschäftswert für die Notarkosten nach dem tatsächlichen Stammkapital. Von **Nachteil** ist, dass die vom Gesetzgeber erwartete Beschleunigung der Eintragung der Gesellschaft sich in der Praxis in vielen Fällen in ihr Gegenteil verkehrt hat. Dies hat seinen Grund überwiegend in der vom Gesetzgeber getroffenen Formulierung des Musterprotokolls, die eine Reihe von derzeit noch offenen materiell-rechtlichen Fragen aufwirft. Wird von den Beteiligten eine möglichst schnelle Eintragung der Gesellschaft gewünscht, so kann nicht zu einer Verwendung des Musterprotokolls geraten werden. Anders ist dies freilich dann, wenn eine eingespielte Registerpraxis besteht und diese dem beurkundenden Notar bekannt ist, so dass eine Zwischenverfügung des Registergerichtes nicht zu befürchten ist.

581 Das Gesetz hält **zwei Musterprotokolle** für die Gründung im vereinfachten Verfahren bereit. Ein Musterprotokoll befasst sich mit der Gründung einer Einpersonengesellschaft. Das zweite Musterprotokoll ist für die Gründung einer Mehrpersonengesellschaft mit bis zu drei Gesellschaftern gedacht. Da neben den im Musterprotokoll zu ergänzenden Punkten gemäß § 2 Abs. 1a GmbHG keine vom Gesetz abweichenden Bestimmungen getroffen werden dürfen, eignet sich das Musterprotokoll allenfalls für die Gründung einer Ein-Personen-GmbH. Bei der Gründung einer Mehr-Personen-GmbH werden die Gründer bei entsprechender Beratung regelmäßig Regelungen zur Einschränkung der freien Übertragbarkeit der Geschäftsanteile, der Kündigung, des Ausscheidens durch Einziehung der Geschäftsanteile und der Abfindung wünschen.

582 Auch wenn der Gesetzgeber die Gründer mit einer geringfügigen Gebührenersparnis hinsichtlich der Notarkosten bei der Gründung einer UG (haftungsbeschränkt) zum

Abschluss eines regelmäßig nicht sachgerechten Gesellschaftsvertrages verleiten will, ist es Aufgabe des Notars in diesem Zusammenhang auf die Schwächen des Musterprotokolls und die sich daraus für die Gründer und auf später hinzukommende Gesellschafter ergebenden Folgen hinzuweisen und – sollten die Gründergesellschafter dem Lockruf des Gesetzgebers erliegen – diese Belehrungen beweiskräftig zu dokumentieren, da mit hoher Wahrscheinlichkeit davon ausgegangen werden kann, dass sich die mit dem Musterprotokoll verbundenen Regelungsdefizite während des Lebens der Gesellschaft nachteilig auswirken werden.

Da neben der geringfügigen Kostenersparnis keinerlei sachliche Gründe für das Musterprotokoll sprechen, sollte von seiner Verwendung in jedem Falle abgesehen werden, wenn das Stammkapital der gegründeten Gesellschaft mindestens 25.000,00 Euro beträgt. In diesem Falle ist mit der Verwendung des Musterprotokolls eine Kostenersparnis für die Beurkundung des Gesellschaftsvertrages und die Beglaubigung der Handelsregisteranmeldung nicht mehr verbunden und damit der einzige Vorteil des Musterprotokolls entfallen.

583

2. Einzelfragen bei der Verwendung des Musterprotokolls

a) Vervollständigung des Musterprotokolls

Teilweise vertreten die Handelsregister, dass jedwede Abweichung vom Musterprotokoll im **Urkundseingang** unzulässig sei. Dies kann jedoch nicht so weit gehen, dass der Notar beurkundungsverfahrensrechtliche Regelungen missachten dürfte oder aber wegen ihrer Beachtung die Gründung im vereinfachten Verfahren nicht mehr möglich wäre. So ist der Notar berechtigt und verpflichtet festzuhalten, wie sich die Beteiligten identifiziert haben. Auch ist der Ort der Beurkundung festzuhalten. Das gleiche gilt für die Aufnahme des Vorbefassungsvermerks im Bereich des Anwaltsnotariats sowie die Hinweise des Notars bei der Beteiligung von der deutschen Sprache nicht mächtigen Gründern oder behinderten Personen.

584

b) Eignung als Gesellschafter

Gesellschafter können nach dem Wortlaut des Musterprotokolls natürliche und juristische Personen sein (siehe dazu Rubrum des Musterprotokolls sowie die Fußnote 1 zu den Musterprotokollen (Anlage zum GmbHG). Da **Personengesellschaften** in den Musterprotokollen nicht ausdrücklich als Gründer aufgeführt sind, wird teilweise vertreten, dass diese eine GmbH und eine UG (haftungsbeschränkt) nicht im vereinfachten Verfahren gründen können.[730] Dem ist entgegenzuhalten, dass die Fähigkeit von Personengesellschaften, einschließlich der Gesellschaft bürgerlichen Rechts, sich allgemein an der Gründung einer GmbH oder UG (haftungsbeschränkt) zu beteiligen, unbestritten ist.[731] Sachliche Gründe, diesen Gesellschaften die Gründung einer GmbH oder UG (haftungsbeschränkt) im vereinfachten Verfahren zu verweigern, sind nicht ersichtlich. Weder kann der Fußnote 1 zu den Musterprotokollen (Anlage zum GmbHG) eine entsprechende Regelungswirkung zuerkannt werden noch steht die Beschränkung der mittels Musterprotokoll gegründeten Gesellschaft auf höchstens drei Gesellschafter dem entgegen. Gesellschafter der im vereinfachten Verfahren gegründeten Gesellschaft sind die (teil-)rechtsfähigen Personengesellschaften selbst und nicht deren Gesellschafter.[732] Da die Gründung im vereinfachten Verfahren unter Beteiligung von Personengesellschaften derzeit indessen nicht abschließend geklärt ist, empfiehlt es sich diese Frage vorab mit dem zuständigen Handelsregister zu klären. Hält man eine Gründung im vereinfachten Verfahren unter Beteiligung von Perso-

585

---

730 *Noack*, DB 2007, 1395, 1398; *Heckschen*, DStR 2007, 1442, 1444.
731 Baumbach/Hueck/*Fastrich*, § 1 Rn. 32, 33.
732 *Tebben*, RNotZ 2008, 441, 443.

nengesellschaften nicht für möglich, führt dies nicht zur Nichtigkeit der Gründung. Vielmehr handelt es sich dann um eine Gründung im herkömmlichen Verfahren. Da in diesem eine Gesellschafterliste erforderlich ist, müsste eine solche noch gesondert angefertigt und vom Geschäftsführer der Gesellschaft unterzeichnet werden.

c) Firmenbildung

586 Für die **Firmenbildung** und für die Angabe des Sitzes der Gesellschaft gelten bei der Verwendung des Musterprotokolls keine Besonderheiten. Anzugeben ist der **Satzungssitz**. Die Aufnahme eines etwa vom Satzungssitz abweichenden Verwaltungssitzes in das Musterprotokoll ist unzulässig.

d) Unternehmensgegenstand

587 Auch hinsichtlich des **Unternehmensgegenstandes** enthält das Musterprotokoll keine Besonderheiten. Insbesondere ist die Konkretisierung des Unternehmensgegenstandes wie schon vor Inkrafttreten des MoMiG bei der GmbH erforderlich. Dies gilt auch, wenn die UG (haftungsbeschränkt) aus Kosten- und Liquiditätsgründen von professionellen Anbietern von **Vorratsgesellschaften** als Vertriebsprodukt gewählt und im Rahmen des Musterprotokolls gegründet wird. Dabei ist darauf zu achten, dass eine sogenannte offene Vorratsgründung mit dem Unternehmensgegenstand (»Verwaltung eigenen Vermögens«) erfolgt.[733]

e) Stammkapital

aa) Allgemeines

588 Die Höhe des **Stammkapitals** kann auch bei der Gründung im vereinfachten Verfahren im Rahmen der allgemeinen Vorschriften frei gewählt werden. Es kann also auch 25.000,00 Euro oder mehr betragen. Allerdings kann jeder Gesellschafter bei der Gründung abweichend von der neuen Fassung nach § 5 Abs. 2 S. 2 GmbHG **nur einen Geschäftsanteil** anlässlich der Gründung übernehmen.

589 Gemäß Nr. 3 S. 2 des Musterprotokolls kann im vereinfachten Verfahren nur eine **Bargründung** vorgenommen werden.

bb) Anwendbarkeit des § 19 Abs. 4 und 5 GmbHG

590 Ungeklärt ist bislang die Frage, ob die Regelung des § 19 Abs. 4 GmbHG zur Anrechnung von **verdeckt** eingebrachten **Sacheinlagen** und die nach § 19 Abs. 5 GmbHG bestehende Möglichkeit des **Hin- und Herzahlens** mit schuldbefreiender Wirkung bei der Gründung im vereinfachten Verfahren möglich ist.[734] Zutreffend erscheint es, auf die Gründung im vereinfachten Verfahren dieselben Regeln anzuwenden, wie auf die herkömmliche Gründung. Die Anwendung der **Anrechnungsregelung** des § 19 Abs. 4 GmbHG kommt bei Vorliegen einer verdeckten Sachgründung für die **UG (haftungsbeschränkt)** jedoch nicht in Betracht, da diese gemäß § 5a Abs. 2 S. 2 GmbHG auch im herkömmlichen Verfahren nicht im Wege einer offenen Sachgründung errichtet werden kann und folglich die Anrechnung verdeckter Sacheinlagen auf die Einlageschuld ausscheidet.[735] Anders stellt

---

733 Vgl. dazu BGH NJW 1992, 1824; *Heckschen/Heidinger*, Die GmbH in der Gestaltungs- und Beratungspraxis, § 4 Rn. 60 ff.
734 Vgl. *Römermann*, GmbHR-Sonderheft Oktober 2008, 16 ff.; *Bormann/Urlichs*, GmbHR-Sonderheft Oktober 2008, 37 ff.
735 S. dazu oben Rdn. 541 ff.

sich dies für die Gründung der **GmbH** dar. Hier sollte auch den Gesellschaftern der im vereinfachten Verfahren gegründeten GmbH die Anrechnungsregelung des § 19 Abs. 4 GmbHG zugute kommen. Weder Wortlaut noch Zweck der Regelung des § 19 Abs. 4 GmbHG noch die Vorschriften zum vereinfachten Verfahren in § 2 Abs. 1a GmbHG in Verbindung mit der Anlage zum GmbHG rechtfertigen hier eine Schlechterstellung der Gesellschafter einer auf diese Weise gegründeten GmbH. Für die Anwendbarkeit der Regelung des § 19 Abs. 5 GmbHG zum sogenannten **Hin- und Herzahlen** sowohl auf die im vereinfachten Verfahren gegründete UG (haftungsbeschränkt) als auch auf die im vereinfachten Verfahren gegründete GmbH spricht, dass es sich nicht um eine verdeckte Sachgründung handelt, sondern um einen Fall der Bargründung. Dass die Einhaltung der Voraussetzungen des § 19 Abs. 5 GmbHG im Rahmen des vereinfachten Verfahrens schwierig ist, steht dem nicht entgegen, da in das vereinfachte Verfahren selbst nicht eingegriffen wird, sondern lediglich zusätzlich die in § 19 Abs. 5 GmbHG geregelten Voraussetzungen zu beachten sind.

Da die vorstehenden Fragen in der **Praxis** bislang allesamt nicht abschließend geklärt sind, können die Gründer weder auf die Anrechnung gemäß § 19 Abs. 4 GmbHG noch auf die Eintragung der Gesellschaft bei offengelegtem Hin- und Herzahlen gemäß § 19 Abs. 5 GmbHG vertrauen. Bis zu einer abschließenden Klärung sollte daher von einem Hin- und Herzahlen im Sinne des § 19 Abs. 5 GmbHG bei einer Gründung im vereinfachten Verfahren abgesehen werden. Eine verdeckte Sachgründung verbietet sich ohnehin, da die Geschäftsführer sich gemäß § 82 Abs. 1 Nr. 1 GmbHG ungeachtet der den Gesellschaftern zugute kommenden Anrechnung gemäß § 19 Abs. 4 GmbHG strafbar macht. **591**

cc) Mindesteinzahlung

Hinsichtlich der **Kapitalaufbringung** lassen die Musterprotokolle den Gesellschaftern die Wahl, ob diese die Bareinlagen in voller Höhe sofort oder lediglich zu 50 % und im Übrigen erst auf Beschluss der Gesellschafterversammlung einzahlen wollen. Zu beachten ist, dass dieses **Wahlrecht** bei der Gründung einer UG (haftungsbeschränkt) nicht besteht, da bei deren Gründung auch im vereinfachten Verfahren gemäß § 5a Abs. 2 GmbHG das Stammkapital in voller Höhe sofort eingezahlt werden muss. Dies ist bei der Bearbeitung des Musterprotokolls durch eine entsprechende Streichung zu beachten. **592**

f) Bestellung des Geschäftsführers

aa) Allgemeines

Die Bestellung des Geschäftsführers der Gesellschaft ist in Nr. 4 des Musterprotokolls geregelt. Danach kann **nur ein Geschäftsführer** für die Gesellschaft bestellt werden. Er ist **zwingend von § 181 BGB befreit**. Die Bestellung eines zweiten Geschäftsführers ist bei Verwendung des Musterprotokolls ebenso wenig möglich wie die Nichtbefreiung des Geschäftsführers von den Beschränkungen des § 181 BGB. **593**

bb) Einordnung der Geschäftsführerbestellung im Musterprotokoll

Wie die Regelung zur Bestellung des Geschäftsführers in Nr. 4 der Musterprotokolle dogmatisch einzuordnen ist, lässt sich ihrem Wortlaut nicht entnehmen. Fraglich ist daher, ob sich bei der Gründung einer GmbH oder UG (haftungsbeschränkt) unter Verwendung des Musterprotokolls eine Abänderung der **abstrakten Vertretungsregelung** von der gesetzlichen Regelung in § 35 Abs. 1 S. 1, Abs. 2 S. 1 GmbHG ergibt. Dies hat Bedeutung einmal für die Anmeldung der Neugründung sowie zum anderen auch für die spätere Bestellung eines weiteren Geschäftsführers. Fraglich ist ferner, welchen Charakter die Geschäftsfüh- **594**

2. Kapitel Recht der Gesellschaft mit beschränkter Haftung

rerbestellung im Musterprotokoll hat. Bei der Bestellung des Geschäftsführers in der Satzung kann es sich handeln um einen unechten Satzungsbestandteil, (rein formeller Satzungsbestandteil), einen echten Satzungsbestandteil (materieller Satzungsbestandteil) sowie auch um die Einräumung eines Sonderrechtes auf Geschäftsführung. Dabei unterscheidet sich die Wirkung einer unechten Satzungsbestimmung nicht von der eines Gesellschafterbeschlusses.[736] Für die Änderung einer echten Satzungsbestimmung ist hingegen eine Satzungsänderung erforderlich.[737] Handelt es sich darüber hinausgehend nicht nur um eine echte Satzungsbestimmung, sondern um die Einräumung eines satzungsmäßigen Sonderrechtes, ist die spätere Änderung der Satzung in diesem Punkt nur mit Zustimmung des Betroffenen zulässig.[738] Abschließend stellt sich zu Nr. 4 der Musterprotokolle die Frage, welcher Rechtscharakter der **Befreiung von** den Beschränkungen des § 181 BGB im Musterprotokoll zukommt. Auch insoweit lässt das Musterprotokoll offen, ob es sich um eine echte oder eine unechte Satzungsregelung handelt. Weiter stellt sich die Frage, ob es sich bei der Befreiung von den Beschränkungen des § 181 BGB im Musterprotokoll um eine Regelung der abstrakten oder der konkreten Vertretungsbefugnis handelt. Versteht man diese Bestimmung als eine abstrakte Vertretungsregelung, hätte dies zur Folge, dass die Befreiung von den Beschränkungen des § 181 BGB für jeden Geschäftsführer, also auch für erst später bestellte Geschäftsführer, gelten würde. Betrachtet man diese Regelung hingegen als konkrete Vertretungsregelung, hätte dies zur Konsequenz, dass sich die Befreiung von den Beschränkungen des § 181 BGB nur auf den namentlich bezeichneten anlässlich der Gründung der Gesellschaft bestellten Geschäftsführer bezieht. Weiter wirkt sich diese Unterscheidung auf den Inhalt der Handelsregisteranmeldung aus.

595 Nachdem bei Inkrafttreten des MoMiG die Rechtslage zu den vorstehenden Fragen aufgrund einer Vielzahl widerstreitender Einzelmeinungen äußerst unübersichtlich war, hat sich zwischenzeitlich zu den einzelnen Fragestellungen jeweils eine h.M. herauskristallisiert, die eine zutreffende **Einordnung der** unter Nr. 4 der Musterprotokolle geregelten **Geschäftsführerbestellung** erlaubt. Diese lassen sich wie folgt zusammenfassen:

596 Die Ziffer 4 der Musterprotokolle enthält keine Abweichung von der in § 35 Abs. 1, Abs. 2 GmbHG vorgesehenen gesetzlichen Vertretungsbefugnis. Die **abstrakte Vertretungsbefugnis** bei Gründung einer GmbH oder UG (haftungsbeschränkt) unter Verwendung des Musterprotokolls entspricht daher der gesetzlichen Vertretungsbefugnis. Dies bedeutet, dass der Geschäftsführer einzelvertretungsbefugt ist, solange er alleiniger Geschäftsführer ist. Diese Einzelvertretungsbefugnis weicht einer Gesamtvertretungsbefugnis, wenn ein weiterer Geschäftsführer bestellt wird.[739]

597 Schließlich ist die im Musterprotokoll vorgesehene Befreiung des Geschäftsführers von den Beschränkungen des § 181 BGB als **konkrete Vertretungsregelung** zu begreifen, die ausschließlich Bedeutung für den im Rahmen der Gesellschaftsgründung bestellten Geschäftsführer hat. Sie bezieht sich nur auf den namentlich bezeichneten Gründungsgeschäftsführer.[740]

---

736 Michalski/*Heyder*, § 6 Rn. 46.
737 Michalski/*Heyder*, § 6 Rn. 49.
738 Michalski/*Heyder*, § 6 Rn. 49.
739 OLG Hamm, I-15 Wx 208/09, NZG 2009, 1431 ohne Gründe = DNotI, Dokument Nr.: 10.898 mit Gründen; OLG Stuttgart 8 W 116/09, DNotZ 2010, 71 = NZG 2009, 754 = MittBayNot 2009, 390 = NotBZ 2009, 376, GmbHR 2009, 827 = DB 2009, 1121 = ZIP 2009, 1011; OLG Bremen 2 W 61/09, NZG 2009, 1193 = GmbHR 2009, 1210 = ZIP 2009, 1998; *Ries*, NZG 2009, 739; *Tebben*, RNotZ 2008, 441, 444.
740 *Tebben*, RNotZ 2008, 441, 444; *Weigl*, notar 2008, 378, 379; Gutachten des DNotI Fax-Abruf-Nr.: 90975, letzte Aktualisierung 3. März 2009, S. 7.

cc) Folgen für die Handelsregisteranmeldung

Für die **Handelsregisteranmeldung** der im vereinfachten Verfahren gegründeten Gesellschaft bedeutet dies, dass sowohl die abstrakte Vertretungsbefugnis angegeben werden kann und muss, die inhaltlich der gesetzlichen Regelung des § 35 Abs. 1, Abs. 2 GmbHG entspricht. Bei der konkreten Vertretungsbefugnis ist die Befreiung des Geschäftsführers von den Beschränkungen des § 181 BGB anzumelden.

598

g) Gründungskosten

In Nr. 5 der Musterprotokolle werden die **Gründungskosten** geregelt. Danach trägt die Gesellschaft die mit ihrer Gründung verbundenen Kosten bis zu einem Gesamtbetrag von 300,00 Euro, höchstens jedoch bis zum Betrag ihres Stammkapitals. Darüber hinausgehende Kosten tragen die Gesellschafter im Verhältnis der Nennbeträge ihrer Geschäftsanteile. Diese Regelung soll der Vermeidung der bilanziellen Überschuldung der gegründeten Gesellschaft durch ihre Belastung mit den Gründungskosten dienen. Auch die Gewährung von Gesellschafterdarlehen würde an der bilanziellen Überschuldung solange nichts ändern, wie die Gesellschafter nicht den Rangrücktritt gemäß § 19 Abs. 2 S. 3 InsO n.F. erklären. Auch für die **steuerliche Geltendmachung** der Gründungskosten bei der gegründeten Gesellschaft setzt Nr. 5 der Musterprotokolle die maßgebenden Grenzen. Zur Vermeidung der Zahlungsunfähigkeit und Überschuldung der gegründeten Gesellschaft sollte das Stammkapital für die Bezahlung der Gründungskosten ausreichend hoch bemessen sein. Vor diesem Hintergrund wird sich ein Stammkapital von weniger als 300,00 Euro selten empfehlen.

599

h) Steuerliche Mitteilungspflichten

Zur Wahrung der **steuerlichen Mitteilungspflichten** ist es entgegen Nr. 6 der Musterprotokolle erforderlich, dass das Finanzamt – Körperschaftsteuerstelle – eine beglaubigte Ablichtung der Urkunde und nicht nur wie in Nr. 6 der Musterprotokolle geregelt eine einfache Ablichtung der Gründungsurkunde erhält.

600

i) Belehrungshinweise des Notars

Die Regelung in Nr. 7 der Musterprotokolle eröffnet dem Notar die Möglichkeit die von ihm im Einzelfalle den Beteiligten erteilten Hinweise in der Gründungsurkunde beweiskräftig zu dokumentieren. Insbesondere sollte festgehalten werden, dass den Gründern das gesamte Haftungssystem bei der Vorgründungsgesellschaft, der Vor-GmbH und der GmbH sowie die Differenzhaftung nach Eintragung der Gesellschaft dargelegt worden ist und das vereinfachte Gründungsverfahren keine Haftungsprivilegierungen nach sich zieht. Nicht fehlen sollte schließlich auch eine Belehrung zu etwaigen Voreinzahlungen.

601

j) Änderungen des Musterprotokolls nach Beurkundung

Das Musterprotokoll kann auch nach seiner Beurkundung noch geändert werden. Solche **nachträglichen Änderungen des Musterprotokolls** in der Gründungsphase unterliegen denselben Regeln wie Änderungen des Gründungsprotokolls im klassischen Gründungsverfahren. Erforderlich ist die Mitwirkung sämtlicher Gründer. Eine Beschlussfassung gemäß §§ 53 ff. GmbHG genügt nicht. Auch Änderungen des Musterprotokolls in der Gründungsphase unterliegen der Kostenprivilegierung des § 41 d KostO, wenn die Änderungen sich im Rahmen der gesetzlichen Vorgaben gemäß § 2 Abs. 1a GmbHG in Verbindung mit den Musterprotokollen halten.[741]

602

---

741 *Tebben*, RNotZ 2008, 441, 445.

3. Handelsregisteranmeldung bei der Gründung im vereinfachten Verfahren

603 Für den Inhalt der Handelsregisteranmeldung der im vereinfachten Verfahren gegründeten GmbH oder UG (haftungsbeschränkt) hat der Gesetzgeber keine besonderen Vorschriften getroffen. Insoweit gelten die allgemeinen Bestimmungen der §§ 8, 6 und 10 GmbHG.[742]

XII. Notarkosten

1. Notarkosten bei Gründung im klassischen Verfahren

a) Gründung einer GmbH

604 Bei der **Gründung einer GmbH** durch mehrere Personen im klassischen Verfahren fällt für die Gründung der Gesellschaft eine 20/10-Gebühr gemäß § 36 Abs. 2 KostO an. Bei der Gründung einer GmbH durch eine Person ist eine 10/10-Gebühr nach § 36 Abs. 1 KostO anzusetzen.

605 Der **Geschäftswert** ist nach §§ 39 Abs. 1 S. 1, 141 KostO zu bestimmen und entspricht grundsätzlich der Höhe des Stammkapitals, das nach § 5 Abs. 1 GmbHG mindestens 25.000,-- Euro betragen muss. Wird ein Aufgeld (Agio) für die Übernahme der Geschäftsanteile vorgesehen, ist der Übernahmebetrag der Geschäftsanteile maßgebend. Der Geschäftswert erhöht sich also um das Aufgeld. Der **Höchstwert** für die Gründungsurkunde beläuft sich gemäß § 39 Abs. 5 KostO auf 5.000.000,00 Euro.

606 Beinhaltet die Gründungsurkunde auch die erste Gesellschafterversammlung, in der die **Geschäftsführer bestellt** werden, fällt hierfür eine gesonderte 20/10-Gebühr gemäß § 47 Abs. 2 KostO an. Für den Geschäftswert sind die Bestimmungen der §§ 41c Abs. 1, 41a Abs. 4 Nr. 1 KostO maßgebend. Danach beträgt der der Geschäftswert für die Geschäftsführerbestellung 1 Prozent des einzutragenden Stammkapitals, mindestens jedoch 25.000,-- Euro. Werden mehrere Geschäftsführer durch einen Beschluss bestellt, gelten diese Bestellungen gemäß § 41c Abs. 3 KostO i.V. mit § 44 KostO als gegenstandgleich. Der nach §§ 41c Abs. 1, 41a Abs. 4 Nr. 1 KostO ermittelte Geschäftswert ist hierbei nur einfach zugrunde zu legen.

607 Für die **Handelsregisteranmeldung** ist gemäß §§ 145 Abs. 1 S. 1, 38 Abs. 2 Nr. 7 KostO eine 5/10-Gebühr anzusetzen. Der Geschäftswert richtet sich gemäß § 41a Abs. 1 Nr. 1 KostO nach dem in das Handelsregister einzutragenden Geldbetrag, also nach der Höhe des statutarischen Stammkapitals. Der Höchstwert beläuft sich nach § 39 Abs. 5 KostO auf 500.000,- Euro.

608 Bei einer **Sachgründung** finden für die **Notarkosten** grundsätzlich die vorstehend dargestellten Regeln der Bargründung Anwendung. Es bestehen jedoch folgende Besonderheiten:

609 Für den Geschäftswert ist der tatsächliche Wert der Sacheinlagen entscheidend maßgebend, soweit diese den Nennwert des dafür übernommenen Geschäftsanteils übersteigen.[743] Für den Geschäftswert maßgebend ist gemäß § 39 Abs. 1 KostO der Gesamtwert aller Leistungen, welche die Gesellschafter aus Anlass der Gründung an die Gesellschaft zu leisten haben. Abzustellen ist dabei auf den der Aktivwert der Sacheinlagen, da nach § 18 Abs. 3 KostO Verbindlichkeiten nicht abgezogen werden können. Bei der Einbringung eines Unternehmens bestimmt sich der Wert somit nach dem Aktivwert des Unternehmens.[744] Dabei ist die neuste Bilanz hereinzuziehen. Grundbesitz, der eingebracht wird, ist mit dem Verkehrswert anzusetzen, der für den Grundbesitz bilanzierte Wert ist von diesem Betrag sodann abzuziehen, um eine zweimalige Berücksichtigung des Grundstücks durch seinen Buchwert in der Bilanz und seinen tatsächlichen Teilwert zu vermeiden.

610 Der **Höchstwert** für die Gründungsurkunde beläuft sich wie bei der Bargründung gemäß § 39 Abs. 5 KostO auf 5.000.000,00 Euro.

---

742 Siehe dazu oben Rdn. 254 ff.
743 Korintenberg/*Bengel/Tiedtke*, § 39 Rn. 58.
744 OLG Düsseldorf DNotZ 1980, 188; Korintenberg/*Bengel/Tiedtke*, § 39 Rn. 60.

Hinzukommen können notarielle Gebühren für die **Vollzuggeschäfte** (Einbringungsverträge), so etwa eine weitere 20/10 Gebühr bei der Einbringung von Grundstücken. Werden der Einbringungsverträge und die Errichtung der Gesellschaft in derselben notariellen Verhandlung protokolliert, wird die Gebühr gemäß § 44 Abs. 1 S. 1 KostO jedoch nur einmal nach dem höchsten in Betracht kommenden Gebührensatz berechnet, da die Erklärungen denselben Gegenstand haben.[745] Der Höchstwert von 5.000.000,– Euro für die Beurkundung von Gesellschaftsverträgen nach § 39 Abs. 5 KostO gilt in diesen Fällen für die gesamte notarielle Verhandlung. Die Höchstwertgrenze von 5.000,000,– Euro soll selbst dann gelten, wenn die Auflassung des Grundbesitzes in Erfüllung der Einlagepflicht in einer späteren Urkunde erklärt wird.[746]

611

b) Gründung einer UG (haftungsbeschränkt)

Die vorstehenden für die GmbH dargelegten Grundsätze finden hier uneingeschränkt Anwendung. Der der Kostenrechnung zugrunde zu legende Geschäftswert beläuft sich trotz Unterschreitung der Stammkapitalziffer von 25.000,– Euro auf den Mindestwert von 25.000,– Euro gemäß § 39 Abs. 5 KostO.

612

2. Notarkosten bei Gründung im vereinfachten Verfahren

Bei Gründung der GmbH und der UG (haftungsbeschränkt) im vereinfachten Verfahren unter Verwendung des Musterprotokolls gelten die für die Bestimmung des Geschäftswerts die in § 39 Abs. 5 KostO vorgesehenen Mindestwerte gemäß § 41 d KostO nicht. Hier ist das vereinbarte Stammkapital maßgeblich.[747]

613

Für die Beurkundung des Musterprotokolls fällt eine 20/10-Gebühr bei einer Mehrpersonengründung und eine 10/10-Gebühr bei einer Einpersonengründung an. Die Geschäftsführerbestellung ist als unechter Satzungsbestandteil dabei ebenso wenig gesondert zu berücksichtigen wie die Gesellschafterliste. Für die Handelsregisteranmeldung gelten §§ 145 Abs. 1 S. 1, 38 Abs. 2 Nr. 7 KostO. Der Geschäftswert richtet sich auch hier nach der Höhe des vereinbarten Stammkapitals.

614

---

745 Korintenberg/*Bengel/Tiedtke*, § 44 Rn. 61.
746 BayObLG DNotZ 1964, 552, 556.
747 Gebührengegenüberstellung bei MünchHdb. GesR III/*Riemenschneider/Freitag*, § 8 b Rn. 31.

B. Änderungen des Gesellschaftsvertrages

I. Überblick

615 Der Gesellschaftsvertrag einer GmbH wird geändert durch notariell beurkundeten Beschluss der Gesellschafter, § 53 GmbHG, und Eintragung der Änderung im Handelsregister, § 54 GmbHG.

616 Um eine Satzungsänderung i.S.d. § 53 GmbHG handelt es sich, wenn Regelungen im Gesellschaftsvertrag geändert werden sollen, die zum materiellen Satzungsinhalt gehören. Bestimmungen, die zwar formal in den Gesellschaftsvertrag aufgenommen wurden, materiell aber keine Satzungsregelung darstellen (sog. **unechte Satzungsbestandteile**), unterliegen nicht den §§ 53, 54 GmbHG. Beispiele sind die Bestellung eines Geschäftsführers im Gesellschaftsvertrag nach § 6 Abs. 3 S. 2 GmbHG, im Gesellschaftsvertrag niedergelegte Stimmbindungsabreden der Gesellschafter oder Vereinbarungen über die Vergütung von Organmitgliedern im Gesellschaftsvertrag.[748] Dies gilt erst recht für Gesellschaftervereinbarungen außerhalb der Satzung, die lediglich schuldrechtliche Nebenabreden darstellen, insbesondere Konsortialvereinbarungen. Maßnahmen nach dem Umwandlungsgesetz (Verschmelzung, Spaltung, Formwechsel) und der Abschluss von Unternehmensverträgen sind ebenfalls keine Satzungsänderungen i.S.d. §§ 53 ff. GmbHG, auch wenn sie teilweise ähnlichen Vorschriften unterliegen (zu Umwandlungen siehe unten Kapitel 4, zu Unternehmensverträgen unten Kapitel 5 Rdn. 52 ff).

617 Umstritten sind die Anforderungen an den Gesellschafterbeschluss, wenn dadurch lediglich inhaltlich überholte Bestandteile des Gesellschaftsvertrages berichtigt oder beseitigt werden sollen, etwa die Namen der (möglicherweise bereits ausgeschiedenen) Gründer,[749] überholte Angaben zu Anzahl und Nennbetrag der Geschäftsanteile,[750] die Festsetzung bereits erbrachter Sacheinlagen oder die Regelung zum Gründungsaufwand[751] (»**Satzungsbereinigung**«). Vereinzelt wird vertreten, dass dafür ein nicht beurkundeter und mit einfacher Mehrheit gefasster Gesellschafterbeschluss ausreicht.[752] Jedenfalls herrscht weitgehend Einigkeit, dass auch solche Änderungen zum Handelsregister angemeldet werden müssen.[753] Für die gestaltende Praxis empfiehlt es sich, solche Änderungen wie gewöhnliche Änderungen des Gesellschaftsvertrages zu behandeln.

618 Auch für die Umstellung des Satzungstextes auf die neue **Rechtschreibung** ist umstritten, ob es sich um eine förmliche Satzungsänderung handelt. Zum Teil wird vertreten, dass zur Umstellung ein satzungsändernder Beschluss nicht erforderlich sei.[754]

619 Umstritten ist, welche formalen Erfordernisse bestehen, wenn ein satzungsändernder Beschluss vor Eintragung im Handelsregister und damit vor Wirksamwerden der Satzungsänderung wieder **aufgehoben** werden soll. Nach herrschender Literaturmeinung genügt dafür ein mit einfacher Mehrheit gefasster Beschluss, der nicht notariell beurkundet werden muss.[755] Soll eine bereits im Handelsregister eingetragene Satzungsänderung rück-

---

748 Lutter/Hommelhoff/*Bayer*, § 3 Rn. 69.
749 Zur Streichung dieser Angaben Lutter/Hommelhoff/*Bayer*, § 3 Rn. 31.
750 Vgl. BGH NJW 1989, 168.
751 Die Angaben zum Gründungsaufwand dürfen erst nach Ablauf der Verjährung des § 31 Abs. 5 GmbHG (zehn Jahre) gelöscht werden, Baumbach/Hueck/*Hueck/Fastrich*, § 5 Rn. 57.
752 Lutter/Hommelhoff/*Bayer*, § 53 Rn. 35; anders die h.M.: OLG Brandenburg vom 20.9.2000 – 7 U 71/00 = GmbHR 2001, 624; Roth/Altmeppen/*Roth*, § 53 Rn. 5; Baumbach/Hueck/*Zöllner*, § 53 Rn. 21 f.; Scholz/*Priester*, § 53 Rn. 19.
753 Roth/Altmeppen/*Roth*, § 53 Rn. 5.
754 Heckschen/Heidinger/*Heckschen*, Die GmbH in der Gestaltungs- und Beratungspraxis, § 9 Rn. 5.
755 Baumbach/Hueck/*Zöllner*, § 53 Rn. 65; Lutter/Hommelhoff/*Bayer*, § 53 Rn. 45; Roth/Altmeppen/*Roth*, § 53 Rn. 26 und § 47 Rn. 12; teilweise a.A. Michalski/*Hermanns*, § 55 Rn. 31 ff. (nach Anmeldung der Satzungsänderung zum Handelsregister notarielle Beurkundung nötig); Scholz/*Priester*, § 53 Rn. 193 (qualifizierte Mehrheit nötig).

gängig gemacht werden, ist dies nur auf dem Wege einer erneuten Änderung des Gesellschaftsvertrages unter Beachtung der dafür erforderlichen Voraussetzungen möglich.
Soll der Gesellschaftsvertrag geändert werden, noch bevor die Gesellschaft im Handelsregister eingetragen worden ist, ist dies nach h.M. nicht gemäß §§ 53, 54 GmbHG möglich. Vielmehr ist dafür eine Vereinbarung aller Gesellschafter in der Form des § 2 Abs. 1 GmbHG erforderlich.[756]

620

II. Einberufung der Gesellschafterversammlung

Die Gesellschafterversammlung kann grundsätzlich nur dann wirksam Beschlüsse fassen, wenn alle Gesellschafter ordnungsgemäß, insbesondere vom zuständigen Organ sowie frist- und formgerecht, eingeladen worden sind.

621

1. Zuständigkeit

Die Einladung zur Gesellschafterversammlung fällt in die **Zuständigkeit** der Geschäftsführung, sofern der Gesellschaftsvertrag nichts anderes bestimmt, § 49 Abs. 1 GmbHG. Dabei ist jeder einzelne Geschäftsführer zur Einberufung einer Gesellschafterversammlung befugt, selbst wenn er keine Einzelvertretungsbefugnis hat.[757]

622

Gesellschafter mit einer Beteiligung von zusammen mindestens 10% des Stammkapitals können ebenfalls eine Gesellschafterversammlung einberufen, wenn kein Geschäftsführer vorhanden ist oder die Geschäftsführung ihrem Einberufungsverlangen nicht entsprochen hat, § 50 Abs. 1, Abs. 3 GmbHG.

623

2. Form

Die Einladung zur Gesellschafterversammlung erfolgt durch **Einschreiben** an alle Gesellschafter, § 51 Abs. 1 S. 1 GmbHG. Umstritten ist, ob Einschreiben im Sinne des Gesetzes nur das Übergabe-Einschreiben oder auch das Einwurf-Einschreiben ist.[758] Wenn der Gesellschaftsvertrag diese Frage nicht eindeutig regelt, empfiehlt es sich, vorsichtshalber die Form des »klassischen« Übergabe-Einschreibens mit Rückschein zu wählen.

624

Der von § 51 Abs. 1 GmbHG verlangte Einschreibe-Brief muss nach der Rechtsprechung des BGH **Schriftform** gemäß § 126 BGB haben, also insbesondere von dem oder den Einladenden eigenhändig unterschrieben sein.[759]

625

Die Einladung ist an die zuletzt mitgeteilte **Adresse** jedes Gesellschafters zu richten.[760] Eine neuere Ansicht will auf die in der Gesellschafterliste vermerkte Adresse abstellen.[761] Die Gesellschafterliste nach § 40 Abs. 1 GmbHG muss aber nur den Wohnort angeben; weder ist es gesetzlich gefordert noch in der Praxis üblich, die gesamte Wohnanschrift in die Liste aufzunehmen. Wenn die Einladung richtig adressiert ist, kommt es auf den tat-

626

---

756 OLG Köln GmbHR 1995, 725; Lutter/Hommelhoff/*Bayer*, § 2 Rn. 17; a.A. (§ 53 GmbHG gilt) Priester, ZIP 1987, 280.
757 OLG Düsseldorf vom 14.11.2003 – 16 U 95/98 = GmbHR 2004, 572 = NZG 2004, 916; Lutter/Hommelhoff/*Bayer*, § 49 Rn. 2.
758 Nur Übergabe-Einschreiben: Baumbach/Hueck/*Zöllner*, § 51 Rn. 12; Ulmer/*Hüffer*, § 51 Rn. 5; auch Einwurf-Einschreiben: LG Mannheim vom 8.3.2007 – 23 O 10/06 = NZG 2008, 111; *Wicke*, § 51 Rn. 2; Lutter/Hommelhoff/*Bayer*, § 51 Rn. 12; Roth/Altmeppen/*Roth*, § 51 Rn. 2.
759 BGH vom 13.2.2006 – II ZR 200/04 = DNotZ 2006, 705; Roth/Altmeppen/*Roth*, § 51 Rn. 2.
760 Baumbach/Hueck/*Zöllner*, § 51 Rn. 4.
761 Lutter/Hommelhoff/*Bayer*, § 51 Rn. 6.

sächlichen Zugang nicht an.[762] Ist die Einladung nicht richtig adressiert, kommt sie aber gleichwohl beim Gesellschafter an, ist dies ausreichend, jedenfalls wenn eine damit etwa verbundende Verzögerung des Zugangs dem betroffenen Gesellschafter nicht die ihm gesetzlich oder gesellschaftsvertraglich zustehende Einladungsfrist nimmt.

627 Einzuladen sind auch Gesellschafter, die kein Stimmrecht haben, weil auch nicht stimmberechtigte Gesellschafter bei Gesellschafterversammlungen ein Teilnahme- und Rederecht haben.[763]

628 Gesellschafter, die (noch) nicht in der im Handelsregister aufgenommenen Gesellschafterliste eingetragen sind, sollen hingegen nicht einzuladen sein.[764] Im Hinblick darauf, dass neu in der Gesellschaft eingetretene Gesellschafter nach § 16 Abs. 1 S. 2 GmbHG wirksam mit Beschluss fassen können, wenn im Anschluss daran die neue Gesellschafterliste unverzüglich in das Handelsregister aufgenommen wird, sollte man in der Praxis diese Gesellschafter gleichwohl einladen und mit abstimmen lassen.

629 Ist ein Gesellschafter verstorben, dies der Gesellschaft aber nicht bekannt, reicht für eine ordnungsgemäße Einberufung die an den Verstorbenen adressierte und an seine letzte bekannte Adresse versandte Einladung. Wenn allerdings der Todesfall der Gesellschaft bekannt ist, müssen die Erben eingeladen werden. Sind diese nicht bekannt, kommt die Bestellung eines Nachlasspflegers nach § 1960 Abs. 1 BGB in Betracht.[765]

630 Bei nicht voll geschäftsfähigen Gesellschaftern, etwa Minderjährigen, muss die Einladung an den gesetzlichen Vertreter gerichtet sein.[766] Soll die Gesellschafterversammlung Beschlüsse fassen, bei denen die gesetzlichen Vertreter wegen § 181 BGB an der Vertretung gehindert sind, insbesondere weil sie selbst Gesellschafter sind und über eine Änderung des Gesellschaftsvertrages abzustimmen ist, ist statt ihrer der Ergänzungspfleger (§ 1909 BGB) einzuladen, der den nicht voll Geschäftsfähigen bei der Abstimmung vertritt.[767]

3. Frist

631 Das Gesetz sieht eine **Einberufungsfrist** von einer Woche vor, § 51 Abs. 1 S. 2 GmbHG. Der Gesellschaftsvertrag kann die Frist verlängern, nach allgemeiner Meinung aber nicht verkürzen.[768] Wann der Fristlauf beginnt, ist streitig. Nach Auffassung des BGH beginnt die Frist spätestens mit dem bei normalem Verlauf zu erwartenden Zugang der Einladung bei allen Gesellschaftern.[769] Als übliche Zustellungsfrist sollen beim Versand im Inland sicherheitshalber zwei Tage anzusetzen sein.[770] Im Übrigen wird die Einberufungsfrist gemäß §§ 187 Abs. 1, 188 Abs. 2 BGB berechnet.[771] Ob § 193 BGB entsprechend anzuwenden ist, wenn das Fristende auf einen Samstag, Sonntag oder Feiertag fällt, ist umstritten.[772] In der beratenden Praxis wird man es auf diese Streitfragen nicht ankommen lassen und zu großzügiger Terminierung raten.

---

762 OLG Düsseldorf NJW-RR 1990, 806; OLG München DB 1994, 320; Roth/Altmeppen/*Roth*, § 51 Rn. 5; Lutter/Hommelhoff/*Bayer*, § 51 Rn. 6.
763 BGH vom 13.2.2006 – II ZR 200/04 = DNotZ 2006, 705.
764 MünchHdb. GesR III/*Wolff*, GmbH, § 39 Rn. 34a.
765 LG Berlin NJW-RR 1986, 195; Baumbach/Hueck/*Zöllner*, § 51 Rn. 6.
766 Baumbach/Hueck/*Zöllner*, § 51 Rn. 7.
767 *Bürger*, RNotZ 2006, 156, 170.
768 OLG Naumburg NZG 2000, 44; OLG Hamm GmbHR 1992, 466.
769 BGH DNotZ 1988, 40; aus der Literatur Roth/Altmeppen/*Roth*, § 51 Rn. 3 und Lutter/Hommelhoff/*Bayer*, § 51 Rn. 14, dort auch Nachweise zu der Auffassung, wonach die Frist bereits mit der Aufgabe des Briefes beginnen soll.
770 OLG Hamm vom 26.2.2003 – 8 U 110/02 = GmbHR 2003, 843; Lutter/Hommelhoff/*Bayer*, § 51 Rn. 14 m.w.N.
771 Näher *Wicke*, § 51 Rn. 6.
772 Ausführlich *Tettinger*, GmbHR 2008, 346 m.w.N.

4. Inhalt

Zum notwendigen **Inhalt** der Einladung gehören Ort und Zeit der Gesellschafterversammlung. Außerdem müssen in der Einladung oder durch gesondertes Schreiben die Beschlussgegenstände (nicht: Beratungsgegenstände)[773] hinreichend bestimmt angegeben werden, und zwar, wenn dies im Einladungsschreiben noch nicht geschehen ist, bis spätestens drei Tage vor der Gesellschafterversammlung, § 51 Abs. 4 GmbHG. Werden Satzungsänderungen zur Abstimmung gestellt, ist dies anzukündigen und inhaltlich näher zu beschreiben.[774] Bei Kapitalerhöhungen beispielsweise ist deren Größenordnung anzugeben, ebenso ein beabsichtigter Bezugsrechtsausschluss und ob es sich um eine Bar- oder Sachkapitalerhöhung handelt.[775] Der genaue Wortlaut der beabsichtigten Satzungsänderungen, ausformulierte Beschlussanträge oder Begründungen müssen jedoch nicht mitgeteilt werden.[776] **632**

Die **Eventualeinberufung** einer Gesellschafterversammlung, etwa für den Fall, dass eine vorhergehende Gesellschafterversammlung nicht beschlussfähig sein sollte, ist nach der Rechtsprechung unzulässig.[777] **633**

5. Rechtsfolgen fehlerhafter Einberufung

Beschlüsse sind **nichtig**, wenn einzelne Gesellschafter nicht eingeladen wurden.[778] Gleiches gilt, wenn ein dazu nicht Berechtigter die Gesellschafterversammlung einberufen hat[779] oder wenn derart schwere Form- und Fristmängel vorliegen, dass faktisch eine Nichteinladung vorliegt, insbesondere weil Ort oder Zeitpunkt der Versammlung nicht hinreichend bestimmt waren.[780] Weniger schwere Verstöße führen hingegen nur zur **Anfechtbarkeit** der Beschlussfassung, etwa eine geringfügige Unterschreitung der Ladungsfrist[781] oder der Versand der Einladung als einfacher Brief.[782] **634**

Die Formen und Fristen einer Einladung zur Gesellschafterversammlung müssen nicht eingehalten werden, wenn in der Versammlung alle Gesellschafter (einschließlich etwaiger nicht stimmberechtigter Gesellschafter)[783] anwesend sind und sich rügelos an der Abstimmung beteiligen oder jedenfalls damit einverstanden sind, dass über den Beschlussgegenstand abgestimmt wird, § 51 Abs. 3 GmbHG (»**Vollversammlung**« oder »Universalversammlung«).[784] Ohne dieses Einverständnis hingegen reicht (entgegen dem Wortlaut des § 51 Abs. 3 GmbHG) die schlichte Anwesenheit aller Gesellschafter für eine ordnungsgemäße Beschlussfassung nicht aus.[785] **635**

---

773 Lutter/Hommelhoff/*Bayer*, § 51 Rn. 22.
774 OLG Düsseldorf vom 25.2.2000 – 16 U 59/99 = NZG 2000, 1180.
775 Lutter/Hommelhoff/*Bayer*, § 51 Rn. 26.
776 OLG Düsseldorf vom 21.6.2007 – I-9 U 7/07 = GmbHR 2008, 262; Roth/Altmeppen/*Roth*, § 51 Rn. 9 f.
777 BGH NJW 1998, 1317; OLG Düsseldorf vom 14.11.2003 – 16 U 95/98 = GmbHR 2004, 572.
778 BGH NJW 1962, 538 = DNotZ 1962, 415.
779 BGH DNotZ 1954, 87.
780 Lutter/Hommelhoff/*Bayer*, § 51 Rn. 28.
781 Lutter/Hommelhoff/*Bayer*, § 51 Rn. 30.
782 BGH DNotZ 1990, 116.
783 Ulmer/*Hüffer*, § 51 Rn. 29.
784 BGH DNotZ 1988, 40; OLG München GmbHR 1994, 125; Lutter/Hommelhoff/*Bayer*, § 51 Rn. 31 ff.
785 BGH DNotZ 1988, 40; OLG München GmbHR 2000, 486; Lutter/Hommelhoff/*Bayer*, § 51 Rn. 33.

636 M Formulierungsbeispiel Einberufung einer Gesellschafterversammlung:
Per Einschreiben mit Rückschein!
An die Gesellschafter der Optimum Finanzservice GmbH
Die Gesellschafter werden zur ordentlichen Gesellschafterversammlung eingeladen. Die Gesellschafterversammlung findet statt am Mittwoch, den 9. April 20..., um 16.00 Uhr in den Räumlichkeiten der Niederlassung Köln der Gesellschaft, Burgmauer 54, 50667 Köln. Die Tagesordnung lautet wie folgt:
1. Feststellung des Jahresabschlusses für das Geschäftsjahr 20..
2. Beschluss über die Gewinnverwendung
3. Entlastung der Geschäftsführer
4. Beschluss über die Änderung der Firma und des Unternehmenszwecks

Erläuterung zu Tagesordnungspunkt 4: Es ist beabsichtigt, dass die Gesellschaft zukünftig auch im Bereich der Beratung zu Versicherungsprodukten und der Vermittlung von Versicherungsverträgen tätig wird. Daher wird zur Abstimmung gestellt, den Unternehmensgegenstand entsprechend zu erweitern und die Firma zu ändern in »Optimum Finanzen und Versicherungen GmbH«.
Köln, den 10. März 20..
[eigenhändige Unterschrift], Geschäftsführer

III. Beschlussfassung über die Änderung des Gesellschaftsvertrages

1. Zuständigkeit und Inhalt

637 Nach § 53 Abs. 1 GmbHG hat die **Gesellschafterversammlung** eine ausschließliche Zuständigkeit für Beschlüsse über Änderungen des Gesellschaftsvertrages (Grundsatz der Satzungsautonomie). Die Kompetenz zur Satzungsänderung kann weder anderen Gesellschaftsorganen noch einem einzelnen Gesellschafter noch einem Dritten übertragen werden.[786] Möglich ist es allerdings, einzelnen Gesellschaftern (nicht aber einem anderen Gesellschaftsorgan oder einem Dritten) ein Vetorecht gegen Satzungsänderungen einzuräumen.[787]

638 Das Gesetz regelt die Frage der **Beschlussfähigkeit** der Gesellschafterversammlung nicht. Sofern auch der Gesellschaftsvertrag kein Quorum vorsieht, reicht daher die Teilnahme nur eines einzigen stimmberechtigten Gesellschafters für eine wirksame Beschlussfassung.[788] Häufig ist die Frage der Beschlussfähigkeit jedoch im Gesellschaftsvertrag geregelt (siehe oben Rdn. 341 ff). Üblicherweise sehen die gesellschaftsvertraglichen Regelungen vor, dass bei Beschlussunfähigkeit erneut eine Gesellschafterversammlung mit derselben Tagesordnung einzuberufen ist, die in jedem Fall beschlussfähig ist, sofern auf diese Rechtsfolge in der Einladung hingewiesen worden ist. Zu dieser weiteren Gesellschafterversammlung kann aber wegen des Verbots der Eventualeinberufung erst nach der ersten, beschlussunfähigen Versammlung eingeladen werden.[789]

639 Zur Beschlussfassung berechtigt sind diejenigen Personen, die in der im Handelsregister aufgenommenen **Gesellschafterliste** nach § 40 GmbHG als Gesellschafter verzeichnet sind und deshalb gemäß § 16 Abs. 1 S. 1 GmbHG gegenüber der Gesellschaft als Gesellschafter gelten. Ist ein neu eingetretener Gesellschafter im Zeitpunkt der Beschlussfassung noch nicht in der Gesellschafterliste verzeichnet, wird die neue Liste

---

786 BGHZ 43, 261; OLG Köln MittRhNotK 1996, 138; Lutter/Hommelhoff/*Bayer*, § 53 Rn. 7.
787 Lutter/Hommelhoff/*Bayer*, § 53 Rn. 7.
788 OLG Köln vom 21.12.2001 – 2 Wx 59/01 = GmbHR 2002, 492.
789 BGH vom 8.12.1997 – II ZR 216/96 = GmbHR 1998, 287; OLG Düsseldorf vom 14.11.2003 – 16 U 95/98 = GmbHR 2004, 572; anders, wenn der Gesellschaftsvertrag dies gestattet, vgl. OLG Saarbrücken.

aber unverzüglich danach in das Handelsregister aufgenommen, so wird die zunächst schwebend unwirksame Stimmabgabe rückwirkend wirksam, § 16 Abs. 1 S. 2 GmbHG. Dies eröffnet dem Erwerber eines Geschäftsanteils die Möglichkeit, unmittelbar im Anschluss an den Anteilserwerb bereits als neuer Gesellschafter an Beschlussfassungen mitzuwirken, obwohl die neue Gesellschafterliste noch nicht in das Handelsregister aufgenommen werden konnte. Sicherheitshalber kann es sich aber empfehlen, auch den noch in der Gesellschafterliste als Gesellschafter ausgewiesenen Veräußerer an der Beschlussfassung mitwirken zu lassen. Soweit dem im Einzelfall nicht die Satzung entgegensteht, kann der Veräußerer den Erwerber auch zur Ausübung der Mitgliedschaftsrechte bevollmächtigen.[790] Wenn allerdings der Anteilserwerb unter einer aufschiebenden Bedingung erfolgt, insbesondere unter der Bedingung vollständiger Kaufpreiszahlung, kann der Erwerber erst ab Bedingungseintritt seine Rechte aus dem Anteil ausüben; § 16 Abs. 1 S. 2 GmbHG ändert daran nichts und zur Erteilung einer Stimmrechtsvollmacht wird der Veräußerer vor Bedingungseintritt regelmäßig nicht bereit sein. Zu den Einzelheiten siehe unten Rdn. 1046 f. (Übertragung von Geschäftsanteilen/Gesellschafterliste).

Die in § 47 Abs. 4 GmbH geregelten **Stimmverbote** gelten bei der Beschlussfassung über Satzungsänderungen nicht.[791] Dies ergibt sich schon aus dem Wortlaut der Norm, aber auch daraus, dass keinem Gesellschafter von vornherein verwehrt werden kann, an diesem den Kernbereich seiner Mitgliedschaft betreffenden Sozialakt mitzuwirken. Grenzen der Stimmrechtsausübung können sich aber aus der mitgliedschaftlichen Treuepflicht des Gesellschafters ergeben, die eine missbräuchliche Ausnutzung des Stimmrechts im Eigeninteresse verbietet. **640**

Eine Satzungsänderung kann nicht unter einer **Bedingung** beschlossen werden.[792] Hinsichtlich der organisationsrechtlichen Grundlagen der Gesellschaft sollen nämlich Rechtssicherheit und Rechtsklarheit herrschen. Eine bedingte Änderung des Gesellschaftsvertrages lässt sich damit nicht vereinbaren. Eine Ausnahme gilt, wenn es sich lediglich um eine Rechtsbedingung handelt, etwa bei einer Kapitalerhöhung die Übernahme der neuen Geschäftsanteile. Vielfach lässt sich das mit einer unzulässigen Bedingung verfolgte Ziel auch durch eine Anweisung an den Geschäftsführer erreichen, die Handelsregisteranmeldung der unbedingt beschlossen Satzungsänderung erst dann zum Handelsregister anzumelden, wenn bestimmte Voraussetzungen vorliegen. **641**

2. Form

Der Beschluss über die Änderung des Gesellschaftsvertrags bedarf der notariellen **Beurkundung**. Die Beschlussfassung in einer Gesellschafterversammlung, die als solche ein Sozialakt und keine Willenserklärung ist, kann gemäß §§ 36 f. BeurkG in Form einer Niederschrift des Notars über seine Wahrnehmung von diesem Vorgang beurkundet werden (Beurkundung von Tatsachen).[793] **642**

---

790 Vgl. Heckschen/Heidinger/*Heckschen*, § 8 Rn. 12.
791 OLG Stuttgart NZG 1998, 601; Roth/Altmeppen/*Roth*, § 47 Rn. 67; Lutter/Hommelhoff/*Bayer*, § 47 Rn. 45.
792 Baumbach/Hueck/*Zöllner*, § 53 Rn. 58 f.
793 Formulierungsbeispiel für die Beurkundung einer Gesellschafterversammlung gemäß §§ 36 f. BeurkG: Kersten/Bühling/*Kanzleiter*, § 144 Rn. 38 M.

2. Kapitel Recht der Gesellschaft mit beschränkter Haftung

643 M Formulierungsbeispiel Beurkundung einer Gesellschafterversammlung nach §§ 36 f. BeurkG:
Geschehen zu Köln, Burgmauer 54, in den Amtsräumen des Notars, am 15. September 20...
Ich, der unterzeichnende Notar ... mit dem Amtssitz in Köln, war um 11.00 Uhr in meinen Amtsräumen anwesend, um über die dorthin einberufene Gesellschafterversammlung der im Handelsregister des Amtsgerichts Köln unter HRB 11111 eingetragenen
Optimum Finanzservice GmbH
diese Niederschrift aufzunehmen.
In der Versammlung waren anwesend die Herren ...
Den Vorsitz der Versammlung übernahm Herr .... Er eröffnete die Versammlung um 11.05 Uhr. Der Vorsitzende stellte fest, dass die Gesellschafter vollzählig erschienen bzw. vertreten sind.
Der Vorsitzende stellte im allseitigen Einvernehmen fest, dass alle Anwesenden unter Verzicht auf sämtliche Frist- und Formvorschriften mit der Abhaltung dieser Versammlung unter seinem Vorsitz einverstanden sind und die Ordnungsmäßigkeit und Beschlussfähigkeit der heutigen Versammlung anerkennen.
Der Vorsitzende gab bekannt, dass die Abstimmung durch Zuruf erfolgen sollte.
Der Vorsitzende stellte fest, dass die Gesellschafterversammlung folgende Tagesordnung habe:

– Beschlussfassung über die Neufassung des Gesellschaftsvertrages.

Die Versammlung beschloss sodann dem von dem Vorsitzenden vorgetragenen gleichlautenden Vorschlag der Gesellschafter entsprechend:
Der Gesellschaftsvertrag der Gesellschaft wird insgesamt neu gefasst und erhält die Fassung, die sich aus der Anlage zu dieser Niederschrift ergibt.
Die Beschlussfassung erfolgte einstimmig durch Zuruf.
Ergebnis und Inhalt der Beschlussfassung wurden von dem Vorsitzenden festgestellt[794] und verkündet.
Der Vorsitzende stellte fest, dass damit die Tagesordnung erledigt sei. Er schloss die Versammlung um 11.30 Uhr.
Hierüber wurde diese Niederschrift aufgenommen und von dem Notar eigenhändig unterschrieben:

644 Da es sich bei der Abgabe der einzelnen Stimmen um Willenserklärungen[795] handelt, können die Stimmabgaben auch in der Form der §§ 8 ff. BeurkG beurkundet werden (Beurkundung von Willenserklärungen).[796] Praktisch kommt dies vor allem in Betracht, wenn sämtliche Gesellschafter an der Gesellschafterversammlung teilnehmen und die Beschlüsse einstimmig fassen.[797] Um eine Beurkundung von Willenserklärungen handelt es sich zwingend, wenn Gegenstand der Urkunde auch sonstige beurkundungspflichtige rechtsgeschäftliche Erklärungen sind, insbesondere die Übernahmeerklärung bei einer Kapitalerhöhung gegen Einlagen gemäß § 55 Abs. 1 GmbHG.

---

794 Die Feststellung des gefassten Beschlusses dient nur der Klarstellung. Anders als bei Beschlüssen der Hauptversammlung der AG ist sie aber nicht notwendig, soweit nicht der Gesellschaftsvertrag eine Feststellung verlangt, Baumbach/Hueck/*Zöllner*, § 53 Rn. 66.
795 Roth/Altmeppen/*Roth*, § 47 Rn. 25.
796 Scholz/*Priester*, § 53 Rn. 70; Lutter/Hommelhoff/*Bayer*, § 53 Rn. 16. Vgl. auch OLG Köln GmbHR 1993, 164 (Neufassung der Satzung). A.A. allerdings Baumbach/Hueck/*Zöllner*, § 53 Rn. 70.
797 Formulierungsbeispiel für die Beurkundung einer Gesellschafterversammlung gemäß §§ 8 ff. BeurkG: Kersten/Bühling/*Kanzleiter*, § 144 Rn. 141 M.

Änderungen des Gesellschaftsvertrages   B

Formulierungsbeispiel Beurkundung einer Gesellschafterversammlung nach §§ 8 ff. BeurkG: 645 M
Verhandelt zu Köln am 11. November 20…
  Vor mir, Notar … mit dem Amtssitz in Köln, erschien:
  Herr …, geboren am …, wohnhaft ….
  Der Erschienene ist dem Notar von Person bekannt.
  Der Erschienene erklärte:
  Ich bin der alleinige Gesellschafter der mit Sitz in Köln bestehenden, im Handelsregister des Amtsgerichts Köln unter HRB 11111 eingetragenen
  Optimum Finanzservice GmbH.
  Der Erschienene hält hiermit unter Verzicht auf alle Frist- und Formvorschriften für die Einberufung eine Gesellschafterversammlung der Optimum Finanzservice GmbH ab und beschließt mit allen Stimmen:
  Der Sitz der Gesellschaft wird von Köln nach Düsseldorf verlegt. § 1 Abs. 2 des Gesellschaftsvertrages wird wie folgt neu gefasst: »Sitz der Gesellschaft ist Düsseldorf«.
  Damit ist die Gesellschafterversammlung beendet.
  Die mit dieser Urkunde verbundenen Kosten trägt die Gesellschaft.
  Diese Niederschrift wurde dem Erschienenen vom Notar vorgelesen, von ihm genehmigt und von ihm und dem Notar eigenhändig wie folgt unterschrieben:

Bei der Einmann-GmbH hat der Gesellschafter gemäß § 48 Abs. 3 GmbHG unverzüglich nach Beschlussfassung eine Niederschrift darüber aufzunehmen und zu unterschreiben. Die Beurkundung eines satzungsändernden Beschlusses ersetzt diese Form,[798] und zwar auch bei Beurkundung in der Form der §§ 36 f. BeurkG.[799] Zwar ist eine solchermaßen errichtete Urkunde nur von dem Notar, nicht auch von dem Gesellschafter zu unterschreiben (anders bei der Beurkundung von Willenserklärungen nach §§ 8 ff. BeurkG, vgl. § 13 Abs. 1 BeurkG). Der Zweck des § 48 Abs. 3 GmbHG, Rechtssicherheit bezüglich der Beschlusslage zu schaffen und nachträgliche Manipulationen auszuschließen,[800] wird durch die notarielle Beurkundung in der Form der §§ 36 f. BeurkG jedoch noch besser erreicht als durch ein vom Gesellschafter selbst nach § 48 Abs. 3 GmbHG niedergelegtes Protokoll.   646

Die Beurkundung durch einen **ausländischen Notar** reicht nach einer älteren Entscheidung des BGH[801] dann aus, wenn dieser nach Vorbildung und Stellung im Rechtsleben eine der Tätigkeit des deutschen Notars entsprechende Funktion ausübt und für die Errichtung der Urkunde ein Verfahrensrecht zu beachten hat, das den tragenden Grundsätzen des deutschen Beurkundungsrechts entspricht. Dem wird zu Recht entgegen gehalten, dass Zweck des Formerfordernisses aus § 53 Abs. 2 GmbHG auch die Gewähr der materiellen Richtigkeit nach deutschem Recht sei,[802] die ein ausländischer Notar in der Regel nicht leisten könne.[803]   647

---

798 Lutter/Hommelhoff/*Bayer*, § 48 Rn. 34.
799 A.A. MünchHdb. GesR/*Marquardt*, § 22 Rn. 24: zwingend Beurkundung in der Form der §§ 8 ff. BeurkG.
800 Vgl. BGH NJW 1995, 1750.
801 DNotZ 1981, 451; zustimmend etwa Michalski/*Hoffmann*, § 53 Rn. 77; Ulmer/*Ulmer*, § 53 Rn. 54.
802 Zu diesem Formzweck BGH DNotZ 1989, 102.
803 *Goette*, DStR 1996, 709, 713; *Hermanns*, ZIP 2006, 2296, 2301; *Heckschen*, DB 1990, 161; Scholz/*Priester*, § 53 Rn. 71 ff.; kritisch auch Lutter/Hommelhoff/*Bayer*, § 53 Rn. 17 und § 2 Rn. 19 f.

2. Kapitel   Recht der Gesellschaft mit beschränkter Haftung

3. Vertretung

648 Gesellschafter können sich in der Gesellschafterversammlung aufgrund **Stimmrechtsvollmacht** durch einen beliebigen Dritten vertreten lassen, sofern nicht der Gesellschaftsvertrag – was praktisch häufig vorkommt – Grenzen zieht.[804] § 47 Abs. 3 GmbHG fordert für die Gültigkeit der Vollmacht die Textform (also Schriftform, Fax oder E-Mail, vgl. § 126b BGB)[805]. Umstritten ist, ob diese Form – wie der Wortlaut des § 47 Abs. 3 GmbHG nahe legt – Wirksamkeitsvoraussetzung ist oder bloßes »Legitimationserfordernis«, auf das im Einvernehmen der Gesellschafter verzichtet werden kann.[806] Der Streit verliert dadurch an Bedeutung, dass nach beiden Auffassungen auch bei nur mündlicher Bevollmächtigung eine wirksame Stimmabgabe vorliegt, wenn die Bevollmächtigung allen Gesellschaftern bekannt ist, insbesondere in der Gesellschafterversammlung erfolgt ist, und keiner der Stimmabgabe widerspricht.[807] Gleiches soll gelten, wenn es sich um eine Einmann-GmbH handelt.[808]

649 Die Vollmacht bedarf auch dann nicht der notariellen Form, wenn sie zur Abstimmung bei beurkundungsbedürftigen satzungsändernden Beschlüssen berechtigt. Wenn der Vertreter allerdings aufgrund der Vollmacht eine Übernahmeerklärung nach § 55 Abs. 1 GmbHG abgeben soll, muss die Vollmacht wegen des Schutzzwecks dieser Vorschrift nach allgemeiner Auffassung mindestens notariell beglaubigt sein.[809]

650 M **Formulierungsbeispiel Stimmrechtsvollmacht:**
Ich bevollmächtige hiermit Herrn ..., geboren am ..., wohnhaft ..., für mich an Gesellschafterversammlungen der Optimum Finanzservice GmbH mit Sitz in Köln (AG Köln HRB 11111) teilzunehmen und dort für mich das Auskunftsrecht, das Rederecht, das Stimmrecht und alle sonstigen mitgliedschaftliche Rechte aus meinen sämtlichen Geschäftsanteilen an dieser Gesellschaft auszuüben. Der Bevollmächtigte kann Untervollmacht erteilen.
Ort, Datum
Unterschrift

651 Auf die Stimmrechtsvertretung bei Beschlüssen, die eine Änderung des Gesellschaftsvertrages zum Gegenstand haben, findet **§ 181 BGB** Anwendung.[810] Daher muss ein Gesellschafter von § 181 BGB befreit sein, wenn er bei einer Abstimmung über eine Satzungsänderung das Stimmrecht sowohl im eigenen Namen als auch aufgrund Stimmrechtsvollmacht für einen Mitgesellschafter ausübt.[811] Wenn ein Gesellschafter einem Mitgesellschafter Stimmrechtsvollmacht erteilt, liegt darin regelmäßig eine konkludente Gestattung der Stimmabgabe aufgrund der Vollmacht und zugleich auch im eigenen Namen.[812]

652 Die **vollmachtslose Vertretung** bei der Stimmabgabe ist zulässig, wenn kein Gesellschafter widerspricht.[813] Dies gilt auch, wenn es sich um eine Einmann-GmbH handelt. § 180 S. 1 BGB, der bei einseitigen Rechtsgeschäften die vollmachtslose Vertretung unter-

---

804 Vgl. § 47 Abs. 3 GmbHG sowie Lutter/Hommelhoff/*Bayer*, § 47 Rn. 21 ff.
805 Palandt/*Ellenberger*, BGB, § 126b Rn. 3.
806 Wirksamkeitsvoraussetzung: Lutter/Hommelhoff/*Bayer*, § 47 Rn. 25; Baumbach/Hueck/*Zöllner*, § 47 Rn. 51; nur Legitimationserfordernis: LG Berlin GmbHR 1996, 50; Scholz/*K. Schmidt*, GmbHG, § 47 Rn. 89; Ulmer/*Ulmer*, § 53 Rn. 55.
807 So BGHZ 49, 183; KG vom 10.3.2000 – 14 U 2105/98 = NZG 2000, 787; BayObLG GmbHR 1989, 252; Lutter/Hommelhoff/*Bayer*, § 47 Rn. 25.
808 BGH vom 11.2.2008 – II ZR 291/06 = DNotZ 2008, 625; Lutter/Hommelhoff/*Bayer*, § 47 Rn. 25.
809 BayObLG vom 20.2.2002 – 3Z BR 30/02 = GmbHR 2002, 497; Michalski/*Hermanns*, § 55 Rn. 69; Lutter/Hommelhoff/*Lutter*, § 55 Rn. 32.
810 BGH NJW 1989, 168.
811 Baumbach/Hueck/*Zöllner*, § 47 Rn. 60; *Baetzgen*, RNotZ 2005, 193, 223.
812 Vgl. BGH DNotZ 1977, 116.
813 Roth/Altmeppen/*Roth*, § 47 Rn. 32; Lutter/Hommelhoff/*Bayer*, § 47 Rn. 25 f.; BayObLG GmbHR 1989, 252.

sagt, steht dem nicht entgegen.[814] Die Stimmabgabe erfolgt nämlich gegenüber der Gesellschaft, so dass das Vertreterhandeln gemäß §§ 180 S. 2, 177 Abs. 1 BGB genehmigt werden kann. Die Genehmigung bedarf auch dann, wenn eine Satzungsänderung beschlossen wurde, keiner notariellen Form. Ob jedoch die Textform erforderlich ist oder überhaupt kein Formerfordernis besteht, ist umstritten.[815] Praktisch dürfte der Streit selten von Bedeutung sein.

Minderjährige Kinder werden bei der Beschlussfassung grundsätzlich von ihren Eltern als ihren **gesetzlichen Vertretern** vertreten, § 1629 Abs. 1 BGB. Sind die Eltern selbst ebenfalls an der Gesellschaft beteiligt und nehmen sie an der Abstimmung über eine Satzungsänderung teil, können sie ihr Kind wegen §§ 1629 Abs. 2 S. 1, 1795 Abs. 2, 181 BGB nicht vertreten. Dann muss das Familiengericht einen Ergänzungspfleger bestellen, der an Stelle der Eltern das minderjährige Kind vertritt, § 1909 Abs. 1 S. 1 BGB. Bei mehreren minderjährigen Kindern muss für jedes Kind ein eigener Ergänzungspfleger bestellt werden.[816] **653**

Grundsätzlich bedarf die Ausübung des Stimmrechts für ein minderjähriges Kind bei der Beschlussfassung über eine Satzungsänderung keiner **familiengerichtlichen Genehmigung**.[817] Für die Kapitalerhöhung ist dies allerdings umstritten (siehe unten Rdn. 716). **654**

4. Mehrheits- und Zustimmungserfordernisse

Grundsätzlich verlangt der Beschluss eine **qualifizierte Mehrheit** von 75% der abgegebenen Stimmen, § 53 Abs. 2 GmbHG. Es kommt nicht darauf an, dass diese Mehrheit einen bestimmten Anteil des insgesamt vorhandenen Stammkapitals oder der insgesamt nach dem Gesellschaftsvertrag vorhandenen Stimmen ausmacht. Enthaltungen zählen nicht als abgegebene Stimmen.[818] Der Gesellschaftsvertrag kann die Änderung des Gesellschaftsvertrages erschweren, § 53 Abs. 2 S. 2 GmbHG, aber nicht erleichtern.[819] **655**

Ausnahmsweise ist die **Zustimmung sämtlicher betroffener Gesellschafter** zu einer Änderung des Gesellschaftsvertrages erforderlich, insbesondere wenn **656**

– der Gesellschaftsvertrag das für den Beschlussgegenstand verlangt,
– den Gesellschaftern neue Einlage-, Unterlassungs- oder Nebenleistungspflichten auferlegt oder bestehende erweitert werden (z.B. Wettbewerbsverbote oder Nachschusspflichten), § 53 Abs. 3 GmbHG, es sei denn, der Gesellschaftsvertrag lässt in hinreichend bestimmter Weise die Pflichtenvermehrung auch ohne Zustimmung jedes betroffenen Gesellschafters zu;
– eine Abtretungsbeschränkung eingeführt oder verschärft wird, denn dadurch wird in die freie Veräußerlichkeit des Geschäftsanteils und damit in ein nur mit Zustimmung des Gesellschafters entziehbares Mitgliedschaftsrecht eingegriffen,[820]
– die zwangsweise Einziehung von Geschäftsanteilen ermöglicht oder erleichtert oder für diesen Fall die Abfindung beschränkt wird,[821]
– eine Schiedsklausel eingeführt wird;[822]
– Gesellschafterrechte ungleich verkürzt oder einzelne Gesellschafter ungleich begünstigt werden (Abweichungen vom Gleichbehandlungsgebot),[823] z.B. Vorzugsrechte für ein-

---

814 OLG Frankfurt a.M. vom 24.2.2003 – 20 W 447/02 = DNotZ 2003, 459; LG Hamburg GmbHR 1998, 987.
815 Für Textform Roth/Altmeppen/*Roth*, § 47 Rn. 32; anders die h.M. (formfrei): Lutter/Hommelhoff/*Bayer*, § 47 Rn. 26; Scholz/*K. Schmidt*, § 47 Rn. 87; Michalski/*Römermann*, § 47 Rn. 441.
816 Für die Gründung der Gesellschaft: Lutter/Hommelhoff/*Bayer*, § 2 Rn. 5.
817 Baumbach/Hueck/*Zöllner*, § 53 Rn. 81.
818 OLG Celle GmbHR 1998, 140; Roth/Altmeppen/*Roth*, § 47 Rn. 3.
819 Lutter/Hommelhoff/*Bayer*, § 53 Rn. 13.
820 OLG München vom 23.1.2008 – 7 U 3292/07 = GmbHR 2008, 541; Roth/Altmeppen/*Roth*, § 53 Rn. 39; inwieweit dies auch bei der Aufhebung oder Erleichterung einer Abtretungsbeschränkung gilt, ist umstr., vgl. Lutter/Hommelhoff/*Bayer*, § 15 Rn. 63.
821 BGH DNotZ 1992, 526; Lutter/Hommelhoff/*Lutter*, § 34 Rn. 23; Roth/Altmeppen/*Altmeppen*, § 34 Rn. 46.
822 Roth/Altmeppen/*Roth*, § 53 Rn. 39.
823 Roth/Altmeppen/*Roth*, § 53 Rn. 33.

zelne Geschäftsanteile begründet oder entzogen werden, und/oder in den Kernbereich der Mitgliedschaft eines Gesellschafters eingegriffen wird;
- wenn der Gesellschaftsvertrag geändert wird, noch bevor die Gesellschaft im Handelsregister eingetragen worden ist, §2 Abs.1 GmbHG entsprechend (h.M.).[824]

657 Vereinzelt sieht das Gesetz vor, dass eine Änderung des Gesellschaftsvertrages mit **einfacher Mehrheit** beschlossen werden kann, nämlich

- die Umstellung des Stammkapitals, der Geschäftsanteile und der weiteren satzungsmäßigen Betragsangaben von DM auf Euro nach §1 Abs.3 EGGmbHG; ist eine Kapitalveränderung damit verbunden, unterliegt diese jedoch den allgemeinen Voraussetzungen einer Satzungsänderung;
- praktisch nur noch selten von Bedeutung: die erstmalige gesellschaftsvertragliche Regelung der Gewinnverwendung bei Gesellschaften, die bereits am 1. Januar 1986 im Handelsregister eingetragen waren und deren Gesellschaftsvertrag zum Stichtag keine Gewinnthesaurierung vorsah, Art.12 §7 Abs.1 des GmbH-Änderungsgesetzes von 1980;[825]
- die gesellschaftsvertragliche Regelung des Aufsichtsrats nach §§6 Abs.2, 37 Abs.1 S.2 MitbestG bei einer nach dem MitbestG mitbestimmungspflichtig gewordenen GmbH.

658 Ein steuerrechtliches Zustimmungserfordernis besteht, wenn das **Geschäftsjahr** der Gesellschaft auf einen dem Kalenderjahr nicht entsprechenden Zeitraum umgestellt werden soll. Das ist nur im Einvernehmen mit dem Finanzamt möglich, §7 Abs.4 S.3 KStG. Die Vorschrift soll Missbräuchen bei der Änderung von Wirtschaftsjahren begegnen. Das Finanzamt kann sein Einverständnis verweigern, wenn keine ernsthaften betrieblichen Gründe, sondern nur steuerliche Gründe für die Umstellung vorliegen.[826] Wird von einem abweichenden Geschäftsjahr auf das Kalenderjahr als Geschäftsjahr umgestellt, ist eine Zustimmung des Finanzamtes nicht erforderlich. Das Zustimmungserfordernis entfaltet handelsrechtlich keine Wirkung, so dass auch ohne Zustimmung des Finanzamtes die zustimmungsbedürftige Änderung des Geschäftsjahres durch Eintragung im Handelsregister wirksam wird. Handelsrechtliches Geschäftsjahr und steuerliches Wirtschaftsjahr fallen dann auseinander.

IV. Anmeldung zum Handelsregister

659 Die Änderung des Gesellschaftsvertrages ist zur Eintragung in das Handelsregister anzumelden, §54 Abs.1 S.1 GmbHG. Erst mit **Eintragung** im Handelsregister wird die Änderung des Gesellschaftsvertrages wirksam, §54 Abs.3 GmbHG. Eine rückwirkende Satzungsänderung ist daher nicht möglich.[827] Im Innenverhältnis können sich die Gesellschafter allerdings stellen, als sei eine Änderung des Gesellschaftsvertrages bereits früher wirksam geworden.[828] Die Änderung des Geschäftsjahres kann erstmals Wirkung haben für das Geschäftsjahr, das bei Eintragung der Änderung im Handelsregister noch andauert.[829]

---

824 OLG Köln GmbHR 1995, 725; Lutter/Hommelhoff/*Bayer*, §2 Rn.17; a.A. (§53 GmbHG gilt) *Priester*, ZIP 1987, 280.
825 Eingefügt durch Art.11 Abs.2 BiRiLiG vom 19.12.1985, BGBl. I, S.2355.
826 BFH DB 1980, 2315.
827 OLG Frankfurt a.M. GmbHR 1999, 484; Lutter/Hommelhoff/*Bayer*, §53 Rn.43; vgl. zum Vereinsrecht OLG Hamm vom 7.12.2006 – 15 W 279/06 = DNotZ 2007, 317.
828 Lutter/Hommelhoff/*Bayer*, §53 Rn.43.
829 OLG Frankfurt a.M. GmbHR 1999, 484; OLG Schleswig vom 17.5.2000 – 2 W 69/00 = NJW-RR 2000, 1425 (zur AG).

Änderungen des Gesellschaftsvertrages **B**

1. Zuständigkeit

Zuständig zur Entgegennahme der Handelsregisteranmeldung ist grundsätzlich das 660
Amtsgericht am Sitz des Landgerichts, in dessen Bezirk sich der Satzungssitz der Gesellschaft befindet, §§ 376, 377 Abs. 1 FamFG. Im Falle einer Sitzänderung ist das Gericht des bisherigen Sitzes für die Entgegennahme der Handelsregisteranmeldung zuständig, § 13 h Abs. 1 HGB. Es leitet die Anmeldung an das für den neuen Sitz zuständige Gericht weiter, das die Sitzverlegung zu prüfen und einzutragen hat, § 13 h Abs. 2 HGB.

Die Anmeldung ist von **Geschäftsführern in vertretungsberechtigter Anzahl** zu unter- 661
zeichnen, sofern es sich bei der Satzungsänderung nicht um eine Kapitalmaßnahme handelt. Kapitalerhöhungen und Kapitalherabsetzungen müssen von sämtlichen Geschäftsführern angemeldet werden, § 78 GmbHG.[830]

Die Handelsregisteranmeldung kann wirksam nur abgegeben werden von demjenigen, 662
der im Zeitpunkt der Abgabe der Handelsregisteranmeldung Geschäftsführer der Gesellschaft ist. Die Rechtsprechung stellt für die Abgabe der Handelsregisteranmeldung allerdings nicht auf den Zeitpunkt ab, an dem der Notar die Handelsregisteranmeldung dem Handelsregister übermittelt, sondern schon auf den Zeitpunkt der Unterzeichnung der Handelsregisteranmeldung.[831] Wechselt die Person des Geschäftsführers zwischen Unterzeichnung der Anmeldung und ihrer Einreichung beim Handelsregister, muss nach dieser Auffassung die Anmeldung von dem neuen Geschäftsführer unterzeichnet werden. Wirksam wird die Handelsregisteranmeldung erst mit ihrem Zugang beim Registergericht.[832]

2. Form

Anmeldungen zum Handelsregister müssen öffentlich beglaubigt werden, § 12 Abs. 1 S. 1 663
HGB. Seit dem Inkrafttreten des EHUG am 1.1.2008 sind sie dem Handelsregister elektronisch einzureichen.

Der Anmeldung ist der Beschluss über die Satzungsänderung beizufügen,[833] und zwar 664
gemäß § 12 Abs. 2 HGB in elektronisch beglaubigter Abschrift. Außerdem muss der **vollständige Wortlaut** des Gesellschaftsvertrages in der künftig geltenden Fassung beigefügt werden, also eine redaktionelle Zusammenstellung des gesamten Satzungstextes mit dem geänderten Inhalt. Dem Wortlaut des Gesellschaftsvertrages muss der Notar die Bestätigung gemäß § 54 Abs. 1 S. 2 Halbs. 2 GmbHG beifügen.

Formulierungsbeispiel Satzungsbescheinigung gemäß § 54 Abs. 1 S. 2 GmbHG: 665 M
Die geänderten Bestimmungen des vorstehenden Gesellschaftsvertrages stimmen mit dem Beschluss über die Änderung des Gesellschaftsvertrages vom 15. August 20... – meine UR.Nr. 1222 für 20... – und die unveränderten Bestimmungen mit dem zuletzt zum Handelsregister eingereichten vollständigen Wortlaut des Gesellschaftsvertrages überein.
Köln, den 15. August 20...
gez. ..., Notar [L.S.]

---

830 Näher unten Rdn. 755.
831 OLG Düsseldorf vom 15.12.1999 – 3 Wx 354/99 = DNotZ 2000, 529; BayObLG vom 17.9.2003 – 3Z BR 183/03 = GmbHR 2003, 1356; LG München vom 19.2.2004 – 17 HK T 1615/04 = GmbHR 2004, 1580; a.A. (Abgabe erst mit Übermittlung an das Handelsregister durch den Notar) *Auer*, DNotZ 2000, 498; *Kallrath*, DNotZ 2000, 533; *Bärwaldt*, GmbHR 2000, 421.
832 *Krafka/Willer/Kühn*, Registerrecht, Rn. 79; OLG Düsseldorf vom 15.12.1999 – 3 Wx 354/99 = DNotZ 2000, 529; BayObLG vom 17.9.2003 – 3Z BR 183/03 = GmbHR 2003, 1356.
833 Lutter/Hommelhoff/*Bayer*, § 54 Rn. 4.

2. Kapitel Recht der Gesellschaft mit beschränkter Haftung

666 Der Satzungsbescheinigung ist entbehrlich, wenn der vollständige Wortlaut der Satzung als Bestandteil des Änderungsbeschlusses in der Form der §§ 8 ff. BeurkG (Beurkundung von Willenserklärungen) mitbeurkundet worden ist.[834]

667 Ist eine Änderung des Unternehmensgegenstandes der Gesellschaft beschlossen worden und bedarf die Gesellschaft für ihr neues Tätigkeitsfeld einer **öffentlich-rechtliche Genehmigung,** so ist diese nicht dem Handelsregister vorzulegen. § 8 Abs. 1 Nr. 6 GmbHG a.F., der bei Gründung der Gesellschaft ein entsprechendes Einreichungserfordernis vorsah und von der h.M. auf Änderungen des Unternehmensgegenstandes entsprechend angewandt wurde, ist durch das MoMiG abgeschafft worden. Das Vorliegen der erforderlichen Genehmigung ist daher vom Handelsregister auch nicht zu prüfen. Anderes gilt dann, wenn rechtsformunabhängige Registervorschriften den Nachweis der Genehmigung verlangen, vgl. § 43 Abs. 1 KWG für den Nachweis der Erlaubnis nach § 32 KWG für das Betreiben von Bankgeschäften oder das Erbringen von Finanzdienstleistungen. Auch wenn das öffentliche Recht die Verfolgung eines bestimmten Unternehmenszwecks durch eine GmbH untersagt, darf und muss das Registergericht die Eintragung verweigern (etwa bei Versicherungsunternehmen, § 7 Abs. 1 VAG, Apotheken, § 8 ApothekenG oder der Übernahme von Insolvenzverwaltungen, § 56 Abs. 1 InsO).

668 Die Anmeldung kann inhaltlich, ebenso wie die Eintragung im Handelsregister, auf den ihr beigefügten Beschluss über die Änderung des Gesellschaftsvertrages Bezug nehmen (arg. e § 54 Abs. 2 GmbHG). Betreffen die Beschlussgegenstände allerdings die in § 10 GmbHG bezeichneten Angaben (Firma, Sitz, Unternehmensgegenstand, Stammkapital, allgemeine Vertretungsregelung; ggf. genehmigtes Kapital[835] und Zeitdauer der Gesellschaft), müssen diese in der Handelsregisteranmeldung selbst **schlagwortartig** bezeichnet werden, vgl. § 54 Abs. 2 GmbHG,[836] auch bei einer vollständigen Neufassung des Gesellschaftsvertrages.[837] Wurde die Regelung der Vertretung der Gesellschaft geändert, muss außerdem der Wortlaut der geänderten Vertretungsregelung vollständig wiedergegeben werden.[838]

669 M Formulierungsbeispiel Anmeldung einer Satzungsneufassung:
Als Geschäftsführer der Gesellschaft überreichen wir

1. eine Ausfertigung der Urkunde vom heutigen Tage – UR.Nr. 1222 für 20... des beglaubigenden Notars -
2. den vollständigen Wortlaut des Gesellschaftsvertrages mit der Bescheinigung des Notars gemäß § 54 Abs. 1 GmbHG[839]

und melden an:
Der Gesellschaftsvertrag ist geändert worden und hat die Fassung erhalten, die sich aus der beigefügten Niederschrift ergibt. Insbesondere wurde der Gesellschaftsvertrag geändert in § 1 (Firma und Sitz), § 2 (Unternehmensgegenstand), § 4 (Stammkapital) und § 5 (Vertretung).

---

[834] OLG Zweibrücken vom 10.10.2001 – 3 W 200/01 = GmbHR 2001, 1117; OLG Celle DNotZ 1982, 493; a.A. OLG Schleswig DNotZ 1973, 482.
[835] § 10 GmbHG wurde entsprechend ergänzt durch das Gesetz zur Umsetzung der Aktionärsrechterichtlinie (ARUG) vom 30.7.2009, BGBl. I S. 2479, mit Wirkung ab dem 1.9.2009.
[836] BGH DNotZ 1988, 182; OLG Hamm vom 12.7.2001 – 15 W 136/01 = GmbHR 2002, 64; OLG Düsseldorf GmbHR 1998, 1229.
[837] OLG Hamm vom 12.7.2001 – 15 W 136/01 = GmbHR 2002, 64.
[838] DNotI-Gutachten DNotI-Report 2002, 172, 173.
[839] Nach h.M. ist die Beifügung des vollständigen Satzungswortlauts bei einer vollständigen Neufassung des Gesellschaftsvertrages nicht erforderlich, wenn dieser mitbeurkundet worden ist, siehe oben Rdn. 666.

Die Gesellschaft wird nunmehr allgemein wie folgt vertreten: Ist nur ein Geschäftsführer vorhanden, vertritt dieser allein. Sind mehrere Geschäftsführer vorhanden, vertreten je zwei Geschäftsführer gemeinsam.
Die neue Geschäftsanschrift der Gesellschaft lautet: Klever Straße 17, 50477 Köln.
Köln, den 15. August 20...
Unterschriften
Beglaubigungsvermerk

3. Registersperren

In bestimmten Fällen kann der Eintragung einer Satzungsänderung im Handelsregister eine Registersperre entgegenstehen. 670

Praktisch bedeutsam ist die Registersperre gemäß § 1 Abs. 1 S. 4 EGmbHG (bis zum Inkrafttreten des MoMiG: § 86 Abs. 1 S. 4 GmbHG a.F.). Danach darf eine Änderung des Stammkapitals nur eingetragen werden, wenn das Stammkapital auf **Euro** umgestellt wird. Die Übertragung oder Teilung von Geschäftsanteilen hingegen setzt keine Euroumstellung voraus,[840] auch nicht, wenn aus diesem Anlass die Geschäftsanteile erstmals mit einer laufenden Nummer versehen und eine entsprechend aktualisierte Gesellschafterliste zum Handelsregister eingereicht wird. 671

Weiter noch reicht die Registersperre aus Art. 12 § 7 Abs. 2 S. 1 des GmbH-Änderungsgesetzes (GmbHÄndG) von 1980. Sie betrifft die – mittlerweile seltenen – GmbHs, die bereits am 1.1.1986 im Handelsregister eingetragen waren, deren Gesellschaftsvertrag zum Stichtag keine Gewinnthesaurierung vorsah und bei denen seither die **Gewinnverwendung** nicht durch Satzungsänderung geregelt worden ist. Bei solchen Gesellschaften, bei denen noch gemäß Art. 12 § 7 GmbHÄndG das Vollausschüttungsgebot nach § 29 Abs. 1 GmbHG a.F. gilt, kann jegliche Satzungsänderung nur dann im Handelsregister eingetragen werden, wenn zugleich die Änderung der Regelung zur Gewinnverwendung eingetragen wird. Wurden seither versehentlich trotz Registersperre Satzungsänderungen im Handelsregister eingetragen, beendet dies die Registersperre für zukünftige Satzungsänderungen nicht.[841] 672

4. Prüfungsumfang des Registergerichts

Das Registergericht hat die Wirksamkeit der angemeldeten Satzungsänderung zu prüfen, also ob ein Nichtigkeits- oder Unwirksamkeitsgrund vorliegt.[842] Inwieweit auch Anfechtungsgründe der Eintragung entgegenstehen, ist umstritten.[843] Jedenfalls wenn der anfechtbare Änderungsbeschluss Interessen der Öffentlichkeit oder der Gläubiger nicht berührt und die Anfechtungsfrist abgelaufen ist, muss die Satzungsänderung im Handelsregister eingetragen werden.[844] Wurde Anfechtungsklage erhoben, kann das Eintragungsverfahren nach § 21 Abs. 1 FamFG ausgesetzt werden. Fragen der Zweckmäßigkeit der Änderungen hat das Registergericht nicht zu prüfen. 673

Die Beschränkung des Prüfungsumfangs, die § 9c Abs. 2 GmbHG für die erstmalige Eintragung einer GmbH vorsieht, gilt nach h.M. für Änderungen des Gesellschaftsvertrages nicht.[845] 674

---

840 Roth/Altmeppen/*Altmeppen*, § 1 EGGmbHG Rn. 16.
841 OLG München NJW-RR 1994, 165.
842 Lutter/Hommelhoff/*Bayer*, § 54 Rn. 9.
843 Vgl. Nachweise zum Streitstand bei Lutter/Hommelhoff/*Bayer*, § 54 Rn. 12.
844 BayObLG DNotZ 1986, 50; OLG Köln GmbHR 1982, 211.
845 KG vom 18.10.2005 – 1 W 27/05 = DNotZ 2006, 304; Lutter/Hommelhoff/*Bayer*, § 54 Rn. 8 m.w.N.; a.A. Baumbach/Hueck/*Zöllner*, § 54 Rn. 21.

675 Wird eine komplette Neufassung des Gesellschaftsvertrages beschlossen und zum Handelsregister angemeldet, bezieht sich die Prüfung des Registergerichts auch auf jene Satzungsregelungen, die schon bisher galten und unverändert in die neugefasste Satzung übernommen wurden.[846]

V. Besonderheiten bei einer im vereinfachten Verfahren gegründeten Gesellschaft

676 Durch das MoMiG hat der Gesetzgeber die Möglichkeit geschaffen, eine GmbH im sog. »vereinfachten Verfahren« zu gründen, § 2 Abs. 1a GmbHG. Dafür ist ein sog. **Musterprotokoll** zu verwenden, das als Anlage dem GmbHG beigefügt ist. Das Musterprotokoll enthält rudimentäre gesellschaftsvertragliche Regelungen, von denen bei der Gründung im vereinfachten Verfahren nicht abgewichen werden darf. Zu den Einzelheiten siehe oben Rdn. 577 ff.

677 Außer Frage steht, dass der Gesellschaftsvertrag einer im vereinfachten Verfahren gegründeten Gesellschaft nachträglich **geändert** werden kann. Durch das Musterprotokoll wollte der Gesetzgeber nur den Gründungsvorgang vereinfachen, aber nicht den Gesellschaftsvertrag der so gegründeten Gesellschaften für alle Zukunft versteinern. Dies macht auch der mit dem MoMiG eingeführte § 41d KostO deutlich, der von der Zulässigkeit einer solchen Satzungsänderung ausgeht.[847]

678 Für die Änderung des Gesellschaftsvertrages einer mit Musterprotokoll gegründeten Gesellschaft gelten die allgemeinen Vorschriften. Fraglich ist allein, wie der »vollständige **Wortlaut des Gesellschaftsvertrages**« aussieht, der gemäß § 54 Abs. 1 S. 2 GmbHG der Anmeldung der Satzungsänderung beizufügen ist.[848] Die Regelungen des Musterprotokolls, die gesellschaftsvertragliche Regelungen enthalten, sind nicht, wie es sonst üblich ist, von den sonst für die Gründung erforderlichen Regelungen getrennt (etwa mit »Gesellschaftsvertrag« überschrieben und mit Paragraphen nummeriert). Inhaltlich sind nur die Ziffern 1.-5. des Musterprotokolls als gesellschaftsvertragliche Regelungen anzusehen.[849] Es ist deshalb für Zwecke des § 54 Abs. 1 S. 2 GmbHG eine redaktionelle Fassung des Gesellschaftsvertrages zu erstellen, die (nur) die Ziffern 1.-5. des Musterprotokolls umfasst, ergänzt um die beschlossenen Änderungen des Gesellschaftsvertrages. Ist eine vollständige Neufassung des Gesellschaftsvertrages beschlossen worden, stellt sich diese Frage nicht.

679 Kostenrechtlich ist bei Änderungen des Gesellschaftsvertrages einer im vereinfachten Verfahren gegründeten GmbH die Sondervorschrift des § 41d KostO zu beachten. Danach gilt der Mindestwert von EUR 25.000 nicht, wenn durch die Änderung des Gesellschaftsvertrages nicht vom Musterprotokoll abgewichen wird.

VI. Satzungsdurchbrechung

680 Als »satzungsdurchbrechende« Beschlüsse werden solche Beschlüsse bezeichnet, die eine vom Gesellschaftsvertrag abweichende Regelung treffen, ohne dass die Voraussetzungen einer förmlichen Satzungsänderung in §§ 53, 54 GmbHG eingehalten werden. Soll diese Regelung dauerhaft anstelle der in der Satzung getroffenen Regelung gelten, handelt es sich um eine formwidrige und damit unwirksame Satzungsänderung.[850] Es wird aber dis-

---

846 OLG München vom 10.10.2005 – 31 Wx 65/05 = DNotZ 2006, 222; KG vom 18.10.2005 – 1 W 27/05 = DNotZ 2006, 304; a.A. *Priester*, GmbHR 2007, 296.
847 Vgl. dazu auch OLG München vom 29.10.2009 – 31 Wx 124/09, GmbHR 2010, 40.
848 § 54 Abs. 1 S. 2 GmbHG gilt auch in diesem Fall, siehe OLG München a.a.O.
849 Wobei die Bestellung des Geschäftsführers in Ziff. 4 nur formeller, nicht aber materieller Satzungsbestandteil ist, vgl. *Tebben*, RNotZ 2008, 441, 444.
850 Beispiele aus der Rechtsprechung nachgewiesen bei Lutter/Hommelhoff/*Bayer*, § 53 Rn. 27, Fn. 1.

kutiert, ob satzungsdurchbrechende Beschlüsse wirksam sein können, wenn sie nur für einen konkreten Einzelfall von der Satzung abweichen, die bestehende Satzungsregelung für die Zukunft jedoch unangetastet lassen.

Der BGH und die h.L. differenzieren im Anschluss an *Priester*[851] danach, ob der Beschluss eine »zustandsbegründende Dauerwirkung« hat oder sich nur punktuell auswirkt.[852] Beispiele für eine Dauerwirkung sind Beschlüsse, mit denen Aufsichtsratsmitglieder über die satzungsmäßige Amtszeit hinaus gewählt werden oder ein Geschäftsführer bestellt wird, der die statutarisch dafür vorgesehenen Anforderungen nicht erfüllt. Solche Beschlüsse sollen **nichtig** sein. Nur punktuelle Wirkung haben hingegen Beschlüsse, durch die beispielsweise in einem Jahr Gewinn über die satzungsmäßigen Grenzen hinaus ausgeschüttet oder im Hinblick auf ein konkretes Rechtsgeschäft Befreiung vom Wettbewerbsverbot erteilt wird, obwohl der Gesellschaftsvertrag eine Befreiungsmöglichkeit nicht vorsieht. Ein solcher Beschluss soll nicht nichtig sein, sondern nur **anfechtbar**, wobei bei Zustimmung aller Gesellschafter auch die Anfechtbarkeit entfällt.[853] **681**

Eine Anfechtung ist hingegen ausgeschlossen, wenn die Anforderungen an eine **förmliche Satzungsdurchbrechung** beachtet werden: **682**

- Ankündigung des Beschlussgegenstandes gem. § 51 Abs. 4 GmbHG,
- Beschlussfassung mit Dreiviertelmehrheit gem. § 53 Abs. 2 GmbHG,
- notarielle Beurkundung gem. § 53 Abs. 2 GmbHG,
- Anmeldung der Satzungsdurchbrechung zur Eintragung im Handelsregister gem. § 54 GmbHG.

In der Praxis empfiehlt es sich, diese Anforderungen stets einzuhalten und etwaige unwirksame Satzungsdurchbrechungen dadurch zu heilen. Die Differenzierung zwischen nichtigen Satzungsdurchbrechungen mit Dauerwirkung und nur anfechtbaren Satzungsdurchbrechungen mit punktueller Wirkung ist nämlich umstritten und kann im Einzelfall äußerst schwierig sein.[854] **683**

Formulierungsbeispiel Anmeldung Satzungsdurchbrechung: **684 M**
Als Geschäftsführer der Gesellschaft überreichen wir eine Ausfertigung der Urkunde vom heutigen Tage – UR.Nr. 1223 für 20... des beglaubigenden Notars – und melden an:
Durch Gesellschafterbeschluss vom heutigen Tage wurde abweichend von § 5 des Gesellschaftsvertrages der gesamte Gewinn des Geschäftsjahres 20... an die Gesellschafter ausgeschüttet. § 5 des Gesellschaftsvertrages wurde nicht geändert.

Keine Satzungsdurchbrechung liegt vor, wenn der Gesellschaftsvertrag zwar eine bestimmte Regelung vorsieht, jedoch durch eine **Öffnungsklausel**[855] ausdrücklich eine Abweichung durch Gesellschafterbeschluss ermöglicht. Ein solcher Beschluss bedarf im Zweifel nur der einfachen Mehrheit und muss weder notariell beurkundet noch im Handelsregister eingetragen werden.[856] Üblich sind solche Öffnungsklauseln etwa im Hinblick auf die Vertretungsbefugnis der Geschäftsführer, das Wettbewerbsverbot gegenüber der Gesellschaft oder die Gewinnverwendung. Die Bestimmung des Geschäftsjahres kann der **685**

---

851 *Priester*, ZHR 151 (1987), 40, 52.
852 BGH DNotZ 1994, 313; OLG Köln GmbHR 1996, 291; Lutter/Hommelhoff/*Bayer*, § 53 Rn. 27 ff., m.w.N.
853 Lutter/Hommelhoff/*Bayer*, § 53 Rn. 31.
854 Vgl. Roth/Altmeppen/*Roth*, § 53 Rn. 29 a.E.
855 Lutter/Hommelhoff/*Bayer*, § 53 Rn. 34; kritisch dazu Baumbach/Hueck/*Zöllner*, § 53 Rn. 26.
856 BGH NJW 1981, 151; Lutter/Hommelhoff/*Bayer*, § 53 Rn. 27 ff.

Gesellschaftsvertrag aber entgegen einer Entscheidung des OLG Stuttgart[857] nicht der Regelung durch einfachen Gesellschafterbeschluss überlassen.[858]

686 Eine Satzungsdurchbrechung liegt außerdem dann nicht vor, wenn die Gesellschafterversammlung abweichend von einer satzungsmäßigen Zuständigkeitsregelung den Geschäftsführer bestellt, weil das nach dem Gesellschaftsvertrag dafür zuständige Organ nicht besetzt ist.[859]

VII. Satzungsänderung bei wirtschaftlicher Neugründung

687 Besonderheiten gelten, wenn der Gesellschaftsvertrag für Zwecke einer **wirtschaftlichen Neugründung** geändert wird. Eine wirtschaftliche Neugründung liegt vor, wenn eine unternehmenslose Gesellschaft erstmals oder erneut unternehmerisch aktiv werden soll. War die Gesellschaft von Anfang auf Vorrat gegründet worden, handelt es sich um eine Vorratsgesellschaft.[860] Von einer Mantelgesellschaft spricht man, wenn der Betrieb des ursprünglich vorhandenen Unternehmens eingestellt und die Gesellschaft als »inhaltslose Hülle« weitergeführt worden worden war.[861] Ob tatsächlich eine wirtschaftliche Neugründung vorliegt oder nur eine grundlegende Umorganisation, etwa im Zuge einer Sanierung, kann im Einzelfall schwer bestimmbar sein.[862]

688 Bei einer wirtschaftlichen Neugründung werden in der Regel nicht nur sämtliche Geschäftsanteile übertragen und die Geschäftsführung ausgetauscht, sondern auch der Gesellschaftsvertrag neu gefasst. Insbesondere Firma, Unternehmensgegenstand und Sitz sind aus Anlass der Aufnahme eines neuen Geschäftsbetriebs regelmäßig zu ändern.

689 Nach der Rechtsprechung des BGH sind auf die wirtschaftliche Neugründung die Vorschriften über die **Gründung** einer GmbH entsprechend anzuwenden.[863] Dies bedeutet, dass bei einer wirtschaftlichen Neugründung das satzungsmäßige Stammkapital der Gesellschaft vorhanden sein muss,[864] notfalls durch Auffüllung des durch Verluste verminderten Vermögens der Gesellschaft. Nach wohl h.M. muss nicht das gesamte Stammkapital vorhanden sein, sondern nur der Mindesteinzahlungsbetrag gemäß §7 Abs. 2 GmbHG (sofern nicht die Satzung Volleinzahlung verlangt).[865] Ist das Stammkapital nicht gedeckt, trifft die Gesellschafter die Unterbilanzhaftung.[866]

690 Außerdem treffen die Geschäftsführer besondere Pflichten. Zum einen müssen sie den Umstand der wirtschaftlichen Neugründung gegenüber dem Registergericht **offenlegen**. Zum anderen haben sie entsprechend §8 Abs. 2 GmbHG zu **versichern**, dass die Einlagen auf die Geschäftsanteile bewirkt sind und sich endgültig in ihrer freien Verfügung befinden.[867] Dafür reicht es aus, wenn die Einlagen durch das vorhandene Vermögen wertmäßig gedeckt sind; der Einlagegegenstand muss nicht mehr vorhanden sein.[868] Die Versicherung ist von sämtlichen Geschäftsführern abzugeben.[869] Ist fraglich, ob überhaupt eine

---

857 GmbHR 1992, 468.
858 *Priester*, GmbHR 1992, 584.
859 BGHZ 12, 337, 340; Baumbach/Hueck/*Zöllner*, §46 Rn. 34a; Scholz/*K. Schmidt*, §46 Rn. 72.
860 Vgl. BGH vom 9.12.2002 – II ZB 12/0 = DNotZ 2003, 443.
861 BGH vom 7.7.2003 – II ZB 4/02 = DNotZ 2003, 951.
862 OLG Thüringen vom 1.9.2004 – 4 U 37/04 = GmbHR 2004, 1468. Einzelheiten zur Abgrenzung bei Heckschen/Heidinger/*Heckschen*, §3 Rn. 149 ff.
863 BGH vom 9.12.2002 – II ZB 12/02 = DNotZ 2003, 443; BGH vom 7.7.2003 – II ZB 4/02 = DNotZ 2003, 951 (im Anschluss an die Entscheidung zur AG BGH DNotZ 1994, 107).
864 BGH vom 7.7.2003 – II ZB 4/02 = DNotZ 2003, 951.
865 Für Mindestbetrag OLG Hamburg vom 19.11.2004 – 11 U 45/04 = GmbHR 2005, 164; Lutter/Hommelhoff/*Bayer*, §3 Rn. 12 und 18; Heckschen/Heidinger/*Heckschen*, §3 Rn. 135.
866 BGH vom 7.7.2003 – II ZB 4/02 = DNotZ 2003, 951.
867 BGH vom 7.7.2003 – II ZB 4/02 = DNotZ 2003, 951.
868 OLG Thüringen vom 1.9.2004 – 4 U 37/04 = GmbHR 2004, 1468; Lutter/Hommelhoff/*Bayer*, §3 Rn. 12.
869 Lutter/Hommelhoff/*Bayer*, §3 Rn. 12.

wirtschaftliche Neugründung vorliegt, empfiehlt es sich, den Vorgang vorsorglich als wirtschaftliche Neugründung gegenüber dem Registergericht offenzulegen.

Formulierungsvorschlag für die Offenlegung und Versicherung gegenüber dem Handelsregister in der Handelsregisteranmeldung: **691 M**
Es wird offengelegt, dass die bisher unternehmenslose Gesellschaft nunmehr erstmalig eine Geschäftstätigkeit aufnehmen wird und damit eine wirtschaftliche Neugründung vorliegt.
Sämtliche Geschäftsführer versichern hiermit, dass das satzungsmäßige Stammkapital der Gesellschaft in Höhe von 50.000 EUR, abgesehen von dem Gründungsaufwand, in voller Höhe vorhanden ist und sich endgültig in ihrer freien Verfügung als Geschäftsführer befindet.

Die Offenlegung der wirtschaftlichen Neugründung gegenüber dem Handelsregister ist maßgeblich für den Zeitpunkt, zu dem das Vermögen der Gesellschaft das Stammkapital decken muss. Wird die Offenlegung versäumt und das Gesellschaftsvermögen später verbraucht, haften die Gesellschafter für die Fehlbeträge, auch wenn diese höher sind als das Stammkapital der Gesellschaft. **692**

Fraglich ist, wie sich diese Rechtsprechung auf **Altfälle** aus der Zeit vor den Leitentscheidungen des BGH vom 9.12.2002 und 7.7.2003 auswirkt.[870] Bis dahin war es nicht erforderlich, dem Handelsregister gegenüber die wirtschaftliche Neugründung offen zu legen. Das OLG Thüringen hat in einem Altfall die Differenzhaftung zwar bejaht, aber aus Gründen des Vertrauensschutzes nicht auf den Zeitpunkt der Offenlegung der wirtschaftlichen Neugründung abgestellt, sondern auf den Zeitpunkt der Aufnahme der unternehmerischen Tätigkeit.[871] Das OLG Köln will die Grundsätze der wirtschaftlichen Neugründung auf Altfälle überhaupt nicht anwenden.[872] Eine Entscheidung des BGH steht derzeit noch aus. **693**

---

870 Vgl. Lutter/Hommelhoff/*Bayer*, §3 Rn. 23 f.; *Bärwaldt/Balda*, GmbHR 2004, 50, 52.
871 OLG Thüringen vom 1.9.2004 – 4 U 37/04 = GmbHR 2004, 1468.
872 OLG Köln vom 20.12.2007 – 18 U 172/06 = ZIP 2008, 973 (Revision beim BGH anhängig unter Az. II ZR 25/08).

2. Kapitel Recht der Gesellschaft mit beschränkter Haftung

C. Kapitalmaßnahmen

I. Kapitalerhöhung gegen Bareinlagen

694 Der Betrag des Stammkapitals ist unverzichtbarer Bestandteil eines jeden GmbH-Gesellschaftsvertrages, § 3 Abs. 1 Nr. 3 GmbHG. Wird eine Erhöhung des Stammkapitals beschlossen, so handelt es sich um eine Änderung des Gesellschaftsvertrages, für die die allgemeinen Regeln über Satzungsänderungen gelten, §§ 53 f. GmbHG (oben Rdn. 615 ff.). Besondere Vorschriften für Kapitalerhöhungen finden sich in den §§ 55 ff. GmbHG.

695 Der Ablauf einer Kapitalerhöhung gegen Einlagen stellt sich im Überblick wie folgt dar:

(1) Beschluss der Gesellschafterversammlung über die Kapitalerhöhung (unten Rdn. 696),
(2) ggf.: Beschluss der Gesellschafterversammlung über die Zulassung zur Übernahme der neuen Einlagen (unten Rdn. 708),
(3) Abschluss des Übernahmevertrages durch Übernahmeerklärung des Übernehmers und Annahme durch die Gesellschaft (unten Rdn. 710),
(4) Aufbringung des Kapitals in der erforderlichen Höhe (unten Rdn. 719),
(5) Anmeldung der Kapitalerhöhung zum Handelsregister (unten Rdn. 728),
(6) Eintragung der Kapitalerhöhung im Handelsregister, d.h. Wirksamwerden der Kapitalerhöhung.

1. Beschluss der Gesellschafterversammlung

696 Über die Kapitalerhöhung ist gemäß § 53 GmbHG Beschluss zu fassen, und zwar mit einer Mehrheit von ¾ der abgegebenen Stimmen. Auch wenn die Kapitalerhöhung gemäß §§ 24, 31 GmbHG zu einer Ausfallhaftung der Altgesellschafter führen kann, ist die Zustimmung sämtlicher Gesellschafter nach § 53 Abs. 3 GmbHG nicht erforderlich.[873]

697 Wenn für einen **Minderjährigen** über die Kapitalerhöhung abgestimmt wird, soll eine familiengerichtliche Genehmigung weder nach § 1822 Nr. 3 BGB noch § 1822 Nr. 10 BGB erforderlich sein.[874] Wenn ein Minderjähriger an der Gründung einer GmbH teilnimmt, wird allerdings mehrheitlich die Genehmigungsbedürftigkeit aus § 1822 Nr. 10 BGB abgeleitet, weil den Minderjährigen die bürgschaftsähnlichen Pflichten aus §§ 24, 31 Abs. 3 GmbHG träfen.[875] Entsprechend wird zum Teil auch bei einer Kapitalerhöhung die Zustimmung des Familiengerichts gefordert, wenn der Minderjährige als Folge der Kapitalerhöhung nach §§ 24, 31 Abs. 3 GmbHG für Einlageverbindlichkeiten anderer Gesellschafter haftet.[876] Zur Frage der Abgabe einer Übernahmeerklärung für einen Minderjährigen siehe unten Rdn. 716.

698 Der Beschluss über die Erhöhung des Stammkapitals muss in jedem Fall den Erhöhungsbetrag enthalten. Wenn der Erhöhungsbeschluss darüber hinaus nichts weiter regelt, sind die Einlagen als **Bareinlagen** zu erbringen. Die Einlageerbringung durch Sacheinlagen oder aus Gesellschaftsmitteln kommt nur in Betracht, wenn dies ausdrücklich beschlossen worden ist (dazu unten Rdn. 743 und Rdn. 757).

699 Regelmäßig wird der Erhöhungsbeschluss die Erhöhung des Stammkapitals um einen bestimmten Betrag vorsehen. Wird dieser Betrag nicht in voller Höhe durch Übernahmeer-

---

873 Allg. M. vgl. Lutter/Hommelhoff/*Lutter*, § 55 Rn. 4 m.w.N.
874 Baumbach/Hueck/*Zöllner*, § 53 Rn. 81; *Ehlke*, GmbHR 1985, 284, 293; *Gustavus*, GmbHR 1982, 10, 16; MünchHdb. GesR III/*Wegmann*, GmbH, § 53 Rn. 13.
875 OLG Stuttgart GmbHR 1980, 102; Roth/Altmeppen/*Roth*, § 2 Rn. 12; *Winkler*, ZGR 1990, 131, 138; für den Fall der Übertragung eines bestehenden Geschäftsanteil siehe BGH DNotZ 1990, 303, der u.a. nach dem Risiko der Inanspruchnahme aus §§ 24, 31 Abs. 3 GmbHG differenziert.
876 Lutter/Hommelhoff/*Lutter*, § 55 Rn. 35; Michalski/*Hermanns*, § 55 Rn. 78; *Bürger*, RNotZ 2006, 156, 168.

klärungen übernommen, ist die Kapitalerhöhung gescheitert. Es ist aber auch möglich, nur einen **Höchstbetrag** oder einen Betragsrahmen (z.B. »um mindestens EUR 10.000,-- und höchstens EUR 50.000,–«) zu bestimmen und den tatsächlichen Erhöhungsbetrag davon abhängig zu machen, in welchem Umfang die neuen Einlagen durch Übernahmeerklärungen übernommen werden.[877] Der Beschluss muss in diesem Fall eine Frist vorsehen, innerhalb derer die neuen Einlagen übernommen werden können,[878] wobei zum Teil eine Frist von mehr als sechs Monaten für unzulässig gehalten wird.[879] So soll verhindert werden, dass jenseits des § 55a GmbHG ein faktisches genehmigtes Kapital geschaffen wird und Unklarheiten über die Höhe des Stammkapitals entstehen. Es obliegt der Geschäftsführung, nach Ablauf der Übernahmefrist den tatsächlichen Erhöhungsbetrag festzustellen und die Kapitalerhöhung in diesem Umfang zum Handelsregister anzumelden. Ein weiterer Beschluss der Gesellschafterversammlung ist dazu nicht erforderlich.[880]

Der Beschluss kann vorsehen, dass die Übernehmer über den Betrag hinaus, um den das Stammkapital erhöht wird, zusätzlich ein Ausgabeentgelt **(Agio)** an die Gesellschaft zu leisten haben.[881] Ist gegen den Willen einer Minderheit der Gesellschafter ein Bezugsrechtsausschluss vorgesehen (dazu unten Rdn. 709), muss der Ausgabebetrag mindestens dem wirtschaftlichen Wert der neu auszugebenden Anteile entsprechen, da sonst der Vermögenswert der vom Bezugsrecht ausgeschlossenen Gesellschafter verwässert würde und diese den Beschluss deshalb anfechten könnten.[882]

700

Wenn im Erhöhungsbeschluss nichts dazu bestimmt wird, nehmen die neuen Geschäftsanteile bzw. Aufstockungsbeträge nach bestrittener Auffassung voll am **Gewinn** des Jahres teil, in dem die Kapitalerhöhung durch Eintragung im Handelsregister wirksam wird.[883] Im Erhöhungsbeschluss kann jedoch auch ein späterer Beginn der Gewinnberechtigung bestimmt werden. Für die Bestimmung einer früheren Gewinnberechtigung wird zum Teil die Zustimmung aller dadurch benachteiligten Altgesellschafter gefordert.[884]

701

Im **Gesellschaftsvertrag** ist nur die Höhe des Stammkapitals anzupassen. Die neuen Geschäftsanteile, ihr Nennbetrag und ihre Übernehmer müssen hingegen, anders als bei der Gründung, § 3 Abs. 1 Nr. 4 GmbHG, nicht in den Gesellschaftsvertrag aufgenommen werden.[885] Dies gilt auch dann, wenn die Einlagen zunächst nicht voll geleistet werden müssen. Enthält der Gesellschaftsvertrag noch die Angaben zu den Gründern und den von ihnen übernommenen Geschäftsanteilen, schadet das nicht. Die Kapitalerhöhung kann aber auch Anlass sein, diese Angaben aus dem Gesellschaftsvertrag zu streichen. Jedenfalls wenn die bei Gründung übernommenen Einlagen voll eingezahlt sind, ist dies unbestritten zulässig,[886] nach h.M. aber auch dann, wenn dies nicht der Fall ist.[887]

702

Die Kapitalerhöhung führt grundsätzlich zur Ausgabe eines **neuen Geschäftsanteils** an jeden Übernehmer, auch wenn dieser der Gesellschaft bereits angehörte, § 55 Abs. 3 GmbHG. Es kann, auch wenn der Wortlaut des Gesetzes das nicht erkennen lässt, statt der Ausgabe neuer Geschäftsanteile die **Aufstockung** bestehender Geschäftsanteile vorgese-

703

---

877 Lutter/Hommelhoff/*Lutter*, § 55 Rn. 9.
878 OLG Hamburg MittRhNotK 2000, 295 (zur AG); Lutter/Hommelhoff/*Lutter*, § 55 Rn. 9; Scholz/ *Priester*, § 55 Rn. 20; a.A. (Frist nicht nötig) Baumbach/Hueck/*Zöllner*, § 55 Rn. 11.
879 Lutter/Hommelhoff/*Lutter*, § 55 Rn. 9 m.w.N.
880 MünchHdb. GesR/*Wegmann*, GmbH, § 53 Rn. 5.
881 BGH vom 15.10.2007 – II ZR 216/06 = DNotZ 2008, 46.
882 Lutter/Hommelhoff/*Bayer*, § 55 Rn. 24 f.
883 Scholz/*Priester*, § 55 Rn. 28; Ulmer/*Ulmer*, § 55 Rn. 26; MünchHdb. GesR/*Wegmann*, GmbH, § 53 Rn. 10; a.A. (zeitanteilig für das laufende Geschäftsjahr ab Eintragung der Erhöhung) Baumbach/Hueck/*Zöllner*, § 55 Rn. 49; Roth/Altmeppen/*Roth*, § 55 Rn. 14.
884 Baumbach/Hueck/*Zöllner*, § 55 Rn. 49.
885 Lutter/Hommelhoff/*Lutter*, § 55 Rn. 13.
886 Vgl. BayObLG DNotZ 1972, 307; OLG Hamm Rpfleger 1984, 274.
887 BayObLG DNotZ 1997, 506; Lutter/Hommelhoff/*Bayer*, § 53 Rn. 36; Scholz/*Priester*, § 53 Rn. 23.

2. Kapitel Recht der Gesellschaft mit beschränkter Haftung

hen werden.[888] Dies setzt allerdings voraus, dass die ursprünglichen Einlagen voll eingezahlt sind oder diese Anteile noch von den Gründungsgesellschaftern (bzw. ihren Gesamtrechtsnachfolgern) gehalten werden.[889] Anderenfalls würde die Aufstockung einen Rückerwerb des ursprünglichen Anteils durch einen Rechtsvorgänger, der wegen der noch ausstehenden Einlage in die Haftung genommen wurde, unmöglich machen, vgl. § 22 Abs. 4 GmbHG. Ist eine Aufstockung gewünscht, muss dies im Kapitalerhöhungsbeschluss festgelegt werden.

704 Bei der Gründung kann ein Gründer nach § 5 Abs. 2 S. 2 GmbHG i.d.F. des MoMiG **mehrere Geschäftsanteile** übernehmen. § 55 Abs. 4 GmbHG verweist für die Kapitalerhöhung auf diese Vorschrift. Zwar werden nach dem Wortlaut der Verweisungsnorm nur die Bestimmungen der § 5 Abs. 2 und Abs. 3 GmbHG »über die Nennbeträge der Geschäftsanteile« in Bezug genommen. Die h.M. versteht dies aber so, dass auch die Bestimmung zur Übernahme mehrerer Anteile von der Verweisung erfasst ist.[890]

705 Die Nennbeträge der neu ausgegebenen Geschäftsanteile müssen auf volle Euro lauten; Mindestbetrag ist ein Euro, § 55 Abs. 4 i.V.m. § 5 Abs. 2 S. 1 GmbHG. Wird aufgestockt, muss der Nennbetrag der aufgestockten Anteile ebenfalls auf volle Euro lauten.[891] Nach einer Umstellung auf Euro (unten Rdn. 810 ff.) sind auch Aufstockungsbeträge von weniger als einem Euro möglich, solange nur der Nennbetrag des Anteils nach Aufstockung auf volle Euro lautet.

706 Die laufenden Nummern neu auszugebender Geschäftsanteile können im Kapitalerhöhungsbeschluss festgesetzt werden;[892] die Nummerierung kann aber auch der Geschäftsführung überlassen werden.

707 M **Formulierungsvorschlag Beschluss über eine Barkapitalerhöhung:**

1. Das Stammkapital der Gesellschaft wird erhöht von 25.000 EUR um 25.000 EUR auf 50.000 EUR, und zwar durch Bildung von zwei neuen Geschäftsanteilen im Nennbetrag von jeweils 12.500 EUR mit den Nrn. 3 und 4 (*alternativ:* und zwar durch Aufstockung der voll eingezahlten Geschäftsanteile Nr. 1 und Nr. 2 um jeweils 12.500 EUR auf jeweils 25.000 EUR).
Die neuen Einlagen sind zum Nennbetrag in bar zu erbringen, und zwar sofort in voller Höhe (*alternativ:* und zwar zur Hälfte sofort und mit dem Rest auf jederzeit zulässige Anforderung der Gesellschaft). Die neuen Geschäftsanteile nehmen am Gewinn der Gesellschaft teil vom Beginn des laufenden Geschäftsjahres an.
2. Zur Übernahme werden zugelassen:
   a. Herr ..., geboren am ..., wohnhaft ..., hinsichtlich des Geschäftsanteils von 12.500 EUR mit der Nr. 3 (*alternativ:* eines Aufstockungsbetrages von 12.500 EUR),
   b. Herr ..., geboren am ..., wohnhaft ..., hinsichtlich des Geschäftsanteils von 12.500 EUR mit der Nr. 4 (*alternativ:* eines Aufstockungsbetrages von 12.500 EUR).
3. § 4 des Gesellschaftsvertrages wird wie folgt neu gefasst:
»§ 4 Stammkapital
Das Stammkapital der Gesellschaft beträgt 50.000 EUR.«

---

888 BGH NJW 1975, 118; OLG Celle NZG 2000, 148.
889 BayObLG DNotZ 1990, 127; Roth/Altmeppen/*Roth*, § 55 Rn. 35.
890 Lutter/Hommelhoff/*Bayer*, § 3 Rn. 29; Roth/Altmeppen/*Roth*, § 55 Rn. 34; *Wicke*, § 55 Rn. 9; a.A. *Meister*, NZG 2008, 767, 769.
891 Vgl. BGHZ 63, 116.
892 Lutter/Hommelhoff/*Lutter*, § 55 Rn. 14.

2. Zulassungsbeschluss

Nach herrschender Auffassung muss der Erhöhungsbeschluss nicht zwingend bezeichnen, wer zur Übernahme der neuen Geschäftsanteile berechtigt ist. Fehlt es an einem ausdrücklichen **Zulassungsbeschluss**, sind alle Gesellschafter im Verhältnis ihrer Beteiligung zur Übernahme berechtigt (Lehre vom gesetzlichen Bezugsrecht).[893] Weil dies jedoch bestritten wird,[894] empfiehlt es sich, gemäß § 55 Abs. 2 S. 1 GmbHG im Erhöhungsbeschluss die Übernahmeberechtigten stets genau zu bestimmen. 708

Es ist zulässig, die Gesellschafter abweichend von ihrer bisherigen Beteiligungsquote zur Übernahme der neuen Einlagen zuzulassen. Auch Dritten kann das Übernahmerecht eingeräumt werden. In diesen Fällen werden Altgesellschafter teilweise oder vollständig von der Übernahme der neuen Einlagen ausgeschlossen. Ein solcher **Bezugsrechtsausschluss** kann nur mit satzungsändernder Mehrheit beschlossen werden.[895] Zum Teil wird verlangt, dass die Beschlussfassung über einen Bezugsrechtsausschluss nicht nur als Teil der Tagesordnung gemäß § 51 Abs. 2 GmbHG angekündigt wird, sondern den Gesellschaftern analog § 186 Abs. 4 S. 2 AktG auch eine schriftliche Begründung mit weiteren Informationen zum vorgesehenen Ausgabebetrag zugänglich gemacht wird.[896] Inhaltlich setzt ein Bezugsrechtsausschluss voraus, dass er zur Erreichung eines berechtigten Interesses der Gesellschaft erforderlich und verhältnismäßig ist.[897] Dies kann etwa dann der Fall sein, wenn die Gesellschaft ein besonderes Interesse an der Sacheinlage hat, die nur der zur Übernahme zugelassene Dritte der Gesellschaft verschaffen kann, oder wenn der Bezugsrechtsausschluss Voraussetzung ist für den Eintritt eines neuen Gesellschafters, der die Sanierung der Gesellschaft übernehmen soll oder eine wichtige Kooperation mit anderen Unternehmen eröffnen kann. 709

3. Übernahmeerklärung

Ein Kapitalerhöhungsbeschluss kann nur dann durchgeführt werden, wenn die neuen Geschäftsanteile auch von den dazu Zugelassenen übernommen werden. Dazu ist eine notariell beurkundete oder beglaubigte **Übernahmeerklärung** erforderlich, § 55 Abs. 1 GmbHG. 710

Die Übernahmeerklärung muss neben einer Verpflichtung des Übernehmers, eine Einlage und ein etwa festgesetzes Aufgeld zu leisten, den Nennbetrag des übernommenen Geschäftsanteils bezeichnen, § 55 Abs. 2 S. 2 GmbHG, sinnvollerweise auch dessen laufende Nummer.[898] 711

Sieht der Gesellschaftsvertrag **Nebenverpflichtungen**, insbesondere Nachschusspflichten, der Gesellschafter vor und tritt ein neuer Gesellschafter durch Übernahme eines neuen Geschäftsanteils aus einer Kapitalerhöhung in die Gesellschaft ein, muss die Übernahmeerklärung gemäß § 55 Abs. 2 S. 2 GmbHG auch diese Verpflichtungen bezeichnen. 712

Formulierungsbeispiel Übernahmeerklärung 713 M
Ich übernehme hiermit den gemäß Gesellschafterbeschluss vom … auszugebenden neuen Geschäftsanteil Nr. 3 im Nennbetrag von 12.500 EUR, zu dessen Übernahme ich zugelassen wurde, und verpflichte mich, die Einlage sofort in bar zu erbringen.

---

893 Scholz/*Priester*, § 55 Rn. 40; Roth/Altmeppen/*Roth*, § 55 Rn. 28; Baumbach/Hueck/*Zöllner*, § 55 Rn. 20; *Wicke*, § 55 Rn. 11.
894 Rowedder/Schmidt-Leithoff/*Zimmermann*, § 55 Rn. 27; Ulmer/*Ulmer*, § 55 Rn. 45 ff.
895 Lutter/Hommelhoff/*Lutter*, § 55 Rn. 21; Scholz/*Priester*, § 55 Rn. 59; weitergehend Baumbach/Hueck/*Zöllner*, § 55 Rn. 25: zusätzlich ¾ Kapitalmehrheit erforderlich.
896 So Baumbach/Hueck/*Zöllner*, § 55 Rn. 25; Heckschen/Heidinger/*Heckschen*, § 10 Rn. 52; dagegen Scholz/*Priester*, § 55 Rn. 59; differenzierend Lutter/Hommelhoff/*Bayer*, § 55 Rn. 21.
897 Allg. M., vgl. nur Lutter/Hommelhoff/*Lutter*, § 55 Rn. 22 m.w.N.
898 Lutter/Hommelhoff/*Lutter*, § 55 Rn. 37.

2. Kapitel Recht der Gesellschaft mit beschränkter Haftung

714 Wenn der Kapitalerhöhungsbeschluss im Wege einer Niederschrift über Willenserklärungen gemäß §§ 8 ff. BeurkG beurkundet wird, kann die Übernahmeerklärung in der Niederschrift mitbeurkundet werden. Wird die Niederschrift über die Gesellschafterversammlung hingegen nach §§ 36 f. BeurkG errichtet, ist die Übernahmeerklärung gesondert zu beurkunden bzw. zu beglaubigen.[899]

715 Ein **Bevollmächtigter** kann wegen des Schutzzwecks des § 55 Abs. 1 GmbHG die Übernahmerklärung nur aufgrund einer notariell beurkundeten oder beglaubigten Vollmacht abgeben.[900]

716 Wenn für einen **Minderjährigen** ein Geschäftsanteil aus der Kapitalerhöhung übernommen werden soll, stellt sich die Frage, ob die Genehmigung des Familiengerichtes erforderlich ist.[901] Für die Beteiligung an der Gründung einer GmbH wird vertreten, dass diese dem entgeltlichen Erwerb eines Erwerbsgeschäftes gleichstehe und deshalb nach § 1822 Nr. 3 BGB der Genehmigung des Familiengerichtes bedürfe.[902] Dies wird zum Teil auf den Eintritt eines Minderjährigen in eine GmbH durch Übernahme eines Geschäftsanteils aus einer Kapitalerhöhung übertragen.[903] Eine andere Auffassung hält bei Eintritt in eine bestehende Gesellschaft § 1822 Nr. 3 BGB nur dann für anwendbar, wenn die Beteiligung nach Größe des Anteils, Art und Ausgestaltung der Gesellschaft und der Stellung des Gesellschafters wirtschaftlich einem Erwerbsgeschäft gleichkommt.[904] Nach einer dritten Auffassung schließlich kommt § 1822 Nr. 3 BGB bei der Übernahme eines Geschäftsanteils aus einer Kapitalerhöhung von vornherein nicht in Betracht.[905] Für die Praxis ist die Unsicherheit in dieser Frage misslich. Durch die Eintragung der Kapitalerhöhung im Handelsregister würde eine mangels Genehmigung schwebend unwirksame Übernahme des Geschäftsanteils durch den Minderjährigen nicht geheilt. Zum Schutz des Minderjährigen sollen nicht einmal die Grundsätze des fehlerhaften Gesellschafterverhältnisses Anwendung finden.[906] Selbst ein Negativattest des Familiengerichts, wonach eine familiengerichtliche Genehmigung nicht erforderlich sei, hilft im Fall des Falles nicht weiter, weil es nicht in Rechtskraft erwächst. Sicherheit wird nur erreicht, wenn das Familiengericht eine vorsorgliche Gemehmigung erteilt.[907]

717 Durch die Übernahmeerklärung und ihre Annahme kommt ein **Übernahmevertrag** zwischen Übernehmer und Gesellschaft zustande. Die Gesellschaft wird dabei nach allgemeiner Auffassung durch die Gesellschafter vertreten.[908] Wenn der Übernehmer bereits Gesellschafter ist, stellt sich deshalb die Frage, ob **§ 181 BGB** dem Abschluss des Übernahmevertrages entgegensteht. Nach allgemeiner Meinung ist diese Frage zu verneinen, wenn kein Interessenkonflikt besteht, weil es sich bei dem Übernehmer um den Alleingesellschafter handelt[909] oder weil sämtliche Gesellschafter im Verhältnis ihrer Beteiligungen an der Kapitalerhöhung teilnehmen.[910] Auch § 35 Abs. 3 GmbHG (§ 35 Abs. 4 GmbHG a.F.) steht in

---

899 Lutter/Hommelhoff/*Lutter*, § 55 Rn. 32.
900 BayObLG vom 20.2.2002 – 3Z BR 30/02 = GmbHR 2002, 497; Michalski/*Hermanns*, § 55 Rn. 69; Lutter/Hommelhoff/*Lutter*, § 55 Rn. 32.
901 Zur Frage, ob die Stimmabgabe für den Minderjährigen als solche der familiengerichtlichen Genehmigung bedarf, siehe oben Rdn. 654.
902 So für die Gründung der Gesellschaft: Lutter/Hommelhoff/*Bayer*, § 2 Rn. 5; Roth/Altmeppen/*Roth*, § 2 Rn. 12; Baumbach/Hueck/*Hueck/Fastrich*, § 2 Rn. 25.
903 So Lutter/Hommelhoff/*Lutter*, § 55 Rn. 35. Vgl. auch *Winkler*, ZGR 1990, 138 ff.
904 *Reimann*, DNotZ 1999, 179, 191; *Bürger*, RNotZ 2006, 156, 167.
905 Michalski/*Hermanns*, § 55 Rn. 78.
906 Vgl. *Bürger*, RNotZ 2006, 156, 168.
907 Für die Zulässigkeit einer vorsorglichen Genehmigung OLG Düsseldorf JMBl. NRW 1960, 101; BayObLGZ 1963, 1.
908 BGH DNotZ 1968, 567; Lutter/Hommelhoff/*Lutter*, § 55 Rn. 32.
909 LG Berlin ZIP 1985, 1493.
910 Lutter/Hommelhoff/*Lutter*, § 55 Rn. 36; Roth/Altmeppen/*Roth*, § 55 Rn. 17; *Baetzgen*, RNotZ 2005, 193, 196.

Fällen, in denen der Alleingesellschafter einziger Geschäftsführer ist, dem Abschluss des Übernahmevertrages nicht entgegen, weil dies kein Akt der Geschäftsführung ist.[911] In anderen Fällen muss der Übernehmer durch Gesellschafterbeschluss für den Abschluss des Übernahmevertrages von den Beschränkungen des § 181 BGB befreit werden.[912] Ebenfalls möglich ist es, dass die Gesellschafter durch Beschluss die Befugnis zur Annahme der Übernahmeerklärung der Geschäftsführung oder einem Gesellschafter zuweisen, der selbst nicht an der Kapitalerhöhung teilnimmt.[913]

Probleme des § 181 BGB stellen sich auch im Hinblick auf die Vertretung eines minderjährigen Übernehmers, wenn dessen Eltern bereits Gesellschafter sind. Nach einer Auffassung ist in diesem Fall die Bestellung eines Ergänzungspflegers nach § 1909 BGB unumgänglich.[914] Nach anderer Auffassung wird die Gesellschaft schon von Gesetzes wegen nur von den übrigen Gesellschaftern vertreten, so dass die Eltern an der Vertretung des Kindes nicht gehindert sind.[915]

718

4. Kapitalaufbringung

Die Kapitalerhöhung kann erst dann zur Eintragung in das Handelsregister angemeldet werden, wenn sämtliche neuen Geschäftsanteile bzw. Aufstockungsbeträge übernommen und die Einlagen in der erforderlichen Höhe geleistet worden sind, § 57 Abs. 1 GmbHG. Mindestens müssen die Beträge gezahlt werden in der Höhe, wie sie nach § 7 Abs. 2 S. 1 und Abs. 3 GmbHG auch bei der Gründung der Gesellschaft gezahlt sein müssen, also mindestens ein Viertel der jeweils übernommenen Einlage, § 56a GmbHG. Nicht nötig ist, dass insgesamt mindestens die Hälfte des Erhöhungsbetrages eingezahlt worden ist, weil § 56a GmbHG nicht auf § 7 Abs. 2 S. 2 GmbHG verweist. Die Vorschriften, die im Falle einer Einpersonen-GmbH die Sicherung ausstehender Einlagebeträge verlangten, sind durch das MoMiG aufgehoben worden.[916]

719

Die Zahlung eines etwa vorgesehenen Agios ist keine Voraussetzung für die Anmeldung der Kapitalerhöhung.

720

a) Einzahlung zur freien Verfügung

Für die Kapitalaufbringung bei der Kapitalerhöhung gelten im Ausgangspunkt dieselben Grundsätze wie bei der Gründung der Gesellschaft (siehe oben Rdn. 472 ff.). Ebensowenig wie bei der Gründung der Gesellschaft muss die Einlage im Zeitpunkt der Anmeldung der Kapitalerhöhung noch gegenständlich im Vermögen der Gesellschaft vorhanden sein. Bei der Gründung muss allerdings die Einlage zu diesem Zeitpunkt[917] wertmäßig noch vorhanden sein. Dieses sog. **Prinzip der wertgleichen Deckung** gilt bei der Kapitalerhöhung **nicht**. Der BGH ist im Jahr 2002 von seiner früheren Rechtsprechung[918] abgerückt und hat festgestellt, dass bei einer Kapitalerhöhung die Bareinlage schon dann zur endgültig freien Verfügung der Geschäftsführung geleistet worden ist, wenn sie nach dem

721

---

911 LG Berlin ZIP 1985, 1493; Baumbach/Hueck/*Zöllner*, § 55 Rn. 35; Roth/Altmeppen/*Roth*, § 55 Rn. 17.
912 Lutter/Hommelhoff/*Lutter*, § 55 Rn. 36; a.A. *Baetzgen*, RNotZ 2005, 193, 196: § 181 BGB generell unanwendbar.
913 BayObLG DNotZ 1978, 172; Scholz/*Priester*, § 55 Rn. 74. Vgl. zur Möglichkeit der Ermächtigung BGHZ 49, 117.
914 Baumbach/Hueck/*Zöllner*, § 55 Rn. 36; Lutter/Hommelhoff/*Lutter*, § 55 Rn. 36.
915 Michalski/*Hermanns*, § 55 Rn. 77; Scholz/*Priester*, § 55 Rn. 74.
916 Vgl. Lutter/Hommelhoff/*Bayer*, § 7 Rn. 7 f.
917 Nach verbreiteter Auffassung muss die wertgleiche Deckung auch im Zeitpunkt der Eintragung der neuen Gesellschaft noch gegeben sein, vgl. Roth/Altmeppen/*Roth*, § 9c Rn. 12 f.
918 BGH GmbHR 1993, 225.

Kapitalerhöhungsbeschluss in ihren uneingeschränkten Verfügungsbereich gelangt und nicht an den Einleger zurückgeflossen ist.[919] Es schadet also nicht, wenn die nach dem Erhöhungsbeschluss eingezahlte Einlage noch vor der Anmeldung der Kapitalerhöhung zum Handelsregister sowohl gegenständlich als auch wertmäßig (bilanziell) für Zwecke der Gesellschaft verbraucht worden ist (zur Versicherung der Geschäftsführer gegenüber dem Handelsregister in diesen Fällen siehe unten Rdn. 732).

722 Hat der Übernehmer die Einlage auf ein **debitorisches Konto** der Gesellschaft gezahlt, so stellt sich die Frage, ob die Einzahlung überhaupt zur freien Verfügung der Geschäftsführer erfolgt ist. Der BGH lässt dafür genügen, dass trotz Verrechnung der Einlage mit dem Debetsaldo der Gesellschaft neue Liquidität in entsprechender Höhe zufließt, weil der Gesellschaft ein Rahmenkredit in entsprechender Höhe zusteht[920] oder ihr zumindest (stillschweigend) in dieser Höhe Verfügungen über den vereinbarten Kreditrahmen hinaus gestattet werden.[921]

723 Fragen des **Hin- und Herzahlens** sind bei der Kapitalerhöhung ebenso zu bewerten wie bei der Gründung der Gesellschaft (dazu oben Abschnitt A., Rdn. 544 ff.). Insbesondere gilt § 19 Abs. 5 GmbHG, der für die Gründung das »ordnungsgemäße« Hin- und Herzahlen regelt, gemäß § 56a GmbHG bei der Kapitalerhöhung entsprechend.

b) Voreinzahlung

724 Wie bei der Gründung der Gesellschaft[922] ist es auch bei einer Kapitalerhöhung problematisch, wenn die Einlage schon vor Bestehen der Einlageverpflichtung gezahlt worden ist, also vor dem Kapitalerhöhungsbeschluss (**Voreinzahlung**). Immerhin besteht im Falle der Kapitalerhöhung, anders als bei der Gründung, die Gesellschaft zum Zeitpunkt der Voreinzahlung bereits. Nach allgemeiner Auffassung sind die vorab erbrachten Einlagen daher schuldtilgend geleistet, wenn sie zum Zeitpunkt des Kapitalerhöhungsbeschlusses noch als solche im Vermögen der Gesellschaft vorhanden sind.[923] Wurde allerdings die Zahlung auf ein debitorisches Konto erbracht, kommt der Voreinzahlung nach Auffassung des BGH keine schuldtilgende Wirkung zu, und zwar unabhängig davon, ob die Bank der Gesellschaft im Gegenzug eine entsprechend erhöhte Kreditlinie einräumt oder nicht.[924] Damit sind die Anforderungen an eine Voreinzahlung strenger als eine Einzahlung, die erst nach dem Kapitalerhöhungsbeschluss erfolgt. Bei einer Einzahlung erst nach dem Kapitalerhöhungsbeschluss muss die Einlage nämlich nicht gegenständlich zur Verfügung der Gesellschaft stehen, sondern es genügt, dass die Einlage das Vermögen des Gesellschaft wertmäßig erhöht hat und in Form von Liquidität der Gesellschaft zur Verfügung steht.[925]

725 Lediglich in den sog. **Sanierungsfällen** kommt einer Voreinzahlung nach Auffassung des BGH auch dann schuldtilgende Wirkung zu, wenn sie zum Zeitpunkt des Kapitalerhöhungsbeschlusses bereits verbraucht ist.[926] Die Anforderungen dafür sind aber sehr streng. Zusammengefasst ist dafür erforderlich, dass

---

919 BGH vom 18.3.2002 – II ZR 363/00 = DNotZ 2002, 808.
920 BGH DNotZ 1991, 824; DNotZ 1997, 495.
921 BGH vom 8.11.2004 – II ZR 350/02 = DNotZ 2005, 312; strenger noch BGH vom 18.3.2002 – II ZR 363/00 = DNotZ 2002, 808.
922 Siehe oben Rdn. 475.
923 BGH vom 15.3.2004 – II ZR 210/01 = DNotZ 2004, 867; BGH vom 18.9.2000 – II ZR 365/98 = DNotZ 2001, 154 (bei der Sacheinlage).
924 BGH vom 26.6.2006 – II ZR 43/05 = DNotZ 2007, 138; BGH vom 15.3.2004 – II ZR 210/01 = DNotZ 2004, 867.
925 Vgl. oben Rdn. 721 ff.
926 BGH vom 26.6.2006 – II ZR 43/05 = DNotZ 2007, 138.

- die Voreinzahlung eindeutig als solche gekennzeichnet ist,
- zum Zeitpunkt der Voreinzahlung die Beschlussfassung über die Kapitalerhöhung bereits in die Wege geleitet ist und alsdann mit aller gebotenen Beschleunigung nachgeholt wird,
- ein akuter Sanierungsfall vorliegt,
- andere Maßnahmen (insbesondere Einzahlung in die Kapitalrücklage) nicht in Betracht kommen und
- die Rettung der objektiv sanierungsfähigen Gesellschaft scheitern würde, falls die übliche Reihenfolge der Durchführung der Kapitalerhöhungsmaßnahme beachtet werden müsste.

Dabei lässt die Entscheidung des BGH deutlich erkennen, dass er an jedes dieser Kriterien hohe Anforderungen stellt. Insbesondere haben Voreinzahlungen keine Erfüllungswirkungen, wenn sie die drohende Zahlungsunfähigkeit oder drohende Überschuldung nicht beseitigen oder das im Zusammenhang mit der Sanierung entwickelte Unternehmenskonzept nicht auf Dauer tragfähig ist. Scheitert die Sanierung, so kommt der Voreinzahlung folglich keine schuldtilgende Wirkung zu. In der Praxis ist daher auch in Sanierungsfällen von Voreinzahlungen dringend abzuraten. 726

c) Verdeckte Sacheinlage

Ebenso wie bei der Bargründung kann sich auch bei einer Kapitalerhöhung gegen Bareinlagen die Problematik der verdeckten Sacheinlage stellen. Vgl. dazu oben Abschnitt A. Rdn. 521 ff. 727

5. Handelsregisteranmeldung

Die Kapitalerhöhung ist von sämtlichen Geschäftsführern zum Handelsregister anzumelden, § 78 GmbHG. Es reicht also nicht aus, wenn die Handelsregisteranmeldung nur von Geschäftsführern in vertretungsberechtigter Anzahl unterzeichnet ist, obwohl noch weitere Geschäftsführer vorhanden sind. 728

Der Anmeldung der Barkapitalerhöhung sind als **Anlage** beizufügen: 729

- Ausfertigung oder beglaubigte Abschrift der Niederschrift über den Kapitalerhöhungsbeschluss;
- falls nicht in der Urkunde über den Kapitalerhöhungsbeschluss enthalten: die Übernahmeerklärungen in Urschrift oder beglaubigter Abschrift, § 57 Abs. 3 Nr. 1 GmbHG; dabei müssen die Übernahmeerklärungen nicht mit der Annahmeerklärung der Gesellschaft versehen sein;[927]
- eine von allen Geschäftsführern unterschriebene Liste der Übernehmer (Name, Vorname, Geburtsdatum und Wohnort) sowie der Nennbeträge der von ihnen übernommenen Geschäftsanteile, § 57 Abs. 3 Nr. 2 GmbHG, im Falle der Aufstockung bestehender Geschäftsanteile der nominalen Aufstockungsbeträge;[928] die Angabe der laufenden Nummern der übernommenen Geschäftsanteile ist sinnvoll, aber nicht zwingend, da in § 57 Abs. 3 Nr. 2 GmbHG nicht erwähnt;[929]
- vollständiger Wortlaut der Satzung mit Notarbestätigung gemäß § 54 Abs. 1 S. 2 GmbHG.

Ein **Einzahlungsbeleg** ist grundsätzlich nicht beizufügen. Das Registergericht kann nur bei erheblichen Zweifeln an der Richtigkeit der Geschäftsführer über die Einlageleistung 730

---

[927] Roth/Altmeppen/*Roth*, § 57 Rn. 8.
[928] BayObLG vom 20.2.2002 – 3Z BR 30/02 = GmbHR 2002, 497.
[929] Die Gesellschafterliste nach § 40 GmbHG muss allerdings die laufenden Nummern der Geschäftsanteile enthalten.

weitere Nachweise, insbesondere Einzahlungsbelege, verlangen, §§ 57 Abs. 2 S. 2, 8 Abs. 2 S. 2 GmbHG.

731 Zur Frage, ob der Handelsregisteranmeldung auch eine neue **Gesellschafterliste** beizufügen ist, siehe unten Rdn. 737.

732 Gemäß § 57 Abs. 2 GmbHG haben die Anmeldenden (also sämtliche Geschäftsführer, § 78 GmbHG) die **Versicherung** abzugeben, dass die Einlagen auf das neue Stammkapital nach § 7 Abs. 2 S. 1 und Abs. 3 GmbHG bewirkt sind und dass der Gegenstand der Leistungen sich endgültig in der freien Verfügung der Geschäftsführer befindet. Der Gesetzeswortlaut spiegelt damit noch die frühere Rechtslage wieder, nach der die eingezahlten Einlagen bis zur Eintragung der Kapitalerhöhung zumindest wertmäßig der Gesellschaft noch verbleiben mussten. Dieses Prinzip der wertgleichen Deckung hat der BGH aufgegeben.[930] Der nach dem Kapitalerhöhungsbeschluss eingezahlte Erhöhungsbetrag darf schon im Zeitpunkt der Anmeldung der Kapitalerhöhung wieder verbraucht worden sein. Entscheidend ist nur, dass er nicht an den Einleger zurückgeflossen ist. Nach der Entscheidung des BGH aus dem Jahr 2002 ist daher auch nur dies zu versichern.[931]

733 M **Formulierungsbeispiel Versicherung über Einlageleistung (Regelfall):**
Ich versichere hiermit als alleiniger Geschäftsführer der Gesellschaft, dass die Einlagen auf das neue Stammkapital von den Übernehmern, Herrn ..., geboren am ..., wohnhaft ..., und Herrn ..., geboren am ..., wohnhaft ..., jeweils in voller Höhe von 12.500 EUR, insgesamt also in Höhe von 25.000 EUR, (*alternativ:* jeweils zur Hälfte in Höhe von 6.250 EUR, insgesamt also in Höhe von 12.500 EUR) in bar der Geschäftsführung für die Zwecke der Gesellschaft zur endgültig freien Verfügung eingezahlt und auch in der Folge nicht an die Übernehmer zurückgezahlt worden sind.

734 Durch das MoMiG hat sich die Rechtslage nochmals geändert. Selbst wenn die Einlage an den Einleger zurückgeflossen ist, hindert dies nach neuem Recht die Erfüllung der Einlagenpflicht nicht, wenn der Gesellschaft ein vollwertiger Anspruch auf Rückzahlung der Einlage zusteht, der fällig ist oder von der Gesellschaft durch Kündigung fristlos fällig gestellt werden kann, § 19 Abs. 5 S. 1 GmbHG (»ordnungsgemäßes« Hin- und Herzahlen). Liegt ein entsprechender Fall vor, muss der Geschäftsführer in seiner Versicherung gegenüber dem Handelsregister das Hin- und Herzahlen offenlegen, § 56a GmbHG i.V.m. § 19 Abs. 5 S. 2 GmbHG.

735 M **Formulierungsbeispiel Versicherung über Einlageleistung (Rückzahlung an Einleger):**
... in bar der Geschäftsführung für die Zwecke der Gesellschaft zur endgültig freien Verfügung eingezahlt worden sind. Es wurde sodann die Einlage wieder an den Übernehmer zurückgezahlt. Ich versichere, dass der Gesellschaft ein vollwertiger und jederzeit fälliger Anspruch auf Rückzahlung der Einlage gegen den Übernehmer zusteht.

736 Hat ein Inferent in der Kapitalerhöhung mehrere Geschäftsanteile zugleich übernommen und die Einlagen nicht in voller Höhe eingezahlt, muss die Versicherung erkennen lassen, welcher Betrag auf welchen Geschäftsanteil eingezahlt worden ist. Nur so kann das Registergericht prüfen, ob das Erfordernis aus §§ 56a, 7 Abs. 2 S. 1 GmbHG erfüllt ist (mindestens ein Viertel des Nennbetrags jedes Geschäftsanteils).

6. Gesellschafterliste

737 Umstritten ist, ob zeitgleich mit der Anmeldung der Kapitalerhöhung auch bereits eine neue **Gesellschafterliste** zum Handelsregister eingereicht werden kann.

---

930 Vgl. oben Rdn. 721.
931 BGH vom 18.3.2002 – II ZR 363/00 = DNotZ 2002, 808.

Gemäß § 40 Abs. 2 GmbHG hat der Notar, der an einer Veränderung in den Personen **738** der Gesellschafter oder des Umfangs ihrer Beteiligung mitgewirkt hat, eine neue **Gesellschafterliste** zum Handelsregister einzureichen und der Gesellschaft eine Abschrift hiervon zu übersenden, § 40 Abs. 2 S. 1 GmbHG. Er muss die Liste mit der Bescheinigung versehen, dass die geänderten Eintragungen den Veränderungen entsprechen, an denen er mitgewirkt hat, und die übrigen Eintragungen mit der zuletzt im Handelsregister aufgenommenen Liste übereinstimmen, § 40 Abs. 2 S. 2 GmbHG. Eine solche Veränderung liegt auch im Falle einer Kapitalerhöhung vor, und zwar unabhängig davon, ob Altgesellschafter daran beteiligt sind oder ein neuer Gesellschafter durch Übernahme eines Geschäftsanteils aus der Kapitalerhöhung in die Gesellschaft eintritt.[932]

Die Einreichungspflicht trifft den **Notar**, der den Kapitalerhöhungsbeschluss beurkundet sowie die Handelsregisteranmeldung beglaubigt und zum Handelsregister eingereicht hat. Hat ein Notar den Beschluss beurkundet und ein anderer Notar die Handelsregisteranmeldung beglaubigt, so wird man nur den die Anmeldung beglaubigenden und einreichenden Notar als verpflichtet ansehen können, weil erst die Anmeldung zur Eintragung und damit Wirksamkeit der Kapitalerhöhung führt.[933] **739**

Nach der gesetzlichen Regelung ist die neue Gesellschafterliste »**unverzüglich**« nach **740** dem Wirksamwerden« der Veränderung einzureichen. Damit steht fest, dass der Notar die Liste unverzüglich einzureichen hat, wenn er von der Eintragung der Kapitalerhöhung im Handelsregister erfährt. Umstritten ist, ob auch die Einreichung der geänderten Liste zusammen mit der Handelsregisteranmeldung zulässig ist. Zum Teil wird dies verneint, weil zu diesem Zeitpunkt die Kapitalerhöhung noch nicht wirksam sei.[934] Wenn aber zur Wirksamkeit der Kapitalerhöhung nur noch die Eintragung im Handelsregister fehlt, spricht nichts dagegen, die Gesellschafterliste bereits mit der Handelsregisteranmeldung einzureichen.[935] Selbst wenn dies in der Handelsregisteranmeldung nicht ausdrücklich ausgesprochen wird, ergibt sich doch aus dem Zusammenhang, dass die neue Liste erst dann in das Handelsregister aufgenommen werden soll, wenn die Eintragung der Kapitalerhöhung erfolgt ist. Den Eintritt dieser Bedingung kann das Registergericht ohne Weiteres selbst feststellen.

An die Gesellschaft sollte die Abschrift der neuen Gesellschafterliste allerdings zur Vermeidung von Missverständnissen erst dann geschickt werden, wenn die Kapitalerhöhung durch Handelsregistereintragung wirksam geworden ist. **741**

7. Anzeigepflicht gegenüber dem Finanzamt

§ 54 EStDV verpflichtet die Notare, dem nach § 20 AO zuständigen Finanzamt (Körperschaftsteuerstelle) eine beglaubigte Abschrift aller Urkunden zu übersenden, die eine Kapitalerhöhung oder -herabsetzung zum Gegenstand haben. Die Abschrift ist spätestens zwei Wochen nach Beurkundung einzureichen. Den Beteiligten dürfen die Urschrift, eine Ausfertigung oder beglaubigte Abschrift der Urkunde erst ausgehändigt werden, wenn die Abschrift der Urkunde an das Finanzamt abgesandt ist. **742**

---

932 Lutter/Hommelhoff/*Bayer*, § 16 Rn. 8; OLG München vom 7.7.2010 – 31 Wx 073/10, noch nicht veröffentlicht.
933 *Tebben*, RNotZ 2008, 441, 452.
934 *Wachter*, ZNotP 2008, 378, 388, Fn. 50; Heckschen/Heidinger/*Heckschen*, § 13 Rn. 282.
935 Roth/Altmeppen/*Roth*, § 57 Rn. 8; *Wicke*, § 57 Rn. 5; Kersten/Bühling/*Kanzleiter*, § 144 Rn. 90; *Herrler*, DNotZ 2008, 903, 910 f., 915; *Gustavus*, Handelsregisteranmeldungen, A. 108, S. 109.

II. Kapitalerhöhung gegen Sacheinlagen

1. Beschluss der Gesellschafterversammlung

743 Für die Kapitalerhöhung gegen Sacheinlagen gelten zunächst die allgemeinen Regelungen zur Kapitalerhöhung gegen Einlagen (siehe oben Rdn. 694 ff.).

744 Sollen die Einlagen nicht in Geld erbracht werden, sondern durch Sachleistungen, muss im Kapitalerhöhungsbeschluss **festgesetzt** werden, was als Sacheinlage zu leisten ist und auf welchen Nennbetrag sich diese Einlage bezieht, § 56 Abs. 1 GmbHG. Nach Auffassung des BGH genügt es dabei, wenn sich die Festsetzung der Sacheinlage aus der Übernahmeerklärung ergibt, die mit dem Erhöhungsbeschluss in einer Urkunde zusammengefasst ist.[936] Ferner muss festgesetzt werden, wer zur Übernahme des Erhöhungsbetrages und zur Leistung der Sacheinlage zugelassen wird.[937]

745 Anders als bei Gründung der Gesellschaft mit Sacheinlagen ist es bei der Sachkapitalerhöhung nicht erforderlich, dass die Sacheinlage auch im Gesellschaftsvertrag festgesetzt wird (für die Sachgründung vgl. § 5 Abs. 4 S. 1 GmbHG).[938]

746 Unzulässig ist eine Sachkapitalerhöhung bei einer **Unternehmergesellschaft**, sofern ihr Stammkapital auf einen Betrag von weniger als 25.000 EUR erhöht wird, § 5a Abs. 2 S. 2 GmbHG. Erreicht die Gesellschaft durch die Erhöhung hingegen das Mindeststammkapital einer regulären GmbH, spricht nichts gegen die Festsetzung einer Sacheinlage, vgl. § 5a Abs. 5 GmbHG.[939]

747 M **Formulierungsvorschlag Beschluss Sachkapitalerhöhung:**

1. Das Stammkapital der Gesellschaft wird erhöht von 25.000 EUR um 12.500 EUR auf 37.500 EUR, und zwar durch Bildung eines neuen Geschäftsanteils im Nennbetrag von 12.500 EUR mit der Nr. 3.
2. Zur Übernahme des neuen Geschäftsanteils Nr. 3 von 12.500 EUR wird zugelassen: Herr ..., geboren am ..., wohnhaft ...
3. Die Einlage auf den neuen Geschäftsanteil von 12.500 EUR ist nicht in bar zu erbringen, sondern als Sacheinlage sofort in voller Höhe. Gegenstand der Sacheinlage ist eine Darlehensforderung in Höhe von 12.500 EUR, die dem Übernehmer gegen die Gesellschaft zusteht. Diese Forderung ist in den Büchern der Gesellschaft ausgewiesen, fällig, unbestritten, liquide und vollwertig.
4. § 4 des Gesellschaftsvertrages wird wie folgt neu gefasst:
   »§ 4 Stammkapital
   Das Stammkapital der Gesellschaft beträgt 37.500 EUR.«

2. Übernahmeerklärung

748 Der Gegenstand der Sacheinlage und der Nennbetrag des Geschäftsanteils, auf den sich die Sacheinlage bezieht, müssen auch in der **Übernahmeerklärung** nach § 55 Abs. 1 GmbHG angegeben werden, § 56 Abs. 1 S. 2 GmbHG.[940] Häufig enthält die Übernahmeerklärung auch die Erklärungen des Übernehmers, die zur Erfüllung der Einageverpflichtung, d.h. zur Leistung der Sacheinlage erforderlich sind, insbesondere zur Abtretung bzw. Übereignung des Gegenstands der Sacheinlage an die Gesellschaft.

---

936 BGH vom 5.11.2007 – II ZR 268/06 = GmbHR 2008, 207.
937 Baumbach/Hueck/*Zöllner*, § 56 Rn. 10.
938 Roth/Altmeppen/*Roth*, § 56 Rn. 2; OLG Frankfurt a.M. DNotZ 1964, 423.
939 *Wicke*, § 5a Rn. 7; *Handelsrechtsausschuss DAV*, NZG 2007, 737; a.A. *Heckschen*, DStR 2009, 166, 170 f.
940 Einzelheiten zur Übernahmeerklärung oben Rdn. 710 ff.

Formulierungsbeispiel Übernahmeerklärung bei Sachkapitalerhöhung mit Einlageleistung: 749 M
Ich übernehme hiermit den gemäß Gesellschafterbeschluss vom ... auszugebenden neuen Geschäftsanteil Nr. 3 von 12.500 EUR, zu dessen Übernahme ich zugelassen wurde. Als Sacheinlage ist eine Darlehensforderung in Höhe von 12.500 EUR, die mir gegen die Gesellschaft zusteht, festgesetzt. Ich verpflichte mich, die Einlage gemäß dem vorbezeichneten Erhöhungbeschluss in voller Höhe als Sacheinlage zu erbringen.
Ich trete hiermit zur Erbringung der Sacheinlage meine Darlehensforderung von 12.500 EUR gegen die Gesellschaft an die Gesellschaft ab.

Falls die Übertragung des Sacheinlagegegenstandes besonderen Formvorschriften unterliegt, müssen diese bei der Erbringung der Sacheinlage beachtet werden. Ist Grundbesitz als Sacheinlage festgesetzt, ist daher gemäß §§ 311b Abs. 2, 925 BGB die notarielle Beurkundung des Einbringungsvertrages erforderlich.[941] Gleiches gilt nach § 15 Abs. 3 und 4 GmbHG bei der Leistung von GmbH-Geschäftsanteilen als Sacheinlage. 750

3. Handelsregisteranmeldung

Die Sacheinlagen müssen vor Anmeldung der Gesellschaft **vollständig** erbracht worden sein, §§ 56a, 7 Abs. 2 S. 1, Abs. 3 GmbHG. Dies haben die anmeldenden Geschäftsführer gemäß § 57 Abs. 2 GmbHG gegenüber dem Handelsregister zu versichern (Einzelheiten zur Versicherung der Geschäftsführer oben Rdn. 732 ff.). 751

Ist als Sacheinlage ein Grundstück in die Gesellschaft einzubringen, so stellt sich die Frage, ob die Sachkapitalerhöhung erst dann angemeldet werden kann, wenn die Gesellschaft als neuer Eigentümer im Grundbuch eingetragen worden ist. Nach verbreiteter Auffassung reicht schon eine bindende Einigung (§§ 873 Abs. 2, 925 BGB) zusammen mit der Eintragungsbewilligung und dem rangwahrenden Eintragungsantrag der Gesellschaft.[942] 752

Der Handelsregisteranmeldung müssen neben den oben Rdn. 729 bezeichneten Unterlagen auch die **Verträge** beigefügt werden, die den Festsetzungen zur Sacheinlage zugrunde liegen oder zu ihrer Ausführung geschlossen worden sind, § 57 Abs. 3 Nr. 3 GmbHG. Damit sind sämtliche Schriftstücke gemeint, die vertragliche Vereinbarungen über die Erbringung der Sacheinlagen betreffen, also sowohl das schuldrechtliche Grund- als auch das dingliche Erfüllungsgeschäft.[943] 753

Zur Frage, wann eine neue **Gesellschafterliste** zum Handelsregister einzureichen ist, siehe oben Rdn. 740. 754

Einen besonderen **Bericht über die Sachkapitalerhöhung**, vergleichbar dem bei einer Sachgründung gemäß § 8 Abs. 1 Nr. 5 GmbHG erforderlichen Sachgründungsbericht, müssen die Gesellschafter nach herrschender Auffassung bei der Sachkapitalerhöhung nicht aufstellen.[944] Allerdings ist es empfehlenswert, dem Handelsregister Unterlagen vorzulegen, aus denen sich die Werthaltigkeit der Sacheinlage ergibt. Das Registergericht muss nämlich gemäß §§ 57a, 9c Abs. 1 S. 2 GmbHG prüfen, ob wegen einer nicht unwesentlichen Überbewertung der Sacheinlage die Eintragung der Kapitalerhöhung abzulehnen ist. Es kann deshalb im Rahmen seiner Prüfung im Einzelfall auch einen Bericht über die Sachkapitalerhö- 755

---

941 Muster für eine Übernahmeerklärung mit einem Grundstück als Sacheinlage: Kersten/Bühling/ *Kanzleiter*, § 144 Rn. 106 M.
942 Ulmer/*Ulmer*, § 7 Rn. 51; Lutter/Hommelhoff/*Bayer*, § 7 Rn. 17; Baumbach/Hueck/*Hueck*/ *Fastrich*, § 7 Rn. 14; Michalski/*Tebben*, § 7 Rn. 42 ff.; *Priester*, DNotZ 1980, 523; a.A. (Eintragung im Grundbuch erforderlich) Scholz/*Winter/Veil*, § 7 Rn. 40 m.w.N.
943 Roth/Altmeppen/*Roth*, § 8 Rn. 7.
944 OLG Köln GmbHR 1996, 682; Baumbach/Hueck/*Zöllner*, § 56 Rn. 17; Roth/Altmeppen/*Roth*, § 57 Rn. 8; Michalski/*Hermanns*, § 56 Rn. 73; a.A. (Sachkapitalerhöhungsbericht obligatorisch) Scholz/ *Priester*, § 56 Rn. 90; offen BayObLG DNotZ 1995, 232.

2. Kapitel Recht der Gesellschaft mit beschränkter Haftung

hung verlangen.[945] Im Falle der Einbringung eines Grundstücks wird der Wertnachweis regelmäßig durch ein Sachverständigengutachten geführt.[946] Bei der Einbringung von Unternehmen kann der Wert durch eine geprüfte oder zumindest von einem Steuerberater oder Wirtschaftsprüfer bescheinigte Bilanz des Unternehmens belegt werden.

756 Falls Gegenstand einer Sachkapitalerhöhung ein Grundstück ist, muss der Notar dies dem zuständigen **Finanzamt** (Grunderwerbsteuerstelle) gemäß § 18 Abs. 2 GrEStG unter Übersendung einer einfachen Abschrift der Übernahmeerklärung und des Einbringungsvertrages anzeigen. Zur Anzeigepflicht des Notars gegenüber dem Finanzamt (Körperschaftsteuerstelle) nach § 54 Abs. 1 EStDV siehe oben Rdn. 742.

III. Kapitalerhöhung aus Gesellschaftsmitteln

757 Eine Kapitalerhöhung ist auch in der Weise möglich, dass keine Einlagen erbracht, sondern **Rücklagen** in Stammkapital umgewandelt werden, § 57c GmbHG (Kapitalerhöhung aus Gesellschaftsmitteln). Dadurch wird der Gesellschaft kein neues Kapital zugeführt, sondern bereits in Form von Rücklagen vorhandenes, ausschüttungsfähiges Eigenkapital den Bindungen unterstellt, die die §§ 30, 31 GmbHG für Stammkapital vorsehen.

758 Für die Kapitalerhöhung gelten im Ausgangspunkt die allgemeinen Regelungen zur Kapitalerhöhung (siehe oben Rdn. 694 ff.). Die §§ 57c-57o GmbHG enthalten darüber hinaus detaillierte Sonderregelungen für die Kapitalerhöhung aus Gesellschaftsmitteln.

759 Es ist zulässig, eine Kapitalerhöhung gegen Einlagen mit einer Kapitalerhöhung aus Gesellschaftsmitteln zeitlich zu **verbinden**. Dazu können die Gesellschafter in einer Gesellschafterversammlung zwei getrennte Kapitalerhöhungsbeschlüsse fassen. Die Beschlüsse müssen eine zeitliche Reihenfolge der Maßnahmen angeben, die beim weiteren Vollzug auch eingehalten werden muss. Nicht möglich ist dagegen nach h.M. ein einheitlicher Kapitalerhöhungsbeschluss, der eine Erhöhung teils gegen Einlagen und teils aus Gesellschaftsmitteln vorsieht.[947] Nach anderer Auffassung ist ein solcher gemischter Beschluss zulässig, wenn alle Gesellschafter zustimmen.[948]

1. Beschluss der Gesellschafterversammlung

760 Der Beschluss über die Erhöhung des Kapitals aus Gesellschaftsmitteln muss regeln,
- um welchen Betrag das Stammkapital erhöht wird,
- inwieweit für den Erhöhungsbetrag neue Geschäftsanteile gebildet oder bestehende aufgestockt werden sollen (unten Rdn. 761),
- welche Rücklage zu diesem Zweck in Stammkapital umgewandelt werden soll (unten Rdn. 766),
- welche Bilanz dem Kapitalerhöhungsbeschluss zugrunde gelegt wird (unten Rdn. 765),
- ggf.: dass die neuen Geschäftsanteile nicht ab dem laufenden Geschäftsjahr, sondern bereits mit dem vorhergegangen oder erst mit dem nächsten Geschäftsjahr am Gewinn teilnehmen (unten Rdn. 770).

761 Wie bei der Kapitalerhöhung gegen Einlagen können für den Erhöhungsbetrag entweder neue Geschäftsanteile gebildet oder die Nennbeträge der bestehenden Geschäftsanteile im

---

945 OLG Stuttgart GmbHR 1982, 109; OLG Thüringen GmbHR 1994, 710; Michalski/*Hermanns*, § 56 Rn. 73.
946 BayObLG DNotZ 1995, 232.
947 Lutter/Hommelhoff/*Lutter*, § 57c Rn. 15; Baumbach/Hueck/*Zöllner*, § 57c Rn. 8; MünchHdb. GesR III/*Wegmann*, § 53 Rn. 84.
948 Scholz/*Priester*, vor § 57c Rn. 20 ff.; OLG Düsseldorf GmbHR 1986, 192 (bei personenbezogener Gesellschaft).

Wege der Aufstockung erhöht werden, § 57h Abs. 1 GmbHG. Geschäftsanteile, auf die die Einlagen nicht vollständig eingezahlt sind, können allerdings nur aufgestockt werden, § 57l Abs. 2 S. 2 GmbHG. Dadurch wird sichergestellt, dass bei einer etwa notwendigen Kaduzierung und Versteigerung des teileingezahlten Anteils nach §§ 21, 23 GmbHG der Wertzuwachs aus den in Stammkapital umgewandelten Rücklagen mit verwertet werden kann.[949] Wäre dem säumigen Gesellschafter diese Beteiligung an den Rücklagen in Gestalt neuer, der Kaduzierung nicht unterliegender Geschäftsanteile zugewachsen, bestünde diese Möglichkeit nicht. Zulässig ist es, an einige Gesellschafter neue Geschäftsanteile auszugeben und die Geschäftsanteile anderer Gesellschafter aufzustocken.[950]

Die neuen bzw. aufgestockten Geschäftsanteile müssen auf einen Betrag gestellt werden, der auf volle Euro lautet, § 57h Abs. 1 S. 2 GmbHG. **Spitzenbeträge**, also rechnerisch noch zu verteilende Beträge von jeweils weniger als einem Euro, dürfen im Falle der Aufstockung bestehender Geschäftsanteile, anders als im Falle der Bildung neuer Geschäftsanteile, nicht verbleiben, § 57h Abs. 2 S. 2 GmbHG.[951] Entstehen bei der Bildung neuer Geschäftsanteile Spitzenbeträge, sind insoweit Teilrechte zu bilden. Für diese Teilrechte gilt § 57k GmbHG. Sie sind selbständig veräußerlich und vererblich. Mitgliedschaftsrechte daraus können allerdings nur geltend gemacht werden, soweit Teilrechte, die zusammen einen vollen Geschäftsanteil ergeben, in einer Hand vereinigt sind, oder wenn sich mehrere Berechtigte, deren Teilrechte zusammen einen vollen Geschäftsanteil ergeben, zur Ausübung der Rechte zusammenschließen. 762

Die Kapitalerhöhung muss streng **verhältniswahrend** durchgeführt werden, § 57j GmbHG, d.h. der Erhöhungsbetrag muss im Verhältnis der bestehenden Beteiligungen auf die bisherigen Gesellschafter verteilt werden. Daher sind bei der Kapitalerhöhung aus Gesellschaftsmitteln sowohl Zulassungsbeschlüsse als auch Übernahmererklärungen gemäß § 55 Abs. 1 GmbHG entbehrlich.[952] Das erhöhte Stammkapital wächst jedem Gesellschafter im Verhältnis seiner bisherigen Beteiligung kraft Gesetzes zu, sogar gegen seinen erklärten Willen.[953] Sieht der Beschluss eine Verteilung der Erhöhungsbeträge vor, die vom Verhältnis der bisherigen Geschäftsanteile abweicht, ist er nichtig, selbst wenn alle Gesellschafter mit der abweichenden Verteilung einverstanden sind.[954] Auch eigene Geschäftsanteile nehmen zwingend an der Erhöhung teil, § 57l Abs. 1 GmbHG. Teileingezahlte Geschäftsanteile nehmen an der Erhöhung teil entsprechend ihrem Nennbetrag, unabhängig vom Betrag der bereits eingezahlten Einlage, § 57l Abs. 2 S. 1 GmbHG. 763

Der Grundsatz aus § 57j GmbHG, dass die Kapitalerhöhung aus Gesellschaftsmitteln die bisherigen Beteiligungsverhältnisse nicht verändern soll, findet sich wieder in § 57m GmbHG. Nach dieser Vorschrift sollen auch die Mitgliedschaftsrechte im Übrigen sowie etwaige vertragliche Beziehungen der Gesellschaft zu Dritten durch die Kapitalerhöhung nicht berührt werden. Damit die Mitgliedschaftsrechte durch die Kapitalerhöhung nicht verändert werden, ist unter Umständen eine förmliche Änderung der Satzung erforderlich, die etwaige Vorzugsrechte, Nebenleistungspflichten und Minderheitsrechte an die veränderten Beteiligungsverhältnisse anpasst.[955] Die Gesellschafter sind einander aus dem Gesichtspunkt der mitgliedschaftlichen Treue verpflichtet, an den erforderlichen Satzungsänderungen mitzuwirken. 764

Dem Beschluss über die Kapitalerhöhung ist eine **Bilanz** zugrunde zu legen, § 57c Abs. 3 GmbHG. Dabei kann es sich entweder um die letzte Jahresbilanz oder um eine Zwischen- 765

---

949 Lutter/Hommelhoff/*Lutter*, § 57l Rn. 2.
950 Lutter/Hommelhoff/*Lutter*, § 57c Rn. 10.
951 Roth/Altmeppen/*Roth*, § 57k Rn. 1.
952 Lutter/Hommelhoff/*Lutter*, § 57c Rn. 5.
953 OLG Dresden DB 2001, 584 f. (für die AG).
954 Baumbach/Hueck/*Zöllner*, § 57j Rn. 1 und Rn. 4; Lutter/Hommelhoff/*Lutter*, § 57j Rn. 6; a.A. Scholz/*Priester*, § 57j Rn. 3; kritisch auch Michalski/*Hermanns*, § 57j Rn. 7.
955 Beispiele bei Lutter/Hommelhoff/*Lutter*, § 57m Rn. 5 ff.

bilanz handeln. Voraussetzung der Kapitalerhöhung aus Gesellschaftsmitteln ist aber in jedem Fall, dass der Jahresabschluss für das letzte vor der Beschlussfassung über die Kapitalerhöhung abgelaufene Geschäftsjahr festgestellt und über die Ergebnisverwendung Beschluss gefasst worden ist, §57c Abs. 2 GmbHG. Der Stichtag der Zwischenbilanz darf also nicht vor dem Stichtag der letzten Jahresbilanz liegen, auch wenn diese noch nicht festgestellt ist.[956]

766 Die zugrunde gelegte Bilanz muss **Kapitalrücklagen** oder **Gewinnrücklagen** mindestens in Höhe des Erhöhungsbetrages ausweisen; hinzuzuzählen sind etwaige Zuführungen zu diesen Rücklagen im letzten Gewinnverwendungsbeschluss, §57d Abs. 1 GmbHG. Wird der Kapitalerhöhung eine Zwischenbilanz zugrunde gelegt, muss auch die letzte Jahresbilanz diesen Anforderungen entsprechen. Etwa in der Bilanz ausgewiesene Verluste (einschl. Verlustvorträge) sind von den umwandlungsfähigen Rücklagen abzuziehen, §57d Abs. 2 GmbHG. Stille Reserven sind keine in der Bilanz ausgewiesenen Rücklagen und können deshalb auch nicht als solche in Stammkapital umgewandelt werden. Ist dies beabsichtigt, müssen die stillen Reserven zunächst entsprechend den bilanzrechtlichen Vorgaben aufgelöst und in Rücklagen umgewandelt werden.[957] Bereits eingezahltes Nachschusskapital i.S.d. §§26-28 GmbHG ist bilanziell als Kapitalrücklage auszuweisen, die in Stammkapital umgewandelt werden kann.

767 Gewinnrücklagen, die einem bestimmten **Zweck** dienen, können nur dann in Stammkapital umgewandelt werden, wenn dies dem Zweck nicht widerspricht, §57d Abs. 3 GmbHG. Ein Beispiel ist die gesetzliche Rücklage in der Unternehmergesellschaft gemäß §5a Abs. 3 GmbHG. Diese Rücklage dient gerade dazu, die Unternehmergesellschaft an das Kapital einer »richtigen« GmbH heranzuführen. §5a Abs. 3 S. 2 Nr. 1 GmbHG sieht deshalb ausdrücklich vor, dass die Rücklage für eine Kapitalerhöhung aus Gesellschaftsmitteln verwendet werden darf. Wenn eine Umwandlung hingegen dem Zweck widerspricht, den die Satzung einer Rücklage beimisst (Beispiel: Gewinnrücklage zur Sicherung der gleichmäßigen Ausschüttung künftiger Dividenden), muss zunächst durch eine Satzungsänderung die Zweckbindung der Rücklage aufgehoben werden. Diese Satzungsänderung kann auch mit dem Beschluss über die Kapitalerhöhung aus Gesellschaftsmitteln verbunden werden.[958]

768 Die Bilanz muss **geprüft** und mit dem uneingeschränkten Abschlussvermerk der Prüfers versehen sein (Einzelheiten: §§57e, 57f, 57g GmbHG). Dadurch wird sichergestellt, dass die in Stammkapital umzuwandelnden Rücklagen tatsächlich den Erhöhungsbetrag decken. Fragen der Kapitalaufbringung, wie sie sich bei der Kapitalerhöhung gegen Einlagen stellen, spielen darüber hinaus keine Rolle.

769 Der **Stichtag** der Bilanz darf höchstens acht Monate vor der Anmeldung der Kapitalerhöhung zur Eintragung in das Handelsregister liegen, §§57e Abs.1, 57f Abs.1 GmbHG. Soll also der Kapitalerhöhung die letzte Jahresbilanz zugrunde gelegt werden und entspricht das Geschäftsjahr der Gesellschaft dem Kalenderjahr, so muss die Handelsregisteranmeldung bis zum 31. August des Jahres beim Handelsregister eingegangen sein. Ist die letzte Jahresbilanz älter als acht Monate, muss für die Kapitalerhöhung eine Zwischenbilanz aufgestellt werden. Nach überwiegender Auffassung schadet es nicht, wenn die fristgemäß eingereichte Handelsregisteranmeldung unvollständig ist und erst nach Fristablauf ergänzt wird.[959]

770 Wenn nichts anderes beschlossen wird, nehmen die neuen Geschäftsanteile (bzw. Aufstockungsbeträge) am **Gewinn** des ganzen Geschäftsjahres teil, in dem die Erhöhung

---

[956] *Fett/Spiering*, NZG 2002, 358, 360.
[957] Baumbach/Hueck/*Zöllner*, §57d Rn. 1.
[958] Scholz/*Priester*, §57d Rn. 17.
[959] Michalski/*Hermanns*, §57e Rn. 9; Scholz/*Priester*, §57e-g Rn. 16; Baumbach/Hueck/*Zöllner*, §57e Rn. 4; a.A. Lutter/Hommelhoff/*Lutter*, §57e Rn. 10.

beschlossen wird, § 57n Abs. 1 GmbHG. Unter den in § 57n Abs. 2 GmbHG geregelten Voraussetzungen kann im Erhöhungsbeschluss auch bestimmt werden, dass die neuen Geschäftsanteile (bzw. Aufstockungsbeträge) bereits an dem Gewinn des letzten vor der Beschlussfassung abgelaufenen Geschäftsjahres teilnehmen. Wegen des in §§ 57j, 57m GmbHG geregelten Grundsatzes, dass sich die Beteiligungsverhältnisse und Mitgliedschaftsrechte durch die Kapitalerhöhung aus Gesellschaftsmitteln nicht ändern dürfen, macht es im wirtschaftlichen Ergebnis aber keinen Unterschied, ob die neuen Geschäftsanteile erst im laufenden oder bereits für das letzte Geschäftsjahr am Gewinn teilnehmen.[960] Der Erhöhungsbeschluss kann auch bestimmen, dass die neuen Geschäftsanteile nur eingeschränkt oder überhaupt nicht am Gewinn des laufenden Geschäftsjahres teilnehmen. Das ist von Bedeutung, wenn die neuen Geschäftsanteile veräußert werden sollen.

Übernahmerklärungen sind nicht erforderlich, weil der Erhöhungsbetrag mit Wirksamwerden des Beschlusses den einzelnen Gesellschaftern kraft Gesetzes zuwächst, ohne dass diese die Übernahme erklärt haben müssen, ggf. also sogar gegen ihren Willen (oben Rdn. 763). 771

Formulierungsvorschlag Beschluss Kapitalerhöhung aus Gesellschaftsmitteln: 772 M

1. **Die Gesellschafterversammlung vom 11. April 20... hat den Jahresabschluss für das Geschäftsjahr 20... festgestellt und beschlossen, den gesamten Jahresüberschuss in die Gewinnrücklage einzustellen.**
Das Stammkapital der Gesellschaft wird erhöht von 100.000 EUR um 30.000 EUR auf 130.000 EUR, und zwar durch Umwandlung eines Teilbetrages von 30.000 EUR der Gewinnrücklage in Stammkapital. Dem Beschluss liegt die Bilanz der Gesellschaft zum Stichtag 31. Dezember 20... zugrunde, die eine Gewinnrücklage in Höhe von 80.000 EUR ausweist.
2. **Die Kapitalerhöhung erfolgt in der Weise, dass die Nennbeträge der Geschäftsanteile im Verhältnis der Beteiligung am bisherigen Stammkapital erhöht werden, nämlich der Nennbetrag**
    a) **des Geschäftsanteils lfd. Nr. 1 mit einem Nennbetrag von bisher 50.000 EUR auf 65.000 EUR,**
    b) **des Geschäftsanteils lfd. Nr. 2 mit einem Nennbetrag von bisher 30.000 EUR auf 39.000 EUR,**
    c) **des Geschäftsanteils lfd. Nr. 3 mit einem Nennbetrag von bisher 20.000 EUR auf 26.000 EUR,**
3. **§ 4 des Gesellschaftsvertrages wird wie folgt neu gefasst:**
»§ 4 Stammkapital
Das Stammkapital der Gesellschaft beträgt 130.000 EUR.«

2. Handelsregisteranmeldung

Für die **Handelsregisteranmeldung** gelten die allgemeinen Regelungen zur Anmeldung einer Kapitalerhöhung (siehe oben Rdn. 728 ff.). Der Anmeldung muss die Bilanz beigefügt sein, die der Kapitalerhöhung zugrunde liegt, und, falls es sich dabei um eine Zwischenbilanz handelt, zusätzlich die letzte Jahresbilanz, § 57i Abs. 1 S. 1 GmbHG. Wurde die betreffende Bilanz bereits zuvor dem Handelsregister gemäß § 325 Abs. 1 HGB eingereicht, muss sie der Handelsregisteranmeldung nicht nochmals beigefügt werden. 773

In der Handelsregisteranmeldung (oder in gesonderter, gemäß § 12 HGB zu beglaubigender Erklärung) müssen die Geschäftsführer **versichern**, dass nach ihrer Kenntnis seit dem Stichtag der zugrunde gelegten Bilanz bis zum Tag der Anmeldung keine Vermö- 774

---

960 Lutter/Hommelhoff/*Lutter*, § 57n Rn. 2.

gensminderung eingetreten ist, die der Kapitalerhöhung entgegenstünde, wenn sie am Tag der Anmeldung beschlossen worden wäre, § 57i Abs. 1 S. 2 GmbHG.

775 Eine **Liste der Übernehmer** nach § 57 Abs. 3 Nr. 2 GmbHG ist der Handelsregisteranmeldung nicht beizufügen, weil die Erhöhungsbeträge bei der Kapitalerhöhung aus Gesellschaftsmitteln von den Gesellschaftern nicht übernommen werden, sondern ihnen kraft Gesetzes zuwachsen.[961] Zur Einreichung einer neuen Gesellschafterliste nach Wirksamwerden der Kapitalerhöhung vgl. oben Rdn. 737 ff.

776 Die Gesellschaft hat die Kapitalerhöhung innerhalb von zwei Wochen nach der Eintragung in das Handelsregister dem **Finanzamt** mitzuteilen und eine Abschrift des Erhöhungsbeschlusses einzureichen, § 4 KapErhStG. Zur Anzeigepflicht des Notars nach § 54 Abs. 1 EStDV siehe oben Rdn. 742.

IV. Genehmigtes Kapital

777 Das Aktienrecht kennt die Figur des genehmigten Kapitals schon lange (§§ 202 ff. AktG). Mit dem MoMiG kann nun auch bei der GmbH ein genehmigtes Kapital beschlossen werden, § 55a GmbHG.[962] Die Geschäftsführer können durch Gesellschaftsvertrag ermächtigt werden, das Stammkapital bis zu einem bestimmten Betrag durch Ausgabe neuer Geschäftsanteile gegen Einlagen zu erhöhen, ohne dass die konkrete Kapitalerhöhung jeweils von der Gesellschafterversammlung beschlossen werden muss. Der zulässige Erhöhungsbetrag ist in der Ermächtigung anzugeben; er darf die Hälfte des Stammkapitals, das zum Zeitpunkt der Ermächtigung vorhanden ist, nicht überschreiten, § 55a Abs. 1 S. 2 GmbHG. Zeitpunkt der Ermächtigung ist der Zeitpunkt, zu dem die Ermächtigung zur Ausgabe des genehmigten Kapitals durch Eintragung im Handelsregister wirksam wird.[963] Wenn es die Ermächtigung vorsieht, ist auch eine Ausgabe gegen Sacheinlagen möglich, § 55a Abs. 3 GmbHG. Über den Wortlaut des § 55a GmbHG hinaus wird nicht nur eine Kapitalerhöhung durch Ausgabe neuer Geschäftsanteile für zulässig gehalten, sondern auch durch Aufstockung bestehender (und voll eingezahlter) Geschäftsanteile.[964]

778 Die Geltungsdauer einer solchen Ermächtigung darf höchstens fünf Jahre ab Wirksamwerden durch Eintragung im Handelsregister betragen, § 55 Abs. 2 GmbHG. Innerhalb dieser Frist muss die Kapitalerhöhung durchgeführt und in das Handelsregister eingetragen worden sein.[965]

779 Der Gesellschafterversammlung steht es frei, im Ermächtigungsbeschluss weitere Bestimmungen über den Inhalt und die Bedingungen des genehmigten Kapitals zu treffen.[966] Ein Bezugsrechtsausschluss ist nur möglich, wenn der Ermächtigungsbeschluss dies vorsieht.[967]

780 Bei der Ausübung des genehmigten Kapitals gelten die allgemeinen Vorschriften über Kapitalerhöhungen, mit der Ausnahme, dass an die Stelle des Kapitalerhöhungsbeschlusses der Gesellschafterversammlung der Beschluss der Geschäftsführer über die Ausgabe der neuen Geschäftsanteile tritt. Falls im Gesellschaftsvertrag oder in einer Geschäftsordnung nichts anderes bestimmt ist, muss der Beschluss der Geschäftsführer einstimmig gefasst werden.[968]

---

961 Lutter/Hommelhoff/*Lutter*, § 57i Rn. 7.
962 Ob die Vorschriften nennenswerte praktische Bedeutung erlangen werden, ist fraglich, vgl. *Tebben*, RNotZ 2008, 441, 462. Vgl. jetzt auch die Zahlen bei *Bayer/Hofmann*, GmbHR 2009, R 161 (»Ladenhüter«).
963 So zu § 202 AktG Bürgers/Körber/*Marsch-Barner*, § 202 AktG Rn. 12.
964 *Wicke*, § 55a Rn. 11; Roth/Altmeppen/*Roth*, § 55a Rn. 26.
965 Roth/Altmeppen/*Roth*, § 55a Rn. 11.
966 Roth/Altmeppen/*Roth*, § 55a Rn. 18.
967 Roth/Altmeppen/*Roth*, § 55a Rn. 20.
968 Roth/Altmeppen/*Roth*, § 55a Rn. 24 und § 37 Rn. 35.

Unklar ist allerdings, wer für die Anpassung des Satzungstextes zuständig ist, nachdem **781** durch die Ausübung des genehmigten Kapitals das Stammkapital der Gesellschaft erhöht wurde. Eine Vorschrift wie § 179 Abs. 1 S. 2 GmbHG, nach der bei der AG hierzu der Aufsichtsrat ermächtigt werden kann, fehlt im Recht der GmbH. Der Zweck des § 55a GmbHG wäre jedoch verfehlt, wenn man für die Satzungsanpassung in jedem Fall einen satzungsändernden Gesellschafterbeschluss verlangen würde. Zutreffend erscheint daher die Auffassung, dass die Gesellschafterversammlung der GmbH die Geschäftsführung zur Anpassung der Satzung jedenfalls ermächtigen kann.[969] Manches spricht dafür, dass auch ohne eine solche ausdrückliche Ermächtigung die Geschäftsführer den Satzungstext anpassen dürfen.[970]

Formulierungsbeispiel Genehmigtes Kapital: **782 M**
Die Geschäftsführer sind bis zum 1. Januar 20... (*alt.*: für fünf Jahre ab der Eintragung dieses genehmigten Kapitals) ermächtigt, das Stammkapital um einen Nennbetrag von bis zu EUR 50.000 durch Ausgabe neuer Geschäftsanteile gegen Bareinlagen oder Sacheinlagen zu erhöhen, auch unter Ausschluss der Bezugsrechts der Gesellschafter, und die Fassung des Gesellschaftsvertrages an die Erhöhung des Kapitals anzupassen.

V. Ordentliche Kapitalherabsetzung

Das Stammkapital einer GmbH kann nach §§ 58 ff. GmbHG herabgesetzt werden. Die **783** Herabsetzung des Kapitals kann verschiedenen Zwecken dienen. Ist das Kapital in Höhe des Herabsetzungsbetrages durch Gesellschaftsvermögen gedeckt, kann das bisher als Stammkapital gebundene Vermögen nach der Kapitalherabsetzung in entsprechender Höhe an die Gesellschafter ausgeschüttet oder einer Rücklage zugewiesen werden. Ist Vermögen in entsprechender Höhe nicht vorhanden, etwa weil es durch Verluste aufgezehrt wurde oder ein Gesellschafter seine Einlage nicht erbracht hat, ermöglicht die Kapitalherabsetzung eine Beseitigung der Unterbilanz bzw. einen Erlass der Einlageverpflichtung. Schließlich kann die Kapitalherabsetzung auch dazu dienen, eigene Anteile der Gesellschaft zu beseitigen.

Die »normale« Kapitalherabsetzung (effektive Kapitalherabsetzung) ist in § 58 GmbHG **784** geregelt (zur nominellen Kapitalherabsetzung im vereinfachten Verfahren siehe unten Rdn. 801 ff.). Anliegen der Vorschrift ist es, die Gläubiger davor zu schützen, dass ihre Interessen durch die Verringerung der Vermögensbindung in der Gesellschaft beeinträchtigt werden. Dient die Kapitalherabsetzung dem Verlustausgleich, kann sie im vereinfachten Verfahren nach §§ 58a ff. GmbHG erfolgen. In diesen Fällen ist das Vermögen in Höhe des Herabsetzungsbetrages bereits verloren, so dass Gläubigerinteressen durch die Herabsetzung weniger berührt sind und Verfahrenserleichterungen gerechtfertigt erscheinen.

Der Ablauf einer Kapitalherabsetzung nach § 58 GmbHG stellt sich wie folgt dar: **785**

(1) Herabsetzungsbeschluss (unten Rdn. 786),
(2) Bekanntmachung des Herabsetzungsbeschlusses mit Gläubigeraufruf (unten Rdn. 792),
(3) Befriedigung oder Sicherstellung von Gläubigern (unten Rdn. 795),
(4) Ablauf des Sperrjahres (unten Rdn. 796),
(5) Anmeldung zum Handelsregister (unten Rdn. 797),
(6) Eintragung der Kapitalherabsetzung im Handelsregister.

---

[969] *Wicke*, § 55a Rn. 11; Heckschen/Heidinger/*Heidinger*, § 10 Rn. 83; *Klett*, GmbHR 2008, 1314; *Priester*, GmbHR 2008, 1180.
[970] *Priester*, GmbHR 2008, 1180; Roth/Altmeppen/*Roth*, § 55a Rn. 31.

2. Kapitel Recht der Gesellschaft mit beschränkter Haftung

1. Beschluss der Gesellschafterversammlung

786 Der **Herabsetzungsbeschluss** muss regeln, auf welchen Betrag das Stammkapital herabgesetzt werden soll. Dieser Betrag darf 25.000 EUR nicht unterschreiten.[971] Eine Kapitalherabsetzung unter diesen Betrag mit der Folge, dass die Gesellschaft als Unternehmergesellschaft gemäß §5a GmbHG anzusehen wäre, wird zu Recht allgemein für unzulässig gehalten.[972] Die Unternehmergesellschaft ist eine Sonderform der GmbH, die eine Unternehmensgründung ohne Kapital ermöglichen soll. Sie ist aber, wie die Pflicht zur Bildung einer gesetzlichen (höhenmäßig nicht begrenzten!) Rücklage belegt, nur als Durchgangsstadium zur GmbH gedacht. Der Weg aus der GmbH zurück in eine UG ist damit versperrt. Eine Herabsatzung auf einen Betrag unterhalb von 25.000 EUR ist auch dann nicht möglich, wenn im selben Zuge das Kapital wieder auf einen Betrag oberhalb dieser Schwelle erhöht wird. Dies ergibt sich im Umkehrschluss aus §58a Abs. 4 GmbHG, der diese Möglichkeit gerade nur bei der vereinfachten Kapitalherabsetzung vorsieht.[973]

787 Wie bei der Kapitalerhöhung ist es auch bei der Kapitalherabsetzung möglich, den Herabsetzungsbetrag nicht fix vorzugeben, sondern eine **variable Herabsetzung** bis auf einen bestimmten Mindestbetrag vorzusehen.[974] Allerdings darf die Bestimmung des Herabsetzungsbetrages nicht den Geschäftsführern überlassen werden, sondern der Beschluss muss selbst vorgeben, wie der Betrag zu bestimmen ist. So kann beispielsweise beschlossen werden, dass der Herabsetzungsbetrag sich nach dem Verlust bestimmt, der in einem noch festzustellenden Jahresabschluss ausgewiesen ist.[975] Möglich ist es auch, dass der konkrete Herabsetzungsbetrag einem gesonderten Gesellschafterbeschluss vorbehalten bleibt.

788 Der Kapitalherabsetzungsbeschluss muss analog §222 Abs. 3 AktG den Zweck der Kapitalherabsetzung erkennen lassen.[976]

789 Wenn der Beschluss nichts anderes vorsieht, erfolgt die Kapitalherabsetzung durch anteilige Verminderung des Nennbetrags aller Geschäftsanteile gemäß §58 Abs. 2 S. 2 GmbHG. Sollen stattdessen einzelne Anteile eingezogen oder die Nennbeträge nur eines Teils der Geschäftsanteile vermindert werden, muss dies im Herabsetzungsbeschluss angeordnet werden.

790 Unklar ist, ob durch die Kapitalherabsetzung Geschäftsanteile entstehen dürfen, deren Nennbetrag entgegen §5 Abs. 2 S. 1 GmbHG nicht mehr auf volle Euro lautet. Diese Frage hat durch das MoMiG noch zusätzliche Bedeutung erlangt, weil nunmehr vermehrt Gesellschaften auftreten, in denen das gesamte Kapital in Geschäftsanteile von jeweils einem Euro eingeteilt ist. Eine verhältniswahrende Verteilung des Herabsetzungsbetrages auf alle Geschäftsanteile hätte bei solchen Gesellschaften zwingend Nennbeträge von weniger als einem Euro zur Folge. §58 Abs. 2 S. 2 GmbHG verweist nur für jene Fälle auf §5 Abs. 2 GmbHG, in denen die Herabsetzung der Zurückzahlung von Einlagen oder dem Erlass noch ausstehender Einlagen dient. In anderen Fällen, insbesondere bei einer Herabsetzung zur Beseitigung einer durch Verluste verursachten Unterbilanz, wären danach Nennbeträge zulässig, die nicht auf volle Euro lauten. Dagegen spricht allerdings, dass bei der vereinfachten Kapitalherabsetzung, die gerade dem Ausgleich von Verlusten dient, §58a Abs. 3 GmbHG ausdrücklich die Teilbarkeit der herabgesetzten Nennbeträge durch volle Euro fordert. Aus diesem Grund wird vertreten, dass entgegen §58 Abs. 2 S. 2

---

971 Allg. M., vgl. nur Roth/Altmeppen/*Roth*, §58 Rn. 3.
972 *Wicke*, §58 Rn. 2; Roth/Altmeppen/*Roth*, §5a Rn. 5; Lutter/Hommelhoff/*Lutter*, §5a Rn. 6.
973 Lutter/Hommelhoff/*Lutter*, §58 Rn. 6.
974 Lutter/Hommelhoff/*Lutter*, §58 Rn. 7.
975 Roth/Altmeppen/*Roth*, §58 Rn. 12.
976 BayObLG DNotZ 1979, 357; Lutter/Hommelhoff/*Lutter*, §58 Rn. 8; a.A. Baumbach/Hueck/*Zöllner*, §58 Rn. 20.

GmbHG in allen Fällen einer Kapitalherabsetzung die Nennbeträge herabgesetzter Geschäftsanteile durch einen Euro teilbar sein müssen.[977]

Wenn der Herabsetzungsbetrag nicht verhältniswahrend auf die Geschäftsanteile verteilt wird, müssen die Inhaber der stärker betroffenen Anteile der Kapitalherabsetzung zustimmen,[978] es sei denn, es geht um eine durch Gesetz oder Gesellschaftsvertrag zugelassene Einziehung eines Geschäftsanteils gegen den Willen des Betroffenen.

791

2. Sicherstellung der Gläubiger

Die Geschäftsführer müssen den Herabsetzungsbeschluss in den Gesellschaftsblättern (in der Regel: nur im elektronischen Bundesanzeiger, § 12 GmbHG) **bekannt machen** und dabei die Gläubiger der Gesellschaft auffordern, sich bei der Gesellschaft zu melden, § 58 Abs. 1 Nr. 1 GmbHG. Nicht erforderlich ist es, die Gläubiger in der Bekanntmachung auf ihre Rechte hinzuweisen[979] (anders § 225 Abs. 1 S. 1 AktG). Auch der Zweck der Kapitalherabsetzung muss nicht angegeben werden.[980] Das Erfordernis, dass diese Bekanntmachung »zu drei verschiedenen Malen« erscheinen muss, ist durch das ARUG[981] abgeschafft worden. Eine einmalige Bekanntmachung reicht jetzt aus.

792

Formulierungsbeispiel Bekanntmachung Kapitalherabsetzungsbeschluss:

793 M

CENTURION GmbH
Köln
Die Gesellschafterversammlung der Gesellschaft hat am 15.08.20... beschlossen, das Stammkapital der Gesellschaft von EUR 500.000 um EUR 450.000 auf EUR 50.000 herabzusetzen. Die Gläubiger der Gesellschaft werden aufgefordert, sich bei ihr zu melden.

Der Geschäftsführer

Gläubiger, die der Gesellschaft bekannt sind, insbesondere weil sie aus den Büchern der Gesellschaft ersichtlich sind, müssen gemäß § 58 Abs. 1 Nr. 1 GmbHG durch **gesonderte Mitteilung** aufgefordert werden, sich zu melden.

794

Gläubiger, die der Kapitalherabsetzung widersprechen, sind wegen der von ihnen erhobenen Ansprüche **zu befriedigen oder sicherzustellen**, § 58 Abs. 1 Nr. 2 GmbHG. Die Sicherstellung erfolgt durch Leistung einer Sicherheit gemäß §§ 232 ff. BGB. Ob der Anspruch erfüllt oder eine Sicherheit geleistet wird, entscheiden die Geschäftsführer der Gesellschaft nach ihrem Ermessen.[982] Es reicht auch aus, wenn die Gesellschaft durch Verhandlungen mit den widersprechenden Gläubigern eine Rücknahme des Widerspruchs erreicht.[983]

795

Die Kapitalherabsetzung kann erst dann zum Handelsregister angemeldet werden, wenn seit der Bekanntmachung der Herabsetzung in den Gesellschaftsblättern das sog. **Sperrjahr** abgelaufen ist, § 58 Abs. 1 Nr. 3 GmbHG. In der Literatur wird vertreten, dieses Erfordernis sei bereits dann verletzt, wenn die Anmeldung zwar nach Ablauf des Sperrjahres bei Gericht eingehe, aber vorher abgegeben worden sei.[984] Jedenfalls kann es dabei

796

---

977 Roth/Altmeppen/*Roth*, § 58 Rn. 13; Lutter/Hommelhoff/*Lutter*, § 58 Rn. 10; MünchHdb. GesR III/*Wegmann*, § 54 Rn. 3; kritisch auch *Wicke*, § 58 Rn. 3.
978 Lutter/Hommelhoff/*Lutter*, § 58 Rn. 11.
979 Baumbach/Hueck/*Zöllner*, § 58 Rn. 23.
980 Lutter/Hommelhoff/*Lutter*, § 58 Rn. 15; Scholz/*Priester*, § 58 Rn. 47; Baumbach/Hueck/*Zöllner*, § 58 Rn. 23; a.A. BayObLG DNotZ 1979, 357; Roth/Altmeppen/*Roth*, § 58 Rn. 16.
981 Gesetz zur Umsetzung der Aktionärsrechterichtlinie (ARUG) vom 30.7.2009, BGBl. I S. 2479.
982 Lutter/Hommelhoff/*Lutter*, § 58 Rn. 20; a.A. Baumbach/Hueck/*Zöllner*, § 58 Rn. 32: vor Fälligkeit oder jedenfalls Erfüllbarkeit kann nur mit Einverständnis des Gläubigers erfüllt werden.
983 Scholz/*Priester*, § 58 Rn. 54.
984 Lutter/Hommelhoff/*Lutter*, § 58 Rn. 23.

aber nicht auf die Unterzeichnung der Handelsregisteranmeldung ankommen, denn diese ist noch nicht gleichzusetzen mit der Abgabe der Anmeldung.[985] In der Praxis sollte die Handelsregisteranmeldung vorsichtshalber nicht vor dem Ablauf des Sperrjahres datiert und mit dem Beglaubigungsvermerk versehen werden.

3. Handelsregisteranmeldung

797 Die **Handelsregisteranmeldung** ist gemäß § 78 GmbHG von Geschäftsführern nicht nur in vertretungsberechtigter Anzahl, sondern von sämtlichen Geschäftsführern zu unterzeichnen. In der Anmeldung haben die Geschäftsführer zu versichern, dass die Gläubiger, die sich bei der Gesellschaft gemeldet und der Herabsetzung nicht zugestimmt haben, befriedigt oder sichergestellt sind, § 58 Abs. 1 Nr. 4 GmbHG.

798 Der Anmeldung sind beizufügen:

- Ausfertigung oder beglaubigte Abschrift der Niederschrift über den Herabsetzungsbeschluss;
- Beleg für die Bekanntmachung im elektronischen Bundesanzeiger (und etwaigen weiteren Gesellschaftsblättern),[986] in der Regel in Form einer Bescheinigung des elektronischen Bundesanzeigers, aus der sich Inhalt und Veröffentlichungsdatum der Bekanntmachung ergeben;
- vollständiger Wortlaut der Satzung mit Notarbestätigung gemäß § 54 Abs. 1 S. 2 GmbHG.

799 Wenn die Kapitalherabsetzung wirksam geworden ist, muss eine neue **Gesellschafterliste** nach § 40 GmbHG zum Handelsregister eingereicht werden (siehe auch oben Rdn. 737 ff.). Zum Teil wird vertreten, dies sei nur bei einer nicht verhältniswahrenden Herabsetzung erforderlich, weil sich nur dann der »Umfang der Beteiligung« i.S. des § 40 GmbHG geändert habe.[987] Versteht man darunter nur die relative Beteiligungshöhe der Gesellschafter untereinander, trifft dies zwar zu. In der Gesellschafterliste sind jedoch u.a. die Nennbeträge der Geschäftsanteile anzugeben, die sich auch durch eine verhältniswahrende Kapitalherabsetzung verändern. Aus diesem Grund kann auf die Einreichung einer neuen Gesellschafterliste nicht verzichtet werden.

800 Zur Anzeigepflicht des Notars gegenüber dem Finanzamt (Körperschaftsteuerstelle) nach § 54 Abs. 1 EStDV siehe oben Rdn. 742.

VI. Vereinfachte Kapitalherabsetzung

801 Die Kapitalherabsetzung ist im vereinfachten Verfahren möglich, wenn sie dazu dient, Wertminderungen oder sonstige **Verluste auszugleichen**, § 58a Abs. 1 GmbHG (nominelle Kapitalherabsetzung). Diese Verluste müssen aber im Zeitpunkt des Herabsetzungsbeschlusses noch nicht entstanden sein. Es reicht aus, wenn sich für die Zukunft Verluste so abzeichnen, dass Rückstellungen geboten erscheinen.[988]

802 Weitere Voraussetzung ist, dass etwaige Kapital- und Gewinnrücklagen zusammen 10% des nach der Herabsetzung verbleibenden Stammkapitals nicht überschreiten, § 58a Abs. 2 S. 1 GmbHG, und kein Gewinnvortrag mehr vorhanden ist, § 58a Abs. 2 S. 2 GmbHG.

803 Für den Beschluss über die vereinfachte Kapitalherabsetzung gilt im Übrigen dasselbe wie bei der ordentlichen Kapitalherabsetzung. Allerdings steht bei der vereinfachten Kapitalherabsetzung wegen § 58a Abs. 3 S. 2 GmbHG außer Zweifel, dass der Nennbetrag des herabgesetzten Geschäftsanteils auf volle Euro lauten muss. Außerdem muss der

---

985 Siehe oben Rdn. 662.
986 Ein Nachweis über die gesonderte Mitteilung an die bekannten Gläubiger ist nicht erforderlich, BayObLG GmbHR 1974, 287.
987 Lutter/Hommelhoff/*Lutter*, § 58 Rn. 27.
988 Roth/Altmeppen/*Roth*, § 58a Rn. 4 m.w.N.

Beschluss erkennen lassen, dass es sich um eine vereinfachte Kapitalherabsetzung handelt und der Zweck darin besteht, Verluste auszugleichen. Auch muss der Beschluss die Nennbeträge der Geschäftsanteile dem herabgesetzten Stammkapital anpassen, § 58a Abs. 3 GmbHG, darf dies also nicht offenlassen.

Beim sog. »**Kapitalschnitt**« wird eine vereinfachte Kapitalherabsetzung mit einer nachfolgenden Kapitalerhöhung gegen Einlagen kombiniert. Auf diese Weise kann bei einer GmbH, die neues Eigenkapital benötigt, vor der Erhöhung eine Unterbilanz beseitigt werden. Neue Investoren werden regelmäßig nur dann zu einer Beteiligung an der Gesellschaft bereit sein, wenn zuvor die Unterbilanz beseitigt wird. Eine Verbindung mit einer Kapitalerhöhung aus Gesellschaftsmitteln scheidet hingegen aus, soweit die Kapitalherabsetzung nach § 58a Abs. 2 GmbHG eine vorherige Auflösung der Rücklagen voraussetzt. Anders als bei der ordentlichen Kapitalherabsetzung ist es möglich, im Zuge des Kapitalschnitts das Stammkapital auf einen Betrag von weniger als 25.000 EUR und sogar bis auf Null herabzusetzen, wenn die Kapitalherabsetzung mit einer Kapitalerhöhung auf mindestens 25.000 EUR verbunden wird, § 58a Abs. 4 S. 1 GmbHG. Sacheinlagen dürfen dann aber nicht festgesetzt werden. Außerdem müssen Kapitalherabsetzung und Kapitalerhöhung binnen **drei Monaten** nach der Beschlussfassung im Handelsregister eingetragen worden sein, sonst sind sie nichtig, § 58a Abs. 4 S. 2 GmbHG. Allerdings ist der Lauf der Frist gehemmt, solange eine Anfechtungs- oder Nichtigkeitsklage rechtshängig ist, § 58a Abs. 4 S. 3 GmbHG. Die bloße Einreichung der Handelsregistanmeldung innerhalb der Frist ist nach dem Gesetzeswortlaut nicht ausreichend. Mit Ablauf der Frist würden die Beschlüsse endgültig ihre materielle Eintragungsfähigkeit verlieren und müssten neu gefasst werden[989] In der Literatur wird zu Recht geltend gemacht, schon aus verfassungsrechtlichen Gründen dürfe eine Fristversäumung dann nicht zur Nichtigkeit der Beschlüsse führen, wenn sie lediglich auf einer verzögerlichen Sachbearbeitung beim Registergericht beruhe.[990] Bei rechtzeitiger Einreichung einer vollzugsfähigen Anmeldung müsse deshalb der Lauf der Frist für die Dauer der Bearbeitung durch Registergericht gehemmt sein. In der Praxis sollte man rechtzeitig vor Ablauf der Frist unmittelbar Kontakt mit dem Registergericht aufnehmen.

Liegen die Voraussetzungen für eine vereinfachte Kapitalherabsetzung vor, kann die Kapitalherabsetzung sofort zum Handelsregister **angemeldet** werden. Weder ist ein Gläubigeraufruf bekanntzumachen noch sind Gläubiger sicherzustellen noch muss ein Sperrjahr abgewartet werden. Nach h.M. muss wie bei der ordentlichen Kapitalherabsetzung die Anmeldung zum Handelsregister durch sämtliche Geschäftsführer erfolgen, auch wenn § 78 S. 2 GmbHG nicht auf § 58a GmbHG verweist und keinerlei Versicherungen gegenüber dem Handelsregister abzugeben sind.[991]

Allerdings werden die Gläubiger dadurch geschützt, dass die vereinfachte Kapitalherabsetzung **Verwendungs- und Ausschüttungsbeschränkungen** mit sich bringt, §§ 58b ff. GmbHG. Die Beträge aus der Kapitalherabsetzung dürfen nur

– zum Ausgleich von Verlusten verwandt werden, § 58b Abs. 1 GmbHG, oder
– bis zur Höhe von 10% das Stammkapitals nach Herabsetzung in die Kapitalrücklage eingestellt werden, § 58b Abs. 2 GmbHG.

Soweit bei der Beschlussfassung erwartete Verluste tatsächlich nicht eintreten, ist der Herabsetzungsbetrag ebenfalls in die Kapitalrücklage einzustellen, § 58c GmbHG. Beträge, die nach §§ 58b Abs. 2, 58c GmbHG der Kapitalrücklage zugeführt wurden, dürfen bis

---

989 *Fabis*, MittRhNotK 1999, 169, 193.
990 *Fabis*, a.a.O.
991 Dafür *Lutter/Hommelhoff/Lutter*, § 58a Rn. 23; Baumbach/Hueck/*Zöllner*, § 58a Rn. 30; Roth/Altmeppen/*Roth*, § 58a Rn. 15; a.A. (Geschäftsführer in vertretungsberechtigter Anzahl reichen) Scholz/*Priester*, § 58a Rn. 32; MünchHdb. GesR III/*Wegmann*, § 54 Rn. 40.

zum Ablauf des fünften nach dem Herabsetzungsbeschluss beginnenden Geschäftsjahres nur zum Ausgleich eines Jahresfehlbetrages, zum Ausgleich eines Verlustvortrages oder für eine Kapitalerhöhung aus Gesellschaftsmitteln verwandt werden, § 58b Abs. 3 GmbHG. Gewinne dürfen in diesem Zeitraum nur ausgeschüttet werden, wenn die Kapital- und Gewinnrücklagen 10% des Stammkapitals erreichen, § 58d GmbHG. Auch wenn diese Voraussetzung erfüllt ist, darf im Jahr des Herabsetzungsbeschlusses und den beiden folgenden Geschäftsjahren die Gewinnausschüttung 4% des Stammkapitals nicht überschreiten. Dies gilt nur dann nicht, wenn die Gläubiger nach Maßgabe des § 58d Abs. 2 S. 2-4 GmbHG befriedigt bzw. sichergestellt werden.[992]

808 § 58e GmbHG regelt, dass die Bilanz für das letzte Geschäftsjahr vor dem Herabsetzungsbeschluss das Stammkapital sowie die Kapital- und Gewinnrücklagen bereits so ausweisen darf, wie sie nach der Kapitalherabsetzung bestehen. Die Vorschrift erlaubt also einen **bilanziellen Rückbezug** der Kapitalherabsetzung. So soll der Gesellschaft erspart bleiben, eine Verlustbilanz offenlegen zu müssen. Voraussetzung ist allerdings, dass der Beschluss über die Kapitalherabsetzung binnen drei Monaten in das Handelsregister eingetragen worden ist, § 58e Abs. 3 S. 1 GmbHG; anderenfalls werden die Beschlüsse nichtig. Solange eine Klage gegen den Herabsetzungsbeschluss rechtshängig ist, ist diese Frist gehemmt, § 58e Abs. 3 S. 2 GmbHG.

809 Gemäß § 58f GmbHG kann auch eine zugleich mit der Herabsetzung beschlossene **Kapitalerhöhung** bereits in der Bilanz für das letzte Geschäftsjahr vor dem Herabsetzungsbeschluss berücksichtigt werden. Die Beschlussfassung ist nach § 58f Abs. 1 GmbHG nur zulässig, wenn es sich um eine Kapitalerhöhung gegen Bareinlagen handelt, alle neuen Geschäftsanteile übernommen und in der zur Anmeldung nötigen Höhe eingezahlt worden sind. Umstritten ist, ob diese Voraussetzungen bereits vor Beschlussfassung über die Kapitalmaßnahmen erfüllt sein müssen (also der normale zeitliche Ablauf der Kapitalerhöhung zwingend umzukehren ist)[993] oder ob es reicht, wenn sie zum Zeitpunkt einer späteren Feststellung des betreffenden Jahresabschlusses vorliegen (also der normale zeitliche Ablauf der Kapitalerhöhung eingehalten werden kann).[994] Es herrscht jedenfalls Einigkeit, dass die Einzahlung vor der Beschlussfassung über die Kapitalerhöhung in diesem Fall Erfüllungswirkung hat, die Grundsätze der Voreinzahlung (siehe oben Rdn. 724) also nicht gelten.[995] Die Übernahme und die Einzahlung müssen dem Notar, der den Kapitalerhöhungsbeschluss beurkundet, nachgewiesen werden, § 58f Abs. 1 S. 3 GmbHG. Dabei ist die Übernahme nachgewiesen, wenn dem Notar die Übernahmeerklärung vorgelegt oder von diesem in der Niederschrift über den Kapitalerhöhungsbeschluss mitbeurkundet wird. Die Einzahlung wird etwa durch eine Einzahlungsquittung oder einen bestätigten Überweisungsbeleg mit entsprechender Zweckangabe nachgewiesen,[996] nach zutreffender Ansicht auch durch einen Kontoauszug, der den Verwendungszweck der Einzahlung erkennen lässt.[997] Wenn die entsprechenden Nachweise nicht beigebracht werden können, kann der Notar gleichwohl die Beurkundung nicht verweigern.[998] Eine Verletzung des Nachweiserfordernisses führt nicht zur Fehlerhaftigkeit der Beschlüsse.[999] Sowohl die Kapitalherabsetzung als auch die Kapitalerhöhung müssen innerhalb von drei Monaten in das Handelsregister eingetragen werden, § 58f Abs. 2 GmbHG.[1000]

---

992 Einzelheiten: Lutter/Hommelhoff/*Lutter*, § 58d Rn. 6.
993 So Lutter/Hommelhoff/*Lutter*, § 58f Rn. 7 f., Ulmer/*Casper*, § 58f Rn. 9 und Roth/Altmeppen/*Roth*, § 58f Rn. 6.
994 So Baumbach/Hueck/*Zöllner*, § 58f Rn. 9.
995 Allg. M., vgl. Scholz/*Priester*, § 58f Rn. 9.
996 *Fabis*, MittRhNotK 1999, 169, 190.
997 Ulmer/*Casper*, § 58f Rn. 12; zweifelnd Baumbach/Hueck/*Zöllner*, § 58f Rn. 11.
998 *Fabis*, MittRhNotK 1999, 169, 190.
999 Baumbach/Hueck/*Zöllner*, § 58f Rn. 12.
1000 Zu diesem Erfordernis siehe auch Rdn. 804.

VII. Umstellung des Stammkapitals auf Euro

Wenn bei einer Gesellschaft, deren Stammkapital noch auf einen DM-Betrag lautet, eine Kapitalerhöhung oder Kapitalherabsetzung beabsichtigt ist, muss zwingend das Kapital auf Euro umgestellt werden, § 1 Abs. 1 S. 4 EGGmbHG. Ansonsten können diese Gesellschaften das auf DM lautende Kapital zeitlich unbegrenzt weiterführen, § 1 Abs. 1 S. 1 EGGmbHG. Vielfach werden aber auch sonstige Satzungsänderungen zum Anlass genommen, das Stammkapital auf Euro umzustellen. 810

Für die Euroumstellung gibt es die folgenden Möglichkeiten: 811
- nur rechnerische Umstellung,
- Glättung durch normale oder vereinfachte Kapitalherabsetzung,
- Glättung durch erleichterte Kapitalherabsetzung mit gleichzeitiger Kapitalerhöhung,
- Glättung durch Kapitalerhöhung aus Gesellschaftsmitteln,
- Glättung durch Kapitalerhöhung gegen Einlagen im Wege der Aufstockung.

Bei Gesellschaften, deren Kapital noch auf DM lautet,[1001] gelten für den Mindestbetrag, die Teilbarkeit von Kapital, Einlagen und Geschäftsanteilen sowie für den Umfang des Stimmrechts die Beträge, wie sie bis zum Inkrafttreten des Euro-Einführungsgesetzes[1002] gegolten haben, § 1 Abs. 1 S. 2 EGGmbHG. Die Erleichterungen, die das MoMiG für die Teilung von Geschäftsanteilen gebracht hat, bleiben diesen Altgesellschaften also vorenthalten. 812

1. Nur rechnerische Umstellung

Bei der rein rechnerischen Umstellung werden lediglich das Stammkapital und die Nennbeträge der Geschäftsanteile sowie etwaige DM-Beträge in der Satzung in Euro umgerechnet. Eine Änderung des Stammkapitals ist damit nicht verbunden. Der Beschluss bedarf, obwohl es sich um einen satzungsändernden Beschluss handelt, weder einer qualifizierten Mehrheit noch der Beurkundung, sondern kann gemäß § 1 Abs. 3 S. 1 EGGmbHG mit einfacher Mehrheit und ohne notarielle Beurkundung gefasst werden. Die Handelsregisteranmeldung muss nicht notariell beglaubigt werden, Art. 45 Abs. 1 S. 1 EGHGB, und der vollständige Wortlaut des Gesellschaftsvertrages muss nicht beigefügt werden, § 1 Abs. 3 S. 2 EGGmbHG. 813

Die Beträge, die sich durch die Umstellung auf Euro rechnerisch ergeben, sind auf zwei Stellen hinter dem Komma zu runden.[1003] 814

Formulierungsvorschlag Beschluss Euro-Umstellung: 815 M
Das Stammkapital der Gesellschaft und die Nennbeträge der Geschäftsanteile werden zum amtlichen Umrechnungskurs von 1,95583 DM pro 1 Euro auf Euro umgestellt.
Das Stammkapital von 50.000 DM beträgt danach gerundet 25.564,59 Euro.
Der Nennbetrag des Geschäftsanteils von 30.000 DM (lfd. Nr. 1) beträgt danach gerundet 15.338,76 Euro, der Nennbetrag des Geschäftsanteils von 20.000 DM (lfd. Nr. 2) gerundet 10.225,84 Euro.
Die Betragsangaben des Gesellschaftsvertrages in § 2 Abs. 1 und Abs. 2 (Stammkapital und Geschäftsanteile) sowie § 6 Abs. 2 (Gesellschafterbeschlüsse)[1004] werden entsprechend auf Euro umgestellt.

1001 Dies dürfte noch auf mehr als ein Viertel aller heutig bestehenden GmbHs zutreffen, vgl. *Hoffmann/Lieder*, GmbHR 2010, R 209.
1002 EuroEG vom 9.6.1998 (BGBl. I, S. 1242).
1003 Ausführlich Heckschen/Heidinger/*Heidinger*, § 12 Rn. 9 ff.
1004 Regelmäßig findet sich in Gesellschaftsverträgen eine Regelung, nach der ein bestimmter Betrag des Stammkapitals eine Stimme gewährt. Dieser Betrag muss ebenfalls auf Euro umgestellt werden.

816 Die entstandenen Geschäftsanteile mit unglatten Euro-Beträgen können nicht nur abgetreten, sondern auch geteilt und zusammengelegt werden. Ebenso wie bei den Gesellschaften, deren Stammkapital noch auf DM lautet, sind dabei aber die Beträge maßgeblich, wie sie bis zum Inkrafttreten des Euro-Einführungsgesetzes gegolten haben, § 1 Abs. 1 S. 3 EGGmbHG, wobei auch diese Beträge in Euro umzurechnen sind.[1005]

2. Umstellung und Glättung

817 Voraussetzung einer Glättung des Stammkapitals ist in einem ersten Schritt die rein rechnerische Umstellung der Kapitalbeträge auf Euro durch einen Beschluss der Gesellschafter[1006] (oben Rdn. 813).

818 Die anschließende Glättung des Betrages kann im Wege der **Kapitalherabsetzung** erfolgen. Dabei sind allerdings die allgemeinen Vorschriften über Kapitalherabsetzungen in §§ 58, 58a ff. GmbHG zu beachten, bei der ordentlichen Kapitalherabsetzung insbesondere das Sperrjahr. Erleichterungen sehen auch die Vorschriften zur Euroumstellung in § 1 EGGmbHG nicht vor. Aus diesem Grund ist die Glättung durch Kapitalherabsetzung wenig praktikabel, sofern nicht die Voraussetzungen einer vereinfachten Kapitalherabsetzung vorliegen oder ohnehin, unabhängig von der Glättung, eine ordentliche Kapitalherabsetzung beabsichtigt ist.

819 Erleichterungen für eine Kapitalherabsetzung sieht § 1 Abs. 3 S. 3 EGGmbHG nur vor, wenn **zugleich** eine **Erhöhung** des Stammkapitals gegen Bareinlagen beschlossen wird und diese vor der Anmeldung zum Handelsregister voll eingezahlt werden. In diesem Fall findet § 58 Abs. 1 GmbHG keine Anwendung; insbesondere muss kein Sperrjahr abgewartet werden. Eine Herabsetzung des Kapitals auf einen Betrag von weniger als 25.000 EUR ist nicht zulässig. Eine § 58a Abs. 4 GmbHG entsprechende Regelung sieht § 1 Abs. 3 EGGmbHG nicht vor. Außerdem muss der Erhöhungsbetrag mindestens so hoch sein wie der Betrag, um den das Kapital zuvor herabgesetzt worden ist.[1007]

820 Soll die Glättung durch eine **Kapitalerhöhung** erreicht werden, setzt dies zwingend eine Aufstockung der bisherigen Geschäftsanteile voraus. Bei Bildung neuer Geschäftsanteile würden nicht nur diese, sondern auch die auf Euro umgestellten bisherigen Geschäftsanteile keine glatten Nennbeträge aufweisen.[1008] Im Wege einer Kapitalerhöhung gegen Einlagen ist die Aufstockung generell nur möglich, wenn alle Geschäftsanteile voll eingezahlt sind oder noch den Gründern (oder ihren Gesamtrechtsnachfolgern) zustehen, ansonsten ist sie unzulässig.[1009] Gleichwohl soll nach verbreiteter Ansicht das Aufstockungsverbot bei teileingezahlten Anteilen nicht gelten, wenn diese zum Zweck der Euro-Umstellung nur bis zum nächstzulässigen Betrag aufgestockt werden.[1010] Bei einer Kapitalerhöhung aus Gesellschaftsmitteln ist eine Aufstockung stets zulässig, bei teileingezahlten Anteilen sogar zwingend, § 57l Abs. 2 S. 2 GmbHG. Verfahrenserleichterungen betreffend die Übernahmeerklärung und die Liste der Übernehmer bei der Aufstockung zum Zwecke der Glättung sieht das Gesetz nicht vor.[1011] Weil bei der Kapitalerhöhung gegen Einlagen jedenfalls mit Zustimmung aller Gesellschafter auch eine disproportionale Aufsto-

---

1005 Lutter/Hommelhoff/*Bayer*, § 1 EGGmbHG Rn. 3.
1006 OLG Frankfurt a.M. vom 23.7.2003 – 20 W 46/03 = GmbHR 2003, 1273.
1007 Lutter/Hommelhoff/*Bayer*, § 1 EGGmbHG Rn. 22.
1008 OLG Hamm vom 28.4.2003 – 15 W 39/03 = GmbHR 2003, 899 hält dies allerdings für zulässig, wenn die Geschäftsanteile unmittelbar darauf zusammengelegt werden und dadurch glatte Nennbeträge entstehen.
1009 Siehe oben Rdn. 703.
1010 Lutter/Hommelhoff/*Bayer*, § 1 EGGmbHG Rn. 20; Scholz/*U.H. Schneider*, § 86 Rn. 60; *Ries*, GmbHR 2000, 264, 266; a.A. (Aufstockungsverbot gilt) *Waldner*, ZNotP 1998, 490, 491; *Steffan/Schmidt*, DB 1998, 709, 711.
1011 BayObLG vom 20.2.2002 – 3Z BR 30/02 = GmbHR 2002, 497.

ckung der Geschäftsanteile möglich ist, kann eine Glättung durch schlichte Erhöhung eines jeden Geschäftsanteils auf den nächsten vollen Euro erreicht werden. Bei der Kapitalerhöhung aus Gesellschaftsmitteln hingegen ist das Gebot verhältniswahrender Erhöhung aus § 57j GmbHG auch dann zu berücksichtigen, wenn mit der Erhöhung eines Glättung nach Euroumstellung bezweckt wird.[1012] Es muss daher rechnerisch ermittelt werden, durch welchen verhältniswahrenden Erhöhungsbetrag bei allen Geschäftsanteilen glatte Nennbeträge erreicht werden.

Bei den **Notarkosten** ist zu beachten, dass gemäß Art. 45 Abs. 2 EGHGB nur die Hälfte des Geschäftswerts nach § 41 Abs. 1 Nr. 3 KostO zugrunde gelegt werden darf, wenn eine Kapitalveränderung auf den nächsthöheren oder nächstniedrigeren Betrag zum Handelsregister angemeldet wird, mit dem die Nennbeträge der Geschäftsanteile auf einen durch zehn teilbaren Betrag in Euro gestellt werden können. Nachdem seit Inkrafttreten des MoMiG die Teilbarkeit durch zehn nicht mehr erforderlich ist, sondern lediglich volle Eurobeträge erreicht werden müssen, gilt die Kostenprivilegierung auch für Kapitalveränderungen unterhalb des in Art. 45 Abs. 2 EGHGB bezeichneten Umfangs.

1012 Lutter/Hommelhoff/*Bayer*, § 1 EGGmbHG Rn. 16.

2. Kapitel Recht der Gesellschaft mit beschränkter Haftung

D. Beendigung der Gesellschaft

I. Auflösung der Gesellschaft

822 Die Beseitigung einer GmbH vollzieht sich im Normalfall[1013] in drei Schritten:

(1) Auflösung der Gesellschaft, häufig durch Auflösungsbeschluss der Gesellschafterversammlung (unten Rdn. 824),
(2) Liquidation des Gesellschaftsvermögens (unten Rdn. 836 ff.),
(3) Vollbeendigung der Gesellschaft (unten Rdn. 839).

823 Die Auflösung der Gesellschaft setzt einen **Auflösungsgrund** voraus. Das Gesetz sieht in § 60 Abs. 1 GmbHG verschiedene Gründe für die Auflösung einer GmbH vor, insbesondere die Auflösung durch Beschluss der Gesellschafter (Nr. 2), durch die Eröffnung des Insolvenzverfahrens (Nr. 4) und durch rechtskräftige Ablehnung der Eröffnung eines Insolvenzverfahrens mangels Masse (Nr. 5). Daneben kann der Gesellschaftsvertrag weitere Auflösungsgründe regeln, § 60 Abs. 2 GmbHG, etwa die Auflösung aufgrund der Kündigung eines Gesellschafters. Eine Auflösung kann auch durch eine Auflösungsklage gegen die Gesellschaft gemäß § 61 GmbHG erreicht werden, wenn ein wichtiger Grund dafür vorliegt, insbesondere der Gesellschaftszweck nicht mehr erreicht werden kann. Schließlich ermöglicht § 62 GmbHG – praktisch bisher unbedeutend[1014] – die Auflösung gemeinwohlgefährdender Gesellschaften durch die Verwaltungsbehörde.

1. Auflösung durch Beschluss der Gesellschafterversammlung

824 In der Praxis am häufigsten ist die Auflösung durch **Beschluss** der Gesellschafter, § 60 Abs. 1 Nr. 2 GmbHG. Abweichend von § 47 Abs. 1 GmbHG, der für Beschlüsse grundsätzlich einfache Mehrheit genügen lässt, erfordert der Auflösungsbeschluss eine Mehrheit von dreiviertel der abgegeben Stimmen. Der Gesellschaftsvertrag kann eine höhere Mehrheit bis hin zur Einstimmigkeit verlangen, aber – anders als bei Satzungsänderungen – auch eine geringere Mehrheit genügen lassen.[1015] Weil es sich bei der Auflösung der Gesellschaft grundsätzlich nicht um eine Satzungsänderung handelt, muss der Auflösungsbeschluss nicht notariell beurkundet werden. Er wird sofort wirksam. Die Eintragung in das Handelsregister ist lediglich deklaratorisch.[1016]

825 Mit dem Auflösungsbeschluss werden die Geschäftsführer ipso jure zu **Liquidatoren** der Gesellschaft, wenn nicht der Gesellschaftsvertrag eine abweichende Regelung enthält oder die Gesellschafter durch Beschluss andere Personen zu Liquidatoren bestellen, § 66 Abs. 1 GmbHG. Die Vertretungsbefugnis der Liquidatoren ergibt sich, etwas verklausuliert, aus § 68 Abs. 1 GmbHG: Ist nur ein Liquidator vorhanden, vertritt er allein, sind mehrere Liquidatoren vorhanden, vertreten sie gemeinsam.[1017] Dies gilt auch dann, wenn die bisherigen Geschäftsführer als geborene Liquidatoren tätig werden und sie als Geschäftsführer eine abweichende Vertretungsbefugnis hatten.[1018] Der Gesellschaftsvertrag kann die Vertretungsbefugnis der Liquidatoren abweichend von § 68 Abs. 1 GmbHG regeln. Nach h.M. ist eine Abweichung auch durch einfachen Gesellschafterbeschluss möglich, selbst

---

1013 Andere Möglichkeiten der Beseitigung einer GmbH sind z.B. die Verschmelzung auf einen anderen Rechtsträger gemäß §§ 2 ff. UmwG, die Aufspaltung auf andere Rechtsträger gemäß §§ 126 ff. UmwG oder die Löschung wegen Vermögenslosigkeit gem. § 394 FamFG.
1014 Lutter/Hommelhoff/*Kleindieck*, § 62 Rn. 2.
1015 Lutter/Hommelhoff/*Kleindieck*, § 60 Rn. 6.
1016 Lutter/Hommelhoff/*Kleindieck*, § 60 Rn. 5.
1017 Lutter/Hommelhoff/*Kleindieck*, § 68 Rn. 2.
1018 BGH vom 27.10.2008 – II ZR 255/07 = DNotZ 2009, 300; Lutter/Hommelhoff/*Kleindieck*, § 68 Rn. 2; a.A. Scholz/K. Schmidt, § 68 Rn. 5.

wenn der Gesellschaftsvertrag dies nicht ausdrücklich vorsieht.[1019] Darin liegt ein Unterschied zur Rechtslage bei den Vertretungsbefugnissen der Geschäftsführer: Von dem gesetzlichen Modell des § 35 GmbHG kann durch Gesellschafterbeschluss nur abgewichen werden, wenn der Gesellschaftsvertrag eine entsprechende Öffnungsklausel enthält.[1020]

Von den Beschränkungen des § 181 BGB können die Liquidatoren hingegen durch Gesellschafterbeschluss nur befreit werden, wenn der Gesellschaftsvertrag diese Möglichkeit vorsieht.[1021] Eine Ermächtigung, die Geschäftsführer durch Gesellschafterbeschluss von den Beschränkungen des § 181 BGB zu befreien, ermöglicht im Zweifel auch eine entsprechende Befreiung der Liquidatoren.[1022] Waren die Geschäftsführer aufgrund Gesellschaftsvertrag oder Gesellschafterbeschluss von § 181 BGB befreit, setzt sich dies aber nicht automatisch fort, wenn sie nach Auflösung der Gesellschaft als Liquidatoren tätig werden.[1023] Aufgrund der unterschiedlichen Aufgaben von Geschäftsführer und Liquidator kann eine entsprechende Fortwirkung nicht ohne weiteres angenommen werden.

826

Formulierungsvorschlag Auflösungsbeschluss:
Wir, die alleinigen Gesellschafter der CENTURION GmbH mit Sitz in Köln (Amtsgericht Köln HRB 11111), halten hiermit unter Verzicht auf alle Fristen und Formen eine

827 M

Gesellschafterversammlung

der Gesellschaft ab und beschließen mit allen Stimmen:
1. **Die Gesellschaft wird aufgelöst.**
2. **Herr ... ist nicht mehr Geschäftsführer der Gesellschaft.**
3. **Herr ... wird zum Liquidator der Gesellschaft bestellt. Er ist als Liquidator stets alleinvertretungsberechtigt und befugt, im Namen der Gesellschaft mit sich im eigenen Namen oder als Vertreter eines Dritten Rechtsgeschäfte vorzunehmen.**
4. **Nach Beendigung der Liquidation werden die Bücher und Schriften der Gesellschaft von Herrn ... verwahrt.**

Damit ist die Tagesordnung erledigt und die Gesellschafterversammlung beendet.

Gelegentlich kommt es vor, dass eine neu gegründete GmbH, die noch nicht im Handelsregister eingetragen ist, im **Gründungsstadium** wieder aufgelöst werden soll. Ein entsprechender Auflösungsbeschluss bedarf analog § 60 Abs. 1 Nr. 2 GmbHG einer Dreiviertelmehrheit.[1024] Die notarielle Beurkundung des Auflösungsbeschlusses ist nicht erforderlich.[1025] Die Gesellschaft ist dann entsprechend §§ 60 ff. GmbHG zu liquidieren,[1026] wobei allerdings bei einer noch nicht im Handelsregister eingetragenen Gesellschaft eine Eintragung der Auflösung im Handelsregister gemäß § 65 Abs. 1 GmbHG ausscheidet. Ob auch das Sperrjahr eingehalten und die Auflösung in den Gesellschaftsblättern bekannt gemacht werden muss, ist umstritten.[1027] Jedenfalls dann, wenn die Gründungskosten beglichen sind und keinerlei weitere Verbindlichkeiten bestehen, scheint es sachgerecht,

828

1019 Lutter/Hommelhoff/*Kleindieck*, § 68 Rn. 2.
1020 Lutter/Hommelhoff/*Kleindieck*, § 35 Rn. 37.
1021 *Wälzholz*, GmbHR 2002, 305, 306 f.; Lutter/Hommelhoff/*Kleindieck*, § 68 Rn. 4.
1022 OLG Zweibrücken GmbHR 1999, 237 f.; BayObLG GmbHR 1996, 56 f.
1023 BGH vom 27.10.2008 – II ZR 255/07 = DNotZ 2009, 300; OLG Rostock vom 6.10.2003 – 3 U 188/03 = NZG 2004, 288; OLG Düsseldorf GmbHR 1989, 465; Lutter/Hommelhoff/*Kleindieck*, § 68 Rn. 4; a.A. Roth/Altmeppen/*Altmeppen*, § 68 Rn. 5.
1024 Lutter/Hommelhoff/*Bayer*, § 11 Rn. 20.
1025 Heckschen/Heidinger/*Heckschen*, § 18 Rn. 4.
1026 BGH vom 23.10.2006 – II ZR 162/05 = DNotZ 2007, 142 (für die AG); Lutter/Hommelhoff/*Bayer*, § 11 Rn. 20; Roth/Altmeppen/*Altmeppen*, § 66 Rn. 2.
1027 Dafür Ulmer/*Ulmer*, § 11 Rn. 55 f.; dagegen Rowedder/Schmidt-Leithoff, § 11 Rn. 69.

auch ohne förmliche Liquidation von einer sofortigen Beendigung der Gesellschaft auszugehen.[1028]

829 Wurde allerdings die Gesellschaft nach Aufgabe der Eintragungsabsicht zunächst als Personengesellschaft fortgeführt, ist sie nach den Vorschriften des Personengesellschaftsrechts abzuwickeln.[1029]

2. Handelsregisteranmeldung

830 Die Auflösung der Gesellschaft aufgrund eines Gesellschafterbeschlusses ist zum **Handelsregister** anzumelden, § 65 Abs. 1 GmbHG. Auch die Liquidatoren und ihre Vertretungsbefugnis sind anzumelden, § 67 GmbHG, selbst wenn die bisherigen Geschäftsführer die Liquidatoren sind und sich die Art ihrer Vertretungsmacht nicht geändert hat. Wie bei der Anmeldung von Geschäftsführern ist auch bei der Anmeldung von Liquidatoren neben der konkreten Vertretungsbefugnis der Liquidatoren die abstrakte Vertretungsregelung des Gesellschaftsvertrages bzw. des Gesetzes mit anzumelden.[1030]

831 Zur Anmeldung verpflichtet sind gemäß § 78 GmbHG die Liquidatoren. Entgegen dem Wortlaut von § 67 Abs. 1 GmbHG gilt auch dann nichts anderes, wenn die bisherigen Geschäftsführer nicht die Liquidatoren sind.[1031] § 78 GmbHG legt nahe, dass die Liquidatoren die Anmeldung nur in vertretungsberechtigter Anzahl unterzeichnen müssen.[1032] Allerdings müssen in der Anmeldung sämtliche Liquidatoren versichern, dass keine Umstände vorliegen, die ihrer Bestellung nach §§ 66 Abs. 4, 6 Abs. 2 S. 2 Nr. 2 und 3, S. 3 GmbHG entgegenstehen, und dass sie über ihre unbeschränkte Auskunftspflicht gegenüber dem Gericht belehrt worden sind, § 67 Abs. 3 GmbHG.[1033] Aus diesem Grund ist in der Praxis die Unterzeichnung der Handelsregisteranmeldung, die üblicherweise auch die entsprechende Versicherung enthält, durch sämtliche Liquidatoren die Regel. Die Versicherung ist auch dann erforderlich, wenn die bisherigen Geschäftsführer die Liquidatoren sind.[1034] Zwar haben die Geschäftsführer bereits als Geschäftsführer gegenüber dem Registergericht ihre Amtsfähigkeit versichern müssen. Das Registergericht kann jedoch eine »Aktualisierung« verlangen,[1035] zumal häufig die Geschäftsführer die Versicherungen noch bezogen auf den Katalog des § 8 GmbHG in der Fassung vor Inkrafttreten des MoMiG abgegeben haben werden.

832 M **Formulierungsbeispiel Handelsregisteranmeldung Auflösung und Liquidatoren:**
Ich, ..., überreiche als Anlage die Niederschrift über die Gesellschafterversammlung vom ... und melde zur Eintragung in das Handelsregister an:
1. Die Gesellschaft ist aufgelöst.
2. Ich bin nicht mehr Geschäftsführer der Gesellschaft.

1028 Heckschen/Heidinger/*Heckschen*, § 18 Rn. 5.
1029 Scholz/*K. Schmidt*, § 11 Rn. 56 m.w.N.
1030 BGH vom 7.5.2007 – II ZB 21/06 = DNotZ 2008, 75.
1031 OLG Oldenburg vom 3.1.2005 – 3 W 42/04 = GmbHR 2005, 367; Lutter/Hommelhoff/*Kleindieck*, § 67 Rn. 2.
1032 Lutter/Hommelhoff/*Kleindieck*, § 65 Rn. 5.
1033 Mit dem Gesetz zur Umsetzung der Aktionärsrechterichtlinie (ARUG) vom 30.7.2009, BGBl. I S. 2479, wurde § 67 Abs. 3 GmbHG geändert und so klargestellt, dass die Versicherung der Liquidatoren denselben Umfang hat wie die der Geschäftsführer nach § 8 Abs. 3 GmbHG. Der Liquidator muss also nicht versichern, dass er keinem Einwilligungsvorbehalt gem. § 1903 BGB unterliegt, vgl. Roth/Altmeppen/*Altmeppen*, § 67 Rn. 12.
1034 Lutter/Hommelhoff/*Kleindieck*, § 67 Rn. 8.
1035 BayObLG GmbHR 1982, 274.

3. Die Vertretung der Gesellschaft ist allgemein wie folgt geregelt:
Die Gesellschaft hat einen oder mehrere Liquidatoren. Ist nur ein Liquidator bestellt, ist dieser einzelvertretungsberechtigt. Sind mehrere Liquidatoren bestellt, so wird die Gesellschaft durch zwei Liquidatoren gemeinschaftlich oder durch einen Liquidator gemeinschaftlich mit einem Prokuristen vertreten.
4. Ich bin zum Liquidator der Gesellschaft bestellt. Ich bin stets alleinvertretungsberechtigt und befugt, im Namen der Gesellschaft mit mir im eigenen Namen oder als Vertreter eines Dritten Rechtsgeschäfte vorzunehmen.

Ich versichere:

1. Es liegen keine Umstände vor, die meiner Bestellung als Liquidator nach § 66 Abs. 4 i.V.m. § 6 Abs. 2 Satz 2 Nr. 2 und 3 sowie Satz 3 GmbHG entgegenstehen:
    a) Mir ist weder durch gerichtliches Urteil noch durch vollziehbare Entscheidung einer Verwaltungsbehörde die Ausübung eines Berufes, Berufszweiges, Gewerbes oder Gewerbezweiges untersagt.
    b) Ich wurde nie wegen der vorsätzlichen Begehung einer oder mehrerer der folgenden Straftaten verurteilt:
        – Unterlassen der Stellung eines Antrages auf Eröffnung des Insolvenzverfahrens (Insolvenzverschleppung)
        – Insolvenzstraftaten (§§ 283 bis 283d StGB)
        – falsche Angaben nach § 82 GmbHG oder § 399 AktG
        – unrichtige Darstellung nach § 400 AktG, § 331 HGB, § 313 UmwG oder § 17 PublG
        – Betrug (§ 263 StGB), Computerbetrug (§ 263a StGB), Subventionsbetrug (§ 264 StGB), Kapitalanlagebetrug (§ 264a StGB), Kreditbetrug (§ 265b StGB), Untreue (§ 266 StGB), Vorenthalten oder Veruntreuen von Arbeitsentgelt (§ 266a StGB)
    c) Ich wurde nie im Ausland verurteilt wegen einer Tat, die mit den unter b) genannten Taten vergleichbar ist.
2. Der beglaubigende Notar hat mich über meine unbeschränkte Auskunftspflicht gegenüber dem Registergericht belehrt.

3. Bekanntmachung der Auflösung

Die Liquidatoren sind dazu verpflichtet, die Auflösung in den Gesellschaftsblättern bekanntzumachen, § 65 Abs. 2 S. 1 GmbHG. Gemäß § 12 GmbHG reicht die Bekanntmachung im elektronischen Bundesanzeiger, wenn der Gesellschaftsvertrag keine weiteren Gesellschaftsblätter bestimmt. In der Bekanntmachung müssen die Gläubiger aufgefordert werden, sich bei der Gesellschaft zu melden, § 65 Abs. 2 S. 2 GmbHG. Das Erfordernis, diese Veröffentlichung »zu drei verschiedenen Malen« vorzunehmen, wurde durch das ARUG[1036] mit Wirkung zum 1.9.2009 aufgehoben. Anders als bei einer Kapitalherabsetzung (§ 58 Abs. 1 Nr. 1 GmbHG, siehe oben Rdn. 794) ist eine besondere Mitteilung an die der Gesellschaft bekannten Gläubiger nicht erforderlich.

Formulierungsbeispiel Gläubigeraufruf:

834 M

CENTURION GmbH
Köln

Die Gesellschaft ist aufgelöst. Die Gläubiger der Gesellschaft werden aufgefordert, sich bei ihr zu melden.

Der Liquidator

1036 Gesetz zur Umsetzung der Aktionärsrechterichtlinie (ARUG) vom 30.7.2009, BGBl. I, S. 2479.

2. Kapitel Recht der Gesellschaft mit beschränkter Haftung

835　Der Notar ist gemäß § 54 EStDV verpflichtet, eine beglaubigte Abschrift der Handelsregisteranmeldung der Liquidation und des Erlöschens der Gesellschaft an das für die Gesellschaft zuständige Finanzamt (Körperschaftsteuerstelle) zu übersenden. Vorher dürfen den Beteiligten keine Abschriften erteilt werden.

II. Liquidation und Vollbeendigung der Gesellschaft

836　Die Aufgaben der Liquidatoren ergeben sich aus § 70 GmbHG: Danach haben sie die laufenden Geschäfte zu beenden, die Verbindlichkeiten der Gesellschaft zu erfüllen und ihre Forderungen einzuziehen sowie das Vermögen der Gesellschaft zu liquidieren. Ab der Auflösung der Gesellschaft muss die Firma mit einem Zusatz geführt werden, der die Liquidation erkennen lässt, § 68 Abs. 2 GmbHG.[1037] Üblich ist die Abkürzung »i.L.« für »in Liquidation«.

837　Erst wenn die bekannten Verbindlichkeiten der Gesellschaft vollständig getilgt oder sichergestellt sind und seit der Bekanntmachung der Liquidation in den Gesellschaftsblättern mindestens ein Jahr vergangen ist, dürfen die Liquidatoren ein etwaiges Restvermögen an die Gesellschafter auskehren, § 73 GmbHG. Voraussetzung der Beendigung der Liquidation ist, dass kein verteilbares Vermögen mehr vorhanden ist. Ein laufender Aktivprozess oder noch ausstehende Steuererstattungsansprüche stehen der Beendigung daher entgegen. Sind noch Steuernachforderungen zu erwarten und werden dafür Rücklagen gebildet, ist die Liquidation ebenfalls noch nicht beendet.[1038] Gleiches gilt, wenn dafür zwar weder Rücklagen gebildet sind noch sonst liquides Gesellschaftsvermögen zur Verfügung steht, aber die Gesellschaft wegen einer Verteilung des Gesellschaftsvermögens vor Ablauf des Sperrjahres oder vor Befriedigung aller bekannten Gläubiger Ersatzansprüche gegen den Liquidator aus § 73 Abs. 3 GmbHG oder gegen die Gesellschafter analog § 31 GmbHG[1039] hat. Die Liquidation ist ferner nicht beendet, sofern noch weitere Liquidationsmaßnahmen zu erledigen sind, insbesondere für die Gesellschaft noch Erklärungen abzugeben sind, etwa weil sie auf Abgabe einer bestimmten Erklärung verklagt wurde oder für sie noch löschungsreife Rechte im Grundbuch eingetragen sind. Einer Beendigung der Liquidation steht es jedoch nicht entgegen, wenn nur noch Vermögen in Höhe der notariellen und gerichtlichen Löschungskosten vorhanden ist.[1040]

838　Auf das Sperrjahr kann nach einer Entscheidung des OLG Köln verzichtet werden, wenn kein verteilungsfähiges Vermögen der GmbH mehr vorhanden ist.[1041] Solange jedoch noch Ansprüche der Gesellschaft gegen ihre Gesellschafter bestehen, insbesondere wegen noch ausstehender Einlagen oder wegen der verbotswidrigen Auskehr eines Restvermögens vor Ablauf des Sperrjahres, ist verteilungsfähiges Vermögen noch vorhanden. Dem Handelsregister gegenüber muss daher erklärt werden, dass das Gesellschaftsvermögen durch Befriedigung der Gläubiger erschöpft ist und eine Verteilung von Gesellschaftsvermögen an die Gesellschafter nicht erfolgt ist.

839　Ist die Liquidation beendet, so ist dies zum Handelsregister anzumelden. Die Unterschriftsbeglaubigung kann auch schon vor Ablauf des Sperrjahres erfolgen,[1042] weil die Handelsregisteranmeldung erst bewirkt ist mit Abgabe an das Handelsregister. Mit der Eintragung ist die Gesellschaft erloschen.[1043] Das Erlöschen des Liquidatorenamtes versteht sich

---

1037　Lutter/Hommelhoff/*Kleindieck*, § 68 Rn. 6.
1038　BayObLG GmbHR 1982, 274; Lutter/Hommelhoff/*Kleindieck*, § 74 Rn. 4.
1039　Für Anspruch aus § 31 GmbHG analog Lutter/Hommelhoff/*Kleindieck*, § 73 Rn. 15; Baumbach/Hueck/*Haas*, § 73 Rn. 17; a.A. (§ 812 Abs. 1 S. 1 BGB) OLG Rostock GmbHR 1996, 621.
1040　Heckschen/Heidinger/*Heckschen*, § 18 Rn. 26.
1041　OLG Köln vom 5.11.2004 – 2 Wx 33/04 = DNotZ 2005, 314; *Fietz/Fingerhuth*, GmbHR 2006, 961.
1042　Heckschen/Heidinger/*Heckschen*, § 18 Rn. 29.
1043　Lutter/Hommelhoff/*Kleindieck*, § 74 Rn. 7; Roth/Altmeppen/*Altmeppen*, § 65 Rn. 23.

von selbst und bedarf keiner besonderen Anmeldung.[1044] Das Registergericht kann gemäß § 26 FamFG verlangen, dass die Voraussetzungen des Erlöschens glaubhaft gemacht werden.[1045] In der Praxis wird dazu gelegentlich eine Bestätigung des Finanzamts verlangt, dass keine Steuerforderungen und keine Rückerstattungsansprüche mehr bestehen.

Formulierungsvorschlag Handelsregisteranmeldung Beendigung der Liquidation: **840 M**
Ich, der unterzeichnende ..., melde zur Eintragung in das Handelsregister an:
Die Liquidation der Gesellschaft ist beendet. Die Gesellschaft und ihre Firma sind erloschen. Ich verwahre die Bücher und Schriften der Gesellschaft.

III. Fortsetzung einer aufgelösten Gesellschaft

Solange die Vermögensverteilung unter der Gesellschaftern nach §§ 72, 73 GmbHG noch nicht   **841**
begonnen hat und die Gesellschaft im Handelsregister noch nicht gelöscht wurde, kann die **Fortsetzung** der Gesellschaft beschlossen werden.[1046] Durch den Fortsetzungsbeschluss wird die Liquidationsgesellschaft wieder zur werbenden Gesellschaft, vorausgesetzt, der Auflösungsgrund liegt nicht mehr vor. Beruhte die Auflösung auf einem Auflösungsbeschluss nach § 60 Abs. 1 Nr. 2 GmbHG, reicht zur Fortsetzung der Fortsetzungsbeschluss. Für den Fortsetzungsbeschluss wird allgemein eine Dreiviertelmehrheit der abgegebenen Stimmen analog § 274 Abs. 1 S. 2 AktG verlangt.[1047]

Formulierungsvorschlag Fortsetzungsbeschluss einer aufgelösten GmbH: **842 M**
Die Erschienenen erklärten:
Wir sind die alleinigen Gesellschafter der CENTURION GmbH mit Sitz in Köln (Amtsgericht Köln HRB 11111).
Mit Gesellschafterbeschluss vom 15. August 20... haben wir die Auflösung der Gesellschaft beschlossen und Herrn ... zum alleinigen Liquidator bestellt. Die Auflösung und die Bestellung von Herrn ... als Liquidator wurde im Handelsregister eingetragen. Mit der Verteilung des Vermögens der Gesellschaft unter die Gesellschafter wurde noch nicht begonnen.
Dies vorausgeschickt, halten wir hiermit unter Verzicht auf alle Fristen und Formen eine

Gesellschafterversammlung

der Gesellschaft ab und beschließen mit allen Stimmen:
1. Die Gesellschaft wird fortgesetzt.
2. Herr ... ist nicht mehr Liquidator der Gesellschaft.
3. Herr ... wird zum Geschäftsführer der Gesellschaft bestellt. Er ist als Geschäftsführer stets alleinvertretungsberechtigt und befugt, im Namen der Gesellschaft mit sich im eigenen Namen oder als Vertreter eines Dritten Rechtsgeschäfte vorzunehmen.

Damit ist die Tagesordnung erledigt und die Gesellschafterversammlung beendet.

1044 BayObLG DNotZ 1994, 654.
1045 *Fietz/Fingerhuth*, GmbHR 2006, 960, 963 ff.
1046 OLG Celle vom 3.1.2008 – 9 W 124/07 = GmbHR 2008, 211; BayObLG DNotZ 1999, 145; Lutter/Hommelhoff/*Kleindieck*, § 60 Rn. 29; a.A. Roth/Altmeppen/*Altmeppen*, § 60 Rn. 42 ff.
1047 Lutter/Hommelhoff/*Kleindieck*, § 60 Rn. 29.

2. Kapitel Recht der Gesellschaft mit beschränkter Haftung

843 Der Fortsetzungsbeschluss ist von den Geschäftsführern zur Eintragung in das Handelsregister anzumelden.[1048] Angemeldet werden muss auch, dass das Amt der Liquidatoren beendet ist.[1049]

IV. Nachtragsliquidation

844 Stellt sich nach Eintragung des Erlöschens der Gesellschaft heraus, dass die Liquidation tatsächlich noch nicht beendet war, insbesondere der Gesellschaft noch Ansprüche zustehen oder für sie noch Erklärungen abzugeben sind, ist eine **Nachtragsliquidation** analog § 273 Abs. 4 S. 1 AktG notwendig. Dies setzt nicht voraus, dass nachträglich verteilbares Vermögen bekannt geworden ist. Es genügt, dass Rechtsbeziehungen oder Tatsachen bekannt werden, die eine gesetzliche Vertretung der Gesellschaft verlangen, etwa weil die Gesellschaft noch an einem Hinterlegungsverfahren beteiligt ist, weil noch die Löschung im Grundbuch eingetragener Rechte der Gesellschaft bewilligt werden muss oder der Gesellschaft noch ein Steuerbescheid zuzustellen ist.[1050]

845 Für die Nachtragsliquidation ist die tatsächlich bisher nicht erloschene Gesellschaft grundsätzlich wieder im Handelsregister einzutragen. Jeder Gesellschafter, jeder frühere Liquidator und jeder Gläubiger der Gesellschaft kann einen entsprechenden Antrag stellen.[1051] Ist lediglich eine einzelne Abwicklungsmaßnahme zu erledigen, kann nach h.M. auch auf die Wiedereintragung der Gesellschaft verzichtet und statt dessen nur ein Liquidator bestellt werden.[1052] Dem Handelsregister gegenüber ist glaubhaft zu machen, dass eine Nachtragsliquidation erforderlich ist.[1053] Für die Bestellung des Nachtragsliquidators ist das Registergericht zuständig, das auch über die Person des Liquidators entscheidet.[1054] Der Nachtragsliquidator hat einen Anspruch auf Vergütung und Auslagenersatz, für dessen Deckung der Antragsteller u.U. einen Vorschuss zu leisten hat.[1055] Der vom Gericht bestellte Liquidator ist grundsätzlich nicht verpflichtet, das Amt anzunehmen.

846 Ob das Gericht bei der Bestellung die Befugnisse des Nachtragsliquidators inhaltlich beschränken kann, ist umstritten. Nach einer Auffassung ist die Beschränkung der Nachtragsliquidation auf die Vornahme bestimmter Maßnahmen mit dem Zweck der Herbeiführung der Vollbeendigung nicht vereinbar.[1056] Nach anderer Auffassung hingegen kommt dem Nachtragsliquidator regelmäßig nur ein auf die Vornahme bestimmter Einzelmaßnahmen beschränkter Aufgabenkreis zu; er sei daher nur für diese Einzelmaßnahmen zu bestellen, auf die sich auch seine Vertretungsmacht beschränke.[1057]

847 Die Nachtragsliquidation ist die Fortsetzung der allgemeinen Liquidation. Die vom Gesetz für das Liquidationsverfahren vorgesehenen Maßnahmen sind daher, soweit sie schon erfüllt sind, in der Nachtragsliquidation nicht erneut vorzunehmen.[1058] Insbesondere ist nicht erneut ein Sperrjahr abzuwarten, sondern nach Abschluss der Nachtragsliquidation kann sofort die Beendigung der Liquidation zum Handelsregister angemeldet werden.[1059]

1048 Lutter/Hommelhoff/*Kleindieck*, § 60 Rn. 29.
1049 Lutter/Hommelhoff/*Kleindieck*, § 67 Rn. 4.
1050 OLG München vom 7.5.2008 – 31 Wx 28/08 = GmbHR 2008, 821.
1051 Lutter/Hommelhoff/*Kleindieck*, § 74 Rn. 20.
1052 Lutter/Hommelhoff/*Kleindieck*, § 74 Rn. 20; Baumbach/Hueck/*Haas*, § 60 Rn. 108.
1053 OLG München vom 7.5.2008 – 31 Wx 28/08 = GmbHR 2008, 821; KG vom 13.2.2007 – 1 W 272/06 = GmbHR 2007, 542; OLG Frankfurt a.M. vom 27.6.2005 – 20 W 458/04 = GmbHR 2005, 1137.
1054 OLG München vom 7.5.2008 – 31 Wx 28/08 = GmbHR 2008, 821.
1055 KG vom 9.1.2001 – 1 W 2002/00 = GmbHR 2001, 252; OLG Hamm vom 8.5.2001 – 15 W 43/01 = GmbHR 2001, 819.
1056 OLG Koblenz vom 9.3.2007 – 8 U 228/06 = RNotZ 2007, 290.
1057 OLG München vom 7.5.2008 – 31 Wx 28/08 = GmbHR 2008, 821.
1058 Lutter/Hommelhoff/*Kleindieck*, § 74 Rn. 22.
1059 OLG Naumburg vom 27.5.2002 – 7 Wx 1/02 = GmbHR 2002, 858; OLG Hamm DNotZ 1987, 249.

Formulierungsvorschlag Antrag auf Nachtragsliquidation: 848 M
Am 15. August 20... wurde aufgrund der Anmeldung des letzten Liquidators in das Handelsregister eingetragen, dass die Liquidation beendet und die Gesellschaft erloschen sei. Inzwischen hat sich herausgestellt, dass die Liquidation tatsächlich noch nicht beendet ist. Der Gesellschaft steht eine Forderung gegen das Finanzamt Köln-Altstadt auf Rückerstattung von Steuerzahlungen zu. Um namens der Gesellschaft die Forderung gegen das Finanzamt geltend machen zu können, beantrage ich, als letzter Liquidator und Mitgesellschafter, mich selbst zum Liquidator zu bestellen. Ich verzichte auf Auslagenerstattung und eine Vergütung.

Ich vertrete die Gesellschaft allein, solange kein weiterer Liquidator bestellt ist.

E. Die Übertragung von Geschäftsanteilen

I. Das Zustandekommen des Übertragungsvertrags

849 Das wirksame Zustandekommen eines Übertragungsvertrags über Geschäftsanteile setzt eine **ordnungsgemäße Mitwirkung der Vertragsbeteiligten** – entweder persönlich oder ordnungsgemäß vertreten – und die **Einhaltung der Form** des § 15 Abs. 4 GmbHG voraus.

1. Die ordnungsgemäße Mitwirkung der Vertragsbeteiligten

850 Welche Anforderungen an eine ordnungsgemäße Mitwirkung der Vertragsbeteiligten zu stellen sind, hängt maßgeblich davon ab, ob die Vertragsbeteiligten persönlich anwesend sind oder (organschaftlich oder rechtsgeschäftlich) vertreten werden.

a) Persönlich anwesende Beteiligte

851 Sind die Beteiligten des Geschäftsanteilsübertragungsvertrages als **natürliche Personen persönlich anwesend**, können sich für die Praxis relevante Besonderheiten nur dann ergeben, wenn eine beteiligte natürliche Person in ihrer Geschäftsfähigkeit oder Verfügungsbefugnis in der einen oder anderen Form beschränkt ist. Besondere gesellschaftsrechtliche Verfügungsbeschränkungen sind gesetzlich nicht geregelt und auch die Gesellschaftsverträge enthalten im Regelfall keine Bestimmungen, die die rechtsgeschäftliche Handlungsfreiheit eines Gesellschafters beschränken. Von praktischer Relevanz sind daher lediglich die allgemein bürgerlich-rechtlichen Beschränkungen der rechtsgeschäftlichen Handlungsfähigkeit einer Person.

852 Ist einer der Vertragsbeteiligten **minderjährig**, etwa weil der Veräußerer einen zu verkaufenden Geschäftsanteil im Wege der vorweggenommenen Erbfolge geschenkt erhalten hat, so wird dieser Vertragsbeteiligte bei der Abgabe seiner Willenserklärungen durch seinen gesetzlichen Vertreter – also im Regelfall gemäß § 1629 Abs. 1 BGB durch seine Eltern – vertreten. Eine **familiengerichtliche Genehmigung** ist für das Handeln des gesetzlichen Vertreters gemäß § 1822 Nr. 3 BGB nur dann erforderlich, wenn der Erwerb oder die Veräußerung der Geschäftsanteile durch den Minderjährigen dem Erwerb oder der Veräußerung eines Erwerbsgeschäfts gleichzustellen ist. Insoweit stellt der BGH darauf ab, dass die Genehmigungspflicht nur für die Fälle vorgesehen ist, in denen dem Minderjährigen aus der Beteiligung Verpflichtungen und wirtschaftliche Nachteile entstehen können, die über die Risiken einer reinen Kapitalbeteiligung hinausgehen.[1060] Nach dem Sinn und Zweck des § 1822 Nr. 3 ist deswegen die Genehmigung des Familiengerichts zum Erwerb aller Geschäftsanteile einer ein Erwerbsgeschäfts betreibenden GmbH zu verlangen; Entsprechendes hat bei der Veräußerung sämtlicher Geschäftsanteile durch den Minderjährigen zu gelten.[1061] Demgegenüber wird der Erwerb oder die Veräußerung von weniger als 75 % des Stammkapitals der Gesellschaft in der Regel keine familiengerichtliche Genehmigungspflicht auslösen, wenn den Minderjährigen über die Kapitalanlage hinaus nicht ein besonderes Unternehmerrisiko trifft. Darüber hinaus kann der Erwerb eines Geschäftsanteils an einer noch nicht eingetragenen Vor-GmbH eine familiengerichtliche Genehmigungspflicht auslösen, da der Anteilserwerb vor Eintragung zu einer persönlichen Haftung des Minderjährigen führen kann, insbesondere dann, wenn die GmbH mit Zustimmung aller Gesellschafter bereits vor ihrer Eintragung den Geschäftsbetrieb auf-

---

1060 BGH DNotZ 1957, 503.
1061 Ebenso MünchKommBGB/*Wagenitz*, § 1822 Rn. 17.

nimmt.[1062] Besteht ferner eine von der Höhe der Kapitalbeteiligung unabhängige Gefahr, dass der Minderjährige für rückständige Einlageverpflichtungen nach § 16 Abs. 2 GmbHG einzustehen hat oder ihm eine Ausfallhaftung droht (§§ 24, 31 Abs. 3 GmbHG), kann im Einzelfall auch das Erfordernis einer familiengerichtlichen Genehmigung nach § 1822 Nr. 10 BGB in Betracht kommen.[1063] Wenn hinreichende Rechtssicherheit über das Bestehen eines familiengerichtlichen Genehmigungserfordernisses nicht erzielt werden kann, sollte vorsorglich eine familiengerichtliche Genehmigung eingeholt werden. Ein familiengerichtliches Negativattest, etwas des Inhalts, dass der Vorgang einer familiengerichtlichen Genehmigung nicht bedarf, wird im Regelfall als nicht ausreichend angesehen werden können, da nicht auszuschließen ist, dass ein späteres Prozessgericht, welches über die Wirksamkeit des Erwerbs oder der Veräußerung durch den Minderjährigen zu entscheiden hat, zu einer anderen Auffassung als das Familiengericht gelangt und bei seiner Entscheidung selbstverständlich nicht an das Negativattest des Familiengerichts gebunden ist.

Nehmen neben dem Minderjährigen am Erwerbs- oder Veräußerungsvorgang auch dessen gesetzliche Vertreter teil und geben sie nicht lediglich mit den Erklärungen des Minderjährigen gleichgerichtete Erklärungen ab (sodass – wegen der Gleichrichtung – eine Interessenkollision ausgeschlossen ist), sind die gesetzlichen Vertreter an der Vertretung des Minderjährigen gemäß §§ 1629 Abs. 2 S. 1, 1795 Abs. 2, 181 BGB gehindert. In diesen Fällen ist für den Minderjährigen gemäß § 1909 Abs. 1 BGB ein **Ergänzungspfleger** zu bestellen. Da der Ergänzungspfleger gemäß §§ 1915 Abs. 1, 1795 Abs. 2 BGB seinerseits den Beschränkungen des § 181 BGB unterliegt, ist für jedes einzelne Kind (wiederum mit der Ausnahme, dass der Ergänzungspfleger für alle Kinder nur gleichgerichtete Erklärungen abgibt) ein separater Ergänzungspfleger zu bestellen.[1064] In der Praxis ist es nicht selten schwierig zu entscheiden, ob die Erklärungen, die der gesetzliche Vertreter im eigenen Namen abgibt, gleichgerichtet mit denen sind, die er im Namen des Minderjährigen abgibt, so dass – bejahendenfalls – ein Interessenkonflikt gemäß § 181 BGB ausgeschlossen und die Bestellung eines Ergänzungspflegers nicht erforderlich ist. Entscheidet sich der Praktiker hier zu Unrecht für oder gegen die Bestellung eines Ergänzungspflegers, ist der Minderjährige bei Abschluss des Vertrages nicht ordnungsgemäß vertreten. In Zweifelsfällen empfiehlt es sich daher, vorsorglich einen Ergänzungspfleger bestellen zu lassen und sämtliche vom Ergänzungspfleger für den Minderjährigen abgegebenen Erklärungen durch die Eltern als gesetzliche Vertreter des Minderjährigen bestätigen zu lassen, um zugleich dem Fall Rechnung zu tragen, dass zu einem späteren Zeitpunkt die Rechtsansicht vorgetragen und begründet wird, die Voraussetzungen für die Bestellung eines Ergänzungspflegers hätten nicht vorgelegen. Zu beachten ist in diesem Zusammenhang darüber hinaus, dass auch eine steuerliche Anerkennung des Vorgangs, etwa im Falle der Schenkung eines den Eltern gehörenden Geschäftsanteils an ein minderjähriges Kind, dessen zivilrechtliche Wirksamkeit voraussetzt, so dass etwaige Mängel bei der Vertretung des Minderjährigen die Erzielung des gewünschten steuerlichen Effektes in Frage stellen könnten.[1065]

Checkliste Minderjährigenbeteiligung:

1. Wer kann den Minderjährigen vertreten?
Im Regelfall die Eltern, im Falle der Anwendbarkeit des § 181 BGB jedoch nur der Ergänzungspfleger.

1062 BGHZ 107, 24, 28.
1063 BGH DB 1989, 918.
1064 Vgl. hierzu auch *Ivo*, ZEV 2005, 193 ff.
1065 Vgl. hierzu insgesamt *Bürger*, RNotZ 2006, 156.

2. Kapitel Recht der Gesellschaft mit beschränkter Haftung

> 2. Müssen für mehrere beteiligte Minderjährige mehrere Ergänzungspfleger bestellt werden?
> 3. Bedarf der gesetzliche Vertreter des Minderjährigen (also Eltern oder der Ergänzungspfleger) der familiengerichtlichen Genehmigung nach § 1822 Nr. 3 oder § 1822 Nr. 10 BGB?
> 4. Verbleibt eine Rechtsunsicherheit, ob die Voraussetzungen für die Anordnung einer Ergänzungspflegschaft bestehen, sollten die Erklärungen des vorsorglich bestellten Ergänzungspflegers von den Eltern bestätigt und erneut abgegeben werden.

855 M **Formulierungsbeispiel für Bestätigungserklärung im Sinne vorstehender Rdn. 853: Die Eltern, handelnd für ihr minderjähriges Kind, bestätigen vorsorglich sämtliche vom Ergänzungspfleger für das Kind abgegebenen Erklärungen und geben diese vorsorglich als gesetzliche Vertreter des Kindes erneut ab.**

856 Kommt angesichts des **Güterstandes** eines veräußernden Vertragsbeteiligten die Anwendung von § 1365 BGB oder § 1419 BGB in Betracht oder erfordert ein möglicherweise anwendbarer ausländischer Ehegüterstand die Zustimmung des Ehegatten des Vertragsbeteiligten, sollte diese Zustimmung ebenfalls vorsorglich eingeholt werden. Gerade bei ausländischen Staatsangehörigen, die im eigenen Namen handelnd am Geschäftsanteilskaufvertrag beteiligt sind, wird der Notar nicht selten letzte Sicherheit über den anwendbaren Güterstand nicht erlangen können. In solchen Fällen dürfte es sich daher empfehlen, vorsorglich die Zustimmung des Ehepartners des Vertragsbeteiligten einzuholen, etwa dann, wenn nicht auszuschließen ist, dass der Vertragsbeteiligte im Güterstand einer ausländischen Errungenschaftsgemeinschaft oder Gütergemeinschaft verheiratet ist.

b) Rechtsgeschäftlich oder organschaftlich vertretene Vertragsbeteiligte

857 Wird einer der Vertragsbeteiligten rechtsgeschäftlich oder organschaftlich vertreten, sind insoweit – neben etwaigen gesellschaftsrechtlichen Besonderheiten – die Regeln des allgemeinen Vertretungsrechts zu beachten. In diesem Zusammenhang können sich immer wieder praktische Probleme bei der **Anwendung und Handhabung von § 181 BGB** auftun.[1066] Anwendungsvoraussetzung des § 181 BGB ist, dass der handelnde Vertreter entweder zugleich im eigenen Namen (Insichgeschäft, § 181, 1. Alternative BGB) oder zugleich im Namen eines Dritten (Mehrfachvertretung, § 181, 2. Alternative BGB) handelt. Nach überwiegender Meinung ist § 181 BGB auch dann anwendbar, wenn der handelnde Vertreter als Vertreter ohne Vertretungsmacht aufgetreten ist, also etwa in dem in der Praxis nicht selten vorkommenden Fall, dass eine Person – sich die Genehmigungen der Vertretenen vorbehaltend – als Vertreter ohne Vertretungsmacht für mehrere Vertragsbeteiligte auftritt.[1067] Nach der zitierten Entscheidung des OLG Düsseldorf besteht die aus dem Interessenwiderspruch in den Fällen der Mehrfachvertretung resultierende Gefahr der Parteilichkeit unabhängig von der Frage der Berechtigung des Vertreters zum Handeln für den Geschäftsherrn, also unabhängig vom Bestehen von Vertretungsmacht. Eine andere Bewertung ist auch in den Fällen nicht gerechtfertigt, in denen der Vertreter im Innenverhältnis – wie in der Praxis häufig – nur einem Geschäftsherrn gegenüber verpflichtet ist und daher die Interessen der anderen Partei rein tatsächlich ausblenden kann. Für eine solche Differenzierung ist im Rahmen des formalisierten § 181 BGB kein Raum.[1068] Sind die

---

1066 Vgl. hierzu bereits oben beim Handeln von Eltern oder Ergänzungspflegern für einen Minderjährigen Rdn. 852.
1067 OLG Düsseldorf MittBayNot 1999, 470.
1068 *Baetzgen*, RNotZ 2005, 193, 197; a.A. *Lichtenberger*, MittBayNot 1999, 470, 471.

Anwendungsvoraussetzungen des § 181 BGB nach dem vorstehend Gesagten erfüllt, hängt die Wirksamkeit der vom Vertreter abgegebenen Erklärungen für den Vertretenen davon ab, ob der Vertretene eine besondere Gestattung im Sinne des § 181 BGB erteilt hat; fehlt diese Gestattung, ist das Rechtsgeschäft entsprechend § 177 BGB schwebend unwirksam.[1069] Die Gestattung kann im Vorfeld des Rechtsgeschäfts – und damit konstruktiv als eine Erweiterung der Vertretungsmacht – erteilt werden oder im Nachhinein als Genehmigung ausgesprochen werden. Wird eine solche Befreiung von den Beschränkungen des § 181 BGB durch den organschaftlichen Vertreter einer juristischen Person ausgesprochen, so ist dies nur wirksam, wenn auch dieser organschaftliche Vertreter seinerseits von den entsprechenden Beschränkungen des § 181 BGB, von denen er befreien möchte, befreit ist. Insoweit gilt der allgemeine Grundsatz des Vertretungsrechts, dass der Vollmachtgeber nicht mehr Befugnisse übertragen kann als er selbst innehat. Dies bedeutet konkret, dass eine Befreiung von den Beschränkungen des § 181 BGB insgesamt nur erteilen kann, wer als Organ seinerseits von den Beschränkungen des § 181 BGB (insgesamt) befreit ist. Demzufolge kann der Vorstand einer Aktiengesellschaft, da er – wegen § 112 AktG – seinerseits nie von den Beschränkungen des § 181 Alt. 1 BGB befreit ist, auch eine Befreiung gegenüber dem Vertreter insoweit nicht aussprechen. Wenn vor diesem Hintergrund der organschaftliche Vertreter der juristischen Person nicht in der Lage ist, die Befreiung von den Beschränkungen des § 181 BGB zu erteilen, muss die Befreiung durch das Organ erfolgen, welches den organschaftlichen Vertreter befreien könnte, mithin durch das Bestellungsorgan.[1070] Dies ergibt sich daraus, dass es sich bei der Gestattung um eine Erweiterung der Vertretungsbefugnis handelt. Die Gestattung muss daher bei der GmbH in den genannten Fällen durch einen Beschluss der Gesellschafterversammlung – oder, wenn ein anderes Bestellungsorgan satzungsgemäß berufen ist, etwa ein Beirat, durch dieses – herbeigeführt werden. Bei der AG kommt dem Aufsichtsrat die Kompetenz zur Befreiung von den Beschränkungen des § 181 Alt. 2 BGB zu. Hat der Vertreter einer AG unter Verstoß gegen § 181 Alt. 1 BGB gehandelt, muss ebenfalls der Aufsichtsrat die erforderliche Gestattung aussprechen, da der Vorstand der AG – wegen § 112 AktG – seinerseits nie von § 181 Alt. 1 BGB befreit sein kann. Eine durch das Bestellungsorgan für den Einzelfall ausgesprochene Befreiung von den Beschränkungen des § 181 BGB setzt eine allgemeine Satzungsermächtigung insoweit nicht voraus.[1071] Da die nachträgliche Gestattung konstruktiv die Genehmigung eines schwebend unwirksamen Rechtsgeschäftes im Sinne von § 177 BGB ist, kann sie gemäß § 177 Abs. 2 BGB bis zur Aufforderung durch den anderen Vertragsteil sowohl gegenüber dem Vertreter als auch gegenüber dem anderen Vertragsteil ausgesprochen werden; als empfangsbedürftige Willenserklärung muss die Genehmigung entweder diesem oder jenem zugehen. Nach einer Aufforderung im Sinne von § 177 Abs. 2 BGB kann die genehmigende Gestattung nur noch gegenüber dem anderen Vertragsteil erfolgen und muss diesem zugehen.

Checkliste § 181 BGB: 858

1. Liegt ein Anwendungsfall des § 181 BGB vor (Insichgeschäft oder Mehrfachvertretung), was auch beim Handeln durch Vertreter ohne Vertretungsmacht in dessen Person möglich ist?
2. Wurde der Vertreter im Vorhinein von der einschlägigen Beschränkung des § 181 BGB befreit? Ist diese Befreiung wirksam, war also der die einschlägige Befreiung Aussprechende hierzu kompetent?

1069 BGHZ 65, 125.
1070 BGHZ 33, 189, 192; *Baetzgen*, RNotZ 2005, 193, 199.
1071 *Baetzgen*, RNotZ 2005, 193, 205; *Tiedtke*, GmbHR 1993, 385, 388.

3. Fehlt eine im Vorhinein ausgesprochene Befreiung, ist das Rechtsgeschäft schwebend unwirksam und muss im Nachhinein durch ein hierzu kompetentes Organ ausgesprochen genehmigt werden. Die genehmigende Gestattung muss gemäß § 177 Abs. 2 BGB zugehen.

aa) Handeln eines bevollmächtigten Vertreters

859 **Inhaltlich** muss die vom Vertreter vorgelegte Vollmacht die von ihm abzugebenden Erklärungen decken. Da diese im Einzelfall sehr unterschiedlich sind, lassen sich insoweit nur wenige allgemein gültige Aussagen machen: Jedenfalls sollte die Vollmacht ausdrücklich dazu berechtigen, Geschäftsanteile an einer konkret, am Besten mit den Registerdaten bezeichneten Gesellschaft zu verkaufen oder zu kaufen, abzutreten oder zu erwerben und die Bedingungen des näher zu bezeichnenden schuldrechtlichen Rechtsgeschäfts zu vereinbaren. Werden mehrere Bevollmächtigte benannt, ist darauf zu achten, ob sie nur gemeinsam sollen handeln können, oder ob jeder allein zu handeln befugt ist.

860 Grundsätzlich bedarf eine Vollmacht gemäß § 167 Abs. 2 BGB nicht der **Form**, welche für das Rechtsgeschäft bestimmt ist, auf das sich die Vollmacht bezieht. Aus der Beurkundungsbedürftigkeit etwa des Geschäftsanteilskauf- und -abtretungsvertrages kann daher nicht auf die Formbedürftigkeit einer entsprechenden Vollmacht gefolgert werden. Dies bedeutet konkret, dass eine Vollmacht, deren Inhalt alleine darin besteht, den Bevollmächtigten zu berechtigen, einen Geschäftsanteil zu verkaufen und/oder abzutreten, materiellrechtlich formfrei erteilt werden kann, also die Vollmachterteilung insbesondere weder notarieller Beglaubigung noch notarieller Beurkundung bedarf.[1072] Bestritten ist, ob eine unwiderrufliche Vollmacht zur Veräußerung und Abtretung eines Geschäftsanteils der Form des § 15 GmbHG bedarf. Da die Formvorschrift des § 15 GmbHG – anders als etwa die Formvorschrift des § 311 BGB – keinen Übereilungsschutz bezweckt, sondern nur eine Förmlichkeit für die Abtretung selbst begründen soll, dürfte ein Formzwang für die Vollmacht auch in diesen Fällen zu verneinen sein.[1073] Aufgrund der erforderlichen Rechtssicherheit für die Urkundsbeteiligten wird der Notar jedoch üblicherweise jedenfalls eine schriftliche Vollmacht erbitten, obwohl dies materiell-rechtlich nicht erforderlich ist. Zu beachten ist in diesem Zusammenhang allerdings, dass – obwohl eine Formbedürftigkeit der Vollmacht nach dem vorstehend Gesagten nicht besteht – gleichwohl vom Notar die Wirksamkeit der Vollmachterteilung überprüft wird. Dies bedeutet, dass der Notar sich Gewissheit darüber verschaffen muss, ob die die Vollmacht unterzeichnenden Personen für den Vollmachtgeber vertretungsberechtigt sind. Nur bei wirksam erteilter Vollmacht ist nämlich das vom Notar beurkundete Rechtsgeschäft materiell-rechtlich seinerseits wirksam. Der Notar wird sich also die Vertretungsberechtigung der die Vollmacht unterzeichnenden Personen entweder durch Handelsregisterauszüge oder Notarbescheinigung nachweisen lassen, sofern er die Vertretungsberechtigung aufgrund eigener Registereinsicht nicht bescheinigen kann. Kann der Notar sich keine Gewissheit über die Vertretungsberechtigung der die Vollmacht unterzeichnenden Personen verschaffen, wird er die Urkundsbeteiligten auf diesen Umstand hinweisen. Damit der Notar sich auch nach Vollzug des Geschäftsanteilskauf- und abtretungsvertrages in der Lage sieht, eine neue Gesellschafterliste zum Handelsregister einzureichen, sollten etwa zunächst noch bestehende Zweifel an der Vertretungsberechtigung der handelnden Personen spätestens zu diesem Zeitpunkt beseitigt sein, da der Notar gemäß § 40 Abs. 2 GmbHG nur dann zur Einreichung einer neuen Gesellschafterliste befugt ist, wenn er hinreichende Überzeugung von

---

1072 BGHZ 13, 51; 19, 72; 75, 353; Scholz/*Winter*, § 15 Rn. 46.
1073 Ebenso RGZ 135, 70; Baumbach/Hueck, § 15 Rn. 22; Lutter/Hommelhoff, § 15 Rn. 19; Scholz/*Winter*, § 15 Rn. 47; a.A. *Fischer*, GmbHR 1952, 114.

der Wirksamkeit der Abtretung erlangt hat. **Ausnahmen vom Grundsatz der Formfreiheit** gelten, wenn die Vollmacht auch die Stimmabgabe in Gesellschafterversammlungen umfasst (in diesem Fall bedarf sie gemäß § 47 Abs. 3 GmbHG der Textform) oder die Vollmacht den Bevollmächtigten auch dazu berechtigen soll, eine neue Gesellschaft zu gründen oder im Rahmen von Kapitalerhöhungen neue Stammeinlagen zu übernehmen (in diesem Fall bedarf die Vollmacht gemäß § 2 Abs. 2 GmbHG der notariellen Beglaubigung). In beiden Fällen ist das Formerfordernis Wirksamkeitsvoraussetzung, so dass eine den Formerfordernissen nicht genügende Vollmacht jedenfalls insoweit unwirksam ist, als sie eigentlich der Form bedurft hätte.[1074] In ihrem nicht formbedürftigen Teil wird die Vollmacht in der Regel gemäß § 139 BGB aufrechterhalten bleiben können.

Eine von den vorstehenden Formfragen zu unterscheidende Rechtsfrage ist, ob die in der gehörigen Form existierende **Vollmacht im Beurkundungstermin auch tatsächlich in dieser Form urschriftlich oder in Ausfertigung vorliegen** muss. Nicht selten gelingt es aus Zeitgründen nicht, die notariell beurkundete oder beglaubigte Vollmacht zum Beurkundungstermin in dieser Form vorzulegen, sondern im Termin liegt nur eine Ablichtung der beurkundeten oder beglaubigten Vollmacht vor. Durch die Vorlage der Ablichtung steht – von dem in der Praxis nicht eben häufig vorkommenden Fall der Fälschung abgesehen – fest, dass die Vollmacht in der gehörigen Form existiert und abgegeben ist. Fraglich ist also, ob sie für ihre Wirksamkeit auch in dieser Form dem Bevollmächtigten oder dem Dritten zugehen muss. Grundsätzlich müssen formbedürftige Erklärungen für ihre Wirksamkeit auch in der gehörigen Form zugehen.[1075] Dies bedeutet gemäß § 167 Abs. 1 BGB für die Vollmacht, dass sie grundsätzlich entweder dem Bevollmächtigten oder dem Dritten, dem gegenüber die Vertretung stattfinden soll, in der gehörigen Form zugehen muss. Es ist allerdings ebenso anerkannt, dass auf dieses Zugangserfordernis auch verzichtet werden kann.[1076] Durch die Übersendung einer Ablichtung der Vollmacht an den Bevollmächtigten und durch die Verwendung der Vollmacht durch diesen sowie durch die Nichtzurückweisung der Vollmacht durch den Vertragspartner wird allseits ein entsprechender Verzicht auf den Zugang der Vollmachtsurkunde in der gehörigen Form erklärt, so dass keine Bedenken dagegen bestehen, wenn im Beurkundungstermin nur die Ablichtung einer in gehöriger Form existierenden Vollmacht vorgelegt werden kann. Aus Gründen der Rechtssicherheit sollte der Notar allerdings auch hier veranlassen, dass ihm die Urschrift bzw. die Ausfertigung der Vollmacht nachgereicht wird.

861

Checkliste Formbedürftigkeit der Vollmacht:

1. Grundsätzlich Formfreiheit der Vollmacht, Ausnahmen insbesondere nach § 47 Abs. 3 GmbHG oder § 2 Abs. 2 GmbHG.
2. Muss die ausnahmsweise formbedürftige Vollmacht bei der Beurkundung in der gehörigen Form vorliegen?
Grundsätzlich ja, es sei denn alle Beteiligten verzichten auf die Vorlage der Vollmacht in der gehörigen Form, was auch konkludent geschehen kann.

862

---

bb) Handeln eines organschaftlichen Vertreters

Der **organschaftliche Vertreter** ist **inhaltlich** befugt, die juristische Person, deren Organ er ist, umfassend zu vertreten, so dass sich insoweit besondere Prüfungserfordernisse im Regelfall nicht ergeben. Etwaige satzungsgemäße Beschränkungen, denen der organschaftliche Vertreter im Innenverhältnis zu anderen Gesellschaftsorganen, etwa der Gesell-

863

1074 Vgl. etwa BGHZ 49, 184, 194; Baumbach/Hueck, § 47 Rn. 37; Lutter/Hommelhoff, § 47 Rn. 9.
1075 BGHZ 130, 71, 73; MünchKommBGB/*Einsele*, § 130 Rn. 33; Staudinger/*Singer*, § 130 BGB Rn. 93.
1076 BGHZ 130, 71, 74 f.

2. Kapitel   Recht der Gesellschaft mit beschränkter Haftung

schafterversammlung oder dem Aufsichtsrat, unterliegt, lassen seine Vertretungsmacht im Außenverhältnis unberührt. Eine Ausnahme gilt nur im Anwendungsbereich von § 179a AktG, der rechtsformübergreifend nicht nur für die Aktiengesellschaft, sondern beispielsweise auch auf die GmbH anwendbar ist.[1077] Ein Vertrag also, durch den sich eine Aktiengesellschaft oder eine GmbH zur Übertragung ihres gesamten Gesellschaftsvermögens verpflichtet, kann demzufolge vom Vorstand bzw. der Geschäftsführung der Gesellschaft auch im Außenverhältnis nur wirksam geschlossen werden, wenn ein vorheriger zustimmender Beschluss der Gesellschafterversammlung mit satzungsändernder Mehrheit gefasst wurde; die Zustimmung kann auch nachträglich als Genehmigung nachfolgen.[1078] Der Zustimmungsbeschluss der Gesellschafterversammlung ist Wirksamkeitserfordernis des Übertragungsvertrages. Ohne einen solchen Beschluss ist der Übertragungsvertrag zunächst schwebend, bei Ablehnung des Beschlussantrags endgültig unwirksam.[1079] Liegt ein Anwendungsfall des § 179a AktG vor, wird im Regelfall auch ein Gesamtvermögensvertrag im Sinne von § 311b Abs. 3 BGB gegeben sein, der als solcher auf der Grundlage dieser Vorschrift beurkundungsbedürftig ist.[1080] Der Zustimmungsbeschluss nach § 179a AktG bedarf – da er eine die Gesellschaftsstruktur verändernde Potenz hat – der notariellen Beurkundung.[1081]

864   Die organschaftlichen Vertreter der Gesellschaft müssen in **vertretungsberechtigter Zahl** handeln. Gemäß § 78 Abs. 4 AktG, der rechtsformübergreifend auch auf andere Gesellschaftsformen anwendbar ist, können zur Gesamtvertretung befugte Organe einzelne von ihnen zur Vornahme bestimmter Rechtsgeschäfte oder bestimmter Arten von Rechtsgeschäften ermächtigen. Die Ermächtigung muss von Organmitgliedern in jeweils vertretungsberechtigter Zahl ausgesprochen werden, wobei der Adressat der Ermächtigung mitwirken darf.[1082] Eine besondere Form ist für die Ermächtigung nicht erforderlich, sie kann auch konkludent erteilt werden und sowohl gegenüber dem zu Ermächtigenden als auch gegenüber dem Geschäftspartner ausgesprochen werden. Inhaltlich muss sich die Ermächtigung auf bestimmte Geschäfte oder bestimmte Arten von Geschäften beschränken, da anderenfalls die Grundentscheidung zu Gunsten der in dieser Gesellschaft vorgesehenen Gesamtvertretung aufgegeben würde.[1083]

865   Liegt ein **Anwendungsfall des § 181 BGB** vor, handelt also entweder das Organ selbst zugleich im eigenen Namen oder als Vertreter eines Dritten oder liegt ein solcher Fall bei dem von dem Organ bevollmächtigten Vertreter vor, ist besonderes Augenmerk darauf zu richten, ob eine Befreiung von den einschlägigen Beschränkungen des § 181 BGB wirksam ausgesprochen werden kann.[1084]

2. Das Formerfordernis des § 15 GmbHG

866   Nach § 15 Abs. 4 S. 1 GmbHG bedarf eine Vereinbarung, durch welche die Verpflichtung eines Gesellschafters zur Abtretung eines Geschäftsanteils begründet wird, der notariellen Form. Die Formvorschrift ist zwingend. Sie schränkt die Umlauffähigkeit der Geschäftsanteile ein, um die Lösung der Gesellschafter aus der Mitgliedschaft und den Handel mit

---

1077   Baumbach/Hueck, § 53 Rn. 12; Hachenburg/*Ulmer*, § 53 Rn. 18; Scholz/*Priester*, § 53 Rn. 177.
1078   BGHZ 82, 188, 193 f.
1079   *Hüffer*, § 179a AktG Rn. 13.
1080   Die genannte Vorschrift kann daher auch beim sog. Asset-Deal, der als solcher nicht beurkundungsbedürftig ist, eine Beurkundungsbedürftigkeit auslösen, wenn die Voraussetzungen des § 311b Abs. 3 BGB erfüllt sind; vgl. dazu im Einzelnen Staudinger/*Wufka*, § 311 BGB a.F., Rn. 13.
1081   Scholz/*Priester*, § 53 Rn. 177.
1082   *Hüffer*, § 78 AktG Rn. 19.
1083   *Hüffer*, § 78 AktG Rn. 21.
1084   Vgl. hierzu oben Rdn. 856.

Geschäftsanteilen zu erschweren.[1085] Daneben dient die Vorschrift der Beweiserleichterung, da die Mitgliedschaft in einer GmbH nicht wie einer Aktie verbrieft werden kann. Insbesondere die Beweisfunktion hat durch die durch das Inkrafttreten des MoMiG veranlassten Änderungen der §§ 16 und 40 GmbHG eine nochmals erhöhte Bedeutung erhalten, da die regelmäßige Mitwirkung des Notars bei der Übertragung von Geschäftsanteilen nach der zutreffenden Ansicht des Gesetzgebers sicherstellt, dass auch eine die tatsächlichen Anteilsverhältnisse wiedergebende Gesellschafterliste beim Handelsregister hinterlegt wird und somit das gesetzgeberische Ziel der Transparenz der Anteilseignerstruktur erreicht werden kann. Die vormals überwiegende **Funktion des § 15 Abs. 4 GmbHG**, die Übertragung von Geschäftsanteilen durch das Formerfordernis zu erschweren, dürfte nach Inkrafttreten des MoMiG durch die **Beweissicherungsfunktion** und das Bemühen des Gesetzgebers, **Transparenz in der Anteilseignerstruktur** zu schaffen, überlagert werden. Gemeinsam mit der notariell bescheinigten Gesellschafterliste dient der Formzwang schließlich dazu, die materielle Richtigkeit dieser Gesellschafterliste zu gewährleisten. Wenn nämlich das neue Recht in § 16 Abs. 1 und Abs. 3 GmbHG anordnet, dass nur Derjenige, der in der Gesellschafterliste ausgewiesen ist, auch Gesellschafterrechte ausüben kann und die Gesellschafterliste hinreichender Tatbestand für einen gutgläubigen Erwerb sein soll, hat sie für den wahren Anteilsinhaber, der als solcher jedoch nicht in der Liste ausgewiesen ist, enteignende Wirkung. Diese enteignende Wirkung ist gerechtfertigt, weil durch die Einschaltung des Notars als zuverlässiger Stelle sichergestellt ist, dass bei einer Änderung der Anteilseignerstruktur zugleich auch eine neue Gesellschafterliste eingereicht wird.[1086] Nur diese neue Zuverlässigkeit der Gesellschafterliste und die Regelmäßigkeit ihrer Einreichung durch die Notare rechtfertigt es, einen wahren Anteilsinhaber mit den negativen Legitimationswirkungen der Gesellschafterliste zu belasten.[1087] Mit anderen Worten: Nur das Zusammenspiel der notariellen Beurkundung und der Einreichung der neuen Gesellschafterliste durch den Notar erlaubt es, die vom Gesetzgeber mit der GmbH-Reform verfolgten Ziele der Rechtssicherheit und der Transparenz in der Anteilseignerstruktur nachhaltig zu erreichen.

a) Die Voraussetzungen der Beurkundungsbedürftigkeit

Beurkundungsbedürftig ist nach § 15 Abs. 3 GmbHG die Abtretung von Geschäftsanteilen durch Gesellschafter sowie nach § 15 Abs. 4 S. 1 GmbHG jegliche Vereinbarung, durch welche die Verpflichtung eines Gesellschafters zur Abtretung eines Geschäftsanteils begründet wird. **867**

aa) Die Beurkundungsbedürftigkeit des Verpflichtungsgeschäfts nach § 15 Abs. 4 GmbHG

Jegliche **Vereinbarung**, d.h., jeglicher Vertrag, durch den eine Verpflichtung zur Abtretung begründet wird, bedarf der Form des § 15 Abs. 4 GmbHG. Dies bedeutet, dass eine Verpflichtung zur Übertragung eines Geschäftsanteils der notariellen Form bedarf, wenn sie durch eine Vereinbarung begründet wird; ein Formerfordernis kann demgegenüber aus § 15 Abs. 4 GmbHG nicht abgeleitet werden für Übertragungsverpflichtungen, die nicht auf einer Vereinbarung gründen, z.B. die Begründung der Pflicht zur Abtretung eines Geschäftsanteils durch Stiftungsgeschäft (§§ 81, 82 BGB), Auslobung (§ 657 BGB), Vermächtnis (§ 2174 BGB), Auflage (§ 1940 BGB) oder einer entsprechenden Teilungsanordnung des Erblassers (§ 2048 BGB).[1088] Dessen ungeachtet bedarf die Erfüllung der Ver- **868**

1085 St. Rsp., vgl. zuletzt BGHZ 127, 129, 135; Scholz/Winter, § 15 Rn. 37.
1086 Begr.RegE, BT-Drucks. 16/6140, S. 107.
1087 Teichmann/Hermanns, Aktuelle Entwicklungen im Gesellschaftsrecht, Seite 28, 35.
1088 Vgl. hierzu Scholz/Winter, § 15 Rn. 52.

2. Kapitel Recht der Gesellschaft mit beschränkter Haftung

pflichtung durch Abtretung des Geschäftsanteils auch in diesen Fällen nach § 15 Abs. 3 GmbHG der notariellen Beurkundung.[1089]

869 Alle Verträge, die **unmittelbar** eine Abtretungspflicht begründen, unterliegen dem Formgebot. Hierbei kann es sich z.B. um Kaufverträge, Schenkungsverträge, Gesellschaftsverträge oder Vergleichsvereinbarungen handeln. Die Verpflichtung zur Abtretung muss selbst Gegenstand der vereinbarten Leistung sein. Dies bedeutet, dass der notariellen Form solche Verträge nicht bedürfen, die eine Pflicht zur Abtretung nur mittelbar oder als ihre gesetzliche Folge mit sich bringen.[1090] Zum Beispiel folgt aus dem formlos gültigen Auftrag zum Erwerb eines Geschäftsanteils auch ohne Einhaltung des Formerfordernisses nach § 15 Abs. 4 GmbHG die Verpflichtung des Beauftragten aus § 667 BGB, den in der Form des § 15 Abs. 3 GmbHG erworbenen Geschäftsanteil dem Auftraggeber in der Form des § 15 Abs. 3 GmbHG abzutreten.[1091] Nicht einfach zu beurteilen sind die in der Praxis häufig vorkommenden sog. **Gleichlaufklauseln im Gesellschaftsvertrag einer GmbH & Co. KG**: Enthält der Gesellschaftsvertrag einer GmbH & Co. KG die Verpflichtung, im Falle der Übertragung eines Kommanditanteils auch einen Anteil an der Komplementär-GmbH zu übertragen, um eine stetige Beteiligungsidentität zu gewährleisten, erfüllt diese Vereinbarung die Voraussetzungen des § 15 Abs. 4 GmbHG und führt zur Beurkundungsbedürftigkeit des KG-Vertrages insgesamt. Hiervon zu unterscheiden sein dürfte der Fall, dass der KG-Vertrag lediglich die Bestimmung enthält, dass die Übertragung eines Kommanditanteils dinglich nur wirksam ist, wenn zugleich ein GmbH-Geschäftsanteil an der Komplementär-GmbH übertragen wird. Hier dürfte keine Verpflichtung zur Abtretung eines GmbH-Geschäftsanteils begründet werden, sondern es werden lediglich besondere statutarische Voraussetzungen für die Abtretung des Kommanditanteils begründet. Ein **Beherrschungs- und Gewinnabführungsvertrag**, dessen beherrschter Teil eine GmbH ist, ist nach § 15 GmbHG beurkundungspflichtig, wenn er entsprechend § 305 Abs. 1 AktG die Verpflichtung enthält, auf Verlangen des außenstehenden Gesellschafters dessen Geschäftsanteile gegen eine im Vertrag bestimmte angemessene Abfindung zu erwerben.

870 Da § 15 Abs. 4 GmbHG lediglich solche Vereinbarungen dem Formerfordernis unterstellt, durch die die Verpflichtung *eines Gesellschafters* zur Abtretung eines Geschäftsanteils begründet wird, kann die **Verpflichtung zur Beschaffung eines** *fremden Geschäftsanteils* formlos begründet werden.[1092] Ebenso ist es formlos möglich, eine Verpflichtung zu vereinbaren, innerhalb einer bestimmten Zeit oder unter gewissen Bedingungen einen **Geschäftsanteil** *nicht zu veräußern*. Durch derartige Vereinbarungen wird keiner der Schutzzwecke des § 15 Abs. 4 GmbHG berührt.

871 Nach dem strikten Wortlaut von § 15 Abs. 4 GmbHG ist eine die **Verpflichtung zur Abnahme** eines Geschäftsanteils begründende Vereinbarung nicht formbedürftig. Gleichwohl nehmen die ständige Rechtsprechung und das Schrifttum zutreffend an, dass eine Erwerbsverpflichtung ohne Rücksicht darauf formbedürftig ist, ob damit zugleich eine (durch das Verlangen auf Abtretung) bedingte Abtretungsverpflichtung begründet wird. Dies gilt sowohl für Abnahmeverpflichtungen gegenüber Gesellschaftern als auch für Abnahmeverpflichtungen gegenüber der Gesellschaft oder Dritten. Auch derartige Verträge sind unmittelbar auf die Übertragung eines GmbH-Geschäftsanteils gerichtet und sind vor dem Hintergrund der Zwecke der Formvorschrift – Beweissicherungsfunktion, Gewährleistung der Transparenz der Anteilseignerstruktur und Verhinderung des Handels mit GmbH-Geschäftsanteilen[1093] – dem Formerfordernis zu unterwerfen.[1094]

1089 Eine Ausnahme gilt nur bei § 82 S. 2 BGB in den dort genannten Fällen; vgl. zum Ganzen Scholz/*Winter*, § 15 Rn. 52.
1090 BGHZ 19, 70; Lutter/Hommelhoff, § 15 Rn. 16.
1091 Scholz/*Winter*, § 15 Rn. 57.
1092 Scholz/*Winter*, § 15 Rn. 54.
1093 Vgl. oben Rdn. 864.
1094 Vgl. hierzu etwa Scholz/*Winter*, § 15 Rn. 56 m.w.N.

Auch der **Abschluss eines Treuhandvertrages** ist unabhängig davon formbedürftig, ob der Treuhandvertrag eine unmittelbare Verpflichtung zur Übertragung von Geschäftsanteilen – etwa zur Übertragung des Geschäftsanteils auf den Treugeber im Falle der Beendigung des Treuhandverhältnisses – enthält. Die Rechtsprechung sieht solche Vereinbarungen als formbedürftig an, kraft dessen der Anteilsinhaber künftig nur noch die Stellung des Treuhänders einnehmen soll, da sich durch eine solche Vereinbarung die unbeschränkte Inhaberschaft in eine treuhänderisch Gebundene umwandelt und der Anteilsinhaber sich inzident zur Abtretung des Geschäftsanteils nach der Beendigung des Treuhandverhältnisses verpflichtet.[1095] Eine Ausnahme vom Formerfordernis gilt nur dann, wenn die Treuhandabrede im Vorgründungsstadium geschlossen wird, sich aber weder auf bestehende noch nach Abschluss des notariellen Gründungsvertrages künftig mit der Eintragung der GmbH entstehende Geschäftsanteile bezieht, die also lediglich für den Zeitraum bis zur Gründung der Gesellschaft gelten soll.[1096] Derartige Fälle dürften in der Praxis äußerst selten vorkommen, sodass von dem Grundsatz auszugehen ist, dass der Abschluss eines Treuhandvertrages in aller Regel formbedürftig ist.

872

Änderungen des Geschäftsanteilskauf- und -abtretungsvertrages, die vor Wirksamkeit der Abtretung des Geschäftsanteils erfolgen, sind formbedürftig, da der Zweck der Formvorschrift in diesem Zeitpunkt noch nicht erreicht ist. Eine Ausnahme gilt nur dann, wenn die Vertragsänderung lediglich klarstellende Funktion hat.[1097] Änderungen, die erst nach wirksam vollzogener Abtretung des Geschäftsanteils vorgenommen werden, bedürfen nicht der notariellen Form, da in diesem Zeitraum der Zweck des Formerfordernisses – Sicherstellung der Transparenz der Anteilseignerstruktur und Verhinderung des Handels in Geschäftsanteilen – nicht mehr berührt wird. Demgegenüber dürfte eine Bestätigungsvereinbarung im Sinne von § 141 BGB nur in der Form des § 15 Abs. 4 GmbHG wirksam sein, da die Bestätigung als Neuvornahme des Rechtsgeschäfts anzusehen ist und damit auch hinsichtlich der Formerfordernisse wie das erste Rechtsgeschäft zu behandeln sein dürfte.[1098] Wird einer wirksam vollzogenen Abtretung eine neue schuldrechtliche Vereinbarung zugrunde gelegt, ist diese Vereinbarung nicht beurkundungsbedürftig, da keine neue Verpflichtung zur Übertragung eines Geschäftsanteils begründet wird, sondern der bereits vollzogenen Abtretung lediglich eine geänderte Causa zugrunde gelegt wird.[1099] Wird demgegenüber nach der vollzogenen Abtretung eine Rück- oder Weiterübertragung vereinbart, muss dies zwingend in der Form des § 15 Abs. 4 GmbHG erfolgen.

873

Checkliste zur Formbedürftigkeit von Änderungsverträgen:

1. Wenn die Abtretung des Geschäftsanteils bereits dinglich wirksam erfolgt ist, also auch etwa vereinbarte aufschiebende Bedingungen eingetreten sind, können Änderungen formfrei vereinbart werden.
2. Ist die Abtretung des Geschäftsanteils noch nicht wirksam geworden, müssen Änderungen des schuldrechtlichen Rechtsgeschäfts grundsätzlich in notariell beurkundeter Form erfolgen.
3. Bestätigungsvereinbarungen im Sinne von § 141 BGB unterliegen der Form des § 15 Abs. 4 GmbHG, da sie als Neuvornahme des Rechtsgeschäfts anzusehen sind.

874

1095 BGH GmbHR 1999, 707, 709; zustimmend Lutter/Hommelhoff, § 15 Rn. 46; Scholz/*Winter*, § 15 Rn. 62.
1096 BGH DNotZ 2006, 774.
1097 Michalski/*Ebbing*, § 15 Rn. 92.
1098 Abweichend Michalski/*Ebbing*, § 15 Rn. 92; Scholz/*Winter*, § 15 Rn. 69.
1099 Ebenso Michalski/*Ebbing*, § 15 Rn. 92.

bb) Die Beurkundungsbedürftigkeit der Abtretung nach § 15 Abs. 3 GmbHG

875 § 15 Abs. 3 GmbHG hat eigene praktische Relevanz nur, wenn die Abtretung des Geschäftsanteils nicht bereits in der gleichen Urkunde wie das beurkundete schuldrechtliche Rechtsgeschäft enthalten ist. Die **Formbedürftigkeit des Abtretungsvertrages** besteht unabhängig davon, ob ein formwirksamer Verpflichtungsvertrag geschlossen wurde. Die Formbedürftigkeit des § 15 Abs. 3 GmbHG ist eine Eigenständige: Dies bedeutet, dass sie auch für solche Abtretungen gilt, die der Erfüllung einer nicht nach § 15 Abs. 4 GmbHG formbedürftigen Verpflichtung dienen.[1100] Geht ein Geschäftsanteil anders als durch Abtretung über, etwa kraft Gesetzes, Hoheitsakt oder Anwachsung, findet § 15 Abs. 3 GmbHG keine Anwendung. Formfrei erfolgt daher der Übergang im Wege der Gesamtrechtsnachfolge durch Erbfolge oder in Umwandlungsfällen. Nicht unter § 15 Abs. 3 GmbHG fällt auch die dingliche Surrogation, z.B. nach §§ 718 Abs. 3, 1418 Abs. 2 Nr. 3 oder 2111 Abs. 1 BGB. Die Anwachsung eines Geschäftsanteils, z.B. bei Eintritt oder Austritt eines Gesellschafters in oder aus einer Personengesellschaft, zu deren Vermögen ein GmbH-Geschäftsanteil gehört, wird nicht von § 15 Abs. 3 GmbHG erfasst, da es sich bei der Anwachsung um einen gesetzlichen Anteilsübergang handelt.[1101]

876 Ist die **Abtretung aufschiebend bedingt** vereinbart, wird sie mit Eintritt der aufschiebenden Bedingung automatisch wirksam. Wird anlässlich des Closing im Anschluss an den Abschluss eines Unternehmenskaufvertrages festgestellt, dass die für die Abtretung vereinbarten aufschiebenden Bedingungen eingetreten sind, löst diese Feststellung, da sie weder das schuldrechtliche Rechtsgeschäft ändert noch einen regelnden Inhalt auf dinglicher Ebene hat, keine Beurkundungspflicht nach § 15 Abs. 3 GmbHG oder § 15 Abs. 4 GmbHG aus. Gleiches dürfte gelten, wenn der aus einer Bedingung Begünstigte einseitig auf das Vorliegen der Bedingung verzichtet, ohne dass das schuldrechtliche Rechtsgeschäft durch Vereinbarung der Beteiligten geändert wird.[1102] Wiederum anders zu beurteilen ist der Fall, dass die Beteiligten des Geschäftsanteilsübertragungsvertrages diesen vor Wirksamwerden der Abtretung dahin ändern, dass einzelne oder alle Bedingungen für die Wirksamkeit der Abtretung einvernehmlich aufgehoben werden. Hierbei handelt es sich um eine Änderung des schuldrechtlichen Verpflichtungsvertrages vor Wirksamwerden der Abtretung, die nach den oben dargestellten allgemeinen Grundsätzen der Form des § 15 Abs. 4 S. 1 GmbHG unterliegt.[1103]

b) Die Reichweite der Beurkundungspflicht

877 An die Entscheidung, dass eine Vereinbarung nach § 15 Abs. 3 GmbHG oder § 15 Abs. 4 GmbHG beurkundungspflichtig ist, schließt sich die Folgefrage, **wie weit die Beurkundungspflicht im Einzelfall reicht**, insbesondere welche im Zusammenhang mit der beurkundungspflichtigen Vereinbarung stehenden weiteren Vereinbarungen ihrerseits beurkundet werden müssen. Hier können zwei Fallgruppen unterschieden werden: Sind die Vereinbarungen zwischen den Beteiligten in einem einheitlichen Vertragswerk niedergelegt, so ist es bereits aus praktischen Gründen unumgänglich, dass im Falle der Beurkundungsbedürftigkeit eines Teils dieses Vertragswerkes die gesamte Vereinbarung beurkundet werden muss. Es ist nicht denkbar, einen Teil eines einheitlichen Vertragswerkes zu beurkunden, während ein anderer beurkundungsfrei bleibt. Weniger eindeutig und rechtlich schwieriger gelagert sind die Fälle, in denen die wirtschaftliche Gesamteinigung der Beteiligten nicht in einen Vertrag mündet, sondern in einem sich aus vielen Verträgen zusammensetzenden *Vertragsbündel*. Die Aufspaltung der Gesamteinigung in einzelne Ver-

---

1100 Vgl. zu derartigen Fällen oben Rdn. 866.
1101 Vgl. hierzu Michalski/*Ebbing*, § 15 Rn. 121.
1102 Ebenso BGH NJW 1994, 3227, 3228; Michalski/*Ebbing*, § 15 Rn. 118.
1103 Vgl. oben Rdn. 871.

träge kann ihren berechtigten und sachlichen Grund darin haben, dass eine Vielzahl von vertraglichen Verpflichtungen zu regeln ist, die allein im Interesse der Übersichtlichkeit in verschiedenen Verträgen niedergelegt werden, sie kann aber auch durch die (trügerische) Hoffnung motiviert sein, durch eine Aufspaltung des einheitlichen Vertragswerkes die Reichweite der Beurkundungspflicht zu verringern. Für die Ermittlung der Reichweite der Beurkundungspflicht ist das Motiv für die Aufspaltung unerheblich, zumal es im Einzelfall nicht zuverlässig wird ermittelt werden können. Im Zusammenhang mit der (beurkundungspflichtigen) Übertragung von Grundstücken hat der BGH mehrfach entschieden, dass formbedürftig all die Vereinbarungen sind, die mit dem Grundstücksübertragungsvertrag in einem rechtlichen Zusammenhang stehen, was von der Rechtsprechung dann bejaht wurde, wenn die Verträge zusammen »stehen und fallen« oder nur gemeinsam gelten oder in gegenseitiger Abhängigkeit stehen.[1104] Diese von der Rechtsprechung entwickelten Kriterien können bei der Ermittlung der Reichweite der Beurkundungspflicht Ausgangspunkt der Überlegungen sein, führen jedoch häufig nicht zu einem eindeutigen Ergebnis. Das beschreibende Kriterium des »Miteinanderstehen und -fallens« ermangelt in nicht wenigen Fällen der Präzision und damit der rechtspraktischen Handhabbarkeit. Richtigerweise richtet sich die Reichweite der Beurkundungspflicht nach dem *regelnden Inhalt des beurkundungsbedürftigen Rechtsgeschäfts*.[1105] Der Inhalt der Verabredungen zwischen den Beteiligten des beurkundungsbedürftigen Rechtsgeschäfts muss beurkundet werden, nicht mehr und nicht weniger. Die sachliche Richtigkeit dieses Abgrenzungskriteriums ergibt sich aus der Überlegung, dass Ausgangspunkt der Frage, welche Teile einer Gesamteinigung beurkundungsbedürftig sind, ausschließlich das Rechtsgeschäft ist, das von Gesetzes wegen für beurkundungsbedürftig erklärt wird, also etwa die Verpflichtung zur Veräußerung eines GmbH-Geschäftsanteils. Dieses – und nur dieses – Rechtsgeschäft ist beurkundungsbedürftig und es ist dies mit seinem gesamten Inhalt. Mit diesem Rechtsgeschäft in wirtschaftlichem Zusammenhang stehende Abreden müssen sich hinsichtlich ihrer Beurkundungsbedürftigkeit immer danach fragen lassen, inwieweit sie in das beurkundungsbedürftige Rechtsgeschäft selbst hineinwirken, inwieweit sie also Teil der Abreden der Beteiligten des beurkundungsbedürftigen Rechtsgeschäftes sind. Wenn beispielsweise im Rahmen eines Geschäftsanteilskaufvertrages der Verkäufer einen Teil der von ihm bislang gehaltenen Geschäftsanteile an den Käufer verkauft, jedoch weiter Gesellschafter bleibt und die Vertragsparteien einig sind, dass im Zusammenhang mit dem Geschäftsanteilskaufvertrag weitere Vereinbarungen über das künftige »Zusammenleben« in der Gesellschaft geschlossen werden sollen, die etwa die künftige Finanzausstattung der Gesellschaft durch Gesellschafterdarlehen oder die Wahrnehmung von Gesellschafterrechten betreffen, hängt die Beurkundungsbedürftigkeit dieser weiteren Abreden davon ab, inwieweit die Vertragsparteien bereits verbindlich den Inhalt der künftigen Verträge fixieren wollen: Verpflichten sie sich z.B., der Gesellschaft künftig Darlehen zu gewähren, sind zumindest die Höhe der zu gewährenden Darlehen und deren weitere wirtschaftliche Rahmendaten mit zu beurkunden. Wollen die Parteien des Geschäftsanteilskaufvertrages diese Verpflichtungen weiter inhaltlich fixieren, etwa durch Vereinbarung von Kündigungsterminen oder Kündigungsrechten, müssen auch diese weiteren Fixierungen mit beurkundet werden.[1106]

Bei Anwendung der vorstehend dargestellten Grundsätze lässt sich der Umfang der Beurkundungsbedürftigkeit auch für die Fälle entscheiden, in denen bei einer GmbH & Co. KG die **GmbH-Geschäftsanteile und die Kommanditanteile übertragen** werden, jedoch aus Kostengründen der Wunsch der Beteiligten dahin geht, nur die Übertragung der GmbH-Geschäftsanteile zu beurkunden. Nach herrschender Meinung, insbesondere

878

1104 Vgl. etwa BGH DNotZ 1971, 410, 411; BGH MDR 1979, 469.
1105 So schon *Korte*, Handbuch der Beurkundung von Grundstücksgeschäften, S. 87.
1106 Vgl. zum Ganzen auch *Hermanns*, ZIP 2006, 2296.

2. Kapitel Recht der Gesellschaft mit beschränkter Haftung

der Rechtsprechung des BGH, erstreckt sich in diesen Fällen das Formbedürfnis auf alle Abreden, die nach dem Willen der Parteien Bestandteil des beurkundungsbedürftigen Rechtsgeschäftes sind;[1107] der BGH legt damit das gleiche Kriterium an, das oben mit dem *regelnden Inhalt des beurkundungsbedürftigen Rechtsgeschäfts* bezeichnet wurde. Demzufolge muss auch die Übertragung der Kommanditanteile mit beurkundet werden, wenn das beurkundungsbedürftige Rechtsgeschäft – die Übertragung der GmbH-Geschäftsanteile – nach dem Willen der Parteien von der Übertragung der Kommanditanteile abhängig ist, was regelmäßig angesichts der größeren Werthaltigkeit der Kommanditanteile der Fall sein dürfte. Diese einseitige Abhängigkeit des beurkundungsbedürftigen Rechtsgeschäfts führt zur Beurkundungsbedürftigkeit des Vertragsbündels insgesamt.[1108] Steht damit fest, dass im vorstehend dargestellten Sachverhalt der gemeinsamen Abtretung von GmbH-Geschäftsanteilen der Komplementär-GmbH und Kommanditanteilen der GmbH & Co. KG beide Vereinbarungen im Regelfall beurkundungsbedürftig sind, kann sich im Einzelfall noch die Folgefrage stellen, ob eine getrennte Beurkundung in der Weise möglich ist, dass in der einen Urkunde die Übertragung der Kommanditanteile und in einer anderen Urkunde die Übertragung der Geschäftsanteile vereinbart wird. Nach der wohl überwiegenden Meinung und insbesondere der Auffassung des BGH ist eine derartige getrennte Beurkundung möglich, wenn die zwischen den Teilen des einheitlichen Geschäfts bestehende Abhängigkeit urkundlichen Ausdruck gefunden hat; der Verknüpfungswille der Beteiligten hinsichtlich beider Verträge muss also mit beurkundet werden.[1109] Nach der überwiegenden Auffassung reicht es insoweit aus, den Verknüpfungswillen und den rechtlichen Zusammenhang in der zweiten Urkunde zu verlautbaren.[1110] Zum Teil wird allerdings auch eine urkundliche Verlautbarung der Verknüpfung in beiden Urkunden gefordert.[1111] Im Interesse einer sicheren Gestaltung wird der Notar daher im Regelfall die Beurkundung des Verknüpfungswillens in beiden Fällen empfehlen. Der Verknüpfungswille der Beteiligten kann auf eine *Wirksamkeitsverknüpfung* oder auf eine *Vollzugsverknüpfung* gerichtet sein: Geht der Wille der Beteiligten dahin, dass das eine Rechtsgeschäft nur wirksam sein soll, wenn auch das andere Rechtsgeschäft wirksam ist und bleibt, ist dieser Wille zur Wirksamkeitsverknüpfung zu beurkunden, wünschen die Beteiligten, dass ein Vertrag – weitergehend – auch nur vollzogen werden soll, wenn der andere Vertrag vollzogen wird, ist der Wille zur Vollzugsverknüpfung zu formulieren und zu beurkunden. Es ist selbstverständlich auch möglich, dass der Wille der Beteiligten auf eine Wirksamkeitsverknüpfung und eine Vollzugsverknüpfung gerichtet ist.

879 M **Formulierungsbeispiel Verknüpfungswille zur Wirksamkeitsverknüpfung:**
Die Beteiligten sind einig, dass der mit dieser Urkunde geschlossene Vertrag in rechtlichem und wirtschaftlichem Zusammenhang mit dem ebenfalls am heutigen Tag geschlossenen Vertrag über die Kommanditanteile an der ABC GmbH & Co. KG (URNr. ... des amtierenden Notars) steht. Demzufolge ist jeder dieser beiden Verträge in seiner Wirksamkeit in der Weise aufschiebend bedingt, dass er erst wirksam wird, wenn der jeweils andere der beiden Verträge wirksam geworden ist. Erklärt einer der Vertragsbeteiligten wirksam den Rücktritt von einem der beiden vorbezeichneten Verträge, ist jeder Vertragsbeteiligte berechtigt, von dem jeweils anderen Vertrag innerhalb einer Frist von einem Monat durch schriftliche Erklärung gegenüber dem anderen Vertragsteil zurückzutreten.

1107 BGH NJW 2002, 142, 143; vgl. ebenso BGH, vom 20.10.2009 – Az VIII ZB 13/08.
1108 Vgl. hierzu BGH NJW 2000, 951; 2002, 2559.
1109 BGH DNotZ 1979, 403; 1988, 562; Palandt/*Heinrichs*, § 311b Rn. 32.
1110 BGH DNotZ 1988, 562.
1111 OLG Hamm DNotI-Report 1996, 164; OLG Stuttgart DNotI-Report 2001, 100.

c) Das Beurkundungsverfahren

Gerade bei der Beurkundung von Geschäftsanteilskaufverträgen besteht nicht selten die Notwendigkeit, von den **Beurkundungserleichterungen**, die §§ 13a, 14 BeurkG zur Verfügung stellen, Gebrauch zu machen. Nicht selten ist es nämlich Wunsch der Beteiligten und ihrer Berater, dem Geschäftsanteilskaufvertrag umfangreiche Anlagen beizufügen, deren vollständige Verlesung im Rahmen der mit den Beteiligten geführten Verhandlung die Aufmerksamkeit der Urkundsbeteiligten nicht selten überfordern und der Sinn des Beurkundungsverfahrens unterlaufen wird. 880

Häufig wird zur Vorbereitung einer Beurkundung eine sog. **Bezugsurkunde nach § 13a BeurkG** errichtet. § 13a BeurkG ermöglicht es, eine bereits existierende notarielle Urkunde zum Inhalt einer späteren Urkunde zu machen, wenn auf die erste Urkunde im Sinne von § 13a BeurkG verwiesen wird. Wichtig und in der Praxis mitunter übersehen wird der Umstand, dass ein Verweis nur auf die Urkunden eines deutschen Notars möglich ist, nicht jedoch auf eine im Ausland, etwa in der Schweiz, aufgenommene Urkunde.[1112] Verweisungsfähig ist darüber hinaus nur eine notarielle Niederschrift im Sinne von §§ 8 ff. BeurkG, insbesondere sind Niederschriften in der Form der §§ 36 ff. BeurkG (Tatsachenbeurkundung) nicht verweisungsfähig.[1113] Kein Fall der Verweisung nach § 13a BeurkG liegt vor, wenn ein Dokument, das seinerseits nicht beurkundungspflichtig ist, der Urkunde gleichwohl zu Dokumentationszwecken beigefügt werden soll. Eine solche Beifügung zu Beweis- und Identifizierungszwecken ist möglich, führt aber nicht zur Beurkundungsbedürftigkeit, insbesondere nicht zur Verlesungspflichtigkeit des zu diesen Zwecken beigefügten Dokuments. Ohne weiteres möglich ist es auch, ein solches lediglich zu Dokumentationszwecken beizufügendes Dokument bereits der Bezugsurkunde zu Dokumentationszwecken beizufügen und nicht zu verlesen. Zwar ist dieses Dokument dann ein nicht beurkundeter Teil der Bezugsurkunde, so dass insoweit die Verweisung in der Haupturkunde ins Leere geht, was aber nicht schädlich ist, da das Dokument ja gerade nicht beurkundungsbedürftig ist. 881

Die **Beurkundungserleichterung des § 14 BeurkG** enthebt den Notar von der Verpflichtung, die dort genannten Bestandsverzeichnisse verlesen zu müssen. Sollen etwa im Rahmen eines Unternehmenskaufvertrages der Mitarbeiterbestand des Unternehmens, die bestehenden Vertragsbeziehungen oder Patente dokumentiert werden, können die dies ausweisenden Listen im erleichterten Verfahren nach § 14 BeurkG beurkundet werden, müssen mithin nicht verlesen werden. Für die Auslegung von § 14 BeurkG wichtig ist die Erkenntnis, dass nur solche Zahlenwerke und Aufzählungen aus der Vorlesungspflicht ausgeklammert werden, die sich in rein tatsächlicher Bedeutung auf einen real existierenden Bestand beziehen.[1114] Nicht unter § 14 BeurkG fallen Beschreibungen oder Auflistungen von Gegenständen, die erst noch beschafft oder hergestellt werden müssen. Auch Kaufpreislisten, in denen die Kaufpreise für verschiedene Vertragsgegenstände ausgewiesen sind, dürften sich nicht in rein tatsächlicher Bedeutung auf einen real existierenden Bestand beziehen, so dass insoweit die Beurkundungserleichterung von § 14 BeurkG nicht eingreifen dürfte. Kein Anwendungsfall des § 14 BeurkG ist der mitunter von den Vertragsparteien geäußerte Wunsch, eine möglichst vollständige Dokumentation der vom Verkäufer im Rahmen einer Due Diligence offen gelegten Umstände und Verhältnisse zu erlangen. Da es rechtspraktisch im Regelfall nicht möglich ist, den gesamten Inhalt der in einem Datenraum offen gelegten Verhältnisse zum Inhalt der notariellen Urkunde zu machen, wird zum Teil erwogen, diesen Inhalt auf einem Datenträger, etwa einer CD oder DVD, zu speichern und diesen **Datenträger als Anlage zur notariellen Urkunde** zu nehmen. Zwingende beurkundungsrechtliche Vorschriften dürften der Umsetzung dieses 882

1112 Eylmann/Vaasen/*Limmer*, § 13a Rn. 6; *Winkler*, § 13a Rn. 35.
1113 *Brambring*, DNotZ 1980, 296; *Stauf*, RNotZ 2001, 129, 139 f.
1114 Eylmann/Vaasen/*Limmer*, § 14 Rn. 4.

2. Kapitel — Recht der Gesellschaft mit beschränkter Haftung

Wunsches nicht entgegenstehen, wenn folgendes beachtet wird: Die Willenserklärungen der Beteiligten müssen gemäß § 8 BeurkG in einer Niederschrift aufgenommen werden, was die Verwendung von Schriftzeichen auf papierenen Dokumenten voraussetzt.[1115] Beurkundungsbedürftig und damit verlesungspflichtig sind die gesamten rechtsgeschäftlichen Erklärungen der Beteiligten, einschließlich der durch Verweisung auf anderweitige Urkunden erfolgenden Erklärung. Davon abzugrenzen sind die Fälle, in denen die bloße Verweisung keine eigene Erklärung der Beteiligten enthält, sondern einen bloßen Hinweis auf dem Rechtsgeschäft zugrunde liegende Tatsachen oder Rechtsverhältnisse oder auf anderweitig bereits abgegebene und als solche bereits wirksame Erklärungen, wobei die Verweisung nur der näheren Identifizierung oder der Auslegung dessen dient, was bereits zum Inhalt der Erklärung (und im Fall der Beurkundung auch der notariellen Niederschrift) gemacht wurde. Solche reinen **Wissenserklärungen** sind demzufolge nicht vom gesetzlichen Beurkundungserfordernis nach § 15 Abs. 4 GmbHG erfasst.[1116] Hinsichtlich der in einem Datenraum enthaltenen Angaben ergibt sich folgendes: Erklären die Vertragsbeteiligten übereinstimmend, dass der Verkäufer dem Käufer den gesamten Inhalt des Datenraumes, der auf dem der Urkunde beigefügten Datenträger nochmals gespeichert ist, offen gelegt hat, so ist dies die Willenserklärung der Beteiligten und muss in einer Niederschrift aufgenommen werden.[1117] Nicht jedoch muss der offen gelegte Inhalt Teil der Niederschrift sein, da die Beteiligten insoweit nur erklären, dieser Inhalt sei auf dem der Urkunde beigefügten Datenträger korrekt wiedergegeben.

883 M **Formulierungsbeispiel Beifügung Datenträger:**
Die Beteiligten erklären, dass der Käufer selbst und durch Dritte eine Due Diligence des Kaufgegenstandes durchgeführt hat. Hierbei wurde ihm vom Verkäufer Zugang in einen virtuellen Datenraum gewährt. Die Beteiligten bestätigen, dass der Inhalt des virtuellen Datenraums auf der der Niederschrift beigefügten DVD in Dateiform vollständig wiedergegeben ist. Der Käufer muss sich die Kenntnis aller aus den Unterlagen im Datenraum hervorgehenden Daten und Fakten zurechnen lassen.

884 Nicht in der vorstehenden Weise dürfte verfahren werden können, wenn **die auf der DVD enthaltenen Daten Gegenstand einer Beschaffenheitsvereinbarung** oder einer Garantievereinbarung der Beteiligten sind oder wenn der Verkäufer eine Einstandspflicht für einzelne Angaben in den Dokumenten übernimmt. Garantiert also etwa der Verkäufer, dass die auf der DVD enthaltenen Arbeitsverhältnisse sämtliche von der Gesellschaft geschlossenen Beschäftigungsverhältnisse sind oder garantiert der Verkäufer, dass die auf der DVD gespeicherten Arbeitsverträge inhaltlich vollständig wiedergegeben sind, werden diese Inhalte der DVD Teil der rechtsgeschäftlichen Erklärungen der Beteiligten und müssen daher mit beurkundet werden, sodass sich eine bloße Beifügung auf einem Datenträger verbietet.

885 Selbstverständlich ist es möglich, die **Beurkundungserleichterungen der §§ 13a und 14 BeurkG** auch in der Weise miteinander zu verknüpfen, dass zur Vorbereitung eines abzuschließenden Geschäftsanteilskaufvertrages eine Bezugsurkunde errichtet wird, in der Listen, die im Verfahren nach § 14 BeurkG beurkundet werden können, vorab beurkundet werden. Bei der Errichtung einer solchen Bezugsurkunde mag hilfreich sein das Folgende:

1115 Keidel/Kunze/*Winkler*, § 8 Rn. 8.
1116 BGH DNotZ 1986, 78; Würzburger Notarhandbuch/*Hertel*, Teil 2 Rn. 375; Staudinger/*Wufka*, § 311b Abs. 1 Rn. 157.
1117 Vgl. dazu auch *Hermanns*, ZIP 2006, 2296, 2301.

Formulierungsbeispiel Bezugsurkunde: 886 M
Die Erschienene (regelmäßig Notarangestellte/r) erklärte:

1. Vor Notar Dr. ... in ... soll ein Kauf- und Abtretungsvertrag über Geschäftsanteile an der im Handelsregister des Amtsgerichts Köln unter HRB ... eingetragenen ... GmbH mit dem Sitz in Köln beurkundet werden.
2. Zur Vorbereitung der vorbezeichneten Beurkundung gebe ich die in der heutigen Niederschrift mit Anlagen enthaltenen Erklärungen ab.
3. Auf die dieser Niederschrift beigefügten Anlagen wird verwiesen. Die Erschienene verzichtete auf das Vorlesen der Anlagen III, V, VII und VIII. Diese Schriftstücke wurden der Erschienenen zur Kenntnisnahme vorgelegt und jede Seite von ihr unterschrieben. Alle anderen Anlagen wurden verlesen.

Diese Niederschrift wurde der Erschienenen von dem Notar vorgelesen, von ihr genehmigt und von ihr und dem Notar wie folgt eigenhändig unterschrieben:

d) Beurkundungsmängel und deren Heilung

Gemäß § 15 Abs. 4 S. 2 GmbHG wird eine formnichtig getroffene Vereinbarung, welche die 887 Verpflichtung eines Gesellschafters zur Abtretung eines Geschäftsanteils begründen sollte, **gültig, wenn ein formgültiger Abtretungsvertrag** geschlossen wird. Der Sinn und Zweck der Heilungsvorschrift besteht darin, den Bestand der formgerecht vollzogenen Abtretung zu bewirken und eine Rückforderung aus Gründen der Rechtssicherheit auszuschließen.[1118] Der Abtretungsvertrag kann zeitlich vor, mit oder nach dem Verpflichtungsvertrag geschlossen werden.[1119] Wenn der Abtretungsvertrag dem (formnichtigen) schuldrechtlichen Vertrag vorgeht, muss dieser sich jedoch auf die bereits erfolgte Abtretung beziehen. Dies bedeutet, dass eine inhaltliche Entsprechung von zeitlich vorgehender Abtretung und nachfolgender Verpflichtung bestehen muss: Wird etwa nach einer erfolgten Abtretung eine Verpflichtung des Zessionars zur Weiterübertragung begründet, wird diese Verpflichtung – so sie formnichtig begründet wurde – selbstverständlich durch die vorgehende Abtretung nicht geheilt, da die Weiterübertragungsverpflichtung zu einer anderen Abtretung verpflichtet als zu der, die bereits erfolgt ist.[1120] Das Verfügungsgeschäft entfaltet seine heilende Wirkung auch dann, wenn es gemeinsam mit dem Verpflichtungsgeschäft, das an einem Beurkundungsmangel leidet, in einer Urkunde beurkundet wird.[1121] Hierbei ist allerdings zu beachten, dass diese Heilungswirkung der Abtretung nur dann eintritt, wenn – was in der Praxis jedenfalls nicht der Regelfall sein wird – die Abtretung mit sofortiger dinglicher Wirkung vereinbart wurde. Ist die Abtretung aufschiebend bedingt vereinbart, kann auch die Heilungswirkung erst mit Eintritt der aufschiebenden Bedingung (ex nunc) eintreten.

aa) Die Heilungsvoraussetzungen des § 15 Abs. 4 S. 2 GmbHG

Erste Voraussetzung für eine Heilung eines formnichtigen schuldrechtlichen Rechtsge- 888 schäfts nach § 15 Abs. 4 S. 2 GmbHG ist ein **formgültiger dinglicher Abtretungsvertrag** nach § 15 Abs. 3 GmbHG. Die Abtretung muss dinglich wirksam sein, insbesondere ist auch die Erfüllung etwaiger weiterer Abtretungsvoraussetzungen im Sinne des § 15 Abs. 5 GmbHG erforderlich. Auch aufschiebende Bedingungen, die mit der Abtretung verbunden sind, müssen eingetreten sein oder, soweit möglich, durch Verzicht des Begünstigten

---

1118 BGHZ 127, 129.
1119 BGH NJW 1993, 1843; Scholz/*Winter*, § 15 Rn. 74.
1120 Michalski/*Ebbing*, § 15 Rn. 103.
1121 BGHZ 127, 129, 133.

gegenstandslos geworden sein, damit die heilende Wirkung des § 15 Abs. 4 S. 2 GmbHG sich entfalten kann.[1122] Die dem Verpflichtungsvertrag folgende Abtretung muss aufgrund des oben angesprochenen Entsprechenserfordernisses in Erfüllung der (formnichtigen) schuldrechtlichen Vereinbarung erfolgen, d.h. die Abtretung muss grundsätzlich an den Gläubiger des Anspruchs auf Übertragung des Geschäftsanteils gerichtet sein. Sie kann indes auch an einen Dritten erfolgen, wenn der Verpflichtete nach dem Inhalt des (formnichtigen) schuldrechtlichen Vertrages auch an ihn leisten durfte und zwecks Vertragserfüllung geleistet hat, z.B. im Falle des Weiterverkaufs des Erstkäufers an einen Dritten.[1123] In diesem Fall sind dann beide Verpflichtungsgeschäfte, also sowohl der Erstübertragungsvertrag als auch der Weiterübertragungsvertrag, geheilt.[1124] Diese Grundsätze gelten auch bei mehreren formnichtigen Zwischengeschäften, die alle dadurch wirksam werden können, dass bei Einverständnis aller Beteiligten der erste Verkäufer an den letzten Käufer wirksam abtritt.[1125] Wurden mehrere Geschäftsanteile formungültig verkauft und wird nur einer formgültig abgetreten, so wird nur der hierauf bezügliche Teil des obligatorischen Vertrages geheilt und die Wirksamkeit des schuldrechtlichen Geschäfts im Übrigen bestimmt sich nach § 139 BGB. Führt dessen Anwendung zu dem Ergebnis, dass es sich nach dem Willen der Beteiligten um ein einheitliches Rechtsgeschäft handelte, das nur im Ganzen wirksam sein sollte, ist die Abtretung nur einzelner Geschäftsanteile zwar dinglich wirksam erfolgt und das schuldrechtliche Rechtsgeschäft insoweit auch geheilt, wegen der sich aus § 139 BGB ergebenden Gesamtnichtigkeit jedoch nach § 812 BGB kondizierbar.[1126]

889 Zu nicht wenigen Missverständnissen führt das im Übrigen allgemein anerkannte Erfordernis, dass die **Willensübereinstimmung** der Parteien hinsichtlich des Verpflichtungsgeschäfts noch in dem Zeitpunkt fortbestehen muss, ab dem sie an das Verfügungsgeschäft gebunden sind.[1127] Dieses Erfordernis bedeutet zum Einen, dass eine Heilung nur dann eintritt, wenn beide Parteien im Moment des Wirksamwerdens des dinglichen Geschäfts die Anteilsübertragung überhaupt noch wollen.[1128] Zum Anderen wird gefordert, dass sich die formnichtige und die mit der Abtretung vereinbarte formgültige Regelung inhaltlich decken müssen. Sind die formnichtige und die formgültige Vereinbarung demgegenüber inhaltlich unvereinbar – enthält also die formnichtige Vereinbarung zum Beispiel garantierende Erklärungen, während die Abtretungsvereinbarung einen Garantieausschluss enthält,[1129] – scheidet eine Heilung aus. Bei befristeten und aufschiebend bedingten Abtretungen ist nicht der Zeitpunkt des Termin- bzw. Bedingungseintritts, sondern der des bindenden Abschlusses des Verfügungsgeschäftes zur Feststellung dieser Willensübereinstimmung maßgebend.[1130] Etwas Anderes wird allerdings dann zu gelten haben, wenn der Eintritt der Bedingung gerade vom Willen einer Partei abhängt, da in diesem Fall eine Bindung desjenigen, von dessen Willen der Bedingungseintritt abhängt, gerade nicht eingetreten ist. Das Fortbestehen der Willensübereinstimmung wird unwiderleglich vermutet, wenn keine Partei des Verpflichtungsgeschäftes erkennbar einen abweichenden Willen geäußert hat. Fehlt es demgegenüber an der Willensübereinstimmung der Beteiligten hinsichtlich des Verpflichtungsgeschäftes bei bindender Vornahme der Abtretung, ist zu prüfen, ob die Beteiligten eine (formwirksame) Änderung des schuldrechtlichen Rechtsgeschäfts vereinbart haben, in dessen (gesamt heilender) Erfüllung nun die abweichende

---

1122 BGH GmbHR 1989, 194, 195; BGHZ 127, 129, 135; a.A. *Moll*, MDR 1998, 1042.
1123 RGZ 71, 402 f.; Scholz/*Winter*, § 15 Rn. 72a.
1124 Michalski/*Ebbing*, § 15 Rn. 104.
1125 Baumbach/Hueck/*Fastrich*, § 15 Rn. 35.
1126 Scholz/*Winter*, § 15 Rn. 72a.
1127 BGHZ 127, 129, 133; Hanseatisches OLG BB 2007, 398.
1128 Vgl. zu diesem Fall BGH GmbHR 1994, 869.
1129 So der Fall des Hanseatischen OLG BB 2007, 398.
1130 BGHZ 127, 129, 135; Michalski/*Ebbing*, § 15 Rn. 107; Scholz/*Winter*, § 15 Rn. 73.

Abtretung erfolgt. Der Vorrang einer solchen nachträglichen Änderungsvereinbarung ergibt sich bereits aus dem Lex-posterior-Grundsatz.[1131] Eine derartige Änderung des Verpflichtungsgeschäfts kann selbstverständlich auch im heilenden Abtretungsvertrag selbst enthalten sein mit der Folge, dass das Verpflichtungsgeschäft mit dem Inhalt der im Abtretungsvertrag vereinbarten Änderungen wirksam geworden ist.

bb) Die Heilungswirkungen des § 15 Abs. 4 S. 2 GmbHG

Durch die formgültige Abtretung wird der Formmangel des Abtretungsvertrages – unter Einschluss etwa zwischenzeitlich vereinbarter Änderungen – geheilt. Die **Heilungswirkung bezieht sich nur auf Formmängel**, und zwar nur auf einen sich aus § 15 Abs. 4 GmbHG ergebenden Formmangel, nicht auch auf sonstige Mängel des Verpflichtungsgeschäfts. Beinhaltet der formnichtige Vertrag etwa auch die Verpflichtung zum Erwerb oder zur Übertragung eines Grundstücks, so heilt die wirksame Abtretung des Geschäftsanteils nicht auch den Formmangel nach § 311b Abs. 1 S. 1 BGB hinsichtlich des Grundstücks. Insoweit verbleibt es bei den Heilungsvoraussetzungen des § 311b Abs. 1 S. 2 BGB.[1132] Inwieweit zunächst formunwirksam vereinbarte Vertragsbestandteile mit geringeren Formanforderungen (also etwa nur dem Schriftformerfordernis unterliegende Bürgschaftsverpflichtungen) durch die Beurkundung des Abtretungsvertrages geheilt werden, ist umstritten. Richtigerweise dürfte hier die Beurkundung bloß des Abtretungsvertrages den Zweck des sonstigen Formerfordernisses nicht erfüllen, so dass etwa eine nicht dem Schriftformerfordernis des § 766 S. 1 BGB genügende Bürgschaftserklärung durch eine formwirksam erklärte Abtretung des Geschäftsanteils nicht geheilt werden dürfte.[1133]

890

Geheilt wird der **gesamte Verpflichtungsvertrag**, einschließlich etwaiger Nebenabreden oder zwischenzeitlich vereinbarter Vertragsänderungen. Bei der Übertragung von Kommanditanteilen einer GmbH & Co. KG im Rahmen eines Beteiligungskaufs wird auch die (formnichtige) Abrede über die Veräußerung der Kommanditanteile geheilt, wenn die Anteile an der Komplementär-GmbH formwirksam abgetreten wurden.[1134] Haben die Beteiligten im Verpflichtungsvertrag einen tatsächlich nicht vereinbarten Kaufpreis beurkundet, ist diese beurkundete Abrede gemäß § 117 Abs. 1 nichtig. Der formnichtig verabredete tatsächliche Kaufpreis wird dann mit der formgerechten Abtretung wirksam vereinbart.

891

§ 15 Abs. 4 S. 2 GmbHG spricht davon, dass eine formnichtige Vereinbarung durch einen formgültigen Abtretungsvertrag gültig *wird*. Dies bedeutet, dass die **Heilung** mit Wirksamkeit der Abtretung und mit Wirkung **ex nunc** eintritt. Dies gilt auch dann, wenn die Abtretung unter einer aufschiebenden Bedingung vorgenommen wurde. Eine rückwirkende Heilung erfolgt demzufolge nicht.[1135] Gleiches gilt, wenn einer oder beide Vertragsbeteiligten auf aufschiebende Bedingungen verzichten. Auch hier führt der Verzicht auf die aufschiebende Bedingung nicht zu einer rückwirkenden Heilung des formnichtigen Rechtsgeschäftes, sondern dieses wird erst in dem Moment wirksam, in dem auch der Verzicht auf die Bedingung wirksam wird.[1136] Die Rechtsfolgen eines einseitigen Verzichts auf die einem Verfügungsgeschäft beigefügte aufschiebende Bedingung durch den Begünstigten können nämlich nicht anders beurteilt werden als diejenigen des Eintritts der Bedingung. Durch die Vereinbarung der aufschiebenden Bedingung haben die Parteien die Wirksamkeit des Rechtsgeschäfts zunächst vom Eintritt eines künftigen ungewissen Ereig-

892

1131 Hanseatisches OLG BB 2007, 398.
1132 Michalski/Ebbing, § 15 Rn. 109; Scholz/Winter, § 15 Rn. 76.
1133 Vgl. dazu Michalski/Ebbing, § 15 GmbHG Rn. 109.
1134 Michalski/Ebbing, § 15 Rn. 110; Scholz/Winter, § 15 Rn. 76; a.A. Kempermann, NJW 1991, 684; Witt, ZIP 2000, 1033 ff.
1135 BGH NJW 1998, 2360.
1136 BGH NJW 1998, 2360.

2. Kapitel   Recht der Gesellschaft mit beschränkter Haftung

nisses abhängig gemacht. Diese zusätzliche Vereinbarung hemmt also zunächst die sofortige Wirksamkeit des Rechtsgeschäfts. Mit Blick auf das Wirksamwerden eines derartigen Rechtsgeschäftes besteht demzufolge zwischen dem Eintritt der vereinbarten zusätzlichen Wirksamkeitsvoraussetzung und der nachträglichen Beseitigung derselben kein entscheidender Unterschied.[1137]

893 **Checkliste Heilung formnichtiger Vereinbarungen**
1. Liegt ein formgültiger Abtretungsvertrag vor?
2. Ist die Abtretung dinglich wirksam geworden?
3. Bestand bei Eintritt der Bindungswirkung an das Verfügungsgeschäft noch Willensübereinstimmung der Beteiligten?
4. Rechtsfolge: Heilung des sich aus § 15 Abs. 4 GmbHG ergebenden Formmangels ex nunc.

e) Auslandsbeurkundungen

894 Während der BGH vor Inkrafttreten des MoMiG die Beurkundung einer Anteilsübertragung durch einen Schweizer Notar unbeanstandet gelassen hat,[1138] mehren sich nach Inkrafttreten des MoMiG die Stimmen, die die Gleichwertigkeit einer im Ausland vorgenommenen Beurkundung verneinen[1139] oder zumindest dazu raten, bis zur Klärung der Rechtsfrage durch den BGH Auslandsbeurkundungen nicht durchzuführen.[1140] In der Tat spricht vieles dafür, dass die nach Inkrafttreten des MoMiG vorrangigen Zwecke des Beurkundungserfordernisses – Transparenz in der Anteilseignerstruktur und materielle Richtigkeit der Gesellschafterliste – nur im Falle der Beurkundung durch einen deutschen Notar erreicht werden können. Der ausländische Notar, der aufgrund seiner Vorbildung und täglichen Praxis notwendigerweise keine vertieften Kenntnisse des deutschen Gesellschaftsrechts haben kann – und der infolgedessen regelmäßig auch seine Haftung begrenzt bzw. vollständig ausschließt[1141]–, kann nicht die gleiche Gewähr für die Richtigkeit der von ihm beurkundeten Abtretung und der von ihm eingereichten Gesellschafterliste geben wie ein deutscher Notar. Von einer Funktionsäquivalenz der ausländischen mit der deutschen Beurkundung kann demzufolge keine Rede sein.

895 Bei **Beurkundungen in der Schweiz** ist darüber hinaus zu beachten, dass seit dem 1. Januar 2008 das revidierte Schweizer Obligationenrecht in Kraft getreten ist, welches insbesondere die Abschaffung des Beurkundungserfordernisses für Anteilsübertragungen[1142] und dessen Ersetzung durch die einfache Schriftform mit sich gebracht hat.[1143] Das LG Frankfurt hat – soweit ersichtlich als erstes Gericht – sich (obiter) mit der Frage der Wirksamkeit einer Beurkundung in der Schweiz betreffend GmbH-Geschäftsanteile nach Inkrafttreten des MoMiG und nach Inkrafttreten der Änderung des Schweizer Obligationenrechts befasst. Unter Hinweis auf den Umstand, dass die Abtretung von Stammanteilen in der Schweiz seit Anfang 2008 nur noch der Schriftform (Art. 785 Abs. 1 OR) und der Zustimmung der Gesellschafterversammlung (Art. 786 Abs. 1 OR) bedarf, stellt das LG Frankfurt fest, dass diese Form den Erfordernissen an die Gleichwertigkeit der Beurkun-

---

1137 BGH NJW 1998, 2360.
1138 BGH NJW RR 2000, 273.
1139 Vgl. etwa *Braun*, DNotZ 2009, 585 ff; *Heckschen/Heidinger*, Die GmbH in der Gestaltungs- und Beratungspraxis, § 13 Rn. 26 f.; *Hermanns*, RNotZ 2010, 38; *Kindler*, Geschäftsanteilsabtretungen im Ausland, 2010, S. 31 ff; *König/Götte/Bormann*, NZG 2009, 881, 882; *Krause*, BB 2009, 2501.
1140 Vgl. etwa *Trendelenburg*, GmbHR 2008, 644, 649.
1141 *Braun*, DNotZ 2009, 585, 591.
1142 Art. 791, Abs. 4 OR a.F.
1143 Art. 785, 777 a Abs. 2 OR n.F.

dung nicht genüge.[1144] In seiner Entscheidung trennt das LG Frankfurt scharf zwischen dem Rechtszustand vor und nach Inkrafttreten des MoMiG. Für den **Zeitraum vor dem 01. November 2008** pflichtet das LG Frankfurt der überwiegenden Auffassung bei, dass die Beurkundung von GmbH-Geschäftsanteilsabtretungen in der Schweiz wirksam sei, da die Beurkundung in der Schweiz der Beurkundung durch einen deutschen Notar jedenfalls gleichwertig sei. Obiter versäumt das LG Frankfurt allerdings nicht, darauf hinzuweisen, dass **nach Inkrafttreten des MoMiG** und infolge der durch die Reform des Obligationenrechts bewirkten Formerleichterung in der Schweiz *eine andere Einschätzung nicht nur möglich, sondern sogar wahrscheinlich* sei. Zu unterscheiden sind in diesem Zusammenhang zwei Rechtsfragen: Zum Einen ist zu klären, ob die Einhaltung der Ortsform im Sinne von Art. 11 Abs. 1, 2. Alt. EGBGB – also die Schriftform der Schweiz – für eine wirksame Anteilsabtretung ausreicht, und zum Anderen – sofern die erste Frage verneint wird – ist zu klären, ob die in der Schweiz gewahrten Förmlichkeiten einem deutschen Beurkundungsverfahren gleichwertig sind.[1145] Nach Art. 11 Abs. 1, 2. Alt. EGBGB ist ein Rechtsgeschäft dann formgültig, wenn es die Formerfordernisse des Rechts des Staates erfüllt, in dem es vorgenommen wird (Ortsform). Besteht nach Inkrafttreten des MoMiG der überwiegende Zweck von § 15 Abs. 3 und 4 nicht mehr nur darin, den »leichten« und spekulativen Handel mit GmbH-Anteilen zu unterbinden oder doch zu erschweren,[1146] sondern ist es nunmehr das vorliegende Anliegen des Gesetzgebers, Transparenz über die Anteilseignerstrukturen der GmbH zu schaffen und Geldwäsche zu verhindern sowie der im Handelsregister aufgenommenen Gesellschafterliste eine erhöhte Richtigkeitsgewähr zukommen zu lassen,[1147] steht fest, dass der Gesetzgeber mit der Anordnung des Formgebotes weitergehende wirtschaftliche und rechtspolitische Erwägungen verfolgt. Da die vom Gesetzgeber angestrebten Ziele mit hoher Wahrscheinlichkeit bei bloßer Wahrung der Ortsform verfehlt werden und nicht anzunehmen ist, dass der Gesetzgeber die Erreichung dieser Ziele zur Disposition der Vertragsbeteiligten stellen will, liegt die Schlussfolgerung nahe, dass es sich bei den vom Gesetzgeber mit § 15 Abs. 3 und Abs. 4 nunmehr verfolgten Zielen um solche handelt, die das Verkehrsinteresse der Parteien überwiegen und damit die Wahrung der Ortsform für eine wirksame Anteilsabtretung nicht ausreicht.[1148] Sprechen demzufolge die besseren Argumente gegen eine Anwendung von Art. 11 Abs. 1, 2. Alt. EGBGB auf nach § 15 beurkundungsbedürftige Kauf- und Abtretungsverträge über GmbH-Geschäftsanteile, stellt sich die Folgefrage, ob der Abschluss des Vertrages in der Schweiz deswegen formgültig ist, weil er den Formerfordernissen des Rechts genügt, das auf das seinen Gegenstand bildende Rechtsverhältnis anzuwenden ist (Geschäftsform). Welches Gesetz für das den Gegenstand des Rechtsgeschäfts bildende Rechtsverhältnis maßgeblich ist, ist nach den hierfür geltenden Regeln des Kollisionsrechts zu bestimmen. Es ergibt sich teils unmittelbar oder mittelbar aus dem Gesetz, teils aus allgemeinen Grundsätzen des IPR.[1149] Dies bedeutet, dass das der Abtretung zugrunde liegende Verpflichtungsgeschäft dem Schuldvertragsstatut der Art. 27 f. EGBGB unterliegt, das grundsätzlich freie Rechtswahl gestattet.[1150] Da die Kaufverträge über GmbH-Geschäftsanteile regelmäßig eine Rechtswahl zu Gunsten deutschen Rechts enthalten, führt diese Anknüpfung zur Anwendbarkeit deutschen Rechts. Das dingliche Geschäft – also die Abtretung der GmbH-Geschäftsanteile – richtet sich zwingend nach dem Gesellschaftsstatut der GmbH, deren Geschäftsanteile abgetreten werden, das heißt unter Geltung der von der Rechtsprechung entwickelten Sitztheorie im Falle einer deutschen GmbH mit effektivem

---

1144 LG Frankfurt a.M. DNotZ 2009, 949.
1145 *Hermanns*, RNotZ 2010, 38, 39.
1146 So der BGH zum früheren Recht, BGHZ 13, 49, 51; 75, 352; 127, 129, 135.
1147 Vgl. oben Rdn. 866.
1148 Ebenso *Kindler*, a.a.O. (Fn. 80), S. 36; *König/Götte/Bormann*, NZG 2009, 881, 883.
1149 Staudinger/*von Mohrenfels*, Art. 11 EGBGB Rn. 153.
1150 *Braun*, DNotZ 2009, 585.

2. Kapitel Recht der Gesellschaft mit beschränkter Haftung

Verwaltungssitz im Inland nach deutschem materiellen Recht.[1151] Damit steht fest, dass die nach Art. 11 Abs. 1, 1. Alt. EGBGB vorzunehmende Bestimmung des Wirkungsstatuts für den Kaufvertrag über die GmbH-Geschäftsanteile zumeist und für die Abtretung der GmbH-Geschäftsanteile stets zur Anwendung deutschen Rechts und damit zur Geltung von § 15 GmbHG mit der dort angeordneten Beurkundungspflicht führt. Vor diesem Hintergrund stellt sich nunmehr die Frage, ob die vom deutschen Recht vorgegebene Form – nämlich Beurkundung durch einen Notar – durch einen Vertragsschluss in der Schweiz gewahrt ist. Hier sind gedanklich zwei Fälle zu unterscheiden: Wird der Kauf- und Abtretungsvertrag über GmbH-Geschäftsanteile in der Schweiz so geschlossen wie es das schweizerische Recht vorsieht, nämlich – gemäß Art. 785 OR – durch einen einfach-schriftlichen Abtretungsvertrag, ist offenkundig, dass diese einfache Schriftform den Formgeboten des deutschen Rechts – nämlich notarielle Beurkundung – nicht genügt. Eine andere, hiervon unabhängige und vom Landgericht Frankfurt nicht beantwortete Frage ist, ob die vom deutschen Recht geforderte Form der notariellen Beurkundung dann gewahrt ist, wenn die Vertragsbeteiligten mit dem schweizerischen Notar vereinbaren, dass dieser – über die nach seinem Heimatrecht geltenden Verpflichtungen hinausgehend – gleichsam freiwillig mehr tut als er nach seinem Heimatrecht müsste und ein Verfahren wählt, das dem der deutschen notariellen Beurkundung ähnelt, also den Beteiligten die Urkunde vorliest. Auf den Punkt gebracht lautet die Frage also, ob ein in dieser Weise *gewillkürtes* Beurkundungsverfahren vor einem ausländischen Notar einem Beurkundungsverfahren vor einem deutschen Notar, das durch die Vorgaben des Beurkundungsgesetzes geregelt ist, gleichzusetzen ist. Zur Frage der Gleichwertigkeit hat der BGH in seiner Entscheidung vom 16. Februar 1981[1152] wie folgt Stellung genommen: Gleichwertigkeit ist gegeben, wenn die ausländische Urkundsperson nach Vorbildung und Stellung im Rechtsleben eine der Tätigkeit des deutschen Notars entsprechende Funktion ausübt *und* für die Errichtung der Urkunde ein Verfahren *zu beachten hat*, das den tragenden Grundsätzen des deutschen Beurkundungsrechts entspricht. Der BGH verlangt also für die Frage der Gleichwertigkeit einer ausländischen Beurkundung zwingende Verfahrensgrundsätze des ausländischen Rechts, so dass ein gewillkürtes Beurkundungsverfahren im vorstehend beschriebenen Sinne den Anforderungen des BGH in seiner Entscheidung vom 16. Februar 1981 nicht genügen dürfte. Dieser Befund wird durch folgende weitere Erkenntnis erhärtet: Das Beurkundungsverfahren ist nach § 1 BNotO ein Verfahren der vorsorgenden Rechtspflege.[1153] In Ausübung seiner Befugnisse handelt der Notar öffentlich-rechtlich.[1154] Gerade an einem derartigen öffentlich-rechtlichen Verhältnis zwischen Urkundsperson und Urkundsbeteiligten fehlt es im Rahmen des gewillkürten Beurkundungsverfahrens. Die Beteiligten und der Notar vereinbaren hier bestimmte Verfahrensanforderungen, die ohne weiteres auch durch Vereinbarung wieder geändert oder aufgehoben werden können. Es wird berichtet, dass bereits unter der alten Rechtslage – also vor Änderung des Obligationenrechts – die nach deutschem Recht zwingende Verlesung einer Urkunde durch den Schweizer Notar in der Praxis nur stattfand, wenn die Parteien dies ausdrücklich wünschten.[1155] Es ist demgegenüber gerade die zwingende Geltung verfahrensrechtlicher Vorgaben, die nicht zur Disposition der Beteiligten stehen, die das notarielle Beurkundungsverfahren in Deutschland ausmachen und die es rechtfertigen, der von einem Notar im Rahmen seiner Zuständigkeit errichteten Urkunde besondere Wirkungen im Rechtsverkehr beizumessen.

1151 *Braun*, DNotZ 2009, 585.
1152 BGHZ 80, 76, 78.
1153 Armbrüster/Preuss/Renner, § 1 BeurkG Rn. 2.
1154 *Bohrer*, Das Berufsrecht der Notare, Rn. 9; Eylmann/Vaasen/*Frenz*, § 1 BNotO Rn. 27.
1155 *Braun*, DNotZ 2009, 585, 588.

Von den vorstehenden Erwägungen unabhängig ist von einer **Beurkundung im Ausland** immer dann dringend **abzuraten**, wenn die Geschäftsanteilsabtretung mit **Strukturmaßnahmen**, also etwa Satzungsänderungen oder Umwandlungsmaßnahmen, im Zusammenhang steht. Bei derartigen Strukturmaßnahmen wird seit je her die Auslandsbeurkundung von der ganz überwiegenden Meinung abgelehnt, da derartige Strukturmaßnahmen Wirkung nicht nur unter den Parteien des konkreten Rechtsgeschäfts haben, sondern sich auch auf Dritte auswirken können und daher im Besonderen auf eine materielle Richtigkeitsgewähr durch Einschaltung eines deutschen Notars Wert gelegt werden muss.[1156]

896

Checkliste Auslandsbeurkundungen

1. Zulässigkeit für reine Anteilsabtretungen zweifelhaft nach Inkrafttreten des MoMiG und (bei Beurkundungen in der Schweiz) nach Änderungen im Schweizer Obligationenrecht.
2. Nach ganz überwiegender Meinung unzulässig, wenn im Zusammenhang mit der Abtretung Strukturmaßnahmen verabredet oder Verpflichtungen hierzu vereinbart werden.

897

II. Der Inhalt des schuldrechtlichen Verpflichtungsgeschäfts

Die schuldrechtlichen Aspekte des Verpflichtungsgeschäfts werden im GmbH-Gesetz natürlich nicht geregelt. Sie richten sich nach dem allgemeinen und dem besonderen Schuldrecht, sind also **abhängig von der Rechtsnatur des Verpflichtungsgeschäfts** (vgl. dazu unten Ziff. 2). Wird ein Geschäftsanteil etwa kaufweise veräußert, sind die §§ 433 f. BGB zu beachten, während das Regime der §§ 518 f. BGB Berücksichtigung finden muss, wenn ein Geschäftsanteil verschenkt wird. Gleichwohl lassen sich hinsichtlich des Inhalts des schuldrechtlichen Rechtsgeschäfts einige allgemeine Bemerkungen »vor die Klammer ziehen«.

898

1. Der Gegenstand des Verpflichtungsgeschäfts

Gegenstand eines Rechtsgeschäfts im Sinne von § 15 Abs. 4 GmbHG ist immer ein **Geschäftsanteil an einer GmbH**. Handelt es sich um einen bereits bestehenden Geschäftsanteil, der auch im bestehenden Umfang abgetreten werden soll, also keiner Teilung bedarf, sind insoweit Besonderheiten nicht zu beachten. Entstanden ist der Geschäftsanteil mit der Eintragung derjenigen Stammkapitalziffer in das Handelsregister, bei deren Errechnung der Geschäftsanteil berücksichtigt wurde, bei einem im Rahmen der Gründung gebildeten Geschäftsanteil also mit Eintragung der Gesellschaft und bei einem im Rahmen einer Kapitalerhöhung gebildeten Geschäftsanteil mit Eintragung dieser Kapitalerhöhung in das Handelsregister. Gesellschaftsanteile an der Vor-GmbH werden nach herrschender Meinung nicht nach § 15 GmbHG abgetreten, sondern Abtretungen können sich insoweit nur durch eine Änderung des Gesellschaftsvertrags in der Form des § 2 GmbHG vollziehen.[1157] Die Angabe der Gründungsgesellschafter sei ein wesentlicher Bestandteil des Gesellschaftsvertrages, der die Grundlage für die Eintragung der Gesellschaft in das Handelsregister bilde. Ein Gesellschafterwechsel durch Abtretung und ohne die gründungsrechtlichen Sicherungen sei hiermit nicht vereinbar. Diese ganz

899

1156 *Götte*, DStR 1996, 709; Widmann/Mayer/*Heckschen*, § 6 UmwG Rn. 56; *Heckschen/Heidinger*, Die GmbH in der Gestaltungs- und Beratungspraxis, § 13 Rn. 27.
1157 BGHZ 21, 242, 246, OLG Frankfurt a.M. GmbHR 1997, 896; Scholz/*Winter*, § 15 Rn. 3.

überwiegende Meinung sollte den praktischen Gestaltungen zugrunde gelegt werden, obgleich sie vollauf nicht zu überzeugen vermag: Die die Kapitalaufbringung sichernden Gründungsvorschriften würden nicht umgangen, wenn sie im Falle der Abtretung eines Gesellschaftsanteils an einer Vor-GmbH sowohl auf den Gründungsgesellschafter als auch auf den Zessionar angewendet würden und auch der Verweis auf die notwendige Publizität des Handelsregisters durch Aufnahme der Gründungsgesellschafter in die Satzung ist letztlich nicht zwingend, da ein Gesellschafterwechsel unmittelbar nach der Eintragung der Gesellschaft in das Handelsregister sich ohne Weiteres nach § 15 GmbHG vollziehen kann, ohne dass die entsprechende Satzungsbestimmung angepasst werden muss.[1158]

900 Wird nicht der Gesellschaftsanteil an der Vor-GmbH, sondern der **künftige Geschäftsanteil** abgetreten, gilt anderes: Hier ist Gegenstand der nach Eintragung in das Handelsregister entstehende Geschäftsanteil und der dingliche Rechtsübergang vollzieht sich in diesem Fall mit der Entstehung des Geschäftsanteils. Hier unterliegen das Verpflichtungsgeschäft und der Abtretungsvertrag unstreitig § 15 GmbHG. Nach herrschender Meinung entfaltet die Abtretung erst mit der Eintragung der Kapitalmaßnahme bzw. der Gründung im Handelsregister ihre Zessionswirkung, da Abtretungsgegenstand der künftige Geschäftsanteil ist. Demzufolge wachse der Geschäftsanteil zunächst dem ursprünglichen Übernehmer zu und geht von ihm im Wege des Durchgangserwerbs auf den Zessionar über.[1159] Die These vom notwendigen Durchgangserwerb des ursprünglichen Übernehmers überzeugt nicht: Die Übertragung künftiger Rechte hat allgemein einen Direkterwerb des Zessionars – ohne Durchgangserwerb des Zedenten – zur Folge, wenn der Rechtsgrund für die Entstehung des abgetretenen Rechts bereits gelegt ist.[1160] In diesem Fall wird dem Zessionar nämlich die schon bestehende Rechtsposition des Zedenten in toto übertragen. Der Zedent scheidet aus dem Rechtsverhältnis – abgesehen von seinen Pflichten gegenüber der Gesellschaft – aus. Nach Abschluss des Übernahmevertrages ist der Rechtsgrund für die Entstehung des Geschäftsanteils bereits gelegt. Nach allgemeinem Zessionsrecht muss der Geschäftsanteil daher jedenfalls dann unmittelbar in der Person des Zessionars entstehen, wenn der künftige Geschäftsanteil nach Abschluss des Übernahmevertrages abgetreten wird.[1161] Von der vorstehend beschriebenen Abtretung des künftigen Geschäftsanteils zu unterscheiden ist die Abtretung der Rechte, die dem Gesellschafter aus dem ihm zur Übernahme zulassenden Kapitalerhöhungsbeschluss und aus dem Übernahmevertrag zustehen. In diesem Fall geht es nicht um die Abtretung des noch zur Entstehung gelangenden Geschäftsanteils, sondern um die Abtretung der Rechtspositionen, die dem Gesellschafter und Übernehmer vor Entstehung des Geschäftsanteils zustehen. Da in dieser Fallkonstellation das Verfügungsobjekt nicht die grundsätzlich verkehrsfähige Mitgliedschaft, sondern eine aus einem Kollektivakt (Gesellschafterbeschluss) und einem zweiseitigen Vertrag (Übernahmevertrag) vermittelte Rechtsposition ist, kann diese Rechtsposition nur mit Zustimmung der Gesellschafter (mit der für einen Kapitalerhöhungsbeschluss erforderlichen Mehrheit) und mit Zustimmung der Gesellschaft (zur Änderung des Übernahmevertrages) übertragen werden.[1162]

901 Die Abtretung von **Teilgeschäftsanteilen** ist nach der GmbH-Reform des Jahres 2008 deutlich einfacher geworden. Sowohl das Verbot der Vorratsteilung (§ 17 Abs. 6 S. 1 GmbHG a.F.) als auch das Verbot gleichzeitiger Übertragung mehrerer Teile von Geschäftsanteilen eines Gesellschafters an denselben Erwerber (§ 17 Abs. 5 GmbHG a.F.) sind gefallen. Auch das gesetzliche Genehmigungserfordernis der Gesellschaft (§ 17 Abs. 1 GmbHG a.F.) existiert als solches nicht mehr. Es war Ziel des Reformgesetzgebers, die Tei-

---

1158 In diesem Sinne etwa auch *K. Schmidt*, GmbHR 1987, 77, 82.
1159 BGHZ 21, 242, 245; Baumbach/Hueck/*Zöllner*, § 55 Rn. 26; Michalski/*Hermanns*, § 55 Rn. 102.
1160 BGHZ 49, 197, 205; Staudinger/*Busche*, § 398 Rn. 71 ff., 73.
1161 Vgl. zum Ganzen auch Michalski/*Hermanns*, § 55 Rn. 102.
1162 Vgl. hierzu Michalski/*Hermanns*, § 55 Rn. 104a.

lung und Zusammenlegung von Geschäftsanteilen gegenüber dem früheren Recht wesentlich zu erleichtern. Nunmehr wird in § 46 Ziff. 4 GmbHG die Zuständigkeit der Gesellschafterversammlung für die Teilung von Geschäftsanteilen bestätigt bzw. für die Vereinigung von Geschäftsanteilen neu begründet. Nicht vollständig klar ist derzeit, ob ein Fehlen eines nach § 46 Nr. 4 GmbHG eigentlich erforderlichen Gesellschafterbeschlusses zur Teilung – wie nach früherem Recht – nur im Innenverhältnis wirkt, die Wirksamkeit der Teilung durch den Eigentümer also nicht berührt, oder ob das Fehlen des Gesellschafterbeschlusses zur Unwirksamkeit der Teilung führt. Richtigerweise wird man im Fehlen des Gesellschafterbeschlusses lediglich einen im Innenverhältnis der Gesellschafter liegenden Mangels zu sehen haben. Zum Einen erfolgt die Teilung selbst nicht durch die Gesellschaftergesamtheit (anderenfalls könnte sie auch gegen den Willen des Inhabers des Geschäftsanteils erfolgen), sondern durch den jeweiligen Inhaber des Geschäftsanteils selbst. Zum Anderen war es gerade Ziel des Reformgesetzgebers, die Bildung und Veräußerung von Teilgeschäftsanteilen zu erleichtern. Dieses Ziel würde konterkariert, wenn der nach bisheriger herrschender Meinung lediglich im Innenverhältnis sich auswirkende Mangel nunmehr ins Außenverhältnis durchschlagen würde.[1163] Eine Mitwirkung dinglich Berechtigter am Geschäftsanteil ist für die Teilung nicht erforderlich, da sich deren Rechte nach der Teilung an den neuen Geschäftsanteilen unverändert fortsetzen.

Checkliste Teilung eines Geschäftsanteils 902

1. Teilungserklärung des Inhabers des Geschäftsanteils.
2. Zustimmender Beschluss der Gesellschafter im Sinne von § 46 Ziff. 4 GmbHG (streitig, sollte aber aus Vorsichtsgründen eingeholt werden).
3. Eine Mitwirkung dinglich Berechtigter am Geschäftsanteil ist nicht erforderlich.

Hat der **Veräußerer eines Geschäftsanteils der Gesellschaft ein Darlehen** gewährt, ist 903
dieses mit der Veräußerung des Geschäftsanteils des Veräußerers nicht automatisch ebenfalls Kaufgegenstand. Soll das Darlehen mit veräußert werden, so bedarf es einer Abtretung der Darlehensforderung an den Erwerber, soll eine Vertragsübernahme durch den Erwerber vereinbart werden, ist hierfür die Zustimmung der Gesellschaft gemäß § 415 Abs. 1 S. 1 BGB erforderlich.[1164] In diesem Zusammenhang ist die durch das MoMiG neu gefasste Vorschrift des § 135 Abs. 1 InsO zu beachten. Nach dieser Vorschrift sind künftig Rechtshandlungen anfechtbar, die für eine Forderung eines Gesellschafters auf Rückgewähr eines Gesellschafterdarlehens Sicherung gewährt hat, wenn die Handlung in den letzten zehn Jahren vor dem Antrag auf Eröffnung des Insolvenzverfahrens oder nach diesem Antrag vorgenommen worden ist (§ 135 Abs. 1 Ziff. 1 InsO) oder Befriedigung gewährt hat, wenn die Handlung im letzten Jahr vor dem Eröffnungsantrag oder nach diesem Antrag vorgenommen worden ist (§ 135 Abs. 1 Ziff. 2 InsO). Auf den Eigenkapital ersetzenden Charakter des Gesellschafterdarlehens wird insoweit nicht mehr abgestellt. Jegliche Sicherheitengewährung für ein Gesellschafterdarlehen innerhalb der 10-Jahres-Frist und jegliche Erfüllungshandlung innerhalb der Jahresfrist sind damit insolvenzrechtlich anfechtbar. Ausgenommen sind lediglich Sanierungsdarlehen und Darlehen, die unter das Kleinbeteiligungsprivileg fallen.[1165] Für die Gestaltungspraxis ist hier zu beachten, dass der Verzicht auf den Eigenkapital ersetzenden Charakter des Darlehens eine Ausweitung der Anfechtungsmöglichkeiten des Insolvenzverwalters bzw. der Gläubiger zur Folge hat.[1166] Wenn etwa der Verkäufer eines GmbH-Geschäftsanteils sich vor dem Verkauf

---

1163 A.A. *Mayer*, DNotZ 2008, 403, 425.
1164 *Büchel/von Rechenberg*, Handels- und Gesellschaftsrecht, 19. Kapitel, Rn. 233.
1165 *Wälzholz*, DStR 2007, 1914, 1920.
1166 *Heckschen*, DStR 2007, 1442, 1448.

das der Gesellschaft gewährte Darlehen zurückzahlen lässt und die Gesellschaft anschließend – innerhalb eines Jahres – in Insolvenz fällt, ist diese Rechtshandlung durch den Insolvenzverwalter anfechtbar. Der Verkäufer wird in diesen Fällen künftig daher gut daran tun, seine Darlehensforderung gegen die Gesellschaft mit dem Geschäftsanteil an den Käufer zu verkaufen und sich keine Leistungen von der Gesellschaft zurückgewähren lassen.

904

Checkliste Mitverkauf von Gesellschafterdarlehen
1. Hat der Veräußerer der Gesellschaft ein Darlehen gewährt?
2. Soll die Darlehensforderung an den Erwerber mitverkauft und mit abgetreten werden?
3. Abzuraten ist regelmäßig von einer Auszahlung des Gesellschafterdarlehens an den Veräußerer vor der Anteilsabtretung (Anfechtungsrisiko aus § 135 Abs. 1 InsO).

905 Nutzt die Gesellschaft, deren Geschäftsanteile verkauft werden, in fremdem Eigentum stehende Wirtschaftsgüter, die für den Betrieb des Unternehmens notwendig sind, kann es sinnvoll sein, auch diese **betriebsnotwendigen Gegenstände mitzuveräußern**. In diesem Fall erstreckt sich das Beurkundungserfordernis auch auf die Mitveräußerung dieser betriebsnotwendigen Gegenstände. Existieren derartige Gegenstände nicht, sollte sich der Käufer vom Verkäufer garantieren lassen, dass dieser keine Rechte an materiellen oder immateriellen Vermögensgegenständen innehat, die bisher im Geschäftsbetrieb der Gesellschaft verwendet wurden oder für die Führung dieser Geschäftsbetriebe benötigt werden.[1167]

2. Die Causa der Anteilsabtretung

906 Der der Anteilsabtretung zugrunde liegende **Rechtsgrund** kann unterschiedlicher Natur sein, es kann sich um eine auf der Grundlage eines Kaufvertrages zu vollziehende Abtretung handeln, der Geschäftsanteil kann geschenkt worden sein, er kann in eine andere Gesellschaft einzubringen sein oder einem Treuhandverhältnis unterworfen werden. Aus den möglichen Schuldvertragstypen ist die kaufweise Abtretung eines Geschäftsanteils sicher die in der Praxis am häufigsten vorkommende Variante (vgl. dazu unten lit. d). Im Übrigen kommen in der notariellen Praxis die nachgenannten Vertragstypen am häufigsten vor:

a) Die Schenkung von Geschäftsanteilen

907 Bei der **schenkweisen Zuwendung** eines Geschäftsanteils sind neben den allgemeinen gesellschaftsrechtlichen Erfordernissen die besonderen schenkungsrechtlichen Notwendigkeiten zu berücksichtigen. In der notariellen Praxis sind diese im Zusammenhang mit Grundstücksübertragungen bekannt und insoweit auch hinlänglich aufbereitet. Im Zusammenhang mit der Schenkung von Geschäftsanteilen finden sich demgegenüber vergleichsweise wenige praktische Hinweise. Neben den erbschaftsteuerlichen Implikationen können sich Schenkungen von Geschäftsanteilen in besonderer Weise vor Allem im Erbrecht auswirken:

908 Zum Einen ist – wie bei Grundstücksübertragungsverträgen – zu entscheiden, ob der Wert des geschenkten Geschäftsanteils nach **§ 2315 BGB** auf den Pflichtteil des Beschenkten angerechnet werden soll, wenn der Beschenkte zu den Pflichtteilsberechtigten gehört. Wenn eine Anrechnung gewünscht ist, ist dies gemäß § 2315 Abs. 1 BGB entsprechend ausdrücklich zu bestimmen. Der Wert der Zuwendung bestimmt sich nach § 2315 Abs. 2 S. 2

1167 *Büchel/von Rechenberg*, Handels- und Gesellschaftsrecht, 19. Kapital Rn. 234.

BGB nach der Zeit, zu welcher die Zuwendung erfolgt ist, bei Abtretung des Geschäftsanteils also nach dem Zeitpunkt, zu dem die Abtretung wirksam geworden ist. Eine Anrechnungsbestimmung im Sinne von § 2315 BGB könnte bei der Schenkung von Geschäftsanteilen etwa folgenden Wortlaut haben:

Formulierungsbeispiel Anrechnungsbestimmung bei Schenkung eines Geschäftsanteils: 909 M
Der Erwerber hat sich die Zuwendung des vorbezeichneten Geschäftsanteils (nicht) auf seinen Pflichtteil nach dem Veräußerer anrechnen zu lassen. Die Anrechnung hat in Höhe von ... € zu erfolgen.

Neben der Pflichtteilsanrechnung sollte der Schenker sich auch bei der unentgeltlichen Übertragung von Geschäftsanteilen dazu äußern, ob die Schenkung des Geschäftsanteils, sofern sie an einen von mehreren Abkömmlingen erfolgt, nach § 2050 Abs. 1 BGB auszugleichen ist. Die Ausgleichung erfolgt bei Schenkungen nur dann, wenn sie vom Veräußerer bei der Zuwendung ausdrücklich angeordnet wurde (§ 2050 Abs. 3 BGB). Um Zweifel über eine Ausgleichungsverpflichtung zu vermeiden, sollte bei jedem Übertragungsvertrag an einen oder mehrere Abkömmlinge eine positive (oder negative) Aussage hierzu getroffen werden.[1168] Hierzu könnte etwa folgendes Formulierungsbeispiel dienen: 910

Formulierungsbeispiel Erbausgleichungsanordnung: 911 M
Der Erwerber hat den Wert des Geschäftsanteils im Verhältnis zu den übrigen Abkömmlingen des Veräußerers (nicht) auszugleichen.

Bei der Übertragung von Gesellschaftsanteilen im Wege der **vorweggenommenen Erbfolge** wird nicht selten auch der Wunsch geäußert, dem Veräußerer ein **Widerrufsrecht** für den Fall vorzubehalten, dass er an der Schenkung nicht mehr festhalten möchte. Es war lange Zeit streitig, ob ein freies Widerrufsrecht zu Gunsten des Schenkers gegenüber dem Beschenkten vor dem Hintergrund der Hinauskündigungsrechtsprechung des BGH zulässig sei. Ausgangspunkt dieser Erwägungen war die sog. Damoklesschwert-Rechtsprechung des BGH,[1169] mittels derer der BGH gesellschaftsvertragliche Regelungen, mit denen freie Hinauskündigungsrechte begründet wurden, für unzulässig erklärt hat. Das freie Kündigungsrecht des anderen Teils könne vom betroffenen Gesellschafter als Disziplinierungsmittel empfunden werden, so dass er aus Sorge, der Willkür des ausschließungsberechtigten Gesellschafters ausgeliefert zu sein, nicht frei von seinen Mitgliedschaftsrechten Gebrauch mache oder seinen Gesellschafterpflichten nicht nachkomme, sondern sich den Vorstellungen der anderen Seite beuge. Auf der anderen Seite hatte der BGH bereits im Jahre 1990 in der sog. Benteler-Entscheidung festgestellt, dass die gesellschaftsrechtliche Unzulässigkeit freier Hinauskündigungsrechte der Anwendung der §§ 530 ff. BGB – also der Anwendung und Durchsetzbarkeit *schenkungsrechtlicher* Widerrufsrechte – nicht entgegenstehe.[1170] Das gesellschaftsrechtliche Rechtsverhältnis und die schenkungsrechtlichen Beziehungen bestünden nebeneinander. Nur innerhalb des Gesellschaftsverhältnisses richteten sich die Rechtsbeziehungen der Gesellschafter nach Gesellschaftsrecht, das etwa der Rückforderung eines geschenkten Gesellschaftsanteils entgegen stehen könne, wenn die Zustimmung etwa vorhandener weiterer Gesellschafter zur Rückübertragung erforderlich und nicht zu erlangen sei. Neben diese gesellschaftsrechtlichen Rechtsbeziehungen – und grundsätzlich unabhängig von diesen – trete das schenkungsrechtliche Verhältnis der Beteiligten untereinander. Zwingende gesellschaftsrechtliche Gründe, ein derartiges Nebeneinander beider Rechtsinstitute für ausgeschlossen zu halten, seien nicht ersichtlich. Insbesondere führe der Umstand, dass für den beschenkten Gesellschafter die Gefahr 912

1168 Beck'sches Notarhandbuch/*Jerschke*, Teil A V Rn. 89.
1169 Grundlegend BGHZ 68, 212.
1170 BGH NJW 1990, 2616.

bestehe, die Beteiligung in Folge eines Widerrufs wieder zu verlieren, nicht dazu, dass er zum Gesellschafter minderen Rechts degeneriere. Diese höchstrichterliche Klärung des Konkurrenzverhältnisses von Schenkungs- und Gesellschaftsrecht im Sinne des beschriebenen *Trennungsdogmas* hat in der Literatur überwiegende Zustimmung gefunden.[1171] Es sei überzeugend, zwischen dem rein schenkungsrechtlichen Rückforderungstatbestand und der gesellschaftsrechtlichen Ebene zu unterscheiden: Das Gesellschaftsrecht bestimme die Voraussetzungen, unter denen der Schenker den Beschenkten hinauskündigen könne, während das Schenkungsrecht die Frage regele, ob der Beschenkte den Anteil im Verhältnis zum Schenker behalten dürfe. Gleichwohl ist die vordergründig gedanklich klare Trennung zwischen der schenkungsrechtlichen und der gesellschaftsrechtlichen Ebene nicht überzeugend: Wenn man es – wie der BGH – als mit den Grundprinzipien des Gesellschaftsrechts unvereinbar ansieht, dass ein Gesellschafter seine Mitgliedschaftsrechte nicht frei ausüben könne, wenn er dem freien Kündigungsrecht eines anderen Gesellschafters ausgesetzt sei, so verlangt diese – normative – Erwägung Beachtung auch unabhängig davon, ob das Kündigungs- bzw. Widerrufsrecht seinen Grund in einer schenkungsrechtlichen oder gesellschaftsvertraglichen Abrede hat. Liegt der Grund für die Unzulässigkeit in der *normativen* Erwägung, dass das freie Widerrufsrecht vom widerrufsberechtigten Teil als Disziplinierungsmittel eingesetzt werden kann, so muss der *konstruktive* Unterschied, ob das Widerrufsrecht seinen Grund auf schenkungs- oder gesellschaftsvertraglicher Ebene hat, in den Hintergrund treten. Konsequent zu Ende gedacht ließe sich das Trennungsdogma zwischen schuldrechtlicher Ebene einerseits und gesellschaftsvertraglicher Ebene andererseits auch nicht auf das Verhältnis von Schenkungs- und Gesellschaftsrecht beschränken, sondern müsste in gleicher Weise das Verhältnis von anderen schuldrechtlichen Vertragstypen zum Gesellschaftsrecht bestimmen. Das Trennungsdogma würde in weiten Bereichen eine Umgehung der Gedanken und Wertungen zur Unzulässigkeit gesellschaftsvertraglicher Hinauskündigungsklauseln ermöglichen, da es in einer Vielzahl der Fälle möglich sein dürfte, die gesellschaftsrechtlichen Beziehungen der Beteiligten durch schuldrechtliche Abreden zu ergänzen, und in diese schuldrechtlichen Abreden Widerrufs- und Rückforderungsrechte aufzunehmen. In verschiedenen Entscheidungen der Jahre 2004 bis 2007[1172] hat der BGH nunmehr auch den Begründungsansatz für die Zulässigkeit von gesellschaftsvertraglichen Hinauskündigungsklauseln geändert: Ohne diese Rechtsprechung an dieser Stelle im Einzelnen nachvollziehen zu wollen,[1173] ist festzuhalten, dass der BGH anerkannt hat, dass es auch außerhalb schuldrechtlich vorbehaltener Rückforderungsrechte gesellschaftsrechtliche Notwendigkeiten geben kann, die die Vereinbarung von Rückforderungs- und Ausschlussrechten rechtfertigen können. Mit dem Verzicht auf den im Trennungsdogma wurzelnden Begründungsansatz hat der BGH darüber hinaus den Schritt zur rein gesellschaftsrechtlichen Begründung der Zulässigkeit von Rückforderungsrechten getan. Insbesondere in der Laborarztentscheidung sieht der BGH den entscheidenden Umstand, der die ausnahmsweise Zulässigkeit eines Rückforderungsrechts gebietet, in dem besonderen Vertrauensverhältnis, das bei einer partnerschaftlichen Zusammenarbeit von Freiberuflern unabdingbar sei und einer Probe unterworfen werden müsse. Dieses Argument ist auf die hier in Rede stehenden Fälle der vorweggenommenen Erbfolge in Gesellschaftsanteile übertragbar: Denkt man etwa an Familiengesellschaften, so mag man auch hier das zwischen den Generationen fortbestehende Vertrauen als für die partnerschaftliche Zusammenarbeit der Gesellschafter unabdingbar ansehen. Auch hier erscheint es daher folgerichtig, wenn ein Gesellschafter, der aufgrund familiärer Ver-

---

1171 Vgl. nur *Mayer*, ZGR 1995, 93, 101; *K. Schmidt*, BB 1990, 1992, 1994; *ders.*, Gesellschaftsrecht, §50 III 3a).
1172 Laborarztentscheidung, BGH NJW 2004, 2013; Paketdienstentscheidung, BGH ZIP 2005, 706; Mediamarktentscheidung, BGH RNotZ 2005, 610 sowie BGH ZIP 2007, 862.
1173 Vgl. dazu *Hermanns*, FS Lüer, 2008, S. 21 ff.

bundenheit in eine Gesellschaft aufgenommen wurde, seine Gesellschaftsbeteiligung wieder rückübertragen muss, wenn das gegenseitige familiäre Vertrauen als Ausdruck der familiären Verbundenheit nicht mehr besteht. Zusammenfassend bleibt daher festzuhalten, dass die Vereinbarung von Rückforderungsrechten in Verträgen über die unentgeltliche Zuwendung von Geschäftsanteilen an nahe Angehörige sowohl nach der früheren, auf dem Trennungsdogma aufbauenden Rechtsprechung als auch auf der Grundlage der jüngeren Rechtsprechung der Jahre 2004 bis 2007 zulässig ist.

Checkliste zur Zulässigkeit schenkungsvertraglich vereinbarter Widerrufsrechte   913

1. Nach früherer Rechtsprechung Trennungsdogma: Widerrufsrechte konnten schenkungsvertraglich vereinbart werden. Für die Umsetzung auf gesellschaftsrechtlicher Ebene mussten die gesetzlichen und satzungsgemäßen gesellschaftsrechtlichen Voraussetzungen – etwa Zustimmungsvorbehalte – beachtet werden.
2. Nach neuerer Rechtsprechung können freie Rückübertragungsrechte auch auf gesellschaftsrechtlicher Ebene – etwa in der Satzung – vereinbart werden, wenn für die Vereinbarung derartiger freier Widerrufsrechte ein sachlicher Grund vorliegt. Ein solcher rechtfertigender Grund kann z.B. auch das Vertrauen in eine generationenübergreifende partnerschaftliche Zusammenarbeit in der Gesellschaft sein.

b) Die treuhänderische Übertragung von Geschäftsanteilen

Der Übertragung von Geschäftsanteilen kann als Causa auch eine **Treuhandvereinbarung** zwischen den Beteiligten zugrunde liegen. Aufgrund der zwischen Treuhänder und Treugeber getroffenen Abreden ist der Treuhänder formeller Inhaber des Geschäftsanteils, hält diesen jedoch wirtschaftlich für Rechnung des Treugebers und hat dessen Interessen zu wahren. Wesenstypisches Merkmal jeder Treuhand an Gesellschaftsanteilen ist die Verpflichtung des Treuhänders, bei Beendigung des Treuhandverhältnisses den Geschäftsanteil auf den Treugeber zu übertragen.   914

aa) Die verschiedenen Arten von Treuhandverhältnissen

Kategorisierend werden im Wesentlichen drei Grundarten von Treuhandverhältnissen unterschieden, wobei Differenzierungskriterium die Art und Weise des Zustandekommens des Treuhandverhältnisses ist.   915

Bei der **Übertragungstreuhand** ist ursprünglich der Treugeber Inhaber des Geschäftsanteils und überträgt im Rahmen des Treuhandvertrages seinen Geschäftsanteil auf den Treuhänder. Allein wegen dieser Übertragung ist der Übertragungstreuhandvertrag formbedürftig.[1174]   916

Bei der **Vereinbarungstreuhand** vollzieht sich im Außenverhältnis kein Gesellschafterwechsel, sondern der bisherige Inhaber des Geschäftsanteils vereinbart mit einem Dritten, dass der bisherige Inhaber des Geschäftsanteils diesen künftig als Treuhänder für den Dritten hält. Auch hier entspricht es ganz allgemeiner Auffassung, dass der Vertrag, mit dem eine Vereinbarungstreuhand begründet wird, formbedürftig ist.[1175]   917

Bei der **Erwerbstreuhand** erwirbt der Treuhänder den Geschäftsanteil im Auftrag des Treugebers von einem Dritten und hält diesen für den Treugeber bzw. übernimmt einen Geschäftsanteil bereits bei der Gründung für Rechnung des Treugebers (sog. Gründungstreuhand). Auch derartige Treuhandabreden sind nach der Rechtsprechung formbedürf-   918

1174 Scholz/Winter, § 15 Rn. 15; abweichend – soweit ersichtlich – nur *Armbrüster*, DNotZ 1997, 762, 778; ders., GmbHR 2001, 941, 946.
1175 BGH DStR 1999, 861; Michalski/Ebbing, § 15 Rn. 210; Scholz/Winter, § 15 Rn. 62.

919 Demzufolge sind alle Arten von Treuhandabreden nach **§ 15 Abs. 4 GmbHG formbedürftig**, sofern sie sich zumindest auch auf bestehende oder noch nach Abschluss des notariellen Gründungsvertrages künftig entstehende Geschäftsanteile beziehen. Eine Treuhandabrede ist demzufolge nur dann formfrei, wenn die Treuhandabrede im Vorgründungsstadium geschlossen wird, sich aber weder auf bestehende noch nach Abschluss des notariellen Gründungsvertrages künftig mit der Eintragung der GmbH entstehende Geschäftsanteile bezieht.[1177] In der Praxis empfiehlt sich daher – unabhängig davon, ob ein Fall der Übertragungs-, Vereinbarungs- oder Erwerbstreuhand vorliegt – eine notarielle Beurkundung des Treuhandvertrages betreffend die GmbH-Geschäftsanteile, da in aller Regel nicht der zuvor beschriebene Fall vorliegen dürfte, dass sich die Treuhandabrede ausschließlich auf die Rechtsstellung des Treuhänders vor Entstehung des Geschäftsanteils bezieht.[1178]

bb) Die wirksame Begründung des Treuhandverhältnisses

920 Neben den beschriebenen Formerfordernissen erfordert die wirksame Begründung eines Treuhandverhältnisses, dass etwaige **satzungsgemäße Voraussetzungen für das Eingehen derartiger Treuhandverhältnisse** beachtet werden. Nach § 15 Abs. 5 GmbHG kann die Abtretung eines Geschäftsanteils an weitere Voraussetzungen geknüpft werden. Üblich ist insofern die Aufnahme von Vinkulierungsklauseln in den Gesellschaftsvertrag, wonach die Verfügung über einen Geschäftsanteil der Zustimmung der Gesellschaft oder der Gesellschafter bedarf oder einen zustimmenden Gesellschafterbeschluss erfordert.[1179] Vinkulierungsklauseln sollen den Gesellschaftern regelmäßig ermöglichen, das Eindringen unerwünschter Personen in ihren Kreis zu verhindern.[1180] Steht die Begründung des Treuhandverhältnisses mit einer Übertragung des Geschäftsanteils im Zusammenhang, erfassen Vinkulierungsklauseln dieser Art ohne weiteres auch die anlässlich der Begründung auf den Treuhänder erfolgende Abtretung. Damit ist indes noch nicht die Frage beantwortet, ob Vinkulierungsklauseln der beschriebenen Art auch dann eingreifen, wenn – wie bei der Vereinbarungstreuhand – die Begründung des Treuhandverhältnisses nicht mit einer Abtretung eines Geschäftsanteils einhergeht, sondern die Person des Gesellschafters unverändert bleibt. Insoweit wird teilweise aus dem Umstand, dass bei der Vereinbarungstreuhand kein Gesellschafterwechsel stattfindet und ein Fremdeinfluss auf den Gesellschafter ohnedies nicht sicher verhindert werden kann, gefolgert, dass die Treuhandabrede als solche nicht einem an die Verfügung über den Geschäftsanteil geknüpften Zustimmungserfordernis unterliege.[1181] Demgegenüber unterwirft die Gegenansicht auch die Begründung eines Treuhandverhältnisses ohne Gesellschafterwechsel einem gesellschaftsvertraglichen Zustimmungserfordernis, da das Ziel derartiger Vinkulierungsklauseln in der Vermeidung von Fremdeinflüssen liege und dieses Ziel nicht erreicht werden könne, wenn eine Vereinbarungstreuhand unter Umgehung der Vinkulierung eingegangen werden könne.[1182] Auch der BGH ist in einer Entscheidung[1183] ohne weiteres davon ausgegangen, dass der Gesellschaftsvertrag den wirksamen Abschluss eines bloßen Treuhandvertrags über einen Geschäftsanteil von der Zustimmung der Gesellschafterver-

---

1176 BGH DNotZ 2006, 774.
1177 BGH DNotZ 2006, 774.
1178 Ebenso *Grage*, RNotZ 2005, 251, 255.
1179 Vgl. dazu unten Rdn. 982 ff..
1180 *Grage*, RNotZ 2005, 251, 255.
1181 OLG Hamm GmbHR 1993, 656, 658; *Beuthien*, ZGR 1974, 26, 78.
1182 OLG Hamburg DB 1993, 1081, 1082; Scholz/*Winter*, § 15 Rn. 83; *Grage*, RNotZ 2005, 251, 256.
1183 BGH NZG 2006, 627.

sammlung abhängig machen kann. Gegen diese Ansicht ist dogmatisch zutreffend eingewendet worden, dass sie im Widerspruch zu dem Rechtsprinzip stehe, dass die Fähigkeit, *schuldrechtliche* Verträge abzuschließen, durch Rechtsgeschäfte nicht beschränkt werden kann. Richtigerweise könne ein gesellschaftsvertragliches Zustimmungserfordernis die Gesellschafter nur zur Einholung der Zustimmung verpflichten, nicht aber unmittelbar die Unwirksamkeit des ohne Zustimmung abgeschlossenen Treuhandvertrags bewirken.[1184] Dieser Einwand ist dogmatisch zutreffend, verfängt in der Praxis jedoch nur dann, wenn der Treuhandvertrag eine Abtretung des Geschäftsanteils (also auch eine aufschiebend bedingte Rückabtretung des Geschäftsanteils an den Treugeber bei Beendigung des Treuhandverhältnisses) nicht enthält. Da dies in der Praxis in aller Regel der Fall ist, ist bereits die Vereinbarung dieser aufschiebend bedingten Rückabtretung geeignet, den Anwendungsbereich der Vinkulierungsklausel zu eröffnen.

cc) Der typische Inhalt von Treuhandverträgen

Treuhandbeteiligungen können vielfältigen Zwecken dienen, zeichnen sich jedoch alle dadurch aus, dass der Treuhänder den Geschäftsanteil für den wirtschaftlich aus diesem berechtigten Treugeber hält. Diese Gemeinsamkeit erlaubt es, bestimmte typische Regelungsinhalte des Treuhandvertrages zu beschreiben: 921

Da der Treuhänder als Berechtigter im Außenverhältnis wirksam über den Geschäftsanteil verfügen kann, birgt dies für den Treugeber die Gefahr, dass der **Treuhänder abredewidrig über den Geschäftsanteil verfügt** und somit die wirtschaftliche Position des Treugebers an dem Geschäftsanteil aufhebt.[1185] Der im Ergebnis effektivste Schutz des Treugebers wird hier erreicht, wenn der Treuhänder bereits im Treuhandvertrag den Geschäftsanteil aufschiebend bedingt durch eine spätere treuwidrige Verfügung an den Treugeber abtritt. Der Treugeber ist in diesen Fällen durch § 161 Abs. 1 BGB vor späteren Verfügungen des Treuhänders geschützt. Das sich aus der aufschiebend bedingten Abtretung ergebende Anwartschaftsrecht des Treugebers kann auch im Wege des gutgläubigen Erwerbs eines Dritten nicht beeinträchtigt werden (vgl. dazu unten Rdn. 1017). Um diese aufschiebend bedingte (Rück-)Abtretung an den Treugeber nicht an gesellschaftsvertraglichen Vinkulierungsklauseln scheitern zu lassen, sollte – sofern die Satzung der Gesellschaft eine entsprechende Vinkulierungsklausel enthält – in jedem Fall die Zustimmung der Gesellschafter zu dieser Rückabtretung eingeholt werden. 922

Formulierungsbeispiel aufschiebend bedingte Rückabtretung: 923 M
Der Treuhänder tritt den treuhänderisch gehaltenen Geschäftsanteil an den Treugeber ab. Die Abtretung ist aufschiebend bedingt und wird erst wirksam, wenn der Treuhänder über den Geschäftsanteil ohne vorherige schriftliche Zustimmung des Treugebers verfügt. Die Zustimmung der Gesellschafterversammlung zur vorstehend vereinbarten Abtretung ist der Niederschrift in Ablichtung beigefügt.

Da der Treuhänder im Außenverhältnis und gegenüber der Gesellschaft Inhaber sämtlicher Gesellschafterrechte ist und diese ausüben kann, hat der Treugeber häufig den Wunsch, diese im Außenverhältnis bestehende **Rechtsmacht des Treuhänders zu begrenzen**. Da eine Abtrennung des Stimmrechts vom Gesellschaftsanteil und eine isolierte Übertragung des Stimmrechts auf den Treugeber am Abspaltungsverbot scheitern dürfte,[1186] ist es insoweit nur möglich, den Treuhänder im Innenverhältnis an Bestimmungen und Weisungen des Treugebers zu binden oder diesem eine Vollmacht zur Stimmrechtsausübung 924

1184 *Tebben*, GmbHR 2007, 67.
1185 *Grage*, RNotZ 2005, 251, 259.
1186 Vgl. dazu eingehend unten Rdn. 1065.

zu erteilen. Gleiches gilt für weitere Gesellschafterrechte, wie etwa das Informationsrecht des Gesellschafters.[1187]

925 Schließlich besteht eine typische Gefahr von Treuhandverhältnissen darin, dass der treuhänderisch gehaltene Geschäftsanteil auf Grund der Inhaberschaft des Treuhänders dem **Zugriff seiner Gläubiger ausgesetzt** ist. Auch hier kann als vertragliches Sicherungsmittel eine aufschiebend bedingte Abtretung des Geschäftsanteils für den Fall der Eröffnung des Insolvenzverfahrens über das Vermögen des Treuhänders, die Ablehnung desselben mangels Masse oder das Ausbringen von Einzelzwangsvollstreckungsmaßnahmen in den Geschäftsanteil vorgesehen werden.[1188] Eine entsprechende Gestaltung könnte wie folgt lauten:

926 M **Formulierungsbeispiel:**
Der Treuhänder tritt den treuhänderisch gehaltenen Geschäftsanteil an den Treugeber ab. Die Abtretung ist aufschiebend bedingt und wird erst wirksam, wenn die folgenden Voraussetzungen erfüllt sind:

a) Eröffnung des Insolvenzverfahrens über das Vermögen des Treuhänders oder die Ablehnung desselben mangels Masse oder
b) das Ausbringen von Einzelzwangsvollstreckungsmaßnahmen in den Geschäftsanteil, wenn diese nicht spätestens innerhalb von drei Monaten wieder aufgehoben werden.

927 Wenn der Treuhänder den von ihm bereits an den Treugeber aufschiebend bedingt abgetretenen Geschäftsanteil vor Eintritt der aufschiebenden Bedingung abredewidrig an einen gutgläubigen Dritten abtritt, stellt sich die Frage, ob sich bei Eintritt der aufschiebenden Bedingung der Erwerb durch den Treugeber oder durch den gutgläubigen Dritten durchsetzt. Da das Anwartschaftsrecht des durch die aufschiebend bedingte Abtretung begünstigten Treugebers nicht in die Gesellschafterliste eingetragen werden kann, kommt insoweit auch ein gutgläubiger lastenfreier Erwerb eines Dritten nicht in Betracht, so dass im Ergebnis das Anwartschaftsrecht des Treugebers bei Eintritt der aufschiebenden Bedingung zum Vollrecht erstarkt.[1189]

c) Die Einbringung von Geschäftsanteilen in andere Gesellschaften

928 Der Rechtsgrund für eine Abtretung von Geschäftsanteilen kann auch darin liegen, dass diese aufgrund eines **Einbringungsvertrages** an eine andere Gesellschaft übertragen werden müssen. Der Begriff des Einbringungsvertrages wird gesetzlich nicht definiert. Er wird i.d.R. im Zusammenhang mit einer Sachkapitalerhöhung zwischen dem Sacheinleger und der Gesellschaft geschlossen und hat den Inhalt, die Einzelheiten der Übertragung und die Übertragung selbst des vom Einleger an die Gesellschaft zu leistenden Sachgegenstandes zu regeln. Ein Einbringungsvertrag muss nicht zwingend im Zusammenhang mit jeder Kapitalerhöhung geschlossen werden, sondern in einfach gelagerten Fällen bedarf es neben der Festsetzung der Sacheinlageverpflichtung im Kapitalerhöhungsbeschluss und der Übernahmeerklärung nur des dinglichen Vollzuges; ein die Sacheinlageverpflichtung konkretisierender Einbringungsvertrag ist in solchen Fällen nicht erforderlich. Wenn ein Einbringungsvertrag geschlossen wird, nimmt er regelmäßig auf eine zuvor erfolgte Sachgründung oder einen zuvor gefassten Kapitalerhöhungsbeschluss Bezug und erfüllt die entsprechende Übernahmeverpflichtung des Sacheinlegers. Vertragspartner des Einbringungsvertrages sind die Gesellschaft und der zur Erbringung der Sacheinlage verpflichtete Übernehmer. Sofern der Kapitalerhöhungsbeschluss inso-

---

1187 Vgl. dazu etwa *Grage*, RNotZ 2005, 251, 262 f.
1188 *Grage*, RNotZ 2005, 251, 265; *Schaub*, DStR 1996, 65, 69; zustimmend auch OLG Hamm MittRhNotK 1998, 64 ff.
1189 Vgl. hierzu im Einzelnen und eingehend unten Rdn. 1002 ff..

weit keine Vorgaben enthält, kann im Einbringungsvertrag auch geregelt sein, wie ein den Betrag der Stammeinlage übersteigender Wert des einzulegenden Gegenstandes behandelt werden soll. Insoweit sind prinzipiell drei Gestaltungsvarianten denkbar: Zum einen kann die Gesellschaft verpflichtet sein, den Mehrwert des Einlagegegenstandes gegen den Betrag der übernommenen Stammeinlage zu vergüten (sog. »gemischte Sacheinlage«), wobei die Vergütung wieder auf verschiedene Arten erfolgen kann, nämlich entweder in Geld oder dadurch, dass dem Gesellschafter eine Forderung, häufig als Darlehen, gutgeschrieben wird.[1190] Zweitens kann der Mehrwert des Sacheinlagegegenstandes in der Weise berücksichtigt werden, dass er als Agio qualifiziert und in die Kapitalrücklage nach § 272 Abs. 2 Nr. 1 HGB eingestellt wird. Schließlich steht es den Gesellschaftern frei, die einzubringenden Gegenstände unterzubewerten, ohne dass der tatsächliche Mehrwert in die Kapitalrücklage nach § 272 Abs. 2 Nr. 1 HGB eingestellt werden muss. Demnach können die Sacheinlagegegenstände gesellschaftsrechtlich zum Nennwert, etwa zum bisherigen Buchwert, eingebracht werden.[1191]

Beschaffenheitsvereinbarungen betreffend den Geschäftsanteil oder **Garantien** diesen betreffend sind in Einbringungsverträgen eher selten, da die Beteiligten über die näheren Verhältnisse des einzubringenden Geschäftsanteils regelmäßig gut informiert sind und insoweit keiner besonderen Vereinbarungen oder Garantien bedürfen. Selbstverständlich ist es ohne weiteres möglich, auch hier umfassende Beschaffenheitsvereinbarungen aufzunehmen oder Garantien zu erklären, wenn dies vom Erwerber gewünscht wird. Dies kann insbesondere dann in Betracht kommen, wenn alle oder nahezu alle Geschäftsanteile an einer GmbH eingebracht werden und diese ein operatives Geschäft betreibt, dessen Einzelheiten dem Erwerber nicht bekannt sind. Hier kann es sich empfehlen, sowohl Beschaffenheitsvereinbarungen und Garantien betreffend den Geschäftsanteil als solchen als auch hinsichtlich des von der Gesellschaft betriebenen Unternehmens wie bei einem Geschäftsanteilskaufvertrag zu vereinbaren (vgl. dazu unten Rdn. 954). 929

d) Der Kauf von Geschäftsanteilen

Unter den schuldrechtlichen Verträgen hat der **Kaufvertrag über einen Geschäftsanteil in der Praxis überragende Bedeutung**. Rechtsdogmatisch ist der Kauf eines Geschäftsanteils ein Rechtskauf im Sinne von § 453 BGB.[1192] Durch den Kaufvertrag wird der Veräußerer verpflichtet, den Geschäftsanteil formgerecht an den Erwerber abzutreten und der Erwerber wird verpflichtet, den Kaufpreis an den Veräußerer zu zahlen. Aufgrund seiner Abnahmeverpflichtung muss der Käufer auch an der Abtretung mitwirken und diese annehmen. Der Verkäufer muss alles tun, damit der Geschäftsanteil auf den Erwerber übergeht. Er muss sich insbesondere bemühen, alle etwa satzungsgemäßen Zustimmungserfordernisse zu erfüllen. Gemäß § 433 Abs. 1 S. 2 BGB ist der Verkäufer verpflichtet, dem Käufer die Sache frei von Sach- und Rechtsmängeln zu verschaffen. Ist über den Geschäftsanteil ein Anteilsschein ausgestellt, muss der Verkäufer diesen Anteilsschein dem Käufer übergeben (§§ 413, 402 BGB). Je nach wirtschaftlicher Bedeutung enthält der Geschäftsanteilskaufvertrag mehr oder weniger eingehende Regelungen über die Verpflichtungen der Vertragsbeteiligten. Die folgenden Regelungskomplexe können im Einzelfall Gegenstand der kaufvertraglichen Abreden der Beteiligten sein. 930

1190 Vgl. hierzu etwa Michalski/*Hermanns*, § 56 Rn. 52 f.
1191 OLG Stuttgart GmbHR 1982, 109 f.; Michalski/*Hermanns*, § 56 Rn. 54.
1192 BGH NJW 1980, 2408.

aa) Die Kaufvereinbarung

931 Zunächst ist klarzustellen, genau welcher Geschäftsanteil, bezeichnet nach Gesellschaft und (soweit möglich) mit laufender Nummer, vom Verkäufer an den Käufer verkauft werden soll.[1193] Bei der **Bestimmung des Kaufgegenstandes** können sich Schwierigkeiten dann ergeben, wenn die aktuelle Anteilsstückelung dem Verkäufer nicht vollständig präsent ist. So kann etwa Unsicherheit darüber bestehen, ob mehrere vom Verkäufer erworbene Geschäftsanteile zwischenzeitlich vereinigt wurden. Insoweit bestehen zwei denkbare Lösungsmöglichkeiten: Entweder der Verkäufer vereinigt vorsorglich sämtliche von ihm gehaltenen Geschäftsanteile (mit Zustimmung der Gesellschafterversammlung gemäß § 46 Ziff. 4 GmbHG und unter der Voraussetzung ihrer Volleinzahlung) oder die Beteiligten lassen die Frage der aktuellen Anteilsstückelung unbeantwortet und der Verkäufer verkauft dem Käufer sämtliche von ihm gehaltenen Geschäftsanteile unabhängig von ihrer konkreten Stückelung; dieser Weg ist selbstverständlich nur gangbar, wenn der Verkäufer tatsächlich alle von ihm gehaltenen Geschäftsanteile verkaufen möchte. Von einer routinemäßigen Vereinigung der von einem Gesellschafter gehaltenen Geschäftsanteile kann allerdings nur abgeraten werden, da die einzelnen Geschäftsanteile eines Gesellschafters durchaus eine jeweils unterschiedliche steuerliche Historie haben können – etwa unterschiedliche Anschaffungskosten oder unterschiedliche Erwerbsgründe –, die durch eine Vereinigung beeinträchtigt werden könnten.

932 Sofern bereits die kaufvertragliche Abrede unter eine **Bedingung** gestellt werden soll, sollte dies ebenfalls im Interesse der Übersichtlichkeit an dieser Stelle geregelt werden. Regelmäßig wird es allerdings nicht im Sinne der Beteiligten sein, alle schuldrechtlichen Abreden unter eine Bedingung zu stellen, sondern üblicherweise wird ihr Interesse lediglich dahin gehen, die dingliche Abtretung oder den Vollzug der schuldrechtlichen Vereinbarungen von Bedingungen abhängig zu machen. Werden nämlich sämtliche schuldrechtlichen Verabredungen bedingt, bestehen vor Eintritt der aufschiebenden Bedingungen oder jedenfalls nach deren Ausfall keinerlei wirksame schuldrechtliche Vereinbarungen der Beteiligten untereinander, zum Beispiel keine Verschwiegenheitsverpflichtungen oder ähnliche Vereinbarungen, die nach dem Willen der Parteien üblicherweise auch in dem Fall gelten sollen, dass das schuldrechtliche Rechtsgeschäft nicht vollzogen werden kann. Wenn gesonderte Zustimmungen, etwa zur Teilung von Geschäftsanteilen, erforderlich sind, können auch diese in diesem Teil der Urkunde erteilt werden bzw. kann auf etwa bereits erteilte Zustimmungen verwiesen werden.

bb) Die Regelungen zur Gegenleistung des Käufers

933 Die Regelungen über den Kaufpreis spielen bei Anteilskaufverträgen, zumal bei solchen von wirtschaftlicher Relevanz, eine besondere Rolle. Die Pflicht zur Erbringung der Gegenleistung ist eine **Hauptleistungspflicht des Käufers gemäß § 433 Abs. 2 BGB**. Im Rahmen einfach strukturierter Anteilskaufverträge sind die Regelungen zum Kaufpreis meist eher knapp: Der Kaufpreis wird fix definiert, es wird ein Fälligkeitsdatum vereinbart und ggf. werden Fragen des Verzugs geregelt und der Käufer unterwirft sich schließlich wegen seiner Verpflichtung zur Zahlung gegenüber dem Verkäufer der sofortigen Zwangsvollstreckung aus der Urkunde. Bei Anteilskaufverträgen von größerer wirtschaftlicher Relevanz enthalten diese demgegenüber häufig umfangreiche Klauseln über die Ermittlung bzw. Anpassung von Kaufpreisen. Ferner kann auch die Art der beabsichtigten Erbringung der Gegenleistung Anlass für vielfältige Regelungen sein.

1193 Zu den Besonderheiten beim Verkauf von Teilgeschäftsanteilen vgl. oben Rdn. 901.

(1) Die Methoden zur Bestimmung des Kaufpreises

Zur Bestimmung des Kaufpreises führen die Vertragsbeteiligten regelmäßig eine Unternehmensbewertung durch. Häufig wird der Wert eines Unternehmens nach der sog. **Discounted-Cash-Flow-Methode** ermittelt. Hierzu wird der Einnahmeüberschuss, den ein Unternehmen nach Abzug der Ausgaben und nach Abzug zu erwartender Erhaltungs- und Zukunftsinvestitionen erwirtschaftet, festgestellt und dieser Ertragswert des Unternehmens wird zum Ausgang der Unternehmensbewertung gemacht.[1194] Dieser freie Cash-Flow ist der Betrag, den das Unternehmen nachhaltig in einer definierten Periode zu erwirtschaften in der Lage ist und entspricht demzufolge dem finanziellen Nutzen, den ein Eigentümer künftig aus dem Unternehmen erzielen kann.[1195]

934

Nicht selten werden bei der Unternehmensbewertung auch sog. Multiplikatorverfahren verwendet. Hier wird zunächst eine **Ertragskennzahl des Unternehmens ermittelt und diese mit einem Faktor multipliziert**, der sich an der Marktlage und dem zugrunde gelegten Kapitalisierungszins orientiert. Derartige Bezugsgrößen können etwa sein das EBIT (Earnings Before Interest and Taxes), das EBITDA (Earnings Before Interest, Taxes, Depreciations and Amortizations). Bei der Ermittlung des Multiplikationsfaktors orientieren sich die Beteiligten an Faktoren, welche, soweit ermittelbar, für vergleichbare Unternehmen am Markt gezahlt wurden.[1196]

935

(2) Feste oder variable Kaufpreisklauseln

In der großen Mehrzahl der in der notariellen Praxis zu beurkundenden Anteilskaufverträge wird der **Kaufpreis fest als Zahl definiert**. Die Bewertung des Unternehmens ist dieser Kaufpreisbestimmung vorgelagert und hat im Anschluss an die Kaufpreisbestimmung grundsätzlich – mit Ausnahme von Gewährleistungs- oder Garantiefällen – keine Bedeutung mehr. Fehlt demzufolge ein automatisch arbeitender Mechanismus, den Kaufpreis an künftige Entwicklungen des Unternehmens anzupassen, ist es für den Käufer umso bedeutsamer, dass sich seine Erwartungen über das gekaufte Unternehmen in sorgfältig definierten Beschaffenheits- und/oder Garantievereinbarungen wieder finden. Nur diese geben ihm nämlich bei Fehlen einer Kaufpreisanpassungsmöglichkeit eine vertragliche Handhabe, seine möglicherweise enttäuschten Erwartungen finanziell berücksichtigt zu finden. Eine Spielart des Fixkaufpreises ist die Vereinbarung eines zu einem bestimmten Zeitpunkt bestimmbaren Kaufpreises, welcher sich etwa am Eigenkapital zum Übertragungsstichtag orientiert.[1197] Ein Fixkaufpreis muss auch nicht zwangsläufig positiv sein. Bei ertragsschwachen Unternehmen kann auch die Zahlung eines negativen Kaufpreises vorkommen, das heißt der Verkäufer zahlt an den Käufer einen Betrag in Höhe des negativen Saldos zwischen positiven Werten des Unternehmens und dessen Verbindlichkeiten.[1198]

936

Bei **variablen Kaufpreisen** vereinbaren die Beteiligten, dass der Kaufpreis, der zunächst vorläufig definiert wird, zum Zeitpunkt des Closing anzupassen ist. Hier ist es häufig so, dass der Verkäufer zunächst die maßgeblichen Faktoren der Unternehmensbewertung zum Zeitpunkt des Closing schätzt und der Käufer die Möglichkeit hat, diese Schätzung zu überprüfen bzw. im Streitfall einen Schiedsgutachter anzurufen.[1199] Da sich das Unternehmen bis zum Closing noch in der Hand des Verkäufers befindet, ist dieser auch in der Lage, die im Rahmen einer zum Closing erforderlichen Anpassung relevanten Bilanzposi-

937

1194 *Johansson*, FS Lüer, 2008, S. 561, 562.
1195 Eingehend *Johansson*, FS Lüer, 2008, S. 561, 562.
1196 *Bruski*, BB 2005, Sonderbeilage 7, 21; *Johansson*, FS Lüer, 2008, S. 561, 563 f.
1197 *Büchel/von Rechenberg*, Handels- und Gesellschaftsrecht, 19. Kapital Rn. 182 beschreiben dies als häufige Kaufpreisfindungsmethode bei ertragsschwachen Unternehmen.
1198 *Büchel/von Rechenberg*, Handels- und Gesellschaftsrecht, 19. Kapital Rn. 182.
1199 *Johansson*, FS Lüer, 2008, S. 561, 567.

2. Kapitel Recht der Gesellschaft mit beschränkter Haftung

tionen zu beeinflussen.[1200] Die verzögerte Begleichung von Verbindlichkeiten des Unternehmens oder die Erzielung außerordentlicher Erträge sind Maßnahmen, die die Liquidität des Unternehmens erhöhen und – wenn hiergegen keine vertraglichen Vorkehrungen getroffen worden sind – kaufpreisbestimmend wirken können. Nicht selten wird versucht, derartigen Einflussnahmen in der Weise zu begegnen, dass der Verkäufer sich im Anteilskaufvertrag verpflichtet, sein Unternehmen bis zum Zeitpunkt des Closing in Übereinstimmung mit der bisherigen Praxis fortzuführen.

938 Schließlich kann eine Kaufpreisanpassung auch an **Umstände anknüpfen, die erst nach dem Closing** eintreten. Hat z.B. der Käufer Zweifel, ob die vom Verkäufer in der Vergangenheit erzielten und für die Zukunft prognostizierten Erträge nachhaltig erzielbar sind, wird er versuchen, einen Teil des Kaufpreises erst zu zahlen, wenn diese Erträge sich über einen gewissen Zeitraum stabilisiert haben. Für den Verkäufer, der als Manager im Unternehmen verbleibt, bietet eine entsprechende Klausel Anreiz, sich auch künftig mit voller Kraft und Erfolg für sein Unternehmen einzusetzen. Knüpfen die Parteien den zusätzlichen Kaufpreis an den künftigen Gewinn des Unternehmens an, handelt es sich um sog. Earn-Out-Klauseln, die etwa auf den Jahresüberschuss, das EBIT oder das EBITDA bezogen sein können. Es liegt auf der Hand, dass die Gestaltung derartiger Klauseln auf besondere Schwierigkeiten stößt, wenn der Käufer nach dem Erwerb des Unternehmens in dessen Struktur eingreift. In derartigen Fällen sind die vereinbarten Bezugsgrößen um außerordentliche Erträge und Aufwendungen zu bereinigen, die durch diese Strukturmaßnahmen des Käufers begründet sind.[1201]

939 Auch die Vereinbarung eines **Basiskaufpreises und eines (zusätzlichen) variablen Kaufpreises** kommt in der Praxis vor. Bei derartigen Gestaltungen hat die Vereinbarung des Basiskaufpreises regelmäßig den Zweck, dem Verkäufer einen Mindestkaufpreis zu sichern und dem Käufer Gewähr zu bieten, einen über diesen Mindestkaufpreis hinausgehenden variablen Kaufpreis nur erbringen zu müssen, wenn die erwarteten Kennzahlen erreicht werden.

940 Schließlich knüpft auch die Vereinbarung eines **Besserungsscheins** an ein künftiges, nach dem Closing liegendes Ereignis an, jedoch nicht an die Gewinnentwicklung des Unternehmens, sondern daran, dass der Käufer das Unternehmen innerhalb eines bestimmten Zeitraums an einen Dritten weiter veräußert. Hier ist es im Interesse des Verkäufers wichtig, dass er im Falle der Weiterveräußerung die nötigen Informationen durch den Käufer erhält und Gelegenheit hat, die Informationen zu erhalten, die für die Berechnung des an ihn zu zahlenden weiteren Kaufpreises relevant sind.

(3) Die Art der Erbringung des Kaufpreises

941 Wenn der Käufer sich nicht bereit findet, den vereinbarten Kaufpreis zum Zeitpunkt des Closing in Geldmitteln zu begleichen, erlangen **alternative Formen zur Erbringung der Gegenleistung** Bedeutung. So wird gelegentlich vereinbart, dass ein Teil des Kaufpreises in Gesellschaftsanteilen vom Käufer zu erbringen ist oder ein Teil des vom Verkäufer erhaltenen Kaufpreises in eine zusammen mit dem Erwerber neu gegründete Gesellschaft (NewCo) wieder einzulegen ist.

942 Erhält der Verkäufer **Gesellschaftsanteile des Käufers**, muss er sich häufig gegenüber dem Käufer für eine gewisse Frist verpflichten, diese Gesellschaftsanteile nicht zu verkaufen (sog. »Lock-up-Periode«). Hier muss der Verkäufer darauf achten, dass die ihm übertragenen Anteile nach Ablauf der Lock-up-Periode auch ohne weiteres veräußerbar sind. Schließlich muss der Verkäufer gewärtigen, dass er durch den Erwerb der Gesellschaftsanteile am Käuferunternehmen selbst zum Erwerber dieser Anteile wird, so dass Anlass

---
1200 *Hilgard*, DB 2007, 559; *Johansson*, FS Lüer, 2008, S. 561, 567.
1201 *Hölters/Semler*, Handbuch des Unternehmens- und Beteiligungskaufs, Abschnitt VI Rn. 107.

bestehen kann, auch das Erwerberunternehmen einer (ggf. eingeschränkten) Due-Diligence zu unterziehen und sich hinsichtlich dieses Unternehmens seinerseits Garantien gewähren zu lassen. Der Verkäufer sollte die von ihm zu erbringende Leistung, nämlich die Abtretung seiner Geschäftsanteile, mit dinglicher Wirkung regelmäßig erst erbringen, wenn er auch sicher sein kann, die Gesellschaftsanteile des Käufers zu erhalten. Müssen diese Gesellschaftsanteile erst etwa im Rahmen einer Kapitalerhöhung geschaffen werden, sollte regelmäßig die Kapitalerhöhung bereits vollzogen sein, bevor die Abtretung der GmbH-Geschäftsanteile vom Verkäufer an den Käufer wirksam wird, damit auch der Verkäufer gewiss sein kann, die ihm zu übertragenden Anteile zu erhalten. Selbstverständlich ist es im Einzelfall auch möglich, wenn der Verkäufer, sollte eine Übertragung von Gesellschaftsanteilen des Käufers an ihn nicht möglich sein, alternativ eine Geldleistung des Käufers verlangen kann.

Wird der Verkäufer verpflichtet, einen Teil des Kaufpreises wieder in eine neue Gesellschaft (NewCo) zu investieren, die ihrerseits die Geschäftsanteile an der verkauften Gesellschaft erwirbt, partizipiert der **Verkäufer** über seine **Beteiligung an der NewCo** an den künftigen Wertsteigerungen seines Unternehmens.[1202]

943

Schließlich sollte sich der Geschäftsanteilskaufvertrag darüber verhalten, an genau welchem **Tag** und auf genau welches **Zielkonto** ein in Geldmitteln zu begleichender Kaufpreis zu überweisen ist. Es sollte klargestellt werden, ob zur rechtzeitigen Erfüllung der Kaufpreisforderung der Eingang des Geldes auf dem Verkäuferkonto erforderlich ist oder ob die rechtzeitige Absendung ausreicht. Für den Fall nicht rechtzeitiger Zahlung können die gesetzlichen oder vertraglich hiervon abweichende Verzugszinsen vereinbart werden.

944

cc) Gewinnabgrenzung und wirtschaftlicher Übergang

Bei einfach gelagerten Sachverhalten, bei denen auch die vom Käufer zu erbringende Gegenleistung gering ist (etwa Verkauf der Geschäftsanteile zu einem geringen Nominalbetrag), findet der wirtschaftliche und dingliche Übergang der Geschäftsanteile am Tag der Beurkundung des Geschäftsanteilskauf- und abtretungsvertrages statt. Bei komplexer gelegenen Sachverhalten ist eine solche Gestaltung demgegenüber nicht sinnvoll. Hier differieren **wirtschaftlicher** und dinglicher[1203] **Übertragungsstichtag** regelmäßig vom Tag der Beurkundung. Hinsichtlich des wirtschaftlichen Übertragungsstichtags sind insoweit zwei Fragenkreise zu unterscheiden: Zum Einen ist zu regeln, welcher Vertragspartei noch auszuschüttende Gewinne oder bereits erlittene oder noch eintretende Verluste zuzuordnen sind. Zum Anderen muss entschieden werden, ab welchem Zeitpunkt der Käufer die unternehmerische Leitung des Unternehmens übernimmt und infolgedessen Chancen und Risiken des Unternehmens wirtschaftlich dem Käufer zugeordnet werden.

945

(1) Zuordnung noch nicht ausgeschütteter Gewinne

Gemäß §§ 29 Abs. 1, 46 Nr. 1 GmbHG entsteht der Gewinnanspruch eines GmbH-Gesellschafters mit der Beschlussfassung der Gesellschafterversammlung über die Ergebnisverwendung. Sind die Gesellschaftsanteile demzufolge dinglich im Moment der Beschlussfassung über die Ergebnisverwendung bereits auf den Käufer übergegangen, ist *gesellschaftsrechtlich* allein dieser im Außenverhältnis zur Gesellschaft gewinnanspruchberechtigt. Allerdings gewähren §§ 99 Abs. 2, 101 Nr. 2 Hs. 2 BGB dem Verkäufer ggf. einen Ausgleichsanspruch, da schuldrechtlich ein aufgrund Beschlussfassung über die Ergebnisverwendung auszuschüttender Gewinn zwischen Verkäufer und Käufer zeitanteilig aufzuteilen ist. Die gesetzliche Regelung

946

1202 Zum Ganzen eingehend *Hennerkes/Kirchdörfer*, FS Lüer, 2008, S. 535, 548 ff.
1203 Zur dinglichen Übertragung vgl. unten Rdn. 981 ff.

2. Kapitel Recht der Gesellschaft mit beschränkter Haftung

birgt insbesondere für den auf eine **zeitanteilige Gewinnverteilung** vertrauenden Verkäufer nicht unerhebliche Risiken: Er kann nämlich nach dem dinglichen Übergang der Geschäftsanteile keinen Einfluss mehr auf die Beschlussfassung über die Ergebnisverwendung nehmen. Es liegt allein in der Hand des Käufers, darüber zu beschließen, ob und ggf. in welcher Höhe Gewinne ausgeschüttet, in Rücklagen eingestellt oder auf neue Rechnung vorgetragen werden. Eine (zeitanteilige) Ausgleichsverpflichtung des Käufers nach §§ 99 Abs. 2, 101 Nr. 2 Hs. 2 BGB setzt eine tatsächliche Ausschüttung des Gewinns voraus,[1204] so dass bei Bildung einer Gewinnrücklage oder eines Gewinnvortrags keine finanzielle Ausgleichsverpflichtung des Käufers entsteht.

947 Vor diesem Hintergrund treffen die Vertragsparteien häufig **abweichende Regelungen von der dispositiven Verteilungsregel** der §§ 99 Abs. 2, 101 Nr. 2 Hs. 2 BGB. Denkbar ist einerseits, auf einen zu definierenden Stichtag eine Zwischenbilanz aufzustellen und die bis dahin angefallenen Gewinne dem Verkäufer und die ab diesem Zeitpunkt anfallenden Gewinne dem Käufer zuzuordnen. Zu beachten ist in diesem Zusammenhang in steuerlicher Hinsicht die einkommensteuerliche Regelung des § 20 Abs. 2a EStG, wonach u.a. Gewinnanteile aus Anteilen an GmbHs steuerlich dem Anteilseigner zugeordnet werden. Anteilseigner ist gemäß § 20 Abs. 2a S. 2 EStG derjenige, dem nach § 39 AO die Anteile an dem Kapitalvermögen zuzurechnen sind. Wenn also Anteilsinhaber eine andere Person ist als die Person, die gewinnbezugsberechtigt ist, muss nach § 20 Abs. 2a EStG der Anteilsinhaber die Gewinne versteuern, obwohl er sie im Ergebnis nicht behält. Will sich im Einzelfall der Verkäufer die gesamten Gewinne für das laufende Geschäftsjahr vorbehalten, stellt dies rechtstechnisch eine Rückabtretung des Anspruchs des Erwerbers auf Ausschüttung des Gewinnanteils dar. Der Ausschüttungsanspruch entsteht nämlich erst mit Feststellung des Jahresabschlusses und Fassung des Gewinnverwendungsbeschlusses, also in der Person des Erwerbers, er kann jedoch bereits im Voraus abgetreten werden. Dem Verkäufer stehen bei vertragswidriger Abstimmung dann Schadenersatzansprüche zu.[1205]

948 Um eine Zwischenbilanzierung zu vermeiden, ist es möglich, eine **pauschalierte Vorabausschüttung** des anteiligen Jahresgewinns an den Verkäufer vorzusehen. Derartige Vorabausschüttungen sind möglich, und zwar auch vor Feststellung des Jahresabschlusses zu Lasten des Ergebnisses des Geschäftsjahres, dessen Jahresabschluss noch nicht festgestellt wurde. Eine Ausschüttung ist auch schon vor Ablauf des Geschäftsjahres möglich. Derartige Vorabausschüttungen sind von den Gesellschaftern als Maßnahme der Ergebnisverwendung zu beschließen. Erweist sich die Prognose der späteren Gewinne als unzutreffend, müssten entweder vorhandene Rücklagen aufgelöst oder die Vorabausschüttung zurückgezahlt werden.[1206] Ebenso ist es möglich, nachträglich den Kaufpreis um den dem Verkäufer zustehenden Gewinnanteil zu erhöhen. Beide Verfahren weisen jedoch – wenn sie nicht auf einer Zwischenbilanz basieren – nicht unerhebliche Unsicherheiten auf.[1207] Möglich ist auch eine vollständige Zuweisung der noch nicht ausgeschütteten Gewinne an den Käufer; der Verkäufer wird hierfür im Regelfall eine entsprechende Erhöhung des Kaufpreises in Höhe der bis zum wirtschaftlichen Übergang erwartbar entstehenden Gewinne vereinbaren wollen. Eine entsprechende vertragliche Gestaltung könnte wie folgt lauten:

1204 BGH NJW 1995, 1027, 1029.
1205 BGH ZIP 2004, 1551; *Heckschen/Heidinger*, Die GmbH in der Gestaltungs- und Beratungspraxis, § 7 Rn. 11.
1206 *Heckschen/Heidinger*, Die GmbH in der Gestaltungs- und Beratungspraxis, § 7 Rn. 19.
1207 *Büchel/von Rechenberg*, Handels- und Gesellschaftsrecht, 19. Kapital Rn. 135.

Die Übertragung von Geschäftsanteilen **E**

Formulierungsbeispiel: 949 M
Sämtliche noch nicht ausgeschütteten Gewinne der Gesellschaft, die auf die verkauften Geschäftsanteile entfallen, stehen dem Käufer zu. Dies gilt auch, soweit die Gewinne in der Zeit vor dem wirtschaftlichen Übertragungsstichtag entstanden sind.

(2) Vereinbarungen zum wirtschaftlichen Übertragungsstichtag

Regelmäßig wird der **wirtschaftliche Übergang der Geschäftsanteile** auf ein fixiertes, in 950 der Zukunft liegendes Datum vereinbart, da der wirtschaftliche Übergang zum Einen – jedenfalls bei komplexeren Sachverhalten – eine gewisse Vorbereitungszeit erfordert und zum Anderen auf diesen Tag die erforderlichen steuerlichen und bilanziellen Vorkehrungen getroffen werden können. Ein Hinausschieben des wirtschaftlichen Übergangs des Unternehmens ist zwingend erforderlich, wenn der Unternehmenskauf der deutschen oder europäischen Fusionskontrolle unterliegt, da das kartellrechtliche Vollzugsverbot Regelungen, durch die der Käufer bereits Einfluss auf die Geschäftsführung des verkauften Unternehmens erhält, enge Grenzen setzt. Eine wirtschaftlich rückwirkende Übertragung ist darüber hinaus regelmäßig weder faktisch umzusetzen noch steuerlich anerkennungsfähig. Der Verkäufer kann dem Käufer nämlich rückwirkend nicht die unternehmerische Leitungsmacht einräumen, so dass eine derartige Vereinbarung regelmäßig auch steuerlich nicht anerkannt wird.[1208]

Wurde ein in der **Zukunft liegender wirtschaftlicher Übertragungsstichtag** definiert, hat 951 der Käufer ein Interesse daran, dass der Verkäufer keine Möglichkeit hat, das Unternehmen im zeitlichen Zwischenraum zwischen Abschluss des Kaufvertrags und wirtschaftlicher Übertragung nachteilig zu verändern. Diesem Interesse kann durch Regelungen begegnet werden, dass im Einzelnen zu bezeichnende, besonders wichtige Geschäftsführungsmaßnahmen im Innenverhältnis zum Käufer nur mit dessen Zustimmung vorgenommen werden dürfen.[1209]

Formulierungsbeispiel Beibehaltung des bisherigen Geschäftsbetriebs bei künftigem wirtschaftlichen Übertragungsstichtag: 952 M
Der Verkäufer verpflichtet sich, für den Zeitraum ab der Beurkundung dieses Vertrages bis zum Closing-Datum sicherzustellen, dass die Gesellschaft ihren Geschäftsbetrieb im gewöhnlichen Geschäftsbetrieb und im Einklang mit der bisherigen Geschäftspraxis fortführt. Die folgenden Maßnahmen bedürfen der vorherigen Zustimmung des Käufers, sofern sie nicht zum gewöhnlichen Geschäftsbetrieb gehören und im Einklang mit der bisherigen Geschäftspraxis der Gesellschaft stehen:

1. Begründung von Zahlungsverpflichtungen oder Leistung von Zahlungen, die jeweils im Einzelfall einen Betrag von 100.000,00 € übersteigen,
2. Erhöhung der Vergütung (Lohn, Gehalt, Bonus oder sonstige Ansprüche) eines Arbeitnehmers der Gesellschaft oder einer Tochtergesellschaft, es sei denn die Erhöhung ist gesetzlich vorgeschrieben oder findet im Rahmen einer regulären jährlichen Erhöhung der Bezüge zum 1. Januar 2010 statt, sofern die Gesamtsumme der Erhöhung nicht den Betrag von 150.000,00 € übersteigt,
3. Verzicht auf ein Recht oder Erlass einer Forderung von substanziellem Wert,
4. Erwerb einer Beteiligung an einem Unternehmen oder einer Gesellschaft oder Erwerb von Grundstücken oder grundstücksgleichen Rechten,
5. Kündigung eines Anstellungsvertrages oder Abschluss eines Aufhebungsvertrags mit einem Organ der Gesellschaft oder einer Tochtergesellschaft,

---

1208 *Büchel/von Rechenberg*, Handels- und Gesellschaftsrecht, 19. Kapitel Rn. 130.
1209 Beispiele etwa bei *Büchel/von Rechenberg*, Handels- und Gesellschaftsrecht, 19. Kapitel Rn. 127.

6. Abschluss eines Vertrages mit dem Verkäufer oder Übertragung eines Vermögensgegenstandes durch die Gesellschaft an den Verkäufer, sofern dies nicht im gewöhnlichen Geschäftsgang geschieht.

953 Geläufig sind auch sog. MAC-Klauseln,[1210] die den Inhalt haben, dass bei Eintritt bestimmter wesentlicher Veränderungen des von der Gesellschaft betriebenen Unternehmens der Käufer ein Recht zum Rücktritt vom Vertrag oder auf Vertragsanpassung hat. Mit Hilfe von MAC-Klauseln versuchen die Vertragsparteien, die Folgen von Verschlechterungen des Zustands der Zielgesellschaft zu regeln. Die Finanzmarktkrise der Jahre 2007 ff. und ihre Auswirkungen auf die Gesamtwirtschaft können möglicherweise in nicht wenigen Fällen zur Anwendung derartiger Klauseln führen.[1211] MAC-Klauseln können auch dazu dienen, dass der Käufer sich für den Fall des Scheiterns der Finanzierung absichert, in dem Bedingungen aus den Finanzierungsverträgen zwischen Banken und Käufer im Unternehmenskaufvertrag reflektiert werden. Insbesondere bei Transaktionen mit einem hohen Fremdkapitalanteil enthalten die Finanzierungsverträge mit den Konsortialbanken häufig eine MAC-Klausel, die der Käufer auch auf die Kaufvertragsebene transportiert sehen möchte, um nicht bei Scheitern der Finanzierung den gesamten Kaufpreis aus eigenem Vermögen aufbringen zu müssen. Rechtstechnisch stellen MAC-Klauseln Modifizierungen der gesetzlichen Risikoverteilung gemäß §§ 446 S. 1, 447 Abs. 1 BGB dar. Nach diesen gesetzlichen Regeln hat der Verkäufer für jegliche Verschlechterung des Kaufgegenstandes bis zum Zeitpunkt des wirtschaftlichen Übergangs einzustehen. Wenn die Parteien eine hiervon abweichende Risikoverteilung vornehmen möchten, müssen sie dies mit entsprechenden ausdrücklichen Abreden tun. Aus den Umständen des Einzelfalles kann sich allerdings ggf. Anlass für eine teleologische Reduktion des Geltungsbereich der Vereinbarung ergeben, etwa des Inhalts, dass nicht jede Verschlechterung des von der Gesellschaft betriebenen Unternehmens vor dem Zeitpunkt des Besitzübergangs die in der MAC-Klausel vorgesehenen Rechtsfolgen auslösen darf. Liegt dem Käufer etwa weniger daran, mittels der Zielgesellschaft gute Gewinnaussichten zu erwerben, sondern zielt er vielmehr auf den Erhalt bestimmter Vermögensgegenstände ab, ist aus einem Gewinneinbruch nicht in jedem Fall ein material adverse change herzuleiten.[1212] Gleiches gilt für die Üblichkeit von Umsatz- und Ertragsschwankungen. Stellt etwa ein Unternehmen ausschließlich Winterkleidung her, wäre es widersinnig, aus Umsatzminderungen im Zeitraum von Juni bis August auf eine negative Veränderung zu schließen.[1213] Vor diesem Hintergrund wird deutlich, dass MAC-Klauseln regelmäßig Präzisierungen aufweisen sollten, in denen die Parteien bestimmte Ereignisse ausdrücklich als wesentliche Veränderungen definieren (includens) oder ausschließen (carve-outs). Bei derartigen präzisierten MAC-Klauseln ist erkennbar, welche Partei mit welchem Risiko belastet sein soll. Um dem Käufer durch MAC-Klauseln nicht de facto ein freies Rücktrittsrecht einzuräumen, muss der Anwendungsbereich derartiger Klauseln in besonderer Weise eindeutig und klar bestimmt sein. Der Eintritt der tatbestandlichen Voraussetzungen der MAC-Klausel darf nicht durch den Käufer beeinflussbar sein. Als wesentliche nachteilige Ereignisse können beispielsweise solche Ereignisse (mit Ausnahme allgemeiner wirtschaftlicher, politischer und branchentypischer Entwicklungen, von denen nicht nur der Kaufgegenstand betroffen ist) vereinbart werden, die zu einer genau definierten Verringerung des Eigenkapitals oder zu einer genau definierten Negativabweichung des Umsatzes oder des Betriebsergebnisses führen.[1214]

1210 MAC = material adverse change.
1211 *Kuntz*, DStR 2009, 377.
1212 *Kuntz*, DStR 2009, 377, 380.
1213 Beispiel nach *Kuntz*, DStR 2009, 377, 380.
1214 *Büchel/von Rechenberg*, Handels- und Gesellschaftsrecht, 19. Kapitel Rn. 181.

dd) Gewährleistungs- und Garantieregelungen

Da die im BGB geregelten kaufrechtlichen Gewährleistungsvorschriften den Besonderheiten beim Kauf von Geschäftsanteilen einer Gesellschaft, die ein Unternehmen betreibt, in wesentlichen Teilen nicht gerecht werden, wird in der Praxis regelmäßig der **vollständige Ausschluss der gesetzlichen Gewährleistungsbestimmungen** vereinbart und diese durch ein eigenes vertragliches Regime ersetzt. Konkret werden in Form selbständiger Garantieversprechen im Sinne von § 311 Abs. 1 BGB die für maßgeblich erachteten Umstände garantiert und es wird im Einzelnen geregelt, welche Rechtsfolgen im Garantiefall eintreten sollen. Klarstellend wird vereinbart, dass diese selbständigen Garantieversprechen im Sinne von § 311 Abs. 1 BGB keine Garantien für die Beschaffenheit der Sache im Sinne der §§ 443, 444 BGB sind, mithin im Garantiefall keine kaufrechtlichen Sanktionen eingreifen, sondern der Käufer nur die im Geschäftsanteilskaufvertrag selbst ausdrücklich geregelten Rechtsfolgen geltend machen kann. Zeitlich werden die Garantieerklärungen entweder auf den Tag des wirtschaftlichen Übergangs des Unternehmens oder den Beurkundungstag bezogen, wobei die erstgenannte Gestaltung den Erklärungsempfänger und die zweitgenannte Lösung den Erklärenden begünstigt. Üblicherweise geben in einem Geschäftsanteilskaufvertrag sowohl Verkäufer als auch Käufer Garantieerklärungen ab. Garantien können jeweils als subjektive Garantien, die auf die Kenntnis des Garanten abstellen, oder objektive Garantien, die unabhängig von einer Kenntnis des Garanten eingreifen, formuliert sein. Eine auf die Kenntnis des Garanten abstellende Garantieerklärung wird den Garantieempfänger nicht selten in Beweisnot bringen, da eine positive Kenntnis des Vertragspartners oder der maßgeblichen Person jedenfalls in der Regel nicht zugestanden wird und im Einzelfall nicht ohne weiteres bewiesen werden kann.

954

(1) Garantien des Verkäufers

In nahezu jedem Geschäftsanteilskaufvertrag finden sich Garantien des Verkäufers zur **Existenz der verkauften Geschäftsanteile sowie zu deren Belastungsfreiheit**. Im Rahmen der gesellschaftsrechtlichen Verhältnisse werden darüber hinaus regelmäßig Garantien betreffend den Inhalt der Satzung der Gesellschaft, zur Vollständigkeit der im Handelsregister ausgewiesenen Eintragungen sowie zum Bestehen oder Nichtbestehen von Unternehmensverträgen abgegeben. Ob und ggf. inwieweit weitere Garantien, insbesondere solche hinsichtlich des von der Gesellschaft betriebenen Unternehmens abgegeben werden, hängt sehr von der vom Verkäufer durchgeführten Unternehmensprüfung (Due Diligence) und von der jeweiligen Verhandlungsstärke der Vertragsparteien ab. Nicht selten finden sich im Rahmen größerer Unternehmenstransaktionen Garantieerklärungen betreffend die (die letzten zwei oder drei Geschäftsjahre betreffenden) Jahresabschlüsse der Gesellschaft und deren betriebswirtschaftliche Auswertungen, zu Eigentumsverhältnissen betreffend den von der Gesellschaft genutzten Grundbesitz, zu gewerblichen Schutzrechten, zur Zahl von Arbeitnehmern und deren Arbeitsverhältnissen, zur bisherigen Inanspruchnahme von Subventionen sowie zu anhängigen oder zu besorgenden Rechtsstreitigkeiten.

955

Formulierungsbeispiel Verkäufergarantien für gesellschaftsrechtliche Umstände:

956 M

1. Der Verkäufer hat das unbedingte und uneingeschränkte Recht und die Befugnis, diesen Vertrag abzuschließen, zu vollziehen und seine unter diesem Vertrag übernommenen Verpflichtungen zu erfüllen. Der Vollzug und die Erfüllung dieses Vertrages verstoßen nicht gegen rechtliche Verpflichtungen des Verkäufers und können aus keinem Rechtsgrund von Dritten angefochten werden, auch nicht auf der Grundlage von Vorschriften zur Sicherung von Gläubigerrechten.

2. Kapitel   Recht der Gesellschaft mit beschränkter Haftung

2. Die Gesellschaft ist nach den auf sie anwendbaren Gesetzen ordnungsgemäß errichtet und besteht wirksam. Die dem Käufer übergebene Satzung mit Notarbescheinigung gemäß § 54 GmbHG vom 30. Juni 2010 ist die derzeit gültige Satzung. Es gibt keine satzungsändernden Gesellschafterbeschlüsse, die nicht im Handelsregister eingetragen sind.
3. Der Verkäufer ist der alleinige rechtliche und wirtschaftliche Inhaber der verkauften Geschäftsanteile. Der Geschäftsanteil ist nicht mit einem Recht Dritter belastet. Die Geschäftsanteile sind voll eingezahlt. Rückzahlungen aus dem zur Erhaltung des Stammkapitals erforderlichen Vermögen sind weder verdeckt noch offen erfolgt und es bestehen keine Nachschusspflichten.
4. Es wurde kein Insolvenzverfahren gegen den Verkäufer oder die Gesellschaft eingeleitet. Es bestehen keine Umstände, nach denen der Verkäufer oder die Gesellschaft dazu berechtigt oder verpflichtet ist, solche Verfahren einzuleiten.
5. Die Jahresabschlüsse (einschließlich der jeweiligen Bilanzen, Gewinn- und Verlustrechnungen und – soweit es nach Handelsgesetzbuch erforderlich ist – der Anhang) der Gesellschaft zum ..., die der Niederschrift als Anlage beigefügt sind, sind zum jeweiligen Bilanzstichtag nach den anerkannten Grundsätzen ordnungsgemäßer Buchführung und Bilanzierung unter Wahrung der Bilanzierungs- und Bewertungskontinuität erstellt worden. Die Jahresabschlüsse geben die Vermögens-, Finanz- und Ertragslage der Gesellschaft vollständig und richtig wieder.

957 Ein besonderer den Garantieklauseln zuzurechnender Abschnitt wird den **Steuerrisiken** der verkauften Gesellschaft gewidmet. So werden vom Verkäufer regelmäßig Garantien darüber verlangt, dass bis zur Unterzeichnung des Geschäftsanteilskaufvertrags alle notwendigen Steuererklärungen, Anmeldungen und sonstige Erklärungen über Steuern und öffentliche und soziale Abgaben vollständig, zutreffend und fristgerecht abgegeben worden sind, ferner dass alle Steuern einschließlich Verzugszinsen sowie Säumnis- und Verspätungszuschläge bei Fälligkeit bezahlt worden sind und dass diese Umstände bis zum wirtschaftlichen Übergang des Unternehmens unverändert bleiben. In besonderer Weise garantiert wird mitunter auch, dass keine behördlichen oder gerichtlichen Verfahren mit Steuerbehörden anhängig sind oder drohen und keine verdeckten Gewinnausschüttungen vorgenommen wurden und auch nicht bis zum wirtschaftlichen Übergang des Unternehmens werden. Im Hinblick auf den vereinbarten wirtschaftlichen Übertragungszeitpunkt wird häufig vereinbart, dass Steuererstattungen oder -nachzahlungen, die auf Sachverhalten beruhen, die vor dem wirtschaftlichen Übergang des Unternehmens liegen, dem Verkäufer zustehen bzw. von diesem zu tragen sind.

958 M Formulierungsbeispiel für eine umfassende Steuerklausel:

1. Steuern im Sinne dieses Vertrages sind
    a) Steuern, Zölle, Gebühren, Beiträge oder sonstige Abgaben im Sinne des § 3 AO, einschließlich Umsatzsteuer, nicht abziehbare Vorsteuern, Grund- und Grunderwerbsteuer, Solidaritätszuschlag, Lohn- und Kapitalertragsteuer,
    b) steuerliche Nebenleistungen im Sinne des § 3 Abs. 4 AO (einschließlich Zinsen und Zuschläge) sowie
    c) Straf- und Bußgelder sowie
    d) Sozialversicherungsabgaben.
2. Der Verkäufer garantiert im Sinne eines selbständigen Garantievertrags nach § 311 Abs. 1 BGB, dass die Gesellschaft bis zum Closing-Datum alle Jahressteuererklärungen und Steueranmeldungen sowie alle sonstigen rechtlich erforderlichen Erklärungen gegenüber den Steuer- und Zollbehörden fristgerecht abgegeben hat bzw. diese bis zum Closing-Datum abgeben wird.

3. Der Verkäufer verpflichtet sich, den Käufer von jeglichen Steuern freizustellen, die sich auf Zeitabschnitte, Handlungen, Ereignisse, Eigentumsverhältnisse oder andere Umstände bis zum Stichtag beziehen und die von der Gesellschaft zu leisten sind (»Vor-Stichtags-Steuern«). Insbesondere verpflichtet sich der Verkäufer, beschränkt auf die vom Käufer empfangenen Leistungen, den Käufer von jeglichen Steuern freizustellen, die daraus resultieren, dass eine Handlung, ein Unterlassen oder eine Vermögensminderung der Gesellschaft bis zum Stichtag steuerlich als im Gesellschaftsverhältnis veranlasst gilt oder steuerlich so behandelt wird, als ob es im Gesellschaftsverhältnis veranlasst wäre, und dieses Gesellschaftsverhältnis direkt oder mittelbar zum Verkäufer besteht (verdeckte Gewinnausschüttung).
4. Eine Freistellungsverpflichtung des Verkäufers besteht nicht, soweit
   a) Vor-Stichtags-Steuern bis zum Stichtag gezahlt sind;
   b) in dem Jahresabschluss der Gesellschaft zum 31. Dezember 2009 für Vor-Stichtags-Steuern Verbindlichkeiten oder Rückstellungen ausgewiesen sind;
   c) Verspätungszuschläge, Säumniszuschläge oder Zinsen durch nicht fristgerechte Abgabe von Steuererklärungen oder nicht fristgerechte Zahlung von Steuern nach dem Closing-Datum entstehen.
5. Erhält der Käufer oder die Gesellschaft eine Steuererstattung/-gutschrift für einen Zeitraum bis zum Stichtag, hat der Käufer den Betrag der Steuererstattung an den Verkäufer zu zahlen, soweit diese nicht im Jahresabschluss der Gesellschaft bis zum Stichtag aktiviert ist. Der Käufer ist verpflichtet, dem Verkäufer binnen zehn Bankarbeitstagen nach Kenntnis über erhaltene derartige Steuererstattungen Mitteilung zu machen.
6. Im Zeitraum nach dem Übertragungsstichtag wird der Käufer sicherstellen und dafür Sorge tragen, dass die Gesellschaft für die Zeiträume bis zum Stichtag alle Steuererklärungen und Steueranmeldungen, aus denen sich ein Freistellungsanspruch des Käufers oder ein Erstattungsanspruch des Verkäufers ergeben kann (»relevante Steuererklärung«), abgibt. Der Käufer hat sicherzustellen und dafür Sorge zu tragen, dass
   a) der Verkäufer mindestens 30 Tage vor Abgabe relevanter Steuererklärungen Gelegenheit erhält, die jeweilige relevante Steuererklärung inhaltlich zu prüfen und
   b) hierzu Stellung zu nehmen.
Der Verkäufer ist berechtigt, auf eigene Kosten an allen Betriebsprüfungen, insbesondere Abschlussbesprechungen, teilzunehmen. Nach dem Übertragungsstichtag hat der Käufer und die Gesellschaft sicherzustellen und dafür Sorge zu tragen, dass
   a) der Verkäufer über die schriftliche Einleitung von Außenprüfungen, wesentliche schriftliche Anfragen der Finanzbehörden im Rahmen des Erhebungsverfahrens und schriftliche Ankündigungen möglicher Steuernachforderungen, jeweils in Bezug auf Steuern der Gesellschaft bis zum Stichtag, unverzüglich nach Zugang des Schriftstücks der Finanzbehörde informiert und dem Verkäufer Kopien von Schreiben der Finanzbehörden überlassen werden und dass dem Verkäufer oder deren beruflich zur Verschwiegenheit verpflichteten Beratern Gelegenheit gegeben wird, sich an solchen Prüfungen oder Verfahren zu beteiligen,
   b) der Verkäufer über Verwaltungs- und Gerichtsverfahren der Gesellschaft in Bezug auf Steuern bis zum Stichtag informiert wird.
7. Weitere steuerliche Garantieversprechen oder steuerliche Freistellungen werden ausdrücklich nicht gegeben. Eine Haftung des Verkäufers gemäß dieser Bestimmung ist insoweit ausgeschlossen, als der Käufer die Unrichtigkeit der Garantie oder eines zur Freistellung berechtigenden Sachverhalts beim Abschluss dieses

2. Kapitel Recht der Gesellschaft mit beschränkter Haftung

Vertrages positiv kennt. Fahrlässige oder grob fahrlässige Unkenntnis der Unrichtigkeit einer Garantie bzw. eines zur Freistellung berechtigenden Sachverhalts schließt eine Haftung des Verkäufers demgegenüber nicht aus.

959 Ist die Gesellschaft, an der Geschäftsanteile verkauft werden, Eigentümerin von **Grundbesitz**, kann es sich empfehlen, besondere Regelungen hinsichtlich möglicher Umweltrisiken zu treffen. Als Eigentümerin des Grundbesitzes ist die Gesellschaft als solche sanierungsverantwortlich, was sich im wirtschaftlichen Ergebnis zu Lasten des Käufers auswirkt, wenn der wirtschaftliche Übergang des Unternehmens auf den Käufer stattgefunden hat. Hier wird der Käufer nicht selten ein Interesse daran haben, dass der Verkäufer mehr oder weniger umfangreiche Garantien über den Zustand des der Gesellschaft gehörenden Grundbesitzes abgibt. Soweit Umweltgutachten existieren, wird der Inhalt dieser Gutachten und dessen Richtigkeit häufig zum Inhalt der Verkäufergarantien gemacht. Je nach Formulierung im Anteilskaufvertrag kann dies dazu führen, dass das Umweltgutachten, dessen Inhalt Gegenstand der Garantie ist, beurkundungspflichtig wird, mithin als Anlage zum Geschäftsanteilskaufvertrag (oder ggf. in einer Bezugsurkunde) zu verlesen ist. Insoweit sind – wie generell bei der Bezugnahme auf gutachtliche Stellungnahmen – verschiedene Konstellationen zu unterscheiden:

– Wird lediglich auf ein bestimmt bezeichnetes Gutachten Bezug genommen und ausgeführt, dass dieses dem Käufer übergeben wurde, ohne dass die Richtigkeit von dessen Inhalt garantiert wird, sind lediglich die Bezugnahmeerklärung und die Erklärung zur Übergabe Teil der rechtsgeschäftlichen Vereinbarungen der Vertragsparteien. Dies bedeutet, dass das Gutachten selbst, mag es der Niederschrift zu Identifizierungszwecken auch beigefügt sein, nicht Teil der zu beurkundenden Erklärungen ist und damit nicht verlesen werden muss.
– Wird der Inhalt des Gutachtens in Gänze als zutreffend vom Verkäufer garantiert, ist der Inhalt des Gutachtens Teil der rechtsgeschäftlichen Erklärung des Verkäufers und das Gutachten muss mit beurkundet werden.
– Schwieriger sind die Fälle zu beurteilen, in denen der Verkäufer lediglich die Richtigkeit einzelner Teile des Gutachtens, etwa mit folgender Formulierung, garantiert:

960 M **Formulierungsbeispiel:**
Der Verkäufer garantiert, dass die Angaben in Abschnitt III Ziff. 1 des Umweltgutachtens vom 30. Juni 2010, welches dem Käufer in Ablichtung übergeben wurde und der Niederschrift als Anlage beigefügt ist, zutreffend sind.

961 Hier besteht die rechtsgeschäftliche Erklärung des Verkäufers lediglich in der Bezugnahme und (im garantierenden Teil) nur darin, die Richtigkeit der genannten Bestimmung zu gewährleisten. Gleichwohl ist nicht unzweifelhaft, ob es hier beurkundungsrechtlich zulässig wäre, nur den inhaltlich garantierten Teil des Gutachtens zu verlesen, da dieser Teil Bestandteil einer Gesamtanlage ist, die jedenfalls einen verlesungspflichtigen Teil enthält. § 13 BeurkG sieht eine nur teilweise Verlesung von Dokumenten ausdrücklich nicht vor. Im Gegenteil wird in der beurkundungsrechtlichen Literatur übereinstimmend formuliert, dass die *gesamte Niederschrift*, die aus der Urkunde mit den notwendigen Anlagen besteht, zu verlesen ist.[1215] Aus Gründen äußerster Vorsicht und zur Vermeidung eines anderenfalls möglicherweise bestehenden Unwirksamkeitsrisikos wird der Notar hier in der Regel eine Gesamtverlesung der Anlage vornehmen.

1215 Eylmann/Vaasen/*Limmer*, § 13 Rn. 11; Keidel/Kunze/*Winkler*, § 13 Rn. 14.

Formulierungsbeispiel für eine kurze Grundstücksgewährleistungsklausel 962 M
Die Grundstücke und Gebäude sowie sonstige betriebliche Einrichtungen, die von der Gesellschaft benutzt werden oder in ihrem Eigentum stehen, sind nach Wissen des Verkäufers frei von jeglicher Verunreinigung des Bodens, des Grundwassers oder jeder anderen Umweltverschmutzung, für deren Beseitigung die Gesellschaft zur Verantwortung gezogen werden könnte. Die Gesellschaft hat zu jedem Zeitpunkt und in jeglicher Hinsicht den einschlägigen Gesetzen zum Schutz der Umwelt Folge geleistet. Es liegen hinsichtlich und in Bezug auf die Geschäftstätigkeit der Gesellschaft nach Wissen des Verkäufers keine umweltrechtlichen Sachverhalte vor, aus denen Verluste, Schäden, Ausgaben oder Verbindlichkeiten entstehen könnten.

(2) Garantien des Käufers

Der Verkäufer hat ein Interesse daran, vom **Käufer Garantien** zu erhalten, die im wirtschaftlichen Ergebnis darauf hinauslaufen, dass der Verkäufer sicher sein kann, vom Käufer den vereinbarten Kaufpreis zu erhalten. Zu diesem Zweck können vom Verkäufer Garantien des Inhalts verlangt werden, dass der Käufer – sofern es sich bei dem Käufer um eine Gesellschaft handelt – ordnungsgemäß gegründet und als Gesellschaft wirksam bestehend ist, über das Vermögen des Käufers das Insolvenzverfahren weder eröffnet noch beantragt ist und dass der Käufer die erforderlichen Mittel zur Verfügung hat oder erhalten wird, um den Kaufpreis zu zahlen. Gelegentlich garantiert der Käufer ferner, dass sämtliche gesellschaftsintern zu beachtenden Vorbehalte, etwa Gremienvorbehalte, beachtet worden und erfüllt sind.

963

Formulierungsbeispiel Garantien des Käufers: 964 M
Der Käufer garantiert im Sinne eines selbständigen Garantieversprechens, dass die nachstehenden Aussagen mit Wirkung zum Tag des Abschlusses dieses Vertrages und zum Closing-Datum zutreffend sind:
1. Der Käufer ist eine nach deutschem Recht ordnungsgemäß errichtete und bestehende Gesellschaft mit beschränkter Haftung. Die für den Käufer nach Abschluss dieses Vertrages handelnden Personen sind zur Vertretung des Käufers befugt.
2. Der Käufer verfügt über sämtliche für den Abschluss dieses Vertrages und die Durchführung der in diesem Vertrag vereinbarten Maßnahmen gesellschaftsrechtlich erforderlichen Zustimmungen und Beschlüsse. Der Käufer benötigt zum Abschluss dieses Vertrages und zur Durchführung des Closing bis auf etwa erforderliche kartellrechtliche Freigaben keine sonstige behördliche Zustimmung oder die Zustimmung einer anderen Partei.
3. Der Käufer verfügt über ausreichende finanzielle Mittel, um sämtliche Zahlungsverpflichtungen aus diesem Vertrag zu erfüllen. Die Erfüllung der Zahlungsverpflichtungen durch den Käufer berechtigt keinen Dritten, die Wirksamkeit der in diesem Vertrag vereinbarten Transaktion anzugreifen.

(3) Allgemeine Garantiebedingungen

Da das im Gesetz geregelte kaufrechtliche Gewährleistungsregime aus den oben angeführten Gründen regelmäßig als nicht sachgerecht angesehen wird, werden zunächst **alle gesetzlichen Ansprüche** des Garantienehmers aus §§ 437 BGB, 313 BGB, 280 Abs. 1, 311 Abs. 2 oder 3 i.V.m. § 241 BGB **ausgeschlossen**. Bei vorsätzlichem Handeln des Garanten ist ein Ausschluss gemäß § 276 Abs. 3 BGB nicht möglich und nicht wirksam. Nachdem in diesem Sinne das Feld bereitet wurde, wird nunmehr ein vertragliches Rechtsfolgensystem vereinbart, das ausschließliche Geltung beansprucht. Zunächst wird häufig vorgesehen, dass der Garantienehmer, der einen Garantieanspruch gegen den Garanten zu haben

965

2. Kapitel Recht der Gesellschaft mit beschränkter Haftung

glaubt, den Garanten hiervon in Kenntnis setzen und ihm Gelegenheit geben muss, binnen einer im Vertrag geregelten Frist den vertragsgemäßen Zustand im Wege der Naturalrestitution herzustellen. Ist dies dem Garanten nicht möglich oder kommt er seiner Verpflichtung nicht fristgerecht nach, kann der Garantienehmer Schadenersatz verlangen, wobei der Ersatz von Folgeschäden, insbesondere von entgangenem Gewinn, regelmäßig ausgeschlossen wird. Grundsätzliche Haftungsausschlüsse finden sich häufig für Schäden, für deren Eintritt in zurückliegenden Bilanzen bereits Rückstellungen gebildet worden sind oder für die Versicherungsschutz beansprucht werden konnte und auch gewährt wurde. Inwieweit der Rechtsgedanke des § 442 BGB, wonach die Rechte des Garantienehmers ausgeschlossen sind, wenn er einen nun zum Garantiefall gewordenen Umstand kannte, anzuwenden ist, ist eine Gestaltungsfrage des Einzelfalls. Der Verkäufer hat natürlich regelmäßig ein Interesse daran, dass seine Haftung für alle offen gelegten Umstände ausgeschlossen ist. Der Käufer wird sich demgegenüber nicht selten auf den Standpunkt stellen, dass nicht sämtliche, ihm im Datenraum offen gelegten Dokumente und Sachverhalte nicht mehr garantiefähig sein sollen. Häufig finden sich differenzierende Regelungen etwa des Inhalts, dass eine von der Kenntnis des Garantienehmers unabhängige Haftung des Garanten hinsichtlich der gesellschaftsrechtlichen Garantien besteht, während im Übrigen, insbesondere hinsichtlich der unternehmensbezogenen Garantien, eine Haftung des Garanten insoweit ausgeschlossen ist, als der Garantienehmer die Unrichtigkeit der Garantie beim Abschluss des Vertrags positiv kannte oder – je nach Verhandlungsstärke des Garantienehmers – grob fahrlässig oder fahrlässig nicht kannte.

966 Um eine Auseinandersetzung über **Bagatellschäden** zu vermeiden, wird häufig vorgesehen, dass der Garantienehmer nur berechtigt ist, Schadenersatzansprüche geltend zu machen, soweit der geltend gemachte Schaden einen definierten Betrag übersteigt (*Freibetrag*) oder – im Falle des Übersteigens eines definierten Betrages – der Schaden in voller Höhe zu ersetzen ist (*Freigrenze*). Nach oben wird die Schadenersatzpflicht des Garanten häufig auf den Kaufpreisbetrag oder einen Prozentsatz desselben begrenzt. Sind mehrere Verkäufer aufgetreten, kann auch vereinbart werden, dass jeder Verkäufer wiederum nur anteilig für diesen Höchstbetrag in Anspruch genommen werden kann.

967 Schließlich werden die Ansprüche des Garantienehmers einem besonderen **Verjährungsregime** unterworfen. Nicht selten werden hier differenzierende Lösungen des Inhalts gewählt, dass die Garantieansprüche im Allgemeinen nach zum Beispiel 24 Monaten ab dem Closing-Datum verjähren, während Ansprüche aus den gesellschaftsrechtlichen Garantien des Garanten in einer längeren Frist, etwa in zehn Jahren, verjähren. Es sollte ferner klargestellt werden, ob die Regelungen über die Hemmung der Verjährung nach § 203 BGB gelten oder ausgeschlossen werden.

968 M **Formulierungsbeispiel Allgemeine Garantiebedingungen:**

1. Soweit in diesem Vertrag nicht ausdrücklich aufgeführt, ist die Haftung des Verkäufers für sämtliche weitergehenden vertraglichen oder gesetzlichen Ansprüche (insbesondere Ansprüche aus unerlaubter Handlung) ausgeschlossen, es sei denn, der Verkäufer hat vorsätzlich gehandelt. Über die in diesem Vertrag ausdrücklich genannten Ansprüche und Verpflichtungen hinaus schließen die Parteien weitere Ansprüche im Zusammenhang mit diesem Vertrag, der Due Diligence oder dem Verkaufsprozess hiermit ausdrücklich aus. Der Käufer kann im Zusammenhang mit der Nichteinhaltung der Garantien keine Ansprüche aus Nacherfüllung, Verzug, Rücktritt, Minderung, Schadenersatz, culpa in contrahendum, positiver Forderungsverletzung oder Anpassung dieses Vertrages auf Grundlage der Störung der Geschäftsgrundlage nach § 313 BGB geltend machen, es sei denn, der Verkäufer handelt vorsätzlich.

2. § 442 BGB findet auf die in diesem Vertrag erklärten Garantien keine entsprechende Anwendung; die Verkäufer haften dementsprechend für die Richtigkeit dieser Garantien, insbesondere hinsichtlich der Inhaberschaft an den verkauften Geschäftsanteilen, trotz etwaiger Kenntnis oder fahrlässiger Unkenntnis des Käufers von derartigen Tatsachen.
3. Garantieansprüche nach diesem Vertrag gegen die Verkäufer verjähren im Allgemeinen nach Ablauf von 36 Monaten. Ansprüche aus Garantien, die sich auf die Rechtsmangelfreiheit der verkauften Geschäftsanteile beziehen, verjähren in fünf Jahren. Der Lauf sämtlicher im Vertrag geregelten Verjährungsfristen beginnt am Closing-Datum. Die Geltung der Regelungen über die Hemmung der Verjährung nach § 203 BGB ist ausgeschlossen.
4. Der Käufer ist nur berechtigt, Garantieansprüche geltend zu machen, soweit 1) der wirtschaftliche Schaden eines einzelnen Anspruchs 50.000,00 € übersteigt oder 2) der gesamte wirtschaftliche Schaden 500.000,00 € übersteigt; in diesen Fällen ist der gesamte Schaden zu ersetzen (»Freigrenze«). Diese Vorschriften gelten nicht für Ansprüche der Käufer wegen Rechtsmängeln der verkauften Geschäftsanteile.

ee) Regelungen zum Closing

Der aus dem angloamerikanischen Rechtskreis stammende Begriff des Closing bezeichnet i.d.R. einen nach dem schuldrechtlichen Abschluss des Kaufvertrags liegenden Zeitpunkt, zu dem bestimmte **Handlungen zum Vollzug des schuldrechtlichen Vertrags** durch die Parteien vorgenommen werden sollen.[1216] Stellt der Anteilskauf ein anmeldepflichtiges Zusammenschlussvorhaben im Sinne der deutschen oder europäischen Fusionskontrollbestimmungen dar, darf der Vollzug des Vertrags erst erfolgen, nachdem das Zusammenschlussvorhaben von den zuständigen Kartellbehörden freigegeben worden ist oder die maßgeblichen Untersagungsfristen abgelaufen sind, ohne dass eine Untersagung erfolgt ist. Allen Maßnahmen, die den Vollzug des Anteilskaufvertrages vorbereiten sollen, werden durch dieses kartellrechtliche Vollzugsverbot enge Grenzen gesetzt. Zulässig dürften demgegenüber solche Vorbereitungsmaßnahmen sein, die noch nicht zu einer Verlagerung des Unternehmens in die Sphäre des Käufers führen, also etwa Vorbereitungsmaßnahmen, die sich rein in der Verkäufersphäre abspielen, wenn also zum Beispiel der Verkäufer sich verpflichtet, vor dem Closing bestimmte, ihm gehörende, für den Geschäftsbetrieb der Gesellschaft wesentliche Vermögensgegenstände auf die Gesellschaft zu übertragen oder etwaige ihm von der Gesellschaft gewährte Darlehen zurückzuzahlen.[1217] Die umgekehrte Gestaltung, dass die Gesellschaft dem Verkäufer ein von diesem gewährtes Darlehen zurückzahlt, sollte aus den oben dargestellten anfechtungsrechtlichen Gründen regelmäßig nicht gewählt werden.[1218]

969

Regelmäßig sind die in einem Geschäftsanteilskaufvertrag enthaltenen Bestimmungen für das **Closing in zwei Großteile** gegliedert: In einem ersten Teil werden die Bedingungen, unter denen das Closing stattfinden kann, definiert: Hierzu gehört etwa die Vollzugsmöglichkeit nach den anwendbaren kartellrechtlichen Bestimmungen oder das Vorliegen der Akquisitionsfinanzierung durch den Käufer. Für den Fall, dass diese **Closing-Bedingungen** nicht bis zu einem bestimmten Zeitpunkt eingetreten sind, hat jeder Vertragsbeteiligte ein Recht zum Rücktritt vom Geschäftsanteilskaufvertrag.

970

1216 *Hommelhoff*, ZHR 150 (1986), 254, 266.
1217 Beispiel nach *Büchel/von Rechenberg*, Handels- und Gesellschaftsrecht, 19. Kapitel Rn. 239.
1218 Vgl. dazu oben Rdn. 903.

971 M **Formulierungsbeispiel Closing-Bedingungen:**
Der Vollzug der in diesem Vertrag vorgesehenen Vereinbarungen (Closing), der am Closing-Datum stattfinden soll, steht unter den folgenden aufschiebenden Bedingungen, auf deren Eintritt die Parteien einvernehmlich verzichten können:

1. Der Verkauf und die Abtretung der verkauften Geschäftsanteile können nach den anwendbaren kartellrechtlichen Bestimmungen des GWB vollzogen werden.
2. Der Vertrag zwischen dem Käufer und der den Käufer bei dieser Transaktion finanzierenden Bank über die Akquisitionsfinanzierung ist rechtswirksam abgeschlossen und die Auszahlungsvoraussetzungen gemäß diesem Vertrag sind erfüllt.
3. Jede Partei hat das Recht, von diesem Vertrag zurückzutreten, wenn die in vorstehendem Absatz genannten Bedingungen nicht bis spätestens zum 30. Juni 2011 erfüllt sind.

972 In einem zweiten Teil wird dann geregelt, welche konkreten **Handlungen beim Closing** vorzunehmen und welche Erklärungen abzugeben sind: An zumeist erster Stelle wird vereinbart, dass der Käufer verpflichtet ist, den Kaufpreis an den Verkäufer zu zahlen und dass der Verkäufer verpflichtet ist, die verkauften Geschäftsanteile an den Käufer abzutreten (sofern dies nicht bereits im Geschäftsanteilskaufvertrag aufschiebend bedingt auf die Kaufpreiszahlung erfolgt ist). Der Notar wird angewiesen, unverzüglich nach Wirksamwerden der Abtretung eine neue Gesellschafterliste gemäß § 40 Abs. 2 GmbHG zum Handelsregister einzureichen. Zu Beweiszwecken wird häufig ein sog. Closing-Memorandum unterzeichnet, welches den Inhalt hat zu bestätigen, dass sämtliche Vollzugsvoraussetzungen eingetreten sind und die Vollzugshandlungen vorgenommen wurden. Dieses Closing-Memorandum bedarf – soweit es nur bestätigenden oder quittierenden Inhalt hat – nicht der notariellen Beurkundung; gleichwohl legen die Parteien häufig auf eine notarielle Beglaubigung der Unterschriften im Interesse einer besseren späteren Dokumentation Wert. Werden die verkauften Geschäftsanteile im Rahmen des Closing erst dinglich abgetreten oder werden vor Abtretung der Geschäftsanteile noch Änderungen des Geschäftsanteilskaufvertrages vereinbart, muss hierfür selbstverständlich die Beurkundungsform eingehalten werden.

973 M **Formulierungsbeispiel Closing-Handlungen:**
Beim Closing werden die Parteien die folgenden Erklärungen abgeben und Handlungen vornehmen:

1. Der Käufer zahlt den Kaufpreis an den Verkäufer.
2. Die Parteien weisen den amtierenden Notar an, eine neue Gesellschafterliste gemäß § 40 Abs. 2 GmbHG zum Handelsregister einzureichen.
3. Die Parteien werden ein Closing-Memorandum unterzeichnen, durch welches der Eintritt der aufschiebenden Bedingungen für die Wirksamkeit der Abtretungen der Geschäftsanteile durch die Zahlung des Kaufpreises bestätigt wird.

ff) Sonstige Regelungen

974 Neben Vertraulichkeits-, Kosten- und salvatorischen Klauseln, deren Formulierung im Regelfall keine größeren Schwierigkeiten stellen, enthalten Geschäftsanteilskaufverträge nicht selten auch **Schiedsklauseln**. Sofern insoweit die Regeln des Deutschen Instituts für Schiedsgerichtsbarkeit (D.I.S.) als maßgeblich vereinbart werden, stellt sich die beurkundungsrechtliche Frage, inwieweit diese Regeln zum zu beurkundenden (und mithin zum zu verlesenden) Teil des Rechtsgeschäftes gehören. Richtigerweise sollte man insoweit auf die *zum Zeitpunkt der Entstehung der Streitigkeit jeweils gültigen* Regeln des Deutschen Instituts für Schiedsgerichtsbarkeit abstellen, da mit dieser Formulierung eine Beurkundungspflicht der gegenwärtigen Regelungen unzweifelhaft vermieden wird.

Sofern der Geschäftsanteilskaufvertrag – wie häufig – eine Verpflichtung der Parteien enthält, Rechte und Forderungen aus dem Vertrag nicht ohne vorherige schriftliche Zustimmung der jeweils anderen Partei zu übertragen, sollten Übertragungen an verbundene Unternehmen der jeweiligen Partei bzw. den Kaufpreis finanzierende Banken von diesem Vorbehalt ausgenommen sein.

975

gg) Besonderheiten bei Managment-Buy-Outs

Als Management-Buy-Out (MBO) werden Investitionen durch einen (Private-Equity) Investor bezeichnet, bei denen sich das vorhandene Management des Unternehmens selbst gemeinsam mit dem Investor an dem erworbenen Unternehmen beteiligt. Der Investor ist häufig ein Private-Equity-Investor, welcher den Erwerb von Unternehmen mit außerbörslich beschafftem Beteiligungskapital durch hierauf spezialisierte Beteiligungsgesellschaften realisiert. Wird die Übernahme hauptsächlich fremd finanziert, spricht man von einem Leveraged-Management-Buy-Out (LBO). Der Begriff LBO kennzeichnet mithin einen Unternehmenskauf unter Einbeziehung eines hohen Anteils an Fremdkapital zur Begleichung des Kaufpreises. Die Sicherung der Finanzierung durch den Fremdkapitalgeber erfolgt durch die erworbene Gesellschaft selbst oder deren Vermögensgegenstände. Die Tilgung der Fremdfinanzierung soll durch Weiterleitung der Gewinnausschüttungen der Zielgesellschaft erfolgen. Die Gewinnerwartung des Investors basiert hier auf dem sogenannten Leverage-Effekt. Dieser setzt voraus, dass der Investor Fremdkapital zur Finanzierung der Investitionen zu günstigeren Konditionen aufnehmen kann als die erworbene Gesellschaft Rendite erzielt. Je höher dann die Aufnahme von Fremdkapital im Verhältnis zum Einsatz von Eigenkapital ist, desto höher ist die Eigenkapitalrentabilität des Investors (Leverage-Effekt).[1219] Allerdings erwerben der Finanzinvestor und die Manager die Zielgesellschaft in der Regel nicht unmittelbar, sondern über eine Beteiligungsgesellschaft (häufig auch »NewCo« genannt), mit deren Zwischenschaltung – neben ggf. angestrebten steuerlichen Effekten – der Hauptzweck verfolgt wird, die Ausübung von Gesellschafterrechten durch den Finanzinvestor einerseits und die Manager andererseits durch Satzungsgestaltungen und Gesellschaftervereinbarungen regeln zu können, ohne derartige Regelungen auf Ebene der Zielgesellschaft treffen zu müssen, was zum Beispiel deswegen unerwünscht sein kann, weil eine einheitliche Führung der Zielgesellschaft durch die NewCo als weniger schwerfällig angesehen wird.

976

Im Bereich des Anteilskaufvertrages weisen ein LBO oder ein MBO keine grundsätzlichen **Besonderheiten gegenüber einem sonstigen Unternehmenskaufvertrag** im Wege des Share Deals auf. Es können die Gewährleistungsregelungen bei einem MBO allerdings den Umstand zu berücksichtigen haben, dass jedenfalls ein Teil der Erwerber, nämlich das Management, genaue Kenntnis über die wirtschaftliche Situation des Unternehmens und die Werthaltigkeit der einzelnen Bilanzpositionen hat. Dies kann zur Folge haben, dass der Verkäufer nicht bereit ist, insoweit irgendwelche Gewährleistungen oder Garantien abzugeben. Häufig beschränkt sich die Gewährleistung des Verkäufers in diesen Fällen darauf, dass er Inhaber der verkauften Gesellschaftsanteile ist und frei über diese verfügen kann. Sollen darüber hinaus gehende Gewährleistungen abgegeben werden, muss berücksichtigt werden, ob eine mögliche Kenntnis der Manager von einzelnen Umständen auch der die Zielgesellschaft erwerbenden NewCo zugerechnet werden soll.[1220] Neben diesen anteilskaufspezifischen Besonderheiten zeichnet sich ein LBO/MBO häufig dadurch aus,

977

[1219] Vgl. dazu im Einzelnen *Büchel/von Rechenberg*, Handels- und Gesellschaftsrecht, 19. Kapitel Rn. 356 ff.
[1220] *Büchel/von Rechenberg*, Handels- und Gesellschaftsrecht, 19. Kapitel Rn. 368 ff.

2. Kapitel Recht der Gesellschaft mit beschränkter Haftung

dass neben dem Anteilskaufvertrag Gesellschaftervereinbarungen geschlossen werden, welche im Einzelnen regeln, wie die Gesellschafterrechte auf Ebene der NewCo ausgeübt werden sollen.

978 Von besonderer Bedeutung sowohl für den Finanzinvestor als auch für die Manager sind beim MBO Regelungen über das Ausscheiden der Manager aus ihrem Amt oder Anstellungsverhältnis und die Folgen dieses Ausscheidens für die Beteiligung. Solche, meist auf Ebene der NewCo in einer Beteiligungsvereinbarung getroffenen Regelungen haben den Zweck, die gesellschaftsrechtliche Beteiligung des Managers an die Fortdauer seiner Organstellung zu binden. Die diese Abhängigkeit definierenden vertraglichen Bestimmungen werden regelmäßig als **Leaver-Klauseln** bezeichnet. Auf der Tatbestandsseite differenzieren Leaver-Klauseln regelmäßig nach den Gründen des Ausscheidens und der bisherigen Dauer der Beteiligung. Hinsichtlich der Gründe des Ausscheidens wird unterschieden zwischen dem good Leaver und dem bad Leaver. Der ausscheidende Manager ist *good Leaver*, wenn sein Ausscheiden auf unverschuldeten persönlichen Umständen, wie Tod, Alter oder Berufsunfähigkeit beruht oder wenn das Ausscheiden von der Gesellschaft veranlasst ist, ohne dass er hierfür einen wichtigen Grund gesetzt hat. Der Manager ist ein *bad Leaver*, wenn sein Ausscheiden durch einen in seinem Verhalten liegenden Grund veranlasst ist.[1221] Möglich ist es auch, dass ein Manager sich aufgrund seines Verhaltens nach dem Ausscheiden als bad Leaver qualifiziert, wenn er etwa sich nach dem Ausscheiden vertragswidrig verhält (z.B. durch vertragswidrigen Wettbewerb oder durch das verbotene Abwerben von Mitarbeitern). Auf der Rechtsfolgenseite wird alsdann geregelt, welchen Teil der Beteiligung der Manager beim Ausscheiden zurückgeben muss und welche Abfindung er hierfür erhält. Die möglichen Gestaltungen reichen von einer Abfindung lediglich in Höhe des vom Manager investierten Kapitals über die Gewährung einer Mindestverzinsung bis zur Abfindung zum Verkehrswert. Good Leaver wachsen üblicherweise über einen Zeitraum von 5 Jahren mit steigenden Prozentsätzen in Richtung zum Verkehrswert. Bad Leaver erhalten meist lediglich den niedrigeren Betrag aus ihrem investierten Kapital und einem etwaigen niedrigeren Verkehrswert.[1222] Nachdem die Zulässigkeit derartiger Leaver-Klauseln durch zwei Entscheidungen des OLG Düsseldorf[1223] und des OLG Frankfurt am Main[1224] ins Wanken geraten war, ist nach den bereits zitierten Entscheidungen des BGH aus den Jahren 2004–2007[1225] wieder Rechtssicherheit eingekehrt, da der BGH in diesen Entscheidungen anerkannt hat, dass es auch außerhalb schenkungsrechtlich vorbehaltener Rückforderungsrechte gesellschaftsrechtliche Notwendigkeiten geben kann, die die Vereinbarung von Rückforderungs- und Ausschlussrechten – und damit auch von Leaver-Klauseln – rechtfertigen können. Der BGH hat konkret anerkannt, dass bei Vorliegen eines sachlichen Grundes sogar freie Ausschlussrechte, die auf eine angemessene Zeit befristet sind, zulässig sein können, dann muss es umso mehr zulässig sein, wenn der wirtschaftlich nachvollziehbare und sachgerechte Ansatz, die Beteiligung des Managers an seine Organstellung zu binden, gesellschaftsrechtlich umgesetzt werden soll.[1226] Bei der Formulierung von Leaver-Klauseln sollte allerdings darauf geachtet werden, dass ein möglicher Streit über das Vorliegen der tatbestandlichen Voraussetzungen der Leaver-Klausel nach Möglichkeit nicht zu einem Streit über die Wirksamkeit des Ausscheidens des Gesellschafters – und damit zu einem die Gesellschaft möglicherweise lähmenden Streit über die Gesellschaftszugehörigkeit einzelner Personen – führen sollte. Dies bedeutet konkret, dass eine Leaver-Klausel – wenn sie als Angebot des Managers an den Finanzinvestor auf Abtretung

---

1221 Vgl. im Einzelnen *Kestle/Heuterkes*, NZG 2090.
1222 Vgl. im Einzelnen *Kestle/Heuterkes*; NZG 2005, 289, 291.
1223 OLG Düsseldorf ZIP 2004, 1804.
1224 OLG Frankfurt a.M. NZG 2004, 914.
1225 BGH NJW 2004, 2013 (Laborarztentscheidung); ZIP 2005, 706 (Paketdienstentscheidung); RNotZ 2005, 610 (Media-Markt-Entscheidung).
1226 Im Ergebnis ebenso *Kestle/Heuterkes*, NZG 2005, 289, 292 f.

der Beteiligung des Managers an den Finanzinvestor gerichtet ist – die Annahmebefugnis des Finanzinvestors unabhängig vom tatsächlichen Vorliegen der tatbestandlichen Voraussetzungen der Leaver-Klausel besteht. Dieses Ziel wird etwa verfehlt, wenn es in der Leaver-Klausel etwa heißt, dass der Finanzinvestor das entsprechende Angebot des Managers annehmen *kann*, wenn die Voraussetzungen der Leaver-Klausel vorliegen. Richtigerweise wird man in der Weise zu formulieren haben, dass der Finanzinvestor dieses Angebot nur annehmen *darf*, wenn die Voraussetzungen der Leaver-Klausel vorliegen und dass ein möglicher Streit über das Vorliegen der Annahmebefugnis lediglich das Innenverhältnis zwischen Manager und Finanzinvestor betrifft, die Wirksamkeit der Annahme der Abtretung im Außenverhältnis jedoch unberührt lässt. Eine diesem Gesichtspunkt Rechnung tragende Leaver-Klausel könnte etwa folgenden Wortlaut haben:

Formulierungsvorschlag Leaver-Klausel: 979 M
Bad Leaver Klausel

1. Der Manager bietet dem Finanzinvestor den Erwerb des vorbezeichneten von dem Manager gehaltenen Geschäftsanteils an. Dieses Angebot darf von dem Finanzinvestor nur angenommen werden, wenn einer der folgenden Fälle vorliegt:
   - jegliche Beendigung des Anstellungsverhältnisses oder der Organstellung des Managers zur Gesellschaft oder
   - Stellung eines Antrags auf Eröffnung des Insolvenzverfahrens über das Vermögen des Managers oder
   - der Manager ist einer Maßnahme der Zwangsvollstreckung in den Geschäftsanteil unterworfen und eine etwaige Zwangsmaßnahme wird nicht binnen zwei Monaten nach Eintritt wieder aufgehoben oder
   - der Manager hat eine wesentliche Verpflichtung gegenüber der Gesellschaft oder dem Finanzinvestor schuldhaft verletzt.
2. Die Beteiligten sind einig, dass die vorstehend beschriebenen Voraussetzungen für die Annahme des Angebots des Managers nur das Innenverhältnis zwischen dem Manager und dem Finanzinvestor betreffen und die Wirksamkeit der Annahme des Angebots im Außenverhältnis unberührt lassen, mithin die Annahme des Angebots durch den Finanzinvestor auch dann wirksam ist, wenn die Voraussetzungen zur Annahme nicht vorliegen oder streitig sind.

Good Leaver Klausel

1. Der Manager bietet dem Finanzinvestor den Erwerb des vorbezeichneten von dem Manager gehaltenen Geschäftsanteils an. Dieses Angebot darf von dem Finanzinvestor nur angenommen werden, wenn einer der folgenden Fälle vorliegt:
   - der Manager verstirbt oder
   - die Erwerbsfähigkeit des Managers gemäß § 43 SGB VI in vollem Umfang gemindert ist oder
   - wenn eine Mitverkaufsverpflichtung gegenüber dem Finanzinvestor besteht oder
   - der Manager sein Mitverkaufsrecht gegenüber dem Finanzinvestor ausgeübt hat.
2. Die Beteiligten sind einig, dass die vorstehend beschriebenen Voraussetzungen für die Annahme des Angebots des Managers nur das Innenverhältnis zwischen dem Manager und dem Finanzinvestor betreffen und die Wirksamkeit der Annahme des Angebots im Außenverhältnis unberührt lassen, mithin die Annahme des Angebots durch den Finanzinvestor auch dann wirksam ist, wenn die Voraussetzungen zur Annahme nicht vorliegen oder streitig sind.

(Zu ergänzen sind weitere Bestimmungen über Annahmefristen und über das an den Manager jeweils zu zahlende Entgelt).

2. Kapitel Recht der Gesellschaft mit beschränkter Haftung

980 Die wirklichen **gesellschaftsrechtlichen Schwierigkeiten bei einem LBO**, bei dem also die erworbene Gesellschaft aus ihrem Cash-Flow die vom Erwerber zur Aquisition aufgenommenen Schulden tilgt und auch Sicherheit für dessen aufgenommenes Darlehen stellt, bestehen indes weniger in einer angemessenen Gestaltung des Geschäftsanteilskaufvertrages, sondern vielmehr in der gebotenen Vermeidung einer Gesellschafterhaftung. Die in der Entscheidungspraxis des BGH entwickelte Rechtsfigur des existenzvernichtenden Eingriffs als Grundlage einer besonderen Gesellschafterhaftung, die der BGH erstmals in der Entscheidung *Bremer Vulkan*[1227] entwickelt und dann in der Angelegenheit *KBV*[1228] konkretisiert hat, hat auch die Frage aufgeworfen, ob und ggf. inwieweit eine Haftung aus existenzvernichtendem Eingriff auch LBO-Finanzierungen bedrohen könnte.[1229] Ob es tatsächlich möglich ist, einen existenzvernichtenden Eingriff mit dem Argument abzulehnen, es liege keine Maßnahme eines Gesellschafters vor, die tatsächlich einen Vermögensentzug zur Folge habe,[1230] ist nicht unzweifelhaft. Das Argument, durch die Besicherung der den Gesellschaftern gewährten Darlehen durch Vermögen der Gesellschaft entstehe ausschließlich eine Konstellation, in der Dritten unter bestimmten Umständen ein gleichrangiger oder bevorzugter Zugriff auf Vermögenswerte der Gesellschaft eingeräumt werde, die sich aber nicht liquiditätsmindernd auswirke, und damit kein existenzvernichtender Eingriffe sein könne,[1231] ist nicht durchweg überzeugend, da eben auch die Reservierung wesentlicher Teile des Vermögens der Zielgesellschaft für Gläubiger der Gesellschafter die Existenz der Zielgesellschaft durchaus gefährden oder gar vernichten können. Nur der Vollständigkeit halber sei darauf hingewiesen, dass die beschriebene Finanzierungsart auch steuerlich nicht einfach zu beherrschende Risiken aufweist, da sie stets mit der Gefahr einer verdeckten Gewinnausschüttung verbunden ist. Diese kann konkret in der (unentgeltlichen) Sicherstellung von Darlehen für die Gesellschafter durch die Gesellschaft liegen.[1232]

III. Die dingliche Abtretung des Geschäftsanteils

981 Die **Abtretung des Geschäftsanteils** erfolgt in Erfüllung der vereinbarten schuldrechtlichen Verpflichtungen und bedarf gemäß § 15 Abs. 3 GmbHG der notariellen Beurkundung.[1233] Je nach Sicherungsbedürfnis des Verkäufers wird die Abtretung bereits im Geschäftsanteilskauf- und -übertragungsvertrag, und zwar aufschiebend bedingt durch die vollständige Kaufpreiszahlung durch den Käufer, vereinbart oder einer selbständigen, am Closing-Datum zu errichtenden Abtretungsurkunde vorbehalten. Der sicherste Weg aus Sicht des Verkäufers ist selbstverständlich der einer separaten und selbständigen Abtretung der Geschäftsanteile Zug um Zug gegen Kaufpreiszahlung am Closing-Datum; der für die Beteiligten hiermit verbundene Wermutstropfen liegt im Anfall einer weiteren (5/10) Notargebühr für die Beurkundung der isolierten Abtretung.

1. Abtretungsbeschränkungen

982 Ist in der Satzung der GmbH bestimmt, dass die Abtretung des Geschäftsanteils einer Zustimmung bedarf, handelt es sich hierbei um eine **Vinkulierung im Sinne von § 15 Abs. 5 GmbHG**. Derartige Vinkulierungen oder Zustimmungsvorbehalte können mit

---

1227 BGHZ 149, 10; dazu *Altmeppen*, NJW 2001, 3622; NJW 2001, 3577; *Ulmer*, ZIP 2001, 2021.
1228 BGHZ 151, 181.
1229 Vgl. etwa *Diem*, ZIP 2003, 1283; *Schrell/Kirchner*, BB 2003, 1151.
1230 So *Schulz*, NZG 2005, 329, 331.
1231 *Schulz*, a.a.O.
1232 Vgl. dazu *Weisel/Klumpp*, Der Unternehmenskauf, 13. Kapitel Rn. 19.
1233 Vgl. dazu oben Rdn. 871 ff.

dinglicher Wirkung **nur in der Satzung der Gesellschaft** vereinbart werden, **nicht** jedoch in satzungsbegleitenden **Gesellschaftervereinbarungen.** Abtretungsvereinbarungen im Sinne von § 15 Abs. 5 GmbHG sind nämlich eine Ausnahme von der freien Übertragbarkeit von Geschäftsanteilen – und damit letztlich eine Ausnahme von § 137 BGB –, die ihre Grundlage nach dem eindeutigen Wortlaut von § 15 Abs. 5 GmbHG in der Satzung haben muss. Zustimmungsvorbehalte, die in satzungsbegleitenden Gesellschaftervereinbarungen enthalten sind, haben demzufolge keine dingliche Wirkung, hindern also einen Übergang des Geschäftsanteils auf den Erwerber im Falle ihrer Nichtbeachtung nicht, sondern begründen lediglich eine Schadenersatzpflicht desjenigen, der den in der Gesellschaftervereinbarung enthaltenen Zustimmungsvorbehalt nicht beachtet hat. Wird eine Vinkulierung also zunächst lediglich in einer satzungsbegleitenden Gesellschaftervereinbarung begründet, sollte ergänzend die Verpflichtung der Parteien der Gesellschaftervereinbarung aufgenommen werden, die Vinkulierung in die Satzung der Gesellschaft aufzunehmen.

Liegt eine nach dem vorstehend Gesagten dinglich erforderliche Zustimmung nicht vor, ist die **Abtretung schwebend unwirksam.** Die Beteiligten sind für eine angemessene Frist an den Abtretungsvertrag gebunden. Schuldrechtlich trifft den Veräußerer in der Regel die Pflicht, alles ihm Mögliche und Zumutbare zu unternehmen, um die erforderliche Zustimmung herbeizuführen. Zur Erfüllung dieser Pflicht kann der Erwerber ihm eine angemessene Frist setzen.[1234] Wird die Zustimmung versagt, ist der Abtretungsvertrag endgültig unwirksam. Die Unwirksamkeit bezieht sich indes nur auf den dinglichen Abtretungsvertrag, nicht auf die schuldrechtlichen Vereinbarungen. Wegen der rechtsgestaltenden Wirkung der Versagung der Zustimmung kann der bereits geschlossene Abtretungsvertrag auch nicht nachfolgend noch durch eine spätere Zustimmung Wirksamkeit erlangen. Es bedarf vielmehr einer Neuvornahme der Abtretung oder deren Bestätigung nach § 141 BGB.[1235] Wird die Zustimmung erteilt, wird die Abtretung wirksam; die Wirksamkeit tritt ex tunc auf den Zeitpunkt der Abtretung ein.[1236] Zwischenverfügungen des Veräußerers sind dem Erwerber gegenüber unwirksam (§ 184 Abs. 2 BGB), solche des Erwerbers werden mit Rechtserwerb durch diesen wirksam (§ 185 Abs. 2 BGB). Die Nichtbeachtung eines satzungsgemäßen Vinkulierungsvorbehaltes kann auch nicht im Wege des gutgläubigen Erwerbs gemäß § 16 Abs. 3 GmbHG überwunden werden, da sich der Gutglaubensschutz dieser Vorschrift nur auf die Anteilsinhaberschaft Desjenigen bezieht, der in der zuletzt im Handelsregister aufgenommenen Gesellschafterliste als Gesellschafter ausgewiesen ist, nicht jedoch auf die Vinkulierungsfreiheit der Geschäftsanteile.[1237]

Es ist selbstverständlich auch möglich, dass die Satzung die Abtretbarkeit eines Geschäftsanteils vollkommen ausschließen kann. Den Gesellschaftern verbleibt in diesem Fall ein Austritts- oder Kündigungsrecht aus wichtigem Grund (§ 34 GmbHG).[1238] Die folgenden Zustimmungserfordernisse sind zu unterscheiden:

a) Genehmigung der Gesellschaft

Gemäß § 15 Abs. 5 GmbHG kann der Gesellschaftsvertrag die Abtretung der Geschäftsanteile insbesondere von der **Genehmigung der** *Gesellschaft* abhängig machen. Der Begriff der Genehmigung entspricht dem der Zustimmung im Sinne von § 182 ff. BGB und umfasst sowohl die zeitlich vor der Abtretung erteilte Einwilligung als auch die nach der

---

1234 Michalski/*Ebbing*, § 15 Rn. 158.
1235 Michalski/*Ebbing*, § 15 Rn. 156.
1236 Scholz/*Winter*, § 15 Rn. 100.
1237 Vgl. nur *Hamann*, NZG 2007, 492, 494; *Heckschen/Heidinger*, Die GmbH in der Gestaltungs- und Beratungspraxis, § 13 Rn. 138; *Schockenhoff/Höder*, ZIP 2006, 1841, 1844.
1238 Michalski/*Ebbing*, § 15 Rn. 138.

2. Kapitel Recht der Gesellschaft mit beschränkter Haftung

Abtretung erteilte Genehmigung.[1239] Die Zustimmung der Gesellschaft wird im Außenverhältnis von deren Geschäftsführer, bei mehreren in vertretungsberechtigter Zahl, erteilt. Inwieweit die Geschäftsführer vor Erteilung der Zustimmung im Außenverhältnis einen Gesellschafterbeschluss einholen müssen, hängt von der konkreten Ausgestaltung der Satzung ab, wird aber nicht selten der Fall sein.[1240]

986 Eine die Notwendigkeit eines vorherigen Gesellschafterbeschlusses missachtende Erteilung der Zustimmung durch die Geschäftsführer ist im Außenverhältnis grundsätzlich wirksam. Außenwirkung kann diese **Missachtung der gesellschaftsinternen Zuständigkeitsregelungen** nur nach Maßgabe der Regelungen über den Missbrauch der Vertretungsmacht erlangen. Ein solcher wird regelmäßig nur vorliegen, wenn dem Erwerber das Fehlen einer Zustimmung der Gesellschafter im Innenverhältnis evident ist.[1241]

b) Zustimmung der Gesellschafter

987 Die Satzung kann auch vorsehen, dass eine Zustimmung **aller oder einzelner Gesellschafter** für die Wirksamkeit der Abtretung erforderlich ist. In diesen Fällen ist nicht der Geschäftsführer für die Erteilung der Zustimmung zuständig, sondern diese kann allein durch den oder die Zustimmungsberechtigten erklärt werden, die hierfür allerdings auch den Geschäftsführer bevollmächtigen können.[1242] Formuliert die Satzung, dass die Zustimmung »der Gesellschafter« erforderlich ist, wird man hierunter nicht nur eine Zustimmung durch Beschluss der Gesellschafterversammlung mit einfacher oder qualifizierter Mehrheit zu verstehen haben, sondern eine Zustimmung *aller Gesellschafter* verlangen müssen. Wirksamkeitsvoraussetzung für die Abtretung ist dann ein von sämtlichen Gesellschaftern gefasster einstimmiger Beschluss oder die Erklärung der Zustimmung durch jeden einzelnen Gesellschafter bzw. durch die Gesellschafter, die an der einstimmigen Beschlussfassung nicht teilgenommen haben.[1243] Hat die Gesellschafterversammlung allerdings einstimmig unter Mitwirkung sämtlicher Gesellschafter zugestimmt, so ist eine zusätzliche Zustimmung jedes einzelnen Gesellschafters durch separate Erklärung nicht mehr erforderlich.[1244] Selbst wenn eine derartige Satzungsbestimmung den Sinn hat, allen Gesellschaftern ein individuelles Mitgliedschaftsrecht einzuräumen, wurde dieses Mitgliedschaftsrecht im Rahmen des von allen Gesellschaftern einstimmig gefassten Gesellschafterbeschlusses beachtet und ausgeübt.

c) Zustimmung der Gesellschafterversammlung

988 Die Satzung kann auch die **Zustimmung der Gesellschafterversammlung** als Abtretungsvoraussetzung vorsehen. Dieses Zustimmungserfordernis kann auch neben die Notwendigkeit der Zustimmung der Gesellschaft treten. Bei der Zustimmung der Gesellschafterversammlung muss die Erteilung der Zustimmung durch die Gesellschafterversammlung selbst erfolgen oder durch eine von dieser bevollmächtigte Person, etwa den Geschäftsführer. Ohne eine derartige Bevollmächtigung kann der Geschäftsführer die Zustimmung nicht erteilen.[1245] Der Beschluss der Gesellschafterversammlung ist mangels abweichender Satzungsregelung mit einfacher Mehrheit zu fassen (§ 47 Abs. 1 GmbHG), wobei die Beteiligten des Geschäftsanteilskaufvertrages nicht nach § 47 Abs. 4 GmbHG von der Abstim-

---

1239 Michalski/*Ebbing*, § 15 Rn. 140.
1240 *Heckschen/Heidinger*, Die GmbH in der Gestaltungs- und Beratungspraxis, § 13 Rn. 46.
1241 Roth/*Altmeppen*, § 15 Rn. 59.
1242 Michalski/*Ebbing*, § 15 Rn. 150.
1243 Michalski/Ebbing, § 15 Rn. 151.
1244 Abweichend offenbar *Heckschen/Heidinger*, Die GmbH in der Gestaltungs- und Beratungspraxis, § 13 Rn. 48.
1245 Michalski/*Ebbing*, § 15 Rn. 148.

mung ausgeschlossen sind.[1246] Da die Zustimmung eine empfangsbedürftige Willenserklärung ist, ist weitere Voraussetzung für eine wirksame Zustimmung auch, dass die Zustimmungsentscheidung entweder dem Veräußerer oder dem Erwerber des Geschäftsanteils mitgeteilt wurde.[1247] Die Zustimmung kann auch konkludent erteilt werden, zum Beispiel indem die Gesellschafter den Erwerber in einer Gesellschafterversammlung vorbehaltlos als neuen Gesellschafter akzeptieren[1248] (vorausgesetzt allerdings, dass der neue Gesellschafter auch schon in die aktuelle Gesellschafterliste eingetragen ist).

d) Die Zustimmung sonstiger Gesellschaftsorgane oder gesellschaftsfremder Dritter

Die Wirksamkeit der Abtretung des Geschäftsanteils kann auch von der **Zustimmung eines sonstigen Gesellschaftsorgans**, etwa eines Beirats, abhängig gemacht werden. In diesem Fall muss der Beiratsvorsitzende (oder im Falle des Aufsichtsrats der Aufsichtsratsvorsitzende) die Zustimmung im Außenverhältnis aufgrund eines im Innenverhältnis gefassten Beschlusses erklären. 989

Inwieweit die Wirksamkeit der Abtretung auch von der **Zustimmung eines gesellschaftsfremden Dritten** abhängig gemacht werden kann, ist umstritten. Während die herrschende Meinung auch einen Zustimmungsvorbehalt zu Gunsten eines gesellschaftsfremden Dritten als wirksame Abtretungsbeschränkung ansieht,[1249] ist es nach anderer Ansicht nicht zulässig, einem gesellschaftsfremden Dritten ein derartiges Recht einzuräumen. Es sei lediglich zulässig, dass sich die Gesellschaft gegenüber dem Dritten schuldrechtlich verpflichtet, eine ihr satzungsgemäß zustehende Genehmigungsbefugnis nicht ohne Befragen oder ohne Zustimmung des Dritten auszuüben.[1250] 990

Checkliste Vinkulierungen: 991
1. Enthält die Satzung der Gesellschaft eine Vinkulierungsklausel?
2. Wer muss nach der Anteilsabtretung nach dem Inhalt der Vinkulierungsklausel exakt zustimmen?
3. Ist die erteilte Zustimmung durch Zugang wirksam geworden?

2. Der gutgläubige Erwerb durch den Käufer

§ 16 Abs. 3 GmbHG erlaubt nunmehr den gutgläubigen Erwerb von Geschäftsanteilen. Der Gesetzgeber beschreibt in der Gesetzesbegründung zutreffend, dass der **Erwerber eines Geschäftsanteils nach früherem Recht das Risiko** eingehe, dass der Anteil einem anderen als dem Veräußerer zustehe. In der Praxis hatte der Erwerber zwei Möglichkeiten, dieses Risiko zu minimieren. Entweder er überprüft die dem Anteilserwerb des Veräußerers vorangehenden Abtretungsvorgänge im Einzelnen oder er lässt sich die Anteilsinhaberschaft des Veräußerers von diesem garantieren. Im Ergebnis konnte der Erwerber in beiden Fällen, wenn der Veräußerer nicht Inhaber des Geschäftsanteils gewesen ist, den Geschäftsanteil nicht wirksam erwerben. Hat der Erwerber das von der Gesellschaft betriebene Unternehmen bereits nach seinen Vorstellungen umgestaltet, kann die Rückabwicklung des Anteilskaufvertrages oft mit erheblichen Schwierigkeiten verbunden sein. Das MoMiG möchte diesen Schwierigkeiten nun dadurch begegnen, dass der Gesellschaf- 992

1246 Roth/Altmeppen, § 15 Rn. 63.
1247 *Heckschen/Heidinger*, Die GmbH in der Gestaltungs- und Beratungspraxis, § 13 Rn. 47.
1248 Vgl. zu einen ähnlichen Fall BGH ZIP 2006, 1343.
1249 Baumbach/Hueck/*Fastrich*, § 15 Rn. 37; Lutter/Hommelhoff, § 15 Rn. 23; Michalski/*Ebbing*, § 15 Rn. 152.
1250 Scholz/*Winter*, § 15 Rn. 91.

ter, der über eine gewisse Zeit unbestritten in der im Handelsregister aufgenommenen Gesellschafterliste ausgewiesen ist, nicht nur gegenüber der Gesellschaft legitimiert ist, sondern auch gegenüber Dritten Vertrauensschutz genießt. Ziel ist es, den am Abtretungsvorgang Beteiligten die Mühen, Kosten und Unsicherheiten der mitunter sehr aufwendigen Prüfung einer langen Abtretungskette zu ersparen und ihnen Rechtssicherheit über längere Zeiträume zu gewähren. Demzufolge sieht die Neuregelung vor, dass der gute **Glaube an die *Verfügungsberechtigung*** auf der Basis der Eintragung in der im Handelsregister aufgenommenen Liste geschützt ist. Im Einzelnen hat die Möglichkeit des gutgläubigen Erwerbs nach § 16 Abs. 3 folgende Voraussetzungen:

a) Eintragung des Veräußerers in die Gesellschafterliste

993 Der **Veräußerer muss als Inhaber** des Geschäftsanteils in der im Handelsregister aufgenommenen Gesellschafterliste eingetragen sein, obwohl er materiell-rechtlich nicht Inhaber des Geschäftsanteils ist (Rechtsscheinstatbestand). Die Gesellschafterliste muss entweder vom Geschäftsführer der Gesellschaft (im Fall des § 40 Abs. 1 S. 1) oder von einem Notar (im Fall des § 40 Abs. 2 S. 1) unterschrieben worden sein. Inwieweit eine fehlende Authentizität der Unterschrift einem gutgläubigen Erwerb entgegensteht, ist nicht leicht zu beantworten. Jedenfalls wird das Handelsregister eine Überprüfung der Identität des Unterzeichners und der Authentizität der Unterschrift im Regelfall nicht vornehmen.[1251] Auch eine gefälschte Liste wird als geeigneter Rechtsscheinträger angesehen.[1252] Nicht unzweifelhaft ist auch, in welche der beiden genannten Kategorien eine Gesellschafterliste einzuordnen ist, die weder vom Geschäftsführer der Gesellschaft noch von einem deutschen Notar unterzeichnet worden ist, sondern – im Falle der Auslandsbeurkundung der Abtretung von Geschäftsanteilen – von einem ausländischen Notar. Zum Einen ist nicht unzweifelhaft, ob ein ausländischer Notar befugt ist, die nach § 40 Abs. 2 S. 2 geforderte Bescheinigung zu erteilen. Diese Bescheinigung ähnelt in ihrem Rechtscharakter der Satzungsbescheinigung nach § 54 oder § 181 AktG; die Bescheinigung dient dazu, *im Interesse der Öffentlichkeit* Transparenz über die Anteilseignerstruktur zu schaffen. Es spricht vieles dafür, dass dieses öffentliche Interesse nur durch Einschaltung einer deutschen Hoheitsperson, die mit der Wahrnehmung dieser Aufgabe vertraut ist, hinreichend gewahrt ist. Demzufolge dürfte es konsequent sein, wenn auch die **Bescheinigung des § 40 Abs. 2 S. 2 nur von einem deutschen Notar** erstellt werden kann. Darüber hinaus dürfte aber auch der Geschäftsführer der Gesellschaft nicht befugt sein, eine Liste nach § 40 Abs. 2 S. 1 einzureichen, da der Geschäftsführer nur dann einreichungsbefugt ist, wenn ein Notar an Veränderungen nach § 40 Abs. 1 S. 1 nicht mitgewirkt hat. Hat ein Notar an derartigen Veränderungen mitgewirkt, ist er *anstelle der Geschäftsführer* verpflichtet, die Liste einzureichen, die Geschäftsführer selbst sind also nicht mehr einreichungsbefugt. Hier bleibt die weitere Entwicklung abzuwarten. Grundsätzlich dürfte es – da § 16 Abs. 3 GmbHG eine Vorschrift im Interesse schutzwürdiger Dritter ist – für die Rechtsscheinswirkung einer fehlerhaften Liste darauf abzustellen sein, ob ein Dritter die Fehlerhaftigkeit ohne weiteres erkennen konnte. Mit dem Schutzgedanken des § 16 Abs. 3 GmbHG nicht vereinbar wäre es, einem Dritten irgendwelche Nachforschungspflichten aufzuerlegen. Demzufolge ist geeigneter Rechtsscheinsträger jede Liste, die die formellen Anforderungen des § 40 Abs. 1 oder Abs. 2 GmbHG erfüllt. Ob eine von einem Geschäftsführer unterzeichnete Liste auch tatsächlich gemäß § 40 Abs. 1 GmbHG vom Geschäftsführer unterzeichnet werden durfte, ist für einen fremden Dritten regelmäßig nicht erkennbar, so dass auch eine Liste, die fälschlicherweise von einem Geschäftsführer unterzeichnet wurde, obwohl gemäß § 40

1251 Ebenso *Bohrer*, DStR 2007, 995, 998.
1252 *Vossius*, DB 2007, 2299, 2301; ebenso *Bednarz*, BB 2008, 1854, 1856; *Heckschen/Heidinger*, Die GmbH in der Gestaltungs- und Beratungspraxis, § 13 Rn. 88.

Abs. 2 GmbHG eine Zuständigkeit des Notars bestanden hätte, geeigneter Rechtsscheinträger sein kann. Gleichermaßen wird der Fall beurteilt werden können, in dem ein eigentlich nicht zuständiger deutscher Notar, der nicht an einer Veränderung *mitgewirkt* hat, eine Gesellschafterliste eingereicht und unterzeichnet hat. Auch hier ist für einen Dritten aus der Liste selbst deren Fehlerhaftigkeit nicht erkennbar, so dass er auf den Inhalt der Liste vertrauen kann. Anders wiederum dürfte der Fall liegen, wenn eine als solche erkennbar Notarliste ohne Bescheinigung nach § 40 Abs. 2 S. 2 GmbHG eingereicht wurde. Hier erfüllt die Liste erkennbar nicht die formellen Anforderungen des Gesetzes, so dass ein auf eine in dieser Art fehlerhafte Liste vertrauender Dritter nicht schutzwürdig sein dürfte.[1253]

b) Der Ausschluss des gutgläubigen Erwerbs gemäß § 16 Abs. 3 S. 2 GmbHG

Ein gutgläubiger Erwerb vom Nichtberechtigten findet nicht statt, wenn die Gesellschafterliste zum Zeitpunkt des Erwerbs hinsichtlich des in Rede stehenden Geschäftsanteils weniger als drei Jahre unrichtig und die Unrichtigkeit dem Berechtigten nicht zuzurechnen ist. Um einen gutgläubigen Erwerb hiernach zu verneinen, müssen *kumulativ* beide Merkmale der Ausnahmebestimmung des § 16 Abs. 3 S. 2 GmbHG vorliegen, nämlich zum Einen die Unrichtigkeit der Liste für weniger als drei Jahre und die fehlende Zurechenbarkeit der Unrichtigkeit an den Berechtigten. Fehlt eines der beiden Merkmale, greift die Ausnahme vom Grundsatz des § 16 Abs. 3 S. 1 GmbHG nicht ein, d.h. ein gutgläubiger Erwerb kann stattfinden. War also die Liste zum Zeitpunkt des Erwerbs drei Jahre oder mehr unrichtig, ist die Möglichkeit des gutgläubigen Erwerbs gegeben, und zwar unabhängig davon, ob diese Unrichtigkeit dem Berechtigten zuzurechnen ist, da nicht beide tatbestandlichen Merkmale der Ausnahmebestimmung, die kumulativ vorliegen müssen, erfüllt sind. War zwar die Liste zum Zeitpunkt des Erwerbs weniger als drei Jahre unrichtig, ist die Unrichtigkeit dem Berechtigten aber zuzurechnen, kann auch hier ein gutgläubiger Erwerb stattfinden, da wiederum nicht beide Tatbestandsmerkmale der Ausnahmebestimmung erfüllt sind. 994

In Tabellenform lässt sich die **Systematik von § 16 Abs. 3 S. 1 und 2 GmbHG** wie folgt darstellen: 995

Dauer der Unrichtigkeit	Zurechenbarkeit an den Berechtigten	Möglichkeit des gutgläubigen Erwerbs
3 Jahre oder mehr	−	+
3 Jahre oder mehr	+	+
weniger als 3 Jahre	+	+
weniger als 3 Jahre	−	−

Eine Liste ist **drei Jahre unrichtig**, im Sinne von § 16 Abs. 3 S. 2 GmbHG, wenn zwischen dem Zeitpunkt, zu dem die Liste vor dem Erwerb vom Nichtberechtigten letztmalig durchgehend bis zum Erwerb vom Nichtberechtigten einerseits und der *Vollendung des Erwerbs* durch den gutgläubigen Erwerber andererseits ein Zeitraum von drei Jahren liegt. Ist der Veräußerer also zunächst in Übereinstimmung mit dem materiellen Recht in die Liste eingetragen, wird diese aber nachträglich unrichtig (zum Beispiel weil eine aufschiebende Bedingung, die eine Abtretung durch den Veräußerer wirksam werden lässt, eintritt, die Liste aber nicht geändert wird), beginnt der Lauf der Dreijahresfrist mit Beginn der Unrichtigkeit der Liste.[1254] Wird die Liste vor Ablauf von drei Jahren wieder richtig (etwa weil eine auflösende Bedingung für die Abtretung durch den Veräußerer, die zu 996

1253 A.A. *Heckschen/Heidinger*, Die GmbH in der Gestaltungs- und Beratungspraxis, § 13 Rn. 97.
1254 Ebenso *Götze/Bressler*, NZG 2007, 894, 897; *Heckschen/Heidinger*, Die GmbH in der Gestaltungs- und Beratungspraxis, § 13 Rn. 106.

2. Kapitel Recht der Gesellschaft mit beschränkter Haftung

Unrecht nicht in der Liste vermerkt worden war, eingetreten ist), fehlt es an einer durchgehenden dreijährigen Unrichtigkeit, so dass in diesem Fall der gutgläubige Erwerb gemäß § 16 Abs. 3 S. 2 GmbHG nicht stattfinden kann, es sei denn die Unrichtigkeit ist dem Berechtigten zuzurechnen. Nicht erforderlich ist es demgegenüber, dass der Veräußerer selbst drei Jahre lang unrichtig in der Liste eingetragen war. Weist eine Gesellschafterliste drei Jahre lang unterschiedliche Personen zu Unrecht als Gesellschafter aus, ist sie drei Jahre lang unrichtig, wenn diese Personen durchgehend nicht die wahren Berechtigten waren.[1255]

997 Der **Endzeitpunkt zur Bestimmung der Dreijahresfrist** ist die Vollendung des Erwerbs durch den Dritten. Dies bedeutet, dass zur Bestimmung des Fristendes auf den Zeitpunkt des Wirksamwerdens des dinglichen Erwerbs durch den Dritten abzustellen ist. Ist der Erwerb durch den Dritten aufschiebend bedingt, ist maßgeblicher Zeitpunkt demnach der Eintritt sämtlicher aufschiebender Bedingungen, da erst zu diesem Zeitpunkt der Erwerb wirksam geworden ist. Zu diesem Zeitpunkt muss die Dreijahresfrist abgelaufen sein und müssen die weiteren Voraussetzungen des gutgläubigen Erwerbs vorliegen.

998 Ein gutgläubiger Erwerb findet indes auch bei einer weniger als drei Jahre lang unrichtigen Liste statt, wenn die **Unrichtigkeit dem Berechtigten zuzurechnen** ist. Bei zurechenbarer Unrichtigkeit kann ein Geschäftsanteil also auch dann gutgläubig erworben werden, wenn die Liste weniger als drei Jahre den falschen Gesellschafter ausweist. Entscheidend für die Frage der Zurechenbarkeit dürfte sein, ob der wahre Berechtigte die Unrichtigkeit mit zu verantworten hat. Dies dürfte zu verneinen sein, wenn eine andere Person – etwa der Geschäftsführer – eine unrichtige Liste einreicht, diese dem wahren Berechtigten jedoch nicht zur Kenntnis bringt, und der wahre Berechtigte eine Berichtigung der Liste drei Jahre lang versäumt. Der bloße Umstand, dass der wahre Berechtigte den Inhalt der in das Handelsregister aufgenommenen Gesellschafterliste nicht kontrolliert, ist kein Grund für eine Zurechenbarkeit dieser Unrichtigkeit an den wahren Berechtigten.[1256] Zurechenbarkeit dürfte demgegenüber zu bejahen sein, wenn der wahre Berechtigte die Unrichtigkeit mit zu verantworten hat.[1257] Eine solche Mitverantwortung wird etwa angenommen, wenn der wahre Berechtigte an der Veränderung im Sinne des § 40 Abs. 1 GmbHG mitgewirkt hat, es anschließend indes versäumt hat, dafür Sorge zu tragen, dass eine neue Liste zum Handelsregister eingereicht wird. Kümmert sich also der Erwerber eines Geschäftsanteils nicht darum, ob nach Wirksamwerden seines Erwerbs eine neue Liste zum Handelsregister eingereicht wird, kann ihm die hieraus sich ergebende Unrichtigkeit der Gesellschafterliste im Einzelfall zugerechnet werden.[1258]

c) Ausschluss des gutgläubigen Erwerbs nach § 16 Abs. 3 S. 3 GmbHG

999 Dem Erwerber darf die **mangelnde Berechtigung weder bekannt noch infolge grober Fahrlässigkeit unbekannt sein** und der Gesellschafterliste darf ein Widerspruch nicht zugeordnet sein (Gutgläubigkeit des Erwerbers). Hat der Erwerber weder positive Kenntnis noch grob fahrlässige Unkenntnis von der mangelnden Berechtigung des Veräußerers und ist der Gesellschafterliste auch kein Widerspruch zugeordnet, kann er den Geschäftsanteil vom Nichtberechtigten erwerben, ohne dass er zuvor die Gesellschafterliste zur Kenntnis genommen oder geprüft haben muss.[1259] Der gute Glaube wird hier vom Gesetzgeber abstrakt vermutet. Maßgeblicher Zeitpunkt für die Gutgläubigkeit des Erwerbers ist der Zeitpunkt der

---

1255 *Heckschen/Heidinger*, Die GmbH in der Gestaltungs- und Beratungspraxis, § 13 Rn. 103.
1256 Ebenso *Heckschen/Heidinger*, Die GmbH in der Gestaltungs- und Beratungspraxis, § 13 Rn. 111.
1257 *Götze/Bressler*, NZG 2007, 894, 897; *Heckschen/Heidinger*, Die GmbH in der Gestaltungs- und Beratungspraxis, § 13 Rn. 112; *Mayer*, DNotZ 2008, 403, 442; *Vossius*, DB 2007, 2299, 2302; *Wachter*, ZNotP 2008, 378, 395.
1258 Ebenso *Heckschen/Heidinger*, Die GmbH in der Gestaltungs- und Beratungspraxis, § 13 Rn. 112.
1259 Ebenso *Bohrer*, DStR 2007, 995, 999.

Vollendung des Rechtserwerbs.[1260] Dies bedeutet, dass der gute Glaube des Erwerbers bei aufschiebend bedingt vereinbarten Abtretungen auch noch zum Zeitpunkt des Bedingungseintritts fortbestehen muss. Eine Ausnahme wird allenfalls dann gelten, wenn der Bedingungseintritt außerhalb des Einflussbereichs der Parteien liegt. Hier wird gemeinhin auf den Zeitpunkt abgestellt, zu dem die Beteiligten alles in ihren Händen Liegende getan haben, um den Bedingungseintritt herbeizuführen. Hängt die Wirksamkeit der Abtretung also etwa ab von einer kartellrechtlichen Genehmigung, muss die Gutgläubigkeit bis zu dem Zeitpunkt fortbestehen, in dem diese Genehmigung beantragt und alle zur Bescheidung des Antrags erforderlichen Unterlagen eingereicht wurden.[1261]

Der Liste darf nach § 16 Abs. 3 S. 3 GmbHG ein **Widerspruch nicht zugeordnet** sein. Eine Zuordnung liegt vor, wenn ein elektronisch eingereichter Widerspruch mit der Gesellschafterliste im Registerordner nach § 9 HRVO verbunden ist. Die Registergerichte haben sicher zu stellen, dass die Gesellschafterliste nicht ohne Hinweis auf den Widerspruch abrufbar ist.[1262] Die Zuordnung des Widerspruchs erfolgt gemäß § 16 Abs. 3 S. 4 GmbHG aufgrund einer einstweiligen Verfügung oder aufgrund einer Bewilligung Desjenigen, gegen dessen Berechtigung sich der Widerspruch richtet. Eine derartige Bewilligung könnte etwa folgenden Wortlaut haben: **1000**

Formulierungsbeispiel: **1001 M**
Der Unterzeichnete ist nach der Gesellschafterliste vom 30. Juni 2010 Gesellschafter der im Handelsregister des Amtsgerichts Köln unter HRB 50000 eingetragenen ABC-GmbH. Der Unterzeichnete ist nach dieser Liste Inhaber des Geschäftsanteils mit der lfd. Nr. 4 im Nennbetrag von 5.000,00 €. Der Unterzeichnete bewilligt hiermit die Zuordnung eines Widerspruchs gegen seine Berechtigung.
Köln, den 31. Juli 2010

Ist der Gesellschafterliste ein **Widerspruch** zugeordnet, ist die **Gutglaubenswirkung der Gesellschafterliste vollständig zerstört**. Ein jeglicher sich auf diese Gesellschafterliste stützender gutgläubiger Erwerb ist künftig ausgeschlossen. Dies bedeutet, dass auch ein gutgläubiger Erwerb von den Gesellschaftern, gegen deren Berechtigung sich der Widerspruch nicht richtet, ausgeschlossen ist. Das Gesetz sieht die Gutglaubenswirkung der Gesellschafterliste nämlich insgesamt als erschüttert an, wenn der Liste überhaupt irgendein Widerspruch zugeordnet ist. Diese Wertung des Gesetzes ist auch zutreffend, da eine mit einem Widerspruch versehene Liste insgesamt nicht mehr als vertrauenswürdig angesehen werden kann. Der in der Liste vermerkte Widerspruch weist auf mögliche Unregelmäßigkeiten der Liste hin, die sich ein Dritter entgegenhalten lassen muss. **1002**

Eine **Löschung des Widerspruchs** erfolgt durch Bewilligung des Widersprechenden,[1263] die in einfach schriftlicher Form erteilt werden kann. Einer öffentlichen Beglaubigung der Löschungsbewilligung bedarf es nicht. Im Rahmen des Amtsermittlungsgrundsatzes kann das Gericht einen Widerspruch aber auch dann löschen, wenn es die Unrichtigkeit des Widerspruchs aufgrund anderer Tatsachen als nachgewiesen erachtet.[1264] **1003**

1260 BGH NJW 2001, 359 (zu § 892 BGB); *Heckschen/Heidinger*, Die GmbH in der Gestaltungs- und Beratungspraxis, § 13 Rn. 115.
1261 Ebenso *Götze/Bressler*, NZG 2007, 894, 899; *Heckschen/Heidinger*, Die GmbH in der Gestaltungs- und Beratungspraxis, § 13 Rn. 115; *Mayer*, DNotZ 2008, 403, 421; *Wachter*, ZNotP 2008, 378, 396.
1262 *Heckschen/Heidinger*, Die GmbH in der Gestaltungs- und Beratungspraxis, § 13 Rn. 117.
1263 *Heckschen/Heidinger*, Die GmbH in der Gestaltungs- und Beratungspraxis, § 13 Rn. 120.
1264 A.A. offenbar *Heckschen/Heidinger*, Die GmbH in der Gestaltungs- und Beratungspraxis, § 13 Rn. 121, die die Löschung des Widerspruchs *nur* aufgrund Bewilligung des Widersprechenden für zulässig erachten.

d) Das Vorliegen eines rechtsgeschäftlichen Erwerbs

1004 Als Vorschrift im Interesse des Schutzes gutgläubiger Dritter setzt § 16 Abs. 3 GmbHG einen **rechtsgeschäftlichen Erwerb** voraus.[1265] An einem solchen fehlt es in allen Fällen des Übergangs eines Geschäftsanteils im Wege der Gesamtrechtsnachfolge, also etwa im Erbgang oder auch bei Umwandlungsvorgängen. Vertraut also eine im Rahmen eines Verschmelzungsvorgangs übernehmende Gesellschaft darauf, dass zum Vermögen der übertragenden Gesellschaft ein Geschäftsanteil an einer GmbH gehört, der nach der Gesellschafterliste der betroffenen Gesellschaft auf die übertragende Gesellschaft eingetragen ist, wird dieses Vertrauen nicht geschützt, da hier der Geschäftsanteil als solcher nicht durch Verkehrsgeschäft, sondern im Wege der Gesamtrechtsnachfolge erworben worden wäre.[1266]

e) Die Reichweite des Gutglaubensschutzes

1005 Sind die Voraussetzungen des gutgläubigen Erwerbs erfüllt, wird der gute **Glaube des Erwerbers an die Gesellschaftereigenschaft** der in der Liste ausgewiesenen Person geschützt. Dies bedeutet auf der anderen Seite, dass nicht geschützt werden

– der gute Glaube an die Existenz eines Geschäftsanteils, so dass nicht existente Geschäftsanteile nicht gutgläubig erworben werden können,
– der gute Glaube an die Vinkulierungsfreiheit eines Geschäftsanteils,
– der gute Glaube an die Belastungsfreiheit eines Geschäftsanteils.

1006 Der fehlende Schutz des guten Glaubens an die Belastungsfreiheit eines Geschäftsanteils korrespondiert mit der hier[1267] vertretenen Auffassung, dass dingliche Belastungen eines Geschäftsanteils nicht in der Gesellschafterliste vermerkt werden können. Ist man hier anderer Auffassung, sieht also das Bestehen dinglicher Belastungen als in die Gesellschafterliste eintragungsfähig an, wird man konsequenterweise auch das Vertrauen auf das Fehlen einer derartigen Eintragung schützen müssen. Hiervon zu unterscheiden ist die Frage, ob auch ein *Recht an einem Geschäftsanteil* nach § 16 Abs. 3 GmbHG gutgläubig erworben werden kann. Die Frage ist nach dem eindeutigen Wortlaut des Gesetzes zu bejahen und führt dazu, dass dingliche Rechte an einem Geschäftsanteil im Vertrauen auf die Gesellschafterliste auch von einem Nichtberechtigten erworben werden können. Der Erwerb rein schuldrechtlicher Rechtsstellungen, wie etwa einer Treuhandschaft, einer Unterbeteiligung oder der Erwerb im Sinne von § 717 S. 2 BGB selbständig abspaltbarer Gesellschafterrechte, wird von § 16 Abs. 3 GmbHG demgegenüber nicht geschützt.[1268]

f) Sicherungsmaßnahmen bei aufschiebend bedingter Abtretung eines Geschäftsanteils

1007 Der Veräußerer hat regelmäßig ein Interesse daran, dass der Geschäftsanteil erst dann mit dinglicher Wirkung auf den Erwerber übergeht, wenn eine vom **Erwerber geschuldete Gegenleistung vollständig erbracht** ist. Zu diesem Zweck wird entweder die Abtretung der Geschäftsanteile vollständig ausgesetzt, bis der Erwerber die ihm obliegende Gegenleistung erbracht hat, oder die Abtretung wird aufschiebend bedingt auf die vollständige Erbringung der Gegenleistung bereits im Anteilskauf- und übertragungsvertrag erklärt. Im erstgenannten Fall ist das Sicherungsbedürfnis des Verkäufers vollständig erfüllt. Allerdings ist der Erwerber nicht dagegen geschützt, dass der Veräußerer vor Vereinbarung der Abtretung mit dem Erwerber den Geschäftsanteil erneut an einen Dritten mit

---

[1265] *Heckschen/Heidinger*, Die GmbH in der Gestaltungs- und Beratungspraxis, § 13 Rn. 142.
[1266] Ebenso *Heckschen/Heidinger*, Die GmbH in der Gestaltungs- und Beratungspraxis, § 13 Rn. 144.
[1267] Vgl. dazu unten Rdn. 1043.
[1268] Ebenso *Heckschen/Heidinger*, Die GmbH in der Gestaltungs- und Beratungspraxis, § 13 Rn. 126 ff.

sofortiger Wirkung abtritt und der Erwerber den Geschäftsanteil in diesem Fall nur unter den Voraussetzungen des § 16 Abs. 3 GmbHG gutgläubig vom Veräußerer erwerben kann. Wird eine solche Gestaltung gewählt, ist der Erwerber also zwingend darauf angewiesen, dass bei Vornahme der Abtretung nochmals aktuell die im Handelsregister aufgenommene Gesellschafterliste daraufhin kontrolliert wird, ob der Veräußerer noch als Anteilsinhaber in dieser Liste eingetragen ist.

Wird demgegenüber die Gestaltung gewählt, dass der Geschäftsanteil aufschiebend **1008** bedingt auf die vollständige Kaufpreiszahlung durch den Erwerber an diesen abgetreten wird, stellt sich ebenfalls die Frage, inwieweit der Erwerber hier gegen weitere Verfügungen des Veräußerers geschützt ist. Gemäß **§ 161 Abs. 1 BGB** geht die vom Veräußerer zeitlich zuerst vorgenommene aufschiebend bedingte Verfügung späteren Verfügungen über den gleichen Gegenstand vor; § 161 Abs. 1 S. 1 BGB ordnet insoweit eine relative Unwirksamkeit zu Gunsten des Begünstigten der ersten Verfügung an. Allerdings ist der gutgläubige Zweiterwerber gemäß § 161 Abs. 3 BGB, der nun auch – anders als vor Inkrafttreten des MoMiG – bei GmbH-Geschäftsanteilen eingreift, über die Gutglaubensvorschriften geschützt. Dies bedeutet, dass der Zweiterwerber die bereits aufschiebend bedingt abgetretenen Geschäftsanteile möglicherweise erwirbt, wenn er gutgläubig ist. Um dies zu vermeiden, werden in der Literatur zunächst zwei Möglichkeiten diskutiert:

aa) Die Widerspruchslösung

Die Widerspruchslösung[1269] knüpft an die in § 16 Abs. 3 S. 4 GmbHG begründete Möglich- **1009** keit an, der Gesellschafterliste einen Widerspruch zuzuordnen und hierdurch einen gutgläubigen – und damit auch einen gutgläubigen anwartschaftsrechtsfreien Erwerb – zu vereiteln. Der noch in der Gesellschafterliste ausgewiesene Veräußerer des Geschäftsanteils **bewilligt die Zuordnung eines Widerspruchs** gegen seine Berechtigung,[1270] so dass der Widerspruch der Gesellschafterliste im Registerordner der Gesellschaft fest zugeordnet wird [1271] und ein gutgläubiger Erwerb – und damit auch ein gutgläubiger anwartschaftsrechtsfreier Erwerb – gemäß § 16 Abs. 3 S. 3 GmbHG ausgeschlossen ist.[1272]

Die Widerspruchslösung – so überzeugend sie auf den ersten Blick sein mag – birgt **1010** allerdings zweierlei Risiken:

Gemäß § 16 Abs. 3 S. 3 GmbHG ist ein gutgläubiger Erwerb eines Geschäftsanteils nicht **1011** möglich, wenn der Gesellschafterliste ein Widerspruch zugeordnet ist. Aufgrund dieses allgemeinen und uneingeschränkten Wortlauts der Bestimmung ist nicht auszuschließen, dass die nach dem Ersterwerb aber vor Eintritt der aufschiebenden Bedingung erfolgende Zuordnung des Widerspruchs zur Gesellschafterliste geeignet ist, **auch einen gutgläubigen Erwerb durch den Ersterwerber zu vereiteln.**[1273] Auch in den bisher veröffentlichten Stellungnahmen in der Literatur wird jedenfalls dann die Gefahr der Vereitelung auch eines gutgläubigen Ersterwerbs gesehen, wenn der Bedingungseintritt in den Händen der Parteien liegt,[1274] was jedenfalls dann der Fall sein dürfte, wenn die Zahlung des Kaufpreises durch den Erwerber als aufschiebende Bedingung für die Anteilsabtretung vereinbart wurde. Die Widerspruchslösung hat einen weiteren Pferdefuß: Da der Widerspruch gemäß § 16 Abs. 3 S. 4 GmbHG aufgrund Bewilligung desjenigen zugeordnet wird, gegen dessen Berechtigung sich der Widerspruch richtet, also aufgrund einer Bewilligung des Veräuße-

---

1269 Die Zulässigkeit insoweit bejahend LG Köln NZG 2009, 1195.
1270 *Greitemann/Bergjan*, FS Pöllath & Partner, 2008, S. 271, 287; *Reymann*, WM 2008, 2095, 2097; *Vossius*, DB 2007, 2299, 2301; *Wälzholz*, MittBayNot 2008, 425, 436; *Wachter*, ZNotP 2008, 378, 397.
1271 § 9 Abs. 1 S. 2 HRV stellt sicher, dass der Widerspruch in besonderer Weise hervorgehoben wird.
1272 Formulierungsvorschlag etwa bei *Wicke*, NotBZ, 2009, 1,15.
1273 Hierauf weist zutreffend auch *Wachter*, ZNotP 2008, 378, 397 hin.
1274 *Götze/Bressler*, NZG 2007, 894, 899; *Mayer*, DNotZ 2008, 403, 422; *Vossius*, DB 2007, 2229, 2303.

rers, wird dieser Veräußerer prinzipiell auch als berechtigt angesehen werden müssen, den Widerspruch wieder löschen zu lassen.[1275] Es liegt auf der Hand, dass ein auf diese Weise vom Veräußerer löschbarer Widerspruch kein taugliches Sicherungsmittel für den Erwerber sein kann. Zusammenfassend bleibt daher folgende wenig erfreuliche Erkenntnis: Die Widerspruchslösung ist zum einen kein taugliches Mittel des Erwerberschutzes und verschlechtert sogar zum anderen die Rechtsposition des Erwerbers gegenüber der Lage ohne Widerspruch, da die Zuordnung des Widerspruchs mit hoher Wahrscheinlichkeit dazu führt, dass auch ein gutgläubiger Erwerb durch den Erstwerber vereitelt wird.

bb) Die Rückverpfändungslösung

1012   *Wälzholz* weist zu Recht darauf hin, dass eine im Einzelfall technisch machbare Lösung darin liegt, dass die Geschäftsanteile mit sofortiger dinglicher Wirkung – also vor Kaufpreiszahlung – an den Ersterwerber abgetreten werden und von diesem anschließend dem **Veräußerer zur Sicherung der Kaufpreiszahlung rückverpfändet** werden.[1276] In diesem Fall findet die dingliche Übertragung des Gesellschaftsanteils sofort statt, so dass unverzüglich auch eine neue Gesellschafterliste, die den Ersterwerber als Inhaber des Geschäftsanteils ausweist, vom Notar zum Handelsregister eingereicht werden muss, so dass der Ersterwerber ohne weiteres und ohne jede Einschränkung vor weiteren Verfügungen durch den Veräußerer geschützt ist. Es dürften sich allerdings nur ausgesprochen wenige Veräußerer von Geschäftsanteilen bereit finden, einer unmittelbaren dinglichen Übertragung der noch nicht bezahlten Geschäftsanteile zuzustimmen, da dem Veräußerer die Rückverpfändung der übertragenen Geschäftsanteile – zu Recht – nicht als gleichwertige Sicherheit zur Anteilsinhaberschaft erscheint. Darüber hinaus scheidet diese Lösung von vorne herein aus, wenn etwa eine dingliche Übertragung der Geschäftsanteile – z.B. wegen eines kartellrechtlichen Vollzugsverbots – noch nicht erfolgen darf. Nur der Vollständigkeit halber sei darauf hingewiesen, dass auch die mit der Rückverpfändung verbundene Erhöhung der Notarkosten nur auf eine mäßige Zustimmung der Vertragsbeteiligten stoßen dürften. Die beschriebenen Nachteile lassen auch die Rückverpfändung der veräußerten Geschäftsanteile an den Veräußerer nicht als ein taugliches und sachgerechtes Gestaltungsmittel erscheinen.

cc) Vereinbarung des Wirksamwerdens der Abtretung bei vertragswidriger Verfügung

1013   Zur Lösung des dargestellten Problems hat *Mayer*[1277] vorgeschlagen, den aufschiebend bedingten Ersterwerber dadurch zu schützen, dass im unmittelbaren Anschluss an die Vertragsbestimmung zur aufschiebend bedingten Abtretung (Kaufpreiszahlung) folgende Regelung aufgenommen werde:

1014 M   **Formulierungsbeispiel**
Unabhängig hiervon wird die Abtretung zu dem Zeitpunkt wirksam, zu dem der Veräußerer eine Niederschrift eines Notars unterschreibt (§ 13 Abs. 1 S. 1 BeurkG), inhaltlich derer er eine weitere Verfügung im Sinne des § 161 Abs. 1 S. 1 BGB während der Schwebezeit über die in vorstehender Bestimmung abgetretenen Geschäftsanteile oder Teile hiervon trifft.

1015   Bei einer vertragswidrigen Verfügung durch den Veräußerer werde der aufschiebend bedingte Ersterwerber **aufgrund des »vorverlagerten« Bedingungseintritts** Inhaber des

---
1275 *Heckschen/Heidinger*, Die GmbH in der Gestaltungs- und Beratungspraxis, § 13 Rn. 122; *Wachter*, GmbHR-Sonderheft, Oktober 2008, 51, 61.
1276 *Wälzholz*, MittBayNot 2008, 425, 436.
1277 *Mayer*, ZIP 2009, 1037, 1051.

Geschäftsanteils. Der Zweiterwerber könne deshalb nur noch in direkter Anwendung des § 16 Abs. 3 S. 1 GmbHG den Geschäftsanteil vom nichtberechtigten Veräußerer erwerben. Dies scheitere aber nach § 16 Abs. 3 S. 2 GmbHG daran, dass der nichtberechtigte Veräußerer noch nicht seit drei Jahren *als solcher* in der Gesellschafterliste ausgewiesen sei. Die von *Mayer* vorgeschlagene Gestaltung überzeugt und schützt den Ersterwerber allerdings nur in dem Fall, dass der Veräußerer tatsächlich Inhaber des veräußerten Geschäftsanteils ist. In diesem Fall wird er nämlich tatsächlich erst mit Wirksamwerden der Abtretung an den Ersterwerber Nichtberechtigter, so dass der Zweiterwerber – mangels erforderlichen Fristablaufs – regelmäßig nicht gutgläubig vom Veräußerer wird erwerben können. Der Vorschlag *Mayers* scheitert aber dann, wenn der Veräußerer von Anfang an Nichtberechtigter war und als solcher bereits seit drei Jahren in der Gesellschafterliste eingetragen war. Die Gestaltung führt mithin nur dann zum Erfolg, wenn ein gutgläubiger Erwerb vom Veräußerer nicht erforderlich ist. Sie hilft den Beteiligten demgegenüber nicht, wenn bereits der Ersterwerber auf einen gutgläubigen Erwerb vom Veräußerer angewiesen wäre, weil dieser zu Unrecht als Gesellschafter in der Gesellschafterliste vermerkt ist.

dd) Vermerk der aufschiebend bedingten Abtretung in der Gesellschafterliste

Eine weitere Lösung wird von Teilen der Literatur darin gesehen, dass die mit der aufschiebend bedingten Anteilsabtretung für den Veräußerer verbundene Verfügungsbeschränkung in der Gesellschafterliste selbst verlautbart wird. Der Notar reicht also unmittelbar nach der aufschiebend bedingten Anteilsabtretung eine neue Gesellschafterliste zum Handelsregister ein, die der dort bisher eingestellten Liste entspricht, jedoch zusätzlich einen Hinweis auf die nunmehr beschränkte Verfügungsmacht des Veräußerers enthält. Der Zusatz soll entweder am Ende der Gesellschafterliste oder bei dem betreffenden Veräußerer in einer Veränderungsspalte eingetragen werden. Nach Eintritt der aufschiebenden Bedingung reicht der Notar eine weitere Gesellschafterliste ein, die den dann materiell-rechtlich berechtigten Erwerber als Gesellschafter ausweist und keinen Vermerk über die aufschiebend bedingte Abtretung mehr erhält. Wegen der zweimaligen Einreichung einer Gesellschafterliste durch den Notar wird dieser Weg auch als »Zwei-Listen-Modell« bezeichnet.[1278] Die Rechtsprechung hat sich diesem Weg allerdings bislang – wohl zu Recht – verschlossen.[1279] Es bestünden wesentliche Unterschiede zwischen dem einer streng aktiven und vorgelagerten Richtigkeitskontrolle unterzogenen nach dem Inhalt des Grundbuchs und dem daran anknüpfenden guten Glauben und der Gesellschafterliste, also dass ein Gleichlauf ausscheide und eine Gleichbehandlung nicht geboten sei. Der Inhalt der Gesellschafterliste ermögliche zwar den Erwerb eines Geschäftsanteils vom Nichtberechtigten, schütze aber nicht den guten Glauben in Bezug auf die Existenz des Geschäftsanteils oder seine Lastenfreiheit.

ee) Alternativüberlegungen

Angesichts der Unzulänglichkeiten der bislang in der Literatur vorgestellten Lösungen zum Schutz des Ersterwerbers tut es Not, die zunächst nicht hinterfragte Prämisse zu überprüfen, wonach der vom noch berechtigten Veräußerer erwerbende Zweiterwerber den Geschäftsanteil lastenfrei – insbesondere ohne Belastung durch das Anwartschaftsrecht des Ersterwerbers – erwirbt. Jeder gutgläubige Erwerb – und damit auch jeder gutgläubige lastenfreie Erwerb – bedarf prinzipiell der normativen Begründung, die es rechtfertigt, den wahren Berechtigten zu enteignen. Als eine privatrechtliche Enteignung durch gutgläubigen Erwerb rechtfertigende Gründe sind im deutschen Recht das reine *Rechts-*

1278 *König/Bormann*, ZIP 2009, 1913.
1279 Ablehnend OLG München ZIP 2009, 1911.

scheinsprinzip und das *Zurechnungsprinzip* bekannt.[1280] Beide Überlegungen fußen auf dem Gedanken, dass derjenige, zu dessen Lasten der Rechtsschein wirkt, für diesen Rechtsschein verantwortlich ist. Genau an dieser Verantwortlichkeit fehlt es aber beim aufschiebend bedingten Ersterwerber. Da er keinerlei Möglichkeit hat, den aufschiebend bedingten Erwerb in der Gesellschafterliste zu vermerken, kann ihm das Nichtvermerken auch nicht mit der Folge zugerechnet werden, dass der hierdurch gesetzte Rechtsschein zu seinen Lasten wirkt. Mit anderen Worten: Ein von der Rechtsordnung geschütztes Vertrauen des Zweiterwerbers kann nur insoweit entstehen als der Rechtsscheinträger – also hier die Gesellschafterliste – überhaupt Auskunft über einen bestimmten Umstand zu geben vermag. Kann der aufschiebend bedingte Ersterwerb in der Gesellschafterliste nicht vermerkt werden, kann auch kein Vertrauen auf die Gesellschafterliste gestützt werden, ein solcher aufschiebend bedingter Ersterwerb habe nicht stattgefunden. Dies bedeutet im Ergebnis, dass es nicht gerechtfertigt ist, das durch den aufschiebend bedingten Erwerb entstandene Anwartschaftsrecht des Ersterwerbers in Folge des Zweiterwerbs durch den gutgläubigen Zweiterwerber erlöschen zu lassen. Mit anderen Worten: §§ 161 Abs. 3 BGB, 16 Abs. 3 GmbHG ändern nichts daran, dass der Anteilserwerb durch den Zweiterwerber bei Bedingungseintritt für den Ersterwerb dem Ersterwerber gegenüber relativ unwirksam ist und der Ersterwerber den Geschäftsanteil unbelastet vom Veräußerer erwirbt. Ist man demgegenüber – was hier abgelehnt wird – der Auffassung, auch ein Anwartschaftsrecht des Ersterwerbers könne in der Gesellschafterliste vermerkt werden, wird man in der Tat einen gutgläubigen anwartschaftsrechtsfreien Erwerb des Zweiterwerbers nicht ohne weiteres ablehnen können. Auf der Grundlage dieser Auffassung wird man dem Zweiterwerber ein schutzwürdiges Vertrauen auf die Freiheit des Geschäftsanteils von nicht eingetragenen, jedoch eintragungsfähigen Belastungen – und damit auf der Grundlage dieser Auffassung auf die Freiheit von Anwartschaftsrechten – nicht absprechen können.[1281]

IV. Der Vollzug der dinglichen Übertragung

1018 Im Anschluss an das dingliche Wirksamwerden der Abtretung des Geschäftsanteils sind verschiedene Vollzugsmaßnahmen zu veranlassen, um den Wechsel des Gesellschafters im Außenverhältnis zu dokumentieren.

1. Einreichung einer neuen Gesellschafterliste
a) Die Pflicht zur Einreichung der Gesellschafterliste

1019 Nach früherem Recht waren alleine **die Geschäftsführer** verpflichtet, nach Veränderungen im Gesellschafterbestand der Gesellschaft eine aktuelle Gesellschafterliste dem Handelsregister einzureichen. Der Notar, der einen Vertrag über die Abtretung eines Geschäftsanteils beurkundet hat, hatte diese Abtretung unverzüglich dem Handelsregister anzuzeigen. Nach dem neuen § 40 GmbHG bleibt zunächst die Pflicht der Geschäftsführer, unverzüglich nach Wirksamwerden jeder Veränderung in den Personen der Gesellschafter oder des Umfangs ihrer Beteiligung eine von ihnen unterschriebene Liste der Gesellschafter zum Handelsregister einzureichen, bestehen. Durch die Neufassung von § 40 Abs. 2 GmbHG soll nun auch der Notar verstärkt in die Aktualisierung der Gesellschafterliste einbezogen werden. Hat nämlich **ein Notar an Veränderungen** der in § 40 Abs. 1 S. 1 GmbHG beschriebenen Art mitgewirkt, hat *er* unverzüglich nach deren Wirksamwerden ohne Rücksicht auf etwa später eintretende Unwirksamkeitsgründe die Liste *anstelle der Geschäftsführer* zu unterschreiben, zum Handels-

---

1280 *Canaris*, Die Vertrauenshaftung im deutschen Privatrecht, § 37 II.
1281 Zur Eintragungsfähigkeit dinglicher Belastungen in die Gesellschafterliste und damit auch der beschriebenen Anwartschaftsrechte vgl. eingehend unten Rdn. 1043.

register einzureichen und eine Abschrift der geänderten Liste an die Gesellschaft zu übermitteln. Die Gesetzesbegründung führt insoweit zutreffend aus, dass in den meisten Fällen der Veränderungen der Personen oder der Beteiligungshöhe ohnedies ein Notar in amtlicher Eigenschaft mitwirke. Vor diesem Hintergrund biete es sich an, dass der mitwirkende Notar zugleich Sorge dafür trage, dass die Einreichung der neuen Liste vollzogen werde. Dadurch werde das Verfahren besonders einfach und unbürokratisch und die Änderung der Gesellschafterliste könne gelegentlich der Abtretungsbeurkundung gleich mit erledigt werden.

Die nunmehrige **Bedeutung der Gesellschafterliste** liegt darin, dass nach § 16 Abs. 1 GmbHG nicht mehr der bei der Gesellschaft Angemeldete, sondern nur Derjenige als Gesellschafter gilt, der in der im Handelsregister aufgenommenen Gesellschafterliste eingetragen ist. Die Gesellschafterliste ist damit die alleinige Legitimationsbasis für die Ausübung von Gesellschafterrechten, und zwar – anders als nach früherem Recht – nicht nur in Fällen des rechtsgeschäftlichen Erwerbs, sondern auch bei jeder sonstigen Veränderung im Gesellschafterbestand und Beteiligungsumfang.[1282] Dies bedeutet allerdings nicht, dass die Eintragung in die Liste und die Aufnahme der Liste in das Handelsregister für den Erwerb eines GmbH-Geschäftsanteils Wirksamkeitsvoraussetzung ist. Die Eintragung in die Gesellschafterliste begründet vielmehr die unwiderlegliche Vermutung, dass der in die Gesellschafterliste Eingetragene in dem eingetragenen Umfang tatsächlich Gesellschafter und somit materiell berechtigt ist, die Gesellschafterrechte auszuüben.[1283] Schließlich ist die Gesellschafterliste künftig Rechtsscheinstatbestand, an den die Möglichkeit des gutgläubigen Erwerbs nach § 16 Abs. 3 anknüpft.

b) Der Inhalt der Gesellschafterliste

Zum **Inhalt der Gesellschafterliste** bestimmt § 40 Abs. 1 GmbHG, dass diese Namen, Vornamen, Geburtsdatum und Wohnort der Gesellschafter »sowie die Nennbeträge und die laufenden Nummern der von einem jeden derselben übernommenen Geschäftsanteile« enthalten muss. Abweichungen gegenüber dem bisherigen Recht ergeben sich insoweit nur aus dem Erfordernis der Nummerierung der Geschäftsanteile. Im Einzelnen gilt hinsichtlich der genannten Erfordernisse folgendes:

Bei **natürlichen Personen** sind Vor- und Zuname auf der Gesellschafterliste anzugeben. Bei **juristischen Personen** oder Personenhandelsgesellschaften ist deren vollständige, im Handelsregister eingetragene Firma anzugeben. Die bei natürlichen Personen erforderliche Angabe des Geburtsdatums entfällt bei juristischen Personen und Personenmehrheiten, wie etwa Personenhandelsgesellschaften oder Gesellschaften bürgerlichen Rechts. Ferner ist bei natürlichen Personen der Wohnort bzw. bei juristischen Personen oder den genannten Personenmehrheiten deren Sitz anzugeben, und zwar durch Bezeichnung der entsprechenden politischen Gemeinde.[1284] Bei im Handelsregister eingetragenen juristischen Personen oder Personenhandelsgesellschaften empfiehlt es sich darüber hinaus, im Interesse der eindeutigen Identifizierbarkeit der Gesellschaft das registerführende Gericht und die Handelsregisternummer anzugeben. Schließlich sind in Übereinstimmung mit dem bisherigen Recht die Nennbeträge der von jedem Gesellschafter gehaltenen Geschäftsanteile einzeln anzugeben. Dies bedeutet, dass der Nennbetrag jedes einzelnen von einem Gesellschafter gehaltenen Geschäftsanteils separat anzugeben ist; eine Addition der Nennbeträge der von einem Gesellschafter gehaltenen Geschäftsanteile ist nicht zulässig, wenn diese Anteile nicht zuvor wirksam vereinigt worden sind.

Als Neuerung gegenüber dem früheren Recht schreibt § 40 Abs. 1 GmbHG vor, dass der Liste die **laufenden Nummern** der von einem jeden Gesellschafter übernommenen

---

1282 *Heckschen*, DStR 2007, 1442, 1450; *Mayer*, DNotZ 2008, 403, 404.
1283 *Mayer*, DNotZ 2008, 403, 404.
1284 *Mayer*, DNotZ 2008, 403, 406.

2. Kapitel — Recht der Gesellschaft mit beschränkter Haftung

Geschäftsanteile zu entnehmen sein müssen. Der eindeutige Wortlaut des Gesetzes verbietet damit eine Bezeichnung der Geschäftsanteile durch Buchstabierung. Die Nummerierung wird bei Gründung der Gesellschaft sinnvollerweise in der Weise vorzunehmen sein, dass die übernommenen Geschäftsanteile mit jeweils einer Nummer versehen werden und die Nummern aufsteigend fortlaufend vergeben werden. Wird ein Geschäftsanteil in mehrere Teilgeschäftsanteile aufgeteilt, empfiehlt es sich im Interesse der Übersichtlichkeit und Nachvollziehbarkeit des Teilungsvorgangs, die nach Teilung neu entstandenen Geschäftsanteile an erster Stelle mit der Ziffer des Geschäftsanteils zu bezeichnen, aus dem sie durch Teilung hervorgegangen sind und an zweiter Stelle fortlaufend zu nummerieren. Wird also der bisherige Geschäftsanteil Nr. 3 im Nennbetrag von € 5.000,00 in zwei Geschäftsanteile in Nennbeträgen von je € 2.500,00 geteilt, sollten die beiden neuen Geschäftsanteile die Nummern 3.1 und 3.2 erhalten. Wird der Geschäftsanteil 3.1 im Nennbetrag von € 2.500,00 alsdann erneut in zwei Geschäftsanteile in Nennbeträgen von € 2.000,00 und € 500,00 geteilt, sollten diese Geschäftsanteile die Nummern 3.1.1 und 3.1.2 erhalten. Auf diese Weise ist stets nachvollziehbar dargestellt, aus welchen ursprünglichen Geschäftsanteilen die neuen Geschäftsanteile entstanden sind. Das Muster einer § 40 Abs. 1 genügenden Gesellschafterliste könnte etwa wie folgt aussehen:

1024 M   **Formulierungsbeispiel**

Nr. des Geschäfts-anteils	Vor- und Nachname bzw. Firma des Gesellschafters	Geburtsdatum	Wohnort/Sitz des Gesellschafters	Nennbetrag des Geschäftsanteils in Euro
1	Hans Mustermann	5. November 1963	Köln	10.000,00
2	Hans Mustermann GmbH		Köln (AG Köln, HRB 55555)	15.000,00

Köln, den

Geschäftsführer

1025   Ist die Liste gemäß § 40 Abs. 2 von einem Notar einzureichen, muss sie darüber hinaus mit der **Bescheinigung des Notars** versehen sein, dass die geänderten Eintragungen den Veränderungen entsprechen, an denen der Notar mitgewirkt hat, und die übrigen Eintragungen mit dem Inhalt der zuletzt im Handelsregister aufgenommenen Liste übereinstimmen. Die vom Gesetz geforderte Notarbescheinigung lehnt sich an die bekannten Satzungsbescheinigungen nach § 54 GmbHG und § 181 AktG an und soll die Richtigkeitsgewähr der Liste erhöhen. Der zur Einreichung der geänderten Gesellschafterliste nach § 40 Abs. 2 S. 2 GmbHG verpflichtete Notar hat bei der Erstellung der Liste als Grundlage von der zuletzt zum Handelsregister eingereichten Gesellschafterliste auszugehen und in diese die Veränderungen aufzunehmen, an denen er mitgewirkt hat. Stellt sich hierbei heraus, dass bereits die letzte zum Handelsregister eingereichte Liste den Gesellschafterbestand nicht zutreffend wiedergab, muss zunächst eine den zutreffenden Anteilsbestand ausweisende Gesellschafterliste eingereicht werden, auf deren Grundlage der nach § 40 Abs. 2 S. 2 verpflichtete Notar alsdann seine neue Liste mit den Veränderungen erstellen kann. Eine Bescheinigung nach § 40 Abs. 2 S. 2 GmbHG ist vom Notar auch dann zu erteilen, wenn die vorhergehende Liste vor dem 1. November 2008 eingereicht worden ist; irgendwelche Distanzierungsvermerke des Inhalts, dass der Notar die Richtigkeit der vorgehenden Liste nicht habe überprüfen können, sind unzulässig.[1285] Der Wortlaut einer Bescheinigung nach § 40 Abs. 2 S. 2 GmbHG könnte etwa wie folgt lauten:

1285 OLG München ZIP 2009, 1421.

Formulierungsbeispiel: 1026 M
Hiermit bescheinige ich, dass die geänderten Eintragungen in der vorstehenden Liste der Gesellschafter den Veränderungen entsprechen, an denen ich mitgewirkt habe, und dass die übrigen Eintragungen mit dem Inhalt der zuletzt im Handelsregister aufgenommenen Liste übereinstimmen.

c) Der Adressat der Verpflichtung zur Einreichung einer Gesellschafterliste

Der **Adressat der Verpflichtung**, eine Gesellschafterliste einzureichen, kann entweder die 1027
Geschäftsführung der Gesellschaft oder ein Notar sein.

Gemäß § 40 Abs. 1 S. 1 GmbHG richtet sich die Pflicht zur Einreichung einer Gesellschaf- 1028
terliste mit dem beschriebenen Inhalt an die **Geschäftsführer der Gesellschaft**. Die Liste ist von ihnen zu unterschreiben, nachdem die Geschäftsführer gemäß § 40 Abs. 1 S. 2 GmbHG ihnen sachgerecht erscheinende Mitteilung und Nachweis über eine Veränderung im Sinne von § 40 Abs. 1 S. 1 GmbHG erhalten haben. Da bei Veränderungen nach Gesellschaftsgründung im Regelfall ein Notar mitgewirkt haben wird, so dass dieser gemäß § 40 Abs. 2 GmbHG einreichungspflichtig ist, hat die Einreichungspflicht der Geschäftsführer gemäß § 40 Abs. 1 S. 1 GmbHG praktische Relevanz vor Allem für die bei Gründung der Gesellschaft gemäß § 8 Abs. 1 Nr. 3 GmbHG einzureichende Gesellschafterliste. Darüber hinaus kann es zu Veränderungen der in § 40 Abs. 1 S. 1 GmbHG beschriebenen Art ohne notarielle Mitwirkung vor Allem in den Fällen der Gesamtrechtsnachfolge durch Erbgang, durch Zusammenlegung oder Teilung von Geschäftsanteilen oder durch Einziehung von Geschäftsanteilen auf der Grundlage nicht notariell beurkundeter Beschlüsse kommen.[1286]

Eine Einreichungspflicht der Geschäftsführer besteht, wenn diesen die **Veränderung** 1029
gemäß § 40 Abs. 1 S. 1 GmbHG **mitgeteilt und nachgewiesen wurde** (§ 40 Abs. 1 S. 2 GmbHG). Angesichts der erheblichen, wegen der hieran anknüpfenden Möglichkeit des gutgläubigen Erwerbs auch materiell-rechtlichen Bedeutung der Gesellschafterliste ist der Geschäftsführer nur befugt, eine neue Liste einzureichen, wenn er eine entsprechende Mitteilung von einem an den Veränderungen des § 40 Abs. 1 S. 1 GmbHG beteiligten Gesellschafter erhalten hat. Glaubt der Geschäftsführer, auf andere Weise von einer Veränderung des § 40 Abs. 1 S. 1 GmbHG Kenntnis erhalten zu haben, ist er nicht befugt, eine neue Gesellschafterliste einzureichen. Hält sich der Geschäftsführer hieran nicht und reicht gleichwohl – also ohne Mitteilung und Nachweis – eine neue Gesellschafterliste zum Handelsregister ein, ist diese unter Verstoß gegen § 40 Abs. 1 S. 2 GmbHG eingereichte Liste gleichwohl wirksam und geeigneter Anknüpfungspunkt der maßgeblichen gesetzlichen Vorschriften, etwa § 16 GmbHG. Welchen Nachweis der Geschäftsführer gemäß § 40 Abs. 1 S. 2 GmbHG verlangt, unterliegt seiner pflichtgemäßen Einschätzung. Im Hinblick auf die sich an die Gesellschafterliste knüpfenden materiell-rechtlichen Rechtsfolgen und die Schadenersatzpflicht des § 40 Abs. 3 GmbHG wird man den Geschäftsführer ohne weiteres für befugt halten, hier einen strengen Maßstab anzulegen.

Praxistipp: 1030
Geschäftsführern ist zur Vermeidung einer Haftung gegenüber dem wahren Berechtigten anzuraten, formlose Mitteilungen und Nachweise einer sorgsamen Prüfung zu unterziehen und sich in erster Linie – soweit möglich – auf qualifizierte Nachweise wie auf öffentliche oder öffentlich beglaubigte Urkunden (Erbscheine oder beglaubigte Handelsregisterauszüge) zu verlassen oder deren Vorlage zu verlangen.[1287]

[1286] *Mayer*, DNotZ 2008, 403, 412.
[1287] *Bednarz*, BB 2008, 1854, 1858.

2. Kapitel Recht der Gesellschaft mit beschränkter Haftung

1031 | **Praxistipp:**
Zur Vermeidung einer eigenen Haftung sollten Geschäftsführer, die von den Änderungen in der Gesellschafterliste betroffenen Personen von sich aus von den Änderungen unterrichten und diesen damit die Möglichkeit zu einem etwaigen Widerspruch nach § 16 Abs. 3 S. 3 GmbHG geben. Die Gesellschafter selbst sollten jeweils vor Ablauf von drei Jahren Einsicht in die Gesellschafterliste nehmen, um einen gutgläubigen Erwerb ihres Anteils infolge einer unrichtigen Eintragung eines Nichtberechtigten zu vermeiden.[1288]

1032 Die bei Gründung der Gesellschaft gemäß § 8 Abs. 1 Nr. 3 einzureichende Gesellschafterliste muss von sämtlichen Geschäftsführern der Gesellschaft unterzeichnet werden, bei Veränderungslisten nach § 40 Abs. 1 S. 1 reicht die **Unterzeichnung durch die Geschäftsführer in vertretungsberechtigter Zahl** aus.[1289] Eine Vertretung ist bei Unterzeichnung der Liste nach herrschender Meinung nicht zulässig.[1290]

1033 Wenn ein **Notar an Veränderungen** nach § 40 Abs. 1 S. 1 GmbHG mitgewirkt hat, ist er gemäß § 40 Abs. 2 S. 1 GmbHG verpflichtet, *anstelle der Geschäftsführer* eine von ihm unterschriebene Liste zum Handelsregister einzureichen. Der Begriff der *Mitwirkung* ist in § 40 Abs. 2 GmbHG weder legal definiert noch beispielhaft erläutert. Eine Mitwirkung des Notars im Sinne von § 40 Abs. 2 S. 1 GmbHG hat ohne Zweifel stattgefunden, wenn die Veränderung des § 40 Abs. 1 S. 1 GmbHG sich unmittelbar aus der von dem Notar aufgenommenen Urkunde ergibt. Dies ist etwa der Fall, wenn der Notar eine Geschäftsanteilsabtretung gemäß § 15 GmbHG oder eine Kapitalerhöhung oder -herabsetzung beurkundet hat. Wurde die Anteilsabtretung in Angebot und Annahme aufgespalten, wird der Abtretungsvertrag erst mit der Annahme wirksam, so dass den Annahmenotar die Verpflichtung nach § 40 Abs. 2 S. 1 GmbHG trifft.

1034 Fraglich ist, ob eine **Mitwirkung im Sinne von § 40 Abs. 2 S. 1 GmbHG** auch dann anzunehmen ist, wenn die Veränderung im Sinne von § 40 Abs. 1 S. 1 GmbHG nicht unmittelbar Gegenstand der von dem Notar aufgenommenen Urkunde ist, sondern deren weitere, sich aus dem Gesetz ergebende Rechtsfolge. Zu denken ist hier etwa an Verschmelzungsfälle, etwa wenn zum Vermögen der übertragenden Gesellschaft auch GmbH-Geschäftsanteile gehören, die infolge der Verschmelzung auf die übernehmende Gesellschaft übergehen. Da der Wortlaut des § 40 Abs. 2 S. 1 GmbHG objektiv formuliert ist und nicht auf eine Kenntnis des Notars vom Eintreten von Veränderungen nach § 40 Abs. 1 S. 1 GmbHG abstellt, überzeugt es nicht, danach zu differenzieren, ob der beurkundende Notar aus der ihm von den Beteiligten vorgelegten Dokumentation die Veränderung erkennen kann.[1291] Es ist auch kein überzeugender Grund ersichtlich, bei einer Gesamtrechtsnachfolge von Todes wegen generell eine Verpflichtung des Notars nach § 40 Abs. 2 S. 1 GmbHG abzulehnen, diese aber bei einer Gesamtrechtsnachfolge nach UmwG anzunehmen.[1292] Hat der Notar etwa die letztwillige Verfügung eines Erblassers beurkundet und gehören zu dem – wie der Notar weiß – Vermögen des zwischenzeitlich verstorbenen Erblassers auch GmbH-Geschäftsanteile, unterscheidet sich dieser Fall normativ nicht von der Beurkundung eines Verschmelzungsvertrages durch den Notar, als deren Rechtsfolge GmbH-Geschäftsanteile der übertragenden Gesellschaft auf die übernehmende Gesellschaft übergehen. Richtigerweise wird man demzufolge die Anwendung des § 40 Abs. 2 S. 1 GmbHG weder von der Kenntnis des Notars von einer Veränderung nach § 40 Abs. 1 S. 1 GmbHG noch davon abhängig machen können, ob die Veränderung im Wege der Einzelrechtsnachfolge oder der Gesamtrechtsnachfolge eintritt. Maßgeblich kann alleine sein,

---

1288 *Bednarz*, a.a.O.
1289 Baumbach/Hueck, § 40 Rn. 12; *Mayer*, DNotZ 2008, 403, 413.
1290 Vgl. *Mayer*, DNotZ 2008, 403, 413 m.w.N.
1291 So aber *Mayer*, DNotZ 2008, 403, 408.
1292 Vgl. dazu etwa *Mayer*, DNotZ 2008, 403, 408.

ob die Veränderung nach § 40 Abs. 1 S. 1 GmbHG unmittelbar Gegenstand der vom Notar errichteten Urkunde ist. In allen anderen Fällen, in denen die Veränderung nach § 40 Abs. 1 S. 1 GmbHG gesetzliche Folge der im Übrigen einen anderen Inhalt habenden Willenserklärungen ist, ist eine Mitwirkung im Sinne des § 40 Abs. 2 S. 1 GmbHG zu verneinen, so dass nicht der Notar, sondern gemäß § 40 Abs. 1 S. 1 GmbHG der Geschäftsführer verpflichtet ist, eine die Veränderungen ausweisende Liste einzureichen. Nach der Entscheidung des OLG Hamm vom 01. Dezember 2009 ist der Notar allerdings auch bei nur mittelbarer Mitwirkung verpflichtet, eine Gesellschafterliste nach § 40 Abs. 2 einzureichen.[1293] Der mitwirkende Notar solle grundsätzlich zur Vereinfachung der Verfahrensabläufe, wenn es infolge seiner Beurkundungstätigkeit zu einer Änderung der Gesellschafter kommt, die Änderung der Gesellschafterliste erledigen. Damit dieser Gesetzeszweck erreicht werde, sei eine Pflicht des Notars zur Einreichung der Liste auch bei nur mittelbarer Mitwirkung an der Veränderung anzunehmen.

Hat ein **ausländischer Notar** an den Veränderungen des § 40 Abs. 1 S. 1 GmbHG mitgewirkt, kommt eine Einreichung der Liste durch einen deutschen Notar nicht in Betracht.[1294] Ebenso ist unstreitig, dass eine Verpflichtung des ausländischen Notars zur Einreichung einer Gesellschafterliste von Gesetzes wegen nicht besteht.[1295] Zweifelhaft ist demgegenüber, ob der ausländische Notar berechtigt ist, eine Liste nach § 40 Abs. 2 S. 1 GmbHG einzureichen. Die Frage ist zu verneinen: Ob eine durch einen ausländischen Hoheitsträger erstellte Gesellschafterliste eine Gesellschafterliste im Sinne von § 16 GmbHG ist, ist international-privatrechtlich eine Frage der Substitutionsfähigkeit, das heißt, es ist zu prüfen, ob die ausländische Rechtshandlung – die Listenerstellung durch den ausländischen Notar – geeignet ist, den von der inländischen Norm beschriebenen Tatbestand auszufüllen.[1296] Als Kriterium für die Substituierbarkeit wird die funktionelle Gleichwertigkeit von Rechtsvorgängen angesehen.[1297] Eine funktionelle Gleichwertigkeit eines ausländischen Rechtsvorgangs mit einem inländischen Rechtsvorgang setzt unter anderem voraus, dass die Funktion, die die betreffende ausländische Rechtshandlung in ihrer eigenen Rechtsordnung erfüllt, mit derjenigen übereinstimmt, welche dem inländischen Parallelvorgang nach Sinn und Zweck der anzuwendenden inländischen Norm zukommt.[1298] Hieraus ergibt sich, dass eine Substitution einer inländischen Rechtshandlung durch eine ausländische Rechtshandlung überhaupt nur dann in Betracht kommt, wenn die ausländische Rechtshandlung in ihrer eigenen Rechtsordnung überhaupt bekannt ist und existiert. Gerade dies ist bei der notariellen Gesellschafterliste nach § 16 GmbHG indes nicht der Fall: Diese wird vom ausländischen Notar ausschließlich für die Zwecke deutschen Rechts erstellt; eine funktionell-parallele Tätigkeit erfüllt der ausländische Notar für die eigene Rechtsordnung nicht. Die allgemeinen Voraussetzungen für eine Substitution einer im Inland durch einen deutschen Notar erstellten Gesellschafterliste durch eine von einem ausländischen Notar erstellte Gesellschafterliste sind damit nicht erfüllt. Ob demzufolge nunmehr der Geschäftsführer zur Listenerstellung nach § 40 Abs. 1 GmbHG zuständig ist, ist nicht unzweifelhaft, da die fehlende Befugnis des ausländischen Notars zur Listenerstellung nichts daran ändert, dass nach wie vor ein Notar an der Anteilsveränderung mitgewirkt hat, so dass eine Zuständigkeit des Geschäftsführers nach § 40 Abs. 1 nicht unzweifelhaft ist.[1299]

1035

1293 OLG Hamm, Beschl. v. 1.12.2009 – 15 W 304/09.
1294 *Mayer*, DNotZ 2008, 403, 411.
1295 *Grunewald*, ZIP 2006, 685, 688; *Mayer*, DNotZ 2008, 403, 411.
1296 Staudinger/*Dörner*, Art. 25 EGBGB Rn. 800 ff.
1297 Staudinger/*Dörner*, Art. 25 EGBGB Rn. 802.
1298 Staudinger/*Dörner*, Art. 25 EGBGB Rn. 802.
1299 *Hermanns*, RNotZ 2010, 38, 42.

d) Der Zeitpunkt der Einreichung der Gesellschafterliste

1036 Die neue Gesellschafterliste ist sowohl von der Geschäftsführung als auch – im Falle des § 40 Abs. 2 S. 1 GmbHG – vom Notar *unverzüglich* **nach Wirksamwerden der Veränderung** im Sinne des § 40 Abs. 1 S. 1 GmbHG zum Handelsregister einzureichen. Dies bedeutet, dass der Einreichungspflichtige prüfen muss, wann die Veränderung nach § 40 Abs. 1 S. 1 GmbHG dinglich wirksam geworden ist. Da – etwa bei Anteilsabtretungen – der Zeitpunkt der dinglichen Wirksamkeit vom Notar nicht ohne weiteres zu erkennen sein wird, empfiehlt es sich, künftig in Urkunden, die Veränderungen im Sinne von § 40 Abs. 1 S. 1 GmbHG zum Gegenstand haben, diese Veränderungen jedoch noch nicht dinglich wirksam herbeiführen, eine Verpflichtung der Vertragsbeteiligten aufzunehmen, den Notar nach Wirksamwerden der Veränderung entsprechend zu unterrichten, damit dieser alsdann gemäß § 40 Abs. 2 S. 1 GmbHG die Liste einreichen kann.

1037 **Praxistipp:**
Der Notar sollte die Parteien im Rahmen der Beurkundung dazu anhalten, ihn unverzüglich vom Eintritt einer etwa vereinbarten aufschiebenden Bedingung für die dingliche Anteilsabtretung in Kenntnis zu setzen. Zusätzlich bietet es sich an, dass sich die Parteien im Anteilskaufvertrag ausdrücklich verpflichten, den Notar über den Eintritt von aufschiebenden Bedingungen zu unterrichten und den Eintritt solcher Bedingungen im Closing Memorandum explizit festzuhalten.[1300]

1038 Die **Vereinbarung einer auflösenden Bedingung**, die möglicherweise später zu einer Unwirksamkeit der Abtretung führt, hindert die Pflicht zur unverzüglichen Einreichung der Gesellschafterliste nicht, da die Liste gemäß § 40 Abs. 2 S. 1 GmbHG »nach deren Wirksamwerden ohne Rücksicht auf etwaige später eintretende Unwirksamkeitsgründe« einzureichen ist. Im eigenen Interesse sollte der Notar die Beteiligten künftig auf die Bedeutung der Gesellschafterliste und auf die möglichen Folgen einer materiell unrichtigen Liste hinweisen.[1301]

1039 **Praxistipp:**
Die Parteien sollten sich – wenn sie eine auflösende Bedingung für eine Anteilsabtretung vereinbart haben – verpflichten, die Geschäftsführer über den Eintritt von auflösenden Bedingungen zu unterrichten und diesen hierzu möglichst qualifizierte Nachweise vorlegen. Damit ist gewährleistet, dass die Geschäftsführer über den Eintritt von auflösenden Bedingungen in Kenntnis gesetzt werden und diese daraufhin überprüfen können, ob eine neue Gesellschafterliste einzureichen ist.[1302]

1040 Der Begriff unverzüglich wird allgemein im Sinne des § 121 Abs. 1 S. 1 BGB als (ohne schuldhaftes Zögern) verstanden. Die entsprechende Handlung muss demzufolge innerhalb einer nach den Umständen des Einzelfalls zu bemessenden Prüfungs- und Überlegungsfrist vorgenommen werden.[1303] Letztlich ist die Frage, ob die Aufnahme der Gesellschafterliste im Handelsregister unverzüglich erfolgte, jedes Mal eine Einzelfallentscheidung. Wegen der daraus resultierenden Unsicherheit war im Gesetzgebungsverfahren eine Präzisierung der Frist auf 4 Wochen vorgeschlagen worden, was jedoch nicht übernommen wurde. In der Literatur wird demzufolge nunmehr eine Frist von 1 Monat »regelmäßig« für zu lang erachtet.[1304]

1300 *Bednarz*, BB 2008, 1854, 1860.
1301 *Mayer*, DNotZ 2008, 403, 410.
1302 *Bednarz*, BB 2008, 1854, 1860.
1303 BGH NJW 2005, 1869.
1304 *Gasteyer/Goldschmidt*, ZIP 2008, 1906, 1909.

Die Gesellschafterliste wird vom **Handelsregister in den Registerordner der Gesellschaft aufgenommen**, der gemäß § 9 HRV neben dem Registerblatt der Gesellschaft geführt wird. Die Gesellschafterliste ist gemäß § 12 Abs. 2 S. 2 Hs. 1 HGB als einfache elektronische Aufzeichnung, d.h. ohne qualifizierte elektronische Signatur, dem Gericht zu übermitteln; selbstverständlich schadet die Beifügung einer Signatur nicht. 1041

§ 40 Abs. 3 sieht eine Schadenersatzpflicht der Geschäftsführer gegenüber den Gesellschaftsgläubigern und gegenüber den an der Veränderung Beteiligten vor. Dies sind bei der Anteilsabtretung Veräußerer und Erwerber, bei Kapitalerhöhungen der Übernehmer der neuen Geschäftsanteile, aber auch die Gesellschaft. Zu ersetzen ist der durch die unterlassene oder verspätete Einreichung oder der durch die Einreichung einer unrichtigen Liste verursachte Schaden, der infolge des nunmehr möglichen gutgläubigen Erwerbs eines materiell dem Veräußerer nicht zustehenden Geschäftsanteils, beispielsweise im Verkehrswert des dem wahren Berechtigten gehörenden Geschäftsanteils bestehen kann. 1042

e) Die Aufnahme dinglicher Belastungen in die Gesellschafterliste

Die ganz überwiegende Auffassung lehnt eine **Eintragung dinglicher Belastungen in die Gesellschafterliste**, wie etwa Pfandrecht oder Nießbrauchsbestellungen, ab.[1305] Die Gesellschafterliste ist damit auch in Zukunft kein »kleines Grundbuch«.[1306] Eine andere Auffassung vertritt in diesem Zusammenhang nur *Reymann*: Seiner Ansicht nach muss ein Notar, der eine Anteilsverpfändung oder eine Nießbrauchsbestellung beurkundet hat in gleicher Weise wie bei der Beurkundung einer Abtretung eine um die Bescheinigung nach § 40 Abs. 2 S. 2 GmbHG ergänzte Gesellschafterliste, welche auch die Pfand- bzw. Nießbrauchsberechtigten ausweist, beim Handelsregister einreichen.[1307] Für die Auffassung *Reymanns* spricht, dass die Gesellschafterliste dem nach § 67 zuführenden Aktienregister nachgebildet ist und derartige Belastungen im Aktienregister nach ganz überwiegender Auffassung eingetragen werden können.[1308] Es ist auch nicht zu bestreiten, dass der Rechtsverkehr ein Interesse daran haben kann, über das Bestehen dinglicher Belastungen des Geschäftsanteils – oder im Falle bereits erfolgter aufschiebend bedingter Abtretungen des Geschäftsanteils – von Anwartschaftsrechten an diesem unterrichtet zu werden. Gleichwohl ist die Auffassung *Reymanns* abzulehnen, da sie sich in Widerspruch zum Willen des Gesetzgebers stellt: Ausweislich der Gesetzesbegründung zu § 16 Abs. 3 GmbHG wollte der Gesetzgeber ausschließlich den guten Glauben an die Verfügungsbefugnis des Veräußerers schützen.[1309] Die Verfügungsbefugnis des Veräußerers wird indes nicht durch das Bestehen dinglicher Belastungen des Geschäftsanteils gehindert, so dass sich die – nur den guten Glauben an die Verfügungsbefugnis schützende – Gesellschafterliste nicht über das Vorhandensein derartiger Belastungen verhalten muss. Die freiwillige Aufnahme derartiger Belastungen dürfte demgegenüber mit dem formalisierten Inhalt der Gesellschafterliste nicht vereinbar sein, da eben unklar ist, welche Rechtsfolgen aus dem Vorhandensein derartiger freiwilliger Eintragungen für die Möglichkeit eines gutgläubigen Erwerbs zu ziehen sind. Diese Möglichkeit des gutgläubigen Erwerbs muss an formalisierte Kriterien anknüpfen. Anderenfalls würde die Zielrichtung des Gesetzgebers – Rechtssicherheit für einen gutgläubigen Dritten zu schaffen – vereitelt werden. Der Wille des Gesetzgebers hat eindeutigen Ausdruck auch in § 40 Abs. 1 GmbHG gefunden, in dem der Inhalt der Gesellschafterliste eindeutig und abschließend definiert ist. Erweiterungen dieses Inhalts – etwa durch Aufnahme dinglicher Belastungen oder das Bestehen von Anwartschaftsrechten 1043

1305 Vgl. nur *Wachter*, ZNotP 2008, 378, 397; *Bohrer*, DStR 2007, 995 ff.
1306 *Vossius*, DB 2007, 2299.
1307 *Reymann*, WM 2008, 2095 ff; ebenso nunmehr LG Aachen NZG 2009, 1157.
1308 Vgl. etwa Hecksehen/Heidinger, Die GmbH in der Gestaltungs- und Beratungspraxis, § 13 Rn. 287; Spindler/Stiltz/*Cahn*, § 67 Rn. 23.
1309 Vgl. Begr.RegE, abgedruckt in ZIP 2007, Beilage zu Heft 23, 14.

2. Kapitel Recht der Gesellschaft mit beschränkter Haftung

oder durch Kommentierungen betreffend die Wirksamkeit des Inhalts des Anteilserwerbs – sind nicht zulässig, da sie das vorstehend beschriebene Ziel des Gesetzgebers, Rechtssicherheit und Transparenz zu erreichen, konterkarieren würden. Eine Aufnahme von dinglichen Belastungen in die Gesellschafterliste würde sich demzufolge in Widerspruch sowohl zum Gesetzeswortlaut als auch zum erklärten Willen des Gesetzgebers setzen. Eine derartige Korrektur des Gesetzes ist nur im Wege einer gesetzesübersteigenden Rechtsfortbildung zulässig, deren methodische Voraussetzungen – Vorliegen eines Rechtsnotstandes – erkennbar nicht vorliegen. Festzuhalten bleibt, dass nach dem Willen des Gesetzgebers und dem eindeutigen Wortlaut von § 40 Abs.1 GmbHG der Inhalt der zum Handelsregister einzureichenden Gesellschafterliste nicht über die in § 40 Abs. 1 GmbHG genannten Merkmale erweitert werden darf.

1044 Angesichts der Tatsache, dass die Mindermeinung *Reymanns* nunmehr allerdings in der Welt ist und auch die künftige Entwicklung der Rechtsprechung nicht mit letzter Sicherheit prognostiziert werden kann, stellt sich die Frage, wie in der Praxis mit diesem Meinungsstreit umzugehen ist. Würden zu einem späteren Zeitpunkt entscheidende Gerichte zu der – hier nicht für zutreffend erachteten – Auffassung gelangen, dass dingliche Belastungen in die Gesellschafterliste eingetragen werden können und demzufolge ein gutgläubiger Dritter aus einem Schweigen der Liste über das Bestehen dinglicher Belastungen in seinem Vertrauen auf das Nichtvorhandensein derartiger Belastungen geschützt werden müsse, könnte einem Notar, der – in Übereinstimmung mit der derzeit herrschenden Meinung – die Aufnahme derartiger Belastungen in die Gesellschafterliste unterlassen hat, von einem dinglich Berechtigten, dessen dingliches Recht infolge eines gutgläubigen lastenfreien Erwerbs durch einen Dritten untergeht, der Vorwurf gemacht werden, nicht den **sichersten Weg** gegangen zu sein. Demzufolge ist zu erwägen, bis zu einer zumindest obergerichtlichen Klärung der Rechtsfrage in der Praxis so zu verfahren, dass nach Bestellung einer dinglichen Belastung an einem Geschäftsanteil eine dies ausweisende Gesellschafterliste zum Handelsregister eingereicht wird und deren Aufnahme in das Handelsregister beantragt wird. Lehnt der Rechtspfleger die Aufnahme der Liste unter Hinweis auf die derzeit herrschende Meinung ab, muss jedenfalls der Notar sich einen späteren Vorwurf nicht machen lassen. Sieht der Notar im beschriebenen Fall von vornehrein von der Einreichung einer die dinglichen Belastungen enthaltenden Gesellschafterliste ab und gehen die dinglichen Belastungen infolgedessen durch einen späteren gutgläubigen lastenfreien Erwerb eines Dritten unter, wird der Notar sich mit dem vormals dinglich Berechtigten darüber auseinanderzusetzen haben, ob es amtspflichtgemäß war, nicht den Versuch unternommen zu haben, eine Gesellschafterliste mit den dinglichen Belastungen zum Handelsregister einzureichen.

1045 M **Formulierungsbeispiel für eine Gesellschafterliste mit dinglichen Belastungen:**

Nr. des Geschäftsanteils	Vor- und Nachname bzw. Firma des Gesellschafters	Geburtsdatum	Wohnort/Sitz des Gesellschafters	Nennbetrag des Geschäftsanteils in Euro	dingliche Belastungen an den Geschäftsanteilen
1	Hans Mustermann	5. November 1963	Köln	10.000,00	Verpfändet an ABC-Bank in München
2	Hans Mustermann GmbH		Köln (AG Köln, HRB 55555)	15.000,00	Quotennießbrauch zu ½ zu Gunsten von Frau Mathilde Mustermann, geboren am 5. November 1963, wohnhaft in Köln

Köln, den

Geschäftsführer

f) Die rechtliche Bedeutung der Gesellschafterliste nach § 16 Abs. 1 GmbHG

Die **rechtliche Bedeutung der Gesellschafterliste** besteht nach dem MoMiG gemäß § 16 Abs. 1 GmbHG darin, dass im Verhältnis zur Gesellschaft nur derjenige als Inhaber eines Geschäftsanteils gilt, wer als solcher in der im Handelsregister aufgenommenen Gesellschafterliste eingetragen ist. Die Aufnahme der Liste in das Handelsregister entspricht damit der früheren Anmeldung bei der Gesellschaft nach § 16 Abs. 1 GmbHG. Die Vorschrift bedeutet also nicht, dass die Eintragung und die Aufnahme der Liste in das Handelsregister für den Erwerb des Geschäftsanteils Wirksamkeitsvoraussetzung wären. Die Wirksamkeit der Übertragung ist – abgesehen von dem bereits erörtertem Fall des gutgläubigen Erwerbs – auch weiterhin unabhängig von der Eintragung in die Gesellschafterliste.[1310] Ohne die Eintragung und die Aufnahme der Liste in das Handelsregister bleibt dem Neugesellschafter allerdings die Ausübung seiner Mitgliedschaftsrechte verwehrt, da ihm gegenüber der Gesellschaft erst mit Aufnahme der entsprechend geänderten Gesellschafterliste in das Handelsregister die Gesellschafterstellung zukommt. Die Gesellschafterliste wird damit nach dem ausdrücklichen Bekunden des Gesetzgebers dogmatisch an das Aktienregister bei der Namensaktie angenähert. In § 9 Abs. 1 HRV wird künftig klargestellt, dass eine Gesellschafterliste erst dann im Handelsregister *aufgenommen* ist, wenn sie in dem für das entsprechende Registerblatt bestimmten Registerordner gespeichert ist.

1046

Dogmatisch wird über die neue Gesellschafterliste das bereits aus dem bisherigen GmbH-Recht bekannte **Institut der relativen Rechtstellung des Anteilserwerbers** fortgeführt. Wer – nach bisherigem Recht – den Geschäftsanteil dinglich wirksam erworben hatte, jedoch keine Anmeldung nach § 16 Abs. 1 GmbHG vorgenommen hatte, war zwar materiell-rechtlich Inhaber des Geschäftsanteils geworden, konnte aber gegenüber der Gesellschaft keine Gesellschafterrechte wahrnehmen, also insbesondere nicht an Beschlussfassungen mitwirken oder Informationsrechte ausüben. Diese Spaltung der Rechtszuständigkeit wird bei nicht ordnungsgemäßer Einreichung einer Gesellschafterliste fortgeführt: Der Anteilserwerber ist – unabhängig von der Aufnahme einer aktuellen Gesellschafterliste in das Handelsregister – materiell-rechtlich Inhaber des Geschäftsanteils geworden, kann aber im Verhältnis zur Gesellschaft keine Gesellschafterrechte ausüben. Jede Ausübung von Gesellschafterrechten würde demgemäß also die *vorherige* Aufnahme einer Gesellschafterliste in das Handelsregister voraussetzen, die den Erwerber als Inhaber des Geschäftsanteils ausweist. Da der Gesellschafter aber nicht selten unmittelbar im Anschluss an einen Anteilserwerb Gesellschafterrechte ausüben möchte, etwa bei unverzüglich vorzunehmenden Beschlussfassungen, bestimmt der Gesetzgeber in § 16 Abs. 1 S. 2 GmbHG, dass eine vom Erwerber in Bezug auf das Gesellschaftsverhältnis vorgenommene Rechtshandlung als von Anfang an wirksam gilt, wenn die Liste unverzüglich nach Vornahme der Rechtshandlung in das Handelsregister aufgenommen wird. Nach der Konzeption des Gesetzgebers sind die vom Erwerber vorgenommenen Rechtshandlungen zunächst schwebend unwirksam. Sie werden wirksam, wenn die Liste unverzüglich nach Vornahme der Rechtshandlung in das Handelsregister aufgenommen wird. Erfolgt die Aufnahme nicht unverzüglich, so sind die Rechtshandlungen endgültig unwirksam. Vor diesem Hintergrund sollte im Einzelfall erwogen werden, ob diesem Unwirksamkeitsrisiko nicht in der Weise begegnet werden kann, dass die Gesellschafterbeschlüsse, die der Erwerber unmittelbar nach Wirksamwerden seines Anteilserwerbs fassen möchte, noch von dem in der Gesellschafterliste ausgewiesenen Veräußerer oder jedenfalls von diesem gemeinsam mit dem Erwerber gefasst werden können. Wird dieser Weg gegangen, hat jedenfalls auch der in der Gesellschafterliste eingetragene Veräußerer bei dem Gesellschafterbeschluss mitgewirkt, so dass die Voraussetzungen des § 16 Abs. 1 S. 2 GmbHG nicht bemüht werden müssen.

1047

1310 Ebenso *Heckschen*, DStR 2007, 1442, 1450.

# 2. Kapitel   Recht der Gesellschaft mit beschränkter Haftung

2. Steuerliche Anzeigepflichten

1048 In steuerlicher Hinsicht kann die Abtretung eines GmbH-Geschäftsanteils Anzeigepflichten sowohl in ertragsteuerlicher als auch in grunderwerbsteuerlicher Hinsicht auslosen.

a) Anzeigepflicht nach § 54 EStDV

1049 Die ertragsteuerlichen Anzeigepflichten der Notare ergeben sich aus § 54 **Einkommensteuer-Durchführungsverordnung (EStDV)**. Demnach ist dem zuständigen Finanzamt gemäß § 20 AO Anzeige zu erstatten über alle aufgrund gesetzlicher Vorschrift aufgenommenen oder beglaubigten Urkunden, die die Gründung, Kapitalerhöhung oder -herabsetzung, Umwandlung oder Auflösung von Kapitalgesellschaften oder die Verfügung über Anteile an Kapitalgesellschaften zum Gegenstand haben. Die Urkunden sind dem Finanzamt zu übersenden, in dessen Bezirk sich die Geschäftsleitung oder der Sitz der Kapitalgesellschaft befindet, an der die betreffenden Anteile bestehen. Zu versenden ist eine beglaubigte Abschrift der Urkunde. Die Steuernummer, unter der die Kapitalgesellschaft bei dem Finanzamt geführt wird, soll auf der Abschrift vermerkt werden. Die Anzeige ist innerhalb von zwei Wochen ab Aufnahme der Urkunde zu erstatten und den Beteiligten dürfen die Urschrift, eine Ausfertigung oder beglaubigte Abschrift der Urkunde erst ausgehändigt werden, wenn die Abschrift der Urkunde an das Finanzamt abgesandt ist (§ 54 Abs. 3 EStDV). Die Absendung der Anzeige ist auf der Urschrift der Urkunde zu vermerken (§ 54 Abs. 2 S. 3 EStDV).

1050 Konkretisiert werden die notariellen Pflichten insoweit durch das Schreiben des BMF vom 14.3.1997 (IV B 2 – S. 2242–3/97). Nach dessen Ziffer 1 erfasst § 54 EStDV nicht nur Verfügungsgeschäfte, sondern **auch Verpflichtungsgeschäfte**, soweit die Verpflichtung eine Verfügung über Anteile an Kapitalgesellschaften zum Gegenstand hat. Auch aufschiebend bedingte Verfügungen über Anteile an Kapitalgesellschaften unterliegen der Mitteilungspflicht nach § 54 EStDV (Ziff. 2). **Treuhandverträge** unterliegen der Meldepflicht nach § 54 EStDV, soweit sie eine Verfügung über Anteile an Kapitalgesellschaften zum Gegenstand haben (Ziff. 3). Dies ist der Fall, wenn ein Gesellschafter seinen Gesellschaftsanteil treuhänderisch auf einen anderen überträgt. Rein schuldrechtliche Treuhandvereinbarungen unterliegen grundsätzlich nicht der Mitteilungspflicht nach § 54 EStDV, was insbesondere bei der sog. Vereinbarungstreuhand gilt. Hier bleibt der bisherige Vollrechtsinhaber auch künftig zivilrechtlicher Eigentümer, verpflichtet sich jedoch auf der obligatorischen Ebene gegenüber einem Dritten, dem künftigen Treugeber, die Anteilsrechte im Interesse dieses Dritten nach Maßgabe des Inhalts der Treuhandabrede auszuüben. Allerdings ist auch in diesem Fall eine Mitteilungspflicht nach § 54 EStDV gegeben, wenn die getroffene Abrede es dem Treugeber erlaubt, bei Auflösung des Treuhandverhältnisses die dingliche Übertragung der Anteile auf sich zu verlangen oder eine aufschiebend bedingte Übertragung der Anteile auf den Treugeber für den Fall der Auflösung des Treuhandverhältnisses bereits vereinbart ist. Nach Ziff. 4 des BMF-Schreibens soll eine Verpfändung von Anteilen an Kapitalgesellschaften nicht unter § 54 EStDV fallen. Zwar sei auch eine Verpfändung eine Verfügung in zivilrechtlichem Sinne. Diese Verfügung sei aber nicht auf einen Wechsel in der Rechtsinhaberschaft gerichtet. Der bisherige Rechtsinhaber bleibe trotz der Verpfändung anders als bei Abtretung von Anteilen an Kapitalgesellschaften weiterhin Anteilseigner. Werden Angebot und Annahme getrennt beurkundet, fällt die Beurkundung nur des Angebots auf Übertragung eines Anteils an einer Kapitalgesellschaft nicht unter § 54 EStDV (Ziff. 6). Das Angebot allein enthalte nämlich noch keine Verfügung über den Anteil. Demgegenüber falle die Annahme des Angebots auf Übertragung eines Anteils an einer Kapitalgesellschaft zweifelsfrei unter § 54 EStDV, weil durch die Annahme des Angebots das Verpflichtungsgeschäft zustande komme.

Hat der Notar eine der Anzeigepflicht nach § 54 EStDV unterfallende Urkunde in einer **1051**
fremden Sprache aufgenommen, wird ihm nicht selten vom Finanzamt angesonnen, in
Erfüllung seiner Anzeigepflicht auch eine **beglaubigte Übersetzung der Urkunde** einzureichen, da – so die finanzamtliche Argumentation – Gerichts- und Verwaltungssprache
deutsch sei. Diese Argumentation ist nicht überzeugend, da § 54 EStDV den Notar lediglich zur Übersendung einer beglaubigten Abschrift der Urkunde verpflichtet, nicht jedoch
zu einer Übersetzung derselben. Eine solche kann das Finanzamt demzufolge nur von der
betroffenen Gesellschaft oder den Beteiligten selbst verlangen, nicht jedoch vom Notar.

b) Grunderwerbsteuerliche Anzeigepflichten

Die im Zusammenhang mit einer Abtretung von GmbH-Geschäftsanteilen maßgeblichen **1052**
grunderwerbsteuerlichen Anzeigepflichten ergeben sich auf § 18 Abs. 2 S. 2 GrEStG.
Demnach besteht eine Anzeigepflicht der Notare für Vorgänge, die unter anderem die
Übertragung von Anteilen an einer Kapitalgesellschaft betreffen, **wenn zum Vermögen
der Gesellschaft ein** im Geltungsbereich des Grunderwerbsteuergesetzes liegendes
Grundstück gehört. Der Notar hat die vertragsschließenden Parteien unter Hinweis auf
seine steuerliche Anzeigepflicht ausdrücklich zu befragen, ob ein Grundstück zum Vermögen der Gesellschaft gehört, damit er seiner Anzeigepflicht genügen kann. Die Antwort
auf die Frage nach dem Grundbesitz sollte im Vertrag dokumentiert werden, um ggf.
erforderliche Rückfragen der Finanzämter zu vermeiden.[1311] Von der Richtigkeit der Erklärungen der Beteiligten darf der Notar ausgehen.[1312] Es besteht demnach nur eine Erkundigungspflicht, nicht jedoch eine Nachforschungs- oder Ermittlungspflicht.[1313] Unerheblich
ist, ob der jeweilige Vorgang den Tatbestand des § 1 Abs. 2a GrEStG oder des § 1 Abs. 3
GrEStG erfüllt. Die Entscheidung hierüber soll nicht der Notar, sondern sollen die Finanzbehörden treffen.

Die Anzeige ist an das für die Besteuerung nach § 17 GrEStG zuständige Finanzamt zu **1053**
richten (§ 18 Abs. 5 GrEStG). Da sich die mögliche Steuerpflichtigkeit des Vorgangs aus § 1
Abs. 3 GrEStG ergibt, werden die Besteuerungsgrundlagen gemäß § 17 Abs. 3 Ziff. 2
GrEStG durch das **Finanzamt** gesondert festgestellt, in dessen **Bezirk sich die Geschäftsleitung** der Gesellschaft befindet. Nur an dieses Finanzamt erfolgt eine Anzeige.[1314]

Der **Inhalt der Anzeige** ergibt sich aus § 20 GrEStG. Bei gesellschaftsrechtlichen Vorgän- **1054**
gen taucht häufig das Problem auf, dass der Notar die von § 20 GrEStG vorausgesetzten
Tatsachen nicht kennt, insbesondere dass ihm die genauen Grundstücksbezeichnungen
nicht bekannt sind. Zwar hat der Notar im Rahmen seiner Beistandspflicht darauf hinzuwirken, dass die Beteiligten ihm die erforderlichen Angaben machen, ein Zwangsmittel
steht dem Notar indes nicht zur Seite. Lediglich das Finanzamt kann gegenüber den Beteiligten mit den Zwangsmitteln der §§ 328 ff. AO vorgehen. Der Notar genügt insoweit seiner Beistandspflicht, wenn er die Angaben nach seinem Kenntnisstand macht und ggf. die
Veräußerungsanzeige nach seinem Kenntnisstand ausfüllt und das Finanzamt ggf. auf
seine fehlende Kenntnis hinweist. Durch eine derartige Anzeige und durch eine Übersendung einer Abschrift der Urkunde (§ 18 Abs. 1 S. 2 GrEStG) hat das Finanzamt ausreichende Kenntnis von dem Vorgang, um eine entsprechende Sachverhaltsaufklärung mit
den ihm zur Verfügung stehenden Mitteln betreiben zu können.

1311 Ziff. 2.3.1.7 des Merkblatts der Obersten Finanzbehörden über die Beistandspflichten der
Notare, zitiert nach *Pahlke/Franz*, § 18 GrEStG Rn. 22.
1312 BGH DNotZ 1981, 515, 518.
1313 *Küperkoch*, RNotZ 2002, 297, 302.
1314 *Borottau/Viskorf*, § 18 GrEStG Rn. 32; *Küperkoch*, RNotZ 2002, 297, 304; a.A. Beck'sches Notarhandbuch/*Spiegelberger*, Abschnitt E Rn. 39, der eine Anzeigepflicht gegenüber allen Belegenheitsfinanzämtern annimmt, was indes mit dem Wortlaut des § 18 Abs. 5 GrEStG nicht vereinbar sein dürfte.

2. Kapitel Recht der Gesellschaft mit beschränkter Haftung

1055 Die Anzeige ist **innerhalb von zwei Wochen** nach der Urkundstätigkeit zu erstatten. Die Frist beginnt, unabhängig von der Wirksamkeit des Vorgangs und damit vom Entstehen einer Steuerschuld zu laufen. Die Anzeigepflicht besteht auch, wenn eine Besteuerung ausgeschlossen ist (§ 18 Abs. 3 S. 2 GrEStG). Beizufügen ist eine Abschrift der Urkunde über den Rechtsvorgang. Eine Beglaubigung der Abschrift ist nicht erforderlich.[1315]

3. Gesellschaftsrechtliche Anzeige- und Mitteilungsobliegenheiten

1056 Nachdem die vor Inkrafttreten des MoMiG bestehende Verpflichtung, den Erwerb eines GmbH-Geschäftsanteils gemäß § 16 GmbHG bei der Gesellschaft anzumelden, nicht mehr existiert, ergibt sich eine **gesellschaftsrechtliche Anzeigeobliegenheit** nur noch aus § 21 Abs. 1 AktG. Demnach muss eine Aktiengesellschaft, der mehr als der vierte Teil der Anteile einer anderen Kapitalgesellschaft mit Sitz im Inland gehört, dem Unternehmen, an dem die Beteiligung besteht, unverzüglich schriftliche Mitteilung machen. Sobald der Aktiengesellschaft eine Mehrheitsbeteiligung im Sinne von § 16 Abs. 1 AktG an einem anderen Unternehmen gehört, hat die Aktiengesellschaft dies ebenfalls dem Unternehmen, an dem die Mehrheitsbeteiligung besteht, unverzüglich schriftlich mitzuteilen (§ 21 Abs. 2 AktG). Wird eine Mitteilungspflicht nach § 21 Abs. 1 oder Abs. 2 AktG durch die Aktiengesellschaft nicht erfüllt, können Rechte aus den Gesellschaftsanteilen gemäß § 21 Abs. 4 AktG insgesamt nicht geltend gemacht werden. Der Rechtsverlust betrifft sowohl die eigenen Aktien des Mitteilungspflichtigen als auch die ihm gemäß § 16 Abs. 4 AktG zugerechneten Aktien.[1316] Wenn also eine Aktiengesellschaft Geschäftsanteile an einer GmbH erworben hat und in der gleichen notariellen Urkunde Gesellschafterbeschlüsse bei der GmbH fassen möchte, ist es erforderlich, dass eine Mitteilung nach § 21 Abs. 1 oder Abs. 2 AktG gegenüber der GmbH zwingend vor Abhaltung der Gesellschafterversammlung und Beschlussfassung erfolgt. Hierbei ist selbstverständlich sicherzustellen, dass die GmbH bei Entgegennahme der Mitteilung wirksam passiv vertreten ist. Die GmbH ist also ggf. an der notariellen Urkunde zu beteiligen und die Mitteilung gemäß § 21 Abs.1 oder Abs. 2 AktG gemäß § 35 Abs. 2 S. 2 GmbHG hat jedenfalls gegenüber einem Geschäftsführer der Gesellschaft zu erfolgen.

1057 **Besteht die Beteiligung** in der nach § 21 Abs. 1 oder Abs. 2 AktG mitteilungspflichtigen Höhe **nicht mehr**, hat die Gesellschaft dies dem anderen Unternehmen gemäß § 21 Abs. 3 AktG ebenfalls unverzüglich schriftlich mitzuteilen. Diese Mitteilungspflicht besteht unabhängig davon, ob zuvor eine pflichtgemäße Mitteilung gemäß § 21 Abs. 1 oder Abs. 2 AktG erfolgte. Sofern eine Mitteilung über den Erwerb einer Minderheits- oder Mehrheitsbeteiligung pflichtwidrig unterlassen wurde, ist es ebenfalls erforderlich, der Gesellschaft mitzuteilen, dass die Beteiligung in der betreffenden Höhe nicht mehr besteht. Auch in diesem Fall besteht ein Interesse der Aktionäre, der Gläubiger und der Öffentlichkeit daran, von den vormaligen Beteiligungsverhältnissen und den nunmehr erfolgten Veränderungen zu erfahren.[1317]

V. Besonderheiten beim Erwerb einer Vorrats-GmbH

1058 Obschon durch die Elektronisierung des handelsregisterlichen Verfahrens und durch die verfahrensbeschleunigende Novelle durch das MoMiG die Eintragungszeiten für die Neueintragung einer GmbH erheblich verkürzt worden sind, besteht immer noch im Einzelfall die Notwendigkeit, innerhalb deutlich kürzerer Zeit einen bestehenden Rechtsträger zur Verfügung zu haben. In diesen Fällen wird auch in Zukunft auf den **Erwerb von Vorrats-**

1315 *Küperkoch*, RNotZ 2002, 297, 303.
1316 K. Schmidt/Lutter, § 21 Rn. 7.
1317 K. Schmidt/Lutter, § 20 Rn. 31.

gesellschaften zurückgegriffen werden. Vorratsgesellschaften werden i.d.R. von professionellen Anbietern mit dem Unternehmenszweck der Verwaltung eigenen Vermögens gegründet und auf Vorrat in das Handelsregister mit dem Zweck eingetragen, die Geschäftsanteile an der Gesellschaft bei Bedarf – etwa im Fall einer Unternehmenstransaktion – an einen Erwerber zu veräußern. Im Rahmen einer derartigen Veräußerung der Geschäftsanteile an einer Vorrats-GmbH sollte der Veräußerer seine unbelastete Rechtsinhaberschaft an den Geschäftsanteilen, die bisherige geschäftliche Inaktivität der Gesellschaft, das vollständige Vorhandensein des Stammkapitals (abzüglich nur der Gründungskosten), das Nichtbestehen von Verbindlichkeiten der Gesellschaft (ggf. ausgenommen Bankgebühren und IHK-Beiträge) und die Tatsache versichern, dass keine Gesellschafterbeschlüsse gefasst wurden, die noch nicht in das Handelsregister eingetragen sind.[1318]

Wenn der Erwerber im Anschluss an den Erwerb der Geschäftsanteile die **Satzung der Gesellschaft ändern** oder neu fassen möchte, ist § 16 Abs. 1 GmbHG zu beachten. Da der Erwerber in dem Moment, in dem er die Gesellschafterbeschlüsse fasst (also am Tag seines Anteilserwerbs), noch nicht in der im Handelsregister aufgenommenen Gesellschafterliste eingetragen ist, kann er eigentlich gemäß § 16 Abs. 1 S. 1 GmbHG noch keine Gesellschafterrechte, mithin auch kein Stimmrecht aus seinen Geschäftsanteilen, ausüben. Von diesem Grundsatz sieht § 16 Abs. 1 S. 2 GmbHG zwar eine Ausnahme insoweit vor, als eine vom Erwerber im Bezug auf das Gesellschaftsverhältnis vorgenommene Rechtshandlung als von Anfang an wirksam gilt, wenn die Liste unverzüglich nach Vornahme der Rechtshandlung in das Handelsregister aufgenommen wird. Allerdings ist bis zur Aufnahme der Gesellschafterliste in das Handelsregister die Rechtshandlung schwebend unwirksam und wird endgültig unwirksam, wenn die Aufnahme nicht unverzüglich erfolgt.[1319] Dies bedeutet etwa, dass ein vom Erwerber beschlossener Geschäftsführerwechsel sowie von ihm beschlossene Satzungsänderungen endgültig fehlgeschlagen wären, wenn die Aufnahme der Gesellschafterliste in das Handelsregister nicht unverzüglich erfolgen sollte.[1320] Da Rechtsprechung zu der Frage, wann die Aufnahme der Liste in das Handelsregister unverzüglich erfolgt ist, bislang noch nicht vorliegt, kann sich insoweit eine nicht unerhebliche rechtliche Unsicherheit ergeben, die gerade bei Unternehmenstransaktionen von namhafter wirtschaftlicher Relevanz nicht akzeptabel ist. Demzufolge ist es sachgerecht, wenn der Gesellschafterbeschluss betreffend den Geschäftsführerwechsel und die erforderlichen Satzungsänderungen entweder zeitlich vor der Übertragung der Geschäftsanteile durch den Veräußerer gefasst wird[1321] oder der Veräußerer als noch in der Gesellschafterliste eingetragener Gesellschafter nach Erwerb der Geschäftsanteile durch den Erwerber gemeinsam mit diesem die erforderlichen Gesellschafterbeschlüsse fasst. 1059

Nur der Vollständigkeit halber sei darauf hingewiesen, dass die neu bestellten Geschäftsführer zur Vermeidung einer Haftung nach Gründungsrecht gegenüber dem Registergericht die **Tatsache der wirtschaftlichen Neugründung** offen legen und versichern müssen, dass die Leistungen auf die Geschäftsanteile bewirkt sind und sich der Gegenstand der Leistungen endgültig in der freien Verfügung der Geschäftsführung befindet. Diese Versicherung muss entsprechend § 78 GmbHG durch sämtliche Geschäftsführer höchstpersönlich erfolgen. Unterbleibt die Offenlegung der wirtschaftlichen Neugründung haften die Gesellschafter nach den Grundsätzen der Verlustdeckungshaftung bzw. der Vorbelastungs- oder Unterbilanzhaftung die Geschäftsführer entsprechend § 11 Abs. 2 GmbHG als Handelnde.[1322] Vor diesem Hintergrund sollte sich der Notar, der die Veräußerung der Geschäftsanteile an einer Vorratsgesellschaft beurkundet, bei den Betei- 1060

1318 *Müller/Federmann*, BB 2009, 1375, 1376.
1319 *Mayer*, DNotZ 2008, 405.
1320 *Müller/Federmann*, BB 2009, 1375, 1376.
1321 So *Müller/Federmann*, BB 2009, 1375, 1377.
1322 *Müller/Federmann*, BB 2009, 1375, 1379.

ligten stets danach erkundigen, wann die aktive Geschäftsaufnahme durch die erworbene GmbH erfolgen soll, damit der Notar dafür Sorge tragen kann, dass die Anzeige der wirtschaftlichen Neugründung rechtzeitig vorher zum Handelsregister eingereicht wird. Eine Aufnahme der aktiven Geschäftstätigkeit vor ordnungsgemäßer Offenlegung der wirtschaftlichen Neugründung sollte angesichts der drohenden Haftungskonsequenzen nicht erwogen werden.

1061

> **Checkliste Erwerb einer Vorratsgesellschaft**
>
> 1. Wurde vom Veräußerer garantiert, dass es sich bei der verkauften Gesellschaft um eine bislang geschäftlich inaktive Gesellschaft handelt, deren unbelastete Geschäftsanteile sämtlich der Veräußerer hält? Steht das Stammkapital der Vorratsgesellschaft – nur gemindert um Gründungskosten und ggf. Bankspesen und IHK-Beiträge – unverändert zur freien Verfügung der Geschäftsführung?
> 2. Werden die Geschäftsanteile an der Vorratsgesellschaft mit sofortiger dinglicher Wirkung auf den Erwerber übertragen?
> 3. Kann der Erwerber bereits wirksam Gesellschafterbeschlüsse – etwa zur Anpassung der Satzung oder zur Bestellung eines neuen Geschäftsführers – fassen? Ggf. sollten diese Gesellschafterbeschlüsse unter Mitwirkung des Veräußerers gefasst werden?
> 4. Ist sichergestellt, dass vor Aufnahme der vom Erwerber mit der Vorratsgesellschaft geplanten wirtschaftlichen Aktivität die Anzeige der wirtschaftlichen Neugründung zum Handelsregister erfolgt?

VI. Besonderheiten des Mantelkaufs

1062 Als Mantelkauf wird der Erwerb von Geschäftsanteilen an einer GmbH bezeichnet, die sich ursprünglich im Rahmen eines bestimmten Unternehmensgegenstandes betätigte, alsdann vorübergehend inaktiv wurde und nunmehr – nach dem Erwerb der Geschäftsanteile durch den Erwerber – eine andere wirtschaftliche Tätigkeit ausübt. In der Praxis stellte sich bei der Beurkundung der hiermit verbundenen Satzungsänderungen, die möglicherweise von einem Gesellschafterwechsel und einem Wechsel in der Geschäftsführung der Gesellschaft begleitet werden die Frage, ob auch diese Vorgänge eine wirtschaftliche Neugründung im Sinne der Rechtsprechung des BGH darstellten. Die Abgrenzung der wirtschaftlichen Neugründung von der Umorganisation oder Sanierung einer noch aktiven GmbH nahm der BGH nach überkommener Rechtsprechung danach vor, ob

– entweder die Gesellschaft noch ein aktives Unternehmen betreibt, an das die Fortführung des Geschäftsbetriebs – sei es auch unter wesentlicher Umgestaltung, Einschränkung oder Erweiterung seines Geschäftsbereichs – in irgendeiner wirtschaftlich noch gewichtbaren Weise anknüpft (dann keine wirtschaftliche Neugründung) oder
– ob es sich alternativ um einen leer gewordenen Gesellschaftsmantel ohne Geschäftsbetrieb handelte, der seinen Gesellschaftern nur dazu dient, unter Vermeidung der rechtlichen Neugründung einer die beschränkte Haftung gewährleistenden Kapitalgesellschaft eine gänzlich neue Geschäftstätigkeit aufzunehmen (dann wirtschaftliche Neugründung).

1063 Es gab allerdings durchaus nicht wenige Fallkonstellationen, die weder eindeutig der ersten noch eindeutig der zweiten Fallgruppe zugewiesen werden konnten.[1323] Diese Klassifizierungsschwierigkeiten resultierten daraus, dass die vom BGH beschriebenen Sachver-

---

1323 Ebenso K. *Schmidt*, ZIP 2010, 857, 861.

haltsalternativen nicht abschließend sind: Es gab nämlich durchaus nicht wenige Fälle, die sich dadurch auszeichneten, dass die umzustrukturierende Gesellschaft noch ein aktives Unternehmen betrieb – was eigentlich zu einer Einordnung in die erste Fallgruppe (keine wirtschaftliche Neugründung) hätte führen müssen –, dieser Gesellschaft jedoch ein neuer Unternehmensgegenstand implantiert wurde, der mit der bisherigen Tätigkeit der Gesellschaft nichts zu tun hatte –, was zu einem Ausschluss aus der ersten Fallgruppe führen könnte.

Beispiel:
Da der Gebrauchtwagenhandel nach Einführung der Abwrackprämie nahezu zum Erliegen gekommen ist, entschließt sich der Gesellschafter, den Unternehmensgegenstand seiner GmbH dahin zu ändern, dass Gegenstand des Unternehmens nunmehr die Erbringung von Beratungsleistungen zur Erlangung staatlicher Subventionen ist.

Der beschriebene Fall lässt sich nicht eindeutig der ersten Fallgruppe, in der die Offenlegung einer wirtschaftlichen Neugründung nicht notwendig wäre, zuordnen, da das von der Gesellschaft nunmehr betriebene Unternehmen nicht in wirtschaftlich gewichtbarer Weise an die bisherige Tätigkeit anknüpft. Allerdings lässt sich der Sachverhalt ebenso wenig eindeutig in die zweite Fallgruppe einordnen, in der eine wirtschaftliche Neugründung vorläge, da die Gesellschaft ihren bisherigen Geschäftsbetrieb vor Umstrukturierung jedenfalls nicht vollständig eingestellt hat. Die Rechtslage war also immer in den Fällen unklar, in denen die Gesellschaft zwar noch eine (geringe) Geschäftstätigkeit entfaltete, aber die neue Geschäftstätigkeit mit dieser bisherigen Geschäftstätigkeit wirtschaftlich nichts zu tun hatte.[1324] Mit Entscheidung vom 18.01.2010[1325] hat der BGH nunmehr klargestellt, dass eine Mantelverwendung, auf die die Regeln der sogenannten wirtschaftlichen Neugründung anwendbar sind, nur in Betracht kommt, wenn die Gesellschaft eine leere Hülse ist, also kein aktives Unternehmen betreibt, an das die Fortführung des Geschäftsbetriebs in irgendeiner wirtschaftlich noch gewichtbaren Weise anknüpfen kann. Durch diese Klarstellung konkretisiert der BGH nunmehr, dass der Tatbestand einer wirtschaftlichen Neugründung zunächst das Vorhandensein einer inaktiven Gesellschaft erfordert. Demzufolge kommt es für die Abgrenzung zwischen einer die Offenlegung gegenüber dem Handelsregister erfordernden wirtschaftlichen Neugründung einerseits und einer offenlegungsfreien Umorganisation andererseits künftig alleine darauf an, ob die Gesellschaft bislang noch irgendeine Geschäftstätigkeit entfaltet. Auch wenn diese Geschäftstätigkeit mit der neuen Geschäftstätigkeit wirtschaftlich nicht verwandt ist, sondern in einem ganz anderen Geschäftsfeld erfolgt, ist die noch aktive Gesellschaft keine »leere Hülse« und daher als solche nicht geeignet, Gegenstand einer wirtschaftlichen Neugründung zu sein.[1326]

1064

1324 Ebenso *Heckschen/Heidinger*, Die GmbH in der Gestaltungs- und Beratungspraxis, § 3 Rn 153; *Peetz*, GmbHR 2003, 1128, 1129.
1325 BGH DStR 2010, 815.
1326 *Hermanns*, ZNotP 2010, 242, 243.

F. Sonstige Verfügungen über Geschäftsanteile

1065 Die in der Praxis am häufigsten vorkommenden Bestellungen von beschränkt dinglichen Rechten an GmbH-Geschäftsanteilen sind die **Pfandrechtsbestellung und die Nießbrauchsbestellung**. Bei beiden Belastungen eines Geschäftsanteils stellt sich die Frage, inwieweit es möglich ist, die Rechtsstellung des dinglich Berechtigten in der Weise zu verstärken, dass ihm unmittelbar Gesellschafterrechte, etwa das Stimmrecht aus dem Geschäftsanteil, zugewiesen werden. Eine derartige Trennung eines Mitgliedschaftsrechts vom Gesellschafter und Zuweisung des Mitgliedschaftsrechts an einen gesellschaftsfremden Dritten führt in den Fragenkreis des in § 717 S. 1 BGB wurzelnden Abspaltungsverbotes. Es besagt, dass die Mitgliedschaftsrechte – im Gegensatz zu einzelnen aus ihnen erwachsenden Ansprüchen – von der Mitgliedschaft nicht trennbar sind, also insbesondere nicht selbständig übertragen werden können. Der die gesetzgeberische Anordnung rechtfertigende Grund ist darin zu sehen, dass die Ausübung von Gesellschafterrechten Ausdruck der autonomen Willensbildung der Gesellschafter sein soll.[1327] Das Abspaltungsverbot hindert eine isolierte Übertragung von Gesellschafterrechten und steht Gestaltungen entgegen, die einer Übertragung im wirtschaftlichen Ergebnis gleichkommen. Demgegenüber sind schuldrechtliche Vereinbarungen zwischen Gesellschaftern oder zwischen Gesellschaftern und Dritten über die Ausübung von Mitgliedschaftsrechten grundsätzlich zulässig.[1328] Ebenso ist es hinsichtlich der Ausübung von Verwaltungsrechten durch den Pfandgläubiger unbedenklich, wenn der Verpfänder ihm Vollmacht zur Ausübung des Stimmrechts (§ 47 Abs. 3 GmbHG) oder anderer nicht ausnahmsweise höchstpersönlich wahrzunehmender Rechte erteilt. Umstritten ist, ob die Vollmacht für die Dauer des Pfandrechts auch als eine unwiderrufliche erteilt werden kann.[1329] Zu beachten ist in diesem Zusammenhang allerdings jedenfalls, dass auch eine unwiderrufliche Vollmacht stets aus wichtigem Grund widerrufen werden kann.

1066 Auch bei der Verpfändung eines Geschäftsanteils und der Bestellung eines Nießbrauchs an einem Geschäftsanteil kann darüber hinaus ein **Interesse des Gläubigers** daran bestehen, dass ihm **selbst die Gesellschafterrechte unmittelbar zugewiesen** werden, da er sich möglicherweise nicht mit schuldrechtlichen Vereinbarungen mit dem Gesellschafter begnügen möchte. Eine derartige Gestaltung wird von einem Teil der Lehre als zulässig erachtet: in den Fällen, in denen der Dritte dinglich am Gesellschaftsanteil berechtigt sei, also etwa beim Nießbrauch oder als Pfandgläubiger, sei eine *dingliche Rechtsgemeinschaft* zwischen Gesellschafter und dinglich am Gesellschaftsanteil Berechtigten anzunehmen, in deren Folge der Dritte nicht als gesellschaftsfremder Dritter anzusehen und damit tauglicher Zessionar von Mitgliedschaftsrechten sei.[1330] Hiernach sei eine isolierte Zuordnung von Mitgliedschaftsrechten an einen nicht an der Gesellschaft beteiligten Dritten konstruktiv möglich, wenn der Dritte dinglich Berechtigter am Gesellschaftsanteil ist. Dem wird von anderer Seite entgegen gehalten, dass durch derartige Gestaltungen ein unselbständiger Bestandteil des Geschäftsanteils von diesem getrennt werde, was unzulässig sei. Der sich für die GmbH aus derartigen Gestaltungen ergebende Nachteil, dass ihr nämlich zugemutet werde, die Mitwirkung eines Nichtgesellschafters mit gesellschaftsrechtlich nicht legitimierter eigener Kompetenz zu dulden, obgleich er kein anderes Interesse am Gedeihen der Gesellschaft habe, als aus seinem Pfand sich befriedigen zu können, sei der Gesellschaft und den übrigen Gesellschaftern nicht zuzumuten. Demzufolge sei die Möglichkeit einer derartigen Abtrennung der Verwaltungsrechte auch zu Gunsten von ding-

---

[1327] *Wiedemann*, Gesellschaftsrecht I, § 7 Abschnitt I Ziff. 1 b.
[1328] *K. Schmidt*, Gesellschaftsrecht, § 21 Abschnitt II Ziff. 4.
[1329] Vgl. hierzu Scholz/*Winter*, § 15 Rn. 159 a.
[1330] *Wiedemann*, Gesellschaftsrecht II, § 3 Abschnitt III Ziff. 2 c.

lich am Geschäftsanteil Berechtigten nicht anzuerkennen.[1331] Auch die Praxis scheint aus den beschriebenen Gründen einer Übertragung von Mitverwaltungsrechten an den Pfandgläubiger oder Nießbrauchsberechtigten nicht zu trauen. Verpfändungsverträge, die etwa von Banken mit der Bitte um Beurkundung vorgelegt werden, enthalten regelmäßig keine Übertragung von Gesellschafterrechten selbst an den Pfandgläubiger, sondern beschränken sich auf schuldrechtliche Vereinbarungen zwischen Sicherungsgeber und Pfandgläubiger über die Ausübung dieser Gesellschafterrechte. Die Zurückhaltung in der Praxis ist verständlich, da die beschriebene Figur der *dinglichen Rechtsgemeinschaft* zwar für die Praxis geeignet, jedoch rechtstheoretisch nicht letztlich überzeugend ist. Der dinglich Berechtigte am Gesellschaftsanteil ist nämlich nach wie vor ein nicht der Gesellschaft angehörender Dritter, so dass der Geltungsgrund des Abspaltungsverbots – Schutz einer autonomen Willensbildung durch die Gesellschafter – auch bei einer Übertragung von Gesellschafterrechten an ihn durchaus berührt ist.

I. Die Verpfändung von Geschäftsanteilen

1. Die Bestellung des Pfandrechts

Geschäftsanteile können Gegenstand eines vertraglichen Pfandrechts sein. Maßgeblich für die Bestellung des Pfandrechts sind §§ 1273 Abs. 2, 1274 BGB. Hiernach erfolgt die Bestellung des Pfandrechts nach den für die Übertragung des den Pfandgegenstand bildenden Rechts geltenden Vorschriften. Demzufolge bedarf die Bestellung des Pfandrechts an einem GmbH-Geschäftsanteil gemäß § 15 Abs. 3 GmbHG der **notariellen Beurkundung**. Da auch § 15 Abs. 5 GmbHG Regelungen zur Übertragung von GmbH-Geschäftsanteilen enthält, sind auch ggf. in der Satzung enthaltene Voraussetzungen für eine Abtretung bei der Pfandrechtsbestellung zu beachten.[1332] Selbstverständlich kann die Satzung unterschiedliche Bestimmungen für die Übertragung eines Geschäftsanteils einerseits und die Verpfändung eines Geschäftsanteils andererseits vorsehen oder Voraussetzungen im Sinne des § 15 Abs. 5 GmbHG nur für die Abtretung, nicht jedoch für die dingliche Belastung eines Geschäftsanteils bestimmen.[1333] Uneinigkeit besteht über den Umfang der nach § 15 Abs. 3 GmbHG i.V.m. §§ 1273 Abs. 2, 1274 BGB erforderlichen notariellen Beurkundung. Zunächst besteht noch weitgehende Einigkeit darüber, dass die obligatorische Verpflichtung zur Bestellung eines Pfandrechts von § 1274 BGB nicht erfasst wird und daher auch nicht gemäß § 15 Abs. 4 GmbHG beurkundungsbedürftig ist. Diese Auffassung trifft zu, da der die Anwendbarkeit von § 15 GmbHG eröffnende § 1274 BGB lediglich die *dingliche* Bestellung des Pfandrechts regelt und insoweit auf die für die Übertragung des Rechts geltenden Vorschriften, also § 15 GmbHG, verweist. Die lediglich verpflichtende Vereinbarung zur Bestellung eines Pfandrechts kann daher formlos erfolgen. Eine formunwirksame Bestellung eines Pfandrechts kann häufig in eine – dann formwirksame – Verpflichtung zur Bestellung eines Pfandrechts umgedeutet werden.[1334]

Geht man vor diesem Hintergrund davon aus, dass **beurkundungspflichtig die Regelungen sind, die die dingliche Bestellung des Pfandrechts betreffen,** dann ist notwendiger Inhalt der notariellen Urkunde jedenfalls die Nennung des verpfändeten Geschäftsanteils, die Bestellung des Pfandrechts hieran sowie die Bezeichnung der gesicherten Forderung.[1335] Hinsichtlich der Konkretisierung der zu sichernden Forderung wird darüber hinaus diskutiert, ob eine Mitbeurkundung des (Darlehens)Vertrages erforderlich

---

1331 Vgl. etwa Baumbach/Hueck, § 15 Rn. 49; Lutter/Hommelhoff, § 15 Rn. 48; Roth/Altmeppen, § 15 Rn. 17, 39; Scholz/*Winter*, § 15 Rn. 159 a.
1332 Michalski/*Ebbing*, § 15 Rn. 220.
1333 Scholz/*Winter*, § 15 Rn. 154.
1334 Scholz/*Winter*, § 15 Rn. 156.
1335 *Heckschen/Heidinger*, Die GmbH in der Gestaltungs- und Beratungspraxis, § 13 Rn. 37.

ist, aus dem sich diese Forderung ergibt. Insoweit besteht zunächst Einigkeit darüber, dass der Darlehensvertrag der Pfandrechtsbestellungsurkunde nicht als Anlage beigefügt werden muss, wenn eine Identifizierung der zu sichernden Forderung auch auf andere Weise, etwa durch eindeutige Beschreibung, möglich ist.[1336] Enthält die Pfandrechtsbestellungsurkunde demgegenüber Bezugnahmen auf den Darlehensvertrag, wird zum Teil vertreten, dass es erforderlich sei, den Darlehensvertrag ganz oder teilweise als Anlage zum Verpfändungsvertrag mit zu beurkunden.[1337] Richtigerweise wird man zu differenzieren haben: Wenn die Beteiligten den Inhalt des Darlehensvertrages auch zum Inhalt der notariellen Urkunde über die Pfandrechtsbestellung machen wollen, zum Beispiel weil im Darlehensvertrag oder der Sicherungsabrede auch Regelungen über die Zulässigkeit der Pfandverwertung getroffen wurden, die im Übrigen in der dinglichen Pfandrechtsbestellungsurkunde nicht enthalten sind, muss der Darlehensvertrag insoweit mit beurkundet werden. Eine Mitbeurkundungspflicht des Darlehensvertrages besteht ferner, wenn die dingliche Pfandrechtsbestellungsurkunde ansonsten keine eindeutige Identifizierung der zu sichernden Forderung erlaubt.[1338] In allen anderen Fällen kann zur Identifizierung oder Beschreibung der zu sichernden Forderung auf einen bereits geschlossenen Darlehensvertrag zwischen den Beteiligten Bezug genommen werden. Es handelt sich hierbei jedoch um eine sog. *unechte Verweisung*, die das Rechtsgeschäft, auf das unecht verwiesen wird, nicht zum beurkundungsbedürftigen Inhalt des zu beurkundenden Rechtsgeschäfts macht.

2. Die Person des Pfandgläubigers

1069 Aufgrund der **Akzessorietät des Pfandrechts** ist dieses in seiner Entstehung, in seinem Fortbestand, in der Zuständigkeit und dem Untergang von dem Entstehen, der Existenz und der Zuständigkeit der Forderung abhängig. Dies bedeutet, dass der Inhaber des Pfandrechts auch immer Inhaber der Forderung sein muss. Das Pfandrecht geht unter, wenn die gesicherte Forderung erlischt. Im Übrigen ist eine vertragliche Aufhebung des Pfandrechts formfrei möglich.[1339] Durch die Aufhebung des die Teilung von Geschäftsanteilen vormals beschränkenden § 17 GmbHG a.F. ist die Verpfändung von Geschäftsanteilen zu Gunsten mehrerer Pfandgläubiger wesentlich erleichtert worden. Durch die nunmehr bestehende Möglichkeit der Vorratsteilung von Geschäftsanteilen können diese zum Zwecke der Verpfändung an verschiedene Gläubiger ohne weiteres in der Hand des Gesellschafters geteilt und zu Gunsten der unterschiedlichen Gläubiger verpfändet werden.[1340] Rechtskonstruktiv nicht einfach zu gestalten sind die Fälle, in denen bei Konsortialkrediten der Kreis der Kreditkonsorten anfangs noch nicht feststeht, sondern auch noch Pfandrechtsbestellung ein Wechsel der Kreditkonsorten und damit der Pfandgläubiger möglich sein soll.[1341] Eine denkbare Lösung kann hier darin bestehen, unter den bereits anfangs feststehenden Kreditkonsorten eine Gesellschaft bürgerlichen Rechts zu begründen und das Pfandrecht zu Gunsten dieser Gesellschaft bürgerlichen Rechts zu bestellen. In diesem Fall kann durch Beitritt oder Austritt aus der Gesellschaft bürgerlichen Rechts ohne weiteres die Möglichkeit eines einfachen und flexiblen Wechsels in der Person der Kreditkonsorten und Pfandgläubiger geschaffen werden. Die im Übrigen in der Praxis verwendeten Future-Pledgee-Klauseln gehen häufig von einem Angebot an einen noch unbekannten Adressaten aus oder lassen die bereits bekannten Konsorten zugleich als Vertreter ohne Vertretungsmacht für die noch später beitretenden Konsorten auftreten. Die sich hieraus ergebenden zivil-,

---

1336 *Heckschen/Heidinger*, Die GmbH in der Gestaltungs- und Beratungspraxis, § 13 Rn. 37.
1337 *Mertens*, ZIP 1998, 1787, 1788.
1338 *Heckschen/Heidinger*, Die GmbH in der Gestaltungs- und Beratungspraxis, § 13 Rn. 39.
1339 *Michalski/Ebbing*, § 15 Rn. 222.
1340 *Heckschen/Heidinger*, Die GmbH in der Gestaltungs- und Beratungspraxis, § 13 Rn. 169 f.
1341 Vgl. dazu *Förl*, RNotZ 2007, 433 ff.

gesellschafts- und beurkundungsrechtlichen Probleme sind in der Literatur bislang nur vereinzelt[1342] und in der Rechtsprechung – soweit ersichtlich – überhaupt nicht aufgearbeitet. In der Praxis jedenfalls wird vom beurkundenden Notar nicht erwartet werden können, dass er die ihm seitens der Banken zur Beurkundung vorgelegten Entwürfe eingehend daraufhin überprüft, ob die für den Einzelfall sachgerechte Gestaltung gewählt wurde. Insoweit obliegt es dem Notar allenfalls, auf die beurkundungsrechtlichen Erfordernisse und die verschiedenen Möglichkeiten der Gestaltung hinzuweisen.[1343]

3. Inhalt und Umfang des Pfandrechts

Das Pfandrecht gewährt dem Pfandgläubiger ein **Recht auf Befriedigung aus dem Pfand**. **1070** Das Pfandrecht erstreckt sich nicht ohne weiteres auf die Nutzungen aus dem Geschäftsanteil, also die Gewinnansprüche.[1344] Allerdings kann das Pfand auch als Nutzungspfand bestellt werden. In diesem Fall ist der Pfandgläubiger der Gesellschaft gegenüber unmittelbar zum Gewinnbezug berechtigt. Die Frage, ob dem Pfandgläubiger selbst Gesellschafterrechte unmittelbar übertragen werden können, etwa das Stimmrecht, ist umstritten. Die überwiegende Ansicht lehnt derartige Übertragungen unter Hinweis auf das Abspaltungsverbot ab.[1345]

Wird bei der Gesellschaft, deren Geschäftsanteile verpfändet wurden, eine **Kapitalerhö- 1071 hung** durchgeführt, gilt folgendes: Bei einer Kapitalerhöhung aus Gesellschaftsmitteln erstreckt sich das Pfandrecht ohne weiteren besonderen Bestellungsakt auch auf das erhöhte oder neu gebildete Anteilsrecht.[1346] Bei einer Kapitalerhöhung gegen Einlagen erstreckt sich das dingliche Recht demgegenüber nicht ohne weiteres auch auf die aus der Kapitalerhöhung neu entstehenden Geschäftsanteile.[1347] Wenn die Erhöhung des Stammkapitals nicht mit einer Verwässerung des Pfandrechts einhergehen soll, muss das Pfandrecht daher von vorneherein auch auf die künftigen aus einer Kapitalerhöhung entstehenden Geschäftsanteile erstreckt werden. Eine wirtschaftliche Benachteiligung kann sich für den Pfandgläubiger aus einer Kapitalerhöhung auch dann ergeben, wenn die neuen Geschäftsanteile unterwertig, das heißt ohne ein den inneren Wert der Anteile entsprechendes Agio, ausgegeben werden. In diesen Fällen wird der Pfandgläubiger auch ohne ausdrückliche vertragliche Regelung einen Anspruch gegen den Gesellschafter haben, das Pfandrecht auf die neuen Geschäftsanteile zu erstrecken.[1348] Bei Umwandlungsmaßnahmen, bei denen die pfandrechtsbelasteten Geschäftsanteile im Wege der dinglichen Surrogation durch Anteile an einem neuen Rechtsträger ersetzt werden, erfasst das Pfandrecht ohne weiteres auch die an die Stelle des bisherigen Geschäftsanteils tretenden Anteile an dem übernehmenden bzw. neuen Rechtsträger (§§ 20 Abs. 1 Nr. 3 S. 2, 36 Abs. 1, 131 Abs. 1 Nr. 3 S. 2, 135 Abs. 1 UmwG). Soweit durch eine Umwandlung Geschäftsanteile ersatzlos wegfallen (§§ 20 Abs. 1 Nr. 3 S. 1 Hs. 2, 131 Abs. 1 Nr. 3 Satz 1 Hs. 2 UmwG), erlischt das Pfandrecht; ggf. hat der Pfandgläubiger hier Ansprüche aus dem zugrunde liegenden Rechtsverhältnis.[1349] Im Falle einer Änderung der Rechtsform (Formwechsel) besteht das Pfandrecht an dem an die Stelle des belasteten Geschäftsanteils tretenden Anteil am Rechtsträger neuer Rechtsform weiter (§ 202 Abs. 1 Nr. 2 S. 2 UmwG). Tritt ein Gesellschafter umwandlungsbedingt aus der Gesellschaft aus, wird stattdessen entsprechend § 1287 BGB der Abfindungsanspruch – etwa aus §§ 207 ff. UmwG – erfasst.

1342 *Förl*, RNotZ 2007, 433 ff.
1343 Ebenso *Förl*, RNotZ 2007, 433, 455.
1344 Scholz/Winter, § 15 Rn. 160.
1345 Vgl. dazu eingehend oben Rdn. 1066.
1346 Scholz/Winter, § 15 Rn. 164 a.
1347 BGH WM 1982, 1433, 1434.
1348 *Reichert/Schlitt/Düll*, GmbHR 1998, 569.
1349 Scholz/Winter, § 15 Rn. 164 a.

2. Kapitel Recht der Gesellschaft mit beschränkter Haftung

1072   Inwieweit es möglich ist, die Belastung eines Geschäftsanteils mit einem Pfandrecht in der Gesellschafterliste gemäß § 40 GmbHG zu vermerken, ist höchst umstritten. Aus Gründen äußerster Vorsicht kann es im Interesse des Pfandgläubigers trotz der guten Argumente, die gegen die Eintragungsfähigkeit derartiger Pfandrechte in die Gesellschafterliste sprechen, geboten sein, den Versuch zu unternehmen, eine das Pfandrecht ausweisende Gesellschafterliste zum Handelsregister einzureichen, um einen gutgläubigen lastenfreien Erwerb eines Dritten zu vereiteln.[1350]

1073   **Checkliste Pfandrechtsbestellung**
1. Wurde die erforderliche Beurkundungsform eingehalten? Wurden alle zur dinglichen Pfandrechtsbestellung gehörenden Abreden beurkundet?
2. Wurden etwaige für die Pfandrechtsbestellung geltende Beschränkungen im Sinne von § 15 Abs. 5 GmbHG beachtet?
3. Wurden die Grenzen des Abspaltungsverbotes berücksichtigt?
4. Soll eine das Pfandrecht ausweisende Gesellschafterliste zum Handelsregister eingereicht werden?

II. Die Bestellung von Nießbrauchsrechten an Geschäftsanteilen

1. Zulässigkeit und Bestellung des Nießbrauchs

1074   Ein **Geschäftsanteil kann auch Gegenstand eines Nießbrauchs** sein. Der Zweck einer derartigen Nießbrauchsbestellung besteht darin, die Gesellschafterstellung und die Vermögenssubstanz des Geschäftsanteils einerseits und die Nutzungen aus dem Geschäftsanteil andererseits verschiedenen Personen zuzuordnen. Häufige Anwendungsfälle sind etwa Nießbrauchsvorbehalte bei Geschäftsanteilsübertragungen im Wege der vorweggenommenen Erbfolge (Vorbehaltsnießbrauch). Ebenso ist es denkbar, dass ein Gesellschafter seine Gesellschafterstellung zwar behalten will, die Erträge aber aus steuerlichen Gründen einem Dritten zuweisen will (sog. Zuwendungsnießbrauch).[1351] Auch kann die Bestellung des Nießbrauchs auf einen Teil des Geschäftsanteils als Quotennießbrauch beschränkt werden. Voraussetzung für eine wirksame Nießbrauchsbestellung ist gemäß § 1069 BGB, dass das Recht, an dem der Nießbrauch bestellt wird, selbst übertragbar ist. Schließt also der Gesellschaftsvertrag die Übertragbarkeit des Geschäftsanteils aus, ist auch die Bestellung eines Nießbrauchs unzulässig.[1352] Für die Begründung des Nießbrauchs gelten aus diesem Grund auch etwa bestehende statutarische Abtretungsbeschränkungen oder in der Satzung für die Nießbrauchsbestellung gesondert vorgesehene Regelungen.

1075   Die **Form der Nießbrauchsbestellung** folgt aus § 1069 BGB, welcher bestimmt, dass die Bestellung des Nießbrauchs an einem Recht (hier dem Geschäftsanteil) nach den für die Übertragung des Rechts geltenden Vorschriften erfolgt. Dies bedeutet für die Nießbrauchsbestellung an einem GmbH-Geschäftsanteil, dass die Form des § 15 Abs. 3 GmbHG zu wahren ist. Auch hier gilt, dass die lediglich schuldrechtliche Verpflichtung des Gesellschafters, einen Nießbrauch zu bestellen, formfrei möglich geschlossen werden kann, da sich § 1069 BGB, der auf § 15 Abs. 3 GmbHG verweist, lediglich über die sachenrechtliche Bestellung des dinglichen Rechts verhält.

1350 Vgl. dazu eingehend oben Rdn. 1043 f.
1351 Michalski/Ebbing, § 15 Rn. 192.
1352 OLG Koblenz GmbHR 1992, 464, 465.

2. Inhalt und Umfang des Nießbrauchs

Der Nießbraucher ist nach §§ 1068 Abs. 2, 1030 BGB berechtigt, die Nutzungen des Geschäftsanteils zu ziehen. Dies sind die auf den Zeitraum des Nießbrauchs entfallenden Ansprüche auf Anteil am ausschüttungsfähigen Gewinn. Während der Zeit, in der der Nießbrauch besteht, entsteht der Gewinnanspruch unmittelbar in der Person des Nießbrauchers.[1353] Entfallen auf den Geschäftsanteil besondere Vergütungen, etwa für Nebenleistungen nach § 3 Abs. 2 GmbHG oder für eine Geschäftsführertätigkeit des Gesellschafters, unterliegen diese Bezüge selbstverständlich – sofern nichts Abweichendes vereinbart ist – nicht dem Nießbrauch. Auch das Recht, im Rahmen einer Kapitalerhöhung neue Geschäftsanteile zu übernehmen, stellt keine Nutzung des Geschäftsanteils dar, so dass auch dieses Recht dem Gesellschafter selbst zusteht. Er alleine kann darüber entscheiden, ob er an der Kapitalerhöhung teilnehmen möchte. Selbstverständlich kann der Gesellschafter sich bei dieser Entscheidung an eine Zustimmung oder eine Weisung des Nießbrauchsberechtigten binden.

1076

[1353] Michalski/*Ebbing*, § 15 Rn. 194.

Kapitel 3. Aktiengesellschaft

A. Gründung

I. Allgemeines

Aktiengesellschaften können auf unterschiedliche Weise entstehen. Die gesetzliche Regelform ist die Bargründung, bei der die Gründer der Aktiengesellschaft ihre Einlagen durch Geld zu erbringen haben. Sollen die Einlagen hingegen nicht durch Geld erbracht werden, liegt eine Sachgründung vor. Möglich ist auch eine gemischte Bar- und Sachgründung, bei der ein Teil der Aktien gegen Bareinlagen und der anderen Teil gegen Sacheinlagen übernommen wird. **1**

Aktiengesellschaften können aber auch nach den Vorschriften des Umwandlungsgesetzes entstehen. Möglich ist der Formwechsel einer Kapital- oder Personengesellschaft in die Rechtsform der Aktiengesellschaft. Daneben kann eine Aktiengesellschaft im Wege der Verschmelzung durch Neugründung oder Spaltung zur Neugründung entstehen.

In der Beratungspraxis sind bei der Gründung einer Aktiengesellschaft häufig die Vor- und Nachteile gegenüber einer Gesellschaft mit beschränkter Haftung (GmbH) abzuwägen. Wesentlich ist, dass bei einer Aktiengesellschaft eine strenge Funktionstrennung zwischen den Gesellschaftern und dem Vorstand besteht, da der Aufsichtsrat zwischengeschaltet ist. Eine direkte Einflussnahme der Aktionäre auf den Vorstand ist daher rechtlich nicht möglich. Die Hauptversammlung wird nur in Ausnahmefällen zu Maßnahmen befragt. Demgegenüber können die Gesellschafter einer GmbH den Geschäftsführern direkt Weisungen erteilen. Als ein Nachteil der Aktiengesellschaft erweist sich zudem die Satzungsstrenge. Nach § 23 Abs. 5 AktG kann die Satzung der Gesellschaft nur dort von den gesetzlichen Bestimmungen abweichen, wo dies im Gesetz ausdrücklich zugelassen ist oder wo keine abschließende Regelung getroffen wurde. Dem steht die hohe Flexiblität der Satzung einer GmbH gegenüber. **2**

Vorteile einer Aktiengesellschaft sind hingegen die leichtere (weil formfreie) Übertragung der Aktien gegenüber den Geschäftsanteilen der GmbH sowie der erleichterte Zugang zu Kapitalmarkt. Obwohl rechtlich ohne Bedeutung empfinden zudem viele Beteiligte des Stellung eines Vorstands einer Aktiengesellschaft als erheblich attraktiver als die eines Geschäftsführers.

II. Bargründung

1. Übersicht: Ablauf einer Bargründung

- Abfassung des Gründungsprotokoll und Feststellung der Satzung **3**
- Bestellung des Aufsichtsrates (kann Teil des Gründungsprotokolls sein)
- Bestellung des Abschlussprüfers (kann Teil des Gründungsprotokolls sein)
- Protokoll der ersten Aufsichtsratssitzung mit Wahl des Vorsitzenden und Stellvertreters des Aufsichtsrates sowie Bestellung des Vorstands
- Leistung der Einlage
- Gründungsbericht der Gründer
- Gründungsprüfungsbericht des Vorstands und des Aufsichtsrates
- Gründungsprüfungsbericht des Gründungsprüfers
- Bestätigung des Kreditinstitutes
- Berechnung Gründungsaufwand
- Liste der Aufsichtsratsmitglieder
- Handelsregisteranmeldung
- Eintragung im Handelsregister

3. Kapitel   Aktiengesellschaft

2. Gründungsprotokoll

4 Die rechtsgeschäftliche Errichtung einer Aktiengesellschaft erfolgt durch die Feststellung der Satzung und die Übernahme der Aktien durch die Gründer (vgl. § 29 AktG). Wie aus § 23 Abs. 1 und Abs. 2 AktG folgt, hat dies in einer Urkunde zu geschehen[1] Diese Urkunde wird als Gründungs- oder Errichtungsprotokoll bezeichnet.[2]

5 **Checkliste Gründungsprotokoll**

- Namen und Anschriften bzw. Firma und Sitz der Gründer
- Soll ein Gründer vertreten werden?
- Nennbetrags- oder Stückaktien; ggf. Höhe der Nennbeträge
- Inhaber- und/oder Namensaktien?
- Ausgabebetrag
- Fälligkeit der Einlage (Einforderung kann jedoch dem Vorstand überlassen werden)
- Verschiedene Aktiengattungen?
- Besondere Rechte für bestimmte Aktien?
- Verteilung der Aktien auf die Gründer
- Firma
- Sitz
- Gegenstand des Unternehmens
- Wo sollen Bekanntmachungen erfolgen?
- Wird ein Sondervorteil i.S.d. § 26 Abs. 1 AktG gewährt?
- Höhe des Gründungsaufwands, der von der Gesellschaft getragen werden soll (vgl. § 26 Abs. 2 AktG)

a) Form

6 Die Feststellung der Satzung hat gemäß § 23 Abs. 1 S. 1 AktG durch notarielle Beurkundung zu erfolgen. Dem Formzwang unterliegt dabei der gesamte Satzungsinhalt. Da die Feststellung der Satzung und die Übernahme der Aktien in einer Urkunde zu erfolgen haben, ist auch die Übernahme zu beurkunden. Für die Niederschrift gelten die §§ 8 ff. BeurkG.[3] Nicht beurkundungsbedürftig sind hingegen grundsätzlich **schuldrechtliche Nebenabreden**[4] unter den Gründern, die unmittelbar nur die an der Vereinbarung Beteiligten, nicht aber alle gegenwärtigen und zukünftigen Aktionäre binden.[5]

7 Um vermeintliche Kostenvorteile herbeizuführen, wird gelegentliche vorgeschlagen, die Beurkundung des Gründungsprotokolls im Ausland vorzunehmen. Die Zulässigkeit einer **Auslandsbeurkundung** bei gesellschaftsrechtlichen Vorgängen ist jedoch umstritten.[6] Dabei sind zwei Fragen voneinander abzugrenzen. Zum einen ist abzuklären, ob die in

---

1 MünchKommAktG/*Pentz*, § 23 Rn. 28; K. Schmidt/Lutter/*Seibt*, § 23 Rn. 15; KK-AktG/*Kraft*, § 23 Rn. 9; Würzburger Notarhandbuch/*Reul*, Teil 5, Kapitel 4 Rn. 6.
2 Muster bei: Happ/*Mulert*, Aktienrecht, 2.01; Kersten/Bühling/*Krauß*, § 147; Münchener Vertragshandbuch GesR/*Hölters*, V 1; Würzburger Notarhandbuch/*Reul*, Teil 5, Kapitel 4, Rn. 128; Beck'sches Formularbuch/*Hoffmann-Becking*, X.1.
3 *Hüffer*, § 23 Rn. 9; Würzburger Notarhandbuch/*Reul*, Teil 5 Rn. 5; Kersten/Bühling/*Krauß*, § 147 Rn. 1.
4 In der Literatur wird auch von satzungsändernden Nebenabreden gesprochen, so etwa: *Hüffer*, § 23 Rn. 45.
5 K. Schmidt/Lutter/*Seibt*, § 23 Rn. 13; GroßkommAktG/*Röhricht*, § 23 Rn. 43; *Hüffer*, § 23 Rn. 45 ff., siehe auch Rdn. 166.
6 Vgl. zum Streitstand: Palandt/*Thorn*, Art. 11 EGBGB Rn. 11ff; Kersten/Bühling/*Bischoff*, § 26 Rn. 39 ff.; Würzburger Notarhandbuch/*Reul*, Teil 5 Rn. 7; *Hüffer*, § 23 Rn.10; Goette, DStR 1996, 709; *Knoche*, FS Rheinisches Notariat, S. 297 ff.

§ 23 Abs. 1 AktG vorgeschriebene notarielle Beurkundung auch im Ausland erforderlich ist oder die jeweilige Ortform ausreichend ist. Geht man davon aus, dass die Formvorschrift des § 23 Abs. 1 AktG im Ausland einzuhalten ist, muss bestimmt werden, ob sie durch einen **ausländischen Notar** erfüllt werden kann.

Ausgangspunkt für die Beantwortung der ersten Frage ist Art. 11 Abs. 1 EGBGB, wonach ein Rechtsgeschäft gültig ist, wenn es das Recht des Staates erfüllt, in dem es vorgenommen wird. Teile der Literatur wenden Art. 11 Abs. 1 auf gesellschaftsrechtliche Vorgänge an, auch wenn sie organisatorische Vorgänge wie Gründung oder Verschmelzung betreffen. Die Ortform sei ausreichend.[7] Dem ist entgegenzuhalten, dass nach den Gesetzesmaterialien der auf das EG-Schuldrechtsübereinkommen zurückzuführende Art. 11 EGBGB auf Fragen der Verfassung juristischer Personen keine Anwendung finden soll.[8] Dementsprechend sind die deutschen Formvorschriften bei der Gründung einer deutschen Aktiengesellschaft immer einzuhalten.[9] **8**

Hiervon zu unterscheiden ist die Frage, ob die deutsche Form auch bei der Beurkundung durch einen ausländischen Notar erfüllt werden kann. Die überwiegende Meinung in der Literatur[10] sowie der BGH[11] in einem Urteil aus dem Jahre 1981 bejahen dies, wenn eine sog. Gleichwertigkeit besteht. Eine **Gleichwertigkeit des ausländischen Notar** sei gegeben, wenn dieser aufgrund seiner Vorbildung und seiner Stellung im Rechtsleben eine der Tätigkeit des deutschen Notars entsprechende Funktion ausübe und eine Verfahrenrecht beachte, das den tragenden Grundsätzen des deutschen Rechts entspreche.[12] **Gleichwertigkeit** im Rahmen dieser Meinung wird zumeist für **Österreich**,[13] die **Niederlande**[14] sowie in der **Schweiz** für **Basel**,[15] **Basel-Stadt**,[16] **Bern**,[17] **Luzern**,[18] **Zürich**[19] uns **Zug**[20] bejaht. Teilweise werden sogar Beurkundungen durch einen **englischen Notar**[21] bzw. sämtliche Beurkundungen auf der Grundlage des lateinischen Notariats des romanischen Rechtskreises als gleichwertig angesehen.[22] **9**

Wäre die vorstehende Auffassung zutreffend, so würde es im Belieben der Beteiligten stehen, durch eine Verlagerung der Beurkundung in das Ausland diese zu einem reinen Formalakt zu machen. Dabei wird übersehen, dass der Zweck der Beurkundung nicht nur im Interesse der Beteiligten, sondern auch im öffentlichen Interesse liegt. Durch die materielle Richtigkeitskontrolle des Notars, für die dieser unbeschränkt haftet, soll das Vertrauen des Rechtsverkehrs in den rechtswirksamen Bestand der Aktiengesellschaft mit dem Satzungsinhalt geschützt werden. Daher muss der Notar die Beurkundung auch gemäß § 4 BeurkG ablehnen, wenn das Gründungsprotokoll einen eindeutig unzulässigen **10**

---

7 Palandt/*Thorn*, Art. 11 EGBGB Rn. 11 ff.; MünchKommBGB/*Spellenberg*, § Art. 11 EGBGB Rn. 9.
8 Begr. RegE BT-Drucks.10/504, S. 49.
9 *Hüffer*, § 23 Rn. 10; MünchKommAktG/*Pentz*, § 23 Rn. 28; GroßkommAktG/*Röhricht*, § 23 Rn. 48; K. Schmidt/Lutter/*Seibt*, § 23 Rn. 17.
10 *Hüffer*, § 23 Rn. 11; MünchKommAktG/*Pentz*, § 23 Rn. 33; K. Schmidt/Lutter/*Seibt*, § 23 Rn. 18.
11 BGH v. 16.2.1981 – II ZB 8/80 = DNotZ 1981, 451; bestätigt durch BGH GmbHR 1990, 25, 28.
12 *Hüffer*, § 23 Rn. 11; MünchKommAktG/*Pentz*, § 23 Rn. 33; K. Schmidt/Lutter/*Seibt*, § 23 Rn. 18; *Wagner*, DNotZ 1982, 205 ff.; a.A.: AnwKomm-AktienR/*Braunfels*, § 23 AktG Rn. 5.
13 BayObLG v. 18.10.1977 = NJW 1978, 500; MünchKommAktG/*Pentz*, § 23 Rn. 35; K. Schmidt/Lutter/*Seibt*, § 23 Rn. 18.
14 OLG Düsseldorf v. 25.1.1989 = NJW 1989, 2200; MünchKommAktG/*Pentz*, § 23 Rn. 35; K. Schmidt/Lutter/*Seibt*, § 23 Rn. 18.
15 LG Nürnberg-Fürth v. 20.8.1991 = NJW 1992, 633.
16 OLG Frankfurt a.M. v. 25.1.2005 = GmbHR 2005, 764.
17 OLG Hamburg v. 13.12.1979 = IPR-Rspr. 1979, Nr. 9.
18 K. Schmidt/Lutter/*Seibt*, § 23 Rn. 18.
19 BGH v. 16.2.1981 – II ZB 8/80 = DNotZ 1981, 451; LG Köln v. 13.10.1989 = DB 1989, 2214; a.A.: AG Fürth GmbHR 1991, 24; *Geimer*, DNotZ 1981, 406.
20 K. Schmidt/Lutter/*Seibt*, § 23 Rn. 18.
21 MünchKommAktG/*Pentz*, § 23 Rn. 35; K. Schmidt/Lutter/*Seibt*, § 23 Rn. 18.
22 MünchKommAktG/*Pentz*, § 23 Rn. 35; K. Schmidt/Lutter/*Seibt*, § 23 Rn. 18.

3. Kapitel Aktiengesellschaft

Inhalt hat. Diese materielle Kontrolle kann durch einen ausländischen Notar typischerweise nicht erbracht werden.[23] Zudem zweifelt mittlerweile auch der Vorsitzende des für Gesellschaftsrechts zuständigen zweiten Senats an der Auffassung der herrschenden Meinung.[24] Bedenkt man weiterhin, dass Registergerichte häufig die Eintragungen von Gesellschaftsgründungen, die durch einen ausländischen Notar beurkundet wurden, ablehnen,[25] ist eine Beurkundung in Deutschland in jedem Fall vorzuziehen.

b) Vertretung

11 Für die **rechtsgeschäftliche Vertretung** bei der Erstellung des Gründungsprotokolls gelten die gesetzlichen Bestimmungen. Abweichend von § 167 Abs. 2 BGB bedarf die Vollmacht jedoch gemäß § 23 Abs. 1 S. 2 AktG der notariellen Beglaubigung, siehe hierzu auch ausführlich Kapitel 2 Rdn. 89 ff.

12 Handelt eine Person als **Vertreter ohne Vertretungsmacht**, so kann die Erklärung vom Gründer nachgenehmigt werden, wobei diese Genehmigung abweichend von § 182 Abs. 2 BGB ebenfalls der notariellen Beglaubigung bedarf.[26] Zu beachten ist aber, dass nach der ganz h.M. in der Literatur die Gründung einer Einmann-GmbH durch einen vollmachtlosen Vertreter wegen Verstoßes gegen § 180 BGB unzulässig und nicht genehmigungsfähig ist.[27] Gleiches gilt für die Aktiengesellschaft. Eine **Einmann-AG** kann somit durch einen Vertreter ohne Vertretungsmacht nicht wirksam gegründet werden, siehe hierzu auch Kapitel 2 Rdn. 97 ff.

13 Gesetzliche Vertreter bedürfen keiner Vollmacht, die notariell beglaubigt ist. Umstritten ist, ob bei einem **Prokuristen** die Vorlage eines Registerauszugs ausreichend ist. Da es sich bei der Prokura um eine rechtsgeschäftliche Vollmacht handelt, ist dies nicht der Fall. Ein Prokurist muss also eine gesonderte notariell beglaubigte Vollmacht vorlegen.[28]

Wird die Vollmacht (oder Genehmigung) im Ausland erteilt, ist das für die Vollmacht maßgebliche Recht das Recht desjenigen Landes, in dem die Vollmacht ihre Wirkung entfalten soll, also das deutsche Recht.[29]

c) Inhalt des Gründungsprotokolls

14 Das Gründungsprotokoll umfasst inhaltlich die Feststellung der Satzung (§ 23 Abs. 1 AktG) und die Erklärung der Aktienübernahme mit dem Inhalt des § 23 Abs. 2 AktG. Daneben kann das Gründungsprotokoll Angaben zu einem Aufgeld bzw. Agio sowie zur Fälligkeit der Einlagen enthalten.

aa) Erklärung der Aktienübernahme

15 Mit der Aktienübernahmeerklärung verpflichten sich die Gründer zur Leistung der Einlage.[30] Die **Übernahmeerklärung** muss ohne Vorbehalt, Bedingung oder Beschränkung abgegeben werden. Die weiteren Einzelangaben ergeben sich aus § 23 Abs. 2 AktG.

---

23 So zutreffend auch AnwKomm-AktienR/*Braunfels*, § 23 Rn. 5; *Knoche*, FS Rheinisches Notariat, S. 297 ff.; Beck'sches Notarhandbuch/*Zimmermann*, Abschn. H Rn. 192.
24 *Goette*, FS Boujong, S. 131, 140 ff; *ders.*, MittRhNotK 1997, 1, 5.
25 So etwa das AG Hamburg.
26 *Hüffer*, § 23 Rn. 12; K. Schmidt/Lutter/*Seibt*, § 23 Rn. 20.
27 OLG Frankfurt a.M. GmbHR 2003, 415; LG Berlin GmbHR 1996, 123; Baumbach/Hueck/*Fastrich*, § 2 Rn. 18; Michalski, § 2 Rn. 34; a.A.: *Dürr*, GmbHR 2008, 408; ausführlich zur Problematik: *Grooterhorst*, NZG 2007 605 ff.
28 MünchKommAktG/*Pentz*, § 23 Rn. 18; KK-AktG/*Kraft*, § 23 Rn. 27; a.A.: *Hüffer*, § 23 Rn. 12; K. Schmidt/Lutter/*Seibt*, § 23 Rn. 20.
29 BGH v. 27.5.1993 – IX ZR 66/92 = DNotZ 1994, 485, 487; Beck'sches Notarhandbuch/*Zimmermann*, Abschnitt H Rn. 67; vgl. zu den Einzelheiten Kapitel 2 Rdn. 91 ff.
30 *Hüffer*, § 23 Rn. 16; K. Schmidt/Lutter/*Seibt*, § 23 Rn. 23.

(1) Gründer

Gemäß § 23 Abs. 2 Nr. 1 AktG sind in der Gründungsurkunde die Gründer anzugeben. Die Angaben müssen eine Individualisierung der Gründer zulassen. Bei natürlichen Personen sind Vor- und Nachname sowie die Anschrift zu nennen. Bei juristischen Personen, Personen- und Personenhandelsgesellschaften, die Firma und der Sitz sowie nach Möglichkeit die Handelsregisternummer.[31] **16**

Gründer einer Aktiengesellschaft kann jede natürliche oder juristische Person sein. Bejaht wird die Gründungsfähigkeit zudem für die Gesellschaft bürgerlichen Rechts, die Erbengemeinschaft und den nichtrechtsfähigen Verein, vgl. zu den Einzelheiten Kapitel 2 Rdn. 58 ff. **17**

(2) Angaben zu den Aktien

Werden **Nennbetragsaktien** übernommen, sind in der Übernahmeerklärung der **Nennbetrag** und der **Ausgabebetrag** der Aktien anzugeben, die jeder Gründer übernimmt.[32] Sofern die Aktien mit unterschiedlichen Nenn- und/oder Ausgabebeträgen übernommen werden, ist in der Literatur umstritten, ob die Summen der Nenn- bzw. Ausgabebeträge für jeden einzelnen Gründer anzugeben sind. Der Wortlaut des § 23 Abs. 2 Nr. 2 AktG verlangt dies nicht. Um aber Klarheit darüber zu erlangen, welche Aktien von welchem Gründer übernommen worden sind, sind die entsprechenden Angaben im Gründungsprotokoll aufzuführen.[33] **18**

Bei **Stückaktien** sind nach § 23 Abs. 2 Nr. 2 AktG die **Anzahl** sowie der **Ausgabebetrag** der Aktien mitzuteilen, die jeder Gründer übernimmt. Nicht erforderlich ist die Angabe des auf die einzelnen Stückaktien entfallenden anteiligen Betrags des Grundkapitals.[34] Werden Stückaktien mit verschiedenen Ausgabebeträgen ausgegeben, ist auch hier anzugeben, wie viele Aktien der jeweiligen Art die Gründer übernehmen.[35] **19**

Wenn mehrere **Aktiengattungen** bestehen, d.h. die Aktien verschiedene Rechte gewähren, muss der Übernahmeerklärung entnommen werden können, welche Anzahl welcher Gattung von welchem Gründer übernommen wird. Gleiches gilt, wenn Namens- und Stückaktien ausgegeben werden.[36] **20**

(3) Einzahlungsbetrag auf das Grundkapital

Gemäß § 23 Abs. 2 Nr. 3 AktG ist der eingezahlte Betrag des Grundkapitals anzugeben. Zum Zeitpunkt der Errichtung der Gesellschaft kann jedoch noch kein Betrag an die Gesellschaft geleistet werden, weil diese erst mit der Feststellung der Satzung entsteht.[37] Im Gründungsprotokoll kann und sollte aber festgelegt werden, wann und in welchem Umfang die Einlagen zu zahlen sind.[38] Anzugeben ist dabei der Gesamtbetrag der Gründer, eine Aufgliederung der Summe für jeden Gründer ist nicht erforderlich.[39] **21**

---

31 Hüffer, § 23 Rn. 17; MünchKommAktG/Pentz, § 23 Rn. 58; Würzburger Notarhandbuch/Reul, Teil 5 Rn. 10.
32 Hüffer, 23 Rn. 18; MünchKommAktG/Pentz, § 23 Rn. 116; K. Schmidt/Lutter/Seibt, § 23 Rn. 26.
33 Hüffer, § 23 Rn. 18; MünchKommAktG/Pentz, § 23 Rn. 59; K. Schmidt/Lutter/Seibt, § 23 Rn. 26; a.A.: GroßkommAktG/Röhricht, § 23 Rn. 75.
34 Hüffer, § 23 Rn. 18; MünchKommAktG/Pentz, § 23 Rn. 122.
35 K. Schmidt/Lutter/Seibt, § 23 Rn. 27.
36 Hüffer, § 23 Rn. 18; MünchKommAktG/Pentz, § 23 Rn. 61; K. Schmidt/Lutter/Seibt, § 23 Rn. 28; a.A.: GroßkommAktG/Röhricht, § 23 Rn. 75.
37 MünchHdb. AG/Hoffmann-Becking, § 3 Rn. 11; Würzburger Notarhandbuch/Reul, Teil 5 Kapitel 4, Rn. 12.
38 MünchHdb. AG/Hoffmann-Becking, § 3 Rn. 11; Würzburger Notarhandbuch/Reul, Teil 5, Kapitel 4, Rn. 12; MünchKommAktG/Pentz, § 23 Rn. 62.
39 Würzburger Notarhandbuch/Reul, Teil 5, Kapitel 4, Rn. 12.

3. Kapitel Aktiengesellschaft

bb) Aufgeld/Agio

22 Werden die Aktien zu einem höheren als dem geringsten Ausgabebetrag[40] ausgegeben, wird diese Differenz als Aufgeld oder Agio bezeichnet. Dieses Agio kann in die Gründungsurkunde aufgenommen werden. In diesem Fall umfasst die Differenzhaftung des Gründers nach wohl überwiegender Meinung in der Literatur auch das Aufgeld (vgl. hierzu noch Rdn. 187).[41] Zudem muss ein derartiges satzungsgemäßes Aufgeld vor Anmeldung der Gesellschaft zum Handelsregister eingezahlt werden.

23 Will man diese Folgen vermeiden, sollte auf die Festsetzung des Aufgeldes in der Gründungsurkunde verzichtet werden. Soll eine Haftung der Gründer erreicht werden, eine Prüfung durch das Registergericht aber vermieden werden, bietet sich an, eine Haftung der Gründer schuldrechtlich in einer gesonderten Gesellschaftervereinbarung zu regeln.

cc) Fälligkeit und Einforderung der Einlage

24 Vor der Anmeldung zum Handelsregister muss von den zu leistenden Bareinlagen mindestens ein Viertel des geringsten Ausgabebetrages[42] und der Gesamtbetrag eines etwaigen satzungsgemäßen Aufgeldes eingefordert werden.[43] Zuständig für die Einforderung ist der Vorstand. Sollen weitere Beträge vom Vorstand angefordert werden, empfiehlt sich eine entsprechende Regelung im Gründungsprotokoll.

25 M **Formulierungsbeispiel Einforderung der Einlagen:**
Die Bareinlagen sind zu 75 % bis zum ... auf das vom Vorstand noch anzugebende Konto der Gesellschaft einzubezahlen. Der Restbetrag wird zehn Bankarbeitstage nach schriftlicher Aufforderung durch den Vorstand fällig.

dd) Feststellung der Satzung

26 Die Feststellung der Satzung erfolgt regelmäßig, indem der Satzungstext dem Gründungsprotokoll als Anlage beigefügt und im Gründungsprotokoll auf die Anlage verwiesen wird (vgl. § 9 Abs. 1 S. 2 BeurkG).[44]

(1) Satzungsstrenge

27 Bei der Abfassung der Satzung ist zunächst zu beachten, dass das Aktienrecht gemäß § 23 Abs. 5 AktG vom Grundsatz der **Satzungsstrenge** ausgeht. Die Satzung kann von den Vorschriften des Gesetzes nur abweichen, wenn dies ausdrücklich zugelassen ist, wobei bei einem Schweigen des Gesetzes eine Abweichung nicht möglich ist.[45] Ergänzende Bestimmungen sind nur zulässig, wenn das Gesetz keine abschließende Regelung enthält. Eine Abweichung im obigen Sinne liegt vor, wenn eine gesetzliche Regelung durch eine andere ersetzt wird. Eine Ergänzung ist gegeben, wenn eine gesetzliche Bestimmung fehlt oder die gesetzliche Regelung weitergeführt wird, ihrem Grundsatz nach also unberührt bleibt.[46]

---

40 Siehe § 9 AktG
41 OLG Jena WM 2006, 2258, 2266; MünchHdb. AG/*Krieger*, § 56 Rn. 49; a.A.: *Hüffer*, § 183 Rn. 21.
42 Vgl. hierzu Rdn. 186.
43 Eine Sonderregelung hierzu findet sich allerdings in § 28 Abs. 6 S. 2 WPO für Wirtschaftsprüfungsgesellschaften.
44 Mustersatzungen bei Happ/*Pühler*, Aktienrecht, 1.01 bis 1.05.
45 *Hüffer*, § 23 Rn. 35; K. Schmidt/Lutter/*Seibt*, § 23 Rn. 54; a.A.: KK-AktG/*Mertens*, § 76 Rn. 11.
46 *Hüffer*, § 23 Rn. 37; K. Schmidt/Lutter/*Seibt*, § 23 Rn. 54; Würzburger Notarhandbuch/*Reul*, Teil 5, Kapitel 4, Rn. 41.

(2) Notwendiger Inhalt der Satzung

Der notwendige Mindestinhalt der Satzung ergibt sich aus § 23 Abs. 3 und Abs. 4 AktG. **28**
Anzugeben sind:

- Firma und Sitz (§ 23 Abs. 3 Nr. 1 AktG)
- Gegenstand des Unternehmens (§ 23 Abs. 3 Nr. 2 AktG)
- Höhe des Grundkapitals (§ 23 Abs. 3 Nr. 3 AktG)
- Angaben zur Zerlegung des Grundkapitals (§ 23 Abs. 3 Nr. 4 AktG)
- Ob Inhaber- oder Namensaktien oder beide Aktiengattungen ausgeben werden (§ 23 Abs. 3 Nr. 5 AktG)
- Die Zahl der Vorstandsmitglieder (§ 23 Abs. 3 Nr. 6 AktG)
- Form der Bekanntmachungen der Gesellschaft (§ 23 Abs. 4)

(3) Bedingt notwendige Satzungsbestandteile

Die nach § 23 Abs. 3 und Abs. 4 AktG notwendigen Satzungsbestandteile sind nicht **29** abschließend. Nach § 26 Abs. 1 AktG ist in der Satzung anzugeben, wenn einzelnen Aktionären oder Dritten **besondere Vorteile** eingeräumt werden. Darunter sind alle Vorteile zu verstehen, die einzelnen oder auch allen Aktionären oder Dritten aus Anlass der Gründung eingeräumt werden.[47]

Anzugeben ist zudem gemäß § 26 Abs. 2 AktG der von der Gesellschaft zu tragende **30** **Gründungsaufwand**, der zu Lasten der Gesellschaft an Aktionäre oder an andere Personen als Entschädigung oder als Belohnung für die Gründung oder ihre Vorbereitung gewährt wird. Üblicherweise sind hier Notar- und Gerichtskosten, Kosten der Bekanntmachung sowie sonstige Beratungskosten zu nennen.[48]

Weitere zwingende Vorschriften können sich ferner aus anderen Gesetzen ergeben. Zu **31** nennen sind etwa das Gesetz über die Wahrnehmung von Urheberrechten und verwandten Schutzrechte[49] oder das Gesetz zur Schaffung deutscher Immobilien-Aktiengesellschaften mit börsennotierten Anteilen (REITG).[50]

ee) Änderung der Gründungssatzung/Mitarbeitervollmacht

Die Änderung der Satzung nach der notariellen Errichtung ist nach herrschender Mei- **32** nung bis zur Eintragung nur bei Mitwirkung sämtlicher Gründer möglich,[51] da es sich nicht um eine normale Satzungsänderung i.S.d. § 179 ff. AktG handelt, sondern um eine Änderung des Gründungsstatuts.

Vor diesem Hintergrund und um auf etwaige Zwischenverfügungen des Registerge- **33** richts schnell reagieren zu können oder spätere Änderungswünsche der Gründer einzufügen, sollte immer eine entsprechende Vollmacht für die Mitarbeiter des Notars in der Gründungsurkunde enthalten sein.

---

47 *Hüffer*, § 26 Rn. 2; MünchKommAktG/*Pentz*, § 26 Rn. 8; K. Schmidt/Lutter/*Seibt*, § 26 Rn. 4; ausführlich hierzu: *Junker*, ZHR 1959 (1995) 207 ff.; vgl. auch noch Rdn. 164.
48 Vgl. hierzu noch Rdn. 165.
49 Vgl. hierzu: *Hüffer*, § 23 Rn. 33.
50 Vgl. hierzu: *Frank*, MittBayNot 2007, 173 ff.: *Klühs*, RNotZ 2008, 509 ff.
51 *Hüffer*, AktG, § 41 Rn. 7; Happ/*Mulert*, 2.01 Rn. 15.

3. Einzelne Satzungsbestimmungen

34 Nachfolgend soll der Inhalt der notwendigen sowie weiterer zweckmäßiger Satzungsbestimmungen näher erläutert werden.[52]

35 **Checkliste Satzung**

- Firma der Gesellschaft
- Sitz der Gesellschaft
- Gegenstand des Unternehmens
- Geschäftsjahr
- Freiwillige Bekanntmachungen der Gesellschaft
- Höhe des Grundkapitals
- Zerlegung des Grundkapitals
- Namens- und/oder Inhaberaktien?
- Vinkulierung?
- Genehmigtes Kapital?
- Ausgestaltung des Verbriefungsanspruchs
- Aktiengattungen
- Vertretungsregelungen
- Bestimmungen zum Aufsichtsrat
- Bestimmungen zur Hauptversammlung
- Einziehung der Aktien?
- Besondere Vorteile i.S.v. § 26 Abs. 1 AktG?
- Gründungsaufwand

a) Firma

36 Die Satzung der Aktiengesellschaft muss die Firma bestimmen. Das Firmenrecht ist seit der Neuordnung durch das HRefG durch eine weitreichende Gestaltungsfreiheit gekennzeichnet. Die Gesellschaft kann daher eine **Personenfirma** wählen, die den Namen eines oder mehrer Gesellschafter enthält. Daneben kann auch eine **Sachfirma**, eine Kombination zwischen Personen- und Sachfirma sowie eine **Fantasiefirma** gebildet werden.

37 Die Bildung der Firma einer Aktiengesellschaft muss jedoch die allgemeinen **Grundsätze des Firmanrechts** der §§ 18 ff. HGB berücksichtigen, insbesondere § 18 Abs. 1 HGB (Unterscheidungs- und Kennzeichnungskraft), § 18 Abs. 2 HGB (Irreführungsverbot) und § 30 HGB (örtliche Unterscheidbarkeit). Besonderheiten zum allgemeinen Firmenrecht bestehen insoweit nicht.[53]

38 Nach § 4 AktG muss die Firma der Aktiengesellschaft die Bezeichnung Aktiengesellschaft oder eine allgemein verständliche Abkürzung dieses Begriffes enthalten. Als allgemein verständliche Abkürzung ist nur »AG« anerkannt.[54] Freigestellt ist der Standort des Rechtsformzusatzes.[55] Besteht eine Zweigniederlassung und weicht die Firma der Zweigniederlas-

---

52 Mustersatzungen finden sich bei Happ/*Pühler*, Aktienrecht, 1.01 bis 1.05; Münchener Vertragshandbuch/*Hölters*, Gesellschaftsrecht, V. 35 bis V.38; Kersten/Bühling/*Krauß*, § 147 Rn. 5 M; Beck'sches Formularbuch/*Hoffmann-Becking*, X.10 und X.11; Würzburger Notarhandbuch/*Reul*, Teil 5, Kapitel 4 Rn. 128.
53 Ausführlich zum Firmenrecht der AG: *Hüffer*, § 4 Rn. 6; MünchKommHGB/*Heidinger*, § 18 Rn. 9 ff.; K. Schmidt/Lutter/*Langhein*, § 4 Rn. 3 ff. Siehe auch Kapitel 2 Rdn. 167 ff. zu verschiedenen Einzelfragen.
54 *Hüffer*, § 4 Rn. 17; Happ/*Pühler*, Aktienrecht, 1.01, Rn. 4.
55 *Hüffer*, § 4 Rn. 17; Happ/*Pühler*, Aktienrecht, 1.01, Rn. 4.

sung von der Hauptfirma ab, so ist auch dies in die Satzung nach h.M. aufzunehmen.[56]

Zu beachten ist schließlich, dass eine Firma in die Rechte Dritter eingreifen kann, wenn es ältere identische oder verwechselbare Kennzeichen gibt. In der Praxis wird häufig nicht geprüft, ob die gefundene Firma zur Kollision mit älteren Bezeichnungen führt. Eine vom »besseren Berechtigten« erzwungene sofortige Aufgabe der Firma aufgrund Verletzung älterer Kennzeichnung kann zu einem erheblichen Schaden führen. Bei der Gründung einer Aktiengesellschaft sollte daher frühzeitig eine marken- und firmenrechtliche Beratung in Anspruch genommen werden.[57] In der Praxis empfiehlt es sich, Zweifelsfragen mit der IHK und dem Registergericht vorzuklären. **39**

b) Sitz

Der Sitz der Gesellschaft muss sich nach § 5 AktG im Inland befinden. Im Unterschied zum früheren Recht muss die Gesellschaft am Satzungssitz nicht mehr einen Betrieb haben oder sich die Geschäftsleitung oder Verwaltung am Sitz der Gesellschaft befinden. Der Satzungssitz ist vielmehr innerhalb Deutschlands frei wählbar. Das Bei der Wahl des Satzungssitzes ist beachten, dass dieser maßgebend ist für **40**

- die örtliche Zuständigkeit des Registergerichts (§ 14 AktG)
- den allgemeinen Gerichtsstand der Aktiengesellschaft (§ 17 ZPO)
- die Zuständigkeit des Insolvenzgerichts (§ 3 Abs. 1 S. 1 InsO)
- Abhaltung von Gesellschafterversammlungen gemäß § 121 Abs. 5 AktG, wenn die Satzung keine abweichende Bestimmung trifft.

Ein vom Verwaltungssitz abweichender Satzungssitz kann vor diesem Hintergrund insbesondere von Bedeutung sein, wenn **41**

- im Rahmen eines Konzerns für sämtliche Konzerngesellschaften eine einheitliche gerichtliche Zuständigkeit (Handelsregister, allgemeiner Gerichtsstand) herbeigeführt werden soll, oder
- man sich der Zuständigkeit eines langsamen Handelsregisters entziehen will.

Ein **Doppelsitz** wird von der h.M. in Rechtsprechung und Literatur grundsätzlich abgelehnt. Nur bei Bestehen eines besonderen schutzwürdigen Interesses sei ein Doppelsitz zulässig.[58] In der Vergangenheit ergab sich die Notwendigkeit von Doppelsitzen insbesondere aus der Teilung Deutschlands.[59] In neuerer Zeit wurde im Rahmen von Verschmelzungen auch die Tradition als ein schutzwürdiges Interesse angesehen.[60] Die h.M. führt dabei aus, dass gegen einen Doppelsitz registerrechtliche Schwierigkeiten sprechen würden, so etwa die Gefahr divergierender Registereintragungen. Dem ist aber entgegenzuhalten, dass in der Praxis sich diese Probleme nicht verwirklicht haben und zudem alle sich aus dem Doppelsitz ergebenden Nachteile zu Lasten der Gesellschaft gehen.[61] Daher ist entgegen der h.M. ein Doppelsitz zulässig. **42**

Vom Satzungssitz ist der **Verwaltungssitz** zu unterscheiden. Dabei handelt es sich um den Sitz der Verwaltung, der sich auch im Ausland befinden kann (siehe hierzu Kapitel 2 **43**

---

56 *Hüffer*, § 4 Rn. 20; MünchKommAktG/*Pentz*, § 23 Rn. 65; K. Schmidt/Lutter/*Seibt*, § 23 Rn. 31; a.A.: KK-AktG/*Kraft*, § 4 Rn. 13.
57 Vgl. hierzu ausführlich: *Bülow/Baronikians*, MittBayNot 2002, 137 ff.
58 BayObLG v. 29.3.1985 – 3 Z 22/85 = DNotZ 1986, 165; *Hüffer*, § 5 Rn. 10; MünchKommAktG/*Heider*, § 5 Rn. 46; K. Schmidt/Lutter/*Zimmer*, § 5 Rn. 17; a.A.: *Borsch*, GmbHR 2003, 258, 26 0 ff.; *Pluskat*, WM 2004, 601 ff.
59 Vgl. zur historischen Entwicklung: *Pluskat*, WM 2004, 601 ff.; MünchKommAktG/*Heider*, § 5 Rn. 45; KK-AktG/*Kraft*, § 5 Rn. 20.
60 LG Essen, Beschl. v. 23.3.2001 – 45 T 1/01 = AG 2001, 429 ff.
61 LG Essen, Beschl. v. 23.3.2001 – 45 T 1/01 = AG 2001, 429 ff.; *Pluskat*, WM 2004, 601, 603; *Katschinsky*, ZIP 1997, 620; 622 ff.

Rdn. 196). In der Satzung muss der Verwaltungssitz aber nicht aufgenommen werden. Weichen Satzungssitz und Verwaltungssitz voneinander ab, wird jedoch teilweise verlangt, dass für den Betrieb eine Zweigniederlassung bei dem Gericht des Satzungssitzes anzumelden ist (siehe hierzu Kapitel 2 Rdn. 195).[62]

c) Geschäftsjahr

44 Das Geschäftsjahr ist keine notwendige Satzungsbestimmung, sondern lediglich eine ergänzende Bestimmung i.S.d. § 23 Abs. 5 S. 2 AktG.[63] Fehlt es in der Satzung an einer Regelung, ist Geschäftsjahr das Kalenderjahr. Die Satzung kann aber eine abweichende Bestimmung treffen, das Geschäftsjahr muss also nicht mit dem Kalenderjahr übereinstimmen. Aus § 240 Abs. 2 S. 2 HGB folgt, dass das Geschäftsjahr 12 Monate nicht überschreiten darf.

d) Gegenstand des Unternehmens

45 Der Gegenstand des Unternehmens beschreibt den Bereich und die Art der Tätigkeit. Die Angabe bezweckt, die Grenze der Geschäftsführungsbefugnis des Vorstands zu bestimmen und interessierte Verkehrskreise über die Tätigkeit der Gesellschaft in groben Zügen zu informieren.[64] Daneben kann der Satzungsgegenstand – wenn die Tätigkeitsfelder in der Satzung verbindlich und abschließend gefasst sind – den Vorstand auch zur Ausfüllung des Unternehmensgegenstandes verpflichten bzw. ihm die dauerhafte Aufgabe der dort festgesetzten Tätigkeit untersagen.[65]

46 Der Gegenstand muss hinreichend aussagekräftig und informativ sein. Farblose und nichtssagende Umschreibungen genügen nicht. Es ist demnach erforderlich, dass der Schwerpunkt der Tätigkeit erkennbar ist und ersichtlich wird, in welchem Geschäftszweig (z. Bsp.: Computertechnik, Immobilien) und in welcher Art die Gesellschaft aktiv werden soll (z. Bsp.: Beratung Verkauf, Vermittlung).[66] Allgemeine Angaben wie »Handel mit Waren aller Art« oder »Erbringung von Dienstleistungen aller Art« sind daher nicht zulässig.

47 Im Unterschied zur früheren Rechtslage ist bei Gesellschaften, deren Unternehmensgegenstand genehmigungsbedürftig ist, das Eintragungsverfahren mittlerweile von der **verwaltungsrechtlichen Genehmigung** abgekoppelt, d.h. das Registergericht muss nicht mehr prüfen, ob eine Genehmigung vorliegt und kann die Eintragung beim Fehlen der Genehmigung nicht ablehnen. Trotzdem ist der Vorstand weiterhin verpflichtet, entsprechende Genehmigungen einzuholen. Im Zweifelsfall kann es sich daher bei Eilbedürftigkeit der Gründung empfehlen, zunächst den Gegenstand mit dem folgenden Zusatz zu versehen: »soweit hierfür keine Genehmigung erforderlich ist«. Zu beachten ist zudem, dass die Einholung einer Genehmigung ausnahmsweise vor dem Antrag auf Eintragung notwendig ist, wenn Spezialgesetze eine Registersperre für Eintragungen ohne erforderliche Genehmigung vorsehen (so etwa bei § 43 KWG). In der Praxis verlangen Registergerichte außerdem teilweise die Vorlage einer Genehmigung, wenn sich die Genehmigungsbedürftigkeit aus der Firma der Gesellschaft ergibt. So ist insbesondere bei freien Berufen, wie Steuerberatern oder Rechtsanwälten der Gegenstand durch berufsrechtliche Bestimmungen vorgegeben (vgl. hierzu Kapitel 2 Rdn. 212 ff.).

---

62 Vgl. hierzu *Wicke*, § 4 a Rn. 7.
63 Happ/*Happ*, Aktienrecht, 11.01, Rn. 3; MünchHdb. AG/*Kraft*, § 5 Rn. 9; a.A.: Happ/*Pühler*, Aktienrecht, 1.01, Rn. 5.
64 *Hüffer*, § 23 Rn. 21; MünchKommAktG/*Pentz*, § 23 Rn. 78; MünchKommAktG/*Seibt*, § 23 Rn. 32.
65 OLG Köln v. 15.1.2009 – 18 U 205/07 = RNotZ 2009, 548; hierzu ausführlich: *Feldhaus*, BB 2009, 562 ff.
66 *Hüffer*, § 23 Rn. 24; Happ/*Pühler*, Aktienrecht 1.01 Rn. 7.

Gründung **A**

e) Bekanntmachungen

In der Satzung muss eine Regelung über die Form der freiwilligen Bekanntmachungen enthalten sein. Hiervon zu unterscheiden sind die Pflichtbekanntmachungen des § 25 AktG, die im elektronischen Bundesanzeiger zu erfolgen haben. Die **freiwilligen Bekanntmachungen** können (müssen aber nicht) ebenfalls im elektronischen Bundesanzeiger erfolgen.[67] **48**

f) Höhe des Grundkapitals

Die Satzung muss die Höhe des Grundkapitals nennen. Das Grundkapital muss gemäß § 7 AktG mindestens 50.000 € betragen und gem. § 6 AktG auf Euro lauten. Die Schaffung eines beweglichen Kapitals durch Angabe eines Mindest- und Höchstbetrages ist nicht zulässig.[68] **49**

g) Zerlegung des Grundkapitals

Die Satzung muss nach § 8 Abs. 1 AktG bestimmen, ob die Aktien in Nennbetragsaktien oder in Stückaktien zerlegt sind. Beide Aktienformen können nicht nebeneinander bestehen.[69] **50**

Bei **Nennbetragsaktien** sind die Nennbeträge der einzelnen Aktien sowie die Zahl der Nennbetragsaktien wiederzugeben. Dabei muss die Summe der Nennbeträge dem Grundkapital entsprechen. Der Mindestnennbetrag einer Aktien muss gemäß § 8 Abs. 3 AktG ein Euro lauten. Höhere Nennbeträge müssen gemäß § 8 Abs. 2 AktG auf volle Euro lauten. Schließlich ist die Zahl der Aktien jeden Nennbetrags anzugeben, sofern unterschiedliche Nennbetragsaktien ausgegeben werden.[70] **51**

Stückaktien lauten auf keinen Nennbetrag. Alle Stückaktien sind am Grundkapital im gleichen Umfang beteiligt. Der rechnerisch ermittelbare Betrag am Grundkapital darf gemäß § 8 Abs. 3 AktG ein Euro nicht unterschreiten. Über diesen Betrag hinaus ist aber jeder Betrag möglich, auch wenn dieser »krumm« ist, also nicht auf volle Euro lautet. Im Übrigen genügt die Angabe der Anzahl der Stückaktien. **52**

Wenn mehrere **Aktiengattungen**[71] bestehen, d.h. die Aktien verschiedene Rechte gewähren, muss der Satzung die Anzahl der jeweiligen Gattung entnommen werden können. Bei Ausgabe von Aktiengattungen zu unterschiedlichen Nennbeträgen, ist zudem die Angabe der jeweiligen Zahl der Aktien pro Gattung und Nennbetrag erforderlich.[72] **53**

h) Namens- und/oder Inhaberaktien

Nach § 23 Abs. 3 Nr. 5 AktG muss die Satzung bestimmen, ob die Aktien auf den Inhaber oder den Namen ausgestellt werden. Namens- und Inhaberaktien können nebeneinander zugelassen werden. Die Aktien müssen gemäß § 10 Abs. 2 S. 1 AktG auf den Namen lauten, wenn sie vor der vollen Leistung des Nennbetrags oder des höheren Ausgabebetrags ausgegeben werden. Bei **Kapitalanlagegesellschaften** (§ 1 Abs. 3 KAGG), **Wirtschaftsprüfungs- und Buchführungsgesellschaften** (§§ 28 Abs. 5 S. 2, 130 Abs. 2 WPO) sowie **Steuerberatungsgesellschaften** (§ 50 Abs. 5 S. 3 StBerG) müssen die Aktien auf den Namen lauten. **54**

---

67 *Hüffer*, § 23 Rn. 32; *Oppermann*, RNotZ 2006, 597.
68 *Hüffer*, § 23 Rn. 28; MünchKommAktG/*Pentz*, § 23 Rn. 28; MünchKommAktG/*Seibt*, § 23 Rn. 46.
69 *Hüffer*, AktG, § 8 Rn. 4; MünchHdb. AG/*Wiesner*, § 11 Rn. 8; MünchKommAktG/*Seibt*, § 23 Rn. 47.
70 MünchKommAktG/*Pentz*, § 23 Rn. 117; MünchKommAktG/*Seibt*, § 23 Rn. 47.
71 Vgl. hierzu noch Rdn. 72 ff.
72 *Hüffer*, § 23 Rn. 29; MünchKommAktG/*Pentz*, § 23 Rn. 124; MünchKommAktG/*Seibt*, § 23 Rn. 48.

3. Kapitel Aktiengesellschaft

55 Die Ausgabe von Namensaktien bietet gegenüber Inhaberaktien verschiedene Vorteile. So kann die Gesellschaft bei Namensaktien den persönlichen Kontakt zum Aktionär besser herstellen. Zudem besteht die Möglichkeit einer Vinkulierung.[73]

56 Bei einer **Kapitalerhöhung** hat der Beschluss zu bestimmen, ob Inhaber- und/oder Namensaktien ausgegeben werden. Die Form der neuen Aktien kann aber bereits in der Satzung festgelegt werden.[74]

57 M **Formulierungsbeispiel Namensaktien:**[75]
Die Aktien lauten auf den Namen. Dies gilt auch für Kapitalerhöhungen, sofern nichts anderes beschlossen wird.

58 Namensaktien sind nach § 67 Abs. 1 AktG in das **Aktienregister** einzutragen. Gemäß § 67 Abs. 2 AktG gilt im Verhältnis zur Gesellschaft nur derjenige als Aktionär, der im Aktienregister eingetragen ist. Der Eingetragenen hat somit gegenüber der Gesellschaft sämtliche Mitgliedschaftsrechte. Eine konstitutive Wirkung kommt der Eintragung im Aktienregister aber nicht zu.[76]

59 In der Satzung kann bestimmt werden, dass die Eintragung in das Aktienregister nur bei einem förmlichen Nachweis des Rechtsübergangs erfolgt.[77] So kann zum Beispiel die Vorlage der Aktie mit Indossantenkette oder einer schriftlichen Abtretungserklärung verlangt werden.

Nach § 67 Abs. 1 S. 3 AktG kann die Satzung zudem regeln, unter welchen Voraussetzungen Eintragungen im eigene Namen zulässig sind für Aktien, die einem anderen gehören. Damit soll für die Gesellschaft die Möglichkeit geschaffen werden, die Eintragung von Legitimationsaktionären einzuschränken oder generell auszuschließen. Die Satzung kann also vorsehen, dass **Aktien im Fremdbesitz** nur bis zu einer bestimmten Höchstgrenze gehalten werden dürfen. Besteht eine derartige Bestimmung in der Satzung hat der Eingetragene nach § 67 Abs. 4 S. 2 AktG die Pflicht offen zu legen, dass die Aktien einem anderen gehören, wenn die Gesellschaft dies verlangt. Er hat dabei die in § 67 Abs. 1 S. 1 AktG verlangten Angaben auch für denjenigen zu machen, für den er die Aktien hält.

60 Der zwingende Inhalt des Aktienregisters wird durch § 67 Abs. 1 AktG festgelegt. Anzugeben sind der Name, das Geburtsdatum und die Adresse des Aktionärs sowie die Stückzahl und die Aktiennummer sowie bei Nennbetragsaktien der Betrag. Die Satzung kann aber weitere Angaben festlegen, wie Nationalität, Eigen- oder Fremdbesitz.[78]

61 M **Formulierungsbeispiel Aktienregister:**
Die Aktionäre haben der Gesellschaft zur Eintragung in das Aktienregister ihren Namen, ihre Anschrift und ihr Geburtsdatum oder, soweit es sich um eine juristische Person handelt, die Firma, den Sitz und die Geschäftsadresse anzugeben. In jedem Fall ist die Zahl der gehaltenen Aktien anzugeben. Elektronische Postadressen und ihre etwaigen Änderungen sollen zur Erleichterung der Kommunikation mit angegeben werden. Die Übertragung der Aktien ist im Regelfall mittels einer schriftlichen Abtretungserklärung oder durch Vorlage der Aktie mit entsprechender Indossantenkette nachzuweisen. Bei einer Rechtsnachfolge von Todes ist die Ausfertigung eines Erbscheins oder eine notarielles Testament oder ein Erbvertrag mit gerichtlichem Eröffnungsprotokoll vorzulegen.

---

73 Vgl. hierzu noch Rdn. 62.
74 *Hüffer*, § 182 Rn. 13; MünchHdb. AG/*Krieger*, § 56 Rn. 24; Happ/*Pühler*, Aktienrecht, 1.01 Rn. 14.
75 Happ/*Pühler*, Aktienrecht, 1.01 Rn. 14.
76 *Hüffer*, § 67 Rn. 7; K. Schmidt/Lutter/*Bezzenberger*, § 67 Rn. 12; Würzburger Notarhandbuch/*Reul*, Teil 5, Kapitel 4, Rn. 156.
77 BGH DNotI-Report 2004, 203; Würzburger Notarhandbuch/*Reul*, Teil 5, Kapitel 4, Rn. 164.
78 Happ/*Schäfer*, Aktienrecht, 4.08 Rn. 1; MünchKommAktG/*Bayer*, § 67 Rn. 29.

i) Vinkulierung

Aktien sind grundsätzlich frei übertragbar.[79] Die Satzung kann gemäß § 68 Abs. 2 AktG vorsehen, dass Namensaktien nur mit Zustimmung der Gesellschaft übertragen werden können, was insbesondere bei »**Familienaktiengesellschaften**« oder Aktiengesellschaften, die auf eine enge Zusammenarbeit der Aktionäre angelegt sind, zu empfehlen ist. Bei Inhaberaktien ist eine Vinkulierung hingegen nicht zulässig. Soll die Vinkulierung auch **nicht verbriefte Mitgliedschaftsrechte** erfassen, bedarf es einer ausdrücklichen Satzungsbestimmung.[80]

62

Dabei ist freilich zu beachten, dass in der Praxis die Vinkulierung umgangen werden kann, etwa durch Stimmrechtsvollmachten oder schuldrechtliche Treuhandverträge.[81] Allerdings können derartige Vollmachten oder Treuhandabreden bei einer Vinkulierungsklausel in der Satzung im Einzelfall als unzulässige Umgehung nichtig sein, wenn die Gesellschaft entgegen dem Zweck der Vinkulierung einem unerwünschten Fremdeinfluss ausgesetzt wird.[82]

63

Ist der Aktionär eine Gesellschaft, so stellt der Wechsel des Gesellschafters des Aktionärs keine Umgehung der Vinkulierung dar. In der Literatur wird vorgeschlagen, diesen Fall in der Satzung durch ein sog. **Change of Control Klausel** zu regeln.[83] Eine Übertragung der Aktien ist bei einem Wechsel des Gesellschafters eines Aktionärs aber nicht geschehen. Folglich kann ein unerwünschter »Change of Control« nur sanktioniert werden, indem eine Zwangseinziehung nach § 237 AktG in der Satzung vorgesehen wird. Dies ist angesichts des Schutzzwecks des § 68 Abs. 2 S. 3 AktG zulässig.[84]

64

Die Zustimmung zur Übertragung erteilt nach dem Gesetz der Vorstand. Die Satzung kann aber regeln, dass der Aufsichtsrat oder die Hauptversammlung über die Erteilung der Zustimmung beschließen. Gemäß § 68 Abs. 2 S. 4 AktG kann die Satzung Gründe bestimmen, aus denen die Zustimmung verweigert wird. Weitere Beschränkungen sind jedoch nicht zulässig. So kann die Übertragung nicht gänzlich ausgeschlossen werden. Auch Regelungen über Vorkaufsrechte, Andienungspflichten u.ä. sind in der Satzung nicht möglich.[85]

65

Formulierungsbeispiel Vinkulierung:
Die Aktien lauten auf den Namen und sind nur mit Zustimmung der Gesellschaft übertragbar, die der Vorstand aufgrund eines Hauptversammlungsbeschlusses erklärt. Der Beschluss bedarf einer Mehrheit von mindestens 75 % des Grundkapitals. Vorstehende Bestimmungen gelten auch für nicht verbriefte Mitgliedschaftsrechte.

66 M

j) Genehmigtes Kapital/Bedingtes Kapital

Gemäß § 202 Abs. 1 und Abs. 2 AktG kann der Vorstand in der Gründungssatzung für höchstens 5 Jahre ermächtigt werden, das Grundkapital durch Ausgabe neuer Aktien zu erhöhen. Der Nennbetrag des genehmigten Kapitals darf nach § 202 Abs. 3 S. 1 AktG die Hälfte des zur Zeit der Ermächtigung vorhandenen Kapitals nicht übersteigen.

67

---

79 Siehe zur Übertragung von Aktien: *Hüffer*, § 68 Rn. 4 ff.; *Mentz/Fröhling*, NZG 2002, 201 ff.
80 Schüppen, in: *Seibert/Kiem*, Handbuch der kleinen AG, Rn. 716; Würzburger Notarhandbuch/*Reul*, Teil 5, Kapitel 4, Rn. 161.
81 Würzburger Notarhandbuch/*Reul*, Teil 5, Kapitel 4, Rn. 165.
82 BGH v. 17.11.1986 – II ZR 96/86 = WM 1987, 70, 71; MünchHdb. AG/*Wiesner*, § 14 Rn. 31; *Lutter/Grunewald*, AG 1989, 109 ff.; Liebscher ZIP 2003, 825 ff.
83 MünchHdb. AG/*Wiesner*, § 14 Rn. 31; *Lutter/Grunewald*, AG 1989, 109 ff.
84 Vgl. OLG Naumburg v. 22.1.2004 = NZG 2004, 775, 778; MünchHdb. AG/*Wiesner*, § 14 Rn. 31; *Lutter/Grunewald*, AG 1989, 109 ff.
85 BayObLG v. 24.11.1988 – BReg. 3 Z 111/88 = ZIP 1989, 638, 641; *Hüffer*, § 68 Rn. 14; Würzburger Notarhandbuch/*Reul*, Teil 5, Kapitel 4, Rn. 164.

3. Kapitel Aktiengesellschaft

68 Umstritten ist hingegen, ob in der Gründungssatzung bereits ein bedingtes Kapital aufgenommen werden kann.[86] Der Wortlaut des Gesetzes spricht gegen diese Möglichkeit.

k) Verbriefungsanspruch

69 Jedem Aktionär steht ein Anspruch auf Verbriefung seiner Aktien zu.[87] Das Recht auf **Einzelverbriefung** kann jedoch durch die Satzung eingeschränkt oder ausgeschlossen werden.[88] Neben dem vollständigen Ausschluss des Verbriefungsanspruches ist es daher möglich, dass die Aktien eines jeden Aktionärs nur in einer Sammelurkunde verbrieft werden oder der Verbriefungsanspruch nur gegen Kostenübernahme besteht.[89] Umstritten ist, ob in der Satzung der Anspruch auf Erstellung einer Globalurkunde sowie deren Hinterlegung nach Maßgabe des Depotgesetzes entzogen werden kann. Obgleich eine wertpapiermäßige Übertragung von Aktien von der Globalverbriefung abhängt, lässt sich dem Gesetz nicht entnehmen, dass der Anspruch auf Globalverbriefung nicht ausgeschlossen werden kann.[90] Trotzdem sollte in der Praxis die Verbriefung nicht ausgeschlossen werden, sofern ein börsenmäßigen Handel der Aktien geplant ist.

70 M Formulierungsbeispiel Ausschluss Verbriefungsrecht:
Ein Anspruch der Aktionäre auf Verbriefung ihrer Aktien und Gewinnanteile ist ausgeschlossen.

71 M Alternative bei Gesellschaften, bei denen eine Börsennotierung beabsichtigt ist:
Ein Anspruch der Aktionäre auf Verbriefung ihrer Aktien und Gewinnanteile ist ausgeschlossen, soweit eine Verbriefung nicht nach den Regeln einer Börse erforderlich ist, an der die Aktien zugelassen sind.

l) Aktiengattungen

72 Nach § 11 AktG können Aktien verschiedene Rechte und über den Wortlaut des § 11 AktG hinaus auch verschiedene Pflichten[91] gewähren, insbesondere bei der Verteilung des Gewinns. Aktien mit gleichen Rechten bzw. Pflichten bilden dabei eine Gattung. Soweit mehrere Gattungen bestehen muss die Satzung – wie vorstehend bereits ausgeführt[92] – gemäß § 23 Abs. 3 Nr. 4 AktG Angaben hierzu enthalten. Dabei muss der Inhalt der unterschiedlichen Rechte oder Pflichten in der Satzung festgelegt werden.[93]

73 Besonderheiten bestehen gemäß § 12 AktG bei den **Stimmrechten**. Ein Ausschluss ist nur unter den Voraussetzungen des § 139 AktG bei Vorzugsaktien möglich. Nicht zulässig ist ein Teilausschluss des Stimmrechts bei bestimmten Beschlussgegenständen.[94] Mehr-

---

86 Bejahend: Happ/*Pühler*, Aktienrecht, 1.01 Rn. 13; verneinend: MünchKommAktG/*Fuchs*, § 192 Rn. 22; Krieger, in: MünchHdb-AG, § 57 Rn. 11; K. Schmidt/Lutter/*Veil*, AktG, § 192 Rn. 6.
87 *Hüffer*, § 10 Rn. 3; K. Schmidt/Lutter/*Ziemons*, § 10 Rn. 31; Würzburger Notarhandbuch/*Reul*, Teil 5, Kapitel 4, Rn. 151.
88 *Hüffer*, § 10 Rn. 3; K. Schmidt/Lutter/*Ziemons*, § 11 Rn. 32; Würzburger Notarhandbuch/*Reul*, Teil 5, Kapitel 4, Rn. 151.
89 *Hüffer*, § 10 Rn. 12; K. Schmidt/Lutter/*Ziemons*.
90 K. Schmidt/Lutter/*Ziemons*, § 10 Rn. 33; MünchKommAktG/*Heider*, § 10 Rn. 57; a.A.: *Hüffer*, § 10 Rn. 3; Würzburger Notarhandbuch/*Reul*, Teil 5, Kapitel 4, Rn. 151.
91 MünchKommAktG/*Heider*, § 11 Rn. 3; K. Schmidt/Lutter/*Ziemons*, § 11 Rn. 3; KK-AktG/*Kraft*, § 11 Rn. 19.
92 Vgl. Rdn. 20.
93 Happ/*F.Schäfer*, Aktienrecht, 4.04 Rn. 1; : MünchKommAktG/*Heider*, § 11 Rn. 34 ff.; K. Schmidt/Lutter/*Ziemons*, § 11 Rn. 4.
94 MünchKommAktG/*Volhard*, § 139 Rn. 6; K. Schmidt/Lutter/*Ziemons*, § 12 Rn. 11.

stimmrechtsaktien sind gemäß § 12 Abs. 2 AktG ebenfalls unzulässig.[95] Möglich ist es allerdings, bestimmte Maßnahmen (etwa Kapitalerhöhungen) neben dem nach Gesetz oder Rechtsprechung erforderlichen Beschluss einem Sonderbeschluss bestimmter Aktionäre zu unterwerfen,[96] was ebenfalls gattungsbegründend ist.

Praxisrelevant sind insbesondere **Vorzugsaktien**. Das in den Vorzugsaktien verbriefte Vorrecht besteht dabei überwiegend in Vorzügen bei der Verteilung des Bilanzgewinns.[97] Der Vorzug kann beispielsweise eine Vorwegauszahlung der Dividende sein oder in einem festen Dividendensatz oder festen Dividendenbetrag bestehen. Denkbar sind auch »Spartenaktien« (sog. **Tracking Stocks**), bei denen die Rechte der Aktien sich auf ein bestimmtes Segment der Gesellschaft beschränken.[98] 74

Vorzugsaktien können mit oder ohne Stimmrecht ausgegeben werden, wobei Vorzugsaktien ohne Stimmrecht nach § 139 Abs. 2 AktG nur bis zur Hälfte des Grundkapitals ausgegeben werden dürfen. Die nicht bevorrechtigten Aktien werden im Vergleich zu den Vorzugsaktien als Stammaktien bezeichnet. 75

Wird der Vorzugsbetrag in einem Jahr nicht oder nicht vollständig gezahlt und der Rückstand im nächsten Jahr nicht neben dem vollen Vorzug dieses Jahres nachgezahlt, so haben nach § 140 Abs. 2 S. 1 AktG die Vorzugsaktionäre das Stimmrecht bis die Rückzahlung nachgeholt ist. Diese Bestimmung ist durch die Satzung nicht abänderbar. 76

m) Vorstand

Die Satzung muss nach § 23 Abs. 3 Nr. 6 AktG die Regeln bestimmen, nach denen die Zahl der Vorstandsmitglieder festgelegt wird. Ausreichend ist die Vorgabe einer Mindest- oder Höchstzahl[99] oder eine Satzungsbestimmung, wonach die konkrete Zahl der Vorstandsmitglieder vom Aufsichtsrat oder der Hauptversammlung festgelegt wird.[100] Die Bestimmung einer festen Zahl von Vorstandsmitgliedern empfiehlt sich in der Praxis zumeist nicht, weil jede Änderung der Anzahl der Vorstandsmitglieder eine Satzungsänderung erforderlich machen würde. Der Vorstand einer paritätisch mitbestimmten Gesellschaft muss gemäß § 33 MitbestG aus mindestens zwei Mitgliedern, darunter dem sog. Arbeitsdirektor bestehen. 77

Formulierungsvorschlag Flexible Festlegung der Anzahl der Vorstandsmitglieder: Die Zahl der Vorstandsmitglieder sowie etwaiger Stellvertreter bestimmt der Aufsichtsrat. 78 M

Die Satzung kann **Qualifikationsvoraussetzungen für Vorstandsmitglieder** (etwa eine bestimmte berufliche Qualifikation) festlegen.[101] Nicht möglich ist es jedoch grundsätzlich, einem Vorstandsvorsitzenden besondere Rechte gegenüber den anderen Vorstandsmitgliedern (vergleichbar einem **CEO** nach amerikanischen Recht) einzuräumen. So ist es insbesondere nicht zulässig, einem Vorstandsmitglied ein Alleinentscheidungsrecht oder ein 79

---

95 Besonderheiten bestehen insoweit für Aktiengesellschaften, die vor dem 1.5.1998 gegründet wurden. Bei diesem können bereits existierende Mehrstimmrechte weiter ausgeübt werden, sofern die Hauptversammlung bis zum 1.6.2003 mit einer Mehrheit von ¾ des bei der Beschlussfassung vertretenen Grundkapitals für die Fortgeltung gestimmt hat. Die Mehrstimmrechte dürfen bei dieser Abstimmung nicht ausgeübt worden sein.
96 K. Schmidt/Lutter/*Ziemons*, § 11 Rn. 5.
97 Happ/*F. Schäfer*, Aktienrecht, 4.04 Rn. 4.
98 Happ/*F. Schäfer*, Aktienrecht, 4.04 Rn. 1; *Sieger/Hasselbach*, AG 2001, 391 ff.; *Hüffer*, § 11 Rn. 4.
99 *Hüffer*, § 31 Rn. 31; Happ/*F. Schäfer*, Aktienrecht, 4.04 Rn. 1; a.A.: MünchKommAktG/*Pentz*, § 23 Rn. 136; KK-AktG/*Kraft*, § 23 Rn. 74, wonach sich aus der Satzung in diesem Fall ergeben muss, nach welchen Regeln die Zahl der Vorstände genau festgelegt wird.
100 BGH v. 17.12.2001 = AG 2002, 289; *Hüffer*, § 31 Rn. 31; Happ/*Pühler*, Aktienrecht, 1.01 Rn. 19; K. Schmidt/Lutter/*Seibt*, § 23 Rn. 50.
101 *Hüffer*, § 23 Rn. 38; Happ/*F. Schäfer*, Aktienrecht, 1.01 Rn. 21.

Weisungsrecht gegenüber anderen Vorstandsmitgliedern einzuräumen, weil dies dem Prinzip der Gesamtleitung der Gesellschaft durch den Vorstand nach § 76 Abs. 1 AktG widerspricht.[102] Die Satzung kann allerdings bestimmen, dass bei Stimmengleichheit im Vorstand die Stimme des Vorstandsvorsitzenden entscheidend ist.

80   Bei Regelungen über die **Geschäftsordnung** des Vorstands ist zu beachten, dass diese Kompetenz grundsätzlich dem Aufsichtsrat zusteht und ihm nicht entzogen werden kann.[103] Die Satzung kann daher nicht bestimmen, dass dem Vorstand die Kompetenz zusteht, sich eine Geschäftsordnung zu geben. Zulässig ist lediglich eine Regelung, wonach der Vorstand für eine Geschäftsordnung der Zustimmung des Aufsichtsrates bedarf. Sinnvoller erscheint aber eine Bestimmung, wonach der Aufsichtsrat dem Vorstand eine Geschäftsordnung gibt.

81   Gemäß § 111 Abs. 4 S. 2 AktG hat die Satzung oder der Aufsichtsrat zu bestimmen, dass bestimmte Arten von Geschäften nur mit der Zustimmung des Aufsichtsrates vorgenommen werden dürfen. Die Satzung kann folglich einen Katalog von Geschäften festlegen, die der **vorherigen Zustimmung** des Aufsichtsrates bedürfen. Aus Praktikabilitätsgründen ist hiervon jedoch abzuraten,[104] weil andernfalls bei einer Änderung dieses Kataloges (insbesondere etwaiger Wertgrenzen bei Geschäften) jedes Mal eine Satzungsänderung erforderlich wäre. Die Zustimmungsvorbehalte können daher in die Geschäftsordnung des Vorstands oder des Aufsichtsrates aufgenommen werden.

n) Vertretung

82   Gemäß § 78 Abs. 2 S. 1 AktG vertreten sämtliche Vorstandsmitglieder, sofern die Satzung nichts anderes bestimmt, die Gesellschaft gemeinschaftlich. In Satzungen wird üblicherweise geregelt, dass die Gesellschaft durch zwei Vorstandsmitglieder gemeinsam oder einen Vorstand in Gemeinschaft mit einem Prokuristen vertreten wird. Dem Aufsichtsrat wird dabei zumeist die Kompetenz eingeräumt, bestimmte oder sämtlichen Vorstandsmitgliedern Einzelvertretungsbefugnis einzuräumen. Teilweise finden sich in Satzungen Bestimmungen, wonach die Gesellschaft »im übrigen durch Prokuristen« vertreten wird. Da es sich bei der Prokura aber um eine rechtsgeschäftliche Vollmacht handelt, die vom Vorstand erteilt wird, ist dies überflüssig. Die Satzung kann daher auch nicht vorsehen, dass nur eine **Gesamtprokura** erteilt werden kann.[105]

83   Im Hinblick auf § 181 BGB ist § 112 AktG zu beachten. Die Satzung kann nur eine Befreiung vom Verbot der **Mehrfachvertretung**, nicht aber vom Verbot der **Selbstkontrahierung** vorsehen. Umstritten ist, ob der Aufsichtsrat für eine entsprechende Gestattung wiederum selbst analog § 78 Abs. 3 S. 2 AktG einer Satzungsermächtigung bedarf.[106] Sicherheitshalber sollte dies in der Satzung vorgesehen werden.

o) Aufsichtsrat

84   In der Satzung einer Aktiengesellschaft sollten hinsichtlich des Aufsichtrates folgende Punkte geregelt werden:

- Anzahl der Aufsichtratsmitglieder
- Entsenderechte (sofern von den Beteiligten gewünscht)

---

102 *Hüffer*, § 84 Rn. 21; Happ/*Pühler*, Aktienrecht, 1.01 Rn. 22.
103 *Hüffer*, § 77 Rn. 19; Happ/*Pühler*, Aktienrecht, 1.01 Rn. 25.
104 MünchHdb. AG/*Hoffmann-Becking*, § 29 Rn. 38.
105 MünchKommAktG/*Hefermehl/Spindler*, § 78, Rn. 37; KK-AktG/*Mertens*, § 78 Rn. 38.
106 Für Satzungsermächtigung: *Hüffer*, § 78, Rn. 7; MünchKommAktG/*Hefermehl/Spindler*, § 78 Rn. 109; Dagegen: GroßkommAktG/*Habersack*, § 78 Rn. 17; differenzierend: Würzburger Notarhandbuch/*Reul*, Teil 5 Kapitel 4, Rn. 175, wonach für eine Befreiung im Einzelfall keine Satzungsermächtigung erforderlich ist, sondern nur für eine generelle Ermächtigung.

Gründung **A**

- Besondere Qualifikationen der Aufsichtsratsmitglieder (sofern von den Beteiligten gewünscht)
- Amtszeit der Aufsichtsratsmitglieder/Ersatzmitglieder
- Niederlegung des Aufsichtsratsamtes
- Abberufung von Aufsichtratsmitgliedern
- Wahl des Vorsitzenden und des Stellvertreters
- Anzahl und Form der Aufsichtsratssitzungen
- Formen und Fristen der Einberufung sowie zur Bekanntgabe der Tagesordnung
- Teilnahmerecht Dritter
- Beschlussfähigkeit des Aufsichtsrates
- Mehrheiten
- Vergütung
- Änderungen der Satzungsfassung

aa) Anzahl der Aufsichtsratsmitglieder, Mitbestimmungsrecht

Gemäß § 95 S. 1 AktG besteht der Aufsichtsrat aus drei Mitgliedern. Die Satzung kann nach § 95 S. 2 AktG eine höhere Zahl von Aufsichtsratsmitgliedern festlegen, sofern die Zahl durch drei teilbar ist. Die Höchstzahl der Aufsichtsratsmitglieder beträgt bei einem Grundkapital bis zu 1.500.000 Euro neun, bei einem Grundkapital von mehr als 1.500.000 Euro fünfzehn und bei einem Grundkapital von mehr als 10.000.000 Euro einundzwanzig. 85

Die **mitbestimmungsrechtlichen Vorschriften** werden nach § 95 S. 5 AktG durch die vorstehenden Bestimmungen nicht berührt. Abweichende Aufsichtsratssysteme könne sich daher aus dem MitbestG 1976, dem MontanMitbestG, dem MontanMitbestErgG und dem DrittelbG ergeben. Es ist daher möglich, dass die Zahl der Aufsichtsratsmitglieder nicht durch drei teilbar sein muss (vgl. § 7 Abs. 1 S. 1 MitbestG) oder die Anzahl der Aufsichtsratmitglider abweichend von § 95 AktG bestimmt wird (vgl. § 4 MontanMibestG).[107] Unterliegt eine Aktiengesellschaft einer der vorgenannten mitbestimmungsrechtlichen Regelungen, müssen dem Aufsichtsrat zudem eine bestimmte Anzahl von Arbeitnehmern bzw. Gewerkschaftsvertretern angehören.[108] Zumeist wird in der Satzung das anwendbare Mitbestimmungsrecht genannt. Zwingend ist dies aber nicht.[109] 86

bb) Entsenderechte

Gemäß § 101 Abs. 2 S. 1 AktG kann die Satzung das Recht begründen, dass bestimmte Aktionäre, die in der Satzung namentliche genannt werden müssen, oder die jeweiligen Inhaber bestimmter Aktien Aufsichtsratsmitglieder entsenden. Inhabern bestimmter Aktien kann nach § 101 Abs. 2 S. 2 AktG das Entsenderecht nur eingeräumt werden, wenn die Aktien auf den Namen lauten und ihre Übertragung an die Zustimmung der Gesellschaft gebunden ist. Die Satzung muss die Aktien nach Gattung, Nummer, und ggfs. Serie genau kennzeichnen.[110] Die Zahl der durch Entsendung bestimmten Mitglieder des Aufsichtsrates darf dabei gemäß § 101 Abs. 2 S. 4 AktG ein Drittel der Aufsichtsratsmitglieder der Aktionäre nicht überschreiten. Das Entsendungsrecht wird durch Erklärung gegenüber dem Vorstand ausgeübt. 87

---

107 Vgl. zu den Einzelheiten: *Hüffer*, § 96 Rn. 4 ff.; K. Schmidt/Lutter/*Drygala*, § 96 Rn. 2 ff.
108 Vgl. auch hier zu den Einzelheiten: *Hüffer*, § 96 Rn. 4 ff.; K. Schmidt/Lutter/*Drygala*, § 96 Rn. 2 ff.
109 Happ/*Pühler*, Aktienrecht, 1.01 Rn. 39.
110 K. Schmidt/Lutter/*Drygala*, § 101 Rn. 16.

3. Kapitel Aktiengesellschaft

88 M **Formulierungsvorschlag Entsenderecht:**[111]
Der jeweilige Inhaber der Aktie der Gattung ... ist berechtigt, ein Mitglied in den Aufsichtsrat zu entsenden. Steht die Aktie einer Mehrheit von Personen zu, so kann das Entsenderecht nur einheitlich ausgeübt werden. Wird das Entsenderecht nicht spätestens sechs Monate nach der ordentlichen Hauptversammlung ausgeübt, die der Hauptversammlung vorausgeht, in der turnungsgemäß die Wahl des Aufsichtsrates erfolgt, so ruht es für die Dauer der anstehenden Wahlperiode.

cc) Besondere Qualifikationen

89 Die Satzung kann nach § 100 Abs. 4 Alt. 1 AktG weitergehende Qualifikationen für die von der Hauptversammlung ohne Bindung an Wahlvorschläge gewählten Aufsichtsratsmitglieder der Aktionäre festlegen.[112] Für die Aufsichtsräte der Arbeitnehmer ist dies nicht zulässig. Die satzungsgemäßen Qualifikationsvoraussetzungen dürfen aber nicht zu eng gezogen werden und dadurch die freie Auswahl der Hauptversammlung beeinträchtigen.[113] Zulässig ist etwa die Bestimmung eines Höchst- oder Mindestalters, der Aktionärseigenschaft, Vorstrafenfreiheit oder einer beruflichen Qualifikation. Ob eine Beschränkung auf Mitglieder einer bestimmten Familie zulässig ist, ist umstritten.[114]

dd) Amtszeit der Aufsichtsratsmitglieder/Ersatzmitglieder

90 Gemäß § 102 Abs. 1 AktG können Aufsichtsratsmitglieder nicht für längere Zeit als bis zur Beendigung der Hauptversammlung bestellt werden, die über die Entlastung für das vierte Geschäftsjahr nach dem Beginn der Amtszeit beschließt. Das Geschäftsjahr, in dem die Amtszeit beginnt, wird nach § 102 Abs. 1 S. 2 AktG nicht mitgerechnet. Die Satzung kann kürzere (aber nicht längere) Amtszeiten festlegen und die Amtszeiten müssen nicht für alle Aufsichtsratsmitglieder gleich sein.[115] Aus Praktikabilitätsgründen sollten die Amtszeiten der Aufsichtsratsmitglieder aber zeitgleich enden. In diesem Fall sollte in die Satzung eine Bestimmung aufgenommen werden, dass Aufsichtsratsmitglieder, die anstelle eines amtierenden Aufsichtsratsmitglieds in den Aufsichtsrat einrücken, nur für den verbleibenden Zeitraum bestellt werden.[116]

91 M **Formulierungsvorschlag Amtszeiten der Aufsichtsratsmitglieder:**
Die Bestellung eines Nachfolgers eines vor Ablauf seiner Amtszeit ausgeschiedenen Aufsichtsratsmitgliedes erfolgt für den Rest der Amtszeit des ausgeschiedenen Mitglieds, soweit die Hauptversammlung nichts Abweichendes bestimmt.

92 Bei einer Gesellschaft mit einem **mitbestimmten Aufsichtsrat** sollten für die Aufsichtsräte der Anteilseigner Ersatzmitglieder bestellt werden, um sicherzustellen, dass die Parität im Aufsichtsrats gewahrt bleibt.

---

111 Happ/*Pühler*, Aktienrecht, 1.04 (dort § 9)
112 Vgl. hierzu *Hüffer*, § 100 Rn. 9; Happ/*Pühler*, Aktienrecht, 1.01 Rn. 36.
113 Hierzu *Hüffer*, § 100 Rn. 9; Happ/*Pühler*, Aktienrecht, 1.01 Rn. 36; K. Schmidt/Lutter/*Drygala*, § 100 Rn. 21.
114 Für die Zulässigkeit: Lutter/*Krieger*, Aufsichtsrat, § 1 Rn. 23; GroßkommAktG/*Röhricht*, § 23 Rn. 190; dagegen: MünchKommAktG/*Semler*, § 100 Rn. 63; K. Schmidt/Lutter/*Drygala*, § 100 Rn. 21.
115 *Hüffer*, § 103 Rn. 4; Happ/*Pühler*, Aktienrecht, 1.01 Rn. 40; MünchKommAktG/*Semler*, § 103 Rn. 13.
116 Happ/*Pühler*, Aktienrecht, 1.01 Rn. 40.

Formulierungsvorschlag Ersatzmitglieder: 93 M
Mit der Bestellung eines Aufsichtsratsmitglieds kann gleichzeitig ein Ersatzmitglied bestellt werden, das Mitglied des Aufsichtsrats wird, wenn das Aufsichtsratsmitglied vor Ablauf seiner Amtszeit ausscheidet, ohne dass ein Nachfolger bestellt ist. Tritt ein Ersatzmitglied an die Stelle des ausgeschiedenen Mitglieds, so erlischt sein Amt mit Ende der Hauptversammlung, in der eine Ersatzwahl stattfindet, spätestens jedoch mit Ablauf der Amtszeit des ausgeschiedenen Aufsichtsratsmitglieds.

ee) Niederlegung und Abberufung

Die Amtszeit eines Aufsichtsratsmitglied kann auch durch Niederlegung oder Abberufung beendet werden. Für den Fall der **Niederlegung** sollte die Satzung die Form der Niederlegungserklärung (am besten Textform des § 126 b BGB), eine Frist und den Adressaten festlegen, da letzterer umstritten ist.[117] Adressat sollte der Vorstand und nicht der Aufsichtsrat sein, um auch im Falle einer Niederlegung durch den Aufsichtsratsvorsitzenden und seines Stellvertreters eine klare Regelung zu haben. 94

Formulierungsvorschlag Niederlegung Aufsichtrat: 95 M
Jedes Mitglied des Aufsichtsrats kann sein Amt unter Einhaltung einer vierwöchigen Frist auch ohne wichtigen Grund durch schriftliche Mitteilung an den Vorsitzenden des Vorstands niederlegen.

Die **Abberufung von Aufsichtsratsmitgliedern** wird in § 103 AktG geregelt. § 103 Abs. 1 AktG bestimmt, dass die von der Hauptversammlung ohne Bindung an einen Wahlvorschlag gewählten Aufsichtsratsmitglieder mit einer Mehrheit von drei Vierteln der abgegebenen Stimmen ohne wichtigen Grund abberufen werden können. Nach § 103 Abs. 1 S. 3 AktG kann die Satzung andere Mehrheiten und weitere Erfordernisse bestimmen. Die Satzung kann das Mehrheitserfordernis aber nur einheitlich für alle Aufsichtsratsmitglieder feststellen.[118] Da das Gesetz ausdrücklich von einer »Mehrheit« spricht, kann das Recht zur Abberufung keiner Minderheit zugestanden werden.[119] Mit den »weiteren Erfordernissen« meint § 103 Abs. 1 AktG zudem nur formelle Kriterien (etwa Fristen bis zur Wirksamkeit der Abberufung) und keine materiellen Kriterien. Inhaltlich darf die Abberufung nicht eingeschränkt werden, also etwa von dem Vorliegen eines wichtigen Grundes abhängig gemacht werden.[120] 96

§ 103 Abs. 2 S. 2 AktG sieht zudem vor, dass entsandte Aufsichtsratsmitglieder mit einfacher Mehrheit der Stimmen abberufen werden können, wenn die Voraussetzungen des Entsendungsrecht weggefallen sind. Hier kann die Satzung weitergehende Abberufungsmöglichkeiten vorsehen.[121] 97

ff) Ausschüsse

Nach § 107 Abs. 3 S. 1 AktG kann der Aufsichtsrat Ausschüsse bilden. Allein der Aufsichtsrat kann bestimme, ob er von dieser Möglichkeit Gebrauch macht. Durch Satzungsregelungen kann diese Kompetenz nicht beschränkt werden. Insbesondere ist es nicht zulässig, 98

---

117 Vgl. hierzu: MünchHdb. AG/*Hoffmann-Becking*, § 30 Rn. 49; MünchKommAktG/*Semler*, § 103 Rn. 113; Happ/*Pühler*, Aktienrecht, 1.01 Rn. 45 ff.
118 MünchHdb. AG/*Hoffmann-Becking*, § 30 Rn. 54; MünchKommAktG/*Semler*, § 103 Rn. 24; K. Schmidt/Lutter/*Drygala*, § 103 Rn. 5.
119 K. Schmidt/Lutter/*Drygala*, § 103 Rn. 11; Happ/*Pühler*, Aktienrecht, 1.01 Rn. 44.
120 K. Schmidt/Lutter/*Drygala*, § 103 Rn. 5; Happ/*Pühler*, Aktienrecht, 1.01 Rn. 44.
121 K. Schmidt/Lutter/*Drygala*, § 103 Rn. 11; MünchKommAktG/*Semler*, § 103 Rn. 34; MünchHdb. AG/*Hoffmann-Becking*, § 30 Rn. 57.

dem Aufsichtsrat zu verbieten oder vorzuschreiben, bestimmte Ausschüsse mit festgelegten Kompetenzen zu bilden.[122]

gg) Wahl des Vorsitzenden und des Stellvertreters

99 Die Satzung sollte vorsehen, dass der Aufsichtsrat auf seiner ersten Sitzung einen Vorsitzenden und seinen Stellvertreter wählt.

hh) Anzahl und Form der Aufsichtsratssitzungen

100 Gemäß § 110 Abs. 3 S. 1 AktG muss der Aufsichtsrat zwei Sitzungen im Kalenderhalbjahr abhalten. Bei nichtbörsennotierten Gesellschaften kann der Aufsichtrat gemäß § 110 Abs. 3 S. 2 AktG beschließen, dass nur eine Sitzung im Kalenderhalbjahr abzuhalten ist. Durch die Satzung kann eine höhere Sitzungsfrequenz vorgeschrieben werden.[123]

101 Nach § 110 Abs. 3 AktG sind Aufsichtsratssitzungen abzuhalten. Der Wortlaut des § 110 Abs. 3 AktG hat insoweit durch das TransPuG eine Änderung erfahren, wonach der Aufsichtsrat nicht mehr »zusammentreten« muss. Nach den Gesetzesmaterialien soll damit klargestellt werden, dass eine **physische Zusammenkunft** der Aufsichtsratsmitglieder bei den Pflichtsitzungen des § 110 AktG nicht notwendig ist.[124] In der Literatur sind die Folgen dieser neuen Regelung umstritten. Zum Teil wird davon ausgegangen, dass nur in begründeten Ausnahmefällen Pflichtsitzungen in Form einer reinen **Telefon- oder Videokonferenz** abgehalten werden können.[125] Andere halten nur eine Videokonferenz für zulässig.[126] Vereinzelt wird bei Pflichtsitzungen eine physische Anwesenheit trotz der Änderung des § 110 Abs. 3 AktG weiterhin verlangt.[127] Angesichts des klaren Wortlauts des § 110 Ab. 3 AktG ist es aber nicht mehr notwendig, dass der Aufsichtsrat körperlich zusammentrifft.[128] Der Aufsichtsrat kann also eine Telefon- oder Videokonferenz abhalten.

102 Andere Formen der Beschlussfassung des Aufsichtsrates (etwa schriftlich, per Telefax oder per Email) sind nach § 108 Abs. 4 AktG hingegen vorbehaltlich einer näheren Bestimmung der Satzung nur zulässig, wenn kein Mitglied des Aufsichtsrates dem widerspricht. Der in § 108 Abs. 4 AktG enthaltene Vorbehalt hat zu verschiedenen Formulierungen in der Praxis geführt. Satzungen können das Widerspruchsrecht einschränken oder modifizieren (etwa Unbeachtlichkeit des Widerspruchs, wenn alle Aufsichtsratsmitglieder den Beschlussgegenstand erörtert haben oder nicht mehr als ein Mitglied des Aufsichtsrates widerspricht), Beschlussfassungen ohne Sitzung an besondere Voraussetzungen knüpfen (Anordnung des Vorsitzenden oder nur Videokonferenzen) oder gänzlich ausschließen.[129]

ii) Formen und Fristen der Einberufung sowie Bekanntgabe der Tagesordnung

103 Das Aktiengesetz enthält weder für die Form noch für die Fristen der Einberufung der Sitzungen des Aufsichtsrates Bestimmungen. § 110 Abs. 1 S. 2 AktG legt lediglich fest, dass die Sitzung binnen zwei Wochen nach der Einberufung stattfinden muss.

---

122 MünchKommAktG/*Semler*, § 107 Rn. 234; Happ/*Pühler*, Aktienrecht, 1.01 Rn. 65; KK-AktG/*Mertens*, § 107 Rn. 90; umstritten ist dies allerdings für Kompetenzen, die dem Aufsichtsrat durch die Satzung übertragen werden, vgl.: Lutter/*Krieger*, Aufsichtsrat, Rn. 629; MünchKommAktG/*Semler*, § 107 Rn. 235; Happ/*Pühler*, Aktienrecht, 1.01 Rn. 65.
123 MünchHdb. AG/*Hoffmann-Becking*, § 31 Rn. 11; MünchKommAktG/*Semler*, § 107 Rn. 39; Happ/*Pühler*, Aktienrecht, 1.01 Rn. 51.
124 Begr. RegE, BT-Drucks. 14/8769, S. 17.
125 *Hüffer*, AktG, § 110 Rn. 11; MünchKommAktG/*Semler*, § 110 Rn. 113.
126 GroßkommAktG/*Hopt/Roth*, § 110 Rn. 70.
127 K. Schmidt/Lutter/*Drygala*, § 110 Rn. 20.
128 *Hüffer*, § 110 Rn. 11; Happ/*Happ*, Aktienrecht, 9.01 Rn. 12.
129 Vgl. Happ/*Pühler*, Aktienrecht, 1.01 Rn. 55.

Folglich sollte die Satzung die **Form der Einberufung** (etwa per Email, schriftlich oder per Einschreiben mit Rückschein) und die **Frist der Einberufung** regeln. Dabei ist zu beachten, dass die Zeitspanne zwischen Einladung und Sitzung angemessen sein muss.[130] In der Literatur wird eine Woche als ausreichend angesehen.[131] Ferner sollte bestimmt werden, dass in dringenden Fällen die Einberufungsfrist angemessen verkürzt werden kann.[132]

Inhaltlich muss aus der Einladung ersichtlich sein, wer für welche Aktiengesellschaft den Aufsichtsrat einberuft, ferner Zeit und Ort der Sitzung.[133] Auch diese Punkte sollten in der Satzung – obgleich in der Literatur unstreitig – wiederholt werden.

Umstritten ist, ob die Einberufung die **Tagesordnung** enthalten bzw. die Beschlussgegenstände genannt werden müssen.[134] Die Satzung sollte daher auch zu dieser Frage Bestimmungen enthalten und insbesondere festlegen, wann auch ohne Mitteilung der Tagesordnung bzw. der Beschlussgegenstände Beschlüsse des Aufsichtsrates gefasst werden können. Freilich sind der Satzungsfreiheit Grenzen gesetzt. So ist es nicht zulässig, dass in solchen Fällen die Zustimmung einer qualifizierten Mehrheit der anwesenden Mitglieder ausreichend ist.[135] Vielmehr darf kein Aufsichtsratsmitglied widersprechen.[136]

Formulierungsvorschlag Formen und Fristen der Einberufung des Aufsichtsrates:
Die Sitzungen des Aufsichtsrats werden vom Vorsitzenden des Aufsichtsrates einberufen. Die Einberufung hat schriftlich, durch Telefax oder durch E-Mail mit einer Frist von mindestens zwei Wochen unter Mitteilung des Ortes und der Zeit der Sitzung zu erfolgen. Dabei werden der Tag der Absendung der Einberufung und der Tag der Sitzung nicht mitgerechnet. In dringenden Fällen kann der Vorsitzende die Frist bis auf drei Tage abkürzen und die Sitzung auch mündlich oder fernmündlich einberufen. Die Vorschriften des § 110 Abs. 1 und 2 des Aktiengesetzes bleiben unberührt.

Mit der Einberufung sind die Gegenstände der Tagesordnung mit Beschlussvorschlägen mitzuteilen. Die zu den einzelnen Punkten der Tagesordnung erforderlichen Unterlagen sind den Mitgliedern des Aufsichtsrats möglichst frühzeitig zu übersenden. Wurde ein Tagesordnungspunkt nicht ordnungsgemäß angekündigt, so ist ein Beschluss nur zulässig, wenn kein Aufsichtsratsmitglied der Beschlussfassung widerspricht und den abwesenden Aufsichtsratsmitgliedern Gelegenheit gegeben wird, binnen drei Bankarbeitstagen am Sitz der Gesellschaft der Beschlussfassung zu widersprechen oder ihre Stimme schriftlich abzugeben. Dabei werden der Tag der Absendung der Einberufung und der Tag der Sitzung nicht mitgerechnet. Der Beschluss wird wirksam, wenn kein abwesendes Aufsichtsratsmitglied innerhalb der Frist widersprochen hat.

jj) Teilnahmerecht

Gemäß § 109 Abs. 1 S. 1 AktG dürfen Personen, die nicht dem Vorstand oder dem Aufsichtsrat angehören nicht an Sitzungen des Aufsichtsrates teilnehmen. Die Satzung kann aber nach § 109 Abs. 3 AktG bestimmen, dass an der Sitzung des Aufsichtsrates Personen, die dem Aufsichtsrat nicht angehören, an Stelle eines verhinderten Aufsichtsratsmitglieds teilnehmen können, wenn sie hierzu in Textform ermächtigt worden sind.

---

130 Happ/*Pühler*, Aktienrecht, 1.01 Rn. 52.
131 MünchKommAktG/*Semler*, § 110 Rn. 52; K. Schmidt/Lutter/*Drygala*, § 110 Rn. 9.
132 Happ/*Pühler*, Aktienrecht, 1.01 Rn. 52.
133 *Hüffer*, § 110 Rn. 4; K. Schmidt/Lutter/*Drygala*, § 110 Rn. 10.
134 Happ/*Pühler*, Aktienrecht, 1.01 Rn. 53; MünchKommAktG/*Semler*, § 110 Rn. 42; *Hüffer*, § 110 Rn. 4.
135 Happ/*Pühler*, Aktienrecht, 1.01 Rn. 53; a.A.: Werner, ZGR 1977, 236, 342.
136 Happ/*Pühler*, Aktienrecht, 1.01 Rn. 53; MünchKommAktG/*Semler*, § 110 Rn. 51; MünchHdb. AG/ *Hoffmann-Becking*, § 31 Rn. 35.

kk) Beschlussfähigkeit des Aufsichtsrates

107 Ist in der Satzung keine abweichende Bestimmung enthalten, ist der Aufsichtsrat nach § 108 Abs. 2 S. 2 AktG nur beschlussfähig, wenn mindestens die Hälfte der Mitglieder an der Sitzung teilnimmt. Auch hier kann die Satzung folglich abweichende Regelungen treffen, wobei nach § 108 Abs. 2 S. 3 AktG mindestens drei Mitglieder an der Beschlussfassung teilnehmen müssen.

ll) Mehrheiten

108 Beschlüsse des Aufsichtsrates werden grundsätzlich mit der einfachen Mehrheit der abgegebenen Stimmen gefasst.[137] Die Satzung kann – sofern es sich nicht um eine ihm gesetzlich zwingend zugewiesene Aufgabe handelt – einen höhere Mehrheit als die einfache Mehrheit verlangen.[138] In paritätisch mitbestimmten Unternehmen kann die Satzung keine qualifizierte Mehrheit vorschreiben.[139]

109 Möglich ist es zudem, dem Vorsitzenden des Aufsichtsrates ein **Stichentscheidsrecht** einzuräumen.[140] Die Einräumung eines **Vetorechts** ist hingegen nicht zulässig.[141]

110 Nach der h.M. können **Stimmenthaltungen** aufgrund von Satzungsregelungen als »Nein« gewertet werden.[142]

mm) Vergütung

111 Gemäß § 113 Abs. 1 S. 1 AktG steht den Aufsichtsratsmitgliedern für ihre Tätigkeit eine Vergütung zu, die der Höhe nach in einem angemessenen Verhältnis zu den Aufgaben der Aufsichtsratsmitglieder und zur Lage der Gesellschaft steht. Ohne eine entsprechende Satzungsregelung oder einen Hauptversammlungsbeschluss haben die Aufsichtsratsmitglieder keinen Anspruch auf eine Vergütung.[143]

112 Bei der Frage, ob eine Vergütung gewährt wird und in welcher Höhe sind die Aufsichtsratsmitglieder grundsätzlich gleich zu behandeln.[144] Zulässig sind Differenzierungen aus sachlichen Gründen, etwa hinsichtlich der Funktion und der Aufgaben. So ist es üblich und zulässig, dem Aufsichtsratsvorsitzenden eine höhere Vergütung zu gewähren.[145]

113 Bei der Höhe der Vergütung kann zwischen festen und variablen Vergütungsformen unterschieden werden. Bei einer festen Vergütung wird den Mitgliedern des Aufsichtsrates pro Jahr eine bestimmte Summe zugestanden. Ergänzt werden kann dies durch Sitzungsgelder für jede Teilnahme an einer Sitzung des Aufsichtsrates. Variable Vergütungen können sich u.a. an der ausgeschütteten Dividende, dem Jahres- oder Bilanzgewinn, an Ergebniskennzahlen (Ergebnis vor Steuern, Ergebnis vor Zinsen und Steuern, Ergebnis vor Zinsen, Steuern und Abschreibungen etc.) oder Umsatz orientieren.[146] Bei einer Umsatz-

---

137 *Hüffer*, § 108 Rn. 6; MünchKommAktG/*Semler*, § 108 Rn. 120; K. Schmidt/Lutter/*Drygala*, § 108 Rn. 24.
138 *Hüffer*, § 108 Rn. 8; MünchKommAktG/*Semler*, § 108 Rn. 132; K. Schmidt/Lutter/*Drygala*, § 108 Rn. 25.
139 *Hüffer*, § 108 Rn. 8; MünchKommAktG/*Semler*, § 108 Rn. 132; Happ/*Pühler*, Aktienrecht, 1.01, Rn. 59.
140 *Hüffer*, § 108 Rn. 8; MünchKommAktG/*Semler*, § 108 Rn. 132; Happ/*Pühler*, Aktienrecht, 1.01, Rn. 60.
141 *Hüffer*, § 108 Rn. 8; K. Schmidt/Lutter/*Drygala*, § 108 Rn. 25.
142 So Lutter/*Krieger*, Aufsichtsrat, Rn. 607; KK-AktG/*Mertens*, § 108 Rn. 444; a.A.: K. Schmidt/Lutter/*Drygala*, § 108 Rn. 26.
143 Happ/*Pühler*, Aktienrecht, 1.01, Rn. 68; MünchKommAktG/*Semler*, § 113 Rn. 1,7; Lutter/*Krieger*, AR, Rn. 712.
144 K. Schmidt/Lutter/*Drygala*, § 113 Rn. 14; GroßkommAktG/*Hopt/Roth*, § 113 Rn. 67 ff.
145 K. Schmidt/Lutter/*Drygala*, § 113 Rn. 14; GroßkommAktG/*Hopt/Roth*, § 113 Rn. 67 ff.
146 Vgl. hierzu: Happ/*Pühler*, Aktienrecht, 1.01, Rn. 68.

vergütung ist freilich zu bedenken, dass sie einen Fehlanreiz bietet, weil die Rentabilität zu Lasten des Umsatzes vernachlässigt werden könnte.

Zweifelhaft ist, ob **Aktienoptionen** als Vergütung gewährt werden können. Nach dem BGH sind Aktienoptionsprogramme zugunsten von Aufsichtsratsmitgliedern bei Verwendung von zurückgekauften eigenen Aktien der Gesellschaft ebenso unzulässig wie bei Verwendung eines bedingten Kapitals.[147] Zudem ordnet § 221 Abs. 4 S. 2 AktG die sinngemäße Anwendung u.a. von § 193 Abs. 2 Nr. 4 AktG an, der seinerseits auf den Aufsichtsratsmitglieder ausschließenden § 192 Abs. 2 Nr. 3 AktG verweist. Bis zur höchstrichterlichen Klärung sollte daher auf Aktienoptionen als Vergütung verzichtet werden.[148] Ebenso zweifelhaft ist, ob eine Vergütung, die sich an dem Börsenkurs orientiert, zulässig ist (**phantom stocks** und **stock appreciation rights**).[149] Auch hier sollte zunächst abgewartet werden.[150] **114**

Umstritten ist schließlich, ob sogenannte **D & O – Versicherungen**, also Vermögensschadenshaftpflichtversicherungen zugunsten der Aufsichtsratsmitglieder eine Vergütung darstellen, die gemäß § 113 Abs. 1 AktG einer Satzungsregelung oder eines Hauptversammlungsbeschlusses bedürfen.[151] Hier gilt wiederum, dass bis zur abschließenden Klärung dieser Rechtsfrage durch den BGH von der Anwendbarkeit des § 113 Abs. 1 AktG ausgegange werden sollte. Die Satzung sollte daher eine entsprechende Formulierung enthalten. **115**

Formulierungsvorschlag D & O Versicherung für Aufsichtsratsmitglieder:[152] **116 M**
Die Gesellschaft bezieht die Aufgabenwahrnehmung der Mitglieder des Aufsichtsrates in die Deckung einer von ihr als Versicherungsnehmerin im eigenen Namen und angemessener Höhe abgeschlossenen Vermögensschadenshaftpflichtversicherung mit ein.

nn) Geschäftsordnung

Der Aufsichtsrat kann sich auch ohne Ermächtigung der Satzung eine Geschäftsordnung geben.[153] Die Satzung kann allenfalls Einzelfragen regeln, die zwingend dem Aufsichtsrat zugewiesenen Bestimmungen kann er selbst regeln.[154] Es erscheint daher überflüssig Satzungsregelungen zur Geschäftsordnung des Aufsichtsrates in die Satzung einzufügen, obgleich dies in der Praxis häufig anzutreffen ist. **117**

oo) Änderungen der Satzungsfassung

Schließlich sollte die Satzung auch die Ermächtigung enthalten, dass der Aufsichtsrat die sprachliche Formulierung von Satzungsbestimmungen ändert, wenn diese durch Zeitablauf oder satzungsändernden Beschluss obsolet geworden sind.[155] **118**

---

147 BGH, Urt. V. 16.2.2004 – ZR 316/02 = DNotZ 2004, 862 ff.
148 So zutreffend: Happ/*Pühler*, Aktienrecht, 1.01, Rn. 68. Aktienoptionen als Vergütung ablehnend zudem K. Schmidt/Lutter/*Drygala*, § 113 Rn. 29 ff.; *Habersack*, ZGR 2004, 721, 729; *Paefgen*, WM 2004, 1169, 1172; a.A.: *Gehling*, ZIP 2005, 549, 557; *Vetter*, AG 2004, 234, 237 f.; MünchKommAktG/*Fuchs*, § 192 Rn. 98.
149 Für die Zulässigkeit: *Gehling*, ZIP 2005, 549, 557; *Vetter*, AG 2004, 234, 237 f.; MünchKommAktG/ *Fuchs*, § 192 Rn. 98; dagegen: K. Schmidt/Lutter/*Drygala*, § 113 Rn. 29 ff.; *Habersack*, ZGR 2004, 721, 729; *Paefgen*, WM 2004, 1169, 1172.
150 Happ/*Pühler*, Aktienrecht, 1.01, Rn. 68.
151 Für den Vergütungscharakter: *Hüffer*, § 113 Rn. 2 a; MünchHdb. AG/*Wiesner*, § 21 Rn. 29; *Feddersen*, AG 2000, 3895, 394; a.A.: MünchKommAktG/*Semler*, § 113 Rn. 82; *Vetter*, AG 2000, 456 ff.
152 Aus: Happ/*Pühler*, Aktienrecht, 1.01, Rn. 69.
153 *Hüffer*, § 107 Rn. 23; MünchKommAktG/*Semler*, § 107 Rn. 409; Happ/*Pühler*, Aktienrecht, 1.01, Rn. 69.
154 *Hüffer*, AktG, § 107 Rn. 23; MünchKommAktG/*Semler*, § 107 Rn. 409; Happ/*Pühler*, Aktienrecht, 1.01, Rn. 69.
155 *Hüffer*, § 179 Rn. 11.

3. Kapitel Aktiengesellschaft

119 M **Formulierungsvorschlag Ermächtigung zur Änderung der Satzung:**
Der Aufsichtsrat ist befugt, Änderungen der Satzung, die nur die Fassung betreffen, zu beschließen.

p) Hauptversammlung

120 In der Satzung einer Aktiengesellschaft sollten bzgl. der Hauptversammlung der Gesellschaft folgende Punkte geregelt werden:

- Ort der Hauptversammlung
- Einberufungsfrist
- Teilnahmerecht/Stimmrecht der Aktionäre
- Bestimmung des Versammlungsleiters
- Mitteilungen nach § 125 AktG

aa) Ort der Hauptversammlung

121 Aus § 121 Abs. 5 AktG folgt, dass die Satzung den Ort der Hauptversammlung bestimmen kann. Möglich ist zu einem das Benennen einer konkreten politischen Gemeinde (Düsseldorf, München etc.). Die Satzung kann den Ort der Hauptversammlung aber auch nur in bestimmbarer Weise umschreiben (Stadt mit mehr als 250.000 Einwohnern; Ort, der nicht weiter als 25 km vom Satzungssitz der Gesellschaft entfernt ist etc.).[156]

122 Nicht zulässig ist es, wenn die Satzung die Bestimmung des Ortes in das freie Ermessen des Einberufenden stellt.[157] Umstritten ist, ob eine Hauptversammlung auch im Ausland abgehalten werden kann.[158]

bb) Einberufungsfrist

123 Die Einberufungsfrist wird in § 123 Abs. 1 bzw. Abs. 2 AktG geregelt. Die Einberufung muss danach mindestens dreißig Tage betragen, soweit nicht ein Fall des § 16 Abs. 4 WpÜG vorliegt. Die Satzung kann diese Frist verlängern, jedoch nicht verkürzen.[159]

124 Die Fristberechnung erfolgt gemäß § 121 Abs. 7 AktG, wobei nach § 121 Abs. 7 S. 4 AktG bei nichtbörsennotierten Gesellschaften die Satzung eine andere Berechnung der Frist bestimmen kann.[160] So kann durch eine Satzungsbestimmung etwa die Sonn- und Feiertagsregelung des § 193 BGB eingeführt werden.

cc) Teilnahmerecht der Aktionäre/Stimmrecht der Aktionäre

(1) Anmeldung gemäß § 123 Abs. 2 S. 1 AktG

125 Die Satzung kann nach § 123 Abs. 2 S. 1 AktG die Teilnahme an der Hauptversammlung oder die Ausübung des Stimmrechts davon abhängig machen, dass die Aktionäre sich vor

---

156 *Hüffer*, § 121 Rn. 13; MünchKommAktG/*Kubis*, § 121 Rn. 58; K. Schmidt/Lutter/*Ziemons*, § 121 Rn. 53.
157 BGH DNotZ 1994, 615; *Hüffer*, § 121 Rn. 13; Würzburger Notarhandbuch/*Reul*, Teil 5, Kapitel 4, Rn. 226.
158 Dafür: *Hüffer*, AktG, § 121 Rn. 15; MünchHdb. AG/*Semler*, § 121 Rn. 60; dagegen: OLG Hamm NJW 1974, 1057 ff.; OLG Hamburg OLGZ 1994, 42, 43; differenzierend: K. Schmidt/Lutter/*Ziemons*, § 121 Rn. 54 ff.
159 Happ/*Pühler*, Aktienrecht, 1.01 Rn. 74; *Hüffer*, AktG, § 123 Rn. 2.
160 Unklar ist bei der Vorschrift des § 121 Abs. 7 AktG, ob diese nur für die §§ 121 bis 129 AktG oder auch für andere Fristberechnungen bei Aktiengesellschaften (etwa im Umwandlungsrecht) gilt, siehe zur Einberufungsfrist ferner Rdn. 365.

Gründung **A**

der Versammlung anmelden. Die Anmeldung muss gemäß § 123 Abs. 2 S. 2 AktG der Gesellschaft unter der hierfür in der Einberufung mitgeteilten Anschrift bis zum sechsten Tag vor der Versammlung zugehen. In der Satzung oder in der Einberufung aufgrund einer Ermächtigung durch die Satzung kann nach § 123 Abs. 2 S. 3 AktG eine kürzere Frist vorgesehen werden. Eine Verlängerung durch die Satzung ist unzulässig. Die Frist muss dabei in Kalendertagen (nicht Werktagen) berechnet werden.[161] Das Anmeldeerfordernis kann sowohl für Inhaberaktien als auch für Namensaktien eingeführt werden. Die Anmeldung ist grundsätzlich formfrei, kann daher auch mündlich oder fernmündlich erfolgen. Aus Beweissicherungsgründen ist jedoch zu empfehlen, in der Satzung eine strengere Form vorzuschreiben.[162]

Formulierungsvorschlag Anmeldung nach § 123 Abs. 2 S. 1 AktG: 126 M
Zur Teilnahme an der Hauptversammlung und zur Ausübung des Stimmrechts sind nur diejenigen Aktionäre berechtigt, die sich vor der Hauptversammlung anmelden. Die Anmeldung muss der Gesellschaft unter der in der Einberufung mitgeteilten Adresse in Textform (§ 126 b BGB) in deutscher oder englischer Sprache bis zum Ablauf des sechsten Kalendertages vor der Hauptversammlung zugehen. Der Tag des Zugangs ist nicht mitzurechnen.

(2) Legitimationsregeln bei Inhaberaktien

Bei Inhaberaktien kann die Satzung gemäß § 123 Abs. 3 S. 1 AktG zusätzlich bestimmen, 127
wie die Berechtigung zur Teilnahme an der Hauptversammlung oder zur Ausübung des Stimmrechts nachzuweisen ist.

Bei **börsennotierten Gesellschaften** reicht jedoch nach § 123 Abs. 3 S. 2 AktG in jedem 128
Fall ein in Textform erstellter besonderer Nachweis des Anteilsbesitzes durch das depotführende Institut aus. Der Nachweis hat sich gemäß § 123 Abs. 3 S. 3 AktG auf den Beginn des 21. Tages vor der Versammlung zu beziehen und muss der Gesellschaft mindestens sechs Tage vor der Versammlung zugehen (record date). § 123 Abs. 3 S. 4 AktG bestimmt auch hier, dass in der Satzung oder in der Einberufung aufgrund einer Ermächtigung durch Satzung eine kürzere, in Tagen zu bemessende Frist vorgesehen werden kann. Eine Verlängerung der Frist ist nicht zulässig.

Sofern die börsennotierte Gesellschaft statt einer Globalurkunde **Einzel- oder Sammel-** 129
urkunden ausgegeben hat, sollte die Satzung Bestimmungen enthalten, wie sich die Inhaber solcher Urkunden legitimieren können. Würde die Satzung auch für effektive Stücke stets den Bestandsnachweis durch eine depotführende Stelle verlangen, müssten Aktionäre, die ihre Aktien privat verwahren, andernfalls nur zu diesem Zweck ein Depot eröffnen.[163]

In der Satzung einer **nicht börsennotierten Gesellschaft** können jedoch abweichende 130
Bestimmungen zur Teilnahmeberechtigung vorgesehen werden, wie die Hinterlegung bei einem Notar oder Kreditinstitut bis zum Ende der Hauptversammlung.[164] Sind oder sollen Aktien nicht verbrieft werden, empfiehlt sich eine Regelung, wie die Aktionäre ihre Aktionärseigenschaft zur Teilnahem nachzuweisen haben. Denkbar ist etwa, dass Anteilsübertragungen in notariell beglaubigter Form vorgelegt werden müssen.

---

161 Begr.RegE.ARUG, BT-Drucks. 16/11624; *Mimberg/Gätsch*, Die Hauptversammlung der Aktiengesellschaft nach dem ARUG, Rn. 87 ff. Für nicht börsennotierte Gesellschaften ist dies nicht zweifelsfrei. Angesichts des Wortlaut des § 123 Abs. 2 S. 3 AktG sollte jedoch hiervon bis zu einer höchstrichterlichen Klärung ausgegangen werden.
162 MünchKommAktG/*Kubis*, § 123 Rn. 37.
163 K. Schmidt/Lutter/*Ziemons*, § 123 Rn. 20; *Spindler*, NZG 2005, 825, 827; kritisch gegenüber derartigen Satzungsbestimmungen: *Heidinger/Blath*, DB 2006, 2275, 2276.
164 K. Schmidt/Lutter/*Ziemons*, § 123 Rn. 18; *Gätsch/Mimberg*, AG 2006, 746, 749.

(3) Legitimationsregeln bei Namensaktien

131 Für Namensaktien gilt hingegen § 67 Abs. 2 AktG. Die Eintragung im **Aktienregister** begründet die unwiderlegbare Vermutung der Aktionärseigenschaft. Ein gesonderter Nachweis der Berechtigung ist nicht zu erbringen[165] und darf nicht verlangt werden.[166] Die Satzung kann aber vorsehen, dass im Aktienregister eine Veränderungssperre in Form eines **Umschreibungsstopps** vor der Hauptversammlung erfolgt. Die Länge der Veränderungssperre ist dabei umstritten. Die Angaben schwanken zwischen drei Tagen[167] und sieben Tagen.[168] Angesichts der Bestimmung des § 123 Abs. 3 S. 3 AktG dürften sechs Tage als zulässig anzusehen sein.

132 M **Formulierungsvorschlag Umschreibungsstopp:**
Innerhalb eines Zeitraums vom Beginn des sechsten Tages vor der Hauptversammlung bis zum Schluss der Hauptversammlung werden keine Eintragungen im Aktienregister vorgenommen.

133 Sind die Namensaktien nicht verbrieft, stellt sich die Frage, ob ein Legitimationsnachweis – angesichts der Nichtanwendbarkeit des § 123 Abs. 3 S. 1 AktG auf Namensaktien – in die Satzung eingefügt werden kann. Angesichts der Satzungsstrenge wird dies in der Literatur aber verneint.[169]

(4) Bevollmächtigung

134 Im Unterschied zur früheren Rechtslage ist nunmehr gemäß § 134 Abs. 3 S. 3 AktG die Textform für die Erteilung einer Stimmrechtsvollmacht in der Hauptversammlung ausreichend, wenn in der Satzung oder in der Einberufung aufgrund einer Ermächtigung in der Satzung nichts Abweichendes und bei einer börsennotierten Gesellschaft nicht eine Erleichterung bestimmt wird. Es genügt folglich grundsätzlich auch eine per Email erteilte Vollmacht, wobei bei einer nicht börsennotierten Gesellschaft in der Satzung auch strengere Formerfordernisse vorgesehen werden können. Werden mehrere Personen bevollmächtigt, so kann nach § 134 Abs. 3 S. 2 AktG die Gesellschaft eine oder mehrere der Bevollmächtigten zurückweisen. Ungeklärt ist gegenwärtig, ob dies auch gilt, wenn ein Aktionär mehrere Aktien besitzt.[170] Eine Klarstellung in der Satzung kann sich insoweit empfehlen.

135 M **Formulierungsvorschlag Bevollmächtigung Hauptversammlung:**
Das Stimmrecht kann durch Bevollmächtigte ausgeübt werden. Die Erteilung, der Widerruf und der Nachweis der Vollmacht bedürfen der Textform (§ 126 b BGB), sofern nicht gesetzlich etwas Abweichendes bestimmt ist. Der Nachweis der Vollmacht kann der Gesellschaft auf einem vom Vorstand zu bestimmenden Weg der elektronischen Kommunikation übermittelt werden. Die Einzelheiten werden in der Einberufung zur Hauptversammlung mitgeteilt.
Bevollmächtigt ein Aktionär mehr als eine Person zur Teilnahme an der Hauptversammlung, so kann die Gesellschaft eine oder mehrere von diesen zurückweisen. Dies gilt auch, wenn der Aktionär mehrere Aktien hält.

---

165 *Hüffer*, § 123 Rn. 4; *Heidinger/Blath*, DB 2006, 2275, 2276. Die Bestimmung des § 123 Abs. 3 S. 3 AktG (record date) ist nicht auf Namensaktien anzuwenden (vgl. *Wicke*, Einführung in das Recht der Hauptversammlung, S. 21).
166 *K. Schmidt/Lutter/Ziemons*, § 123 Rn. 16; *Heidinger/Blath*, DB 2006, 2275, 2276.
167 *Noack*, ZIP 1999, 1993, 1997.
168 *K. Schmidt/Lutter/Ziemons*, § 123 Rn. 16; *Hüffer*, § 67 Rn. 20.
169 *K. Schmidt/Lutter/Ziemons*, § 123 Rn. 17; *Butzke*, WM 2005, 1981, 1983; es ist somit § 410 BGB entsprechend anzuwenden.
170 *Wicke*, Einführung in das Recht der Hauptversammlung, S. 33.

dd) Bestimmung des Versammlungsleiters

Das Aktiengesetz enthält keine Bestimmung, wer die Hauptversammlung leiten soll, so dass eine entsprechende Bestimmung in die Satzung aufgenommen werden sollte. Nicht zulässig ist allerdings die Bestellung von Vorstandsmitgliedern oder des die Hauptversammlung protokollierenden Notars.[171]

Formulierungsvorschlag Bestimmung des Versammlungsleiters:
Die Leitung der Hauptversammlung übernimmt der Versammlungsleiter, im Falle seiner Verhinderung sein Stellvertreter. Andernfalls wird der Versammlung von den zu Beginn der Hauptversammlung anwesenden Aufsichtsratsmitgliedern der Aktionäre gewählt.

136

137 M

ee) Online-Hauptversammlung, Briefwahl

Durch die Änderungen des Aktiengesetzes aufgrund das Gesetzes zur Umsetzung der Aktionärsrichtlinie (ARUG) ist nunmehr auch eine sog. **Online-Hauptversammlung** zulässig.

Nach § 118 Abs. 1 S. 2 AktG kann die Satzung vorsehen oder den Vorstand ermächtigen, dass die Aktionäre an der Hauptversammlung auch ohne Anwesenheit an deren Ort und ohne einen Bevollmächtigten teilnehmen und sämtliche oder einzelne ihrer Rechte ganz oder teilweise im Wege der elektronischen Kommunikation ausüben können. Es kann also eine Zweiweg-Direktverbindung eingerichtet werden, die dem Aktionär die Möglichkeit gibt, seine Rechte (Rederecht, Auskunftsrecht etc.) auszuüben, obgleich er nicht vor Ort anwesend ist. Die Möglichkeiten, die § 118 Abs. 1 AktG für Satzungsregelungen eröffnet sind dabei beträchtlich. Die Satzung kann sämtliche versammlungsgebundenen Rechte, das Stimmrecht, das Teilnahmerecht, das Rede-, Frage- und Widerspruchsrecht regeln. Möglich ist es, dass die Satzung den »Internet-Aktionären« in jeder Hinsichtlich dieselben Rechte einräumt, wie den physisch abwesenden Aktionären. Es können aber auch nur einzelne Rechte für Online-Teilnehmer eröffnet werden, beispielsweise nur das Stimmrecht, nicht aber das Frage- und Rederecht. Eine solche Differenzierung dürfte nicht ein Verstoß gegen das Gleichbehandlungsgebot des § 53 a AktG darstellen, da das Gesetz derartige Differenzierungen ausdrücklich gestattet.[172] Nicht zulässig ist es hingegen eine virtuelle Hauptversammlung abzuhalten, die ohne physische Versammlung im Cyberspace stattfindet.

Zudem kann die Satzung gemäß § 118 Abs. 2 AktG vorsehen oder den Vorstand ermächtigen, dass Aktionäre ihre Stimmen, auch ohne an der Versammlung teilzunehmen, schriftlich oder im Wege elektronischer Kommunikation abgeben dürfen (**Briefwahl**).

Möglich ist auch Einzelheiten hinsichtlich der Verfahrensregelungen zu treffen, wie etwa die Nutzung bestimmter Formulare, Adressen und Fristen für den Zugang sowie Bestimmungen über die Identifizierung des Briefwählers.[173]

Die vorstehenden Möglichkeiten bieten sich insbesondere für Gesellschaften mit einem geschlossenen und internationalen Aktionärskreis an. Angesichts der möglicherweise nicht unerheblichen Kosten und praktischer Schwierigkeiten bei großen Aktionärskreisen, sollte aber in jedem Fall nur eine Ermächtigung des Vorstands in die Satzung aufgenommen werden.

138

139

140

141

---

171 *Hüffer*, § 129 Rn. 18; MünchKommAktG/*Kubis*, § 119 Rn. 101; *Happ/Pühler*, Aktienrecht, 1.01 Rn. 85.
172 *Wicke*, Einführung in das Recht der Hauptverhandlung, S. 24; vgl. auch *Noack*, NZG 2008, 441, 444.
173 *Wicke*, Einführung in das Recht der Hauptversammlung, S. 29.

3. Kapitel Aktiengesellschaft

142 M **Formulierungsvorschlag Online-Hauptversammlung:**
Der Vorstand ist ermächtigt vorzusehen, dass Aktionäre an der Hauptversammlung auch ohne Anwesenheit an deren Ort und ohne einen Bevollmächtigten teilnehmen und sämtliche oder einzelne ihrer Rechte ganz oder teilweise im Wege elektronischer Kommunikation ausüben können. Der Vorstand ist dabei auch ermächtigt, Bestimmungen zum Umfang und zum Verfahren der Teilnahme und Rechtsausübung zu treffen. Eine etwaige Nutzung dieses Verfahrens und die dazu getroffenen Bestimmungen sind mit der Einberufung der Hauptversammlung bekannt zu machen.

143 M **Formulierungsvorschlag Briefwahl:**
Der Vorstand ist ermächtigt vorzusehen, dass Aktionäre ihre Stimmen, ohne an der Hauptversammlung teilzunehmen, schriftlich oder im Wege elektronischer Kommunikation abgeben dürfen (Briefwahl). Der Vorstand ist dabei auch ermächtigt, Bestimmungen zum Verfahren zu treffen. Eine etwaige Nutzung dieses Verfahrens und die dazu getroffenen Bestimmungen sind mit der Einberufung der Hauptversammlung bekannt zu machen

ff) Mitteilungen nach § 125 AktG

144 Auch nach dem Inkrafttreten des ARUG muss der Vorstand den Kreditinstituten und den Vereinigungen von Aktionären, die in der letzten Hauptversammlung Stimmrechte für die Aktionäre ausgeübt oder eine Mitteilung verlangt haben, die Einberufung der Hauptversammlung gemäß § 125 Abs. 1 S. 1 AktG mitteilen.

145 Das ARUG hat die Möglichkeit eingeführt, mittels Satzungsregelung zu bestimmen, dass diese Mitteilungen nicht mehr in Papierform, sondern ausschließlich elektronisch über die Kreditinstitute an die Aktionäre übermittelt werden.

146 Die Ausgestaltungsmöglichkeiten sind dabei vielfältig. So kann die Übermittlung nur teilweise auf die elektronische Kommunikation umgestellt werden, etwa für Aktionäre, deren Email-Adresse der Gesellschaft bekannt ist. Ferner könnte der Wege der elektronischen Kommunikation genau beschrieben werden, indem die Satzung vorsieht, dass Mitteilungen nur noch per Email erfolgen.[174]

147 Nach § 128 Abs. 1 S. 1 AktG hat ein Kreditinstitut, wenn es zu Beginn des 21. Tages vor der Versammlung für die Aktionäre Inhaberaktien in Verwahrung hat oder es für Namensaktien, die ihm nicht gehören, im Aktienregister eingetragen wird, die nach § 125 Abs. 1 S. 1 AktG zugehenden Mitteilungen unverzüglich an die Aktionäre zu übermitteln. Auch hier kann die Satzung es gemäß § 128 Abs. 1 S. 1 AktG gestatten, mittels Satzungsbestimmung die Art und Weise der Übermittlung auf die elektronische Kommunikation zu beschränken. Besteht eines solche Satzungsbestimmung, ist das Kreditinstitut nicht verpflichtet, aufgrund etwaiger vertraglicher Bestimmungen mit ihren Kunden, die sich aus allgemeinen Geschäftsbestimmungen ergeben (anders bei individualvertraglichen Regelungen) einen Papierversand vorzunehmen.[175]

148 Zu beachten ist in jedem Fall allerdings § 30b Abs. 3 lit d WpHG, wonach Informationen an Aktionäre börsennotierter Gesellschaften nur dann elektronisch übermittelt werden dürfen, wenn der Aktionär nicht widerspricht.[176]

---

[174] Vgl. hierzu: *Drinhausen/Keinath*, BB 2009, 64, 66.
[175] Begr.RegE ARUG, BT-Drucks. 18/11642, S. 31; nicht geklärt ist, ob dies bei börsennotierten Gesellschaften angesichts der Bestimmung des § 30b Abs. 3 Nr. 1 WpHG praktische Bedeutung erlangt.
[176] Vgl. hierzu: *Paschos/Goslar*, AG 2009, 14, 17.

Formulierungsvorschlag Mitteilungen nach § 125 AktG: 149 M
Der Anspruch des Aktionärs nach § 128 Abs. 1 S. 1 AktG auf Übermittlung der Mitteilung nach § 125 Abs. 1 AktG ist auf den Weg der elektronischen Kommunikation beschränkt. Gleiches gilt, soweit die Voraussetzungen des § 30 b Abs. 3 lit. d WpHG erfüllt sind, für die Übermittlung von Mitteilungen durch die Gesellschaft nach § 125 Abs. 2 AktG. Der Vorstand ist ermächtigt, Mitteilungen in Papierform zu übermitteln und kann auch die Kreditinstitute zu einer Übermittlung in Papierform ermächtigen. Soweit der Vorstand eine Übermittlung in Papierform zulässt, ist dies mit der Einberufung zur Hauptversammlung bekannt zu machen.

gg) Bild- und Tonübertragungen

Die Satzung kann gemäß § 118 Abs. 3 AktG in bestimmten Fällen vorsehen, dass Aufsichtsratsmitglieder an der Hauptversammlung im Wege der Ton- oder Bildübertragung teilnehmen. Gemäß § 118 Abs. 4 AktG ist kann die Satzung zudem gestatten, dass die Hauptversammlung in Bild und Ton übertragen wird oder eine entsprechende Ermächtigung dem Vorstand oder dem Versammlungsleiter erteilen. 150

Formulierungsvorschlag Bild- und Tonübertragung: 151 M
Der Vorstand kann bestimmen, dass die Hauptversammlung oder Teile der Hauptversammlung in Bild und Ton übertragen werden.

hh) Rede- und Fragerecht

Gemäß § 131 Abs. 2 S. 2 AktG kann die Satzung den Versammlungsleiter ermächtigen, das Frage- und Rederecht des Aktionärs zeitlich angemessen zu beschränken, und Näheres zu bestimmen. Dabei ist mittlerweile anerkannt, dass die Satzung dem Versammlungsleiter konkrete inhaltliche Vorgaben für eine generelle Beschränkung des Rede- und Fragerechts einräumen kann.[177] Je stärker in der Satzung die Eingriffsschwelle definiert wird, desto geringer ist im Einzelfall die Eingriffsschwelle für den Versammlungsleiter, was wiederum das Risiko erfolgreicher Anfechtungsklagen beschränkt.[178] In der Satzung kann daher eine Bestimmung aufgenommen werden, in welcher die Gesamtdauer der Hauptversammlung, der späteste Schluss der Debatte sowie die den einzelnen Aktionären pro Wortmeldung und insgesamt entfallende Frage- und Redezeit angeben werden. Um den Umständen des Einzelfalls Rechnung zu tragen, muss dem Versammlungsleiter hierbei allerdings ein Ermessen eingeräumt werden.[179] 152

Formulierungsvorschlag Frage- und Rederecht:[180] 153 M

1. Der Versammlungsleiter hat das Recht, dass Rede- und Fragerecht der Aktionäre zeitlich nach Maßgabe der folgenden Bestimmungen zu beschränken:
   a) Ist nach der Tagesordnung (einschließlich etwaiger Minderheitsverlangen nach § 122 AktG) nur über die Gegenstände Verwendung des Bilanzgewinnes, Entlastung der Mitglieder des Vorstandes, Entlastung der Mitglieder des Aufsichtsrates, Wahl des Abschlussprüfers und Ermächtigung zum Erwerb eigener Aktien oder einzelner dieser Gegenstände Beschluss zu fassen, kann der Versammlungsleiter nach seinem Ermessen das Rede- und Fragerecht der Aktionäre in solcher Weise zeitlich beschränken, dass die Hauptversammlung insgesamt nicht länger als 6 Stunden dauert. Bei der Berechnung der Dauer der Hauptver-

---

177 Vgl. hierzu BGH v. 8.2.2010 – II ZR 94/08 = DnotZ 2010, 389; *Herrler*, DNotZ 2010, 331 ff.; nach der Vorinstanz OLG Frankfurt a.M. (Urt. v. 12.2.2008 – 5 U 8/07 = MittBayNot 2008, 399 = RNotZ 2008, 432) sollte nur eine abstrakte Beschränkung durch die Satzung möglich sein.
178 *Herrler*, DNotZ 2010, 331 ff.
179 *Herrler*, DNotZ 2010, 331 ff.
180 Nach BGH v. 8.2.2010 – II ZR 94/08 = DNotI 2010, 78 ff.

sammlung bleiben die Zeiträume außer Betracht, die auf Unterbrechungen der Hauptversammlung und die Rede des Vorstandes sowie aus Ausführungen des Versammlungsleiters vor Beginn in der Generaldebatte entfallen.

b) Ist nach der Tagesordnung (einschließlich etwaiger Minderheitsverlangen nach § 122 AktG) auch über andere Gegenstände als nach Buchstabe a) Beschluss zu fassen, kann der Versammlungsleiter nach seinem Ermessen das Rede- und Fragerecht der Aktionäre in solcher Weise zeitlich beschränken, dass die Hauptversammlung insgesamt nicht länger als 10 Stunden dauert. Buchstabe a) Satz 2 gilt entsprechend.

c) Der Versammlungsleiter kann die Rede- und Fragezeit eines Aktionärs je Wortmeldung auf 15 Minuten beschränken und, wenn sich im Zeitpunkt der Worterteilung an den Aktionär mindestens drei weitere Redner angemeldet haben, auf 10 Minuten. Der Versammlungsleiter kann die Rede- und Fragezeit, die einem Aktionär während der Versammlung insgesamt zusteht, auf 45 Minuten beschränken.

d) Die Beschränkungen nach Buchstaben a) bis c) können vom Versammlungsleiter jederzeit, auch zu Beginn der Versammlung nach seinem Ermessen angeordnet werden.

e) Beschränkungen nach Maßgabe der vorstehenden a) bis d) gelten als angemessen im Sinne des § 131 Abs. 2 Satz 2 AktG.

2. Unabhängig von dem Recht des Versammlungsleiters, dass Frage- und Rederecht der Aktionäre nach Maßgabe von Absatz 1 zu beschränken, kann der Versammlungsleiter um 22.30 Uhr des Versammlungstages den Debattenschluss anordnen und mit der Abstimmung zu den Tagesordnungspunkten beginnen. Nach Anordnung des Debattenschlusses sind in den Fällen des Satzes 1 weitere Fragen nicht mehr zulässig.

3. Das Recht des Versammlungsleiters das Rede- und Fragerecht der Aktionäre über die Bestimmungen in Absatz 1 und 2 hinaus nach Maßgabe der gesetzlichen Bestimmungen oder nach Maßgabe sonstiger in der Rechtsprechung anerkannte Grundsätze einzuschränken, bleibt von den Regelungen in Absatz 1 und 2 unberührt.

q) Rechnungslegung, Gewinnverwendung, Dividendenabschlag

154 Die gesetzliche Frist für die Aufstellung der Bilanz- der Gewinn- und Verlustrechnung, des Anhangs und des Lageberichts kann für kleine Kapitalgesellschaften gemäß § 264 Abs. 1 S. 3 HGB auf sechs Monate verlängert werden, wobei es jedoch nicht zulässig ist, diese 6-Monatsfrist Frist als Regelfall zuzulassen.[181]

155 Stellen Aufsichtsrat und Vorstand den Jahresabschluss fest, können sie gemäß § 58 Abs. 2 S. 1 AktG einen Teil des Jahresüberschusses, höchstens jedoch die Hälfte, in andere **Gewinnrücklagen** einstellen. Nach § 58 Abs. 2 S. 2 bis 4 AktG kann aber auch eine abweichende Bestimmung in der Satzung getroffen werden. So kann die Satzung bestimmen, dass die Hauptversammlung bei der Beschlussfassung über die Verwendung des Bilanzgewinns einen bestimmten Teil oder auch den gesamten Bilanzgewinn verteilen muss.[182] Umstritten ist, ob umgekehrt in der Satzung vorgesehen werden kann, einen bestimmten Teil des Bilanzgewinns in die Gewinnrücklagen oder den Gewinnvortrag einzustellen.[183]

---

[181] Happ/*Pühler*, Aktienrecht, 1.01 Rn. 91. Formulierungsvorschlag für die Aufstellung des Jahresabschlusses bei kleinen Kapitalgesellschaften: Kapitel 2 Rdn. 371.

[182] Happ/*Pühler*, Aktienrecht, 1.01 Rn. 95; MünchKommAktG/*Bayer*, § 58 Rn. 92; MünchHdb. AG/*Hoffmann-Becking*, § 46 Rn.18.

[183] Dafür: Happ/*Pühler*, Aktienrecht, 1.01 Rn. 95; MünchKommAktG/*Kropff*, § 174 Rn. 14; Dagegen: MünchHdb. AG/*Hoffmann-Becking*, § 46 Rn.16; KK-AktG/*Lutter*, § 58 Rn. 69.

Nach § 58 Abs. 5 AktG besteht zudem die Möglichkeit, dass die Hauptversammlung 156
eine **Sachdividende** beschließt. Hierfür ist jedoch eine entsprechende Satzungsregelung
erforderlich.

Der Vorstand kann schließlich im Rahmen des § 59 AktG mit Zustimmung des Auf- 157
sichtsrates nach Ablauf eines Geschäftsjahres einen Abschlag auf den voraussichtlichen
Bilanzgewinn an die Aktionäre auszahlen, sofern die Satzung eine entsprechende Ermächtigung enthält. Eine derartige Regelung kann sich bei einem beschränkten Aktionärskreis,
bei Konzerngesellschaften oder bei Gesellschaften, die von Finanzinvestoren gehalten
werden, empfehlen.

Formulierungsvorschlag Abschlagdividende:[184] 158 M
**Der Vorstand kann mit Zustimmung des Aufsichtsrates im Rahmen des § 59 AktG
eine Abschlagdividende an die Aktionäre ausschütten.**

r) Einziehung von Aktien

Gemäß § 237 Abs. 1 S. 1 AktG können Aktien zwangsweise durch die Gesellschaft eingezo- 159
gen werden. Satzungsbestimmungen zur Zwangseinziehung von Aktien sind insbesondere bei Familiengesellschaften und Gesellschaften, die auf eine enge persönliche Zusammenarbeit der Aktionäre basieren, zu empfehlen, um den Kreis der Aktionäre abzusichern
(Überfremdungsschutz).[185]

Das Gesetz unterscheidet zwischen der **angeordneten Zwangseinziehung** und der 160
gestatteten Zwangseinziehung. Eine angeordnete Zwangseinziehung ist gegeben, wenn
die Satzung festlegt, dass unter bestimmten Voraussetzungen Aktien eingezogen werden
müssen. Die Einziehung wird in diesem Fall vom Vorstand erklärt. Die Satzung muss die
Gründe für die Zwangseinziehung festlegen, so dass im konkreten Einziehungsverfahren
kein weiterer Entscheidungsspielraum verbleibt.[186] Ferner muss das zu zahlende Einziehungsentgelt und der Einziehungszeitpunkt durch die Satzung bestimmt werden.[187]
Zulässige Einziehungsgründe sind u.a. die Pfändung der Aktien, der Tod oder die Insolvenz eines Aktionärs, die Gesamtrechtsnachfolge bei vinkulierten Aktien, die Zugehörigkeit zu einer bestimmten Familie oder ein »Change of Control«.[188]

Die strengen Anforderungen an die angeordnete Zwangseinziehung machen diese zu 161
einem recht unflexiblen Instrument. Andererseits muss die angeordnete Zwangseinziehung im Unterschied zur gestatteten Zwangseinziehung nicht gerechtfertigt werden.

Bei einer gestatteten Zwangseinziehung müssen Gründe für die Einziehung oder die 162
Frage des Einziehungsentgeltes in der Satzung nicht angegeben werden, obgleich die
Angabe von Gründen oder eine Entgeltregelung zulässig sind. Die Entscheidung über die
Zwangseinziehung obliegt in diesem Fall der Hauptversammlung.[189]

---

184 Happ/*Pühler*, Aktienrecht, Muster 1.01, § 27 Abs. (4).
185 Happ/*Pühler*, Aktienrecht, 1.04 Rn. 22; KK-AktG/*Lutter*, § 237 Rn. 13.
186 *Hüffer*, § 237 Rn. 2; KK-AktG/*Lutter*, § 237 Rn. 34; *Terbrack*, RNotZ 2003, 89, 110.
187 *Hüffer*, § 237 Rn. 2; KK-AktG/*Lutter*, § 237 Rn. 34; *Terbrack*, RNotZ 2003, 89, 110.
188 Vgl. K. Schmidt/Lutter/*Veil*, AktG, § 237 Rn. 12; *Hüffer*, § 237 Rn. 12; Happ/*Pühler*, Aktienrecht,
    1.04 Rn. 22; *Terbrack*, RNotZ 2003, 89, 108 ff.
189 K. Schmidt/Lutter/*Veil*, § 237 Rn. 14; *Hüffer*, § 237 Rn. 16; *Terbrack*, RNotZ 2003, 89, 109.

3. Kapitel Aktiengesellschaft

163 M Formulierungsvorschlag Gestattete Einziehung von Aktien:[190]

(1) Die Hauptversammlung kann die Einziehung von Aktien gegen den Willen des betroffenen Aktionärs beschließen,
- wenn über das Vermögen des Aktionärs das Insolvenzverfahren eröffnet oder die Eröffnung eines solchen Verfahrens mangels Masse abgelehnt wird oder wenn der Aktionär die Richtigkeit seines Vermögensverzeichnisses an Eides statt zu versichern hat,
- wenn die Zwangsvollstreckung in die Gesellschaftsbeteiligung des Aktionärs betrieben wird und die Vollstreckungsmaßnahme nicht binnen einer Frist von zwei Monaten aufgehoben wird,
- wenn in der Person des Aktionärs ein wichtiger Grund, insbesondere in Form schweren gesellschaftsschädigenden Verhaltens, besteht,
- wenn die Aktien durch Erbfolge auf andere Personen als Ehegatten oder Abkömmlinge des Aktionärs übergehen und nicht innerhalb von sechs Monaten nach dem Tod des Aktionärs auf diesen Personenkreis oder einen anderen Aktionär übertragen werden,
- wenn die Aktien von einem Aktionär im Wege der Gesamtrechtsnachfolge auf ein Unternehmen übergehen, das im Übergangszeitpunkt den Aktionär weder kontrolliert hat noch von diesem kontrolliert worden ist noch von demselben Unternehmen wie dieser kontrolliert worden ist oder wenn ein Aktionär unter die Kontrolle eines anderen Unternehmens gerät. Als Kontrolltatbestand gelten die Sachverhalte, die i.S.v. § 290 HGB in seiner jeweiligen Fassung zur Aufstellung eines Konzernabschlusses verpflichten.

(2) Stehen Aktien mehreren Mitberechtigten ungeteilt zu, ist die Einziehung zulässig, wenn deren Voraussetzungen nur in der Person eines Mitberechtigten vorliegen.

(3) Der Vorstand hat die Einziehung dem betroffenen Aktionär gegenüber durch Einschreiben zu erklären. Ab dem Zugang der Erklärung des Vorstands ruht das Stimmrecht des betroffenen Aktionärs.

(4) Die Gesellschaft hat dem betroffenen Aktionär dem den Verkehrswert der Anteils in fünf gleichen Raten zu vergüten, von denen die erste Rate sofort und jede weitere Rate sechs Monate später fällig wird; die Vergütung ist vom Tage der Einziehung ab mit dem Basiszinssatz zu verzinsen. Der Verkehrswert der Aktien ist nach den jeweiligen Richtlinien des Instituts der Wirtschaftsprüfer in Deutschland e.V. (IDW) in Düsseldorf am Tag des Ausscheidens zu ermitteln. Erfolgt über die Höhe der Vergütung keine Einigung, so wird diese rechtsverbindlich durch einen vom Präsidenten der Industrie- und Handelskammer in Düsseldorf zu benennenden Sachverständigen festgesetzt.

(5) Sofern und soweit die Zahlung einer Einziehungsvergütung gegen § 62 AktG verstoßen würde, gelten Zahlungen auf den Hauptbetrag als zum gem. Abs. 4 bestimmten Satz verzinslich, Zinszahlungen als unverzinslich

s) Angabe von Sondervorteilen gemäß § 26 Abs. 1 AktG

164 Nach § 26 Abs. 1 AktG ist in der Satzung anzugeben, wenn einzelnen Aktionären oder Dritten besondere Vorteile eingeräumt werden. Unter einem besonderen Vorteil oder Sondervorteil im Sinne dieser Norm, sind Gläubigerrechte gemeint, die einzelnen oder auch allen Aktionären oder Dritten aus Anlass der Gründung der Gesellschaft persönlich gewährt werden.[191] Gläubigerrecht bedeutet, dass das Recht nicht aus der Mitgliedschaft

---

190 Vgl. *Terbrack* RNotZ 2003, 89, 110 ff.; Happ/*Pühler*, Aktienrecht, 1.04.
191 *Hüffer*, § 26 Rn. 2; MünchKommAktG/*Pentz*, § 26 Rn. 8; K. Schmidt/Lutter/*Seibt*, § 26 Rn. 4.

folgt, sondern neben ihr besteht, also vorbehaltlich seiner Verkehrsfähigkeit unabhängig von der Mitgliedschaft übertragen werden kann.[192] Aus Anlass der Gründung bedeutet, dass der Sondervorteil und die Gründung in einem sachlichen Zusammenhang stehen.[193] Hieraus wird geschlossen, dass der Sondervorteil dem Berechtigten gegenleistungsfrei zukommen muss, also seinen Grund nicht in einem gegenseitigen Vertrag haben darf.[194] Wird jedoch der Vertragspartner unangemessen bevorzugt, so kann auch ein Anspruch aus einem gegenseitigen Vertrag einen Sondervorteil darstellen.[195] Beispiele für Sondervorteile sind: Ansprüche auf Umsatzprovision,[196] Recht zum Wiederkauf eingebrachter Sachen,[197] Recht zur Entsendung von Aufsichtsratsmitgliedern[198] sowie über § 131 AktG hinausgehende Informationsrechte.[199] Ein Verstoß gegen § 26 Abs. 1 AktG führt gemäß § 26 Abs. 3 AktG zur Nichtigkeit der Vereinbarung.

t) Gründungsaufwand

Soll der Gründungsaufwand von der Gesellschaft getragen werden (Notar- und Gerichtsgebühren, Honorare der Gründungsprüfer, Kosten der Bekanntmachung im Bundesanzeiger, Druckkosten für die Aktienurkunden), so ist dieser gemäß § 26 Abs. 2 AktG in der Satzung festzusetzen. Dabei ist der noch nicht angefallene Gründungsaufwand zu schätzen. Eine gesetzliche Obergrenze für den Gründungsaufwand besteht nicht. Der Aufwand muss sich jedoch in einem angemessenen Verhältnis zum Grundkapital der Gesellschaft bewegen.[200] Beim häufigen Fall der Gründung einer Aktiengesellschaft mit dem gesetzlich vorgeschriebenen Mindestkapital wird ein Gründungsaufwand von 10 % des Grundkapitals von den Registergerichten nicht beanstandet. Bei höherem Grundkapital sollte der Gründungsaufwand jedoch (deutlich) unter 10 % bleiben.

165

4. Satzungsergänzende Nebenabreden

Satzungsergänzende Nebenabreden bzw. schuldrechtliche Aktionärsvereinbarungen sind Vereinbarungen, die Aktionäre vor, bei oder nach der Gründung der Aktiengesellschaft zur Regelung ihrer Rechtsverhältnisse untereinander oder zur Gesellschaft außerhalb der Satzungsurkunde treffen.[201] Der Inhalt derartiger Vereinbarungen ist vielfältig. In der Praxis werden mittels derartiger Verträge insbesondere Personalien (Besetzung des Aufsichtsrates bzw. des Vorstandes), die Steuerung des Gesellschafterbestandes oder Finanzierungs- oder Förderpflichten geregelt. Rechtstechnisch werden diese Ziele durch Stimmbindungsvereinbarungen[202] oder bezüglich der Steuerung des Gesellschafterbestandes über Andienungspflichten, Vorerwerbs- und Vorkaufsrechte, Mitverkaufsrechte und Mitverkaufspflichten (sog. Tag Along- und Drag Along-Rechte) umgesetzt.[203]

166

---

192 *Hüffer*, § 26 Rn. 2; MünchKommAktG/*Pentz*, § 26 Rn. 8; GroßkommAktG/*Röhricht*, § 26 Rn. 7.
193 *Hüffer*, § 26 Rn. 2.
194 GroßkommAktG/*Röhricht*, § 26 Rn. 4 ff; Schmidt/Lutter, § 26 Rn. 5.
195 GroßkommAktG/*Röhricht*, § 26 Rn. 4 ff; Schmidt/Lutter, § 26 Rn. 5.
196 *Hüffer*, § 26 Rn. 3.
197 *Hüffer*, § 26 Rn. 3.
198 *Hüffer*, § 26 Rn. 3.
199 *Hüffer*, § 26 Rn. 3; GroßkommAktG/*Röhricht*, § 26 Rn. 17; MünchKommAktG/*Pentz*, § 26 Rn. 12; a.A.: KK-AktG/*Kraft*, § 26 Rn. 9.
200 MünchKommAktG/*Pentz*, § 26 Rn. 34.
201 *Hüffer*, AktG, § 23 Rn. 45; MünchKommAktG/*Pentz*, § 23 Rn. 187; K. Schmidt/Lutter/*Seibt*, § 23 Rn. 64.
202 K. Schmidt/Lutter/*Seibt*, § 23 Rn. 64; *Hüffer*, § 23 Rn. 45; MünchKommAktG/*Pentz*, § 23 Rn. 195.
203 K. Schmidt/Lutter/*Seibt*, § 23 Rn. 64; *Hüffer*, § 23 Rn. 45; MünchKommAktG/*Pentz*, § 23 Rn. 188.

3. Kapitel   Aktiengesellschaft

167   Derartige Bestimmungen haben zum einen den Vorteil, dass sie im Unterschied zur Satzung nicht publiziert werden müssen, sie können also vertraulich bleiben.[204] Außerdem sind sie vor dem Hintergrund der Satzungsstrenge des Aktienrechts flexibler, könne also Regelungen enthalten, die in eine Satzung nicht eingefügt werden könnten.[205]

5. Bestellung des Abschlussprüfers

168   Gemäß § 30 Abs. 1 S. 1 AktG haben die Gründer für das erste Voll- oder Rumpfgeschäftsjahr einen Abschlussprüfer zu bestellen. Die Bestellung ist nicht Voraussetzung für die Eintragung der Gesellschaft im Handelsregister.[206] Gemäß § 30 Abs. 1 S. 2 AktG bedarf sie jedoch der notariellen Beurkundung, so dass sie zweckmäßig im Gründungsprotokoll erfolgt. Die Bestellung kann unterbleiben, wenn davon ausgegangen werden kann, dass die Gesellschaft als **kleine Kapitalgesellschaft** i.S.d. § 267 Abs. 1 HGB nicht prüfungspflichtig sein wird.[207] In diesem Fall sollte ein entsprechender Hinweis im Gründungsprotokoll aufgenommen werden. Vereinzelt wird jedoch empfohlen, einen Abschlussprüfer immer zu bestellen, weil die Frage der Prüfungspflicht von den erst künftig am Bilanzstichtag gegebenen Verhältnissen abhänge.[208] In der Praxis steht zum Zeitpunkt der Beurkundung aber zumeist fest, ob es sich bei der Aktiengesellschaft um eine kleine Kapitalgesellschaft i.S. § 267 Abs. 1 HGB handeln wird.

6. Bestellung des ersten Aufsichtsrates

169   Gemäß § 30 Abs. 1 AktG haben die Gründer den ersten Aufsichtsrat der Gesellschaft zu bestellen. Die Bestellung bedarf gemäß § 30 Abs. 1 S. 2 AktG der notariellen Beurkundung, so dass es zweckmäßig ist, die Aufsichtsratsbestellung im Gründungsprotokoll vorzunehmen. Die Mitglieder des ersten Aufsichtsrates können nach § 30 Abs. 3 S. 1 AktG nicht für längere Zeit als bis zur Beendigung der Hauptversammlung bestellt werden, die über die Entlastung für das erste Voll- oder Rumpfgeschäftsjahr beschließt.

170   Die Anzahl der Mitglieder des ersten Aufsichtsrates richtet sich nach der Satzung, die wiederum § 95 AktG beachten muss. Gemäß § 30 Abs. 2 AktG sind auf die Zusammensetzung und Bestellung des ersten Aufsichtsrates die Vorschriften über die Bestellung von Aufsichtsratsmitgliedern der Arbeitnehmer nicht anzuwenden, d.h. der erste Aufsichtsrat besteht nur aus Mitgliedern der Aktionäre. Wenn also zukünftig Teile des Aufsichtsrates durch Arbeitnehmer besetzt werden, müssen die Gründer auch diese Positionen (zunächst) besetzen. Will man dies verhindern, kann die Satzung bestimmen, dass der erste Aufsichtsrat aus einer geringeren Anzahl von Mitgliedern als der zweite besteht.[209]

7. Erste Sitzung des Aufsichtsrates/Bestellung des ersten Vorstands

a) Wahlen innerhalb des ersten Aufsichtsrates

171   Nach seiner Bestellung erfolgen in der ersten Sitzung des Aufsichtsrates zunächst die Wahlen des Vorsitzenden und seines Stellvertreters. Für die Wahl genügt jeweils die einfache Mehrheit der Stimmen, sofern die Satzung keine abweichende Bestimmung getroffen hat. Bei einer Gesellschaft, die dem MitbestG unterliegt, finden jedoch für die Wahl des Vorsitzenden und seines Stellvertreters § 27 Abs. 1 und Abs. 2 MitbestG Anwendung.

---

204   K. Schmidt/Lutter/*Seibt*, § 23 Rn. 65.
205   K. Schmidt/Lutter/*Seibt*, § 23 Rn. 64; MünchKommAktG/*Pentz*, § 23 Rn. 188.
206   *Hüffer*, § 30 Rn. 10; MünchKommAktG/*Pentz*, § 30 Rn. 47; K. Schmidt/Lutter/*Bayer*, § 30 Rn. 26.
207   Happ/*Mulert*, Aktienrecht, 2.01 Rn. 14.
208   MünchHdb. AG/*Hoffmann-Becking*, § 3 Rn. 18.
209   *Hüffer*, § 30 Rn. 5; MünchHdb. AG/*Hoffmann-Becking*, § 3 Rn. 15.

b) Bestellung des ersten Vorstands

Der erste Vorstand wird nach § 30 Abs. 4 AktG durch den Aufsichtsrat bestellt. Sieht die Satzung einen mehrgliedrigen Vorstand vor, so muss dieser vollzählig besetzt werden.[210] Wirksam wird die Bestellung des Vorstands erst, wenn dieser seine Bestellung angenommen hat. Spätestens in der Unterzeichnung des Gründungsprüfungsberichtes dürfte aber eine konkludente Annahme des Amtes zu sehen sein.

172

aa) Eignungsvoraussetzungen

Mitglied des Vorstands kann gemäß § 76 Abs. 3 AktG nicht sein, wer

173

- als Betreuter bei der Besorgung seiner Vermögensangelegenheiten ganz oder teilweise einem Einwilligungsvorbehalt (§ 1903 BGB) unterliegt;
- aufgrund eines gerichtlichen Urteils oder einer vollziehbare Entscheidung einer Verwaltungsbehörde einen Beruf, Berufszweig, Gewerbes oder Gewerbezweiges nicht ausüben darf, soweit der Unternehmensgegenstand ganz oder teilweise mit dem Gegenstand des Verbots übereinstimmt;
- wegen des Unterlassens der Stellung des Antrags auf Eröffnung des Insolvenzverfahrens (Insolvenzverschleppung), nach §§ 283 bis 283d StGB (Insolvenzstraftaten), falscher Angaben nach § 82 GmbHG, § 399 AktG, unrichtiger Darstellung nach § 400 AktG, § 331 HGB, § 313 UmwG oder nach § 17 PublG, nach § 263 StGB (Betrug), § 263a StGB (Computerbetrug), § 264 StGB (Subventionsbetrug), § 264a StGB (Kapitalanlagenbetrug), § 265b StGB (Kreditbetrug), § 266 StGB (Untreue) oder § 266a StGB (Vorenthalten und Veruntreuen von Arbeitsentgelt) zu einer Freiheitsstrafe von mindestens einem Jahr verurteilt wurde; dieser Ausschluss gilt für die Dauer von fünf Jahren seit der Rechtskraft der Urteils, wobei die Zeit nicht angerechnet wird, in welcher der Täter aufgrund behördlicher Anordnung in einer Anstalt verwahrt worden ist. Auch im Ausland darf keine Verurteilung wegen einer vergleichbaren Tat erfolgt sein.

Im Übrigen sind etwaige Vorgaben der Satzung bei der Bestellung der Vorstände zu beachten.

174

bb) Ausländer als Vorstände

Auch Ausländer können Vorstand sein, wobei es nicht darauf ankommt, ob sie ihren Wohnsitz in der Bundesrepublik Deutschland haben.[211] Nach bislang herrschender Meinung musste ein Vorstand einer Aktiengesellschaft jedoch berechtigt sein, jederzeit in die Bundesrepublik Deutschland einzureisen.[212] Begründet wurde dies im Wesentlichen mit dem Argument, dass der Vorstand seinen Pflichten aus dem Ausland nicht nachkommen könne, weil er beispielsweise die Bücher der Gesellschaft nicht einsehen könne. Spätestens mit dem Inkrafttreten des MoMiG ist diese Meinung jedoch überholt. § 76 Abs. 3 AktG beschreibt die Eignungsvoraussetzungen eines Vorstands abschließend. Hätte der Gesetzgeber die Einreisemöglichkeit als Eignungsvoraussetzung gewünscht, so hätte dies mit dem MoMiG bestimmen können. Zudem kann der Verwaltungssitz eine Aktiengesell-

175

---

210 *Krafka/Willer*, Registerrecht, Rn. 1300.
211 *Hüffer*, § 76 Rn. 25; K. Schmidt/Lutter/*Seibt*, § 76 Rn. 24.
212 So Zur GmbH: OLG Frankfurt a.M. v. 22.2.2001 – 20 W 376/2000 = FGPrax 2001, 124 ff.; OLG Hamm v. 9.8.1999–15 W 181/99 = DNotZ 2000. 235; OLG Köln v. 30.9.1998 – 2 Wx 22/98 = GmbHR 1999, 182, 183; *Hüffer*, § 76 Rn. 25; K. Schmidt/Lutter/*Seibt*, § 76 Rn. 24; a.A.: OLG Dresden – 2 U 1433/02 = NZG 2003, 628, 629; KK-AktG/*Mertens*, § 76 Rn. 101.

schaft nunmehr im Ausland belegen sein, die Geschäfte können somit vom Ausland aus betrieben werden, so dass es auf eine Einreisemöglichkeit nicht ankommt.[213]

cc) Amtszeit

176 Ein Vorstandsmitglied kann gemäß § 84 Abs. 1 S. 1 AktG höchstens für die Dauer von fünf Jahren bestellt werden. Ist bei der Bestellung eine Befristung versäumt worden, führt die Auslegung gemäß § 157 BGB i.d.R. zu einer fünfjährigen Amtszeit.[214]

dd) Vertretungsbefugnis

177 Der Aufsichtsrat kann – sofern die Satzung eine entsprechende Ermächtigung enthält – die Vertretungsberechtigung des Vorstands bestimmen. Zu beachten ist § 112 AktG, wonach nur eine Befreiung vom Mehrfachvertretungsverbot des § 181 Alt. 2 BGB zulässig ist. Eine Befreiung vom Verbot des Insichgeschäftes (§ 181 Alt. 1 BGB) ist hingegen nicht möglich.

ee) Vorsitzender des Vorstands

178 Besteht der Vorstand aus mehreren Personen, so kann der Aufsichtsrat gemäß § 84 Abs. 2 AktG ein Mitglied zum Vorsitzenden des Vorstands ernennen. Auch die Bestellung eines stellvertretenden Vorstandsvorsitzenden wird zumeist für zulässig erachtet.[215]

c) Form

179 Die Niederschrift über die Aufsichtsratssitzung ist gemäß § 107 Abs. 2 AktG vom Aufsichtsratsvorsitzenden zu unterzeichnen. Nicht erforderlich ist die Unterzeichnung durch sämtliche Mitglieder des Aufsichtsrates, obgleich dies in der Praxis üblich ist.

8. Einlageleistung

180 Die Anmeldung der Gesellschaft zum Handelsregister kann gemäß § 36 Abs. 2 S. 1 AktG erst erfolgen, wenn auf jede Aktie der eingeforderte Betrag ordnungsgemäß eingezahlt worden ist und, soweit er nicht bereits zur Bezahlung der bei der Gründung angefallenen Steuern und Gebühren verwandt wurde, endgültig zu freien Verfügung des Vorstand steht. Die Gesellschafter müssen also nach der Bestellung des Vorstands zunächst entsprechend den Bestimmungen des Aktiengesetzes ihre Einlageleistungen erbringen.Später kann eine Einzahlung nicht erfolgen, weil schon im Gründungsbericht festgestellt werden muss, dass der eingeforderte Betrag endgültig zur freien Verfügung des Vorstands steht.

a) Form der Einlageleistung

181 Die Form der Einlageleistung wird dabei durch § 54 Abs. 3 AktG konkretisiert. Zugelassen ist demnach nur die Barzahlung oder die Kontogutschrift. Auf andere Weise kann die Einlagepflicht bei einer Bargründung nicht erfüllt werden, insbesondere nicht durch Zahlung an die Gesellschaftsgläubiger.[216] Die Barzahlung kann dabei nur mit gesetzlichen Zahlungsmitteln erfolgen, d.h. in Euroscheinen oder Euromünzen. Scheckzahlung reicht nicht aus,[217] wobei die Gutschrift des Schecks auf einem Konto der Gesellschaft zur Erfüllung

---

213 So nunmehr im Ergebnis zum GmbH-Geschäftsführer: OLG Düsseldorf v. 16.4.2009 – I-3 Wx 85/09 = DNotI-Report 2009, 110.
214 *Hüffer*, § 84 Rn. 7; MünchKommAktG/*Hefermehl/Spindler*, § 84 Rn. 30.
215 MünchKommAktG/*Hefermehl/Spindler*, § 84 Rn. 30; kritisch: Happ/*Happ*, Aktienrecht, 8.01 Rn. 11.
216 *Hüffer*, § 54 Rn. 12; MünchKommAktG/*Bungeroth*, § 54 Rn. 49; K. Schmidt/Lutter/*Fleischer*, § 54 Rn. 27.
217 *Hüffer*, § 54 Rn. 13; K. Schmidt/Lutter/*Fleischer*, § 54 Rn. 28.

führen kann. Die Kontogutschrift genügt zur Erfüllung der Einlageforderung, wenn sie bei einem inländischen Kreditinstitut, der Zweigstelle eines deutschen Kreditinstitutes oder bei einem ausländischen Kreditinstitut erfolgt, das seinen Sitz in einem Mitgliedsstaat des EWR hat.[218]

b) Fälligkeit

Die Fälligkeit der Einlage kann im notariellen Errichtungsprotokoll geregelt werden. Andernfalls obliegt die Einforderung dem Vorstand der Gesellschaft. **182**

c) Freie Verfügung des Vorstands

Die Einlageleistung muss endgültig zur freien Verfügung des Vorstands stehen, d.h. der Vorstand darf rechtlich und tatsächlich nicht gehindert sein, über den Betrag zu verfügen.[219] Vor diesem Hintergrund sind eine Reihe von Rechtsfragen streitig (vgl. zu Einzelheiten Kapitel 2 Rdn. 475. **183**

So ist ungeklärt, ob die Zahlung an einen **Treuhänder** (etwa auf das Anderkonto eines Notars) die Einlageforderung zum Erlöschen bringt.[220] Die Zahlung auf ein Notaranderkonto dürfte aber genügen, sofern der Vorstand nach Anmeldung der Gesellschaft zum Handelsregister Zugriff auf die Gelder hat.[221] Absprachen über die Verwendung der einbezahlten Gelder sind zumindest unzulässig, wenn diese dazu führen, dass die eingezahlten Beträge unmittelbar oder mittelbar an den Einleger zurückfließen.[222] Demgegenüber soll es einer freien Verfügbarkeit nicht fehlen, wenn die eingezahlten Mittel in bestimmter Weise aufgrund einer Vereinbarung zwischen den Gründern und der Gesellschaft Dritten gegenüber verwendet werden sollen (etwa zum Erwerb einer Immobilie oder einer Beteiligung).[223] Da Abgrenzungen zu verdeckten Sacheinlagen aber häufig schwierig sind, wird in der Literatur zu Recht empfohlen, nach Möglichkeit ganz auf **Verwendungsabsprachen** zu verzichten.[224] **184**

Die Zahlung auf ein **debitorisches** Konto ist hingegen zulässig, soweit die Kreditlinie noch nicht überschritten ist.[225] Von der Problematik der freien Verfügung des Vorstands über die Einlageleistung ist schließlich die Frage zu unterscheiden, in welchem Umfang der Vorstand vor der Eintragung der Gesellschaft berechtigt ist, über die Einlagen zu verfügen (vgl. hierzu Rdn. 329 ff.). **185**

d) Mindesteinlage

Bei einer Bareinlage ist nach § 36a Abs. 1 AktG mindestens 25 % des geringsten Ausgabebetrages zuzüglich eines etwaigen satzungsgemäßen **Aufgeldes in voller Höhe** zu zahlen.[226] Legt die Satzung eine höhere Quote als die vorgenannten 25 % fest, kann die Eintra- **186**

---

218 *Hüffer*, § 54 Rn. 15; K. Schmidt/Lutter/*Fleischer*, § 54 Rn. 30.
219 Vgl. *Hüffer*, § 36 Rn. 7; Happ/Mulert, Aktienrecht, 2.01 Rn. 27.
220 Dafür: *Hüffer*, § 36 Rn.7; dagegen: MünchKommAktG/*Pentz*, § 6 Rn. 50.
221 *Hüffer*, § 36 Rn. 7; K. Schmidt/Lutter/*Kleindiek*, § 36 Rn. 22; Würzburger Notarhandbuch/*Reul*, Teil 5, Kapitel 4, Rn. 37.
222 BGH v. 18.2.1991 – II ZR 104/90 = DNotZ 1991, 843; BGH v. 9.1.2006- II ZR 72'/05 = DNotZ 2006, 536; *Hüffer*, § 36 Rn. 9; MünchKommAktG/*Pentz*, § 6 Rn. 53; K. Schmidt/Lutter/*Kleindiek*, § 36 Rn. 25.
223 BGH v. 24.9.1990 – ZR II 203/89 = DNotZ 1991, 824; BGH v. 12.2.2007 – II ZR 272/05 = DNotZ 2007, 708; MünchKommAktG/*Pentz*, § 36 Rn. 53; KK-AktG/*Lutter*, § 54 Rn. 53.
224 *Hüffer*, AktG, § 36 Rn. 9; Würzburger Notarhandbuch/*Reul*, Teil 5, Kapitel 4, Rn. 37.
225 BGH v. 10.6.1996 – II ZR 98/95 = DNotZ 1997, 495; *Hüffer*, AktG, § 36 Rn. 8; K. Schmidt/Lutter/ *Kleindiek*, § 36 Rn. 22.
226 *Hüffer*, § 36a Rn. 2; K. Schmidt/Lutter/*Kleindiek*, § 36a Rn. 2.

3. Kapitel Aktiengesellschaft

187 gung zum Handelsregister im übrigen nur abgelehnt werden, wenn der entsprechende Betrag tatsächlich vom Vorstand angefordert wurde.[227]

187 Mit dem Aufgeld im Sinne des § 36a AktG ist im übrigen kein **schuldrechtliches Aufgeld** gemeint, bei dem die Zahlungsverpflichtung aus einer entsprechenden Gesellschaftervereinbarung und nicht aus der Satzung erfolgt. Soll die Frage der Eintragung der Gesellschaft im Handelsregister also von der Zahlung eines Aufgeldes entkoppelt werden, empfiehlt sich ein schuldrechtliches Aufgeld. Weiterer Vorteil eines schuldrechtlichen Agios ist im übrigen, dass sich die Versicherung der Geschäftsführer nicht auf ein schuldrechtliches Agio beziehen muss.

e) Einlageleistung an die Vorgründergesellschaft

188 Wenn die Gründer bereits vor der Errichtung der Gesellschaft Leistungen an die Vorgründergesellschaft erbringen, stellt sich die Frage, ob damit die Einlageverpflichtung erlischt. Die Pflicht zur Leistung der Einlage beginnt erst mit Errichtung der Aktiengesellschaft. Zudem sind die Vorgründergesellschaft und die Vor-AG nicht identisch. Vor diesem Hintergrund sollte eine Zahlung vor Errichtung des Gründungsprotokolls vermieden werden. Andernfalls kann eine Erfüllungswirkung nur angenommen werden, wenn die Zahlung mit einer klaren Zweckbestimmung erfolgt ist und die Gelder unterscheidbar vom sonstigen Vermögen der Gesellschaft und ungeschmälert noch vorhanden sind.[228] Ist eine Voreinzahlung erfolgt, sollte zudem im Gründungsprotokoll darauf hingewiesen werden. Nach der Rechtsprechung muss der Notar sich darüber vergewissern, ob eine Vorauszahlung an die Gesellschaft erfolgt ist und ggfs. über die Voraussetzungen einer Zahlung auf die künftige Einlageschuld belehren.[229]

g) Verdeckte Sachgründung

aa) Tatbestand

189 Von einer verdeckten Sachgründung spricht man, wenn die gesetzlichen Regelungen für die Sachgründung unterlaufen werden. Obgleich zahlreiche Einzelheiten bis heute umstritten sind,[230] lässt sich festhalten, dass der Tatbestand einer verdeckten Sachgründung gegeben ist, wenn die folgenden Voraussetzungen erfüllt sind (siehe zur verdeckten Sachgründung auch Kapitel 2 Rdn. 520 ff.):[231]

- Begründung einer Bareinlageverpflichtung durch Bargründung
- Die Gesellschaft erhält bei wirtschaftlicher Betrachtung statt der Bareinlage eine Sacheinlage
- Umgehungsabrede

190 Mit dem **MoMiG** enthält § 19 Abs. 4 AktG nunmehr auch eine Legaldefinition der verdeckten Sacheinlage. Eine verdeckte Sacheinlage ist demnach gegeben, wenn die Geldeinlage eines Gesellschafters bei wirtschaftlicher Betrachtung und aufgrund einer im Zusammenhang mit der Übernahme der Geldeinlage getroffenen Abrede vollständig oder teilweise als Sacheinlage zu bewerten ist.

---

227 *Hüffer*, § 36a Rn. 2; AnwKomm-AktienR/*Terbrack*, § 36a Rn. 4.
228 MünchKommAktG/*Pentz*, § 36 Rn. 71; Happ/*Mulert*, Aktienrecht, 2.01 Rn. 29.
229 BGH v. 24.4.2008 – V ZB 146/07 = DNotZ 2008, 840.
230 Vgl. MünchHdb. AG/*Wiesner*, § 16 Rn. 32 ff.; K. Schmidt/Lutter/*Bayer*, § 27 Rn. 51 ff.; *Hüffer*, § 27 Rn. 9 ff.
231 Vgl. BGH v. 16.1.2006 – II ZR 76/04 = DNotZ 2006, 543; BGH v. 20.11.2006 – ZR 176/05 = DNotZ 2007, 230; K. Schmidt/Lutter/*Bayer*, § 27 Rn. 51 ff.; MünchKommAktG/*Pentz*, § 27 Rn. 94 ff.

191 Klassische Beispiele für verdeckte Sachgründungen sind, wenn der Gründer der Gesellschaft Waren oder andere Gegenstände liefert, deren Kaufpreis mit der Bareinlageverpflichtung verrechnet wird[232] oder wenn statt der Verrechnung Kaufpreis und Bareinlage hin- und hergezahlt werden, wobei die Reihenfolge ohne Bedeutung ist.[233] Auch die Verrechnung mit anderen Ansprüchen des Aktionärs gegen die Gesellschaft mit der Bareinlageforderung genügt.[234]

192 Die Umgehungsabrede (bei einer Ein-Personen-AG ist ein entsprechendes Vorhaben des Gesellschafters ausreichend)[235] wird dabei vermutet, wenn ein enger **sachliche und zeitlicher Zusammenhang** zwischen der Begründung der Bareinlageverpflichtung und dem Gegengeschäft besteht.[236]

193 Ein **zeitlicher Zusammenhang** wird regelmäßig angenommen, wenn zwischen Erbringung der Einlageleistung und dem Gegengeschäft ein Zeitraum von **weniger als sechs Monaten** liegt.[237] Die Rechtsprechung hat aber auch **8 Monate** ausreichen lassen.[238] In der Literatur werden teilweise auch **12 Monate** genannt.[239]

194 Ein **sachlicher Zusammenhang** ist stets gegeben, wenn die Leistung des Aktionärs bereits zum Zeitpunkt der Begründung der Einlageforderung zum Gegenstand der Sacheinlage hätte gemacht werden können.[240]

Will der Aktionär bei einem zeitlichen und sachlichen Zusammenhang die Regelvermutung widerlegen, muss er beweispflichtig nachweisen, dass es sich bei dem Gegengeschäft um ein gewöhnliches Umsatzgeschäft handelt.[241] Ist die **Abrede umgekehrt erwiesen**, ist ein enger zeitlicher und sachlicher Zusammenhang nicht erforderlich.[242]

195 Zu beachten ist schließlich, dass eine verdeckte Sachgründung auch vorliegen kann, wenn der Rückfluss der Einlage an eine **dritte Person** erfolgt. Die Rechtslage ist insoweit noch nicht abschließend geklärt. Nach Auffassung des BGH muss sich der Einlageschuldner die Leistung an den Dritten zurechnen lassen, wenn er hierdurch in gleicher Weise wie im Falle einer Leistung an ihn selbst begünstigt wird.[243] Dies wird im Regelfall angenommen, wenn eine konzernrechtliche Verbindung oder ein persönliches Näheverhältnis zwischen dem Dritten und dem Gründer gegeben ist (vgl. hierzu auch Kapitel 2 Rdn. 531).[244]

196 Keine verdeckte Sachgründung liegt nach dem BGH hingegen vor, wenn die Einlagen an den Gründer zurückfließen, weil dieser Dienstleistungen aufgrund einer Abrede bei der Gründung für die Gesellschaft erbringt. Da Dienstleistungen des Gründers keine Sacheinlage sein könnten, könnten auf sie auch nicht die Vorschriften der verdeckten Sacheinlage angewendet werden.[245]

---

232 BGH v. 4.3.1996 – II ZB 8/95 = BGHZ 132, 141, 143 ff.; BGH v. 16.9.2002 – ZR 1/00 = DNotZ 2003, 207.
233 BGH v. 20.11.2006 – II ZR 176/05 = DNotZ 2007, 230.
234 Vgl. K. Schmidt/Lutter/*Bayer*, § 27 Rn. 59.
235 BGH v. 11.2.2008 – II ZR 171/06 = DNotZ 2008, 547.
236 *Hüffer*, § 27 Rn. 14; K. Schmidt/Lutter/*Bayer*, § 27 Rn. 52.
237 MünchHdb. AG/*Wiesner*, § 16 Rn. 34; MünchKommAktG/*Pentz*, § 27 Rn. 96; K. Schmidt/Lutter/*Bayer*, § 27 Rn. 52.
238 BGH GmbHR 2002, 1193.
239 Lutter/Hommelhoff, GmbHG, § 5 Rn. 41; Würzburger Notarhandbuch/*Reul*, Teil 5, Kapitel 4, Rn. 73.
240 MünchHdb. AG/*Wiesner*, § 16 Rn. 34; GroßkommAktG/*Röhricht*, § 27 Rn. 195.
241 K. Schmidt/Lutter/*Bayer*, § 27 Rn. 52;: GroßkommAktG/*Röhricht*, § 27 Rn. 205.
242 BGH v. 4.3.1996 – II ZB 8/95; = BHGZ 132, 141, 148; K. Schmidt/Lutter/*Bayer*, § 27 Rn. 52; GroßkommAktG/*Röhricht*, § 27 Rn. 201.
243 BGH v. 21.2.1994 – II ZR 60/93 = NJW 1994, 1477; K. Schmidt/Lutter/*Bayer*, § 27 Rn. 62.
244 BGH ZIP 2003, 1440; MünchKommAktG/*Pentz*, § 27 Rn. 121; Würzburger Notarhandbuch/*Reul*, Teil 5, Kapitel 4, Rn. 74.
245 BGH v. 16.2.2009 – II ZR 120/07 = DNotI-Report 2009, 78.

bb) Rechtsfolgen nach bisherigen Recht

197 Nach bisherigem Recht war sowohl das schuldrechtliche als auch das dingliche Einlagegeschäft in einem derartigen Fall nichtig. Der betroffene Aktionär musste daher die Bareinlage erneut einzahlen. Im Gegenzug stand ihm ein Anspruch auf Rückgewähr der erbrachten Leistungen zu, der bei einer Insolvenz der Gesellschaft weitgehend wertlos war. Im Ergebnis musste er somit seine Einlage doppelt erbringen.

cc) Neuregelung durch das ARUG

198 Das ARUG entschärft die Rechtsfolgen einer verdeckten Sacheinlage. Zwar ist nach § 27 Abs. 3 AktG die verdeckte Sacheinlage grundsätzlich weiterhin unzulässig. Die Bareinlagepflicht des Gründers ist nicht erfüllt. Im Unterschied zur bisherigen Rechtslage sind aber gemäß § 27 Abs. 3 S. 2 AktG die Verträge über die Sacheinlage und die Rechtshandlungen zu ihrer Ausführung nicht mehr nichtig. Auf die Geldeinlageverpflichtung des Aktionärs wird der Wert des Vermögensgegenstandes im Zeitpunkt der Anmeldung der Gesellschaft angerechnet. Die Beweislast für die Werthaltigkeit trägt dabei der Aktionär. Nach § 20 Abs. 7 EGAktG ist diese Neuregelung auch auf Altfälle anwendbar, die noch nicht durch rechtsgültiges Urteil oder Vereinbarung abgeschlossen wurden.

199 Trotz der Entschärfung der Rechtsfolgen einer verdeckten Sacheinlage ist weiterhin davon abzuraten, sich über das Verbot der verdeckten Sacheinlage hinweg zu setzen. Vorstände und Aufsichtsräte versichern in der Handelsregisteranmeldung, dass die Bareinlagen ordnungsgemäß erbracht wurden. Liegt tatsächlich eine Sacheinlage vor, besteht für die betreffenden Organmitglieder die Gefahr, dass sie sich aufgrund der unrichtigen Erklärung strafbar machen. Die betreffenden Organmitglieder machen sich zudem gegenüber der Gesellschaft im Hinblick auf etwaige Rechtsverfolgungskosten schadensersatzpflichtig. Darüber hinaus kann ein derartiger Sachverhalt zu einer Kündigung des Anstellungsvertrages aus wichtigem Grund und Abberufung des Vorstands führen.[246]

200 Für den betroffenen Aktionär besteht bei einer verdeckten Sachgründung die Schwierigkeit, dass er unter Umständen den Wert der Sacheinlage nicht mehr beweisen kann. Insbesondere ein zunächst unter Verschluss gehaltenes Schubladengutachten soll nach der Literatur nicht ausreichen.[247] Es bleibt somit für den Aktionär bei der Gefahr, dass er die Einlage eventuell doppelt erbringen muss. Vor diesem Hintergrund kann sich auch nach neuem Recht die Frage einer Heilung der verdeckten Sacheinlage stellen, die nach bisherigen Recht wegen § 27 Abs. 4 AktG a.F. weitgehend ausgeschlossen war. Durch die Streichung dieser Bestimmung soll es nunmehr möglich sein, die Bareinlage durch satzungsändernden Beschluss und Nachholung der Werthaltigkeitsprüfung in eine offene Sachgründung umzuwandeln. In Anbetracht der bereits erfolgten Anrechnung nach § 27 Abs. 3 S. 3 und S. 4 AktG ist für die Werthaltigkeitsprüfung auf den für die Anrechnung maßgeblichen Zeitpunkt abzustellen.[248]

h) Hin- und Herzahlen

aa) Frühere Rechtslage

201 Wurde im Zusammenhang mit der Gründung der Gesellschaft die Einlage auf andere Weise als durch eine verdeckte Sachgründung an den Gründer zurückgewährt, galt nach bisheriger Rechtsprechung die Einlage als nicht erbracht. Klassisches Beispiel für diesen Fall ist, dass bei der Gründung vereinbart wird, die Geldeinlage dem Aktionär im Wege

---

246 *Veil*, ZIP 2007, 1241, 1244.
247 *Wicke*, § 19 Rn. 28.
248 *Herrler/Reymann*, DNotZ 2009, 914, 922.

eines Darlehens direkt wieder auszuzahlen (sog. Hin- und Herzahlen). Dies kann insbesondere bei der Kapitalaufbringung im **Cash-Pool** auftreten, wenn die Einlage infolge der Einzahlung auf das in den Cash-Pool einbezogene Konzernkonto im Ergebnis an den Gesellschafter zurückfließt (vgl. ausführlich zum Cash-Pool: Kapitel 2 Rdn. 534).

bb) Neuregelung des § 27 Abs. 4 AktG

Nach § 27 Abs. 4 AktG ist der Gründer nunmehr von der Einlageverpflichtung befreit, wenn die folgenden Voraussetzungen erfüllt sind: **202**

– Leistung ist durch einen vollwertigen Rückgewähranspruch gedeckt, der zum jederzeit fällig ist oder durch fristlose Kündigung fällig gestellt werden kann;
– Die entsprechende Vereinbarung über das Hin- und Herzahlen ist vor der Einlageleistung vereinbart worden;
– Offenlegung des Hin- und Herzahlen gegenüber dem Registergericht.

Werden die vorgenannten Voraussetzungen nicht erfüllt, ist die bisherige Rechtsprechung zum Hin- und Herzahlen anzuwenden.[249] Umstritten ist, wie der Rückgewähranspruch gegen den Aktionär beim zulässigen Hin- und Herzahlen einzuordnen ist. Überwiegend wird von einem rein schuldrechtlichen Anspruch ausgegangen.[250] Zutreffend dürfte hingegen sein, das Aufrechnungsverbot des § 66 Abs. 1 S. 2 AktG sowie die Haftung gemäß § 65 AktG auf diesen Anspruch anzuwenden.[251]

Hinsichtlich der Beurteilung der Vollwertigkeit und der vollen Liquidität des Rückgewähranspruches und der Offenlegung des Hin- und Herzahlens gegenüber dem Registergericht gelten die Ausführungen zu § 19 Abs. 5 GmbHG entsprechend, so dass auf die dortigen Erläuterungen verwiesen wird.[252] Nach der Übergangsvorschrift des § 20 Abs. 7 EGAktG gilt die Neuregelung des § 27 Abs. 4 AktG auch für Einlageleistungen, die vor dem Inkrafttreten des ARUG am 1.9.2009 bewirkt wurden. **203**

Schwierigkeiten ergeben sich bei der Abgrenzung des Hin- und Herzahlens zum Verbot der finanziellen Unterstützung der Gesellschaft zum Erwerb eigener Aktien gemäß § 71 a Abs. 1 AktG (sog. financial assistance). Zumindest bei einer Bargründung (anders wohl bei einer Barkapitalerhöhung) dürfte § 71 a AktG aber nicht anwendbar sein.[253] **204**

9. Gründungsbericht der Gründer

Gemäß § 32 Abs. 1 AktG haben die Gründer einen Gründungsbericht zu erstatten.[254] Damit ist ein schriftlicher Bericht über den Hergang der Gründung gemeint. Der Bericht ist von den Gründern persönlich zu unterzeichnen. Stellvertretung ist also ausgeschlossen. **205**

Zum Hergang der Gründung gehören alle für die Entstehung der Aktiengesellschaft wesentlichen Umstände.[255] Der Gründungsbericht muss daher folgende Angaben enthalten:[256] **206**

– Feststellung, dass die Gründung den gesetzlichen Vorschriften entspricht
– Tag der Feststellung der Satzung
– Grundkapital, dessen Zerlegung in Nennbetrags- oder Stückaktien

---

249 *Wicke*, § 19 Rn. 35.
250 *Gehrlein*, Der Konzern 2007, 782; *Goette*, Einführung in das neue GmbH-Recht, S. 12.
251 *Wicke*, Einführung in das Recht der Hauptversammlung, S. 60.
252 Kapitel 2 Rdn. 548 ff.
253 *Wicke*, Einführung in das Recht der Hauptversammlung, S. 55 ff.
254 Muster bei: Happ/*Mulert*, Aktienrecht, 2.01.
255 *Hüffer*, § 32 Rn. 3; MünchKommAktG/*Pentz*, § 32 Rn. 12.
256 Vgl. *Krafka/Willer*, Registerrecht, Rn. 1306; K. Schmidt/Lutter/*Bayer*, § 32 Rn. 4.

- Zahl der von jedem Gründer übernommenen Aktien
- Höhe der geleisteten Bareinlagen sowie Erklärung darüber, dass der Vorstand uneingeschränkt hierüber verfügen kann
- Tag der Wahl der ersten Organe
- Mitglieder des Aufsichtsrates und des Vorstands
- Ob und gegebenenfalls welche Sondervorteile im Sinne des § 26 AktG gewährt wurden
- Ob und gegebenenfalls in welcher Höhe ein Gründerlohn im Sinne des § 26 AktG gewährt wurde
- Ob und in welchem Umfang bei der Gründung für Rechnung eines Mitglieds des Vorstands oder Aufsichtsrates Aktien übernommen worden sind (Strohmanngründung)
- Ob und in welcher Weise ein Mitglied des Vorstands oder des Aufsichtsrates sich einen besonderen Vorteil oder für die Gründung oder ihre Vorbereitung eine Entschädigung oder Belohnung ausbedungen hat.

10. Gründungsprüfungsbericht des Vorstands und des Aufsichtsrates

207 Gemäß § 33 Abs. 1 AktG haben die Mitglieder des Vorstand und des Aufsichtsrates den Hergang der Gründung zu prüfen.[257] Die Berichte können (müssen aber nicht) gemeinsam erstattet werden. Der Bericht muss von sämtlichen Mitgliedern des Vorstands und den Aufsichtsrates persönlich unterzeichnet werden, eine Stellvertretung ist nicht zulässig.[258] Der Bericht bedarf zudem der Schriftform.[259]

208 Der Umfang der Gründungsprüfung ergibt sich aus § 34 AktG. In dem Berichts ist also auszuführen, ob die Angaben der Gründer über die Übernahme der Aktien und über die Einlagen auf das Grundkapital richtig und vollständig sind. Ferner ist zu prüfen, ob die Einzahlungsbestätigung des Kreditinstitutes nach § 37 Abs. 1 S. 3 AktG ordnungsgemäß ist.[260] § 34 Abs. 1 AktG ist jedoch nicht abschließend. Vielmehr ist der Zweck des Gründungsprüfungsberichtes zu beachten, der die ordnungsgemäße Errichtung der Aktiengesellschaft im Sinne der Aktionäre und Gläubiger sicherstellen soll.[261] Es sind daher z. Bsp. zu prüfen die Feststellung und der Inhalt der Satzung sowie ihre Vollständigkeit und Vereinbarkeit mit gesetzlichen Bestimmungen, die Bestellung der Organe und des Abschlussprüfers, der Gründungsbericht und die Genehmigungserfordernisse.[262]

209 Bei einer Bargründung werden im Gründungsbericht zudem regelmäßig die Unterlagen angegeben, auf denen der Bericht basiert (Gründungsprotokoll, Unterlagen über die Bestellung des Aufsichtsrates, Niederschrift über die Wahlen des ersten Aufsichtsrats und der Bestellung des Vorstands, Bankbestätigung nach § 37 Abs. 1 S. 3 AktG, Gründungsbereicht der Gründer).

11. Gründungsprüfungsbericht des Gründungsprüfers

a) Erforderlichkeit der Gründungsprüfung

210 Eine weitere Prüfung durch einen vom Gericht bestellten Gründungsprüfers ist in den in § 33 Abs. 2 AktG genannten Fällen erforderlich. Dies ist insbesondere der Fall, wenn ein Mitglied des Aufsichtsrates oder des Vorstands zu den Gründern der Gesellschaft gehört (§ 33 Abs. 2 Nr. 1 AktG) oder bei der Gründung für Rechnung eines Mitglied des Vorstands

---

257 Muster bei: Happ/*Mulert*, Aktienrecht, 2.01.
258 MünchHdb. AG/*Hoffmann-Becking*, § 3 Rn. 17; Würzburger Notarhandbuch/*Reul*, Teil 5, Kapitel 4, Rn. 10.
259 MünchHdb. AG/*Hoffmann-Becking*, § 3 Rn. 17; MünchKommAktG/*Pentz*, § 32 Rn. 6.
260 Happ/*Mulert*, Aktienrecht, 2.01 Rn. 48.
261 Vgl. *Hüffer*, § 33 Rn. 1.
262 *Hüffer*, § 34 Rn. 2; K. Schmidt/Lutter/*Bayer*, § 34 Rn. 2.

oder Aufsichtsrats Aktien übernommen worden sind (§ 33 Abs. 1 Nr. 2 AktG). Dabei ist zu beachten, dass ein Fall nach § 33 Abs. 2 Nr. 1 und Nr. 2 AktG auch vorliegt, wenn der Gründer ein Rechtsträger ist, der zwar nicht selbst Vorstand oder Aufsichtsrat wird, dessen vertretungsberechtigte Organe aber hierzu bestellt worden sind.[263] Die Bestellung eines rechtsgeschäftlichen Vertreters führt nach h.M. hingegen nicht zur Bestellung eines Gründungsprüfers.[264]

b) Person des Gründungsprüfers

Gemäß § 33 Abs. 4 AktG sollen als Gründungsprüfer, wenn die Prüfung keine anderen Kenntnisse erfordert, nur Personen bestellt werden, die in der Buchführung ausreichend vorgebildet und erfahren sind oder Prüfungsgesellschaften, von deren gesetzlichen Vertretern mindestens einer in der Buchführung ausreichend vorgebildet und erfahren ist. Wirtschaftsprüfer und Wirtschaftsprüfungsgesellschaften sind vor diesem Hintergrund immer ausreichend qualifiziert.

211

Bei einer Bargründung kann die Prüfung aber auch durch einen Steuerberater vorgenommen werden.[265] Der Prüfer kann zudem mit dem im Gründungsprotokoll bestellten Abschlussprüfer identisch sein.[266] Im Interesse einer unparteilichen Prüfung verbietet § 33 Abs. 5 S. 1 AktG aber die Bestellung solcher Personen zum Gründungsprüfer, die nicht Sonderprüfer sein können. § 33 Abs. 5 S. 1 AktG verweist dabei über § 143 Abs. 2 AktG auf die §§ 319 Abs. 2, Abs. 3 und § 319 a HGB.

212

Ist die Gründungsprüfung ausschließlich (!) dadurch veranlasst, dass gemäß § 33 Abs. 2 Nr. 1 und Nr. 2 AktG ein Mitglied der Verwaltung zu den Gründern gehört oder bei der Gründung für Rechnung eines Verwaltungsmitglieds Aktien übernommen worden sind, kann auch der **beurkundende Notar** anstelle des Gründungsprüfers die Prüfung vornehmen. Der entsprechende Aufwand sollte vom Notar aber nicht unterschätzt werden. Daneben sollte geprüft werden, ob die Berufshaftpflichtversicherung diese Tätigkeit abdeckt. Eine Pflicht zur Übernahme der Tätigkeit durch den Notar besteht nicht.[267] Die Beauftragung erfolgt durch die Gründer. Vorteil einer Gründungsprüfung durch den Notar ist, dass das Bestellungsverfahren des Gerichts (vgl. nachfolgend Rdn. 214) entfällt und somit der Gründungsvorgang beschleunigt werden kann.

213

c) Bestellung des Gründungsprüfers

Nimmt nicht der Notar die Gründungsprüfung vor, so ist nach § 33 Abs. 3 S. 2 AktG der Gründungsprüfer vom Gericht zu bestellen. Das Gericht wird nur auf Antrag tätig, dem in der Praxis erst nach der Errichtung der Gesellschaft stattgegeben wird. Zuständig ist das Amtsgericht am Gesellschaftssitz. Eine Anhörung der IHK, die früher zwingend vorgeschrieben war, ist mittlerweile nicht mehr notwendig. Das Gericht kann jedoch eine Anhörung der IHK durchführen. Sie wird im Regelfall nur erfolgen, wenn der Gründungsprüfer dem Gericht nicht als zuverlässig bekannt ist. Das Gericht wird jedoch den Gründungsprüfer anhören, um festzustellen, ob er mit der Bestellung einverstanden ist und keine Hinderungsgründe nach § 33 Abs. 5 AktG vorliegen.[268] Um eine zeitliche Verzöge-

214

---

263 *Hüffer*, § 33 Rn. 4; MünchHdb. AG/*Hoffmann-Becking*, § 3 Rn. 18; MünchKommAktG/*Pentz*, § 32 Rn. 21.
264 *Hüffer*, § 33 Rn. 4; Happ/*Mulert*, Aktienrecht, 2.01 Rn. 39; a.A.: MünchKommAktG/*Pentz*, § 32 Rn. 21.
265 *Krafka/Willer*, Registerrecht, Rn. 1310; K. Schmidt/Lutter/*Bayer*, § 33 Rn. 11.
266 MünchHdb. AG/*Hoffmann-Becking*, § 4 Rn. 33.
267 *Grage*, RNotZ 2002, 326, 333.
268 *Krafka/Willer*, Registerrecht, Rn. 1312.

rung zu vermeiden, ist daher zu empfehlen, eine entsprechende Einverständniserklärung des Gründungsprüfers dem Antrag beizufügen.

d) Inhalt des Gründungsprüfungsberichtes

215 Inhaltlich entspricht der Gründungsbericht des Gründungsprüfers bei einer Bargründung dem Gründungsbericht des Vorstands und des Aufsichtrats.

12. Bestätigung des Kreditinstitutes

216 Ist die Einlage gemäß § 54 Abs. 3 AktG durch Gutschrift auf ein Konto der Gesellschaft eingezahlt worden, so ist nach § 37 Abs. 1 S. 3 AktG der Nachweis durch eine Bestätigung des Kreditinstitutes zu führen. Noch nicht abschließend geklärt ist, welchen Inhalt die Bestätigung des Kreditinstitutes haben muss. Teilweise wird verlangt, dass die Bestätigung denselben Inhalt wie die Bestätigung der Anmelder zum Handelsregister haben müsse.[269] Nach der zutreffenden Gegenmeinung genügt hingegen eine Bestätigung, dass der Vorstand frei über das Konto verfügen kann, also keine Rechte der Bank oder bekannten Rechte Dritter bestehen.[270]

13. Berechnung Gründungsaufwand

217 Der Handelsregisteranmeldung ist nach § 37 Abs. 4 Nr. 2 AktG eine Berechnung des Gründungsaufwand beizufügen, in der Vergütungen nach Art, Höhe und dem Empfänger einzeln aufzuführen sind. Hierzu gehören die Notarkosten sowie die Honorare weiterer Berater (insbes. Rechtsanwälte), die Gerichtskosten, das Honorar des Gründungsprüfers, Kosten des Drucks der Aktienurkunden und Bekanntmachungskosten. Die Liste sollte vom Vorstand unterzeichnet werden. Kosten, die noch nicht feststehen, sind zu schätzen.

14. Liste der Aufsichtsratsmitglieder

218 Anzufertigen ist schließlich gemäß § 37 Abs. 4 Nr. 3a AktG eine Liste der Aufsichtsratsmitglieder. Anzugeben sind Name, Vorname, ausgeübter Beruf und Wohnort. Unter Wohnort ist die Gemeinde und nicht die konkrete Adresse zu verstehen.[271]

15. Handelsregisteranmeldung

219 Gemäß § 36 Abs. 1 AktG ist die Gesellschaft bei dem Gericht, in dessen Bezirk sie ihren Sitz hat (vgl. § 14 AktG) von allen Gründern, den Mitgliedern des Vorstandes und sämtlichen Aufsichtsratsmitgliedern anzumelden. Die Unterschriften sind nach § 12 Abs. 1 HGB zu beglaubigen.

a) Vertretung

220 Nach h.M. soll eine rechtsgeschäftliche Vertretung bei der Anmeldung nicht zulässig sein.[272] Daher soll auch eine Bevollmächtigung des Notars – wie in Handelsregisteranmeldungen in der Praxis üblich – nicht zulässig sein.[273] Dem ist nicht zu folgen. Eine rechtsge-

---

269 In diesem Sinne BGH v. 18.2.1991, II ZR 104/90 = DNotZ 1991, 843; *Henze*, DB 2001, 1469, 1472.
270 *Hüffer*, § 37 Rn. 3 a; Happ/*Mulert*, Aktienrecht, 2.01 Rn. 28.
271 *Hüffer*, § 37 Rn. 11 a.
272 *Hüffer*, § 36 Rn. 4; MünchKommAktG/*Pentz*, § 36 Rn. 26; K. Schmidt/Lutter/*Kleindiek*, § 36 Rn. 10.
273 MünchKommAktG/*Pentz*, § 36 Rn. 26; K. Schmidt/Lutter/*Kleindiek*, § 36 Rn. 10.

schäftliche Vertretungsmacht scheidet nur bei höchstpersönlichen Erklärungen aus. Höchstpersönlich ist eine Erklärung aber nur, sofern der Inhalt der Erklärung strafrechtlich gegen unrichtige Angaben geschützt ist.[274] Nicht umfasst sind hiervon jedoch die Anmeldung der Aktiengesellschaft als solches, weil die strafrechtlich relevanten Versicherungserklärungen zwar »in« der Handelsregisteranmeldung abzugeben sind, dies aber nicht bedeutet, dass bei der gesamten Anmeldung eine Vertretung ausgeschlossen ist. Eine Vertretung ist daher bei dem nicht höchstpersönlichen Teil der Anmeldung möglich.[275]

b) Inhalt der Anmeldung

aa) Erklärung zur Leistung der Einlage

Gemäß § 37 Abs. 1 S. 1 AktG ist in der Anmeldung zu erklären, dass die Voraussetzungen der §§ 36 Abs. 2 und 36a AktG erfüllt sind. Dies bedeutet, dass der eingeforderte Betrag (also mindestens ein Viertel des geringsten Ausgabebetrages sowie ein darüber hinaus eingeforderter höherer Betrag sowie ein etwaiges Aufgeld) auf jede Aktie ordnungsgemäß eingezahlt worden ist und endgültig zur freien Verfügung des Vorstandes steht. Dabei ist der Betrag anzugeben, zu dem die Aktien ausgegeben werden, sowie – für jeden Gründer getrennt- der darauf eingezahlte Betrag.[276]   **221**

Sind die Geldeinlagen nicht mehr in der ursprünglichen Form vorhanden, weil der Vorstand über sie verfügt hat, kann der Vorstand die Erklärung nach § 37 Abs. 1 S. 1 AktG trotzdem abgeben, sofern eine **wertgleiche Deckung** gegeben ist.[277] Damit ist gemeint, dass an die Stelle der eingeforderten und bezahlten Bareinlage aktivierungsfähige Vermögensgegenstände vom gleichen Wert getreten sind, der Gesellschaft also Werte zugeflossen sind, die zum Zeitpunkt der Anmeldung noch vorhanden sind. Ist vor der Anmeldung bereits über die Einlageleistung verfügt worden, ist dies in der Handelsregisteranmeldung ist anzugeben und darzulegen (sowie mittels Vorlage von Verträge und Rechnungen etc. zu beweisen), dass anstelle der eingeforderten Barbeträge aktivierungsfähige Vermögensgegenstände wertgleicher Deckung vorhanden sind.[278]   **222**

Der BGH hat das Postulat der wertgleichen Deckung für die Kapitalerhöhung freilich aufgegeben,[279] woraus die Literatur teilweise schließt, dass dies auch bei der Gründung einer Gesellschaft nicht mehr erforderlich sei.[280] Ob der BGH seine Rechtsprechung zur Kapitalerhöhung aber auf die Gründung erweitert ist ungewiss. In der Praxis sollte daher zunächst weiterhin vom Gebot der wertgleichen Deckung ausgegangen werden.   **223**

bb) Versicherungen der Vorstandsmitglieder

Gemäß § 37 Abs. 2 AktG haben die Vorstandsmitglieder in der Anmeldung zudem zu versichern, dass keine Umstände vorliegen, die ihrer Bestellung nach § 76 Abs. 3 S. 2 Nr. 2 und 3 sowie S. 3 AktG entgegenstehen und dass sie über ihre unbeschränkte Auskunftspflicht gegenüber dem Gericht belehrt worden sind. In der Praxis wird dabei die allgemeine Erklärung der Vorstandsmitglieder, dass keine Ausschlussgründe vorliegen, für   **224**

---

[274] BayOBLG, NJW 1987, 136; *Krafka/Willer*, Registerrecht, Rn. 115.
[275] So zutreffend auch: *Krafka/Willer*, Registerrecht, Rn. 115.
[276] *Hüffer*, § 37 Rn. 3; Heidel/*Terbrack*, Aktienrecht, § 37 Rn. 7 ff.
[277] BGH v. 13.7.1992 – II ZR 263/91 = NJW 1992, 3300; *Hüffer*, § 36 Rn. 11 a; MünchKommAktG/ *Pentz*, § 36 Rn. 79 ff.; GroßkommAktG/*Röhricht*, § 36 Rn. 85 ff.; *Müller*, FS Beusch, S. 631, 639.
[278] *Hüffer*, § 37 Rn. 3; *Bayer*, FS Horn, 2006, S. 271, 279 ff.; Würzburger Notarhandbuch/*Reul*, Teil 5, Kapitel 4, Rn. 40; a.A.: K. Schmidt/Lutter/*Kleindiek*, § 37 Rn. 8 ff., wonach eine Versicherung genügt, dass keine Unterbilanz entstanden oder eine solche bereits ausgeglichen ist.
[279] BGH v. 18.3.2002 – II ZR 363/00 = DNotZ 2002, 808.
[280] K. Schmidt/Lutter/*Kleindiek*, § 36 Rn. 33; *Priester*, ZIP 1994, 599, 602; *K. Schmidt*, AG 1986, 106, 114 ff.

nicht ausreichend erachtet,[281] so dass es empfiehlt, die Erklärung inhaltlich an § 76 Abs. 3 S. 2 Nr. 2 und Nr. 3 sowie S. 3 AktG anzupassen. Die Belehrung nach § 53 Abs. 2 des Bundeszentralregistergesetzes (BZRG) kann dabei schriftlich vorgenommen werden. Sie kann durch einen Notar oder einen im Ausland bestellten Notar durch einen Vertreter eines vergleichbaren rechtsberatenden Berufs oder einen Konsularbeamten erfolgen (vgl. § 37 Abs. 2 S. 2 AktG). Damit erübrigt sich die bisherige Praxis, den im Ausland ansässigen Vorstand schriftlich zu belehren.

cc) Angaben zur Vertretungsbefugnis

225 Gemäß § 37 Abs. 3 AktG ist in der Anmeldung wiederzugeben, welche allgemeine Vertretungsbefugnis die Vorstandsmitglieder nach der Satzung oder, falls dort keine abschließende Regelung enthalten ist, nach den Gesetz haben (sog. **Abstrakte Vertretungsbefugnis**).[282] Hierzu gehört auch die durch das Registergericht einzutragende Ermächtigung des Aufsichtsrates Einzelvertretung oder gemischte Gesamtvertretung anzuordnen sowie die Möglichkeit einzelne Vorstandsmitglieder von den Beschränkungen des § 181 BGB zweite Alternative zu befreien.

226 Die besondere Vertretungsbefugnis von Vorstandsmitgliedern (sog. **konkrete Vertretungsbefugnis**) ist hingegen nur anzugeben, wenn diese von der allgemeinen Vertretungsregelung abweicht.[283] Manche Registergerichte verlangen aber auch in diesem Fall die Angabe der Vertretungsbefugnis für sämtliche Vorstandsmitglieder. Es empfiehlt sich daher in der Praxis die konkrete Vertretungsbefugnis in jedem Fall anzumelden[284]

227 Die Vertretungsbefugnis muss ausdrücklich und vollständig in der Anmeldung offengelegt werden. Nicht ausreichend ist, dass sie durch eine mögliche rechtliche Schlussfolgerung festgestellt werden kann.[285]

dd) Inländische Geschäftsanschrift

228 Gemäß § 37 Abs. 3 Nr. 1 AktG ist in der Anmeldung ferner eine inländische Geschäftsanschrift anzugeben. Unter dieser Anschrift kann an den oder die Vertreter der Gesellschaft wirksam zugestellt werden. Die Angabe muss Straße, Hausnummer, Ort und auch die Postleitzahl enthalten. Die Geschäftsanschrift wird zumeist mit dem Sitz der Hauptverwaltung oder des maßgeblichen Geschäftsbetriebes übereinstimmen. Zwingend ist dies aber nicht. Möglich ist auch die Wohnanschrift eines Vorstands, eines Gesellschafters oder eines als Zustellungsbevollmächtigten eingesetzten Vertreters (Steuerberater, Rechtsanwalt etc.).[286]

ee) Angaben bei Vorliegen eines genehmigten Kapitals

229 Enthält die Satzung ein genehmigtes Kapital, ist auch dieses anzumelden, da der Antrag den Eintragungsinhalt grundsätzlich spiegelbildlich wiedergeben soll.[287]

---

281 Vgl. BayObLG DNotZ 1982, 177.
282 MünchKommAktG/*Pentz*, § 37 Rn. 60; K. Schmidt/Lutter/*Kleindiek*, § 37 Rn. 20; Happ/*Mulert*, Aktienrecht, 2.01, Rn. 60.
283 BayObLG FGPrax 1997, 158; *Krafka/Willer*, Registerrecht, Rn. 949; Happ/*Mulert*, Aktienrecht, 2.01, Rn. 60.
284 Happ/*Mulert*, Aktienrecht, 2.01 Rn. 60.
285 BayObLG MittBayNot 2000, 53.
286 RegE MoMiG, S. 81; *Wicke*, § 8 Rn. 17.
287 *Krafka/Willer*, Registerrecht, Rn. 1315.

ff) Angaben nach § 24 HRV

Nach § 24 Handelsregisterverordnung (HRV) sind schließlich die Geburtsdaten der Vorstandsmitglieder anzugeben. Des Weiteren sind bei der Anmeldung der Gesellschaft die genaue Anschrift der Geschäftsräume anzugeben. Diese ist zumeist mit der inländischen Geschäftsanschrift, die in der Anmeldung ebenfalls aufzunehmen ist, identisch. 230

Weiter ist anzumelden, wer zum Vorsitzenden und Stellvertreter im Aufsichtsrat gewählt worden ist (vgl. § 107 Abs. 1 S. 2 AktG). 231

gg) Vollmacht

Wie oben bereits ausgeführt (vgl. Rdn. 220) ist entgegen der herrschenden Meinung in der aktienrechtlichen Literatur eine rechtsgeschäftliche Vertretung bei der Handelsregisteranmeldung zumindest teilweise zulässig. Dementsprechend sollte in die Anmeldung eine Vollmacht aufgenommen werden, wonach der beurkundende Notar berechtigt ist, Änderungen und Ergänzungen der Registeranmeldung vorzunehmen, soweit sie vom Registergericht erfordert werden. Folgt man der Gegenmeinung, wonach eine Bevollmächtigung nicht zulässig ist, ist zu beachten, dass im Regelfall eine Zwischenverfügung sich auf eine Änderung der Gründungssatzung bezieht. Änderungen der Gründungssatzungen können aber auch formlos angemeldet werden, sofern zusätzliche eine Notarbescheinigung über die vollständige Fassung der Satzung vorgelegt wird. Derartige Änderungen sind von der bereits erfolgten und weiter aufrecht erhaltenen Anmeldung gedeckt.[288] 232

hh) Zeitpunkt für die Richtigkeit der Angaben

Maßgeblicher Zeitpunkt für die Richtigkeit der Angaben in der Handelsregisteranmeldung ist der Zeitpunkt des Eingans der Erklärung beim Handelsregister.[289] Die Anmeldung kann somit unterzeichnet werden, obgleich die Gesellschafter ihre Einlagen noch nicht erbracht haben. Dem Notar ist in diesem Fall der (stillschweigende) Treuhandauftrag erteilt worden, die Anmeldung erst einzureichen, wenn ihm die Einzahlung bestätigt worden ist. 233

c) Anlagen

Der Anmeldung sind nach § 37 Abs. 4 die folgenden Unterlagen beizufügen: 234

- Notarielle Niederschrift über die Errichtung der Gesellschaft, in welcher die Satzung festgestellt, die Aktien von den Gründern übernommen sind und der Aufsichtsrat bestellt worden ist
- Niederschrift über die Sitzung des Aufsichtsrates, worin die Vorstandsmitglieder bestellt worden sind
- eine Liste der Mitglieder des Aufsichtsrates, aus welcher Name, Vorname, ausgeübter Beruf und Wohnort der Mitglieder ersichtlich sind;
- der Gründungsbericht der Gründer und die Prüfungsberichte der Mitglieder des Vorstandes und des Aufsichtsrates sowie der Gründungsprüfer nebst ihren urkundlichen Unterlagen;
- Bescheinigung der Bank gemäß § 54 Abs. 3 AktG
- Aufstellung des Gründungsaufwands
- im Falle des § 26 AktG (Sondervorteile Gründungsaufwand) sämtliche Verträge, die den Festsetzungen zugrunde liegen oder zu ihrer Ausführung geschlossen worden sind

---

288 Würzburger Notarhandbuch/*Reul*, Teil 5, Kapitel 4, Rn. 26; OLG Zweibrücken MittbayNot 2001, 230; BayObLG 1978, 22.
289 K. Schmidt/Lutter/*Kleindiek*, § 37 Rn. 3; GroßkommAktG/*Röhricht*, § 37 Rn. 9; siehe auch: *Heidinger*, FS Deutsches Notarinstitut, S. 235 ff.

16. Übermittlung der Handelsregisteranmeldung an das Handelsregister

235 Von der oben beschriebenen Form der Anmeldung ist die Übermittlung zum Handelsregister zu unterscheiden. Die Anmeldung ist gemäß § 12 Abs. 1 HGB elektronisch in öffentlich beglaubigter Form einzureichen. Die elektronische öffentliche Beglaubigung kann nur von einem Notar vorgenommen werden, der dabei eine elektronische Signatur nach dem Signaturgesetz verwenden muss. Mit der Beglaubigung muss die Bestätigung der Notareigenschaft durch eine zuständige Stelle verbunden sein.

236 Gemäß § 12 Abs. 2 HGB sind die Anlagen elektronisch einzureichen. Ist eine Urschrift oder eine einfache Abschrift einzureichen oder ist für das Dokument die Schriftform bestimmt, genügt die Übermittlung einer elektronischen Aufzeichnung; ist ein notariell beurkundetes Dokument oder eine öffentlich beglaubigte Abschrift einzureichen, so ist ein mit einem einfachen Zeugnis (§ 39a BeurkG) versehenes Dokument zu übermitteln. Dabei ist der Notar nicht verpflichtet, die Originalurkunde einzuscannen. Es genügt das elektronische Abbild einer bloßen Leseabschrift mit dem Buchstaben »L.S.« (für Loco Sigili) anstelle des Siegels und der Vermerk »gez.« anstelle der Unterschrift.[290]

237 Die Übermittlung der Handelsregisteranmeldung und ihrer Anlagen sowie der begleitenden strukturierten Daten an das Gericht erfolgt nicht per Email. Vielmehr erfolgt die Übermittlung durch das von der Justiz angebotenen Übermittlungsprogramm (EGVP-Client). Die Daten sind dabei in strukturierter Form zu versenden, die Strukturierung erfolgt durch das Programm XNotar.

17. Eintragung in das Handelsregister

238 Das Gericht hat nach § 38 AktG zu prüfen, ob die Gesellschaft ordnungsgemäß errichtet wurde. Hinsichtlich der Frage, ob das Grundkapital noch vorhanden ist, ist dabei der maßgebliche Zeitpunkt umstritten. Die Literatur geht davon aus, dass das Grundkapital zum Zeitpunkt der Anmeldung vorhanden sein muss. Ist zum Zeitpunkt der Eintragung das Grundkapital weder gegenständlich noch wertmäßig vorhanden, sei die Eintragung trotzdem vorzunehmen. Es bestehe lediglich eine Differenz- bzw. Unterbilanzhaftung der Gründer.[291] Die Rechtsprechung stellt hingegen auf den Zeitpunkt der Eintragung ab. Ist also das Grundkapital zu diesem Zeitpunkt weder gegenständlich noch wertmäßig vorhanden, ist die Eintragung abzulehen.[292] Mit der Eintragung im Handelsregister entsteht die Gesellschaft. Der Inhalt der Eintragung wird durch § 39 AktG festgelegt.

18. Mitteilung nach § 20 AktG

239 Sofern ein Gründer mindestens 25 % der Aktien übernimmt, muss er dies nach § 20 Abs. 1 AktG der Gesellschaft mitteilen. Mitteilungspflichtig sind jedoch nur Unternehmen i.S.d. § 15 ff. AktG. Erfolgt keine Mitteilung, so sind die Rechte aus den Aktien nach § 20 Abs. 7 AktG suspendiert. Die Mitteilungspflicht entfällt nicht, weil der Gesellschaft die Beteiligung bekannt ist. Die Gesellschaft hat nach § 20 Abs. 6 AktG das Bestehen der Beteiligung unverzüglich in den Gesellschaftsblättern bekannt zu machen.

19. Mitteilung nach § 42 AktG

240 Soweit sich alle Aktien in der Hand eines Aktionärs vereinigen, hat der Vorstand dem Handelsregister gemäß § 42 AktG eine entsprechende Mitteilung an das Handelsregister

---

290 LG Hagen RNotZ 2007, 491; LG Chemnitz NotBZ 2007, 146.
291 *Hüffer*, § 38 Rn. 10; K. Schmidt/Lutter/*Kleindiek*, § 38 Rn. 7; Würzburger Notarhandbuch/*Reul* Teil 5, Kapitel 4, Rn. 43.
292 So zur GmbH: BayObLG GmbHR 1998, 1225; OLG Düsseldorf ZIP 1996, 1705.

zu richten unter Angabe von Name, Vorname, Geburtsdatum und Wohnort des alleinigen Aktionärs. Dies gilt nach der Literatur auch bei der Einpersonengründung.[293]

20. Notarkosten

a) Gründungsprotokoll

Bei der Gründung einer Aktiengesellschaft fällt für die Gründung der Gesellschaft einschließlich der Feststellung der Satzung eine 20/10-Gebühr gemäß § 36 Abs. 2 KostO an. Bei einer Einpersonengründung ist eine 10/10-Gebühr nach § 36 Abs. 1 KostO anzusetzen. **241**

Der **Geschäftswert** richtet sich nach §§ 39 Abs. 1 S. 1, 141 KostO. Der Wert entspricht daher im Regelfall der Höhe des Grundkapitals. Werden Aktien jedoch mit einem Agio ausgegeben, erhöht sich der Geschäftswert um das Aufgeld. Ist der Vorstand ermächtigt, das Grundkapital durch die Ausgabe neuer Aktien zu erhöhen, ist dieser Betrag ebenfalls dem Geschäftswert hinzuzurechnen. **242**

b) Bestellung Aufsichtsrat/Abschlussprüfers

Umstritten ist, ob die im Gründungsprotokoll erfolgte Bestellung des ersten Aufsichtsrates gegenstandsgleich mit der Gründung ist und daher nicht gesondert berechnet werden kann.[294] Gleiches gilt für die Bestellung des Abschlussprüfers. Geht man davon aus, dass eine gesonderte Gebühr berechnet werden kann, fällt eine 20/10 Gebühr nach § 47 KostO an, weil es sich jeweils um Beschlüsse handelt. Der Wert der Bestellung richtet sich nach § 41 c Abs. 1 i.V.m. § 41 a Abs. 4 Nr. 1 KostO, also 1 Prozent des eingetragenen Grundkapitals, mindestens jedoch 25.000 Euro. Gemäß § 41 c Abs. 4 KostO beträgt der Geschäftswert aber in keinem Fall mehr also 500.000 Euro. **243**

c) Gründungsprüfung

Übernimmt der Notar die Gründungsprüfung, so ist umstritten, wie diese einzuordnen ist. Teilweise wird davon ausgegangen, dass eine Gleichbehandlung mit einem »normalen« Gründungsprüfer zu erfolgen habe und daher eine Festsetzung der Vergütung gemäß § 35 Abs. 2 AktG erfolgen müsse.[295] Da Kosten des Notars in der KostO aber abschließend geregelt werden, ist mit der Gegenmeinung eine 5/10 Gebühr aus § 147 Abs. 2 KostO anzusetzen.[296] Als Geschäftswert sind 50 % des Grundkapitals der Aktiengesellschaft vertretbar und angemessen.[297] Dies führt regelmäßig zu erheblichen Kostenersparnissen für die Beteiligten, wenn sie den Notar als Gründungsprüfer bestimmen. **244**

d) Handelsregisteranmeldung

Für die Handelsregisteranmeldung fällt nach §§ 145 Abs. 1 S. 1, 38 Abs. 2 Nr. 7 KostO für die Erstanmeldung eine 5/10 Gebühr an. Der Geschäftswert richtet sich nach dem Grundkapital unter Hinzurechnung eines etwaigen genehmigten Kapitals. Der Höchstwert ist nach § 39 Abs. 4 KostO 500.000 Euro. **245**

---

293 *Hüffer*, § 42 Rn. 3 MünchkommAktG/*Pentz*, § 42 Rn. 5.
294 Dafür: OLG Zweibrücken NJW-RR 2002, 1620; Beck'sches Notarhandbuch/*Zimmermann*, Abschn. D III Rn. 17; dagegen: *Waldner*, Kostenordnung für Anfänger, Rn. 284.
295 *Grage*, RNotZ 2002, 326, 331; *Heckschen*, NotBZ 2002, 429.
296 *Hermanns*, ZIP 2002, 1787, 1788; *Papmehl*, MittBayNot 2003, 187 mit Formulierungsbeispielen für die Gründungsprüfung eines Notars.
297 Würzburger Notarhandbuch/*Tiedtke*, Teil 5 Rn. 1391.

3. Kapitel Aktiengesellschaft

21. Steuerliche Mitteilungspflichten

246 Nach § 54 EStDV sind alle Vorgänge, die die Gründung einer Kapitalgesellschaft zum Gegenstand haben, anzuzeigen. Der Notar, der das Gründungsprotokoll beurkundet hat, hat daher gemäß § 54 Abs. 2 S. 1 EStDV binnen zwei Wochen eine beglaubigte Abschrift der Urkunde beim Finanzamt einzureichen. Die Mitteilung ist an das in § 20 AO bezeichnete Finanzamt zu richten, also primär an das Finanzamt, in dessen Bezirk sich die Geschäftsleitung befindet. Ausfertigungen oder beglaubigte Abschriften dürfen gemäß § 54 Abs. 3 EStDV erst an die Beteiligten ausgehändigt werden, wenn die Mitteilung an das Finanzamt versandt ist.

III. Sachgründung

1. Sachgründung und Sachübernahme

247 Aus § 27 AktG ergibt sich, dass auch eine Sachgründung, bei der die Einlagen der Aktionäre nicht in bar erbracht werden, zulässig ist. Das Gesetz unterscheidet dabei zwischen zwei Formen der Sachgründung, und zwar der Gründung durch Sacheinlagen und Sachübernahme.

248 Bei der Sacheinlage hat der Gründer einen Vermögensgegenstand als Gegenleistung für die Aktien einzubringen. Bei der Sachübernahme erhält der Einbringende hingegen eine andere Gegenleistung als Aktien, er muss also nicht notwendigerweise zu den Gründern gehören. Dies bedeutet jedoch nicht, dass jeder, der mit der Vor-AG Geschäfte abschließt, als Sachübernehmer anzusehen ist. Entscheidend ist vielmehr, ob bereits vor dem Zeitpunkt der notariellen Gründung eine entsprechende Verabredung unter den Gründern bzw. mit dem Dritten über die Sachübernahme bestanden hat.[298] Keine Sachübernahme liegt somit vor, wenn die Vor-AG mit Dritten Geschäfte eingeht und keine entsprechende Abrede vor der Beurkundung des Gründungsprotokolls bestanden hat.[299]

2. Gegenstand der Sacheinlage bzw. Sachübernahme

249 Gemäß § 27 Abs. 2 Hs. 1 können Sacheinlagen oder Sachübernahmen nur Vermögensgegenstände sein, deren wirtschaftlicher Wert feststellbar ist (vgl. zur Sacheinlagenfähigkeit auch Kapitel 2 Rdn. 494 ff.). Es ist also nicht erforderlich, dass der Einlagegegenstand **bilanzrechtlich aktiviert** werden kann.[300] Entscheidend ist vielmehr, dass der Vermögensgegenstand an die Gesellschaft übertragen wird, so dass er zur Befriedigung der Gläubiger verwendet werden kann.[301] Ist eine Übertragung gesetzlich nicht möglich, reicht die Überlassung zu Ausübung.[302]

250 **Obligatorische Nutzungsrechte** sind nach h.M. folgich einlagefähig, sofern die Nutzungsdauer feststeht und der Gegenstand nicht nach Belieben (etwa durch Kündigung oder bei Insolvenz der Gesellschaft) entzogen werden kann.[303] Verpflichtungen zu **Dienstleistungen** können hingegen nach § 27 Abs. 2 Hs. 2 AktG nicht Gegenstand einer Sachein-

---

298 Happ/*Mulert*, Aktienrecht, 2.04 Rn. 2; MünchHdb. AG/*Hoffmann-Becking*, § 4 Rn. 1.
299 Happ/*Mulert*, Aktienrecht, 2.04 Rn. 2; MünchKommAktG/*Pentz*, § 27 Rn. 61.
300 *Hüffer*, § 27 Rn. 22; MünchKommAktG/*Pentz*, § 27 Rn. 22; K. Schmidt/Lutter/*Bayer*, § 27 Rn. 11.
301 Happ/*Mulert*, Aktienrecht, 2.04 Rn. 18; MünchHdb. AG/*Hoffmann-Becking*, § 4 Rn. 3; K. Schmidt/Lutter/*Bayer*, § 27 Rn. 12.
302 Happ/*Mulert*, Aktienrecht, 2.04 Rn. 18; GroßkommAktG/*Röhricht*, § 27 Rn. 39.
303 *Hüffer*, § 27 Rn. 26; BGH NJW 2000, 2356; OLG Nürnberg AG 1999, 381, 382; a.A.: BeckBilKomm/ *Förschle/Taetzner*, § 272 HGB Rn. 203.

lage oder Sachübernahme sein.[304] Schuldrechtliche Ansprüche gegen den Gründer sind – im Gegensatz zu Ansprüchen gegen Dritte – ebenfalls nicht einlagefähig.[305]

3. Bewertung/Bewertungsstichtag

Aus den §§ 9 Abs. 1, 34 Abs. 1 Nr. 2, 36 a Abs. 2 S. 3, 38 Abs. 2 S. 2 AktG folgt, dass eine Unterpariemission nicht zulässig ist. Die Bewertung hat nach objektiven Kriterien zu erfolgen, wobei der Zeitwert der Höchstwert des einzulegenden Gegenstandes ist (siehe zur Bewertung von Sacheinlagen Kapitel 2 Rdn. 498 ff.).[306] 251

Der **Bewertungsstichtag** (also der Zeitpunkt auf welchen das Registergericht bei der Werthaltigkeitsprüfung abzustellen hat) ist dabei umstritten. Teilweise wird analog § 9 Abs. 1 GmbHG der Zeitpunkt der Anmeldung der Gründung beim Handelsregister genannt.[307] Andere stellen auf die Eintragung der Gesellschaft im Handelsregister ab.[308] Entscheidend ist aber der zwischen den vorgenannten Anknüpfungspunkten liegende Zeitpunkt der Prüfung durch das Gericht,[309] weil das Gericht aus Gründen des Gläubigerschutzes Verringerungen des Wertes nach der Anmeldung berücksichtigen muss und spätere Veränderungen bis zur Eintragung nur schwer vorhersagen kann. 252

4. Besonderheiten des Sachgründungsprotokolls

a) Festsetzungen Satzung

Das Gründungsprotokoll einer Sachgründung ist im wesentlichen mit dem einer Bargründung identisch. Gemäß § 27 Abs. 1 AktG bedarf jedoch die Satzung über die Erfordernisse des § 23 AktG hinaus zusätzliche Feststellungen. In der Satzung müssen gesondert festgesetzt werden: 253

– Gegenstand der Sacheinlage oder Sachübernahme
– Person, von der die Gesellschaft den Gegenstand erwirbt (bei natürlichen Personen: Name, Vorname und Anschrift; bei juristischen Personen: Firma und Sitz)[310]
– Nennbetrag bei Nennbetragsaktien oder bei Stückaktien die Zahl der bei der Sacheinlage zu gewährenden Aktien oder die bei einer Sachübernahme zu gewährende Vergütung

Die vorstehenden Angaben müssen Inhalt der Satzung sein. Eine Aufnahme an einer anderen Stelle der Gründungsprotokolls genügt nicht.[311] 254

Der Gegenstand der Sacheinlage oder Sachübernahme muss so konkret bezeichnet werden, dass er objektiv bestimmbar ist und sich etwaige Belastungen erkennen lassen[312] Bei der Einbringung von Sachgesamtheiten genügt aber ein Verweis auf die der Einbringung zugrunde liegenden Verträge.[313] Sind die Angaben nicht hinreichend bestimmt, darf das Registergericht die Gesellschaft nicht eintragen. Erfolgt trotzdem die Eintragung, sind die entsprechenden Sacheinlage- und Sachübernahmevereinbarung im Unterschied zur früheren Rechtslage[314] aber nicht unwirksam. Sie bleiben vielmehr wirksam. 255

---

304 BGH vom 16.2.2009 – II ZR 120/07 = DNotZ 2009, 766; *Hüffer*, § 27 Rn. 29; MünchKommAktG/ *Pentz*, § 27 Rn. 33; K. Schmidt/Lutter/*Bayer*, § 27 Rn. 16.
305 BGH v. 16.2.2009 – II ZR 120/07 = DNotZ 2009, 766; MünchKommAktG/*Pentz*, § 27 Rn. 26; Würzburger Notarhandbuch/*Reul*, Teil 5, Kapitel 4, Rn. 56.
306 OLG Köln v. 25.4.1997 – 19 U 167/96 = GmbHR 1998, 42, 43; MünchKommAktG/*Pentz*, § 27 Rn. 37; K. Schmidt/Lutter/*Bayer*, § 27 Rn. 17.
307 *Hüffer*, § 27 Rn. 27; MünchKommAktG/*Pentz*, § 27 Rn. 38; K. Schmidt/Lutter/*Bayer*, § 27 Rn. 19.
308 Hachenburg/*Ulmer*, § 9 c Rn. 18 (für die GmbH).
309 Happ/*Mulert*, Aktienrecht, Rn. 27.
310 *Hüffer*, § 27 Rn. 16; MünchKommAktG/*Pentz*, § 27 Rn. 71; K. Schmidt/Lutter/*Bayer*, § 27 Rn. 31.
311 MünchHdb. AG/*Hoffmann-Becking*, § 4 Rn. 2; MünchKommAktG/*Pentz*, § 27 Rn. 136.
312 *Hüffer*, § 27 Rn. 17; MünchKommAktG/*Pentz*, § 27 Rn. 32; K. Schmidt/Lutter, § 27 Rn. 32.
313 Happ/*Mulert*, Aktienrecht, 2.04 Rn. 19.
314 Vgl. hierzu: K. Schmidt/Lutter/*Bayer*, § 27 Rn. 34.

3. Kapitel Aktiengesellschaft

256 Die Festsetzungen dürfen gemäß §§ 27 Abs. 5 i.V.m. § 26 Abs. 4 AktG erst nach **30 Jahren** aus der Satzung entfernt werden. Vor diesem Hintergrund empfiehlt es sich, die Festsetzungen aus Gründen der Übersichtlichkeit an das Ende der Satzung zu setzen.

b) Ausgabebetrag

257 Nach § 23 Abs. 2 Nr. 2 AktG ist im Gründungsprotokoll der Ausgabebetrag anzugeben. In der Literatur wird jedoch vertreten, dass die Angabe bei einer Sachgründung entbehrlich sei, weil das Gesetz in § 27 Abs. 1 AktG hierauf verzichte.[315] § 27 Abs. 1 S. 1 AktG enthält aber nur Sonderregelungen für die Satzung und nicht für das Gründungsprotokoll. Daher ist der Ausgabebetrag im Gründungsprotokoll zu nennen.[316]

c) Aufgeld/Agio

258 Die Aktien dürfen bei der Gründung einer Aktiengesellschaft nicht für einen geringeren Betrag als ihren Nennbetrag oder ihren anteiligen Betrag am Grundkapital ausgegeben werden. Es ist aber zulässig, die Aktien zu einem höheren Betrag auszugeben. Die Differenz zum geringsten Ausgabebetrag wird als Aufgeld oder Agio bezeichnet. Ist der Wert der Sacheinlage höher als der geringste Ausgabebetrag besteht nach ganz herrschender Meinung aber keine Verpflichtung, einen entsprechend höheren Ausgabebetrag in der Gründungsurkunde zu nennen.[317]

259 Wird jedoch das Agio in der Gründungsurkunde aufgenommen, umfasst die Differenzhaftung des Gründers nach überwiegender Meinung in der Literatur auch dieses Agio.[318] Dementsprechend wird teilweise auch verlangt, dass die Prüfungspflicht des Vorstands, des Aufsichtsrates und des Registergerichts sich auf das Agio bezieht (vgl. hierzu noch Rdn. 339).[319] Will man diese Folgen sicher vermeiden, sollte auf die Festsetzung des Aufgeldes in der Gründungsurkunde verzichtet werden. Soll eine Haftung der Gründer erreicht werden, eine Prüfung durch das Registergericht aber vermieden werden, bietet sich an, eine Haftung der Gründer schuldrechtlich im Einbringungsvertrag zu vereinbaren (vgl. hierzu noch Rdn. 271).

d) Unterbewertung der Sacheinlage

260 Ist eine Sacheinlage unterbewertet worden, d.h. ihr Wert ist höher als der Wert des geringsten Ausgabebetrages bzw. eines etwaigen satzungsgemäßen Aufgeldes, sollte geregelt werden, was mit diesem »Mehrwert« geschieht, da die Bildung von Willkürreserven nach dem Rechtsgedanken des § 279 Abs. 1 S. 1 HGB nicht zulässig ist.[320] Der Betrag kann – sofern er bei der Gesellschaft verbleiben soll – nach § 272 Abs. 2 Nr. 1 HGB in die **Kapitalrücklage** eingestellt werden. Dies gilt auch, wenn das Gründungsprotokoll zu dieser Frage schweigt, also keine Angaben zum Mehrwert enthält.[321]

261 Möglich ist aber auch, den überschießenden Betrag als **Darlehen** bei der Gesellschaft zu belassen, wobei Rückzahlung und Verzinsung geregelt werden sollten.

---

315 *Maier-Reimer*, FS Bezenberger, 2000, S. 253 ff.
316 Happ/*Mulert*, Aktienrecht, 2.04 Rn. 6; MünchKommAktG/*Pentz*, § 27 Rn. 72.
317 Happ/*Mulert*, Aktienrecht, 2.04 Rn. 6; MünchHdb. AG/*Hoffmann-Becking*, § 4 Rn. 13.
318 OLG Jena WM 2006, 2258, 2266; MünchHdb. AG/*Krieger* § 56 Rn. 49; a.A.: *Hüffer*, § 183 Rn. 21.
319 Happ/*Mulert*, Aktienrecht, 2.04 Rn. 7; MünchkommAktG/*Pentz*, § 41 Rn. 18; a.A.: MünchHdb. AG/*Hoffmann-Becking* § 4 Rn. 25.
320 *Hüffer*, § 27 Rn. 27; MünchKommAktG/*Pentz*, § 27 Rn. 29; Würzburger Notarhandbuch/*Reul*, Teil 5, Kapitel 4, Rn. 54.
321 MünchKommAktG/*Pentz*, § 27 Rn. 38; Happ/*Mulert*, Aktienrecht, 2.04 Rn. 9.

Alternativ kann ein entsprechender Barausgleich zugunsten des Gründers festgelegt werden. Da es sich bei einem Barausgleich im Ergebnis um eine Kombination einer Sacheinlage mit einer Sachübernahme handelt, spricht man von einer **gemischten Sacheinlage**. Wegen ihrer Relevanz für die Aufbringung des Grundkapitals ist bei einer gemischten Sacheinlage die gesamte Vereinbarung in die Satzung aufzunehmen.[322] Der Satzung muss also entnommen werden können, in welcher Form und welchem Umfang der Mehrwert zu ersetzen ist. Die Höhe der Vergütung muss dabei nicht ausdrücklich genannt werden. Ausreichend ist vielmehr, wenn sich die Höhe der Vergütung durch Auslegung der zum Handelsregister eingereichten Unterlagen ergibt und einer Nachprüfung durch das Registergericht zugänglich ist.[323]

262

e) Nichterbringung der Sacheinlage

Wird die Sacheinlage nicht erbracht, kann eine Kaduzierung der Aktien nur erfolgen, wenn eine entsprechende Satzungsbestimmung vorhanden ist. Es kann sich daher empfehlen, in der Satzung die Kaduzierung entsprechend den §§ 63 ff. AktG zuzulassen, wenn nicht ausgeschlossen ist, dass es bei der Erbringung der Sacheinlage Schwierigkeiten gibt.[324]

263

f) Ermächtigung zur Erfüllung der Sacheinlageverpflichtung

Der Vorstand der Gesellschaft als Organ der Vor-AG ist nach ganz h.M. befugt, sämtliche Rechtsgeschäfte hinsichtlich der Erfüllung der Sacheinlageverpflichtungen vorzunehmen.[325] Sicherheitshalber sollte aber trotzdem eine entsprechende Ermächtigung für den Vorstand in das Gründungsprotokoll aufgenommen werden.[326]

264

g) Aufsichtsrat

Für die Bestellung des ersten Aufsichtsrates enthält § 31 AktG Sonderregeln, wenn ein Unternehmen oder ein Teil eines Unternehmens eingebracht wird. Gemäß § 31 Abs. 1 S. 1 AktG haben die Gründer nur so viele Mitglieder für den Aufsichtsrat zu stellen, wie nach ihrer Ansicht künftig unter Beachtung der Mitbestimmungsgesetze erforderlich sein werden, mindestens aber drei.

265

5. Einbringungsvertrag

a) Begriffsbestimmung

Durch die nach § 27 Abs. 1 AktG erforderliche Festsetzung in der Satzung und die Übernahmeerklärung im Errichtungsprotokoll entsteht die Einlageverpflichtung des Gründers. Diese Kombination von Satzungsfeststellung und Übernahmeerklärung wird teilweise als **Sacheinlagevereinbarung** bezeichnet.[327] Hiervon zu unterscheiden ist der Einbringungsvertrag. Hierbei handelt es sich um eine Vereinbarung zwischen der Gesellschaft und dem betreffenden Gründer, die sich darauf beschränken kann, die dingliche Erfüllung der in der Sacheinlagevereinbarung begründeten Verpflichtung zu regeln. Zusätzlich können auch Modalitäten der Übertragung näher geregelt werden.[328]

266

---

322 Happ/*Mulert*, Aktienrecht, 2.04 Rn. 9; MünchKommAktG/*Pentz*, § 27 Rn. 38.
323 OLG Stuttgart GmbHR 1982, 110; MünchKommAktG/*Pentz*, § 27 Rn. 68.
324 So zutreffend : Würzburger Notarhandbuch/*Reul*, Teil 5, Kapitel 4, Rn. 53.
325 BGHZ 80, 129, 139; *Hüffer*, § 41 Rn. 11; a.A. aber noch BGH AG 1961, 355.
326 Happ/*Mulert*, Aktienrecht, 2.04 Rn. 13.
327 MünchHdb. AG/*Hoffmann-Becking*, § 4 Rn. 5; *Hüffer*, § 27 Rn. 4; MünchKommAktG/*Pentz*, § 27 Rn. 16.
328 MünchHdb. AG/*Hoffmann-Becking*, § 4 Rn. 5; *Hüffer*, § 27 Rn. 4; die genaue dogmatische Einordnung der Sacheinlagevereinbarung und des Einbringungsvertrage sind zusammen mit den Begrifflichkeiten allerdings umstritten (vgl. *Kley*, RNotZ 2003, 17 ff.; Hoffmann-Becking, FS Lutter, S. 453, 459 ff.; *Hüffer*, § 27 Rn. 4).

b) Notwendigkeit eines Einbringungsvertrages

267 In der Literatur wird teilweise vertreten, dass der Einbringungsvertrag mit den Festsetzungen des § 27 Abs. 1 AktG identisch sein könne. Insoweit handele es sich dann um eine fakultativen Bestandteil des Satzung. Der Einbringungsvertrag könne aber auch außerhalb der Satzung geschlossen werden.[329] Danach ist also ein Einbringungsvertrag entbehrlich, sofern nicht (in der Satzung nicht enthaltene) weitere Modalitäten geregelt werden müssen. Demgegenüber betonen andere Autoren die Selbstständigkeit des Einbringungsvertrages, der stets neben den Festsetzungen in der Satzung zustande kommen müsse.[330]

268 Zu dieser Diskussion ist zunächst anzumerken, dass es in jedem Fall möglich ist, das Vollzugsgeschäft zur Erfüllung des Sacheinlageverpflichtung in einer notarieller Urkunde zusammen mit der Feststellung der Satzung zu verbinden.[331] Im übrigen sollte der Notar den sichersten Weg beschreiten und daher immer auf den Abschluss eines Einbringungsvertrages bestehen, obgleich im Wortlaut des Gesetzes kein Anhaltspunkt für einen selbstständigen Einbringungsvertrag gefunden werden kann.[332] In der Praxis wird sich die vorstehende Frage aber häufig nicht stellen, weil ein Bedürfnis besteht, weitere Einzelheiten der Einbringung zu regeln.

c) Form

269 Eine besondere gesetzliche Formvorschrift für den Einbringungsvertrag kennt das Gesetz nicht. Der Einbringungsvertrag bedarf jedoch der notariellen Beurkundung, wenn entsprechende Vorschriften für die Übertragung des Gegenstands der Einlage bestehen, also bei GmbH-Geschäftsanteilen (§ 15 GmbHG) sowie Grundstücken (§ 331 b BGB). Da der Einbringungsvertrag zum Handelsregister eingereicht werden muss, ist im übrigen zumindest die einfache Schriftform erforderlich.[333]

d) Zeitpunkt des Abschluss des Einbringungsvertrages

270 Das Gesetz legt keinen Zeitpunkt für den Abschluss des Einbringungsvertrages fest. Zumeist wird der Einbringungsvertrag zusammen mit der Satzungsfeststellung oder danach abgeschlossen. Er kann aber auch bereits zuvor unter der aufschiebenden Bedingung der Feststellung der Satzung vereinbart werden.[334]

e) Inhalt

271 Der genaue Inhalt des Einbringungsvertrages bestimmt sich letztlich nach dem Gegenstand der Einbringung. Folgende Punkte sollten im Einbringungsvertrag aber geregelt werden:[335]

- Genaue Beschreibung des Einlagegegenstandes: Es muss eindeutig sein, welche Gegenstände übertragen werden und welche nicht. Bei der Einbringung von Sachgesamtheiten sind daher entsprechende Inventarlisten bzw. Verzeichnisse zu verwenden. Sofern auf eine Bilanz Bezug genommen wird, ist zu regeln, was mit den nicht bilanzierungsfähigen Vermögensgegenständen geschehen soll
- Gewährleistungsregelungen
- Fälligkeit der Einbringungsverpflichtung

---

329 *Hoffmann-Becking*, FS Lutter, S. 453, 459 ff., im Ergebnis wohl auch BGHZ 45, 338 ff.
330 GroßkommAktG/*Wiedemann*, § 183 Rn. 73; *Kley*, RNotZ 2003, 17, 20; wohl auch *Hüffer*, § 27 Rn. 4.
331 *Hüffer*, § 27 Rn. 4.
332 So zutreffend *Kley*, RNotZ 17, 20.
333 MünchHdb. AG/*Hoffmann-Becking*, § 4 Rn. 8; *Hüffer*, § 183 Rn. 6.
334 MünchHdb. AG/*Hoffmann-Becking*, § 4 Rn. 10; *Hüffer*, § 183 Rn.6.
335 Vgl. Happ/*Mulert*, Aktienrecht, 2.04 Rn. 21.

- Dingliches Erfüllungsgeschäft, wenn die Sacheinlage sofort bewirkt werden soll
- Der Wert für die Einbringung sollte vereinbart werden. Dabei kann ein höherer Wert als der geringste Ausgabebetrag vereinbart werden und insoweit ein »Aufgeld« vereinbart werden, welches nicht der erhöhten Kontrolle durch das Registergericht unterliegt
- Wirtschaftlicher Stichtag zur Abgrenzung der Erträge und Verluste aus den einzubringenden Gegenständen bzw. Besitzübergang
- Kostentragung

Sofern ein Teilbetrieb eingebracht wird, sollten zudem noch folgende Bestimmungen in den Einbringungsvertrag aufgenommen werden:[336]

272

- Regelungen zur Einbringung der immateriellen Wirtschaftsgüter (Gewerbliche Schutzrechte, Know-how, Geschäfts- und Betriebsgeheimnisse Software einschließlich Source-Code)
- Regelungen zur Übernahme der Arbeitsverhältnisse
- Regelungen zur Übertragung von Verbindlichkeiten
- Regelungen zur Übernahme laufender Verträge
- Bestimmung des Einbringungsstichtags

6. Leistungszeitpunkt der Sacheinlagen

Gemäß § 36a Abs. 2 S. 1 AktG sind Sacheinlagen vollständig zu leisten. Nach § 36a Abs. 2 S. 2 AktG muss hingegen die Sacheinlage, die in der Verpflichtung besteht, einen Vermögensgegenstand auf eine Gesellschaft zu übertragen, innerhalb von 5 Jahren nach Eintragung der Gesellschaft in das Handelsregister bewirkt sein. Die beiden Bestimmungen sind widersprüchlich und die Auslegung daher streitig.

273

Teilweise wird vertreten, Sacheinlagen seien immer vor der Anmeldung zu leisten. Nur Sacheinlagen, bei denen ein Anspruch gegen einen Dritten übertragen werden solle, würden von § 36a Abs. 2 S. 2 AktG erfasst werden.[337] Die h.M. geht hingegen davon aus, dass § 36a Abs. 2 S. 2 AktG den Grundsatz darstelle, so dass die dingliche Rechtsübertragung erst fünf Jahre nach der Eintragung erfolgen müsse. Dem Gründer kann also entweder im Gründungsprotokoll oder im Einbringungsvertrag für die dingliche Übertragung eine Frist von fünf Jahren eingeräumt werden. § 36 Abs. 2 S. 1 AktG umfasse nur Fälle der Gebrauchs- oder Nutzungsüberlassung, die bereits vor der Anmeldung zu erfolgen hätten.[338] Die Entstehungsgeschichte des § 36a AktG [339]spricht für die Auslegung der herrschenden Meinung.[340]

274

7. Gründungsbericht der Gründer

Genau wie bei einer Bargründung haben die Gründer auch bei einer Sachgründung einen Gründungsbericht zu erstellen. Der Gründungsbericht bei einer Sachgründung entspricht daher zunächst dem Gründungsbericht einer Bargründung. Auf die obigen Ausführungen zum Gründungsbericht (vgl. Rdn. 205) wird daher verwiesen.

275

Im Gründungsbericht einer Sachgründung haben die Gründer aber zusätzlich gemäß § 32 Abs. 2 AktG die wesentlichen Umstände darzulegen, von denen die Angemessenheit der Leistungen für Sacheinlagen oder Sachübernahmen abhängt. Die Angaben sollten möglichst detailliert sein, um eine Prüfung für das Registergericht zu erleichtern und Verzögerungen bei der Eintragung zu verhindern. Anzugeben sind etwa die Beschaffenheit

276

---

336 Vgl. Happ/*Mulert*, Aktienrecht, 2.04 Rn. 21 ff.
337 KK-AktG/*Lutter*, § 188 Rn. 27; *Mayer*, ZHR 154 (1990) 535, 542 ff.
338 *Hüffer*, § 37 Rn. 4; MünchHdb. AG/*Hoffmann-Becking*, § 4 Rn. 37; MünchKommAktG/*Pentz*, § 37 Rn. 12.
339 Vgl. dazu Reg.Begr., BT-Drucks. 8/1678, S. 12.
340 So zutreffend: *Hüffer*, § 37 Rn. 4.

3. Kapitel Aktiengesellschaft

der Gegenstände, wie bei einem Grundstück, dessen Größe und Lage sowie etwaige Mieterträge. In der Praxis wird häufig auf ein beigefügtes Gutachten verwiesen, um die Angemessenheit zu begründen. Nicht möglich ist ein Verweis auf den Bericht des Gründungsprüfers, weil der Gründungsbericht der Gründungsprüfer Gegenstand des Gründungsberichtes des Gründungsprüfers ist.[341]

277 Die allgemeine Verpflichtung nach § 32 Abs. 2 S. 1 AktG wird durch die Angaben nach § 32 Abs. 2 S. 2 AktG konkretisiert. Die Angaben sind zwingend und ggf. ausdrücklich zu verneinen.[342] Ihre Aufzählung ist aber nicht abschließend. So sind weitere Angaben notwendig, wenn sie die Angemessenheit der Leistung beeinflussen.[343]

278 Im einzelnen sind gemäß § 32 Abs. 2 AktG folgende Angaben bei einer Sachgründung zusätzlich erforderlich:

a) Vorausgegangen Rechtsgeschäfte (§ 32 Abs. 2 S. 2 Nr. 1 AktG)

279 Die vorausgegangen Rechtsgeschäfte, die auf den Erwerb durch die Gesellschaft hingezielt haben (§ 32 Abs. 2 S. 2 Nr. 1 AktG). Es sind also diejenigen Rechtsgeschäfte anzugeben, mit denen ein Gründer den Sacheinlagegegenstand erworben hat, um ihn die Gesellschaft einzubringen, wobei es ohne Bedeutung ist, wie lange der Erwerb zurückliegt.[344] Entscheidend ist allein, dass der Gegenstand von einem Dritten erworben wurde, um ihn der Aktiengesellschaft als Sacheinlage oder Sachübernahme zu überlassen.[345]

b) Anschaffungs- und Herstellungskosten (§ 32 Abs. 2 S. 2 Nr. 2 AktG)

280 Die Anschaffungs- und Herstellungskosten aus den letzten beiden Jahren der im Wege der Sacheinlage oder Sachübernahme von der Gesellschaft übernommenen Gegenstände (§ 32 Abs. 2 S. 2 Nr. 2 AktG). Im Unterschied zu § 32 Abs. 2 S. 2 Nr. 1 AktG kommt es nicht darauf an, ob das Anschaffungsgeschäft schon im Hinblick auf die spätere Einbringung in die Gesellschaft erfolgt ist.[346] Die Zwei-Jahrefrist beginnt mit dem Tage der Satzungsfeststellung.[347]

c) Betriebserträge (§ 32 Abs. 2 S. 2 Nr. 3 AktG)

281 Beim Übergang eines Unternehmens auf die Gesellschaft die Betriebserträge der letzten beiden Jahre. Dies gilt auch beim Übergang von Unternehmensteilen. Die Angaben sind für jedes Geschäftsjahr gesondert zu machen.[348] Besteht das Unternehmen noch keine vollen zwei Jahre, so ist der bisherige Ertrag anzugeben.[349] Der Begriff des Betriebsertrags ist dabei nicht eindeutig. Teilweise wird darunter der um die außerordentlichen Aufwendungen bzw. Erträge bereinigte Jahresübschuss/Jahresfehlbetrag gemäß §§ 266 Abs. 3 A.V, 275 Abs. 2 Nr. 20 bzw. Abs. 3 Nr. 19 HGB verstanden.[350] Die Gegenmeinung lehnt sich an die Parallelbestimmung des § 5 Abs. 4 S. 2 GmbHG an, welche vom »Jahresergebnis« spricht

---

341 MünchHdb. AG/*Hoffmann-Becking*, § 4 Rn. 29.
342 *Hüffer*, § 32 Rn. 5; MünchKommAktG/*Pentz*, § 32 Rn. 18; K. Schmidt/Lutter/*Bayer*, § 32 Rn. 6.
343 *Hüffer*, § 32 Rn. 54; MünchKommAktG/*Pentz*, § 32 Rn. 18; K. Schmidt/Lutter/*Bayer*, § 32 Rn. 6.
344 MünchKommAktG/*Pentz*, § 32 Rn. 18; Happ/*Mulert*, 2.04 Rn. 38.
345 *Hüffer*, § 32 Rn. 5; K. Schmidt/Lutter/*Bayer*, § 32 Rn. 7.
346 MünchKommAktG/*Pentz*, § 32 Rn. 20; K.Schmidt/Lutter/*Bayer*, § 32 Rn. 9.
347 *Hüffer*, § 32 Rn. 5; MünchKommAktG/*Pentz*, § 32 Rn. 14; K.Schmidt/Lutter/*Bayer*, § 32 Rn. 11.
348 MünchKommAktG/*Pentz*, § 32 Rn. 18; Happ/*Mulert*, 2.04 Rn. 38.
349 *Hüffer*, § 32 Rn. 5; MünchKommAktG/*Pentz*, § 32 Rn. 26; K.Schmidt/Lutter/*Bayer*, § 32 Rn. 12.
350 MünchKommAktG/*Pentz*, § 32 Rn. 25; Happ/*Mulert*, Aktienrecht, 2.04, Rn. 38; K. Schmidt/Lutter/*Bayer*, § 32 Rn. 12.

und damit Jahresübscherschuss bzw. Jahresfehlbeträge i.S.v. §§ 266 Abs. 3, 275 HGB meint.[351] Sicherheitshalber sollten beide Zahlen angegeben werden.

8. Gründungsprüfungsbericht des Vorstands und des Aufsichtsrates

Der Prüfungsbericht des Vorstands und des Aufsichtsrates hat neben den oben bei der Bargründung beschriebenen Inhalt (vgl. Rdn. 207) gemäß § 34 Abs. 1 Nr. 2 AktG anzugeben, ob der Wert der Sacheinlagen oder Sachübernahmen den geringsten Ausgabewert der dafür gewährten Aktien oder den Wert der dafür gewährten Aktien erreicht. **282**

Nach § 34 Abs. 2 S. 2 AktG ist in dem Bericht der Gegenstand jeder Sacheinlage sowie Sachübernahme zu beschreiben. Zudem ist die Bewertungsmethode mitzuteilen, die bei der Ermittlung des Wertes angewandt worden ist. Dabei ist zu bedenken, dass die Gründer, wenn die Sacheinlage den geringsten Ausgabebetrag nicht erreicht, eine Differenzhaftung trifft. In der Verpflichtung zur Sacheinlage ist also letztlich subsidiär eine Verpflichtung zur Bareinlage enthalten. Folglich kommt es bei der Bewertung der Sacheinlage entscheidend darauf an, welchen Verkehrswert die Sacheinlage aufweist. Bei einem Unternehmen als Sacheinlage dementsprechend auf den Ertragswert.[352] **283**

Umstritten ist die Frage, ob der Prüfungsbericht des Vorstands und des Aufsichtsrats sich auch auf ein in der Satzung festgesetzten höheren Ausgabebetrag (also ein **Agio**) erstreckt (vgl. hierzu noch Rdn. 294). **284**

Besonderheiten bestehen, wenn gemäß § 33 a AktG von einer Gründungsprüfung abgesehen wird (vgl. hierzu noch Rdn. 287). In diesem Fall kann der Gründungsprüfungsbericht des Aufsichtsrats sowohl von den Ausführungen nach § 34 Abs. 1 Nr. 2 AktG als auch den Angaben nach § 34 Abs. 2 AktG absehen, soweit nach § 33 a AktG von einer externen Gründungsprüfung abgesehen wurde. Im Ergebnis entspricht der Gründungsbericht des Vorstands und des Aufsichtsrates im Falle des § 33 a AktG somit dem Gründungsbericht bei einer Bargründung. **285**

9. Gründungsprüfungsbericht des Gründungsprüfers

Im Unterschied zur Bargründung ist aufgrund der Bestimmung des § 33 Abs. 2 Nr. 4 AktG bei einer Sachgründung grundsätzlich eine Bericht eines externen Gründungsprüfers zu erstellen, sofern nicht ein Fall des § 33 a AktG vorliegt. **286**

a) Sachgründung ohne externe Gründungsprüfung nach § 33 a AktG

Durch das ARUG ist eine Gründungsprüfung nicht mehr in jedem Fall notwendig. Gemäß § 33 a Abs. 1 AktG kann bei einer Gründung mit Sacheinlagen oder Sachübernahmen von einer Gründungsprüfung in zwei Fällen abgesehen werden. Die Norm verlangt dabei nicht, dass bereits in der Gründungsurkunde eine Festlegung auf das Verfahren ohne externen Gründungsprüfer erfolgt. Die Entscheidung kann somit auch später getroffen werden.[353] **287**

aa) Bewertung zum Börsenkurs

Eine externe Gründungsprüfung ist zum einen nach § 33 a Abs. 1 Nr. 1 AktG entbehrlich, wenn **übertragbare Wertpapiere oder Geldmarktinstrumente** im Sinne des § 2 Abs. 1 S. 1 und Abs. 1 a des Wertpapierhandelsgesetzes eingebracht werden, sofern sie mit dem **288**

---

351 *Hüffer*, § 32 Rn. 5; GroßkommAktG/*Röhricht*, § 32 Rn. 16.
352 MünchHdb. AG/*Hoffmann-Becking*, § 4 Rn. 35; *Hüffer*, § 27 Rn. 27; KK-AktG/*Lutter*, § 183 Rn. 48.
353 *Wicke*, Einführung in das Recht der Hauptversammlung, S. 41.

gewichteten Durchschnittspreis bewertet werden, zu dem sie während der letzten drei Monate vor dem Tag ihrer tatsächlichen Einbringung auf einem oder mehreren geregelten Märkten i.S.v. § 2 Abs. 5 des Wertpapierhandelsgesetzes gehandelt worden sind. Dieser Wert wird laufend von der Bundesanstalt für Finanzdienstleistungsaufsicht (BAFin) ermittelt. Umfasst werden von dieser Variante vor allem **börsennotierte Aktien** und **Rentenpapiere**. Der Handels im Freiverkehr oder in einem anderen multilateralen Handelssystem reicht nicht aus.

289   Auf eine externe Gründungsprüfung kann nach § 33a Abs. 2 AktG aber nicht verzichtet werden, wenn der gewichtete Durchschnittspreis der Wertpapiere oder Geldmarktinstrumente durch außergewöhnliche Umstände erheblich beeinflusst worden ist. Dies ist etwa bei illiquiden Wertpapieren oder Geldmarktinstrumenten der Fall oder wenn der Handel mit den entsprechenden Papieren über einen längeren Zeitraum zum Erliegen gekommen ist bzw. ausgesetzt worden ist.[354] Letztlich sollte von dieser Möglichkeit des Verzichts nur in eindeutigen Fällen Gebrauch gemacht werden, weil eine Fehleinschätzung eine Differenzhaftung der Gründer zur Folge haben kann.

bb) Rückgriff auf vorhandene Bewertung

290   Daneben kann auf eine externe Gründungsprüfung gemäß § 33a Abs. 1 Nr. 2 AktG verzichtet werden, wenn Vermögenstände einbebracht werden, bei denen eine Bewertung zugrunde gelegt wird, die ein unabhängiger, ausreichend vorgebildeter und erfahrener Sachverständiger nach den allgemein anerkannten Bewertungsgrundsätzen mit dem beizulegenden Zeitwert ermittelt hat und wenn der Bewertungsstichtag nicht mehr als sechs Monate vor dem Tag der tatsächlichen Einbringung liegt. Was unter einem unabhängigen, ausreichend vorgebildeten und erfahrenen Sachverständigen zu verstehen ist, sagt das Gesetz nicht. Nach dem Regierungsentwurf soll sich der Begriff mit Hilfe der §§ 33 Abs. 4 Nr. 1 und 143 Abs. 1 Nr. 1 AktG konkretisieren lassen.[355] Damit unterscheiden sich die Anforderungen an den Sachverständigen aber nicht von denen eines externen Gründungsprüfers gemäß § 33 Abs. 4 AktG.[356] Bei der Unabhängigkeit dürfte verlangt werden, dass der Prüfer keine geschäftlichen, familiären oder sonstigen Beziehung zu der Gesellschaft, einem Aktionär oder dem Vorstand steht.

291   Gemäß § 33a Abs. 2 AktG kann auf einen Gründungsprüfer jedoch nicht verzichtet werden, wenn anzunehmen ist, dass der Zeitwert der Vermögensgegenstände am Tag ihrer tatsächlichen Einbringung auf Grund neuer oder neu bekannt gewordener Umstände erheblich niedriger ist als der vom Sachverständigen angenommene Wert. Auch hier sollte –wie bei § 33a Abs. 1 Nr. 1 AktG- von dieser Möglichkeit des Verzichts aber nur in eindeutigen Fällen Gebrauch gemacht werden, weil eine Fehleinschätzung eine Differenzhaftung der Gründer zur Folge haben kann.

b) Person des Gründungsprüfers

292   Der beurkundende Notar kann die Gründungsprüfung bei einer Sachgründung nicht übernehmen, weil § 33 Abs. 2 AktG ihn nur in den Fällen des § 33 Abs. 1 Nr. 1 und Nr. 2 AktG als Gründungsprüfer vorsieht. Der Prüfer kann aber mit dem im Gründungsprotokoll bestellten Abschlussprüfer identisch sein.[357] In der Literatur wird allerdings empfohlen, dass bei der Erstellung eines freiwilligen Gutachtens der betreffende Gutachter nicht

---

354 Gesetzesentwurf der Bundesregierung zur Umsetzung der Aktionärsrichtlinie (ARUG) vom 21.1.2009, BT-Drucks. 16/11642, S. 22.
355 RegE, S. 278.
356 *Wicke*, Einführung in das Recht der Hauptversammlung, S. 42; *Drinhausen/Keinath*, BB 2009, 64, 65; in der Praxis dürfte diese Vorschrift daher wohl nur eine geringe Bedeutung erlangen.
357 MünchHdb. AG/*Hoffmann-Becking*, § 4 Rn. 33.

zum Gründungsprüfer bestellt werden sollte. Der bestellte Prüfer könne sich in diesem Fall allerdings darauf beschränken, das bereits erstellte Gutachten zu überprüfen.[358]

c) Umfang der Prüfung, Erstreckung auf ein etwaiges Aufgeld

Zusätzlich zum Umfang der Prüfung bei einer Bargründung hat der Gründungsprüfer – entsprechend dem Bericht des Vorstands und des Aufsichtsrates – zu ermitteln, ob der Wert der Sacheinlagen oder Sachübernahmen den geringsten Ausgabewert der dafür gewährten Aktien oder den Wert der dafür gewährten Aktien erreicht. Dabei ist ebenfalls die Bewertungsmethode anzugeben. Bezüglich dieser Bewertung gelten die obigen Ausführungen zum Gründungsprüfungsbericht des Vorstands und des Aufsichtsrates entsprechend.   **293**

Umstritten ist, ob der externe Gründungsprüfer (und somit auch der Vorstand und der Aufsichtsrat in ihrem Prüfungsbericht) feststellen müssen, ob der Wert der Sacheinlagen ein etwaiges **Aufgeld** erfasst.[359] Der Wortlaut des § 34 Abs. 1 AktG spricht gegen diese Annahme. Für die Erstreckung spricht aber Art. 10 Abs. 2 der 2. EG-Richtlinie für Sachgründungen und Sachkapitalerhöhungen. Danach ist eine Prüfung erforderlich, wonach der Wert der Sacheinlage dem Nennbetrag und »gegebenenfalls dem Mehrbetrag« der dafür ausgegebenen Aktien entspricht. Eine richtlinienkonforme Auslegung führt somit zutreffend zu einer Prüfungspflicht auch bzgl. des Agio.[360] Will man eine Prüfung des Agio vermeiden, sollte auf die Festsetzung des Aufgeldes in der Gründungsurkunde verzichtet werden. Soll eine Haftung der Gründer erreicht werden, eine Prüfung durch das Registergericht aber vermieden werden, bietet sich an, eine Haftung der Gründer schuldrechtlich im Einbringungsvertrag zu vereinbaren.   **294**

10. Handelsregisteranmeldung

a) Erklärung zur Leistung der Einlagen

Neben den oben bereits beschriebenen Angaben (Versicherungen der Vorstandsmitglieder, Vertretungsbefugnis, Inländische Geschäftsadresse, Angaben nach § 24 HRV, vgl. Rdn. 221) ist bei einer Sacheinlage gemäß § 37 Abs. 1 S. 1 i.V.m. § 36a Abs. 2 S. 3 AktG zu erklären, dass der Wert der Sacheinlagen dem geringsten zulässigen Ausgabebetrag und bei der Ausgabe der Aktien für einen höheren als den geringsten zulässigen Ausgabewert (Agio) auch den Mehrwert der dafür gewährten Aktien entspricht.   **295**

§ 38 Abs. 2 S. 2 AktG führt insoweit allerdings aus, dass das Gericht die Eintragung ablehnen kann, wenn die Gründungsprüfer erklären oder das Gericht der Meinung ist, dass der Wert der Sacheinlage oder Sachübernahme nicht unwesentlich hinter dem geringsten Ausgabebetrag zurückbleibt. Damit soll aber nicht der Grundsatz der Unter-pari-Emission ausgehebelt werden. Es wird nur berücksichtigt, dass Sacheinlagen und Sachübernahmen häufig schwer zu bewerten sind.   **296**

Ist die Einlage sofort fällig, hat die Anmeldung zudem die Erklärung zu enthalten, dass die Sacheinlage vollständig geleistet wurde.[361] Teilweise wird in der Literatur eine Erklärung des Inhalts verlangt, dass die Sacheinlage zur freien Verfügung des Vorstands steht,[362] was nichts anderes zum Ausdruck bringt als die vollständige Erbringung der Leistung.[363]   **297**

---

358 MünchHdb. AG/*Hoffmann-Becking*, § 4 Rn. 33.
359 Dafür: MünchHdb. AG/*Hoffmann-Becking*, § 4 Rn. 34; Happ/*Mulert*, Aktienrecht, 2.04 Rn. 7; *Priester*, FS Lutter, 2000, S. 617, 623 ff.; dagegen: *Hüffer*, § 34 Rn. 3; MünchKommAktG/*Pentz*, § 32 Rn. 15.
360 MünchHdb. AG/*Hoffmann-Becking*, § 4 Rn. 34.
361 AnwKomm-AktienR/*Terbrack*, § 37 Rn. 11; GroßkommAktG/*Röhricht*, § 37 Rn. 34.
362 *Hüffer*, § 37 Rn. 4; MünchKommAktG/*Pentz*, § 37 Rn. 45.
363 So zutreffend: AnwKomm-AktienR/*Terbrack*, § 37 Rn. 11.

298 Sofern der Sacheinlagegegenstand noch nicht eingebracht worden ist, kann die betreffende Erklärung des Vorstands nicht abgegeben werden. In diesem Fall ist es ausreichend, wenn der Vorstand erklärt, dass die Gründer sich verpflichtet haben, die Leistungen innerhalb von fünf Jahren zu erbringen.[364]

b) Erklärungen bei Sachgründung ohne externe Gründungsprüfung

299 Wird nach § 33a AktG von einer externen Gründungsprüfung abgesehen, ist dies in der Anmeldung gemäß § 37a Abs. 1 S. 1 AktG zu erklären. Der Gegenstand jeder Sacheinlage oder Sachübernahme ist zu beschreiben. Die Anmeldung muss ferner die Erklärung enthalten, dass der Wert der Sacheinlagen oder Sachübernahmen den geringsten Ausgabebetrag der dafür zu gewährenden Aktien oder den Wert der dafür zu gewährenden Leistungen erreicht. Schließlich ist der Wert, die Quelle der Bewertung sowie die angewandte Bewertungsmethode anzugeben. Es sind also die Angaben zu machen, die anderenfalls im Gründungsbericht enthalten wären.

300 Gemäß § 37a Abs. 2 AktG haben die Anmeldenden außerdem zu versichern, dass ihnen außergewöhnliche Umstände, die den gewichteten Durchschnittspreis der einzubringenden Wertpapiere oder Geldmarktinstrumente im Sinne von § 33a Abs. 1 Nr. 1 AktG während der letzten drei Monate vor dem Tag ihrer tatsächlichen Einbringung erheblich beeinflusst haben könnten, oder Umstände, die darauf hindeuten, dass der beizulegende Zeitwert der Vermögensgegenstände im Sinne von § 33a Abs. 1 Nr. 2 AktG am Tag ihrer tatsächlichen Einbringung auf Grund neuer oder neu bekannt gewordener Umstände erheblich niedriger ist als der von dem Sachverständigen angenommene Wert, nicht bekannt geworden sind.

c) Anlagen

301 Der Anmeldung beizufügen sind neben den oben bei der Bareinlage bereits beschriebenen Anlagen (vgl. Rdn. 234) gemäß § 37 Abs. 4 Nr. 2 AktG die Verträge, die den Festsetzungen der Sacheinlage zugrunde liegen oder zu ihrer Ausführung geschlossen wurden

302 Liegt ein Fall des § 33a AktG vor, so sind der Anmeldung beizufügen:

– Unterlagen über die Ermittlung des gewichteten Durchschnittspreises, zu dem die einzubringenden Wertpapiere oder Geldmarktinstrumente während der letzten drei Monate vor dem Tag ihrer tatsächlichen Einbringung auf dem organisierten Markt gehandelt worden sind (§ 37a Abs. 3 Nr. 1 AktG), oder
– das Sachverständigengutachten, auf das sich die Bewertung in den Fällen des § 33a Abs. 1 Nr. 2 AktG stützt (§ 37a Abs. 3 Nr. 3 AktG).

11. Prüfungspflicht des Registerrechts bei Sachgründungen ohne Gründungsprüfer

303 Der Prüfungsumfang des Gerichts ergibt sich auch bei einer Sachgründung aus § 38 AktG. Sofern ein externer Gründungsprüfer nicht erforderlich war und die Anmeldung die nach § 37a Abs. 1 S. 1 AktG entsprechende Erklärung enthält, ist die Prüfung bzgl. der Werthaltigkeit der Sacheinlagen oder Sachübernahmen beschränkt. Das Gericht hat in diesen Fällen nur zu prüfen, ob die Voraussetzungen des § 37a AktG erfüllt sind und kann nur bei einer offenkundigen und erheblichen Überbewertung die Eintragung ablehnen.

---

364 *Hüffer*, § 37 Rn. 4; MünchKommAktG/*Pentz*, § 37 Rn. 45.

12. Bekanntmachung des Vorstands über die Zusammensetzung des Aufsichtsrates

Ist Gegenstand der Sacheinlage oder Sachübernahme ein Unternehmen oder ein Unternehmensteil, so hat der Vorstand nach § 31 Abs. 3 S. 1 AktG unverzüglich nach der Erbringung oder Übernahme bekannt zu machen, nach welchen gesetzlichen Vorschriften nach seiner Ansicht der Aufsichtsrat zusammengesetzt sein muss. **304**

13. Notarkosten

Die Notarkosten bei einer Sachgründung richten sich nach der bereits ausgeführten Regeln einer Bargründung. Folgende Besonderheiten bestehen jedoch: **305**

Der Geschäftswert bestimmt sich nach dem Wert der Sacheinlagen, soweit er den Nennwert oder den Ausgabebetrag übersteigt.[365] Im Ergebnis bestimmt sich somit der Geschäftswert gemäß § 39 Abs. 1 KostO nach dem Gesamtwert aller Leistungen, welche die Gesellschafter aus Anlass der Gründung in das Vermögen der Gesellschaft zu leisten haben. Dabei ist bei den Sacheinlagen der Aktivwert maßgebend, da gemäss § 18 Abs. 3 KostO Verbindlichkeiten nicht abgezogen werden können. Bei der Einbringung eines Unternehmens bestimmt sich der Wert somit nach dem Aktivwert des Unternehmens.[366] Dabei ist die neuste Bilanz hereinzuziehen. Grundbesitz, der eingebracht wird, ist dementsprechend mit dem Verkehrswert anzusetzen. **306**

Der Höchstwert für die Gründungsurkunde beträgt dabei gemäss § 39 Abs. 4 KostO 5.000.000,00 €. **307**

Hinzu kommen die notariellen Gebühren für die Vollzuggeschäfte, so etwa eine weitere 20/10 Gebühr bei der Einbringung von GmbH-Geschäftsanteilen. Werden die Verträge in der gleichen notariellen Verhandlung wie die Errichtung der Gesellschaft protokolliert, wird die Gebühr gemäss § 44 Abs. 1 S. 1 KostO jedoch nur einmal nach dem höchsten in Betracht kommenden Gebührensatz berechnet, da die Erklärungen den selben Gegenstand haben.[367] Der Höchstwert von € 5.000.000,00 für die Beurkundung von Gesellschaftsverträgen nach § 39 Abs. 4 KostO gilt in diesen Fällen für die gesamte notarielle Verhandlung.[368] **308**

IV. Mischeinlage

Eine sogenannte Mischeinlage liegt vor, wenn dem Gründer für seine Einlageleistung ausschließlich Aktien gewährt werden, dieser seine Einlageleistung jedoch sowohl als Sacheinlage als auch durch Geldzahlung erbringt.[369] Jede der Einlagen ist in diesem Fall nach dem jeweils maßgeblich oben dargestellten Regeln zu behandeln. Von der Mischeinlage zu unterscheiden ist die oben bereits beschriebene gemischte Sacheinlage, bei der einem Gründer den eingelegten Gegenstand nur bis zum einen bestimmten Teil als Einlage gegen Gewähr der Aktien erbringt, während der darüber hinausgehende Wert des Gegenstandes in anderer Form vergütet wird. **309**

V. Wirtschaftliche Neugründung

1. Grundlagen

Um eine schnelle Verfügbarkeit der Aktiengesellschaft zu gewährleisten und ein möglicherweise mehrwöchiges Eintragungsverfahren zu vermeiden, haben sich in der Praxis Vorratsgründungen und (erheblich seltener) der Kauf von Mantelgesellschaften etabliert. **310**

---

365 Korintenberg/*Bengel/Tiedtke*, § 39 Rn. 58; Happ/*Mulert*, Aktienrecht, 2.04 Rn. 50.
366 OLG Düsseldorf DNotZ 1980, 188; Korintenberg/*Bengel/Tiedtke*, § 39 Rn. 60.
367 Korintenberg/*Bengel/Tiedtke*, § 44 Rn. 61.
368 BayObLG DNotZ 1964, 552, 556; Happ/*Mulert*, Aktienrecht, 2.04 Rn. 50.
369 MünchKommAktG/Pentz, § 27 Rn. 67; K. Schmidt/Lutter/*Bayer*, § 27 Rn. 30.

3. Kapitel Aktiengesellschaft

311 Unter einer **Vorratsgründung** ist die Errichtung einer Aktiengesellschaft zu verstehen, die vorerst nicht am wirtschaftlichen Verkehr werbend teilnehmen soll, sondern die sich auf die Verwaltung und Erhaltung des eigenen, vor allem durch Einlagen gebildeten Vermögens beschränkt.[370] Derartige Vorratsgründungen sind, sofern sie gegenüber dem Registergericht durch Bezeichnung eines entsprechenden Unternehmensgegenstandes offen gelegt werden (etwa Verwaltung eigenen Vermögens) zulässig.[371] Unzulässig ist hingegen eine sog. »verdeckte Vorratsgründung«, bei der ein zumindest gegenwärtig nicht gewollter Unternehmensgegenstand angegeben wird. Dies führt zur Nichtigkeit der Satzung uns somit der Gesellschaft als solches.[372]

312 Als **Mantelkauf oder Mantelverwendung** wird hingegen der Erwerb einer früher aktiven, jetzt aber unternehmenslosen Gesellschaft verstanden, bei der ein neues Unternehmen eingebracht oder aufgebaut werden soll.[373]

313 Der BGH hat zur GmbH entschieden, dass bei Vorliegen einer wirtschaftlichen Neugründung, also bei der im Zuge der Übertragung sämtlicher Anteile an einer GmbH vorgenommenen Änderung des Gesellschaftsvertrages (z. Bsp.: Firma, Sitz und Gegenstand), die Gründungsvorschriften entsprechend anzuwenden sind.[374] Bei der Verwendung eines GmbH-Mantels oder dem Erwerb einer Vorrats-GmbH hat die Geschäftsführung daher die Tatsche der wirtschaftlichen Neugründung offen zu legen und die in § 8 Abs. 2 und § 7 Abs. 2 und Abs. 3 GmbHG vorgesehenen Versicherungserklärungen abzugeben.

314 Die Rechtsprechung ist in der Literatur teilweise heftig kritisiert worden.[375] In der Praxis muss sie jedoch berücksichtigt werden. Die Literatur geht dann auch ganz überwiegend davon aus, dass diese Grundsätze auch auf die Aktiengesellschaft anzuwenden sind.[376] Sofern eine wirtschaftliche Neugründung im vorgenannten Sinne vorliegt, sind also auch bei einer Aktiengesellschaft die Gründungsvorschriften anzuwenden. Noch nicht abschließend geklärt ist jedoch, wann eine wirtschaftliche Neugründung genau vorliegt und in welchem Umfang die Gründungsvorschriften Anwendung finden.

2. Vorliegen einer wirtschaftlichen Neugründung

315 Von einer wirtschaftlichen Neugründung geht man im allgemeinen zunächst aus, wenn die Unternehmenstätigkeit erstmals aufgenommen wird.[377] Damit ist der vorstehend beschriebene Fall der Vorratsgründung gemeint, bei der eine Aktiengesellschaft bei ihrer Gründung abgesehen von der Verwaltung ihres Vermögens eine unternehmerische Tätigkeit nicht ausübt. Erst mit dem Verkauf bzw. der Weiterverwendung dieser Gesellschaft wird ihr Gegenstand geändert und die wirtschaftliche Tätigkeit aufgenommen.

316 Daneben wird aber als wirtschaftliche Neugründung auch angesehen, wenn eine unternehmerische Tätigkeit nach vorheriger Volleinstellung wieder erneut aufgenommen wird.[378] Damit ist der oben beschriebene Fall der Mantelverwendung gemeint. Dieser Fall ist schwieriger zu beurteilen, weil er von der bloßen Umorganisation abzugrenzen ist. Die Registergerichte gehen häufig von einer wirtschaftlichen Neugründung aus, wenn Unternehmensgegenstand, Firma und Sitz geändert wurden. Freilich handelt es sich hierbei nur

---

370 *Hüffer*, § 23 Rn. 25; MünchKommAktG/*Pentz*, § 23 Rn. 88; K. Schmidt/Lutter/*Seibt*, § 23 Rn. 40.
371 BGH v. 16.3.1992 – II ZB 17/91 = BGHZ 117, 323, 325 ff.; *Hüffer*, § 23 Rn. 26; MünchKommAktG/*Pentz*, § 23 Rn. 91; K. Schmidt/Lutter/*Seibt*, § 23 Rn. 40.
372 MünchKommAktG/*Pentz*, § 23 Rn. 91; K. Schmidt/Lutter/*Seibt*, § 23 Rn. 40; KK-AktG/*Kraft*, 23 Rn. 56.
373 *Hüffer*, § 23 Rn. 27; MünchKommAktG/*Pentz*, § 23 Rn. 93; K. Schmidt/Lutter/*Seibt*, § 23 Rn. 41.
374 BGH, Besch. v. 9.12.2002 – Az. II ZB 12/02 = DNotZ 2003, 443.
375 *Altmeppen*, DB 2003, 2050, 2052; *Werner*, NZG 2001, 397, 399 ff.
376 *Gerber*, Rpfleger 2004, 469, 470; *Hüffer*, § 23 Rn. 27.
377 BGH, Besch. v. 9.12.2002 – Az. II ZB 12/02 = DNotZ 2003, 443; *Hüffer*, § 23 Rn. 27 b; *Heidinger/Mayding*, NZG 2003, 1129; 1133 ff.
378 BGH, Besch. v. 9.12.2002 – Az. II ZB 12/02 = DNotZ 2003, 443; *Hüffer*, § 27 b.

um Indizien, die zwar eine Prüfung der Gerichts (insbesondere wenn zugleich sämtliche Aktien übertragen werden) rechfertigen, nicht aber eine wirtschaftliche Neugründung begründen.

Entscheidend ist vielmehr nach der Rechtsprechung des BGH, ob die Gesellschaft noch ein aktives Unternehmen betrieb, an das die Fortführung des Geschäftsbetriebs – sei es auch unter wesentlicher Umgestaltung, Einschränkung oder Erweiterung seines Tätigkeitsgebietes – in irgendeiner wirtschaftlich noch gewichtbaren Weise anknüpft oder ob es sich tatsächlich um einen leer gewordenen Geschäftsmantel handelt, der seinen neuen (oder alten !) Gesellschaftern dazu dient, eine gänzlich neue Geschäftstätigkeit aufzunehmen. Freilich muss der Notar sich hierbei häufig auf die Angaben der Beteiligten verlassen, eine eigene Prüfung ist kaum möglich.

3. Anwendung der Gründungsvorschriften

a) Erbringung der Einlagen (§§ 7, 36 a AktG)

Bei einer wirtschaftlichen Neugründung sind unstreitig § 7 und § 36a AktG zu beachten.[379] Das bedeutet bei einer Gesellschaft, die ursprünglich im Wege einer Bargründung errichtet wurde, dass entsprechend § 36 a AktG mindestens 25 % des geringsten Ausgabebetrages wertmäßig im Vermögen der Gesellschaft (abzüglich der ursprünglichen Gründungskosten) vorhanden ist. Hatte der Vorstand einen höheren Betrag angefordert, muss dieser wertmäßig vorhanden sein muss. Ein etwa vereinbartes Aufgeld soll jedoch nicht zu berücksichtigen sein.[380] Die Kosten der wirtschaftlichen Neugründung und der ursprünglichen Gründung können dabei nicht kumulativ angesetzt werden.[381] Ist das erforderliche Vermögen nicht vorhanden, muss entsprechendes Vermögen der Gesellschaft zugeführt werden.

b) Gründungsberichte der Gründer, des Vorstands und des Aufsichtsrats

Umstritten ist, ob auf die Gründungsberichte der Gründer, des Vorstands und des Aufsichtsrats verzichtet werden kann.[382] Auf der Grundlage der BGH-Rechtsprechung müssen aber wohl sämtliche Gründungsvorschriften angewendet werden, so dass insbesondere im Hinblick auf den Erklärungsgehalt des § 32 Abs. 3 AktG auf einen Gründungsbericht nicht verzichtet werden kann.[383] Zumindest sollte diese Frage mit dem Registergericht vorab geklärt werden.

c) Gründungsprüfung

Liegt ein Fall des § 33 Abs. 2 AktG vor, ist zudem ein Gründungsprüfungsbericht erforderlich.[384] Der Bericht kann sich allerdings darauf beschränken, die reale Kapitalaufbringung zu prüfen.[385] Dementsprechend muss in dem Bericht nur bestätigt werden, dass das erforderliche Kapital bzw. Vermögen bei der Gesellschaft vorhanden ist.

---

379 *Hüffer*, § 23 Rn. 27 a; GroßkommAktG/*Röhricht*, § 23 Rn. 136; K. Schmidt/Lutter/*Seibt*, § 23 Rn. 43.
380 MünchKommAktG/*Pentz*, § 23 Rn. 101; K. Schmidt/Lutter/*Seibt*, § 23 Rn. 43.
381 Thüringer OLG. Urt. V. 1.4.2004 – 4 U 37/04, DZWiR 2005, 165, 167, Happ/*Mulert*, 2.07 Rn. 5.
382 Dafür: GroßKommAktG/*Röhricht*, Anh. § 23 Rn. 142; dagegen: Würzburger Notarhandbuch/*Reul*, Teil 5, Kapitel 4, Rn. 93; *Gerber*, Rpfleger 2004, 469, 470.
383 *Hüffer*, § 23 Rn. 27; Happ/*Mulert*, Aktienrecht, 2.07 Rn. 7.
384 *Hüffer*, § 23 Rn. 27 a; Würzburger Notarhandbuch/*Reul*, Teil 5, Kapitel 4, Rn. 93.
385 *Hüffer*, § 23 Rn. 27 a; Würzburger Notarhandbuch/*Reul*, Teil 5, Kapitel 4, Rn. 93.

3. Kapitel Aktiengesellschaft

d) Bankbestätigung

321 Die Bankbestätigung nach § 37 Abs. 1 S. 3 AktG dient ebenfalls der Kapitalaufbringung. Folglich wird bei einer ursprünglichen Bargründung der Gesellschaft verlangt, auch diese erneut zu erstellen und dem Handelsregister zu übergeben.[386] Dies erscheint allerdings zweifelhaft, weil das Kreditinstitut allenfalls bestätigen könnte, dass dies bei der ursprünglichen Gründung der Fall war. Eine derartige Bestätigung ist aber überflüssig, weil sie bereits erfolgt und dem Gericht übermittelt wurde.

e) Offenlegung/Handelsregisteranmeldung

322 Die wirtschaftliche Neugründung ist gegenüber dem Handelsregister offen zu legen. Die Offenlegung hat durch sämtliche Mitglieder des Vorstands, des Aufsichtsrats und die Gründer zu erfolgen.[387]

323 Zusätzlich hat der Vorstand eine (erneute) Erklärung über die Einzahlung der eingeforderten Einlagen nach §§ 36 Abs. 2, 37 Abs. 1 S. 1 AktG in öffentlich beglaubigter Form abzugeben.

324 Während die letztgenannte Versicherung in elektronisch beglaubigter Form zu erfolgen hat, genügt für die Offenlegung eine einfache elektronische Aufzeichnung i.S.d. § 12 Abs. 2 HGB, da eine Eintragung der wirtschaftlichen Neugründung nicht erfolgt. In der Praxis sollte diese Frage aber zuvor mit dem Registergericht abgeklärt werden.

f) Haftung

325 Die Grundsätze der Unterbilanzhaftung (Vorbelastungs- und Verlustdeckungshaftung) gelten auch bei einer wirtschaftlichen Neugründung, wenn die Gesellschaft ihre operative Tätigkeit vor Eintragung der Satzungsänderung im Handelsregister aufnimmt.[388] Ferner besteht eine Handelndenhaftung nach § 41 AktG.[389]

VI. Haftung und Vertretung im Gründungsstadium

1. Vorgründergesellschaft

326 Die sog. Vorgründergesellschaft entsteht, wenn sich mehrere Personen mittels Vertrages verpflichten, eine Aktiengesellschaft zu gründen. Der Vertrag bedarf der notariellen Form.[390] Der Vertrag muss derartig bestimmt sein, dass der wesentliche Inhalt der Satzung feststellbar ist.[391] Bei der Vorgründergesellschaft handelt es sich um eine BGB-Gesellschaft,[392] betreibt sie ein Handelsgeschäft, liegt eine oHG vor.[393] Wenn die Vorgründergesellschaft Vermögen erworben hat, so geht dieses nicht automatisch auf die Vor-AG über.[394]

---

386 Happ/*Mulert*, Aktienrecht 2.07 Rn. 4.
387 Happ/*Mulert*, Aktienrecht 2.07 Rn. 4.
388 OLG München vom 11.3.2010 = MittBayNot 2010, 326 ff. *Gerber*, Rpfleger 2004, 469, 472; Würzburger Notarhandbuch/*Reul*, Teil 5, Kapitel 4, Rn. 93.
389 *Gerber*, Rpfleger 2004, 469, 472; Würzburger Notarhandbuch/*Reul*, Teil 5, Kapitel 4, Rn. 93; a.A.: GroßkommAktG/*Henze*, § 54 Rn. 36.
390 BGH v. 21.9.1987 – II ZR 16/87 = DNotZ 1988, 504; *Hüffer*, § 23 Rn. 14; K. Schmidt/Lutter/*Seibt*, § 23 Rn. 21; KK-AktG/*Kraft*, § 23 136; a.A.: *Flume*, FS Geßler, 1971, S. 3, 18.
391 *Hüffer*, § 23 Rn. 14; K. Schmidt/Lutter/*Seibt*, § 23 Rn. 22; KK-AktG/*Kraft*, § 23 Rn. 136.
392 BGH v. 7.5.1984 – II ZR 276/83 = DNotZ 1984, 585; *Hüffer*, § 23 Rn. 15; K. Schmidt/Lutter/*Seibt*, § 23 Rn. 22.
393 BGH v. 7.5.1984 – II ZR 276/83 = DNotZ 1984, 585; *Hüffer*, § 23 Rn. 15; K. Schmidt/Lutter/*Seibt*, § 23 Rn. 22.
394 BGH v. 7.5.1984 – II ZR 276/83 = DNotZ 1984, 585; *Hüffer*, § 23 Rn. 15; K. Schmidt/Lutter/*Seibt*, § 23 Rn. 22.

2. Vor-AG

a) Rechtsnatur

Mit der Feststellung der Satzung und der Übernahme aller Aktien ist die Aktiengesellschaft errichtet. Gemäß § 41 Abs. 1 S. 1 AktG besteht sie als solches aber noch nicht. Die Aktiengesellschaft entsteht erst mit ihrer Eintragung im Handelsregister. Diese Formulierung darf aber nicht dahin verstanden werden, dass bis zur Eintragung im Handelsregister keine Gesellschaft bestehen würde. Vielmehr besteht eine rechtsfähige Gesellschaft, die aber bis zur Eintragung noch keine Aktiengesellschaft ist. In dem Zwischenstadium zwischen Errichtung und Eintragung sprich man im allgemeinen von einer Vor-AG oder Vorgesellschaft.[395]

327

Nimmt die Vor-AG bereits Geschäftstätigkeit auf, so gehen die Rechte und Pflichten aus den betreffenden Geschäften mit der Eintragung der AG automatisch auf diese über. Zwischen der Vor-AG und der Aktiengesellschaft besteht also rechtliche Identität.

328

b) Vertretung

Die Vor-AG wird durch ihren Vorstand vertreten. Allerdings ist die Vertretungsmacht des Vorstands nach h.M. beschränkt. Sie richtet sich nach Zweck der Vor-AG. Bei einer Bargründung bedeutet dies, dass die Vorstandsmitglieder nur solche Geschäfte vornehmen können, die zur Herbeiführung der Eintragung erforderlich sind.[396] Bei der Sachgründung im Wege der Einbringung eines Unternehmens erstreckt sich die Vertretungsmacht hingegen auf die Fortführung des Unternehmens.[397] Entsprechendes gilt, wenn sonstige Sacheinlagen eingebracht werden, die ihrer Art nach alsbaldige Nutzungs- oder Erhaltungsmaßnahmen erfordern.[398]

329

Nach andere Ansicht entspricht die Vertretungsmacht des Vorstands bei der Vor-AG analog § 82 Abs. 1 AktG bereits der des Vorstands der AG.[399] Hiergegen spricht jedoch, dass die unbeschränkte Haftung der Gründer für Verluste der Vor-AG im Gründungsstadium von ihrem Einverständnis mit dem Geschäftebeginn vor Eintragung abhängig gemacht wird. Dies passt aber nicht zu einer unbeschränkten Vertretungsmacht des Vorstands kraft Gesetzes.[400]

330

Die Vertretungsmacht des Vorstands kann durch die Gründer erweitert werden, wobei nach h.M. die Erweiterung auf bestimmte Geschäfte beschränkt werden kann.[401] Umstritten ist, ob diese Erweiterung formlos mittels Beschluss sämtlicher Aktionäre möglich ist[402] oder der in der Satzung festgelegt werden muss.[403]

331

---

395 Vgl. *Hüffer*, § 41 Rn. 2; MünchKommAktG/*Pentz*, § 41 Rn. 23; K. Schmidt/Lutter/*Drygala*, § 41 Rn. 3.
396 MünchHdb. AG/*Wiesner*, § 19 Rn. 25; Würzburger Notarhandbuch/*Reul*, Teil 5, Kapitel 4, Rn. 99.
397 *Hüffer*, § 41 Rn. 6.
398 *Hüffer*, § 41 Rn. 6; MünchKommAktG/*Pentz*, § 41 Rn. 34.
399 MünchKommAktG/*Pentz*, § 41 Rn. 34; *Priester*, ZHR 2001, 383, 398.
400 K. Schmidt/Lutter/*Drygala*, § 41 Rn. 6 ff.; Würzburger Notarhandbuch/*Reul*, Teil 5, Kapitel 4, Rn. 99.
401 BGH v. 9.3.1981 – II ZR 54/80 = BGHZ 80, 129, 139; *Ulmer*, § 11 Rn. 64 (zur vergleichbaren Rechtslage bei der GmbH); a.A.: K. Schmidt/Lutter/*Drygala*, § 41 Rn. 7, wonach nur eine generelle Zustimmung zu sämtlichen Geschäften gegeben werden kann.
402 BGH v. 9.3.1981 – II ZR 54/80 = BGHZ 80, 129, 139 = NJW 1981, 1373.
403 *Hüffer*, § 41 Rn. 6; *Ulmer*, ZGR 1981, 593, 597 ff.

3. Haftung der Gründer

a) Verlustdeckungshaftung

332 Wird die Aktiengesellschaft nicht im Handelsregister eingetragen, haften die Gründungsgesellschafter für die Verluste der Vor-AG.[404] Die Haftung ist dabei nicht auf die Einlage beschränkt. Vielmehr haften die Gründer unbeschränkt.[405] Bei dieser sog. Verlustdeckungshaftung oder Verlustdeckungspflicht handelt es sich um eine Innenhaftung gegenüber der abzuwickelnden Gesellschaft und nicht um eine Außenhaftung gegenüber den Gläubigern.[406] Eine Außenhaftung in Gestalt einer gesamtschuldnerischen Haftung gegenüber den Gläubigern der Gesellschaft besteht nur, wenn die Gründer nach dem Scheitern der Eintragung die Geschäftstätigkeit fortführen, weil sich dann die Vor-AG in eine BGB-Gesellschaft oder oHG umwandelt.[407] Gleiches gilt, wenn die Vorgesellschaft in Insolvenz gerät, sie vermögenslos ist und keinen Vorstand mehr hat.[408]

b) Unterbilanzhaftung (Vorbelastungshaftung)

333 Zum Zeitpunkt der Eintragung der Aktiengesellschaft muss der Wert ihres Vermögens (abzüglich des in der Satzung festgelegten Gründungsaufwand) dem festgesetzten Grundkapital entsprechen. Ist dies nicht der Fall, besteht die sog. Unterbilanzhaftung (auch Vorbelastungshaftung genannt). Etwa entstandene Verluste müssen durch die Gesellschafter ausgeglichen werden.[409] Dabei ist freilich zu beachten, dass der Vorstand die Gesellschaft in der Gründungsphase nur mit Zustimmung der Aktionäre wirksam vertreten kann (vgl. oben Rdn. 329). Hat der betreffende Gesellschafter also seine Zustimmung nicht erteilt, kann er auch nicht haften. Der Umfang der Haftung wird im Übrigen durch eine auf den Tag der Eintragung festgestellte Vermögensbilanz ermittelt.[410]

334 Bei der Unterbilanzhaftung handelt es sich im übrigen um eine Innenhaftung gegenüber der Gesellschaft.[411] Eine Außenhaftung gegenüber den Gläubigern der Gesellschaft besteht – genau wie bei der Verlustdeckungshaftung – nicht. Die Gründungsgesellschafter haften zudem anteilig entsprechend ihrer Beteiligung am Grundkapital der Gesellschaft.[412] Umstritten ist, ob eine Ausfallhaftung entsprechend § 24 GmbH gegeben ist.[413]

c) Haftung gemäß § 46 AktG

335 Gemäß § 46 Abs. 1 AktG haften die Gründer gegenüber der Gesellschaft als Gesamtschuldner für die Richtigkeit und Vollständigkeit der Angaben, die zum Zwecke der Gründung der Gesellschaft über Übernahme der Aktien, Einzahlung auf die Aktien, Verwendung eingezahlter Beträge, Sondervorteile, Gründungsaufwand, Sacheinlagen und Sachübernahmen gemacht worden sind. Nach § 46 Abs. 1 S. 2 AktG sind sie ferner dafür verantwortlich, dass eine zur Annahme von Einzahlungen auf das Grundkapital bestimmte

---

404 BGH v. 27.1.1997 – II ZR 123/94 = BGHZ 134, 333, 338 ff.; MünchHdb. AG/*Hoffmann-Becking*, § 3 Rn. 39; K. Schmidt/Lutter/*Drygala*, § 41 Rn. 14.
405 BGH v. 27.1.1997 – II ZR 123/94 = BGHZ 134, 333, 338 ff.; MünchHdb. AG/*Hoffmann-Becking*, § 3 Rn. 39; K. Schmidt/Lutter/*Drygala*, § 41 Rn. 14.
406 OLG Karlsruhe ZIP 1998, 1961, 1963; MünchHdb. AG/*Hoffmann-Becking*, § 3 Rn. 39.
407 MünchHdb. AG/*Hoffmann-Becking*, § 3 Rn. 39; Würzburger Notarhandbuch/*Reul*, Teil 5, Kapitel 4, Rn. 99; a.A.: *Altmeppen*, ZIP 2005, 117; *K. Schmidt*, ZIP 1997, 671, wonach eine Außenhaftung analog § 128 HGB anzunehmen sei.
408 BGH v. 27.1.1997 – II ZR 123/94 = BHGZ 134, 333, 341.
409 MünchKommAktG/*Pentz*, § 41 Rn. 113; MünchHdb. AG/*Hoffmann-Becking*, § 3 Rn. 31; K. Schmidt/Lutter/*Drygala*, § 41 Rn. 11.
410 *Hüffer*, § 41 Rn. 9.; Würzburger Notarhandbuch/*Reul*, Teil 5, Kapitel 4, Rn. 97.
411 K. Schmidt/Lutter/*Drygala*, § 41 Rn. 11; Würzburger Notarhandbuch/*Reul*, Teil 5, Kapitel 4, Rn. 98.
412 *Hüffer*, § 41 Rn. 96; K. Schmidt/Lutter/*Drygala*, § 41 Rn. 11; *Wiedemann*, ZIP 1997, 2920.
413 Hierzu: *Hüffer*, § 41 Rn. 9 b.

Stelle (vgl. § 54 Abs. 3 AktG) hierzu geeignet ist und dass die eingezahlten Beträge zur freien Verfügung des Vorstands stehen.

Nach § 46 Abs. 2 AktG sind die Gründer zum Schadensersatz verpflichtet, wenn die Aktiengesellschaft durch Einlagen, Sachübernahmen oder Gründungsaufwand geschädigt wird. Eine Schädigung durch eine Einlage kann etwa erfolgen, wenn eine Überbewertung der Sacheinlage erfolgt. Schädigungen durch den Gründungsaufwand ist gegeben, wenn überhöhte Gründungshonorare gewährt werden.[414] **336**

Von der vorstehenden Haftung gemäß § 46 Abs. 1 und Abs. 2 AktG wird der Gründer befreit, wenn er die die Ersatzpflicht begründenden Tatsachen weder kannte noch bei Anwendung der Sorgfalt eines ordentlichen Kaufmanns kennen musste.[415] **337**

Als Gesamtschuldner haften die Gründer gemäß § 46 Abs. 4 AktG schließlich, wenn die Aktiengesellschaft einen Ausfall erleidet, der auf der Zahlungs- oder Leistungsunfähigkeit eines Gründers im Zeitpunkt der Satzungsfeststellung zurückzuführen ist. Subjektiv ist hier Kenntnis der Gründer erforderlich. **338**

d) Differenzhaftung des Sacheinlegers

Liegt eine Sacheinlage vor und bleibt der Wert des Einlagegegenstandes hinter dem Nennwert oder bei Stückaktien hinter dem anteiligen Betrag des Grundkapitals der dafür gewährten Aktien zurück, hat der Gründer die Differenz in bar nachzuzahlen.[416] Umstritten ist, ob diese Haftung auch ein etwaiges Aufgeld erfasst.[417] Hiergegen spricht, dass das Agio nicht zum Grundkapital gehört. **339**

4. Haftung des Vorstands und des Aufsichtsrats

Die Mitglieder des Vorstand und des Aufsichtsrates haften zunächst bereits im Gründungsstadium nach §§ 93, 116 AktG. Dies bedeutet, dass sie für schuldhaft Pflichtverstöße bei der Gründung haften, etwa wenn die Bareinlagen nicht in der freien Verfügung des Vorstands stehen oder wenn die Gründungsprüfung nicht ordnungsgemäß durchgeführt wurde. **340**

Hat der Vorstand zudem bereits im Gründungsstadium Geschäfte für die Vor-AG getätigt, kann ihn die sog. **Handelndenhaftung** gemäß § 41 Abs. 1 S. 2 AktG treffen. Die Vorstände haften insoweit für die Verbindlichkeiten der Gesellschaft gesamtschuldnerisch, sofern sie vor der Eintragung der Gesellschaft in deren Namen handeln. Diese Haftung gilt sogar, wenn der Vorstand mit Zustimmung der Gründer handelt. Er kann in diesem Fall lediglich die Gründer in Regress nehmen.[418] Der Vorstand kann die Haftung aber ausschließen, indem er eine entsprechende Vereinbarung mit dem anderen Vertragspartner trifft. Die Haftung erlischt zudem mit Eintragung der Gesellschaft in das Handelsregister, wenn es zur Eintragung der Gesellschaft kommt und die mit Einverständnis der Gründer für die Vor-AG begründeten Verbindlichkeiten zu solchen der eingetragenen Aktiengesellschaft werden.[419] Die praktische Bedeutung der Haftung ist daher gering. Sie beschränkt sich im wesentlichen auf die Fälle, in denen der Vorstand ohne Zustimmung der Gründer die Geschäftstätigkeit aufgenommen hat.[420] **341**

---

414 *Hüffer*, AktG, § 46 Rn. 11; K. Schmidt/Lutter/*Bayer*, AktG, § 46 Rn. 13.
415 Vgl. hierzu K. Schmidt/Lutter/*Bayer*, § 46 Rn. 19 ff.; MünchKommAktG/*Pentz*, § 46 Rn. 66.
416 Würzburger Notarhandbuch/*Reul*, Teil 5, Kapitel 4, Rn. 101.
417 Dafür: GroßkommAktG/*Wiedemann*, § 185 Rn. 70; dagegen: *Hoffmann-Becking*, FS Lutter, S. 453, 465 ff.; *Hüffer*, § 183 Rn. 21.
418 OLG Karlsruhe ZIP 1998, 1961, 1964; Würzburger Notarhandbuch/*Reul*, Teil 5, Kapitel 4, Rn. 103.
419 BAG ZIP 2005, 350; BAG ZIP 2006, 1672; *Hüffer*, § 41 Rn. 25; MünchHdb. AG/*Hoffmann-Becking* § 3 Rn. 40.
420 MünchHdb. AG/*Hoffmann-Becking* § 3 Rn. 40; KK-AktG/*Kraft*, § 41 Rn. 111.

5. Haftung des Gründungsprüfers

342 Der Gründungsprüfer haftet nach § 49 AktG entsprechend den Bestimmungen der § 323 Abs. 1 bis Abs. 4 HGB zum Abschlussprüfer. Die Prüfer müssen also gewissenhaft und unparteilich prüfen. Zu beachten ist in diesem Zusammenhang insbesondere die Einhaltung der sich aus § 34 AktG ergebenen Pflichten. Gläubiger des Anspruchs nach § 49 AktG ist die durch die Eintragung entstandene Aktiengesellschaft.[421]

6. Haftung der Bank

343 Gemäß § 37 Abs. 1 S. 3 AktG ist der Anmeldung eine Bankbestätigung beizufügen (vgl. oben Rdn. 216). Ist der Inhalt dieser Bestätigung unzutreffend, so haftet gemäß § 37 Abs. 1 S. 4 AktG das Kreditinstitut für den darauf entstehenden Schaden gegenüber der Gesellschaft, es handelt sich also um eine Innenhaftung. Auf eine Verschulden der Bank kommt es dabei nicht an.[422]

VII. Nachgründung

1. Grundlagen

344 Mit den Vorschriften über die Nachgründung in § 52 AktG soll verhindert werden, dass die bei einer Sachgründung geltenden Kapitalaufbringungsregelungen dadurch umgangen werden, dass die Gesellschaft im Wege der Bargründung errichtet wird und eine von Anfang an geplante Übernahme von Gegenständen erst nach der Eintragung der Gesellschaft im Handelsregister vereinbart wird.[423]

2. Voraussetzungen

a) Vertragsgegenstand

345 Vertragsgegenstand eines Vertrages, der unter die Nachgründungsvorschriften fällt, muss nach § 52 Abs. 1 S. 1 AktG sein, dass »vorhandene oder herzustellende Anlagen oder andere Vermögensgegenstände für einen den zehnten Teil des Grundkapitals übersteigende Vergütung erworben werden sollen«. Damit sind in den Anwendungsbereich des § 52 AktG sämtliche Vermögensgegenstände einbezogen, wobei auch Verträge über Dienstleistungen der Vorschrift unterfallen können.[424] Gegenstand eines Nachgründungsvertrages kann auch ein Beteiligungserwerb sein. Bei Errichtung einer 100%-igen Tochtergesellschaft findet § 52 AktG hingegen keine Anwendung.[425]

346 Der Wortlaut des § 52 Abs. 1 S. 1 AktG könnte darauf hindeuten, dass nur der Fall der nachträglichen Sachübernahme erfasst wird, bei der die Gegenleistung der Gesellschaft nicht in der Gewährung von Aktien, sondern einer sonstigen Vergütung (sprich Geldzahlung) geleistet wird. Nach h.M. ist § 52 AktG aber auch für den Fall der **Kapitalerhöhung mit Sacheinlagen** innerhalb der Zweijahresfrist analog anwendbar.[426]

---

421 *Hüffer*, AktG, § 49 Rn. 4; K. Schmidt/Lutter/*Bayer*, § 49 Rn. 4.
422 BGH v. 18.2.1991, II ZR 104/90 = DNotZ 1991, 843; OLG München ZIP 1990, 785, 788; *Hüffer*, § 37 Rn. 5 a; a.A.: *Butzke*, ZGR 1994, 94, 107 ff.
423 Vgl. MünchHdb. AG/*Hoffmann-Becking*, § 4 Rn. 41; MünchKommAktG/*Pentz*, § 52 Rn. 5.
424 *Hüffer*, § 52 Rn. 4; MünchKommAktG/*Pentz*, § 52 Rn. 17; K. Schmidt/Lutter/*Bayer*, § 52 Rn. 19; a.A.: KK-AktG/*Kraft*, § 52 Rn. 7; *Diekmann*, ZIP 1996, 2149.
425 *Hüffer*, § 52 Rn. 12; K. Schmidt/Lutter/*Bayer*, § 52 Rn. 20.
426 OLG Oldenburg AG 2002, 620; *Hüffer*, § 52 Rn. 8; Hoffmann-Becking, § 4 Rn. 46; a.A.: MünchKommAktG/*Pentz*, § 52 Rn. 5.

b) Vertragspartner

Vertragspartner der Aktiengesellschaft müssen Gründer oder mit mehr als 10 % am Grundkapital der Aktiengesellschaft beteiligten Aktionäre sein. Umstritten ist, ob ein Geschäft mit einer Person, die mit einem Gründer oder 10%-igen Aktionär verbunden ist oder diesem sonst nahe steht, erfasst werden. Teilweise wird davon ausgegangen, dass die Zurechnungsregelungen des § 32a Abs. 3 S. 2 GmbHG hier entsprechend anzuwenden sind.[427] Nach der Gegenmeinung sind diese Zurechnungsregelungen bei einer Nachgründung hingegen nicht anzuwenden.[428]

347

c) Gegenleistung

Gemäß § 52 Abs. 1 AktG muss die Vergütung **10% des Grundkapitals** übersteigen. Bezüglich dieser 10%-Grenze wird auf dem Betrag der satzungsgemäßen und im Handelsregister eingetragenen Grundkapitals zum Zeitpunkt des Vertragsschlusses abgestellt.[429] Nach herrschender Meinung liegt eine Nachgründung zudem nur vor bei einer Leistung aus dem Vermögen, welches zur Deckung des Grundkapitals und der nach § 272 Abs. 2 Nr. 1 bis 3 HGB gebildeten oder zu bildenden Kapitalrücklagen benötigt wird.[430] Dieser herrschenden Meinung ist zu folgen, da eine Gefährdung des Kapitals nicht zu besorgen ist, wenn die Gegenleistung für den Vermögenserwerb auch frei ausschüttbar wäre.[431]

348

d) Zweijahresfrist

Rechtsgeschäfte werden von § 52 AktG nur erfasst, wenn sie innerhalb von zwei Jahren nach Eintragung der Gesellschaft in das Handelsregister vorgenommen werden. Die Fristberechung erfolgt nach § 188 Abs. 2 AktG.

349

e) Vorratsgesellschaften

Nach überwiegender Meinung im Schrifttum finden die Regelungen der Nachgründung zudem auch bei einer Vorratsgesellschaft Anwendung, so dass auch Geschäfte, welche innerhalb von zwei Jahren nach der wirtschaftlichen Neugründung erfolgt sind, den Regelungen des § 52 AktG unterfallen.[432] Eine Nachgründung nach § 52 AktG liegt schließlich auch dann vor, wenn die AG durch einen Formwechsel entstanden ist und die entsprechenden Verträge innerhalb der folgenden zwei Jahre seit Wirksamwerden des Formwechsels abgeschlossen werden.[433] Die Zweijahresfrist wird in diesem Fall von der Eintragung des Formwechsels an gerechnet.

350

f) Ausschluss gemäß § 52 Abs. 9 AktG

Die Nachgründungsvorschriften sind schließlich gemäß § 52 Abs. 9 AktG nicht anwendbar bei dem Erwerb von Vermögensgegenständen im Rahmen der laufenden Geschäfte der Gesellschaft, in der Zwangsvollstreckung oder an der Börse. Der Rahmen der »laufenden

351

---

427 *Hüffer*, § 52 Rn. 3; *Dormann/Fromholzer*, AG 2001, 242, 243; *Pentz*, NZG 2001, 346, 351.
428 MünchHdb. AG/*Hoffmann-Becking*, § 4 Rn. 43.
429 *Hüffer*, § 52 Rn. 5; K. Schmidt/Lutter/*Bayer*, § 52 Rn. 24; MünchKommAktG/*Pentz*, § 52 Rn. 20.
430 MünchHdb. AG/*Hoffmann-Becking*, § 4 Rn. 47; *Hüffer*, § 52 Rn. 5a; a.A.: MünchKommAktG/*Pentz*, § 52 Rn. 32.
431 *Hüffer*, § 52 Rn. 5 a.
432 *Hüffer*, § 23 Rn. 27a; *Grooterhorst*, NZG 2001, 145, 148; MünchHdb. AG/*Hoffmann-Becking*, § 4 Rn. 44; a.A.: *Werner*, ZIP 2001, 1403, 1404).
433 MünchHdb. AG/*Hoffmann-Becking*, § 4 Rn. 45.

Geschäfte« deckt sich weitgehend mit dem Kreis der »gewöhnlichen Geschäfte« im Sinne von § 116 HGB [434]

3. Wirksamkeitsvoraussetzungen

352 Liegen die vorstehenden Voraussetzungen vor, ist das Verfahren der Nachgründung einzuhalten, um die Wirksamkeit des Nachgründungsvertrages herbeizufügen:

a) Form

353 Der Nachgründungsvertrag bedarf gemäß § 52 Abs. 2 S. 1 AktG zumindest der Schriftform. Schreibt das Gesetz eine strengere Form vor (wie etwa beim Erwerb eines Grundstücks gemäß § 311 b Abs. 1 BGB), so ist diese zu beachten. Wird die Formvorschrift nicht eingehalten, führt dies gemäß § 125 BGB zur Nichtigkeit des Vertrages.[435] Diese Nichtigkeit lässt sich nur durch die formgerechte Nachholung des Vertrages heilen. Eine spätere Eintragung der Nachgründung in das Handelsregister oder der Zustimmungsbeschluss der Hauptversammlung genügt hingegen nicht,[436] es bedarf vielmehr einer vollständigen Wiederholung des gesamten Nachgründungsverfahrens.[437]

b) Publizität

354 Die Nachgründungsverträge sind von der Einberufung der Hauptversammlung an, die über die Nachgründung beschließen soll, in den Geschäftsräumen der Gesellschaft für die Aktionäre auszulegen. Zudem sind die Verträge später in der Hauptversammlung auszulegen. Gemäß § 52 Abs. 2 S. 3 AktG ist jedem Aktionär auf sein Verlangen eine Abschrift von dem jeweils betroffenen Vertrag zu erteilen.

355 Werden die Informationspflichten nicht eingehalten, kommt eine Anfechtung der gefassten Beschlüsse in Betracht, wobei nach § 126 Abs. 6 AktG auf die Einhaltung der Vorschriften in einer Vollversammlung verzichtet werden kann. Auf die Auslage und den Versand kann gemäß § 52 Abs. 2 S. 4 AktG jedoch verzichtet werden, wenn die entsprechenden Unterlagen über die Internetseite der Gesellschaft zugänglich sind. Freilich besteht hier die Gefahr der Anfechtung des Hauptversammlungsbeschlusses, wenn die Unterlagen nicht während des gesamten Zeitraumes zwischen der Einberufung und der Hauptversammlung zugänglich sind. Eine technische Störung könnte also erhebliche Nachteile für die Gesellschaft mit sich bringen, so dass von dieser Möglichkeit wohl nur zurückhaltend Gebrach gemacht werden sollte.

c) Prüfung durch den Aufsichtsrat/Gründungsprüfung

356 Der Aufsichtsrat hat vor dem Beschluss der Hauptversammlung gemäß § 52 Abs. 3 AktG den Vertrag zu prüfen und darüber einen schriftlichen Bericht zu verfassen. Der Bericht ist von allen Aufsichtsratmitgliedern zu unterzeichnen.

357 Außerdem hat eine Gründungsprüfung stattzufinden, auf welche die Bestimmungen der § 33 Abs. 3 bis 5, §§ 34 und 35 AktG für die Gründungprüfung entsprechend anzuwenden sind. Unterbleibt der Bericht des Aufsichtsrates oder der Gründungsprüfungsbericht, so ist der Zustimmungsbeschluss der Hauptversammlung zwar nicht nichtig,

---

[434] MünchHdb. AG/*Hoffmann-Becking*, § 4 Rn. 45; *Lutter/Ziemons*, ZGR 1999, 479, 492 ff.
[435] *Hüffer*, § 52 Rn. 7; MünchKommAktG/*Pentz*, § 52 Rn. 63; K. Schmidt/Lutter/*Bayer*, § 52 Rn. 27.
[436] MünchKommAktG/*Pentz*, § 52 Rn. 63; K. Schmidt/Lutter/*Bayer*, § 52 Rn. 27.
[437] MünchKommAktG/*Pentz*, § 52 Rn. 63; K. Schmidt/Lutter/*Bayer*, § 52 Rn. 27.

jedoch anfechtbar.[438] Das Fehlen einer der Prüfungen stellt aber ein Eintragungshindernis dar.[439] Unter den Voraussetzungen des §33a AktG kann von der Prüfung aber abgesehen werden.

d) Zustimmung der Hauptversammlung

Zur Wirksamkeit des Nachgründungsvertrages ist weiterhin ein Zustimmungsbeschluss der Hauptversammlung notwendig. In der Einladung zu der Hauptversammlung ist der wesentliche Inhalt des Vertrages mitzuteilen. Der Niederschrift über die Hauptversammlung sind die Nachgründungsverträge gemäß §52 Abs.2 S.6 AktG als Anlage beizufügen. **358**

Die Hauptversammlung muss dem Vertrag nach §52 Abs.2 S.4 AktG mit einer ¾ Mehrheit des in der Versammlung vertretenen Kapitals zustimmen. Bei einem Vertragsschluss im ersten Jahr muss die Mehrheit zumindest ¼ des gesamten Grundkapitals entsprechen. Die Satzung kann nach §52 Abs.5 S.3 AktG größere Kapitalmehrheiten und weitere Erfordernisse bestimmen. **359**

e) Registerverfahren

Der Vorstand der Gesellschaft hat gemäß §52 Abs.6 S.1 AktG nach der Zustimmung durch die Hauptversammlung die Nachgründung zum Handelsregister in vertretungsberechtigter Anzahl anzumelden. Der Anmeldung sind die folgenden Unterlagen beizufügen: **360**

- der Nachgründungsvertrag
- das Hauptversammlungsprotokoll mit dem Vertrag als Anlage
- der Nachgründungsbericht
- der Prüfungsbericht des Gründungsprüfers

Wird von einer externen Gründungsprüfung abgesehen gilt §37a AktG entsprechend. **361**

4. Rechtslage vor und nach der Eintragung im Handelsregister

Solange der Zustimmungsbeschluss oder die Eintragung der Nachgründungsvertrages im Handelsregister nicht erfolgt ist, ist der Nachgründungsvertrag schwebend unwirksam.[440] Gemäß §52 Abs.1 S.2 AktG erstreckt sich diese schwebende Unwirksamkeit auch die dinglichen Vollzugsgeschäfte. Ist die Eintragung im Handelsregister erfolgt, wird der Nachgründungsvertrag mit der Eintragung wirksam, es sei den, es fehlt an der Schriftform oder an dem Zustimmungsbeschluss[441] **362**

---

438 *Hüffer*, §52 Rn.14; MünchKommAktG/*Pentz*, §52 Rn.65ff.
439 *Hüffer*, §52 Rn.14; K.Schmidt/Lutter/*Bayer*, §52 Rn.31.
440 *Hüffer*, §52 Rn.8; MünchKommAktG/*Pentz*, §52 Rn.43; K.Schmidt/Lutter/*Bayer*, §52 Rn.38.
441 MünchKommAktG/*Pentz*, §52 Rn.50; K.Schmidt/Lutter/*Bayer*, §52 Rn.43.

3. Kapitel Aktiengesellschaft

B. Hauptversammlung

I. Einberufung der Hauptversammlung

363 Die gesetzlichen Regelungen zur Einberufung der Hauptversammlung sind in den §§ 121 ff. AktG enthalten.

364 In der Einberufung sind folgende **Mindestangaben** zu machen:

- Firma und Sitz der Gesellschaft
- Zeit und Ort der Hauptversammlung
- Tagesordnung
- Nur bei börsennotierten Gesellschaften: Bedingungen der Teilnahme an der Hauptversammlung

1. Einberufungsfrist

365 Die Einberufung hat **mindestens 30 Tage** vor dem Tage der Hauptversammlung zu erfolgen, wobei der Tag der Einberufung nicht mitgerechnet wird (§ 123 Abs. 1 AktG).[442] Ebenfalls ausdrücklich bei der Fristberechnung nicht mitzurechnen ist der Tag der Hauptversammlung selbst (§ 121 Abs. 7 S. 1 AktG). Bei der Fristberechnung sind die Regelungen der §§ 187-193 BGB nicht anzuwenden (vgl. § 121 Abs. 7 S. 3 AktG). Damit hat das ARUG für die Berechnung von Fristen und Terminen den Sonn- und Feiertagsschutz abgeschafft. Bei **börsennotierten Gesellschaften** sind diese gesetzlichen Regelungen unabdingbar. Bei **nicht börsennotierten Gesellschaften** kann die Satzung hingegen eine andere Fristberechnung bestimmen (§ 121 Abs. 7 S. 4 AktG).[443]

2. Einberufungsmedium

366 Die Einberufung erfolgt im **elektronischen Bundesanzeiger**; sieht die Satzung der Gesellschaft daneben **weitere Blätter** oder elektronische Informationsmedien vor, so hat die Einberufung auch in ihnen zu erscheinen (§ 25 AktG). Die Einberufung ist bewirkt mit dem tatsächlichen Erscheinen auf der Internetseite des elektronischen Bundesanzeigers;[444] bei weiteren Bekanntmachungsblättern mit dem Erscheinen im letzten von ihnen.[445]

367 Die Einberufung kann bei **namentlich bekannten Aktionären** statt durch Bekanntmachung im elektronischen Bundesanzeiger durch eingeschriebenen Brief an die Aktionäre erfolgen (§ 121 Abs. 4 S. 2 AktG).[446] In der Praxis wird eine derartige Vorgehensweise nur bei Gesellschaften mit überschaubarem Aktionärskreis, die eine Einberufung im Bundesanzeiger als zu umständlich oder anonym ansehen, gewählt. Theoretisch ist zwar eine Einladung mittels Einschreiben sogar bei börsennotierten Gesellschaften möglich; praktiziert wird diese Vorgehensweise aber allein schon wegen der damit verbundenen Kosten nicht.[447]

---

442 § 123 Abs. 1 S. 2 AktG (»Der Tag der Einberufung ist nicht mitzurechnen.«) wurde durch das ARUG (Gesetz zur Umsetzung der Aktionärsrichtlinie) vom 30. Juli 2009, BGBl. I S. 2479 ff. klarstellend eingefügt; zu den zuvor vorhandenen Streitfragen vgl. Heidel/*Pluta*, § 123 Rn. 34.
443 Vgl. dazu *Schüppen/Tretter*, AG 2009, 493, 496.
444 Die Internetseite lautet: www.bundesanzeiger.de.
445 Zur Problematik eines Satzungstextes, der noch die Druckausgabe des Bundesanzeigers als Veröffentlichungsmediums nennt, vgl. *Terbrack*, DStR 2005, 2045.
446 Zu den hiermit verbundenen Problemen vgl. Beck'sches Notarhandbuch/*Heckschen*, Abschn. D III Rn. 51c f.
447 Zur (theoretischen) Möglichkeit der Einberufung bei börsennotierten Gesellschaften und den damit verbundenen Problemen vgl. Arbeitshandbuch für die HV/*Reichert*, § 4 Rn. 118 sowie Beck'sches Notarhandbuch/*Heckschen*, D III Rn. 51c f.

Bei **börsennotierten Gesellschaften**, die nicht ausschließlich Namensaktien ausgegeben und ihre Aktionäre mittels eingeschriebenen Briefs oder einem von der Satzung zugelassenen anderen Medium individuell informiert haben, muss die Einberufung außerdem seit dem ARUG[448] Medien zur Verbreitung der Information in der gesamten EU zugeleitet werden (§ 121 Abs. 4a AktG). Die Einberufung muss somit dem gleichen Medienbündel zugeleitet werden, wie dies auch bei ad hoc Mitteilungen und anderen Mitteilungen nach dem WpHG der Fall ist. Verstöße hiergegen führen aber nicht zur **Anfechtbarkeit** der Beschlüsse (§ 243 Abs. 3 Nr. 2 AktG), sondern werden mit einem **Bußgeld** geahndet (§ 405 Abs. 3a Nr. 1 AktG).

368

Bei **börsennotierten Gesellschaften** müssen zudem alsbald nach der Einberufung die in § 124a AktG genannten Informationen zugänglich sein.[449]

369

3. Angaben zu Firma und Sitz

In der Einberufung sind die Firma und der Sitz der Gesellschaft anzugeben. Solange die Gesellschaft eindeutig zu identifizieren ist, sind **Schreibfehler** oder sonstige **Unrichtigkeiten** bei der Firmenbezeichnung irrelevant.[450] Auch eine **Abkürzung** des Rechtsformzusatzes (z.B. »AG« statt »Aktiengesellschaft«) ist nicht von Bedeutung.[451]

370

4. Angaben zu Zeit und Ort der Hauptversammlung

In der Einberufung enthalten sein müssen die Angaben zum Termin und Ort der Hauptversammlung.

371

Die **Festlegung** des Hauptversammlungstermins steht – in Ermangelung gesetzlicher und regelmäßig auch statutarischer Bestimmungen – im Ermessen des Einberufenden. Die Festlegung darf allerdings die Aktionäre nicht in unzumutbarer Weise an der Teilnahme hindern (bspw. bei einer Terminierung auf den 24.12.). Bei Publikumsgesellschaften wird allgemein die Ansicht vertreten, dass eine Einberufung auf einen **Sonn- oder Feiertag** am Versammlungsort unzulässig sei.[452]

372

Auch die **Versammlungszeit** muss üblich und zumutbar sein. Regelmäßig wird bei Publikumsgesellschaften auf 10.00 Uhr einberufen. Eine wesentlich frühere Einberufung, etwa auf 8.00 Uhr, dürfte bei Publikumsgesellschaften unzumutbar sein, da nicht von den Aktionären erwartet werden kann, derart früh anzureisen.

373

Üblicherweise wird die Hauptversammlung an **einem Tage**, d.h. bis 24.00 Uhr, abgeschlossen sein. Gerade bei Publikumsgesellschaften, bei denen komplexe Tagesordnungspunkte zur Abstimmung stehen (etwa ein Delisting oder ein Squeeze Out), kann sich die Hauptversammlung aber über Mitternacht hinausziehen. Nach überwiegender Ansicht sind die dann gefassten Beschlüsse nichtig (§ 241 Abs. 1 AktG).[453] Zur Vermeidung jeglicher Diskussion über eine etwaige Nichtigkeit der gefassten Beschlüsse sollte daher bei voraussichtlich länger dauernden Hauptversammlungen die **Einberufung für zwei Tage** erfolgen. Dies ist zulässig und wird so auch häufig praktiziert.

374

Der in der Einladung anzugebende **Ort** der Hauptversammlung ist – sofern die Satzung der Gesellschaft hierzu keine Aussage trifft – am **Sitz der Gesellschaft** zu bestimmen (§ 121 Abs. 5 S. 1 AktG). Handelt es sich bei der Gesellschaft um eine solche, deren Aktien zum amtlichen Handel zugelassen sind, kann die Hauptversammlung auch am **Sitz der Börse** stattfinden (§ 121 Abs. 5 S. 2 AktG).

375

---

448 ARUG (Gesetz zur Umsetzung der Aktionärsrichtlinie) vom 30. Juli 2009, BGBl. I S. 2479 ff.
449 Dies ist ebenfalls eine Neuerung, die das ARUG (Gesetz zur Umsetzung der Aktionärsrichtlinie) vom 30. Juli 2009, BGBl. I S. 2479 ff. mit sich gebracht hat.
450 OLG Hamburg AG 1981, 193, 195.
451 *Hüffer*, § 121 Rn. 10.
452 KK-AktG/*Zöllner*, § 121 Rn. 38; Arbeitshandbuch für die HV/*Reichert*, § 4 Rn. 101.
453 So etwa LG Mainz NZG 2005 819; *Linnerz*, NZG 2006, 208, 210; zweifelnd *Hüffer*, § 121 Rn. 17.

3. Kapitel Aktiengesellschaft

376 Der **Ort** der Hauptversammlung muss in der Einberufung so **exakt beschrieben sein**, dass es jedem Aktionär ohne weiteres möglich ist, ihn ausfindig zu machen. Dazu wird in der Regel der Ort, die Straße und die Hausnummer des Versammlungsortes anzugeben sein.

377 Die Einberufung einer Hauptversammlung an einen Ort, der im **Ausland** liegt, ist nach zutreffender Ansicht **unwirksam**.[454]

5. Tagesordnung

378 Bis zur Neuerung durch das ARUG[455] war die Tagesordnung bei der Einberufung in den Gesellschaftsblättern bekanntzumachen (§ 124 Abs. 1 S. 1 AktG). Dies bedeutete, dass die Tagesordnung theoretisch auch separat von der Einladung bekanntgemacht werden konnte (allerdings nur, wenn durch entsprechende Verweise der Zusammenhang zwischen Einladung einerseits und Tagesordnung andererseits klar ersichtlich war).[456] In der Praxis wurde die Tagesordnung nahezu durchweg als ein Teil der Einberufung behandelt und gemeinsam mit ihr bekannt gemacht. Seit dem ARUG ist nunmehr die Tagesordnung **zwingender Bestandteil der Einberufung** (§ 121 Abs. 3 S. 2 AktG).

379 Die Tagesordnung muss die vorgesehenen **Versammlungs-** bzw. **Beschlussgegenstände** in entsprechender Reihenfolge kurz darstellen. Die Angaben müssen dabei so konkret sein, dass sich jeder Aktionär ohne Rückfragen vor Augen führen kann, worüber verhandelt und beschlossen werden soll.[457]

380 Für die **typischen Gegenstände** einer ordentlichen Hauptversammlung, wie

- Entgegennahme des Jahresabschlusses
- Gewinnverwendung
- Entlastung von Vorstand und Aufsichtsrat
- Wahl des Abschlussprüfers

sind keine weiteren Konkretisierungen erforderlich. Hier reicht die entsprechende **schlagwortartige** Bezeichnung in der Bekanntmachung aus.

381 Bei **Satzungsänderungen** muss der konkret zu beschließende neue Satzungstext bekanntgemacht werden (vgl. § 124 Abs. 2 S. 2 AktG), sodass für den Aktionär klar ersichtlich ist, welche Bestimmung in welchem Sinne geändert werden soll.

382 Bei **Kapitalerhöhungen** ist deren Art und Höhe sowie ein etwaiger Bezugsrechtsausschluss (vgl. § 186 Abs. 4 AktG) anzugeben.

383 Soweit eine Zustimmung zu **Unternehmensverträgen** erteilt werden soll, sind deren wesentliche Inhalte anzugeben (§ 124 Abs. 2 S. 2 AktG); entsprechendes gilt für **Grundlagenbeschlüsse**.[458] Dazu gehört in jedem Fall die Angabe der Vertragsart und der Vertragspartner. Da derartige Verträge ab Einberufung der Hauptversammlung auszulegen und auf Anforderung der Aktionäre diesen zuzusenden sind (vgl. §§ 293f, 293g AktG, § 63 UmwG), dürfen die Anforderungen an die Bekanntmachung des Inhaltes nicht zu hoch gesteckt werden. Hinreichend ist die Bekanntmachung des wesentlichen Inhaltes, der es einem »Durchschnittsaktionär« ermöglicht seine Rechte (bspw. durch Einsicht in die auszulegenden Verträge) hinreichend geltend zu machen.[459] Die Bekanntmachung des wesentlichen Vertragsinhaltes muss – ebenso wie die Auslage der Unterlagen ab Einberufung der Hauptversammlung – in **deutscher Sprache** erfolgen.[460]

---

454 OLG Hamburg OLGZ 1994, 42, 43; OLG Hamm OLGZ 1974, 149 = NJW 1974, 1054; vgl. zudem die Nachweise bei Hüffer, § 121 Rn. 14 ff.
455 ARUG (Gesetz zur Umsetzung der Aktionärsrichtlinie) vom 30. Juli 2009, BGBl. I S. 2479 ff.
456 Hüffer, § 124 Rn. 5.
457 Hüffer, § 124 Rn. 2.
458 Hüffer, § 124 Rn. 4.
459 OLG Stuttgart AG 1997, 138, 139; Hüffer, § 124 Rn. 10; MünchKommAktG/Kubis, § 124 Rn. 36.
460 LG München ZIP 2001, 1148 ff.; MünchKommAktG/Kubis, § 124 Rn. 36.

Bei Wahlen zum **Aufsichtsrat** sind Name, ausgeübter Beruf und Wohnort des Vorgeschlagenen anzugeben (§ 124 Abs. 3 S. 3 AktG). Desweiteren ist zwingend anzugeben, nach welchen Vorschriften sich der Aufsichtsrat zusammensetzt und ob die Hauptversammlung an Wahlvorschläge gebunden ist (§ 124 Abs. 2 S. 2 AktG).

Bei der Wahl von **Prüfern**, d.h. bei der Wahl des **Abschlussprüfers** oder eines **Sonderprüfers**, ist ebenfalls die Angabe von Namen, ausgeübtem Beruf und Wohnort des Vorgeschlagenen vorzunehmen (§ 124 Abs. 3 S. 3 AktG). Soll eine Gesellschaft zum Prüfer bestellt werden, ist deren Firma und Sitz anzugeben.

Das **Muster** der **Tagesordnung** einer ordentlichen Hauptversammlung (die zuvor eine Umstellung des Geschäftsjahres beschlossen hatte) lautet wie folgt:

Formulierungsbeispiel: Tagesordnung
TAGESORDNUNG
1. Vorlage des festgestellten Jahresabschlusses für das Rumpfgeschäftsjahr zum 30. September 2008 und des gebilligten Rumpfgeschäfts-Konzernabschlusses zum 30. September 2008 (HGB), des Konzernlageberichts sowie des Berichts des Aufsichtsrates für das zum 30. September 2008 abgeschlossene Rumpfgeschäftsjahr (Rumpfgeschäftsjahr 2008)
2. Beschlussfassung über die Verwendung des Bilanzgewinns für das Rumpfgeschäftsjahr 2008
Vorstand und Aufsichtsrat schlagen vor, den im Jahresabschluss für das Rumpfgeschäftsjahr 2008 ausgewiesenen Bilanzgewinn in Höhe von Euro 2.367.605,80 auf neue Rechnung vorzutragen.
3. Beschlussfassung über die Entlastung des Vorstands für das Rumpfgeschäftsjahr 2008
Vorstand und Aufsichtsrat schlagen vor, den Mitgliedern des Vorstands für das Rumpfgeschäftsjahr 2008 Entlastung zu erteilen.
4. Beschlussfassung über die Entlastung des Aufsichtsrates für das Rumpfgeschäftsjahr 2008
Vorstand und Aufsichtsrat schlagen vor, den Mitgliedern des Aufsichtsrates für das Rumpfgeschäftsjahr 2008 Entlastung zu erteilen.
5. Wahl des Abschlussprüfers und des Konzernabschlussprüfers für das Geschäftsjahr 2008/2009
Der Aufsichtsrat schlägt vor, die ABC Wirtschaftsprüfungsgesellschaft mbH, Frankfurt, zum Abschlussprüfer und Konzernabschlussprüfer für das Geschäftsjahr 2008/2009 zu bestellen.

6. Angabe der Teilnahmebedingungen usw.

Die Einberufung hatte bislang immer die Voraussetzungen anzugeben, von denen die **Teilnahme** an der Hauptversammlung und die **Stimmrechtsausübung** abhingen (§ 121 Abs. 3 AktG a.F.). Diese Regelung ist durch das ARUG[461] zum 1.9.2009 modifiziert worden: Nunmehr müssen nur noch **börsennotierte Gesellschaften** diese sowie weitere Angaben in der Einberufung machen (§ 121 Abs. 3 S. 3 AktG).

Etwa in der Satzung geregelte **Teilnahmebedingungen** müssen dabei von börsennotierten Gesellschaften nicht wörtlich, aber vollinhaltlich zutreffend wiedergegeben werden. Zur Vermeidung von Einberufungsfehlern sollte in der Praxis eine wörtliche Wiedergabe der entsprechenden Satzungsbestimmungen vorgenommen werden. Darüberhinaus steht es allen anderen, nicht börsennotierten Gesellschaften frei, weiterhin freiwillig die Teilnahmebedingungen in der Einberufung anzugeben. Dies erscheint sogar sinnvoll, kann es doch ansonsten dazu führen, dass einer Reihe von Aktionären, denen die Teilnahmebedin-

---

461 ARUG (Gesetz zur Umsetzung der Aktionärsrichtlinie) vom 30. Juli 2009, BGBl. I S. 2479 ff.

3. Kapitel Aktiengesellschaft

gungen nicht präsent sind, die Teilnahme an der Hauptversammlung zu versagen ist.

390 Desweiteren sind in der Einberufung bei **börsennotierten Gesellschaften** die in § 121 Abs. 3 Nrn. 1 bis 4 AktG genannten Angaben zu machen. Sie beziehen sich auf:

- den **Nachweisstichtag** sowie dessen Bedeutung bei Inhaberaktien (sog. record date, vgl. § 123 Abs. 3 S. 3 AktG), bei Namensaktien auch den Tag des **Umschreibungsstops** im Aktienregister, was so aber im Gesetz nicht ausdrücklich erwähnt wird (§ 121 Abs. 3 S. 3 Nr. 1 AktG),
- die Modalitäten der **Vollmachtserteilung** (§ 121 Abs. 3 S. 3 Nr. 2 AktG),
- die Fristen für den Zugang von **Ergänzungs- bzw. Gegenanträgen sowie Wahlvorschlägen** unter Angabe der konkreten Daten und den Zeitpunkt, in dem das Auskunftsrecht ausgeübt werden kann sowie eine Darstellung und Erläuterung dieser Rechte, die allerdings – bei entsprechendem Hinweis in der Einberufung – auch auf der Internetseite der Gesellschaft erfolgen kann (§ 121 Abs. 3 S. 3 Nr. 3 AktG),
- diejenige Internetseite der Gesellschaft, auf welcher die **Informationen nach § 124a AktG** zugänglich sind (§ 121 Abs. 3 S. 3 Nr. 4 AktG).

391 Entgegen früherem Recht führen **Verstöße** gegen die vorstehend dargestellten Einberufungspflichten börsennotierter Gesellschaften nach § 121 Abs. 3 S. 3 Nrn. 1 bis 4 AktG nicht zur Nichtigkeit der später gefassten Beschlüsse, sondern machen diese nur **anfechtbar** (vgl. § 241 Nr. 1 AktG n. F.).

7. Angabe der Einberufenden

392 Obwohl keine gesetzliche Regelung existiert, ist nach h.M. eine Angabe des **Einberufenden** in der Einberufung ein zwingendes Erfordernis. Dies soll eine Prüfung der Aktionäre ermöglichen, ob die Einberufung durch einen entsprechend Berechtigten stattgefunden hat.[462] Dabei soll es ausreichend sein, wenn das einberufende **Organ** (»Der Vorstand« oder »Der Aufsichtsrat«) und nicht die Namen der handelnden Personen angegeben werden.[463] Nimmt man die Prüfungsmöglichkeiten der Aktionäre ernst, wird man jedoch auf eine Angabe auch der Namen der handelnden Organmitglieder nicht umhinkommen, denn ansonsten ist eine Prüfung, ob das betreffende Organ wirksam vertreten wurde, nicht möglich.

393 Erfolgt die Einberufung ausnahmsweise durch gesetzlich, statutarisch befugte oder gerichtlich ermächtigte **Aktionäre**, ist hierauf hinzuweisen.[464]

II. Notar und Hauptversammlung

394 Der **Notar** wirkt grundsätzlich an jedem Beschluss der Hauptversammlung einer Aktiengesellschaft mit (§ 130 Abs. 1 S. 3 AktG). Bei **nicht börsennotierten Gesellschaften** (zum Begriff der Börsennotierung vgl. § 3 Abs. 2 AktG) reicht allerdings anstelle der notariellen Urkunde eine von dem Vorsitzenden des Aufsichtsrates zu unterzeichnende Niederschrift aus, soweit keine Beschlüsse gefasst werden, für welche das Gesetz eine ¾ **Mehrheit des vertretenen Grundkapitals**[465] oder eine größere Mehrheit bestimmt (§ 130 Abs. 1 S. 3 AktG).

395 Treffen in einer Hauptversammlung beurkundungsbedürftige Beschlüsse mit nicht beurkundungsbedürftigen Beschlüssen zusammen (sogenannte **gemischte Hauptver-**

---

462 Arbeitshandbuch für die HV/*Reichert*, § 4 Rn. 99.
463 KK-AktG/*Zöllner* § 121 Rn. 18; Arbeitshandbuch für die HV/*Reichert*, § 4 Rn. 99.
464 Arbeitshandbuch für die HV/*Reichert*, § 4 Rn. 99.
465 Zur Frage, ob sich die ¾ Mehrheit auf das vertretene Grundkapital (h.M.) oder die vertretenen Stimmen beziehen muss vgl. *Hüffer*, AktG, § 130 Rn. 14b; Heidel/*Terbrack/Lohr*, Aktienrecht, § 130 AktG Rn. 7; MünchKommAktG/*Kubis*, § 130 Rn. 24.

sammlung), ist die gesamte Hauptversammlung notariell zu beurkunden.[466] Dieses Erfordernis ergibt sich schon allein aus der Tatsache, dass Widersprüche während der gesamten Dauer der Hauptversammlung erklärt werden können; würde der Notar die Hauptversammlung aber bereits nach Fassung des »beurkundungspflichtigen« Beschlussteils verlassen, wäre die Aufnahme von späteren Widersprüchen nicht gewährleistet.

Der die Hauptversammlung beurkundende Notar muss ein **deutscher Notar** sein.[467] **396**

Sofern und soweit der Notar eine Hauptversammlung begleiten soll, sind verschiedene Stadien und Aufgaben zu unterscheiden: **397**

1. Einberufung der Hauptversammlung

Grundsätzlich trifft den Notar nicht die Pflicht, die **Ordnungsgemäßheit der Einberufung** zu prüfen. Wird dem Notar aber – beispielsweise weil er regelmäßig die Hauptversammlung dieser Aktiengesellschaft betreut – der Entwurf der Einladungsbekanntmachung zur Prüfung übergeben, ist er dazu verpflichtet. Stellt er dabei **Einberufungsmängel** fest, muss er das Einberufungsorgan über seine Bedenken unterrichten. **398**

Fehlt es an einem ausdrücklichen Auftrag, den Entwurf der Einladungsbekanntmachung zu prüfen, wird dieser aber gleichwohl dem Notar »informationshalber« übersandt, ist der Notar nicht völlig von einer Prüfungspflicht befreit. Sie beschränkt sich jedoch in diesem Fall auf die Feststellung **offensichtlicher Mängel** (zum Beispiel fehlende Angaben zum Versammlungsort oder fehlende Angaben zu vorgeschriebenen Vorschlägen zur Beschlussfassung nach § 124 Abs. 3 Satz 1 AktG). **399**

Auch wenn die dem Einberufungsorgan mitgeteilten Mängel nicht mehr behoben werden können, ist dies kein Grund für den Notar, die Beurkundung der Hauptversammlung **abzulehnen**, denn die in einer so einberufenen Hauptversammlung gefassten Beschlüsse sind in aller Regel nicht nichtig, sondern lediglich anfechtbar (§ 243 AktG). **400**

Eine **Ablehnung** der Beurkundung kommt allenfalls dann in Betracht bzw. muss allenfalls dann vom Notar erklärt werden, wenn die Hauptversammlung nicht nach § 121 Abs. 2 und 3 AktG von den dazu Befugten oder ohne die zwingenden Angaben des § 121 Abs. 3 AktG einberufen worden ist. Denn offensichtlich nichtige Beschlüsse darf der Notar nicht beurkunden.[468] **401**

2. Durchführung der Hauptversammlung

Auch wenn § 17 Beurkundungsgesetz, der dem Notar eine umfassende Prüfungs-, Belehrungs- und Einwirkungspflicht bei Beurkundungen auferlegt, für die notarielle Niederschrift von Hauptversammlungsbeschlüssen nicht gilt, so ist doch anerkannt, dass der Notar sein Hauptversammlungsprotokoll nicht »mit geschlossenen Augen« aufnehmen darf.[469] **402**

Der Notar hat deswegen – dies ist Sinn und Zweck der notariellen Protokollierung der Hauptversammlung – auf **offensichtliche Rechtsverstöße** gegen Gesetz oder Satzung bei Einberufung und Durchführung der Hauptversammlung hinzuweisen. Der Notar sollte deshalb bei Durchführung der Hauptversammlung neben dem Leiter der Hauptversammlung oder in dessen Nähe sitzen, um möglichst schnell eingreifen zu können, wenn Fehler drohen.[470] **403**

---

466 Str., wie hier: *Hüffer*, § 130 Rn. 14c; Heidel/*Terbrack*/Lohr, Aktienrecht, § 130 Rn. 8; Beck'sches Formularbuch AG/*Hoffmann-Becking*, X.23 Anm. 1; ZIP 1995, 1, 7; Happ/*Zimmermann*, Aktienrecht, 10.19 Rn. 2, jeweils m.w.N.
467 Vgl. zu dieser umstrittenen Frage: Heidel/*Terbrack*/Lohr, Aktienrecht, § 130 Rn. 12.
468 Heidel/*Terbrack*/Lohr, Aktienrecht, § 130 Rn. 22.
469 *Hüffer*, § 130 Rn. 12; Heidel/*Terbrack*/Lohr, Aktienrecht, § 130 Rn. 19.
470 Dazu Heidel/*Terbrack*/Lohr, Aktienrecht, § 130 Rn. 21.

3. Erstellung des notariellen Hauptversammlungsprotokolls

404 Das notarielle Hauptversammlungsprotokoll wird im **Entwurf** regelmäßig bereits vor der Hauptversammlung auf der Grundlage der überlassenen Tagesordnung verfasst. Dieses Dokument dient dem Notar dann als gedankliches Gerüst für die Protokollierung der Hauptversammlung.

405 Regelmäßig wird der Notar in diesen Entwurf während der Hauptversammlung die noch offenen Punkte gemäß seiner Wahrnehmung eintragen bzw. abändern und ergänzen. Im Anschluss an die Hauptversammlung erstellt er dann auf dieser Basis das endgültige Versammlungsprotokoll. Dies ist unbedenklich.[471] Zu der Frage der **Abänderung** des so erstellten Protokolls nach Unterzeichnung durch den Notar vgl. die Ausführungen bei Rdn. 557 ff.

4. Einzuhaltende Formalien des notariellen Hauptversammlungsprotokolls

406 Die einzuhaltenden Förmlichkeiten sind im § 130 AktG **abschließend** geregelt. § 130 AktG geht als spezielleres Gesetz insbesondere den Regelungen des Beurkundungsgesetzes (vergleiche §§ 6 bis 35 Beurkundungsgesetz) vor, und zwar deswegen, weil die notarielle Niederschrift keine Willenserklärungen aufnimmt. Die Beurkundung der Hauptversammlungsbeschlüsse stellt nämlich nicht die Beurkundung von Stimmabgaben, die man noch als Willenserklärung ansehen könnte, dar, sondern lediglich die Festhaltung des rechnerischen Ergebnisses der Abstimmung zu bestimmten Beschlüssen. Die notarielle Niederschrift über den Hergang der Hauptversammlung ist somit ein reines **Tatsachenprotokoll**.[472]

407 Als Tatsachenprotokoll wird die notarielle Niederschrift weder **vorgelesen**, noch von den Teilnehmern der Versammlung genehmigt und mitunterschrieben. Der Notar prüft auch nicht die **Identität** der Teilnehmer, ihre **Geschäftsfähigkeit** oder **Vertretungsbefugnis**.[473]

408 Schwierigkeiten können in der Praxis dann auftreten, wenn in der Hauptversammlung **notariell zu beurkundende Willenserklärungen** abgegeben werden (zum Beispiel Verzichte gemäß §§ 8 Abs. 3, 9 Abs. 3 Umwandlungsgesetz). Hier ist insoweit Vorsicht geboten, als die Aufnahme der Tatsachen in das Hauptversammlungsprotokoll die einzuhaltenden Formerfordernisse nicht erfüllt. Vielmehr ist die entspreche Zustimmung als Willenserklärung gesondert nach den Regeln der §§ 8 ff. Beurkundungsgesetz zu beurkunden. Dennoch sind hier nicht zwingend zwei notarielle Urkunden zu fertigen: auch die Niederschrift über die Hauptversammlung kann nach den §§ 8 ff. Beurkundungsgesetz aufgenommen werden, da es sich bei der Beurkundung von Willenserklärungen im Verhältnis zur Tatsachenbeurkundung nach § 130 AktG um die strengere Form handelt.[474]

409 Das **Muster** eines notariellen Hauptversammlungsprotokolls in Form der Beurkundung von Willenserklärungen (§§ 8 ff. BeurkG) lautet beispielsweise:

410 M **Formulierungsbeispiel: notarielles Hauptversammlungsprotokoll**

UR. Nr. 3731 für 2010

Verhandelt zu Aachen am Freitag, den 09. August 2010, um 10.00 Uhr in dem Verwaltungsgebäude der IPO AG, Wilhelmstraße 31, zu 52070 Aachen.

Vor mir, dem unterzeichneten

DR. CHRISTOPH TERBRACK

– NOTAR ZU AACHEN –

erschienen, mir zur Person ausgewiesen durch ihre Bundespersonalausweise:

---

471 *Huhn/v. Schuckmann*, BeurkG, § 37 Rn. 12.
472 Vgl. dazu instruktiv OLG Düsseldorf RNotZ 2003, 329 mit Anm. *Fleischhauer*.
473 Heidel/*Terbrack/Lohr*, Aktienrecht, § 130 Rn. 33.
474 *Röll*, DNotZ 1979, 644.

Hauptversammlung **B**

1. Herr Sven Müller, geboren am 9.9.1969, wohnhaft in 52074 Aachen, Kaiser-Friedrich-Allee 40,
2. Herr Oliver Carowski, geboren am 10.11.1970, wohnhaft in 52070 Aachen, Brabantstraße 45,
3. Herr Dr. Kai Eck, geboren am 11.1.1954, wohnhaft in 52074 Aachen, Otto-Kern-Straße 3,

   – hier handelnd als alleinige Aktionäre der IPO AG zu Aachen –

4. Frau Katja Burghardt, geboren am 19.6.1974, wohnhaft in 52074 Aachen, Kaiser-Friedrich-Allee 62,
5. Herr Christof Carl, geboren am 1.10.1960, wohnhaft in 52070 Aachen, Lothringerstraße 4,
6. Herr Prof. Dr. Karsten Schmitz, geboren am 11.7.1951, wohnhaft in 52074 Aachen, Colynshofstraße 38,

   – hier handelnd als Aufsichtsratsmitglieder der IPO AG zu Aachen –

7. Frau Dr. Verena Kleinert, geboren am 10.10.1965, wohnhaft in 52070 Aachen, Karststraße 10,

   – hier handelnd als alleiniges Vorstandsmitglied der IPO AG zu Aachen –.

Die Erschienenen erklärten zu notariellem Protokoll die folgende

ORDENTLICHEN HAUPTVERSAMMLUNG DER IPO AG ZU AACHEN

VOM 09. AUGUST 2010

NEBST VERZICHTERKLÄRUNGEN

Teil A. – Hauptversammlung
(Es folgt der Text der Hauptversammlungsniederschrift)

Teil B. – Verzichtserklärungen
Die Erschienenen zu 1.bis mit 3. als alleinige Aktionäre der IPO AG zu Aachen verzichten hiermit unter Bezug auf die Verschmelzung vom 10.5.2010 – URNr. 2391/2010 T des beurkundenden Notars – gem. § 8 Abs. 3 UmwG auf die Erstellung eines Verschmelzungsberichtes und gem. § 9 Abs. 2 und 3 UmwG i.V.m. § 8 Abs. 3 UmwG auf die Prüfung der Verschmelzung und entsprechende Berichterstattung sowie auf eine Klage gegen den Zustimmungsbeschluss zur vorgenannten Verschmelzung der IFO-GmbH zu Aachen auf die IPO AG zu Aachen.
Die aufnehmende Gesellschaft, die IPO AG zu Aachen, nimmt hiermit Kenntnis von diesen Verzichtserklärungen.

Teil C. – Schlussbestimmungen, Hinweise, Kosten
(Es folgen Belehrungen des Notars sowie besondere Hinweise)
Diese Niederschrift wurde den Erschienenen von dem Notar vorgelesen, von ihnen genehmigt und sodann eigenhändig von ihnen und dem Notar wie folgt unterschrieben:

411 Das notarielle Hauptversammlungsprotokoll ist ein Ergebnis – und kein Verlaufsprotokoll. Eine chronologische Wiedergabe des Ablaufs der Hauptversammlung wird daher nicht verlangt, ist aber häufig sinnvoll.

Die notarielle Hauptversammlungsniederschrift muss folgende zwingende Angaben enthalten (vergleiche § 130 Abs. 1, 2 und 4 AktG):

3. Kapitel Aktiengesellschaft

a) Rubrum

412 In der Niederschrift sind der **Ort**, der **Tag** der Verhandlung und der **Name** des die Niederschrift aufnehmenden Notars (§ 130 Abs. 2 AktG) aufzunehmen.

413 Ob zur korrekten Namensbezeichnung **allein der Nachname** des Notars ausreicht ist **umstritten**.[475]

414 Hinsichtlich des **Ortes** genügt die Angabe der Stadt oder der Gemeinde, üblicherweise wird aber auch die Straße und der genaue Verhandlungsraum angegeben.

415 Der **Tag** der Versammlung bezeichnet das Datum; bei einer Hauptversammlung über mehrere Tage sind alle Daten anzugeben. Auch die Angabe des Beginns und des Endes der Hauptversammlung (Uhrzeit) ist sinnvoll.[476]

416 Das **Muster** eines **Urkundseinganges** eines notariellen Hauptversammlungsprotokolls lautet beispielsweise:

417 M **Formulierungsbeispiel: Urkundseingang eines notariellen Hauptversammlungsprotokolls**

UR. Nr. 2334 für 2010

Verhandelt zu Aachen am Freitag, den 03. Juli 2010, um 10.30 Uhr in dem Verwaltungsgebäude der IFP AG, Auf der Hüls 163, zu 52068 Aachen.
Der unterzeichnete

DR. CHRISTOPH TERBRACK

– NOTAR ZU AACHEN –

hat sich auf Ersuchen des Vorstandes der im Handelsregister des Amtsgerichts Aachen unter HR B 746 eingetragenen

IFP AG

mit dem Sitz zu Aachen

zur vorangegebenen Stelle und Zeit eingefunden, um über die Verhandlungen und Beschlüsse der heute hier stattfindenden

ORDENTLICHEN HAUPTVERSAMMLUNG

VOM 03. JULI 2010

der vorgenannten Aktiengesellschaft eine notarielle Niederschrift aufzunehmen.

b) Beschlüsse pp.

418 Zu protokollieren ist jeder **Beschluss** der Hauptversammlung (§ 130 Abs. 1 AktG), und zwar sowohl der Beschluss durch den ein Antrag angenommen worden ist (sogenannter positiver Beschluss), als auch der einen Antrag ablehnende Beschluss (sogenannter negativer Beschluss).

419 Zu beurkunden sind neben Sachbeschlüssen auch **Wahlbeschlüsse** und **Verfahrensbeschlüsse** (zum Beispiel die Wahl des Versammlungsleiters, die Einzelabstimmung bei Entlastung).

420 Nicht zwingend zu beurkunden sind **verfahrensleitende Maßnahmen** des Versammlungsleiters; es kann aber häufig zweckmäßig sein, diese zu beurkunden, da sich hieran Anfechtungsrechte knüpfen können.

---

475 Heidel/*Terbrack/Lohr*, Aktienrecht, § 130 Rn. 26.
476 Heidel/*Terbrack/Lohr*, Aktienrecht, § 130 Rn. 25.

Das **Muster** der Protokollierung **verfahrensleitender Maßnahmen (hier: Festlegung** **421**
des Abstimmungsverfahrens) lautet beispielsweise:

Formulierungsbeispiel: Protokollierung der Festlegung des Abstimmungsverfahrens **422 M**
Der Vorsitzende legte das Abstimmungsverfahren wie folgt fest: Abgestimmt wird mit den Stimmabschnitten auf den ausgehändigten Stimmbögen. Es wird das sogenannte Additionsverfahren angewendet, d.h. es werden die JA-Stimmen und die NEIN-Stimmen gezählt. Die Zahl der abgegebenen Stimmen ermittelt sich aus der Addition der JA-Stimmen und NEIN-Stimmen. STIMMENTHALTUNGEN werden nicht erfasst, da sie als nicht abgegebene Stimmen gelten. Die Abstimmungen werden elektronisch ausgezählt. Dabei werden die im Austausch gegen die Eintrittskarten zur Hauptversammlung ausgehändigten Stimmbögen verwendet. Nach Aufruf der einzelnen Tagesordnungspunkte wird der Vorsitzende den jeweils zu verwendenden Stimmabschnitt benennen. Wer mit JA oder NEIN stimmen will, hat den Stimmabschnitt mit der aufgerufenen Nummer in die für die Abstimmung zu diesem Tagesordnungspunkt vorgesehenen Stimmurnen einzuwerfen. Die JA-Stimmen und die NEIN-Stimmen werden eingesammelt.
Um einen zügigen Ablauf der Hauptversammlung zu gewährleisten, werden die Stimmen nicht für jede Abstimmung gesondert, sondern en bloc nach Aufruf des letzten Tagesordnungspunktes eingesammelt.
Nochmals wies der Vorsitzende darauf hin, dass nur im bestuhlten und mit Trennwänden begrenzten Versammlungsbereich die Stimmbogenabschnitte eingesammelt werden, nicht im sonstigen Präsenzbereich und er bat alle stimmberechtigten Aktionäre und Aktionärsvertreter, die für oder gegen den zur Abstimmung gestellten Beschlussvorschlag sind, sich zur Stimmabgabe in den Versammlungssaal zu begeben und bei Aufruf des betreffenden Tagesordnungspunktes den entsprechenden Stimmbogenabschnitt zum Einwurf in die Stimmurnen bereitzuhalten. Für jeden Tagesordnungspunkt würden JA-Stimmen und NEIN-Stimmen in gemeinsamen Stimmurnen eingesammelt. Die EDV ist mittels Barcode zuverlässig in der Lage, eine entsprechende Zuordnung vorzunehmen.

c) Art der Abstimmung

In der Niederschrift anzugeben sind u.a. die **Art** der Abstimmung (§ 130 Abs. 2 S. 1 AktG). **423**
Unter der **Art der Abstimmung** ist diejenige Form zu verstehen, in der das Stimmrecht ausgeübt wird, also beispielsweise ob geheim, schriftlich oder elektronisch, durch Aufstehen, Handaufheben, Zuruf oder Abgabe von Stimmkarten abgestimmt wird.

Anzugeben ist auch, ob nur die Ja- und Neinstimmen (sogenannte Additionsmethode), **424**
oder nur die Neinstimmen und Enthaltungen (sogenannte Subtraktionsmethode) gezählt worden sind und wie die Auszählung der Stimmen erfolgt ist.

Die Überwachung und Protokollierung der Stimmenauszählung fällt nicht unter den **425**
Begriff »Art der Abstimmung« i.S.v. § 130 Abs. 2 AktG; diesbezüglich ergeben sich daher auch keine Überwachungspflichten des Notars.[477] Gleichwohl kann der Notar natürlich hierzu Feststellungen nach seiner eigenen Wahrnehmung treffen, um für den Fall der Erhebung entsprechender Anfechtungsklagen eine klare Beweislage zu schaffen.

---

477 BGH AG 2009, 285, 286.

3. Kapitel Aktiengesellschaft

426 Das **Muster** entsprechender Feststellungen in einem notariellen Protokoll lautet wie folgt:

427 M **Formulierungsbeispiel: Feststellungen nach eigener Wahrnehmung des Notars**
Abstimmverfahren
Das Erfassen der Stimmkarten erfolgte jeweils in der von dem Vorsitzenden angeordneten Art und Weise in dem Sitzungssaal »Berlin I« und »Berlin II«. Abgestimmt wurde nach dem sogenannten ADDITIONSVERFAHREN. Bei dem ADDITIONSVERFAHREN wurden die abgegebenen JA-Stimmen und NEIN-Stimmen gezählt. Die Zahl der insgesamt abgegebenen Stimmen ergab sich aus der Addition der JA-Stimmen und der NEIN-Stimmen. STIMMENTHALTUNGEN wurden nicht gezählt, da sie keine Stimmabgabe bedeuteten.

Abstimmvorgang und Stimmenauszählung
Der Vorsitzende kündigte den Beginn und das Ende des Abstimmvorganges mehrfach deutlich an. Alle Aktionäre und Aktionärsvertreter hatten somit hinreichend Gelegenheit, ihre Stimme abzugeben. Bei der Abstimmung wurden die Aktionäre, die mit JA oder NEIN stimmen wollten, um Handzeichen gebeten. Sodann gingen mehrere Stimmzähler durch die Reihen und fragten die betreffenden Aktionäre bzw. Aktionärsvertreter, ob sie mit JA oder NEIN stimmen wollten. Entsprechend dieser Aussage wurde der Handscanner auf das Erfassen von JA-Stimmen oder NEIN-Stimmen geschaltet und die vorcodierte Stimmkarte erfasst.

Über den Strichcode auf der Stimmkarte wurden die Stimmkarten-Nummern und die dazugehörige Anzahl der Stimmen in das Gerät eingelesen. Auf dem Anzeigefeld des mobilen Datenerfassungsgerätes konnten sich die Aktionäre selbst davon überzeugen, dass die Angaben korrekt erfasst worden sind. Gleichzeitig erhielten sie über das mobile Datenerfassungsgerät zu Kontrollzwecken als Quittung einen Ausdruck.

Die so erfassten Daten wurden dann in die zentrale Datenverarbeitungsanlage übernommen. Sofern ein Aktionär und Aktionärsvertreter mehrere Stimmkarten hat, musste jede dieser Stimmkarten über das mobile Datenerfassungsgerät eingelesen werden und es musste zu jeder Stimmkarte zuvor erklärt werden, ob jeweils mit JA oder NEIN gestimmt werden soll. Es war sichergestellt, dass Aktien, bei denen Stimmverbote vorliegen, nicht an der Abstimmung teilnehmen konnten.

Die erfassten Daten wurden per WLAN an einen zentralen Rechner übermittelt, der von Mitarbeitern der Hauptversammlungs Event-Service GmbH, Aachen, Herrn Müller sowie Herrn Fritz, bedient wurde.

Die so übermittelten Daten wurden auf diesem Rechner ausgewertet und ausgedruckt. Dieser zentrale Rechner befand sich im Sitzungssaal »Berlin I« und »Berlin II« und war für die Aktionäre frei einsehbar. Die Erfassung erfolgte an einem vernetzten, mit Backup-Systemen und unterbrechungsfreier Stromversorgung ausgestatteten Computer.

Zum Einsatz kam eine von der Hauptversammlungs Event-Service GmbH, Aachen, entwickelte Software. Bei der Erfassung der Stimmkarten war die jeweils aktuelle Präsenz-Datenbank hinterlegt. Anhand der in das Programm eingelesenen Daten wurde automatisch geprüft, ob die genannte Stimmkarte präsent und stimmberechtigt ist. Die so ermittelten Abstimmungsergebnisse wurden auf einem Drucker ausgedruckt. Bei den Abstimmungsergebnissen wurden die JA-Stimmen und die NEIN-Stimmen als absolute Zahlen sowie die JA-Stimmen bzw. NEIN-Stimmen zusätzlich als Prozentsätze angegeben. Anschließend wurden die Ergebnisblätter zu jedem Tagesordnungspunkt dem Vorsitzenden zur Feststellung übergeben und von dem Vorsitzenden verkündet.

e) Ergebnis der Abstimmung pp.

428 In der Niederschrift anzugeben ist u.a. das **Ergebnis** der Abstimmung (§ 130 Abs. 2 S. 1 AktG). Unter dem **Ergebnis der Abstimmung** ist das vom Versammlungsleiter verkündete ziffernmäßige Ergebnis der Abstimmung zu verstehen. Hierbei sind nach allgemeiner Auffassung die **Anzahl** der Ja- und Neinstimmen (sowie beim Subtraktionsverfahren die Zahl der Enthaltungen) zu protokollieren.

429 **Kapitalanteile**, d.h. Prozentangaben zu den Abstimmungsergebnissen müssen nur dann protokolliert werden, wenn für den Beschluss vom Gesetz eine Kapitalmehrheit verlangt wird und das Stimmgewicht der Aktien nicht proportional zum Kapitalanteil ist, etwa bei Höchststimmrechten.

430 Bei **börsennotierten Gesellschaften** sind seit dem ARUG[478] auch die Feststellungen des Versammlungsleiters über die **Zahl der Aktien, für die gültige Stimmen abgegeben wurden** (§ 130 Abs. 2 S. 2 Nr. 1 AktG), **den Anteil des durch die gültigen Stimmen vertretenen Grundkapitals** (§ 130 Abs. 2 S. 2 Nr. 2 AktG) **sowie die Zahl der für einen Beschluss abgegebenen Stimmen, Gegenstimmen und ggfs. der Enthaltungen** notariell zu protokollieren (§ 130 Abs. 2 S. 2 Nr. 3 AktG). Sofern kein Aktionär widerspricht, kann der Versammlungsleiter seine Feststellungen darauf beschränken, dass die für den Beschluss erforderliche Mehrheit erreicht wurde (§ 130 Abs. 2 S. 3 AktG). Entsprechend reduziert sich die Protokollierungspflicht des Notars. Da jedoch nach § 130 Abs. 6 AktG börsennotierte Gesellschaften seit dem ARUG[479] alle in § 130 Abs. 2 AktG geforderten Angaben innerhalb von sieben Tagen nach der Hauptversammlung auf ihrer Internetseite veröffentlichen müssen, wird aller Wahrscheinlichkeit nach in der Praxis von den verkürzten Feststellungsmöglichkeiten des Versammlungsleiters nur selten Gebrauch gemacht werden.

431 Aus der Niederschrift muss ferner klar ersichtlich sein, auf welchen **Antrag** sich das Abstimmungsergebnis bezieht. Da die Beschlussvorschläge der Verwaltung regelmäßig aus der Niederschrift hervorgehen, reicht eine Bezugnahme aus. Änderungen dieser Vorschläge oder Gegenanträge von Aktionären sollten hingegen im Wortlaut widergegeben werden.

432 Auch die Angabe der **Feststellung des Vorsitzenden** über die Beschlussfassung ist zwingender Inhalt der Niederschrift (§ 130 Abs. 2 S. 1 AktG). Allgemein versteht man hierunter die Verkündung des Vorsitzenden, dass ein Beschluss eines bestimmten Inhaltes mit der dafür notwendigen Mehrheit gefasst bzw. nicht gefasst worden ist. Die Feststellungen des Vorsitzenden zu den einzelnen Beschlüssen können auch am Ende der Niederschrift zusammenfassend widergegeben werden. Dabei reicht es aber wohl nicht aus, lediglich zu protokollieren, dass der Beschluss festgestellt wurde. Anzugeben ist vielmehr, ob er als angenommen oder als abgelehnt festgestellt wurde.[480]

433 Das **Muster** der **Protokollierung der Feststellungen** des Vorsitzenden bei einer börsennotierten Gesellschaft lautet:

434 M **Formulierungsbeispiel: Protokollierung der Feststellung des Vorsitzenden**
Der Vorsitzende gab die von ihm festgestellten Abstimmungsergebnisse zu den einzelnen Tagesordnungspunkten bekannt und verkündete die folgenden Beschlüsse:
a) »Zu Punkt 2. der Tagesordnung ergab die Abstimmung:
An gültigen Stimmen wurden abgegeben: 5.816.140, dies entspricht 97,30 % des Grundkapitals der Gesellschaft

---

478 ARUG (Gesetz zur Umsetzung der Aktionärsrichtlinie) vom 30. Juli 2009, BGBl. I S. 2479 ff.
479 ARUG (Gesetz zur Umsetzung der Aktionärsrichtlinie) vom 30. Juli 2009, BGBl. I S. 2479 ff.
480 So Happ/*Zimmermann*, Aktienrecht, 10.17 Rn. 37; Heidel/*Terbrack/Lohr*, Aktienrecht, § 130 Rn. 33.

3. Kapitel Aktiengesellschaft

Davon entfielen auf:

NEIN-Stimmen: 25

JA-Stimmen: 5.816.115

ENTHALTUNGEN: keine

Dementsprechend haben 99,999 % des vertretenen stimmberechtigten Grundkapitals für den Beschlussvorschlag der Verwaltung gestimmt, womit dieser angenommen ist.

Ich stelle fest und verkünde, dass die Hauptversammlung mit der erforderlichen Mehrheit der abgegebenen Stimmen dem unter Punkt 2 der Tagesordnung in der Einladung zu dieser Hauptversammlung wiedergegebenen Vorschlag von Vorstand und Aufsichtsrat zugestimmt hat, den im Jahresabschluss für das Rumpfgeschäftsjahr 2008 ausgewiesenen Bilanzgewinn in Höhe von Euro 376.605,58 auf neue Rechnung vorzutragen.«

f) Minderheitsverlangen

435 Beurkundet werden muss ferner jedes **Verlangen einer Minderheit der Aktionäre** (§ 130 Abs. 1 Satz 2 AktG) nach einer getrennten Abstimmung über die Entlastung eines Verwaltungsmitglieds (§ 120 Abs. 1 Satz 2 AktG) sowie nach einer bevorzugten Abstimmung über Wahlvorschläge von Aktionären nach § 137 AktG.[481]

g) Widersprüche

436 Zudem sind **Widersprüche** von Aktionären gegen einen Beschluss aufzunehmen. Dies sichert dem Aktionär das Recht, den Beschluss im Nachgang der Hauptversammlung mit der Anfechtungsklage anzugreifen (§ 245 Nr. 1 AktG). Wer für einen Aktionär stimmberechtigt ist, kann auch ohne besondere **Vollmacht** in dessen Namen einen Widerspruch erklären.[482]

437 Der Widerspruch ist die **Erklärung** des Aktionärs, dass er gegen die **Rechtmäßigkeit** des Beschlusses Bedenken erhebt und insoweit rechtliche Schritte erwägt. Eine Begründung ist nicht notwendig. Der Widerspruch muss für den Notar **eindeutig** erkennbar sein. Bei Unklarheiten hat der Notar auf eine eindeutige Erklärung des Aktionärs hinzuwirken.

438 Der Widerspruch kann **während** der gesamten Hauptversammlung abgegeben werden, und zwar auch schon in Bezug auf **Beschlüsse**, die noch gar **nicht gefasst** wurden.[483] Der Widerspruch kann sich pauschal auf **alle Beschlüsse** erstrecken oder nur gegen einzelne Beschlüsse gerichtet sein. Eine **Begründung** ist nicht erforderlich.

439 Der Widerspruch muss während der Hauptversammlung erklärt werden, danach ist er grundsätzlich unbeachtlich.[484] Wurde der Aktionär durch die Schließung der Hauptversammlung überrascht, kann der Notar dies in der Niederschrift unter Angabe dieser Umstände vermerken.

440 Das **Muster** der Protokollierung eines **Widerspruchs** lautet:

441 M **Formulierungsbeispiel: Protokollierung eines Widerspruchs**
»Sodann legte Frau Bettina Hermes Widerspruch zu notariellem Protokoll gegen die Beschlüsse zu allen Tagesordnungspunkten für die Stimmkarten mit den Nrn. 277, 237, 236, 235, 275, 238 und 366 ein.«

---

481 Heidel/*Terbrack/Lohr*, Aktienrecht, § 130 Rn. 11.
482 OLG Stuttgart NZG 2004, 966, 967.
483 BGH AG 2007, 863; OLG Jena AG 2006, 417; OLG München AG 2007, 37.
484 LG Köln AG 1996, 37; *Hüffer*, § 245 Rn. 14.

h) Unbeantwortete Fragen

In die Niederschrift aufzunehmen sind **Verlangen von Aktionären**, so insbesondere bei der **Auskunftsverweigerung** (§ 131 Abs. 5 AktG). Die Protokollierung soll es dem Aktionär ermöglichen, im anschließenden Auskunftserzwingungsverfahren (§ 132 AktG) einen Nachweis darüber zu führen, dass ihm bislang die Auskunft auf seine Frage durch die Gesellschaft verweigert wurde.   442

Es empfiehlt sich daher, den Namen des Aktionärs (und gegebenenfalls seine Stimmkartennummer) sowie die unbeantwortete Frage zu protokollieren. Sofern der Vorstand **Gründe** für die Auskunftsverweigerung angibt, sollten auch diese angegeben werden.   443

Antworten des Vorstands, die nach Ansicht des Aktionärs nicht erschöpfend sind, muss der Notar nicht protokollieren. **Auf Wunsch** der Gesellschaft kann er dies aber tun.   444

Ein **Protokollierungsanspruch** des Aktionärs besteht erst dann, wenn seine Frage nicht beantwortet ist. In der Praxis verlangen Aktionäre häufig die Protokollierung unmittelbar nach Fragestellung oder aber dann, wenn der Vorstand nach einer gewissen Zeit der Debatte nicht geantwortet hat. Derartige Protokollierungsverlangen sind unbegründet, solange die **Debatte noch läuft** und der Vorstand nicht erklärt hat, dass er auf diese Frage nicht antworten werde. Der Notar sollte in derartigen Situationen durch Rückfrage mit dem Vorstand klären, ob auf die Frage noch geantwortet werden wird; ist dies nach Auskunft des Vorstands der Fall, besteht (zunächst) keine Pflicht zur Protokollierung.   445

Wird eine Frage nach Ansicht des Aktionärs **unzureichend beantwortet**, d.h. inhaltlich nicht zutreffend oder nicht erschöpfend beantwortet, besteht ebenfalls ein Anspruch auf Protokollierung dieser Frage. Einen Anspruch auf Protokollierung der – aus Sicht des Aktionärs – unzureichenden **Antwort des Vorstands** besteht hingegen nicht. Allerdings steht es dem Vorstand frei, den Notar um Protokollierung auch der Antwort zu bitten.[485]   446

Das **Muster** der Protokollierung einer vorgeblich **unzureichend beantworteten Frage** sowie der Antwort lautet wie folgt: 447

Formulierungsbeispiel: Protokollierung der Antwort   448 M
Auf Bitten des Herrn Groß wurde die nachfolgende Frage des Herrn Münster als ungenügend beantwortet gerügt und wie folgt zu Protokoll genommen; ebenfalls zu Protokoll genommen wurde auf Bitten des Vorstands die auf diese Frage gegebene Antwort:
»**Frage:** Wurden die Tätigkeiten der XY-Prüfungsgesellschaft im Vorfeld offengelegt, sprich: welche sonstigen Tätigkeiten wurden dem Gericht bei der Beantragung, dass XY prüfen solle, offengelegt? Oder hat man dies dem Gericht arglistig verschwiegen, um nicht deutlich zu machen, dass dieser Prüfer befangen ist?
Antwort: XY Prüfungsgesellschaft hat geprüft, ob Ausschlussgründe gegen eine Bestellung als Vertragsprüfer gemäß §§ 327 c, 293 d AktG und §§ 319, 319 a HGB vorliegen. XY hat gegenüber dem Landgericht Düsseldorf mit Schreiben vom 10. November 2009 erklärt, dass solche Ausschlussgründe nicht vorliegen. Eine konkrete Angabe einzelner Tätigkeiten war und ist nicht erforderlich und erfolgte daher nicht.«

Das **Muster** der Protokollierung einer **Auskunftsverweigerung** lautet: 449

Formulierungsbeispiel: Protokollierung einer Auskunftsverweigerung   450 M
Der Vorstand Dr. Thelen beantwortete weitere Fragen. Die nachfolgende Frage des Aktionärs Kirchner wurde als unbeantwortet gerügt und wie folgt zu notariellem Protokoll diktiert:

---

[485] *Krieger*, FS Priester 2007, S. 387, 392 f.

3. Kapitel Aktiengesellschaft

»**Frage:** Mir ist zu wenig über die jeweiligen Mieterträge gesagt worden, besonders in den 1a-Lagen, auch wie diese quantitativ jeweils ausfallen, wie sich deren Planungsrechnungen bis 2010 aufbereiten, so wie Sie das bei der Holding grob summiert ohnehin machen.«

451 Sofern Aktionäre **umfangreiche Fragenkataloge** als unbeantwortet protokolliert wissen wollen, ist der Notar berechtigt, eine **schriftliche Fassung** der unbeantworteten Fragen vom Aktionär zu verlangen, die er dann dem Protokoll beifügt. Es ist dem Notar nicht zuzumuten, einen umfangreichen Fragenkatalog aufzuschreiben o.ä., da er ansonsten seiner Pflicht zur Protokollierung der Hauptversammlung nicht nachkommen kann. Bei Absehbarkeit eines solchen Sachverhalts ist die Gesellschaft gut beraten, **Schreibkräfte** vorzuhalten, die Aktionäre bei der schriftlichen Fixierung ihrer Fragen unterstützen (vgl. dazu sogleich Rdn. 452 ff.). Eine **Pflicht** hierzu besteht aber nicht.

i) Hilfspersonen bei der Protokollierung

452 Für den beurkundenden Notar stellt sich – gerade bei der Beurkundung der Hauptversammlung einer börsennotierten Gesellschaft – häufig das Problem, dass er der weiteren Verhandlung nur schwer folgen kann, wenn er laufend unbeantwortete Fragen und Widersprüche aufzunehmen hat. Er darf sich daher bei der Aufnahme von unbeantworteten Fragen und Widersprüchen auch der Hilfe einer **Schreibkraft** bedienen, muss aber immer beachten, dass es sich in diesem Fall bei allen protokollierten Vorgängen um seine **eigene Wahrnehmung** (und nicht nur die seiner Schreibkraft) handeln muss.

453 Der Notar muss daher beispielsweise bei der Aufnahme unbeantworteter Fragen dem Diktat, welches der Aktionär ggfs. der Schreibkraft aufgibt, zugegen sein. Der Notar kann die Frageaufnahme aber auch in jeder sonstigen Art und Weise vornehmen, etwa durch schlagwortartige **Notizen** oder **Aufsprechen auf ein Tonband** o.ä., um sie dann später in Schriftform dem Protokoll beizufügen.

454 Gerade bei großen Hauptversammlungen ist immer wieder zu beobachten, dass Aktionäre **umfangreiche Fragenkataloge** als unbeantwortet protokolliert wissen wollen. Der Notar ist in derartigen Fällen berechtigt, eine **schriftliche Fassung** der unbeantworteten Fragen vom Aktionär zu verlangen, die er dann seinem notariellen Hauptversammlungsprotokoll beifügt. Es ist dem Notar nicht zuzumuten, einen umfangreichen Fragenkatalog aufzuschreiben o.ä., da er ansonsten seiner Pflicht zur Protokollierung der Hauptversammlung in diesem Zeitraum nicht nachkommen könnte.

455 Sofern ein solcher Sachverhalt im Vorfeld der Hauptversammlung absehbar ist, gerade bei kritischen Hauptversammlungen, ist die Gesellschaft gut beraten, **Schreibkräfte** vorzuhalten, die Aktionäre bei der schriftlichen Fixierung ihrer Fragen unterstützen. Eine **Pflicht** hierzu besteht aber nicht. Diese Aufzeichnungen der Schreibkräfte sind im Ergebnis die dem Notar von dem Aktionär schriftlich überreichten Fragen; es handelt sich bei diesen Aufzeichnungen somit nicht um eigene Wahrnehmungen des Notars. Daher muss der Notar auch nicht bei deren Aufnahme unmittelbar zugegen sein.[486]

456 Häufiger diskutiert und in der Praxis zum Teil erprobt ist die Frage der Hinzuziehung eines **zweiten Notars** zur Beurkundung der Hauptversammlung. Dies ist zum einen in der Form denkbar, dass ein zweiter Notar parallel zur Tätigkeit seines Kollegen ebenfalls die Hauptversammlung beurkundet, um somit in allen Zweifelsfällen oder den Fall des Nichtabschlusses der Protokollierung durch den »Hauptnotar« ein ordnungsgemäßes Hauptversammlungsprotokoll zu haben. Zum anderen kann der zweite Notar aber auch den ersten Notar bei der Entgegennahme von Widersprüchen etc. unterstützen. In diesem

---

486 Vgl. dazu *Krieger*, FS Priester, 2007, S. 387, 401 ff.

Falle ist er als Hilfsperson des Hauptnotars zu sehen; es gelten die vorstehend dargelegten Grundsätze zu Hilfspersonen.[487]

j) Ordnungsentscheidungen, besondere Vorkommnisse

Zusätzlich sind alle unmittelbar für das wirksame Zustandekommen der Beschlüsse relevanten **Vorkommnisse** vom Notar zu protokollieren, so beispielsweise **Ordnungsentscheidungen** des Vorsitzenden (zu denken ist hier an eine Beschränkung der Redezeit, den Entzug des Wortes, die Verweisung aus dem Saal oder die Vertagung der auf zwei Tage einberufenen Hauptversammlung auf den nächsten Tag). 457

Das **Muster** der Protokollierung **besonderer Vorkommnisse** sowie der **Vertagung einer Hauptversammlung** lautet wie folgt: 458

Formulierungsbeispiel: Protokollierung besonderer Vorkommnisse 459 M
Der Aktionär Groß beanstandete in seiner längeren Rede u.a. die angeblich nicht ausreichende Beleuchtung im Versammlungssaal. Der Versammlungsleiter bat ihn daraufhin, in Anbetracht seines hohen Redeanteils im Verlaufe der heutigen Debatte zum Ende seiner Ausführungen zu kommen. Herr Groß erklärte daraufhin, dass er nach etwa 11 ½ Stunden Hauptversammlung nicht mehr in der Lage sei, den Fragen und Antworten zu folgen. Herr Groß bat darum, dass der Versammlungsleiter entscheiden möge, die Hauptversammlung zu unterbrechen. Der Aktionär Groß verlangte, dass den nicht anwesenden Aktionären in geeigneter Weise die morgige Fortsetzung der Hauptversammlung durch eine ad hoc Mitteilung bekanntgegeben würde. Der Versammlungsleiter erwiderte, dass eine ad hoc Mitteilungspflicht nicht bestehe, da die Versammlung ohnehin auf zwei Tage einberufen sei.
Der Versammlungsleiter erklärte, dass noch eine Vielzahl von Wortmeldungen vorlägen und somit abzusehen sei, dass die Hauptversammlung heute nicht mehr zum Abschluss gebracht werden könne. Er bat die Anwesenden vor der Unterbrechung um deren Aufmerksamkeit und teilte mit, dass die heute ausgegebenen Stimmkarten am morgigen Tage bei der Fortsetzung der Hauptversammlung als Zugangsnachweis dienten und dann gegen neue, gelbe Stimmkarten bei der Registrierung ausgetauscht werden würden. Eine Abmeldung am Registrierungsschalter sei nicht notwendig.
Der Vorsitzende gab die Präsenz wie folgt bekannt:
Das Grundkapital der Gesellschaft beträgt aktuell 48.750.000 Euro und ist eingeteilt in 6.500.000 nennwertlose Stückaktien. Von dem Grundkapital der Gesellschaft in Höhe von 48.750.000,00 Euro sind vertreten: 6.447.691 Aktien. Dies entspricht 99,20 % des Grundkapitals der Gesellschaft.
Er unterbrach sodann die Hauptversammlung um 21.50 Uhr und teilte mit, dass diese morgen, am 11. Oktober 2009, um 10.30 Uhr an gleicher Stelle vorgesetzt werde.

k) Anlagen

Zur Niederschrift zu nehmen sind die **Belege über die Einberufung** der Hauptversammlung, wenn sie nicht unter Angabe ihres Inhalts in der Niederschrift aufgeführt sind (§ 130 Abs. 3 AktG). **Weitere Anlagen** zur Niederschrift schreibt das Gesetz an anderen Stellen vor, so etwa für den Unternehmensvertrag (§ 293g Abs. 2 AktG).[488] 460

Die frühere Pflicht, auch das **Teilnehmerverzeichnis** als Anlage zur Niederschrift zu nehmen, wurde durch das NaStraG[489] aufgehoben. 461

---

[487] Vgl. zum Ganzen: *Reul/Zetsche*, AG 2007, 561 ff.
[488] Zu Einzelheiten vergleiche Heidel / *Terbrack/Lohr*, Aktienrecht, § 130 Rn. 35 f.
[489] Gesetz zur Namensaktie und zur erleichterten Stimmrechtsausübung (Namensaktiengesetz) vom 18.1.2001, BGBl. I S. 123.

3. Kapitel Aktiengesellschaft

462 Das **Teilnehmerverzeichnis** wird allein durch die **Gesellschaft** erstellt. Der **Notar** hat dabei allein zu prüfen, ob die Hauptversammlung so organisiert ist, dass die Gesellschaft ein zutreffendes Teilnehmerverzeichnis erstellen kann; denn nur in diesem Fall ist insbesondere bei der Abstimmung im Wege des Subtraktionsverfahren ein richtiges Abstimmungsergebnis zu erzielen. Hier hat das Augenmerk des Notars vor allem den Ein- und Ausgangskontrollen zu gelten, denn nur wenn an diesen Stellen Zu- bzw. Abgänge von der Hauptversammlung zutreffend erfasst werden, kann das Abstimmungsergebnis richtig ermittelt werden. Auch hier bietet es sich bei kritischen Hauptversammlungen an, derartige Feststellungen des Notars zur Beweissicherung vorsorglich in die Niederschrift aufzunehmen.

463 Das **Muster** der Protokollierung der organisatorischen Durchführung der **Zugangskontrollen** lautet wie folgt:

464 M Formulierungsbeispiel: Protokollierung der Zugangskontrolle
Ich, der unterzeichnete Notar, stelle hiermit aufgrund meiner Teilnahme an einer Probe der Hauptversammlung am 20. Juli 2010 in der Zeit von 17.00 Uhr bis ca. 19.00 Uhr, meiner Anwesenheit vor der Hauptversammlung am 21. Juli 2010 in den Versammlungsräumen von etwa 9.15 Uhr an sowie meiner Anwesenheit während der gesamten Hauptversammlung fest:
Der Präsenzbereich umfasste die gesamte vierte Etage des Gebäudes, soweit sie nach Passieren der Eingangskontrolle für die Aktionäre zugänglich ist, also inklusive der sanitären Einrichtungen, mit Ausnahme der Treppenhäuser, des als »Back-Office« gekennzeichneten Bereiches sowie der für die Aktionäre nicht zugänglichen (da fest verschlossenen) Nebenräume.
Die Hauptversammlung wurde erst verlassen, wenn die Ausgangskontrolle passiert wurde und eine Registrierung erfolgte. Die Ein- und Ausgangskontrolle befand sich (vom Vorsitzenden aus gesehen) auf der linken hinteren Seite am hinteren Ende der Etage. Die anderen Zugänge blieben während der Hauptversammlung verschlossen und dienten lediglich als Notausgänge. Vor jedem Notausgang war ein Mitarbeiter der Gesellschaft bzw. eines Wachdienstes postiert, der überwachte, dass über den betreffenden Notausgang, der nur von innen zu öffnen war, kein Zugang zu bzw. Abgang aus der Hauptversammlung erfolgen konnte.
An der Ein- bzw. Ausgangskontrolle wurden die Zugangsberechtigung und der Zugang der Aktionäre und Aktionärsvertreter durch Vorlage und Abgabe der Eintrittskarte gegen Aushändigung ihrer Präsenz- und Stimmbögen erfasst.
Jeder Stimmbogen bestand aus mehreren vorgestanzten, fortlaufend nummerierten Abschnitten, die für die Abstimmungen zu den jeweiligen Tagesordnungspunkten benutzt wurden. Diese Abschnitte enthielten jeweils einen individuellen Barcode sowie die Angabe der Stimmbogen-Nummer und einen Aufdruck JA bzw. NEIN. Die auf den Abschnitten aufgedruckten Nummern entsprachen den jeweiligen Tagesordnungspunkten.
Diejenigen Aktionäre, die die Versammlung nur vorübergehend verlassen wollten, wurden gebeten, ihren Stimmbogen ohne die mit dem Stimmbogen ausgehändigte Präsenzkontrollkarte an der Ausgangskontrolle abzugeben. Die Präsenzkontrollkarte diente somit als Ausweis bei einem vorzeitigen oder zeitweiligen Verlassen der und anschließender Rückkehr in die Hauptversammlung; sie verblieb daher bei dem Aktionär bzw. Aktionärsvertreter. Bei Rückkehr in die Versammlung wurde der Stimmbogen unter Vorlage der Präsenzkontrollkarte an der Eingangskontrolle wieder zurückgegeben. Sofern ein Aktionär bzw. Aktionärsvertreter die Hauptversammlung endgültig verlassen wollte und nicht daran interessiert war, dass sein Stimmrecht nach Verlassen der Hauptversammlung weiter vertreten wurde, waren alle Stimmbögen und die Präsenzkontrollkarte an der Ausgangskontrolle abzugeben.

Die vorcodierten Eintrittskarten wurden in den EDV-Arbeitsraum gebracht und dort unter Aufsicht von Frau Bettina Mohn und von zwei weiteren Mitarbeiterinnen mit einem Barcodeleser eingelesen. Das Teilnehmerverzeichnis wurde sodann auf einem PC-Rechnersystem der Siemens AG an einem Computer erstellt.
Durch Probeläufe vor Beginn der Hauptversammlung hat sich der unterzeichnete Notar von der Funktionsfähigkeit der EDV-Anlage überzeugt.

5. Änderungen des Protokolls

Lebhaft **umstritten** ist die Frage, ob der Notar und wenn ja, in welchem Umfang und bis wann er die Niederschrift berichtigen darf.[490] 465

Vor Unterzeichnung kann der Notar Änderungen und Berichtigungen des Protokolls unproblematisch vornehmen.[491] 466

Nach Unterzeichnung des Protokolls ist es unbedenklich, **bis zur Erteilung von Abschriften und Ausfertigungen** Veränderungen und Berichtigungen vorzunehmen.[492] 467

Nach Weitergabe in den Rechtsverkehr ist eine Korrektur nur noch nach den Regelungen in § 44a Abs. 2 Beurkundungsgesetz möglich.[493] 468

6. Registervollzug

Der Vorstand hat **unverzüglich** nach der Hauptversammlung das Hauptversammlungsprotokoll zum Handelsregister der Gesellschaft einzureichen (§ 130 Abs. 5 AktG). Seit der Neufassung des § 12 Abs. 2 HGB zum 1.1.2007 durch das EHUG[494] ist das Protokoll **elektronisch** zu übermitteln. Dies erfolgt regelmäßig über den das Hauptversammlungsprotokoll erstellenden Notar. 469

III. Hauptversammlung ohne Notar

Grundsätzlich gilt, dass Beschlüsse einer Hauptversammlung wirksam nur dann gefasst werden können, wenn sie notariell **beurkundet** werden (§ 130 Abs. 1 S. 1 AktG). Bei nichtbörsennotierten Gesellschaften kann **ausnahmsweise** von der notariellen Beurkundung von Hauptversammlungsbeschlüssen abgesehen werden, soweit keine Beschlüsse gefasst werden, für die das **Gesetz** eine ¾ Mehrheit oder eine größere Mehrheit bestimmt (§ 130 Abs. 1 S. 3 AktG). Beschlüsse, für die allein die **Satzung** eine ¾ Mehrheit vorsieht, lösen keine notarielle Beurkundungspflicht aus. 470

Auch Beschlüsse nach den Grundsätzen der »**Holzmüller-Entscheidung**«[495] sind stets notariell zu beurkunden. Hierunter versteht man Geschäftsführungsmaßnahmen des Vorstands, die mit einem wesentlichen Eingriff in die Mitgliedsrechte und die Vermögensinteressen der Aktionäre verbunden sind, auch ohne dass das Gesetz oder die Satzung eine Zustimmung durch die Hauptversammlung vorsieht. 471

Sofern eine notarielle Beurkundung nach den vorstehenden Grundsätzen nicht erforderlich ist, reicht eine vom Vorsitzenden des Aufsichtsrates persönlich zu unterzeichnende 472

---

490 Dazu Happ/*Zimmermann*, Aktienrecht, 10.17 Rn. 48; Heidel/*Terbrack/Lohr*, Aktienrecht, § 130 Rn. 16; *Hüffer*, § 130 Rn. 11a; Spindler/Stilz/*Wicke*, § 130 Rn. 26; K. Schmidt/Lutter/*Ziemons*, § 130 Rn. 42; *Eylmann*, ZNotP 2005, 300; *Eylmann*, ZNotP 2005, 377; *Wolfsteiner*, ZNotP 2005, 376; *Görg*, MittBayNot 2007, 382; *Kanzleiter*, DNotZ 2007, 804; OLG Frankfurt a.M. RNotZ 2006, 196.
491 Vgl. BGH AG 2009, 285, 286.
492 Vgl. BGH AG 2009, 285, 286.
493 BGH AG 2009, 285, 286; *Görg*, MittBayNot 2007, 382, 383; *Kanzleiter*, DNotZ 2007, 804, 809.
494 Gesetz über elektronische Handelsregister und Genossenschaftsregister sowie das Unternehmensregister (EHUG) vom 10.11.2006, BGBl. I S. 255.
495 BGH NJW 1982, 1703.

3. Kapitel Aktiengesellschaft

Niederschrift der Hauptversammlung aus. Hierbei ist zu beachten, dass ihn hinsichtlich der Erstellung des Protokolls die gleichen Pflichten treffen, wie den Notar. Da der BGH die formalen Anforderungen an ein Hauptversammlungsprotokoll als äußerst wichtig erachtet,[496] besteht hier sicherlich erheblicher juristischer Beratungsbedarf bei dem Vorsitzenden des Aufsichtsrates.

473 Findet eine sogenannte »**beschlusslose Hauptversammlung**« statt, beispielsweise weil der Vorstand den Verlust der Hälfte des Grundkapitals anzeigt (§ 92 Abs. 1 AktG) oder die Hauptversammlung den Bericht des Aufsichtsrates über die Prüfung des Jahresabschlusses entgegennehmen soll (§ 171 Abs. 2 AktG), bedarf es weder einer notariellen Beurkundung noch einer privatschriftlichen Niederschrift durch den Aufsichtsratsvorsitzenden. Gleichwohl ist auch in diesen Fällen die vorsorgliche Hinzuziehung eines Notars ratsam, denn es ist oftmals nicht vorhersehbar, ob Aktionäre eine Beschlussfassung über eine Sonderprüfung verlangen o.ä.[497]

IV. Hauptversammlung bei der Einpersonengesellschaft

474 In Bezug auf die Hauptversammlung einer Aktiengesellschaft, die nur **einen Aktionär** hat, ergeben sich Besonderheiten. So sind – ebenso wie bei einer **Voll-** oder **Universalversammlung** – sämtliche **Form-** und **Fristvorschriften** betreffend die **Einberufung** unbeachtlich. Es bedarf nach überwiegender Ansicht keines **Teilnehmerverzeichnisses**. Feststellungen im Protokoll zur **Art und zum Ergebnis der Abstimmung** sind dann entbehrlich, wenn der Alleinaktionär seinen Willen in eindeutiger Weise zu Protokoll gibt.[498]

475 Unklar ist, ob die Versammlung einer Aktiengesellschaft mit nur einem einzigen Aktionär zwingend durch einen **Versammlungsleiter** geführt werden muss. Grundsätzlich wird man konstatieren müssen, dass der alleinige Aktionär selbst – notfalls durch schlüssiges Handeln – auf einen Versammlungsleiter verzichten kann.[499] Das OLG Köln hält jedoch in einem derartigen Fall eine Versammlungsleitung dann für unentbehrlich, wenn – wie dies in der Praxis nahezu immer anzutreffen sein dürfte – die Satzung der Aktiengesellschaft die Leitung der Hauptversammlung durch einen Versammlungsleiter vorsieht.[500] Dies erscheint verfehlt, denn bei einer Gesellschaft mit nur einem Aktionär ist in Zweifel zu ziehen, ob die entsprechende Satzungsregelung zur Versammlungsleitung überhaupt Geltung beansprucht, weil in derartigen Fällen eine Versammlungsleitung in der Regel nicht notwendig ist.[501]

476 Ob die Hauptversammlung **notariell zu beurkunden** ist oder nicht, entscheidet sich nach den allgemeinen Grundsätzen des § 130 Abs. 1 AktG (vgl. Rdn. 394 ff. sowie Rdn. 470 ff.).

---

496 BGH NJW-RR 1994, 1250, 1251.
497 Arbeitshandbuch für die HV/*Volhard*, § 15 Rn. 10.
498 Zum Ganzen: DNotI-Report 2003, 27; Arbeitshandbuch für die HV/*Volhard*, § 15 Rn. 10.
499 MünchKommAktG/Kubis, § 119 Rn. 100; GroßKommAktG/*Mülbert*, Vor §§ 118-147 Rn. 73; Obermüller/Werner/Winden, Die Hauptversammlung der AG, Teil D Rn. 12; MünchHdb. AG/*Semler*, § 36 Rn. 37.
500 OLG Köln NZG 2008, 635, 636 f.
501 Der zitierten Entscheidung des OLG Köln (NZG 2008, 635) lag ein besonderer Sachverhalt zugrunde, in welchem dem satzungsgemäß vorgeschriebenen Versammlungsleiter Sonderrechte in der Hauptversammlung zustanden.

V. Einzelne Beschlussgegenstände

1. Feststellung des Jahresabschlusses

Der praktische Regelfall ist derjenige, dass die **Hauptversammlung** den von Vorstand und Aufsichtsrat bereits festgestellten Jahresabschluss zur **Kenntnis** nimmt (§ 172 AktG). 477

Die Hauptversammlung hat den Jahresabschluss nur in bestimmten Fällen selbst festzustellen: 478

- Wenn Vorstand und Aufsichtsrat dies beschlossen haben (§§ 172 S. 1, 173 Abs. 1 S. 1 AktG).
- Wenn der Aufsichtsrat den Jahresabschluss nicht gebilligt hat (§ 173 Abs. 1 S. 1 AktG).
- Wenn eine rückwirkende Kapitalherabsetzung vorgenommen wird (§ 234 Abs. 2 S. 1 AktG).
- Wenn die Gesellschaft sich in Abwicklung befindet (§ 270 Abs. 2 S. 1 AktG)
- Wenn es sich bei der Gesellschaft um eine KGaA handelt (§ 286 Abs. 1 S. 1 AktG).

Sofern die Hauptversammlung ausnahmsweise den Jahresabschluss feststellt, bedarf der Beschluss der **einfachen Mehrheit**, sofern die Satzung nicht eine größere Mehrheit oder weitere Erfordernisse vorschreibt (§ 133 Abs. 1 AktG). Der **Abschlussprüfer** hat gem. § 176 Abs. 2 S. 1 AktG an der Hauptversammlung teilzunehmen. 479

2. Gewinnverwendung

Die Gewinnverwendung wird von der **Hauptversammlung** beschlossen (§ 119 Abs. 1 Nr. 2 AktG). Soll vor der Gewinnverwendung (ausnahmsweise, vgl. Rdn. 477 ff.) auch der **Jahresabschluss** durch die Hauptversammlung beschlossen werden, sind zwei eigenständige Beschlüsse zu fassen. 480

Der **Gewinnverwendungsbeschluss** kommt mit **einfacher Mehrheit** zustande, sofern die Satzung nicht eine größere Mehrheit oder weitere Erfordernisse vorschreibt (§ 133 Abs. 1 AktG). 481

Der Hauptversammlungsbeschluss muss den **Bilanzgewinn** erschöpfend durch **Ausschüttung**, **Rücklagenbildung** und/oder **Gewinnvortrag** behandeln. Weist der Jahresabschluss **keinen Gewinn** aus, entfällt die Notwendigkeit zur Beschlussfassung; das gleiche gilt bei einem **Bilanzverlust** oder einem erschöpfenden **Gewinnabführungsvertrag**. 482

3. Bestellung des Abschlussprüfers

Die Hauptversammlung beschließt **alljährlich** über die Bestellung des Abschlussprüfers (§ 119 Abs. 1 Nr. 4 AktG).[502] Das entsprechende **Vorschlagsrecht** liegt allein bei dem Aufsichtsrat (§ 124 Abs. 3 S. 1 AktG). Die **Wahl** soll vor Ablauf des zu prüfenden Geschäftsjahres erfolgen; regelmäßig wird sie daher in der ordentlichen Hauptversammlung für das zu diesem Zeitpunkt laufende Geschäftsjahr vorgenommen. 483

Eine Bestellung für mehrere Jahre **im Voraus** ist unzulässig. Es kann aber grundsätzlich **ein und derselbe Prüfer** stets wiederbestellt werden; Besonderheiten gelten für **börsennotierte Gesellschaften** (vgl. § 319 a Abs. 1 Nr. 4 HGB). 484

Der **Beschluss** bedarf der **einfachen Mehrheit**, soweit die Satzung keine anderweitigen Regelungen trifft (§ 133 AktG). 485

Der Beschlussvorschlag muss (§ 124 Abs. 3 S. 3 AktG) bei der Bestellung eines **Einzelprüfers** dessen Namen, Vornamen, ausgeübten Beruf und Wohnort angeben. Bei **Gesellschaften** muss die Firma und der Sitz benannt werden. 486

---

[502] Ausnahmen gelten z.B. bei Gründung (§ 30 Abs. 1 S. 1 AktG) oder für Versicherungsunternehmen (§ 341 k Abs. 2 S. 1 HGB).

4. Entlastung von Vorstand und Aufsichtsrat

487 Die Hauptversammlung beschließt **alljährlich** innerhalb der ersten 8 Monate des Geschäftsjahres über die Entlastung der Mitglieder des Vorstands und des Aufsichtsrats (§§ 119 Abs. 1 Nr. 3, 120 Abs. 1 S. 3 AktG). Die Verhandlung über die Entlastung soll nach der Idealvorstellung des Gesetzgebers regelmäßig mit der Verhandlung über die Verwendung des Bilanzgewinns verbunden werden (§ 120 Abs. 3 S. 1 AktG).

488 Die Bedeutung der Entlastung liegt in der **Billigung** der Verwaltungsmaßnahmen der betreffenden Organmitglieder als im »Großen und Ganzen gesetz- und satzungsmäßig«.[503] Die Entlastung enthält jedoch – anders als insbesondere bei der GmbH – keinen Verzicht auf etwaige **Ersatzansprüche** (§ 120 Abs. 2 S. 2 AktG). In ihr ist vielmehr allein eine Kundgabe des Vertrauens für die zukünftige Arbeit zu sehen.

489 Der Beschluss bedarf der **einfachen Mehrheit** der Stimmen, sofern die Satzung nicht eine größere Mehrheit oder weitere Erfordernisse vorschreibt (§ 133 Abs. 1 AktG).

490 Über die **Entlastung** von **Vorstand** einerseits und **Aufsichtsrat** andererseits ist zwingend **getrennt** abzustimmen.[504]

a) Entlastungszeitraum

491 Die Entlastung bezieht sich typischer Weise auf das **abgelaufene Geschäftsjahr**, über dessen Gewinn beschlossen werden soll; sie ist jedenfalls und zwingend auf die **Vergangenheit** zu beziehen.

492 Möglich und in besonderen Konstellation denkbar ist es, Teile des bereits **laufenden Geschäftsjahres** in den Entlastungsbeschluss einzubeziehen.[505] Dies kann beispielsweise dann praktisch werden, wenn ein Vorstand kurz vor der ordentlichen Hauptversammlung ausscheidet und die Hauptversammlung ihm auch für das noch laufende Geschäftsjahr, in dem er operativ tätig war, schon Entlastung erteilen will.

493 Das **Muster** einer **Entlastung für einen bestimmten Zeitraum** lautet wie folgt:

494 M **Formulierungsbeispiel: Entlastung**
   Die Versammlung beschloss einstimmig auf Antrag des Aktionärs Zimmermann:
   Dem Vorstandsmitglied Günther Schemann wird für den Zeitraum 1.8.2008 bis 25.1.2009 Entlastung erteilt.

495 Möglich ist auch, dass ein bereits gefasster Entlastungsbeschluss nichtig ist oder durch Anfechtungsklage für nichtig erklärt wird. Hier besteht wohl keine Pflicht, erneut eine Entlastung zu beschließen.[506]

b) Gesamt- und Einzelentlastung

496 Über die Entlastung von Vorstand einerseits und Aufsichtsrat andererseits ist zwingend **getrennt** abzustimmen.[507] Üblicherweise wird über die jeweilige (getrennte) Entlastung der Organe Vorstand und Aufsichtsrat insgesamt (»**en bloc**«) abgestimmt, d.h. es wird dem gesamten Vorstand sowie dem gesamten Aufsichtsrat Entlastung erteilt.

---

503 Arbeitshandbuch für die HV/*Semler/Volhard*, § 18 Rn. 2.
504 OLG München AG 1995, 381; *Hüffer*, § 120 Rn. 18; Heidel/*Pluta*, Aktienrecht, § 120 Rn. 14.
505 Arbeitshandbuch für die HV/*Semler/Volhard*, § 18 Rn. 18; abweichend aber nicht überzeugend MünchKommAktG/*Kubis*, § 120 Rn. 18.
506 Arbeitshandbuch für die HV/*Semler/Volhard*, § 18 Rn. 23.
507 OLG München AG 1995, 381; *Hüffer*, § 120 Rn. 18; Heidel/*Pluta*, Aktienrecht, § 120 Rn. 14.

Eine **gesonderte Abstimmung** für jedes einzelne Organmitglied ist gesetzlich nur in **497**
bestimmten Fällen vorgeschrieben, nämlich

- wenn die Hauptversammlung es beschließt (§ 120 Abs. 1 S. 2 Fall 1 AktG) oder
- wenn eine Minderheit dies verlangt, deren Anteil 10 % des Grundkapitals oder den anteiligen Betrag von 1 Mio. Euro erreicht (§ 120 Abs. 1 S. 2 Fall 2 AktG).

Sofern in der Hauptversammlung auch nur **ein Aktionär** Einzelentlastung beantragt, liegt **498**
nach den oben dargelegten Grundsätzen kein zulässiges Minderheitsverlangen nach § 120 Abs. 1 S. 2 Fall 1 AktG vor, dass eine Einzelentlastung herbeiführt. Es kann aber sein, dass sich darauf hin eine entsprechende Mehrheit findet. Deshalb ist bei dem **Antrag auch nur eines Aktionärs auf Einzelentlastung** nach eine Abstimmung darüber durchzuführen, ob eine Einzelentlastung durchgeführt werden soll.[508]

Ob der **Versammlungsleiter** vor diesem Hintergrund von sich aus – d.h. ohne entspre- **499**
chenden Antrag oder Hauptversammlungsbeschluss – eine Einzelabstimmung über die Entlastung **anordnen** kann, ist streitig.[509] Der Notar sollte in derartigen Fällen sicherheitshalber auf eine Abstimmung über die Frage der Einzelentlastung durch die Hauptversammlung hinwirken.

c) Stimmverbote

Das Stimmrecht eines Aktionärs oder seines Vertreters ist in der Hauptversammlung aus- **500**
geschlossen, wenn es um die **eigene Entlastung**, die **Befreiung von einer Verbindlichkeit** oder um die **Geltendmachung eines Anspruchs** der Gesellschaft gegen ihn geht (§ 136 Abs. 1 AktG).

Derartige Stimmverbote greifen bei der **Einpersonen-AG** – sofern derartige Beschlüsse **501**
hier überhaupt notwendig sind[510] – nicht.[511]

In der Praxis mit Fragen behaftet sind regelmäßig Sachverhalte bei **Konzerngesellschaf-** **502**
ten, etwa die Fälle, in denen die Aktien an der Gesellschaft, bei welcher der Entlastungsbeschluss zu fassen ist, einer Drittgesellschaft gehören und sich das Stimmverbot gegen einzelne Mitglieder dieser Drittgesellschaft richtet. Soll beispielsweise das Vorstandsmitglied entlastet werden, das zugleich Vorstandsmitglied der einzigen Aktionärin ist, erstreckt sich das Stimmverbot des zu entlastenden Vorstandsmitgliedes nicht automatisch auf die alleinige Aktionärin, bei welcher diese Person ebenfalls im Vorstand tätig ist. Dies ist nur dann der Fall, wenn das zu entlastende Vorstandsmitglied als Organ der die Aktien haltenden Gesellschaft **maßgeblichen Einfluss** auf das **Stimmverhalten** hat, etwa dann, wenn es sich um das **alleinige Vorstandsmitglied** der Aktionärin handelt;[512] für ein bloßes **Aufsichtsratsmitglied** wird dies hingegen nicht anzunehmen sein.

---

508 OLG Frankfurt a.M. AG 2007, 672; Arbeitshandbuch für die HV/*Semler/Volhard*, § 18 Rn. 18; Heidel/*Pluta*, Aktienrecht, § 120 Rn. 18 f.
509 Vgl. Heidel/*Pluta*, Aktienrecht, § 120 Rn. 21; Arbeitshandbuch für die HV/*Semler/Volhard*, § 18 Rn. 16; das OLG München bejaht die Kompetenz des Versammlungsleiters zur Anordnung der Einzelabstimmung, vgl. OLG München NZG 2008, 337 f.
510 Die Entlastung des einzigen Vorstandes durch den personenidentischen alleinigen Aktionär der AG ist beispielsweise nicht notwendig, vgl. *Hüffer*, § 136 Rn. 5; MünchKommAktG/*Schröer*, § 136 Rn. 6.
511 BGHZ 105, 324, 333 = DNotZ 1989, 102; *Hüffer*, § 136 Rn. 5; MünchKommAktG/Schröer, § 136 Rn. 16; K. Schmidt/Lutter/*Spindler*, § 136 Rn. 6.
512 Vgl. zum Ganzen DNotI-Report 2008, 177.

5. Wahlen zum Aufsichtsrat

503 Die **Hauptversammlung** wählt die Aufsichtsratsmitglieder, soweit keine Entsendungsrechte bestehen oder Mitbestimmungsregelungen greifen (§§ 101 Abs. 1 S. 1, 119 Abs. 1 Nr. 1 AktG). Der Aufsichtsrat hat entsprechende Wahlvorschläge zu unterbreiten (§ 124 Abs. 3 S. 1 AktG). Der **Beschlussvorschlag** muss (§ 124 Abs. 3 S. 3 AktG) den Namen, Vornamen, ausgeübten Beruf und Wohnort des Vorgeschlagenen angeben.

504 Der **Beschluss** bedarf der **einfachen Mehrheit**, soweit die Satzung keine anderweitigen Regelungen trifft (§ 133 AktG).

505 Nach welchem Verfahren die Wahl zu erfolgen hat, regelt das Gesetz nicht. In Betracht kommen:

- **Einzelwahl**; bei ihr wird einzeln über jeden Kandidaten abgestimmt. Dieses Verfahren wird vom Deutschen Corporate Governance Kodex gefordert,[513] ist allerdings in der Praxis zeitraubend.
- **Blockwahl** (auch **Listenwahl** oder **Globalwahl** genannt); bei ihr findet eine Gesamtabstimmung über alle Kandidaten statt. Dieses Verfahren hat den Vorteil, das es Zeit spart. Allerdings werden hierdurch die Aktionäre genötigt, gegen alle Kandidaten zustimmen, wenn sie auch nur mit einem nicht einverstanden sind.
- **Simultanwahl**; bei ihr werden die Einzelabstimmungen über die Kandidaten organisatorisch verbunden, regelmäßig dergestalt, dass durch Ankreuzen der auf einem Stimmzettel vermerkten Kandidaten gewählt wird. Übersteigt die Anzahl der Kandidaten die Zahl der zu besetzenden Aufsichtsratsposten, stehen jedem Aktionär nur so viele Ja-Stimmen zu, wie es zu besetzende Posten gibt. Gewählt sind die Kandidaten, welche die meisten Stimmen auf sich vereinigen.

506 Unstreitig ist, dass der **Versammlungsleiter** ohne entgegenstehenden Hauptversammlungsbeschluss die Einzelwahl oder die Simultanwahl als **Abstimmungsart** festlegen kann.

507 Für die Festlegung der **Blockwahl** als Abstimmungsart durch den Versammlungsleiter ist dies hingegen streitig. Voraussetzung ist hier in jedem Fall, dass der Versammlungsleiter vor der Abstimmung darauf **hinweist**, dass durch die mehrheitliche Ablehnung der Beschlussvorlage eine Einzelabstimmung herbeigeführt werden kann und dass derjenige, der auch nur gegen einen Kandidaten stimmen möchte, den gesamten vorgeschlagenen Block ablehnen muss.[514] Stellt hier auch nur ein Aktionär den **Antrag auf Einzelwahl**, ist zunächst über diesen **Verfahrensantrag** gesondert abzustimmen. Ob es in diesem Falle auch zulässig ist, wenn der Versammlungsleiter sogleich die Blockwahl durchführen lässt, allerdings unter Hinweis darauf, dass bei Annahme des Blocks durch die Hauptversammlung inzident der Verfahrensantrag auf Einzelabstimmung abgelehnt ist, ist umstritten.[515] Der Notar sollte hier darauf hinwirken, dass aus Gründen der Rechtssicherheit zunächst gesondert über den Verfahrensantrag abgestimmt wird.

6. Reguläre Kapitalerhöhung

508 Die reguläre Kapitalerhöhung ist der gesetzliche Grundfall der Kapitalerhöhung, auch wenn er in der Praxis – insbesondere bei Gesellschaften mit größerem Aktionärskreis – seltener vorkommt als eine bedingte Kapitalerhöhung oder die Schaffung genehmigten Kapi-

---

513 Ziffer 5.4.3 Satz 1 des DCGK i.d.F. vom 2.6.2005 lautet:»Wahlen zum Aufsichtsrat sollen als Einzelwahl durchgeführt werden.«.
514 BGH AG 2003, 625; LG München I NZG 2004, 626; dazu auch MünchHdb. AG/*Hoffmann-Becking*, § 30 Rn. 19 f.
515 Für eine solche Vorgehensweise: MünchHdb. AG/*Hoffmann-Becking*, § 30 Rn. 20; ablehnend: LG München I NZG 2004, 626; Spindler/Stilz, § 101 Rn. 34.

tals. Sie wird in zwei Schritten durchgeführt: Zunächst beschließt die Hauptversammlung die Kapitalerhöhung (§ 182 AktG) und daran anschließend erfolgt – nach Zuführung der Mittel – der Antrag auf Eintragung der Durchführung der Kapitalerhöhung (§ 188 AktG). Die rechtlich getrennten **Handelsregisteranmeldungen** auf Eintragung der Beschlussfassung der Kapitalerhöhung einerseits (§ 184 AktG) sowie der Durchführung der Kapitalerhöhung andererseits (§ 188 AktG) erfolgen in der Praxis oftmals in einem Akt.

a) Obligatorischer Inhalt des Hauptversammlungsbeschlusses

Der **wesentliche Inhalt** der Kapitalmaßnahme muss durch die **Hauptversammlung** bestimmt werden. Einzelheiten können der Verwaltung der Gesellschaft überlassen werden. Zum wesentlichen Inhalt gehören: 509

- Der **Erhöhungsbetrag**. Er kann als **fester Betrag**, als **Höchstwert**, oder als eine Kombination aus **Mindest- und Höchstwert** festgelegt werden. Dabei darf dem Vorstand keinerlei Beeinflussung der Kapitalerhöhung möglich sein, was dazu führt, dass bei einer Kombination aus Mindest- und Höchstwert auch ein eng begrenzter **Zeitraum zur Zeichnung** durch die Hauptversammlung vorzugeben ist. Diese Frist darf maximal 6 Monate betragen.[516] Es ist zudem anzugeben, ob eine Bar- oder Sachkapitalerhöhung vorgenommen werden soll (vgl. dazu nachstehend Rdn. 517 ff.).
- Die **Aktienart**. Die Hauptversammlung hat vorzugeben, ob die neuen Aktien auf den Namen oder den Inhaber lauten (§ 23 Abs. 3 Nr. 4 AktG). Gibt die Satzung dies allgemein schon vor, was nicht selten der Fall ist, kann diese Angabe entfallen.
- Die **Nennbeträge**. Die Nennbeträge der auszugebenden Nennwertaktien sind dann anzugeben, wenn sie von denen der bisherigen Aktien abweichen sollen. Bei Stückaktien ist deren Anzahl anzugeben; es ist zwingend darauf zu achten, dass ihre rechnerische Beteiligung identisch ist mit derjenigen der bisherigen Aktien (§ 182 Abs. 1 S. 5 AktG).

b) Fakultativer Inhalt des Hauptversammlungsbeschlusses

Weitere Angaben im Erhöhungsbeschluss sind nicht zwingend, aber sinnvoll. So ist es üblich, dem **Vorstand** die **Ermächtigung** zur **Bestimmung von Einzelheiten** sowie dem **Aufsichtsrat** die **Ermächtigung** zur **Fassungsänderung der Satzung** einzuräumen. Angegeben werden können ferner beispielsweise der **Zeitpunkt der Gewinnberechtigung, zeichnungsberechtigte Personen** sowie **Durchführungsfristen**. 510

c) Beschlussmehrheiten

Der Hauptversammlungsbeschluss bedarf neben der allgemeinen einfachen Stimmenmehrheit einer **Kapitalmehrheit** von drei Viertel des bei der Beschlussfassung vertretenen Grundkapitals (§§ 133 Abs. 1 HS 2, 182 Abs. 1 S. 1 AktG). Die **Satzung** kann größere Stimmenmehrheiten festlegen. 511

Bei verschiedenen **stimmberechtigten Aktiengattungen** muss jede Aktiengattung einen zustimmenden **Sonderbeschluss** fassen (§ 182 Abs. 2 AktG).[517] Unterbleibt dies, ist die Kapitalmaßnahme schwebend unwirksam. Jeder Sonderbeschluss bedarf – bezogen auf die betreffende Aktiengattung – einer Mehrheit von drei Vierteln des bei der Beschlussfassung vertretenen Grundkapitals sowie der einfachen Mehrheit der an der Abstimmung teilnehmenden Aktionäre.[518] 512

---

516 KK-AktG/*Lutter*, § 182 Rn. 17.
517 Dieses Erfordernis entfällt bei der Einpersonengesellschaft.
518 Semler/Volhard/*Schröer*, Handbuch der HV, § 22 Rn. 20.

513 **Stimmrechtslose Vorzugsaktien** müssen keinen zustimmenden Sonderbeschluss fassen, es sei denn, sie sollen vom Bezugsrecht für die neuen Aktien ausgeschlossen werden.[519]

d) Bezugsrechte

514 Grundsätzlich steht jedem Aktionär ein **Anspruch auf Teilnahme** an einer Kapitalerhöhung zu (§ 186 Abs. 1 S. 1 AktG), um somit der Verwässerung seiner Beteiligung entgegenzuwirken.

515 Dieses Bezugsrecht kann im Kapitalerhöhungsbeschluss durch die Hauptversammlung **ausgeschlossen** werden (§ 186 Abs. 3 S. 1 AktG), allerdings nur dann, wenn dies durch sachliche Gründe im Interesse der Gesellschaft gerechtfertigt ist.[520]

516 Eine **gesetzliche Vermutung** der Zulässigkeit eines Bezugsrechtsauschlusses enthält das Gesetz in § 186 Abs. 3 S. 4 AktG. In der Praxis werden Bezugsrechte beispielsweise zur Ausgabe von **Belegschaftsaktien** oder zur Bedienung von **Wandel-** und **Optionsanleihen** ausgeschlossen.

e) Bar-/Sachkapitalerhöhung

517 Legt der Kapitalerhöhungsbeschluss fest, dass als Einlage **Bargeld** zu leisten ist, so muss die Bareinlage effektiv auch in bar eingezahlt werden und nicht etwa durch **Verrechnung** mit einer Forderung erbracht werden. Hierauf muss der beurkundende Notar hinweisen.[521] **Voreinzahlungen**, d.h. Leistungen der Bareinlage vor Beschlussfassung durch die Hauptversammlung, sind grundsätzlich nur dann schuldbefreiend, wenn sie im Zeitpunkt der Beschlussfassung noch im Gesellschaftsvermögen vorhanden sind.[522]

518 Ist der Erhöhungsbetrag nicht in Geld, sondern durch **Übereignung von Sachen** zu erbringen, muss der Erhöhungsbeschluss dies ausdrücklich festlegen. Einlagefähig ist hier grundsätzlich **jeder Vermögensgegenstand** außer Geld, der einen wirtschaftlich feststellbaren Wert hat.

519 Für die Sachkapitalerhöhung gelten im übrigen diejenigen Grundsätze, die für die Sachgründung bestehen.

f) Anmeldung und Wirksamwerden der Kapitalerhöhung

520 Von der Anmeldung und Eintragung der Durchführung der Kapitalerhöhung (§§ 188, 189 AktG) ist die Anmeldung und Eintragung der beschlossenen Kapitalerhöhung zu unterscheiden (§ 184 AktG). In der Praxis werden beide Anmeldung häufig miteinander verbunden und gleichzeitig vorgenommen (§ 188 Abs. 4 AktG).

521 Zur **Eintragung** der Durchführung der Kapitalerhöhung kann es erst kommen, wenn zum einen der entsprechende Erhöhungsbetrag geleistet wurde und zum anderen alle Einlagen auf das bisherige Grundkapital vollständig oder nahezu vollständig geleistet worden sind (§ 182 Abs. 4 AktG).

522 Die **Einlagen** auf das **bisherige Grundkapital** müssen vollständig oder nahezu vollständig geleistet worden sein. Die Literatur geht davon aus, dass bei einem Grundkapital von bis zu 250.000,00 EUR ein Betrag nicht geleisteter Einlagen von etwa 5 % unschädlich ist, bei einem höheren Grundkapital ein Betrag von ca. 1 %.[523] Ein gleichwohl vorher

---

519 *Harrer/Grabowski*, DZWiR 1995, 10, 15; Beck'sches Notarhandbuch/*Heckschen*, Abschn. D III Rn. 74.
520 BGHZ 71, 40, 46 (»Kali & Salz«).
521 Beck'sches Notarhandbuch/*Heckschen*, Abschn. D III Rn. 78; für die GmbH: BGH NJW 1996, 524, 525.
522 BGH GmbHR 2006, 1328; Beck'sches Notarhandbuch/*Heckschen*, Abschn. D III Rn. 78.
523 *Hüffer*, § 182 Rn. 28.

gefasster Kapitalerhöhungsbeschluss ist weder nichtig noch anfechtbar. Er ist jedoch erst nach Leistung der Einlagen in der genannten Höhe eintragungsfähig, was das Handelsregister zu prüfen hat (vgl. § 184 Abs. 2 AktG).[524]

Die **Handelsregisteranmeldung** der durchgeführten Kapitalerhöhung ist durch den **Vorstand** in vertretungsberechtigter Anzahl sowie den **Vorsitzenden des Aufsichtsrates** vorzunehmen (§ 188 Abs. 1 AktG). Die Kapitalerhöhung wird wirksam mit Eintragung des erhöhten Grundkapitals im Handelsregister (§ 189 AktG). 523

7. Genehmigtes Kapital

Das genehmigte Kapital ist faktisch nichts anderes als ein gesetzlicher erlaubter und geregelter **Vorratsbeschluss** zur Kapitalerhöhung. Mit der Schaffung genehmigten Kapitals erlaubt die Hauptversammlung es dem Vorstand, über Zeitpunkt, Volumen und Konditionen einer Kapitalerhöhung weitgehend frei zu bestimmen. Damit kann der Vorstand auf akuten **Finanzbedarf** der Gesellschaft oder günstige **Börsensituationen** reagieren. In der Praxis ist das genehmigte Kapital von großer Bedeutung. 524

Voraussetzung für die Ermächtigung des Vorstands zu Kapitalerhöhung ist eine entsprechende **Grundlage in der Satzung** der Gesellschaft, welche von der Hauptversammlung zu beschließen ist. Auf dieser Grundlage kann der Vorstand dann die Kapitalerhöhung beschließen und neue Aktien ausgeben. Dabei ist der **Aufsichtsrat** einzubeziehen: Bei der Entscheidung, das Kapital zu erhöhen und neue Aktien auszugeben, soll der Vorstand die Zustimmung des Aufsichtsrates einholen (§ 202 Abs. 3 S. 2 AktG), bei der Festlegung der Bedingungen der Kapitalerhöhung muss der Vorstand die Zustimmung des Aufsichtsrates einholen (§ 204 Abs. 1 S. 2 AktG). Im übrigen vollzieht sich die Kapitalerhöhung nach den allgemeinen Regelungen. 525

a) Obligatorischer Inhalt des Hauptversammlungsbeschlusses

Der Beschluss der Hauptversammlung ist auf die Änderung der Satzung gerichtet. Er muss folgenden Mindestinhalt haben: 526

– Die **Dauer** der Ermächtigung. Sie darf nicht länger als **5 Jahre**, gerechnet von der Eintragung der Satzungsänderung an, bemessen sein (§ 202 Abs. 1, Abs. 2 S. 1 AktG). Der Beschluss der Hauptversammlung kann ein konkretes Datum benennen (z.B.: »Bis zum 15. April 2012.«); es reicht aber auch aus, wenn das Fristende allein berechenbar ist (z.B.: »Von der Eintragung an für die Dauer von 4 Jahren.«). **Fehlt** eine Befristung, kann nicht auf die Maximalfrist des Gesetzes von 5 Jahren zurückgegriffen werden; der Beschluss ist vielmehr unwirksam.[525] Bis zum **Ablauf** dieser Frist muss die Durchführung der Kapitalerhöhung im Handelsregister eingetragen worden sein.

– Das **Volumen** der Kapitalerhöhung. Der Nennbetrag des genehmigten Kapitals darf die **Hälfte des Grundkapitals**, das zur Zeit der Ermächtigung vorhanden ist, nicht übersteigen (§ 202 Abs. 3 S. 1 AktG). Sind bereits genehmigte Kapitalia durch Satzungsänderung geschaffen worden, sind diese bei der Berechnung des Nennbetrages des neu zu schaffenden genehmigten Kapitals insoweit hinzuzurechnen, als sie noch nicht zur Erhöhung des Grundkapitals ausgenutzt worden sind. Bei dem Grundkapital ist neben dem im Handelsregister am Tage der Fassung des Hauptversammlungsbeschlusses eingetragenen Kapitals ein etwaiges durch Ausgabe von Aktien ausgenutztes **bedingtes Kapital** (§ 200 AktG) hinzuzurechnen. Wird eine Ermächtigung zur Ausgabe von **Vorzugsaktien** geschaffen, ist zusätzlich die Höchstgrenze des § 139 Abs. 2 AktG zu beachten: Die bisher bestehenden

---

524 Abweichend in Bezug auf die Anfechtbarkeit: *Hüffer*, § 182 Rn. 29.
525 LG Mannheim BB 1957, 689; *Hüffer*, § 202 Rn. 11.

3. Kapitel Aktiengesellschaft

Vorzugsaktien dürfen zusammen mit den aufgrund des genehmigten Kapitals auszugebenden Aktien nicht mehr als die Hälfte des gesamten Grundkapitals ausmachen.
- Die **Art** der Aktien. Die Hauptversammlung hat vorzugeben, ob die neuen Aktien auf den Namen oder den Inhaber lauten (§ 23 Abs. 3 Nr. 4 AktG). Gibt die Satzung dies allgemein schon vor, was nicht selten der Fall ist, kann diese Angabe entfallen.
- Eine Ausgabe von Aktien gegen **Sacheinlage**. Der Vorstand kann auch zur Erhöhung des Kapitals gegen Sacheinlage ermächtigt werden; dies muss allerdings ausdrücklich Bestandteil des Hauptversammlungsbeschlusses sein (§ 205 Abs. 1 AktG). Es müssen keine genauen Beschreibungen der einlagefähigen Gegenstände vorgenommen werden; wenn die Hauptversammlung dies wünscht, können derartige Angaben aber den Spielraum des Vorstands entsprechend einschränken.
- Die Ausgabe **stimmrechtsloser Vorzugsaktien**. Soll der Vorstand die Möglichkeit erhalten, mit der Ausnutzung des genehmigten Kapitals stimmrechtslose Vorzugsaktien auszugeben, die bei der Gewinnverteilung anderen, bereits bestehenden Vorzugsaktien gleichstehen oder gar vorgehen, muss dies von der Hauptversammlung festgelegt werden (§ 204 Abs. 2 AktG).

b) Fakultativer Inhalt des Hauptversammlungsbeschlusses

527 Der Ermächtigungsbeschluss kann verschiedene fakultative Angaben enthalten, etwa die Höhe des **Ausgabebetrages** oder die Verteilung der Aktien bei einem **Bezugsrechtsausschluss**. Ebenfalls fakultativ, in der Praxis aber durchweg üblich, ist die Ermächtigung an den Aufsichtsrat, die **Fassung der Satzung** anzupassen.[526] Die Hauptversammlung kann auch vorgeben, dass eine Ausnutzung des genehmigten Kapitals nur einmalig möglich ist. Enthält der Hauptversammlungsbeschluss hierzu keine Angaben, kann der Vorstand den genehmigten Betrag auch in verschiedenen **Tranchen** ausnutzen.[527]

528 Ein **Bezugsrechtsauschluss** kann bereits von der **Hauptversammlung** beschlossen werden (§ 203 Abs. 1 S. 1 AktG). Ist dies der Fall, muss dieser Ausschluss abstrakt im **Interesse der Gesellschaft** liegen. Die Ausnutzung des genehmigten Kapitals muss also lediglich einem **allgemeinen Finanzierungsinteresse** der Gesellschaft dienen, das sich nur im Wege einer Kapitalerhöhung unter Ausschluss des Bezugsrechts befriedigen lässt.[528]

529 Ein **Bezugsrechtsausschluss** kann allerdings auch – auf Grundlage entsprechender Vorgaben der Hauptversammlung bei der Schaffung des genehmigten Kapitals – dem **Vorstand** vorbehalten werden. Der Ausschluss des Bezugsrechtes bedarf dann der **Zustimmung** des Aufsichtsrates (§ 204 Abs. 1 S. 2 AktG). Der Vorstand hat im konkreten Fall eigenverantwortlich zu entscheiden, ob der Sachverhalt die Durchführung der Kapitalerhöhung unter Ausschluss des Bezugsrechtes der Aktionäre im Interesse der Gesellschaft rechtfertigt.

530 Eine **gesetzliche Vermutung** der Zulässigkeit eines Bezugsrechtsausschlusses enthält das Gesetz in §§ 203 Abs. 1 S. 1, 186 Abs. 3 S. 4 AktG.

531 Das Muster eines **Beschlusses einer genehmigten Kapitalerhöhung** lautet wie folgt:

532 M **Formulierungsbeispiel: Beschluss einer genehmigten Kapitalerhöhung**
Der Vorstand wird ermächtigt, das Grundkapital der Gesellschaft mit Zustimmung des Aufsichtsrates bis zum 31.12.2011 einmalig oder mehrmalig um bis zu insgesamt 40.000,00 EUR gegen Bareinlage durch Ausgabe von neuen, bis zu 40.000 Stück nennwertlosen, auf den Namen lautenden stimmrechtslosen Vorzugsaktien zu je

---

526 Die Notwendigkeit der Fassung eines entsprechenden Beschlusses entfällt dann, wenn in der Satzung – wie dies in der Praxis oft zu finden ist – eine allgemeine Ermächtigung des Aufsichtsrates enthalten ist, die Fassung der Satzung den tatsächlichen Gegebenheiten anzupassen.
527 *Hüffer*, § 202 Rn. 20.
528 Happ/*Ihring*, Aktienrecht, 12.06 Rn. 13.

1,00 EUR das Stück zzgl. 14,00 EUR Agio je Vorzugsaktie zu erhöhen (Genehmigtes Kapital 1). Ein Beschluss über die Ausgabe von weiteren – stimmberechtigten oder stimmrechtslosen – Vorzugsaktien, die bei der Verteilung des Gewinns oder des Gesellschaftsvermögens den dann bestehenden Vorzugsaktien ohne Stimmrecht gleichstehen, bleibt vorbehalten. Die neuen Aktien werden den bisherigen Aktionären angeboten. Der Vorstand ist ermächtigt, mit Zustimmung des Aufsichtsrates weitere Einzelheiten der Kapitalerhöhung und ihrer Durchführung festzusetzen.

§ 4 der Satzung (Höhe und Einteilung des Grundkapitals, Aktienurkunden) wird entsprechend wie folgt um einen neuen Absatz (6) ergänzt:

»(6) Der Vorstand ist ermächtigt, das Grundkapital der Gesellschaft mit Zustimmung des Aufsichtsrates bis zum 31.12.2011 einmalig oder mehrmalig um bis zu insgesamt 40.000,00 EUR gegen Bareinlage durch Ausgabe von neuen, bis zu 40.000 Stück nennwertlosen, auf den Namen lautenden stimmrechtslosen Vorzugsaktien zu je 1,00 EUR das Stück zzgl. 14,00 EUR Agio je Vorzugsaktie zu erhöhen (Genehmigtes Kapital 1). Ein Beschluss über die Ausgabe von weiteren – stimmberechtigten oder stimmrechtslosen – Vorzugsaktien, die bei der Verteilung des Gewinns oder des Gesellschaftsvermögens den dann bestehenden Vorzugsaktien ohne Stimmrecht gleichstehen, bleibt vorbehalten. Die neuen Aktien werden den bisherigen Aktionären angeboten. Der Vorstand ist ermächtigt, mit Zustimmung des Aufsichtsrates weitere Einzelheiten der Kapitalerhöhung und ihrer Durchführung festzusetzen.«

c) Beschlussmehrheiten

Der Hauptversammlungsbeschluss bedarf neben der allgemeinen einfachen Stimmenmehrheit einer **Kapitalmehrheit** von drei Viertel des bei der Beschlussfassung vertretenen Grundkapitals (§§ 133 Abs. 1 HS 2, 202 Abs. 2 S. 2, 3 AktG). Die **Satzung** kann größere, nicht aber geringere Stimmenmehrheiten festlegen.   533

Bei verschiedenen **stimmberechtigten Aktiengattungen** muss jede Aktiengattung einen zustimmenden **Sonderbeschluss** fassen (§ 182 Abs. 2 AktG).[529] Unterbleibt dies, ist die Kapitalmaßnahme **schwebend unwirksam**. Jeder **Sonderbeschluss** bedarf – bezogen auf die betreffende Aktiengattung – einer Mehrheit von drei Vierteln des bei der Beschlussfassung vertretenen Grundkapitals sowie der einfachen Mehrheit der an der Abstimmung teilnehmenden Aktionäre.[530]   534

d) Anmeldung und Wirksamwerden des genehmigten Kapitals

Die Anmeldung der **Änderung der Satzung** zur Schaffung des genehmigten Kapitals ist – wie jede sonstige Satzungsänderung – durch den Vorstand in vertretungsberechtigter Anzahl zur Eintragung in das Handelsregister anzumelden.   535

Die **Ermächtigung** des Vorstands wird – da sie eine Satzungsänderung ist – erst mit Eintragung der Satzungsänderung im Handelsregister **wirksam** (§ 181 Abs. 3 AktG). Aus diesem Grunde ist es auch hier – anders als bei einer regulären Kapitalerhöhung (§ 188 Abs. 4 AktG, vgl. dazu Rdn. 520) – nicht möglich, den Beschluss über die Schaffung des genehmigten Kapitals **gemeinsam** mit der Durchführung der Kapitalerhöhung zur Eintragung in das Handelsregister **anzumelden**.[531]   536

Ist das genehmigte Kapital ausgenutzt worden, so ist die Erhöhung des Grundkapitals zur **Eintragung in das Handelsregister** anzumelden, und zwar durch den Vorstand in vertretungsberechtigter Anzahl sowie den Vorsitzenden des Aufsichtsrates. Dabei ist bei   537

---

529 Dieses Erfordernis entfällt bei der Einpersonengesellschaft.
530 Semler/Volhard/*Schröer*, Handbuch der HV, § 22 Rn. 20.
531 GroßkommAktG/*Hirte*, § 203 Rn. 35; *Hüffer*, § 203 Rn. 15.

einer tranchenmäßigen Ausnutzung des genehmigten Kapitals allein bei der ersten Anmeldung der (teilweisen) Durchführung der Kapitalerhöhung eine **Versicherung** abzugeben, ob und wenn ja welche Einlagen auf das bisherige Grundkapital ausstehen (§ 203 Abs. 3 S. 4 AktG).

538 Die Kapitalerhöhung aus genehmigtem Kapital wird **wirksam** mit Eintragung des erhöhten Grundkapitals im Handelsregister (§§ 203 Abs. 1, 189 AktG).

8. Bedingte Kapitalerhöhung

539 Bei der bedingten Kapitalerhöhung (§§ 192 ff. AktG) wird eine von der Hauptversammlung beschlossene Erhöhung des Grundkapitals nur insoweit durchgeführt, wie Inhaber der von der Aktiengesellschaft eingeräumten **Umtausch-** oder **Bezugsrechte** hiervon Gebrauch machen. Diese Form der Kapitalerhöhung ermöglicht somit eine **bedarfsgerechte Kapitalbeschaffung**.

540 Vorgenommen werden kann sie nur zu **bestimmten Zwecken**:

- Zur Einräumung von Umtausch- oder Bezugsrechten für Gläubiger von Wandelschuldverschreibungen (§ 192 Abs. 2 Nr. 1 AktG).
- Zur Vorbereitung von Unternehmenszusammenschlüssen (§ 192 Abs. 2 Nr. 2 AktG).
- Zur Gewährung von Bezugsrechten an Arbeitnehmer und Mitglieder der Geschäftsführung der Aktiengesellschaft oder eines verbundenen Unternehmens (§ 192 Abs. 2 Nr. 3 AktG).
- In den vorgenannten Fällen vergleichbaren Sachverhalten, so etwa bei Wandelgenussrechten oder Genussscheinen mit nachgelagerten Optionsrechten.

541 Eine praktisch hohe Bedeutung hat das Instrumentarium der bedingten Kapitalerhöhung bei sogenannten **Stock-Options** und bei der Ausgabe von **Wandel-** und **Optionsschuldverschreibungen** i.S.v. § 221 Abs. 1 S. 1 AktG).

542 Grundsätzlich sieht der Ablauf einer derartigen Kapitalmaßnahme wie folgt aus:

- Die Hauptversammlung fasst den Beschluss zur bedingten Kapitalerhöhung.
- Die Kapitalmaßnahme wird in das Handelsregister eingetragen.
- Die Gesellschaft räumt Bezugsberechtigten Umtausch-/Bezugsrechte ein.
- Die Bezugsberechtigten üben ihre Rechte aus und leisten den vollen Gegenwert für die Bezugsaktien.
- Die Gesellschaft gibt die Aktien aus und meldet die hieraus resultierende Satzungsänderung (d.h. die Erhöhung des Grundkapitals) zur Eintragung in das Handelsregister an.

543 Die Schaffung bedingten Kapitals ist der **Höhe** nach gesetzlich begrenzt. Der Nennbetrag des bedingten Kapitals darf die **Hälfte des Grundkapitals**, das zur Zeit der Beschlussfassung über die bedingte Kapitalerhöhung vorhanden ist, nicht übersteigen (§ 192 Abs. 3 AktG). Dabei sind auch Nennbeträge aus früheren bedingten Kapitalerhöhungen zu berücksichtigen, soweit diese noch nicht ausgeschöpft sind. Bei einer bedingten Kapitalerhöhung nach § 192 Abs. 2 Nr. 3 AktG (d.h. zur Gewährung von Bezugsrechten) ist neben dieser 50 %-Grenze auch noch eine **10 %-Grenze** zu berücksichtigen: Der Nennbetrag des bedingten Kapitals darf den 10. Teil des bei der Beschlussfassung vorhandenen Grundkapitals nicht übersteigen. Beide Grenzen gelten unabhängig von- und nebeneinander. Verstöße führen zur Nichtigkeit (§ 241 Nr. 3 AktG).

a) Obligatorischer Inhalt des Hauptversammlungsbeschlusses

544 Der Beschluss der Hauptversammlung muss zwingend den Zweck der Kapitalmaßnahme, den Kreis der Bezugsberechtigten, den Ausgabebetrag oder die entsprechende Ermitt-

lungsmethode sowie die Aufteilung der Bezugsrechte auf die Mitglieder der Geschäftsführung und Arbeitnehmer, die Erfolgsziele, die Erwerbs- und Ausübungszeiträume sowie Wartezeiten für eine erstmalige Ausübung zu nennen (§ 193 Abs. 2 Nr. bis 4 AktG).

Daneben muss der Hauptversammlungsbeschluss den allgemeinen Anforderungen an Kapitalerhöhungsbeschlüsse gerecht werden. Dazu muss er den Nennbetrag des bedingten Kapitals, die Nennbeträge der auszugebenden Aktien bzw. bei Stückaktien deren Anzahl sowie die Art der auszugebenden Aktien[532] beinhalten. 545

b) Fakultativer Inhalt des Hauptversammlungsbeschlusses

Neben den vorstehenden Pflichtangaben kann der Beschluss zur Schaffung bedingten Kapitals weitere Angaben enthalten.[533] So ist es etwa in der Praxis üblich, Kreditinstituten eine Übernahme von Aktienoptionen zu ermöglichen, und zwar mit der Auflage, sie wie bei einem mittelbaren Bezugsrecht gemäß § 186 Abs. 5 AktG auf Weisung der Gesellschaft an die Berechtigten zu übertragen. 546

c) Beschlussmehrheiten

Der Hauptversammlungsbeschluss zur Schaffung eines bedingten Kapitals bedarf neben der Mehrheit der abgegebenen Stimmen (einfache Mehrheit nach § 133 Abs. 1 AktG) der Mehrheit von **drei Viertel** des bei der Beschlussfassung vertretenen Grundkapitals (§ 193 Abs. 1 S. 1 AktG). Die Satzung kann höhere Quoren, nicht aber niedrigere festlegen (§ 193 Abs. 1 S. 2 AktG). 547

Der Beschluss über die Ermächtigung zur Gewährung von **Aktienoptionen** bedarf grundsätzlich nur der Mehrheit der abgegebenen Stimmen (sofern die Satzung nichts anderes vorschreibt). § 221 Abs. 1 S. 2 AktG mit dem Erfordernis der Zustimmung von drei Viertel des bei der Beschlussfassung vertretenen Grundkapitals gilt bei der Gewährung derartiger isolierter Bezugsrechte nämlich nicht. Da aber eine reine Ermächtigung ohne zusätzliche bedingte Kapitalerhöhung ins Leere liefe und für die bedingte Kapitalerhöhung wiederum die Zustimmung von drei Viertel des bei der Beschlussfassung vertretenen Grundkapitals gilt, greift auch hier faktisch das qualifizierte Mehrheitserfordernis. 548

d) Anmeldung und Wirksamwerden des bedingten Kapitals

Der Hauptversammlungsbeschluss über die Schaffung bedingten Kapitals ist zur Eintragung in das Handelsregister anzumelden. Vor dessen Eintragung im Handelsregister können keine Bezugsaktien ausgegeben werden (§ 197 Abs. 1 S. 1 AktG). Gleichwohl von der Gesellschaft ausgegebene Aktien sind **nichtig** (§ 197 Abs. 1 S. 3 AktG). Die Eintragung des Hauptversammlungsbeschlusses im Handelsregister ist somit eine **unverzichtbare Voraussetzung** für die Durchführung der Kapitalmaßnahme. 549

Geben die Gesellschaft und der Bezugsberechtigte die das Bezugsrecht begründenden rechtsgeschäftlichen Erklärungen vor dem Registereintrag der bedingten Kapitalerhöhung ab, so steht das Rechtsgeschäft unter der aufschiebenden Bedingung der entsprechenden Registereintragung.[534] Wird das Rechtsgeschäft sogar noch vor der Fassung des entsprechenden Hauptversammlungsbeschlusses geschlossen, so soll es nach **streitiger Ansicht** 550

---

532 Sofern die Satzung allgemein für künftig auszugebende Aktien entsprechende Angaben enthält, kann im Kapitalerhöhungsbeschluss hierauf verzichtet werden.
533 *Hüffer*, § 193 Rn. 8 m.w.N.
534 KK-AktG/*Lutter*, § 197 Rn. 3 f.; MünchHdb. AG/*Krieger*, § 57 Rn. 27.

3. Kapitel Aktiengesellschaft

zusätzlich unter der aufschiebenden Bedingung der Fassung des Hauptversammlungsbeschlusses entstehen können.[535]

551 Zur Eintragung in das Handelsregister anzumelden ist der Hauptversammlungsbeschluss durch den **Vorstand** der Gesellschaft in vertretungsberechtigter Anzahl und den **Vorsitzenden des Aufsichtsrates**.

552 Die **Kapitalerhöhung** selber wird wirksam mit **Ausgabe** der Aktien (§ 200 AktG). Dies bedeutet, dass sich das Grundkapital im Falle einer bedingten Kapitalerhöhung ausnahmsweise ohne einen entsprechenden Registereintrag in der Spalte »Grundkapital« verändert. Die Eintragung des erhöhten Grundkapitals hat hier – anders als bei anderen Kapitalmaßnahmen (vgl. bspw. § 189 AktG) – eine rein **deklaratorische** Wirkung.

553 Der **Vorstand** (in vertretungsberechtigter Anzahl) ist **innerhalb eines Monats nach Ablauf des Geschäftsjahres** verpflichtet, die tatsächliche Ausgabe von Aktien auf der Grundlage des bedingten Kapitals in Form einer Satzungsänderung anzumelden (§ 201 Abs. 1 AktG).

554 Eine **vorzeitige Anmeldung** ist in begründeten Einzelfällen zulässig, insbesondere dann, wenn im laufenden Geschäftsjahr weitere Kapitalmaßnahmen beschlossen werden, die auf der (durch Ausgabe der Aktien) durchgeführten bedingten Kapitalerhöhung aufbauen.[536] Zum Zwecke der Vermeidung einer Zwischenverfügung sollte bei einer vorzeitigen Anmeldung der Vorstand dem Registergericht unaufgefordert eine Begründung dafür mitteilen.

555 Die anzumeldende Satzungsänderung bezieht sich zum einen auf die bereits eingetretene Erhöhung des Grundkapitals sowie zum andern auf die Anzahl der Aktien.

9. Kapitalerhöhung aus Gesellschaftsmitteln

556 Die Hauptversammlung kann eine Erhöhung des Grundkapitals durch Umwandlung der **Kapitalrücklage** und von **Gewinnrücklagen** beschließen (§§ 207 bis 220 AktG). Naturgemäß wird bei einer solchen Maßnahme der Gesellschaft kein frisches Kapital zugeführt, sondern vielmehr bereits in der Gesellschaft vorhandenes Kapital einer stärkeren rechtlichen Bindung unterworfen.

557 Die Beweggründe zur Erhöhung des Grundkapitals aus Gesellschaftsmitteln sind vielfältig.[537] So kann mit einer derartigen Maßnahme die Gesellschaft wirtschaftlich gestärkt werden, indem das entsprechende Kapital einer weitergehenden Bindung unterworfen wird. Zum anderen kann auch statt einer Bardividende eine von den Aktionären erwünschte sogenannte »stock dividend« gewährt werden, indem bei der Kapitalerhöhung keine neuen Aktien gewährt werden und damit die bisherigen Aktionäre am größeren Unternehmenswert beteiligt sind. Die Kapitalerhöhung aus Gesellschaftsmitteln kann schließlich auch ein Instrumentarium zur Umstellung des Grundkapitals von DM auf Euro sein.[538]

558 Der Kapitalerhöhung aus Gesellschaftsmitteln ist stets eine Bilanz zugrunde zu legen. Hier kann es sich entweder um die **Jahresbilanz** oder eine besondere **Erhöhungsbilanz** handeln (§ 209 Abs. 1, 2 AktG).

559 Der **Stichtag** der Bilanz darf in beiden Fällen höchstens **8 Monate** vor der Anmeldung der Kapitalerhöhung zum Handelsregister liegen. Die Jahresbilanz muss nach §§ 316 ff. AktG **geprüft** und mit dem uneingeschränkten **Bestätigungsvermerk** des Abschlussprüfers versehen sein. Das gleiche gilt für eine etwaige Erhöhungsbilanz, wobei hier eine Prü-

---

[535] Dafür: KK-AktG/*Lutter*, § 197 Rn. 10; MünchHdb. AG/*Krieger*, § 57 Rn. 27, jeweils m.w.N.
[536] Streitig, dafür: *Krafka/Willer*, Registerrecht, Rn. 1516; v. *Godin/Wilhelmi*, § 201 Rn. 2; dagegen, weil ansonsten die Registergerichte übermäßig beansprucht würden: MünchKommAktG/*Fuchs*, § 201 Rn. 3; Spindler/Stilz/*Rieckers*, § 201 Rn. 4; *Hüffer*, § 201 Rn. 3.
[537] Vgl. GroßkommAktG/*Hirte*, § 207 Rn. 31 ff.
[538] Dazu Heidel/*Terbrack*, Aktienrecht, § 4 EGAktG Rn. 49.

fung und Bestätigung durch den letzten Abschlussprüfer zu erfolgen hat, sofern die Hauptversammlung nicht einen anderen Prüfer bestimmt.

Wird dem Beschluss zur Kapitalerhöhung aus Gesellschaftsmitteln eine Bilanz zugrunde gelegt, die den vorstehenden Anforderungen nicht genügt, ist der Kapitalerhöhungsbeschluss **nichtig**. Ist die Bilanz bei Anmeldung zum Handelsregister älter als 8 Monate und nimmt das Gericht gleichwohl die beantragte Eintragung vor, ist das Grundkapital wirksam erhöht.[539] 560

Die Bilanz ist ab Einberufung der Hauptversammlung in den Geschäftsräumen der Gesellschaft **auszulegen** (§ 175 Abs. 2 AktG). 561

a) Obligatorischer Inhalt des Hauptversammlungsbeschlusses

Der Kapitalerhöhungsbeschluss muss zwingend angeben, dass es sich um eine Kapitalerhöhung durch Umwandlung von Rücklagen handelt und benennen, welche Rücklagen genau hierzu verwandt werden sollen. 562

Es können nur solche Rücklagen verwendet werden, die in der Jahresbilanz entweder unter **Kapitalrücklage** nach § 266 Abs. 3 A. II HGB oder **Gewinnrücklage** nach § 266 Abs. 3 A. III Nr. 1, 2 und 4 HGB oder im letzten Beschluss über die Verwendung des Jahresüberschusses oder des Bilanzgewinns als **Zuführung** zu diesen Rücklagen ausgewiesen sind (§ 208 Abs. 1 S. 1 AktG). 563

Die **Kapitalrücklage** und die **Gewinnrücklagen** sowie deren **Zuführungen** können nicht umgewandelt werden, soweit in der zu Grunde gelegten Bilanz ein **Verlust** einschließlich eines **Verlustvortrags** ausgewiesen ist (§ 208 Abs. 2 S. 1 AktG). 564

Gewinnrücklagen und deren Zuführungen, die für einen bestimmten Zweck bestimmt sind, dürfen nur umgewandelt werden, soweit dies mit ihrer **Zweckbestimmung** vereinbar ist (§ 208 Abs. 2 S. 2 AktG). 565

Nicht umwandlungsfähig in Grundkapital sind **Rücklagen für eigene Anteile, stille Reserven**, **Sonderposten mit Rücklagenanteil** und eine **Sonderrücklage** nach § 218 Abs. 2 AktG. 566

Die **Kapitalrücklage** kann nur insoweit umgewandelt werden, als sie zusammen mit der gesetzlichen Rücklage 10 % des Grundkapitals bzw. einen gegebenenfalls in der Satzung festgelegten höheren Anteil am bisherigen Kapital übersteigt (§ 208 Abs. 1 S. 2 AktG). Diesbezüglich besteht bei der Kapitalerhöhung aus Gesellschaftsmitteln zur **Euroumstellung** eine Ausnahme (§ 4 Abs. 5 EGAktG). 567

Der **Kapitalerhöhungsbetrag** ist ausdrücklich zu beziffern; eine »bis zu Erhöhung« ist nicht zulässig.[540] 568

Der Kapitalerhöhungsbetrag kann aus **mehreren Rücklagearten** dargestellt werden. Es ist im Beschluss anzugeben, welche Bilanz der Kapitalerhöhung zugrunde gelegt wird (§ 207 Abs. 3 AktG). Zu den Anforderungen an die Bilanz vgl. vorstehend Rdn. 558 f. 569

Hat die Gesellschaft **Nennbetragsaktien** (§ 8 Abs. 2 AktG), müssen grundsätzlich **neue Aktien** ausgegeben werden (§§ 207 Abs. 2, 182 Abs. 1 Satz 4 AktG). Ausnahmen hiervon bestehen da, wo 570

– entweder nur teilweise eingezahlte Aktien bestehen; in diesem Falle ist dann die Kapitalmaßnahme durch eine **Nennbetragserhöhung** bei den vorhandenen Aktien durchzuführen (§ 215 Abs. 2 S. 2 AktG);
– oder neben teilweise eingezahlten Aktien auch voll eingezahlte Aktien bestehen; hier hat die Hauptversammlung das **Wahlrecht** zwischen der Ausgabe neuer Aktien oder der vorbeschriebenen Nennbetragserhöhung bei den vorhandenen Aktien (§ 215 Abs. 2

---

539 *Hüffer*, § 209 Rn. 14.
540 *Hüffer*, § 207 Rn. 12.

S. 3 AktG). Sofern ein solches Wahlrecht besteht, hat der Beschluss zwingend zu der gewählten Durchführungsart eine Aussage zu treffen (§ 215 Abs. 2 S. 3 Hs. 2 AktG). Fehlt sie, ist der Beschluss anfechtbar.[541]

571 Hat die Gesellschaft **Stückaktien**, besteht ein Wahlrecht zwischen der Ausgabe neuer Aktien oder dem bloßen rechnerischen Aufstocken der vorhandenen Aktien durch Verzicht auf die Ausgabe neuer Aktien im Rahmen der Kapitalerhöhung (§ 207 Abs. 2 S. 2 Hs. 1 AktG). Hier ist im Beschluss zwingend anzugeben, welches der beiden Verfahren gewählt wird (§ 207 Abs. 2 S. 2 Hs. 2 AktG).

572 Das **Muster** eines **Kapitalerhöhungsbeschlusses aus Gesellschaftsmitteln** lautet wie folgt:

573 M **Formulierungsbeispiel: Kapitalerhöhung aus Gesellschaftsmitteln**
Das Grundkapital der Gesellschaft wird aus Gesellschaftsmitteln von 150.000,00 EUR um 10.000,00 EUR auf 160.000,00 EUR erhöht durch Umwandlung von 10.000,00 EUR der in der Bilanz zum 31.12.2010 ausgewiesenen Gewinnrücklage in Grundkapital. Die Kapitalerhöhung erfolgt ohne Ausgabe neuer Aktien. Dem Beschluss wird die von Vorstand und Aufsichtsrat festgestellte, vom Wirtschaftsprüfer Dr. Burkhart Müller in Aachen geprüfte und mit dem uneingeschränkten Bestätigungsvermerk versehene Jahresbilanz der Gesellschaft zum 31.12.2010 zugrunde gelegt. § 4 der Satzung (Grundkapital) wird wie folgt geändert: Das Grundkapital der Gesellschaft beträgt 160.000,00 EUR (in Worten: einhundertsechzigtausend Euro).

b) Fakultativer Inhalt des Hauptversammlungsbeschlusses

574 Neben den vorstehenden Pflichtangaben kann der Beschluss Angaben zum Beginn der **Gewinnberechtigung** etwaiger neu ausgegebener Aktien (vgl. § 217 Abs. 1 S. 2 AktG) enthalten.

c) Beschlussmehrheiten

575 Der Hauptversammlungsbeschluss zur Erhöhung des Grundkapitals aus Gesellschaftsmitteln bedarf neben der Mehrheit der abgegebenen Stimmen (einfache Mehrheit nach § 133 Abs. 1 AktG) der Mehrheit von **drei Viertel** des bei der Beschlussfassung vertretenen Grundkapitals (§§ 207 Abs. 2 S. 1, 182 Abs. 1 AktG).

576 Die Satzung kann höhere, aber auch niedrigere Quoren festlegen (§§ 207 Abs. 2 S. 1, 182 Abs. 1 S. 1 AktG).

d) Anmeldung und Wirksamwerden der Kapitalerhöhung aus Gesellschaftsmitteln

577 Der Hauptversammlungsbeschluss über die Erhöhung des Grundkapitals aus Gesellschaftsmitteln ist zur Eintragung in das Handelsregister anzumelden. Anmeldepflichtig sind der **Vorstand** der Gesellschaft in vertretungsberechtigter Anzahl und der **Vorsitzende des Aufsichtsrates** (§§ 207 Abs. 2 S. 1, 184 Abs. 1 AktG).

578 Anzumelden ist zum einen die Erhöhung des Grundkapitals aus Gesellschaftsmitteln sowie zum anderen die damit einhergehenden Satzungsänderungen.

579 Die Anmeldenden haben zu **versichern**, dass nach ihrer Kenntnis seit dem Stichtag der zugrunde gelegten Bilanz bis zum Tage der Anmeldung zum Handelsregister keine Vermögensminderungen eingetreten sind, die der Kapitalmaßnahme entgegenstehen (§ 210 Abs. 1 S. 2

---

541 GroßkommAktG/*Hirte*, § 215 Rn. 53; KK-AktG/*Lutter*, § 215 Rn. 12; **abweichend** (für Nichtigkeit des Beschlusses): MünchHdb. AG/*Krieger*, § 59 Rn. 49 sowie *Schippel*, DNotZ 1960, 353, 368.

AktG). Eine Erklärung in Bezug auf noch ausstehende Einlagen ist nicht notwendig.[542]
Die Kapitalerhöhung aus Gesellschaftsmitteln wird wirksam mit Eintragung im Handelsregister (§ 211 AktG).

580

10. Kapitalherabsetzung

Bei dem Begriff der Kapitalherabsetzung wird – in Ermangelung einer gesetzlichen Definition – regelmäßig zwischen der **effektiven** und der **nominellen** Kapitalherabsetzung unterschieden. Bei der effektiven Kapitalherabsetzung wird bilanziell gebundenes Kapital freigesetzt, um es an die Aktionäre auszuschütten; bei der nominellen Kapitalherabsetzung hingegen wird eine bilanzielle Angleichung an das durch Verluste geschrumpfte tatsächliche Vermögen der Gesellschaft vorgenommen.[543]

581

In beiden Fällen wird die als Passiva in der Bilanz zu buchende Grundkapitalziffer vermindert und dadurch auf der Aktivseite der Bilanz entweder ein ausschüttungsfähiger Gewinn erzielt (dies wäre der Fall der effektiven Kapitalherabsetzung) oder aber eine Ausgleichung der Passiva an die gesunkenen Passiva vorgenommen (dies wäre der Fall der nominellen Kapitalherabsetzung).

582

Das Gesetz gibt drei Formen der Kapitalherabsetzung vor:

583

– Die **ordentliche Kapitalherabsetzung** (§§ 222 bis 228 AktG); mit ihr kann grundsätzlich jeder Zweck, also etwa die Einstellung des Ertrages in eine Gewinnrücklage, die Rückgabe von Sacheinlagen, die Ausschüttung des Ertrages an die Aktionäre oder etwa eine Sanierung verfolgt werden.
– Die **vereinfachte Kapitalherabsetzung** (§§ 229 bis 236 AktG); sie dient allein dem Zwecke der Sanierung.
– die **Kapitalherabsetzung durch Einziehung von Aktien** (§§ 237 bis 239 AktG); sie zielt auf die Vernichtung der Mitgliedschaftsrechte aus bestimmten Aktien ab und ist somit ein Instrument zur Gestaltung der Aktionärsstruktur.

Da die Kapitalherabsetzung auf eine Herabsetzung des Grundkapitals abzielt und mit ihr die Verringerung der Haftungsgrundlagen der Gesellschaft verbunden ist, spielt der **Gläubigerschutz** eine besondere Rolle (vgl. §§ 225, 230, 233 und 237 Abs. 2 AktG). Bei der bilanziellen Freisetzung effektiv vorhandenen Vermögens haben die Gläubiger der Gesellschaft einen Anspruch auf Sicherheitsleistung (§ 225 AktG). Im Sanierungsfall besteht ein solcher Anspruch nicht, da hier kein effektiv vorhandenes Vermögen freigesetzt wird; hier ist allein zu gewährleisten, dass der Sanierungsfall nicht konstruiert wurde (§ 229 Abs. 2 AktG).

584

a) Ordentliche Kapitalherabsetzung

Die Bedeutung der ordentlichen Kapitalherabsetzung in der Praxis ist eher gering. Sie wird dort verwendet, wo entweder das Geschäftsvolumen der Gesellschaft dauerhaft zurückgegangen ist und insoweit das Haftkapital in der ursprünglichen Höhe nicht mehr notwendig erscheint oder wo Realteilungen von Gesellschaften außerhalb des Umwandlungsgesetzes vorgenommen werden sollen.[544]

585

---

542 § 207 Abs. 1 AktG verweist insoweit nicht auf § 184 Abs. 2 AktG.
543 Vgl. zum Ganzen: Heidel/*Terbrack*, Aktienrecht, Vor §§ 222 ff. Rn. 1 ff.; *Terbrack*, RNotZ 2003, 89 ff.
544 Vgl. dazu *Terbrack*, RNotZ 2003, 89, 91 f.

3. Kapitel Aktiengesellschaft

586 Der idealtypische **Ablauf** einer ordentlichen Kapitalherabsetzung stellt sich wie folgt dar:

- Beschlussfassung über die Herabsetzung des Grundkapitals nebst Fassung gegebenenfalls notwendiger Sonderbeschlüsse (§ 222 Abs. 2 AktG).
- Anmeldung der Kapitalherabsetzung zur Eintragung in das Handelsregister (§ 223 AktG).
- Eintragung und damit Wirksamwerden der Kapitalherabsetzung (§ 224 AktG). Bekanntmachung der Kapitalherabsetzung und damit Entstehung der Möglichkeit der Gläubiger, Sicherheit zu verlangen (§ 225 Abs. 1 S. 1 AktG).
- Vornahme gegebenenfalls notwendiger Durchführungsmaßnahmen (Zusammenlegung von Aktien nach § 222 Abs. 4 AktG) seitens des Vorstandes und Anmeldung der Durchführung der Kapitalherabsetzung zum Handelsregister (§ 227 Abs. 1 AktG). Dabei ist es möglich, die Eintragung des Herabsetzungsbeschlusses zeitgleich mit der Anmeldung der Durchführung der Kapitalherabsetzung zum Handelsregister anzumelden (§ 227 Abs. 2 AktG).

aa) Obligatorischer Inhalt des Hauptversammlungsbeschlusses

587 Aus dem Kapitalherabsetzungsbeschluss muss zwingend der Herabsetzungsbetrag erkennbar sein. In der Praxis wird dazu regelmäßig der ursprüngliche und der künftige Betrag des Grundkapitals sowie zusätzlich der Herabsetzungsbetrag genannt.[545]

588 Das **Muster** eines **Kapitalherabsetzungsbeschlusses** insoweit lautet wie folgt:

589 M **Formulierungsbeispiel: Kapitalherabsetzungsbeschluss**
Das Grundkapital der Gesellschaft wird von 150.000,00 EUR um 10.000,00 EUR auf 140.000,00 EUR herabgesetzt.

590 Neben dem Herabsetzungsbetrag ist der Zweck der Kapitalherabsetzung anzugeben, etwa mit »Rückzahlung an die Aktionäre«, »Bildung von Rücklagen« usw. Werden mehrere Zwecke nebeneinander verfolgt, sind alle Zwecke anzugeben; es muss dann jedem Zweck ein genauer Betrag der gesamten Kapitalmaßnahme zugeordnet werden.[546]

591 Zwingend anzugeben ist des weiteren die **Art der Durchführung**. Hier stehen folgende vier Durchführungsarten zur Verfügung:

- Bei **Stückaktien** die bloße Herabsetzung der **Grundkapitalziffer**. Hierbei ist darauf zu achten, dass die Kapitalherabsetzung nicht zu einer Unterschreitung des Mindestanteils von 1,00 EUR je Stückaktie am Grundkapital (vgl. § 8 Abs. 3 S. 3 AktG) führt. In diesem Fall ist eine Zusammenlegung notwendig.
- Bei **Nennbetragsaktien** die Herabsetzung der **Nennbeträge** (§ 222 Abs. 4 S. 1 AktG). Auch hier ist darauf zu achten, dass die nach der Kapitalmaßnahme bestehenden Nennbeträge nicht unter 1,00 EUR liegen (vgl. § 8 Abs. 2 S. 1 AktG) und dass höhere Nennbeträge auf volle Euro lauten müssen (vgl. § 8 Abs. 2 S. 4 AktG). Ist dies nicht möglich, muss auch hier eine Zusammenlegung erfolgen.
- Die **Zusammenlegung** von Aktien (§ 222 Abs. 4 S. 2 AktG). Sie kommt nur bei einer Unterschreitung der in § 8 Abs. 3 S. 3 AktG (bei Stückaktien, s.o.) bzw. in § 8 Abs. 2 S. 1, 3 AktG) (bei Nennbetragsaktien, s.o.) in Betracht. Sie ist die »ultima ratio«, da durch sie – anders als bei den anderen Durchführungsarten – die Beteiligungsquote der Aktionäre an der Gesellschaft verändert wird.[547]

---

[545] MünchKommAktG/*Oechsler*, § 222 Rn. 19; Heidel/*Terbrack*, Aktienrecht, § 222 Rn. 19; *Terbrack*, RNotZ 2003, 89, 92 f.; zur Ausnahme der Angabe eines Höchstbetrages der Herabsetzung vgl. GroßkommAktG/*Schilling*, § 222 Rn. 8; KK-AktG/*Lutter*, § 222 Rn. 14; Heidel/*Terbrack*, Aktienrecht, § 222 Rn. 19; *Terbrack*, RNotZ 2003, 89, 92 f.

[546] Einzelheiten bei Heidel/*Terbrack*, Aktienrecht, § 222 AktG Rn. 19; *Terbrack*, RNotZ 2003, 89, 93.

[547] Heidel/*Terbrack*, Aktienrecht, § 222 AktG Rn. 50 ff.; *Terbrack*, RNotZ 2003, 89, 93 f.; zur Satzungsgestaltung, die derartige Zusammenlegungen weitgehend vermeidet, vgl. *Terbrack*, RNotZ 2003, 89, 94.

– Die **Einziehung** von Aktien (§§ 237 ff. AktG). Da durch sie die Mitgliedschaftsrechte der nicht betroffenen Aktionäre unberührt bleiben, steht sie gleichberechtigt neben den beiden erstgenannten Durchführungsarten. Sie ist nur nach vorherigem Erwerb der einzuziehenden Aktien durch die Gesellschaft oder bei Anordnung bzw. Gestattung in der Satzung zulässig.[548]

bb) Sonderbeschlüsse

Hat die Gesellschaft mehr als eine Aktiengattung (vgl. § 11 AktG), so müssen die Aktionäre **jeder Gattung** der Kapitalherabsetzung durch Sonderbeschluss (§ 138 AktG) zustimmen (§ 222 Abs. 2 S. 1, 2 AktG).[549] Bilden stimmrechtslose Vorzugsaktien (§ 139 Abs. 1 AktG) eine Gattung, ist ein Sonderbeschluss allerdings entbehrlich.[550]

592

Der Sonderbeschluss bedarf neben der Mehrheit der abgegebenen Stimmen (einfache Mehrheit nach § 133 Abs. 1 AktG) der Mehrheit von **drei Viertel** des bei der Beschlussfassung vertretenen Grundkapitals (§§ 222 Abs. 2 S. 3, 222 Abs. 1 AktG).

593

Die Satzung kann höhere, aber keine niedrigere Quoren festlegen; sie kann weitere Erfordernisse bestimmen (§§ 222 Abs. 2 S. 3, 222 Abs. 1 S. 2 AktG).

594

cc) Beschlussmehrheiten

Der Beschluss zur ordentlichen Herabsetzung des Grundkapitals bedarf neben der Mehrheit der abgegebenen Stimmen (einfache Mehrheit nach § 133 Abs. 1 AktG) der Mehrheit von **drei Viertel** des bei der Beschlussfassung vertretenen Grundkapitals (§ 222 Abs. 1 AktG).

595

Die Satzung kann höhere, aber keine niedrigere Quoren festlegen; sie kann weitere Erfordernisse bestimmen (§ 222 Abs. 1 S. 2 AktG).

596

dd) Anmeldung und Wirksamwerden der ordentlichen Kapitalherabsetzung

Die ordentliche Kapitalherabsetzung ist zur Eintragung in das Handelsregister anzumelden (§ 223 AktG). Anmeldepflichtig sind der **Vorstand** der Gesellschaft in vertretungsberechtigter Anzahl und der **Vorsitzende des Aufsichtsrates** (§ 223 AktG).

597

Mit **Eintragung** der ordentlichen Kapitalherabsetzung im Handelsregister wird die Kapitalmaßnahme **wirksam** (§ 224 AktG), somit wirkt die Eintragung **konstitutiv**. Abzugrenzen hiervon ist die Anmeldung und Eintragung der erfolgten **Durchführung** der ordentlichen Kapitalherabsetzung (§ 227 AktG), die eine rein **deklaratorische** Wirkung hat.[551] Dies ist genau umgekehrt zur Kapitalerhöhung: Bei ihr hat die Eintragung des Erhöhungsbeschlusses rein deklaratorischen Charakter, erst die Eintragung der Durchführung wirkt konstitutiv und lässt die Kapitalerhöhung wirksam werden.

598

Die Anmeldung der Durchführung der ordentlichen Kapitalherabsetzung erfolgt durch den Vorstand (§ 227 Abs. 1 AktG). Diese Anmeldung kann mit der Anmeldung der Herabsetzung des Grundkapitals verbunden werden (§ 227 Abs. 2 AktG).[552]

599

---

548 *Hüffer*, § 237 Rn. 5 f.; MünchKommAktG/*Oechsler*, § 222 Rn. 46; Heidel/*Terbrack*, Aktienrecht, § 222 Rn. 58 f.
549 Dieses Erfordernis besteht selbst dann, wenn die zustimmungspflichtigen Aktiengattungen von der Kapitalmaßnahme unmittelbar gar nicht betroffen sind bzw. der Beschluss einstimmig gefasst wird, vgl. RGZ 148, 175 ff.; *Hüffer*, § 222 Rn. 18; differenzierend: Heidel/*Terbrack*, Aktienrecht, § 222 Rn. 41, sowie *Terbrack*, RNotZ 2003, 89, 94, der eine Sonderbeschlussfassung dann für entbehrlich hält, wenn sämtliche Aktien einem Aktionär gehören (bloßer Formalismus).
550 KK-AktG/Lutter, § 222 Rn. 7; MünchKommAktG/*Oechsler*, § 222 Rn. 32; *Hüffer*, § 222 Rn. 18; Heidel/*Terbrack*, Aktienrecht, § 222 Rn. 42; *Terbrack*, RNotZ 2003, 89, 94.
551 KK-AktG/Lutter, § 224 Rn. 2; *Hüffer*, § 224 Rn. 1; Heidel/*Terbrack*, Aktienrecht, § 224 Rn. 2, sowie *Terbrack*, RNotZ 2003, 89, 95 f.
552 Zum Ganzen vgl. *Terbrack*, RNotZ 2003, 89, 98 ff.

ee) Gläubigerschutz

600 Der Gläubigerschutz bei einer ordentliche Kapitalherabsetzung wird über § 225 AktG gewährleistet. Diese Norm gibt zum einen den Gläubigern unter den genannten Voraussetzungen einen Anspruch auf **Sicherheitsleistung** (§ 225 Abs. 1 AktG), zum anderen verbietet sie **Rückzahlungen** an Aktionäre vor Ablauf einer Sperrfrist und Besicherung bzw. Befriedigung der Gläubiger (§ 225 Abs. 2 AktG).

601 Starre **Sperrfristen**, vor deren Ablauf die Kapitalherabsetzung nicht in das Handelsregister eingetragen werden kann, kennt das AktG – anders als das GmbHG (vgl. dort § 58 Abs. 1 Nr. 3 GmbHG) – nicht.

602 Vorstand, Aufsichtsrat und Gesellschaft haften gegenüber Gläubigern bei **Verstößen** gegen die Gläubigerschutzvorschriften.[553]

b) Vereinfachte Kapitalherabsetzung

603 Die vereinfachte Kapitalherabsetzung (§§ 229 ff. AktG) kann nur zum Zwecke der **Sanierung** genutzt werden. Sie ist die in der Praxis wohl am häufigsten anzutreffende Form der Kapitalherabsetzung. Die vereinfachte Kapitalherabsetzung wird oftmals mit einer Kapitalerhöhung verbunden, sog. **Kapitalschnitt**.

604 Die mit einer vereinfachten Kapitalherabsetzung verfolgten Ziele können nur eine **Verlustdeckung** (die im Gesetzestext genannten Begriffe »sonstige Verluste« bzw. »Wertminderung« sind untechnisch zu verstehen) oder eine (vorsorgliche) **Einstellung in die Kapitalrücklage** sein (vgl. § 229 Abs. 1 S. 1 AktG).[554]

605 Der idealtypische **Ablauf** einer vereinfachten Kapitalherabsetzung stellt sich wie folgt dar:

- Auflösung der gesetzlichen Rücklagen und Kapitalrücklagen, der Gewinnrücklagen und –vorträge (§ 229 Abs. 2 AktG)
- Beschlussfassung über die Herabsetzung des Grundkapitals nebst Fassung gegebenenfalls notwendiger Sonderbeschlüsse (§§ 229 Abs. 1, 3, 222 AktG).
- Anmeldung der Kapitalherabsetzung zur Eintragung in das Handelsregister (§§ 229 Abs. 3, 223 AktG).
- Eintragung und damit Wirksamwerden der Kapitalherabsetzung (§§ 229 Abs. 3, 224 AktG). Bekanntmachung der Kapitalherabsetzung und damit Entstehung der Möglichkeit der Gläubiger, Sicherheit zu verlangen (§ 225 Abs. 1 S. 1AktG).
- Vornahme gegebenenfalls notwendiger Durchführungsmaßnahmen seitens des Vorstandes und Anmeldung der Durchführung der Kapitalherabsetzung zum Handelsregister (§§ 229 Abs. 3, 227 Abs. 1AktG). Dabei ist es möglich, die Eintragung des Herabsetzungsbeschlusses zeitgleich mit der Anmeldung der Durchführung der Kapitalherabsetzung zum Handelsregister anzumelden (§§ 229 Abs. 3, 227 Abs. 2 AktG).

aa) Obligatorischer Inhalt des Hauptversammlungsbeschlusses

606 Grundsätzlich gelten für den Beschluss über die vereinfachte Herabsetzung des Grundkapitals diejenigen Bestimmungen, die auch für den Beschluss über die ordentliche Kapitalherabsetzung gelten (§§ 229 Abs. 3, 222 Abs. 1, 2 und 4 AktG).

607 Ergänzend hierzu muss der Beschluss eindeutig erkennen lassen, dass die beschlossene Kapitalherabsetzung eine vereinfachte sein soll und den verfolgten Zweck bezeichnen (§ 229 Abs. 1 S.1 AktG).

---

553 *Terbrack*, RNotZ 2003, 89, 97 f.
554 *Terbrack*, RNotZ 2003, 89, 100 f.

Da im Falle einer Verlustdeckung die genaue Höhe des Verlustes oftmals bei Beschlussfassung nicht genau feststeht, ist es ausnahmsweise möglich, eine **Höchstgrenze** der Herabsetzung zu beschließen. Es müssen dann aber im Beschluss genaue **Kriterien** für die spätere Festlegung des Herabsetzungsbetrages innerhalb der Höchstgrenze getroffen und **Durchführungsfristen** bestimmt werden.[555] **608**

Der Nennbetrag des neuen Grundkapitals muss bei mindestens 50.000,00 EUR liegen (§ 7 AktG), wobei die Ausnahmeregelung des § 228 Abs. 1 AktG beansprucht werden kann (§ 229 Abs. 3). **609**

bb) Sonderbeschlüsse

Hat die Gesellschaft mehr als eine Aktiengattung (vgl. § 11 AktG), so müssen die Aktionäre **jeder Gattung** der vereinfachten Kapitalherabsetzung durch Sonderbeschluss (§ 138 AktG) zustimmen (§§ 229 Abs. 3, 222 Abs. 2 S. 1, 2 AktG).[556] Bilden stimmrechtslose Vorzugsaktien (§ 139 Abs. 1 AktG) eine Gattung, ist ein Sonderbeschluss allerdings entbehrlich.[557] **610**

Der Sonderbeschluss bedarf neben der Mehrheit der abgegebenen Stimmen (einfache Mehrheit nach § 133 Abs. 1 AktG) der Mehrheit von **drei Viertel** des bei der Beschlussfassung vertretenen Grundkapitals (§§ 229 Abs. 3, 222 Abs. 2 S. 3, 222 Abs. 1 AktG). **611**

Die Satzung kann höhere, aber keine niedrigere Quoren festlegen; sie kann weitere Erfordernisse bestimmen (§§ 229 Abs. 3, 222 Abs. 2 S. 3, 222 Abs. 1 S. 2 AktG). **612**

cc) Beschlussmehrheiten

Der Beschluss zur ordentlichen Herabsetzung des Grundkapitals bedarf neben der Mehrheit der abgegebenen Stimmen (einfache Mehrheit nach § 133 Abs. 1 AktG) der Mehrheit von **drei Viertel** des bei der Beschlussfassung vertretenen Grundkapitals (§§ 229 Abs. 3, 222 Abs. 1 AktG). **613**

Die Satzung kann höhere, aber keine niedrigere Quoren festlegen; sie kann weitere Erfordernisse bestimmen (§§ 229 Abs. 3, 222 Abs. 1 S. 2 AktG). **614**

dd) Anmeldung und Wirksamwerden der vereinfachten Kapitalherabsetzung

Die vereinfachte Kapitalherabsetzung ist zur Eintragung in das Handelsregister anzumelden (§§ 229 Abs. 3, 223 AktG). Anmeldepflichtig sind der **Vorstand** der Gesellschaft in vertretungsberechtigter Anzahl und der **Vorsitzende des Aufsichtsrates** (§§ 229 Abs. 3, 223 AktG). **615**

Mit **Eintragung** der vereinfachten Kapitalherabsetzung im Handelsregister wird die Kapitalmaßnahme **wirksam** (§§ 229 Abs. 3, 224 AktG), somit wirkt die Eintragung **konstitutiv**. Abzugrenzen hiervon ist die Anmeldung und Eintragung der erfolgten **Durchführung** der vereinfachten Kapitalherabsetzung (§§ 229 Abs. 3, 227 AktG), die eine rein **deklaratorische** Wirkung hat.[558] Dies ist genau umgekehrt zur Kapitalerhöhung: Bei ihr hat die Eintragung des **616**

---

555 KK-AktG/Lutter, § 222 Rn. 14 f.; MünchKommAktG/*Oechsler*, § 222 Rn. 20; *Hüffer*, § 222 Rn. 12; Heidel/*Terbrack*, Aktienrecht, § 222 Rn. 20 sowie § 229 Rn. 31; *Terbrack*, RNotZ 2003, 89, 102 f.
556 Dieses Erfordernis besteht selbst dann, wenn die zustimmungspflichtigen Aktiengattungen von der Kapitalmaßnahme unmittelbar gar nicht betroffen sind bzw. der Beschluss einstimmig gefasst wird, vgl. RGZ 148, 175 ff.; *Hüffer*, § 222 Rn. 18; differenzierend: Heidel/*Terbrack*, Aktienrecht, § 222 Rn. 41, sowie *Terbrack*, RNotZ 2003, 89, 94, der eine Sonderbeschlussfassung dann für entbehrlich hält, wenn sämtliche Aktien einem Aktionär gehören (bloßer Formalismus).
557 KK-AktG/Lutter, § 222 Rn. 7; MünchKommAktG/*Oechsler*, § 222 Rn. 32; *Hüffer*, § 222 Rn. 18; Heidel/*Terbrack*, Aktienrecht, § 222 Rn. 42; *Terbrack*, RNotZ 2003, 89, 94.
558 KK-AktG/Lutter, § 224 Rn. 2; *Hüffer*, § 224 Rn. 1; Heidel/*Terbrack*, Aktienrecht, § 224 Rn. 2, sowie *Terbrack*, RNotZ 2003, 89, 95 f.

Erhöhungsbeschlusses rein deklaratorischen Charakter, erst die Eintragung der Durchführung wirkt konstitutiv und lässt die Kapitalerhöhung wirksam werden.

617 Die Anmeldung der Durchführung der vereinfachten Kapitalherabsetzung erfolgt durch den Vorstand (§§ 229 Abs. 3, 227 Abs. 1 AktG). Diese Anmeldung kann mit der Anmeldung der Herabsetzung des Grundkapitals verbunden werden (§§ 229 Abs. 3, 227 Abs. 2 AktG).[559]

ee) Gläubigerschutz

618 Der Gläubigerschutz bezieht sich bei einer vereinfachten Kapitalherabsetzung zum einen auf die **Verwendung** der aus der Kapitalmaßnahme gewonnenen **Beträge** (§ 230 AktG) sowie zum anderen auf die **Beschränkung** künftiger **Gewinnausschüttungen** (§ 233 AktG).

619 Starre **Sperrfristen**, vor deren Ablauf die Kapitalherabsetzung nicht in das Handelsregister eingetragen werden kann, kennt das AktG – anders als das GmbHG (vgl. dort § 58 Abs. 1 Nr. 3 GmbHG) – nicht.

ff) Rückwirkungsmöglichkeiten

620 Das Gesetz erlaubt die **Rückbeziehung** einer vereinfachten Kapitalherabsetzung auf den Jahresabschluss des vorangegangenen Geschäftsjahres (§ 234 AktG). Dies soll die Kreditwürdigkeit der Gesellschaft stärken und Sanierungsbemühungen erleichtern. Gleiches gilt für Rückbeziehungen mitbeschlossener Kapitalerhöhungen (§ 235 AktG).[560]

c) Kapitalherabsetzung durch Einziehung von Aktien

621 Die Kapitalherabsetzung durch Einziehung von Aktien (§§ 237 ff. AktG) führt zum Untergang einzelner Aktien, d.h. anders als bei den anderen Formen der Kapitalherabsetzung werden nicht alle Aktien gleich getroffen. Damit bietet diese Form der Kapitalherabsetzung ein Instrument zur Veränderung der Struktur der Aktionäre oder der Aktienarten an.

622 Das Gesetz unterscheidet zwischen zwei **Einziehungsarten**:

- die Zwangseinziehung (§ 237 Abs. 1 S. 1 Alt. 1 AktG) und
- die Einziehung nach Erwerb durch die Gesellschaft (§ 237 Abs. 1 S. 1 Alt. 2 AktG).

623 Für diese beiden Arten der Einziehung stehen wiederum zwei **Einziehungsverfahren** zur Verfügung:

- das ordentliche Einziehungsverfahren (§ 237 Abs. 1 S. 2 AktG) und
- das vereinfachte Einziehungsverfahren (§ 237 Abs. 3 bis 5 AktG).

624 Der besonders ausgestaltete **Aktionärsschutz** erlaubt zwangsweise Einziehungen von Aktien nur, wenn diese auf der Grundlage einer Satzungsbestimmung erfolgt, die bereits in der Ursprungssatzung enthalten oder vor Übernahme bzw. Zeichnung der durch die Einziehung betroffenen Aktien eingefügt war (§ 237 Abs. 1 S. 2 AktG). Zieht die Gesellschaft eigene Aktien ein, entfällt dieses Schutzbedürfnis (§ 237 Abs. 1 S. 1 Alt. 2 AktG).

625 Der idealtypische **Ablauf** einer Kapitalherabsetzung durch Einziehung von Aktien stellt sich wie folgt dar:

- Beschlussfassung über die Herabsetzung des Grundkapitals durch Einziehung von Aktien.
- Anmeldung der Kapitalherabsetzung zur Eintragung in das Handelsregister (§§ 237 Abs. 2 S. 1, 223 AktG).

---

559 Zum Ganzen vgl. *Terbrack*, RNotZ 2003, 89, 98 ff.
560 Einzelheiten bei *Terbrack*, RNotZ 2003, 89, 105 ff.

– Eintragung der Kapitalherabsetzung (§ 238 AktG). Anders als bei der ordentlichen oder der vereinfachten Kapitalherabsetzung, die mit Eintragung des Herabsetzungsbeschlusses wirksam werden (vgl. vorstehende Rdn. 598 und 616) müssen zusätzlich zur erfolgten Eintragung die Einziehungshandlungen abgeschlossen sind (§ 238 S. 1 AktG).[561]

Die Einziehung ist zu jedem denkbaren Zweck möglich, sie kann also der Sanierung, der Bildung von Rücklagen usw. dienen. In der Praxis vorherrschend dürfte die Beseitigung bestimmter Mitgliedschaftsrechte sowie die Einziehung eigener Aktien sein. **626**

d) Amortisation

Neben der Möglichkeit, im Rahmen einer Kapitalherabsetzung Aktien einzuziehen, erlaubt das Gesetz auch die Einziehung von Aktien ohne eine damit verbundene Herabsetzung der Grundkapitalziffer (§ 237 Abs. 3 Nr. 3 AktG). Dieser Vorgang wird auch als **Amortisation** bezeichnet.[562] **627**

Gesetzlich verankert ist dieses Instrumentarium im dritten Abschnitt des AktG zu Maßnahmen der Kapitalherabsetzung; systematisch ist es dort ein Fremdkörper.[563] **628**

11. Unternehmensverträge

Das Aktiengesetz nennt in den §§ 291, 292 AktG Unternehmensverträge, namentlich **Beherrschungsverträge**, **Gewinnabführungsverträge**, **Gewinngemeinschafts-, Teilgewinnabführungsverträge**, **Betriebspacht-** und **Betriebsüberlassungsverträge**. **629**

Insbesondere vor dem Hintergrund steuerlicher Überlegungen spielen **Gewinn-** oder auch **Ergebnisabführungsverträge** eine erhebliche Rolle. Mit einem Ergebnisabführungsvertrag verpflichtet sich ein Unternehmen, sein Ergebnis (also Gewinne wie auch Verluste) an ein anderes Unternehmen weiterzugeben. Auf diesem Wege wird im sogenannten Vertragskonzern die Möglichkeit einer steuermindernden Verrechnung geschaffen. **630**

Ein Unternehmensvertrag wird durch die vertretungsberechtigten Organe der beiden am Vertrag beteiligten Unternehmen geschlossen. Ein Unternehmensvertrag bedarf (allein) der **Schriftform** (§ 293 Abs. 3 AktG). **631**

Wirksam wird ein Unternehmensvertrag nur dann, wenn die Hauptversammlungen beider Vertragsteile **zugestimmt** haben. Hier bestehen im Vorfeld erweiterte **Bekanntmachungs-** (§ 124 Abs. 2 S. 2 AktG) und **Informationspflichten** (§ 293 f. AktG). Zudem bestehen **Berichts-** (§ 293a AktG) und **Prüfungspflichten** (§ 293b AktG), auf welche durch **öffentlich beglaubigte Erklärungen** aller Anteilsinhaber aller beteiligten Unternehmen verzichtet werden kann (vgl. § 293a Abs. 3 AktG bzw. § 293b Abs. 2 AktG).[564] **632**

Das Muster eines **Gewinnabführungsvertrages** lautet wie folgt: **633**

Formulierungsbeispiel: Gewinnabführungsvertrag **634 M**

§ 1 Gewinnabführung

(1) Gesellschaft verpflichtet sich, ihren ganzen Gewinn an Muttergesellschaft abzuführen. Abzuführen ist – vorbehaltlich der Bildung oder Auflösung von Rücklagen nach Abs. 2 – der ohne die Gewinnabführung entstehende Jahresüberschuss, vermindert um einen etwaigen Verlustvortrag aus dem Vorjahr.

---

561 *Terbrack*, RNotZ 2003, 89, 116 f.
562 Einzelheiten hierzu bei *Terbrack*, DNotZ 2003, 734 ff.
563 Heidel/*Terbrack*, Aktienrecht, § 237 Rn. 72a.
564 Hier reicht sogar die notarielle Beurkundung des Verzichtsbeschlusses aus, vgl. *Altmeppen*, ZIP 1998, 1853, 1862 f.; Spindler/Stilz, § 293a Rn. 23 m. w. Nw.

(2) Gesellschaft kann mit Zustimmung von Muttergesellschaft Beträge aus dem Jahresüberschuss insoweit in andere Gewinnrücklagen einstellen, als dies handelsrechtlich zulässig und bei vernünftiger kaufmännischer Beurteilung wirtschaftlich begründet ist. Während der Dauer dieses Vertrages gebildete freie Rücklagen (andere Gewinnrücklagen gem. § 272 Abs. 3 HGB) sind auf Verlangen von Muttergesellschaft aufzulösen und zum Ausgleich eines Jahresfehlbetrags zu verwenden oder als Gewinn abzuführen. Die Abführung von Beträgen aus der Auflösung von freien Rücklagen nach Satz 1, die vor Beginn dieses Vertrages gebildet wurden, sowie von Kapitalrücklagen ist ausgeschlossen.

§ 2 Verlustübernahme

Muttergesellschaft ist in analoger Anwendung der Vorschriften des § 302 AktG verpflichtet, jeden während der Vertragsdauer sonst entstehenden Jahresfehlbetrag auszugleichen, soweit dieser nicht dadurch ausgeglichen wird, dass den anderen Gewinnrücklagen gem. § 272 Abs. 3 HGB Beträge entnommen werden, die während der Vertragsdauer in sie eingestellt worden sind. § 302 Abs. 3 AktG gilt entsprechend.

§ 3 Wirksamwerden und Vertragsdauer

(1) Der Vertrag wird unter dem Vorbehalt der Zustimmung der Gesellschafterversammlung von Muttergesellschaft und Gesellschaft geschlossen. Der Vertrag wird wirksam mit der Eintragung in das Handelsregister der Gesellschaft und gilt für die Zeit ab 1. Januar 2010.

(2) Der Vertrag kann erstmals zum Ablauf des 31. Dezember 2014 unter Einhaltung einer Kündigungsfrist von sechs Monaten gekündigt werden. Wird er nicht gekündigt, so verlängert er sich bei gleicher Kündigungsfrist um jeweils ein Kalenderjahr.

(3) Das Recht zur Kündigung des Vertrages aus wichtigem Grund ohne Einhaltung einer Kündigungsfrist bleibt unberührt. Muttergesellschaft ist insbesondere zur Kündigung aus wichtigem Grund berechtigt, wenn Muttergesellschaft nicht mehr mit der Mehrheit der Stimmen an der Gesellschaft beteiligt ist.

(4) Wenn der Vertrag endet, hat Muttergesellschaft den Gläubigern der Gesellschaft entsprechend § 303 AktG Sicherheit zu leisten.

a) Obligatorischer Inhalt des Hauptversammlungsbeschlusses

635 Der Hauptversammlungsbeschluss muss klar und eindeutig die **Zustimmung** zum Abschluss des Unternehmensvertrages zum Ausdruck bringen.

636 Dabei kann die Zustimmung in **zeitlicher Hinsicht** sowohl vor (Einwilligung oder auch Ermächtigung, § 183 BGB) als auch nach Vertragsabschluss (Genehmigung, § 184 BGB) erklärt werden.[565]

637 Wird sie zuvor in der Form der Ermächtigung des Vorstandes zum Abschluss des Vertrages erteilt, muss der Unternehmensvertrag als **vollständiger Entwurf** vorliegen, der auch genau so abzuschließen ist. Wird die Zustimmung zu einem bereits abgeschlossenen Vertrag erklärt, darf die Genehmigung **keine Änderungen** o.ä. zum Inhalt haben.

b) Beschlussmehrheiten

638 Der Zustimmungsbeschluss zu einem Unternehmensvertrag bedarf neben der Mehrheit der abgegebenen Stimmen (einfache Mehrheit nach § 133 Abs. 1 AktG) der Mehrheit von **drei Viertel** des bei der Beschlussfassung vertretenen Grundkapitals (§ 293 Abs. 1 S. 2

---

565 *Hüffer*, § 293 Rn. 4.

AktG). Damit ist er zwingend **beurkundungspflichtig** (§ 130 Abs. 1 S. 1, 3 AktG). Der notariellen Niederschrift über den Zustimmungsbeschluss ist der Unternehmensvertrag beizufügen (§ 293 g Abs. 2 S. 2 AktG).

Die Satzung kann höhere, aber keine niedrigere Quoren festlegen; sie kann weitere **639** Erfordernisse bestimmen (§ 293 Abs. 1 S. 3 AktG).

c) Anmeldung und Wirksamwerden des Unternehmensvertrages

Der Abschluss des Unternehmensvertrages ist zur Eintragung in das Handelsregister der **640** beherrschten Gesellschaft anzumelden (§ 294 Abs. 1 S. 1 AktG). Anmeldepflichtig ist der **Vorstand** der Gesellschaft in vertretungsberechtigter Anzahl (§ 327 e Abs. 1 S. 1 AktG).

Anzumelden ist der **Abschluss** und die **Art** des Unternehmensvertrages sowie der **641** Name der anderen **Vertragspartei**. Fällt ein Unternehmensvertrag unter verschiedene **Kategorien** der §§ 291, 292 AktG (beispielsweise ein kombinierter Beherrschungs- und Gewinnabführungsvertrag), so sind diese allesamt zu benennen. Der Notar hat sich dabei an die **Terminologie** der §§ 291, 292 AktG zu halten.

Mit Eintragung im Handelsregister der beherrschten Gesellschaft wird der Unternehmensvertrag **wirksam** (§ 294 Abs. 2 AktG). **642**

Bei Beherrschungsverträgen ist keine **Rückwirkung** möglich, bei allen anderen Unternehmensverträgen ist sie in handels- und steuerrechtlicher Hinsicht möglich.[566] **643**

Eine **Änderung** des wirksam abgeschlossenen Unternehmensvertrages ist nur nach **644** § 295 AktG zulässig. Danach bedürfen auch Änderungen grundsätzlich der Zustimmung der Hauptversammlungen beider Vertragsteile und der Eintragung der Änderung im Handelsregister der beherrschten Gesellschaft.

Das Muster einer **Registeranmeldung** eines Gewinnabführungsvertrages lautet wie **645** folgt:

Formulierungsbeispiel: Registeranmeldung eines Gewinnabführungsvertrags **646 M**
Wir, die unterzeichneten Vorstände der vorgenannten Aktiengesellschaft, überreichen in der ANLAGE:

1. **eine beglaubigte Abschrift des Gewinnabführungsvertrages,**
2. **eine beglaubigte Abschrift des Zustimmungsbeschlusses vom 15.12.2009 (URNr.: 2345/2009) der beherrschten Aktiengesellschaft zu dem vorgenannten Gewinnabführungsvertrag,**
3. **eine beglaubigte Abschrift der privatschriftlichen Niederschrift über die Gesellschafterversammlung der herrschenden Gesellschaft vom 29.11.2009 mit dem Zustimmungs- bzw. Ermächtigungsbeschluss zu dem vorgenannten Gewinnabführungsvertrag,**

und melden zur Eintragung in das Handelsregister an:
Zwischen der Mustermann Aktiengesellschaft mit dem Sitz zu Aachen als beherrschter Gesellschaft und der Muster GmbH & Co. KG mit dem Sitz zu Aachen (HR A 111) als herrschender Gesellschaft wurde ein Gewinnabführungsvertrag am 15.12.2009 abgeschlossen.

---

[566] Zu den zeitlichen Grenzen der Rückwirkung (handelsrechtlich unbeschränkt, steuerrechtlich nur rückwirkend bis zum Beginne des Eintragungsjahres) vgl. *Hüffer*, § 294 Rn. 20 m.w.N.

3. Kapitel Aktiengesellschaft

12. Squeeze Out

647 Mit dem Rechtsinstitut des »**Ausschlusses von Minderheitsaktionären**« (§§ 327 a bis 327 f. AktG),[567] welches auf neudeutsch auch als »**Squeeze-Out**« bezeichnet wird, ist es dem Mehrheitsaktionär, der mit mindestens 95 % am Grundkapital einer Aktiengesellschaft beteiligt ist, möglich, die Minderheitsaktionäre auch ohne deren Zustimmung aus der Gesellschaft auszuschließen, indem er deren Aktien gegen eine Barabfindung erwirbt. Es handelt sich hierbei also faktisch um einen **Zwangsverkauf**.[568]

648 In der Praxis wird von diesem Instrument vielfach Gebrauch gemacht, da eine kleine Zahl von Minderheitsaktionären häufig reicht, um einen finanziell kaum vertretbaren Aufwand bei der Vorbereitung und Durchführung von Hauptversammlungen betreiben zu müssen. Zudem sind fachkundige Aktionäre in der Lage, ganze Unternehmenszusammenschlüsse oder sonstige für das Unternehmen bedeutende Maßnahmen schmerzhaft zu verzögern oder gar ganz zu verhindern.

649 Der Squeeze-Out ist neben dem sogenannten **Delisting** (vgl. dazu nachfolgend Rdn. 665 ff.) eine Möglichkeit, einen Rückzug von der Börse einzuleiten (sog. **Going Private**). Der Squeeze-Out führt nämlich zur Einstellung der **Börsennotierung** der Gesellschaft durch die Zulassungsstelle, da nach seiner Wirksamkeit die Durchführung eines ordnungsgemäßen Börsenhandels nicht mehr gewährleistet ist (§ 38 BörsG).

650 Der Erwerb der Aktien der Minderheitsaktionäre erfolgt auf der Grundlage eines entsprechenden **Hauptversammlungsbeschlusses** der betroffenen Gesellschaft (§ 327 a Abs. 1 S. 1 AktG). Mit dessen **Eintragung** in das Handelsregister gehen die Aktien der Minderheitsaktionäre auf den Mehrheitsaktionär über (§ 327 e Abs. 3 S. 1 AktG).

651 Die Höhe der den Minderheitsaktionären zu zahlenden **Barabfindung** wird von dem Mehrheitsaktionär auf der Grundlage des Wertes der Aktien am Tage der Beschlussfassung festgelegt (§ 327 b Abs. 1 S. 1 AktG). Sie ist von einem oder mehreren gerichtlich zu bestellenden **Sachverständigen** zu überprüfen (§ 327 c Abs. 2 S. 2 AktG) und durch eine **Bankgarantie** (§ 327 b Abs. 3 AktG) vor der Fassung des Hauptversammlungsbeschlusses sicherzustellen. Begleitend hierzu muss der Hauptaktionär in einem schriftlichen **Bericht** der Hauptversammlung die Angemessenheit der Barabfindung sowie die Voraussetzungen für die Übertragung zu erläutern und zu begründen (§ 327 c Abs. 2 S. 1 AktG).

652 Trotz der Tatsache, dass der auf einen Squeeze-Out gerichtete Hauptversammlungsbeschluss nach der h.M. nur der Mehrheit der abgegebenen Stimmen (einfache Mehrheit nach § 133 Abs. 1 AktG, vgl. nachstehend Rdn. 658) bedarf,[569] ist er wohl als Grundlagenbeschluss nach § 130 Abs. 1 S. 3 AktG zu werten und unterliegt somit stets – d.h. auch bei nicht-börsennotierten Gesellschaften – der notariellen **Beurkundungspflicht**.[570]

653 Der idealtypische **Ablauf** eines Squeeze-Out stellt sich wie folgt dar:

- Verlangen des Hauptaktionärs gegenüber der betroffenen Gesellschaft auf Durchführung des Squeeze-Out und Einleitung der Unternehmensbewertung.
- Antrag des Hauptaktionärs beim zuständigen Landgericht auf Bestellung des Prüfers (§ 327 c Abs. 2 S. 2 AktG) und Beschaffung der notwendigen Bankgarantie (§ 327 b Abs. 3 AktG).
- Beschlussfassung in der Hauptversammlung über den Squeeze-Out.
- Anmeldung des Squeeze-Out zur Eintragung in das Handelsregister (§ 327 e Abs. 1 S. 1 AktG).

---

567 In das AktG eingefügt durch das Gesetz zur Regelung von öffentlichen Angeboten zum Erwerb von Wertpapieren und von Unternehmensübernahmen (WpÜG) vom 20.12.2001, BGBl. I S. 3089 ff.
568 Vgl. zum Ganzen nur Heidel/*Heidel/Lochner*, Aktienrecht, Vor § 327 a Rn. 1 ff.
569 Heidel/*Heidel/Lochner*, Aktienrecht, § 327 a Rn. 22; *Hüffer*, § 327 a Rn. 11.
570 **Abweichend**: *Hüffer*, § 327 e Rn. 2, der bei nicht-börsennotierten Gesellschaften ein privatschriftliches Hauptversammlungsprotokoll nach § 130 Abs. 1 S. 3 AktG genügen lassen will.

- Eintragung im Handelsregister und damit Wirksamwerden der Aktienübertragung (§ 327e Abs. 3 S. 1 AktG). Sofern – wie in der Praxis nahezu immer zu beobachten ist – die Minderheitsaktionäre die Angemessenheit der Barabfindung bezweifeln, schließt sich eine Nachprüfung der Angemessenheit der Barabfindung im Spruchverfahren an (§ 327 f. AktG).

a) Obligatorischer Inhalt des Hauptversammlungsbeschlusses

Der Beschluss über den Ausschluss von Minderheitsaktionären muss neben der **Übertragung der Aktien** der Minderheitsaktionäre auf den Mehrheitsaktionär die **Gewährung** der dafür angemessenen **Barabfindung** beinhalten. 654

Das **Muster** eines **Squeeze-Out-Beschlusses** lautet wie folgt: 655

Formulierungsbeispiel: Squeeze-Out-Beschluss 656 M
Der Vorsitzende gab das von ihm festgestellte Abstimmungsergebnis zu dem einzigen Tagesordnungspunkt bekannt und verkündete den folgenden Beschluss:
»Ich stelle hiermit zu dem einzigen Tagesordnungspunkt fest und verkünde, dass die Hauptversammlung bei insgesamt 6.447.633 abgegebenen Stimmen bei 99.880 NEIN-Stimmen mit insgesamt 6.347.753 JA-Stimmen den folgenden Beschluss gefasst hat:
Die Aktien der übrigen Aktionäre (Minderheitsaktionäre) der CORONAR Aktiengesellschaft, Aachen, werden gemäß dem Verfahren zum Ausschluss von Minderheitsaktionären nach §§ 327a ff. AktG auf die ACROMPA AG, Aachen, übertragen. Die ACROMPA AG zahlt dafür eine Barabfindung in Höhe von EUR 39,00 je Stückaktie der CORONAR Aktiengesellschaft.«

b) Sonderbeschlüsse

Hat die Gesellschaft mehr als eine Aktiengattung (vgl. § 11 AktG), so müssen gleichwohl **keine Sonderbeschlüsse** der Aktionäre jeder Gattung gefasst werden.[571] 657

c) Beschlussmehrheiten

Der Beschluss über den Ausschluss von Minderheitsaktionären bedarf nach h.M. allein der Mehrheit der abgegebenen Stimmen (**einfache Mehrheit** nach § 133 Abs. 1 AktG).[572] 658
Der Hauptaktionär ist **nicht** nach § 136 Abs. 1 AktG vom **Stimmrecht** ausgeschlossen.[573] 659

d) Anmeldung und Wirksamwerden des Squeeze-Out

Der Hauptversammlungsbeschluss auf Ausschluss von Minderheitsaktionären ist zur Eintragung in das Handelsregister anzumelden (§ 327e Abs. 1 S. 1 AktG). Anmeldepflichtig ist der **Vorstand** der Gesellschaft in vertretungsberechtigter Anzahl (§ 327e Abs. 1 S. 1 AktG). 660

Mit **Eintragung** des Beschlusses wird der Ausschluss der Minderheitsaktionäre **wirksam** (§ 327e Abs. 3 S. 1 AktG); die Aktien gehen auf den Mehrheitsaktionär über. 661

Der Squeeze-Out führt zur Einstellung der **Börsennotierung** der Gesellschaft durch die Zulassungsstelle, da die Durchführung eines ordnungsgemäßen Börsenhandels nicht mehr gewährleistet ist (§ 38 BörsG). 662

---

571 OLG Düsseldorf WM 2005, 650 = NZG 2005, 347 = AG 2005, 293; Heidel/*Heidel/Lochner*, Aktienrecht, § 327a Rn. 23; *Hüffer*, AktG, § 327a Rn. 11.
572 Heidel/*Heidel/Lochner*, Aktienrecht, § 327a Rn. 22; *Hüffer*, § 327a Rn. 11.
573 Heidel/*Heidel/Lochner*, Aktienrecht, § 327a Rn. 23; *Hüffer*, § 327a Rn. 11.

3. Kapitel Aktiengesellschaft

663 Das **Muster** einer **Handelsregisteranmeldung** lautet wie folgt:

664 M **Formulierungsbeispiel: Handelsregisteranmeldung des Squeeze-Out**
Wir, die gemeinsam vertretungsberechtigten Vorstandsmitglieder, melden zur Eintragung in das Handelsregister an:
  Die Hauptversammlung der Gesellschaft hat am 20.5.2010 gemäß § 327 a AktG auf Verlangen des Hauptaktionärs BECCOR Hotels AG mit dem Sitz zu Aachen die Übertragung der Aktien der übrigen Aktionäre (Minderheitsaktionäre) auf den Hauptaktionär gegen Gewährung einer angemessenen Barabfindung beschlossen.
  Wir erklären gemäß §§ 327 e Abs. 2, 319 Abs. 5 AktG, dass Klagen gegen die Wirksamkeit des Übertragungsbeschlusses nicht fristgerecht erhoben wurden.

13. Delisting

665 Unter dem sogenannten **Delisting** versteht man den Rückzug einer börsennotierten Gesellschaft vom amtlichen Handel oder geregelten Markt. Es ist somit neben dem Squeeze-Out (vgl. Rdn. 647 ff.) eine Möglichkeit zum Rückzug von der Börse. Gerade durch die Vielzahl der Börsenrückzüge in der letzten Zeit hat das Delisting in der Praxis eine erhebliche Bedeutung gewonnen.

666 Im Unterschied zum Squeeze-Out, bei dem die Aktien der Minderheitsaktionäre zwangsweise auf den Mehrheitsaktionär übertragen werden (§ 327 e Abs. 3 S. 1 AktG), wird beim Delisting die **Börsenzulassung** auf Antrag des Emittenten nach § 38 Abs. 4 BörsG beendet. Diese Form des Rückzugs von der Börse wird auch als **reguläres** oder **echtes Delisting** bezeichnet.

667 Abzugrenzen hiervon ist das sogenannte **unechte** oder **kalte Delisting**, bei dem die Börsenzulassung auf andere Weise als durch Antrag des Emittenten endet, beispielsweise bei der Verschmelzung durch Übertragung auf eine nicht börsennotierte Gesellschaft.[574]

668 Die gesellschaftsrechtlichen Voraussetzungen für ein echtes Delisting waren lange umstritten, sind aber durch den BGH[575] mittlerweile geklärt.[576]

669 Neben dem Hauptversammlungsbeschluss verlangt der BGH, dass der Mehrheitsaktionär oder die Gesellschaft den Minderheitsaktionären ein **Pflichtangebot** über den Kauf ihrer Aktien unterbreitet.[577]

a) Obligatorischer Inhalt des Hauptversammlungsbeschlusses

670 Der Antrag auf Widerruf der Aktien zum Börsenhandel bedarf eines Hauptversammlungsbeschlusses. Da ein solcher Antrag nur bei einer börsennotierten Gesellschaft gestellt werden kann, ist die Hauptversammlung **notariell zu beurkunden** (§ 130 Abs. 1 S. 1 AktG).

671 Der Widerruf der Börsenzulassung wird nicht von der Hauptversammlung selbst erklärt, vielmehr hat sie dem Vorstand der Gesellschaft eine entsprechende **Ermächtigung** zu erteilen. Diese Ermächtigung ist präzise zu formulieren, bedarf aber keiner zeitlichen Befristung.[578]

---

574 Weitere Beispiele für ein kaltes Delisting finden sich bei Heidel/*Heidel/Lochner*, Aktienrecht, Vor § 327 a Rn. 16.
575 BGHZ 153, 47 (Macrotron) = NZG 2003, 280 = DB 2003, 544 = ZIP 2003, 387 = NJW 2003, 1032.
576 Zur Diskussion vgl. *Hüffer*, § 119 Rn. 23 f.
577 BGH NZG 2003, 280, 283; Heidel/*Heidel/Lochner*, Aktienrecht, Vor § 327 a Rn. 21.
578 BGH NZG 2003, 280, 282.

Das **Muster** der Verkündung eines **Delisting-Beschlusses** durch den Versammlungsleiter lautet wie folgt: 672

Formulierungsbeispiel: Delisting-Beschluss 673 M
Ich stelle fest und verkünde, dass somit die Hauptversammlung mit der erforderlichen Mehrheit und in der vorgesehenen Abstimmungsart entsprechend dem in der Einladung unter Tagesordnungspunkt 3 enthaltenen Beschlussvorschlag von Vorstand und Aufsichtsrat den Vorstand ermächtigt, einen Antrag gemäß § 39 Abs. 2 des Börsengesetzes in Verbindung mit § 43 der Börsenordnung der Frankfurter Wertpapierbörse auf Widerruf der Zulassung der Aktien der Gesellschaft zum Handel im regulierten Markt (General Standard) an der Frankfurter Wertpapierbörse zu stellen.

b) Beschlussmehrheiten

Der Beschluss über ein Delisting bedarf allein der Mehrheit der abgegebenen Stimmen (**einfache Mehrheit** nach § 133 Abs. 1 AktG).[579] 674

---

579 BGH NZG 2003, 280, 282; *Hüffer*, § 119 Rn. 24; für eine satzungsändernde Mehrheit: Heidel/*Heidel/Lochner*, Aktienrecht, Vor § 327 a Rn. 20.

Kapitel 4 Umwandlungen

A. Allgemeines zum Umwandlungsrecht

I. Einleitung

Das Umwandlungsgesetz basiert auf der Reform des Umwandlungsrechts aus dem Jahre **1**
1994.[1] Der Gesetzgeber wollte mit der Reform die bis dahin lediglich in Einzelgesetzen[2] und dem Umwandlungsgesetz 1969 geregelten Möglichkeiten der Unternehmensumwandlung unter Verbesserung des Anlegerschutzes zusammenfassen und systematisieren; zugleich wurden die Möglichkeiten der Unternehmensumwandlungen (erheblich) erweitert.[3]

Das Gesetz nennt vier Umwandlungsarten (§ 1): die – für Kapitalgesellschaften seit 2007 **2**
auch grenzüberschreitend zugelassene[4] – Verschmelzung, die Spaltung, die (in der Praxis weniger bedeutsame) Vermögensübertragung und den Formwechsel. Verschmelzung, Spaltung und Vermögensübertragung sind dadurch gekennzeichnet, dass ein oder mehrere Rechtsträger – in unterschiedlichen Ausgestaltungen – ihr Vermögen im ganzen oder in Teilen auf einen anderen oder mehrere andere Rechtsträger übertragen und das Gesetz diesen Rechtsübergang bei der Verschmelzung und der Vermögensübertragung im Wege der Vollrechtsübertragung als eine vollständige (§ 20 Abs. 1 Nr. 1) und bei der Spaltung (Aufspaltung, Abspaltung und Ausgliederung) sowie bei der Vermögensübertragung im Wege der Teilrechtsübertragung als eine partielle **Gesamtrechtsnachfolge** (§ 131 Abs. 1 Nr. 1) ausgestaltet.[5] Bei der Verschmelzung (§ 2), der Aufspaltung (§ 123 Abs. 1), der Vermögensübertragung im Wege der Vollrechtsübertragung (§ 174 Abs. 1) sowie der aufspaltenden Vermögensübertragung im Wege der Teilrechtsübertragung (§ 174 Abs. 2 Nr. 1) geht dieser Rechtsübergang mit dem **liquidationslosem Erlöschen** des übertragendes Rechtsträgers einher (§ 20 Abs. 1 Nr. 2). Beim Formwechsel hingegen findet keine Vermögensübertragung statt, vielmehr ändert ein Rechtsträger unter Wahrung seiner Identität lediglich seine Rechtsform (§ 202 Abs. 1) oder – wie man auch formuliert –»sein rechtliches Gewand«.[6] Die spezifischen Rechtsfolgen der im Umwandlungsgesetz geregelten Umwandlungsarten, insb. die Gesamtrechtsnachfolge, sind – soweit nicht Bundes- oder Landesrecht entsprechendes zulässt – den Umwandlungsarten des Umwandlungsgesetzes vorbehalten (§ 1 Abs. 2). Eine analoge Erstreckung der sukzessionsrechtlichen Besonderheiten des Umwandlungsgesetzes auf sonstige Vorgänge ist damit ausgeschlossen (**Analogieverbot**).[7] Im Ergebnis ordnet das Gesetz damit einen **numerus clausus der Umwandlungsarten** an.[8] Für die Gestaltungspraxis von besonderer Bedeutung ist der Umstand, dass die Vorschriften des Umwandlungsgesetzes **zwingender Natur** sind. So kann gemäß § 1 Abs. 3 S. 1 von den Vorschriften des UmwG nur abgewichen werden, wenn das Gesetz dies ausdrücklich zulässt. Ergänzende Bestimmungen in Verträgen, Satzungen oder Wil-

---

1 Paragraphen ohne Gesetzesangabe sind solche des Umwandlungsgesetzes vom 28.10.1994 (BGBl. I S. 3210, ber. 1995 I S. 428, zuletzt geändert durch das Gesetz zur Umsetzung der Aktionsrichtlinie (ARUG) vom 30.7.2009, BGBl. I S. 2479 und (in §§ 103 und § 275) durch Gesetz vom 24.9.2009, BGBl. I S. 3142; zur Entstehungsgeschichte siehe Semler/Stengel/*Semler/Stengel*, Einl. A Rn. 19 ff.
2 Siehe u.a. §§ 339 ff. AktG a.F.; §§ 362 ff. AktG a.F.; §§ 19 ff. KapErhG.
3 Zu den gesetzgeberischen Zielen siehe *Ganske*, WM 1993, 1117.
4 § 122a–§ 122l.
5 Kritisch zum Begriff der »partiellen« Gesamtrechtsnachfolge BFH Urt. v. 5.11.2009 – IV R 29/08, NZG 2010, 518.
6 Semler/Stengel/*Stengel/Schwanna*, § 190 Rn. 1.
7 Lutter/*Lutter/Drygala*, § 1 Rn. 34.
8 KK-UmwG/*Dauner-Lieb*, § 1 Rn. 39.

4. Kapitel Umwandlungen

lenserklärungen sind gemäß § 1 Abs. 3 S. 2 zulässig, es sei denn, dass das UmwG eine abschließende Regelung enthält.

II. Sonstige Umstrukturierungen

3   Von dem aus § 1 Abs. 2 resultierenden numerus clausus der Umwandlungsarten unberührt bleiben die zahlreichen sonstigen, auf allgemeinem Recht basierenden Wege der Unternehmensumstrukturierungen, die in der Regel nicht mit den Rechtsfolgen, insb. der Gesamtrechtsnachfolge, verbunden sind, die den umwandlungsrechtlichen Umstrukturierungen vorbehalten sind.[9] So kann z.B. eine Kapitalgesellschaft in eine andere auch durch einen (schlichten) Anteilskauf »integriert« werden;[10] denkbar und gängig ist es – als Alternative zum Formwechsel – auch, das Vermögen eines Rechtsträgers im Wege der Sacheinlage durch Einzelübertragung gegen Anteilsgewährung auf eine – gegebenenfalls zuvor zu diesem Zweck im Wege der Bargründung gegründete (sog. Stufengründung) – Gesellschaft zu übertragen. Auch Ausgliederungsvorgänge sind durch Einzelübertragungen realisierbar. In der Praxis von Relevanz ist es ferner, sich zum Zwecke der Unternehmensumstrukturierung die in § 738 BGB (i.V.m. §§ 105 Abs. 3, 161 Abs. 2 HGB) geregelte Möglichkeit der **Anwachsung** zu Nutze zu machen. Die Anwachsung nimmt insoweit im Rahmen der nicht auf dem Umwandlungsgesetz beruhenden Umstrukturierungswege eine besondere Stellung ein, da sie – wie Umstrukturierungsmaßnahmen nach dem Umwandlungsgesetz – zu einer Gesamtrechtsnachfolge unter liquidationsloser Beendigung der bisherigen Gesellschaft führen kann. Dies ist etwa (vorbehaltlich abweichender gesellschaftsvertraglicher Regeln) bei der sog. einfachen Anwachsung der Fall, wenn alle Gesellschafter einer Personengesellschaft bis auf einen aus der Gesellschaft austreten.[11] Entsprechendes gilt, wenn bei der sog. erweiterten Anwachsung sämtliche Anteile an der Personengesellschaft durch rechtsgeschäftliche Übertragung in der Person eines Gesellschafters oder Nichtgesellschafters (entgeltlich oder unentgeltlich, gegebenenfalls durch Anteilsgewährung) vereint werden. Mittels einer solchen erweiterten Anwachsung lassen sich damit, wenn etwa sämtliche Anteile an der Personengesellschaft auf eine Zielgesellschaft gegen Gewährung von Anteilen an ihr übertragen werden, Ergebnisse erzielen, die denen einer Verschmelzung entsprechen.[12] Als Alternative zu umwandlungsrechtlichen Umstrukturierungen sind auch die Eingliederung nach §§ 319 ff. AktG und der Abschluss eines Beherrschungs- oder Gewinnabführungsvertrages nach § 291 Abs. 1 AktG zu nennen.[13]

4   Welchen Umstrukturierungsweg die Beteiligten sinnvollerweise einschlagen, hängt von einer Vielzahl von Faktoren ab, nicht zuletzt steuerlicher Art, da sich Umstrukturierungen möglichst steuerneutral, d.h. insb. in ertragsteuerlicher Hinsicht unter **Fortführung der Buchwerte** – siehe dazu das Bilanzierungswahlrecht nach § 24[14] -, vollziehen sollen.[15] So besteht etwa bei der sog. einfachen Anwachsung, falls der »vorletzte« (ausscheidende) Gesellschafter wirtschaftlich am Vermögen der Gesellschaft beteiligt ist, die Gefahr der Aufdeckung stiller Reserven;[16] ob letzteres auch bei der sog. erweiterten Anwachsung der

---

9   Zu den denkbaren Gestaltungen siehe ausführlich Wachter/*Ettinger/Reiff*, Handbuch Fachanwalt, Teil 2, 6. Kapitel, § 2, S. 1822 ff.
10 Semler/Stengel/*Stengel*, § 2 Rn. 51.
11 Vgl. BGH, Urt. v. 7.7.2008 – II ZR 37/07, MittBayNot 2009, 57 = NZG 2008, 704.
12 Wachter/*Ettinger/Reiff*, Handbuch Fachanwalt, Teil 2, 6. Kapitel, § 2 Rn. 66; dort in Rn. 103 ff. sowie bei Limmer/*Limmer*, Handbuch Umwandlung, Rn. 121 ff., zur »Ausstrahlungswirkung« des UmwG.
13 Semler/Stengel/*Stengel*, § 2 Rn. 44 ff.
14 Dazu z.B. Semler/Stengel/*Moszka*, § 24 Rn. 64 und unten Rdn. 410.
15 Zu den steuerlichen Aspekten einer Verschmelzung siehe z.B. Limmer/*Bilitewski*, Handbuch Umwandlung, Rn. 3216 ff. und Semler/Stengel/*Moszka*, Einl. B. Zu den Änderungen des UmwStG durch das SEStEG siehe *Stelzer*, MittBayNot 2009, 16.
16 Siehe *Stümper*, GmbHR 2010, 129, 130; dort auch zum Schicksal von Verlustvorträgen.

Fall ist, wird im Hinblick auf die Neuregelungen des UmwStG durch das SEStEG[17] in der steuerlichen Literatur derzeit kontrovers diskutiert.[18] In zivilrechtlicher Hinsicht bietet die für Umstrukturierungsvorgänge nach dem Umwandlungsgesetz typische Gesamtrechtsnachfolge gegenüber der Einzelübertragung insbesondere den Vorteil, dass Vertragsverhältnisse des »alten« Rechtsträgers mit allen Rechten und Pflichten auf den »neuen« Rechtsträger übergehen, ohne dass es einer Zustimmung der jeweiligen Vertragspartner bedarf.[19] Deren Schutz verwirklicht das Umwandlungsgesetz insbesondere über § 22, d.h. über das Recht, Sicherheit zu verlangen. Bei der Einzelübertragung bedarf es hingegen, wenn ein Vertragsverhältnis auch mit seinen Pflichten übergehen soll, des Einverständnisses des jeweiligen Vertragspartners. Dem mit der Gesamtrechtsnachfolge verbundenen Vorteil steht gegenüber, dass Umwandlungsvorgänge mit einem erhöhten formalen Aufwand und gegebenenfalls auch mit einem höheren Kostenaufwand verbunden sein können, wobei es allerdings bei den in der Praxis im Vordergrund stehenden Umwandlungen, bei denen (ganz oder teilweise) übereinstimmende oder wechselseitige Anteilsverhältnisse bei den beteiligten Rechtsträgern bestehen, durch zahlreiche Verzichtsmöglichkeiten erhebliche Möglichkeiten für formale Erleichterungen gibt.[20]

III. Gesetzesaufbau

Das Umwandlungsgesetz regelt die Verschmelzung, die in der Praxis die bedeutsamste 5 Umwandlungsart darstellt, als Grundtatbestand der Umwandlungsarten in seinem 2. Buch (§§ 2 bis 122l).[21] Im Rahmen eines ausgeprägten – zuweilen als »Verweisungsdschungel« bezeichneten[22] – **Verweisungssystems** erklärt das Gesetz zahlreiche Verschmelzungsregeln auch für die im 3. Buch geregelte Spaltung (§§ 123 bis 173) und zahlreiche Verschmelzungs- und Spaltungsregeln für die im 4. Buch normierte Vermögensübertragung (§§ 174 bis 189), für maßgeblich.[23] Der Formwechsel (siehe 5. Buch: §§ 190 bis 304) hingegen unterliegt aufgrund seiner grundlegend anderen Konzeption eigenen Regelungen.[24]

Wie das UmwG den Regelungen der einzelnen Umwandlungsarten in § 1 allgemeine 6 Regeln vorangestellt hat, zieht es auch innerhalb der Regelungen zu den einzelnen Umwandlungsarten jeweils allgemeine Regeln »vor die Klammer« und ergänzt sie jeweils durch spezielle für die jeweiligen beteiligten Rechtsträger geltenden Vorschriften. Insgesamt führen diese Systematisierungen zu einem ebenso durchdachten wie verschachtelten Gesetzesaufbau. In der Gesetzesbegründung ist insoweit plastisch von einem »**Baukastenprinzip**« die Rede. Bei jedem Umwandlungsvorgang gilt es daher neben den allgemeinen auch die besonderen ihn betreffenden Bestimmungen zu beachten. Sind an dem Umwandlungsvorgang Rechtsträger unterschiedlicher Rechtsform beteiligt, bedeutet das, dass die für den jeweiligen Rechtsträger geltenden besonderen Vorschriften zu berücksichtigen sind. Wird beispielsweise eine oHG auf eine GmbH durch Aufnahme verschmolzen, gelten neben den allgemeinen Vorschriften in §§ 2 bis 35 zum einen die besonderen Vorschriften in §§ 39 bis 45, soweit sie sich auf eine übertragende Personenhandelsgesellschaft beziehen, und zum anderen die besonderen Vorschriften in §§ 46 bis 55, soweit sie sich auf eine übernehmende GmbH beziehen.

---

17 BGBl. I 2006, 2782.
18 Siehe hierzu *Ropohl/Freck*, GmbHR 2009, 1076, 1079 f. m.w.N. zum Meinungsstand.
19 Zum Mietvertrag siehe OLG Karlsruhe, Urt. v. 13.8.2008 – 1 U 08/08, RNotZ 2008, 628; BGH, Urt. v. 27.11.2009 – LwZR 15/09, AG 2010, 251, 252.
20 Siehe z.B. §§ 8 Abs. 3, 9 Abs. 3.
21 *Kallmeyer*, ZIP 1994, 1746; *Priester*, DNotZ 1995, 427, 430.
22 *Bayer/Wirth*, ZIP 1996, 817.
23 Für die Spaltung siehe § 125; für die Vermögensübertragung siehe z.B. §§ 176, 177.
24 Semler/Stengel/*Semler/Stengel*, Einl. A Rn. 54.

4. Kapitel Umwandlungen

IV. Europarechtliche Vorgaben/Umsetzung der Richtlinie vom 16.9.2009

7   Europarechtliche Vorgaben für das deutsche Umwandlungsrecht ergeben sich aus der 3. gesellschaftsrechtlichen Richtlinie vom 9.10.1978 (der sog. Verschmelzungsrichtlinie) und 6. gesellschaftsrechtlichen Richtlinie vom 17.12.1982 (der sog. Spaltungsrichtlinie), die sich auf die Verschmelzung und Spaltung von Aktiengesellschaften beziehen.[25] Für die grenzüberschreitende Verschmelzung finden sich Vorgaben in der Richtlinie über die Verschmelzung von Kapitalgesellschaften aus verschiedenen Mitgliedstaaten.[26] Mit dem Gesetz zur Durchführung der 3. gesellschaftsrechtlichen Richtlinie vom 25.10.1982, dem Umwandlungsgesetz vom 28.10.1994 sowie dem 2. Gesetz zur Änderung des Umwandlungsgesetzes vom 19.4.2007 ist der deutsche Gesetzgeber seinen entsprechenden bisherigen Umsetzungspflichten nachgekommen.[27]

8   Weiterer Umsetzungsbedarf ist nunmehr durch eine neue Richtlinie vom 16.9.2009 entstanden.[28] Die neue Richtlinie ist bis Ende Juni 2011 umzusetzen. Die Bundesregierung hat im Juli 2010 basierend auf einem Referentenentwurf des Bundesjustizministeriums einen Regierungsentwurf für ein »Drittes Gesetz zur Änderung des Umwandlungsgesetzes« vorgelegt, der insbesondere folgende Neuerungen/Änderungen vorsieht:[29]

- Unterrichtungspflichten der Vertretungsorgane bei Vermögensveränderungen zwischen dem Abschluss des Verschmelzungs-/Spaltungsvertrages und dem Verschmelzungs-/Spaltungsbeschluss mit Verzichtsmöglichkeit für die Anteilsinhaber (§ 8 Abs. 3 und 4 RegE-UmwG i.V.m. § 125 S. 1 und § 127 S. 2)[30]
- Elektronische Übermittlung von Unterlagen als Alternative zur Übermittlung in Papierform (§ 62 Abs. 3 S. 7 RegE-UmwG, § 63 Abs. 3 S. 2 RegE-UmwG)[31]
- Entbehrlichkeit eines Verschmelzungsbeschlusses der übertragenden Gesellschaft bei der Verschmelzung einer 100 %-igen Tochter auf ihre Mutter-AG (§ 62 Abs. 4 RegE-UmwG)[32]
- Einführung eines »umwandlungsspezifischen squeeze-out« bei der AG-Konzernverschmelzung, bei dem anstelle der ansonsten grundsätzlich maßgeblichen Ausschlussschwelle von 95 % (§ 327 a Abs. 1 AktG) eine Ausschlussschwelle von lediglich 90 % maßgeblich ist (§ 62 Abs. 5 RegE-UmwG)[33]
- Möglichkeit eines Verzichts auf die Zwischenbilanz i.S.v. § 63 Abs. 1 Nr. 3 und deren Ersetzbarkeit durch einen Halbjahresfinanzbericht nach § 37 w WpHG (§ 63 Abs. 2 S. 5 bis 7 RegE-UmwG)[34]

9   Im Hinblick auf den europarechtlichen Hintergrund der umwandlungsrechtlichen Normen gilt das Gebot der richtlinienkonformen Auslegung sowie ferner die Pflicht, dem EuGH gegebenenfalls die Rechtsfrage in einem Vorabverfahren nach Art. 234 EGV vorzulegen.[35] Soweit sich die Umsetzung der 3. und 6. Richtlinie vom 9.10.1978 und vom 17.12.1982 wie auch der neuen Richtlinie vom 16.9.2009 auch auf allgemeine Normen des Umwandlungsgesetzes ausgewirkt hat (z.B. §§ 5, 8, 9, 12), die sich – neben der Aktienge-

---

25 Richtlinie 78/855/EWG betreffend die Verschmelzung von Aktiengesellschaften, ABl. EG Nr. L 295 v. 20.10.1978, S. 36, und Richtlinie 82/891/EWG betreffend die Spaltung von Aktiengesellschaften, ABl. EG v. 31.12.1982, Nr. L 378, S. 47; zu deren Änderung siehe Richtlinie 2007/63/EG des Europäischen Parlaments und Rates vom 13.11.2007, ABl. EU Nr. L 300 vom 17.11.2007, S. 47.
26 Richtlinie 2005/56/EG, ABl. EU v. 25.11.2005 Nr. L 310, S. 1 ff.
27 Näher zur Umsetzungsgeschichte Lutter/*Lutter*, Einl. I Rn. 8 ff und Rn. 26 ff.
28 ABl. EU Nr. L 259 vom 2.10.2009, S. 14; zu den Vorüberlegungen *Sandhaus*, NZG 2009, 41.
29 Dazu *Bayer/J. Schmidt*, ZIP 2010, 953; *Neye/Jäckel*, AG 2010, 237; *Diekmann*, NZG 2010, 489.
30 Siehe unten Kapitel 4 Rdn. 153.
31 Siehe unten Kapitel 4 Rdn. 381, Kapitel 4 Rdn. 394.
32 Siehe unten Kapitel 4 Rdn. 396.
33 Siehe unten Kapitel 4 Rdn. 396.
34 Siehe unten Kapitel 4 Rdn. 380.
35 Semler/Stengel/*Drinhausen*, Einl C Rn. 69 ff; Lutter/*Lutter*, Einl I Rn. 26 ff.

sellschaft – auch auf andere Gesellschaftsformen beziehen, wird das Gebot der richtlinienkonformen Auslegung dieser Normen richtigerweise von der überwiegenden Ansicht auch auf diese – nicht von den Richtlinien betroffenen – Gesellschaftsformen erstreckt.[36] Insgesamt ist davon auszugehen, dass keine Vorschrift des Umwandlungsgesetzes aufgrund einer entgegenstehenden Richtlinienvorgabe unanwendbar ist.[37]

V. Schutzziele des Umwandlungsgesetzes

Der Gesetzgeber hatte bei Erlass des Umwandlungsgesetzes insbesondere drei zu schützende Personengruppen in Auge: betroffene Gläubiger, Anteilsinhaber und Arbeitnehmer.[38] Der **Gläubigerschutz** wird unter anderem umgesetzt durch das Recht auf Sicherheitsleistung gemäß § 22 (i.V.m. §§ 125, 133, 204). Daneben tritt bei Spaltungen eine gesamtschuldnerische Haftung der beteiligten Rechtsträger (§ 133), die Anwendung des jeweiligen Gründungsrechts bei der Verschmelzung durch Neugründung, der Spaltung zur Neugründung und beim Formwechsel (§§ 36 Abs. 2, 135 Abs. 2, 197) sowie eine Ersatzpflicht der Verwaltungsträger für umwandlungsbedingte Schäden (§§ 25, 125 und 205). Den **Schutz der Anteilsinhaber** setzt das Gesetz um, indem es für Umwandlungsbeschlüsse Einstimmigkeit oder eine ¾-Mehrheit verlangt (siehe §§ 43, 50, 65, 84, 103, 112); neben diese qualifizierten Mehrheitserfordernisse treten individuelle Zustimmungsvorbehalte (z.B. §§ 51, 65 Abs. 2) sowie die Möglichkeit einer Anfechtung des Umwandlungsbeschlusses (§ 14).[39] Darüber hinaus schützt das Gesetz die Beteiligten mit Hilfe von generellen Informationsrechten (siehe §§ 8, 127 und 192); dem Anlegerschutz dient ferner das Erfordernis der Sachverständigenprüfung bezüglich des Anteilswertes (§§ 9 ff.) sowie das Recht auf Barabfindung (§§ 15, 196) – verbunden mit dem Recht, deren Angemessenheit gerichtlich im Rahmen eines Spruchverfahrens prüfen zu lassen. Entsprechendes gilt für die Pflicht, Inhabern von Sonderrechten gleichartige Rechte zu gewähren (§ 23, § 125 S. 1 i.V.m. § 23, § 204 i.V.m. § 23). Wichtige Elemente des **Arbeitnehmerschutzes** sind – neben den speziellen Schutzvorschriften bezüglich des Umwandlungsvertrages[40] – die Vorschriften in §§ 322 ff., insb. § 324, der bei der Verschmelzung, Spaltung und Vermögensübertragung die Vorschriften über den Betriebsübergang in § 613 a Abs. 1 und 4 bis 6 BGB ausdrücklich für anwendbar erklärt.

10

---

36 Semler/Stengel/*Drinhausen*, Einl C Rn. 70; Lutter/*Lutter*, Einl I Rn. 32; a.A. Kallmeyer/*Marsch-Barner*, § 8 Rn. 37 und Kallmeyer/*Müller*, § 9 Rn. 1.
37 Semler/Stengel/*Drinhausen*, Einl C Rn. 71; zweifelnd *Weiler*, NZG 2008, 527, 528 zu § 68 Abs. 1 S. 3, siehe unten Rdn. 404; kritisch zu § 75 Abs. 2 *Bayer/J. Schmidt*, ZIP 2010, 953, 956 f; *dies.*, ZIP 2010, 953, 962 zur richtlinienkonformen Auslegung von § 61 S. 1, dazu unten Rdn. 375.
38 Limmer/*Limmer*, Handbuch Umwandlung, Rn. 126 ff.
39 Semler/Stengel/*Semler/Stengel*, Einl. A Rn. 25.
40 Siehe §§ 5 Abs. 1 Nr. 9, 126 Abs. 1 Nr. 11 und 194 Abs. 1 Nr. 7, siehe Rdn. 86.

4. Kapitel   Umwandlungen

B. Verschmelzung

I. Allgemeines

11 Das Gesetz unterscheidet in § 2 zwei Arten der Verschmelzung, diejenige durch Aufnahme (insb. §§ 4 bis 35) und diejenige durch Neugründung (insb. §§ 36 bis 38). Bei der **Verschmelzung durch Aufnahme**, die den gesetzlichen Grundfall der Verschmelzung darstellt und in der Praxis im Vordergrund steht, wird das Vermögen eines oder mehrerer Rechtsträger als Ganzes auf einen (bestehenden) übernehmenden Rechtsträger übertragen (§ 2 Nr. 1). Bei der **Verschmelzung durch Neugründung** wird das Vermögen zweier oder mehrerer Rechtsträger jeweils als Ganzes auf einen neuen dadurch gegründeten Rechtsträger übertragen (§ 2 Nr. 2). Gemeinsames – nicht der Disposition der Beteiligten unterliegendes (§ 1 Abs. 3 S. 1) – Kennzeichen beider Verschmelzungsarten ist, dass die jeweiligen übertragenden Rechtsträger mit Eintragung der Verschmelzung im Handelsregister liquidationslos erlöschen (§§ 2, 20 Abs. 1 Nr. 2, 36 Abs. 1) und der übernehmende oder neu gegründete Rechtsträger (Gesamt-) Rechtsnachfolger der übertragenden Rechtsträger wird (§§ 20 Abs. 1 Nr. 1, 36 Abs. 1). Gemeinsames (ebenso zwingendes) Kennzeichen beider Verschmelzungsarten ist es im Grundsatz ferner, dass den Anteilsinhabern der übertragenden Rechtsträger im Gegenzug für die Übertragung des jeweiligen Vermögens der übertragenden Rechtsträger auf den übernehmenden oder neu gegründeten Rechtsträger Anteile oder Mitgliedschaften an dem übernehmenden oder neuen Rechtsträger zu gewähren sind (§ 2). Bei der Verschmelzung durch Aufnahme können dies bereits bestehende oder im Rahmen einer Kapitalerhöhung neu geschaffene Anteile sein; bei der Verschmelzung durch Neugründung sind es begriffsnotwendig neue Anteile, die gewährt werden.[41] Dieses sog. Dogma der **Anteilsgewährungspflicht**, von dem der Gesetzgeber bisher nur in eng begrenzten Fällen Ausnahmen, z.B. bei der Verschmelzung einer Tochter- auf ihre Muttergesellschaft (§ 5 Abs. 2), vorsah, hat der Gesetzgeber mit dem 2. Gesetz zur Änderung des Umwandlungsgesetzes vom 19.4.2007 gelockert. So bedarf es nunmehr bei der Verschmelzung durch Aufnahme auf eine GmbH oder AG einer Anteilsgewährung nicht, wenn alle Anteilsinhaber eines übertragenden Rechtsträger hierauf in notariell beurkundeter Form verzichten (§§ 54 Abs. 1 S. 3, 68 Abs. 1 S. 3). Dies wirkt sich insbesondere bei der Verschmelzung von beteiligungsidentischen Schwestergesellschaften aus. Hier war es nach früherem Recht überaus streitig, ob eine Kapitalerhöhung bei der übernehmenden Gesellschaft nötig war oder nicht.[42] Der Gesetzgeber überlässt es nunmehr den Anteilsinhabern der übertragenden Gesellschaft, zu entscheiden, ob sie ihren Rechtsverlust durch eine Anteilsgewährung bei der übernehmenden Gesellschaft kompensieren wollen. Dies führt einerseits für die Rechtspraxis verfahrensrechtlich zu einer nicht unerheblichen Erleichterung,[43] erscheint aber andererseits im Hinblick auf den Minderheitenschutz bei der übernehmenden Gesellschaft nicht unbedenklich.[44]

12 Neben der vorgenannten Unterscheidung in rechtlicher Hinsicht (Verschmelzung zur Aufnahme oder zur Neugründung) lassen sich Verschmelzungen in tatsächlicher Hinsicht in die in der Praxis im Vordergrund stehenden Fälle unterscheiden, bei denen die beteiligten Rechtsträger durch (ganz oder teilweise) übereinstimmende oder wechselseitige Anteilsverhältnisse miteinander in Beziehung stehen, und in die zahlenmäßig deutlich selteneren Fälle, bei denen die beteiligten Rechtsträger voneinander unabhängig sind.[45]

---

41 Semler/Stengel/*Semler/Stengel*, § 2 Rn. 42.
42 Dafür OLG Frankfurt a.M. DNotZ 1999, 154; KG DNotZ 1999, 157; OLG Hamm, Beschl. v. 3.8.2004 – 15 W 236/04, NZG 2004, 1005; a.A. LG München GmbHR 1999, 35 = MittRhNotK 1998, 287; vgl. auch Semler/Stengel/*Reichert*, § 54 Rn. 19 ff., Limmer/*Limmer*, Handbuch Umwandlung, Rn. 132 ff. und 296 ff. und *Tillmann*, GmbHR 2003, 740 m.w.N.
43 Semler/Stengel/*Reichert*, § 54 Rn. 25.
44 *Mayer/Weiler*, DB 2007, 1235, 1238 f.; Limmer/*Limmer*, Handbuch Umwandlung, Rn. 304; siehe näher unten Rdn. 54.
45 *Stoye-Benk*, Handbuch Umwandlungsrecht, Rn. 93.

II. Ablauf einer Verschmelzung

Man unterscheidet bei dem durch zahlreiche Formalien geprägten Ablauf einer Verschmelzung neben einer vorgeschalteten Planungsphase gängigerweise drei Phasen: die **Vorbereitungs-**, die **Beschluss-** und die **Vollzugsphase**.[46] Welche Maßnahmen innerhalb der einzelnen Phasen erfolgen müssen, hängt zum einen insbesondere von der Art der jeweiligen Verschmelzung sowie den beteiligten Rechtsträgern ab. Zum anderen kommt es darauf an, ob voneinander unabhängige Rechtsträger verschmolzen werden sollen oder ob es sich – wie regelmäßig – um Verschmelzung von (z.B. konzernartig) miteinander in Beziehung stehenden Gesellschaften handelt. Im letzteren Fall können die Beteiligten auf zahlreiche, ansonsten erforderliche Akte verzichten.

13

In zeitlicher Hinsicht wird das Verschmelzungsverfahren insbesondere durch die in § 17 Abs. 2 S. 4 geregelte **Acht-Monats-Frist** bestimmt. Danach darf das Registergericht die Verschmelzung nur eintragen, wenn die bei der Anmeldung der Verschmelzung nach § 17 Abs. 2 S. 1 einzureichende Schlussbilanz des übertragenden Rechtsträgers auf einen höchstens acht Monate vor der Anmeldung liegenden Stichtag aufgestellt worden ist. In zeitlicher Hinsicht zu beachten ist, falls eine Aktiengesellschaft an der Verschmelzung beteiligt ist, allerdings auch der auch Art. 11 Abs. 1 c der Verschmelzungsrichtlinie basierende § 63 Abs. 1 Nr. 3;[47] danach ist von der Einberufung der Hauptversammlung, die gemäß § 13 Abs. 1 über die Zustimmung zum Verschmelzungsvertrag beschließen soll, in dem Geschäftsraum der Gesellschaft zur Einsicht der Aktionäre eine **Zwischenbilanz** auszulegen (ersatzweise gemäß § 63 Abs. 4 für diesen Zeitraum über die Internetseite der Gesellschaft zugänglich zu machen), falls sich der letzte Jahresabschluss auf ein Geschäftsjahr bezieht, das mehr als **sechs Monate** vor dem Abschluss des Verschmelzungsvertrages oder der Aufstellung des Entwurfs abgelaufen ist. Wollen die Beteiligten – wie üblich – die Kosten für die Aufstellung einer solchen Zwischenbilanz vermeiden, bedarf es insoweit einer entsprechenden zeitlichen Planung. Nach **künftigem Recht** soll es bezüglich der Zwischenbilanz allerdings Erleichterungen geben: So soll nach § 63 Abs. 2 S. 5 RegE-UmwG ein – von allen Anteilsinhabern aller beteiligten Rechtsträger zu erklärender und notariell zu beurkundender – Verzicht auf die Zwischenbilanz möglich sein; ferner soll gemäß § 63 Abs. 2 S. 6 und 7 RegE-UmwG die Zwischenbilanz durch einen Halbjahresbericht nach § 37 w WpHG ersetzt werden können.[48] Ist bei einem der beteiligten Rechtsträger ein Betriebsrat vorhanden, ist neben diesen Fristen § 5 Abs. 3 zu beachten. Danach muss der Verschmelzungsvertrag oder sein Entwurf spätestens einen Monat vor dem Tage der Versammlung der Anteilsinhaber jedes beteiligten Rechtsträgers, die gemäß § 13 über die Zustimmung zum Verschmelzungsvertrag beschließen soll, dem zuständigen Betriebsrat dieses Rechtsträgers zugeleitet werden.[49]

14

III. Verschmelzungsfähige Rechtsträger

1. Allgemeines

§ 3 trifft – im Hinblick auf § 1 Abs. 2 mit abschließendem Charakter – Aussagen darüber, welche Rechtsträger an einer Verschmelzung beteiligt sein können. Die Regelung ist von dem gesetzgeberischen Reformziel geprägt, die Umwandlung möglichst umfassend zu ermöglichen.[50] Die Vorschrift differenziert in ihren Absätzen 1 und 2 zwischen uneingeschränkt ver-

15

---

46 Semler/Stengel/*Stengel*, § 2 Rn. 55 ff; Lutter/*Lutter/Drygala*, § 2 Rn. 30 ff.
47 *Heidinger* spricht im Würzburger Notarhandbuch, Teil 5, Kapitel 6 Rn. 802 insoweit von einer »Praxisfalle«.
48 Siehe unten Rdn. 379; zum RegE-UmwG oben Rdn. 8.
49 Zu weiteren, arbeitsrechtlichen Informationspflichten siehe § 111 BetrVG.
50 RegBegr. *Ganske*, S. 47.

4. Kapitel Umwandlungen

schmelzungsfähigen Rechtsträgern, d.h. solchen, die grundsätzlich sowohl als übertragender wie auch als übernehmender und als neuer Rechtsträger an der Verschmelzung beteiligt sein können, und eingeschränkt verschmelzungsfähigen Rechtsträgern, d.h. solchen, die nur in bestimmten Konstellationen an der Verschmelzung beteiligt sein können.

2. Uneingeschränkte Verschmelzungsfähigkeit

16 Uneingeschränkt verschmelzungsfähig sind nach § 3 Abs. 1 die Personenhandelsgesellschaften (offene Handelsgesellschaften, Kommanditgesellschaften – einschließlich der GmbH & Co. KG[51] -, Partnerschaftsgesellschaften, Kapitalgesellschaften (Gesellschaften mit beschränkter Haftung, Aktiengesellschaften, Kommanditgesellschaften auf Aktien), eingetragene Genossenschaften, eingetragene Vereine (§ 21 BGB), genossenschaftliche Prüfverbände und Versicherungsvereine auf Gegenseitigkeit.

17 Uneingeschränkte Verschmelzungsfähigkeit im Sinne von § 3 Abs. 1 bedeutet nicht, dass jegliche der dort genannten Rechtsträger miteinander verschmolzen werden könnten. § 3 Abs. 4 lässt zwar die Verschmelzung unter Beteiligung von verschmelzungsfähigen Rechtsträgern derselben Rechtsform als auch von Rechtsträgern unterschiedlicher Rechtsform zu, stellt dies allerdings unter den Vorbehalt, dass »nicht anderes bestimmt« ist. Die Frage nach der Zulässigkeit einer bestimmten Verschmelzung kann daher nur unter Rückgriff auf die besonderen den jeweiligen Rechtsträger betreffenden Vorschriften beantwortet werden. So ist z.B. die Verschmelzung einer Personenhandelsgesellschaft auf einen eingetragenen Verein oder einen Versicherungsverein auf Gegenseitigkeit nach § 99 Abs. 2 und nach § 109 nicht zulässig. Für die in der Praxis und im Rahmen dieser Erörterungen im Vordergrund stehenden Personen- und Kapitalgesellschaften ist jedoch festzuhalten, dass Personenhandelsgesellschaften und Kapitalgesellschaften uneingeschränkt, und zwar sowohl bei der Verschmelzung durch Aufnahme als auch bei der Verschmelzung durch Neugründung, miteinander »verschmelzbar« sind.[52] Bei der Partnerschaftsgesellschaft ist, soweit sie als übernehmender oder neuer Rechtsträger an der Verschmelzung beteiligt sein soll, die Verschmelzungsfähigkeit stark durch § 45a eingeschränkt. Denn nach dieser Vorschrift müssen alle Anteilsinhaber der übertragenden Rechtsträger im Zeitpunkt des Wirksamwerdens der Verschmelzung natürliche Personen sein, die einen Freien Beruf ausüben.[53]

18 Uneingeschränkt verschmelzungsfähig ist auch die **EWIV**, da auf sie gemäß § 1 des EWIV-Ausführungsgesetzes die Regeln über die OHG Anwendung finden.[54] Eine **Gesellschaft bürgerlichen Rechts** zählt hingegen nicht zu den verschmelzungsfähigen Rechtsträgern nach § 3.[55] Gleiches gilt für stille Gesellschaften, Stiftungen und Körperschaften des öffentlichen Rechts und Erbengemeinschaften.[56]

19 Ob eine offene Handelsgesellschaft oder eine Kommanditgesellschaft im Sinne von § 3 Abs. 1 Nr. 1 vorliegt, bestimmt sich nach den Vorschriften in § 105 HGB und § 161 HGB. Kleingewerblich im Sinne von § 1 Abs. 2 HGB tätige oder lediglich eigenes Vermögen verwaltende Gesellschaften müssen daher gemäß § 105 Abs. 2 HGB im Handelsregister eingetragen sein, um verschmelzungsfähig zu sein. Kapitalgesellschaften entstehen hingegen generell erst mit Eintragung im Handelsregister und erlangen so ihre Verschmelzungsfähigkeit. **Vorgesellschaften** können allerdings schon Vertragspartner des Verschmelzungsvertrages sein, ebenso können Zustimmungsbeschlüsse bereits in diesem Stadium gefasst

---

51 Semler/Stengel/*Stengel*, § 3 Rn. 4 und RegBegr. *Ganske*, S. 92.
52 Siehe hierzu und zu den sonstigen Verschmelzungsvarianten die Übersichten bei Semler/Stengel/*Stengel*, § 3 Rn. 57 f; Würzburger Notarhandbuch/*Heidinger*, Teil 5, Kapitel 6 Rn. 822.
53 Zu § 45a siehe unten Rdn. 278.
54 Schmitt/*Stratz*, § 3 Rn. 13.
55 Semler/Stengel/*Stengel*, § 3 Rn. 5.
56 Lutter/*Lutter/Drygala*, § 3 Rn. 5.

werden. Die Eintragung der Verschmelzung im Handelsregister setzt aber voraus, dass die Gesellschaft als solche im entsprechenden Register eingetragen ist; das Bestehen einer Vorgesellschaft genügt also für die Eintragung der Verschmelzung nicht.[57]

Verschmelzungsfähiger Rechtsträger ist auch die **europäische Gesellschaft (SE)**, allerdings mit gewissen aus den europarechtlichen Regelungen resultierenden Besonderheiten.[58]   20

3. Unternehmergesellschaft

Die durch das Gesetz zur Modernisierung des GmbH-Rechts und zur Bekämpfung von   21
Missbräuchen (MoMiG) vom 23.10.2008 eingeführte Unternehmergesellschaft (siehe § 5 a GmbH) ist nach ihrer gesetzlichen Konzeption keine neue Unternehmensform, sondern eine Unterform der GmbH.[59] Daraus resultiert, dass eine GmbH auch in Form der UG – jedenfalls im Grundsatz – gemäß § 3 Abs. 1 Nr. 2 verschmelzungsfähig ist.[60] Insbesondere gilt dies, soweit die UG als übertragender Rechtsträger an der Verschmelzung beteiligt ist. Einschränkungen der Verschmelzungsfähigkeit einer GmbH in Form der UG gelten aber, soweit diese als »**Zielgesellschaft**« an der Verschmelzung beteiligt sein soll. Diese Einschränkungen resultieren aus § 5 a Abs. 2 S. 2 und Abs. 5 GmbHG. Nach § 5 a Abs. 2 S. 2 GmbHG ist die Gründung einer GmbH in Form der UG nur durch eine Bargründung möglich; Sacheinlagen sind unzulässig. Da die Verschmelzung durch Neugründung als Sachgründung zu werten ist, scheidet eine Verschmelzung durch Neugründung auf eine GmbH in der Form der UG aus.[61] Differenzierter liegen die Dinge, soweit es um die Verschmelzung durch Aufnahme auf eine GmbH in Form der UG geht. Die Verschmelzung durch Aufnahme auf eine GmbH erfordert grundsätzlich, d.h. soweit nicht ein Fall des § 54 Abs. 1 / Abs. 2 vorliegt, eine Kapitalerhöhung bei der übernehmenden Gesellschaft. Da die zu gewährenden Anteile als Gegenleistung für die Übertragung des Vermögens der übertragenden Gesellschaft gewährt werden (§ 2 Nr. 1), stellt die Kapitalerhöhung in diesen Fällen eine Kapitalerhöhung gegen Sacheinlagen dar und unterliegt deren Vorschriften.[62] Inwieweit – im Hinblick auf das bei der Gründung geltende Sacheinlagenverbot in § 5 a Abs. 2 S. 2 GmbHG – eine Kapitalerhöhung gegen Sacheinlagen bei der UG zulässig ist, bestimmt sich nach § 5 a Abs. 5 GmbHG. Nach dieser Vorschrift gelten die Beschränkungen des § 5 a Abs. 2 nicht mehr, wenn die Gesellschaft ihr Stammkapital so erhöht, dass es das Mindestkapital einer »normalen« GmbH von 25.000 Euro (§ 5 Abs. 1 GmbHG) erreicht oder übersteigt. Im Umkehrschluss bedeutet dies, dass das Verbot der Sacheinlagen nach § 5 a Abs. 2 S. 2 GmbHG bei der UG nicht nur bei der Gründung, sondern auch bei einer Erhöhung des Kapitals auf einen unter 25.000 Euro liegenden Betrag gilt.[63] Erreicht die Erhöhung des Kapitals hingegen den Betrag von 25.000 Euro oder übersteigt sie diesen Betrag, sind Sacheinlagen möglich. Für die Verschmelzung durch Aufnahme bedeutet das richtiger Ansicht nach, dass die UG übernehmender Rechtsträger sein kann, wenn im Rahmen der Verschmelzung ihr Kapital auf mindestens 25.000 Euro erhöht wird.[64] Gleiches gilt, wenn eine der Konstellationen vorliegt, in denen die Verschmelzung bei der übernehmenden Gesellschaft ohne Kapitalerhöhung durchgeführt werden muss

---

57 Widmann/Mayer/*Fronhöfer*, § 3 Rn. 75; Semler/Stengel/*Stengel*, § 3 Rn. 48.
58 Siehe dazu unten Rdn. 447 f.
59 BT-Drucks. 16/9737, S. 95; *Seibert*, GmbHR 2007, 673, 675.
60 Meister, NZG 2008, 767; *Veil*, GmbHR 2007, 1080, 1084; *Wälzholz*, GmbHR 2008, 841.
61 *Tettinger*, Der Konzern 2008, 75, 76; *Heinemann*, NZG 2008, 820, 822; a.A. *Veil*, GmbHR 2007, 1080, 1084.
62 Z.B. Schmitt/*Stratz*, § 55 Rn. 3.
63 *Freitag/Riemenschneider*, ZIP 2007, 1485, 1491.
64 *Tebben*, RNotZ 2008, 441, 446; *Berninger*, GmbHR 2010, 63; *Gasteyer*, NZG 2009, 1364, 1367; generell gegen eine Verschmelzungsfähigkeit der UG als übernehmender Rechtsträger *Bormann*, GmbHR 2007, 897, 899; anders auch *Heckschen*, Das MoMiG in der notariellen Praxis, Rn. 240; für eine generelle Umwandlungsfähigkeit der UG hingegen *Hennrichs*, NZG 2009, 1161, 1163.

oder kann (siehe im einzelnen § 54).[65] Ist hingegen – wie häufig – eine Kapitalerhöhung bei der übernehmenden Gesellschaft notwendig (oder gewünscht), scheidet eine Verschmelzung auf die UG aus, wenn der Betrag, auf den das Kapital der UG erhöht wird, den Betrag von 25.000 Euro unterschreitet.

4. Aufgelöste Gesellschaften/Sanierungsverschmelzungen

a) Beteiligung als übertragender Rechtsträger

22 Aufgelöste Gesellschaften können nach § 3 Abs. 3 an der Verschmelzung als übertragende Rechtsträger beteiligt sein, wenn ihre Fortsetzung beschlossen werden könnte. Der Gesetzgeber will mit dieser Regelung sog. **Sanierungsverschmelzungen** erleichtern.[66] Der Fortsetzungsbeschluss muss nicht tatsächlich gefasst werden, für § 3 Abs. 3 reicht es aus, wenn er in rechtmäßiger Weise gefasst werden könnte.[67] Einer Fortsetzung kann z.B. § 274 AktG entgegenstehen. Nach dieser Regelung, die für die GmbH entsprechend gilt, darf die Fortsetzung nur beschlossen werden, solange noch nicht mit der Verteilung des Vermögens unter die Aktionäre begonnen worden ist.[68] Entsprechende Vorschriften finden sich in § 79a Abs. 1 S. 1 GenG und § 49 VAG. In solchen Fällen erlangt die Gesellschaft ihre Verschmelzungsfähigkeit auch nicht dadurch, dass die Verteilung rückgängig gemacht wird.[69] Keine (entsprechende) Anwendung findet § 274 AktG hingegen im Recht der Personengesellschaften. Vielmehr können die Gesellschafter einer aufgelösten Personengesellschaft auch dann, wenn mit der Verteilung des Vermögens bereits begonnen wurde, grundsätzlich jederzeit die Fortsetzung der Gesellschaft beschließen und damit die **Liquidationsgesellschaft** wieder zu einer werbenden Gesellschaft machen.[70] Anders liegt es, wenn die Gesellschaft wegen Eröffnung des Insolvenzverfahrens aufgelöst ist (§ 131 Abs. 1 Nr. 3 HGB) oder wenn eine Gesellschafterinsolvenz oder eine Gläubigerkündigung – ausnahmsweise, d.h. aufgrund einer entsprechenden Regelung im Gesellschaftsvertrag (§ 131 Abs. 3 Nrn. 2 und 3 HGB), – zur Auflösung führen.[71] Im Falle der Insolvenz der Gesellschaft bedarf die Fortsetzung der Gesellschaft der Einstellung oder Aufhebung des Insolvenzverfahrens, im Falle der Auflösung nach Gesellschafterinsolvenz oder Gläubigerkündigung sind die Zustimmungserfordernisse des Insolvenzverwalters oder Gläubigers gemäß § 145 Abs. 2 HGB zu beachten.[72]

23 Neben den Anforderungen des § 3 Abs. 3 ist bei Personenhandelsgesellschaften hinsichtlich der Frage, ob sich aufgelöste Gesellschaften als übertragende Rechtsträger an der Verschmelzung beteiligen können, § 39 zu beachten, der gemäß § 45e entsprechend für die Partnerschaftsgesellschaft gilt.[73] Nach § 39 kann sich eine aufgelöste Personenhandelsgesellschaft nicht an einer Verschmelzung als übertragender Rechtsträger beteiligen, wenn die Gesellschafter nach § 145 HGB eine andere Art der Auseinandersetzung als die Abwicklung oder als die Verschmelzung – sei es im Gesellschaftsvertrag, sei es anlässlich des Auflösungsbeschlusses – vereinbart haben. Damit will das Gesetz Verschmelzungen verhindern, bei denen das Vermögen der aufgelösten Gesellschaft nicht wie dem Wesen der Verschmelzung entsprechend auf den übernehmenden oder neuen Rechtsträger übergeht (§§ 20 Abs. 1 Nr. 1, 36 Abs. 1 S. 2), sondern den Gesellschaftern der aufgelösten Gesell-

---

65 A.A. wohl *Heckschen*, Das MoMiG in der notariellen Praxis, Rn. 242; zu § 54 siehe unten Rdn. 303.
66 Lutter/*Lutter/Drygala*, § 3 Rn. 17.
67 Semler/Stengel/*Stengel*, § 3 Rn. 43.
68 Zur analogen Anwendung auf die GmbH siehe OLG Düsseldorf DB 1979, 2269 und Kallmeyer/*Marsch-Barner*, § 3 Rn. 23.
69 Semler/Stengel/*Stengel*, § 3 Rn. 39.
70 BGH DNotZ 1996, 804.
71 Semler/Stengel/*Ihrig*, § 39 Rn. 6.
72 KK-UmwG/*Dauner-Lieb/Tettinger*, § 39 Rn. 16.
73 Zum Verhältnis von § 3 Abs. 3 und § 39 Lutter/*H. Schmidt*, § 39 Rn. 9.

schaft zufließt.⁷⁴ Zu den (vielfältigen) Möglichkeiten der andersartigen Auseinandersetzung zählt etwa eine von den Gesellschaftern vereinbarte **Realteilung** oder eine **Übertragung aller Anteile** auf einen Mitgesellschafter oder einen Dritten.⁷⁵ In den Fällen des § 39 kann die Verschmelzung unter Beteiligung der aufgelösten Personenhandelsgesellschaft nur stattfinden, wenn die anderweitige Vereinbarung im Sinne des § 39 aufgehoben wird, was auch durch den Verschmelzungsbeschluss möglich ist.⁷⁶

Auch bei den übrigen Rechtsträgern ist eine Verschmelzung, falls ein besonderer Auflösungsgrund (wie z.B. Insolvenzeröffnung) besteht, ohne dessen vorherige Beseitigung nicht möglich.⁷⁷ Ist eine GmbH durch Beschluss der Gesellschafter aufgelöst worden (§ 60 Abs. 1 Nr. 2 GmbHG), kann ihre Fortsetzung beschlossen werden, sofern keine Überschuldung oder Zahlungsunfähigkeit vorliegt; das gilt nach Ansicht der Rechtsprechung auch bei der Verschmelzung einer Kapitalgesellschaft mit dem Vermögen ihres Alleingesellschafters (§ 120).⁷⁸ 24

b) Beteiligung als übernehmender Rechtsträger

Streitig ist, inwieweit sich eine aufgelöste Gesellschaft als übernehmende Gesellschaft an der Verschmelzung beteiligen kann. Zum Teil wird eine analoge Anwendung des § 3 Abs. 3 befürwortet, wonach es für eine Verschmelzungsfähigkeit der aufgelösten Gesellschaft als übernehmender Rechtsträger ausreichend wäre, dass die aufgelöste Gesellschaft ihre Fortsetzung beschließen könnte.⁷⁹ Wortlaut, Entstehungsgeschichte und Systematik von § 3 sowie der aus § 1 Abs. 2 resultierende abschließende Charakter der Regeln in § 3 Abs. 3 deuten demgegenüber in eine andere Richtung; erforderlich ist daher nicht nur, dass die Fortsetzung der aufgelösten Gesellschaft beschlossen werden könnte, sondern dass dies – gegebenenfalls (und spätestens) im Rahmen des Verschmelzungsbeschlusses – auch tatsächlich geschieht.⁸⁰ Ob der Verschmelzungsbeschluss als **Fortsetzungsbeschluss** zu werten ist, ist im Wege der Auslegung zu ermitteln.⁸¹ 25

c) Sanierungsverschmelzungen

Sanierungsverschmelzungen, d.h. Verschmelzungen zur Sanierung überschuldeter oder zahlungsunfähiger Unternehmen, spielen in der Praxis eine nicht unerhebliche Rolle.⁸² Jenseits der Anforderungen des § 3 Abs. 3, die sich auf bereits aufgelöste Rechtsträger beziehen, sind für sie insbesondere die Gebote der ordnungsgemäßen Kapitalaufbringung bestimmend. 26

aa) Ordnungsgemäße Kapitalaufbringung

So kann eine GmbH, die infolge ihrer Verbindlichkeiten ein »negatives Vermögen« aufweist, grundsätzlich nicht auf eine andere Kapitalgesellschaft verschmolzen werden, wenn 27

---

74 Widmann/Mayer/*Vossius*, § 39 Rn. 1 f; Semler/Stengel/*Ihrig*, § 39 Rn. 1.
75 Semler/Stengel/*Ihrig*, § 39 Rn. 16.
76 Semler/Stengel/*Ihrig*, § 39 Rn. 13 ff., 18; dort auch zu den komplexen Mehrheitsfragen.
77 Semler/Stengel/*Stengel*, § 3 Rn. 44; *Heckschen*, Rpfleger 1999, 357, 358; *ders.*, DB 1998, 1385, 1387; siehe ferner § 144 HGB.
78 BayObLG DNotZ 1999, 145 mit abl. Anm. *Limmer*.
79 *Bayer*, ZIP 1997, 1613, 1614; *Heckschen*, DB 1998, 1387, 1387; *ders.*, Rpfleger 1999, 357, 359; Kallmeyer/Marsch-Barner, § 3 Rn. 26; offenlassend KG DNotZ 1999, 148.
80 OLG Naumburg GmbHR 1997, 1152, 1155; EWiR 1997, 807 m. abl. Anm. *Bayer*; AG Erfurt Rpfleger 1996, 163; Semler/Stengel/*Stengel*, § 3 Rn. 46; Lutter/Lutter/*Drygala*, § 3 Rn. 23.
81 OLG Naumburg GmbHR 1997, 1152, 1155.
82 Zum ganzen Limmer/*Limmer*, Handbuch Umwandlung, Rn. 2904 ff; *Heckschen*, ZInsO 2008, 824.

die übernehmende Gesellschaft zur Durchführung der Verschmelzung ihr Kapital erhöht (§§ 55, 69); dies widerspräche den Geboten einer ordnungsgemäßen Kapitalaufbringung bei der übernehmenden Gesellschaft, da der Wert des übergehenden Vermögens nicht den Betrag der Kapitalerhöhung abdeckt (§ 55 i.V.m. §§ 57 a, 9 c Abs. 1 S. 2 GmbHG; § 69 i.V.m. § 183 Abs. 3 AktG).[83] Ob die GmbH ein solchermaßen negatives Vermögen aufweist, richtet sich allerdings nicht allein danach, ob die GmbH **bilanziell überschuldet** ist; vielmehr kommt es für die Frage, ob das im Zuge der Verschmelzung auf die übernehmende Gesellschaft übergehende Vermögen der übertragenden Gesellschaft »werthaltig« ist, auf dessen tatsächlichen Wert an. Daraus folgt, dass **stille Reserven** und ein **Firmenwert** der übertragenden Gesellschaft zu berücksichtigen sind und deren Schulden ausgleichen können.[84] Besonderheiten gelten auch bei einer Mehrfachverschmelzung (§ 3 Abs. 4). Hier kann – abweichend von einer in der Rechtsprechung zu § 54 a.F. vertretenen Ansicht – das negative Vermögen einer übertragenden GmbH durch die positiven Vermögen anderer übertragender GmbH ausgeglichen werden.[85]

28 Ist das Vermögen der übertragenden Gesellschaft auch unter Berücksichtigung von stillen Reserven und Firmenwert negativ und wird es im Falle des § 3 Abs. 4 auch nicht durch das Vermögen anderer übertragender Rechtsträger ausgeglichen, so muss, falls es bei einer Verschmelzung mit Kapitalerhöhung der übernehmenden Kapitalgesellschaft verbleiben soll, zunächst die übertragende Gesellschaft ihr negatives Vermögen so beseitigen, dass der Wert des im Zuge der Verschmelzung auf die übernehmende Gesellschaft übergehenden Vermögens der übertragenden Gesellschaft den Betrag der Kapitalerhöhung abdeckt. Derartige Maßnahmen müssen bis zum Zeitpunkt der Kapitalaufbringungsprüfung durch das Registergericht erfolgt sein. In erster Linie kann dies durch eine Kapitalzufuhr bei der übertragenden Gesellschaft geschehen; denkbar ist auch eine sanierende Kapitalherabsetzung mit anschließender Kapitalerhöhung.[86] Die Rechtsprechung hat es in einer Entscheidung, die § 264 und damit die parallele Frage der Kapitalaufbringungskontrolle beim Formwechsel betraf, auch ausreichen lassen, dass die Gläubiger der übertragenden Gesellschaft eine den Anforderungen des § 16 D-Markbilanzgesetzes entsprechende **Rangrücktrittserklärung** abgegeben hatten.[87] Eine solche Erklärung beinhaltet, dass der Gläubiger Zahlung nur verlangen wird, soweit die Erfüllung aus dem Jahresüberschuss möglich ist, und er im Falle der Auflösung, Zahlungsunfähigkeit oder Überschuldung des Unternehmens hinter alle Gläubiger zurücktritt, die eine solche Erklärung nicht abgegeben haben. Derartige Erklärungen der Gläubiger der Gesellschaft beseitigen deren bilanzielle Überschuldung. Die Rechtsprechung hat angenommen, aus der Beseitigung der bilanziellen Überschuldung folge zugleich, dass das Vermögen der Gesellschaft im Sinne der Kapitalaufbringungsgebote werthaltig sei. Im Schrifttum werden Zweifel daran geäußert, ob Rangrücktrittserklärungen geeignet sind, werthaltiges und damit im Rahmen einer verschmelzungsbedingten Kapitalerhöhung »einbringungsfähiges« Vermögen zu schaffen.[88] Diese Zweifel sind berechtigt.[89] Rangrücktrittserklärungen führen nicht dazu, dass die Verbindlichkeiten erlöschen. Die Verbindlichkeiten gehen vielmehr gemäß § 20 Abs. 1 Nr. 1 auf den übernehmenden Rechtsträger über und erstarken dort je nach dessen Ertragssituation gegebenenfalls zu sofort fälligen Ansprüchen. Das kann bei der übernehmenden Gesellschaft zu einem Vermögensabfluss führen, der den Vermögenszuwachs durch das Vermögen der übertragenden Gesellschaft wieder aufzehrt, was mit einer ordnungsgemäßen Kapitalaufbringung nicht vereinbar ist.

---

83 Siehe näher unten Rdn. 317.
84 Widmann/Mayer/*Mayer*, § 55 Rn. 83.7.
85 *Heidinger*, DNotZ 1999, 161 und unten Rdn. 318; a.A. OLG Frankfurt a.M. DNotZ 1999, 154.
86 Limmer/*Limmer*, Handbuch Umwandlung, Rn. 2919.
87 OLG Naumburg, Beschl. v. 1.8.2003 – 7 Wx 2/03, GmbHR 2003, 1432.
88 Limmer/*Limmer*, Handbuch Umwandlung, Rn. 2928 ff. auch zu sog. Besserungsvereinbarungen.
89 A.A. *Heckschen*, DB 2005, 2283, 2286 unter IV.1.a)cc).

bb) Verschmelzung ohne Kapitalerhöhung/Minderheitenschutz

Keine Kapitalaufbringungskontrolle findet statt, wenn sich die Verschmelzung ohne Kapitalerhöhung bei der übernehmenden Kapitalgesellschaft vollzieht.[90] Das ist allerdings nur unter Beachtung der Regelungen in § 54 und § 68 möglich. Der Verschmelzung steht insoweit nicht entgegen, dass der Übergang des – negativen – Vermögens der übertragenden Gesellschaft auf die übernehmende Gesellschaft die **Interessen der Gläubiger** dieser Gesellschaft beeinträchtigt. Deren Interessen sind nach der gesetzlichen Konzeption über das Recht, nach Maßgabe von § 22 Sicherheit zu verlangen, gewahrt. Regelungen wie in § 152 S. 2 und § 154, wonach das Registergericht die Eintragung der Ausgliederung aus dem Vermögen eines Einzelkaufmanns abzulehnen hat, wenn offensichtlich ist, dass dessen Verbindlichkeiten sein Vermögen übersteigen, finden sich im Verschmelzungsrecht nicht. Daher darf das Registergericht in derartigen Konstellationen den Gedanken des Gläubigerschutzes nicht zum Anlass nehmen, die Verschmelzung unter Hinweis auf die Überschuldung des übertragenden Rechtsträgers abzulehnen.[91]

29

Zu den denkbaren Konstellationen, in denen sich die Verschmelzung ohne Kapitalerhöhung und damit ohne Kapitalaufbringungskontrolle vollziehen kann und daher negatives Vermögen von dem übertragenden Rechtsträger auf eine übernehmende GmbH oder AG übergehen kann, zählt seit dem 2. Gesetz zur Änderung des Umwandlungsgesetzes vom 19.4.2007 auch der Fall, dass alle Gesellschafter des übertragenden Rechtsträger auf eine Kapitalerhöhung bei der übernehmenden Gesellschaft verzichten (§ 54 Abs. 1 S. 3 und § 68 Abs. 1 S. 3). Diese Regelung sollte insbesondere die Verschmelzung beteiligungsidentischer Schwestergesellschaften erleichtern, gilt aber auch in anderen Fallkonstellationen. Aus der gesetzlichen Regelung folgt, dass die Gesellschafter der übertragenden Gesellschaft im Zusammenwirken mit einem Mehrheitsgesellschafter der übernehmenden Gesellschaft (siehe § 50 Abs. 1 S. 1, § 65 Abs. 1 S. 1) gegen den Willen eines Minderheitsgesellschafters der übernehmenden Gesellschaft dafür sorgen können, dass negatives Vermögen auf die übernehmende Gesellschaft übergeht und damit dessen Interessen erheblich beeinträchtigt werden können. Im Schrifttum werden die gesetzlichen Neuregelungen in § 54 Abs. 1 S. 3 und § 68 Abs. 1 S. 3 im Hinblick auf diese Zusammenhänge als rechtspolitisch bedenklich eingestuft.[92] Zum Teil wird sogar darüber nachgedacht, zum Zwecke des Minderheitenschutzes vom Erfordernis der Kapitalerhöhung nur dann abzusehen, wenn auch alle Gesellschafter der übernehmenden Gesellschaft auf diese verzichtet haben.[93] Dieser Ansatz findet im Gesetz keine Stütze. Der Schutz eines Minderheitsgesellschafters vor ihm nachteiligen Entscheidungen des Mehrheitsgesellschafters ist kein spezifisch umwandlungsrechtliches Problem und ist daher eher mit allgemeinen gesellschaftsrechtlichen Instrumenten, etwa der Treuepflicht, als mit einer Ausdehnung von umwandlungsrechtlichen Zustimmungsvorbehalten zu lösen.

30

cc) Überschuldete übernehmende Rechtsträger

Keine Kapitalaufbringungsprobleme der geschilderten Art bestehen, wenn nicht der übertragende, sondern der übernehmende Rechtsträger überschuldet ist. In einem solchen Fall sind aber besondere Vereinbarungen geboten, um Ungerechtigkeiten im Beteiligungsverhältnis zu vermeiden.[94]

31

---

90 Widmann/Mayer/*Mayer*, § 55 Rn. 83.11.
91 OLG Stuttgart, Beschl. v. 4.10.2005 – 8 W 426/05, DNotZ 2006, 302; LG Leipzig, Beschl. v. 18.1.2006 – 1 HKT 7414/04, DB 2006, 885.
92 *Mayer/Weiler*, DB 2007, 1235, 1238 ff.
93 Limmer/*Limmer*, Handbuch Umwandlung, Rn. 2934.
94 Siehe Limmer/*Limmer*, Handbuch Umwandlung Rn. 2922.

4. Kapitel   Umwandlungen

IV. Der Verschmelzungsvertrag

1. Allgemeines

32 Rechtliches »Kernstück« des Verschmelzungsvorgangs ist der Verschmelzungsvertrag (§§ 4-7). Vertragsparteien des Verschmelzungsvertrages sind die beteiligten Rechtsträger, nicht deren Anteilsinhaber, deren Zustimmung aber gemäß § 13 Voraussetzung für die Wirksamkeit des Verschmelzungsvertrages ist. Der Verschmelzungsvertrag enthält als wichtigsten Regelungsgegenstand die Vereinbarung über die Übertragung des Vermögens jedes übertragenden Rechtsträgers als Ganzes gegen Gewährung von Anteilen oder Mitgliedschaften an dem übernehmenden Rechtsträger (§ 5 Abs. 1 Nr. 2). Der Verschmelzungsvertrag entfaltet sowohl organisationsrechtliche wie auch schuldrechtliche Wirkungen für die beteiligten Vertragsparteien.[95] Der Übergang der Rechte und Pflichten auf den übernehmenden oder neuen Rechtsträger im Wege der Gesamtrechtsnachfolge ist trotz dieser vertraglichen Basis jedoch seiner Art nach ein gesetzlicher Übergang und tritt gemäß §§ 20 Abs. 1 Nr. 1, 36 Abs. 1 S. 2 mit der Eintragung der Verschmelzung ein. Nach § 4 Abs. 1 S. 2 gilt für den Verschmelzungsvertrag § 311b Abs. 2 BGB, der die Nichtigkeit eines Vertrages, durch den sich der eine Teil verpflichtet, sein künftiges Vermögen oder einen Bruchteil hiervon zu übertragen, anordnet, nicht.

2. Abschlusskompetenz

33 Der Abschluss eines Verschmelzungsvertrages ist im Hinblick auf seine organisationsrechtliche Bedeutung **Grundlagengeschäft**. § 4 Abs. 1 S. 1 ordnet konsequenterweise an, dass die Kompetenz zum Abschluss eines solchen Vertrages den organschaftlichen Vertretern der beteiligten Rechtsträger vorbehalten ist. Die Vertretungsbefugnis eines (einzelvertretungsberechtigten) Prokuristen deckt also den Abschluss eines solchen Vertrages nicht ab. Anders liegen die Dinge bei der sog. **unechten Gesamtvertretung**: Wird z.B. eine GmbH nach ihrer Satzung bei Vorhandensein mehrerer Geschäftsführer entweder durch zwei Geschäftsführer oder durch einen Geschäftsführer in Gemeinschaft mit einem Prokuristen vertreten, ist die letztere Vertretungsvariante eine organschaftliche Vertretung mit der Konsequenz, dass der Prokurist die Gesellschaft zusammen mit dem Geschäftsführer beim Abschluss des Verschmelzungsvertrages vertreten kann.[96]

3. Vertretung

34 § 4 steht einer rechtsgeschäftlichen Vertretung beim Abschluss des Verschmelzungsvertrages nicht entgegen.[97] Die beteiligten Rechtsträger können also – durch ihre Vertretungsorgane (§ 4)[98] – Dritte zum Abschluss eines Verschmelzungsvertrages bevollmächtigen. Gemäß § 167 Abs. 2 BGB gilt für derartige Vollmachten nicht die für den Verschmelzungsvertrag nach § 6 vorgeschriebene Beurkundungsform.[99] Da derartige Vollmachten zu den nach § 17 Abs. 1 der Anmeldung der Verschmelzung beizufügenden Unterlagen zählen, bedarf es allerdings schon aus rein praktischen Gründen einer zumindest schriftlichen Vollmachtserteilung.[100] Weitergehende Formerfordernisse ergeben sich bei der Verschmelzung durch Neugründung aus den nach § 36 Abs. 2 S. 1 anwendbaren spezialgesetzlich

---

95 Im einzelnen Semler/Stengel/*Schröer*, § 4 Rn. 4 ff. und 45 ff. zu den sich aus dem Vertrag ergebenden Erfüllungsansprüchen.
96 Kallmeyer/*Marsch-Barner*, § 4 Rn. 4; Semler/Stengel/*Schröer*, § 4 Rn. 8.
97 Z.B. Lutter/*Lutter/Drygala*, § 4 Rn. 9.
98 Zur Befugnis zur Erteilung der Vollmacht Melchior, GmbHR 1999, 520, 523.
99 Kritisch hierzu Widmann/Mayer/*Heckschen*, § 6 Rn. 42 ff.
100 *Melchior*, GmbHR 1999, 520, 521; Widmann/Mayer/*Mayer*, § 4 Rn. 40.

angeordneten Formvorschriften. So verlangen § 2 Abs. 2 GmbHG sowie §§ 23 Abs. 1 S. 2, 280 Abs. 1 S. 3 AktG für Vollmachten zur Gründung einer GmbH, AG oder KGaA eine zumindest **notarielle Beglaubigung der Vollmacht**. Diese Regeln gelten auch bei der Verschmelzung durch Neugründung.[101]

Bei der Verschmelzung durch Aufnahme auf eine (im Zuge der Verschmelzung ihr Kapital nach § 55 erhöhende) GmbH ist zu beachten, dass nach § 55 Abs. 1 (UmwG) die Regelung in § 55 Abs. 1 GmbHG nicht gilt. Das heißt, es bedarf – anders als bei einer »normalen« Kapitalerhöhung im Sinne von § 55 GmbHG – bei der Verschmelzung durch Aufnahme keiner besonderen Übernahmeerklärung. Das – aus einer entsprechenden Anwendung des § 2 Abs. 2 GmbHG abgeleitete[102] – Gebot, dass die Vollmacht zur Abgabe einer Übernahmeerklärung im Sinne von § 55 GmbHG der notariellen Beglaubigung bedarf, ist also für die Verschmelzung durch Aufnahme irrelevant.[103] **35**

Die vorgenannten, für Vollmachten geltenden Formerfordernisse finden keine Anwendung, wenn zur Gesamtvertretung befugte Organmitglieder einzelne von ihnen zum Abschluss des Verschmelzungsvertrages ermächtigen (siehe z.B. § 125 Abs. 2 S. 2 HGB; § 78 Abs. 4 AktG). Entsprechende **Ermächtigungen** bedürfen keiner Form.[104] **36**

Treten für die an dem Verschmelzungsvertrag beteiligten Rechtsträger identische Vertreter auf, ist dies nur unter Beachtung der **Beschränkungen in § 181 BGB** zulässig.[105] Der Verschmelzungsvertrag kann auch durch **vollmachtslos handelnde Vertreter** im Sinne von § 177 Abs. 1 BGB geschlossen werden, deren Erklärungen später durch die gemäß § 4 vertretungsberechtigten Personen der beteiligten Rechtsträger für diese nach § 182 BGB – im Hinblick auf § 17 Abs. 1 schriftlich[106] – genehmigt werden. Ob darüber hinausgehend die Genehmigung der Erklärungen eines vollmachtslos handelnden Vertreters bei einer Verschmelzung durch Neugründung einer GmbH oder AG in analoger Anwendung von § 2 Abs. 2 GmbHG, § 23 Abs. 1 S. 2 AktG der notariellen Beglaubigung bedarf, ist streitig. Im Schrifttum wird dies zum Teil im Hinblick auf § 182 Abs. 2 BGB verneint.[107] Das OLG Köln hingegen hat § 2 Abs. 2 GmbHG analog auf eine Genehmigung nach § 177 BGB angewandt.[108] Solange die Frage nicht höchstrichterlich entschieden ist, sollte man daher – vorsorglich – von der Beglaubigungsbedürftigkeit entsprechender Genehmigungserklärungen ausgehen. **37**

Beim Einsatz vollmachtslos handelnder Vertreter sollte, wenn – etwa aus Kostengründen – (der zwischen den beteiligten Rechtsträgern abzuschließende) Verschmelzungsvertrag und (die von den Anteilsinhabern abzugebenden) Verzichtserklärungen (etwa nach §§ 8 Abs. 3, 9 Abs. 3, 16 Abs. 2 S. 2) in eine Urkunde aufgenommen werden sollen, beachtet werden, dass derartige Verzichte einseitige Erklärungen im Sinne von § 180 S. 1 BGB sind, bei denen eine vollmachtlose Vertretung unzulässig ist.[109] **38**

---

101 Semler/Stengel/*Schröer*, § 4 Rn. 11.
102 Baumbach/Hueck/*Zöllner*, § 55 GmbHG Rn. 32.
103 Semler/Stengel/*Reichert*, § 55 Rn. 14; Lutter/*Lutter/Drygala*, § 6 Rn. 6; *Melchior*, GmbHR 1999, 520, 521.
104 Spindler/Stilz/*Fleischer*, § 78 AktG Rn. 37; MünchKommAktG/*Spindler*, § 78 AktG Rn. 66; kritisch zu solchen Ermächtigungen *Melchior*, GmbHR 1999, 520, 523 f.
105 Semler/Stengel/*Reichert*, § 4 Rn. 12.
106 S.o. Rdn. 34.
107 Widmann/Mayer/*Mayer*, § 4 Rn. 41; Semler/Stengel/*Schröer*, § 4 Rn. 16; Lutter/*Lutter/Drygala*, § 4 Rn. 10; *H. Schmidt*, MDR 1995, 888; ebenso Palandt/*Heinrichs*, § 182 BGB Rn. 2 und MünchKommBGB/*Schramm*, § 182 BGB Rn. 17.
108 OLG Köln GmbHR 1995, 725; so auch Scholz/*Emmerich*, § 2 GmbHG Rn. 31; Lutter/*Bayer*, § 2 GmbHG Rn. 17.
109 *Melchior*, GmbHR 1999, 520, 522; zu § 8 Abs. 3 Widmann/Mayer/*Mayer*, § 8 Rn. 58.

4. Kapitel Umwandlungen

4. Inhalt

a) Allgemeines

39 § 5 regelt in gemäß § 1 Abs. 3 S. 1 zwingender Weise den Mindestinhalt des Verschmelzungsvertrages. Ergänzt wird die Vorschrift durch rechtsformspezifische Regelungen in § 40 (für die Personenhandelsgesellschaft), § 45 b (für die Partnerschaftsgesellschaft), § 46 (für die GmbH), § 80 (für die Genossenschaft) und § 110 (für den Versicherungsverein auf Gegenseitigkeit).

b) § 5 Abs. 1 Nr. 1 (Beteiligtenangaben)

40 Der Verschmelzungsvertrag muss gemäß § 5 Abs. 1 Nr. 1 den Namen oder die Firma und den Sitz der an der Verschmelzung beteiligten Rechtsträger enthalten. Die Angaben haben den jeweiligen Angaben in den jeweiligen Registern zu entsprechen.[110] Dabei sind die Umstände zugrunde zu legen, die zum Zeitpunkt des Abschlusses des jeweiligen Verschmelzungsvertrages maßgeblich sind.[111] Wird beispielsweise im Rahmen einer **Kettenverschmelzung** eine GmbH auf eine andere GmbH verschmolzen, zugleich die Firma der übernehmenden Gesellschaft geändert und wird vor dem handelsregisterlichen Vollzug dieser Maßnahmen (und damit vor deren Wirksamwerden) ein weiterer Verschmelzungsvertrag abgeschlossen, durch den die übernehmende Gesellschaft ihrerseits auf eine dritte Gesellschaft verschmolzen wird, so ist im zweiten Verschmelzungsvertrag die übertragende Gesellschaft noch mit ihrer ursprünglichen Firma zu bezeichnen.[112] Wird im zweiten Verschmelzungsvertrag die übertragende Gesellschaft – fälschlicherweise – bereits mit ihrer geänderten Firma bezeichnet, handelt es sich um einen Mangel, dessen Behebung das Registergericht den Beteiligten im Rahmen des ihm zustehenden Ermessens durch eine Zwischenverfügung aufgeben darf.

41 Wurden bei den beteiligten Rechtsträgern Veränderungen beschlossen, die sich auf Angaben im Sinne von § 5 Abs. 1 Nr. 1 beziehen, die aber etwa mangels Handelsregistereintragung zum Zeitpunkt des Vertragsabschlusses noch nicht wirksam sind, empfiehlt es sich, diese im Verschmelzungsvertrag anzugeben.[113]

c) § 5 Abs. 1 Nr. 2 (Vermögensübertragung/Anteilsgewährung)

42 Nach § 5 Abs. 1 Nr. 2 zählt die Vereinbarung über die Übertragung des Vermögens jedes übertragenden Rechtsträgers als Ganzes gegen Gewährung von Anteilen oder Mitgliedschaften an dem übernehmenden Rechtsträger zum zwingenden Mindestinhalt eines Vertrages über eine Verschmelzung durch Aufnahme. »Übertragung des Vermögens als Ganzes« meint die für Verschmelzungsvorgänge nach dem UmwG spezifische **Gesamtrechtsnachfolge** und damit eines der wesentlichen Elemente des Verschmelzungsvorgangs.[114] Dass eine solche Gesamt-Vermögensübertragung von den Beteiligten gewollt ist, muss sich dem Vertrag zumindest im Wege der Auslegung entnehmen lassen.[115] Üblicher- und richtigerweise wird in der Praxis insofern jeglicher Auslegungsbedarf vermieden, indem im Vertrag die gesetzlichen Begrifflichkeiten verwendet werden.

---

110 Lutter/*Lutter/Drygala*, § 5 Rn. 6; Semler/Stengel/*Schröer*, § 5 Rn. 5; siehe §§ 17, 19, 106 HGB, §§ 4, 4 a GmbHG, §§ 4, 5 AktG.
111 Semler/Stengel/*Schröer*, § 5 Rn. 5.
112 OLG Hamm, Beschl. v. 19.12.2005, 15 W 377/05, DNotZ 2006, 378; zur Kettenverschmelzung siehe unten Rdn. 113.
113 Semler/Stengel/*Schröer*, § 5 Rn. 5.
114 Schmitt/*Stratz*, § 5 Rn. 4.
115 Siehe zur Auslegung des Verschmelzungsvertrages, Semler/Stengel/*Schröer*, § 5 Rn. 4.

Formulierungsbeispiel: 43 M
Die A-OHG überträgt unter Ausschluss der Abwicklung ihr Vermögen als Ganzes, d.h. mit allen Rechten und Pflichten, auf die B-OHG im Wege der Verschmelzung durch Aufnahme gemäß §2 Nr. 1 UmwG gegen Gewährung der nachfolgend genannten Beteiligungen an der B-OHG an die Gesellschafter der A-OHG.

Mit dem Erfordernis der Gesamtvermögensübertragung unvereinbar sind im Prinzip Regelungen, dass einzelne Vermögenswerte von der Verschmelzung ausgenommen werden. Sie gefährden die Wirksamkeit des Verschmelzungsvertrages dann nicht, wenn sie ihre Grundlage darin haben bzw. dahin zu verstehen sind, dass die entsprechenden Vermögenswerte vor der Verschmelzung durch den übertragenden oder nach der Verschmelzung durch den übernehmenden Rechtsträger auf einen Dritten übertragen werden sollen.[116] 44

Weiteres zentrales Element der Verschmelzung durch Aufnahme und damit auch zum Mindestinhalt des Verschmelzungsvertrages gehörend ist die Vereinbarung, dass den Inhabern des übertragenden Rechtsträgers als Gegenleistung für die Übertragung des Vermögens »ihres« Rechtsträgers Anteile oder Mitgliedschaften an dem übernehmenden Rechtsträger zu gewähren sind. Neben diese Gegenleistung können, wie §5 Abs. 1 Nr. 3 zeigt, **bare Zuzahlungen** zugunsten der Inhaber des übertragenden Rechtsträgers – nicht jedoch zugunsten der Inhaber des übernehmenden Rechtsträgers[117] – treten. Eine Gegenleistung, die ausschließlich in einer baren Gegenleistung besteht, kann im Hinblick auf den zwingenden Charakter von §5 im Rahmen einer Verschmelzung nicht vereinbart werden (§1 Abs. 3 S. 1). Mit dieser spezifischen Ausgestaltung der Gegenleistung in Form der Gewährung von Anteilen oder Mitgliedschaften grenzt das Gesetz die Verschmelzung durch Aufnahme von der Vermögensübertragung gemäß §174 ab, die Gegenleistungen zulässt, die nicht in Anteilen oder Mitgliedschaften bestehen. 45

Charakteristikum der Verschmelzung durch Aufnahme ist im Hinblick auf §5 Abs. 1 Nr. 2, §2 Nr. 2 und §20 Abs. 1 Nr. 3, dass – jedenfalls im Grundsatz – alle Inhaber der übertragenden Rechtsträger neben den bisherigen Inhabern des übernehmenden Rechtsträgers Inhaber dieses Rechtsträgers werden. Man spricht insoweit vom **Grundsatz der Mitgliederidentität** bei der Verschmelzung.[118] Aus ihm ergibt sich richtiger Ansicht nach, dass ein spezifisch umwandlungsrechtlicher Anteils- und Mitgliedschaftserwerb für Dritte ausgeschlossen ist; sollen Dritte Anteile an der übernehmenden Gesellschaft erwerben, müssen sie sich der sonstigen hierzu zur Verfügung stehenden Mittel, wie Anteilsübertragung oder Kapitalerhöhung, bedienen.[119] Eine solche Kapitalerhöhung kann mit einer verschmelzungsbedingten Kapitalerhöhung kombiniert werden, folgt aber nicht den Regeln des UmwG, sondern unterliegt den allgemeinen Regeln. 46

d) Ausnahmen von der Anteilsgewährungspflicht

Von dem zentralen Grundsatz der Anteilsgewährungspflicht lässt das Gesetz in besonderen Konstellationen Ausnahmen zu: 47

aa) § 5 Abs. 2 (Konzernverschmelzung)

Korrespondierend mit §20 Abs. 1 Nr. 3, S. 1 Hs. 2 entfallen gemäß §5 Abs. 2 die Angaben über den Umtausch der Anteile (und damit die Pflicht zur Gewährung von Anteilen) insgesamt, wenn sich alle Anteile eines übertragenden Rechtsträgers bei einer sog. **Konzern-** 48

---

116 Widmann/Mayer/*Mayer*, §5 Rn. 14; Kallmeyer/*Marsch-Barner*, §5 Rn. 4.
117 Semler/Stengel/*Schröer*, §5 Rn. 32.
118 Dazu *Priester*, DB 1997, 560.
119 Widmann/Mayer/*Mayer*, § 5 Rn. 58 ff.; anders Limmer/*Limmer*, Handbuch Umwandlung, Rn. 227.

4. Kapitel Umwandlungen

verschmelzung in der Hand des übernehmenden Rechtsträgers befinden (Verschmelzung einer 100 %-igen Tochtergesellschaft auf ihre Muttergesellschaft).[120]

49 Ob es für die Anwendung des § 5 Abs. 2 genügt, dass die dort geforderten Beteiligungsverhältnisse erst zum Zeitpunkt der Eintragung der Verschmelzung und nicht bereits zum Zeitpunkt des Abschlusses des Verschmelzungsvertrages bestehen, ist streitig.[121] Richtiger Ansicht nach kommt es auf den Zeitpunkt der Eintragung der Verschmelzung an. Denn die spezifischen organisationsrechtlichen Austauschwirkungen des Verschmelzungsvertrages, um die es in § 5 Abs. 1 Nr. 2 geht, treten gemäß § 20 Abs. 1 Nr. 1 erst zu diesem Augenblick ein. Es besteht daher die Möglichkeit, noch nach Abschluss des Verschmelzungsvertrages die Beteiligungsverhältnisse bei der übertragenden Gesellschaft so zu verändern, dass sie den Anforderungen des § 5 Abs. 2 entsprechen, um dessen Erleichterungen in Anspruch zu nehmen. Letzteres gilt auch dann, wenn die Beteiligten bei Abschluss des Verschmelzungsvertrages irrtümlich von einem 100 %-igen Mutter-Tochter-Verhältnis ausgegangen sind.[122] Zulässig ist es auch, wenn die Beteiligungsverhältnisse im Sinne des § 5 Abs. 2 im Rahmen einer Kettenverschmelzung erst durch eine vorgeschaltete andere Verschmelzung entstehen.[123]

50 Wie sich aus der Verwendung des Begriffs »soweit« in § 5 Abs. 2 ergibt, gelten die Erleichterungen des § 5 Abs. 2, wenn mehrere Gesellschaften auf eine andere Gesellschaft verschmolzen werden, nur für diejenige übertragende Gesellschaft, für die im Verhältnis zur übernehmenden Gesellschaft das Beteiligungsverhältnis im Sinne von § 5 Abs. 2 gilt.[124] Der Anwendung des § 5 Abs. 2 steht es nicht entgegen, wenn die übernehmende Muttergesellschaft nicht alle Anteile an der übertragenden Tochtergesellschaft hält, sondern die restlichen Anteile (ausschließlich) von der Tochtergesellschaft selbst gehalten werden.[125]

51 Keine Anwendung findet § 5 Abs. 2 hingegen, wenn die Muttergesellschaft die Anteile an der Tochtergesellschaft nicht unmittelbar, sondern über Treuhänder hält; auch eine Zurechnung über § 16 Abs. 4 AktG erfolgt nicht.[126] Allerdings entfällt, soweit ein Dritter für Rechnung der übernehmenden Gesellschaft Anteile an der übertragenden Gesellschaft hält, im Hinblick auf § 20 Abs. 1 Nr. 3 S. 1 Hs. 2 eine Anteilsgewährung.[127]

52 § 5 Abs. 2 gilt im Grundsatz unabhängig von der Rechtsform der beteiligten Rechtsträger, d.h. u.a. auch dann, wenn eine Personenhandelsgesellschaft 100 %-ige Mutter einer Kapitalgesellschaft ist und letztere auf sie verschmolzen werden soll.[128] Daher findet § 5 Abs. 2 bei der **Einheits-KG** Anwendung, wenn die Komplementärin auf die KG verschmolzen werden soll.[129] Ist hingegen eine Personenhandelsgesellschaft als übertragende Gesellschaft an der Verschmelzung beteiligt, scheidet die Anwendung des § 5 Abs. 2 aus, weil es bei der Personenhandelsgesellschaft keine alleinige Gesellschafterstellung einer Person geben kann.[130] Keine Anwendung findet § 5 Abs. 2 auch bei der Verschmelzung einer 100 %-igen Muttergesellschaft auf ihre Tochtergesellschaft (sog. **down-stream-merger**) und bei der Verschmelzung von Schwestergesellschaften.[131] Gerade in solchen Fällen kann allerdings aus anderen Gründen (siehe § 54 Abs. 1 und § 68 Abs. 1) eine Anteilsgewährung entbehrlich sein.

---

120 Zu § 20 Abs. 1 Nr. 3 S. 1 Hs. 2 Rdn. 53.
121 Bejahend Semler/Stengel/*Schröer*, § 5 Rn. 129; Widmann/Mayer/*Mayer* § 5 Rn. 213; a.A. Lutter/*Lutter/Drygala*, § 5 Rn. 103, die verlangen, dass die Beteiligungsverhältnisse i.S.v. § 5 Abs. 2 für den Zeitraum von der Beschlussfassung bis zur Eintragung bestehen.
122 Widmann/Mayer/*Mayer*, § 5 Rn. 213.
123 Widmann/Mayer/*Mayer*, § 5 Rn. 213.
124 Kallmeyer/*Marsch-Barner*, § 5 Rn. 67; Widmann/Mayer/*Mayer*, § 5 Rn. 207.
125 Semler/Stengel/*Schröer*, § 5 Rn. 133.
126 Widmann/Mayer/*Mayer* § 5 Rn. 209, 211.
127 Siehe Rdn. 53.
128 Widmann/Mayer/*Mayer*, § 5 Rn. 208.1.
129 Semler/Stengel/*Schröer*, § 5 Rn. 132.
130 Semler/Stengel/*Schröer*, § 5 Rn. 132.
131 Widmann/Mayer/*Mayer*, § 5 Rn. 208.1.

bb) § 20 Abs. 1 Nr. 3 S. 1 Hs. 2

Nach § 20 Abs. 1 Nr. 3 S. 1 Hs. 1. werden die Anteilsinhaber der übertragenden Rechtsträger Anteilsinhaber des übernehmenden Rechtsträgers. Nach § 20 Abs. 1 Nr. 3 S. 1 Hs. 2 gilt dies nicht, soweit der übernehmende Rechtsträger oder ein Dritter, der im eigenen Namen, jedoch für Rechnung dieses Rechtsträgers handelt, Anteilsinhaber des übertragenden Rechtsträgers ist oder der übertragende Rechtsträger eigene Anteile innehat oder ein Dritter, der im eigenen Namen, jedoch für Rechnung dieses Rechtsträgers handelt, dessen Anteilsinhaber ist. Da das Gesetz in diesen Fällen einen Anteilserwerb ausschließt, entfällt in diesen Fällen auch eine Anteilsgewährungspflicht im Sinne von § 5 Abs. 1 Nr. 2.[132]

53

cc) Verzicht

Gemäß § 54 Abs. 1 S. 3 darf eine übernehmende GmbH von der Gewährung von Geschäftsanteilen absehen, wenn alle Anteilsinhaber eines übertragenden Rechtsträgers darauf durch notariell zu beurkundende Erklärung verzichten. Die entsprechende Regelung für eine übernehmende Aktiengesellschaft findet sich in § 68 Abs. 1 S. 3. Beide Vorschriften sind durch das Zweite Gesetz zur Änderung des Umwandlungsgesetzes vom 19.4.2007 eingeführt worden. Der Gesetzgeber beendet mit diesen Vorschriften bezogen auf deren Anwendungsbereich die im Schrifttum und in der Judikatur – insbesondere bei der Verschmelzung von **beteiligungsidentischen Schwestergesellschaften** – bestehende Kontroverse, ob ein Verzicht auf eine Anteilsgewährung im Hinblick auf den grundsätzlich zwingenden Charakter der Normen des Umwandlungsgesetzes zulässig ist. Das Schrifttum hatte einen solchen Verzicht überwiegend für zulässig gehalten;[133] die obergerichtliche Rechtsprechung hingegen verneinte seine Zulässigkeit.[134] Inwieweit die neuen Verzichtsmöglichkeiten in §§ 54 Abs. 1 S. 3 und 68 Abs. 1 S. 3 rechtspolitisch zu begrüßen sind, wird im Schrifttum unterschiedlich beantwortet. Während das überwiegende Schrifttum die neuen Regelungen positiv bewertet, stehen andere ihnen kritisch gegenüber.[135] So weist Mayer darauf hin, dass Minderheitsgesellschafter der übernehmenden Gesellschaft nunmehr nicht mehr davor geschützt seien, dass »negatives« Vermögen auf ihre Gesellschaft übertragen werde, da mit dem Erfordernis einer – wenn auch minimalen – Kapitalerhöhung auch die registerrechtliche Werthaltigkeitskontrolle der Sacheinlage entfalle.[136] Darüber hinaus sieht Mayer in § 68 Abs. 1 S. 3 einen Verstoß gegen die Verschmelzungsrichtlinie, die eine solche Verzichtsmöglichkeit nicht vorsehe.[137] In steuerlicher Hinsicht ist unter anderem zu beachten, dass, sofern eine Personenhandelsgesellschaft als übertragender Rechtsträger an der Verschmelzung beteiligt ist, eine Buchwertfortführung hinsichtlich des eingebrachten Vermögens nur möglich ist, wenn der Einbringende neue Anteile an der übernehmenden Kapitalgesellschaft erhält (§ 20 Abs. 1 und 2 UmwStG).[138] In derartigen Fällen kann ein Verzicht auf eine Anteilsgewährung daher zu steuerlichen Nachteilen führen.

54

Jenseits der gesetzlich im einzelnen normierten Verzichtsmöglichkeiten wird man – entgegen einer im Schrifttum wohl überwiegend vertretenen Ansicht[139] – eine generelle

55

---

132 Widmann/Mayer/*Mayer*, § 5 Rn. 30.
133 Siehe z.B. nur *Heckschen*, DB 1989, 1560, 1561; a.A. Widmann/Mayer/*Mayer*, § 5 Rn. 41 ff; zum weiteren Streitstand siehe Semler/Stengel/*Reichert*, § 54 Rn. 19 ff. m.w.N.
134 OLG Frankfurt a.M. DNotZ 1999, 154, und KG DNotZ 1999, 157 (jeweils mit Anm. *Heidinger*); a.A. LG München GmbHR 1999, 35.
135 Siehe z.B. Semler/Stengel/*Reichert*, § 54 Rn. 26 (»sehr zu begrüßen«); kritisch Widmann/Mayer/*Mayer*, § 5 Rn. 41 ff.
136 Widmann/Mayer/*Mayer* § 5 Rn. 44; *Mayer/Weiler*, DB 2007, 1235, 1238 f; dagegen etwa Lutter/*Winter*, § 54 Rn. 22.
137 Widmann/Mayer/*Mayer*, § 5 Rn. 44.
138 Siehe dazu und den weiteren steuerlichen Aspekten Widmann/Mayer/*Mayer*, § 5 Rn. 45.
139 Siehe etwa Semler/Stengel/*Schröer*, § 5 Rn. 14; Lutter/*Grunewald*, § 20 Rn. 64; Limmer/*Limmer*, Handbuch Umwandlung, Rn. 324 und 880.

4. Kapitel Umwandlungen

Befugnis der Beteiligten, auf eine Anteilsgewährung zu verzichten, im Hinblick auf den zwingenden Charakter der Umwandlungsnormen verneinen müssen.[140]

dd) Weitere Ausnahmen

(1) GmbH & Co. KG mit Komplementärin ohne Vermögensbeteiligung

56 Ob eine Ausnahme von dem Grundsatz der Anteilsgewährungspflicht zuzulassen ist, wenn an der Verschmelzung eine GmbH & Co. KG als übertragender Rechtsträger beteiligt ist, deren Komplementär-GmbH – wie häufig – nach dem Gesellschaftsvertrag der KG an dem Vermögen der Gesellschaft nicht beteiligt ist, ist im Schrifttum streitig.[141] In der Rechtsprechung ist – soweit ersichtlich bislang vereinzelt – angenommen worden, dass in einer derartigen Konstellation der **Grundsatz der Anteilsgewährungspflicht** nicht gilt.[142] Dem ist mit dem überwiegenden Schrifttum im Hinblick darauf zuzustimmen, dass die Anteilsgewährung nach der gesetzlichen Konzeption in § 5 Abs. 1 Nr. 2 Gegenleistung für das von dem übertragenden Rechtsträger übertragene Vermögen ist. Erbringt der Anteilsinhaber mangels Beteiligung am Vermögen des übertragenden Rechtsträgers keine Leistung, bedarf es – jedenfalls wenn er damit einverstanden ist – keiner Gegenleistung in Form einer Beteiligung am übernehmenden Rechtsträger.[143]

(2) Verbot der Mehrfachbeteiligung bei Personenhandelsgesellschaften

57 Besonderheiten gelten auch, wenn die übernehmende Gesellschaft eine Personenhandelsgesellschaft ist, an der ein Anteilsinhaber eines übertragenden Rechtsträgers bereits als Gesellschafter beteiligt ist.[144] Anders als bei Kapitalgesellschaften ist es bei Personengesellschaften nicht möglich, dass ein Gesellschafter einen gesonderten Gesellschaftsanteil hinzu erwirbt. Dem steht der Grundsatz der **Einheitlichkeit der Beteiligung an einer Personengesellschaft** entgegen.[145] Werden die Beteiligungsverhältnisse an der übernehmenden Gesellschaft (wie häufig) über **Festkapitalbeträge** dargestellt, können mittels deren Veränderung – im Wege der Neuverteilung der bestehenden Beträge oder durch Ausweisung zusätzlicher Kapitalanteile[146] – unter Berücksichtigung der bisherigen Beteiligungsverhältnisse und der Werte der beteiligten Rechtsträger die neuen Beteiligungsverhältnisse abgebildet werden.[147] Steuerlich kann, wenn Festkapitalkonten bestehen, deren Erhöhung im Hinblick auf eine Buchwertfortführung (§ 24 UmwStG) geboten sein.[148] Ist übernehmende Gesellschaft eine KG, bedarf es, wenn ein Kommanditist zugleich Anteilsinhaber des übertragenden Rechtsträgers ist, keiner Erhöhung seiner im Handelsregister eingetragenen Haftsumme (§ 172 HGB), da diese nicht das im Rahmen von § 5 Abs. 1 Nrn. 2 und 3 relevante Innenverhältnis der Gesellschafter, sondern das Außenverhältnis zu den Gläubigern der KG betrifft.[149]

---

140 So zu Recht Widmann/Mayer/*Mayer*, § 5 Rn. 21.
141 Zum Streitstand siehe *Hegemann*, GmbHR 2009, 702; für eine Ausnahme vom Grundsatz der Anteilsgewährung: Semler/Stengel/*Schröer*, § 5 Rn. 16 (Zustimmung der Komplementär-GmbH vorausgesetzt); Kallmeyer/*Marsch-Barner*, § 5 Rn. 5; Lutter/Lutter/*Drygala*, § 5 Rn. 17; dezidiert gegen eine Ausnahme: Widmann/Mayer/*Mayer*, § 5 Rn. 24.3 (auch zu den weiteren Konsequenzen).
142 LG Saarbrücken DNotI Report 1999, 163.
143 Siehe Limmer/*Limmer*, Handbuch Umwandlung, Rn. 225 ff. (zum sog. Identitätsgrundsatz) und Rn. 907 unter zutreffendem Hinweis auf das zum Formwechsel ergangene Urteil des BGH vom 9.5.2005 – II ZR 29/03, DNotZ 2005, 864.
144 Siehe hierzu Widmann/Mayer/*Mayer*, § 5 Rn. 24.1.
145 Etwa Limmer/*Limmer*, Handbuch Umwandlung, Rn. 881.
146 Siehe Limmer/*Limmer*, Handbuch Umwandlung, Rn. 882 ff.
147 Siehe hierzu § 40 Abs. 1 und unten Rdn. 256.
148 Widmann/Mayer/*Mayer*, § 5 Rn. 24.2; BFH, Urt. v. 25.4.2006 – VIII R 52/04, GmbHR 2006, 991.
149 Widmann/Mayer/*Mayer*, § 5 Rn. 24.2.

e) § 5 Abs. 1 Nr. 3 (Umtauschverhältnis/bare Zuzahlung)

aa) Umtauschverhältnis

Gemäß § 5 Abs. 1 Nr. 3 muss der Verschmelzungsvertrag das Umtauschverhältnis der Anteile und gegebenenfalls die Höhe der baren Zuzahlung oder Angaben über die Mitgliedschaft bei dem übernehmenden Rechtsträger enthalten. Die entsprechenden Angaben des Verschmelzungsvertrages sind in wirtschaftlicher Hinsicht für die Beteiligten ganz entscheidende Aspekte des Verschmelzungsvorgangs. Denn hier geht es darum, was die Inhaber der übertragenden Rechtsträger anstelle ihrer bisherigen Rechtposition erhalten. Die zentrale Bedeutung der entsprechenden Angaben zeigt sich unter anderem auch daran, dass das Gesetz in § 8 Abs. 1 S. 1 verlangt, dass sich der Verschmelzungsbericht der Vertretungsorgane der beteiligten Rechtsträger nach § 8 »insbesondere« mit den in § 5 Abs. 1 Nr. 3 angesprochenen Punkten zu befassen hat, d.h. diese Angaben rechtlich und wirtschaftlich zu erläutern und zu begründen hat. Auch bei der Verschmelzungsprüfung nach § 9 stehen die in § 5 Abs. 1 Nr. 3 genannten Aspekte im Focus. So hat der Bericht der Verschmelzungsprüfer nach § 12 Abs. 2 mit einer Erklärung darüber abzuschließen, ob die den Inhabern der übertragenden Rechtsträger im Sinne von § 5 Abs. 1 Nr. 3 gewährten Gegenleistungen »als Gegenwert angemessen« sind. Den Rechtsschutz der Inhaber der übertragenden Rechtsträger gegen unangemessene Umtauschverhältnisse im Sinne von § 5 Abs. 1 Nr. 3 schränkt das Gesetz allerdings ein. Eine Klage gegen die Wirksamkeit des Verschmelzungsbeschlusses eines übertragenden Rechtsträgers kann gemäß § 14 Abs. 2 nicht auf die **Unangemessenheit des Umtauschverhältnisses** gestützt werden; vielmehr verweist das Gesetz die Betroffenen insoweit gemäß § 15 Abs. 1 auf das **Spruchverfahren**, mit dem sie einen angemessenen Ausgleich ihres Rechtsverlusts durch bare Zuzahlung erreichen können. 58

Werden Aktiengesellschaften miteinander verschmolzen, so wird das Umtauschverhältnis im Sinne von § 5 Abs. 1 Nr. 3 angegeben, indem angegeben wird, wie viele Aktien an der übernehmenden Gesellschaft der Aktionär der übertragenden Gesellschaft für eine oder mehrere Aktien an dieser erhält. Den Anforderungen des § 5 Abs. 1 Nr. 3 ist aber bei Nicht-Publikumsgesellschaften auch dadurch genügt, dass im Verschmelzungsvertrag – ohne Nennung einer speziellen Umtauschrelation wie 1:2 oder 1:3 – für jeden einzelnen Inhaber eines übertragenden Rechtsträgers der zu gewährende Anteil oder die zu gewährenden Anteile an der übernehmenden Gesellschaft genannt werden.[150] 59

Angemessen ist ein Umtauschverhältnis dann, wenn der Wert der Beteiligung der Inhaber des übertragenden Rechtsträgers an diesem Rechtsträger vor dem Verschmelzung dem Wert der Beteiligung dieser Inhaber an dem übernehmenden Rechtsträger nach der Verschmelzung entspricht. Sind an der Verschmelzung lediglich Gesellschaften mit beschränkter Haftung beteiligt, lassen die sich insoweit erforderlichen Rechenüberlegungen an folgenden Beispielen verdeutlichen: 60

Beispiel 1: 61 M
Die A-GmbH, deren alleiniger Gesellschafter A ist, hat ein Stammkapital von 50.000 Euro und einen Unternehmenswert von 100.000 Euro. Sie soll auf die B-GmbH, deren Stammkapital von 100.000 Euro B und C jeweils mit Geschäftsanteilen von 50.000 Euro halten und deren Unternehmenswert 500.000 Euro beträgt, verschmolzen werden. Zum Gesamtwert beider Unternehmen von 600.000 Euro steuern B und C jeweils 250.000 Euro (je 50 % des Wertes der B-GmbH), d.h. je 5/12, und A 100.000 Euro (Wert der A-GmbH), d.h. 1/6, bei. Diese Wertrelation muss sich in den Beteiligungsverhältnissen der B-GmbH nach der Verschmelzung widerspiegeln. Das kann dadurch geschehen, dass das Kapital der B-GmbH zur Durchführung der Ver-

---

150 Widmann/Mayer/*Mayer*, § 5 Rn. 94; Semler/Stengel/*Schröer*, § 5 Rn. 26.

4. Kapitel Umwandlungen

schmelzung nach § 55 um 20.000 Euro auf 120.000 Euro erhöht wird und A dieser Geschäftsanteil von 20.000 Euro gewährt wird.

62 Der insoweit erforderliche Kapitalerhöhungsbetrag bei der übernehmenden Gesellschaft lässt sich auf der Basis einer bei Mayer genannten Formel wie folgt ermitteln:[151] Wert der übertragenden GmbH mal Stammkapital der übernehmenden GmbH (vor der Verschmelzung) geteilt durch Wert der übernehmenden GmbH (vor der Verschmelzung) = Erhöhungsbetrag.

63 Besonderheiten ergeben sich, wenn die übernehmende Gesellschaft an der übertragenden Gesellschaft beteiligt ist und insoweit gemäß § 54 Abs. 1 S. 1 Nr. 1 keine Kapitalerhöhung bei der übernehmenden Gesellschaft stattfinden darf und gemäß § 20 Abs. 1 Nr. 3 keine Anteile gewährt werden können. Dies zeigt das folgende

64 M **Beispiel 2:**[152]
An der A-GmbH mit einem Stammkapital von 50.000 Euro und einem Wert von 100.000 Euro sind A und die B-GmbH jeweils mit einem Geschäftsanteil von 25.000 Euro beteiligt. Die B-GmbH weist ein Stammkapital von 100.000 Euro und einen Wert von 200.000 Euro auf; alleiniger Gesellschafter der B-GmbH ist der B. Die A-GmbH soll auf die B-GmbH verschmolzen werden. Hier muss bei der Ermittlung der Werterelation berücksichtigt werden, dass zum Vermögen der B-GmbH auch die Beteiligung an der A-GmbH gehört, die einen Wert von 50.000 Euro (50 % des Wertes der A-GmbH von 100.000 Euro) ausmacht. Da 50 % des Vermögens der A-GmbH bereits der B-GmbH wirtschaftlich zuzuordnen sind, beläuft sich – wirtschaftlich (nicht rechtlich) gesehen – der Wert des auf die B-GmbH verschmelzungsbedingt übergehenden Vermögens der A-GmbH auf 50.000 Euro. Legt man diesen Betrag bei der obigen Formel als Wert des übertragenden Rechtsträgers zugrunde, ergibt dies einen Kapitalerhöhungsbetrag von 25.000 Euro bei der übernehmenden B-GmbH, wobei der entsprechende Geschäftsanteil von 25.000 Euro im Hinblick auf § 20 Abs. 1 Nr. 3 ausschließlich dem A zu gewähren ist.[153]

65 Vorbehaltlich der nach § 13 Abs. 1 erforderlichen Zustimmungen der Anteilsinhaber der am Verschmelzungsvertrag beteiligten Rechtsträger steht die Festlegung des Umtauschverhältnisses zur Disposition der Parteien des Verschmelzungsvertrages.[154] Die Festlegung unterliegt nicht der Kontrolle durch das Registergericht. Für die genaue Festlegung des Umtauschverhältnisses sind häufig höchst komplexe Fragen der Unternehmensbewertung zu beantworten.[155]

66 Sonderregelungen zu § 5 Abs. 1 Nr. 3 enthalten u.a. § 40 Abs. 1 S. 2 für die Verschmelzung auf eine Personenhandelsgesellschaft und § 46 für die Verschmelzung auf eine GmbH.[156] So genügt etwa bei der Verschmelzung auf eine GmbH die Angabe eines bloßen Umtauschverhältnisses nicht.[157] Vielmehr muss der Verschmelzungsvertrag – zum Zwecke der genauen Zuordnung der gewährten Anteile – zusätzlich für jeden Anteilsinhaber eines übertragenden Rechtsträgers den Nennbetrag des ihm zu gewährenden Geschäftsanteils bestimmen. Bei der **Tochter-Mutter-Verschmelzung** im Sinne von § 5 Abs. 2 entfallen die Angaben über den Umtausch der Anteile.

---

151 Widmann/Mayer/*Mayer*, § 5 Rn. 116.
152 Siehe Widmann/Mayer/*Mayer*, § 5 Rn. 117.
153 Siehe Rdn. 53.
154 Widmann/Mayer/*Mayer*, § 5 Rn. 94.
155 Siehe dazu näher unten Rdn. 165.
156 Zu § 40 Abs. 1 S. 2 siehe unten Rdn. 256; zu § 46 siehe Rdn. 324 ff.
157 Lutter/*Winter*, § 46 Rn. 3.

bb) Bare Zuzahlung

Insbesondere bei der Verschmelzung von Aktiengesellschaften ist die Möglichkeit, den Aktionären der übertragenden Gesellschaft eine bare Zuzahlung zu gewähren, ein gängiges Instrument, um **Wertdifferenzen**, die sich aus dem vereinbarten Umtauschverhältnis der Aktien ergeben, auszugleichen. Wird eine solche bare Zuzahlung vereinbart, muss sie gemäß §5 Abs. 1 Nr. 3 im Verschmelzungsvertrag aufgenommen werden. Bare Zuzahlungen dürfen nach §68 Abs. 3 den zehnten Teil des auf die gewährten Aktien der übernehmenden Gesellschaft entfallenden anteiligen Betrags ihres Grundkapitals nicht übersteigen. Eine entsprechende 10%-Grenze gilt gemäß §54 Abs. 4 für bare Zuzahlungen bei der Verschmelzung auf eine GmbH. Die 10%-Grenze gilt gemäß §15 Abs. 1 S. 1 nicht, wenn Inhaber eines übertragenden Rechtsträgers mit Erfolg im Spruchverfahren geltend machen, das Umtauschverhältnis sei im Verschmelzungsvertrag (gegebenenfalls auch unter Berücksichtigung einer dort vereinbarten baren Zuzahlung) zu niedrig bemessen, und das Gericht eine entsprechende bare Zuzahlung anordnet oder eine vereinbarte Zuzahlung erhöht, um für einen angemessenen Ausgleich zu sorgen. 67

Eine »bare Zuzahlung« zugunsten der Inhaber des übernehmenden Rechtsträgers lässt §5 Abs. 1 Nr. 3 nicht zu.[158] Gleiches gilt im Hinblick auf §1 Abs. 3 S. 2 richtiger Ansicht nach auch für die Gewährung von **»Sachgegenleistungen«** anstelle von baren Zuzahlungen zugunsten der Inhaber eines übertragenden Rechtsträgers.[159] 68

f) §5 Abs. 1 Nr. 4 (Einzelheiten der Übertragung)

Gemäß §5 Abs. 1 Nr. 4 muss der Verschmelzungsvertrag, sofern nicht eine Tochter-Mutter-Verschmelzung im Sinne von §5 Abs. 2 vorliegt, die Einzelheiten für die Übertragung der Anteile des übernehmenden Rechtsträgers oder über den Erwerb der Mitgliedschaft bei dem übernehmenden Rechtsträger enthalten. Über diese Regelung stellt der Gesetzgeber sicher, dass sich aus dem Verschmelzungsvertrag selbst (und nicht z.B. lediglich aus den entsprechenden Beschlüssen der Inhaber der beteiligten Rechtsträger) ergibt, wie der Anteils- oder Mitgliedschaftserwerb im Einzelnen vonstatten geht; soll z.B. auf eine GmbH verschmolzen werden, bedeutet dies richtiger Ansicht nach, dass der Verschmelzungsvertrag Auskunft darüber zu geben hat, ob das Kapital bei der übernehmenden Gesellschaft erhöht wird oder nicht (§§54, 55) und ob eigene oder im Wege der Kapitalerhöhung neugeschaffene Anteile gewährt werden.[160] Ergänzt wird dieses **Präzisierungsgebot** durch die Regelung in §46, wonach für jeden Anteilsinhaber eines übertragenden Rechtsträgers der Nennbetrag des ihm zu gewährenden Anteils an der übernehmenden Gesellschaft zu bestimmen ist.[161] Angaben darüber, wer die Kosten des Anteilserwerbs zu tragen hat und wie hoch diese Kosten sind, zählen richtiger Ansicht nach nicht zu den Einzelheiten im Sinne von §5 Abs. 1 Nr. 4.[162] 69

Bei sog. **Mischverschmelzungen** im Sinne von §3 Abs. 4, d.h. bei der Verschmelzung von Rechtsträgern unterschiedlicher Rechtsform, kann es vorkommen, dass die neuen (d.h. nach der Verschmelzung gehaltenen) Anteile/Mitgliedschaften gegenüber den alten (d.h. vor der Verschmelzung) gehaltenen Anteilen/Mitgliedschaften verminderte Rechte vermitteln. Da es sich hierbei eher um die inhaltliche Ausgestaltung der neuen Rechtspositionen als um Einzelheiten des Anteils-/Mitgliedschaftserwerbs handelt, bedarf es kei- 70

---

[158] Semler/Stengel/*Schröer*, §5 Rn. 32.
[159] Widmann/Mayer/*Mayer*, §5 Rn. 133; Lutter/*Winter*, §54 Rn. 35; a.A. Schmitt/*Stratz*, §5 Rn. 56; Kallmeyer/*Müller*, §5 Rn. 22.
[160] Lutter/*Lutter/Drygala*, §5 Rn. 40; a.A. Kallmeyer/*Marsch-Barner*, §5 Rn. 16; enger auch Widmann/Mayer/*Mayer*, §5 Rn. 139.
[161] Siehe unten Rdn. 324.
[162] Widmann/Mayer/*Mayer*, §5 Rn. 139.1; a.A. Lutter/*Lutter/Drygala*, §5 Rn. 40.

ner entsprechenden Erläuterung dieser Rechtsveränderungen im Verschmelzungsvertrag im Sinne von § 5 Abs. 1 Nr. 4; vielmehr reicht es aus, wenn sich entsprechende Angaben im Verschmelzungsbericht finden.[163]

g) § 5 Abs. 1 Nrn. 5 und 6 (Beginn der Gewinnberechtigung/Verschmelzungsstichtag)

71 Gemäß § 5 Abs. 1 Nr. 5 muss der Verschmelzungsvertrag den Zeitpunkt, von dem an die gewährten Anteile oder Mitgliedschaften einen Anspruch auf einen **Anteil am Bilanzgewinn** des übernehmenden Rechtsträgers gewähren, enthalten, sowie ferner alle Besonderheiten in Bezug auf diesen Anspruch. Außerdem muss der Verschmelzungsvertrag gemäß § 5 Abs. 1 Nr. 6 den sog. **Verschmelzungsstichtag** bestimmen. Dies ist der Tag, von dem an die Handlungen des übertragenden Rechtsträgers als für Rechnung des übernehmenden Rechtsträgers vorgenommen gelten. Der Verschmelzungsstichtag kennzeichnet damit in bilanzieller Hinsicht den Stichtag des Wechsels der Rechnungslegung.[164] Die Pflicht zur Rechnungslegung besteht für den übertragenden Rechtsträger aber bis zur Eintragung der Verschmelzung fort.[165]

72 M **Formulierungsbeispiel:**
Die Übernahme des Vermögens der A-OHG durch die B-OHG erfolgt mit Wirkung zum Beginn des 1.1.2011 (Verschmelzungsstichtag); ab diesem Zeitpunkt gelten die Handlungen der A-OHG als für Rechnung der B-OHG vorgenommen. Ab diesem Zeitpunkt sind die Beteiligungen, die den Gesellschaftern der A-OHG im Zuge der Verschmelzung an der B-OHG gewährt werden, hinsichtlich des Gewinns der B-OHG gewinnberechtigt.

73 Bei der Verschmelzung einer 100 %-igen Tochtergesellschaft auf ihre Mutter entfallen gemäß § 5 Abs. 2 die Angaben nach § 5 Abs. 1 Nr. 5. Sowohl der Zeitpunkt des Beginns der Gewinnberechtigung nach § 5 Abs. 1 Nr. 5 wie der Verschmelzungsstichtag nach § 5 Abs. 1 Nr. 6 kann von den Parteien des Verschmelzungsvertrages frei bestimmt werden.[166] Beide Zeitpunkte können – vorbehaltlich der nachfolgenden Ausführungen – grundsätzlich auf einen in der Vergangenheit wie einen in der Zukunft liegenden Zeitpunkt bestimmt werden.[167] Es ist daher möglich – nach Ansicht der Rechtsprechung auch bei Beteiligung einer Genossenschaft[168] – den Verschmelzungsvertrag abzuschließen und die Zustimmungsbeschlüsse zu fassen, ohne dass die maßgebliche Schlussbilanz im Sinne von § 17 Abs. 2 vorliegt.[169] Bei der Festlegung der entsprechenden Stichtage im Sinne von § 5 Abs. 1 Nrn. 5 und 6 sind von den Beteiligten eine ganze Reihe von Aspekten zu berücksichtigen, unter anderem die folgenden:

74 Da der Zeitpunkt der Eintragung der Verschmelzung und damit der Eintritt der Verschmelzungsfolgen im Sinne von § 20 Abs. 1 (**sog. dinglicher Verschmelzungsstichtag**) – auch – von Umständen abhängig ist, auf die die Beteiligten keinen Einfluss haben, empfiehlt es sich nicht, diesen Zeitpunkt als maßgeblichen Zeitpunkt im Sinne von § 5 Abs. 1 Nrn. 5 oder 6 zu vereinbaren.[170]

---

163 So Widmann/Mayer/*Mayer*, § 5 Rn. 143; Semler/Stengel/*Schröer*, § 5 Rn. 41; einen Verweis auf den Bericht im Verschmelzungsvertrag verlangend Lutter/*Lutter/Drygala*, § 5 Rn. 43.
164 Lutter/*Lutter/Drygala*, § 5 Rn. 46; Kallmeyer/*Müller*, § 5 Rn. 33.
165 Schmitt/*Stratz*, § 5 Rn. 66; Widmann/Mayer/*Mayer*, § 5 Rn. 159.
166 Lutter/*Lutter/Drygala*, § 5 Rn. 44 und 46; Schmitt/*Stratz*, § 5 Rn. 61 und 63.
167 Widmann/Mayer/*Mayer*, § 5 Rn. 163; Schmitt/*Stratz*, § 5 Rn. 65; Semler/Stengel/*Schröer*, § 5 Rn. 53.
168 LG Kassel, Beschl. v. 20.4.2007 – 13 T 20/06, Rpfleger 2007, 668.
169 Schmitt/*Stratz*, § 5 Rn. 65; Widmann/Mayer/*Mayer*, § 5 Rn. 163 (allerdings einschränkend für die Genossenschaft).
170 Semler/Stengel/*Schröer*, § 5 Rn. 42 und 51.

Der Verschmelzungsstichtag muss nach richtiger – wenn auch bestrittener – Ansicht, die 75
auch von der Finanzverwaltung zugrunde gelegt wird, der Tag sein, der dem Stichtag der
nach § 17 Abs. 2 vorzulegenden Schlussbilanz folgt.[171] Denn der Verschmelzungsstichtag markiert den Zeitpunkt des **Wechsels der Rechnungslegung**. Könnte der Verschmelzungsstichtag vor dem Stichtag der Schlussbilanz liegen, wäre die Schlussbilanz des übertragenden Rechtsträgers unter Missachtung der für das Innenverhältnis der Beteiligten maßgeblichen Regelung in § 5 Abs. 1 Nr. 6 erstellt und damit keine zutreffende Schlussbilanz im Sinne von § 17 Abs. 2. Wollen demnach die Beteiligten, um eine Zwischenbilanz zu vermeiden, der Verschmelzung die Bilanz zugrunde legen, die auf das Ende des Geschäftsjahres des übertragenden Rechtsträgers (ohnehin) erstellt wird, also beispielsweise eine auf den 31.12.2009 erstellte Bilanz, bedeutet dies, dass Verschmelzungsstichtag der darauf folgende Tag, d.h. der 1.1.2010, ist. Bei der Entscheidung, ob eine solche Schlussbilanz der Verschmelzung zugrunde gelegt werden kann, ist die Acht-Monats-Frist in § 17 Abs. 2 S. 4 im Auge zu behalten. Gemäß § 17 Abs. 2 S. 4 darf das Registergericht eine Verschmelzung nur eintragen, wenn die Schlussbilanz auf einen höchstens acht Monate vor der Anmeldung liegenden Zeitpunkt erstellt wird.

Neben der Acht-Monats-Frist des § 17 Abs. 2 S. 4 ist, sofern eine Aktiengesellschaft (als 76
übertragender oder übernehmender Rechtsträger) an der Verschmelzung beteiligt ist, auch
die Sechs-Monats-Frist in § 63 Abs. 1 Nr. 3 zu beachten. § 63 Abs. 1 Nr. 3 verlangt, falls sich
der letzte Jahresabschluss eines beteiligten Rechtsträgers auf ein Geschäftsjahr bezieht, das
mehr als sechs Monate vor Abschuss des Verschmelzungsvertrages oder der Aufstellung
des Entwurfs des Verschmelzungsvertrages abgelaufen ist, die Aufstellung einer Zwischenbilanz auf einen Stichtag, der nicht vor dem ersten Tag des dritten Monats liegt, der
dem Abschluss des Vertrages oder der Aufstellung des Entwurfs vorausgeht. Wollen die
Beteiligten ohne eine solche Zwischenbilanz auskommen, muss daher, falls z.B. eine
Schlussbilanz zum 31.12.2009 vorliegt, der Verschmelzungsvertrag bis zum 30.6.2010 beurkundet sein oder sein Entwurf bis zum diesem Zeitpunkt aufgestellt sein. Nach **künftigem Recht** soll es bezüglich der Zwischenbilanz allerdings Erleichterungen geben: So soll
nach § 63 Abs. 2 S. 5 RegE-UmwG ein – von allen Anteilsinhabern aller beteiligten Rechtsträger zu erklärender und notariell zu beurkundender – Verzicht auf die Zwischenbilanz
möglich sein; ferner soll gemäß § 63 Abs. 2 S. 6 und 7 RegE-UmwG die Zwischenbilanz
durch einen Halbjahresbericht nach § 37w WpHG ersetzt werden können.[172]

In steuerlicher Hinsicht ist § 2 Abs. 1 S. 1 UmwStG zu beachten, der besagt, dass das Einkommen und das Vermögen der übertragenden Körperschaft sowie des übernehmenden 77
Rechtsträgers so zu ermitteln sind, als ob das Vermögen der Körperschaft mit Ablauf des
Stichtags der Bilanz, die dem Vermögensübergang zu Grunde liegt (**steuerlicher Übertragungsstichtag**), ganz oder teilweise auf den übernehmenden Rechtsträger übergegangen
wäre. Der steuerliche Übertragungsstichtag ist demnach zwingend identisch mit dem Tag,
auf den die Schlussbilanz erstellt wird. Eine dies abändernde Vereinbarung im Verschmelzungsvertrag ist nicht möglich.[173] Die Entscheidung, der Verschmelzung z.B. eine auf den
31.12.2009 erstellte Schlussbilanz zugrunde zu legen, hat demnach zur Konsequenz, dass
das Übertragungs- und Übernahmeergebnis aus der Verschmelzung dem Jahr 2009 (und
nicht dem Jahr 2010) zuzurechnen ist.[174]

---

171 BMF-Schreiben vom 25.3.1998 (Umwandlungssteuererlass), BStBl I 1998, S. 268; GmbHR 1998, 444, 454, Tz. 02.02 (nebst späteren Änderungen abgedruckt auch bei Widmann/Mayer, Band 1, Verwaltungsanweisungen); OLG Frankfurt a.M., Beschl. v. 10.11.2005 – 20 W 273/05, GmbHR 2006, 382; Semler/Stengel/*Schröer*, § 5 Rn. 54 m.w.N.; Schmitt/*Stratz*, § 5 Rn. 65; gegen eine solche zwingende Verknüpfung Widmann/Mayer/*Mayer*, § 5 Rn. 159; anders auch Lutter/*Lutter*/Drygala, § 5 Rn. 46, wonach Verschmelzungsstichtag und Stichtag der Schlussbilanz »übereinstimmen« müssten.
172 Siehe unten Rdn. 379; zum RegE-UmwG oben Rdn. 8.
173 Semler/Stengel/*Schröer*, § 5 Rn. 57.
174 BMF-Schreiben vom 25.3.1998 (a.a.O., Fn. 168); zu Gestaltungsmöglichkeiten siehe Widmann/Mayer/*Mayer*, § 5 Rn. 158.

4. Kapitel Umwandlungen

78 Der Zeitpunkt, ab dem die Inhaber des übertragenden Rechtsträgers am Gewinn des übernehmenden Rechtsträgers im Sinne von § 5 Abs. 1 Nr. 5 beteiligt werden, wird üblicherweise auf den Verschmelzungsstichtag im Sinne von § 5 Abs. 1 Nr. 6 gelegt. Denn da ab diesem Zeitpunkt die Geschäfte des übertragenden Rechtsträgers als auf Rechnung des übernehmenden Rechtsträgers geführt gelten und damit dort gewinnrelevant werden, ist es konsequent, die Inhaber des übertragenden Rechtsträgers auch ab diesem Zeitpunkt am Gewinn des übernehmenden Rechtsträgers zu beteiligen. Zwingend ist dies jedoch nicht. So kann der Beginn der Gewinnberechtigung aufgrund der den Beteiligten insoweit zukommenden Vertragsfreiheit auch auf einen späteren wie früheren Zeitpunkt vereinbart werden, letzteres allerdings nur insoweit, als nicht bereits für den entsprechenden Zeitpunkt Gewinnverwendungsbeschlüsse bei dem übernehmenden Rechtsträger gefasst worden sind.[175]

79 Werden Verschmelzungsstichtag und Zeitpunkt des Beginns der Gewinnbezugsberechtigung auf den gleichen Tag (z.B. den 1. Januar 2010) gelegt, decken sich aber die Geschäftsjahre der beteiligten Rechtsträger nicht, z.B. weil das Geschäftsjahr des übertragenden Rechtsträgers am 31.12. und dasjenige des übernehmenden Rechtsträgers am 1.7. endet, kann dies durch entsprechende Vereinbarungen im Verschmelzungsvertrag als **Besonderheit des Gewinnanspruchs** im Sinne von § 5 Abs. 1 Nr. 5 a.E. berücksichtigt werden, etwa in der Weise, dass die Anteile, die den Inhabern des übertragenden Rechtsträgers gewährt werden, für das bis zum 1.7.2010 laufende Geschäftsjahr nur quotal gewinnbezugsberechtigt sind.[176] Zweckmäßig kann es insoweit im Einzelfall sein, dass das Geschäftsjahr eines beteiligten Rechtsträgers vor der Verschmelzung geändert wird.[177]

80 Da die Bestimmung der Zeitpunkte im Sinne von § 5 Abs. 1 Nrn. 5 und 6 grundsätzlich der Disposition der Beteiligten unterliegt, sind grundsätzlich auch variable Stichtage zulässig, die insbesondere dann in Betracht kommen, wenn zu erwarten ist, dass sich die Eintragung der Verschmelzung aufgrund von Anfechtungsklagen verzögert.[178] Solche zeitlichen Verschiebungen können allerdings dazu führen, dass das vereinbarte Umtauschverhältnis nicht mehr angemessen ist und vertragliche Regelungen über eine Anpassung erforderlich sind.[179] Bei Mehrfachverschmelzungen ist es – ungeachtet der damit verbundenen praktischen Probleme – zulässig, für jeden übertragenden Rechtsträger einen gesonderten Verschmelzungsstichtag zu vereinbaren.[180]

h) § 5 Abs. 1 Nr. 7 (Sonderrechte u.a. für Anteilsinhaber)

81 Gemäß § 5 Abs. 1 Nr. 7 muss der Verschmelzungsvertrag sämtliche Rechte, die der übernehmende Rechtsträger einzelnen Anteilsinhabern gewährt, aufführen. Durch diese Informationen soll den übrigen Anteilsinhabern verdeutlicht werden, inwieweit im Rahmen des Verschmelzungsvorgangs vom **Gleichbehandlungsgebot** abgewichen wird.[181] Da die Vorschrift nur solche Sonderrechte erfasst, die der übernehmende Rechtsträger gewährt, fallen Rechte, die Anteilsinhaber untereinander vereinbaren, nicht hierunter.[182] Nach Ansicht der Rechtsprechung werden auch solche Sonderrechte nicht erfasst, die nicht der übernehmende, sondern der übertragende Rechtsträger gewährt hat, auch wenn diese

---

175 Semler/Stengel/*Schröer*, § 5 Rn. 45 und 46; *Priester*, BB 1992 1594.
176 Widmann/Mayer/*Mayer*, § 5 Rn. 144; Semler/Stengel/*Schröer*, § 5 Rn. 44 Fn. 99.
177 Siehe hierzu Widmann/Mayer/*Mayer*, § 5 Rn. 150.
178 Widmann/Mayer/*Mayer*, § 5 Rn. 164 mit Formulierungsvorschlag.
179 Dazu *Kiem*, ZIP 1999, 173, 179; kritisch *Schütz/Fett*, DB 2002, 2696.
180 Schmitt/*Stratz*, § 5 Rn. 70; Kallmeyer/*Müller*, § 5 Rn. 37.
181 Lutter/*Lutter/Drygala*, § 5 Rn. 48; Semler/Stengel/*Schröer*, § 5 Rn. 65.
182 Semler/Stengel/*Schröer*, § 5 Rn. 65.

nach §20 Abs. 1 Nr. 1 auf den übernehmenden Rechtsträger übergehen.[183] Auch Rechte, die die Anteilsinhaber kraft Gesetzes erlangen, sind von §5 Abs. 1 Nr. 7 nicht erfasst. Ein Gewähren im Sinne dieser Vorschrift setzt vielmehr voraus, dass die Rechte rechtsgeschäftlich – sei es auf gesellschaftsrechtlicher Basis sei es auf schuldrechtlicher Basis – begründet werden.[184] In Betracht kommen insoweit vermögensrechtliche Sondervorteile wie ein **Vorzug bei der Verteilung des Gewinns** oder besondere Verwaltungsrechte wie **Sonderstimmrechte**.[185]

Neben Angaben zu eventuellen Sonderrechten für einzelne Anteilsinhaber verlangt §5 Abs. 1 Nr. 7 – wiederum zum Zwecke der Information der Anteilsinhaber der beteiligten Rechtsträger – auch Angaben im Verschmelzungsvertrag darüber, welche Sonderrechte Inhabern besonderer Rechte gewährt wurden. Als Inhaber besonderer Rechte kommen zum Beispiel die Inhaber von **Options-, Wandel- oder Genussrechten** bei dem übertragenden Rechtsträger in Betracht, deren Rechte durch die Verschmelzung erlöschen (§20 Abs. 1 Nr. 2) und die dafür eine Kompensation in Form von Sonderrechten bezüglich des übernehmenden Rechtsträgers erhalten. 82

Werden Sonderrechte im Sinne von §5 Abs. 1 Nr. 7 nicht gewährt, ist es üblich und zur Vermeidung von Nachfragen des Registergerichts auch sinnvoll, wenn auch nicht gesetzlich vorgeschrieben, dass dies im Verschmelzungsvertrag vermerkt wird.[186] 83

Formulierungsbeispiel: 84 M
Inhaber besonderer Rechte im Sinne von §5 Abs. 1 Nr. 7 UmwG sind bei der übertragenden A-GmbH nicht vorhanden. Die übernehmende B-GmbH gewährt keinem Gesellschafter der A-GmbH Rechte im Sinne dieser Vorschrift. Maßnahmen im Sinne von §5 Abs. 1 Nr. 7 UmwG sind nicht vorgesehen.

i) § 5 Abs. 1 Nr. 8 (Sondervorteile für Amtsträger und Prüfer)

Gemäß §5 Abs. 1 Nr. 8 muss der Verschmelzungsvertrag jeden besonderen Vorteil, der einem Mitglied eines Vertretungsorgans oder eines Aufsichtsrates der an der Verschmelzung beteiligten Rechtsträger, einem geschäftsführenden Gesellschafter, einem Partner, einem Abschlussprüfer oder einem Verschmelzungsprüfer gewährt wird. Auch diese Angaben dienen der **Transparenz** und sollen den Anteilsinhabern der beteiligten Rechtsträger ermöglichen, zu beurteilen, ob die begünstigten Personen möglicherweise im Rahmen ihrer Beteiligung an der Verschmelzung in ihrer Objektivität beeinträchtigt sein könnten.[187] Sondervorteile im Sinne von §5 Abs. 1 Nr. 8 können in Vorteilen finanzieller wie Vorteilen sonstiger Art liegen.[188] Bei Vorteilen finanzieller Art kommt es darauf an, ob der betreffenden Person etwas gewährt wird, worauf sie nicht unabhängig von der Verschmelzung ohnehin Anspruch hätte oder was sich nicht als angemessene Kompensation geleisteter Dienste darstellt.[189] Einen derartigen Sondervorteil im Sinne von §5 Abs. 1 Nr. 8 hat die Rechtsprechung zum Beispiel darin gesehen, dass dem Vorstand einer Aktiengesellschaft eine (erhebliche) Abfindung dafür gezahlt wurde, dass er auf Aktienoptionen verzichtete.[190] Vorteile sonstiger Art im Sinne von §5 Abs. 1 Nr. 8 können darin liegen, dass den betroffenen Personen bestimmte Ämter zugesagt 85

---

183 OLG Hamburg, Urt. v. 16.4.2004 – 11 U 11/03, AG 2004, 619; a.A. Semler/Stengel/*Schröer*, §5 Rn. 65.
184 Kallmeyer/*Marsch-Barner*, §5 Rn. 40; Semler/Stengel/*Schröer*, §5 Rn. 65.
185 KK-UmwG/*Simon*, §5 Rn. 119.
186 Semler/Stengel/*Schröer*, §5 Rn. 69.
187 Lutter/*Lutter/Drygala*, §5 Rn. 51; Semler/Stengel/*Schröer*, §5 Rn. 71.
188 Widmann/Mayer/*Mayer*, §5 Rn. 172; Semler/Stengel/*Schröer*, §5 Rn. 72 f.
189 Semler/Stengel/*Schröer*, §5 Rn. 72; dort auch zu den weiteren Einzelheiten.
190 OLG Hamburg, Urt. v. 16.4.2004 – 11 U 11/03, AG 2004, 619.

werden.[191] Werden keine Sondervorteile im Sinne von § 5 Abs. 1 Nr. 8 gewährt, ist es üblich, dies im Verschmelzungsvertrag zu vermerken.

j) § 5 Abs. 1 Nr. 9 (Folgen für Arbeitnehmer und ihre Vertretungen)

86 Gemäß § 5 Abs. 1 Nr. 9 hat der Verschmelzungsvertrag die Folgen der Verschmelzung für die Arbeitnehmer und ihre Vertretungen sowie die insoweit vorgesehenen Maßnahmen zu nennen.[192] Die Vorschrift dient insbesondere der **Information vorhandener Betriebsräte** und korrespondiert daher mit § 5 Abs. 3, der eine Zuleitung des Verschmelzungsvertrages oder seines Entwurfs an den Betriebsrat vorschreibt.[193] Der Betriebsrat soll durch die Angaben möglichst frühzeitig über die bevorstehenden individual- und kollektivarbeitsrechtlichen Folgen der Verschmelzung informiert werden, um eine möglichst **sozialverträgliche Durchführung des Verschmelzungsvorgangs** zu erleichtern.[194] Darüber hinaus dient die Vorschrift auch dem Schutz der Individualinteressen der von der Verschmelzung betroffenen Arbeitnehmer und gilt daher richtiger Ansicht auch dann, wenn bei den beteiligten Rechtsträgern keine Betriebsräte vorhanden sind.[195] Da weder ein Betriebsrat noch die betroffenen Arbeitnehmer an Rechtsvorgängen, die nach dem UmwG für die Verschmelzung erforderlich sind (insb. Verschmelzungsvertrag und Zustimmungsbeschlüssen) beteiligt sind, wird der Verschmelzungsvertrag überwiegend und zu Recht als ein ungeeigneter Ort für die lediglich beschreibenden Angaben nach § 5 Abs. 1 Nr. 9 angesehen.[196] Welchen Umfang und Inhalt die Angaben nach § 5 Abs. 1 Nr. 9 haben müssen, ist umstritten. Während es zum Teil für ausreichend gehalten wird, die unmittelbaren rechtlichen Folgen darzustellen, fordern andere, auch die mittelbaren tatsächlichen und rechtlichen Folgen darzulegen.[197] Im Schrifttum wird insoweit auch eine zutreffende vermittelnde Ansicht vertreten, die insbesondere Angaben zu den rechtlichen Folgen der Verschmelzung auf Arbeitsverhältnisse verlangt, darüber hinaus aber auch Angaben über tatsächliche Folgen, wie geplante Umgruppierungen, Versetzungen, Zuweisungen neuer Arbeitsplätze als erforderlich ansieht.[198] Nicht ausreichend ist es jedenfalls, wenn der Verschmelzungsvertrag lediglich die Aussage enthält, dass sich die Folgen der Verschmelzung für die Arbeitnehmer und ihre Vertretungen nach den Vorschriften des UmwG und § 613a BGB richten. Auch der Hinweis, dass die Verschmelzung keine Nachteile für die beteiligten Arbeitnehmer habe, ist unzureichend, weil § 5 Abs. 1 Nr. 9 die Angabe von »Folgen« und nicht lediglich die Angabe von »Nachteilen« verlangt.

87 Hat die Verschmelzung auf die Arbeitnehmer der beteiligten Rechtsträger abgesehen vom Übergang der Arbeitsverhältnisse (§ 324 UmwG i.V.m. § 613a BGB) keine Auswirkungen, weil die Tätigkeiten der Arbeitnehmer und die Umstände, unter denen sie tätig sind, unverändert bleiben, darf nach Ansicht der Rechtsprechung eine entsprechende Angabe im Verschmelzungsvertrag nicht unterbleiben.[199]

88 Sind bei sämtlichen beteiligten Rechtsträgern keine Arbeitnehmer vorhanden, entfallen Angaben im Sinne von § 5 Abs. 1 Nr. 9. Auch hier empfiehlt es sich, diese Umstände im Verschmelzungsvertrag offen zu legen. Das Landgericht Stuttgart ging darüber hinausgehend davon aus, dass Angaben im Sinne von § 5 Abs. 1 Nr. 9 auch dann entfallen, wenn

---

191 Semler/Stengel/*Schröer*, § 5 Rn. 73.
192 Umfassend zum Ganzen *Hausch*, RNotZ 2007, 308 ff. und 396 ff.
193 Limmer/*Ahrendt/Pohlmann-Weide*, Handbuch Umwandlung, Rn. 372.
194 Siehe OLG Düsseldorf MittBayNot 1998, 4550 = MittRhNotK 1998, 283 = ZIP 1998, 1190.
195 Semler/Stengel/*Simon*, § 5 Rn. 77 und 93 m.w.N. zum Streitstand.
196 Siehe Lutter/*Lutter/Drygala*, § 5 Rn. 55 a unter Hinweis auf die Regelungsdifferenzen zu § 122e.
197 Zum Streitstand siehe Semler/Stengel/*Simon*, § 5 Rn. 82 m.w.N.
198 Semler/Stengel/*Simon*, § 5 Rn. 83 ff.
199 OLG Düsseldorf MittBayNot 1998, 4550 = MittRhNotK 1998, 283; kritisch hierzu Semler/Stengel/*Simon*, § 5 Rn. 92.

lediglich der übernehmende, nicht aber der übertragende Rechtsträger Arbeitnehmer hat, sofern bei dem übernehmenden Rechtsträger kein Betriebsrat vorhanden ist.[200]

5. Abfindungsangebot nach § 29

Neben den Pflichtangaben nach § 5 Abs. 1 schreibt das Gesetz in bestimmten Konstellationen weitere in den Verschmelzungsvertrag zwingend aufzunehmende Angaben vor. Derartige Angaben ergeben sich insbesondere aus § 29. § 29 nennt drei Fälle, in denen im Verschmelzungsvertrag den Anteilsinhabern des übertragenden Rechtsträgers, die gegen den Verschmelzungsbeschluss (§ 13) Widerspruch zur Niederschrift erklären, der Erwerb ihrer Anteile oder Mitgliedschaften gegen eine angemessene Barabfindung anzubieten ist. Es sind dies die Verschmelzung eines Rechtsträgers im Wege der Aufnahme durch einen Rechtsträger anderer Rechtsform (sog. Mischverschmelzung nach § 3 Abs. 4), die Verschmelzung einer börsennotierten Aktiengesellschaft auf eine nichtbörsennotierte Gesellschaft sowie die Verschmelzung von Rechtsträgern gleicher Rechtsform, wenn die Anteile oder Mitgliedschaften an der übernehmenden Gesellschaft Verfügungsbeschränkungen unterworfen sind. In den vorgenannten Fällen schützt das Gesetz – im Wege des **Minderheitenschutzes**[201] – die Anteilsinhaber des übertragenden Rechtsträgers vor einer verschmelzungsbedingten Veränderung ihrer Rechtsposition über ein Austrittsrecht, das durch eine angemessene Abfindung flankiert ist. Das Ziel, die Anteilsinhaber generell vor verschmelzungsbedingten Belastungen zu bewahren, lässt sich der Vorschrift nicht entnehmen. Sich aus allgemeinen Grundsätzen ergebende Austrittsrechte lässt § 29 allerdings unberührt.[202] § 29 gilt gemäß §§ 90 Abs. 1, 104 a nicht für die Genossen einer übertragenden Genossenschaft und die Mitglieder eines gemeinnützigen Vereins. Bei der Verschmelzung durch Neugründung ist § 29 gemäß § 36 Abs. 1 S. 1 anwendbar.[203]

89

a) Mischverschmelzung

Die Rechtsformen verschmelzungsfähiger Rechtsträger zählen § 3 Abs. 1 und 2 auf. Unterschiedliche Rechtsformen im Sinne von § 29 sind dabei auch die § 3 Abs. 1 Nrn. 1 und 2 genannten Unterformen von Personenhandels- oder Kapitalgesellschaften. § 29 greift daher auch ein, wenn eine OHG auf eine KG oder eine GmbH auf eine AG verschmolzen wird.[204] Anders liegt es nur im Verhältnis einer AG zu einer KGaA. Sie gelten nach § 78 S. 4 nicht als unterschiedliche Rechtsformen im Sinne von § 29.

90

b) Wegfall der Börsennotierung

Durch das zweite Gesetz zur Änderung des Umwandlungsgesetzes vom 19.4.2007 hat der Gesetzgeber den Anwendungsbereich des § 29 auch auf den Fall der Verschmelzung einer börsennotierten Aktiengesellschaft auf eine nicht börsennotierte Aktiengesellschaft erstreckt.[205] Der Gesetzgeber regelt hier einen Fall des sog. »**kalten Delisting**«, d.h. einen Fall, bei dem das Ende der Börsenzulassung einer Aktiengesellschaft nicht wie beim regulären Delisting auf einem Rückzug der (fortbestehenden) Gesellschaft aus dem Amtlichen Handel und dem geregelten Markt, sondern auf Umstrukturierungsmaßnahmen beruht.[206] In seiner Macrotron-Entscheidung aus dem Jahre 2002 hatte der Bundesgerichtshof bereits

91

---

200 LG Stuttgart DNotZ 1996, 701.
201 Widmann/Mayer/*Wälzholz*, § 29 Rn. 1 und 4.
202 Lutter/*Grunewald*, § 29 Rn. 31 f.
203 Schmitt/*Stratz*, § 36 Rn. 3; Lutter/*Grunewald*, § 37 Rn. 4.
204 Kallmeyer/*Marsch-Barner*, § 29 Rn. 4; Widmann/Mayer/*Wälzholz*, § 29 Rn. 12.
205 Vgl. *Simon/Burg*, Der Konzern 2009, 214 zum sog. downgrading.
206 Dazu z.B. OLG Stuttgart, Beschl. v. 22.9.2009 – 20 W 20/06, AG 2010, 42.

für das reguläre Delisting aus verfassungsrechtlichen Gründen – anknüpfend u.a. an die DAT/Altana-Entscheidung des Bundesverfassungsgerichts[207] – verlangt, dass den Minderheitsaktionären ein Pflichtangebot über den Kauf ihrer Aktien vorgelegt wird, wobei der Kaufpreis dem Anteilswert zu entsprechen habe.[208] In der obergerichtlichen Rechtsprechung war diese Rechtsprechung auch auf das »kalte Delisting« übertragen worden und § 29 entsprechend angewandt worden.[209] Daran anknüpfend ordnet der Gesetzgeber nunmehr den Schutz der Anteilsinhaber der börsennotierten Aktiengesellschaft in § 29 Abs. 1 S. 1 Hs. 1 Alt. 2 ausdrücklich an.[210] Wird die börsennotierte AG nicht auf eine (nicht börsennotierte) Aktiengesellschaft, sondern einen Rechtsträger anderer Rechtsform verschmolzen, folgt die Pflicht, ein Abfindungsangebot zu machen, bereits aus § 29 Abs. 1 S. 1 Hs. 1 Alt. 1.

c) Verfügungsbeschränkungen

92 Verfügungsbeschränkungen im Sinne von § 29 Abs. 1 S. 2 sind sämtliche Umstände, die eine freie Übertragung oder sonstige Verfügung über den Anteil oder die Mitgliedschaft einschränken.[211] Zu denken ist dabei zunächst an gesellschaftsvertragliche **Vinkulierungsbestimmungen**, etwa nach §§ 68 Abs. 2 AktG und § 15 Abs. 5 GmbHG, und zwar auch dann, wenn die Übertragung nur für bestimmte Fälle (z.B. an Familienfremde und Nichtgesellschafter) eingeschränkt wird.[212] Auch dann, wenn das für den übernehmenden Rechtsträger maßgebliche Recht eine Übertragung von Mitgliedschaften gesetzlich überhaupt nicht vorsieht (z.B. beim Verein, § 38 BGB) oder von der Zustimmung der übrigen Gesellschafter (so bei den Personenhandelsgesellschaften) abhängig macht, liegt eine Verfügungsbeschränkung im Sinne von § 29 Abs. 1 S. 2 vor.[213]

93 Die Anwendung des § 29 Abs. 1 S. 2 scheidet nicht bereits deshalb aus, weil bei dem übertragenden Rechtsträger bereits eine Verfügungsbeschränkung bestand, die derjenigen bei dem übernehmenden Rechtsträger vergleichbar ist. Machen z.B. die Statute beider Rechtsträger die Übertragung von Anteilen von der Zustimmung sämtlicher Gesellschafter abhängig, greift § 29 Abs. 1 S. 2 ein, falls der Kreis der Gesellschafter bei beiden Rechtsträgern ein unterschiedlicher ist; ist hingegen etwa bei der Verschmelzung von Schwestergesellschaften der Gesellschafterkreis identisch, greift § 29 Abs. 1 S. 2 bei einer inhaltlich unveränderten (oder inhaltlich lediglich eingeschränkten) Vinkulierung nicht ein.[214]

94 Nicht unter § 29 Abs. 1 S. 2 fallen – nach allerdings umstrittener Ansicht – Regelungen, die die Verfügungsbefugnis der Anteilsinhaber auf dinglicher Ebene unangetastet lassen, jedoch die Anteilsinhaber auf schuldrechtlicher Basis verpflichten, bei Verfügungen bestimmte Einschränkungen oder Vorgaben zu beachten.[215] Dies gilt auch dann, wenn die Missachtung solcher Vorgaben über eine Ausschlussklausel sanktioniert ist.[216] Auch Formerfordernisse für eine Verfügung von Anteilen fallen nicht unter § 29 Abs. 1 S. 2.[217]

---

207 BVerfG DNotZ 1999, 831.
208 BGH, Urt. v. 25.11.2003 – II ZR 133/01, DNotZ 2003, 364.
209 OLG Düsseldorf, Beschl. v. 30.12.2004 – 19 W 3/04, NZG 2005, 317; siehe auch *Hellwig/Bormann*, ZGR 2002, 465, 487.
210 Zur geplanten Börsennotierung der übernehmenden AG siehe *Drinhausen*, BB 2006, 2314; Mayer/Weiler, DB 2007, 1236.
211 Lutter/*Grunewald*, § 29 Rn. 4.
212 Widmann/Mayer/*Wälzholz*, § 29 Rn. 19 f.
213 Kallmeyer/*Marsch-Barner*, § 29 Rn. 5.
214 Lutter/*Grunewald*, § 29 Rn. 6 f.
215 Semler/Stengel/*Kalss*, § 29 Rn. 8; Widmann/Mayer/*Wälzholz*, § 29 Rn. 20; a.A. Kallmeyer/*Marsch-Barner*, § 29 Rn. 7.
216 Lutter/*Grunewald*, § 29 Rn. 9.
217 Widmann/Mayer/*Wälzholz*, § 29 Rn. 20.

d) Widerspruch

Das Abfindungsangebot ist gemäß § 29 Abs. 1 solchen Anteilsinhabern zu machen, die gegen den Verschmelzungsbeschluss (§ 13) des übertragenden Rechtsträgers Widerspruch zur Niederschrift erklärt haben. Einen solchen Widerspruch können richtiger Ansicht nach nur diejenigen Anteilsinhaber erklären, die gegen die Verschmelzung gestimmt haben.[218] Der Widerspruch muss nicht begründet werden.[219] Unter den Voraussetzungen des § 29 Abs. 2 ist die Erklärung des Widerspruchs entbehrlich; das ist dann der Fall, wenn der betreffende Anteilsinhaber zu Unrecht nicht zu der Versammlung zugelassen wurde, die Versammlung nicht ordnungsgemäß einberufen wurde oder der Gegenstand der Beschlussfassung nicht ordnungsgemäß bekannt gemacht worden ist. Unterbleibt ein Widerspruch, weil der Anteilsinhaber davon ausgeht, der Notar werde ihn gesondert auffordern, den Widerspruch zu erklären, reicht dies für eine (analoge) Anwendung des § 29 Abs. 2 nicht aus.[220]

95

e) Entbehrlichkeit des Angebots

Es bedarf keines Angebots nach § 29 Abs. 1, wenn alle Inhaber des übertragenden Rechtsträgers hierauf verzichtet haben.[221] Der Verzicht bedarf richtiger Ansicht nach der notariellen Beurkundung, und zwar in entsprechender Anwendung von § 30 Abs. 2 S. 3 Hs. 2 Es würde wenig Sinn machen, wenn der Gesetzgeber in § 30 Abs. 2 S. 3 Hs. 2 für den Verzicht auf die Prüfung der Angemessenheit der Barabfindung die notarielle Beurkundung vorschreibt, für den – wirtschaftlich viel weitergehenden – **Verzicht auf die Barabfindung** als solche jedoch keine entsprechende Form erforderlich wäre.[222] Auch bei der Verschmelzung einer 100 %-igen Tochter auf ihre Mutter ist ein Angebot nach § 29 entbehrlich, weil es in diesen Fällen keinen Austritt nach § 29 geben kann.[223]

96

f) Ausgestaltung des Angebots

§ 29 Abs. 1 verlangt, dass der übernehmende Rechtsträger den betroffenen Anteilsinhabern den Erwerb ihrer Anteile oder Mitgliedschaften gegen eine **angemessene Barabfindung** anbietet. Das Angebot muss zum einen die Höhe dieser Abfindung bestimmen und zum anderen nennen, wer es annehmen kann.[224] Angemessen ist die Abfindung dann, wenn sie den Verkehrswert der Beteiligung widerspiegelt.[225] Hinsichtlich der Bewertung gelten insoweit die gleichen Grundsätze wie bezüglich des Umtauschverhältnisses nach § 5 Abs. 1 Nr. 3.[226] Nach § 30 Abs. 1 S. 1 hat die Barabfindung die Verhältnisse des übertragenden Rechtsträgers im Zeitpunkt der Beschlussfassung über die Verschmelzung zu berücksichtigen.

97

Kann der übernehmende Rechtsträger – wie dies bei der Personengesellschaft, beim Verein oder der Genossenschaft der Fall ist – aufgrund seiner Rechtsform keine eigenen Anteile erwerben, so ist gemäß § 29 Abs. 1 S. 2 die Barabfindung für den Fall anzubieten, dass der Anteilsinhaber sein Ausscheiden aus dem Rechtsträger erklärt.

98

---

218 Schmitt/*Stratz*, § 29 Rn. 15; a.A. Kallmeyer/*Marsch-Barner*, § 29 Rn. 13.
219 Lutter/*Grunewald*, § 29 Rn. 11.
220 OLG München, Beschl. v. 3.2.2010 – 31 Wx 135/09, RNotZ 2010, 275.
221 Kallmeyer/*Marsch-Barner*, § 29 Rn. 17.
222 *Schaub*, NZG 1998, 626, 629; Widmann/Mayer/*Wälzholz*, § 29 Rn. 53; a.A. Lutter/*Grunewald*, § 29 Rn. 18.
223 *Schaub*, NZG 1998, 626, 628; Lutter/*Grunewald*, § 29 Rn. 19.
224 Lutter/*Grunewald*, § 29 Rn. 23; zur Teilannahme eines Angebots nach § 29 siehe OLG Düsseldorf, Beschl. v. 6.12.2000 – 19 W 1/00, ZIP 2001, 158.
225 Siehe Widmann/Mayer/*Wälzholz*, § 30 Rn. 6 (»volle Abfindung auf der Basis eines für beide Seiten zumutbaren Interessenausgleichs«).
226 Siehe unten Rdn. 164.

4. Kapitel Umwandlungen

99 M Formulierungsbeispiel:
Die übernehmende B-GmbH & Co. KG bietet jedem Aktionär der übertragenden A-AG, der gegen den Verschmelzungsbeschluss der A-AG Widerspruch zur Niederschrift im Sinne von § 29 Abs. 1 Satz 1 UmwG erklärt, für den Fall, dass er sein Ausscheiden aus der übernehmenden Gesellschaft erklärt, eine Barabfindung in Höhe von fünfzig Euro je von ihm gehaltener Aktie an.[227]

100 Bei einer Aktiengesellschaft als übernehmendem Rechtsträger erlaubt hingegen § 71 Abs. 1 Nr. 3 AktG – in den Grenzen des § 71 Abs. 2 AktG[228] – ausdrücklich den **Erwerb eigener Anteile**, um Aktionäre nach § 29 Abs. 1 abzufinden. Nach § 71 Abs. 2 S. 1 AktG dürfen auf die Anteile, die die übernehmende Aktiengesellschaft nach § 29 Abs. 1 erwirbt, zusammen mit anderen Aktien der Gesellschaft, welche sie bereits erworben hat und noch besitzt, nicht mehr als zehn vom Hundert des Grundkapitals der Gesellschaft entfallen; der Erwerb ist ferner gemäß § 71 Abs. 2 S. 2 AktG nur zulässig, wenn die Gesellschaft im Zeitpunkt des Erwerbs eine Rücklage in Höhe der Aufwendungen für den Erwerb bilden könnte, ohne das Grundkapital oder eine nach Gesetz oder Satzung zu bildende Rücklage zu mindern, die nicht zur Zahlung an die Aktionäre verwandt werden darf.

101 Nehmen so viele Anteilsinhaber das Erwerbsangebot an (§ 31), dass die Schwelle des § 71 Abs. 2 S. 1 AktG überschritten wird, führt dies nicht dazu, dass die sich aus dem Verschmelzungsvertrag ergebende Erwerbsverpflichtung der übernehmenden Aktiengesellschaft unwirksam wird. Zwar bestimmt § 71 Abs. 4 S. 2 AktG, dass ein schuldrechtliches Geschäft, das den Erwerb eigener Aktien unter Missachtung des § 71 Abs. 2 AktG vorsieht, nichtig ist. Diese Regelung gilt aber gemäß § 29 Abs. 1 S. 1 Hs. 2 für einen auf § 29 Abs. 1 basierenden Erwerb nicht. Der übernehmenden Gesellschaft steht richtiger Ansicht nach auch kein Zurückbehaltungsrecht zu.[229] Auch das dingliche Erwerbsgeschäft ist – wie sich bereits aus § 71 Abs. 4 S. 1 AktG ergibt – gültig.

102 Ist übernehmender Rechtsträger eine Gesellschaft mit beschränkter Haftung, regelt sich die Frage nach der Zulässigkeit des Erwerbs eigener Anteile nach § 33 Abs. 3 GmbHG.[230] Nach dieser Vorschrift darf die GmbH zur Abfindung von Gesellschaftern nach § 29 Abs. 1 eigene Anteile erwerben, sofern der Erwerb binnen sechs Monaten nach dem Wirksamwerden der Umwandlung oder nach der Rechtskraft der gerichtlichen Entscheidung erfolgt und die Gesellschaft im Zeitpunkt des Erwerbs eine Rücklage in Höhe der Aufwendungen für den Erwerb bilden könnte, ohne das Stammkapital oder eine nach dem Gesellschaftsvertrag zu bildende Rücklage zu mindern, die nicht zur Zahlung an die Gesellschafter verwandt werden darf. Wie bei der Aktiengesellschaft sind, wenn gegen diese Vorgaben verstoßen wird, sowohl das schuldrechtliche (siehe § 29 Abs. 1 S. 1 Hs. 2 i.V.m. § 33 Abs. 2 S. 3 Hs. 2 GmbHG) wie auch das dingliche Erwerbsgeschäft (siehe § 33 Abs. 2 S. 3 Hs. 1 GmbHG) gleichwohl gültig.

103 Zeichnet sich ein Verstoß gegen § 71 Abs. 2 AktG, § 33 Abs. 3 GmbHG bereits ab, bevor der Verschmelzungsbeschluss gefasst wird, hat er zu unterbleiben und ist ein gleichwohl gefasster Verschmelzungsbeschluss überwiegender Ansicht nach rechtswidrig.[231]

g) Prüfung des Angebots

104 Gemäß § 30 Abs. 2 S. 1 ist die Angemessenheit der anzubietenden Barabfindung *stets* zu prüfen. Damit ist gemeint, dass selbst dann, wenn eine Prüfung des Verschmelzungsver-

---

227 Gängig sind noch ergänzende Hinweise auf die Bestimmungen in § 29 Abs. 2 und § 31 (Frist von zwei Monaten für Annahme des Angebots).
228 Neugefasst durch das BilMoG v. 25.5.2009 (BGBl. I S. 1102).
229 Lutter/*Grunewald*, § 29 Rn. 26; a.A. z.B. *Hoger*, AG 2008, 149, 154.
230 Neugefasst durch das BilMoG v. 25.5.2009 (BGBl. I S. 1102).
231 Semler/Stengel/*Kalss*, § 29 Rn. 33; a.A. Schmitt/*Stratz*, § 29 Rn. 12.

trages gemäß § 9 nach den insoweit maßgeblichen Vorschriften (insb. §§ 44, 45 e, 48) nicht nötig ist, eine Prüfung der Abfindung stattzufinden hat.[232] Für diese Prüfung gelten gemäß § 30 Abs. 2 S. 2 die §§ 10 bis 12 entsprechend.

Durch notariell beurkundete Verzichtserklärungen können die Berechtigten auf die Prüfung und den Prüfungsbericht verzichten (§ 30 Abs. 2 S. 3). Berechtigt im Sinne von § 30 Abs. 2 S. 3 Hs. 1 sind diejenigen, die gemäß § 29 Abs. 1 Widerspruch gegen den Verschmelzungsbeschluss zur Niederschrift erklärt haben. Ihnen gleichgestellt sind die in § 29 Abs. 2 angesprochenen Anteilsinhaber.[233] Da einerseits erst zum Zeitpunkt des Verschmelzungsbeschlusses klar ist, wer Berechtigter im Sinne von § 30 Abs. 2 S. 3 ist, andererseits die Prüfung der Abfindung, um ihren Informationscharakter zu erfüllen, bereits zum Zeitpunkt des Verschmelzungsbeschlusses vorliegen muss, wird es für die Vertretungsorgane der beteiligten Rechtsträger in der Praxis nur dann in Betracht kommen, eine Prüfung nach § 30 nicht vornehmen zu lassen, wenn alle Anteilsinhaber des übertragenden Rechtsträgers (in notarieller Form, § 30 Abs. 2 S. 3) auf die Prüfung verzichtet haben.[234] Wird eine Prüfung nach § 9 vorgenommen, erstreckt sie sich auch auf die Abfindung nach § 29, da diese Teil des Verschmelzungsvertrages ist.

105

h) Rechtsfolgen bei Missachtung der Vorgaben des § 29

Im Schrifttum herrscht keine Einigkeit darüber, welche Folgen es hat, wenn der Verschmelzungsvertrag die in § 29 geforderten Angaben nicht enthält. Zum Teil wird die Ansicht vertreten, dass das Registergericht – sofern es den Mangel bemerkt – die Eintragung der Verschmelzung nicht vornehmen dürfe.[235] Dieser Ansicht steht entgegen, dass § 32 bestimmt, dass eine Klage gegen die Wirksamkeit eines Verschmelzungsbeschlusses eines übertragenden Rechtsträgers nicht darauf gestützt werden kann, dass das Angebot nach § 29 zu niedrig bemessen worden ist oder die Barabfindung im Verschmelzungsvertrag nicht oder nicht ordnungsgemäß angeboten worden ist. Vielmehr sind die betroffenen Anteilsinhaber gemäß § 34 darauf verwiesen, über das Spruchverfahren die angemessene Barabfindung zu erstreiten. Durch die Einschränkung der Anfechtbarkeit schränkt das Gesetz – wie der BGH zu der für den Formwechsel maßgeblichen Parallelvorschrift in § 207 entschieden hat[236] – die Möglichkeit der betroffenen Anteilsinhaber ein, über eine Anfechtungsklage gemäß § 16 Abs. 2 eine **Registersperre** herbeizuführen. Dazu stände es in Widerspruch, wenn für das Registergericht in derartigen Fällen eine generelle Eintragungssperre bestände. Im Ergebnis ist daher der Verschmelzungsvertrag, auch wenn er die Vorgaben des § 29 nicht erfüllt, – ähnlich wie ein Verschmelzungsvertrag, der ein zu niedriges Umtauschverhältnis im Sinne von § 5 Abs. 1 Nr. 3 ausweist[237] – eine taugliche Grundlage für die Eintragung einer Verschmelzung.[238]

106

6. Sonstiger zwingender Inhalt

a) Verschmelzung durch Neugründung

Für die Verschmelzung durch Neugründung verlangt § 37, dass in dem Verschmelzungsvertrag der Gesellschaftsvertrag, der Partnerschaftsvertrag oder die Satzung des neuen Rechtsträgers enthalten oder festgestellt sein muss.

107

---

232 Lutter/*Grunewald*, § 30 Rn. 5.
233 Dazu oben Rdn. 95.
234 Semler/Stengel/*Zeidler*, § 30 Rn. 29.
235 Lutter/*Grunewald*, § 32 Rn. 3.
236 BGH, Urt. v. 18.12.2000 – II ZR 1/99, DNotZ 2001, 877; BGH, Urt. v. 29.1.2001 – II ZR 368/98, AG 2001, 263; BGH, Urt. v. 16.3.2009 – II ZR 302/06, NZG 2009, 585; zur Parallelproblematik bei § 8 siehe Rdn. 147.
237 Lutter/*Bork*, § 14 Rn. 13.
238 So auch Semler/Stengel/*Gehling*, § 32 Rn. 7.

b) Rechtsformspezifische Bestandteile

108 Daneben schreiben § 40 (bei Beteiligung einer Personenhandelsgesellschaft), § 45 b (bei Beteiligung einer Partnerschaftsgesellschaft) und § 46 (bei Beteiligung einer GmbH) besondere Angaben im Verschmelzungsvertrag vor.

7. Fakultative Bestandteile des Verschmelzungsvertrages[239]

a) Allgemeines

109 Neben seinen – insbesondere aus § 5 resultierenden – zwingenden Bestandteilen kann der Verschmelzungsvertrag, wie sich aus § 5 selbst ergibt, auch weitere Vereinbarungen enthalten.Solche Vereinbarungen können z.B. die Frage regeln, wie die angefallenen **Kosten** zu tragen sind, wenn die Eintragung der Verschmelzung scheitert.[240] Zuweilen enthalten Verschmelzungsverträge auch Zusagen Dritter, z.B. **Garantien** eines beherrschenden Anteilsinhabers des übertragenden Rechtsträgers.[241]

110 Eine Verpflichtung, die Satzung des übernehmenden Rechtsträgers zu ändern, können nur dessen Anteilsinhaber, nicht der Rechtsträger selbst übernehmen. Denkbar ist in solchen Fällen, dem übertragenden Rechtsträger für den Fall, dass eine **Satzungsänderung** bei dem übernehmenden Rechtsträger nicht binnen einer bestimmten Frist beschlossen wird, das Recht eingeräumt wird, von dem Verschmelzungsvertrag zurückzutreten.[242] Bei einer Mehrfachverschmelzung (§ 3 Abs. 4) sollte der Verschmelzungsvertrag es nicht der Auslegung überlassen, sondern ausdrücklich bestimmen, ob die einzelnen Verschmelzungen nur als Ganzes gelten sollen oder auch voneinander unabhängig durchgeführt werden sollen. Zuweilen enthalten Verschmelzungsverträge bezogen auf den Fall, dass Anteilsinhaber über das Spruchverfahren nach § 15 erfolgreich einen Ausgleich durch bare Zuzahlung erstreiten, auch sog. **Gleichstellungsklauseln;** darunter versteht man Regelungen, dass diejenigen Anteilsinhaber, die die Angemessenheit des Umtauschverhältnisses im Sinne von § 5 Abs. 1 Nr. 3 nicht im Wege des Spruchverfahrens nach § 15 angegriffen haben, im Rahmen des rechtlich Zulässigen ebenfalls einen entsprechenden Ausgleich bekommen.[243]

111 Ist an der Verschmelzung eine GmbH, auf deren Geschäftsanteile nicht alle zu leistenden Einlagen in voller Höhe bewirkt sind, beteiligt, stellt § 51 Abs. 1 unter den dort genannten Voraussetzungen zum Schutze der betroffenen Anteilsinhaber der beteiligten Rechtsträger vor der Ausfallhaftung nach § 24 GmbHG besondere Zustimmungserfordernisse für die Anteilsinhaber auf. Zur Klarstellung, ob die besonderen Zustimmungserfordernisse des § 51 Abs. 1 eingreifen, ist ein Hinweis im Verschmelzungsvertrag sinnvoll, ob die Leistungen auf die Anteile vollständig bewirkt sind oder nicht; zwingend vorgeschrieben ist ein solcher Hinweis richtiger Ansicht nach nicht.

112 Inwieweit der Verschmelzungsvertrag Bestimmungen über die Ausübung eines **Bewertungswahlrechts** enthalten sollte, ist im Einzelfall zu entscheiden.[244]

b) Bedingungen/Kettenverschmelzungen

113 Wie sich aus § 7 ergibt, kann der Verschmelzungsvertrag unter einer **aufschiebenden Bedingung** vereinbart werden. Derartige Bedingungen werden z.B. bei sog. Kettenver-

---

239 Zum Ganzen siehe auch Widmann/Mayer/*Mayer*, § 5 Rn. 215 ff.
240 Widmann/Mayer/*Mayer*, § 5 Rn. 230.
241 Lutter/*Lutter/Drygala*, § 5 Rn. 99; Semler/Stengel/*Schröer*, § 5 Rn. 109.
242 Lutter/*Lutter/Drygala*, § 5 Rn. 96.
243 Semler/Stengel/*Schröer*, § 5 Rn. 124.
244 Dazu *Stelzer*, MittBayNot 2009, 16.

schmelzungen benutzt.²⁴⁵ Eine Kettenverschmelzung stellt eine Verschmelzung von mindestens drei Rechtsträgern durch mindestens zwei aufeinanderfolgende Verschmelzungsvorgänge dar.²⁴⁶ In derartigen Fällen ist es zulässig, die 2. Verschmelzung aufschiebend bedingt auf die Eintragung der 1. Verschmelzung im Handelsregister zu vereinbaren. Die materiell-rechtlichen Wirksamkeitsvoraussetzungen der 2. Verschmelzung, d.h. z.B. die Erforderlichkeit eines Sonderbeschlusses nach §65 Abs.2, sowie die inhaltliche Ausgestaltung der 2. Verschmelzung, wie z.B. die Frage der Zulässigkeit einer Kapitalerhöhung der übernehmenden Gesellschaft bei der 2. Verschmelzung (§§ 54, 68), beurteilt sich bei solchermaßen aufschiebend bedingt vereinbarten Kettenverschmelzungen nach dem Zeitpunkt des Eintritts der Wirksamkeit der 1. Verschmelzung.²⁴⁷ Richtiger und herrschender Ansicht nach bedarf allerdings der Verschmelzungsbeschluss des übertragenden Rechtsträgers der 2. Verschmelzung nicht der Mitwirkung der Anteilsinhaber des übertragenden Rechtsträgers der 1. Verschmelzung, da diese zum Zeitpunkt des Verschmelzungsbeschlusses (noch) nicht Anteilsinhaber des übertragenden Rechtsträgers der 2. Verschmelzung sind.²⁴⁸

Aufschiebenden Bedingungen gleichgestellt sind aufschiebende Befristungen im Sinne von § 163 BGB.²⁴⁹ Eintragungsfähig sind aufschiebend bedingt vereinbarte Verschmelzungsverträge aber erst mit Eintritt der Bedingung, da sie vorher gemäß § 158 Abs. 1 BGB nicht wirksam sind und unwirksame Verschmelzungsverträge keine taugliche Grundlage für die Eintragung einer Verschmelzung sind.²⁵⁰ Anders liegen die Dinge, wenn die Eintragung selbst die aufschiebende Bedingung für die Wirksamkeit des Vertrages darstellt.

114

Dem Umstand, dass §7 lediglich aufschiebende Bedingungen des Verschmelzungsvertrages regelt, lässt sich nicht entnehmen, dass es unzulässig wäre, den Verschmelzungsvertrag unter einer **auflösenden Bedingung** zu vereinbaren. Vielmehr können Verschmelzungsverträge richtiger Ansicht nach auch unter einer auflösenden Bedingung vereinbart werden. Allerdings bleibt der Eintritt der auflösenden Bedingung nach Eintragung der Verschmelzung für deren Wirkungen folgenlos. Denn wenn gemäß § 20 Abs. 2 Mängel des Verschmelzungsvertrages, die bei Eintragung der Verschmelzung vorhanden sind, die Wirkungen der Verschmelzung nach § 20 Abs. 1 unberührt lassen, muss dies erst recht für Mängel des Verschmelzungsvertrages gelten, die erst nach Eintragung der Verschmelzung entstehen.²⁵¹

115

8. Zuleitung an den Betriebsrat

Gemäß § 5 Abs. 3 ist der Verschmelzungsvertrag oder sein Entwurf spätestens einen Monat vor dem Tage der Versammlung der Anteilsinhaber jedes beteiligten Rechtsträgers, die gemäß § 13 über die Zustimmung zum Verschmelzungsvertrag beschließen soll, dem zuständigen Betriebsrat dieses Rechtsträgers zuzuleiten. Der Gesetzgeber sichert die Einhaltung dieser Zuleitungspflicht in besonderer Weise ab; denn nach § 17 Abs. 1 gehört der Nachweis über die rechtzeitige Zuleitung des Verschmelzungsvertrages oder seines Entwurfs an den zuständigen Betriebsrat zu den Anlagen, die der Anmeldung der Verschme-

116

---

245 Dazu Widmann/Mayer/*Mayer*, §5 Rn. 235.4 ff.; aus der Rechtsprechung OLG Hamm, Beschl. v. 19.12.2005 – 15 W 377/05, DNotZ 2006, 378.
246 Semler/Stengel/*Schröer*, §5 Rn. 117.
247 Siehe im Einzelnen Widmann/Mayer/*Mayer*, §5 Rn. 235. 4 ff; Heckschen/Simon/*Simon*, Umwandlungsrecht, S. 141 ff.
248 Widmann/Mayer/*Heckschen*, §13 Rn. 68.1; Kallmeyer/*Zimmermann*, §13 Rn. 4; einschränkend Widmann/Mayer/*Mayer*, §5 Rn. 235.6 (nur bei ausdrücklichem Hinweis auf 2. Verschmelzung im Vertrag über die 1. Verschmelzung).
249 Widmann/Mayer/*Heckschen*, §7 Rn. 32.
250 Lutter/*Lutter/Drygala*, §4 Rn. 26.
251 So richtig Semler/Stengel/*Schröer*, §5 Rn. 115; Lutter/*Lutter/Drygala*, §4 Rn. 26.

4. Kapitel Umwandlungen

lung beizufügen sind. Falls dem Registergericht der Nachweis nicht erbracht wird, darf es die Verschmelzung nicht eintragen. Durch die rechtzeitige Zuleitung soll für den zuständigen Betriebsrat die Möglichkeit geschaffen werden, etwaige Einwendungen gegen die Verschmelzung rechtzeitig geltend zu machen und auf Änderungen hinzuwirken.[252]

a) Maßgebliche Unterlagen

117 Zuzuleiten ist dem Betriebsrat gemäß § 5 Abs. 3. der Verschmelzungsvertrag oder sein Entwurf. Im Schrifttum wird hierzu zum Teil die Ansicht vertreten, dass es nicht erforderlich sei, dass dem Entwurf sämtliche **Anlagen** beigefügt werden; die Zuleitung müsse nur gewährleisten, dass durch frühzeitige Unterrichtung über die Folgen der Umwandlung eine möglichst sozialverträgliche Durchführung der Umwandlung erleichtert wird. Da Anlagen Vertragsbestandteile darstellen und sich Bedeutung und Folgen vertraglicher Regelungen zuweilen erst aus den in Bezug genommenen Anlagen erschließen, erscheint diese Ansicht nicht bedenkenfrei. Richtigerweise wird man die Zuleitungspflicht auf den gesamten Vertrag und damit auch auf seine Anlagen – mit Ausnahme z.B. von Vollmachten oder Handelsregisterauszügen – zu erstrecken haben. Auch die Rechtsprechung geht davon aus, dass bei der Frage, was dem Betriebsrat zuzuleiten ist, nicht zwischen wichtigen und unwichtigen Bestandteilen des Verschmelzungsvertrages zu differenzieren sei; in der Rechtsprechung wird insoweit die Formulierung benutzt, dass alles, was Gegenstand der Anmeldung zur Eintragung sein muss, dem Betriebsrat zuzuleiten sei.[253]

b) Empfangszuständigkeit

118 Zuleiten im Sinne von § 5 Abs. 3 erfordert einen Zugang des Vertrages beim Betriebsrat.[254] Zur Entgegennahme von Erklärungen, die dem Betriebsrat gegenüber abzugeben sind, sind gemäß § 26 Abs. 2 S. 2 BetrVG der **Betriebsratsvorsitzende** und im Fall seiner Verhinderung sein Stellvertreter berechtigt. Dementsprechend wird der Nachweis des Zugangs des Verschmelzungsvertrages üblicherweise durch ein Empfangsbekenntnis des Betriebsratsratsvorsitzenden oder seines Stellvertreters geführt.[255] Das Betriebsverfassungsgesetz regelt, welcher Betriebsrat zuständig ist.[256]

119 Fehlt bei dem betroffenen Rechtsträger ein Betriebsrat, so entfällt die Zuleitungspflicht nach § 5 Abs. 3.[257] In der Rechtsprechung ist insoweit vereinzelt verlangt worden, dass in solchen Fällen dem Registergericht durch eine eidesstattliche Versicherung nachzuweisen sei, dass kein Betriebsrat vorhanden sei.[258] Dem ist im Schrifttum zu Recht widersprochen worden.[259] Vielmehr genügt in solchen Fällen grundsätzlich eine Erklärung im Rahmen der Anmeldung der Verschmelzung, dass kein Betriebsrat vorhanden ist.[260] Als ausreichend ist es auch anzusehen, wenn der Verschmelzungsvertrag einen Hinweis darauf enthält, dass kein Betriebsrat vorhanden ist. Weitergehende Nachweise über die Nichtexistenz des Betriebsrates darf das Registergericht aufgrund seiner allgemeinen Prüfungspflicht (nur) verlangen, wenn besondere Umstände vorliegen, aufgrund derer Zweifel an der Richtigkeit der Erklärung, es sei kein Betriebsrat vorhanden, aufkommen.

---

252 RegBegr. *Ganske*, S. 50.
253 OLG Naumburg, Beschl. v. 17.3.2003 – 7 Wx 6/02, GmbHR 2003, 1433.
254 Kallmeyer/*Willemsen*, § 5 Rn. 74; Semler/Stengel/*Simon*, § 5 Rn. 141.
255 Semler/Stengel/*Simon*, § 5 Rn. 141 mit weiteren Einzelheiten.
256 Schmitt/*Stratz*, § 5 Rn. 99; *Dzida*, GmbHR 2009, 459.
257 Lutter/*Lutter/Drygala*, § 5 Rn. 107.
258 AG Duisburg GmbHR 1996, 372.
259 *Melchior*, GmbHR 1996, 833, 834.
260 Semler/Stengel/*Simon*, § 5 Rn. 148.

c) Monatsfrist

120 Bei der Monatsfrist in § 5 Abs. 3 handelt es sich um eine sog. **Rückwärtsfrist**, auf die §§ 187, 188 BGB entsprechend anzuwenden ist.[261] Daraus folgt richtiger – wenn auch bestrittener – Ansicht nach, dass zur Fristberechnung auf den Tag der Beschlussfassung abzustellen ist und zwar in der Weise, dass – gemäß einer in § 123 Abs. 4 AktG a.F. verwendeten Formulierung – von diesem nicht mitzählenden Tag zurückzurechnen ist. Soll also z.B. über die Verschmelzung am 31.08. beschlossen werden, muss der Verschmelzungsvertrag oder sein Entwurf dem Betriebsrat spätestens mit Ablauf des 30.07. 24.00 Uhr zugeleitet sein. Auf diese Weise ist gewährleistet, dass dem Betriebsrat – wie von § 5 Abs. 3 gefordert – der Verschmelzungsvertrag oder dessen Entwurf einen vollen Monat vor der Versammlung, d.h. in der Zeit vom 31.07. 0.00 Uhr bis 30.08. 24.00 Uhr, vorgelegen hat. Wäre der 30.07. in dem vorigen Beispiel ein Samstag, Sonntag oder Feiertag träte an seine Stelle der vorherige Werktag (der seinerseits kein Samstag ist).[262]

d) Verzichtsmöglichkeiten

121 Die Rechtsprechung hält einen Verzicht des Betriebsrates auf die Einhaltung der Monatsfrist in § 5 Abs. 3 für zulässig;[263] so hat beispielsweise das Landgericht Gießen eine Verkürzung der Frist auf vier bzw. fünf Tage für zulässig erachtet.[264] Dem ist zuzustimmen; zwar kann gemäß § 1 Abs. 3 S. 1 von den Regeln des Umwandlungsgesetzes nur abgewichen werden, wenn dies ausdrücklich zugelassen ist, was bei § 5 Abs. 3 nicht der Fall ist. Aus dem zwingenden Charakter des § 5 Abs. 3 lässt sich aber nicht herleiten, dass dem Betriebsrat ein stärkerer Schutz zukommen soll, als der Betriebsrat selbst will. Hält der Betriebsrat eine kürzere Frist als die Monatsfrist für ausreichend, ist er hinreichend geschützt.

122 Einen **Verzicht auf die Zuleitung** des Verschmelzungsvertrages als solche hält die Rechtsprechung hingegen für unzulässig.[265] Das wird in Teilen des Schrifttums zu Recht kritisiert; denn auch hier gilt, dass § 5 Abs. 3 den Betriebsrat zwar schützen, diesem aber einen Schutz nicht aufdrängen will.[266]

e) Vertragsänderungen

123 Uneinheitlich beantwortet wird die Frage, inwieweit dem Betriebsrat Änderungen eines bereits zugeleiteten Verschmelzungsvertrages oder Entwurfs gemäß § 5 Abs. 3 erneut zuzuleiten sind.[267] Beinhalten Abweichungen nur redaktionelle Änderungen, besteht keine Pflicht, diese dem Betriebsrat erneut zuzuleiten.[268] Die Rechtsprechung hat darüber hinausgehend auch bei Änderungen, die nicht nur redaktioneller Art waren, eine Pflicht zur erneuten Vorlage verneint, so etwa in einem Fall, der die für den Formwechsel maßgebliche Parallelvorschrift in § 194 Abs. 2 betraf und dadurch gekennzeichnet war, dass der tatsächlich gefasste Umwandlungsbeschluss lediglich den im Entwurf vorgesehenen Satz »Die Mitglieder des Aufsichtsrates erhalten für ihre Tätigkeit im Jahre ... bis zur Ein-

---

261 Palandt/*Heinrichs*, § 187 Rn. 4; Lutter/*Lutter/Drygala*, § 5 Rn. 108.
262 Semler/Stengel/*Schröer*, § 5 Rn. 145 Fn. 370; Kallmeyer/*Willemsen*, § 5 Rn. 77; siehe auch § 123 Abs. 4 Hs. 2 AktG a.F.
263 OLG Naumburg, Beschl. v. 17.3.2003 – 7 Wx 6/02, GmbHR 2003, 1433.
264 LG Gießen, Beschl. v. 14.4.2004 – 6 T 12/04, Der Konzern 2004, 622; *Schwarz*, ZNotP 2001, 22.
265 OLG Naumburg, Beschl. v. 17.3.2003 – 7 Wx 6/02, GmbHR 2003, 1433; auch Lutter/*Lutter/Drygala*, § 5 Rn. 109.
266 So Widmann/Mayer/*Mayer*, § 5 Rn. 266; Semler/Stengel/*Simon*, § 5 Rn. 146.
267 Siehe einerseits Lutter/*Priester*, Umwandlungsrechtstage, S. 99, 106 für uneingeschränkte Neuvorlagepflicht; restriktiver andererseits Semler/Stengel/*Simon*, § 5 Rn. 147.
268 So richtig *Melchior*, GmbHR 1996, 833, 836.

4. Kapitel Umwandlungen

tragung keine Vergütung.« nicht mehr enthielt.[269] Eine solche Änderung habe, so das OLG Naumburg, auf die Unternehmensstruktur keine Auswirkung. Solche Einzelfallentscheidungen wird man nicht verallgemeinern können.[270] Denn § 5 Abs. 3 spricht von der Zuleitung des Verschmelzungsvertrages oder seines Entwurfs; deren Inhalt wird auch durch spätere Änderungen bestimmt. Abgesehen von rein redaktionellen Änderungen wird man also bei jeder Änderung von einer erneuten Zuleitungspflicht – und damit auch einem erneuten Lauf der Monatsfrist – auszugehen haben.[271]

9. Form

a) Zweck

124 Gemäß § 6 muss der Verschmelzungsvertrag notariell beurkundet werden. Die Beurkundung dient zum einen der **Beweissicherung** und damit der Rechtssicherheit.[272] Zum anderen bezweckt das Beurkundungserfordernis eine materielle **Richtigkeitsgewähr**.[273] Letztere ist im Hinblick auf die Bedeutung und (regelmäßige) Komplexität eines Verschmelzungsvorgangs zum Schutze der Beteiligten, wie insb. der Anteilsinhaber, geboten.[274] Daneben tritt – aus § 17 BeurkG resultierend – die mit einem notariellen Beurkundungserfordernis verbundene Belehrungsfunktion.

b) Verfahren und Umfang der Beurkundung

125 Das Beurkundungsverfahren richtet sich nach den §§ 6 ff. BeurkG. Eine Sukzessivbeurkundung nach § 128 BGB ist zulässig. Das gilt auch dann, wenn zum Vermögen eines übertragenden Rechtsträgers Grundstücke zählen. Denn der Erwerb des Eigentums an diesen Grundstücken durch den übernehmenden Rechtsträger ist gemäß § 20 Abs. 1 Nr. 1 ein gesetzlicher Erwerb. Er basiert nicht auf §§ 873, 925 BGB mit der Folge, dass eine – im Wege der **Sukzessivbeurkundung** nicht mögliche – Auflassung erforderlich wäre.[275]

126 Hinsichtlich des Umfangs des Beurkundungserfordernisses gelten die Grundsätze, die zu § 311b Abs. 1 BGB (§ 313 S. 1 BGB a.F.) entwickelt worden sind. Formbedürftig sind daher alle Vereinbarungen, aus denen sich nach dem Willen der Parteien der Verschmelzungsvertrag zusammensetzt. Das erfasst neben objektiv wesentlichen auch objektiv unwesentliche Vertragsabreden; bei letzteren bleibt allerdings gemäß § 139 BGB der restliche Vertrag gültig, wenn sie nicht beurkundet werden.[276] Vereinbarungen, die nicht Bestandteil des Verschmelzungsvertrages sind, aber im Zusammenhang mit diesem stehen, sind beurkundungsbedürftig, wenn sie mit dem Verschmelzungsvertrag eine **rechtliche Einheit** bilden; auch insoweit sind die zu § 311b Abs. 1 BGB (§ 313 S. 1 BGB a.F.) erarbeiteten Grundsätze für § 6 UmwG maßgeblich.[277] Wird der Vertrag geändert oder ergänzt, sind auch diese Regelungen gemäß § 6 zu beurkunden. Die Aufhebung eines Verschmelzungsvertrages hält die überwiegende Ansicht selbst dann nicht für beurkundungsbedürftig, wenn sämtliche zur Wirksamkeit des Verschmelzungsvertrages nach § 13 erforderlichen Zustimmungen vorlagen.[278]

---

269 OLG Naumburg DB 1997, 466 = GmbHR 1998, 382.
270 A.A. wohl Semler/Stengel/*Simon*, § 5 Rn. 147 und *Nießen*, Der Konzern 2009, 321.
271 So wohl auch Lutter/*Priester*, Umwandlungsrechtstage, S. 99, 106.
272 Lutter/*Lutter/Drygala*, § 6 Rn. 1.
273 Siehe hierzu Semler/Stengel/*Schröer*, § 6 Rn. 2 unter Hinweis auf die »Supermarkt«-Entscheidung des BGH DNotZ 1989, 102.
274 Im Einzelnen Widmann/Mayer/*Heckschen*, § 6 Rn. 1 ff.
275 Lutter/*Lutter/Drygala*, § 6 Rn. 5; Widmann/Mayer/*Heckschen*, § 6 Rn. 47.
276 Palandt/*Heinrichs*, § 311b BGB Rn. 25.
277 Siehe Widmann/Mayer/*Heckschen*, § 6 Rn. 20 ff.; BGHZ 82, 188; zu § 311b BGB; Palandt/*Heinrichs*, § 311b Rn. 32.
278 Semler/Stengel/*Schröer*, § 6 Rn. 10 m.w.N.; a.A. Widmann/Mayer/*Heckschen*, § 6 Rn. 52.

Entsprechend den bei § 311 b Abs. 1 BGB geltenden Grundsätzen ist ein **Vorvertrag**, der zum Abschluss eines Verschmelzungsvertrages verpflichten soll, gemäß § 6 formbedürftig; das gleiche gilt für Verträge, die einen wirtschaftlichen Zwang zum Abschluss eines Verschmelzungsvertrages begründen.[279]

127

c) Entwurf des Vertrages

§ 6 gilt nicht für den Entwurf des Verschmelzungsvertrages, der in zahlreichen Normen, etwa in § 5 Abs. 3 (Zuleitung an den Betriebsrat) oder in § 13 Abs. 3 (Beschlussfassung durch die Anteilsinhaber), alternativ zum Verschmelzungsvertrag genannt wird. § 4 Abs. 2 spricht insoweit von einem »schriftlichen Entwurf des Vertrages.« Das wird man als papierene Verkörperung des Vertragstextes zu verstehen haben, auf die – im Hinblick auf den Entwurfscharakter – § 126 BGB keine Anwendung findet.

128

d) Auslandsbeurkundung

Die Beurkundung eines Verschmelzungsvertrages im Ausland löst zwei voneinander getrennt zu betrachtende Fragen aus, nämlich zum einen, ob nach Art. 11 Abs. 1 EGBGB für die Form des Verschmelzungsvertrages neben dem deutschen Recht auch auf das Ortsrecht, d.h. auf das Recht am Ort der Beurkundung, abgestellt werden kann, zum anderen, ob die Form des § 6 durch eine Beurkundung im Ausland gewahrt ist.[280]

129

aa) Ortsform

Wie sich aus Art. 11 Abs. 4 EGBGB ergibt, genügt die **Ortsform** abweichend von Art. 11 Abs. 1 EGBGB dann nicht, wenn es sich um ein Rechtsgeschäft handelt, das über ein Recht an einer Sache verfügt. Im Hinblick darauf ist mit der h.M. – trotz maßgeblicher Gegenstimmen[281] – davon auszugehen, dass der Verschmelzungsvertrag nur unter Beachtung des § 6 wirksam ist.[282]

130

bb) Einhaltung des § 6 durch Auslandsbeurkundung

Die Rechtsprechung geht im Ansatz davon aus, dass durch eine Beurkundung im Ausland ein nach deutschem Recht angeordnetes Beurkundungserfordernis gewahrt wird, wenn die Beurkundung im Ausland der Beurkundung durch einen deutschen Notar gleichwertig ist.[283] So hat der Bundesgerichtshof in einer Entscheidung aus dem Jahre 1981, in der es um die Beurkundung einer Satzungsänderung nach § 53 Abs. 2 GmbHG ging, eine solche **Gleichwertigkeit** bejaht, wenn die ausländische Urkundsperson nach Vorbildung und Stellung im Rechtsleben eine der Tätigkeit des deutschen Notars entsprechende Funktion ausübt und für die Errichtung der Urkunde ein Verfahrensrecht zu beachten hat, das den tragenden Grundsätzen des deutschen Beurkundungsrechts entspricht.[284] Diese Voraussetzungen sah der BGH bei der Beurkundung der Satzungsänderung durch einen öffentlichen Urkundsbeamten des Notariats Zürich (Altstadt) als erfüllt an. Diese Grundsätze

131

---

279 Lutter/*Lutter*/*Drygala*, § 6 Rn. 3; dort auch zu den sog. Break-fee-Vereinbarungen.
280 Siehe Lutter/*Lutter*/*Drygala*, § 6 Rn. 7 ff.
281 Palandt/*Heldrich*, Art. 11 EGBGB Rn. 13.
282 Widmann/Mayer/*Heckschen*, § 6 Rn. 60 ff; Lutter/*Lutter*/*Drygala*, § 6 Rn. 7.
283 Siehe *Braun*, DNotZ 2009, 585 und LG Frankfurt a.M., Urt. v. 7.10.2009 – 3/13 O 46/09, DNotZ 2009, 949 (jeweils zu § 15 Abs. 3 GmbHG).
284 BGH DNotZ 1981, 451.

4. Kapitel Umwandlungen

haben der BGH und die Obergerichte auch im Rahmen von § 15 GmbHG angewandt.[285] Einzelne Untergerichte haben bei Verschmelzungsverträgen eine Gleichwertigkeit einer Beurkundung im Ausland mit einer Beurkundung in Deutschland verneint.[286]

132 Auch im Schrifttum (nicht nur im notariellen) sind erhebliche Zweifel daran geäußert worden, dass eine Auslandsbeurkundung derjenigen vor einem deutschen Notar als gleichwertig anzusehen sei, und zwar insbesondere soweit es um sog. gesellschaftsrechtliche Strukturmaßnahmen, wie die Gesellschaftsgründung oder Maßnahmen nach dem Umwandlungsgesetz, geht.[287] Diese Zweifel sind berechtigt. Sieht man mit der Rechtsprechung als den im Vordergrund stehenden Zweck des Beurkundungserfordernisses in § 6 die Richtigkeitsgewähr, d.h. eine Gewähr für die Übereinstimmung des Vertrages mit den – insbesondere deutschen – Rechtsvorschriften, so kann eine Beurkundung nur durch eine Person erfüllt werden, die über mit einem deutschen Notar vergleichbare Rechtskenntnisse im deutschen Recht verfügt. In diesem Zusammenhang kann es (selbstverständlich) nicht um einen generellen oder individuellen Qualitätsvergleich der deutschen Notare mit ihren ausländischen Kollegen oder mit der konkreten Urkundsperson gehen. Vielmehr ist – schon aus Gründen der Rechtssicherheit – die Frage nach der Gleichwertigkeit in genereller Weise zu beantworten, und zwar auf der Basis der insoweit einschlägigen Normen des deutschen Rechts. Diese schreiben für die fachliche Qualifikation eines deutschen Notars gemäß § 5 Bundesnotarordnung – zwingend – vor, dass er die Befähigung zum Richteramt nach dem Deutschen Richtergesetz haben muss. Gemäß § 5 Abs. 1 DRiG erwirbt die Befähigung zum Richteramt, wer ein rechtswissenschaftliches Studium an einer Universität mit der ersten Prüfung und einen anschließenden Vorbereitungsdienst mit der zweiten Staatsprüfung abschließt. Examina im ausländischen Recht sowie (noch so fundierte) angeeignete Kenntnisse im deutschen Recht, die nicht durch zwei deutsche juristische Staatsexamina belegt sind, reichen für eine dem deutschen Notar gleichwertige fachliche Qualifikation daher nicht aus. Keinesfalls beschränkt sich – wie zuweilen im Schrifttum angenommen wird[288] – die mit der notariellen Beurkundung verbundene Richtigkeitsgewähr auf eine Absicherung der Beteiligten durch eine ausreichende Haftpflichtversicherung. Die Aufgabe des Notars besteht darin, eine mit den insb. deutschen Normen vereinbare Vereinbarung zu protokollieren; das geht über die Gewährung eines **Sekundärschutzes** der Beteiligten durch eine ausreichende Haftpflichtversicherung weit hinaus. In tatsächlicher Hinsicht hat die Diskussion, ob eine Auslandsbeurkundung die Form des § 6 wahrt, durch die Einführung des Höchstwertes für den Verschmelzungsvertrag (§ 39 Abs. 5 KostO) und der Höchstgebühr für den Verschmelzungsbeschluss (§ 47 S. 2 KostO) erheblich an Bedeutung verloren.

e) Heilung von Formmängeln

133 Ist ein beurkundungsbedürftiger Bestandteil des Verschmelzungsvertrages entgegen § 6 nicht beurkundet worden, ist diese Regelung nach § 125 S. 1 BGB formnichtig. Ob der gesamte Vertrag nichtig ist, richtet sich nach § 139 BGB. Gemäß § 20 Abs. 1 Nr. 4 wird der

---

285 BGH GmbHR 1990, 25 (Gleichwertigkeit bei Beurkundung durch Baseler Notar); so auch OLG Frankfurt a.M., Urt. v. 25.1.2005 – 11 U 8/04 (Kart), GmbHR 2005, 764 = DNotI-Report 2005, 78; OLG München ZNotP 1998, 120; OLG Stuttgart, Urt. v. 17.5.2000 – 20 U 68/99, GmbHR 2000, 721 = MittRhNotK 2000, 350 (keine Gleichwertigkeit bei Beglaubigung durch kalifornischen notary public).
286 AG Kiel MittBayNot 1997, 116 = GmbHR 1997, 506; LG Augsburg, MittRhNotK 1996, 371 = MittBayNot 1996, 371 = GmbHR 1996, 941; Gleichwertigkeit hingegen bejahend LG Nürnberg-Fürth, MittbayNot 1992, 65.
287 *Goette*, FS Boujong, 1996, S. 131; *ders.*, MittRhNotK 1997, 1; ausführlich Widmann/Mayer/*Heckschen*, § 6 Rn. 56 ff.
288 Lutter/*Lutter/Drygala*, § 6 Rn. 8.

Mangel der notariellen Beurkundung des Verschmelzungsvertrages durch die Eintragung der Verschmelzung in das Register des übernehmenden Rechtsträgers geheilt. Das gilt richtiger Ansicht nach auch dann, wenn die Beurkundung des Verschmelzungsvertrages im Ausland oder – was im Hinblick auf die erforderliche Prüfung durch das Registergericht eher theoretischer Natur sein dürfte – gänzlich unterblieben ist.[289] Über § 20 Abs. 1 Nr. 4 wird aber nur der Formmangel, nicht sonstige Mängel geheilt. D.h. sind nicht beurkundete Nebenabreden des Verschmelzungsvertrages den über die Verschmelzung gemäß § 13 entscheidenden Versammlungen der Anteilsinhaber der beteiligten Rechtsträger nicht bekannt, erstreckt sich ihre Zustimmung zum Verschmelzungsvertrag nicht auf diese Nebenabreden. Einen solchen aus § 13 resultierenden Wirksamkeitsmangel heilt die Eintragung nicht, so dass eine solche Nebenabrede unwirksam bleibt;[290] derartige Wirksamkeitsmängel lassen allerdings gemäß § 20 Abs. 2 die aus § 20 Abs. 1 resultierenden sonstigen Rechtsfolgen der Verschmelzung unberührt.

V. Verschmelzungsbericht

1. Allgemeines/Inhalt

134 Die Vertretungsorgane jedes der an der Verschmelzung beteiligten Rechtsträger haben gemäß § 8 Abs. 1 einen ausführlichen schriftlichen Bericht zu erstatten, in dem die Verschmelzung, der Verschmelzungsvertrag oder sein Entwurf im einzelnen und insbesondere das Umtauschverhältnis der Anteile oder die Angaben über die Mitgliedschaft bei dem übernehmenden Rechtsträger sowie die Höhe einer anzubietenden Barabfindung rechtlich und wirtschaftlich erläutert und begründet werden. Dieser sog. Verschmelzungsbericht dient der **Information der Anteilsinhaber** der beteiligten Rechtsträger; er soll ihnen ermöglichen, sich im Vorfeld der Versammlung, die über die Verschmelzung nach § 13 entscheidet, mit den wesentlichen Grundlagen der Verschmelzung vertraut zu machen. Mit dem Verschmelzungsbericht soll ihnen eine Grundlage gegeben werden, um zu beurteilen, ob die Verschmelzung wirtschaftlich zweckmäßig ist und den gesetzlichen Anforderungen genügt.[291] An diesem Zweck haben sich die inhaltlichen Angaben des Berichts auszurichten.[292]

135 Der Verschmelzungsbericht als gewissermaßen interne Beurteilung tritt neben die externe – d.h. von unabhängiger dritter Seite durchgeführte – Verschmelzungsprüfung nach §§ 9 ff., die ebenfalls der Information der Anteilsinhaber dient.[293] Sowohl bei dem Verschmelzungsbericht nach § 8 als auch bei dem Bericht über die Verschmelzungsprüfung nach § 9 i.V.m. § 12 hebt der Gesetzgeber die Erläuterung bzw. Prüfung des im Verschmelzungsvertrag vereinbarten Umtauschverhältnisses nach § 5 Abs. 1 Nr. 3 hervor, das für die Anteilsinhaber der beteiligten Rechtsträger in wirtschaftlicher Hinsicht von entscheidender Bedeutung ist. Nach § 17 Abs. 1 zählt der Verschmelzungsbericht, soweit er nicht nach § 8 Abs. 3 entbehrlich ist, zu den Anlagen, die im Rahmen der Anmeldung der Verschmelzung dem Registergericht vorzulegen sind.

---

289 Lutter/*Grunewald*, § 20 Rn. 67; Widmann/Mayer/*Heckschen*, § 6 Rn. 89, a.A. Widmann/Mayer/*Vossius*, § 20 Rn. 370.
290 LAG Nürnberg, Urt. v. 26.8.2004 – 2 Sa 463/02, ZIP 2005, 398, 400; Lutter/*Grunewald*, § 20 Rn. 68; Semler/Stengel/*Kübler*, § 20 Rn. 83.
291 Semler/Stengel/*Gehling*, § 8 Rn. 2.
292 BGH ZIP 1990, 1560 = WM 1990, 2073; ZIP 1989, 980.
293 Semler/Stengel/*Zeidler*, § 9 Rn. 2.

4. Kapitel Umwandlungen

2. Zuständigkeit für die Erstattung des Berichts

136 Die Erstattung des Verschmelzungsberichts obliegt dem jeweiligen Vertretungsorgan des beteiligten Rechtsträgers. Welches Organ dies ist, richtet sich nach dem Statut des jeweiligen Rechtsträgers und den gesetzlichen Bestimmungen.[294] Besteht das Vertretungsorgan aus mehreren Personen, ging die bislang h.M. davon aus, dass der Bericht durch das Gesamtorgan zu erstellen ist, d.h. im Hinblick auf das Schriftlichkeitsgebot in § 8 Abs. 1 auch durch sämtliche Mitglieder des Vertretungsorgans zu unterzeichnen ist.[295] Der Bundesgerichtshof hat in einer neueren Entscheidung aus dem Jahre 2007, ohne die Frage allerdings abschließend zu entscheiden, deutlich zu erkennen gegeben, dass er die Mindermeinung für zutreffend hält, die es für ausreichend erachtet, wenn der Bericht durch **Mitglieder des Vertretungsorgans in vertretungsberechtigter Zahl** unterzeichnet wird.[296] Jedenfalls hält es der Bundesgerichtshof für keinen zur Anfechtung des Verschmelzungsbeschlusses relevanten Beschlussmangel, wenn der Verschmelzungsbericht nicht durch alle Organmitglieder, sondern nur durch Organmitglieder in vertretungsberechtigter Zahl unterschrieben wird. § 8 Abs. 1 S. 1 Hs. 2 lässt es nunmehr ausdrücklich zu, dass von den Vertretungsorganen der beteiligten Rechtsträger ein einheitlicher Bericht erstellt wird.[297]

3. Entbehrlichkeit

a) Verzicht

137 Der Verschmelzungsbericht dient der Information und damit dem Schutz der Anteilsinhaber der beteiligten Rechtsträger. Das Gesetz lässt einen Verzicht auf diesen Schutz zu. Allerdings ist ein Verschmelzungsbericht gemäß § 8 Abs. 3 S. 1 Alt. 1 i.V.m. Abs. 3 S. 2 nur entbehrlich, wenn **alle Anteilsinhaber** aller beteiligten Rechtsträger auf seine Erstattung durch notariell beurkundete Erklärung verzichten. Es reicht daher nicht aus, dass nur alle Anteilsinhaber eines Rechtsträgers auf den Bericht verzichten, um dessen Erstellung für die Vertretungsorgane dieses Rechtsträgers entbehrlich zu machen.[298] Der Verzicht muss sich auf die konkrete Verschmelzung beziehen, ein allgemeiner Verzicht – etwa in der Satzung eines Rechtsträgers – ist nicht zulässig.[299] Dass der Verzicht allerdings nur möglich sein soll, wenn zumindest bereits der Entwurf des Verschmelzungsvertrages vorliegt, findet im Gesetz keine Grundlage.[300] Der Verzicht kann auch durch einen Vertreter erklärt werden. Dessen Vollmacht bedarf nach § 167 Abs. 2 BGB nicht der notariellen Beurkundung. Eine Verzichtserklärung durch einen vollmachtslosen Vertreter scheidet im Hinblick auf § 180 S. 1 BGB aus.

b) Konzernverschmelzung

138 Entbehrlich ist ein Verschmelzungsbericht nach § 8 Abs. 3 S. 1 Alt. 2 auch dann, wenn sich alle Anteile des übertragenden Rechtsträgers in der Hand des übernehmenden Rechtsträgers befinden.

---

294 Semler/Stengel/*Gehling*, § 8 Rn. 5.
295 Zum Meinungsstand z.B. Lutter/*Lutter/Drygala*, § 8 Rn. 6 m.w.N.
296 BGH, Beschl. v. 21.5.2007 – II ZR 266/04, DNotZ 2008, 143 im Anschluss an *Müller*, NJW 2000, 2001.
297 Zur früheren Rechtslage siehe Semler/Stengel/*Gehling*, § 8 Rn. 6.
298 De lege ferenda kritisch hierzu Semler/Stengel/*Gehling*, § 8 Rn. 70.
299 Lutter/*Lutter/Drygala*, § 8 Rn. 52.
300 So zu Recht Semler/Stengel/*Gehling*, § 8 Rn. 68; a.A. Lutter/*Lutter/Drygala*, § 8 Rn. 52.

c) Personengesellschaften (§§ 41, 45 c S. 1)

Gemäß § 41 ist ein Verschmelzungsbericht entbehrlich für eine an der Verschmelzung beteiligte Personenhandelsgesellschaft, wenn alle Gesellschafter dieser Gesellschaft zur Geschäftsführung berechtigt sind. Entsprechendes gilt gemäß § 45 c S. 1 bei der Partnerschaftsgesellschaft. § 41 liegt die Überlegung zugrunde, dass das Informationsbedürfnis der Anteilsinhaber nicht über einen Verschmelzungsbericht im Sinne von § 8 befriedigt werden muss, wenn sich die Anteilsinhaber auf Grund ihrer Geschäftsführerstellung über die Verschmelzung ausreichend informieren können.[301] Ob § 41 auf die **personalistische GmbH**, bei der alle Gesellschafter zugleich Geschäftsführer sind, analog angewandt werden kann, ist umstritten.[302] Obwohl in der Tat die Interessenlage für eine Analogie spricht, sollte, solange die Rechtsprechung nicht im Sinne einer Analogie entschieden hat, vorsorglich im Hinblick auf § 1 Abs. 3 S. 1 die Erstellung des Verschmelzungsberichts nicht unterbleiben. Umstritten ist es ferner, ob § 41 dann Anwendung findet, wenn bei der GmbH & Co. KG sämtliche Kommanditisten Geschäftsführer der geschäftsführungsberechtigten Komplementär-GmbH sind. Richtiger Ansicht nach ist dies im Hinblick auf Sinn und Zweck von § 41 zu bejahen.[303] Auch hier empfiehlt es sich, solange die Rechtsprechung die Anwendung des § 41 in derartigen Konstellationen nicht bejaht hat, vorsorglich davon auszugehen, dass der Verschmelzungsbericht nicht nach § 41 entbehrlich ist.

139

§§ 41, 45 c S. 1 schließen für den Bereich der Personengesellschaften die Anwendung von § 8 Abs. 3 nach allgemeiner Ansicht nicht aus.[304] Erforderlich für die Anwendung des § 8 Abs. 3 S. 1 Alt. 1 ist aber auch bei Beteiligung von Personengesellschaften, dass alle Anteilsinhaber aller beteiligten Rechtsträger den Verzicht auf die Erstellung des Berichts erklären. Es reicht richtiger Ansicht nach nicht aus, dass für eine beteiligte Personenhandelsgesellschaft die Voraussetzungen des § 41 vorliegen und die Anteilsinhaber der übrigen Rechtsträger ihren Verzicht erklären.[305]

140

4. Information der Anteilsinhaber

Im Umwandlungsgesetz finden sich rechtsformspezifische Regelungen darüber, wie den Anteilsinhabern der an der Verschmelzung beteiligten Rechtsträger der Verschmelzungsbericht zugänglich gemacht werden muss. Ist an der Verschmelzung eine Personenhandelsgesellschaft beteiligt, bei der nicht alle Gesellschafter zur Geschäftsführung berechtigt sind – und daher die Erstellung des Verschmelzungsberichts nicht nach § 41 entbehrlich ist –, muss der Verschmelzungsbericht – ebenso wie der Verschmelzungsvertrag oder sein Entwurf –, gemäß § 42 den Gesellschaftern, die von der Geschäftsführung ausgeschlossen sind, spätestens zusammen mit der **Einberufung der Gesellschafterversammlung**, die gemäß § 13 Abs. 1 über die Zustimmung beschließen soll, übersandt werden. Entsprechendes gilt gemäß § 45 c S. 2 bei der Partnerschaftsgesellschaft. Auch bei der Beteiligung einer GmbH muss der Verschmelzungsbericht – ebenso wie der Verschmelzungsvertrag oder sein Entwurf – gemäß § 47 den Gesellschaftern spätestens zusammen mit der Einberufung der Gesellschafterversammlung, die gemäß § 13 Abs. 1 über die Zustimmung beschließen soll, übersandt werden. Ist an der Verschmelzung eine Aktiengesellschaft beteiligt, ist gemäß § 63 Abs. 1 Nr. 4 von der Einberufung der Hauptversammlung an, die gemäß § 13

141

---

301 Lutter/*H. Schmidt*, § 41 Rn. 1.
302 Für eine Analogie Semler/Stengel/*Gehling*, § 8 Rn. 75; Lutter/*Lutter/Drygala*, § 8 Rn. 54; dagegen Lutter/*H. Schmidt*, § 41 Rn. 5.
303 So auch Semler/Stengel/*Ihrig*, § 41 Rn. 10; a.A. Lutter/*H. Schmidt*, § 41 Rn. 5; Schmitt/*Stratz*, § 41 Rn. 3; Kallmeyer/*Kallmeyer*, § 41 Rn. 2.
304 Z.B. Lutter/*H. Schmidt*, § 41 Rn. 6.
305 Lutter/*H. Schmidt*, § 41 Rn. 6; Semler/Stengel/*Ihrig*, § 41 Rn. 6; a.A. Widmann/Mayer/*Vossius*, § 41 Rn. 13.

Abs. 1 über die Zustimmung zu dem Verschmelzungsvertrag beschließen soll, in dem Geschäftsraum der Gesellschaft neben den anderen in § 63 Abs. 1 genannten Unterlagen auch die nach § 8 erstatteten Verschmelzungsberichte auszulegen; gemäß § 63 Abs. 3 ist jedem Aktionär unverzüglich und kostenlos eine Abschrift des Verschmelzungsberichts zu erteilen. Nach dem durch das ARUG eingeführten § 63 Abs. 4 entfallen die Pflichten nach § 63 Abs. 1 und 3, wenn die in § 63 Abs. 1 genannten Unterlagen, d.h. auch den Verschmelzungsbericht, für denselben Zeitraum auf der **Internetseite der Gesellschaft** zugänglich sind. Die Regelungen in § 63 gelten gemäß § 78 S. 1 auch für die Verschmelzung unter Beteiligung einer Kommanditgesellschaft auf Aktien.

5. Grenzen der Berichtspflicht

142 Gemäß § 8 Abs. 2 S. 1 müssen in den Bericht keine Tatsachen aufgenommen werden, deren Bekanntwerden geeignet ist, einem der beteiligten Rechtsträger oder einem ihm verbundenen Unternehmen einen **nicht unerheblichen Nachteil** zuzufügen. § 8 Abs. 2 S. 2 verlangt in derartigen Fällen, dass dann in dem Bericht die Gründe, aus denen die Tatsachen nicht aufgenommen worden sind, darzulegen sind. Die Vorschrift lehnt sich an die Regelung in § 131 Abs. 3 Nr. 1 AktG an, so dass die dort entwickelten Maßstäbe auch im Rahmen von § 8 Abs. 2 anwendbar sind.[306] Eine generelle Berufung auf eine Schädlichkeit der Angaben im Bericht genügt für § 8 Abs. 2 nicht;[307] vielmehr bedarf es insoweit konkreter Angaben.[308]

6. Fehlerhafte Berichte

a) Heilung von Mängeln

143 Genügt ein Verschmelzungsbericht nicht den gesetzlichen Vorgaben, so kann der Mangel richtiger Ansicht nach nicht dadurch geheilt werden, dass die entsprechenden Informationen im Rahmen der Versammlung, die über die Verschmelzung beschließt, nachgeholt werden.[309] Dies wäre mit dem Zweck des Verschmelzungsberichts, die Anteilsinhaber vor der Versammlung zu informieren und ihnen eine Grundlage für ihre Entscheidung zu geben, nicht vereinbar.[310] Im Schrifttum wird es für zulässig gehalten, den Anteilsinhabern eine korrigierte Fassung des Berichts zu übersenden, sofern hierbei die gesetzlich oder statuarisch vorgeschriebenen Mindesteinladungsfristen des jeweiligen Rechtsträgers gewahrt bleiben.[311] Selbst dann, wenn letzteres nicht der Fall sei, könne ein berichtigter Bericht übersandt werden, wenn dem Anteilsinhaber genügend Zeit bleibe, seine Entscheidung unter Berücksichtigung der Änderungen und Korrekturen angemessen vorzubereiten. Gegen die Zulässigkeit einer solchen Vorgehensweise spricht – unabhängig davon, ob die Mindesteinladungsfristen gewahrt werden können oder nicht – bei Personengesellschaften und Gesellschaften mit beschränkter Haftung, dass die einschlägigen Normen (§§ 42, 45 c S. 2, 47) verlangen, dass der Bericht »*spätestens* mit der Einberufung der Gesellschafterversammlung, die über die Zustimmung zum Verschmelzungsvertrag beschließt« zu übersenden ist. Im Hinblick darauf dürfte es richtiger sein, in derartigen Fällen trotz Übersendung der korrigierten Fassung von einem **Informationsmangel** auszugehen und im Einzelfall im Rahmen einer eventuellen Anfechtung des Zustimmungsbeschlusses zu prüfen, ob dieser Mangel – im Hinblick auf die Übersendung der korrigierten Fassung – für

---

306 Semler/Stengel/*Gehling*, § 8 Rn. 66.
307 BGH ZIP 1990, 1560 = WM 1990, 2073.
308 BGHZ 107, 296, 306.
309 Lutter/*Lutter/Drygala*, § 8 Rn. 56; Kallmeyer/*Marsch-Barner*, § 8 Rn. 35; LG München AG 2000, 87, 88, a.A. *Bayer*, AG 1988, 323, 330; *H.-J. Mertens*, AG 1990, 20, 29 f.
310 Vgl. auch BGH ZIP 1990, 1560 = WM 1990, 2073.
311 Semler/Stengel/*Gehling*, § 8 Rn. 83.

die Beschlussfassung relevant war. Entsprechendes gilt für die Aktiengesellschaft, wenn die nach § 63 Abs. 1 Nr. 4 zur Einsicht der Aktionäre bereits ausgelegten (oder nach § 63 Abs. 4 auf der Internetseite zugänglich gemachten) Berichte korrigiert werden sollen.

b) Folgen für den Verschmelzungsbeschluss

Geht einem Verschmelzungsbeschluss ein den Vorgaben des § 8 nicht entsprechender Verschmelzungsbericht voraus, kann dies dazu führen, dass eine Klage gegen die Wirksamkeit des Verschmelzungsbeschlusses im Sinne von § 14 Abs. 1 mit Erfolg erhoben werden kann. Im Einzelnen ist insoweit folgendes zu beachten: 144

Handelt es sich bei dem Rechtsträger, dessen Anteilsinhaber den Verschmelzungsbeschluss gefasst haben, um eine Kapitalgesellschaft, führt ein aus einer Missachtung der Vorgaben in § 8 resultierender Informationsmangel nicht zu einer Nichtigkeit, sondern allenfalls – unter Beachtung der nachstehenden Einschränkungen – zu einer **Anfechtbarkeit** des Beschlusses, und zwar selbst dann, wenn der Bericht völlig fehlt.[312] 145

Der Anfechtbarkeit eines entsprechenden Verschmelzungsbeschlusses, der von der Hauptversammlung einer Aktiengesellschaft gefasst wird, steht § 243 Abs. 4 S. 2 AktG nicht entgegen. Nach dieser durch das Gesetz zur Unternehmensintegrität und Modernisierung des Anfechtungsrechts (UMAG) vom 22.9.2005 eingeführten Vorschrift kann eine Anfechtungsklage auf unrichtige, unvollständige oder unzureichende Informationen in der Hauptversammlung über die Ermittlung, Höhe oder Angemessenheit von Ausgleich, Abfindung oder Zuzahlung oder über sonstige Kompensationen nicht gestützt werden, wenn das Gesetz für Bewertungsrügen ein **Spruchverfahren** zur Verfügung stellt. Zwar verweisen §§ 14 Abs. 2, 15 Abs. 1 die Anteilsinhaber eines übertragenden Rechtsträgers für die dort genannten Fälle auf das Spruchverfahren. § 243 Abs. 4 S. 2 AktG versperrt aber bei auf § 8 beruhenden Informationsmängeln gleichwohl nicht den Weg zur Anfechtungsklage, weil § 243 Abs. 4 S. 2 AktG sich nur auf Mängel von Informationen *in* der Hauptversammlung bezieht, d.h. nicht auf Mängel von Informationen, die wie der Verschmelzungsbericht *vor* der Hauptversammlung zu erteilen sind.[313] 146

Besteht – unabhängig von der Rechtsform der beteiligten Rechtsträger – der Mangel des Verschmelzungsberichts in einer unterbliebenen oder unzureichenden Erläuterung der im Verschmelzungsvertrag nach § 29 vorzusehenden **Barabfindung**, kann die Wirksamkeit des Verschmelzungsbeschlusses eines übertragenden Rechtsträgers nicht unter Hinweis hierauf mit Erfolg nach § 14 Abs. 1 angegriffen werden. Dies ergibt sich aus § 32. Danach kann eine Klage gegen die Wirksamkeit des Verschmelzungsbeschlusses eines übertragenden Rechtsträgers nicht darauf gestützt werden, dass die Barabfindung nach § 29 im Verschmelzungsvertrag nicht oder nicht ordnungsgemäß angeboten wird. Wenn – so hat es der BGH zu der inhaltlich identischen Parallelvorschrift zu § 32, nämlich der für den Formwechsel geltenden Vorschrift in § 210, entschieden[314] – eine Klage nach § 14 scheitert, wenn das Abfindungsangebot völlig fehlt, so muss dies erst recht gelten, wenn das Abfindungsangebot nicht oder nicht ausreichend im Verschmelzungsbericht erläutert ist. 147

Diese Rechtsprechung des BGH kann allerdings richtiger Ansicht nach nicht auf sonstige Mängel des Verschmelzungsberichts ausgedehnt werden. Wird also insbesondere das **Umtauschverhältnis** entgegen § 8 Abs. 1 nicht ausreichend erläutert, kommt eine Klage gegen die Wirksamkeit des Verschmelzungsbeschlusses gemäß § 14 in Betracht.[315] Voraus- 148

---

312 Schmitt/*Stratz*, § 8 Rn. 39; Lutter/*Lutter/Drygala*, § 8 Rn. 55.
313 Semler/Stengel/*Gehling*, § 8 Rn. 81 unter Hinweis auf die Gesetzesbegründung in BT-Drucks. 15/5092, S. 26.
314 BGH, Urt. v. 29.1.2001 – II ZR 368/98, AG 2001, 263; BGH, Urt. v. 18.12.2000 – II ZR 1/99, DNotZ 2001, 877; BGH, Urt. v. 16.3.2009 – II ZR 302/06, NZG 2009, 585; siehe auch oben Rdn. 106.
315 Lutter/*Lutter/Drygala*, § 8 Rn. 57 m.w.N.; kritisch Kallmeyer/*Marsch-Barner*, § 8 Rn. 34 und § 14 Rn. 14.

setzung für einen Erfolg einer solchen Klage gegen die Wirksamkeit des Verschmelzungsbeschlusses ist allerdings, dass der Informationsmangel für die sachgerechte Meinungsbildung der Anteilsinhaber relevant war. Ob dies der Fall ist, ist mit Hilfe des in § 243 Abs. 4 S. 1 AktG niedergelegten Maßstabs zu beurteilen.[316] Gemäß § 243 Abs. 4 S. 1 AktG kann wegen unrichtiger, unvollständiger oder verweigerter Erteilung von Informationen ein Hauptversammlungsbeschluss nur angefochten werden, wenn ein objektiv urteilender Aktionär die Erteilung der Information als wesentliche Voraussetzung für die sachgerechte Wahrnehmung seiner Teilnahme- und Mitgliedschaftsrechte angesehen hätte. Damit sind die Anforderungen an eine **Relevanz des Informationsmangels** gering; insbesondere kommt es nicht (mehr) darauf an, wie ein sachgerecht informierter Anteilsinhaber bei sachgerechter Erteilung der Information abgestimmt hätte. Verneint hat der Bundesgerichtshof die Relevanz eines Mangels im vorstehenden Sinn in einem Fall, in dem der Verschmelzungsbericht nicht die Unterschriften aller Mitglieder des Vertretungsorgans, sondern nur die Unterschriften einer vertretungsberechtigten Anzahl von Organmitgliedern aufwies.[317]

149 Der Verschmelzungsbeschluss einer Personengesellschaft, dem ein Verschmelzungsbericht zugrunde liegt, der einen im Sinne von § 243 Abs. 4 S. 1 AktG relevanten Verstoß gegen die Vorgaben des § 8 aufweist, ist nicht anfechtbar, sondern **nichtig**. Denn das Recht der Personengesellschaften kennt – anders als das Recht der Kapitalgesellschaften – jedenfalls nach h.M. eine Unterscheidung zwischen nichtigen und anfechtbaren Beschlüssen nicht.[318]

c) Eintragbarkeit der Verschmelzung

150 Welche Auswirkungen Verschmelzungsbeschlüsse, die auf aus § 8 resultierenden Informationsmängeln beruhen, auf die Eintragbarkeit der Verschmelzung haben, ist für Verschmelzungsbeschlüsse von Kapitalgesellschaften geklärt, für Verschmelzungsbeschlüsse von Personengesellschaften hingegen nicht geklärt.

151 Handelt es sich um den Verschmelzungsbeschluss einer Kapitalgesellschaft, steht eine **Anfechtbarkeit** des Beschlusses der Eintragung der Verschmelzung im Grundsatz nicht entgegen.[319] Denn der Verschmelzungsbericht dient dem Schutz der Anteilsinhaber. § 8 ist – wie die Möglichkeit, auf den Verschmelzungsbericht zu verzichten (§ 8 Abs. 3), zeigt – keine Norm, die dem **Schutz öffentlicher Interessen** dient und deren Missachtung das Registergericht auch dann zu beachten hätte, wenn diese von den Betroffenen nicht gerügt wird.[320] Anders liegt es dann, wenn die Anteilsinhaber wegen des Informationsmangels tatsächlich (fristgerecht) Anfechtungsklage erhoben haben. Dann darf das Registergericht die Verschmelzung nur unter den Voraussetzungen des § 16 Abs. 2, d.h. bei rechtskräftiger Klageabweisung oder Klagerücknahme, oder unter den Voraussetzungen des § 16 Abs. 3, d.h. bei rechtskräftiger Feststellung des Gerichts im Rahmen des Unbedenklichkeitsverfahrens, dass die Anfechtungsklage der Eintragung nicht entgegensteht, eintragen.[321]

152 Handelt es sich um den Verschmelzungsbeschluss einer Personengesellschaft, bei dem der Informationsmangel nicht zur Anfechtbarkeit, sondern zur Nichtigkeit des Verschmelzungsbeschlusses führt, stellt sich die Frage, ob das Registergericht, wenn keine Klage

---

316 Semler/Stengel/*Gehling*, § 8 Rn. 77 f.
317 BGH, Beschl. v. 21.5.2007 – II ZR 266/04, DNotZ 2008, 143.
318 Widmann/Mayer/*Mayer*, § 8 Rn. 58; Lutter/*Lutter/Drygala*, § 8 Rn. 59; BGH BB 1995, 692; a.A. *K. Schmidt*, FS Stimpel, 1985, S. 217; zu den Folgen für die Eintragbarkeit der Verschmelzung siehe Rdn. 152.
319 Lutter/*Lutter/Drygala*, § 8 Rn. 58.
320 Siehe dazu Lutter/*Bork*, § 14 Rn. 12.
321 Zu § 16 siehe Rdn. 199.

gegen die Wirksamkeit des Beschlusses nach § 14 erhoben wurde, die Verschmelzung eintragen darf. Dem ließe sich entgegenhalten, dass Eintragungen im Handelsregister auf der Grundlage nichtiger Beschlüsse nicht zulässig sind.[322] Wie im Schrifttum zu Recht angenommen wird, sind jedoch für Beschlüsse von Gesellschaftern einer Personengesellschaft, deren Nichtigkeit auf einem fehlenden oder fehlerhaften Verschmelzungsbericht beruht, dieselben Grundsätze anzuwenden, die für Kapitalgesellschaften gelten.[323] Der Verschmelzungsbericht dient auch bei Personengesellschaften nicht dem öffentlichen Interesse, sondern dem **Schutz der Anteilsinhaber**; auf diesen Schutz können sie verzichten (§ 8 Abs. 3). Lassen die Anteilsinhaber den Verschmelzungsbeschluss unbeanstandet, indem sie von der ihnen eingeräumten Klagemöglichkeit keinen Gebrauch machen, erweist sich der Verstoß gegen § 8 als nicht so gravierend, dass er der Eintragung der Verschmelzung entgegenstände.[324]

7. Künftiges Recht

Zur Umsetzung der EU-Richtlinie vom 16.9.2009 hat die Bundesregierung im Juli 2010 basierend auf einem Referentenentwurf des Bundesjustizministeriums einen Regierungsentwurf zu einem »Dritten Gesetz zur Änderung des Umwandlungsgesetzes« vorgelegt.[325] Danach werden die Informationspflichten der Vertretungsorgane der an der Verschmelzung beteiligten Rechtsträger durch einen neugefassten § 8 Abs. 3 – in Verallgemeinerung einer bislang nur für die Spaltung von Aktiengesellschaften geltenden Regelung (siehe § 143) – insoweit erweitert, als dass sie die Anteilsinhaber ihrer Rechtsträger vor der Beschlussfassung über die Verschmelzung über jede wesentliche Veränderung des Vermögens des Rechtsträgers, die zwischen dem Abschluss des Verschmelzungsvertrages oder der Aufstellung des Entwurfs und dem Zeitpunkt der Beschlussfassung eingetreten ist, zu unterrichten haben. In entsprechender Weise sind die Vertretungsorgane der anderen beteiligten Rechtsträger zu informieren, die dann ihrerseits die Anteilsinhaber ihrer Rechtsträger zu unterrichten haben. Der Entwurf sieht die Möglichkeit vor, dass alle Anteilsinhaber aller beteiligten Rechtsträger auf diese Unterrichtungen verzichten. Der Verzicht bedarf nach dem Entwurf der notariellen Beurkundung (§ 8 Abs. 4 S. 2 RegE-UmwG). Ein Verzicht auf die Erstellung des Verschmelzungsberichts und ein Verzicht auf die Unterrichtung über nachträgliche Veränderungen der Vermögenssituation können ausweislich der Begründung zum Regierungsentwurf sowohl alternativ als auch kumulativ erklärt werden. Die Berichtspflicht gilt auch in den Fällen des § 62 Abs. 1.[326] Der Regierungsentwurf sieht vor, dass die neue Unterrichtungspflicht nach § 8 Abs. 3 RegE-UmwG erstmals auf Umwandlungen anzuwenden ist, bei denen der Verschmelzungs- oder Spaltungsvertrag nach dem Datum der Verkündung des neuen Gesetzes geschlossen worden ist.[327] Für die Folgen einer Verletzung der erweiterten Berichtspflicht dürften die allgemeinen Grundsätze gelten.[328]

153

---

322 So wohl BayObLG BB 1991, 1729; OLG Hamm OLGZ 1994, 415.
323 Lutter/*Bork*, § 16 Rn. 5; Lutter/*Lutter/Drygala*, § 8 Rn. 59.
324 So im Ergebnis Widmann/Mayer/*Mayer*, § 8 Rn. 68.
325 Siehe oben Rdn. 8.
326 *Neye/Jäckel*, AG 2010, 237, 241; *Bayer/J. Schmidt*, ZIP 2010, 953, 955.
327 Siehe Art. 1 Nr. 18 des Reg.-Entwurfs.
328 Dazu oben Rdn. 144 ff.; so auch zu § 143 Semler/Stengel/*Diekmann*, § 143 Rn. 17; a.A. wohl Stellungnahme DAV-Handelsrechtsausschuss, NZG 2010, 615.

4. Kapitel Umwandlungen

VI. Verschmelzungsprüfung nach §§ 9 bis 12

1. Allgemeines

154 Mit der Prüfung der Verschmelzung durch gerichtlich bestellte – und damit unparteiische – **externe Prüfer** nach §§ 9 bis 12 will das Gesetz die Anteilsinhaber der beteiligten Rechtsträger präventiv, d.h. bereits im Vorfeld der Verschmelzungsbeschlüsse, schützen.[329] Ziel der Verschmelzungsprüfung durch die Prüfer ist es – wie § 12 Abs. 2 zeigt – insbesondere, eine Antwort auf die für die Anteilsinhaber entscheidende Frage zu geben, ob das im Verschmelzungsvertrag oder seinem Entwurf vorgesehene Umtauschverhältnis der Anteile, gegebenenfalls die Höhe der baren Zuzahlung oder die Mitgliedschaft bei dem übernehmenden Rechtsträger als Gegenwert für den Verlust der Rechte an dem übertragenden Rechtsträger angemessen ist. Soweit eine Verschmelzungsprüfung im Sinne von §§ 9 bis 12 stattzufinden hat und hierüber ein Verschmelzungsbericht zu erstellen ist, gehört letzterer zu den Unterlagen, die nach § 17 Abs. 1 im Rahmen der Anmeldung der Verschmelzung zum Handelsregister einzureichen sind. Im Hinblick auf einen möglichst reibungslosen Ablauf der Verschmelzung ist zu beachten, dass Mängel der Verschmelzungsprüfung – ebenso wie solche des Verschmelzungsberichts nach § 8 – zur Anfechtbarkeit oder auch zur Nichtigkeit der Verschmelzungsbeschlüsse führen können.[330]

2. Erforderlichkeit der Verschmelzungsprüfung und des Prüfungsberichts

155 Nach § 9 Abs. 1 ist der Verschmelzungsvertrag oder sein Entwurf durch einen oder mehrere sachverständige Prüfer (nur) dann zu prüfen, soweit es in den sonstigen Regeln des Umwandlungsgesetzes vorgeschrieben ist. Eine Pflicht zur Verschmelzungsprüfung ergibt sich also nicht aus § 9, sondern aus den rechtsformspezifischen besonderen Regeln des Umwandlungsgesetzes. § 9 Abs. 2 und 3 regeln insoweit allerdings Tatbestände, in denen eine Verschmelzungsprüfung nicht erforderlich ist, nämlich gemäß § 9 Abs. 2 dann, wenn sich alle Anteile des übertragenden Rechtsträgers in der Hand des übernehmenden Rechtsträgers befinden **(Verschmelzung 100%-ige Tochter auf ihre Mutter)**, und gemäß §§ 9 Abs. 3, 8 Abs. 3 dann, wenn alle Anteilsinhaber aller beteiligten Rechtsträger durch notariell zu beurkundende Erklärung auf die Verschmelzungsprüfung verzichten. § 9 Abs. 2 findet im Hinblick auf § 1 Abs. 3 S. 1 keine (entsprechende) Anwendung auf die Verschmelzung von Schwestergesellschaften oder die Verschmelzung einer Muttergesellschaft auf ihre Tochtergesellschaft.[331] Hier gelten die spezifischen rechtsformabhängigen Bestimmungen sowie vorbehaltlich § 81 (für die Genossenschaft) die **Verzichtsmöglichkeit in § 9 Abs. 3.** Generell unberührt bleibt die Möglichkeit, eine Verschmelzungsprüfung auf freiwilliger Basis durchzuführen.[332]

156 Die rechtsformspezifischen Regeln des Umwandlungsgesetzes beantworten die Frage, ob eine Verschmelzungsprüfung im Sinne von §§ 9 bis 12 stattzufinden hat, in recht differenzierter Weise. Bei manchen Rechtsträgern ist generell keine externe Prüfung vorgeschrieben, bei anderen findet sie in bestimmten Fällen auf entsprechendes Verlangen statt, bei wiederum anderen ist sie – in der Regel vorbehaltlich der Verzichtsmöglichkeit in §§ 9 Abs. 3, 8 Abs. 3 – vorgeschrieben. Im Einzelnen ergibt sich bezüglich der hier im Vordergrund der Erörterungen stehenden Verschmelzung unter Beteiligung von Personen- und Kapitalgesellschaften folgendes Bild:

---

329 Semler/Stengel/*Zeidler*, § 9 Rn. 2; zum Aspekt des präventiven Schutzes siehe auch OLG Düsseldorf, Beschl. v. 14.4.2000 – 19 W 6/98, NZG 2000, 1079; OLG Stuttgart, Beschl. v. 8.3.2006 – 20 W 5/05, AG 2006, 421.
330 Siehe dazu oben Rdn. 144.
331 Limmer/*Limmer*, Handbuch Umwandlung, Rn. 566.
332 Semler/Stengel/*Zeidler*, § 9 Rn. 12.

a) Beteiligung von Personengesellschaften

Sind an der Verschmelzung (durch Aufnahme oder Neugründung) eine Personenhandels- **157** gesellschaft oder eine Partnerschaftsgesellschaft (auf Seiten des übertragenden oder übernehmenden Rechtsträgers) beteiligt, richtet sich die Frage, ob eine Verschmelzungsprüfung durchzuführen ist, nach § 44 für die Personenhandelsgesellschaft und nach § 45 e S. 2 für die Partnerschaftsgesellschaft, der, falls der Partnerschaftsvertrag für den Verschmelzungsbeschluss gemäß § 45 d Abs. 2 eine Mehrheitsentscheidung vorsieht, auf § 44 verweist. Nach § 44 ist insoweit danach zu differenzieren, ob und welche Regelungen der jeweilige Gesellschaftsvertrag hinsichtlich der Frage enthält, welcher Mehrheit der Verschmelzungsbeschluss in der Gesellschafterversammlung bedarf. Nach § 43 Abs. 1 bedarf der Verschmelzungsbeschluss grundsätzlich der Zustimmung aller bei der Gesellschafterversammlung anwesenden Gesellschafter sowie darüber hinaus auch der Zustimmung aller nicht erschienenen Gesellschafter. § 43 Abs. 2 räumt den Gesellschaftern die Möglichkeit ein, das in § 43 Abs. 1 verankerte Erfordernis der Zustimmung aller Gesellschafter zu lockern und in die Satzung eine Regelung aufzunehmen, dass der Verschmelzungsbeschluss durch **Mehrheitsentscheidung** ergehen kann, wobei die laut Satzung vorgeschriebene Mehrheit mindestens drei Viertel der abgegebenen Stimmen betragen muss. Enthält der Gesellschaftsvertrag eine solche Regelung im Sinne von § 43 Abs. 2, kann ein Gesellschafter innerhalb einer Frist von einer Woche, nachdem er die in § 42 genannten Unterlagen (Verschmelzungsvertrag oder dessen Entwurf, Verschmelzungsbericht) erhalten hat, eine Verschmelzungsprüfung verlangen. Enthält der Gesellschaftsvertrag keine Regelung im Sinne von § 43 Abs. 2 und bedarf der Verschmelzungsbeschluss daher gemäß § 43 Abs. 1 der Zustimmung aller Gesellschafter, bedarf es von Gesetzes wegen keiner Verschmelzungsprüfung.[333] Unbenommen bleibt es allerdings jedem Gesellschafter, seine Zustimmung von einer solchen Prüfung abhängig zu machen.[334]

Das Recht, die Verschmelzungsprüfung nach § 44 zu verlangen, dient zwar dem **Min-** **158** **derheitsschutz**, steht aber jedem Gesellschafter – unabhängig vom Umfang seiner Beteiligung an der Gesellschaft – zu.[335] Die Erklärung, eine Verschmelzungsprüfung zu verlangen, ist an die Gesellschaft zu richten; der Zugang bei einem Gesamtvertreter reicht nach § 125 Abs. 2 S. 3 HGB aus.[336] Die Erklärung bedarf keiner besonderen Form. Die Wochenfrist in § 44 ist eine **Ausschlussfrist** und nach §§ 187 Abs. 1, 188 Abs. 2 BGB zu berechnen.[337] Sie beginnt im Hinblick auf den klaren gesetzlichen Wortlaut richtiger Ansicht nach mit dem Erhalt der Verschmelzungsunterlagen (§ 42). Auf den Zugang der Unterlagen und dessen Nachweis ist daher besonderes Augenmerk zu legen.

Die Wochenfrist in § 44 wurde durch das 2. Gesetz zur Änderung des Umwandlungsge- **159** setzes vom 19.4.2007 eingeführt. Sie soll verhindern, dass das Prüfungsverlangen – wie nach früherem Recht möglich – gegebenenfalls noch in der Gesellschafterversammlung gestellt wird, in der über die Verschmelzung beschlossen werden soll.[338] Wird eine Prüfung nach § 44 fristgerecht verlangt, erfordert es der mit § 44 verfolgte Schutzzweck, dass die Gesellschafterversammlung, in der über die Verschmelzung beschlossen werden soll, nicht stattfinden darf, bevor der Bericht vorliegt und den Gesellschaftern mit ausreichender Frist zugänglich gemacht worden ist; als Untergrenze für die Frist ist hierbei ein Zeitraum von einer Woche anzusehen.[339] Eine ohne Beachtung dieser Umstände einberufene Versammlung hat sich daher zu vertagen. Ein gleichwohl gefasster Verschmelzungsbe-

---

333 Semler/Stengel/*Ihrig*, § 44 Rn. 7.
334 Lutter/*H. Schmidt*, § 44 Rn. 4.
335 Kallmeyer/*Müller*, § 44 Rn. 5.
336 Lutter/*H. Schmidt*, § 44 Rn. 5.
337 Semler/Stengel/*Ihrig*, § 44 Rn. 13.
338 Limmer/*Limmer*, Handbuch Umwandlung, Rn. 560.
339 Lutter/*H. Schmidt* § 42 Rn. 5.

4. Kapitel Umwandlungen

schluss ist im Regelfall nichtig.[340] Wird das Verlangen nach § 44 vor Einberufung der entsprechenden Gesellschafterversammlung gestellt, so soll nach Ansicht der Literatur die Einberufung erst zulässig sein, wenn der Bericht vorliegt; er ist dann spätestens mit der Einberufung zu versenden.[341] Um Zeitverzögerungen, die mit einem eventuellen Prüfungsverlangen im Sinne des § 44 verbunden sind, zu vermeiden, ist im Rahmen der Planung der Verschmelzung zu erwägen, ob die Vertretungsorgane der beteiligten Rechtsträger eine **freiwillige Verschmelzungsprüfung** in die Wege leiten.

b) Beteiligung einer GmbH

160 In gleicher Weise wie bei einer Personengesellschaft, bei der ein Mehrheitsentscheid im Sinne von § 43 Abs. 2 vorgesehen ist, regelt das Gesetz das Erfordernis der Verschmelzungsprüfung, falls an der Verschmelzung eine Gesellschaft mit beschränkter Haftung beteiligt ist. Dies korrespondiert damit, dass § 50 – vorbehaltlich einer statuarischen Verschärfung des Mehrheitserfordernisses (§ 50 Abs. 1 S. 2) – bei der Beteiligung einer GmbH an einer Verschmelzung vorschreibt, dass der Beschluss über die Zustimmung der GmbH-Gesellschafterversammlung einer Mehrheit von mindestens drei Viertel der abgegebenen Stimmen bedarf. Der Parallelvorschrift in § 44 entsprechend schreibt § 48 (bei der Verschmelzung durch Neugründung i.V.m. § 56) eine Prüfung vor, wenn ein GmbH-Gesellschafter dies innerhalb einer Frist von einer Woche verlangt, nachdem er die Verschmelzungsunterlagen nach § 47 (Verschmelzungsvertrag oder dessen Entwurf und Verschmelzungsbericht) erhalten hat. § 48 gilt gemäß § 122 f. S. 1 Hs. 2 nicht bei der grenzüberschreitenden Verschmelzung.

c) Beteiligung einer AG oder KGaA

161 Ist an der Verschmelzung eine Aktiengesellschaft oder eine Kommanditgesellschaft auf Aktien beteiligt, schreiben §§ 60, 73 (i.V.m. § 78 für die KGaA) unabhängig von einem Prüfungsverlangen durch einen Gesellschafter – jeweils vorbehaltlich von § 9 Abs. 2 und §§ 9 Abs. 3, 8 Abs. 3 – eine Verschmelzungsprüfung vor. In diesen Fällen hat der Verzicht auf die Verschmelzungsprüfung nach §§ 9 Abs. 3, 8 Abs. 3, sofern es sich nicht um **Publikumsgesellschaften** handelt, erhebliche praktische Bedeutung. Die Verschmelzungsrichtlinie lässt – mittlerweile[342] – in ihrem Art. 10 Abs. 4 einen solchen Verzicht ausdrücklich zu.[343]

d) Mischverschmelzungen

162 Bei sog. Mischverschmelzungen, d.h. solchen, bei denen Rechtsträger unterschiedlicher Rechtsform beteiligt sind (§ 3 Abs. 4), ist die Frage, ob eine Verschmelzungsprüfung erforderlich ist, für jeden Rechtsträger gesondert zu prüfen. Wird also z.B. eine GmbH auf eine AG verschmolzen, sind für die GmbH § 48 und für die AG § 60 zu beachten.[344]

e) Sonstige Prüfungen

163 Die – abgesehen von § 81, der für die Verschmelzung unter Beteiligung von Genossenschaften gilt – auf den Schutz der Interessen der Anteilsinhaber und nicht auf den Schutz der Gläubiger abzielende Verschmelzungsprüfung ist von sonstigen im Rahmen von Ver-

---

340 Semler/Stengel/*Ihrig*, § 44 Rn. 22.
341 Lutter/*H. Schmidt*, § 42 Rn. 5.
342 Siehe Richtlinie vom 13.11.2007, ABl. EU Nr. L 300 S. 47.
343 Zur früheren Diskussion z.B. Semler/Stengel/*Diekmann*, § 60 Rn. 5 m.w.N.
344 Semler/Stengel/*Zeidler*, § 9 Rn. 10.

schmelzungsvorgängen gegebenenfalls erforderlichen Prüfungen zu unterscheiden.[345] Zu nennen sind hier neben der **Barabfindungsprüfung** nach § 30 Abs. 2 S. 1 die (dem Gläubigerschutz dienenden) Sacheinlageprüfungen, insb. die unter den Einschränkungen des § 75 Abs. 2 erforderliche Gründungsprüfung nach § 33 Abs. 2 AktG bei der Verschmelzung auf eine Aktiengesellschaft durch Neugründung, die unter den Voraussetzungen des § 67 erforderliche Nachgründungsprüfung nach § 52 Abs. 4 AktG, wenn übernehmender Rechtsträger eine Aktiengesellschaft ist und der Verschmelzungsvertrag in den ersten zwei Jahren seit der Eintragung der übernehmenden Aktiengesellschaft geschlossen wird, sowie die nach Maßgabe von § 69 erforderliche Kapitalerhöhungsprüfung nach § 183 Abs. 3 AktG bei der Verschmelzung durch Aufnahme durch eine Aktiengesellschaft.

3. Gegenstand, Ziel und Umfang der Verschmelzungsprüfung

a) Allgemeines

Gegenstand der Verschmelzungsprüfung ist gemäß § 9 Abs. 1 der Verschmelzungsvertrag oder sein Entwurf, nicht die Zweckmäßigkeit der Verschmelzung und richtiger Ansicht nach auch nicht der Verschmelzungsbericht nach § 8;[346] dieser ist allerdings hinsichtlich seiner Erläuterungen des im Zentrum der Prüfung nach § 9 stehenden Umtauschverhältnisses für die Prüfung mit heranzuziehen.[347] Die Verschmelzungsprüfung zielt auf die **Prüfung der Vollständigkeit** des Verschmelzungsvertrages im Hinblick auf die in § 5 genannten Mindestangaben sowie die spezifischen Ergänzungen bezüglich der beteiligten Rechtsträger und der jeweiligen Verschmelzungsart, die **Richtigkeit** (sachliche Richtigkeit und Plausibilität) der im Verschmelzungsvertrag enthaltenen Angaben und – als Hauptaufgabe der Prüfung – die **Angemessenheit des Umtauschverhältnisses**.[348] **164**

b) Unternehmensbewertung

Angemessen ist das im Verschmelzungsvertrag (§ 5 Abs. 1 Nr. 3) vereinbarte Umtauschverhältnis nach einer in der Rechtsprechung verwandten Formulierung, wenn es unter Berücksichtigung der Interessen aller Anteilseigner sowohl des übertragenden als auch des aufnehmenden Rechtsträgers so bestimmt ist, dass sich über die Beteiligungsquote aller Anteilseigner am vereinigten Unternehmen die bisherige Investition nach der Verschmelzung im Wesentlichen fortsetzt;[349] aus Sicht der Inhaber der Anteile an dem übertragenden Rechtsträger heißt das, dass der Wert ihrer bisherigen Anteile am untergegangenen Rechtsträger dem Wert der ihnen gewährten neuen Anteile am übernehmenden Rechtsträger – gegebenenfalls unter Berücksichtigung der baren Zuzahlung (§ 5 Abs. 1 Nr. 3) – entsprechen muss.[350] Das Umtauschverhältnis ist dabei aber nicht die Relation der Verkehrswerte der einzelnen Anteile vor und nach der Verschmelzung, sondern die Relation der auf das einzelne Mitgliedschaftsrecht entfallenden anteiligen Unternehmenswerte.[351] Man spricht insoweit von der sog. **Verschmelzungswertrelation**.[352] Im Hinblick auf den somit erforderlichen Wertevergleich erfordert die Prüfung daher eine Bewertung der an der Verschmelzung beteiligten Rechtsträger. Der entsprechende Wert bestimmt sich **165**

---
345 Limmer/*Limmer*, Handbuch Umwandlung, Rn. 563.
346 Semler/Stengel/*Zeidler*, § 9 Rn. 16 ff; a.A. *Bayer*, ZIP 1997, 1613, 1621.
347 Lutter/*Drygala*, § 9 Rn. 13.
348 Semler/Stengel/*Zeidler*, § 9 Rn. 25.
349 So OLG Stuttgart, Beschl. v. 22.9.2009 – 20 W 20/06, AG 2010, 42, 43; Beschl. v. 6.7.2007 – 20 W 5/06, AG 2007, 705; Beschl. v. 8.3.2006 – 20 W 5/05, AG 2006, 421.
350 OLG München, Beschl. v. 14.5.2007 – 31 Wx 87/06, AG 2007, 701.
351 LG Frankfurt a.M., Beschl. v. 13.3.2009 – 3-5 0 57/06, NZG 2009, 553.
352 OLG Düsseldorf, Beschl. v. 20.11.2001 – 19 W 2/00, AG 2002, 398; OLG Düsseldorf, Beschl. v. 14.1.2004 – 19 W 1/03, AG 2004, 614.

maßgeblich danach, wie die jeweilige Gesellschaft ohne Abschluss des Verschmelzungsvertrages wertmäßig zu beurteilen wäre (sog. **stand-alone-Prinzip**).[353] Das Umwandlungsgesetz schreibt – wie § 12 Abs. 1 S. 2 Nr. 1 zeigt – keine verbindliche Methode vor, mittels der die höchst komplexe Frage nach dem Wert eines Unternehmens zu beantworten ist.[354] Als anerkannte Bewertungsmethode für die Unternehmensbewertung hat sich – auch wenn es mit zahlreichen Unsicherheiten behaftet ist – das sog. **Ertragswertverfahren** etabliert, das verfassungsrechtlich unbedenklich ist und auch im Rahmen der Ermittlung des Umtauschverhältnisses nach § 5 Abs. 1 Nr. 3 Anwendung findet.[355] Bei dem Ertragswertverfahren wird der Unternehmenswert durch Diskontierung der den Unternehmenseignern künftig zufließenden finanziellen Erträge ermittelt.[356] Der Kapitalisierungszinssatz, mittels dessen der Barwert der entsprechenden Erträge ermittelt wird, wird dabei in der Weise berechnet, dass zunächst ein sog. Basiszinssatz als Ausgangswert ermittelt wird, der aus dem durchschnittlichen Zinssatz für öffentliche Anleihen oder langfristige festverzinsliche Wertpapiere als landesüblichen Zinssätzen für (quasi-) risikofreie Anlagen am Kapitalmarkt abgeleitet wird.[357] Der so ermittelte Basiszinssatz wird um einen Zuschlag im Hinblick auf das unternehmerische Risiko erhöht und einen Inflations-/Wachstumsabschlag sowie einen weiteren Abschlag im Hinblick auf die durch den Anteilsinhaber auf die Erträge zu zahlenden Steuern gesenkt.

166   Nicht betriebsnotwendige Vermögenswerte werden grundsätzlich nicht in die Ertragswertberechnung einbezogen, sondern mit ihrem **Liquidationswert** angesetzt.[358] Höchstrichterlich nicht geklärt ist die Frage, ob ein Liquidationswert der **betriebsnotwendigen Vermögenswerte**, der den unter Fortführungsgesichtspunkten ermittelten Ertragswert übersteigt, immer oder nur dann zu berücksichtigen ist, wenn eine Liquidation notwendig oder beabsichtigt ist.[359]

c) Bewertungsstichtag

167   Der Stichtag (sog. **Bewertungsstichtag**), auf den die Unternehmensbewertung zu erfolgen hat, muss für alle beteiligten Rechtsträger gleich sein.[360] Der insoweit maßgebliche Zeitpunkt ist gesetzlich nicht vorgeschrieben.[361] Nach zum Teil im Schrifttum vertretener Ansicht unterliegt er der Disposition der Parteien des Verschmelzungsvertrages und kann z.B. auf den Stichtag der Schlussbilanz des übertragenden Rechtsträgers gelegt werden.[362] Richtig hieran ist, dass sich die Parteien des Verschmelzungsvertrages bereits aus ganz praktischen Gründen bei der Vereinbarung des Umtauschverhältnisses im Sinne von § 5 Abs. 1 Nr. 3 an gegenwärtigen oder vergangenen Umständen orientieren werden und diese ihrer Vereinbarung zugrundelegen.[363] Die davon zu trennende Frage, ob das vereinbarte

---

353   OLG Düsseldorf, Beschl. v. 14.4.2000 – 19 W 6/98, AG 2001, 189; OLG Düsseldorf, Beschl. v. 20.10.2005 – 19 W 11/04; AG 2006, 287; OLG Stuttgart, Beschl. v. 8.3.2006 – 20 W 5/05, AG 2006, 421 m.w.N. zur angemessenen Verteilung der sog. Synergieeffekte.
354   Lutter/*Lutter/Drygala*, § 5 Rn. 26.
355   BVerfG NJW 1999, 3769; BGH, Beschl. v. 21.7.2003 – II ZB 17/01, NJW 2003, 3272; OLG Stuttgart, Beschl. v. 26.10.2006 – 20 W 14/05, NZG 2007, 112; *Piltz*, Die Unternehmensbewertung in der Rechtsprechung, 1994, S. 16 ff.; siehe ferner die Grundsätze zur Durchführung von Unternehmensbewertungen des Instituts der Wirtschaftsprüfer, IDW S. 1, in der Fassung 2008.
356   Lutter/*Lutter/Drygala*, § 5 Rn. 33.
357   BGH NJW 1982, 575.
358   BayObLG, Beschl. v. 28.10.2005 – 3Z BR 71/00, NZG 2006, 156; Lutter/*Lutter/Drygala*, § 5 Rn. 36.
359   So OLG Düsseldorf, Beschl. v. 27.2.2004 – 19 W 3/00, ZIP 2004, 753; a.A. BayObLG NJW 1995, 1759; offenlassend BGH, Urt. v. 13.3.2006 – II ZR 295/04, NZG 2006, 425 m.w.N.
360   Lutter/*Lutter/Drygala*, § 5 Rn. 24.
361   Limmer/*Limmer*, Handbuch Umwandlung, Rn. 586.
362   Lutter/*Lutter/Drygala*, § 5 Rn. 24.
363   Semler/Stengel/*Zeidler*, § 9 Rn. 42.

Verhältnis angemessen im Sinne von § 12 Abs. 2 bzw. zu niedrig im Sinne von § 15 Abs. 1 ist, wird man aber unter Berücksichtigung der Verhältnisse zum Zeitpunkt des Verschmelzungsbeschlusses des übertragenden Rechtsträgers zu beantworten haben.[364] Dies entspricht der für die vergleichbare Situation der Abfindung nach § 29 in § 30 Abs. 1 S. 1 getroffenen Regelung.

d) Börsennotierte Unternehmen

Sind an der Verschmelzung nur börsennotierte Unternehmen beteiligt, stellt sich die Frage, ob bei der Ermittlung des Umtauschverhältnisses die **Relation der Börsenkurse** zugrunde zulegen ist.[365] Das Bundesverfassungsgericht hatte in seinem DAT/Altana-Beschluss entschieden, dass die Abfindung, die einem außenstehenden Aktionär bei einem Beherrschungs- und Gewinnabführungsvertrag nach § 305 AktG zu gewähren ist, ebenso wie die Abfindung, die einem ausscheidenden Aktionär bei einer Eingliederung nach § 320 b AktG zu gewähren ist, nicht ohne Berücksichtigung des Börsenkurses erfolgen darf und der Börsenkurs in der Regel die Untergrenze der Abfindung darstellt. Begründet hat das Bundesverfassungsgericht dies unter Hinweis auf Art. 14 Abs. 1 des Grundgesetzes im Wesentlichen mit der besonderen Verkehrsfähigkeit einer Aktie an einem börsennotierten Unternehmen, die den Aktionär in den Stand setzt, sie »fast ständig wieder zu veräußern.« Der Verlust einer solchen Aktie stelle sich für den Aktionär als Verlust des Verkehrswertes der Aktie dar, der in der Regel (d.h. wenn nicht Ausnahmesituationen wie z.B. eine Marktenge bestehen) mit dem Börsenkurs identisch sei.[366] In einer späteren Entscheidung aus dem Jahre 2007 hat es das Bundesverfassungsgericht offengelassen, ob diese Grundsätze für Verschmelzungen aller Art, insbesondere auch für die Verschmelzung zweier gleichberechtigter, nicht im Konzern miteinander verbundener Aktiengesellschaften, von denen nur eine börsennotiert ist, uneingeschränkt gelten.[367]

168

Im Schrifttum sind die Meinungen, wie Börsenkurse zu berücksichtigen sind, geteilt. Manche Autoren wollen – falls nur börsennotierte Gesellschaften beteiligt sind – auf die Börsenkursrelation abstellen;[368] andere treten dafür ein, dass, wenn jeweiliger Ertragswert und Börsenwert der beteiligten Gesellschaften voneinander abweichen, im Wege einer Art »**Meistbegünstigung**« der jeweils höhere Wert der Berechnung des Umtauschverhältnisses zugrunde zu legen sei.[369] Wiederum andere halten die **Ertragswertrelation** für maßgeblich.[370] Die neuere obergerichtliche Rechtsprechung stellt – in Übereinstimmung mit dieser zuletzt genannten Literaturmeinung – sowohl bei der Verschmelzung voneinander unabhängiger (»merger of equals«) wie auch bei der Konzernverschmelzung nicht auf die Börsenkursrelation, sondern auf die Ertragswertrelation ab.[371] Begründet wird dies unter anderem damit, dass bei der Verschmelzung nicht nur die Interessen der Aktionäre der übertragenden Gesellschaft, sondern auch die der übernehmenden Gesellschaft zu berücksichtigen seien; ferner beinhalte die Verschmelzung keine **Deinvestition,** sondern im Hinblick auf die Gewährung von Aktien an dem übernehmenden Rechtsträger eine Fortset-

169

---

364 So richtig Widmann/Mayer/*Mayer*, § 5 Rn. 131; zum maßgeblichen Wertermittlungsdatum siehe auch BGH, Urt. v. 19.7.2010 – II ZB 18/09, ZIP 2010, 1487, 1489.
365 Siehe zum ganzen *Adolff*, Unternehmensbewertung im Recht der börsennotierten Aktiengesellschaft, 2007.
366 BVerfG DNotZ 1999, 831; s.a. BVerfG, Beschl. v. 29.11.2006 – 1 BvR 704/03, NZG 2007, 228.
367 BVerfG, Beschl. v. 30.5.2007 – 1 BvR 1267/06 – 1 BvR 1280/06, ZIP 2007, 1600.
368 *Erb*, DB 2001, 523; *Weiler/Meyer*, NZG 2003, 669.
369 *Reuter*, DB 2001, 2483, 2485; *Puszkajler*, BB 2003, 1692; *Martens*, AG 2003, 593; bei der Konzernverschmelzung *Paschos*, ZIP 2003, 1017, 1021; hingegen auf die Umstände des Einzelfalls abstellend *Piltz*, ZGR 2001, 185, 205 ff.
370 *Bungert*, BB 2003, 699.
371 OLG Stuttgart, Beschl. v. 6.7.2007 – 20 W 5/06, AG 2007, 705; BayObLG, Beschl. v. 18.12.2002 – 3 ZBR 116/00, NZG 2003, 483.

4. Kapitel Umwandlungen

zung der Investition, wenn auch in neuem Gewand. Die Tragfähigkeit dieser Überlegungen erscheint hingegen fraglich. Zum einen verliert der Aktionär der übertragenden Gesellschaft bei der Verschmelzung seine Aktien ebenso wie ein Aktionär in den Fällen des § 305 AktG und § 320b AktG. Zum anderen lässt sich in den Fällen des § 305 AktG und des § 320b AktG, wenn keine Barabfindungen, sondern Aktien als Abfindungen gewährt werden, ebenso wie bei der Verschmelzung von einer Fortsetzung der Investition sprechen. Dass auch der Gesetzgeber die Fälle der §§ 305 und 320b AktG mit den Verschmelzungsfällen für gleichgelagert ansieht, zeigt sich daran, dass der Gesetzgeber in den §§ 305 Abs. 3 S. 1 und 320b Abs. 1 S. 4 AktG auf die Verschmelzungswertrelation verweist. Dies würde wenig Sinn machen, wenn insoweit aus Sicht der Beteiligten in der Interessenlage wesentliche Unterschiede bestünden.[372] Im Hinblick darauf spricht einiges dafür, dass – entgegen der neueren obergerichtlichen Rechtsprechung – der Börsenkurs der Aktien der übertragenden Gesellschaft im Grundsatz als Wertuntergrenze für die Ermittlung des Umtauschverhältnisses anzusehen ist. Anders liegen die Dinge hingegen hinsichtlich des Börsenkurses der Aktien der übernehmenden Gesellschaft. Ist die übernehmende Gesellschaft unterbewertet, wäre es aus Sicht der Aktionäre der übernehmenden Gesellschaft in der Tat unangemessen, wenn die Aktien an ihrer Gesellschaft unter Wert an die Gesellschafter der übertragenden Gesellschaft gelangten. Vielmehr ist es dann angemessen, den Ertragswert anzusetzen. Gegen eine solche Betrachtungsweise ist auch verfassungsrechtlich – wie das Bundesverfassungsgericht in seinem DAT/Altana- Beschluss bezogen auf §§ 305, 320b AktG entschieden hat – nichts einzuwenden.[373] Ist die übernehmende Gesellschaft hingegen überbewertet, spricht nichts dagegen, diesen Wert in die Berechnung des Umtauschverhältnisses einzustellen.

170 Nach der obergerichtlichen Rechtsprechung bleibt ein Börsenkurs der Aktien der übertragenden Gesellschaft auch dann unberücksichtigt, wenn die übernehmende Gesellschaft ihrerseits nicht börsennotiert ist.[374] Dies wird aus einem im Schrifttum ganz überwiegend geteilten und generell in Verschmelzungsfällen geltenden **Gebot der Methodengleichheit bei der Unternehmensbewertung** abgeleitet.[375] Das Bundesverfassungsgericht hat allerdings offengelassen, ob nicht auch in einer solchen Fallgestaltung der Börsenkurs zu berücksichtigen sei.[376] Sieht man den Börsenkurs der Aktien der übertragenden Gesellschaft auch bei Verschmelzungen als eine über Art. 14 Abs. 1 GG geschützte Wertuntergrenze an, erscheint es insoweit in der Tat fraglich, ob der verfassungsrechtliche Schutz danach differieren soll, ob der übernehmende Rechtsträger börsennotiert ist oder nicht, d.h. von einem Umstand, auf den der betroffene und über Art. 14 Abs. 1 GG geschützte Aktionär der übertragenden Gesellschaft keinerlei Einfluss hat.

171 Soweit man nach den vorstehenden Überlegungen Börsenkurse im Rahmen der Ermittlung des Umtauschverhältnisses für maßgeblich hält, ist fraglich, auf welchen Kurszeitpunkt insoweit abzustellen ist. Einigkeit besteht insoweit, dass hierfür nicht ein bestimmter Aktienkurs an einem bestimmten Stichtag, sondern ein Durchschnittsbörsenkurs aus einem **Referenzzeitraum** von drei Monaten maßgeblich ist.[377] Der Bundesgerichtshof stellt dabei auf den Zeitraum von drei Monaten vor der Hauptversammlung ab, die über die jeweilige Maßnahme entscheidet.[378] Im Schrifttum und auch in Teilen der Instanzrechtsprechung wird hingegen dafür plädiert, im Regelfall die letzten drei Monate vor

---

372 Siehe bereits *Paschos*, ZIP 2003, 1017, 1020; a.A. Lutter/*Lutter/Drygala*, § 5 Rn. 27.
373 BVerfG DNotZ 1999, 831.
374 OLG Karlsruhe, Beschl. v. 10.1.2006 – 12 W 136/04, AG 2006, 463; offenlassend OLG Stuttgart, Beschl. v. 22.9.2009 – 20 W 20/06, AG 2010, 42, 46.
375 Z.B. Lutter/*Lutter/Drygala*, § 5 Rn. 21; *Piltz*, ZGR 201, 185, 209 ff; a.A. *Puszkajler*, BB 2003, 1692, 1694 und *Paschos*, ZIP 2003, 1017, 1021 unter Hinweis auf § 12 Abs. 2 S. 2 Nr. 3.
376 BVerfG, Beschl. v. 30.5.2007 – 1 BvR 1267/06, 1 BvR 1280/06, ZIP 2007, 1600.
377 Lutter/*Lutter/Drygala*, § 5 Rn. 31.
378 BGH, Beschl. v. 12.3.2001 – II ZB 15/00, AG 2001, 417.

Bekanntmachung der Maßnahme zugrundezulegen, und zwar zum einen aus Gründen der Praktikabilität und zum anderen, um an die Ankündigung der Maßnahme anknüpfende, für den »wirklichen« Wert nicht aussagekräftige Kursschwankungen außer Acht lassen zu können.[379] Der Bundesgerichtshof ist dieser Sichtweise nunmehr in einer neuen – zu § 327 b Abs. 1 AktG ergangenen – Entscheidung im Grundsatz gefolgt; nach Ansicht des Bundesgerichtshofs ist allerdings, falls zwischen der Bekanntgabe der Strukturmaßnahme und dem Beschluss der Hauptversammlung über die Maßnahme ein längerer Zeitraum liegt, der auf der Basis dieses Referenzzeitraums ermittelte Wert unter Umständen entsprechend der allgemeinen oder branchentypischen Börsenentwicklung auf den Beschlusszeitpunkt hochzurechnen.[380]

Bei einer Verschmelzung einer beherrschten Aktiengesellschaft auf die Obergesellschaft, die ihrerseits Aktiengesellschaft war, hat das Kammergericht bei der Prüfung der Angemessenheit der Umtauschrelation nicht auf das Verhältnis der Ertragswerte abgestellt, sondern ein Aktien-Umtauschverhältnis von 1 : 1 aus Sicht der Aktionäre der beherrschten Gesellschaft als nicht unangemessen angesehen, wenn diese vor der Verschmelzung als Ausgleich nach § 304 Abs. 2 S. 2 AktG 87 % der jeweiligen Dividende der Obergesellschaft erhielten.[381]

4. Bestellung der Verschmelzungsprüfer

Gemäß § 10 Abs. 1 S. 1 werden die Verschmelzungsprüfer auf Antrag des jeweiligen Vertretungsorgans vom Gericht ausgewählt und bestellt. § 10 Abs. 1 S. 2 lässt es zu, dass sie auf gemeinsamen Antrag der Vertretungsorgane für mehrere oder alle beteiligten Rechtsträger gemeinsam bestellt werden. Die Stellung und Verantwortlichkeit der Prüfer ergibt sich aus § 11.

5. Prüfungsbericht, Verzicht, Mängel

Gemäß § 12 Abs. 1 haben die Verschmelzungsprüfer über das Ergebnis der Prüfung einen (gegebenenfalls gemeinsamen) Prüfungsbericht zu erstatten. § 12 Abs. 2 S. 1 verlangt, dass der Bericht mit einer Erklärung darüber abschließt, ob das vorgeschlagene Umtauschverhältnis der Anteile, gegebenenfalls die Höhe der baren Zuzahlung oder die Mitgliedschaft bei dem übernehmenden Rechtsträger als Gegenwert angemessen ist. Ferner sind dabei die dezidierten in § 12 Abs. 2 S. 2 genannten Angaben zu machen.

Der Prüfungsbericht ist unter den Voraussetzungen von § 8 Abs. 2 (Konzernverschmelzung) oder § 8 Abs. 3 (Verzicht) nach § 12 Abs. 3 entbehrlich. Bei Beteiligung einer Aktiengesellschaft ist der Bericht den Aktionären gemäß § 63 Abs. 1 Nr. 5 zugänglich zu machen. Entspricht ein Prüfungsbericht nicht den gesetzlichen Vorgaben, gelten die Grundsätze, die für mangelhafte Verschmelzungsberichte gelten.[382]

VII. Verschmelzungsbeschlüsse

1. Zweck des Zustimmungserfordernisses/Ausnahmen

Gemäß § 13 Abs. 1 S. 1 wird der Verschmelzungsvertrag nur wirksam, wenn ihm die Anteilsinhaber der beteiligten Rechtsträger durch Beschluss zugestimmt haben. Durch

---

379 Lutter/Lutter/Drygala, § 5 Rn. 31 m.w.N.; OLG Düsseldorf, Beschl. v. 9.9.2009 – I-26 W 13/06, AG 2010, 35; OLG Stuttgart, Beschl. v. 16.2.2007 – 20 W 6/06, AG 2007, 209; Beschl. v. 18.12.2009 – 20 W 2/08, AG 2010, 513.
380 BGH, Urt. v. 19.7.2010 – II ZB 18/09, ZIP 2010, 1487.
381 KG, Beschl. v. 2.9.1999 – 2 W 2341/97, NZG 2003, 644.
382 Lutter/Lutter/Drygala, § 5 Rn. 15 mit zutreffender Ablehnung von OLG Karlsruhe, Beschl. v. 29.6.2006 – 7 W 22/06, AG 2007, 92.

4. Kapitel Umwandlungen

dieses Zustimmungserfordernis schützt der Gesetzgeber – zugleich in Umsetzung von Art. 7 der Verschmelzungsrichtlinie – die Anteilsinhaber der beteiligten Rechtsträger. Gegen ihren Willen können die Vertretungsorgane der beteiligten Rechtsträger die Verschmelzung nicht umsetzen. Solange nicht alle erforderlichen Zustimmungen vorliegen, ist der Vertrag schwebend unwirksam.[383] Einer **sachlichen Rechtfertigung** bedarf der Verschmelzungsbeschluss – im Gegensatz zum Beschluss über einen Bezugsrechtsausschluss nach § 186 AktG – überwiegender und richtiger Ansicht nach nicht.[384] Ausnahmen vom Zustimmungserfordernis regelt das Gesetz bei den sog. Konzernverschmelzungen: Befinden sich mindestens neun Zehntel des Stammkapitals oder des Grundkapitals einer übertragenden Kapitalgesellschaft in der Hand einer übernehmenden Aktiengesellschaft, so ist gemäß § 62 Abs. 1 ein Verschmelzungsbeschluss der übernehmenden Aktiengesellschaft zur Aufnahme dieser übertragenden Gesellschaft nicht nötig. Zur künftigen Regelung, dass bei der Konzernverschmelzung auch der Verschmelzungsbeschluss der übertragenden AG entbehrlich ist, siehe unten Rdn. 396.

2. Modalitäten der Beschlussfassung

a) Versammlungserfordernis

177   Gemäß § 13 Abs. 1 S. 2 kann der Verschmelzungsbeschluss nur in einer Versammlung der Anteilsinhaber gefasst werden. Aus dieser – gemäß § 1 Abs. 3 S. 1 – zwingenden Regelung ergibt sich, dass andere Beschlussformen, die in der Satzung eines beteiligten Rechtsträgers vorgesehen sind, z.B. das **Umlaufverfahren,** für den Verschmelzungsbeschluss nicht zulässig sind.[385]

b) Vorbereitung und Durchführung der Versammlung

178   Für die Beschlussfassung in der jeweiligen Versammlung gelten zum einen die gesetzlichen und statuarischen Regeln, die für den jeweiligen Rechtsträger im Allgemeinen für Versammlungsbeschlüsse maßgeblich sind.[386] Das betrifft unter anderem Fragen der **Ladung** der Anteilsinhaber sowie die Anforderungen an die **Tagesordnung**.[387] Zu beachten ist insoweit, dass gesetzliche oder statuarische Regeln eines übertragenden Rechtsträgers über die Ladung zu einer Versammlung, die über eine Satzungsänderung zu entscheiden hat, im Zweifel auch für die Ladung zu einer Versammlung gelten, die über eine Verschmelzung beschließen soll.[388]

179   Neben diesen allgemeinen Regeln sind zum anderen die rechtsformspezifischen Sonderregelungen des UmwG zu beachten. Diese Sonderregelungen betreffen insbesondere die Frage, wie den Anteilsinhabern die erforderlichen Unterlagen, wie etwa der Verschmelzungsvertrag oder dessen Entwurf, der Verschmelzungsbericht nach § 8 und Prüfungsbericht nach § 9, zugänglich zu machen sind. Im Einzelnen sind insoweit §§ 42, 45 c S. 2 bei einer Verschmelzung unter Beteiligung von Personengesellschaften, §§ 47, 49 bei einer Verschmelzung unter Beteiligung einer GmbH und §§ 61, 63 (i.V.m. § 78) bei einer Verschmelzung unter Beteiligung einer AG oder KGaA zu nennen. Bezüglich der Durchführung der Versammlung ist im letzteren Fall, d.h. bei Beteiligung einer AG oder KGaA, ferner § 64 zu beachten.

---

383 Semler/Stengel/*Gehling*, § 13 Rn. 12.
384 OLG Frankfurt a.M., Beschl. v. 8.2.2006 – 12 W 185/05, ZIP 2006, 370; Lutter/*Lutter/Drygala*, § 13 Rn. 31 ff. m.w.N.; zur Treuepflicht und zum Mehrheitsmissbrauch bei Verschmelzungsbeschlüssen siehe Lutter/*Lutter/Drygala*, § 13 Rn. 39.
385 Kallmeyer/*Zimmermann*, § 13 Rn. 3.
386 Semler/Stengel/*Gehling*, § 13 Rn. 17.
387 Lutter/*Lutter/Drygala*, § 13 Rn. 5.
388 Siehe Lutter/*Lutter/Drygala*, § 13 Rn. 5 m.w.N.

c) Mehrheitserfordernisse

Das UmwG enthält für die einzelnen Rechtsträger dezidierte Bestimmungen darüber, welche Mehrheiten für einen Verschmelzungsbeschluss erforderlich sind. Für Verschmelzungen unter Beteiligung von Personengesellschaften gilt im Grundsatz, d.h. vorbehaltlich statuarischer Mehrheitsklauseln (§§ 43 Abs. 2, 45 d Abs. 2), gemäß §§ 43 Abs. 1, 45 d Abs. 1 das **Einstimmigkeitsprinzip**. Dies folgt den allgemeinen für diese Rechtsformen geltenden Prinzipien (siehe § 119 Abs. 1 HGB, § 6 Abs. 3 S. 2 PartGG).[389] Der Gesellschafts-/Partnerschaftsvertrag kann von dem Einstimmigkeitsgrundsatz abweichen und eine **Mehrheitsentscheidung** vorsehen; die Mehrheit muss aber mindestens drei Viertel der abgegebenen Stimmen betragen (§ 43 Abs. 2 S. 1 und S. 2 sowie § 45 d Abs. 2). Für Verschmelzungen unter Beteiligung von Gesellschaften mit beschränkter Haftung und Aktiengesellschaften schreibt das UmwG im Grundsatz eine Mehrheit von mindestens drei Viertel der abgegebenen Stimmen (§ 50 Abs. 1 S. 1 für die GmbH) bzw. des bei Beschlussfassung vertretenen Grundkapitals (§ 65 Abs. 1 S. 1) vor. Auch hier lässt das Gesetz abweichende statuarische Regeln zu (§ 50 Abs. 1 S. 2 für die GmbH und § 65 Abs. 1 S. 2 für die AG), allerdings nur in der Weise, dass das Statut größere Mehrheiten vorschreibt. Für die Verschmelzung unter Beteiligung einer KGaA verweist § 78 S. 1 bezüglich der Kommanditaktionäre auf die für die AG geltenden Regeln in § 65 und ordnet in § 78 S. 3 – korrespondierend mit § 43 – für die persönlich haftenden Gesellschafter einen (statuarisch modifizierbaren) Zustimmungsvorbehalt an.[390]

180

3. Gegenstand des Verschmelzungsbeschlusses

Bezugsgegenstand des Verschmelzungsbeschlusses ist gemäß § 13 der Verschmelzungsvertrag oder sein Entwurf. Damit ist der Verschmelzungsvertrag oder sein Entwurf in seiner konkreten Ausgestaltung gemeint; eine allgemeine Zustimmung zum Verschmelzungsvorhaben reicht für § 13 nicht aus.[391] Soll der Verschmelzungsvertrag oder sein Entwurf nach dem Verschmelzungsbeschluss geändert werden und gehen diese **Änderungen** über bloße Berichtigungen von Schreibfehlern oder offensichtlicher redaktioneller Mängel hinaus, bedarf es eines neuen Beschlusses nach § 13.[392] Beurkundungsrechtlich abgesichert wird die Verknüpfung zwischen Verschmelzungsbeschluss und Verschmelzungsvertrag, indem § 13 Abs. 3 S. 2 bestimmt, dass der Verschmelzungsvertrag oder sein Entwurf dem notariell beurkundeten Verschmelzungsbeschluss als Anlage beizufügen ist. Letzteres ändert aber nichts daran, dass sich der Beurkundungszwang nach § 13 Abs. 3 nur auf den Verschmelzungsbeschluss als solchen – d.h. nicht auf dessen Bezugpunkt, nämlich den Verschmelzungsvertrag oder seinen Entwurf mit deren inhaltlichen Ausgestaltungen – bezieht. Das Beifügen des Verschmelzungsvertrages (oder seines Entwurfs) nach § 13 Abs. 3 S. 2 führt also nicht gemäß § 9 Abs. 1 S. 2 BeurkG i.V.m. § 13 BeurkG dazu, dass der Verschmelzungsvertrag (oder sein Entwurf) verlesen werden muss.[393] Die Frage einer Einschränkung der Vorlesungspflicht nach § 13a BeurkG stellt sich daher nicht. Ist der Verschmelzungsvertrag bereits beurkundet, reicht es für ein Beifügen im Sinne von § 13 Abs. 3 S. 2 richtiger Ansicht nach aus, wenn der Vertrag dem Beschlussprotokoll in einfacher Abschrift beigefügt wird.[394]

181

---

389 Semler/Stengel/*Ihrig*, § 43 Rn. 15.
390 Siehe näher Rdn. 444.
391 Semler/Stengel/*Gehling*, § 13 Rn. 28.
392 Widmann/Mayer/*Heckschen*, § 13 Rn. 53.7 und 54; Semler/Stengel/*Reichert*, § 50 Rn. 6.
393 Semler/Stengel/*Gehling*, § 13 Rn. 54; Limmer/*Limmer*, Handbuch Umwandlung, Rn. 639; Widmann/Mayer/*Heckschen*, § 13 Rn. 233; Kallmeyer/*Zimmermann*, § 13 Rn. 39.
394 Semler/Stengel/*Gehling*, § 13 Rn. 54; Kallmeyer/*Zimmermann*, § 13 Rn. 39; a.A. Widmann/Mayer/*Heckschen*, § 13 Rn. 233, der verlangt, eine beglaubigte Abschrift oder Ausfertigung des Vertrages beigefügt werden muss.

4. Vertretung durch Bevollmächtigte
a) Zulässigkeit

182 Ob bei dem Verschmelzungsbeschluss eine Vertretung von Anteilsinhabern durch Bevollmächtigte zulässig ist, richtet sich nach den jeweils für den betroffenen Rechtsträger geltenden Vorschriften.[395]

183 Bei Personengesellschaften ist eine Vertretung durch Bevollmächtigte möglich, wenn der Gesellschafts-/Partnerschaftsvertrag eine derartige Vertretung zulässt; das gleiche gilt, wenn die übrigen Gesellschafter/Partner die Vertretung in der konkreten Situation zulassen.[396] Im Übrigen müssen Gesellschafter/Partner solcher Gesellschaften ihr **Stimmrecht** persönlich ausüben.[397] Ist eine Vertretung durch Bevollmächtigte zulässig, bedarf es, wenn der Bevollmächtigte das Stimmrecht zugleich für sich und für andere Gesellschafter ausüben soll, einer (auch konkludent erteilbaren) Befreiung von den Beschränkungen des § 181 BGB.[398] Lässt die Satzung eine Vertretung durch Bevollmächtigte zu, erstreckt sich dies grundsätzlich nicht auf eine Vertretung durch vollmachtslos handelnde Vertreter; den Gesellschaftern/Partnern bleibt es aber unbenommen, eine solche Vertretung in der konkreten Situation zuzulassen.

184 Bei der GmbH geht das Gesetz von der Zulässigkeit einer Vertretung durch Bevollmächtigte aus. Das zeigt § 47 Abs. 3 GmbHG, der – vorbehaltlich einer abweichenden Regelung in der Satzung (§ 45 Abs. 2 GmbHG)[399] – für entsprechende Vollmachten die Textform verlangt. Da Verschmelzungsbeschlüsse als **Grundlagenentscheidungen** einzustufen sind und daher Beschlüssen über Satzungsänderungen gleichzustellen sind, findet § 181 BGB auf sie Anwendung.[400] Eine vollmachtslose Vertretung ist zulässig, es sei denn, sie wäre durch die Satzung untersagt oder die Mitgesellschafter würden ihr widersprechen.[401] Der Zulässigkeit der vollmachtslosen Vertretung bei einem Verschmelzungsbeschluss steht es dabei nicht entgegen, dass es sich um den Verschmelzungsbeschluss einer Ein-Personen-GmbH handelt.[402] Insoweit liegen die Dinge anders als bei der Gründung einer solchen GmbH, bei der eine vollmachtslose Vertretung im Hinblick auf § 180 BGB überwiegend für unzulässig gehalten wird.[403]

185 Auch bei der AG kann das Stimmrecht, wie § 134 Abs. 3 S. 1 AktG ausdrücklich anordnet, durch Bevollmächtigte ausgeübt werden. Im Schrifttum wird aus § 135 AktG (der sich mit der Ausübung des Stimmrechts durch Kreditinstitute und geschäftsmäßig Handelnde befasst) abgeleitet, dass § 181 BGB für die Beschlüsse einer Hauptversammlung nicht gilt.[404] Die Rechtsprechung hat zu dieser Frage – soweit ersichtlich – noch nicht ausdrücklich Stellung genommen, so dass bei entsprechenden Vollmachten vorsorglich die **Befreiung von den Beschränkungen des § 181 BGB** aufgenommen werden sollte. Eine Vertretung durch vollmachtslos handelnde Vertreter wird – anders als bei der GmbH – von der Rechtsprechung und dem Schrifttum für nicht möglich gehalten.[405]

---

395 Widmann/Mayer/*Heckschen*, § 13 Rn. 96.
396 MünchKommHGB/*Enzinger*, § 119 Rn. 19; Widmann/Mayer/*Heckschen*, § 13 Rn. 99 (auch zu insoweit relevanten Treuepflichten).
397 GroßkommHGB/*Ulmer*, § 119 Rn. 60.
398 Widmann/Mayer/*Heckschen*, § 13 Rn. 99.1; vgl. auch *Baetzgen*, RNotZ 2005, 193, 223.
399 Zu Satzungsregelungen bezüglich der Bevollmächtigung siehe Scholz/*K. Schmidt*, GmbHG, § 47 Rn. 96.
400 Scholz/*K. Schmidt*, GmbHG, § 47 Rn. 180.
401 Widmann/Mayer/*Heckschen*, § 13 Rn. 102.
402 OLG Frankfurt a.M., Beschl. v. 24.2.2003 – 20 W 447/02, GmbHR 2003, 415.
403 LG Berlin GmbHR 1996, 123; Lutter/Hommelhoff, § 2 Rn. 17; abweichend *Dürr*, GmbHR 2008, 408.
404 MünchKommBGB/*Schramm*, § 181 Rn. 19; Widmann/Mayer/*Heckschen*, § 13 Rn. 103; MünchKommAktG/*Vollhard*, § 134 Rn. 36.
405 Lutter/*Lutter/Drygala*, § 13 Rn. 9; MünchKommAktG/*Vollhard*, § 134 Rn. 53; OLG Hamm, Urt. v. 2.11.2000 – 27 U 1/00, AG 2001, 146.

b) Form der Vollmacht

Eine Vollmacht zur Stimmabgabe beim Verschmelzungsbeschluss bedarf gemäß § 167 **186**
Abs. 2 BGB nicht der für den Verschmelzungsbeschluss selbst geltenden notariellen
Form. Zu beachten sind aber die statuarischen und gesetzlichen Formerfordernisse, wie
insb. die **Textform** in § 47 Abs. 3 GmbHG und § 134 Abs. 3 S. 2 AktG (in seiner Neufassung durch das ARUG vom 30.7.2009). Weitergehende Formerfordernisse – wie sie zum
Teil im Schrifttum mit guten Gründen für sachgerecht gehalten werden[406] – bestehen de
lege lata nicht; insbesondere gelten für Vollmachten für Verschmelzungsbeschlüsse, die
sich auf Verschmelzungen durch Neugründung einer GmbH oder AG beziehen, richtiger Ansicht nach nicht – wie dies für entsprechende Vollmachten zum Abschluss des
Verschmelzungsvertrages der Fall ist – die Formerfordernisse des § 2 Abs. 2 GmbHG
oder § 23 Abs. 1 S. 2 AktG.[407]

5. Beurkundung

Gemäß § 13 Abs. 3 S. 1 muss der Verschmelzungsbeschluss notariell beurkundet werden. **187**
Das Beurkundungserfordernis dient wie bei § 6 insb. der **materiellen Richtigkeitsgewähr**;[408] darüber hinaus hat die Beurkundung den Zweck der Beweissicherung sowie eine
Belehrungs- und Warnfunktion.[409] Werden in der Hauptversammlung einer AG neben
dem Verschmelzungsbeschluss noch weitere, nach § 130 AktG für sich gesehen nicht beurkundungsbedürftige Beschlüsse gefasst, sind sämtliche Beschlüsse der Hauptversammlung, d.h. auch die für sich gesehen nicht beurkundungsbedürftigen Beschlüsse, zu beurkunden.[410]

Entsprechend den für § 6 geltenden Grundsätzen bedarf auch ein Vertrag, der zur **188**
Abgabe einer Zustimmungserklärung nach § 13 Abs. 1 verpflichten soll, der notariellen
Beurkundung;[411] das gleiche gilt für Vereinbarungen, mit denen sich Anteilsinhaber eines
beteiligten Rechtsträgers wechselseitig verpflichten, eine sog. break-up-fee für den Fall zu
zahlen, dass erforderliche Beschlüsse über eine Verschmelzung nicht mitgetragen werden.[412]

Beurkundungsrechtlich ist der Verschmelzungsbeschluss ein sonstiger Vorgang im **189**
Sinne von § 36 BeurkG. Neben einer Beurkundung nach den §§ 8 ff. BeurkG (Beurkundung
von Willenserklärungen) kommt daher auch eine Beurkundung nach §§ 36 ff. BeurkG
(Beurkundung sonstiger Tatsachen und Vorgänge) in Betracht. Sollen im Rahmen der Versammlung der Anteilsinhaber weitere beurkundungsbedürftige Willenserklärungen abgegeben werden, wie etwa Zustimmungs- oder Verzichtserklärungen, scheidet für diese
Erklärungen ein Beurkundungsverfahren nach § 36 BeurkG aus; solche Erklärungen sind
nach §§ 8 ff. BeurkG zu beurkunden. In beurkundungsrechtlicher Hinsicht zu beachten ist
ferner, dass zur Absicherung der Verknüpfung von Verschmelzungsvertrag und Verschmelzungsbeschluss gemäß § 13 Abs. 3 S. 2 dem Verschmelzungsbeschluss der Verschmelzungsvertrag oder sein Entwurf als Anlage beizufügen ist.[413]

Die Verschmelzungsbeschlüsse mehrerer Rechtsträger können in einer Urkunde zusam- **190**
mengefasst werden. Sind die Anteilsinhaber der beteiligten Rechtsträger identisch, wird

---

406 Siehe Widmann/Mayer/*Heckschen*, § 13 Rn. 106 ff.
407 Lutter/*Lutter/Drygala*, § 13 Rn. 9; Kallmeyer/*Zimmermann*, § 13 Rn. 13; a.A. Widmann/Mayer/
  Heckschen, § 13 Rn. 106.
408 Begr.RegE, BT-Drucks. 16/2919 vom 12.10.2006, S. 13.
409 Widmann/Mayer/*Heckschen*, § 13 Rn. 221.
410 Widmann/Mayer/*Heckschen*, § 13 Rn. 221.1.
411 Siehe oben Rdn. 127.
412 Siehe LG Paderborn, Urt. v. 28.4.2000 – 2 O 132/00, MittRhNotK 2000, 441 = NZG 2000, 899;
  Widmann/Mayer/*Heckschen*, § 13 Rn. 231.1; *Hermanns*, ZIP 2006, 2296, 2298.
413 Siehe dazu oben Rdn. 181.

ein solches Vorgehen aus kostenrechtlichen Gründen geboten sein. Ohne eine (vollständige) Beteiligungsidentität ist ein Notar nicht gehalten, die Verschmelzungsbeschlüsse in einer Urkunde aufzunehmen oder dies den Beteiligten vorzuschlagen. Wünschen hingegen die Beteiligten in solchen Konstellationen ausdrücklich die Beurkundung der Beschlüsse in einer Urkunde, bestehen grundsätzlich keine Bedenken, diesem Wunsch nachzukommen. Im Hinblick auf die mit dem Beurkundungserfordernis angestrebte Richtigkeitsgewähr kann – richtiger Ansicht nach – ein Verschmelzungsbeschluss nicht wirksam durch einen ausländischen Notar beurkundet werden. Im Hinblick darauf, dass § 47 S. 2 KostO für Verschmelzungsbeschlüsse eine Gebührenhöchstgrenze von (derzeit) 5.000 Euro anordnet, rechtfertigen auch Kostengesichtspunkte den Wunsch nach einer **Auslandsbeurkundung** kaum.

VIII. Zustimmung einzelner Gesellschafter und sonstige Zustimmungserfordernisse

1. Vinkulierungen im Sinne von § 13 Abs. 2

191 Ist die Abtretung der Anteile eines übertragenden Rechtsträgers von der Genehmigung bestimmter einzelner Anteilsinhaber abhängig, bedarf der Verschmelzungsbeschluss dieses Rechtsträgers gemäß § 13 Abs. 2 zu seiner Wirksamkeit der Zustimmung dieser Anteilsinhaber. Das Gesetz will auf diesem Wege sicherstellen, dass entsprechende Sonderrechte eines Anteilsinhabers ohne dessen Zustimmung nicht geändert werden.[414] Von dem Zustimmungserfordernis gemäß § 13 Abs. 2 sind dabei insbesondere **Vinkulierungen im Sinne von § 15 Abs. 5 GmbHG** erfasst, die die Übertragung von Geschäftsanteilen von der Zustimmung einzelner Gesellschafter abhängig machen. Nach seinem Sinn und Zweck greift § 13 Abs. 2 – trotz seines Bezugs auf die Zustimmung »bestimmter *einzelner* Anteilsinhaber« – auch dann ein, wenn die GmbH-Satzung die Übertragung von Geschäftsanteilen von der Zustimmung *aller* Gesellschafter abhängig macht.[415] Für übertragende Personengesellschaften kann § 13 Abs. 2 nur von Bedeutung sein, wenn das Statut vom Einstimmigkeitsprinzip abweicht (§§ 43, 45 d) und zugunsten einzelner oder aller Gesellschafter/Partner Vinkulierungen (ausdrücklich) anordnet.[416]

192 Keine Anwendung findet § 13 Abs. 2, wenn das Gesellschaftsstatut die Übertragung von Anteilen von der Zustimmung der Gesellschaft, der Gesellschafterversammlung oder einem anderen Organ, wie z.B. einem Beirat, abhängig macht.[417] Daher scheiden Zustimmungserfordernisse im Sinne von § 13 Abs. 2 bei Aktiengesellschaften aus. Denn – wie sich aus § 68 Abs. 2 AktG ergibt – ist eine Vinkulierung bei der Aktiengesellschaft nur in der Weise möglich, dass die Satzung die Übertragbarkeit von Namensaktien von der Zustimmung der Gesellschaft abhängig macht.[418] Kein Sonderrecht im Sinne des § 13 Abs. 2 ist es auch, wenn die Satzung einer GmbH die Übertragung von einer Mehrheitsentscheidung der Gesellschafterversammlung abhängig macht und ein Gesellschafter insoweit über eine **Sperrminorität** verfügt.[419] Nicht anwendbar ist § 13 Abs. 2 auch dann, wenn die Satzung der GmbH für die Übertragung einen zustimmenden Gesellschafterbeschluss verlangt, der mit einer 100%-igen Mehrheit der abgegebenen Stimmen gefasst werden muss.[420]

---

414 Reg.Begr. *Ganske*, S. 61; zum Ganzen *Reichert*, GmbHR 1995, 176.
415 Lutter/*Lutter/Drygala*, § 13 Rn. 23.
416 Anders wohl Lutter/*Lutter/Drygala*, § 13 Rn. 23.
417 Semler/Stengel/*Reichert*, § 50 Rn. 36.
418 Siehe auch *Bermel/Müller*, NZG 1998, 331, 333.
419 So richtig Lutter/*Lutter/Drygala*, § 13 Rn. 25.
420 Schmitt/*Stratz*, § 13 Rn. 36.

2. Sonstige Zustimmungserfordernisse

Sonstige Zustimmungserfordernisse können sich für Personenhandelsgesellschaften aus § 40 Abs. 2 S. 2 und für die GmbH aus §§ 50 Abs. 2, 51 Abs. 1 und 2 ergeben.

193

3. Beurkundung und Vertretung

Gemäß § 13 Abs. 3 S. 1 Alt. 2 sind die nach dem UmwG erforderlichen Zustimmungserklärungen einzelner Anteilsinhaber einschließlich der erforderlichen Zustimmungserklärungen nicht erschienener Anteilsinhaber (siehe § 43 Abs. 1 Hs. 2) – abweichend von § 182 Abs. 2 BGB – notariell zu beurkunden. Zustimmungserklärungen können auch durch Bevollmächtigte abgegeben werden. Die Zustimmung ist eine einseitige empfangsbedürftige Erklärung im Sinne von § 182 Abs. 1 BG;[421] eine **vollmachtslose Vertretung** ist daher im Hinblick auf § 180 S. 1 BGB – vorbehaltlich § 180 S. 2 BGB – ausgeschlossen. Hinsichtlich der Form einer entsprechenden Vollmacht wird man die Grundsätze anzuwenden haben, die für entsprechende Stimmrechtsvollmachten gelten.

194

IX. Registeranmeldung

1. Anmeldepflicht

Gemäß § 16 Abs. 1 S. 1 haben die Vertretungsorgane jedes an der Verschmelzung beteiligten Rechtsträgers die Verschmelzung zur Eintragung in das Register ihres Rechtsträgers anzumelden. Die Erfüllung der Anmeldepflicht obliegt den organschaftlichen Vertretern des Rechtsträgers in der zur Vertretung berechtigten Personenzahl.[422] Damit gilt der bei Personengesellschaften ansonsten geltende Grundsatz, dass Registeranmeldungen durch alle Gesellschafter vorzunehmen sind (§§ 108 Abs. 1, 161 Abs. 2 HGB, § 4 Abs. 1 PartGG), für die Anmeldung der Verschmelzung nicht.[423] Da die Verschmelzung ein Grundlagengeschäft ist, umfasst die durch eine Prokura eingeräumte Vertretungsbefugnis (§ 49 Abs. 1 HGB) nicht die Befugnis, eine Anmeldung im Sinne von § 16 Abs. 1 zu erklären. Denkbar ist aber, dass die organschaftlichen Vertreter des Rechtsträgers dem Prokuristen (wie auch einer anderen Person) eine rechtsgeschäftliche Vollmacht erteilen, die Anmeldung zu erklären. Eine derartige Vollmacht bedarf gemäß § 12 Abs. 1 S. 2 HGB der notariellen Beglaubigung. Zu beachten ist insoweit allerdings, dass eine Bevollmächtigung nur bezüglich der Anmeldung selbst, nicht aber bezüglich der nach § 16 Abs. 2 – grundsätzlich – erforderlichen Negativerklärung zulässig ist.[424] Eine **Mitwirkung von Prokuristen** bei der Anmeldung nach § 16 Abs. 1 kommt ferner in Betracht, wenn das Statut des Rechtsträgers eine unechte Gesamtvertretung vorsieht, etwa mit der in GmbH-Satzungen üblichen Regelung, dass die GmbH bei Vorhandensein mehrerer Geschäftsführer durch zwei Geschäftsführer oder durch einen Geschäftsführer in Gemeinschaft mit einem Prokuristen vertreten wird.[425]

195

Das Gesetz geht davon aus, dass die Vertretungsorgane der beteiligten Rechtsträger ein eigenes Interesse daran haben, die Anmeldung umgehend zu erklären und schließt im Hinblick darauf gemäß § 316 Abs. 2 die Möglichkeit aus, die Anmeldepflicht durch Festsetzung von Zwangsgeld durchzusetzen. Es ist zulässig, die Verschmelzung bereits vor Ablauf der Klagefrist nach § 14 Abs. 1 anzumelden.[426]

196

---

421 Widmann/Mayer/*Heckschen*, § 13 Rn. 208; Kallmeyer/*Zimmermann*, § 13 Rn. 42.
422 Kallmeyer/*Zimmermann*, § 16 Rn. 4.
423 Siehe Lutter/*Bork*, § 16 Rn. 2.
424 Lutter/*Bork*, § 16 Rn. 9; *Melchior*, GmbHR 1999, 520; Semler/Stengel/*Schwanna*, § 16 Rn. 18; Widmann/Mayer/*Fronhöfer*, § 16 Rn. 85.
425 Lutter/*Bork*, § 16 Rn. 2.
426 Widmann/Mayer/*Fronhöfer*, § 16 Rn. 32.

2. Anmelderecht

197 Im Hinblick auf das besondere Interesse des übernehmenden Rechtsträgers, die Verschmelzung durch Eintragung in den jeweiligen Registern gemäß § 20 wirksam werden zu lassen, gibt § 16 Abs. 1 S. 2 den Vertretern des übernehmenden Rechtsträgers zum Zwecke der Verfahrensbeschleunigung das Recht, die Verschmelzung auch beim Register der übertragenden Rechtsträger anzumelden.

3. Inhalt der Anmeldung

a) Verschmelzung

198 Zur Eintragung anzumelden ist unter Angabe der beteiligten Rechtsträger und des Verschmelzungstatbestandes die Verschmelzung als solche, nicht der Abschluss des Verschmelzungsvertrages.[427] Erhöht eine übernehmende GmbH oder AG im Zuge der Verschmelzung ihr Kapital, kann die entsprechende Anmeldung der Kapitalerhöhung (bei der AG nebst ihrer Durchführung) mit der Anmeldung der Verschmelzung verbunden werden.[428] Zu beachten ist aber, dass die Anmeldung der – nach §§ 53, 66 vorrangig einzutragenden – Kapitalerhöhung (bei der AG nebst ihrer Durchführung) nicht der Regelung des § 16 Abs. 1, sondern den Regelungen in § 78 GmbHG für die GmbH und den Regeln in §§ 184 Abs. 1, 188 Abs. 1 AktG (i.V.m. § 69 Abs. 1) für die AG unterliegt. Das heißt für die GmbH, dass abweichend von § 16 Abs. 1 die Kapitalerhöhung von sämtlichen Geschäftsführern anzumelden ist. Bei der AG muss die Anmeldung durch den Vorstand und den Vorsitzenden des Aufsichtsrats erfolgen. Sowohl für die GmbH wie für die AG gilt, dass in diesen Fällen richtiger Ansicht nach eine unechte Gesamtvertretung wie auch eine rechtsgeschäftliche Vertretung im Hinblick auf die Höchstpersönlichkeit dieser Anmeldungserklärung ausscheidet.[429]

b) Negativerklärung (§ 16 Abs. 2)

199 Bei der Anmeldung haben die Vertretungsorgane gemäß § 16 Abs. 2 S. 1 Hs. 1 zu erklären, dass eine Klage gegen die Wirksamkeit des Verschmelzungsbeschlusses (im Sinne von § 14 Abs. 1) nicht oder nicht fristgemäß erhoben wurde oder eine solche Klage rechtskräftig abgewiesen oder zurückgenommen wurde. Die Erklärung ist von den Vertretungsorganen (in vertretungsberechtigter Zahl) selbst (gegebenenfalls in unechter Gesamtvertretung) abzugeben; eine rechtsgeschäftliche Vertretung scheidet hierbei aus.[430]

aa) Zweck des Negativerklärungserfordernisses

200 Das Erfordernis der Negativerklärung soll verhindern, dass die Verschmelzung auf der Basis eines nicht gültigen (weil erfolgreich angegriffenen) Verschmelzungsbeschlusses in das Handelsregister eingetragen wird und hierdurch im Hinblick auf § 20 Abs. 2 »vollendete Tatsachen« geschaffen werden.[431] Dadurch wird zugleich das Klagerecht der Anteilsinhaber gegen den Verschmelzungsbeschluss abgesichert. Denn erhebt ein Anteilsinhaber Klage gegen die Wirksamkeit des Verschmelzungsbeschlusses und kann daher das Negativattest nach § 16 Abs. 2 nicht erklärt werden, darf die Verschmelzung gemäß § 16 Abs. 2

---

427 Lutter/*Bork*, § 16 Rn. 4.
428 Semler/Stengel/*Schwanna*, § 16 Rn. 3.
429 Siehe z.B. Semler/Stengel/*Reichert*, § 53 Rn. 4; Semler/Stengel/*Diekmann*, § 66 Rn. 5; a.A. Melchior, GmbHR 1999, 520 f. unter Hinweis auf OLG Köln DNotZ 1987, 244.
430 Widmann/Mayer/*Fronhöfer*, § 16 Rn. 85.
431 Siehe BGH, Urt. v. 5.10.2006 – III ZR 283/05, DNotZ 2007, 54.

S. 2 grundsätzlich nicht eingetragen werden; ohne Negativattest darf das Gericht die Verschmelzung nur eintragen, wenn die klageberechtigten Anteilsinhaber (siehe § 16 Abs. 2 S. 2) durch notariell beurkundete Verzichtserklärung auf eine entsprechende Klage verzichtet haben (was sie bei einer Anfechtungsbereitschaft nicht tun werden) oder das Gericht nach § 16 Abs. 3 S. 1 durch rechtskräftigen Beschluss festgestellt hat, dass die Erhebung der Klage der Eintragung nicht entgegensteht. Damit führt die Erhebung einer Klage gegen die Wirksamkeit des Verschmelzungsbeschlusses – vorbehaltlich des **Freigabeverfahrens** nach § 16 Abs. 3 – im Ergebnis zu einer **Registersperre**.[432] Missachtet das Registergericht die Registersperre, lässt das die in § 20 normierten Rechtsfolgen der Verschmelzung unberührt.[433]

bb) Klageverfahren nach § 14

§ 14 Abs. 1 bestimmt, um möglichst schnell Klarheit über die Bestandskraft des Verschmelzungsbeschlusses zu erzielen, dass eine Klage gegen die Wirksamkeit eines Verschmelzungsbeschlusses binnen eines Monats nach der Beschlussfassung zu erheben ist. Die Monatsfrist bezieht sich auf alle Arten von Klagen gegen die Wirksamkeit eines Verschmelzungsbeschlusses.[434] Mit welcher Klageart der jeweilige Verschmelzungsbeschluss anzugreifen ist, bestimmt sich danach, um welchen Rechtsträger es sich handelt und welcher Beschlussmangel gerügt wird. Die Frist des § 14 Abs. 1 erfasst Anfechtungs- und Nichtigkeitsklagen der Gesellschafter von Kapitalgesellschaften wie auch die allgemeine Feststellungsklage nach § 256 ZPO von Gesellschaftern von Personenhandelsgesellschaften auf Feststellung der Nichtigkeit von Beschlüssen.[435] Nicht erfasst von § 14 Abs. 1 sind hingegen Klagen Dritter, etwa Nichtgesellschafter, gegen einen Verschmelzungsbeschluss und Klagen gegen die Wirksamkeit von Beschlüssen, die anlässlich einer Verschmelzung gefasst werden (z.B. ein Kapitalerhöhungsbeschluss).[436]

201

Die Berechnung der gemäß § 1 Abs. 3 S. 1 nicht der Parteidisposition unterliegenden Monatsfrist richtet sich nicht nach §§ 221 ff. ZPO oder nach §§ 199 ff. BGB, sondern nach §§ 186 ff. BGB.[437] Der Tag, an dem der Verschmelzungsbeschluss gefasst wurde, wird daher gemäß § 187 Abs. 1 BGB für den Beginn der Frist nicht mitgerechnet. Wann der Anteilsinhaber von dem Unwirksamkeitsgrund erfahren hat, ist für die Fristberechnung grundsätzlich unbeachtlich.[438] Gewahrt wird die Frist durch die Klageerhebung im Sinne von § 253 Abs. 1 ZPO, d.h. durch Zustellung der Klageschrift.[439] Zugunsten des Klägers gilt allerdings § 167 ZPO, d.h. hat er die Klage innerhalb der Frist anhängig gemacht, genügt dies zur Fristwahrung, wenn die Zustellung der Klageschrift an den Beklagten demnächst erfolgt. Verstreicht die Monatsfrist, führt dies nicht zu einer Heilung des Beschlussmangels.[440]

202

---

432 Lutter/Bork, § 16 Rn. 9; zur Aussetzung des Eintragungsverfahrens siehe § 21 FamFG.
433 OLG Hamburg, Urt. v. 17.8.2007 – 11 U 277/05, DNotZ 2009, 227.
434 Semler/Stengel/Gehling, § 14 Rn. 2; Lutter/Bork, § 14 Rn. 5.
435 KK-UmwG/Simon, § 14 Rn. 11 ff.; Rettmann, Die Rechtmäßigkeitskontrolle von Verschmelzungsbeschlüssen, 1998, S. 60 f.
436 Kallmeyer/Marsch-Barner, § 14 Rn. 6; zur fehlenden Befugnis eines Nichtgesellschafters zur Anfechtung eines Gesellschafterbeschlusses siehe BGH, Urt. v. 11.2.2008 – II ZR 187/06, NZG 2008, 317; Schöne, DB 1995, 1317, 1321.
437 Semler/Stengel/Gehling, § 14 Rn. 23; zur Fristwahrung siehe OLG Hamburg, Urt. v. 16.4.2004 – 11 U 11/03, ZIP 2004, 906.
438 Lutter/Bork, § 14 Rn. 7; zu sog. »Geheimbeschlüssen« siehe aber KK-UmwG/Simon, § 14 Rn. 24 und (ohne Erörterung des Fristproblems nach § 195) OLG München, Urt. v. 14.4.2010 – 7 U 5167/09, AG 2010, 458; strenger wohl Widmann/Mayer/Heckschen, § 14 Rn. 33.
439 Semler/Stengel/Gehling, § 14 Rn. 24 f.; Lutter/Bork, § 14 Rn. 8, dort in Rn. 9 zum Streit, ob auch durch einen Prozesskostenhilfeantrag die Frist gewahrt wird.
440 Lutter/Bork, § 14 Rn. 12.

4. Kapitel Umwandlungen

203 Gemäß § 14 Abs. 2 kann die Klage gegen die Wirksamkeit des Verschmelzungsbeschlusses eines übertragenden Rechtsträgers nicht darauf gestützt werden, dass das **Umtauschverhältnis der Anteile** zu niedrig bemessen oder dass die Mitgliedschaft bei dem übernehmenden Rechtsträger kein ausreichender Gegenwert für die Anteile oder die Mitgliedschaft bei dem übertragenden Rechtsträger ist. Das Gesetz verweist die Anteilsinhaber des übertragenden Rechtsträgers hinsichtlich dieser Rügen gemäß § 15 Abs. 1 auf den Schutz über das Spruchverfahrensgesetz. § 14 Abs. 2 vergleichbar ordnet § 32 an, dass eine Klage gegen die Wirksamkeit des Verschmelzungsbeschlusses nicht darauf gestützt werden kann, dass das Angebot nach § 29 zu niedrig bemessen worden ist oder dass die Barabfindung im Verschmelzungsvertrag nicht oder nicht ordnungsgemäß angeboten worden ist. Auch hier sind die Anteilsinhaber mit solchen Rügen gemäß § 34 auf das Spruchverfahrensgesetz verwiesen. Der Bundesgerichtshof erstreckt den Klageausschluss auch auf die Fälle, in denen das Abfindungsangebot nicht oder nicht ausreichend im Verschmelzungsbericht erläutert worden ist.[441]

204 Seinem klaren Wortlaut nach schließt § 14 Abs. 2 nur Klagen der Anteilsinhaber eines übertragenden Rechtsträgers, nicht hingegen Klagen von Anteilsinhabern des übernehmenden Rechtsträgers aus. Dies beruht darauf, dass bare Zuzahlungen zugunsten der Anteilsinhaber des übernehmenden Rechtsträgers unzulässig sind und sie im Hinblick darauf nicht gemäß § 15 Abs. 1 auf ein Spruchverfahren verwiesen werden können. Anteilsinhaber des übernehmenden Rechtsträgers können den Verschmelzungsbeschluss ihres Rechtsträgers daher mit der Begründung angreifen, das Umtauschverhältnis sei zu ihren Lasten unangemessen. Diese Zusammenhänge sind in der Praxis zuweilen Anlass, anstelle einer Verschmelzung durch Aufnahme eine Verschmelzung durch Neugründung zu vereinbaren. Denn dann können alle Anteilsinhaber der existenten Rechtsträger auf das Spruchverfahren verwiesen werden.[442]

cc) Inhalt, Zeitpunkt und Formalien der Negativerklärung

205 Da das Erfordernis der Negativerklärung der Absicherung der Klagebefugnis nach § 14 Abs. 1 dient, erstreckt sich die Negativerklärung auf alle Klagen im Sinne von § 14 Abs. 1; Feststellungsklagen Dritter oder Klagen gegen die Verschmelzung begleitende Beschlüsse können hingegen unerwähnt bleiben.[443]

206 § 16 Abs. 2 S. 1 Hs. 1 verpflichtet die Vertretungsorgane zu einer Aussage darüber, ob eine Klage gegen die Wirksamkeit des Verschmelzungsbeschlusses »nicht oder nicht fristgerecht« erhoben worden ist. Daraus wird in der Rechtsprechung und im ganz überwiegenden Schrifttum zu Recht abgeleitet, dass die Negativerklärung im Sinne von § 16 Abs. 2 wirksam erst nach Ablauf der Klagefrist gemäß § 14 Abs. 1 abgegeben werden kann.[444] Es genügt also trotz der in § 16 Abs. 2 S. 1 Hs. 2 normierten Pflicht der Vertretungsorgane, nach der Anmeldung erhobene Klagen dem Registergericht mitzuteilen, nicht, dass die Vertretungsorgane die Verschmelzung wenige Tage nach den Verschmelzungsbeschlüssen zur Eintragung anmelden und dabei erklären, dass »derzeit« keine Klage gegen den Verschmelzungsbeschluss erhoben wurde. Die obergerichtliche Rechtsprechung hat es auch für fehlerhaft gehalten, wenn die Vertretungsorgane die Negativerklärung ein oder zwei Tage nach Ablauf der Klagefrist abgeben, weil dann Klagen, die im Hinblick auf die mögliche Rückwirkung der Zustellung nach § 167 ZPO als rechtzeitig erhoben anzusehen sind, in der Erklärung keine Berücksichtigung finden könnten.[445] Auch das Registergericht ist

---

441 BGH, Beschl. v. 29.1.2001 – II ZR 368/98, AG 2001, 263.
442 Widmann/Mayer/*Fronhöfer*, § 2 Rn. 36.
443 Lutter/*Bork*, § 16 Rn. 10.
444 BGH, Urt. vom 5.10.2006 – III ZR 283/05, DNotZ 2007, 54 m.w.N.
445 OLG Hamburg, Urt. v. 17.8.2007 – 11 U 277/05, DNotZ 2009, 227; offen lassend hingegen BGH, Urt. vom 5.10.2006 – III ZR 283/05, DNotZ 2007, 54.

verpflichtet, die mögliche **Zustellungsrückwirkung nach § 167 ZPO** zu beachten. Es muss daher einen entsprechenden Zeitraum abwarten, bevor es die Verschmelzung einträgt.[446]

Ist die Klage nach § 14 Abs. 1 rechtskräftig abgewiesen oder zurückgenommen, ist dies dem Registergericht nach § 16 Abs. 2 mitzuteilen. Wird das Klageverfahren, etwa durch Vergleich oder übereinstimmende Erledigungserklärung, in sonstiger Weise mit dem Ergebnis, dass der Kläger sein Ziel, den Verschmelzungsbeschluss anzugreifen, nicht mehr verfolgt, steht das einer Rücknahme gleich.[447]

207

dd) Entbehrlichkeit der Negativerklärung wegen Verzichts der Anteilsinhaber

Gemäß § 16 Abs. 2 S. 2 ist die Negativerklärung entbehrlich, d.h. kann die Verschmelzung auch ohne sie eingetragen werden, wenn die klageberechtigten Anteilsinhaber durch notariell beurkundete Verzichtserklärung auf die Klage gegen die Wirksamkeit des Verschmelzungsbeschlusses verzichten. Die Regelung dient der Beschleunigung der Eintragung. Eine Vertretung bei der Verzichtserklärung ist möglich. Eine entsprechende Vollmacht bedarf gemäß § 167 Abs. 2 BGB nicht der notariellen Beurkundung; eine vollmachtslose Vertretung ist im Hinblick auf § 180 BGB ausgeschlossen.[448] Dem Verzicht steht es gleich, wenn alle Anteilsinhaber dem Verschmelzungsbeschluss zugestimmt haben.[449]

208

ee) Entbehrlichkeit der Negativerklärung gemäß § 16 Abs. 3 (Unbedenklichkeitsverfahren)

Der Negativerklärung nach § 16 Abs. 2 S. 1 steht es gemäß § 16 Abs. 3 S. 1 gleich, wenn nach Erhebung einer Klage gegen die Wirksamkeit eines Verschmelzungsbeschlusses das Gericht (gemeint ist das nach § 16 Abs. 3 S. 7 örtlich zuständige Oberlandesgericht) auf Antrag des Rechtsträgers, gegen dessen Verschmelzungsbeschluss sich die Klage richtet, durch Beschluss festgestellt hat, dass die Erhebung der Klage der Eintragung nicht entgegensteht. Das Gesetz gibt den beteiligten Rechtsträgern durch dieses sog. **Unbedenklichkeitsverfahren** die Möglichkeit, die Registersperre, die mit der Erhebung einer Klage gegen die Wirksamkeit des Verschmelzungsbeschlusses nach § 14 Abs. 1 verbunden ist und die je nach Länge des Klageverfahrens von erheblicher Dauer sein kann, zu beseitigen. Aus wirtschaftlicher Sicht ist es geboten, den beteiligten Rechtsträgern diese Möglichkeit einzuräumen. Würden sie den Ausgang des Klageverfahrens abwarten müssen, wäre die Umsetzung der Verschmelzung in der beschlossenen Weise aufgrund der zeitlichen Verschiebung gegebenenfalls nicht mehr möglich oder sinnvoll. Mit dem Unbedenklichkeitsverfahren nach § 16 Abs. 3 will der Gesetzgeber die beteiligten Rechtsträger auch vor solchen Anteilsinhabern schützen, die Klagen nach § 14 Abs. 1 letztlich nur mit dem Ziel erheben, sich diese zur Vermeidung weiterer für die Rechtsträger schädlicher Zeitverzögerungen »abkaufen« zu lassen.[450] In seiner jetzigen Fassung beruht § 16 Abs. 3 auf der Neuregelung durch das ARUG vom 30.7.2009. Das ARUG hat das bisherige umwandlungsrechtliche Freigabeverfahren wie auch das allgemeine aktienrechtliche Freigabeverfahren (§ 246 a AktG) – im Interesse der beteiligten Rechtsträger – insbesondere durch eine **Verkürzung des Instanzenzuges**, die Einführung eines **Mindestanteilsquorums** und die **Modifizierung des bei der Abwägung der Interessen der Beteiligten**

209

---

446 OLG Hamburg, Beschl. v. 20.8.2003 – 11 W 39/03, NZG 2003, 981 = RNotZ 2004, 41; OLG Hamm, Urt. v. 9.11.2005 – 11 U 70/04, NZG 2006, 274 (»wenigstens zwei weitere Wochen«); insoweit offen lassend BGH, Urt. vom 5.10.2006 – III ZR 283/05, DNotZ 2007, 54.
447 Lutter/*Bork*, § 16 Rn. 9 Fn. 2; a.A. Widmann/Mayer/*Fronhöfer*, § 16 Rn. 84.
448 Lutter/*Bork*, § 16 Rn. 13 Fn. 7; *Melchior*, GmbHR 1999, 520.
449 Widmann/Mayer/*Fronhöfer*, § 16 Rn. 91 m.w.N.
450 Lutter/*Bork*, § 16 Rn. 15; zum Problem der sog. »räuberischen Aktionäre« siehe u.a. *Seibert/Florstedt*, ZIP 2008, 2145.

4. Kapitel Umwandlungen

anzuwendenden Maßstabs (siehe § 16 Abs. 3 S. 3 Nr. 3) neu geregelt.[451] So sind nunmehr für die Entscheidung über die Freigabe nicht mehr die Landgerichte, sondern die Oberlandesgerichte zuständig, die über die Freigabe gemäß § 16 Abs. 3 S. 9 durch unanfechtbaren Beschluss entscheiden. Daneben ermöglicht § 16 Abs. 3 S. 3 Nr. 2 nunmehr eine Freigabe, wenn der Kläger nicht binnen einer Woche nach Zustellung des Antrags nachweist, dass er seit Bekanntmachung der Einberufung einen anteiligen Betrag von mindestens 1.000 Euro hält. Nach der Neufassung des § 16 Abs. 3 darf der Freigabebeschluss nach § 16 Abs. 3 S. 1 (nur) ergehen, wenn die Klage gegen die Wirksamkeit des Verschmelzungsbeschlusses unzulässig ist, wenn die Klage offensichtlich unbegründet ist, wenn der Kläger seine (Mindest-) Beteiligung nicht fristgerecht nachweist oder wenn das alsbaldige Wirksamwerden der Verschmelzung vorrangig erscheint, weil die vom Antragsteller dargelegten wesentlichen Nachteile für die an der Verschmelzung beteiligten Rechtsträger und ihre Anteilsinhaber nach freier Überzeugung des Gerichts die Nachteile für den Antragsgegner überwiegen, es sei denn, es liegt eine besondere Schwere des Rechtsverstoßes vor.[452]

210 Ergeht ein Freigabebeschluss nach § 16 Abs. 3 S. 1 bedeutet dies zunächst, dass die in § 16 Abs. 2 S. 2 angeordnete Registersperre entfällt. Ob die Entscheidung im Freigabeverfahren für das Registergericht darüber hinausgehend eine **Bindungswirkung** entfaltet, ist in § 16 anders als in der Parallelvorschrift in § 246a AktG – siehe dort Abs. 3 S. 5 – nicht ausdrücklich geregelt. Gleichwohl widerspräche es dem Sinn und Zweck des Verfahrens nach § 16 Abs. 3, wenn das Registergericht einen vom OLG verneinten Rechtsverstoß bejahte und diesen zum Anlass nähme, eine Eintragung abzulehnen. Dort hingegen, wo eine materielle Prüfung des OLG nicht stattgefunden hat, d.h. insb. wo der Freigabebeschluss auf die Unzulässigkeit der Klage oder einen fehlenden Nachweis des Mindestquorums im Sinne von § 16 Abs. 3 S. 3 Nr. 2 gestützt wird, bleibt es bei der allgemeinen Prüfungskompetenz des Registergerichts, d.h. das Registergericht hat die Eintragung abzulehnen, wenn zwingende Normen verletzt werden, die öffentliche Interessen schützen sollen.[453]

4. Anlagen (§ 17)

a) Anlagen im Sinne von § 17 Abs. 1

211 § 17 Abs. 1 zählt die Unterlagen auf, die der Anmeldung neben der Negativerklärung nach § 16 Abs. 2 und der Schlussbilanz nach § 17 Abs. 2 beizufügen sind. Im Rahmen der Verschmelzung abgegebene Erklärungen, die der notariellen Beurkundung bedürfen, sind gemäß § 17 Abs. 1 in Ausfertigung oder öffentlich beglaubigter Abschrift beizufügen; hierunter fallen:

- Der Verschmelzungsvertrag (§ 4)
- Die Verschmelzungsbeschlüsse aller beteiligten Rechtsträger (§ 13)
- Die erforderlichen Zustimmungen einzelner Anteilsinhaber einschließlich der Zustimmungen nicht erschienener Gesellschafter (siehe §§ 13 Abs. 2, 40 Abs. 2 S. 2, 43 Abs. 1, 50 Abs. 2, 51 Abs. 1 und 2)
- Verzichtserklärungen nach § 8 Abs. 3 (Verzicht auf die Erstellung eines Verschmelzungsberichts), nach § 9 Abs. 3 (Verzicht auf die Prüfung des Verschmelzungsvertrages) und nach § 12 Abs. 3 (Verzicht auf einen Verschmelzungsprüfungsbericht)
- Erklärungen über den Verzicht auf die Gewährung von Geschäftsanteilen (§ 54 Abs. 1 S. 3) oder Aktien (§ 68 Abs. 1 S. 3)

---

451 Siehe *Florstedt*, AG 2009, 465.
452 Dazu KG, Beschl. v. 12.3.2010 – 14 AktG 1/09, AG 2010, 497; OLG München, Beschl. v. 4.11.2009 – 7 A 2/09, AG 2010, 170; zur Modifikation der Abwägungsklausel siehe Amtl. Begr. S. 64, BT-Drucks. 16/12098.
453 Siehe im Einzelnen Semler/Stengel/*Schwanna*, § 16 Rn. 44 ff; Lutter/*Bork*, § 16 Rn. 36; *Deilmann/Messerschmidt*, NZG 2004, 977, 986.

– Erklärungen über den Verzicht auf die Klage gegen die Wirksamkeit des Verschmelzungsbeschlusses (§ 16 Abs. 2 S. 2)

Nicht beurkundungsbedürftige Erklärungen und sonstige Unterlagen sind in Urschrift oder Abschrift beizufügen. Es sind dies insb.: **212**

– Der Verschmelzungsbericht (§ 8)
– Der Verschmelzungsprüfungsbericht (§ 12)
– Ein Nachweis über die rechtzeitige Zuleitung des Verschmelzungsvertrages oder seines Entwurfs an den zuständigen Betriebsrat (§ 5 Abs. 3)

Nach früherem Recht war ferner die Genehmigungsurkunde vorzulegen, wenn die Verschmelzung der staatlichen Genehmigung bedürfte. Das ARUG vom 30.7.2009 hat diese Pflicht abgeschafft. **213**

b) Schlussbilanz nach § 17 Abs. 2

Nach § 17 Abs. 2 S. 1 ist der Anmeldung zum Register des Sitzes jedes übertragenden Rechtsträgers ferner eine Bilanz dieses Rechtsträgers (Schlussbilanz) beizufügen. Dieses Erfordernis dient neben der **Bilanzkontinuität** (siehe § 24) auch dem Schutz der Gläubiger, die anhand der Bilanz prüfen können, ob sie ihr Recht auf Sicherheitsleistung nach § 22 geltend machen. Neben diesen mit § 17 Abs. 2 verbundenen Zwecken hat die Schlussbilanz des übertragenden Rechtsträgers darüber hinaus bei der Verschmelzung auf eine Kapitalgesellschaft, die im Rahmen der Durchführung der Verschmelzung ihr Kapital erhöht, auch Bedeutung bei der registerrechtlichen Kapitalaufbringungskontrolle. **214**

Hinsichtlich der inhaltlichen Anforderungen an die Schlussbilanz erklärt § 17 Abs. 2 S. 2 die Vorschriften über die »Jahresbilanz« und deren Prüfung für entsprechend anwendbar. Das Handelsgesetzbuch unterscheidet in § 242 HGB zwischen der **Bilanz** (§ 242 Abs. 1 HGB) und der **Gewinn- und Verlustrechnung** (§ 242 Abs. 2 HGB), die zusammen den **Jahresabschluss** (§ 243 Abs. 3 HGB) bilden. Da § 17 Abs. 2 ausdrücklich (nur) von einer Bilanz spricht, ist es richtiger Ansicht nach nicht erforderlich, bei der Anmeldung der Verschmelzung auch eine Gewinn- und Verlustrechnung vorzulegen.[454] Auch der Vorlage eines Anhangs nach § 264 HGB bedarf es richtiger Ansicht nach nicht.[455] Den vollständigen Jahresabschluss nebst Anhang freiwillig einzureichen, bleibt den Beteiligten unbenommen.[456] Wird (zulässigerweise) kein Anhang eingereicht, müssen sog. **Wahlpflichtangaben**, d.h. Angaben, die bilanzrechtlich grundsätzlich sowohl in der Bilanz als auch im Anhang gemacht werden können, in die Bilanz aufgenommen werden.[457] Zu beachten ist ferner, dass § 17 Abs. 2 S. 2 auch § 245 HGB für entsprechend anwendbar erklärt. Die einzureichende Bilanz ist daher durch den Kaufmann – bei mehreren persönlich haftenden Gesellschaftern durch alle Gesellschafter – unter Angabe des Datums zu unterzeichnen.[458] **215**

Ist die Bilanz des Rechtsträgers zu prüfen – was sich nach Maßgabe der § 316 HGB beantwortet – muss eine entsprechend geprüfte Bilanz der Anmeldung beigefügt werden. § 17 Abs. 2 begründet allerdings selbst keine Bilanzierungspflicht, sondern knüpft nur an **216**

---

454 Widmann/Mayer/*Fronhöfer*, § 17 Rn. 68; Lutter/*Bork*, § 17 Rn. 6; *Scheunemann*, DB 2006, 797, 799; a.A. Sagasser/*Bula/Schlösser*, Umwandlungen, K 11.
455 Kallmeyer/*Müller*, § 17 Rn. 18; LG Dresden GmbHR 1998, 1086 = MittBayNot 1998, 271; LG Stuttgart DNotZ 1996, 701; a.A. *Aha*, BB 1996, 2559; *Henckel*, DStR 2005, 1785, 1788.
456 Schmitt/*Hörtnagl*, § 17 Rn. 14.
457 Kallmeyer/*Müller*, § 17 Rn. 18 m.w.N.
458 Schmitt/*Hörtnagl*, § 17 Rn. 18.

4. Kapitel Umwandlungen

eine bestehende Bilanzierungspflicht an.[459] Eine Bilanz des übernehmenden Rechtsträgers ist nicht vorzulegen.[460]

217 Das Erfordernis in § 17 Abs. 2 S. 1, eine Schlussbilanz des übertragenden Rechtsträgers vorzulegen, hat in der Praxis besondere Bedeutung, da das Registergericht die Verschmelzung gemäß § 17 Abs. 2 S. 4 nur eintragen darf, wenn die Bilanz auf einen höchstens acht Monate vor der Anmeldung liegenden Stichtag aufgestellt ist. Dieses Erfordernis soll die **Aktualität und** damit die **Aussagekraft der Bilanz** sicherstellen. Wollen die Beteiligten – wie üblich – die ohnehin auf das Ende eines Geschäftsjahres zu erstellende Bilanz der Verschmelzung zugrunde legen und die zum Teil erheblichen Kosten einer Zwischenbilanz ersparen, folgt aus den zeitlichen Vorgaben des § 17 Abs. 2 S. 4, dass die Verschmelzung in dem **Acht-Monatszeitraum** nach dem Stichtag dieser Bilanz anzumelden ist. Die Berechnung der Frist erfolgt nach §§ 186 ff. BGB. Im Hinblick auf den nach § 1 Abs. 3 S. 1 zwingenden Charakter der Acht-Monatsfrist stehen auch geringfügige Fristüberschreitungen der Eintragung entgegen.[461] Inwieweit eine auch unvollständige Anmeldung fristwahrend sein kann, ist in der Rechtsprechung bislang nicht abschließend geklärt. Das Kammergericht und das OLG Hamm hielten die Anmeldung der Verschmelzung zweier Schwester-GmbH, bei der die nach Ansicht der Gerichte erforderliche Kapitalerhöhung bei der übernehmenden GmbH fehlte (siehe jetzt § 54 Abs. 1 S. 3), für nicht geeignet, die Acht-Monatsfrist zu wahren.[462] Die Anmeldung einer Verschmelzung, bei der der Verschmelzungsvertrag im Hinblick auf die Bezeichnung der beteiligten Rechtsträger noch einer Klarstellung bedurfte, sah das OLG Hamm hingegen als fristwahrend an.[463] Im Schrifttum wird für eine Fristwahrung richtigerweise verlangt, dass wenigstens der Verschmelzungsvertrag und die Verschmelzungsbeschlüsse vorliegen.[464] Dass Unterlagen, die nachgereicht werden können, der Anmeldung nicht beigefügt sind, ist unerheblich.[465] Das gilt richtiger Ansicht nach auch für die Schlussbilanz selbst.[466] Die Anmeldung der Verschmelzung bei einem unzuständigen Gericht wahrt richtiger Ansicht nach die Frist, sofern das Gericht die Anmeldung nicht zurückweist, sondern an das zuständige Gericht abgibt.[467]

c) Folgen fehlender Anlagen

218 Sind der Anmeldung nicht die erforderlichen Anlagen beigefügt, hat das Registergericht, da es sich um ein behebbares Hindernis handelt, durch **Zwischenverfügung** nach § 382 Abs. 4 S. 1 FamFG (früher § 26 S. 2 HRV) dem Antragsteller eine angemessene Frist zur Beseitigung des Hindernisses zu bestimmen.[468]

5. Art der Übermittlung (§ 12 HGB)

219 Die Anmeldung der Verschmelzung zum Handelsregister ist gemäß § 12 Abs. 1 S. 1 HGB elektronisch in öffentlich beglaubigter Form einzureichen. Auch für die Anlagen der Anmeldung nach § 17 schreibt § 12 Abs. 2 vor, dass sie in **elektronischer Form** einzureichen sind.

---

459 Semler/Stengel/*Schwanna*, § 17 Rn. 15.
460 Lutter/*Bork*, § 17 Rn. 4.
461 OLG Köln GmbHR 1998, 1085, MittBayNot 1999, 87.
462 KG DNotZ 1999, 157; OLG Hamm, Beschl. v. 3.8.2004 – 15 W 236/04, GmbHR 2004, 1533.
463 OLG Hamm, Beschl. v. 19.12.2005 – 15 W 377/05, DNotZ 2006, 378.
464 *Heckschen*, Rpfleger 1999, 357, 362; ders., DB 1998, 1385, 1393; Lutter/*Bork*, § 17 Rn. 6 m.w.N.
465 So richtig Lutter/*Bork*, § 17 Rn. 6; BayObLG, Beschl. v. 16.2.2000 – 3Z BR 389/99, NZG 2000, 1232=MittRhNotK 2000, 173 (für Vollmachten).
466 OLG Jena, Beschl. v. 21.10.2002 – 6 W 534/02, NZG 2003, 43 = MittBayNot 2003, 303; OLG Zweibrücken, Urt. v. 29.7.2002 – 7 U 25/02, GmbHR 2003, 118 = RNotZ 2002, 516; Lutter/*Bork*, § 17 Rn. 6; a.A. *Germann*, MittBayNot 1999, 591, 593; *Weiler*, MittBayNot 2006, 377, 380 f.
467 Lutter/*Bork*, § 17 Rn. 7; offen lassend BayObLG GmbHR 1999, 295 = MittRhNotK 1999, 63.
468 Lutter/*Bork*, § 17 Rn. 2.

Die im Rahmen einer Verschmelzung notariell zu beurkundenden Erklärungen, wie z.B. der Verschmelzungsvertrag, die gemäß § 17 Abs. 1 der Anmeldung in Ausfertigung oder beglaubigter Abschrift beizufügen sind, sind gemäß § 12 Abs. 2 S. 2 Hs. 2 HGB als mit einem einfachen elektronischen Zeugnis (§ 39 a BeurkG) versehenes Dokument zu übermitteln. Für die sonstigen im Rahmen der Verschmelzung abzugebenden Erklärungen, die nicht der notariellen Beurkundung bedürfen, wie z.B. der Verschmelzungsbericht, und die der Anmeldung gemäß § 17 Abs. 1 in Urschrift oder Abschrift beizufügen sind, genügt gemäß § 12 Abs. 2 S. 2 Hs. 1 HGB die **Übermittlung einer elektronischen Aufzeichnung.**

Für Anmeldungen zum Partnerschaftsregister gilt § 12 HGB gemäß § 8 Abs. 2 PartGG entsprechend. 220

6. Rechtsformspezifische Besonderheiten/Verschmelzung durch Neugründung

Rechtsformspezifische Besonderheiten hinsichtlich der Anmeldung der Verschmelzung ergeben sich bei der Beteiligung einer GmbH aus § 52 sowie bei der Beteiligung einer AG aus § 62 Abs. 3 S. 4 und S. 5. Bei der Anmeldung der Verschmelzung durch Neugründung ist zu beachten, dass anstelle von § 16 Abs. 1 die Regelung in § 38 gilt (§ 36 Abs. 1 S. 1). 221

X. Eintragung und Rechtsfolgen

1. Eintragungsreihenfolge

Die Verschmelzung muss im Register aller beteiligten Rechtsträger eingetragen werden. Die spezifischen mit der Verschmelzung verbundenen und angestrebten Rechtsfolgen, nämlich insbesondere die Gesamtrechtsnachfolge des übernehmenden Rechtsträgers (§ 20 Abs. 1 Nr. 1) und das damit einhergehende Erlöschen des übertragenden Rechtsträgers (§ 20 Abs. 1 Nr. 2), knüpft § 20 Abs. 1 dabei aber nur an die Eintragung der Verschmelzung in das Register des Sitzes des übernehmenden Rechtsträgers.[469] Diese Eintragung ist damit die für die Verschmelzungswirkungen entscheidende Eintragung. Damit sichergestellt ist, dass vor dieser Eintragung die Verschmelzungsvoraussetzungen bei den Registergerichten der übertragenden Rechtsträger geprüft werden können, bestimmt § 19 Abs. 1 S. 1, dass die Eintragung beim übernehmenden Rechtsträger erst vorgenommen werden darf, nachdem die Verschmelzung im Register des Sitzes jedes der übertragenden Rechtsträger eingetragen worden ist. Die Eintragungen im Register des Sitzes jedes der übertragenden Rechtsträger ist gemäß § 19 Abs. 1 S. 2 grundsätzlich mit dem Vermerk zu versehen, dass die Verschmelzung erst mit der Eintragung im Register des Sitzes des übernehmenden Rechtsträgers wirksam wird; anders liegt es gemäß § 19 Abs. 1 S. 2 Hs. 2 nur dann, wenn die Eintragungen in den Registern aller beteiligten Rechtsträger am selben Tag vorgenommen werden, was insbesondere relevant wird, wenn für alle Rechtsträger ein Registergericht zuständig ist oder die Registergerichte eine tagglieche Eintragung abgesprochen haben.[470] Eine Missachtung der in § 19 vorgeschriebenen Eintragungsreihenfolge lässt die Wirksamkeit der Verschmelzung unberührt.[471] Das Registergericht des übernehmenden Rechtsträgers teilt nach der dortigen Eintragung der Verschmelzung gemäß § 19 Abs. 2 den Tag der Eintragung der Verschmelzung den Registergerichten der übertragenden Rechtsträger mit, die diesen Tag dann im Register der übertragenden Rechtsträger vermerken. 222

---

469 Vgl. auch OLG Naumburg NJW-RR 1998, 178, 179.
470 Lutter/*Bork*, § 19 Rn. 2.
471 Lutter/*Grunewald*, § 20 Rn. 3.

4. Kapitel Umwandlungen

2. Eintragungsfolgen

a) Gesamtrechtsnachfolge

223 Gemäß § 20 Abs. 1 Nr. 1 geht mit Eintragung der Verschmelzung im Register des übernehmenden Rechtsträgers das Vermögen der übertragenden Rechtsträger einschließlich der Verbindlichkeiten auf den übernehmenden Rechtsträger über. Diese Gesamtrechtsnachfolge ist wesentliches Kennzeichen einer Verschmelzung und unterscheidet diese von anderen Arten der Unternehmenszusammenführung. Da der Rechtsübergang ein gesetzlicher und kein rechtsgeschäftlicher Übergang ist, bedarf es, wenn zum Vermögen des übertragenden Rechtsträgers Grundbesitz zählt, keiner Auflassung. Die Eintragung des übernehmenden Rechtsträgers als neuem Eigentümer im Grundbuch erfolgt auf einen **Berichtigungsantrag** hin.[472] Da der übernehmende Rechtsträger das Vermögen des übertragenden Rechtsträgers in dem Zustand erwirbt, in dem es sich zum Zeitpunkt der Verschmelzung befindet, findet ein gutgläubiger Erwerb seitens des übernehmenden Rechtsträgers nicht statt.[473]

224 Zählen zu dem im Zuge der Verschmelzung auf den übernehmenden Rechtsträger übergehenden Vermögen auch Geschäftsanteile des übertragenden Rechtsträgers an einer GmbH, ist der Notar, der die Verschmelzung beurkundet hat, aufgrund seiner mittelbaren Mitwirkung an der Veränderung des Gesellschafterbestandes gemäß § 40 Abs. 2 GmbHG zuständig, die neue Gesellschafterliste der betreffenden GmbH zum Handelsregister einzureichen.[474]

b) Erlöschen der übertragenden Rechtsträger

225 Mit der Gesamtrechtsnachfolge nach § 20 Abs. 1 Nr. 1 geht einher, dass die übertragenden Rechtsträger, ohne dass es einer Abwicklung bedarf, gemäß § 20 Abs. 1 Nr. 2 erlöschen. Damit erlöschen richtiger Ansicht nach auch **Handlungsvollmachten** und eine **Prokura**, die der übertragende Rechtsträger erteilt hat;[475] die Verschmelzung verändert die Unternehmensverhältnisse in der Regel derart grundlegend, dass dem übernehmenden Rechtsträger die Entscheidung vorbehalten bleiben muss, ob er Vollmachtsverhältnisse – zumal so weitgehender Art, wie es bei einer Prokura der Fall ist – fortsetzen will oder nicht.

c) Anteilserwerb

226 Zentrales Merkmal einer Verschmelzung ist neben der Gesamtrechtsnachfolge (§ 20 Abs. 1 Nr. 1) und dem liquidationslosem Erlöschen der übertragenden Rechtsträger (§ 20 Abs. 1 Nr. 2) in der Regel, dass die Anteilsinhaber der übertragenden Rechtsträger Anteilsinhaber des übernehmenden Rechtsträgers werden (§ 20 Abs. 1 Nr. 3 S. 1 Hs. 1). Auch wenn dieser Anteilserwerb auf der entsprechenden Vereinbarung im Verschmelzungsvertrag – siehe § 5 Abs. 1 Nr. 2 – basiert, handelt es sich um einen gesetzlichen Erwerb.[476]

227 § 20 Abs. 1 Nr. 3 S. 1 Hs. 2 schließt einen Anteilserwerb aus, soweit der übernehmende Rechtsträger Anteilsinhaber des übertragenden Rechtsträgers ist. Der Gesetzgeber will durch diese Regelung verhindern, dass der übernehmende Rechtsträger Anteile an sich selbst erwirbt, und zwar im Hinblick darauf, dass Kapitalaufbringung und -erhaltung gefährdet sind, wenn Gesellschaften sich selbst gehören.[477] Die Regelung korrespondiert

---

472 Widmann/Mayer/*Vossius*, § 20 Rn. 217.
473 Lutter/*Grunewald*, § 20 Rn. 10.
474 OLG Hamm, Beschl. v. 1.12.2009 – 15 W 304/09, DNotZ 2010, 214, dazu *Wachter*, GmbHR 2010, 206, *Ries*, NZG 2010, 135 und *Ising*, NZG 2010, 812.
475 Widmann/Mayer/*Vossius*, § 20 Rn. 304; a.A. Semler/Stengel/*Kübler*, § 20 Rn. 17 und Lutter/*Grunewald*, § 20 Rn. 26.
476 Kallmeyer/*Marsch-Barner*, § 20 Rn. 29.
477 Lutter/*Grunewald*, § 20 Rn. 59.

mit den in diesen Fällen für die GmbH und die AG geltenden Kapitalerhöhungsverboten in §54 Abs. 1 Nr. 1 und §68 Abs. 1 Nr. 1, gilt aber rechtsformunabhängig.[478]

§20 Abs. 1 Nr. 3 S. 1 Hs. 2 schließt einen Anteilserwerb auch dann aus, wenn der übertragende Rechtsträger **eigene Anteile** innehat. Ziel der Regelung ist es wiederum, die Bildung eigener Anteile beim übernehmenden Rechtsträger zu verhindern.[479] Bei einer übernehmenden GmbH oder AG verbietet das Gesetz aus diesem Grunde in derartigen Konstellationen entsprechende Kapitalerhöhungen (§54 Abs. 1 Nr. 2 und §68 Abs. 1 Nr. 2). 228

§20 Abs. 1 Nr. 3 S. 1 Hs. 2 stellt – in Übereinstimmung mit §54 Abs. 2 und §68 Abs. 2 – in beiden dort geregelten Varianten (d.h. sowohl für den Fall, dass der übernehmende Rechtsträger Anteilsinhaber des übertragenden Rechtsträgers ist, wie auch für den Fall, dass der übertragende Rechtsträger eigene Anteile innehat) dem unmittelbaren Halten der entsprechenden Anteile das mittelbare Halten solcher Anteile durch Dritte, die die Anteile im eigenen Namen, jedoch für Rechnung des jeweiligen Rechtsträgers halten, gleich. 229

Dritte im Sinne von §20 Abs. 1 Nr. 3 S. 1 Hs. 2 – wie auch im Sinne von §§54 Abs. 2, 68 Abs. 2 – sind nicht **Tochtergesellschaften**, und zwar auch dann nicht, wenn es sich um 100 %-ige Töchter handelt.[480] D.h. wird eine Gesellschaft (Enkelgesellschaft) auf eine Gesellschaft (Muttergesellschaft) verschmolzen, die 100 % der Anteile an derjenigen Gesellschaft (Tochtergesellschaft) hält, die 100 % an der übertragenden (Enkel-) Gesellschaft hält, sind der Tochtergesellschaft – vorbehaltlich der Verzichtsmöglichkeiten in §54 Abs. 1 S. 3 und §68 Abs. 1 S. 3 – Anteile an der Muttergesellschaft zu gewähren.[481] 230

Bestanden Rechte Dritter an den Anteilen oder Mitgliedschaften des übertragenden Rechtsträgers, bestehen diese – soweit an deren Stelle Anteile oder Mitgliedschaften des übernehmenden Rechtsträgers treten – an diesen Anteilen oder Mitgliedschaften gemäß §20 Abs. 1 Nr. 3 S. 2 fort. 231

d) Heilung von Beurkundungsmängeln

Aus notarieller Sicht bedeutsam ist, dass gemäß §20 Abs. 1 Nr. 4 durch die Eintragung der Verschmelzung im Register des Sitzes des übernehmenden Rechtsträgers der Mangel der notariellen Beurkundung des Verschmelzungsvertrages und gegebenenfalls erforderlicher Zustimmungs- und Verzichtserklärungen einzelner Anteilsinhaber geheilt wird. Diese Heilung erstreckt sich auf Beurkundungsmängel in Form einer unvollständigen oder unrichtigen Beurkundung; geheilt wird richtiger Ansicht nach aber auch der »Beurkundungsmangel«, der in einer völlig fehlenden Beurkundung oder in einer – unzulässigen – Beurkundung im Ausland besteht.[482] Sind Zustimmungserklärungen einzelner Anteilsinhaber nicht fehlerhaft beurkundet, sondern fehlen sie ganz, wird dieser Mangel nicht nach §20 Abs. 1 Nr. 4 geheilt, sondern unterfällt §20 Abs. 2. 232

e) Bestandskraft der Verschmelzung

Gemäß §20 Abs. 2 lassen Mängel der Verschmelzung die Wirkungen der Eintragung nach §20 Abs. 1 unberührt. Die Regierungsbegründung stützt diese Regelung auf die (richtige) Überlegung, dass eine »**Entschmelzung**« im Sinne einer Rückübertragung jedes einzelnen Vermögensgegenstandes praktisch nicht möglich sei.[483] Unbenommen bleibt es den Beteiligten einer Verschmelzung, die sich als unzweckmäßig erwiesen hat, diese nach den 233

---

478 Schmitt/*Stratz*, §20 Rn. 110.
479 Lutter/*Grunewald*, §20 Rn. 63.
480 A.A. Kallmeyer/*Marsch-Barner*, §20 Rn. 30.
481 So richtig Lutter/*Grunewald*, §20 Rn. 62.
482 Grunewald §20 Rn. 67; a.A. für fehlende Beurkundung und Auslandsbeurkundung Widmann/ Mayer/*Vossius*, §20 Rn. 370.
483 RegBegr. *Ganske*, S. 91 f.; zur Löschung einer Verschmelzung *Custodis*, GmbHR 2006, 904.

Regeln der Spaltung wieder rückgängig zu machen. § 20 Abs. 2, der die frühere für die Verschmelzung von Aktiengesellschaften geltende Regelung in § 352a AktG a.F. auf sämtliche Verschmelzungen ausdehnt, steht nicht nur einer Entschmelzung mit Wirkung für die Vergangenheit (ex-tunc), sondern auch einer Entschmelzung mit Wirkung für die Zukunft (ex nunc) entgegen.[484] Diese umfassende Wirkung der Eintragung zeigt sich auch an der Regelung in § 16 Abs. 3 S. 10 Hs. 2, die einen Kläger, der trotz seines Erfolges im Rahmen einer Anfechtungsklage nach § 14 die Eintragung der Verschmelzung nicht verhindern konnte, weil er im Unbedenklichkeitsverfahren nach § 16 Abs. 3 S. 1 unterlegen ist, auf Schadensersatzansprüche gegen den Rechtsträger verweist, der den Unbedenklichkeitsbeschluss erwirkt hat, und ausdrücklich als Inhalt des Schadensersatzes die Beseitigung der Wirkungen der Eintragung der Verschmelzung ausschließt. § 20 Abs. 2 greift unabhängig von der Schwere des Mangels ein; irrelevant ist es für die Wirkung des § 20 Abs. 2 auch, ob Mängel des Verschmelzungsvertrages vorliegen, die eine Anfechtungsklage rechtfertigen, oder ob die Mängel des Verschmelzungsvertrages aus Verstößen gegen Vorschriften des allgemeinen Zivilrechts resultieren. § 20 Abs. 2 steht insbesondere einer Löschung der Verschmelzung von Amts wegen entgegen.[485] Hat die übernehmende Gesellschaft zur Durchführung der Verschmelzung ihr Kapital erhöht, kann auch diese im Hinblick auf die in § 20 Abs. 2 angeordnete Bestandskraft nach Eintragung der Verschmelzung nicht mehr nachträglich beseitigt werden; denn fiele die Kapitalerhöhung weg, entfiele auch die – durch die Kapitalerhöhung ermöglichte – Gewährung der entsprechenden Anteile an die Anteilsinhaber des übertragenden Rechtsträgers und damit einer der wesentlichen (siehe §§ 5 Abs. 1 Nr. 2, 20 Abs. 1 Nr. 3) Aspekte der Verschmelzung.[486] Die Bestandskraft der Verschmelzung schließt allerdings die Möglichkeit der Beteiligten, einen fehlerhaften Umwandlungsbeschluss mit einer Anfechtungs- und Nichtigkeitsklage anzugreifen, nicht aus.[487]

XI. Verschmelzung durch Neugründung

1. Überblick

234 Bei der Verschmelzung durch Neugründung werden zwei oder mehrere Rechtsträger durch Übertragung ihrer Vermögen auf einen neuen, von ihnen dadurch gegründeten Rechtsträger verschmolzen (§ 2 Nr. 2). Im Unterschied zur Verschmelzung durch Aufnahme (§ 2 Nr. 1) besteht bei der Verschmelzung durch Neugründung der **Zielrechtsträger** noch nicht, sondern wird im Zuge des Verschmelzungsvorgangs gegründet. Als Vorteile dieser Art der Verschmelzung gegenüber der Verschmelzung durch Aufnahme werden unter anderem zwei Aspekte angeführt: So bedarf es zum einen bei der Beteiligung zweier oder mehrerer wirtschaftlich gleich starker Rechtsträger nicht der (gegebenenfalls schwierigen) Entscheidung, welcher von ihnen der übernehmende und damit der weiter bestehende Rechtsträger ist.[488] Zum anderen sind, da sämtliche beteiligten (bestehenden) Rechtsträger übertragende Rechtsträger sind, im Hinblick auf § 14 Abs. 2 Anfechtungsklagen gegen die Wirksamkeit des Verschmelzungsbeschlusses, die auf eine Unangemessenheit des Umtauschverhältnisses der Anteile gestützt werden, ausgeschlos-

---

484 So richtig und mit Nachweisen auf den Streitstand zu § 352a AktG a.F. Lutter/*Grunewald*, § 20 Rn. 71; OLG Hamburg, Urt. v. 17.8.2007 – 11 U 277/05, DNotZ 2009, 227.
485 OLG Frankfurt a.M., Beschl. v. 26.5.2003 – 20 W 61/03, ZIP 2003, 1607; OLG Frankfurt a.M., Beschl. v. 22.10.2002 – 20 W 299/02, DNotZ 2003 – 638; BayObLG, Beschl. v. 15.10.1999 – 3Z BR 295/99, DNotZ 2000, 232; OLG Hamm, Urt. v. 25.2.2002 – 8 U 59/01, DB 2002, 1431.
486 Siehe Lutter/*Grunewald*, § 20 Rn. 80 und Rn. 84 (zu fehlerhaften Kapitalerhöhungsbeschlüssen).
487 Siehe OLG München, Urt. v. 14.4.2010 – 7 U 5167/09, AG 2010, 458 (allerdings ohne Erörterung von § 195 Abs. 1); *Kort*, AG 2010, 230.
488 Lutter/*Lutter/Drygala*, § 2 Rn. 24.

sen.[489] Als – für die Entscheidung, welcher Weg der Verschmelzung beschritten wird, häufig ausschlaggebender – Nachteil der Verschmelzung durch Neugründung gegenüber der Verschmelzung durch Aufnahme ist zu nennen, dass höhere Steuern (wie insbesondere Grunderwerbsteuer) und Kosten anfallen können, da hier ein Übergang der Vermögen aller beteiligten (bestehenden) Rechtsträger auf den neuen Rechtsträger stattfindet (§§ 20 Abs. 1 Nr. 1, 36 Abs. 1).[490] Daneben ist zu beachten, dass bei der Verschmelzung durch Neugründung einer AG gemäß § 36 Abs. 2 S. 1 das Gründungsrecht des Aktiengesetzes auch dann Anwendung findet, wenn die beteiligten Rechtsträger schon länger als zwei Jahre bestanden haben.[491]

2. Verweis auf Regelungen zur Verschmelzung durch Aufnahme

Nach § 36 Abs. 1 S. 1 sind auf die Verschmelzung durch Neugründung die Vorschriften in §§ 4 bis 35 über die Verschmelzung durch Aufnahme entsprechend anzuwenden, jedoch mit Ausnahme des § 16 Abs. 1, der die Anmeldung der Verschmelzung betrifft, und mit Ausnahme des § 27, der bei der Verschmelzung durch Aufnahme unter bestimmten Voraussetzungen eine Schadensersatzpflicht der Verwaltungsträger des übernehmenden Rechtsträgers anordnet. Gemäß § 36 Abs. 1 S. 2 tritt bei der Verschmelzung durch Neugründung an die Stelle des übernehmenden Rechtsträgers der neue Rechtsträger und an die Stelle der Eintragung der Verschmelzung in das Register des Sitzes des übernehmenden Rechtsträgers die Eintragung des neuen Rechtsträgers in das Register. 235

3. Verschmelzungsvertrag

Aufgrund des Verweises in § 36 Abs. 1 S. 1 bedarf es auch bei der Verschmelzung durch Neugründung insbesondere eines Verschmelzungsvertrages im Sinne von §§ 4 und 5. Für das Umtauschverhältnis im Sinne von § 5 Abs. 1 Nr. 3 ist das Verhältnis der Unternehmenswerte der übertragenden Rechtsträger maßgeblich.[492] Soweit der neue Rechtsträger, was zulässig ist, **bare Zuzahlungen** im Sinne von § 5 Abs. 1 Nr. 3 gewährt, ist die 10 %-Grenze, die sich aus den rechtsformspezifischen Vorschriften in §§ 54 Abs. 4, 56 für die GmbH und in §§ 68 Abs. 3, 73, 78 für die AG und die KGaA ergibt, zu beachten. Danach dürfen etwa bei einer Verschmelzung auf eine neu gegründete GmbH die baren Zuzahlungen nicht den zehnten Teil des Gesamtnennbetrages der durch die GmbH gewährten Geschäftsanteile übersteigen. Dabei ist zum Schutz der Anteilsinhaber der übertragenden Rechtsträger nicht auf die Relation der Summe aller (an die Anteilsinhaber aller übertragenden Rechtsträger) gewährten Zuzahlungen zur Summe aller (an die Anteilsinhaber aller übertragenden Rechtsträger) gewährten Anteile abzustellen; vielmehr ist die 10 %-Grenze jeweils bezogen auf die Anteilsinhaber jedes einzelnen Rechtsträgers zu beachten, d.h. die Anteilsinhaber keines übertragenden Rechtsträgers dürfen an baren Zuzahlungen mehr als den zehnten Teil des Gesamtnennbetrages der den Anteilsinhabern dieses Rechtsträgers gewährten Anteile erhalten.[493] 236

§ 36 Abs. 1 S. 1 verweist auch auf § 29.[494] Hat also der neue Rechtsträger eine andere Rechtsform als einer oder mehrere der übertragenden Rechtsträger, sind insoweit im Verschmelzungsvertrag die Vorgaben des § 29 zu beachten. 237

---

489 Widmann/Mayer/*Fronhöfer*, § 2 Rn. 36.
490 Lutter/*Lutter/Drygala*, § 2 Rn. 24.
491 Kallmeyer/*Marsch-Barner*, § 2 Rn. 7.
492 Semler/Stengel/*Bärwaldt*, § 36 Rn. 12.
493 Widmann/Mayer/*Mayer*, § 36 Rn. 165.
494 Lutter/*Grunewald*, § 37 Rn. 4.

4. Kapitel Umwandlungen

238 § 37 bestimmt ferner, dass in dem Verschmelzungsvertrag der Gesellschaftsvertrag, der Partnerschaftsvertrag oder die Satzung des neuen Rechtsträgers enthalten oder festgestellt werden muss. Die für den Verschmelzungsvertrag nach § 6 erforderliche notarielle Beurkundung deckt dabei auch die nach den rechtsformspezifischen Vorschriften für das jeweilige Statut erforderliche Beurkundung ab (siehe § 2 Abs. 1 S. 1 GmbHG, § 23 Abs. 1 S. 1 AktG). Die Zustimmung zu dem Verschmelzungsvertrag im Sinne von § 13 beinhaltet zugleich die Zustimmung zu dem entsprechenden Statut.

4. Verschmelzungsbericht, Verschmelzungsprüfung und Verschmelzungsbeschluss

239 Für den Verschmelzungsbericht, die Verschmelzungsprüfung und die Verschmelzungsbeschlüsse gelten gemäß § 36 Abs. 1 S. 1 die §§ 8 bis 12 sowie die Regeln in §§ 13 bis 15, 32 entsprechend.

5. Anmeldung und Eintragung

240 Gemäß § 36 Abs. 1 S. 1 gilt für die Anmeldung der Verschmelzung durch Neugründung § 16 Abs. 1 nicht. An dessen Stelle tritt § 38. Nach § 38 Abs. 1 haben die Vertretungsorgane jedes der übertragenden Rechtsträger – in vertretungsberechtigter Zahl oder in unechter Gesamtvertretung[495] – die Verschmelzung zur Eintragung in das Register des Sitzes ihres Rechtsträgers anzumelden. Für diese Anmeldungen gelten nach § 36 Abs. 1 S. 1 die Vorschriften in § 16 Abs. 2 und 3 sowie § 17. D.h. es bedarf jeweils insbesondere grundsätzlich eines **Negativattests** im Sinne von § 16 Abs. 2 S. 1 sowie der **Anlagen im Sinne von § 17 Abs. 1** und für jeden übertragenden Rechtsträger einer **Schlussbilanz** im Sinne von § 17 Abs. 2. Die Schlussbilanzen müssen nicht auf den gleichen Stichtag aufgestellt sein; jede Bilanz muss aber dem Acht-Monats-Erfordernis in § 17 Abs. 2 S. 4 genügen.[496]

241 Darüber hinaus haben nach § 38 Abs. 2 die Vertretungsorgane aller übertragenden Rechtsträger – wiederum in vertretungsberechtigter Zahl oder in unechter Gesamtvertretung[497] – den neuen Rechtsträger bei dem Gericht, in dessen Bezirk er seinen Sitz haben soll, zur Eintragung in das Register anzumelden. Dies kann, muss aber nicht in einem Schriftstück geschehen. Für die Anmeldung gelten im Übrigen die Vorschriften in § 16 Abs. 2 und 3 (grundsätzliches Erfordernis des Negativattests) und § 17 Abs. 1. Darüber hinaus sind die für die Eintragung eines neugegründeten Rechtsträgers der jeweiligen Rechtsform notwendigen Unterlagen einzureichen.[498] Als Spezialregelungen verdrängen § 38 Abs. 1 und 2 die allgemeinen Regeln über Registeranmeldungen bei Personengesellschaften in §§ 108 Abs. 1, 161 Abs. 2 HGB, § 4 Abs. 1 PartGG (Anmeldung durch alle Gesellschafter) und bei Kapitalgesellschaften in §§ 7 Abs. 1, 78 GmbHG (Gründungsanmeldung durch alle Geschäftsführer) sowie § 36 Abs. 1 AktG (Gründungsanmeldung durch alle Gründer und Mitglieder des Vorstandes und des Aufsichtsrates).[499]

242 Für die Reihenfolge der Eintragungen gilt auch bei der Verschmelzung durch Neugründung § 19.[500]

---

[495] Semler/Stengel/*Schwanna*, § 38 Rn. 2.
[496] Widmann/Mayer/*Mayer*, § 36 Rn. 88; Lutter/*Grunewald*, § 36 Rn. 7.
[497] Semler/Stengel/*Schwanna*, § 38 Rn. 3.
[498] Lutter/*Grunewald*, § 38 Rn. 2.
[499] Widmann/Mayer/*Fronhöfer*, § 38 Rn. 9; Lutter/*Winter*, § 56 Rn. 23.
[500] Lutter/*Grunewald*, § 36 Rn. 10.

6. Verweis auf Gründungsrecht und Beteiligung Dritter

§ 36 Abs. 2 S. 1 erklärt grundsätzlich das jeweilige Gründungsrecht des neuen Rechtsträgers für anwendbar. Gemäß § 36 Abs. 2 S. 2 stehen die übertragenden Rechtsträger den Gründern gleich. Richtiger Ansicht nach steht diese Vorschrift aber einer **Beteiligung Dritter** als (Mit-)Gründer der neuen Gesellschaft nicht entgegen, da weder Strukturmerkmale der Verschmelzung wie die Anteilsgewährung (§§ 5 Abs. 1 Nr. 3, 20 Abs. 1 Nr. 2) noch Gläubigerinteressen tangiert sind.[501] Zu beachten ist dann allerdings, dass die Beteiligung Dritter nicht den umwandlungsrechtlichen, sondern den allgemeinen Vorschriften unterliegt.[502]

243

Gemäß § 36 Abs. 2 S. 3 sind Vorschriften, die für die Gründung eine Mindestzahl der Gründer vorschreiben (siehe § 56 BGB für den Verein, § 4 GenG für die Genossenschaft), nicht anzuwenden. Dies lässt aber das Gebot unberührt, dass eine Personengesellschaft aus mindestens zwei Gesellschaftern bestehen muss.[503] Sollen also zwei Schwester-GmbH, die jeweils einen Alleingesellschafter haben, auf eine dadurch neu gegründete Personengesellschaft verschmolzen werden, bedarf es hierzu der Beteiligung einer weiteren Person als Gesellschafter der neuen Gesellschaft.[504]

244

XII. Besonderheiten bei der Beteiligung von Personenhandelsgesellschaften

1. Überblick

§§ 39 bis 45 enthalten die besonderen Vorschriften, die für die Beteiligung von Personenhandelsgesellschaften (§ 3 Abs. 1 Nr. 1) an einer Verschmelzung gelten. Anders als bei den Sonderregeln, die für die Beteiligung einer GmbH (§§ 46 bis 55 und §§ 56 bis 59) oder einer AG (§§ 60 bis 72 und §§ 73 bis 77) an einer Verschmelzung gelten, sind sie nicht unterteilt in Regeln über die Verschmelzung durch Aufnahme und Regeln über die Verschmelzung durch Neugründung. Im Hinblick auf die im Rahmen einer Verschmelzung denkbaren Beteiligungen einer Personenhandelsgesellschaft als übertragender, übernehmender oder neuer Rechtsträger ergibt sich folgendes Bild:

245

Ist eine Personenhandelsgesellschaft als **übertragender Rechtsträger** an der Verschmelzung (durch Aufnahme oder Neugründung) beteiligt, sind die Vorschriften in §§ 39, 41, 42, 43 Abs. 1 und Abs. 2 S. 1 und S. 2 sowie in §§ 44 und 45 zu beachten. § 39 regelt insofern Ergänzungen zu § 3 Abs. 3 bezüglich aufgelöster übertragender Personenhandelsgesellschaften. § 41 befasst sich mit der Erforderlichkeit des Verschmelzungsberichts (§ 8), § 42 mit der Unterrichtung der Gesellschafter, § 43 Abs. 1 und Abs. 2 S. 1 und S. 2 mit den erforderlichen Mehrheiten für den Verschmelzungsbeschluss (§ 13), § 44 mit der Erforderlichkeit der Prüfung der Verschmelzung (§§ 9 bis 12) und § 45 regelt Fragen der Nachhaftung.

246

Ist eine Personenhandelsgesellschaft hingegen als **übernehmender Rechtsträger** an der Verschmelzung (durch Aufnahme) beteiligt, sind neben den Regeln in § 41 (Verschmelzungsbericht), § 42 (Unterrichtung der Gesellschafter), § 43 Abs. 1 und Abs. 2 S. 1 und S. 2 (Mehrheitserfordernisse) und § 44 (Prüfung der Verschmelzung) die Bestimmungen in § 40 Abs. 1 und 2 sowie in § 43 Abs. 2 S. 3 Hs. 1 und Hs. 2 zu beachten. § 40 Abs. 1 und 2 sowie § 43 Abs. 2 S. 3 Hs. 1 enthalten für diese Konstellation wichtige Sondervorschriften zu § 5 (Inhalt des Verschmelzungsvertrages), die sich mit der Frage befassen, welche Gesellschafterstellung (Art der Beteiligung als unbeschränkt oder als beschränkt haftender Gesellschafter und Höhe der Beteiligung) die Anteilsinhaber der übertragenden Rechtsträger an

247

---

501 Semler/Stengel/*Bärwaldt*, § 36 Rn. 70; Lutter/*Grunewald*, § 36 Rn. 15; *Priester*, DB 1997, 560, 562 ff.; *Baßler*, GmbHR 2007, 1252; a.A. Kallmeyer/*Marsch-Barner*, § 36 Rn. 14; Widmann/Mayer/*Vossius*, § 40 Rn. 3.1.
502 Siehe zum Parallelproblem bei der Verschmelzung durch Aufnahme oben Rdn. 46.
503 Lutter/*Grunewald*, § 36 Rn. 16.
504 Semler/Stengel/*Bärwaldt*, § 36 Rn. 68.

4. Kapitel Umwandlungen

der übernehmenden Personenhandelsgesellschaft erhalten. § 43 Abs. 2 S. 3 Hs. 2 befasst sich mit der entsprechenden Frage für bestimmte Gesellschafter der übernehmenden Personenhandelsgesellschaft, nämlich für diejenigen Gesellschafter, die bislang in der übernehmenden Personenhandelsgesellschaft unbeschränkt haften und der Verschmelzung widersprechen.

248 Ist eine Personenhandelsgesellschaft bei der Verschmelzung durch Neugründung als **neuer Rechtsträger** beteiligt, gelten – korrespondierend mit der Regelung in § 36 Abs. 1 S. 2 Hs. 1 – von den §§ 39 bis 45 nur die spezifischen Vorschriften in § 40 Abs. 1 und 2 sowie in § 43 Abs. 2 S. 3 Hs. 1, die sich mit der Gesellschafterstellung der Anteilsinhaber der übertragenden Rechtsträger in der neuen Personenhandelsgesellschaft befassen.

2. Aufgelöste Gesellschaften (§ 39)

249 Eine aufgelöste Personenhandelsgesellschaft kann sich nach § 39 nicht als übertragender Rechtsträger an einer Verschmelzung (durch Aufnahme oder Neugründung) beteiligen, wenn die Gesellschafter nach § 145 HGB eine **andere Art der Auseinandersetzung** als die Abwicklung oder als die Verschmelzung vereinbart haben. § 39 ergänzt somit § 3 Abs. 3.[505]

3. Besonderheiten bezüglich des Verschmelzungsvertrages (§§ 40, 43 Abs. 2 S. 3)

a) Bestimmung von Art und Umfang der Beteiligung der Anteilsinhaber der übertragenden Rechtsträger in der übernehmenden/neuen Personenhandelsgesellschaft

aa) Art der Beteiligung

250 § 40 Abs. 1 S. 1 verlangt in Ergänzung zu § 5 Abs. 1, dass, wenn Rechtsträger im Wege der Verschmelzung durch Aufnahme oder Neugründung auf eine Personenhandelsgesellschaft, d.h. auf eine oHG oder eine KG (§ 3 Abs. 1 Nr. 1), verschmolzen werden, im Verschmelzungsvertrag oder seinem Entwurf für jeden Anteilsinhaber eines übertragenden Rechtsträgers bestimmt wird, ob ihm in der übernehmenden oder neuen Personenhandelsgesellschaft die Stellung eines persönlich haftenden Gesellschafters oder eines Kommanditisten gewährt wird. Diese Regelung dient wie auch § 40 Abs. 1 S. 2 bezogen auf die Anteilsinhaber der übertragenden Rechtsträger der **Klarstellung der Beteiligungs- und Haftungsverhältnisse in der übernehmenden/neuen Gesellschaft**. Sie gilt daher unabhängig von der Rechtsform des übertragenden Rechtsträgers, und somit auch dann, wenn der übertragende Rechtsträger seinerseits eine Personenhandelsgesellschaft ist.[506]

bb) Rechtliche Vorgaben für die Bestimmung der Art der Beteiligung

251 Ob die Gesellschafter der übertragenden Rechtsträger in der übernehmenden oder neuen Personenhandelsgesellschaft die Stellung eines Komplementärs oder eines Kommanditisten erhalten, unterliegt grundsätzlich der **Disposition der Beteiligten** des Verschmelzungsvorgangs.[507] Den Schutz der beteiligten Anteilsinhaber der übertragenden Rechtsträger vor einer im Zuge der Verschmelzung eintretenden Veränderung bzw. Vergrößerung ihres Haftungsrisikos stellt, wenn der übertragende Rechtsträger seinerseits eine Personenhandelsgesellschaft ist, grundsätzlich das **Einstimmigkeitsgebot** in § 43 Abs. 1 sicher. Nach § 43 Abs. 1 bedarf der Verschmelzungsbeschluss der Gesellschafter einer Personenhandelsgesellschaft der Zustimmung aller Gesellschafter, auch derjenigen, die zu der

---

505 Siehe im Einzelnen oben Rdn. 22.
506 Semler/Stengel/*Ihrig*, § 40 Rn. 3.
507 Lutter/*H. Schmidt*, § 40 Rn. 1.

Gesellschafterversammlung, die über die Verschmelzung beschließen soll, nicht erschienen sind. Handelt es sich bei dem übertragenden Rechtsträger allerdings um eine Kapitalgesellschaft (siehe § 50 Abs. 1 S. 1 für die GmbH und § 65 Abs. 1 S. 1 für die AG) oder um eine Personenhandelsgesellschaft, die von der Möglichkeit Gebrauch gemacht hat, bezüglich des Verschmelzungsbeschlusses einen Mehrheitsentscheid zuzulassen (§ 43 Abs. 2 S. 1 und S. 2), besteht aufgrund des dann geltenden Mehrheitsprinzips die Möglichkeit, dass die Verschmelzung gegen den Willen einzelner Gesellschafter des übertragenden Rechtsträgers beschlossen wird. Dem **Schutz solcher Gesellschafter der übertragenden Rechtsträger** dienen die Regeln in § 40 Abs. 2 und in § 43 Abs. 2 S. 3 Hs. 1, wobei § 40 Abs. 2 die bisher nicht persönlich unbeschränkt haftenden Anteilsinhaber des übertragenden Rechtsträgers und § 43 Abs. 2 S. 3 Hs. 1 die bislang persönlich unbeschränkt haftenden Anteilsinhaber des übertragenden Rechtsträgers betrifft.

(1) Schutz der beschränkt haftenden Gesellschafter der übertragenden Rechtsträger (§ 40 Abs. 2)

Gemäß § 40 Abs. 2 S. 1 ist den bisher nicht persönlich unbeschränkt haftenden Anteilsinhabern eines übertragenden Rechtsträgers (d.h. z.B. Kommanditisten, GmbH-Gesellschaftern oder Aktionären) durch den Verschmelzungsvertrag die Stellung eines Kommanditisten zu gewähren. Soll ihnen durch den Verschmelzungsvertrag die Stellung eines Komplementärs eingeräumt werden, bedarf der Verschmelzungsbeschluss des übertragenden Rechtsträgers gemäß § 40 Abs. 2 S. 2 ihrer Zustimmung, für die § 13 Abs. 3 S. 1 gilt.

252

(2) Schutz der unbeschränkt haftenden Gesellschafter der übertragenden Rechtsträger (§ 43 Abs. 2 S. 3 Hs. 1)

Auch den bislang persönlich haftenden Gesellschaftern der übertragenden Rechtsträger (d.h. den Komplementären übertragender Personenhandelsgesellschaften oder einer KGaA) kann nicht gegen deren Willen die Stellung eines Komplementärs in der übernehmenden oder neuen Personenhandelsgesellschaft aufgezwungen werden. Gemäß § 43 Abs. 2 S. 3 Hs. 1 ist ihnen die Stellung eines Kommanditisten zu gewähren, wenn sie der Verschmelzung widersprechen.

253

Für einen Widerspruch im Sinne von § 43 Abs. 2 S. 3 Hs. 1 reicht richtiger Ansicht nach aus, wenn der Anteilsinhaber gegen den Verschmelzungsbeschluss stimmt. Wie die abweichende Formulierung in § 29 zeigt, bedarf es für einen Widerspruch im Sinne von § 43 Abs. 2 S. 3 eines besonderen zu Protokoll erklärten Widerspruchs nicht.[508] Eine bloße Enthaltung reicht hingegen nicht.[509] Das Gesetz regelt nicht, bis zu welchem Zeitpunkt der Widerspruch im Sinne des § 43 Abs. 3 S. 3 erklärt werden kann. Vor der Versammlung, die über die Verschmelzung im Sinne von § 13 beschließt, sowie während der Versammlung kann der Widerspruch – der keiner besonderen Form bedarf – zulässigerweise erklärt werden, und zwar im ersten Fall gegenüber der Gesellschaft und im zweiten Fall gegenüber dem Versammlungsleiter.[510] Hat der Gesellschafter an der Versammlung teilgenommen, kann er den Widerspruch nach deren Ende nicht mehr wirksam erklären.[511] Denn im Hinblick auf die gravierenden Folgen des Widerspruchs für die Verschmelzung haben die übrigen Beteiligten ein berechtigtes und schutzwürdiges Interesse daran, dass sich der Gesellschafter in der Versammlung erklärt und zu diesem Zeitpunkt feststeht, unter welchen Konditionen die Verschmelzung durchgeführt werden kann. Aus den gleichen Grün-

254

---

[508] Semler/Stengel/*Ihrig*, § 43 Rn. 38; a.A. Widmann/Mayer/*Vossius*, § 43 Rn. 135.
[509] Lutter/*H. Schmidt*, § 43 Rn. 18.
[510] Lutter/*H. Schmidt*, § 43 Rn. 15.
[511] Kallmeyer/*Zimmermann*, § 43 Rn. 26.

den bildet richtiger Ansicht nach auch für den Gesellschafter, der trotz ordnungsgemäßer Ladung an der Versammlung nicht teilnimmt, deren Beendigung die **zeitliche Grenze für die Erhebung des Widerspruchs**.[512] Lediglich dann, wenn der Gesellschafter nicht ordnungsgemäß geladen ist, kann er den Widerspruch auch noch nach Beendigung der Versammlung erheben, und zwar unverzüglich nach Kenntnis des Beschlusses.[513]

255 Der Verschmelzungsvertrag oder sein Entwurf müssen gemäß § 13 Abs. 3 S. 2 beim Verschmelzungsbeschluss vorliegen; sieht der Verschmelzungsvertrag oder sein Entwurf für die persönlich haftenden Gesellschafter des übertragenden Rechtsträgers die Stellung als persönlich haftende Gesellschafter in der übernehmenden oder neuen Personenhandelsgesellschaft vor, führt ein Widerspruch im Sinne von § 43 Abs. 2 S. 3 Hs. 1 dazu, dass die Verschmelzung auf der Basis eines solchen Verschmelzungsvertrages/Entwurfs trotz Mehrheitsbeschlusses nicht durchgeführt werden kann.[514] In solchen Fällen muss der Verschmelzungsvertrag oder sein Entwurf geändert werden und das Zustimmungsverfahren nach § 13 erneut durchgeführt werden.[515] Zulässig ist es allerdings, dass der Verschmelzungsvertrag oder sein Entwurf vorsorglich Regelungen für den Fall enthält, dass ein Widerspruch nach § 43 Abs. 2 S. 3 erhoben wird.

cc) Umfang der Beteiligung

256 Gemäß § 40 Abs. 1 S. 2 ist neben der für jeden Anteilsinhaber eines übertragenden Rechtsträgers erforderlichen Feststellung, ob er in der übernehmenden oder der neuen Personenhandelsgesellschaft die Stellung eines Komplementärs oder eines Kommanditisten erhält, ferner der Betrag der Einlage jedes Gesellschafters festzusetzen. In Teilen des Schrifttums wird nicht ganz Unrecht darauf hingewiesen, dass nicht recht deutlich ist, was unter dem – auch anderweitig unscharf verwendeten[516] – Begriff der »Einlage« zu verstehen ist.[517] Insoweit kommt es darauf an, ob der Gesellschafter des übertragenden Rechtsträgers in der übernehmenden/neuen Gesellschaft die Stellung eines Komplementärs oder eines Kommanditisten erhalten soll und ob er bereits an der übernehmenden Gesellschaft beteiligt ist oder nicht.

(1) Beteiligung als neuer Komplementär

257 Bezogen auf den Fall, dass dem Gesellschafter der übertragenden Gesellschaft in der übernehmenden/neuen Personenhandelsgesellschaft die Stellung eines Komplementärs eingeräumt wird, wird der Begriff der Einlage in § 40 Abs. 1 S. 2 im Schrifttum dahingehend verstanden, dass der **Kapitalanteil** des Gesellschafters (§§ 120 Abs. 2, 121 Abs. 1 und 2, 122 HGB) anzugeben ist.[518] Der Kapitalanteil ist nach heutigem Verständnis eine Bilanzziffer, die die verhältnismäßige Beteiligung des einzelnen Gesellschafters am Wert des Gesellschaftsvermögens widerspiegelt.[519] § 40 Abs. 1 S. 2 ist daher genügt, wenn den Gesellschaftern der übertragenden Rechtsträger entsprechende Kapitalanteile in der übernehmenden/neuen Gesellschaft im Verschmelzungsvertrag zugewiesen werden, wobei dies bei einer Verschmelzung durch Aufnahme durch eine **Neuverteilung der bisherigen Kapitalanteile** (ohne Veränderung der Summe der bisherigen Kapitalanteile) oder durch **Bildung**

---

512 Lutter/*H. Schmidt*, § 43 Rn. 18; a.A. Widmann/Mayer/*Vossius*, § 43 Rn. 135 (unverzüglicher Widerspruch nach Kenntnis vom Verschmelzungsbeschluss).
513 Kallmeyer/*Zimmermann*, § 43 Rn. 26.
514 Lutter/*H. Schmidt*, § 43 Rn. 19.
515 Widmann/Mayer/*Vossius*, § 43 Rn. 141; jetzt auch Lutter/*H. Schmidt*, § 43 Rn. 19.
516 Siehe MünchKommHGB/*K. Schmidt*, §§ 171, 172 Rn. 5-7.
517 Limmer/*Limmer*, Handbuch Umwandlung, Rn. 882.
518 Lutter/*H. Schmidt*, § 40 Rn. 15; Semler/Stengel/*Ihrig*, § 40 Rn. 9.
519 MünchKommHGB/*Priester*, § 120 Rn. 84 ff. m.w.N.

»neuer« **Kapitalanteile** (unter Erhöhung der Summe der bisherigen Kapitalanteile) geschehen kann.[520]

Formulierungsbeispiel: 258 M
Die beiden Gesellschafter der übertragenden A-OHG, nämlich X und Y, erhalten in der übernehmenden B-OHG jeweils die Stellung von persönlich haftenden Gesellschaftern und jeweils eine Beteiligung an dieser in Höhe eines Kapitalanteils von 25.000,-- Euro. Dazu wird im Zuge der Verschmelzung das bisherige Festkapital der B-OHG von 200.000,-- Euro um 50.000,-- Euro auf 250.000,-- Euro erhöht; an diesem erhöhten Festkapital der B-OHG sind deren bisherige Gesellschafter, nämlich V und W, mit (unverändert) je 100.000,-- Euro und die neuen Gesellschafter, nämlich X und Y, mit je 25.000,-- Euro beteiligt.

Zu beachten ist insoweit allerdings, dass die Regeln in §§ 120, 121 und 122 HGB gemäß 259 § 109 HGB dispositiver Natur sind. Die Gesellschafter können ihr Beteiligungsverhältnis über (feste) Betragsangaben darstellen (häufig als sog. Kapitalkonto I bezeichnet) und tun dies üblicherweise auch, sie müssen es aber nicht; zulässig ist es auch, das Beteiligungsverhältnis in Bruchteilen anzugeben.[521] In solchen Fällen ist es auch im Hinblick auf § 40 Abs. 1 S. 2 zulässig, die Beteiligung der Gesellschafter der übertragenden Gesellschaft als Komplementäre in der übernehmenden/neuen Personenhandelsgesellschaft ebenfalls über Bruchteile darzustellen, da Sinn und Zweck des § 40 Abs. 1 S. 2 nur in der klaren Darstellung der Beteiligungsverhältnisse in der übernehmenden/neuen Gesellschaft besteht.

Ausgehend vom Wortlaut des § 40 Abs. 1 S. 2, wonach der Betrag der Einlage jedes 260 Gesellschafters bestimmt werden muss, lässt es die h.M. richtigerweise nicht ausreichen, wenn die Beteiligten im Verschmelzungsvertrag lediglich die Faktoren angeben, mit deren Hilfe die »Einlagebeträge« bestimmt werden können, oder wenn sie deren Bestimmung in die Hand eines Dritten legen.[522]

(2) Beteiligung als neuer Kommanditist

Wird dem Gesellschafter der übertragenden Gesellschaft in der übernehmenden/neuen 261 Personenhandelsgesellschaft die Stellung eines Kommanditisten eingeräumt, wird im Schrifttum bezüglich der Pflicht zur Bestimmung der Einlage im Sinne von § 40 Abs. 1 S. 2 verlangt, dass neben der nach § 162 Abs. 1 S. 1 HGB zum Handelsregister anzumeldenden Haftungssumme im Sinne von § 172 Abs. 1 HGB die **Pflichteinlage des Kommanditisten** anzugeben ist.[523] Vergegenwärtigt man sich den Sinn des § 40 Abs. 1 S. 2, über die Pflichtangaben in § 5 Abs. 1 Nr. 3 hinaus für klare Aussagen über den Beteiligungsumfang der Anteilsinhaber der übertragenden Rechtsträger an der übernehmenden/neuen Personenhandelsgesellschaft zu sorgen, erscheint es richtiger, auch bei der Einräumung einer Kommanditistenstellung (neben der Angabe der Haftungssumme) – wie bei der Einräumung einer Beteiligung als Komplementär – die Angabe des **Kapitalanteils des Kommanditisten** (§ 167 Abs. 2 HGB) oder des Bruchteils, mit der der Gesellschafter der übertragenden Gesellschaft an der übernehmenden/neuen KG beteiligt ist, zu verlangen.[524]

---

520 Siehe Limmer/*Limmer*, Handbuch Umwandlung, Rn. 885 und 886, der *zusätzlich* eine Änderung des Gesellschaftsvertrages der übernehmenden Gesellschaft verlangt.
521 Widmann/Mayer/*Mayer*, § 5 Rn. 24.2.
522 Lutter/*H. Schmidt*, § 40 Rn. 15; Semler/Stengel/*Ihrig*, § 40 Rn. 9: a.A. Widmann/Mayer/*Vossius*, § 40 Rn. 11.
523 Widmann/Mayer/*Vossius*, § 40 Rn. 14; anders Semler/Stengel/*Ihrig*, § 40 Rn. 9 (Angabe der Haftungssumme nur bei Abweichung von der Pflichteinlage).
524 So wohl auch Limmer/*Limmer*, Handbuch Umwandlung, Rn. 885 ff.

4. Kapitel Umwandlungen

(3) Grundsatz der Einheitlichkeit der Beteiligung

262 Besonderheiten in gesellschafts- wie steuerrechtlicher Hinsicht gelten bei der Verschmelzung durch Aufnahme auf eine übernehmende Personenhandelsgesellschaft, wenn ein Gesellschafter einer übertragenden Gesellschaft bereits an der übernehmenden Gesellschaft beteiligt ist. Gesellschaftsrechtlich ist in derartigen Fällen der **Grundsatz der Einheitlichkeit der Beteiligung an einer Personengesellschaft** zu beachten.[525] Anders als bei Kapitalgesellschaften ist es bei Personengesellschaften nicht möglich, dass ein Gesellschafter einen gesonderten Gesellschaftsanteil zu seinem bisherigen Anteil hinzu erwirbt.[526] Werden die Beteiligungsverhältnisse an der übernehmenden Gesellschaft über Festkapitalbeträge dargestellt, kann auch in diesen Fällen mittels deren Veränderung (im Wege der Neuverteilung der bestehenden Beträge oder durch Ausweisung zusätzlicher Kapitalanteile) unter Berücksichtigung der bisherigen Beteiligungsverhältnisse und der Werte der beteiligten Rechtsträger die neuen Beteiligungsverhältnisse dargestellt werden. Steuerrechtlich kann allerdings, wenn Festkapitalkonten bestehen, deren Erhöhung im Hinblick auf § 24 UmwStG geboten sein.[527] Werden die Beteiligungsverhältnisse bei der übernehmenden Gesellschaft über Bruchteile dargestellt, ist deren Neuverteilung auszuweisen. Denkbar erscheint es in solchen Fällen – jedenfalls umwandlungsrechtlich – auch, dass die durch Bruchteile ausgewiesenen Beteiligungsverhältnisse in der übernehmenden Gesellschaft unverändert bleiben, nämlich dann, wenn die bisherigen Beteiligungsverhältnisse in der übernehmenden Gesellschaft mit denjenigen in der übertragenden Gesellschaft absolut identisch sind. Steuerrechtlich ist in einem solchen Fall zu prüfen, ob es sich zur Wahrung der Buchwertfortführung in § 24 UmwStG empfiehlt, in der übernehmenden Gesellschaft von der Bruchteilsdarstellung der Beteiligungsverhältnisse Abstand zu nehmen und anstelle dessen Kapitalanteile auszuweisen und diese verschmelzungsbedingt zu erhöhen.

263 Ist der Gesellschafter der übertragenden Gesellschaft als Kommanditist an der übernehmenden KG beteiligt, bedarf es – weder im Hinblick auf § 5 Abs. 1 noch im Hinblick auf § 40 Abs. 1 S. 2 – einer Erhöhung seiner im Handelsregister eingetragenen **Haftsumme** (§ 172 Abs. 1 HGB), da diese nicht das im Rahmen von § 5 Abs. 1 Nrn. 2 und 3 und § 40 Abs. 1 S. 2 relevante Innenverhältnis der Gesellschafter, sondern das Außenverhältnis zu den Gläubigern der KG betrifft.

(4) Buchung auf Darlehenskonten

264 Umwandlungsrechtlich nicht zulässig ist es, den Gesellschaftern der übertragenden Rechtsträger als Gegenleistung für den Übergang des Vermögens des übertragenden Rechtsträgers auf den übernehmenden Rechtsträger lediglich Guthaben auf Darlehenskonten bei der übernehmenden Gesellschaft einzuräumen.[528] Zwar haben die Beteiligten bei der Bestimmung der Gegenleistung einen weitgehenden Gestaltungsspielraum. § 5 Abs. 1 Nr. 3 lässt aber als »Gegenleistung« nur Anteile an der übernehmenden Gesellschaft oder bare Zuzahlungen zu. Guthaben auf Darlehenskonten sind weder das eine noch das andere, sondern stellen Forderungen gegen die übernehmende Gesellschaft dar.

(5) Komplementär-GmbH ohne Vermögensbeteiligung

265 Einer Komplementär-GmbH, die am Vermögen einer übertragenden GmbH & Co. KG nicht beteiligt ist, muss, falls sie damit einverstanden ist, richtiger Ansicht nach keine Beteiligung an einer übernehmenden (Personenhandels-) Gesellschaft eingeräumt werden.[529]

---

[525] Siehe dazu u.a. Widmann/Mayer/*Mayer*, § 5 Rn. 24.2.
[526] Etwa Limmer/*Limmer*, Handbuch Umwandlung, Rn. 881.
[527] Widmann/Mayer/*Mayer*, § 5 Rn. 24.2; siehe BGH, Urt. v. 25.4.2006 – VIII R 52/04, GmbHR 2006, 991; Schmitt/*Schmitt*, § 24 UmwStG Rn. 128 m.w.N.
[528] Limmer/*Limmer*, Handbuch Umwandlung, Rn. 903; Widmann/Mayer/*Mayer*, § 5 Rn. 24.2.
[529] Siehe dazu oben Rdn. 56.

dd) Besonderheiten im Hinblick auf § 35 (unbekannte Aktionäre)

§ 40 Abs. 1 erfordert Angaben über die Anteilsinhaber der übertragenden Rechtsträger, die sich nur erfüllen lassen, in dem die Anteilsinhaber im Verschmelzungsvertrag benannt werden. Ist der übertragende Rechtsträger eine AG oder KGaA ordnet § 35 **Erleichterungen** hinsichtlich dieses Gebots an. Nach § 35 S. 1 Hs. 1 ist es, falls Aktionäre solcher Gesellschaften unbekannt sind, ausreichend, wenn diese im Verschmelzungsvertrag durch die Angabe des insgesamt auf sie entfallenden Teils des Grundkapitals der übertragenden Gesellschaft und des auf sie nach der Verschmelzung entfallenden Anteils an der übernehmenden Gesellschaft bezeichnet werden; eine solche Bezeichnung ist allerdings gemäß § 35 S. 1 Hs. 2 nur zulässig, wenn die Anteile solcher unbekannten Aktionäre zusammen den zwanzigsten Teils des Grundkapitals der übertragenden Gesellschaft nicht überschreiten. Die früher von § 35 a.F. geforderte (unpraktikable) Angabe der Aktienurkunden der unbekannten Aktionäre hat der Gesetzgeber mit der Neufassung des § 35 durch das Zweite Gesetz zur Änderung des Umwandlungsgesetzes vom 19.4.2007 abgeschafft. Welche Anstrengungen die Gesellschaft unternehmen muss, um Kenntnis von ihren Aktionären zu erlangen, ist ungeklärt. Die Rechtsprechung verlangt zwar keine Darlegungen über solche Anstrengungen, meint aber, dass schon bei Einladung zur beschlussfassenden Hauptversammlung die Aktionäre aufgefordert werden sollten, ihren Aktienbesitz offen zu legen.[530] Nicht unbekannt im Sinne von § 35 sind jedenfalls die Aktionäre, die zur Hauptversammlung erschienen sind.[531] Auf Rechtsträger anderer Rechtsform als der AG und der KGaA sind die Regelungen in § 35 – trotz dessen Stellung im Allgemeinen Teil der Verschmelzungsregelungen – richtiger Ansicht nach nicht anwendbar.[532]

266

b) Schutz der unbeschränkt haftenden Gesellschafter der übernehmenden Personenhandelsgesellschaft

Das Gesetz schützt neben den bislang beschränkt und unbeschränkt haftenden Gesellschaftern der übertragenden Rechtsträger auch die bislang unbeschränkt haftenden Gesellschafter der übernehmenden Personenhandelsgesellschaft. Auch ihnen ist – wie den bislang unbeschränkt haftenden Gesellschaftern der übertragenden Rechtsträger – als Schutz vor einer wesentlichen Veränderung der Grundlagen ihres Haftungsrisikos die Stellung eines Kommanditisten in der übernehmenden Gesellschaft einzuräumen, wenn sie der Verschmelzung widersprechen (§ 43 Abs. 2 S. 3 Hs. 2). Für dieses **Widerspruchsrecht** gelten dieselben Grundsätze wie für das Widerspruchsrecht nach § 43 Abs. 2 S. 3 Hs. 1[533]

267

c) Verhältnis zu § 29

Die Regelungen zum Schutze der persönlich haftenden Gesellschafter in § 43 Abs. 2 S. 3 Hs. 1 und Hs. 2 lassen das in § 29 geregelte **Austrittsrecht** unberührt.[534] Bei einer Mischverschmelzung im Sinne von § 29 Abs. 1, die auch bei einer Verschmelzung einer oHG auf eine KG und umgekehrt vorliegt, ist ein der Verschmelzung widersprechender persönlich haftender Gesellschafter des übertragenden Rechtsträgers daher nicht auf die Rechte in § 43 Abs. 2 beschränkt, sondern hat über § 29 auch die Möglichkeit, aus der Gesellschaft auszuscheiden.[535]

268

---

530 BayObLG MittRhNotK 1996, 421= AG 1996, 468.
531 Semler/Stengel/*Schwanna*, § 35 Rn. 7.
532 KK-UmwG/*Simon*, § 35 Rn. 5; a.A. Lutter/*Grunewald*, § 35 Rn. 2.
533 Siehe oben Rdn. 253.
534 Lutter/*Grunewald*, § 29 Rn. 2.
535 Semler/Stengel/*Kalss*, § 29 Rn. 6.

4. Verschmelzungsbericht (§41), Unterrichtung der Gesellschafter (§42) sowie Verschmelzungsprüfung (§44)

269 Gemäß §41 ist für eine an der Verschmelzung beteiligte Personenhandelsgesellschaft ein Verschmelzungsbericht nicht erforderlich, wenn alle Gesellschafter dieser Gesellschaft zur Geschäftsführung berechtigt sind. Gemäß §42 sind bei der Verschmelzung unter Beteiligung von Personenhandelsgesellschaften der Verschmelzungsvertrag oder sein Entwurf und der Verschmelzungsbericht den Gesellschaftern, die von der Geschäftsführung ausgeschlossen sind, spätestens zusammen mit der Einberufung der Gesellschafterversammlung, die über die Zustimmung zum Verschmelzungsvertrag beschließen soll, zu übersenden. Hinsichtlich der Frage, ob bei der Beteiligung einer Personenhandelsgesellschaft an einer Verschmelzung eine Verschmelzungsprüfung erforderlich ist, differenziert § 44 danach, ob der Verschmelzungsbeschluss der Einstimmigkeit bedarf oder ob der Gesellschaftsvertrag insoweit eine Mehrheitsentscheidung vorsieht.[536]

5. Verschmelzungsbeschluss

a) Einstimmigkeitsgrundsatz

270 Der Verschmelzungsbeschluss einer Personenhandelsgesellschaft bedarf gemäß §43 Abs. 1 der Zustimmung aller bei der Gesellschafterversammlung anwesenden Gesellschafter; die nicht erschienenen Gesellschafter müssen ebenfalls dem Beschluss zustimmen. Dieses **Einstimmigkeitsgebot** folgt dem allgemeinen bei Personengesellschaften geltenden Grundsatz, dass Grundlagenmaßnahmen der Zustimmung aller Gesellschafter bedürfen (siehe § 119 Abs. 1 HGB, § 6 Abs. 3 S. 2 PartGG).[537] Für eine Zustimmung im Sinne von §43 Abs. 1 reicht es nicht aus, wenn sich der Gesellschafter der Stimme enthält; gleiches gilt, wenn seine Stimmabgabe ungültig ist.[538]

271 Die Zustimmung bei der Gesellschafterversammlung nicht erscheinender Gesellschafter kann sowohl vor als auch nach der Versammlung erklärt werden. Die Zustimmungserklärung bedarf – wie § 13 Abs. 3 S. 1 ausdrücklich anordnet –, ebenso wie der Verschmelzungsbeschluss selbst der notariellen Beurkundung. Bis zur Erteilung einer nachträglichen Zustimmung ist der Beschluss schwebend unwirksam.[539]

272 Richtiger Ansicht nach bedarf es auch der Zustimmung derjenigen Gesellschafter, deren Stimmrecht im Gesellschaftsvertrag ausgeschlossen ist.[540] Denn die Verschmelzung mit ihren umfassenden sich aus § 20 ergebenden Rechtswirkungen berührt den **Kernbereich der Mitgliedschaftsrechte** der Gesellschafter. Eine Ausnahme von dem Grundsatz, dass auch die ansonsten vom Stimmrecht ausgeschlossenen Gesellschafter an dem Verschmelzungsbeschluss mitwirken oder ihm zustimmen müssen, wird man nur für die vom Stimmrecht ausgeschlossene Komplementärin einer beteiligungsidentischen GmbH & Co. KG zulassen können. Denn hier ist aufgrund der besonderen Konstellation eine Beeinträchtigung der Mitgliedschaftsrechte der Komplementärin nicht zu befürchten.[541] Entsprechendes wie in den Fällen der vom Stimmrecht ausgeschlossenen Gesellschafter gilt auch im Falle der obligatorischen Gruppenvertretung; auch hier müssen sämtliche Gesellschafter, d.h. auch die vertretenen Gesellschafter, zustimmen.[542]

---

536 Siehe oben Rdn. 157.
537 Siehe MünchKommHGB/*K. Schmidt*, § 119 HGB Rn. 3.
538 Semler/Stengel/*Ihrig*, §43 Rn. 16.
539 Lutter/*H. Schmidt*, §43 Rn. 10; dort auch zu den Fragen der Bindung an den Beschluss.
540 Semler/Stengel/*Ihrig*, §43 Rn. 17; a.A. Kallmeyer/*Zimmermann*, §43 Rn. 20 unter Hinweis auf §23.
541 BGH ZIP 1993, 1076 = NJW 1993, 2100.
542 Lutter/*H. Schmidt*, §43 Rn. 11.

b) Mehrheitsklauseln

§ 43 Abs. 2 S. 1 und S. 2 lassen Abweichungen vom Einstimmigkeitsgrundsatz zu. So kann der Gesellschaftsvertrag eine Mehrheitsentscheidung der Gesellschafter vorsehen (§ 43 Abs. 2 S. 1); die Mehrheit muss gemäß § 43 Abs. 2 S. 2 mindestens drei Viertel der abgegebenen Stimmen betragen. Diese seit dem 1.8.1998 gültige Fassung des § 43 Abs. 2 S. 2 stellt klar, dass es auf das entsprechende **Quorum der abgegebenen Stimmen** und nicht auf das entsprechende Quorum der Stimmen aller vorhandenen Gesellschafter ankommt. Abgegebene Stimmen in diesem Sinne sind nur die Ja- und die Nein-Stimmen, nicht jedoch Stimmenthaltungen;[543] denkbar und zulässig ist es aber, dass die Mehrheitsklausel in der Satzung bestimmt, dass auch Stimmenthaltungen als abgegebene Stimmen zählen. Denn wie sich aus dem Begriff »mindestens« ergibt, kann die Satzung auch höhere Mehrheitserfordernisse als das Erfordernis einer ¾-Mehrheit der abgegebenen Stimmen anordnen.[544] Kommt in der Versammlung die erforderliche ¾-Mehrheit nicht zustande, ist der Beschluss ungültig; daran ändert sich nichts, wenn dem Beschluss später die nicht erschienenen Gesellschafter zustimmen und dadurch insgesamt drei Viertel aller Gesellschafter dem Verschmelzungsvertrag zustimmen.[545]

273

Eine Klausel, die eine Mehrheitsentscheidung im Sinne von § 43 Abs. 2 S. 1 und S. 2 zulässt, erfordert es grundsätzlich – d.h. mit Ausnahme von entsprechenden Klauseln bei Publikumsgesellschaften –, dass sie die Mehrheitsentscheidung konkret bezogen auf den Verschmelzungsbeschluss zulässt. Eine Klausel im Gesellschaftsvertrag, die lediglich allgemein, d.h. ohne entsprechende Konkretisierung der Beschlussgegenstände, für Gesellschafterbeschlüsse eine ¾-Mehrheit zulässt, reicht nicht aus.[546] Dies folgt aus dem **Bestimmtheitsgrundsatz**.[547] Bei einer Grundlagenentscheidung, wie es der Verschmelzungsbeschluss im Hinblick auf die umfassenden, sich aus § 20 ergebenden Rechtsfolgen der Verschmelzung darstellt, muss dem Gesellschafter durch die entsprechend klare Fassung des Gesellschaftsvertrages verdeutlicht worden sein, dass die Verschmelzung durch die Mehrheit, d.h. gegebenenfalls gegen seinen Willen, beschlossen werden kann.[548] Als ausreichende Verdeutlichung muss allerdings richtiger Ansicht nach, jedenfalls bei Gesellschaftsverträgen, die unter Geltung des neuen Umwandlungsrechts abgeschlossen wurden, die Möglichkeit der Mehrheitsentscheidung nicht speziell für einen Verschmelzungsbeschluss zugelassen sein. Es reicht aus, wenn die Satzung den Mehrheitsentscheid für Beschlüsse »nach dem Umwandlungsgesetz« oder »für Umwandlungen« zulässt; denn nach den Begriffsbestimmungen des neuen Umwandlungsrechts (siehe § 1 Abs. 1) ist die Verschmelzung ein Unterfall der Umwandlung.[549] Bei Gesellschaftsverträgen, die unter Geltung des alten Umwandlungsrechts abgeschlossen wurden, ist im Einzelfall durch Auslegung zu ermitteln, ob, wenn dort der Begriff der Umwandlung verwendet wurde, auch die Verschmelzung gemeint sein sollte.[550]

274

Bei **Publikumsgesellschaften** genügen hingegen auch allgemein gefasste Mehrheitsklauseln, um von der Zulässigkeit einer Mehrheitsentscheidung im Sinne von § 43 Abs. 2 S. 1 ausgehen zu können, da hier der Bestimmtheitsgrundsatz nicht wie bei sonstigen Gesellschaften Geltung beansprucht.[551]

275

---

543 BGHZ 106, 179, 183 f.
544 Kallmeyer/*Zimmermann*, § 43 Rn. 13.
545 Semler/Stengel/*Ihrig*, § 43 Rn. 11.
546 Lutter/*H. Schmidt*, § 43 Rn. 15.
547 Siehe dazu BGH, Urt. v. 15.1.2007 – II ZR 245/5, DNotZ 2007, 629.
548 Vgl. Lutter/*H. Schmidt*, § 43 Rn. 14.
549 Semler/Stengel/*Ihrig*, § 43 Rn. 31.
550 Kallmeyer/*Zimmermann*, § 43 Rn. 9.
551 BGH, DNotZ 1978, 553.

6. Nachhaftung, § 45

276 Wird eine Personenhandelsgesellschaft auf einen Rechtsträger anderer Rechtsform verschmolzen, dessen Anteilsinhaber für dessen Verbindlichkeiten nicht unbeschränkt haften, begrenzt § 45 die Haftung der persönlich haftenden Gesellschafter der übertragenden Personenhandelsgesellschaft. So tritt nach § 45 Abs. 1 eine Enthaftung bezüglich derjenigen Ansprüche gegen den übertragenden Rechtsträger ein, die erst fünf Jahre nach der Verschmelzung fällig werden oder bei früherer Fälligkeit nicht innerhalb dieser Frist in der in § 45 im einzelnen beschriebenen Weise festgestellt bzw. geltend gemacht wurden.

7. Checkliste Verschmelzung unter Beteiligung einer Personenhandelsgesellschaft

277 Umwandlungsrechtlich sind bei einer Verschmelzung unter Beteiligung einer Personenhandelsgesellschaft insb. die folgenden Aspekte zu beachten:[552]

a) Verschmelzungsfähigkeit der Personenhandelsgesellschaft
  - Grundsätzlich uneingeschränkt mit anderen Personengesellschaften und Kapitalgesellschaften gemäß § 3 Abs. 1 Nrn. 1 und 2 unter Beachtung der Besonderheiten bei aufgelösten übertragenden Personenhandelsgesellschaften in § 39 (Rdn. 23)

b) Verschmelzungsvertrag
  - Allgemeine Regeln gemäß §§ 4 bis 7 (Rdn. 32 ff.) und § 37 (Rdn. 278) mit den Besonderheiten in § 40 Abs. 1 und 2 (Rdn. 250 ff.) und § 43 Abs. 2 S. 3 (Rdn. 253 ff.) bezüglich Art und Umfang der Beteiligung der Gesellschafter der übertragenden Rechtsträger und der unbeschränkt haftenden Gesellschafter einer übernehmenden Personenhandelsgesellschaft
  - § 29 (Rdn. 89 ff.)

c) Verschmelzungsbericht
  - Allgemeine Regeln gemäß § 8 (Rdn. 134 ff.)
  - Erforderlichkeit gemäß § 41 (Rdn. 139)

d) Unterrichtung der Gesellschafter gemäß § 42 (Rdn. 269)

e) Verschmelzungsprüfung
  - Allgemeine Regeln gemäß §§ 9 bis 12 (Rdn. 154 ff.)
  - Erforderlichkeit gemäß § 44 (Rdn. 157, 269)

f) Verschmelzungsbeschluss
  - Allgemeine Regeln gemäß §§ 13 bis 15 (Rdn. 176 ff.)
  - Mehrheits-/Zustimmungserfordernisse gemäß § 43 Abs. 1 und Abs. 2 S. 1 und S. 2 (Rdn. 270 ff.), § 40 Abs. 2 S. 2 und § 13 Abs. 2 (Rdn. 270 ff.)

g) Handelsregisteranmeldungen
  - Allgemeine Regeln gemäß §§ 16, 17, 38 (Rdn. 195 ff., 240 ff.)
  - Nichtgeltung von §§ 108, 161 Abs. 2 HGB
  - Beachtung der §§ 106 Abs. 2, 162 Abs. 1 S. 1 HGB für neue Personenhandelsgesellschaft und §§ 107, 162 Abs. 3 HGB für übernehmende Personenhandelsgesellschaft

h) Bei Mischverschmelzung (§ 3 Abs. 4) neben Beachtung der Besonderheiten nach § 29 (Rdn. 89) auch Beachtung der Besonderheiten, die für den jeweiligen Rechtsträger in der jeweiligen Beteiligungsrolle (übertragender, übernehmender oder neuer Rechtsträger) gelten, siehe dazu die Checklisten Partnerschaftsgesellschaft (Rdn. 287), GmbH (Rdn. 369 f.) und Aktiengesellschaft (Rdn. 442 f.), z.B. § 52 für die GmbH (Rdn. 349)

---

552 Siehe auch den Überblick in Rdn. 245.

XIII. Besonderheiten bei der Beteiligung von Partnerschaftsgesellschaften

1. Verschmelzungsfähigkeit

Seit dem 1. August 1998 zählen auch Partnerschaftsgesellschaften zu den verschmelzungsfähigen Rechtsträgern (§ 3 Abs. 1 Nr. 1). § 45 a S. 1 schränkt diese aus § 3 Abs. 1 Nr. 1 resultierende grundsätzliche Verschmelzungsfähigkeit dahingehend ein, dass eine Verschmelzung auf eine (übernehmende oder neu gegründete) Partnerschaftsgesellschaft nur möglich ist, wenn im Zeitpunkt ihres Wirksamwerdens alle Anteilsinhaber der übertragenden Rechtsträger natürliche Personen sind, die einen Freien Beruf im Sinne von § 1 Abs. 1 und 2 des Partnerschaftsgesetzes (PartGG) ausüben. Daneben bleiben spezielle gesetzliche Regelungen im Sinne von § 1 Abs. 3 PartGG, die die Berufsausübung in einer Partnerschaft ausschließen oder von weiteren Voraussetzungen abhängig machen, gemäß § 45 a S. 2 unberührt. Erfüllt ein Anteilsinhaber eines übertragenden Rechtsträgers nicht die in § 45 a S. 1 genannten Anforderungen, so kann, um die Verschmelzung zu ermöglichen, richtiger Ansicht nach sein Ausscheiden im Verschmelzungsvertrag und -beschluss vorgesehen werden.[553] Für übertragende aufgelöste Partnerschaftsgesellschaften gelten hinsichtlich der Verschmelzungsfähigkeit gemäß § 45 e die Einschränkungen des § 39.

278

2. Zusätzliche Vorgaben für den Verschmelzungsvertrag (§ 45 b)

Bei der Verschmelzung auf eine neue Partnerschaft schreibt § 37 vor, dass der Verschmelzungsvertrag den Partnerschaftsvertrag und damit auch dessen nach § 3 Abs. 2 PartGG vorgeschriebene Pflichtangaben, d.h. Name und Sitz der Partnerschaft (§ 3 Abs. 2 Nr. 1 PartGG), Name und Vorname sowie den in der Partnerschaft ausgeübten Beruf und den Wohnort jedes Partners (§ 3 Abs. 2 Nr. 2 PartGG) sowie den Gegenstand der Partnerschaft (§ 3 Abs. 2 Nr. 3 PartGG) enthält. Bei der Verschmelzung auf eine übernehmende Partnerschaft stellt § 45 b Abs. 1 sicher, dass der Verschmelzungsvertrag die Pflichtangaben in § 3 Abs. 2 Nr. 2 PartGG enthält.

279

Bei der Verschmelzung auf eine Partnerschaftsgesellschaft müssen im Hinblick auf die besonderen Anforderungen des Partnerschaftsgesetzes alle Anteilsinhaber der übertragenden Rechtsträger namentlich bekannt sein. Konsequenterweise schließt § 45 b Abs. 2 daher die Anwendung des § 35, der die Beteiligung unbekannter Aktionäre einer übertragenden AG oder KGaA regelt, für die Verschmelzung auf eine Partnerschaftsgesellschaft aus.

280

3. Verschmelzungsbericht, Unterrichtung der Partner und Verschmelzungsprüfung (§§ 45 c, 45 e S. 2)

Gemäß § 45 c S. 1 bedarf es – entsprechend der für Personenhandelsgesellschaften geltenden Parallelregelung in § 41 – keines Verschmelzungsberichts, wenn entsprechend der gesetzlichen Grundregel (§ 6 Abs. 3 S. 2 PartGG i.V.m. § 114 Abs. 1 HGB) alle Partner zur Geschäftsführung befugt sind, d.h. kein Partner gemäß § 6 Abs. 2 PartGG durch den Partnerschaftsvertrag von der Geschäftsführung ausgeschlossen ist. Sind Partner gemäß § 6 Abs. 2 PartGG von der Geschäftsführung ausgeschlossen, sind sie gemäß § 45 c S. 2 nach § 42 zu unterrichten. Die Möglichkeit eines durch alle Partner zu erklärenden Verzichts nach § 8 Abs. 3 bleibt wie bei § 41 unberührt. Sieht der Partnerschaftsvertrag nach § 44 d Abs. 2 bezüglich des Verschmelzungsbeschlusses eine Mehrheitsentscheidung vor, beurteilt sich die Erforderlichkeit einer Verschmelzungsprüfung (§§ 8 bis 12) gemäß § 45 e S. 2 nach § 44; d.h. die Verschmelzung ist zu prüfen, wenn dies ein Partner innerhalb einer Frist von einer Woche verlangt, nachdem er die in § 42 genannten Unterlagen erhalten hat.

281

---

553 Semler/Stengel/*Ihrig*, § 45 a Rn. 14, der insoweit eine vorherige Abstimmung mit dem zuständigen Registergericht empfiehlt.

4. Kapitel Umwandlungen

4. Beschluss der Gesellschafterversammlung (§ 45 d)/Zustimmungserfordernisse

282 Gemäß § 45 d Abs. 1 bedarf der Verschmelzungsbeschluss – entsprechend der Regelung bei den Personenhandelsgesellschaften in § 43 – grundsätzlich der Zustimmung aller anwesenden Partner sowie der Zustimmung aller bei der Gesellschafterversammlung nicht erschienenen Partner. Der Partnerschaftsvertrag kann in den Grenzen des § 45 d Abs. 2 Mehrheitsentscheide vorsehen. Insoweit gelten die gleichen Grundsätze wie bei § 43 Abs. 2 S. 1 und S. 2. Besondere Zustimmungserfordernisse können sich aus einer Anteilsvinkulierung im Sinne von § 13 Abs. 2 ergeben.[554]

5. Fehlendes Widerspruchsrecht

283 Bei der Verschmelzung auf eine (übernehmende oder neue) Personenhandelsgesellschaft schützt das Gesetz über den Zustimmungsvorbehalt in § 40 Abs. 2 S. 2 und das Widerspruchsrecht in § 43 Abs. 2 S. 3 die bislang beschränkt haftenden Anteilsinhaber der übertragenden Rechtsträger sowie die unbeschränkt haftenden Anteilsinhaber der übertragenden oder übernehmenden Rechtsträger davor, in der übernehmenden/neuen Personenhandelsgesellschaft gegen ihren Willen unbeschränkt persönlich zu haften, und zwar indem solchen Gesellschaftern die Rechtsstellung eines Kommanditisten in der übernehmenden/neuen Personenhandelsgesellschaft eingeräumt wird. Bei einer Partnerschaftsgesellschaft gibt nach deren gesetzlicher Konzeption (§ 8 Abs. 1 PartGG) die Möglichkeit einer vergleichbaren Stellung als »beschränkt haftender Partner« nicht. Der Minderheitenschutz bei der Verschmelzung auf eine Partnerschaftsgesellschaft ist damit niedriger ausgeprägt als bei der Verschmelzung auf eine Personenhandelsgesellschaft. Die Gesetzesbegründung verweist die Beteiligten in derartigen Fällen auf das Austrittsrecht nach § 29 und die Möglichkeit der Anteilsveräußerung nach § 33.[555]

6. Nachhaftung

284 Für die Nachhaftung gelten gemäß § 45 e S. 1 die Regelungen in § 45 entsprechend.

7. Anmeldung der Verschmelzung

285 Die Anmeldung einer im Wege der Verschmelzung durch Neugründung entstehenden Partnerschaft ist gemäß § 38 Abs. 1 von den Vertretungsorganen jedes übertragenden Rechtsträgers zur Eintragung in das Register ihres Rechtsträgers anzumelden. Daneben haben gemäß § 38 Abs. 2 die Vertretungsorgane aller übertragenden Rechtsträger die Partnerschaft bei dem Gericht, in dessen Bezirk sie ihren Sitz haben soll, zur Eintragung in das Partnerschaftsregister anzumelden. Ausreichend ist – wie auch sonst – das Handeln der Vertretungsorgane in vertretungsberechtigter Zahl oder in unechter Gesamtvertretung. Eine Anmeldung der Partnerschaft durch alle Partner, wie dies § 4 Abs. 1 S. 1 PartGG für die »normale« Gründung vorschreibt, ist nicht erforderlich, da § 38 Abs. 2 als Spezialvorschrift den gemäß § 36 Abs. 2 S. 1 ansonsten geltenden allgemeinen Gründungsvorschriften vorgeht. Im Übrigen sind gemäß § 36 Abs. 2 S. 1 die Vorgaben des § 4 PartGG zu beachten. Anzugeben sind somit gemäß § 4 Abs. 1 S. 2 PartGG in Verbindung mit § 3 Abs. 2 PartGG Name und Sitz der neuen Partnerschaft, Name, Vorname, Geburtsdatum, Wohnort sowie den in der Partnerschaft ausgeübten Beruf jedes Partners sowie die Vertretungsmacht der Partner und der Gegenstand der Partnerschaft. Gemäß § 4 Abs. 2 PartGG ist die Zugehörigkeit jedes Partners zu dem Freien Beruf, den er in der Partnerschaft ausübt, anzugeben.

---

554 Lutter/*H. Schmidt*, § 45 d Rn. 6.
555 BT-Drucks. 13/8808, S. 13.

Daneben sind die Vorgaben für die Beantragung der Eintragung der Partnerschaft in §§ 3 und 4 der Partnerschaftsregisterordnung zu beachten.[556]

Bei der Anmeldung einer Verschmelzung durch Aufnahme auf eine übernehmende Partnerschaft gilt zwar der Verweis in § 36 Abs. 2 S. 1 auf die Gründungsvorschriften nicht. § 4 Abs. 1 S. 3 PartGG bestimmt aber, dass auch jede Änderung der für die Gründungsanmeldung verlangten Angaben anzumelden sind. Das wird richtigerweise auch auf verschmelzungsbedingte Änderungen bezogen, so dass auch bei der Verschmelzung durch Aufnahme auf eine Partnerschaft die Anmeldung bei der übernehmenden Partnerschaft die Angaben nach § 3 Abs. 2 PartGG und zur Berufszugehörigkeit nach § 4 Abs. 2 S. 1 PartGG zu enthalten hat.[557]

8. Checkliste Verschmelzung bei Beteiligung einer Partnerschaftsgesellschaft

Umwandlungsrechtlich sind bei einer Verschmelzung unter Beteiligung einer Partnerschaftsgesellschaft insb. die folgenden Aspekte zu beachten:

a) Verschmelzungsfähigkeit der Partnerschaftsgesellschaft
   - Grundsätzlich uneingeschränkt mit anderen Personengesellschaften und Kapitalgesellschaften gemäß § 3 Abs. 1 Nrn. 1 und 2 unter Beachtung der Besonderheiten bei aufgelösten übertragenden Partnerschaftsgesellschaften in §§ 39, 45 e S. 1 (Rdn. 22 f.) und unter der Beachtung der (erheblichen) Beschränkung in § 45 a (Rdn. 278)

b) Verschmelzungsvertrag
   - Allgemeine Regeln gemäß §§ 4 bis 7 (Rdn. 32 ff.) und § 37 (Rdn. 238) mit den Besonderheiten in § 45 b
   - § 29 (Rdn. 89 ff.)

c) Verschmelzungsbericht
   - Allgemeine Regeln gemäß § 8 (Rdn. 134 ff.)
   - Erforderlichkeit gemäß §§ 41, 45 c S. 1 (Rdn. 139)

d) Unterrichtung der Gesellschafter gemäß §§ 42, 45 c S. 2 (Rdn. 281, 269)

e) Verschmelzungsprüfung
   - Allgemeine Regeln gemäß §§ 9 bis 12 (Rdn. 154 ff.)
   - Erforderlichkeit gemäß §§ 44, 45 e S. 2 (Rdn. 157, 281, 269)

f) Verschmelzungsbeschluss
   - Allgemeine Regeln gemäß §§ 13 bis 15 (Rdn. 176 ff.)
   - Mehrheits-/Zustimmungserfordernisse gemäß § 45 d und § 13 Abs. 2 (Rdn. 282, 191)

g) Partnerschaftsregisteranmeldung
   - Allgemeine Regeln gemäß §§ 16, 17, 38 (Rdn. 195 ff., 240 ff.)
   - Nichtgeltung von §§ 108, 161 Abs. 2 HGB, § 4 Abs. 1 S. 1 PartGG
   - Besonderheiten nach § 4 Abs. 1 S. 2 PartGG, § 3 Abs. 2 PartGG und insb. §§ 3 und 4 Partnerschaftsregisterverordnung (siehe Rdn. 285 f.)

h) Bei Mischverschmelzung (§ 3 Abs. 4) neben Beachtung der Besonderheiten nach § 29 (Rdn. 89) auch Beachtung der Besonderheiten, die für den jeweiligen Rechtsträger in der jeweiligen Beteiligungsrolle (übertragender, übernehmender oder neuer Rechtsträger) gelten, siehe dazu die Checklisten Personenhandelsgesellschaft (Rdn. 277), GmbH (Rdn. 369 f.) und Aktiengesellschaft (Rdn. 442 f.), z.B. § 52 für die GmbH (Rdn. 349)

---

556 BGBl. I 1995, S. 808 f; siehe im Einzelnen Semler/Stengel/*Ihrig*, § 45 a Rn. 26.
557 Lutter/*H. Schmidt*, § 45 a Rn. 16.

4. Kapitel Umwandlungen

XIV. Besonderheiten bei der Beteiligung von Gesellschaften mit beschränkter Haftung

1. Überblick

288 §§ 46 bis 55 enthalten die besonderen Bestimmungen, die bei der Verschmelzung durch Aufnahme unter Beteiligung einer GmbH gelten. Die §§ 56 bis 59 betreffen die Verschmelzung durch Neugründung unter Beteiligung einer GmbH.

289 Die für die Verschmelzung durch Aufnahme geltenden Bestimmungen in den §§ 46 bis 55 lassen sich im Wesentlichen in zwei Gruppen einteilen. Die erste Gruppe bilden die Vorschriften, deren Anwendung voraussetzt, dass eine GmbH entweder als übertragender oder als übernehmender Rechtsträger an der Verschmelzung beteiligt ist. Zur zweiten Gruppe gehören die Vorschriften, deren Anwendung daran anknüpft, dass eine GmbH als übernehmender Rechtsträger an der Verschmelzung durch Aufnahme beteiligt ist.

290 Zur **ersten Gruppe,** d.h. den Normen, die sowohl für eine übertragende wie eine übernehmende GmbH gelten, gehören die Regelungen in § 47 zur Unterrichtung der Gesellschafter, in § 48 zur Verschmelzungsprüfung, in § 49 zur Vorbereitung der Gesellschafterversammlung, die den Verschmelzungsbeschluss nach § 13 Abs. 1 fassen soll, und in § 50 Abs. 1 zum Verschmelzungsbeschluss.

291 Zur **zweiten Gruppe,** d.h. den Normen, die an die Beteiligung einer GmbH als übernehmender Rechtsträger anknüpfen, zählen hingegen § 46, § 51 Abs. 1 S. 1 und S. 2, § 51 Abs. 2, § 52 Abs. 1 S. 1 und Abs. 2 sowie §§ 53, 54 und 55 an. In den §§ 54 und 55 geht es um die in derartigen Konstellationen zentrale Frage, ob bei der übernehmenden GmbH im Rahmen der Verschmelzung eine Erhöhung des Stammkapitals stattfindet oder nicht; § 55 wird dabei ergänzt durch § 53, der von der registerrechtlichen Behandlung einer Kapitalerhöhung bei der übernehmenden GmbH handelt. § 46 bestimmt, wie – je nachdem, ob eine Kapitalerhöhung bei der übernehmenden GmbH stattfindet oder nicht – die Einzelheiten der Anteilsgewährung im Verschmelzungsvertrag zu bestimmen sind. Die Bestimmungen in § 51 Abs. 1 S. 1 und 2 sowie § 51 Abs. 2 enthalten besondere Zustimmungserfordernisse für Anteilsinhaber der übertragenden Rechtsträger, wenn die Geschäftsanteile der übernehmenden GmbH nicht voll eingezahlt sind oder wenn sich ein Aktionär im Falle des § 46 Abs. 1 S. 2 nicht mit seinem gesamten Anteil beteiligen kann. Die Vorschriften in § 51 Abs. 1 S. 1 und 2 werden ergänzt durch die Bestimmungen in § 52 Abs. 1 S. 1, die für diese Fälle Besonderheiten bei der Registeranmeldung anordnen. Ebenfalls registerrechtlicher Natur ist § 52 Abs. 2, der für die Anmeldung der Verschmelzung zum Register der übernehmenden GmbH die Vorlage einer berichtigten Gesellschafterliste verlangt.

292 Nicht in die beiden vorgenannten Gruppen einordnen lassen sich § 50 Abs. 2 und § 51 Abs. 1 S. 3. § 50 Abs. 2 findet (nur) Anwendung, wenn eine GmbH als übertragender Rechtsträger an der Verschmelzung beteiligt ist, und ordnet für diesen Fall besondere Zustimmungserfordernisse hinsichtlich des Verschmelzungsbeschlusses für diejenigen Gesellschafter der übertragenden GmbH an, deren gesellschaftsvertraglich eingeräumte Minderheits-/Sonderrechte durch die Verschmelzung beeinträchtigt werden. Die Anwendung des § 51 Abs. 1 S. 3 hingegen setzt voraus, dass sowohl der übertragende als auch der übernehmende Rechtsträger eine GmbH ist. Für diesen Fall ordnet § 51 Abs. 1 S. 3 besondere Zustimmungserfordernisse für die Anteilsinhaber der übernehmenden GmbH für den Fall an, dass die Geschäftsanteile der übertragenden GmbH nicht voll eingezahlt sind. Ergänzt wird § 51 Abs. 1 S. 3 durch § 52 Abs. 1 S. 2, der für diese Sonderkonstellation Besonderheiten der Registeranmeldung anordnet.

2. Für übertragende wie übernehmende GmbH anwendbare Regeln zur Verschmelzung durch Aufnahme

a) Unterrichtung der Gesellschafter (§ 47)

Ist eine GmbH als übertragender oder übernehmender Rechtsträger an einer Verschmelzung durch Aufnahmen beteiligt, bestimmt § 47 zum Zwecke der **umfassenden und rechtzeitigen Information der Gesellschafter** über den Verschmelzungsvorgang, dass der Verschmelzungsvertrag (§§ 4, 5) oder sein Entwurf und der Verschmelzungsbericht (§ 8) den Gesellschaftern spätestens zusammen mit der Einberufung der Gesellschafterversammlung, die gemäß § 13 Abs. 1 über die Zustimmung zum Verschmelzungsvertrag oder dessen Entwurf beschließen soll, zu übersenden ist. Das allgemeine **Auskunftsrecht nach § 51 a GmbHG** bleibt hiervon unberührt.[558] Die Satzung der GmbH kann das den Gesellschaftern aus § 47 resultierende Recht im Hinblick auf den aus § 1 Abs. 3 S. 1 resultierenden zwingenden Charakter der Norm nicht ausschließen. Den Gesellschaftern bleibt es aber unbenommen, den Verschmelzungsbeschluss unter ausdrücklichem Verzicht auf die Vorabinformation nach § 47 zu fassen.[559] Eine Verletzung der Informationsrechte der Gesellschafter aus § 47 kann die Anfechtbarkeit des Verschmelzungsbeschlusses zur Folge haben.[560]

293

Die Verschmelzungsunterlagen sind nach § 47 allen Gesellschaftern zuzusenden, auch solchen, deren Stimmrecht hinsichtlich des Verschmelzungsbeschlusses ausgeschlossen ist.[561] Wer Gesellschafter ist, ist nach der Neuregelung des § 16 GmbHG durch das MoMiG nunmehr nach Maßgabe von § 16 Abs. 1 GmbHG anhand der im Handelsregister aufgenommenen Gesellschafterliste zu beantworten.

294

Aus der Formulierung in § 47, dass die dort genannten Unterlagen »spätestens zusammen mit der Einberufung der Gesellschafterversammlung« zu übersenden sind, ist zu schließen, dass die Form der Übersendung der in § 47 genannten Unterlagen der Form der Einberufung der Gesellschafterversammlung folgt.[562] Fehlt es an einer die Formalitäten der Einberufung regelnden (gültigen) Satzungsregelung, gilt damit § 51 Abs. 1 S. 1 GmbHG, wonach die Einberufung mittels eingeschriebenen Briefs erfolgt. Diese Form soll (ohne abweichende Satzungsregelung) auch dann gelten, wenn die Unterlagen nicht zusammen mit der Einberufung der Gesellschafterversammlung, sondern vorher übersandt wurden.[563]

295

Regelt die Satzung keine abweichende Frist, gilt gemäß § 51 Abs. 1 S. 2 GmbHG für die Einberufung der Gesellschafterversammlung die Mindestfrist von einer Woche. Diese Mindestfrist der Übersendung zugrundezulegen, empfiehlt sich in der Praxis in der Regel schon deshalb nicht, weil das Gesetz den Gesellschaftern nach § 48 eine Woche nach Übersendung der Unterlagen im Sinne von § 47 Zeit gibt, zu entscheiden, ob sie eine Verschmelzungsprüfung verlangen. Regelt die Satzung eine längere **Einberufungsfrist**, gilt diese auch für die Übersendung der in § 47 genannten Unterlagen.[564] Eine Verkürzung der Wochenfrist durch die Satzung ist gemäß § 1 Abs. 3 S. 1 unzulässig.

296

b) Verschmelzungsprüfung (§ 48)

Nach § 48 S. 1 hat jeder GmbH-Gesellschafter das Recht, die Prüfung der Verschmelzung nach den §§ 9 bis 12 innerhalb einer Woche zu verlangen, nachdem ihm die in § 47 genann-

297

---

558 Kallmeyer/*Kallmeyer*, § 47 Rn. 2.
559 Siehe Semler/Stengel/*Reichert*, § 47 Rn. 5, der zu Recht eine Dokumentation des Verzichts im notariellen Protokoll über die Gesellschafterversammlung anrät.
560 Widmann/Mayer/*Mayer*, § 47 Rn. 9 und oben Rdn. 144 ff.
561 Schmitt/*Stratz*, § 47 Rn. 1.
562 Semler/Stengel/*Reichert*, § 47 Rn. 12 f.
563 Lutter/*Winter*, § 47 Rn. 11 f.; zu Recht zweifelnd Semler/Stengel/*Reichert*, § 47 Rn. 12 f.
564 Semler/Stengel/*Reichert*, § 47 Rn. 14.

4. Kapitel Umwandlungen

ten Unterlagen zugesandt wurden.[565] Eine Verletzung dieses Informationsrechts kann den Verschmelzungsbeschluss anfechtbar machen.[566] Eine Verkürzung der Wochenfrist durch die Satzung ist nach § 1 Abs. 3 S. 1 unzulässig. Die Wochenfrist ist eine **Ausschlussfrist**, ihre Berechnung richtet sich nach §§ 187 Abs. 1, 188 Abs. 2 BGB.[567] Sie wurde wie die entsprechende Wochenfrist in § 44 durch das 2. Gesetz zur Änderung des Umwandlungsgesetzes vom 19.4.2007 eingeführt; damit ist es auch im Anwendungsbereich des § 48 nicht mehr (wie nach früherem Recht) möglich, das Prüfungsverlangen noch in der Gesellschafterversammlung, die den Verschmelzungsbeschluss fassen soll, zu stellen.

c) Vorbereitung der Gesellschafterversammlung (§ 49)

298 Nach § 51 Abs. 2 GmbHG soll bei der Einberufung einer GmbH-Gesellschafterversammlung der Zweck der Versammlung jederzeit angegeben werden. Diese allgemeine Regelung ergänzt § 49 Abs. 1 wegen der besonderen Bedeutung des Beschlussgegenstands dahin, dass die Geschäftsführer in der Einberufung zur Gesellschafterversammlung, die den Verschmelzungsbeschluss nach § 13 Abs. 1 fassen soll, die Verschmelzung explizit als Gegenstand der Beschlussfassung anzukündigen haben. Da die Ankündigung »in der Einberufung« erfolgen muss, genügt eine – wenn auch fristgerechte – separate Ankündigung neben der Einberufung nicht; insbesondere § 51 Abs. 4 GmbHG findet keine Anwendung.[568] § 49 Abs. 1 ist nach § 1 Abs. 3 S. 1 zwingendes Recht, wobei jedoch die Möglichkeit unberührt bleibt, dass die Gesellschaftergesamtheit den Verschmelzungsbeschluss unter **Verzicht** auf die Beachtung des § 49 Abs. 1 fasst.[569]

299 Gemäß § 49 Abs. 2 sind von der Einberufung an in dem Geschäftsraum der Gesellschaft die Jahresabschlüsse und die Lageberichte der an der Verschmelzung beteiligten Rechtsträger – d.h. aller beteiligten Rechtsträger[570] – für die letzten drei Geschäftsjahre zur Einsicht durch die Gesellschafter auszulegen. Höchstrichterlich nicht geklärt ist bislang, was unter den **»letzten drei Geschäftsjahren«** im Sinne von § 49 Abs. 2 zu verstehen ist. Das OLG Hamburg hat zu der vergleichbaren (zum sog. squeeze-out maßgeblichen) Regelung in § 327c Abs. 3 Nr. 2 AktG vertreten, die dort genannten »drei letzten Geschäftsjahre« seien nicht die drei zeitlich vor der Hauptversammlung liegenden Geschäftsjahre, sondern die Geschäftsjahre, für die bereits ein festgestellter Jahresabschluss vorliege oder nach den bilanzrechtlichen Bestimmungen hätte vorliegen müssen.[571] Nach Ansicht des BGH spricht für diese Sichtweise »viel«, abschließend entschieden hat der BGH die Rechtsfrage jedoch nicht.[572] Übertragen auf § 49 Abs. 2 bedeutet diese Sichtweise, dass, falls für das zeitlich der Gesellschafterversammlung vorhergehende Geschäftsjahr nach den bilanzrechtlichen Vorschriften noch kein Jahresabschluss aufzustellen war, die »drei letzten Geschäftsjahre« im Sinne von § 49 Abs. 2 ohne dieses Geschäftsjahr zu bestimmen sind.[573] Ungeklärt ist, ob Abschlüsse, die nach Einberufung fertig gestellt werden, nachträglich auszulegen sind. Soweit für einen beteiligten Rechtsträger keine Pflicht besteht, Jahresabschlüsse aufzustellen, entfällt eine Auslegungspflicht.[574] Entsprechendes gilt, soweit ein Rechtsträger noch nicht drei Jahre besteht.[575]

---

565 Siehe oben Rdn. 154 ff.
566 Lutter/*Winter*, § 48 Rn. 8 und 9.
567 Schmitt/*Stratz*, § 48 Rn. 4 und § 44 Rn. 4.
568 KK-UmwG/*Simon/Nießen*, § 49 Rn. 8.
569 Semler/Stengel/*Reichert*, § 49 Rn. 3.
570 Widmann/Mayer/*Mayer* in § 49 Rn. 12.
571 OLG Hamburg, Urt. v. 11.4.2003 – 11 U 215/02, NZG 2003, 539.
572 BGH, Beschl. v. 17.7.2006 – II ZR 163/03, AG, 2006, 666.
573 So auch Semler/Stengel/*Reichert*, § 49 Rn. 7; Lutter/*Winter*, § 49 Rn. 6; ebenso zur Parallelvorschrift in § 63 Abs. 1 Nr. 2 Lutter/*Grunewald*, § 63 Rn. 3.
574 Semler/Stengel/*Reichert*, § 49 Rn. 8.
575 Lutter/*Winter*, § 49 Rn. 6.

d) Mehrheitserfordernisse (§ 50 Abs. 1)

Der Verschmelzungsbeschluss der Gesellschafter einer übertragenden oder übernehmenden GmbH bedarf nach § 50 Abs. 1 S. 1 einer Mehrheit von mindestens drei Vierteln der abgegebenen Stimmen. Gemäß § 50 Abs. 1 S. 2 kann der Gesellschaftsvertrag eine größere Mehrheit vorschreiben und weitere Erfordernisse bestimmen. Abgegebene Stimmen im Sinne von § 50 Abs. 1 S. 1 sind – wie auch sonst im GmbH-Recht – nur die gültig abgegebenen Ja- und Nein-Stimmen, nicht hingegen ungültige Stimmen oder Stimmenthaltungen.[576] Die Satzung kann aber gemäß § 50 Abs. 1 S. 2 Abweichendes bestimmen.

300

Satzungsklauseln, die für **Satzungsänderungen** besondere Mehrheitserfordernisse aufstellen, gelten – im Hinblick auf die gravierenden mit der Verschmelzung verbundenen Rechtsfolgen – richtiger Ansicht nach in der Regel auch für Verschmelzungsbeschlüsse.[577] Wird bei einer übernehmenden GmbH das Kapital erhöht (§ 55), gelten insoweit ohnehin eventuell sich aus der Satzung der übernehmenden GmbH ergebende qualifizierte Mehrheitserfordernisse für Satzungsänderungen. Satzungsklauseln, die für die Übertragung von Geschäftsanteilen eine an eine bestimmte Mehrheit geknüpfte Zustimmung der Gesellschafterversammlung verlangen, sind hingegen nicht auf Verschmelzungsbeschlüsse entsprechend anzuwenden.[578] Denn die Konsequenzen von Vinkulierungsbestimmungen sind abschließend in § 13 Abs. 2 geregelt.

301

Nach zum neuen Umwandlungsrecht allgemeiner Meinung ist das **Stimmrecht** derjenigen Gesellschafter, die ihrerseits als Rechtsträger an der Verschmelzung beteiligt sind, nicht nach § 47 Abs. 4 S. 2 GmbHG ausgeschlossen.[579] Eine Satzungsklausel, die eine Verschmelzung generell ausschließt, ist ungültig und in eine Bestimmung umzudeuten, dass der Verschmelzungsbeschluss der Zustimmung aller Gesellschafter bedarf.[580]

302

3. Nur für übernehmende GmbH anwendbare Regeln zur Verschmelzung durch Aufnahme

a) Verschmelzung ohne Kapitalerhöhung (§ 54)

Wesensmerkmal der Verschmelzung auf einen bestehenden Rechtsträger ist die Übertragung des Vermögens des übertragenden Rechtsträgers gegen – jedenfalls im Grundsatz – Gewährung von Anteilen oder Mitgliedschaften an dem übernehmenden Rechtsträger (§ 2 Nr. 1 und § 5 Abs. 1 Nr. 2), d.h. bei der Verschmelzung auf eine übernehmende GmbH gegen Gewährung von Geschäftsanteilen an dieser GmbH. Als »Quelle« solcher Geschäftsanteile kommt bei der übernehmenden GmbH in erster Linie eine Kapitalerhöhung (§ 55) in Betracht. § 54 regelt Fälle der Verschmelzung durch Aufnahme auf eine GmbH ohne eine solche Kapitalerhöhung, wobei das Gesetz zum Teil eine Kapitalerhöhung untersagt (siehe § 54 Abs. 1 S. 1) und zum Teil den Beteiligten die Entscheidung überlässt, ob die Verschmelzung mit oder ohne Kapitalerhöhung durchgeführt wird (§ 54 Abs. 1 S. 2 und 3).

303

aa) Kapitalerhöhungsverbote

§ 54 Abs. 1 S. 1 verbietet in drei Fällen eine Kapitalerhöhung bei der übernehmenden GmbH, nämlich a) soweit die übernehmende GmbH Anteile an dem übertragenden

304

---

576 Semler/Stengel/*Reichert*, § 50 Rn. 13.
577 Lutter/*Winter*, § 50 Rn. 6; Widmann/Mayer/*Mayer*, § 50 Rn. 42; a.A. für die AG Lutter/*Grunewald*, § 65 Rn. 6; zu »Auflösungsmehrheitsklauseln« siehe Rdn. 388.
578 So richtig Lutter/*Lutter/Drygala*, § 13 Rn. 25; a.M. *Reichert*, GmbHR 1995, 176, 180.
579 RegBegr. *Ganske*, S. 100; LG Arnsberg ZIP 1994, 536; Semler/Stengel/*Reichert*, § 50 Rn. 15 m.w.N. auch zum Meinungsstand nach altem Recht.
580 Lutter/*Winter*, § 50 Rn. 7.

Rechtsträger innehat (§ 54 Abs. 1 S. 1 Nr. 1), b) soweit der übertragende Rechtsträger eigene Anteile innehat (§ 54 Abs. 1 S. 1 Nr. 2) und c) soweit ein übertragender Rechtsträger Anteile an der übernehmenden GmbH innehat, auf welche die Einlagen noch nicht in voller Höhe bewirkt sind (§ 54 Abs. 1 S. 1 Nr. 3).

305 Die in § 54 Abs. 1 S. 1 Nrn. 1 und 2 genannten Kapitalerhöhungsverbote korrespondieren mit der allgemeinen Regelung in § 20 Abs. 1 Nr. 3 S. 1 Hs. 2, die – in Abweichung vom Grundsatz der Anteilsgewährung (§ 2) – einen Erwerb von Anteilen am übernehmenden Rechtsträger durch die Anteilsinhaber des übertragenden Rechtsträgers ausschließt, soweit der übernehmende Rechtsträger Anteilsinhaber des übertragenden Rechtsträgers ist oder soweit der übertragende Rechtsträger eigene Anteile innehat. In beiden Konstellationen ließe sich eine Anteilsgewährung nur umsetzen, wenn bei dem übernehmenden Rechtsträger eigene Anteile gebildet würden, was nach der gesetzgeberischen Konzeption nicht erwünscht ist.[581] § 54 Abs. 1 S. 1 Nr. 1 korrespondiert ferner mit der allgemeinen Regelung in § 5 Abs. 2. Denn hält die übernehmende GmbH nicht nur einen Teil der Anteile an dem übertragenden Rechtsträger, sondern alle Anteile (Verschmelzung einer 100 %-igen Tochter auf ihre Mutter), entfällt die **Anteilsgewährung** und konsequenterweise auch eine zu ihrer Durchführung erforderliche Kapitalerhöhung gänzlich.

306 Anders als die Kapitalerhöhungsverbote in § 54 Abs. 1 S. 1 Nrn. 1 und 2 findet das in § 54 Abs. 1 S. 1 Nr. 3 geregelte Kapitalerhöhungsverbot in § 20 Abs. 1 Nr. 3 keine Entsprechung.[582] Das Gesetz geht vielmehr, wenn der übertragende Rechtsträger Anteile an dem übernehmenden Rechtsträger hält, davon aus, dass den Anteilsinhabern des übertragenden Rechtsträgers Anteile an dem übernehmenden Rechtsträger zu gewähren sind;[583] dies gilt unabhängig davon, ob die Anteile des übertragenden Rechtsträgers an dem übernehmenden Rechtsträger voll eingezahlt sind oder nicht. Der Zweck des in § 54 Abs. 1 S. 1 Nr. 3 normierten Kapitalerhöhungsverbotes wird im Hinblick darauf, dass in diesen Fällen der Grundsatz der Anteilsgewährung Anwendung findet, (nur) im Kontext mit § 33 Abs. 1 GmbHG deutlich. § 33 Abs. 1 GmbHG ordnet zur **Absicherung der (realen) Kapitalaufbringung** bei der GmbH an, dass eine GmbH **eigene Anteile**, auf welche die Stammeinlagen noch nicht vollständig geleistet sind, nicht erwerben kann. Dieses Verbot gilt auch für einen Erwerb im Wege der Gesamtrechtsnachfolge, d.h. auch für einen Erwerb im Wege der Verschmelzung gemäß § 20 Abs. 1 Nr. 2.[584] Indem das Gesetz in § 54 Abs. 1 S. 1 Nr. 3 eine Kapitalerhöhung bei nicht volleingezahlten Anteilen untersagt, will es dieses Verbot absichern. Die Beteiligten sollen daran gehindert werden, der Anteilsgewährungspflicht durch die Schaffung neuer Anteile nachzukommen, was gemäß § 20 Abs. 1 Nr. 2 einen nach § 33 Abs. 1 GmbHG unzulässigen Erwerb der Anteile an der übernehmenden GmbH durch diese zur Konsequenz hätte. Für die Beteiligten verbleiben im Hinblick auf diese gesetzlichen Zusammenhänge folgende Möglichkeiten, um den gesetzlichen Vorgaben zu entsprechen:[585] a) Der übertragende Rechtsträger erfüllt die noch offene Einlagenschuld bezüglich des Anteils an der übernehmenden GmbH. Das hat zur Konsequenz, dass den Beteiligten nunmehr das Kapitalerhöhungswahlrecht nach § 54 Abs. 1 S. 2 Nr. 2 offen steht. Das heißt, bei der übernehmenden GmbH kann entweder auf eine Kapitalerhöhung verzichtet werden und den Inhabern des übertragenden Rechtsträgers dessen Anteile an der übernehmenden GmbH gewährt werden oder bei der übernehmenden GmbH wird eine Kapitalerhöhung durchgeführt, die hierdurch neu geschaffenen Anteile werden den Inhabern des übertragenden Rechtsträgers gewährt und der übernehmende Rechtsträger erwirbt – im Einklang mit § 33 Abs. 1 GmbHG – die eingezahlten Anteile des übertragenden Rechtsträ-

---

581 Widmann/Mayer/*Mayer*, § 54 Rn. 12; Semler/Stengel/*Reichert*, § 54 Rn. 5.
582 Widmann/Mayer/*Mayer*, § 54 Rn. 23.
583 Semler/Stengel/*Reichert*, § 54 Rn. 8.
584 Schmitt/*Stratz*, § 54 Rn. 5.
585 Siehe hierzu Lutter/*Winter*, § 54 Rn. 9.

gers an der übernehmenden GmbH. b) Denkbar ist es auch, dass die nicht eingezahlten Anteile an der übernehmenden GmbH durch den übertragenden Rechtsträger vor der Verschmelzung an einen Dritten veräußert werden, der die Anteile allerdings nicht als Treuhänder des übertragenden Rechtsträgers halten darf (§ 54 Abs. 2). c) Fraglich ist, ob es auch zulässig ist, den Inhabern des übertragenden Rechtsträgers die nicht (vollständig) eingezahlten Anteile an der übernehmenden GmbH zu gewähren. Das wird man entgegen weitergehender Ansichten im Schrifttum nur für zulässig halten können, wenn die Anteilsinhaber des übertragenden Rechtsträgers damit einverstanden sind.[586] Denn § 51 Abs. 1 S. 1 und 2 machen – zur Vermeidung der Ausfallhaftung nach § 24 – die Wirksamkeit des Verschmelzungsbeschlusses des übertragenden Rechtsträgers für den Fall, dass bei der übernehmenden GmbH nicht voll einbezahlte Anteile bestehen, von der Zustimmung aller bei der Beschlussfassung anwesenden Gesellschafter und bei übertragenden Gesellschaften mit beschränkter Haftung sowie übertragenden Personengesellschaften von der Zustimmung auch der nicht anwesenden Gesellschafter abhängig. d) Nicht zulässig erscheint es, wenn die Beteiligten in der Konstellation des § 54 Abs. 1 S. 1 Nr. 3 auf eine Kapitalerhöhung nach § 54 Abs. 1 S. 3 verzichten, da dann nach § 33 Abs. 1 GmbHG unzulässige, nicht eingezahlte eigene Anteile an der übernehmenden GmbH entstehen würden.

bb) Kapitalerhöhungswahlrechte gemäß § 54 Abs. 1 S. 2 Nrn. 1 und 2

§ 54 Abs. 1 S. 2 Nrn. 1 und 2 nennen zwei Fälle, in denen die übernehmende Gesellschaft ihr Kapital entweder erhöhen kann oder dieses unverändert lassen kann. Das Kapitalerhöhungswahlrecht in § 54 Abs. 1 S. 2 Nr. 1 betrifft die Fälle, in denen die übernehmende Gesellschaft ausreichende eigene Anteile innehat, um diese den Inhabern der übertragenden Rechtsträger zu gewähren. § 54 Abs. 1 S. 2 Nr. 2 betrifft den Fall, dass einem übertragenden Rechtsträger Anteile an der übernehmenden GmbH zustehen, auf welche die Einlagen in voller Höhe geleistet sind. Bleibt im Falle des § 54 Abs. 1 S. 2 Nr. 2 das Kapital der übernehmenden GmbH unverändert und werden die Anteile der übertragenden Gesellschaft an der übernehmenden GmbH zur Erfüllung der Anteilsgewährungspflicht an die Inhaber der übertragenden Gesellschaft benutzt, erwerben diese die Anteile im Wege des Direkterwerbs unmittelbar von der übertragenden Gesellschaft; ein »**Durchgangserwerb**« seitens der übernehmenden GmbH findet nicht statt.[587]

307

cc) Verzicht auf die Anteilsgewährung nach § 54 Abs. 1 S. 3

Eine Anteilsgewährung und damit eine zu ihrer Durchführung vorzunehmende Kapitalerhöhung ist gemäß § 54 Abs. 1 S. 3 auch dann entbehrlich, wenn alle Inhaber eines übertragenden Rechtsträgers auf die Gewährung von Anteilen verzichten; die Verzichtserklärungen sind notariell zu beurkunden. Wird der Verzicht durch Vertreter erklärt, finden wie bei Verzichtserklärungen nach § 8 Abs. 3 die Regelungen in §§ 167 Abs. 2 und 180 S. 1 BGB Anwendung. Verzichtserklärungen im Sinne von § 54 Abs. 1 S. 3 sind gemäß § 17 Abs. 1 der Anmeldung der Verschmelzung als Anlage beizufügen.

308

dd) Sonstige Fälle der Verschmelzung ohne Kapitalerhöhung/Drittbeteiligung

Eine Kapitalerhöhung bei der übernehmenden GmbH kann richtiger Ansicht nach auch dann unterbleiben, wenn ein Dritter der übernehmenden GmbH die Anteile, die sie zur

309

---

586 Anders Semler/Stengel/*Reichert*, § 54 Rn. 10, der eine Zulässigkeit auch dann bejaht, wenn die Anteile der Inhaber des übertragenden Rechtsträgers ihrerseits nicht voll eingezahlt sind; so wohl auch Lutter/*Winter*, § 54 Rn. 10.
587 Kallmeyer/*Marsch-Barner*, § 20 Rn. 29; Semler/Stengel/*Reichert*, § 54 Rn. 15 m.w.N.

4. Kapitel Umwandlungen

Erfüllung der Anteilsgewährungspflicht benötigt, zur »Verfügung stellt«. Das kann in der Weise geschehen, dass der Dritte aufschiebend bedingt auf die Eintragung der Verschmelzung den Anteilsinhabern des übertragenden Rechtsträgers seine Anteile entsprechend dem im Verschmelzungsvertrag vereinbarten Umtauschverhältnis unmittelbar überträgt.[588]

ee) Mittelbarer Besitz im Sinne von § 54 Abs. 2

310 Gemäß § 54 Abs. 2 finden die Vorschriften in § 54 Abs. 1 Sätze 1 und 2 bei einem mittelbaren Anteilsbesitz der dort angesprochenen Rechtsinhaber entsprechende Anwendung. Ein Abhängigkeitsverhältnis oder ein Mutter-Tochter-Verhältnis reichen für § 54 Abs. 2 nicht aus.[589]

ff) Teilungserleichterungen nach § 54 Abs. 3

311 § 54 Abs. 1 S. 2 Nrn. 1 und 2 lassen es zu, Anteile, die die übernehmende GmbH an sich selbst hält, und Anteile, die ein übertragender Rechtsträger an der übernehmenden GmbH hält, zur Erfüllung der Anteilsgewährungspflicht einzusetzen. Diese Möglichkeiten sollen durch § 54 Abs. 3 S. 1 unterstützt werden, indem § 54 Abs. 3 S. 1 Hs. 1 Bestimmungen in der Satzung der übernehmenden GmbH, die die Teilung von Geschäftsanteilen an der übernehmenden GmbH ausschließen oder erschweren, für unanwendbar erklärt. Korrespondierend zu § 5 Abs. 2 S. 1 GmbHG (n.F.) bestimmt § 54 Abs. 3 S. 1 Hs. 2 in seiner auf dem MoMiG basierenden neuen Fassung, dass Geschäftsanteile auf volle Euro lauten müssen.

b) Verschmelzung mit Kapitalerhöhung (§ 55)

312 Erhöht die übernehmende GmbH zur Durchführung der Verschmelzung ihr Kapital, finden hierauf grundsätzlich, d.h. vorbehaltlich der in § 55 genannten Modifikationen, die Regeln des GmbH-Rechts über Kapitalerhöhungen Anwendung.

aa) Anwendbare Regelungen des GmbH-Rechts
(1) Kapitalerhöhungsbeschluss

313 Erforderlich ist damit insbesondere grundsätzlich gemäß § 53 Abs. 1 GmbHG ein Kapitalerhöhungsbeschluss, der üblicherweise (aber nicht zwingender Weise) mit dem Verschmelzungsbeschluss zusammengefasst wird. Weist die übernehmende GmbH noch ein Stammkapital in DM auf, ist dieses zunächst auf Euro umzustellen und gegebenenfalls zu glätten; aufschiebend bedingt auf die Eintragung dieser Maßnahmen im Handelsregister kann zugleich die eigentliche verschmelzungsbedingte Kapitalerhöhung beschlossen werden.[590] Gemäß § 53 Abs. 2 S. 1 Hs. 1 GmbHG bedarf der Kapitalerhöhungsbeschluss der notariellen Beurkundung. § 53 Abs. 2 S. 1 Hs. 2 GmbHG schreibt für den Beschluss eine Mehrheit von drei Vierteln der abgegebenen Stimmen vor. Der Gesellschaftsvertrag kann gemäß § 53 Abs. 2 S. 2 GmbHG höhere – nicht jedoch niedrigere – Mehrheitsschwellen vorschreiben.[591]

---

588 Semler/Stengel/*Reichert*, § 54 Rn. 18; Widmann/Mayer/*Mayer*, § 54 Rn. 46; Lutter/*Winter*, § 54 Rn. 20 mit Nachweisen zum (abweichenden) früheren Meinungsstand.
589 Schmitt/*Stratz*, § 54 Rn. 16; Semler/Stengel/*Reichert*, § 54 Rn. 34.
590 Siehe § 318 Abs. 2 und zum Ganzen ausführlich Limmer/*Limmer*, Handbuch Umwandlung, Rn. 2987.
591 Semler/Stengel/*Reichert*, § 55 Rn. 3 ff; dort auch zur Kapitalerhöhung bis zu einer bestimmten Höchstziffer.

Der Sache nach ist die verschmelzungsbedingte Kapitalerhöhung eine **Kapitalerhöhung gegen Sacheinlagen**.[592] Im Hinblick darauf ist, da § 55 seine Geltung nicht ausschließt, an sich auch § 56 Abs. 1 GmbHG anwendbar, der bei einer Kapitalerhöhung gegen Sacheinlagen verlangt, dass im Kapitalerhöhungsbeschluss der Gegenstand der Sacheinlage und der Nennbetrag des Geschäftsanteils, auf den er sich bezieht, festgesetzt werden. Für die verschmelzungsbedingte Kapitalerhöhung reicht es insoweit aus, dass deutlich wird, welcher Kapitalerhöhungsbetrag auf das Vermögen welchen übertragenden Rechtsträgers entfällt, da Merkmal der Verschmelzung gemäß § 2 die Übertragung des gesamten Vermögens des übertragenden Rechtsträgers auf den übernehmenden Rechtsträger ist.[593]

314

(2) Genehmigtes Kapital (§ 55a GmbHG)

§ 55 Abs. 1 schließt die Anwendung des durch das MoMiG eingeführten § 55a GmbHG nicht aus. Mit § 55a GmbHG hat der Gesetzgeber auch für die GmbH die Möglichkeit des genehmigten Kapitals geschaffen.[594] Ebenso wie bei der AG (siehe § 69 Abs. 1 S. 2) kann das genehmigte Kapital bei der GmbH zur Durchführung einer Verschmelzung herangezogen werden. Da allerdings die verschmelzungsbedingte Kapitalerhöhung eine solche gegen Sacheinlagen ist, muss die **Ermächtigung** an die Geschäftsführer, das Stammkapital nach § 55a Abs. 1 GmbHG zu erhöhen, gemäß § 55a Abs. 3 GmbHG eine Erhöhung gegen Sacheinlagen vorsehen. Darüber hinaus sind die zeitlichen Grenzen in § 55a Abs. 1 S. und Abs. 2 GmbHG zu beachten. Wird die Ermächtigung in das Gründungsstatut der GmbH aufgenommen, so kann den Geschäftsführern die Ermächtigung zur Kapitalerhöhung gemäß § 55a Abs. 1 S. 1 GmbHG für einen Zeitraum von längstens fünf Jahren seit Eintragung der Gesellschaft erteilt werden. Wird die Ermächtigung später im Rahmen einer Satzungsänderung beschlossen, begrenzt § 55a Abs. 2 GmbHG den **Ermächtigungszeitraum** auf höchstens fünf Jahre seit Eintragung des genehmigten Kapitals. In beiden Fällen, d.h. sowohl bei Ermächtigung im Gründungsstatut als auch bei Ermächtigung im Rahmen einer späteren Satzungsänderung, darf gemäß § 55a Abs. 1 S. 2 GmbHG der Nennbetrag des genehmigten Kapitals die Hälfte des Stammkapitals, das zur Zeit der Ermächtigung vorhanden ist, nicht übersteigen.

315

Die Ermächtigung (im Gründungsstatut oder im Rahmen einer späteren Satzungsänderung) ist sinnvollerweise mit der Befugnis an die Geschäftsführer zu verbinden, die Regelung in der Satzung über die Höhe des Stammkapitals entsprechend der Ausübung der Ermächtigung anzupassen.[595] Hat die GmbH von der Möglichkeit des genehmigten Kapitals Gebrauch gemacht, bedarf es zur Erhöhung des Kapitals im Falle der Ausübung der Ermächtigung keines weiteren Gesellschafterbeschlusses, sondern nur noch der Anmeldung der Kapitalerhöhung nebst der damit einhergehenden Änderung der entsprechenden Satzungsbestimmung über das Stammkapital. Diese Anmeldung muss nach § 78 GmbHG durch alle Geschäftsführer erfolgen. Im Hinblick darauf erscheint es entbehrlich, die Vorlage eines ausdrücklichen Geschäftsführerbeschlusses über die Ausübung der Ermächtigung an das Handelsregister zu verlangen.[596]

316

(3) Kapitalaufbringungskontrolle

Im Hinblick auf den Charakter der verschmelzungsbedingten Kapitalerhöhung als einer Kapitalerhöhung gegen Sacheinlagen finden auch § 57a GmbHG i.V.m. § 9c Abs. 1 S. 2

317

---

592 Lutter/*Winter*, § 55 Rn. 9.
593 Semler/Stengel/*Reichert*, § 55 Rn. 7.
594 Siehe dazu *Heckschen*, Das MoMiG in der notariellen Praxis, Rn. 629 ff.
595 *Heckschen*, Das MoMiG in der notariellen Praxis, Rn. 653.
596 So allerdings *Priester*, GmbHR 2008, 1177, 1179.

4. Kapitel Umwandlungen

GmbHG Anwendung. Nach diesen Vorschriften hat das Registergericht die Eintragung einer Kapitalerhöhung gegen Sacheinlagen abzulehnen, wenn der Wert der Sacheinlagen den Kapitalerhöhungsbetrag nicht deckt. Für die verschmelzungsbedingte Kapitalerhöhung bedeutet das, dass der Kapitalerhöhungsbetrag (zuzüglich des Betrages eventueller barer Zuzahlungen gemäß § 5 Abs. 1 Nr. 3, § 54 Abs. 4) durch den Wert des Vermögens des übertragenden Rechtsträgers gedeckt sein muss.[597]

318 Werden im Rahmen einer Mehrfachverschmelzung (§ 3 Abs. 4) mehrere übertragende Rechtsträger, die sämtlich denselben Alleingesellschafter haben, auf eine übernehmende GmbH verschmolzen, reicht es entgegen einer in der Rechtsprechung zu § 54 Abs. 1 a.F. vertretenen Meinung im Hinblick auf die in § 3 Abs. 4 eigens betonte **Einheitlichkeit des Verschmelzungsvorgangs** richtiger (und im Schrifttum einhellig vertretener) Ansicht nach aus, wenn die Gesamtsumme der übertragenen Vermögen den Betrag des oder der Anteile deckt, die dem Anteilsinhaber der übertragenden Rechtsträger gewährt werden. Das gilt in der beschriebener Situation auch dann, wenn einzelne übertragende Rechtsträger ein »**negatives Vermögen**« aufweisen, sofern dieses durch die Vermögen der anderen übertragenden Rechtsträger in ausreichender Weise ausgeglichen wird, da die Kapitalaufbringung bei der übernehmenden GmbH gewährleistet wird.[598]

(4) Differenzhaftung

319 Höchstrichterlich nicht abschließend geklärt ist, ob bei einer verschmelzungsbedingten Kapitalerhöhung die Anteilsinhaber des übertragenden Rechtsträgers eine Differenzhaftung trifft, wenn der Wert des Vermögens des übertragenden Rechtsträgers den Betrag der bei der übernehmenden GmbH beschlossenen Kapitalerhöhung nicht abdeckt. Der Bundesgerichtshof hat eine Differenzhaftung bei der Verschmelzung auf eine Aktiengesellschaft in einer jüngeren Entscheidung abgelehnt, die Frage für die GmbH jedoch offengelassen.[599] Mit der herrschenden Ansicht im Schrifttum ist für die GmbH von einer solchen Haftung auszugehen, da die Differenzhaftung bei einer »normalen« Sachkapitalerhöhung bei der GmbH – anders als bei AG – in §§ 9 und 56 Abs. 2 GmbHG ausdrücklich angeordnet ist und § 55 Abs. 1 die Regelung in § 56 Abs. 2 GmbHG nicht ausschließt.[600]

(5) Überdeckung

320 Übersteigt der Wert des Vermögens des übertragenden Rechtsträgers den Kapitalerhöhungsbetrag, ist der überschießende Wert in die Kapitalrücklage nach § 272 Abs. 2 Nr. 1 HGB einzustellen.[601]

bb) Nicht anwendbare Regeln des GmbH-Rechts
(1) Keine Übernahmeerklärungen nach § 55 Abs. 1 GmbHG

321 Da der verschmelzungsbedingte Erwerb der Anteile an der übernehmenden GmbH nicht wie bei der »normalen« Kapitalerhöhung auf einem Übernahmevertrag zwischen der GmbH und dem Erwerber der Anteile, sondern auf dem Verschmelzungsvertrag zwischen den beteilig-

---

597 Kallmeyer/*Kallmeyer*, § 55 Rn. 3.
598 *Heidinger*, DNotZ 1999, 161; Semler/Stengel/*Reichert*, § 46 Rn. 3; Widmann/Mayer/*Mayer*, § 5 Rn. 56.6 ff; *Mayer*, DB 1998, 913; Lutter/*Winter*, § 46 Rn. 6 m.w.N.; a.A. hingegen OLG Frankfurt a.M. DNotZ 1999, 154.
599 BGH, Urt. v. 12.3.2005 – II ZR 302/05, DNotZ 2007, 854.
600 So auch Lutter/*Winter*, § 55 Rn. 12 ff. m.w.N. auf den Streitstand, insb. hinsichtlich des Schutzes der Gesellschafter, die der Verschmelzung widersprochen haben.
601 Lutter/*Winter*, § 55 Rn. 7.

ten Rechtsträgern in Verbindung mit der gesetzlichen Regelung in §20 Abs.1 Nr.3 S.1 Hs. 1 beruht, ist gemäß §55 Abs.1 die ansonsten gemäß §55 Abs.1 GmbHG bei der GmbH-Kapitalerhöhung erforderliche Übernahmeerklärung entbehrlich. Dementsprechend entfällt auch die Pflicht, dem Handelsregister bei der Anmeldung der Kapitalerhöhung Übernahmeerklärungen vorzulegen (§57 Abs.3 Nr.1 GmbHG i.V.m. §55 Abs.1). Wenig einleuchtend erscheint es vor diesem Hintergrund auf den ersten Blick, dass §55 Abs.2 bei der Anmeldung der Kapitalerhöhung gleichwohl ausdrücklich u.a. die Vorlage des in §57 Abs.3 Nr.2 GmbHG genannten Schriftstücks verlangt, d.h. eine von den Anmeldenden unterschriebene Liste der Personen, welche die neuen Geschäftsanteile »übernommen« haben. Da es bei der verschmelzungsbedingten Kapitalerhöhung gemäß §55 Abs.1 keine Übernahmeerklärungen gibt, ist im Rahmen des §55 Abs.2 eine Liste gemeint, aus der sich die Erwerber und die Nennbeträge der neuen Geschäftsanteile ergeben. Teile des Schrifttums halten diese Liste im Hinblick auf die entsprechenden Angaben im Verschmelzungsvertrag für entbehrlich; da aber die Registergerichte überwiegend – im Hinblick auf den eindeutigen Gesetzeswortlaut nicht zu Unrecht – auf der Einreichung der Liste bestehen, ist es zumindest aus praktischen Gründen geboten, die Liste einzureichen.

(2) Kein Bezugsrecht

Ein gesetzliches Bezugsrecht steht den Gesellschaftern der übernehmenden GmbH bei der verschmelzungsbedingten Kapitalerhöhung nach allgemeiner Ansicht nicht zu.[602]

322

cc) Absicherung der Eintragung der Kapitalerhöhung (§53)

Gemäß §53 darf die Verschmelzung, wenn die übernehmende GmbH zur Durchführung der Verschmelzung ihr Stammkapital erhöht, erst eingetragen werden, nachdem die Erhöhung des Stammkapitals im Register eingetragen ist. Mit dieser registerrechtlichen Regelung sichert das Gesetz bezogen auf den Zeitpunkt der Wirksamkeit der Verschmelzung, d.h. gemäß §20 Abs.1 bezogen auf den Zeitpunkt der Eintragung der Verschmelzung in das Register des Sitzes der übernehmenden GmbH, das Vorhandensein derjenigen Geschäftsanteile, die im Rahmen der Verschmelzung als Gegenleistung für das übertragene Vermögen zu gewähren sind.[603] Die Regelung bezieht sich nicht auf Kapitalerhöhungen, die nur anlässlich der Verschmelzung, d.h. nicht zum Zwecke der Anteilsgewährung im Sinne des §5 Abs.1 Nr.2, beschlossen werden.[604]

323

c) Anforderungen an den Inhalt des Verschmelzungsvertrages

aa) Angaben über Anteilsinhaber und Geschäftsanteile (§46)

(1) Namentliche Zuordnung

Gemäß §46 Abs.1 S.1 hat der Verschmelzungsvertrag bei der Verschmelzung auf eine übernehmende GmbH nicht nur wie in §5 Abs.1 Nr.3 vorgeschrieben das Umtauschverhältnis der Anteile nebst eventueller barer Zuzahlungen anzugeben, sondern zusätzlich für jeden Anteilsinhaber eines übertragenden Rechtsträgers den Nennbetrag des Geschäftsanteils zu bestimmen, den die übernehmende GmbH ihm zu gewähren hat. Wie §40 Abs.1 S.2 dient die Vorschrift der **Klarstellung der verschmelzungsbedingt erworbenen Beteiligungen** der Anteilsinhaber der übertragenden Rechtsträger an der übernehmenden Gesellschaft. Mit der damit grundsätzlich erforderlichen namentlichen Bennen-

324

---
602 Widmann/Mayer/*Mayer*, §55 Rn.51; Lutter/*Winter*, §55 Rn.25 m.w.N.
603 Semler/Stengel/*Reichert*, §53 Rn.2.
604 Widmann/Mayer/*Mayer*, §53 Rn.2.

nung der Anteilsinhaber der übertragenden Rechtsträger und der namentlichen Zuordnung der ihnen gewährten Anteile im Verschmelzungsvertrag will das Gesetz diesen Anteilsinhabern zugleich den Nachweis ihrer Berechtigung gegenüber der übernehmenden GmbH nach Wirksamwerden der Verschmelzung ermöglichen.[605] Während der Grundsatz der namentlichen Benennung für die Anteilsinhaber von übertragenden Gesellschaften mit beschränkter Haftung und Personengesellschaften uneingeschränkt gilt, lässt § 35 hiervon für Aktionäre von übertragenden AG oder KGaA eine Ausnahme zu, und zwar im Hinblick darauf, dass solchen Kapitalgesellschaften ihre Aktionäre nicht bekannt sein können. Nach § 35 S. 1 Hs. 1 können **unbekannte Aktionäre** einer AG oder KGaA im Verschmelzungsvertrag durch die Angabe des insgesamt auf sie entfallenden Teils des Grundkapitals der Gesellschaft und der auf sie nach der Verschmelzung entfallenden Anteile bezeichnet werden. Das gilt jedoch gemäß § 35 S. 1 Hs. 2 nur dann, wenn deren Anteile zusammen nicht den zwanzigsten Teil des Grundkapitals der übertragenden Gesellschaft überschreiten. Veräußert ein im Verschmelzungsvertrag benannter Anteilsinhaber im Laufe der Verschmelzung seinen Anteil an dem übertragenden Rechtsträger (siehe § 33), bedarf es keiner Änderung des Verschmelzungsvertrages.[606]

(2) Gewährte Anteile

(a) Mindestnennbetrag

325 Hinsichtlich des Mindestnennbetrages der zu gewährenden Geschäftsanteile schreibt § 46 Abs. 1 S. 3 in seiner auf dem MoMiG basierenden Fassung in Übereinstimmung mit § 5 Abs. 2 S. 1 GmbHG (n.F.) vor, dass die Anteile auf volle Euro lauten müssen. Nach früherem Recht mussten die gewährten Anteile mindestens 50 Euro betragen und durch 10 teilbar sein (siehe § 46 Abs. 1 S. 3 UmwG a.F.), was gegenüber dem allgemeinen GmbH-Recht (siehe § 5 Abs. 1 und Abs. 3 S. 2 GmbHG a.F.: Mindestbetrag von 100 Euro und Teilbarkeit durch 50) bereits eine Erleichterung darstellte. Die durch das MoMiG geschaffene Möglichkeit von 1-Euro-Geschäftsanteilen steigert die Flexibilität der Beteiligten bei der Vereinbarung des Umtauschverhältnisses (§ 5 Abs. 1 Nr. 3) bei der Verschmelzung auf eine GmbH erheblich.

(b) Mehrfachverschmelzung

326 Dass nach § 46 Abs. 1 S. 1 für jeden Anteilsinhaber eines übertragenden Rechtsträgers der Nennbetrag des ihm gewährten Geschäftsanteils zu bestimmen ist, bedeutet im Hinblick auf die Einheitlichkeit des Verschmelzungsvorgangs (§ 3 Abs. 4) richtiger Ansicht nach nicht, dass dem alleinigen Gesellschafter mehrerer übertragender Rechtsträger mehrere Anteile zu gewähren wären.[607] Letzteres ist zwar im Rahmen einer Verschmelzung möglich, was auch vor Streichung des Verbots, mehrere Geschäftsanteile im Rahmen der GmbH-Gründung zu übernehmen (siehe § 5 Abs. 2 GmbHG a.F. einerseits und § 5 Abs. 2 S. 2 GmbHG n.F. andererseits), anerkannt war.[608] Zulässig ist es aber auch, diesem Anteilsinhaber – im Hinblick auf die aus § 46 Nr. 5 GmbHG resultierenden Fungibilitätseinschränkungen allerdings nur mit dessen Einverständnis – einen einheitlichen Anteil zu gewähren, solange dessen Nennbetrag – wie von § 46 Abs. 1 S. 1 aus Klarstellungszwecken gefordert – im Verschmelzungsvertrag bestimmt wird.

---

605 Lutter/*Winter*, § 46 Rn. 3.
606 Semler/Stengel/*Reichert*, § 46 Rn. 4.
607 Siehe Lutter/*Winter*, § 46 Rn. 6; Semler/Stengel/*Reichert*, § 46 Rn. 3; ferner die Nachweise in Rdn. 318 a.E. (Fußnote); a.A. OLG Frankfurt a.M. DNotZ 1999, 154.
608 Siehe z.B. Widmann/Mayer/*Mayer*, § 5 Rn. 88.

(c) Aufstockung

Hält der Anteilsinhaber des übertragenden Rechtsträgers bereits einen Anteil an der übernehmenden GmbH, kann dieser Anteil mit seinem Einverständnis aufgestockt werden, sofern auch die GmbH-rechtlichen Voraussetzungen einer solchen Aufstockung gegeben sind.[609]

327

(d) Nummerierung

Nach § 40 Abs. 1 und 2 GmbHG in ihrer auf dem MoMiG basierenden Fassung ist (durch die Geschäftsführer bzw. den Notar) unverzüglich nach Wirksamwerden jeder Veränderung in den Personen der Gesellschafter oder des Umfangs ihrer Beteiligung eine Liste der Gesellschafter zum Handelsregister einzureichen, aus welcher Name, Vorname, Geburtsdatum und Wohnort der letzteren sowie die Nennbeträge und die laufenden Nummern der von einem jeden derselben übernommenen Geschäftsanteile zu entnehmen sind. Die Vorlagepflicht gilt auch für verschmelzungsbedingte Veränderungen (§ 52 Abs. 2). Dies lässt es sinnvoll erscheinen (auch wenn es nicht gesetzlich vorgeschrieben ist), die entsprechenden Nummern zur Bezeichnung der gewährten Anteile auch im Verschmelzungsvertrag zu verwenden.

328

(e) Mehrere Anteile am übertragenden Rechtsträger

Hält der Anteilsinhaber einer übertragenden GmbH oder AG/KGaA mehrere Anteile an der übertragenden Gesellschaft, so kann er nach Ansicht des Schrifttums zur Vermeidung von Fungibilitätseinbußen verlangen, dass ihm genauso viele Anteile an der übernehmenden GmbH gewährt werden.[610] Die Richtigkeit dieser Ansicht erscheint fraglich. § 5 Abs. 1 Nr. 3 verlangt die Vereinbarung eines Umtauschverhältnisses. Der Begriff des »Verhältnisses« legt es nahe, dass der Verschmelzungsvertrag grundsätzlich vorsehen kann, dass die Anteilsinhaber des übertragenden Rechtsträgers mehr, weniger oder genauso viele Anteile, wie sie bisher gehalten haben, erhalten, solange das Umtauschverhältnis unter Berücksichtigung des Wertverhältnisses der beteiligten Unternehmen, der nach § 46 Abs. 1 S. 2 und S. 3 grundsätzlich frei wählbaren Nennbeträge der gewährten Anteile und eventueller barer Zuzahlungen zu einer angemessenen Gegenleistung im Sinne von §§ 12 Abs. 3, 14 Abs. 2 führt.

329

(f) Abweichende Nennbeträge (§ 46 Abs. 1 S. 2)

Dass der Nennbetrag der gewährten Anteile vom Nennbetrag der Anteile, die an den übertragenden Rechtsträgern bestanden, abweichen kann, ist an sich selbstverständlich, wird aber in § 46 Abs. 1 S. 2 für eine übertragende AG oder KGaA eigens hervorgehoben.[611] Derartige Abweichungen im Sinne von § 46 Abs. 1 S. 2 können für die Aktionäre einer übertragenden AG/KGaA zu einem Zustimmungsvorbehalt nach § 51 Abs. 2 führen.

330

(g) Sonderrechte/Sonderpflichten (§ 46 Abs. 2)

Sollen die zu gewährenden Geschäftsanteile im Wege der Kapitalerhöhung geschaffen und mit anderen Rechten und Pflichten als sonstige Geschäftsanteile der übernehmenden GmbH ausgestattet werden, sind die Abweichungen gemäß § 46 Abs. 2 im Verschmel-

331

---

609 Lutter/*Winter*, § 46 Rn. 12; Widmann/Mayer/*Mayer*, § 46 Rn. 12.
610 Siehe z.B. Semler/Stengel/*Reichert*, § 46 Rn. 11; Widmann/Mayer/*Mayer*, § 46 Rn. 10.
611 Vgl. Lutter/*Winter*, § 46 Rn. 9.

zungsvertrag oder in seinem Entwurf festzusetzen. Diese Festsetzungen haben eine **Warnfunktion** für die Beteiligten.[612] Zu beachten ist allerdings, dass die Verknüpfung der neuen Anteile mit besonderen Rechten und Pflichten zusätzlich zu der nach § 55 erforderlichen Kapitalerhöhung einer entsprechenden Satzungsänderung bei der übernehmenden GmbH bedarf. Werden Sonderrechte im Sinne von § 46 Abs. 2 eingeführt, bedarf es auf Seiten der Anteilsinhaber der übertragenden Rechtsträger im Rahmen des Verschmelzungsbeschlusses und auf Seiten der Anteilsinhaber der übernehmenden GmbH im Rahmen des erforderlichen Satzungsänderungsbeschlusses der Zustimmung aller Anteilsinhaber, die die entsprechenden Rechte nicht erhalten.[613] Werden die den Anteilsinhabern des übertragenden Rechtsträgers gewährten Anteile mit besonderen Pflichten im Sinne von § 46 Abs. 2 ausgestattet, bedarf dies im Rahmen des Verschmelzungsbeschlusses des übertragenden Rechtsträgers der Zustimmung aller hiervon betroffener Anteilsinhaber.[614] § 46 Abs. 2 ist entsprechend anzuwenden, wenn im Falle des § 46 Abs. 3 die gewährten bestehenden Anteile an der übernehmenden GmbH im Zuge der Verschmelzung mittels Satzungsänderung bei der übernehmenden GmbH mit besonderen Rechten oder Pflichten ausgestattet werden.[615]

(h) Bereits vorhandene Anteile (§ 46 Abs. 3)

332 Handelt es sich bei den gewährten Anteilen um schon vorhandene Anteile an der übernehmenden GmbH, d.h. nicht um solche Anteile, die durch eine Kapitalerhöhung erst neu geschaffen werden, verlangt § 46 Abs. 3, dass die Anteilsinhaber und die Nennbeträge der Geschäftsanteile, die sie erhalten sollen, im Verschmelzungsvertrag oder seinem Entwurf »besonders« bestimmt werden. In diesen Fällen genügt also nicht wie bei § 46 Abs. 1 S. 1 die Angabe eines Nennbetrages, sondern es muss konkret angegeben werden, welcher bereits bestehende Anteil welchem Anteilsinhaber eines übertragenden Rechtsträgers zugeordnet werden soll.[616] Dazu bedarf es der genauen Beschreibung der jeweiligen Anteile, insbesondere, ob es sich um eigene Anteile der übernehmenden GmbH, um Anteile der übertragenden Rechtsträger an der übernehmenden GmbH oder um Anteile Dritter handelt.[617]

bb) Bare Zuzahlungen (§ 54 Abs. 4)

333 Obwohl § 54 Abs. 4 Grenzen für die Höhe barer Zuzahlungen nach § 5 Abs. 1 Nr. 3 nur im Zusammenhang mit einer Verschmelzung ohne Kapitalerhöhung regelt, ist anerkannt, dass solche baren Zuzahlungen im Hinblick auf § 5 Abs. 1 Nr. 3 – in den Grenzen des § 54 Abs. 4 – auch bei der Verschmelzung mit Kapitalerhöhung zulässig sind.[618] In beiden Fällen sollen die baren Zuzahlungen den Wertausgleich für Spitzenbeträge ermöglichen.[619] Mit der Begrenzung solcher Zuzahlungen will das Gesetz sicherstellen, dass das Schwergewicht der Gegenleistung für das übergehende Vermögen des übertragenden Rechtsträgers in der Gewährung von Anteilen liegt und die Verschmelzung nicht zu einem »**Auskauf**« der Anteilsinhaber des übertragenden Rechtsträgers führt. In die Berechnung nach § 54 Abs. 4 fließen alle im Rahmen der Verschmelzung den Anteilsinhabern des übertragenden Rechtsträgers »gewährten« Anteile ein, unabhängig davon, ob sie durch eine

---

612 Semler/Stengel/*Reichert*, § 46 Rn. 18.
613 Lutter/*Winter*, § 46 Rn. 26 f.
614 Semler/Stengel/*Reichert*, § 46 Rn. 23; Lutter/*Winter*, § 46 Rn. 28.
615 Kallmeyer/*Kallmeyer*, § 46 Rn. 6.
616 Lutter/*Winter*, § 46 Rn. 15.
617 Widmann/Mayer/*Mayer*, § 46 Rn. 14 f.
618 Lutter/*Winter*, § 54 Rn. 34; Semler/Stengel/*Reichert*, § 54 Rn. 41.
619 Semler/Stengel/*Reichert*, § 54 Rn. 40.

Kapitalerhöhung geschaffen wurden (§ 55), der übernehmenden Gesellschaft bislang als eigene Anteile (§ 54 Abs. 1 S. 2 Nr. 1) zustanden oder dem übertragenden Rechtsträger (§ 54 Abs. 1 S. 1 Nr. 3 und § 54 Abs. 1 S. 2 Nr. 2) zustanden.[620] Nicht berücksichtigt werden demnach etwaige (volleingezahlte) Anteile der übertragenden Gesellschaft an der übernehmenden Gesellschaft (§ 54 Abs. 1 S. 2 Nr. 2), die nicht zur Anteilsgewährung eingesetzt werden, sondern im Rahmen der Gesamtrechtsnachfolge (§ 20 Abs. 1 Nr. 1) auf die übernehmende GmbH übergehen.[621] Werden mehrere Rechtsträger auf eine GmbH verschmolzen, ist die Zehn-Prozent-Grenze nicht nur bezogen auf die Gesamtheit aller baren Zuzahlungen bezogen auf die Gesamtheit aller gewährten Anteile einzuhalten; vielmehr ist die Zehn-Prozent-Grenze auch bezüglich der baren Zuzahlungen an die Anteilsinhaber jedes einzelnen übertragenden Rechtsträgers bezogen auf die ihnen jeweils gewährten Anteile zu beachten.[622]

d) Zustimmungserfordernisse (§ 51 Abs. 1 S. 1 und S. 2, § 51 Abs. 2)

aa) Offene Einlagen bei der übernehmenden GmbH (§ 51 Abs. 1 S. 1 und S. 2)

Sind bei einer übernehmenden GmbH nicht alle Einlagen voll erbracht, trifft diejenigen, die im Zuge der Verschmelzung gem. § 20 Abs. 1 Nr. 3 neue Gesellschafter der übernehmenden GmbH werden, gemäß § 24 die **Ausfallhaftung** für diese offenen Einlagen. Das Gesetz schützt die Gesellschafter der übertragenden Rechtsträger, indem es in § 51 Abs. 1 S. 1 bestimmt, dass der Verschmelzungsbeschluss eines übertragenden Rechtsträgers in dieser Konstellation der Zustimmung aller bei der Beschlussfassung anwesenden Anteilsinhabers bedarf. Ist der übertragende Rechtsträger eine Personenhandelsgesellschaft, eine Partnerschaftsgesellschaft oder seinerseits eine GmbH, so bedarf der Verschmelzungsbeschluss gemäß § 51 Abs. 1 S. 2 auch der Zustimmung der nicht erschienenen Gesellschafter. Dass z.B. **Aktiengesellschaften** nicht in § 51 Abs. 1 S. 2 genannt sind und bei einer übertragenden AG daher gemäß § 51 Abs. 1 S. 1 in der dort genannten Konstellation lediglich die Zustimmung der bei der Hauptversammlung, die den Verschmelzungsbeschluss fassen soll, anwesenden Aktionäre erforderlich ist, rechtfertigt sich nicht aus einem geringeren Schutzbedürfnis der nicht anwesenden Aktionäre, sondern beruht auf Praktikabilitätserwägungen und dem Anliegen des Gesetzgebers, Verschmelzungen zu erleichtern.[623] Dem Vorstand einer übertragenden AG sind deren Aktionäre häufig nicht sämtlich namentlich bekannt. Würde das Gesetz gleichwohl die Zustimmung auch der bei der Hauptversammlung nicht anwesenden Aktionäre verlangen, liefe dies in derartigen Fällen auf das unerwünschte Ergebnis hinaus, dass die Verschmelzung zu unterbleiben hätte.[624] Die Zustimmungserfordernisse in § 51 Abs. 1 S. 1 und S. 2 erstrecken sich auch auf die Gesellschafter, deren Stimmrecht ausgeschlossen ist.[625]

334

bb) Nicht beteiligungsproportionale Anteilsgewährung (§ 51 Abs. 2)

Das besondere Zustimmungserfordernis in § 51 Abs. 2 betrifft die Verschmelzung einer Aktiengesellschaft oder Kommanditgesellschaft auf Aktien auf eine GmbH und knüpft an die Regelung in § 46 Abs. 1 S. 2 an. Gemäß § 46 Abs. 1 S. 2 kann, wenn übertragender Rechtsträger eine AG/KGaA ist, der Nennbetrag der den Aktionären zu gewährenden

335

---

620 Lutter/*Winter*, § 54 Rn. 36.
621 Widmann/Mayer/*Mayer*, § 54 Rn. 61.
622 So zur Parallelvorschrift in § 68 Abs. 3 z.B. Semler/Stengel/*Diekmann*, § 68 Rn. 23 und unten Rdn. 419.
623 Lutter/*Winter*, § 51 Rn. 8.
624 Semler/Stengel/*Reichert*, § 51 Rn. 14.
625 Widmann/Mayer/*Mayer*, § 51 Rn. 13.

Anteilen an der übernehmenden GmbH abweichend von dem Betrag festgesetzt werden, der auf die Aktien der übertragenden AG oder KGaA als anteiliger Betrag ihres Grundkapitals entfällt. Wird von dieser Möglichkeit Gebrauch gemacht, so muss gemäß §51 Abs. 2 jeder Aktionär zustimmen, der sich nicht mit seinem gesamten Anteil beteiligen kann, d.h. der Geschäftsanteile erhält, deren Gesamtnennwert niedriger liegt als sein bisheriger rechnerischer Anteil am Grundkapital der übertragenden Gesellschaft. §51 Abs. 2 basiert auf entsprechenden Vorgängerregelungen in §369 Abs. 6 AktG a.F. i.V.m. §33 KapErhG. Der Gesetzgeber entschloss sich, das dortige Zustimmungserfordernis – abweichend von der in der Regierungsbegründung vertretenen Ansicht, die von einer Übernahme abriet – in §51 Abs. 2 in das Umwandlungsgesetz aufzunehmen.[626] Der Sinn des Zustimmungserfordernisses in §51 Abs. 2 erscheint in der Tat zweifelhaft; denn letztlich entscheidet nicht der Gesamt-Nennbetrag der gewährten Anteile, sondern ihre Werthaltigkeit, ob der Aktionär der übertragenden Gesellschaft benachteiligt wird oder nicht.

cc) Zustimmungserfordernis nach §53 Abs. 3 GmbHG analog bei Leistungsvermehrung?

336 Während das UmwG in §51 Abs. 1 S. 1 und S. 2 die Anteilsinhaber eines übertragenden Rechtsträgers vor einer verschmelzungsbedingten Gefahr der Ausfallhaftung nach §24 GmbHG bei einer übernehmenden GmbH über einen Zustimmungsvorbehalt schützt, ordnet es keinen entsprechenden Vorbehalt an, wenn die Anteilsinhaber des übertragenden Rechtsträgers als neue Gesellschafter der übernehmenden GmbH statuarisch angeordnete Nebenpflichten, wie z.B. **Nachschusspflichten** oder **Wettbewerbsverbote**, treffen. Zum alten Umwandlungsrecht entsprach es herrschender Auffassung, dass in derartigen Fallkonstellationen §53 Abs. 3 GmbHG analog zur Anwendung kam.[627] Nach §53 Abs. 3 GmbHG kann eine Vermehrung der den Gesellschaftern nach dem Gesellschaftsvertrag obliegenden Leistungen nur mit Zustimmung sämtlicher beteiligter Gesellschafter beschlossen werden. In der Regierungsbegründung heißt es hierzu, die Übernahme dieses Rechtsgedankens in das neue Umwandlungsrecht sei »nicht zweckmäßig«.[628] Ob und gegebenenfalls wie die Gesellschafter eines übertragenden Rechtsträgers vor einer verschmelzungsbedingten Leistungsvermehrung geschützt werden sollen, wird im Schrifttum kontrovers diskutiert. Die am weitesten gehende Ansicht plädiert dafür, die Aussage in der Regierungsbegründung als bloßes »obiter dictum« einzustufen und zur Wahrung eines so fundamentalen Prinzips des Korporationsrechts, wie es der in §707 BGB verankerte Schutz vor einer Nachschusspflicht darstellt, §53 Abs. 3 GmbHG gleichwohl analog anzuwenden und eine Zustimmung der betroffenen Gesellschafter zu verlangen.[629] Andere wollen die betroffenen Gesellschafter über ein Austrittsrecht nach §29 oder ein Austrittsrecht aus wichtigem Grund schützen.[630] Wiederum andere lehnen im Hinblick auf die Regierungsbegründung einen Schutz der betroffenen Gesellschafter ab, halten aber de lege ferenda einen Schutz für geboten.[631] Zutreffend erscheint es, in derartigen Fällen die betroffenen Gesellschafter über ein Austrittsrecht aus wichtigem Grund zu schützen. Eine analoge Anwendung des §53 Abs. 3 GmbHG scheidet – auch wenn man die gesetzgeberische Wertung für verfehlt hält – deshalb aus, weil es im Hinblick auf die eindeutige Aussage in der Gesetzesbegründung an der für eine analoge Anwendung einer Norm erforderlichen planwidrigen Lücke fehlt. Dem Gesellschafter jeglichen Schutz zu versagen, erscheint ebenfalls nicht geboten, weil sonst in der Tat

---

626 Vgl. Lutter/*Winter*, §51 Rn. 17.
627 Siehe Semler/Stengel/*Reichert* §51 Rn. 15 m.w.N. auf den Meinungsstand.
628 Reg.Begr. *Ganske*, S. 61.
629 Semler/Stengel/*Reichert*, §51 Rn. 16; Lutter/*Winter*, §51 Rn. 15; Lutter/*Lutter/Drygala*, §13 Rn. 30.
630 Zur Lösung über §29 siehe H. *Schmidt*, Kölner Umwandlungsrechtstage, S. 84 f.; zum allgemeinen Austrittsrecht *Grunewald*, Kölner Umwandlungsrechtstage, S. 24.
631 So Widmann/Mayer/*Mayer*, §50 Rn. 109 ff. und Widmann/Mayer/*Heckschen*, §13 Rn. 184 f.

der fundamentale Grundsatz des § 707 BGB verletzt werden könnte. Es verbleibt damit der Schutz über ein Austrittsrecht, da auf diese Weise einerseits dem gesetzgeberischen Ziel, Verschmelzungen zu erleichtern, andererseits dem Schutz des Minderheitsgesellschafters vor Leistungsvermehrungen Rechnung getragen werden kann. Vorzugswürdig erscheint es dabei, das **Austrittsrecht** nicht auf § 29, sondern auf allgemeine Grundsätze zu stützen. Auf diese Weise kann sichergestellt werden, dass die Gerichte im Einzelfall entscheiden können, ob die Leistungsvermehrung so gravierend ist, dass sie einen wichtigen Grund für einen Austritt darstellt.

4. Nur für übertragende GmbH geltende Vorgaben für die Verschmelzung durch Aufnahme (§ 50 Abs. 2)

Ist an der Verschmelzung (sei es auf eine Personengesellschaft sei es auf eine Kapitalgesellschaft) eine GmbH als übertragender Rechtsträger beteiligt, sind ferner die besonderen Zustimmungserfordernisse des § 50 Abs. 2 zu beachten. Werden durch die Verschmelzung auf dem Gesellschaftsvertrag beruhende **Minderheitsrechte** eines einzelnen Gesellschafters einer übertragenden GmbH beeinträchtigt, so bedarf der Verschmelzungsbeschluss der GmbH gemäß § 50 Abs. 2, 1. Alt. der Zustimmung dieses Gesellschafters. Entsprechendes gilt gemäß § 50 Abs. 2, 2. Alt., wenn durch die Verschmelzung die einzelnen Gesellschaftern einer übertragenden GmbH nach dem Gesellschaftsvertrag zustehenden **besonderen Rechte** in der Geschäftsführung der GmbH, bei der Bestellung der Geschäftsführer oder hinsichtlich eines Vorschlagsrechts für die Geschäftsführung beeinträchtigt werden. § 50 Abs. 2 schützt auf diese Weise die Inhaber der dort genannten Sonderrechte davor, ihre Rechte im Rahmen der Verschmelzung ohne ihr Einverständnis zu verlieren.[632]

337

Minderheitsrechte im Sinne von § 50 Abs. 2, 1. Alt. sind z.B. Mehrstimmrechte, Zustimmungs- oder Vetorechte im Hinblick auf Gesellschafterbeschlüsse, Weisungsrechte gegenüber der Geschäftsführung, Bestellungs- oder Benennungsrechte für den Aufsichtsrat oder sonstige Gremien sowie statuarische Vorkaufs- oder Vorerwerbsrechte.[633] § 50 Abs. 2, 1. Alt. greift bei solchen Rechten auch dann ein, wenn die Satzung sie allen Gesellschaftern einräumt, da solche Rechte dann auch den Minderheitsgesellschaftern zustehen.[634] Da sich § 50 Abs. 2, 1. Alt. nur auf durch die Satzung eingeräumte Minderheitsrechte bezieht, findet er keine Anwendung auf gesetzlich eingeräumte Minderheitsrechte wie z.B. solche aus § 51 a GmbHG.[635] Keine Anwendung findet § 50 Abs. 2, 1. Alt. auch auf ein durch die Satzung eingeräumtes Recht auf einen Gewinnvorzug oder einen erhöhten Anteil am Liquidationserlös.[636] Das lässt sich allerdings nicht aus dem Wortlaut des § 50 Abs. 2, sondern nur aus der – in der Gesetzesbegründung zum Ausdruck kommenden – Zielrichtung des § 50 Abs. 2 ableiten, der im Gegensatz zu § 23 Rechte, die eine ausschließlich vermögensrechtliche Besserstellung vermitteln, nicht schützen soll.[637]

338

Nach § 50 Abs. 2, 2. Alt. bedarf es u.a. auch der Zustimmung solcher Gesellschafter zum Verschmelzungsbeschluss, die ein statuarisch eingeräumtes Vorschlagsrecht für die Geschäftsführung haben, das durch die Verschmelzung beeinträchtigt wird. Voraussetzung für die Anwendung des § 50 Abs. 2 ist allerdings in derartigen Fallkonstellationen, dass die übrigen Gesellschafter an diesen Vorschlag in der Weise gebunden sind, dass sie ihn nur aus wichtigem Grund im Sinne von § 38 Abs. 2 GmbHG oder aus sachlichen, im Interesse der Gesellschaft liegenden Gründen ablehnen können.[638]

339

---

632 Schmitt/*Stratz*, § 50 Rn. 8.
633 Lutter/*Winter*, § 50 Rn. 19.
634 *Reichert*, GmbHR 1995, 179; Lutter/*Winter*, § 50 Rn. 16.
635 Semler/Stengel/*Reichert*, § 50 Rn. 27.
636 Kallmeyer/*Zimmermann*, § 50 Rn. 21.
637 Semler/Stengel/*Reichert*, § 50 Rn. 31; zum Gewinnvorzug ausdrücklich Reg.Begr. *Ganske*, S. 100.
638 Lutter/*Winter*, § 50 rn. 20; Semler/Stengel/*Reichert*, § 50 Rn. 44.

4. Kapitel Umwandlungen

340 Eine nach § 50 Abs. 2 erforderliche Zustimmung kann auch dadurch erklärt werden, dass der betroffene Gesellschafter auf der Gesellschafterversammlung im Rahmen der Abstimmung für die Zustimmung zum Verschmelzungsvertrag im Sinne von § 13 Abs. 1 stimmt.[639] Wird sie außerhalb der Versammlung erklärt, bedarf sie nach § 13 Abs. 3 S. 1 (wie die sonstigen nach dem Umwandlungsgesetz erforderlichen Individualzustimmungen) der notariellen Beurkundung.

341 Neben den Zustimmungserfordernissen aus § 50 Abs. 2 kann sich bei einer übertragenden GmbH auch aus § 13 Abs. 2 wegen einer Anteilsvinkulierung ein Zustimmungsvorbehalt ergeben.

5. Besondere Vorgaben für die GmbH-GmbH-Verschmelzung (§ 51 Abs. 1 S. 3)

342 Während § 51 Abs. 1 S. 1 und 2 die Zustimmungserfordernisse für den Fall regeln, dass bei einer übernehmenden GmbH nicht alle Einlagen erbracht sind, betrifft § 51 Abs. 1 S. 3 die Fälle, in denen bei einer übertragenden GmbH Einlagen ausstehen. Ist dies der Fall, so bedarf es, wenn übernehmender Rechtsträger eine GmbH ist, gemäß § 51 Abs. 1 S. 3 der Zustimmung aller Gesellschafter der übernehmenden GmbH. Das dürfte auf der – inhaltlich verfehlten[640] – Vorstellung des Gesetzgebers beruhen, dass der Einlagenanspruch der übertragenden GmbH gegen ihre Gesellschafter nicht nur nach § 20 Abs. 1 Nr. 1 auf die übernehmende GmbH übergeht, sondern deren Gesellschafter insoweit auch die **Ausfallhaftung nach § 24 GmbHG** trifft, vor der sie mittels des Zustimmungsvorbehalt geschützt werden.

343 Keinen Zustimmungsvorbehalt ordnet § 51 Abs. 1 S. 3 hingegen für den Fall an, dass bei der übertragenden GmbH Einlagen offen sind, die GmbH jedoch nicht auf eine andere GmbH, sondern auf einen Rechtsträger anderer Rechtsform im Wege der Mischverschmelzung (§ 3 Abs. 4) verschmolzen wird. Das lässt erkennen, dass der Gesetzgeber hier – richtigerweise – kein Risiko einer Ausfallhaftung sieht. Im Schrifttum werden die Zusammenhänge zum Teil hiervon abweichend beurteilt. So wird zum Teil auch angenommen, dass die Ausfallhaftung auch in solchen Fällen besteht, woraus zum Teil wiederum der Schluss gezogen wird, auch in solchen Fällen sei im Wege einer Analogie zu § 51 Abs. 1 S. 3 eine Zustimmung der Anteilsinhaber des übernehmenden Rechtsträgers erforderlich.[641]

6. Registeranmeldungen

a) Anmeldung der Kapitalerhöhung

344 Erhöht die übernehmende GmbH zur Durchführung der Verschmelzung ihr Kapital (§ 55), ist diese – gemäß § 53 vorrangig einzutragende – Kapitalerhöhung nach §§ 78, 57 Abs. 1 GmbHG i.V.m. § 55 Abs. 1 durch alle Geschäftsführer zum Handelsregister anzumelden. Mit diesem Erfordernis der Mitwirkung aller Geschäftsführer strebt das Gesetz eine Gewähr für die Richtigkeit der Anmeldung an, was zusätzlich durch die Strafbewehrung in § 82 Abs. 1 Nr. 3 GmbHG unterstützt wird. Diese Umstände stehen einer Vertretung bei der Anmeldung nach überwiegender Ansicht entgegen.[642] Auch eine unechte Gesamtvertretung ist ausgeschlossen.[643] Neben der Kapitalerhöhung ist die entsprechende Satzungsänderung anzumelden.

---

639 Semler/Stengel/*Reichert*, § 51 Rn. 47.
640 So zu Recht Lutter/*Grundewald*, § 20 Rn. 43; a.A. Lutter/*Winter*, § 51 Rn. 10.
641 *Bayer*, ZIP 1997, 1613, 1623; Semler/Stengel/*Reichert*, § 51 Rn. 20 (»Zustimmungen seien vorsorglich einzuholen«); für eine Ausfallhaftung bei Mischverschmelzungen, jedoch gegen eine Analogie zu § 51 Abs. 1 Satz 3 Lutter/*Winter*, § 51 Rn. 12.
642 Semler/Stengel/*Reichert*, § 55 Rn. 23; für Zulässigkeit der Vertretung *Melchior*, GmbHR 1999, 520 f.
643 Lutter/*Winter*, § 55 Rn. 26.

Gemäß § 55 Abs. 1 gilt § 57 Abs. 2 GmbHG nicht, d.h., es bedarf im Hinblick auf die Besonderheiten der verschmelzungsbedingten Kapitalerhöhung keiner Versicherung, dass die Stammeinlagen bewirkt sind und sich die erbrachten Leistungen endgültig in der freien Verfügung der Geschäftsführer befinden, da sich der Vermögensübergang auf die übernehmende Gesellschaft gemäß § 20 Abs. 1 Nr. 1 kraft Gesetzes vollzieht. Gemäß § 55 Abs. 2 ist anstelle der nach § 55 Abs. 1 entbehrlichen Übernahmeerklärung im Sinne von § 55 Abs. 1 GmbHG der Verschmelzungsvertrag und die Niederschriften der Verschmelzungsbeschlüsse in Ausfertigung oder öffentlich beglaubigter Abschrift der Anmeldung beizufügen. **345**

§ 55 Abs. 2 verlangt ferner die Vorlage der »in § 57 Abs. 3 Nr. 2 und Nr. 3 GmbHG bezeichneten Schriftstücke«; daraus folgt, dass eine »Übernehmerliste« im Sinne § 57 Abs. 3 Nr. 2 GmbHG vorzulegen ist. Nicht eingereicht werden können allerdings die in § 57 Abs. 3 Nr. 3 GmbHG genannten Unterlagen, da es bei der Verschmelzung – nach allgemeiner Ansicht – entsprechende Verträge nicht gibt.[644] **346**

Der Anmeldung beizufügen ist der Beschluss über die Kapitalerhöhung nebst der entsprechenden Satzungsänderung, der üblicher-, aber nicht notwendigerweise zusammen mit dem Verschmelzungsbeschluss gefasst und beurkundet wird, sowie die notarielle Satzungsbescheinigung nach § 54 Abs. 1 S. 2 GmbHG.[645] Darüber hinaus muss der den Kapitalerhöhungsbeschluss beurkundende Notar nach der auf dem MoMiG basierenden Regelung in § 40 Abs. 2 S. 1 GmbHG dem Handelsregister eine von ihm unterschriebene **Gesellschafterliste** im Sinne von § 40 Abs. 1 GmbHG einreichen, die nach § 40 Abs. 2 S. 2 GmbHG mit seiner Bescheinigung zu versehen ist, dass die geänderten Eintragungen den Veränderungen entsprechen, an denen er mitgewirkt hat, und die übrigen Eintragungen mit dem Inhalt der zuletzt im Handelsregister aufgenommenen Liste übereinstimmen. Inhaltlich muss aus der Liste nach § 40 Abs. 1 S. 2 GmbHG Name, Vorname, Geburtsdatum und Wohnort der Gesellschafter sowie die Nennbeträge und die laufenden Nummern der von ihnen gehaltenen Geschäftsanteile zu entnehmen sein. Umwandlungsrechtliche Besonderheiten bezüglich der Liste können sich insoweit aus § 35 ergeben. Danach können unbekannte Aktionäre einer übertragenden Aktiengesellschaft oder Kommanditgesellschaft auf Aktien durch die Angabe des insgesamt auf sie entfallenden Teils des Grundkapitals der Gesellschaft und der auf sie nach der Verschmelzung entfallenden Anteile bezeichnet werden, wenn deren Anteile zusammen den zwanzigsten Teil des Grundkapitals der übertragenden Gesellschaft nicht überschreiten. **347**

Der Werthaltigkeitsnachweis bezüglich des »eingebrachten« Vermögens wird in der Regel durch die **Schlussbilanz** des übertragenden Rechtsträgers erbracht.[646] Eines Sachkapitalerhöhungsberichts bedarf es richtiger Ansicht nach nicht.[647] Sind an der Verschmelzung Kapitalgesellschaften als übertragende Rechtsträger beteiligt, ergibt sich dies aus § 58 Abs. 2. Denn wenn in derartigen Fällen bei der Verschmelzung durch Neugründung einer GmbH gemäß § 58 Abs. 2 kein Sachgründungsbericht erforderlich ist, kann nichts anderes für den Sachkapitalerhöhungsbericht gelten, wenn eine übernehmende GmbH im Zuge der Verschmelzung ihr Kapital erhöht. Aber auch bei übertragenden Personengesellschaften ist eine Pflicht, einen solchen Bericht zu erstatten, zu verneinen, da das Umwandlungsgesetz die insoweit erforderlichen Formalitäten abschließend regelt und einen »**Sachkapitalerhöhungsbericht**« anders als den Sachgründungsbericht (§ 58 Abs. 2) nicht nennt. Davon zu unterscheiden ist die Frage, ob das Gericht, wenn es von der Werthaltigkeit des eingebrachten Unternehmens trotz der Schlussbilanz nicht überzeugt ist, auf der Basis **348**

---

644 Semler/Stengel/*Reichert*, § 55 Rn. 21 f. m.w.N.
645 Widmann/Mayer/*Mayer* § 55 Rn. 93.
646 Widmann/Mayer/*Mayer*, § 55 Rn. 102, 75 und 57.
647 Lutter/*Winter*, § 55 Rn. 29; einschränkend Semler/Stengel/*Reichert*, § 53 Rn. 7 »in der Regel nicht erforderlich«; anders auch Widmann/Mayer/*Mayer*, § 55 Rn. 57.

einer pflichtgemäßen Ermessensausübung ergänzende Nachweise (z.B. Wertgutachten) bezüglich der Werthaltigkeit des übergehenden Vermögens verlangen kann. Diese Frage ist zu bejahen.[648]

b) Anmeldung der Verschmelzung

aa) Besonderheiten nach § 52 Abs. 1

349 Für die Anmeldung der Verschmelzung gelten zunächst die allgemeinen Bestimmungen in §§ 16 und 17. Diese Regelungen werden ergänzt durch § 52. § 52 Abs. 1 S. 1 knüpft insoweit an die **Zustimmungserfordernisse** in § 51 Abs. 1 S. 1 und S. 2 an. Nach § 51 Abs. 1 S. 1 und S. 2 bedarf der Verschmelzungsbeschluss eines übertragenden Rechtsträgers im Falle der Verschmelzung auf eine übernehmende GmbH, auf deren Geschäftsanteile nicht alle zu leistenden Einlagen in voller Höhe geleistet sind, der Zustimmung aller bei der Gesellschafterversammlung anwesenden Gesellschafter und, wenn übertragender Rechtsträger eine Personenhandelsgesellschaft, Partnerschaftsgesellschaft oder GmbH ist, auch der Zustimmung der bei der Versammlung nicht anwesenden Gesellschafter. Obwohl diese Zustimmungserklärungen nach § 13 Abs. 3 S. 1 beurkundungsbedürftig sind und nach § 17 Abs. 1 der Anmeldung der Verschmelzung ohnehin beizufügen sind, verlangt das Gesetz zusätzlich (und atypischerweise), dass die Vertretungsorgane der an der Verschmelzung beteiligten Rechtsträger – d.h. aller Rechtsträger – bei der Anmeldung erklären, dass die erforderlichen Zustimmungen erteilt sind. Entsprechendes gilt in den Fällen des § 51 Abs. 1 S. 3, d.h. in den Fällen einer Verschmelzung einer (übertragenden) GmbH auf eine (übernehmende) GmbH, wenn bei der übertragenden GmbH noch Einlagen offen stehen. Hier verlangt § 52 Abs. 1 S. 2, dass die Vertretungsorgane jedes beteiligten Rechtsträgers erklären, dass die nach § 51 Abs. 1 S. 3 erforderlichen Zustimmungen der Gesellschafter der übernehmenden GmbH erteilt sind.

350 Erklärungen im Sinne von § 52 Abs. 1 S. 1 und S. 2 bedürfen keiner besonderen Form. Sie müssen »bei«, nicht »in« der Anmeldung der Verschmelzung abgegeben werden.[649] Letzteres ist aber zulässig. Die Vorlage der Zustimmungserklärungen nach § 17 Abs. 1 und die Erklärungen nach § 52 Abs. 1 S. 1 und S. 2 ersetzen sich wechselseitig nicht. Zu beachten ist, dass die Erklärung durch alle Organmitglieder abzugeben ist, ein Handeln in vertretungsberechtigter Anzahl (oder eine unechte Gesamtvertretung) scheidet aus.[650] Da die Erklärung – jedenfalls für die Organmitglieder desjenigen Rechtsträgers, für dessen Gesellschafter die besonderen Zustimmungserfordernisse bestehen – nach § 313 Abs. 2 strafbewehrt ist, scheidet auch eine rechtsgeschäftliche Vertretung aus.

bb) Berichtigte Gesellschafterliste (§ 52 Abs. 2)

351 Gemäß § 52 Abs. 2 ist der Anmeldung zum Register des Sitzes der übernehmenden GmbH eine von den Geschäftsführern dieser GmbH unterschriebene berichtigte Gesellschafterliste beizufügen. Der Inhalt der Liste bestimmt sich nach § 40 Abs. 1 GmbHG.[651] Aus ihr müssen also Name, Vorname, Geburtsdatum und Wohnort der Gesellschafter sowie die Nennbeträge und die laufenden Nummern der ihnen übernommenen Geschäftsanteile zu entnehmen sein. Ausnahmen hiervon können sich aus § 35 für **unbekannte Aktionäre** ergeben. Die Liste nach § 52 Abs. 2 ist von den Geschäftsführern in vertretungsberechtigter Zahl zu unterzeichnen.[652] Neben der Pflicht, die Liste nach § 52 Abs. 2 der Anmeldung der

---

648 So auch Widmann/Mayer/*Mayer*, § 55 Rn. 57.
649 Kallmeyer/*Zimmermann*, § 52 Rn. 5.
650 Schmitt/*Stratz*, § 52 Rn. 2.
651 Semler/Stengel/*Reichert*, § 52 Rn. 11.
652 Widmann/Mayer/*Mayer*, § 52 Rn. 10.

Verschmelzung beizufügen, steht gemäß § 40 Abs. 2 S. 1 GmbHG die Pflicht des Notars, nach Wirksamwerden der Verschmelzung ebenfalls eine berichtigte Gesellschafterliste mit der in § 40 Abs. 2 S. 2 GmbHG genannten Bescheinigung zum Handelsregister einzureichen. Dieses Nebeneinander der Pflichten aus § 52 Abs. 2 und § 40 Abs. 2 GmbHG erscheint wenig sinnvoll.[653] Es ist daher zu begrüßen, dass nach dem Regierungsentwurf für ein Drittes Gesetz zur Änderung des UmwG § 52 Abs. 2 aufgehoben werden soll.[654] Bis zum Inkrafttreten der Neuregelung sind richtiger Ansicht nach beide Einreichungspflichten zu beachten.[655]

7. Verschmelzung durch Neugründung

a) Überblick

Ist eine GmbH an der Verschmelzung durch Neugründung – sei es als übertragender sei es als neuer Rechtsträger – beteiligt, gelten zunächst die allgemeinen Regeln in §§ 36 bis 38. Ergänzt werden diese allgemeinen Regeln durch die besonderen Vorschriften in §§ 56 bis 59. Dabei betreffen die §§ 57 bis 59 ausschließlich die Fälle, in denen eine GmbH als »Zielgesellschaft«, d.h. als neuer Rechtsträger, an einer Verschmelzung durch Neugründung beteiligt ist.[656]   **352**

Der Regelungsbereich des § 56 hingegen umfasst nicht nur die Fälle, in denen die GmbH als neuer Rechtsträger an der Verschmelzung beteiligt ist. § 56 betrifft vielmehr auch die Fälle, in denen eine GmbH als übertragender Rechtsträger an der Verschmelzung durch Neugründung beteiligt ist, und zwar auch dann, wenn der **Zielrechtsträger** nicht eine GmbH, sondern ein Rechtsträger anderer Rechtsform ist. Inhaltlich verweist das Gesetz in § 56 insoweit – seiner u.a. auch in § 36 Abs. 1 angewandten Verweisungsmethodik treu bleibend – mit gewissen Ausnahmen auf die Vorschriften in den §§ 46 bis 55 zur Verschmelzung durch Aufnahme unter Beteiligung einer GmbH, und damit auf Normen, die für eine übertragende GmbH gelten, wie auf Normen, die für eine übernehmende GmbH und damit gemäß § 36 Abs. 1 S. 2 für eine GmbH als neuem Rechtsträger gelten.   **353**

b) GmbH als übertragender Rechtsträger

Im Ergebnis bedeutet dies, dass von den §§ 46 ff., falls eine GmbH als übertragender Rechtsträger an der Verschmelzung durch Neugründung beteiligt ist, gemäß § 56 die Regelungen in § 47 (Unterrichtung der Gesellschafter), in § 48 (Prüfung der Verschmelzung), in § 49 (Vorbereitung der Gesellschafterversammlung) und in § 50 Abs. 1 und 2 (Beschluss der Gesellschafterversammlung, Zustimmungsvorbehalte) Anwendung finden.[657] Keine entsprechende Anwendung findet hingegen gemäß § 56 das Zustimmungserfordernis für Anteilsinhaber einer übertragenden GmbH bei einer Verschmelzung auf eine übernehmende GmbH in § 51 Abs. 1 S. 3, was allerdings wenig konsequent erscheint.[658] Denn auch bei der Verschmelzung durch Neugründung einer GmbH besteht die Möglichkeit, dass bei einer übertragenden GmbH nicht alle Einlagen bewirkt sind.   **354**

---

653 Siehe Lutter/*Winter*, § 52 Rn. 8, der § 52 Abs. 2 (richtigerweise) als redundant bezeichnet.
654 Siehe Art. 1 Nr. 5 des RegE-UmwG; dazu allgemein oben Rdn. 8.
655 A.A. *Flick*, NZG 2010, 170.
656 Lutter/*Winter*, § 56 Rn. 4.
657 Semler/Stengel/*Reichert*, § 56 Rn. 5.
658 In diesem Sinne auch Lutter/*Winter*, § 56 Rn. 14 und Semler/Stengel/*Reichert*, § 56 Rn. 11; siehe auch Widmann/Mayer/*Mayer*, § 56 Rn. 12 (»Redaktionsversehen«); zu weitgehend Kallmeyer/ *Kallmeyer*, § 56 Rn. 3, der § 51 Abs. 1 Satz 3 trotz § 56 für anwendbar hält.

c) GmbH als Zielgesellschaft

355 Ist hingegen eine GmbH Zielgesellschaft der Verschmelzung durch Neugründung, so gelten gemäß § 56 ein Teil der Vorschriften in den §§ 46 bis 55, die besonderen Vorschriften in §§ 57 bis 59 und gemäß § 36 Abs. 2 S. 1 im Grundsatz das sonstige Gründungsrecht der GmbH.

aa) Anwendbare Regeln der §§ 46 bis 55

356 Gemäß § 56 finden auf die Verschmelzung durch Neugründung einer GmbH die Regelungen in § 46 Abs. 1 und 2 Anwendung.[659] Der Verschmelzungsvertrag oder sein Entwurf müssen daher insb. für jeden Anteilsinhaber eines übertragenden Rechtsträgers den Nennbetrag des Geschäftsanteils bestimmen, den die neu gegründete GmbH ihm gewährt (§ 46 Abs. 1 S. 1). Obwohl § 56 auch § 46 Abs. 3 für entsprechend anwendbar erklärt, hat § 46 Abs. 3 für die Verschmelzung durch Neugründung keine Bedeutung, da es hier keine »**schon vorhandenen Geschäftsanteile**« an der neuen Gesellschaft geben kann; der Verweis in § 56 auf § 46 Abs. 3 geht damit ins Leere.[660] Neben § 46 Abs. 1 und 2 findet gemäß § 56 auch § 54 Abs. 4 Anwendung.[661] Bare Zuzahlungen im Sinne von § 5 Abs. 1 Nr. 3 für Anteilsinhaber übertragender Rechtsträger sind daher auch bei der Verschmelzung durch Neugründung in den Grenzen des § 54 Abs. 4 möglich. Das heißt, dass im Verschmelzungsvertrag festgesetzte **bare Zuzahlungen** den zehnten Teil des Stammkapitals der neuen GmbH *und* den zehnten Teil des Gesamtnennbetrages der den Anteilsinhabern jedes einzelnen übertragenden Rechtsträgers gewährten Geschäftsanteile nicht übersteigen dürfen.[662] Entsprechende Anwendung findet gemäß § 56 schließlich auch die Regelung in § 52 Abs. 2. D.h. der nach Maßgabe der Regelungen in § 38 Abs. 2 vorzunehmenden Registeranmeldung der neuen Gesellschaft ist eine von den Geschäftsführern der neuen Gesellschaft unterschriebene Liste der Gesellschafter dieser Gesellschaft beizufügen. Der Inhalt der Liste bestimmt sich nach § 8 Abs. 1 Nr. 3 GmbHG.[663] D.h. ebenso wie bei der Liste nach § 40 Abs. 1 GmbHG müssen aus der Liste Name, Vorname, Geburtsdatum und Wohnort der Gesellschafter sowie die Nennbeträge und die laufenden Nummern der von jedem der Gesellschafter übernommenen Geschäftsanteile ersichtlich sein. In Abweichung zum sonstigen GmbH-Gründungsrecht (§§ 78, 8 Abs. 1 Nr. 3 GmbHG) muss die Liste nicht von allen Geschäftsführern unterzeichnet werden, es genügt vielmehr eine Unterzeichnung von Geschäftsführern in vertretungsberechtigter Zahl, da § 78 GmbHG für die Anmeldung der Verschmelzung gemäß § 38 Abs. 2 nicht gilt.[664]

357 Keine Anwendung auf die Verschmelzung durch Neugründung einer GmbH finden gemäß § 56 die Regelungen in § 51 Abs. 1 S. 1 und S. 2. Denn bei der Verschmelzung zur Neugründung kann es keine »übernehmende« bzw. ihr gemäß § 36 Abs. 1 S. 2 gleichgestellte neue Gesellschaft geben, auf deren Geschäftsanteile nicht alle zu leistenden Einlage in voller Höhe bewirkt sind. Nicht anwendbar ist ferner gemäß § 56 das Zustimmungserfordernis in § 51 Abs. 2. Das ist ebenso wenig konsequent wie die Nichtanwendbarkeit von § 51 Abs. 1 S. 3, ist allerdings im Hinblick auf den ohnehin wenig überzeugenden Regelungsgehalt von § 51 Abs. 2 nicht zu kritisieren.[665] Folgerichtig hingegen schließt § 56 die

---

659 Siehe oben Rdn. 324 ff.
660 Semler/Stengel/*Reichert*, § 56 Rn. 7; Lutter/*Winter*, § 56 Rn. 11.
661 Siehe oben Rdn. 333.
662 Widmann/Mayer/*Mayer*, § 56 Rn. 11; Lutter/*Winter*, § 56 Rn. 13; Semler/Stengel/*Reichert*, § 56 Rn. 10.
663 Kallmeyer/*Kallmeyer*, § 56 Rn. 4.
664 Lutter/*Winter*, § 52 Rn. 7.
665 Siehe Semler/Stengel/*Reichert*, § 56 Rn. 11; anders Kallmeyer/*Kallmeyer*, § 56 Rn. 3, der § 51 Abs. 2 trotz § 56 bei der Verschmelzung durch Neugründung anwenden will; zu § 51 Abs. 2 siehe oben Rdn. 335.

Anwendung von §§ 53, 54 Abs. 1 bis 3 und 55 bei der Verschmelzung durch Neugründung einer GmbH aus, da sich hier die Frage einer verschmelzungsbedingten Kapitalerhöhung bei der übernehmenden Gesellschaft nicht stellt.

bb) Sonderregeln in §§ 57 bis 59

(1) § 57 (Sondervorteile, Gründungsaufwand, Sacheinlagen und Sachübernahmen)

Gemäß § 57 sind in den Gesellschaftsvertrag der neuen GmbH Festsetzungen über Sondervorteile, Gründungsaufwand, Sacheinlagen und Sachübernahmen, die in den Gesellschaftsverträgen, Partnerschaftsverträgen, Satzungen oder Statuten übertragender Rechtsträger enthalten sind, zu übernehmen. § 57 dient der **Absicherung der Publizität** bestimmter Bestandteile der Statute der übertragenden Rechtsträger. So schreiben z.B. § 26 Abs. 1 und 2 AktG und § 27 Abs. 1 AktG vor, dass Sondervorteile, Gründungsaufwand, Sacheinlagen und -übernahmen in der Satzung der AG festgesetzt werden müssen; nach §§ 26 Abs. 5, 27 Abs. 5 AktG können die Satzungsbestimmungen über die Festsetzungen durch Satzungsänderung erst beseitigt werden, wenn die Gesellschaft dreißig Jahre im Handelsregister eingetragen ist und wenn die Rechtsverhältnisse, die den Festsetzungen zugrunde liegen, seit mindestens fünf Jahren abgewickelt sind. Indem § 57 die Fortschreibung derartiger Satzungsbestimmungen in dem Gesellschaftsvertrag der neuen GmbH vorschreibt, wird eine Umgehung der Beibehaltungsvorschriften in §§ 26 Abs. 5, 27 Abs. 5 AktG anlässlich der Verschmelzung verhindert.[666] § 57 kann auch von Relevanz sein, wenn eine GmbH als übertragender Rechtsträger auf eine neue GmbH verschmolzen werden soll.[667] Denn auch im GmbH-Recht gilt, dass Sacheinlagen (siehe § 5 Abs. 4 S. 1 GmbHG), Sachübernahmen (gemäß § 5 Abs. 4 S. 1 GmbHG analog), Sondervorteile (gemäß § 26 Abs. 1 AktG analog) und die Übernahme von Gründungsaufwand durch die Gesellschaft (gemäß § 26 Abs. 2 AktG analog) im Gesellschaftsvertrag festzusetzen sind.[668] Allerdings findet sich im GmbH-Recht keine – § 26 Abs. 5 AktG vergleichbare – ausdrückliche Regelung, dass diese Satzungsbestandteile für einen bestimmten Zeitpunkt beizubehalten sind. Gleichwohl wird überwiegend davon ausgegangen, dass solche Satzungsbestandteile bei der GmbH für einen Zeitraum von fünf Jahren – nach anderer Ansicht für einen Zeitraum von zehn Jahren[669] – beizubehalten sind.[670] Nach allgemeiner Auffassung im Schrifttum ist § 57 im Hinblick auf seinen Normzweck nicht anzuwenden, wenn die entsprechenden **Beibehaltungsfristen** bereits abgelaufen sind.[671] Entsprechendes gilt bei anderen übertragenden Rechtsträgern, d.h. solchen, die weder AG noch GmbH sind. Denn bei solchen Rechtsträgern gibt es keine gesetzlichen Pflichten zur statuarischen Festsetzung/Beibehaltung der in § 57 genannten Umstände.[672] Bei einem Verstoß gegen § 57 ist den Beteiligten seitens des Registergerichts mit einer Zwischenverfügung Gelegenheit zu geben, den Mangel zu beseitigen.[673]

358

(2) § 58 (Sachgründungsbericht)

Die Verschmelzung durch Neugründung einer GmbH ist der Sache nach eine Sachgründung.[674] Nach den allgemeinen Regeln des GmbH-Gründungsrechts, auf die § 36 Abs. 2

359

---

666 Widmann/Mayer/*Mayer*, § 57 Rn. 2.
667 Lutter/*Winter*, § 57 Rn. 3.
668 Siehe Semler/Stengel/*Reichert*, § 57 Rn. 8; Lutter/*Winter*, § 57 Rn. 3; OLG Frankfurt a.M., Beschl. v. 7.4.2010 – 20 W 94/10, NZG 2010, 593.
669 Widmann/Mayer/*Mayer*, § 57 Rn. 8.
670 Semler/Stengel/*Reichert*, § 57 Rn. 9 m.w.N.
671 Semler/Stengel/*Reichert*, § 57 Rn. 4; Lutter/*Winter*, § 57 Rn. 6.
672 Siehe Widmann/Mayer/*Mayer*, § 57 Rn. 9.
673 Widmann/Mayer/*Mayer*, § 57 Rn. 13.1; so jetzt auch Lutter/*Winter*, § 57 Rn. 8.
674 Widmann/Mayer/*Mayer*, § 36 Rn. 28.

S. 1 für die Verschmelzung durch Neugründung verweist, bedarf es daher gemäß § 5 Abs. 4 S. 2 GmbHG grundsätzlich eines Sachgründungsberichts. § 58 modifiziert diese Regelung in § 5 Abs. 4 S. 2 GmbHG in zweifacher Weise. Zum einen bestimmt § 58 Abs. 2, dass ein Sachgründungsbericht entbehrlich ist, soweit übertragender Rechtsträger eine Kapitalgesellschaft (§ 3 Abs. 1 Nr. 2) oder eine eingetragene Genossenschaft ist, und zwar im Hinblick auf Kapitalgesellschaften aus dem – allgemein als wenig überzeugend angesehenen – gesetzgeberischen Beweggrund, dass bei diesen Rechtsträgern spezielle Regeln zur **Kapitalaufbringung und -erhaltung** existierten.[675] Ist neben der Kapitalgesellschaft/ eingetragenen Genossenschaft z.B. eine Personenhandelsgesellschaft an der Verschmelzung beteiligt, lässt § 58 Abs. 2 die Berichtspflicht bezüglich der Personenhandelsgesellschaft unberührt.[676]

360 Zum anderen verlangt § 58 Abs. 1, soweit ein Bericht nach § 58 Abs. 2 nicht gänzlich entbehrlich ist, ergänzend eine **Darlegung des Geschäftsverlaufs und der Lage** der übertragenden Rechtsträger. Berichtspflichtig sind dabei nicht – wie bei der »normalen« Sachgründung – die Gesellschafter der neuen GmbH, sondern nach § 36 Abs. 2 S. 2 die übertragenden Rechtsträger selbst; daraus folgt, dass sämtliche Mitglieder der Vertretungsorgane der beteiligten Rechtsträger den Bericht zu erstellen haben.[677] Eine Mitwirkung der Vertretungsorgane in lediglich vertretungsberechtigter Zahl reicht im Hinblick auf die Strafbewehrung der entsprechenden Erklärung in § 82 Abs. 1 Nr. 2 GmbHG nicht aus.[678] Der Bericht muss schriftlich erstellt werden und ist von allen Organmitgliedern zu unterzeichnen; er ist nach § 8 Abs. 1 Nr. 4 GmbHG i.V.m. § 36 Abs. 2 S. 1 der Anmeldung beizufügen.

361 Inhaltlich bestimmt sich der Bericht zunächst nach den Anforderungen des § 5 Abs. 4 S. 2 GmbHG, so dass die für die Angemessenheit der Leistungen für Sacheinlagen wesentlichen Umstände darzulegen sind.[679] Sinnvollerweise geschieht dies unter Verweis auf die entsprechenden Schlussbilanzen der übertragenden Rechtsträger.[680] Wird – wie regelmäßig bei der Verschmelzung durch Neugründung – ein Unternehmen in die neue Gesellschaft eingebracht, sind ferner gemäß § 5 Abs. 4 S. 2 GmbHG (nicht bezogen auf den Verschmelzungsstichtag, sondern bezogen auf den Stichtag der Anmeldung) die **Jahresergebnisse** (siehe §§ 266 Abs. 3 A V., 275 Abs. 2 Nr. 20 bzw. Abs. 3 Nr. 19 HGB) der beiden letzten Geschäftsjahre anzugeben. Zusätzlich sind gemäß § 58 Abs. 1 Geschäftsverlauf und Lage der übertragenden Rechtsträger darzulegen. Insoweit können die inhaltlichen Anforderungen an **Lageberichte von Kapitalgesellschaften** (§ 289 Abs. 2 HGB) herangezogen werden, so dass insbesondere Vorgänge von besonderer Bedeutung nach dem Stichtag der Schlussbilanz der übertragenden Rechtsträger und die voraussichtliche Entwicklung des von dem übertragenden Rechtsträger betriebenen Unternehmens darzulegen sind (siehe im einzelnen § 289 Abs. 2 HGB).[681]

(3) Verschmelzungsbeschlüsse/Organbestellung (§ 59)

362 Gemäß § 59 S. 1 wird der Gesellschaftsvertrag der neuen Gesellschaft nur wirksam, wenn ihm die Anteilsinhaber jedes der übertragenden Rechtsträger durch Verschmelzungsbeschluss zugestimmt haben. Im Schrifttum wird hierin verbreitet ein **zusätzliches Wirksamkeitserfordernis** gesehen, dass den Einfluss der Anteilsinhaber der übertragenden Rechtsträger auf den für sie geltenden Gesellschaftsvertrag absichern soll.[682] Tatsächlich ist die Regelung in § 59 S. 1

---

675 Kritisch z.B. Lutter/*Winter*, § 58 Rn. 7.
676 Kallmeyer/*Kallmeyer*, § 58 Rn. 3.
677 Lutter/*Winter*, § 58 Rn. 3.
678 Semler/Stengel/*Reichert*, § 58 Rn. 4; so jetzt auch Widmann/Mayer/*Mayer*, § 58 Rn. 5.
679 Lutter/*Winter*, § 58 Rn. 4.
680 Widmann/Mayer/*Mayer*, § 58 Rn. 9.
681 Lutter/*Winter*, § 58 Rn. 6.
682 Z.B. Semler/Stengel/*Reichert*, § 59 Rn. 3.

überflüssig.⁶⁸³ Denn nach § 37 ist die Satzung der neu zu gründenden GmbH zwingender Bestandteil des Verschmelzungsvertrages, der nach § 13 ohnehin nur mit Zustimmung der Anteilsinhaber der beteiligten Rechtsträger wirksam wird. Die Mehrheitserfordernisse für den jeweiligen Verschmelzungsbeschluss nach § 13 richten sich insoweit nach den entsprechenden Regeln des jeweiligen Rechtsträgers (siehe §§ 43, 45 d, 50, 65).⁶⁸⁴

Von Bedeutung hingegen ist § 59 S. 2. Danach gilt § 59 S. 1 entsprechend für die Bestellung der Geschäftsführer und der Mitglieder des Aufsichtsrats der neuen Gesellschaft, soweit sie von den Anteilsinhabern der übertragenden Rechtsträger zu wählen sind. § 59 S. 2 erklärt sich aus dem Umstand, dass die gemäß § 36 Abs. 2 S. 2 als Gründer agierenden, übertragenden Rechtsträger (vertreten durch ihre Organe) im Verschmelzungsvertrag oder außerhalb des Verschmelzungsvertrages den oder die Geschäftsführer der neuen Gesellschaft bestellen können. Ist die Geschäftsführerbestellung – wie üblich (§ 46 Nr. 5 GmbHG) – nach der Satzung des neuen Rechtsträgers (eigentlich) Sache der Gesellschafter der neuen Gesellschaft, d.h. der Anteilsinhaber der übertragenden Rechtsträger, gilt es, wenn die Geschäftsführerbestellung durch die beteiligten übertragenden Rechtsträger außerhalb des (der Zustimmung der Anteilsinhaber der übertragenden Rechtsträger nach § 13 Abs. 1 bedürftigen) Verschmelzungsvertrages erfolgt, den **Einfluss der Anteilsinhaber** der übertragenden Rechtsträger auf die Geschäftsführerbestellung abzusichern. Dies tut § 59 S. 2, indem er die Wirksamkeit der Geschäftsführerbestellung in solchen Fällen von der Zustimmung der Anteilsinhaber der übertragenden Rechtsträger abhängig macht. 363

Zulässig ist es (anstelle einer Zustimmung zu dem Geschäftsführerbestellungsbeschluss der übertragenden Rechtsträger nach § 59 S. 2) auch, wenn die Anteilsinhaber der übertragenden Rechtsträger als Gesellschafter der neuen GmbH selbst den Geschäftsführer der neuen Gesellschaft mit der erforderlichen Mehrheit bestellen.⁶⁸⁵ 364

Zu § 59 S. 2 a.F. wurde vertreten, dass bei Neugründung einer GmbH im Wege der Verschmelzung von der Bestellung des ersten Geschäftsführers bis zum Zeitpunkt der Eintragung der GmbH abgesehen werden konnte; diese Ansicht war im Hinblick auf den nach § 36 Abs. 2 S. 1 anwendbaren § 6 Abs. 1 GmbHG, wonach die GmbH mindestens einen Geschäftsführer haben muss, bereits nach altem Recht verfehlt und hat durch die Erstreckung des Zustimmungsvorbehalts in § 59 S. 2 auf die Geschäftsführerbestellung durch das 2. Gesetz zur Änderung des Umwandlungsgesetzes vom 19.4.2007 ihre Grundlage verloren.⁶⁸⁶ 365

cc) Sonstiges GmbH-Gründungsrecht

§ 36 Abs. 2 S. 1 verweist für die Verschmelzung durch Neugründung einer GmbH auf das Gründungsrecht der GmbH und damit insb. auf die §§ 1 bis 12 GmbHG. Von Bedeutung ist insofern u.a. der Verweis auf § 2 Abs. 2 GmbHG. An sich bedarf eine Vollmacht zum Abschluss eines Verschmelzungsvertrages gemäß § 167 Abs. 2 BGB keiner besonderen Form. Da die Satzung der GmbH nach § 37 bei der Verschmelzung durch Neugründung Bestandteil des Verschmelzungsvertrages ist, folgt für diesen Fall aus § 2 Abs. 2 GmbHG i.V.m. § 36 Abs. 2 S. 1, dass die Vollmacht abweichend von § 167 Abs. 2 BGB in notariell beglaubigter oder beurkundeter Form erteilt werden muss. Die neue GmbH kann unter Beachtung von §§ 18, 30 HGB und § 4 GmbHG eine neue Firma wählen oder gemäß §§ 36 Abs. 1 S. 1, 18 eine Firma eines übertragenden Rechtsträgers fortführen. Das Stammkapital der neuen GmbH muss nicht der Summe der Kapitalziffern der übertragenden Rechtsträger entsprechen, sondern kann unter Beachtung von § 5 GmbHG frei bestimmt werden. Die Möglichkeit, dass auf diese 366

---

683 Widmann/Mayer/*Mayer*, § 59 Rn. 2 und Schmitt/*Stratz*, § 59 Rn. 1.
684 Widmann/Mayer/*Mayer*, § 59 Rn. 8.
685 Semler/Stengel/*Reichert*, § 59 Rn. 11.
686 Zu dieser Diskussion siehe Lutter/*Winter*, § 59 Rn. 5.

Weise **Kapitalerhaltungsvorschriften** bei den übertragenden Rechtsträgern gezielt umgangen werden können, ist nach der gesetzlichen Konzeption, die die Gläubiger insoweit auf die Rechte nach § 22 verweist, hinzunehmen.[687] Erforderlich ist aber im Hinblick auf § 9 c Abs. 1 S. 2 GmbHG, dass das auf die neue GmbH übergehende Vermögen das Stammkapital der neuen Gesellschaft abdeckt.[688] Die **Unternehmergesellschaft** nach § 5 a GmbHG als Unterform der GmbH mit der Möglichkeit, den sonst maßgeblichen Stammkapitalmindestbetrag von 25.000 Euro (§ 5 Abs. 1 GmbHG) zu unterschreiten, scheidet als Zielrechtsträger bei der Verschmelzung durch Neugründung wegen des dort geltenden Verbots der Sachgründung (§ 5 a Abs. 2 S. 2 GmbHG) aus.[689] Der Gesellschaftsvertrag muss gemäß § 3 Abs. 1 Nr. 4 GmbHG insb. die Zahl und die Nennbeträge der Geschäftsanteile, die jeder Gesellschafter gegen Einlage auf das Stammkapital übernimmt, enthalten. Die frühere Problematik, ob dem Gesellschafter entgegen § 5 Abs. 2 GmbHG a.F. im Zuge der Verschmelzung mehrere Geschäftsanteile zugewiesen werden konnten bzw. mussten, wenn er mehrere Anteile an einem übertragenden Rechtsträger hatte, hat sich durch die Neufassung des § 5 Abs. 2 S. 2 GmbHG, der die **Übernahme mehrerer Anteile** nunmehr ausdrücklich gestattet, erledigt.[690] Da die Verschmelzung durch Neugründung eine Sachgründung darstellt, sind gemäß § 5 Abs. 4 S. 1 GmbHG »der Gegenstand der Sacheinlagen und der Betrag der Stammeinlage, auf die sich die Sacheinlage bezieht« im Gesellschaftsvertrag anzugeben. Wegen des Grundsatzes der Gesamtrechtsnachfolge genügt insoweit der Hinweis, dass das Stammkapital dadurch aufgebracht wird, dass die übertragenden Rechtsträger ihr Vermögen als Ganzes auf die neugegründete Gesellschaft nach Maßgabe von § 2 Nr. 2 und des Verschmelzungsvertrages übertragen.[691] Vor der Eintragung der neuen Gesellschaft bedarf es auch der Geschäftsführerbestellung nach § 6 GmbHG.

367 Für die **Anmeldung der Verschmelzung** durch Neugründung ist zu beachten, dass gemäß § 36 Abs. 1 S. 1 die Regelung in § 16 Abs. 1 nicht gilt, sondern durch die Regelung in § 38 verdrängt wird. Wegen der Sonderregelung in § 38 finden auch die Regeln in §§ 78, 7 Abs. 1 GmbHG keine Anwendung; gleiches gilt für § 7 Abs. 2 und 3 GmbHG.[692] Haben Vertreter den Verschmelzungsvertrag einschließlich des Gesellschaftsvertrages der GmbH (§ 37) geschlossen, sind der Anmeldung gemäß § 8 Abs. 1 Nr. 1 GmbHG die entsprechenden Vollmachten in der Form des § 2 Abs. 2 GmbHG beizufügen. Gleiches gilt gemäß § 8 Abs. 1 Nr. 2 GmbHG für die Urkunden (Bestellungsbeschluss nebst Zustimmung der Anteilsinhaber der übertragenden Rechtsträger nach § 59 S. 2), aus denen die Bestellung der Geschäftsführer resultiert. Daneben ist gemäß §§ 56, 52 Abs. 2 eine von den Geschäftsführern der neuen Gesellschaft (in vertretungsberechtigter Zahl) unterschriebene, den Anforderungen des § 8 Abs. 1 Nr. 3 GmbHG entsprechende Gesellschafterliste beizufügen. Für die Pflicht zur Vorlage des Sachgründungsberichts (§ 8 Abs. 1 Nr. 4 GmbHG) gelten die Besonderheiten gemäß § 58. Anwendung finden ferner auf die Anmeldung der neuen Gesellschaft § 8 Abs. 3 und 4 GmbHG. Die Geschäftsführer der neuen Gesellschaft haben also eine Versicherung über eventuelle Gründe, die ihrer Bestellung als Geschäftsführer nach § 6 Abs. 2 GmbHG entgegenstehen, abzugeben; ferner sind in der Anmeldung die inländische Geschäftsanschrift der Gesellschaft sowie Art und Umfang der Vertretungsbefugnis der Geschäftsführer anzugeben. Für die Eintragung der neuen Gesellschaft gilt § 10 GmbHG. Einer Versicherung nach § 8 Abs. 2 GmbHG bedarf es hingegen nicht, da der Vermögensübergang ein gesetzlicher Übergang ist und (erst) mit Eintragung der Verschmelzung eintritt (§ 20 Abs. 1 S. 1).[693]

---

687 Widmann/Mayer/*Mayer*, § 36 Rn. 58, 60 und 66.
688 Widmann/Mayer/*Mayer*, § 36 Rn. 103.
689 Siehe oben Rdn. 21.
690 Siehe Lutter/*Winter*, § 56 Rn. 20.
691 Widmann/Mayer/*Mayer*, § 36 Rn. 78; Lutter/*Winter*, § 56 Rn. 21.
692 Lutter/*Winter*, § 56 Rn. 23.
693 Widmann/Mayer/*Mayer*, § 36 Rn. 97; Lutter/*Winter*, § 56 Rn. 24.

In materiellrechtlicher Hinsicht gilt für die Verschmelzung durch Neugründung einer GmbH auch die Differenzhaftung nach § 9 GmbHG i.V.m. § 36 Abs. 2 S. 1.[694]

368

8. Checkliste Verschmelzung durch Aufnahme unter Beteiligung einer GmbH

Umwandlungsrechtlich sind bei einer Verschmelzung durch Aufnahme unter Beteiligung einer GmbH insb. die folgenden Aspekte zu beachten:[695]

369

a) Verschmelzungsfähigkeit der GmbH
   - Grundsätzlich uneingeschränkt als übertragender und übernehmender Rechtsträger mit anderen Personengesellschaften und Kapitalgesellschaften gemäß § 3 Abs. 1 Nrn. 1 und 2 (Rdn. 17)
   - Einschränkungen gemäß § 3 Abs. 3 bei aufgelösten übertragenden GmbH (Rdn. 20)
   - Besonderheiten bei der UG als übernehmender Rechtsträger (Rdn. 19)
b) Kapitalerhöhung bei übernehmender GmbH
   - Erforderlich-/Zulässigkeit gemäß §§ 54, 55 (Rdn. 303 ff.)
   - Erhöhungsbeschluss gemäß § 53 Abs. 1 GmbHG (Rdn. 313)
   - genehmigtes Kapital nach § 55 a GmbHG unter Beachtung von § 55 a Abs. 3 GmbHG zur Schaffung der zu gewährenden Anteile einsetzbar (Rdn. 315)
   - Mehrheitserfordernis, § 53 Abs. 2 GmbHG (Rdn. 313)
   - Keine Übernahmeerklärung i.S.v. § 55 Abs. 1 GmbHG gemäß § 55 Abs. 1 (Rdn. 321)
c) Verschmelzungsvertrag bei übertragender oder übernehmender GmbH
   - Allgemeine Regeln gemäß §§ 4 bis 7 (Rdn. 32 ff.)
   - Besondere Anforderungen nach § 46 und § 54 Abs. 4 für übernehmende GmbH (Rdn. 324 ff., 333)
   - § 29 (Rdn. 89 ff.)
d) Verschmelzungsbericht bei übertragender oder übernehmender GmbH
   - Allgemeine Regeln gemäß § 8 (Rdn. 134 ff.)
e) Unterrichtung der Gesellschafter gemäß § 47 bei übertragender oder übernehmender GmbH (Rdn. 293)
f) Verschmelzungsprüfung bei übertragender oder übernehmender GmbH
   - Allgemeine Regeln gemäß §§ 9 bis 12 (Rdn. 154 ff.)
   - Erforderlichkeit gemäß § 48 (Rdn. 160, 297)
g) Vorbereitung der Gesellschafterversammlung bei übertragender oder übernehmender GmbH, § 49 (Rdn. 298 f.)
h) Verschmelzungsbeschluss bei übertragender oder übernehmender GmbH
   - Allgemeine Regeln gemäß §§ 13 bis 15 (Rdn. 176 ff.)
   - Mehrheitserfordernis gemäß § 50 Abs. 1
   - Zustimmungserfordernis für Anteilsinhaber einer übertragenden GmbH gemäß § 13 Abs. 2 bei Vinkulierung (Rdn. 191)
   - Zustimmungserfordernis für Anteilsinhaber der übertragenden Rechtsträger bei offenen Einlagen der übernehmenden GmbH gemäß § 51 Abs. 1 S. 1 und S. 2 (Rdn. 334)
   - Zustimmungserfordernis für Anteilsinhaber der übernehmenden GmbH bei offenen Einlagen der übertragenden GmbH, § 51 Abs. 1 S. 3 (Rdn. 342)
   - Zustimmungserfordernis für Aktionäre übertragender AG/KGaA bei nicht beteiligungsproportionaler Anteilsgewährung an übernehmender GmbH gemäß § 51 Abs. 2 (Rdn. 335)

---

694 Widmann/Mayer/*Mayer*, § 36 Rn. 99 mit weiteren Einzelheiten.
695 Siehe auch Überblick in Rdn. 288 ff.

4. Kapitel Umwandlungen

- Zustimmungserfordernis für Anteilsinhaber übertragender GmbH analog § 53 Abs. 3 GmbHG bei Leistungsvermehrung? (Rdn. 336)
- Zustimmungserfordernis für Anteilsinhaber übertragender GmbH gemäß § 50 Abs. 2 im Hinblick auf beeinträchtigte Minderheitsrechte

i) Anmeldung Kapitalerhöhung
  - Anmeldung abweichend von § 16 durch alle Geschäftsführer (§ 78 GmbHG), Vertretung und unechte Gesamtvertretung unzulässig (Rdn. 344)
  - Versicherung nach § 57 Abs. 2 GmbHG nicht nötig, § 55 Abs. 1 (Rdn. 345)
  - Keine Vorlage von Übernahmeerklärungen (§ 57 Abs. 3 Nr. 1 GmbHG), § 55 Abs. 1 (Rdn. 321)
  - Keine Vorlage von Unterlagen im Sinne von § 57 Abs. 3 Nr. 3 GmbHG (Rdn. 346)
  - Kein Sachkapitalerhöhungsbericht (str., Rdn. 343)
  - Beizufügende Unterlagen: Kapitalerhöhungsbeschluss nach § 53 GmbHG (Ausnahme: genehmigtes Kapital nach § 55a GmbHG, Rdn. 315), Verschmelzungsvertrag, Verschmelzungsbeschlüsse in Ausfertigung oder beglaubigter Kopie (§ 55 Abs. 2); »Übernehmerliste« (§ 55 Abs. 2 i.V.m. § 57 Abs. 3 Nr. 2 GmbHG), Satzungsbescheinigung (§ 54 Abs. 1 S. 2 GmbHG); zur Werthaltigkeitsprüfung (§ 9c Abs. 1 S. 2 GmbHG) Schlussbilanz übertragender Rechtsträger

j) Anmeldung Verschmelzung
  - Allgemeine Regeln gemäß §§ 16, 17 (Rdn. 195 ff.), insb. Vorlage aller Zustimmungen
  - Gemäß § 52 Abs. 1 Erklärung über Zustimmungen nach § 51 Abs. 1, abweichend von § 16 Abs. 1 durch alle Organmitglieder (unechte Gesamtvertretung und Vertretung unzulässig), und zwar bei allen beteiligten Rechtsträgern (Rdn. 349 f.)
  - Berichtigte Gesellschafterliste, § 52 Abs. 2 (Rdn. 351; dort auch zur geplanten Aufhebung des § 52 Abs. 2).

k) Bei Mischverschmelzung (§ 3 Abs. 4) neben Beachtung der Besonderheiten nach § 29 (Rdn. 89) auch Beachtung der Besonderheiten, die für den jeweiligen Rechtsträger in der jeweiligen Beteiligungsrolle (übertragender oder übernehmender Rechtsträger) gelten, siehe dazu die Checklisten Personenhandelsgesellschaft (Rdn. 277), Partnerschaftsgesellschaft (Rdn. 287) und Aktiengesellschaft (Rdn. 442)

l) Nach Wirksamwerden der Verschmelzung: Liste und Bescheinigung nach § 40 Abs. 2 GmbHG an Handelsregister und Gesellschaft

9. Checkliste Verschmelzung durch Neugründung unter Beteiligung einer GmbH

370 Umwandlungsrechtlich sind bei einer Verschmelzung durch Neugründung unter Beteiligung einer GmbH insb. die folgenden Aspekte zu beachten:[696]

a) Verschmelzungsfähigkeit der GmbH
  - Grundsätzlich uneingeschränkt als übertragender und neuer Rechtsträger mit anderen Kapitalgesellschaften und Personengesellschaften gemäß § 3 Abs. 1 Nrn. 1 und 2 (Rdn. 17)
  - Einschränkungen gemäß § 3 Abs. 3 bei aufgelösten übertragenden GmbH (Rdn. 22)
  - Verschmelzung durch Neugründung auf UG gemäß § 5a Abs. 2 S. 2 GmbHG ausgeschlossen (Rdn. 21)

---

[696] Siehe auch den Überblick in Rdn. 352 f.

b) Verschmelzungsvertrag
- Allgemeine Regeln gemäß §§ 4 bis 7 i.V.m. § 36 Abs. 1 S. 1 (Rdn. 235) und § 37 (Rdn. 238)
- Bei GmbH als Zielrechtsträger Beachtung von § 46 Abs. 1 und 2 (i.V.m. § 36 Abs. 1 S. 1) bezüglich der Beteiligungsangaben (Rdn. 356, 324 ff.) und von § 54 Abs. 4 (i.V.m. § 36 Abs. 1 S. 1) bezüglich der baren Zuzahlungen (Rdn. 356, 333)
- Bei GmbH als Zielrechtsträger Beachtung von § 57 (Aufnahme von Festsetzungen über Sondervorteile, Gründungsaufwand, Sacheinlagen und Sachübernahmen im Gesellschaftsvertrag der neuen GmbH, Rdn. 358) sowie der sonstigen über § 36 Abs. 2 S. 1 anwendbaren Vorschriften des GmbHG über die Gründungssatzung (Rdn. 366), insb. § 2 Abs. 2 GmbHG über Form einer Gründungsvollmacht und § 5 Abs. 4 S. 1 GmbHG (Angabe der Sacheinlage)
- § 29 i.V.m. § 36 Abs. 1 S. 1 (Rdn. 89, 237)
c) Verschmelzungsbericht bei übertragender GmbH
Allgemeine Regeln gemäß § 8 i.V.m. § 36 Abs. 1 S. 1 (Rdn. 134 ff.)
d) Unterrichtung der Gesellschafter gemäß §§ 47, 56 bei übertragender GmbH (Rdn. 293)
e) Verschmelzungsprüfung bei übertragender GmbH
- Allgemeine Regeln gemäß §§ 9 bis 12 i.V.m. § 36 Abs. 1 S. 1 (Rdn. 154 ff.)
- Erforderlichkeit gemäß §§ 48, 56 (Rdn. 354, 297, 160)
f) Vorbereitung der Gesellschafterversammlung bei übertragender GmbH, §§ 49, 56 (Rdn. 354, 298 f.)
g) Verschmelzungsbeschluss bei übertragender GmbH
- Allgemeine Regeln gemäß §§ 13 bis 15 i.V.m. § 36 Abs. 1 S. 1 (Rdn. 176 ff.)
- Mehrheitserfordernis gemäß §§ 50 Abs. 1, 56
- Zustimmungserfordernis für Anteilsinhaber einer übertragenden GmbH gemäß §§ 13 Abs. 2, 36 Abs. 1 S. 1 bei Vinkulierung (Rdn. 191)
- Zustimmungserfordernis für Anteilsinhaber übertragender GmbH gemäß §§ 50 Abs. 2, 56 im Hinblick auf beeinträchtigte Minderheitsrechte (Rdn. 354, 336)
- Kein Zustimmungserfordernis im Falle offener Einlagen einer übertragenden GmbH gemäß § 51 Abs. 1 S. 3 i.V.m. § 56 (Rdn. 354)
- Kein Zustimmungserfordernis für Aktionäre übertragender AG/KGaA bei nicht beteiligungsproportionaler Anteilsgewährung an neuer GmbH gemäß § 51 Abs. 2 i.V.m. § 56 (Rdn. 357)
- Zustimmungserfordernis für Anteilsinhaber übertragender GmbH analog § 53 Abs. 3 GmbHG bei Leistungsvermehrung? (Rdn. 336)
h) Beachtung des sonstigen GmbH-Gründungsrechts bei GmbH als Zielrechtsträger (§ 36 Abs. 2 S. 1), insb.
- Geschäftsführerbestellung, § 6 GmbHG
- Sachkapitalaufbringung, § 9c Abs. 1 S. 2 GmbHG
i) Anmeldung Verschmelzung
- Allgemeine Regeln gemäß §§ 38, 16 Abs. 2 und 3, 17 (Rdn. 240 ff., 367), insb. Vorlage aller erforderlicher Zustimmungen und Anlagen
- § 16 Abs. 1 gilt nicht (§ 36 Abs. 1 S. 1).
- §§ 78, 7 GmbHG gelten nicht (Rdn. 367).
- Weitere beizufügende Unterlagen bei GmbH als Zielrechtsträger: Vorlage formgerechter Gründungsvollmachten (§ 8 Abs. 1 Nr. 1 GmbHG i.V.m. § 36 Abs. 2 S. 1); Bestellungsbeschlüsse für Geschäftsführer (§ 8 Abs. 1 Nr. 2 GmbHG i.V.m. § 36 Abs. 2 S. 1), soweit Bestellung nicht im Verschmelzungsvertrag oder in der Satzung erfolgt ist, nebst Zustimmung der Anteilsinhaber der übertragender Rechtsträger gemäß § 59 S. 2); von neuen Geschäftsführern (in vertretungsberechtigter

4. Kapitel Umwandlungen

> Zahl) unterschriebene Gesellschafterliste (§§ 56, 52 Abs. 2; zur geplanten Aufhebung des § 52 Abs. 2 siehe Rdn. 351); Sachgründungsbericht (§ 8 Abs. 1 Nr. 4 GmbHG i.V.m. § 36 Abs. 2 S. 1) unter Beachtung der Besonderheiten in § 58 (Rdn. 359); zur Prüfung der ordnungsgemäßen Sachkapitalaufbringung (§ 9 c Abs. 1 S. 2 GmbHG i.V.m. § 36 Abs. 2 S. 1) Schlussbilanzen der übertragenden Rechtsträger
> - Versicherung Geschäftsführer Ziel-GmbH über Bestellungshindernisse nach § 8 Abs. 3 GmbHG i.V.m. § 36 Abs. 2 S. 1
> - Angabe der inländischen Geschäftsanschrift der Ziel-GmbH sowie Angabe von Art und Umfang der Vertretungsbefugnis der Geschäftsführer der Ziel-GmbH nach § 8 Abs. 4 GmbHG i.V.m. § 36 Abs. 2 S. 1
> j) Bei Mischverschmelzung (§ 3 Abs. 4) neben Beachtung der Besonderheiten nach § 29 (Rdn. 89) auch Beachtung der Besonderheiten, die für den jeweiligen Rechtsträger in der jeweiligen Beteiligungsrolle (übertragender oder neuer Rechtsträger) gelten, siehe dazu die Checklisten Personenhandelsgesellschaft (Rdn. 277), Partnerschaftsgesellschaft (Rdn. 287) und Aktiengesellschaft (Rdn. 443)

XV. Besonderheiten bei der Beteiligung von Aktiengesellschaften

1. Überblick

371 In den §§ 60 bis 76 finden sich die besonderen Regelungen, die bei der Verschmelzung unter Beteiligung einer Aktiengesellschaft gelten. Seinem allgemeinen (siehe §§ 4 bis 35 und §§ 36 bis 38) wie auch bei der GmbH zugrundegelegtem Regelungskonzept folgend regelt das Gesetz zunächst die **Verschmelzung durch Aufnahme**, und zwar in den §§ 60 bis 72, und dann unter grundsätzlichem Verweis auf diese Regelungen die **Verschmelzung durch Neugründung** (siehe §§ 73 bis 76). Die Regelungen zur Verschmelzung durch Aufnahme in den §§ 60 bis 72 lassen sich in drei Gruppen einteilen: Die erste Gruppe bilden die Regelungen, deren Anwendung voraussetzt, dass eine AG entweder als übertragender oder als übernehmender Rechtsträger an der Verschmelzung beteiligt ist. Es sind dies die Regelungen in § 60 zur Verschmelzungsprüfung, in § 61 zur Bekanntmachung des Verschmelzungsvertrages, in § 63 zur Vorbereitung der Hauptversammlung und in § 65 zur erforderlichen Mehrheit für den Zustimmungsbeschluss sowie insb. zur Erforderlichkeit von Sonderbeschlüssen. Zur zweiten Gruppe gehören die Regelungen, deren Anwendung daran anknüpft, dass eine AG als übernehmender Rechtsträger an der Verschmelzung beteiligt ist. Hierzu gehören die Regelungen in § 62 Abs. 1 und 2 zur Entbehrlichkeit eines Verschmelzungsbeschlusses in bestimmten Konzernverhältnissen sowie in § 62 Abs. 3 zu hieraus resultierenden besonderen Informationspflichten. In diese Gruppe gehören ferner die Regelungen in §§ 66, 68 und 69, die sich – vergleichbar den entsprechenden Regelungen zur Verschmelzung auf eine GmbH in §§ 53 bis 55 – mit der wichtigen Frage befassen, ob die übernehmende AG ihr Kapital im Zuge der Verschmelzung erhöhen darf bzw. muss und den damit verbundenen registerrechtlichen Fragen. In die zweite Gruppe fallen ferner die Regelungen in § 67 zur Anwendung des Nachgründungsrechts sowie in § 71 zur Treuhänderbestellung. Die dritte Gruppe von Normen knüpft hingegen daran an, dass eine AG als übertragender Rechtsträger an der Verschmelzung beteiligt ist. Es sind dies die Regelungen in § 72 zum Aktienumtausch und in § 70 zum Schadensersatz nach § 25.

372 Ergänzt werden die Regelungen in den §§ 60 bis 76 durch die im allgemeinen Teil befindliche Regelung in § 35, die sich mit der Bezeichnung unbekannter Aktionäre einer übertragenden Aktiengesellschaft im Verschmelzungsvertrag, bei Anmeldungen zur Ein-

tragung in ein Register oder bei der Eintragung in eine Liste von Anteilsinhabern befasst. Daneben existieren in den besonderen Vorschriften über die Beteiligung anderer Rechtsträger an einer Verschmelzung spezielle Regelungen, die an die Beteiligung einer AG anknüpfen, so in § 46 Abs. 1 S. 2 und § 51 Abs. 2 (für die Verschmelzung einer übertragenden AG auf eine übernehmende GmbH).

2. Für übertragende wie übernehmende AG anwendbare Regeln zur Verschmelzung durch Aufnahme

a) Verschmelzungsprüfung (§ 60)

Gemäß § 60 ist der Verschmelzungsvertrag oder sein Entwurf für jede (übertragende oder übernehmende) Aktiengesellschaft nach den §§ 9 bis 12 zu prüfen; zulässig ist jedoch ein Verzicht auf die Prüfung nach Maßgabe von §§ 9 Abs. 3, 8 Abs. 3. 373

b) Bekanntmachung des Verschmelzungsvertrages (§ 61)

Gemäß § 61 S. 1 ist der Verschmelzungsvertrag, an dem eine übertragende oder übernehmende AG beteiligt ist, oder sein Entwurf vor der Einberufung der Hauptversammlung, die gemäß § 13 Abs. 1 über die Zustimmung über den Vertrag oder seinen Entwurf beschließen soll, zum Registergericht einzureichen. Die Regelung dient wie § 124 Abs. 2 S. 2 AktG der **Information der beteiligten Aktionäre**.[697] Während § 124 Abs. 2 S. 2 AktG den Vorstand verpflichtet, bei der Einberufung (lediglich) den wesentlichen Inhalt des Vertrages bekanntzugeben, soll die in § 61 S. 1 normierte Pflicht, den vollständigen Vertrags-/Entwurfstext zum Register einzureichen, sicherstellen, dass die Aktionäre sich über ihr Einsichtsrecht nach § 9 HGB vor der Hauptversammlung mit dem gesamten Text des Vertrages/Entwurfs vertraut machen können. Daher sind auch alle Anlagen einzureichen.[698] Bei Änderungen ist der geänderte Text einzureichen.[699] Als Informationsquelle für die Aktionäre dürfte allerdings § 61 i.V.m. § 9 HGB in der Praxis nur eine geringe Bedeutung haben, da § 63 Abs. 3 jedem Aktionär das Recht gibt, von der Gesellschaft unverzüglich und kostenlos eine Abschrift des Verschmelzungsvertrages/Entwurfs zu erhalten. Ferner steht zu erwarten, dass in Zukunft rege von der durch das ARUG (siehe § 63 Abs. 4) geschaffenen Möglichkeit, über das **Internet** über den Verschmelzungsvertrag/seinen Entwurf zu informieren bzw. sich zu informieren, Gebrauch gemacht wird. 374

Der für § 61 S. 1 maßgebliche Zeitpunkt der Einberufung ist der der Bekanntmachung in den Geschäftsblättern (§ 121 Abs. 4 S. 1 AktG) oder bei Einberufung durch eingeschriebenen Brief der Tag der Absendung (§ 121 Abs. 4 S. 2).[700] § 61 S. 1 lässt es genügen, wenn der Verschmelzungsvertrag/sein Entwurf vor, d.h. auch gegebenenfalls »ganz knapp« vor der Einberufung zum Handelsregister eingereicht wird; das heißt, dass die Einreichung nicht notwendigerweise am Tag vor der Einberufung erfolgen muss.[701] Dies würde es – wenn die Einreichung zum Register und die Einberufung der Hauptversammlung in unmittelbarer Reihenfolge am gleichen Tag erfolgen – im Hinblick auf die **30-Tages-Einberufungsfrist** in § 123 Abs. 1 AktG denkbar erscheinen lassen, die Einreichung des Vertrags/seines Entwurfs ebenfalls mit einer 30-Tages-Frist vorzunehmen. Art. 6 der Verschmelzungsrichtlinie verlangt jedoch, dass der Verschmelzungsvertrag für jede der sich verschmelzenden Gesellschaften spätestens 1 Monat vor der Gesellschafterversammlung, auf der hierüber zu entscheiden ist, bekannt gemacht wird. Im Hinblick auf das Gebot der richtlinienkon- 375

---

697 Lutter/*Grunewald*, § 61 Rn. 1.
698 Widmann/Mayer/*Rieger*, § 61 Rn. 4.
699 Lutter/*Grunewald*, § 61 Rn. 4.
700 *Hüffer*, AktG, § 123 Rn. 2.
701 Semler/Stengel/*Diekmann*, § 61 Rn. 14.

formen Auslegung ist eine Bekanntgabe im Sinne von § 61 nur dann als rechtzeitig anzusehen, wenn sie diese Monatsfrist einhält.[702] Die Anteilsinhaber können richtiger Ansicht nach auf den Schutz durch die Bekanntgabe nach § 61 verzichten, und zwar ohne dass der Verzicht der notariellen Beurkundung bedürfte.[703]

376 Kommt der Vorstand seiner Pflicht nach § 61 S. 1 nicht nach, wird darin zum Teil ein **Eintragungshindernis** gesehen.[704] Da die Norm jedoch keinen öffentlichen Zwecken dienen soll, erscheint diese Sanktion als zu weitgehend. Vielmehr führt ein Verstoß gegen § 61 zur Anfechtbarkeit des Verschmelzungsbeschlusses, falls der Beschluss auf dem Verstoß beruht. Letzteres dürfte im Hinblick auf die weiteren Informationsquellen für die Aktionäre (siehe § 63) nur selten der Fall sein.[705] Die Anfechtungseinschränkung in § 243 Abs. 4 S. 2 AktG gilt für einen Verstoß gegen § 61 hingegen nicht, da es um Informationspflichten vor (nicht in) der Hauptversammlung handelt.

c) Vorbereitung der Hauptversammlung (§ 63)

377 § 63 Abs. 1 verlangt – vorbehaltlich der durch das ARUG neu geschaffenen Möglichkeit der Aktionärsinformation mit Mitteln des Internets gemäß § 63 Abs. 4 -, dass von der Einberufung der Hauptversammlung an in dem Geschäftsraum der Gesellschaft zur Einsicht der Aktionäre folgende Unterlagen ausliegen:

- Der Verschmelzungsvertrag oder sein Entwurf (Nr. 1)
- Die Jahresabschlüsse und die Lageberichte der an der Verschmelzung beteiligten Rechtsträger für die letzten drei Geschäftsjahre (Nr. 2);
- Falls sich der letzte Jahresabschluss auf ein Geschäftsjahr bezieht, das mehr als sechs Monate vor dem Abschluss des Verschmelzungsvertrags oder der Aufstellung des Entwurfs abgelaufen ist, eine Bilanz auf einen Stichtag, der nicht vor dem ersten Tag des dritten Monats liegt, der dem Abschluss oder der Aufstellung vorausgeht (Nr. 3);
- Die nach § 8 erstatteten Verschmelzungsberichte (Nr. 4);
- Die nach § 60 in Verbindung mit § 12 erstatteten Prüfungsberichte (Nr. 5).

378 § 63 Abs. 1 dient wie § 61 der **Information der Aktionäre** einer übertragenden oder übernehmenden AG.[706] Die in § 63 genannten Informationen sind für jeden Aktionär von zentraler Bedeutung, um seine Entscheidung über den Verschmelzungsbeschluss sinnvoll treffen zu können. § 63 normiert Auslagepflichten, die denjenigen vergleichbar sind, die nach § 293 f. AktG bei Abschluss eines Unternehmensvertrages und nach § 327 c Abs. 3 AktG beim sog. squeeze-out gelten. Parallelvorschrift im Umwandlungsgesetz ist der für eine Verschmelzung unter Beteiligung einer GmbH geltende § 49 Abs. 2, der allerdings nur – vergleichbar § 63 Abs. 1 Nr. 2 – die Auslage der Jahresabschlüsse und die Lageberichte der an der Verschmelzung beteiligten Rechtsträger für die letzten drei Geschäftsjahre verlangt. Für die Auslegung des § 63 Abs. 1 Nr. 2 können die Grundsätze zu § 49 Abs. 2 herangezogen werden.[707] Der für § 63 maßgebliche Zeitpunkt der Einberufung der Hauptversammlung ist der Zeitpunkt der Bekanntmachung in den Geschäftsblättern (§ 121 Abs. 4 S. 1 AktG) oder bei Einberufung durch eingeschriebenen Brief der Tag der Absendung (§ 121 Abs. 4 S. 2 AktG).

379 Für die zeitliche Planung einer Verschmelzung von erheblicher Bedeutung ist § 63 Abs. 1 Nr. 3; denn hier stellt das Gesetz veranlasst durch die entsprechenden Vorgaben in Art. 11 der Verschmelzungsrichtlinie mit der **Sechs-Monats-Frist** strengere Anforderungen an die

---

702 *J. Schmidt*, DB 2006, 375.
703 Lutter/*Grunewald*, § 6 Rn. 6; gegen eine Verzicht Widmann/Mayer/*Rieger*, § 61 Rn. 10.1.
704 Widmann/Mayer/*Rieger*, § 61 Rn. 16; Semler/Stengel/*Diekmann*, § 61 Rn. 19.
705 Lutter/*Grunewald*, § 61 Rn. 7.
706 Kallmeyer/*Marsch-Barner*, § 63 Rn. 1; Lutter/*Grunewald*, § 63 Rn. 3.
707 Siehe oben Rdn. 299.

Aktualität der Geschäftsunterlagen (Jahresabschlusses nach § 242 Abs. 3 HGB) als dies mit der Acht-Monats-Frist, die für die Schlussbilanz nach § 17 Abs. 2 gilt, der Fall ist. Soll die ansonsten nach § 63 Abs. 1 Nr. 3 erforderliche Zwischenbilanz vermieden werden, ist die Hauptversammlung daher rechtzeitig zu terminieren. Ist eine Zwischenbilanz nach § 63 Abs. 1 Nr. 3 erforderlich, ist diese gemäß § 63 Abs. 2 S. 1 nach den Vorschriften aufzustellen, die auf die letzte Jahresbilanz des Rechtsträgers angewendet worden sind. Eine körperliche Bestandsaufnahme ist gemäß § 63 Abs. 2 S. 2 nicht erforderlich.

Nach **künftigem Recht** soll es erhebliche Erleichterungen bezüglich der Zwischenbilanz geben: So sieht § 63 Abs. 2 S. 5 RegE-UmwG (i.V.m. § 8 Abs. 4 S. 1 Nr. 1 und S. 2 RegE-UmwG) vor, dass eine Zwischenbilanz entbehrlich ist, wenn alle Anteilsinhaber aller beteiligten Rechtsträger durch notariell zu beurkundende Erklärung auf sie verzichten. Nach § 63 Abs. 2 S. 6 RegE-UmwG musss eine Zwischenbilanz auch dann nicht erstellt werden, wenn die Gesellschaft seit dem letzten Jahresabschluss einen Halbjahresfinanzbericht nach § 37 w WpHG veröffentlicht hat. Dieser tritt nach § 63 Abs. 2 S. 7 RegE-UmwG zum Zwecke der Vorbereitung der Hauptversammlung an die Stelle der Zwischenbilanz.[708]   **380**

Nach § 63 Abs. 3 ist jedem Aktionär auf Verlangen unverzüglich und kostenlos eine Abschrift der in § 63 Abs. 1 genannten Unterlagen zu erteilen.   **381**

Durch das ARUG neu eingeführt wurde die Möglichkeit, die Aktionäre anstelle einer Auslegung und Zusendung der Unterlagen mittels des Internets zu informieren. So entfallen die Pflichten nach § 63 Abs. 1 bis 3 gemäß § 63 Abs. 4, wenn die in § 63 Abs. 1 genannten Unterlagen für den dort genannten Zeitraum über die Internetseite der Gesellschaft zugänglich sind. Ergänzt werden sollen diese Bestimmungen künftig durch eine Regelung, wonach einem Aktionär die Unterlagen i.S.v. § 63 Abs. 1 nicht nur wie in § 63 Abs. 3 vorgesehen in Papierform, sondern mit dessen Einwilligung auch auf dem Wege elektronischer Kommunikation übermittelt werden können (siehe § 63 Abs. 3 S. 2 RegE-UmwG).

Richtiger Ansicht nach können die Aktionäre auf den Schutz, den ihnen § 63 zukommen lassen will, verzichten.[709] Verstöße gegen die Pflichten aus § 63 führen unter den Voraussetzungen des § 243 Abs. 4 AktG zur **Anfechtbarkeit** des Verschmelzungsbeschlusses. Gemäß § 243 Abs. 4 S. 1 AktG kommt es insoweit auf die – nur im Einzelfall zu entscheidende[710] – Frage an, ob ein objektiv urteilender Aktionär die Erteilung der Information als wesentliche Voraussetzung für die sachgerechte Wahrnehmung seiner Teilnahme- und Mitgliedschaftsrechte angesehen hätte. Da die aus § 63 resultierenden Informationspflichten den Zeitraum vor der Hauptversammlung betreffen, findet die Anfechtungsbeschränkung in § 243 Abs. 4 S. 2 AktG keine Anwendung.   **382**

d) Durchführung der Hauptversammlung (§ 64)

§ 64 Abs. 1 S. 1 ordnet – vergleichbar § 293 g Abs. 1 AktG beim Abschluss eines Unternehmensvertrages und § 327 d S. 1 AktG beim sog. squeeze-out – an, dass die in § 63 Abs. 1 genannten Unterlagen in der Hauptversammlung zugänglich zu machen sind. § 64 Abs. 1 S. 1 schrieb in seiner alten, d.h. vor Inkrafttreten des ARUG gültigen Fassung vor, dass die Unterlagen »auszulegen« seien. Ausweislich der Gesetzesbegründung wollte es der Gesetzgeber mit der Neufassung des § 64 den Gesellschaften ermöglichen, »sich von Kopien in Papierform zu verabschieden und den Aktionären stattdessen die Informationen **elektronisch** (z.B. über bereitgestellte Monitore) zu geben.[711]   **383**

Der Vorstand hat ferner nach § 64 Abs. 1 S. 2 den Verschmelzungsvertrag oder seinen Entwurf zu Beginn der Verhandlung zu erläutern. Dabei kann der Vorstand an den von   **384**

---

708 Zum Reg.-Entwurf siehe oben Rdn. 8.
709 Lutter/*Grunewald*, § 63 Rn. 8; Semler/Stengel/*Diekmann*, § 63 Rn. 3.
710 Siehe hierzu Semler/Stengel/*Diekmann*, § 63 Rn. 26 ff.
711 Siehe BT-Drucks. 16/11642, S. 25 und 44.

4. Kapitel Umwandlungen

ihm bereits gemäß § 8 erstellten Verschmelzungsbericht anknüpfen.[712] Da es nicht Sinn des § 64 Abs. 1 S. 2 sein kann, den Vorstand zu verpflichten, den Verschmelzungsbericht komplett zu wiederholen, genügen insoweit **zusammenfassende Ausführungen** mit dem zusätzlichen Gebot, den Bericht zu aktualisieren.[713] Darüber hinaus bestimmt § 64 Abs. 2, dass jedem Aktionär auf Verlangen in der Hauptversammlung Auskunft auch über alle für die Verschmelzung wesentlichen Angelegenheiten der anderen beteiligten Rechtsträger gegeben werden. Dieses Auskunftsrecht ergänzt dasjenige aus § 131 Abs. 1 AktG, das sich auf die Angelegenheiten der eigenen Gesellschaft des Aktionärs bezieht. Die für § 131 AktG geltenden Grundsätze gelten auch für das Auskunftsrecht nach § 64.[714]

385 Verletzungen der Informationsrechte des Aktionärs aus § 64 machen den Verschmelzungsbeschluss unter den Voraussetzungen des § 243 Abs. 4 S. 1 AktG anfechtbar. Da sich die Informationsrechte des Aktionärs aus § 64 im Gegensatz zu denjenigen aus § 63 nicht auf die Zeit vor der Hauptversammlung beziehen, sondern in der Hauptversammlung selbst zu erfüllen sind, gelten hinsichtlich der Anfechtbarkeit von Beschlüssen, die auf eine Verletzung des § 64 gestützt wird, zusätzlich die **Anfechtungseinschränkungen** des § 243 Abs. 4 S. 2 AktG.[715]

e) Mehrheitserfordernisse (§ 65)

aa) Grundsatz

386 Ist an der Verschmelzung eine Aktiengesellschaft – als übertragender oder übernehmender Rechtsträger – beteiligt, bedarf der Zustimmungsbeschluss der entsprechenden Hauptversammlung gemäß § 65 Abs. 1 S. 1 einer Mehrheit, die mindestens drei Viertel des bei der Beschlussfassung vertretenen Grundkapitals umfasst. Dieses Mehrheitserfordernis entspricht dem Mehrheitserfordernis, das das Gesetz auch bei anderen wichtigen Entscheidungen der Hauptversammlung verlangt (siehe z.B. § 179 Abs. 2 S. 1 AktG für die Satzungsänderung, § 262 Abs. 1 Nr. 2 AktG für die Auflösung und § 293 Abs. 1 S. 2 AktG für den Abschluss eines Unternehmensvertrages). Der Begriff des »bei der Beschlussfassung vertretenen Grundkapitals« wird nach nahezu allgemeiner Meinung im Aktienrecht dahingehend verstanden, dass bei der **Berechnung der Kapitalmehrheit** nicht auf das in der Hauptversammlung schlechthin vertretene, sondern auf das an der konkreten Abstimmung durch Abgabe von Ja- oder Nein- Stimmen teilnehmende Kapital ankommt.[716] Stimmenthaltungen bleiben daher unberücksichtigt; das gleiche gilt für ungültige Stimmen.[717]

387 Neben dem Erfordernis der ¾-Kapitalmehrheit im vorgenannten Sinne ist zusätzlich das in § 133 Abs. 1 AktG genannte Mehrheitserfordernis zu beachten.[718] Nach § 133 Abs. 1 AktG bedürfen Hauptversammlungsbeschlüsse der **Mehrheit der abgegebenen Stimmen**, soweit nicht Gesetz oder Satzung eine größere Mehrheit vorschreibt. Zwischen der Kapitalmehrheit und der Mehrheit der abgegebenen Stimmen ist streng zu unterscheiden, auch wenn sie sich im Ergebnis häufig entsprechen.[719] Abweichungen können sich bei – grundsätzlich nicht mehr zulässigen (siehe § 12 Abs. 2 AktG und § 5 AktGEG) – Mehrstimmrechten und bei Höchststimmrechten (siehe § 134 Abs. 1 S. 2 AktG) ergeben.

---

712 Lutter/*Grunewald*, § 64 Rn. 3.
713 Schmitt/*Stratz*, § 64 Rn. 3.
714 Lutter/*Grunewald*, § 64 Rn. 8 zur Verweigerung der Auskunft nach § 131 Abs. 3 AktG.
715 Kallmeyer/*Marsch-Barner*, § 64 Rn. 8.
716 Siehe z.B. K. Schmidt/Lutter/*Seibt*, AktG, § 179 Rn. 28; a.A. *Godin/Wilhelmi*, § 133 AktG Anm. 4.
717 Schmitt/*Stratz*, § 65 Rn. 8.
718 Semler/Stengel/*Diekmann*, § 65 Rn. 11; Schmitt/*Stratz*, § 65 Rn. 3 und 9.
719 K. Schmidt/Lutter/*Spindler*, AktG, § 133 Rn. 31.

bb) Satzungsmäßige Mehrheitserfordernisse

Gemäß § 65 Abs. 1 S. 2 kann die Satzung eine größere Kapitalmehrheit und weitere Erfordernisse anordnen. Wie bei der GmbH kann daher auch bei der AG die Satzung für den Verschmelzungsbeschluss **Einstimmigkeit** verlangen.[720] Zusätzliche Mehrheitserfordernisse, die die Satzung für **Satzungsänderungen** bestimmt, gelten richtiger Ansicht nach – ebenso wie bei der GmbH – auch für Verschmelzungen.[721] Im Schrifttum ist streitig, ob Satzungsklauseln, die für die **Auflösung der Gesellschaft** eine Mehrheit verlangen, die über die in § 65 Abs. 1 S. 1 genannte Mehrheit hinausgeht, auch für Verschmelzungen gelten. Die Frage ist im Wege der Auslegung der Satzungsbestimmung zu klären. Im Zweifel wird man eine Anwendung der Regelung über die Mehrheit für den Auflösungsbeschluss auf den Verschmelzungsbeschluss zu verneinen haben. Zwar führt ein Auflösungsbeschluss nach § 262 Abs. 1 Nr. 2 AktG im Ergebnis gemäß § 273 Abs. 1 S. 2 AktG, ebenso wie dies für die Verschmelzung gemäß § 20 Abs. 1 Nr. 2 S. 1 der Fall ist, zum Erlöschen der Gesellschaft. Die Auflösung nach § 262 Abs. 1 Nr. 2 AktG nebst sich daran anschließender Liquidation der Gesellschaft ist aber etwas wesentlich anderes als die Verschmelzung einer Gesellschaft, die im Ergebnis zu einer Fortsetzung der unternehmerischen Tätigkeit der übertragenden Gesellschaft – wenn auch über den übernehmenden Rechtsträger – führt.[722]

388

Die Satzung kann die Wirksamkeit des Verschmelzungsbeschlusses nicht an die vorherige Zustimmung des Aufsichtsrates knüpfen.[723] Ein solcher Zustimmungsvorbehalt ist nach § 1 Abs. 3 S. 1 unzulässig, da er über den in § 65 Abs. 1 S. 2 eingeräumten Regelungsspielraum hinausgeht; denn § 65 regelt die Befugnisse der Hauptversammlung und § 65 Abs. 1 S. 2 erlaubt somit nur Zustimmungsvorbehalte zugunsten der Aktionäre (siehe § 118 Abs. 1 AktG) und nicht zugunsten Dritter.

389

cc) Sonderbeschluss bei mehreren Aktiengattungen

Sind mehrere Aktiengattungen im Sinne von § 11 AktG vorhanden, so bedarf der Beschluss der Hauptversammlung gemäß § 65 Abs. 2 S. 1 zu seiner Wirksamkeit der Zustimmung der stimmberechtigten Aktionäre jeder Gattung, und zwar gemäß § 65 Abs. 2 S. 2 jeweils mittels eines Sonderbeschlusses. Für den Sonderbeschluss gelten gemäß § 65 Abs. 2 S. 3 die Regeln in § 65 Abs. 1.

390

Gemäß § 11 AktG können Aktien verschiedene Rechte gewähren und bilden Aktien mit gleichen Rechten eine Gattung. Für einen nach § 65 Abs. 2 erforderlichen Sonderbeschluss gilt § 138 AktG.[724] Kein Sonderbeschluss ist erforderlich, wenn lediglich Stammaktien und **stimmrechtslose Vorzugsaktien** nach § 139 Abs. 1 AktG ausgegeben wurden.[725] Ob das auch dann gilt, wenn das Stimmrecht nach § 140 Abs. 2 AktG wieder aufgelebt ist, ist streitig.[726] Fehlt ein erforderlicher Sonderbeschluss, ist der Hauptversammlungsbeschluss schwebend unwirksam und besteht ein Eintragungshindernis.[727]

391

---

720 Semler/Stengel/*Diekmann*, § 65 Rn. 13.
721 Widmann/Mayer/*Rieger*, § 65 Rn. 10.
722 So auch Semler/Stengel/*Diekmann*, § 65 Rn. 15; a.A. Lutter/*Grunewald*, § 65 Rn. 6.
723 Widmann/Mayer/*Rieger*, § 65 Rn. 8; Semler/Stengel/*Diekmann*, § 65 Rn. 15.
724 Lutter/*Grunewald*, § 65 Rn. 9.
725 Semler/Stengel/*Diekmann*, § 65 Rn. 24.
726 Siehe Schleswig-Holst. OLG, Beschl. v. 15.10.2007 – 5 W 50/07, AG 2008, 39 = ZIP 2007, 2162 m.w.N. auf den Meinungsstand.
727 Kallmeyer/*Zimmermann*, § 65 Rn. 27.

4. Kapitel Umwandlungen

3. Nur für übernehmende AG anwendbare Regeln zur Verschmelzung durch Aufnahme

a) Konzernverschmelzung (§ 62)

392 Zu den Vorschriften, deren Anwendung daran anknüpft, dass eine AG als übernehmender Rechtsträger an der Verschmelzung beteiligt ist, zählt zunächst § 62; § 62 stellt Sondervorschriften für die sog. Konzernverschmelzung auf.[728] Gemeint ist damit die Situation, dass eine Kapitalgesellschaft (§ 3 Abs. 1 Nr. 2) auf eine AG verschmolzen wird und sich mindestens **neun Zehntel** des Stammkapitals oder des Grundkapitals der übertragenden Gesellschaft in der Hand der übernehmenden AG befinden.

aa) Entbehrlichkeit eines Verschmelzungsbeschlusses (§ 62 Abs. 1)

393 In einer derartigen Konstellation ist gemäß § 62 Abs. 1 S. 1 ein Verschmelzungsbeschluss im Sinne von § 13 Abs. 1 bei einer übernehmenden Aktiengesellschaft nicht erforderlich. Diese Regelung, die mit Art. 27 der Verschmelzungsrichtlinie korrespondiert, soll Konzernverschmelzungen erleichtern.[729] Einen (gewissen) **Schutz der Aktionäre der übernehmenden AG** verwirklicht das Gesetz in solchen Fällen durch § 62 Abs. 2. Nach § 62 Abs. 2 S. 1 können Aktionäre der übernehmenden AG, deren Anteile zusammen den zwanzigsten Teil des Grundkapitals der übernehmenden Gesellschaft erreichen, die Einberufung einer Hauptversammlung verlangen, in der über die Zustimmung zu der Verschmelzung beschlossen wird. Die Satzung kann gemäß § 62 Abs. 2 S. 2 das Recht, die Einberufung der Hauptversammlung zu verlangen, an den Besitz eines geringeren Teils am Grundkapital der übernehmenden AG knüpfen. Für die Berechnung, ob die übernehmende AG zu mindestens 90 Prozent am Kapital der übertragenden Gesellschaft beteiligt ist, sind nach § 62 Abs. 1 S. 2 eigene Anteile der übertragenden Gesellschaft und Anteile, die einem anderen für Rechnung dieser Gesellschaft gehören, vom Stamm- oder Grundkapital der übertragenden Gesellschaft abzusetzen. Ein bloß mittelbarer Aktienbesitz reicht für § 62 Abs. 1 S. 1 nicht aus.[730]

bb) Informationspflichten (§ 62 Abs. 3 S. 1 bis S. 3 sowie S. 6 und S. 7)

394 Der Wegfall der Hauptversammlung, in der über die Verschmelzung beschlossen wird, nach § 62 Abs. 1 soll die (in dieser Konstellation besonders wichtigen) **Informationsrechte der Aktionäre** nach §§ 61 und 63 nicht beeinträchtigen. Im Hinblick darauf ordnet § 62 Abs. 3 die folgenden Informationspflichten des Vorstandes der übernehmenden AG an:

- Einen Monat vor dem Tage der Gesellschafterversammlung oder der Hauptversammlung der übertragenden Gesellschaft, die über die Verschmelzung nach § 13 Abs. 1 beschließen soll, sind gemäß § 62 Abs. 3 S. 1 in dem Geschäftsraum der übernehmenden AG die in § 63 Abs. 1 genannten Unterlagen auszulegen. Auf Verlangen ist jedem Aktionär der übernehmenden AG gemäß § 62 Abs. 3 S. 6 unverzüglich und kostenlos eine Abschrift dieser Unterlagen zu erteilen. Nach der Neuregelung in § 62 Abs. 3 S. 7 durch das ARUG entfallen allerdings die beiden in § 62 Abs. 3 S. 1 und S. 6 genannten Pflichten, wenn die in § 62 Abs. 3 S. 1 genannten Unterlagen für den genannten Zeitraum über die Internetseite der Gesellschaft zugänglich sind. Ergänzt werden sollen diese Bestimmungen künftig durch eine Regelung, wonach einem Aktionär die Unterlagen i.S.v. § 62 Abs. 3 S. 1 nicht nur wie in § 62 Abs. 3 S. 6 vorgesehen in Papierform, sondern mit des-

---

728 Kallmeyer/*Marsch-Barner*, § 62 Rn. 1.
729 Semler/Stengel/*Diekmann*, § 62 Rn. 1; kritisch Lutter/*Grunewald*, § 62 Rn. 1 f.
730 Bayer/*J. Schmidt*, ZIP 2010, 953, 962.

sen Einwilligung auch auf dem Wege elektronischer Kommunikation übermittelt werden können (§ 62 Abs. 3 S. 7 RegE-UmwG).
– Ferner hat der Vorstand der übernehmenden AG gleichzeitig mit der Auslage der Unterlagen nach § 62 Abs. 3 S. 1 (oder ihrer Einstellung auf die Internetseite der Gesellschaft nach § 62 Abs. 3 S. 7) gemäß § 62 Abs. 3 S. 2 einen Hinweis auf die bevorstehende Verschmelzung in den Gesellschaftsblättern der übernehmenden AG bekannt zu machen und den Verschmelzungsvertrag oder seinen Entwurf zum Register der übernehmenden AG einzureichen. In der Bekanntmachung des Vorstandes über die bevorstehende Verschmelzung sind die Aktionäre gemäß § 62 Abs. 2 S. 3 auf ihr Recht nach § 62 Abs. 2, d.h. auf ihr Recht, die Einberufung einer Hauptversammlung zu verlangen, hinzuweisen.

cc) Anmeldungsbesonderheiten (§ 62 Abs. 3 S. 4 und S. 5)

Zur verfahrensrechtlichen Absicherung der in § 62 Abs. 2 und Abs. 3 S. 1 bis S. 3 normierten Rechte der Aktionäre ordnet § 62 Abs. 3 S. 4 an, dass der Anmeldung der Verschmelzung zur Eintragung in das Handelsregister ein **Nachweis der Bekanntmachung** nach § 62 Abs. 3 S. 2 beizufügen ist. Dieser Nachweis erfolgt durch Einreichung eines Belegexemplars des Gesellschaftsblatts (d.h. mindestens des elektronischen Bundesanzeigers).[731] Darüber hinaus hat der Vorstand bei der Anmeldung gemäß § 62 Abs. 3 S. 5 zu erklären, ob ein Antrag nach § 62 Abs. 2 gestellt worden ist. Sowohl die Pflicht nach § 62 Abs. 3 S. 4 als auch diejenige nach § 62 Abs. 3 S. 5 beziehen sich auf die Anmeldung zum Register der übernehmenden AG.[732] Die Erklärung nach § 62 Abs. 3 S. 5 hinsichtlich eines Antrags nach § 62 Abs. 2 ist vom Vorstand in vertretungsberechtigter Zahl abzugeben.[733]

395

dd) Künftiges Recht

Neben der weniger bedeutsamen Neuregelung in § 62 Abs. 3 S. 7 RegE-UmwG enthält der Regierungsentwurf für ein Drittes Gesetz zur Änderung des Umwandlungsgesetzes mit § 62 Abs. 4 und 5 RegE-UmwG auch Änderungen zum Recht der AG-Konzernverschmelzung, die für die Praxis künftig von erheblicher Bedeutung sein werden.[734] So soll zum einen – in Umsetzung der nunmehr zwingenden Vorgabe in Art. 25 der Dritten Richtlinie[735] – nach § 62 Abs. 4 S. 1 RegE-UmwG ein Verschmelzungsbeschluss der übertragenden Kapitalgesellschaft entbehrlich sein, wenn sich ihr gesamtes Stamm- oder Grundkapital in der Hand der übernehmenden AG befindet.[736] Zum anderen soll – was noch bedeutsamer sein dürfte – in Umsetzung von Art. 28 der Dritten Richtlinie ein »umwandlungsspezifischer squeeze-out« bei der AG-Konzernverschmelzung eingeführt werden (§ 62 Abs. 5 RegE-UmwG), bei dem die ansonsten grundsätzlich maßgebliche Ausschlussschwelle von 95 % (§ 327a Abs. 1 AktG) auf 90 % abgesenkt wird.[737] In verfahrensrechtlicher Hinsicht ist dabei nach § 62 Abs. 5 RegE-UmwG u.a. folgendes zu beachten: Der squeeze-out-Beschluss der Hauptversammlung der übertragenden AG muss innerhalb von drei Monaten nach Abschluss des Verschmelzungsvertrages gefasst werden (§ 62 Abs. 5 S. 1 RegE-UmwG). Der Verschmelzungsvertrag oder sein Entwurf muss die Angabe enthalten, dass im Zusammenhang mit der Verschmelzung ein Ausschluss der Minderheitsaktionäre der

396

---

731 Semler/Stengel/*Diekmann*, § 62 Rn. 32.
732 Widmann/Mayer/*Rieger*, § 62 Rn. 49.
733 Semler/Stengel/*Diekmann*, § 62 Rn. 32.
734 Zum RegE-UmwG siehe oben Rn. 8 und *Bayer/J. Schmidt*, ZIP 2010, 953 (zum RefE-UmwG).
735 Kritisch hierzu *Neye/Jäckel*, AG 2010, 237, 239.
736 Zu den Konsequenzen für die Informationspflichten nach § 62 Abs. 3 siehe § 62 Abs. 4 S. 2 RegE-UmwG.
737 Zu den Hintergründen siehe *Neye/Jäckel*, AG 2010, 237, 240.

4. Kapitel Umwandlungen

übertragenden AG erfolgen soll (§ 62 Abs. 5 S. 2 RegE-UmwG).[738] Der Verschmelzungsvertrag oder sein Entwurf ist gemäß § 327 c Abs. 3 AktG auszulegen (§ 62 Abs. 5 S. 4 RegE-UmwG). Der Anmeldung des Übertragungsbeschlusses (§ 327 e Abs. 1 AktG) ist der Verschmelzungsvertrag oder sein Entwurf in Ausfertigung oder beglaubigter Abschrift beizufügen (§ 62 Abs. 5 S. 5 RegE-UmwG). Im Übrigen sollen nach § 62 Abs. 5 S. 6 RegE-UmwG die §§ 327 a bis 327 f AktG unberührt bleiben.

b) Nachgründungsrecht, § 67

397 An die Beteiligung einer AG als übernehmender Rechtsträger knüpft auch § 67 an. Danach finden, wenn der Verschmelzungsvertrag in den ersten zwei Jahren seit Eintragung der übernehmenden AG in das Handelsregister geschlossen wird, die Vorschriften in § 52 Abs. 3, 4, 6 bis 9 AktG über die Nachgründung entsprechende Anwendung. Das Gesetz will so sicherstellen, dass über eine Verschmelzung nicht die Nachgründungsvorschriften und der mit ihnen verfolgte Zweck, die **Kapitalaufbringung** bei der Aktiengesellschaft zu sichern (§ 27 AktG), umgangen werden können.[739] Die Besonderheiten, die mit der Anwendung des § 67 einhergehen, sind auch in verfahrensrechtlicher Hinsicht erheblich. Im Einzelnen gilt folgendes:

aa) Voraussetzungen für die Anwendung der Nachgründungsvorschriften

398 § 67 S. 1 stellt in zeitlicher Hinsicht, d.h. bezüglich des dort genannten **Zwei-Jahreszeitraums**, auf den Abschluss des Verschmelzungsvertrages ab. Damit ist der Zeitpunkt der Beurkundung des Verschmelzungsvertrages gemeint (§§ 4, 6).[740] Keine Anwendung finden die Nachgründungsvorschriften in § 52 Abs. 3, 4, 6 bis 8 AktG gemäß § 67 S. 1 i.V.m. § 52 Abs. 9 AktG dann, wenn der verschmelzungsbedingte Erwerb des Vermögens des übertragenden Rechtsträgers durch die übernehmende AG eine Maßnahme ist, die »im Rahmen der laufenden Geschäfte der Gesellschaft« erfolgt. Das wird man nur ausnahmsweise bejahen können.[741] Keine Anwendung finden die Nachgründungsvorschriften gemäß § 67 S. 2, 1. Alt., wenn auf die zu gewährenden Aktien nicht mehr als der zehnte Teil des Grundkapitals der AG entfällt. Erhöht die AG zur Durchführung der Verschmelzung ihr Grundkapital (§ 69), so ist der Berechnung gemäß § 67 S. 3 das erhöhte Grundkapital zugrunde zu legen. Mit der 10-Prozent-Grenze in § 67 S. 2, 1. Alt. gibt das Gesetz zu erkennen, dass es eine relevante Gefährdung der Kapitalaufbringung erst jenseits dieser Schwelle für gegeben ansieht.[742] Keine Anwendung finden die Nachgründungsvorschriften schließlich gemäß § 67 S. 2, 2. Alt., wenn die übernehmende AG durch einen Formwechsel aus einer GmbH hervorgegangen ist und die GmbH zuvor mindestens zwei Jahre im Handelsregister eingetragen war. § 67 ist – wie § 67 S. 3 zeigt – unabhängig davon anwendbar, ob die zu gewährenden Anteile aus einer Kapitalerhöhung stammen oder eigene Anteile der übernehmenden AG sind. Streitig ist, ob die Anwendung der Nachgründungsvorschriften davon abhängt, dass der Verschmelzungspartner mit mehr als 10 % am Grundkapital der übernehmenden AG beteiligt ist.[743] Dagegen spricht, dass § 67 S. 1 gerade nicht auf § 52 Abs. 1 AktG, der diese Einschränkung enthält, verweist.[744]

---

[738] Zu den Konsequenzen für die Informationspflichten nach § 62 Abs. 3 siehe § 62 Abs. 5 S. 3 RegE-UmwG.
[739] Widmann/Mayer/*Rieger*, § 67 Rn. 3.
[740] Siehe z.B. Kallmeyer/*Marsch-Barner*, § 67 Rn. 3.
[741] Semler/Stengel/*Diekmann*, § 67 Rn. 27.
[742] Zur Berechnung im Einzelnen siehe etwa Lutter/*Grunewald*, § 67 Rn. 6 ff.
[743] So *Priester*, DB 2001, 467, 469; Lutter/*Grunewald*, § 67 Rn. 3.
[744] So auch Widmann/Mayer/*Rieger*, § 67 Rn. 18; Semler/Stengel/*Diekmann*, § 67 Rn. 5.

bb) Rechtsfolgen

(1) Prüfung und Bericht durch Aufsichtsrat (§ 52 Abs. 3 AktG)

Greifen nach § 67 die Nachgründungsvorschriften ein, bedeutet dies zunächst, dass der Aufsichtsrat vor der Beschlussfassung der Hauptversammlung den Verschmelzungsvertrag gemäß § 52 Abs. 3 AktG zu prüfen hat und einen schriftlichen Bericht (**Nachgründungsbericht**) zu erstatten hat. Hinsichtlich der Anforderungen an den Nachgründungsbericht verweist § 52 Abs. 3 S. 2 AktG auf die Vorschriften in § 32 Abs. 2 und 3 AktG über den Gründungsbericht.

399

(2) Gründungsprüfung (§ 52 Abs. 4 AktG)

Ferner hat vor der Beschlussfassung über den Verschmelzungsvertrag gemäß § 52 Abs. 4 S. 1 AktG eine **Nachgründungsprüfung** durch einen oder mehrere Gründungsprüfer stattzufinden. Für diese Prüfung gelten gemäß § 52 Abs. 4 S. 2 AktG die Vorschriften in § 33 Abs. 3 bis 5 AktG sowie §§ 34 und 35 AktG entsprechend. Es ist zulässig und empfehlenswert, dass die Verschmelzungsprüfer die Nachgründungsprüfung durchführen.[745] Zuständig für die Bestellung der Prüfer ist das Gericht (§ 52 Abs. 4 S. 2 AktG i.V.m. § 33 Abs. 3 S. 2 AktG). Die nunmehr durch das ARUG eingeführte Möglichkeit, bei Einbringung bestimmter Vermögenswerte, für deren Bewertung eindeutige Hinweise vorliegen (wie z.B. bestimmten Wertpapieren), von einer Gründungsprüfung (§ 33a AktG) und damit auch einer Nachgründungsprüfung (§ 52 Abs. 4 S. 3 AktG) abzusehen, hat für die verschmelzungsbedingte Nachgründungsprüfung keine Relevanz.

400

(3) Eintragung des Verschmelzungsvertrages

In verfahrensrechtlicher Hinsicht von besonderer Bedeutung ist der Verweis in § 67 S. 1 auf die Regeln in § 52 Abs. 6 bis 8 AktG. Nach § 52 Abs. 6 S. 1 AktG i.V.m. § 67 S. 1 hat der Vorstand den Verschmelzungsvertrag nach Zustimmung durch die Hauptversammlung zur Eintragung in das Handelsregister anzumelden. Diese sich auf die Anmeldung des Verschmelzungsvertrages beziehende Pflicht ist von derjenigen in § 16 zur Anmeldung der Verschmelzung zu unterscheiden. Bei der Anmeldung des Verschmelzungsvertrages sind gemäß § 52 Abs. 6 S. 2 AktG der Verschmelzungsvertrag, der Nachgründungsbericht und der Bericht der Nachgründungsprüfer beizufügen. Ohne Eintragung des Verschmelzungsvertrages wird auch die Verschmelzung als solche nicht eingetragen.[746]

401

c) Verschmelzung ohne Kapitalerhöhung (§ 68)

Bei der Verschmelzung auf eine übernehmende AG stellt sich ebenso wie bei der Verschmelzung auf eine übernehmende GmbH die (zentrale) Frage, ob die übernehmende AG ihr Kapital zur Durchführung der Verschmelzung erhöhen darf bzw. muss oder nicht. Das Gesetz beantwortet diese Frage in § 68 für die AG in nahezu (auch vom Wortlaut her) identischer Weise wie in § 54 für die GmbH. Auf die Ausführungen zu § 54 kann daher verwiesen werden.[747] Abweichend von § 54 Abs. 1 S. 1 Nr. 3 und S. 2 Nr. 2 ist in § 68 Abs. 1 S. 1 Nr. 3 und S. 2 Nr. 2 allerdings davon die Rede, dass der »Ausgabebetrag« der Aktien nicht voll geleistet ist bzw. dass der »**Ausgabebetrag**« für die Aktien bereits voll geleistet ist. Während es bei der GmbH im Rahmen von § 54 Abs. 1 S. 1 Nr. 3 und S. 2 Nr. 2 nur auf die Zahlung des Nennbetrages der Geschäftsanteile ankommt, reicht bei der AG die Zah-

402

---

745 Schmitt/*Stratz*, § 67 Rn. 12; Semler/Stengel/*Diekmann*, § 67 Rn. 19.
746 Lutter/*Grunewald*, § 67 Rn. 17 ff; dort auch zu den Rechtsfolgen einer Missachtung der Nachgründungsvorschriften.
747 Siehe oben Rdn. 303 ff.

4. Kapitel Umwandlungen

lung des Nennbetrages oder bei Stückaktien des anteiligen Betrages des Grundkapitals (§ 9 Abs. 1 AktG) nicht aus, sondern muss auch ein eventuelles Agio (§ 9 Abs. 2 AktG) geleistet sein. Hintergrund für diese Abweichung zur GmbH ist, dass das Agio bei der AG – anders als bei der GmbH – der Kapitalbindung unterliegt.[748]

403 Erhebliche Schwierigkeiten bereitet allerdings die Einordnung und das Verständnis des in § 68 Abs. 1 S. 1 Nr. 3 – parallel zu § 54 Abs. 1 S. 1 Nr. 3 – normierten Kapitalerhöhungsverbots; denn im Gegensatz zum GmbH-Recht, wo der **Erwerb eigener nicht eingezahlter Anteile** gemäß § 33 Abs. 1 GmbHG verboten ist – und dieses Verbot durch § 54 Abs. 1 S. 1 Nr. 3 abgesichert werden soll –, lässt § 71 Abs. 1 Nr. 5, Abs. 2 S. 3 AktG den Erwerb eigener nicht volleingezahlter Anteile durch Gesamtrechtsnachfolge (§ 20 Abs. 1 Nr. 1) zu.[749] Zum Teil wird im Schrifttum gleichwohl – um § 68 Abs. 1 S. 1 Nr. 3 überhaupt einen nachvollziehbaren Sinn beizulegen – davon ausgegangen, dass solche nicht voll eingezahlten Anteile nicht in das Vermögen der übernehmenden AG übergehen dürften, was der aus § 33 Abs. 1 GmbHG resultierenden Rechtslage bei der GmbH entspräche.[750] Dem dürfte allerdings die gesetzliche Regelung entgegenstehen. Man wird vielmehr davon auszugehen haben, dass die nicht voll eingezahlten Anteile an der übernehmenden AG, die von dem übertragenden Rechtsträger gehalten werden, den Anteilsinhabern des übertragenden Rechtsträgers im Rahmen der Verschmelzung gewährt werden können, dies aber – im Hinblick auf den Übergang der Einlagenschuld – nur mit dem Einverständnis dieser Anteilsinhaber zulässig ist.[751]

404 Durch das 2. Gesetz zur Änderung des Umwandlungsgesetzes vom 19.4.2007 wurde wie bei § 54 die Möglichkeit eingeführt, von einer Anteilsgewährung und damit einer Kapitalerhöhung bei der übernehmenden AG abzusehen, wenn alle Anteilsinhaber eines übertragenden Rechtsträgers hierauf in notariell zu beurkundender Form verzichten (§ 68 Abs. 1 S. 3). Im Schrifttum wird zum Teil die Vereinbarkeit dieser **Verzichtsmöglichkeit** mit der Verschmelzungsrichtlinie in Frage gestellt.[752] Für die Praxis ist von der Zulässigkeit des Verzichts auszugehen, der insbesondere bei der Verschmelzung von beteiligungsidentischen Schwestergesellschaften von Bedeutung ist.[753]

d) Verschmelzung mit Kapitalerhöhung (§ 69)

405 Erhöht eine übernehmende AG zur Durchführung der Verschmelzung, d.h. zur Schaffung der den Anteilsinhabern der übertragenden Rechtsträger zu gewährenden Aktien, ihr Kapital, sind grundsätzlich, d.h. vorbehaltlich der in § 69 genannten Modifikationen, die Vorschriften des AktG über Kapitalerhöhungen (§§ 182 ff. AktG) anwendbar; dies folgt dem Regelungsmuster der für die Verschmelzung auf eine GmbH geltenden Parallelregelung in § 55.

aa) Anwendbare Vorschriften des AktG

(1) Allgemeine Anforderungen an den Kapitalerhöhungsbeschluss (§ 182 Abs. 1 bis 3 AktG)

406 Anwendbar sind damit insbesondere die Vorschriften in § 182 Abs. 1 und 2 AktG, so dass nach § 182 Abs. 1 S. 1 AktG u.a. ein Kapitalerhöhungsbeschluss erforderlich ist, der mit

---

748 Lutter/*Grunewald*, § 68 Rn. 2.
749 Semler/Stengel/*Diekmann*, § 68 Rn. 10.
750 Lutter/*Grunewald*, § 68 Rn. 3.
751 Siehe Widmann/Mayer/*Rieger*, § 68 Rn. 19.2.
752 *Mayer/Weiler*, DB 2007, 1235, 1239; *Weiler*, NZG 2008, 527, 528; dagegen etwa Lutter/*Grunewald*, § 68 Rn. 4; offen Schmitt/*Stratz*, § 68 Rn. 13.
753 Semler/Stengel/*Diekmann*, § 68 Rn. 16.

einer **Mehrheit von mindestens drei Viertel des bei der Beschlussfassung vertretenen Kapitals** gefasst wird. Dies entspricht der nach § 65 Abs. 1 S. 1 für den Verschmelzungsbeschluss erforderlichen Mehrheit. Gemäß § 182 Abs. 1 S. 2 AktG kann die Satzung für den Kapitalerhöhungsbeschluss eine andere Kapitalmehrheit, für die Ausgabe von Vorzugsaktien jedoch nur eine größere Kapitalmehrheit vorschreiben. Zusätzlich gilt das Erfordernis der **einfachen Mehrheit nach § 133 Abs. 1 AktG**.[754] Vergleichbar den Regelungen in § 65 Abs. 1 S. 2 und § 65 Abs. 2 zum Verschmelzungsbeschluss ordnen § 182 Abs. 1 S. 3 und Abs. 2 AktG für den Kapitalerhöhungsbeschluss an, dass die Satzung weitere Erfordernisse aufstellen kann und der Beschluss, wenn mehrere Gattungen von stimmberechtigten Aktien vorhanden sind, zu seiner Wirksamkeit der Zustimmung der Aktionäre jeder Gattung mittels eines Sonderbeschlusses bedarf.

Anwendbar auf die verschmelzungsbedingte Kapitalerhöhung ist auch § 182 Abs. 3 AKtG. **407** § 182 Abs. 3 AktG bestimmt, dass, wenn die neuen Aktien für einen höheren Betrag als den geringsten Ausgabebetrag ausgegeben werden sollen, im Beschluss über die Kapitalerhöhung der Mindestbetrag, unter dem sie nicht ausgegeben werden sollen, festzusetzen ist. Der Beschluss über eine verschmelzungsbedingte Kapitalerhöhung kann daher einen solchen Betrag ausweisen.[755] Das hat zur Folge, dass die Aktien nicht unter diesem Betrag ausgegeben werden dürfen und dementsprechend gesetzliche Rücklagen nach § 272 Abs. 2 Nr. 1 HGB zu bilden sind. Allein der Umstand, dass durch den verschmelzungsbedingten Vermögensübergang faktisch bei der übernehmenden AG ein höherer Ausgabebetrag erzielt wird, führt aber richtiger Ansicht nach nicht dazu, dass eine **Agio-Festsetzung** im Kapitalerhöhungsbeschluss zwingend erforderlich wäre; die übernehmende AG hat vielmehr, falls kein Mindestausgabebetrag festgesetzt wird, ein Wahlrecht, ob sie zum Nennwert bilanziert und etwaige stille Reserven übernimmt oder ob sie zu einem höheren Ausgabebetrag bilanziert und den über den Nennbetrag liegenden Mehrbetrag in die Rücklagen einstellt.[756]

(2) Besondere Anforderungen nach § 183 AktG

Die verschmelzungsbedingte Kapitalerhöhung ist der Sache nach eine Kapitalerhöhung **408** gegen Sacheinlagen, so dass nach § 69 Abs. 1 S. 1 auch § 183 Abs. 1 und 2 AktG und unter den Einschränkungen des § 69 Abs. 1 S. 1 Hs. 2 auch § 183 Abs. 3 AktG anwendbar ist. Das bedeutet zunächst, dass im Erhöhungsbeschluss nach § 183 Abs. 1 S. 1 AktG der Gegenstand der »Sacheinlage« (d.h. das Vermögen der übertragenden Rechtsträger), die Person, von der die Gesellschaft den Gegenstand erwirbt, und der Nennbetrag, bei Stückaktion die Zahl der bei der Sacheinlage zu gewährenden Aktien festgesetzt werden müssen. Darüber hinaus darf der Beschluss nach § 183 Abs. 1 S. 2 AktG nur gefasst werden, wenn die Einbringung von Sacheinlagen und die Festsetzungen nach § 183 Abs. 1 S. 1 AktG ausdrücklich und ordnungsgemäß mittels der **Tagesordnung** bekannt gemacht worden sind. Nach der Neufassung des § 121 Abs. 3 AktG durch das ARUG ist die Tagesordnung Bestandteil der Einberufung (§ 121 Abs. 3 S. 2 AktG); diese ist gemäß § 121 Abs. 4 S. 1 AktG in den Geschäftsblättern der Gesellschaft bekanntzumachen.

Besonderheiten gelten gemäß § 69 Abs. 1 S. 1 Hs. 2 im Hinblick auf die bei der Kapital- **409** erhöhung gegen Sacheinlagen ansonsten grundsätzlich nach § 183 Abs. 3 AktG erforderliche Sacheinlagenprüfung. Die **Sacheinlagenprüfung** nach § 183 Abs. 3 AktG dient der Vermeidung von Kapitalerhöhungen, die nicht durch entsprechende Werte unterlegt sind.[757] Bei der verschmelzungsbedingten Kapitalerhöhung ist die Prüfung nach § 69 Abs. 1 S. 1 Hs. 2 nur in folgenden Fällen erforderlich:

---

754 Widmann/Mayer/*Rieger*, § 69 Rn. 19 und oben Rdn. 387.
755 Lutter/*Grunewald*, § 69 Rn. 6.
756 Widmann/Mayer/*Rieger*, § 69 Rn. 18; a.A. wohl Schmitt/*Stratz*, § 69 Rn. 21.
757 Lutter/*Grunewald*, § 69 Rn. 8.

- soweit übertragende Rechtsträger die Rechtsform einer Personenhandelsgesellschaft, einer Partnerschaftsgesellschaft oder eines rechtsfähigen Vereins haben
- wenn Vermögensgegenstände in der Schlussbilanz eines übertragenden Rechtsträgers höher bewertet worden sind als in dessen letzter Jahresbilanz
- wenn die in einer Schlussbilanz angesetzten Werte nicht als Anschaffungskosten in den Jahresbilanzen der übernehmenden Gesellschaft angesetzt werden
- oder wenn das Gericht Zweifel hat, ob der Wert der Sacheinlage den geringsten Ausgabebetrag der dafür zu gewährenden Aktien erreicht.

410 § 69 Abs. 1 S. 1 Hs. 2 Var. 1 basiert auf der Überlegung, dass es bei den dort genannten Rechtsträgern keine gesetzlichen Vorschriften zur Absicherung der Kapitalaufbringung und -erhaltung gibt.[758] § 69 Abs. 1 S. 1 Hs. 2 Var. 2 hat (wohl) zum Hintergrund, dass der Gesetzgeber die bilanzielle Höherbewertung als Indiz für eine mögliche mangelnde Werthaltigkeit der Sacheinlage ansieht.[759] Wird – wie üblich – als Schlussbilanz im Sinne von § 17 Abs. 2 die ohnehin zum Abschluss des Geschäftsjahres zu erstellende Bilanz verwendet, ist im Rahmen des § 69 Abs. 1 S. 1 Hs. 2 Var. 2 der Wertansatz in der Schlussbilanz nach § 17 Abs. 2 mit dem entsprechenden Wertansatz in der vorhergehenden Jahresbilanz zu vergleichen.[760] § 69 Abs. 1 S. 1 Hs. 2 Var. 3 ist im Zusammenhang mit der Regelung in § 24 zu sehen. § 24 räumt dem übernehmenden Rechtsträger ein sog. **Bilanzierungswahlrecht** ein.[761] Der übernehmende Rechtsträger kann als Anschaffungskosten für das im Zuge der Verschmelzung auf ihn übergehende Vermögen die bisherigen in der Schlussbilanz der übertragenden Rechtsträger angesetzten Werte ansetzen (**sog. Buchwertfortführung**). Daneben besteht für den übernehmenden Rechtsträger die Möglichkeit, als Anschaffungskosten nicht die Buchwerte, sondern die nach § 255 HGB ermittelten (gegebenenfalls höheren) Kosten anzusetzen.[762] Wird von letzterer Möglichkeit Gebrauch gemacht, führt dies zur Erforderlichkeit der Sacheinlagenprüfung nach § 69 Abs. 1 S. 1 Hs. 2 Var. 3. Gewisse Schwierigkeiten in der praktischen Handhabung löst es aus, wenn die Bilanz der übernehmenden Gesellschaft noch nicht vorliegt. Ist die Buchwertfortführung geplant, empfiehlt es sich, dies gegenüber dem Gericht zu erklären.[763] In der Regel findet sich auch im Verschmelzungsvertrag eine Aussage darüber, ob von dem Wahlrecht nach § 24 Gebrauch gemacht wird. § 69 Abs. 1 S. 1 Hs. 2 Var. 4 ist Ausfluss der allgemeinen Befugnis des Registergerichts, im Rahmen der Prüfung der Kapitalaufbringung die Werthaltigkeit von Sacheinlagen zu prüfen.

411 Nach § 69 Abs. 1 S. 4 RegE-UmwG kann – falls eine Prüfung nach § 183 Abs. 3 AktG durchzuführen ist – der Verschmelzungsprüfer zum Prüfer bestellt werden. Dies dient der Senkung der mit einer Verschmelzung verbundenen Verfahrenskosten.[764]

(3) Genehmigtes und bedingtes Kapital

412 Wie sich aus § 69 Abs. 1 S. 2 ergibt, kann grundsätzlich auch genehmigtes Kapital zur Durchführung der Verschmelzung genutzt werden. Da die verschmelzungsbedingte Kapitalerhöhung eine solche gegen Sacheinlagen ist, setzt dies allerdings gemäß § 205 Abs. 1 AktG voraus, dass in der **Ermächtigung** vorgesehen ist, dass die Aktien gegen Sacheinlagen ausgegeben werden dürfen. Das in § 203 Abs. 3 S. 1 AktG geregelte Gebot, die neuen Aktien nicht auszugeben, solange ausstehende Einlagen auf das bisherige Grundkapital

---

758 Semler/Stengel/*Diekmann*, § 69 Rn. 8.
759 Widmann/Mayer/*Rieger*, § 69 Rn. 25.
760 Kallmeyer/*Marsch-Barner*, § 69 Rn. 9.
761 Lutter/*Priester*, § 24 Rn. 74.
762 Lutter/*Priester*, § 24 Rn. 43 ff. dort auch zu den im Einzelnen streitigen Einzelheiten.
763 Semler/Stengel/*Diekmann*, § 69 Rn. 10; Lutter/*Grunewald*, § 69 Rn. 10.
764 Zum RegE-UmwG siehe oben Rdn. 8.

noch erlangt werden können, gilt für die verschmelzungsbedingte Kapitalerhöhung gemäß § 69 Abs. 1 S. 3 nicht; denn bei der Verschmelzung geht es darum, das Vermögen des übertragenden Rechtsträgers zu erwerben.[765] Gemäß § 69 Abs. 1 S. 2 gelten die in § 69 Abs. 1 S. 1 genannten Erleichterungen auch, wenn genehmigtes Kapital zur verschmelzungsbedingten Kapitalerhöhung eingesetzt wird. Insbesondere gilt für die ansonsten vorgeschriebene Sacheinlage-Prüfung nach § 205 Abs. 5 AktG die Einschränkungen gemäß § 69 Abs. 1 S. 1 Hs. 2

Im Hinblick auf § 192 Abs. 2 Nr. 2 AktG kann auch bedingtes Kapital zur verschmelzungsbedingten Kapitalerhöhung herangezogen wird.[766] Die Erleichterungen des § 69 Abs. 1 S. 1 Hs. 2 bezüglich der gemäß § 194 Abs. 4 AktG vorgeschriebenen Sacheinlagenprüfung gelten auch insoweit.[767]

413

bb) Nicht anwendbare Vorschriften des AktG

§ 69 Abs. 1 S. 1 Hs. 1 erklärt einige Vorschriften der §§ 182 ff. AktG für nicht anwendbar. In materiellrechtlicher Hinsicht sind insoweit von Bedeutung:

414

(1) Ausstehende Einlagen (§ 182 Abs. 4 AktG)

Da die verschmelzungsbedingte Kapitalerhöhung im Gegensatz zur normalen Kapitalerhöhung gegen Einlagen keine Maßnahme der Kapitalbeschaffung ist, gilt gemäß § 69 Abs. 1 S. 1 Hs. 1 das in § 182 Abs. 4 AktG geregelte Verbot, das Kapital zu erhöhen, solange noch ausstehende Einlagen erlangt werden können, bei der Verschmelzung auf eine übernehmende AG nicht.[768]

415

(2) Zeichnung neuer Aktien (§ 185 AktG) und Bezugsrecht (§§ 186, 187 AktG)

Eine Zeichnung der neuen Aktien im Sinne von § 185 AktG ist bei der Verschmelzung entbehrlich, da sie durch den Verschmelzungsvertrag ersetzt wird.[769] Gemäß § 69 Abs. 1 S. 1 Hs. 1 gilt daher § 185 AktG nicht. Auch ein Bezugsrecht der Aktionäre im Sinne § 186 AktG besteht bei der verschmelzungsbedingten Kapitalerhöhung nicht, da es gerade darum geht, die Aktien für die Anteilsinhaber der übertragenden Rechtsträger bereitzustellen.[770] §§ 186 und 187 Abs. 1 AktG finden daher gemäß § 69 Abs. 1 S. 1 Hs. 1 keine Anwendung.[771]

416

(3) Differenzhaftung

Eine Differenzhaftung bei der Verschmelzung auf eine übernehmende Aktiengesellschaft scheidet – wie der Bundesgerichtshof entschieden hat – aus.[772]

417

cc) Vorherige Eintragung der Durchführung der Kapitalerhöhung (§ 66)

Anders als im GmbH-Recht, wo die Kapitalerhöhung mit ihrer Eintragung im Handelsregister wirksam wird (§ 54 Abs. 3 GmbHG), sieht das Aktienrecht grundsätzlich zwei

418

---

765 Lutter/*Grunewald*, § 69 Rn. 22.
766 Schmitt/*Stratz*, § 69 Rn. 27.
767 Lutter/*Grunewald*, § 69 Rn. 23.
768 Siehe Lutter/*Grunewald*, § 69 Rn. 5.
769 Widmann/Mayer/*Rieger*, § 69 Rn. 9.
770 Semler/Stengel/*Diekmann*, § 69 Rn. 15.
771 Zu § 187 Abs. 2 AktG siehe Lutter/*Grunewald*, § 69 Rn. 16.
772 BGH, Urt. v. 12.3.2007 – II ZR 302/05, DNotZ 2007, 854.

4. Kapitel Umwandlungen

Schritte vor, die für eine Kapitalerhöhung erforderlich sind, nämlich zum einen die Eintragung des Beschlusses über die Erhöhung des Grundkapitals und zum anderen die Eintragung der Durchführung der Erhöhung des Kapitals. Erst mit letzterer ist das Grundkapital nach § 189 AktG erhöht. Im Hinblick darauf bestimmt § 66, dass die Eintragung der Verschmelzung erst erfolgen darf, nachdem die Durchführung der Erhöhung des Grundkapitals im Register eingetragen worden ist. Wie bei der **Parallelvorschrift in § 53** geht es darum, registerrechtlich sicherzustellen, dass im Zeitpunkt der Eintragung der Verschmelzung die zu gewährenden Anteile vorhanden sind.

e) Bare Zuzahlungen (§ 68 Abs. 3)

419 Parallel zur für eine übernehmende GmbH geltenden Regelung in § 54 Abs. 4 ordnet § 68 Abs. 3 für eine übernehmende AG an, dass im Verschmelzungsvertrag festgesetzte bare Zuzahlungen im Sinne von § 5 Abs. 1 Nr. 3 nicht den zehnten Teil des auf die gewährten Aktien der übernehmenden AG entfallenden anteiligen Betrags ihres Grundkapitals übersteigen dürfen. Auch hier geht es wie bei § 54 Abs. 4 darum, einerseits einen **Spitzenausgleich** zu ermöglichen und zum anderen einen »**Auskauf**« der Anteilsinhaber der übertragenden Rechtsträger zu verhindern.[773] Auch hinsichtlich der Berechnung der Zehn-Prozent-Grenze gilt das zu § 54 Abs. 4 Gesagte.[774] Wie bei § 54 Abs. 4 genügt es nicht, dass der Gesamtbetrag der baren Zuzahlungen die Zehn-Prozent-Grenze der insgesamt gewährten Beteiligung am Grundkapital der übernehmenden AG nicht überschreitet; vielmehr ist auch bei § 68 Abs. 3 erforderlich, dass die Zehn-Prozent-Grenze für die baren Zuzahlungen an die Anteilsinhaber jedes übertragenden Rechtsträgers bezogen auf die diesen Anteilsinhabern gewährte Beteiligung am Grundkapital der übernehmenden AG eingehalten wird.[775]

f) Treuhänderbestellung (§ 71)

420 Gemäß § 71 Abs. 1 S. 1 hat jeder übertragende Rechtsträger für den Empfang der zu gewährenden Aktien und der baren Zuzahlungen einen Treuhänder zu bestellen. Die Vorschrift dient der **Absicherung der Anteilsgewährung** an die Anteilsinhaber der übertragenden Rechtsträger und will sicherstellen, dass bei der Eintragung der Verschmelzung die Aktien und baren Zuzahlungen für sie bereitgehalten werden.[776] Das Gesetz sichert diesen Schutz dadurch ab, dass nach § 71 Abs. 1 S. 2 die Verschmelzung erst eingetragen werden darf, wenn der Treuhänder dem Gericht angezeigt hat, dass er im Besitz der Aktien und der im Verschmelzungsvertrag festgesetzten baren Zuzahlungen ist. Jeder übertragende Rechtsträger muss nach § 71 Abs. 1 S. 1 einen Treuhänder bestellen. Dabei kann es sich allerdings um dieselbe Person handeln.[777] Die Bestellung obliegt den übertragenden Rechtsträgern – vertreten durch ihre Organe – selbst.[778] § 71 greift unabhängig davon ein, ob die zu gewährenden Aktien mittels einer Kapitalerhöhung bei der übernehmenden AG geschaffen werden oder bereits vorhanden sind (sei es als eigene Aktien der übernehmenden AG sei es als von einem übertragenden Rechtsträger gehaltene Aktien).[779]
In allen Fällen sind die entsprechenden Aktienurkunden – gegebenenfalls als Globalurkunde – dem Treuhänder auszuhändigen. Inhaber der Aktien wird er dadurch nicht. Werden zur Anteilsgewährung neue Aktien im Wege der Kapitalerhöhung geschaffen, sind

---
773 Semler/Stengel/*Diekmann*, § 68 Rn. 20.
774 Siehe oben Rdn. 333.
775 Widmann/Mayer/*Rieger*, § 68 Rn. 43; Semler/Stengel/*Diekmann*, § 68 Rn. 23.
776 Lutter/*Grunewald*, § 71 Rn. 2; *Bandehzadeh*, DB 2007, 1514.
777 Schmitt/*Stratz*, § 71 Rn. 3.
778 Zu den Einzelheiten siehe z.B. Semler/Stengel/*Diekmann*, § 71 Rn. 5.
779 Widmann/Mayer/*Rieger*, § 71 Rn. 17 ff.

die entsprechenden Aktienurkunden dem Treuhänder bereits vor der Eintragung der Kapitalerhöhung auszuhändigen.[780] Darin liegt richtiger Ansicht nach keine nach §191 S.1 AktG unzulässige Ausgabe von Aktien.[781] Davon bleibt unberührt, dass die aus den Aktienurkunden resultierenden Rechte erst mit Eintragung der Verschmelzung entstehen.[782] Ist bei den bereits bestehenden Aktien oder den im Wege der Kapitalerhöhung neu geschaffenen Aktien die **Verbriefung** nach §10 Abs. 5 AktG ausgeschlossen, lässt sich aus §71 richtiger Ansicht nach keine Notwendigkeit herleiten, den Verbriefungsausschluss aufzuheben, damit der Treuhänder seine Funktion ausfüllen kann. Vielmehr sind die Anteilsinhaber der übertragenden Rechtsträger in solchen Fällen ausreichend über §20 Abs. 1 Nr. 3 S. 1 Hs. 1 und den dort angeordneten gesetzlichen Anteilserwerb abgesichert.[783] Sind in derartigen Fällen auch keine baren Zuzahlungen vereinbart, entfällt richtiger Ansicht nach – im Hinblick auf seine Funktionslosigkeit in solchen Fällen – die Notwendigkeit, einen Treuhänder nach §71 zu bestellen.[784]

4. Nur für übertragende AG geltende Vorgaben für die Verschmelzung durch Aufnahme (§72)

An die Beteiligung einer AG als übertragender Rechtsträger bei einer Verschmelzung durch Aufnahme knüpft §72 an. Er regelt den **Umtausch der Aktien** einer übertragenden AG und erklärt insoweit in Abs. 1 S. 1 u.a. die Vorschriften in §73 Abs. 1 und 2 AktG für entsprechend anwendbar. Das bedeutet, dass der übernehmende Rechtsträger die Aktionäre der übertragenden AG aufzufordern hat, die Aktien bei dem übernehmenden Rechtsträger zum Umtausch einzureichen.[785] Die nicht eingereichten Aktien sind nach §73 Abs. 1 und 2 AktG für kraftlos zu erklären; für das insoweit anzuwendende Verfahren gelten die einzelnen Bestimmungen in §73 Abs. 1 und 2 AktG; einer gerichtlichen Genehmigung nach §73 Abs. 1 S. 1 AktG bedarf es hierbei allerdings gemäß §72 Abs. 1 S. 2 nicht. Eingereichte Aktien werden vernichtet.[786] Ist auch der übernehmende Rechtsträger eine AG, erledigt der nach §71 bestellte Treuhänder den Umtausch.[787]

421

§72 Abs. 1 S. 1 verweist hinsichtlich einer **Zusammenlegung von Aktien** einer übertragenden AG ferner auf die Regeln in §226 Abs. 1 und 2 AktG und, falls auch der übernehmende Rechtsträger eine AG ist, in Abs. 2 auf die Vorschriften in §73 Abs. 4 und §226 Abs. 3 AktG. Eine solche Zusammenlegung ist erforderlich, wenn einem Aktionär der übertragenden AG nicht so viele Aktien zustehen, wie es erforderlich ist, um die nach dem vereinbarten Umtauschverhältnis (§5 Abs. 1 Nr. 3) festgelegte Zahl der entsprechenden Anteile an der übernehmenden Gesellschaft zu erhalten.[788] Beispiel: Nach dem vereinbarten Umtauschverhältnis werden je drei Aktien der übertragenden AG in eine Aktie der übernehmenden AG umgetauscht; hält ein Aktionär fünf Aktien an der übertragenden AG, erfolgt hinsichtlich der zwei nicht umtauschbaren Aktien eine Zusammenlegung, soweit der Aktionär nicht z.B. durch einen Hinzuerwerb von Aktien die erforderliche Aktienanzahl erreicht.[789]

422

---

780 Semler/Stengel/*Diekmann*, §71 Rn. 11.
781 Widmann/Mayer/*Rieger*, §71 Rn. 20; a.A. Lutter/*Grunewald*, §71 Rn. 9.
782 Semler/Stengel/*Diekmann*, §71 Rn. 11; Widmann/Mayer/*Rieger*, §71 Rn. 20.
783 Widmann/Mayer/*Rieger*, §71 Rn. 22; anders Semler/Stengel/*Diekmann*, §71 Rn. 14.
784 Widmann/Mayer/*Rieger*, §71 Rn. 22; a.A. Lutter/*Grunewald*, §71 Rn. 7.
785 Kallmeyer/*Marsch-Barner*, §72 Rn. 2.
786 Lutter/*Grunewald*, §72 Rn. 2.
787 Semler/Stengel/*Diekmann*, §72 Rn. 6.
788 Schmitt/*Stratz*, §72 Rn. 6.
789 Lutter/*Grunewald*, §72 Rn. 3.

4. Kapitel Umwandlungen

5. Registeranmeldungen

a) Anmeldung des Beschlusses über die Kapitalerhöhung und Anmeldung ihrer Durchführung

423 Für die Anmeldung des **Beschlusses über die Kapitalerhöhung** gilt gemäß § 69 Abs. 1 S. 1 Hs. 1 die Regelung in § 184 Abs. 1 S. 1 AktG, d.h. es ist Sache des Vorstandes und des Vorsitzenden des Aufsichtsrats (bei dessen Verhinderung gemäß § 107 Abs. 1 S. 3 AktG des stellvertretenden Vorsitzenden), den Beschluss über die Erhöhung des Grundkapitals zum Handelsregister anzumelden. Im Hinblick auf die Strafbewehrung in § 399 Abs. 1 Nr. 4 AktG scheidet eine Vertretung und richtiger (aber nicht herrschender) Ansicht nach auch eine unechte Gesamtvertretung bei der Anmeldung aus.[790] § 184 Abs. 1 S. 2 AktG (Angabe der noch nicht geleisteten Einlagen im Sinne von § 182 Abs. 4 AktG und Grund der Nichtleistung) gilt hingegen nach § 69 Abs. 1 S. 1 Hs. 1 nicht, da § 182 Abs. 4 AktG bei der verschmelzungsbedingten Kapitalerhöhung nicht gilt. Anwendung finden hingegen § 184 Abs. 2 und Abs. 3 S. 1 AktG. D.h. gemäß § 184 Abs. 2 AktG ist ein Bericht über die Prüfung der Sacheinlage – soweit er nach § 69 Abs. 1 S. 1 Hs. 2 erforderlich ist – der Anmeldung beizufügen. Gemäß § 184 Abs. 3 S. 1 AktG kann das Gericht die Eintragung ablehnen, wenn der Wert der Sacheinlage nicht unwesentlich hinter dem geringsten Ausgabebetrag der dafür zu gewährenden Aktien zurückbleibt. Der Anmeldung beizufügen sind auch der Kapitalerhöhungsbeschluss (§ 182 Abs. 1 AktG) und eventuelle Sonderbeschlüsse (§ 182 Abs. 2 AktG).

424 Für die Anmeldung der **Durchführung der Kapitalerhöhung** gilt § 188 Abs. 1 AktG. D.h. auch hier sind wie bei der Anmeldung des Kapitalerhöhungsbeschlusses (§ 184 Abs. 1 S. 1 AktG) der Vorstand und der Vorsitzende des Aufsichtsrats für die Anmeldung zuständig. Beide Anmeldungen werden regelmäßig miteinander verbunden (§ 188 Abs. 4 AktG).[791] Durchgeführt ist die Kapitalerhöhung aber erst dann, wenn der Verschmelzungsvertrag vorliegt und die Verschmelzungsbeschlüsse gefasst sind.[792]

425 § 69 Abs. 2 verlangt, dass der »Anmeldung der Kapitalerhöhung« außer den in § 188 Abs. 3 Nrn. 2 bis 4 AktG bezeichneten Schriftstücken der Verschmelzungsvertrag und die Niederschriften der Verschmelzungsbeschlüsse in Ausfertigung oder öffentlich beglaubigter Abschrift beizufügen sind. Wortlaut und systematische Stellung dieser Regelung lassen nicht recht erkennen, ob das Gesetz insofern die Anmeldung des Beschlusses über die Kapitalerhöhung oder die Anmeldung ihrer Durchführung meint.[793] Sofern nicht ohnehin beide Anmeldungen nach § 188 Abs. 4 AktG miteinander verbunden werden, wird man vorsorglich die in § 69 Abs. 2 genannten Unterlagen bereits der Anmeldung des Beschlusses über die Kapitalerhöhung beifügen. Der Verweis in § 69 Abs. 2 auf § 188 Abs. 3 Nr. 2 AktG hat dabei keine selbständige Bedeutung, da Vertrag im Sinne dieser Vorschrift der Verschmelzungsvertrag ist, der nach § 69 Abs. 2 ohnehin vorzulegen ist.[794] Selbständige Bedeutung hat hingegen § 188 Abs. 3 Nr. 3 AktG, der verlangt, dass eine Berechnung der Kosten, die für die Gesellschaft durch die Ausgabe der neuen Aktien entstehen werden, vorzulegen ist. § 69 Abs. 2 verweist auch auf § 188 Abs. 3 Nr. 4 AktG. Dies beruht auf einem Redaktionsversehen, da § 188 Abs. 3 Nr. 4 AktG durch das ARUG gestrichen wurde. Die in § 188 Abs. 3 Nr. 4 AktG a.F. normierte Pflicht, die Urkunde über eine gegebenenfalls erforderliche staatliche Genehmigung vorzulegen, gibt es also nicht mehr. Der Gesetzgeber wird das Redaktionsversehen im Rahmen des 3. Gesetzes zur Änderung des Umwandlungsgesetzes beseitigen.[795] Gemäß § 69 Abs. 1 S. 1 Hs. 1 gelten auch die Vorschriften in § 188 Abs. 2 AktG und in § 188 Abs. 3 Nr. 1 AktG nicht.

---

790 A.A. KK-AktG/*Lutter*, § 184 Rn. 3.
791 Semler/Stengel/*Diekmann*, § 69 Rn. 17.
792 Lutter/*Grunewald*, § 69 Rn. 21.
793 Widmann/Mayer/*Rieger*, § 69 Rn. 41 f.
794 Lutter/*Grunewald*, § 69 Rn. 17.
795 Siehe Art. 1 Nr. 9 b RegE-UmwG, siehe oben Rdn. 8.

b) Anmeldung der Verschmelzung

Für die Anmeldung der Verschmelzung gelten die allgemeinen Bestimmungen in §§ 16 und 17. Im Falle der Konzernverschmelzung (§ 62) sind die in § 62 Abs. 3 S. 4 und S. 5 genannten Besonderheiten zu beachten. Sind gemäß § 67 die Nachgründungsvorschriften einschlägig, ist die Anmeldung der Eintragung des Verschmelzungsvertrages der Anmeldung der Verschmelzung vorrangig. Ist die AG als übernehmender Rechtsträger an der Verschmelzung beteiligt, trägt das Gericht die Verschmelzung gemäß § 71 Abs. 1 S. 2 nur ein, wenn der Treuhänder ihm angezeigt hat, dass er im Besitz der Aktien und der im Verschmelzungsvertrag vereinbarten baren Zuzahlungen ist.

426

6. Verschmelzung durch Neugründung

a) Überblick

Wie auch bei der Regelung der Verschmelzung durch Neugründung unter Beteiligung einer GmbH (§ 56) bedient sich das Gesetz bei der Regelung der Verschmelzung durch Neugründung unter Beteiligung einer AG – sei es als übertragender sei es als neuer Rechtsträger – in § 73 seiner gängigen **Verweisungstechnik**. Das für die Verschmelzung durch Neugründung unter Beteiligung einer AG maßgebliche Regelungswerk setzt sich damit aus den allgemeinen Regeln zur Verschmelzung durch Neugründung (siehe §§ 36 ff.), einem Teil der Regeln, die für die Verschmelzung durch Aufnahme unter Beteiligung einer AG gelten (siehe § 73), sowie weiteren in §§ 74 bis 76 geregelten rechtsformspezifischen Besonderheiten zusammen.

427

Unterscheidet man insoweit danach, ob die AG als übertragender Rechtsträger oder als durch die Gründung neu entstehender Rechtsträger an der Verschmelzung beteiligt ist, ergibt folgendes Bild:

428

b) AG als übertragender Rechtsträger

Ist eine AG als übertragender Rechtsträger an der Verschmelzung durch Neugründung beteiligt, sind gemäß § 73 die Regelungen in § 60 über die Verschmelzungsprüfung, in § 61 über die Bekanntmachung des Verschmelzungsvertrages, in § 63 bis 65 über die Vorbereitung, Durchführung und Beschlussfassung der Hauptversammlung sowie in § 72 über den Umtausch von Aktien zu beachten. Keine Anwendung finden hingegen – obwohl seine Anwendung in § 73 nicht ausdrücklich ausgeschlossen ist – die Regelungen in § 62, weil eine übernehmende »Mutter-AG« im Sinne von § 62 Abs. 1 bei der Verschmelzung durch Neugründung nicht bestehen kann.[796]

429

Ist an der Verschmelzung durch Neugründung eine Aktiengesellschaft als übertragender Rechtsträger beteiligt, ist ferner § 76 Abs. 1 anwendbar. Gemäß § 76 Abs. 1 darf eine übertragende Aktiengesellschaft die Verschmelzung erst beschließen, wenn sie und jede andere übertragende Aktiengesellschaft bereits zwei Jahre im Register eingetragen ist. Mit dieser Regelung will der Gesetzgeber die **Umgehung der aktienrechtlichen Nachgründungsvorschriften** (§§ 52, 53 AktG) bei dem neuen Rechtsträger verhindern.[797] Im Hinblick auf diesen Sinn und Zweck setzt die Anwendung der Vorschrift voraus, dass es sich um eine Verschmelzung durch Neugründung einer AG handelt.[798] Anders als bei der für die Verschmelzung durch Aufnahme maßgeblichen Parallelvorschrift in § 67 kommt es für

430

---

[796] Semler/Stengel/*Diekmann*, § 73 Rn. 5.
[797] Lutter/*Grunewald*, § 76 Rn. 2 mit rechtspolitischer Kritik.
[798] Schmitt/*Stratz*, § 76 Rn. 1; jetzt auch Semler/Stengel/*Diekmann*, § 76 Rn. 4.

die Zweijahresfrist in § 76 Abs. 1 nicht auf den Abschluss des Verschmelzungsvertrages an, sondern auf den Zeitpunkt, zu dem der Verschmelzungsbeschluss gefasst wird.[799]

431 Darüber hinaus ist, wenn an der Verschmelzung eine AG als übertragender Rechtsträger beteiligt ist und auch der neugegründete Rechtsträger eine AG ist, § 76 Abs. 2 S. 3 zu beachten, der die Vorschriften in § 124 Abs. 2 S. 2 AktG sowie in § 124 Abs. 3 S. 1 und S. 3 AktG für entsprechend anwendbar erklärt. Mit dem Verweis auf § 124 Abs. 2 S. 2 AktG ist gemeint, dass im Rahmen der **Bekanntmachung der Tagesordnung für die Hauptversammlung** der übertragenden AG die Satzung der neuen AG in ihrem vollen Wortlaut zu veröffentlichen ist.[800] Der Verweis auf § 124 Abs. 3 S. 1 und S. 3 AktG ist vor dem Hintergrund zu sehen, dass die Bestellung der Mitglieder des Aufsichtsrates der neuen AG, soweit diese nach § 31 AktG zu wählen sind, gemäß § 76 Abs. 2 S. 2 nur wirksam wird, wenn ihr die Anteilsinhaber jedes übertragenden Rechtsträgers durch Verschmelzungsbeschluss zustimmen. Ist ein übertragender Rechtsträger selbst eine AG, muss der Vorstand und der Aufsichtsrat dieser AG nach den allgemeinen aktienrechtlichen Regeln (§ 124 Abs. 3 S. 1 AktG) bezüglich des Verschmelzungsbeschlusses einen Beschlussvorschlag machen. Da aber der Verschmelzungsbeschluss auch die Zustimmung zur Bestellung von Aufsichtsratsmitgliedern der neuen AG enthält, darf – wie der Verweis in § 76 Abs. 2 S. 3 auf § 124 Abs. 3 S. 1 und 3 bestimmt – der Beschlussvorschlag für den Verschmelzungsbeschluss, soweit er die Zustimmung für die Bestellung von Aufsichtsratsmitgliedern der neuen AG betrifft, nur vom Aufsichtsrat der übertragenden AG ausgehen. Der gemeinsame Beschlussvorschlag des Vorstandes und des Aufsichtsrates der übertragenden AG bezüglich des Verschmelzungsbeschlusses ist insoweit entsprechend einzuschränken.[801] Denkbar sind auch zwei getrennte Beschlussvorschläge.[802] In dem betreffenden Vorschlag sind Name, ausgeübter Beruf und Wohnort der vorgeschlagenen Personen anzugeben (§ 124 Abs. 2 S. 4 AktG).[803]

c) AG als Zielgesellschaft

432 Wird eine AG im Wege der Verschmelzung durch Neugründung gegründet, d.h. ist eine AG als »Zielgesellschaft« an der Verschmelzung durch Neugründung beteiligt, gilt neben einigen umwandlungsrechtlichen Besonderheiten gemäß § 36 Abs. 2 S. 1 das allgemeine Gründungsrecht der AG.

aa) Umwandlungsrechtliche Besonderheiten

(1) § 68 Abs. 3 (bare Zuzahlungen)

433 § 73 schließt die Anwendung von § 68 Abs. 1 und 2, nicht aber die Anwendung von § 68 Abs. 3 auf die Verschmelzung durch Neugründung einer AG aus. Das heißt, auch bei der Verschmelzung durch Neugründung einer AG können im Verschmelzungsvertrag bare Zuzahlungen im Sinne von § 5 Abs. 1 Nr. 3 für die Anteilsinhaber der übertragenden Rechtsträger festgesetzt werden, diese dürfen aber den zehnten Teil der ihnen gewährten Beteiligung am Grundkapital der neuen AG nicht überschreiten.[804]

---

799 Kallmeyer/*Zimmermann*, § 76 Rn. 4.
800 Widmann/Mayer/*Rieger*, § 76 Rn. 24.
801 Widmann/Mayer/*Rieger*, § 76 Rn. 25.
802 Semler/Stengel/*Diekmann*, § 76 Rn. 14.
803 KK-UmwG/*Simon*, § 76 Rn. 20.
804 KK-UmwG/*Simon*, § 73 Rn. 6; zu § 68 Abs. 3 siehe oben Rdn. 419.

(2) § 71 (Bestellung eines Treuhänders)

Gemäß §§ 73, 71 hat auch bei der Verschmelzung durch Neugründung einer AG jeder **434**
übertragende Rechtsträger einen Treuhänder für den Empfang der zu gewährenden
Aktien und der baren Zuzahlungen zu bestellen.[805]

(3) § 74 (Inhalt des Verschmelzungsvertrages)

Gemäß § 74 S. 1 sind Festsetzungen über Sondervorteile, Gründungsaufwand, Sacheinla- **435**
gen und Sachübernahmen, die in den Gesellschaftsverträgen, Partnerschaftsverträgen
oder Satzungen übertragender Rechtsträger enthalten waren, in die Satzung der neu
gegründeten AG zu übernehmen. Das entspricht der für die Verschmelzung durch Neugründung einer GmbH geltenden **Parallelregelung in § 57** und basiert auf denselben
Überlegungen, auf denen § 57 beruht.[806] Die Möglichkeit, die entsprechenden Festsetzungen nach Ablauf der in § 26 Abs. 4 und 5 AktG genannten Fristen zu ändern oder zu beseitigen, bleibt nach § 74 S. 2 unberührt.

(4) § 75 (Gründungsbericht und Gründungsprüfung)

§ 75 modifiziert das nach § 36 Abs. 2 S. 1 anwendbare AG-Gründungsrecht. In seinem **436**
Absatz 1 bestimmt er, dass in dem Gründungsbericht nach § 32 AktG auch der **Geschäftsverlauf und die Lage der übertragenden Rechtsträger** darzustellen sind. § 75 Abs. 1 stellt
somit zusätzliche in der Formulierung an § 289 HGB angelehnte Erfordernisse für den
Gründungsbericht nach § 32 AktG auf.[807] Nach § 75 Abs. 2 sind ein Gründungsbericht nach
§ 32 AktG und eine externe Gründungsprüfung nach § 33 Abs. 2 AktG nicht erforderlich,
soweit eine Kapitalgesellschaft (§ 3 Abs. 1 Nr. 2) oder eine eingetragene Genossenschaft
übertragender Rechtsträger ist. Damit verzichtet das Gesetz für die praktisch wichtigsten
Fälle – in rechtspolitisch nicht überzeugender Weise – auf diese aktienrechtlichen Gründungserfordernisse.[808] Nicht eingeschränkt wird durch § 75 die Pflicht des Vorstandes und
des Aufsichtsrates nach § 36 Abs. 1 AktG, den Hergang der Gründung zu prüfen.[809]

Nach § 75 Abs. 1 S. 4 RegE-UmwG kann – falls eine Prüfung nach § 33 Abs. 2 AktG **437**
durchzuführen ist – der Verschmelzungsprüfer zum Prüfer bestellt werden. Dies dient –
wie § 69 Abs. 1 S. 4 RegE-UmwG – der Senkung der mit einer Verschmelzung verbundenen
Verfahrenskosten.[810]

(5) § 76 Abs. 2 (Verschmelzungsbeschlüsse)

Gemäß § 76 Abs. 2 S. 1 wird die Satzung der neuen AG nur wirksam, wenn ihr die Anteils- **438**
inhaber jedes der übertragenden Rechtsträger durch Verschmelzungsbeschluss zustimmen. Die Vorschrift entspricht der für die Verschmelzung durch Neugründung einer
GmbH geltenden Parallelregelung in § 59 S. 1 und ist im Hinblick auf §§ 13 und 37 genau
wie § 59 S. 1 entbehrlich.[811] Von Bedeutung ist hingegen die Bestimmung in § 76 Abs. 2 S. 2,
dass die Bestellung der Mitglieder des Aufsichtsrats der neuen AG, soweit diese nach § 31
AktG zu wählen sind, zu ihrer Wirksamkeit der Zustimmung durch Verschmelzungsbe-

---

805 Zu § 71 siehe oben Rdn. 420.
806 Siehe dazu oben Rdn. 358.
807 Lutter/*Grunewald*, § 75 Rn. 3.
808 Kritisch zu § 75 Abs. 2 KK-UmwG/*Simon*, § 75 Rn. 14 und Lutter/*Grunewald* in § 75 Rn. 4.
809 Kallmeyer/*Marsch-Barner*, § 75 Rn. 6.
810 Zum RegE-UmwG siehe oben Rdn. 7.
811 KK-UmwG/*Simon*, § 76 Rn. 15.

schluss bedarf.[812] Dies dient – wie die Parallelvorschrift in § 59 S. 2 – der **Absicherung des Einflusses der Anteilsinhaber** der übertragenden Rechtsträger auf die Bestimmung der Organe des neuen Rechtsträgers. Da die Verschmelzung durch Neugründung eine Sachgründung ist, verweist § 76 Abs. 2 S. 2 hinsichtlich der Bestellung der Mitglieder des Aufsichtsrates auf § 31 AktG. Nach § 31 Abs. 1 AktG haben die Gründer im Falle einer Sachgründung nur so viele Aufsichtsratsmitglieder zu bestellen, wie nach den gesetzlichen Vorschriften, die nach ihrer Ansicht nach der Einbringung oder Übernahme für die Zusammensetzung des Aufsichtsrats maßgebend sind, von der Hauptversammlung ohne Bindung an Wahlvorschläge zu wählen sind; wenn dies nur zwei Aufsichtsratsmitglieder sind, haben sie drei Aufsichtsratsmitglieder zu bestellen. Die Bestellung der Aufsichtsratsmitglieder bedarf nach § 36 Abs. 2 S. 1 i.V.m. § 30 Abs. 1 S. 2 AktG der notariellen Beurkundung. Im Schrifttum wird zum Teil verlangt, dass die Bestellung der Mitglieder des Aufsichtsrates im Verschmelzungsvertrag oder seinem Entwurf erfolgen müsse; eine **Bestellung durch gesonderten Beschluss** sei nicht zulässig.[813] Weder Sinn und Zweck der Vorschrift (Absicherung des Einflusses der Anteilsinhaber) noch der Wortlaut von § 76 Abs. 2 S. 2, der nur die Zustimmung zur Bestellung der Aufsichtsratsmitglieder und die Zustimmung zum Verschmelzungsvertrag »durch Verschmelzungsbeschluss« miteinander verknüpft, legen diese Auslegung nahe.[814] Hinsichtlich des Beschlussvorschlages für die Wahl der Mitglieder des Aufsichtsrates ist, wenn übertragender Rechtsträger eine AG ist, § 76 Abs. 2 S. 3 zu beachten.[815]

bb) Sonstiges Gründungsrecht und Anmeldung

439 Unter dem Vorbehalt der sich aus den §§ 73 ff. ergebenden Modifikationen gilt nach § 36 Abs. 2 S. 1 für die Verschmelzung durch Neugründung einer AG das aktienrechtliche Gründungsrecht.[816] Gründer im Sinne von § 28 AktG sind nach § 36 Abs. 2 S. 2 nicht die Anteilsinhaber der übertragenden Rechtsträger, sondern die Rechtsträger selbst. In firmenrechtlicher Hinsicht ist § 4 AktG zu beachten, der in der Firma der Gesellschaft einen Hinweis auf die Rechtsform der Gesellschaft verlangt. Für die sonstigen Firmenbestandteile gelten gemäß § 36 Abs. 1 die Regeln in § 18. Über § 36 Abs. 2 S. 1 findet auch das Verbot der Unter-Pari-Emission in § 9 Abs. 1 AktG Anwendung.[817] Eine **Differenzhaftung** der Anteilsinhaber der übertragenden Rechtsträger hat der Bundesgerichtshof jedoch abgelehnt.[818] Anwendbar ist hingegen § 23 Abs. 1 S. 2 AktG, der abweichend von § 167 Abs. 2 BGB bei der Feststellung der Satzung durch Vertreter eine notariell beglaubigte (oder beurkundete) Vollmacht verlangt. Anwendbar sind ferner § 23 Abs. 2 Nrn. 1 und 2 sowie Abs. 3 und 4 AktG; im Hinblick auf den Sinn und Zweck von § 23 Abs. 2 Nr. 1 AktG, Auskunft über die künftigen Aktionäre der neuen AG zu geben, sind dabei die gründerbezogenen Angaben in § 23 Abs. 2 Nrn. 1 und 2 AktG nicht nur auf die übertragenden Rechtsträger, sondern auch auf deren Anteilsinhaber zu machen.[819] Für die Bestellung der Organe und des Abschlussprüfers gelten gemäß § 36 Abs. 2 S. 1 die Bestimmungen in §§ 30 und 31 AktG mit den in § 76 geregelten Besonderheiten.[820] Die ebenfalls gemäß § 36 Abs. 2 S. 1 grundsätzlich anwendbaren Bestimmungen in §§ 32, 33, 34 und 35 AktG über den

---

812 Zu § 31 AktG siehe *Kuhlmann*, NZG 2010, 46.
813 Kallmeyer/*Zimmermann*, § 76 Rn. 7; KK-UmwG/*Simon*, § 76 Rn. 19.
814 So im Ergebnis auch Lutter/*Grunewald*, § 76 Rn. 8; Widmann/Mayer/*Rieger*, § 76 Rn. 18.
815 Siehe oben Rdn. 431.
816 Hierzu und zum folgenden Widmann/Mayer/*Mayer*, § 36 Rn. 135 ff.
817 KK-UmwG/*Simon/Nießen*, § 36 Rn. 55.
818 BGH, Urt. v. 12.3.2005 – II ZR 302/05, DNotZ 2007, 854.
819 KK-UmwG/*Simon/Nießen*, § 36 Rn. 59.
820 Siehe oben Rdn. 438.

Gründungsbericht und die (interne und externe) Gründungsprüfung gelten mit den in § 75 geregelten (erheblichen) Modifikationen.

Für die **Anmeldung der neuen AG** gilt gemäß § 36 Abs. 1 S. 1 nicht die Regelung in § 16 Abs. 1, sondern die Sondervorschrift in § 38 Abs. 2. Nach § 38 Abs. 2 haben die Vertretungsorgane aller übertragenden Rechtsträger die neue AG bei dem Gericht, in dessen Bezirk sie ihren Sitz haben soll, zur Eintragung in das Register anzumelden. Diese Regelung verdrängt als speziellere Norm die Regelung in § 36 Abs. 1 AktG, die bei einer »normalen« Gründung einer AG eine Anmeldung durch alle Gründer sowie alle Mitglieder des Vorstandes und des Aufsichtsrates verlangt.[821] Auch § 37 Abs. 1 S. 1 AktG, der ansonsten bei der Gründung einer AG eine Erklärung in der Anmeldung verlangt, dass die Voraussetzungen des § 36 Abs. 2 AktG (ordnungsgemäße Einzahlung des eingeforderten Betrages zur endgültigen und freien Verfügung des Vorstandes) und des § 36 a AktG (Leistung der Einlagen) erfüllt sind, ist bei der verschmelzungsbedingten Neugründung richtiger Ansicht nach nicht anwendbar.[822] Bei der Verschmelzung durch Neugründung einer AG gilt insoweit im Hinblick auf den jeweils gesetzlich angeordneten Übergang des Vermögens der übertragenden Rechtsträger auf die neue/übernehmende AG (§§ 20 Abs. 1 Nr. 1, 36 Abs. 1 S. 1) nichts anderes als bei der Verschmelzung auf eine übernehmende, ihr Kapital erhöhende AG, wo § 69 Abs. 1 S. 1 Hs. 1 die Regelungen in §§ 188 Abs. 2, 36 Abs. 2, 36 a AktG ausdrücklich ausschließt. Unberührt von § 38 Abs. 2 bleibt allerdings das Mitwirkungserfordernis für die Mitglieder des Vorstandes nach § 37 Abs. 2 AktG (i.V.m. § 36 Abs. 2 S. 1); auch bei der Neugründung einer AG aufgrund Verschmelzung haben daher die Mitglieder des Vorstandes der neuen AG zu versichern, dass keine Umstände vorliegen, die ihrer Bestellung nach § 76 Abs. 3 S. 2 Nrn. 2 und 3 sowie S. 3 AktG entgegenstehen.[823] Anwendbar ist gemäß § 36 Abs. 2 S. 1 auch die Regelung in § 37 Abs. 3 AktG. Danach sind in der Anmeldung eine inländische Geschäftsanschrift und Art und Umfang der Vertretungsbefugnis der Vorstandsmitglieder anzugeben. Als Anlagen der Anmeldung sind gemäß § 36 Abs. 1 S. 1 die in § 17 genannten Unterlagen einzureichen. Weitere einzureichende Unterlagen ergeben sich aus § 37 Abs. 4 AktG (i.V.m. § 36 Abs. 2 S. 1).[824] So ist eine Berechnung des Gründungsaufwands (§ 37 Abs. 4 Nr. 2 AktG) und die Urkunde über die Bestellung des Vorstandes (§ 37 Abs. 4 Nr. 3 AktG) beizufügen. Die nach § 37 Abs. 4 Nr. 3 AktG beizufügende Urkunde über die Bestellung des Aufsichtsrats ist im Hinblick auf den Zustimmungsvorbehalt in § 76 Abs. 2 S. 2 regelmäßig bereits in dem nach § 17 Abs. 1 beizufügenden Verschmelzungsvertrag enthalten. Beizufügen ist ferner eine Liste über die Mitglieder des Aufsichtsrats mit den in § 37 Abs. 4 Nr. 3 a AktG genannten Angaben (Name, Vorname, ausgeübter Beruf und Wohnort). Beizufügen ist ferner der Gründungsbericht nach § 32 AktG i.V.m. § 37 Abs. 4 Nr. 4 AktG, und zwar mit den in § 75 Abs. 1 genannten Modifikationen, falls er nicht insgesamt nach § 75 Abs. 2 entbehrlich ist. Beizufügen sind außerdem nach § 37 Abs. 4 Nr. 4 AktG die Gründungsprüfungsberichte des Vorstandes und des Aufsichtsrats nach § 33 Abs. 1 AktG und – soweit die externe Gründungsprüfung im Sinne von § 33 Abs. 2 AktG nicht nach § 75 Abs. 2 entbehrlich ist – der Gründungsprüfungsbericht nach § 33 Abs. 2 AktG. Im Hinblick auf die dem Registergericht obliegende Kapitalaufbringungsprüfung (§ 38 Abs. 1 AktG) wird man diesem – obwohl § 17 Abs. 2 insoweit nur vom Register der übertragenden Rechtsträger spricht – die Schlussbilanzen der übertragenden Rechtsträger vorlegen.[825] Darüber hinaus hat der Vorstand nach § 107 Abs. 1 S. 2 AktG anzumelden, wer zum Vorsitzenden und wer zum stellvertretenden Vorsitzenden des Aufsichtsrats gewählt worden ist.

440

---

821 Widmann/Mayer/*Fronhöfer*, § 38 Rn. 9.
822 Widmann/Mayer/*Fronhöfer*, § 38 Rn. 39; a.A. Widmann/Mayer/*Rieger*, § 76 Rn. 18 Fn. 2.
823 Semler/Stengel/*Schwanna*, § 38 Rn. 5.
824 Siehe Widmann/Mayer/*Fronhöfer*, § 38 Rn. 39 ff.
825 Widmann/Mayer/*Fronhöfer*, § 38 Rn. 42.

4. Kapitel Umwandlungen

d) Nicht anwendbare Vorschriften des UmwG

441 Die Vorschriften, die sich bei der Verschmelzung durch Aufnahme mit der Frage der Kapitalerhöhung bei der übernehmenden AG befassen (§§ 66, 68 Abs. 1 und 2 sowie § 69), und außerdem § 67 (Anwendung der Nachgründungsvorschriften auf eine noch nicht zwei Jahre im Handelsregister eingetragene übernehmende AG) haben bei der Verschmelzung durch Neugründung einer AG keine Relevanz. § 73 erklärt sie konsequenterweise insoweit für nicht anwendbar.

7. Checkliste Verschmelzung durch Aufnahme unter Beteiligung einer AG[826]

442 Umwandlungsrechtlich sind bei einer Verschmelzung durch Aufnahme unter Beteiligung einer AG insb. die folgenden Aspekte zu beachten:[827]

a) Verschmelzungsfähigkeit der AG
- Grundsätzlich uneingeschränkt als übertragender und übernehmender Rechtsträger mit anderen Kapitalgesellschaften und Personengesellschaften gemäß § 3 Abs. 1 Nrn. 1 und 2 (Rdn. 17)
- Einschränkungen gemäß § 3 Abs. 3 bei aufgelösten übertragenden AG (Rdn. 22)

b) Einhaltung der Nachgründungsvorschriften bei übernehmender AG gemäß § 67; gegebenenfalls insb. vorherige Anmeldung und Eintragung des Verschmelzungsvertrages (Rdn. 397 ff.)

c) Treuhänderbestellung gemäß § 71 im Falle übernehmender AG (Rdn. 420)

d) Kapitalerhöhung bei übernehmender AG
- Erforderlich-/Zulässigkeit gemäß §§ 68, 69 (Rdn. 402 ff.)
- Erhöhungsbeschluss und gegebenenfalls Sonderbeschlüsse gemäß § 182 Abs. 1 und 2 AktG nebst evtl. Agio-Festsetzung (Rdn. 406 f. und Einhaltung von § 183 Abs. 1 S. 1 und S. 2 AktG (Rdn. 408 ff.)
- Mehrheitserfordernisse, § 182 Abs. 1 AktG und § 133 Abs. 1 AktG (Rdn. 406)
- Erforderlichkeit einer Sacheinlagenprüfung nach § 183 Abs. 3 AktG i.V.m. § 69 Abs. 1 S. 1 Hs. 1 (Rdn. 409 f.)
- Genehmigtes oder bedingtes Kapital nach § 202 AktG und § 192 Abs. 2 Nr. 2 AktG unter Beachtung von § 205 Abs. 1 AktG zur Schaffung der zu gewährenden Aktien einsetzbar (Rdn. 412)

e) Verschmelzungsvertrag bei übertragender oder übernehmender AG
- Allgemeine Regeln gemäß §§ 4 bis 7 (Rdn. 32 ff.)
- Besondere Anforderungen nach § 68 Abs. 3 für bare Zuzahlungen bei übernehmender AG (Rdn. 419)
- § 29 (Rdn. 89)
- Bekanntmachung nach § 61 (Rdn. 374)

f) Verschmelzungsbericht bei übertragender oder übernehmender AG
- Allgemeine Regeln gemäß § 8 (Rdn. 134 ff.)

g) Verschmelzungsprüfung bei übertragender oder übernehmender AG
- Allgemeine Regeln gemäß §§ 9 bis 12 (Rdn. 154 ff.)
- Erforderlichkeit gemäß § 60 (Rdn. 161, 373)

h) Vorbereitung der Hauptversammlung bei übertragender oder übernehmender AG,
- § 63 (Rdn. 377 ff.), insb. Beachtung der Sechs-Monats-Frist in § 63 Abs. 1 Nr. 3

---

826 Zu den geplanten Änderungen des UmwG siehe den Regierungsentwurf für ein Drittes Gesetz zur Änderung des UmwG, dazu oben Rdn. 8.
827 Siehe auch den Überblick in Rdn. 371 f.

i) Verschmelzungsbeschluss bei übertragender oder übernehmender AG
   – Allgemeine Regeln gemäß §§ 13 bis 15 (Rdn. 176 ff.)
   – Erforderlichkeit/Entbehrlichkeit bei Konzernverschmelzung auf übernehmende AG nach § 62 Abs. 1 und 2; bei Entbehrlichkeit Beachtung der Informationspflichten nach § 62 Abs. 3 S. 1 bis S. 3 sowie S. 6 und S. 7 (Rdn. 392 ff.)
   – Mehrheitserfordernisse gemäß § 65 Abs. 1 und § 133 Abs. 1 AktG (Rdn. 386 ff.)
   – Sonderbeschlüsse nach § 65 Abs. 2 (Rdn. 390 f.)
j) Anmeldung Beschluss Kapitalerhöhung und Durchführung Kapitalerhöhung
   – Anmeldung jeweils durch Vorstand und Vorsitzenden AR (§§ 184 Abs. 1 S. 1 und 188 Abs. 1 AktG i.V.m. § 69 Abs. 1 S. 1 Hs. 1), Vertretung unzulässig, Zulässigkeit unechte Gesamtvertretung str. (Rdn. 423); Verbindung beider Anmeldungen zulässig (§ 188 Abs. 4 AktG)
   – Beizufügende Unterlagen: Kapitalerhöhungsbeschluss und gegebenenfalls Sonderbeschlüsse nach § 182 Abs. 1 und 2 AktG; gegebenenfalls Bericht über Prüfung Sacheinlage gemäß § 183 Abs. 3 AktG i.V.m. § 69 Abs. 1 S. 1 Hs. 2; Verschmelzungsvertrag und Verschmelzungsbeschlüsse in Ausfertigung oder öffentlich beglaubigter Abschrift (§ 69 Abs. 2); Kostenberechnung nach § 183 Abs. 3 Nr. 3 AktG i.V.m. § 69 Abs. 2; Satzungsbescheinigung (§ 181 Abs. 1 S. 2 AktG); zur Werthaltigkeitsprüfung (§ 184 Abs. 3 S. 1 AktG) Schlussbilanz übertragender Rechtsträger
k) Anmeldung Verschmelzung
   – Allgemeine Regeln gemäß §§ 16, 17 (Rdn. 195 ff.)
   – Besonderheiten nach § 62 Abs. 3 S. 4 und S. 5 für Anmeldung bei übernehmender AG bei Konzernverschmelzung gemäß § 62 (Rdn. 426)
   – Anzeige Treuhänder nach § 71 Abs. 1 S. 2 (Rdn. 420)
l) Aktienumtausch bei übertragender AG nach § 72 (Rdn. 421 f.)
m) Bei Mischverschmelzung (§ 3 Abs. 4) neben Beachtung der Besonderheiten nach § 29 (Rdn. 89) auch Beachtung der Besonderheiten, die für den jeweiligen Rechtsträger in der jeweiligen Beteiligungsrolle (übertragender oder übernehmender Rechtsträger) gelten, siehe dazu die Checklisten Personenhandelsgesellschaft (Rdn. 277), Partnerschaftsgesellschaft (Rdn. 287) und GmbH (Rdn. 369), dort z.B. § 51 Abs. 1 S. 1 und § 51 Abs. 2

8. Checkliste Verschmelzung durch Neugründung unter Beteiligung einer AG[828]

Umwandlungsrechtlich sind bei einer Verschmelzung durch Neugründung unter Beteiligung einer AG insb. die folgenden Aspekte zu beachten:[829]

a) Verschmelzungsfähigkeit der AG
   – Grundsätzlich uneingeschränkt als übertragender und neuer Rechtsträger mit anderen Kapitalgesellschaften und Personengesellschaften gemäß § 3 Abs. 1 Nrn. 1 und 2 (Rdn. 17)
   – Einschränkungen gemäß § 3 Abs. 3 bei aufgelösten übertragenden AG (Rdn. 22)
b) Verschmelzungsvertrag
   – Allgemeine Regeln gemäß §§ 4 bis 7 i.V.m. § 36 Abs. 1 S. 1 (Rdn. 32 ff.) und § 37 (Rdn. 238)

---

[828] Zu den geplanten Änderungen des UmwG siehe den Regierungsentwurf für ein Drittes Gesetz zur Änderung des UmwG, dazu oben Rdn. 8.
[829] Siehe auch den Überblick in Rdn. 427.

4. Kapitel Umwandlungen

- Bei AG als Zielrechtsträger Beachtung von §§ 73, 68 Abs. 3 bezüglich der baren Zuzahlungen (Rdn. 433)
- Bei AG als Zielrechtsträger Beachtung von § 74 (Aufnahme von Festsetzungen über Sondervorteile, Gründungsaufwand, Sacheinlagen und Sachübernahmen in der Satzung der neuen AG (Rdn. 435) sowie der sonstigen über § 36 Abs. 2 S. 1 anwendbaren Vorschriften des AktG über die Gründungssatzung, insb. § 23 Abs. 1 S. 2 AktG über Form einer Gründungsvollmacht und § 23 Abs. 2 bis 4 AktG (Rdn. 439)
- § 29 i.V.m. § 36 Abs. 1 S. 1 (Rdn. 89, 237)
- Bekanntmachung des Verschmelzungsvertrages bei übertragender AG nach §§ 73, 61 (Rdn. 429, 374)
- Bestellung der Mitglieder des Aufsichtsrats der neuen AG im Verschmelzungsvertrag, str. (Rdn. 438)

c) Verschmelzungsbericht bei übertragender AG
- Allgemeine Regeln gemäß § 8 i.V.m. § 36 Abs. 1 S. 1 (Rdn. 89, 237)

d) Verschmelzungsprüfung bei übertragender AG
- Allgemeine Regeln gemäß §§ 9 bis 12 (Rdn. 154 ff.)
- Erforderlichkeit gemäß §§ 73, 60 (Rdn. 429, 373, 161)

e) Vorbereitung der Hauptversammlung bei übertragender AG
- §§ 63, 73 (Rdn. 429, 377 ff.), insb. Beachtung der Sechs-Monats-Frist in § 63 Abs. 1 Nr. 3
- Veröffentlichung der gesamten Satzung der neuen AG im Rahmen der Bekanntmachung der Tagesordnung für die Hauptversammlung der übertragenden AG, § 76 Abs. 2 S. 3
- Beschlussvorschlag durch Vorstand und Aufsichtsrat einer übertragenden AG für Verschmelzungsbeschluss, jedoch nur durch Aufsichtsrat der übertragenden AG bezüglich Bestellung der Mitglieder des Aufsichtsrats einer neuen AG, § 76 Abs. 2 S. 3 (Rdn. 431)

f) Verschmelzungsbeschluss bei übertragender AG
- Allgemeine Regeln gemäß §§ 13 bis 15 (Rdn. 176 ff.)
- Mehrheitserfordernisse gemäß §§ 73, 65 Abs. 1 und § 133 Abs. 1 AktG (Rdn. 429, 386 ff.)
- Sonderbeschlüsse nach §§ 73, 65 Abs. 2 (Rdn. 429, 390 f.)
- Einhaltung Zweijahresfrist gemäß § 76 Abs. 1 bei Verschmelzung übertragende AG auf neue AG (Rdn. 430)
- Zustimmung zur Bestellung der Mitglieder des ersten Aufsichtsrats einer neuen AG, § 76 Abs. 2 S. 2 (Rdn. 438)

g) Bestellung erster Vorstand einer neuen AG durch Aufsichtsrat der neuen AG, § 30 Abs. 4 AktG, § 36 Abs. 2 S. 1

h) Gründungsbericht bei AG als Zielrechtsträger nach § 32 AktG, § 36 Abs. 2 S. 1
- Erforderlichkeit gemäß § 75 Abs. 2 (Rdn. 436)
- Inhaltliche Vorgaben nach § 75 Abs. 1 (Rdn. 436)

i) Interne Gründungsprüfung nach § 33 Abs. 1 AktG, § 36 Abs. 2 S. 1 durch Mitglieder des Vorstands und Aufsichtsrats der neuen AG (siehe Rdn. 439)

j) Externe Gründungsprüfung nach § 33 Abs. 2 AktG
- Entbehrlichkeit nach § 75 Abs. 2

k) Anmeldung Verschmelzung
- Allgemeine Regeln gemäß §§ 38, 16 Abs. 2 und 3, 17 (Rdn. 240 ff., 440), insb. Vorlage aller erforderlicher Zustimmungen und Anlagen
- § 16 Abs. 1 gilt nicht (§ 36 Abs. 1 S. 1).

- § 36 Abs. 1 und 2 AktG, § 36a AktG, § 37 Abs. 1 S. 1 AktG gelten für im Wege der Verschmelzung neu gegründete AG nicht (Rdn. 440).
- Versicherung der Mitglieder des Vorstandes der neuen AG nach § 37 Abs. 2 AktG (i.V.m. § 36 Abs. 2 S. 1), § 76 Abs. 3 S. 2 Nrn. 2 und 3 sowie S. 3 AktG
- Angabe inländische Geschäftsanschrift der neuen AG und Art und Umfang der Vertretungsbefugnis der Vorstandsmitglieder, § 37 Abs. 3 AktG (i.V.m. § 36 Abs. 2 S. 1)
- Weitere beizufügende Unterlagen bei AG als Zielrechtsträger: Berechnung des Gründungsaufwands (§ 37 Abs. 4 Nr. 2 AktG i.V.m. § 36 Abs. 2 S. 1); Urkunden über die Bestellung des Vorstands und Aufsichtsrats (§ 37 Abs. 4 Nr. 3 AktG i.V.m. § 36 Abs. 2 S. 1); Liste Mitglieder Aufsichtsrat (§ 37 Abs. 4 Nr. 3a AktG i.V.m. § 36 Abs. 2 S. 1 mit Name, Vorname, ausgeübter Beruf und Wohnort); Gründungsbericht nach §§ 32 AktG, 37 Abs. 4 Nr. 4 AktG (i.V.m. § 36 Abs. 2 S. 1), und zwar mit den in § 75 Abs. 1 genannten Modifikationen, falls Bericht nicht insgesamt nach § 75 Abs. 2 entbehrlich; Prüfungsbericht der Mitglieder des Vorstandes/Aufsichtsrates nach §§ 33 Abs. 1 AktG, 37 Abs. 4 Nr. 4 AktG (i.V.m. § 36 Abs. 2 S. 1); Gründungsprüfungsbericht nach §§ 33 Abs. 2, 37 Ab. 4 Nr. 4 AktG (i.V.m. § 36 Abs. 2 S. 1), soweit die externe Gründungsprüfung nicht nach § 75 Abs. 2 entbehrlich ist; (nicht vorgeschrieben) Schlussbilanzen der übertragenden Rechtsträger im Hinblick auf Kapitalaufbringungsprüfung (§ 38 Abs. 1 AktG i.V.m. § 36 Abs. 2 S. 1)
- Anmeldung durch Vorstand der neuen AG, wer zum Vorsitzenden/stellvertretenden Vorsitzenden des Aufsichtsrats der neuen AG gewählt wurde (§ 107 Abs. 1 S. 2 AktG)

l) Aktienumtausch bei übertragender AG, §§ 73, 72 (Rdn. 429, 421 f.)
m) Bei Mischverschmelzung (§ 3 Abs. 4) neben Beachtung der Besonderheiten nach § 29 (Rdn. 89) auch Beachtung der Besonderheiten, die für den jeweiligen Rechtsträger in der jeweiligen Beteiligungsrolle (übertragender oder neuer Rechtsträger) gelten, siehe dazu die Checklisten Personenhandelsgesellschaft (Rdn. 277), Partnerschaftsgesellschaft (Rdn. 287) und GmbH (Rdn. 370).

XVI. Besonderheiten bei der Beteiligung von Kommanditgesellschaften auf Aktien

Nach § 78 S. 1 sind die Vorschriften über Verschmelzungen unter Beteiligung einer AG in den §§ 60-76 entsprechend auf Verschmelzungen unter Beteiligung einer KGaA anwendbar. Das bezieht sich auf die Beteiligung der KGaA als übertragender, übernehmender oder neuer Rechtsträger.[830] § 78 S. 2 bestimmt rein klarstellend, dass an die Stelle der AG die KGaA und anstelle des Vorstandes der AG die zur Vertretung der KGaA ermächtigten persönlich haftenden Gesellschafter (siehe § 278 Abs. 2 AktG i.V.m. §§ 125 Abs. 1, 161 Abs. 2 HGB) treten. Korrespondierend zu dem bei der Verschmelzung von Personenhandelsgesellschaften in § 43 Abs. 1 geregelten Zustimmungserfordernis, verlangt § 78 S. 3 Hs. 1 für den Verschmelzungsbeschluss der KGaA die Zustimmung der persönlich haftenden Gesellschafter der KGaA. Ohne § 78 S. 3 Hs. 1 würde sich dies aus § 285 Abs. 2 S. 1 AktG ergeben. Das Zustimmungserfordernis gilt für eine übertragende KGaA auch dann, wenn der übernehmende Rechtsträger wieder eine KGaA ist.[831] Entsprechend § 43 Abs. 2 S. 1 lässt § 78 S. 3 Hs. 2 die Möglichkeit zu, dass die Satzung insoweit eine Mehrheitsentscheidung zulässt. Dabei kann die Satzung insoweit eine einfache Mehrheit ausreichen lassen; denn eine Regelung wie in § 43 Abs. 2 S. 2, wonach bei Personenhandelsgesellschaften das

444

---

830 Semler/Stengel/*Perlitt*, § 78 Rn. 1.
831 Lutter/*Grunewald*, § 78 Rn. 7.

4. Kapitel Umwandlungen

satzungsmäßig zugelassene Mehrheitsquorum mindestens eine Drei-Viertel-Mehrheit sein muss, fehlt bei der gemäß § 3 Abs. 1 Nr. 2 als Kapitalgesellschaft eingestuften KGaA.[832]

445 Fraglich ist die Behandlung der nicht auf das Grundkapital geleisteten **Vermögenseinlage** eines persönlich haftenden Gesellschafters der KGaA im Sinne von § 281 Abs. 2 AktG. Da diese Einlage dem persönlich haftenden Gesellschafter keine Beteiligung am Grundkapital der KGaA (§ 278 Abs. 1 AktG) vermittelt, wird zum Teil davon ausgegangen, dass ihm hierfür im übernehmenden oder neuen Rechtsträger keine Anteile gewährt werden können; solle der durch die Verschmelzung nach § 278 Abs. 2 AktG, §§ 161 Abs. 2, 105 Abs. 3 HGB, § 738 BGB fällig werdende Rückzahlungsanspruch in eine Beteiligung an dem übernehmenden Rechtsträger »umgewandelt« werden, so komme bei der Verschmelzung durch Aufnahme nur eine »normale« Kapitalerhöhung gegen Sacheinlage bei dem übernehmenden Rechtsträger in Betracht.[833] Richtiger Ansicht nach hingegen ist – ebenso wie bei einer übertragenden GmbH & Co. KG mit einer am Vermögen der KG nicht beteiligten Komplementär-GmbH – eine Gewährung von Anteilen zulässig (wenn auch nicht zwingend geboten), und zwar im Hinblick auf den (formalen) Umstand, dass der persönlich haftende Gesellschafter der KGaA zu ihren Anteilsinhabern im Sinne von § 2 zählt.[834]

446 Gemäß § 74 S. 4 gelten Aktiengesellschaften und Kommanditgesellschaften auf Aktien nicht als Rechtsträger anderer Rechtsform im Sinne der §§ 29 und 34. Der Gesetzgeber will auf diese Weise die von ihm in diesen Konstellationen unerwünschte **Barabfindung** ausschließen.[835]

XVII. Besonderheiten bei der Beteiligung von Europäischen Gesellschaften (SE)

447 Auf eine europäische Gesellschaft (SE) mit Sitz in Deutschland sind nach Art. 9 Abs. 1 lit. c) ii) und Art. 10 der Verordnung (EG) Nr. 2157/2001 des Rates vom 8. Oktober 2001 über das Statut der Europäischen Gesellschaft (SE) in den Bereichen, die von der Verordnung **(SE-VO)** nicht geregelt werden, die für deutsche Aktiengesellschaften geltenden Regelungen anzuwenden.[836] Das bedeutet zunächst, dass eine SE nicht nach den Vorschriften des UmwG über die **Verschmelzung durch Neugründung einer AG** gegründet werden kann.[837] Denn die SE-VO regelt – in grundsätzlich abschließender Weise[838] – die Gründung einer SE, einschließlich der auf einer Verschmelzung beruhenden Gründung einer SE.[839] Art. 2 Abs. 1 der SE-VO lässt insoweit – jedenfalls in seiner jetzigen Fassung[840] – die Gründung einer SE durch Verschmelzung von Aktiengesellschaften im Sinne des Anhangs I der Verordnung nur zu, wenn mindestens zwei dieser Aktiengesellschaften dem Recht verschiedener Mitgliedsstaaten unterliegen.

448 Zulässig ist es aber, dass sich eine SE mit Sitz in Deutschland an einer Verschmelzung nach Maßgabe der Regeln des UmwG als übertragender oder übernehmender Rechtsträger bei der Verschmelzung durch Aufnahme oder als übertragender Rechtsträger bei der Verschmelzung durch Neugründung eines Rechtsträgers anderer Rechtsform beteiligt.[841]

---

832 Semler/Stengel/*Perlitt*, § 78 Rn. 18; so jetzt auch Kallmeyer/*Marsch-Barner*, § 78 Rn. 5; a.A. Schaumburg, DStZ 1998, 525, 540.
833 Lutter/*Grunewald*, § 78 Rn. 9.
834 So auch im Ergebnis Semler/Stengel/*Diekmann*, § 78 Rn. 27; KK-UmwG/*Simon*, § 78 Rn. 22.
835 Kritisch hierzu Semler/Stengel/*Diekmann*, § 78 Rn. 36.
836 ABl. EG L 294/1; Semler/Stengel/*Drinhausen*, Einl. C Rn. 49.
837 KK-UmwG/*Simon*, § 3 Rn. 28.
838 Siehe Art. 18 SE-VO; zum numerus clausus der Gründungsformen der SE siehe Schwarz, SE-VO, § 2 Rn. 10.
839 Siehe Art. 2 Abs. 1 sowie Art. 17 ff. SE-VO.
840 Siehe insoweit den Vorschlag des Arbeitskreises für Aktien- und Kapitalmarktrecht zur Streichung des Mehrstaatlichkeitsgebots in Art. 2 Abs. 1 SE-VO, ZIP 2009, 698.
841 Semler/Stengel/*Drinhausen*, Einl. C Rn. 59; Lutter/*Lutter/Drygala*, § 3 Rn. 14; Widmann/Mayer/ *Vossius*, § 20 Rn. 423 f.

Richtiger Ansicht nach ist insoweit aus Art. 66 SE-VO nicht herzuleiten, dass eine solche Verschmelzung erst nach Ablauf von zwei Jahren seit Eintragung der SE möglich wäre oder dass keine andere Zielrechtsform als die AG möglich wäre.[842] Art. 66 Abs. 1 SE-VO, der die Umwandlung einer SE in eine dem Recht ihres Sitzstaates unterliegende AG erst nach Ablauf von zwei Jahren seit Eintragung der SE oder Genehmigung der ersten beiden Jahresabschlüsse zulässt, bezieht sich nur auf den Formwechsel.[843] Einschränkungen für die Verschmelzung unter Beteiligung einer SE sind ihm nicht zu entnehmen.[844]

XVIII. Notarkosten

1. Verschmelzung durch Aufnahme

a) Verschmelzungsvertrag

Der Verschmelzungsvertrag nach § 4 ist ein Austauschvertrag im Sinne von § 39 Abs. 2 KostO, wenn den Anteilsinhabern des übertragenden Rechtsträgers für den Übergang des Vermögens des Rechtsträgers – wie im Regelfall – gemäß §§ 5 Abs. 1 Nr. 2, 20 Abs. 1 Nr. 3 Anteile an dem übernehmenden Rechtsträger gewährt werden.[845] Maßgeblich ist für die Wertberechnung nach § 39 Abs. 2 KostO der höhere Wert der ausgetauschten Leistungen; im Regelfall, d.h. falls nicht ausnahmsweise die gewährten Anteile einen höheren Wert haben, ist das Vermögen des übertragenden Rechtsträgers zugrundezulegen.[846] Werden – ausnahmsweise (z.B. bei Konzernverschmelzungen nach § 5 Abs. 2 oder bei der Verschmelzung von Schwestergesellschaften nach § 54 Abs. 1 S. 3 oder § 68 Abs. 1 S. 3) – keine Anteile an dem übernehmenden Rechtsträger gewährt, ist gemäß § 39 Abs. 1 KostO ebenfalls das Vermögen des übertragenden Rechtsträgers maßgeblich.[847] Wegen des **Schuldabzugsverbots** nach § 18 Abs. 3 KostO ist insoweit jeweils das Aktivvermögen des übertragenden Rechtsträgers maßgeblich.[848] Anknüpfungspunkt für die Bestimmung des maßgeblichen **Aktivvermögens** ist die der Verschmelzung zugrunde liegende Schlussbilanz des übertragenden Rechtsträgers (siehe § 17 Abs. 2). Dem Notar obliegt insoweit nicht die Pflicht zu einer Bilanzprüfung. Dem Notar ersichtlich unrichtige Angaben der Bilanz darf er seiner Kostenberechnung jedoch nicht zugrunde legen. Dies wirkt sich insbesondere dann aus, wenn Grundstücke in der Bilanz nicht mit ihrem gemeinen Wert (Verkehrswert), sondern mit einem niedrigeren Buchwert ausgewiesen sind. Da Grundstücke gemäß § 19 Abs. 2 KostO bei der Kostenberechnung mit ihrem gemeinen Wert zu veranschlagen sind, ist ein eventueller Mehrwert dem Buchwert hinzuzurechnen.[849] Der bilanzielle Aktivposten »angefangene, noch nicht abgerechnete Arbeiten« kann um den auf der Passivseite verbuchten Posten »erhaltene Anzahlungen« zu mindern sein.[850] Auch der Aktivposten »nicht durch Eigenkapital gedeckter Fehlbetrag« (siehe § 268 Abs. 3 HGB) ist vom »tatsächlichen« Aktivvermögen abzuziehen.[851] Nicht abzugsfähig sind hingegen Forderungen, die der übertragende Rechtsträger gegen den übernehmenden Rechtsträger (z.B. bei der Mutter-Tochter-Verschmelzung) hat und die im Zuge der Verschmelzung durch Konfusion erlöschen.[852] Gehören zum Vermögen des übertragenden Rechtsträgers Anteile an einer Personengesellschaft, war nach bisher h.M. wegen des Schuldabzugsverbots (§ 18 Abs. 3 KostO) das anteilige Aktivvermögen dieser Gesellschaft als Bestandteil des

449

---

842 So richtig Lutter/*Lutter/Drygala*, § 3 Rn. 15 m.w.N. zum Streitstand.
843 KK-UmwG/*Simon*, § 3 Rn. 30.
844 Lutter/*Lutter/Drygala*, § 3 Rn. 15; so auch die »Klarstellungsanregung« des Arbeitskreises für Aktien- und Kapitalmarktrecht zu Art. 66 SE-VO, ZIP 2009, 698.
845 Limmer/*Tiedtke*, Handbuch Umwandlung, Rn. 3971.
846 Limmer/*Tiedtke*, Handbuch Umwandlung, Rn. 3972.
847 OLG Karlsruhe, Beschl. v. 30.1.2001 – 11 Wx 59/00, Rpfleger 2001, 321 = ZNotP 2002, 121.
848 Limmer/*Tiedtke*, Handbuch Umwandlung, Rn. 3972.
849 Limmer/*Tiedtke*, Handbuch Umwandlung, Rn. 3980.
850 Limmer/*Tiedtke*, Handbuch Umwandlung, Rn. 3980.
851 Limmer/*Tiedtke*, Handbuch Umwandlung, Rn. 3980.
852 OLG Düsseldorf MittBayNot 1998, 464 = ZNotP 1998, 471.

4. Kapitel Umwandlungen

Vermögens des übertragenden Rechtsträgers anzusetzen.[853] Der Bundesgerichtshof hat demgegenüber in einer neueren Entscheidung § 18 Abs. 3 KostO bei der Bestimmung des Geschäftswertes für die Übertragung von Kommanditanteilen für nicht anwendbar erklärt und der Wertberechnung § 30 Abs. 1 KostO zugrundegelegt.[854] Hält der übertragende Rechtsträger Geschäftsanteile an einer GmbH, ist deren Wert ebenfalls gemäß § 30 Abs. 1 KostO nach freiem Ermessen zu schätzen.[855]

450 Nach dem derzeitigen Recht wird der für den Verschmelzungsvertrag zugrundezulegende Wert gemäß § 39 Abs. 5 KostO auf den **Höchstwert** von 5.000.000 Euro begrenzt; als Mindestwert ist derzeit ein Betrag von 25.000 Euro festgelegt (§ 39 Abs. 5 KostO). Die Expertenkommission zur **Reform des Kostenrechts** hat in ihrer Empfehlung (Stand: 10.2.2009) vorgeschlagen, den Mindestwert auf 30.000 Euro und den Höchstwert auf 10.000.000 Euro heraufzusetzen (siehe § 60 Abs. 1 des Entwurfs).[856]

451 Wird in einer Urkunde die Verschmelzung mehrerer übertragender Rechtsträger auf einen übernehmenden Rechtsträger (§ 3 Abs. 4) beurkundet, stellt sich in kostenrechtlicher Hinsicht zunächst die Frage, ob **Gegenstandsgleichheit** im Sinne von § 44 Abs. 1 KostO oder **Gegenstandsverschiedenheit** im Sinne von § 44 Abs. 2 KostO vorliegt.[857] Gegenstandsgleichheit liegt vor, wenn die einzelnen Verschmelzungen in ihrer Wirksamkeit von einander abhängen sollen.[858] In diesem Fall sind die nach den vorstehenden Grundsätzen ermittelten Aktivvermögen aller übertragenden Rechtsträger zusammenzurechnen und diese Summe – jedoch begrenzt auf den Höchstwert von 5.000.000 Euro (§ 39 Abs. 5 KostO) – der Kostenberechnung zugrundezulegen. Sind hingegen die Verschmelzungen rechtlich unabhängig voneinander und liegt somit Gegenstandsverschiedenheit im Sinne von § 44 Abs. 2 KostO vor, so ist für jeden Rechtsträger dessen Aktivvermögen – jeweils begrenzt auf den Höchstwert von 5.000.000 Euro – anzusetzen und alsdann gemäß § 44 Abs. 2 Buchstabe a) KostO die Summe dieser Werte zugrundezulegen. In diesen Konstellationen findet die Begrenzung des § 39 Abs. 5 KostO daher nur Anwendung auf die einzelnen Aktivvermögen der übertragenden Rechtsträger, nicht auf deren Summe.[859] Gegenstandverschiedenheit im Sinne von § 44 Abs. 2 KostO liegt auch bei **Kettenverschmelzungen** vor.[860]

452 Für die Beurkundung des Verschmelzungsvertrages fällt gemäß § 36 Abs. 2 KostO eine 20/10-Gebühr an.

b) Zustimmungsbeschlüsse

453 Die nach § 13 Abs. 1 erforderlichen Beschlüsse der Anteilsinhaber der übertragenden und übernehmenden Rechtsträger über die Zustimmung zum Verschmelzungsvertrag (Verschmelzungsbeschlüsse) sind gemäß § 41 c Abs. 2 S. 1 KostO mit dem Wert des **Aktivvermögens** des übertragenden Rechtsträgers anzusetzen; der Wert ist in gleicher Weise zu bestimmen wie für den Verschmelzungsvertrag.[861] Wird bei der übernehmenden Gesellschaft zur Durchführung der Verschmelzung das Kapital erhöht, ist dies dem entsprechen-

---

853 BayObLG DNotZ 1991, 400; BayObLG, Beschl. v. 4.8.2004 – 3Z BR 020/04, MittBayNot 2005, 74 = ZNotP 2004, 453; Limmer/*Tiedtke*, Handbuch Umwandlung, Rn. 4021.
854 BGH, Beschl. v. 20.10.2009 – VIII ZB 13/08, NZG 2010, 154.
855 BayObLG JurBüro 1992, 183; OLG Celle, Beschl. v. 11.5.2001 – 8 W 491/00, JurBüro 2002, 47; OLG Köln, Beschl. v. 14.2.2005 – 2 Wx 3/05, RNotZ 2005, 183; *Lappe*, NotBZ 2000, 225; Limmer/*Tiedtke*, Handbuch Umwandlung, Rn. 4021; zum Vorschlag der Expertenkommission siehe § 30 des vorgeschlagenen Entwurfs (siehe Fn. am Ende von Rdn. 450).
856 Text abrufbar z.B. über die Internetseite des Bundesjustizministeriums.
857 Limmer/*Tiedtke*, Handbuch Umwandlung, Rn. 3985.
858 *Tiedtke*, ZNotP 2001, 226, 227.
859 OLG Hamm, Beschl. v. 18.3.2003 – 15 W 268/01, MittBayNot 2004, 68; ZNotP 2003, 319.
860 OLG Düsseldorf MittBayNot 1998, 464=ZNotP 1998, 471.
861 BayObLG DNotZ 1993, 273.

den Wert hinzuzurechnen.[862] Für die Beurkundung der entsprechenden Beschlüsse ist gemäß § 47 S. 1 KostO eine 20/10-Gebühr zu erheben. Nach § 47 S. 2 KostO beträgt die Gebühr allerdings in keinem Fall mehr als 5.000 Euro. Die Expertenkommission zur Reform der Notarkosten hat in ihrem Vorschlag zur Reform der Kostenordnung auch bezüglich dieser **Höchstgebühr** eine (moderate und begrüßenswerte) Erhöhung vorgeschlagen, und zwar in der Weise, dass der Geschäftswert von Gesellschaftsbeschlüssen auf höchstens 5.000.000 Euro begrenzt werden soll (§ 61 Abs. 4 des Entwurfs). Werden der Verschmelzungsbeschluss des übertragenden Rechtsträgers und der Verschmelzungsbeschluss des übernehmenden Rechtsträgers in einer Urkunde zusammengefasst, gilt gemäß § 41 c Abs. 3 KostO die Regelung in § 44 Abs. 1 KostO entsprechend. Das heißt, es fällt nur eine 20/10-Gebühr nach § 47 S. 1 KostO an, und zwar gemäß § 41 c Abs. 2 S. 1 KostO berechnet nach dem Aktivvermögen des übertragenden Rechtsträgers und gemäß § 47 S. 2 KostO begrenzt auf 5.000 Euro. Im Hinblick darauf kann es eine unrichtige Sachbehandlung im Sinne von § 16 KostO darstellen, wenn die Zustimmungsbeschlüsse des übertragenden und übernehmenden Rechtsträgers in getrennten Urkunden beurkundet werden.[863] Werden bei einer Mehrfachverschmelzung (§ 3 Abs. 4) mehrere Rechtsträger im Rahmen eines einheitlichen Verschmelzungsvertrages auf einen Rechtsträger verschmolzen und werden die Verschmelzungsbeschlüsse in einer Urkunde beurkundet, sind die Aktivvermögen der übertragenden Rechtsträger (§ 41 c Abs. 2 KostO) zusammenzuzählen und hiervon – begrenzt auf 5.000 Euro (§ 47 S. 2 KostO) – eine 20/10-Gebühr nach § 47 S. 1 KostO zu erheben. Im Ergebnis das gleiche gilt, wenn die Verschmelzungsbeschlüsse mehrerer Rechtsträger zu mehreren (rechtlich voneinander abhängigen oder unabhängigen) Verschmelzungsverträgen in einer Urkunde beurkundet werden. Die gemeinsame Beurkundung von Verschmelzungsbeschlüssen rechtlich unabhängiger und damit gegenstandsverschiedener Verschmelzungsverträge setzt aber zumindest einen inneren Zusammenhang der Verschmelzungsvorgänge voraus, damit in derartigen Fällen der Höchstgebührtatbestand nach § 47 S. 2 KostO nicht zum Mittel eines nach § 140 KostO unzulässigen Gebührenverzichts gemacht wird.[864]

c) Verzichts- und Zustimmungserklärungen

Werden Verzichtserklärungen, die beurkundungsbedürftig sind (siehe z.B. § 8 Abs. 3 für den Verschmelzungsbericht oder § 9 Abs. 3 für die Verschmelzungsprüfung), oder beurkundungsbedürftige Zustimmungserklärungen (siehe § 13 Abs. 3 S. 1 i.V.m. § 43 Abs. 1 für die Verschmelzung unter Beteiligung einer Personenhandelsgesellschaft oder i.V.m. § 51 für die Verschmelzung unter Beteiligung einer GmbH) zusammen mit dem Verschmelzungsvertrag beurkundet, liegt **Gegenstandsgleichheit** im Sinne von § 44 Abs. 1 KostO vor, mit der Folge, dass eine gesonderte Berechnung der Beurkundung dieser Erklärungen nach § 36 Abs. 1 KostO nicht in Betracht kommt.[865] Eine unrichtige Sachbehandlung im Sinne von § 16 KostO kann es darstellen, wenn die Verzichts- und Zustimmungserklärungen nicht zusammen mit dem Verschmelzungsvertrag, sondern zusammen mit den Verschmelzungsbeschlüssen beurkundet werden.[866] Dies beruht darauf, dass § 44 KostO bei Zusammentreffen der Gebührentatbestände nach § 47 KostO (für den Verschmelzungsbeschluss) und § 36 Abs. 1 KostO (für die Verzichts- und Zustimmungserklärungen) – anders als bei Zusammentreffen der Gebührentatbestände nach § 36 Abs. 2 KostO (für den Ver-

454

---

862 Limmer/*Tiedtke*, Handbuch Umwandlung, Rn. 3990.
863 Korintenberg/*Bengel/Tiedtke*, KostO, § 41 c Rn. 70.
864 Limmer/*Tiedtke*, Handbuch Umwandlung, Rn. 3992.
865 Limmer/*Tiedtke*, Handbuch Umwandlung, Rn. 3995.
866 OLG Zweibrücken, Beschl. v. 17.9.2002 – 3 W 74/02, ZNotP 2002, 450 mit zust. Anm. *Tiedtke*; LG Düsseldorf, Beschl. v. 23.7.2003 – 19 T 73/03, RNotZ 2004, 276.

schmelzungsvertrag) und § 36 Abs. 1 KostO (für die Verzichts- und Zustimmungserklärungen) – keine Anwendung findet.[867]

455 Werden die Verzichts- oder Zustimmungserklärungen aus sachlichen Gründen nicht zusammen mit dem Verschmelzungsvertrag, sondern in gesonderter Urkunde beurkundet, fällt neben der Gebühr nach § 36 Abs. 2 KostO für den Verschmelzungsvertrag und der Gebühr nach § 47 KostO für den Verschmelzungsbeschluss eine Gebühr nach § 36 Abs. 1 KostO für die Verzichts- oder Zustimmungserklärungen an.[868] Für den maßgeblichen Gebührenwert gilt folgendes: Werden nur Verzichtserklärungen beurkundet, findet § 30 Abs. 1 KostO Anwendung. Für Verzichte der Anteilsinhaber der übertragenden Rechtsträger kann ein Anteil von 10 % ihres Anteils am Aktivvermögen des übertragenden Rechtsträgers zugrunde gelegt werden.[869] Bei den Anteilsinhabern des übernehmenden Rechtsträgers dürfte ein Wert von 10 % des (Gesamt-) Aktivvermögens des übertragenden Rechtsträgers die Obergrenze des Ermessens bilden. Werden nur Zustimmungserklärungen beurkundet, sind die Erklärungen der Anteilsinhaber der übertragenden Rechtsträger nach § 40 Abs. 2 KostO mit ihrem Anteil am Vermögen des übertragenden Rechtsträgers zu berechnen. Hinsichtlich dieses Vermögens ist nach § 41 c Abs. 2 KostO vom Aktivvermögen des übertragenden Rechtsträgers, begrenzt auf 5.000.000 Euro (§ 39 Abs. 5), auszugehen.

d) Registeranmeldungen

456 Nach § 16 Abs. 1 ist die Verschmelzung bei sämtlichen beteiligten Rechtsträgern zur Eintragung in das jeweilige Register anzumelden. Sind die Anmeldungen zum Handelsregister vorzunehmen, bestimmt sich der Geschäftswert der Anmeldung des übertragenden Rechtsträgers nach den Vorschriften in § 41 a Abs. 4 Nrn. 1 bis 4 KostO und hängt somit von der **Rechtsform des übertragenden Rechtsträgers** ab. So beläuft sich der Geschäftswert der Anmeldung bei einer übertragenden Kapitalgesellschaft gemäß § 41 a Abs. 4 Nr. 1 KostO auf 1 % ihres Stamm-/Grundkapitals, mindestens auf 25.000 Euro, und bei Personenhandelsgesellschaften generell auf 25.000 Euro (§ 41 a Abs. 4 Nr. 3). Begrenzt wird der Geschäftswert der Anmeldung jedoch (in allen Fällen des § 41 a Abs. 4 KostO) gemäß § 39 Abs. 5 KostO auf den **Höchstwert** von 500.000 Euro, und zwar auch dann, wenn mehrere Anmeldungen in einer Urkunde erfolgen.

457 Der Geschäftswert für die Anmeldung der Verschmelzung zum Handelsregister des übernehmenden Rechtsträgers bemisst sich, wenn dieser zur Durchführung der Verschmelzung sein Kapital nicht erhöht, ebenfalls nach den Regeln in § 41 a Abs. 4 Nrn. 1 bis 4 KostO; auch hier kommt es daher auf die Rechtsform des Rechtsträgers an, auch hier gilt der Höchstwert von 500.000 Euro (§ 39 Abs. 5 KostO). Erhöht der übernehmende Rechtsträger zur Durchführung der Verschmelzung sein Kapital, ist die insoweit nötige Anmeldung gegenstandsverschieden zu der Anmeldung der Verschmelzung. Der entsprechende Erhöhungsbetrag (§ 41 a Abs. 1 KostO) ist daher dem nach § 41 a Abs. 4 KostO zu entnehmenden Wert hinzuzurechen; auch hier beläuft sich jedoch der Höchstwert gemäß § 39 Abs. 5 KostO auf 500.000 Euro.[870]

458 Für die Anmeldungen zum Partnerschaftsregister verweist § 41 b KostO auf die Vorschriften in § 41 a KostO über die OHG.

459 Die Handelsregisteranmeldungen sind, wenn sie der Notar – wie üblich – entworfen hat, gemäß §§ 38 Abs. 2 Nr. 7, 145 Abs. 1 Nr. 1 KostO mit einer 5/10-Gebühr abzurechnen.

---

867 Limmer/*Tiedtke*, Handbuch Umwandlung, Rn. 3996.
868 Limmer/*Tiedtke*, Handbuch Umwandlung, Rn. 3998 f.; dort auch zur Nichtanwendbarkeit des § 38 Abs. 2 Nr. 1 KostO.
869 Limmer/*Tiedtke*, Handbuch Umwandlung, Rn. 4001.
870 Limmer/*Tiedtke*, Handbuch Umwandlung, Rn. 4012.

e) Nebentätigkeiten

Hinsichtlich der Abrechnung von Nebentätigkeiten gelten die allgemeinen Grundsätze, **460**
insbesondere §§ 35, 147, 150 KostO. Ein – abweichend vom Grundsatz des § 35 KostO –
gebührenpflichtiges Nebengeschäft kann z.B. in der Mitwirkung des Notars bei der Vorbereitung der Hauptversammlung liegen.[871]

2. Verschmelzung durch Neugründung

Die kostenrechtliche Behandlung von Verschmelzungen durch Neugründung entspricht **461**
im Grundsatz derjenigen von Verschmelzungen durch Aufnahme. Auch der Verschmelzungsvertrag bei der Verschmelzung durch Neugründung ist **Austauschvertrag** im Sinne von § 39 Abs. 2 KostO.[872] Die Aktivvermögen der übertragenden Rechtsträger sind insoweit mit ihrem Gesamtwert – mindestens jedoch mit 25.000 Euro und höchstens mit 5.000.000 Euro (§ 39 Abs. 5) – anzusetzen.[873] Der Gesellschaftsvertrag des neuen Rechtsträgers, der bei der Verschmelzung durch Neugründung nach § 37 zwingender Bestandteil des Verschmelzungsvertrages ist, ist gemäß § 44 Abs. 1 KostO nicht besonders zu bewerten.[874]

Der Geschäftswert für die nach § 38 vorzunehmende Anmeldung des neuen Rechtsträ- **462**
gers bestimmt sich nach den allgemeinen Bestimmungen in § 41 a KostO; er richtet sich also, wenn der neue Rechtsträger eine OHG ist, nach § 41 a Abs. 3 Nr. 2 KostO (37.500 Euro bei zwei Gesellschaftern zuzüglich 12.500 Euro für jeden weiteren Gesellschafter), wenn der neue Rechtsträger eine Kommanditgesellschaft ist, nach § 41 a Abs. 1 Nr. 5 KostO (Summe der Kommanditeinlagen zuzüglich 25.000 Euro für den ersten und 12.500 Euro für jeden weiteren persönlich haftenden Gesellschafter) und wenn der neue Rechtsträger eine Kapitalgesellschaft (§ 3 Abs. 1 Nr. 2) ist, nach § 41 a Abs. 1 Nr. 1 KostO (Stamm-/ Grundkapital zuzüglich eventuelles genehmigtes Kapital mindestens 25.000 Euro). Für Partnerschaftsgesellschaften verweist § 41 b KostO auf die Vorschriften über die OHG in § 41 a KostO.

---

871 Limmer/*Tiedtke*, Handbuch Umwandlung, Rn. 4007 ff. mit weiteren Bsp.; *ders.*, ZNotP 2001, 226 ff., 260 ff.
872 *Rohs/Wedewer*, KostO, § 39 Rn. 31 a.
873 Limmer/*Tiedtke*, Handbuch Umwandlung, Rn. 3977.
874 Limmer/*Tiedtke*, Handbuch Umwandlung, Rn. 3978.

4. Kapitel Umwandlungen

C. Formwechsel

I. Einleitung

1. Regelung im Umwandlungsgesetz

463 Der Formwechsel ist im fünften Buch des UmwG geregelt. Dieses gliedert sich in zwei Teile, die allgemeinen Vorschriften (§§ 190-213) und die besonderen Vorschriften (§§ 214-304). Letztere wiederum sind – geordnet nach der Rechtsform der Ausgangsrechtsträgers – in sechs Abschnitte wie folgt eingeteilt: Formwechsel von Personengesellschaften (§§ 214-225c), Formwechsel von Kapitalgesellschaften (§§ 226-257), Formwechsel eingetragener Genossenschaften (§§ 258-271), Formwechsel rechtsfähiger Vereine (§§ 272-290), Formwechsel von Versicherungsvereinen auf Gegenseitigkeit (§§ 291-300) und Formwechsel von Körperschaften und Anstalten des öffentlichen Rechts (§§ 301-304). Die folgende Darstellung folgt diesem Aufbau, wobei allerdings zahlreiche Fragen aus den besonderen Abschnitten schon bei den allgemeinen Vorschriften angesprochen werden, weil letztere sonst zu abstrakt blieben.

2. Grundgedanken

464 Unter Formwechsel versteht man die Änderung der Rechtsform eines Rechtsträgers, ohne dass es zu einer Vermögensübertragung kommt (vgl. §§ 190 Abs. 1, 202 Abs. 1 Nr. 1).

465 Diesen sogenannten identitätswahrenden Formwechsel kannte das Gesetz vor Erlaß des UmwG nur für den Formwechsel einer Kapitalgesellschaft in eine andere Kapitalgesellschaft. Der Wechsel von der Personengesellschaft in die Kapitalgesellschaft und umgekehrt war dagegen nur durch sog. übertragende Umwandlung möglich.[875] Heute erfolgt auch er dagegen durch den identitätswahrenden Formwechsel (vgl. §§ 214 ff. und 228 ff.). Der Formwechsel ist keine Gesamtrechtsnachfolge.[876] Mit einer viel gebrauchten bildlichen Formulierung wechselt der Rechtsträger nach der Vorstellung des Gesetzes lediglich sein Rechtskleid.[877]

466 Im Schrifttum wird davor gewarnt, die Reichweite des Identitätskonzepts zu überschätzen.[878] Insbesondere § 197, der die Anwendung der Gründungsvorschriften auf den Formwechsel anordnet und die Bestimmungen über die Organhaftung in §§ 205, 206 sollen das Konzept der allumfassenden Identität konterkarieren. Was bereits existiere, müsse nicht neu gegründet werden.[879] Demgegenüber wird von anderer Seite darauf hingewiesen, dass es bei dem **Identitätskonzept** um die **Kontinuität der Rechtszuständigkeit** gehe,[880] die freilich mit einer **Diskontinuität der Rechtsform** einhergehe, welche die materielle Kontinuität aber nicht Frage stelle. Die Erörterung kann hier nicht im einzelnen nachvollzogen werden. Für den Rechtsanwender genügt es zu verstehen, dass mit der Identitätsthese die Kontinuität der Rechtszuständigkeit des Rechtsträgers über den Formwechsel hinaus festgeschrieben wird, dass diese allerdings durch die Diskontinuität der Rechtsform sowie den Gläubigerschutz begrenzt wird und die unterschiedlichen Rechtsgedanken gegeneinander abgewogen und, soweit möglich, miteinander in Einklang gebracht werden müssen.[881]

---

875 Vgl. *Limmer*, Rn. 2103.
876 *Limmer*, Rn. 2108; Lutter/*Decher*, § 202 Rn. 7.
877 *Limmer*, Rn. 2104.
878 Etwa *Bärwaldt/Schabacker*, ZIP 98, 1293 ff.; Semler/Stengel/*Bärwaldt*, § 197 Rn. 2 ff.; zur Diskussion KK-UmwG/*Petersen*, § 202 Rn. 2 ff.; Lutter/*Decher*, § 190 Rn. 3 ff. jew. m.w.N.
879 Semler/Stengel/*Bärwaldt*, § 197 Rn. 2.
880 *K. Schmidt*, ZIP 1995 1385/87; ders., FS Ulmer 2003, 565; KK-UmwG/*Petersen*, § 202 Rn. 11; Lutter/*Decher*, § 190 Rn. 6.
881 *K. Schmidt*, a.a.O.; KK-UmwG/*Petersen*, a.a.O.

467 Dabei handelt es sich keineswegs um theoretische Erörterungen; gerade die Kontinuität der Rechtszuständigkeit hat evidente praktische Konsequenzen; man denke nur an die **Grunderwerbsteuer.** Wie der BFH[882] entschieden und die Finanzverwaltung nach anfänglichem Zögern inzwischen akzeptiert hat,[883] ist der Formwechsel von der Personengesellschaft in die Kapitalgesellschaft und umgekehrt kein grunderwerbsteuerbarer Vorgang, weil eben nach dem Konzept des UmwG keine Übertragung stattfindet. Zu beachten ist aber, dass der Formwechsel zwischen Personen- und Kapitalgesellschaft die 5-Jahresfrist gem. §§ 5 Abs. 3, § 6 Abs. 4 GrErwG unterbricht. Geht das Eigentum an einem Grundstück also von einer oder mehreren Personen auf eine Gesamthand über, an der jene beteiligt ist/sind, ist der Erwerb zwar gem. § 5 Abs. 1 und 2 grunderwerbsteuerfrei, soweit der Anteil des einzelnen Mitglieds der Gesamthand seinem Anteil am Grundstück entspricht; wird die Gesamthand dann aber innerhalb von 5 Jahren in eine Kapitalgesellschaft umgewandelt, entfällt die vorherige Grunderwerbsteuerfreiheit.[884] Entsprechendes gilt im umgekehrten Fall: Geht das Eigentum an einem Grundstück von einer Gesamthand auf eine oder mehrere ihrer Mitglieder über, ist der Erwerb gem. § 6 Abs. 1 bis 3 grunderwerbsteuerfrei, soweit der Erwerber bislang an der Gesamthand beteiligt war. Das gilt aber nicht, falls die Gesamthand binnen 5 Jahren vor dem Übertragungsvorgang durch Formwechsel aus einer Kapitalgesellschaft hervorgegangen ist.[885]

3. Motive für den Formwechsel

468 Die Motive für den Formwechsel sind vielfältiger Natur.[886] Der Formwechsel von der Personengesellschaft in die Kapitalgesellschaft und umgekehrt hat häufig steuerliche Gründe. Er hat einen steuerlichen Systemwechsel zur Folge.[887] Ziel des Formwechsels von der Personengesellschaft in die Kapitalgesellschaft kann ferner eine Haftungsbeschränkung auf das Gesellschaftskapital sein. Auch ermöglicht die Kapitalgesellschaft die Geschäftsführung durch Nicht-Gesellschafter. Beides kann allerdings auch durch Umstrukturierung der Personengesellschaft in eine GmbH & Co. KG bewirkt werden. Der umgekehrte Schritt von der Kapitalgesellschaft in die Personengesellschaft kann durch den Wunsch zur Vermeidung von Publizität[888] oder zur Flucht aus der Mitbestimmung[889] motiviert sein.

469 Der Formwechsel in die AG dient häufig der Vorbereitung eines Börsengangs. Zum Börsenhandel können nur Aktien zugelassen werden. Ziel kann aber auch die Vorbereitung des Formwechsels in eine SE sein, womit dann wiederum beabsichtigt sein kann, den Mitbestimmungszustand einzufrieren, der im Zeitpunkt der Umwandlung besteht.[890] Der Formwechsel in die AG kann weiter zum Ziel haben, einen Squeeze-Out von Minderheitsgesellschaftern gem. § 327a ff. AktG zu ermöglichen. Allerdings ist streitig, ob ein Formwechsel mit einem sich daran anschließenden Squeeze-Out nicht rechtsmissbräuchlich und damit unzulässig ist.[891] Mit dem umgekehrten Fall des Formwechsel von der AG in die GmbH oder in eine Personengesellschaft wird meist eine unmittelbare Einflußnahme auf die Geschäftsführung sowie die Ersparnis von Kosten durch Wegfall des Aufsichtsrats bezweckt. Ist die AG börsennotiert, führt der Formwechsel zugleich zum Wegfall der Bör-

---

882 BStBl II 1997, S. 661.
883 FinMin Baden-Württemberg DStR 1998, 82, Tz. IV. 2.
884 BFH MittBayNot 2003, 501.
885 BFH MittBayNot 2001, 501; weiterführend *Gottwald*, MittBayNot 2003, 438.
886 *Limmer*, Rn. 2137 ff.; Lutter/*Decher*, vor § 190 Rn. 18 ff.; Semler/Stengel/*Schwanna*, § 190 Rn. 5 ff.
887 Lutter/*Schaumburg/Schumacher*, Anh. 1 nach § 304 Rn. 6.
888 Widmann/Mayer/*Vossius*, § 190 Rn. 10.
889 Lutter/*Decher*, vor § 190 Rn. 8, 23.
890 Vgl. § 35 SEBG; z.B. *Götze/Winzer/Arnold*, ZIP 2009, 245, 251.
891 Zur Diskussion KK-UmwG/*Petersen*, § 190 ff. Rn. 20 ff.

senzulassung (sog. »kaltes Delisting«), das bei Beibehalt der Rechtsform der Aktiengesellschaft an strenge Voraussetzungen geknüpft ist und von einer Entscheidung der Börsenzulassungsstelle abhängig ist.[892]

II. Formwechselmöglichkeiten

1. Gesetzliche Regelung

470 Gem. § 191 Abs. 1 können formwechselnde **Ausgangsrechtsträger** sein: Personenhandelsgesellschaften gem. § 3 Abs. 1 Nr. 1 und PartGen, nicht dagegen die BGB-Gesellschaft, weiter Kapitalgesellschaften gem. § 3 Abs. 1 Nr. 2, eingetragene Genossenschaften, rechtsfähige Vereine, Versicherungsvereine auf Gegenseitigkeit sowie Körperschaften und Anstalten des öffentlichen Rechts. Gem. § 191 Abs. 2 kann **Zielrechtsform** sein: Die BGB-Gesellschaft, eine Personenhandelsgesellschaft und die PartG, eine Kapitalgesellschaft (GmbH, AG und KGaA) und die eingetragene Genossenschaft. Nicht jeder Ausgangsrechtsträger kann somit formwechselnd in jede Zielrechtsform umgewandelt werden. Die zulässigen Kombinationen[893] sind in den besonderen Vorschriften des fünften Buches des UmwG geregelt. Daraus ergibt sich folgendes: Personenhandelsgesellschaften und PartGen können in jede Körperschaft einer zulässigen Zielrechtsform, also in eine GmbH, AG, KGaA, und in eine eG umgewandelt werden.[894] Der Formwechsel der Personenhandelsgesellschaft in eine andere Personengesellschaft erfolgt **nicht** nach dem UmwG. Die GmbH, die AG und die KGaA können sowohl in alle Personengesellschaften einschließlich der GbR als auch in alle Körperschaften einer zulässigen Zielrechtsform umgewandelt werden.[895] Die eG[896] und der eV[897] können nicht in eine Personengesellschaft, aber in alle Kapitalgesellschaften und der e.V. außerdem in eine eG umgewandelt werden, der VVaG[898] nur in eine AG und die Körperschaft oder Anstalt öffentlichen Rechts[899] nur in eine Kapitalgesellschaft. Der e.V., der VVaG und die Körperschaft oder Anstalt des öffentlichen Rechts können nur Ausgangsrechtsträger nicht Zielrechtsform, die GbR nur Zielrechtsform sein. Allerdings kann die GbR häufig gem. § 105 Abs. 2 HGB durch Eintragung zur oHG und damit formwechselfähig gemacht werden.

471 Zu den Personenhandelsgesellschaften zählt auch die GmbH & Co. KG[900] und andere Kommanditgesellschaften, deren persönlich haftende Gesellschafter keine natürliche Person ist, wie die Ltd. & Co. KG und die Stiftung & Co. KG.[901] Auch sie sind Kommanditgesellschaften. Entsprechendes gilt für die EWIV, die gem. § 1 Hs. 2 EWIV-AusfG als oHG gilt. GmbH ist auch die Unternehmergesellschaft (haftungsbeschränkt). Sie ist nur eine Variante der GmbH und führt nur wegen der besonderen Regeln über den Betrag des Mindeststammkapitals eine besondere Firma.[902] Ein Formwechsel von der UG in die GmbH nach den Regeln des UmwG scheidet allerdings schon deshalb aus, weil es sich um

---

892 § 38 Abs. 4 BörsG; dazu näher KK-UmwG/*Dauner-Lieb/Tettinger*, § 226 Rn. 11; Lutter/*Happ/Göthel*, § 233 Rn. 60.
893 Bei Semler/Stengel/*Schwanna*, § 191 Rn. 15 sind die Kombinationsmöglichkeiten in Form einer Matrix dargestellt.
894 § 214 Abs. 1.
895 § 226.
896 § 258 Abs. 1.
897 § 272 Abs. 1.
898 § 291 Abs. 1.
899 § 301 Abs. 1.
900 Z.B. KK-UmwG/*Petersen* § 194 Rn. 3.
901 Zu Typenverbindungen der KG mit anderen Gesellschaften vgl. Baumbach/Hopt, Anh. § 177a HGB Rn. 11.
902 KK-UmwG/*Petersen*, § 191 Rn. 5 m.w.N.

dieselbe Rechtsform handelt.[903] Auch ein Formwechsel der UG in die AG oder KGaA scheidet aus, weil dem eine Kapitalerhöhung zur Erreichung des Mindestgrundkapitals des Zielrechtsträgers vorausgehen müsste, wodurch die UG zur GmbH würde.[904] Ein Formwechsel von der GmbH in die UG scheidet ebenfalls wegen der Identität der Rechtsform aus, desgleichen der Formwechsel von der AG oder KGaA auf die UG, weil wegen § 247 UmwG das Stammkapital über dem für diese Rechtform vorgesehenen Stammkapital liegen würde. Schließlich wird grundsätzlich in Frage gestellt, dass der Formwechsel in die UG möglich ist, weil die Gründung der UG gem. § 5 a Abs. 2 GmbHG nur als Bar-, nicht als Sachgründung zulässig ist.[905] Auf den Formwechsel der Personengesellschaft, der eG oder des e.V. in eine Kapitalgesellschaft finden aber die Vorschriften über die Gründung durch Sacheinlagen Anwendung. Zulässig ist dagegen der Formwechsel der UG in eine Personengesellschaft oder Genossenschaft.

In der Praxis überwiegen die Fälle einer Umwandlung einer GmbH & Co. KG in eine GmbH, einer GmbH in eine GmbH & Co. KG, einer GmbH in eine AG und einer AG in eine GmbH. **472**

2. Aufgelöste Rechtsträger

Der Formwechsel eines aufgelösten Rechtsträgers ist nur möglich, wenn seine Fortsetzung in der bisherigen Rechtsform beschlossen werden könnte. Allein die Auflösung hindert den Formwechsel nicht. Es sollen aber nur solche Rechtsträger umgewandelt werden können, die noch über Vermögen verfügen, das den Gläubigern nach dem Formwechsel als Haftungsmasse zur Verfügung steht.[906] Deshalb ist der Formwechsel in der Regel nach Eröffnung des Insolvenzverfahrens ausgeschlossen.[907] Bei der AG i.L. und entsprechend bei der GmbH i.L. kann eine Fortsetzung noch beschlossen werden, solange mit der Verteilung des Vermögens noch nicht begonnen wurde.[908] Bei der Personenhandelsgesellschaft ist überdies § 214 Abs. 2 UmwG zu beachten. Danach ist der Formwechsel der aufgelösten Gesellschaft ausgeschlossen, wenn die Gesellschafter eine andere Art der Auseinandersetzung als die Abwicklung oder den Formwechsel vereinbart haben, beispielsweise die Übernahme des Handelsgeschäfts durch einen Gesellschafter oder die Realteilung unter den Gesellschaftern. Enthält der Gesellschaftsvertrag eine solche Regelung, kann diese aber mit der für Vertragsänderungen erforderlichen Mehrheit – mangels Regelung im Gesellschaftsvertrag also nur mit den Stimmen aller Gesellschafter – und in jedem Fall mit Zustimmung derjenigen, die durch eine solche Regelung Rechte erworben haben, auch noch im Rahmen des Formwechsels aufgehoben werden.[909] Dies gilt jedenfalls, solange mit der Verteilung des Vermögens noch nicht begonnen wurde.[910] In einem einstimmig gefaßten Umwandlungsbeschluss kann aber eine konkludente Änderung einer entgegenstehenden Vertragsklausel gesehen werden.[911] **473**

---

903 KK-UmwG/*Petersen*, § 190 Rn. 17 m.w.N.
904 KK-UmwG/*Petersen*, § 191 Rn. 5.
905 Heckschen/Heidinger/*Heckschen*, Die GmbH in der Gestaltungs- und Beratungspraxis, § 5 Rn. 97 ff.; *ders.*, Das MoMiG in der notariellen Praxis, 2009, Rn. 236; *Heinemann*, NZG 2008, 820, 821; vgl. *Gasteyer*, NZG 2009, 1364, 1367; a.A. Lutter/*Bayer*, § 258 Rn. 4, 17.
906 KK-UmwG/*Petersen*, § 191, 21; Lutter/*Decher*, § 191 Rn. 9.
907 Zu den Einzelheiten KK-UmwG/*Petersen*, § 191 Rn. 22; Lutter/*Decher*, § 191 Rn. 11 m.w.N.
908 § 274 Abs. 1 AktG; KK-UmwG/*Petersen*, § 191 Rn. 22; Lutter/*Decher*, § 191 Rn. 10.
909 KK-UmwG/*Dauner-Lieb/Tettinger*, § 214 Rn. 20 ff.; Semler/Stengel/*Schlitt*, § 214 Rn. 28 f.
910 Lutter/*Decher*, § 214 Rn. 9; mit guten Gründen auch darüber hinaus KK-UmwG/*Dauner-Lieb/Tettinger*, § 214 Rn. 21 f; Semler/Stengel/*Schlitt*, § 214 Rn. 28.
911 KK-UmwG/*Petersen*, § 214 Rn. 20; Semler/Stengel/*Schlitt*, § 214 Rn. 29; Widmann/Mayer/*Vossius*, § 214 Rn. 28.

4. Kapitel Umwandlungen

474 | **Praxistipp**
Beim Formwechsel einer aufgelösten Personengesellschaft ist in der Urkunde festzustellen, ob eine andere Art der Auseinandersetzung vereinbart ist und ggf. der Gesellschaftsvertrag entsprechend zu ändern.

3. Formwechsel nach anderen Bestimmungen

475 Ein identitätswahrender Formwechsel ist auch nach anderen rechtlichen Regelungen möglich. Sie sollen hier kurz erwähnt werden.

a) Personengesellschaften

476 Ein identitätswahrender Formwechsel ist nach allgemeinen Grundsätzen zwischen Personengesellschaften möglich, so von der GbR in die oHG durch Erweiterung des von ihr geführten gewerblichen Geschäftsbetriebs zu einem Handelsgewerbe oder durch Eintragung in das Handelsregister gem. §105 Abs. 2 HGB, von der oHG in die KG durch Wechsel eines oder mehrerer Gesellschafter in die Rechtsstellung eines Kommanditisten (vgl. Art. 35 Abs. 1 Nr. 1, 36 Abs. 1 EGHGB). Eine oHG oder KG kann durch Aufnahme einer GmbH als persönlich haftende Gesellschafterin und anschließenden Wechsel der anderen persönlich haftenden Gesellschafter in die Rechtsstellung von Kommanditisten in eine GmbH & Co. KG umgestaltet werden. Entsprechendes gilt für den Wechsel von der GbR in die PartG durch Eintragung in das Partnerschaftsregister gem. §7 PartGG oder in die EWIV durch Eintragung als solche in das Handelsregister gem. Art. 1 EWIV-VO i.V. mit §1 EWIV-AusführungsG.

b) UG in GmbH

477 Kein eigentlicher Formwechsel ist der Übergang von der UG in die GmbH, weil es sich bei der UG um eine Variante der GmbH und damit um dieselbe Rechtsform handelt. Zur GmbH wird die UG gem. §5a Abs. 5 GmbHG ausschließlich durch Erhöhung ihres Stammkapitals auf oder über den Betrag von 25.000,-- Euro. Der umgekehrte Weg von der GmbH in die UG ist durch §58 Abs. 2 S. 1 GmbHG verschlossen, der eine Kapitalherabsetzung nur bis zum Betrag des Mindeststammkapitals von 25.000,- Euro gestattet.[912]

c) Formwechsel in die SE

478 Ein identitätswahrender Formwechsel findet gem. Art. 37 Abs. 2 SEVO auch bei der Umwandlung einer AG in eine SE statt.

d) Formwechsel nach öffentlichem Recht

479 Gemäß dem in §1 Abs. 2 UmwG geregelten »numerus clausus« sind die im UmwG vorgesehenen Umwandlungen auf die im Gesetz vorgesehenen Fälle beschränkt. Ausnahmen werden nur zugelassen, wenn sie ausdrücklich in einem anderen Bundes- oder Landesgesetz vorgesehen sind. In diesem Sinne lassen Gemeindeordnungen die Umwandlung von Unternehmen und Einrichtungen in privater Rechtsform, an denen die Gemeinde über die Anteile verfügt, in kommunale Anstalten zu (z.B. §113a Abs. 1 S. 4 Nieders. GO). Für sie gelten nach der Anordnung des Gesetzes die Vorschriften des UmwG über den Formwechsel entsprechend.[913]

---

912 Dazu KK-UmwG/*Petersen*, §190 Rn. 18f. m.w.N.
913 §113a Abs. 1 S. 6 Nieders. GO; hierzu DNotI-Gutachten vom 25.1.2008, Dok-Nr. 13223.

4. Zielerreichung durch andere Gestaltungen

Neben dem Formwechsel bestehen andere Möglichkeiten, ein Unternehmen von einer Rechtsform in eine andere zu überführen; so wird beispielsweise die Umgestaltung einer Personengesellschaft in eine GmbH häufig dadurch bewirkt, dass alle Gesellschafter ihre Beteiligungen an der Personengesellschaft auf die GmbH übertragen, z.B. zur Belegung der Einlagen auf Geschäftsanteile im Rahmen einer Sachkapitalerhöhung. Durch eine solche Vereinigung aller Anteile an der Personengesellschaft in einer Hand geht das Vermögen der Personengesellschaft ohne Einzelrechtsübertragung auf die GmbH über.[914] Auf diese Weise werden häufig GmbH & Co. KGs auf ihre persönlich haftende Gesellschafterin übergeleitet (sog. erweitertes Anwachsungsmodell). Eine andere Möglichkeit besteht im Austritt aller anderen Gesellschafter aus einer Personengesellschaft mit Ausnahme desjenigen, dem das Vermögen der Personengesellschaft zukommen soll, also beispielsweise der persönlich haftenden Gesellschafterin, die damit Alleininhaber des Vermögens wird (sog. einfaches Anwachsungsmodell).[915] Ferner läßt sich die Überführung des Vermögens vom Rechtsträger einer Rechtsform auf einen Rechtsträger anderer Rechtsform auch durch andere Umwandlungsgestaltungen nach dem UmwG erreichen, z.B. durch Verschmelzung; das kann gerade dann von Interesse sein, wenn der Weg des Formwechsels versperrt ist, wie im Fall der Überführung des Vermögens einer GmbH auf ihren Alleingesellschafter. Der Formwechsel ist nur in eine Personengesellschaft, beispielsweise eine BGB-Gesellschaft möglich. Diese setzt mindestens zwei Gesellschafter voraus. Dagegen eröffnen die §§ 120 ff. UmwG die Verschmelzung auf den Alleingesellschafter; umgekehrt kann ein Einzelkaufmann das von ihm betriebene Unternehmen gem. § 152 ff. UmwG auf eine Kapitalgesellschaft ausgliedern. Zu beachten ist, dass dieser Wechsel der Rechtsform nicht identitätswahrend erfolgt, was z.B. zum Anfall von Grunderwerbsteuer führt, wenn zu dem übergehenden Vermögen Grundbesitz gehört.

480

III. Organisation des Formwechsels

1. Allgemeine Vorbereitungsmaßnahmen

a) Einladung und Ankündigung des Formwechsels

Der Formwechsel beginnt mit der Einberufung der Gesellschafter-, Haupt-, General- oder Mitgliederversammlung – bei der eG u.U. der Vertreterversammlung und beim VVaG der Versammlung der obersten Vertretung -, die über den Formwechsel Beschluss fassen soll. Die Einberufung richtet sich grundsätzlich nach den allgemeinen Bestimmungen, die für die Einberufung der Versammlung des beschließenden Organs des formwechselnden Rechtsträgers gelten. Diese werden teilweise durch die Bestimmungen des zweiten Teils, also der §§ 214 ff. ergänzt. Spätestens mit der Einberufung ist der Formwechsel in Textform anzukündigen.[916]

481

b) Umwandlungsbericht

Außerdem ist ein Umwandlungsbericht zu erstatten, sofern dieser nicht ausnahmsweise gem. § 192 Abs. 2 oder § 215 entbehrlich ist. Bei der Personenhandelsgesellschaft, der PartG und der GmbH ist der Umwandlungsbericht gem. §§ 216, 230 Abs. 1 mit der Einberufung der Gesellschafterversammlung zu versenden. Bei AG, KGaA, eG, e.V. und VVaG ist der Umwandlungsbericht nicht zu versenden, sondern von der Einberufung der Versamm-

482

---

914 MünchHdb. KG/*Piehler/Schulte*, § 35 Rn. 2 m.w.N.
915 MünchHdb. KG/*Piehler/Schulte*, § 36 Rn. 31, 32 m.w.N.
916 §§ 216, 230 Abs. 1, 260, 274.

lung an zur Einsicht der Aktionäre, Genossen oder Mitglieder in den Geschäftsräumen der Gesellschaft, der Genossenschaft, des Vereins oder VVaG zur Einsicht auszulegen. Auf Verlangen sind aber gem. §§ 230 Abs. 2 S. 2, 260 Abs. 2, 274 Abs. 1, 283 Abs. 1 sowie 292 Abs. 1 unverzüglich und kostenlos Abschriften zu erteilen. Bei AG und KGaA entfallen diese Verpflichtungen nach dem ARUG, wenn der Umwandlungsbericht für denselben Zeitraum über die Internet-Seite der Gesellschaft zugänglich ist (vgl. § 230 Abs. 2 S. 3). Dem Umwandlungsbericht ist gem. § 192 Abs. 1 S. 3 der Entwurf des Umwandlungsbeschlusses einschließlich des Gesellschaftsvertrages/der Satzung des Rechtsträgers neuer Rechtsform beizufügen.

c) Abfindungsangebot

483 Ferner ist mit der Einberufung der Versammlung ein Abfindungsangebot gem. § 207 zu übersenden. Der Übersendung steht gem. § 231 S. 2 bei Kapitalgesellschaften die Bekanntmachung des Angebots im elektronischen Bundesanzeiger und den sonst bestimmten Gesellschaftsblättern gleich. Das Angebot ist gem. § 194 Abs. 1 Nr. 6. entbehrlich, wenn der Umwandlungsbeschluss zu seiner Wirksamkeit der Zustimmung aller Anteilsinhaber bedarf, an dem Rechtsträger nur ein Anteilsinhaber beteiligt ist oder wenn alle Anteilsinhaber durch notariell beurkundete Erklärung auf ein solches Angebot verzichtet haben.[917]

d) Umwandlungsprüfung

484 Eine Prüfung des Formwechsels hat der Gesetzgeber grundsätzlich nicht vorgesehen. Auf den Anspruch auf Barabfindung ist gem. § 208 jedoch § 30 anzuwenden. Gem. § 30 Abs. 2 ist die Angemessenheit einer Barabfindung stets durch einen gem. § 10 **vom Gericht bestellten Verschmelzungsprüfer** zu prüfen, sofern auf die Prüfung nicht durch notariell beurkundete Verzichtserklärung verzichtet wird.[918] Bei Organisation des Formwechsels ist für eine **rechtzeitige Bestellung** des Prüfers zu sorgen. Darüber hinaus ist gem. § 259 bei dem Formwechsel der Genossenschaft vor Einberufung der Generalversammlung, die über den Formwechsel beschließt, eine gutachterliche Äußerung des **Prüfungsverbandes** einzuholen. Auch das von diesem erstellte Prüfungsgutachten ist zur Einsicht der Mitglieder in den Geschäftsräumen der Genossenschaft auszulegen. Auf Verlangen sind den Mitgliedern von dem Umwandlungsbericht Abschriften zu erteilen.

e) Betriebsratszuleitung

485 Ferner ist bei der Vorbereitung § 194 Abs. 2 zu beachten, wonach der Entwurf des Umwandlungsbeschlusses nebst Anlagen[919] (also insbesondere der beizufügenden Satzung bzw. dem Gesellschaftsvertrag des Zielrechtsträgers gem. §§ 218 Abs. 1, 234 Nr. 3, 243, 253 Abs. 1, 263 Abs. 1, 276, 294 Abs. 1) nicht aber der Umwandlungsbericht[920] spätestens einen Monat (vom Tag der Versammlung zurückzurechnen)[921] vor dem Tag der Versammlung dem zuständigen Betriebsrat[922] des formwechselnden Rechtsträgers zuzuleiten

---

917 Semler/Stengel/*Bärwaldt*, § 194 Rn. 29; Lutter/*Decher*, § 194 Rn. 23; Kallmeyer/*Meister/Klöcker*, § 194 Rn. 46.
918 Vgl. KK-UmwG/*Petersen*, § 208 Rn. 4.
919 Lutter/*Decher*, § 194 Rn. 43.
920 Widmann/Mayer/*Mayer*, § 5 Rn. 266.
921 Zur Berechnung Hausch, RNotZ 2007, 308/314; Widmann/Mayer/*Mayer*, § 5 Rn. 256. Danach hat die Zuleitung **einen Monat und einen Werktag** vor dem Tag der Versammlung zu erfolgen. Mayer empfiehlt, vorsorglich die Zuleitung **einen Monat und zwei Werktage** vor dem Tag der Versammlung vorzunehmen.
922 Vgl. dazu Widmann/Mayer/*Mayer*, § 5 Rn. 252 ff.

ist. Die Verpflichtung entfällt, wenn kein Betriebsrat besteht.[923] Die Frist kann nach allgemeiner Meinung einvernehmlich abgekürzt werden.[924] Sehr umstritten ist dagegen, ob der Betriebsrat auch vollständig auf die Zuleitung verzichten kann.[925]

2. (Sach-)Gründungsbericht und -prüfung

Zum Vollzug des Beschlusses sind beim **Formwechsel einer Personengesellschaft in eine Kapitalgesellschaft** gem. § 220 Berichte der Gründer erforderlich, und zwar beim Wechsel in die GmbH ein Sachgründungsbericht und beim Wechsel in AG oder KGaA ein Gründungsbericht. Beim Formwechsel in AG und KGaA sind außerdem ein Bericht über die Gründungsprüfung durch den Vorstand bzw. die persönlich haftende Gesellschafterin und den Aufsichtsrat[926] sowie durch einen vom zuständigen Registergericht bestellten externen Gründungsprüfer gem. § 33 Abs. 2 AktG erforderlich. Die Prüferbestellung kann und sollte bereits vor dem Umwandlungsbeschluss erfolgen, um den Vollzug zu beschleunigen. Das Recht der GmbH sieht eine Gründungsprüfung gesetzlich nicht vor.[927] Das Registergericht hat aber auch hier die Reinvermögensdeckung zu kontrollieren.[928] Ihm sind wie bei der Gründung gem. § 8 Abs. 1 Nr. 5. GmbHG Unterlagen darüber vorzulegen, dass der Wert der Sacheinlagen den Nennbetrag der dafür übernommenen Geschäftsanteile erreicht. Meist wird das die letzte Jahresbilanz sein. Es gelten dieselben Grundsätze wie bei Einbringung eines Unternehmens im Rahmen der Gründung einer GmbH.[929] **486**

Dieselben Regeln finden gem. § 245 Abs. 1 bis 3 beim **Formwechsel einer GmbH in eine AG oder KGaA** sowie beim Formwechsel der AG in die KGaA und umgekehrt Anwendung. Dagegen ist gem. § 245 Abs. 4 beim Formwechsel von der AG bzw. KGaA in die GmbH kein Sachgründungsbericht und auch kein Nachweis über die Deckung des Stammkapitals des Zielrechtsträgers erforderlich. Der Formwechsel ist auch bei einer materiellen Unterbilanz zulässig.[930] Nach der Gesetzesbegründung wird der Formwechsel der AG oder KGaA in eine GmbH wie eine Satzungsänderung behandelt. **487**

Sachgründungs- bzw. Gründungsberichte sind gem. §§ 264, 277 weder beim Formwechsel einer **Genossenschaft** noch beim Formwechsel eines **Vereins** in eine Kapitalgesellschaft und gem. § 295 auch nicht beim Formwechsel eines **VVaG** in eine AG erforderlich. Die Mitglieder dieser Vereinigungen soll keine Gründungshaftung treffen. Für sie gibt es keine den §§ 219 oder 244, 245 Abs. 1 bis 3 entsprechenden Bestimmungen, wonach alle oder einzelne Gesellschafter den Gründern gleichstehen. Dagegen hat beim Formwechsel in eine AG bzw. KGaA auch bei diesen Vereinigungen sowohl eine Gründungsprüfung durch einen vom Gericht bestellten externen Gründungsprüfer als auch durch den Vorstand (bei der KGaG durch den persönlich haftenden Gesellschafter) und den Aufsichtsrat der künftigen AG bzw. KGaA stattzufinden.[931] Beim Formwechsel in die GmbH bedarf es zwar keiner Gründungsprüfung; aber auch hier ist dem Registergericht ein Nachweis darüber beizubringen, dass der Nennbetrag des Stammkapitals durch das Vermögen des formwechselnden Rechtsträgers – wie in § 264 Abs. 1 vorgeschrieben – gedeckt ist.[932] **488**

---

923 Lutter/*Decher*, § 194 Rn. 40; Semler/Stengel/*Bärwaldt*, § 194 Rn. 42.
924 Vgl. dazu oben Rdn. 121 zur Verschmelzung.
925 Vgl. dazu Widmann/Mayer/*Mayer*, § 5 Rn. 266 m.w.N., der den Verzicht für zulässig hält, auch mit Nachweisen zur Gegenmeinung, darunter insbesondere *Hausch*, RNotZ 2007, 308/314; Lutter/*Lutter/Drygalla*, § 5 Rn. 109.
926 Semler/Stengel/*Schlitt*, § 220 Rn. 29.
927 Lutter/*Just*, § 220 Rn. 25.
928 Semler/Stengel/*Schlitt*, § 220 Rn. 19.
929 Vgl. dazu auch *Schlitt* a.a.O. m.w.N.
930 *Limmer*, Rn. 2661; Kallmeyer/*Dirksen*, § 245 Rn. 5; Lutter/*Happ/Göthel*, § 245 Rn. 12; Semler/Stengel/*Scheel*, § 245 Rn. 44 ff.; Widemann/Mayer/*Rieger*, § 245 Rn. 47; DNotI-Gutachten Nr. 87884 vom 11.9.2008.
931 Lutter/*Bayer*, § 264 Rn. 15.
932 Vgl. Lutter/*Bayer*, § 264 Rn. 2; Lutter/*Krieger*, § 277 Rn. 2.

3. Vorbereitung der Bestellung des ersten Aufsichtsrats

489 Besonderer Aufmerksamkeit bedarf die Wahl der Mitglieder eines obligatorischen Aufsichtsrats des Rechtsträgers neuer Rechtsform. Dass die Wahl ordnungsgemäß und rechtzeitig erfolgt, ist insbesondere wichtig, wenn

- die Mitglieder des Geschäftsführungsorgans der neuen Rechtsform vom Aufsichtsrat gewählt werden; so bei der AG gem. § 84 AktG und aufgrund entsprechender Satzungsbestimmung oder gem. § 31 MitbestG bei der GmbH und der eG, wenn diese regelmäßig mehr als 2.000 Arbeitnehmer haben; allerdings ist zweifelhaft, ob der Aufsichtsrat schon im Gründungsstadium zu bilden ist, wenn sich die Aufsichtsratspflicht wie bei der GmbH nur aus der Anwendung mitbestimmungsrechtlicher Vorschriften ergibt (dazu sogleich unter a)),
- die Mitglieder des Aufsichtsrats den Formwechsel mit anmelden müssen; so gem. § 222 Abs. 1 beim Formwechsel von der Personenhandelsgesellschaft oder PartG in eine Kapitalgesellschaft oder eG sowie gem. §§ 265, 278 i.V. mit § 222 Abs. 1 beim Formwechsel von der eG oder dem e.V. in eine Kapitalgesellschaft, falls der Rechtsträger nach den für die neue Rechtsform geltenden Vorschriften einen Aufsichtsrat haben muss; allerdings ist umstritten, ob die Aufsichtsratsmitglieder anmeldepflichtig sind, wenn sich die Aufsichtsratspflicht wie bei der GmbH nur aus der Anwendung mitbestimmungsrechtlicher Vorschriften ergibt (dazu sogleich unter a)),
- wenn die Mitglieder des Aufsichtsrats eine Gründungsprüfung gem. § 34 AktG vornehmen müssen, so bei jedem Formwechsel in die AG oder KGaA.

a) Formwechselnder Rechtsträger hat keinen obligatorischen Aufsichtsrat

490 Hat der formwechselnde Rechtsträger bislang keinen obligatorischen Aufsichtsrat, wie beispielsweise die Personenhandelsgesellschaft (mit Ausnahme der GmbH & Co. KG, deren phG der Mitbestimmung nach MitbestG unterliegt, wenn sie regelmäßig mehr als 2.000 Arbeitnehmer beschäftigt und die Voraussetzungen gem. § 4 MitbestG erfüllt), die PartG, der e.V. oder die GmbH, wenn das Unternehmen regelmäßig nicht mehr als 500 Arbeitnehmer beschäftigt, und wird er in eine Rechtsform umgewandelt, die einen obligatorischen Aufsichtsrat hat, insbesondere eine AG, eine KGaA, eine eG,[933] eine GmbH, wenn das Unternehmen regelmäßig mehr als 500 Arbeitnehmer hat oder eine GmbH & Co. KG, die regelmäßig mehr als 2.000 Arbeitnehmer beschäftigt und die Voraussetzungen des § 4 MitbestG erfüllt, so ist erstmals ein Aufsichtsrat zu wählen. Das bereitet keine besonderen Probleme, wenn der Aufsichtsrat nicht – insbesondere nicht nach DrittelbG oder MitbestG – mitbestimmt ist. Ist er das aber, muss er gem. § 4 DrittelbG zu einem Drittel und gem. § 7 MitbestG zur Hälfte aus Mitgliedern der Arbeitnehmer bestehen. Für diesen Fall bestimmt § 197 S. 2, dass die Regeln über die Bildung des ersten Aufsichtsrats nicht anzuwenden sind. Damit wird – so die erklärte Absicht des Gesetzgebers – insbesondere § 30 Abs. 2 AktG abbedungen, der anordnet, dass für den ersten Aufsichtsrat die Vorschriften über die Bestellung von Aufsichtsratsmitgliedern der Arbeitnehmer nicht anzuwenden sind. Dies bereitete erhebliche Probleme, weil das Verfahren zur Wahl der Arbeitnehmervertreter zeitlich aufwendig ist und den Formwechsel damit deutlich verzögert. Das AktG sieht deshalb in § 31 für die Einbringung von Unternehmen als Sacheinlage vor, dass die Hauptversammlung zunächst nur so viele Mitglieder zu wählen hat, wie von ihr zu wählen sind und erst nach der Einbringung die endgültige Zusammensetzung des Aufsichtsrats insbesondere die Arbeitnehmerbeteiligung durch Einleitung des Statusverfahrens gem. §§ 97 bis 99 AktG zu klären ist.

---

[933] Ausnahme: Wenn sie nicht mehr als 20 Mitglieder hat und in der Satzung gem. § 9 Abs. 1 S. 2 GenG auf einen Aufsichtsrat verzichtet wird.

491 Durch das Zweite Gesetz zur Änderung des Umwandlungsgesetzes vom 19.4.2007[934] hat der Gesetzgeber § 197 um den jetzigen S. 3 ergänzt und klargestellt, dass **beim Formwechsel in eine AG § 31 AktG anwendbar ist**. Damit kann der Formwechsel bei der AG schon vor der Wahl der Arbeitnehmervertreter zum Handelsregister angemeldet werden und die Eintragung erfolgen.[935] Das Statusverfahren soll zwar schon vor der Eintragung des Formwechsel eingeleitet werden können,[936] von seinem Abschluß ist der Vollzug des Formwechsels aber nicht abhängig.[937] § 197 S. 3 regelt die Anwendung des § 31 AktG allerdings nur für den Formwechsel in eine AG ein. Dass die Bestimmung nicht auch die KGaA erwähnt, beruht wahrscheinlich auf einem Redaktionsversehen.[938] Fraglich ist aber die Anwendung auf die GmbH und auf die eG. Auch beim Formwechsel in die GmbH wird teilweise eine analoge Anwendung befürwortet.[939] Teilweise wird das Problem nicht erörtert, aber davon ausgegangen, dass § 31 AktG in § 197 umfassend für anwendbar erklärt ist.[940] Andere sind der Auffassung, dass sich das Problem beim Formwechsel in die GmbH nicht stellt,[941] und begründen dies damit, dass auch bei der Gründung der GmbH die mitbestimmungsrechtlichen Vorschriften erst nach Entstehung der Gesellschaft, also Eintragung ins Handelsregister, nicht aber schon im Gründungsstadium Anwendung finden.[942] Nur noch vereinzelt wird heute dagegen vertreten, dass bis zum Wirksamwerden des Formwechsels die Arbeitnehmervertreter zwar bestellt sein müssen, die Bestellung aber notfalls analog § 104 AktG auch gerichtlich erfolgen könne.[943] Zu folgen ist der Auffassung, dass bei der Rechtsform GmbH (entsprechend gilt das aber auch für die eG) ein mitbestimmungsrechtlicher Aufsichtsrat erst nach Entstehung, also Eintragung der neuen Rechtsform zu bilden ist.

b) Der formwechselnde Rechtsträger hat bereits einen obligatorischen Aufsichtsrat

492 Eine andere Frage ist, wie zu verfahren, wenn der formwechselnde Rechtsträger bereits einen obligatorischen Aufsichtsrat hat. Grundsätzlich erlischt das Amt der Organmitglieder mit Wirksamwerden des Formwechsels. Davon abweichend sieht § 203 aber vor, dass die Mitglieder des Aufsichtsrats des formwechselnden Rechtsträgers als Mitglieder des Rechtsträgers neuer Rechtsform für den Rest ihrer Wahlzeit im Amt bleiben, wenn der Aufsichtsrat beim Rechtsträger neuer Rechtsform **in gleicher Weise** wie beim formwechselnden Rechtsträger **gebildet und zusammengesetzt** wird. Letzteres ist beispielsweise der Fall beim Formwechsel von der AG in die KGaA und umgekehrt, aber auch beim Formwechsel einer GmbH mit regelmäßig mehr als 500 Arbeitnehmern oder 2.000 Arbeitnehmern in eine AG oder KGaA und umgekehrt von diesen in die GmbH. Sowohl der formwechselnde Rechtsträger als auch die Gesellschaft neuer Rechtsform unterliegen dann der Mitbestimmung nach DrittelbG oder MitbestG. Beschäftigt die AG oder KGaA dagegen regelmäßig weniger als 501 Arbeitnehmer, hat sie entweder als Altgesellschaft einen gem. § 1 Abs. 1 Nr. 1 S. 2 DrittelbG mitbestimmten Aufsichtsrat oder aber einen nicht mitbestimmten Aufsichtsrat; bei der GmbH ist ein Aufsichtsrat in beiden Fällen nicht vor-

---

934 BGBl. I 2007, S. 542.
935 Kallmeyer/*Meister/Klöcker*, § 197 Rn. 73; Kallmeyer/*Dirksen*, § 222 Rn. 8.
936 Lutter/*Decher*, § 197 Rn. 49; Kallmeyer/*Meister/Klöcker*, § 197 Rn. 74.
937 Vgl. auch Widmann/Mayer/*Mayer*, § 197 Rn. 14.
938 Kallmeyer/*Meister/Klöcker*, § 197 Rn. 73.
939 Kallmeyer/*Meister/Klöcker*, § 197 Rn. 73; Lutter/*Just*, § 218 Rn. 16.
940 KK-UmwG/*Dauner-Lieb/Tettinger*, § 218 Rn. 42; Lutter/*Decher*, § 197 Rn. 47.
941 Semler/Stengel/*Bärwaldt*, § 197 Rn. 71; Widmann/Mayer/*Mayer*, § 197 Rn. 15; Schmitt/Hörtnagl/Stratz/*Stratz*, § 222 Rn. 3; Widmann/Mayer/*Vossius*, § 222 Rn. 17.
942 BayObLG NZG 2000, 932, 933; Baumbach/Hueck/*Hueck/Fastrich*, § 6 Rn. 35; Scholz/*K. Schmidt*, § 11 Rn. 52 jew. m.w.N.
943 Semler/Stengel/*Schlitt*, § 218 Rn. 27; vor Erlass des Zweiten Gesetzes zur Änderung des Umwandlungsgesetzes war das die h.M.

geschrieben, so dass beim Formwechsel § 203 nicht eingreift. Nach überwiegender Auffassung erlischt das Amt der Mitglieder mit dem Formwechsel.[944] Das soll nach h.M. auch gelten, wenn im Rechtsträger neuer Rechtsform freiwillig ein Aufsichtsrat nach denselben Grundsätzen gebildet wird.[945] Bei einem mitbestimmten Aufsichtsrat einer Altgesellschaft stellt sich allerdings die Frage, ob sein Wegfall ein Statusverfahren voraussetzt. Dazu gleich unter Rdn. 494.

493 Beim Formwechsel aus und in die eG greift § 203 nie ein, weil sich der Aufsichtsrat im Hinblick auf die Regelung in § 9 Abs. 2 GenG, wonach die Mitglieder des Aufsichtsrats Mitglieder der Genossenschaft sein müssen, immer anders zusammensetzt als der Aufsichtsrat eines anderen Rechtsträgers.

c) Statusverfahren

494 Ändern sich Bildung und Zusammensetzung des Aufsichtsrats infolge des Formwechsels und der auf den neuen Rechtsträger anzuwendenden gesetzlichen Bestimmungen, so sind die für die neue Rechtsform geltenden Vorschriften allerdings erst anzuwenden, nachdem ein Statusverfahren gem. §§ 96 Abs. 2, 97 ff. AktG durchgeführt worden ist, in dem Bildung und Zusammensetzung des Aufsichtsrats verbindlich geklärt worden sind. Das setzt jedoch voraus, dass für den neuen Rechtsträger die Durchführung eines Statusverfahrens überhaupt vorgesehen ist, also gem. § 27 EGAktG für die GmbH, gem. § 278 Abs. 3 AktG für die KGaA und gem. § 1 Abs. 1 Nr. 5. DrittelbG für die eG. Der Wechsel in der Zusammensetzung des Aufsichtsrats tritt in diesem Fall nicht automatisch, sondern erst nach Durchführung des Statusverfahrens ein. Das Verfahren muß auch eingeleitet werden, wenn sich aufgrund Gesetzes die Anzahl der Mitglieder des Aufsichtsrats ändert.[946] Gleiches gilt, wenn infolge des Formwechsels – insbesondere einer gem. § 1 Abs. 1 Nr. 1 DrittelbG mitbestimmten Alt-AG oder Alt-KGaA mit weniger als 501 Arbeitnehmern in eine GmbH – die Notwendigkeit zur Bildung eines Aufsichtsrats vollständig entfällt. Der Durchführung eines Statusverfahrens soll es allerdings nicht bedürfen, falls die Bildung eines mitbestimmten Aufsichtsrats nach den für den Rechtsträger neuer Rechtsform maßgebenden Rechtsvorschriften ausgeschlossen ist.[947] Nicht zur Durchführung eines Statusverfahrens kommt es deshalb beim Formwechsel in die Personengesellschaft, da das Statusverfahren der Personengesellschaft fremd ist.[948] Der Aufsichtsrat erlischt in diesem Fall ohne weiteres mit Wirksamwerden des Formwechsels. Falls ein Statusverfahren durchzuführen ist, ist dafür zu sorgen, dass es rechtzeitig eingeleitet wird und bei Beschlussfassung über den Formwechsel feststeht, wie sich der Aufsichtsrat nach den Bestimmungen des Rechtsträgers neuer Rechtsform zusammensetzt. Andernfalls ist der Aufsichtsrat nach den zuletzt auf den formwechselnden Rechtsträger angewandten gesetzlichen Vorschriften neu zu wählen.[949] Sinnvoll und ebenfalls mit dem Wortlaut dem Wortlaut des § 203 vereinbar wäre es allerdings, in solchen Fällen nicht nur das Aufsichtsratsmodell bis zum Abschluß des Statusverfahrens beizubehalten, sondern auch die Mandate der Aufsichts-

---

944 Lutter/*Decher*, § 203 Rn. 6; Kallmeyer/*Meister/Klöcker*, § 203 Rn. 2; a.A. *Krause-Ablaß/Link*, GmbHR 2005, 731 ff.
945 Lutter/*Decher*, § 203 Rn. 9 f; Kallmeyer/*Meister/Klöcker*, § 203 Rn. 11; Semler/Stengel/*Simon*, § 203 Rn. 3; Widmann/Mayer/*Vossius*, § 203 Rn. 10; a.A. Goutier/Knopf/Tulloch/*Laumann*, § 203 Rn. 4, 8.
946 Lutter/*Decher*, § 203 Rn. 12, 14; Semler/Stengel/*Simon*, § 203 Rn. 10.
947 Lutter/*Decher*, § 203 Rn. 12; Semler/Stengel/*Simon*, § 203 Rn. 10; *Krause-Ablaß/Link*, GmbHR 2005, 731/732.
948 Zur Unanwendbarkeit des § 203 und Entbehrlichkeit eines Statusverfahrens beim Wechsel in die Personengesellschaft vgl. KK-UmwG/*Hohenstatt/Schramm*, § 194 Rn. 30; *Krause-Ablaß/Link*, GmbHR 2005, 731, 732.
949 Lutter/*Decher*, § 203 Rn. 12, 14; Semler/Stengel/*Simon*, § 203 Rn. 11; zu den Kompetenzen eines so gewählten Aufsichtsrats vgl. *Krause-Ablaß/Link*, GmbHR 2005, 731/735.

ratsmitglieder bis dahin, längstens allerdings bis zum Ablauf ihrer Wahlzeit fortbestehen zu lassen.[950] Zuständig für die Einleitung des Verfahrens ist das Vertretungsorgan des formwechselnden Rechtsträgers.[951] Es wird empfohlen, das Verfahren bereits **zwei Monate vor der Beschlussfassung** über den Formwechsel einzuleiten.[952]

4. Versammlung

Bei der Organisation der Gesellschafterversammlung, die über den Formwechsel Beschluss fassen soll, ist zu beachten, dass nach der gesetzlichen Regelung in der Versammlung verschiedene Unterlagen auszulegen oder in der Hauptversammlung einer Aktiengesellschaft oder KGaA auf andere Weise zugänglich zu machen sind. Das sind insbesondere gem. § 232 der Umwandlungsbericht und gem. § 260 Abs. 3 das Prüfungsgutachten des Prüfungsverbandes. Die Einzelheiten werden später behandelt. **495**

5. Anlagen zur Registeranmeldung

Zum Vollzug des Formwechsels im Register sind die Anlagen zu beschaffen, die der Registeranmeldung beigefügt werden müssen. Hier wird auf Rdn. 644 ff. verwiesen. **496**

6. Abwicklungsmaßnahmen nach Eintragung

Die Bekanntmachung der Eintragung des Formwechsels setzt den Lauf verschiedener **Fristen** in Gang, die für die Abwicklung des Formwechsels von Bedeutung sind: das ist zum einen die Frist von sechs Monaten, innerhalb deren Gläubiger des Rechtsträgers gem. §§ 204, 22 ihre Ansprüche anmelden müssen, wenn sie für diese Sicherheitsleistung verlangen wollen. Zum anderen ist es die Frist von zwei Monaten, innerhalb deren Gesellschafter, die gegen den Umwandlungsbeschluss Widerspruch zur Niederschrift erklärt haben, das Angebot auf Erwerb ihrer umgewandelten Anteile gem. § 209 annehmen oder ohne Rücksicht auf bestehende Verfügungsbeschränkungen gem. § 211 ihre Anteile freihändig veräußern können. Schließlich sind es die Fristen von jeweils drei Monaten gem. § 4 Abs. 1 Nr. 4. SpruchG, innerhalb deren Gesellschafter die Höhe der angebotenen Barabfindung oder ein nicht ordnungsgemäßes Angebot auf Barabfindung sowie die Höhe der baren Zuzahlung gem. § 196 UmwG gerichtlich überprüfen lassen können. **497**

Beim Formwechsel in die Genossenschaft und beim Formwechsel von Genossenschaften und Vereinen werden durch die Bekanntmachung der Eintragung die Mitteilungspflichten gem. §§ 256 Abs. 3, 267 und 268, 281 ausgelöst. **498**

IV. Der Umwandlungsbericht

1. Gesetzliche Regelung/Schutzzweck/Aufstellungsverpflichtete

Gem. § 192 hat das Vertretungsorgan des Ausgangsrechtsträgers einen ausführlichen schriftlichen Bericht zu erstatten. Darin sind der Formwechsel und insbesondere die künftige Beteiligung der Gesellschafter am Zielrechtsträger rechtlich und wirtschaftlich zu erläutern und zu begründen. Ziel des Berichts ist es, den Anteilsinhabern zu ermöglichen, sich rechtzeitig vor der Versammlung, in der der Beschluss gefaßt werden soll, ein eigenes Bild zu machen. Er dient ausschließlich dem Schutz der Anteilsinhaber, nicht dagegen dem Schutz der Gläubiger oder der Arbeitnehmer.[953] **499**

---

950 So überzeugend *Krause-Ablaß/Link*, GmbHR 2005, 731 ff. dort auch zu weiteren Einzelheiten.
951 Lutter/*Decher*, § 203 Rn. 14.
952 Lutter/*Decher*, § 203 Rn. 14.
953 Semler/Stengel/*Bärwaldt*, § 192 Rn. 23; Lutter/*Decher*, § 192 Rn. 2; Kallmeyer/*Meister/Klöcker*, § 192 Rn. 2.

4. Kapitel Umwandlungen

500 Zur Aufstellung ist das Vertretungsorgan des formwechselnden Rechtsträgers verpflichtet, und zwar persönlich. Eine **Vertretung** ist **nicht zulässig**, weil es sich um Wissenserklärungen, nicht um Willenserklärungen handelt.[954] Die unrichtige Wiedergabe oder Verschleierung der Verhältnisse des Rechtsträgers ist durch § 313 unter Strafe gestellt. Im Schrifttum wird vielfach verlangt, dass der Bericht von allen Mitgliedern des Vertretungsorgans unterzeichnet wird.[955] Die Rechtsprechung tendiert demgegenüber dazu, die Erstattung durch Organmitglieder **in vertretungsberechtigter Zahl** für ausreichend zu halten.[956]

2. Inhalt

501 Der Formwechsel ist rechtlich und wirtschaftlich zu erläutern und zu begründen. Dazu sind zunächst die derzeitigen rechtlichen und wirtschaftlichen Verhältnisse darzustellen. Alsdann sind Zweck sowie Vor- und Nachteile des Formwechsel darzulegen und zu erläutern, ob es andere Möglichkeiten zur Zweckerreichung gibt und warum diese nicht gewählt wurden oder die Vorteile die Nachteile überwiegen.[957] Steuerliche Hintergründe und Auswirkungen sind darzustellen.[958] Nicht nötig ist die Darlegung, dass der Formwechsel erforderlich ist. Zweckmäßigkeit genügt.[959]

502 Im Zentrum der Ausführungen steht die Erläuterung der künftigen Beteiligung der Anteilsinhaber und die Vor- und Nachteile gegenüber der bisherigen Beteiligung. Insbesondere sind Änderungen der rechtlichen Verfügbarkeit der Anteile und sich daraus ergebende Wertveränderungen konkret darzustellen.[960] Weiter sind die Kosten des Formwechsels darzulegen.[961] Der Umwandlungsbeschluss nebst dem Gesellschaftsvertrag/der Satzung der Zielrechtsform sind beizufügen und zu erläutern. In dem Bericht ist auch die angebotene Barabfindung gem. § 207 zu erläutern und zu begründen.[962] Allerdings soll eine Verletzung dieser Verpflichtung nicht zur Anfechtbarkeit des Formwechselbeschlusses führen, sondern nur im Spruchverfahren Bedeutung haben.[963] Die Verpflichtung zum Hinweis auf besondere Bewertungsschwierigkeiten gem. § 8 Abs. 1 S. 2 soll für den Formwechsel nicht dieselbe Bedeutung haben wie etwa für Verschmelzung und Spaltung, weil es nur um die Bewertung eines fortbestehenden Rechtsträgers geht.[964] Gem. § 8 Abs. 1 S. 3 und 4 ist gegebenenfalls auch über die Angelegenheiten der verbundenen Unternehmen zu berichten. Nicht offenlegungspflichtig sind Tatsachen, deren Bekanntwerden dem Rechtsträger oder einem verbundenen Unternehmen einen nicht unerheblichen Nachteil zufügen können (vgl. § 8 Abs. 2). Die Bestimmung weist eine Parallele zu § 131 Abs. 3 AktG auf, der auch im übrigen Anhaltspunkte dafür geben kann, welche Informationen nicht mitgeteilt werden müssen.[965] Die Gründe für eine Geheimhaltung bestimmter Tatsachen sind darzulegen.[966]

---

954 Semler/Stengel/*Bärwaldt*, § 192 Rn. 21; Kallmeyer/*Meister/Klöcker*, § 192 Rn. 36.
955 Z.B. Semler/Stengel/*Bärwaldt*, § 192 Rn. 21; KK-UmwG/*Petersen*, § 192 Rn. 5.
956 BGH ZIP 2007, 1524, 1528; KG ZIP 2005, 167, 168; zustimmend Lutter/*Decher*, § 192 Rn. 5.
957 Lutter/*Decher*, § 192 Rn. 18.
958 Semler/Stengel/*Bärwaldt*, § 192 Rn. 7; Lutter/*Decher*, § 192 Rn. 26.
959 Lutter/*Decher*, § 192 Rn. 18.
960 Lutter/*Decher*, § 192 Rn. 22.
961 Lutter/*Decher*, § 192 Rn. 27.
962 BGH NJW 2001, 1425, 1428; Semler/Stengel/*Bärwaldt*, § 192 Rn. 12 f.; Lutter/*Decher*, § 192 Rn. 29 f.
963 Lutter/*Decher*, § 192 Rn. 30.
964 Semler/Stengel/*Bärwaldt*, § 192 Rn. 15; Lutter/*Decher*, § 192 Rn. 36.
965 Semler/Stengel/*Bärwaldt*, § 192 Rn. 18.
966 Semler/Stengel/*Bärwaldt*, § 192 Rn. 19.

3. Entbehrlichkeit des Berichts, Verzicht

Der Bericht ist gem. § 192 Abs. 2 entbehrlich, wenn an dem Rechtsträger nur ein Anteilsinhaber beteiligt ist oder alle Anteilsinhaber durch notariell beurkundete Erklärung auf die Erstattung verzichten. Die Verzichtserklärung ist Willenserklärung und muß nach dem dafür geregelten Beurkundungsverfahren (§§ 6 ff. BeurkG) beurkundet werden.[967] Die Erklärung in der Versammlung der Anteilsinhaber, über die ein notarielles Tatsachenprotokoll erstellt wird, genügt nicht.[968] Der Verzicht ist nach h.M. – anders als ein rechtsgeschäftlicher Verzicht – einseitige, empfangsbedürftige Willenserklärung, die zwar der Gesellschaft gegenüber abzugeben, aber kein Vertrag mit der Gesellschaft ist. Der Verzicht wird häufig aus Anlaß der Gesellschafterversammlung erklärt und mitbeurkundet. Es empfiehlt sich aber, ihn deutlich von dem Beschluss über den Formwechsel abzusetzen. Die Beurkundung kann auch vorher oder nachträglich geschehen. Die vorherige Verzichtserklärung darf aber nicht rein abstrakt pauschal abgegeben werden, sondern muß sich auf den konkreten Rechtsformwechsel beziehen.[969] Eines Umwandlungsberichts bedarf es gem. § 215 auch dann nicht, wenn – wie bei der oHG oder der PartG – alle Gesellschafter des formwechselnden Rechtsträgers zur Geschäftsführung berechtigt sind. Auch Kommanditisten können zur Geschäftsführung berechtigt sein.[970] Ein Umwandlungsbericht ist weiter nicht erforderlich, wenn bei der GmbH & Co. KG alle Kommanditisten auch Gesellschafter und Geschäftsführer oder auch nur Geschäftsführer der persönlich haftenden Gesellschafterin sind.[971] Dagegen ist der Umwandlungsbericht nicht entbehrlich, wenn die Kommanditisten nur Gesellschafter, nicht aber Geschäftsführer der Komplementärin sind.[972]

503

4. Rechtsfolgen bei Mängeln des Berichts

Mängel des Umwandlungsberichts können die Anfechtbarkeit des Umwandlungsbeschlusses bei Körperschaften (mit Ausnahme des rechtsfähigen Vereins) beziehungsweise dessen Nichtigkeit bei Personengesellschaften und rechtsfähigen Vereinen begründen und damit den Vollzug des Formwechsels blockieren. Allerdings kann die Klage gem. § 195 Abs. 2 nicht darauf gestützt werden, dass nach Meinung des Klägers die Anteile am Rechtsträger neuer Rechtsform zu niedrig bemessen sind, oder die Mitgliedschaft keinen ausreichenden Gegenwert für die Anteile am formwechselnden Rechtsträger darstellt, ferner gem. § 210 nicht darauf, dass die Barabfindung zu niedrig ist oder das Barabfindungsangebot nicht oder unzureichend erläutert worden ist.[973]

504

Die Anfechtbarkeit setzt voraus, dass der Beschluss auf dem mangelhaften Bericht beruht. Dabei ist entscheidend, ob ein objektiv urteilender Anteilsinhaber bei Vorliegen eines mangelfreien Berichts anders entschieden hätte.[974] Das Nachschieben von Gründen in der Versammlung genügt nicht.[975]

505

---

967 Semler/Stengel/*Bärwaldt*, § 192 Rn. 24.
968 Semler/Stengel/*Bärwaldt*, § 192 Rn. 24; Lutter/*Decher*, § 192 Rn. 46; *Limmer*, Rn. 2172; Kallmeyer/Meister/Klöcker, § 192 Rn. 58.
969 Semler/Stengel/*Bärwaldt*, § 192 Rn. 26.
970 BGH NJW 1955, 1394/1395; NJW 1969, 507/508; NJW 1989, 2687.
971 Lutter/*Just*, § 215 Rn. 4; Semler/Stengel/*Schlitt*, § 215 Rn. 10.
972 Lutter/*Just*, § 215 Rn. 4; Semler/Stengel/*Schlitt*, § 215 Rn. 10; Kallmeyer/*Dirksen*, § 215 Rn. 3.
973 BGH NJW 2001, 1425; a.A. Semler/Stengel/*Bärwaldt*, § 192 Rn. 34 FN 89.
974 Semler/Stengel/*Bärwaldt*, § 192 Rn. 35.
975 Semler/Stengel/*Bärwaldt*, § 192 Rn. 37 m.w.N.

V. Der Inhalt des Umwandlungsbeschlusses

506 Der Inhalt des Umwandlungsbeschlusses ergibt sich aus § 194.

507
> **Praxistipp:**
> Die in § 194 Abs. 1 angesprochenen sieben Punkte sollten sich im Beschluss wiederfinden, damit das Registergericht unkompliziert prüfen kann, ob der Beschluss alle in der Vorschrift angesprochenen Beschlusspunkte abdeckt.

508 Daneben enthalten die Besonderen Vorschriften weitere Bestimmungen über den notwendigen Beschlussinhalt, so insbesondere §§ 218, 234, 243, 253, 263, 276, 285 und 294. Im Einzelnen gilt folgendes:

1. § 194 Abs. 1 Nr. 1 – Zielrechtsform

509 Gem. Nr. 1. muß zunächst die Zielrechtsform bestimmt werden. Fragen stellen sich diesbezüglich insbesondere beim Formwechsel in die Personengesellschaft. Ein Formwechsel in eine GbR ist nur möglich, wenn die Gesellschaft kein Handelsgewerbe betreibt. Andernfalls ist der Beschluss nichtig.[976] Der Formwechsel in eine Personenhandelsgesellschaft ist dagegen seit Öffnung der Personengesellschaft auch für kleingewerbliche Unternehmen möglich, weil die Gesellschaft durch Eintragung in das Handelsregister gem. § 105 Abs. 2 S. 1 HGB Personenhandelsgesellschaft wird. Problematisch ist es nur, wenn in der Gesellschaft ein freier Beruf, Wissenschaft oder Kunst betrieben wird. Dann kann sie nicht durch die Eintragung zur Handelsgesellschaft werden.[977] Die Frage ist, ob in zweifelhaften Fällen hilfsweise der Formwechsel in die jeweils andere Rechtsform vorgesehen werden kann. Gem. § 228 Abs. 2 in der bis zum 19.4.2007 geltenden Fassung konnte im Umwandlungsbeschluss bestimmt werden, dass die formwechselnde Gesellschaft die Rechtsform einer BGB-Gesellschaft erlangen soll, wenn der Gegenstand des Unternehmens den Vorschriften über die Gründung einer oHG nicht genügt.[978] Daraus dass der Hilfsformwechsel vom Gesetz in diesem Fall geregelt war, wurde teilweise geschlossen, dass der umgekehrte Fall, den das Gesetz nicht regelte, nämlich der Formwechsel in die BGB-Gesellschaft nicht hilfsweise auf Umwandlung in eine oHG gerichtet werden konnte.[979] Durch das zweite Gesetz zur Änderung des Umwandlungsgesetzes ist Abs. 2 gestrichen worden. Ob und in welchen Fällen ein Hilfsformwechsels heute noch zulässig ist, ist umstritten. Während die einen ihn nunmehr schlechthin für unzulässig halten,[980] sehen ihn andere als stets zulässig an.[981] Wieder andere sind der Auffassung, die Rechtslage sei gegenüber derjenigen vor Änderung des Gesetzes unverändert und halten zwar die hilfsweise Umwandlung in eine GbR, nicht aber umgekehrt die hilfsweise Umwandlung in eine Personenhandelsgesellschaft für zulässig.[982] Von Bedeutung bleibt die Frage insbesondere in den Fällen, in denen zweifelhaft ist, ob es sich um eine gewerbliche Tätigkeit oder um eine freiberufliche Tätigkeit handelt.[983] Für die Praxis empfiehlt es sich in Zweifelsfällen, vorsorglich den Hilfsformwechsel vorzusehen. Denn dann besteht wenigstens die Chance, dass der Hilfsantrag vollzogen wird, wenn der Hauptantrag zurückgewiesen wird.

---

[976] Lutter/*Decher*, § 228 Rn. 17 ff.; *Mayer*, DAI-Skript Rn. 362.
[977] *Baumbach/Hopt* § 1 Rn. 19.
[978] Vgl. die Gesetzesbegründung BT-Drucks. 16/2919, S. 20.
[979] Semler/Stengel/*Ihrig*, § 228 Rn. 34; Lutter/*Happ*, Rn. 21; a.A. Schmitt/Hörtnagl/Stratz/*Stratz*, § 228 Rn. 7.
[980] KK-UmwG/*Dauner-Lieb/Tettinger*, § 228 Rn. 32; Lutter/*Happ/Göthel*, § 228 Rn. 17 f.
[981] So Semler/Stengel/*Ihrig*, § 228 Rn. 35 ff.; Schmitt/Hörtnagl/Stratz/*Stratz*, § 228 Rn. 7; Widmann/ Mayer/*Vossius*, § 228 Rn. 20 ff.
[982] Kallmeyer/*Dirksen*, § 228 Rn. 5 ff.
[983] Vgl. dazu *Mayer/Weiler*, MittBayNot 2007, 368/374; Widmann/Mayer/*Vossius*, § 228 Rn. 20, 26.

2. § 194 Abs. 1 Nr. 2 – Firma

Gem. Nr. 2. ist alsdann der Namen oder die Firma des Rechtsträgers neuer Rechtsform festzulegen. Die Firma muß den rechtsformspezifischen Bestimmungen genügen, insbesondere §§ 18, 19, 30 HGB, §§ 4, 5a GmbHG, 4, 279 AktG, § 3 GenG. Daneben ist § 200 UmwG einschlägig, der mit Ausnahmen die Fortführung der bisherigen Firma gestattet. Die Fortführung hat grundsätzlich vollständig und nicht nur teilweise zu erfolgen. Die teilweise Fortführung ist Firmenneubildung.[984] Dies gilt allerdings nicht für den Rechtsformzusatz. Gem. § 200 Abs. 2 ist die neue Rechtsform zu bezeichnen. Ein Nachfolgezusatz in der Firma ist nicht zulässig; der Rechtsträger neuer Rechtsform führt keine fremde Firma, sondern seine eigene fort.[985] Der Name eines ausscheidenden Anteilsinhabers darf gem. § 200 Abs. 3 nur mit seiner Zustimmung in der bisherigen Firma beibehalten oder zur Neubildung einer Firma verwandt werden. Das Recht zur Firmenfortführung besteht nicht beim Formwechsel in eine GbR.[986]

510

3. § 194 Abs. 1 Nr. 3 – Identität der Anteilsinhaber

Gem. Nr. 3. ist die Beteiligung der bisherigen Anteilsinhaber am Rechtsträger nach den für die neue Rechtsform geltenden Vorschriften anzugeben, sofern die Beteiligung nicht nach dem 5. Buch entfällt. Der einschränkende letzte Halbsatz bezieht sich auf die Regelungen in den §§ 233 Abs. 3 S. 3 und 236, wonach beim Formwechsel einer KGaA in eine Personengesellschaft die persönlich haftenden Gesellschafter, die ihr Ausscheiden aus dem Rechtsträger erklären, mit Wirksamwerden des Formwechsels aus der KGaA ausscheiden sowie § 247 Abs. 2, wonach sie beim Formwechsel in einen andere Kapitalgesellschaft auch ohne entsprechende Erklärung ausscheiden. Eine weitere Ausnahme regelt § 294 Abs. 1 S. 2 für den Formwechsel des VVaG. Nach h.M. verpflichtet § 194 Abs. 1 Nr. 3 aber nicht nur dazu im Beschluss die Beteiligung der Anteilsinhaber am Rechtsträger neuer Rechtsform darzustellen, sondern gebietet die **Identität der Anteilsinhaber**. Alle Anteilsinhaber des formwechselnden Rechtsträgers müssen auch Anteilsinhaber des Rechtsträgers neuer Rechtsform sein, sofern das Gesetz keine Ausnahme zuläßt.[987] Der Wortlaut bezieht sich allerdings nur darauf, dass alle bisherigen Anteilsinhaber zugleich Anteilsinhaber des Rechtsträgers neuer Rechtsform sein müssen; dagegen enthält er kein Gebot, dass nur Anteilshabers des formwechselnden Rechtsträgers Anteilsinhaber des Rechtsträgers neuer Rechtsform sein können. Die Bestimmung soll aber auch einem nicht im Gesetz vorgesehen Beitritt weiterer Gesellschafter entgegenstehen.[988] Im Gesetz geregelt ist aber nur der Beitritt als Komplementär beim Formwechsel in eine KGaA §§ 218 Abs. 2, 263, 276. In diesem Fall muss der Beschluss vorsehen, dass sich mindestens einer der Gesellschafter als Komplementär beteiligt oder ihr als solcher beitritt.

511

Erörtert wird die Reichweite des Gebots der Identität der Anteilsinhaber insbesondere im Zusammenhang mit dem **Formwechsel der GmbH & Co. KG in eine GmbH** und umgekehrt im Zusammenhang mit dem **Formwechsel einer GmbH in eine GmbH & Co. KG**. Die Frage ist im ersten Fall, ob die Komplementär-GmbH im Rahmen des Formwechsels aus der KG ausscheiden und im zweiten Fall, ob sie im Rahmen des Formwechsels der KG beitreten kann. Das Gesetz läßt Ausscheiden und Beitritt – wie bereits ausgeführt – nur bei der KGaA und ein Ausscheiden auch bei dem VVaG zu. Von der früher h.M. wurde angenommen, dass damit abschließend geregelt sei, in welchen Fällen ein

512

---

984 Semler/Stengel/*Schwanna*, § 200 Rn. 3; OLG Frankfurt a.M. DB 1999, 733.
985 Kallmeyer/*Meister/Klöcker*, § 200 Rn. 22; Semler/Stengel/*Schwanna*, § 200 Rn. 3.
986 Semler/Stengel/*Schwanna*, § 200 Rn. 4.
987 Kallmeyer/*Meister/Klöcker*, § 194 Rn. 22; a.A. Semler/Stengel/*Bärwaldt*, § 194 Rn. 8.
988 Kallmeyer/*Meister/Klöcker*, § 194 Rn. 25; wohl auch Lutter/*Decher*, § 194 Rn. 6; Widmann/Mayer/*Vollrath*, § 194 Rn. 8; a.A. Semler/Stengel/*Bärwaldt*, § 194 Rn. 10; KK-UmwG/*Petersen*, § 194 Rn. 7.

Gesellschafter im Zuge des Formwechsels der Gesellschaft beitreten oder aus ihr ausscheiden könne und dass das Gebot der Kontinuität der Anteilsinhaber einem Austritt oder Beitritt im Rahmen des Formwechsels in anderen Fällen entgegenstehe.[989] In der Praxis wurde deshalb auf Treuhandlösungen ausgewichen.[990] Die Komplementär-GmbH ist typischerweise nicht am Kapital der GmbH & Co. KG beteiligt. Zum Formwechsel in die GmbH wurde ihr treuhänderisch ein Kapitalanteil an der formwechselnden KG übertragen, auf Grund dessen sie in entsprechenden Umfang einen Geschäftsanteil an der GmbH als Rechtsträger neuer Rechtsform erwarb. Beim Formwechsel der GmbH in die GmbH & Co. KG wurde der Komplementär-GmbH ein (möglichst kleiner) Geschäftsanteil an der GmbH übertragen, aus dem im Rahmen des Formwechsels ein Kapitalanteil an der GmbH & Co. KG als neuer Rechtsform wurde. Geschäftsanteil bzw. Kapitalanteil übertrug sie nach Eintragung des Formwechsels dann an einen oder mehrere Gesellschafter zurück. Dieses umständliche Vorgehen wurde im Schrifttum schon länger für unnötig gehalten. Der Grundsatz der Kontinuität der Mitgliedschaft sei nur in dem Sinne zwingend, dass Gesellschafter nicht durch Mehrheitsbeschluss im Wege der Umwandlung aus der Gesellschaft heraus gedrängt werden könnten, wie das nach dem UmwG 1969 möglich gewesen sei. Er schließe es aber nicht aus, dass die Gesellschafter im Zusammenhang mit dem Formwechsel von anderen Möglichkeiten zur Änderung der Gesellschafterzusammensetzung Gebrauch machten, bei der Personengesellschaft somit insbesondere von Ein- und Austritt.[991] In einem Urteil aus dem Jahr 2005,[992] dem ein Formwechsel einer AG in eine GmbH & Co. KG zugrunde lag, hat der BGH es – allerdings in einem obiter dictum – ohne weitere Erörterung für zulässig erklärt, dass ein im Zuge des Formwechsel neu hinzutretender Gesellschafter mit seiner Zustimmung mit einer ¾-Mehrheit der abgegebenen Stimmen zum Komplementär der formgewechselten zukünftigen KG gewählt wird und die Aktionäre im übrigen Kommanditisten werden. Das aus §§ 194 Abs. 1 Nr. 3, 202 Abs. 1 Nr. 2 abzuleitende Gebot der Kontinuität der Mitgliedschaft verlange lediglich, dass Berechtigte, die zum Zeitpunkt der Eintragung des Formwechsels Anteilsinhaber seien, auch Mitglieder des Rechtsträgers neuer Rechtsform würden. Damit wird die dogmatische Frage nach der Zulässigkeit eines Ein- oder Austritts auf den Zeitpunkt des Formwechsels allerdings nicht beantwortet; vielmehr wird lediglich an den Wortlaut des § 194 Abs. 1 Nr. 3. angeknüpft. Obwohl die Ausführungen nicht zu den tragenden Entscheidungsgründen zählen, dürfte damit aber für die Kautelarpraxis geklärt sein, dass der Beitritt der Komplementär-GmbH im Rahmen des Formwechsels in die GmbH & Co. KG zulässig ist.

513 Offen ist dagegen nach wie vor, wie im umgekehrten Fall, dem Formwechsel von der GmbH & Co. KG in die GmbH oder eG zu verfahren ist.[993] Dazu enthält die Entscheidung keinen Hinweis. Im Schrifttum wird zunehmend vertreten, dass die Komplementär-GmbH auf den Zeitpunkt des Formwechsels ausscheiden könne.[994] Begründet wird dies einmal damit, dass das UmwG die Rechtsinstitute des Ein- und Austritts von Gesellschaftern nicht habe berühren wollen. Das Gesetz habe nur den zwangsweisen Ausschluß von dem Formwechsel nicht zustimmenden Gesellschaftern verhindern wollen.[995] Auch müsse

---

989 Nachweise bei Lutter/*Decher*, § 202 Rn. 11 FN 5; auch Widmann/Mayer/*Vollrath*, § 194 Rn. 18; Bedenken weiterhin bei Kallmeyer/*Meister/Klöcker*, §§ 191 Rn. 15; 202 Rn. 31.
990 Dazu Kallmeyer/*Meister/Klöcker*, § 191 Rn. 14; KK-UmwG/*Dauner-Lieb/Tettinger*, § 218 Rn. 35 f.
991 *K. Schmidt*, GmbHR 1995, 693, 695; auch *Kallmeyer* GmbHR 1995, 888; 1996, 80; weitere Nachweise bei Kallmeyer/*Meister/Klöcker*, § 191 Rn. 15 FN 2.
992 NZG 2005, 722 = DNotZ 2005, 864.
993 So auch Lutter/*Decher*, § 202 Rn. 12.
994 *Priester*, DB 1997, 560, 566; *K. Schmidt*, GmbHR 1995, 693, 696; *Kallmeyer*, GmbHR 1995, 888, 889; Semler/Stengel/*Bärwaldt*, § 197 Rn. 13; Lutter/*Decher*, § 202 Rn. 11 f.; Semler/Stengel/*Schlitt*, § 218 Rn. 21; KK-UmwG/*Petersen*, § 202 Rn. 22; KK-UmwG/*Dauner-Lieb/Tettinger*, § 218 Rn. 36; Widmann/Mayer/*Vossius*, § 228 Rn. 94.
995 *K. Schmidt*, GmbHR 1995, 693, 695; *Wiedemann*, ZGR 1999, 568, 578; Semler/Stengel/*Schlitt*, § 218 Rn. 21; im Ergebnis auch Lutter/*Decher*, § 202 Rn. 15.

es bei Zulassung eines nicht verhältniswahrenden Formwechsels (dazu gleich unter 4.d)) zulässig sein, der Komplementär-GmbH gar keinen Anteil zuzuweisen (nicht verhältniswahrender Formwechsel zu Null).[996] Weiter[997] wird darauf hingewiesen, dass der Gesetzgeber erklärtermaßen davon abgesehen habe, den Formwechsel der GmbH & Co. KG umwandlungsrechtlich gesondert zu regeln und dies Wissenschaft und Praxis überlassen habe. Wieder andere wollen den Austritt im Wege einer Analogie zu den Bestimmungen der §§ 233 Abs. 3 S. 3, 236 zulassen.[998] Es sprechen damit gute Gründe dafür, auch den Austritt auf den Zeitpunkt des Formwechsels zuzulassen. Will man diesen Weg gehen, sollte das aber angesichts der nicht geklärten Rechtslage vorher mit dem Registergericht abgestimmt worden. Bei einer zweigliedrigen GmbH & Co. KG ist überdies zu bedenken, dass das Ausscheiden des Komplementärs grundsätzlich zum Erlöschen der KG und zum Anwachsen des Vermögens der KG mit allen Verbindlichkeiten bei dem Kommanditisten führt.[999] Ob die sich daraus ergebende Haftung des Kommanditisten für die Schulden der KG dadurch vermieden wird, dass der **Austritt auf den Zeitpunkt des Formwechsels** erfolgt, ist ungeklärt.[1000] Jedenfalls bei der zweigliedrigen GmbH & Co. KG kann es sich deshalb empfehlen, vorerst den bisherigen Weg als den sicheren zu gehen, selbst wenn die Gestaltung ein wenig umständlicher ist.[1001]

Ähnlich kontrovers wie Ein- und Austritt der Komplementär-GmbH beim Formwechsel von der GmbH in die GmbH & Co. KG und umgekehrt wird der Beitritt eines oder mehrere Gesellschafter auf den Zeitpunkt des Wirksamwerdens des Formwechsel einer Ein-Mann-Kapitalgesellschaft in eine Personengesellschaft diskutiert. Auch ihn will eine zunehmende Auffassung zulassen.[1002]

514

Formulierungsbeispiel: Allgemein
Alle Anteilsinhaber (Gesellschafter) des formwechselnden Rechtsträgers werden auch Anteilsinhaber (Gesellschafter) des Rechtsträgers neuer Rechtsform.

515 M

Formulierungsbeispiel: Formwechsel GmbH & Co. KG in GmbH – Beitrittslösung
Bis auf die Komplementär-GmbH werden alle Anteilsinhaber (Gesellschafter) des formwechselnden Rechtsträgers auch Anteilsinhaber (Gesellschafter) des Rechtsträgers neuer Rechtsform. Die Komplementär-GmbH tritt aufschiebend bedingt durch den Formwechsel aus der Kommanditgesellschaft aus. *[noch nicht abschließend geklärt]*

516 M

Formulierungsbeispiel: Formwechsel GmbH & Co. KG in GmbH – Treuhandlösung
Alle Anteilsinhaber (Gesellschafter) des formwechselnden Rechtsträgers werden auch Anteilsinhaber (Gesellschafter) des Rechtsträgers neuer Rechtsform. Im Wege des nicht verhältniswahrenden Formwechsels erhält die Komplementär-GmbH zu Lasten des Gesellschafters A einen Geschäftsanteil in Höhe von 1,00 EUR an dem Rechtsträger neuer Rechtsfrom, den sie treuhänderisch für A hält; A erhält einen

517 M

---

996 *Bayer* ZIP 1997, 1613, 1616 f.; *Priester,* DB 1997, 560, 566; Semler/Stengel/*Schlitt,* § 218 Rn. 21; Str. a.A. MünchHdb. GesR III/*Mayer,* § 73 Rn. 312; skeptisch auch Kallmeyer/*Meister/Klöcker,* § 191 Rn. 15; § 202 Rn. 31.
997 KK-UmwG/*Dauner-Lieb/Tettinger,* § 218 Rn. 36.
998 Widmann/Mayer/*Mayer,* § 197 Rn. 22; KK-UmwG/*Dauner-Lieb/Tettinger,* § 218 Rn. 36; Widmann/Mayer/*Vossius,* § 228 Rn. 95.
999 Vgl. MünchHdb. KG/*Piehler/Schulte,* § 36 Rn. 2; MünchKommHGB/*K. Schmidt,* § 131 Rn. 55; jeweils m.w.N.
1000 Auch Widmann/Mayer/*Vossius,* § 228 Rn. 95 weist auf Haftungsfragen hin; a.A. *K. Schmidt,* GmbHR 1995, 693, 695.
1001 So auch die Empfehlung von *Vossius* a.a.O.
1002 Semler/Stengel/*Bärwaldt,* § 197 Rn. 9; Semler/Stengel/*Ihrig,* § 228 Rn. 14; Lutter/*Happ/Göthel,* § 228 Rn. 27; zweifelnd KK-UmwG/*Dauner-Lieb/Tettinger,* § 228 Rn. 24 a.A. Widmann/Mayer/ *Vossius,* § 228, 42 ff.

4. Kapitel Umwandlungen

entsprechend geringeren Geschäftsanteil. Dem nicht verhältniswahrenden Formwechsel wird A nachfolgend in gesonderter Erklärung zustimmen.
[Später (im Anschluss an die Gesellschafterversammlung):]
Alsdann erklärte Gesellschafter A:
Dem nicht verhältniswahrenden Formwechsel wird hiermit zugestimmt.
Sodann erklärten die Vertreter der Komplementär-GmbH und der Gesellschafter A:

TREUHANDABREDE, ÜBERTRAGUNG

1. Die Komplementär-GmbH wird den im Rahmen des Formwechsels erworbenen Geschäftsanteil von 1,- Euro, auf den die Einlage durch die nicht verhältniswahrende Umwandlung von dem Gesellschafter A belegt wird, treuhänderisch für diesen halten.
2. Die Komplementär-GmbH überträgt hiermit ihren mit Eintragung des Formwechsels in das Handelsregister entstehenden künftigen Geschäftsanteil von 1,- Euro an der umgewandelten Gesellschaft in Firma XY GmbH auf den Gesellschafter A. Die Übertragung erfolgt aufschiebend bedingt mit Wirkung eine Sekunde nach Eintragung des Formwechsels in das Handelsregister der GmbH.
3. Im Hinblick darauf, dass die Komplementär-GmbH den Geschäftsanteil treuhänderisch für den Gesellschafter A hält, ist eine Gegenleistung für die Übertragung nicht zu entrichten.«

518 M Formulierungsbeispiel: Formwechsel GmbH in GmbH & Co. KG
Alle Anteilsinhaber (Gesellschafter) des formwechselnden Rechtsträgers werden auch Anteilsinhaber (Gesellschafter) des Rechtsträgers neuer Rechtsform. Aufschiebend bedingt auf den Formwechsel tritt die XY GmbH der Gesellschaft aufgrund der nachstehend gesondert beurkundeten Beitrittserklärung als Komplementär bei.[1003]

4. § 194 Abs. 1 Nr. 4 – Kontinuität der Beteiligung

519 Gem. § 194 Abs. 1 Nr. 4. sind im Beschluss Zahl, Art und Umfang der Anteile oder Mitgliedschaften anzugeben, die die Anteilsinhaber durch den Formwechsel erlangen sollen oder die einem beitretenden persönlich haftenden Gesellschafter eingeräumt werden sollen. Wie § 202 Abs. 1 Nr. 2. zeigt, geht das Gesetz von der Kontinuität der Beteiligung der Anteilsinhaber aus; mit Wirksamwerden des Formwechsels sind diese an dem Rechtsträger neuer Rechtsform nach den für diese geltenden Vorschriften beteiligt. Der Umwandlungsbeschluss muss festlegen, wie diese Beteiligung aussehen wird.

a) Art der Anteile

520 Dies gilt zunächst für die Art der Anteile. Bei der GmbH und der eG sind es Geschäftsanteile. Bei der AG sind es Aktien. Der Beschluss muss bestimmen, ob diese als Nennbetrags- oder Stückaktien, Inhaber- oder Namensaktien, Stamm- oder Vorzugsaktien ausgegeben werden. Dasselbe gilt bei der KGaG. Bei dieser ist überdies auszuführen, wer Komplementär wird. Beim Formwechsel einer Kapitalgesellschaft in die KGaA ist zu beachten, dass der Aktionär oder GmbH-Gesellschafter, der phG wird, nicht ohne weiteres einen Kapitalanteil erhält. Gem. § 247 wird nämlich das Stammkapital der formwechselnden GmbH beziehungsweise das Grundkapital der formwechselnden AG zum Grundkapital der neuen KGaA. Es ist aber möglich zu regeln, dass der phG eine Einlage leistet. Bei der KG ist festzulegen, ob der Gesellschafter Kommanditist oder Komplementär wird. Bezüglich aller Angaben kann aber jeweils auch auf die Satzung verwiesen werden, die dem Umwandlungsbeschluss als Anlage beizufügen ist.[1004]

1003 Vgl. BGH NZG 2005, 722.
1004 Vgl. z.B. Lutter/*Decher*, § 194 Rn. 9; Semler/Stengel/*Bärwaldt*, § 194 Rn. 12.

b) Zahl und Umfang der Anteile

Der Umwandlungsbeschluss muss weiter die Zahl und den Umfang der Anteile am Rechtsträger neuer Rechtsform angeben. Dabei sind die zwingenden Bestimmungen des Normensystems der neuen Rechtsform zu beachten. So kann ein Anteilsinhaber bei Personengesellschaften jeweils grundsätzlich (zu Ausnahmen vgl. Rdn. 743) **nur einen Anteil** erwerben (Einheitlichkeit der Beteiligung an der Personengesellschaft). Bei der KG kann er nur entweder Komplementär oder Kommanditist sein. Der Umfang der Beteiligung wird bei Personenhandelsgesellschaften regelmäßig durch (meist feste) Kapitalanteile festgelegt, die im Beschluss anzugeben sind. Bei Kommanditisten sind gem. § 234 Nr. 2 außerdem die ins Handelsregister einzutragenden Haftsummen zu bestimmen. Geschäftsanteile an der GmbH müssen durch einen vollen Euro teilbar sein, ebenso Nennbetragsaktien der AG. Bei Stückaktien darf der auf die einzelne Aktie entfallende anteilige Betrag des Grundkapitals einen Euro nicht unterschreiten. Stückaktien sind gem. § 8 Abs. 3 AktG am Grundkapital zwingend jeweils in gleichem Umfang beteiligt. 521

Neben den für die neue Rechtform geltenden gesetzlichen Bestimmungen enthält der Zweite Teil des Fünften Buchs des UmwG Vorschriften, die in diesem Zusammenhang zu beachten sind. So können beispielsweise beim Formwechsel einer Kapitalgesellschaft in eine andere Kapitalgesellschaft gem. § 243 Abs. 3 S. 1, der auf den Formwechsel einer eG oder eines eV in eine Kapitalgesellschaft gem. §§ 263 und 276 entsprechend anwendbar ist, der auf die Anteile entfallende Betrag des Stamm- oder Grundkapitals grundsätzlich abweichend vom Betrag der Anteile des formwechselnden Rechtsträgers festgesetzt werden. 522

Formulierungsbeispiel: 523 M
An die Stelle von 10 Aktien von je 100 Euro tritt jeweils ein Geschäftsanteil im Nennbetrag von 1.000 Euro.

Jedoch müssen dann gem. § 242 Aktionäre, die sich nicht mit dem gesamten Betrag ihrer Aktien am Rechtsträger neuer Rechtsform beteiligen können, der Festsetzung zustimmen, es sei denn, die Anteile beim Rechtsträger neuer Rechtsform würden auf den bei diesem zulässigen Mindestbetrag gestellt (s. Rdn. 794). (»nicht verhältniswahrender Formwechsel« vgl. dazu nachstehend Rdn. 528 f.). 524

c) Zuordnung der Beteiligung am formwechselnden Rechtsträger zu derjenigen am Rechtsträger neuer Rechtsform

Beim Formwechsel einer Kapitalgesellschaft in eine andere Kapitalgesellschaft ist die Festlegung des Umfangs der Anteile relativ unkompliziert, weil der Verhältnisschlüssel für beide Rechtsträger identisch ist. In der Vergangenheit wurden zwar viele Überlegungen dazu angestellt, wie man beim Formwechsel von der AG in die GmbH der unterschiedlichen Mindeststückelung Herr werden kann. Diese Fragen haben sich aber mit Änderung des § 5 Abs. 2 GmbHG durch das MoMiG weitgehend erledigt. Beim Formwechsel der AG in die GmbH bleibt allerdings ein Problem. Es beruht darauf, dass der Nennbetrag der Aktien vieler AG's vor der Euroumstellung dem damaligen Mindestnennbetrag von 5 DM entsprach. Bei der Euroumstellung wurden die Aktien zur Vermeidung größerer Kapitalerhöhungen häufig auf Stückaktien umgestellt, denen kein voller Eurobetrag, sondern ein Betrag von 2,56 Euro oder 2,60 Euro des Grundkapitals entspricht.[1005] Soll bei solchen Gesellschaften ein Formwechsel in die GmbH stattfinden, können die Anteile trotz Änderung des § 5 Abs. 2 GmbHG nicht einfach 1:1 getauscht werden, weil bei der GmbH der Nennbetrag jedes Geschäftsanteils auf volle Euro lauten muss. Eine Möglichkeit zur 525

1005 So die Aktien vieler DAX-notierter Gesellschaften, z.B. auch Bayer AG, Deutsche Lufthansa AG, Linde AG; zur Problematik vgl. auch DNotI Gutachten vom 30.10.2002, Nr. 36700.

Lösung des Problems besteht darin, bei der formwechselnden Gesellschaft vor der Umwandlung Kapitalanpassungsmaßnahmen durchzuführen und jede Stückaktie auf einen Betrag zu bringen, der durch volle Euro teilbar ist. Das kann zum einen durch eine Kapitalherabsetzung, zum anderen durch eine Kapitalerhöhung aus Gesellschaftsmitteln erfolgen. Eine Kapitalerhöhung durch Einlagen scheidet dagegen wegen des Gebots der Anteilsgewährung gem. § 182 Abs. 1 S. 5 AktG aus. Zu weiteren Möglichkeiten siehe nachstehend unter Rdn. 795 ff.

526 Die vorstehend für den Formwechsel von der AG in die GmbH aufgezeigte Problematik kann beim Formwechsel von der GmbH in die AG nicht auftreten, falls das Stammkapital bereits in Euro umgestellt und geglättet worden ist. Denn dann sind auch die Geschäftsanteile durch volle Euro teilbar. Vor dem MoMiG mußten sie mindestens auf volle 100,-- Euro lauten und durch 50 teilbar sein, so dass beim Formwechsel sowohl die Bestimmungen über das Kapital in § 6 AktG als auch die Bestimmungen über die Stückelung der Aktien gem. § 8 Abs. 2 und 3 AktG eingehalten sind.[1006]

527 Beim Formwechsel einer Personengesellschaft in eine Kapitalgesellschaft muss eine Zuordnung der Kapitalkonten zum Stamm- oder Grundkapital oder zu den Rücklagen erfolgen (z.B.: »Soweit die Kapitalkonten den summierten Nennbetrag der Geschäftsanteile übersteigen, die ein Gesellschafter am Rechtsträger neuer Rechtsform erhält, ist der übersteigende Betrag der Kapitalrücklage zuzuführen.«) Übersteigende Beträge können dem Rechtsträger neuer Rechtsform nach h.M. aber auch als Darlehen belassen werden (zu den damit verbundenen Fragen vgl. Rdn. 693 f.).[1007] (»... wird der übersteigende Betrag der Gesellschaft als Darlehen gewährt.«) Bei Kommanditisten ist allerdings darauf zu achten, dass dies nicht zu einer Einlagenrückgewähr und damit zu einer Haftung gem. § 172 Abs. 4 führt, die gem. § 224 auch über den Formwechsel hinaus bestehen bleiben würde.[1008] Werden für den Personengesellschafter – wie üblich – verschiedene Konten geführt, ist zu unterscheiden, welche dieser Konten Kapitalkonten sind und welche Forderungen gegen die Gesellschaft abbilden. Letztere sind und bleiben Fremdkapital, falls sie nicht im Rahmen des Formwechsels in Stamm- oder Grundkapital überführt werden.[1009]

d) nicht verhältniswahrender (quotenabweichender) Formwechsel

528 Gem. § 243 Abs. 3 S. 1 kann der auf die Anteile entfallende Betrag des Stamm- oder Grundkapitals abweichend vom Betrag der Anteile der formwechselnden Gesellschaft festgesetzt werden. Dies löst allerdings die Zustimmungserfordernisse gem. §§ 241 und 242 aus, wenn sich infolgedessen nicht jeder Gesellschafter entsprechend dem Gesamtnennbetrag seiner bisherigen Beteiligung an dem Rechtsträger neuer Rechtsform beteiligen kann und dies nicht auf den gesetzlich zwingenden Bestimmungen über die Mindestbeträge nach § 8 Abs. 2 und 3 AktG oder § 5 Abs. 2 GmbHG beruht. Dem wird allgemein entnommen, dass die Beteiligung einzelner Anteilsinhaber vor und nach dem Formwechsel von einander abweichen können und ein sog. nicht verhältniswahrender Formwechsel zulässig ist, dass dazu aber die Zustimmung der betroffenen Anteilsinhaber erforderlich ist.[1010] Betroffen sind fraglos die Anteilsinhaber, deren Beteiligung sich verringert; abzulehnen ist dagegen die Auffassung, dass auch die Anteilsinhaber zustimmen müssen, deren Beteiligung sich

---

1006 Zur Lage, wenn die Euroumstellung und/oder Glättung der Beträge noch nicht erfolgt ist, vgl. nachstehend Rdn. 789 f.
1007 Lutter/*Just*, § 218 Rn. 9; Semler/Stengel/*Schlitt*, § 218 Rn. 16; DNotI Gutachten vom 14.6.2004 zu §§ 190 ff. UmwG Nr. 1302; a.A. Widmann/Mayer/*Vossius*, § 220 Rn. 55.
1008 Vgl. Semler/Stengel/*Schlitt*, § 224 Rn. 8; sowie nachstehend Rdn. 693.
1009 Semler/Stengel/*Bärwaldt*, § 194 Rn. 16.
1010 Semler/Stengel/*Bärwaldt*, § 194 Rn. 18; Lutter/*Decher*, § 194 Rn. 13; Kallmeyer/*Meister/Klöcker*, § 194 Rn. 34; Widmann/Mayer/*Vollrath*, § 194 Rn. 17.

erhöht.[1011] Anders kann das sein, wenn sich ihre Rechtsposition – z.B. wegen erhöhter Haftung – dadurch ausnahmsweise verschlechtert.

Die Zustimmung nach den §§ 241, 242 und auch in den anderen Fällen des nicht verhältniswahrender Formwechsels bedarf gem. § 193 Abs. 3 der notariellen Beurkundung. Sie ist Willenserklärung. Die Beurkundung muß daher im Verfahren gem. §§ 6 ff. BeurkG erfolgen. Sie wird nicht durch die positive Stimmabgabe des Gesellschafters im Gesellschafterbeschluss ersetzt, sondern hat einen anderen Rechtscharakter als diese. Wird der Gesellschafterbeschluss über den Formwechsel aber insgesamt nach den Vorschriften über die Beurkundung von Willenserklärungen gem. §§ 6 ff. BeurkG beurkundet, was zulässig ist, kann diese positive Stimmabgabe u.U. dahingehend ausgelegt werden, dass sie die Zustimmungserklärung gem. §§ 241, 242 enthält.[1012] Es empfiehlt sich aber, eine Diskussion darüber zu vermeiden und die **Zustimmung** auch in diesem Fall **gesondert vom Gesellschafterbeschluss** in der Urkunde aufzuführen. Wird der Gesellschafterbeschluss zwar mit der erforderlichen Mehrheit gefaßt, ist die Zustimmung aber nicht wirksam erteilt, ist der Beschluss nach h.M.[1013] wirksam, darf aber nicht vollzogen werden. Nur die Festsetzung der Stückelung soll unwirksam sein.[1014]

529

e) Unbekannte Aktionäre

Ist der formwechselnde Rechtsträger eine AG oder eine KGaA, kommt es vor, dass Aktionäre nicht bekannt sind.[1015] Überschreiten die Anteile solche Aktionäre nicht 5% des Grundkapitals, trifft das Gesetz in §§ 213, 35 Vorkehrungen dafür, dass der Formwechsel gleichwohl stattfinden kann. § 35 sieht vor, dass solche Anteilsinhaber bei Anmeldung zum Handelsregister oder bei Eintragung in eine Liste von Anteilsinhabern (Gesellschafterliste) durch Angabe des insgesamt auf sie entfallenden Teils des Grundkapitals und der (so ist die auf die Verschmelzung zielende Bestimmung bei Anwendung auf den Formwechsel zu verstehen) auf sie nach dem Formwechsel entfallenden Anteile zu bezeichnen sind. Werden die Anteilsinhaber später bekannt, sind die Register und Listen von Amts wegen zu berichtigen. Damit das Gericht davon Kenntnis erhält, soll die Gesellschaft verpflichtet sein, ihr nach Wirksamwerden des Formwechsels bekanntgewordene Anteilsinhaber mitzuteilen.[1016] Bis dahin kann ein Stimmrecht aus diesen Anteilen im Rechtsträger neuer Rechtsform nicht ausgeübt werden.

530

Formulierungsbeispiel: Gesellschafterliste

531 M

...

10. unbekannte Gesellschafter gem. §§ 213, 35 UmwG Geschäftsanteile Nrn. 24.001-25.000 zu je 1,– Euro

---

1011 So aber Semler/Stengel/*Bärwaldt*, § 194 Rn. 18; wie hier dagegen Widmann/Mayer/*Vollrath*, § 194 Rn. 17.
1012 Vgl. Widmann/Mayer/*Rieger*, § 241 Rn. 31, 32 (str.) a.A. Lutter/ *Happ/Goethel* § 242 Rn. 11; wohl auch Semler/Stengel/*Mutter*, § 242 Rn. 14.
1013 Semler/Stengel/*Mutter*, § 241 Rn. 34 m.w.N.; a.A Rowedder/*Zimmermann*, Anh. 77 GmbHG Rn. 32.
1014 Lutter/*Happ/Göthel*, § 241 Rn. 21; KK-UmwG/*Petersen*, § 241 Rn. 7.
1015 Nach der Rechtsprechung des BayObLG MittRhNotK 1996, 421 = ZIP 1996, 1467 muss die Gesellschaft zwar nicht im Einzelnen die zur Feststellung der Aktionäre unternommenen Maßnahmen darlegen, aber doch in der Einladung die Anteilsinhaber auffordern, ihren Aktienbesitz offenzulegen.
1016 Semler/Stengel/*Schwanna*, § 213 Rn. 10.

4. Kapitel Umwandlungen

5. § 194 Abs. 1 Nr. 5 – Besondere Rechte für einzelne Anteilsinhaber

532 Gem. § 194 Abs. 1 Nr. 5. muss der Umwandlungsbeschluss ferner die Rechte bestimmen, die einzelnen Anteilsinhabern sowie den Inhabern besonderer Rechte wie Anteile ohne Stimmrecht, Vorzugsaktien, Mehrstimmrechtsaktien, Schuldverschreibungen und Genussrechte in dem Rechtsträger neuer Rechtsform gewährt werden sollen, oder die Maßnahmen, die für diese Personen vorgesehen sind. Das Gesetz begründet damit eine Verpflichtung, die Rechte, offenzulegen, die einzelnen Anteilsinhabern sowie Sonderrechtsinhabern gewährt werden sollen.[1017] Damit soll den übrigen Anteilsinhabern die Möglichkeit zur Prüfung gegeben werden, ob die maßgeblichen materiellrechtlichen Vorschriften, insbesondere der gesellschaftsrechtliche Gleichbehandlungsgrundsatz gewahrt worden ist.[1018] Rechte, die allen Anteilsinhabern gleichermaßen gewährt werden, sind nicht aufzuführen.[1019] Dasselbe gilt für Rechte, die kraft Gesetzes entstehen wie z.B. Steuervorteile, selbst wenn diese nur einzelnen Anteilsinhabern zugute kommen (str.).[1020] Mitzuteilen ist dagegen, wenn einzelnen Anteilsinhabern gem. § 196 bare Zuzahlungen gewährt werden sollen (str.).[1021]

533 Vom Gesetz besonders hervorgehoben werden Rechte, die Inhabern von **Sonderrechten** gewährt werden. Anzugeben sind auch für diese Personen vorgesehene Maßnahmen. Unter Rechten sind nicht reine schuldrechtliche Rechtsbeziehungen zu verstehen. Es muss sich um Mitgliedschaftsrechte oder gesellschaftsrechtlich typisierte Rechtsverhältnisse handeln.[1022] Die Regelung ist im Zusammenhang mit anderen Bestimmungen des UmwG zu sehen, die Inhaber von Sonderrechten betreffen. Zu erwähnen ist zunächst § 204 i.V.m. § 23. Danach sind den Inhabern von Rechten, die kein Stimmrecht gewähren, gleichwertige Rechte in dem Rechtsträger neuer Rechtsform zu gewähren. Daneben wird aber auch eine allgemeine Verpflichtung angenommen, Sonderrechte beim Rechtsträger neuer Rechtsform fortzuschreiben. Die einen leiten das aus der Identität des Rechtsträgers alter und neuer Rechtsform her,[1023] die anderen entnehmen es § 196, wonach ein Ausgleichsanspruch entsteht, wenn die Mitgliedschaft am Rechtsträger neuer Rechtsform keinen entsprechenden Gegenwert für den Anteil am formwechselnden Rechtsträger darstellt.[1024] Wieder andere gehen ohne nähere Begründung schlicht davon aus, dass das so ist.[1025] In der Tat spricht vieles dafür, dass infolge der Identität des Rechtsträgers die Sonderrechte einzelner Anteilsinhaber beim Rechtsträger neuer Rechtsform fortbestehen und erforderlichenfalls fortgeschrieben werden müssen, soweit nicht die Diskontinuität der Rechtsform, also zwingende für die neue Rechtsform geltende Bestimmungen Einschränkungen gebieten.[1026] Ist die Fortschreibung eines Rechts unter dem Normensystem der neuen Rechtsform nicht möglich, müssen entsprechende Rechte gewährt werden, ist auch das nicht möglich Rechte, die dem durch den Formwechsel untergehenden Sonderrecht rechtlich und wirtschaftlich soweit wie möglich entsprechen. Ist das ebenfalls ausgeschlossen, ist

---

1017 Widmann/Mayer/*Vossius*, § 194 Rn. 40.
1018 Kallmeyer/*Meister/Klöcker*, § 194 Rn. 38; Lutter/*Decher*, § 194 Rn. 17; Semler/Stengel/*Bärwaldt*, § 194 Rn. 22.
1019 Kallmeyer/*Meister/Klöcker*, § 194 Rn. 40; Lutter/*Decher*, § 194 Rn. 17.
1020 So Kallmeyer/*Meister/Klöcker*, § 194 Rn. 37 unter Hinweis auf BGH DNotZ 2005, 864; aA. Semler/Stengel/*Bärwaldt*, § 194 Rn. 22.
1021 Lutter/*Decher*, § 194 Rn. 18; Kallmeyer/*Meister/Klöcker*, § 194 Rn. 49; *Sagasser/Sickinger* in Sagasser/Bula/Brünger Kap. R Rn 40; a.A. Semler/Stengel/*Bärwaldt*, § 194 Rn. 22.
1022 Widmann/Mayer/*Vollrath*, § 194 Rn. 40; Semler/Stengel/*Bärwaldt*, § 194 Rn. 26; KK-UmwG/*Petersen*, § 194 Rn. 16.
1023 Lutter/*Decher*, § 194 Rn. 17.
1024 Widmann/Mayer/*Vollrath*, § 194 Rn. 39.
1025 Semler/Stengel/*Bärwaldt*, § 194 Rn. 22; KK-UmwG/*Petersen*, § 194 Rn. 16.
1026 KK-UmwG/*Petersen*, § 194 Rn. 16.

ein Ausgleich zu schaffen, sei es durch Gewährung zusätzlicher Anteile,[1027] sei es durch bare Zuzahlung gem. § 196.[1028]

Formulierungsbeispiel: Formwechsel GmbH in AG   **534 M**
Dem Gesellschafter X steht bei der GmbH das höchstpersönliche/mit seinem Geschäftsanteil verbundene Sonderrecht zu, eine Person seiner Wahl zum Geschäftsführer zu bestellen. Ein solches Recht kennt das Recht der Aktiengesellschaft nicht. X erhält als Ersatz das höchstpersönliche/mit den ihm zukommenden Aktien verbundene *[Voraussetzung: vinkulierte Namensaktien]* Recht gem. § 101 Abs. 2 AktG ein Mitglied in den Aufsichtsrat zu entsenden.
Dem stimmt X hiermit gem. §§ 241 Abs. 2, 50 Abs. 2 UmwG zu.

Eine andere Frage ist es, welche **Rechtsfolgen** eintreten, falls der Umwandlungsbeschluss sich über diese Anforderungen hinwegsetzt, insbesondere ob dies den Beschluss unwirksam oder anfechtbar macht. Für den Formwechsel einer Kapitalgesellschaft in eine Personengesellschaft enthält § 233 Abs. 2 und für den Formwechsel einer GmbH in eine andere Kapitalgesellschaft § 241 Abs. 2 und 3 besondere Regelungen, nach deren Inhalt die Beeinträchtigung bestimmter Sonderrechte nur mit Zustimmung der betroffenen Anteilsinhaber möglich ist. Dieses Zustimmungserfordernis soll nach h.M. für andere **mitgliedschaftsrechtliche Sonderrechte** entsprechend gelten;[1029] das wird mit der in den Gesetzesmaterialien zum Ausdruck gekommenen Vorstellung des Gesetzgebers begründet, dass § 50 Abs. 2 einen allgemeinen Rechtsgedanken enthalte, der auch beim Formwechsel zu beachten sei. Hingewiesen wird auch auf § 35 BGB, wonach Sonderrechte eines Mitglieds nicht ohne dessen Zustimmung durch Gesellschafterbeschluss beeinträchtigt werden können. Nach der Gesetzesbegründung sollen allerdings nur Sonderrechte betroffen sein, die mitgliedschaftsrechtliche Befugnisse einräumen. Bei Entziehung oder Beeinträchtigung **vermögensrechtlicher Sonderrechte** soll ein vermögensrechtlicher Ausgleich, z.B. durch Anordnung einer baren Zuzahlung, genügen.[1030] Aber auch für Sonderrechte mit mitgliedschaftsrechtlichen Befugnissen ist zu bedenken, dass der Gesetzgeber in den §§ 233 Abs. 2, 241 Abs. 2 und 3 in Verbindung mit den dort genannten weiteren Bestimmungen, insbesondere § 50 Abs. 2, nur für die Inhaber bestimmter Sonderrechte die Möglichkeit begründet hat, durch Versagung ihrer Zustimmung den Formwechsel zu verhindern,[1031] während die betroffenen Anteilsinhaber in den anderen Fällen darauf verwiesen sind, ihren Anspruch auf Gewährung gleichwertiger Rechte im Wege der Leistungsklage durchzusetzen oder im Spruchverfahren einen Anspruch auf bare Zuzahlung geltend zu machen oder das ihnen unterbreitete Barabfindungsangebot anzunehmen.[1032] Überdies wird auf § 50 Abs. 2 nur beim Formwechsel von Kapitalgesellschaften verwiesen. Ein umfassendes Zustimmungserfordernis ist deshalb abzulehnen, selbst wenn es auf den Entzug oder die Beeinträchtigung mitgliedschaftsrechtlicher Sonderrechte begrenzt wird.[1033]

    535

1027 Widmann/Mayer/*Vollrath*, § 194 Rn. 41.
1028 Eine Reihe von Beispielsfällen findet sich bei Widmann/Mayer/*Vollrath*, § 194 Rn. 41. 3 ff.
1029 Kallmeyer/*Dirksen*, § 241 Rn. 6; Lutter/*Happ/Göthel*, § 241 Rn. 10; KK-UmwG/*Petersen*, § 241 Rn. 11 f; Semler/Stengel/*Mutter*, § 241 Rn. 20; a.A. *Zöllner*, FS Claussen 1997, S. 423, 435; Widmann/Mayer/*Rieger*, § 241 Rn. 39 in FN 2.
1030 Zur Abgrenzung KK-UmwG/*Dauner-Lieb/Tettinger*, § 233 Rn. 40 ff.
1031 Darauf weist Widmann/Mayer/*Rieger*, § 241 Rn. 39 in FN 2 zurecht hin.
1032 Vgl. Lutter/*Decher*, § 204 Rn. 30; Kallmeyer/*Meister/Klöcker*, § 204 Rn. 25.
1033 Ablehnend auch *Zöllner*, FS Claussen 1997, S. 423, 435 ff.; Widmann/Mayer/*Rieger*, § 241 Rn. 39 in FN 2.

4. Kapitel Umwandlungen

6. § 194 Abs. 1 Nr. 6 – Barabfindungsangebot

536 Gem. § 194 Nr. 6 muss der Umwandlungsbeschluss ein Barabfindungsangebot gem. § 207 enthalten. Das dient dem Schutz der Minderheitsgesellschafter. Gem. § 207 hat der formwechselnde Rechtsträger jedem Anteilsinhaber, der gegen den Umwandlungsbeschluss Widerspruch zur Niederschrift des Notars erklärt, den Erwerb seiner umgewandelten Anteile oder Mitgliedschaft gegen angemessene Barabfindung anzubieten; falls der Rechtsträger neuer Rechtsform wie bei der Personengesellschaft eigene Anteile nicht erwerben kann, ist die Barabfindung gegen Ausscheiden aus dem Rechtsträger anzubieten. § 71 Abs. 4 S. 2 AktG (Unwirksamkeit des obligatorischen Geschäfts, falls Erwerb gegen § 71 Abs. 2 oder 3 AktG verstößt) ist insoweit nicht anzuwenden. Im übrigen sind aber die in § 71c Abs. 2 AktG und § 33 Abs. 3 GmbHG gesetzten Grenzen für den Erwerb eigener Anteile zu beachten. Insbesondere darf bei der AG der Gesamtnennbetrag der von der Gesellschaft erworbenen Aktien 10 % des Grundkapitals nicht übersteigen; die GmbH muss in der Lage sein, eine Rücklage in Höhe der Aufwendungen für den Erwerb der eigenen Anteile zu bilden, ohne das Stammkapital oder eine nach dem Gesellschaftsvertrag zu bildende Rücklage zu mindern, die nicht zur Zahlung an die Gesellschafter verwandt werden darf.[1034] Gem. §§ 217, 231 Abs. 1 S. 1, 260 Abs. 2, 274 Abs. 1 ist das Angebot bereits mit der Ankündigung des Formwechsels zu übersenden. Es ist auf den Abschluss des schuldrechtlichen Geschäfts über die Leistung der Barabfindung gegen Übertragung der Anteile am Rechtsträger neuer Rechtsform oder Erklärung des Austritts aus diesem gerichtet. Zur **Form des Angebots** wird allgemein lediglich darauf hingewiesen, dass es im Umwandlungsbeschluss, der notarieller Beurkundung bedarf, »bestimmt« werden muss.[1035] Die Frage, ob beim Formwechsel in eine GmbH das Angebot – wie ein Angebot zum Erwerb eines Geschäftsanteils an einer GmbH sonst – gem. § 15 GmbHG der Beurkundung nach den Regeln über die Beurkundung von Willenserklärungen bedarf, wird nicht erörtert, aber offenbar verneint. Die Annahme soll jedenfalls keiner besonderen Form bedürfen. § 15 GmbHG soll zwar auf die zum Vollzug des Barabfindungsangebots abzuschließende Vereinbarung, nicht aber auf die Annahme des Angebots selbst anzuwenden sein.[1036] Eine schlüssige Begründung wird dafür nicht gegeben.

537 Einzige **Voraussetzung** für die Zahlung der Barabfindung darf die Erklärung des **Widerspruchs** zur Niederschrift sein. Streitig ist, ob der Anspruch auf Barabfindung auch dem Gesellschafter zusteht, der für den Formwechsel stimmt oder sich der Stimme enthält, dann aber Widerspruch zur Niederschrift erklärt.[1037] Wie sich aus der Verweisung auf § 29 in § 207 Abs. 2 ergibt, steht es dem Widerspruch gleich, wenn ein nicht erschienener Anteilsinhaber zu Unrecht nicht zur Versammlung zugelassen wurde oder die Versammlung nicht ordnungsgemäß einberufen wurde oder der Gegenstand der Beschlussfassung nicht ordnungsgemäß bekannt gemacht worden ist. Erscheint der Anteilinhaber im letztgenannten Fall gleichwohl, ist der Widerspruch aber Voraussetzung für die Abfindung.[1038] Das Barabfindungsangebot muss beziffert sein.[1039] Es ist gem. §§ 208, 30 Abs. 2, S. 2 i.V.m. §§ 10 bis 12 durch einen vom Gericht bestellten Prüfer zu prüfen, der einen schriftlichen Prüfungsbericht zu erstatten hat. Das Angebot kann gem. § 209 nur binnen zwei Monaten nach Bekanntmachung der Eintragung der neuen Rechtsform oder des Rechtsträgers neuer Rechtsform in das Register angenommen werden. Außerdem ist der Anteilsinhaber gem. § 211 berechtigt, innerhalb dieser Frist ohne Rücksicht auf im Gesellschaftsvertrag

---

1034 Dazu und zu weiteren Einzelheiten vgl. Lutter/*Decher*, § 207 Rn. 17 ff.
1035 Lutter/*Decher*, § 207 Rn. 6; Kallmeyer/*Meister/Klöcker*, § 207 Rn. 18.
1036 Lutter/*Decher*, § 209 Rn. 7; Kallmeyer/*Meister/Klöcker*, § 209 Rn. 4.
1037 Dafür z.B. Lutter/*Decher*, § 207 Rn. 8; Kallmeyer/*Meister/Klöcker*, § 207 Rn. 15; dagegen Semler/Stengel/*Kalss*, § 207 Rn. 7; Schmitt/Hörtnagl/Stratz/*Stratz*, § 207 Rn. 4.
1038 OLG Stuttgart AG 2007, 596, 597; Lutter/*Decher*, § 207 Rn. 10.
1039 Lutter/*Decher*, § 207 Rn. 28.

enthaltene Verfügungsbeschränkungen seinen Anteil anderweitig zu veräußern. Eine Klage gegen die Wirksamkeit des Umwandlungsbeschlusses kann gem. § 210 nicht darauf gestützt werden, dass das Angebot zu niedrig bemessen worden ist oder eine Barabfindung nicht oder nicht ordnungsgemäß angeboten worden ist.

Das Barabfindungsangebot ist gem. § 194 Abs. 1 Nr. 6 nicht erforderlich, wenn der Umwandlungsbeschluss der Zustimmung aller Anteilsinhaber bedarf oder an dem formwechselnden Rechtsträger nur ein Anteilsinhaber beteiligt ist. Das leuchtet unmittelbar ein. Wenn alle Anteilsinhaber dem Beschluss zustimmen müssen, kann der Einzelne seinen dem Formwechsel entgegenstehenden Interessen unmittelbar zur Geltung verhelfen. Ein Barabfindungsangebot ist ferner entbehrlich für den persönlich haftenden Gesellschafter beim Formwechsel einer KGaA gem. § 227, beim Formwechsel zwischen AG und KGaA gem. § 250, beim Formwechsel eines gem. § 5 Abs. 1 Nr. 9 KStG von der Körperschaftssteuer befreiten Vereins gem. § 282 Abs. 2, sowie beim Formwechsel einer Körperschaft oder Anstalt des öffentlichen Rechts gem. § 302. Gem. § 227 ist ein Barabfindungsangebot für den Komplementär einer KGaA nicht nötig, weil er beim Formwechsel in eine Personengesellschaft gem. § 236 i.V.m. § 33 Abs. 3 S. 3 auf eigenen Wunsch und bei Formwechsel in eine Kapitalgesellschaft anderer Rechtsform gem. § 247 Abs. 2, 255 Abs. 3 rechtsformbedingt aus der Gesellschaft ausscheidet. Er hat nach den allgemeinen Vorschriften gem. §§ 278 Abs. 2 AktG, 161 Abs. 2 HGB, 105 Abs. 3 HGB, 738 BGB Anspruch auf Abfindung. Gem. § 250 bedarf es beim Formwechsel zwischen AG und KGaA keines Abfindungsangebots, weil die Aktionäre und Kommanditaktionäre per Saldo durch den Formwechsel keine wesentliche Änderung ihrer Rechtsstellung erfahren.[1040] § 282 Abs. 2 hat, wie § 104a den Sinn, eine Gefährdung der steuerbegünstigten Zwecke des Vereins und eine Auszahlung von Zuwendungen, die der Verein von der öffentlichen Hand oder Dritten erhalten hat, an Mitglieder zu verhindern.[1041] § 302 bedarf keiner Erklärung.

Für die notarielle Praxis von größter Bedeutung ist, ob auf ein Angebot nach § 207 **verzichtet** werden kann. §§ 207, 208 verweisen auf § 30, der in Abs. 2 lediglich regelt, dass auf die Prüfung des Barabfindungsangebots durch notariell beurkundete Erklärung verzichtet werden kann. Es entspricht aber ganz h.M., dass auch auf das Barabfindungsangebot selbst verzichtet werden kann.[1042] Die Barabfindung dient allein den Interessen der Anteilsinhaber. Es spricht deshalb nichts gegen einen solchen Verzicht. Der Verzicht bedarf der notariellen Beurkundung.[1043] Zu beachten ist, dass das Urkundsverfahren ein anderes ist als beim Beschluss. Die Beurkundung der Verzichtserklärung unterliegt den Bestimmungen für die Beurkundung von Willenserklärungen gem. §§ 6 ff. BeurkG. Auch wenn der Beschluss – was möglich und bei kleinem Gesellschafterkreis die Regel ist – ebenfalls nach diesen Bestimmungen beurkundet werden kann, sollten Beschluss und Verzichtserklärung in der Urkunde auseinandergehalten werden.

Formulierungsbeispiel:
Teil A Umwandlungsbeschluss, Teil B Zustimmungs- und Verzichtserklärungen 1. Alle Gesellschafter des formwechselnden Rechtsträgers verzichten hiermit auf ein Barabfindungsangebot nach § 207 UmwG.

7. § 194 Abs. 1 Nr. 7 – Folgen für die Arbeitnehmer

Gem. § 194 Abs. 1 Nr. 7 muss der Umwandlungsbeschluss die Folgen des Formwechsels für die Arbeitnehmer und ihre Vertretungen und die insoweit vorgesehenen Maßnahmen

---

1040 Semler/Stengel/*Scheel*, § 250 Rn. 2.
1041 Semler/Stengel/*Katschinski*, § 104a Rn. 1.
1042 Semler/Stengel/*Bärwaldt*, § 194 Rn. 23; *Limmer*, Rn. 2267; Lutter/*Decher*, § 207 Rn. 22; § 194 Rn. 23; Semler/Stengel/*Kalss*, § 207 Rn. 17; *Limmer*, Rn. 2267; Widmann/Mayer/*Vollrath*, § 194 Rn. 45.
1043 *Limmer*, Rn. 2267; Semler/Stengel/*Bärwaldt*, § 194 Rn. 29; Lutter/*Decher*, § 194 Rn. 23.

bestimmen. Individualarbeitsrechtliche Folgen hat der Formwechsel für die Arbeitnehmer nicht. Ebensowenig ändert sich die Stellung des Betriebsrats. Tarifverträge und Betriebsvereinbarungen bleiben bestehen. Dies sind die Folgen davon, dass der Rechtsträger nicht wechselt, sondern derselbe bleibt. Das Direktionsrecht des Arbeitgebers geht allerdings auf das neue Geschäftsführungsorgan über.

542 Änderungen infolge der geänderten Rechtsform ergeben sich **allein in mitbestimmungsrechtlicher Hinsicht** für die Vertretung der Arbeitnehmer im Aufsichtsrat und u.U. dessen erstmalige Bildung. **Personengesellschaften und Vereine** unterliegen nicht der Mitbestimmung nach DrittelbG und MitbestG. Eine Ausnahme gilt für die GmbH & Co. KG mit in der Regel mehr als 2000 Arbeitnehmern, sofern die Voraussetzungen der §§ 4, 5 MitbestG greifen, wobei auch hier – genau genommen – nicht die KG, sondern deren persönlich haftende Gesellschafterin der Mitbestimmung unterliegt. Anders ist das bei **Kapitalgesellschaften und Genossenschaften**. Haben sie regelmäßig mehr als 500 Arbeitnehmer, müssen sie einen mitbestimmten Aufsichtrat nach DrittelbG und bei regelmäßig mehr als 2000 Arbeitnehmern einen solchen nach MitbestG bilden. Beim **Formwechsel einer Personengesellschaft** mit in der Regel mehr als 500 Arbeitnehmern in eine Kapitalgesellschaft oder Genossenschaft kommt es deshalb (außer beim Formwechsel der mitbestimmten GmbH & Co. KG) erstmals zum mitbestimmten Aufsichtsrat. Umgekehrt entfällt mit dem **Formwechsel von einer Kapitalgesellschaft** in eine Personengesellschaft die Mitbestimmung nach DrittelbG und MitbestG und damit der Aufsichtsrat insgesamt, sofern die Gesellschaft nicht nach MitbestG mitbestimmt ist, der Formwechsel in die GmbH & Co. KG erfolgt und die Ausnahmen der §§ 4, 5 MitbestG greifen. Beim Formwechsel einer Kapitalgesellschaft in eine andere Kapitalgesellschaft oder in eine eG gilt folgendes: Der Mitbestimmung nach DrittelbG unterliegt auch eine AG oder KGaA mit weniger als 500 Arbeitnehmern, die vor dem 10.8.1994 in das Handelsregister eingetragen wurde und keine Familiengesellschaft i.S.v. § 1 Abs. 1 Nr. 1 DrittelbG ist. Auch diese Mitbestimmung entfällt beim Formwechsel in eine GmbH. Im übrigen tritt bei einem Formwechsel einer Kapitalgesellschaft oder einer eG in eine andere Kapitalgesellschaft oder eine eG keine Änderung bezüglich der Mitbestimmung bei der Zusammensetzung des Aufsichtsrats ein. Es kann jedoch zu einer **Ausdehnung oder Einschränkung der Befugnisse des Aufsichtsrats** kommen (Mitbestimmungsgefälle).[1044] Der nach DrittelbG mitbestimmte Aufsichtsrat der GmbH und der eG wirkt – anders als der Aufsichtrat der AG gem. § 84 AktG bezüglich des Vorstands – nicht bei Bestellung und Abberufung der Geschäftsführer mit. Jedoch kann die Satzung – wie bei der eG häufig – die Bestellung dem Aufsichtsrat übertragen.[1045] Ferner ist unter Geltung des MitbestG gem. §§ 31, 33 MitbestG bei der KGaA der Aufsichtsrat nicht zur Bestellung und Abberufung der Mitglieder des Vertretungsorgans zuständig und es ist kein Arbeitsdirektor zu bestellen.[1046] Die Regelungen für Kapitalgesellschaften gelten im Hinblick auf die Arbeitnehmerbeteiligung entsprechend beim Formwechsel in und aus der Genossenschaft.[1047] Das DrittelbG gilt anders als das MitbestG auch für den VVaG.

543 Kommt es danach erstmals zur Bildung eines mitbestimmten Aufsichtsrats, ist das Statusverfahren gem. §§ 97 ff. AktG einzuleiten.[1048] Kommt es zu einem Mitbestimmungsverlust, ist es durchzuführen, wenn der Zielrechtsträger ein solches Verfahren kennt.[1049] Andernfalls – insbesondere beim Formwechsel in die Personengesellschaft – erlischt der Aufsichtsrat mit dem Formwechsel. Ein Statusverfahren ist nicht erforderlich und im Per-

---

1044 KK-UmwG/*Hohenstatt/Schramm*, § 194 Rn. 26.
1045 Vgl. Baumbach/Hueck/*Zöllner/Noack*, § 52 GmbHG Rn. 229.
1046 Zur Anwendung von § 325 vgl. *Dirksen/Möhrle*, ZIP 1998, 1377/1378 f.; KK-UmwG/*Hohenstatt/Schramm*, § 194 Rn. 26.
1047 Semler/Stengel/*Bärwaldt*, § 194 Rn. 31.
1048 Dazu näher oben Rdn. 494; KK-UmwG/*Hohenstatt/Schramm*, § 194 Rn. 29.
1049 Siehe oben Rdn. 494.

sonengesellschaftsrecht nicht vorgesehen.[1050] Dasselbe gilt, wenn es bei Fortgeltung derselben Mitbestimmungsregeln zu einem Mitbestimmungsgefälle, also einem Verlust der Zuständigkeit kommt.[1051] Ergeben sich aus dem Formwechsel keine Auswirkungen für die Arbeitnehmer und ihre Vertretungen, ist eine entsprechende **Negativerklärung** in den Umwandlungsbeschluss aufzunehmen.[1052] Ferner ist beim Formwechsel einer Personengesellschaft oder PartG in eine Kapitalgesellschaft oder eG auf das Entfallen der persönlichen Haftung von Gesellschaftern und auf deren Nachhaftung hinzuweisen, die auch für die Arbeitnehmer als Gläubiger der Gesellschaft von Bedeutung sind.[1053] Nicht hingewiesen werden muss dagegen auf mittelbare Folgen des Formwechsels für die Arbeitnehmer der Gesellschaft, wie Betriebsstilllegungen etc. Diese mögen im zeitlichen Zusammenhang mit dem Formwechsel stehen; anders als bei Spaltung und Verschmelzung ist der Formwechsel jedoch typischerweise nicht Grund solcher Änderungen.[1054]

Die Angaben sind nach allgemeiner Ansicht entbehrlich, wenn die Gesellschaft keine Arbeitnehmer hat;[1055] Dagegen ist äußerst umstritten, ob dasselbe gilt, wenn die Gesellschaft keinen Betriebsrat hat.[1056]

Formulierungsbeispiele:
Die Gesellschaft beschäftigt keine Arbeitnehmer. Ausführungen zu § 197 Abs. 1 Nr. 7 erübrigen sich somit.

[oder]
Für die Arbeitnehmer und deren Vertretung ergeben sich aus dem Formwechsel keine Veränderungen. Die Anstellungsverträge mit den Arbeitnehmern werden von dem Rechtsträger neuer Rechtsform unverändert fortgeführt. Betriebsverfassungsrechtlich tritt keine Änderung ein. Die Gesellschaft unterlag bisher nicht der Arbeitnehmermitbestimmung, da sie nicht regelmäßig mehr als 500 Arbeitnehmer beschäftigt. Daran ändert sich durch den Formwechsel nichts.

[oder bei Formwechsel KG in GmbH]
Für die Arbeitnehmer der KG und deren Vertretung ergeben sich aus dem Formwechsel keine Veränderungen. Individualarbeitsrechtlich treten Änderungen für die Arbeitnehmer der KG nicht ein. Die Arbeitsverhältnisse werden von der GMBH unverändert fortgeführt. Sie unterliegen weiterhin dem selben Tarifvertrag. Auch betriebsverfassungsrechtlich tritt eine Änderung nicht ein. Die KG hat einen Betriebsrat. Da der Betrieb unverändert bleibt, bleibt er im Amt. Mitbestimmungsrechtlich tritt eine Änderung ein. Als KG unterliegt die Gesellschaft nicht der Mitbestimmung. Die Gesellschaft beschäftigt regelmäßig mehr als 500 Arbeitnehmer. Als GmbH unterliegt sie damit nach Wirksamwerden des Formwechsels der Mitbestimmung nach dem DrittelbG und muss einen entsprechend besetzten Aufsichtsrat bilden *[evtl. Ausführungen zum Wahlverfahren]*.

1050 Siehe oben Rdn. 494; KK-UmwG/*Hohenstatt/Schramm*, § 194 Rn. 30.
1051 *Krause-Ablaß/Link*, GmbHR 2005, 731/735.
1052 Semler/Stengel/*Bärwaldt*, § 194 Rn. 32.
1053 Semler/Stengel/*Bärwaldt*, § 194 Rn. 32; Widmann/Mayer/*Vollrath*, § 194 Rn. 50, 51 mit Formulierungsvorschlag für diesen Fall.
1054 Lutter/*Decher*, § 194 Rn. 28.
1055 LG Stuttgart DNotZ 1996, 701; KK-UmwG/*Hohenstatt/Schramm*, § 5 Rn. 209; Lutter/*Decher*, § 194 Rn. 31 jeweils m.w.N.; a.A. aber nicht klar OLG Düsseldorf NZA 1998, 766 f.
1056 Dafür LG Stuttgart DNotZ 1996, 701; Lutter/*Decher*, § 194 Rn. 31; *Geck*, DStR 1995, 416/420; dagegen KK-UmwG/*Hohenstatt/Schramm*, § 5 Rn. 209; Lutter/*Drygala*, § 5 Rn. 107; jeweils m.w.M.

8. Formwechselstichtag

546 Anders als bei der Verschmelzung gem. § 5 Abs. 1 Nr. 6 und Spaltung § 126 Abs. 1 Nr. 6 sieht das Gesetz beim Formwechsel keinen Formwechselstichtag vor. Ebensowenig kennt es beim Formwechsel die Vorlage einer Schlussbilanz des formwechselnden Rechtsträgers. § 17 Abs. 2 S. 4 ist auf den Formwechsel mangels Verweisung nicht anwendbar. Steuerrechtlich ist allerdings beim Formwechsel einer Personengesellschaft in eine Kapitalgesellschaft und umgekehrt eine Übertragungsbilanz des formwechselnden Rechtsträgers und auch eine Eröffnungsbilanz des Rechtsträgers neuer Rechtsform aufzustellen.[1057] Auch ist eine Rückbeziehung auf einen Stichtag möglich, der höchstens acht Monate vor der Anmeldung des Formwechsels zum Handelsregister liegt (§§ 14 Abs. 3, 25, 20 Abs. 8 UmwStG). Handelsrechtlich ist aber eine von § 202 abweichende Regelung nicht zulässig.[1058] Der Formwechsel wird zwingend mit Eintragung der neuen Rechtsform in das Register wirksam. Die Anteilsinhaber können sich lediglich schuldrechtlich so stellen, als habe der Formwechsel zu einem früheren Zeitpunkt stattgefunden.[1059] Teilweise wird davon allerdings abgeraten; es wird die Gefahr gesehen, dass die Finanzverwaltung den Steuerpflichtigen an diesem Stichtag festhält und diesbezüglich Handlungsfreiheit verloren geht. Dafür dürfte es jedoch an einer Rechtsgrundlage fehlen.[1060]

9. Bestellung der ersten Organe

a) Bestellung des ersten Geschäftsführungsorgans

547 Mit dem Formwechsel endet nach allgemeiner Meinung die Stellung der Mitglieder des Vertretungsorgans des formwechselnden Rechtsträgers.[1061] Da die Organstellung Ausfluss der jeweiligen Rechtsform ist, steht dem der Identitätsgrundsatz nicht entgegen. Die Dienstverträge mit den Organmitgliedern bleiben dagegen bestehen, wenn dies in den Verträgen nicht anders geregelt ist.[1062] Mit der Beschlussfassung über den Formwechsel müssen somit die Mitglieder des neuen Vertretungsorgans bestellt werden. Zuständig ist die Versammlung der Anteilseigner, die über den Formwechsel beschließt oder – insbesondere beim Formwechsel in die AG – der Aufsichtsrat. Im einzelnen gilt folgendes:

548 Beim **Formwechsel in die Personengesellschaft** bedarf es zur Bestellung des Vertretungsorgans keines besonderen Beschlusses. Die Bestellung erfolgt im Gesellschaftsvertrag, der gem. § 234 Nr. 3. Teil des Umwandlungsbeschlusses ist. Entsprechendes gilt gem. § 281 Abs. 1 AktG beim Formwechsel in die KGaA. Gem. § 218 Abs. 2 muss der Umwandlungsbeschluss in diesem Fall vorsehen, dass sich mindestens ein Gesellschafter als Komplementär beteiligt oder als solcher der Gesellschaft beitritt. Wenn Komplementäre neu beitreten, bedarf es gem. § 221 außerdem gesonderter notariell beurkundeter Erklärungen.

549 Beim **Formwechsel in die GmbH** wird die Geschäftsführung grundsätzlich durch die **Gesellschafterversammlung** des formwechselnden Rechtsträgers gewählt. Anders ist das aber, wenn die Gesellschaft dem MitbestG unterliegt. Hier ist wiederum zu unterscheiden: Erfolgt der Formwechsel aus einer nach MitbestG mitbestimmten AG oder KGaA, wird der Aufsichtsrat beim Rechtsträger neuer Rechtsform in gleicher Weise wie beim form-

---

1057 Lutter/*Schaumburg/Schumacher*, Anh. 1 nach § 304 Rn. 12.
1058 Semler/Stengel/*Bärwaldt*, § 194 Rn. 36; Lutter/*Decher*, § 194 Rn. 36; 202 Rn. 6; *Limmer*, Rn. 2220; Widmann/Mayer/*Vossius*, § 202 Rn. 34.
1059 *Limmer*, Rn. 2220; Lutter/*Decher*, § 194 Rn. 36; § 202 Rn. 6; Semler/Stengel/*Bärwaldt*, § 194 Rn. 36; Widmann/Mayer/*Vossius*, § 202 Rn. 34.
1060 Vgl. dazu DNotI Gutachten vom 18.8.2004 Nr. 52247.
1061 *Limmer* 2365; Widmann/Mayer/*Vossius*, § 202 Rn. 32; Lutter/*Decher*, § 202 Rn. 39; *Heckschen/Simon* § 9 Rn. 23; Semler/Stengel/*Kübler*, § 202 Rn. 10; *Buchner/Schlobach*, GmbHR 2004, 1/4.
1062 BGH NJW 1997, 2319 sowie die in Fußnote 197 Genannten; zu möglichen Kündigungsrechten infolge des Formwechsels vgl. Lutter/*Decher*, § 202 Rn. 39 m.w.N.

wechselnden Rechtsträger gebildet und zusammengesetzt. Deshalb bleiben die Mitglieder des Aufsichtrats gem. § 203 für den Rest ihrer Wahlzeit bei der GmbH im Amt. Sie wählen dann gem. § 31 MitbestG die Mitglieder der Geschäftsführung. Beim Formwechsel der nach DrittelbG mitbestimmten AG in die GmbH kommt es dagegen zu einem **Mitbestimmungsgefälle**, weil der Aufsichtsrat der AG zur Bestellung des Vorstandes, der Aufsichtsrat der GmbH aber nicht zur Bestellung der Geschäftsführer zuständig ist. Auch in diesem Fall werden die Geschäftsführer von der Gesellschafterversammlung gewählt. Der vorherigen Durchführung eines Statusverfahrens bedarf es dazu nicht.[1063] Fand das MitbestG wie beispielsweise bei einer Personengesellschaft, die nicht ausnahmsweise gem. §§ 4, 5 MitbestG mitbestimmungspflichtig ist, nicht bereits auf den formwechselnden Rechtsträger Anwendung, ist zweifelhaft, ob das MitbestG beim Formwechsel in die GmbH schon im Gründungsstadium gilt (siehe oben Rdn. 491). Es sprechen gute Gründe dafür, dass es erst nach Entstehung, also Eintragung der GmbH im Handelsregister anwendbar ist. Teilt man diese Auffassung, so wird auch in diesem Fall die erste Geschäftsführung noch von der Gesellschafterversammlung gewählt.

Beim **Formwechsel in die AG** wird der Vorstand gem. § 84 AktG vom Aufsichtsrat gewählt. Es ist nur die Frage, ob an der Wahl des ersten Vorstands bei einer mitbestimmten AG die Arbeitnehmer bereits mitwirken. Das hängt davon ab, ob der formwechselnde Rechtsträger bereits einen nach DrittelbG oder MitbestG mitbestimmten Aufsichtrat hat und dieser gem. § 203 im Amt bleibt (und nunmehr, auch wenn er nur nach DrittelbG mitbestimmt ist, gem. § 84 AktG zur Bestellung des Vorstands zuständig ist) oder ob es sich um einen ersten Aufsichtsrat handelt, für den über § 197 die Übergangsregelung des § 31 AktG gilt. (siehe oben Rdn. 491 f.). 550

Beim **Formwechsel in die eG** wird der Vorstand gem. § 24 Abs. 2 S. 1 GenG von der Versammlung der Anteilseigner und nicht vom Aufsichtsrat gewählt. Die Satzung kann allerdings gem. § 24 Abs. 2 S.2 GenG hiervon abweichend die Bestellung dem Aufsichtrat übertragen. Dann stellt sich auch hier die Frage, ob an der Wahl des ersten Vorstands bei einer mitbestimmten eG die Arbeitnehmer bereits mitwirken. § 203 ist hier nicht einschlägig: Gem. § 9 Abs. 2 GenG müssen die Mitglieder des Aufsichtsrats Mitglieder der Genossenschaft sein. Der Aufsichtsrat wird deshalb beim Rechtsträger neuer Rechtsform nie in gleicher Weise wie beim formwechselnden Rechtsträger gebildet und zusammengesetzt. Handelt es sich damit immer um einen neuen, ersten Aufsichtsrat, spricht wie bei der GmbH viel dafür, dass die Mitbestimmungsgesetze nicht schon im Gründungsstadium, sondern erst nach Entstehung, also Eintragung der eG im Genossenschaftsregister anwendbar sind. Teilt man diese Auffassung, so wird der erste Vorstand noch von dem nicht mitbestimmten Aufsichtsrat des formwechselnden Rechtsträgers gewählt. Die Rechtslage entspricht damit derjenigen bei der AG bei Anwendung von § 31 AktG. 551

b) Bestellung der Mitglieder des Aufsichtsrats

Die Bestellung der Mitglieder des Aufsichtsrats wurde bereits dargestellt (siehe oben Rdn. 490 ff.). Darauf kann hier verwiesen werden. 552

VI. Satzung

1. Allgemeines

Wie sich aus den Besonderen Vorschriften ergibt, ist dem Umwandlungsbeschluss in allen Fällen des Formwechsels der Gesellschaftsvertrag bzw. die Satzung des Rechtsträgers neuer Rechtsform beizufügen (vgl. § 218 Abs. 1 für den Formwechsel einer Personenhan- 553

1063 *Krause-Ablaß/Link*, GmbHR 2005, 731, 735.

4. Kapitel Umwandlungen

delsgesellschaft in eine Kapitalgesellschaft oder Genossenschaft; § 234 Nr. 3. für den Formwechsel einer Kapitalgesellschaft in eine Personengesellschaft; § 243 Abs. 1 i.V. mit § 218 Abs. 1 für den Formwechsel einer Kapitalgesellschaft in eine andere Kapitalgesellschaft; § 253 Abs. 1 für den Formwechsel einer Kapitalgesellschaft in eine Genossenschaft; § 263 Abs. 1 i.V.m. § 218 Abs. 1 für den Formwechsel einer Genossenschaft in eine Kapitalgesellschaft; § 276 i.V.m. § 218 für den Formwechsel eines e.V. in eine Kapitalgesellschaft oder Genossenschaft; § 294 i.V.m. § 218 Abs. 1 für den Formwechsel eines VVaG in eine Kapitalgesellschaft). Der Gesellschaftsvertrag oder die Satzung sind daher im Umwandlungsbeschluss festzustellen. Dabei sind verschiedene Themen zu bedenken:

554 Bei Gestaltung der Satzung sind zunächst die **zwingenden Bestimmungen des Rechtsträgers neuer Rechtsform** zu beachten. Das sind insbesondere die Mindestvoraussetzungen, die beispielsweise bei der Gestaltung der Satzung einer GmbH oder einer AG gemäß § 2 GmbHG, 23 Abs. 3 AktG einzuhalten sind, des Weiteren solche, die sich aus der Struktur der neuen Rechtsform ergeben, wie beispielsweise die Aufgabenteilung zwischen den verschiedenen Organen – Vorstand, Aufsichtsrat, Hauptversammlung bei der AG, Komplementär, Aufsichtsrat, Hauptversammlung bei der KGaA, Geschäftsführung, Gesellschafterversammlung bei der GmbH, Komplementäre und Kommanditisten bei der KG etc. Dazu gehören aber auch Rechtsgrundsätze, die für die jeweilige Rechtsform zwingend vorgeschrieben oder von der Rechtsprechung entwickelt worden sind. Zu ersteren zählen bei der Aktiengesellschaft insbesondere Beschränkungen, die sich aus dem Grundsatz der Satzungsstrenge gemäß § 23 Abs. 5 AktG, ergeben, der beispielsweise die Vereinbarung dinglicher Vorkaufsrechte in der Satzung ausschließt und auch eine Vinkulierung nur im gesetzlich vorgesehenen Umfang zulässt; zu den von der Rechtsprechung entwickelten Regeln gehören beispielsweise die eingeschränkte Zulässigkeit von Abfindungsbeschränkungen oder von Klauseln zum Ausschluss von Gesellschaftern ohne sachlichen Grund.

555 Weiter sind die zwingenden **Regelungen des UmwG** zu beachten, wie das Gebot der Kapitaldeckung beim Formwechsel von der Personengesellschaft in die Kapitalgesellschaft gemäß § 220, das Gebot der Beibehaltung des Nominalkapitals beim Formwechsel zwischen Kapitalgesellschaften gemäß § 247, die Verpflichtung zur Übernahme von Festsetzungen über Sondervorteile, Gründungsaufwand, Sacheinlagen und Sachübernahmen aus dem Gesellschaftsvertrag der formwechselnden Gesellschaft in denjenigen des neuen Rechtsträgers gemäß § 243 Abs. 1 S. 2, 3. Ferner sind Regelungen über die Verteilung der Anteile zu beachten. So muss dafür gesorgt sein, dass sich jeder Anteilsinhaber des formwechselnden Rechtsträgers mit mindestens einem Anteil am Rechtsträger neuer Rechtsform beteiligen kann (vgl. § 258 Abs. 2, 273). Eine unbegrenzte Haftung darf nur mit Zustimmung der Beteiligten begründet werden (vgl. § 233 Abs. 1 und Abs. 2 S. 3).

556 M **Formulierungsbeispiel:**
Bei Gründung der GmbH, aus der die AG im Wege des Formwechsel hervorgegangen ist, wurde unter anderem in § ... folgendes geregelt: »Der Gesellschafter X erbringt die Einlage auf seinen Geschäftsanteil im Nennbetrag von 20.000,– Euro als Sacheinlage durch Einbringung des von ihm betriebenen, im Handelsregister des Amtsgerichts .... eingetragenen einzelkaufmännischen Unternehmens in Firma X Textilhandel e.K. mit allen Aktiva und Passiva.

2. Abweichungen von Gesellschaftsvertrag oder Satzung des formwechselnden Rechtsträgers

557 Die vorstehend genannten Grundsätze begrenzen die Gestaltungsfreiheit der Gesellschafter auch dann, wenn der Umwandlungsbeschluss mit den Stimmen aller Gesellschafter beschlossen wird. In vielen Fällen kann der Formwechsel und damit auch die Satzung aber **mit satzungsändernder Mehrheit beschlossen** werden. Dann ist zu fragen, ob der

Mehrheit weitergehende Grenzen gezogen sind. Mit dem Formwechsel wird ein bestehendes gesellschaftsvertragliches Gefüge geändert. Der Änderung des Gesellschaftsvertrages sind auch ohne Wechsel der Form Grenzen gesetzt. Die Frage ist, ob diese auch die Mehrheitsmacht im Rahmen des Formwechsels begrenzen. Dabei ist zu bedenken, dass das UmwG eigene Vorkehrungen zum Schutz der Minderheitsgesellschafter getroffen hat. Diese bestehen in qualifizierten Mehrheitserfordernissen, wie sie sonst für Satzungsänderungen vorgesehen sind (bei Personengesellschaften grundsätzlich Einstimmigkeit) vgl. § 217, bei Kapitalgesellschaften mindestens ¾ Mehrheit der abgegebenen Stimmen §§ 233 Abs. 2, 240, entsprechend auch bei der eG § 262 und beim e.V. § 275 Abs. 2, Zustimmungserfordernissen (z.B. bei Reduzierung der Beteiligung gem. § 241 Abs. 1, § 242, bei Verlust bestimmter Sonderrechte z.B. § 233 Abs. 3, § 241 Abs. 2, § 245) oder bei Übernahme einer persönlichen Haftung § 233 Abs. 1, Ansprüchen auf Zuzahlung bei Wertverlust der Anteile durch den Formwechsel gemäß § 196 und der Möglichkeit des Ausscheidens gegen Barabfindung zum vollen Wert gemäß § 207. Die Frage ist deshalb, ob über dieses Schutzsystem hinaus weitere Einschränkungen der Mehrheitsmacht angezeigt sind. Im Schrifttum wird das meist im Zusammenhang mit der sachlichen oder materiellen Beschlusskontrolle erörtert.[1064] Die h.M. unterscheidet dabei zwischen **notwendigen und fakultativen Änderungen** des Gesellschaftsvertrages des formwechselnden Rechtsträgers, von denen die notwendigen Änderungen stets, aber auch die fakultativen Änderungen grundsätzlich uneingeschränkt zulässig sein sollen.[1065] Im Einzelfall sollen fakultative Änderungen allerdings wegen Verstoßes gegen die Treuepflicht, das Willkürverbot (Rechtsmissbrauch) oder den Gleichbehandlungsgrundsatz unwirksam sein können.[1066] Jedoch wird im Einzelnen recht unterschiedlich beurteilt, wann ein Verstoß gegen diese Grundsätze vorliegt. So soll die Treuepflicht nach einer Meinung gebieten, im Rahmen des Möglichen die Organisation der Gesellschaft und die Rechtspositionen einzelner Gesellschafter zu erhalten,[1067] während andere betonen, dass die Rechtsgrundsätze oder gar Üblichkeiten der Gestaltung der Zielrechtsform das Leitbild für die Satzungsgestaltung vorgeben.[1068] Weiterhin wird angenommen, dass sich die Mehrheit keine ungerechtfertigten Sondervorteile verschaffen darf [1069] und dass in unverzichtbare individuelle Mitgliedschaftsrechte der Gesellschafter nicht eingegriffen werden dürfe.[1070] Ein instruktives Beispiel dafür ist die Einführung einer Anteilsvinkulierung beim Formwechsel von AG in GmbH. Gemäß § 180 Abs. 2 AktG bedarf die Einführung einer Vinkulierung der Zustimmung der betroffenen Aktionäre. Bei der GmbH entspricht dagegen die Anteilsvinkulierung zwar nicht dem gesetzlichen, aber doch dem praktischen Leitbild. Allerdings bedarf auch im Recht der GmbH die nachträgliche Vinkulierung von Geschäftsanteilen der Zustimmung der betroffenen Gesellschafter.[1071] Jedoch ist die Vinkulierung von Geschäftsanteilen einer GmbH durchaus üblich. Deutlicher wird das Problem noch beim Wechsel einer AG in die Rechtsform einer Personenhandelsgesellschaft. Bei dieser sind die Anteile kraft Gesetzes vinkuliert. Die Frage ist, ob der Gesellschaftsvertrag des Rechtsträgers neuer Rechtsform in solchen Fällen der Ausgestaltung des Vertrages des formwechselnden Rechtsträgers angepasst werden muss, beim Formwechsel einer AG in eine Personengesellschaft die Anteile an der Personenge-

---

1064 Z.B. KK-UmwG/*Dauner-Lieb/Tettinger*, § 217 Rn. 36 ff.; § 233 Rn. 47 ff.; Rn. 51 ff.
1065 Semler/Stengel/*Bärwaldt*, § 193 Rn. 17; Semler/Stengel/*Schlitt*, § 217 Rn. 21; Ihrig, § 233 Rn. 28; Semler/Stenger/*Mutter*, § 243 Rn. 6; Lutter/*Decher*, § 195 Rn. 20; Lutter/*Happ/Göthel*, § 233 Rn. 54; 243 Rn. 26 ff.
1066 Lutter/*Decher*, § 195/21; Lutter/*Happ/Göthel*, § 233 Rn. 54.
1067 Semler/Stengel/*Ihrig*, § 233 Rn. 128.
1068 Lutter/*Happ/Göthel*, § 233 Rn. 54.
1069 Semler/Stengel/*Ihrig*, § 233, Rn. 31; Lutter/*Happ/Göthel*, § 233, Rn. 156; Lutter/*Decher*, § 195, 20.
1070 Semler/Stengel/*Mutter*, § 243, Rn. 16.
1071 Baumbach/Hueck/*Zöllner*, § 53 Rn. 34 m.w.N.

… sellschaft also frei übertragbar gestaltet werden müssen.[1072]

558 Der Gesetzgeber hat die Frage bewusst nicht entschieden. Die Begründung zu § 193 führt aus, dass der Entwurf nicht die Vorstellungen übernehme, die von Rechtsprechung und Schrifttum für eine Sachkontrolle wichtiger Hauptversammlungsbeschlüsse entwickelt worden seien, nämlich dass der Beschluss im Interesse der Gesellschaft liegen, zur Verfolgung des Unternehmensgegenstandes erforderlich und das angemessene Mittel sein müsse.[1073] Damit sollte eine inhaltliche Beschlusskontrolle aber wohl nicht ausgeschlossen werden, sondern ihre Entwicklung nur der Praxis überlassen bleiben.[1074]

559 Der BGH hat sich in zwei Entscheidungen mit dieser Frage befasst. In der früheren Entscheidung aus dem Jahr 1982 (Freudenberg), die noch zum alten Umwandlungsrecht ergangen ist,[1075] entschied er für einen Formwechsel einer Familien-KG in eine Kapitalgesellschaft, dass die Mehrheit den Formwechsel nicht ausnutzen dürfe, weitere nicht durch die Umwandlung notwendig veranlasste Veränderungen der Gesellschaftsstruktur zu beschließen. Der Charakter des formwechselnden Rechtsträgers als Familiengesellschaft, die Grundzüge der Gesellschaftsorganisation, die Kompetenzen der Gesellschaftsorgane und die Rechtsposition der einzelnen Gesellschafter seien im Rahmen des rechtlich und tatsächlich möglichen zu erhalten und anzupassen und notwendige Veränderungen nur nach den Grundsätzen des geringstmöglichen Eingriffs vorzunehmen. Die persönlichen Rechtspositionen der Anteilsinhaber seien durch den Gleichbehandlungsgrundsatz und die Kernbereichslehre geschützt. In einer neueren Entscheidung (FPB)[1076] hat das Gericht es als zweifelhaft bezeichnet, ob diese Grundsätze auch auf den umgekehrten Fall eines Formwechsels einer AG in eine GmbH & Co. KG übertragbar sind. Es hat den Schwerpunkt der Prüfung darauf gelegt, ob in dem Formwechsel und seiner Ausgestaltung eine sachwidrige Ungleichbehandlung der Gesellschafter lag, dies aber im zu entscheidenden Fall verneint. Ausdrücklich gebilligt und nicht als treupflichtwidrig angesehen hat das Gericht die Bestellung einer GmbH, deren alleiniger Gesellschafter die Mehrheitsgesellschafterin der formwechselnden Gesellschaft war, zur Komplementärin sowie mögliche Steuervorteile, die sich aus dem Formwechsel nur für die Mehrheitsgesellschafterin ergaben. Ebenso nicht beanstandet hat das Gericht die Festlegung abweichender Einladungsmodalitäten für die Gesellschafterversammlung, die Festlegung einer Mindesthöhe für eine Kommanditbeteiligung, die Regelung einer Verpflichtung zur Mitwirkung bei Handelsregisteranmeldungen, die Sofortgeltung eines Ausschließungsbeschlusses, eine Abfindungsregelung, die eine Abfindung auf ein festen Multiplikator des Jahresergebnisses und damit möglicherweise unter Verkehrswert ermöglichte und das Ruhen des Stimmrechts nach Ausschließung. Für unwirksam hielt das Gericht dagegen Regelungen im Gesellschaftsvertrag, die das Stimmrecht nach eigener Kündigung und nach Erhebung der Auflösungsklage ausschlossen. Dies sind aber Bestimmungen, die auch auf Bedenken stoßen, wenn sie in einem Gesellschaftsvertrag enthalten sind, der von allen Gesellschaftern einstimmig gebilligt wird. Im Ergebnis hat der BGH in der FPB-Entscheidung den Gesellschaftsvertrag des Rechtsträgers neuer Rechtsform somit im Wesentlichen auf die Einhaltung der für ihn geltenden zwingenden Bestimmungen und im Übrigen lediglich auf die Beachtung des Gleichbehandlungsgrundsatzes überprüft. Auch wenn die Grundsätze der Freudenberg Entscheidung nicht ausdrücklich kassiert wurden, ist doch offen, ob sie künftig noch gelten und der Gesellschaftsvertrag neuer Rechtsform den Charakter des formwechselnden Rechtsträgers im Rahmen des Möglichen erhalten muss. Zu beachten ist, dass es hier nicht um die zweifellos zu bejahende Frage geht, ob Nachteile, die die Anteils-

---

1072 So offenbar KK-UmwG/*Dauner-Lieb/Tettinger*, § 233 Rn. 67, falls kein sachlicher Grund für eine Abweichung vorliegt; großzügiger Lutter/*Happ/Göthel*, § 233 Rn. 61.
1073 BT-Drucks 12/6699, S. 139, 86.
1074 So KK-UmwG/*Dauner-Lieb/Tettinger*, § 217 Rn. 36.
1075 NJW 1983, 1076.
1076 BGH NZG 2005, 722.

inhaber durch den Formwechsel erleiden, finanziell auszugleichen sind, sondern darum, ob der Beschluss infolgedessen anfechtbar ist. Es spricht viel dafür, in dieser Beziehung Zurückhaltung walten zu lassen; die vorsichtigen Formulierungen des BGH sind deshalb zu begrüßen.

Ähnliche Fragen stellen sich auch bei dem Erfordernis der Zustimmung von Sonderrechtsinhabern bei Entfallen ihrer Sonderrechte in der neuen Rechtsform (dazu oben Rdn. 532 ff.). 560

3. Einzelfragen

Beim Formwechsel in die GmbH oder AG ist es eine die Praxis bei der Gestaltung des Gesellschaftsvertrages beschäftigende Frage, ob die zwingenden Regelungen des GmbHG und des AktG über die Festsetzungen von Sacheinlagen und des Gründungsaufwandes gem. §§ 5 Abs. 4 GmbHG und 27 AktG bzw. 26 AktG zu beachten sind. Diesen Fragen wird bei der Erörterung des Formwechsels von Kapitalgesellschaften nachgegangen (vgl. dazu nachstehend Rdn. 707 ff.). An dieser Stelle sei nur darauf hingewiesen, dass die angesprochenen Fragen **nicht** mit der bereits zitierten Regelung in § 243 Abs. 1 S. 2 **verwechselt** werden dürfen, dass beim Formwechsel einer Kapitalgesellschaft in eine andere Kapitalgesellschaft Festsetzungen in der Satzung des formwechselnden Rechtsträgers über Sondervorteile, Gründungsaufwand, Sacheinlagen und Sachübernahmen in den Gesellschaftsvertrag oder die Satzung des Rechtsträgers in neuer Rechtsform zu übernehmen sind. 561

Eine weitere Frage, die in diesem Zusammenhang erörtert wird, ist die Einführung einer Vinkulierungsklausel im Rahmen eines Formwechsels einer AG in eine GmbH oder in eine Personengesellschaft. Dies wurde bereits unter Rdn. 557 angesprochen. Dafür, beim Formwechsel von einer AG in eine GmbH die Zustimmung aller Aktionäre zu verlangen, spricht nicht zuletzt der Umstand, dass auch die Einführung einer Anteilsvinkulierung bei einer GmbH der Zustimmung aller Gesellschafter bedarf. Dagegen wird man beim Formwechsel in die Personengesellschaft einen mit ¾-Kapitalmehrheit gefassten Beschluss schon im Hinblick darauf genügen lassen müssen, dass die Vinkulierung der Beteiligungen an der Personengesellschaft – mangels abweichender Bestimmung – der gesetzlichen Regelung entspricht und durch den Gesetzgeber offenbar in Kauf genommen wurde.[1077] 562

Zu verweisen ist in diesem Zusammenhang auch auf die Gestaltung der Gesellschafterstruktur der Komplementär-GmbH beim Formwechsel von der Kapitalgesellschaft in die GmbH & Co. KG (siehe oben Rdn. 559). 563

4. Rechtsfolgen

Es wurde bereits darauf hingewiesen, dass von besonderer Bedeutung ist, welche Rechtsfolgen ein Verstoß gegen die aufgezeigten Grundsätze hat. Überwiegend wird angenommen, dass die entsprechende Gesellschaftsvertragsbestimmung unwirksam ist, der Umwandlungsbeschluss selbst und die Satzung im Übrigen aber wirksam bleiben. Anstelle der unwirksamen Bestimmungen sollen die bisherigen satzungsmäßigen Vorschriften oder bei Fehlen solcher gesetzlichen Bestimmungen treten, falls nicht ausnahmsweise die Auslegung ergibt, dass der Formwechsel nur bei gleichzeitiger Durchführung der unwirksamen fakultativen Satzungsänderungen gewollt ist.[1078] 564

1077 So für die GmbH auch Lutter/*Happ/Göthel*, § 243 Rn. 32 ff., die allerdings wenig überzeugend eine Ausnahme zulassen wollen, wenn sich der Aktionärskreis auf wenige Aktionäre reduziert hat; Semler/Stengel/*Mutter*, § 243 Rn. 13; für die Personengesellschaft siehe oben die Fußnote am Ende von Rdn. 557; zu weiteren Klauseln instruktiv LG Bonn AG 1991, 114.
1078 BGH NZG 2005, 722; Lutter/*Happ/Göthel*, § 243 Rn. 36; Widmann/Mayer/*Rieger*, § 243 Rn. 15.

VII. Das Beschlussverfahren

1. Allgemeines

565 Die Förmlichkeiten des Gesellschafterbeschlusses sind in den Allgemeinen Vorschriften in § 193 geregelt. Er sieht vor, dass der Beschluss in einer Versammlung der Anteilseigner gefaßt wird, ihm alle Anteilseigner zustimmen müssen, von deren Zustimmung die Abtretung der Anteile des formwechselnden Rechtsträgers abhängig ist und Beschluss und Zustimmung notariell beurkundet werden müssen. Ergänzend ist in § 194 Abs. 2 geregelt, dass der Entwurf des Beschlusses einen Monat vor der Versammlung dem Betriebsrat zugeleitet werden muss (s.o. Rdn. 495). Die Bestimmungen werden – abgestellt auf die Rechtsform des formwechselnden Rechtsträgers und die Zielrechtsform – ergänzt durch verschiedene Regelungen in den Besonderen Vorschriften, insbesondere §§ 216, 217 über die Unterrichtung der Gesellschafter und die Beschlusserfordernisse bei dem Formwechsel von Personengesellschaften, die gem. §§ 225 b) und c) auf PartGen entsprechend anzuwenden sind, §§ 230 bis 233 über die Vorbereitung, Durchführung sowie Beschluss- und Zustimmungserfordernisse beim Formwechsel von Kapitalgesellschaften in Personengesellschaften, §§ 238 bis 242 entsprechend beim Formwechsel einer Kapitalgesellschaft in eine Kapitalgesellschaft anderer Rechtsform, §§ 251, 252 beim Formwechsel von Kapitalgesellschaften in eine eingetragene Genossenschaft, §§ 259 bis 262 beim Formwechsel von eingetragenen Genossenschaften, §§ 274, 275 beim Formwechsel eines eingetragenen Vereins in eine Kapitalgesellschaft, §§ 283, 284 beim Formwechsel eines eingetragenen Vereins in eine eingetragene Genossenschaft sowie §§ 292, 293 beim Formwechsel von Versicherungsvereinen auf Gegenseitigkeit. Vorbereitung und Einberufung, Versendung der Unterlagen und Zuleitung des Entwurfs an den Betriebsrat sind bereits in Teil III (Rdn. 481 ff.) erörtert worden. Nachzutragen ist an dieser Stelle, dass die Förmlichkeiten der Einberufung verzichtbar sind. Sie dienen allein dem Schutz der Anteilseigner.[1079]

566 M Formulierungsbeispiel:
Auf die Einhaltung aller Form- und Fristvorschriften nach GmbHG, UmwG und Gesellschaftsvertrag für die Einladung zur Gesellschafterversammlung wird verzichtet.

2. Durchführung der Versammlung

a) Versammlung

567 § 193 schreibt vor, dass der Beschluss der Anteilsinhaber in einer Versammlung der Anteilseigner gefasst werden muss. Diese Bestimmung ist zwingend. Die Satzung kann die Befugnisse nicht einem anderen Organ (z.B. Aufsichtsrat, Vertreterversammlung) übertragen.[1080] Die Stimmabgabe kann nur in der Versammlung erfolgen, sofern nicht das Gesetz – wie in §§ 217 Abs. 1 S. 1, 225 c) und 233 Abs. 1 – ausdrücklich etwas anderes vorsieht.[1081] Eine Hinzurechnung außerhalb der Versammlung abgegebener Stimmen ist nur in den gesetzlich genannten Fällen möglich (str. vgl. nachstehend Rdn. 573). Die Anteilseigner können sich aber in der Versammlung vertreten lassen. (vgl. dazu nachfolgend unter Rdn. 617 ff.).

[1079] Semler/Stengel/*Bärwaldt*, § 193 Rn. 4; Lutter/*Decher*, § 193 Rn. 5.
[1080] Kallmeyer/*Zimmermann*, § 193 Rn. 3; Lutter/*Decher*, § 193 Rn. 3. – §§ 292, 293 machen hiervon keine Ausnahme, denn § 29 VAG gestattet ausdrücklich, als oberstes Organ eine Versammlung der Mitglieder oder Vertreter der Mitglieder vorzusehen. Ist letzteres der Fall, ist diese Vertretung rechtsformspezifisch zuständig.
[1081] Semler/Stengel/*Bärwaldt*, § 193 Rn. 8; Lutter/*Decher*, § 193 Rn. 3; Kallmeyer/*Zimmermann*, § 193 Rn. 3, 8; *Limmer*, Rn. 2190.

b) Durchführung der Versammlung

Die Durchführung der Versammlung richtet sich nach den allgemeinen Bestimmungen für die Vertretung der Anteilsinhaber des formwechselnden Rechtsträgers. Dies gilt insbesondere für Einladungsfristen, Quoren, etc. Sie werden ergänzt durch die Besonderen Vorschriften im Zweiten Teil. So muss bei allen Rechtsträgern außer der Personengesellschaft und der PartG der Umwandlungsbericht und bei der eingetragenen Genossenschaft gem. § 260 Abs. 3 S. 1 auch das Prüfungsgutachten des Prüfungsverbandes während der Versammlung ausliegen bzw. bei der AG auf andere Weise zugänglich gemacht werden und ist zu Beginn der Versammlung – insoweit mit Ausnahme der Gesellschafterversammlung der GmbH (vgl. § 232 Abs. 2) – der Entwurf des Umwandlungsbeschlusses von den Vertretungsorganen mündlich zu erläutern (§§ 232 Abs. 2, 239 Abs. 2, 251 Abs. 2, 261 Abs. 1 S. 2, 274 Abs. 2, 283 Abs. 2, 292 Abs. 2).[1082] Da diese Bestimmungen alleine dem Schutz der Anteilseigner und Versammlungsteilnehmer dienen, sind sie – wie die Einhaltung der Einberufungsvorschriften – verzichtbar.[1083]

568

3. Mehrheitserfordernisse

Die Mehrheitserfordernisse für den Beschluss sind in den Besonderen Vorschriften im einzelnen geregelt. Für den Beschluss sind dieselben Mehrheiten erforderlich, die auch sonst für Grundsatzbeschlüsse des formwechselnden Rechtsträgers verlangt werden. Abweichungen durch Gesellschaftsvertrag oder Satzung des formwechselnden Rechtsträgers werden teilweise zugelassen. Soweit die Zielrechtsform eine Haftung einzelner oder aller Anteilsinhaber begründet, ist auch die Zustimmung dieser Anteilsinhaber erforderlich.
Im Einzelnen:

569

570

a) Formwechsel von **Personenhandelsgesellschaften und PartGen**
   Beim Formwechsel von Personenhandelsgesellschaften und PartGen müssen gem. §§ 217, 225 c) grundsätzlich alle anwesenden Gesellschafter und auch die nicht erschienenen Gesellschafter zustimmen (Einstimmigkeit von Beschlüssen der Personengesellschaft – § 119 Abs. 1 HGB). Der Gesellschaftsvertrag kann eine Mehrheitsentscheidung vorsehen, die aber nicht weniger als ¾ der abgegebenen Stimmen betragen darf.
b) Formwechsel von **Kapitalgesellschaften**
   Beim Formwechsel von Kapitalgesellschaften ist zu unterscheiden:
   (1) Beim Formwechsel in eine Personengesellschaft, bei der alle Gesellschafter **unbeschränkt haften**, also GbR, oHG oder PartGG bedarf der Beschluss gem. § 233 Abs. 1 der Zustimmung aller anwesenden und der nicht erschienenen Gesellschafter.
   (2) Beim Formwechsel in eine Kommanditgesellschaft bedarf der Beschluss gem. § 233 Abs. 2 einer ¾-Mehrheit der in der Gesellschafterversammlung der GmbH abgegebenen Stimmen beziehungsweise des in der Hauptversammlung der AG oder der KGaA vertretenen Grundkapitals. Die Satzung kann nur strengere Erfordernisse aufstellen. Außerdem müssen dem Formwechsel alle Gesellschafter zustimmen, die in der KG als Zielrechtsform persönlich haftende Gesellschafter werden sollen (vgl. § 233 Abs. 2 S. 3). Dem Formwechsel einer KGaA müssen ferner deren persönlich haftende Gesellschafter zustimmen, wobei die Satzung diesbezüglich eine Mehrheitsentscheidung vorsehen kann, weil jeder persönlich haftende Gesellschafter sein Ausscheiden aus der KGaA auf den Zeitpunkt des Wirksamwerdens des Formwechsels erklären kann (vgl. § 233 Abs. 3).

1082 Nach *Limmer*, Rn. 2461 gilt entsprechendes gem. § 118 HGB für die oHG und auch für Kommanditisten einer KG.
1083 Semler/Stengel/*Bärwaldt*, § 193 Rn. 7; Lutter/*Decher*, § 193 Rn. 5; Widmann/Mayer/*Vossius*, § 232 Rn. 29.

(3) Beim Formwechsel der Kapitalgesellschaft in eine andere Kapitalgesellschaft bedarf der Beschluss gem. § 240 einer ¾-Mehrheit der in der Gesellschafterversammlung der GmbH abgegebenen Stimmen bzw. des in der Hauptversammlung der AG oder KGaA vertretenen Grundkapitals. Gesellschaftsvertrag oder Satzung können strengere Erfordernisse vorsehen, beim Formwechsel einer KGaA in eine AG aber auch eine geringere Mehrheit. Dem Formwechsel in eine KGaA müssen außerdem alle Anteilsinhaber zustimmen, die in der Zielrechtsform die Stellung eines Komplementärs einnehmen sollen (wegen der persönlichen Haftung). Dem Formwechsel einer KGaA müssen ferner alle persönlich haftenden Gesellschafter zustimmen (sie stehen insoweit Personengesellschaftern gleich); die Satzung kann diesbezüglich aber eine Mehrheitsentscheidung vorsehen.

(4) Beim Formwechsel der Kapitalgesellschaft in eine eG bedarf der Beschluss gem. § 252 Abs. 2 einer ¾-Mehrheit der in der Gesellschafterversammlung der GmbH abgegebenen Stimmen bzw. des in der Hauptversammlung der AG oder KGaA vertretenen Grundkapitals § 252 Abs. 2. Der Gesellschaftsvertrag oder die Satzung der formwechselnden Gesellschaft kann eine größere Mehrheit und weitere Erfordernisse bestimmen. Sieht die Satzung der eG als Zielrechtsform eine Verpflichtung der Mitglieder zur Leistung von Nachschüssen vor, müssen alle Anteilsinhaber des formwechselnden Rechtsträgers zustimmen. Bei einer KGaA müssen außerdem deren persönlich haftende Gesellschafter zustimmen. Die Satzung kann insofern eine Mehrheitsentscheidung vorsehen.

c) Formwechsel von **eingetragenen Genossenschaften**

Beim Formwechsel einer eG bedarf der Beschluss der Generalversammlung gem. § 262 einer Mehrheit von mindestens ¾ der abgegebenen Stimmen. Eine Mehrheit von 9/10 der abgegebenen Stimmen ist erforderlich, wenn wenigstens 100 Mitglieder, bei Genossenschaften mit weniger als 1000 Mitgliedern, wenigstens 1/10 der Mitglieder bis zum Ablauf des dritten Tages vor der Generalversammlung per Einschreiben Widerspruch gegen den Formwechsel erhoben haben. Die Satzung kann eine größere Mehrheit und weitere Erfordernisse vorschreiben. Beim Formwechsel in eine KGaA müssen alle künftigen persönlich haftenden Gesellschafter zustimmen.

d) Formwechsel von **eingetragenen Vereinen**

Beim Formwechsel eines e.V. wird unterschieden:

(1) Der Formwechsel in eine Kapitalgesellschaft bedarf der Zustimmung aller – auch der nichterschienenen Mitglieder, falls der **Zweck** des Rechtsträgers **geändert** wird, sonst einer Mehrheit von ¾ der erschienenen Mitglieder. Im letzteren Fall ist eine Mehrheit von 9/10 der erschienenen Mitglieder erforderlich, wenn 100 Mitglieder, bei Vereinen mit weniger als 1000 Mitgliedern wenigstens 1/10 der Mitglieder bis zum Ablauf des dritten Tages vor der Mitgliederversammlung durch eingeschriebenen Brief Widerspruch gegen den Formwechsel erhoben haben. Die Satzung kann eine höhere Mehrheit und weitere Erfordernisse bestimmen. Beim Formwechsel in eine KGaA müssen alle künftigen persönlich haftenden Gesellschafter zustimmen.

(2) Der Formwechsel in eine eG unterliegt grundsätzlich denselben Regelungen. Er bedarf aber darüber hinaus der Zustimmung aller – auch der nicht erschienenen – Vereinsmitglieder, falls die Satzung der eingetragenen Genossenschaft eine Verpflichtung der Mitglieder zur Leistung von Nachschüssen vorsieht.

e) Formwechsel eines **VVaG**

Der Formwechsel eines VVaG bedarf gem. § 293 einer Mehrheit von ¾ der abgegebenen Stimmen. Widersprechen bis zum Ablauf des dritten Tages vor der Versammlung der obersten Vertretung mindestens 100 Mitglieder per Einschreiben dem Formwechsel, bedarf er einer Mehrheit von 9/10 der abgegebenen Stimmen.

f) **Änderung der Mehrheitserfordernisse durch die Satzung**; Stimmrecht der Vorzugsaktionäre

Soweit gem. den vorstehenden Regelungen die Satzung abweichende Mehrheiten und sonstige Erfordernisse vorsehen kann, ist folgendes zu beachten: Die **Abbedingung des Einstimmigkeitsprinzips** gem. § 217 für den Formwechsel einer Personenhandelsgesellschaft muss sich nach h.M. am Bestimmtheitsgrundsatz messen lassen.[1084] Umstritten ist aber, ob die entsprechende Klausel auch die Art die Umwandlung bezeichnen muß[1085] oder ob die allgemeine Formulierung »*Beschlüsse (oder alle Maßnahmen) nach dem Umwandlungsgesetz*« genügt.[1086] Für große Familiengesellschaften und Publikumsgesellschaften soll in Anlehnung an die BGH-Rechtsprechung[1087] die schlichte Mehrheitsklausel auch für den Formwechsel genügen. Nachdem der BGH die Bedeutung des Bestimmtheitsgrundsatzes zugunsten einer Ausübungskontrolle unter dem Gesichtspunkt der Treuepflicht der Mehrheit gegenüber der Minderheit relativiert hat,[1088] dürfte die allgemeine Formulierung »Beschlüsse nach dem Umwandlungsgesetz« ausreichen.

Die meisten Bestimmungen des Umwandlungsgesetzes lassen nur zu, dass der **Gesellschaftsvertrag** eine größere Mehrheit als ¾ und weitere Erfordernisse bestimmt (z.B. §§ 233 Abs. 2 S. 2, 240 Abs. 1 S. 3, 252 Abs. 2 S. 2, 262 Abs. 1 S. 3, 275 Abs. 2 S. 3, 284 S. 2, 293 S. 3). Sieht die Satzung eine größere **Mehrheit für Satzungsänderungen** vor, so ist das auch für den Formwechselbeschluss maßgebend, weil der Formwechsel in größerem Umfang in das Organisationsstatut der Gesellschaft eingreift als eine Satzungsänderung.[1089] Dagegen sollen nur für den Fall der Auflösung bestehende zusätzliche Erfordernisse für den Formwechsel nicht gelten.[1090] Weitere Erfordernisse können beispielsweise ein bestimmtes Quorum, eine bestimmte Form der Einberufung oder Abstimmung (z.B. geheime Abstimmung) sein. Unzulässig soll es dagegen sein, den Formwechsel von der Zustimmung eines Nicht-Gesellschafters abhängig zu machen[1091] oder gänzlich auszuschließen.[1092]

571

Soweit für AG und KGaA eine Kapitalmehrheit vorgeschrieben ist, muss daneben auch die einfache Mehrheit der abgegebenen Stimmen gem. § 133 AktG vorliegen.[1093] Gibt es mehrere Gattungen **stimmberechtigter** Aktien, bedarf der Beschluss der Zustimmung der stimmberechtigten Aktionäre jeder Gattung (vgl. §§ 233 Abs. 2 S. 1 Hs. 2, 240 Abs. 1 S. 1 Hs. 2 i.V.m. § 65 Abs. 2). Für die Zustimmung haben die Aktionäre jeder Gattung einen Sonderbeschluss zu fassen, für den jeweils das Mehrheitserfordernis gilt.[1094] Ein **Sonderbeschluss von Vorzugsaktionären ohne Stimmrecht** ist erforderlich, wenn das Stimmrecht gem. § 140 Abs. 2 AktG wieder aufgelebt ist.[1095] Umstritten ist dagegen, ob § 141 AktG für den Umwandlungsbeschluss gilt und es eines Sonderbeschlusses bedarf, wenn bei der Zielrechtsform kein vergleichbares Vorzugsrecht begründet wird (vgl. Rdn. 614). Diese

572

1084 Semler/Stengel/*Schlitt*, § 217 Rn. 16; Lutter/*Just*, § 217 Rn. 13; Kallmeyer/*Dirksen*, § 217 Rn. 8; *Binnewies* GmbHR 1997, 727, 732.

1085 Kallmeyer/*Dirksen*, § 217 Rn. 8; Lutter/*Just*, § 217 Rn. 13; Streck/Mack/Schwedhelm, GmbHR 1995, 161, 169.

1086 So Semler/Stengel/*Schlitt*, § 217 Rn. 16; Widmann/Mayer/*Vossius*, § 217 Rn. 76 f.; *H. Schmidt*, FS Brandner, S. 133, 144; *Binnewies*, GmbHR 1997, 727, 732.

1087 BHGZ 85, 350, 360 f.

1088 NJW 2008, 1685 (Otto); DStR 2009, 280 (Schutzgemeinschaftsvertrag II); dazu *K. Schmidt*, ZIP 2009, 737, 738; *C. Schäfer*, ZGR 2009, 768, 773.

1089 Kallmeyer/*Dirksen*, § 240 Rn. 3; Lutter/*Happ/Göthel*, § 233 Rn. 20; Semler/Stengel/*Ihrig*, § 233 Rn. 24; Widmann/Mayer/*Rieger*, § 240 Rn. 27.

1090 Semler/Stengel/*Arnold*, § 240 Rn. 8.

1091 Lutter/*Happ/Göthel*, § 240 Rn. 5 m.w.N.

1092 Lutter/*Happ/Göthel*, § 240 Rn. 5; Semler/Stengel/*Arnold*, § 240 Rn. 11.

1093 Lutter/*Happ/Göthel*, § 233 Rn. 18; Kallmeyer/*Dirksen*, § 240 Rn. 4.

1094 Für alle Kallmeyer/*Dirksen*, § 240 Rn. 4.

1095 Kallmeyer/*Dirksen*, § 240 Rn. 4; Lutter/*Happ/Göthel*, § 240 Rn. 7 und 8.

4. Kapitel Umwandlungen

Überlegungen sollen unter Umständen für die Inhaber von bestimmten, durch die Satzung der GmbH geschaffenen Anteilsgattungen entsprechend gelten.[1096]

4. Ermittlung der Stimmen

573 Soweit der Formwechselbeschluss die Zustimmung aller Anteilseigner des formwechselnden Rechtsträgers voraussetzt, regelt das Gesetz z.B. §§ 217 Abs. 1 S. 2 Hs. 2, 252 Abs. 1 Hs. 2, 275 Abs. 1 Hs. 2, dass die Zustimmung nicht in der Versammlung erschienener Anteilsinhaber außerhalb der Versammlung nachzuholen ist. Gem. § 193 Abs. 3 S. 1 sind auch deren Erklärungen zu beurkunden. Unklar ist dagegen, ob auch bei Mehrheitsbeschlüssen die erforderlichen Mehrheiten nachträglich durch **außerhalb der Versammlung abgegebene Zustimmungserklärungen** von Anteilsinhabern, die zu der Versammlung nicht erschienen oder vertreten waren, herbeigeführt werden können. Während die einen grundsätzlich in diesen Fällen nur die in der Versammlung abgegebenen Stimmen berücksichtigen wollen,[1097] soll nach Auffassung anderer jedenfalls in den Fällen, in denen bei Vorliegen bestimmter Voraussetzungen alle Anteilsinhaber zustimmen müssen und das Gesetz – wie in § 217 – vorsieht, dass die nicht erschienenen Gesellschafter außerhalb der Versammlung zustimmen können, die in der Versammlung nicht erreichte erforderliche Mehrheit auch durch nachträglich abgegebene Stimmen herbeigeführt werden können.[1098] Zu folgen ist der Auffassung, dass eine spätere Stimmabgabe nicht in der Versammlung erschienener Anteilsinhaber unzulässig ist. Die Möglichkeit nachträglicher Zustimmungserklärungen sieht das Gesetz nur vor, wenn Einstimmigkeit aller Anteilseigner vorgeschrieben ist. Es ist nicht erkennbar, dass für Mehrheitsbeschlüsse von der sonst üblichen Regelung abgewichen werden sollte. **Enthaltungen** gelten bei Mehrheitsbeschlüssen als nicht abgegebene Stimmen.[1099] Es werden also nur die Nein-Stimmen berücksichtigt. Verlangt das Gesetz dagegen Einstimmigkeit, kommt der Beschluss nicht zustande, wenn sich auch nur ein Gesellschafter der Stimme enthält.[1100]

574 Umstritten ist weiter, ob **Inhaber stimmrechtsloser Anteile** gleichwohl stimmberechtigt sind. Soweit alle Anteilsinhaber dem Formwechsel zustimmen müssen, sollen auch Inhaber von Anteilen ohne Stimmrecht mitstimmen.[1101] Erfolgt der Formwechsel durch Mehrheitsbeschluss, sind Inhaber stimmrechtsloser Anteile nach verbreiteter Auffassung bei Personengesellschaften stimmberechtigt,[1102] nicht dagegen bei anderen Rechtsträgern.[1103] Begründet wird dies damit, dass bei der Personengesellschaft auch der Gesellschafter ohne Stimmrecht Eingriffe in den Kernbereich seiner Rechtsstellung nicht hinnehmen müsse.[1104] Eine Ausnahme wird deshalb für die Komplementär-GmbH in der GmbH & Co. KG gemacht, soweit ihre Gesellschafter mit den Kommanditisten der Kommanditgesellschaft identisch sind.[1105] Auch bei der GmbH bedürfen aber Eingriffe in den Kernbereich

---

1096 Lutter/*Happ/Göthel*, § 240 Rn. 8 f. m.w.N.
1097 Lutter/*Happ/Göthel*, § 233 Rn. 22; wohl auch Widmann/Mayer/*Vossius*, § 217, 80; § 233, 12; Semler/Stengel/*Ihrig*, § 233 Rn. 21.
1098 Semler/Stengel/*Schlitt*, § 217 Rn. 22; Lutter/*Just*, § 217 Rn. 16; Kallmeyer/*Dirksen*, § 217 Rn. 9; § 233 Rn. 9.
1099 BGH NJW 1982, 1585.
1100 Semler/Stengel/*Schlitt*, § 217 Rn. 8; Lutter/*Just*, § 217 Rn. 4.
1101 Kallmeyer/*Dirksen*, § 233 Rn. 5; Semler/Stengel/*Bärwaldt*, § 193 Rn. 9; Semler/Stengel/*Ihrig*, § 233 Rn. 11; Lutter/*Just*, § 217 Rn. 6; Lutter/*Happ/Göthel*, § 233 Rn. 4.
1102 Semler/Stengel/*Bärwaldt*, § 193 Rn. 9; Lutter/*Happ/Göthel*, § 217 Rn. 16.
1103 Semler/Stengel/*Bärwaldt*, § 193 Rn. 9; Lutter/*Happ/Göthel*, § 233 Rn. 22, 24; § 240 Rn. 7; Semler/Stengel/*Ihrig*, § 233 Rn. 20; Semler/Stengel/*Arnold*, § 240 Rn. 16; Kallmeyer/*Dirksen*, § 233 Rn. 9.
1104 BGH NJW 1956, 1198; NJW 1993, 2100; Semler/Stengel/*Bärwaldt*, § 193 Rn. 9; Widmann/Mayer/*Vossius*, § 217 Rn. 42.
1105 BGH NJW 1993, 2100.

der Mitgliedschaft der Zustimmung des betroffenen Gesellschafters.[1106] Die Frage ist doch gerade, ob der Formwechselbeschluss einen Eingriff in den Kernbereich darstellt. Würde man das annehmen, bedürfte jeder Formwechsel der Zustimmung aller Anteilsinhaber. Schon dies zeigt, dass die Argumentation nicht schlüssig ist. Man wird daher den Inhabern stimmrechtslose Anteile **bei Mehrheitsbeschlüssen** grundsätzlich **kein Stimmrecht** zubilligen können.[1107]

5. Änderungen gegenüber Betriebsratsvorlage

Entgegen mitunter vertretener Auffassung[1108] löst nicht jede Änderung des Entwurfs des Umwandlungsbeschlusses nach Zuleitung an den Betriebsrat eine erneute Zuleitungspflicht aus. Eine erneute Zuleitung ist aber erforderlich, wenn die Änderungen die Interessen der Arbeitnehmer oder ihrer Vertretungen berühren können.[1109] Das ist insbesondere der Fall bei Änderungen der Angaben gem. § 194 Abs. 1 Nr. 7, falls diese nicht lediglich redaktioneller Natur oder für die Arbeitnehmer und deren Vertretungen ausnahmsweise offensichtlich ohne Bedeutung sind, und bei wesentlichen grundsätzlichen Änderungen, die den Formwechsel selbst betreffen, z.B. bei Änderung der Zielrechtsform.

575

6. Beurkundung

Der Beschluss und die nach dem Umwandlungsgesetz erforderlichen Zustimmungserklärungen einzelner Anteilsinhaber einschließlich derjenigen der nicht erschienenen Anteilsinhaber müssen gem. § 193 Abs. 3 notariell beurkundet werden. Die Gesetzesbegründung hebt hervor, dass der Umwandlungsbeschluss ein wirtschaftlich und rechtlich sehr bedeutsamer Vorgang sei,[1110] dessen Überwachung durch den Notar deshalb zweckmäßig sei.

576

Die Beurkundung des Beschlusses kann in Form einer Niederschrift nach §§ 36, 37 BeurkG erfolgen, bei der der Ablauf der Versammlung und die Beschlüsse protokolliert, aber nicht vorgelesen werden. Das gilt auch für die neue Satzung des Rechtsträgers in der Zielrechtsform, weil sie Inhalt des Beschlusses ist, obwohl sie bei Gründung einer Gesellschaft den Vorschriften über die Beurkundung von Willenserklärungen unterliegt.[1111]

577

Sind alle Anteilsinhaber anwesend oder vertreten, kann die Beurkundung auch in Verhandlungsform nach den Regeln über die Beurkundung von Willenserklärungen gem. §§ 6 ff. BeurkG erfolgen,[1112] und zwar auch beim Formwechsel einer AG oder KGaA. Allerdings bleiben die Bestimmungen des AktG über die Beurkundung von Hauptversammlungsbeschlüssen gem. § 59 BeurkG unberührt, müssen also beachtet werden.[1113] In der Niederschrift sollte daher in jedem Fall ein Versammlungsvorsitzender bestimmt und die nach § 130 Abs. 2 und 3 AktG erforderlichen Angaben gemacht werden. Im übrigen wird diese Form der Beurkundung aber regelmäßig gewählt, weil erforderliche Zustimmungs- und Verzichtserklärungen als Willenserklärungen derart beurkundet werden müssen und die einheitliche Beurkundung als Willenserklärung die Zusammenfassung in einer

578

1106 BGH NJW 1956, 1198; BGH BB 89, 449; Scholz/*K. Schmidt*, § 47 Rn. 11; Scholz/*Priester*, § 53 Rn. 47, 50 m.w.N.
1107 So offenbar auch Kallmeyer/*Zimmermann*, § 193 Rn. 4.
1108 Z.B. *Gaul*, DB 1995, 2265, 2266; *Melchior*, GmbHR 1996, 833, 836; Sagasser/Bula/Brünger/ *Schmidt*, Kap. F Rn. 49.
1109 Vgl. hierzu eingehend *Hausch*, RNotZ 2007, 308/316; Kallmeyer/*Willemsen*, § 194 Rn. 61; Lutter/ *Decher*, § 194 Rn. 44; LG Essen NZG 2002, 737.
1110 *Ganske*, S. 216.
1111 Kallmeyer/*Zimmermann*, § 193 Rn. 28; KK-UmwG/*Petersen*, § 193 Rn. 19; Semler/Stengel/*Bärwaldt*, § 193 Rn. 28; Lutter/*Decher*, § 193 Rn. 10; Widmann/Mayer/*Vollrath*, § 193 Rn. 12.
1112 Kallmeyer/*Zimmermann*, § 193 Rn. 28.
1113 Vgl. DNotI Gutachten DNotI-Report 1997, 226.

Urkunde erleichtert.[1114] Es wird aber auch als zulässig angesehen, über Willenserklärungen und sonstige Beurkundungen eine einheitliche Niederschrift aufzunehmen (sog. gemischte Beurkundung).[1115]

579 Zu beachten ist, dass gem. §§ 217 Abs. 2, 244 Abs. 1 in der Niederschrift die Gesellschafter, die für den Formwechsel gestimmt haben, namentlich aufzuführen sind. Unbekannte Aktionäre sind gem. § 213 unter Wahrung der Bestimmung des § 35 zu bezeichnen. Außerdem sind etwaige Widersprüche zur Niederschrift gem. § 207 Abs. 1 S. 1 zu protokollieren.

580 Umstritten ist, ob eine Beurkundung vor einem ausländischen Notar zulässig ist.[1116] Empfehlenswert ist sie angesichts der bestehenden Zweifel in keinem Fall,[1117] zumal angesichts der Höchstgebühr gem. § 47 S. 2 KostO von 5.000,- Euro mit der Beurkundung im Ausland regelmäßig keine Kostenersparnis verbunden ist.

581 Gem. § 193 Abs. 2 S. 2 ist jedem Anteilsinhaber auf Verlangen auf seine Kosten eine Abschrift der Niederschrift zu erteilen. Der Anspruch richtet sich gegen den Rechtsträger, nicht gegen den Notar.[1118]

7. Vertretung

a) Zulässigkeit

582 Ob sich der Anteilsinhaber beim Beschluss über den Formwechsel vertreten lassen kann, richtet sich zunächst nach den für die Rechtsform des formwechselnden Rechtsträgers maßgeblichen Recht und der für ihn bestehenden Satzung. Das Stimmrecht bei **Personengesellschaften** ist grundsätzlich höchstpersönlich. Eine Vertretung ist nur zulässig, wenn sie entweder im Gesellschaftsvertrag oder ad hoc zugelassen wird.[1119] In der Gesellschafterversammlung der GmbH ist die Stimmrechtsausübung durch Bevollmächtigte dagegen gem. § 47 Abs. 3 GmbHG grundsätzlich zulässig, kann aber durch die Satzung weitgehend beschränkt werden.[1120] Auch bei der **AG** und der **KGaA** ist eine Vertretung durch Bevollmächtigte gem. § 134 Abs. 3 AktG zulässig. Entsprechendes gilt gem. § 43 Abs. 5 GenG für die Vertretung eines Mitglieds der **eG** in der Generalversammlung. Gem. § 43 Abs. 5 S. 4 GenG kann die Satzung persönliche Voraussetzungen für Bevollmächtigte aufstellen. Ist danach eine Vertretung nicht zulässig, muss auch die juristische Person durch Organmitglieder vertreten werden.[1121] Zu beachten ist, dass ein Bevollmächtigter bei der eG nicht mehr als zwei Mitglieder vertreten kann. Dagegen ist die rechtsgeschäftliche Vertretung eines Vereinsmitglieds in der Mitgliederversammlung gem. § 38 S. 2 BGB unzulässig, wenn nicht die Satzung etwas anderes bestimmt.[1122] Teilweise wird es sogar für unzulässig gehalten, eine Vertretung durch Nichtmitglieder zu regeln.[1123] Nach § 36 S. 3 VAG gilt für den VVaG § 134 Abs. 3 AktG entsprechend, wenn die oberste Vertretung die Mitgliederversammlung ist.

1114 Vgl. dazu auch Kallmeyer/*Zimmermann*, § 193 Rn. 31.
1115 Widmann/Mayer/*Heckschen*, § 13 Rn. 223; Eylmann/Vaasen/*Limmer*, § 36 BeurkG Rn. 2.
1116 Zu Recht dagegen Kallmeyer/*Zimmermann*, § 6 Rn. 10 ff. m.w.N.
1117 Lutter/*Decher*, § 193 Rn. 10; KK-UmwG/*Petersen*, § 193 Rn. 19.
1118 KK-UmwG/*Petersen*, § 193 Rn. 20; Widmann/Mayer/*Vollrath*, § 193 Rn. 33; Kallmeyer/*Zimmermann*, § 193 Rn. 30.
1119 BGH NJW 1970, 706; Ulmer/*Schäfer* in MünchKomm BGB § 709 Rn. 77 m.w.N.; differenzierend *Weipert* in MünchHdb. KG § 14 Rn. 91 ff. (Vertretung stets zulässig durch Mitgesellschafter sowie bei schriftlicher Beschlussfassung).
1120 Z.B. Baumbach/Hueck/*Zöllner*, § 47 Rn. 44 m.w.N.
1121 OLG Hamm NJW-RR 1990, 532/533.
1122 OLG Hamm NJW-RR 1990, 532/533; Widmann/Mayer/*Heckschen*, § 13 Rn. 105; Palandt/*Ellenberger*, § 38 Rn. 3 m.w.N.
1123 OLG Hamm NJW-RR 1990, 532/533; Palandt/*Ellenberger*, § 38 Rn. 3; m.w.N.; zu Recht a.A. Widmann/Mayer/*Heckschen*, § 13 Rn. 105.

Ebenso ist es rechtsformspezifisch zu beurteilen, ob eine **vollmachtlose Vertretung** 583
zulässig ist.[1124] Überwiegend für wirksam wird sie bei der GmbH gehalten.[1125] Das gilt
auch für die Ein-Personen-GmbH.[1126] Nicht verwechselt werden darf dies mit der Frage,
ob eine vollmachtlose Vertretung zulässig ist, wenn die Gründung einer Gesellschaft in
der Zielrechtsform, wie z.B. die Gründung einer Ein-Personen-GmbH, durch einen vollmachtlosen Vertreter unzulässig wäre (vgl. dazu Rdn. 588). Zur Genehmigung kann die
Gesellschaft selbst auffordern. Zulässig ist sie ebenso bei Personengesellschaften, jedenfalls dann, wenn sie – wie in diesen Fällen regelmäßig – in der Gesellschafterversammlung
zugelassen wird. Dagegen werden bei der AG erhebliche Zweifel im Hinblick auf das (frühere) Schriftformerfordernis (jetzt Textformerfordernis) des § 134 Abs. 3 S. 2 AktG geltend
gemacht, wenn dieses nicht durch die Satzung abbedungen ist, weil die Beachtung der
Form Gültigkeitserfordernis ist.[1127] Nicht zulässig soll die vollmachtlose Vertretung auch
bei der Genossenschaft,[1128] dem Verein[1129] und dem VAG[1130] sein.

b) § 181 BGB

Nach ganz herrschender Meinung[1131] gilt § 181 bei der Stimmabgabe in der Gesellschafter- 584
versammlung einer Personengesellschaft und einer GmbH entsprechend, wenn ein Gesellschafter bei der Stimmabgabe für sich und zugleich für andere Gesellschafter oder als Vertreter mehrerer anderer Gesellschafter gleichzeitig handelt und es sich bei den Beschlüssen
um Satzungsänderungen oder vergleichbare Beschlüsse handelt. § 181 BGB ist aber auch
einschlägig, wenn der Gesellschafter in der Gesellschafterversammlung einen Dritten vertritt und durch den Beschluss selbst unmittelbar betroffen ist, er beispielsweise zum
Geschäftsführer oder Mitglied eines anderen Organs bestellt wird.[1132] Beide Fälle können
beim Formwechsel auftauchen. Es ist dann darauf zu achten, dass Befreiung erteilt ist.
Werden natürliche Personen vertreten, wird man von einer konkludenten Befreiung ausgehen können, wenn eine Person bevollmächtigt wird, von der der Bevollmächtigte weiß
oder annehmen muss, dass sie auch andere Gesellschafter vertritt.[1133] Die Vertreter einer
juristischen Person oder Bevollmächtigte können aber ihrerseits Befreiung von den
Beschränkungen des § 181 BGB nur erteilen, wenn sie selbst befreit sind.[1134] Für Hauptversammlungsbeschlüsse von Aktiengesellschaften soll § 181 BGB ausgeschlossen sein, weil
§ 135 AktG, der das Bankenstimmrecht regelt, sowohl die Mehrfachvertretung als auch das
Selbstkontrahieren zuläßt und diese Regelung erweiterungsfähig sei.[1135]

1124 Semler/Stengel/*Bärwaldt*, § 193 Rn. 16; Lutter/*Decher*, § 193 Rn. 26; Widmann/Mayer/*Vollrath*,
§ 193 Rn. 28; Zu pauschal Kallmeyer/*Zimmermann*, § 193 Rn. 11.
1125 BayObLG GmbHR 1989, 252; OLG Dresden GmbHR 2001, 1047; Scholz/*K. Schmidt*, § 47 Rn. 87
m.w.N.; zum Ganzen vgl. Gutachten DNotI Nr. 57626 vom 24.3.2005, OLG Frankfurt a.M.
DNotZ 2003, 459; Scholz/*K. Schmidt*, § 47 Rn. 87.
1126 OLG Frankfurt a.M. DNotZ 2003, 459; Scholz/*K. Schmidt*, § 47 Rn. 87.
1127 OLG Hamm AG 2001, 146; MünchKommAktG/*Volhard*, § 134 Rn. 2; Widmann/Mayer/*Heckschen*, § 13 Rn. 103.1; DNotI Gutachten Nr. 57626 vom 24.3.2005; a.A. *Hartmann*, DNotZ 2002, 253.
1128 Widmann/Mayer/*Heckschen*, § 13 Rn. 104 m.w.N.
1129 Widmann/Mayer/*Heckschen*, § 13 Rn. 12.
1130 Semler/Stengel/*Bärwaldt*, § 193 Rn. 16 Fn. 53.
1131 BGH DNotZ 1976, 107 = NJW 1976, 49 (für die Personengesellschaft); BGH DNotZ 1989, 26 =
NJW 1989, 168 (für die GmbH); Baumbach/Hueck/*Zöllner*, § 47 Rn. 30; Scholz/*K. Schmidt*, § 147
Rn. 177.
1132 BGH NJW 1969, 841; 1991, 291; zum Ganzen: DNotI Gutachten Nr. 94230 vom 12.5.2009.
1133 Kallmeyer/*Zimmermann*, § 193 Rn. 12.
1134 BayObLG BB 1993, 746; Palandt/*Heinrichs*, § 181 Rn. 18 m.w.N.
1135 MünchKommBGB/*Schramm*, § 181 Rn. 19; Erman/*Palm*, § 181 Rn. 12; Widmann/Mayer/*Heckschen*, § 13 Rn. 103.

4. Kapitel Umwandlungen

c) Gesetzliche Vertretung; Testamentsvollstreckung

585 Minderjährige werden beim Gesellschafterbeschluss über den Formwechsel von ihren gesetzlichen Vertretern vertreten (§ 1629 Abs. 1 BGB). Der Formwechsel bringt niemals nur rechtliche Vorteile mit sich.[1136] Sind die Eltern selbst Anteilsinhaber, sind sie durch § 181 BGB an der Vertretung des Minderjährigen gehindert (§ 1629 Abs. 2, § 1795 Abs. 2 BGB). Für den Minderjährigen ist ein Pfleger, für mehrere Minderjährige jeweils ein Pfleger, zu bestellen (§ 1909 Abs. 1 BGB).[1137]

586 Unterliegt die Gesellschaftsbeteiligung der Testamentsvollstreckung, stellen sich weitere Fragen.[1138] Zunächst muss die Testamentsvollstreckung auch die Ausübung des Stimmrechts umfassen. Alsdann ist zu fragen, ob daneben auch die Zustimmung des oder der Erben erforderlich ist. Während einige sie wegen des mit dem Formwechsel verbundenen Eingriffs in den Kernbereich der Mitgliedschaft immer für erforderlich ansehen,[1139] halten andere die Zustimmung des Erben nur für erforderlich, wenn durch den Formwechsel weitere Verpflichtungen oder persönliche Haftungen für ihn begründet werden.[1140]

d) Form

587 Für die Form der Vollmacht sind zunächst wieder die rechtsformspezifischen Bestimmungen des formwechselnden Rechtsträgers zu beachten. So bedarf die Vollmacht bei der GmbH, der AG und der KGaA sowie dem VVAG gem. §§ 47 Abs. 3 GmbHG, 134 Abs. 3 S. 2 AktG, 36 S. 2 VAG der Textform. Bei der Genossenschaft ist gem. § 43 Abs. 5 S. 2 GenG die Schriftform zwingend. Der Textform wird nicht nur durch die Schriftform, sondern auch durch Fax oder Email genügt. Überdies kann die Satzung weitere Erleichterungen bestimmen. Bei der GmbH ist umstritten, ob es sich bei dem Formerfordernis um ein Wirksamkeitserfordernis oder nur ein Legitimationsmittel handelt.[1141] Nach der Umstellung der gesetzlichen Regelung von Schriftform auf Textform hat die Frage allerdings an Bedeutung verloren.

588 Daneben stellt sich aber insbesondere beim Formwechsel in eine GmbH oder AG die Frage, ob auch die Anforderungen der Gründungsbestimmungen der Zielrechtsform zu beachten sind, die Vollmacht also gem. § 2 Abs. 2 GmbHG und § 23 Abs. 1 S. 2 AktG der notariellen Beglaubigung bedarf.[1142] Für die Wahrung dieser Bestimmung wird angeführt, der Beweissicherheit, ob die Vollmacht erteilt sei und der Gesellschafter damit als Gründer gelten könne, komme hier dieselbe Bedeutung wie der Gründung zu. Dem wird entgegen gehalten, dass der Gesellschaftsvertrag anders als bei der Neugründung Bestandteil des Gesellschafterbeschlusses sei und damit die für Beschlüsse geltenden Bestimmungen Anwendung finden. Von Sinn und Zweck spricht viel dafür, der erstgenannten Auffassung zu folgen. Konsequenter Weise wird man dann von der Unwirksamkeit der diese

---

1136 Lutter/*Happ/Göthel*, § 233 Rn. 51.
1137 Lutter/*Happ/Göthel*, § 233 Rn. 42.
1138 Eingehend Widmann/Mayer/*Heckschen*, § 13 Rn. 142 ff.; Lutter/*Happ/Göthel*, § 233 Rn. 44, jeweils m.w.N.
1139 Kallmeyer/Zimmermann, § 193 Rn. 27.
1140 LG Mannheim NZG 1999, 824; Lutter/*Happ/Göthel*, § 233 Rn. 44; Widmann/Mayer/*Vossius*, § 233 Rn. 39; Widmann/Mayer/*Heckschen*, § 13 Rn. 144.
1141 Im ersteren Sinne beispielsweise Baumbach/Hueck/*Zöllner*, § 47 Rn. 51; Ulmer/*Hüffer*, § 47 Rn. 98; Lutter/*Hommelhoff*, § 47 Rn. 9; a.A. (lediglich Legitimationsmittel) Scholz/*K. Schmidt*, § 47 Rn. 85; Rowedder/*Koppensteiner*, § 47 Rn. 46; jeweils m.w.N.
1142 So Semler/Stengel/*Bärwaldt*, § 193 Rn. 12; Widmann/Mayer/*Mayer*, § 197 Rn. 25; Widmann/Mayer/*Vollrath*, § 193, Rn. 24; Melchior, GmbHR 1999, 520/521; a.A. Lutter/*Decher*, § 193 Rn. 4; Lutter/*Happ/Göthel*, § 233 Rn. 36; Kallmeyer/Zimmermann, § 193 Rn. 11; KK-UmwG/*Petersen*, § 193 Rn. 4; vgl. auch DNotI Gutachten Nr. 97978 v. 22.10.2009.

Form nicht wahrenden Vollmacht ausgehen müssen.[1143] Denn die Form ist bei der Gründungsvollmacht Wirksamkeitsvoraussetzung. Zur Wirksamkeit bedürfte es dann einer notariell beglaubigten Genehmigungserklärung. Dagegen wird man nicht soweit gehen, können beim Formwechsel der Ein-Personen-Gesellschaft entsprechend der Situation bei Gründung bei Mängeln der Form Unwirksamkeit des Beschlusses anzunehmen. Denn die Annahme der Unwirksamkeit beruht auf der Anwendung von § 180 BGB im Hinblick darauf, dass die Gründungserklärung eine ausschließlich amtsempfangsbedürftige Willenserklärung ist.[1144] Das ist bei in der Gesellschafterversammlung abgegebenen Erklärungen nicht der Fall.[1145] Die Erklärung ist vielmehr auch gegenüber der Gesellschaft abzugeben. Problematisch ist das allerdings bei der AG, wenn man dort eine vollmachtlose Vertretung und deren Genehmigung nicht für zulässig hält. (vgl. dazu oben Rdn. 583).

Darüber hinausgehend wird von manchen eine Pflicht zur **Beurkundung der Vollmacht** 589 angenommen, wenn das Gesetz für die Zustimmungserklärung nicht erschienener Anteilsinhaber die Beurkundungsform vorschreibt wie in §§ 193 Abs. 3 S. 1, 217 Abs. 1 S. 1, 233 Abs. 1.[1146] Es ist in der Tat ein Widerspruch, dass die Vollmacht zur Vertretung des abwesenden Anteilsinhabers gem. § 167 Abs. 2 BGB formfrei sein soll, für die Abgabe der gesonderten Zustimmungserklärung selbst aber die Beurkundung angeordnet ist, zumal die Beurkundungspflicht nicht nur mit der Erleichterung der Feststellung durch das Registergericht, sondern auch mit der Warnfunktion begründet wird.[1147] Die Erstreckung des Beurkundungserfordernisses auf die Vollmacht würde aber der grundsätzlichen Regelung des § 167 Abs. 2 BGB widersprechen, die Praxis gerade bei ausländischen Mitgesellschaftern vor erhebliche Schwierigkeiten stellen und ist deshalb nicht zu befürworten. Dagegen wird man eine vollmachtlose Vertretung mit nachträglicher formloser Genehmigung nicht zulassen können. Insoweit ist § 193 Abs. 3 lex specialis.

> **Praxistipp:** 590
> Beim Formwechsel in eine GmbH, AG oder KGaA sollten die Unterschriften unter Vollmachten beglaubigt werden.

8. Zustimmung Dritter

Die Notwendigkeit, die Zustimmung Dritter zum Beschluss über den Formwechsel beziehungsweise zur Stimmabgabe einzuholen, kann sich ergeben, wenn Dritten Rechte an der Gesellschaftsbeteiligung zustehen oder der Anteilsinhaber in seiner Verfügungsbefugnis über den Anteil beschränkt ist.[1148] 591

a) Zustimmung dinglich Berechtigter

So schreibt § 1276 BGB vor, dass eine Änderung eines verpfändeten Rechts nur mit 592 Zustimmung des Pfandgläubigers möglich ist, sofern die Änderung das Pfandrecht beeinträchtigt. Eine entsprechende Regelung sieht § 1071 BGB für das Nießbrauchrecht vor.

1143 Baumbach/Hueck/*Hueck/Fastrich*, § 2 Rn. 18; Scholz/*Emmerich*, § 2 Rn. 32; *Hüffer*, § 23 AktG Rn. 12.
1144 Dazu LG Berlin GmbHR 1996, 123; OLG Frankfurt a.M. DNotZ 2003, 459, 461; Baumbach/Hueck/*Hueck/Fastrich*, § 2 GmbHG Rn. 18.
1145 OLG Frankfurt a.M. DNotZ 2003, 459/460 = NZG 2003, 238; Baumbach/Hueck/*Zöllner*, § 47 Rn. 55; Lutter/*Hommelhoff*, § 47 Rn. 1; a.A. Rowedder/*Koppensteiner*, § 47 Rn. 23.
1146 Widmann/Mayer/*Vollrath*, § 193 Rn. 24; Widmann/Mayer/*Heckschen*, § 13 Rn. 113; auch Schmitt/Hörtnagl/Stratz/*Stratz*, § 194 Rn. 8.
1147 Vgl. das Zitat aus der Regierungsbegründung bei Widmann/Mayer/*Heckschen*, § 13 Rn. 113.
1148 Vgl. Widmann/Mayer/*Vossius*, § 217 Rn. 44 ff.

Vielfach wird die Zustimmung zum Formwechsel gleichwohl im Hinblick darauf für entbehrlich gehalten, dass gem. § 202 Abs. 1 Nummer 2 S. 2 Rechte Dritter an Anteilen oder Mitgliedschaften des formwechselnden Rechtsträgers an den an ihre Stelle tretenden Anteilen oder Mitgliedschaften des Rechtsträgers neuer Rechtsform fortbestehen.[1149] Das ist allerdings wenig überzeugend, wäre doch im Einzelfall gerade erst festzustellen, ob die Rechte trotz ihres Fortbestands durch den Formwechsel beeinträchtigt werden, wie das beispielsweise beim Formwechsel aus einer AG in eine GmbH oder Personengesellschaft denkbar ist, wenn die Übertragbarkeit der Beteiligung dort weitergehend eingeschränkt ist.[1150] Die h.M. – jedenfalls im GmbH-Schrifttum – hält jedoch die §§ 1276 Abs. 2 und 1071 Abs. 2 BGB nicht auf Rechtsänderungen für anwendbar, die sich auf dem Weg der körperschaftlichen Willensbildung vollziehen.[1151] Für diese Auffassung, die auch in der Diskussion zur Zuordnung des Stimmrechts beim Nießbrauch zwischen Nießbraucher und Anteilsinhaber reflektiert wird,[1152] sprechen insbesondere Gesichtspunkte der Rechtssicherheit. Andererseits ist es auch wenig überzeugend, die klaren gesetzlichen Regelungen der §§ 1276 Abs. 2, 1071 Abs. 2 BGB auf Gesellschaftsbeteiligungen oder körperschaftliche Willensakte nicht anzuwenden.[1153] Eine vermittelnde Lösung könnte darin liegen, die genannten Bestimmungen nur im Innenverhältnis eingreifen zu lassen.[1154] Keinesfalls Voraussetzung für die Wirksamkeit der Stimmrechtsausübung ist die Zustimmung ohnedies nur schuldrechtlich Berechtigter, wie Unterbeteiligter oder stiller Treugeber.

b) Zustimmung des Ehepartners

593   Auch die Anwendung des § 1365 BGB auf den Formwechsel ist umstritten. Während die einen die Vorschrift im Hinblick auf ihren Schutzzweck zumindest entsprechend anwenden und die Zustimmung des Ehepartners eines Gesellschafters für notwendig halten, wenn die Gesellschaftsbeteiligung (nahezu) das gesamte Vermögen des Anteilsinhabers ausmacht,[1155] lehnen andere im Hinblick auf die Identität der Gesellschaft und das Fehlen einer Verfügung über den Anteil eine Anwendung von § 1365 BGB ab.[1156] Dass es sich lediglich um eine Vermögensumschichtung handelt, spricht nicht gegen die Anwendbarkeit der Bestimmungen.[1157] Teilweise wird im Schrifttum nach der Art der Zielrechtsform differenziert. Während der Formwechsel der Kapitalgesellschaft in eine Personengesellschaft der Zustimmung des Ehegatten bedürfen soll, weil er höhere Haftungsrisiken mit sich bringe[1158] und weil über die aus dem Formwechsel hervorgehende Beteiligung in der Regel nicht in gleicher Weise verfügt werden könne, wie über die Beteiligung aus dem formwechselnden Rechtsträger,[1159] soll der Formwechsel von der Kapitalgesellschaft in

---

1149 MünchKommBGB/*Pullmann*, § 1071 Rn. 4; Staudinger/*Frank*, §§ 1068, 1069 Rn. 101; Widmann/Mayer/*Vossius*, § 217 Rn. 46; Semler/Stengel/*Schlitt*, § 217 Rn. 26.
1150 Zur Änderung des Gesellschaftsvertrages MünchHdb. GesR I/*Hohaus*, § 66 Rn. 34; DNotI Gutachten Nr. 62211 vom 23.9.2005.
1151 RGZ 139, 224/229 f; Baumbach/Hueck/*Hueck/Fastrich*, § 15 Rn. 50; Scholz/*Winter*, § 15 Rn. 168; *Zutt* in Hachenburg Anh. § 15 Rn. 44; einschränkend aber *Sieger/Hasselbach*, GmbHR 1999, 633/637; a.A. *Roth*, ZGR 2000, 187, 220.
1152 Vgl. BFH DStR 1994, 1803; NJW 1995, 1918; BGH ZIP 1999, 68 gleich DNotZ 1999, 607; *Gschwendtner*, NJW 1995, 1875; *K. Schmidt*, ZGR 1999, 571.
1153 Hierzu insbesondere *Roth*, ZGR 2000, 187, 220; *Kruse*, RNotZ 2002, 69/81 f.
1154 *Kruse*, RNotZ 2002, 69, 82 m.w.N.
1155 Widmann/Mayer/*Vossius*, § 217 Rn. 52; Semler/Stengel/*Ihrig*, § 233 Rn. 9; Lutter/*Happ/Göthel*, § 233 Rn. 48.
1156 Semler/Stengel/*Schlitt*, § 217 Rn. 28; Lutter/*Just*, § 217 Rn. 10; Kallmeyer/*Zimmermann*, § 193 Rn. 26; Kallmeyer/*Dirksen*, § 217 Rn. 13.
1157 BGH NJW 1961, 1301/1304.
1158 Semler/Stengel/*Ihrig*, § 233 Rn. 9; Widmann/Mayer/*Vossius*, § 233 Rn. 30; zurecht ablehnend gegenüber diesem Gesichtspunkt aber KK-UmwG/*Dauner-Lieb/Tettinger*, § 233 Rn. 21.
1159 Lutter/*Happ/Göthel*, § 233 Rn. 48; Semler/Stengel/*Ihrig*, § 233 Rn. 9.

eine andere Kapitalgesellschaft grundsätzlich zustimmungsfrei sein.[1160] Anders soll dies allerdings sein, wenn die Beteiligung am Rechtsträger neuer Rechtsform im Rahmen des Formwechsel vinkuliert wird.[1161] Wieder andere wollen in beiden Fällen darauf abstellen, ob die Verfügbarkeit durch den Formwechsel eingeschränkt wird.[1162]

§ 1365 BGB setzt allerdings voraus, dass die Vertragspartner davon Kenntnis haben, dass es sich um das Gesamtvermögen handelt.[1163] Außerdem ist die fehlende Zustimmung nur von Bedeutung, wenn es für die Wirksamkeit des Beschlusses auf die Stimme des betreffenden Gesellschafters ankam.[1164]

594

c) Zustimmung des Familien- oder Betreuungsgerichts

Auch bezüglich der Notwendigkeit einer familien- oder betreuungsgerichtlichen Genehmigung bei Mitwirkung eines Minderjährigen oder unter Betreuung stehenden Anteilsinhabers zeigt das Schrifttum ein **buntes Bild**. Einschlägig sind zwei Tatbestände, § 1822 Nr. 3 und Nr. 10 BGB. Nach Nr. 3 bedarf der Vormund der Genehmigung des Familiengerichts zu einem Gesellschaftsvertrag, der zum Betrieb eines Erwerbsgeschäfts eingegangen wird, nach Nr. 10 zur Übernahme einer fremden Verbindlichkeit. Nr. 3 ist nach h.M.[1165] nicht nur bei Gründung einer Personengesellschaft, sondern auch bei Gründung einer Kapitalgesellschaft einschlägig. Jedoch wendet die Rechtsprechung[1166] und ein Teil des Schrifttums[1167] die Bestimmung nicht auf Änderungen des Gesellschaftsvertrages an, die nicht das Ausscheiden oder den Eintritt des Minderjährigen betreffen. Bezogen auf den Formwechsel gehen manche[1168] von der grundsätzlichen Genehmigungspflicht gem. Nr. 3 aus, weil mit dem Beschluss zugleich der Gesellschaftsvertrag neuer Rechtsform festgestellt wird, während andere den Formwechsel grundsätzlich als nicht genehmigungspflichtige Satzungsänderung behandeln und nur bei Begründung gesonderter Haftungsgefahren eine Genehmigungspflicht annehmen.[1169] Andere stellen darauf ab, ob es für die Durchführung des Formwechsels auf die Zustimmung des Minderjährigen ankommt,[1170] weil der Beschluss entweder einstimmig zu fassen ist oder die erforderliche Mehrheit ohne die Stimme des Minderjährigen nicht zustande kommt. Wieder andere[1171] halten die Zustimmung beim Formwechsel von der Personengesellschaft in die Kapitalgesellschaft wegen der dadurch ausgelösten Gründerhaftung für erforderlich, wenn der Minderjährige für den Formwechsel stimmt und dadurch als Gründer einer persönlichen Haftung unterliegt. Der Formwechsel einer Kapitalgesellschaft in eine andere Kapitalgesellschaft wird dagegen vielfach wie eine Änderung des Gesellschaftsvertrages gesehen und deshalb für genehmigungsfrei gehalten, wenn nicht ausnahmsweise Haftungsgefahren bestehen, weil der Formwechsel in die GmbH erfolgt und die Einlage noch nicht geleistet ist,[1172] während der Formwechsel von der Kapitalgesellschaft in die Rechtsform einer Personengesellschaft

595

1160 Lutter/*Happ*/*Göthel*, § 240 Rn. 25; Semler/Stengel/*Arnold*, § 240 Rn. 34. Wieder andere wollen in beiden Fällen darauf abstellen, ob die Verfügbarkeit durch den Formwechsel eingeschränkt wird.
1161 Vgl. die Vorgenannten.
1162 KK-UmwG/*Dauner-Lieb*/*Tettinger*, § 233 Rn. 22.
1163 BGHZ 132, 218, 220 f.
1164 Widmann/Mayer/*Vossius*, § 233 Rn. 32.
1165 Vgl. MünchKommBGB/*Wagenitz*, § 1822 Rn. 25 m.w.N.
1166 BGH NJW 1962, 1344; LG Stuttgart BWNotZ 2001, 91.
1167 Zum Streitstand MünchKommBGB/*Wagenitz*, § 1822 Rn. 28.
1168 Z.B. Semler/Stengel/*Bärwaldt*, § 193 Rn. 13; KK-UmwG/*Petersen*, § 193 Rn. 5.
1169 Schmitt/Hörtnagl/Stratz/*Stratz*, § 193 Rn. 10; ähnlich Kallmeyer/*Zimmermann*, § 193 Rn. 13.
1170 Widmann/Mayer/*Vollrath*, § 193 Rn. 22.
1171 Semler/Stengel/*Schlitt*, § 217, Rn. 27; Lutter/*Just*, § 217 Rn. 9; Kallmeyer/*Dirksen*, § 217 Rn. 13.
1172 So Semler/Stengel/*Arnold*, § 240 Rn. 31 f.; Lutter/*Happ*/*Göthel*, § 240 Rn. 23; Kallmeyer/*Dirksen*, § 240 Rn. 5; Kallmeyer/*Zimmermann*, § 193 Rn. 13.

4. Kapitel Umwandlungen

wegen des Abschlusses des Gesellschaftsvertrages gem. Nr. 3 und wegen der damit verbundenen Haftungsgefahren aus dem Gesichtspunkt des § 128 HGB nach Nr. 10 als genehmigungsbedürftig angesehen wird.[1173] Im Hinblick auf ein mögliches Wiederaufleben der Haftung gem. § 172 Abs. 4 HGB soll das auch für den künftigen Kommanditisten gelten.[1174] Nach Nr. 10 ist die Zustimmungserklärung auch genehmigungspflichtig, falls der Minderjährige die Stellung eines persönlich haftenden Gesellschafters in einer KGaA als Zielrechtsform übernimmt.

596 Zusammenfassend läßt sich sagen: Nach überwiegender Auffassung ist eine familiengerichtliche Genehmigung jedenfalls erforderlich

a) beim Formwechsel von der Personengesellschaft in die Kapitalgesellschaft, falls der Minderjährige für den Formwechsel stimmt und sich daraus eine persönliche Haftung ergeben kann,
b) beim Formwechsel in eine Personengesellschaft gem. Nr. 3 und gem. Nr. 10,
c) beim Formwechsel zwischen Kapitalgesellschaften, falls sich daraus eine persönliche Haftung ergeben kann, also insbesondere beim Formwechsel in die KGaA unter Übernahme der persönlichen Haftung durch den Minderjährigen sowie – falls man insoweit eine Haftung annimmt – bei Formwechsel in die GmbH, wenn die Einlagen nicht voll geleistet sind.

597 **Praxistipp:**
Es empfiehlt sich angesichts der Vielfalt der vertretenen Auffassungen, vorsorglich immer dann eine familiengerichtliche Genehmigung einzuholen, wenn der Minderjährige durch den Formwechsel in irgendeine Haftung kommen könnte.

9. Aufhebung des Beschlusses, Anfechtung

a) Aufhebung des Beschlusses

598 Die Aufhebung eines satzungsändernden Gesellschafterbeschlusses vor Eintragung der Satzungsänderung im Handelsregister bedarf nach h.M. lediglich eines mit einfacher Mehrheit gefaßten Gesellschafterbeschlusses, der auch nicht beurkundet werden muss.[1175] Dies wird man auch für den Beschluss über den Formwechsel so sehen müssen.[1176]

b) Anfechtung des Beschlusses

599 Für die Klage gegen die Wirksamkeit des Beschlusses gelten folgende Besonderheiten: Die Klage kann gem. § 195 Abs. 1 nur innerhalb eines Monats nach Beschlussfassung erhoben werden, unabhängig davon, ob und gegebenenfalls welche Fristen der Gesellschaftsvertrag generell vorsieht.[1177] Außerdem kann sie gem. § 195 Abs. 2 nicht darauf gestützt werden, dass die in dem Beschluss bestimmten Anteile am Rechtsträger neuer Rechtsform zu niedrig bemessen sind oder dass die Mitgliedschaft keinen ausreichenden Gegenwert für die Anteile oder die Mitgliedschaft bei dem formwechselnden Rechtsträger ist.

1173 Semler/Stengel/*Ihrig*, § 233 Rn. 9 FN 15; Lutter/*Happ/Göthel* § 233 Rn. 49.
1174 Widmann/Mayer/*Vossius*, § 233 Rn. 36.
1175 Dazu Baumbach/Hueck/*Zöllner*, § 53 Rn. 25, 35; Hachenburg/*Ulmer*, § 53 Rn. 73; Scholz/*K. Schmidt*, § 45 Rn. 33; a.A. (satzungsändernde Mehrheit Scholz/*Priester*, § 53 Rn. 193; (notarielle Beurkundung Michalski/*Hermanns*, § 55 Rn. 33).
1176 Semler/Stengel/*Bärwaldt*, § 193 Rn. 1; Lutter/*Decher*, § 193 Rn. 28; a.A. (formfrei aber Mehrheit wie für den Formwechselbeschluss) Kallmeyer/*Zimmermann*, § 193 Rn. 37.
1177 Einzelheiten vgl. die einschlägige Kommentierung zu § 195.

c) Inhaltliche Beschlusskontrolle

Im Rahmen der Erörterung der Schranken für die Gestaltung der Satzung des neuen Rechtsträgers wurde bereits das Thema einer inhaltlichen Kontrolle des Umwandlungsbeschlusses angesprochen (siehe oben Rdn. 557 ff.). In der Gesetzesbegründung findet sich dazu der Hinweis, dass die Vorstellungen, die von Rechtsprechung und im Schrifttum für eine materielle Kontrolle wichtiger Hauptversammlungsbeschlüsse zur Kapitalerhöhung unter Bezugsrechtsausschluss dahingehend entwickelt worden seien, dass der Beschluss im Interesse der Gesellschaft liegen, zur Verfolgung des Unternehmensgegenstandes erforderlich und das angemessene Mittel sein müsse, nicht übernommen würden.[1178] Der Gesetzgeber hatte Zweifel, ob diese Grundsätze auf Umwandlungsbeschlüsse übertragbar sind und hielt es für ausgeschlossen, dieses Grundsatzproblem des Gesellschaftsrechts beschränkt auf das Umwandlungsrecht zu regeln.

600

Der BGH hatte in der bereits dargestellten Freudenberg-Entscheidung[1179] vor Erlass des UmwG noch eine Beschränkung auf notwendige Änderungen eingefordert und u.a. verlangt, dass der Charakter des formwechselnden Rechtsträgers und die Rechtspositionen der einzelnen Gesellschafter im Rahmen des rechtlich und tatsächlich Möglichen zu erhalten und anzupassen seien und Veränderungen nur nach dem Grundsatz des geringstmöglichen Eingriffs vorgenommen werden dürfen. In der FPB-Entscheidung[1180] distanziert er sich von der früheren Entscheidung nicht ausdrücklich, greift die genannten Grundsätze aber nur am Rande auf. Im Vordergrund steht nunmehr die Frage, ob der Beschluss eine rechtsformbedingte Ungleichbehandlung mit sich bringt.[1181] Es entspricht inzwischen ganz h.M., dass der Umwandlungsbeschluss keiner sachlichen Rechtfertigung bedarf.[1182] Das schließt eine allgemeine Missbrauchskontrolle der Ausübung von Mehrheitsrechten jedoch nicht aus.[1183] Insbesondere soll es eine gesetzeswidrige Ausnutzung von Mehrheitsmacht darstellen, wenn der Formwechsel funktionswidrig eingesetzt wird oder dazu führt, dass die Satzung des Rechtsträgers neuer Rechtsform einseitig auf die Interessen der Mehrheitsgesellschafter zugeschnitten ist. Es wird jedoch bezweifelt, dass dem neben dem Gleichbehandlungsgrundsatz noch eine erhebliche eigenständige Bedeutung zukommt.[1184]

601

Vor diesem Hintergrund wird von der überwiegenden Auffassung angenommen, dass ein Formwechselbeschluss, der nur zur Durchführung eines **Squeeze-Out** führen soll, unwirksam ist.[1185] Voraussetzung soll allerdings sein, dass die sonstigen Gründe für den Formwechsel nur vorgeschoben sind und einziges Ziel der Ausschluss der Minderheit war.

602

VIII. Zustimmung einzelner Gesellschafter

1. Allgemeines

Ein Zustimmungserfordernis für einzelne Gesellschafter ergibt sich zunächst aus § 193 Abs. 2. Hiernach gilt bei allen Varianten des Formwechsels, dass dieser der Zustimmung der Gesellschafter bedarf, von deren Genehmigung gegebenenfalls die Abtretung von Anteilen des formwechselnden Rechtsträgers abhängig ist. Daneben gibt es in den Beson-

603

1178 BT-Drucks. 12/6699, S. 139, 86.
1179 BGH NJW 1983, 1076.
1180 BGH NZG 2005, 722.
1181 So auch KK-UmwG/*Dauner-Lieb/Tettinger*, § 233 Rn. 59.
1182 OLG Stuttgart AG 2008, 464/465; OLG Düsseldorf AG 2003 578/579; ZIP 2001, 1717/1719; Semler/Stengel/*Bärwaldt*, § 193 Rn. 17; Lutter/*Decher*, § 193 Rn. 9; Kallmeyer/*Zimmermann*, § 193 Rn. 10.
1183 OLG Düsseldorf AG 2003, 578/579.
1184 So KK-UmwG/*Dauner-Lieb/Tettinger*, § 233 Rn. 66.
1185 OLG Stuttgart AG 2008, 464/465 mit eingehenden Nachweisen zum Schrifttum.

deren Vorschriften zahlreiche Fälle, in denen die Wirksamkeit des Formwechsels von der Zustimmung einzelner Anteilsinhaber abhängig gemacht ist. So bedarf der Formwechsel einer GmbH der Zustimmung von Gesellschaftern, denen bei der formwechselnden GmbH Sonderrechte im Sinne des § 50 Abs. 2 oder bei der Zielrechtsform wegen § 55 AktG nicht fortführbare Verpflichtungen zustehen. Weiter sind hier die Fälle zu nennen, in denen der Formwechsel eines einstimmigen Gesellschafterbeschlusses aller Anteilsinhaber bedarf. Das sind die Fälle des Formwechsels von Personengesellschaften. Soweit einzelne Anteilsinhaber bei dem Beschluss nicht mitgewirkt haben, ist der Vollzug des Formwechsels nur möglich, wenn sie gesondert zustimmen vgl. § 217 Abs. 1 S. 1 Hs. 2. Außerdem bedarf der Formwechsel stets der Zustimmung künftiger persönlich haftender Gesellschafter einer KG oder KGaA und auch der Zustimmung der bisherigen persönlich haftenden Gesellschafter einer KGaA, letzteres allerdings nur, falls die Satzung keinen Mehrheitsbeschluss der persönlich haftenden Gesellschafter vorsieht. Schließlich bedarf der Formwechsel einer Kapitalgesellschaft in eine andere Kapitalgesellschaft der Zustimmung von Gesellschaftern, die sich bei der Zielrechtsform nicht proportional beteiligen können. Im einzelnen:

2. § 193 Abs. 2 Erfordernis der Zustimmung vinkulierungsbegünstigter Anteilsinhaber

604 Ist die Abtretung der Anteile des formwechselnden Rechtsträgers von der Genehmigung einzelner Anteilsinhaber abhängig, bedarf der Beschluss ihrer Zustimmung. Nach der Gesetzesbegründung ist die Regelung – wie § 13 Abs. 2 – Ausdruck des allgemeinen Rechtsgedanken, dass Sonderrechte eines Anteilsinhabers nicht ohne dessen Zustimmung beeinträchtigt werden dürfen (§ 35 BGB).[1186] Daraus ergibt sich:

a) Sonderrechte einzelner Anteilsinhaber

605 Bei der Vinkulierung muss es sich um ein Sonderrecht handeln, also ein dem einzelnen Anteilsinhaber in der Satzung eingeräumtes Recht. Dieses kann darin bestehen, dass die Verfügung über Geschäftsanteile der Zustimmung einzelner Gesellschafter bedarf.[1187] Dabei muss der Zustimmungsberechtigte nicht namentlich genannt sein; es genügt, wenn das Zustimmungserfordernis dem jeweiligen Inhaber eines oder mehrerer Geschäftsanteile zusteht.[1188] Erfaßt sind trotz des scheinbar abweichenden Wortlauts auch die Fälle, in denen die Verfügung nur mit Zustimmung aller (anderen) Anteilsinhabern zulässig ist.[1189] Nach – wenngleich umstrittener Auffassung – unterfällt der Regelung auch der Fall, dass die Abtretung der Zustimmung durch einen einstimmig gefaßten Gesellschafterbeschluss bedarf. Das gilt jedoch nur, wenn dieser mit allen vorhandenen Stimmen, nicht nur mit den abgegebenen Stimmen zu fassen ist.[1190] Auch in diesem Fall ist die Abtretung von der Genehmigung jedes einzelnen Anteilsinhabers abhängig. Schließlich wird man es auch als ein Anwendungsfall von § 193 Abs. 2 ansehen müssen, wenn die Abtretbarkeit im Gesellschaftsvertrag gänzlich ausgeschlossen ist und diese Bestimmung nur mit den Stimmen aller Gesellschafter geändert werden kann.[1191]

1186 Reg.Begr. *Ganske*, S. 216; vgl. auch Semler/Stengel/*Bärwaldt*, § 193 Rn. 18.
1187 Semler/Stengel/*Bärwaldt*, § 193 Rn. 20; KK-UmwG/*Petersen*, § 193 Rn. 14; Lutter/*Decher*, § 193 Rn. 15.
1188 Lutter/*Decher*, § 193 Rn. 14; KK-UmwG/*Petersen*, § 193 Rn. 15.
1189 Semler/Stengel/*Bärwaldt*, § 193 Rn. 20; Lutter/*Decher*, § 193 Rn. 15; dazu nachstehend unter (f.).
1190 Semler/Stengel/*Bärwaldt*, § 193 Rn. 22; Lutter/*Decher*, § 193 Rn. 15; *Reichert*, GmbHR 1995, 176/180.
1191 Lutter/*Decher*, § 193 Rn. 15; *Reichert*, GmbHR 1995, 186/180; Schmitt/Hörtnagl/Stratz/*Stratz*, § 193 Rn. 18.

b) Ausgeschlossene Fälle

Dagegen greift die Bestimmung nicht in Fällen, in denen die Abtretung von der Zustimmung des formwechselnden Rechtsträgers selbst oder eines seiner Organe abhängig ist.[1192] Außerdem bedarf er keiner gesonderten Zustimmung von Gesellschaftern, von deren Zustimmung die Abtretung nicht aufgrund eines in der Satzung verankerten Sonderrechts, sondern bei Anbindung an einen Mehrheitsbeschluss lediglich deshalb abhängig ist, weil der Gesellschafter tatsächlich über eine Stimmenmehrheit verfügt. Für den Formwechsel einer AG greift § 193 Abs. 2 wegen der beschränkten Regelbarkeit gem. § 68 Abs. 2 S. 3 AktG daher nur in den seltenen Fällen ein, dass die Abtretung von der Zustimmung der Hauptversammlung abhängig gemacht ist und diese nur mit Zustimmung aller Aktionäre erteilt werden kann.[1193]

606

Nicht gem. § 193 Abs. 2 erforderlich ist die Zustimmung der Inhaber anderer Rechte wie Vorkaufs- und Ankaufsrechte.[1194] Beruht die Vinkulierung nicht auf einer Satzungsbestimmung, sondern wie mangels abweichender Regelung bei der Personengesellschaft auf Gesetz, greift § 193 Abs. 2 – nach allerdings bestrittener Auffassung[1195] – ebenfalls nicht ein; sie setzt ein statutarisches Sonderrecht voraus.[1196] Dagegen ist die Bestimmung für die Personengesellschaft einschlägig, wenn der Gesellschaftsvertrag die Abtretbarkeit vorsieht, aber von der Zustimmung einzelner oder aller anderen Gesellschafter abhängig macht.[1197] Ergibt sich das Zustimmungserfordernis nicht aus einer satzungsmäßigen Regelung, sondern aus einer schuldrechtlichen Vereinbarung (z.B. Gesellschaftervereinbarung), greift § 193 Abs. 2 nicht ein.[1198]

607

c) Zustimmung bei gleicher Vinkulierung der Zielrechtsform

Nach dem Wortlaut des Gesetzes bedarf es der Zustimmung auch, wenn die Vinkulierung in der neuen Rechtsform bestehen bleibt. Dies weicht von der über § 241 für die GmbH anwendbaren Bestimmung des § 50 Abs. 2 ab, die ausdrücklich eine Beeinträchtigung des Sonderrechts verlangt. Das paßt auch nicht zur Gesetzesbegründung. Es spricht deshalb viel dafür, die Bestimmung teleologisch dahingehend zu reduzieren, dass sie entgegen ihrem Wortlaut nicht eingreift, wenn eine entsprechende Vinkulierung auch beim Rechtsträger neuer Rechtsform erhalten bleibt.[1199]

608

d) Mangelnde Abstimmung mit Satzungsbestimmungen über Beschlussmehrheiten

Auslegungsschwierigkeiten bereitet § 193 Abs. 2, wenn die Vinkulierungsklausel und die Mehrheitserfordernisse für den Beschluss in der Satzung nicht aufeinander abgestimmt sind. Die Empfehlung, deshalb schlechthin auf Vinkulierungsklauseln zugunsten einzel-

609

1192 Semler/Stengel/*Bärwaldt*, § 193 Rn. 23; Lutter/*Decher*, § 193 Rn. 19; Schmitt/Hörtnagl/Stratz/ Stratz, § 193 Rn. 17; Kallmeyer/Zimmermann, § 193 Rn. 18.
1193 Lutter/*Decher*, § 193 Rn. 13; a.A. Kallmeyer/Zimmermann, § 193 Rn. 16 (bei AG nie).
1194 KK-UmwG/*Petersen*, § 193 Rn. 16; Semler/Stengel/*Bärwaldt*, § 193 Rn. 25; Lutter/*Decher*, § 193 Rn. 21.
1195 A.A. z.B. Semler/Stengel/*Bärwaldt*, § 193 Rn. 21; Lutter/*Lutter/Drygala*, § 13 Rn. 23.
1196 Vgl. Semler/Stengel/*Schlitt*, § 217 Rn. 23; Lutter/*Decher*, § 193 Rn. 17; Widmann/Mayer/*Vollrath*, § 193 Rn. 39; *Reichert*, GmbHR 1995, 176/181; KK-UmwG/*Dauner-Lieb/Tettinger*, § 217 Rn. 49; KK-UmwG/*Petersen*, § 193 Rn. 11.
1197 KK-UmwG/*Petersen*, § 193 Rn. 11 sowie die in voriger Fußnote genannten.
1198 Semler/Stengel/*Bärwaldt*, § 193 Rn. 25; Lutter/*Decher*, § 193 Rn. 19; Schmitt/Hörtnagl/Stratz/ Stratz, § 193 Rn. 17; Kallmeyer/Zimmermann, § 193 Rn. 16; KK-UmwG/*Petersen*, § 193 Rn. 14.
1199 Lutter/*Decher*, § 193 Rn. 12; sympathisierend auch KK-UmwG/*Dauner-Lieb/Tettinger*, § 233 Rn. 39.

4. Kapitel Umwandlungen

ner Personen in Satzungen und Gesellschaftsverträgen zu verzichten,[1200] geht allerdings sehr weit. Zweifelsfrei ist die Auslegung, wenn der Gesellschaftsvertrag lediglich die Vinkulierung zugunsten einzelner Gesellschafter vorsieht, die Mehrheit für Umwandlungsbeschlüsse aber nicht anspricht. In diesem Fall bedarf der Formwechsel der Zustimmung aller, aus der Vinkulierungsklausel begünstigten Gesellschafter. Schwierigkeiten bereitet es dagegen, wenn die Vinkulierungsklausel die Zustimmung aller anderen Gesellschafter verlangt, der Gesellschaftsvertrag für den Formwechsel aber lediglich eine Mehrheit vorschreibt. Nach einer Meinung müssen in diesem Fall gemäß § 193 Abs. 2 alle Gesellschafter dem Formwechsel zustimmen.[1201] Überzeugend ist das nicht: Wenn der Gesellschaftsvertrag/die Satzung einerseits die Abtretbarkeit allgemein von der Zustimmung aller anderen Anteilsinhaber abhängig macht, andererseits speziell für den Formwechsel eine bestimmte Mehrheit regelt, spricht viel für die Auslegung, dass die speziellere Bestimmung der allgemeineren vorgehen soll und es deshalb bei der ¾-Mehrheit bleibt.[1202]

610 Das setzt allerdings voraus, dass § 193 Abs. 2 abdingbar ist, was aber unter Berücksichtigung des Schutzzwecks anzunehmen ist.

611 **Praxistipp:**
Bei der Abfassung des Gesellschaftsvertrages sind Vinkulierungsklauseln und Beschlussmehrheiten aufeinander abzustimmen.

612 M **Formulierungsbeispiel:**
Ein mit der in diesem Gesellschaftsvertrag bestimmten Mehrheit gefasster Beschluss über einen Formwechsel der Gesellschaft bedarf keiner gesonderter Zustimmung der Anteilsinhaber, von deren Zustimmung die Abtretung von Gesellschaftsanteilen abhängig ist, gem. § 193 Abs. 2 UmwG.

3. Zustimmung anderer Sonderrechtsinhaber

a) §§ 233 Abs. 2 S. 1 Hs. 2, 241 Abs. 2

613 Für den Fall des Formwechsels einer GmbH in eine Personengesellschaft oder in eine Kapitalgesellschaft anderer Rechtsform ist nach den in obiger Überschrift aufgeführten Vorschriften § 50 Abs. 2 anwendbar. Nach dieser Bestimmung bedarf der Beschluss der Zustimmung aller Gesellschafter, denen bei einer formwechselnden GmbH Minderheitsrechte oder besondere Rechte in der Geschäftsführung der Gesellschaft, bei der Bestellung der Geschäftsführer oder hinsichtlich eines Vorschlagsrechts für die Geschäftsführung zustehen, falls diese Rechte durch den Formwechsel beeinträchtigt werden. Anzumerken ist zunächst, dass durch diese Bestimmung die Inhaber statutarischer Minderheitsrechte geschützt werden, die einzelnen Gesellschaftern individuell zustehen. Erfaßt werden sollen nur Sonderrechte, also nicht Rechte, die nur darauf beruhen, dass für bestimmte Beschlüsse höhere Beschlussmehrheiten angeordnet sind, die einzelnen Gesellschaftern nur aufgrund der Stimmenzahl ein Vetorecht geben.[1203] Ausgenommen sind nach der Vorstellung des Gesetzgebers Minderheitsrechte, die rein vermögensbezogen sind und (bezogen auf die Verschmelzung) bei der verhältnismäßigen Verteilung der künftigen Anteile zu berücksichtigen sind, insbesondere Gewinnvorzugsberechtigungen. Auf den Formwechsel übersetzt bedeutet das, dass der Verlust von Sonderrechten, die lediglich Vermögenspositionen einzelner Gesellschafter betreffen,[1204] nur einen Anspruch auf finanziellen

---
1200 So Kallmeyer/*Zimmermann*, § 193 Rn. 17.
1201 Lutter/*Decher*, § 193 Rn. 18; Schlitt § 217 Rn. 24; KK-UmwG/*Petersen*, § 193 Rn. 12.
1202 So auch *Schöne*, GmbHR 1995, 325, 332 allerdings nur für die Personenhandelsgesellschaft.
1203 *Reichert*, GmbHR 1995, 176/182; Semler/Stengel/*Reichert*, § 50 Rn. 26 ff.
1204 Zur Abgrenzung vgl. KK-UmwG/*Dauner-Lieb/Tettinger*, § 233 Rn. 40 ff.

Ausgleich gem. § 196 begründet. Die Durchführung der Abgrenzung und die Identifizierung primär vermögensbezogener Sonderrechte hat der Gesetzgeber bewußt der Rechtsprechung überlassen.[1205]

b) Besondere Zustimmungserfordernisse in der AG, insbesondere Sonderbeschlüsse gemäß § 65 Abs. 2

Gem. § 233 Abs. 2 S. 1 Hs. 2, § 240 Abs. 1 S. 1 Hs. 2 ist ferner § 65 Abs. 2 entsprechend anzuwenden. Danach bedarf der Beschluss, wenn mehrere Gattungen von Aktien vorhanden sind, der Zustimmung der stimmberechtigten Aktionäre jeder Gattung. Über die Zustimmung haben die Aktionäre jeder Gattung mit der qualifizierten Mehrheit von ¾ des bei der Beschlussfassung vertretenen Grundkapitals einen Sonderbeschluss zu fassen. Besondere Fragen stellen sich bei **stimmrechtslosen Vorzugsaktien**. In Anbetracht der Formulierung des § 65 Abs. 2 »Zustimmung der **stimmberechtigten** Aktionäre jeder Gattung« ist unstreitig, dass ein Sonderbeschluss grundsätzlich nicht erforderlich ist.[1206] Anders ist das allerdings,[1207] wenn das Stimmrecht gemäß § 140 Abs. 2 AktG wieder aufgelebt ist, weil der Gewinnvorzug auch im zweiten Jahr nicht bedient worden ist. Das ist unstreitig. Fraglich ist dagegen, ob § 141 AktG Anwendung findet. Danach lebt das Stimmrecht wieder auf, wenn der Gewinnvorzug aufgehoben oder beschränkt werden soll. Nach verbreiteter Auffassung soll dies auch im Rahmen der Umwandlung gelten.[1208] Dagegen ist zurecht vorgebracht worden, dass ein Aufleben des Stimmrechts in diesem Fall nicht in die Systematik des UmwG passt. Für die Parallelvorschrift des § 50 Abs. 2 beim Formwechsel in die GmbH hat der Gesetzgeber bei Verlust eines Gewinnvorzugs ausdrücklich kein Zustimmungserfordernis begründet. Deshalb spricht viel dafür, es auch für § 65 Abs. 2 dabei zu belassen, dass eine Verletzung des Gebots in §§ 203, 23, dem Gesellschafter in der neuen Rechtsform gleichwertige Rechte zu gewähren, nur einen Zahlungsanspruch gemäß § 196 auslöst und nicht die Wirksamkeit des Beschlusses in Frage stellt.[1209] Daran anknüpfend wird die Zustimmung einzelner Anteilsinhaber dagegen auch beim Formwechsel der AG verlangt, wenn deren Recht, ein Aufsichtsratmitglied zu entsenden, beim Formwechsel beeinträchtigt wird.[1210]

614

c) Zustimmung besonders verpflichteter Gesellschafter

Gem. § 241 Abs. 3 bedarf der Formwechselbeschluss außerdem der Zustimmung von Gesellschaftern, denen neben der Leistung von Kapitaleinlagen noch andere Verpflichtungen gegenüber der Gesellschaft auferlegt sind, falls diese wegen § 55 AktG beim Formwechsel nicht aufrecht erhalten bleiben. Auf den ersten Blick verwundert es, dass die Streichung von Verpflichtungen eines Gesellschafters für diesen ein Zustimmungserfordernis begründet. Der Grund liegt darin, dass solchen Verpflichtungen regelmäßig Vorteile des Verpflichteten gegenüberstehen, die er mit dem Formwechsel verlieren würde.[1211] Deshalb soll das Zustimmungserfordernis entfallen, wenn der Wegfall der Nebenleistungspflicht den Gesellschafter ausschließlich begünstigt.[1212] Es entfällt ferner, wenn die mit der Verpflichtung einhergehen-

615

1205 KK-UmwG/*Dauner-Lieb/Tettinger*, a.a.O.
1206 Semler/Stengel/*Ihrig*, § 233 Rn. 26; Lutter/*Happ/Göthel*, § 233 Rn. 31; KK-UmwG/*Dauner-Lieb/Tettinger*, § 233 Rn. 44.
1207 Lutter/*Happ/Göthel*, § 233 Rn. 31, KK-UmwG/*Dauner-Lieb/Tettinger*, § 233 Rn. 44.
1208 Lutter/*Happ/Göthel* § 233 Rn. 31; Widmann/Mayer/*Vossius*, § 233 Rn. 98; *Kiem*, ZIP 1997, 1627, 1630.
1209 So überzeugend KK-UmwG/*Dauner-Lieb/Tettinger*, § 233 Rn. 44.
1210 KK-UmwG/*Dauner-Lieb/Tettinger*, § 233 Rn. 45.
1211 Vgl. Semler/Stengel/*Mutter*, § 241 Rn. 24; Lutter/*Happ/Göthel*, § 241 Rn. 12, Kallmeyer/*Dirksen*, § 241 Rn. 7 m.w.N.
1212 Semler/Stengel/*Mutter*, Rn. 25; Lutter/*Happ/Göthel*, § 241 Rn. 14; KK-UmwG/*Petersen*, § 241 Rn. 15.

4. Kapitel Umwandlungen

den Rechte des Gesellschafters nicht satzungsfest sind und ohne seine Zustimmung entzogen werden können, sowie wenn alle Gesellschafter nebenleistungspflichtig waren und diese Verpflichtungen für alle gleichermaßen entfallen.[1213]

d) Allgemeines Zustimmungserfordernis für Sonderrechtsinhaber?

616 Die vorstehenden Regelungen sind wie § 193 Abs. 2 Ausdruck des allgemeinen Rechtsgedankens, dass Sonderrechte nicht ohne Zustimmung des Anteilsinhabers beeinträchtigt werden dürfen (§ 35 BGB). Daraus wird teilweise geschlossen, dass der Formwechsel generell nur mit Zustimmung der Anteilsinhaber wirksam wird, denen beim formwechselnden Rechtsträger Sonderrechte zustehen.[1214] Angesichts der differenzierten gesetzlichen Regelung (Einstimmigkeit aller Gesellschafter in einigen Fälle wie z.B. §§ 217, 233, Erfordernis der Zustimmung bestimmter Gesellschafter in § 193 Abs. 2, 233 Abs. 2, 241, Schutz von Anteilsinhabern mit Sonderrechten ohne Stimmrecht gem. § 204, 23) dürfte sich eine solche erweiternde Gesetzesauslegung aber verbieten. Inhabern anderer Sonderrechte, als sie in §§ 193 Abs. 2, 233, 240 i.V.m. 50 Abs. 2 geregelt sind, und die durch den Formwechsel beeinträchtigt werden, bleibt daher nur der Ausgleich nach § 196, die klageweise Durchsetzung des Anspruchs auf Gewährung gleichwertiger Rechte oder der Widerspruch gegen den Beschluss und die Annahme eines Abfindungsangebotes[1215] (siehe oben Rdn. 535).

4. Weitere Zustimmungserfordernisse

a) Zustimmung nicht erschienener Anteilsinhaber bei einstimmig zu fassenden Beschlüssen

617 Weitere Zustimmungserfordernisse ergeben sich, wie unter Nr. 1. bereits angesprochen wurde, wenn der Beschluss bei dem Formwechsel einer Personengesellschaft gem. § 217 Abs. 1 S. 1 Hs. 2 der Einstimmigkeit aller Anteilsinhaber bedarf und einzelne Anteilsinhaber bei der Beschlussfassung weder anwesend noch vertreten sind.

618 Die Möglichkeit zur Vertretung einzelner Gesellschafter bei dem Beschluss der Anteilsinhaber ist bereits unter Rdn. 582 ff. und die Erforderlichkeit der Zustimmung auch solcher Gesellschafter, die vom Stimmrecht ausgeschlossen sind,[1216] sowie die Entbehrlichkeit der Zustimmung der GmbH bei einer GmbH & Co. KG, wenn die Gesellschafter der GmbH und die Kommanditisten der KG identisch sind,[1217] unter Rdn. 573 f. erörtert worden.

b) Zustimmung sowie ggf. Beitritt künftiger Komplementäre

619 Zustimmen müssen weiter alle Personen, die in dem Rechtsträger neuer Rechtsform persönlich haften sollen, und zwar nach §§ 217 Abs. 3, 233 Abs. 2 S. 3 und 240 Abs. 2 S. 1 dieje-

---

1213 Semler/Stengel/*Mutter*, § 241 Rn. 26, 28; Lutter/*Happ/Göthel*, § 241 Rn. 13; Schmitt/Hörtnagl/Stratz/*Stratz*, § 241 Rn. 10.
1214 Semler/Stengel/*Schlitt*, § 217 Rn. 24; Semler/Stengel/*Arnold*, § 240 Rn. 30; Lutter/*Happ/Göthel*, § 240 Rn. 20; Kallmeyer/*Dirksen*, § 240 Rn. 3; Lutter/*Decher*, § 193 Rn. 25; a.A. KK-UmwG/*Dauner-Lieb/Tettinger*, § 233 Rn. 41; KK-UmwG/*Petersen*, § 193 Rn. 16, zweifelnd aber in § 241 Rn. 11; Kallmeyer/*Dirksen*, § 233 Rn. 9 anders aber offenbar in § 240 Rn. 3 und § 241 Rn. 6. Das wurde bereits unter Rdn. 535 erörtert. Darauf kann hier verwiesen werden.
1215 So auch die vorgenannten; KK-UmwG/*Dauner-Lieb/Tettinger*, § 233 Rn. 45 wollen allerdings eine Ausnahme für Anteilsinhaber machen, denen bei der AG oder KGaA das Recht zur Entsendung von Aufsichtsratsmitgliedern zusteht, was sie mit der diesbezüglichen besonderen Regelung des Aktiengesetzes begründen.
1216 Semler/Stengel/*Schlitt*, § 217 Rn. 12.
1217 Semler/Stengel/*Schlitt*, § 217 Rn. 9.

nigen, die bereits Gesellschafter sind und nach §§ 221, 240 Abs. 2 S. 2 diejenigen, die neu als persönlich haftende Gesellschafter einer KGaA hinzutreten. Den Beitritt im Rahmen des Formwechsel sieht das Gesetz nur für die KGaA vor. § 240 Abs. 2 wird in § 262 Abs. 2, § 275 Abs. 3 für den Formwechsel einer eG und eines eV in eine KGaA für entsprechend anwendbar erklärt und findet seine Entsprechung in § 303.

Grundgedanke dieser Regelungen ist, dass niemandem ohne seine Zustimmung eine persönliche Haftung auferlegt werden kann und zwar auch nicht, wenn er bislang bereits persönlich haftender Gesellschafter war.[1218] Die Zustimmung ist auch erforderlich, wenn der Gesellschafter beim Beschluss über den Formwechsel als Vorzugsaktionär nicht stimmberechtigt ist.[1219] Stirbt der vorgesehene Komplementär zwischen Umwandlungsbeschluss und Eintragung, ist die Zustimmung des Erben entsprechend § 233 Abs. 2 S. 3 erforderlich.[1220] Ist der Formwechsel bereits ins Handelsregister eingetragen, kann der Erbe nach § 139 HGB vorgehen. In der Zustimmung zum Umwandlungsbeschluss wird man zugleich die Zustimmung nach § 217 Abs. 3 sehen können.[1221] Formgerecht ist die Zustimmung dann aber nur, wenn der Beschluss nach den Bestimmungen über die Beurkundung von Willenserklärungen beurkundet worden ist.[1222] Für **Kommanditisten** soll das Zustimmungserfordernis grundsätzlich auch dann nicht gelten, wenn ihnen durch Festsetzung überhöhter Haftsummen, die nicht durch das Reinvermögen gedeckt sind, eine Haftung droht.[1223] 620

Tritt der Gesellschafter der Gesellschaft im Rahmen des Formwechsels als phG bei, bedarf es gem. § 221 einer notariell beurkundeten **Beitrittserklärung**. Die Erklärung kann gleichzeitig mit dem Beschluss oder gesondert erfolgen. Sie soll bedingungs- und befristungsfeindlich sein.[1224] Sie muss der Gesellschaft zugehen.[1225] Einer Annahme der Erklärung bedarf es im Hinblick auf § 218 Abs. 2 nicht. Mit dem Beitritt ist gem. § 221 S. 2 auch die Satzung zu genehmigen. Wirksam wird der Beitritt mit Eintragung des Formwechsels in das Handelsregister.[1226] 621

Nach zunehmender Auffassung wird der Beitritt eines phG auch bei dem Formwechsel in die GmbH & Co. KG für zulässig gehalten.[1227] (vgl. dazu oben Rdn. 511 ff.) Auf diese Beitrittserklärung wird man §§ 240 Abs. 2, 221 entsprechend anwenden müssen.[1228] Auch die weitere Regelung des § 221, dass mit der Beitrittserklärung die Satzung des Rechtsträgers neuer Rechtsform von dem beitretenden phG zu genehmigen ist, wird man entsprechend anwenden können und müssen. 622

1218 Semler/Stengel/*Schlitt*, § 217 Rn. 41; Lutter/*Just*, § 217 Rn. 18; Widmann/Mayer/*Vossius*, § 217, Rn. 129; KK-UmwG/*Dauner-Lieb/Tettinger*, § 217 Rn. 47.
1219 Lutter/*Happ/Göthel*, § 233 Rn. 27.
1220 Lutter/*Happ/Göthel*, § 233 Rn. 28; Schwedhelm Rn. 1240.
1221 Semler/Stengel/*Schlitt*, § 217 Rn. 42; Widmann/Mayer/*Vossius*, § 217 Rn. 131; a.A. KK-UmwG/ *Dauner-Lieb/Tettinger*, 233 Rn. 36.
1222 Widmann/Mayer/*Vossius*, § 217 Rn. 131; vgl. auch KK-UmwG/*Dauner-Lieb/Tettinger*, § 217 Rn. 47.
1223 KK-UmwG/*Dauner-Lieb/Tettinger*, § 233 Rn. 37; Semler/Stengel/*Ihrig*, § 233 Rn. 25.
1224 Semler/Stengel/*Schlitt*, § 221 Rn. 6; KK-UmwG/*Dauner-Lieb/Tettinger*, § 221 Rn. 6.
1225 Semler/Stengel/*Schlitt*, § 221 Rn. 6; Lutter/*Just*, § 221 Rn. 3; KK-UmwG/*Dauner-Lieb/Tettinger*, § 221 Rn. 3.
1226 KK-UmwG/*Dauner-Lieb/Tettinger*, § 221 Rn. 6; Semler/Stengel/*Schlitt*, § 221 Rn. 6; Widmann/ Mayer/*Vossius*, § 221 Rn. 9.
1227 BGH NZG 2005, 722; Semler/Stengel/*Ihrig*, § 228 Rn. 23 f; Lutter/*Happ/Göthel*, § 228 Rn. 27 ff.; KK-UmwG/*Dauner-Lieb/Tettinger*, § 228 Rn. 27.
1228 *Mayer*, DAI Skript Umwandlungsrecht in der notariellen Praxis, Rn. 369.

4. Kapitel Umwandlungen

623 M Formulierungsbeispiel:
Persönlich haftende Gesellschafterin ohne Kapitalanteil der X GmbH & Co. KG als Rechtsträger neuer Rechtsform wird die X GmbH in .... Sie erklärt hiermit aufschiebend bedingt auf den Zeitpunkt, in dem der Formwechsel wirksam wird, ihren Beitritt als persönlich haftende Gesellschafterin zu der X-GmbH & Co. KG, stimmt allen in dem Formwechselbeschluss abgegebenen Erklärungen ausdrücklich zu und genehmigt den Gesellschaftsvertrag der Kommanditgesellschaft als Rechtsträger neuer Rechtsform.

c) Zustimmung bisheriger Komplementäre

624 Zustimmen müssen auch die bisherigen Komplementäre der KGaA gem. §§ 233 Abs. 3 S. 1 und 2, 240 Abs. 3, 252 Abs. 3. Das entspricht der Systematik der KGaA. Gem. § 278 Abs. 2 AktG bestimmt sich die Rechtsstellung der persönlich haftenden Gesellschafter untereinander und gegenüber der Gesamtheit der Kommanditaktionäre nach den Vorschriften des HGB über die KG. Überdies verliert der phG durch den Formwechsel seine Rechtsstellung als Geschäftsführer und Vertreter der KGaA.[1229] Ein Komplementär soll zustimmen und als Kommanditaktionär zugleich gegen den Formwechsel stimmen können, damit er als Kommanditaktionär ein Abfindungsangebot annehmen kann.[1230] Umgekehrt soll mit seiner Zustimmung zum Formwechselbeschluss als Kommanditaktionär auch die Zustimmung als Komplementär erteilt sein.[1231] Dies geht aber wohl zu weit. Es kann Gründe geben, zwar dem Hauptversammlungsbeschluss zuzustimmen, sich die Entscheidung als Komplementär aber vorzubehalten.[1232] Erfolgt der Formwechsel in eine OHG, GbR, PartG oder KG, in der der phG seine Stellung beibehalten soll, muss er auch in dieser Eigenschaft, also doppelt, seine Zustimmung erklären. Ob eine Erklärung die andere umfasst, ist umstritten.[1233]

625 Die Satzung kann gem. §§ 233 Abs. 3 S. 2, 240 Abs. 3 S. 2 eine Mehrheitsentscheidung der Komplementäre vorsehen. Auch wenn das angesichts der Bestimmung in § 217 Abs. 1 S. 3 erstaunlich ist, gibt es keine Anhaltspunkte dafür, dass der Beschluss einer qualifizierten Mehrheit bedarf.[1234] Der Gesetzeswortlaut läßt offen, ob es auf die Mehrheit der abgegebenen Stimmen oder aller Komplementäre ankommt. Die h.M. tendiert zu letzterem.[1235] Für die Ermittlung der Mehrheit maßgebend ist – vorbehaltlich einer anderen Regelung in der Satzung[1236] – die Zahl der Köpfe.[1237]

626 Jeder phG hat gem. § 233 Abs. 3 S. 3 beim Formwechsel in eine Personengesellschaft das Recht, aus der Gesellschaft auszuscheiden. Beim Formwechsel in eine andere Kapitalgesellschaft oder eine AG scheidet er gem. §§ 247 Abs. 2, 255 Abs. 3 automatisch aus dem neuen Rechtsträger aus. Das ist zwingend.[1238] Ein Barabfindungsangebot muss ihm gem. § 227 nicht unterbreitet werden, weil er nach den Bestimmungen der Satzung der KGaA

1229 Semler/Stengel/*Ihrig*, § 233 Rn. 34.
1230 Semler/Stengel/*Ihrig*, § 233 Rn. 36; Lutter/*Happ/Göthel*, § 233 Rn. 76; Schmitt/Hörtnagl/Stratz/ *Stratz*, § 233 Rn. 7.
1231 Semler/Stengel/*Ihrig*, § 233 Rn. 35; Lutter/*Happ/Göthel*, § 233 Rn. 75.
1232 KK-UmwG/*Dauner-Lieb/Tettinger*, § 233 Rn. 74.
1233 Dagegen Semler/Stengel/*Ihrig*, § 233 Rn. 37; Lutter/*Happ/Göthel*, § 233 Rn. 74; a.A. KK-UmwG/ *Dauner-Lieb/Tettinger*, § 233 Rn. 80.
1234 KK-UmwG/*Dauner-Lieb/Tettinger*, § 233 Rn. 77.
1235 Semler/Stengel/*Ihrig*, § 233 Rn. 38; Widmann/Mayer/*Vossius*, § 233 Rn. 112; a.A. KK-UmwG/ *Dauner-Lieb/Tettinger*, § 233 Rn. 78 unter Hinweis auf das grundsätzlich anwendbare Recht der Personenhandelsgesellschaft.
1236 Str. so KK-UmwG/*Dauner-Lieb/Tettinger*, § 233 Rn. 78; a.A. Semler/Stengel/*Ihrig*, § 233 Rn. 38; Widmann/Mayer/*Vossius*, § 233 Rn. 114.
1237 Semler/Stengel/*Ihrig*, § 233 Rn. 38; KK-UmwG/*Dauner-Lieb/Tettinger*, § 233 Rn. 78.
1238 KK-UmwG/*Dauner-Lieb/Tettinger*, § 233 Rn. 82; Semler/Stengel/*Ihrig*, § 233 Rn. 41.

abzufinden ist, ersatzweise gem. §§ 738 ff. BGB. Nicht vollends geklärt ist das Verhältnis zwischen Austrittserklärung und der Erklärung der Zustimmung zum Formwechsel. Während die einen[1239] in der Austrittserklärung stets oder in der Regel die Zustimmung zum Formwechsel sehen, weil der Austritt nur möglich ist, wenn der Formwechsel vollzogen wird, meinen andere, wenn die Satzung von der Möglichkeit des § 233 Abs. 3 S. 2 Gebrauch gemacht hat und eine Mehrheitsentscheidung der Komplementäre für den Formwechsel vorsieht,[1240] könne der phG den Formwechsel ablehnen und seinen Austritt lediglich hilfsweise für den Fall wünschen, dass er überstimmt werde. Umgekehrt enthält die Zustimmung zu einem Formwechsel, der die künftige Beteiligung des Komplementärs nicht mehr vorsieht, stets auch den vorsorglichen Austritt[1241] und die Zustimmung zu einem Formwechsel, der die künftige Beteiligung vorsieht, einen Verzicht darauf. Dagegen ist die Verweigerung der Zustimmung in einem solchen Fall keine eindeutige Erklärung über den Austritt.[1242] Zustimmungs- und Austrittserklärung sind somit selbstständige Erklärungen, von denen die eine im Wege der Auslegung die andere enthalten kann, aber nicht muss.[1243]

Streitig ist auch der letztmögliche Zeitpunkt für die Austrittserklärung. Nach überwiegender Meinung soll die Beschlussfassung über den Formwechsel der letztmögliche Zeitpunkt sein;[1244] andere wollen die Erklärung auch noch später zulassen, um dem Komplementär eine angemessene Überlegungsfrist einzuräumen, nachdem feststeht, dass der Formwechsel durchgeführt wird. Das macht allerdings Alternativregelungen im Umwandlungsbeschluss für den Fall des Ausscheidens und den des Verbleibs erforderlich.[1245] **627**

d) Nicht proportional beteiligte Anteilsinhaber

Ein letztes Zustimmungserfordernis ergibt sich schließlich für Gesellschafter einer GmbH oder AG, wenn der Nennbetrag der Anteile an dem Rechtsträger neuer Rechtsform abweichend vom Nennbetrag der Anteile am formwechselnden Rechtsträger und auf einen höheren als den bei diesem Rechtsträger zugelassenen Mindestbetrag (vgl. dazu Rdn. 794) gestellt wird und sich Gesellschafter deshalb nicht mit dem Gesamtbetrag ihrer Anteile am formwechselnden Rechtsträger an der Zielrechtsform beteiligen können (inkongruente Beteiligung – §§ 241 Abs. 1, 242 UmwG). Wie bereits dargestellt worden ist (siehe oben Rdn. 528, wird dem ein allgemeiner Grundsatz entnommen, dass die Beteiligung einzelner Anteilsinhaber vor und nach dem Formwechsel von einander abweichen kann und ein sog. nicht verhältniswahrender Formwechsel zulässig ist, dass dazu aber die Zustimmung der betroffenen Anteilsinhaber erforderlich ist.[1246] Betroffen sind die Anteilsinhaber, deren Beteiligung sich verringert; vertreten wird, dass auch die Anteilsinhaber zustimmen müssen, deren Beteiligung sich erhöht.[1247] Das ist jedoch nicht überzeugend.[1248] **628**

1239 Vgl. Widmann/Mayer/*Vossius*, § 233 Rn. 120.
1240 KK-UmwG/*Dauner-Lieb/Tettinger*, § 233 Rn. 79.
1241 Vgl. KK-UmwG/*Dauner-Lieb/Tettinger*, § 233 Rn. 84.
1242 KK-UmwG/*Dauner-Lieb/Tettinger*, a.A.O.
1243 KK-UmwG/*Dauner-Lieb/Tettinger*, § 233 Rn. 84.
1244 So Kallmeyer/*Dirksen*, § 233 Rn. 13; Lutter/*Happ/Göthel*, § 233 Rn. 82; Semler/Stengel/*Ihrig*, § 233 Rn. 39.
1245 KK-UmwG/*Dauner-Lieb/Tettinger*, § 233 Rn. 88; wohl auch Widmann/Mayer/*Vossius*, § 233 Rn. 136.
1246 Semler/Stengel/*Bärwaldt*, § 194 Rn. 18; Lutter/*Decher*, § 194 Rn. 13; Kallmeyer/*Meister/Klöcker*, § 194 Rn. 34; Widmann/Mayer/*Vollrath*, § 194 Rn. 17.
1247 So Semler/Stengel/*Bärwaldt*, § 194 Rn. 18.
1248 Widmann/Mayer/*Vollrath*, § 194 Rn. 17.

4. Kapitel Umwandlungen

5. Form

629 Die Zustimmungserklärung muss gem. § 193 Abs. 3 S. 1 notariell beurkundet werden. Dasselbe gilt gem. § 221 S. 1 für die Beitrittserklärung. Die notarielle Beurkundung erfolgt nach den Bestimmungen über die Beurkundung von Willenserklärungen,[1249] während der Umwandlungsbeschluss auch in Protokollform gem. §§ 36 ff. BeurkG erfolgen kann. Erfolgt die Beurkundung in Protokollform, genügt die Erklärung des Zustimmenden oder Beitretenden zur Niederschrift des Notars, dass er die Zustimmung erteilt oder der Gesellschaft beitritt, nicht dem Formerfordernis.[1250] Vielmehr bedarf es der Aufnahme dieser Erklärung in Form einer Niederschrift über Willenserklärungen gem. §§ 6 ff. BeurkG. Diese kann mit der Beurkundung in Protokollform verbunden werden (sog. gemischte Beurkundungen siehe oben Rdn. 578). Bei der Zustimmungserklärung der Komplementäre der KGaA ist außerdem § 285 Abs. 3 S. 2 AktG zu beachten. Danach ist die Zustimmung in der Verhandlungsniederschrift oder in einem Anhang zur Niederschrift zu beurkunden. Dazu muss die Beurkundung in der Niederschrift oder in einer Anhangsurkunde erfolgen.[1251]

630 Bei der Beurkundung der Zustimmungserklärung sowie der Beitrittserklärung ist eine Stellvertretung zulässig. Die **Vollmacht** bedarf aber ebenfalls notarieller Beurkundung. Das ist für die Zustimmungserklärung anders als für die Beitrittserklärung umstritten.[1252]

6. Erklärung

a) Zustimmungserklärung

631 Die Zustimmungserklärung ist Willenserklärung. Sie kann gem. §§ 182 ff. BGB grundsätzlich vor oder nach Beschlussfassung abgegeben werden. Empfänger ist der formwechselnde Rechtsträger.[1253] Die vorherige Zustimmung (Einwilligung) ist gem. § 183 BGB bis zur Vornahme des Rechtsgeschäfts, (wobei fraglich ist, was das bedeutet,[1254] da Zustimmungen zu Verfügungen, die der Eintragung ins Grundbuch bedürfen, bis zum Vollzug der Eintragung widerruflich sind) frei – auch formfrei – widerruflich, falls ihr Widerruf in der Erklärung nicht ausdrücklich ausgeschlossen ist.[1255] Die nachträgliche Zustimmung (Genehmigung) ist unwiderruflich. Da die Erklärung nicht gesetzlich fristgebunden ist, empfiehlt es sich, im Beschluss eine Frist zu setzen, damit zu einem vorgegebenen Zeitpunkt Klarheit besteht, ob der Formwechsel durchgeführt wird.[1256] Wird die Erklärung der Zustimmung auch nur von einem Anteilsinhaber versagt, dessen Zustimmung erforderlich ist, ist der Formwechsel endgültig unwirksam.[1257]

1249 KK-UmwG/*Dauner-Lieb/Tettinger*, § 221 Rn. 8; Widmann/Mayer/*Vossius*, § 221 Rn. 12; Kallmeyer/*Zimmermann*, § 193 Rn. 31.
1250 KK-UmwG/*Dauner-Lieb/Tettinger*, § 221 Rn. 8; Widmann/Mayer/*Vossius*, § 221 Rn. 12; Kallmeyer/*Zimmermann*, § 193 Rn. 31; a.A. Semler/Stengel/*Schlitt*, § 221 Rn. 7; Schmitt/Hörtnagl/Stratz/*Stratz*, § 223 Rn. 3.
1251 OLG Stuttgart NZG 2003, 293 f; *Hüffer*, § 285 AktG Rn. 4.
1252 Für die Vollmacht zur Beitrittserklärung: KK-UmwG/*Dauner-Lieb/Tettinger*, § 221 Rn. 9; Semler/Stengel/*Schlitt*, § 221 Rn. 6; Widmann/Mayer/*Vossius*, § 221 Rn. 10; für die Vollmacht zur Zustimmungserklärung vgl. KK-UmwG/*Petersen* § 193 Rn. 4; Widmann/Mayer/*Vollrath*, § 193 Rn. 24; a.A. Lutter/*Becker*, § 193 Rn. 22; Kallmeyer/*Zimmermann*, § 193 Rn. 20.
1253 Widmann/Mayer/*Vollrath*, § 193 Rn. 45.
1254 Vgl. BGH NJW 1963, 36, 37.
1255 Widmann/Mayer/*Vollrath*, § 193 Rn. 46.
1256 Das ist zulässig Semler/Stengel/*Bärwaldt*, § 193 Rn. 27; Widmann/Mayer/*Vollrath*, § 193 Rn. 43; Kallmeyer/*Zimmermann*, § 193 Rn. 22.
1257 Semler/Stengel/*Bärwaldt*, § 193 Rn. 27; Lutter/*Decher*, § 193 Rn. 26; Kallmeyer/*Zimmermann*, § 123 Rn. 23.

b) Beitrittserklärung künftiger Komplementäre

Auch die Beitrittserklärung als Komplementär zu einer KGaA gem. § 221 ist Willenserklärung. Die Erklärung kann nach der zu engen h.M. nur gleichzeitig mit oder nach dem Umwandlungsbeschluss abgegeben werden.[1258] Dafür spricht allerdings der Wortlaut der Bestimmung. Mit dem Beitritt ist nämlich gem. § 221 S. 2 auch die Satzung zu genehmigen. Auch wenn dies formal zwei Erklärungen sind, gehören sie doch zusammen.[1259] Der Begriff der Genehmigung deutet auf eine nachträgliche Erklärung hin.[1260] Dem Sinn der Bestimmung, die Beitritts- sowie Genehmigungserklärung auf den konkreten Umwandlungsbeschluss zu beziehen, wird aber auch durch Bezug auf den Entwurf des Umwandlungsbeschlusses Genüge getan, so dass die Erklärung auch vor dem Beschluss zugelassen werden sollte.

632

Die Beitrittserklärung soll bedingungs- und befristungsfeindlich sein.[1261] Sie muss der Gesellschaft zugehen.[1262] Einer Annahme der Erklärung bedarf es im Hinblick auf § 218 Abs. 2 nicht. Wirksam wird der Beitritt mit Eintragung des Formwechsels in das Handelsregister.[1263] Die Beitrittserklärung soll nicht widerruflich sein.[1264]

633

IX. Handelsregisteranmeldung

1. Zuständiges Gericht

Gem. § 197 Abs. 1 ist die **neue Rechtsform** zur Eintragung in das Register des formwechselnden Rechtsträgers anzumelden. Ist der formwechselnde Rechtsträger nicht in ein Register eingetragen (so bei der Anstalt öffentlichen Rechts und dem nicht im Register eingetragenen wirtschaftlichen Verein) ist der Rechtsträger neuer Rechtsform gem. § 198 Abs. 2 S. 1 bei dem für ihn zuständigen Register anzumelden. Dasselbe gilt, wenn sich durch den Formwechsel das für den Rechtsträger maßgebliche Register ändert – so beim Formwechsel einer PartG,[1265] einer eG oder eines e.V. in eine Kapitalgesellschaft und umgekehrt, soweit ein solcher Formwechsel zulässig ist – nicht dagegen, wenn sich nur die zuständige Abteilung des Handelsregisters ändert.[1266] Ferner hat die Anmeldung beim Register des Rechtsträgers neuer Rechtsform zu erfolgen, wenn der Formwechsel mit einer Sitzverlegung einhergeht. In diesen Fällen ist **zusätzlich** die **Umwandlung zum Register des formwechselnden Rechtsträgers** anzumelden. Diese Eintragung wird mit einem Vermerk versehen, dass der Formwechsel erst mit Eintragung des Rechtsträgers neuer Rechtsform wirksam wird. Erst im Anschluss an diese Eintragung darf der Rechtsträger neuer Rechtsform eingetragen werden.

634

1258 Semler/Stengel/*Schlitt*, § 221 Rn. 8; Lutter/*Just*, § 221 Rn. 4; Kallmeyer/*Dirksen*, § 221 Rn. 5; Schmitt/Hörtnagl/Stratz/*Stratz*, § 221 Rn. 2; a.A. KK-UmwG/*Dauner-Lieb/Tettinger*, § 221 Rn. 7; Widmann/Mayer/*Vossius*, § 221 Rn. 8.
1259 KK-UmwG/*Dauner-Lieb/Tettinger*, § 221 Rn. 7.
1260 Semler/Stengel/*Arnold*, § 240 Rn. 24; Lutter/*Happ/Göthel*, § 240 Rn. 15; Widmann/Mayer/*Rieger*, § 240 Rn. 15; Schmitt/Hörtnagl/Stratz/*Stratz*, § 240 Rn. 8.
1261 Semler/Stengel/*Schlitt*, § 221 Rn. 6; KK-UmwG/*Dauner-Lieb/Tettinger*, § 221 Rn. 6.
1262 Semler/Stengel/*Schlitt*, § 221 Rn. 6; Lutter/*Just*, § 221 Rn. 3; KK-UmwG/*Dauner-Lieb/Tettinger*, § 221 Rn. 3.
1263 KK-UmwG/*Dauner-Lieb/Tettinger*, § 221 Rn. 6; Semler/Stengel/*Schlitt*, § 221 Rn. 6; Widmann/Mayer/*Vossius*, § 221 Rn. 9.
1264 Semler/Stengel/*Schlitt*, § 221 Rn. 6.
1265 Lutter/*Decher*, § 198 Rn. 5; KK-UmwG/*Petersen*, § 198 Rn. 5.
1266 Semler/Stengel/*Bärwaldt*, § 198 Rn. 2, 4; Lutter/*Decher*, § 198 Rn. 5; Kallmeyer/*Zimmermann*, § 198 Rn. 5; KK-UmwG/*Petersen*, § 198 Rn. 5.

4. Kapitel Umwandlungen

2. Anmeldepflichtige

a) Anmeldepflichtige Organe oder Personen

635 Wer die Anmeldung vorzunehmen hat, ergibt sich aus den Besonderen Vorschriften, nämlich §§ 222 (für die Personenhandelsgesellschaft), 225 c) (für die PartG), 235 (für den Formwechsel der Kapitalgesellschaft in eine Personengesellschaft), 246 (für den Formwechsel zwischen Kapitalgesellschaften), 254 (für den Formwechsel einer Kapitalgesellschaft in eG), 265 (für den Formwechsel einer eG in eine Kapitalgesellschaft), 278 (für den Formwechsel eines e.V. in eine Kapitalgesellschaft), 286 (für den Formwechsel eines e.V. in eine eG) und 296 (für den Formwechsel eines VVaG in eine AG). Aus diesen Bestimmungen ergibt sich folgendes:

636 Zur Anmeldung des **Formwechsels einer Kapitalgesellschaft** in eine andere Rechtsform ist gem. §§ 235, 246 und 254 das Vertretungsorgan des formwechselnden Rechtsträgers zuständig. Dasselbe gilt gem. § 296 beim Formwechsel eines VVaG in eine AG. Beim Formwechsel einer Kapitalgesellschaft mit zahlreichen Gesellschaftern in eine Personenhandelsgesellschaft erleichtert dies die Anmeldung erheblich, weil nach § 108 HGB sonst alle Gesellschafter der Personengesellschaft zur Anmeldung verpflichtet wären.[1267]

637 Zur Anmeldung **des Formwechsels einer Personenhandelsgesellschaft**, einer PartG einer eG oder eines eV sind dagegen die Mitglieder des künftigen Vertretungsorgans des Rechtsträger neuer Rechtsform und wenn dieser obligatorisch einen Aufsichtsrat hat, auch dessen Mitglieder und außerdem beim Formwechsel von der Personenhandelsgesellschaft oder PartG in eine AG oder KGaA auch die Gesellschafter des formwechselnden Rechtsträgers, die den Gründern gleich stehen, gem. §§ 222, 225 c, 265, 278 und 286 zur Anmeldung verpflichtet. Muss in diesen Fällen wegen Wechsels des Registers oder Sitzverlegung auch die Anmeldung zum Handelsregister des formwechselnden Rechtsträgers erfolgen, kann diese gem. § 222 Abs. 3 auch von den »zur Vertretung der formwechselnden Gesellschaft ermächtigten Gesellschaftern« vorgenommen werden. Diese Bestimmung ist in den anderen vorgenannten Fällen entsprechend anwendbar. Die **Anmeldepflicht der Gründer** bei AG und KGaA entspricht dem Gründungsrecht dieser Rechtsformen (§§ 36 AktG, 278 Abs. 3 AktG). Sie kann bei dem **Formwechsel einer Publikums-KG in die AG** oder KGaA aber die verantwortlichen Beteiligten und den Notar vor große praktische Probleme stellen, müssen doch alle Gesellschafter der Publikums-KG, die dem Formwechsel zugestimmt haben und damit als Gründer der AG gelten, die Anmeldung mit unterzeichnen. Da eine Stellvertretung und damit eine Vollmachtserteilung nach h.M. bei der Gründung wegen der sich aus §§ 48, 399 AktG ergebenen persönlichen Verantwortung für unzulässig gehalten wird,[1268] empfiehlt es sich, die Gründer anläßlich der Gesellschafterversammlung die über den Formwechsel beschließt, auch die Registeranmeldung sowie den Gründungsbericht unterzeichnen zu lassen. Dasselbe Problem stellt sich übrigens weder beim Formwechsel von der Publikums-KG in die eG noch beim Formwechsel der eG oder des eV in die AG oder KGaA; §§ 265, 278 verweisen nur auf § 220 Abs. 1 und 3, nicht dagegen auf § 220 Abs. 2.

b) Vertretungsberechtigung, Vollmacht

638 Hat die Anmeldung durch das Vertretungsorgan des formwechselnden Rechtsträgers zu erfolgen, trifft das Gesetz keine Anordnung, ob die Anmeldung durch alle Vertretungsberechtigten oder die Vertretungsberechtigten in vertretungsberechtigter Zahl zu erfolgen hat. Ist die Anmeldung dagegen durch das künftige Vertretungsorgan des Rechtsträgers neuer Rechtsform vorzunehmen, regelt das Gesetz, dass die Anmeldung durch **alle** Mit-

---

1267 Semler/Stengel/*Ihrig*, § 235 Rn. 6; Lutter/*Happ/Göthel*, § 235 Rn. 6.
1268 *Hüffer*, § 36 AktG Rn. 4.

glieder des künftigen Vertretungsorgans zu erfolgen hat. Daraus wird allgemein geschlossen, das im ersteren Fall ein Handeln durch Mitglieder des Vertretungsorgans in vertretungsberechtigter Zahl genügt, im letzteren Fall dagegen die Anmeldung durch **alle** Mitglieder des Vertretungsorgans zu erfolgen hat.[1269] Im ersteren Fall wird auch eine unechte Gesamtvertretung für zulässig gehalten, sofern sie in der Satzung vorgesehen ist.[1270] Ebenso wird eine Anmeldung durch Bevollmächtigte aufgrund öffentlich beglaubigter Vollmacht für zulässig gehalten,[1271] soweit nicht höchstpersönliche Erklärungen abzugeben sind, zu denen allerdings auch die Negativerklärungen gem. § 16 Abs. 2 gehören. Dagegen wird weder eine unechte Gesamtvertretung[1272] noch eine Bevollmächtigung[1273] in den Fällen für zulässig gehalten, in denen die Registeranmeldung durch alle Mitglieder des Vertretungsorgans erfolgen muss. Soweit neben der Anmeldung des Rechtsträgers künftiger Rechtsform auch eine Anmeldung zum Register des formwechselnden Rechtsträgers zu erfolgen hat und diese durch die vertretungsberechtigten Gesellschafter (bei der Personenhandelsgesellschaft und der PartG) oder Geschäftsführer vorgenommen werden kann, genügt es, wenn diese in vertretungsberechtigter Zahl handeln.[1274] Unechte Gesamtvertretung wird jedoch im Hinblick auf den Wortlaut des § 222 (er spricht nur von »Gesellschaftern«) nicht für zulässig gehalten.[1275] Eine Vertretung ist auch hier nur zulässig, falls keine höchstpersönlichen Erklärungen abzugeben sind. Wie bereits unter Rdn. 637 ausgeführt wurde, ist demgemäß eine Vertretung der Gründer gem. § 222 Abs. 2 und auch eine Vertretung der Mitglieder des Aufsichtsrats nicht zulässig.

Gem. § 222 Abs. 1 ist die Anmeldung auch durch die Mitglieder des Aufsichtsrats vorzunehmen, und das nicht nur, wie man es von der Gründung der Rechtsträger kennt, bei AG und KGaA, sondern ganz allgemein, somit auch bei GmbH und eG, nach deren Gründungsbestimmungen der Aufsichtsrat bei der Anmeldung nicht mitwirkt.[1276] Das gilt allerdings nur, wenn der Rechtsträger nach den für die neue Rechtsform geltenden Vorschriften einen Aufsichtsrat haben muss, dieser also obligatorisch ist. Beim Formwechsel in die AG (oder KGaA) war lange Zeit zweifelhaft, ob die Anmeldung zurückgestellt werden mußte, bis der Aufsichtsrat vollständig besetzt war, was ein Problem beim mitbestimmten Aufsichtsrat darstellte, weil die Bestellung der Arbeitnehmervertreter sich regelmäßig in die Länge zieht. Dieses Problem ist durch das Zweite Gesetz zur Änderung des UmwG dadurch beseitigt worden, dass in § 197 S. 3 nunmehr die Anwendbarkeit von § 31 AktG angeordnet ist. § 31 AktG betrifft aber unmittelbar nur die AG und (nach richtigem Verständnis – siehe oben Rdn. 491) die KGaA. Eine entsprechende Regelung gibt es weder für die GmbH noch für die eG. Im Schrifttum wird vielfach eine analoge Anwendung vertreten.[1277] Letztlich geklärt ist sie aber nicht. Da sich eine Aufsichtsratspflicht für die GmbH ausschließlich aus mitbestimmungsrechtlichen Vorschriften ergibt, argumentieren andere

639

1269 Lutter/*Decher,* § 198 Rn. 10; Lutter/*Just,* § 222 Rn. 3, 4; Lutter/*Happ/Göthel,* § 235 Rn. 7; Kallmeyer/*Zimmermann,* § 198 Rn. 8.
1270 Lutter/*Happ/Göthel,* § 235, 7; Semler/Stengel/*Scheel,* § 246 Rn. 2; Semler/Stengel/*Ihrig,* § 235 Rn. 8; Kallmeyer/*Zimmermann,* § 198 Rn. 8.
1271 *Melchior,* GmbHR 1999, 520; Semler/Stengel/*Ihrig,* § 235 Rn. 8; Semler/Stengel/*Scheel,* § 246 Rn. 4; Lutter/*Decher,* § 198 Rn. 10; Schmitt/Hörtnagl/Stratz/*Stratz,* § 198 Rn. 12; Lutter/*Happ/Göthel,* §§ 235 Rn. 7, 246 Rn. 5; Kallmeyer/*Zimmermann,* § 198 Rn. 8.
1272 Semler/Stengel/*Schlitt,* § 222 Rn. 12; Schmitt/Hörtnagl/Stratz/*Stratz,* § 198 Rn. 12; Widmann/Mayer/*Vossius,* § 222 Rn. 12.
1273 Semler/Stengel/*Schlitt,* § 222 Rn. 12; Widmann/Mayer/*Vossius,* § 222 Rn. 38; Lutter/*Just,* § 222 Rn. 2; KK-UmwG/*Dauner-Lieb/Tettinger,* Rn. 4; Kallmeyer/*Dirksen,* § 222 Rn. 6.
1274 Schmitt/Hörtnagl/Stratz/*Stratz,* § 222 Rn. 10; Semler/Stengel/*Schlitt,* § 222 Rn. 27; Widmann/Mayer/*Vossius,* § 222 Rn. 12.
1275 Schmitt/Hörtnagl/Stratz/*Stratz,* § 222 Rn. 10; Semler/Stengel/*Schlitt,* § 222 Rn. 27; Widmann/Mayer/*Vossius,* § 222 Rn. 12; KK-UmwG/*Dauner-Lieb/Tettinger,* § 222 Rn. 16.
1276 Lutter/*Just,* § 222 Rn. 7.
1277 Vgl. Lutter/*Just,* §§ 218 Rn. 15; § 222 Rn. 9; Kallmeyer/*Dirksen,* § 222 Rn. 5; Semler/Stengel/*Schlitt,* § 222 Rn. 9; Lutter/*Bayer,* § 265 Rn. 3.

4. Kapitel Umwandlungen

mit guten Gründen, dass ein Aufsichtsrat erst zu bilden ist, wenn die GmbH existiert.[1278] Es wird darauf hingewiesen, dass auch bei der Gründung der GmbH vor Eintragung der Gesellschaft kein Aufsichtsrat zu bilden sei.[1279] Deshalb finde § 30 AktG keine – auch nicht entsprechende – Anwendung und es bedürfe der entsprechenden Anwendung von § 31 nicht. Folgt man dem nicht, wird man aber nicht davon auszugehen haben, dass auch die Arbeitnehmervertreter des Aufsichtsrats bei der GmbH an der Anmeldung mitwirken müßten, also vorher bestellt sein müssen.[1280] Das ist nach der Änderung des § 197, durch die § 31 AktG für anwendbar erklärt wird, kaum noch vertretbar.[1281] Angesichts der vielen Unklarheiten, die in diesem Zusammenhang bestehen, empfiehlt sich eine vorherige Abstimmung mit dem Registergericht.

3. Inhalt der Registeranmeldung

a) Gegenstand

640 Nach § 198 Abs. 1 ist grundsätzlich die neue Rechtsform des Rechtsträgers anzumelden (»die Gesellschaft ist jetzt ... [z.B. AG] ...«).[1282] Ist der formwechselnde Rechtsträger nicht in ein Register eingetragen, ist gem. § 198 Abs. 2 S. 1 der Rechtsträger neuer Rechtsform anzumelden. Das gilt ebenso bei einem Wechsel des Registers und bei einer Sitzverlegung. In diesem Fall ist beim formwechselnden Rechtsträger die Umwandlung anzumelden. Die feine terminologische Differenzierung des Gesetzes dürfte allerdings nur von geringer praktischer Bedeutung sein. Eine abweichende Formulierung wird in aller Regel entsprechend ausgelegt werden können.

b) Rechtsformspezifische Angaben, Gründungsrecht

641 Die Anmeldung muss ferner die Angaben machen, die das Gründungsrecht für den jeweiligen Rechtsträger der Zielrechtsform vorschreibt. Bei der oHG sind es die Angaben gem. § 106 Abs. 2 HGB, bei der KG zusätzlich die in § 162 HGB genannten Angaben, bei beiden überdies gem. § 24 Abs. 4 HRV der Gegenstand des Unternehmens, bei der PartG die in § 4 PartGG aufgeführten Angaben. Bei der GmbH ergeben sich die notwendigen Angaben aus § 8 GmbHG, bei der AG aus § 37 AktG, bei der KGaA aus §§ 37, 282 AktG sowie § 106 Abs. 2 HGB, bei der Genossenschaft aus § 11 GenG und § 222 Abs. 1 S. 1 UmwG, wonach auch die Satzung der eG anzumelden ist. Auf die Aufzählung der Einzelheiten wird hier verzichtet.[1283] Hinzuweisen ist aber auf folgendes: **Prokuren** müssen nicht erneut angemeldet werden.[1284] Eine Bestätigung, dass die Prokuren bestehen bleiben und in welcher Form sie erteilt sind, empfiehlt sich aber zur Erleichterung der Arbeit des Registergerichts.[1285] Bei der KGaA und, sofern man der oben unter Rdn. 512

1278 Siehe dazu oben S. 19; Semler/Stengel/*Bärwaldt*, § 197 Rn. 71; Widmann/Mayer/*Vossius*, § 222 Rn. 17; Schmitt/Hörtnagl/Stratz/*Stratz*, § 222 Rn. 3; a.A. Lutter/*Just*, § 222 Rn. 4; Semler/Stengel/*Schlitt*, § 222 Rn. 9; Kallmeyer/*Dirksen*, § 222 Rn. 5; KK-UmwG/*Dauner-Lieb/Tettinger*, § 218 Rn. 41.
1279 BayObLG NZG 2000, 932, 933; Baumbach/Hueck/*Fastrich*, § 6 Rn. 35; Scholz/*K. Schmidt*, § 11 Rn. 52 jew. m.w.N.
1280 So aber Semler/Stengel/*Schlitt*, § 222 Rn. 9.
1281 Lutter/*Just*, §§ 222 Rn. 4; 218 Rn. 16; KK-UmwG/*Dauner-Lieb/Tettinger*, §§ 222 Rn. 6; 218 Rn. 41, 42.
1282 Semler/Stengel/*Bärwaldt*, § 198 Rn. 2, 6; Lutter/*Decher*, § 198 Rn. 1, 11; Kallmeyer/*Zimmermann*, § 198 Rn. 12, 13.
1283 Dazu etwa Kallmeyer/*Zimmermann*, § 198 Rn. 12-14; Lutter/*Decher*, § 198 Rn. 12 ff.
1284 OLG Köln GmbHR 1996, 773/4; Lutter/*Decher*, § 198 Rn. 20; Kallmeyer/*Zimmermann*, § 198 Rn. 15.
1285 So auch Kallmeyer/*Zimmermann*, a.a.O.

vertretenen Auffassung folgt, auch bei der GmbH & Co. KG ist ferner ggf. der Beitritt eines neuen Komplementärs anzumelden.

c) Erklärungen und Versicherungen

Ferner sind die Versicherungen abzugeben, die in den vorstehend unter b) genannten Gründungsvorschriften und im Umwandlungsgesetz vorgeschrieben sind, soweit sich nicht aus dem Umwandlungsgesetz etwas anderes ergibt. Im Einzelnen: Gem. § 198 Abs. 3 sind § 16 Abs. 2 und 3 entsprechend anzuwenden. Es ist also bei der Anmeldung – nicht notwendig in ihr – zu erklären, dass Klagen gegen den Beschluss über den Formwechsel nicht oder nicht fristgemäß erhoben oder rechtskräftig abgewiesen sind. Die Erklärungen sind gem. § 16 Abs. 2 entbehrlich, soweit alle Anteilsinhaber durch notariell beurkundete Verzichtserklärung auf eine Klage gegen den Formwechselbeschluss verzichtet haben oder alle Anteilsinhaber dem Beschluss zugestimmt haben.[1286] Der Anteilsinhaber kann sich bei der Abgabe der Verzichtserklärung durch einen Bevollmächtigten vertreten lassen. Die Vollmacht bedarf gem. § 167 Abs. 2 BGB nur der Schriftform.[1287] Gegebenenfalls sollte zur Erleichterung der Arbeit des Registergerichts auf die Verzichtserklärung in der Anmeldung hingewiesen werden. Die Abgabe der Erklärung nach § 16 soll Sache der jeweils anmeldungspflichtigen Personen sein.[1288] Das ist kritisiert worden, soweit damit auch die Anmeldepflichtigen gem. § 222 Abs. 2, also die den Gründern gleichstehenden Gesellschafter, gemeint sind, weil die Abgabe einer solchen Erklärung außerhalb der tatsächlichen Beurteilungsmöglichkeiten dieser Personen liegt.[1289] Überzeugend ist es, nur das anmeldende Vertretungsorgan – dieses allerdings höchstpersönlich (siehe oben Rdn. 638) –, als zur Abgabe der Erklärung verpflichtet anzusehen. Auch § 16 spricht nur von einer Erklärung der Vertretungsorgane.

Bei der Gründung einer GmbH und einer AG ist gem. § 8 Abs. 2 GmbHG beziehungsweise § 37 Abs. 1 AktG die Versicherung abzugeben, dass die Leistungen auf die Anteile bewirkt sind und sich die Einlagen endgültig in der freien Verfügung der Geschäftsführer beziehungsweise des Vorstandes befinden. Beim Formwechsel von einer Kapitalgesellschaft in eine andere Kapitalgesellschaft sind diese Bestimmungen gem. § 246 Abs. 3 nicht anzuwenden. Nach h.M. kommt eine Anwendung auch beim Formwechsel von einem anderen Rechtsträger, insbesondere einer Personenhandelsgesellschaft in eine GmbH, AG oder KGaA nicht in Betracht, weil eine Vermögensübertragung und damit eine Einlageleistung nicht stattfindet und weil sich die freie Verfügung erst mit Eintragung des Formwechsels, dann aber kraft Gesetzes ergibt.[1290] Anders wird das teilweise bei ausstehenden Gesellschaftereinlagen gesehen (vgl. Rdn. 723). Unstreitig haben die Geschäftsführer der GmbH und die Mitglieder des Vorstandes einer AG dagegen die Versicherung über das Fehlen etwaiger Bestellungshindernisse gem. § 8 Abs. 3 GmbHG und § 37 Abs. 2 AktG abzugeben.[1291] Hat der formwechselnde Rechtsträger keinen **Betriebsrat** und kann diesem deshalb der Entwurf des Beschlusses nicht gem. § 194 Abs. 2 vorgelegt werden, ist auch

---

1286 Kallmeyer/*Marsch-Barner*, § 16 Rn. 29 m.w.N.
1287 KK-UmwG/*Simon*, § 16 Rn. 40, 41; *Melchior*, GmbHR 1999, 520, 521; jeweils m.w.N.
1288 Semler/Stengel/*Bärwaldt*, § 198 Rn. 17; Lutter/*Decher*, § 198 Rn. 19, 32 ff.; Kallmeyer/*Zimmermann*, § 198 Rn. 28; KK-UmwG/*Dauner-Lieb/Tettinger*, § 222 Rn. 10.
1289 KK-UmwG/*Dauner-Lieb/Tettinger*, § 222 Rn. 10; ebenso Kallmeyer/Diksen, § 222 Rn. 7; Semler/Stengel/*Schlitt*, § 222 Rn. 14, 20; Widmann/Mayer/*Vossius*, § 222 Rn. 42.
1290 *Priester*, DNotZ 1995, 427, 452; Lutter/*Decher*, § 198 Rn. 15; Kallmeyer/*Dirksen*, § 222 Rn. 7; Semler/Stengel/*Schwanna*, § 198 Rn. 7; Semmler/Stengel/*Schlitt*, § 222 Rn. 14; Kallmeyer/*Zimmermann*, § 198 Rn. 13; a.A. *K. Schmidt*, ZIP 1995, 1385, 1391; Widmann/Mayer/*Vossius*, § 198 Rn. 41.
1291 Semler/Stengel/*Schwanna*, § 198 Rn. 7; Lutter/*Decher*, § 198 Rn. 15 f.; Kallmeyer/*Zimmermann*, § 198 Rn. 13 f.; Lutter/*Happ/Göthel*, § 246 Rn. 10.

4. Kapitel Umwandlungen

das zu erklären. Auch zur Abgabe dieser Erklärung wird man allein das anmeldepflichtige Vertretungsorgan als zuständig ansehen müssen.

4. Anlagen zur Registeranmeldung

644 Der Anmeldung der neuen Rechtsform oder des Rechtsträgers neuer Rechtsform sind folgende Unterlagen beizufügen und zwar – sofern sie notariell zu beurkunden sind – in Ausfertigung oder öffentlich beglaubigter Abschrift, sonst in öffentlicher beglaubigter oder einfacher Abschrift:

a) Die in § 199 genannten Unterlagen

645
- der Beschluss über den Formwechsel,
- die nach dem UmwG erforderlichen Zustimmungserklärungen einzelner Anteilsinhaber einschließlich der Zustimmungserklärungen nicht erschienener Anteilsinhaber,
- gegebenenfalls Erklärungen über den Verzicht auf die Erstellung des Umwandlungsberichts (§ 192 Abs. 2) sowie auf eine Klage gegen den Umwandlungsbeschluss gem. § 16 Abs. 2 S. 2,
- der Umwandlungsbericht (falls nicht auf diesen verzichtet wurde)
- falls ein Betriebsrat existiert, der Nachweis über die rechtzeitige Zuleitung des Entwurfs des Umwandlungsbeschlusses an den Betriebsrat.

b) Sonst erforderliche Unterlagen

646 Daneben sind gem. § 198 die »sonst erforderlichen Unterlagen« beizufügen. Damit sind die Anlagen gemeint, die sich aus den Besonderen Vorschriften (z.B. § 223 beim Formwechsel von der Personengesellschaft in die KGaA die Urkunden über den Beitritt aller beitretenden Komplementäre oder gem. § 265 S. 2 das Prüfungsgutachten des jeweiligen Prüfungsverbandes) oder aus dem Gründungsrecht der neuen Rechtsform ergeben. Im einzelnen sind beizufügen:

aa) Formwechsel in die Personengesellschaft/PartG

647 Grundsätzlich sind hier keine weiteren Unterlagen erforderlich. Tritt jedoch beim Formwechsel einer GmbH oder AG in eine GmbH & Co. KG ein neuer phG der KG bei, sind analog § 221 Unterlagen über den Beitritt beizufügen. Ferner kann es sich im Hinblick auf § 4 Abs. 2 PartGG empfehlen, beim Formwechsel in eine PartG Unterlagen über die Zugehörigkeit der Partner zu dem jeweiligen Beruf, den er in der Partnerschaft ausübt, beizufügen.

bb) Formwechsel in die GmbH

648 Weiter beizufügen sind hier
- der Beschluss über die Bestellung der Geschäftsführer,
- wenn diese gem. § 246 nicht zur Anmeldung verpflichtet sind, die Versicherung der Geschäftsführer gem. § 8 Abs. 3 GmbHG, dass ihrer Bestellung keine Hindernisse entgegenstehen,
- gegebenenfalls der Beschluss über die Bestellung der Mitglieder des Aufsichtsrats,
- die **Liste der Gesellschafter**; diese ist als Gründungsgesellschafterliste gem. § 8 Abs. 1 S. 3 GmbHG von den Geschäftsführern der GmbH als dem Rechtsträger neuer Rechtsform, auch wenn diese den neuen Rechtsträger gem. § 246 nicht anmelden, nicht etwa

gem. § 40 Abs. 2 GmbHG, der nur bei Veränderungen eingreift, vom Notar zu unterzeichnen;[1292] sind beim Formwechsel einer AG oder KGaA die Aktionäre unbekannt, sind sie gem. § 213, 35 in der Liste durch Angabe des insgesamt auf sie entfallenden Teils des Grundkapitals der Gesellschaft und der auf sie nach dem Formwechsel entfallenden Geschäftsanteile zu bezeichnen (siehe oben Rdn. 530).
- Der **Sachgründungsbericht**, falls nicht einer der in §§ 245 Abs. 4, 264 Abs. 2, 277 angesprochenen Fälle (Formwechsel aus AG, eG oder eV) vorliegt. Der Inhalt des Sachgründungsberichts ergibt sich aus § 5 Abs. 4 S. 2 GmbHG und § 220 Abs. 2 UmwG. Gem. § 5 Abs. 4 S. 2 GmbHG sind die Jahresergebnisse der letzten beiden Geschäftsjahre anzugeben und gem. § 220 UmwG auch der bisherige Geschäftsverlauf in die Lage der formwechselnden Gesellschaft darzulegen. Auch das soll sich auf die letzten beiden Geschäftsjahre beziehen.[1293] Die Formulierung entspricht derjenigen in § 289 für den Inhalt des Lageberichts. Sofern der Formwechsel innerhalb angemessener Frist nach Ablauf eines Geschäftsjahres stattfindet, kann deshalb schlicht **auf die beiden letzten Lageberichte verwiesen** werden. Der Sachgründungsbericht ist vom Umwandlungsbericht zu unterscheiden. Insbesondere ist er nicht wie dieser verzichtbar. Zur Abgabe des Sachgründungsberichts sind die Personen zuständig, die den Gründern gleichstehen, also die dem Formwechsel zustimmenden Gesellschafter. Eine Vertretung ist unzulässig[1294]; der Bericht ist gem. § 245 Abs. 4 entbehrlich beim Formwechsel einer AG oder KGaA in eine GmbH;
- ein Nachweis, dass der Nennbetrag des Stammkapitals das nach Abzug der Schulden verbleibende Vermögen der formwechselnden Gesellschaft nicht übersteigt[1295] (gem. § 245 Abs. 4 entbehrlich beim Formwechsel einer AG oder KGaA in eine GmbH),[1296]
- Falls der Formwechsel aus einer eG in die GmbH erfolgt, das Prüfgutachten des Prüfungsverbandes gem. § 259. (vgl. § 265 S. 2).

cc) Formwechsel in die AG oder KGaA

Weiter beizufügen sind hier:

649

- Gegebenenfalls die Urkunde über den Beitritt eines neuen Komplementärs zur KGaA,
- ggf. (falls nicht § 203 eingreift) die Urkunde über die Bestellung der Aufsichtsratsmitglieder (gem. § 30 Abs. 1 S. 2 AktG notarielle Beurkundung erforderlich!), sofern sie nicht im Umwandlungsbeschluss enthalten ist,
- die Urkunde über die Bestellung des Abschlußprüfers, sofern sie nicht im Umwandlungsbeschluss enthalten ist (gem. § 30 Abs. 1 S. 2 AktG notarielle Beurkundung erforderlich!),
- eine Liste der Mitglieder des Aufsichtsrats gem. § 37 Abs. 3 Nr. 3a AktG,
- der Aufsichtsratsbeschluss über die Bestellung des Vorstandes und Festlegung der Vertretungsbefugnis des Vorstandes,
- der Gründungsbericht gem. § 32 AktG und § 220 Abs. 2 UmwG. Hierzu gelten die vorstehenden Ausführungen zum Sachgründungsbericht bei der GmbH entsprechend,
- der Gründungsprüfungsbericht von Vorstand und Aufsichtsrat,
- der Gründungsprüfungsbericht des vom Gericht bestellten Gründungsprüfers gem. § 33 Abs. 2 AktG. Zum Inhalt vgl. § 34 AktG,
- eine Berechnung des der Gesellschaft zur Last fallenden Gründungs(umwandlungs-)-aufwands gem. § 37 Abs. 3 Nr. 2 AktG,

---

1292 Vgl. *Mayer*, DNotZ 2008, 403, 412; i.E. auch *Link*, RNotZ 2009, 193, 196; *Meister*, NZG 2008, 767, 770.
1293 Vgl. z.B. Kallmeyer/*Dirksen*, § 220 Rn. 14.
1294 Kallmeyer/*Dirksen*, § 220 Rn. 12.
1295 Lutter/*Krieger*, § 277 Rn. 2; a.A. offenbar Lutter/*Bayer*, § 264 Rn. 14.
1296 Siehe oben Rdn. 487.

- falls der Formwechsel aus einer eG erfolgt, das Prüfgutachten des Prüfungsverbandes gem. § 259 (vgl. § 265 S. 2),
- falls diese gem. § 246 nicht zur Anmeldung verpflichtet sind, die Versicherung der Vorstandsmitglieder gem. § 37 Abs. 2 AktG, dass ihrer Bestellung keine Hindernisse entgegenstehen.

dd) Formwechsel in die eG

650 Hier sind weiter beizufügen:

- Die Urkunde über die Bestellung des Vorstands durch den Aufsichtsrat (falls die Satzung einen Aufsichtsrat vorsieht),
- die Urkunde über die Bestellung des Aufsichtsrats (falls die eG einen Aufsichtsrat hat und die Bestellung nicht im Umwandlungsbeschluss geschehen ist),
- die Bescheinigung eines Prüfungsverbandes, dass die Genossenschaft zum Beitritt zugelassen ist sowie eine gutachtliche Äußerung des Prüfungsverbandes gem. § 11 Abs. 2 Nr. 3 GenG.

651 Teilweise wird in den Kommentierungen noch erwähnt, dass eine Unterschriftszeichnung durch die Vertretungsberechtigten vorzulegen sei.[1297] Diese ist aber abgeschafft. Durch das MoMiG ist auch das Erfordernis einer Vorlage staatlicher Genehmigungen gem. dem früheren § 8 Abs. 1 Nr. 6 GmbHG entfallen.

X. Eintragung und Rechtsfolgen

1. Reihenfolge der Eintragungen

652 Ändert sich durch den Formwechsel die Art des für den Rechtsträger maßgebenden Registers oder wird der Sitz des Rechtsträgers im Rahmen des Formwechsel verlegt, so ist der Rechtsträger neuer Rechtsform – wie bereits ausgeführt – beim zur Eintragung der neuen Rechtsform maßgebenden Register anzumelden. Zugleich ist die Umwandlung zur Eintragung in das Register des formwechselnden Rechtsträgers anzumelden. Im letzteren Register hat die Eintragung zunächst zu erfolgen. Sie ist mit einem Vermerk zu versehen, dass die Umwandlung erst mit der Eintragung des Rechtsträgers neuer Rechtsform in das für diese maßgebende Register wirksam wird. Der Rechtsträger neuer Rechtsform darf erst eingetragen werden, wenn diese Eintragung erfolgt ist. Es empfiehlt sich deshalb, die Eintragung des Vermerks gem. § 198 Abs. 2 S. 4 bei der Anmeldung zum Register des formwechselnden Rechtsträgers anzuregen. Außerdem ist die Nachricht über diese Eintragung an das für die Eintragung des Rechtsträgers neuer Rechtsform maßgebende Register weiterzuleiten. Die Weiterleitung erfolgt nicht von Amts wegen. Erfolgt gesetzwidrig zunächst die Eintragung des Rechtsträgers neuer Rechtsform, so wird der Formwechsel trotzdem mit dieser Eintragung wirksam.[1298]

2. Eintragungsfolgen

653 Die Wirkung der Eintragung werden in § 202 Abs. 1 beschrieben und fußen ganz wesentlich auf dem Grundsatz der Identität des Rechtsträgers neuer Rechtsform mit dem formwechselnden Rechtsträger.[1299] Im Einzelnen regelt § 202 folgendes:

1297 Lutter/*Decher*, § 199 Rn. 12; KK-UmwG/*Petersen*, § 199 Rn. 4.
1298 Lutter/*Decher*, § 202 Rn. 5.
1299 Zur Diskussion um die Reichweite und den Stellenwert der Identitätsthese vgl. eingehend KK-UmwG/*Petersen*, § 202 Rn. 4 ff.

Formwechsel C

a) § 202 Abs. 1 Nr. 1 – Zielrechtsform, Firma

Nach Nr. 1 besteht der formwechselnde Rechtsträger in der im Umwandlungsbeschluss bestimmten Rechtsform weiter. Damit wird zum einen die Identität des Rechtsträgers geregelt, zum anderen aber auf die Diskontinuität der Rechtsform hingewiesen. Im einzelnen werden folgende Fragen erörtert: **654**

aa) Dingliche Rechte

Der Rechtsträger bleibt Inhaber der dinglichen Rechte, die der formwechselnde Rechtsträger erworben hat. Es tritt keine Rechtsnachfolge ein. Im Grundbuch bedarf es deshalb keiner Grundbuchberichtigung gem. § 22 GBO. Es wird lediglich die Bezeichnung des Berechtigten berichtigt. Das hat von Amts wegen zu erfolgen. Hierfür fällt lediglich eine 1/4 Gebühr gem. § 67 Abs. 1 S. 1 KostO an.[1300] Entsprechendes gilt für andere öffentliche Register. Wegen der Identität des Rechtsträgers unterliegt der Formwechsel auch nicht der Grunderwerbsteuer.[1301] **655**

bb) Schuldrechtliche Beziehung

Ansprüche und Verpflichtungen schuldrechtlicher Natur bleiben durch den Formwechsel unberührt. Ein Rechtsübergang erfolgt nicht. Gläubiger von Ansprüchen gegen die Gesellschaft müssen dem Formwechsel nicht zustimmen. Sie können jedoch gem. §§ 204, 22 Sicherheit verlangen, wenn sie glaubhaft machen, dass durch den Formwechsel die Erfüllung ihrer Forderung gefährdet wird.[1302] Auch § 613a findet keine Anwendung. Es bedarf keines Eintritts in die Arbeitsverhältnisse. Alles das gilt gleichermaßen für **Ansprüche der und gegen** die Anteilsinhaber. Soweit die Ansprüche allerdings besonderen gesellschaftsrechtlichen Bindungen unterliegen, die sich aus dem Recht ergeben, dass auf den formwechselnden Rechtsträger Anwendung findet, unterliegen sie nach dem Formwechsel den Bindungen des Rechts, das auf den Rechtsträger neuer Rechtsform Anwendung findet.[1303] Beispielsweise ist für die Verzichts-, Stundungs- und Aufrechnungsverbote der §§ 19 Abs. 1 GmbHG und 66 Abs. 1 AktG nach Umwandlung der Kapitalgesellschaft in eine Personengesellschaft kein Raum mehr. Die Einlageverpflichtungen bestehen zwar fort, unterliegen aber der für diese Rechtsform maßgeblichen Dispositionsfreiheit der Gesellschafter.[1304] Auch die Dienstverträge mit den Geschäftsführern bleiben vom Formwechsel unberührt, selbst wenn die Organstellung der Geschäftsführer endet und sie diese im Rechtsträger neuer Rechtsform nicht mehr bekleiden.[1305] Abweichende Vereinbarungen sind möglich. Der Geschäftsführer einer GmbH, die formwechselnd in eine GmbH & Co. KG umgewandelt wird, erlangt daher keinen Kündigungsschutz, den er vorher nicht hatte.[1306] **656**

1300 BayObLG RNotZ 2002, 347 = MittBayNot 2002, 309 = NZG 2002, 882; Semler/Stengel/*Kübler*, § 202 Rn. 8; Lutter/*Decher*, § 202 Rn. 33; Kallmeyer/*Meister/Klöcker*, § 202 Rn. 19; Widmann/Mayer/*Vossius*, § 202 Rn. 38.
1301 Wegen der Einzelheiten siehe oben Rdn. 467.
1302 Semler/Stengel/*Kübler*, § 202 Rn. 9; Lutter/*Decher*, § 202 Rn. 22, 2532.
1303 *Habersack/Schürnbrand*, NZG 2007, 81; Lutter/*Decher*, § 202 Rn. 31.
1304 *Habersack/Schürnbrand*, NZG 2007, 81/82.
1305 BGH NZG 2007, 290; ZIP 1997, 1006; Semler/Stengel/*Kübler*, § 202 Rn. 10; Lutter/*Decher*, § 202 Rn. 25, 39; Kallmeyer/*Meister/Klöcker*, § 202 Rn. 24.
1306 BGH NZG 2007, 590, 591.

4. Kapitel Umwandlungen

cc) Vollmachten, Prokura

657 Vollmachten bleiben vom Formwechsel unberührt.[1307] Prokuren bestehen grundsätzlich fort.[1308] Ist eine Gesamtprokura in der Personenhandelsgesellschaft an die Mitwirkung eines persönlich haftenden Gesellschafters gebunden, ist sie beim Formwechsel in eine Kapitalgesellschaft künftig an die Mitwirkung eines Geschäftsführers oder Vorstandsmitglieds gebunden.[1309] Ist die Prokura an die Mitwirkung bestimmter Mitglieder von Vertretungsorganen gebunden, bedarf es einer Klarstellung, wie in Zukunft verfahren werden soll. (z.B.: »Prokurist P vertritt zusammen mit Komplementär A.« Wird bei Formwechsel in die GmbH Komplementär A Geschäftsführer, muss die Vertretungsbefugnis des Prokuristen neu geordnet werden.)

658 | **Praxistipp:**
In der Registeranmeldung sollte in jedem Fall klargestellt werden, ob und in welcher Weise Prokuren fortbestehen.

dd) Rechtsstreitigkeiten, Titelumschreibung

659 Klagen des Rechtsträgers bleiben von dem Formwechsel unberührt. Insbesondere tritt kein Parteiwechsel ein.[1310] Es handelt sich lediglich um eine Berichtigung des Rubrums, die allerdings nicht nur die Firma des Rechtsträgers, sondern auch dessen gesetzliche Vertretung betrifft.[1311] Vollstreckbare Titel bleiben für und gegen den Rechtsträger neuer Rechtsform bestehen. Es findet keine Titelumschreibung gem. § 727 ZPO statt, weil es sich nicht um einen Fall der Rechtsnachfolge handelt. Die Vollstreckungsklausel ist lediglich zu berichtigen.[1312]

ee) Genehmigungen und Erlaubnisse öffentlich-rechtlicher Natur

660 Auch öffentlich-rechtliche Genehmigungen, Erlaubnisse und Konzessionen, die dem formwechselnden Rechtsträger erteilt wurden, bestehen fort.[1313] Zweifelhaft ist aber, ob das auch dann gilt, wenn das Zustimmungserfordernis an eine bestimmte Rechtsform anknüpft. Während einerseits vertreten wird, dass die Erlaubnis dann erlischt,[1314] geht die wohl überwiegende Auffassung davon aus, dass die Erlaubnis übergeht aber unter Umständen widerrufen oder zurückgenommen werden kann.[1315] Der Formwechsel stellt keine datenschutzrechtlich relevante Übermittlung von Daten dar.[1316]

1307 Semler/Stengel/*Kübler*, § 202 Rn. 10; Lutter/*Decher*, § 202 Rn. 40; Kallmeyer/*Meister/Klöcker*, § 202 Rn. 26.
1308 OLG Köln DNotZ 1996, 700 = MittRhNotK 1996, 419; Lutter/*Decher*, § 202 Rn. 40; Semler/Stengel/*Kübler*, § 202 Rn. 10; Kallmeyer/*Meister/Klöcker*, § 202 Rn. 26; Widmann/Mayer/*Vossius*, § 202 Rn. 114 ff.
1309 Widmann/Mayer/*Vossius*, § 202 Rn. 121.
1310 OLG Köln GmbHR 2003, 1489; Semler/Stengel/*Kübler*, § 202 Rn. 11; Lutter/*Decher*, § 202 Rn. 41; Kallmeyer/*Meister/Klöcker*, § 202 Rn. 15.
1311 Lutter/*Decher*, § 202 Rn. 41; Kallmeyer/*Meister/Klöcker*, § 202 Rn. 15.
1312 BGH NZG 2004, 728 = MittBayNot 2004, 371 (DG-Bank); OLG Köln GmbHR 2003, 1489; Semler/Stengel/*Kübler*, § 202 Rn. 11; Kallmeyer/*Meister/Klöcker*, § 202 Rn. 16.
1313 *Eckert*, ZIP 1998, 1950; Semler/Stengel/*Kübler*, § 202 Rn. 17; Lutter/*Decher*, § 202 Rn. 38; Kallmeyer/*Meister/Klöcker*, § 202 Rn. 20; Widmann/Mayer/*Vossius*, § 202 Rn. 107.
1314 Semler/Stengel/*Kübler*, Rn. 17.
1315 *Eckert*, ZIP 1998, 1950/1953; Lutter/*Decher*, § 202 Rn. 38; Widmann/Mayer/*Vossius*, § 202 Rn. 107.
1316 *Lüttge*, NJW 2000, 2463.

ff) Unternehmensverträge

661 Unbestritten ist zunächst, dass der Formwechsel des herrschenden Unternehmens den Unternehmensvertrag unberührt läßt.[1317] Wenn der formwechselnde Rechtsträger das beherrschte Unternehmen ist, wird dagegen differenziert: Der Beherrschungs- und/oder Gewinnabführungsvertrag bleibt bestehen, wenn ein Formwechsel einer Kapitalgesellschaft in eine andere **Kapitalgesellschaft** stattfindet.[1318] Wird die beherrschte Kapitalgesellschaft dagegen in eine Personengesellschaft umgewandelt, soll der Vertrag fortbestehen, wenn bei dieser Gesellschaft die Voraussetzungen vorliegen, unter denen die **Personengesellschaft** beherrschtes Unternehmen eines Unternehmensvertrages sein kann. Das setzt voraus, dass an der beherrschten Personengesellschaft keine natürliche Person unbeschränkt haftender Gesellschafter ist. Die unbeschränkte Haftung einer natürlichen Person ist mit der durch den Abschluss eines Beherrschungs- und Gewinnabführungsvertrages verursachten Selbstentmachtung nicht zu vereinbaren. Außerdem muss das herrschende Unternehmen Gesellschafter der beherrschten Personengesellschaft sein.[1319] Ein Formwechsel in eine GbR oder eine eG soll stets zur Beendigung des Vertrages führen.[1320] Nach anderer Ansicht besteht der Vertrag bei Formwechsel in eine GmbH & Co. KG zwar stets fort, ist aber vorzeitig kündbar.[1321] Wieder andere nehmen an, dass die Unternehmensverträge im engeren Sinne beim Formwechsel zu Unternehmensverträgen nach allgemeinem Vertragsrecht werden.[1322] Eine andere Frage ist, welche Auswirkungen es hat, wenn der Formwechsel zwischen Abschluss und Wirksamwerden des Unternehmensvertrages erfolgt. Ist der Vertrag im Zeitpunkt des Formwechsels noch nicht wirksam geworden, wird man die Regeln anwenden müssen, die für den Abschluss eines Unternehmensvertrages durch den Rechtsträger neuer Rechtsform gelten.[1323]

gg) Stille Gesellschaft

662 Ist an dem formwechselnden Rechtsträger ein stiller Gesellschafter beteiligt, stellt sich zunächst die Frage, ob er dem Formwechsel zustimmen muss. Nach einhelliger Meinung ist die Wirksamkeit des Formwechsels von dieser Zustimmung nicht abhängig.[1324] Allerdings kann und wird regelmäßig ein Zustimmungserfordernis im Gesellschaftsvertrag geregelt sein; seine Nichtbeachtung kann alle möglichen, im Gesellschaftsvertrag der stillen Gesellschaft geregelten Rechtsfolgen haben; die Wirksamkeit des Formwechsels wird aber nicht beeinträchtigt.

663 Eine andere Frage ist es, wie der Vertrag über die stille Gesellschaft beim **Formwechsel in eine AG** zu behandeln ist. Als Teilgewinnabführungsverträge werden solche Verträge mit einer AG nur wirksam, wenn die Hauptversammlung der AG ihnen gem. § 293 AktG zustimmt und sie gem. § 294 AktG in das Handelsregister eingetragen werden.[1325] Dagegen ist die (entsprechende) Anwendung der §§ 292 ff. AktG auf die stille Beteiligung an

---

1317 Semler/Stengel/*Kübler*, § 202 Rn. 16.
1318 Lutter/*Decher*, § 202 Rn. 47; Semler/Stengel/*Kübler*, a.a.O.; § 202 Rn. 16.
1319 OLG Düsseldorf ZIP 2004, 753, 756; Semler/Stengel/*Kübler*, § 202 Rn. 16; Kallmeyer/*Meister*/ *Klöcker*, § 202 Rn. 18; generell für Fortbestand des Ergebnisabführungsvertrages beim Formwechsel in eine GmbH & Co. KG dagegen offenbar Lutter/*Decher*, § 202 Rn. 47.
1320 Semler/Stengel/*Kübler*, § 202 Rn. 16.
1321 Lutter/*Decher*, § 202 Rn. 47; a.A. OLG Düsseldorf NZG 2005, 280, 283; Kallmeyer/*Meister*/Klöcker, § 202 Rn. 18 (wenn der Vertrag zulässigerweise fortbesteht, kann er nicht aus wichtigem Grund gekündigt werden.)
1322 So Widmann/Mayer/*Vossius*, § 202 Rn. 133.
1323 DNotI Gutachten vom 29.6.2009 Nr. 95, 1247.
1324 Semler/Stengel/*Kübler*, § 202 Rn. 9; Lutter/*Decher*, § 202 Rn. 45.
1325 BGH AG 2003, 625/627; MünchKommAktG/*Altmeppen*, § 292 Rn. 65; *Hüffer*, § 292 Rn. 15; MünchHdb. AG/*Krieger*, § 72 Rn. 17 jeweils m.w.N.

4. Kapitel Umwandlungen

einer GmbH höchst umstritten.[1326] Erfolgt der Formwechsel von der GmbH, an der eine stille Gesellschaft besteht, in eine AG, stellt sich die Frage, ob ein Beschluss der HV gem. § 293 AktG herbeigeführt und der Vertrag ins Handelsregister eingetragen werden muss.[1327] Entscheidend muss sein, ob der Vertrag mit dem formwechselnden Rechtsträger bereits rechtswirksam war.[1328] War er das, setzt er sich beim Rechtsträger neuer Rechtsform fort, ohne dass die weitergehenden für den Rechtsträger neuer Rechtsformen geltenden Erfordernisse nachgeholt werden. Ein Hauptversammlungsbeschluss ist daher nicht erforderlich. Anders wird man das jedoch für die Registerpublizität, sehen müssen. Der Vertrag ist also zur Eintragung ins Handelsregister der AG anzumelden.[1329] Problematisch ist allerdings, dass die Anwendbarkeit der §§ 292 ff. auf das stille Gesellschaftsverhältnis mit der GmbH noch nicht höchstrichterlich geklärt ist; es besteht deshalb Unsicherheit, ob der Vertrag vor dem Formwechsel wirksam war.

664
> **Praxistipp:**
> Solange eine Klärung nicht erfolgt ist, empfiehlt es sich, sowohl einen Hauptversammlungsbeschluss gem. § 293 als auch die Eintragung ins Handelsregister bei der AG als Rechtsträger neuer Rechtsform herbeizuführen.[1330]

hh) Buchwertaufstockung

665 Gem. § 220 darf beim Formwechsel einer Personengesellschaft in eine Kapitalgesellschaft der Nennbetrag des Stammkapitals einer GmbH beziehungsweise des Grundkapitals einer Aktiengesellschaft oder KGaA, das nach Abzug der Schulden verbleibende Vermögen des formwechselnden Rechtsträgers nicht übersteigen. Entsprechendes gilt gem. § 245 beim Formwechsel einer GmbH in eine AG oder KGaA sowie beim Formwechsel zwischen diesen Gesellschaftsformen und gem. § 264 auch beim Formwechsel einer eG in eine Kapitalgesellschaft, gem. § 277 beim Formwechsel eines eV in eine Kapitalgesellschaft und gem. § 295 beim Formwechsel eines VVaG in eine AG. In allen diesen Fällen ist das Vermögen nach Verkehrswerten zu bestimmen. Auf die Buchwerte des Vermögens kommt es für die Deckung des Kapitals nicht an. Es bleibt aber die Frage der bilanziellen Darstellung. Läßt sich das Stamm- oder Grundkapital des Rechtsträgers neuer Rechtsform mit den Buchwerten nicht darstellen, liegt eine **formelle Unterbilanz** vor.[1331] Damit stellt sich die Frage, ob eine **Aufstockung der Buchwerte** zulässig ist. Das ist aus folgenden Gründen umstritten: Gem. § 252 Abs. 1 Nr. 1 HGB müssen die Wertansätze in der Eröffnungsbilanz des Geschäftsjahres mit denjenigen in der Schlußbilanz des vorhergehenden Geschäftsjahres übereinstimmen. Die Buchwerte müssen also beibehalten werden (Grundsatz der Bilanzkontinuität). Gem. § 252 Abs. 2 HGB darf von diesem Grundsatz nur in begründeten Ausnahmefällen abgewichen werden. Ein solcher Ausnahmefall ist anerkannt bei Einbringung eines Unternehmens in eine Gesellschaft im Wege der Sacheinlage.[1332] Die Einbringung wird als Anschaffungsvorgang der erwerbenden Gesellschaft gesehen. Es gilt das Anschaffungswertprinzip. Beim Formwechsel streiten nun das Identitätsprinzip des § 202 mit der Anwendung der Gründungsvorschriften gem. § 197. Während die einen[1333] davon

---

1326 Vgl. DNotI-Gutachten DNotIR 2004, 57 m.w.N.
1327 Vgl. dazu *Mertens*, AG 2000, 32, 37 f.; Lutter/*Decher*, § 202 Rn. 45; Semler/Stengel/*Kübler*, § 202 Rn. 9.
1328 So richtig *Mertens*, AG 2000, 32/38.
1329 Semler/Stengel/*Kübler*, § 202 Rn. 9; Lutter/*Decher*, § 202 Rn. 45.
1330 So im Ergebnis auch Heckschen/Simon/*Heckschen*, § 9 Rn. 41.
1331 Vgl. Semler/Stengel/*Schlitt*, § 220 Rn. 23.
1332 Vgl. beispielsweise Kallmeyer/*Müller*, § 24 Rn. 4.
1333 *Priester*, DB 1995, 911; KK-UmwG/*Petersen*, § 220 Rn. 12 ff.; Lutter/*Just*, § 220 Rn. 17.

ausgehen, dass die mit dem Formwechsel verbundene Neubestimmung des Kapitals einen Neubeginn der Bilanzierung erlaubt, sehen andere – darunter das IDW (HFA 1/1996) angesichts des Identitätsgrundsatzes keinen Ansatz für eine Durchbrechung der Bilanzkontinuität. Nach der letzteren Auffassung ist für den Unterschiedsbetrag zwischen Buchwert und Kapital des neuen Rechtsträgers ein passivischer Abzugsposten auszuweisen, der in der Folgezeit wie ein Verlustvortrag aus künftigen Gewinnen getilgt werden muss.[1334] Er wirkt so als Ausschüttungssperre. Auch wenn die Buchwertaufstockung durchaus gerechtfertigt sein mag,[1335] wird die Praxis der Wirtschaftsprüfer den IDW-Grundsätzen folgen, so dass derzeit für eine Aufstockung der Buchwerte kein Raum ist.

b) § 202 Abs. 1 Nr. 2 S. 1

666 Gem. § 202 Abs. 1 Nr. 2 S. 1 sind die Anteilsinhaber des formwechselnden Rechtsträgers am Rechtsträger neuer Rechtsform nach den für diese geltenden Vorschriften beteiligt, soweit ihre Beteiligung nicht nach den Regeln des Gesetzes entfällt. Das Schrifttum trennt hier zwei Aspekte: die Identität der Anteilseigner und die Identität oder Kontinuität der Beteiligungsverhältnisse.

667 Grundsätzlich gilt, dass die Anteilsinhaber und nur die Anteilsinhaber des formwechselnden Rechtsträgers Anteilsinhaber des Rechtsträgers neuer Rechtsform werden, soweit nicht das UmwG Ausnahmen zuläßt. Ausnahmen werden vom Gesetz nur für das Ausscheiden der persönlich haftenden Gesellschafter der KGaA beim Formwechsel in eine andere Rechtsform,[1336] für den Beitritt von Komplementären beim Formwechsel in die KGaA[1337] sowie für den Ausschluß bestimmter Mitglieder eines VVaG beim Formwechsel in die AG[1338] zugelassen. Dieselben Fragen wie für die KGaA stellen sich aber auch beim Formwechsel in oder aus der Kapitalgesellschaft & Co. KG. Das Thema wurde bereits oben in Rdn. 512 f. behandelt. Darauf wird hier verwiesen.

668 Schwierige Fragen wirft die Identität der Beteiligungsverhältnisse auf. Feststehen dürfte heute, dass der Formwechsel – auch wenn das Gesetz dies anders als bei der Spaltung nicht ausdrücklich regelt – auch »nicht verhältniswahrend« erfolgen kann (siehe oben Rdn. 528 f.).[1339] Dies gilt aber nur, wenn die betroffenen Anteilsinhaber zustimmen.[1340] Selbstredend ist auch, dass die Mitgliedschaft mit Wirksamwerden des Formwechsels dem für die neue Rechtsform geltenden Regeln unterliegt und damit gesetzlich zwingende Bestimmungen für diesen Rechtsträger Anwendung finden wie beispielsweise § 51a GmbHG (Informationsanspruch) oder § 131 AktG (Auskunftsrecht).

669 Wegen der Erhaltung der Sonderrechte sei oben auf die Ausführungen in Rdn. 535 ff. verwiesen; wegen des Formwechsel zur Ermöglichung eines Squeeze-Out auf Rdn. 469, 602.

670 Anzusprechen ist in diesem Zusammenhang auch das Schicksal **eigener Anteile**. Beim Formwechsel von einer Kapitalgesellschaft in eine Personengesellschaft gehen sie unter, weil die Personengesellschaft keine Anteile an sich selbst kennt. Beim Formwechsel von der GmbH in die Aktiengesellschaft treten an die Stelle der eigenen Geschäftsanteile Aktien. Man wird den Erwerb gem. § 71 Abs. 1 Nr. 4 AktG als zulässig ansehen können, auch wenn § 202 keine Gesamtrechtsnachfolge regelt, die Gesellschaft aber ggf. gem. § 71 c

---

1334 Kallmeyer/*Müller*, § 220 Rn. 10; Schmitt/Hörtnagl/Stratz/*Stratz*, § 220 Rn. 11.
1335 So KK-UmwG/*Petersen*, § 220 Rn. 13.
1336 §§ 233 Abs. 3 S. 3, 236, 247 Abs. 3, 255 Abs. 3.
1337 §§ 218 Abs. 2, 221, 240 Abs. 2, 262 Abs. 2, 275 Abs. 3.
1338 § 294 Abs. 1 S. 2.
1339 Kallmeyer/*Meister/Klöcker*, § 202 Rn. 37; Lutter/*Decher*, § 202 Rn. 14; Semler/Stengel/*Kübler*, § 202 Rn. 23.
1340 Lutter/*Decher*, § 202 Rn. 15; Kallmeyer/*Meister/Klöcker*, § 202 Rn. 34; Schmitt/Hörtnagl/Stratz/*Stratz*, § 202 Rn. 7; siehe dazu oben Rdn. 528 f.

4. Kapitel Umwandlungen

AktG für verpflichtet halten müssen, die Aktien innerhalb der dort genannten Fristen zu veräußern.

c) Fortbestand der Rechte Dritter § 202 Abs. 1 Nr. 2 S. 2

671 Gem. S. 2 von Nr. 2 bestehen Rechte Dritter an den Anteilen und Mitgliedschaften des formwechselnden Rechtsträgers an den an ihre Stelle tretenden Anteilen oder Mitgliedschaften des Rechtsträgers neuer Rechtsform fort. Wegen des Identitätsgrundsatzes handelt es sich nicht um eine Surrogation.[1341] Die Bestimmung dient somit lediglich der Klarstellung.[1342] Die Rechte müssen nicht neu begründet werden, selbst wenn für ihre Bestellung nunmehr Formvorschriften gelten, die bei der Begründung der Rechte nicht beachtet werden mußten. So setzt sich beispielsweise ein formlos bestelltes Pfandrecht an einer Kommanditbeteiligung nach Formwechsel in eine GmbH an dem Geschäftsanteil/den Geschäftsanteilen des Gesellschafters fort, ohne dass es eines neuen Bestellungsaktes in notarieller Beurkundung bedürfte.[1343]

672 Schwierigkeiten macht die Bestimmung, wenn **nur einzelne Geschäftsanteile** oder Aktien eines Gesellschafters am formwechselnden Rechtsträgers **belastet** sind, diese aber beim Rechtsträger neuer Rechtsform mit nicht belasteten Anteilen zusammengefaßt werden.[1344] Bei der Personengesellschaft ist das Thema bekannt, wenn mit dinglichen Rechten belastete Anteile hinzuerworben werden. Im Schrifttum setzt sich dazu die Auffassung durch, dass bei Hinzuerwerb einer belasteten Personengesellschaftsbeteiligung durch den Gesellschafter, dessen Beteiligung bisher nicht belastet war, der Grundsatz der Einheitlichkeit der Beteiligung eingeschränkt wird und die beiden Teile der Beteiligung unterschiedlich zugeordnet werden.[1345] Nicht anders wird man das aber bei der Kapitalgesellschaft sehen müssen. Diese Überlegungen müssen auch beim Formwechsel durchschlagen.[1346]

673 Nach h.M. betrifft § 202 Abs. 1 Nr. 2 S. 2 **nur dingliche Rechte**,[1347] nicht dagegen schuldrechtliche Ansprüche, z.B. aus Vorkaufs- oder Ankaufsrechten. Allerdings wird man vielfach im Wege der Auslegung der der Begründung dieser Rechte zugrundeliegenden Vereinbarungen dazu kommen, dass sich Ansprüche auch auf die Anteile am Rechtsträger neuer Rechtsform nach Formwechsel beziehen.[1348] Bedarf die entsprechende schuldrechtliche Verpflichtung nach dem für die neue Rechtsform geltenden Recht aber notarieller Beurkundung, muss wohl mangels unmittelbarer Anwendung von § 202 Nr. 2 S. 2 das Recht formgerecht neu begründet werden.

674 Dingliche Rechte sollen sich kraft Surrogation gem. § 1075, 1287 BGB an etwaigen Ansprüchen auf bare Zuzahlung gem. § 196 oder auf Abfindung gem. § 207 fortsetzen.

d) § 202 Abs. 1 Nr. 3 – Heilung von Beurkundungsmängeln

675 Gem. § 202 Abs. 1 Nr. 3 werden Beurkundungsmängel bezüglich Umwandlungsbeschluss, sowie Zustimmungs- und Verzichtserklärungen einzelner Anteilsinhaber mit der Eintra-

---

1341 Lutter/*Decher*, § 202 Rn. 20.
1342 Semler/Stengel/*Kübler*, § 202 Rn. 27.
1343 Kallmeyer/*Meister/Klöcker*, § 202 Rn. 46.
1344 Lutter/*Decher*, § 202 Rn. 21.
1345 MünchKommHGB/*K. Schmidt*, § 105 Rn. 24, 78; MünchKommBGB/*Ulmer*, § 705 Rn. 63, 181; *Kanzleiter*, FS Weichler, 1997, S. 39 ff.; *Baumann*, BB 1998, 225; *Priester*, DB 1998, 55; *Lüttgen*, NJW 1994, 518; dem folgend LG Hamburg NZG 2005, 926.
1346 So auch Semler/Stengel/*Kübler*, § 202 Rn. 30.
1347 Lutter/*Decher*, § 202 Rn. 20; Kallmeyer/*Meister/Klöcker*, § 202 Rn. 46; a.A. Semler/Stengel/*Kübler*, § 202 Rn. 31.
1348 Zu weit gehend aber wohl OLG Thüringen GmbHR 2002, 1022 (Fortbestand des Rücktrittsrechts eines Erwerbers aus einem Kaufvertrag über einen Geschäftsanteil an einer GmbH trotz deren zwischenzeitlicher Umwandlung in eine oHG).

gung der neuen Rechtsform in das Register geheilt. Von Bedeutung ist diese Bestimmung insbesondere, wenn die Erklärungen nicht vollständig beurkundet wurden oder die Beurkundung unwirksam im Ausland erfolgt ist.[1349] Geheilt wird nicht das Fehlen erforderlicher Erklärungen, sondern nur deren mangelnde Beurkundung. Von nicht zu unterschätzender Bedeutung ist die Vorschrift für Vollmachten in Anbetracht des Streits um deren Formbedürftigkeit.[1350] Wird die strengere Vollmachtsform nicht gewahrt, der Formwechsel aber eingetragen, so wird man auch dies als geheilt ansehen können.[1351] Zum einen wird der Mangel der Form auch bei der Gründung einer GmbH als durch die Eintragung geheilt angesehen.[1352] Zum anderen spricht viel dafür, dass der Gesetzgeber mit § 202 Abs. 1 Nr. 3 auch die Heilung mittelbarer Formmängel bezweckt hat.[1353] Hilfsweise gilt der Bestandsschutz des § 202 Abs. 3. Die Geltendmachung von Schadenersatzansprüchen gem. §§ 205, 206 soll dagegen durch die Heilung nicht gehindert sein.[1354] Da der Mangel der Form durch die Eintragung geheilt wird, fragt man sich allerdings, worin der Schaden liegen soll, wenn bis auf den Beurkundungsmangel alles richtig gemacht wurde.[1355]

e) Bestandskraft des Formwechsels § 202 Abs. 3

676 Während § 202 Abs. 1 Nr. 3 für Beurkundungsmängel der Eintragung Heilungswirkung beilegt, ordnet Abs. 3 an, dass Mängel des Formwechsels die Wirkung der Eintragung unberührt lassen. Gemeint sind damit Mängel bei Vorbereitung und Umwandlung des Formwechsel sowie inhaltliche Mängel des Beschlusses, und zwar grundsätzlich unabhängig von Art und Schwere der Mängel.[1356] Anders als bei § 202 Abs. 1 Nr. 3 hat die Eintragung diesbezüglich aber keine Heilungswirkung;[1357] sie lässt nur die Wirksamkeit der Eintragung unberührt. Eine Amtslöschung nach Eintragung wegen Mängeln des Formwechsels ist unzulässig.[1358] Schadenersatzansprüche gem. §§ 205, 206 bleiben möglich und sind vorstellbar.[1359]

677 Allerdings soll die Bestandskraft nach h.M. nicht uneingeschränkt gelten. Zunächst muss in dem Beschluss der Wille zum Formwechsel erkennbar geworden sein.[1360] Außerdem darf der Beschluss nach h.M. nicht außerhalb des numerus clausus der Formwechselmöglichkeiten des Gesetzes erfolgt sein.[1361] Ferner hat der BGH einem Formwechsel die Wirksamkeit versagt, wenn gegen die Kontinuität der Mitgliedschaft dadurch grob verstoßen wurde, dass von den 512 Mitgliedern des formwechselnden Rechtsträgern **nur einer**

1349 Lutter/*Decher*, § 202 Rn. 50; Semler/Stengel/*Kübler*, § 202 Rn. 32.
1350 Siehe oben Rdn. 587 ff.
1351 DNotI Gutachten vom 22.10.2009 Nr. 97978.
1352 Baumbach/Hueck/*Fastrich*, § 2 Rn. 19; Scholz/*Emmerich*, § 2 Rn. 32.
1353 DNotI Gutachten vom 22.10.2009 Nr. 97978.
1354 Lutter/*Decher*, § 202 Rn. 51; Semler/Stengel/*Kübler*, § 202 Rn. 33; Kallmeyer/*Meister/Klöcker*, § 202 Rn. 54; Widmann/Mayer/*Vossius*, § 202 Rn. 186; KK-UmwG/*Petersen*, Rn. 23; siehe aber auch KK-UmwG/*Petersen*, Rn. 26.
1355 Vgl. KK-UmwG/*Petersen*, § 202 Rn. 26; K. Schmidt, ZGR 1991, 373, 377.
1356 BGHZ 132, 353 = ZIP 1996, 1146, 1148.
1357 KK-UmwG/*Petersen*, § 202 Rn. 26; K. Schmidt, ZIP 1998, 181, 187; Widmann/Mayer/*Vossius*, § 202 Rn. 183; a.A. Semler/Stengel/*Kübler*, § 202 Rn. 40.
1358 K. Schmidt, ZIP 1998, 181/187; Lutter/*Decher*, § 202 Rn. 60; Semler/Stengel/*Kübler*, § 202 Rn. 39; Widmann/Mayer/*Vossius*, § 202 Rn. 183; KK-UmwG/*Petersen*, § 202 Rn. 28.
1359 Lutter/*Decher*, § 202 Rn. 60; Kallmeyer/*Meister/Klöcker*, § 202 Rn. 56; Semler/Stengel/*Kübler*, § 202 Rn. 39; KK-UmwG/*Petersen*, § 202 Rn. 26.
1360 BGHZ 132, 153 = ZIP 1996, 1146, 1149; Lutter/*Decher*, § 202 Rn. 57; Semler/Stengel/*Kübler*, § 202 Rn. 36; Kallmeyer/*Meister/Klöcker*, § 202 Rn. 56; KK-UmwG/*Petersen*, § 202 Rn. 27.
1361 BGH ZIP 1996, 1146, 1149 = NJW 1996, 2165; BGHZ 137, 134 = ZIP 1997, 2134; BGHZ 138, 371 = ZIP 1998 1161; Lutter/*Decher*, § 202 Rn. 57; Semler/Stengel/*Kübler*, § 202 Rn. 37; Kallmeyer/*Meister/Klöcker*, § 202 Rn. 56; a.A. K. Schmidt, ZIP 1998, 181/185; Widmann/Mayer/*Vossius*, § 20 Rn. 393.

4. Kapitel Umwandlungen

unmittelbarer Gesellschafter des Rechtsträgers neuer Rechtsform wurde und dieser die Anteile für die übrigen an dem formwechselnden Rechtsträger beteiligten Anteilsinhaber treuhänderisch halten sollte.[1362] Diese Durchbrechung der Bestandskraft ist im Schrifttum allerdings mit guten Gründen angegriffen worden.

678 Eine weitere Frage in diesem Zusammenhang ist, ob die Vorschrift auch für solche Beschlüsse gilt, die im Zusammenhang mit dem Formwechsel gefasst worden sind, insbesondere Kapitalmaßnahmen. Ein Teil des Schrifttums ist der Auffassung,[1363] dass auch diese Beschlüsse Bestandsschutz genießen, wenn sie notwendige Grundlagen des Formwechselbeschlusses erst geschaffen haben; dies entspricht auch der Regelung des § 249 Abs. 1 S. 3 AktG.

3. Gläubigerschutz

679 Den Gläubigerschutz bewerkstelligt das UmwG auf verschiedene Weise. Zunächst sieht das Gesetz in § 204 i.V. mit § 22 einen **Anspruch auf Sicherheitsleistung** für Gläubiger noch nicht fälliger Forderungen vor, wenn sie glaubhaft machen, dass durch den Formwechsel die Erfüllung ihrer Forderung gefährdet wird. Daneben sind die Mitglieder des Vertretungs- und ggf. des Aufsichtsorgans des formwechselnden Rechtsträgers gem. § 205 zum **Ersatz des Schadens** verpflichtet, den der Rechtsträger, seine Anteilsinhaber oder Gläubiger durch den Formwechsel erleiden; allerdings haften sie nach dem entsprechend anwendbarem § 25 Abs. 1 S. 2 nicht, wenn sie ihrer Sorgfaltspflicht bei Prüfung des Umwandlungsbeschlusses und der Vermögenslage des formwechselnden Rechtsträgers genügt haben.[1364] Außerdem bleibt eine vor dem Formwechsel bestehende **persönliche Haftung** von Gesellschaftern gegenüber Gläubigern aus Verbindlichkeiten des formwechselnden Rechtsträgers gem. § 224 von dem Formwechsel unberührt.[1365] Schließlich greift beim Formwechsel in die GmbH und die AG die Gründerhaftung gem. §§ 9 GmbHG und 46 AktG sowie die Differenzhaftung des Sacheinlegers gem. § 9 GmbHG, die nach der Rechtsprechung für die AG entsprechend gilt.[1366] Im Einzelnen ist dazu folgendes auszuführen, wobei die nachstehenden Anmerkungen angesichts der begrenzten Aufgabenstellung dieser Darstellung nur kursorisch sein können und wegen vertiefender Darstellung auf die einschlägigen Kommentierungen verwiesen wird:

a) Anspruch auf Sicherheitsleistung

680 Anspruch auf Sicherheitsleistung haben **Alt-Gläubiger** des formwechselnden Rechtsträgers, also solche, deren Ansprüche bis zur Eintragung des Rechtsträgers neuer Rechtsform[1367] oder nach Eintragung vor Bekanntmachung des Formwechsels gutgläubig[1368] begründet worden sind. Das können auch Ansprüche von Gesellschaftern sein, wenn es sich um Drittgläubigeransprüche, also solche aus Vereinbarungen, in denen der Anteilseigner dem Rechtsträger wie ein Dritter gegenüber getreten ist, und nicht um Ansprüche aus dem Gesellschaftsverhältnis handelt.[1369] Die Ansprüche dürfen noch nicht fällig sein,

---

1362 BGHZ 142, 1 = ZIP 1999, 1126; zustimmend Semler/Stengel/*Kübler*, § 202 Rn. 38; dagegen *K. Schmidt*, ZIP 1998, 181, 186; Lutter/*Decher* § 202 Rn. 59; *Hommelhoff/Schubel*, ZIP 1998, 537, 546.
1363 Semler/Stengel/*Kübler*, § 202 Rn. 40; Lutter/*Decher*, § 202 Rn. 62; a.A. Kallmeyer/*Meister/Klöcker*, § 202 Rn. 58.
1364 Kallmeyer/*Meister/Klöcker*, § 205 Rn. 14; Lutter/*Decher*, § 205 Rn. 13 ff.
1365 BGH DStR 2010, 284 Rn. 35.
1366 Widmann/Mayer/*Mayer*, § 179 Rn. 61 ff; Lutter/*Decher*, § 197 Rn. 32 ff; *Wälzholz*, AG 2006, 469.
1367 So Lutter/*Decher*, § 204 Rn. 6; Kallmeyer/*Meister/Klöcker*, § 204 Rn. 4; Schmitt/Hörtnagl/Stratz/ *Stratz*, § 204 Rn. 6.
1368 Semler/Stengel/*Maier-Reimer*, § 22 Rn. 12; Kallmeyer/*Marsch-Barner*, § 22 Rn. 3.
1369 Lutter/*Decher*, § 204 Rn. 6; Kallmeyer/*Meister/Klöcker*, § 204 Rn. 3; Widmann/Mayer/*Vossius*, § 22 Rn. 14.

weil Gläubiger fälliger Ansprüche sofort Erfüllung verlangen können.[1370] Nur Inhaber schuldrechtlicher Ansprüche haben Anspruch auf Sicherheitsleistung; Inhaber dinglicher Ansprüche brauchen in der Regel keinen solchen Schutz.[1371] Bei Dauerschuldverhältnissen ist das Verlangen nach Sicherheitsleistung unter Berücksichtigung des Schutzbedürfnisses des Gläubigers angemessen zu begrenzen,[1372] wie überhaupt die Glaubhaftmachung einer konkreten Gefährdung Voraussetzung für die Verpflichtung zur Stellung einer Sicherheit ist. Die Gefährdung soll beim Formwechsel von der Kapitalgesellschaft in die Personengesellschaft wegen der geringeren Kapitalbindung eher zu besorgen sein als im umgekehrten Fall.[1373] Hieran anknüpfend wird vertreten, dass beim Formwechsel einer AG in eine GmbH ein Anspruch auf Sicherheitsleistung nicht besteht.[1374] Ein Anspruch auf Sicherheitsleistung ist ausgeschlossen, wenn Gläubiger im Insolvenzverfahren ein Recht auf vorrangige Befriedigung aus einer Deckungsmasse haben, die nach gesetzlicher Vorschrift zu ihrem Schutz errichtet und staatlich überwacht wird. Hierzu zählen Inhaber von Pfandbriefen aus Hypothekenbanken (§ 35 HypothekenbankG) und Versicherungsgläubiger nach §§ 77, 79 VAG, vor allem aber Anspruchsinhaber von Betriebsrenten, die über die Insolvenzsicherung des Pensionssicherungsvereins gem. §§ 7 ff. BetrAVG gesichert sind.[1375]

Auch wird ein Anspruch auf Sicherheitsleistung schon mangels Gefährdung der Erfüllung ausscheiden, wenn dem Gläubiger anderweitig ausreichend Sicherheit gestellt ist, zum Beispiel durch eine werthaltige Grundschuld an einem Grundstück.[1376]

681

b) Haftung der Organe gem. §§ 205, 206

Gem. § 205 sind die Mitglieder des Vertretungs- und ggf. eines Aufsichtsorgans zum Ersatz von Schäden verpflichtet, die der Rechtsträger, seine Anteilsinhaber oder Gläubiger durch den Formwechsel erleiden. Dies gilt auch für Mitglieder eines nicht-obligatorischen Aufsichtsorgans, nicht aber für Mitglieder von Organen mit rein beratenden Aufgaben.[1377] Streitig ist dies für die Mitglieder eines Gesellschafterausschusses.[1378] Die Ansprüche können gem. § 206 nur durch einen besonderen Vertreter geltend gemacht werden.

682

c) Fortdauer der Haftung

Gem. § 224 Abs. 1 berührt der Formwechsel Ansprüche der Gläubiger gegen einen persönlichen haftenden Gesellschafter des formwechselnden Rechtsträgers nicht. Die Haftung ist derjenigen nachgebildet, die den Gesellschafter bei einem Ausscheiden aus einer Personengesellschaft trifft.[1379] Sie findet trotz des scheinbar abweichenden Wortlauts nach h.M. entsprechend Anwendung auf die persönliche Haftung eines Kommanditisten (siehe oben Rdn. 527).[1380] Sie gilt darüber hinaus aufgrund gesetzlicher Verweisungsbestimmungen in

683

1370 Lutter/*Decher*, § 204 Rn. 8.
1371 Lutter/*Decher*, § 204 Rn. 4; Kallmeyer/*Meister/Klöcker*, § 204 Rn. 3; Widmann/Mayer/*Vossius*, § 204 Rn. 13; differenzierend Semler/Stengel/*Maier-Reimer*, § 22 Rn. 7.
1372 BGH ZIP 1996, 705/706 f.
1373 Lutter/*Decher*, § 224 Rn. 13/14 m.w.N.; eingehend Semler/Stengel/*Maier-Reimer*, § 22 Rn. 23 ff.
1374 KK-UmwG/*Petersen*, § 204 Rn. 12; a.A. Lutter/*Decher*, § 204 Rn. 13 (wegen geringerer Kapitalbindung bei der GmbH gegenüber der AG).
1375 Lutter/*Decher*, § 204 Rn. 20; Kallmeyer/*Meister/Klöcker*, § 204 Rn. 9; zum gleichen Ergebnis kommt Semler/Stengel/*Maier-Reimer*, § 22 Rn. 59.
1376 Lutter/*Decher*, § 224 Rn. 21; Semler/Stengel/*Maier-Reimer*, § 22 Rn. 61.
1377 Lutter/*Decher*, § 205 Rn. 4; Kallmeyer/*Meister/Klöcker*, § 205 Rn. 6; Semler/Stengel/*Kübler*, § 205 Rn. 5.
1378 Dafür Semler/Stengel/*Kübler*, § 205 Rn. 5; dagegen Lutter/*Decher*, § 205 Rn. 4; Kallmeyer/*Meister/Klöcker*, § 205 Rn. 7.
1379 Vgl. dazu MünchHdb. GesR II/*Piehler/Schulte*, § 37 Rn. 60 ff.
1380 Lutter/*Just*, § 224 Rn. 16; Semler/Stengel/*Schlitt*, § 224 Rn. 8; Kallmeyer/*Dirksen*, § 224 Rn. 13.

4. Kapitel Umwandlungen

den §§ 225 c, 237, 249, 257 auch für den Formwechsel einer PartG sowie für denjenigen einer KGaA in eine KG, eine andere Kapitalgesellschaft und eine eG.

d) Gründerhaftung, Differenzhaftung

684 Schließlich ist im Zusammenhang mit dem Formwechsel einer Personenhandelsgesellschaft in eine und einer Kapitalgesellschaft in eine andere Kapitalgesellschaft die Gründerhaftung der Mitglieder des formwechselnden Rechtsträgers gem. §§ 9a GmbHG, 46 AktG bei falschen Angaben im Rahmen der Gründung sowie die Differenzhaftung gem. § 9 GmbHG für die Werthaltigkeit von Sacheinlagen, die entsprechend für die AG gilt, zu beachten. Dagegen haben die **Unterbilanzhaftung** wegen Vorbelastungen zwischen Gründung und Eintragung und die Verlustdeckungshaftung, falls die gegründete Gesellschaft nicht eingetragen wird, beim Formwechsel keine Bedeutung, weil bis zur Eintragung des Formwechsels im Rechtsverkehr noch der Ausgangsrechtsträger Geschäftspartner ist.[1381] Die **Gründerhaftung** trifft gem. §§ 219, 245 Abs. 1–3 die Gesellschafter, die dem Formwechsel zustimmen oder beim Formwechsel in die KGaA dieser als Komplementär beitreten, beim Formwechsel zwischen AG und KGaA aber nur die Komplementäre und ist beim Formwechsel einer AG oder KGaA in eine GmbH ausgeschlossen.[1382] Die der Haftung unterliegenden Gesellschafter sind gem. §§ 217 Abs. 2, 219, 244 Abs. 1 in der Niederschrift über den Umwandlungsbeschluss namentlich aufzuführen. Umstritten ist, ob die Gründerhaftung auch für Gesellschafter gilt, die dem Formwechsel aufgrund anderer Bestimmungen (z.B. § 193 Abs. 2) zustimmen. (siehe unten Rdn. 744).[1383] Eine Gründerhaftung trifft dagegen gem. § 264 Abs. 2 und 3, 277 nicht die Mitglieder einer eG oder eines e.V., die oder der in eine Kapitalgesellschaft umgewandelt werden.

685 Über den Geltungsbereich der **Differenzhaftung** herrschen höchst unterschiedliche Auffassungen. Während sie nach einer Auffassung bei jedem Formwechsel in eine Kapitalgesellschaft für **alle** Gesellschafter eingreift,[1384] ist sie nach h.M. in Anlehnung an §§ 219 S. 2, 245 S. 1 bei einem mehrheitlich beschlossenen Formwechsel nur auf die Gesellschafter anwendbar, die für den Formwechsel stimmen.[1385] Teilweise wird zwischen dem Formwechsel einer Personengesellschaft in eine Kapitalgesellschaft und dem Formwechsel zwischen Kapitalgesellschaften unterschieden. Im ersteren Fall wird vertreten, dass alle Gesellschafter der Differenzhaftung unterliegen,[1386] wie dies durchweg auch für den Formwechsel von eG und eV in die Kapitalgesellschaft befürwortet wird.[1387] Beim Formwechsel zwischen Kapitalgesellschaften soll eine Differenzhaftung nach einer Auffassung gänzlich ausscheiden,[1388] nach anderer Auffassung für alle Gesellschafter gelten[1389] und nach wieder anderer Auffassung auf die dem Formwechsel zustimmenden Gesellschafter beschränkt sein.[1390] Schließlich soll sie beim Formwechsel einer AG oder KGaA in die GmbH im Hinblick auf das fehlende Gebot der Reinvermögensdeckung vollständig entfallen.[1391] Die Dif-

---

1381 Lutter/*Decher*, § 197 Rn. 40; Widmann/*Mayer*, § 197 Rn. 76 m.w.N.
1382 Lutter/*Happ/Göthel*, § 245 Rn. 57; Semler/Stengl/*Scheel*, § 245 Rn. 64; Widmann/Mayer/*Rieger*, § 245 Rn. 48.
1383 KK-UmwG/*Petersen*, § 219 Rn. 12.
1384 Kallmayer/*Meister/Klöcker*, § 197 Rn. 26; Lutter/*Decher*, § 197 Rn. 38 – für den Formwechsel der Personengesellschaft; Widmann/Mayer/*Vossius*, § 219 Rn. 22, 33.
1385 Kallmayer/*Dierksen*, § 219 Rn. 5; Lutter/*Just*, § 219 Rn. 4; Semler/Stengel/*Schlitt*, § 219 Rn. 13, 17; Widmann/*Mayer*, § 197 Rn. 64.
1386 So Lutter/*Decher*, § 197 Rn. 37 ff.
1387 Semler/Stengel/*Bonow*, § 264 Rn. 10; Lutter/*Bayer* § 264 Rn. 2; KK-UmwG/*Schöpflin*, § 264 Rn. 4; Semler/Stengel/*Katschinski*, § 277 Rn. 4; KK-UmwG/*Leuering*, § 277 Rn. 2.
1388 Lutter/*Decher*, § 197 Rn. 39.
1389 Kallmayer/*Meister/Klöcker*, § 197 Rn. 26; *Wälzholz*, AG 2006, 469, 473.
1390 *Habersack/Schürnbrand*, NZG 2007, 81/84; Widmann/*Mayer*, § 197 Rn. 64.
1391 Widmann/*Mayer*, § 197 Rn. 67; Semler/Stengel/*Scheel*, § 245 Rn. 46.

ferenzhaftung wird in der Rechtsprechung mit der Kapitaldeckungszusage der Sacheinleger, die in der Übernahme der Geschäftsanteile oder Zeichnung der Aktien liegt, begründet.[1392] Folgt man dem, kann sie nicht für Gesellschafter gelten, die am Formwechselbeschluss nicht mitgewirkt oder gegen ihn gestimmt haben. Das muss auch für den Formwechsel aus der Personengesellschaft, der eG und des eV in die Kapitalgesellschaft gelten. Darüber hinaus wird man sie schlechthin nicht beim Formwechsel von AG oder KGaA in eine GmbH eingreifen lassen können, weil insoweit ein Kapitaldeckungsgebot nicht besteht.

XI. Besonderheiten beim Formwechsel von Personenhandelsgesellschaften und PartGen

1. Überblick

Besondere Vorschriften für den Formwechsel von Personenhandelsgesellschaften enthalten die §§ 214 bis 225. Die Bestimmungen gelten entsprechend für den Formwechsel von PartGen. Personenhandelsgesellschaften und PartGen können nur in eine Kapitalgesellschaft oder eine eG formwechselnd umgewandelt werden (§§ 214, 225a). Ist die Gesellschaft aufgelöst, ist ein Formwechsel nur unter den Voraussetzungen des § 214 Abs. 2 möglich (siehe oben Rdn. 473). **686**

2. Ablauf des Formwechsels, Einladung

Gem. § 216 hat das Vertretungsorgan des formwechselnden Rechtsträgers allen von der Geschäftsführung ausgeschlossenen Gesellschaftern spätestens zusammen mit der Einberufung der Gesellschafterversammlung, die über den Formwechsel beschließen soll, den Formwechsel in Textform anzukündigen, einen etwa erforderlichen Umwandlungsbericht und ein Abfindungsangebot gem. § 207 zu übersenden (siehe oben Rdn. 481 ff.). Sehr häufig werden beim Formwechsel einer Personenhandelsgesellschaft alle Gesellschafter ihre Bereitschaft erklären, am Formwechsel mitzuwirken und auf die Förmlichkeiten der Einberufung, die Erstellung eines Verschmelzungsberichts und ein Abfindungsangebot verzichten. Ist das aber nicht der Fall, ist zu prüfen, ob der Gesellschaftsvertrag eine wirksame Mehrheitsklausel für den Formwechsel vorsieht.[1393] Andernfalls bedarf der Formwechsel gem. § 217 Abs. 1 der Zustimmung aller Gesellschafter.[1394] Da jeder Gesellschafter seine Zustimmung von der Erfüllung von ihm gestellter Bedingungen abhängig machen kann, entfällt in diesem Fall die Notwendigkeit eines **Abfindungsangebots**.[1395] Auch bei Vorliegen einer Mehrheitsklausel ist die Zustimmung der anderen Gesellschafter aber gem. § 193 Abs. 2 erforderlich, wenn die Mitgliedschaft im übertragenen Rechtsträger vinkuliert ist. Sieht der Gesellschaftsvertrag sowohl eine **Mehrheitsklausel** für den Formwechsel als auch eine Vinkulierung der Mitgliedschaft vor, ist zu prüfen, welche Bestimmung Vorrang hat. (s.o. VIII. 2. d) Rdn. 609) Ein Umwandlungsbericht ist gem. § 215 nicht erforderlich, wenn alle Gesellschafter zur Geschäftsführung berechtigt sind. Auch Kommanditisten können zur Geschäftsführung berechtigt sein.[1396] Bei der **GmbH & Co. KG** bedarf es eines Umwandlungsberichts auch dann nicht, wenn alle Kommanditisten zugleich Geschäftsführer der Komplementär-GmbH sind und es nicht ausnahmsweise weitere von der Geschäftsführung ausgeschlossene Komplementäre gibt.[1397] **687**

1392 Vgl. zuletzt BGH DStR 2007, 1049.
1393 Siehe oben Rdn. 546.
1394 Siehe oben Rdn. 546.
1395 Kallmeyer/*Dirksen*, § 216 Rn. 6; Lutter/*Just*, § 216 Rn. 5; Semler/Stengel/*Schlitt*, § 216 Rn. 22.
1396 BGH NJW 1955, 1394; NJW 1969, 507/508.
1397 Lutter/*Just*, § 215 Rn. 4.

4. Kapitel Umwandlungen

688 Für die Einladung zur Gesellschafterversammlung ist die im Gesellschaftsvertrag bestimmte Frist maßgebend. Sieht der Gesellschaftsvertrag eine Frist nicht vor, hat die Einladung so rechtzeitig zu erfolgen, dass alle Gesellschafter an der Versammlung teilnehmen können und Überrumplungen vermieden werden.[1398] Das Gesetz schreibt in § 216 für die Einladung **Textform** vor. Diese genügt auch für die Anlagen.[1399] Da die Bestimmungen dem Schutz der Anteilsinhaber dienen, sind sie verzichtbar (siehe oben Rdn. 565).

689 Außerdem ist der Entwurf des Umwandlungsbeschlusses gem. § 194 Abs. 2 einen Monat vor der Versammlung dem zuständigen Betriebsrat zuzuleiten (siehe oben Rdn. 485).

3. Besonderheiten für den Beschlussinhalt

a) § 194 Abs. 1 Nr. 1 und 2

690 Vgl. Rdn. 509, 510. Besonderheiten ergeben sich nicht.

b) § 194 Abs. 1 Nr. 3 – Kontinuität der Anteilsinhaber

691 Gem. § 194 Abs. 1 Nr. 3 müssen die bisherigen Anteilsinhaber am Rechtsträger neuer Rechtsform beteiligt sein, soweit ihre Beteiligung nicht nach dem Gesetz entfällt. Grundsätzlich ist ein Entfallen der Beteiligung beim Formwechsel einer Personenhandelsgesellschaft nicht vorgesehen. Wie bereits oben (Rdn. 511 ff.) dargelegt wurde, wird jedoch diskutiert, wie bei einem Formwechsel der GmbH & Co. KG mit der Beteiligung der persönlich haftenden Gesellschafterin zu verfahren ist. Typischerweise ist die Komplementär-GmbH ohne Kapitalanteil an der GmbH & Co. KG beteiligt und soll nach dem Formwechsel in eine GmbH oder AG am Rechtsträger neuer Rechtsform gar nicht mehr beteiligt sein. Dazu werden drei Lösungswege erörtert:

– Der Komplementär-GmbH wird vor dem Formwechsel treuhänderisch von einem oder mehreren Kommanditisten ein geringer Kapitalanteil übertragen, aufgrund dessen sie mit dem Formwechsel einen entsprechenden Geschäftsanteil oder Aktien am Rechtsträger neuer Rechtsform erhält. Diese überträgt sie aufschiebend bedingt auf das Wirksamwerden des Formwechsels an diejenigen Gesellschafter zurück, von denen sie den Kapitalanteil erhalten hat und scheidet damit aus dem Rechtsträger neuer Rechtsform aus.[1400]

– Die Komplementär-GmbH erhält im Wege des nicht verhältniswahrenden Formwechsels zu Lasten eines oder mehrerer anderer Gesellschafter treuhänderisch einen Geschäftsanteil oder Aktien an dem Rechtsträger neuer Rechtsform. Die Einlage wird aufgrund eines Treuhandverhältnisses aus den Kapitalanteilen der anderen Gesellschafter belegt. Aufschiebend bedingt auf das Wirksamwerden des Formwechsels überträgt die Komplementär-GmbH die Anteile an die Gesellschafter, zu deren Lasten die Einlagenerbringung erfolgte.[1401]

– Die Komplementär-GmbH scheidet – ähnlich einem Komplementär der KGaA – beim Formwechsel in die GmbH oder AG aufschiebend bedingt durch den Formwechsel aus dem formwechselnden Rechtsträger aus.[1402]

692 Die beiden ersten Wege sind umständlicher, weil Übertragungen vorgenommen werden müssen. Wie oben (Rdn. 513) dargestellt wurde, ist die Zulässigkeit des dritten Weges allerdings noch nicht abschließend geklärt. Überdies ist hier Vorsicht geboten, wenn es

---

1398 Baumbach/*Hopt*, § 119 Rn. 29; Kallmeyer/*Dirksen*, § 216 Rn. 2; Semler/Stengel/*Schlitt*, § 216 Rn. 14 (spricht von einer Woche); Lutter/*Just*, § 216 Rn. 8.
1399 KK-UmwG/*Dauner-Lieb/Tettinger*, § 216 Rn. 19; Lutter/*Just*, § 216 Rn. 4; a.A. Kallmeyer/*Dirksen*, § 216 Rn. 9.
1400 Vgl. Kallmeyer/*Dirksen*, § 218 Rn. 11; *Priester*, DStR 2005, 788, 793.
1401 So offenbar Widmann/Mayer/*Vossius*, Anhang 4 Mustersatz 24; auch Widmann/Mayer/*Mayer*, § 197 Rn. 22.
1402 So *K. Schmidt*, GmbHR 1995, 693, 696.

sich um eine Zweipersonengesellschaft handelt. Der dritte Weg könnte hier zu einer unerwünschten Haftung des Kommanditisten führen. (Vgl. oben Rdn. 513 a.E.) Der vorsichtige Kautelarjurist beschreitet deshalb nach wie vor einen der zuerst beschriebenen Wege.

c) § 194 Abs. 1 Nr. 4 – Kontinuität der Beteiligung

693 Nach § 194 Abs. 1 Nr. 4. sind im Beschluss Zahl, Art und Umfang der Anteile oder Mitgliedschaften anzugeben, die die Anteilsinhaber durch den Formwechsel erlangen sollen oder die einem beitretenden Komplementär eingeräumt werden sollen.

aa) Kapitalfestsetzung, Vermögensdeckung, Behandlung überschießender Beträge

694 Dazu muß zunächst das Kapital des Rechtsträgers der neuen Rechtsform festgesetzt werden. Vorgaben hierzu macht § 220 Abs. 1: Das Stamm- oder Grundkapital des Rechtsträgers neuer Rechtsform darf das nach Abzug der Schulden verbleibende Vermögen (Nettovermögen) des formwechselnden Rechtsträgers nicht übersteigen. § 220 gibt aber nur die Obergrenze für das Kapital des Rechtsträgers neuer Rechtsform vor.[1403] Darunter kann das Stammkapital im Rahmen des für die jeweilige Rechtsform vorgeschriebenen Mindestkapitals frei gewählt werden. Beträge, um die der Überschuss des Vermögens über die Schulden den Betrag des Stammkapitals oder Grundkapitals der Kapitalgesellschaft übersteigt, sind in eine Kapitalrücklage einzustellen.[1404] Ob sie dem Rechtsträger neuer Rechtsform auch als Darlehen belassen oder ausgezahlt werden können, ist dagegen umstritten.[1405] Die Antwort auf die Frage hängt u.a. damit zusammen, ob der Rechtsträger neuer Rechtsform die Buchwerte des formwechselnden Rechtsträgers fortführt. Ergibt sich der Überschuss des Vermögens über die Schulden auf der Grundlage der festgestellten Buchwerte, ist die Ausweisung eines Überschusses als Darlehen oder eine Auszahlung des Überschusses ebenso unbedenklich, wie bei einer gemischten Sacheinlage im Rahmen der Gründung.[1406] Bei einer Verbuchung als Darlehen muss dieses allerdings beziffert werden, weil andernfalls eine verdeckte Rückgewähr von Stamm- oder Grundkapital nicht ausgeschlossen wäre.[1407] Anders als bei der Verschmelzung gem. § 54 Abs. 4 begrenzt das UmwG bare Zuzahlungen beim Formwechsel nicht.[1408] Ebenso wenig sind im Hinblick auf den Gläubigerschutz Bedenken ersichtlich. Das Eigenkapital der Personengesellschaft könnte auch vor dem Formwechsel jederzeit entnommen werden. Bei der Kommanditgesellschaft kann dies allerdings eine Haftung der betreffenden Kommanditisten zur Folge haben, wenn mit der Entnahme eine Einlagenrückzahlung gem. § 172 Abs. 4 HGB verbunden wäre. Eine etwaige Haftung bliebe gem. § 224 auch über den Formwechsel hinaus bestehen.[1409] Auch

---

1403 *Limmer*, Rn. 2126; Lutter/*Just*, § 220 Rn. 7; Semler/Stengel/*Schlitt*, § 220 Rn. 11 m.w.N.; DNotI Gutachten vom 14.6.2004 Nr. 1302.
1404 *Limmer*, Rn. 2245; Lutter/*Just*, § 220 Rn. 7; Semler/Stengel/*Schlitt*, § 220 Rn. 11 i.V.m. § 218 Rn. 16; DNotI Gutachten a.a.O.; Widmann/Mayer/*Vossius*, § 220 Rn. 55; MünchHdb. GesR III/*Mayer*, § 73 Rn. 335.
1405 Dafür *Limmer*, Rn. 2245; Kallmeyer/*Dirksen*, § 218 Rn. 8; Lutter/*Just*, § 218 Rn. 9; Semler/Stengel/*Schlitt*, § 218 Rn. 16; DNotI Gutachten vom 14.6.2004 Nr. 1302; einschränkend Widmann/Mayer/*Vossius*, § 220 Rn. 55; MünchHdb. GesR III/*Mayer*, § 73 Rn. 335.
1406 Vgl. BGH AG 2007, 121; Baumbach/Hueck/*Hueck/Fastrich*, § 5 GmbHG Rn. 20; Scholz/*Winter*, § 5 GmbHG Rn. 81, jew. m.w.N.
1407 Scholz/*Winter*, § 5 GmbHG Rn. 83 m.w.N.; a.A. Kallmeyer/*Dirksen*, § 218 Rn. 8.
1408 Vgl. DNotI Gutachten vom 14.6.2004 Nr. 1302.
1409 Das gilt, obwohl § 224 ausdrücklich nur die Forthaftung des pHG anspricht vgl. Semler/Stengel/*Schlitt*, § 224 Rn. 8.

4. Kapitel Umwandlungen

insoweit stellen die Rechtsprechung und die h.M. im Schrifttum auf die Buchwerte ab.[1410] Nach h.M. stellt allerdings nicht bereits die Ausweisung als Darlehn, sondern erst die Auszahlung entsprechend ausgewiesenen Beträge eine haftungsauslösende Einlagenrückgewähr dar.[1411] Nach dem Formwechsel lösen Ausschüttungen diese Haftungsfolgen nicht mehr aus, selbst wenn das Kapital der Zielrechtsform geringer ist als die Haftsumme der früheren Kommanditisten beim formwechselnden Rechtsträger. Grenzen ergeben sich für die Kapitalrückzahlung nach dem Formwechsel nur noch aus den Kapitalerhaltungsregeln für die neue Rechtsform.[1412]

695   Nach ganz h.M. ist das Vermögen für die Zwecke des § 220 (Deckung des Nennkapitals des Rechtsträgers neuer Rechtsform) aber nicht nach Buchwerten, sondern nach den tatsächlichen Werten (Verkehrswerten) zu ermitteln.[1413] Diese Werte sind dem Registergericht nachzuweisen, wie sich aus der entsprechenden Anwendung des Gründungsrecht gem. § 197 ergibt. Wird bei dieser Betrachtung das Nennkapital der Kapitalgesellschaft durch das nach Abzug der Schulden verbleibende Vermögen gedeckt, kann der Formwechsel von der Personengesellschaft in die Kapitalgesellschaft auch erfolgen, wenn das nach Abzug der Schulden verbleibende Vermögen auf der Grundlage der Buchwerte den Nennbetrag des Kapitals der Kapitalgesellschaft nicht erreicht, also eine **formelle Unterbilanz** vorliegt.[1414] In diesem Fall stellt sich allerdings die Frage nach der bilanziellen Darstellung beim Rechtsträger neuer Rechtsformen. Wie bereits oben dargelegt wurde,[1415] lässt die h.M. eine Aufstockung der Buchwerte – anders als bei der Einbringung im Wege der Sachlage – nicht zu. Für den Minderkapitalbetrag soll ein Ausgleichsposten passiviert werden, der mit künftigen Gewinnen verrechnet wird und damit als Ausschüttungssperre wirkt, bis die formelle Unterbilanz ausgeglichen ist.[1416]

696
> **Praxistipp:**
> Verlangt man mit der h.M. die Fortführung der Buchwerte und lässt die Berücksichtigung der tatsächlichen Werte nur für die Frage der Kapitaldeckung zu, können auch die das Kapital übersteigenden Beträge des Vermögens des formwechselnden Rechtsträgers nach Abzug der Verbindlichkeiten als **Darlehen nur** ausgewiesen oder an die Gesellschafter ausgezahlt werden, soweit sie sich auch **bei Zugrundelegung der Buchwerte** ergeben.

bb) Ausstehende Einlagen

697   Für die Ermittlung der Werte kann auf die Grundsätze zurückgegriffen werden, die für Sacheinlagen bei Einbringung von Unternehmen angewandt werden.[1417] Maßgeblich ist damit grundsätzlich der Ertragswert des Unternehmens zuzüglich der Nettoeinzelveräußerungswerte nicht betriebsnotwendiger Wirtschaftsgüter, mindestens aber der Liquidationswert.[1418]

1410 BGH NJW 1990, 1109; Baumbach/Hopt/*Hopt*, § 172 HGB Rn. 8; Koller/Roth/Morck/*Koller*, §§ 171, 172 HGB Rn. 22; MünchKommHGB/*K. Schmidt*, § 171, 172 Rn. 64; a.A. Ebenroth/Boujong/Just/*Strohn*, § 172 HGB Rn. 23.
1411 BGH NJW 1963, 1873, 1876; Baumbach/Hopt/*Hopt*, § 172 HGB Rn. 7; Ebenroth/Boujong/Just/ *Strohn*, § 172 HGB Rn. 24; a.A. Koller/Roth/Morck/*Koller*, §§ 171, 172 HGB Rn. 23; MünchKommHGB/*K. Schmidt*, § 171, 172 Rn. 72.
1412 Semler/Stengel/*Schlitt*, § 220 Rn. 11; § 224 Rn. 9.
1413 *Limmer*, Rn. 2122; *Priester*, DB 1995, 911 ff.; KK-UmwG/*Petersen*, § 220 Rn. 9; Semler/Stengel/ *Schlitt*, § 220 Rn. 12, 13; Lutter/*Just*, § 220 Rn. 12.
1414 Semler/Stengel/*Schlitt*, § 220 Rn. 13.
1415 Siehe Rdn. 665.
1416 Kallmeyer/*Müller*, § 220 Rn. 10; *Priester*, DStR 2005, 788, 793 f.; jew. m.w.N.
1417 Lutter/*Just*, § 220 Rn. 10.
1418 Baumbach/Hueck/*Hueck/Fastrich*, § 5 Rn. 34; Scholz/*Winter*, § 5 Rn. 57, jew. m.w.N.

Umstritten ist, wie bei **offenen Einlageverpflichtungen** der Gesellschafter gegenüber der formwechselnden Personenhandelsgesellschaft zu verfahren ist. Bei Gründung einer Kapitalgesellschaft sind Sacheinlagen im Gegensatz zu Bareinlagen, bei denen gem. §§ 7 Abs. 2 GmbHG, 36a AktG eine teilweise Einzahlung genügt, vollständig zu leisten. Demgemäß soll nach einer Auffassung entscheidend sein, dass gem. § 197 auf den Formwechsel das Gründungsrecht der Kapitalgesellschaft Anwendung findet. Der Formwechsel in die Kapitalgesellschaft wird insgesamt als Sachgründung gesehen. Eingebracht wird gem. § 220 das Vermögen der Personengengesellschaft. Forderungen gegen Gesellschafter sind aber unter Sacheinlagegesichtspunkten kein tauglicher Einlagegegenstand und dürfen deshalb bei der Reinvermögensdeckung nicht berücksichtigt werden.[1419] Nach dieser Auffassung sind ausstehende Einlagen deshalb in jedem Fall in voller Höhe in Geld einzuzahlen. Die andere Auffassung will wie bei einer Mischeinlage verfahren. Ausstehende Bareinlageverpflichtungen sind in dem für Bareinlagen durch §§ 7 Abs. 2 GmbHG, 36a AktG vorgeschriebenen Umfang einzuzahlen. Im Übrigen sollen sie als Einlageforderung aktiviert werden[1420] oder zumindest in dem Umfang aktiviert werden können, in dem sie vollwertig sind.[1421] Nicht mehr geboten ist eine Volleinzahlung ausstehender Einlagen jedenfalls dann, wenn das Nennkapital gedeckt ist. Ist das auch ohne Berücksichtigung der Einlageansprüche gesichert, löst der Formwechsel keine Volleinzahlungsverpflichtung aus.[1422]

698

cc) Übernahme weiterer Einlagen, Behandlung von Sonderbetriebsvermögen

Ähnlich kontrovers wie die Frage nach dem Erfordernis der Volleinzahlung wird ein weiteres Thema erörtert, nämlich die Frage, ob die Gesellschafter im Rahmen des Formwechsels zusätzliche Bar- und Sacheinlagen leisten können, damit das Kapital des Rechtsträgers nach Formwechsel durch das Restvermögen gedeckt wird. Dies ist für zusätzliche Bareinlagen aus demselben Grunde umstritten, aus dem die Volleinzahlung gefordert wird.[1423] Gem. § 220 soll eine Einlageerbringung nur im Wege der Sacheinlage zulässig sein. Andere wollen Bareinlagen mit der Maßgabe zulassen, dass sie voll eingezahlt werden.[1424]

699

Bleibt das Nettovermögen hinter dem angestrebten Stamm- oder Grundkapital zurück, ist die Frage, ob die Differenz durch zusätzliche Sach- oder Bareinlagen belegt werden kann. Das ist umstritten, wird von der wohl h.M. aber zugelassen.[1425] Die Gegner leiten aus § 220 ab, das Umwandlungsgesetz gebiete eine vollständige Deckung des Stamm- oder Grundkapitals durch das Vermögen der Personengesellschaft. Anderenfalls sei die Bestimmung überflüssig. Die in § 197 angeordnete Anwendung der Gründungsvorschriften stelle bereits sicher, dass das Stammkapital durch die Einlagenerbringung gedeckt sein müsse.[1426] Es wird aber zu Recht bezweifelt, ob § 220 eine über die Anordnung der Belegung des Kapitals des Rechtsträgers neuer Rechtsform hinausgehende eigenständige Bedeutung haben soll.[1427] Im Übrigen ist die gleichzeitig mit dem Formwechsel erfolgende Sacheinlage ein in der Praxis häufig beschrittener Weg, um die steuerliche Buchwertfortführung zu ermöglichen, wenn sich wesentliche Betriebsgrundlagen – insbesondere ein

700

1419 *Priester*, DStR 2005, 788, 794; Lutter/*Just*, § 220 Rn. 11 ff.; Semler/Stengel/*Schlitt*, § 220 Rn. 16.
1420 *K. Schmidt*, ZIP 1995, 1385, 86; Lutter/*Decher*, § 197 Rn. 14; Kallmeyer/*Dirksen*, § 197 Rn. 9; *Limmer*, Rn. 2170.
1421 Semler/Stengel/*Schlitt*, § 220 Rn. 16; Lutter/*Just*, § 220 Rn. 12; siehe auch *Rieger*, § 245 Rn. 98 ff.
1422 KK-UmwG/*Petersen*, § 220 Rn. 19 ff., 25.
1423 KK-UmwG/*Petersen*, § 220 Rn. 27 ff.; der allerdings Skepsis gegenüber zusätzlichen Sacheinlagen äußert; wohl auch Widmann/Mayer/*Vossius*, § 220 Rn. 33.
1424 Lutter/*Just*, § 220 Rn. 15 f.
1425 *Priester*, FS Zöllner, 1998, S. 449, 466; DStR 2005, 788, 794; *K. Schmidt*, ZIP, 1995, 1385, 1389; Semler/Stengel/*Schlitt*, § 220 Rn. 18; Kallmeyer/*Dirksen*, § 220 Rn. 9; ebenso jetzt Widmann/Mayer/*Mayer*, § 197 Rn. 35; a.A. Lutter/*Just*, § 220 Rn. 16; Widmann/Mayer/*Vossius*, § 220 Rn. 30; KK-UmwG/*Petersen*, § 220 Rn. 27 ff. unter Hinweis auf die Vermögensdeckungsverpflichtung des § 220.
1426 Lutter/*Just*, § 220 Rn. 16.
1427 *Priester*, DStR 2005, 788, 794.

4. Kapitel Umwandlungen

Grundstück – im **Sonderbetriebsvermögen** einzelner oder aller Gesellschafter befinden.[1428] Der sich alternativ anbietende Weg, die im Sonderbetriebsvermögen befindlichen Betriebsgrundlagen noch in den bisherigen Rechtsträger als Sacheinlage einzulegen, verbietet sich im Hinblick auf §6 Abs.5 S.6 EStG, wonach der Formwechsel zu einer **Gewinnrealisierung** bezüglich des zuvor einkommensteuerneutral eingebrachten Gegenstandes führt.[1429] Grunderwerbsteuerlich macht es dagegen kein Unterschied, welcher Weg beschritten wird. **Grunderwerbsteuer** fällt in jedem Fall an. Wird das Grundstück in den formwechselnden Rechtsträger eingebracht, wäre das zwar nach § 5 Abs. 1 oder 2 GrErwStG grunderwerbsteuerfrei; der anschließende Formwechsel läßt die Befreiung aber in Anwendung von § 6 Abs. 3 GrErwStG entfallen.[1430] Die Einbringung im Wege der Sacheinlage in die Kapitalgesellschaft ist ebenfalls grunderwerbsteuerpflichtig.[1431]

dd) Aufteilung des Vermögens auf die Gesellschafter

701 Beim Formwechsel aus der Personengesellschaft in die Kapitalgesellschaft ist nach Festlegung des Stamm- oder Grundkapitals der Gesellschaft neuer Rechtsform zu bestimmen, wie sich dieses Kapital auf die Gesellschafter der Personengesellschaft verteilt. Richtigerweise ist an den Liquidationsschlüssel gem. § 155 Abs. 1 HGB anzuknüpfen. Er bestimmt das Verhältnis, in dem die Gesellschafter der Personengesellschaft am Vermögen der Gesellschaft beteiligt sind.[1432] Werden für jeden Gesellschafter – wie üblich – verschiedene Konten geführt, ist zu unterscheiden, ob sie Kapitalkontocharakter haben oder Forderungen der Gesellschaft gegen oder Verbindlichkeiten gegenüber der Gesellschaft darstellen und damit für die Beteiligungen am Kapital nicht maßgeblich sind.[1433]

d) § 194 Abs. 1 Nr. 5 (Sonderrechte)

702 Siehe Rdn. 532 ff. Es ergeben sich keine Besonderheiten.

e) § 194 Nr. 6 (Barabfindungsangebot)

703 Ein Barabfindungsangebot ist gem. § 194 Nr. 6 entbehrlich, wenn alle Anteilsinhaber dem Formwechsel zustimmen müssen. Das ist gem. § 217 Abs. 1 bei der Personenhandelsgesellschaft die Regel. Bedarf der Beschluss dagegen zu seiner Wirksamkeit nicht der Zustimmung aller Anteilsinhaber, ist umstritten, ob ein Gesellschafter dem Beschluss zustimmen oder sich der Stimme enthalten und gleichwohl Widerspruch zur Niederschrift erklären und eine Barabfindung verlangen kann[1434] (siehe oben Rdn. 537). Wenn zum Formwechsel nicht die Zustimmung aller Anteilsinhaber erforderlich ist, sollte deshalb vorsorglich stets ein Barabfindungsangebot unterbreitet werden, es sei denn die Anteilsinhaber verzichteten darauf.

[1428] Dazu *Mayer*, ZEV 2005, 325, 329.
[1429] *Mayer*, a.a.O.; Widmann/Mayer/*Mayer*, § 197 Rn. 35.
[1430] *Mayer*, a.a.O.; siehe oben Rdn. 467.
[1431] *Pahlke/Franz*, § 1 GrErwStG Rn. 153.
[1432] So auch *Limmer*, Rn. 2242.
[1433] Vgl. MünchHdb. GesR I/*Gummert*, § 13 Rn. 33.
[1434] Dagegen Semler/Stengel/*Kalss*, § 207 Rn. 7; Schmitt/Hörtnagl/Stratz/*Stratz*, § 207 Rn. 4; dafür Kallmeyer/*Meister/Klöcker*, § 207 Rn. 15; Lutter/*Decher*, § 207 Rn. 8.

f) § 197 Nr. 7 – Folgen des Formwechsel für die Arbeitnehmer

Siehe grundlegend oben Rdn. 541 ff. Ist der formwechselnde Rechtsträger eine GmbH & Co. KG und hat als solche gem. §§ 4, 5 MitBestG einen mitbestimmten Aufsichtsrat, bleibt dieser beim Formwechsel in eine Kapitalgesellschaft gem. § 203 im Amt, in allen anderen Fällen, in denen das DrittelbG oder das MitbestG eingreifen, also der Rechtsträger regelmäßig mehr als 500 Arbeitnehmer hat, erhält die Gesellschaft mit dem Formwechsel erstmals einen mitbestimmten Aufsichtsrat. Bei AG und KGaA kann sich dieser aber gem. §§ 197 S. 3 i.V.m. 31 AktG zunächst nur aus Vertretern der Anteilseigner zusammensetzen; das Verfahren zur Wahl der Arbeitnehmervertreter muss erst nach Durchführung des Formwechsels eingeleitet werden. Dagegen ist beim Formwechsel in die GmbH umstritten, ob der Aufsichtsrat schon vor dem Formwechsel gewählt sein muss (siehe oben Rdn. 491). Eine Pflicht zur Bestellung eines Aufsichtsrats ergibt sich ausschließlich aus mitbestimmungsrechtlichen Vorschriften. Diese sollen nach umstrittener Auffassung – wie auch bei der Gründung – erst nach Eintragung der GmbH Anwendung finden. Hält man auch bei der GmbH die Bildung des Aufsichtsrat vor der Eintragung in das Handelsregister für erforderlich, wird man § 31 AktG auf den Aufsichtsrat der GmbH analog anwenden. (siehe oben Rdn. 491).

704

g) Wahl der ersten Organe

Siehe auch oben Rdn. 547 ff. Es gelten keine Besonderheiten. Hinzuweisen ist jedoch darauf, dass im Hinblick auf die Anmeldepflicht durch die Aufsichtsratsmitglieder gem. § 222 Abs. 1 der Aufsichtsrat gewählt sein muss. Auch hier ist aber nach h.M. die Anmeldung allein durch die Vertreter der Anteilseigner möglich, solange die Arbeitnehmervertreter nicht gewählt sind. (siehe oben Rdn. 639)

705

4. Satzung

a) Allgemeines

Die Satzung des Rechtsträgers neuer Rechtsform muss gem. § 218 Abs. 2 S. 1 im Umwandlungsbeschluss enthalten sein. Damit erstreckt sich auch eine den Formwechsel regelnde Mehrheitsklausel im Gesellschaftsvertrag auf die Feststellung der Satzung.[1435] Eine Unterzeichnung der Satzung durch die künftigen Gesellschafter ist nach h.M. trotz des einschränkenden Wortlauts des § 218 Abs. 1 S. 2 auf »Mitglieder«, also auf Anteilsinhaber der Genossenschaft, generell nicht erforderlich.[1436]

706

b) Inhalt der Satzung

Der notwendige Inhalt der Satzung des Rechtsträgers neuer Rechtsform ergibt sich zunächst aus den Vorschriften des Zielrechtsträgers, also §§ 3 GmbHG, 23 AktG, 280, 281 AktG sowie 6 bis 8a GenG. Diesbezüglich kann auf die Ausführung im allgemeinen Teil (Rdn. 553 ff.) verwiesen werden.

707

Mit der Anordnung in § 197, dass auf den Formwechsel die für die neue Rechtsform geltenden Gründungsvorschriften anzuwenden sind, wird auch auf die Sachgründungsbe-

708

1435 KK-UmwG/*Dauner-Lieb/Tettinger*, § 218 Rn. 14; Kallmeyer/*Dirksen*, § 218 Rn. 3; Semler/Stengel/ Schlitt, § 218 Rn. 7.
1436 Kallmeyer/*Dirksen*, § 218 Rn. 2; KK-UmwG/*Dauner-Lieb/Tettinger*, § 218 Rn. 16; Semler/Stengel/ Schlitt, § 218 Rn. 6; Schmitt/Hörtnagl/Stratz/*Stratz*, § 218 Rn. 5; Widmann/Mayer/*Vossius*, § 218 Rn. 6.

4. Kapitel Umwandlungen

stimmungen des GmbHG, AktG und GenG verwiesen.[1437] Besondere Fragen stellen sich im Zusammenhang mit der Anwendung von § 5 Abs. 4 S. 1 GmbHG beziehungsweise § 27 AktG. Sollen bei Gründung einer GmbH Sacheinlagen geleistet werden, ist nach § 5 Abs. 4 S. 1 GmbHG der Gegenstand der Sacheinlage und der Nennbetrag des Geschäftsanteils, auf den sich die Sacheinlage bezieht, im Gesellschaftsvertrag festzulegen. Eine entsprechende Regelung enthält § 27 AktG. Allerdings wird beim Formwechsel keine Verpflichtung einzelner Gesellschafter zur Einlageleistung begründet. Das Vermögen der Gesellschaft ist die gemeinschaftlich erbrachte Sacheinlage.[1438] In der Praxis wird demgemäß regelmäßig in der Satzung nur pauschal festgestellt, dass »die Einlageleistungen auf die Geschäftsanteile in voller Höhe durch die Übertragung des Vermögens der zwischen den Gesellschaftern bestehenden XY Personengesellschaft in Z im Wege des Formwechsel erbracht worden sind.«[1439] Ein solcher, nicht näher konkretisierter Hinweis auf die Einlagenleistung wird von Teilen des Schrifttums allerdings für problematisch gehalten. Die Satzung müsse Angaben enthalten, mit welchem Anteil am Vermögen des formwechselnden Rechtsträgers der jeweilige Gesellschafter seine Leistung auf den Nennbetrag des ihm zugewiesenen Anteils am Rechtsträgers neuer Rechtsform erbringe.[1440] Begründet wird das damit, dass klar sein müsse, welchem Gesellschafter welche Darlehensbeträge zustehen, wenn das Vermögen des formwechselnden Rechtsträgers das Kapital des Rechtsträgers neuer Rechtsform übersteigt oder um bei einem nicht verhältniswahrenden Formwechsel die Höhe der Gründerhaftung des einzelnen Gesellschafters bemessen zu können, wenn sich nachträglich erweist, dass eine Unterdeckung bestand.[1441] Das unterstellt, dass das Vermögen des formwechselnden Rechtsträgers den Anteilsinhabern des Rechtsträgers neuer Rechtsform abweichend von ihrer Beteiligung am formwechselnden Rechtsträger zugeordnet werden kann. Demgegenüber setzt § 220 voraus, dass das Vermögen des formwechselnden Rechtsträgers den Anteilsinhabern in dem Verhältnis zugeordnet wird, in dem sie am Rechtsträger neuer Rechtsformen beteiligt sind. Wenn A am formwechselnden Rechtsträger mit 20% und B mit 80% und am Rechtsträger neuer Rechtsform A mit 80% und B mit 20% beteiligt sein sollen, wäre es mit dem Konzept des § 220 nicht vereinbar, dass A nur 20% und B 80% des Vermögens des formwechselnden Rechtsträgers zugerechnet würden. A hätte damit seine Einlage unter Umständen nicht erbracht und B die seine übererfüllt. Das widerspricht dem Grundgedanken des § 220. § 220 stellt dem Stammbeziehungsweise Grundkapital des Rechtsträgers neuer Rechtsform das Vermögen des formwechselnden Rechtsträgers als Gesamtheit gegenüber. Die Einlagen müssen geleistet sein, aber nicht bezogen auf die durch den Formwechsel zu bewirkende Sacheinlage einzelner Gesellschafter, sondern auf das Gesellschaftsvermögen.[1442] Eine Quotenabweichung ist zwar möglich, sie ändert aber die Vermögenszuordnung und nicht nur die Höhe der Beteiligung am Rechtsträger neuer Rechtsform. Folgt man dem, macht die Beachtung von § 5 Abs. 4 und § 27 AktG wenig Sinn. Gem. § 5 Abs. 4 begründet die Sacheinlagevereinbarung im Gesellschaftsvertrag zusammen mit der Übernahmeerklärung unmittelbar die mitgliedschaftliche Verpflichtung zur Erbringung der Einlage in Form der vereinbarten Sachleistung. Einer solchen Einlageverpflichtung einzelner Gesellschafter bedarf es aber beim Formwechsel nicht. Es werden keine Sacheinlagen »geleistet« und damit eine Einlageverpflichtung erfüllt, sondern die Anwendung der Sachgründungsbestimmungen soll

---

1437 Vgl. *K. Schmidt*, ZIP, 1995, 1385, 1398.
1438 Kallmeyer/*Dirksen*, § 218 Rn. 9; Semler/Stengel/*Schlitt*, § 218 Rn. 8.
1439 Vgl. z.B. Widmann/Mayer/*Vossius*, Anh. 4 Mustersatz 22 B. Satzung der GmbH § 3 Nr. 3.; ähnlich *Mayer*, Arbeitsunterlage Umwandlungsrecht in der notariellen Praxis, 208, Rn. 338; Hopt/Volhard, Vertrags- und Formularbuch, II. J 10a.
1440 KK-UmwG/*Dauner-Lieb/Tettinger*, § 218 Rn. 26 ff.; Lutter/*Just*, § 218 Rn. 12; Münchener Vertragshandbuch I/*Schmidt-Diemitz/Moszka*, XIII Nr. 2 Anm. 3.
1441 KK-UmwG/*Dauner-Lieb/Tettinger*, § 218 Rn. 27.
1442 So *K. Schmidt*, ZIP 1995, 1385, 189.

nur sicherstellen, dass das Vermögen des formwechselnden Rechtsträgers nach Sachwertgesichtspunkten das Kapital des Rechtsträgers neuer Rechtsform deckt. Ein darüber hinausgehendes Schutzbedürfnis des Rechtsverkehrs ist ebenfalls nicht erkennbar. Im Handelsregister wird eingetragen, dass der Rechtsträger neuer Rechtsform im Wege des Formwechsels entstanden ist. Registerpublizität ist damit gegeben. Ob daneben Satzungspublizität erforderlich ist, erscheint fraglich. Auch der Gläubigerschutz bei der AG, der dazu führt, dass die Satzungsregelung 30 Jahre beibehalten werden muss, erscheint beim Formwechsel, der anders als eine Sacheinlagevereinbarung keine besonderen Abreden für die Einlageerbringung enthält, entbehrlich.

Ebenso fraglich ist es, ob der Gründungsaufwand in der Satzung entsprechend § 26 Abs. 2 AktG festzusetzen ist.[1443] Dies wird für die AG im Hinblick auf § 26 AktG verlangt.[1444] § 26 Abs. 2 AktG wird aber analog auf die GmbH angewandt.[1445] Die Frage kann daher für die GmbH nicht anders gesehen werden. Es ist jedoch fraglich, ob § 26 im Falle des Formwechsel überhaupt anzuwenden ist. Die Bestimmung ist vom Gedanken getragen, dass die Gesellschaft Kosten übernimmt, die andernfalls die Gesellschafter zu tragen haben.[1446] Dann macht es aber keinen Sinn, sie auch beim Formwechsel anzuwenden, bei dem ohnedies der formwechselnde Rechtsträger Kostenschuldner ist.[1447] Gleichwohl geht die h.M. jedenfalls für die AG davon aus, dass die Kosten des Formwechsel in der Satzung ausgewiesen werden müssen.[1448] Begründet wird dies – falls überhaupt – mit dem Informationsbedürfnis der Anteilsinhaber.[1449] Das ist wenig überzeugend, sind die Kosten doch auch im Umwandlungsbericht und beim Formwechsel in eine AG oder KGaA überdies in einer Kostenschätzung darzustellen, die dem Gericht einzureichen ist. **709**

Im Übrigen gelten für die Satzung keine Besonderheiten. **710**

5. Beschlussverfahren

a) Durchführung der Versammlung

Für die Durchführung der Versammlung gelten keine besonderen Vorschriften. Auf Rdn. 567 ff. wird verwiesen. **711**

b) Beschlussmehrheiten

Gem. § 217, der für die PartG gem. § 225 c entsprechend gilt, müssen dem Beschluss alle anwesenden und auch die nicht erschienenen Gesellschafter zustimmen. Die Regelung ist aber gem. § 217 Abs. 1 S. 2 und 3 weitgehend dispositiv. Insoweit und bezüglich der Ermittlung der Stimmen die Ausführungen im allgemeinen Teil (Rdn. 570, 573) verwiesen. **712**

c) Beurkundung

Gem. § 217 Abs. 2 sind im Falle einer Mehrheitsentscheidung **Gesellschafter**, die für den Formwechsel gestimmt haben, in der Niederschrift über den Umwandlungsbeschluss **namentlich aufzuführen**. Dies ist im Hinblick auf § 219 S. 2 von Bedeutung. Nach dieser **713**

1443 Widmann/Mayer/*Mayer*, § 197 Rn. 27; Kallmeyer/*Dirksen*, § 197 Rn. 23; KK-UmwG/*Dauner-Lieb/Tettinger*, § 218 Rn. 66.
1444 Kallmeyer/*Meister/Klöcker*, § 197 Rn. 18.
1445 BGHZ 107, 1, 6 f. = DNotZ 1990, 124 = MittRHNotK 1998, 137.
1446 Darauf weist Lutter/*Decher*, § 197 Rn. 23 zu Recht hin.
1447 Zweifelnd auch DNotI Gutachten vom 2.4.01 Nr. 23638.
1448 Lutter/*Decher*, § 197 Rn. 23; Semler/Stengel/*Bärwaldt*, § 197 Rn. 42; KK-UmwG/*Dauner-Lieb/Tettinger*, § 218 Rn. 66; Semler/Stengel/*Schlitt*, § 218 Rn. 43; Kallmeyer/*Dirksen*, § 218 Rn. 23; Kallmeyer/*Meister/Klöcker*, § 197 Rn. 35; kritisch: *Wolfsteiner*, FS Bezzenberger, 2000, S. 467.
1449 Lutter/*Decher*, § 197 Rn. 23.

4. Kapitel Umwandlungen

Bestimmung stehen bei Anwendung der Gründungsvorschriften den Gründern die Gesellschafter des formwechselnden Rechtsträgers gleich; im Falle einer Mehrheitsentscheidung sind es die Gesellschafter, die für den Formwechsel gestimmt haben sowie beim Formwechsel in eine KGaA auch etwa beitretende persönlich haftende Gesellschafter. Das bedeutet, dass sie auch der Gründerhaftung ausgesetzt sind. Für Kommanditisten wird das vielfach als unbillige Härte angesehen. (dazu sogleich unter Rdn. 726.)

714 Bei obligatorischer Gruppenvertretung (z.B. von Angehörigen eines Gesellschafterstamms) sollen nur diejenigen in die Niederschrift aufgenommen werden, die die Zustimmung durch den Gruppenvertreter intern getragen haben.[1450] Dies kann allerdings nur praktisch werden, wenn die Mitglieder der Gruppe unmittelbar Gesellschafter sind. Sind sie dagegen Gesellschafter einer GbR, die ihrerseits Gesellschafterin der Personengesellschaft ist, kann dies nicht gelten. Aber auch bei unmittelbarer Beteiligung ist die Auffassung zweifelhaft. Denn wenn obligatorische Gruppenvertretung besteht, gibt der Vertreter die Stimme für den Anteilsinhaber ab. Ergeben sich daraus Haftungen, ist das eine Frage des Verhältnisses zwischen Vertreter und Vertretenem.

d) Vertretung

715 Bei der Personengesellschaft ist eine Vertretung in der Gesellschafterversammlung nur möglich, wenn sie im Gesellschaftsvertrag vorgesehen oder ad hoc zugelassen wird (siehe oben Rdn. 582). Zur Vollmachtsform siehe oben Rdn. 587 ff..

6. Zustimmung Dritter

716 Vgl. hierzu Rdn. 580. Es gelten keine Besonderheiten.

7. Zustimmung einzelner Gesellschafter

a) Zustimmung gem. § 193 Abs. 2

717 Bei der Personengesellschaft sind die Gesellschaftsanteile kraft Gesetzes vinkuliert, sofern der Gesellschaftsvertrag nichts abweichendes regelt.[1451] Dies löst aber nicht das Zustimmungserfordernis des § 193 Abs. 2 aus. Dieses gilt nur, wenn die Vinkulierung auf einem statutarischen Sonderrecht beruht. (siehe oben Rdn. 607) Nur wenn der Gesellschaftsvertrag die Übertragbarkeit oder Verfügung allgemein zuläßt, sie dann aber wieder an die Zustimmung bestimmter Anteilsinhaber bindet, gilt § 193 Abs. 2. Im Übrigen kann auf die Ausführung unter Rdn. 603 ff. und Rdn. 616 verwiesen werden.

b) Zustimmung nicht erschienener Anteilsinhaber

718 Sieht der Gesellschaftsvertrag der Personengesellschaft für den Formwechsel keine Mehrheitsentscheidung vor, müssen dem Beschluss gem. § 217 Abs. 1 S. 1 Hs. 2 auch die nichterschienenen Gesellschafter zustimmen (wegen der Einzelheiten – auch der Vollmachten – sei auf Rdn. 617 ff. verwiesen).

c) Zustimmung der künftigen Komplementäre beim Formwechsel in die KGaA

719 Zustimmen müssen bei einem Formwechsel in die KGaA gem. § 217 Abs. 3 schließlich alle Gesellschafter, die in dieser Gesellschaft die Stellung eines persönlich haftenden Gesellschafters haben sollen (auch insoweit sei auf Rdn. 617 f.) verwiesen.

1450 KK-UmwG/*Petersen*, § 217 Rn. 46.
1451 MünchHdb. GesR I/*Piehler/Schulte*, § 10 Rn. 114 m.w.N.

8. Handelsregisteranmeldung

a) Zuständiges Gericht

Insoweit kann auf Rdn. 634 verwiesen werden. An dieser Stelle ist nur zu wiederholen, dass sich beim Formwechsel einer Personenhandelsgesellschaft in die Kapitalgesellschaft die Art des maßgebenden Registers nicht ändert. Abteilung A und B des Handelsregisters gehören derselben Registerart (Handelsregister) an. Zu zwei Anmeldungen kommt es daher nur, wenn mit dem Formwechsel eine Sitzverlegung verbunden ist oder der Formwechsel in eine eG erfolgt.

720

b) Anmeldepflichtige

Zur Anmeldung verpflichtet sind sämtliche Mitglieder des künftigen Vertretungsorgans und – falls der Rechtsträger nach den für die neue Rechtsform geltenden Vorschriften einen Aufsichtsrat haben muss -, die Mitglieder des Aufsichtsrats. Einen obligatorischen Aufsichtsrat gibt es stets bei AG und KGaA. Bei der GmbH gibt es einen obligatorischen Aufsichtsrat nur bei Eingreifen der Mitbestimmungsvorschriften. Entsprechendes gilt gem. § 9 Abs. 1 S. 1 GenG für die eG. Ob der Aufsichtsrat nach mitbestimmungsrechtlichen Bestimmungen vor Eintragung der GmbH in das Handelsregister zu bestellen ist, ist zweifelhaft. (siehe oben Rdn. 491) Bei der AG und KGaA sind gem. § 222 Abs. 2 ferner aller Gesellschafter anmeldepflichtig, die nach § 219 den Gründern gleichstehen. Beim Formwechsel von Kommanditgesellschaften mit größerem Gesellschafterkreis ist die Registeranmeldung deshalb gleichzeitig mit der Beschlussfassung unterzeichnen zu lassen (siehe oben Rdn. 637).

721

Hat die Anmeldung gem. § 198 Abs. 2 S. 2 und 3 sowohl im Register des Rechtsträgers neuer Rechtsform als auch im Register des formwechselnden Rechtsträgers zu erfolgen, kann letztere auch von den zur Vertretung des formwechselnden Rechtsträgers ermächtigten Gesellschaftern vorgenommen werden, also bei einer KG insbesondere von deren persönlich haftenden Gesellschaftern.

722

c) Inhalt der Registeranmeldung

Wegen des Inhalts der Registeranmeldung wird auf die Ausführungen im allgemeinen Teil unter Rdn. 640 ff. verwiesen. Fraglich ist jedoch, ob eine Einlageversicherung abzugeben ist, wie sie bei Gründung einer Kapitalgesellschaft gem. § 8 Abs. 2 GmbHG und § 37 Abs. 1 AktG erforderlich ist. Anders als in § 246 Abs. 3 hat der Gesetzgeber sie nicht für entbehrlich erklärt. Sie für die Sacheinlage zu fordern, die darin besteht, dass das Vermögen des formwechselnden Rechtsträgers beim Rechtsträger neuer Rechtsform verbleibt (nicht etwa auf diesen übergeht) macht zwar wenig Sinn, ist aber wenig aufwändig und bis zur Klärung der Rechtsfrage zu empfehlen (siehe oben Rdn. 643). Dagegen stellt sich die Frage, ob die Versicherung hinsichtlich der Einzahlung ausstehender Einlagen erforderlich ist. Sieht man diese als Bareinlagen an, ist die Versicherung nicht zu vermeiden. Im Schrifttum ist die Frage umstritten.[1452]

723

1452 Für die Verpflichtung zur Abgabe der Versicherung etwa Widmann/Mayer/*Vossius*, § 222 Rn. 58; Schmitt/Hörtnagl/Stratz/*Stratz*, § 222 Rn. 11; *K. Schmidt*, ZIP 1995, 1385, 1391; a.A.: Lutter/*Just*, § 220 Rn. 20; Kallmeyer/*Dirksen*, § 220 Rn. 5; Semler/Stengel/*Schlitt*, § 220 Rn. 18; Kallmeyer/*Zimmermann*, § 198 Rn. 13.

4. Kapitel Umwandlungen

724 | **Praxistipp:**
Solange die Frage nicht geklärt ist, empfiehlt sich die Aufnahme einer entsprechenden Versicherung oder die vorherige Abstimmung mit dem Registergericht, ob sie von diesem gefordert wird.

d) Anlagen

725 Vgl. grundlegend Rdn. 644 ff. Hinzuweisen ist insbesondere auf die Vorlage eines Sachgründungsberichts bei der GmbH sowie Gründungs- und Gründungsprüfungsberichts bei AG und KGaA. Bei letzteren hat darüber hinaus eine Prüfung durch einen vom Gericht bestellten Gründungsprüfer stattzufinden. Bei der GmbH ist ebenfalls ein Sachwertnachweis zu erbringen. In der Regel geschieht dies durch Vorlage eines testierten Jahresabschlusses des formwechselnden Rechtsträgers, sofern er sich zumindest innerhalb der 8-Monats-Frist hält.[1453]

9. Haftung

726 Vielfach wird es als unbillige Härte angesehen, dass Kommanditisten der Gründungshaftung ausgesetzt sein sollen. Haben sie ihre Einlage erbracht, haften sie – von den Fällen der Einlagenrückgewähr abgesehen – für Vermögensverluste der KG nicht. Wird die Gesellschaft nun aber in eine Kapitalgesellschaft umgewandelt, würden sie im Rahmen der Gründung aus dem Gesichtspunkt der Gründer- und der Differenzhaftung gem. § 9 GmbHG für eingetretene Vermögensverluste und mangelnde Vermögensdeckung gesamtschuldnerisch unbeschränkt haften. Das wird vielfach als Widerspruch zum Identitätsgrundsatz empfunden.[1454] Vorgeschlagen wird eine teleologische Reduktion des § 219. Die h.M. folgt dem nicht.[1455] Die Frage soll hier nicht vertieft werden.

727 | **Praxistipp:**
Aus kautelarjuristischer Sicht könnte es sich im Hinblick auf diese Diskussion empfehlen, jedenfalls bei kleinerem Gesellschafterkreis – notfalls auch durch Änderung des Gesellschaftsvertrags kurz vor Durchführung des Formwechsels – im Gesellschaftsvertrag zu regeln, dass über den Formwechsel mit ¾-Mehrheit der abgegebenen Stimmen beschlossen werden kann und Kommanditisten anzuraten, bei der Beschlussfassung nicht für den Formwechsel zu stimmen,[1456] sondern sich der Stimme zu enthalten. Damit können sie eine Gründerhaftung vermeiden.

728 Ob dasselbe für die Differenzhaftung gilt, ist allerdings umstritten. Nach verbreiteter Meinung soll diese auch diejenigen treffen, die gegen den Formwechsel gestimmt haben (»Mitgefangen, mitgehangen«).[1457] Dagegen hilft nur ein Ausscheiden vor dem Formwechsel.

1453 So für die Einbringung eines Unternehmens im Wege der Einzelrechtsnachfolge MünchHdb. GesR III/*Heinrich*, § 19 Rn. 29 (8-Monats-Frist des § 57a GmbHG und § 17 Abs. 2 S. 4 UmwG als Richtschnur).
1454 Lutter/*Just*, § 219 Rn. 4; Wolf ZIP 1996, 1200/1203.
1455 Lutter/*Decher*, § 197 Rn. 38; Kallmeyer/*Dirksen*, § 219 Rn. 2; Schmitt/Hörtnagl/Stratz/*Stratz*, § 197 Rn. 25; Widmann/Mayer/*Vossius*, § 219 Rn. 25, Wälzholz AG 2006, 469/473.
1456 So auch KK-UmwG/*Petersen*, § 219 Rn. 12.
1457 Lutter/*Decher*, § 197 Rn. 38; Widmann/Mayer/*Vossius*, § 219 Rn. 32; Schmitt/Hörtnagl/Stratz/*Stratz*, § 220 Rn. 3; a.A. aber Lutter/*Just*, § 219 Rn. 4; Semler/Stengel/*Bärwaldt*, § 197 Rn. 33; Kallmeyer/*Dirksen*, § 219 Rn. 6; Semler/Stengel/*Schlitt*, § 219 Rn. 12; Widmann/Mayer/*Mayer*, § 197 Rn. 64.

XII. Besonderheiten beim Formwechsel von Kapitalgesellschaften

1. Überblick

a) Gesetzliche Regelung

Besondere Vorschriften für den Formwechsel von Kapitalgesellschaften enthalten die §§ 226 bis 257, und zwar die §§ 226, 227 allgemeine Vorschriften, die §§ 228 bis 237 Vorschriften zum Formwechsel in eine Personengesellschaft, die §§ 238 bis 250 Vorschriften zum Formwechsel in eine andere Kapitalgesellschaft, die §§ 251 bis 257 Vorschriften zum Formwechsel in eine eG. Gem. § 226 kann eine Kapitalgesellschaft nur in eine GbR, eine Personenhandelsgesellschaft oder eine PartG, eine andere Kapitalgesellschaft oder eine eG umgewandelt werden.

729

b) Besonderheiten für die KGaA

§ 227 bestimmt, dass die Vorschriften über das Barabfindungsangebot nicht auf die persönlich haftenden Gesellschafter einer KGaA Anwendung finden. Sie haben beim Formwechsel in eine Personengesellschaft das Recht, aus der Gesellschaft auszuscheiden; beim Formwechsel in eine andere Kapitalgesellschaft oder in eine eG scheiden sie automatisch als phG aus der Gesellschaft aus. Ihre Abfindung richtet sich nach den allgemeinen Bestimmungen der §§ 738 ff. BGB in ihrer jeweiligen Ausgestaltung durch die Satzung der KGaA.[1458] Beim automatischen Ausscheiden ist das denknotwendig so, weil § 207 nur eingreift, wenn der Gesellschafter eine Beteiligung am Rechtsträger neuer Rechtsform erworben hat. Mitunter wird in Frage gestellt, ob vor dem Hintergrund der Rechtssprechung zur Unzulässigkeit von Hinauskündigungsklauseln ein automatisches Ausscheiden gerechtfertigt ist, wenn der Formwechsel gem. § 240 Abs. 3 S. 2 oder § 252 Abs. 3 auf einem Mehrheitsbeschluss beruht.[1459]

730

c) Umwandlungsbericht

Diesbezüglich bleibt es bei der Regelung in § 192. Zu erinnern ist daran, dass der Bericht verzichtbar ist und bei der Ein-Personengesellschaft entbehrlich ist (§ 192 Abs. 2).

731

d) Vorbereitung der Versammlung

Gem. §§ 230, 231, auf die die §§ 238, 251 verweisen, gilt folgendes: Bei einer GmbH haben die Geschäftsführer[1460] den Gesellschaftern den Formwechsel mit der Einberufung der Versammlung als Gegenstand der Beschlussfassung in Textform anzukündigen und den Umwandlungsbericht zu übersenden. Dem Umwandlungsbericht ist gem. § 192 Abs. 1 S. 3 der Entwurf des Umwandlungsbeschlusses beizufügen, zu dessen Inhalt gem. §§ 234 Nr. 3. und 243 Abs. 1 i.V.m. 218 Abs. 1 und 253 Abs. 1 auch der Gesellschaftsvertrag beziehungsweise die Satzung des Rechtsträgers neuer Rechtsform gehören. Für die Einladungsfrist ist der Gesellschaftsvertrag des formwechselnden Rechtsträgers maßgebend. Gem. § 51 Abs. 1 S. 2 GmbHG beträgt sie mindestens eine Woche.

732

Bei der AG oder KGaA gelten für die Einberufung die Vorschriften des AktG. Danach haben der Vorstand bzw. die Komplementärin und der Aufsichtsrat zu jedem Gegenstand

733

1458 Lutter/*Happ/Göthel*, § 227 Rn. 3 m.w.N.
1459 Goutier/Knopf/Tulloch/*Laumann*, § 247 Rn. 11; KK-UmwG/*Dauner-Lieb/Tettinger*, § 227 FN 2; vgl. aber auch Semler/Stengel/*Scheel*, § 247 Rn. 17, 18.
1460 Einberufungsberechtigt ist auch bei Gesamtvertretungsbefugnis jeder Geschäftsführer einzeln; h.M. z.B. Baumbach/Hueck/*Zöllner*, § 49 Rn. 3 m.w.N.

4. Kapitel Umwandlungen

der Tagesordnung in der Bekanntmachung Vorschläge zur Beschlussfassung zu machen (vgl. § 124 Abs. 3 AktG). Soll die Hauptversammlung über eine Satzungsänderung beschließen, so ist gem. § 124 Abs. 2 S. 2 deren Wortlaut bekanntzumachen. Daraus entnimmt das LG Hanau[1461] mit Zustimmung eines Teils des Schrifttums[1462] zu Recht die Verpflichtung, **in der Einladung** sowohl den Wortlaut des Umwandlungsbeschlusses als **auch die Satzung des Rechtsträgers** neuer Rechtsform zu veröffentlichen. Der Umwandlungsbericht ist gem. § 230 Abs. 2 von der Einberufung der Hauptversammlung an in den Geschäftsräumen der Gesellschaft zur Einsicht der Aktionäre auszulegen und jedem Aktionär auf Verlangen unverzüglich und kostenlos eine Abschrift zu übersenden. Gem. dem durch das ARUG ergänzten S. 3 entfallen diese Verpflichtungen, wenn der Bericht für denselben Zeitraum über die Internetseite der Gesellschaft zugänglich ist.

734 | **Praxistipp:**
Beim Formwechsel einer AG oder KGaA ist der vollständige Wortlaut der Satzung der Zielrechtsform in der Einladung zur Hauptversammlung zu veröffentlichen.

735 Mit der Einberufung ist gem. § 231 das Abfindungsangebot zu übersenden oder im elektronischen Bundesanzeiger oder in den Gesellschaftsblättern bekanntzumachen. Den persönlich haftenden Gesellschaftern einer KGaA ist kein Angebot zu unterbreiten. (s.o. b) Rdn. 730)

e) Durchführung der Versammlung

736 Für die Durchführung der Versammlung gelten mit Ausnahme des § 232 keine Besonderheiten. Gem. § 232 Abs. 1 S. 1 ist der Umwandlungsbericht (der den Entwurf des Umwandlungsbeschlusses und die Satzung des Rechtsträgers neuer Rechtsform enthält) in der Versammlung auszulegen. In der Hauptversammlung der AG oder KGaA kann er auch auf andere Weise (d.h. elektronisch) zugänglich gemacht werden. Für die Hauptversammlung der AG oder KGaA schreibt Abs. 2 die Erläuterung des Entwurfs durch die Vertretungsorgane der Gesellschaft vor. Bei der GmbH können dies die Gesellschafter in Ausübung ihres Informationsrechts gem. § 51a GmbHG ebenfalls verlangen.

2. Besonderheiten beim Formwechsel einer Kapitalgesellschaft in eine Personengesellschaft

a) Allgemeines

737 Besonderheiten ergeben sich zunächst aus den Anforderungen für Gesellschafter der Zielrechtsform. So können eine Erbengemeinschaft, eheliche Gütergemeinschaft und eine Bruchteilsgemeinschaft zwar Gesellschafter einer Kapitalgesellschaft, nicht aber einer Personengesellschaft sein.[1463] Die GbR kann dagegen Gesellschafterin einer anderen GbR[1464] und Kommanditistin einer KG[1465] sein; vielfach bejaht, aber noch nicht geklärt ist dagegen,

---

1461 ZIP 1996, 422.
1462 Semler/Stengel/*Ihrig*, § 230 Rn. 12 ff.; Kallmeyer/*Dirksen*, § 230 Rn. 9; kritisch Lutter/*Happ/Göthel*, § 230 Rn. 38; KK-UmwG/*Dauner-Lieb/Tettinger*, § 230 Rn. 26 f. a.A. Widmann/Mayer/*Vossius*, § 230 Rn. 29.
1463 Semler/Stengel/*Ihrig*, § 228 Rn. 18; Lutter/*Happ/Göthel*, § 228 Rn. 14; KK-UmwG/*Dauner-Lieb/Tettinger*, § 228 Rn. 20.
1464 BGH NJW 1998, 376; MünchKommBGB/*Ulmer*, § 705 Rn. 79.
1465 § 162 Abs. 1 S. 2 HGB.

ob sie auch phG einer Personenhandelsgesellschaft sein kann.[1466] Der nicht rechtsfähige Verein soll Gesellschafter einer GbR[1467] und nach vordringender Auffassung auch phG einer Personenhandelsgesellschaft sein können.[1468] Bei ausländischen Gesellschaften soll es darauf ankommen, ob sie einer Gesellschaftsform vergleichbar sind, die nach deutschem Recht Gesellschaften der Zielrechtsform sein können.[1469]

Weiter ist beim Formwechsel zu berücksichtigen, dass Personengesellschaften stets **mindestens zwei Gesellschafter** haben müssen. Der Formwechsel einer Ein-Personenkapitalgesellschaft in eine Personengesellschaft ist daher nur möglich, wenn ein weiterer Gesellschafter vorher oder im Zuge des Formwechsels beitritt. Die Auffassung, dass der Beitritt auch auf den Zeitpunkt des Formwechsels zulässig ist,[1470] findet zunehmend mehr Befürworter. Der sicherste Weg ist allerdings nach wie vor, wenn der weitere Gesellschafter vor dem Formwechsel beitritt. **738**

b) Besonderheiten für den Beschlussinhalt

aa) § 194 Abs. 1 Nr. 1 und 2 (Zielrechtsform, Firma)

Gem. § 228 Abs. 1 kann eine Kapitalgesellschaft in eine Personenhandelsgesellschaft nur umgewandelt werden, wenn der Unternehmensgegenstand den Vorschriften über die Gründung einer oHG entspricht. Das ist der Fall, wenn die Gesellschaft ein gewerbliches Unternehmen betreibt, das nach Art und Umfang ein in kaufmännischer Weise eingerichteten Geschäftsbetrieb erfordert. Auch wenn diese Voraussetzungen nicht erfüllt sind, kann die Gesellschaft aber durch Eintragung oHG werden. Letzteres gilt auch für vermögensverwaltende Gesellschaften. Freiberuflern ist dagegen die Wahl einer Personenhandelsgesellschaft nach h.M. nicht möglich.[1471] Damit besteht ein Wahlrecht für die Zielrechtsform nur in Grenzen: Soweit die Gesellschaft einen Gewerbebetrieb hat, der einen in kaufmännischer Weise eingerichteten Geschäftsbetrieb erfordert, steht nur die Personenhandelsgesellschaft, nicht die GbR und nicht die PartG zur Wahl. Würde die Gesellschaft dagegen nur kraft Eintragung Personenhandelsgesellschaft, kommen alternativ die Rechtsform der GbR und die der oHG in Betracht, es sei denn, die Gesellschafter betreiben einen freien Beruf. In diesem Fall könnte der formwechselnde Rechtsträger nur in eine GbR oder eine PartG umgewandelt werden. Die PartG steht allerdings nur zur Wahl, wenn sämtliche Gesellschafter einen freien Beruf ausüben und berufsrechtliche Bestimmungen der Ausübung des Berufs in der PartG nicht entgegenstehen (vgl. § 1 Abs. 3 PartGG). Zum hilfsweisen Formwechsel in andere Rechtsformen siehe oben Rdn. 509. **739**

Der Angabe der Firma bedarf es nicht beim Formwechsel in die GbR. Die GbR führt keine Firma. Gem. § 200 Abs. 5 erlischt die Firma in diesem Fall.[1472] **740**

1466 Dafür etwa MünchKommHGB/*K. Schmidt*, § 105 Rn. 96/98; LG Berlin GmbHR 2003, 719/721; Ebenroth/Boujong/Just/*Wertenbruch*, § 105 Rn. 97; zweifelnd dagegen MünchKommBGB/ *Ulmer*, § 705 Rn. 317.
1467 MünchKommBGB/*Ulmer*, § 705 Rn. 80; Lutter/*Happ/Göthel*, § 228 Rn. 14.
1468 Lutter/*Happ/Göthel*, § 228 Rn. 7; Ebenroth/Boujong/Just/*Wertenbruch*, § 105 Rn. 98; wohl auch Baumbach/Hopt, § 105 Rn. 29; MünchKommHGB/*K. Schmidt*, § 105 Rn. 87.
1469 Lutter/*Happ/Göthel*, § 228 Rn. 6; Semler/Stengel/*Ihrig*, § 228 Rn. 17; zu Einzelheiten vgl. KK-UmwG/*Dauner-Lieb/Tettinger*, § 228 Rn. 22 FN 36.
1470 Semler/Stengel/*Ihrig*, § 228 Rn. 14; Lutter/*Happ/Göthel*, § 228 Rn. 27; wohl auch Lutter/*Decher*, § 202 Rn. 15; Widmann/Mayer/*Vossius*, § 228 Rn. 95, der allerdings auf Haftungsgefahren hinweist; zweifelnd dagegen KK-UmwG/*Dauner-Lieb/Tettinger*, § 228 Rn. 24 und a.A. Kallmeyer/ *Meister/Klöcker*, § 202 Rn. 31.
1471 Baumbach/Hopt, § 105 Rn. 13; Ebenroth/Boujong/Just/*Wertenbruch*, § 105 Rn. 24; a.A. MünchKommHGB/*K. Schmidt*, § 105 Rn. 60 ff/63.
1472 Kritisch gegenüber der Bestimmung in Anbetracht der neueren BGH Rechtsprechung zur GbR Lutter/*Decher*, § 200 Rn. 13.

4. Kapitel Umwandlungen

bb) § 194 Abs. 1 Nr. 3 (Inhaberidentität)

741 Der Umwandlungsbeschluss muss bestimmen, welche Beteiligung die Gesellschafter der Kapitalgesellschaft an der neuen Gesellschaft erhalten sollen. Die Bestimmung ist Ausdruck des Identitätsgrundsatzes. Es ist zu regeln, dass die Anteilsinhaber der Kapitalgesellschaft Gesellschafter der Personengesellschaft werden. Problematisch ist dies beim Formwechsel einer GmbH oder AG in die GmbH & Co. KG. Dies ist oben unter Rdn. 512 dargestellt.

cc) § 197 Abs. 1 Nr. 4 (Beteiligungsidentität)

742 Nr. 4 hängt mit Nr. 3 eng zusammen. Der Formwechselbeschluss muß Zahl, Art und Umfang der Mitgliedschaft am Rechtsträger neuer Rechtsform, also der Personengesellschaft bestimmen.

743 Da bei der Personengesellschaft der Grundsatz der Einheitlichkeit der Beteiligung gilt, spielt die Angabe der **Zahl der Anteile beziehungsweise Mitgliedschaften** in der Regel keine Rolle. Ausnahmen vom Grundsatz der Einheitlichkeit der Beteiligung werden aber gemacht, wenn der Gesellschafter der Personengesellschaft eine Beteiligung hinzuerwirbt, die unterschiedlich belastet ist oder der Dauertestamentsvollstreckung unterliegt.[1473] Dementsprechend muss auch beim Formwechsel in die Personengesellschaft ein Anteilsinhaber mehrere Beteiligungen an dem Rechtsträger neuer Rechtsform erhalten, wenn die Anteile an der formwechselnden Kapitalgesellschaft unterschiedlich belastet sind oder nur einzelne von ihnen einer Dauertestamentsvollstreckung unterliegen (vgl. Rdn. 672).

744 Festgelegt werden muss ferner die **Art der Mitgliedschaft**, also bei der Kommanditgesellschaft, ob der Anteilsinhaber Komplementär oder Kommanditist wird. Daneben schreibt § 234 Nr. 2 vor, dass der Kommanditist anzugeben sei. Nach allgemeiner Ansicht[1474] erfordert die Bestimmung zwingend die namentliche Bezeichnung der künftigen Kommanditisten und darüber hinaus nach verbreiteter Auffassung **sämtliche Angaben, die gem. §§ 162, 106 HGB** für die Eintragung des Kommanditisten in das Handelsregister **notwendig sind**: Namen, Vornamen, Geburtsdatum und Wohnort,[1475] bei Gesellschaften Sitz und Handelsregisternummer.[1476] Die Angabe der vollständigen Privatanschrift soll dagegen nicht erforderlich sein.[1477] Vereinzelt wird allerdings die Angabe der registerrelevanten Daten nicht für erforderlich gehalten.[1478] Dafür sprechen in der Tat gute Argumente.[1479] Angesichts der harten Rechtsfolge (Nichtigkeit des Beschlusses bei fehlenden oder unzureichenden Angaben) wird die Praxis auf die Angaben aber nicht verzichten können.

745 Besondere Fragen stellen sich, wenn Gesellschafter des formwechselnden Rechtsträgers unbekannt sind, wie es bei Aktionären häufig vorkommt, wenn Inhaberaktien ausgegeben sind. Zwar bedarf der Formwechsel gem. § 233 Abs. 2 nicht der Zustimmung aller künftigen Kommanditisten. Er scheitert aber an dem Erfordernis der namentlichen Bezeichnung, soweit nicht §§ 213 i.V.m. 35 eingreift. Nach dieser Bestimmung können unbekannte Aktionäre durch Angabe des insgesamt auf sie entfallenden Teils des Grundkapitals bezeichnet werden, soweit ihre Aktien 5 % des Grundkapitals nicht übersteigen. Werden die Aktio-

---

1473 Vgl. MünchKommBGB/*Ulmer*, § 705 Rn. 182 m.w.N.
1474 BayObLG ZIP 1996, 1467; Kallmeyer/*Dirksen*, § 234 Rn. 3; Lutter/*Happ/Göthel*, § 234 Rn. 17 ff.; Semler/Stengel/*Ihrig*, § 234 Rn. 7; Schmidt/Hörtnagl/Stratz/*Stratz*, § 234 Rn. 3; Widmann/Mayer/*Vossius*, § 234 Rn. 8 ff.
1475 Kallmeyer/*Dirksen*, § 234 Rn. 3; Lutter/*Happ/Göthel*, § 234 Rn. 17; Schmidt/Hörtnagl/Stratz/*Stratz*, § 234 Rn. 3; Widmann/Mayer/*Vossius*, § 234 Rn. 9; a.A. Semler/Stengel/*Ihrig*, § 234 Rn. 7; KK-UmwG/*Dauner-Lieb/Tettinger*, § 234 Rn. 10.
1476 Widmann/Mayer/*Vossius*, § 234 Rn. 9.
1477 Widmann/Mayer/*Vossius*, § 234 Rn. 10.
1478 Semler/Stengel/*Ihrig*, § 234 Rn. 7; KK-UmwG/*Dauner-Lieb/Tettinger*, § 234 Rn. 10.
1479 Vgl. insbesondere KK-UmwG/*Dauner-Lieb/Tettinger*, § 234 Rn. 10.

näre später bekannt, ist das Register zu berichtigen. Sind mehr als 5% der Aktionäre unbekannt, muss der Formwechsel unterbleiben.[1480] Die im Schrifttum erörterten Ausweichlösungen (Pflegerbestellung, Umwandlung in Namensaktien und Kraftloserklärung der ihre Mitwirkung verweigernden Aktionäre gem. § 73 AktG, Bezeichnung der Aktionäre nach den Aktiennummern) sind alle nicht zweifelsfrei. Das BayObLG[1481] hat die Gesellschaft für verpflichtet gehalten, Anstrengungen zur Ermittlung ihrer unbekannten Aktionäre zu unternehmen und bei der Einladung zur beschlussfassenden Hauptversammlung die Bemühungen den Anteilsinhabern darzulegen.[1482]

Festzulegen ist schließlich der **Umfang der Mitgliedschaft**, also die Beteiligung am Vermögen und am Gewinn und Verlust der Zielrechtsform. Das betrifft die Pflichteinlage und den daraus regelmäßig abgeleiteten Kapitalanteil des Gesellschafters. Gem. § 234 Nr. 2 muss der Umwandlungsbeschluss den Betrag der Einlage des Kommanditisten angeben. Damit ist aber nicht die Pflicht- sondern die Hafteinlage oder Haftsumme gemeint,[1483] also der Betrag, bis zu dem der Kommanditist Gläubigern gegenüber haftet, wenn er nicht geleistet ist und der in das Handelsregister als Kommanditeinlage eingetragen wird. Die Haftsumme kann abweichend von der Pflichteinlage oder dem Kapitalanteil des Kommanditisten festgesetzt werden. Bei der Festsetzung der Einlage sind die Gesellschafter frei.[1484] Die Einlagen werden durch das Vermögen des formwechselnden Rechtsträgers, beziehungsweise den auf den einzelnen Kommanditisten entfallenden Anteil an diesem Vermögen erbracht. Soweit die Einlagen erbracht sind, erlischt die Haftung, und zwar gem. § 171 Abs. 1 Hs. 2 HGB gegenüber den Gläubigern[1485] und aus dem Gesellschaftsvertrag gegenüber der Gesellschaft. Die Einlagen werden beim Formwechsel durch das Reinvermögen des formwechselnden Rechtsträgers erbracht, das als Sacheinlage behandelt wird. Werden die Haftsummen höher festgesetzt, als es dem auf den Kommanditisten entfallenden Teil des Vermögens des formwechselnden Rechtsträgers entspricht, haftet der Kommanditist in dieser Höhe, solange die Differenz nicht aufgefüllt ist. Es ist umstritten, ob wegen der damit verbundenen persönlichen Haftung in diesem Fall die Zustimmung des betroffenen Kommanditisten entsprechend § 233 Abs. 1 UmwG erforderlich ist.[1486] Werden die Haftsummen und Kommanditeinlagen niedriger festgesetzt, können überschießende Beträge der Gesellschaft als Darlehen belassen oder an die Gesellschafter zurückgezahlt werden, ohne dass dies eine Haftung der Kommanditisten auslöst.

Praxistipp:
Angesichts der Zweifel, ob Kommanditisten dem Formwechsel zustimmen müssen, wenn die Haftsummen höher sind, als der auf sie entfallende Teil des Vermögens der Kapitalgesellschaft, sollte eine solche Gestaltung vermieden werden, wenn man sich nicht der Zustimmung aller Kommanditisten sicher ist.

1480 Kallmeyer/*Dirksen*, § 234 Rn. 3; Lutter/*Happ/Göthel*, § 234 Rn. 25 ff.
1481 ZIP 1996, 1467.
1482 Zustimmend Kallmeyer/*Dirksen*, § 234 Rn. 3; *Neye*, EwiR 1996, 761; kritisch dagegen Lutter/*Happ/Göthel*, § 234 Rn. 20; Semler/Stengel/*Ihrig*, § 234 Rn. 11; KK-UmwG/*Dauner-Lieb/Tettinger*, § 234 Rn. 13.
1483 Kallmeyer/*Dirksen*, § 234 Rn. 4; Semler/Stengel/*Ihrig*, § 234 Rn. 8; Lutter/*Happ/Göthel*, § 234 Rn. 32.
1484 Lutter/*Happ/Göthel*, § 234 Rn. 32; Semler/Stengel/*Ihrig*, § 234 Rn. 8; KK-UmwG/*Dauner-Lieb/Tettinger*, § 234 Rn. 17.
1485 Semler/Stengel/*Ihrig*, § 234 Rn. 8.
1486 So Widmann/Mayer/*Vossius*, § 40 Rn. 46 zum entsprechenden Fall bei der Verschmelzung; Kallmeyer/*Dirksen*, § 233 Rn. 11; a.A. Semler/Stengel/*Ihrig*, § 233 Rn. 25; KK-UmwG/*Dauner-Lieb/Tettinger*, § 233 Rn. 37, § 234 Rn. 18 ff.

dd) § 194 Abs. 1 Nr. 5 (Sonder- und Vorzugsrechte)

748 Für Sonder- und Vorzugsrechte gelten keine Besonderheiten. Hinzuweisen ist jedoch auf § 233 Abs. 2 S. 1 Hs. 2, der auf § 50 Abs. 2 verweist. Danach bedarf die Beeinträchtigung der dort aufgeführten Sonderrechte in der Geschäftsführung, bei der Bestellung des Geschäftsführers oder hinsichtlich eines entsprechenden Vorschlagsrechts der Zustimmung dieser Gesellschafter.

ee) § 194 Abs. 1 Nr. 6 (Barabfindungsangebot)

749 Ein Angebot auf Barabfindung muss nur abgegeben werden, wenn eine Mehrheitsentscheidung über den Formwechsel möglich ist, also nur beim Formwechsel in eine Kommanditgesellschaft (vgl. § 233 Abs. 2 gegenüber § 233 Abs. 1), beim Formwechsel in eine oHG, GbR oder Partnergesellschaft. Den Komplementären der KGaA muss kein Barabfindungsangebot unterbreitet werden (siehe oben Rdn. 730).

ff) § 194 Abs. 1 Nr. 7 (Folgen für die Arbeitnehmer)

750 Die Personengesellschaft unterliegt grundsätzlich nicht der Mitbestimmung nach DrittelbG und MitbestG. Eine Ausnahme macht nur das MitbestG für die GmbH & Co. KG, welche die Voraussetzungen der §§ 4 und 5 MitbestG erfüllt. Auch bei dieser gilt allerdings die Mitbestimmung nur für die Komplementär-GmbH. Gleichwohl bleibt nach h.M. ein beim formwechselnden Rechtsträgers bestehender mitbestimmter Aufsichtsrat gem. § 203 im Amt. Im Übrigen erlischt der Aufsichtsrat mit dem Formwechsel ohne Durchführung eines Statusverfahrens. (Einzelheiten siehe oben Rdn. 494).

gg) Wahl der ersten Organmitglieder

751 Eine gesonderte Wahl von Organmitgliedern eines Geschäftsführungsorgans scheidet wegen des Grundsatzes der Selbstorganschaft aus. Die Personen, die die Personenhandelsgesellschaft als Organ vertreten, werden in der Satzung bestimmt.

c) Satzung

752 Da der Gesellschaftsvertrag des Rechtsträgers neuer Rechtsform gem. § 234 Nr. 3 Teil des Umwandlungsbeschlusses ist, wird er mit derselben Mehrheit beschlossen wie dieser.[1487] Beim Formwechsel in die Personengesellschaft heißt das wegen der unbeschränkten Haftung der Gesellschafter in der Personengesellschaft grundsätzlich Zustimmung aller Gesellschafter. Nur der Beschluss über die Umwandlung einer Kapitalgesellschaft in eine Kommanditgesellschaft erfolgt gem. § 233 Abs. 2 mangels abweichender Regelung in der Satzung des formwechselnden Rechtsträgers mit einer Mehrheit von ¾ der abgegebenen Stimmen. Für diesen Fall stellen sich Fragen nach der zulässigen Gestaltung des Gesellschaftsvertrages der neuen Rechtsform. Insofern kann auf die Ausführung oben (Rdn. 557 ff.) verwiesen werden. Zwei besondere Themen sind an dieser Stelle jedoch anzusprechen. Das erste ist die Ausgestaltung der Komplementär-GmbH bei der GmbH & Co. KG. Die Frage ist, ob diese der üblichen Gestaltung folgen muss, mit der eine Verzahnung der GmbH und der KG sichergestellt wird, also der Beteiligungsidentität oder der Einheitsgesellschaft.[1488] Der BGH hat das beim Formwechsel einer AG in eine GmbH & Co. KG nicht für erforderlich gehalten, weil der Einfluss der Minderheitsgesellschafter auf die Geschäftsführung gegenüber dem formwechselnden Rechtsträger, also der AG, nicht

---

1487 *Limmer,* Rn. 2601.
1488 Dazu z.B. Baumbach/Hopt, Anh. § 177a Rn. 6 und 8.

geringer geworden sei.[1489] Es ist bezweifelt worden, ob das auch gilt, wenn nicht ein Mehrheitsgesellschafter entscheidenden Einfluss beim formwechselnden Rechtsträger hat.[1490] Ein weiteres Thema, das sich besonders beim Formwechsel einer Kapitalgesellschaft, insbesondere einer AG oder KGaA, in die Personengesellschaft stellt, ist, ob im Hinblick auf § 180 Abs. 2 AktG die bei der Personengesellschaft kraft Gesetzes bestehende Vinkulierung aufgehoben werden muss.[1491] (siehe dazu oben Rdn. 557 a.E.)
Im übrigen gelten für die Satzung keine Besonderheiten.

753

d) Beschlussverfahren

aa) Einberufung und Durchführung der Versammlung

Zu den Besonderheiten der Einberufung und Durchführung der Versammlung vgl. oben Rdn. 732 ff.

754

bb) Beschlussfassung

Zur Beschlussfassung ist zunächst zu prüfen, ob die Satzung für die Beschlussfähigkeit der Versammlung bestimmte Quoten vorschreibt und ob diese eingehalten werden.[1492]

755

Für den Formwechsel in eine Rechtsform, bei der alle Gesellschafter unbeschränkt haften, also GbR, oHG und PartG, schreibt das Gesetz die zwingende[1493] Zustimmung aller anwesenden Gesellschafter vor. Dem Beschluss müssen auch die nicht anwesenden Gesellschafter zustimmen. Anwesend sind auch die wirksam vertretenen Gesellschafter.[1494] (zur Frage wann eine wirksame Vertretung vorliegt, vgl. oben Rdn. 582) Eine vollmachtlose Vertretung mit anschließender formloser Genehmigung soll nicht in Betracht kommen;[1495] eine Genehmigung einer vollmachtlosen Vertretung in beurkundeter Form macht wenig Sinn, weil der Gesellschafter gem. § 193 Abs. 3 ohnedies in notarieller beurkundeter Form nachträglich zustimmen kann.[1496] Dagegen führen Gegenstimmen und Enthaltungen in der Versammlung zur Unwirksamkeit des Beschlusses. Aus dem Wortlaut des § 233 Abs. 1 S. 1 Hs. 1 (»der Zustimmung aller anwesenden Gesellschafter oder Aktionäre«) wird entnommen, dass eine spätere Zustimmung in der Versammlung anwesender oder vertretener Gesellschafter gem. § 233 Abs. 1 S. 2 Hs. 2 unzulässig ist.[1497] Nach vielfach vertretener aber abzulehnender Auffassung müssen auch Inhaber stimmrechtsloser Anteile zustimmen (siehe oben Rdn. 574). Zur Ausübung des Stimmrechts bei diesem Beschluss oder der Abgabe der Zustimmungserklärung berechtigt eine obligatorische Gruppenvertretung nicht.[1498] Eine Stimmbindung wird man angesichts der gravierenden Rechtsfolgen (unbeschränkte Haftung) nur in Ausnahmefällen für zulässig halten können. Die Bindung müßte auf einen konkreten Umwandlungsbeschluss bezogen und die Verpflichtung notariell beurkundet sein.[1499]

756

1489 BGH NZG 2005, 722.
1490 KK-UmwG/*Dauner-Lieb/Tettinger*, § 217 Rn. 60 ff.
1491 KK-UmwG/*Dauner-Lieb/Tettinger*, § 233 Rn. 67.
1492 Semler/Stengel/*Ihrig*, § 233 Rn. 12.
1493 Kallmeyer/*Dirksen*, § 233 R. 12.
1494 Semler/Stengel/*Ihrig*, § 233 Rn. 11.
1495 Semler/Stengel/*Ihrig*, § 233 Rn. 11; Lutter/*Happ/Göthel*, § 233 Rn. 6; Kallmeyer/*Dirksen*, § 233 Rn. 2; KK-UmwG/*Dauner-Lieb/Tettinger*, § 233, Rn. 9.
1496 Siehe die Vorgenannten.
1497 Semler/Stengel/*Ihrig*, § 233 Rn. 11; Lutter/*Happ/Göthel*, § 233 Rn. 7; Kallmeyer/*Dirksen*, § 233 Rn. 2; KK-UmwG/*Dauner-Lieb/Tettinger*, § 233 Rn. 8.
1498 KK-UmwG/*Dauner-Lieb/Tettinger*, § 233 Rn. 14 m.w.N.
1499 So zurecht KK-UmwG/*Dauner-Lieb/Tettinger*, § 233 Rn. 17.

4. Kapitel Umwandlungen

757 Der Beschluss über den Formwechsel in die KG bedarf dagegen nur einer ¾-Mehrheit der abgegebenen Stimmen beziehungsweise bei AG und KGaA des vertretenen Grundkapitals. Der Gesellschaftsvertrag kann eine größere Mehrheit und weitere Erfordernisse – z.B. ein Quorum für die Versammlung oder größere Mehrheiten – bestimmen. Sieht die Satzung solche Erschwerungen allgemein für Gesellschafterbeschlüsse oder für Satzungsänderungen vor, sind sie auch für den Formwechsel zu beachten.[1500]

758 Für den Beschluss gelten im übrigen die allgemeinen Regelungen für Gesellschafterbeschlüsse. Soweit die Rechtsform des formwechselnden Rechtsträgers dies erlaubt, ist eine vollmachtlose Vertretung zulässig.[1501] Mehrstimmrechte sind zu berücksichtigen.[1502] Stimmenthaltungen werden nicht mitgezählt.[1503] Dasselbe gilt nach h.M. für stimmrechtslose Geschäftsanteile.[1504] Bei stimmrechtslosen Vorzugsaktien ist allerdings § 140 Abs. 2 S. 2 AktG zu beachten, wonach das Stimmrecht wieder auflebt, wenn rückständige Vorzugsdividenden auch im folgenden Jahr nicht gezahlt werden. Eine obligatorische Gruppenvertretung ist für diesen Beschluss nicht ausgeschlossen.[1505] Auch eine Stimmbindung ist zulässig.[1506] Schon gemäß § 193 Abs. 1 S. 2 nicht möglich ist die Berücksichtigung außerhalb der Versammlung abgegebener Stimmen.[1507] Die Anteilsinhaber, die in der KG die Stellung eines pHG haben sollen, müssen dem Formwechsel gem. § 233 Abs. 2 S. 3 zustimmen. Streitig ist in diesem Zusammenhang, ob es für diese Erklärung genügt, wenn der Betreffende bei dem Beschluss mitwirkt und dies in der Niederschrift über die Versammlung ausdrücklich vermerkt wird[1508] oder ob es einer gesonderten Willenserklärung bedarf.[1509] § 233 Abs. 2 S. 3 spricht i.V. mit § 193 Abs. 3 S. 1 deutlich für eine gesonderte Beurkundung als Willenserklärung, die gem. §§ 6 ff. BeurkG beurkundet werden muss, während der Beschluss als Tatsachenprotokoll abgefaßt werden kann. Andererseits stellt es eine Ungereimtheit dar, dass gem. § 233 Abs. 1 für die anwesenden Gesellschafter die persönliche Haftung auch in Beschlussform begründet werden kann. Aus Gründen **kautelarjuristischer Vorsicht**, sollte aber die Zustimmung nach den Vorschriften über Willenserklärung beurkundet werden. Da die Beurkundung des Beschlusses bei überschaubarem Gesellschafterkreis häufig ohnedies nach §§ 6 ff. BeurkG erfolgt, ist mit einer entsprechenden gesonderten Niederlegung, die in derselben Urkunde erfolgen kann, kein besonderer Umstand verbunden. Umstritten ist, ob eine besondere Zustimmungserklärung der künftigen Kommanditisten erforderlich ist, wenn die Haftsummen höher festgelegt werden, als es dem auf den Kommanditisten entfallenden Teil des Vermögens des formwechselnden

---

1500 KK-UmwG/*Dauner-Lieb/Tettinger*, § 233 Rn. 34; Lutter/*Happ/Göthel*, § 233 Rn. 20; Semler/Stengel/*Ihrig*, § 233 Rn. 24.
1501 Kallmeyer/*Dirksen*, § 233 Rn. 9; Semler/Stengel/*Ihrig*, § 233 Rn. 22; KK-UmwG/*Dauner-Lieb/Tettinger*, § 233 Rn. 27; siehe auch oben S. 82 Rdn. 583.
1502 Kallmeyer/*Dirksen*, § 233 Rn. 9; Semler/Stengel/*Ihrig*, § 233 Rn. 21; KK-UmwG/*Dauner-Lieb/Tettinger*, § 233 Rn. 26.
1503 Kallmeyer/*Dirksen*, § 233 Rn. 9; Semler/Stengel/*Ihrig*, § 233 Rn. 21; KK-UmwG/*Dauner-Lieb/Tettinger*, § 233 Rn. 26; Lutter/*Happ/Göthel*, § 233 Rn. 22.
1504 Kallmeyer/*Dirksen*, § 233 Rn. 9; Semler/Stengel/*Ihrig*, § 233 Rn. 21; Lutter/*Happ/Göthel*, § 233 Rn. 22, 24; zweifelnd KK-UmwG/*Dauner-Lieb/Tettinger*, § 233 Rn. 26.
1505 Einzelheiten KK-UmwG/*Dauner-Lieb/Tettinger*, § 233 Rn. 28.
1506 BGH NJW 2009, 669, 671 f.; KK-UmwG/*Dauner-Lieb/Tettinger*, § 233 Rn. 28.
1507 Kallmeyer/*Dirksen*, § 233 Rn. 9; Semler/Stengel/*Ihrig*, § 233 Rn. 22; Lutter/*Happ/Göthel*, § 233 Rn. 23; KK-UmwG/*Dauner-Lieb/Tettinger*, § 233 Rn. 29.
1508 So Lutter/*Happ/Göthel*, § 233 Rn. 26; wohl auch Semler/Stengel/*Ihrig*, § 233 Rn. 25 (»kann außerhalb«).
1509 So Kallmeyer/*Zimmermann*, § 193 Rn. 31; KK-UmwG/*Dauner-Lieb/Tettinger*, § 233 Rn. 36; KK-UmwG/*Peters*, § 193 Rn. 19; Widmann/Mayer/*Vossius*, § 233 Rn. 81.

Rechtsträgers entspricht, und dadurch eine persönliche Haftung der Kommanditisten resultiert (siehe oben Rdn. 746).[1510]

cc) Inhaltliche Beschlusskontrolle

Ein Thema das in diesem Zusammenhang erörtert wird, ist eine Anfechtbarkeit des Beschlusses aus dem Gesichtspunkts des »kalten Delisting«. Der Formwechsel einer börsennotierten AG oder KGaA in eine GmbH hat den automatischen Verlust der Börsenzulassung zur Folge. Dies macht den Beschluss allerdings nach allgemeiner Meinung nicht unzulässig, zumal die Anteilsinhaber, die dies zum Anlaß nehmen wollen, aus der Gesellschaft auszuscheiden, auf das Abfindungsangebot gem. § 207 zurückgreifen können, das zum Verkehrswert zu machen ist.[1511] Sehr viel umstrittener ist, ob dasselbe für den Formwechsel anzunehmen ist, der nur zur Durchführung eines »squeeze-out« dient (vgl. dazu Rdn. 602).

759

Im Übrigen sei auf die Ausführungen zur Inhaltskontrolle bei der Satzungsgestaltung oben (Rdn. 557 ff.) verwiesen.

760

dd) Beurkundung des Beschlusses

Beim Formwechsel einer KGaA bedarf der Beschluss der Zustimmung ihrer Komplementäre. In diesem Zusammenhang sind Besonderheiten zu beachten, die oben VIII.4.c bereits erläutert worden sind. Im Übrigen gelten für die Beurkundung des Beschlusses keine Besonderheiten.

761

ee) Vertretung

Auch diesbezüglich gelten keine Besonderheiten. Auf Rdn. 582 ff. wird verwiesen. Zu erinnern ist allerdings daran, dass eine vollmachtlose Vertretung bei der AG überwiegend als unzulässig angesehen wird[1512] und dass sie außerdem bei Vertretung der Personen, die zustimmen müssen, das sind die, die in der neuen Rechtsform unbeschränkt haften, für unzulässig gehalten wird. Diese sollen im Hinblick auf §§ 233 Abs. 1 S. 1 Hs. 2, 193 Abs. 3 S. 1 nicht einfach formlos genehmigen können, wenn das Gesetz für die Zustimmung abwesender Gesellschafter die notarielle Beurkundung vorschreibt.[1513] Anders ist das dagegen, wenn eine Mehrheitsentscheidung zulässig ist.[1514] Generell ist vollmachtlose Vertretung allerdings nur zulässig, wenn sich dagegen kein Widerspruch von Seiten der anderen Gesellschafter erhebt.[1515] Zu erinnern ist auch daran, dass eine obligatorische Gruppenvertretungsklausel nur im Rahmen der Mehrheitsentscheidung des § 233 Abs. 2 S. 1,[1516] nicht dagegen im Rahmen des § 233 Abs. 1[1517] und auch nicht im Rahmen des § 233 Abs. 2 S. 3 Wirkung entfalten können soll. Minderjährige werden gem. § 1629 durch ihre

762

1510 Für ein Zustimmungserfordernis Widmann/Mayer/*Vossius*, § 40 Rn. 36; Kallmeyer/*Dirksen*, § 233 Rn. 11; a.A. Semler/Stengel/*Ihrig*, § 233 Rn. 25; grundsätzlich auch KK-UmwG/*Dauner-Lieb/Tettinger*, § 233 Rn. 37.
1511 H.M. Grunewald, ZIP 2004, 542/544; Lutter/*Happ/Göthel*, § 233 Rn. 61; Semler/Stengel/*Ihrig*, § 226 Rn. 11; KK-UmwG/*Dauner-Lieb/Tettinger*, § 226 Rn. 11.
1512 Hüffer, § 134 Rn. 2; Widmann/Mayer/*Heckschen*, § 13 Rn. 103.1; DNotI Gutachten Nr. 57626 vom 24.3.2005; a.A. Hartmann, DNotZ 2002, 253; KK-UmwG/*Dauner-Lieb/Tettinger*, § 233 Rn. 27 (zulässig wenn kein Widerspruch).
1513 Semler/Stengel/*Ihrig*, § 233 Rn. 11; Lutter/*Happ/Göthel*, § 233 Rn. 6; Kallmeyer/*Dirksen*, § 233 Rn. 2; KK-UmwG/*Dauner-Lieb/Tettinger*, § 233 Rn. 9.
1514 Semler/Stengel/*Ihrig*, § 233 Rn. 22, Kallmeyer/*Dirksen*, § 233 Rn. 9.
1515 KK-UmwG/*Dauner-Lieb/Tettinger*, § 233 Rn. 27 m.w.N.
1516 KK-UmwG/*Dauner-Lieb/Tettinger*, § 233 Rn. 28.
1517 KK-UmwG/*Dauner-Lieb/Tettinger*, § 233 Rn. 14.

gesetzlichen Vertreter vertreten. Der Formwechsel ist selten nur rechtlich vorteilhaft.[1518] Annehmen kann man das allenfalls beim Formwechsel in die Kommanditgesellschaft und Einräumung einer Kommanditistenstellung für den Minderjährigen, wenn die Einlage durch das Vermögen des formwechselnden Rechtsträgers in voller Höhe gedeckt ist. Ist der gesetzliche Vertreter selbst an der Gesellschaft beteiligt, ist er im Hinblick auf § 181 BGB von der Vertretung ausgeschlossen.[1519] Er bedarf der Bestellung eines Ergänzungspflegers. Überdies bedürfen der gesetzliche Vertreter und der Ergänzungspfleger gem. § 1822 Nr. 3[1520] und 10[1521] der familiengerichtlichen Genehmigung.[1522] Zur Anwendung von § 181 BGB auf den Umwandlungsbeschluss, siehe oben Rdn. 584.

e) Zustimmung Dritter

763 Eine Zustimmung dinglich Berechtigter an den Anteilen des formwechselnden Rechtsträgers ist nach h.M. nicht erforderlich, weil sich der Formwechsel durch körperschaftliche Willensbildung vollzieht (siehe oben Rdn. 592) und diese nicht von der Zustimmung außerhalb des Verbandes stehender Dritter abhängig gemacht werden kann.[1523] Zweifel kann man allerdings haben, ob das auch für eine Zustimmung des Gesellschafters des verpfändeten Anteils gem. § 193 Abs. 2 oder § 50 Abs. 2 gilt. In der Praxis wird die Frage aber selten praktisch werden, weil der Gesellschafter jedenfalls im Innenverhältnis gehalten sein wird, das Stimmrecht nicht ohne Zustimmung des Pfandgläubigers auszuüben.

764 Die Stimmabgabe im Rahmen des Umwandlungsbeschlusses bedarf beim Formwechsel von der Kapitalgesellschaft in die Personengesellschaft im Hinblick auf die dadurch regelmäßig bewirkte Einschränkung der Verfügungsbefugnis über die Beteiligung nach überwiegender Ansicht der Zustimmung des Ehegatten eines Gesellschafters, der im gesetzlichen Güterstand lebt und dessen Beteiligung sein wesentliches Vermögen darstellt. Auf die Ausführungen oben Rdn. 615 wird verwiesen. Im übrigen gelten keine Besonderheiten.

f) Zustimmung einzelner Gesellschafter

aa) Zustimmung nicht erschienener Gesellschafter gem. § 233 Abs. 1

765 Gem. § 233 Abs. 1 bedarf der Beschluss über den Formwechsel in eine Gesellschaftsform, bei der alle Gesellschafter unbeschränkt haften, eines einstimmigen Beschlusses aller anwesenden Anteilsinhaber und darüber hinaus der Zustimmung der nicht erschienenen Anteilsinhaber. Der Formwechsel wird also zwingend nur wirksam, wenn alle Anteilsinhaber des formwechselnden Rechtsträgers zustimmen. Die Zustimmung ist **Willenserklärung** und als solche zu beurkunden. (siehe oben Rdn. 629) Die Zustimmung kann vor oder nach der Beschlussfassung erteilt werden.[1524] Sie wird mit Zugang bei der Gesellschaft, vertreten durch ihre Vertretungsorgane, nicht bei den anderen Gesellschaftern wirksam.[1525]

766 Die **vorherige Zustimmung** muss sich auf den konkreten Entwurf beziehen, der später beschlossen wird. Änderungen bei der Beschlussfassung machen eine erneute Zustim-

---

1518 Lutter/*Happ/Göthel*, § 233 Rn. 51.
1519 KK-UmwG/*Dauner-Lieb/Tettinger*, § 233 Rn. 18; Lutter/*Happ/Göthel*, § 233 Rn. 42; Widmann/Mayer/*Vossius*, § 233 Rn. 35.
1520 Lutter/*Happ/Göthel*, § 233 Rn. 49; KK-UmwG/*Dauner-Lieb/Tettinger*, § 233 Rn. 18; Widmann/Mayer/*Vossius*, § 233 Rn. 37.
1521 Widmann/Mayer/*Vossius*, § 233 Rn. 36.
1522 A.A. *Schwedhelm*, Rn. 1238/1239 im Hinblick das Identitätsprinzip.
1523 Semler/Stengel/*Schlitt*, § 217 Rn. 26; Widmann/Mayer/*Vossius*, § 217 Rn. 46.
1524 KK-UmwG/*Dauner-Lieb/Tettinger*, § 233 Rn. 10; Kallmeyer/*Dirksen*, § 233 Rn. 2; Semler/Stengel/*Ihrig*, § 233 Rn. 15; Lutter/*Happ/Göthel*, § 233 Rn. 10.
1525 KK-UmwG/*Dauner-Lieb/Tettinger*, § 233 Rn. 10; Semler/Stengel/*Ihrig*, § 233 Rn. 14; Lutter/*Happ/Göthel*, § 233 Rn. 15.

mungserklärung erforderlich,[1526] wenn sie nicht nur redaktioneller Natur sind. Umstritten ist die **Bindungswirkung** eines Beschlusses, zu dem noch Zustimmungserklärungen fehlen.[1527] Empfohlen wird deshalb zurecht, in dem Beschluss eine Frist vorzusehen, bis zu dem die Zustimmungserklärungen zugehen müssen, damit der Beschluss nicht unwirksam wird.[1528] Umstritten ist auch die Bindungswirkung vor dem Beschluss abgegebener Zustimmungserklärungen. Die einen sehen sie mit dem Zugang bei der Gesellschaft als bindend an;[1529] systemgerechter ist es, sie in Anlehnung an § 183 BGB bis zum Zustandekommen des Beschlusses für widerruflich zu halten.[1530] Das gilt allerdings nur, wenn sie nicht ausdrücklich unwiderruflich erteilt werden, wie es auch sonst bei Erklärungen nach § 183 BGB zulässig ist.

bb) Zustimmung künftiger Komplementäre beim Formwechsel in KG

Die vorstehenden Regelungen gelten entsprechend für die Zustimmungen künftiger Komplementäre beim Formwechsel in die KG. Wegen der Frage, ob eine Zustimmung in der Gesellschafterversammlung und ein entsprechender Vermerk in der notariellen Niederschrift genügt, vgl. oben Rdn. 620. 767

cc) Zustimmung der Komplementäre einer formwechselnden KGaA

Wegen der Zustimmung der Komplementäre einer formwechselnden KGaA wird auf die allgemeinen Ausführungen zu Rdn. 624 ff. verwiesen. Beim Formwechsel in die Personengesellschaft hat überdies jeder phG gem. § 233 Abs. 3 S. 3 das Recht, sein Ausscheiden aus der Gesellschaft für den Zeitpunkt zu erklären, in dem der Formwechsel wirksam wird. Nicht abschließend geklärt ist das Verhältnis zwischen Austrittserklärung und Erklärung der Zustimmung zum Formwechsel. (vgl. dazu Rdn. 604 ff.) 768

dd) Zustimmung der Inhaber von Sonderrechten

Zu erinnern ist daran, dass gem. § 233 Abs. 2 S.1 Hs. 2 die Inhaber bestimmter Sonderrechte dem Formwechsel zustimmen müssen. Auf die Ausführungen zu VIII.2. und 3. wird verwiesen. 769

g) Handelsregisteranmeldung

aa) Zuständiges Gericht

Die Anmeldung der neuen Rechtsform hat gem. § 198 zum Register des formwechselnden Rechtsträgers zu erfolgen. Besonderheiten bestehen in zwei Fällen: Beim Formwechsel in die GbR gibt es kein Register des neuen Rechtsträgers. Deshalb erfolgt die Anmeldung nur zum Register des formwechselnden Rechtsträgers. In dieser Anmeldung ist gem. § 235 nicht die neue Rechtsform, sondern der Formwechsel anzumelden. Beim Formwechsel in eine PartG ändert sich die Art des Registers.[1531] Es haben deshalb gem. § 198 Abs. 2 S. 2 zwei Anmeldungen zu erfolgen. Auf Rdn. 634 wird verwiesen. 770

1526 KK-UmwG/*Dauner-Lieb/Tettinger*, § 233 Rn. 10; Semler/Stengel/*Ihrig*, § 233 Rn. 16; Lutter/*Happ/Göthel*, § 233 Rn. 12 f.
1527 KK-UmwG/*Dauner-Lieb/Tettinger*, § 233 Rn. 11; Semler/Stengel/*Ihrig*, § 233 Rn. 17; Lutter/*Happ/Göthel*, § 233 Rn. 16/66 f.
1528 KK-UmwG/*Dauner-Lieb/Tettinger*, § 233 Rn. 11.
1529 So Kallmeyer/*Dirksen*, § 233 Rn. 2; Lutter/*Happ/Göthel*, § 233 Rn. 67.
1530 KK-UmwG/*Dauner-Lieb/Tettinger*, § 233 Rn. 12 m.w.N.
1531 KK-UmwG/*Dauner-Lieb/Tettinger*, § 235 Rn. 12.

4. Kapitel Umwandlungen

bb) Anmeldepflichtige

771 Die Anmeldung hat gem. § 235 Abs. 2 durch das Vertretungsorgan des formwechselnden Rechtsträgers zu erfolgen. Abweichend von § 108 HGB müssen also nicht alle Gesellschafter der Personengesellschaft mit anmelden.[1532] Das gilt auch bei einem gleichzeitigen Beitritt eines neuen phG beim Formwechsel in die Kommanditgesellschaft (Argumentum aus § 246 Abs. 2).

cc) Inhalt der Anmeldung

772 Anzumelden ist gem. § 198 die neue Rechtsform. Dies gilt – wie unter Rdn. 770 ausgeführt – nicht für die GbR. Vorsicht ist bei der Registeranmeldung des hilfsweise erfolgten Formwechsels geboten (zur Zulässigkeit siehe oben Rdn. 509). Damit das Registergericht nicht unter Zurückweisung des Hauptantrags sofort gem. dem Hilfsantrag einträgt, empfiehlt es sich, entweder zunächst nur den Hauptbeschluss anzumelden oder die Anmeldung der hilfsweisen Umwandlung unter die Bedingung der rechtskräftigen Zurückweisung der Anmeldung des Hauptbeschlusses zu stellen.[1533]

773 Die Anmeldung hat Namen, Vornamen, Geburtsdaten und Wohnort jedes Gesellschafters zu enthalten, bei den Kommanditisten auch deren Haftsumme,[1534] bei Gesellschaften deren Firma, Sitz und ggf. Register und Register-Nummer.[1535] Zur Anmeldung unbekannter Gesellschafter siehe oben Rdn. 530[1536] Bei der neuen Personengesellschaft stellt sich allerdings das weitere Problem, dass die spätere Anmeldung bei der ursprünglichen Anmeldung unbekannter Gesellschafter gem. §§ 108, 161 Abs. 2 die Mitwirkung aller Gesellschafter erforderlich macht. Zuzustimmen ist dem Vorschlag, im Wege der ergänzenden Auslegung des Umwandlungsbeschlusses oder des Gesellschaftsvertrages das Vertretungsorgan des Rechtsträgers neuer Rechtsform ohne weiteres als zu dieser Anmeldung ermächtigt anzusehen.[1537]

774 | **Praxistipp:**
Bis das gesichert ist, empfiehlt es sich, im Gesellschaftsvertrag der neuen Rechtsform, der mit dem Umwandlungsbeschluss beurkundet wird, eine entsprechende **Vollmacht an die Komplementäre** der neuen Gesellschaft aufzunehmen.

dd) Versicherungen

775 Abzugeben ist nur die Negativerklärung bezüglich Klagen gegen den Beschluss. Außerdem ist – folgt man den Ausführungen des BayObLG[1538] – bei unbekannten Aktionären eine Versicherung über den Aufwand abzugeben, der getrieben worden ist, um die Aktionäre zu ermitteln. Im Übrigen bestehen keine Besonderheiten.

ee) Anlagen

776 Vgl. Rdn. 644 ff. Es gelten keine Besonderheiten.

1532 KK-UmwG/*Dauner-Lieb/Tettinger*, § 235 Rn. 6; Lutter/*Happ/Göthel*, § 35 Rn. 6.
1533 KK-UmwG/*Dauner-Lieb/Tettinger*, § 235 Rn. 14.
1534 KK-UmwG/*Dauner-Lieb/Tettinger*, § 235 Rn. 8.
1535 Vgl. Handelsregisterverordnung 40 Nr. 7.
1536 Auch Lutter/*Happ/Göthel*, § 235 Rn. 14.
1537 Lutter/*Happ/Göthel*, § 235 Rn. 14.
1538 BayObLG MittRhNotK 1996, 421.

h) Haftung

Vgl. grundlegend Rdn. 682 f. Gem. § 237 ist auf die Haftung eines Komplementärs einer formwechselnden KGaA bei einem Formwechsel in eine KG und Wechsel in die Rechtsstellung eines Kommanditisten für die im Zeitpunkt des Formwechsels begründenden Verbindlichkeiten § 224 entsprechend anzuwenden. Im übrigen gelten keine Besonderheiten.

777

3. Formwechsel zwischen Kapitalgesellschaften

a) Allgemeiner Grundgedanke (Kapitalumstellung)

Der Formwechsel zwischen Kapitalgesellschaften findet zwischen den Rechtsformen der GmbH, der AG und der KGaA statt. Die Grundprinzipien dieser Rechtsformen sind einander ähnlicher als beim Formwechsel zwischen anderen Rechtsformen. Der Gesetzgeber hat das unter anderem mit der Anordnung in § 247 zum Ausdruck gebracht, dass sich das Nominalkapital der Gesellschaft durch den Formwechsel nicht ändert. Das Stammkapital der GmbH wird zum Grundkapital der AG beziehungsweise der KGaA und umgekehrt.[1539] Die Anteilsinhaber haben diesbezüglich kein Ermessen.

778

Eine weitere Besonderheit gilt nur für den **Formwechsel in die GmbH**. Dabei findet gem. § 245 Abs. 4 keine Prüfung statt, ob das Stammkapital durch das Vermögen des formwechselnden Rechtsträgers gedeckt ist. Der Formwechsel ist also **auch bei** einer **materiellen Unterbilanz** möglich. Dasselbe gilt nicht für den Formwechsel der GmbH in die AG oder KGaA und auch nicht beim Formwechsel zwischen AG und KGaA. In diesen Fällen schreibt das Gesetz die Prüfung der Kapitalaufbringung vor.[1540] § 245 Abs. 1 bis 3 verweisen auf § 220, der bestimmt, dass das Nennkapital den Überschuss des Aktivvermögens des formwechselnden Rechtsträgers über das Passivvermögen nicht übersteigen darf und dass dies im Rahmen des Formwechsels zu prüfen ist. Bleibt das Vermögen des Rechtsträgers nach Abzug der Schulden hinter dem Nennkapital zurück, muss dieses durch eine Kapitalmaßnahme, vorzugsweise eine Kapitalherabsetzung aus Anlass der Umwandlung angepasst werden. Das Gesetz läßt sie in § 243 Abs. 2 ausdrücklich zu. Wird dadurch das Kapital unter den Betrag des Mindestkapitals gedrückt, hilft nur eine zusätzliche Kapitalerhöhung. Anderenfalls scheidet der Formwechsel aus.

779

b) Besonderheiten für den Beschlussinhalt

aa) § 194 Abs. 1 Nr. 1 und 2 (Rechtsform, Firma)

Besonderheiten sind nicht anzumerken.

780

bb) § 194 Abs. 1 Nr. 3 (Anteilsinhaberidentität)

Der Beschluss muss bestimmen, dass die Anteilsinhaber des formwechselnden Rechtsträgers an dem neuen Rechtsträger beteiligt werden, soweit die Beteiligung nicht nach dem Gesetz entfällt. Letzteres ist der Fall beim Formwechsel der KGaA. Gem. § 247 Abs. 2 scheiden die persönlich haftenden Gesellschafter als solche durch den Formwechsel aus der Gesellschaft aus. Ihre Abfindung bestimmt sich nach den entsprechenden Regelungen der Satzung der KGaA, hilfsweise finden über § 278 Abs. 2 AktG, § 161 Abs. 2, § 105 Abs. 3

781

[1539] Semler/Stengel/*Scheel*, § 247 Rn. 1 bezeichnet das als erhöhte Identität; ablehnend KK-UmwG/*Petersen*, § 247 Rn. 2 FN 1.
[1540] Kallmeyer/*Dirksen*, § 245 Rn. 5; Semler/Stengel/*Mutter*, § 245 Rn. 57; KK-UmwG/*Petersen*, § 245 Rn. 18; HRA NZG 2000, 802/808 a. A. aber Lutter/*Happ/Göthel*, § 245 Rn. 12.

HGB die § 738 ff. BGB Anwendung.[1541] Beim Formwechsel in eine KGaA wird der Beitritt eines phG erforderlich. Diesbezüglich erklärt § 240 Abs. 2 § 221 für entsprechend anwendbar. Dies ist unter Rdn. 632 f. erörtert.

782 Will sich ein phG beim Formwechsel der KGaA an dem Rechtsträger neuer Rechtsform beteiligen, muss er vor dem Formwechsel Aktien an der KGaA oder nach dem Formwechsel Anteile am Rechtsträger neuer Rechtsform erwerben. Eine unmittelbare Umwandlung einer von ihm geleisteten Vermögenseinlage in Anteile am Rechtsträger neuer Rechtsform ist schon im Hinblick auf § 247 nicht möglich.[1542] Denkbar ist aber die Verknüpfung einer Sachkapitalerhöhung mit dem Formwechsel, bei der Komplementäre gegen Einbringung von Abfindungsansprüchen Anteile am Rechtsträger neuer Rechtsform erwerben.[1543]

cc) § 194 Abs. 1 Nr. 4 (Beteiligungskontinuität – Teil 1: Kapitalanpassung)

783 Der Beschluss muss ferner Zahl, Art und Umfang der Anteile festlegen, die die Anteilsinhaber durch den Formwechsel erlangen oder die einem beitretenden persönlich haftenden Gesellschafter eingeräumt werden sollen. Für die Ermittlung von Zahl, Art und Umfang der Anteile am neuen Rechtsträger müssen zunächst Überlegungen zum Kapital des Rechtsträgers neuer Rechtsform angestellt werden. **Ausgangspunkt aller Überlegungen** ist § 247, der anordnet, dass das Stammkapital der GmbH beim Formwechsel in eine andere Kapitalgesellschaft zum Grundkapital und umgekehrt beim Formwechsel einer AG oder KGaA das Grundkapital zum Stammkapital der GmbH wird. Entsprechendes gilt beim Formwechsel zwischen AG und KGaA. Der Schwerpunkt der Überlegungen liegt damit bei der Verteilung des Kapitals auf die Anteile am Rechtsträger neuer Rechtsform (dazu gleich unter 4).

(1) Anpassung des Nennkapitals beim Formwechsel der GmbH

784 Beim Formwechsel der GmbH in die AG oder KGaA stellt sich das Problem, dass das Grundkapital der AG oder KGaA mindestens 50.000,- Euro betragen muss.[1544] Ist das Stammkapital der GmbH geringer, ist der Formwechsel deshalb nur möglich, wenn es auf mindestens 50.000,- Euro erhöht wird. Da § 247 die schlichte Übernahme des Nennkapitals anordnet, kann eine Kapitalerhöhung nicht als Teil des Formwechsels erfolgen. Jedoch bleiben gem. § 243 Abs. 2 die Vorschriften anderer Gesetze über die Änderung des Stammkapitals oder Grundkapitals unberührt. Die Eintragung der Kapitalerhöhung muss vor dem Formwechsel erfolgen, weil sonst beim Formwechsel gem. § 247 das gem. § 7 AktG erforderliche Mindestgrundkapital für die AG nicht erreicht wird. Damit würde der Formwechsel scheitern. Die Kapitalerhöhung muss deshalb nach GmbH-Recht durchgeführt werden.[1545]

(2) Kapitalanpassung zur Beseitigung einer Unterbilanz

785 Kapitalmaßnahmen sind auch erforderlich, wenn beim Formwechsel von der GmbH in die AG oder KGaA oder bei einem Formwechsel zwischen AG und KGaA bei der formwechselnden Gesellschaft eine Unterbilanz besteht. Gem. § 245 findet beim Formwechsel einer GmbH in eine andere Kapitalgesellschaft sowie beim Formwechsel zwischen AG

1541 Kallmeyer/*Dirksen*, § 247 Rn. 7; Lutter/*Happ/Göthel*, § 247 Rn. 19; Schmitt/Hörtnagl/Stratz/*Stratz*, § 247 Rn. 7.
1542 Lutter/*Happ/Göthel*, § 247 Rn. 19; Widmann/Mayer/*Rieger*, § 247 Rn. 12.
1543 Vgl. die Vorgenannten a.a.O.
1544 Lutter/*Happ/Göthel*, § 247 Rn. 7; KK-UmwG/*Petersen*, § 247 Rn. 2; Semler/Stengel/*Scheel*, § 247 Rn. 4.
1545 Widmann/Mayer/*Rieger*, § 243 Rn. 53.

und KGaA § 220 entsprechende Anwendung. Es ist also im Rahmen des Formwechsels zu belegen, dass das Grundkapital des Rechtsträgers nach Formwechsel das Reinvermögen des formwechselnden Rechtsträgers nicht übersteigt. Der Formwechsel von der GmbH in eine AG oder KGaA sowie der Formwechsel zwischen AG und KGaA scheidet somit bei bestehender Unterbilanz aus. Möglich ist aber eine Kapitalherabsetzung zur Anpassung des Grundkapitals, falls das Mindestkapital des Zielrechtsträgers nicht unterschritten wird.[1546] Anderes gilt dagegen beim Formwechsel in die GmbH. § 245 Abs. 4 enthält keine Verweisung auf § 220. Das Vorliegen einer Unterbilanz ist in diesem Fall daher unschädlich.[1547] Nach ganz h.M. sind für die Ermittlung der Reinvermögensdeckung nicht die Buchwerte, sondern die tatsächlichen Werte des eingebrachten Vermögens maßgebend.[1548] Der Wert des von der Gesellschaft betriebenen Unternehmens muss wie bei einer Sacheinlage ermittelt werden.[1549] Führt diese Bewertung zu einer Unterbilanz, also dazu, dass das nach Abzug der Schulden verbleibende Vermögen hinter dem ausgewiesenen Stamm- oder Grundkapital zurückbleibt, kann der Formwechsel in der AG oder KGaA erst erfolgen, wenn diese Unterbilanz beseitigt ist. Vorgeschlagen wird dazu, beim Formwechsel der GmbH bei dieser zuvor eine vereinfachte Kapitalherabsetzung gem. §§ 58a GmbHG durchzuführen. Bei der AG wären §§ 229 ff. AktG einschlägig. Denkbar ist aber auch eine Kapitalerhöhung unter Ausgabe der neuen Anteile gegen entsprechendes Agio oder eine Einzahlung in die Kapitalrücklage. Dabei ist zu berücksichtigen, dass der Unternehmenswert als Ertragswert ermittelt wird. (siehe oben Rdn. 697)

Auch wenn bei der Prüfung der Vermögensdeckung nicht von Buch- sondern von tatsächlichen Werten ausgegangen wird, besteht auch beim Formwechsel zwischen Kapitalgesellschaften nach h.M. die Verpflichtung zur bilanziellen Fortführung der Buchwerte. Eine Buchwertaufstockung soll nicht zulässig sein. Zu den Einzelheiten siehe oben Rdn. 665. **786**

In diesem Zusammenhang stellt sich auch die Frage, wie **ausstehende Bareinlagen** einzelner Gesellschafter zu behandeln sind. Nach § 7 GmbHG und § 36a AktG sind bei der Gründung Bareinlagen zu ¼, Sacheinlagen jedoch in voller Höhe zu leisten. Als Sacheinlagegegenstand sind Ansprüche gegen einen Gesellschafter untauglich. Auch hier ist die Frage, ob die die in § 245 angeordnete entsprechende Anwendung von § 220 gebietet, den Formwechsel ausschließlich als Sacheinlage zu behandeln. Das würde bedeuten, dass Einlagen von Gesellschaftern, die beim Formwechsel noch ausstehen, als Voraussetzung für die Durchführung des Formwechsels voll eingezahlt werden müssen. Für den Formwechsel von der Personengesellschaft in die Kapitalgesellschaft wird das von Teilen des Schrifttums vertreten.[1550] Für den Formwechsel zwischen Kapitalgesellschaft wird ein Volleinzahlungsgebot dagegen durchweg abgelehnt.[1551] Zur Begründung wird darauf hingewiesen, dass die Kapitalaufbringungsvorschriften beim formwechselnden Rechtsträger und der neuen Rechtsform ähnlich strukturiert sind. Wenn diese Bestimmungen bei Gründung keine Volleinzahlung erfordert hätten, könne nichts anders gelten, wenn aus diesen Antei- **787**

1546 Lutter/*Happ/Göthel*, § 247 Rn. 7; § 245 Rn. 12.
1547 Lutter/*Happ/Göthel*, § 245 Rn. 12; Widmann/Mayer/*Rieger*, § 245 Rn. 47; Semler/Stengel/*Scheel*, § 245 Rn. 46; DnotI Gutachten vom 11.9.2008 Nr. 87884.
1548 Kallmeyer/*Dirksen*, § 245 Rn. 6. *Limmer*, Rn. 2122; Lutter/*Happ/Göthel*, § 245 Rn. 12; Widmann/ Mayer/*Rieger*, § 245 Rn. 56 jeweils m.w.N.; Gutachten DNotI vom 16.11.2004 Nr. 54285; Lutter/ *Just*, § 220 Rn. 10; zweifelnd aber KK-UmwG/*Petersen*, § 220 Rn. 17 f., soweit dadurch Ansprüche gem. § 31 GmbHG wegfallen würden.
1549 So deutlich Lutter/*Just*, § 220 Rn. 10; *Priester*, DStR 2005, 788, 793, der von Going Concern Prinzip spricht; s. auch oben Rdn. 697.
1550 Siehe oben Rdn. 697.
1551 Deutlich differenzierend *Priester*, FS Zöllner, S. 459, 462; differenzierend auch *K. Schmidt*, ZIP 1995, 1385, 1390, der allerdings in beiden Fällen ein Volleinzahlungsgebot ablehnt; Lutter/ *Decher*, § 197 Rn. 13; Lutter/*Happ/Göthel*, § 245 Rn. 15; Widmann/Mayer/*Rieger*, § 245 Rn. 98 ff.

4. Kapitel Umwandlungen

len nunmehr solche am Rechtsträger neuer Rechtsform würden.[1552] Es bestehe kein Bedürfnis, den Formwechsel strenger zu behandeln als die Gründung der Gesellschaft.[1553] Soweit die entsprechenden Anforderungen beim formwechselnden Rechtsträger erfüllt seien, sei im Rahmen des Formwechsel nicht mehr geschuldet.[1554] Der Gesetzgeber habe es in den Verfassungen beider Rechtsträger für ausreichend gehalten, wenn Bareinlagen – die Mindesteinzahlung vorausgesetzt – nur zu einem Viertel eingezahlt würden. Das ändere sich nicht, wenn aus den Anteilen an der einen Rechtsform aufgrund des Formwechsels eine Beteiligung des Gesellschafters an der anderen Rechtsform werde. Gleichwohl ist zu beachten, dass das Registergericht in der Regel bei Prüfung der Vermögensdeckung des Stammkapitals einer Forderung gegen den Gesellschafter im Hinblick auf die Vollwertigkeit besonderes Augenmerk widmen wird[1555]

788 **Praxistipp:**
Kommt es für die Vermögensdeckung auf eine Forderung gegen einen Gesellschafter an, kann sich die Volleinzahlung empfehlen, auch wenn sie rechtlich nicht geboten ist.

(3) Kapitalanpassung zur Glättung des Grundkapitals auf einen vollen Eurobetrag

789 Bei der Euro-Umstellung ist das Kapital vieler Aktiengesellschaften nicht auf volle Euro-Beträge geglättet worden. Das hindert aber den Formwechsel in die GmbH, weil bei der GmbH das Nennkapital gem. § 5 Abs. 2 und 3 auf volle Euro lauten muss. Das ist bei Gründung der AG nicht anders § 6 AktG. Im Zuge der Euro-Umstellung und im Hinblick auf § 182 Abs. 1 S. 5 AktG bei anschließender Kapitalerhöhung kam es aber durch die Einführung von Stückaktien häufig dazu, dass das Grundkapital der Gesellschaft nicht auf einen vollen Euro-Betrag lautet (vgl. auch oben Rdn. 525). Im Hinblick auf § 247 ist deshalb in diesen Fällen eine Kapitalanpassungsmaßnahme erforderlich. Auch diese muss vor Wirksamwerden des Formwechsels eingetragen sein. Sie muss deshalb nach dem AktG durchgeführt werden.

(4) Euroumstellung

790 Ist das Stammkapital des formwechselnden Rechtsträgers noch in DM ausgewiesen und bedarf es nicht aus anderen Gründen einer Kapitalmaßnahme, fragt sich, ob diese im Hinblick darauf, dass das Kapital des Rechtsträgers neuer Rechtsform in Euro ausgewiesen werden und auf volle Euro lauten muss, noch beim formwechselnden Rechtsträger vorgenommen werden muss. Das ist umstritten. Eine Auffassung[1556] will in diesem Fall ausnahmsweise den Grundsatz der Kontinuität des Nennkapitals durchbrechen und § 318 Vorrang vor § 247 zu billigen. Im Rahmen des Formwechsels wird das Kapital in Euro umgestellt, und zwar auf den nächst niedrigeren Betrag, der bei Anwendung der Gründungsbestimmungen zulässig ist. Bei einem Nennkapital des formwechselnden Rechtsträgers von 1 Million DM und einer Stückelung der Anteile des Rechtsträgers neuer Rechtsform in 1,- Euro-Anteile beliefe sich das Nennkapital des Rechtsträgers neuer Rechtsform auf eine Eurobetrag von 511.291 Euro oder 999.998,28 DM. Der Differenzbetrag von

---

1552 Lutter/*Happ/Göthel*, § 245 Rn. 15 f.
1553 K. Schmidt, ZIP 1995, 1385, 1390; Semler/Stengel/*Schlitt*, § 220 Rn. 16.
1554 K. Schmidt, ZIP 1995, 1385, 1390; Widmann/Mayer/*Rieger*, § 245 Rn. 106; Lutter/*Happ/Göthel*, § 245 Rn. 15; Semler/Stengel/*Schlitt*, § 220 Rn. 16.
1555 Darauf weist K. Schmidt, ZIP 1995, 1385, 1390, 1991 zu Recht hin.
1556 Lutter/*Happ/Göthel*, § 247 Rn. 5; Semler/Stengel/*Scheel*, § 247 Rn. 6; Schmitt/Hörtnagl/Stratz/ Stratz, § 247 Rn. 3.

1,72 DM sei als Abgrenzungsposten aus Kapitalumstellung auszuweisen. Von anderen[1557] wird das abgelehnt. Dadurch werde unzulässiger Weise eine nicht vorgesehene Möglichkeit einer vereinfachten Kapitalherabsetzung geschaffen. Es wird darauf hingewiesen, dass der Abgrenzungsposten nur dann gering ausfällt, wenn ein niedriger Nennbetrag für die Anteile am neuen Rechtsträger gewählt wird, wozu die Gesellschafter aber nicht verpflichtet seien.[1558] Alternativ wird vorgeschlagen, die Umstellung des Nennkapitals beim Rechtsträger neuer Rechtsform für eine juristische Sekunde in DM zuzulassen, dies aber mit einer unmittelbar folgenden Kapitalmaßnahme des Rechtsträgers neuer Rechtsform zu verbinden.[1559] Auch das kann aber Komplikationen mit sich bringen.[1560]

> **Praxistipp:** 791
> In der Praxis empfiehlt es sich, die Euroumstellung noch beim formwechselnden Rechtsträger vorzunehmen, dabei das Nennkapital zu glätten und den Formwechsel darauf aufzusetzen.[1561]

(5) sonstige Kapitalanpassungsmaßnahmen, anwendbares Recht

§ 243 Abs. 2 lässt ausdrücklich die Möglichkeit unberührt, das Kapital dadurch zu ändern, 792
dass es gleichzeitig mit dem Formwechsel nach den allgemeinen für die Gesellschaft geltenden Vorschriften erhöht oder herabgesetzt wird. Bei Kapitalmaßnahmen im Zusammenhang mit dem Formwechsel zwischen Kapitalgesellschaften stellt sich die Frage, ob auf sie das Recht der GmbH oder AG Anwendung finden. Überwiegend wird darauf abgestellt, ob die Kapitalmaßnahme vor oder nach Eintragung des Formwechsels wirksam werden soll. Soll sie bei Eintragung des Formwechsels bereits wirksam sein, gilt das Recht des formwechselnden Rechtsträgers. Dasselbe soll gelten,[1562] wenn die Kapitaländerungsmaßnahme zwar gleichzeitig mit dem Formwechsel wirksam werden, aber von dieser unabhängig sein, also auch erfolgen soll, wenn der Formwechsel fehl schlägt. Nach anderer Auffassung soll immer darauf abzustellen sein, ob die Maßnahme vor oder nach Eintragung des Formwechsels eingetragen wird.[1563] Soll die Eintragung der Kapitalerhöhung erst nach dem Formwechsel erfolgen, soll dementsprechend schon das für den Rechtsträger neuer Rechtsform geltende Recht anzuwenden sein.[1564] Soll aber die Kapitaländerung von der Eintragung des Formwechsels abhängig gemacht werden, soll es aber ausnahmsweise auch zulässig sein, die Kapitaländerung nach den Grundsätzen, die auf die bisherige Rechtsform Anwendung finden, vorzunehmen.[1565] Die Folge ist dann, dass gezeichnete Aktien als Geschäftsanteile und übernommene Geschäftsanteile als Aktien zugewiesen werden. Darauf soll in dem Kapitalerhöhungsbeschluss und in den Zeichnungsscheinen beziehungsweise Übernahmeerklärungen hingewiesen werden. Ein Fall, in dem die Kapitalerhöhung dem Formwechsel folgen und schon nach dem Recht der neuen Rechtsform durchgeführt werden soll, ist beispielsweise eine Kapitalerhöhung zur Umsetzung einer Zusage im Formwechselbeschluss, einem Sonderrechtsinhaber, der seine Sonderrechte im Zuge des Formwechsels einbüßt, als Ersatz zusätzliche Anteile am Rechtsträger

---

1557 *Haidinger*, NZG 2000, 532.
1558 Widmann/Mayer/*Fronhöfer*, § 318 Rn. 46.
1559 *Haidinger*, NZG 2000, 532; wohl auch Semler/Stengel/*Perlitt*, § 318 Rn. 20.
1560 Widmann/Mayer/*Fronhöfer*, § 318 Rn. 51.
1561 So auch Kallmeyer/*Dirksen*, § 243 Rn. 10.
1562 Lutter/*Happ/Göthel*, § 243 Rn. 43.
1563 Widmann/Mayer/*Rieger*, § 243 Rn. 48; Semler/Stengel/*Mutter*, § 243 Rn. 23.
1564 Mertens AG 1995, 261/262; Lutter/*Happ/Göthel*, § 243 Rn. 44.
1565 Widmann/Mayer/*Rieger*, § 243 Rn. 50.

neuer Rechtsform einzuräumen.[1566] Eine solche Kapitalerhöhung soll nämlich nur und erst dann wirksam werden, wenn der Formwechsel vollzogen ist.

dd) § 194 Abs. 1 Nr. 4. (Beteiligungskontinuität – Teil 2: Zahl, Art und Umfang der Anteile)

793 Die Angabe der **Zahl der künftigen Anteile** erfolgt bei kleinerem Gesellschafterkreis regelmäßig durch tabellarische Gegenüberstellung der bisherigen und der künftigen Anteile. Eine namentliche Aufführung der einzelnen Gesellschafter ist jedoch nicht verlangt. Es genügt z.B. die abstrakte Umschreibung, dass für jeden Geschäftsanteil im Nennbetrag von X Euro eine Aktie im selben Nennbetrag oder bei Stückaktien mit demselben anteiligen auf das Grundkapital der Gesellschaft entfallenden Betrag tritt.[1567] In der Niederschrift über den Beschluss **namentlich aufzuführen** sind gem. § 244 Abs. 1 nur die Personen, die den Gründern gleichstehen. Das sind aber keineswegs alle Anteilsinhaber, sondern gem. § 245 Abs. 1 beim Formwechsel der GmbH die Gesellschafter, die für den Formwechsel gestimmt haben, gem. § 245 Abs. 2 beim Formwechsel der AG in die KGaA die Komplementäre der neuen KGaA und gem. § 245 Abs. 3 beim Formwechsel der KGaA in die AG die Komplementäre des formwechselnden Rechtsträgers; umstritten ist dies für Gesellschafter, die dem Formwechsel aufgrund anderer Vorschriften (z.B. § 193 Abs. 2.) zustimmen.[1568]

794 Im Umwandlungsbeschluss festzulegen sind ferner die **Art der Anteile**, also Geschäftsanteile, Nennbetrags- oder Stückaktien sowie der Umfang, also der Nennbetrag der Anteile, bei Stückaktien der auf jede Aktie entfallende anteilige Betrag des Grundkapitals.[1569] Während gem. § 247 das Nennkapital beim formwechselndem und neuem Rechtsträger gleich sein muss, können gem. § 243 Abs. 3 S. 1 die Nennbeträge der Anteile des neuen Rechtsträgers von denjenigen des formwechselnden Rechtsträgers abweichen. Es ist auch zulässig, den Nennbetrag für einzelne Anteilsinhaber anders festzusetzen als für andere. Die Festsetzung darf jedoch nicht willkürlich unterschiedlich erfolgen.[1570] Gem. § 5 Abs. 3 GmbHG i.d.F. des MoMiG können einem Gesellschafter beim **Formwechsel** in die GmbH auch mehrere Geschäftsanteile zugewiesen werden, selbst wenn er am formwechselnden Rechtsträger nur mit einer Aktie beteiligt war. Zu beachten sind allerdings die §§ 241, 242, wonach dem Formwechsel jeder Gesellschafter **zustimmen** muss, der sich in Folge Neufestsetzung der Anteile des Rechtsträgers neuer Rechtsform an diesem nicht mit dem Gesamtnennbetrag seiner bisherigen Anteile beteiligen kann. Beim **Formwechsel der GmbH** in die AG oder KGaA gilt das gem. § 241 allerdings nur, wenn die Aktien auf einen höheren als den Mindestbetrag gem. § 8 Abs. 2 und 3 AktG von 1,-- Euro gestellt werden. Der Gedanke ist offensichtlich, dass es einer Zustimmung nicht bedarf, wenn die vom formwechselnden Rechtsträger abweichende Beteiligung eines Gesellschafters am Rechtsträger neuer Rechtsform ausschließlich auf den für diesen geltenden zwingenden Bestimmungen über die Mindeststückelung der Anteile beruht. Eine entsprechende Einschränkung enthielt auch § 242 für den Formwechsel in die GmbH. Dort endete der erste HS mit den Worten »und ist dies nicht durch § 243 Abs. 3 S. 2 bedingt.« Dieser Teil des Satzes ist mit Erlaß des MoMiG als »Folgeänderung zur Reduzierung der Mindeststückelung von Geschäftsanteilen in § 5 GmbHG« gestrichen worden. Der Gesetzgeber ging offenbar davon aus, dass angesicht der durch das MoMiG eröffneten Mindeststückelung von Geschäftsanteilen beim Formwechsel in die GmbH immer dafür gesorgt werden kann,

---

1566 Vgl. dazu oben Rdn. 533 f.
1567 Lutter/*Happ/Göthel*, § 243 Rn. 8; Semler/Stengel/*Mutter*, § 243 Rn. 5.
1568 Dafür: Widmann/Mayer/*Rieger*, § 245 Rn. 20 ff; dagegen Semler/Stengel/*Scheel*, § 245 Rn. 6.
1569 Lutter/*Happ/Göthel*, § 243 Rn. 12, 13; Semler/Stengel/*Mutter*, § 243 Rn. 5.
1570 Lutter/*Happ/Göthel*, § 242 Rn. 9; § 243 Rn. 46 ff.; Semler/Stengel/*Mutter*, § 242 Rn. 8.

dass die Beteiligung der Gesellschafter vorher und nachher gleich ist. Das war vorschnell. Denn anders als bei §241 ist es bei §242 denkbar, dass trotz Festsetzung der Geschäftsanteile des Rechtsträgers neuer Rechtsform auf den Mindestbetrag von 1,-- Euro nicht alle Aktien in Geschäftsanteile umgewandelt werden können. Das liegt an der Möglichkeit der Ausgabe von Stückaktien. Der auf eine Stückaktie entfallende anteilige Betrag des Grundkapitals darf zwar 1,-- Euro nicht unterschreiten. Er muss aber nicht auf volle Euro lauten. Im Zuge der Umstellung des Grundkapitals in Euro kam es häufig zur Bildung von Stückaktien, auf die anteilig ein krummer Betrag des Grundkapitals entfällt. Der Mindestbetrag einer DM-Aktie betrug vor der Euroumstellung 5,-- DM. In Euro umgerechnet sind das auf zwei Nachkommastellen gerundet 2,56 Euro. Viele Gesellschaften nahmen damals zur Glättung des Kapitals nur geringere Erhöhungen, entweder auf genau 2,56 Euro oder auf 2,60 Euro vor.[1571] Nach der Streichung des genannten Satzteils in §242 würde damit ein Formwechsel in eine GmbH, deren Geschäftsanteile auf den Mindestnennbetrag gestellt werden, in vielen Fällen dazu führen, dass eine Zustimmung von Aktionären gem. §242 erforderlich ist, obwohl dies ausschließlich an der Mindeststückelungsbestimmung des GmbHG liegt. Es erscheint aber fraglich, ob der Gesetzgeber das gewollt hat. Die Gesetzesbegründung spricht eher dafür, dass dieses Thema nicht gesehen wurde. Andernfalls wäre es nur logisch gewesen, auch die Schwestervorschrift §241 Abs. 1 S. 1 entsprechend anzupassen und die Worte »auf einen höheren als den Mindestbetrag nach §8 Abs. 2 oder 3 des AktG und« ebenfalls zu streichen. Der Anwendungsbereich des §242 sollte deshalb im Wege der teleologischen Reduktion entsprechend eingeschränkt werden.

795 Ist das Grundkapital der AG im Zuge der Euro-Umstellung in Stückaktien eingeteilt worden, auf die kein voller Euro-Betrag des Grundkapitals entfällt, gibt es somit zwei Möglichkeiten, den Formwechsel ohne Zustimmung einzelner Anteilsinhaber in die GmbH zu beschließen. Zum einen kann das Grundkapital vor dem Formwechsel so erhöht oder herabgesetzt werden, dass auf jede Stückaktie ein voller Euro-Betrag des Grundkapitals entfällt.

796 Die andere Möglichkeit besteht darin, die Geschäftsanteile an der GmbH auf einen Euro zu stellen und jedem Aktionär so viele Geschäftsanteile zuzuweisen, wie dem durch volle Euro teilbaren Betrags des in der Summe auf seine Stückaktien entfallenden anteiligen Betrag des Grundkapitals entspricht. Das setzt allerdings voraus, dass das Grundkapital durch volle Euro teilbar ist. Da das Stammkapital gem. §247 dem Grundkapital entspricht, also 1:1 übernommen werden muss und gem. §5 GmbHG auf volle Euro lauten muss, ist auch dieser Weg sonst nicht gangbar. In dem Umfang, in dem Aktionäre nach der Umwandlung keine Geschäftsanteile erhalten können, weil die Summe ihrer Anteile nicht auf volle Euro lautet, werden ihnen Bruchteile an verbleibenden Geschäftsanteilen zugewiesen (sog. freie Spitzen). Gesellschafter, die freie Spitzen erhalten, können sich zusammenschließen, um die Spitzenbeträge gemeinsam in volle Stücke umzutauschen. Andernfalls kann die Gesellschaft selbst die Spitzen zu neuen gemeinschaftlichen Anteilen zusammenfassen (vgl. §248 i.V.m. §226 Abs. 1 und 2 AktG).[1572]

797 Im umgekehrten Fall des Formwechsels der GmbH in die AG oder KGaA gilt folgendes: Können sich Gesellschafter in Folge der Stückelung der Aktien des Rechtsträgers neuer Rechtsform nicht mit dem Gesamtnennbetrag ihrer Anteile an der Zielrechtsform beteiligen (wozu es in diesem Fall gem. §241 Abs. 1 der Zustimmung der betroffenen Gesellschafter bedarf), sind die nicht beteiligungsfähigen Spitzen zu neuen Aktien zusammenzulegen, die den betroffenen Gesellschaftern gemeinsam zustehen.[1573] (vgl. §248 Abs. 1 i.V.m. §§226, 222 Abs. 4 S. 2 AktG). Diese Aktien sind alsdann zum amtlichen Bör-

---

1571 Siehe oben Rdn. 616.
1572 Im Einzelnen Semler/*Stengel*/*Scheel*, §248 Rn. 26 ff.; Lutter/*Happ*/*Göthel*, §248 Rn. 20 ff.
1573 Kallmeyer/*Dirksen*, §248 Rn. 4; Lutter/*Happ*/*Göthel*, §248 Rn. 12; Schmitt/Hörtnagl/Stratz/ *Stratz*, §248 Rn. 5.

798 senpreis oder durch öffentliche Versteigerung zu veräußern, nachdem die ursprünglichen Geschäftsanteile für kraftlos erklärt worden sind. Der Erlös ist an die Beteiligten auszukehren oder zu hinterlegen.[1574] Die Spitzen sind handelbar, so dass Gesellschafter auf diese Weise ausreichend Anteile hinzuerwerben und so die Versteigerung vermeiden können.[1575]

798 Sonderfragen können sich ferner stellen, wenn Aktionäre beim Formwechsel in die GmbH unbekannt sind. Wenn ihre Aktien 5% des Grundkapitals nicht überschreiten, können die Aktionäre gem. §§ 213, 35 bei der Eintragung in die Gesellschafterliste durch Angabe des insgesamt auf sie entfallenden Teils des Stammkapitals und der auf sie nach dem Formwechsel entfallenden Anteile bezeichnet werden. (Weitere Einzelheiten siehe oben Rdn. 530) Im Umwandlungsbeschluss lautet dann die Formulierung, dass auf jeden Aktionär ein oder mehrere Geschäftsanteile in Höhe der Beträge der von ihnen gehaltenen Aktien entfallen.[1576] In der Gesellschafterliste können die unbekannten Aktionäre gem. §§ 213, 35 zusammenfassend bezeichnet werden. Bis zum Erlaß des MoMiG stellte sich in diesen Fällen die Frage, wie die Anwendung des § 242, also eine Zustimmungspflicht der **unbekannten Aktionäre** vermieden werden konnte. Grundsätzlich sollte sie auch bei unbekanntem Aktionärkreis gelten.[1577] Die Lösungsvorschläge richteten sich darauf, die Aufteilung so vorzunehmen, dass sie durch die zwischenzeitlich gestrichene Ausnahmebestimmung gedeckt war, nach der eine Zustimmung gem. § 242 nicht erforderlich war, wenn die abweichende Feststellung durch § 243 Abs. 2 S. 2, also durch die im Gesetz vorgeschriebene Mindeststückelung, bedingt war.[1578] Nachdem der Satzteil durch das MoMiG entfallen ist, wird zur Vermeidung des Zustimmungserfordernisses vorgeschlagen, Geschäftsanteile im Wert von 1,-- Euro zu bilden.[1579] Falls es sich bei den Aktien um Stückaktien handelt und der auf jede dieser Aktien entfallende Betrag des Grundkapitals nicht auf volle Euro lautet, ist die Zustimmung allerdings nur entbehrlich, wenn § 241 sinngemäß dahingehend ausgelegt wird, dass es einer Zustimmung nur bedarf, wenn die Geschäftsanteile auf einen höheren als den Mindestnennbetrag gestellt werden (siehe oben Rdn. 794).

799 Hat eine GmbH **eigene Geschäftsanteile**, hindert das den Formwechsel nicht, obwohl die AG bei Gründung keine eigenen Aktien zeichnen kann (vgl. § 56 AktG!). Sie werden in entsprechender Anwendung zu § 71 Abs. 1 Nr. 4 und 5 AktG zu eigenen Aktien der AG.[1580] Allerdings kann die AG gem. § 71c AktG zur Veräußerung oder Einziehung verpflichtet sein. Entsprechendes gilt gem. § 33 GmbHG für eigene Anteile der AG oder KGaA bei dem Formwechsel in die GmbH (siehe oben Rdn. 670).

ee) § 194 Abs. 1 Nr. 5 (Sonder- und Vorzugsrechte)

800 Vgl. auch oben Rdn. 532 ff. Für den Umwandlungsbeschluss gelten insoweit keine Besonderheiten. Jedoch ist darauf hinzuweisen, dass gem. § 241 Abs. 2 bei einem Formwechsel der GmbH die Zustimmungserfordernisse des § 50 Abs. 2 gelten und darüber hinaus der Formwechsel gem. § 241 Abs. 3 auch der Zustimmung der Nebenleistungsverpflichteten bedarf. All dies wurde bereits oben (Rdn. 613, 615) abgehandelt.

1574 Zum Verfahren vgl. Kallmeyer/*Dirksen*, § 248 Rn. 4; Lutter/*Happ/Göthel*, § 248 Rn. 12 ff.; Semler/Stengel/*Scheel*, § 248 Rn. 19 ff.
1575 Lutter/*Happ/Göthel*, § 248 Rn. 18; Semler/Stengel/*Scheel*, § 248 Rn. 22 mit weiteren Hinweisen zum Verfahren.
1576 Lutter/*Happ/Göthel*, § 242 Rn. 17; KK-UmwG/*Petersen*, § 242 Rn. 6.
1577 Semler/Stengel/*Mutter*, § 242 Rn. 11; Schmitt/Hörtnagl/Stratz/*Stratz*, § 242 Rn. 7.
1578 Semler/Stengel/*Mutter*, § 242 Rn. 11; Widmann/Mayer/*Rieger*, § 242 Rn. 9.
1579 KK-UmwG/*Petersen*, § 242 Rn. 6; Schmitt/Hörtnagl/Stratz/*Stratz*, § 242 Rn. 5.
1580 DNotI-Gutachten zum Umwandlungsrecht 1996/1997, Nr. 51; *Limmer*, Rn. 2629, 2684; Widmann/Mayer/*Vossius*, § 202 Rn. 166; vgl. auch *Hüffer*, § 78 Rn. 18.

ff) § 194 Abs. 1 Nr. 6 (Barabfindungsangebot)

Siehe allgemein Rdn. 536 ff. Ein Barabfindungsangebot ist zu unterbreiten, falls nicht der Umwandlungsbeschluss der Zustimmung aller Anteilsinhaber bedarf, an dem formwechselnden Rechtsträger nicht nur ein Gesellschafter beteiligt ist oder alle Anteilsinhaber durch notariell beurkundete Erklärung auf ein Angebot verzichtet haben oder verzichten. Außerdem ist nach der Sonderregelung des § 250 ein Barabfindungsangebot nicht beim Formwechsel zwischen AG und KGaA erforderlich. Es muss daher nur beim Formwechsel von der und in die GmbH abgegeben werden. Nicht abzugeben ist es gem. § 227 gegenüber den Komplementären einer formwechselnden KGaA, weil diese gem. § 236 ohnedies mit dem Formwechsel aus der Gesellschaft ausscheiden. (Vgl. oben Rdn. 538)

801

gg) § 194 Abs. 1 Nr. 7 (Folgen für die Arbeitnehmer)

Besonderheiten können sich für den Aufsichtsrat ergeben. Die Voraussetzungen für ein Mitbestimmungsrecht der Arbeitnehmer nach dem DrittelbG oder dem MitbestG sind grundsätzlich für GmbH, AG und KGaA gleich. Wenn eine dieser Gesellschaften in der Regel mehr als 500 Arbeitnehmer hat, unterliegt sie der Mitbestimmung nach dem DrittelbG und wenn sie in der Regel mehr als 2000 Arbeitnehmer hat, der Mitbestimmung nach dem MitbestG. Allerdings besteht bei AG und KG ein Mitbestimmungsrecht auch, wenn diese weniger als 500 Arbeitnehmer haben, vor dem 10.8.1994 ins Handelsregister eingetragen worden sind und keine Familiengesellschaft i.S.d. § 1 Abs. 1 S. 3 DrittelbG sind. Familienunternehmen sind danach solche, deren Aktionär eine einzelne natürliche Person, mehrere miteinander i.S. von § 15 Abs. 1 Nr. 2 bis 8, Abs. 2 AO verwandte oder verschwägerte Personen sind. Ein danach gebildeter Aufsichtsrat entfällt beim Formwechsel in die GmbH. Beim Formwechsel zwischen AG und KGaA bleibt er hingegen mit Rücksicht auf das Identitätsprinzip bestehen, auch wenn die neue Rechtsform erst nach dem 10.8.1994 in das Handelsregister eingetragen wird.

802

hh) Bestellung der ersten Organe

Unabhängig von der Fortgeltung der Dienstverträge erlischt mit dem Formwechsel die Rechtsstellung der Organe von GmbH und AG.[1581] Das gilt uneingeschränkt für die Geschäftsführungsorgane; für den **Aufsichtsrat** macht § 203 eine Ausnahme. Danach bleiben die Mitglieder des Aufsichtsrats für den Rest ihrer Amtszeit als Mitglieder des Aufsichtsrat des Rechtsträgers neuer Rechtsform im Amt, falls der Aufsichtsrat bei beiden Rechtsformen in gleicher Weise gebildet und zusammengesetzt wird. § 203 findet auf den Wechsel zwischen obligatorischem und freiwilligem Aufsichtsrat keine Anwendung.[1582] Daraus ergibt sich für die Stellung der Aufsichtsratsmitglieder in den hier in Betracht kommenden Fällen:

803

Beim **Formwechsel der GmbH** gilt folgendes:

804

– Beim Formwechsel einer **nicht mitbestimmungspflichtigen GmbH**, also einer GmbH, die regelmäßig nicht mehr als 500 Arbeitnehmer beschäftigt, in eine AG oder KGaA ist erstmals ein – nicht mitbestimmter – Aufsichtsrat zu wählen. Da auf den Aufsichtsrats gem. § 197 die Vorschriften über die Bildung des ersten Aufsichtsrats nicht anzuwenden sind, erfolgt die Wahl für die volle und nicht nur für die in § 30 Abs. 1 AktG bestimmte

---

[1581] Lutter/*Decher*, § 202 Rn. 39; Semler/Stengel/*Kübler*, § 202 Rn. 10; Widmann/Mayer/*Vossius*, § 202 Rn. 101.
[1582] Lutter/*Decher*, § 203 Rn. 9, 10; Semler/Stengel/*Simon*, § 203 Rn. 3; Widmann/Mayer/*Vossius*, § 203 Rn. 10.

4. Kapitel Umwandlungen

Amtszeit.[1583] Obwohl die Durchführung eines Statusverfahrens nach Aktienrecht nur zu erfolgen hat, wenn sich die Zusammensetzung des Aufsichtsrats ändert, ist der Gesetzesbegründung zu entnehmen, dass bei einem Formwechsel auch der erstmaligen Bildung eines Aufsichtsrats ein Statusverfahren vorauszugehen hat.[1584] Gemäß § 197 S.3 findet jedoch § 31 AktG Anwendung, wonach sich der Aufsichtsrat bis dahin nur aus Mitgliedern der Anteilseigner zusammensetzen kann.

- Ist die GmbH mitbestimmungspflichtig und hat sie nach dem einschlägigen Gesetz bereits ein Aufsichtsrat unter Beteiligung der Arbeitnehmer gebildet, bleiben dessen Mitglieder gem. § 203 für den Rest ihrer Wahlzeit im Amt.[1585] Ein Wechsel tritt nicht ein. Ist ein Aufsichtsrat bei der GmbH (trotz gesetzlicher Verpflichtung oder weil die maßgebliche Anzahl von Arbeitnehmern erst bei der neuen Rechtsform dauerhaft erreicht wird) nicht gebildet, ist er bei AG oder KGaA als Rechtsträger neuer Rechtsform nach dem DrittelbG gemäß dem vorangehenden Absatz zu bilden.

805 Beim **Formwechsel von AG oder KGaA in eine GmbH** stellt sich die Situation wie folgt dar:

- Beschäftigt die Gesellschaft regelmäßig nicht mehr als 500 Arbeitnehmer und ist sie deshalb nicht mitbestimmungspflichtig, entfällt die Verpflichtung, einen Aufsichtsrat zu bilden mit Wirksamwerden des Formwechsels. Auch in diesem Fall ist vorsorglich ein Statusverfahren durchzuführen.[1586] Die Frage ist nur, ob bis zur Durchführung des Statusverfahrens die gewählten Aufsichtsratsmitglieder im Amt bleiben oder ob ihre Amtszeit schon mit Wirksamwerden des Formwechsels erlischt.[1587] Vorzugswürdig ist es, die gewählten Aufsichtsratsmitglieder bis zum Abschluss des Statusverfahrens beizubehalten. Dies entspricht dem Sinn des § 203, den Formwechsel zu vereinfachen und Kosten zu sparen. Dasselbe gilt grundsätzlich, wenn zwar die AG/KGaA weniger als 500 Arbeitnehmer beschäftigt, aber mitbestimmungspflichtig ist, weil sie vor dem 10.8.1994 eingetragen worden ist.
- Beschäftigt die Gesellschaft regelmäßig mehr als 500 Arbeitnehmer, ist sie deshalb mitbestimmungspflichtig und hat einen Aufsichtsrat unter Beteiligung der Arbeitnehmer gebildet, bleiben dessen Mitglieder gem. § 203 für den Rest der Wahlzeit im Amt. Ein Wechsel tritt nicht ein.

806 Beim **Formwechsel zwischen AG und KGaA** greift § 203 ein; der Aufsichtsrat bleibt im Amt.

807 Die Mitglieder des **Geschäftsführungsorgans** von GmbH und AG sind jedem Fall neu zu wählen. Die Wahl erfolgt beim Formwechsel in die AG stets durch den Aufsichtsrat, beim Formwechsel in die GmbH grundsätzlich durch die Gesellschafterversammlung; das gilt auch, wenn die Gesellschaft der Mitbestimmung nach dem DrittelbG unterliegt, selbst wenn der Aufsichtsrat wegen des noch nicht abgeschlossenen Statusverfahrens noch im Amt bleibt (**Mitbestimmungsgefälle**) siehe oben Rdn. 542. Nur bei der Mitbestimmung nach MitbestG wird der Geschäftsführer auch bei der GmbH durch den Aufsichtsrat gewählt.

1583 Für alle: Lutter/*Decher*, § 203 Rn. 21.
1584 Semler/Stengel/*Simon*, § 203 Rn. 10 bis 12; Widmann/Mayer/*Vossius*, § 203 Rn. 36 bis 38.
1585 Semler/Stengel/*Simon*, § 203 Rn. 4; Lutter/*Decher*, § 203 Rn. 2; einschränkend jedoch Rn. 3 a.E.; ebenso Kallmeyer/*Meister/Klöcker*, § 203 Rn. 8.
1586 Lutter/*Decher*, § 203 Rn. 12; Semler/Stengel/*Simon*, § 203 Rn. 10.
1587 Dazu *Krause-Ablaß/Link*, GmbHR 2005, 731, 732 ff.

c) Satzung

Für die Feststellung der Satzung gelten folgende Besonderheiten: **808**

Gem. § 243 Abs. 1 S. 2 sind in der Satzung des formwechselnden Rechtsträgers getroffene **809** Festsetzungen über Sondervorteile, Gründungsaufwand, Sacheinlage und Sachübernahme in die Satzung des Rechtsträgers neuer Rechtsform zu übernehmen. Das Gesetz stellt in diesem Zusammenhang ausdrücklich fest, dass § 26 Abs. 4 und 5 AktG unberührt bleiben. Danach können Satzungsbestimmungen über den Gründungsaufwand fünf Jahre nach Eintragung in das Handelsregister geändert und Satzungsbestimmungen über die Festsetzung erst dreißig Jahre nach Eintragung in das Handelsregister und fünf Jahre nach Abwicklung der zugrundeliegenden Rechtsverhältnisse beseitigt werden. Das Aktiengesetz ordnet die entsprechende Anwendung dieser Bestimmungen auf die Festsetzung von Sacheinlagen und –übernahmen an. Das UmwG erwähnt das nicht ausdrücklich. Es unterliegt aber keinem Zweifel, dass auch diese Bestimmung entsprechend gilt, zumal die entsprechenden Änderungen in der Satzung auch vor dem Formwechsel vorgenommen werden dürften.[1588]

Bei der Gründung einer GmbH müssen gem. § 5 Abs. 4, bei der Gründung einer AG **810** beziehungsweise KGaA gem. § 27 bei Sacheinlage und -übernahme der Gegenstand der Sacheinlage, die Person, von der die Gesellschaft sie erwirbt und der Nennbetrag des Geschäftsanteils, auf den sie sich bezieht, beziehungsweise der Nennbetrag und bei Stückaktien die Zahl der dafür zu gewährenden Aktien in der Satzung festgesetzt werden. (vgl. oben Rdn. 561). In Anbetracht der in § 197 angeordneten Geltung der Gründungsvorschriften fragt sich, ob diese Bestimmungen auch auf den Formwechsel zwischen Kapitalgesellschaften Anwendung finden. Diesbezüglich sei auf die Ausführung oben Rdn. 708 verwiesen. Weitergehend als beim Formwechsel der Personengesellschaft in die Kapitalgesellschaft wird hier im Hinblick auf den Identitätsgrundsatz eine entsprechende Anwendung der Bestimmungen für überflüssig gehalten.[1589] Entsprechendes gilt auch für den Gründungsaufwand gem. § 26 AktG, dessen Grundsätze auch auf die GmbH angewandt werden.

Erörtert wird im Schrifttum, wie mit einem noch **nicht ausgenutzten genehmigten oder** **811** **bedingten Kapital der AG** beziehungsweise KGaA bei einem Formwechsel in die GmbH zu verfahren ist. Anders als man es vielfach noch liest,[1590] läßt sich das genehmigte Kapital nach Einführung von § 55c GmbHG in ein entsprechendes genehmigtes Kapital bei der GmbH umsetzen. Ein bedingtes Kapital kennt das GmbH-Gesetz dagegen nicht. In zeitlich und betragsmäßig begrenztem Umfang kann auch hier mit der Schaffung eines genehmigten Kapitals geholfen werden. Im Übrigen sei auf die genannten Kommentierungen verwiesen.[1591]

Hinzuweisen ist in diesem Zusammenhang auch auf **die Nachgründungsbestimmun-** **812** **gen**. Gem. § 245 S. 2 ist § 52 beim Formwechsel von der GmbH in die AG oder KGaA nicht anzuwenden, wenn die GmbH bereits zwei Jahre oder länger in das Handelsregister eingetragen war. Beim Formwechsel zwischen AG und KGaA ist die Anwendung gem. § 245 Abs. 2 und 3 S. 3 vollständig ausgeschlossen.

Im übrigen gelten keine Besonderheiten für die Satzungsgestaltung. Anzumerken bleibt **813** allerdings der Hinweis auf die Bestimmungen in § 244 Abs. 2, wonach beim Formwechsel in die GmbH der Gesellschaftsvertrag von den Gesellschaftern nicht unterschrieben werden muss. Nach der Gesetzbegründung handelt es sich um eine Klarstellung, die geboten

---

1588 Lutter/*Happ/Göthel*, § 243 Rn. 24; Semler/Stengel/*Mutter*, § 243 Rn. 18; Widmann/Mayer/*Rieger*, § 243 Rn. 23.
1589 Lutter/*Happ/Göthel*, § 245 Rn. 31; 36; Lutter/*Decher*, § 197 Rn. 15; *Limmer*, Rn. 2683; a.A. Widmann/Mayer/*Mayer*, § 197 Rn. 146 f; Kallmeyer/*Meister/Klöcker*, § 197 Rn. 35.
1590 Lutter/*Happ/Göthel*, § 243 Rn. 45; Semler/Stengel/*Mutter*, § 243 Rn. 26.
1591 Lutter/*Happ/Göthel*, § 243 Rn. 45; Semler/Stengel/*Mutter*, § 243 Rn. 27.

gewesen sei, weil der Formwechsel nicht mehr als Satzungsänderung behandelt wird.[1592] Es geht um den Dispens von § 2 Abs. 1 S. 2 GmbHG. Teilweise wird im Schrifttum beim Formwechsel in die Rechtsform der AG oder KGaA im Rückschluß eine Unterzeichnung für geboten gehalten.[1593]

814 **Praxistipp:**
Im Hinblick darauf empfiehlt es sich, die Satzung beim Formwechsel der GmbH vorsorglich von den Gesellschaftern unterzeichnen zu lassen.

d) Beschlussverfahren

aa) Einberufung und Durchführung der Versammlung

815 Vorbereitung, Einberufung und Durchführung der Versammlung sind unter Rdn. 481 ff. sowie Rdn. 567 ff. dargestellt.

bb) Mehrheitserfordernisse

816 Die Mehrheitserfordernisse sind in § 240 geregelt. Sie sind unter Rdn. 570 erläutert. Die Ermittlung der Stimmen ist unter Rdn. 573 ff. dargestellt. Zusammenfassend ergibt sich:

– Der Beschluss bedarf bei der GmbH einer Mehrheit von ¾ der abgegebenen Stimmen, bei AG und KGaA von ¾ des bei der Beschlussfassung vertretenen Grundkapitals und außerdem der einfachen Mehrheit der abgegebenen Stimmen. Gesellschaftsvertrag oder Satzung können höhere Mehrheiten, bei der KGaA auch geringere Mehrheiten vorsehen. Beim Vorliegen mehrerer Gattungen von Aktien bedarf der Beschluss der Zustimmung der stimmberechtigten Aktionäre jeder Gattung. Ein Sonderbeschluss von Vorzugsaktionären ohne Stimmrecht ist nur geboten, wenn das Stimmrecht wieder aufgelebt ist oder bei der Zielrechtsform kein vergleichbares Sonderrecht besteht (vgl. § 140, 141 AktG), wenn man ein solches Stimmrecht nicht im Rahmen des Formwechsels für ausgeschlossen hält (siehe oben Rdn. 614). Eine Stimmabgabe durch einzelne Anteilsinhaber außerhalb der Versammlung ist nicht zulässig; Stimmrechtsbeschränkungen sind zu beachten. Enthaltungen gelten als nicht abgegebene Stimmen. Eine obligatorische Gruppenvertretung ist zulässig.

– Dem Formwechsel einer **KGaA** müssen alle persönlich haftenden Gesellschafter zustimmen (Gedanke der Einstimmigkeit der Beschlussfassung bei der Personengesellschaft, deren Bestimmungen gem. § 278 Abs. 2 AktG entsprechende Anwendung finden); die Satzung kann gem. § 240 Abs. 3 S. 2 eine Mehrheitsentscheidung vorsehen. Dem Formwechsel in die KGaA müssen alle künftigen Komplementäre zustimmen. Für den Beitritt neuer Komplementäre gilt § 221. Die Einzelheiten sind oben Rdn. 619 ff. dargestellt.

cc) Inhaltliche Beschlusskontrolle

817 Der Formwechsel von börsennotierten AGs oder KGaAs in die GmbH hat den automatischen Verlust der Börsenzulassung zur Folge (»kaltes delisting«). Dies macht den Beschluss nicht unzulässig, zumal die Anteilsinhaber, die dem Formwechsel zum Anlass

---

1592 BT-Drucks. 12/6699, S. 157.
1593 So Happ/Göthel § 244 Rn. 15; KK-UmwG/*Petersen*, § 244 Rn. 10; a.A. Kallmeyer/*Dirksen*, § 244 Rn. 7; Widmann/Mayer/*Rieger*, § 244 Rn. 17; Schmitt/Hörtnagl/Stratz/*Stratz*, § 244 Rn. 2.

nehmen wollen, aus der Gesellschaft auszuscheiden, dies durch Annahme des Abfindungsangebots gem. § 207 zum Verkehrswert tun können.[1594]

Dagegen soll der Formwechsel wirksam sein, wenn nur zur Durchführung eines Squeeze-Out dient. (vgl. oben Rdn. 602). **818**

Zur Abfassung der neuen Satzung, die gem. §§ 243 Abs. 1 S. 1, 218 Abs. 1 S. 1 Bestandteil des Beschlusses ist, wird auf Abschnitt VI. verwiesen. **819**

dd) Beurkundung des Beschlusses

In der Niederschrift über den Umwandlungsbeschluss sind gem. § 244 Abs. 1 die Personen namentlich aufzuführen, die gem. § 245 Abs. 1 bis 3 den Gründern der Gesellschaft gleichstehen. Außerdem empfiehlt es sich beim Formwechsel in AG oder KGaA vorsorglich die Satzung von den künftigen Gesellschaftern des Rechtsträgers neuer Rechtsform unterzeichnen zu lassen (Gegenschluss aus § 244 Abs. 2 siehe oben Rdn. 813). **820**

Bedarf der Beschluss beim Formwechsel einer KGaA der Zustimmung der Komplementärin, ist § 285 Abs. 3 S. 2 AktG zu beachten (vgl. oben Rdn. 629). Im Übrigen wird wegen der Beurkundung des Beschlusses auf Rdn. 576 ff. verwiesen. **821**

ee) Vertretung

Auf die allgemeinen Ausführungen Rdn. 582 ff. wird verwiesen. **822**

e) Zustimmung Dritter

Eine Zustimmung dinglicher Berechtigter an den Anteilen ist zum Formwechsel nach h.M. nicht erforderlich, weil sich der Formwechsel durch körperschaftliche Willensbildung vollzieht und diese nicht von der Zustimmung außerhalb des Verbands stehender Dritter abhängig gemacht werden darf.[1595] Zweifel kann man allerdings haben, wenn der Gesellschafter des verpfändeten Anteils gem. §§ 241, 242, 193 Abs. 2 oder §§ 241, 50 Abs. 2 zustimmen muss. In der Praxis wird die Frage allerdings selten auftauchen, weil der Gesellschafter jedenfalls im Innenverhältnis gehalten sein wird, sein Stimmrecht nicht ohne Zustimmung des dinglich Berechtigten, also beispielsweise des Pfandgläubigers auszuüben. **823**

Beim Formwechsel zwischen Kapitalgesellschaften soll nach h.M. die Ausübung des Stimmrechts durch Minderjährige wegen der Nähe zur Satzungsänderung nicht der **familiengerichtlichen Genehmigung** bedürfen.[1596] Wegen der drohenden Haftung soll das allerdings anders sein, wenn der Minderjährige Komplementär einer KGaA als Rechtsträger neuer Rechtsform wird oder beim Formwechsel der AG oder KGaA in die GmbH die Einlagen auf die Anteile noch nicht voll erbracht sind.[1597] Ob die mangelnde Einlagenerbringung bei dem Formwechsel der AG oder KGaA in die GmbH ein Haftungsrisiko darstellt, ist jedoch zweifelhaft (siehe oben Rdn. 684). Ebenso soll die Zustimmung des im gesetzlichen Güterstand lebenden Ehegatten gem. § 1365 BGB nur dann erforderlich sein, wenn bislang nicht vinkulierte Anteile im Rechtsträger neuer Rechtsform einer Verfügungsbeschränkung unterworfen werden (siehe oben Rdn. 593). **824**

1594 H.M. z.B. *Grunewald*, ZIP 2004, 542/544; Lutter/*Happ/Göthel*, § 233 Rn. 61; Semler/Stengel/*Ihrig*, § 226, Rn. 11; KK-UmwG/*Dauner-Lieb/Tettinger*, § 226 Rn. 11.
1595 Semler/Stengel/*Schlitt*, § 217 Rn. 26; Widmann/Mayer/*Vossius*, § 217 Rn. 46; siehe oben Rdn. 592.
1596 Semler/Stengel/*Arnold*, § 240 Rn. 31; siehe oben Rdn. 593; Lutter/*Happ/Göthel*, § 240 Rn. 25.
1597 Semler/Stengel/*Arnold*, § 240 Rn. 32; Lutter/*Happ/Göthel*, § 240 Rn. 23.

4. Kapitel Umwandlungen

f) Zustimmung einzelner Gesellschafter

aa) Zustimmungserfordernisse beim Wechsel in die KGaA

825 Dem Formwechsel in die KGaA müssen gem. § 240 Abs. 2 alle Gesellschafter zustimmen, die in der künftigen Gesellschaft Komplementär werden sollen. Grund für das Zustimmungserfordernis ist die persönliche Haftung der Gesellschafter. Die zu § 233 Abs. 1 dargestellten Überlegungen (vgl. oben Rdn. 765 f. gelten daher entsprechend.[1598] Für den Beitritt des Komplementärs zu der Gesellschaft gilt § 221 entsprechend. Auf Rdn. 592 wird verwiesen.

bb) Zustimmungserfordernisse beim Formwechsel der KGaA gem. § 240 Abs. 3

826 Dem Formwechsel einer KGaA müssen gem. § 240 Abs. 3 deren Komplementäre zustimmen. Dem liegt der Gedanke der einstimmigen Beschlussfassung bei Personengesellschaften zugrunde, deren Rechtsgrundsätze gem. § 278 Abs. 2 AktG für das Rechtsverhältnis der Komplementäre untereinander und zur Gesamtheit der Kommanditaktionäre gelten. § 240 Abs. 3 S. 2 läßt daher auch eine abweichende Satzungsgestaltung zu (siehe oben Rdn. 624 f). Wegen der Frage, ob eine Zustimmung in der Gesellschafterversammlung und ein entsprechender Vermerk in der notarieller Niederschrift genügt, vgl. oben Rdn. 629 Die Zustimmung soll unter bestimmten Voraussetzungen erzwingbar sein.[1599]

cc) Zustimmung gem. §§ 241, 242

827 Die Zustimmungspflichten bei nicht verhältniswahrender, zu geringer Beteiligung an dem Rechtsträger neuer Rechtsform sind bereits o. unter Rdn. 794 erörtert worden.

dd) § 50 Abs. 2

828 Gem. § 241 Abs. 2 ist beim Formwechsel der GmbH ferner § 50 Abs. 2 entsprechend anzuwenden. Die mit der Bestimmung einhergehenden Zustimmungspflichten sind oben unter Rdn. 613, 615 erörtert worden.

ee) § 193 Abs. 2

829 Diese Zustimmungspflicht ist unter Rdn. 604 ff. erörtert.

g) Handelsregisteranmeldung

aa) Zuständiges Gericht

830 Zuständiges Gericht ist gem. § 198 das Register des formwechselnden Rechtsträgers.

bb) Anmeldepflichtige

831 Anmeldepflichtig ist gem. § 246 das Vertretungsorgan des formwechselnden Rechtsträgers. Zugleich sind die Geschäftsführer der GmbH, die Vorstandsmitglieder der AG und die persönlich haftende Gesellschafterin der KGaA anzumelden. Geschäftsführer und Vorstandsmitglieder müssen wegen der von ihnen abzugebenden Versicherungen gem. §§ 8 Abs. 3 GmbHG, 37 Abs. 2 AktG, dass ihrer Bestellung keine Hindernisse entgegenstehen,

---

1598 So auch Lutter/*Happ/Göthel*, § 240 Rn. 10.
1599 Vgl. Semler/Stengel/*Arnold*, § 240 Rn. 28 m.w.N.

an der Anmeldung mitwirken oder eine entsprechende Versicherung in gesonderter Erklärung, die notariell beglaubigt sein muss, abgeben.

cc) Versicherungen

Eine Versicherung über die Erbringung der Einlagen ist gem. § 246 Abs. 3 nicht erforderlich. Abgegeben werden muss aber die Negativerklärung gem. § 16 zu Klagen gegen den Beschluss sowie gegebenenfalls zum Nichtbestehen eines Betriebsrats. **832**

Bei unbekannten Aktionären die Rechtsprechung des BayObLG zu beachten. (Vgl. dazu oben Rdn. 530, Fn.) **833**

Beim Formwechsel in die GmbH sind gem. § 245 Abs. 4 kein Sachgründungsbericht und ebensowenig Sachwertnachweise vorzulegen. Beim Formwechsel in die AG und KGaA sind dagegen Gründungsbericht, Gründungsprüfungsbericht und Bericht des vom Gericht bestellten Gründungsprüfers vorzulegen. Dies ergibt sich aus der Verweisung in § 245 Abs. 1 bis 3 auf die Gründungsvorschriften.[1600] Am Rande sei darauf hingewiesen, dass der Umwandlungsbericht von den Gesellschaftern, die den Gründern gleichstehen, höchstpersönlich zu unterzeichnen ist. Eine Vertretung ist nicht zulässig.[1601] **834**

h) Haftung

Gem. § 249 ist auf den Formwechsel einer KGaA in eine GmbH oder AG § 224 entsprechend anzuwenden. Im Übrigen gelten die Ausführungen zu Rdn. 584 ff. **835**

4. Besonderheiten beim Formwechsel einer Kapitalgesellschaft in eine eG

Der Formwechsel einer GmbH in eine eG kommt in der Praxis kaum vor.[1602] Es soll deshalb nur auf zwei Themenkreise eingegangen werden, die von größerer Bedeutung sind: **836**

a) Festsetzung der Beteiligung an der eG

Hierzu bestimmt § 253 Abs. 2 S. 1, dass der Beschluss die Beteiligung jedes Mitglieds mit mindestens einem Geschäftsanteil vorsehen muss. Gem. S. 2 kann in dem Beschluss auch bestimmt werden, dass jedes Mitglied bei der Genossenschaft mit mindestens einem und im übrigen mit so vielen Geschäftsanteilen, wie durch Anrechnung seines Geschäftsguthabens bei der Genossenschaft als volleingezahlt anzusehen sind, beteiligt wird. Hierzu ergänzt § 256 Abs. 1 dass jedem Mitglied als Geschäftsguthaben der Wert der Geschäftsanteile oder Aktien gutzuschreiben ist, mit denen es an der formwechselnden Gesellschaft beteiligt war. Geschäftsanteil bezeichnet im GenG gem. § 7 Nr. 1. den Betrag, bis zu dem sich einzelne Mitglieder mit Einlagen an der Genossenschaft beteiligen können, also nur die Möglichkeit der Beteiligung. Sie wird erst mit der Leistung des Geschäftsguthabens zur Beteiligung. Das Geschäftsguthaben stellt den Betrag dar, mit dem das einzelne Mitglied an der Genossenschaft beteiligt ist. Es wird begrenzt durch den oder die Geschäftsanteile. Das Geschäftsguthaben ist veränderlich und errechnet sich aus geleisteter Einlage zuzüglich Gewinnzuweisungen und abzüglich Verlustzuweisungen. Nach dem Gesetz ermittelt sich also die Beteiligung gem. § 256 aus dem Wert der Anteile am formwechselnden Rechtsträger, begrenzt durch den Betrag der Geschäftsanteile des betreffenden Mit- **837**

1600 Lutter/*Happ/Göthel*, § 245 Rn. 38 ff.; Rn. 48 ff. m.w.N.
1601 Lutter/*Happ/Göthel*, § 245 Rn. 47; *Melchior*, GmbHR 1999, 520, 521.
1602 Semler/Stengel/*Bonow*, § 251 Rn. 3; Lutter/*Happ/Göthel*, § 251 Rn. 1; KK-UmwG/*Schöpflin*, § 251 Rn. 2.

4. Kapitel Umwandlungen

glieds an der Genossenschaft. Der anzurechnende Wert der Anteile entspricht dem Wert, der Grundlage der Barabfindung ist, also dem vollen wirtschaftlichen Wert der Anteile.[1603]

838 Der Betrag, um den das Geschäftsguthaben den Gesamtbetrag der Geschäftsanteile übersteigt, ist gem. § 256 Abs. 2 an das Mitglied **auszuzahlen**, jedoch erst sechs Monate nach Bekanntmachung der Eintragung der Genossenschaft in das Genossenschaftsregister und frühestens, nachdem Gläubiger, die sich gemeldet haben, befriedigt oder sichergestellt sind. Die Auszahlungsverpflichtung ist zwingend.[1604] Die eG hat jedes Mitglied nach der Eintragung gem. § 256 Abs. 3 über den Betrag seines Geschäftsguthaben, Betrag und Zahl seiner Geschäftsanteile, den Betrag, der nach Anrechnung des Geschäftsguthabens noch als Einlage zu leisten ist oder der an das Mitglied auszuzahlen ist, sowie, falls die Mitglieder zu Nachschüssen verpflichtet sind, den Betrag seiner Haftsumme zu unterrichten.

839 § 256 Abs. 1 führt zwingend zur **Aufdeckung stiller Reserven**, was erhebliche **steuerliche Belastungen** für den Rechtsträger mit sich bringt.[1605] Hinzu kommt die Auszahlungsverpflichtung gem. § 256 Abs. 2. Diese lässt sich zwar vermeiden, wenn den Anteilsinhabern entsprechend viele Geschäftsanteile zugewiesen werden. Jedoch können die Mitglieder gem. § 65 GenG die Beteiligung kündigen. Das wiederum ließe sich durch entsprechend lange Kündigung verhindern, die maximal fünf Jahre, bei Unternehmensgenossenschaften zehn Jahre betragen.[1606] Gem. § 65 Abs. 3 GenG gibt es aber Sonderkündigungsrechte, wenn die Kündigungsfrist zwei Jahre übersteigt.[1607]

b) Handelsregisteranmeldung

aa) Zuständiges Gericht

840 Da sich durch den Formwechsel die Art des Registergerichts ändert, ist der Rechtsträger neuer Rechtsform gem. § 198 Abs. 2 S. 2 zur Eintragung in das für die neue Rechtsform zuständige Register anzumelden. Daneben ist der Formwechsel gem. S. 3 zur Eintragung in das Register anzumelden, in dem der formwechselnde Rechtsträger eingetragen ist.

bb) Anmeldepflichtige

841 Anmeldepflichtig ist gem. § 254 das Vertretungsorgan des formwechselnden Rechtsträgers. Zugleich mit der Genossenschaft sind aber die Mitglieder ihres Vorstands anzumelden. Dazu müssen diese nicht mitwirken, weil das Gesetz keine entsprechenden Vorstandsversicherungen vorsieht.

cc) Anlagen

842 Gem. § 11 Abs. 2 Nr. 3 GenG ist mit der Handelsregisteranmeldung die Bescheinigung eines Prüfungsverbandes vorzulegen ist, dass die Genossenschaft zum Beitritt zugelassen ist, sowie die dort aufgeführte gutachterliche Äußerung des Prüfungsverbandes, dass eine Gefährdung der Belange der Mitglieder und der Gläubiger der eG nicht zu besorgen ist.

1603 Semler/Stengel/*Bonow*, § 256 Rn. 6; Lutter/*Happ/Göthel*, § 256 Rn. 2.
1604 Lutter/*Happ/Göthel*, § 256 Rn. 2.
1605 Semler/Stengel/*Bonow*, § 256 Rn. 7; Lutter/*Happ/Göthel*, § 256 Rn. 9; KK-UmwG/*Schöpflin*, § 256 Rn. 3.
1606 Lutter/*Happ/Göthel*, § 256 Rn. 10; Widmann/Mayer/*Schwarz*, § 256 Rn. 8.
1607 Lutter/*Happ/Göthel*, § 256 Rn. 10.

XIII. Besonderheiten beim Formwechsel von eingetragenen Genossenschaften

1. Überblick

Besondere Vorschriften für den Formwechsel eingetragener Genossenschaften enthalten die §§ 258 bis 271. Genossenschaften können ausschließlich in eine Kapitalgesellschaft formwechselnd umgewandelt werden. Ausnahmen gelten nur für eine eG, die durch Umwandlung einer früheren LPG entstanden ist; diese kann gem. § 38a LwAnPG, Art. 19 UmwBerG auch in eine Personengesellschaft, also GbR, oHG oder KG umgewandelt werden. Sofern noch nicht mit der Vermögensverteilung an die Mitglieder begonnen worden ist, was gegebenenfalls in der Registeranmeldung zu versichern ist, kann auch eine bereits aufgelöste eG noch formwechselnd umgewandelt werden.[1608] 843

Gem. § 258 Abs. 2 ist der Formwechsel zum Schutz geringfügig beteiligter Mitglieder nur zulässig, wenn auf jedes Mitglied, das an der neuen Rechtsform beteiligt ist, mindestens ein Geschäftsanteil, dessen Nennbetrag auf volle Euro lautet, oder eine volle Aktie entfällt. Nachdem durch das MoMiG geregelt wurde, dass die Geschäftsanteile an einer GmbH mindestens einen Euro betragen müssen, ist die dadurch aufgebaute Hürde nicht sehr hoch. 844

2. Vorbereitende Maßnahmen, Einladungen, Durchführungen der Versammlung

a) Allgemeines, Ankündigungen, Einladungen

Gem. § 260 Abs. 1 hat der Vorstand allen Mitgliedern spätestens zusammen mit der Einberufung der Generalversammlung, die darüber beschließen soll, den Formwechsel in Textform anzukündigen. In der Ankündigung ist auf die Mehrheiten hinzuweisen, die zur Beschlussfassung gem. § 262 Abs. 1 erforderlich sind; also grundsätzlich ¾-Mehrheit beziehungsweise 9/10-Mehrheit, wenn mindestens 1/10 der Mitglieder bis zum Ablauf von drei Tagen vor der Generalversammlung durch eingeschriebenen Brief Widerspruch gegen den Formwechsel erhoben haben oder gegebenenfalls eine höhere, in der Satzung bestimmte Mehrheit. Auf die Möglichkeit des Widerspruchs und die sich daraus ergebenden Rechte ist in der Ankündigung ebenfalls hinzuweisen. 845

Die Einberufung der Generalversammlung erfolgt gem. § 44 Abs. 1 GenG durch den Vorstand, falls nicht die Satzung abweichendes bestimmt. Die Ankündigung des Formwechsels hat auch dann gegenüber allen Mitgliedern zu erfolgen, wenn für die Beschlussfassung nicht die General- sondern die Vertreterversammlung zuständig ist, weil den Mitgliedern schon im Hinblick auf die Erhöhung der erforderlichen Beschlussmehrheiten gem. § 262 sowie das Abfindungsangebot gem. § 270 die Möglichkeit zum Widerspruch und zur Unterrichtung über den geplanten Formwechsel gegeben werden muss.[1609] Die Einberufung hat gem. § 46 GenG mit einer Frist von mindestens zwei Wochen zu erfolgen. Die Frist berechnet sich gem. §§ 187 Abs. 1, 188 Abs. 1 BGB. Mit der Einberufung ist gem. § 46 GenG die Tagesordnung bekannt zu machen. Das GenG enthält keine dem § 126 Abs. 2 S. 2 AktG entsprechende Bestimmung;[1610] gleichwohl sollte der Bekanntmachung der Wortlaut des Beschlussvorschlags und insbesondere die Satzung des Rechtsträgers neuer Rechtsform beigefügt werden.[1611] 846

Einberufung und Ankündigung können auseinander fallen, wenn zur Beschlussfassung über den Formwechsel die Vertreterversammlung gem. § 43a GenG zuständig ist. Die vorstehenden Überlegungen gelten dann für die Ankündigung, die an alle Mitglieder zu richten ist, entsprechend. 847

1608 Hierzu etwa Lutter/*Bayer*, § 258 Rn. 9.
1609 Lutter/*Bayer*, § 260 Rn. 3; Semler/Stengel/*Bonow*, § 260 Rn. 8.
1610 Zum Aktienrecht vgl. LG Hanau ZIP 1996, 422; siehe oben Rdn. 733.
1611 So auch Lutter/*Bayer*, § 260 Rn. 6.

b) Umwandlungsbericht

848 Wie sich durch Verweisung auf die Regelungen beim Formwechsel der AG ergibt, ist der Umwandlungsbericht der Einladung nicht beizufügen, sondern wie bei der AG und KGaA von der Einberufung der Generalversammlung an in den Geschäftsräumen der Gesellschaft auszulegen. Jedem Mitglied, das dies verlangt, ist unverzüglich kostenlos eine Abschrift zu erteilen. Gesetzlich nicht ausdrücklich vorgeschrieben, aber von Sinn und Zweck geboten und insbesondere empfehlenswert ist ein Hinweis darauf in der Einladung zur Versammlung.

849 Mit der Einladung bzw. der Ankündigung ist das Abfindungsangebot gem. § 207 zu übersenden. § 192 Abs. 2 bleibt unberührt, das heißt, dass ein Umwandlungsbericht nicht erforderlich ist, wenn es nur einen Genossen geben sollte oder alle Mitglieder der eG durch notariell beurkundeter Erklärung auf die Erstellung des Berichts verzichtet haben. Dagegen kann auf die Prüfung des Barabfindungsangebots gem. § 270 Abs. 2 S. 2 nicht verzichtet werden. § 30 Abs. 2 S. 3 wird ausdrücklich für nicht anwendbar erklärt. Dies dürfte aber nicht die Möglichkeit ausschließen, auf das Barangebot selbst zu verzichten.[1612]

c) Prüfungsgutachten

850 Als Besonderheit gegenüber dem Formwechsel einer Kapitalgesellschaft hat der Vorstand vor Einberufung der Generalversammlung, die über den Formwechsel beschließen soll, gem. § 259 eine gutachterliche Äußerung eines Prüfungsverbandes einzuholen, ob der Formwechsel mit den Belangen der Mitglieder und denjenigen der Gläubiger der Genossenschaft vereinbar ist, insbesondere, ob bei der Festsetzung des Stammkapitals oder Grundkapitals § 263 Abs. 2 S. 2 und § 264 Abs. 1 bedacht sind. Die Verweisung auf § 263 Abs. 2 S. 2, der bei Festsetzung von Stamm- oder Grundkapital beachtet werden soll, ist so nicht gereimt. Denn die bezogene Bestimmung trifft eine Anordnung nur für das Grundkapital. Der logische Bruch hat seinen Grund in der Gesetzgebungsgeschichte der Bestimmung.[1613] Die Prüfung soll sich darauf beziehen, ob ein optimales Umtauschverhältnis der Anteile erreicht wurde. § 264 Abs. 1 ordnet an, dass das Stamm- oder Grundkapital des Rechtsträgers neuer Rechtsform durch das Vermögen der eG gedeckt sein muss. Unabhängig von der speziellen Verweisung besteht aber Übereinstimmung im Schrifttum, dass das Gutachten umfassend das Für und Wider des Formwechsels darlegen und damit die Entscheidungsfindung erleichtern soll.[1614] Die rechtlichen und wirtschaftlichen Folgen des Formwechsels für die Anteilsinhaber und für die Gläubiger sind darzulegen.[1615] Gegenstand der Prüfung ist aber auch die Angemessenheit einer angebotenen Barabfindung.[1616] Die Erstellung des Prüfungsgutachtens ist zwingend; es muss selbst dann erstellt werden, wenn ein Umwandlungsbericht entbehrlich ist.[1617] Ein Verzicht ist nicht möglich. Das soll sich aus dem unterschiedlichen Wortlaut von § 260 Abs. 2 und 3 ergeben. Vor allem spricht dafür aber, dass das Gutachten auch die Belange der Gläubiger zu beleuchten hat, also nicht ausschließlich dem Schutz der Mitglieder dient. Auch von dem Prüfungsgutachten ist jedem Mitglied auf Verlangen unverzüglich und kostenfrei eine Abschrift zu übersen-

---

1612 Vgl. die Argumente für den Verzicht allgemein bei Lutter/*Decher*, § 194 Rn. 23; DNotI-Gutachten Nr. 61538 vom 6.9.2005.
1613 Lutter/*Bayer*, § 263 Rn. 24.
1614 Lutter/*Bayer*, § 259 Rn. 7; Widmann/Mayer/*Schwarz*, § 259 Rn. 5; Schmitt/Hörtnagl/Stratz/*Stratz*, § 259 Rn. 5.
1615 Einzelheiten werden bei Lutter/*Bayer*, § 259 Rn. 8 dargestellt. Vgl. auch Semler/Stengel/*Bonow*, § 259 Rn. 16 ff.
1616 Lutter/*Bayer*, § 259 Rn. 13.
1617 Lutter/*Bayer*, § 259 Rn. 16; Widmann/Mayer/*Schwarz*, § 259 Rn. 3; Schmitt/Hörtnagl/Stratz/*Stratz*, § 259 Rn. 2.

den. Auf die Auslegung dieser Unterlage und auf das Recht, eine Abschrift zu verlangen, sollte ebenfalls in der Ankündigung hingewiesen werden.

d) Betriebsratsvorlage

Außerdem ist der Entwurf des Umwandlungsbeschlusses gem. § 194 Abs. 2 einen Monat vor der Versammlung dem zuständigen Betriebsrat zuzuleiten. Auf die Einhaltung der Frist kann der Betriebsrat verzichten (dazu oben Rdn. 485). **851**

e) Durchführung der Versammlung

In der Versammlung sind der Umwandlungsbericht und Prüfungsgutachten gem. § 261 Abs. 1 S. 1 auszulegen. Nach h.M. besteht in der Versammlung kein Anspruch auf Erteilung einer Abschrift mehr, sondern nur noch ein Einsichtsrecht.[1618] Gleichwohl empfiehlt es sich, mehrere Exemplare der Unterlagen bereit zu halten, damit die Einsichtnahme durch mehrere Mitglieder parallel erfolgen kann. **852**

Gem. § 261 Abs. 1 S. 2 ist der Umwandlungsbericht in der Versammlung mündlich zu erläutern. Die Erläuterungspflicht betrifft den gesamten Beschlussinhalt, also einschließlich der Satzung des neuen Rechtsträgers. Schwerpunkt ist die Erläuterung der unterschiedlichen Strukturen, der Beteiligung der Mitglieder am Rechtsträger neuer Rechtsform und das Abfindungsangebot. Den Mitgliedern steht analog § 131 AktG ein Auskunftsrecht zu.[1619] Das Prüfungsgutachten ist gem. § 261 Abs. 2 in der Versammlung vollständig zu verlesen. Das muss nicht durch einen Mitarbeiter des Prüfungsverbandes erfolgen, sondern kann durch jeden beliebigen Versammlungsteilnehmer geschehen.[1620] Der Prüfungsverband ist berechtigt an der Versammlung teilzunehmen. Ein Vetorecht steht ihm allerdings nicht zu. Die Versammlung kann den Formwechsel auch gegen die Empfehlung des Prüfungsverbandes beschließen.[1621] **853**

3. Besonderheiten für den Beschlussinhalt

a) § 194 Abs. 1 Nr. 1 und 2 – Rechtsform und Firma

Besonderheiten sind nicht anzumerken. **854**

b) § 194 Abs. 1 Nr. 3 und 4 – Beteiligung der bisherigen Anteilsinhaber am Rechtsträger neuer Rechtsform und Zahl, Art und Umfang der Anteile

Im Beschluss ist zum Ausdruck zu bringen, dass alle bisherigen Mitglieder an der neuen Rechtsform beteiligt sind. Fraglich ist allerdings, ob davon mit Zustimmung der betroffenen Anteilsinhaber abgewichen werden kann. Das wird vertreten.[1622] Zu der allgemeinen Diskussion dazu wird auf Rdn. 511 ff. verwiesen. **855**

Im Rahmen der Festlegung von Zahl, Art und Umfang der Beteiligung an der Kapitalgesellschaft ist das **Stamm- oder Grundkapital festzusetzen**. Die Festsetzung wird durch mehrere Faktoren bestimmt, zunächst durch die Anforderungen an das Mindestnennkapital der Zielrechtsform, weiter durch § 294, der vorschreibt, dass das Nennkapital des **856**

1618 Lutter/*Bayer*, § 261 Rn. 3; Semler/Stengel/*Bonow*, § 261 Rn. 9; Widmann/Mayer/*Schwarz*, § 261 Rn. 4; a.A. Schmitt/Hörtnagl/Stratz/*Stratz*, § 261 Rn. 10.
1619 Zu den Einzelheiten Lutter/*Bayer*, § 261 Rn. 8 ff. m.w.N.
1620 Lutter/*Bayer*, § 261 Rn. 12; Semler/Stengel/*Bonow*, § 261 Rn. 22; Widmann/Mayer/*Schwarz*, § 261 Rn. 7; Schmitt/Hörtnagl/Stratz/*Stratz*, § 261 Rn. 5.
1621 Lutter/*Bayer*, § 261 Rn. 13.
1622 Lutter/*Bayer*, § 263 Rn. 26; ders., ZIP 1997, 1613, 1616; m.w.N.

4. Kapitel Umwandlungen

Rechtsträgers neuer Rechtsform das nach Abzug der Schulden verbleibende Vermögen der Genossenschaft nicht übersteigen darf, alsdann durch §§ 258 Abs. 2 und 263 Abs. 2, wonach auf jedes Mitglied als Gesellschafter oder Aktionär mindestens ein voller Geschäftsanteil oder eine volle Aktie entfallen muss und die Anteile so zu bestimmen sind, dass jedes Mitglied der Genossenschaft in dem Verhältnis am Rechtsträger neuer Rechtsform beteiligt wird, in dem sein Geschäftsguthaben am Ende des letzten der Beschlussfassung vorangehenden Geschäftsjahres zur Summe der Geschäftsguthaben aller Mitglieder gestanden hat. Schließlich ist zu beachten, dass bei der Aktiengesellschaft der Nennbetrag des Grundkapitals so zu bemessen ist, dass auf jedes Mitglied möglichst volle Aktien entfallen. Dasselbe muss man für die GmbH annehmen, auch wenn bei Erlass des MoMiG eine Anpassung der Bestimmung versäumt wurde.[1623]

857 Wie beim Formwechsel von der Personengesellschaft in die Kapitalgesellschaft (vgl. oben Rdn. 695) ist der Wert des Reinvermögens nicht nach Buchwerten sondern nach dem wahren Wert des von der eG betriebenen Unternehmens zu ermitteln.[1624] Jedes Mitglied ist an dem danach möglichen Nennkapital gem. § 253 Abs. 2 im Verhältnis seines Geschäftsguthabens zur Summe aller Geschäftsguthaben der eG zu beteiligen. Es ist deshalb von dem geringsten Anteil auszugehen. Diesem ist gem. § 258 Abs. 2 mindestens ein Geschäftsanteil oder eine Aktie von mindestens einem Euro zu gewähren. Überdies ist gem. § 263 Abs. 2 S. 2 dafür zu sorgen, dass auf jedes Mitglied möglichst volle Aktien oder Geschäftsanteile entfallen. Im Hinblick auf die Zulässigkeit von Stückaktien heißt es aber nicht, dass auf jedes Mitglied Aktien entfallen müssen, die auf volle Euro lauten. Es ist daher nach Vorliegen des jeweiligen Verhältnisses der Geschäftsguthaben zum Gesamtbetrag aller Geschäftsguthaben ein gemeinsamer Divisor zu ermitteln und anhand dessen die Anzahl der Aktien festzusetzen, die jedes Mitglied erhält. Nicht zu berücksichtigen sind dabei die Geschäftsguthaben derjenigen Mitglieder, die beim Formwechsel in der KGaA persönlich haftende Gesellschafter werden.[1625] Dagegen sind Geschäftsguthaben von Mitgliedern, die angekündigt haben, das Abfindungsangebot anzunehmen, zu berücksichtigen, weil das Abfindungsangebot darauf gerichtet ist, die Anteile an der Kapitalgesellschaft, also dem Rechtsträger neuer Rechtsform, gegen Abfindung zu erwerben und dazu die betreffenden zunächst Gesellschafter der neuen Rechtsform sein und die Anteile gebildet sein müssen.[1626] Problematisch ist die Berechnung, wenn nach Ablauf des Geschäftsjahres, dessen Ende der Berechnung zugrunde liegt, Mitglieder beigetreten oder ausgeschieden sind. Es empfiehlt sich, dies durch entsprechende Satzungsbestimmungen zu verhindern.[1627]

858 Die **Quotenbemessungsregel** muss zwingend in den Beschluss aufgenommen werden.[1628]

859 Gem. § 263 i. V. mit § 243 Abs. 3 kann in der Satzung des Rechtsträgers neuer Rechtsform der auf die Anteile entfallende Betrag des Stamm- oder Grundkapitals abweichend vom Betrag der Anteile am formwechselnden Rechtsträger festgelegt werden. (siehe oben Rdn. 794).

860 § 263 Abs. 2 S. 1 schreibt vor, dass der Formwechsel **verhältniswahrend** zu erfolgen hat. Nur bei Zustimmung **aller** Anteilsinhaber der Genossenschaft soll der Anteilstausch auch

---

1623 KK-UmwG/*Schöpflin*, § 264 Rn. 13.
1624 Lutter/*Bayer*, § 264 Rn. 2; Semler/Stengel/*Bonow*, § 264 Rn. 7 unter Verweis auf die Kommentierung von § 220.
1625 Lutter/*Bayer*, § 263 Rn. 23; Semler/Stengel/*Bonow*, § 263 Rn. 22; Schmitt/Hörtnagl/Stratz/*Stratz*, § 263 Rn. 7.
1626 Lutter/*Bayer*, § 263 Rn. 23; Semler/Stengel/*Bonow*, § 263 Rn. 21; Widmann/Mayer/*Schwarz*, § 263 Rn. 8; Schmitt/Hörtnagl/Stratz/*Stratz*, § 263 Rn. 7.
1627 Lutter/*Bayer*, § 263 Rn. 23; Semler/Stengel/*Bonow*, § 263 Rn. 18.
1628 Lutter/*Bayer*, § 263 Rn. 23; Semler/Stengel/*Bonow*, § 263 Rn. 21.

nicht verhältniswahrend vorgenommen werden können.[1629] Überzeugend ist das nicht. Wie sonst auch,[1630] muss es genügen, wenn die betroffenen Anteilsinhaber dem nicht verhältniswahrenden Anteilstausch zustimmen.

Die Vorgabe, dass der Anteilstausch verhältniswahrend erfolgen muss, bedeutet aber nicht, dass auch auf jedes Mitglied der Genossenschaft nach dem Formwechsel volle Geschäftsanteile oder Aktien entfallen müssen. Es ist zwar im Sinne des Gesetzes, dies anzustreben. So sagt § 263 Abs. 2 S. 2 für die AG, dass der Nennbetrag des Grundkapitals so zu bemessen ist, dass auf jedes Mitglied **möglichst volle Aktien** entfallen. Gem. § 258 Abs. 2 muss dagegen auf jedes Mitglied **mindestens eine** volle Aktie entfallen. Für die GmbH schreibt § 263 Abs. 3 S. 1 nur vor, dass die Geschäftsanteile auf einen höheren Nennbetrag als 100,- Euro nur gestellt werden können, soweit auf alle Mitglieder volle Geschäftsanteile entfallen. Bei geringerem Nennbetrag ist das dagegen nicht erforderlich. Ebenso können Aktien gem. § 263 Abs. 3 S. 2 nur auf einen höheren Betrag als den Mindestbetrag von 1,- Euro gestellt werden, soweit auf die Mitglieder volle Aktien entfallen. Eine Festlegung des Nennbetrags des Rechtsträgers neuer Rechtsform und eine Aufteilung der Anteile am Rechtsträger neuer Rechtsform in der Weise, dass auf alle Mitglieder nur volle Aktien des Rechtsträgers neuer Rechtsform entfallen, wäre auch schwierig.[1631] Denn die Aufteilung erfolgt nach Maßgabe der Geschäftsguthaben. Diese sind eine variable Größe, die sich insbesondere durch Einzahlung der Mitglieder ganz unterschiedlich entwickeln kann. Unter Berücksichtigung des nach dem Reinvermögen möglichen Nennkapitals ist es deshalb in der Regel nicht gesichert, dass die Aufteilung verhältniswahrend erfolgt und auf alle Mitglieder volle Aktien entfallen. Deshalb geht das Gesetz in § 266 selbst davon aus, dass es zur Bildung von Teilrechten kommen kann.

861

Durch den Formwechsel werden nach der ausdrücklichen Anordnung in § 266 die bisherigen »Geschäftsanteile« (richtig: Geschäftsguthaben) zu **Anteilen** an der Gesellschaft neuer Rechtsform **und zu Teilrechten**. Die Verwendung des Begriffs »Geschäftsanteil« ist ein Redaktionsversehen. Der Geschäftsanteil ist lediglich der Höchstbetrag der Beteiligung, also eine leere Hülle, die die maximale Beteiligungsmöglichkeit vorgibt. Die tatsächliche Beteiligung wird durch das Geschäftsguthaben bestimmt. Deshalb erfolgt die Zuweisung neuer Anteile nach dem Geschäftsguthaben, nicht den Geschäftsanteilen.[1632] Durch den Formwechsel entstehende Teilrechte sind gem. § 266 Abs. 2 selbständig veräußerlich und vererblich. Die Übertragung erfolgt nach den für das volle Anteilsrecht geltenden Vorschriften, für Teilrechte an einer GmbH somit durch notariell beurkundeten Abtretungsvertrag gem. § 15 Abs. 3 GmbHG.[1633] Für die AG bestimmt § 266 Abs. 3, dass Rechte aus Teilrechten nur ausgeübt werden können, wenn die Teilrechte zusammen eine volle Aktie ergeben, in einer Hand vereinigt sind oder wenn mehrere Berechtigte, deren Teilrechte zusammen eine volle Aktie ergeben, sich zur Ausübung dieser Rechte zusammenschließen. Dieser Zusammenschluß wird als BGB-Gesellschaft qualifiziert.[1634] Zulässig soll aber auch der Zusammenschluß im Wege eines Treuhandverhältnisses sein.[1635] § 266 Abs. 3 S. 1 regelt die Ausübungssperre nur für die AG. Entsprechendes soll aber analog § 57 k) GmbHG auch für die Teilrechte an einer GmbH gelten.[1636] AG und KGaA sind gem. § 266

862

1629 Lutter/*Bayer*, § 263 Rn. 23, 25; Semler/Stengel/*Bonow*, § 263 Rn. 10; Schmitt/Hörtnagl/Stratz/*Stratz*, § 263 Rn. 5.
1630 Vgl. oben Rdn. 528.
1631 Lutter/*Bayer*, § 267 Rn. 4.
1632 Semler/Stengel/*Bonow*, § 266 Rn. 5; KK-UmwG/*Schöpflin*, § 266 Rn. 3.
1633 Lutter/*Bayer*, § 266 Rn. 8.
1634 Lutter/*Bayer*, § 266 Rn. 9; KK-UmwG/*Schöpflin*, § 266 Rn. 6; auch Semler/Stengel/*Bonow*, § 266 Rn. 14.
1635 Semler/Stengel/*Bonow*, § 266 Rn. 14, KK-UmwG/*Schöpflin*, § 266 Rn. 6.
1636 Lutter/*Bayer*, § 266 Rn. 10; Semler/Stengel/*Bonow*, § 266 Rn. 15; KK-UmwG/*Schöpflin*, § 266 Rn. 8; Widmann/Mayer/*Schwarz*, § 266 Rn. 5.

Abs. 2 S. 2 gehalten, die Zusammenführung von Teilrechten von Aktien zu vermitteln. Auch das soll entsprechend für Teilrechte an der GmbH gelten.[1637]

863 Gem. § 267 hat das Vertretungsorgan der neuen Rechtsform jedem Anteilsinhaber unverzüglich nach der Bekanntmachung der Eintragung der Gesellschaft ins Handelsregister die Eintragung sowie die Zahl und gegebenenfalls den Nennbetrag der Anteile und Teilrechte, die auf ihn entfallen sind, in Textform mitzuteilen. Dabei ist auf die Teilrechte hinzuweisen. Zugleich ist der wesentliche Inhalt der Mitteilung in den Gesellschaftsblättern bekanntzumachen. Während die Mitteilung jedem Gesellschafter die konkrete Anzahl seiner Anteile und Teilrechte beziffern muss und auf die sich aus § 266 ergebenden Rechtsfolgen, insbesondere die Ausübungsbeschränkungen für Teilrechte, hinweisen muss, genügt es nach allgemeiner Meinung, bei der Bekanntmachung nur die Umrechnungsformel darzulegen, ohne individualisierte Beträge zu nennen.[1638] In der Mitteilung nach § 267 sind die Aktionäre aufzufordern, die ihnen zustehenden Aktien abzuholen. § 268 regelt, wann nicht abgeholte Aktien veräußert werden können. Die Bestimmung ist bei fehlender Zusammenführung von Teilrechten entsprechend anzuwenden.[1639] Solange die abgeholten oder veräußerten Aktien nicht mindestens 60 % des Grundkapitals erreichen, kann die Hauptversammlung der AG oder KGaA neuer Rechtsform gem. § 269 keine Beschlüsse fassen, die einer Kapitalmehrheit bedürfen. Von einem genehmigten Kapital darf gem. § 269 S. 2 in dieser Zeit nicht Gebrauch gemacht werden.

864 Bei einem Formwechsel in eine **KGaA** muss der Umwandlungsbeschluss gem. §§ 263 Abs. 2, 218 Abs. 2 zu § 294 Abs. 1 Nr. 4 vorsehen, dass sich mindestens ein Mitglied der Genossenschaft als Komplementär beteiligt oder der Gesellschaft mindestens ein Komplementär beitritt (siehe oben Rdn. 511).

c) § 194 Abs. 1 Nr. 5 – Sonderrechte oder Maßnahmen für einzelne Gesellschafter

865 Vgl. hierzu oben Rdn. 532 ff. Besonderheiten nicht anzumerken.

d) § 194 Abs. 1 Nr. 6 – Barabfindungsangebot

866 Gem. § 207 Abs. 1 S. 1 hat der formwechselnde Rechtsträger jedem Anteilsinhaber, der gegen den Umwandlungsbeschluss Widerspruch zur Niederschrift einlegt, den Erwerb seiner umgewandelten Anteile gegen angemessene Barabfindung anzubieten. (siehe oben Rdn. 536 ff.) § 270 erweitert diesen Anspruch insofern, als ein solches Angebot auch für Mitglieder gilt, die zwar nicht in der Versammlung erschienen sind und dort ihren Widerspruch zur Niederschrift erklärt haben, sondern bis zum dritten Tage vor dem Tag, an dem der Beschluss gefaßt werden soll, durch eingeschriebenen Brief dem Formwechsel widersprochen haben. Von Bedeutung ist das insbesondere, wenn nicht die Generalversammlung, sondern die **Vertreterversammlung** zur Beschlussfassung über den Formwechsel zuständig ist, für Mitglieder, die nicht Vertreter sind. Sie können ihr Recht zum Austritt aus der Gesellschaft aus Anlaß des Formwechsels auch durch den genannten eingeschriebenen Brief ausüben, wenn dieser der Genossenschaft rechtzeitig zugeht. Teilweise wird vertreten, dass dazu noch nicht einmal ein solcher schriftlicher Widerspruch nötig sei.[1640] Das wird mit einer Analogie zu § 90 Abs. 3 S. 2 begründet. Überwiegend wird

---

[1637] Lutter/*Bayer*, § 266 Rn. 11; Semler/Stengel/*Bonow*, § 266 Rn. 15; KK-UmwG/*Schöpflin*, § 266 Rn. 8.
[1638] Lutter/*Bayer*, § 267 Rn. 3 und 5; Semler/Stengel/*Bonow*, § 267 Rn. 4 und 8; KK-UmwG/*Schöpflin*, § 267 Rn. 2 und 5.
[1639] Lutter/*Bayer*, § 268 Rn. 10; Semler/Stengel/*Bonow*, § 268 Rn. 12; Widmann/Mayer/*Schwarz*, § 268 Rn. 9.
[1640] Schmitt/Hörtnagl/Stratz/*Stratz*, § 270 Rn. 2.

das aber abgelehnt.[1641] Höchst umstritten ist, ob der Anspruch nur von Mitliedern geltend gemacht werden kann, die auch gegen den Formwechsel gestimmt haben,[1642] oder ob ein Mitglied auch für den Formwechsel stimmen und dennoch nach § 207 vorgehen kann.[1643] Es sprechen gute Gründe für die erstere Auffassung, insbesondere dass ein Abfindungsangebot nach der ausdrücklichen Regelung des § 194 Abs. 1 Nr. 6 überflüssig ist, wenn der Beschluss der Zustimmung aller Anteilsinhaber bedarf.[1644] Folgt man dieser Auffassung, stellt sich die weitere Frage, wie zu verfahren ist, wenn nicht die Generalversammlung, sondern die Vertreterversammlung über den Formwechsel beschließt. Für Mitglieder, die an der Vertreterversammlung teilnehmen, gelten keine Besonderheiten. Für die anderen gilt folgendes: Nach einer Meinung soll in diesem Fall Voraussetzung für die Annahme des Angebots lediglich die schriftliche Einlegung des Widerspruchs gem. § 262 sein,[1645] nach anderer Auffassung[1646] ist in Anlehnung an § 290 Abs. 3 S. 2 noch nicht einmal das nötig. Der Umstand, dass nach dem Gesetz das Abfindungsangebot auch zugunsten der Personen gilt, die schriftlich Widerspruch einlegen, spricht dafür, dass es auf die Abstimmung in der Versammlung nicht ankommt. Es macht wenig Sinn, von dem schriftlich Widersprechenden zu verlangen, dass er in der Versammlung erscheint und gegen den Beschluss stimmt.

e) § 194 Abs. 1 Nr. 7 – Folgen für die Arbeitnehmer und ihre Vertretungen

Siehe zunächst oben Rdn. 541 ff. Aus dem Formwechsel ergeben sich für die Arbeitnehmer keine weitreichenden Folgen. Die Arbeitnehmermitbestimmung nach DrittelbG und MitbestG ist bei der eG und den Kapitalgesellschaften gleich, auch wenn es keine Kontinuität des Aufsichtsrats gem. § 203 gibt,[1647] weil dieser nach anderen Bestimmungen zusammengesetzt ist. Denn die Anteilseignervertreter der eG müssen gem. § 9 Abs. 2 S. 2 Mitglieder der Genossenschaft sein, was bei Kapitalgesellschaften nicht vorgeschrieben ist.

867

f) Wahl der ersten Organe

Die eG hat gem. § 9 GenG grundsätzlich einen Aufsichtsrat; nur wenn sie weniger als 20 Mitglieder hat, kann in der Satzung auf die Bildung eines Aufsichtsrats verzichtet werden. Wie eben dargestellt, besteht jedoch keine Amtskontinuität für die Mitglieder des Aufsichtsrats gem. § 203, weil Anteilseignervertreter im Aufsichtsrat der eG anders als bei der Kapitalgesellschaft Mitglieder der Genossenschaft sein müssen. Sofern nicht der Aufsichtsrat vollständig entfällt – wie beim Formwechsel einer eG mit nicht mehr als 500 Arbeitnehmern in die GmbH -, ist er bei der neuen Rechtsform neu zu wählen. Die Wahl erfolgt im Formwechselbeschluss. Die Frage ist nur, nach welchen Vorschriften zu wählen ist. Konsequenterweise sind es erst nach Durchführung des Statusverfahrens die Bestimmungen des Rechtsträgers neuer Rechtsform. (siehe oben Rdn. 494)

868

Auch für die Mitglieder des Geschäftsführungsorgans besteht keine Amtskontinuität. Sie müssen neu gewählt werden, und zwar nach den Bestimmungen des Rechtsträgers neuer Rechtsform, bei der GmbH also – außer bei der nach MitbestG mitbestimmten GmbH – durch die Gesellschafterversammlung und bei der AG durch den Aufsichtsrats;

869

1641 Lutter/*Bayer*, § 270 Rn. 5; Semler/Stengel/*Bonow*, § 240 Rn. 5; Widmann/Mayer/*Schwarz*, § 270 Rn. 5.
1642 So Lutter/*Bayer*, § 270 Rn. 9; KK-UmwG/*Schöpflin*, § 270 Rn. 5; Widmann/Mayer/*Schwarz*, § 270 Rn. 6.
1643 So Lutter/*Decher*, § 207 Rn. 8 f; Semler/Stengel/*Bonow*, § 270 Rn. 6.
1644 KK-UmwG/*Schöpflin*, § 270 Rn. 5.
1645 Lutter/*Bayer*, § 270 Rn. 5; Semler/Stengel/*Bonow*, § 270 Rn. 5; KK-UmwG/*Schöpflin*, § 270 Rn. 3.
1646 Schmitt/Hörtnagl/Stratz/*Stratz*, § 270 Rn. 2; *Demer*, § 270 Rn. 2.
1647 Lutter/*Bayer*, § 264 Rn. 8; Lutter/*Decher*, § 203 Rn. 8; Semler/Stengel/*Simon*, § 203 Rn. 5.

4. Kapitel Umwandlungen

bei der KGaA schließlich wird das Geschäftsführungsorgan – der oder die Komplementäre – in der neuen Satzung festgelegt.

4. Satzung

870 In dem Umwandlungsbeschluss ist auch die Satzung der Kapitalgesellschaft festzustellen §§ 263, 218. Beim Formwechsel in die KGaA muss sich mindestens ein Gesellschafter als persönlich haftender Gesellschafter beteiligen oder es muss ein persönlich haftender Gesellschafter beitreten §§ 263, 218 Abs. 2. Eine Unterzeichnung der Satzung durch die Gesellschafter ist weder beim Formwechsel in die GmbH noch beim Formwechsel in AG oder KGaA erforderlich §§ 263, 218 und 244 Abs. 2.[1648] Ob die Vorschriften über die Festlegung von Sacheinlagen und Gründungsaufwand in der Satzung anzuwenden sind, wird man in derselben Weise entscheiden müssen, wie beim Formwechsel von der Personengesellschaft in eine Kapitalgesellschaft (siehe oben Rdn. 708). Die Frage ist nicht anders zu beantworten, als beim Formwechsel in Kapitalgesellschaften auch sonst. Soll in der Satzung der Kapitalgesellschaft ein genehmigtes Kapital begründet werden, ist § 263 Abs. 3 S. 3 zu beachten. Die Ermächtigung darf nicht vorsehen, dass das Vertretungsorgan über den Ausschluß des Bezugsrechts entscheidet. Über den Ausschluß des Bezugsrechts muss die Hauptversammlung selbst entscheiden[1649] oder der Ausschluß des Bezugsrechts muss ausdrücklich in der Satzung geregelt werden.[1650] Begründet wird dies teilweise damit, dass eine Verwässerung der Anteilsrechte der Aktionäre ausgeschlossen werden soll.[1651] Effektiv ist das nicht. Es hindert niemand die Aktionäre daran, nach Wirksamwerden des Formwechsels ein genehmigtes Kapital gem. §§ 203, 186 Abs. 4 AktG zu beschließen.

5. Beschlussverfahren

a) Durchführung der Versammlung

871 Gem. § 261 sind der Umwandlungsbericht und das Prüfgutachten in der Generalversammlung auszulegen. Der Vorstand hat den Umwandlungsbericht mündlich zu erläutern. Das Prüfungsgutachten ist in der Generalversammlung vorzulesen. Der Prüfungsverband ist berechtigt, an der Versammlung beratend teilzunehmen. Den Mitgliedern steht analog § 131 AktG[1652] sowie §§ 83, 64 Abs. 2[1653] ein Auskunftsrecht gegen den Vorstand zu.

872 Bei Genossenschaften mit über 1.500 Mitgliedern kann die Satzung gem. § 43a GenG bestimmen, dass die Generalversammlung aus Vertretern der Mitgliedern (sogenannte **Vertreterversammlung**) besteht. Auch die Vertreterversammlung ist Generalversammlung i.S. des UmwG.[1654] Die Satzung kann aber auch bestimmen, dass bestimmte Beschlüsse (so auch der Formwechselbeschluss) der Generalversammlung vorbehalten bleiben.

b) Beschlussmehrheiten

873 Der Beschluss der Generalversammlung bedarf gem. § 262 einer Mehrheit von mindestens ¾ der abgegebenen Stimmen. Erheben mindestens 100 Mitglieder beziehungsweise bei

---

[1648] Zur doppelten Verweisung vgl. Lutter/*Bayer*, § 263 Rn. 14; Semler/Stengel/*Bonow*, § 263 Rn. 5; gleich auch KK-UmwG/*Schöpflin*, § 263 Rn. 3.
[1649] So KK-UmwG/*Schöpflin*, § 263 Rn. 14; Widmann/Mayer/*Schwarz*, § 263 Rn. 10.
[1650] Lutter/*Krieger*, § 276 Rn. 8; Semler/Stengel/*Katschinski*, § 276 Rn. 11; Widmann/Mayer/*Vossius*, § 276 Rn. 13 f.
[1651] So Widmann/Mayer/*Schwarz*, § 263 Rn. 10.
[1652] Lutter/*Bayer*, § 261 Rn. 8 ff.
[1653] Semler/Stengel/*Bonow*, § 261 Rn. 27 ff.
[1654] Lutter/*Bayer*, § 262 Rn. 2; KK-UmwG/*Schöpflin*, § 262 Rn. 4.

Genossenschaften unter 1.000 Mitglieder 10% der Mitglieder bis zum Ablauf des 3. Tages vor der Generalversammlung Widerspruch gegen den Formwechsel, bedarf der Beschluss einer Mehrheit von 9/10 der abgegebenen Stimmen. Bei der Bestimmung der Frist ist der Tag der Versammlung nicht mitzurechnen. Findet die Versammlung also am 30. statt, muss der Zugang bis zum 27. erfolgen. Endet die Frist an einem Samstag, Sonntag oder Feiertag, verlängert sie sich nicht gem. § 193 bis zum nächsten Werktag.[1655] Vielmehr wird man die Grundsätze über die Berechnung von Fristen, die von der Versammlung zurück berechnet werden, anwenden müssen.[1656] Stimmenthaltungen und ungültige Stimmen werden bei der Ermittlung der Mehrheit nicht mitgezählt.[1657] Jedes Mitglied hat nur eine Stimme. Gem. § 43 GenG kann die Satzung zwar Mehrstimmrechte gewähren. Bei Beschlüssen, die einer Mehrheit von mindestens ¾ der abgegebenen Stimmen bedürfen, haben jedoch alle Mitglieder ungeachtet etwa bestehender Mehrstimmrechte nur eine Stimme. Das gilt nicht bei Unternehmergenossenschaften, also solchen, bei denen mindestens ¾ der Mitglieder Unternehmen i.S. von § 14 BGB sind. Mehrstimmrechte können aber nur bis zu 1/10 der anwesenden Stimmen ausgeübt werden. Höhere Mehrstimmrechte sind bei Zentralgenossenschaften möglich, also solchen, deren Mitgliedern ihrerseits ausschließlich oder überwiegend Genossenschaften sind.

Läßt die Satzung Personen, die für die Nutzung oder Produktion der Güter und die Nutzung oder Erbringung der Dienste der Genossenschaft nicht in Frage kommen, als investierende Mitglieder zu, so muss die Satzung gem. § 8 Abs. 2 GenG sicherstellen, dass Beschlüsse, für die eine Mehrheit von mindestens ¾ der abgegebenen Stimmen vorgeschrieben ist, durch investierende Mitglieder nicht verhindert werden können. **874**

Umstritten ist, ob die Abstimmung offen erfolgen muss[1658] oder auch geheim zulässig ist.[1659] Hintergrund ist der Meinungsstreit darüber, ob das Abfindungsangebot gem. § 207 nur für Mitglieder gilt, die nicht nur Widerspruch gegen den Umwandlungsbeschluss eingelegt haben (wie es im Gesetz heißt), sondern auch bei der Abstimmung gegen den Formwechsel gestimmt haben.[1660] Die Befürworter dieser Auffassung verlangen konsequent die offene Abstimmung. Dem ist allerdings entgegen zu halten, dass in der Praxis auch bei der offenen Abstimmung nicht nachgehalten wird, wer für und wer gegen den Beschluss gestimmt hat. Will man das sicherstellen, müßte namentlich abgestimmt werden. **875**

c) Beurkundung

Gem. der allgemeinen Bestimmung des § 193 Abs. 3 S. 1 muss der Umwandlungsbeschluss notariell beurkundet werden.[1661] § 47 Abs. 1 GenG schreibt vor, dass die Niederschrift über Beschlüsse der Generalversammlung Ort und Tag der Versammlung, den Namen des Vorsitzenden sowie Art und Ergebnis der Abstimmung und die Feststellung des Vorsitzenden über die Beschlussfassung enthalten muss. Das entspricht im wesentlichen § 130 Abs. 2 AktG, nur dass in dieser Vorschrift der Name des Notars statt desjenigen des Vorsitzenden aufgeführt ist. Gem. § 47 Abs. 2 S. 2 GenG sind die Belege über die Einberufung als Anlage **876**

1655 Vgl. Semler/Stengel/*Katschinski*, § 275 Rn. 9; Lutter/*Krieger*, § 275 Rn. 7; Schmitt/Hörtnagl/Stratz/*Stratz*, §§ 260 Rn. 8; 275 Rn. 4; Widmann/Mayer/*Vossius*, § 275 Rn. 21.
1656 Vgl. jetzt ausdrücklich § 122 Abs. 7 AktG; Widmann/Mayer/*Vossius*, § 275 Rn. 21.
1657 Bayerin Lutter § 262 Rn. 5; Semler/Stengel/*Bonow*, § 262 Rn. 15; KK-UmwG/*Schöpflin*, § 262 Rn. 5; Schmitt/Hörtnagl/Stratz/*Stratz*, § 262 Rn. 5.
1658 So Lutter/*Bayer*, § 262 Rn. 5; KK-UmwG/*Schöpflin*, § 262 Rn. 3; Schmitt/Hörtnagl/Stratz/*Stratz*, § 262 Rn. 2.
1659 So Semler/Stengel/*Bonow*, § 262 Rn. 21.
1660 Lutter/*Bayer*, §§ 262 Rn. 5; 270 Rn. 5; KK-UmwG/*Schöpflin*, § 262 Rn. 3; Widmann/Mayer/*Schwarz*, § 270 Rn. 6; a.A. Lutter/*Decher*, § 207 Rn. 8; Semler/Stengel/*Bonow*, § 270 Rn. 6.
1661 Widmann/Mayer/*Schwarz*, § 262 Rn. 6; *Limmer*, Rn. 2776.

4. Kapitel Umwandlungen

beizufügen. Bei bestimmten Beschlüssen ist der Niederschrift außerdem ein Verzeichnis der erschienenen und vertretenen Mitglieder und der vertretenden Personen beizufügen. Bei jedem erschienenen oder vertretenen Mitglied ist dessen Stimmenzahl zu vermerken. Das wird man für die notarielle Niederschrift ebenfalls annehmen müssen.[1662] Dagegen gilt die Vorschrift des § 47 Abs. 2 S. 1 GenG, wonach die Niederschrift vom Vorsitzenden und den anwesenden Mitgliedern des Vorstandes zu unterschreiben ist, für die notarielle Niederschrift nicht. Das Tatsachenprotokoll ist nur vom Notar zu unterzeichnen.

d) Vertretung

877 Gem. § 43 Abs. 4 GenG sollen Mitglieder ihr Stimmrecht persönlich ausüben. Das Stimmrecht geschäftsunfähiger oder beschränkt geschäftsfähiger natürlicher Personen sowie juristischer Personen wird durch ihre gesetzlichen Vertreter ausgeübt, das Stimmrecht von Personenhandelsgesellschaften durch zur Vertretung ermächtigte Gesellschafter. Gem. § 43 Abs. 5 GenG kann Vollmacht erteilt werden. Sie bedarf der Schriftform. Ein Bevollmächtigter kann nicht mehr als zwei Mitglieder vertreten. Die Satzung kann die Vollmachtserteilung einschränken.

878 Ob eine vollmachtlose Vertretung möglich ist, wird man ebenso beantworten müssen wie bei der AG (siehe oben Rdn. 583). Entsprechendes gilt für die Frage, ob die Vollmacht der notariellen Beglaubigung der Unterschriften bedarf (siehe oben Rdn. 588 f.). Dagegen dürfte § 181 auf die Stimmabgabe Anwendung finden. Die Argumente, die für eine gesetzliche Befreiung bei der AG ins Feld geführt werden (siehe oben Rdn. 584) greifen bei der eG jedenfalls nicht. Gemildert wird das sich daraus ergebende Problem der Kontrolle des Beschlusses auf einen Verstoß gegen § 181 BGB allerdings dadurch, dass ein Bevollmächtigter nicht mehr als zwei Mitglieder vertreten kann und dass jedes Mitglied, wenn es sich nicht um eine Unternehmergenossenschaft oder eine Zentralgenossenschaft handelt, nur eine Stimme hat (siehe oben Rdn. 873). Häufig wird deshalb ein möglicher Verstoß die Mehrheit nicht ins Wanken bringen.

6. Zustimmung Dritter

879 Keine Besonderheiten gelten für die Zustimmung dinglich Berechtigter (siehe Rdn. 592). Eine Zustimmung des Ehepartners scheidet bei der eG schon deshalb regelmäßig aus, weil die Anteile selten so werthaltig sind, dass sie das gesamte Vermögen des Ehepartners ausmachen. Ist das im Einzelfall ausnahmsweise anders, greift § 1365 BGB nur ein, wenn sich durch den Wechsel der Rechtsform die Verfügbarkeit des Anteils vermindert (siehe Rdn. 593). Wegen der Zustimmung des Familien-/Betreuungsgerichts gelten keine Besonderheiten (siehe Rdn. 595 f.).

7. Zustimmung einzelner Gesellschafter

a) Vinkulierungsbegünstigte Anteilsinhaber

880 Aus § 193 Abs. 2 ergibt sich ein Zustimmungserfordernis, wenn die Übertragung der Mitgliedschaft an die Zustimmung anderer Mitglieder geknüpft ist. Gem. § 76 Abs. 2 GenG kann die Übertragung des Geschäftsguthabens eines Genossen an weitere Voraussetzungen, z.B. an die Zustimmung der eG, geknüpft werden: ob die Übertragung an die Zustimmung einzelner Mitglieder gebunden werden kann, ist zweifelhaft. Das kann aber dahinstehen, weil durch Erwerb des Geschäftsguthabens nicht die Mitgliedschaft, sondern lediglich die Einzahlung auf den Geschäftsanteil erworben wird.

1662 So im Ergebnis wohl auch *Limmer*, Rn. 2776.

Die Mitgliedschaft kann nur durch Beitritt gem. § 15 GenG erworben werden, der von der eG zugelassen werden muss. Das bedeutet aber nicht, dass die Mitgliedschaft selbst übertragbar ist.[1663] Keinesfalls ist die Übertragbarkeit der Mitgliedschaft an die Zustimmung einzelner Mitglieder gebunden, so dass ein Zustimmungserfordernis nach § 193 Abs. 2 ausscheidet.[1664]

b) Zustimmung künftiger Komplementäre

Dem Formwechsel zustimmen müssen die zukünftigen Komplementäre beim Formwechsel in die KGaA. § 262 Abs. 2 verweist auf § 240 Abs. 2. Soll ein künftiger Komplementär im Zuge des Formwechsels beitreten, gilt § 221 (zu beiden vgl. Rdn. 619 ff.). **881**

8. Handelsregisteranmeldung

a) Zuständiges Gericht

Gem. § 198 Abs. 2 S. 2 ist der Rechtsträger neuer Rechtsform in das **Handelsregister** anzumelden. Durch den Formwechsel ändert sich die Art des maßgebenden Registers vom Genossenschaftsregister zum Handelsregister. Deshalb ist zugleich die Umwandlung gem. § 198 Abs. 2 S. 3 in das **Genossenschaftsregister** anzumelden. Diese Eintragung hat zuerst zu erfolgen (§ 198 Abs. 2 S. 5), allerdings mit dem Hinweis, dass die Umwandlung erst mit Eintragung des Rechtsträgers neuer Rechtsform in das Handelsregister wirksam wird. **882**

b) Anmeldepflichtige

Gem. § 265 ist auf die Anmeldung des Rechtsträgers neuer Rechtsform § 222 Abs. 1 S. 1 entsprechend anzuwenden. Diese hat also durch alle Mitglieder des künftigen Vertretungsorgans sowie, wenn die neue Rechtsform einen Aufsichtsrat haben muss, auch durch dessen Mitglieder zu erfolgen. Damit hat die Anmeldung beim Formwechsel in die GmbH durch alle Geschäftsführer zu erfolgen. Unterliegt die GmbH der Mitbestimmung nach DrittelbG oder MitbestG ist umstritten, ob auch dessen Mitglieder zur Anmeldung verpflichtet sind. Das wird zu Recht mit dem Argument verneint, dass die Mitbestimmung erst greift, wenn die GmbH existiert, nicht aber bereits im Gründungsstadium (vgl. oben Rdn. 639). Bei der AG erfolgt die Anmeldung durch alle Mitglieder des Vorstands und des Aufsichtsrats, bei der KGaA durch die Komplementäre und die Mitglieder des Aufsichtsrats. § 222 Abs. 2, wonach die den Gründern gleichstehenden Gesellschafter ebenfalls anmelden müssen, ist nicht anwendbar, weil die Mitglieder der eG auch dann keine Gründungshaftung trifft, wenn sie dem Formwechsel zustimmen. Sie müssen deshalb gem. § 264 Abs. 2 und Abs. 3 auch weder einen Sachgründungsbericht noch einen Gründungsbericht erstellen. **883**

Weiter ist gem. § 265 auch § 222 Abs. 3 entsprechend anwendbar. Die Anmeldung der Umwandlung zum Register der formwechselnden Genossenschaft kann demgemäß auch deren Vorstand in vertretungsberechtigter Zahl vornehmen. **884**

c) Inhalt der Anmeldung, Versicherungen

Es sind keine Besonderheiten zu vermerken. Fraglich ist nur, ob auch eine Versicherung über die Einlagenerbringung gem. § 8 Abs. 2 GmbHG, § 37 Abs. 1 AktG abzugeben ist. Die Rechts- **885**

1663 Dagegen Lutter/*Bayer*, § 262 Rn. 15 und § 84 Rn. 13 m.w.N.
1664 Vgl. dazu Widmann/Mayer/*Fronhöfer*, § 84 Rn. 32 ff.

4. Kapitel Umwandlungen

lage ist hier nicht anders als beim Formwechsel der Personengesellschaft in die Kapitalgesellschaft. Auf die Ausführung dazu unter Rdn. 723 kann daher verwiesen werden.[1665]

d) Anlagen

886　Diesbezüglich kann auf Rdn. 648 f. verwiesen werden. Zwei Themen sind jedoch anzusprechen. Beim Formwechsel in die GmbH wird diskutiert, ob ein **Sachwertnachweis** vorzulegen ist.[1666] Gem. § 264 Abs. 2 ist allerdings ein Sachgründungsbericht nicht zu erstellen. Das ist die Konsequenz der mangelnden Gründereigenschaft und -haftung der Mitglieder der Genossenschaft, macht aber nicht die Prüfung entbehrlich, ob das Stammkapital das Vermögen der Gesellschaft übersteigt, was § 264 Abs. 1 verbietet. So sagt auch die Gesetzesbegründung ganz allgemein, dass wie beim Formwechsel in eine Kapitalgesellschaft in anderen Fällen auch die Vorschriften über die Gründungsprüfung anzuwenden sein sollen. Auch wenn die Terminologie des AktG ist, zielt der Satz erkennbar nicht nur auf die AG oder KGaA.[1667]

887　Beim Formwechsel in AG und KGaA hat neben der Prüfung durch den externen Gründungsprüfer auch eine Prüfung der Gründung durch Vorstand und Aufsichtsrat stattzufinden.[1668] Diese Prüfung hat gem. § 34 AktG denselben Gegenstand wie die Prüfung des externen Prüfers. Das Gesetz bietet keinen Anhalt, dass sie unterbleiben kann.

9. Haftung

888　Zu beachten ist zunächst § 264 Abs. 3 S. 2 Hs. 2. Danach ist beim Formwechsel in eine AG § 46 AktG, der die Gründerhaftung regelt, nicht anzuwenden. Eine entsprechende Regelung für die GmbH fehlt in § 264 Abs. 2. Dabei handelt es sich wohl um ein Redaktionsversehen. Die Interessenlage bei GmbH und AG ist nicht unterschiedlich. Beim Formwechsel eines eV in eine Kapitalgesellschaft, bei dem § 264 Abs. 2 entsprechend anzuwenden ist, entspricht es ganz h.M., dass auch § 9a beim Formwechsel in die GmbH nicht anwendbar ist.[1669] Dasselbe muss auch beim Formwechsel der eG in die GmbH gelten. Eine etwaige Differenzhaftung der Mitglieder der Genossenschaft, falls sich später herausstellt, dass das Reinvermögen des formwechselnden Rechtsträgers überbewertet worden ist, bleibt dagegen unberührt (dazu oben Rdn. 684 f.).[1670]

889　Hinzuweisen ist weiter auf § 271, der die Fortdauer einer bei der eG bestehenden Nachschusspflicht vorsieht, wenn binnen zwei Jahren nach dem Tag der Bekanntmachung der Eintragung des Formwechsels das Insolvenzverfahren über das Vermögen des Rechtsträgers neuer Rechtsform eröffnet wird.

XIV. Besonderheiten beim Formwechsel rechtsfähiger Vereine

1. Überblick

890　Besondere Vorschriften für den Formwechsel rechtsfähiger Vereine enthalten die §§ 272 bis 290. Ein rechtsfähiger Verein kann nur in eine Kapitalgesellschaft oder eine eG formwechselnd umgewandelt werden. § 272 enthält allgemeine Vorschriften zum Formwechsel

---

1665　Das entsprechende Muster von Widmann/Mayer/*Vossius*, Anhang 4 sieht auch diese Versicherung vor (Mustersatz 27a, Muster C); vgl. auch *Limmer*, Rn. 2819.
1666　Lutter/*Bayer*, § 264 Rn. 14; Bonow, § 264 Rn. 12.
1667　So offenbar auch Lutter/*Krieger*, § 277 Rn. 2; a.A. explizit Lutter/*Bayer*, § 264 Rn. 14.
1668　So auch Lutter/*Bayer*, § 264 Rn. 2, 15.
1669　Semler/Stengel/*Katschinski*, § 277 Rn. 7; Lutter/*Krieger*, § 277 Rn. 4; KK-UmwG/*Leuering*, § 277 Rn. 6; Widmann/Mayer/*Vossius*, § 277 Rn. 8.
1670　Semler/Stengel/*Bonow*, § 264 Rn. 10; Lutter/*Bayer*, § 264 Rn. 2; KK-UmwG/*Schöpflin*, § 264 Rn. 4.

des Vereins, §§ 273 bis 282 beschäftigen sich mit dem Formwechsel in eine Kapitalgesellschaft und §§ 283 bis 290 mit demjenigen in eine eingetragene Genossenschaft. Der Formwechsel selbst folgt in wesentlichen Fragen dem Formwechsel der eG, und zwar nicht nur dort, wo auf diesen ausdrücklich verwiesen (so in § 276 auf § 263, in § 277 auf § 264, in §§ 280 bis 288 auf die §§ 266 bis 270), sondern auch in anderen Bestimmung, die teilweise wortgleich oder annähernd wortgleich mit Bestimmungen des Formwechsels von Genossenschaften sind (z.B. § 273 mit § 258 Abs. 2, § 274 Abs. 1 mit § 260 Abs. 1, § 276 Abs. 1 mit § 263 Abs. 1). Es kann daher auch bei der Erläuterung häufig auf Kapitel XIII. verwiesen werden. Wie bei der eG ist auch beim rechtsfähigen Verein gem. § 273 der Formwechsel in eine Kapitalgesellschaft nur möglich, wenn auf jedes Mitglied, das an der Gesellschaft neuer Rechtsform als beschränkt haftender Gesellschafter beteiligt wird, mindestens ein Geschäftsanteil oder als Aktionär mindestens eine Aktie entfällt.

2. Vorbereitende Maßnahmen, Einladung, Durchführung der Versammlung

Gem. §§ 274, 283 sind auf die Vorbereitung der Mitgliederversammlung die §§ 230 Abs. 2 S. 1 und 2, 231 S. 1 und 260 Abs. 1 entsprechend anzuwenden. Damit richten sich Ankündigung des Formwechsels und Einladung nach denselben Bestimmungen, wie beim Formwechsel einer eG. Auch hier ist gem. § 260 Abs. 1 S. 2 in der Ankündigung auf die erforderlichen Mehrheiten und auf die Möglichkeit des Widerspruchs und die sich daraus ergebenden Rechte hinzuweisen, die gem. §§ 275 Abs. 2, 284 S. 2 denjenigen bei der eG entsprechen. (vgl. dazu oben Rdn. 845) **891**

Zuständig zur Einberufung der Mitgliederversammlung ist der Vorstand i.S.d. § 26 BGB, sofern die Satzung nichts anderes bestimmt (vgl. § 58 Nr. 4 BGB).[1671] Auch Form und Frist der Einberufung können und sollten in der Satzung geregelt sein. Ist das nicht geschehen, ist die Frist so festzusetzen, dass es jedem Mitglied möglich ist, sich auf die Versammlung vorzubereiten und an ihr teilzunehmen. Je nach Struktur des Vereins sollen die Fristen zwischen ein und vier Wochen betragen[1672] **892**

b) Umwandlungsbericht

Von der Einberufung der Versammlung an ist gem. §§ 274 Abs. 1, 283 Abs. 1 i.V.m. § 230 Abs. 2 S. 1 und 2 der Umwandlungsbericht in den Geschäftsräumen des Vereins auszulegen und jedem Mitglied, das dies verlangt, unverzüglich und kostenlos eine Abschrift zu übersenden. § 192 Abs. 2 bleibt unberührt. Ein Umwandlungsbericht ist somit insbesondere nicht erforderlich, wenn auf seine Erstellung verzichtet wird. Die Verzichtserklärungen sind notariell zu beurkunden (siehe oben Rdn. 503). Ferner ist gem. § 274 i.V.m. § 231 S. 1 ein Abfindungsangebot gem. § 207 zu übersenden, auf das und – anders als bei der eG (siehe oben Rdn. 849) – dessen Prüfung ebenfalls verzichtet werden kann. §§ 282, 290 verweisen nur auf § 270 Abs. 1 nicht aber auf Abs. 2. **893**

c) Betriebsratsvorlage

Außerdem ist der Entwurf des Umwandlungsbeschlusses gem. § 134 Abs. 2 einen Monat vor der Versammlung dem zuständigen Betriebsrat zuzuleiten. Auf die Einhaltung der Frist kann der Betriebsrat verzichten. (vgl. Rdn. 485) **894**

1671 Palandt/*Ellenberger*, § 32 Rn. 2; Lutter/*Krieger*, § 274 Rn. 4.
1672 *Sauter/Schweyer/Waldner*, Rn. 172.

4. Kapitel Umwandlungen

d) Durchführung der Versammlung

895 Gem. §§ 274 Abs. 2, 283 Abs. 2 ist auf die Mitgliederversammlung § 239 Abs. 1 S. 1 und Abs. 2 anzuwenden. Der Umwandlungsbericht ist demgemäß in der Mitgliederversammlung auszulegen und der Umwandlungsbeschluss von dem Vertretungsorgan zu Beginn der Versammlung mündlich zu erläutern. Die Erläuterungspflicht bezieht sich auf den gesamten Beschlussinhalt, also auch auf die Satzung. Der Schwerpunkt liegt dabei auf den Darstellung der unterschiedlichen Struktur von formwechselndem Rechtsträger und neuer Rechtsform, auf der Mitgliedschaft im Rechtsträger neuer Rechtsform und dem Abfindungsangebot.[1673]

3. Besonderheiten für den Beschlussinhalt

a) § 194 Abs. 1 Nr. 1 und 2 – Rechtsform und Firma

896 Besonderheiten sind nicht anzumerken.

b) §§ 194 Abs. 1 Nr. 3. und 4., 276 Abs. 2 – Beteiligung der bisherigen Anteilsinhaber am Rechtsträger neuer Rechtsform sowie Zahl, Art und Umfang der Anteile

897 Im Beschluss ist zum Ausdruck zu bringen, dass alle bisherigen Vereinsmitglieder am Rechtsträger neuer Rechtsform beteiligt sind (Identität der Anteilsinhaber). Anders kann dies nach der ausdrücklichen Anordnung des Gesetzes in § 276 Abs. 1 i.V.m. § 218 Abs. 2 beim Formwechsel in die KGaA sein. Im Zuge des Formwechsel in die KGaA kann auch ein neuer Gesellschafter als Komplementär beitreten. Ob darüber hinaus vom Grundsatz her in die Identität der Anteilsinhaber abgewichen werden darf, ist grundsätzlich umstritten.[1674] Auch für den Formwechsel von Vereinen wird zurecht angenommen, dass Mitglieder auf den Zeitpunkt des Formwechsels gem. § 39 BGB aus dem Verein austreten können.[1675] Von großer Bedeutung dürfte das aber beim Formwechsel von Vereinen nicht sein.

898 Vor Festlegung von Zahl, Art und Umfang der Beteiligung an einer Kapitalgesellschaft als Rechtsträger neuer Rechtsform ist das Stamm- oder Grundkapital festzulegen. Dabei sind mehrere Faktoren von Bedeutung, vor allen § 277, der auf § 264 verweist. Demgemäß darf der Nennbetrag des Kapitals der Kapitalgesellschaft das nach Abzug der Schulden verbleibende Vermögen des Vereins nicht übersteigen. Das Vermögen ist dazu nach den wirklichen Werten, nicht nach den Buchwerten zu ermitteln. Auf die entsprechenden Ausführungen beim Formwechsel einer eG (siehe oben Rdn. 857) und vor allem beim Formwechsel von der Personengesellschaft in die Kapitalgesellschaft (siehe oben Rdn. 695) kann verwiesen werden.

899 Bei Festlegung der Höhe der Nennbeträge der Geschäftsanteile oder Aktien beim Formwechsel in eine Kapitalgesellschaft ist folgendes zu beachten:

- Keine Bedeutung hat zunächst die Bestimmung in §§ 276, 243 Abs. 3, dass in der Satzung des Rechtsträgers neuer Rechtsform der auf die Anteile entfallende Betrag des Stammkapitals abweichend vom Betrag der Anteile am formwechselnden Rechtsträger festgesetzt werden kann, weil in Vereinen die Mitgliedsbeteiligung nicht auf einen bestimmten Betrag lautet.
- Selbstredend ist die Anordnung, dass die Anteile bei der GmbH auf volle Euro lauten müssen. Das ergibt sich bereits aus § 5 Abs. 2 S. 1 GmbHG. Für Nennbetragsaktien gilt derselbe Grundsatz.[1676] Für Stückaktien darf der auf die einzelnen Aktien entfallende anteilige Betrag des Grundkapitals einen Euro nicht unterschreiten.

1673 Dazu im Einzelnen Lutter/*Krieger*, § 274 Rn. 12.
1674 Siehe oben Rdn. 511 ff.; Semler/Stengel/*Katschinski*, § 276 Rn. 18.
1675 Semler/Stengel/*Katschinski*, § 276 Rn. 18; Widmann/Mayer/*Vossius*, § 276 Rn. 38.
1676 Lutter/*Krieger*, § 276 Rn. 5; KK-UmwG/*Leuering*, § 276 Rn. 8.

- Keine Bedeutung hat auch die Anordnung in § 263 Abs. 2 S. 1, wonach der Formwechsel verhältniswahrend zu erfolgen hat, falls und soweit die Mitgliedschaft nicht betragsmäßig erfaßt ist, was die Regel ist.
- Gem. § 276 i.V.m. § 263 Abs. 2 S. 2 ist beim Formwechsel in die AG der Nennbetrag der Aktien so zu wählen, dass auf **jedes Vereinsmitglied** möglichst **volle Aktien** entfallen. Teilrechte sollen nach Möglichkeit vermieden werden. Dies kann die **Praxis** vor **Probleme** stellen, wenn aufgrund der Anzahl der Mitglieder das Vermögen nicht ausreicht, um bei gleichmäßiger Verteilung der Anteile einen Kapitalbetrag über dem notwendigen Mindestkapital darzustellen.[1677]
- Beim Formwechsel in die GmbH schreibt § 263 Abs. 3 S. 1 mit demselben Regelungszweck, Teilrechte zu vermeiden, vor, dass einzelne GmbH-Geschäftsanteile auf einen höheren Nennbetrag als 100,- Euro nur gestellt werden sollen, soweit auf alle Vereinsmitglieder volle Geschäftsanteile entfallen. Bei der Änderung des Gesetzes durch das MoMiG scheint diese Bestimmung übersehen worden zu sein. **Teilrechte** können häufig gerade dadurch vermieden werden, dass die Nennbeträge der Anteile auf einen Betrag von unter 100,- Euro festgesetzt werden. Es ist deshalb anzunehmen, dass die Nennbeträge i.R.d. § 5 Abs. 2 S. 1 GmbHG bis zur Untergrenze von 1,- Euro so festgesetzt werden müssen, dass Teilrechte vermieden werden.[1678] Zum Verfahren, falls sich Teilrechte nicht vermeiden lassen, vgl. o. bei der eG Rdn. 862 f.

Grundsätzlich darf die Beteiligung der Mitglieder am Stamm- oder Grundkapital des Rechtsträgers neuer Rechtsform nur so festgesetzt werden, dass **alle Mitglieder einen gleichhohen Anteil** erhalten (Kopf-Prinzip). Das Umwandlungsrecht trägt damit dem Umstand Rechnung, dass das Vereinsrecht anders als das Recht der Personen- oder Kapitalgesellschaft keine Kapitalanteile kennt und alle Mitglieder grundsätzlich die gleichen Rechte und Pflichten haben.[1679] Es sind jedoch Fälle denkbar, in denen gleich hohe Anteile unangemessen sein können. Das Gesetz erlaubt deshalb, die Anteile am Rechtsträger neuer Rechtsform unterschiedlich festzusetzen, wenn einer der in § 276 Abs. 2 Nr. 1. bis 6. genannten Fälle vorliegt. Im einzelnen ist eine unterschiedliche Festsetzung geboten[1680]

- gem. Nr. 1 bei Vereinen, deren Vermögen in übertragbare Anteile zerlegt ist; das ist nach BGB nicht möglich. Die Vorschrift zielt daher nur auf Vereine, die aus der Zeit vor dem BGB stammen,[1681]
- gem. Nr. 2 nach der Höhe der Vereinsbeiträge,
- gem. Nr. 3 bei Vereinen, die zu ihren Mitgliedern in vertraglichen Geschäftsbeziehungen stehen, nach dem Umfang der Inanspruchnahme der Leistungen des Vereins durch seine Mitglieder oder der Leistung der Mitglieder durch den Verein,
- gem. Nr. 4 nach einem in der Satzung bestimmten Maßstab für die Verteilung des Überschusses (Gewinns),
- gem. Nr. 5 nach einem in der Satzung bestimmten Maßstab für die Verteilung des Vermögens,
- gem. Nr. 6 nach der Dauer der Mitgliedschaft.

1677 Lutter/*Krieger*, § 276 Rn. 6 bildet für den Formwechsel in die AG folgendes Beispiel: Vereinsvermögen 50 000,- Euro, 253 Mitglieder. Eine Festsetzung des Grundkapitals auf 49 841,- Euro (= 197 Euro pro Mitglied) ist wegen Unterschreitung des Mindestnennkapitals nicht möglich, eine Festsetzung auf 50 094,- Euro scheitert am fehlenden Vereinsvermögen.
1678 So auch Lutter/*Krieger*, § 276 Rn. 7; Semler/Stengel/*Katschinski*, § 276 Rn. 10; Schmitt/Hörtnagl/Stratz/*Stratz*, § 263 Rn. 8; a.A. offenbar KK-UmwG/*Leuering*, § 276 Rn. 10.
1679 Semler/Stengel/*Katschinski*, § 276 Rn. 12; Lutter/*Krieger*, § 276 Rn. 10; KK-UmwG/*Leuering*, § 276 Rn. 13.
1680 Vgl. Widmann/Mayer/*Vossius*, § 276 Rn. 35; KK-UmwG/*Leuering*, § 276 Rn. 13.
1681 Semler/Stengel/*Katschinski*, § 276 Rn. 16; Lutter/*Krieger*, § 276 Rn. 11; KK-UmwG/*Leuering*, § 276 Rn. 16.

4. Kapitel Umwandlungen

901 Die Aufzählung ist abschließend.[1682] Andere Grundsätze dürfen keine Berücksichtigung finden. Die genannten Punkte können aber kombiniert werden. Im Einzelfall soll es willkürlich sein können, auf die Bemessungsmöglichkeiten des § 276 Abs. 2 Nr. 1 bis 6 nicht zurückzugreifen und die Beteiligung gleich hoch festzusetzen.[1683] Zulässig soll es sein, einen Teil des Kapitals nach Kopfteilen und den Rest unterschiedlich anhand der aufgeführten Maßstäbe zu verteilen.[1684] Nach allgemeiner Meinung[1685] soll darüber hinaus mit Zustimmung der Betroffenen ein nicht verhältniswahrender Formwechsel zulässig sein.

902 Beim **Formwechsel in die eG** verweist § 285 zunächst auf § 243 Abs. 1 wonach der Beschluss auch die Satzung der eG feststellen muss und sodann auf § 253 Abs. 2 S. 1. Danach muss jedes Mitglied mindestens einen Geschäftsanteil an der eG erhalten. § 285 Abs. 2 schreibt die entsprechende Anwendung von § 276 Abs. 2 vor, wenn Mitglieder nicht mit der gleichen Zahl von Geschäftsanteilen an der eG beteiligt werden sollen. Soll einzelnen Mitgliedern eine höhere Beteiligung an der eG zugewiesen werden als anderen, kann dies nur durch Zuweisung einer größeren oder kleineren Anzahl von Geschäftsanteilen geschehen. Die Festlegung unterschiedlich hoher Geschäftsanteile ist nach Genossenschaftsrecht nicht zulässig.[1686] Auch eine Gutschrift unterschiedlicher Geschäftsguthaben pro Geschäftsanteil soll nicht zulässig sein.[1687] Gem. § 289 kann jedem Mitglied als Geschäftsguthaben höchstens der Nennbetrag der künftigen Geschäftsanteile an der eG gutgeschrieben werden. Soweit das Vermögen des Vereins die Summe der Geschäftsanteile übersteigt, ist der übersteigende Betrag der Rücklage zuzuführen. Das Gesetz ordnet hier anders als in § 256 Abs. 2 für den Formwechsel der Kapitalgesellschaft in die eG keine Rückzahlung des überschießenden Betrages an.[1688] Andererseits ist es auch nicht erforderlich, dass die gutgeschriebenen Geschäftsguthaben den Nennbetrag der Geschäftsanteile oder auch nur die Höhe der Pflichteinzahlung gem. § 7 Nr. 1 GenG (10 % des Geschäftsanteils) erreichen.[1689] Die Mitglieder der Genossenschaft sind nach Maßgabe von § 7 Nr. 1 und § 50 GenG, also im Rahmen der Fristsetzung in der Satzung oder soweit von der Generalversammlung beschlossen, verpflichtet, die fehlenden Beträge einzuzahlen. Eine solche Festsetzung ist allerdings nur zulässig, sofern es dafür eine sachliche Rechtfertigung gibt und die entsprechende Zahlungsverpflichtung den Mitgliedern zumutbar ist.[1690]

c) § 194 Abs. 1 Nr. 5 – Sonderrechte oder entsprechende Maßnahmen für einzelne Gesellschafter

903 Besonderheiten sind nicht anzuzeigen.

d) § 194 Abs. 1 Nr. 6 – Barabfindungsangebot

904 Gem. § 207 Abs. 1 S. 1 hat der formwechselnde Rechtsträger jedem Anteilsinhaber, der gegen den Umwandlungsbeschluss Widerspruch zur Niederschrift des Notars erklärt, den Erwerb seiner Anteile am Rechtsträger neuer Rechtsform gegen angemessene Barabfin-

---

1682 Semler/Stengel/*Katschinski*, § 276 Rn. 13; Lutter/*Krieger*, § 276 Rn. 14; KK-UmwG/*Leuering*, § 276 Rn. 13.
1683 KK-UmwG/*Leuering*, § 276 Rn. 13; Widmann/Mayer/*Vossius*, § 276 Rn. 35.
1684 Semler/Stengel/*Katschinski*, § 276 Rn. 13; Lutter/*Krieger*, § 276 Rn. 14.
1685 Semler/Stengel/*Katschinski*, § 276 Rn. 17; Lutter/*Krieger*, § 276 Rn. 14; KK-UmwG/*Leuering*, § 276 Rn. 20; Widmann/Mayer/*Vossius*, § 276 Rn. 38.
1686 Lutter/*Krieger*, § 285 Rn. 6 m.w.N.; Widmann/Mayer/*Vossius*, § 285 Rn. 11.
1687 Lutter/*Krieger*, § 285 Rn. 6; § 290 Rn. 5.
1688 Vgl. auch die Gesetzesbegründung zu § 289.
1689 Semler/Stengel/*Katschinski*, § 289 Rn. 5; Lutter/*Krieger*, § 289 Rn. 2; KK-UmwG/*Leuering*, § 289 Rn. 1.
1690 Semler/Stengel/*Katschinski*, § 289 Rn. 5; § 288 Rn. 5; Lutter/*Krieger*, § 285 Rn. 5; KK-UmwG/*Leuering*, § 289 Rn. 1; Widmann/Mayer/*Vossius*, § 288 Rn. 13 unter Bezug auf BGH NJW 1995, 1595.

dung anzubieten. (siehe oben Rdn. 536). Wie beim Formwechsel der eG erweitern §§ 282, 290 durch Verweisung auf § 270 Abs. 1 diese Verpflichtung auf Anteilsinhaber, die dem Formwechsel bis zum Ablauf des dritten Tages vor der beschlussfassenden Versammlung durch eingeschriebenen Brief widersprochen haben (vgl. Rdn. 866). Im Schrifttum nicht ausdrücklich erörtert, aber ebenso zu entscheiden wie beim Formwechsel der eG ist die Frage, ob der Anspruch nur von Mitgliedern geltend gemacht werden kann, die in der Versammlung gegen den Formwechsel stimmen (oben Rdn. 866). Anders als bei der eG kann allerdings auf die Prüfung des Barabfindungsangebots und auf dieses selbst beim Formwechsel des e.V. verzichtet werden. § 282 verweist nicht auf § 270 Abs. 2.

Ein Barabfindungsangebot ist gem. § 282 Abs. 2 nicht erforderlich beim Formwechsel **905** gemeinnütziger Vereine. Will ein Mitglied aus dem **gemeinnützigen Verein** aus Anlass des Formwechsels ausscheiden, bleibt ihm damit nur das Austrittsrecht gem. § 39 BGB vor dem Formwechsel oder die Veräußerung der Anteile an der Kapitalgesellschaft oder Genossenschaft neuer Rechtsform im Anschluss an den Formwechsel.[1691] Das Austrittsrecht gem. § 39 BGB ist aber gem. § 39 Abs. 2 BGB unter Umständen an die Einhaltung einer Kündigungsfrist gebunden. Darüber hinaus wird ein außerordentliches Austrittsrecht ohne Einhaltung der in der Satzung bestimmten Frist erörtert, falls sich die Rechtsposition der Mitglieder in Folge des Formwechsels erheblich verschlechtert und ihnen die Anteilsinhaberschaft am Rechtsträger neuer Rechtsform nicht zumutbar ist.[1692]

e) § 194 Abs. 1 Nr. 7 – Folgen für die Arbeitnehmer und deren Vertretung

Vereine fallen **nicht** in den **Anwendungsbereich der Gesetze über die Arbeitnehmermit-** **906** **bestimmung**. Beschäftigt der Verein mehr als 500 Arbeitnehmer wird der Aufsichtsrat somit erstmals unter Beteiligung der Arbeitnehmer gebildet. Das ist nicht anders als ein Formwechsel einer Personengesellschaft in eine Kapitalgesellschaft (vgl. Rdn. 704).

f) Wahl der ersten Organe

Für die Wahl des **Aufsichtsrats** ist folgendes zu beachten: Beim Formwechsel in die GmbH ist **907** umstritten, ob ein Aufsichtsrat, dessen Bildung nur durch die Mitbestimmungsgesetze vorgeschrieben ist, bereits im Rahmen des Formwechsels[1693] oder erst nach Entstehung, das heißt nach Eintragung der GmbH[1694] zu bilden ist. (siehe dazu oben Rdn. 491) Beim Formwechsel in die AG oder KGaA ist der Aufsichtsrat gem. § 197 nach den Grundsätzen des § 31 AktG zu bilden. Beim Formwechsel in die eG wird man die Regeln über die GmbH entsprechend anwenden müssen, allerdings ist der Aufsichtsrat, sofern die eG einen haben soll, schon im Gründungsstadium zu bilden; wie bei der GmbH ist aber zu fragen, ob das MitbestG und das DrittelbG nicht erst nach Eintragung der eG Anwendung finden. Außerdem ist zu berücksichtigen, dass die Mitglieder des Aufsichtsrats, die nicht nach DrittelbG oder MitbestG von den Arbeitnehmern zu wählen sind, Mitglieder der eG sein müssen.

Auch für die Mitglieder des **Geschäftsführungsorgans** besteht keine Amtskontinuität. **908** Für ihre Wahl gilt folgendes: Beim Formwechsel in die GmbH sind die Geschäftsführer von der Gesellschafterversammlung zu wählen, soweit nicht das MitbestG gilt und man der Meinung folgt, dass es schon vor Eintragung der GmbH im Handelsregister Anwen-

---

1691 Semler/Stengel/*Katschinski*, § 282 Rn. 8; KK-UmwG/*Leuering*, § 282 Rn. 2.
1692 Semler/Stengel/*Katschinski*, § 282 Rn. 8; Lutter/*Haddinger/Hennrich*, § 104a Rn. 6; Widmann/Mayer/*Vossius*, § 104a Rn. 21 f.
1693 So Semler/Stengel/*Just*, § 218 Rn. 16; KK-UmwG/*Dauner-Lieb/Tettinger*, § 218 Rn. 42; Kallmeyer/*Dirksen*, § 222 Rn. 5.
1694 So Semler/Stengel/*Bärwaldt*, § 197 Rn. 71; Schmitt/Hörtnagl/Stratz/*Stratz*, § 222 Rn. 3; Widmann/Mayer/*Vossius*, § 222 Rn. 17.

4. Kapitel Umwandlungen

dung findet. Dann würden sie vom Aufsichtsrat bestellt. Entsprechendes gilt für die Bildung des Vorstands der eG. Nach der gesetzlichen Regelung des § 24 Abs. 2 S. 1 wird der Vorstand von der Generalversammlung gewählt, wenn die Satzung nichts anderes regelt und die eG nicht dem MitbestG unterliegt. Der Vorstand besteht zwingend aus mindestens zwei Personen. Die Satzung kann eine höhere Zahl vorsehen. Beim Formwechsel in die AG wird der Vorstand stets vom Aufsichtsrat gewählt, auch wenn der Aufsichtsrat nicht mitbestimmt ist. Beim Formwechsel in die KGaG wird die persönlich haftende Gesellschafterin im Umwandlungsbeschluss (vgl. §§ 276, 218 Abs. 2) und in der Satzung bestimmt.

4. Satzung

909 Im Umwandlungsbeschluss ist beim Formwechsel in die Kapitalgesellschaft gem. §§ 276, 218 beziehungsweise beim Formwechsel in die eG gem. §§ 285, 253 Abs. 1 auch die Satzung des Rechtsträgers neuer Rechtsform festzustellen. Eine Unterzeichnung der Satzung durch die Mitglieder ist nicht nötig. Beim Formwechsel in die KGaA muß es mindestens einen Komplementär geben. Ob die Bestimmungen über eine Sachgründung (Festlegung der Sacheinlage) und den Gründungsaufwand in der Satzung festgesetzt werden müssen, ist für den Formwechsel eines e.V. in eine Kapitalgesellschaft in gleicher Weise zu entscheiden wie sonst auch (s.o. Rdn. 708) Soll in der Satzung ein **genehmigtes Kapital** begründet werden, darf gem. §§ 276, 263 Abs. 3 S. 3 nicht vorgesehen werden, dass das Vertretungsorgan über den Ausschluß des Bezugsrecht entscheidet. Im übrigen gelten keine Besonderheiten.

5. Beschlussverfahren

a) Durchführung der Versammlung

910 Gem. §§ 274 Abs. 2, 283 Abs. 2, 239 ist der Umwandlungsbeschluss in der Versammlung auszulegen und zu Beginn der Versammlung vom Vorstand des Vereins mündlich zu erläutern.

b) Beschlussmehrheiten

911 Der Beschluss der Mitgliederversammlung bedarf gem. § 275 Abs. 2 einer Mehrheit von mindestens ¾ der abgegebenen Stimmen. Erheben mindestens 100 Mitglieder beziehungsweise bei Vereinen unter 1000 Mitgliedern 10% der Mitglieder bis zum Ablauf des dritten Tages vor der Mitgliederversammlung durch eingeschriebenen Brief Widerspruch gegen den Formwechsel, bedarf der Beschluss einer Mehrheit von 9/10 der abgegebenen Stimmen. (zur Fristberechnung siehe oben Rdn. 873) Stimmenthaltungen und ungültige Stimmen werden bei der Ermittlung der Mehrheit nicht mitgezählt.[1695] In der Mitgliederversammlung hat jedes Mitglied gem. § 32 Abs. 1 S. 3 BGB (»Mehrheit der Mitglieder«) grundsätzlich nur eine Stimme.[1696] Abweichungen bedürfen gem. § 40 BGB einer Satzungsregelung. Auch hier stellt sich in gleicher Weise wie bei der eG (siehe Rdn. 875) die Frage, ob die Abstimmung offen und – wie ausgeführt – gegebenenfalls namentlich erfolgen muss. Das wird man so sehen müssen, wenn das Abfindungsangebot nur für Mitglieder gelten soll, die nicht nur Widerspruch gegen den Formwechsel eingelegt, sondern darüber hinaus auch gegen ihn gestimmt haben. Man wird das nicht anders entscheiden können als bei der eG.

[1695] Semler/Stengel/*Katschinski*, § 275 Rn. 8; Lutter/*Krieger*, § 275 Rn. 6; Schmitt/Hörtnagl/Stratz/*Stratz*, § 275 Rn. 3; Widmann/Mayer/*Vossius*, § 275 Rn. 4.
[1696] BGB NJW 1998, 1212; *Sauter/Schweyer/Waldner*, Rn. 198.

Wird mit dem Formwechsel zugleich der **Zweck des Vereins** geändert, bedarf der Beschluss gem. § 275 Abs. 1 der Zustimmung aller anwesenden Vereinsmitglieder und außerdem auch der Zustimmung der nicht erschienenen Mitglieder. Mit der Bestimmung soll eine Umgehung der entsprechenden Bestimmung im Vereinsrecht gem. § 33 Abs. 1 S. 2 ausgeschlossen werden. Diese Bestimmung kann daher zur Klärung der Frage herangezogen werden, wann eine Änderung des Zwecks vorliegt. Nicht jede Änderung der Satzungsbestimmung über den Vereinszweck enthält nämlich eine Zweckänderung im Sinne des § 33 Abs. 1 S. 2. Wie der BGH[1697] ausgeführt hat, muss ein Verein zur Anpassung an im Laufe der Zeit aufgetretene Schwierigkeiten und/oder geänderte Anforderungen in der Lage sein, auch die Bestimmung über die Vereinstätigkeit ohne Aufgabe der prinzipiellen Zielrichtung zu ändern. Geschützt durch das Einstimmigkeitsgebot ist nur der Satzungsbestandteil, in dem der oberste Leitsatz für die Vereinstätigkeit zum Ausdruck gebracht wird und mit dessen Abänderung kein Mitglied beim Beitritt zum Verein rechnen muss. Eine Zweckänderung liegt daher nur vor, wenn sich der Charakter eines Vereins ändert. Das ist insbesondere nicht der Fall, wenn lediglich die Mittel zur Zweckerreichung geändert werden.[1698] Ebensowenig führt der Umstand, dass die Form in eine Kapitalgesellschaft gewechselt wird, per se zur Änderung des Vereinszwecks;[1699] auch wenn die Kapitalgesellschaft kraft Gesetzes als Handelsgesellschaft gilt (vgl. §§ 13 Abs. 3 GmbHG, 3, 278 Abs. 3 AktG), kann auch eine solche Gesellschaft zu jedem zulässigen Zweck gegründet werden.[1700] Dagegen ist Einstimmigkeit insbesondere dann erforderlich, wenn ein Idealverein nach dem Formwechsel ein Handelsgewerbe betreiben soll.[1701]

Die Satzung des Vereins kann gem. § 40 BGB von dem Einstimmungserfordernis gem. § 33 Abs. 1 S. 2 BGB abweichen und geringere Minderheiten zulassen. Es spricht viel dafür, dass das auch für den Formwechselbeschluss gilt.[1702] Die h.M. hält § 275 Abs. 1 unter Hinweis auf § 1 Abs. 3 UmwG aber nicht für dispositv.[1703] Ebenfalls für unzulässig hält es die h.M.[1704] den Vereinszweck für den Formwechsel beizubehalten, aber anschließend mit ¾ Mehrheit zu ändern.[1705] In diesem letzteren Punkt ist der h.M. schon deshalb zuzustimmen, weil nach überwiegender Auffassung im Schrifttum[1706] auch bei der Kapitalgesellschaft die Änderung des Zwecks der Gesellschaft in Anwendung von § 33 Abs. 1 S. 2 BGB der Einstimmigkeit bedarf. Keine Bedenken können aber dagegen bestehen, die in der Satzung des Vereins gegebenenfalls vorgesehene Möglichkeit, die Zweckänderung mit ¾-Mehrheit vorzunehmen, im Rahmen des Formwechsels in die Satzung der Kapitalgesellschaft zu übernehmen und die Satzung alsdann aufgrund dieser Bestimmung zu ändern.

Beim Formwechsel in die KGaA ist gem. § 275 Abs. 3, § 240 Abs. 2 entsprechend anzuwenden. Der Beschluss bedarf damit der Zustimmung aller künftigen Komplementäre der KGaA. Aus denselben Gründen bedarf der Beschluss beim Formwechsel in eine eG gem. § 284 der Zustimmung aller anwesenden und aller nicht erschienenen Mitglieder, wenn die Satzung der eG eine Verpflichtung der Mitglieder zur Leistung von Nachschüssen vor-

---

1697 DNotZ 1986, 276/279 f.
1698 So BGH a.a.O.; BayObLG NJW-RR 2001, 1260; KG DStR 2005, 298.
1699 Semler/Stengel/*Katschinski*, § 275 Rn. 5; Lutter/*Krieger*, § 275 Rn. 3; Widmann/Mayer/*Vossius*, § 275 Rn. 10.
1700 Vgl. *Priester*, GmbHR 1999, 149 ff.; KK-UmwG/*Leuering*, § 275 Rn. 4.
1701 Vgl. die Gesetzbegründung zu § 275; Semler/Stengel/*Katschinski*, § 275 Rn. 5; Lutter/*Krieger*, § 275 Rn. 3; KK-UmwG/*Leuering*, § 275 Rn. 4; Widmann/Mayer/*Vossius*, § 275 Rn. 9.
1702 So Widmann/Mayer/*Vossius*, § 275 Rn. 5.
1703 Semler/Stengel/*Katschinski*, § 275 Rn. 4; Lutter/*Krieger*, § 275 Rn. 4; KK-UmwG/*Leuering*, § 275 Rn. 5.
1704 Semler/Stengel/*Katschinski*, § 275 Rn. 7; Lutter/*Krieger*, § 275 Rn. 5; KK-UmwG/*Leuering*, § 275 Rn. 5.
1705 So aber Widmann/Mayer/*Vossius*, § 275 Rn. 11 ff.
1706 Für die AG z.B. *Hüffer*, AktG § 179 Rn. 33; für die GmbH Baumbach/Hueck/*Zöllner*, § 53 Rn. 28 jeweils m.w.N.

4. Kapitel Umwandlungen

sieht. Die Satzung der eG muss gem. §6 Nr. 3 GenG zu dieser Frage – unabhängig davon, wie sie entschieden wird – eine Regelung enthalten. Es ist umstritten, ob bei Fehlen einer entsprechenden Regelung die Eintragung der Genossenschaft in das Register per se zur unbeschränkten Nachschusspflicht führt.[1707] Der Formwechsel bedarf der Einstimmigkeit nicht nur bei unbeschränkter, sondern auch bei beschränkter Nachschusspflicht. Das ist ein gewisser Bruch zum Formwechsel in die KG, bei der eine Zustimmungspflicht der Kommanditisten gesetzlich nicht vorgesehen ist, selbst wenn die Einlagen/Haftsummen durch das Vermögen des formwechselnden Rechtsträgers nicht voll gedeckt sind (vgl. Rdn. 758). Dagegen ist – ähnlich wie bei Kommanditisten, deren Haftsummen durch das Vermögen der Kapitalgesellschaft nicht voll belegt werden – eine Zustimmung aller Mitglieder nach ganz h.M. nicht nötig, wenn Genossen nach Gutschrift des Vermögens des Vereins noch Einzahlungen auf die Geschäftsanteile zu leisten haben oder die Satzung die Verpflichtung zur Übernahme weiterer Geschäftsanteile vorsieht.[1708] § 289 Abs. 2, § 246 Abs. 3 Nr. 3 sowie § 288 Abs. 1 S. 2 sollen zeigen, dass der Gesetzgeber die Frage gesehen, aber diese Fälle gerade nicht dem § 284 S. 1 unterworfen hat. Jedoch muss – wie bei der KG – die Festlegung der Höhe des Nennbetrages auch der Pflichteinzahlungen den Mitgliedern wirtschaftlich zumutbar und sachlich geboten sein.[1709] Derart in der Satzung begründeten Verpflichtungen können sich die Mitglieder nur dadurch entziehen, dass sie das Abfindungsangebot annehmen.[1710] In diesem Fall soll auch die Verpflichtung zur Übernahme weiterer Geschäftsanteile analog § 67a Abs. 2 S. 5 GenG nicht gelten.[1711]

c) Beurkundung des Beschlusses

915 Vgl. hierzu Rdn. 621 ff. Besonderheiten gelten nicht.

d) Vertretung

916 Gem. § 38 S. 2 BGB ist das Stimmrecht der Vereinsmitglieder persönlich auszuüben. Gem. § 40 BGB kann die Satzung Ausnahmen zulassen.[1712] Gesetzliche Vertretung von Minderjährigen, juristischen Personen und Personengesellschaften ist auch ohne gesonderte Regelung zulässig. Dagegen wird eine rechtsgeschäftliche Vertretung auch solcher Personen ohne besondere satzungsmäßige Ermächtigung nicht als zulässig angesehen.[1713]

6. Zustimmung Dritter

917 Insoweit gelten keine Besonderheiten (auf die Ausführungen zur eG unter Rdn. 879 wird verwiesen).

1707 Vgl. Pölmann/Fandrisch/Bloehs/*Fandrisch*, GenG, §6 Rn. 9.
1708 Semler/Stengel/*Katschinski*, § 284 Rn. 5; Lutter/*Krieger*, § 284 Rn. 3; KK-UmwG/*Leuering*, § 284 Rn. 3; Widmann/Mayer/*Vossius*, § 284 Rn. 11.
1709 Semler/Stengel/*Katschinski*, § 285 Rn. 3; Lutter/*Krieger*, § 285 Rn. 5; KK-UmwG/*Leuering*, § 285 Rn. 3; Widmann/Mayer/*Vossius*, § 288 Rn. 13.
1710 So Semler/Stengel/*Katschinski*, § 288 Rn. 6; Lutter/*Krieger*, § 288 Rn. 2; KK-UmwG/*Leuering*, § 288 Rn. 2.
1711 Semler/Stengel/*Katschinski*, § 288 Rn. 6; Lutter/*Krieger*, § 288 Rn. 2; KK-UmwG/*Leuering*, § 288 Rn. 2; a.A. *Vossius*, der ein Kündigungsrecht analog § 67a GenG annimmt.
1712 Einzelheiten vgl. *Sauter/Schweyer/Waldner*, Rn. 199.
1713 OLG Hamm NJW-RR 1990, 532/533; a.A. z.B. *Sauter/Schweyer/Waldner*, Rn. 199.

7. Zustimmung einzelner Gesellschafter

a) Vinkulierungsbegünstigte

Die Mitgliedschaft in Vereinen ist gem. § 38 S. 1 weder übertragbar noch vererblich.[1714] Die Satzung kann jedoch gem. § 40 BGB hiervon abweichen. Das geschieht aber selten. Sollte die Satzung ausnahmsweise eine Abweichung enthalten und gleichzeitig die Übertragung von der Zustimmung einzelner Vereinsmitglieder – oder aller anderen Vereinsmitglieder – abhängig gemacht sein, greift auch § 193 Abs. 2.

918

b) Zustimmung künftiger Komplementäre

Dem Formwechsel zustimmen müssen die künftigen Komplementäre beim Formwechsel in die KGaA. § 275 Abs. 3 verweist auf § 240 Abs. 2. Auf die Erläuterungen dazu kann daher verwiesen werden. Soll ein künftiger Komplementär im Zuge des Formwechsel beitreten, gilt § 221 (vgl. zu beiden oben Rdn. 619 ff.).

919

c) Zustimmung nicht erschienener Gesellschafter bei Nachschusspflicht oder Zweckänderung

Diesbezüglich kann auf die Ausführungen oben in Rdn. 617 ff. verwiesen werden. Zur Erklärung der Zustimmung siehe Rdn. 631.

920

8. Handelsregisteranmeldung

a) Zuständiges Gericht

Da sich durch den Formwechsel in jedem Fall die Art des für den Rechtsträger maßgebenden Registers ändert, nämlich vom Vereinsregister in das Handels- oder Genossenschaftsregister, ist der Rechtsträger neuer Rechtsform gem. § 198 Abs. 2 S. 1 und 2 in das für die neue Rechtsform maßgebende Register anzumelden, beim Formwechsel in die Kapitalgesellschaft in das Handelsregister, beim Formwechsel in die eG in das Genossenschaftsregister. Daneben ist der Formwechsel gem. § 198 Abs. 2 S. 3 auch zur Eintragung in das Vereinsregister anzumelden. Darüber hinaus bestimmt § 278 Abs. 2, dass der Vorstand den bevorstehenden Formwechsel durch Veröffentlichung gem. den dort angegebenen Regeln bekannt zu machen hat, falls der formwechselnde Rechtsträger nicht in ein Handelsregister eingetragen ist. Nach dem Wortlaut erstreckt sich die Bestimmung auch auf Idealvereine. Denn auch sie sind nicht ins Handelsregister eingetragen. Nach allgemeiner Auffassung gilt sie aber nur für wirtschaftliche Vereine und für altrechtliche Vereine, die nicht gem. § 33 HGB ins Handelsregister eingetragen sind.[1715] Die Bekanntmachung tritt in diesen Fällen an die Stelle der Eintragung in das Register des formwechselnden Rechtsträgers.

921

b) Anmeldepflichtige

Beim Formwechsel des Vereins in eine Kapitalgesellschaft ist gem. § 278 Abs. 1 auf die Anmeldung der neuen Rechtsform § 222 Abs. 1 S. 1 entsprechend anzuwenden. Die Anmeldung hat also durch alle Mitglieder des künftigen Vertretungsorgans sowie, wenn die neue Rechtsform einen Aufsichtsrat haben muss, auch durch dessen Mitglieder anzu-

922

1714 *Sauter/Schweyer/Waldner*, Rn. 333.
1715 Semler/Stengel/*Katschinski*, § 278 Rn. 6; Lutter/*Krieger*, § 278 Rn. 7; KK-UmwG/*Leuering*, § 278 Rn. 5; Schmitt/Hörtnagl/Stratz/*Stratz*, § 278 Rn. 2; Widmann/Mayer/*Vossius*, § 278 Rn. 9 f.

4. Kapitel Umwandlungen

melden. Damit hat die Anmeldung beim **Formwechsel in die GmbH** durch alle Geschäftsführer zu erfolgen. Ist die Gesellschaft mitbestimmt, ist umstritten, ob daneben auch eine Anmeldung durch die Mitglieder des Aufsichtsrats zu erfolgen hat. (siehe Rdn. 883) Bei der **AG** melden alle Mitglieder des Vorstandes und alle Mitglieder des Aufsichtsrats und bei der **KGaA** die Komplementäre und alle Mitglieder des Aufsichtsrats an. § 222 Abs. 2, wonach die den Gründern gleichstehenden Gesellschafter ebenfalls anmelden müssen, ist nicht anwendbar, weil die Mitglieder des eV auch dann keine Gründungshaftung trifft, wenn sie dem Formwechsel zustimmen. Sie müssen deshalb gem. §§ 277 i.V.m. 264 Abs. 2 und 3 auch weder einen Sachgründungsbericht noch einen Gründungsbericht erstatten.

923 Weiter ist gem. § 278 auch § 222 Abs. 3 entsprechend anwendbar. Die Anmeldung der Umwandlung zum Register des formwechselnden Vereins kann demgemäß auch durch dessen Vorstand in vertretungsberechtigter Zahl vorgenommen werden. Beim **Formwechsel in die Genossenschaft** finden gem. § 286 die §§ 254 und 278 Abs. 2 entsprechende Anwendung. Damit erfolgt der Formwechsel auch des Rechtsträgers neuer Rechtsform durch das Vertretungsorgan des formwechselnden Rechtsträgers, also des Vereins.

c) Inhalt der Anmeldung

924 Für den Formwechsel des Vereins in die Kapitalgesellschaft kann auf Rdn. 885 verwiesen werden. Ausstehende Bareinlagen gibt es aber nicht und folglich auch keine entsprechende Versicherung. Beim Formwechsel in die eG sind gem. § 11 GenG keine Versicherungen abzugeben.

d) Anlagen

925 Beim Formwechsel des Vereins in die Kapitalgesellschaft kann auf die Ausführungen in Rdn. 868 f. verwiesen werden, für den Formwechsel in die eG auf Rdn. 650.

9. Haftung

926 Für den Formwechsel des Vereins in die Kapitalgesellschaft kann auf die Ausführungen unter Rdn. 888 f. verwiesen werden. Gem. § 277 gilt § 264 entsprechend. Beim Formwechsel in die eG gibt es keine Gründerhaftung.

XV. Formwechsel von Versicherungsvereinen auf Gegenseitigkeit sowie von Körperschaften und Anstalten des öffentlichen Rechts

927 Ein **VVAG** kann gem. § 291 nur in eine Aktiengesellschaft formwechselnd umgewandelt werden. Ein solcher Formwechsel kommt in der täglichen Praxis selten vor. Die Gestaltung erschließt sich unmittelbar aus dem Gesetz unter Heranziehung der erläuterten Regelungen über den Formwechsel eines eingetragenen Vereins oder einer eingetragenen Genossenschaft in die Kapitalgesellschaft. Auf seine Behandlung wird hier verzichtet. Auch der Formwechsel von **Körperschaften und Anstalten des öffentlichen Rechts** soll hier nicht erörtert werden. Das Gesetz gestattet in § 301 nur den Formwechsel in die Rechtsform einer Kapitalgesellschaft. Auch dieser ist nur möglich, wenn das für die Körperschaft oder Anstalt des öffentlichen Rechts maßgebende Bundes- oder Landesrecht einen Formwechsel vorsieht oder zuläßt. Überdies sind die Vorschriften des ersten Teils auf den Formwechsel nur anzuwenden, soweit sich aus dem für die formwechselnde Körperschaft oder Anstalt maßgebenden Bundes- oder Landesrecht nichts anderes ergibt (§ 302).

D. Spaltung

I. Allgemeines

1. Gesetzessystematik

Mit Inkrafttreten des Umwandlungsgesetzes wurde erstmals die Möglichkeit einer Spaltung von Rechtsträgern und damit die Möglichkeit einer nur partiellen Gesamtrechtsnachfolge (§ 131)[1716] geschaffen. Zuvor war eine derartige Gestaltungsmöglichkeit nur für Treuhandunternehmen bzw. landwirtschaftliche Produktionsgenossenschaften eröffnet.[1717]

928

Dem Umwandlungsgesetz liegt eine »Baukastentechnik« zugrunde, nach dem für die unterschiedlichen Umwandlungsarten so weit wie möglich gemeinsame Regeln aufgestellt werden. Diese finden sich größtenteils in den Bestimmungen zur Verschmelzung, die aufgrund der Generalverweisung des § 125 mit gewissen Ausnahmen für entsprechend anwendbar erklärt werden vorbehaltlich abweichender Sonderregelungen. Entsprechend der Verweisungstechnik des Gesetzgebers kann auch in den nachfolgenden Ausführungen vielfach auf die Ausführungen zur Verschmelzung verwiesen werden, die nähere Darstellung beschränkt sich gemäß auf die spaltungsspezifischen Vorschriften.

929

2. Arten der Spaltung

Das Gesetz unterscheidet drei grundlegende Arten der Spaltung, die im § 123 näher definiert sind, nämlich die Aufspaltung, die Abspaltung und die Ausgliederung. Wie die Verschmelzung kann auch die Spaltung sowohl zur Aufnahme als auch zur Neugründung durchgeführt werden. Bei der Spaltung zur Aufnahme erfolgt die Übertragung auf einen bereits bestehenden Rechtsträger. Bei der in der Praxis wohl häufigeren Spaltung zur Neugründung erfolgt die Übertragung auf einen im Rahmen der Spaltung im Wege einer Sachgründung neu gegründeten Rechtsträger.

930

a) Aufspaltung

Im Rahmen der Aufspaltung überträgt ein Rechtsträger sein gesamtes Vermögen in mindestens zwei Teilen jeweils als Gesamtheit im Wege der partiellen Gesamtrechtsnachfolge auf zwei oder mehr übernehmende Rechtsträger. Das gesamte Vermögen des übertragenden Rechtsträgers wird übertragen, der übertragende Rechtsträger wird dadurch ohne Abwicklung aufgelöst. Im Gegenzug erhalten die Anteilsinhaber des übertragenden Rechtsträgers als Ausgleich Anteile an den übernehmenden Rechtsträgern (§ 123 Abs. 1).

931

b) Abspaltung

Bei der Abspaltung überträgt ein Rechtsträger eine oder mehrere Teile seines Vermögens auf einen oder mehrere übernehmende Rechtsträger. Im Unterschied zur Aufspaltung bleibt bei der Abspaltung somit der übertragende Rechtsträger selbst erhalten. Jedoch erhalten die Anteilsinhaber des übertragenden Rechtsträgers als Gegenleistung für die Vermögensübertragung Anteile des bzw. der übernehmenden Rechtsträger (§ 123 Abs. 2).

932

1716 §§ ohne Gesetzesangabe sind solche des UmwG.
1717 SpTrUG – Gesetz über die Spaltung der von der Treuhandanstalt verwalteten Unternehmen (BGBl. I 1991, S. 854) bzw. LwAnpG – Landwirtschaftsanpassungsgesetz (BGBl. I 1991, S. 1418).

4. Kapitel Umwandlungen

c) Ausgliederung

933 Auch bei der Ausgliederung wird nur ein Teil des Vermögens übertragen, sodass der übertragende Rechtsträger selbst erhalten bleibt. Der übertragende Rechtsträger überträgt einen Teil seines Vermögens im Wege der partiellen Gesamtrechtsnachfolge auf einen oder mehrere übernehmende Rechtsträger. Im Unterschied zur Abspaltung werden die als Gegenleistung für die Ausgliederung gewährten Gesellschaftsanteile dem übertragenden Rechtsträger selbst gewährt (§ 123 Abs. 3). Rechtsfolge der Ausgliederung ist mithin das Entstehen eines Mutter/Tochter-Verhältnisses zwischen übertragender und übernehmender Gesellschaft. Anerkannt ist auch die Möglichkeit einer sog. Totalausgliederung des gesamten Vermögens der übertragenden Gesellschaft auf eine oder mehrere übernehmende Rechtsträger mit der Folge, dass die übertragende Gesellschaft zur reinen Holding wird.[1718]

d) Kombination von Spaltungsvorgängen

934 Aufspaltung, Abspaltung und Ausgliederung können sowohl auf einen oder mehrere bestehende Rechtsträger erfolgen, als auch auf einen oder mehrere im Rahmen des Spaltungsvorgangs neu gegründete Rechtsträger. Soll ein Spaltungsvorgang in einem Rechtsakt erfolgen, so ist diese in einem Vertrag zu regeln, Einzelverträge mit den beteiligten Gesellschaften sind unzulässig.[1719]

935 Nach § 123 Abs. 2 i.V.m § 3 Abs. 4 ist auch eine Mischspaltung, d.h. eine Beteiligung von Rechtsträgern verschiedener Rechtsformen an dem gleichen Spaltungsvorgang, insoweit kann auf die Ausführungen zur Verschmelzung verwiesen werden.[1720]

936 Auch kann nach § 123 Abs. 4 eine Spaltung gleichzeitig zur Aufnahme und zur Neugründung durchgeführt werden, etwa durch Aufspaltung auf einen neu gegründeten Rechtsträger und einen bereits bestehenden Rechtsträger.[1721] Ob weitergehend auch Aufspaltung, Abspaltung und Ausgliederung miteinander oder mit weiteren Vorgängen nach dem UmwG in einem Rechtsakt kombiniert werden können, ist gesetzlich nicht abschließend geregelt und teilweise streitig.[1722] Nach allgemeiner Auffassung lässt sich aus § 123 Abs. 4 durch die Verwendung des Oberbegriffs »Spaltung« anleiten, dass die Spaltungsformen auch miteinander kombiniert werden können.[1723]

937 Nach ganz allgemeiner Auffassung ist eine Kombination von Abspaltung und Ausgliederung grundsätzlich zulässig.[1724] Eine solche Kombination von Abspaltung und Ausgliederung kann auf zwei Weisen erfolgen: Sie kann zum einen dergestalt erfolgen, dass ein übertragender Rechtsträger einen Teil seines Vermögens auf einen übernehmenden Rechtsträger im Wege der Ausgliederung überträgt und einen anderen Teil seines Vermögens auf einen übernehmenden Rechtsträger im Wege der Abspaltung überträgt. Zum andern kann eine solche Kombination auch dergestalt erfolgen, dass dasselbe Teilvermögen auf einen übernehmenden Rechtsträger übertragen wird gegen Gewährung von Anteilen an die Gesellschafter (Abspaltung) und den übertragenden Rechtsträger selbst (Ausgliederung). Während die Zulässigkeit der ersten Variante anerkannt ist, wird die Zulässigkeit der zweiten Variante angezweifelt.[1725]

1718 Schmitt/Hörtnagl/Stratz/*Hörtnagl*, § 123 Rn. 22 f.; Widmann/Mayer/*Schwarz*, § 123 Rn. 7.3; a.A. noch *Mayer*, DB 1995, 881, 862.
1719 *Limmer*, Handbuch der Umwandlung, Rn. 1482.
1720 Siehe oben Rdn. 17.
1721 Beispiel nach Widmann/Mayer/*Schwarz*, § 123 Rn. 6.
1722 Hierzu umfassend: Widmann/Mayer/*Schwarz*, § 123 Rn. 6-9.
1723 Lutter/*Teichmann*, § 123 Rn. 26; Schmitt/Hörtnagl/Stratz/*Hörtnagl*, § 123 Rn. 14 ff.
1724 Widmann/Mayer/*Schwarz*, § 123 Rn. 7.2; Lutter/*Teichmann*, § 123 Rn. 26; Schmitt/Hörtnagl/Stratz/*Hörtnagl*, § 123 Rn. 14 ff.
1725 Für Unzulässigkeit Schmitt/Hörtnagl/Stratz/*Hörtnagl*, § 123 Rn. 17; für Zulässigkeit: *Kallmeyer*, DB 1995, 81, 82; *Geck*, DStR 1995, 416, 417; Lutter/*Teichmann*, § 123 Rn. 26; Widmann/Mayer/*Schwarz*, § 123 Rn. 7.2.

Eine Kombination einer Aufspaltung mit einem anderen Spaltungsvorgang – gleich ob Abspaltung oder Ausgliederung – dürfte rechtlich ausscheiden, da mit der Aufspaltung der übertragende Rechtsträger erlischt.[1726]   **938**

Die gleichzeitige Beteiligung mehrerer übertragender Rechtsträger an einem Spaltungsvorgang ist nach ganz allgemeiner Auffassung unzulässig. Dies wird aus dem Wortlaut des § 123 abgeleitet, der von einem Rechtsträger ausgeht. Darüber hinaus ist das System des Umwandlungsrechtes nicht auf die Beteiligung mehrerer übertragender Rechtsträger zugeschnitten. Eine derartige Regelung sah zwar der Referentenentwurf vor, dieser hat aber nicht Eingang in das Gesetz gefunden. Dessen ungeachtet besteht jedoch ein hohes praktisches Bedürfnis für die Beteiligung mehrerer übertragender Rechtsträger, etwa im Fall der Gründung eines Gemeinschaftsunternehmens oder der Zusammenführung von Produktionsbereichen innerhalb eines Konzerns oder beim Tausch von Betriebseinheiten. Die Praxis behilft sich in diesen Fällen mit aufeinander abgestimmten, isoliert zu beurteilenden Spaltungen, die in ihrer internen Abwicklung zusammengefasst, nicht jedoch mit Außenwirkung miteinander verbunden werden.[1727]   **939**

Weitergehend wird hieraus abgeleitet, dass auch eine Verbindung von Spaltung und Verschmelzung – sogenannte verschmelzende Spaltung – in einem Rechtsakt unzulässig ist.[1728] Die Unzulässigkeit dieser Kombination gilt jedoch nur insoweit, wie diese in einem Rechtsakt vorgenommen werden. Ein solcher einheitlicher Vorgang liegt jedoch nur dann zwingend vor, wenn dasselbe Teilvermögen betroffen ist bzw. – wie bei der Aufspaltung – das gesamte Vermögen des übertragenden Rechtsträgers.   **940**

Demgemäß ist eine Kombination von Spaltungsvorgängen aller Art wie auch von Verschmelzungsvorgängen zulässig, soweit diese in getrennten Vorgängen erfolgen. Unproblematisch zulässig ist es, diese Vorgänge dergestalt zu verbinden, dass der eine Spaltungsvorgang aufschiebend bedingt durch die Wirksamkeit des anderen Spaltungsvorgangs ist.   **941**

Formulierungsbeispiel: **942 M**
»Der in Teil B dieser Urkunde niedergelegte Spaltungs- und Übernahmevertrag ist aufschiebend bedingt durch die Eintragung der in Teil A dieser Urkunde niedergelegten Ausgliederung in das Handelsregister des übertragenden Rechtsträgers (§ 131 Abs. 1 UmwG).«

Sollen hingegen Spaltungsvorgänge gleichzeitig vollzogen bzw. voneinander abhängen, so empfiehlt es sich diese Verknüpfung auf das Innenverhältnis zu beschränken.[1729] Eine Verknüpfung auch im Außenverhältnis, etwa dergestalt, dass die Spaltungsvorgänge gleichzeitig zu vollziehen sind, dürfte in der registerrechtlichen Praxis nicht umsetzbar sein. Nach überwiegender Auffassung können diese Vorgänge auch in einem einheitlichen Vertragswerk niedergelegt werden; zur Vermeidung gerichtlicher Probleme empfiehlt es sich jedoch unterschiedliche Vertragswerke zu wählen, die ggf. durch entsprechende Bedingungen sodann miteinander verknüpft werden.[1730]   **943**

1726 Lutter/*Teichmann*, § 123 Rn. 26; Widmann/Mayer/*Schwarz*, § 123 Rn. 7.1.
1727 Lutter/*Teichmann*, § 123 Rn. 28; Schmitt/Hörtnagl/Stratz/*Hörtnagl*, § 123 Rn. 18 ff.; Widmann/Mayer/*Schwarz*, § 123 Rn. 9.
1728 Widmann/Mayer/*Mayer*, § 123 Rn. 9.
1729 *Limmer*, Handbuch Umwandlung, Rn. 1486; Widmann/Mayer/*Mayer*, § 126 Rn. 8.
1730 *Limmer*, Handbuch Umwandlung, Rn. 1486; Widmann/Mayer/*Mayer*, § 126 Rn. 8.

3. Spaltungsfähige Rechtsträger

a) Aufspaltung und Abspaltung

944 Die spaltungsfähigen Rechtsträger regelt § 124 für alle Spaltungsvorgänge grundsätzlich durch einen Verweis auf die allgemeine Vorschrift des § 3.[1731] Demgemäß sind uneingeschränkt spaltungsfähig nach § 3 Abs. 1 die Personenhandelsgesellschaften (Offene Handelsgesellschaften, Kommanditgesellschaften einschließlich der GmbH & Co. KG), Partnerschaftsgesellschaften, Kapitalgesellschaften (GmbH, AG, KGaA), eingeschränkte Genossenschaften, eingetragene Vereine, genossenschaftliche Prüfverbände und die Versicherungsvereine auf Gegenseitigkeit. Im Ergebnis stimmen damit für die Aufspaltung und die Abspaltung die beteiligungsfähigen Rechtsträger fast vollständig mit den Regelungen zur Verschmelzung überein.[1732]

945 An einer Aufspaltung bzw. Abspaltung können auch eine SE (nach den Regeln der AG) und eine SCE (nach den Regeln der eG) beteiligt sein. Aus europarechtlichen Gründen können SE und SCE als übernehmende Rechtsträger jedoch nur im Rahmen einer Spaltung zur Aufnahme, nicht jedoch im Rahmen einer Spaltung zur Neugründung beteiligt sein. Für die SE folgt dies aus Art 2 Abs. 3 SE-VO und für die SCE aus SCE-VO.[1733]

946 Der besondere Teil des Spaltungsrechts enthält jedoch einige, im Ergebnis weniger praxisrelevante Einschränkungen der Spaltungsmöglichkeiten: So können wirtschaftliche Vereine i.S.v. § 22 BGB im Rahmen einer Spaltung nur als übertragende, nicht jedoch als aufnehmende Rechtsträger an einer Spaltung beteiligt sein. Eine Aktiengesellschaft oder eine Kommanditgesellschaft auf Aktien, die noch nicht zwei Jahre im Register eingetragen ist, kann außer durch Ausgliederung zur Neugründung nicht gespalten werden (§ 141).[1734] Ein rechtsfähiger Verein kann sich an einer an einer Spaltung nur beteiligen, wenn die Satzung des Vereins oder Vorschriften des Landesrechts nicht entgegenstehen. Auch kann ein eingetragener Verein als übernehmender Rechtsträger im Wege der Spaltung nur andere eingetragene Vereine aufnehmen oder mit ihnen einen eingetragenen Verein gründen (§ 149). Weitere Einschränkungen gelten für eingetragene Genossenschaften (§ 147), genossenschaftliche Prüfungsverbände (§ 150), Versicherungsvereine auf Gegenseitigkeit (§ 151).

947 Anders als das Verschmelzungsrecht lässt das Spaltungsrecht einen Vermögenstransfer auf den Einzelkaufmann als übernehmenden Rechtsträger nicht zu. Dies ist sachgerecht, denn der Einzelkaufmann kann naturgemäß keine Gesellschaftsanteile an sich, dem übertragenden Rechtsträger bzw. dessen Anteilsinhaber zur Verfügung stellen. Das Ziel einer partiellen Gesamtrechtsnachfolge durch einen Einzelkaufmann als übernehmenden Rechtsträger lässt sich daher nur auf Umwegen erreichen: Entweder ist als übernehmender Rechtsträger eine Ein-Personen-GmbH beteiligt, die anschließend mit dem Vermögen des Alleingesellschafters verschmolzen wird. Alternativ kann die Spaltung auch auf eine Personengesellschaft stattfinden mit einem anschließenden Ausscheiden der übrigen Gesellschafter, was sodann zum Anwachsen des Gesellschaftsvermögens bei der verbleibenden Einzelperson führt.[1735]

b) Besonderheiten bei der Ausgliederung

948 Für die Ausgliederung gelten die vorstehenden Ausführungen entsprechend. Jedoch erweitert das Umwandlungsrecht den Kreis der möglichen übertragenden Rechtsträger.

1731 Siehe Rdn. 15 ff. zur Verschmelzung.
1732 Siehe Rdn. 15 ff. zur Verschmelzung.
1733 Lutter/*Teichmann*, § 124 Rn. 6 f.; Schmitt/Hörtnagl/Stratz/*Hörtnagl*, § 124 Rn. 25 ff., für weitere Einzelheiten siehe Rdn. 40 zur Verschmelzung.
1734 Siehe auch unten Rdn. 1263, zur streitigen Frage der Berechnung der Zweijahresfrist; Schmitt/Hörtnagl/Stratz/*Hörtnagl*, § 141 Rn. 2 einerseits; Widmann/Mayer/*Rieger*, § 141 Rn. 6 andererseits.
1735 Lutter/*Teichmann*, § 124 Rn. 3.

Als übertragende Rechtsträger sind für eine Ausgliederung zusätzlich zugelassen die im Handelsregister eingetragenen Einzelkaufleute (§§ 152 ff.), Stiftungen (§ 161) und die Regie- oder Eigenbetriebe von Gebietskörperschaften oder Zusammenschlüssen von Gebietskörperschaften (§ 168),[1736] jedoch jeweils mit Beschränkungen insbesondere hinsichtlich der möglichen übernehmenden Rechtsträger. Gebietskörperschaften im vorstehenden Sinne sind der Bund, die Länder, die Landkreise und die Gemeinden sowie die Kirchen [1737] sowie Zusammenschlüsse von Gebietskörperschaften, die selbst keine Gebietskörperschaften sind, wie insbesondere gemeindliche Zweckverbände nach Maßgabe der entsprechenden landesrechtlichen Bestimmungen.[1738]

949 Nach Literaturstimmen soll auch eine Erbengemeinschaft, die das Handelsgeschäft eines Einzelkaufmannes nach dessen Tod fortführt, als spaltungsfähiger Rechtsträger anzusehen sein.[1739] Diese folge aus einer analogen Anwendung der Vorschriften über die Ausgliederung aus dem Vermögen eines Einzelkaufmannes auf die Erbengemeinschaft. Dies wird damit begründet, dass die Erbengemeinschaft nach einem Einzelkaufmann handelsrechtlich und damit auch umwandlungsrechtlich dem Einzelkaufmann gleichzustellen sei. Sie sei handelsrechtlich Rechtsträger eines vollkaufmännischen Unternehmens und als solchem müsse nach der Grundwertung des Umwandlungsrechtes die Umwandlungsfähigkeit zugebilligt werden. Dem ist entgegenzuhalten, dass die Gleichstellung der Erbengemeinschaft mit dem Einzelkaufmann rein handelsrechtlich erfolgt. Die Erbengemeinschaft ist als Abwicklungsgemeinschaft für eine Übergangszeit konzipiert. Angesichts des Analogieverbotes in § 1 Abs. 2 kommt eine unmittelbare Anwendung der Vorschriften nicht in Betracht. Vielmehr greifen hinsichtlich der Erbengemeinschaft die erbrechtlichen Vorschriften über die Auseinandersetzung der Miterben. Einer analogen Anwendung des Umwandlungsrechtes bedarf es nicht.[1740]

950 Keine Besonderheiten gelten hinsichtlich der übernehmenden Rechtsträger, hinsichtlich einer Ausgliederung zur Aufnahme entspricht der Kreis der übernehmenden Rechtsträger den in § 3 im Rahmen der Verschmelzung genannten, sodass auf die vorstehenden Ausführungen verwiesen werden kann. Abweichend hiervon kann im Rahmen einer Ausgliederung eine Partnerschaftsgesellschaft nicht aufnehmender Rechtsträger sein. Die Gewährung von Anteilen an den übertragenden Rechtsträger würde verstoßen gegen § 1 Abs. 1 S. 3 PartGG, wonach nur natürlichen Personen Gesellschafter einer Partnerschaftsgesellschaft sein können.[1741] In Einzelfällen ist ferner die Ausgliederung zur Neugründung ausgeschlossen, so etwa bei der Ausgliederung von Regie- und Eigenbetrieben aus dem Vermögen einer Gebietskörperschaft (§ 168).

c) Besonderheiten bei Beteiligung einer UG

951 Beschränkungen gelten jedoch für die Beteiligungen an einer GmbH in Form der UG. Insoweit gelten die vorstehenden Ausführungen zur Verschmelzung zur Aufnahme als auch zur Verschmelzung zur Neugründung entsprechend.[1742]

1736 Die Regelung tritt damit an die Stelle der früheren Umwandlung von Unternehmen der Gebietskörperschaften in AG und GmbH nach §§ 57, 58 UmwG 1969, vgl. Schmitt/Hörtnagl/Stratz/*Hörtnagl*, § 124 Rn. 52. Wegen der zusätzlichen Möglichkeiten der »Umwandlung« nach dem jeweiligen Landeskommunalrecht siehe nachstehend Rdn. 1034.
1737 *Suppliet*, Ausgliederung nach § 168, 2005, S. 127; *Pfeiffer*, NJW 2000, 3694; *Borsch*, DNotZ 2005, 10, 12; *Lepper*, RNotZ 2006, 313, 316; a.A. Lutter/*H. Schmidt*, § 168 Rn. 7.
1738 Lutter/*H. Schmidt*, § 168 Rn. 8; Schmitt/Hörtnagl/Stratz/*Hörtnagl*, § 124 Rn. 52 ff.
1739 Lutter/*Karollus*, § 152 Rn. 3.
1740 Schmitt/Hörtnagl/Stratz/*Hörtnagl*, § 152 Rn. 4; Widmann/Mayer/*Mayer*, § 152 Rn. 30 ff.
1741 Lutter/*Teichmann*, § 124 Rn. 9; Schmitt/Hörtnagl/Stratz/*Hörtnagl*, § 124, Rn. 32.
1742 Zur Spaltung unter Beteiligung einer UG siehe *Tettinger*, Der Konzern 2008, 75, 77; *Heinemann*, NZG 2008, 820, 822; *Meister*, NZG 2008, 767, 768.

4. Kapitel Umwandlungen

952 Eine Spaltung unter Beteiligung einer UG als übernehmenden Rechtsträger wird durch das für die UG geltende Sacheinlagenverbot nach § 5a Abs. 2 GmbHG begrenzt. Dies hat zur Folge, dass eine Spaltung auf eine UG zur Neugründung unzulässig ist. Eine Spaltung auf eine UG zur Aufnahme ist zum einen dann zulässig, wenn entweder das Stammkapital spaltungsbedingt nicht erhöht wird (§§ 125 S. 1, 54).[1743] Zum andern dürfte eine Spaltung auf eine UG zur Aufnahme auch dann zulässig sein, wenn das Stammkapital spaltungsbedingt auf einen Betrag von mehr als 25.000 € erhöht wird: Nach zutreffender, aber umstrittener Ansicht dürfte das Sacheinlageverbot des § 5a Abs. 2 GmbHG dahingehend auszulegen sein, dass es dann nicht mehr gilt, wenn mit der Kapitalerhöhung im Wege der Sacheinlage das Stammkapital der UG auf mindestens 25.000 € erhöht wird, da in diesem Fall die UG mit der Kapitalerhöhung zur normalem GmbH erstarkt.[1744]

953 Eine Beteiligung als übertragender Rechtsträger wird hingegen durch § 58 Abs. 2 GmbHG begrenzt, wonach auch nach einer Kapitalherabsetzung das Mindeststammkapital stets noch 25.000 € betragen muss. Da bei einer UG das Stammkapital bereits geringer ist, kann daher keine Möglichkeit der Kapitalherabsetzung unter Wahrung des Mindeststammkapitals bestehen. Auch eine nach § 139 an sich zulässige vereinfachte Kapitalherabsetzung dürfte unzulässig sein, da die nach § 58 Abs. 1 vorab durchzuführende Rücklagenauflösung mit der gesetzlichen Rücklagenbindung des § 5a Abs. 2 GmbHG nicht vereinbar ist.[1745]

954 Im Ergebnis kann daher eine UG nur dann an einer Abspaltung wie auch an einer Ausgliederung beteiligt sein, wenn dies ohne Kapitalherabsetzung erfolgen kann.[1746] Ist zur Durchführung eine Kapitalherabsetzung erforderlich, so muss entweder zuvor durch eine Kapitalerhöhung die UG zur normalen GmbH erstarken oder aber durch eine entsprechende Rücklagenaufstockung eine Kapitalherabsetzung vermieden werden.[1747] Da bei einer Ausgliederung wegen des damit verbundenen Aktivtauschs eine Kapitalherabsetzung in der Regel nicht erforderlich ist, dürften gegen diese grundsätzlich keine Bedenken bestehen. Auch eine Aufspaltung dürfte wegen des damit verbundenen Erlöschens des übertragenden Rechtsträgers wohl zulässig sein.

d) Besonderheiten bei Beteiligung einer Vorgesellschaft

955 Ähnlich wie bei einer Verschmelzung ist auch bei der Spaltung umstritten, ob eine Spaltung auch auf eine Vorgesellschaft erfolgen kann.[1748] Im Regelfall wird bei Beteiligung einer Vorgesellschaft die Spaltung erst wirksam werden mit Eintragung der beteiligten Vor-GmbH/Vor-AG im Handelsregister.[1749]

e) Beteiligung aufgelöster Rechtsträger an einer Spaltung

956 Für die Frage, ob aufgelöste Gesellschaften an einer Spaltung beteiligt sein können, verweist § 124 Abs. 2 auf § 3 Abs. 3. Demgemäß können aufgelöste Rechtsträger im gleichen

---

1743 Zu beachten ist aber in diesem Fall, dass dann das Buchwertprivileg des § 15 Abs. 1 UmwStG nicht anwendbar ist.
1744 Siehe hierzu: DNotI-Gutachten Nr. 96024 vom 15.10.2009; *Freitag/Riemenschneider*, ZIP 2007, 1485; *Tettinger*, Der Konzern 2008, 75, 76 ff.; *Heinemann*, NZG 2008, 820, 822; *Meister*, NZG 2008, 767, 768; *Klose*, GmbHR 2009, 924; a.A. *Bormann*, GmbHR 2007, 897, 899; *Heckschen/Heidinger*, Die GmbH in der Gestaltungs- und Beratungspraxis, § 5 Rn. 46 ff., *Weber*, BB 2009, 842, 844.
1745 *Meister*, NZG 2008, 767, 768.
1746 *Römermann/Passarge*, ZIP 2009, 1497, 1500; weitergehend wohl *Tettinger*, Der Konzern 2008, 75, 77 (uneingeschränkte Spaltungsfähigkeit der UG als übertragender Rechtsträger).
1747 *Meister*, NZG 2008, 767, 768.
1748 Rdn. 19, Schmitt/Hörtnagl/Stratz/*Hörtnagl*, § 124 Rn. 10.
1749 Widmann/Mayer/*Mayer*, Vor §§ 46 ff Rn. 83; Schmitt/Hörtnagl/Stratz/*Hörtnagl*, § 124 Rn. 10.

Umfang wie an einer Verschmelzung auch an einer Spaltung beteiligt sein.[1750] Aufgelöste übertragende Rechtsträger können nach §§ 124 Abs. 2, 3 Abs. 3 an einer Spaltung beteiligt sein, wenn ihre Fortsetzung beschlossen werden könnte. Nach h.M. ist es insoweit nicht erforderlich, dass der Fortsetzungsbeschluss tatsächlich gefasst wird, vielmehr reicht es, wenn er rechtmäßigerweise gefasst werden könnte.[1751] Die Voraussetzungen der Fortsetzung eines aufgelösten Rechtsträgers sind rechtsformspezifisch. Insoweit kann auf die Ausführungen zur Verschmelzung verwiesen werden. Soweit das Spaltungsrecht im Rahmen der Ausgliederung den Kreis der beteiligungsfähigen Rechtsträger erweitert, im Hinblick auf Einzelkaufleute, Stiftungen und Gebietskörperschaften, so gilt Folgendes: Eine Auflösung ist beim Einzelkaufmann stets die Aufgabe der werbenden Tätigkeit, die durch Wiederaufnahme beseitigt werden kann.[1752] Die Auflösung einer Stiftung erfolgt im Regelfall durch Verwaltungsakt der zuständigen Aufsichtsbehörde (§ 87 Abs. 1 BGB), so dass die Spaltung einer aufgelösten Stiftung demgemäß nur dann möglich ist, wenn die Entscheidung der Aufsichtsbehörde aufgehoben wird.[1753] Bei aufgelösten Gebietskörperschaften oder Zusammenschlüssen von Gebietskörperschaften dürfte sich die Frage einer Fortsetzung im Regelfall nicht stellen.[1754] Ob eine aufgelöste Gesellschaft auch als übernehmende Gesellschaft an einer Spaltung beteiligt sein kann, ist streitig. Teilweise wird dies bejaht, wenn diese Gesellschaft tatsächlich fortgesetzt wird und ein Fortsetzungsbeschluss gefasst wird.[1755] Nach a.A. kann ein aufgelöster Rechtsträger nicht als übernehmender Rechtsträger an einer Spaltung beteiligt sein.[1756]

4. Beteiligung Dritter

Zu den umstrittenen Fragen gehört auch im Bereich der Spaltung die Frage, ob außenstehende Dritte im Rahmen der Spaltung Anteile am übernehmenden bzw. neu gegründeten Rechtsträger erwerben können.

Die wohl h.M. lehnt einen solchen Beitritt Dritter im Zuge der Spaltung ab. Insoweit wird angeführt, dass die Anteile am übernehmenden Rechtsträger die Gegenleistung für die Übertragung der Vermögensteile des übertragenden Rechtsträgers darstellen. Die Anteile könnten daher, wie sich aus § 123 Abs. 1 Nr. 2 und 3 und § 131 Abs. 1 Nr. 3 ergäbe, in den Fällen der Auf- und Abspaltungen an die Anteilsinhaber des übertragenden Rechtsträgers, die zum Zeitpunkt der Wirksamwerdens der Spaltung (Eintragung in das Handelsregister des zu übertragenden Rechtsträgers, § 131 Abs. 1) Anteilsinhaber sind, bzw. in den Fällen der Ausgliederung an den Rechtsträger selbst, nicht jedoch an außenstehende Dritte gewährt werden.[1757] Nach anderer Auffassung lässt sich ein solcher Grundsatz dem Gesetz nicht entnehmen. Vielmehr sei die Identität des Mitgliederkreises im Umwandlungszeitpunkt einvernehmlich im Handeln aller Beteiligten disponibel.[1758]

1750 Rdn. 22 ff.
1751 Schmitt/Hörtnagl/Stratz/*Hörtnagl*, § 124 Rn. 55; a.A. *Geck*, DStR 1995, 416, 418.
1752 Schmitt/Hörtnagl/Stratz/*Hörtnagl*, § 124, Rn. 72; wegen § 5 HGB vgl. Rdn. 1303.
1753 Z. B. aufgrund Widerrufs oder Rücknahme §§ 48, 49 Verwaltungsverfahrensgesetz oder aufgrund gerichtlicher Entscheidung, siehe hierzu: Widmann/Mayer/*Schwarz*, § 124 Rn. 4.2; a.A. Schmitt/Hörtnagl/Stratz/*Hörtnagl*, § 124 Rn. 74.
1754 Siehe weiterführend: Schmitt/Hörtnagl/Stratz/*Hörtnagl*, § 124 Rn. 75; Widmann/Mayer/ *Schwarz*, § 124 Rn. 43.
1755 Schmitt/Hörtnagl/Stratz/*Hörtnagl*, § 124 Rn. 76.
1756 OLG Naumburg GmbHR 1997, 52, 55; offen gelassen von KG BB 1998, 2409; vgl. auch insoweit die Ausführungen zur Verschmelzung Rdn. 25, die entsprechend auch für die Spaltung gelten.
1757 Widmann/Mayer/*Mayer*, § 126 Rn. 103 ff.; Schmitt/Hörtnagl/Stratz/*Hörtnagl*, § 136 Rn. 14.
1758 Siehe oben Rdn. 44. *Priester*, DB 1997, 560, 566; Lutter/*Priester*, § 136 Rn. 14; *K. Schmidt*, GmbHR 1005, 693, 695; *Veil*, DB 1996, 2529, 2530. *Limmer*, Handbuch Umwandlung Rn. 1659. In einem obiter dictum zum Formwechsel so auch BGH NZG 2005, 722.

4. Kapitel Umwandlungen

959 Folgt man der noch wohl h.M., kann die Beteiligung Dritter am übernehmenden Rechtsträger bereits vor dem Wirksamwerden der Spaltung lediglich durch eine aufschiebend bedingte Übertragung von Anteilen an der durch die Spaltung entstehenden Gesellschaft bzw. aufnehmenden Gesellschaft erreicht werden. Die Abtretung muss unter der aufschiebenden Bedingung der Eintragung der Kapitalerhöhung beim Übernehmer bzw. die Eintragung des neuen Rechtsträgers bedingt sein. Bei der Neugründung einer Kapitalgesellschaft als übernehmende Gesellschaft ist zudem zu beachten, dass die Abtretung künftiger Anteile erst möglich ist, wenn eine Vorgesellschaft entstanden ist, was nach §§ 125, 59 Abs. 1 bzw. 76 Abs. 2 erst der Fall ist, wenn dem Gesellschaftsvertrag der neuen Gesellschaft durch die Anteilsinhaber des übertragenden Rechtsträgers im Spaltungsbeschluss zugestimmt wurde.[1759] Als weitere Möglichkeit besteht, dass der außenstehende Dritte sich im Rahmen einer, im Zusammenhang dieses Spaltungsvorgangs, vorgenommenen ordentlichen Kapitalerhöhung bei dem übernehmenden Rechtsträger beteiligt. Auch hier ist festzulegen, dass die Übernahme aufschiebend bedingt durch das Wirksamwerden der Spaltung erfolgt.[1760]

5. Kapitalerhaltung und Kapitalherabsetzung beim übertragenden Rechtsträger

a) Allgemeines

960 Bei Kapitalgesellschaften kann eine Spaltung darüber hinaus zu Problemen der Kapitalerhaltung führen. Hierbei ist zwischen den verschiedenen Spaltungsarten zu differenzieren: Bei einer Aufspaltung erlischt die übertragende Gesellschaft, Fragen der Kapitalerhaltung beim übertragenden Rechtsträger können sich naturgemäß nicht stellen.[1761] Bei einer Ausgliederung erhält die übertragende Gesellschaft als Gegenleistung für die Ausgliederung Anteile an der übernehmenden Gesellschaft. Der damit verbundene Aktivtausch ist zwar im Regelfall kapitalneutral, bei der Ausgliederung zur Aufnahme können jedoch im Einzelfall die als Gegenleistung gewährten Anteile keine ausreichende Gegenleistung sein, etwa bei schlechter Vermögenslage des Übernehmers.[1762] Besonders deutlich stellen sich Fragen der Kapitalerhaltung im Rahmen einer Abspaltung: Bei dieser geht die Gegenleistung nicht an die übertragende Gesellschaft, sondern an deren Anteilsinhaber. Im Ergebnis hat damit die Abspaltung Ausschüttungs- oder Entnahmecharakter, die zu einem Verstoß gegen die Kapitalbindungsgrundsätze beim übertragenden Rechtsträger führen könnten.[1763]

b) Kapitaldeckungserklärung

961 Der Gesetzgeber hat sich bewusst gegen eine Kapitalprüfung durch das Registergericht entschieden. Vielmehr verlangt er im Rahmen einer Ausgliederung wie auch einer Abspaltung eine Versicherung der vertretungsberechtigten Organe des übertragenden Rechtsträgers, dass das Stammkapital durch die Aktiva weiter gedeckt ist.

962 Demgemäß haben nach § 140 die Geschäftsführer einer übertragenden GmbH bei der Anmeldung der Abspaltung oder Ausgliederung zu erklären, dass die durch Gesetz und Gesellschaftsvertrag vorgesehenen Voraussetzungen für die Gründung dieser Gesellschaft

---

1759 *Mayer*, DB 1995, 862; Widmann/Mayer/*Mayer*, § 126 Rn. 103 ff.; *Ittner*, MittRhNotK 1997, 105, 107.
1760 *Mayer*, DB 1995, 862; Widmann/Mayer/*Mayer*, § 126, Rn. 105; *Ittner*, MittRhNotK 1997, 105, 107.
1761 *Limmer*, Handbuch Umwandlung, Rn. 1678 ff.; *Ittner*, MittRhNotK 1997, 105, 107; Lutter/*Priester*, § 139 Rn. 3.
1762 *Ittner*, MittRhNotK 1997, 105, 107; Lutter/*Priester*, § 139 Rn. 4; Widmann/Mayer/*Mayer*, § 139 Rn. 17 f.
1763 *Priester*, FS Schippel, 1996, S. 487; *Naraschewski*, GmbHR 1995, 697; *Ittner*, MittRhNotK 1997, 105, 107; *Limmer*, Handbuch Umwandlung, Rn. 1679; Lutter/*Priester*, § 139 Rn. 3; Widmann/Mayer/*Mayer*, § 139 Rn. 12.

unter Berücksichtigung der Abspaltung oder der Ausgliederung im Zeitpunkt der Anmeldung vorliegen. Gemeint hiermit ist, dass das ausgewiesene Stammkapital der übertragenden GmbH weiter durch Aktiva gedeckt ist. Diese Erklärung ist gemäß § 313 Abs. 2 strafbewehrt. Die wohl überwiegende Auffassung leitet insbesondere aus der Strafbewehrung und dem Wortlaut der Vorschrift ab, dass die Anmeldung durch alle Geschäftsführer persönlich erfolgen muss. Eine Bevollmächtigung ist demgemäß nicht möglich, auch eine Abgabe im Rahmen einer unechten Gesamtvertretung scheidet damit aus.[1764] Eine andere Auffassung verweist darauf, dass die Erklärung im engen Zusammenhang mit der Anmeldung der Spaltung selbst steht, für die Handeln in vertretungsberechtigter Zahl genügt, so dass dies auch für die Erklärung nach § 140 gelten müsse.[1765] Die Kapitaldeckungserklärung wird regelmäßig in die Anmeldung der Spaltung bei der übertragenden GmbH aufgenommen, sie kann jedoch auch separat abgegeben werden. Die Erklärung stellt auf den Tag der Anmeldung des Spaltungsvorgangs ab.[1766]

Formulierungsbeispiel: 963 M
»Gemäß § 140 UmwG versichere ich, dass die durch Gesetz und Gesellschaftsvertrag vorgesehenen Voraussetzungen für die Gründung der Gesellschaft unter Berücksichtigung der Abspaltung im Zeitpunkt der Anmeldung vorliegen, insbesondere das Stammkapital weiter gedeckt ist.«

In ähnlicher Weise ordnet § 146 für eine übertragende AG an, dass deren Vorstand zu erklären hat, dass die durch Gesetz oder Satzung vorgesehenen Voraussetzungen für die Gründung dieser Gesellschaft unter Berücksichtigung der Abspaltung oder Ausgliederung im Zeitpunkt der Anmeldung vorliegen. Auch diese Erklärung ist gemäß § 313 Abs. 2 strafbewehrt, und auch hier ist streitig, ob die Erklärung von allen Vorstandsmitgliedern oder in vertretungsberechtigter Zahl abzugeben ist.[1767] 964

Formulierungsbeispiel: 965 M
»Ich erkläre ferner, dass die durch Gesetz und Gesellschaftsvertrag vorgesehenen Voraussetzungen für die Gründung dieser Gesellschaft unter Berücksichtigung der Abspaltung im Zeitpunkt dieser Anmeldung weiter vorliegen.«

In beiden Fällen kommt es darauf an, dass die notwendige Kapitaldeckung noch vorhanden ist. Insoweit ist streitig, ob auf Verkehrswerte oder auf Buchwerte abzustellen ist. Stellt man auf Verkehrswerte ab, so könnten zur Frage der Kapitaldeckung auch stille Reserven berücksichtigt werden.[1768] Nach zutreffender Ansicht sind stille Reserven nicht zu berücksichtigen, vielmehr ist auf das buchmäßige Eigenkapital abzustellen (Nettobuchvermögen). Hierfür spricht, dass bei § 30 GmbHG nach ganz überwiegender Ansicht stille Reserven außer Betracht zu bleiben haben.[1769] 966

c) Vereinfachte Kapitalherabsetzung

Reicht das nach Abspaltung bzw. Ausgliederung verbliebene buchmäßige Eigenkapital zur Deckung des Stammkapitals nicht aus, und kann die durch die Spaltung eingetretene Vermögensminderung beim übertragenden Rechtsträger nicht durch die Auflösung von Rücklagen oder durch die Zufuhr von Eigenkapital ausgeglichen werden, so muss zur Durchführung der Spaltung eine Kapitalherabsetzung erfolgen. Insoweit bestimmt § 139 967

1764 Lutter/*Priester*, § 140 Rn. 8; Widmann/Mayer/*Mayer*, § 140 Rn. 16.
1765 Schmitt/Hörtnagl/Stratz/*Hörtnagl*, § 140 Rn. 3; *Limmer*, Handbuch Umwandlung Rn. 1680.
1766 Lutter/*Priester*, § 140 Rn. 10.
1767 Für Erklärung durch alle Vorstandsmitglieder: Widmann/Mayer/*Rieger*, § 146 Rn. 7; für Erklärung in vertretungsberechtigter Zahl: Lutter/Hommelhoff/*Schwab*, § 146 Rn. 7; Schmitt/Hörtnagl/Stratz/*Hörtnagl*, § 146 Rn. 2.
1768 *Ising/Thiell*, DB 1991, 2021, 2024.
1769 Lutter/*Priester*, § 140 Rn. 5; Widmann/Mayer/*Mayer*, § 139 Rn. 11 ff.

4. Kapitel Umwandlungen

968 S. 2 für die GmbH bzw. § 145 S. 2 für die AG/KGaA, dass die Abspaltung oder Ausgliederung erst eingetragen werden darf, nachdem die Herabsetzung des Stammkapitals im Register eingetragen worden ist.[1770]
Zwar könnte die Kapitalherabsetzung auch als ordentliche Kapitalherabsetzung gemäß §§ 58 ff. GmbHG bzw. §§ 222 ff. AktG durchgeführt werden, was wegen der einjährigen Sperrfrist jedoch im Regelfall ausscheidet.[1771] Der Gesetzgeber hat daher in § 139 S. 1 (für die GmbH) bzw. in § 145 S. 1 (für die AG/KGaA) bestimmt, dass die Kapitalherabsetzung auch nach den jeweiligen Vorschriften über die vereinfachte Kapitalherabsetzung vorgenommen werden kann. Diese vollziehen sich nach den gleichen Schritten wie eine ordentliche Kapitalherabsetzung, doch ist das Verfahren wesentlich erleichtert. Bei der GmbH entfällt insbesondere der Gläubigeraufruf sowie die Sperrfrist des § 58 Abs. 1 Nr. 3 GmbHG.[1772]

969 Aus dem Gesetzeswortlaut und der gesetzlichen Begründung lässt sich nicht eindeutig ableiten, ob die in § 139 S. 1 bzw. § 145 S. 1 enthaltene Verweisung auf die vereinfachte Kapitalherabsetzung eine Rechtsgrund- oder eine Rechtsfolgenverweisung darstellt. Geht man von einer Rechtsgrundverweisung aus, so müssen zusätzlich auch die Tatbestandsvoraussetzungen des § 58a Abs. 1 GmbHG (Ausgleich von Wertminderung oder sonstigen Verlusten) § 58a Abs. 2 GmbHG (Zwang zur Auflösung von Kapitalrücklagen, Unzulässigkeit der Herabsetzung bei vorhandenem Gewinnvortrag) bzw. des § 229 Abs. 2 AktG vorliegen.[1773]

970 Nach § 139 S. 1 bzw. § 145 S. 1 muss die vereinfachte Kapitalherabsetzung ferner zur Durchführung der Spaltung erforderlich sein. Dies ist dann der Fall, wenn das nach der Spaltung verbleibende Nettovermögen das Nennkapital nicht mehr deckt. Dies ist dann der Fall, wenn die Spaltung ohne Verminderung des Nennkapitals nicht durchgeführt werden kann, zudem offene Kapitalposten (Rücklagen, Gewinnvorträge) fehlen, zu deren Lasten die Verminderung des Nettovermögens gebucht werden könnte. Sollten Kapital- und Gewinnrücklagen bestehen, müssen diese vorweg aufgelöst werden. Rücklagen für eigene Anteile i.S.v. § 272 Abs. 4 stehen der Herabsetzung nicht entgegen. Es ist streitig, ob auch diejenigen Rücklagen aufzulösen sind, die nach § 58 Abs. 2 GmbHG bzw. § 229 Abs. 2 AktG beibehalten werden könnten.[1774] Außerdem muss die Herabsetzung gerade zur Deckung des durch die Spaltung abgehenden Nettovermögens notwendig sein.[1775]

971 Weist die übertragende Gesellschaft bereits vor der Spaltung eine Unterbilanz auf, so ist eine Einbeziehung der schon bestehenden Unterbilanz in die vereinfachte Kapitalherabsetzung nach § 139 S. 1 bzw. § 145 S. 1 unzulässig, da insoweit die Unterbilanz nicht spaltungsbedingt ist. Diese muss zuvor beseitigt werden, erst hiernach kann sodann die Spaltung durchgeführt werden.[1776]

972 Streitig ist, ob die spaltungsbedingte Kapitalherabsetzung der Höhe nach durch das bei der übernehmenden Gesellschaft neu gebildete Nennkapital begrenzt wird. Ein Teil der Literatur vertritt insoweit die Auffassung, dass eine vereinfachte spaltungsbedingte Kapitalherabsetzung nur zulässig sei, wie dies zur Bildung des Nennkapitals bei der übernehmenden Gesellschaft notwendig ist.[1777] Sie begründet dies mit der Gefahr, dass Rücklagen

---

1770 *Limmer*, Handbuch Umwandlung, Rn. 1688; *Ittner*, MittRhNotK 1995, 105, 107.
1771 *Limmer*, Handbuch Umwandlung, Rn. 1688; *Ittner*, MittRhNotK 1995, 105, 107; Lutter/*Priester*, § 139 Rn. 1.
1772 Siehe Rdn. 1227; *Limmer*, Handbuch Umwandlung, Rn. 1691.
1773 Für Rechtsfolgenverweisung: *Ittner*, MittRhNotK 1997, 105, 107; Lutter/*Priester*, § 139 Rn. 5; *Naraschewski*, GmbHR 1995, 697, 698; Lutter/Hommelhoff/*Schwab*, § 145 Rn. 9, 22; für Rechtsgrundverweisung: Widmann/Mayer/*Mayer*, § 139 Rn. 23 ff.; Schmitt/Hörtnagl/Stratz/*Hörtnagl*, § 139 Rn. 8.
1774 Für Pflicht zur Auflösung: Lutter/*Priester*, § 139 Rn. 6; gegen Pflicht zur Auflösung: Schmitt/Hörtnagl/Stratz/*Hörtnagl*, § 139 Rn. 25; Widmann/Mayer/*Mayer*, § 139 Rn. 34.
1775 *Ittner*, MittRhNotK 1997, 105, 108; Schmitt/Hörtnagl/Stratz/*Hörtnagl*, § 139 Rn. 25 ff.
1776 *Ittner*, MittRhNotK 1997, 105, 108; Lutter/*Priester*, § 139 Rn. 9.
1777 Lutter/*Priester*, § 139 Rn. 10; *Priester*, FS Schippel, 1996, S. 497; *Naraschewski*, GmbHR 1995, 700.

bei der übernehmenden Gesellschaft an deren Gesellschafter ausgeschüttet werden könnten, wenn der Kapitalheransetzungsbetrag den Kapitalerhöhungs- bzw. Gründungskapitalbetrag beim übernehmenden Rechtsträger übersteigt. Die zutreffende Auffassung wendet sich gegen diese Beschränkung des Herabsetzungsbetrages, da kein zwingender Zusammenhang zwischen der Höhe des übertragenden Vermögens der Kapitalerhöhung bzw. dem Nennkapital der übernehmenden Gesellschaft besteht. Auch hat der Gesetzgeber eine entsprechende Begrenzung der Kapitalherabsetzung bewusst nicht geregelt. Hierfür spricht auch, dass bei Eingreifen eines Kapitalerhöhungsverbotes beim übernehmenden Rechtsträger überhaupt kein Nennkapital gebildet werden kann. Entsprechendes gilt, wenn übernehmender Rechtsträger eine Personenhandelsgesellschaft ist.[1778]

Voraussetzung für die Durchführung der vereinfachten Kapitalherabsetzung ist ein entsprechender Kapitalherabsetzungsbeschluss der Gesellschafterversammlung der übertragenden GmbH (§§ 58a Abs. 5, 53, 54 GmbHG) bzw. für die übertragende AG (§ 229 AktG). Für die Beschlussfassung ist eine Mehrheit von mindestens ¾ der abgegebenen Stimmen erforderlich, soweit die Satzung nicht strengere Anforderungen stellt. Der Beschluss kann vor oder nach Abschluss des Spaltungsvertrages wie auch zeitlich vor oder nach dem Zustimmungsbeschluss gefasst werden. In der Praxis dürfte der Kapitalherabsetzungsbeschluss regelmäßig mit dem Spaltungsbeschluss gefasst werden.[1779] 973

Die Spaltung darf erst nach Eintragung der Kapitalherabsetzung eingetragen werden, auch wenn die Kapitalherabsetzung rechtlich erst mit Wirksamwerden der Spaltung wirksam wird. Steht nach Eintragung der Kapitalherabsetzung fest, dass die Spaltung nicht durchgeführt wird, ist die Kapitalherabsetzung von Amts wegen zu löschen. Der sich hieraus ergebende Bedingungszusammenhang zwischen Spaltung und vereinfachter Kapitalherabsetzung ergibt sich bereits aus den gesetzlichen Vorschriften. Es ist daher nicht erforderlich, den Kapitalherabsetzungsbeschluss unter der auflösenden Bedingung zu fassen, dass die Wirksamkeit der Spaltung nicht eintritt bzw. den Spaltungsbeschluss unter der aufschiebenden Bedingung zu fassen, dass die Kapitalherabsetzung wirksam wird.[1780] 974

Formulierungsbeispiel (für eine GmbH):[1781] 975 M
»Die Beteiligten erklären, dass zur Durchführung der Spaltung eine Kapitalherabsetzung erforderlich ist, da das verbleibende Vermögen der übertragenden Gesellschaft das satzungsmäßige Stammkapital nicht mehr deckt. Die Beteiligten beschließen daher mit allen Stimmen:

»1. Das Stammkapital der Gesellschaft wird von ... € um ... € auf ... € herabgesetzt.
2. Die Kapitalherabsetzung erfolgt als vereinfachte Kapitalherabsetzung (§ 139 Umwg i.V.m. § 58a ff. GmbHG), da – wie oben dargelegt – das satzungsmäßige Stammkapital nicht mehr gedeckt ist.
3. Die Nennbeträge der Geschäftsanteile werden wie folgt herabgesetzt: ...
4. § ... des Gesellschaftsvertrages (Stammkapital) wird wie folgt neu gefasst: (...)«

6. Anteilsgewährung beim übernehmenden Rechtsträger

Bei einer Spaltung sind als Gegenleistung für die mit der Spaltung verbundene Vermögensübertragung Anteile am übernehmenden Rechtsträger zu gewähren. Die Gewährung von Anteilen gehört damit zu den Kernprinzipien nicht nur des Verschmelzungs-, sondern auch des Spaltungsrechts. 976

1778 Widmann/Mayer/*Mayer*, § 139 Rn. 51; *Ittner*, MittRhNotK 1997, 105, 108; *Limmer*, Handbuch Umwandlung, Rn. 1696.
1779 Lutter/*Priester*, § 139 Rn. 19.
1780 Siehe hierzu: Widmann/Mayer/*Mayer*, § 139 Rn. 44; *Limmer*, Handbuch Umwandlung, Rn. 1693; Schmitt/Hörtnagl/Stratz/*Hörtnagl*, § 139 Rn. 35.
1781 Für eine AG siehe Muster bei *Limmer*, Handbuch Umwandlung, Rn. 1960.

4. Kapitel Umwandlungen

977 Im Rahmen der Anteilsgewährung sind drei Fragen strikt zu trennen: Nämlich zum einen die Frage der Anteilsgewährungspflicht, zum andern die Frage des Umtauschverhältnisses und sodann die Frage auf welchem Wege die Pflicht zur der Anteilsgewährung vom übernehmenden Rechtsträger erfüllt wird.

a) Anteilsgewährungspflicht

aa) Grundsatz

978 Bei Abspaltung und Aufspaltung erhalten die Gesellschafter des übertragenden Rechtsträgers als Gegenleistung für die Vermögensübertragung Anteile am übernehmenden Rechtsträger. Bei der Ausgliederung sind diesem Anteile dem übertragenden Rechtsträger selbst zu gewähren.[1782] Die Anteilsgewährungspflicht besteht nach h.M. auch dann, wenn ein negatives Vermögen übertragen wird.[1783]

bb) Ausnahmen

979 In bestimmten Fällen sieht § 131 Abs. 1 Nr. 3 Ausnahmen von der Pflicht zur Gewährung von Anteilen vor. In diesen Fällen erhalten die Anteilsinhaber des übertragenden Rechtsträgers keine Anteile am übernehmenden/neuen Rechtsträger. Dies gilt zunächst in dem Umfang, in dem der übernehmende Rechtsträger selbst Anteilsinhaber des übertragenden Rechtsträgers ist. Eine weitere Ausnahme von der Anteilsgewährungspflicht bei Aufspaltung oder Abspaltung besteht in den Fällen, in denen der übertragende Rechtsträger eigene Anteile hält. Diese Regelungen wollen das unerwünschte Entstehen eigener Anteile vermeiden.[1784] Für Kapitalgesellschaften entsprechen diese Regelungen den Kapitalerhöhungsverboten.[1785]

980 Im umgekehrten Fall der Abspaltung oder Aufspaltung von der Mutter- auf die Tochtergesellschaft greift § 131 Abs. 1 Nr. 3 nicht ein, so dass nach h.M. Anteile zu gewähren sind. Demgemäß sind den Gesellschaftern des übertragenden Rechtsträgers Anteile am übernehmenden Rechtsträger zu gewähren. Statt einer Kapitalerhöhung können aber auch die Anteile des übertragenden Rechtsträger am übernehmenden Rechtsträger gewährt werden, sofern diese voll eingezahlt sind.[1786]

981 Bei einer Spaltung unter Schwestergesellschaften besteht keine Ausnahme von der Anteilsgewährungspflicht.[1787] In der Praxis wird das Problem zumeist dergestalt gelöst, dass bei Kapitalgesellschaften nur ein minimaler Anteil gewährt wird und der überschießende Betrag sodann der Kapitalrücklage zugeführt wird. Alternativ kann meist auch von den nachstehend dargestellten Verzichtsmöglichkeiten in diesen Fällen Gebrauch gemacht werden.

1782 *Ittner*, MittRhNotK 1995, 105, 108 ff.
1783 Widmann/Mayer/*Mayer*, § 126 Rn. 67; *Ittner*, MittRhNotK 1997, 105, 108 f.; Lutter/*Priester*, § 126 Rn. 27; a.A. Schmitt/Hörtnagl/Stratz/*Hörtnagl*, § 126 Rn. 50.
1784 Die Regelung entspricht der für die Verschmelzung geltenden Regelung des § 20 Abs. 1 Nr. 3 S. 2, sodass auf die dortigen Ausführungen verwiesen werden kann (Rdn. 47 ff.); *Limmer*, Handbuch Umwandlung, Rn. 1568 ff.; *Ittner*, MittRhNotK 1997, 105, 108 f.; Widmann/Mayer/*Mayer*, § 126 Rn. 67.
1785 §§ 125 S. 1, 54 Abs. 1 S. 1 Nr. 1 und 2, 68 Abs. 1 S. 1 Nr. 1 und 2, 78.
1786 §§ 125, 54 Abs. 1 S. Nr. 2, 68 Abs. 1 S. 2 Nr. 2, 78; *Limmer*, Handbuch Umwandlung, Rn. 1571; Widmann/Mayer/*Mayer*, § 126 Rn. 81, Schmitt/Hörtnagl/Stratz/*Hörtnagl*, § 126 Rn. 49.
1787 OLG Frankfurt a.M. BB 1998, 1075; KG BB 99, 16; Lutter/*Priester*, § 126 Rn. 24; a.A. LG München GmbHR 1999, 35; LG Koblenz ZIP 2008, 1226.

cc) Verzicht auf Anteilsgewährung

Im Rahmen der Auf- und Abspaltung sind nach § 125 S. 1 die Vorschriften der §§ 54 Abs. 1, 68 Abs. 1 S. 3 für anwendbar. Bei einer AG/KGaA bzw. GmbH als übernehmenden Rechtsträger können die Anteilsinhaber des übertragenden Rechtsträger auf die Gewährung von Anteilen am übernehmenden Rechtsträger verzichten. Die §§ 54 Abs. 1, 68 Abs. 1 S. 3 sind problematisch, weil der Gesetzgeber den Verzicht auf die Gewährung von Anteilen nicht bei den Regelungen zur Anteilsgewährung, sondern bei den Regelungen zur Kapitalerhöhung bei der übernehmenden Kapitalgesellschaft geregelt hat. Eine vergleichbare Regelung für übernehmende Personengesellschaften und andere Rechtsträger fehlt bislang, sodass sich die Frage stellt, ob auch dort ein Verzicht auf die Anteilsgewährung zulässig ist. Mit der wohl herrschenden Meinung ist dies zu bejahen, da kein Grund für eine abweichende Behandlung von übernehmenden Personengesellschaften bzw. anderen Rechtsträgern ersichtlich ist. Vielmehr lässt sich aus den Regelungen der Schluss ziehen, dass die Anteilsgewährungspflicht auch bei anderen übernehmenden Rechtsträgern disponibel ist.[1788]

982

Sofern auf die Anteilsgewährung verzichtet werden soll, sind entsprechende Angaben im Spaltungsvertrag zu machen.

983

Formulierungsbeispiel:
»**Die Gesellschafter der übertragenden Gesellschaft werden nach §§ 125 S. 1, 54 Abs. 1 S. 3 UmwG auf die Gewährung von Anteilen verzichten. Regelungen zur Kapitalerhöhung bei der übernehmenden Gesellschaft oder zur Anteilsgewährung sind daher nicht erforderlich.**«

984 M

Die Aufnahme einer solchen Regelung im Spaltungsvertrag schafft sodann die Grundlage für die Verzichtserklärungen der Gesellschafter des übertragenden Rechtsträgers. Insoweit ist nach §§ 125 S. 1, 54 Abs. 1 S. 3 bzw. 68 Abs. 1 S. 3 erforderlich, dass alle Anteilsinhaber hierauf verzichten und dies notariell beurkundet wird. Die Beurkundung hat dabei nach den Vorschriften über die Beurkundung von Willenserklärungen (§§ 8 ff. BeurkG) zu erfolgen, eine Beurkundung als Tatsachenprotokoll (§§ 36 BeurkG) ist nicht ausreichend.[1789] Der Verzicht auf die Anteilsgewährung ist bedingungsfeindlich und kann nicht mehr einseitig zurückgenommen werden.[1790]

985

Formulierungsbeispiel:
»**Eine Gegenleistung für die Übertragung des Vermögens ist nicht zu leisten. Vielmehr verzichten die Gesellschafter der übertragenden Gesellschaft gemäß §§ 125 S. 1, 54 Abs. 1 S. 3 auf die Gewährung von Anteilen.**«

986 M

dd) Bare Zuzahlungen

Für bare Zuzahlungen gelten die gleichen Regeln wie bei der Verschmelzung, sodass insbesondere die baren Zuzahlungen nicht 10 % des gesamten Nennbetrages der gewährten Aktien bzw. der gewährten Geschäftsanteile nicht übersteigen dürfen (§§ 125 S.1, 154 Abs. 4, 68 Abs. 3. Die Leistung barer Zuzahlungen kommt nur bei der Auf- und Abspaltung in Betracht, sie sind nach § 126 Abs. 1 Nr. 3 im Spaltungsvertrag festzusetzen.[1791]

987

1788 Siehe Rdn. 29, 54; *Limmer*, Handbuch Umwandlung, Rn. 1638.
1789 *Limmer*, Handbuch Umwandlung, Rn. 325.
1790 *Limmer*, Handbuch Umwandlung, Rn. 326; Widmann/Mayer/*Mayer*, § 8 Rn. 56.
1791 Für nähere Einzelheiten siehe die Darstellung im Rahmen der Verschmelzung Rdn. 67.

4. Kapitel Umwandlungen

ee) Besonderheiten bei der Ausgliederung

988 Die Ausnahmen von der Anteilsgewährungspflicht gemäß § 131 Abs. 1 Nr. 3 gelten nur für die Aufspaltung und Abspaltung, nicht jedoch für die Ausgliederung. Auch die bei Kapitalgesellschaften bestehenden Kapitalerhöhungsverbote finden im Rahmen der Ausgliederung keine Anwendung, da § 125 S. 1 hierauf nicht verweist. Bei einer Ausgliederung sind daher stets Anteile zu gewähren.[1792] Auch ist ein Verzicht der Beteiligten auf die Gewährung von Anteilen bei einer Ausgliederung nach h.M. unzulässig, da § 125 S. 1 ausdrücklich nicht auf §§ 54 Abs. 1 S. 3 (für die GmbH) bzw. 68 Abs. 3 (für die AG) verweist.[1793]

989 In Konzernkonstellationen kann dies zu Problemen führen. Bei der Ausgliederung von der Muttergesellschaft auf die Tochtergesellschaft ist mangels Wahlrecht eine Kapitalerhöhung mit Anteilsgewährung bei der Tochter demnach erforderlich.[1794] Gliedert die Tochtergesellschaft auf die Muttergesellschaft aus, so sind demnach zwingend auch Anteile zu gewähren. Die Gewährung von Anteilen kann jedoch u.U. gegen § 70 d AktG bzw. § 33 GmbHG verstoßen. Die sich hieraus ergebenden Rechtsfolgen sind ungeklärt. Während eine Auffassung in dieser Konstellation eine Ausgliederung für unzulässig hält und stattdessen auf die Abspaltung verweist,[1795] will eine andere Auffassung in diesen Fällen eine Ausnahme von der Anteilsgewährungspflicht zulassen.[1796] Ähnliches gilt auch bei der Ausgliederung unter Schwestergesellschaften. Da nach h.M. in diesen Fällen Anteile zu gewähren sind und auch ein Verzicht auf die Anteilsgewährung unzulässig ist, verbleibt es bei der Anteilsgewährungspflicht. Anstelle der Ausgliederung wird in diesen Fällen regelmäßig eine Abspaltung vorzuziehen sein.[1797]

b) Umtauschverhältnis

aa) Nennbeträge

990 Die Anteile stehen den Anteilsinhabern des übertragenden Rechtsträgers grundsätzlich in dem Verhältnis zu, in dem sie am übertragenden Rechtsträger beteiligt sind. Eine hiervon abweichende Zuteilung ist unter den Voraussetzungen des § 128 zulässig.[1798]

991 In der Festsetzung der Nennbeträge der zu gewährenden Anteile sind die Beteiligten in den Schranken des Kapitalaufbringungsrechts grundsätzlich frei. Bei der Spaltung zur Neugründung wie auch zur Aufnahme können daher das Nennkapital der neu gegründeten Rechtsträger bzw. der Nennbetrag der spaltungsbedingten Kapitalerhöhung abweichend vom Buchwert wie auch Verkehrswert des übertragenen Vermögens festgesetzt werden.[1799] Begrenzt wird jedoch der Betrag der Kapitalerhöhung bei einer Spaltung als Sonderform einer Kapitalerhöhung wegen Sacheinlage durch die Kapitalschutzvorschriften bei einer GmbH bzw. einer AG als übernehmender Gesellschaft. Maßgeblich hierfür ist

---

[1792] Widmann/Mayer/*Mayer*, § 126 Rn. 95; *Limmer*, Handbuch Umwandlung, Rn. 1575; *Ittner*, MittRhNotK 1997, 105, 109.
[1793] *Limmer*, Handbuch Umwandlung, Rn. 1575 schlägt eine analoge Anwendung der Vorschriften im Rahmen der Ausgliederung vor, dem sich jedoch die ganz h.M. bislang nicht angeschlossen hat, Widmann/Mayer/*Mayer*, § 126 Rn. 98; *Ittner*, MittRhNotK 1997, 105, 109; *Mayer/Weiler*, DB 2007, 1235, 1239.
[1794] Widmann/Mayer/*Mayer*, § 126 Rn. 99; *Limmer*, FS Schippel, 1996, S. 435; *Ittner*, MittRhNotK 1997, 105, 109; *Limmer*, Handbuch Umwandlung, Rn. 1577; a.A. *Lutter/Priester*, § 126 Rn. 26.
[1795] Widmann/Mayer/*Mayer*, § 126 Rn. 98.
[1796] *Limmer*, FS Schippel, 1996, S. 435; *Limmer*, Handbuch Umwandlung, Rn. 1576; *Lutter/Priester*, § 126 Rn. 26.
[1797] Widmann/Mayer/*Mayer*, § 126 Rn. 101; *Limmer*, Handbuch Umwandlung, Rn. 1578.
[1798] Zur nichtverhältniswahrenden Spaltung siehe ausführlich Rdn. 994.
[1799] Widmann/Mayer/*Mayer*, § 126 Rn. 70 f.; *Lutter/Priester*, § 126 Rn. 28.

jedoch nicht der Buchwert, sondern der, nach Auflösung stiller Rücklagen, verbleibende Verkehrswert des übertragenen Vermögens.[1800]

Nach dem gesetzlichen Leitbild ist bei der Spaltung zur Aufnahme das Umtauschverhältnis aus dem Verhältnis vom wahren Wert der beiden betroffenen Rechtsträger und des zu übertragenden Vermögens maßgebend.[1801] In der Praxis führt dies bei ungleichmäßiger Beteiligung naturgemäß zu einem Interessengegensatz zwischen den Gesellschaftern der beteiligten Rechtsträger.[1802] 992

bb) Unterbewertung

Ähnlich wie bei der Verschmelzung ist auch bei der Spaltung streitig, ob eine Unterbewertung des übertragenen Vermögens zulässig ist (vgl. oben Rdn. 58 ff.). Nach h.M. ist die Bestimmung eines unangemessenen Umtauschverhältnisses zulässig, soweit nicht zwingende Kapitalaufbringungsgrundsätze oder die guten Sitten entgegenstehen. Dem liegt zugrunde, dass nach dem Umwandlungsrecht nur Anteile zu gewähren sind, aber keinerlei Aussagen über die Höhe getroffen werden.[1803] Eine Grenze findet die Unterbewertung des zu übertragenden Vermögens jedoch dann, wenn in die Rechte von Gesellschaftern eingegriffen wird, die nicht in gleicher Weise auch an dem übernehmenden Rechtsträger beteiligt sind. In diesen Fällen wird man aus Gründen des Minderheitenschutzes die Zustimmung der Gesellschafter verlangen müssen.[1804] Der, infolge der Unterbewertung, sich ergebende überschießende Betrag des übergehenden Vermögens ist sodann zwingend in die Kapitalrücklage einzustellen.[1805] 993

cc) Nichtverhältniswahrende Spaltung

Im Spaltungsrecht zu beachten ist ferner, dass § 128 gestattet, dass Anteile mit notariell beurkundeter Zustimmung der Betroffenen auch nichtverhältniswahrend zugeteilt werden können. Nach h.M. deckt dies auch eine Spaltung zu Null, wonach dem betreffenden Anteilsinhaber hierbei keine Teile am übernehmenden Rechtsträger gewährt werden. Die Zulässigkeit eines gänzlichen Verzichts auf die Pflicht zur Anteilsgewährung lässt sich jedoch nach bislang überwiegender Meinung hieraus nicht ableiten.[1806] 994

c) Erfüllung der Anteilsgewährung

aa) Herkunft der zu gewährenden Anteile

Zu trennen ist jedoch die Frage der Anteilsgewährung von der Frage, woher die zu gewährenden Anteile stammen. Hier bieten sich folgende Möglichkeiten an: 995

- Neuschaffung durch Kapitalerhöhung beim übernehmenden Rechtsträger (Spaltung zur Aufnahme) bzw. durch Entstehen des übernehmenden Rechtsträgers (Spaltung zur Neugründung);
- Übernehmender Rechtsträger verfügt über eigene Anteile, die gewährt werden können;

1800 *Limmer*, Handbuch Umwandlung, Rn. 1625 ff.
1801 *Limmer*, Handbuch Umwandlung, Rn. 1626; Lutter/*Priester*, § 126 Rn. 32 ff.; *Ittner*, MittRhNotK 1997, 105, 109.
1802 Lutter/*Priester*, § 126 Rn. 28.
1803 *Limmer*, Handbuch Umwandlung, Rn. 1628; *Ittner*; MittRhNotK 1997, 109; Widmann/Mayer/ *Mayer*, § 126 Rn. 72.
1804 *Limmer*, Handbuch Umwandlung, Rn. 1627.
1805 *Limmer*, Handbuch Umwandlung, Rn. 1628; *Ittner*, MittRhNotK 1997, 105, 109.
1806 Widmann/Mayer/*Mayer*, § 126 Rn. 76; *Ittner*, MittRhNotK 1997, 108.

4. Kapitel   Umwandlungen

- Übertragender Rechtsträger verfügt über voll eingezahlte Anteile der übernehmenden Gesellschaft;
- Gesellschafter (oder Dritte) übertragen Anteile.[1807]

bb) Spaltungsbedingte Kapitalerhöhung

996 Das Gesetz geht davon aus, dass die zu gewährenden Anteile regelmäßig durch eine Kapitalerhöhung des übernehmenden Rechtsträgers (Spaltung zur Aufnahme) bzw. durch das spaltungsbedingte Entstehen des übernehmenden Rechtsträgers (Spaltung zur Neugründung) gebildet werden. Für die Durchführung der spaltungsbedingten Kapitalerhöhung verweist § 125 auf §§ 53 ff. (für die GmbH) bzw. §§ 66 ff. (für die AG), sodass für die Kapitalerhöhung im Rahmen der Spaltung hinsichtlich der die gleichen Vorschriften gelten wie für die Verschmelzung. Es kann daher auf die dortigen Ausführungen (Rdn. 69 sowie 313 ff.) verwiesen werden.

cc) Kapitalerhöhungsverbote und -wahlrechte

997 Für die Auf- und Abspaltung verweist § 125 auch auf die Kapitalerhöhungsverbote der §§ 54 Abs. 1 S. 1 (für die GmbH) bzw. 68 Abs. 1 S. 1 (für die AG) bzw. 78 (für die KGaA). Demgemäß ist eine Kapitalerhöhung unzulässig, soweit der übernehmende Rechtsträger Anteile des übertragenden Rechtsträgers innehat (§§ 54 Abs. 1 S. 1 Nr. 1, 68 Abs. 1 S. 1 Nr. 1). Dies betrifft die Fälle der Spaltung bzw. Ausgliederung von der Tochter- auf die Muttergesellschaft. Hierdurch soll die Entstehung von Anteilen der übernehmenden Kapitalgesellschaft an sich selbst verhindert werden. Das Kapitalerhöhungsverbot gilt nicht nur in dem Fall, dass sich alle Anteile in der Hand des übertragenden Rechtsträgers befinden, sondern auch bei einer teilweisen Beteiligung, insoweit, wie der übernehmende Rechtsträger beteiligt ist.[1808] Ferner ist eine Kapitalerhöhung unzulässig, soweit die übertragende Gesellschaft eigene Anteile besitzt (§§ 54 Abs. 1 S. 1 Nr. 2, 68 Abs. 1 S. 1 Nr. 2). Ferner ist eine Kapitalerhöhung auch insoweit unzulässig, soweit die übertragende Gesellschaft Geschäftsanteile an der übernehmenden Kapitalgesellschaft besitzt, auf die die Einlagen nicht in voller Höhe bewirkt sind (§§ 54 Abs. 1 S. 1 Nr. 3, 68 Abs. 1 S. 1 Nr. 3).[1809]

dd) Durchführung der Kapitalerhöhung

998 Hinsichtlich der Durchführung der Kapitalerhöhung verweist § 125 auf die Vorschriften des Verschmelzungsrechtes, d.h. §§ 53 ff. (für die GmbH) bzw. §§ 66 ff. (für die AG). Demgemäß entfallen Übernahmevertrag und Übernahmeerklärung, wie auch die Vorschriften über die Sicherung der Sacheinlage. Auch sind entsprechende Erklärungen in der Anmeldung der Kapitalerhöhung bzw. Versicherungen des Geschäftsführers nach § 57 Abs. 2 und 3 Nr. 1 GmbHG nicht notwendig. Wegen der weiteren Einzelheiten kann auf die vorstehenden Ausführungen verwiesen werden.[1810]

ee) Prüfung der Kapitalaufbringung

999 Ähnlich wie bei der Verschmelzung gilt auch bei der Spaltung auf eine Kapitalgesellschaft, dass das Registergericht nach den allgemeinen Vorschriften eine Prüfungspflicht bzw. auch eine Prüfungspflicht bezüglich der Werthaltigkeit des übertragenen Vermögens hat.

1807 Widmann/Mayer/*Mayer*, § 126 Rn. 11; *Limmer*, Handbuch Umwandlung, Rn. 1635.
1808 *Limmer*, Handbuch Umwandlung, Rn. 1630.
1809 Siehe oben Rdn. 306 sowie 403.
1810 Rdn. 369.

Daraus folgt die Notwendigkeit, Unterlagen vorzulegen, die eine Prüfung ermöglichen, wozu insbesondere die Schlussbilanz der übertragenden Gesellschaft in Betracht kommt.[1811] Für die AG bestimmt § 142, dass eine Sacheinlageprüfung nach §§ 69 i.V.m. 83 Abs. 3 AktG stets stattzufinden habe.

Für die GmbH ist ein Sachgründungsbericht bei der Spaltung zur Aufnahme nach h.M. nicht erforderlich,[1812] was jedoch das Prüfungsrecht unbeschadet lässt.

1000

7. Gesamtschuldnerische Haftung der beteiligten Rechtsträger

Das Umwandlungsrecht beschränkt von wenigen Ausnahmen abgesehen nicht die Zuweisung von Vermögen und Verbindlichkeiten auf die beteiligten Rechtsträger. Infolge der durch die Spaltung bewirkten partiellen Gesamtrechtsnachfolge kann es zu einem Schuldnerwechsel ohne Mitwirkung der Gläubiger des übertragenden Rechtsträgers kommen. Dies erscheint insoweit problematisch, als dass die Bonität des neuen Schuldners geringer sein kann und es zudem zu einer Konkurrenz zu bereits vorhandenen Gläubigern des übernehmenden Rechtsträgers kommen kann.[1813] Die sich hieraus ergebenden Probleme des Gläubigerschutzes löst das UmwG durch ein spaltungsspezifisches Haftungssystem: Nach § 133 Abs. 1 S. 1 haften die an der Spaltung beteiligten Rechtsträger als Gesamtschuldner für die Verbindlichkeiten des übertragenden Rechtsträgers, die vor Wirksamwerden der Spaltung begründet worden sind. Hierbei ist zu unterscheiden zwischen dem Hauptschuldner, dem diese Verbindlichkeit im Spaltungsvertrag bzw. Spaltungsplan zugewiesen ist, und dem Mithafter. Die Haftung des Mithafters ist nach Maßgabe von § 133 Abs. 3 bis 5 grundsätzlich auf einen Zeitraum von fünf Jahren nach Wirksamwerden der Spaltung begrenzt.

1001

Ergänzend haben die Gläubiger u.U. einen zusätzlichen Anspruch auf Sicherheitsleistung gemäß §§ 133 Abs. 1 S. 2, 125, 22. Dieser Anspruch der Gläubiger auf Sicherheitsleistung richtet sich nur gegen den beteiligten Rechtsträger, gegen den sich der zu sichernde Anspruch richtet. Altgläubigern des übernehmenden Rechtsträgers bietet § 133 damit bei einer Spaltung zur Aufnahme keinen spaltungsspezifischen Gläubigerschutz. Die Altgläubiger des übernehmenden Rechtsträgers können nach h.M. nur von diesem Sicherheitsleistung gemäß §§ 125, 22 verlangen.[1814]

1002

Aus § 133 leitet die bisher herrschende Meinung ab, dass die gesamtschuldnerische Haftung von Hauptschuldner und Mithafter als ein Verweis auf die §§ 421 ff. BGB zu verstehen sind, es sich mithin um eine echte Gesamtschuld handelt.[1815] Nach einer im Vordringen befindlichen Auffassung verhält sich die Haftung des mithaftenden Rechtsträgers, dem die Verbindlichkeit im Spaltungsplan nicht zugewiesen wurde, zu derjenigen des Hautschuldners akzessorisch, ist aber im Außenverhältnis nicht subsidiär (Rechtsgedanke des § 128 Abs. 1 HGB).[1816] Unabhängig von der Frage einer gesamtschuldnerischen oder einer akzessorischen Mithaftung ist die Verbindlichkeit bei dem mithaftenden Rechtsträger nicht bilanziell zu erfassen. Vielmehr ist grundsätzlich nur der Hauptschuldner passivierungspflichtig.[1817]

1003

1811 *Limmer*, Handbuch Umwandlung, Rn. 1641 ff.
1812 *Limmer*, Handbuch Umwandlung, Rn. 1642.
1813 *Mickel*, Die Rechtsnatur der Haftung gespaltener Rechtsträger nach § 133 Abs. 1 und 3, 2004, S. 250 f.; *Blobel/Menz*, NZG 2009, 608; grundlegend: *Kleindieck*, ZGR 1992, 523; *Teichmann*, ZGR 1993, 396, 403 ff.; *Limmer*, Handbuch Umwandlung, Rn. 1466.
1814 *Stoye-Benk*, Handbuch Umwandlungsrecht, Rn. 232; Widmann/Mayer/*Vossius*, § 133 Rn. 10.
1815 Schmitt/Hörtnagl/Stratz/*Hörtnagl*, § 133 Rn. 2 ff.
1816 Lutter/Hommelhoff/*Schwab*, § 133 Rn. 24 ff.; *Blobel/Menz*, NZG 2009, 608.
1817 Lutter/Hommelhoff/*Schwab*, § 133 Rn. 88 ff.; Schmitt/Hörtnagl/Stratz/*Hörtnagl*, § 133 RN. 40; Widmann/Mayer/*Vossius*, § 133 Rn. 15 ff. Eine Passivierung durch den Mithafter wird jedoch dann erforderlich sein, wenn eine Inanspruchnahme zu erwarten ist.

4. Kapitel Umwandlungen

1004 Soweit vollstreckbare Titel gegen den übertragenden Rechtsträger bestehen, kann die Vollstreckungsklausel auch bei Ausgliederung einer Verbindlichkeit weiter gegen den übertragenden Rechtsträger erteilt werden. Ob die Klausel auch auf den übernehmenden Rechtsträger umgeschrieben werden kann, ist streitig.[1818]

1005 Mit der Reform des Umwandlungsrechts wurde zudem die Forthaftung für die vor dem Wirksamwerden der Spaltung begründeten Versorgungsverpflichtungen aufgrund des Betriebsrentengesetzes (BetrAVG) erweitert, diese beträgt nach § 133 Abs. 3 S. 2 nunmehr nicht fünf, sondern zehn Jahre.[1819]

1006 Das Spaltungsrecht erweitert die Haftung nochmals, wenn die Spaltung zu einer Betriebsaufspaltung mit Besitz- und Betriebsgesellschaft führt. Hier besteht nach Auffassung des Gesetzgebers das Risiko, dass die Betriebsgesellschaft als Schuldnerin nicht über genügend Haftungsmasse verfügt, um ihre Verbindlichkeiten gegenüber den Arbeitnehmern zu erfüllen. Zwar haftet die Besitzgesellschaft bereits schon nach § 133 Abs. 1 S. 3 für bis zur Spaltung entstandene Verbindlichkeiten der Betriebsgesellschaft für die Dauer von fünf Jahren. Zum Schutz der Arbeitnehmer erweitert § 134 diese Haftung in dreifacher Hinsicht: Zum einen haftet die Besitzgesellschaft für betriebsverfassungsrechtliche Sozialplan-, Abfindungs- und Ausgleichsansprüche der Arbeitnehmer aus den §§ 111 bis 113 BetrVG gesamtschuldnerisch auch dann, wenn diese erst nach der Spaltung entstehen und mit dieser in keinerlei Zusammenhang stehen. Zweitens besteht die Haftung wegen dieser Ansprüche auch gegenüber Arbeitnehmern, die erst nach der Spaltung in die Dienste der Betriebsgesellschaft eingetreten sind. Drittens gilt nicht die normale fünfjährige Nachhaftungsfrist, sondern § 134 Abs. 3 verlängert die Mithaftung der Besitzgesellschaft auf die Dauer von 10 Jahren.[1820] Die verlängerte Mithaftung gilt sowohl für Ansprüche nach §§ 111 bis 113 BetrVG wie auch für betriebliche Versorgungsverpflichtungen nach dem Gesetz über die betriebliche Altersvorsorge. In der Literatur diskutiert wird eine analoge Anwendung von § 134 auf Betriebsaufspaltungen außerhalb des Umwandlungsgesetzes, die jedoch von der h.M. abgelehnt wird.[1821]

1007 Neben der rein spaltungsrechtlichen Haftung können auch noch andere Haftungstatbestände erfüllt sein. So kann sich eine Haftung der beteiligten Rechtsträger etwa aus § 75 AO,[1822] 26 HGB wie auch § 172 Abs. 4 HGB bzw. § 613 a BGB ergeben.[1823] Aufgrund der gemeinsamen Haftung aller an der Spaltung beteiligten Rechtsträger für die Verbindlichkeiten des übertragenden Rechtsträgers, ist ein Innenausgleich erforderlich. Legt man der Haftungsverteilung die §§ 421 ff. BGB zugrunde, ergibt sich der Ausgleich bzw. Freistellungsanspruch des Mithafters gegen den Hauptschuldner aus § 426 Abs. 1 und 2 BGB. Für die Vertreter der Akzessorietäts-Theorie ergibt sich der Ausgleichsanspruch im Verhältnis zwischen Hauptschuldner und Mithafter aus einer entsprechenden Anwendung des § 774 Abs. 1 und 2 BGB. Der Innenausgleich bei mehreren Mithaftern richtet sich, da diese auf gleicher Stufe stehen, nach § 426 Abs. 1 und 2 BGB.[1824]

8. Besonderheiten bei Spaltung zur Neugründung

1008 In den §§ 135 bis 137 enthält das Spaltungsrecht besondere Vorschriften für die Spaltung zur Neugründung, diese haben – mit Ausnahme der Vorschriften zum Spaltungsplan –

1818 Siehe hierzu ausführlich: DNotI-Report 2009, 129; für die Erteilung einer vollstreckbaren Ausfertigung: *Wolfsteiner*, Die vollstreckbare Urkunde, Rn. 45.32; dagegen: *Bork/Jacoby*, ZHR 167 (2003), 440, 451 f.
1819 *Mayer/Weiler*, MittBayNot 207, 368, 373; *Heckschen*, DNotZ 2007, 445, 452.
1820 Lutter/Hommelhoff/*Schwab*, § 134 Rn. 7 f.
1821 Schmitt/Hörtnagl/Stratz/*Hörtnagl*, § 134 Rn. 17; Lutter, § 134 Rn. 20 ff.
1822 Einschränkend insoweit BFH NZG 2010, 518 zur Abspaltung und Ausgliederung.
1823 Lutter/Hommelhoff/*Schwab*, § 133 Rn. 99 ff.
1824 Siehe hierzu: Lutter/Hommelhoff/*Schwab*, § 133 Rn. 148 ff.

ihre Entsprechung in den für die Verschmelzung gelten Regelungen der §§ 36 bis 38 (siehe oben Rdn. 234 ff.).

a) Anwendung der Gründungsvorschriften

So ordnet § 135 Abs. 2 für die Spaltung zur Neugründung an, dass auch die für den jeweiligen neu gegründeten Rechtsträger geltenden Gründungsvorschriften zu beachten sind, soweit sich nicht aus den besonderen Vorschriften des Umwandlungsrechtes etwas anderes ergibt. Vorschriften, die eine Mindestzahl der Gründer vorschreiben, sind nicht anzuwenden.[1825] Da § 135 Abs. 2 der für die Verschmelzung zur Neugründung geltenden Vorschrift des § 36 Abs. 2 entspricht, kann auf die dortigen Ausführungen verwiesen werden.[1826] **1009**

Nach § 135 Abs. 2 S. steht der übertragende Rechtsträger den Gründern gleich. Demgemäß handelt es sich bei einer Spaltung zur Neugründung stets um eine Ein-Personen-Gründung, weil nur ein übertragener Rechtsträger an einem einheitlichen Spaltungsvorgang beteiligt sein kann.[1827] Dies hat zur Folge, dass anstelle eines Spaltungsvertrages, bei der Spaltung zur Neugründung ein Spaltungs- bzw. Ausgliederungsplan als einseitiges Rechtsgeschäft im Sinne von § 180 BGB zu erstellen ist.[1828] **1010**

b) Spaltungsplan und Gesellschaftsvertrag

Aufgestellt wird der Spaltungsplan als einseitige nicht empfangsbedürftige Willenserklärung vom Vertretungsorgan des übertragenden Rechtsträgers. Diese müssen in vertretungsberechtigter Zahl handeln, wegen § 180 BGB ist eine vollmachtlose Vertretung unzulässig.[1829] Der Spaltungsplan bedarf der notariellen Beurkundung (§§ 135 Abs. 1, 125 Abs. 1, 6).[1830] **1011**

Nach §§ 135, 125 Abs. 2, 37 muss im Spaltungsplan der Gesellschaftsvertrag, die Satzung und das Statut des neuen Rechtsträgers festgestellt sein. Da die Satzung der neuen Gesellschaft notwendiger Bestandteil des Spaltungsplanes ist, bedarf sie stets der notariellen Beurkundung. Dies gilt auch dann, wenn der Gesellschaftsvertrag selbst nach allgemeinen Vorschriften ansonsten nicht beurkundungspflichtig wäre, wie etwa bei einer Personengesellschaft.[1831] **1012**

Die näheren Anforderungen an die Satzung bzw. das Statut ergeben sich aus den allgemeinen Vorschriften des jeweiligen Gesellschaftsrechts. Bei der Gestaltung der Satzung ist zu berücksichtigen, dass es sich um eine Sachgründung handelt, sodass das Stammkapital durch das schon übertragene Vermögen der zu spaltenden Gesellschaft aufgebracht wird. Insoweit sind die rechtsformspezifischen Regelungen zur Sachgründung zu beachten.[1832] **1013**

Bei Einhaltung des gesetzlichen Mindestkapitals kann die Höhe des nominellen Eigenkapitals grundsätzlich frei gewählt werden. Hierbei ist zu bedenken, dass dieses durch die Vermögensübertragung erbracht wird. Das Nominalkapital wird daher durch den **1014**

1825 *Limmer*, Handbuch Umwandlung, Rn. 1645; Widmann/Mayer/*Mayer*, § 135 Rn. 11 ff.; Schmitt/Hörtnagl/Stratz/*Hörtnagl*, § 135 Rn. 14; Lutter/*Teichmann*, § 135 Rn. 2.
1826 Siehe oben Rdn. 107 sowie 243 f. und 352.
1827 Widmann/Mayer/*Mayer*, § 135 Rn. 14.
1828 Eine Vertretung ohne Vertretungsmacht ist daher unzulässig, § 180 BGB.
1829 Widmann/Mayer/*Mayer*, § 136 Rn. 13 ff.; Schmitt/Hörtnagl/Stratz/*Hörtnagl*, § 136 Rn. 3 ff.; Lutter/*Priester*, § 136 Rn. 4 f.
1830 Siehe hierzu Rdn. 124 ff. Vollmachten bedürften bei GmbH (§ 2 Abs. 2 GmbHG) und AG (§ 23 Abs. 1 S. 2 AktG) der notariellen Beglaubigung, siehe Rdn. 34.
1831 Widmann/Mayer/*Mayer*, § 136 RN. 26; *Limmer*, Handbuch Umwandlung, Rn. 1648; Schmitt/Hörtnagl/Stratz/*Hörtnagl*, § 136 Rn. 12.
1832 Widmann/Mayer/*Mayer*, § 136 Rn. 26. Bei Spaltung auf eine AG/GmbH sind nach h.M. zudem die Festsetzungen über Sondervorteile, Gründungsaufwand, Sacheinlagen und Sachübernahmen der übertragenden Gesellschaft zu übernehmen, so Widmann/Mayer/*Mayer*, § 136 Rn. 44; teilweise a.A. *Limmer*, Handbuch Umwandlung Rn. 1657.

4. Kapitel Umwandlungen

Wert des übertragenen Vermögens begrenzt, wobei ggf. stille Reserven aufgedeckt werden können.[1833]

1015 Bei der Spaltung zur Neugründung einer Kommanditgesellschaft kann die Haftsumme des Kommanditisten i.S.v. § 172 HGB frei gewählt werden. Wird jedoch diese durch die anteilige Übertragung des Vermögens nicht erreicht, so tritt in Höhe der Differenz die persönliche Haftung des Kommanditisten ein.[1834]

1016 Ist der neue Rechtsträger eine Kapitalgesellschaft, so ist das Nennkapital in Höhe der zu gewährenden Anteile festzusetzen, die mindestens der Höhe des gesetzlichen Mindestnennkapitals entsprechen müssen. Sowohl bei der GmbH als auch bei der AG wird aus Gründen der Satzungsidentität zudem verlangt, dass bei Sacheinlagen der Gegenstand der Sacheinlage und der Betrag der Stammeinlage sich auf die Sacheinlage beziehen und im Gesellschaftsvertrag bzw. in der Satzung selbst festgesetzt werden müssen. Insoweit genügt daher – vergleichbar zur Rechtslage bei der Verschmelzung – die Festsetzung der Sacheinlage im Spaltungsvertrag nicht, vielmehr ist sie zusätzlich auch in der Satzung festzulegen. Es ist dagegen ungeklärt, mit welcher Genauigkeit die Angaben zu erfolgen haben. § 135 Abs. 2 verweist insoweit auf § 5 Abs. 4 S. 1 GmbHG. Auch zu § 5 Abs. 4 S. 1 GmbHG gehen die Meinungen über die konkret erforderlichen Angaben bei einer Sacheinlage weit auseinander. Einigkeit besteht, dass der Gegenstand der Sacheinlage so genau bezeichnet werden muss, dass die Identität zweifelsfrei festgestellt werden kann. Die näheren hieraus abzuleitenden Folgerungen sind jedoch unklar (vgl. Rdn. 1075 ff.). Wie Limmer[1835] zutreffend ausführt, müssen die Angaben in der Satzung nicht dem Bestimmtheitsgrundsatzes des § 126 genügen, da mit den Angaben in der Satzung keinerlei dingliche Wirkungen verbunden sind, vielmehr reicht die Bestimmbarkeit. Soweit Gegenstand des Spaltungsplanes ein Teilbetrieb ist, genügt daher die Bezeichnung dieses Teilbetriebes in der Satzung.

1017 M Formulierungsbeispiel:
»**Das Stammkapital der Gesellschaft beträgt 25.000 €. Die Stammeinlage wird in voller Höhe dadurch geleistet, dass sämtliche Aktiva und Passiva des Teilbetriebes ... der Firma ... mit dem Sitz in ... auf der Basis der Abspaltungsbilanz zum 31.12.2009 gemäß den Bestimmungen des Umwandlungsgesetzes im Wege der Abspaltung und nach Maßgabe des Abspaltungsplanes gemäß Urkunde des Notars ... in ... vom ... auf die Gesellschaft übertragen werden. Im Einzelnen sind die übertragenen Aktiva und Passiva in den Anlagen 2 bis 4 des Spaltungsplanes enthalten. Diese Anlagen sind dem Gesellschaftsvertrag zu Beweiszwecken beigefügt.**«

1018 Wird kein Teilbetrieb abgespalten, sondern nicht nach einer Sachgesamtheit bezeichnende einzelne Vermögensgegenstände, ist eine hinreichende Bestimmbarkeit dieser Einzelwirtschaftsgüter vorzusehen. Gleiches gilt, wenn vorstehende Angaben nicht ausreichend sind. Insoweit bietet sich an, auf eine von Rittner/Schmidt-Leithoff[1836] vorgeschlagene Lösung zurückzugreifen, die erforderlichen weiteren identifizierenden Angaben gemäß § 9 Abs. 1 S. 2 BeurkG in einer mit zu beurkundenden Anlage zum Gesellschaftsvertrag aufzunehmen. Dies kann insbesondere dergestalt erfolgen, dass als Anlage 1 zum Ausgliederungsplan/Spaltungsplan der Gesellschaftsvertrag der neu zu gründenden GmbH/AG genommen wird und als Anlage 2 bis 4 die Übersicht über die abzuspaltenden Vermögensgegenstände. Dies hat zur Folge, dass aus der Anlage 1 (Gesellschaftsvertrag) bei der Bestimmung der genauen Stammeinlagen auf die Anlagen 2 bis 5 (Vermögensgegenstände) verwiesen werden kann. Durch diese förmliche Verweisung werden diese weiteren Anlagen damit zum rechtsgeschäftlichen Inhalt der Satzung erhoben.

1833 Lutter/*Priester*, § 136 Rn. 10; Schmitt/Hörtnagl/Stratz/*Hörtnagl*, § 136 Rn. 10 ff.
1834 *Ittner*, MittRhNotK 1997, 105, 110.
1835 *Limmer*, Handbuch Umwandlung, Rn. 1654.
1836 Rowedder/Schmidt-Leithoff/*Rittner/Schmidt-Leithoff*, § 5 Rn. 47.

Formulierungsbeispiel:[1837]
»Das Stammkapital der Gesellschaft beträgt 100.000 €. Es ist eingeteilt in einen Geschäftsanteil à 100.000 € (Geschäftsanteil Nr. 1). Die Stammeinlage wird in voller Höhe dadurch geleistet, dass die in der Urkunde des Notars ausgewiesenen Aktiva und Passiva im Wege der Abspaltung zur Neugründung auf die Gesellschaft übertragen werden. Das übertragene Vermögen ist in der Spaltungsbilanz, die dieser Niederschrift als Anlage 2 bis 4 beigefügt wird und auf die nach § 14 BeurkG verwiesen wird, bezeichnet.«

1019 M

c) Kapitalaufbringung

Da es sich bei einer Spaltung zur Neugründung der Sache nach um eine Sachgründung handelt, gelten ergänzend die allgemeinen Grundsätze zur Bewertung einer Sacheinlage. Eine Überbewertung des übergehenden Vermögens ist demgemäß unzulässig. Mit Zustimmung aller Gesellschafter der spaltenden Gesellschaft ist hingegen eine Unterbewertung zulässig, da hierdurch Gläubigerinteressen nicht beeinträchtigt werden. Im Falle einer Unterbewertung ist bei Aufspaltung und Abspaltung der Differenzbetrag in die Kapitalrücklage einzustellen, bei einer Ausgliederung kann der Differenzbetrag zudem auch als Darlehen eingestellt werden.[1838]

1020

Erreicht das übertragene Vermögen den Kapitalnennbetrag nicht, besteht allgemein die Möglichkeit, dass die Wertdifferenz in Form einer Bareinlage ausgeglichen wird. Diese muss aber gemäß § 7 Abs. 3 GmbHG sofort vollständig geleistet werden.[1839] Einfacher dürfte es sein, von einer solchen gemischten Bar- und Sacheinlage abzusehen, sondern die vorgesehenen Barmittel in den Spaltungsplan mit aufzunehmen.[1840]

1021

Da nach § 135 Abs. 2 S. 2 Gründer der neu errichteten Gesellschaft der übertragende Rechtsträger ist, erfolgen sowohl die Feststellung des Gesellschaftsvertrages als auch die Bestellung der Organe durch die übertragende Gesellschaft und nicht durch die Gesellschafter der neu errichteten Gesellschaft.[1841] Diese sollte zweckmäßigerweise mit dem Spaltungsplan erfolgen, auch wenn die Bestellung selbst erst mit dem Spaltungsbeschluss wirksam wird.[1842]

1022

d) Anmeldung

Während bei der Spaltung zur Aufnahme die Spaltung bei den beteiligten Rechtsträgern angemeldet wird, ist bei der Spaltung zur Neugründung nach § 137 Abs. 1 zum einen der neu gegründete Rechtsträger und zum andern nach § 137 Abs. 2 nur beim Register des übertragenden Rechtsträgers die Spaltung selbst anzumelden.[1843]

1023

Die Anmeldung der neu gegründeten Gesellschaft erfolgt nach § 137 Abs. 1 durch die Vertretungsorgane der übertragenden Gesellschaft. Diese handeln in vertretungsberechtigter Zahl, Bevollmächtigung in öffentlich beglaubigter Form ist zulässig.[1844] Die Mitwirkung der Organe der neu errichteten Gesellschaft ist mithin für die Anmeldung der neu gegründeten Gesellschaft nicht erforderlich. Jedoch ist zu berücksichtigen, dass bei Kapitalgesellschaften von den Organmitgliedern noch die Inhabilitäts-Versicherungen nach § 8 Abs. 3 GmbHG bzw. §§ 37 Abs. 2, 76 Abs. 3 AktG als höchstpersönliche Erklärungen abzu-

1024

1837 Nach *Limmer*, Handbuch Umwandlung, Rn. 1658.
1838 *Limmer*, Handbuch Umwandlung, Rn. 1666.
1839 *Limmer*, Handbuch Umwandlung, Rn. 1668; Widmann/Mayer/*Mayer*, § 135 Rn. 44.
1840 Widmann/Mayer/*Mayer*, § 135 Rn. 44.
1841 Schmitt/Hörtnagl/Stratz/*Hörtnagl*, § 136 Rn. 13; Lutter/*Priester*, § 136 Rn. 15.
1842 Lutter/*Priester*, § 136 Rn. 15.
1843 Widmann/Mayer/*Mayer*, § 136 Rn. 49; Lutter/*Priester*, § 137 Rn. 4; Schmitt/Hörtnagl/Stratz/*Hörtnagl*, § 137 Rn. 2.
1844 Widmann/Mayer/*Mayer*, § 137 Rn. 15; Lutter/*Priester*, § 137 Rn. 11; Schmitt/Hörtnagl/Stratz/*Hörtnagl*, § 137 Rn. 2.

geben sind. Bei Kapitalgesellschaften empfiehlt sich daher eine entsprechende Mitwirkung der Organe der neu errichteten Gesellschaft.[1845] Streitig ist, ob zusätzlich auch eine (ggf. eingeschränkte) Versicherung nach § 8 Abs. 2 GmbHG erforderlich ist.[1846]

1025 Eine Ausnahme gilt für Ausgliederungen aus dem Vermögen eines Einzelkaufmanns zur Neugründung. Insoweit ist die Anmeldung nach § 160 Abs. 1 von dem Einzelkaufmann und von sämtlichen Geschäftsführern bzw. Mitgliedern des Vorstandes und des Aufsichtsrates vorzunehmen.[1847]

e) Sachgründungsbericht bei Kapitalgesellschaften

1026 Anders als bei der Verschmelzung und Spaltung zur Aufnahme auf eine Kapitalgesellschaft ist bei der Spaltung zur Neugründung einer Kapitalgesellschaft ein Sachgründungsbericht stets erforderlich. Für die GmbH ergibt sich dies aus § 138. Ergänzend sind gemäß §§ 125 S. 1, 58 Abs. 1 in dem Sachgründungsbericht auch der Geschäftsverlauf und die Lage des übertragenden Rechtsträgers darzustellen. Die Darstellung muss alle für die Beurteilung der Lage des übergeleiteten Unternehmens und Unternehmensteiles wesentlichen Umstände enthalten. Entsprechend § 5 Abs. 4 S. 2 GmbHG sind nur die Geschäftsergebnisse der beiden letzten Jahre darzulegen. Der Bericht selbst bedarf der Schriftform und ist durch den übertragenden Rechtsträger aufzustellen. Der Sachgründungsbericht ist deshalb von den Vertretungsorganen in vertretungsberechtigter Zahl persönlich zu unterzeichnen, eine Vertretung ist ausgeschlossen. Eine Unterzeichnung durch die Anteilsinhaber bzw. durch die Vertretungsorgane der neu gegründeten GmbH ist nicht erforderlich. Der Sachgründungsbericht ist der Handelsregisteranmeldung der neu gegründeten Gesellschaft beizufügen.[1848] Für die AG und KGaA bestimmt § 144, dass ein Gründungsbericht gemäß § 32 AktG und eine Gründungsprüfung gemäß § 33 Abs. 2 AktG erforderlich sind. Die erforderlichen Angaben ergeben sich aus § 32 Abs. 2 AktG. Der Gründungsbericht ist, wie bei der GmbH, von den Vertretungsorganen der übertragenden Gesellschaft in vertretungsberechtigter Zahl abzugeben.[1849]

f) Vorgesellschaft

1027 Aus § 135 Abs. 2 der auf die für die jeweilige Rechtsform des neuen Rechtsträgers bestehenden Gründungsvorschriften verweist, wird allgemein abgeleitet, dass ab dann eine Vorgesellschaft entsprechend den allgemeinen Regeln entsteht.[1850] Wann der neu gegründete Rechtsträger selbst entsteht, lässt sich aus § 135 nicht entnehmen. Nach h.M. entsteht der neu gegründete Rechtsträger nicht bereits schon mit seiner Eintragung, sondern erst mit Wirksamwerden der Spaltung, also mit der Eintragung der Spaltung im Register des übertragenden Rechtsträgers.[1851]

[1845] *Mayer*, DB 1995, 862; Widmann/Mayer/*Mayer*, § 135 Rn. 117; *Limmer*, Handbuch Umwandlung, Rn. 1669; Lutter/*Priester*, § 137 Rn. 12.
[1846] Widmann/Mayer/*Mayer*, § 135 Rn. 61; siehe hierzu im einzelnen Rdn. 1247.
[1847] Widmann/Mayer/*Mayer*, § 137 Rn. 14; Lutter/*Priester*, § 137 Rn. 13.
[1848] Widmann/Mayer/*Mayer*, § 138 Rn. 4 ff.; *Limmer*, Handbuch Umwandlung, Rn. 1672 ff. Im Ergebnis wird daher § 58 Abs. 2 durch § 138 verdrängt.
[1849] *Limmer*, Handbuch Umwandlung, Rn. 1675; Widmann/Mayer/*Mayer*, § 144 Rn. 3 f.
[1850] Lutter/*Teichmann* § 135 Rn. 6; Schmitt/Hörtnagl/Stratz/*Hörtnagl*, § 135 Rn. 16; a.A. *Heidenhain*, GmbHR 1995, 264.
[1851] Lutter/*Teichmann*, § 135 Rn. 3.

9. Grenzüberschreitende Spaltung

Die Richtlinie 2005/56/EG über die Verschmelzung von Kapitalgesellschaften aus verschiedenen Mitgliedsstaaten[1852] dient der Einführung des gesellschaftsrechtlichen Instrumentariums, um die grenzüberschreitende Verschmelzung innerhalb der Europäischen Gemeinschaft zu ermöglichen. Parallel dazu hat der EuGH mit der Entscheidung Sevic vom 13.12.2005 entschieden, dass ein generelles Verbot der Verschmelzung von Gesellschaften, die ihren Sitz in verschiedenen Mitgliedstaaten haben, gegen die europäische Niederlassungsfreiheit verstößt.[1853] In Umsetzung dieser Richtlinie hat der deutsche Gesetzgeber mit den §§ 122 a ff. Regelungen über die grenzüberschreitende Verschmelzung geschaffen. Die Vorschriften der §§ 122 a ff. gelten ihrem Wortlaut nach für grenzüberschreitende Spaltungen nicht, da § 125 hierauf ausdrücklich nicht verweist.[1854] **1028**

Aus der Sevic-Entscheidung wird in der Literatur zutreffend abgeleitet, dass auch die grenzüberschreitende Spaltung von der europäischen Niederlassungsfreiheit geschützt ist.[1855] Hierfür spricht, dass der EuGH ausdrücklich ausführt, dass neben grenzüberschreitenden Verschmelzungen auch »andere Gesellschaftsumwandlungen den Zusammenarbeits- und Umgestaltungsbedürfnissen von Gesellschaften mit Sitz in verschiedenen Mitgliedsstaaten« entsprechen und damit von der Niederlassungsfreiheit geschützt sind. Hierfür spricht auch die Parallelität von Spaltung und Verschmelzung. Gründe, die grenzüberschreitende Spaltung anders als die grenzüberschreitende Verschmelzung zu behandeln, sind nicht ersichtlich. Dies spricht dafür, die in der Sevic-Entscheidung entwickelte Argumentation des EuGH zur grenzüberschreitenden Verschmelzung auch auf die grenzüberschreitende Spaltung zu übertragen. Im Anwendungsbereich der europäischen Niederlassungsfreiheit sind Beschränkung der grenzüberschreitenden Spaltung daher allenfalls aus Gründen des Gläubiger-, Minderheiten-, Gesellschafter- und Arbeitnehmerschutzes zulässig.[1856] **1029**

Jedoch wird der grenzüberschreitenden Spaltung der Schutz durch die Niederlassungsfreiheit nur soweit zuteil, als im jeweiligen Zielstaat das Recht im Zuge der Spaltung bekannt ist und gerade auch für die konkrete Gesellschaftsform zur Verfügung gestellt wird. Ungleich der Rechtslage bei der Verschmelzung besteht jedoch kein sekundärrechtlich determinierter Kernbereich von Spaltungsarten, die die Mitgliedsstaaten zur Verfügung zu stellen haben. Dies gilt insbesondere für die Ausgliederung, die sowohl nach der 6. Richtlinie 82/891/EWG als auch nach dem Recht vieler Mitgliedsstaaten unbekannt ist.[1857] **1030**

Auch wenn damit nach wohl zutreffender Auffassung die Möglichkeit einer grenzüberschreitenden Spaltung im Bereich der Europäischen Union sich unmittelbar aus der Niederlassungsfreiheit ergibt, dürfte diese in der Praxis nur selten in Anspruch genommen werden. Die damit angestrebten Rechtsfolgen lassen sich auch in Anwendung der §§ 122a ff. erreichen, indem zunächst im Wege einer innerstaatlichen Spaltung der jeweilige Unternehmensteil auf eine übernehmende Kapitalgesellschaft übertragen wird und **1031**

1852 Richtlinie 2005/56/EG des Europäischen Parlaments und des Rates vom 26.10.2005 über die Verschmelzung von Kapitalgesellschaften aus verschiedenen Mitgliedstaaten, ABl. L 310 v. 25.11.2005, 1; hierzu: *Bayer/Schmidt*, NJW 2006, 401; *Drinhausen/Keintath*, RIW 2006, 81; *Forsthoff*, DStR 2006, 613; *Grohmann/Guschinske*, GmbHR 2006, 191; *Oechsler*, NZG 2006, 161.
1853 EuGH NJW 2006, 425 = DNotZ 2006, 210.
1854 Zur Neuregelung siehe *Heckschen*, DNotZ 2007, 444; siehe auch Rdn. 7.
1855 *Klein*, RNotZ 2005, 565, 570; *Widmann/Mayer/Heckschen*, vor §§ 122 a ff. Rn. 96; *Herrler*, EuZW 2007, 259; *Bayer/Schmidt*, NZG 2006, 841; *Kallmeyer/Kappes*, AG 2006, 224; *Weiss/Wöhlert*, WM 2007, 580, 584 ff.; zurückhaltend für Herausspaltungen: *Leible/Hoffmann*, RIW 2006, 161, 165; *Bungert*, BB 2006, 53, 55 f.
1856 *Weiss/Wöhlert*, WM 2007, 580, 584 ff.
1857 *Beutel*, Der neue rechtliche Rahmen grenzüberschreitender Verschmelzungen in der EU, 2008, S. 90 ff.

4. Kapitel Umwandlungen

diese anschließend mit Grenzüberschreiten auf eine im anderen Mitgliedsstaat ansässige Kapitalgesellschaft nach den Regeln der Richtlinie 2005/56/EG verschmolzen wird.[1858]

10. Spaltungsvorgänge außerhalb des Umwandlungsrechts

a) Zivilrechtlich

1032 Ein wirtschaftlich der Spaltung vergleichbares Ergebnis lässt sich durch eine Einzelrechtsübertragung erreichen. Derartige Einbringungslösungen sind weiterhin zulässig. In der Regel erfolgt diese Einbringung durch eine Sachgründung des neuen Rechtsträgers mit anschließender Einbringung der abzuspaltenden Vermögensmassen. Dieses Verfahren wird in der Praxis oft durch eine Stufengründung beschleunigt. Hierbei wird der neue Rechtsträger zunächst im Wege der Bareinlage gegründet wurde und anschließend werden die zu übertragenden Vermögenswerte als Sachkapitalerhöhung eingebracht.[1859] Problematisch bei dieser Lösung ist jedoch, dass durch die Einbringung im Wege der Sachgründung die übertragende Gesellschaft Inhaberin der Anteile an der neuen Gesellschaft wird. Sofern die Weiterreichung dieser Anteile an die dahinter stehenden Gesellschafter lässt sich nur auf Umwegen erreichen.[1860] Trotz des Vorteils der partiellen Gesamtrechtsnachfolge erweist sich eine Spaltung gerade bei der Übertragung von Einzelgegenständen wie auch überschaubarer Vermögensgesamtheiten aufgrund der Formalisierung des Spaltungsverfahrens als umständlicher. Zudem spricht in diesen Fällen gelegentlich auch die zwingende und unbeschränkte Haftung aller am Spaltungsvorgang beteiligten Rechtsträger (§ 133) zu bedenken.

b) Entsprechende Anwendung auf Einzelrechtsübertragungen

1033 Mit Inkrafttreten des Umwandlungsgesetzes wurden Stimmen laut, die Spaltungsvorschriften auch bei Vermögensübertragungen im Wege der Einzelrechtsnachfolge analog anzuwenden. Hierfür wurden insbesondere die Ausstrahlungswirkung des Umwandlungsrechts und die vergleichbare Schutzbedürftigkeit der Minderheitsgesellschafter bei einer Ausgliederung im Wege der Einzelrechtsnachfolge angeführt. Ferner wird geltend gemacht, dass die Frage, ob eine Ausgliederung im Wege der Gesamtrechtsnachfolge oder im Wege der Einzelrechtsnachfolge erfolge, im Wesentlichen nur in der rechtstechnischen Ausgestaltung des Vermögensübertragungsaktes liege.[1861] Dem ist entgegenzuhalten, dass der Gesetzgeber Ausgliederungen im Wege der Einzelrechtsnachfolge ausdrücklich nicht den Regelungen des UmwG unterstellt hat. Damit fehlt es an der für eine Analogie erforderlichen gesetzlichen Regelungslücke.[1862] Zudem spricht gegen eine analoge Anwendung auch, dass das Umwandlungsgesetz für die Anwendbarkeit seiner Vorschriften gerade nicht auf den Umfang der auszugliedernden Vermögensgegenstände und die Bedeutung dieser Vermögensgegenstände für die Gesellschaft abstellt. Daher lassen sich auch Anhaltspunkte, ab welchem Umfang des übertragenen Vermögens eine analoge Anwen-

---

1858 *Weiss/Wöhlert*, WM 2007, 580, 582 insbes. auch zur Schaffung internationaler Holdingstrukturen.
1859 *Mayer*, DStR 1992, 29; *Gäbelein*, BB 1989, 1420; *Limmer*, Handbuch Umwandlung, Rn. 1455 ff.; grundlegend: *Fritz*, Gestaltung von Kapitalgesellschaften, S. 73 ff.
1860 Wegen der Einzelheiten s. *Limmer*, Handbuch Umwandlung, Rn. 1455.
1861 So teilweise die landgerichtliche Rechtsprechung LG Karlsruhe NZG 98, 393 = ZIP 1998, 385, 387; LG Frankfurt a.M. NJW RR 97, 1464 = ZIP s. 1997, 1698, 1700; *Lutter/Leinekugel*, ZIP 1998, 225; *Veil*, ZIP 1998, 361; für eine entsprechende Anwendung zumindest bei der Ausgliederung eines Teilbetriebes auch *Just*, ZHR 163 (1999), 164, 183 ff.
1862 LG München I ZIP 2006, 2036; *Aha*, AG 1997, 345, 356; Lutter/*Teichmann* § 123 Rn. 25; Schmitt/Hörtnagl/Stratz/*Hörtnagl*, § 123 Rn. 22.

dung in Frage kommen könnte, nicht treffen.[1863] Zu beachten ist aber, dass bei einer AG als übertragendem Rechtsträger sich die Notwendigkeit der Beteiligung der Hauptversammlung bei einer Vermögensübertragung durch Einzelrechtsnachfolge im Rahmen der ungeschriebenen Hauptversammlungskompetenz nach Rechtsprechungsgrundsätzen[1864] ergeben kann.

c) Öffentlich-rechtliche Umwandlungen

Für kommunale Betriebe ist die Möglichkeit einer Ausgliederung nach § 168 nicht die einzige Umwandlungsmöglichkeit. § 1 Abs. 2 lässt Umwandlungen außer den im Umwandlungsgesetz geregelten Fällen zu, wenn sie durch ein anderes Bundes- oder Landesgesetz ausdrücklich vorgesehen sind. Von dieser Möglichkeit, Umwandlungsmöglichkeiten außerhalb des Umwandlungsrechts vorzusehen, haben mehrere Bundesländer Gebrauch gemacht.[1865] Die landesrechtlichen Vorschriften sehen in der Regel vor, dass die Gemeinde durch Satzung kommunale Unternehmen in der Rechtsform einer rechtsfähigen Anstalt des öffentlichen Rechts errichten oder bestehende Regie- und Eigenbetriebe sowie eigenbetriebliche Einrichtungen im Wege der Gesamtrechtsnachfolge in rechtsfähige Anstalten des öffentlichen Rechts überführen kann.[1866] Das niedersächsische und bayrische Recht erlauben zudem die formwechselnde Umwandlung von Gesellschaften des Privatrechts in eine rechtsfähige Anstalt des öffentlichen Rechts. Bei einer Anstalt des öffentlichen Rechts handelt es sich um einen selbständigen Rechtsträger. Sie kann Beteiligungen an privatrechtlich organisierten Unternehmen erwerben. Aufgrund der öffentlich-rechtlichen Organisationsform hat die Anstalt ein Wahlrecht hinsichtlich der Ausgestaltung ihrer Rechtsverhältnisse zu den Anstaltsnutzern, diese können zivilrechtlich oder öffentlich-rechtlich organisiert werden. Darüber hinaus ist die Anstalt als öffentlich-rechtliche Organisationsform fähig, Dienstherr von Beamten zu sein.[1867]

1034

II. Ablauf einer Spaltung, insbesondere Vorbereitung

Der Ablauf einer Spaltung unterscheidet sich in der Abfolge nicht grundlegend vom Ablauf einer Verschmelzung. Auf hier unterscheidet man neben einer vorgeschalteten Planungsweise gängigerweise drei Phasen: Die Vorbereitungs-, die Beschluss- und die Vollzugsphase.[1868] Im Rahmen der Vorbereitungsphase sind insbesondere folgende Schritte zu beachten:

1035

1. Bilanzaufstellung

Die Schlussbilanz des übertragenden Rechtsträgers ist bei der Anmeldung zum Register des übertragenden Rechtsträgers vorzulegen (§ 125 Abs. 2). Meist wird jedoch im Spaltungsvertrag zur Konkretisierung des übergehenden Vermögens auch auf die Bilanz Bezug genommen. Darüber hinaus dient die Schlussbilanz auch als Grundlage der Berech-

1036

1863 Zutreffend LG München ZIP 2006, 2036 = NZG 2006, 873; Schmitt/Hörtnagl/Stratz/*Hörtnagl*, § 123 Rn. 24; Lutter/*Teichmann*, § 123 Rn. 24; *Bungert*, NZG 1998, 367.
1864 BGH in NJW 1982, 1703 (»Holzmüller-Doktrin«,) und BGH NZG 2004, 571 und NZG 2004, 575 (»Gelatine 1 und 2«).
1865 Hierzu grundlegend: *Leitzen*, MittBayNot 2009, 353; *Detig*, Die kommunale Anstalt des öffentlichen Rechts -Kommunalunternehmen- als Wirtschaftsförderungsinstitution 2004; *Kummer*, Vom Eigen- oder Regiebetrieb zum Kommunalunternehmen Berlin 2003.
1866 § 113a Abs. 1 S. 1 GO NDS; § 114a Abs. 1 S. 1 GO NW; § 86a Abs. 1 S. 1 GO RLP; § 106a Abs. 1 S. 1 GO SH; § 1 Abs. 1 S. 1 AnstG SA.
1867 Wegen der näheren Einzelheiten s. *Leitzen*, MittBayNot 2009, 353 ff.
1868 Siehe oben Rdn. 13 ff.

4. Kapitel Umwandlungen

nung des Umtauschverhältnisses und als Wertnachweis hinsichtlich des übergehenden Vermögens[1869]

2. Entwurf des Spaltungsvertrages/Spaltungsplanes

1037 Am Anfang jedes Spaltungsvorhabens steht der Entwurf des Spaltungsvertrages bzw. des Spaltungsplanes. Dieser Entwurf ist insbesondere erforderlich im Hinblick auf die erforderliche Zuleitung an die Betriebsräte (§§ 126 Abs. 3, 135 Abs. 1), die Erstellung des Spaltungsberichtes und die Spaltungsprüfung. Darüber hinaus bestehen rechtsformspezifische Unterrichtungs- und Bekanntmachungspflichten. Darüber hinaus ist der Spaltungsvertrag bzw. sein Entwurf Gegenstand der Spaltungsbeschlüsse.[1870]

1038 Begrifflich ist hierbei zwischen folgenden Arten von Spaltungsverträgen zu unterscheiden: Dem Spaltungs- und Übernahmevertrag gemäß § 126 Abs. 1 bei der Spaltung zur Aufnahme, dem Spaltungsplan gemäß § 136 bei der Spaltung zur Neugründung, dem Ausgliederungs- und Übernahmevertrag gemäß § 131 Abs. 1 Nr. 3 bei der Ausgliederung zur Aufnahme, dem Ausgliederungsplan gemäß § 136 bei der Ausgliederung zur Neugründung. Für den Spaltungs- bzw. Ausgliederungsplan verweist § 135 Abs. 1 mit wenigen Ausnahmen auf die Vorschriften über den Spaltungs- und Übernahmevertrag.[1871]

3. Zuleitung an den Betriebsrat

1039 Nach § 126 Abs. 3 bzw. § 135 Abs. 1 ist der Spaltungsvertrag bzw. Spaltungsplan – bzw. falls dieser noch nicht vorliegt sein Entwurf – dem zuständigen Betriebsrat jedes an der Spaltung beteiligten Rechtsträgers spätestens einen Monat vor der Spaltungsbeschlussfassung dieses Rechtsträgers zuzuleiten. Fehlt ein Betriebsrat, so entfällt die Zustellungspflicht. Die Vorschrift entspricht § 5 Abs. 3, sodass auf die dortigen Ausführungen verwiesen werden kann.[1872]

4. Genehmigungen

1040 Mit dem am 25.4.2007 in Kraft getretenen Zweiten Gesetz zur Änderung des Umwandlungsgesetzes wurde § 132 ersatzlos gestrichen. Diese Vorschrift erwies sich als Spaltungshindernis, da sie das Erfordernis einer staatlichen Genehmigung bzw. einer rechtsgeschäftlichen Zustimmungsverpflichtung für die Übertragung eines bestimmten Gegenstandes im Wege der Spaltung aufrecht erhielt.[1873] Mit dem Wegfall der Vorschrift stehen gesetzliche oder vertragliche Zustimmungserfordernisse bzw. Abtretungsbeschränkungen der partiellen Gesamtrechtsnachfolge nicht mehr entgegen. Demgemäß kann die Spaltung auch dann eingesetzt werden, wenn eine Einzelübertragung nicht ohne die Zustimmung Dritter möglich gewesen wäre.[1874]

1041 Im Ergebnis haben sich damit die im Rahmen einer Spaltung zu beachtenden Genehmigungserfordernisse deutlich reduziert. Von Bedeutung sind hier insbesondere die rechtsformspezifischen Genehmigungserfordernisse, wie etwa bei der Ausgliederung aus einer Stiftung (§ 164 Abs. 1), bei der Ausgliederung aus dem Vermögen einer Gebietskörper-

---

1869 *Ittner*, MittRhNotK 1997, 105, 111.
1870 *Ittner*, MittRhNotK 1997, 105, 111.
1871 Soweit im Rahmen der Darstellung Bezug genommen wird auf den Spaltungsvertrag sind damit sowohl Spaltungs- und Übernahmevertrag als auch Ausgliederungs- und Übernahmevertrag sowie Spaltungs- bzw. Ausgliederungsplan gemeint, soweit sich aus den jeweiligen Ausführungen nicht etwas anderes ergibt.
1872 Siehe oben Rdn. 116 ff.
1873 *Mayer/Weiler*, MittBayNot 2007, 368, 373.
1874 Kritisch hierzu: *Mayer/Weiler*, MittBayNot 2007, 368, 373.

schaft nach Maßgabe des Landesrechts (§ 168) oder bei der Spaltung von VVaG (§ 14 a VAG). Zudem können sich Genehmigungs- bzw. Anzeigeerfordernisse aus dem Kartellrecht ergeben (insbes. §§ 35 ff. GWB).[1875] Diese sind jedoch nach der Neufassung des § 17 nicht mehr der Handelsregisteranmeldung beizufügen.

III. Spaltungsvertrag und Spaltungsplan

Checkliste der wichtigsten Punkte:[1876] 1042
- Name oder Firma und Sitz der an der Spaltung beteiligten Rechtsträger,
- Kennzeichnung als Spaltungsvorgang,
- partielle Gesamtrechtsnachfolge gegen Anteilsgewährung,
- Umtauschverhältnis: Einzelheiten für die Übertragung der Anteile,
- Zeitpunkt der Gewinnberechtigung,
- Spaltungsstichtag,
- Sonderrechte,
- Sondervorteile,
- Bezeichnung des übergehenden Aktiv- und Passivvermögens,
- Aufteilung der Anteile,
- Folgen der Spaltung für die Arbeitnehmer und ihre Vertretungen
- Weitere Regelungen

1. Allgemeines

Bei der Spaltung zur Aufnahme durch einen bestehenden Rechtsträger ist der Abschluss 1043 eines Spaltungsvertrages – bzw. im Falle der Ausgliederung eines Ausgliederungsvertrages – erforderlich. Vertragspartner des Spaltungsvertrages sind die beteiligten Rechtsträger, nicht deren Anteilsinhaber, deren Zustimmung aber gemäß §§ 125, 13 Voraussetzung für die Wirksamkeit des Spaltungsvertrages ist. Bei der Spaltung zur Neugründung wird lediglich ein Spaltungsplan bzw. ein Ausgliederungsplan von dem übertragenden Rechtsträger als einseitiges Rechtsgeschäft aufgestellt, da es an einem Vertragspartner fehlt.

Hinsichtlich Inhalt, Form, Abschlusskompetenz, Vertretung und Zustandekommen des 1044 Spaltungsvertrages bzw. Spaltungsplans verweisen die Vorschriften des Spaltungsrechts (§ 125 S. 1) auf die entsprechenden Regelungen zum Verschmelzungsvertrag. Im Folgenden kann daher auf die vorstehenden Erörterungen verwiesen werden, sodass nur noch die Besonderheiten darzustellen sind.[1877]

Der Abschluss des Spaltungsvertrages kann auch bereits vor den Zustimmungsbe- 1045 schlüssen erfolgen (§§ 135 S. 1, 135 Abs. 4 S. 2). Erfolgen zunächst die Zustimmungsbeschlüsse, muss ihnen der Entwurf des Vertrages zugrunde liegen und dieser zudem mit dem später beurkundeten Spaltungsvertrag identisch sein. In der Praxis wird daher im Regelfall der Spaltungsvertrag vor Beurkundung der Zustimmungsbeschlüsse abgeschlossen bzw. mit diesen in einer Urkunde enthalten sein.

2. Abschlusskompetenz, Vertretung

Auch der Abschluss des Spaltungsvertrages/die Feststellung des Spaltungsplans ist als 1046 Grundlagengeschäft den organschaftlichen Vertretern vorbehalten. Demgemäß sind zum

---
1875 *Ittner*, MittRhNotK 1997, 105, 111.
1876 Checkliste nach Beck'sches Notarhandbuch/*Heckschen*, Abschn. D IV Rn. 60.
1877 Siehe oben Rdn. 32 ff.

Abschluss nur Organe in vertretungsberechtigter Zahl befugt. Prokuristen sind daher nur im Rahmen einer satzungsmäßig vorgesehenen Gesamtvertretung zur Unterzeichnung berechtigt.[1878] Dritten können aufgrund Bevollmächtigung seitens der vertretungsbefugten Organe diese bei Abschluss des Vertrages vertreten, etwa mittels General- und Spezialvollmacht.

1047 Nach § 167 Abs. 2 BGB bedürfen solche Vollmachten grundsätzlich keiner Form, da diese jedoch nach § 17 Abs. 1 der Anmeldung beizufügen sind, empfiehlt sich zumindest die Schriftform, da ansonsten dem Registergericht die Vollmacht nicht nachgewiesen werden kann. Diese Grundsätze gelten uneingeschränkt bei der Spaltung zur Aufnahme.[1879] Dies gilt auch dann, wenn übernehmende Gesellschaft eine GmbH ist und diese im Rahmen der Spaltung ihr Kapital erhöht, denn gemäß §§ 125, 55 Abs. 1 ist eine Übernahmeerklärung im Sinne von § 55 GmbHG nicht erforderlich.[1880]

1048 Weitergehende Formerfordernisse sind bei der Spaltung zur Neugründung zu beachten, da nach § 135 Abs. 2 zusätzlich die jeweiligen Gründungsvorschriften entsprechend gelten. Dies hat zur Folge, dass für die spaltungsbedingte Gründung von Kapitalgesellschaften auch die spezialgesetzlich angeordneten Formerfordernisse gelten. Demgemäß sind bei einer Spaltung zur Neugründung auf eine GmbH (§ 2 Abs. 2 GmbHG), eine AG (§ 23 Abs. 1 S. 2 AktG) wie auch eine KGaA (§ 280 Abs. 1 S. 3 AktG) die Vollmachten zumindest notariell zu beglaubigen.[1881]

1049 Treten für die am Spaltungsvorgang beteiligten Rechtsträger identische Vertreter auf, so ist dies nur unter Beachtung des § 181 BGB zulässig.[1882] Der Spaltungsvertrag kann auch vollmachtlose Vertreter abgeschlossen werden, deren Erklärungen sodann durch die vertretungsberechtigten Organe genehmigt werden. Die Nachgenehmigung bedarf in diesen Fällen nach h.M. der notariellen Beglaubigung.[1883] Bei einem Spaltungsplan – d.h. im Rahmen im Rahmen einer Spaltung zur Neugründung – ist eine Vertretung ohne Vertretungsmacht gemäß § 180 BGB unzulässig, da es sich um eine nicht empfangsbedürftige einseitige Willenserklärung handelt. Auch kommt nach ganz h.M. eine Genehmigung des Handelns des Vertreters ohne Vertretungsmacht nicht in Betracht.[1884] Fehlt die Einwilligung bzw. die Vollmacht ist daher der Spaltungsplan nicht nur schwebend unwirksam, sondern anfänglich nichtig und muss gemäß § 141 BGB bestätigt werden.[1885]

1050 Werden in der gleichen Urkunde neben dem Spaltungsvertrag bzw. den Spaltungsbeschlüssen auch Verzichtserklärungen mit beurkundet, was sich insbesondere aus Kostengründen empfiehlt, so ist zu beachten, dass derartige Verzichte einseitige Erklärungen im Sinne des § 180 BGB sind, sodass eine vollmachtlose Vertretung insoweit unzulässig ist.[1886]

3. Inhalt

1051 Die näheren inhaltlichen Anforderungen an den Spaltungsvertrag sind in § 126 geregelt. Im Regelfall bietet sich an, die Urkunde entsprechend der Nummernfolge zu §§ 126 zu gestalten, auch die nachfolgenden Erläuterungen orientieren sich daher an dieser Gliederung. Ergänzt wird diese Vorschrift durch rechtsformspezifische Regelungen.

1878 Siehe oben Rdn. 33; Widmann/Mayer/*Mayer*, § 126 Rn. 29 ff.
1879 *Heidenhain*, NJW 1995, 2873; siehe oben Rdn. 38.
1880 Vgl. oben Rdn. 321.
1881 Siehe oben Rdn. 35.
1882 Siehe auch oben Rdn. 37.
1883 Lutter/*Bayer*, § 2 Rn. 21; zur Darstellung des Streitstandes: siehe oben Rdn. 37.
1884 Widmann/Mayer/*Mayer*, § 136 Rn. 15.
1885 Widmann/Mayer/*Mayer*, § 136 Rn. 15.
1886 Wegen der weiteren Einzelheiten siehe oben Rdn. 38.

a) § 126 Abs. 1 Nr. 1 (Beteiligtenangaben)

Der Spaltungsvertrag muss gemäß § 126 Abs. 1 Nr. 1 den Namen oder die Firma und den Sitz der an der Spaltung beteiligten Rechtsträger enthalten. Anzugeben sind auch die Daten der durch die Spaltung neu zu gründenden Rechtsträger. Bei Kettenspaltungen und bei Veränderungen vor Wirksamwerden der Spaltung, die von den beteiligten Rechtsträgern beschlossen wurden und sich auf Angaben i.S.v. § 126 Abs. 1 Nr. 1 beziehen, gilt, dass der Rechtsträger noch mit der aktuellen, die Veränderung noch nicht berücksichtigenden Firma anzugeben ist. Wegen der weiteren Einzelheiten kann auf die Ausführungen zur Verschmelzung verwiesen werden.[1887]

1052

b) § 126 Abs. 1 Nr. 2 (Vereinbarung des Vermögensübergangs gegen Anteilsgewährung)

Nach § 126 Abs. 1 Nr. 2 muss der Spaltungsvertrag die Vereinbarung über die Übertragung von Teile des Vermögens des übertragenden Rechtsträgers jeweils als Gesamtheit gegen die Gewährung von Anteilen an Mitgliedschaften an übernehmenden/neuen Rechtsträgern enthalten. Die Vorschrift knüpft an die für die Verschmelzung geltende Vorschrift des § 5 Abs. 1 Nr. 2 an, so dass auf die dortigen Ausführungen verwiesen werden kann.[1888] Wesentlicher Unterschied ist, dass nicht das gesamte Vermögen übergeht, sondern lediglich Teile des Vermögens im Wege der partiellen Gesamtrechtsnachfolge. Ergänzend fordert daher § 126 Abs. 1 Nr. 9 im Hinblick auf die partielle Gesamtrechtsnachfolge die genaue Bezeichnung und Aufteilung der Gegenstände des Aktiv- und Passivvermögens und deren Zuordnung.[1889] In der Praxis dürfte sich empfehlen bei der Formulierung des Klauseltexts sich an den Wortlaut der betreffenden Spaltungsart aus § 123 anzulehnen.[1890]

1053

Formulierungsbeispiel:
»Die ... als übertragender Rechtsträger überträgt hiermit im Wege der Abspaltung zur Aufnahme gemäß § 123 Abs. 2 Nr. den in Ziffer ... dieses Vertrages spezifizierten Teil ihres Vermögens mit allen Rechten und Pflichten als Gesamtheit auf ... als übernehmenden Rechtsträger. Dieser gewährt den Anteilsinhabern des übertragenden Rechtsträgers nach den nachfolgenden Maßgaben.«

1054 M

c) § 126 Abs. 1 Nr. 3 (Umtauschverhältnis und bare Zuzahlung; nur bei Aufspaltung und Abspaltung)

aa) Umtauschverhältnis

Bei Auf- und Abspaltungen sind im Spaltungsvertrag das Umtauschverhältnis der an die Anteilsinhaber des übertragenden Rechtsträgers zu gewährenden gesonderten Anteile bzw. Mitgliedschaftsrechte und ggf. die Höhe etwaiger barer Zuzahlungen anzugeben. Nach dem Gesetzeswortlaut braucht das Umtauschverhältnis nur angegeben werden, eine Erläuterung ist im Spaltungsvertrag nicht erforderlich.[1891] Die Vorschrift dient insbesondere der Kontrolle der Gleichwertigkeit von Leistung (übertragenes Vermögen) und Gegenleistung (zu gewährende Anteile). Nach dem gesetzlichen Leitbild sind den Anteilsinhabern des übertragenden Rechtsträgers Anteile zu gewähren, die ihrer bisherigen Beteiligung wertmäßig entsprechen. Im Hinblick auf das Verbot der Überpari-Emission ist

1055

1887 Vgl. oben Rdn. 40; OLG Hamm NZG 2007, 914; Schmitt/Hörtnagl/Stratz/*Hörtnagl*, § 126 Rn. 14 f.; Lutter/*Priester*, § 124 Rn. 19.
1888 Vgl. oben Rdn. 42.
1889 Schmitt/Hörtnagl/Stratz/*Hörtnagl*, § 126 Rn. 18; Lutter/*Priester*, § 126 Rn. 22 f.
1890 Schmitt/Hörtnagl/Stratz/*Hörtnagl*, § 126 Rn. 18; *Ittner*, MittRhNotK 1997, 105, 112.
1891 Widmann/Mayer/*Mayer*, § 126 Rn. 126 ff.

eine Überbewertung des übertragenen Vermögens unzulässig. Eine Unterbewertung des übertragenen Vermögens ist unter Beachtung des Minderheitenschutzes zulässig.[1892]

Die Vorschrift des § 126 Abs. 1 Nr. 3 gilt dem Wortlaut nach nur für Auf- und Abspaltungen. Aus § 123 Abs. 3 ergibt sich, dass auch bei einer Ausgliederung anzugeben ist, welche Anteile am übernehmenden Rechtsträger dem übertragenden Rechtsträger gewährt werden. Da auch bei der Ausgliederung die gewährten Gesellschaftsbeteiligungen eine Gegenleistung für die Vermögensübertragung darstellen, empfiehlt sich auch hier die Angabe des Umtauschverhältnisses, um eine Angemessenheitsprüfung zu ermöglichen.[1893]

bb) Bare Zuzahlungen

1056 Sofern bare Zuzahlungen geleistet werden, sind auch diese im Spaltungsvertrag aufzunehmen. Wegen der weiteren Einzelheiten kann auf die obigen Ausführungen verwiesen werden.[1894]

cc) Weitere Leistungen

1057 § 126 Abs. 1 Nr. 3 regelt nur Gegenleistungen, die unmittelbar den Anteilsinhabern des übertragenden Rechtsträgers gewährt werden. Gegenleistungen an den übertragenden Rechtsträger vom übernehmenden Rechtsträger selbst sind bei Auf- und Abspaltung aufgrund der zwingenden gesetzlichen Vorgaben generell unzulässig soweit die Zuweisung von Aktiva und Passiva im Rahmen des Spaltungsvertrages überschritten wird.[1895] Möglich ist aber ein Spitzenausgleich durch Zahlung der Gesellschafter untereinander, der als partielle Anteilsveräußerung zu beurteilen ist, für diese gilt die für bare Zuzahlungen geltende 10%-Sperre nicht.[1896] Auch insoweit gilt, dass bare Zuzahlungen zugunsten der Inhaber des übernehmenden Rechtsträgers unzulässig sind, gleiches gilt auch für die Gewährung von Sachgegenleistungen anstelle von baren Zuzahlungen zugunsten der Inhaber des übertragenden Rechtsträgers.[1897] Ebenfalls unzulässig ist bei Aufspaltung und Abspaltung die Einbuchung von Darlehen zugunsten der Gesellschafter der übertragenden Gesellschaft.[1898]

d) § 126 Abs. 1 Nr. 4 (Einzelheiten für die Übertragung der Anteile; nur bei Aufspaltung und Abspaltung)

1058 Nur bei Auf- oder Abspaltungen sind die Einzelheiten zur Übertragung der Anteile des übernehmenden Rechtsträgers bzw. im Wege der Übernahme der Mitgliedschaften beim übernehmenden Rechtsträger zu regeln. § 126 Abs. 1 Nr. 4 lehnt sich dabei an den Wortlaut der für die Verschmelzung geltenden Vorschrift des § 5 Abs. 1 Nr. 4 an.[1899] Der Begriff der Übertragung ist dabei irreführend, gemeint ist nicht eine rechtsgeschäftliche Übertragung, vielmehr erhalten die Anteilsinhaber des übertragenden Rechtsträgers die Anteile des übernehmenden Rechtsträgers kraft Gesetzes unmittelbar mit Eintragung der Spaltung beim übertragenden Rechtsträger. Dies gilt auch dann, wenn hierzu eigene Anteile ver-

---

1892 Vgl. oben Rdn. 58; Widmann/Mayer, § 126 Rn. 126 ff.
1893 Zur Unterbewertung siehe ausführlich Rdn. 58; *Ittner*, MittRhNotK 1997, 105, 113.
1894 Siehe Rdn. 67.
1895 Widmann/Mayer/*Mayer*, § 126 Rn. 136.
1896 Widmann/Mayer, § 126 Rn. 137; Lutter/*Priester*, § 126 Rn. 35; Schmitt/Hörtnagl/Stratz/*Hörtnagl*, § 126 Rn. 51.
1897 Vgl. oben Rdn. 68; Widmann/Mayer, § 126 Rn. 139.
1898 Widmann/Mayer/*Mayer*, § 126 Rn. 142; Lutter/*Priester*, § 126 Rn. 35; a.A. Schmitt/Hörtnagl/Stratz/*Hörtnagl*, § 126 Rdn. 53.
1899 Siehe insoweit Rdn. 69.

wandt werden.[1900] Gleiches gilt, wenn die als Gegenleistung zu gewährenden Anteile des übernehmenden Rechtsträgers sich im Vermögen des übertragenden Rechtsträgers befinden und von diesem an die Anteilsinhaber gewährt werden. Auch in diesem Fall kommt es zu einem unmittelbaren Übergang auf die Gesellschafter des übertragenden Rechtsträgers, ohne Durchgangserwerb beim übernehmenden Rechtsträger.[1901] Anteile, die sich der übernehmende Rechtsträger von Dritten beschaffen müssen bis Wirksamwerden der Spaltung durch Einzelrechtsübertragung noch erworben werden, damit sie im Rahmen der Spaltung sodann gewährt werden können.[1902]

Im Übrigen sind hier zu regeln die rechtsformspezifischen Fragen der Abwicklung des Anteilstausches und der damit verbundenen Kosten. Demgemäß ist bei AG oder KGaA als übernehmenden Rechtsträger im Spaltungsvertrag ein Treuhänder für den Empfang der Aktien und baren Zuzahlungen zu benennen, dessen Person zu bezeichnen ist (§§ 125, 71 Abs. 1, 73, 78).[1903] Bei einer GmbH als übernehmender Rechtsträger muss für jeden Anteilsinhaber des übertragenden Rechtsträgers die Anzahl und der Nennbetrag der Geschäftsanteile angegeben werden, die ihm die übernehmende GmbH zu gewähren hat, wobei die Gesellschafter namentlich zu nennen sind (§ 46 Abs. 1 bis 3).[1904] Bei einer übernehmenden/neu gegründeten Personenhandelsgesellschaft ist insbesondere anzugeben, ob die Anteilsinhaber des übertragenden Rechtsträgers die Stellung eines persönlich haftenden Gesellschafters oder eines Kommanditisten erhalten (§§ 125, 40). Ferner ist der Betrag der Einlage jedes Gesellschafters festzusetzen.[1905]

Formulierungsbeispiel:

»1. Als Gegenleistung für die Abspaltung gewährt die übernehmende Gesellschaft folgende Anteile: ....
2. Zur Durchführung der Abspaltung wird die übernehmende Gesellschaft ihr Stammkapital von ... € um ... € auf ... € erhöhen, und zwar durch Bildung von Geschäftsanteilen im Nennbetrag von ... € (Geschäftsanteil Nr. ...) und ... € (Geschäftsanteil Nr. ...).
Bare Zuzahlungen sind nicht zu leisten. Die Zuweisung der neuen Anteile erfolgt verhältniswahrend.
3. Der Gesamtwert zu dem die durch die übertragende Gesellschaft erbrachte Sacheinlage von der übernehmenden Gesellschaft übernommen wird, entspricht dem handelsrechtlichen Buchwert des übertragenen Nettovermögens zum Spaltungsstichtag. Soweit dieser Wert den vorstehend genannten Nennbetrag der gewährten Geschäftsanteile übersteigt, wird der überschießende Betrag in die Kapitalrücklage gemäß § 272 Abs. 2 Nr. 1 HGB eingestellt. Ein weiterer Ausgleich wird nicht geschuldet.«

e) § 126 Abs. 1 Nr. 5 (Beginn der Bilanzgewinnteilhabe)

Gemäß § 126 Abs. 1 Nr. 5 muss der Spaltungsvertrag den Zeitpunkt festlegen, von dem an die gewährten Anteile und Mitgliedschaften einen Anspruch auf einen Anteil am Bilanzgewinn gewähren, und alle Besonderheiten im Bezug auf diesen Anspruch regeln. Der Zeitpunkt der

---

1900 Lutter/*Priester*, § 126 Rn. 36; Widmann/Mayer/*Mayer*, § 126 Rn. 146.
1901 Widmann/Mayer/*Mayer*, § 126 Rn. 146.
1902 Widmann/Mayer/*Mayer*, § 126 Rn. 146 ff.
1903 Widmann/Mayer/*Mayer*, § 126 Rn. 151; *Ittner*, MittRhNotK, 1997, 105, 113. Wegen der weiteren Einzelheiten kann insoweit verwiesen werden auf Rdn. 1273.
1904 Widmann/Mayer/*Mayer*, § 146 Rn. 152. Wegen der weiteren Einzelheiten zu § 46 Abs. 1 bis 3 kann insoweit verwiesen werden auf Rdn. 1236 ff.
1905 Widmann/Mayer/*Mayer*, Vor § 39 Rn. 86 ff. Wegen der weiteren Einzelheiten kann insoweit verwiesen werden auf Rdn. 1204 ff.

4. Kapitel Umwandlungen

Bilanzgewinnteilhabe kann frei bestimmt werden, in der Praxis dürfte er regelmäßig mit dem Spaltungsstichtag zusammen fallen. Notwendig ist dies jedoch nicht, der Zeitpunkt kann vielmehr frei gewählt werden, was insbesondere eine Gestaltungsmöglichkeit zur Korrektur eines ansonsten zu günstigen Umtauschverhältnisses sein kann.[1906]

1062 M Formulierungsbeispiel:
»Die als Gegenleistung für die Abspaltung gewährten Geschäftsanteile sind ab dem Abspaltungsstichtag gewinnberechtigt.«

f) § 126 Abs. 1 Nr. 6 (Spaltungsstichtag)

1063 Ferner muss im Spaltungsvertrag gemäß § 126 Abs. 1 Nr. 6 der sog. Spaltungsstichtag geregelt werden. Dies ist der Zeitpunkt, von dem an die Handlungen des übertragenden Rechtsträgers hinsichtlich des zu übertragenden Vermögens für Rechnung des übernehmenden Rechtsträger vorgenommen werden, also die Abgrenzung der Rechnungslegung.[1907] Der Spaltungsstichtag kann abweichen vom Zeitpunkt der Teilnahme am Bilanzgewinnteilhabe (§ 126 Abs. 1 Nr. 5).[1908] Spaltungsstichtag ist nach h.M. zwingend der Tag, der der nach §§ 125, 17 Abs. 2 zugrunde liegenden Schlussbilanz entspricht bzw. unmittelbar nachfolgt (z.B.: 31.12/1.1).[1909] Unter Beachtung der 8-Monatsfrist (§§ 125, 17 Abs. 2) kann der Spaltungsstichtag auch vorverlegt werden, wovon in der Praxis regelmäßig Gebrauch gemacht wird.

1064 In der Vertragspraxis wird vermehrt von der Möglichkeit eines variablen Stichtages Gebrauch gemacht. Hintergrund ist, dass durch Bedingungen, Befristungen oder aber erforderliche Genehmigungen wie auch durch nicht nach § 16 Abs. 3 überwundene Anfechtungsklagen der ursprünglich festgelegte Stichtag für die Schlussbilanz nicht mehr eingehalten werden kann.[1910] Bei Vereinbarung einer variablen Stichtagsregelung sollte diese im Regelfall auch den Beginn der Bilanzgewinnteilhabe (§ 126 Abs. 1 Nr. 5) erfassen.

1065 M Formulierungsbeispiel:
»Die Übertragung des vorbezeichneten abzuspaltenden Vermögens erfolgt im Innenverhältnis mit Wirkung zum ... (nachfolgend Spaltungsstichtag). Von diesem Zeitpunkt an gelten im Verhältnis der Vertragsbeteiligten alle Handlungen und Geschäfte, die das abzuspaltende Vermögen betreffen, als für Rechnung der übernehmenden Gesellschaft geführt.
Falls die Abspaltung nicht bis zum ... in das Handelsregister der übertragenden Gesellschaft eingetragen worden ist, gilt abweichend der 01.01...., 0:00 Uhr, als Abspaltungsstichtag. In diesem Fall wird eine auf den 31.12...., 24:00 Uhr, unter Beachtung der Vorschriften der Jahresbilanz und deren Prüfung aufgestellten Bilanz der übertragenden Gesellschaft als Schlussbilanz zugrunde gelegt. Bei einer weiteren Verzögerung der Eintragung über den ... des Folgejahres hinaus, verschiebt sich der Abspaltungsstichtag jeweils um 1 Jahr.«

[1906] Lutter/*Priester*, § 126 Rn. 37 f.; Widmann/Mayer/*Mayer*, § 126 Rn. 158 f. Wegen der weiteren Einzelheiten kann insoweit verwiesen werden auf Rdn. 71 ff.
[1907] Lutter/*Priester*, § 126 Rn. 39; Widmann/Mayer/*Mayer*, § 161; *Ittner*, MittRhNotK 1997, 105, 113 .
[1908] *Heidenhain*, NJW 1995, 2873, 2875; Widmann/Mayer/*Mayer*, § 126 Rn. 161.
[1909] Lutter/*Priester*, § 126 Rn. 39; Schmitt/Hörtnagl/Stratz/*Hörtnagl*, § 126 Rn. 58; a.A. Widmann/Mayer/*Mayer*, § 126 Rn. 161; zum Meinungsstand siehe ausführlich Rdn. 71 ff.
[1910] Widmann/Mayer/*Mayer*, § 126 Rn. 166; Lutter/*Priester*, § 126 Rn. 40; *Kiem*, ZIP 1999, 173, 175 ff.; a.A. Schmitt/Hörtnagl/Stratz/*Hörtnagl*, § 17 Rn. 40, der eine variable Stichtagsregelung für unzulässig hält.

g) § 126 Abs. 1 Nr. 7 (Sonderrechte)

Nach § 126 Abs. 1 Nr. 7 muss der Spaltungsvertrag angeben, welche Sonderrechte der übernehmende/neue Rechtsträger einzelnen Anteilsinhabern sowie Inhabern besonderer Rechte gewährt und welche Maßnahmen für die Personen vorgesehen sind. Die Vorschrift entspricht § 5 Abs. 1 Nr. 7.[1911] Aufzuführen sind auch solche Sonderrechte, die beim übernehmenden Rechtsträger bereits vor der Spaltung bestanden.[1912] Bestehen solche Rechte nicht, empfiehlt es sich, dies im Vertrag ausdrücklich festzuhalten.[1913] Ein Anspruch auf Gewährung von Sonderrechten folgt aus §§ 133 Abs. 2, 125, 23 für Inhaber von Rechten beim übertragenden Rechtsträger, die kein Stimmrecht gewähren. Im Spaltungsvertrag ist zu bestimmen, gegen welche beteiligten Rechtsträger sich dieser Anspruch richtet.[1914] Die Vorschrift gilt entsprechend dem Wortlaut auch für die Ausgliederung.[1915]

1066

Formulierungsbeispiel:
»**Besondere Rechte im Sinne von § 126 Abs. 1 Nr. 7 UmwG werden von der übernehmenden Gesellschaft nicht gewährt. Besondere Maßnahmen im Sinne dieser Vorschrift sind nicht vorgesehen.**«

1067 M

h) § 126 Abs. 1 Nr. 8 (Sondervorteile für Amtsträger und Prüfer)

Nach § 126 Abs. 1 Nr. 8 ist im Spaltungsvertrag jeder Vorteil zu nennen, der einem Mitglied eines Vertretungs- und/oder Aufsichtsorgans der an der Spaltung beteiligten Gesellschaft, einem Geschäftsführer einer Gesellschaft, einem Partner, einem Abschlussprüfer oder einem Spaltungsprüfer gewährt wird. Etwaige Vorteile zugunsten anderer Personen (Kommanditisten, Sachverständige etc.) sind nicht angabepflichtig.[1916] Die Vorschrift entspricht inhaltlich der für die Verschmelzung geltenden Vorschrift des § 5 Abs. 1 Nr. 8, sodass auf die dortigen Ausführungen verwiesen werden kann.[1917]

1068

Formulierungsbeispiel:
»**Besondere Vorteile im Sinne des § 126 Abs. 1 Nr. 8 UmwG werden nicht gewährt.**«

1069 M

i) § 126 Abs. 1 Nr. 9 (Bezeichnung und Aufteilung der Aktiven und Passiven)

Nach § 126 Abs. 1 Nr. 9 hat der Spaltungsvertrag die zu übertragenden Gegenstände dies Aktiv- und Passivvermögens sowie übergehende Betriebe und Betriebsteile genau zu bezeichnen. Da mit Wirksamwerden der Spaltung die zu übertragenden Vermögensteile im Wege der partiellen Gesamtrechtsnachfolge übergehen, ist eine exakte dingliche Trennung der übergehenden bzw. der verbleibenden Vermögensteile erforderlich.[1918]

1070

aa) Aufteilungsfreiheit

Inhaltliche Vorgaben hinsichtlich der Aufteilung der Aktiva und Passiva zwischen den beteiligten Rechtsträgern bestehen nach dem Umwandlungsrecht nicht.[1919] Auch die Wahrung eines funktionalen Zusammenhanges ist nicht erforderlich, auch wenn dieser in der

1071

1911 Siehe auch oben Rdn. 81.
1912 Lutter/*Priester*, § 126 Rn. 41 f.; Widmann/Mayer/*Mayer*, § 126 Rn. 167.
1913 Lutter/*Priester*, § 126 Rn. 42.
1914 Lutter/Hommelhoff/*Schwab*, § 133 Rn. 62.
1915 Widmann/Mayer/*Mayer*, § 126 Rn. 167; a.A. *Feddersen/Kiem*, ZIP 1994, 1078, 1079.
1916 Lutter/*Priester*, § 126 Rn. 44.
1917 Siehe oben Rdn. 40 ff.
1918 Lutter/*Priester*, § 126 Rn. 46; Widmann/Mayer/*Mayer*, § 126 Rn. 173.
1919 Widmann/Mayer/*Mayer*, § 126, Rn. 175; *Limmer*, Handbuch Umwandlung, Rn. 1490; Lutter/*Priester*, § 151 Rn. 59.

4. Kapitel Umwandlungen

Praxis zumeist vorliegen wird.[1920] Auch ist es nicht erforderlich, dass es sich bei den zugewiesenen Vermögensgegenständen und Verbindlichkeiten um einen Betrieb oder Teilbetrieb handelt. Nach ganz h.M. kann auch ein einzelner Gegenstand des Aktivvermögens abgespalten werden.[1921] Auch ist es nach h.M. zulässig, sog. Totalausgliederungen vorzunehmen, bei der sämtliche Aktiva und Passiva des übertragenden Rechtsträger auf einen oder mehrere Rechtsträger übertragen werden, so dass eine Holding-Struktur entsteht.[1922]

1072 Eine wesentliche Grenze findet die Aufteilung der Aktiva und Passiva bei Kapitalgesellschaften in den Kapitalaufbringungsgrundsätzen. Soweit bei der übernehmenden Gesellschaft eine Kapitalerhöhung erforderlich ist, muss das übertragene Vermögen den im Zuge der Kapitalerhöhung gewährten Anteil decken. Für die Beurteilung der Kapitalaufbringung kommt es jedoch nicht auf den Buchwert, sondern auf den tatsächlichen Wert des übertragenen Vermögens an.[1923]

1073 Weitere Grenzen in der Aufteilung setzt § 613a BGB. Bei der Übertragung eines Betriebes oder Betriebsteils gehen demgemäß die zugehörigen Arbeitsverhältnisse automatisch über, soweit nicht die Arbeitnehmer von ihrem Widerspruchsrecht Gebrauch machen.[1924] Sobald ein Spaltungsvertrag demgemäß Arbeitsverhältnisse zuordnet, hat dies im Anwendungsbereich des § 613a BGB somit lediglich deklaratorische und keine konstitutive Wirkung. Im Übrigen ist für eine abweichende Zuordnung die Zustimmung der betroffenen Arbeitnehmer einzuholen. Für Organmitglieder (Vorstand, Geschäftsführer etc.) gilt § 613a BGB nicht. Hier wäre eine Zuweisung der Dienstverhältnisse möglich.[1925]

1074 Teilweise wird vertreten, dass eine weitere Gestaltungsgrenze sich aus der allgemeinen Schranke des Gestaltungsmissbrauchs ergebe.[1926] Angesichts der Schutzmechanismen des UmwG erscheint diese Grenze jedoch zweifelhaft.[1927]

bb) Bestimmtheitsgrundsatz

1075 Die Vorschrift spricht von der genauen Bezeichnung und Aufteilung der Gegenstände des Aktiv- und Passivvermögens, die an jeden der übernehmenden Rechtsträger übertragen werden. Ergänzend erklärt § 126 Abs. 2 die für die Einzelrechtsnachfolge geltenden Vorschriften und bei Grundstücken und grundstücksbezogenen Rechten § 28 GBO für anwendbar. Den Gesetzesmaterialien ist zu entnehmen, dass die Grundsätze zur Bestimmtheit bei Sicherungsübereignung und bei der Veräußerung von Unternehmen durch Einzelrechtsnachfolge entsprechend gelten sollen.[1928] Demgemäß reichen Sammelbezeichnungen aus, wenn sich anhand dieser die Abgrenzung der übergehenden Gegenstände vornehmen lässt und ein entsprechender Übereignungswille erkennbar ist.[1929] Ausreichend sind daher auch sog. »All«-Klauseln.[1930]

1920 Lutter/*Priester*, § 126 Rn. 59; Widmann/Mayer/*Mayer*, § 126 Rn. 175.
1921 Widmann/Mayer/*Mayer*, § 126 Rn. 175; *Limmer*, Handbuch Umwandlung, Rn. 1490; zu beachten ist aber, dass das Buchwertprivileg nach § 15 Abs. 1 UmwStG in diesem Fall nicht greift.
1922 Vgl. oben Rdn. 933.
1923 Widmann/Mayer/*Mayer*, § 126 Rn. 62; *Limmer*, Handbuch Umwandlung, Rn. 1491.
1924 *Böcken*, ZIP 1994, 1089; *Lotzke*, DB 1995, 40, 43; Lutter/*Priester*, § 126 Rn. 50; Widmann/Mayer/ *Mayer*, § 126 Rn. 183 ff.
1925 Lutter/*Priester*, § 126 Rn. 69.
1926 Widmann/Mayer/*Mayer*, § 126 Rn. 63; *Belling/Collas*, NJW 1991, 1619, 1926 f. bei »geplanter Totgeburt«.
1927 Lutter/*Priester*, § 126 Rn. 72; Schmitt/Hörtnagl/Stratz/*Hörtnagl*, § 126 Rn. 64.
1928 W.N. bei Lutter/*Priester*, § 126 Rn. 50; *Limmer*, Handbuch Umwandlung, Rn. 1495 ff.; Schmitt/ Hörtnagl/Stratz/*Hörtnagl*, § 126 Rn. 78.
1929 *Limmer*, Handbuch Umwandlung, Rn. 1506; *Ittner*, MittRhNotK 1997, 105, 114; Schmitt/Hörtnagl/Stratz/*Hörtnagl*, § 126 Rn. 78.
1930 BGH DB 2003, 2589, 2590; Lutter/*Priester*, § 126 Rn. 56; *Ittner*, MittRhNotK 1997, 105, 114.

Zur Abgrenzung der Vermögensgegenstände kann nach § 126 Abs. 2 S. 3 kann hierbei auf Bilanzen und Inventare Bezug genommen werden, sofern hierdurch eine hinreichende Kennzeichnung der zu übertragenden Aktiva und Passiva erfolgt und damit die Bestimmbarkeit dieser Gegenstände ermöglicht wird. Eine generelle Bezugnahme auf Bilanzen reicht als alleinige Bezeichnungsgrundlage nicht aus, da die Bilanz als solche regelmäßig keine hinreichende Individualisierung der einzelnen zu übertragenden Vermögensgegenstände erlauben und meist auch die nicht bilanzierungsfähigen Vermögensgegenstände im Einzelfall von der Übertragung erfasst sein sollen.[1931] Eine Bezugnahme auf die Bilanz dürfte dann ausreichende Bezeichnungsgrundlage sein, wenn durch ergänzende Angaben die notwendige Bestimmtheit hergestellt wird[1932] Die Bezugnahme auf eine Bilanz dürfte ferner bei einer Totalausgliederung auf einen einzigen Rechtsträger unproblematisch sein.[1933]

1076

Nach § 126 Abs. 2 sind Urkunden, die Bilanzen und Inventare, auf die Bezug genommen wird, als Anlage der Urkunde beizufügen. Damit aber stellt sich die Frage, ob eine bloße Beifügung im Sinne einer unechten Bezugnahme ausreicht, oder aber ob eine Beifügung als Anlage i.S.v. § 9 Abs. 1 S. 2 BeurkG erforderlich ist; hier dürfte zu differenzieren sein. Sofern die Bilanz der Individualisierung der zu übertragenden Vermögensgegenstände erforderlich ist, unterliegt sie der Beurkundungspflicht. Erfolgt hingegen die Individualisierung der zu übertragenden Vermögensgegenstände bereits schon auf anderer Grundlage, etwa in Fällen der Totalausgliederung, bei Verwendung von Listen oder All-Klauseln, so dient eine dennoch beigefügte Bilanz nur Beweiszwecken. In diesem Fall dürfte daher eine Mitbeurkundung entbehrlich sein.[1934] Bereits schon aus Rechtssicherheitsgründen sollten dennoch stets die Anlagen mit beurkundet werden.[1935] Bei der Mitbeurkundung von Anlagen kann von der Erleichterung des § 14 BeurkG Gebrauch gemacht werden. Hiernach reicht es bei Bilanzen, Inventaren, Nachlassverzeichnissen und sonstigen Bestandsverzeichnissen aus, dass auf diese Anlagen in der Urkunde verwiesen wird, die Beteiligten auf das Vorlesen verzichten und dieser Verzicht nach § 14 Abs. 3 BeurkG festgestellt wird und die Anlagen der Niederschrift beigefügt werden. Die Anlage soll sodann auf jeder Seite von den Urkundsbeteiligten unterzeichnet werden.

1077

cc) Folgen der Abschaffung von § 132

Mit dem zweiten Gesetz zur Änderung des Umwandlungsgesetzes hat der Gesetzgeber § 132 ersatzlos gestrichen. Demgemäß müssen die Vorschriften über die Einzelrechtsnachfolge bzw. Vertrags- oder Schuldübernahmen nicht mehr beachtet werden, auch stehen etwaige für Einzelrechtsübertragungen bestehende Zustimmungs- oder Genehmigungserfordernisse grundsätzlich nicht mehr einer Spaltung entgegen.[1936]

1078

dd) Grundstücke und grundstücksbezogene Rechte

Bei Grundstücken und grundstücksbezogenen Rechten erklärt § 126 Abs. 2 auch § 28 GBO für anwendbar. Erforderlich sind demgemäß die Angaben, die auch bei einer Einzelrechtsübertragung eines Grundstücks bzw. grundstücksbezogenen Rechts erforderlich sind.

1079

1931 Widmann/Mayer/*Mayer*, § 126 Rn. 203; Schmitt/Hörtnagl/Stratz/*Hörtnagl*, § 126 Rn. 77; a.A. Lutter/*Priester*, § 126 Rn. 52.
1932 Lutter/*Priester*, § 126 Rn. 52; *Ittner*, MittRhNotK 1997, 105, 114.
1933 Insoweit missverständlich: Widmann/Mayer/*Mayer*, § 126 Rn. 203, der jede Totalausgliederung genügen lassen will.
1934 *Ittner*, MittRhNotK 1997, 105, 114.
1935 Widmann/Mayer/*Mayer*, § 126 Rn. 211.
1936 *Limmer*, Handbuch Umwandlung, Rn. 1516; Zur Abschaffung von § 132 und den Rechtsfolgen siehe insbesondere *Weiler/Mayer*, MittBayNot 2007, 368; *Drinhausen*, BB 2006, 2313; *Müller*, NZG 2006, 491.

4. Kapitel   Umwandlungen

1080   Wurde das Grundstück nicht entsprechend dieser Vorschrift bezeichnet, so stellt sich die Fragen nach den Rechtsfolgen. Hierzu hat der BGH in seinem Urteil vom 25. Januar 2008[1937] nunmehr grundsätzlich Stellung genommen. Demgemäß geht bei der Spaltung das Eigentum an dem Grundstück nur dann mit der Registereintragung auf den übernehmenden Rechtsträger über, wenn die Grundstücke bereits in dem Spaltungsvertrag im Einklang mit § 28 GBO bezeichnet sind. Der BGH ist damit der überwiegenden Literaturauffassung entgegengetreten, wonach dem Verweis auf § 28 GBO nur deklaratorische Wirkung zukommt. Rechtsfolge einer unzureichenden Bezeichnung ist daher, dass das Grundstück beim übertragenden Rechtsträger verbleibt, auch eine Heilung dieses Mangels durch Eintragung des übernehmenden Rechtsträgers in das Grundbuch scheidet damit aus.[1938] Vor Eintragung in das Handelsregister kann die fehlende grundbuchmäßige Bezeichnung durch eine entsprechende Nachtragsurkunde noch klargestellt werden. Fraglich ist aber, ob nicht eine nachträgliche Bezeichnung des Grundbesitzes den Rechtsübergang noch nachträglich herbeiführen kann.[1939] Die Ausführungen des BGH deuten dahin, dass dieser dem Verweis auf § 28 GBO materiell-rechtliche Wirkung beimisst. Dann aber dürfte eine nachträgliche Bezeichnung nicht ausreichen, sondern eine Einzelübertragung mit Auflassung erforderlich sein.[1940] Eine entsprechende Verpflichtung zur Mitwirkung ergibt sich i.d.R. aus dem Spaltungsvertrag selbst. Im Wege der Auslegung lässt sich aus diesem i.d.R. die schuldrechtliche Pflicht zur Abnahme eines Grundstückes ableiten, welches nach Auslegung des Vertrages Gegenstand der Spaltung sein soll, mangels Beachtung des § 28 S. 1 GBO aber nicht übergeht.[1941]

1081   Die Ausführungen des BGH sind auch bedeutsam für die Übertragung von unvermessenen Teilflächen im Rahmen der Spaltung. Bei diesen ist mangels katastermäßiger Fortschreibung eine Bezeichnung entsprechend § 28 GBO zu diesem Zeitpunkt naturgemäß noch nicht möglich. Für diesen Fall hat der BGH in einem obiter dictum angedeutet, dass bei nicht im Einklang mit § 28 GBO bezeichneten Teilflächen gleichwohl ein Rechtsübergang noch möglich ist, nämlich dadurch, dass diese Bezeichnung später nachgeholt wird.[1942] Die Ausführungen des BGH werden zumeist dahingehend verstanden, dass nach Vorliegen des Fortführungsnachweises und durch Identitätserklärung die Teilfläche entsprechend § 126 Abs. 2 i.V.m. § 28 GBO bezeichnet werden kann. Folge ist, dass mit der entsprechenden Identitätserklärung die Wirkung des § 131 Abs. 1 Nr. 1 eintritt.[1943] Diese Lösung ist jedoch insoweit zweifelhaft, als dass völlig ungeklärt ist, mit welchem Zeitpunkt der Eigentumsübergang erfolgt (mit Abgabe der Identitätserklärung oder mit tatsächlicher Berichtigung des Grundbuches).[1944] Bis dahin ist der Rechtsübergang gemäß § 131 betreffend die Teilfläche insoweit schwebend unwirksam.[1945] Da die Ausführungen des BGH jedoch nur im Rahmen eines obiter dictum erfolgt sind und diese zudem auch nicht mit den Ausführungen des BGH im Hinblick auf vergessene Grundstücke in Einklang zu bringen sind, erscheint insoweit die Rechtslage noch nicht abschließend geklärt.[1946] In der Praxis sollte vorsorglich bei unvermessenen Teilflächen die Auflassung erklärt werden.

1937   DNotZ 2008, 468 = ZIP 2008, 600 = NZG 2008, 436.
1938   *Weiler*, MittBayNot 2008, 310, 311; *Link*, RNotZ 2008, 357, 359; *Krüger*, ZNotP 2008, 466.
1939   So etwa *Heckschen*, NotBZ 2008, 192, 193; *Link*, RNotZ 2008, 358, 360.
1940   Insbesondere *Leitzen*, ZNotP 2008, 272, 277; *Priester*, EWiR 2008, 223, 224; *Krüger*, ZNotP 2008, 466, 468.
1941   *Priester*, EWiR 2008, 223, 224; im Ergebnis zustimmend auch: *Leitzen*, ZNotP 2008, 272, 277.
1942   BGH ZNotP 2008, 165 tz. 26.
1943   *Heckschen*, ZNotP 2008, 192, 193; *Leitzen*, ZNotP 2008, 272, 275.
1944   Für Letzteres wohl: *Heckschen*, ZNotP 2008, 192, 193; a.A. wohl: Widmann/Mayer/*Mayer*, § 126 Rn. 213.
1945   Widmann/Mayer/*Mayer*, § 126 Rn. 213; *Böhringer*, Rpfleger 1996, 155; *Leitzen*, ZNotP 2008, 272, 275.
1946   Hierauf weisen *Leitzen*, ZNotP 2008, 272, 275 und *Krüger*, ZNotP 2008, 466, 468 treffend hin.

1082 Eine Ausnahme vom Erfordernis der Bezeichnung entsprechend § 28 GBO ist nach Auffassung des OLG Schleswig dann zu machen, wenn in dem Spaltungsvertrag das Grundstück auch ohne Bezeichnung gemäß § 28 GBO für jedermann so klar und eindeutig bestimmt ist, dass eine Auslegung weder veranlasst noch erforderlich ist und Unklarheiten über das zu übertragende Grundstück nicht entstehen können, wie etwa bei Verwendung einer All-Klausel.[1947] Angesichts des vorstehend dargestellten eher materiell-rechtlichen Gehaltes der Vorschrift erscheint diese Auffassung zweifelhaft.[1948]

1083 Wurde das übergehende Grundstück ordnungsgemäß bezeichnet, so geht mit Wirksamwerden der Spaltung das Eigentum an dem Grundstück automatisch auf den übernehmenden Rechtsträger über. Da das Eigentum außerhalb des Grundbuchs im Wege der partiellen Gesamtrechtsnachfolge übergegangen ist, bedarf es für die Eintragung des übernehmenden Rechtsträgers als neuen Eigentümer ins Grundbuch keiner Auflassung, sondern nur einer Grundbuchberichtigung. Der entsprechende Nachweis wird durch einen beglaubigten Registerauszug betreffend die Eintragung der Spaltung beim übertragenden Rechtsträger (§ 131 Abs. 1) und eine – in der Regel nur auszugsweise – Ausfertigung oder beglaubigte Abschrift des Spaltungsvertrages geführt. Zusätzlich ist zur Berichtigung wegen § 22 GrEStG die grunderwerbsteuerliche Unbedenklichkeitsbescheinigung vorzulegen.[1949]

1084 M **Formulierungsbeispiel Grundbuchberichtigung mit Vollmacht:**
»Es wird beantragt, nach der Eintragung der Ausgliederung in das Grundbuch des übertragenden Rechtsträgers, den nach Ziffer ... dieser Urkunde auf die übernehmende Gesellschaft übergehenden Grundbesitz zu berichtigen. Insoweit wird der amtierende Notar angewiesen, dem Grundbuchamt nach Eintragung der Spaltung in das Handelsregister der übertragenden Gesellschaft einen beglaubigten Handelsregisterauszug zu übersenden.

... und ... Notarfachangestellte beim amtierenden Notar, werden jeweils einzeln und unter Befreiung von den Beschränkungen des § 181 BGB bevollmächtigt, den zu berichtigenden Grundbesitz und die zu berichtigenden dinglichen Rechte der übernehmenden Gesellschaft zu bezeichnen, die Auflassung zu erklären und alle etwa erforderlichen oder zweckmäßigen Anträge, Erklärungen und Bewilligungen abzugeben, wobei Erforderlichkeit und Zweckmäßigkeit dem Grundbuchamt nicht nachzuweisen sind. Auf das Erfordernis einer Unbedenklichkeitsbescheinigung wurde hingewiesen.«

ee) Wohnungseigentum und Erbbaurecht

1085 Die für Grundstücke geltenden Grundsätze gelten auch für die Übertragung von Erbbaurechten und Wohnungs- bzw. Teileigentum. Genehmigungserfordernisse nach § 12 WEG bzw. § 5 ErbbauRG sind nicht zu beachten.[1950]

ff) Rechte in Abteilung II und III des Grundbuchs

1086 Es ist anerkannt, dass für Rechte in Abteilung II und III des Grundbuchs § 126 Abs. 2 i.V.m. § 28 GBO entsprechend gilt. Auch hier ist daher eine entsprechende Bezeichnung des belasteten Grundstücks, nicht des dinglichen Rechts selbst erforderlich. Erforderlich ist

---

1947 OLG Schleswig SchlHA 2009, 381 = DNotZ 2010, 66 mit Anm. *Perz*.
1948 *Leitzen*, ZNotP 2010, 91, 92.
1949 Widmann/Mayer/*Mayer*, § 126 Rn. 214; Schmitt/Hörtnagl/Stratz/*Hörtnagl*, § 126 Rn. 83.
1950 *Limmer*, Handbuch Umwandlung, Rn. 1524.

4. Kapitel Umwandlungen

1087 eine deutliche und zweifelsfreie Kennzeichnung des dinglichen Rechts, eine Angabe der Abt. und der lfd. Nr. ist nicht erforderlich.[1951]
Hinsichtlich der in Abteilung II des Grundbuch einzutragenden Rechte werden sich Vollzugsprobleme bei Spaltungen selten stellen. Nießbrauchsrechte, beschränkt persönliche Dienstbarkeiten und dingliche Vorkaufsrechte sind grundsätzlich nicht übertragbar (§§ 1059 Abs. 1, 1092, 1098 Abs. 3, 1103 BGB). Abweichend hiervon ist eine Übertragung des Nießbrauchs unter den engen Voraussetzungen des § 1059a BGB – die entsprechend auch gilt für beschränkt persönliche Dienstbarkeiten und dingliche Vorkaufsrechte – möglich. Stehen die genannten Rechte einer juristischen Person oder einer rechtsfähigen Personengesellschaft zu, so sind sie übertragbar, wenn das Vermögen des Rechtsträgers im Wege der Gesamtrechtsnachfolge übertragen wird und der Übergang des betreffenden Rechtes nicht ausdrücklich ausgeschlossen ist (§ 1059a Abs. 1 Nr. 1 BGB) oder, wenn ein Unternehmensteil, dessen Zweck und das Recht zu dienen geeignet ist übertragen wird und das Vorliegen dieser Voraussetzung durch eine Erklärung der obersten Landesbehörde festgestellt wird (§ 1059a Abs. 1 Nr. 2 BGB). In der Literatur umstritten ist, ob § 1059a BGB auf Spaltungsvorgänge anwendbar ist. Nach einer Ansicht können diese dingliche Rechte nur unter den engen Voraussetzungen des § 1059a Abs. 1 Nr. 2 BGB übertragen werden.[1952] Nach einer anderen Ansicht soll § 1059a Abs. 1 Nr. 1 BGB nur im Rahmen der Aufspaltung gelten, nicht jedoch für Abspaltungen und Ausgliederungen.[1953] Die h.M. hingegen hält zutreffend § 1059a Abs. 1 Nr. 1 BGB auch bei Spaltungsvorgängen für anwendbar.[1954]

1088 Bei Grundpfandrechten ist es grundsätzlich empfehlenswert, diese weitergehend auch mit Angabe der lfd. Nr. in Abteilung III des Grundbuchs zu individualisieren. Dies ist zwar materiell-rechtlich für die Wahrung des Bestimmtheitsgrundsatzes nicht erforderlich, aber im Hinblick auf die erforderliche Klauselumschreibung empfehlenswert.[1955] Für die nach der Spaltung erforderliche Umschreibung der Vollstreckungsklausel in dinglicher und persönlicher Hinsicht sind die Vorschriften der §§ 797 Abs. 2, 727 Abs. 1 ZPO maßgebend. Eine vollstreckbare Ausfertigung für den Rechtsnachfolger kann demgemäß nur erteilt werden, wenn die Rechtsnachfolge offenkundig ist oder durch öffentlich beglaubigte Urkunden nachgewiesen wird. Bei einer Spaltung ist wegen der nur partiellen Gesamtrechtsnachfolge ein Nachweis der Rechtsnachfolge durch öffentliche Urkunden nur möglich, wenn sich aus dem Spaltungsvertrag selbst i.V.m. den Anlagen nachweisen lässt, dass auch dieses Grundpfandrecht von der Spaltung erfasst ist. In der Praxis ist ein derartiger Nachweis in vielen Fällen nicht zu führen. Hier behilft man sich demgemäß mit einer nachdrücklichen Erklärung über die Zuordnung der Grundpfandrechte aufgrund im Spaltungsvertrag enthaltener oder nachträglich erteilter Vollmacht.

gg) Sonstige Vermögensgegenstände

1089 Bei beweglichen Sachen stellen sich die oben dargestellten Probleme naturgemäß nicht, vielmehr reicht es aus, dass diese nur so genau bezeichnet werden, dass sie identifizierbar sind. Hier kann auf die von der Rechtsprechung anerkannten Erleichterungen, insbesondere bei der Übertragung von Sachgesamtheiten zurückgegriffen werden.[1956] Bei Forde-

---

1951 *Leitzen*, ZNotP 2008, 272, 278.
1952 *Lutter/Teichmann*, Rn. 27 f.
1953 *Müntefering*, NZG 2005, 64; Widmann/Mayer/*Mayer*, § 132 Rn. 33; *Mayer*, GmbHR 1996, 103, 104, 108; *Böhringer*, Rpfleger 1996, 154, 155.
1954 Siehe hierzu umfassend DNotI-Gutachten Nr. 84676 vom 28.4.2008; Bungert BB, 1997, 897; Schmitt/Hörtnagl/Stratz/*Hörtnagl*, § 131 Rn. 17 ff.; *Henrichs*, ZIP 1995, 794, 799; *Limmer*, Handbuch Umwandlung, Rn. 1525.
1955 Zur Klauselumschreibung insbesondere *Volmer*, WM 2002, 428.
1956 *Limmer*, Handbuch Umwandlung, Rn. 1528; Schmitt/Hörtnagl/Stratz/*Hörtnagl*, § 126 Rn. 85 f.

rungen genügt ein geringer Grad an Bestimmtheit, hier lässt die Rechtsprechung die Bestimmbarkeit genügen.[1957]

hh) Verbindlichkeiten

Verbindlichkeiten sind in gleicher Weise zu bezeichnen wie Forderungen. Die ausreichende genaue Bezeichnung ist gerade für die Frage, welcher der Rechtsträger Hauptschuldner und welcher Mithafter ist, von Bedeutung. Insoweit wird in vielen Fällen die Formulierung genügen, dass alle Verbindlichkeiten des Betriebes übergehen, die wirtschaftlich diesem zuzuordnen sind.[1958] Da der Übergang der Verbindlichkeiten sich aufgrund partieller Gesamtrechtsnachfolge vollzieht, ist die Einholung einer Zustimmung nach §§ 414 f. BGB nicht erforderlich.[1959] Nach h.M. ist auch die Aufteilung einer Verbindlichkeit zulässig.[1960]

1090

ii) Aufteilung von Vertragsverhältnissen

Ob Vertragsverhältnisse im Zuge der Spaltung geteilt werden können, ist streitig. Eine Auffassung lehnt die Aufteilung eines einheitlichen Vertragsverhältnisses als unzulässig ab.[1961] Insoweit wird verwiesen zum einen auf das dichte Geflecht von Treue- und Nebenpflichten,[1962] auch wird geltend gemacht, dass die eintretende Verdopplung der Schuldverhältnisse ein unzulässiger Eingriff in die Sphäre des Vertragspartners sei.[1963] In der Literatur wird insbesondere auf die praktische Bedeutung einer solchen Aufteilung, etwa von Pachtverhältnissen oder Kreditverträgen, hingewiesen.[1964]

1091

jj) Genehmigungen und weitere Rechtspositionen

Hinsichtlich öffentlich-rechtlicher Genehmigungen unterscheidet die h.M. zwischen persönlichen und dinglichen Genehmigungen. Sind Genehmigungen an die Person des Genehmigungsempfängers verbunden, können sie nicht im Wege der Gesamtrechtsnachfolge übertragen werden. Sie verbleiben bei dem übertragenden Rechtsträger und erlöschen bei einer Aufspaltung.[1965] Dingliche Genehmigungen, die mit einem konkreten Gegenstand verbunden sind, können mit den zugehörigen Gegenständen übertragen werden.[1966]

1092

Ob die Stellung eines Verwalters nach dem WEG im Rahmen der Spaltung übergehen kann, ist streitig. Die Rechtsprechung lehnt einen solchen Übergang im Rahmen der Spal-

1093

1957 *Limmer*, Handbuch Umwandlung, Rn. 1530.
1958 Eine solche Formulierung billigend etwa das BAG ZIP 2005, 957; ausführlich hierzu: *Limmer*, Handbuch Umwandlung, Rn. 1533.
1959 Schmitt/Hörtnagl/Stratz/*Hörtnagl*, § 126 Rn. 93.
1960 Lutter/*Priester*, § 126 Rn. 63 m.w.N.
1961 *Kleindieck*, ZGR 1992, 513, 520; *Teichmann*, ZGR 1993, 396, 413.
1962 *Teichmann*, ZGR 1993, 396, 413.
1963 *Engelmeyer*, Die Spaltung von Aktiengesellschaften nach dem neuen Umwandlungsrecht 1995, S. 49.
1964 *Kleindieck*, ZGR 1992, 513, 521; Widmann/Mayer/*Mayer*, § 126 Rn. 228; *Limmer*, Handbuch Umwandlung, Rn. 1536; zur Frage eines Sonderkündigungsrechtes, insbesondere des Vermieters siehe: *Limmer*, Handbuch Umwandlung, Rn. 1537 m.w.N.
1965 Lutter/*Teichmann*, § 132 Rn. 55; Lutter/*Priester*, § 126 Rn. 66; *Limmer*, Handbuch Umwandlung, Rn. 1553; *Bremer*, GmbHR 2000, 865 lässt weitergehend den Übergang dann zu, wenn die Voraussetzungen in sachlicher und persönlicher Hinsicht auch beim übernehmenden Rechtsträger erfüllt werden.
1966 Lutter/*Priester*, § 126 Rn. 66; *Limmer*, Handbuch Umwandlung Rn. 1553; Beispiele sind etwa Baugenehmigungen oder Betriebsgenehmigungen nach dem BImSchG.

tung zumeist ab.[1967] Die umwandlungsrechtliche Literatur hingegen will meist einen Übergang des Verwalteramtes zulassen.[1968]

kk) Vergessene Aktiva und Passiva

1094 Wird ein beweglicher Gegenstand versehentlich nicht im Spaltungsvertrag ausgewiesen, hat dies nicht zwingend zur Folge, dass dieser Gegenstand beim übertragenden Rechtsträger verbleibt. Vielmehr bedarf es zunächst einer ergänzenden Auslegung des Spaltungsvertrages. In vielen Fällen kann durch Auslegung des Spaltungsvertrages doch noch eine Zuordnung zum übernehmenden Rechtsträger ermittelt werden.[1969] Dies wird etwa dann gelten, wenn es sich bei dem vergessenen Gegenstand um betriebsnotwendiges Vermögen des zu übertragenden Betriebes oder Betriebsteils handelt. Ferner wird diese in der Literatur dann angenommen, wenn es sich bei dem Gegenstand von untergeordneter Bedeutung handelt, da auch dann davon ausgegangen werden kann, dass er mit übertragen werden sollte.[1970]

1095 Hinsichtlich vergessener Verbindlichkeiten enthalten die Vorschriften des Umwandlungsgesetzes keine ausdrückliche Regelung. Auch hier dürfte zunächst zu ermitteln sein, ob nicht durch Auslegung des Spaltungsvertrages eines Zuweisung an einen der beteiligten Rechtsträger sich vornehmen lässt. Kommt die Auslegung zu keinem Ergebnis, so verbleiben bei Aufspaltung und Ausgliederung vergessene Verbindlichkeiten beim übertragenden Rechtsträger.[1971] Bei der Aufspaltung haften alle übernehmenden Rechtsträger gesamtschuldnerisch als Hauptschuldner ohne Möglichkeit der Enthaftung nach fünf Jahren.[1972]

j) § 126 Abs. 1 Nr. 10 (Aufteilung der Anteile)

1096 Bei Auf- und Abspaltungen sind nach § 126 Abs. 1 Nr. 10 Angaben zur internen Aufteilung sowie zum Aufteilungsmaßstab der Anteile aufzunehmen. Bei der Ausgliederung ist eine solche Angabe nicht erforderlich, da in diesem Fall die Anteile der übertragenden Gesellschaft selbst zu gewähren sind. Wegen der weiteren Einzelheiten zur Anteilsgewährung kann verwiesen werden auf die obigen Ausführungen.

1097 Das Umwandlungsgesetz erlaubt jedoch nicht nur die Regelung des Aufteilungsmaßstabes der als Gegenleistung für die Übertragung zu gewährenden Anteile am übernehmenden Rechtsträger. Vielmehr ist nach der im Rahmen des Gesetzes zur Änderung des Umwandlungsgesetzes erfolgten Neufassung der §§ 126, 131 nunmehr zulässig, durch entsprechende Zuordnung im Spaltungsvertrag bzw. Spaltungsplan die Anteilsverhältnisse auch beim übertragenden Rechtsträger mit dinglicher Wirkung zu gestalten. Durch entsprechende Zuordnung des Spaltungsvertrages bzw. Spaltungsplanes können damit auch die Anteilsverhältnisse nicht nur beim übernehmenden, sondern auch beim übertragenden Rechtsträger beliebig und mit dinglicher Wirkung ausgestaltet werden, wodurch auch die Anteilsgewährungspflicht relativiert wird. Jedoch erfordert nach noch h.M. die Anteilsgewährungspflicht, dass bei einer Aufspaltung oder Abspaltung zumindest ein

---

1967 BayObIGZ 2002, 20 = NJW -RR 2002, 732; BayObIGZ 1990, 173, 176; OLG Düsseldorf MittRhNotK 1990, 233; offen gelassen von: BayObIGZ 2002, 202 für den Fall, dass der Verwalter eine juristische Person ist.
1968 Widmann/Mayer/*Vossius*, § 20 Rn. 323; *Limmer*, Handbuch Umwandlung Rn. 834.
1969 BGH NZG 2003, 1172, 1174; Widmann/Mayer/*Vossius*, § 133 Rn. 203; Lutter/*Priester*, § 126 Rn. 58.
1970 Lutter/*Teichmann*, § 131 Rn. 19 ff.; Widmann/Mayer/*Vossius*, § 131 Rn. 208.
1971 Schmitt/Hörtnagl/Stratz/*Hörtnagl*, § 131 Rn. 129; Lutter/*Teichmann*, § 131 Rn. 26.
1972 Schmitt/Hörtnagl/Stratz/*Hörtnagl*, § 131 Rn. 127; Lutter/Hommelhoff/*Schwab*, § 133 Rn. 91.

Anteilsinhaber des übertragenden Rechtsträgers Anteile am übernehmenden bzw. neu gegründeten Rechtsträger erhält.[1973]

Formulierungsbeispiel für das Ausscheiden eines Gesellschafters im Rahmen der Spaltung: **1098 M**
»Der Geschäftsanteil Nr. 1 im Nennbetrag von 5.000 € des Gesellschafters A am übertragenden Rechtsträger wurde im Wege einer nichtverhältniswahrenden Abspaltung gemäß §§ 126 Abs. 1 Nr. 10, 128 unmittelbar dem Gesellschafter B zugeordnet und geht mit Wirksamwerden der Spaltung gemäß § 131 Abs. 1 Nr. 3 unmittelbar auf den Gesellschafter B über.«

k) § 126 Abs. 1 Nr. 11 (Arbeitsrechtliche Folgen)

Der Spaltungsvertrag/Spaltungsplan muss Angaben über die Folgen der Spaltung für die Arbeitnehmer und ihre Vertretungen sowie die insoweit vorgesehenen Maßnahmen enthalten. Hierbei sind die durch die Spaltung eintretenden arbeitsrechtlichen Änderungen aufzuzeigen, da die Spaltung auch die Interessen der Arbeitnehmer und ihrer Vertretungen in den an der Spaltung beteiligten Rechtsträgern berührt. Da die Regelung wörtlich mit der Bestimmung des § 5 Abs. 1 Nr. 9 entspricht, kann auf die dortigen Ausführungen verwiesen werden.[1974] Die dortigen Angaben sind spaltungsbedingt anzupassen. In betriebsverfassungsrechtlicher Hinsicht ist hinzuweisen auf das Übergangsmandat des Betriebsrates nach § 21 a BetrVG und den besonderen Kündigungsschutz nach § 323 BetrVG.[1975]   **1099**

Formulierungsbeispiel: **1100 M**
»Bei dem übertragenden Teilbetrieb sind die aus der Anlage ... ersichtlichen Arbeitnehmer beschäftigt; diese und etwaige weitere Arbeitnehmer werden zu den bei dem übertragenden Rechtsträger geltenden Konditionen weiterbeschäftigt. Für die Überleitung der Arbeitsverhältnisse gelten über § 324 UmwG die Bestimmung des § 613a Abs. 1 und Abs. 4 bis 6 BGB. Die Rechte der Arbeitnehmer werden bei der übernehmenden Gesellschaft vollumfänglich so gewahrt wie bei dem übertragenden Rechtsträger. Betriebsräte bestehen weder bei der übertragenden noch bei der übernehmenden Gesellschaft. «

4. Abfindungsangebot nach §§ 125 S.1, 29

Liegen bei einer Aufspaltung bzw. Abspaltung die Voraussetzungen des § 125 S. 1 i.V.m. 29 Abs. 1 S. 1 und 2 vor, so ist im Spaltungsvertrag ein Abfindungsangebot aufzunehmen. Aus §§ 125 S.1, 29 folgen drei Fälle, in denen den Anteilsinhabern des übertragenden Rechtsträgers, die gegen den Spaltungsbeschluss Widerspruch zur Niederschrift erklären, der Erwerb ihrer Anteile oder Mitgliedschaften gegen eine angemessene Barabfindung anzubieten ist. Dies sind zum einen Fälle der Spaltung auf einen Rechtsträger anderer Rechtsform, die Spaltung einer börsennotierten AG auf eine nichtbörsennotierte AG oder im Fall, dass die Anteile beim übernehmenden/neuen Rechtsträger Verfügungsbeschränkungen unterworfen sind. Nach h.M. ist hierbei unerheblich, ob der Anteilsinhaber am übertragenden Rechtsträger denselben Verfügungsbeschränkungen unterworfen war.   **1101**

1973 Neye, DB 1998, 1649, 1652 f.; Widmann/Mayer/*Mayer*, § 126 Rn. 277; Lutter/*Teichmann*, § 141 Rn. 5.
1974 Siehe oben Rdn. 86 ff.; siehe umfassend zu allen arbeitsrechtlichen Fragen im Rahmen einer Spaltung *Hausch*, RNotZ 2007, 308 ff. bzw. 396 ff.
1975 Widmann/Mayer/*Mayer*, § 126 Rn. 283 ff.

4. Kapitel Umwandlungen

Wegen der weiteren Einzelheiten kann auf die obigen Erläuterungen zur Verschmelzung verwiesen werden[1976].

5. Sonstiger zwingender Inhalt

1102 Ferner sind im Rahmen des Spaltungsvertrages rechtsformspezifische Besonderheiten zu beachten. Bei der GmbH sind nach §§ 125, 46 Abs. 1 bis 3 Angaben des Nennbetrages der Geschäftsanteile eines jeden hinzutretenden Gesellschafters, Abweichungen hinsichtlich der Rechte und Pflichten aus durch Kapitalerhöhung geschaffenen neuen Anteilen an der GmbH und besondere Bestimmungen hinsichtlich der Gesellschaft, die die vorhandenen Geschäftsanteile übernehmen soll, aufzunehmen. Bei einer Personenhandelsgesellschaft sind die Haftart und der Betrag der Einlagen einzeln festzulegen. Bei Spaltung auf eine AG als aufnehmender und neu gegründeter Rechtsträger ist ein Treuhänder zu bestimmen. Wegen der jeweiligen Besonderheiten kann auf die Ausführungen zur Verschmelzung verwiesen werden.

6. Fakultativer Inhalt

1103 § 126 Abs. 1 regelt nur den Mindestinhalt des Spaltungsvertrages. Dieser kann jedoch weitere Vereinbarungen enthalten, was in der Praxis regelmäßig der Fall ist. Insbesondere folgende Punkte sind regelmäßig zu bedenken:

a) Satzungsänderung

1104 Aufgrund der spaltungsbedingten Veränderungen werden in vielen Fällen neben der Kapitalerhöhung beim übernehmenden Rechtsträger und ggf. der Kapitalherabsetzung beim übertragenden Rechtsträger auch Satzungsänderungen beim übernehmenden und/ oder beim übertragenden Rechtsträger durchzuführen sein. Dies betrifft insbesondere die Firmierung der an der Spaltung beteiligten Rechtsträger, wobei § 18 nur bei der Aufspaltung gilt. Insoweit werden Firmenänderungen jedoch angezeigt sein, wenn der für die Firmenbildung maßgebliche Betriebsteil abgespalten oder ausgegliedert ist, insoweit gelten die allgemeinen Vorschriften. Auch wird eine Änderung des Unternehmensgegenstandes oder ggf. des Sitzes beim übertragenden oder übernehmenden Rechtsträger angezeigt sein. Diese Änderungen können im Spaltungs- bzw. Übernahmevertrag festgelegt werden, die für die Satzungsänderung ggf. erforderlichen Beschlüsse sind sodann noch zu fassen. Soll sichergestellt sein, dass die entsprechende Satzungsänderung auch tatsächlich vorgenommen wird, ist eine entsprechende Verpflichtung in den Spaltungsvertrag aufzunehmen. Diese sollte befristet werden, ggf. kann die Durchführung der Satzungsänderung auch zur aufschiebenden bzw. auflösenden Bedingung für das Wirksamwerden des Spaltungsvertrages gemacht werden.[1977]

b) Verpflichtung zur Abberufung/Bestellung von Organen

1105 Im Spaltungsvertrag sind Regelungen möglich betreffend die Verpflichtung zur Abberufung/Bestellung von Organen. Die jeweilige Abberufung/Bestellung muss durch gesonderten Bestellungsbeschluss erfolgen, der bloße Spaltungsbeschluss deckt die Neubestellung nicht ab. Sollen etwa Vertretungsorgane des zu übertragenden Rechtsträger auch Vertretungsorgane des übernehmenden Rechtsträgers sein, so ist ein entsprechender

---

1976 Vgl. Rdn. 89 ff.; Widmann/Mayer, § 126 Rn. 286 ff.; *Ittner*, MittRhNotK 1997, 105, 117.
1977 Widmann/Mayer/*Mayer*, § 126 Rn. 300; Lutter/*Priester*, § 126 Rn. 87.

Beschluss notwendig. Im Spaltungsvertrag kann die Verpflichtung zur Fassung solcher Beschlüsse aufgenommen werden.[1978]

c) Bestimmung und Übergang der Arbeitsverhältnisse

Für den Übergang der Arbeitsverhältnisse hat §613a Abs. 1 S. 1 BGB Vorrang. Eine abweichende Bestimmung des Übergangs kann nur mit Zustimmung des betroffenen Arbeitnehmers erfolgen.[1979] Mit den Arbeitsverhältnissen gehen gemäß §613a die Verpflichtungen aus den Pensionsverbindlichkeiten gegenüber den aktiven Mitarbeiten über. Pensionsverbindlichkeiten gegenüber bereits ausgeschiedenen Mitarbeitern gehen nicht automatisch über, insoweit ist eine entsprechende Regelung erforderlich.[1980]

1106

Ein Dienstverhältnis mit einem Geschäftsführer/Vorstandsmitglied oder ggf. mit einem freien Mitarbeiter wird von §613a Abs. 1 S. 1 BGB nicht erfasst. Eine Zuordnung ist daher möglich.[1981]

1107

d) Surrogationsregelung für Änderungen und Zusammensetzungen des übergehenden Vermögens

Im Zeitraum zwischen dem Abschluss des Spaltungsvertrages und der Eintragung der Spaltung in das Handelsregister des zu übertragenden Rechtsträgers können sich Änderungen des zu übertragenden Vermögens ergeben. Damit eine Änderung des Spaltungs-/Übernahmevertrages mit den damit verbundenen Förmlichkeiten nicht erforderlich ist, empfiehlt es sich, in den Vertrag eine Bestimmung aufzunehmen, dass, soweit ab dem Spaltungsstichtag Gegenstände des übertragenden Vermögens beschädigt, zerstört oder im regelmäßigen Geschäftsgang veräußert werden, die Surrogate an deren Stelle treten.

1108

Formulierungsbeispiel:[1982]
»Soweit ab dem Spaltungsstichtag Gegenstände des übertragenden Vermögens beschädigt, zerstört oder im regelmäßigen Geschäftsgang veräußert worden sind, treten die Surrogate an deren Stelle.«

1109 M

e) Auffangklausel für vergessene Aktiva und Passiva

Wie oben dargestellt, verbleiben in den Fällen der Abspaltung und Ausgliederung vergessene Gegenstände beim übertragenden Rechtsträger, in den Fällen der Aufspaltung gehen Aktiva anteilig und Passiva gesamtschuldnerisch auf die beteiligten Rechtsträger über. Dies kann durch eine entsprechende Auffangklausel geregelt werden.

1110

Formulierungsbeispiel:[1983]
»Vermögensgegenstände, Verbindlichkeiten und Arbeitsverhältnisse, die nicht aufgeführt sind, gehen mit dem übergehenden Betrieb/Betriebsteil über, soweit sie diesem im weitesten Sinne zuzuordnen sind. Dies gilt auch dann, wenn sie bis zum Wirksamwerden der Spaltung zuerworben worden sind.«

1111 M

1978 Widmann/Mayer/*Mayer*, §126 Rn. 308; Lutter/*Priester*, §126 Rn. 87.
1979 Str. so wie hier Widmann/Mayer/*Vossius* §131 Rn. 52; Lutter/*Priester*, §126 Rn. 69; a.A. *Just*, ZIP 1996, 976, 980.
1980 Grundlegend BAG DB 2005, 954, 955 = MittBayNot 2006, 62; *Wollenweber/Ebert*, NZG 2006, 41; *Wenig/Louven*, DB 2006, 619.
1981 Widmann/Mayer/*Mayer*, §126 Rn. 308.
1982 Nach *Ittner*, MittRhNotK 1997, 105, 118.
1983 Nach *Ittner*, MittRhNotK 1997, 105, 118.

4. Kapitel Umwandlungen

f) Regelungen über Zweigniederlassungen und Prokuren

1112 Hat der übertragende Rechtsträger Zweigniederlassungen oder Prokuren erteilt, sind insoweit rechtliche Regelungen erforderlich und evtl. Änderungen bei der Anmeldung zu berücksichtigen; ohne Regelungen erlöschen diese. Bei Abspaltung oder Ausgliederung bleiben sie dagegen beim übertragenden Rechtsträger bestehen.[1984]

g) Aufteilung der Haftung der an der Spaltung beteiligten Rechtsträger

1113 Nach § 133 haften die an der Spaltung beteiligten Rechtsträger für Verbindlichkeiten, die vor dem Wirksamwerden der Spaltung begründet worden sind als Gesamtschuldner. Insoweit ist eine Regelung erforderlich, wonach derjenige Rechtsträger, dem eine Verbindlichkeit zugewiesen ist, die anderen von der Haftung nach § 133 Abs. 1 S. 1 freizustellen hat. Zwar folgt aus der Übernahme einer Verbindlichkeit im Spaltungsvertrag eine entsprechende Ausgleichspflicht,[1985] dennoch empfiehlt sich eine ausdrückliche vertragliche Regelung.

1114 M Formulierungsbeispiel:
»Soweit sich aus diesem Vertrag keine andere Verteilung von Lasten und Haftungen aus oder im Zusammenhang mit dem abzuspaltenden Vermögen ergibt, gelten die nachfolgenden Regelungen: Wenn und soweit die übertragende Gesellschaft aufgrund der Bestimmung in § 133 UmwG oder aufgrund anderer Bestimmungen von Gläubigern für Verbindlichkeiten, Verpflichtungen oder Haftungsverhältnisse in Anspruch genommen wird, die nach Maßgabe der Bestimmung dieses Vertrages auf die übernehmende Gesellschaft übertragen werden, so hat diese die übertragende Gesellschaft auf erste Anforderung von der jeweiligen Verpflichtung freizustellen. Gleiches gilt für den Fall, dass die übertragende Gesellschaft von solchen Gläubigern auf Sicherheitsleistung in Anspruch genommen wird. Entsprechendes gilt umgekehrt, soweit die übernehmende Gesellschaft für Verbindlichkeiten, Verpflichtungen und Haftungsverhältnisse in Anspruch genommen wird, die auf diese nicht übertragen wurden.«

1115 Auch empfiehlt es sich, den Kommanditisten einer übertragenden GmbH & Co. KG von einer evtl. wiederauflebenden Haftung aus § 172 Abs. 4 BGB zu befreien.[1986]

h) Bedingungen und Befristungen

1116 Nach ganz allgemeiner Auffassung kann ein Spaltungsvertrag auch bedingt oder befristet abgeschlossen werden. Insbesondere beim Vorliegen öffentlich-rechtlicher Genehmigungen oder bei Kettenspaltungen wird der Vertrag meist aufschiebend bedingt abgeschlossen werden. Zulässig ist auch die Vereinbarung auflösender Bedingungen, in diesem Fall muss jedoch bei Anmeldung der Abspaltung im Handelsregister feststehen, dass die Bedingung ausgefallen ist.[1987] Auch kann ein fester Termin vereinbart werden, bis zu welchem die Spaltung vollzogen sein muss. Dies kann durch eine aufschiebende Bedingung vereinbart werden.[1988] Nach allgemeinen kautelarjuristischen Grundsätzen empfiehlt es

---

1984 Widmann/Mayer/*Mayer*, § 126 Rn. 83.
1985 *Heidenhain*, NJW 1995, 2873, 2879; Widmann/Mayer/*Mayer*, § 126 Rn. 322.
1986 *Naraschewski*, DB 1995, 1265, 1266; Lutter/*Priester*, § 126 Rn. 91. Siehe auch Rdn. 1201.
1987 Lutter/*Priester*, § 126 Rn. 94; Widmann/Mayer/*Mayer*, § 126 Rn. 319 ff. Siehe auch oben Rdn. 113 ff.
1988 So Widmann/Mayer/*Mayer*, § 126 Rn. 319.

sich jedoch, von der Verwendung von Bedingungen soweit wie möglich abzusehen und diese durch viel flexiblere Kündigungs- und Rücktrittsrechte zu ersetzen.[1989]

Formulierungsbeispiel: 1117 M
»Ein jeder beteiligte Rechtsträger ist berechtigt, von diesem Spaltungsvertrag zurückzutreten, wenn die Spaltung nicht bis zum Ablauf des ... in das Handelsregister des übertragenden Rechtsträgers eingetragen worden ist. Entsprechendes gilt, wenn die kartellrechtliche Freigabe nicht bis zum ... vorliegt. Der Rücktritt ist per Einschreiben mit Rückschein gegenüber dem anderen Vertragsteil zu erklären. Eine Abschrift wird an den Notar erbeten.«

i) Kostentragung

Von Praxisbedeutung ist ferner die Regelung einer Kostentragung. Werden die Kosten der Spaltung im Rahmen der Spaltung zur Neugründung einem neu gegründeten Rechtsträger zugewiesen, so ist dieser in der Satzung des neu gegründeten Rechtsträgers als Gründungsaufwand aufzunehmen.[1990] Soll dies vermieden werden, so sind die Kosten durch den übertragenden Rechtsträger zu übernehmen. 1118

j) Auslandsvermögen

Betrifft die Spaltung auch im Ausland belegenes Vermögen, so empfehlen sich Klauseln zur treuhänderischen Verwaltung und nachträglichen Übertragung von möglicherweise nicht im Wege der Gesamtrechtsnachfolge übergehenden im Ausland befindlichen Vermögensgegenständen.[1991] Entsprechendes gilt für Vermögenswerte, die aus anderen Rechtsgründen nicht im Wege der partiellen Gesamtrechtsnachfolge übergehen. 1119

Formulierungsbeispiel: 1120 M
»Soweit bestimmte Gegenstände des Aktiv- und Passivvermögens und sonstige Rechte und Pflichten aller Art, die nach diesem Vertrag auf die übernehmende Gesellschaft übergehen sollen, nicht schon kraft Gesetzes mit der Eintragung der Abspaltung übergehen, wird die übertragende Gesellschaft diese übertragen. Im Gegenzug ist die übernehmende Gesellschaft verpflichtet, der Übertragung zuzustimmen. Im Innenverhältnis werden sich die Beteiligten so stellen, als wäre die Übertragung auch im Außenverhältnis zum Spaltungsstichtag erfolgt. Die Beteiligten verpflichten sich wechselseitig, alle insoweit erforderlichen oder zweckmäßigen Maßnahmen und Rechtshandlungen einzuleiten und an ihnen mitzuwirken. Ist die vorzunehmende Übertragung im Außenverhältnis nicht oder nur mit unverhältnismäßig hohem Aufwand möglich oder unzweckmäßig, werden sich die Beteiligten im Innenverhältnis so stellen, als wäre die Übertragung auch im Außenverhältnis zum Abspaltungsstichtag erfolgt.«

k) Gewährleistungen

Die Spaltung zur Aufnahme ist wirtschaftlich einem Unternehmenskauf vergleichbar. Daher kann es im Einzelfall sachgerecht sein, im Spaltungsvertrag Garantien über Umfang und Wert des übertragenden Vermögens sowie dessen Ertragskraft aufgenommen werden. Der Inhalt dieser Garantien kann sich dabei an den üblichen Gestaltungsempfehlungen von Unternehmenskäufen orientieren.[1992] In den meisten Fällen, wird es sachgerecht sein, entsprechende Ansprüche ausdrücklich auszuschließen: 1121

1989 So der Ratschlag von Widmann/Mayer/*Mayer*, § 126 Rn. 320.
1990 Widmann/Mayer/*Mayer*, § 126 Rn. 330; Lutter/*Priester*, § 126 Rn. 95.
1991 Hierzu: *Kollmorgen/Feldhaus*, BB 2007, 2189; *Kusserow/Prüm*, WM 2005, 633; Widmann/Mayer/*Mayer*, § 126 Rn. 353.
1992 Für einen Gestaltungsvorschlag siehe auch: Kallmeyer, § 126 Rn. 50 ff.

4. Kapitel Umwandlungen

1122 M Formulierungsbeispiel:
»Sämtliche Ansprüche und Rechte der übernehmenden Gesellschaft gegenüber der übertragenden Gesellschaft wegen der Beschaffenheit und des Bestandes der nach Maßgabe dieses Vertrages übertragenen Gegenstände des Aktiv- und Passivvermögens sowie des abzuspaltenden Vermögens im Ganzen, gleich welcher Art und gleich welchem Rechtsgrund, werden hiermit ausgeschlossen. Dies gilt auch für Ansprüche aus vorvertraglichen Pflichtverletzungen.«

l) Veräußerungsbeschränkungen

1123 Bei einer Auf- und Abspaltung ist ferner § 15 Abs. 3 UmwStG zu beachten. Werden innerhalb von 5 Jahren, nach dem steuerlichen Übertragungsstichtag, Anteile an einer an der Spaltung beteiligten Kapitalgesellschaft veräußert, die mehr als 20% der vor der Spaltung an der übertragenden Kapitalgesellschaft bestehenden Anteile ausmachen, löst dies die Aufdeckung der stillen Reserven aus. Hier kann sich deshalb empfehlen, entsprechende Anteilsvinkulierungen oder zumindest schuldrechtliche Verpflichtungen nebst Ausgleichspflichten vorzusehen.[1993]

m) Kartellrechtliche Regelungen

1124 Soweit die kartellrechtlichen Vorschriften eingreifen,[1994] ist ein entsprechender Kartellrechts-Vorbehalt aufzunehmen, um einen Verstoß gegen das Vollzugsverbot des § 41 Abs. 1 GWB zu vermeiden.

1125 M Formulierungsbeispiel:[1995]
»Die Abspaltung ist aufschiebend bedingt dadurch, dass das Bundeskartellamt den beabsichtigten Unternehmenszusammenschluss freigibt oder dieser durch wirksamen Fristablauf als freigegeben gilt (§ 40 Abs. 2 GWB).«

7. Zuleitung an den Betriebsrat

1126 Nach § 126 Abs. 3, § 135 Abs. 1 ist der Spaltungsvertrag/Spaltungsplan bzw. sein Entwurf dem zuständigen Betriebsrat jedes an der Spaltung beteiligten Rechtsträgers, spätestens 1 Monat vor der Spaltungsbeschlussfassung dieses Rechtsträgers, zuzuleiten. Fehlt ein Betriebsrat so entfällt die Zuleitungspflicht. Die Vorschrift entspricht wortgleich der Regelung in § 5 Abs. 3, insoweit wird auf obige Ausführungen zur Verschmelzung verwiesen.[1996] In arbeitsrechtlicher Hinsicht ist von Bedeutung, dass, soweit die Spaltung zur Trennung oder Zusammenlegung von Betrieben führt für die ein Betriebsrat besteht, gemäß § 21 BetrVG ein Übergangsmandat des bisherigen Betriebsrates für 6 Monate vorgesehen ist. Nach § 111 S. 2 Nr. 3 BetrVG gilt eine Spaltung als Betriebsänderung i.S.d. § 111 S. 1 BetrVG. Demgemäß ist in den Betrieben mit i.d.R. mehr als 20 wahlberechtigten Arbeitnehmern der Betriebsrat über geplante Betriebsänderungen, die wesentliche Nachteile für erhebliche Teile der Belegschaft haben können, rechtzeitig umfassend zu unter-

---

1993 Für einen Formulierungsvorschlag s. Kallmeyer/*Kallmeyer*, § 126 Rn. 73; sowie Widmann/Mayer/*Mayer*, § 126 Rn. 354.2; Zu den steuerrechtlichen Fragen siehe ausführlich Widmann/Mayer/*Mayer*, § 126 Rn. 353; Lutter/*Priester*, § 126 Rn. 92; *Limmer*, Handbuch Umwandlung Rn. 1585.
1994 Ausführliche Darstellung der kartellrechtlichen Fragen bei Widmann/Mayer/*Mayer*, § 126 Rn. 333 ff.
1995 Nach Widmann/Mayer/*Mayer*, § 126 Rn. 344.
1996 Siehe Rdn. 116; Widmann/Mayer/*Mayer*, § 126 Rn. 358; *Ittner*, MittRhNotK 1997, 105, 111.

richten und die geplanten Betriebsänderungen sind mit ihnen zu beraten. Ziel ist die Herbeiführung eines Interessenausgleichs und die Aufstellung eines Sozialplanes.[1997]

8. Form

Hinsichtlich der Form des Spaltungsvertrages verweist § 125 S. 1 auf § 6. Der Spaltungsvertrag (bzw. der Spaltungsplan) müssen demgemäß notariell beurkundet werden. Von der Beurkundung erfasst ist alles, was nach den Willen der Parteien mit darunter stehen und fallen soll, d.h. einschließlich aller Nebenabreden. Beurkundungspflichtig, und zwar als Bestandteil des eigentlichen Spaltungsvertrages und der aufeinander Bezug nehmenden Urkunden sind auch Vereinbarungen von Ausgleichsleistungen und anderer Abreden zwischen den Anteilsinhabern.[1998]   1127

Bei Spaltungsverträgen wird, wegen der erforderlichen Vermögensaufteilung, regelmäßig auf mit zu beurkundende Anlagen (Inventare, Bilanzen etc.) Bezug genommen werden. Ob diese mit beurkundet werden müssen, hängt davon ab, ob diese der Individualisierung der übergehenden Gegenstände des Aktiv- und Passivvermögens dienen.[1999] Sofern dies der Fall ist, müssen diese als wesentlicher Bestandteil der Urkunde gemäß § 9 Abs. 1 S. 2 BeurkG mit beurkundet werden. Beurkundungsrechtlich kann dies erfolgen, indem zum einen eine Bezugsurkunde errichtet und auf diese sodann gemäß § 13 a BeurkG verwiesen wird. Zum anderen kann hinsichtlich der Inventare, Bilanzen etc. von der Erleichterung des § 14 BeurkG (Verlesungsverzicht, Abzeichnung) Gebrauch gemacht werden.[2000]   1128

Zur Frage, ob eine Beurkundung im Ausland den Anforderungen genügt, gelten die obigen Ausführungen entsprechend.[2001]   1129

IV. Spaltungsbericht

1. Allgemeines

Die Vertretungsorgane jedes der an der Spaltung beteiligten Rechtsträgers haben nach § 127 einen ausführlichen schriftlichen Bericht zu erstatten, in dem die Spaltung, der Vertrag oder sein Entwurf im Einzelnen, und bei Aufspaltung und Abspaltung das Umtauschverhältnis der Anteile und die Angaben der Mitgliedschaft bei den übernehmenden Rechtsträgern, der Maßstab sowie ihre Aufteilung sowie die Höhe einer anzubietenden Barabfindung rechtlich und wirtschaftlich erläutert und begründet werden. Über die für den Verschmelzungsbericht geltenden Vorgaben hinaus erweitert damit § 127 die Berichtspflicht dahingehend, dass bei Aufspaltung oder Abspaltung der Maßstab für die Aufteilung der gewährten Anteile unter den Anteilsinhabern des übertragenden Rechtsträgers zu erläutern und zu begründen ist. Wie beim Verschmelzungsbericht soll der Spaltungsbericht die Informationsmöglichkeiten der Gesellschaft betreffend die geplante Spaltung verbessern. Hinsichtlich der Anforderungen an den Spaltungsbericht gelten grundsätzlich die gleichen Anforderungen wie beim Verschmelzungsbericht, sodass auf die obigen Ausführungen verwiesen werden kann.[2002]   1130

1997 Widmann/Mayer/*Mayer*, § 126 Rn. 358 ff.; *Ittner*, MittRhNotK 1997, 105, 111.
1998 OLG Naumburg NZG 2004, 734; Schmitt/Hörtnagl/Stratz/*Hörtnagl*, § 126 Rn. 12; Lutter/*Priester*, § 126 Rn. 13.
1999 Siehe hierzu oben Rdn. 1076 ff.
2000 Vgl. Lutter/*Priester*, § 126 Rn. 13; Schmitt/Hörtnagl/Stratz/*Hörtnagl*, § 126 Rn. 12.
2001 Vgl. oben Rdn. 131.
2002 Rdn. 134; Zum Spaltungsbericht siehe insbesondere *Limmer*, Handbuch Umwandlung, Rn. 1698 ff.; Widmann/Mayer/*Mayer*, § 127 Rn. 2 ff.

2. Zuständigkeit für die Erstattung des Berichtes

1131 Die Erstattung des Spaltungsberichtes obliegt den Vertretungsorganen des beteiligten Rechtsträgers. Der Bericht ist nach h.M. von allen Vertretungsorganen eigenhändig zu unterzeichnen, eine Vertretung ist unzulässig, da es sich um eine persönliche Wissenserklärung handelt.[2003] Zulässig ist, dass der Spaltungsbericht von den Vertretungsorganen der beteiligten Rechtsträger auch gemeinsam erstattet wird (§ 127 S. 1).

3. Entbehrlichkeit des Spaltungsberichts

a) Entbehrlichkeit bei Konzernausgliederung

1132 Entbehrlich ist ein Spaltungsbericht nach § 127 i.V.m. § 8 Abs. 3 S. 1, 2, wenn sich alle Anteile des übertragenden Rechtsträgers in der Hand des übernehmenden Rechtsträgers befinden. Dem Wortlaut nach umfasst dies die zunächst die Ausgliederung von der 100 %-igen Tochtergesellschaft auf ihre Muttergesellschaft.[2004] Im umgekehrten Fall, also der Ausgliederung von der Muttergesellschaft auf die 100 %-ige Tochtergesellschaft entfällt die Berichtspflicht hingegen nicht.[2005] Nach h.M. ist ein Spaltungsbericht ferner entbehrlich bei der Abspaltung von der 100 %-igen Tochtergesellschaft auf ihre Muttergesellschaft,[2006] bei der Aufspaltung einer 100 %-igen Tochtergesellschaft auf ihre Muttergesellschaft und eine Drittgesellschaft.[2007]

b) Verzicht

1133 Da der Spaltungsbericht nur der Information und damit dem Schutz der Anteilsinhaber der beteiligten Rechtsträger dient, lässt das Gesetz einen Verzicht auf diesen Schutz zu. Die Voraussetzungen entsprechen denen des Verzichts auf einen Verschmelzungsbericht, da § 127 S. 2 auf § 8 Abs. 3 verweist. Demgemäß ist erforderlich, dass alle Anteilsinhaber in sämtlichen an der Spaltung beteiligten Rechtsträgern notariell beurkundete Verzichtserklärungen jeweils gegenüber ihrem Rechtsträger am Spaltungsbericht abgeben. Zu beachten ist, dass ein solcher Verzicht erst zulässig ist, wenn der Verzichtende erkennen kann, auf was konkret verzichtet wird. Der Verzicht muss sich demnach konkret auf die Spaltung beziehen, ein allgemeiner Verzicht ist unzulässig. Voraussetzung für die Verzichtserklärung dürfte daher regelmäßig das Vorliegen des Vertragsentwurfes sein.[2008]

c) Entfallen bei bestimmten Ausgliederungsvorgängen

1134 Die Berichtspflicht entfällt bei der Ausgliederung aus dem Vermögen eines Einzelkaufmanns (§ 153). Ferner ist ein Ausgliederungsbericht auch nicht erforderlich bei Ausgliederung aus dem Vermögen einer Gebietskörperschaft (§ 169) und bei Ausgliederung aus dem Vermögen rechtsfähiger Stiftungen, sofern diese genehmigungsfrei erfolgen kann (§ 162).

2003 Vgl. oben Rdn. 136; insbes. auch zur Frage, ob ein Handeln in vertretungsberechtigter Zahl genügt. Widmann/Mayer/*Mayer*, § 127 Rn. 8 ff.; Lutter/Hommelhoff/*Schwab*, § 127 Rn. 10.
2004 Schmitt/Hörtnagl/Stratz/*Hörtnagl*, § 128 Rn. 21; a.A. Lutter/Hommelhoff/*Schwab*, § 127 Rn. 52.
2005 Schmitt/Hörtnagl/Stratz/*Hörtnagl*, § 128 Rn. 21; Lutter/Hommelhoff/*Schwab*, § 128 Rn. 51; a.A. Sagasser/Bula/Brünger/Sickinger, Umwandlungen N 158; Widmann/Mayer/*Mayer*, § 127 Rn. 64.
2006 Widmann/Mayer/*Mayer*, § 127 Rn. 64.
2007 Widmann/Mayer/*Mayer*, § 127 Rn. 64; a.A. *Schöne*, Die Spaltung unter Beteiligung von GmbH, 1998, S.368 ff.
2008 Vgl. oben Rdn. 137, Widmann/Mayer/*Mayer*, § 127 Rn. 67 ff.; Schmitt/Hörtnagl/Stratz/*Hörtnagl*, § 127 Rn. 21; Lutter/Hommelhoff/*Schwab*, § 127 Rn. 49 f.

d) Personengesellschaften

Gemäß §§ 125, 41 ist ein Spaltungsbericht für eine an der Verschmelzung beteiligte Personenhandelsgesellschaft entbehrlich, wenn alle Gesellschafter dieser Gesellschaft zur Geschäftsführung berechtigt sind. Entsprechendes gilt für die Partnerschaftsgesellschaft (§§ 125, 45 c). In der Literatur wird vorgeschlagen, den darin zum Ausdruck kommenden Rechtsgedanken auch auf andere Gesellschaften zu übertragen, bei denen alle Gesellschafter geschäftsführungsgefugt sind.[2009]

1135

4. Näheres zum Inhalt

Wegen des erforderlichen Inhaltes kann grundsätzlich auf die Ausführungen zum Verschmelzungsbericht verwiesen werden, sodass hier nur noch die Besonderheiten darzustellen sind.[2010]

1136

a) Angaben zum Spaltungsvorhaben

Im Spaltungsbericht ist demgemäß das Spaltungsvorhaben in seiner Gesamtheit und in seinen wesentlichen Merkmalen darzulegen. Insbesondere sind sodann die momentane Ausgangs- und durch die Spaltung angestrebte Ziellage ausführlich nach Kenndaten zu beschreiben.[2011] Im Spaltungsbericht sind darüber hinaus, im Hinblick auf die gesamtschuldnerische Haftung der an einer Spaltung beteiligten Rechtsträger (§§ 133 ff.), auch Angaben zur Aufteilung der Einstands- und Haftungsrisiken auf die beteiligten Rechtsträger darzulegen. Insbesondere ist darzulegen, ob die Geschäftsführer die Einstands- und Haftungsrisiken vernünftig auf die beteiligten Rechtsträger aufgeteilt und für evtl. Ausgleichsmechanismen vorgesehen haben.[2012] Demgemäß ist darzulegen, welche Verbindlichkeiten des übertragenden Rechtsträgers der einzelne übernehmende Rechtsträger als Zuweisungsadressat und demnach als Hauptschuldner gemäß § 133 übernimmt.[2013] Im Hinblick auf die aus § 133 Abs. 1 S. 1 folgende gesamtschuldnerische Haftung für die vor dem Wirksamwerden der Spaltung begründeten Verbindlichkeiten folgt, dass eine bloße Auflistung der Verbindlichkeiten im Regelfall nicht ausreichend ist. Vielmehr ist im Spaltungsbericht auch die Bonität des jeweiligen Hauptschuldners zu erläutern und klarzustellen, ob eine Inanspruchnahme als Mithalter droht. Es wird hierbei als ausreichend angesehen, wenn man dargestellt wird, dass die Wirtschaftskraft der an der Spaltung beteiligten Rechtsträger ausreicht, die ihm jeweils im Innenverhältnis zugewiesene Verbindlichkeit auch zu erfüllen. In jedem Fall sind die Anteilsinhaber darüber zu informieren, dass die Gesellschaft nach § 133 Abs. 1 S. 2 verpflichtet ist, für die ihr zugewiesenen Sicherheiten Verbindlichkeiten zu leisten.

1137

b) Angaben zum Umtauschverhältnis

Nach dem Gesetzeswortlaut ist nur bei Aufspaltung und Abspaltung das Umtauschverhältnis der Anteilsinhaber zu erläutern und zu begründen. Dem liegt die gesetzgeberische Erwägung zugrunde, dass bei diesen Spaltungsformen die Anteilsinhaber ganz oder teil-

1138

2009 Insbesondere für eine GmbH, bei der alle Gesellschafter geschäftsführungsbefugt sind, siehe für weitere Einzelheiten die Darstellung im Rahmen der Verschmelzung unter Rdn. 139; ferner: Widmann/Mayer/*Mayer*, § 127 Rn. 74.
2010 Siehe oben Rdn. 134.
2011 Vgl. wegen der Einzelheiten: Lutter/Hommelhoff/*Hommelhoff/Schwab*, § 127 Rn. 117; Widmann/Mayer/*Mayer*, § 127 Rn. 14 ff.
2012 Lutter/Hommelhoff/*Schwab*, § 127 Rn. 20 ff.
2013 Widmann/Mayer/*Mayer*, § 127 Rn. 19.

weise neue Anteile erhalten, so dass die Frage nach dem Verhältnis zu ihrer bisherigen Beteiligung ggf. sich nach den Wertverhältnissen vor und nach der Spaltung stellt. Hier sollen die Angaben im Spaltungsbericht die Anteilsinhaber in die Lage versetzen, durch die Darlegung der Wertverhältnisse der beteiligten Rechtsträger eine Stichhaltigkeitskontrolle betreffend die vorgesehenen Umtauschverhältnisse durchzuführen.[2014] Insbesondere bei Mischspaltungen muss sodann auch die Ausgestaltung der Anteile oder Mitgliedschaften am übernehmenden Rechtsträger erläutert werden.[2015]

1139 Im Rahmen eines Ausgliederungsberichts hat der Gesetzgeber Angaben über das Umtauschverhältnis für entbehrlich gehalten, weil die Ausgliederung die Anteile bzw. die Mitgliedschaftsrechte am übertragenden Rechtsträger nicht unmittelbar und nicht aktuell berührt. Dies mag im Rahmen einer Ausgliederung zur Neugründung zutreffend sein, bei der Ausgliederung zur Aufnahme, wenn am übernehmenden Rechtsträger Dritte oder die Anteilsinhaber des übertragenden Rechtsträgers an einem abweichenden Beteiligungsverhältnis beteiligt sind, überzeugt dies nicht. In diesem Fall ist es vielmehr für die Anteilsinhaber des übertragenden Rechtsträgers durchaus von Bedeutung, wie viele Anteile des übernehmenden Rechtsträgers dem übertragenden Rechtsträger gewährt werden.[2016] Ergänzend wird zudem in der Literatur teilweise eine nachträgliche Berichtspflicht dann bejaht, wenn der übertragende Rechtsträger beabsichtigt, die im Wege der Ausgliederung erworbenen Anteile anschließend auf einen Dritten oder einen Teil seiner Anteilsinhaber zu übertragen. Dies wird damit begründet, dass die beiden getrennten Schritte i.E. zu einer nichtverhältniswahrenden Abspaltung führen würden.[2017]

5. Informationen der Anteilsinhaber

1140 Auf welche Weise den beteiligten Anteilsinhabern Kenntnis vom Spaltungsbericht gewährt werden muss, ist rechtsformspezifisch geregelt. Insoweit verweisen die §§ 125, 135 auf die Vorschriften des Verschmelzungsrechtes. Der Spaltungsbericht ist bei Beteiligung einer Personenhandelsgesellschaft oder einer GmbH den Gesellschaftern mit der Einberufung der Gesellschafterversammlung, die über die Spaltung beschließen soll spätestens zu übersenden und zur Einsichtnahme auszulegen (§ 125 i.V.m. 42, 47, 49). Bei einer AG, KGaA, Genossenschaft, ist die Auslegung in den Räumen der Gesellschaft und die Zusendung auf Verlangen des Mitgliedes vorgesehen (§§ 125, 63 Abs. 1 Nr. 4, 78, 82 Abs. 1 Nr. 1 S. 1, 112 Abs. 1 S. 1). Sind die Aktionäre namentlich bekannt und erfolgt die Einberufung der Hauptversammlung per eingeschriebenen Brief, kann der Spaltungsbericht auch der Einladung beigefügt werden, in diesem Fall entfällt die Auslegung.[2018] Wegen der näheren Einzelheiten kann auf die Ausführungen zum Verschmelzungsbericht verwiesen werden.[2019]

6. Grenzen der Berichtspflicht/Fehlerhafte Berichte

1141 Wie bei einem Verschmelzungsbericht brauchen bei einem Spaltungsbericht nicht solche Tatsachen aufgenommen werden, die geeignet sind, einem beteiligten Rechtsträger oder einem verbundenen Unternehmen Nachteile zuzufügen. Wegen der näheren Einzelheiten wie auch zu Mängeln des Spaltungsberichts und den Folgen derartiger Mängel kann verwiesen werden auf die Ausführungen zum Verschmelzungsrecht (vgl. Rdn. 143 ff.).

2014 Widmann/Mayer/*Mayer*, § 127 Rn. 28; OLG Karlsruhe AG 1990, 35, 36.
2015 *Stoye-Benk*, Handbuch Umwandlungsrecht, Rn. D 212.
2016 Vgl. Widmann/Mayer/*Mayer*, § 127 Rn. 7; Lutter/Hommelhoff/*Schwab*, § 127 Rn. 28; Schmitt/Hörtnagl/Stratz/*Hörtnagl*, § 127 Rn. 9 ff.
2017 Vgl. Lutter/*Hommelhoff/Schwab*, § 127 Rn. 28.
2018 Widmann/Mayer/*Mayer*, § 127 Rn. 11.
2019 Rdn. 141.

V. Spaltungsprüfung (nur Auf- und Abspaltung)

1. Allgemeines

Hinsichtlich der Spaltungsprüfung verweist § 125 auf die §§ 9 ff. Demgemäß ist der Spaltungsvertrag/-plan oder sein Entwurf bei der Auf- und Abspaltung durch einen oder mehrere Sachverständige (Spaltungsprüfer) zu prüfen. Bei der Ausgliederung ist eine Spaltungsprüfung nach § 125 S. 2 nicht erforderlich. Der Umfang der Prüfung richtet sich gemäß §§ 125, 9 ff. nach den rechtsformspezifischen Besonderheiten. Für eine Personenhandelsgesellschaft ist eine Prüfung nur vorgeschrieben auf Verlangen eines Gesellschafters, falls der Gesellschaftsvertrag beim Spaltungsbeschluss eine Mehrheitsentscheidung zulässt (für die Personenhandelsgesellschaft §§ 125, 44, 43 Abs. 2 bzw. für die Partnerschaftsgesellschaft §§ 45 g S. 2, 45 d Abs. 2). Für eine GmbH ist eine Spaltungsprüfung nur vorgeschrieben, wenn dies ein Gesellschafter innerhalb einer Frist von einer Woche verlangt (§§ 125, 48). Für eine AG/KGaA (§§ 125, 60, 78), eingetragene Genossenschaft (§§ 125, 81) und auch einen wirtschaftlichen Verein (§§ 125, 100) ist eine Spaltungsprüfung jeweils stets vorgeschrieben. Für einen eingetragenen Verein ist dieser nur auf schriftliches Verlangen von mindestens 10 % der Mitglieder (§§ 125, 100). Wegen der Einzelheiten kann auf die Ausführungen zur Verschmelzungsprüfung verwiesen werden.[2020]

2. Entbehrlichkeit

Eine Spaltungsprüfung ist jedoch nicht erforderlich, wenn der übernehmende Rechtsträger alle Anteile des übertragenden Rechtsträgers hält oder alle Anteilsinhaber aller beteiligten Rechtsträger durch notariell beurkundete Erklärung verzichten (§§ 125, 9 Abs. 3 i.V.m. § 8 Abs. 3).[2021]

Jedoch gilt bei der Spaltung nicht die Vorschrift des § 9 Abs. 2. Demgemäß besteht keine allgemeine Befreiung von der Spaltungsprüfung bei der Auf- bzw. Abspaltung von einer Tochtergesellschaft auf eine Muttergesellschaft. Die Gesetzesmotive nennen als Begründung hierfür, es komme bei Auf- und Abspaltung stets zu einem Anteilstausch, der eine Prüfung erforderlich machen könne.[2022] In der Literatur wird insoweit eingewandt, dass es bei Spaltungen innerhalb eines Konzerns in bestimmten Konstellationen eine Anteilsgewährung unzulässig ist. In diesen Konstellationen mache eine Spaltungsprüfung keinen Sinn, so dass entgegen dem Wortlaut des § 125 S. 1 dann § 9 Abs. 2 entsprechend anzuwenden sei.[2023] In der Praxis wird in diesen Fällen regelmäßig ein Verzicht in Frage kommen.

VI. Spaltungsbeschluss und besondere Zustimmungserfordernisse

1. Entsprechende Anwendung der Verschmelzungsvorschriften

Hinsichtlich des Spaltungsbeschlusses gelten aufgrund der Generalverweisung des § 125 auch für die Spaltung die §§ 13–15 mit der Sonderregelung des § 128 für die nichtverhältniswahrende Spaltung.[2024] Demgemäß werden Spaltungsvertrag bzw. Spaltungsplan erst wirksam, wenn die Anteilsinhaber der beteiligten Rechtsträger durch Beschluss zuge-

---

2020 Rdn. 155 ff.
2021 Siehe oben Rdn. 175; speziell zur Spaltungsprüfung siehe auch Widmann/Mayer/*Fronhöfer*, § 125 Rn. 35 ff.; Schmitt/Hörtnagl/Stratz/*Hörtnagl*, § 125 Rn. 12 ff.; *Limmer*, Handbuch Umwandlung Rn. 1709 ff.; *Ittner*, MittRhNotK 1997, 105, 112.
2022 Nachweise bei *Limmer*, Handbuch Umwandlung Rn. 1711. In diesen Fällen bleibt sodann die Möglichkeit eines Verzichts zu prüfen, §§ 125 S. 1, 9 Abs. 3.
2023 Widmann/Mayer/*Fronhöfer*, § 125 Rn. 45; Schmitt/Hörtnagl/Stratz/*Hörtnagl*, § 13 ff. mit Beispielen; a.A. *Geck*, DStR 1995, 416, 418.
2024 Rdn. 176 ff.; speziell zum Spaltungsbeschluss siehe auch *Limmer*, Handbuch Umwandlung Rn. 1719 ff.; Widmann/Mayer/*Fronhöfer*, § 125 Rn. 51 ff.; Lutter/*Priester*, § 128 Rn. 1 ff.

stimmt haben (§§ 125, 13 Abs. 1 S. 1). Das zwingende Beschlusserfordernis besteht sowohl bei der übertragenden als auch bei der aufnehmenden Gesellschaft. Grundsätzlich kann die Zustimmung bereits vor Abschluss des Spaltungsvertrages durch Einwilligung bzw. hiernach durch Genehmigung erfolgen. Bei Konzernverschmelzungen ist §§ 125 S. 1, 62 Abs. 1 zu beachten: Befinden sich mindestens 90 % des Grundkapitals an der übertragenden Kapitalgesellschaft in der Hand einer übernehmenden Aktiengesellschaft, so ist gemäß § 62 Abs. 1 ein Beschluss der übernehmenden Aktiengesellschaft zur Aufnahme der übertragenden Gesellschaft nicht nötig.[2025]

2. Vorbereitung und Modalitäten der Beschlussfassung

1146 Hinsichtlich der Vorbereitung der Beschlussfassung und der Information der Anteilsinhaber gelten die allgemeinen rechtsformspezifischen Regelungen. Bei Personengesellschaften ist §§ 125, 42, bei Partnerschaftsgesellschaften §§ 125, 45c, bei GmbH §§ 125, 47 und bei AG/KGaA die §§ 124, 61, 63, zu beachten.[2026] Hinsichtlich der Einberufung gelten die Regelung des jeweiligen Gesellschaftsvertrages. Sind solche nicht vorhanden, so gelten bei Kapitalgesellschaften die gesetzlichen Fristen; bei Personengesellschaften ist eine angemessene Frist einzuhalten.[2027]

1147 Für den Spaltungsbeschluss selbst gilt nach h.M. der Grundsatz des Versammlungserfordernisses, sodass ein Beschluss im Umlaufverfahren oder durch ein anderes Organ unzulässig ist.[2028] Hinsichtlich der für die Spaltungsbeschlüsse erforderlichen Mehrheiten gelten die gleichen rechtsformspezifischen Regelungen wie im Rahmen der Verschmelzung:[2029] Soweit der Gesellschaftsvertrag keine höheren Anforderungen stellt sind daher bei GmbH (§§ 125, 50 Abs. 1), AG (§§ 125, 65 Abs. 1), Genossenschaft (§§ 125, 84) und rechtsfähigen Vereinen jeweils drei Viertel der abgegebenen Stimmen bzw. des vertretenen Grundkapitals erforderlich. Bei Personengesellschaften ist ein einstimmiger Beschluss aller Gesellschafter erforderlich, sofern nicht der Gesellschaftsvertrag geringere Anforderungen stellt (§§ 125, 43 Abs. 2).[2030]

3. Nichtverhältniswahrende Spaltung

1148 Besondere Zustimmungserfordernisse gelten bei einer nichtverhältniswahrenden Spaltung. Hierbei werden bei einer Abspaltung oder Aufspaltung die Anteile bzw. Mitgliedschaften der übernehmenden Rechtsträger den Anteilsinhabern des übertragenden Rechtsträgers nicht in dem Verhältnis zugeteilt, das ihren Beteiligungen an dem übertragenden Rechtsträger entspricht. Eine nichtverhältniswahrende Spaltung kann es bei einer Ausgliederung nicht geben, da hier ohnehin alle Anteile dem übertragenden Rechtsträger selbst gewährt werden.

1149 Eine nichtverhältniswahrende Spaltung zur Neugründung liegt vor, wenn die zahlenmäßigen Beteiligungsquoten beim neuen Rechtsträger mit denjenigen beim übertragenden Rechtsträger nicht übereinstimmen.[2031] Bei einer Spaltung zur Aufnahme kommt es auf die rechnerische Quote an den vom übernehmenden Rechtsträger als Gegenleistung für das übertragene

---

2025 Siehe wegen des Verfahrens und der weiteren Anforderungen die Ausführungen unter Rdn. 176 sowie Widmann/Mayer/*Fronhöfer*, § 125 Rn. 52.
2026 *Limmer*, Handbuch Umwandlung Rn. 1725ff; Siehe für Einzelheiten die Darstellung die Darstellung im Rahmen der Verschmelzung, Rdn. 178.
2027 Lutter/*Priester*, § 128 Rn. 5; *Limmer*, Handbuch Umwandlung Rn. 1729.
2028 Für alle weiteren Fragen siehe die Darstellung zur Verschmelzung Rdn. 177.
2029 Für alle weiteren Fragen siehe die Darstellung zur Verschmelzung Rdn. 176.
2030 Siehe oben Rdn. 180.
2031 Widmann/Mayer/*Mayer*, § 128 Rn. 30; Lutter/*Priester*, § 128 Rn. 8; Schmitt/Hörtnagl/Stratz/*Hörtnagl*, § 128 Rn. 2ff.

Vermögen gewährten Anteilen an (§ 128 S. 2). Gemessen an der Quote bei der übertragenden Gesellschaft sind deren Gesellschafter bei der übernehmenden Gesellschaft prozentual notwendig geringer beteiligt, weil sie neben deren bisherigen Anteilsinhaber treten.

§ 128 regelt alleine das Verhältnis der Anteilseigner beim übertragenden Rechtsträger **1150** untereinander und nicht, ob die Anteilsinhaber des übertragenden Rechtsträgers bei der Spaltung zur Aufnahme insgesamt im Vergleich zu den bereits vorhandenen Anteilseignern des übernehmenden Rechtsträgers wertmäßig zutreffend behandelt werden. Dies ist eine Frage des Umtauschverhältnisses und nicht des § 128.[2032] Auch kommt § 128 nur zur Anwendung bei einer Verschiebungen der Beteiligungsquote. Sonstige Abweichungen fallen nicht darunter, etwa die Ausgabe stimmrechtsloser Anteile am übernehmenden Rechtsträger anstelle von stimmberechtigten beim übertragenden Rechtsträger. Insoweit bleibt es beim Zustimmungserfordernis jedes der betroffenen Gesellschafter.[2033] Ferner liegt keine nichtverhältniswahrende Spaltung vor, wenn die von dem bisherigen Beteiligungsverhältnis abweichende Aufteilung der Anteile durch bare Zuzahlungen i.S.v. §§ 125, 54, 68 Abs. 3 ausgeglichen werden. Diese baren Zuzahlungen sind auf einen Spitzenausgleich beschränkt und gewähren daher einen ausreichenden Schutz für die Anteilsinhaber.[2034]

In manchen Fällen werden im Rahmen einer nichtverhältniswahrenden Spaltung **1151** Gegenleistungen der begünstigten Gesellschafter an die benachteiligten Gesellschafter erfolgen. Solche Ausgleichsleistungen untereinander sind grundsätzlich zulässig und gerade bei der Trennung von Gesellschaftergruppen erforderlich. Solche Ausgleichsleistungen stellen auch nicht bare Zuzahlungen i.S.v. §§ 125, 54 Abs. 4, 68 Abs. 3 dar, da sich nicht Leistungen des übernehmenden Rechtsträgers sind. Demgemäß unterliegen sie auch keiner betragsmäßigen und prozentualen Beschränkung.[2035]

Ein Spaltungsvertrag, der eine nichtverhältniswahrende Spaltung im vorstehenden **1152** Sinne zum Gegenstand hat, wird nur wirksam, wenn ihm alle Anteilsinhaber des übertragenden Rechtsträgers zustimmen. Die Zustimmung bloß der benachteiligten Gesellschafter ist mithin nicht ausreichend. Für den Spaltungsbeschluss bedeutet die Bestimmung, dass der Spaltungsbeschluss nur einstimmig gefasst werden kann. Darüber hinaus müssen etwa nicht erschienene Anteilsinhaber ihre Zustimmung in notariell beurkundeter Form erklären (§§ 125, 13 Abs. 3 S. 1), bis dahin ist der Beschluss unwirksam. Das Ausbleiben der Zustimmung führt zur Unwirksamkeit des Spaltungsvertrages, bewirkt also nicht die innerhalb der Monatsfrist des § 14 Abs. 1 geltend zu machende Anfechtbarkeit des Spaltungsbeschlusses.[2036] Auch nicht stimmberechtigte Anteilsinhaber und Nießbrauchberechtigte sowie Pfandrechtsinhaber müssen zustimmen, da ein Eingriff in den Kernbereich stattfindet und ihr dingliches Recht beeinträchtigt wird.[2037]

Ob ein Anteilsinhaber zustimmt oder nicht, dürfte grundsätzlich allein seinem unbe- **1153** schränkten Ermessen liegen. Eine Pflicht zur Zustimmung kann allenfalls unter den sehr engen Voraussetzungen der gesellschaftsrechtlichen Treuepflicht bestehen.[2038]

Auf Seiten des übernehmenden Rechtsträgers ergeben sich bei einer verhältniswahren- **1154** den Spaltung keine Besonderheiten. Die Rechtsstellung der Anteilsinhaber des übernehmenden Rechtsträgers wird durch die nichtverhältniswahrende Spaltung rechtlich nicht tangiert. Insoweit gelten für den Spaltungsbeschluss die allgemeinen Vorschriften.

2032 Lutter/*Priester*, § 128 Rn. 9; Widmann/Mayer/*Mayer*, § 128 Rn. 43; Schmitt/Hörtnagl/Stratz/*Hörtnagl*, § 128 Rn. 8.
2033 Lutter/*Priester*, § 128 Rn. 10.
2034 Widmann/Mayer/*Mayer*, § 128 Rn. 34; Schmitt/Hörtnagl/Stratz/*Hörtnagl*, § 128 Rn. 21; zweifelnd: Lutter/*Priester*, § 128 Rn. 11; Kallmeyer, § 128 Rn. 2.
2035 Lutter/*Priester*, § 128 Rn. 16; Schmitt/Hörtnagl/Stratz/*Hörtnagl*, § 128 Rn. 26.
2036 Widmann/Mayer/*Mayer*, § 128 Rn. 26; Lutter/*Priester*, § 128 Rn. 20; Schmitt/Hörtnagl/Stratz/*Hörtnagl*, § 128 Rn. 29.
2037 Lutter/*Priester*, § 128 Rn. 18; Schmitt/Hörtnagl/Stratz/*Hörtnagl*, § 128 Rn. 29.
2038 Lutter/*Priester*, § 128 Rn. 19; Schmitt/Hörtnagl/Stratz/*Hörtnagl*, § 128 Rn. 30.

4. Zustimmung einzelner Gesellschafter und sonstige Zustimmungserfordernisse

1155 Da § 125 S. 1 auf das Verschmelzungsrecht verweist, gelten bei der Spaltung die gleichen Minderheitenschutzvorschriften wie bei der Verschmelzung.[2039] Demgemäß besteht ein Zustimmungserfordernis der betroffenen Anteilsinhaber nach §§ 125, 13 Abs. 2 (Anteilsinhaber eines übertragenden Rechtsträgers zu deren Gunsten die Anteile an diesem vinkuliert sind),[2040] §§ 125, 50 Abs. 2 (Gesellschafter der übertragenden GmbH, deren satzungsmäßige Minderheitenrechte oder Geschäftsführungsrechte durch die Spaltung beeinträchtigt werden),[2041] §§ 125, 51 Abs. 1 S. 1 bis 2 (Zustimmung der Anteilsinhaber der übertragenden Gesellschafter bei nicht voll eingezahlten Geschäftsanteilen der übernehmenden Gesellschaft), §§ 125, 51 Abs. 1 S. 3 (Zustimmung der Anteilsinhaber der übernehmenden Gesellschaft bei nicht voll eingezahlten Geschäftsanteilen der übertragenden Gesellschaft),[2042] §§ 125, 51 Abs. 2 (Zustimmung bei fehlender proportionaler Beteiligungsmöglichkeit bei Übertragungen von AG/KGaA auf GmbH),[2043] §§ 65 Abs. 6 S. 2 (Sonderbeschluss nach Aktiengattungen)[2044] sowie §§ 125, 78 S. 3 (Zustimmung des persönlich haftenden Gesellschafters einer KGaA).[2045]

1156 Die nach dem Umwandlungsgesetz erforderlichen Zustimmungserklärungen einzelner Anteilsinhaber sind notariell zu beurkunden (§§ 125, 13 Abs. 3 S. 1), und zwar nach den §§ 8 ff. BeurkG als Willenserklärungen; die reine Stimmabgabe oder die Protokollierung als Tatsachenprotokoll im Sinne von §§ 36 ff BeurkG reicht nicht aus.[2046]

1157 § 133 Abs. 2 ergänzt ferner den Schutz von Inhabern von Sonderrechten. Grundsätzlich sind auch bei der Spaltung von Inhabern von Rechten an einer übertragenden Gesellschaft, die keine Stimmrechte gewähren, insbesondere bei Inhabern von Anteilen ohne Stimmrecht, von Wandelschuldverschreibungen, von Gewinnschuldverschreibungen und von Genussrechten, gleichwertige Rechte an der übernehmenden Gesellschaft zu gewähren. § 133 Abs. 2 bestimmt darüber hinaus, dass zum einen für die Erfüllung dieser Verpflichtung alle an der Spaltung beteiligten Gesellschaften als Gesamtschuldner haften. Bei Abspaltung und Ausgliederung können die gleichwertigen Rechte auch an der übertragenden Gesellschaft gewährt werden.[2047]

5. Form

1158 Der Spaltungsbeschluss bedarf nach §§ 125, 13 Abs. 1 der notariellen Beurkundung und zwar einschließlich der ggf. erforderlichen Zustimmungserklärungen nicht erschienener Gesellschafter. Dem Beschluss ist der Spaltungsvertrag oder sein Entwurf beizufügen.[2048]

VII. Verzichtsmöglichkeiten

1159 Da die meisten Vorschriften des Umwandlungsgesetzes dem Schutz der Anteilsinhaber dienen, ist ein Verzicht in weitem Umfang zulässig. So können die Anteilsinhaber verzichten auf den Spaltungsbericht, die Spaltungsprüfung und den Spaltungsprüfungsbericht (§§ 125, 8 Abs. 3, 9 Abs. 3, 12 Abs. 3), auf eine Klage gegen die Wirksamkeit des Spaltungsbeschlusses (§§ 125, 16 Abs. 2 S. 2), auf ein Barabfindungsangebot i.S.d. §§ 125, 29 ff., auf

---

[2039] Für alle weiteren Fragen siehe die Darstellung zur Verschmelzung Rdn. 191 ff.
[2040] Siehe oben Rdn. 191.
[2041] Siehe oben Rdn. 193, 337 ff.
[2042] Siehe oben Rdn. 193, 342 ff.
[2043] Siehe oben Rdn. 361.
[2044] Siehe oben Rdn. 390.
[2045] Siehe oben Rdn. 444.
[2046] *Ittner*, MittRhNotK 1997, 105, 110, 111; Widmann/Mayer/*Heckschen*, § 13 Rn. 232.
[2047] *Limmer*, Handbuch Umwandlung, Rn. 1739.
[2048] Lutter/*Priester*, § 128 Rn. 7; *Limmer*, Handbuch Umwandlung, Rn. 1737. Siehe oben Rdn. 187 ff.

die Prüfung einer Barabfindung und den Barabfindungsprüfungsbericht (§§ 125, 30 Abs. 2 S. 3). Die Verzichtserklärungen sind notariell zu beurkunden.[2049]

Formulierungsbeispiel: 1160 M
»Die erschienenen Gesellschafter erklärten: Wir verzichten auf die Erstattung eines Spaltungsberichtes, die Prüfung der Spaltung sowie auf die klageweise Anfechtung der Wirksamkeit der vorstehenden Beschlüsse und die Unterbreitung eines Barabfindungsangebots.«

Nach allgemeinen Vorschriften können die Anteilsinhaber darüber hinaus auch verzichten auf die Bestimmung über die Vorabinformation, über die ordnungsgemäße Einladung zur Anteilsinhaberversammmlung und auf die Einhaltung der Bestimmungen über die formale Durchführung der Gesellschafterversammlung. Nach allgemeinen Vorschriften bedarf ein entsprechender Verzicht keiner Form, es empfiehlt sich hier eine Aufnahme in die Niederschrift.[2050] 1161

Formulierungsbeispiel: 1162 M
»Unter Verzicht auf sämtliche gesellschaftsvertraglichen und gesetzlichen Form- und Fristvorschriften hinsichtlich der Einberufung, Ankündigung und Durchführung einer Gesellschafterversammlung sowie auf Formalien nach dem Umwandlungsrecht, wird hiermit eine außerordentliche Gesellschafterversammlung abgehalten, die einstimmig wie folgt beschließt:«

VIII. Registeranmeldung

1. Entsprechende Anwendungen der Verschmelzungsvorschriften

Aufgrund der Verweisung in § 125 S. 1 gilt für das Registerverfahren § 16 Abs. 1 entsprechend, so dass auf die Ausführungen zur Verschmelzung verwiesen werden kann.[2051] § 129 stellt ergänzend klar, dass zur Anmeldung der Spaltung auch das Vertretungsorgan jeder der übernehmenden Rechtsträger berechtigt ist. Es gelten daher folgende Anmeldungspflichten: 1163

- Anmeldung der Spaltung zum Register des übertragenden Rechtsträgers, evtl. nebst Anmeldung der Kapitalherabsetzung/Satzungsänderung,
- Anmeldung der Spaltung zum Register des übernehmenden Rechtsträgers ggf. nebst Anmeldung der Kapitalerhöhung/Satzungsänderungen bzw. Anmeldung der Spaltung beim Register des neu gegründeten Rechtsträgers.

Eine Reihenfolge der Anmeldung ist nicht vorgeschrieben, sondern nur die der Eintragungen (§ 130). Die Anmeldung beim übertragenden Rechtsträger muss innerhalb der 8-Monatsfrist zu § 17 Abs. 2 S. 4 nach dem Stichtag der Schlussbilanz eingehen. 1164

Nach §§ 125, 16 Abs. 1 S. 1 hat die Anmeldung durch die Vertretungsorgane der beteiligten Rechtsträger zu erfolgen. Bei Kapitalgesellschaften sind der Vorstand bzw. der Geschäftsführer jeweils in vertretungsberechtigter Zahl hierzu berufen, unechte Gesamtvertretung ist zulässig.[2052] Bei der AG muss der Aufsichtsratsvorsitzende mit anmelden (§§ 184 Abs. 1, 188 Abs.1 AktG). Im Falle einer OHG oder KG erfolgt die Anmeldung durch die persönliche haftenden Gesellschafter.[2053] 1165

2049 *Ittner*, MittRhNotK 1997, 105, 121.
2050 *Ittner*, MittRhNotK 1997, 105, 121.
2051 Siehe oben Rdn. 195 ff.
2052 Lutter/*Priester*, § 129 Rn. 3; *Limmer*, Handbuch Umwandlung, Rn. 1568.
2053 *Limmer*, Handbuch Umwandlung, Rn. 1768.

4. Kapitel Umwandlungen

1166 Gemäß §§ 125, 16 Abs. 2 besteht die Pflicht zur Abgabe einer sog. Negativerklärung auch für den Fall der Spaltung. Dementsprechend haben die Vertretungsorgane zu erklären, dass eine Klage gegen die Wirksamkeit eines Spaltungsbeschlusses nicht oder nicht fristgerecht erhoben oder eine solche Klage rechtskräftig abgewiesen oder zurückgenommen worden ist. Die Erklärung muss die Beschlüsse aller am Spaltungsvorgang beteiligten Rechtsträger umfassen. Sie wird regelmäßig mit der Handelsregisteranmeldung selbst abgegeben, sie kann aber auch separat erfolgen.[2054]

1167 Ist mit der Spaltung eine Kapitalherabsetzung beim übertragenden bzw. eine Kapitalherabsetzung beim übernehmenden Rechtsträger verbunden, so ist zwar nicht erforderlich, aber ratsam diese Kapitalmaßnahmen und die Spaltung in einer Urkunde anzumelden. Erfolgt die Anmeldung separat, so sollte eine entsprechender Hinweis in die Anmeldung aufgenommen werden.[2055]

2. Einzelheiten zur Anmeldung hinsichtlich des übertragenden Rechtsträgers

a) Gegenstand der Anmeldung

1168 Angemeldet wird die Spaltung an sich, nicht der Spaltungsvertrag oder die Spaltungsbeschlüsse.[2056] Dabei sind Firma und Sitz der beteiligten Rechtsträger zu nennen. Die Anmeldung muss erkennen lassen, ob es sich um eine Aufspaltung oder eine Abspaltung oder eine Ausgliederung handelt. Weitere Angaben sind nicht notwendig, empfohlen wird eine kurze Bezeichnung des übertragenen Vermögensteils.[2057] Ferner ist eine Erklärung nach §§ 125, 16 Abs. 2 abzugeben. Sofern mit der Spaltung Satzungsänderungen, insbesondere Kapitaländerungen oder eine Änderung des Unternehmensgegenstandes verbunden sind, ist dies nach allgemeinen Grundsätzen bei der betroffenen Gesellschaft auch anzumelden.[2058]

b) Weitere Erklärungen

1169 Sofern kein Betriebsrat existiert, ist ferner eine entsprechende Erklärung in die Anmeldung aufzunehmen. Bei einer übertragenden Kapitalgesellschaft (GmbH/AG/KGaA) ist ferner eine Erklärung nach § 140 bzw. 146 Abs. 1 abzugeben.[2059] Bei einer übertragenden Genossenschaft ist die Erklärung nach § 148 Abs. 1 abzugeben.[2060] Ist eine GmbH beteiligt, auf deren Geschäftsanteile nicht alle zu leistenden Einlagen in voller Höhe bewirkt sind, ist ferner eine Erklärung nach §§ 125, 52 Abs. 1, 62 Abs. 3 S. 5 abzugeben.[2061]

c) Anlagen (§§ 125, 17)

1170 Wegen § 125 gilt hinsichtlich der einzureichenden Unterlagen auch für die Spaltung der Katalog des § 17.[2062]

1171 Demnach sind der Anmeldung folgende Anlagen beizufügen:
- Spaltungsvertrag bzw. Spaltungsplan,
- Zustimmungsbeschlüsse, einschließlich etwa erforderliche Zustimmungen nicht erschienener Anteilsinhaber; vorzulegen ist die Zustimmung aller beteiligten Rechtsträger zu jeder Anmeldung,

---

2054 *Limmer*, Handbuch Umwandlung Rn. 1775; Lutter/*Priester*, § 129 Rn. 8; Widmann/Mayer/ *Schwarz*, § 129 Rn. 5.1.
2055 Widmann/Mayer/*Schwarz*, § 129 Rn. 11.1.
2056 Siehe oben Rdn. 198.
2057 Lutter/*Priester*, § 129 Rn. 6.
2058 Lutter/*Priester*, § 129 Rn. 6.
2059 Siehe oben Rdn. 961 ff.
2060 Siehe unten Rdn. 1291.
2061 S. für Einzelheiten *Limmer*, Handbuch Umwandlung, Rn. 1776.
2062 S. hierzu im Einzelnen oben Rdn. 211.

- (soweit erforderlich) Spaltungsbericht oder Abschrift der Niederschrift über die Verzichtserklärungen, jeweils nur für den Rechtsträger, für den die Anmeldung erfolgt,
- (soweit erforderlich) Spaltungsprüfungsbericht bzw. Abschrift der Niederschrift über die Verzichtserklärungen, nur für den Rechtsträger, für den die Anmeldung erfolgt,
- Nachweise über die Zuleitung des Entwurfes bzw. Abschrift des Vertrages an den vorstehenden Betriebsrat, bezogen auf den Rechtsträger, bei dem die Anmeldung erfolgt (falls ein solcher nicht besteht, ist eine entsprechende Erklärung in die Anmeldung aufzunehmen),
- Schlussbilanz des übertragenden Rechtsträgers, die auf den Stichtag höchstens 8 Monate vor Eingang der Anmeldung aufgestellt sein darf.

Weitere beizufügende Unterlagen können sich rechtsformspezifisch ergeben. So etwa kann bei einer GmbH eine berichtigte Gesellschafterliste nach §§ 125, 52 Abs. 2 erforderlich sein.[2063] Bei Beteiligung einer Genossenschaft ist zudem das Prüfungsgutachten nach §§ 125, 86 beizufügen.[2064] **1172**

d) Vereinfachte Kapitalherabsetzung

Erfolgt eine vereinfachte Kapitalherabsetzung zur Durchführung der Abspaltung (und in seltenen Fällen auch zur Durchführung der Ausgliederung), so kann diese separat angemeldet werden, zumeist wird sie aber mit der Spaltung in einer Urkunde verbunden.[2065] Wegen der Vertretung der Gesellschaft, des Inhalts der Anmeldung und der beizufügenden Unterlagen kann verwiesen werden auf die rechtsformspezifischen Darstellungen.[2066] **1173**

3. Anmeldung zum Register des übernehmenden Rechtsträgers

a) Gegenstand der Anmeldung

Auch beim übernehmenden Rechtsträger ist anzumelden die Spaltung unter Angabe der Spaltungsart. Darüber hinaus ist eine Erklärung nach §§ 125, 16 Abs. 2 abzugeben. Sofern kein Betriebsrat besteht, ist eine entsprechende Erklärung aufzunehmen. **1174**

b) Weitere Erklärungen

Weitere Erklärungen können rechtsformspezifisch erforderlich sein. So können sich bei einer GmbH Erklärungspflichten aus §§ 125, 52 Abs. 1 wegen nicht voll eingezahlter Geschäftsanteile bzw. §§ 125, 62 Abs. 3 S. 5 bei einer AG ergeben. **1175**

c) Anlagen (§§ 125, 17)

Wegen § 125 gilt hinsichtlich der einzureichenden Unterlagen auch für die Spaltung der Katalog des § 17.[2067] Demnach sind der Anmeldung folgende Anlagen beizufügen: **1176**

- Spaltungsvertrages bzw. Spaltungsplan,
- Zustimmungsbeschlüsse, einschließlich etwa erforderliche Zustimmungen nicht erschienener Anteilsinhaber; vorzulegen ist die Zustimmung aller beteiligten Rechtsträger zu jeder Anmeldung,

---

2063 Zur Konkurrenz von §§ 125, 52 Abs. 2 und § 40 Abs. 2 S. 2 GmbHG siehe oben Rdn. 351.
2064 Dies gilt unabhängig davon, ob die Genossenschaft übertragender oder übernehmender Rechtsträger ist. Vgl. *Limmer*, Handbuch Umwandlung, Rn. 1780.
2065 Widmann/Mayer/*Mayer*, § 139 Rn. 57; *Ittner*, MittRhNotK 1997, 107, 123.
2066 S. für eine GmbH unten Rdn. 1219, für eine AG/KGaA Rdn. 1256.
2067 S. hierzu im Einzelnen oben Rdn. 211.

- (soweit erforderlich) Spaltungsbericht oder Niederschrift über die Verzichtserklärungen, jeweils nur für den Rechtsträger, für den die Anmeldung erfolgt,
- (soweit erforderlich) Spaltungsprüfungsbericht bzw. Niederschrift über die Verzichtserklärungen, nur für den Rechtsträger, für den die Anmeldung erfolgt,
- Nachweise über die Zuleitung des Entwurfes bzw. Abschrift des Vertrages an den vorstehenden Betriebsrat, bezogen auf den Rechtsträger, bei dem die Anmeldung erfolgt (falls ein solcher nicht besteht, ist eine entsprechende Erklärung in die Anmeldung aufzunehmen),

1177 Weitere Beifügungspflichten können sich rechtsformspezifisch ergeben:
- bei der übernehmenden GmbH berichtigte Gesellschafterliste nach §§ 125, 52 Abs. 2,
- bei der übernehmenden AG Bekanntmachung nach § 62 Abs. 3 S. 2 Anzeige des Treuhänders nach § 71 Abs. 1 S. 2.,[2068]
- bei Beteiligung einer Genossenschaft: Prüfungsgutachten der Genossenschaft nach § 86.

d) Kapitalerhöhung

1178 Erfolgt zur Durchführung der Spaltung eine Kapitalerhöhung, so kann diese Anmeldung separat erfolgen, in der Praxis wird diese jedoch zumeist mit der Anmeldung der Spaltung in einer Urkunde verbunden. Hinsichtlich der Anmeldung der Kapitalerhöhung, des Inhalts und der erforderlichen Unterlagen kann verwiesen werden auf die rechtsformspezifischen Darstellungen.[2069]

4. Anmeldung zum Register des neu gegründeten Rechtsträgers

a) Allgemeines

1179 Die Anmeldung des neuen Rechtsträgers erfolgt durch die Vertretungsorgane des übertragenden Rechtsträgers in vertretungsberechtigter Anzahl (§ 137 Abs. 1).[2070] Die Organe einer neuen Kapitalgesellschaft wirken nur im Hinblick auf die erforderlichen Inhabilitäts-Versicherungen nach §§ 8 Abs. 3 GmbHG bzw. 37 Abs. 2 AktG mit.

b) Gegenstand der Anmeldung

1180 Gegenstand der Anmeldung ist zum einen die Anmeldung des neuen Rechtsträgers unter Angabe, dass dieser im Wege der Neugründung durch Spaltung entstanden ist. Ferner ist eine Erklärung nach §§ 125, 16 Abs. 2 abzugeben. Sofern beim übertragenden Rechtsträger kein Betriebsrat besteht, ist eine entsprechende Erklärung aufzunehmen. Darüber hinaus sind die rechtsformspezifischen Besonderheiten der Anmeldung nach dem jeweiligen Gründungsrecht zu beachten.

1181 Streitig ist, ob bei einer Kapitalgesellschaft eine Versicherung über die Bewirkung und die freie Verfügbarkeit der Sacheinlagen entsprechend §§ 8 GmbHG bzw. 37 Abs. 1 S. 1 AktG abzugeben ist.[2071]

2068 Diese ist nur beizufügen bei der übernehmenden Gesellschaft: vgl. Widmann/Mayer/*Rieger*, § 62 Rn. 49.
2069 S. für eine GmbH unten Rdn. 1239, für eine AG Rdn. 1274.
2070 *Ittner*, MittRhNotK 1997, 105, 122; s. aber auch die abweichende Rechtslage bei der Ausgliederung aus dem Vermögen eines Einzelkaufmannes, unten Rdn. 1321.
2071 Für Erforderlichkeit: *Mayer*, DB 1995, 861; Widmann/Mayer/*Mayer*, § 135 Rn. 202; Widmann/Mayer/*Rieger*, § 76 Rn. 13; verneinend: *Limmer*, Handbuch Umwandlung, Rn. 1899; *Priester*, DNotZ 1995, 427, 452; *Ittner*, MittRhNotK 1997, 105, 123.

c) Anlagen

1182 Hinsichtlich der Anlagen gelten §§ 125, 36 Abs. 1, 17. Demgemäß sind beizufügen:

- Spaltungsplan (§§ 125, 36 Abs. 1, 17 Abs. 1);
- Spaltungsbeschluss der übertragenden Gesellschaft, einschließlich etwa erforderlicher Zustimmungen nicht erschienener Anteilsinhaber (§§ 125, 36 I, 17 Abs. 1);
- Negativerklärung nach §§ 125, 36 I, 16 Abs. 2 S. 1 (oder Klageverzichtserklärung nach §§ 125, 36 I, 16 Abs. 2 S. 2 oder Beschluss nach §§ 125, 36 I, 16 Abs. 3);
- (Soweit erforderlich) Spaltungsbericht/Spaltungsprüfungsbericht oder diesbezügliche Verzichtserklärung (§§ 127, 125, 36 Abs. 1, 17 Abs. 1);
- falls beim übertragenden Rechtsträger ein Betriebsrat existiert: Nachweis über die Zuleitung des Entwurfes (falls nicht, ist eine entsprechende Erklärung in die Anmeldung aufzunehmen;

1183 Die weiter vorzulegenden Anlagen ergeben sich aus dem jeweiligen Gründungsrecht, insoweit kann auf die nachfolgende Einzeldarstellung verwiesen werden.

5. Besonderheiten der Spaltungsbilanz

1184 Für alle Arten der Spaltung ist gemäß § 125 S. 1, 17 Abs. 2 eine Schlussbilanz des übertragenden Rechtsträgers aufzustellen und der Anmeldung beizufügen. Wegen der Einzelheiten der Spaltungsbilanz kann zunächst auf die Ausführungen zur Verschmelzungsbilanz verwiesen werden (vgl. oben Rdn. 214 ff.). Jedoch ordnet § 125 S. 1 lediglich eine entsprechende Anwendung der Verschmelzungsvorschriften an. Hieraus könnte man ableiten, dass die Verweisung auf § 17 Abs. 2 nur im Sinne einer Verpflichtung zur Erstellung und Einreichung einer sog. Spaltungsbilanz (Teilschlussbilanz) verstanden werden kann, in welcher nur das abzuspaltende Vermögen auszuweisen ist.[2072] Dies erscheint aus Gläubigersicht zweifelhaft, denn die Schlussbilanz i.S.d. § 17 Abs. 2 soll auch dem Gläubiger dienen, um eine Entscheidung über das Verlangen nach Sicherheitsleistung gemäß § 22 treffen zu können.[2073] Das IDW lässt daher in seiner Verlautbarung »Zweifelsfragen bei Spaltungen«[2074] eine Teilschlussbilanz für das übertragene Vermögen nur dann genügen, wenn zusätzlich eine Teilschlussbilanz auch für das verbleibende Vermögen beigefügt wird. Nach h.M. ist für alle Fälle der Spaltung die Einreichung von Gesamtbilanzen des übertragenden Rechtsträgers ausreichend und erforderlich. Eine Verpflichtung zur Einreichung von Teilschlussbilanzen besteht mithin nicht.[2075]

1185 Die Schlussbilanz eignet sich jedoch meist weder zu Konkretisierungs- noch zu Wertnachweiszwecken. Dies hat zur Folge, dass in der Praxis regelmäßig eine sog. Spaltungs-/Ausgliederungsbilanz aufgestellt wird, mit dieser kann sodann der Nachweis geführt werden, dass die als Gegenleistung gewährten Anteile durch ausreichendes Nettovermögen gedeckt sind.[2076] Für eine zur Beachtung des Bestimmtheitsgrundsatzes und als Wertnachweis beigefügte Spaltungsbilanz gilt die für die Schlussbilanz geltende Regelung des § 17 Abs. 2 nicht. Demzufolge greifen weder die 8-Monatsfristen noch die Vorschriften über die Jahresbilanz.

2072 Widmann/Mayer/*Mayer*, § 24 Rn. 163 ff.
2073 DNotI Gutachten zum Umwandlungsrecht Nr. 36, S. 262 ff. (insbesondere 277).
2074 WPG 1997, 437 sowie WPG 1998, 509.
2075 Kallmeyer/*Müller*, § 126 Rn. 23.
2076 Widmann/Mayer/*Mayer*, § 55 Rn. 60 ff.

4. Kapitel Umwandlungen

IX. Eintragung und Rechtsfolgen

1. Abfolge der Eintragungen

1186 Das Eintragungsverfahren bei einer Spaltung entspricht im Wesentlichen demjenigen der Verschmelzung.[2077] Da im Rahmen einer Spaltung – anders als im Rahmen einer Verschmelzung – auch mehrere übernehmende Rechtsträger vorhanden sein können, modifiziert § 130 die Reihenfolge der Eintragungen. Zudem tritt die Spaltungswirkung mit Eintragung der Spaltung in das Register des Sitzes des übertragenden Rechtsträgers ein (§ 131 Abs. 1).

1187 Soweit bei Kapitalgesellschaften Kapitalmaßnahmen zur Durchführung der Spaltung erforderlich sind (Kapitalherabsetzung bei der übertragenden bzw. Kapitalerhöhung bei der übernehmenden Gesellschaft), darf die Eintragung der Spaltung erst erfolgen, soweit die diesen Rechtsträger betreffende Kapitalmaßnahme zur Durchführung der Spaltung im Handelsregister eingetragen ist. Wirksam wird die Kapitaländerung aber erst mit Wirksamwerden der Spaltung, sodass bei Eintragung im Register klarzustellen ist, dass die Kapitalerhöhung bzw. Kapitalherabsetzung zur Durchführung der Spaltung erfolgt.[2078]

1188 Demgemäß schreibt das Gesetz folgende zwingende Abfolge der Eintragung vor:[2079]

– Eintragung der Kapitalherabsetzung bei der übertragenden Kapitalgesellschaft sowie – bei Spaltung zur Aufnahme – der Kapitalerhöhung bei der übernehmenden Kapitalgesellschaft bzw. – bei Spaltung zur Neugründung – der Neueintragung des neu gegründeten Rechtsträgers;
– Eintragung der Spaltung in den für jeden übernehmenden Rechtsträgern zuständigen Registern, jeweils mit dem Vorläufigkeitsvermerk gemäß § 130 Abs. 1 S. 2, dass die Spaltung erst mit der Eintragung in das Register des Sitzes des übertragenden Rechtsträgers wirksam wird;
– Eintragung der Spaltung in das zuständige Register des übertragenden Rechtsträgers. Nach der Eintragung der Spaltung im Register aller übernehmenden Rechtsträger ist die Spaltung gemäß § 130 Abs. 1 S. 1 im Register des Sitzes des übertragenden Rechtsträgers einzutragen. Gemäß § 130 Abs. 2 S. 1 ist von Amts wegen dem Registergericht des übernehmenden Rechtsträgers die Eintragung mitzuteilen sowie der Gesellschaftsvertrag und die Satzung des übertragenden Rechtsträgers zu übermitteln;
– Nach Eingang der Mitteilung des Registergerichtes des übertragenden Rechtsträgers wird das Datum der Eintragung im Register des übertragenden Rechtsträgers dort von Amts wegen vermerkt und anschließend werden die Unterlagen an das Registergericht des übernehmenden Rechtsträgers abgegeben. Der Vorläufigkeitsvermerk wird sodann gelöscht.

2. Folgen eines Verstoßes gegen Eintragungsreihenfolge

1189 Ein Verstoß gegen die zwingende Eintragungsreihenfolge hat nach der Eintragung der Spaltung in das Register am Sitz des übertragenden Rechtsträgers keine Auswirkungen. Wird die Spaltung zuerst dort eingetragen, so löst bereits diese Eintragung die Spaltungswirkung aus. Die Spaltung ist allerdings in das Register des übernehmenden Rechtsträgers nachträglich noch einzutragen.[2080] Streitig sind jedoch die Folgen einer fehlenden Voreintragung der ggf. notwendigen Kapitalerhöhung. Wurde die Spaltung beim übertragenden Rechtsträger vor der Eintragung der Kapitalerhöhung bei der übernehmenden Kapitalgesellschaft eingetragen, so ist nach einigen Literaturstimmen eine erneute Eintra-

---

2077 Siehe oben Rdn. 222 ff.
2078 Widmann/Mayer/*Fronhöfer*, § 130 Rn. 19; Schmitt/Hörtnagl/Stratz/*Hörtnagl*, § 130 Rn. 4 ff.
2079 *Limmer*, Handbuch Umwandlung Rdn. 1758 ff.; *Ittner*, MittRhNotK 1997, 105, 125; Schmitt/Hörtnagl/Stratz/*Hörtnagl*, § 130 Rn. 4.
2080 Schmitt/Hörtnagl/Stratz/*Hörtnagl*, § 130 Rn. 8; Lutter/*Priester*, § 130 Rn. 11.

gung der Spaltung beim übertragenden Rechtsträger erforderlich, weil die durch den Verstoß gegen die §§ 125, 53, 66 vorgenommene Eintragung der Spaltung beim übertragenden Rechtsträger von Amts wegen zu löschen sei.[2081] In gleicher Weise wird von diesen Literaturstimmen ein Verstoß gegen die Voreintragung der Kapitalherabsetzung der übertragenden Kapitalgesellschaft für beachtlich gehalten. Auch in diesem Fall bedürfe es einer Neuvornahme der Eintragung der Spaltung, sobald die Kapitalherabsetzung durchgeführt sei (s. die vorgenannten Stimmen). Gegen die von diesen Literaturstimmen geforderte Voreintragung der Kapitalmaßnahmen lässt sich jedoch zutreffenderweise einwenden, das § 133 Abs. 2 das Wirksamwerden der Spaltung nur an die Eintragung beim übertragenden Rechtsträger knüpft. Der Rechtsverkehr muss auf der Grundlage dieser Eintragung somit darauf vertrauen können, dass die Spaltung wirksam geworden ist. Für Dritte ist es auch nicht möglich zu erkennen, ob zur Durchführung der Spaltung Kapitalmaßnahmen der beteiligten Rechtsträger notwendig gewesen wären oder nicht. Für die Wirksamkeit der Spaltung hat somit die fehlende Voreintragung einer Kapitalmaßnahme keine Wirkung.[2082] Unbeschadet hiervon dürfte die Verpflichtung bestehen, die entsprechenden Kapitalmaßnahmen entsprechend den Bestimmungen des Spaltungsvertrages noch nachträglich eintragen zu lassen.

3. Eintragungsfolgen

a) Aufspaltung

Gemäß § 131 Abs. 1 Nr. 1 geht bei der Aufspaltung das gesamte Vermögen des übertragenden Rechtsträgers auf die übernehmenden oder neu gegründeten Rechtsträger entsprechend dem Spaltungsvertrag oder Spaltungsplan im Wege der partiellen Gesamtrechtsnachfolge über. Der übertragende Rechtsträger erlischt, ohne dass es einer besonderen Löschung bedarf (§ 131 Abs. 1 Nr. 2). Nicht zugeteilte Vermögenswerte gehen auf alle übernehmenden Rechtsträger in dem in § 131 Abs. 3 beschriebenen Verhältnis über.[2083]

1190

b) Abspaltung/Ausgliederung

Abweichend hiervon gehen bei einer Abspaltung oder Ausgliederung nur die übertragenen Vermögensteile einschließlich der übertragenen Verbindlichkeiten auf den übernehmenden Rechtsträger über. Der übertragende Rechtsträger besteht fort.

1191

c) Anteilserwerb

Spiegelbildlich zur Übertragung des Vermögens werden bei Auf- bzw. Abspaltung gemäß § 131 Abs. 1 Nr. 3 die Anteilsinhaber des übertragenden Rechtsträgers entsprechend der im Spaltungsvertrag vorgesehenen Aufteilung Anteilsinhaber der beteiligten Rechtsträger.[2084] Bei einer Ausgliederung wird der übertragende Rechtsträger entsprechend dem Ausgliederungs- und Übernahmevertrag Anteilsinhaber der übernehmenden Rechtsträger. Auch wenn dieser Anteilserwerb auf der entsprechenden Vereinbarung im Spaltungsvertrag bzw. Ausgliederungs- und Übernahmevertrag basiert und grundsätzlich die Aufteilung der Anteile der Parteienautonomie unterfällt, handelt es sich dennoch um einen gesetzli-

1192

2081 Widmann/Mayer/*Mayer*, § 139 Rn. 65 f.
2082 So Widmann/Mayer/*Fronhöfer*, § 130 Rn. 21; Schmitt/Hörtnagl/Stratz/*Hörtnagl*, § 130 Rn. 8; Lutter/*Priester*, § 130 Rn. 11.
2083 *Limmer*, Handbuch Umwandlung, Rn. 1799.
2084 Wie § 131 Abs. 1 Nr. 3 in der Neufassung klarstellt können anlässlich der Spaltung auch unmittelbar Anteile am übertragenden Rechtsträger übertragen werden, vgl. Schmitt/Hörtnagl/Stratz/*Hörtnagl*, § 131, Rn. 102; Lutter/*Teichmann* § 131 Rn. 5.

chen Erwerb. Berechtigter Anteilsinhaber ist der Anteilsinhaber zum Zeitpunkt des Wirksamwerdens der Spaltung, also der Eintragung im Handelsregister. Da der Spaltungsbeschluss keine Sperrwirkung entfaltet, können Anteile bis zur Eintragung nach den allgemeinen Grundsätzen übertragen werden.[2085]

1193 Nach § 131 Abs. 1 Nr. 3 S. 1 Hs. 2 ist bei Aufspaltung und Abspaltung jeweils ein Anteilserwerb ausgeschlossen, soweit der übernehmende Rechtsträger Anteilsinhaber des übertragenden Rechtsträgers sind. Dies gilt bei unmittelbarer als auch bei mittelbarer Beteiligung. Die Vorschrift entspricht inhaltlich § 20 Abs. 1 Nr. 3, so dass auf die dortigen Ausführungen verwiesen werden kann.[2086]

1194 Bestanden Rechte Dritter an den Anteilen oder Mitgliedschaften des übertragenden Rechtsträgers, so bestehen diese nach § 131 Abs. 1 Nr. 3 S. 2 fort. Nach h.M. gilt diese Erstreckung nach dem Prinzip der dinglichen Surrogation nicht nur bei der Aufspaltung, sondern auch bei der Abspaltung. Bei der Ausgliederung gilt diese Vorschrift nicht, da der übertragende Rechtsträger selbst, nicht aber dessen Anteilsinhaber, Anteile erhält. Die Surrogationsvorschrift gilt nur für dingliche Rechte an Anteilen, rein schuldrechtliche Beziehungen (Unterbeteiligung, stille Gesellschaft, Vorkaufsrecht) setzen sich nicht fort, insoweit ist eine erneute Vereinbarung erforderlich.[2087] Dies gilt nach h.M. auch für Treuhandverträge als rein schuldrechtliche Vereinbarungen.[2088]

d) Heilung von Beurkundungsmängeln

1195 Mit der Eintragung der Spaltung in das Register des übertragenden Rechtsträgers werden Mängel an der notariellen Beurkundung des Spaltungsvertrages und ggf. erforderlicher Zustimmungsverzichtserklärungen einzelner Anteilsinhaber gemäß § 131 Abs. 1 Nr. 4 geheilt. Die Vorschrift entspricht wörtlich der für die Verschmelzung geltenden Vorschrift des § 20 Abs. 1 Nr. 4. Gemäß § 131 Abs. 2 lassen Mängel der Spaltung die Wirkung der Eintragung unberührt.[2089] Aufgetretene Mängel berühren also nach Eintragung der Spaltung deren Wirksamkeit nicht mehr. Diese Regelung entspricht § 20 Abs. 2.[2090]

X. Besonderheiten bei der Spaltung von Personenhandelsgesellschaften (OHG; KG einschl. GmbH & Co. KG)

1. Allgemeines

a) Überblick

1196 Bei der Spaltung von Personenhandelsgesellschaften kann wegen § 125 S. 1 auf die Ausführungen zur Verschmelzung verwiesen werden, es bestehen insoweit keine spaltungsspezifischen Vorschriften.[2091]

2085 Lutter/*Teichmann*, § 131 Rn. 6; BayObLG NZG 2003, 829, 830.
2086 Rdn. 226 ff.
2087 Lutter/*Teichmann*, § 131 Rn. 11 ff.; Schmitt/Hörtnagl/Stratz/*Hörtnagl*, § 131 Rn. 107 ff.
2088 Schmitt/Hörtnagl/Stratz/*Hörtnagl*, § 131 Rn. 110; a.A. Lutter/*Teichmann*, § 131 Rn. 12 bzw. Rn. 13 für den Fall der offenen Treuhand.
2089 Wobei streitig ist, ob dessen ungeachtet Anfechtungs- und Nichtigkeitsklagen gegen den Spaltungsbeschluss zulässig sind (dafür OLG Stuttgart ZIP 2004, 1145; Widmann/Mayer/*Vossius*, § 131 Rn. 200; a.A. Lutter/*Teichmann* § 131 Rn. 15.
2090 Siehe Rdn. 233.
2091 Für die Personenhandelsgesellschaft als übertragenden Rechtsträger siehe insoweit Rdn. 251 ff., für die Personenhandelsgesellschaft als übernehmenden Rechtsträger siehe Rdn. 267 ff.; siehe zur Spaltung von Personenhandelsgesellschaften auch die Darstellungen von Semler/Stengel/ *Ihrig*, Anhang zu § 137; Lutter/*Teichmann*, Anhang zu § 137; Widmann/Mayer/*Mayer*, Vor §§ 138 ff. Rn. 4; *Limmer*, Handbuch Umwandlung, Rn. 1826 ff.; *Priester*, DStR 2005, 788; Gummert/*Arnold/Pathe*, Personengesellschaftsrecht, 2005, § 59 ff.; Beck'sches Handbuch der Personengesellschaften/*Bärwaldt/Wisniewski*, § 9 Ziffer D.

b) Spaltungsvertrag

Im Hinblick auf die Gestaltung des Spaltungsvertrages sind keine Besonderheiten zu beachten. Es kann insoweit auf die Ausführungen zum Verschmelzungsvertrag und insbesondere auf das Erfordernis der Mitbeurkundung des Gesellschaftsvertrages bei der Spaltung zur Neugründung einer Personenhandelsgesellschaft verwiesen werden.[2092]

1197

c) Spaltungsbericht (§ 127), Unterrichtung der Gesellschafter (§§ 125, 42) sowie Spaltungsprüfung (§§ 125, 44)

Ein Spaltungsbericht gemäß § 127 ist gemäß §§ 125 S.1, 41 für eine an der Spaltung beteiligte Personenhandelsgesellschaft dann nicht erforderlich, wenn alle Gesellschafter der Gesellschaft zur Geschäftsführung berechtigt sind.[2093] Darüber hinaus entfällt ein Spaltungsbericht dann, wenn alle Gesellschafter in einer notariellen Urkunde auf die Erstellung des Spaltungsberichtes verzichtet haben (§§ 127 S. 2, 8 Abs. 3) oder alle Anteile des übertragenden Rechtsträgers sich in der Hand des übernehmenden Rechtsträgers befinden (§§ 127 S. 2, 8 Abs. 3 S. 2 Hs. 2).[2094] Gemäß §§ 125, 42 sind bei der Spaltung unter Beteiligung von Personenhandelsgesellschaften der Spaltungsvertrag oder sein Entwurf und der Spaltungsbericht den Gesellschaftern, die von der Geschäftsführung ausgeschlossen sind, spätestens zusammen mit der Einberufung der Gesellschafter, die die Zustimmung zum Spaltungsvertrag beschließen sollen, zu übersenden. Eine Spaltungsprüfung ist dabei nach §§ 125, 44 nur im Falle des § 43 Abs. 2 erforderlich.[2095]

1198

d) Spaltungsbeschluss

Hinsichtlich des Spaltungsbeschlusses verweist § 125 auf die für die Verschmelzung geltende Vorschrift des § 43.[2096] Dieser muss somit grundsätzlich einstimmig erfolgen, wobei auch die notarielle beurkundete Zustimmung der nicht anwesenden bzw. nicht vertretenen Gesellschafter erforderlich ist. Abweichend hiervon kann der Gesellschaftsvertrag eine Dreiviertelmehrheit der abgegebenen Stimmen vorsehen.[2097]

1199

2. Personenhandelsgesellschaft als übertragender Rechtsträger

Einem persönlich haftenden Gesellschafter, der der Spaltung widerspricht, ist die Stellung eines Kommanditisten einzuräumen (§§ 135 Abs. 1 S. 1, 125, 43 Abs. 2 S. 3). Wird einem Kommanditisten bei der übernehmenden Gesellschaft nicht die Stellung eines beschränkt haftenden Gesellschafter eingeräumt, so ist seine Zustimmung erforderlich (§§ 135 Abs.1 S. 1, 125 S.1, 40 Abs. 2 S.2).[2098] Entsprechendes gilt für die allgemeine Zustimmungspflicht nach § 13 Abs. 2, wenn die Abtretung der Anteile bei der übertragenden Gesellschaft der Zustimmung bedarf.[2099] Bei einer nichtverhältniswahrenden Spaltung gilt § 128. Ist übernehmender Rechtsträger eine GmbH, bei der nicht alle Stammeinlagen erbracht sind, so gilt für den Beschluss bei einer übertragenden Personengesellschaft zudem §§ 125 S.1, 52 Abs. 1. Bei der Aufspaltung einer Personenhandelsgesellschaft auf

1200

2092 Siehe oben Rdn. 250.
2093 Siehe oben Rdn. 269.
2094 Siehe oben Rdn. 137 f.
2095 Siehe oben Rdn. 269.
2096 Siehe oben Rdn. 270.
2097 Siehe oben Rdn. 273; Lutter/*Teichmann*, Anhang zu § 137 Rn. 8: Widmann/Mayer/*Mayer*, Vor §§ 138 ff. Rn. 11 ff.
2098 Widmann/Mayer/*Mayer*, vor §§ 138 ff. Rn. 11f; *Limmer*, Handbuch Umwandlung, Rn. 961 f.
2099 *Limmer*, Handbuch Umwandlung Rn. 1834.

Rechtsträger anderer Rechtsformen, deren Anteilsinhaber für Verbindlichkeiten nicht persönlich haften, so gelten für die Nachhaftung der persönlich haftenden Gesellschafter die §§ 125, 45.[2100]

1201 Bei der Abspaltung von einer Kommanditgesellschaft stellt sich die Frage, ob der Anwendungsbereich des § 172 Abs. 4 HGB eröffnet ist. Die Abspaltung führt zu Vermögensverlust bei der Gesellschaft, der dem Kommanditisten dadurch mittelbar zugute kommt, dass er nun Anteile an dem übernehmenden Rechtsträger erhält. Nach Auffassung von Hörtnagl[2101] ist der Anwendungsbereich des § 172 Abs. 4 HGB eröffnet, sodass in Fällen drohender Haftung ggf. vor Durchführung der Auf-/Abspaltung eine Herabsetzung der Hafteinlage durchzuführen sei. Die überwiegende Auffassung in der Literatur lehnt eine Anwendung des § 172 Abs. 4 HGB ab. Dies wird zum einen begründet mit dem Gesetzeszweck, die Umstrukturierung ohne Nachteile für die Beteiligten zu ermöglichen und zum anderen mit dem speziellen Haftungssystem des UmwG.[2102] Eine vermittelnde Auffassung verzichtet auf die Anwendung von § 172 Abs. 4 HGB, wenn ein ausreichender Schutz der Altgläubiger durch eine entsprechende Herabsetzung der Haftungseinlage bei der übertragenden KG und durch entsprechende Festsetzung der Haftsumme bei dem übernehmenden Rechtsträger gewährleistet ist.[2103]

1202 M Formulierungsbeispiel:
»Sollte infolge des Vollzugs der hier niedergelegten Abspaltung die Haftung des Kommanditisten nach § 172 Abs. 4 HGB wieder aufleben, so stellt ... als Gesamtschuldner den Kommanditisten von sämtlichen Ansprüchen frei, die gegen diesen insoweit geltend gemacht werden.«

1203 Da die Abspaltung (und in seltenen Fällen auch die Ausgliederung) zu einem Mittelabfluss führt, kann es sich im Hinblick auf die Haftung für Neuverbindlichkeiten empfehlen, die Hafteinlage des Kommanditisten herabzusetzen.[2104] Wegen § 174 S. 1 HGB sollte die Herabsetzung der Hafteinlage vor der Eintragung der Spaltung beim übertragenden Rechtsträger eingetragen werden.[2105]

3. Personenhandelsgesellschaft als übernehmender Rechtsträger

1204 Für eine Beteiligung als Personenhandelsgesellschaft als übernehmender Rechtsträger gelten keine weiteren Besonderheiten. Zu beachten ist, dass im Spaltungsvertrag zu regeln ist, welche Rechtsstellung die einzelnen Gesellschafter bei Auf- oder Abspaltung an den übernehmenden Rechtsträgern erhalten sollen.[2106]

1205 Gleichfalls ist darauf hinzuweisen, dass auch einem persönlich haftender Gesellschafter des übernehmenden Rechtsträgers, der der Spaltung widerspricht, die Stellung eines Kommanditisten zu gewähren ist (§§ 135, 125, 43 Abs. 2 S. 3), vorstehende Ausführungen gelten insoweit entsprechend.

1206 Im Spaltungsvertrag ist der Betrag der als Gegenleistung gewährten Kapitaleinlage festzusetzen (§§ 125, 40 Abs. 1 S. 2). Bei persönlich haftenden Gesellschaftern ist dies das feste Kapitalkonto. Bei Kommanditisten ist hierunter zunächst die Pflichteinlage zu verstehen, wobei das Gesetz davon ausgeht, dass diese im Regelfall der Hafteinlage entspricht. Ist die im Handelsregister einzutragende Hafteinlage geringer, ist eine entsprechende Rege-

---

2100 Rdn. 276; Widmann/Mayer/*Mayer*, vor §§ 138 ff. Rn. 14; Schmitt/Hörtnagl/Stratz/*Hörtnagl*, Vor §§ 138 ff. Rn. 11.
2101 Schmitt/Hörtnagl/Stratz/*Hörtnagl*, § 133 Rn. 42 f.
2102 Lutter/*Hommelhoff/Schwab*, § 133 Rn. 102; Lutter/*Teichmann*, Anhang § 137 Rn. 13 m.w.N.
2103 *Naraschewski*, DB 1995, 1265, 1266.
2104 Lutter/*Teichmann*, Anhang § 137 Rn. 13; *Priester*, DStR 2005, 788, 790.
2105 Lutter/*Teichmann*, Anhang § 137 Rn. 13, *Priester*, DStR 2005, 788, 790.
2106 Lutter/*Teichmann*, Anhang § 137 Rn. 14; vgl. hierzu auch ausführlich Rdn. 250 ff.

lung erforderlich.[2107] Ist ein Gesellschafter bereits an der übernehmenden Gesellschaft beteiligt, so ist der Grundsatz der Einheitlichkeit der Beteiligung zu beachten. Demgemäß ist die bisherige Kapitaleinlage aufzustocken, die Einbuchung nur eines Darlehensanspruchs ist nicht ausreichend.[2108]

Formulierungsbeispiel: 1207 M

»1. Als Gegenleistung für die vorstehende Vermögensübertragung gewährt die übernehmende Gesellschaft ... einen Kommanditanteil mit einem festen Kapitalanteil von ... €. Dem Gesellschafter wird die Stellung eines Kommanditisten eingeräumt. Die im Handelsregister einzutragende Haftsumme entspricht dem Betrag des festen Kapitalanteils.
2. Die Übertragung erfolgt mit dem handelsrechtlichen Buchwert. Übersteigt der Wert des übergehenden Vermögens den Nennbetrag des vorstehenden Kapitalanteils, wird der Überschuss in die Kapitalrücklage eingestellt
3. Bare Zuzahlungen werden nicht geleistet
4. <Angaben zum Umtauschverhältnis und Aufteilung der Anteile>«

4. Muster zur Abspaltung aus dem Vermögen einer GmbH & Co. KG auf eine GmbH & Co. KG zur Aufnahme

Formulierungsbeispiel Abspaltungs- und Übernahmevertrag 1208 M

Notarieller Eingangsvermerk

Die Erschienenen baten um Beurkundung der nachfolgenden Abspaltung aus dem Vermögen einer GmbH & Co. KG auf eine GmbH § Co. KG zur Aufnahme und erklärten:

§ 1 Vorbemerkung

Im Handelsregister des Amtsgerichts ... ist unter HRA ... die A-GmbH & Co. KG mit Sitz in ... eingetragen. Komplementärin ist die A-GmbH, eingetragen im Handelsregister des Amtsgerichts ... unter HRB ... mit Sitz in .... Die Komplementärin hält keine Kapitaleinlage. Alleiniger Kommanditist ist Herr A mit einer Kommanditeinlage von 50.000 €. Die A-GmbH & Co. KG nachstehend auch »übertragender Rechtsträger« genannt.

Im Handelsregister des Amtsgerichts ... ist unter HRA ... die B-GmbH & Co. KG mit Sitz in ... eingetragen. Komplementärin ist die A-GmbH, eingetragen im Handelsregister des Amtsgerichts ... unter HRB ... mit Sitz in .... Die Komplementärin hält keine Kapitaleinlage. Alleiniger Kommanditist ist Herr B mit einer Kommanditeinlage von 50.000 €. Die B-GmbH & Co. KG nachstehend auch »übernehmender Rechtsträger« genannt.

§ 2 Vermögensübertragung

1. Die A-GmbH & Co. KG überträgt hiermit ihre nachstehend genannten Vermögensteile als Gesamtheit im Wege der Abspaltung zur Aufnahme auf die B-GmbH & Co. KG gegen die Gewährung von Gesellschaftsrechten an bestimmte Anteilseigner der übertragenden Gesellschaft im Wege der sog. nichtverhältniswahrenden Abspaltung gemäß § 128 UmwG.
2. Der Abspaltung wird die Abspaltungsbilanz zum 31.12.... zugrunde gelegt, die dieser Niederschrift als Anlage 1 beigefügt ist.

2107 *Priester*, DStR 2005, 788, 790.
2108 *Priester*, DStR 2005, 788, 790; Widmann/Mayer/*Vossius*, § 40 Rn. 14.

3. Auf die übernehmende Gesellschaft werden sämtliche am Ausgliederungsstichtag zum Vermögen des Teilbetriebs gehörenden Aktiva und Passiv, die in der Abspaltungsbilanz einzeln oder als Sachinbegriff verzeichnet sind, einschließlich der nicht bilanzierungspflichtigen und -fähigen Vermögensgegenstände, Verbindlichkeiten und Verpflichtungen unter Berücksichtigung der Zu- und Abgänge, die sich seit dem Abspaltungsstichtag bis zum Wirksamwerden der Abspaltung noch ergeben.
4. Insbesondere werden übertragen
   a) den in der Anlage 2 aufgeführten Grundbesitz nebst Aufbauen, Außenanlagen und anderen wesentlichen Bestandteilen
   b) sämtliche immateriellen Vermögensgegenstände, EDV-Software, das gesamte bewegliche Anlage- und Umlaufvermögen (Anlage 3), das wirtschaftlich dem Teilbetrieb zuzuordnen ist,
   c) sämtliche dem Teilbetrieb zuzuordnenden Verträge (Anlage 4), insbesondere Leasingverträge, Lieferverträge, Dienstleistungsverträge und alle weiteren Verträge,
   d) sämtliche Verbindlichkeiten, die in der zum Übertragungsstichtag angefertigten Kreditorenliste enthalten sind (Anlage 5),
   e) die dem Teilbetrieb zuzuordnenden Arbeitsverhältnisse (Anlage 6).

§ 3 Gegenleistung

1. Als Gegenleistung für die vorstehende Vermögensübertragung gewährt die übernehmende Gesellschaft folgende Beteiligungen:
Dem Gesellschafter A einen Kommanditanteil an der übernehmenden Gesellschaft mit einem Kapitalanteil von 10.000 €. Die A-GmbH erhält keine Beteiligung an der übernehmenden Gesellschaft und wird nicht deren Gesellschafter.
Die Übertragung erfolgt zu handelsrechtlichen Buchwerten. Sollte der Wert der gewährten Gesellschaftsanteile den Buchwert übersteigen, wird der Differenzbetrag in die Kapitalrücklage eingestellt.
2. Dem Gesellschafter A wird die Stellung eines Kommanditisten eingeräumt. Die Hafteinlage des Kommanditisten entspricht dem Betrag seines Kapitalanteils
3. Bare Zuzahlungen werden nicht geleistet.

§ 4 Spaltungsstichtag

Die Abspaltung erfolgt im Innenverhältnis mit Wirkung zum .... Von diesem Zeitpunkt an gelten alle Handlungen und Geschäfte der A-GmbH & Co. KG, soweit sie das abgespaltene Vermögen betreffen, als für Rechnung der B-GmbH & Co. KG.

§ 5 Besondere Rechte und Vorteile

Besondere Rechte und Vorteile für die Gesellschafter der übertragenden Gesellschaft oder sonstigen gemäß § 126 Abs. 1 Nrn. 7 u. 8 UmwG bezeichnete Personen werden und wurden nicht gewährt.

§ 6 Folgen für die Arbeitnehmer

1. Mit Wirksamwerden der Abspaltung tritt die übernehmende Gesellschaft gemäß § 613a BGB mit allen Rechten und Pflichten in die Arbeitsverhältnisse ein. Auf die inhaltliche Ausgestaltung der Arbeitsverhältnisse hat die Abspaltung keine Auswirkung.
2. Es existieren weder bei der übertragenden noch bei der übernehmenden Gesellschaft Betriebsvereinbarungen, noch finden Tarifverträge auf die von der Abspaltung betroffenen Arbeitsverhältnisse Anwendung.

3. Soweit Arbeitsverhältnisse nach § 613a BGB übergehen, haben die betroffenen Arbeitnehmer das Recht, dem Übergang zu widersprechen. Widerspricht ein Arbeitnehmer dem Übergang seines Arbeitsverhältnisses innerhalb der Frist von § 613a Abs. 5 BGB, so besteht das Arbeitsverhältnis mit der übertragenden Gesellschaft fort.
4. Bei keinem der beteiligten Unternehmen existiert ein Betriebsrat noch eine sonstige Arbeitnehmervertretung.

§ 7 Teilhabe am Bilanzgewinn

Die gewährten Kapitalanteile sind ab dem ... gewinnberechtigt.

§ 8 Weitere Vereinbarungen

Falls ab dem Spaltungsstichtag Gegenstände des übertragenen Vermögens beschädigt oder zerstört oder im regelmäßigen Geschäftsgang veräußert wurden, treten die Surrogate an deren Stelle.

§ 9 Haftung

Sämtliche Ansprüche und Rechte der übernehmenden Gesellschaft gegenüber der übertragenden Gesellschaft wegen der Erschaffung des Bestandes, der nach Maßgabe dieses Vertrages übertragenen Gegenstände des Aktiv- und Passivvermögens sowie des abzuspaltenden Vermögens im Ganzen, gleich welcher Art und gleich welcher Errichtung, werden hiermit ausgeschlossen. Dies gilt auch für Ansprüche aus vorvertraglichen Pflichtverletzungen.

§ 10 Grundbucherklärungen und Vollmacht

1. Die Beteiligten beantragen die Grundbücher entsprechend dem Spaltungsplan zu berichtigen. Der Notar wird angewiesen, dem jeweiligen Grundbuchamt nach Eintragung der Abspaltung in das Handelsregister der übertragenden Gesellschaft einen beglaubigten Handelsregisterauszug zu übersenden. Teilvollzug ist zulässig.
2. Die Beteiligten bevollmächtigen ferner ... und ..., dienstansässig beim beurkundenden Notar, und zwar einen jeden für sich einzeln und unter Befreiung des § 181 BGB, alle Erklärungen gegenüber Gerichten, Behörden und Dritten abzugeben bzw. entgegenzunehmen, die zur Durchführung des Vertrages noch als erforderlich oder zweckmäßig erscheinen, wobei Erforderlichkeit oder Zweckmäßigkeit nicht nachzuweisen sind. Sie sind insbesondere berechtigt, die übertragenen Grundstücke grundbuchmäßig zu bezeichnen, die Grundbuchberichtigung zu bewilligen und zu beantragen und die Auflassung zu erklären.
3. Sollte eine Bestimmung dieses Vertrages unwirksam sein oder werden, berührt dies die Wirksamkeit des Vertrages im Übrigen nicht. Die Parteien verpflichten sich wechselseitig die unwirksame Bestimmung durch eine solche zu ersetzen, die dem wirtschaftlichen Ziel der Parteien am Nächsten kommt.
4. Änderungen und Ergänzungen dieses Vertrages bedürfen der notariellen Beurkundung.

§ 11 Kosten

Die durch diesen Vertrag und seiner Durchführung entstehenden Kosten tragen die beteiligten Gesellschaften zu je 1/2.

4. Kapitel Umwandlungen

§ 12 Hinweise des Notars

Der beurkundende Notar hat darauf hingewiesen, dass der Abspaltungs- und Übernahmevertrag nur wirksam wird, wenn

– ihm die Gesellschafterversammlung der beteiligten Rechtsträger durch Beschluss zustimmt,
– die Abspaltung zur Aufnahme innerhalb von 8 Monaten nach dem Stichtag der Schlussbilanz zur Eintragung in das Handelsregister der beteiligten Gesellschaften angemeldet wurde,
– die Abspaltung zur Aufnahme erst mit Eintragung im Handelsregister der übernehmenden Gesellschaft wirksam wird.

Niederschriftsvermerk

1209 M Formulierungsbeispiel Zustimmungsbeschluss der übertragenden Gesellschaft
Notarieller Eingangsvermerk
Die Erschienenen baten um Beurkundung des nachfolgenden Spaltungsbeschlusses und erklärten:

§ 1 Vorbemerkung

Alleinige Gesellschafter der A-GmbH & Co. KG mit dem Sitz in ... (Amtsgericht ..., HRA ...) sind die A-GmbH als Komplementärin und Herr A als Kommanditist. Die A-GmbH und Co. K'G nachfolgend auch »übertragende Gesellschaft« genannt.

§ 2 Gesellschafterversammlung

Unter Verzicht auf alle Formen und Fristen für die Einberufung einer Gesellschafterversammlung halten die Erschienenen eine außerordentliche Gesellschafterversammlung an der übertragenden Gesellschaft ab. Sie beschließen:
Dem Abspaltungs- und Übernahmevertrag mit der B-GmbH & Co. KG vom ... (UR.Nr. ... des Notars ... in ...) wird zugestimmt. Der Abspaltungs- und Übernahmevertrag ist dieser Urkunde als Anlage beigefügt.

§ 3 Verzichtserklärungen

Die Gesellschafter erklären:
Wir verzichten auf eine Prüfung der Abspaltung, auf Erstattung eines Spaltungsberichts und eines Spaltungsprüfungsberichts sowie vorsorglich auf ein Barabfindungsangebot nach § 29 ff. UmwG. Ferner verzichten wir auf die Anfechtung dieses Beschlusses.

§ 4 Schlussbestimmungen

Die Kosten dieser Urkunde trägt die Gesellschaft.
Niederschriftsvermerk

Spaltung **D**

Zustimmungsbeschluss der übernehmenden Gesellschaft **1210 M**

Notarieller Eingangsvermerk

Die Erschienenen baten um Beurkundung des nachfolgenden Zustimmungsbeschlusses und erklärten:

§ 1 Vorbemerkung

Alleinige Gesellschafter der B-GmbH & Co. KG mit dem Sitz in ... (Amtsgericht ..., HRA ...) sind die B-GmbH als Komplementärin und Herr B als Kommanditist. Die B-GmbH und Co. K'G nachfolgend auch »übernehmende Gesellschaft« genannt.

§ 2 Gesellschafterversammlung

Unter Verzicht auf alle Formen und Fristen für die Einberufung einer Gesellschafterversammlung halten die Erschienenen eine außerordentliche Gesellschafterversammlung der übernehmenden Gesellschaft ab. Sie beschließen:
Dem Abspaltungs- und Übernahmevertrag mit der A-GmbH & Co. KG vom ... (UR.Nr. ... des Notars ... in ...) wird zugestimmt. Der Abspaltungs- und Übernahmevertrag ist dieser Urkunde als Anlage beigefügt.

§ 3 Verzichtserklärungen

Die Beteiligten verzichten auf eine Prüfung der Abspaltung, auf Erstattung eines Spaltungsberichts und eines Spaltungsprüfungsberichts sowie vorsorglich auf eine Barabfindung nach § 29 ff. UmwG. Ferner wird auf die Anfechtung dieses Beschlusses verzichtet.

§ 4 Kosten

Die Kosten dieser Urkunde trägt die Gesellschaft.
Niederschriftsvermerk

Formulierungsbeispiel Handelsregisteranmeldung der Abspaltung für die übertragende Gesellschaft **1211 M**

An das
Amtsgericht
– Handelsregister –
...
A-GmbH & Co. KG, HRA ...
Anmeldung einer Abspaltung
Wir überreichen:

- begl. Abschrift des notariell beurkundeten Abspaltungs- und Übernahmevertrages vom ... (UR.Nr. ...des Notars ... in ...),
- begl. Abschrift des notariell beurkundeten Spaltungsbeschlusses der übertragenden Gesellschaft vom ...,
- begl. Abschrift des notariell beurkundeten Zustimmungsbeschlusses der übernehmenden Gesellschaft vom ...,
- Schlussbilanz der A-GmbH & Co. KG zum ...

4. Kapitel Umwandlungen

und melden zur Eintragung in das Handelsregister an:

1. Die übertragende Gesellschaft hat einen Teil ihres Vermögens im Wege der Abspaltung nach Maßgabe des Abspaltungs- und Übernahmevertrages auf die B-GmbH & Co. KG mit Sitz in ... (Amtsgericht ... HRA ...) übertragen.
2. Für die Prokuren der übertragenden Gesellschaft gilt Folgendes: ...
3. Gemäß § 16 Abs. 2 UmwG wird versichert, dass eine Klage gegen die Wirksamkeit des Spaltungsbeschlusses nicht erhoben wurde und aufgrund der Anfechtungsverzichtserklärung aller Gesellschafter nicht erhoben werden kann.
4. Ein Betriebsrat besteht bei der übertragenden Gesellschaft wie auch bei der übernehmenden Gesellschaft nicht.

Beglaubigungsvermerk

1212 M Formulierungsbeispiel Handelsregisteranmeldung der Abspaltung für die übernehmende Gesellschaft

An das
Amtsgericht
- Handelsregister -
...
B-GmbH & Co. KG, HRA ...
Anmeldung einer Abspaltung
Wir überreichen:

- begl. Abschrift des notariell beurkundeten Abspaltungs- und Übernahmevertrages vom ... (UR.Nr. ... des Notars ... in ...),
- begl. Abschrift des notariell beurkundeten Spaltungsbeschlusses der übertragenden Gesellschaft vom ...,
- begl. Abschrift des notariell beurkundeten Zustimmungsbeschlusses der übernehmenden Gesellschaft vom ...,
- Schlussbilanz der A-GmbH & Co. KG zum ...

und melden zur Eintragung in das Handelsregister an:

1. Die übertragende Gesellschaft hat einen Teil ihres Vermögens im Wege der Abspaltung nach Maßgabe des Abspaltungs- und Übernahmevertrages auf die B-GmbH & Co. KG (mit Sitz in ...) übertragen.
2. Im Rahmen der Abspaltung ist Herr A als neuer Kommanditist mit einer Hafteinlage von ... € in die B-GmbH & Co. KG eingetreten.
3. Gemäß § 16 Abs. 2 UmwG wird versichert, dass eine Klage gegen die Wirksamkeit des Spaltungsbeschlusses nicht erhoben wurde und aufgrund der Anfechtungsverzichtserklärung aller Gesellschafter nicht erhoben werden kann.
4. Ein Betriebsrat besteht bei der übertragenden Gesellschaft wie auch bei der übernehmenden Gesellschaft nicht.

Beglaubigungsvermerk

XI. Besonderheiten bei der Spaltung unter Beteiligung von Partnerschaftsgesellschaften

1. Allgemeines

Bei der Spaltung unter Beteiligung von Partnerschaftsgesellschaften kann auf die Ausführungen zur Verschmelzung verwiesen werden, es bestehen insoweit keine spaltungsspezifischen Sondervorschriften.[2109]

1213

a) Spaltungsvertrag

Im Hinblick auf die Gestaltung des Spaltungsvertrages sind keine Besonderheiten zu beachten. Es kann insoweit auf die Ausführungen zum Verschmelzungsvertrag verwiesen werden.[2110]

1214

b) Spaltungsbericht (§ 127), Unterrichtung der Gesellschafter (§§ 125, 42) sowie Spaltungsprüfung (§§ 125, 44)

Ein Spaltungsbericht gemäß § 127 ist entbehrlich, wenn alle Partner zur Geschäftsführung berechtigt sind (§§ 125 S. 1, 45 c S. 1). Von der Geschäftsführung ausgeschlossene Partner sind gemäß §§ 125 S. 1, 45 c S. 2, 42 zu unterrichten. Hinsichtlich des Verzichts gelten die §§ 127 S. 2, 8 Abs. 3. Bei Auf- und Abspaltung (nicht bei Ausgliederung) ist eine Spaltungsprüfung durchzuführen, wenn der Partnerschaftsvertrag eine Mehrheitsentscheidung für die Spaltung zulässt und ein Partner die Prüfung verlangt (§§ 125, 45 d S. 2, 44).[2111]

1215

c) Spaltungsbeschluss

Hinsichtlich des Spaltungsbeschlusses sind §§ 125 S. 1, 45 d zu beachten.[2112]

1216

2. Partnerschaftsgesellschaft als übertragender Rechtsträger

Weicht der Gesellschaftsvertrag der Partnerschaftsgesellschaft vom Einstimmigkeitserfordernis ab, so fehlt für einen widersprechenden Partner eine gemäß §§ 40 Abs. 2 und 43 Abs. 2 S. 3 entsprechende Haftungsbegrenzungsmöglichkeit. Bei Auf- oder Abspaltung einer Partnerschaftsgesellschaft auf eine Personenhandelsgesellschaft wird insoweit in der Literatur eine entsprechende Anwendung dieser Vorschrift vorgeschlagen.[2113]

1217

3. Partnerschaftsgesellschaft als übernehmender Rechtsträger

Bei der Partnerschaftsgesellschaft als übernehmender Rechtsträger ist zu beachten, dass Gesellschafter einer Partnerschaftsgesellschaft nur natürliche Personen sein können, die sich zur Ausübung eines freien Berufes zusammengeschlossen haben (§ 1 PartGG).[2114] Erfüllen nicht alle Anteilsinhaber des übertragenden Rechtsträger diese Voraussetzungen,

1218

2109 Siehe insoweit Rdn. 278 ff.; siehe zur Spaltung von Partnerschaftsgesellschaften auch die Darstellungen von Schmitt/Hörtnagl/Stratz/*Hörtnagl*, Vor §§ 138 ff. Rn. 13 ff.; Lutter/*Teichmann* Anhang zu § 137 Rn. 16f; *Limmer*, Handbuch Umwandlung, Rn. 1846 ff.
2110 Siehe oben Rdn. 279 ff.
2111 Siehe oben Rdn. 281; Lutter/*Teichmann*, Anhang § 137 Rn. 16; Schmitt/Hörtnagl/Stratz/*Hörtnagl*, Vor §§ 138 ff. Rn. 7 f.
2112 Siehe oben Rdn. 282.
2113 Lutter/*Teichmann*, Anhang § 137 Rn. 16.
2114 Lutter/*Teichmann*, Anhang § 137 Rn. 19; Schmitt/Hörtnagl/Stratz/*Hörtnagl*, Vor §§ 138 ff. Rn. 13.

ist ggf. eine nichtverhältniswahrende Spaltung (§ 128) erforderlich.[2115] Im Rahmen einer Ausgliederung kann die Partnerschaftsgesellschaft aus den dargestellten Gründen nur als aufnehmender, nicht als neu gegründeter Rechtsträger beteiligt sein.[2116]

XII. Besonderheiten bei der Spaltung unter Beteiligung von GmbH

1. Allgemeines

a) Überblick

1219 Rechtsformspezifische Regelungen für die Spaltung unter Beteiligung von GmbH sind in geringem Umfang in den §§ 138 bis 140 enthalten. Dabei bezieht sich § 138 (Sachgründungsbericht) nur auf eine im Zuge der Spaltung neu gegründete GmbH und die §§ 139, 140 beziehen sich lediglich auf eine GmbH als übertragenden Rechtsträger. Im Übrigen kann auf die Ausführungen zur Verschmelzung, insbesondere auf § 46, verwiesen werden.[2117]

b) Spaltungsbericht

1220 Nach § 127 ist bei Spaltungen unter Beteiligung von GmbH ein Spaltungsbericht erforderlich, soweit dieser nicht nach § 8 entbehrlich ist. Berichtspflichtig sind bei GmbH die Geschäftsführer in ihrer Gesamtheit. Im Übrigen kann verwiesen werden auf die vorstehenden Ausführungen zur Verschmelzung.[2118]

c) Spaltungsprüfung

1221 Eine Spaltungsprüfung ist bei einer GmbH nur notwendig, wenn dies ein Gesellschafter fristgerecht verlangt (§§ 125, 48 S. 1, 9 bis 12). Insoweit kann auf die Ausführungen zur Verschmelzung verwiesen werden.[2119]

d) Vorbereitung der Gesellschafterversammlung

1222 Hinsichtlich der Beteiligung einer GmbH als Rechtsträger an einer Spaltung erforderlichen Unterrichtung der Gesellschafter nach §§ 125 S. 1, 47 durch vorherige Übersendung des Spaltungsvertrages bzw. dessen Entwurf und des Spaltungsberichts kann auf die vorstehenden Ausführungen zur Verschmelzung verwiesen werden. Im Übrigen gelten für die Einberufung der Gesellschafterversammlung, die die Spaltung beschließen soll, aufgrund der Verweisung des § 125 S. 1 die allgemeinen Vorschriften.[2120]

e) Spaltungsbeschluss und Zustimmung von Sonderrechtsinhabern

1223 Bei einer GmbH ist nach §§ 125 S. 1, 50 Abs. 1 S. 1 eine Mehrheit von mindestens ¾ der abgegebenen Stimmen erforderlich. Der Gesellschaftsvertrag kann jedoch eine größere Mehrheit und weitere Voraussetzungen bestimmen (§ 52 Abs. 1 S. 2).[2121]

2115 Lutter/*Teichmann*, Anhang § 137 Rn. 19.
2116 Siehe oben Rdn. 950.
2117 Siehe oben Rdn. 288 ff.; zur Spaltung unter Beteiligung von GmbH s. auch: Widmann/Mayer/*Mayer*, Vor § 138 Rn. 1 ff.; Lutter/*Priester*, vor § 138 Rn. 1 ff.; *Schöne*, Die Spaltung unter Beteiligung von GmbH, 1998; Schwedhelm/Streck/Mack, GmbHR 1995, 7.
2118 Siehe oben Rdn. 293.
2119 Siehe oben Rdn. 297.
2120 Siehe oben Rdn. 293 ff.
2121 Siehe oben Rdn. 300 ff.; Lutter/*Priester*, vor § 138 Rn. 8.

Besondere Zustimmungserfordernisse können sich bei einer GmbH ergeben aus §§ 125, 13 Abs. 2 (Vinkulierung), aus §§ 125, 50 Abs. 2 (Inhaber von Sonderrechten), §§ 125 Abs. 1 S. 1 u. 2 (Anteilsinhaber eines übertragenden Rechtsträgers, von dem eine GmbH das nicht voll eingezahlte Stammkapital übernimmt), §§ 125, 51 Abs. 2 (nicht proportionale Beteiligung von Aktionären bei Übertragung auf eine GmbH), §§ 125, 28 (nicht verhältniswahrende Auf-/Abspaltung). In der Praxis dürfte hierbei § 51 Abs. 1 S. 1 von besonderer Bedeutung sein.[2122]

1224

f) Handelsregisteranmeldung

Bei Beteiligung einer GmbH sind §§ 125 S. 1, 52 zu beachten. Demnach haben die Vertretungsorgane einer GmbH eine Erklärung darüber abzugeben, dass die im Fall des § 51 notwendigen Zustimmungen erklärt worden sind.[2123]

1225

2. Besonderheiten bei GmbH als übertragendem Rechtsträger

a) Erklärung nach § 140

Bei einer abspaltenden GmbH führt die Übertragung des Vermögens dazu, dass das Vermögen der übertragenden Gesellschaft nicht mehr das Stammkapital deckt. Entsprechendes kann insbesondere auch bei der Ausgliederung zur Aufnahme erfolgen. Daher regelt § 140, dass bei einer GmbH bei der Anmeldung der Abspaltung oder Ausgliederung zur Eintragung in das Register an der übertragenden GmbH die Geschäftsführer auch zu erklären haben, dass die durch Gesetz und Gesellschaftsvertrag Voraussetzungen für die Gründung dieser Gesellschaft unter Berücksichtigung der Abspaltung oder der Ausgliederung im Zeitpunkt der Annahme vorliegen, mithin dass das Stammkapital weiter durch das Nettobuchvermögen gedeckt ist.[2124]

1226

b) Kapitalherabsetzung

Ist dies nicht der Fall, so besteht zum einen die Möglichkeit, einen evtl. Differenzbetrag durch eine Zuzahlung aus Eigenmitteln der Gesellschafter durch Einstellung in die Kapitalrücklage oder vorherige Kapitalerhöhung auszugleichen. Im Übrigen können für die ggf. erforderlichen Kapitalmaßnahmen die Regeln der vereinfachten Kapitalherabsetzung nach § 139 i.V.m. § 58a ff. GmbHG genutzt werden.[2125] Diese setzen voraus, dass die Kapitalherabsetzung zur Durchführung der Spaltung erforderlich ist, was nach h. M voraussetzt, dass die durch die Spaltung eingetragene Vermögensminderung nicht durch Auflösung von Kapital- und Gewinnrücklagen oder durch Verwendung von Gewinnvorträgen ausgeglichen werden kann. Hierbei ist streitig, ob die nach § 58a Abs. 2 GmbHG zulässigen Rücklagen von bis zu 10 % des Grundkapitals aufgelöst werden müssen oder nicht.[2126] Die Erforderlichkeit der Kapitalherabsetzung wird nicht durch das Vorhandensein von stillen Reserven ausgeschlossen, diese sind für die Frage der Kapitalherabsetzung nicht zu berücksichtigen.[2127] Nach überwiegender Auffassung ist der Kapitalherabsetzungsbetrag nicht auf den Nennbetrag der beim übernehmenden Rechtsträger gewährten Anteile begrenzt.[2128]

1227

[2122] Lutter/Priester, vor § 138 Rn. 9; zu §§ 50, 51 GmbHG vgl. auch oben Rdn. 334.
[2123] Lutter/Priester, vor § 138 Rn. 11; Widmann/Mayer/Mayer, vor § 138 Rn. 9.
[2124] Siehe oben Rdn. 961; Lutter/Priester, § 140 Rn. 4; Schmitt/Hörtnagl/Stratz/Hörtnagl, § 140 Rn. 7; Limmer, Handbuch Umwandlung, Rn. 1685 ff. + 1866 ff.
[2125] Siehe oben Rdn. 967 ff.
[2126] Für Auflösungszwang: Lutter/Priester, § 139 Rn. 6; gegen Auflösungszwang: Widmann/Mayer/Mayer, § 139 Rn. 34.
[2127] Lutter/Priester, § 139 Rn. 8; Widmann/Mayer/Mayer, § 139 Rn. 139.
[2128] Widmann/Mayer/Mayer, § 139 Rn. 21; für eine derartige Begrenzung: Lutter/Priester, § 139 Rn. 10 f.

4. Kapitel Umwandlungen

1228 Weist die übertragende Gesellschaft bereits vor der Spaltung eine Unterbilanz auf, so bestimmt sich der Herabsetzungsbetrag zur Ermöglichung der Spaltung allein nach § 139 S. 1. Für eine Beseitigung der vorher bereits bestehenden Unterbilanz gelten die allgemeinen Vorschriften der §§ 58 a ff. GmbHG, sodass regelmäßig auch insoweit eine (vereinfachte) Kapitalherabsetzung erforderlich ist, die vor Anmeldung der Spaltung durchgeführt sein muss, da ansonsten die Erklärung nach § 140 nicht abgegeben werden kann.[2129]

c) Ablauf der Kapitalherabsetzung

1229 Die Kapitalherabsetzung setzt Folgendes voraus:

- Kapitalherabsetzungsbeschluss mit ¾ Mehrheit, nebst Beschluss über Satzungsänderungen und Anpassung der Geschäftsanteile an die neue Stammkapitalziffer,
- Anmeldung der Kapitalherabsetzung samt Satzungsanpassung im Handelsregister,
- Eintragung der Kapitalherabsetzung samt Satzungsanpassung im Handelsregister.

1230 Die Abspaltung bzw. Ausgliederung darf erst im Handelsregister eingetragen werden, nachdem die Herabsetzung des Stammkapitals eingetragen ist (§ 139 S. 2).

1231 Der notariell zu beurkundende Kapitalherabsetzungsbeschluss der übertragenden GmbH bedarf mindestens einer ¾ Mehrheit der abgegebenen Stimmen (§ 53 Abs. 2 GmbHG) und muss enthalten:

- Angabe, dass es sich um eine vereinfachte Kapitalherabsetzung handelt,
- Angabe, dass die Herabsetzung zum Zwecke der Durchführung der Spaltung erforderlich ist, weil das verbleibende Nettovermögen der übertragenden GmbH nominell das Stammkapital nicht mehr deckt,
- Herabsetzungsbetrag und neue Stammkapitalziffer,
- Anpassung der Nennbeträge der Geschäftsanteile an das herabgesetzte Stammkapital,
- Notwendige Anpassung des Gesellschaftsvertrages.

d) Anmeldung und Eintragung der Kapitalherabsetzung

1232 Die Anmeldung einer Kapitalherabsetzung kann separat erfolgen, es empfiehlt sich aber diese mit der Anmeldung der Spaltung zu verbinden. Es ist streitig ob die Anmeldende durch die Geschäftsführer in vertretungsberechtigter Anzahl oder aber durch alle Geschäftsführer gemeinschaftlich erfolgen muss.[2130] Inhalt der Anmeldung bei der übertragenden GmbH sind neben der die geänderte Satzung und Erklärung, dass es sich um eine Kapitalherabsetzung zum Zwecke der Durchführung der Spaltung handelt. Der Anmeldung sind beizufügen der Beschluss für die Kapitalherabsetzung und Satzungsänderung in elektronisch beglaubigter Abschrift und vollständiger Wortlaut der geänderten Satzung nebst Notarbescheinigung sowie notarbescheinigte Gesellschafterliste.[2131]

e) Bedingungszusammenhang

1233 Spaltung und Kapitalherabsetzung stehen dabei in einem wechselseitigen gesetzlichen Bedingungszusammenhang. Da die Kapitalherabsetzung Teil des Spaltungsvorgangs ist und durch diesen veranlasst wird, ist die Kapitalherabsetzung durch die Eintragung der

---

2129 Lutter/*Priester*, § 139 Rn. 9; Widmann/Mayer/*Mayer*, § 139 Rn. 21.3.
2130 Für in vertretungsberechtigter Zahl insbesondere *Ittner*, MittRhNotK 1997, 105, 123; Kallmeyer/ *Zimmermann*, § 139 Rn. 4; nach der Gegenansicht muss die Anmeldung durch sämtliche Geschäftsführer erfolgen, siehe Widmann/Mayer/*Mayer*, § 139 Rn. 55, *Priester*, FS Schippel, 1996, S. 489, 503; Lutter/*Priester*, § 139 Rn. 19.
2131 *Ittner*, MittRhNotK 1997, 105, 123; *Limmer*, Handbuch Umwandlung, Rn. 1781 ff.

Spaltung bedingt. Wird die Spaltung nicht vollzogen, ist demgemäß auch die Eintragung der Kapitalherabsetzung wieder zu löschen.[2132] Da die Kapitalherabsetzung nach § 139 S. 2 Voraussetzung für die Spaltung ist, steht mithin auch der Spaltungsbeschluss unter der – stillschweigenden – Bedingung des Wirksamwerdens der Kapitalherabsetzung.[2133] Da es sich um gesetzliche Bedingungen handelt, ist eine zusätzliche Regelung zwar nicht erforderlich, aber auch nicht schädlich.

f) Weitere Beschlüsse und Anmeldungen

Bei einer übertragenden GmbH kommen darüber hinaus weitere Beschlüsse und Anmeldungen in Betracht, wie etwa die spaltungsbedingte Änderung der Satzung (insbesondere Änderungen hinsichtlich Firma und Gegenstand) sowie ggf. Änderungen hinsichtlich der Geschäftsführung und der Prokuristen. **1234**

g) Anmeldung der Spaltung

Hinsichtlich der Anmeldung der Spaltung selbst kann verwiesen werden auf die obigen Ausführungen.[2134] **1235**

3. Besonderheiten bei GmbH als übernehmendem Rechtsträger

a) Kapitalerhöhung

Sofern die Spaltung zur Aufnahme erfolgt, stellt sich die Frage, ob und welche Geschäftsanteile zu gewähren sind und aus welcher Quelle diese stammen. In den meisten Fällen werden die als Gegenleistung zu gewährenden Anteile bei einer GmbH aus einer Kapitalerhöhung stammen. Für die spaltungsbedingte Kapitalerhöhung gelten aufgrund der Verweisung des § 125 S. 1 die für die Verschmelzung geltenden Vorschriften der §§ 53 ff. entsprechend, so dass für weitere Einzelheiten auf die dortigen Ausführungen verwiesen werden kann.[2135] **1236**

Demgemäß sind folgende Schritte bei der GmbH erforderlich: **1237**

- Satzungsändernder Erhöhungsbeschluss mit einer Mehrheit von ¾ der abgegebenen Stimmen mit dem Inhalt, dass das Stammkapital zur Durchführung der Spaltung erhöht werden soll und Angabe des Erhöhungsbetrages;
- Anmeldung der Kapitalerhöhung zum Handelsregister (§ 57 GmbHG),
- Eintragung der Kapitalerhöhung im Handelsregister,
- Bekanntmachung der Eintragung (§ 57 b GmbHG).

Eine Übernahmeerklärung ist im Rahmen der spaltungsbedingten Kapitalerhöhung nicht erforderlich.[2136] **1238**

b) Anmeldung und Eintragung der Kapitalerhöhung

Die Anmeldung der Kapitalerhöhung bei der übernehmenden Gesellschaft ist neben der Spaltung gesondert vorzunehmen, kann aber mit dieser auch verbunden werden. Gemäß § 78 GmbHG muss die Anmeldung durch alle Geschäftsführer erfolgen. Inhalt der Anmel- **1239**

2132 Lutter/*Priester*, § 140 Rn. 22, Widmann/Mayer/*Mayer*, § 139 Rn. 44; Schmitt/Hörtnagl/Stratz/*Hörtnagl*, § 139 Rn. 35; a.A. *Sagasser/Bula/Brünger/Sickinger*, Umwandlungen, N 92.
2133 So Widmann/Mayer/*Mayer*, § 139 Rn. 44.
2134 Rdn. 1168.
2135 Siehe oben Rdn. 344 ff.
2136 Siehe zu Vorstehendem: *Ittner*, MittRhNotK 1997, 105, 119; *Limmer*, Handbuch Umwandlung Rn. 1610 ff.; Widmann/Mayer/*Mayer*, § 55 Rn. 20 ff.

4. Kapitel Umwandlungen

dung ist die Kapitalerhöhung, die Änderung der Satzung nebst Erklärung, dass es sich um eine Kapitalerhöhung zur Durchführung der Spaltung handelt.

1240 Beizufügen sind nach §§ 125, 55 Abs. 2 i. V. m §§ 57 Abs. 3 Nr. 2 und 3 GmbHG der Anmeldung:[2137]

- die Liste der Übernehmer,[2138]
- begl. Abschriften des Spaltungsvertrages und der Spaltungsbeschlüsse aller beteiligten Gesellschaften,
- begl. Abschrift des Beschlusses über die Kapitalerhöhung bzw. über die Satzungsänderung,
- vollständiger Wortlaut der geänderten Satzung nebst Notarbescheinigung nach § 54 GmbHG,
- Sachkapitalerhöhungsbericht,[2139]
- ein Sachgründungsbericht ist bei der Spaltung zur Aufnahme nicht erforderlich.[2140]
- notarbescheinigte Gesellschafterliste

1241 Zudem sind nach §§ 57a, 9 c S. 2 GmbHG Unterlagen für die Prüfung der Werthaltigkeit einzureichen. Die Schlussbilanz des übertragenden Rechtsträgers ist insoweit nur dann geeigneter Nachweis, wenn sich aus dieser ableiten lässt, welche Vermögenswerte auf die übernehmende Gesellschaft übergeht, ansonsten dürfte sie als Wertnachweis nicht ausreichen.[2141] Ansonsten empfiehlt sich die Einreichung einer Abspaltungsbilanz.[2142] Bei mittelgroßen und großen Kapitalgesellschaften muss die Schlussbilanz von einem Abschlussprüfer geprüft sein (§ 17 Abs. 2 S. 2 i.V.m. § 316 HGB). Bei kleinen Kapitalgesellschaften ist eine Abschlussprüfung nicht erforderlich, vielmehr reicht eine Bescheinigung über die Werthaltigkeit durch einen Wirtschaftsprüfer oder Steuerberater etwa des Inhalts, dass die Aktiva nicht überbewertet und die Passiva nicht unterbewertet sind.[2143]

c) Besonderheiten bei Eingreifen eines Kapitalerhöhungsverbotes

1242 In bestimmten Fällen kann bei Abspaltung und Aufspaltung ein Kapitalerhöhungsverbot greifen, §§ 125, 54 Abs. 1.[2144]

1243 M Formulierungsbeispiel:
»**Die übernehmende Gesellschafterin ist Alleingesellschafterin der abspaltenden Gesellschaft. Die übernehmende Gesellschaft darf deshalb gemäß § 125 Abs. 1, 54 Abs. 1 S. 1 Nr. 1 UmwG zur Durchführung der Abspaltung ihr Grundkapital nicht erhöhen. Die Übertragung des abzuspaltenden Vermögens erfolgt daher ohne Gewährung von Anteilen als Gegenleistung an die übernehmende Gesellschaft als Alleingesellschafterin der abspaltenden Gesellschaft (§ 131 Abs. 1 Nr. 3 S. 1 2. Hs. 1. Fall UmwG). Auch sonstige Leistungen werden der übernehmenden Gesellschaft nicht gewährt. Dementsprechende Angaben gemäß § 126 Abs. 1 Nrn. 2-5 UmwG sind daher gemäß §§ 125 S. 1, 5 Abs. 2 UmwG insoweit nicht erforderlich.«**

2137 *Limmer*, Handbuch Umwandlung, Rn. 1615. Die in § 57 Abs. 3 Nr. 3 GmbHG weiter genannten Festsetzungsverträge gibt es nach allg. Meinung bei einer Spaltung nicht, Schmitt/Hörtnagl/Stratz/*Hörtnagl*, § 55 Rn. 25; Lutter/*Winter*, § 55 Rn. 25; Widmann/Mayer/*Mayer*, § 55 Rn. 92.
2138 Str., für Vorlage: *Ittner*, MittRhNotK 1997, 105, 119; *Limmer*, Handbuch Umwandlung, Rn. 1615; hiergegen Schmitt/Hörtnagl/Stratz/*Hörtnagl*, § 55 Rn. 25.
2139 Str., für Erforderlichkeit: *Ittner*, MittRhNotK 1997, 105, 119; Widmann/Mayer/*Mayer*, § 554 Rn. 57; gegen Erforderlichkeit: Lutter/*Winter*, § 55 Rn. 26.
2140 *Limmer*, Handbuch Umwandlung, Rn. 1613; Widmann/Mayer/*Mayer*, § 138 Rn. 1.
2141 *Limmer*, Handbuch Umwandlung, Rn. 1616, Widmann/Mayer/*Mayer*, § 126 Rn. 165.
2142 *Limmer*, Handbuch Umwandlung, Rn. 1616, Widmann/Mayer/*Mayer*, § 126 Rn. 165; Lutter/*Winter*, § 55 Rn. 26.
2143 Widmann/Mayer/*Mayer*, § 55 Rn. 79; Lutter/*Winter*, § 55 Rn. 26.
2144 Siehe oben Rdn. 304 ff.

4. Besonderheiten bei neu gegründeter GmbH

Wegen der Vorschriften zur Spaltung bei Neugründung kann grundsätzlich auf die Ausführungen zur Verschmelzung zur Neugründung verwiesen werden. Ergänzend bestimmt § 135 Abs. 2, dass die für die Gründung der neuen Gesellschaft gelten Grundsätze anzuwenden sind, für eine GmbH somit die §§ 2 ff. GmbHG. Der notwendige Inhalt der Satzung ergibt sich aus den allgemeinen Vorschriften nach § 3 GmbHG. Ergänzend ist zu berücksichtigen, dass es sich bei einer Neugründung um eine Sachgründung handelt, sodass entsprechende Angaben in der Satzung erforderlich sind.[2145] Gemäß §§ 125, 57 sind im Gesellschaftsvertrag der neu zu gründenden Gesellschaft die Festsetzung der Vorteile, Gründungsaufwand, Sacheinlagen und Sachübernahmen, die in den Gesellschaftsverträgen, Satzungen oder Statuten der abspaltenden Gesellschaft enthalten waren, zu übernehmen zumindest soweit sie das zu übertragende vermögen betreffen.[2146] 1244

Gründer der neu errichteten Gesellschaft bei der Spaltung durch Neugründung sind die spaltenden Gesellschaften und nicht deren Gesellschafter. So wird die Feststellung der Satzung als auch die Bestimmung der Organe vorgenommen durch die vertretungsberechtigten Organe der übertragenden Gesellschaft. Zweckmäßigerweise wird auch mit Abschluss des Gesellschaftsvertrages die Bestellung der Geschäftsführer vorgenommen. 1245

Bei Spaltung einer GmbH zur Neugründung ist ein Sachgründungsbericht erforderlich (§ 138). Dieser tritt neben den Spaltungs- bzw. Ausgliederungsbericht, ist aber anders als diese nicht verzichtbar. Der Sachgründungsbericht ist schriftlich abzufassen vom spaltenden Rechtsträger, da dieser als Gründer der GmbH gilt. Zu unterzeichnen ist er durch die Vertretungsorgane des spaltenden Rechtsträgers in vertretungsberechtigter Zahl.[2147] Inhaltlich kann hinsichtlich der Gestaltung des Berichtes auf § 5 Abs. 4 S. 2 GmbHG verwiesen werden, sodass die Umstände darzulegen sind, aus denen sich ergibt, dass die Nennbeträge durch die übergehenden Nettovermögenswerte gedeckt sind. Wird ein Unternehmen eingebracht, sind zudem die Jahresergebnisse der letzten beiden Geschäftsjahre anzugeben. Ergänzend ist § 58 Abs. 1 zu beachten, sodass der Geschäftsverlauf und die Lage der übertragenden Gesellschaft darzulegen sind.[2148] 1246

Ob bei einer Spaltung durch Neugründung auch eine Versicherung nach § 8 Abs. 2 GmbHG abgegeben werden muss, ist streitig; nach h.M. ist dies der Fall.[2149] 1247

Formulierungsbeispiel: 1248 M
»Der Geschäftsführer versichert, dass mit dem Zeitpunkt der Eintragung der Spaltung im Handelsregister der übertragenden Gesellschaft das Vermögen der durch die Spaltung neu gegründeten Gesellschaft sich endgültig in seiner freien Verfügung befindet.«

2145 Siehe oben Rdn. 314, Rdn. 352 ff.
2146 *Limmer*, Handbuch Umwandlung, Rn. 1891.
2147 *Lutter/Priester*, § 138 Rn. 5.
2148 Wegen der weiteren Einzelheiten Siehe oben Rdn. 364 ff.
2149 *Limmer*, Handbuch Umwandlung, Rn. 1898 ff.; hierfür: Widmann/Mayer/*Mayer*, § 135 Rn. 202; *Mayer*, DB 1995, 861; dagegen: *Limmer*, Handbuch Umwandlung, Rn. 1899.

4. Kapitel Umwandlungen

5. Muster zur Aufspaltung einer GmbH zur Neugründung auf zwei GmbHs

1249 M Formulierungsbeispiel Aufspaltungsplan
Notarieller Eingangsvermerk
Die Erschienenen baten um Beurkundung der nachfolgenden Aufspaltung einer GmbH in zwei GmbHs zur Neugründung und erklärten:

A. Aufspaltung

§ 1 Vorbemerkung

1. Im Handelsregister des Amtsgerichts ... unter HRB ... ist eingetragen die A-GmbH. An ihr sind beteiligt: Herr A mit einem Geschäftsanteil von ...€, Herr B mit einem Geschäftsanteil von ...€. Die Geschäftsanteile wurden bei der Gründung erworben und sind vollständig einbezahlt. Eine besondere Zustimmungspflicht nach § 51 Abs. 1 GmbHG besteht mithin nicht.
2. Die A-GmbH überträgt ihr gesamtes Vermögen auf die nachstehend unter § 2 näher bezeichneten Gesellschaften im Wege der Aufspaltung zur Neugründung gegen Gewährung von Geschäftsanteilen an die Gesellschafter der übertragenden Gesellschaft.

§ 2 Vermögensübertragung

1. Die A-GmbH überträgt hiermit ihren Teilbetrieb A in ..., der sich mit ... befasst, auf eine neu zu gründende GmbH unter der Firma A1-GmbH. Die Aufspaltung erfolgt nach Maßgabe der dieser Urkunde beigefügten Aufspaltungsbilanz zum ... betreffend den Unternehmensteil A.
2. Die A-GmbH überträgt hiermit ihren Teilbetrieb B in ..., der sich mit ... befasst, auf eine neu zu gründende GmbH unter der Firma B1-GmbH. Die Aufspaltung erfolgt nach Maßgabe der dieser Urkunde beigefügten Aufspaltungsbilanz zum ... betreffend den Unternehmensteil B.
3. Die Aufspaltungsbilanzen sind als Anlage 1 und 2 der Urkunde beigefügt.
4. Übertragen werden jeweils alle Aktiva und Passiva, die zu dem jeweiligen Teilbetrieb gehören nach Maßgabe der Aufspaltungsbilanz.
Hinsichtlich des Teilbetriebes A wird zudem verwiesen auf die Liste der Aktiva und Passiva (Anlage 3), die Liste der dem Teilbetrieb A zuzuordnenden Verträge (Anlage 4) sowie die Liste der diesen zuzuordnenden Arbeitsverhältnisse (Anlage 4).
Hinsichtlich des Teilbetriebes B wird zudem verwiesen auf die Liste der Aktiva und Passiva (Anlage 5), die Liste der dem Teilbetrieb A zuzuordnenden Verträge (Anlage 5) sowie die Liste der diesen zuzuordnenden Arbeitsverhältnisse (Anlage 6).
Hinsichtlich des jeweils übergehenden Grundbesitzes und der grundstücksgleichen Rechte wird verwiesen auf Anlage 7.
Für sämtliche vorstehend beschriebenen Aktiva und Passiva gilt, dass übertragen werden alle Vermögensgegenstände, Verbindlichkeiten und Arbeitsverhältnisse, die dem jeweiligen Teilbetrieb dienen oder die ihm zu dienen bestimmt sind, oder die ihm im wirtschaftlich weitesten Sinne zuzurechnen sind. Dies gilt unabhängig davon, ob diese Gegenstände bilanzierungsfähig sind oder nicht und unabhängig davon, ob diese Gegenstände in den vorstehend genannten Listen aufgeführt sind.
5. Ist ein Vermögensteil oder eine Verbindlichkeit in diesem Aufspaltungsplan nicht zugeordnet und lässt sich die Zuordnung auch nicht durch Auslegung ermitteln, so gilt § 131 Abs. 3 UmwG.
(... *Alternative:* Ist ein Vermögensgegenstand oder eine Verbindlichkeit in diesem Aufspaltungsplan nicht zugeordnet und lässt sich die Zuordnung auch nicht durch Auslegung ermitteln, so gehen Vermögensgegenstände/Verbindlichkeiten abwei-

chend von § 131 Abs. 3 UmwG auf die A1-GmbH über. Im Innenverhältnis der übernehmenden Gesellschaft erfolgt sodann ein hälftiger Ausgleich in bar).

§ 3 Gewährung von Anteilen, Umtauschverhältnis

Alternative 1 (verhältniswahrend)

1. Als Gegenleistung für die vorstehende Vermögensübertragung gewähren die übernehmenden Gesellschaften folgende Anteile:
Die A1-GmbH gewährt Herrn A einen Geschäftsanteil im Nennbetrag von 12.500 € (Geschäftsanteil Nr. 1) und Herrn B einen Geschäftsanteil im Nennbetrag von 12.500 € (Geschäftsanteil Nr. 2). Die B1-GmbH gewährt Herrn A einen Geschäftsanteil im Nennbetrag von 12.500 € (Geschäftsanteil Nr. 1) und Herrn B einen Geschäftsanteil im Nennbetrag von 12.500 € (Geschäftsanteil Nr. 2).
2. Bare Zuzahlungen werden nicht geleistet.
3. Die Aufteilung der Anteile erfolgt entsprechend den bisherigen Beteiligungen der Gesellschafter in der A-GmbH, ist mithin verhältniswahrend.
4. Die Aufspaltung erfolgt zum handelsrechtlichen Buchwert des übertragenen Vermögens. Soweit der Buchwert des übertragenen Vermögens den Nennbetrag der gewährten Geschäftsanteile bei der jeweils übernehmenden Gesellschaft übersteigt, wird der Überschuss in die Kapitalrücklage der übernehmenden Gesellschaft eingestellt.

Alternative 2 (Trennung von Gesellschafterstämmen):

1. Als Gegenleistung für die vorstehende Übertragung gewähren die übernehmenden Gesellschaften folgende Anteile:
Die A1-GmbH gewährt Herrn A einen Geschäftsanteil im Nennbetrag von 25.000 € (Geschäftsanteil Nr. 1). Die B1-GmbH gewährt Herrn B einen Geschäftsanteil im Nennbetrag von 25.000 € (Geschäftsanteil Nr. 1).
2. Bare Zuzahlungen werden nicht geleistet.
3. Die Aufteilung der Anteile erfolgt nichtverhältniswahrend zum Zwecke der Trennung der Gesellschafterstämme. [ggf. Regelungen über Ausgleichsleistungen].
4. Die Aufspaltung erfolgt zum handelsrechtlichen Buchwert des übertragenen Vermögens. Soweit der Buchwert des übertragenen Vermögens den Nennbetrag der gewährten Geschäftsanteile bei der jeweils übernehmenden Gesellschaft übersteigt, wird der Überschuss in die Kapitalrücklage der übernehmenden Gesellschaft eingestellt.

§ 4 Anspruch auf Bilanzgewinn

Die Geschäftsanteile sind gewinnberechtigt ab dem Spaltungsstichtag.

§ 5 Spaltungsstichtag

Die Übernahme des vorbezeichneten Vermögens der A-GmbH (Teilbetrieb A und Teilbetrieb B) durch die jeweilige übernehmende Gesellschaft erfolgt im Innenverhältnis mit Wirkung zum .... Ab diesem Zeitpunkt gelten alle Handlungen und Geschäfte der übertragenden Gesellschaft, soweit sie den Teilbetrieb A bzw. den Teilbetrieb B betreffen, als für Rechnung der jeweils übernehmenden Gesellschaft vorgenommen.

§ 6 Besondere Rechte und Vorteile

1. Besondere Rechte i.S.v. § 126 Abs. 1 Nr. 7 UmwG werden der jeweils übernehmenden Gesellschaft nicht gewährt. Besondere Maßnahmen i.S.d. Vorschrift sind nicht vorgesehen.
2. Besondere Vorteile i.S.v. § 126 Abs. 1 Nr. 8 UmwG werden ebenfalls nicht gewährt

§ 7 Arbeitsrechtliche Folgen

1. Die Folgen der Aufspaltung für die Arbeitnehmer der übertragenden Gesellschaft ergeben sich aus § 613a BGB. Die den jeweiligen Teilbetrieb betreffenden Arbeitsverhältnisse gehen demgemäß mit allen Rechten und Pflichten auf die jeweils übernehmende Gesellschaft über. Die kündigungsrechtliche Stellung der Arbeitnehmer verschlechtert sich für die Dauer von zwei Jahren nicht (§ 323 Abs. 1 UmwG).
2. Ein Betriebsrat besteht nicht.

§ 8 Abfindungsangebot

Ein Abfindungsangebot nach §§ 125, 29 UmwG ist nicht erforderlich.

§ 9 Weitere Vereinbarungen

1. Die neu gegründete A1-GmbH führt die Firma der übertragenden Gesellschaft gemäß §§ 125, 18 UmwG fort.
2. Sollte eine der übernehmenden Gesellschaften nach § 133 Abs. 1 UmwG für Verbindlichkeiten in Anspruch genommen werden, die ihr nach vorstehendem Ausgliederungsplan nicht zugeordnet sind, so ist die jeweils andere Gesellschaft verpflichtet, diese freizustellen.
3. [Weitere Regelungen nach Einzelfall].

§ 10 Grundbuchberichtigung

Die Beteiligten, handelnd wie angegeben, bewilligen und beantragen nach Vollzug der Aufspaltung gemäß dieser Urkunde, den jeweils übernehmenden Rechtsträger im Wege der Grundbuchberichtigung als Eigentümer des voraufgeführten Grundbesitzes einzutragen.

§ 11 Vollmacht

Die Beteiligten, handelnd wie angegeben, bevollmächtigen hiermit ... und ..., Notarfachangestellte beim beurkundenden Notar, und zwar jeweils einzeln unter Befreiung von den Beschränkungen des § 181 BGB, alle Erklärungen abzugeben, die zum Vollzug dieser Urkunde noch erforderlich oder zweckmäßig sind. Sie sind insbesondere berechtigt, den Aufspaltungsplan zu ändern und zu ergänzen und Registeranmeldungen vorzunehmen. Hinsichtlich des zum Vermögen der Gesellschaft gehörenden Grundbesitzes sind sie ferner bevollmächtigt, diesen zu identifizieren, Grundbuchberichtigungsanträge zu stellen und die Auflassung zu erklären.

§ 12 Schlussbestimmungen, Hinweise

1. Die durch diesen Vertrag und seiner Durchführung entstehenden Kosten tragen die übernehmenden Gesellschaften zu gleichen Teilen.
2. Der Notar hat auf Folgendes hingewiesen:
   - die Spaltung wird erst mit Eintragung in das Handelsregister der übertragenden Gesellschaft wirksam;
   - bei Eintragung der neu entstehenden Gesellschaften im Handelsregister muss der Nennbetrag der Geschäftsanteile höher sein als der Wert des jeweils übernommenen Vermögens;

- für die vor Wirksamwerden der Spaltung begründeten Verbindlichkeiten haften die beteiligten Rechtsträger nach § 133 UmwG als Gesamtschuldner. Darüber hinaus bestehende Haftungen können sich aus §§ 25 HGB, 75 AO ergeben;
- die Vertretungsorgane sind nach §§ 125, 25 UmwG zum Schadensersatz bei Verletzung ihrer Pflichten verpflichtet;
- die Aufspaltung löst möglicherweise Grunderwerbsteuer aus.

§ 12 Salvatorische Klausel

Sollten einzelne Bestimmungen dieses Aufspaltungsplans unwirksam oder nicht durchführbar sein, so berührt dies die Gültigkeit des Vertrages im Übrigen nicht. An die Stelle der unwirksamen oder nicht durchführbaren Bestimmungen soll eine solche treten, die dem wirtschaftlichen Ergebnis in zulässiger Weise am nächsten kommt.

§ 13 Anlagen

Auf die vorstehend erwähnten Anlagen wird gemäß § 14 Abs. 1 S. 2 BeurkG verwiesen. Der Inhalt dieser Anlagen ist den Beteiligten bekannt, auf das Vorlesen wird verzichtet. Die Beteiligten haben jede Seite der beigefügten Anlagen unterzeichnet.

B. Gesellschaftsvertrag der A1-GmbH <hier nicht wiedergegeben>.

Bei der Regelung über das Stammkapital ist folgende Regelung zu beachten:

»Die Gesellschafter A und B haben ihre Stammeinlage in voller Höhe dadurch geleistet, dass sämtliche Aktiva und Passiva des Teilbetriebes A der A-GmbH mit Sitz in ..., HRB ... im Wege der Aufspaltung zur Neugründung auf die Gesellschaft nach Maßgabe des Spaltungsplans zur Urkunde des Notars ... vom ... (UR.Nr. ...) übertragen werden. Das übertragene Vermögen ist in der Spaltungsbilanz, die der Niederschrift als Anlage 1 beigefügt ist und auf die nach § 14 BeurkG verwiesen wird, bezeichnet.

C. Gesellschaftsvertrag der B1-GmbH <hier nicht wiedergegeben>

Bei der Regelung über das Stammkapital ist folgende Regelung zu beachten:

»Die Gesellschafter A und B haben ihre Stammeinlage in voller Höhe dadurch geleistet, dass sämtliche Aktiva und Passiva des Teilbetriebes B der A-GmbH mit Sitz in ..., HRB ... im Wege der Aufspaltung zur Neugründung auf die Gesellschaft nach Maßgabe des Spaltungsplans zur Urkunde des Notars ... vom ... (UR.Nr. ...) übertragen werden. Das übertragene Vermögen ist in der Spaltungsbilanz, die der Niederschrift als Anlage 1 beigefügt ist und auf die nach § 14 BeurkG verwiesen wird, bezeichnet.

D. Gesellschafterversammlung der A1-GmbH

Die übertragende Gesellschaft als Gründungsgesellschafterin der A1-GmbH hält hiermit unter Verzicht auf alle durch Gesetz und Satzung vorgeschriebenen Formen und Fristen eine außerordentliche Gesellschafterversammlung ab und beschließt einstimmig was folgt:

Zum ersten Geschäftsführer der A1-GmbH wird bestellt ... Er vertritt die Gesellschaft stets einzeln und ist von den Beschränkungen des § 181 BGB befreit.

Damit ist die Gesellschafterversammlung beendet.

E. Gesellschafterversammlung der B1-GmbH

Die übertragende Gesellschaft als Gründungsgesellschafterin der B1-GmbH hält hiermit unter Verzicht auf alle durch Gesetz und Satzung vorgeschriebenen Formen und Fristen eine außerordentliche Gesellschafterversammlung ab und beschließt einstimmig was folgt:

Zum ersten Geschäftsführer der B1-GmbH wird bestellt ... Er vertritt die Gesellschaft stets einzeln und ist von den Beschränkungen des § 181 BGB befreit.
Damit ist die Gesellschafterversammlung beendet.
Niederschriftsvermerk

1250 M Formulierungsbeispiel Zustimmungsbeschluss der übertragenden Gesellschaft
Notarieller Eingangsvermerk
Die Erschienenen baten um Beurkundung des nachfolgenden Spaltungsbeschlusses und erklärten:

§ 1 Vorbemerkung

Die Erschienenen halten nach ihren Angaben und ausweislich der letzten beim Handelsregister eingereichten Gesellschafterliste sämtliche Geschäftsanteile an der im Handelsregister des Amtsgerichts ... HRB ... eingetragenen A-GmbH. Diese nachfolgend auch »übertragende Gesellschaft« genannt.

§ 2 Gesellschafterversammlung

Die Gesellschafter halten hiermit unter Verzicht auf alle durch Gesetz und Satzung vorgeschriebenen Vorschriften eine Gesellschafterversammlung der übertragenden Gesellschaft ab.
Sie bestätigen zunächst, rechtzeitig vor dieser Versammlung Kenntnis vom Aufspaltungsplan und den zugrunde liegenden Unterlagen erhalten zu haben.
Dem Aufspaltungsplan zur Urkunde des Notars ... in ... vom ... (UR.Nr. ...) wird zugestimmt. Den im Spaltungsplan enthaltenen Gesellschaftsverträgen wird ebenfalls mit allen Stimmen zugestimmt. Den im Spaltungsplan vorgenommenen Geschäftsführerbestellungen wird zugestimmt.
Eine Abschrift des Spaltungsplans ist dieser Urkunde als Anlage beigefügt. Weitere Beschlüsse werden nicht gefasst.

§ 3 Verzichtserklärungen

Die Gesellschafter erklären weiter:

1. Wir verzichten auf eine Klage gegen die Wirksamkeit des Aufspaltungsbeschlusses.
2. Wir verzichten weiter auf die Erstattung eines Spaltungsberichts, einer Spaltungsprüfung und eines Spaltungsprüfungsberichts.

§ 4 Kosten

Die Kosten dieser Beurkundung trägt die Gesellschaft.
Niederschriftsvermerk

6. Muster zur Abspaltung von einer GmbH zur Aufnahme auf GmbH & Co. KG

1251 M Formulierungsbeispiel Abspaltungs- und Übernahmevertrag
Notarieller Eingangsvermerk
Die Erschienenen baten um Beurkundung der folgenden Abspaltung von einer GmbH zur Aufnahme auf eine GmbH & Co. KG und erklärten:

§ 1 Vorbemerkung

1. Die A-GmbH, nachfolgend »übertragende Gesellschaft« genannt, mit Sitz in A ist im Handelsregister des Amtsgerichts A unter HRB ... eingetragen. Das Stammkapital der übertragenden Gesellschaft beträgt ... €. An ihr sind beteiligt:

Herr A mit Geschäftsanteilen im Nennbetrag von ... € (Geschäftsanteile Nrn. ... bis ...),
Herr B mit Geschäftsanteilen im Nennbetrag von ... € (Geschäftsanteile Nrn. ... bis ...).
Die Geschäftsanteile wurden bei der Gründung erworben und sind voll einbezahlt. Besondere Zustimmungspflichten nach § 51 UmwG bestehen nicht.
2. Die B-GmbH & Co. KG, nachfolgend »übertragender Rechtsträger« genannt, mit Sitz in ... ist im Handelsregister des Amtsgerichts ... ist unter HRA ... eingetragen. Komplementärin ist die A-GmbH, eingetragen im Handelsregister des Amtsgerichts ... unter HRB ... mit Sitz in .... Die Komplementärin hält keine Kapitaleinlage. Alleiniger Kommanditist ist Herr B mit einer Kommanditeinlage von 50.000 €.
3. Die A-GmbH möchte ihren Teilbetrieb ... im Wege der Abspaltung zur Aufnahme übertragen auf die B-GmbH & Co. KG nach Maßgabe der nachstehenden Bestimmungen.

§ 2 Vermögensübertragung

1. Die A-GmbH überträgt hiermit den von ihr unterhaltenen Teilbetrieb ... auf die B-GmbH & Co. KG mit allen Aktiva und Passiva im Wege der Abspaltung zur Aufnahme. Die B-GmbH & Co. KG gewährt als Ausgleich hierfür den Gesellschaftern der A-GmbH nachstehend aufgeführte Kommanditbeteiligungen.
2. Die Abspaltung erfolgt auf Basis der festgestellten Abspaltungsbilanz zum 31.12..... Die Abspaltungsbilanz ist Bestandteil dieses Vertrages, auf sie wird gemäß § 14 BeurkG verwiesen. Auf das Verlesen der Bilanz wird verzichtet. Stattdessen wurde die Anlage den Erschienenen zur Durchsicht vorgelegt, von ihnen genehmigt und unterschrieben.

§ 3 Übertragung des Vermögens

1. Bei der Spaltung werden sämtliche zur Spaltung vorhandenen Vermögensgegenstände und Verbindlichkeiten des Teilbetriebes mit allen Rechten und Pflichten sowie die ausschließlich diesem Teilbetrieb zuzuordnenden Rechtsverhältnisse und Vertragsverhältnisse unter Berücksichtigung der nachfolgenden Bestimmungen zugeordnet.
2. Insbesondere handelt es sich bei den als Gesamtheit übertragenen Gegenständen des Aktiv- und Passivvermögens um folgende Gegenstände:
   a) den Grundbesitz Verzeichnet im Grundbuch des Amtsgerichts X-Stadt von X-Stadt Blatt X wie folgt: ... Dieser Grundbesitz geht über nebst allen wesentlichen Bestandteilen mit Zubehör und Betriebsvorrichtungen sowie allen Miet- und Pachtverhältnissen. Mit dem Grundbesitz gehen über die Belastungen in Abt. II und III des Grundbuchs sowie die diesen zugrunde liegenden Verbindlichkeiten. Entsprechende Grundbuchberichtigung wird hiermit bewilligt und beantragt.
   b) Anlage- und Umlaufvermögen: Das zum übertragenen Teilbetrieb gehörende bewegliche Anlage- und Umlaufvermögen, das sich auf dem vorstehend beschriebenen Grundbesitz befindet. Mit dem Eigentum an diesem mitübertragen werden auch etwaige Anwartschaftsrechte. Die wesentlichen Gegenstände sind in dem als Anlage 2 zu dieser Urkunde genommenen Verzeichnis enthalten, ohne jedoch hierauf beschränkt zu sein.
   c) Verbindlichkeiten: Alle Verbindlichkeiten der A-GmbH, die dem vorbezeichneten Be-triebsteil wirtschaftlich zuzuordnen sind und wie sie in der Anlage 3 zu dieser Urkunde bezeichnet sind.

4. Kapitel Umwandlungen

    d) Arbeitsverhältnisse: Sämtliche dem Teilbetrieb ... zuzuordnenden Arbeitsverhältnisse, einschließlich evtl. bestehender betrieblicher Altersversorgungen, gehen nach § 613a BGB auf die aufnehmende Gesellschaft über. Die Arbeitnehmer werden dort zu den gleichen Konditionen beschäftigt. Sollten einzelne Arbeitnehmer der Übernahme des Arbeitsverhältnisses widersprechen, so verpflichtet sich die B-GmbH & Co. KG gegenüber der A-GmbH, sämtliche hieraus entstehenden Kosten zu ersetzen. Die B-GmbH & Co. KG wird außerdem die A-GmbH von sämtlichen Verbindlichkeiten aus betrieblicher Altersversorgung freistellen.
3. Die Übertragung im Wege der Abspaltung umfasst sämtliche vorbezeichnet beschriebenen Aktiva und Passiva, die dem Teilbetrieb ... dienen oder zu dienen bestimmt sind oder sonst den Teilbetrieb betreffen oder diesem wirtschaftlich zuzurechnen sind. Es kommt nicht darauf an, ob die Gegenstände bilanzierungsfähig sind oder nicht. Die Übertragung erfolgt daher unabhängig davon, ob die Vermögensgegenstände in der Abspaltungsbilanz oder in einer der Anlagen aufgeführt sind. Sollten die übertragenen Rechtspositionen des Aktiv- und Passivvermögens bis zum Wirksamwerden der Spaltung im regelmäßigen Geschäftsgang veräußert worden sein, so gelten die an ihre Stelle tretenden vorhandenen Surrogate als übertragen. Übertragen werden auch die zum Wirksamwerden der Spaltung erworbenen Gegenstände des Aktiv- und Passivvermögens, soweit sie zum übertragenen Teilbetrieb gehören.
4. Ist auch unter Berücksichtigung einer Auslegung dieses Vertrages zweifelhaft, ob ein Gegenstand des Aktiv- oder Passivvermögens auf die übernehmende Gesellschaft übergeht, so ist die übertragende Gesellschaft berechtigt, eine Zuordnung nach billigem Ermessen gemäß § 315 BGB vorzunehmen.

§ 4 Gegenleistung

1. Die B-GmbH & Co. KG überträgt als Gegenleistung für die Vermögensübertragung folgende Beteiligungen
    a) Dem Gesellschafter A eine Kommanditbeteiligung mit einem Kapitalanteil von ... €,
    b) dem Gesellschafter B eine Kommanditbeteiligung mit einem Kapitalanteil von ... €.
2. Die Kapitaleinlage entspricht jeweils der im Handelsregister einzutragenden Hafteinlage. Die Geschäftsanteile werden kostenfrei und ohne bare Zuzahlung gewährt. Sie sind gewinnberechtigt ab dem ...
3. Folgendes Umtauschverhältnis wurde zugrunde gelegt: ...
4. Die Aufteilung der Anteile erfolgt entsprechend dem Verhältnis der Beteiligung der Gesellschafter an der A-GmbH. Der auf die übernehmende Gesellschaft übergehende Teilbetrieb wird mit dem in Abschlussbilanz ausgewiesenen Reinvermögen von ... € bewertet und zu diesem Wert übernommen. Soweit dieser Betrag den Nominalbetrag der gewährten Kapitalanteile übersteigt, wird dieser Mehrbetrag dem gesamthänderisch gebundenen Rücklagenkonto gutgeschrieben.

§ 5 Spaltungsstichtag

Spaltungsstichtag ist der 01.01..... Von diesem Tag an gelten alle im Rahmen des übergehenden Teilbetriebes getätigten Geschäfts als für Rechnung der übernehmenden Gesellschaft getätigt.

§ 6 Besondere Rechte

Besondere Rechte i.S.v. § 126 Abs. 1 Nr. 7 UmwG bestehen bei der übernehmenden Gesellschaft nicht und werden im Zusammenhang mit der Abspaltung nicht gewährt.

§ 7 Besondere Vorteile

Besondere Vorteile i.S.v. § 126 Abs. 1 Nr. 8 UmwG werden nicht gewährt.

§ 8 Folgen für die Arbeitnehmer

1. Sämtliche dem Teilbetrieb zugehörigen Arbeitnehmer sind in der Anlage ... bezeichnet und gehen auf den übernehmenden Rechtsträger über. Dieser tritt gemäß § 613 a BGB mit allen Rechten und Pflichten unter Anrechnung der bei dem übertragenden Rechtsträger verbrachten Vordienstzeiten in die Arbeitsverhältnisse ein. Auf die inhaltliche Ausgestaltung der Arbeitsverhältnisse hat die Abspaltung keine Auswirkung.
2. Es bestehen bei dem übertragenden Unternehmen weder Betriebsvereinbarungen, noch finden Tarifverträge auf die von der Abspaltung betroffenen Arbeitsverhältnisse Anwendung. Betriebsräte bestehen weder bei der übertragenden ....

§ 9 Abfindungsangebot

Ein Abfindungsangebot nach §§ 125, 29 UmwG ist nicht erforderlich.

§ 10 Sonstige Vereinbarungen

1. Soweit für die Übertragung der Aktiva und Passiva weitere Voraussetzungen geschaffen werden müssen, so verpflichten sich die Vertragsparteien wechselseitig alle hierzu erforderlichen Erklärungen abzugeben und Handlungen vorzunehmen.
2. Sollte eine Bestimmung dieses Spaltungsvertrages unwirksam oder un-durchführbar sein, oder sollte sich eine Lücke herausstellen, wird dadurch die Wirksamkeit der übrigen Bestimmungen nicht berührt. Anstelle der unwirksam oder undurchführbar gewordenen Bestimmung tritt die Bestimmung, die der wirtschaftlich gewollten in zulässiger Weise am Nächsten kommt.

Formulierungsbeispiel Zustimmungsbeschluss der übertragenden Gesellschaft nebst Kapitalherabsetzung   1252 M

Die Erschienenen baten um Beurkundung des nachfolgenden Zustimmungsbeschlusses zu einer Abspaltung und erklärten:

§ 1 Vorbemerkung

Wir sind die alleinigen Gesellschafter der im Handelsregister des Amtsgerichts A unter HRB ... eingetragenen Gesellschaft mit beschränkter Haftung unter der Firma ... mit dem Sitz in .... Unter Verzicht auf alle durch Gesetz und/oder Satzung vorgeschriebenen Formen und Fristen halten wir hiermit eine Gesellschafterversammlung dieser Gesellschaft ab.

§ 2 Zustimmungsbeschluss

Wir beschließen einstimmig die Zustimmung zum Spaltungsvertrag vom ... über die Abspaltung des Teilbetriebes ... und dessen Übertragung auf die B-GmbH & Co. KG mit dem Sitz in .... Eine Abschrift des Spaltungsvertrages ist dieser Niederschrift als Anlage beigefügt.

4. Kapitel Umwandlungen

§ 3 Kapitalherabsetzungsbeschluss

Da zur Durchführung der Spaltung eine Kapitalherabsetzung erforderlich ist, beschließen die Gesellschafter sodann:

1. Das Stammkapital der Gesellschaft wird von ... € um ... € auf ... € herabgesetzt.
2. Die Kapitalherabsetzung erfolgt als vereinfachte Kapitalherabsetzung nach § 139 UmwG i.V.m. § 58 a ff. GmbHG. Die Herabsetzung des Stammkapitals dient der Anpassung des Stammkapitals infolge der Spaltung, weil das verbleibende Vermögen der übertragenden Gesellschaft das nominelle Kapital in Höhe von ... € nicht mehr deckt. Die Bilanz weist keine Beträge und Kapitalrücklagen aus; ein Gewinnvortrag besteht nicht.
3. Demgemäß reduzieren sich die Nennbeträge der Geschäftsanteile wie folgt:...
4. § ... des Gesellschaftsvertrages (Stammkapital) wird wie folgt neu gefasst:
»§ ... Stammkapital
Das Stammkapital der Gesellschaft beträgt ... € (i.W. ... Euro).«

§ 4 Verzichtserklärungen

Wir verzichten auf eine Klage gegen den Zustimmungsbeschluss, auf die Erstattung eines Spaltungsberichtes und auf eine Prüfung der Spaltung sowie vorsorglich auf ein Abfindungsangebot. Wir verzichten ferner auf eine Anfechtung dieses Beschlusses.

§ 5 Schlussbestimmung, Kosten

1. Die Kosten dieser Urkunde trägt die Gesellschaft.
2. Der Notar hat über Inhalt und Rechtsfolgen einer vereinfachten Kapitalherabsetzung belehrt.
3. Zustimmungsbeschluss der übernehmenden Gesellschaft.

1253 M Die Erschienenen baten um Beurkundung des nachfolgenden Zustimmungsbeschlusses zu einer Abspaltung und erklärten:

§ 1 Vorbemerkung

Die B-GmbH als persönlich haftende Gesellschafter sowie ... als Kommanditisten sind die einzigen Gesellschafter der im Handelsregister des Amtsgerichts A-Stadt unter HRA ... eingetragenen B-GmbH & Co. KG mit dem Sitz in ....

§ 2 Gesellschafterbeschluss

Unter Verzicht auf alle durch Gesetz und/oder Gesellschaftsvertrag vorgeschriebenen Formen und Fristen halten wir hiermit eine Gesellschafterversammlung der vorbezeichneten Gesellschaft ab und beschließen mit allen Stimmen was folgt:
Dem Spaltungsvertrag zwischen der A-GmbH als übertragender Gesellschaft und der B-GmbH & Co. KG als übernehmender Gesellschaft (UR.Nr. .../... des Notars ... in ...) wird mit allen Stimmen vorbehaltlos zugestimmt. Eine Abschrift des Spaltungsvertrages ist dieser Niederschrift als Anlage beigefügt.

§ 3 Verzichtserklärung

Wir verzichten auf eine Klage gegen den Zustimmungsbeschluss, auf die Erstattung eines Spaltungsberichtes und auf eine Prüfung der Spaltung.

§ 4 Kosten

Die Kosten dieser Urkunde trägt die Gesellschaft.

Formulierungsbeispiel Handelsregisteranmeldung für die abspaltende Gesellschaft   1254 M

An das
   Amtsgericht
   - Handelsregister -
   ...
   HRB ... A-GmbH
   In der Anlage überreiche ich als Geschäftsführer der Gesellschaft:

– Ausfertigung des Spaltungs- und Übernahmevertrages vom ... (UR.Nr. .../... des Notars ... in ...),
– Ausfertigung des Zustimmungsbeschlusses der Gesellschafter der B-GmbH & Co. KG vom ...,
– Ausfertigung des Zustimmungsbeschlusses der Gesellschafter der A-GmbH vom ...,
– Schlussbilanz der A-GmbH zum Spaltungsstichtag,
– vollständigen Wortlaut des Gesellschaftsvertrages nebst Notarbescheinigung nach § 54 GmbHG

und melde zur Eintragung in das Handelregister an:

1. Die A-GmbH hat die im Spaltungsvertrag vom ... (UR.Nr. .../... des Notars ... in ...) aufgeführten Teile ihres Vermögens als Gesamtheit im Wege der Abspaltung zur Aufnahme auf die B-GmbH & Co. KG übertragen.
2. Die A-GmbH hat im Wege der vereinfachten Kapitalherabsetzung nach § 139 UmwG i.V.m. §§ 58 a ff. GmbHG ihr Stammkapital von ... € um ... € auf ... € herabgesetzt. § ... der Satzung (Stammkapital) wurde entsprechend geändert.

Ich versichere, dass keine Klage gegen die Zustimmungsbeschlüsse der Gesellschafter der A-GmbH bzw. der B-GmbH & Co. KG erhoben wurde und infolge der Verzichtserklärungen sämtlicher Gesellschafter auch nicht mehr erhoben werden kann. Auf die Erstattung von Spaltungsbericht und die Prüfung der Spaltung wurde von allen Gesellschaftern verzichtet.

Ferner wird erklärt, dass keine der beteiligten Gesellschaften einen Betriebsrat hat. Ein Fall des § 51 Abs. 1 UmwG liegt nicht vor.

Formulierungsbeispiel Handelsregisteranmeldung für die übernehmende Gesellschaft   1255 M

An das
   Amtsgericht
   - Handelsregister -
   ...
   HRA ... B-GmbH & Co. KG
   In der Anlage überreiche ich:

a) Ausfertigung des Spaltungsvertrages vom ... (UR.Nr. .../... des Notars ... in ...),
b) Ausfertigung des Zustimmungsbeschlusses der Gesellschafter der A-GmbH vom ...,
c) Ausfertigung des Zustimmungsbeschlusses der Gesellschafter der B-GmbH & Co. KG vom ...,
d) Nachweis über die Zusendung des Spaltungsvertragsentwurfs an den Betriebsrat der Gesellschaft.

und melde zur Eintragung in das Handelregister an:

1. Die A-GmbH hat die im Spaltungsvertrag vom ... (UR.Nr. .../... des Notars ... in ...) aufgeführten Teile ihres Vermögens als Gesamtheit im Wege der Abspaltung zur Aufnahme auf die B-GmbH & Co. KG übertragen.
2. Als weitere Kommanditisten sind im Rahmen der Spaltung in die B-GmbH & Co. KG eingetreten:
   a) Herr A, mit einer Kommanditeinlage von ... €,
   b) Herr B, mit einer Kommanditeinlage von ... €
3. Ich versichere, dass keine Klage gegen die Zustimmungsbeschlüsse der Gesellschafter der A-GmbH bzw. der B-GmbH & Co. KG zum Spaltungsvertrag erhoben wurde und infolge der Verzichtserklärungen auch nicht mehr erhoben werden kann. Auf die Erstattung von Spaltungsbericht und die Prüfung der Spaltung wurde von allen Gesellschaftern verzichtet.

XIII. Besonderheiten bei der Spaltung unter Beteiligung von Aktiengesellschaften

1. Allgemeines

a) Überblick

1256 Das Umwandlungsrecht enthält für die Spaltung von Aktiengesellschaften in den §§ 141 bis 146 nur wenige Sondervorschriften. Es kann daher grundsätzlich auf die Vorschriften über die Verschmelzung von Aktiengesellschaften verwiesen werden (insbesondere §§ 60-77).[2150]

b) Spaltungsvertrag und Bekanntmachung

1257 Besondere gesetzliche Anforderungen bestehen nicht. § 125 verweist hinsichtlich des Spaltungsvertrages allgemein auf §§ 125, 4 ff.[2151] Gemäß §§ 125, 61 ist der Spaltungsvertrag vor der Einberufung der Hauptversammlung zum Registergericht einzureichen.

c) Spaltungsbericht

1258 Bei Beteiligung einer AG ist gemäß § 127 ein Spaltungsbericht erforderlich. Gemäß § 52 Abs. 2 ist in dem Spaltungsbericht ggf. auf den Bericht über die Prüfung und Sacheinlagen bei einer übernehmenden Aktiengesellschaft nach § 183 Abs. 3 AktG sowie auf das Register, bei dem dieser Bericht zu hinterlegen ist, hinzuweisen. Ein Spaltungsbericht ist entbehrlich, falls die Voraussetzungen der §§ 127 S. 2, 8 Abs. 3 vorliegen, d.h. in den Fällen der Konzernverschmelzung wie auch in den Fällen des Verzichts durch alle Aktionäre.[2152]

2150 Siehe oben Rdn. 371 ff.; zur Spaltung von AG siehe insbesondere die Darstellungen bei Widmann/Mayer/*Rieger*, Vor §§ 141-146; Schmitt/Hörtnagl/Stratz/*Hörtnagl*, vor §§ 141-146; *Limmer*, Handbuch Umwandlung, Rn. 1927 ff.; Beck'sches Handbuch AG/*Schumacher*, § 13; *Engelmeyer*, Die Spaltung von Aktiengesellschaften nach dem neuen Umwandlungsrecht, 1995. Für Muster siehe etwa *Limmer*, Handbuch Umwandlung, Rn. 1974 (Abpaltung von AG zur Aufnahme durch AG), Rn. 1979 (Ausgliederung aus AG zur Aufnahme durch GmbH) und Rn. 1984 (Ausgliederung aus AG zur Neugründung einer GmbH); Widmann/Mayer/*Mayer*, Mustersatz 20b (Ausgliederung aus AG zur Aufnahme durch GmbH), Mustersatz 20a (Ausgliederung aus KG zur Neugründung einer AG), Mustersatz 19 (Ausgliederung aus GmbH zur Aufnahme durch AG); Münchener Vertragshandbuch/*Heidenhain*, Band 1, Muster XII.11 (Aufspaltung einer AG zur Aufnahme durch AG sowie Neugründung einer AG und GmbH & Co. KG).
2151 Siehe oben Rdn. 373 ff.
2152 Rdn. 373.

d) Spaltungsprüfung

Gemäß §§ 125 S. 1, 60 ist eine Spaltungsprüfung bei Beteiligung einer AG erforderlich. **1259**
Insoweit kann auf die allgemeinen Vorschriften zur Verschmelzung verwiesen werden.[2153]

e) Spaltungsprüfungsbericht

Bei einer Abspaltung – nicht dagegen bei Ausgliederung und Aufspaltung – ist zudem **1260**
nach §§ 146 Abs. 2, 125, 12 ein Spaltungsprüfungsbericht erforderlich. Wegen der Einzelheiten kann verwiesen auf den Verschmelzungsprüfungsbericht.[2154]

f) Vorbereitung der Hauptversammlung

Die Vorbereitung der Hauptversammlung richtet sich nach §§ 125, 63, sodass auf obige **1261**
Vorschriften verwiesen werden kann.[2155]

g) Zustimmungsbeschluss zur Spaltung

Grundsätzlich gelten für den Zustimmungsbeschluss zur Spaltung die allgemeinen Vor- **1262**
schriften der §§ 125, 13, 65 mit Ausnahme des § 62, insoweit kann auf obige Ausführungen
verwiesen.[2156] Besondere Informationspflichten vor Fassung des Zustimmungsbeschlusses
ergeben sich bei Beteiligung einer spaltenden AG aus § 143.

2. Besonderheiten für übertragende Aktiengesellschaft

a) Spaltungsverbot in Nachgründungsphase

Für eine Aktiengesellschaft als übertragenden Rechtsträger ordnet § 141 ein zeitlich befris- **1263**
tetes Spaltungsverbot während der sog. Nachgründungsphase von zwei Jahren an.[2157] Einzig zulässig in der Nachgründungsphase ist die Ausgliederung zur Neugründung. Damit
soll sichergestellt werden, dass eine AG nicht während der Nachgründungsperiode durch
Aufspaltung wieder erlischt oder durch Abspaltung oder durch Ausgliederung einen
Großteil ihres Vermögens abgibt. Da aber bei einer Aufspaltung zur Neugründung eine
derartige Gefahr nicht besteht, wurde diese nachträglich vom Anwendungsbereich des
§ 141 ausgenommen.[2158] Gegen das Spaltungsverbot verstoßende Beschlüsse sind nichtig.
Sollte die Spaltung dennoch im Handelsregister der übertragenden AG eingetragen sein,
so bleibt sie trotz Verstoßes gegen § 141 rechtsbeständig.[2159]

b) Besondere Unterrichtungspflichten über Vermögensveränderungen (§143)

Der Vorstand einer übertragenden AG hat nach § 143 die Aktionäre vor der Beschlussfas- **1264**
sung über jede wesentliche Änderung des Vermögens dieser Gesellschaft, die zwischen

---

2153 Rdn. 373.
2154 Rdn. 377; Schmitt/Hörtnagl/Stratz/*Hörtnagl*, § 146 Rn. 9.
2155 Rdn. 377.
2156 Rdn. 386 ff.
2157 Wobei die Frist mit der Eintragung der AG in das Handelsregister beginnt, vgl. Widmann/
Mayer/*Rieger*, § 141 Rn. 5; zur streitigen Frage auf welchen Zeitpunkt für das Fristende abzustellen ist siehe einerseits Widmann/Mayer/*Rieger*, § 141 Rn. 8 (Eintragung der Spaltung); andererseits Schmitt/Hörtnagl/Stratz/*Hörtnagl*, § 141 Rn. 3 (Spaltungsbeschluss der AG).
2158 *Limmer*, Handbuch Umwandlung, Rn. 1939; Lutter/*Hommelhoff/Schwab*, § 141 Rn. 14 ff.
2159 Lutter/*Hommelhoff/Schwab*, § 141 Rn. 14 ff.; Widmann/Mayer/*Rieger*, § 141 Rn. 14; Schmitt/Hörtnagl/Stratz/*Hörtnagl*, § 141 Rn. 5.

dem Abschluss des Spaltungsvertrages/Spaltungsplanes[2160] oder der Aufstellung des Entwurfes und dem Zeitpunkt der Beschlussfassung eingetreten ist, zu unterrichten hat. Insoweit ist unbeachtlich, ob sich die Vermögensveränderung bezieht auf zu übertragende oder sonstige Vermögensteile.[2161] Der Vorstand der übertragenden Aktiengesellschaft hat auch die Vertretungsorgane der übernehmenden Rechtsträger (gleich welcher Rechtsform diese ist) zu unterrichten, diese haben wiederum die Anteilsinhaber des von ihnen vertretenen Rechtsträgers von der Beschlussfassung über die Spaltung zu unterrichten. Diese zusätzliche Nachinformation wird damit begründet, dass Wertschwankungen der übertragenen Vermögensteile den Aktionären und anderen Anteilsinhabern bei der Beschlussfassung bekannt sein sollen.[2162] Die Unterrichtung muss spätestens vor der Abstimmung über die Spaltung erfolgen.[2163]

c) Erklärung nach § 146

1265 Bei Anmeldung der Abspaltung oder Ausgliederung aus einer AG oder einer KGaA haben der Vorstand bzw. die persönlich haftenden Gesellschafter zu klären, dass die durch Gesetz und Satzung vorgesehenen Voraussetzungen für die Gründung dieser Gesellschaft unter Berücksichtigung der Abspaltung oder der Ausgliederung im Zeitpunkt der Anmeldung vorliegen. Auch hier ist also zum Ausdruck zu bringen, dass die hinsichtlich der Kapitaldeckung bestehenden Gründungsvorschriften eingehalten werden.[2164] Auch insoweit ist streitig, ob ein Handeln des Vorstandes in vertretungsberechtigter Anzahl ausreichend ist, oder aber ob sämtliche Mitglieder des Vorstandes bzw. sämtliche zur Vertretung ermächtigten persönlich haftenden Gesellschafter der KGaA diese Erklärung abgeben müssen.[2165]

d) Kapitalherabsetzung

aa) Vereinfachte Kapitalherabsetzung

1266 Bei der Abspaltung und ggf. bei der Ausgliederung kann sich ergeben, dass das Kapital der übertragenden Gesellschaft zur Durchführung der Spaltung herabgesetzt werden muss. Die Kapitalherabsetzung kann als normale Kapitalherabsetzung oder in vereinfachter Form (§ 145) durchgeführt werden, wenn diese erforderlich ist. Die nähere Auslegung des Begriffes »erforderlich« ist streitig.[2166] Voraussetzung für die Durchführung einer Kapitalherabsetzung ist zum einen die Einberufung einer Hauptversammlung unter Angabe dieses Zwecks (§ 222 Abs. 3 AktG). Der Kapitalherabsetzungsbeschluss mit Beschluss über die Satzungsänderung muss zum einen den Zweck der Herabsetzung mit hinreichender Bestimmtheit nennen (§ 222 Abs. 3 AktG). Darüber hinaus muss sie gemäß § 222 Abs. 4 AktG verlautbaren, ob die Kapitalherabsetzung durch Herabsetzung des Nennbetrages der Aktien oder durch Zusammenlegung der Aktien erfolgt. Bei Stückaktien oder bei

---

2160 Obwohl die Vorschrift nur auf die Spaltung zur Aufnahme (Spaltungsvertrag) Bezug nimmt, gilt sie nach allgemeiner Auffassung auch für die Spaltung zur Neugründung, vgl. Widmann/Mayer/*Rieger*, § 143 Rn. 3; Schmitt/Hörtnagl/Stratz/*Hörtnagl*, § 143 Rn.2.
2161 Schmitt/Hörtnagl/Stratz/*Hörtnagl*, § 143 Rn. 8; Widmann/Mayer/*Rieger*, § 143 Rn. 5.
2162 Lutter/*Hommelhoff/Schwab*, § 143 Rn. 4; Limmer, Handbuch Umwandlung, Rn. 1936 ff.; Widmann/Mayer/*Rieger*, § 143 Rn. 3 ff.; Schmitt/Hörtnagl/Stratz/*Hörtnagl*, § 143 Rn. 3 ff.
2163 *Limmer*, Handbuch Umwandlung, Rn. 1937; Schmitt/Hörtnagl/Stratz/*Hörtnagl*, § 143 Rn. 4.
2164 Siehe oben Rdn. 964 f.; Schmitt/Hörtnagl/Stratz/*Hörtnagl*, § 146 Rn. 4; Widmann/Mayer/*Rieger*, § 146 Rn. 10 ff.
2165 Für Handeln in vertretungsberechtigter Anzahl: Schmitt/Hörtnagl/Stratz/*Hörtnagl*, § 146 Rn. 2; Lutter/*Lutter/Schwab*, § 146 Rn. 7; für Handeln sämtlicher Vorstandsmitglieder: Widmann/Mayer/*Rieger*, § 146 Rn. 7.
2166 Siehe oben Rdn. 970.

Aktien mit einem Nennbetrag von 1 € verbleibt nur die zweite Alternative.[2167] Bei mehreren Aktiengattungen sind Sonderbeschlüsse zu fassen (§ 222 Abs. 2 AktG). Bei der Kapitalherabsetzung durch Zusammenlegung sind sodann die Aktien für kraftlos zu erklären. Sodann ist die Durchführung der Herabsetzung des Grundkapitals zur Eintragung in das Handelsregister anzumelden (§ 227 AktG).[2168] Durchgeführt in diesem Sinne ist die Kapitalherabsetzung, wenn die Höhe des neuen Grundkapitals und die Summe der Aktiennennbeträge angepasst sind. Die Kapitalherabsetzung durch Änderung der Aktiennennbeträge bedarf keiner Durchführung; bei der Zusammenlegung von Aktien bedarf es entsprechender Durchführungsmaßnahmen.[2169]

bb) Kapitalherabsetzungsbeschluss

§ 145 verweist auf die allgemeinen Vorschriften des Aktienrechtes. Gemäß §§ 222 Abs. 1, 229 Abs. 3 AktG muss die Kapitalherabsetzung mit ¾ Mehrheit beschlossen werden, die mindestens ¾ des bei der Beschlussfassung vertretenen Grundkapitals umfasst. Sind mehrere stimmberechtigte Gattungen von Aktien vorhanden, so wird der Beschluss der Hauptversammlung nur wirksam mit Zustimmung der Aktionäre jeder Gattung, die einen Sonderbeschluss zu fassen haben.[2170] Der Beschluss muss enthalten

1267

– Angabe, dass es sich um vereinfachte Kapitalherabsetzung handelt,
– Angabe, dass die Herabsetzung zum Zwecke der Durchführung der Spaltung erforderlich ist, weil das verbleibende Nettovermögen der übertragenden AG ihr nominelles Kapital nicht mehr deckt,
– Herabsetzungsbetrag und neue Grundkapitalziffer,
– Angabe, ob die Kapitalherabsetzung durch Nennbetragherabsetzung der Aktien oder durch Aktienzusammenlegung durchgeführt wird,
– notwendige Anpassung der Satzung.[2171]

cc) Anmeldung der Kapitalherabsetzung zum Handelsregister

Zu unterscheiden sind die Anmeldung des Beschlusses über die Kapitalherabsetzung gemäß § 223 AktG und die Eintragung der Durchführung der Kapitalherabsetzung gemäß § 227 Abs. 1 AktG. Diese Anmeldungen können miteinander verbunden werden. Den Kapitalherabsetzungsbeschluss melden die Vorstandsmitglieder in vertretungsberechtigter Zahl und der Aufsichtsratsvorsitzende (§§ 229 Abs. 3, 223 AktG) an.

1268

Die Anmeldung der Kapitalherabsetzung hat zu enthalten den Kapitalherabsetzungsbeschluss, die Änderung der Satzung und die Erklärung, dass es sich um eine Kapitalherabsetzung zur Durchführung der Spaltung handelt.[2172] Der Anmeldung beizufügen sind der Beschluss über die Kapitalherabsetzung und die Satzungsänderung in Ausfertigung oder beglaubigter Abschrift, der vollständige Wortlaut der geänderten Satzung nebst Notarbescheinigung (§ 181 Abs. 1 S. 2 AktG).

1269

2167 *Limmer,* Handbuch Umwandlung, Rn. 1951 ff.
2168 *Limmer,* Handbuch Umwandlung, Rn. 1951 ff.
2169 *Limmer,* Handbuch Umwandlung, Rn. 1965.
2170 *Limmer,* Handbuch Umwandlung, Rn. 1953.
2171 *Ittner,* MittRhNotK 1997, 105, 119; *Limmer,* Handbuch Umwandlung, Rn. 1958.
2172 *Ittner,* MittRhNotK 1997, 105, 123.

4. Kapitel Umwandlungen

dd) Anmeldung der Durchführung der Kapitalherabsetzung zum Handelsregister

1270 Die Durchführung der Kapitalherabsetzung ist durch die Vorstandsmitglieder in vertretungsberechtigter Zahl (§§ 229 Abs. 3, 227 Abs. 1 AktG) anzumelden.[2173]

ee) Bedingungszusammenhang

1271 Nach § 145 S. 2 darf die Eintragung der Abspaltung bzw. Ausgliederung erst erfolgen, wenn die Durchführung der Kapitalherabsetzung eingetragen wurde. Sie stehen damit in einem gesetzlichen Bedingungsverhältnis.[2174]

d) Anmeldung der Spaltung

1272 Für den Inhalt der Anmeldung und die beizufügenden Unterlagen kann auf obige Ausführungen verwiesen werden. Da die Spaltung erst eingetragen werden kann, wenn eine etwa erforderliche Kapitalherabsetzung eingetragen ist (§ 145 S. 2), empfiehlt es sich die Anmeldungen der Kapitalherabsetzung und der Spaltung einer Urkunde zu verbinden. Wegen der Kapitaldeckungserklärung nach § 146 Abs. 1 kann verwiesen werden auf obige Ausführungen.[2175]

3. Besonderheiten für übernehmende Aktiengesellschaft

a) Allgemeines

1273 Bei der Spaltung zur Aufnahme auf eine Aktiengesellschaft gelten die Vorschriften über die Verschmelzung zur Neugründung, d.h. §§ 68, 69 entsprechend. Insoweit kann auf obige Ausführungen verwiesen werden.[2176]

b) Spaltungsbedingte Kapitalerhöhung

1274 Hinsichtlich der Vorbereitung der Kapitalerhöhung und der Beschlussfassung gelten die Vorschriften der Verschmelzung zur Aufnahme entsprechend.[2177]

1275 Der Kapitalerhöhungsbeschluss der übernehmenden Aktiengesellschaft bedarf einer Mehrheit von ¾ des vertretenen Grundkapitals und zusätzlich der einfachen Stimmenmehrheit (§§ 182 Abs. 1, 133 Abs. 1 AktG). Der Beschluss muss enthalten:

– Angabe, dass es sich um eine Kapitalerhöhung zur Durchführung der Spaltung handelt,
– Erhöhungsbetrag und neue Grundkapitalziffer,
– Festsetzung gemäß § 138 AktG (Gegenstand die Person unter der die Gesellschaft den Gegenstand erwirbt und der Nennbetrag. Bei Stückaktien die Zahl der bei der Sacheinlage zu gewährenden Aktien); Zahl, Art (Inhaber-/Namensaktien) und Gattung (Stamm-/Vorzugsaktien) der neuen Aktien,
– Festsetzung des Mindestausgabebetrages gemäß § 182 Abs. 3,[2178]
– notwendige Anpassung der Satzung.

2173 Ittner, MittRhNotK 1997, 105, 123; Limmer, Handbuch Umwandlung, Rn. 1961 ff.
2174 Vgl. wegen der vergleichbaren Rechtslage bei der GmbH oben Rdn. 1233.
2175 Siehe oben Rdn. 1265; Limmer, Handbuch Umwandlung, Rn. 1969 ff.
2176 Siehe oben Rdn. 371 ff.
2177 Siehe oben Rdn. 373 ff.
2178 Str. Siehe oben Rdn. 407.

c) Prüfung der Sacheinlagen

Abweichend von § 69 ordnet § 142 an, dass eine Sacheinlagenprüfung nach § 183 Abs. 3 AktG stets zu erfolgen hat. Die gesetzgeberische Begründung hierfür ist, dass der Gefahr einer Zuteilung nicht ausreichender Vermögenswerte begegnet werden muss.[2179] **1276**

d) Besonderheiten beim Spaltungsbericht

Gemäß § 142 Abs. 2 ist im Spaltungsbericht auf die Prüfung von Sacheinlagen bei der übernehmenden AG nach § 183 Abs. 3 AktG hinzuweisen. Dies gilt nicht nur für den Spaltungsbericht zu der übernehmenden Aktiengesellschaft, sondern für den Spaltungsbericht jedes beteiligten Rechtsträgers.[2180] Erforderlich, aber ausreichend, ist ein Hinweis auf die Sacheinlageprüfung und auf die Hinterlegung des Berichtes. Der Prüfungsbericht gemäß § 183 Abs. 4 AktG selbst muss im Spaltungsbericht nicht enthalten sein oder wiedergegeben werden.[2181] **1277**

e) Kein Bezugsrecht

Gemäß §§ 125 S. 1, 69 Abs. 1 S. 1 besteht bei Spaltung kein Bezugsrecht der Aktionäre der übernehmenden AG nach § 186 AktG.[2182] **1278**

f) Bestellung eines Treuhänders

Wegen der erforderlichen Bestellung eines Treuhänders und zum Umtausch von Aktien kann auf die Ausführungen zum Verschmelzungsrecht verwiesen werden.[2183] **1279**

g) Besonderheiten bei Eingreifen eines Kapitalerhöhungsverbotes

In bestimmten Fällen steht auch bei der AG nach §§ 125, 68 ein Kapitalerhöhungsverbot.[2184] **1280**

4. Spaltung auf Aktiengesellschaft zur Neugründung

a) Allgemeines

Bei der Spaltung zur Neugründung auf eine Aktiengesellschaft gelten gemäß §§ 135 Abs. 1, 125 die §§ 73 bis 77 entsprechend. Insoweit kann auf die Ausführungen zur Verschmelzung verwiesen werden.[2185] **1281**

b) Zusätzlicher Gründungsbericht und Gründungsprüfung

Für Spaltungen zur Neugründung auf eine Aktiengesellschaft – nicht jedoch für Spaltungen zur Aufnahme – ordnet § 144 an, dass ein Gründungsbericht gemäß § 32 AktG und eine Gründungsprüfung gemäß § 33 Abs. 2 AktG stets erforderlich sind. Diese sind jedoch **1282**

2179 *Limmer*, Handbuch Umwandlung, Rn. 1945; Widmann/Mayer/*Rieger*, § 142 Rn. 4; Schmitt/Hörtnagl/Stratz/*Hörtnagl*, § 142 Rn. 1.
2180 Widmann/Mayer/*Rieger*, § 142 Rn. 11; Schmitt/Hörtnagl/Stratz/*Hörtnagl*, § 142 Rn. 2.
2181 Schmitt/Hörtnagl/Stratz/*Hörtnagl*, § 142 Rn. 2; Widmann/Mayer/*Rieger*, § 142 Rn. 11.
2182 *Limmer*, Handbuch Umwandlung, Rn. 1946.
2183 Siehe oben Rdn. 420 ff.
2184 Siehe oben Rdn. 403.
2185 Siehe oben Rdn. 427 ff.

4. Kapitel Umwandlungen

1283 nach §§ 125, 75 Abs. 2 in dem praktisch häufigen Fall dann entbehrlich, wenn eine Kapitalgesellschaft oder eine eingetragene Genossenschaft übertragender Rechtsträger ist.[2186]
Ist ein Gründungsbericht zu erstatten, so haben die Gründer einer Aktiengesellschaft einen schriftlichen Gründungsbericht zu erstatten. Insbesondere geht es hier um die wesentlichen Umstände, aus denen sich ergibt, dass der Wert der im Rahmen der Spaltung zu übertragenden Vermögensteile, dem Nennbetrag der dafür zu gewährenden Aktien entspricht. Außerdem sind die in § 32 Abs. 2 S. 2 und Abs. 3 AktG vorgesehenen Angaben in den Gründungsbericht aufzunehmen. Ferner ist über die dortigen Angaben hinaus auch über den Geschäftsverlauf und die Lage des oder der übertragenden Rechtsträger zu berichten gemäß §§ 125 S. 1, 75 Abs. 1.[2187] Ferner ist zusätzlich zur Gründungsprüfung durch die Vorstand und Aufsichtsrat (§ 33 Abs. 1 AktG) auch eine externe Gründungsprüfung durch den oder die sachverständigen Gründungsprüfer erforderlich (§ 33 Abs. 2 AktG). Das weitere Verfahren richtet sich gemäß § 135 Abs. 2 S. 1 nach den Vorschriften des aktienrechtlichen Gründungsrechtes. Der Gründungsprüfer kann gleichzeitig auch Spaltungsprüfer sein.[2188]

c) Anmeldung der Spaltung

1284 Wegen des Inhaltes der Anmeldung und die beizufügenden Unterlagen kann auf obige Ausführungen verwiesen werden.[2189]

1285 Bei der Spaltung zur Aufnahme durch eine AG ist zu berücksichtigen, dass die Eintragung der Spaltung erst erfolgen kann, wenn die Kapitalerhöhung eingetragen ist (§§ 125, 53). Bei der Spaltung zur Neugründung einer AG muss zunächst die neu zu gründende Gesellschaft eingetragen werden, bevor die Spaltung eingetragen werden kann.[2190] Die Anmeldungen können aber miteinander verbunden werden. Ob bei einer Spaltung zur Neugründung auch eine Versicherung nach § 37 Abs. 1 S. 1 AktG erforderlich ist, ist streitig.[2191]

1286 M Formulierungsbeispiel:
»Der Vorstand versichert, dass ab der Eintragung der Ausgliederung im Handelsregister der übertragenden Gesellschaft das Vermögen der durch die Ausgliederung entstandenen Aktiengesellschaft sich endgültig in seiner freien Verfügung befindet.«

XIV. Besonderheiten bei der Spaltung unter Beteiligung von Genossenschaften

1. Allgemeines

1287 Eine eingetragene Genossenschaft kann an einer Spaltung grundsätzlich sowohl als übernehmender als auch als übertragender Rechtsträger beteiligt sein, und zwar bei Aufspaltung, Abspaltung und Ausgliederung.[2192]

1288 Wird ein Rechtsträger anderer Rechtsform auf eine eG als übernehmender Rechtsträger gespalten, so ist dies nach § 147 nur zulässig, wenn eine etwa erforderliche Änderung des Statuts der übernehmenden Genossenschaft gleichzeitig mit der Spaltung beschlossen

---

[2186] Limmer, Handbuch Umwandlung, Rn. 1967; Schmitt/Hörtnagl/Stratz/Hörtnagl § 75 Rn. 1.
[2187] Schmitt/Hörtnagl/Stratz/Hörtnagl, § 144 Rn. 2; Limmer, Handbuch Umwandlung, Rn. 1968.
[2188] Siehe oben Rdn. 436; Lutter/Hommelhoff/Schwab, § 144 Rn. 13; Schmitt/Hörtnagl/Stratz/Hörtnagl, § 75 Rn. 5 ff.
[2189] Siehe oben Rdn. 432 ff.
[2190] Siehe oben Rdn. 439 ff.
[2191] Siehe oben Rdn. 440; Limmer, Handbuch Umwandlung, Rn. 1971.
[2192] Für die Spaltung einer Genossenschaft siehe Wirth, Spaltung einer eingetragenen Genossenschaft, 1998; Limmer, Handbuch Umwandlung, Rn. 1988; Lutter/Bayer, § 147 Rn. 1 ff.; Widmann/Mayer/Fronhöfer, Vor §§ 147, 148.

wird.²¹⁹³ Da eine solche Satzungsänderung vom Gesetz nicht zwingend vorgeschrieben ist bei der Aufnahme eines Rechtsträgers anderer Rechtsform durch eine eG, kann sich eine solche Statutänderung nur dann ergeben, wenn diese aus praktischen oder rechtlichen Gründen erforderlich ist.²¹⁹⁴

Die Zulässigkeit einer Totalausgliederung aus dem Vermögen einer eG ist streitig, wird aber von der h.M. bejaht.²¹⁹⁵ **1289**

2. Spaltungsvertrag

Für den Spaltungsvertrag selbst gelten keine Besonderheiten. Bei einer Beteiligung an einer eG als übernehmenden Rechtsträger sind §§ 125, 80 zu beachten.²¹⁹⁶ **1290**

3. Spaltungsprüfung, Spaltungsbericht

Hinsichtlich des Spaltungsberichts verweisen §§ 125, 35 auf § 81, sodass auf die Ausführungen im Rahmen der Verschmelzung verwiesen werden kann. Bei einer übertragenden Genossenschaft ist zu beachten, dass nach § 148 Abs. 2 Nr. 2 das Prüfungsgutachten im Fall der Abspaltung oder Ausgliederung (nicht jedoch im Fall der Aufspaltung) der Handelsregisteranmeldung beizufügen ist.²¹⁹⁷ Hinsichtlich des Spaltungsberichts gelten gemäß § 127 allgemeine Vorschriften. Sofern ein Spaltungsbericht erstellt worden ist, ist dieser gemäß § 148 Abs. 2 Nr. 1 der Handelsregisteranmeldung als Anlage beizufügen. Ist ein Spaltungsbericht nach § 8 Abs. 3 nicht erforderlich, so entfällt auch bei der Genossenschaft das Erfordernis, einen Spaltungsbericht zu erstellen.²¹⁹⁸ **1291**

4. Vorbereitung der Generalversammlung

Hinsichtlich der Informationen der Mitglieder der Genossenschaft vor der über die Spaltung beschließenden General- bzw. Vertreterversammlung gelten §§ 125 S. 1, 82. **1292**

5. Durchführung der Generalversammlung

Hinsichtlich der Information der Genossen bzw. Vertreter in der zu beschließenden General- bzw. Vertreterversammlung gelten die Pflichten der §§ 125 S. 1, 83. Der Zustimmungsbeschluss zur Spaltung kann nur in der Versammlung der Mitglieder gefasst werden. Bei einer beteiligten Genossenschaft ist daher ein Zustimmungsbeschluss der General-/Vertreterversammlung erforderlich. Wegen der Einzelheiten des Zustimmungsbeschlusses gelten §§ 125 S. 1, 84. **1293**

6. Besonderes Ausschlagungsrecht

Gemäß §§ 125 S. 1, 90-94 besteht die Möglichkeit der Ausschlagung gemäß §§ 90 ff., wenn eine übertragende Genossenschaft auf eine übernehmende andere Genossenschaft oder an **1294**

2193 Lutter/*Bayer*, § 147 Rn. 21; *Limmer*, Handbuch Umwandlung, Rn. 1990.
2194 Lutter/*Bayer*, § 147 Rn. 21; *Limmer*, Handbuch Umwandlung, Rn. 1990.
2195 Für Zulässigkeit: *Limmer*, Handbuch Umwandlung, Rn. 1991 m.w.N.; gegen Zulässigkeit die überwiegende Rechtsprechung: BayObLG BB 1985, 426; LG Stuttgart ZfgG 1970, 412, 413.
2196 Schmitt/Hörtnagl/Stratz/*Hörtnagl*, vor § 147 ff. Rn. 3.
2197 Siehe hierzu Lutter/*Bayer*, § 148 Rn. 22 f; Schmitt/Hörtnagl/Stratz/*Hörtnagl*, § 148 Rn. 5.
2198 Streitig: so Schmitt/Hörtnagl/Stratz/*Hörtnagl*, § 148 Rn. 5; Widmann/Mayer/*Fronhöfer*, § 148 Rn. 41; a.A.: Lutter/*Bayer*, § 148 Rn. 25, der aus § 147 Abs. 2 Nr. 1 ableitete, dass ein Spaltungsbericht stets erforderlich sei.

die Rechtsträger anderer Formen gespalten wird. Die Vorschriften ersetzen die Vorschriften über die Barabfindung.[2199]

7. Informationen der Genossen nach erfolgter Spaltung

1295 Insoweit kann auf §§ 125 S. 1, 89 verwiesen werden.

8. Fortdauer der Nachschusspflicht

1296 Wird eine übertragende Genossenschaft aufgespalten, so besteht gemäß §§ 125, 95 eine Nachschusspflicht, die in der übertragenden Genossenschaft bestanden hat, weiter, unabhängig von der Rechtsform des übernehmenden Rechtsträgers. Jedoch darf die Spaltung nicht zu einer Erhöhung der Nachschusspflicht führen.[2200]

9. Anmeldeverfahren

1297 Bei einer übertragenden Genossenschaft erfolgt die Anmeldung gemäß § 148 durch den gesamten Vorstand. In den Fällen der Abspaltung und Ausgliederung hat hierbei der Vorstand auch zu erklären, dass die durch Gesetz und Statut vorgeschriebene Voraussetzungen für die Gründung dieser Genossenschaft unter Berücksichtigung der Abspaltung oder der Ausgliederung zum Zeitpunkt der Anmeldung vorliegen (im Sinne einer Kapitaldeckungserklärung).[2201]

XV. Besonderheiten bei der Spaltung unter Beteiligung von Vereinen

1. Überblick

1298 Die Spaltung von Vereinen hat nur eine geringe Bedeutung.[2202] Nach § 124 Abs. 1 sind wirtschaftliche Vereine (§ 22 BGB) nur als übertragende Rechtsträger spaltungsfähig. Eingetragene Vereine i.S.d. § 21 BGB sind als übertragender Rechtsträger gemäß §§ 124 Abs. 1, 3 Abs. 1 Nr. 4 grundsätzlich uneingeschränkt spaltungsfähig. Im Spaltungsrecht ergänzt dies § 149 Abs. 1, wonach sich ein rechtsfähiger Verein an einer Spaltung nur beteiligen darf, wenn Satzung und Vorschriften des Landesrechts nicht entgegenstehen. Zudem darf gemäß § 149 Abs. 2 als übernehmender Rechtsträger ein eingetragener Verein nur andere Vereine aufnehmen oder mit ihnen einen eingetragenen Verein gründen. Als übertragender Rechtsträger bestehen solche Einschränkungen nicht, der Verein darf somit auf andere Rechtsträger abspalten oder ausgliedern.[2203]

2199 Siehe Widmann/Mayer/*Fronhöfer*, vor §§ 147 Rn. 9, 59.
2200 Widmann/Mayer/*Fronhöfer*, vor §§ 147 Rn. 61.
2201 Schmitt/Hörtnagl/Stratz/*Hörtnagl*, § 148 Rn. 3; Widmann/Mayer/*Fronhöfer*, § 148 Rn. 6 f.
2202 Zur Spaltung von Vereinen siehe insbesondere die Darstellungen bei Schauhoff/*Schauhoff*, Handbuch der Gemeinnützigkeit, 2. Auflage 2005, § 19 Rn. 73 ff.; Semler/Stengel/*Katschinski*, § 149 Rn. 11-13; Lutter/*Hadding/Hennrichs*, § 149 Rn. 11 ff.; Für ein Muster siehe *Limmer*, Handbuch Umwandlung, Rn. 2014 (Abspaltung zur Aufnahme); Widmann/Mayer/*Mayer*, Anhang Mustersatz 16 (Abspaltung zur Neugründung).
2203 *Limmer*, Handbuch Umwandlung Rn. 2008.

2. Spaltungsverfahren

Einzige Spezialregelung für die Spaltung von Vereinen ist § 149, so dass die allgemeinen Vorschriften gelten.[2204] Ergänzend ist darauf hinzuweisen, dass nach § 128 auch eine quotenabweichende Spaltung möglich ist, so dass nur bestimmte Anteilsinhaber oder Mitglieder des übertragenden Rechtsträgers beteiligt werden.[2205] In der Literatur wird vorgeschlagen, bei einer nichtverhältniswahrenden Spaltung von Vereinen § 128 S. 1 dahingehend teleologisch zu reduzieren, dass die ¾ Mehrheit der erschienenen Mitglieder ausreicht, wenn die Mitgliedschaftsrechte am übertragenden Verein keine Vermögensrechte repräsentieren und ihrer Ausgestaltung nach unverändert bestehen bleiben.[2206]

1299

XVI. Ausgliederung aus dem Vermögen eines Einzelkaufmannes

1. Überblick

Einzelkaufleute können im Rahmen einer Spaltung nur als übertragende Rechtsträger und nur an einer Ausgliederung beteiligt sind.[2207] Als übernehmende Rechtsträger kommen bei der Ausgliederung aus dem Vermögen eines Einzelkaufmannes nur die Ausgliederung zur Aufnahme Personenhandelsgesellschaften, Kapitalgesellschaften oder die eingetragenen Genossenschaften und bei der Ausgliederung zur Neugründung nur Kapitalgesellschaften in Betracht.[2208] Aufgrund der Gleichstellung der SE mit nationalen AGs und aufgrund der Gleichstellung der SCE mit einer eG dürfte auch die Ausgliederung zur Aufnahme auf eine SE bzw. eine SCE in Betracht kommen.[2209] Darüber hinaus dürfte wegen der Verweisung auf die OHG-Regeln auch die EWIV im Rahmen einer Ausgliederung zur Aufnahme zulässiger Zielrechtsträger sein. Nicht erfasst sind hingegen als Zielrechtsträger die Gesellschaft bürgerlichen Rechts, die Partnerschaftsgesellschaft sowie eine Stiftung.[2210]

1300

2. Einzelkaufmann

§ 152 S. 1 setzt ein von einem Einzelkaufmann betriebenes Unternehmen voraus. Weder das Umwandlungsgesetz noch das HGB enthalten eine Definition des Berichtes und Begriffs Einzelkaufmann noch des Begriff Unternehmens.

1301

Mit dem Begriff Einzelkaufmann gemeint ist eine natürliche Person, die ein Handelsgewerbe i.S. n. §§ 1, 2 oder 3 Abs. 2 HGB ausübt, sowie unter dieser Firma ihre Geschäfte betreibt und die Unterschriften abgibt. Weitergehend muss die Firma des Einzelkaufmanns auch im Handelsregister eingetragen sein. Insoweit genügt es aber, wenn diese noch bis zur Eintragung der Ausgliederung erfolgt. Die Registeranmeldung des noch nicht eingetragenen Kaufmanns und die Anmeldung der Ausgliederung können somit miteinander verbunden werden.[2211]

1302

2204 Zum Verfahren s. auch Widmann/Mayer/*Vossius*, § 149 Rn. 26 ff.; *Limmer*, Handbuch Umwandlung, Rn. 2007 ff.
2205 *Limmer*, Handbuch Umwandlung, Rn. 2011.
2206 So Widmann/Mayer/*Mayer*, § 128 Rn. 47; Lutter/*Priester*, § 128 Rn. 21.
2207 Siehe auch die Darstellung der Ausgliederung bei *Limmer*, Handbuch Umwandlung Rn. 2017 ff.; *Schwedhelm*, GmbH-StB 2004, 213 ff. Für ein Muster siehe *Limmer*, Handbuch Umwandlung, Rn. 2064; Widmann/Mayer/*Mayer*, Anhang Mustersatz 13; Münchener Vertragshandbuch/*Heidenhain*, Muster XII.20 (alle Ausgliederung zur Neugründung einer GmbH).
2208 Lutter/*Karollus*, § 152 Rn. 30 ff.
2209 Wegen der Unzulässigkeit einer Spaltung zur Neugründung auf eine SE bzw. SCE Siehe oben Rdn. 945; Lutter/*Karollus*, § 152 Rn. 30.
2210 Lutter/*Karollus*, § 152 Rn. 30.
2211 Lutter/*Karollus*, § 152 Rn. 25; Schmitt/Hörtnagl/Stratz/*Hörtnagl*, § 153 Rn. 9; Widmann/Mayer/*Mayer*, § 152 Rn. 25; *Limmer*, Handbuch Umwandlung Rn. 2023.

4. Kapitel Umwandlungen

1303 Demgemäß scheiden nach wie vor nichtgewerbliche Unternehmer (insbesondere Freiberufler) als Beteiligte einer Ausgliederung aus. Ist eine Firma in das Handelsregister eingetragen, diese Eintragung aber mangels Gewerbes zu Unrecht erfolgt, so ist streitig, ob in Anwendung von § 5 HGB eine Ausgliederung dennoch zulässig ist oder nicht.[2212]

1304 Streitig ist, ob eine Ausgliederung durch Erbengemeinschaft nach einem Einzelkaufmann (entsprechend § 27 HGB) möglich ist. Eine Literaturauffassung bejaht dies. Die handelsrechtliche Gleichstellung der Erbengemeinschaft nach einem Einzelkaufmann sei auch umwandlungsrechtlich zu berücksichtigen. Als Rechtsfolge der Ausgliederung erhalte die Erbengemeinschaft als solche die Anteile an der übernehmenden Gesellschaft.[2213] Die noch h.M. verneint dies. Die handelsrechtliche Gleichstellung sei von dem Umstand geprägt, dass Unternehmen nach dem Tod des Einzelkaufmannes fortbesteht. Die Notwendigkeit einer Gleichstellung im Umwandlungsrecht besteht nicht. Demgemäß müsse es dabei bleiben, dass eine Erbengemeinschaft nicht zu den spaltungsfähigen Rechtsträgern gehöre.[2214]

1305 Bei Gütergemeinschaften ist zu differenzieren. Gehört das Unternehmen bzw. das übertragene Vermögen zum Vorbehaltsgut eines Ehegatten i.S.v. § 1418 BGB, so sind diese Vermögensgegenstände allein diesem Ehegatten zuzuordnen, sodass dieser auch allein die Umwandlung vornehmen kann.[2215] Problematisch ist hingegen der Fall, dass das Unternehmen zum Gesamtgut der Ehegatten i.S.v. § 1416 BGB gehört. In diesem Fall kann nach überwiegender Auffassung eine Ausgliederung nur erfolgen, wenn zuvor die Gütergemeinschaft durch Ehevertrag beendet wird.[2216]

1306 Bei einer bloßen Zugewinngemeinschaft liegt ein Einzelunternehmen vor. Im Fall des § 1365 BGB bedarf jedoch die Ausgliederung der Zustimmung des anderen Ehegatten. Das Familiengericht kann die Zustimmung ersetzen, wenn die Ausgliederung den Grundsätzen einer ordentlichen Verwaltung entspricht, § 1365 Abs. 2 BGB.[2217]

1307 Wird das Einzelunternehmen von einem Nießbraucher oder Pächter betrieben, so ist streitig, ob auch dann eine Ausgliederung durch den Nießbraucher oder Pächter zulässig ist.[2218]

3. Gegenstand der Ausgliederung

1308 Nach § 152 S. 1 kann der Einzelkaufmann das Unternehmen bzw. eines Teil seines Unternehmens ausgliedern. Mit dieser Formulierung hat der Gesetzgeber keine inhaltliche Einschränkung der Aufteilungsfreiheit verbunden. Die Ausgliederung kann daher das gesamte Unternehmen des bisherigen Einzelkaufmannes umfassen, es ist aber nun auch möglich, dass das Unternehmen auf mehrere Rechtsträger (ggf. auch unterschiedlicher Rechtsformen) aufgeteilt wird.[2219] Sollte ein Einzelkaufmann unter verschiedenen Firmen mehrere getrennte Unternehmen führen, so ist abweichend vom missverständlichen Wortlaut auch die gleichzeitige Ausgliederung mehrerer Unternehmen zulässig. Die Unternehmen können gemeinsam auf einen einzelnen Zielrechtsträger übertragen und dabei zusammengelegt werden, sie können aber auch unverändert in einer neuen Zusammensetzung auf verschiedene Rechtsträger verteilt werden.[2220] Auch können Gegenstände des

---

2212 Für eine Anwendung des § 5 HGB: Lutter/*Karollus*, § 152 Rn. 27; Widmann/Mayer/*Mayer*, § 152 Rn. 27; gegen eine Anwendung des § 5 HGB: Schmitt/Hörtnagl/Stratz/*Hörtnagl*, § 152 Rn. 10.
2213 Lutter/*Karollus*, § 152 Rn. 16.
2214 Widmann/Mayer/*Mayer*, § 152 Rn. 30 ff.; Schmitt/Hörtnagl/Stratz/*Hörtnagl*, § 152 Rn. 4.
2215 Lutter/*Karollus*, § 152 Rn. 17; Schmitt/Hörtnagl/Stratz/*Hörtnagl*, § 152 Rn. 5.
2216 Widmann/Mayer/*Mayer*, § 152 Rn. 36; Schmitt/Hörtnagl/Stratz/*Hörtnagl*, § 152 Rn. 5; a.A. Lutter/*Karollus*, § 152 Rn. 17, der die Gütergemeinschaft selbst für ausgliederungsfähig hält.
2217 Lutter/*Karollus*, § 152 Rn. 18.
2218 Für die Zulässigkeit: Lutter/*Karollus*, § 152 Rn. 20; gegen die Zulässigkeit: Widmann/Mayer/*Mayer*, § 152 Rn. 39 ff.
2219 Lutter/*Karollus*, § 152 Rn. 35 f; Widmann/Mayer/*Mayer*, § 152 Rn. 48 ff.
2220 Lutter/*Karollus*, § 152 Rn. 40; Widmann/Mayer/*Mayer*, § 152 Rn. 64 ff.

Privatvermögens in die Ausgliederung einbezogen werden, bzw. können beliebige einzelne Aktiva und Passiva des Unternehmens zurückbehalten werden. Auch ist es möglich, auch nur einzelne Gegenstände auszugliedern oder aber Gegenstände des Privatvermögens einzubeziehen. Die Einbeziehung von privaten Verbindlichkeiten wird in der Literatur allerdings dahingehend begrenzt, dass nur solche Verbindlichkeiten mit ausgegliedert werden können, die zumindest in ihrer Art noch Unternehmensverbindlichkeiten sein können.[2221]

4. Sperre bei Überschuldung

Nach § 152 S. 2 ist die Ausgliederung ausgeschlossen, wenn die Verbindlichkeiten des Einzelkaufmannes sein Vermögen übersteigen. Die Vorschrift bezieht sich nicht auf das Unternehmen, sondern den Unternehmensinhaber insgesamt. Daher sind auch private Aktiva und Passiva bei der Berechnung mit einzubeziehen. Die Bewertung hat hierbei nicht nach den Buchwerten, sondern nach den Verkehrswerten zu erfolgen, auch für Risiken im Privatbereich sind Rückstellungen zu bilden.[2222] **1309**

Geprüft wird nur die Vermögenslage vor der Ausgliederung. Das Ausgliederungsverbot besteht mithin nicht, wenn lediglich das nach Durchführung der Ausgliederung verbleibende Aktivvermögen des Kaufmanns seine Verbindlichkeiten nicht deckt.[2223] **1310**

Streitig ist in diesem Zusammenhang, ob der Vermögensvergleich auf der Grundlage von Fortführungswerten oder von Liquidationswerten anzustellen ist. Die h.M. geht davon aus, eine Fortführungsprognose sei nicht anzustellen, sondern es sei immer von Liquidationswerten auszugehen.[2224] Nach a.A. sind nach positiver Fortführungsprognose entsprechend den bei § 19 ebenso anerkannten Grundsätzen Fortführungswerte zugrunde zu legen. Auch die abweichende Ansicht geht davon aus, dass, wenn die Liquidationswerte ausnahmsweise die Fortführungswerte übersteigen, immer die höheren Liquidationswerte anzusetzen sind.[2225] **1311**

Ergänzend ordnet § 154 an, dass das Handelsregister die Eintragung der Ausgliederung abzulehnen hat, wenn offensichtlich ist, dass Verbindlichkeiten des Einzelkaufmannes übersteigen. Dies zuverlässig zu beurteilen wird dem Registergericht allerdings regelmäßig nur schwer möglich sein.[2226] Daher ist nach h.M. in der Literatur der Einzelkaufmann verpflichtet, anlässlich der Anmeldung der Ausgliederung zu versichern, dass keine Überschuldung vorliegt. Diese Erklärung bedarf keiner Form. Sie kann im Rahmen der Anmeldung aber auch in separater Erklärung niedergelegt werden.[2227] **1312**

5. Ausgliederungsplan und Ausgliederungsvertrag

Im Rahmen einer Ausgliederung zur Aufnahme ist ein Ausgliederungsvertrag zu schließen zwischen dem Einzelkaufmann und dem aufnehmenden Rechtsträger. Bei einer Ausgliederung zur Neugründung ist ein Ausgliederungsplan erforderlich, der vom Einzelkaufmann als einseitiges Rechtsgeschäft erklärt wird. **1313**

2221 Lutter/*Karollus*, § 152 Rn. 41; Widmann/Mayer/*Mayer*, § 152 Rn. 62.
2222 Widmann/Mayer/*Mayer*, § 152 Rn. 73; Schmitt/Hörtnagl/Stratz/*Hörtnagl*, § 152 Rn. 26; Lutter/*Karollus*, § 152 Rn. 44.
2223 Lutter/*Karollus*, § 152 Rn. 44; Schmitt/Hörtnagl/Stratz/*Hörtnagl*, § 152 Rn. 28.
2224 Widmann/Mayer/*Mayer*, § 152 Rn. 78; Lutter/*Karollus*, § 152 Rn. 45 f.
2225 Schmitt/Hörtnagl/Stratz/*Hörtnagl*, § 152 Rn. 27.
2226 Schmitt/Hörtnagl/Stratz/*Hörtnagl*, § 154 Rn. 4; Lutter/*Karollus*, § 154 Rn. 4.
2227 Widmann/Mayer/*Mayer*, § 154 Rn. 12; Lutter/*Karollus*, § 154 Rn. 12; Schmitt/Hörtnagl/Stratz/*Hörtnagl*, § 154 Rn. 4.

6. Ausgliederungsbericht

1314 Gemäß § 153 ist für den Einzelkaufmann als übertragenden Rechtsträger ein Ausgliederungsbericht nicht erforderlich. Ein solcher Bericht wäre sinnlos, weil der einzelne Kaufmann keine Anteilsinhaber hat, zu deren Information der Bericht dienen könnte.[2228] Für übernehmende Rechtsträger gilt hingegen die allgemeine Regel des § 127, sodass das Erfordernis eines Ausgliederungsberichtes rechtsformspezifisch ist. Ist der Einzelkaufmann zugleich einziger Anteilsinhaber der übernehmenden (Kapital-) Gesellschaft, so führt auch dies nicht zum Entfall der Berichtspflicht, sodass sich dann ein ausdrücklicher Verzicht nach § 125 S.1, 8 Abs. 3 empfiehlt.[2229]

7. Ausgliederungsprüfung

1315 Bei einer Ausgliederung aus dem Vermögen eines Einzelkaufmanns findet eine Ausgliederungsprüfung i.S.d. § 9 ff. gemäß § 125 S. 2 nicht statt. Lediglich bei einer eG wird teilweise eine gutachterliche Äußerung des Prüfungsverbandes nach §§ 125, 81 als erforderlich angesehen.[2230]

8. Ausgliederungsbeschluss

1316 Ein Ausgliederungsbeschluss ist für den Einzelkaufmann nicht erforderlich, da er die bereits für ihn notwendige Erklärung im Rahmen des Ausgliederungsvertrages abgibt und eine weitere rechtsgeschäftliche Erklärung überflüssig wäre. Für den Ausgliederungsbeschluss bei der aufnehmenden Gesellschaft gelten die allgemeinen Grundsätze.[2231]

9. Besonderheiten bei der Ausgliederung zur Aufnahme

1317 Insoweit bestehen keine Besonderheiten. Hinzuweisen ist darauf, dass das Verbot barer Zuzahlung bei der Ausgliederung nicht gilt, daher ist die Begründung von Darlehensverbindlichkeiten zugunsten des Einzelkaufmanns zulässig.[2232]

10. Besonderheiten bei der Ausgliederung zur Neugründung

a) Allgemeines

1318 Da es sich bei der Ausgliederung zur Neugründung um eine Einmanngesellschaft handelt, scheidet eine Ausgliederung des Vermögens eines Einzelkaufmannes auf eine Personenhandelsgesellschaft oder eine Genossenschaft aus. Im Übrigen gelten für die Ausgliederung zur Neugründung die allgemeinen Vorschriften.[2233] Auch in diesem Fall ist es zulässig, da § 54 Abs. 4 nicht gilt, überschießende Beträge als Darlehensverbindlichkeit zu begründen.

2228 Lutter/*Karollus*, § 153 Rn. 3.
2229 Lutter/*Karollus*, § 153 Rn. 7; a.A. Kallmeyer/*Kallmeyer*, § 153 Rn. 2 unter Berufung auf eine entsprechende Anwendung des § 8 Abs. 3 S. 1 Alt. 2.
2230 Streitig für Erforderlichkeit: Schmitt/Hörtnagl/Stratz/*Hörtnagl*, Vor §§ 152 ff. Rn. 6; für Wegfall: *Limmer*, Handbuch Umwandlung, Rn. 2041.
2231 *Limmer*, Handbuch Umwandlung, Rn. 2042 ff.
2232 *Mayer*, DB 1995, 861, 764; *Limmer*, Handbuch Umwandlung, Rn. 2039.
2233 Siehe oben Rdn. 244; zur Ausgliederung zur Aufnahme aus dem Vermögen eines e.K. siehe auch die Darstellung von Widmann/Mayer/*Mayer*, § 152 Rn. 88 ff.

b) Sachgründungsbericht bzw. Gründungsbericht und Gründungsprüfung

Gemäß § 139 bzw. § 145 ist bei einer Spaltung zur Neugründung stets ein Sachgründungsbericht bei der Gründung einer GmbH bzw. ein Gründungsbericht und eine Gründungsprüfung bei der Gründung einer AG erforderlich. § 159 Abs. 1 bestimmt insoweit, dass für den Sachgründungsbericht bei der GmbH § 58 Abs. 1 und auf den Gründungsbericht bei der AG § 75 Abs. 1 entsprechend anzuwenden ist. Das bedeutet, dass im Sachgründungsbericht und im Gründungsbericht gemäß § 32 AktG neben den sonstigen Angaben auch der Geschäftsverlauf und die Lage des übertragenen Einzelunternehmens nachzustellen sind.[2234]

1319

Für die Gründungsprüfung bei der AG gelten die allgemeinen Regeln der internen Gründungsprüfung durch Vorstand oder Aufsichtsrat (§ 33 Abs. 1 AktG) oder der externen Gründungsprüfung (§ 33 Abs. 2, 3 AktG). Ergänzend ordnet § 159 Abs. 2 an, dass es sich im Fall der Gründung einer AG oder KGaA die Prüfung auch darauf zu erstrecken hat, ob die Verbindlichkeiten des Einzelkaufmannes sein Vermögen übersteigen. Nach § 159 Abs. 3 ist dem Gründungsprüfer eine Vermögensaufstellung vorzulegen. Dieser hat das gesamte Vermögen des Einzelkaufmannes zu enthalten, auch sein Privatvermögen.[2235]

1320

11. Handelsregisteranmeldung

Die Anmeldung eines neu gegründeten Rechtsträgers haben nach §§ 160 Abs. 1, 137 sowohl der Einzelkaufmann als auch die Geschäftsführer bzw. Vorstand und Aufsichtsrat der neuen Gesellschaft gemeinschaftlich vorzunehmen. Ferner verlangt die Literatur im Hinblick auf §§ 154, 160 Abs. 2 sowohl bei Ausgliederung zur Neugründung als auch bei der Ausgliederung zur Aufnahme eine Erklärung des Einzelkaufmannes, dass die Verbindlichkeiten sein Vermögen nicht übersteigen. Diese Erklärung kann sowohl im Rahmen der Anmeldung, was zweckmäßig ist, aber auch ergänzend ohne besondere Form erfolgen.[2236] Erfasst die Ausgliederung das gesamte Unternehmen des Einzelkaufmannes, so bewirkt die Eintragung der Ausgliederung das Erlöschen der von dem Einzelkaufmann geführten Firma (§ 155). Die Ausgliederung bewirkt eine Haftungsbefreiung des Einzelkaufmannes von den übergegangenen Verbindlichkeiten (§ 156); vielmehr ist eine Haftung nach Maßgabe des § 157 für die Dauer von fünf Jahren begrenzt.[2237]

1321

12. Muster Ausgliederung aus dem Vermögen eines Einzelkaufmanns auf eine GmbH zur Neugründung

Formulierungsbeispiel Ausgliederungsplan
Notarieller Eingangsvermerk
   Der Erschienene bat um Beurkundung der nachfolgenden
   Ausgliederung aus dem Vermögen eines Einzelkaufmanns
   durch Neugründung einer GmbH
   und erklärte:
   A. Ausgliederung
   I. Ausgliederungsplan

1322 M

[2234] *Limmer*, Handbuch Umwandlung, Rn. 2056; Schmitt/Hörtnagl/Stratz/*Hörtnagl*, § 159 Rn. 3; Widmann/Mayer/*Mayer*, § 159 Rn. 6.
[2235] Lutter/*Karollus*, § 159 Rn. 13; Widmann/Mayer/*Mayer*, § 159 Rn. 12; *Limmer*, Handbuch Umwandlung, Rn. 2058.
[2236] Widmann/Mayer/*Mayer*, § 154 Rn. 12; *Limmer*, Handbuch Umwandlung, Rn. 2063.
[2237] *Limmer*, Handbuch Umwandlung, Rn. 2062.

4. Kapitel Umwandlungen

§ 1 Vorbemerkung

Der Erschienene ist alleiniger Inhaber des unter der Firma ... e.K. betriebenen einzelkaufmännischen Unternehmens. Die Firma ist eingetragen im Handelsregister des Amtsgerichts R-Stadt unter HRB ....

Das vorbezeichnete einzelkaufmännische Unternehmen soll im Wege der Ausgliederung zur Aufnahme auf eine neu gegründete GmbH übertragen werden. Der Erschienene errichtet hiermit eine GmbH gemäß dem nachstehenden Ausgliederungsplan, deren einziger Gesellschafter er ist und stellt den Gesellschaftsvertrag der ...... GmbH gemäß Teil II dieser Urkunde fest.

§ 2 Vermögensübertragung

Ich übertrage das bewegliche und unbewegliche Vermögen des von mir betriebenen Einzelunternehmens als Sachgesamtheit gem. §§ 123 Abs. 3 Nr. 1, 152 UmwG im Wege der Ausgliederung zur Neugründung.

Bei den als Gesamtheit übertragenen Gegenständen des Aktiv- und Passivvermögens des einzelkaufmännischen Unternehmens handelt es sich im Einzelnen um die Vermögensgegenstände, die in der Schlussbilanz der Einzelfirma zum 31. Dezember ... benannt sind bzw. die – aus dem Rechenwerk des Einzelunternehmens ableitbar (Kontennachweis zur Bilanz) – den Bilanzansätzen zugrunde liegen. Die Schlussbilanz ist als Anlage zu diesem Vertrag beigefügt. Die Schlussbilanz enthält alle bilanzierungspflichtigen und – soweit das Wahlrecht entsprechend ausgeübt worden ist – bilanzierungsfähigen Vermögensgegenstände und Schulden des Einzelunternehmens, die auf die den übernehmenden Rechtsträger übergehen. Es werden insbesondere übertragen:

- Alle unbeweglichen und beweglichen Vermögensgegenstände des Anlage- und Umlaufvermögens;
- alle dem Geschäftsbetrieb zuzuordnenden Verträge und sonstigen Rechte;
- alle Verbindlichkeiten des einzelkaufmännischen Unternehmens, die mit dem übertragenden Rechtsträger wirtschaftlich zusammenhängen und ihm zuzuordnen sind;
- soweit ab dem Ausgliederungsstichtag noch Vermögensgegenstände, die dem Einzelunternehmen zuzuordnen sind, im Rahmen des regelmäßigen Geschäftsverkehrs des Einzelunternehmens veräußert wurden oder noch veräußert werden, treten an deren Stelle die Surrogate;
- alle sonstigen Sachen und Rechte, Verträge, Ansprüche und Verbindlichkeiten, die dem übertragenden Rechtsträger im weitesten Sinne wirtschaftlich zuzurechnen sind. Dies gilt insbesondere für die bis zur Eintragung der Ausgliederung in das Handelsregister erworbenen Sachen und Rechte und begründeten Vertragsverhältnisse und sonstigen Verbindlichkeiten. Dies gilt ebenso für nicht bilanzierte selbst geschaffene Vermögensgegenstände wie z.B. den Kundenstamm.

Insbesondere übertragen wird folgender Grundbesitz, verzeichnet im Grundbuch des Amtsgerichts ... von ... :

Ebenso mit übertragen werden sämtliche diesem Grundbesitz zuzuordnenden Verbindlichkeiten, gleich, ob diese grundbuchlich gesichert sind oder nicht.

Der übernehmende Rechtsträger wird die in der Schlussbilanz des übertragenden Rechtsträgers zum 31. Dezember ... angesetzten Werte der übergehenden Aktiva und Passiva in seiner Rechnungslegung fortführen. Steuerlich gilt ebenfalls Buchwertfortführung (§ 24 UmwStG).

§ 3 Ausgliederungsstichtag

Die Vermögensübertragung erfolgt im Innenverhältnis mit Wirkung zum 1.1...., 0:00 Uhr. Von diesem Tag an gelten alle Handlungen und Geschäfte des einzelkaufmännischen Unternehmens als für Rechnung der übernehmenden Gesellschaft aufgeführt.

§ 4 Gegenleistung

Als Gegenleistung für die Übertragung werden durch die Ausgliederung entstandene Geschäftsanteile im Nennbetrag von je ..., Geschäftsanteil Nr. ... bis ..., also insgesamt ... € gewährt. Der Differenzbetrag zwischen dem Nennbetrag der gewährten Geschäftsanteile an die übernehmende GmbH und dem Buchwert des zu übertragenden Vermögens wird dem Rücklagenkonto gutgeschrieben. Bare Zuzahlungen sind nicht zu leisten.

§ 5 Besondere Rechte und Vorteile

Besondere Rechte i.S.v. § 126 Abs. 1 Nr. 7 UmwG werden von der übernehmenden Gesellschaft nicht gewährt: Besondere Maßnahmen i.S.d. Vorschrift sind nicht vorgesehen.
  Besondere Vorteile i.S.v. § 126 Abs. 1 Nr. 8 UmwG werden ebenfalls nicht gewährt.

§ 6 Arbeitsrechtliche Folgen

Die Arbeitsverhältnisse der bei dem einzelkaufmännischen Unternehmen beschäftigten Arbeitnehmer gehen gemäß § 613a Abs. 1 S. 1 BGB mit allen Rechten und Pflichten auf die GmbH über. Individualarbeitsrechtlich hat die Ausgliederung für die Arbeitnehmer keine Auswirkung, alle Arbeitnehmer werden zu den bisherigen geltenden Konditionen weiter beschäftigt.
  Ein Betriebsrat besteht nicht.

§ 7 Kosten und Steuern

Die durch diesen Vertrag und ihre Durchführung entstehenden Kosten trägt die übernehmende Gesellschaft.

  II. Gesellschaftsvertrag
  der ... GmbH [hier nicht wiedergegeben]
  B. Gesellschafterversammlung
  Herr ... als Gründungsgesellschafter der übernehmenden Gesellschaft hält unter Verzicht auf alle durch Gesetz oder Satzung vorgeschriebenen Formen und Fristen eine Gesellschafterversammlung ab und beschließt einstimmig Folgendes:
  Zum ersten Geschäftsführer der neu errichteten Gesellschaft wird Herr ... bestellt. Er ist stets einzelvertretungsberechtigt und von den Beschränkungen des § 181 BGB befreit.

4. Kapitel Umwandlungen

1323 M Formulierungsbeispiel Handelsregisteranmeldung für den einzelkaufmännischen Betrieb
An das
    Amtsgericht
    -Handelsregister-
    S-Stadt
    ... e.K. (HRA ...)
In der Anlage überreiche ich
    Ausfertigung des Ausgliederungsplanes,
    Schlussbilanz des einzelkaufmännischen Unternehmens zum Ausgliederungsstichtag,
und melde zur Eintragung in das Handelsregister an:
Das gesamte Vermögen des einzelkaufmännischen Unternehmens wurde im Wege der Ausgliederung durch Neugründung auf die ... GmbH übertragen. Die Firma ist erloschen.
Ich versichere, dass meine Verbindlichkeiten nicht mein Vermögen übersteigen (§ 160 UmwG). Ein Betriebsrat besteht nicht.
S-Stadt, den ...

1324 M Formulierungsbeispiel Handelsregisteranmeldung für die neu gegründete GmbH
An das
    Amtsgericht
    – Handelsregister –
    ...
    Neugründung der ... GmbH
In der Anlage überreiche ich:
– Ausfertigung des Ausgliederungsplanes, enthaltend auch den Gesellschaftsvertrag der neu gegründeten Gesellschaft,
– Gesellschafterliste,
– Sachgründungsbericht,
– Unterlagen über die Werthaltigkeit der übertragenen Vermögensteile,
– Schlussbilanz des übertragenden Rechtsträgers,
und melde die Gesellschaft und mich als Geschäftsführer zur Eintragung in das Handelsregister an:
Ich habe das Vermögen des von mir betriebenen einzelkaufmännischen Unternehmens unter der Firma ... e.K. (Amtsgericht ... HRA ...) im Wege der Ausgliederung zur Neugründung übertragen auf die hierdurch gegründete ... GmbH. Ich versichere, dass meine Verbindlichkeiten nicht mein Vermögen übersteigen.
Die Firma des bisherigen einzelkaufmännischen Unternehmens wird mit geändertem Rechtsformzusatz von der GmbH fortgeführt.
Sitz der neu gegründeten Gesellschaft ist: .... Ihre inländische Geschäftsanschrift i.S.v. § 8 GmbHG lautet: ...
Die allgemeinen Bestimmungen des Gesellschaftsvertrages der neu errichteten GmbH oder deren Vertretung lauten wie folgt: ...(Satzungswiedergabe}
Ich, der Erschienene, bin zum ersten Geschäftsführer bestellt. Ich bin einzelvertretungsberechtigt und von den Beschränkungen des § 181 BGB befreit.
Ich versichere, dass mit der Ausgliederung und der damit erfolgenden Übertragung des einzelkaufmännischen Unternehmens auf die GmbH die Einlage voll erbracht ist und die eingebrachten Gegenstände mit der Wirksamkeit der Ausgliederung endgültig zu meiner freien Verfügung als Geschäftsführer stehen. Ich versichere, dass das Vermögen der GmbH nicht durch weitere Verbindlichkeiten belastet

sein wird als diejenigen, die im üblichen Geschäftsverkehr des ausgegliederten einzelkaufmännischen Unternehmens entstehen.
   Versicherungen nach § 6 Abs. 2 S. 2 und Satz 3 GmbHG (hier nicht wiedergegeben).
   Ggf. Versicherung nach § 8 GmbHG[2238]
   S-Stadt, den ...

XVII. Ausgliederung von öffentlichen Unternehmen aus dem Vermögen einer Gebietskörperschaft oder Zusammenschlüssen von Gebietskörperschaften

1. Überblick

Zur Erleichterung der Privatisierung von Unternehmen der öffentlichen Hand stellt § 168 die Möglichkeit einer Überführung von öffentlich-rechtlichen Betrieben in eine privatrechtliche Gesellschaft im Wege der Ausgliederung zur Verfügung. Gebietskörperschaften oder Zusammenschlüsse von Gebietskörperschaften, die selbst keine Gebietskörperschaften sind, können demnach Unternehmen ausgliedern.[2239] Die Ausgliederung kann erfolgen zur Aufnahme dieses Unternehmens durch eine Personenhandelsgesellschaft, GmbH, AG, KG oder eine eingetragene Genossenschaft. Im Rahmen einer Ausgliederung zur Neugründung kann übernehmender Rechtsträger eine Kapitalgesellschaft oder eine eingetragene Genossenschaft sein.

1325

2. Ausgliederungsfähige Rechtsträger

Ausgliederungsfähige Rechtsträger sind Gebietskörperschaften, also Körperschaften, deren Mitgliedschaft durch den Sitz innerhalb eines bestimmten Gebietes bestimmt ist. Gebietskörperschaften in diesem Sinne sind insbesondere der Bund, die Länder, Städte, Gemeinden sowie ggf. gebietskörperschaftliche Gemeindeverbände nach Maßgabe des jeweiligen Landesrechts.[2240] Nach überwiegender Auffassung sind auch die Kirchen als Gebietskörperschaften in diesem Sinne anzusehen.[2241] Abweichend vom sonstigen Spaltungsrecht sollen nach teilweise vertretener Auffassung[2242] auch mehrere übertragende Rechtsträger an einer Spaltung beteiligt sein können.[2243]

1326

3. Gegenstand der Ausgliederung

Gegenstand der Ausgliederung kann nach § 168 nur ein Unternehmen sein, die Ausgliederung von Einzelgegenständen ist mithin an sich unzulässig. Da eine allgemein gültige

1327

2238 Zur Frage, ob eine solche im Rahmen einer Spaltung überhaupt erforderlich ist, siehe oben Rdn. 1247 mit Muster.
2239 Siehe grundlegend zur Ausgliederung nach § 168: *Suppliet*, Ausgliederung nach § 168 UmwG, Berlin 2005; *Lepper*, RNotZ 2006, 313; *Steuck*, NJW 1995, 2887; *Suppliet*, NotBZ 1997, 37, 141; *Suppliet*, NotBZ 1998, 210; *Suppliet*, NotBZ 1999, 49; *Schindhelm/Stein*, DB 1999, 1375; SächsVBl 1999, 197; *Limmer*, Handbuch Umwandlung Rn. 2067 ff. Für ein Muster siehe etwa *Lepper*, RNotZ 2006, 313 (Ausgliederung zur Neugründung auf GmbH); *Stoye-Benk*, Handbuch Umwandlungsrecht, Rn. 240 (Ausgliederung zur Aufnahme auf GmbH); *Limmer*, Handbuch Umwandlung, Rn. 2096 (Ausgliederung zur Neugründung auf GmbH); Widmann/Mayer/*Heckschen*, Anhang Mustersatz 19a (Ausgliederung zur Neugründung auf GmbH) bzw. 20 (Ausgliederung zur Aufnahme auf GmbH & Co. KG).
2240 Lutter/*H. Schmidt*, § 168 Rn. 6; Widmann/Mayer/*Heckschen*, § 168 Rn. 135; *Limmer*, Handbuch Umwandlung, Rn. 2071; *Lepper*, RNotZ 2006, 316.
2241 *Borsch*, DNotZ 2005, 10; *Pfeiffer*, NJW 2000, 3694; *Lepper*, RNotZ 2006, 313, 316; a.A. Lutter/*H. Schmidt*, § 168 Rn. 7.
2242 *Lepper*, RNotZ 2006, 313, 317; Widmann/Mayer/*Heckschen*, § 168 Rn. 143.
2243 Für die Gegenauffassung Lutter/*H. Schmidt*, § 168 Rn. 8; *Suppliet*, NotBZ 1997, 147.

4. Kapitel Umwandlungen

Definition des Unternehmens nicht besteht, ist eine funktionale Betrachtungsweise erforderlich.[2244] Nach h.M. besteht jedoch in engen Grenzen eine gewisse Gestaltungsfreiheit, sodass es ausreicht, wenn zumindest ein Unternehmenskern ausgegliedert wird.[2245] Auch ist es h.M. zulässig, wesentliche Unternehmensteile zurückzuhalten und diese sodann an das Unternehmen zu verpachten.[2246]

4. Ausgliederungsplan/-vertrag

1328 Für die Aufstellung des Ausgliederungsplanes bzw. dem Abschluss des Ausgliederungsvertrages sind auf Seiten einer Gebietskörperschaft die vertretungsberechtigten Organe zuständig. Die Möglichkeit der Ausgliederung steht unter dem Vorbehalt etwaiger entgegenstehender Vorschriften des Bundes- und des Landesrechtes. Derartige Beschränkungen finden sich in den Regelungen der Gemeindeordnung, der Eigenbetriebsgesetze sowie der Selbstverwaltungs- und Kommunalgesetze. I. d. R. sind etwaige Ausgliederungsvorhaben anzuzeigen (etwa gemäß § 115 Abs. 1 GO NRW) oder aber es bestehen Genehmigungsvorbehalte.[2247] Im Übrigen kann für den Ausgliederungsplan/Ausgliederungsvertrag auf vorstehende Ausführungen verwiesen werden.[2248]

5. Ausgliederungsbeschluss

1329 Da die übertragende Gebietskörperschaft keine Anteilsinhaber hat, richtet sich das Erfordernis eines Ausgliederungsbeschlusses sowie der Ablauf und die Form eines etwaigen Beschlussverfahrens allein nach öffentlichem Recht (§ 169 S. 2). In NRW ist damit, bei einer Gemeinde etwa, ein nicht beurkundungspflichtiger Ratsbeschluss ausreichend, während nach außen hin der Bürgermeister als gesetzlicher Vertreter tätig wird.[2249] Da es sich bei dem Zustimmungsbeschluss durch die Gemeindevertretung um ein bloßes Internum handelt, ist das Fehlen des Zustimmungsbeschlusses im Außenverhältnis unerheblich, auch ist der Beschluss dem Handelsregister nicht vorzulegen.[2250]

6. Ausgliederungsbericht und Ausgliederungsprüfung

1330 Auf Seiten der Gebietskörperschaft in ein Ausgliederungsbericht nicht erforderlich, da keine Anteilsinhaber vorhanden sind. Die Berichtspflicht für den übernehmenden Rechtsträger bleibt hiervon unberührt, sondern richtet sich nach den allgemeinen Vorschriften (§§ 127, 8).[2251] Die Anmeldung der Ausgliederung zum Registergericht richtet sich nach den allgemeinen Vorschriften (§§ 125, 16). Für das Unternehmen der Gebietskörperschaft bzw. des Zusammenschlusses von Gebietskörperschaften ist eine Anmeldung nur dann erforderlich, wenn das Unternehmen bereits schon im Handelsregister eingetragen ist.[2252]

2244 Widmann/Mayer/*Heckschen*, § 168 Rn. 126 ff.; Lutter/*H. Schmidt*, § 168 Rn. 10 mit ausführlicher Darstellung des Unternehmensbegriffs.
2245 Widmann/Mayer/*Heckschen*, § 168 Rn. 17; *Suppliet*, NotBZ 1997, 37; *Limmer*, Handbuch Umwandlung, Rn. 2077.
2246 *Limmer*, Handbuch Umwandlung, Rn. 2078; Widmann/Mayer/*Heckschen*, § 168 Rn. 131.
2247 S. hierzu die Aufstellung bei Widmann/Mayer/*Heckschen*, § 168 Rn. 49; für NRW s. *Lepper*, RNotZ 2006, 313, 323.
2248 Siehe oben Rdn. 1042.
2249 S. hierzu *Lepper*, RNotZ 2006, 313, 330; für eine genaue Auflistung der bestehenden Erfordernisse s. Widmann/Mayer/*Heckschen*, § 169 Rn. 11 ff.
2250 Widmann/Mayer/*Heckschen*, § 169 Rn. 19; *Lepper*, RNotZ 2006, 313, 330.
2251 Schmitt/Hörtnagl/Stratz/*Hörtnagl*, § 169 Rn. 1; Widmann/Mayer/*Heckschen*, § 169 Rn. 4 ff.
2252 *Lepper*, RNotZ 2006, 313, 331 auch zur streitigen Frage des Inhalts der Anmeldung; Lutter/*H. Schmidt*, § 171 Rn. 4; *Limmer*, Handbuch Umwandlung, Rn. 2088.

Hinsichtlich des übernehmenden Rechtsträgers gelten hinsichtlich der Frage der Anmeldung die allgemeinen Vorschriften. Eine Negativerklärung nach § 16 Abs. 2 ist nur erforderlich hinsichtlich des übernehmenden Rechtsträgers, hinsichtlich des übertragenden Rechtsträgers richtet sich der Inhalt des Beschlusses nach allgemeinem öffentlichen Recht, sodass sich die Frage einer Anfechtung nach § 16 nicht stellt.[2253] **1331**

Abweichend vom allgemeinen Spaltungsrecht wird die Ausgliederung aus dem Vermögen einer Gebietskörperschaft bzw. des Zusammenschlusses von Gebietskörperschaften wirksam mit Eintragung beim Zielrechtsträger (§ 171). Spiegelbildlich kommt der Eintragung der Umstrukturierungsmaßnahme beim Ausgangsrechtsträger, soweit dieser schon im Handelsregister eingetragen war, nur deklaratorische Wirkung zu.[2254] **1332**

7. Registeranmeldung und -eintragung

Erfolgt eine Ausgliederung zur Aufnahme, so sind die Vertretungsorgane der beteiligten Rechtsträger gemäß §§ 125, 60 Abs. 1 S. 2 zur Anmeldung verpflichtet. Für die Anmeldung gelten die allgemeinen Vorschriften, sodass auf obige Ausführungen verwiesen werden kann.[2255] Abweichend hiervon ist es jedoch nicht nötig, eine höchstens acht Monate Schlussbilanz des übertragenden Rechtsträgers beim Handelsregister des übernehmenden Rechtsträgers vorzulegen. Diese muss nach allgemeinen Grundsätzen nur bei der Anmeldung zum Handelsregister des übertragenden Rechtsträgers vorgelegt werden, da eine solche aber hier keinerlei konstitutive Wirkung hat, kann dies entfallen.[2256] Der Zustimmungsbeschluss des übertragenden Rechtsträgers ist als reines Verwaltungsinternum der Anmeldung nicht beizufügen.[2257] Sofern die Gemeindeordnung zusätzlich ein Anzeigeerfordernis vorsieht, ist die Anzeige dem Handelsregister gegenüber nicht nachzuweisen. Sieht hingegen die Gemeindeordnung eine Genehmigungspflicht vor, so ist die Genehmigung dem Handelsregister vorzulegen.[2258] **1333**

8. Beamten- und arbeitsrechtliche Probleme

Ein besonderes Problem kann sich im Rahmen der Ausgliederung stellen, wenn das auszugliedernde Unternehmen Beamten beschäftigt. Für diese gilt § 613a BGB nicht mangels Arbeitsverhältnis. Zudem fehlt dem übernehmenden Rechtsträger regelmäßig die Dienstherrenfähigkeit, sodass die Beamtenverhältnisse nicht ohne Weiteres durch Ausgliederungsvertrag übergeleitet werden können. In der Praxis werden diese Fallgestaltungen meist durch eine Dienstleistungsüberlassung oder eine Zuweisung der Beamten an einen privaten Rechtsträger gemäß § 123a Abs. 2 BRRG gelöst.[2259] **1334**

2253 Lutter/*H. Schmidt*, § 171 Rn. 6; *Limmer*, Handbuch Umwandlung, Rn. 2089.
2254 Widmann/Mayer/*Heckschen*, § 171 Rn. 9; Schmitt/Hörtnagl/Stratz/*Hörtnagl*, § 171 Rn. 1; Lutter/*H. Schmidt*, § 171 Rn. 7.
2255 Siehe oben Rdn. 1174.
2256 Siehe Widmann/Mayer/*Heckschen*, § 168 Rn. 216.
2257 Widmann/Mayer/*Heckschen*, § 168 Rn. 218.
2258 Widmann/Mayer/*Heckschen*, § 168 Rn. 218.
2259 Siehe *Lepper*, RNotZ 2006, 313, 329; auch m.w.H. zu den Alternativgestaltungen: Limmer/*Stoye-Benk*, Handbuch Umwandlungsrecht, Rn. 238.

XVIII. Notarkosten

1. Spaltungsvertrag

a) Spaltung zur Aufnahme

aa) Geschäftswert

1335 Hinsichtlich der Ermittlung des Geschäftswertes kann auf die oben aufgeführten Regeln bei einer Verschmelzung zur Aufnahme hingewiesen werden.[2260] Der Geschäftswert des Spaltungsvertrages ist gemäß § 39 Abs. 2 KostO (bei Gewährung von Gegenleistungen) bzw. § 39 Abs. 1 KostO (ohne Gewährung von Anteilen) grundsätzlich der Wert der übergehenden Aktiva gemäß § 18 Abs. 3 KostO ohne Schuldenabzug. Bei der Aufspaltung ist demgemäß das Aktivvermögen des übertragenden Rechtsträgers bzw. bei der Abspaltung und Ausgliederung der Aktivwert des abgespaltenen Vermögensteils zugrunde zu legen. Werden Gegenleistungen für die Anteile gewährt und ist der Wert der Anteile höher, so ist dieser höhere Wert maßgeblich. Anknüpfungspunkt für die Bestimmung des maßgebenden Aktivvermögens ist die der Spaltung zugrunde liegende Bilanz.[2261] Werden Gesellschaftsbeteiligungen abgespalten, so ist nicht der in der Bilanz stehende Buchwert maßgebend, sondern der Verkehrswert, der ggf. nach § 30 Abs. 1 KostO zu schätzen ist.[2262] Gleiches gilt für die Beteiligung an einer Personengesellschaft.[2263]

1336 Der für die Bewertung des Spaltungsvertrages anzusetzende Geschäftswert ist gemäß § 39 Abs. 4 KostO auf einen Höchstwert von 5 Mio. Euro begrenzt, als Mindestwert gilt 25.000 €. Sind an einem Spaltungsvertrag mehrere Rechtsträger beteiligt, so ist fraglich ob der der Höchstwert auf insgesamt 5 Mio. Euro begrenzt ist und ob dieser mehrfach anzusetzen ist. Nach ganz allgemeiner Auffassung ist hierbei zu differenzieren:[2264] Bei einer Aufspaltung erlischt der übertragende Rechtsträger. Die Aufspaltung ist daher immer ein einheitlicher Rechtsvorgang, unabhängig davon, ob die Aufspaltung zur Aufnahme oder Neugründung auf mindestens zwei oder mehrere bestehende oder neu gegründete Rechtsträger führt. Der Höchstwert kann daher nur einmal angesetzt werden.[2265] Bei einer Abspaltung unter Beteiligung mehrerer übernehmender Rechtsträger kommt es darauf an, ob diese einen einheitlichen Rechtsvorgang darstellen. Entscheidend ist mithin, ob die Wirksamkeit der einen Abspaltung also von der Wirksamkeit der anderen Abspaltung abhängt.[2266] Ist die Wirksamkeit der Abspaltung des einen Vermögensteils nicht an die Wirksamkeit der übrigen Abspaltungen gekoppelt, so handelt es sich um gegenstandsverschiedene Abspaltungen, sodass die Höchstwertgrenze für jeden Vorgang separat gilt. Hierbei sind die Geschäftswerte nach § 44 Abs. 2 a KostO zu addieren. In gleicher Weise wird man bei einer Ausgliederung differenzieren können. Bei Kettenspaltungen hingegen handelt es sich stets um einzelne Vorgänge, für die die Höchstgrenze jeweils separat zu betrachten ist und die als gegenstandsverschiedene Vorgänge gemäß § 44 Abs. 2 a KostO abzurechnen sind.[2267]

2260 Siehe oben Rdn. 449.
2261 LG München JurBüro 1997, 265; OLG Zweibrücken MittBayNot 1999, 402; Limmer/*Tiedtke*, Handbuch Umwandlung, Rn. 4021 ff.; Korintenberg/*Bengel/Tiedtke*, § 39 Rn. 67.
2262 Korintenberg/*Bengel/Tiedtke*, § 39 Rn. 74.
2263 A.A. noch Korintenberg/*Bengel/Tiedtke*, KostO, § 39 Rn. 74 jedoch vor BGH DNotZ 2010, 320.
2264 Limmer/*Tiedtke*, Handbuch Umwandlung, Rn. 4027.
2265 Limmer/*Tiedtke*, Handbuch Umwandlung, Rn. 4027.
2266 Limmer/*Tiedtke*, Handbuch Umwandlung, Rn. 4028.
2267 Streifzug durch die Kostenordnung, Rn. 1059; OLG Düsseldorf ZNotP 2003, 310.

bb) Gebührensatz

Bei einer Spaltung zur Aufnahme liegt ein Vertrag vor, für den nach § 36 Abs. 2 KostO eine 20/10 Gebühr anfällt.[2268] Dies gilt auch bei der Spaltung in Form der Ausgliederung eines von einem Einzelkaufmann betriebenen Unternehmens auf eine bestehende GmbH, deren Alleingesellschafter dieser Einzelkaufmann ist. Auch hier handelt es sich um einen Spaltungs- und Übernahmevertrag, für den eine 20/10 Gebühr zu erheben ist.[2269]

1337

b) Spaltung zur Neugründung

Bei der Spaltung zur Neugründung tritt der Spaltungsplan an die Stelle des Spaltungs- und Übernahmevertrages. Für die Ermittlung des Geschäftswertes geltend obige Ausführung entsprechend. Hinsichtlich des Gebührensatzes kommt § 36 Abs. 1 KostO zur Anwendung, da ein Spaltungsplan eine einseitige Erklärung darstellt, so dass eine 10/10 Gebühr nach § 36 Abs. 1 KostO anfällt. Dies gilt auch dann, wenn mit dem Spaltungsplan eine GmbH mit mehreren Gesellschaftern gegründet wird. Die in dem Spaltungsplan enthaltene Satzung des neu gegründeten Rechtsträgers ist gemäß § 44 Abs. 1 KostO gegenstandsgleich. Eine gesonderte Gebühr fällt insoweit daher nicht an.[2270]

1338

c) Besonderheiten bei der Ausgliederung

Die vorstehenden Grundsätze gelten entsprechend auch bei der Ausgliederung.[2271] Die Ausgliederung eines Unternehmens aus dem Vermögen eines Einzelkaufmanns auf eine bereits bestehende GmbH/GmbH & Co. KG ist selbst dann Vertrag, wenn der Einzelkaufmann alleiniger Gesellschafter ist.[2272] Bei der Ausgliederung von Regie- und Eigenbetrieben der öffentlichen Hand nach § 126 ff. stellt sich lediglich die Frage einer Anwendung der Ermäßigungsvorschrift des § 144 KostO. Dies setzt voraus, dass es sich bei dem auszugliedernden Regie- oder Eigenbetrieb nicht um ein Wirtschaftsunternehmen handelt.[2273]

1339

2. Zustimmungsbeschlüsse und ggf. weitere Beschlüsse

Die nach dem UmwG erforderlichen Zustimmungsbeschlüsse sind Beschlüsse mit bestimmtem Geldwert. Insoweit ordnet § 41c Abs. 2 S. 1 KostO (für die Aufspaltung) bzw. § 41c Abs. 2 S. 2 KostO (für Abspaltung und Ausgliederung) an, dass für den Beschluss das übergehende Aktivvermögen maßgeblich ist.[2274]

1340

Wird beim übertragenden Rechtsträger zugleich eine Kapitalherabsetzung zum Zwecke der Durchführung der Spaltung beschlossen, so ist dieser Kapitalherabsetzungsbeschluss gegenstandsverschieden zum Spaltungsbeschluss.[2275] Die Geschäftswerte des Spaltungs- und des Kapitalherabsetzungsbeschlusses sind daher gemäß §§ 41c Abs. 3 S.1, 44 Abs. 2a KostO zusammenzurechnen. Wird beim übernehmenden Rechtsträger zugleich eine Kapitalerhöhung beschlossen, so ist auch der dieser Beschluss gegenstandsverschieden und gemäß §§ 41c Abs. 3 S.1, 44 Abs. 2a KostO zusammen zu rechnen.[2276] Der Geschäftswert

1341

2268 Korintenberg/*Bengel/Tiedtke*, § 39 Rn. 77.
2269 Limmer/*Tiedtke*, Handbuch Umwandlung, Rn. 4031; Pfälzisches OLG Zweibrücken MittBayNot 1999, 402 = ZNotP 1999, 415.
2270 Korintenberg/Lappe/*Bengel/Tiedtke*, § 39 Rn. 79; BayObLG MittBayNot 1997, 54.
2271 Korintenberg/Lappe/*Bengel/Tiedtke*, § 39 Rn. 83.
2272 OLG Zweibrücken MittBayNot 1999, 402; Korintenberg/Lappe/*Bengel/Tiedtke*, § 39 Rn. 83.
2273 Z.B. s. *Tiedtke*, MittBayNot 1997, 209, 214.
2274 Korintenberg/Lappe/*Bengel/Tiedtke*, § 41c Rn. 73; Limmer/*Tiedtke*, Handbuch Umwandlung Rn. 4033; *Tiedtke*, MittBayNot 1997, 209; *Tiedtke*, ZNotP 2001, 226.
2275 Limmer/*Tiedtke*, Handbuch Umwandlung, Rn. 4035.
2276 Limmer/*Tiedtke*, Handbuch Umwandlung, Rn. 4034; Korintenberg/*Bengel/Tiedtke*, § 41c Rn. 74.

4. Kapitel Umwandlungen

der Kapitalmaßnahmen bestimmt sich nach §§ 41 c Abs. 1, 41 a Abs. 1 KostO. Soweit zusätzlich noch weitere Satzungsänderungen beschlossen werden, wie etwa eine Firmenänderung, so richtet sich die Bewertung dieser zusätzlichen Beschlüsse nach den allgemeinen Vorschriften (§§ 41 c Abs. 1, 41 a Abs. 1 ff. KostO) und insoweit der Geschäftswert zu erhöhen. Entsprechendes gilt für die Bestellung bzw. Abberufung von Organen, insbesondere im Rahmen der Spaltung zur Neugründung auf eine Kapitalgesellschaft.

1342 Für die Beurkundung der entsprechenden Beschlüsse ist aus dem so ermittelten Geschäftswert gemäß § 47 Abs. 1 KostO eine 20/10 Gebühr zu erheben. Die Obergrenze des § 39 Abs. 4 KostO gilt für Beschlüsse nicht, jedoch ist nach § 47 Abs. 2 KostO beträgt die Gebühr allerdings in keinem Fall mehr als 5.000 €.

1343 Werden mehrere Zustimmungsbeschlüsse in einer Urkunde zusammengefasst, so ist zu differenzieren: Betreffen die Beschlüsse den gleichen Gegenstand, so kommt §§ 41 c Abs. 3, 44 Abs. 1 KostO zur Anwendung. Betreffen die Zustimmungsbeschlüsse gegenstandsverschiedene Spaltungsvorgänge so kommt §§ 41 c Abs. 3, 44 Abs. 2 a zur Anwendung, sodass die Geschäftswerte zu addieren sind. Auch in diesem Fall kommt die Höchstgebühr nach § 47 KostO von 5.000 € für die gesamte Niederschrift zur Anwendung.[2277] Werden hingegen die Zustimmungsbeschlüsse in getrennten Niederschriften aufgenommen, so stellt keine unrichtige Sachbehandlung im Sinne von § 16 KostO.[2278]

3. Verzichts- und Zustimmungserklärungen

1344 Für die Bewertung von Verzichts- und Zustimmungserklärungen gelten die gleichen Grundsätze für die Verschmelzung.[2279] Auch hier gilt, dass, soweit diese zusammen mit dem Verschmelzungsvertrag beurkundet werden, Gegenstandsgleichheit i.S.v. §§ 41 c Abs. 3, 44 Abs. 1 S. 1 KostO vorliegt, mit der Folge, dass eine gesonderte Berechnung der beurkundeten Erklärung nicht in Betracht kommt.[2280] Werden die Verzichts- oder Zustimmungserklärungen aus sachlichen Gründen nicht zusammen mit dem Spaltungsvertrag, sondern in einer gesonderten Urkunde beurkundet, so fällt für die Beurkundung der Verzichts- oder Zustimmungserklärung eine 10/10-Gebühr nach § 36 Abs. 1 KostO an. Der Geschäftswert ist sodann nach § 30 Abs. 1 KostO zu bestimmen. In der Regel wird ein Teilwert von 10 % des Wertes der Beteiligung des betreffenden Gesellschafters angemessen sein.[2281]

4. Registeranmeldungen

1345 Der Geschäftswert der Registeranmeldung beim übertragenden Rechtsträger wie auch beim übernehmenden Rechtsträger ist in gleicher Weise zu bestimmen wie bei der Verschmelzung.[2282] Die Anmeldung der Spaltung ist eine Anmeldung mit unbestimmtem Geldwert. Demgemäß beläuft sich der Geschäftswert der Anmeldung bei einer übertragenden Kapitalgesellschaft gemäß § 41 a Abs. 4 Nr. 1 KostO auf 1 % ihres Stammkapitals, mindestens jedoch 25.000 €. Bei Personenhandelsgesellschaften beträgt der Wert generell 25.000 € (§ 41 a Abs. 4 Nr. 3 KostO). Wird bei einer übertragenden GmbH, AG oder KGaA gleichzeitig eine Kapitalherabsetzung angemeldet, so liegt eine gegenstandsverschiedene Anmeldung über einen bestimmten Geldwert vor, der Herabsetzungsbetrag ist daher gemäß § 44 Abs. 2a KostO hinzuzurechnen. In jedem Fall beläuft sich jedoch der Geschäftswert der Handelsregisteranmeldung gemäß § 39 Abs. 4 KostO höchstens auf 500.000 €.[2283]

2277 Limmer/*Tiedtke*, Handbuch Umwandlung, Rn. 4036; Korintenberg/*Bengel/Tiedtke*, § 41c Rn. 75.
2278 *Lappe*, NotBZ 2000, 332; Limmer/*Tiedtke*, Handbuch Umwandlung, Rn. 4036.
2279 Rdn. 454 ff.
2280 Limmer/*Tiedtke*, Handbuch Umwandlung, Rn. 4035; Korintenberg/*Bengel/Tiedtke*, § 41c RN. 75.
2281 Widmann/Mayer/*Vossius*, vor § 39 Rn. 141; Limmer/*Tiedtke*, Handbuch Umwandlung, Rn. 4001.
2282 Siehe oben Rdn. 456 ff.
2283 Korintenberg/*Bengel/Tiedtke*, § 41a Rn. 99 ff.; Limmer/*Tiedtke*, Handbuch Umwandlung, Rn. 4009 ff., 4038.

Der Geschäftswert für die Anmeldung der Spaltung zum Handelsregister des übernehmenden Rechtsträgers bemisst sich in den Fällen der Spaltung zur Aufnahme gleichfalls nach § 41 a Abs. 4 Nrn. 1 bis 4 KostO, sodass auch hier der Geschäftswert rechtsformabhängig ist. Vorstehende Erläuterungen gelten entsprechend. Wird gleichzeitig eine Kapitalerhöhung angemeldet, so ist der Betrag der Kapitalerhöhung gemäß § 44 Abs. 2 a KostO hinzuzurechnen, mit einem Höchstgeschäftswert gemäß § 39 Abs. 4 KostO von 500.000 €. **1346**

Bei einer Spaltung zur Neugründung handelt es sich um eine Anmeldung mit einem bestimmten Geldwert gemäß § 41 a Abs. 1 Nr. 1 KostO (Nennwert des einzutragenden Stammkapitals) maßgeblich. Bei Personenhandelsgesellschaften gilt § 41 a Abs. 1 Nr. 3 KostO. **1347**

Die Handelsregisteranmeldungen sind gemäß §§ 145 Abs. 1, 38 Abs. 2 Nr. 7, 45 Abs. 1 Nr. 1 KostO bei Entwurf durch den Notar mit einer 5/10 Gebühr abzurechnen. Hat der Notar nur die Unterschrift unter der vorbereiteten Handelsregisteranmeldung beglaubigt, kommt § 45 KostO zur Anwendung mit einer ¼-Gebühr, höchstens jedoch 130 €. **1348**

5. Grundbuchberichtigungsantrag

Wird der Grundbuchberichtigungsantrag – wie regelmäßig – mit dem Spaltungsvertrag/ Spaltungsplan beurkundet, liegt Gegenstandsgleichheit i.S.v. § 44 Abs. 1 KostO vor, sodass eine separate Berechnung nicht in Betracht kommt. Ist ausnahmsweise der Grundbuchberichtigungsantrag nicht im Spaltungsvertrag/Spaltungsplan enthalten, so ist Geschäftswert des Grundbuchberichtigungsantrages der volle Grundbesitzwert (§ 19 Abs. 2 KostO), aus diesem ist eine 5/10 Gebühr gemäß § 38 Abs. 2 Nr. 5 KostO zu berechnen.[2284] **1349**

6. Nebentätigkeiten

Hinsichtlich evtl. weiterer Nebentätigkeiten gelten die allgemeinen Kostengrundsätze. Insoweit kann verwiesen werden auf die umfangreiche Darstellung von Tiedtke.[2285] **1350**

[2284] *Ittner*, MittRhNotK 1997, 105, 130.
[2285] *Limmer/Tiedtke*, Handbuch Umwandlung, Rn. 4033 ff.; *Tiedtke*, ZNotP 2001, 226.

Kapitel 5 Vertragskonzern

A. Überblick

In der notariellen Praxis spielen Probleme des faktischen Konzerns eher selten eine Rolle. 1
Im Vordergrund steht das Recht des Vertragskonzerns, also das Recht der **Unternehmensverträge**. Eine gesetzliche Regelung haben die Unternehmensverträge im Aktiengesetz erfahren. Mit dem Begriff Unternehmensvertrag bezeichnet das Gesetz die folgenden Vertragstypen:

- Beherrschungsvertrag, § 291 Abs. 1 S. 1 Alt. 1 AktG,
- Gewinnabführungsvertrag, Geschäftsführungsvertrag, §§ 291 Abs. 1 S. 1 Alt. 2, 291 Abs. 1 S. 2 AktG,
- Gewinngemeinschaft, § 292 Abs. 1 Nr. 1 AktG,
- Teilgewinnabführungsvertrag, § 292 Abs. 1 Nr. 2 AktG,
- Betriebspachtvertrag, Betriebsüberlassungsvertrag, § 292 Abs. 1 Nr. 3 AktG.

Die an einem Unternehmensvertrag beteiligten Unternehmen gelten gemäß § 15 AktG als 2
verbundene Unternehmen. Für den Abschluss, die Änderung und die Aufhebung von Unternehmensverträgen, an denen eine **Aktiengesellschaft** als hauptverpflichteter Vertragsteil beteiligt ist, gelten die §§ 293 bis 299 AktG. Die Vorschriften zur Sicherung der Gesellschaft und der Gläubiger in §§ 300 bis 303 AktG gelten nur für einige, in diesen Vorschriften jeweils benannte Typen von Unternehmensverträgen, die Regeln zur Sicherung außenstehender Aktionäre in §§ 304 bis 307 AktG nur für Beherrschungs- und Gewinnabführungsverträge.

Unternehmensverträge können auch mit einer **GmbH** als hauptverpflichtetem Vertrags- 3
teil abgeschlossen werden. Vorschriften dazu finden sich im GmbH-Gesetz nicht. Rechtsprechung und Literatur haben jedoch für das GmbH-Recht Regelungen entwickelt, die sich an die des Aktienrechts anlehnen. Ob auch eine **Personengesellschaft** als abhängige Gesellschaft einen Beherrschungsvertrag abschließen kann, ist umstritten[1] und praktisch nur wenig von Bedeutung.

In der Praxis steht der **Gewinnabführungsvertrag**, häufig verbunden mit einem **Beherr-** 4
schungsvertrag, ganz im Vordergrund. In aller Regel sind es steuerliche Beweggründe, die zum Abschluss des Vertrages veranlassen. Das deutsche Steuerrecht kennt grundsätzlich keine Konzernbesteuerung, sondern sieht alle zu einem Konzern gehörenden Gesellschaften als selbständige Steuersubjekte. Nur bei Vorliegen einer sog. steuerlichen **Organschaft**[2] führt die konzernrechtliche Verbundenheit von Unternehmen dazu, dass sie steuerlich als ein einheitliches Zurechnungssubjekt angesehen werden. Auf diese Weise können Doppelbesteuerungen vermieden sowie Gewinne und Verluste gesellschaftsübergreifend verrechnet werden. Der Abschluss eines Gewinnabführungsvertrages ist nach § 14 Abs. 1 KStG Voraussetzung einer körperschaftsteuerlichen Organschaft,[3] und damit auch Voraussetzung der gewerbesteuerlichen Organschaft, § 2 Abs. 2 S. 2 GewStG. Eine umsatzsteuerliche Organschaft kennt das Steuerrecht ebenfalls, § 2 Abs. 2 Nr. 2 UStG; diese setzt allerdings nicht zwingend einen Gewinnabführungsvertrag voraus.[4] Ein Beherrschungsvertrag ist steuerlich nicht (mehr)[5] Voraussetzung einer körperschaftsteuerlichen Organschaft, aber

---

1 Dafür (beiläufig) BGH NJW 1980, 231 – Gervais, dagegen OLG Düsseldorf vom 27.2.2004 – 19 W 3/00, ZIP 2004, 753; zweifelnd auch MünchKommAktG/*Altmeppen*, § 291 Rn. 19.
2 Das übergeordnete Unternehmen wird dabei als Organträger bezeichnet, die untergeordnete Gesellschaft als Organgesellschaft, vgl. § 14 Abs. 1 KStG.
3 Überblick über die steuerrechtlichen Aspekte bei *Mues*, RNotZ 2005, 1 ff.
4 Vgl. *Sölch/Ringleb*, USt, § 2 Rn. 112.
5 Vgl. *Mues*, RNotZ 2005, 1, 4.

5. Kapitel   Vertragskonzern

jedenfalls bei Verträgen mit Aktiengesellschaften (grundsätzlich keine Weisungsabhängigkeit, § 76 Abs. 1 AktG) eine gesellschaftsrechtlich sinnvolle Ergänzung des Gewinnabführungsvertrages. Selbst im Verhältnis zu einer GmbH, deren Geschäftsführung schon nach § 37 Abs. 1 GmbHG Weisungen der Gesellschaftermehrheit befolgen muss, gibt es Gründe für den Abschluss eines Beherrschungsvertrages (Zulässigkeit auch nachteiliger Weisungen, Weisungen ohne »Umweg« über die Gesellschafterversammlung)[6], im Einzelfall aber auch mitbestimmungsrechtliche Gründe dagegen, vgl. § 2 Abs. 2 DrittelbG. Ein wichtiger Beweggrund für den Abschluss eines Beherrschungs- und Gewinnabführungsvertrages kann zudem sein, dass sowohl bei der AG als auch bei der GmbH das Verbot der Einlagenrückgewähr nicht gilt, wenn zwischen Gesellschaft und Gesellschafter ein Gewinnabführungs- oder Beherrschungsvertrag besteht, § 57 Abs. 1 S. 2 AktG und § 30 Abs. 1 S. 2 GmbHG.[7]

---

6 Und zwar auch dann, wenn es sich bei der abhängigen Gesellschaft um eine GmbH handelt, vgl. Lutter/Hommelhoff/*Lutter*, GmbHG, Anh. zu § 13 Rn. 44.
7 Vgl. Heckschen/Heidinger/*Heckschen*, Die GmbH in der Gestaltungs- und Beratungspraxis, § 15 Rn. 11 f.

B. Beherrschungs- und Gewinnnabführungsvertrag mit einer abhängigen Aktiengesellschaft

I. Vertragsinhalt

Ein **Beherrschungsvertrag** ist ein Vertrag, durch den eine Gesellschaft die Leitung ihrer Geschäfte einem anderen Unternehmen unterstellt, § 291 Abs. 1 S. 1, Alt. 1 AktG. Das herrschende Unternehmen ist dann berechtigt, dem Vorstand der Gesellschaft hinsichtlich der Leitung der Gesellschaft Weisungen zu erteilen, auch Weisungen, die für das abhängige Unternehmen nachteilig sind. Einzelheiten zur Reichweite des Weisungsrechts regelt § 308 AktG. Die Weisung, den Vertrag zu ändern, aufrechtzuerhalten oder zu beenden, ist unzulässig, § 299 AktG, ebenso eine Weisung, die Maßnahmen aus dem Kompetenzbereich der Hauptversammlung oder des Aufsichtsrats (Ausnahme: § 308 Abs. 3 AktG) betrifft.[8]

Um einen **Gewinnabführungsvertrag** handelt es sich, wenn eine Gesellschaft sich verpflichtet, ihren ganzen Gewinn an ein anderes Unternehmen abzuführen, § 291 Abs. 1 S. 1, Alt. 2 AktG. Verpflichtet sich die Gesellschaft, ihr Unternehmen für Rechnung eines anderen Unternehmens zu führen, handelt es sich um einen Geschäftsführungsvertrag, den das Gesetz ebenfalls als Gewinnabführungsvertrag ansieht, § 291 Abs. 1 S. 2 AktG. Die Gesellschaft kann aufgrund eines Gewinnabführungsvertrages höchstens den ohne die Gewinnabführung entstehenden Jahresüberschuss, vermindert um einen Verlustvortrag aus dem Vorjahr, um die Zuführung zur gesetzlichen Rücklage gemäß § 300 Nr. 1 AktG und um den nach § 268 Abs. 8 des Handelsgesetzbuchs ausschüttungsgesperrten Betrag (Ausschüttungssperre bei Bilanzierung selbst geschaffener immaterieller Vermögenswerte) abführen, § 301 S. 1 AktG. Zusätzlich abgeführt werden dürfen Beträge aus anderen Gewinnrücklagen, soweit diese während der Dauer des Vertrages diesen Rücklagen zugeführt worden waren, § 301 S. 2 AktG.

Beide Vertragstypen setzen nicht voraus, dass der andere Vertragsteil an der beherrschten bzw. zur Gewinnabführung verpflichteten Gesellschaft **beteiligt** ist. In der Praxis ist dies jedoch ganz überwiegend der Fall, schon weil steuerlich eine Organschaft die »finanzielle Eingliederung« der Organgesellschaft in das Unternehmen des Organträgers verlangt, also dass dem Organträger (zumindest mittelbar) die Mehrheit der Stimmrechte aus den Anteilen an der Organgesellschaft zusteht, § 14 Abs. 1 Nr. 1 KStG.

Gesetzliche Folge sowohl eines Beherrschungs- als auch eines Gewinnabführungsvertrages ist die **Verlustübernahme** durch das herrschende Unternehmen, also die Pflicht, jeden während der Vertragsdauer sonst entstehenden Fehlbetrag auszugleichen, soweit dieser nicht durch Beträge aus anderen Gewinnrücklagen ausgeglichen wird, die während der Vertragdauer in sie eingestellt worden sind, § 302 Abs. 1 AktG.

Sind an der abhängigen Gesellschaft im Zeitpunkt der Beschlussfassung ihrer Hauptversammlung über den Vertrag sog. außenstehende Aktionäre beteiligt, muss der Vertrag für diese Aktionäre gemäß § 304 AktG einen angemessenen **Ausgleich** vorsehen. Außenstehende Aktionäre sind solche, die weder herrschender Vertragsteil noch dessen 100%ige Mutter- oder Tochtergesellschaft sind.[9] Weil ihre Interessen durch den Beherrschungs- oder Gewinnabführungsvertrag beeinträchtigt werden können, haben sie Anspruch auf eine feste Ausgleichszahlung bzw. einen bestimmten jährlichen Gewinnanteil (Garantiedividende). Nicht als außenstehende Aktionäre gelten solche Aktionäre, die schon im vorhinein auf einen Ausgleich verzichtet haben.[10] Die Höhe der Ausgleichszahlung bzw. der Garantiedividende bemisst sich grundsätzlich nach der bisherigen Ertragslage der Gesell-

---

8 OLG Karlsruhe ZIP 1991, 101.
9 Bürgers/Körber/*Schenk*, AktG, § 304 Rn. 12; Einzelheiten sind str., vgl. KK-AktG/*Koppensteiner*, § 295 Rn. 40 ff.
10 K. Schmidt/Lutter, AktG, § 304 Rn. 73 f.

schaft und ihren künftigen Ertragsaussichten. Fehlt im Vertrag eine Regelung zum Ausgleich, ist er nichtig, § 304 Abs. 3 S. 1 AktG. Ist hingegen der Ausgleich lediglich zu niedrig bemessen, führt dies weder zur Unwirksamkeit des Vertrags noch zur Anfechtbarkeit der Zustimmungsbeschlüsse der Hauptversammlungen, § 304 Abs. 3 S. 2 AktG. Es ist lediglich auf Antrag im Spruchverfahren ein angemessener Ausgleich zu bestimmen, § 304 Abs. 3 S. 3 AktG i.V.m. dem SpruchG.

10 Neben der Verpflichtung zum angemessenen Ausgleich muss der Vertrag eine Verpflichtung des herrschenden Vertragteils vorsehen, auf Verlangen eines außenstehenden Aktionärs dessen Aktien gegen eine im Vertrag bestimmte angemessene **Abfindung** zu erwerben, § 305 AktG. In welcher Form diese Abfindung zu gewähren ist, regelt § 305 Abs. 2 AktG: Handelt es sich bei dem herrschenden Vertragsteil um eine AG (oder KGaA), die ihrerseits nicht abhängig ist oder im Mehrheitsbesitz steht, muss diese Abfindung in Form von Aktien dieser Gesellschaft angeboten werden. Ist die herrschende AG (oder KGaA) ihrerseits abhängig von einer AG (oder KGaA) bzw. in deren Mehrheitsbesitz, sind als Abfindung entweder Aktien an der Konzernmutter oder eine Barzahlung anzubieten. In allen anderen Fällen kommt nur eine Barabfindung in Betracht. Sieht der Vertrag keine oder keine angemessene Abfindung vor, beeinträchtigt dies nicht die Wirksamkeit des Vertrages. Die vertraglich zu gewährende Abfindung ist auf Antrag im Spruchverfahren gerichtlich zu bestimmen, § 305 Abs. 5 AktG. Angemessen ist die Abfindung, wenn sie dem »wirklichen Wert« der Beteiligung des außenstehenden Aktionärs ohne Abschluss des Beherrschungs- oder Gewinnabführungsvertrages entspricht.[11] Untergrenze dafür ist der Verkehrswert der Beteiligung, bei börsennotierten Aktien regelmäßig der Börsenkurs.[12]

11 Der Vertrag wird wirksam, wenn ihm die Hauptversammlungen der beteiligten Gesellschaften zugestimmt haben und er im Handelsregister der abhängigen Gesellschaft eingetragen worden ist. Insbesondere aus steuerlichen Gründen soll einem Beherrschungs- und Gewinnabführungsvertrag häufig **Rückwirkung** zukommen. Soweit es die Gewinnabführung betrifft, kann der Vertrag zivilrechtlich rückwirkende Geltung beanspruchen für Geschäftsjahre, deren Jahresabschluss noch nicht festgestellt ist.[13] Steuerrechtlich ist die Rückwirkung jedoch nach heutiger Rechtslage nur noch möglich bis zum Anfang des Kalenderjahres, in dem der Gewinnabführungsvertrag durch Eintragung im Handelsregister wirksam wird, § 14 Abs. 1 S. 2 KStG.[14] Im Hinblick auf die Beherrschung der abhängigen Gesellschaft kommt eine Rückwirkung jedoch nach allgemeiner Auffassung nicht in Betracht, weil eine rückwirkende Ausübung der Leitungsmacht nicht vorstellbar sei.[15] Wird versehentlich die Anordnung der Rückwirkung nicht auf die Ergebnisabführung beschränkt, soll dies ein Eintragungshindernis darstellen, selbst wenn die Beteiligten die Gewinnabführung auch ohne die Beherrschungsabrede geschlossen hätten.[16]

12 Die **Dauer** des Vertrages kann frei geregelt werden. Fehlt eine Regelung, ist der Vertrag auf unbestimmte Zeit geschlossen. Nach herrschender Auffassung besteht bei Beherrschungs- und Gewinnabführungsverträgen ohne vertragliche Regelung auch kein Recht zur ordentlichen Kündigung.[17] Aus diesem Grund enthalten Beherrschungs- und Gewinn-

---

11 BVerfG DNotZ 1999, 831– DAT/Altana; BGH NJW 1978, 1316 – Kali und Salz.
12 BVerfG DNotZ 1999, 831– DAT/Altana.
13 OLG Hamburg NJW 1990, 3024; KK-AktG/*Koppensteiner*, § 294 Rn. 22; a.A. OLG München ZIP 1992, 327.
14 Vgl. *Mues*, RNotZ 2005, 1, 14.
15 OLG Hamburg NJW 1990, 3024; OLG Hamburg NJW 1990, 521.
16 OLG Karlsruhe GmbHR 1994, 810.
17 KK-AktG/*Koppensteiner*, § 297 Rn. 10 m.w.N. Bei Unternehmensverträgen gemäß § 292 AktG kann sich die Möglichkeit zur ordentlichen Kündigung aus den jeweils einschlägigen gesetzlichen Vorschriften ergeben, z.B. bei Betriebspachtverträgen aus § 584 BGB, bei Betriebsführungsverträgen aus §§ 627, 671 BGB und bei Gewinngemeinschaften aus § 723 BGB, vgl. *Koppensteiner*, a.a.O., Rn. 9.

abführungsverträge in der Regel eine Klausel, nach der die ordentliche Kündigung mit bestimmter Frist zum Ende des Geschäftsjahres zulässig ist. Gemäß § 14 KStG ist allerdings Voraussetzung für die steuerliche Anerkennung der Organschaft, dass der Gewinnabführungsvertrag mindestens auf die Dauer von fünf Jahren abgeschlossen ist. Der Vertrag darf daher die Möglichkeit zur ordentlichen Kündigung erst nach Ablauf dieser Zeit vorsehen.

Rechtsprechung und herrschende Meinung lassen es zu, im Vertrag die außerordentliche **Kündigung** ohne Einhaltung einer Kündigungsfrist auch aus Gründen einzuräumen, die objektiv nicht wichtig sind.[18] Eine Mindermeinung bestreitet das mit dem Hinweis, dies liefe darauf hinaus, die ordentliche Kündigung auf einen unzulässigen, nämlich unterjährigen, Zeitpunkt zuzulassen.[19] Auch die herrschende Auffassung sieht die Nähe einer solchen Kündigung zu einer ordentlichen Kündigung und verlangt daher ggf. einen Sonderbeschluss außenstehender Aktionäre entsprechend § 297 Abs. 2 AktG. 13

Formulierungsbeispiel Beherrschungs- und Gewinnabführungsvertrag (keine außenstehenden Aktionäre): 14 M

Beherrschungs- und Gewinnabführungsvertrag
zwischen
der Maternum AG (nachfolgend »Muttergesellschaft«)
und
der Filia AG (nachfolgend »Tochtergesellschaft«)

§ 1 – Beherrschung

(1) Die Tochtergesellschaft unterstellt die Leitung ihrer Gesellschaft der Muttergesellschaft.

(2) Die Muttergesellschaft ist berechtigt, dem Vorstand der Tochtergesellschaft Weisungen hinsichtlich der Leitung der Gesellschaft zu erteilen.

§ 2 – Gewinnabführung

(1) Die Tochtergesellschaft ist verpflichtet, ihren ganzen Gewinn an die Muttergesellschaft abzuführen. Abzuführen ist, vorbehaltlich einer Bildung oder Auflösung von Rücklagen nach Absatz 2, der ohne die Gewinnabführung entstehende Jahresüberschuss, vermindert um einen Verlustvortrag aus dem Vorjahr, um den Betrag, der nach § 300 AktG in die gesetzlichen Rücklagen einzustellen ist, und um den nach § 268 Abs. 8 HGB ausschüttungsgesperrten Betrag.[20] Der abzuführende Betrag darf den sich aus § 301 AktG in seiner jeweils geltenden Fassung ergebenden Betrag nicht überschreiten.

(2) Die Tochtergesellschaft kann mit Zustimmung der Muttergesellschaft Beträge aus dem Jahresüberschuss in andere Gewinnrücklagen nach § 272 Abs. 3 HGB einstellen, soweit dies bei vernünftiger kaufmännischer Beurteilung wirtschaftlich begründet ist.[21] Sind während der Dauer des Vertrags Beträge in andere Gewinnrücklagen eingestellt worden, so sind diese auf Verlangen der Muttergesellschaft den Rücklagen wieder zu

---

18 BGH NJW 1993, 1976 – SSI; OLG München vom 9.12.2008 – 31 Wx 106/08, DNotZ 2009, 474; MünchKommAktG/*Altmeppen*, § 297 Rn. 46 (sofern Rechte außenstehender Aktionäre nicht verkürzt werden); *Hüffer*, AktG, § 297 Rn. 8.
19 KK-AktG/*Koppensteiner*, § 297 Rn. 20.
20 Vgl. die zum 1.9.2009 in Kraft getretene Änderung von § 301 AktG durch das Gesetz zur Modernisierung des Bilanzrechts (Bilanzrechtsmodernisierungsgesetz – BilMoG) vom 25.5.2009, BGBl. I S. 1102.
21 Steuerrechtlich ist eine derartige Rücklagenbildung unschädlich, vgl. § 14 Abs. 1 Nr. 4 KStG.

entnehmen und zum Ausgleich eines Jahresfehlbetrages zu verwenden oder als Gewinn abzuführen. Die Abführung von Beträgen aus der Auflösung anderer Rücklagen, auch soweit sie während der Vertragsdauer gebildet wurden, ist ausgeschlossen.

(3) Die Verpflichtung gilt erstmals für den ganzen Gewinn des Geschäftsjahres, in dem dieser Vertrag wirksam wird.

§ 3 – Verlustübernahme

(1) Die Muttergesellschaft ist verpflichtet, jeden während der Vertragsdauer sonst entstehenden Jahresfehlbetrag auszugleichen, soweit dieser nicht dadurch ausgeglichen wird, dass anderen Gewinnrücklagen gemäß § 2 Abs. 2 dieses Vertrages Beträge entnommen werden. Für die Pflicht zur Verlustübernahme gilt § 302 AktG in seiner jeweils geltenden Fassung.[22]

(2) Die Verpflichtung gilt erstmals für den ganzen Jahresfehlbetrag des Geschäftsjahres, in dem dieser Vertrag wirksam wird.

§ 4 – Wirksamwerden und Vertragsdauer

(1) Der Vertrag bedarf zu seiner Wirksamkeit der Zustimmung der Hauptversammlungen der Muttergesellschaft und der Tochtergesellschaft.

(2) Der Vertrag gilt, mit Ausnahme von § 1, rückwirkend für die Zeit ab Beginn des Geschäftsjahres, in dem der Vertrag wirksam wird, im Übrigen ab Eintragung im Handelsregister der Tochtergesellschaft.

(3) Der Vertrag wird für die Dauer von fünf Jahren ab dem Beginn des Geschäftsjahres, in dem der Vertrag wirksam wird, fest abgeschlossen. Er kann mit einer Frist von sechs Monaten[23] zum Ende eines jeden Geschäftsjahres gekündigt werden, das mit oder nach der festen Vertragslaufzeit endet. Wird der Vertrag nicht fristgerecht gekündigt, verlängert er sich jeweils um ein weiteres Jahr.

(4) Das Recht zur Kündigung aus wichtigem Grund ohne Kündigungsfrist bleibt unberührt. Ein wichtiger Grund liegt insbesondere vor, wenn die Muttergesellschaft nicht mehr mit Mehrheit an der Tochtergesellschaft beteiligt ist.[24]

II. Vertragsabschluss

1. Zuständigkeit und Form

15 Beim Abschluss eines Beherrschungs- und Gewinnabführungsvertrags werden die daran beteiligten Gesellschaften durch ihre Vertretungsorgane vertreten, im Falle der AG also durch den Vorstand.

16 Der Vertrag muss nicht notariell beurkundet werden. Gemäß § 293 Abs. 3 AktG reicht die **Schriftform** (§ 126 BGB). Anderes gilt, wenn der Vertrag beurkundungsbedürftige Regelungen enthält, etwa dann, wenn es sich bei dem herrschenden Vertragsteil um eine

---

22 Der Hinweis auf die Geltung des § 302 AktG ist in einem Beherrschungs- und Gewinnabführungsvertrag zwischen Aktiengesellschaften überflüssig. Er dient hier lediglich als Merkposten, damit er bei Verwendung des Musters für einen Beherrschungs- und Gewinnabführungsvertrag zwischen GmbHs nicht vergessen wird, vgl. § 17 S. 2 Nr. 2 KStG und unten Rdn. 54.
23 Eine Frist von sechs Monaten analog zu § 132 HGB erscheint sachgerecht und soll auch dann gelten, wenn der Vertrag die Kündigungsfrist nicht regelt, vgl. KK-AktG/*Koppensteiner*, § 297 Rn. 6.
24 Diese Regelung ist bei Beherrschungs- und Gewinnabführungsverträgen zwischen Aktiengesellschaften wegen § 307 AktG weniger bedeutsam; im GmbH-Recht gilt diese Vorschrift jedoch nach herrschender Auffassung nicht, siehe unten Rdn. 65.

GmbH handelt und diese sich im Vertrag verpflichtet, auf Verlangen die Aktien der außenstehenden Aktionäre gegen Abfindung in Geschäftsanteilen der GmbH zu erwerben, § 15 Abs. 4 GmbHG.

Unerheblich ist, ob der Vertrag vor oder nach Zustimmung der Hauptversammlungen der beteiligten Gesellschaften abgeschlossen wird. Es ist daher möglich, zunächst die Zustimmung der Hauptversammlungen zu einem (vollständigen) Vertragsentwurf einzuholen und erst dann den Beherrschungs- und Gewinnabführungsvertrag zu unterzeichnen.[25]   17

2. Zustimmung der Hauptversammlung der abhängigen Gesellschaft

Der Beherrschungs- und Gewinnabführungsvertrag wird nur mit **Zustimmung** der Hauptversammlung der abhängigen AG wirksam, § 293 Abs. 1 S. 1 AktG.[26] Der Beschluss kann vor oder nach Abschluss des Vertrages gefasst werden (soeben Rdn. 17).   18

Für den Beschluss ist eine **Mehrheit von drei Vierteln** des bei der Beschlussfassung vertretenen Grundkapitals erforderlich, § 293 Abs. 1 S. 1 AktG. Stimmrechtslose Vorzugsaktien bleiben bei der Bestimmung der Dreiviertelmehrheit des Kapitals unberücksichtigt.[27] Die Satzung kann eine größere Mehrheit verlangen oder weitergehende Erfordernisse bestimmen, § 293 Abs. 1 S. 3 AktG, nicht aber das Mehrheitserfordernis erleichtern. Um eine Satzungsänderung handelt es sich bei dem Zustimmungsbeschluss nicht. Die Bestimmungen der Satzung und des Aktiengesetzes über Satzungsänderungen sind gemäß § 293 Abs. 1 S. 4 AktG nicht auf den Zustimmungsbeschluss anzuwenden.   19

Eine sachliche Rechtfertigung des Zustimmungsbeschlusses (»**materielle Beschlusskontrolle**«), wonach der Beherrschungs- und Gewinnabführungsvertrag erforderlich und verhältnismäßig sein muss, hält die h.M. nicht für erforderlich.[28]   20

Eine **Änderung** des Vertrages durch den Zustimmungsbeschluss ist nicht möglich. Ein Beschluss, der dem Vertrag unter dem Vorbehalt bestimmter Änderungen zustimmt, ist als Verweigerung der Zustimmung zu werten, verbunden mit einer Anweisung des Vorstands gemäß § 83 AktG, einen entsprechend geänderten Vertrag abzuschließen.[29] Zu einem solchermaßen geänderten Vertrag (oder Vertragsentwurf) müsste dann aber erneut ein Zustimmungsbeschluss ergehen. Der »Änderungsbeschluss« reicht als Zustimmungsbeschluss zum geänderten Vertrag nicht aus, weil im Hinblick auf die Änderungen die formellen Anforderungen der §§ 293a ff. AktG nicht eingehalten wurden.   21

Der Zustimmungsbeschluss ist **notariell zu beurkunden**, § 130 Abs. 1 S. 1 AktG. Dies gilt auch bei nichtbörsennotierten Aktiengesellschaften, weil der Beschluss eine Dreiviertelmehrheit erfordert, vgl. § 130 Abs. 1 S. 3 AktG. Zur Beurkundung einer Hauptversammlung allgemein siehe oben Kapitel 3 Rdn. 394 ff. Der Niederschrift über die Hauptversammlung ist als Anlage eine Abschrift des Vertrages (bzw. des Vertragsentwurfs) beizufügen, § 293g Abs. 2 S. 2 AktG.   22

Formulierungsbeispiel Zustimmungsbeschluss der Hauptversammlung der abhängigen Gesellschaft zum Beherrschungs- und Gewinnabführungsvertrag: 23 M
Die Versammlung beschloss dem vom Vorsitzenden vorgetragenen gleichlautenden Vorschlag des Vorstandes und des Aufsichtsrates entsprechend:
Dem Beherrschungs- und Gewinnabführungsvertrag vom 15. August 20... zwischen der Maternum AG und der Filia AG wird zugestimmt.

---

25 BGH NJW 1982, 933; *Hüffer*, § 293 Rn. 4; KK-AktG/*Koppensteiner*, § 293 Rn. 6.
26 Zur Frage, wann im mehrstufigen Konzern der Abschluss eines Beherrschungs- und Gewinnabführungsvertrages zwischen Tochter- und Enkelgesellschaft auch der Zustimmung der Muttergesellschaft bedarf, vgl. DNotI-Report 2009, 81.
27 KK-AktG/*Koppensteiner*, § 293 Rn. 28.
28 Bürgers/Körber/*Schenk*, § 293 Rn. 15 m.w.N.
29 Bürgers/Körber/*Bürgers/Israel*, § 83 Rn. 3.

5. Kapitel Vertragskonzern

Die Beschlussfassung erfolgte einstimmig, ohne Gegenstimmen und ohne Stimmenthaltungen. Der Inhalt des Beschlusses sowie das Abstimmungsergebnis wurden vom Vorsitzenden festgestellt und verkündet.

3. Zustimmung der Gesellschafterversammlung der herrschenden Gesellschaft

24 Wenn es sich bei der herrschenden Gesellschaft um eine Aktiengesellschaft handelt, ist der Beherrschungs- und Gewinnabführungsvertrag nur wirksam, wenn auch die Hauptversammlung dieser Gesellschaft zustimmt, § 293 Abs. 2 AktG.[30] Für den Beschluss gelten Rdn. 18 ff. sinngemäß.

25 Auch wenn es sich bei der herrschenden Gesellschaft um eine GmbH handelt, gilt nach Rechtsprechung und herrschender Auffassung in der Literatur das Zustimmungserfordernis analog § 293 Abs. 2 AktG.[31]

4. Prüfungs- und Informationspflichten

26 Das Gesetz enthält in §§ 293a ff. AktG eine Reihe von Verfahrensvorschriften, die im Vorfeld der Hauptversammlungen und bei deren Durchführung beachtet werden müssen.

27 Gemäß § 293a AktG hat der Vorstand jeder beteiligten Aktiengesellschaft einen ausführlichen schriftlichen **Bericht** zu erstatten, in dem der Abschluss des Vertrags, der Vertrag im einzelnen und insbesondere Art und Höhe des Ausgleichs nach § 304 AktG und der Abfindung nach § 305 AktG rechtlich und wirtschaftlich erläutert und begründet werden. Die Abgabe eines gemeinsamen Berichts der beteiligten Gesellschaften ist ausdrücklich zulässig und in der Praxis die Regel. In dem Bericht ist auf besondere Schwierigkeiten bei der Bewertung der vertragschließenden Unternehmen sowie auf die Folgen für die Beteiligungen der Aktionäre hinzuweisen, § 293a Abs. 1 S. 2 AktG. Geheimhaltungsbedürftige Tatsachen müssen in dem Bericht nicht offenbart werden, doch sind in dem Bericht die Gründe, aus denen die Tatsachen nicht aufgenommen worden sind, darzulegen, § 293a Abs. 2 AktG.

28 Der Bericht ist nicht erforderlich, wenn alle Anteilsinhaber der beteiligten Gesellschaften darauf **verzichten**, und zwar durch öffentlich beglaubigte Erklärung, § 293a Abs. 3 AktG. Nach h.M. soll es entgegen dem Wortlaut des Gesetzes ausreichen, wenn die Anteilsinhaber statt durch einzelne Verzichtserklärungen durch einstimmigen Beschluss auf den Bericht verzichten und dieser Beschluss notariell beurkundet wird.[32] Wenn die Beurkundung des Zustimmungsbeschlusses in der Form der §§ 8 ff. BeurkG erfolgt (Beurkundung von Willenserklärungen), ist dem zuzustimmen, § 129 Abs. 2 BGB. Im Falle der Beurkundung gemäß §§ 34 f. BeurkG (Niederschrift über Tatsachen) hingegen erscheint dies zweifelhaft, weil die Niederschrift über die Beschlussfassung weder die Unterschriften der Gesellschafter trägt noch auf andere Weise darin festzustellen ist, wer an der Beschlussfassung teilnimmt. Insbesondere muss der Notar kein Teilnehmerverzeichnis aufstellen,[33] sondern nur die Gesellschaft, § 129 Abs. 1 S. 2 AktG. Durch das NaStraG[34] ist auch das Erfordernis entfallen, das Teilnehmerverzeichnis zur Anlage des notariellen Protokolls über die Hauptversammlung zu nehmen und dem Handelsregister einzureichen. Eine gemäß §§ 34 f. BeurkG errichtete Niederschrift ist daher ungeeignet, den Verzicht aller Aktionäre in notarieller Form nachzuweisen.

---

30 Beim Abschluss anderer Unternehmensverträge gilt dieses Erfordernis nicht.
31 BGH DNotZ 1989, 102 – Supermarkt; OLG Zweibrücken vom 2.12.1998 – 3 W 174/98, GmbHR 1999, 665.
32 KK-AktG/*Koppensteiner*, § 293a Rn. 41; Bürgers/Körber/*Schenk*, § 293a Rn. 24.
33 Bürgers/Körber/*Reger*, § 129 Rn. 18.
34 Gesetz zur Namensaktie und zur Erweiterung der Stimmrechtsausübung vom 18.1.2001 (BGBl. I S. 123).

Beherrschungs- und Gewinnabführungsvertrag mit abhängiger Aktiengesellschaft   B

Die §§ 293b-293e AktG sehen vor, dass der Beherrschungs- und Gewinnabführungs- 29
vertrag für jede beteiligte AG durch einen sachverständigen Prüfer (Vertragsprüfer) geprüft wird und dieser darüber einen **Prüfungsbericht** erstattet. Auswahl, Stellung und Verantwortlichkeit der Vertragsprüfer sind in § 293d AktG geregelt, Einzelheiten zu Form und Inhalt der Prüfungsberichts in § 293e AktG. Auf Antrag der Vorstände der beteiligten Gesellschaften kann ein gemeinsamer Prüfer bestellt werden, § 293c Abs. 1 S. 2 AktG. Eine Prüfung ist nicht erforderlich, wenn die herrschende Gesellschaft Alleingesellschafterin der abhängigen Gesellschaft ist, § 293b Abs. 1 AktG. Prüfung und Prüfungsbericht sind außerdem dann entbehrlich, wenn alle Anteilsinhaber der beteiligten Gesellschaften darauf durch öffentlich beglaubigte Erklärung **verzichten**, §§ 293a Abs. 3, 293b Abs. 2, 293e Abs. 2 AktG.[35]

Der Vertrag (bzw. sein Entwurf), die Jahresabschlüsse und die Lageberichte der ver- 30
tragsschließenden Unternehmen für die letzten drei Geschäftsjahre, der Bericht der Vorstände und der Prüfungsbericht sind von der Einberufung der Hauptversammlung an, die über die Zustimmung beschließen soll, entweder in den Geschäftsräumen der beteiligten Aktiengesellschaften zur Einsicht der Aktionäre auszulegen oder über die Internetseite der Gesellschaft **zugänglich zu machen**, § 293f AktG. Außerdem sind die Unterlagen gemäß § 293g AktG in der jeweiligen Hauptversammlung auszulegen oder auf andere Weise zugänglich zu machen.

Der Vorstand hat den Unternehmensvertrag zu Beginn der Verhandlung mündlich zu 31
erläutern und jedem Aktionär auf Verlangen Auskunft über alle für den Vertragsschluss wesentlichen Angelegenheiten des anderen Vertragsteils zu geben, § 293g AktG.

5. Handelsregisteranmeldung

Der Beherrschungs- und Gewinnabführungsvertrag wird erst wirksam, wenn sein Beste- 32
hen in das Handelsregister der abhängigen Gesellschaft eingetragen worden ist, § 294 Abs. 2 AktG. Dazu hat der Vorstand der Gesellschaft das Bestehen des Vertrages und die Art des Vertrages zur Eintragung in das Handelsregister **anzumelden**, § 294 Abs. 1 AktG. Dabei empfiehlt es sich, die Vertragsart anhand der gesetzlich vorgesehenen Begriffe zu bezeichnen. Die Bezeichnung als Vertrag »gemäß § 291 AktG« soll nicht ausreichen.[36] Eine fehlerhafte Bezeichnung stellt ein Eintragungshindernis dar.[37] Ebenfalls mit anzumelden ist der Name des anderen Vertragsteils, bei Unternehmen also deren Firma. Zum Zwecke eindeutiger Identifizierbarkeit ist es jedenfalls empfehlenswert, zusätzlich noch den Sitz des herrschenden Vertragsteils anzugeben.[38] Handelt es sich bei dem herrschenden Unternehmen um eine Gesellschaft bürgerlichen Rechts, müssen nach herrschender Auffassung zusätzlich deren Gesellschafter angegeben werden, auch wenn der Vertrag mit der BGB-Gesellschaft abgeschlossen wurde.[39] Die Anmeldung muss von Vorstandsmitgliedern in vertretungsberechtigter Anzahl unterzeichnet werden.

Der Anmeldung ist der **Vertrag** in Urschrift, Ausfertigung oder öffentlich beglaubigter 33
Abschrift beizufügen, § 294 Abs. 1 S. 2 AktG. Ferner ist, schon wegen § 130 Abs. 5 AktG, das notarielle **Protokoll über die Hauptversammlung** der Gesellschaft einzureichen. Wenn der Vertrag diesem Protokoll gemäß § 293g Abs. 2 S. 2 AktG in Urschrift, Ausfertigung oder öffentlich beglaubigter Abschrift beigefügt ist, ist dadurch auch das Erfordernis aus § 294 Abs. 1 S. 2 AktG erfüllt.[40] In der Praxis erwartet das Handelsregister jedoch die Einreichung des Vertrages als gesonderte Datei, die gemäß § 9 HRV in den Registerordner

---

35 Vgl. dazu oben Rdn. 28.
36 KK-AktG/*Koppensteiner*, § 294 Rn. 9.
37 KK-AktG/*Koppensteiner*, § 294 Rn. 18.
38 KK-AktG/*Koppensteiner*, § 294 Rn. 10.
39 KK-AktG/*Koppensteiner*, § 294 Rn. 10; MünchKommAktG/*Altmeppen*, § 294 Rn. 20.
40 MünchKommAktG/*Altmeppen*, § 293g Rn. 8; KK-AktG/*Koppensteiner*, § 294 Rn. 11.

5. Kapitel Vertragskonzern

aufgenommen wird und gesondert gemäß § 9 HGB elektronisch abgerufen werden kann.

34 Ebenfalls der Handelsregisteranmeldung beizufügen sind die Niederschrift des Beschlusses der herrschenden Gesellschaft und die Anlagen zu diesem Beschluss, § 294 Abs. 1 S. 2 AktG.

35 Steht der Vertrag unter einer aufschiebenden Bedingung, kann er erst nach deren Eintritt im Handelsregister eingetragen werden.[41]

36 Im Handelsregister der **herrschenden** Gesellschaft ist der Vertrag **nicht** einzutragen.[42]

37 M **Formulierungsbeispiel Handelsregisteranmeldung Beherrschungs- und Gewinnabführungsvertrag:**
Als Mitglieder des Vorstands der Gesellschaft überreichen wir

1. die notarielle Niederschrift vom heutigen Tage – UR.Nr. 1222 für 20... des beglaubigenden Notars – über die Hauptversammlung der Filia AG mit einer beglaubigten Abschrift des Beherrschungs- und Gewinnabführungsvertrages vom ... zwischen der Maternum AG und der Filia AG,
2. die notarielle Niederschrift vom heutigen Tage – UR.Nr. 1223 für 20... des beglaubigenden Notars – über die Hauptversammlung der Maternum AG mit einer beglaubigten Abschrift des Beherrschungs- und Gewinnabführungsvertrages vom ... zwischen der Maternum AG und der Filia AG,

und melden an:
Es besteht ein Beherrschungs- und Gewinnabführungsvertrag der Gesellschaft vom ... mit der Maternum AG (herrschende Gesellschaft).
Dem Beherrschungs- und Gewinnabführungsvertrag vom ... hat die Gesellschafterversammlung der Gesellschaft zugestimmt durch Beschluss vom .... Die Gesellschafterversammlung der herrschenden Gesellschaft hat dem Vertragsabschluss zugestimmt durch Beschluss vom ....
Die Geschäftsanschrift der Gesellschaft lautet: ....
Köln, den 15. August 20...
Unterschriften
Beglaubigungsvermerk

III. Vertragsänderung

38 § 295 AktG regelt, wie ein Unternehmensvertrag **geändert** werden kann. Voraussetzung ist in jedem Fall die Zustimmung der Hauptversammlung der abhängigen Aktiengesellschaft, § 295 Abs. 1 S. 1 AktG. Die Vorschriften der §§ 293-294 AktG gelten sinngemäß, § 295 Abs. 1 S. 2 AktG. Daraus folgt, dass bei Änderung eines Beherrschungs- und Gewinnabführungsvertrages gemäß §§ 293 Abs. 2, 295 Abs. 1 S. 2 AktG auch die Zustimmung der Hauptversammlung der herrschenden Aktiengesellschaft erforderlich ist. Betrifft die Änderung Vertragsbestimmungen über den Ausgleichs- oder Abfindungsanspruch der außenstehenden Aktionäre, müssen diese durch Sonderbeschluss der Änderung zustimmen, § 295 Abs. 2 AktG.

39 Als Vertragsänderung ist insbesondere auch ein Wechsel des Vertragspartners im Wege der **Vertragsübernahme** anzusehen.[43] Dafür kann ein Bedürfnis bestehen, wenn das herrschende Unternehmen seine Anteile an der abhängigen Gesellschaft veräußern will und

---
41 KK-AktG/*Koppensteiner*, § 294 Rn. 14.
42 KK-AktG/*Koppensteiner*, § 294 Rn. 5; MünchKommAktG/*Altmeppen*, § 294 Rn. 12 f.
43 Vgl. BGH DNotZ 1993, 247 – Asea/BBC.

eine Vertragsbeendigung nicht in Frage kommt, weil die steuerliche Mindestlaufzeit von fünf Jahren noch nicht erfüllt ist.[44]

IV. Vertragsbeendigung

1. Beendigungsgründe

a) Aufhebung

Ein Beherrschungs- und Gewinnabführungsvertrag kann durch schriftliche Vereinbarung **aufgehoben** werden, allerdings nur zum Ende des Geschäftsjahres oder des sonst vertraglich bestimmten Abrechnungszeitraums, § 296 Abs. 1 S. 1 AktG. Eine unterjährige Beendigung des Vertrages durch Aufhebungsvereinbarung scheidet daher aus. Diese Vorgabe ist nicht dispositiv, kann also durch Regelung im Beherrschungs- und Gewinnabführungsvertrag nicht abweichend geregelt werden.[45] Auch eine rückwirkende Beendigung, etwa auf das Ende des letzten Geschäftsjahres, ist unzulässig, § 296 Abs. 1 S. 2 AktG. Misslich ist dies insbesondere, wenn das herrschende Unternehmen unterjährig seine Beteiligung an der abhängigen Gesellschaft veräußert. Ein Fortbestand des Beherrschungs- und Gewinnabführungsvertrages über den Zeitpunkt der Veräußerung hinaus ist regelmäßig nicht gewollt. Häufig sehen die Verträge daher ein außerordentliches Kündigungsrecht für den Fall einer Veräußerung der abhängigen Gesellschaft vor (siehe den Formulierungsvorschlag oben bei Rdn. 14 sowie zu der mehrheitlich verneinten Frage, ob ohne eine solche Regelung die Veräußerung eine Kündigung aus wichtigem Grund rechtfertigt, unten Rdn. 44).[46] Fehlt es an einer solchen Kündigungsklausel, kann eine Änderung des Geschäftsjahres helfen, durch die das laufende Geschäftsjahr noch vor der geplanten Veräußerung beendet wird. Der Beherrschungs- und Gewinnabführungsvertrag kann dann zum Ende des so verkürzten Geschäftsjahres aufgehoben werden.[47] Das Finanzamt muss in einem solchen Fall die gemäß §§ 4a Abs. 1 Nr. 2 EStG, 7 Abs. 4 S. 3 KStG erforderliche Zustimmung zur Umstellung des Geschäftsjahres erteilen.[48] Nach § 14 Abs. 1 Nr. 3 KStG ist die vorzeitige Vertragsbeendigung in diesem Fall steuerlich unschädlich.[49] **40**

Zuständig für den Abschluss des Aufhebungsvertrages ist der Vorstand. Die Hauptversammlung muss der Aufhebung nicht zustimmen.[50] **41**

Wenn jedoch außenstehende Aktionäre vorhanden sind, die Anspruch auf einen Ausgleich nach § 304 AktG oder eine Abfindung nach § 305 AktG haben, müssen diese der Vertragsaufhebung durch **Sonderbeschluss** mit einer Mehrheit von drei Vierteln des auf sie entfallenden Grundkapitals zustimmen, § 296 Abs. 2 i.V.m. § 293 Abs. 1 S. 2 AktG. **42**

b) Kündigung

Die **ordentliche Kündigung** eines Beherrschungs- und Gewinnabführungsvertrages ist nach herrschender Auffassung nur zulässig, wenn der Vertrag dies vorsieht;[51] bei Unternehmensverträgen gemäß § 292 AktG kann sich die Möglichkeit der ordentlichen Kündigung auch aus den jeweils einschlägigen gesetzlichen Vorschriften ergeben.[52] Regelmäßig **43**

---

44 Vgl. *Mues*, RNotZ 2005, 1, 20.
45 KK-AktG/*Koppensteiner*, § 296 Rn. 14.
46 Vgl. zu diesem Problem auch *Knott/Rodewald*, BB 1996, 472 ff., und *Schwarz*, DNotZ 1996, 68 ff.
47 Vgl. KK-AktG/*Koppensteiner*, § 296 Rn. 14 (»unbedenklich«).
48 *Mues*, RNotZ 2005, 1, 24.
49 *Mues*, RNotZ 2005, 1, 34; *Knepper*, DStR 1994, 377, 379.
50 KK-AktG/*Koppensteiner*, § 296 Rn. 9.
51 Siehe oben Rdn. 12.
52 Zur ordentlichen Kündigung von Unternehmensverträgen nach § 292 AktG siehe KK-AktG/*Koppensteiner*, § 297 Rn. 9.

lassen die Verträge die ordentliche Kündigung erst nach Ablauf der steuerlichen Mindestvertragslaufzeit von fünf Jahren zu, §14 Abs. 1 Nr. 3 KStG. Kündigt die abhängige Gesellschaft und haben außenstehende Aktionäre Anspruch auf einen Ausgleich nach §304 AktG oder eine Abfindung nach §305 AktG, müssen diese der ordentlichen Kündigung durch Sonderbeschluss mit einer Mehrheit von drei Vierteln des auf sie entfallenden Grundkapitals zustimmen, §297 Abs. 2 i.V.m. §293 Abs. 1 S. 2 AktG. Wenn das herrschende Unternehmen ordentlich kündigt, ist ein Sonderbeschluss hingegen nicht erforderlich.[53]

44 Die fristlose **Kündigung aus wichtigem Grund** ist nach §297 Abs. 1 AktG auch ohne ausdrückliche Regelung im Vertrag möglich. Nach dem Gesetz liegt ein wichtiger Grund insbesondere dann vor, wenn der herrschende Vertragsteil voraussichtlich nicht in der Lage sein wird, seine Verpflichtungen aus dem Vertrag zu erfüllen, §297 Abs. 1 S. 2 AktG.[54] Ob das herrschende Unternehmen auch dann aus wichtigem Grund kündigen kann, wenn es seine Aktien an der abhängigen Gesellschaft veräußert, ist umstritten. Steuerlich wird die Veräußerung zwar als wichtiger Grund für eine außerordentliche Kündigung des Vertrages anerkannt.[55] Handelsrechtlich jedoch verneint die wohl herrschende Auffassung das Vorliegen eines wichtigen Grundes, weil das herrschende Unternehmen diesen Fall auch vorhersehen und im Vertrag hätte regeln können.[56] Tatsächlich sehen die Verträge häufig als wichtigen Grund für eine fristlose Kündigung die Veräußerung der Beteiligung an der beherrschten Gesellschaft vor.[57] Weitere Beispiele eines wichtigen Grundes sind schwerwiegende Vertragsverletzungen auf Seiten der herrschenden Gesellschaft oder die kartellbehördliche Anordnung, den Vertrag zu beenden. Der übereinstimmende Wunsch, den Vertrag sofort zu beenden, stellt keinen wichtigen Grund für eine Kündigung dar.[58] Ein **Sonderbeschluss** etwaiger außenstehender Aktionäre ist bei einer Kündigung aus wichtigem Grund nicht erforderlich, vgl. §297 Abs. 2 AktG. Etwas anderes gilt allerdings, wenn der Kündigung nur ein durch Vertrag als wichtiger Grund definierter Anlass zugrunde liegt, der keinen objektiv wichtigen Grund darstellt. Steuerlich schadet die Kündigung aus wichtigem Grund auch dann nicht, wenn sie vor Ablauf der Bindungsfrist von fünf Jahren erfolgt, §14 Abs. 1 Nr. 3 KStG.

45 Die Kündigungserklärung bedarf der **Schriftform**, §297 Abs. 3 AktG. Im Falle der Kündigung aus wichtigem Grund muss das Kündigungsschreiben auch angeben, auf welche Tatsachen die Kündigung gestützt wird.[59]

c) Weitere Beendigungsgründe

46 Ein Beherrschungs- und Gewinnabführungsvertrag endet kraft Gesetzes, sofern die abhängige Gesellschaft im Zeitpunkt des Zustimmungsbeschlusses keine außenstehenden Aktionäre hatte, zum Ende des Geschäftsjahres, in dem ein außenstehender Aktionär in die Gesellschaft eingetreten ist, §307 AktG (**Vertragsbeendigung zur Sicherung außenstehender Aktionäre**). Dadurch will das Gesetz den Abschluss eines neuen Beherrschungs- und Gewinnabführungsvertrages erzwingen, der dann, anders als der bisher geltende Vertrag, zum Schutze der außenstehenden Aktionäre Ausgleich und

---

53 BGH NJW 1993, 1976 – SSI.
54 Das Kündigungsrecht steht in einem solchen Fall nicht nur der abhängigen, sondern auch der herrschenden Gesellschaft zu, KK-AktG/*Koppensteiner*, §297 Rn. 18.
55 Vgl. R. 66 Abs. 4, 60 Abs. 6 S. 2 KStR 2004.
56 OLG Oldenburg vom 23.3.2000 – 1 U 175/99, NZG 2000, 1138; OLG Düsseldorf DNotZ 1995, 241; LG Duisburg ZIP 1994, 299; KK-AktG/*Koppensteiner*, §297 Rn. 19; MünchKommAktG/*Altmeppen*, §297 Rn. 39 f.; a.A. LG Bochum GmbHR 1987, 24; MünchHdb. AG/*Krieger*, §70 Rn. 196.
57 Vgl. auch Rdn. 14.
58 OLG München vom 9.12.2008 – 31 Wx 106/08, DNotZ 2009, 474.
59 KK-AktG/*Koppensteiner*, §297 Rn. 24; MünchKommAktG/*Altmeppen*, §297 Rn. 88; a.A. MünchHdb. AG/*Krieger*, §70 Rn. 198.

Abfindung gemäß §§ 304, 305 AktG vorsehen muss. Sollte der bisherige Vertrag, obwohl außenstehende Aktionäre nicht vorhanden waren, »freiwillig« Ausgleich- und Abfindungsregelungen enthalten haben, kommt es gleichwohl zur Vertragsbeendigung nach § 307 AktG, weil anderenfalls Ausgleich und Abfindung in der Regel wegen Ablaufs der Drei-Monats-Frist ab Handelsregistereintragung gemäß § 4 SpruchG nicht mehr im Spruchverfahren überprüft werden könnten.

Ein Beherrschungsvertrag endet auch dann, wenn die abhängige Gesellschaft gemäß § 319 AktG in die herrschende Gesellschaft **eingegliedert** wird.[60] Ein Gewinnabführungsvertrag besteht in diesem Fall jedoch fort, vgl. § 324 Abs. 2 AktG (str.).[61] Wird eine der Gesellschaften auf die andere nach den Vorschriften des Umwandlungsgesetzes **verschmolzen**, endet ein Beherrschungs- und Gewinnabführungsvertrag ebenfalls.[62]

47

2. Rechtsfolgen der Vertragsbeendigung

a) Handelsregisteranmeldung

Die Beendigung des Beherrschungs- und Gewinnabführungsvertrages, der Grund und der Zeitpunkt der Beendigung sind zum Handelsregister der abhängigen Gesellschaft **anzumelden**, § 298 AktG. Die Eintragung des Beendigung eines Beherrschungs- und Gewinnabführungsvertrages im Handelsregister ist jedoch, anders als die Eintragung seines Abschlusses, nur deklaratorisch.[63] Die Anmeldung hat unverzüglich nach Wirksamkeit der Beendigung zu erfolgen,[64] kann aber auch schon vorher zum Handelsregister eingereicht werden, wenngleich das Handelsregister vor Vertragsende zur Eintragung der Beendigung nicht verpflichtet ist.[65]

48

Als **Anlagen** sind der Anmeldung Unterlagen beizufügen, aus denen sich die Beendigung des Vertrages ergibt, insbesondere der Aufhebungsvertrag bzw. die Kündigungserklärung, sowie die Niederschrift über eine etwaigen Sonderbeschluss außenstehender Aktionäre (sofern diese dem Handelsregister nicht schon wegen §§ 130 Abs. 5, 138 AktG vorliegt).[66]

49

Das Registergericht hat zu prüfen, ob tatsächlich ein Beendigungsgrund vorliegt. Dabei erstreckt sich der Prüfungsumfang auch auf die Frage, ob bei einer Kündigung aus wichtigem Grund ein solcher Grund objektiv tatsächlich vorliegt.[67]

50

b) Pflicht zur Sicherheitsleistung

Endet ein Beherrschungs- oder Gewinnabführungsvertrag, so hat das herrschende Unternehmen den Gläubigern der abhängigen Gesellschaft auf Verlangen nach Maßgabe des § 303 AktG Sicherheit zu leisten oder sich für die Forderungen zu verbürgen.

51

---

60 BGH NJW 1974, 1557; OLG Celle WM 1972, 1004.
61 KK-AktG/*Koppensteiner*, § 297 Rn. 40, mit Nachweisen auch zur Gegenauffassung.
62 KK-AktG/*Koppensteiner*, § 297 Rn. 37.
63 BGH DNotZ 1992, 721; OLG Düsseldorf ZIP 1997, 2084.
64 KK-AktG/*Koppensteiner*, § 298 Rn. 4.
65 BayObLG vom 5.2.2003 – 3Z BR 232/02, GmbHR 2003, 476.
66 KK-AktG/*Koppensteiner*, § 298 Rn. 5.
67 OLG München vom 9.12.2008 – 31 Wx 106/08, DNotZ 2009, 474; OLG Düsseldorf DNotZ 1995, 239.

5. Kapitel Vertragskonzern

C. Beherrschungs- und Gewinnabführungsvertrag mit einer abhängigen GmbH

52 Die §§ 291 ff. AktG regeln unmittelbar nur den Fall, dass es sich bei der abhängigen Gesellschaft um eine Aktiengesellschaft (oder KGaA) handelt. Auch im Hinblick auf den herrschenden Vertragsteil enthält das Gesetz etliche Vorschriften, die Geltung nur für eine als herrschende Gesellschaft beteiligte Aktiengesellschaft (oder KGaA) beanspruchen, vgl. § 293 Abs. 2 AktG betreffend das Zustimmungserfordernis oder §§ 293 a-293f AktG betreffend die Prüfungs- und Berichtspflichten auf Ebene der herrschenden Gesellschaft. In der Praxis kommen Beherrschungs- und Gewinnabführungsverträge unter Beteiligung von Gesellschaften mit beschränkter Haftung jedoch weitaus häufiger vor als solche zwischen Aktiengesellschaften. Die Zulässigkeit solcher Beherrschungs- und Gewinnabführungsverträge im GmbH-Recht ist sowohl handelsrechtlich[68] als auch steuerrechtlich[69] anerkannt. Für solche Verträge gelten teils die Vorschriften des Aktiengesetzes analog, teils unterliegen sie abweichenden Regelungen, insbesondere in Anlehnung an die §§ 53, 54 GmbHG.[70] Für die UG ist wegen der Pflicht zur Bildung einer gesetzlichen Rücklage umstritten, ob diese sich zur Abführung ihres gesamten Gewinns verpflichten kann; zum Teil wird nur ein steuerlich unbeachtlicher Teilgewinnabführungsvertrag für zulässig gehalten.[71]

53 Auch im Recht der GmbH reicht für den Abschluss des Beherrschungs- und Gewinnabführungsvertrages analog § 293 Abs. 3 AktG die **Schriftform**,[72] sofern der Vertrag nicht aus anderen Gründen beurkundungsbedürftige Vereinbarungen enthält. So verhält es sich etwa dann, wenn im Beherrschungs- und Gewinnabführungsvertrag ein Abfindungsangebot analog § 305 AktG enthalten ist, also ein Angebot des herrschenden Vertragsteils an die außenstehenden Gesellschafter, auf Verlangen deren Geschäftsanteile gegen Barabfindung zu erwerben. Das Beurkundungserfordernis ergibt sich dann aus § 15 Abs. 4 GmbHG.[73]

54 Zum **Inhalt** des Beherrschungs- und Gewinnabführungsvertrages mit einer GmbH kann auf die Ausführungen oben Rdn. 5 ff. verwiesen werden. Voraussetzung einer steuerlichen Anerkennung des Vertrages ist gemäß § 17 S. 2 Nr. 1 KStG, dass die Gewinnabführung den Betrag gemäß § 301 AktG nicht überschreitet.[74] Dabei ist bei der GmbH auch die Einschränkung der Gewinnabführung betreffend gemäß § 268 Abs. 8 HGB ausschüttungsgesperrte Beträge zu beachten, die durch das BilMoG in § 301 AktG eingefügt wurde.[75] Voraussetzung ist gemäß § 17 S. 2 Nr. 2 KStG außerdem, dass eine Verlustübernahme entsprechend § 302 AktG vereinbart ist. Die Vorschrift verlangt die Vereinbarung einer Verlustübernahme »entsprechend den Vorschriften des § 302 AktG«. Dafür muss der Vertrag entweder einen Verweis auf § 302 AktG enthalten oder den Inhalt dieser Vorschrift wiedergeben.[76] Dieser Verweis muss nach Auffassung der Finanzverwaltung ausdrücklich auch die im Jahr 2004 neu eingefügte Verjährungsvorschrift in § 302 Abs. 4 AktG erfassen.[77] Eine pauschale Bezugnahme auf die Regelungen des § 302 AktG »in seiner jeweils geltenden Fassung« reicht dafür aus.[78]

---

68 Baumbach/Hueck/*Zöllner*, SchlussAnhKonzernR Rn. 50.
69 Vgl. § 17 KStG.
70 Vgl. dazu ausführlich *Mues*, RNotZ 2005, 1 ff.
71 Vgl. hierzu *Rubel*, GmbHR 2010, 470.
72 BGH DNotZ 1989, 102 – Supermarkt.
73 Die Vereinbarung einer Verpflichtung zur Abnahme eines Geschäftsanteils ist gemäß § 15 Abs. 4 GmbHG beurkundungsbedürftig, h.M., vgl. Baumbach/Hueck/*Hueck/Fastrich*, § 15 Rn. 33, m.w.N.
74 R 66 Abs. 2 KStR.
75 *Leitzen*, GmbH-StB 2009, 278, 280.
76 Vgl. R. 66 Abs. 3 S. 2 und 3 KStR 2004; bestätigt von BFH v. 3.3.2010 – I R 68/09, GmbHR 2010, 661. Kritisch dazu *Hahn*, DStR 2009, 1834 ff.
77 BMF-Schreiben vom 16.12.2005, BStBl. I 2006, 12 = DB 2005, 2781.
78 R 66 Abs. 3 KStR 2004. Vgl. ferner dazu und zur »Heilung« einer fehlenden Verweisung auf § 302 Abs. 4 AktG DNotI-Report 2009, 167.

55 Die Gesellschafterversammlung der **herrschenden** Gesellschaft muss dem Vertrag zustimmen.[79] Der Zustimmungsbeschluss bedarf einer Mehrheit von mindestens **drei Vierteln** der abgegebenen Stimmen.[80]

56 Auch die Gesellschafterversammlung der **beherrschten** Gesellschaft muss analog § 293 Abs. 1 S. 1 AktG zustimmen,[81] selbst wenn die herrschende Gesellschaft die einzige Gesellschafterin der beherrschten Gesellschaft ist.[82] Welche Mehrheit bei der beherrschten GmbH erforderlich ist, wird unterschiedlich beurteilt. Eine Mindermeinung hält eine Mehrheit von drei Vierteln der abgegebenen Stimmen für ausreichend, fordert aber zum Schutz der überstimmten Gesellschafter vertragliche Abfindungs- und Ausgleichsregelungen analog §§ 304, 305 AktG.[83] Die herrschende Auffassung hingegen fordert die **Zustimmung aller Gesellschafter**, wobei teils ein einstimmiger Gesellschafterbeschluss aller Gesellschafter verlangt wird,[84] teils ein mit drei Vierteln der abgegebenen Stimmen gefasster Beschluss für ausreichend gehalten wird, wenn die übrigen Gesellschafter gesondert, nicht notwendig in notarieller Form, ihre Zustimmung erklären.[85] Ein weiterer Schutz etwaiger Minderheitsgesellschafter analog §§ 304, 305 AktG ist nach der herrschenden Auffassung entbehrlich.

57 Der Zustimmungsbeschluss bedarf bei der beherrschten GmbH analog §§ 53, 54 GmbHG der **notariellen Beurkundung**, bei der herrschenden GmbH besteht kein Beurkundungserfordernis.[86]

58 Der Niederschrift über den Beschluss, mit dem die Gesellschafterversammlung der herrschenden Gesellschaft einem mit einer GmbH abgeschlossenen Unternehmensvertrag zugestimmt hat, ist der Vertrag als **Anlage** beizufügen.[87] Wird der Beschluss in der Form einer Niederschrift über Willenserklärungen gemäß §§ 8 ff. BeurkG beurkundet, stellt sich die Frage, ob es sich bei dem beizufügenden Vertrag um eine Anlage im Sinne von § 9 Abs. 1 S. 2 BeurkG handelt, die mit vorgelesen werden muss. Rechtsprechung dazu ist nicht ersichtlich. In der Literatur ist zu Recht vertreten worden, der Vertrag könne durch den Zustimmungsbeschluss nicht inhaltlich geändert werden, so dass Zweck der Beifügung nur sein könne, den Vertrag zweifelsfrei zu identifizieren. Diesen Zweck erfüllt bereits die unechte Bezugnahme, bei der die Anlage nur als Beleg zu Identifizierungszwecken beigefügt wird, nicht aber ihr Erklärungsinhalt zum Inhalt der beurkundeten Erklärung gemacht werden soll.[88]

59 Noch nicht höchstrichterlich geklärt ist die Frage, ob die **Berichts- und Prüfungspflichten** der §§ 293 a ff. AktG analog anwendbar sind. Jene, die bei der beherrschten Gesellschaft einen Beschluss mit ¾-Mehrheit genügen lassen wollen, halten diese Vorschriften aus Gründen des Minderheitsschutzes für analog anwendbar.[89] Die herrschende Meinung hingegen spricht sich dagegen aus, weil die Gesellschafter durch das Einstimmigkeitserfor-

---

79 BGH DNotZ 1989, 102 – Supermarkt; BGH DNotZ 1993, 176 – Siemens.
80 BGH DNotZ 1989, 102 – Supermarkt. Anders als bei der AG ist bei der GmbH also eine bestimmte Kapitalmehrheit nicht erforderlich. Wenn, wie im Regelfall, die Stimmenzahl der Kapitalbeteiligung entspricht, § 47 Abs. 2 GmbHG, ergibt sich insoweit aber kein Unterschied.
81 BGH DNotZ 1989, 102 – Supermarkt.
82 BGH DNotZ 1993, 176 – Siemens.
83 LG Dortmund GmbHR 1998, 941; Lutter/Hommelhoff/*Lutter*, Anh. § 13 Rn. 64, 66; kritisch *Mues*, RNotZ 2005, 1, 12.
84 Michalski/*Zeidler*, Syst. Darst. 4, Rn. 60; wohl auch Roth/Altmeppen/*Altmeppen*, GmbHG, Anh. § 13 Rn. 40.
85 Baumbach/Hueck/*Zöllner*, SchlussAnhKonzernR Rn. 52, 54; Scholz/*Emmerich*, Anh. § 13, Rn. 144, 146.
86 BGH DNotZ 1989, 102 – Supermarkt; Michalski/*Zeidler*, Syst. Darst. 4, Rn. 63.
87 BGH DNotZ 1993, 176 – Siemens.
88 *Mues*, RNotZ 2005, 1, 16.
89 Lutter/Hommelhoff/*Lutter*, Anh. § 13 Rn. 57.

dernis hinreichend geschützt würden.[90] In der Praxis empfiehlt es sich, vorsorglich zumindest beglaubigte Verzichtserklärungen sämtlicher Gesellschafter analog §§ 293a Abs. 3, 293 b Abs. 2, 293e Abs. 2 AktG einzuholen.

60 Der Beherrschungs- und Gewinnabführungsvertrag wird wirksam mit Eintragung im **Handelsregister** der beherrschten GmbH.[91] Als Anlagen sind der Anmeldung beizufügen:

- Abschrift des Beherrschungs- und Gewinnabführungsvertrages;
- Zustimmungsbeschluss der herrschenden Gesellschafter;
- Zustimmungsbeschluss der beherrschten Gesellschaft.

61 Ob der Vertrag auch im Handelsregister der herrschenden Gesellschaft einzutragen ist, war höchstrichterlich bisher nicht zu entscheiden und ist umstritten. Nach herrschender Auffassung ist die Eintragung möglich, aber nicht erforderlich.[92] Andere halten die Eintragung sogar für unzulässig.[93] Nur eine Mindermeinung hält die Eintragung für erforderlich, jedoch nur im Sinne einer Pflicht zur Anmeldung, nicht im Sinne eines Wirksamkeitserfordernisses.[94]

62 Für die **Änderung** eines Beherrschungs- und Gewinnabführungsvertrages ist ebenso wie beim Vertragsabschluss umstritten, ob dazu auf Ebene der beherrschten GmbH eine Zustimmung aller Gesellschafter erforderlich ist[95] oder ob ein mit ¾-Mehrheit gefasster Beschluss ausreicht.[96] Soweit Belange von Minderheitsgesellschaftern der abhängigen GmbH betroffen sind, müssen diese der Vertragsänderung zustimmen.[97] Auf Ebene der herrschenden GmbH soll nach h.M. ein Zustimmungsbeschluss mit ¾-Mehrheit ausreichen.[98] Die Vertragsänderung ist zur Eintragung im Handelsregister anzumelden und wird mit der Eintragung wirksam.[99]

63 Für die **Aufhebung**[100] eines Beherrschungs- und Gewinnabführungsvertrages zwischen Gesellschaften mit beschränkter Haftung wird analog § 296 Abs. 1 S. 3 AktG die Schriftform verlangt.[101] Ebenso gilt entsprechend das Verbot aus § 296 Abs. 1 S. 1 AktG, den Vertrag rückwirkend aufzuheben.[102] Noch nicht entschieden ist, ob dies auch für das Verbot aus § 296 Abs. 1 S. 1 AktG gilt, der Vertrag mit unterjähriger Wirkung aufzuheben. Zum Teil wird dies im GmbH-Recht, anders als im Aktienrecht, für zulässig gehalten.[103] Die Praxis wird hier jedoch mit Rücksicht auf die Gegenmeinung[104] zurückhaltend sein. Ebenfalls umstritten ist die Frage, ob die Gesellschafterversammlung der abhängigen GmbH dem Aufhebungsvertrag zustimmen muss. Zum Teil wird dies, ebenso wie im Aktienrecht, verneint.[105] Vielfach wird aber auch das Gegenteil vertreten.[106] Ähnlich ungeklärt ist

---

90 Scholz/*Priester*, § 53 Rn. 170; MünchHdb. GesR III/*Decher*, § 70 Rn. 8; Baumbach/Hueck/*Zöllner*, SchlAnhKonzernR Rn. 58; *Mues*, RNotZ 2005, 1, 18.
91 BGH DNotZ 1989, 102 – Supermarkt; BGH DNotZ 1993, 176 – Siemens.
92 LG Düsseldorf RNotZ 2001, 171; Lutter/Hommelhoff/*Lutter*, Anh. § 13 Rn. 61.
93 *Krafka/Willer*, Registerrecht, Rn. 1111 und Rn. 1596; AG Duisburg GmbHR 1994, 811; AG Erfurt GmbHR 1997, 75.
94 LG Bonn MittRhNotK 1993, 130; LG Düsseldorf MittRhNotK 1994, 153.
95 So Baumbach/Hueck/*Zöllner*, SchlussAnhKonzernR Rn. 61.
96 So offenbar Roth/Altmeppen/*Altmeppen*, Anh. § 13 Rn. 101.
97 Vgl. § 295 Abs. 2 AktG sowie MünchHdb. GesR III/*Decher*, § 70 Rn. 30.
98 Nachweise bei *Mues*, RNotZ 2005, 1, 23.
99 *Mues*, a.a.O.
100 Vgl. dazu auch den Überblick in DNotI-Report 2009, 17.
101 Scholz/*Emmerich*, Anh. § 13 Rn. 195.
102 BGH vom 5.11.2001 – II ZR 119/00, NJW 2002, 822; Lutter/Hommelhoff/*Lutter*, Anh. § 13 Rn. 85.
103 Baumbach/Hueck/*Zöllner*, SchlussAnhKonzernR Rn. 72; Michalski/*Zeidler*, Syst. Darst. Rn. 133.
104 Lutter/Hommelhoff/*Lutter*, Anh. § 13 Rn. 85; *Schwarz*, DNotZ 1996, 68, 72.
105 OLG Frankfurt a.M. DNotZ 1994, 685; OLG Karlsruhe DNotZ 1994, 690; Roth/Altmeppen/*Altmeppen*, Anh. § 13 Rn. 97.
106 OLG Oldenburg vom 23.3.2000 – 1 U 175/99, NZG 2000, 1138; Lutter/Hommelhoff/*Lutter*, Anh. § 13 Rn. 85; *Mues*, RNotZ 2005, 1, 25; *Schwarz*, DNotZ 1996, 68, 73 ff.

die Frage, ob die Gesellschafterversammlung der herrschenden Gesellschaft zustimmen muss.[107] In der Praxis wird man vorsichtshalber die Zustimmungsbeschlüsse einholen. Welche Wirkung die Eintragung der Aufhebung des Beherrschungs- und Gewinnabführungsvertrages in das Handelsregister hat, wird schließlich ebenfalls unterschiedlich beurteilt. Teils wird der Eintragung analog § 54 GmbHG konstitutive Bedeutung zugemessen,[108] mehrheitlich aber wird sie, wie im Aktienrecht, nur für deklaratorisch gehalten.[109]

Für die **Kündigung** gelten grundsätzlich dieselben Regeln wie im Aktienrecht, wobei allerdings anders als dort zum Teil die Zustimmung der Gesellschafterversammlung der abhängigen Gesellschaft verlangt wird.[110] Zudem ist vergleichbar wie bei der Aufhebung des Vertrages umstritten, ob die Eintragung der Vertragsbeendigung im Handelsregister konstitutiv[111] oder deklaratorisch[112] ist.

Der erstmalige **Eintritt außenstehender Gesellschafter** in die abhängige GmbH führt nach bestrittener Auffassung nicht analog § 307 AktG zur automatischen Beendigung des Vertrages.[113]

Die Pflicht zur **Sicherheitsleistung** aus § 303 AktG soll im GmbH-Recht entsprechend gelten.[114]

---

107 Darstellung des Streitstandes bei *Mues*, RNotZ 2005, 1, 25.
108 MünchHdb. GesR III/*Decher*, § 70 Rn. 39; *Schwarz*, DNotZ 1996, 68, 82.
109 BGH DNotZ 1992, 721; OLG Frankfurt a.M. DNotZ 1994, 685; OLG Karlsruhe DNotZ 1994, 690; *Krafka/Willer*, Rn. 1116; *Mues*, RNotZ 2005, 1, 26.
110 Für das Zustimmungserfordernis bei Kündigung durch die herrschende Gesellschaft MünchHdb. GesR III/*Decher*, § 70 Rn. 38; Baumbach/Hueck/*Zöllner*, SchlussAnhKonzernR Rn. 70; für Zustimmungserfordernis nur bei Kündigung durch die abhängige Gesellschaft *Mues*, RNotZ 2005, 1, 27; gegen Zustimmungserfordernis überhaupt Roth/Altmeppen/*Altmeppen*, Anh. § 13 Rn. 100 und 103.
111 Scholz/*Emmerich*, Anh. § 13 Rn. 197.
112 Baumbach/Hueck/*Zöllner*, SchlussAnhKonzernR Rn. 75.
113 Roth/Altmeppen, Anh § 13 Rn. 95; a.A. offenbar Baumbach/Hueck/*Zöllner*, SchlussAnhKonzernR Rn. 71.
114 MünchHdb. GesR III/*Decher*, § 70 Rn. 41.

5. Kapitel Vertragskonzern

D. Entherrschungsvertrag

67 Gewissermaßen das Gegenteil zu Beherrschungsverträgen sind – im Gesetz nicht geregelte – Entherrschungsverträge. Entherrschungsverträge werden geschlossen, wenn es darum geht, die **Abhängigkeitsvermutung** nach § 17 Abs. 2 AktG und damit die **Konzernvermutung** des § 18 Abs. 1 S. 3 AktG zu widerlegen. Nach §§ 17, 18 AktG wird von einem im Mehrheitsbesitz stehenden Unternehmen vermutet, dass es von dem an ihm mit Mehrheit beteiligten Unternehmen abhängig ist und mit diesem einen Konzern bildet. An das Merkmal der Abhängigkeit knüpfen verschiedene Rechtsfolgen an, zum Beispiel die Ausgleichspflicht im faktischen Konzern aus § 317 AktG oder die Pflicht zur Erstellung eines Abhängigkeitsberichts gemäß § 312 AktG. Die Konzernvermutung hat Bedeutung etwa im Recht der Mitbestimmung, nämlich für die Zurechnung von Mitarbeitern aus Konzernunternehmen bei der Ermittlung der Mitbestimmungspflichtigkeit, vgl. § 5 Abs. 1 MitbestG, die durch einen Entherrschungsvertrag vermieden werden kann.[115]

68 In einem Entherrschungsvertrag verpflichtet sich das mit Mehrheit beteiligten Unternehmen gegenüber dem Beteiligungsunternehmen, von einem Teil seiner Stimmrechte keinen Gebrauch zu machen, so dass es keinen beherrschenden Einfluss mehr auf das Beteiligungsunternehmen ausüben kann. Die **Zulässigkeit** solcher Verträge ist anerkannt.[116]

69 Einigkeit herrscht, dass ein Entherrschungsvertrag mindestens Schriftform haben muss,[117] und ferner, dass auf Seiten der entherrschten Gesellschaft besondere **Verfahrens- oder Formerfordernisse** nicht bestehen, weil für diese der Vertrag lediglich von Vorteil ist. Welche formalen Erfordernisse hingegen im Übrigen bestehen, ist umstritten. Nach einer Auffassung sind die §§ 293 Abs. 1, 294 AktG analog anzuwenden, so dass die Hauptversammlung der herrschenden Gesellschaft mit einer Mehrheit von drei Vierteln des abstimmenden Grundkapitals zustimmen und der Vertrag im Handelsregister eingetragen werden muss.[118] Nach anderer Auffassung lassen sich die Folgen eines Entherrschungsvertrages nicht mit denen eines Beherrschungsvertrages vergleichen, weshalb weder § 293 AktG[119] noch § 294 AktG[120] analog anzuwenden seien.

70 **Inhaltlich** wird es als ausreichend angesehen, wenn aufgrund des Entherrschungsvertrages das mit Mehrheit beteiligte Unternehmen stets nur mit einer Stimme weniger abstimmen darf als Stimmen auf die restlichen präsenten Aktionäre entfallen (»Minus-Eins-Regel«).[121] Eine andere Auffassung ist vorsichtiger und will nicht auf die präsenten Stimmen abstellen, sondern auf die tatsächlich abgegebenen.[122] Dies erscheint jedoch wenig praktikabel, weil zwar vor der Abstimmung die Präsenz festgestellt wird und der Hauptaktionär sein Stimmverhalten entsprechend ausrichten kann; wie viele Stimmen abgegeben wurden, steht indes erst nach Stimmabgabe fest und kann deshalb vom Hauptaktionär bei Abgabe seiner Stimmen in der Regel nicht mehr berücksichtigt werden.

---

115 Vgl. *Ulmer/Habersack/Henssler*, MitbestG, § 5 Rn. 13; *Wlotzke/Wißmann/Koberski*, MitbestG, § 5 Rn. 12.; MünchKommAktG/*Gach*, § 5 MitbestG Rn. 21. Anders möglicherweise, wenn durch den Vertrag Mitbestimmungsrechte gezielt ausgehebelt werden sollen, vgl. OLG Düsseldorf vom 30.10.2006 – 26 W 14/06, GmbHR 2007, 154.
116 OLG Köln ZIP 1993, 110; LG Mainz ZIP 1991, 583; KK-AktG/*Koppensteiner*, § 17 Rn. 109; kartellrechtlich allerdings sollen Entherrschungsverträge unbeachtlich sein, vgl. KK-AktG/*Koppensteiner*, a.a.O.
117 KK-AktG/*Koppensteiner*, § 17 Rn. 116 m.w.N.
118 *Jäger*, DStR 1995, 1113, 1117; a.A. LG Mainz ZIP 1991, 583; MünchHdbGesR AG/*Krieger*, § 68 Rn. 62; KK-AktG/*Koppensteiner*, § 17 Rn. 115.
119 KK-AktG/*Koppensteiner*, § 293 Rn. 47; MünchKommAktG/*Bayer*, § 17 Rn. 110.
120 KK-AktG/*Koppensteiner*, § 294 Rn. 4.
121 *Jäger*, DStR 1995, 1113, 1116; LG Mainz ZIP 1991, 583. Großzügiger noch die Auffassung, die die »Minus-Eins-Regel« auf die durchschnittlich in den Hauptversammlungen präsenten Stimmen beziehen will: Emmerich/Habersack/*Emmerich*, Aktienkonzernrecht, § 17 Rn. 32.
122 Münchener Vertragshandbuch I/*Hoffmann-Becking*, Gesellschaftsrecht, X. 10, Anm. 3.

Formulierungsbeispiel Entherrschungsklausel: 71 M
Die Muttergesellschaft verpflichtet sich, das Stimmrecht aus den ihr gehörenden Aktien nur insoweit auszuüben, dass auf die Aktien der übrigen zum Zeitpunkt der Abstimmung präsenten Aktionäre mindestens eine Stimme mehr entfällt als auf die Aktien, aus denen die Muttergesellschaft das Stimmrecht ausübt.

Handelt es sich bei dem Beteiligungsunternehmen um eine Aktiengesellschaft, muss nach h.M. der Entherrschungsvertrag für **mindestens fünf Jahre** und ohne die Möglichkeit einer ordentlichen Kündigung abgeschlossen sein.[123] So werde sichergestellt, dass der Mehrheitsaktionär bei der nächsten dem Abschluss des Entherrschungsvertrages folgenden Aufsichtsratswahl seine Stimmenmehrheit nicht in beherrschenden Einfluss umsetzen kann. Zum Teil wird es daher auch für ausreichend gehalten, wenn die Stimmrechtsbeschränkung nur für die Aufsichtsratswahl vereinbart wird.[124] Je weiter allerdings die Stimmrechtsbeschränkung gefasst ist, desto sicherer lässt sich die Abhängigkeitsvermutung widerlegen.[125] 72

---

123 OLG Köln ZIP 1993, 110; KK-AktG/*Koppensteiner*, § 17 Rn. 111.
124 KK-AktG/*Koppensteiner*, § 17 Rn. 111; Bürgers/Körber/*Fett*, § 17 Rn. 33; a.A. *Jäger*, DStR 1995, 1113, 1116.
125 In diesem Sinne auch Bürgers/Körber/*Fett*, § 17 Rn. 33; MünchKommAktG/*Bayer*, § 17 Rn. 101.

Kapitel 6 Internationales Gesellschaftsrecht

A. Einführung

In diesem Kapitel werden die Fragen behandelt, die sich bei der Behandlung ausländischer (gesellschaftsrechtlicher) Sachverhalte ergeben. Dies ist in erster Linie der Fall, wenn ausländisches (Gesellschafts-)Recht zur Anwendung kommt. Die Bestimmung des Gesellschaftsstatuts wird unter B. behandelt. Auslandssachverhalte können aber auch – bei Geltung deutschen Gesellschaftsrechts – in anderen Konstellationen eine Rolle spielen, etwa bei der Mitwirkung ausländischer Personen und Vertretungsorgane. Ob diese bei der Gründung einer deutschen Gesellschaft mitwirken können, wird unter C., wie diese ihre Vertretungsberechtigung und die Existenz der von ihr vertretenen Gesellschaft nachweisen können, wird unter D. behandelt. Legitimationsfragen stellen sich auch beim Handeln aufgrund ausländischer Vollmachten sowie bei etwa erforderlichen Echtheitsnachweisen (dazu D. III. und IV.). Schließlich stellen sich Formfragen, insbesondere bei Anteilabtretungen und Satzungsmaßnahmen (unter E.) sowie beurkundungsrechtliche Fragen (unter G.).

B. Das Gesellschaftsstatut

I. Bestimmung des Gesellschaftsstatuts

2 Wird eine ausländische Gesellschaft in Deutschland aktiv – und umgekehrt –, so stellt sich für Gerichte, Notare und Vertragspartner die Frage, welchem Recht diese Gesellschaft untersteht. Die Bestimmung des Personalstatuts der Gesellschaft, im Folgenden auch »Gesellschaftsstatut« genannt, richtet sich nach dem Kollisionsrecht. Das deutsche Recht enthält allerdings keine kodifizierte Kollisionsnorm[1] (zu Reformbestrebungen siehe unten Rdn. 12). Das deutsche Gesellschaftskollisionsrecht wurde in Rechtsprechung und Literatur entwickelt, wobei seit langem – jeweils in verschiedenen Spielarten – zwei kollisionsrechtliche Theorien, nämlich die Sitztheorie und die Gründungstheorie, rivalisieren. Dieser Theorienstreit wurde jedoch in der jüngeren Vergangenheit im Hinblick auf EU-Gesellschaften wesentlich durch die Rechtsprechung des Europäischen Gerichtshofes beeinflusst (siehe hierzu Rdn. 5 ff.). Beide Theorien knüpfen an unterschiedliche Anknüpfungspunkte an. Während die Gründungstheorie das Gesellschaftsstatut nach dem Gründungsrecht, also dem Recht, nach dem die Gesellschaft ursprünglich errichtet wurde, bestimmt, unterstellt die Sitztheorie das Gesellschaftsstatut dem Recht desjenigen Staates, in dem die Gesellschaft ihren tatsächlichen Sitz hat.

1. Vorrangige Staatsverträge

3 Nach Art. 3 Abs. 2 S. 1 EGBGB gehen Regelungen in völkerrechtlichen Vereinbarungen, soweit sie unmittelbar anwendbares innerstaatliches Recht geworden sind, den nationalen Kollisionsregelungen vor. Für das internationale Gesellschaftsrecht ist hier in erster Linie der Freundschafts-, Handels- und Schifffahrtsvertrag zwischen der Bundesrepublik Deutschland und den Vereinigen Staaten vom 20. Oktober 1954[2] relevant. Aus deutscher Sicht ist Kernpunkt dieses Abkommens die Annerkennung von Gesellschaften in Deutschland, die in einem Bundesstaat der USA errichtet wurden, so dass hier insoweit die Gründungstheorie zur Anwendung kommt. Der insoweit maßgebliche Art. XXV (5) lautet:

> »Der Ausdruck »Gesellschaften« in diesem Vertrag bedeutet Handelsgesellschaften, Teilhaberschaften sowie sonstige Gesellschaften, Vereinigungen und juristische Personen; dabei ist es unerheblich, ob ihre Haftung beschränkt oder nichtbeschränkt und ob ihre Tätigkeit auf Gewinn oder Nichtgewinn gerichtet ist. Gesellschaften, die gemäß den Gesetzen oder sonstigen Vorschriften des einen Vertragsteils in dessen Gebiet errichtet sind, gelten als Gesellschaften dieses Vertragsteils; ihr rechtlicher Status wird in dem Gebiet des anderen Vertragsteils anerkannt.«

4 Bei der vorstehenden Norm handelt es sich nach der herrschenden Meinung um eine Kollisionsnorm und nicht um eine bloß fremdenrechtliche Regelung.[3] Demnach ist maßgeblicher Anknüpfungspunkt im deutsch-amerikanischen Verhältnis die Gründung nach dem Recht eines Einzelstaates der USA. Eine nach solchem Recht gegründete Gesellschaft wird in Deutschland nach Maßgabe des entsprechenden amerikanischen Gesellschaftsstatuts anerkannt und als rechtsfähig behandelt. Dies gilt unabhängig davon, wo der effektive Verwaltungssitz liegt.[4] Allerdings ist die Anerkennung zweifelhaft in denjenigen Fällen, in

---

1 Art. 37 S. 1 Nr. 2 EGBGB bestimmt lediglich, das »Fragen betreffend das Gesellschaftsrecht, das Vereinsrecht und das Recht der juristischen Personen« ausdrücklich aus dem Anwendungsbereich des Kollisionsrechts für vertragliche Schuldverhältnisse herausgenommen wird. Auch Art. 7 EGBGB (Rechtsfähigkeit und Geschäftsfähigkeit) befasst sich lediglich mit dem Personalstatut natürlicher Personen.
2 BGBl. 1965 II, S. 487.
3 BGH NZG 2005, 44; MünchKommBGB/*Kindler*, IntGesR, Rn. 314.
4 BGH NZG 2004, 1001.

denen es sich um eine sogenannte Scheinauslandsgesellschaft (sog. »Pseudo-Foreign-Corporation«) handelt. Demnach kann der Gesellschaft bei Fehlen eines sog. »genuine link« die Anerkennung versagt werden, wenn sie keine tatsächlichen Beziehungen zu den USA hat und ihre sämtlichen Geschäftstätigkeiten in der Bundesrepublik Deutschland entfaltet.[5] Diese Fälle werden jedoch äußerst selten vorliegen, da selbst das Vorliegen minimaler Verbindungen, etwa das Unterhalten eines Telefonanschlusses in den USA, von der Rechtsprechung als ausreichend für die Annahme eines »genuine link« angesehen wird.[6]

2. Anwendung des Gründungsrechts für EU-Gesellschaften

Nach der bereits vor den Entscheidungen des EuGH in der deutschen Literatur teilweise vertretenen Gründungstheorie richtet sich das Gesellschaftsstatut einer Kapitalgesellschaft nach dem Gründungsrecht, wobei der genaue Anknüpfungspunkt nicht einheitlich bestimmt wird. In Betracht kommt vor allem das Recht, nachdem die Gesellschaft ursprünglich errichtet wurde (Inkorporationsrecht), das Recht, nach dem sie organisiert ist (Organisationsrecht), das Recht am Ort der Eintragung (Registrierungsrecht) oder das Satzungsrecht.[7] Die Gründungstheorie wurde für Deutschland im Wesentlichen durch die grundlegenden EuGH-Entscheidungen Centros, Überseering und Inspire Art im Verhältnis zu Gesellschaften aus dem EU-Ausland maßgeblich.

In der »Centros«-Entscheidung[8] hatte der EuGH geurteilt, dass die Eintragung der Zweigniederlassung einer englischen Limited in Dänemark von der Niederlassungsfreiheit der Artikel 43, 48 EG Vertrag gedeckt ist, auch wenn der tatsächliche Verwaltungssitz in Dänemark liegt. Er verwehrte sich gegen das Argument, dies könne zu einer faktischen Umgehung der Kapitalaufbringungsvorschriften des dänischen Rechtes führen. Nach der Entscheidung war jedoch unklar, ob aus ihr Schlussfolgerungen für die vergleichbare Lage im Verhältnis zum deutschen Recht abzuleiten sind. Denn Dänemark folgte der Gründungstheorie, während in Deutschland noch die Sitztheorie herrschend war.

In der »Überseering«-Entscheidung[9] entschied der EuGH auf eine Vorlage des VII. Zivilsenates des Bundesgerichtshofs hin, dass sich aus der Niederlassungsfreiheit eine Verpflichtung ableite, eine in den Niederlanden gegründete B.V. in Deutschland als rechts- und parteifähig anzuerkennen, nachdem diese ihren Verwaltungssitz aus den Niederlanden nach Deutschland verlegt hatte.

In der Entscheidung »Inspire Art«[10] hatte sich der Europäische Gerichtshof mit der Frage zu befassen, ob und wie weit der nationale Gesetzgeber Sonderregelungen für »formalausländische« Gesellschaften aufstellen darf.[11] Bei solchen sog. Scheingesellschaften handelt es sich um Gesellschaften, die im Ausland gegründet wurden, im Inland aber ihre Verwaltung und/oder den wesentlichen Teil des Geschäftsbetriebes unterhalten. In der Entscheidung ging es um ein niederländisches Gesetz, welches Gesellschaften ausländischen Rechtes, die ihre gesamte Geschäftstätigkeit von den Niederlanden aus entfalten, besondere Pflichten – etwa der Nachweis eines bestimmten Stammkapitals, die Eintragung eines entsprechenden Zusatzes in das Handelsregister und die Offenlegung auf Geschäftspapieren – auferlegt und besonderen Sanktionen unterworfen hatte. Der EuGH entschied, dass die streitgegenständlichen Vorschriften für »formal-ausländische« Gesell-

---

5 So z.B. OLG Düsseldorf WM 1995, 808, 811; MünchKommBGB/*Kindler*, IntGesR, Rn. 322; In zwei Entscheidungen des BGH (NZG 2004, 1001 und NZG 2005, 44) hat der BGH diese Frage letztlich offen gelassen, da er jeweils den »genuine link« als gegeben ansah.
6 BGH NZG 2005, 44.
7 Dazu *Eidenmüller*, Ausländische Kapitalgesellschaften im deutschen Recht, S. 4.
8 EuGH, Urteil vom 9. März 1999, Rspr. C-212/97, NJW 1999, 2027.
9 EuGH, Urteil vom 5. November 2002, Rspr. C-208/00, NJW 2002, 3614.
10 EuGH, Urteil vom 30. September 2003, Rspr. C-167/01, NJW 2003, 2231.
11 Siehe im Einzelnen hierzu z.B. *Hirte/Bücker*, Grenzüberschreitende Gesellschaften, S. 6.

schaften nicht mit der Niederlassungsfreiheit in Einklang zu bringen sind und zudem gegen die Zweigniederlassungsrichtlinie verstoßen. Der EuGH hat damit deutlich gemacht, dass zugezogene Auslandsgesellschaften auch dann als Zweigniederlassungen im Sinne des europäischen Rechtes betrachtet werden müssen, wenn keine Hauptniederlassung im Inland besteht.[12] Jede Durchbrechung des Gesellschaftsstatutes beschränkt nach Auffassung des EuGH die Gesellschaft in der Ausübung ihrer Niederlassungsfreiheit und bedarf damit der Rechtfertigung.

9   Im Ergebnis ist daher für in der EU ansässige Gesellschaften festzuhalten, dass sich für diese das maßgebliche Gesellschaftsstatut nach der Gründungstheorie bestimmt. Es gilt also für europäische Gesellschaften stets das Recht des Staates, nach welchem diese Gesellschaften gegründet wurden.[13] Der Bundesgerichtshof hat diese Rechtslage für EU-Gesellschaften auf in EWR-Staaten (Island, Lichtenstein und Norwegen) ansässige Gesellschaften erstreckt.[14]

3. Sitztheorie

10 Bis zu den Entscheidungen des EuGH wurde von der deutschen Rechtssprechung und der mehrheitlichen Auffassung in der Literatur die sogenannte Sitztheorie vertreten.[15] Gesellschaftsstatut sei das Recht desjenigen Staates, in dem die Gesellschaft ihren tatsächlichen Verwaltungssitz hat. Demnach kann eine (Kapital-)Gesellschaft als solche nur dann anerkannt werden, wenn deren tatsächlicher Sitz auch in der Gründungsjurisdiktion liegt.[16] Liegt der tatsächliche Verwaltungssitz hingegen außerhalb der Gründungsjurisdiktion und in einem Staat, welcher der Sitztheorie folgt, so wird die Gründung als Inlandsgesellschaft behandelt und dem inländischen Gesellschaftsrecht unterworfen. Da sie nach dem Recht ihres Verwaltungssitzes, d.h. dem deutschen Recht, nicht wirksam gegründet und in Deutschland auch nicht in einem Register eingetragen ist, wird sie, da ihr Verwaltungssitz in Deutschland liegt, nach der Rspr. des BGH als oHG behandelt. So wird beispielsweise eine nach türkischem Recht gegründete GmbH, die in ihren Verwaltungssitz in Deutschland unterhält, in Deutschland nicht als GmbH anerkannt, sondern als oHG.

11 Nach der sogenannten Sandrock'schen Formel befindet sich der tatsächliche Sitz der Hauptverwaltung dort, wo die grundlegenden Entscheidungen der Unternehmensleitung effektiv in die laufende Geschäftsführungsakte umgesetzt werden.[17] Wo die interne Willensbildung stattfindet, ist ebenso unerheblich wie der Wohnsitz der Gesellschafter, der Ort der Aufsichtsratssitzungen sowie der Ort der Vorstands- und Geschäftsführerversammlungen. Es kommt entscheidend darauf an, wo die Gesellschaft nach außen hin in Erscheinung tritt.[18] Schwierigkeiten ergeben sich, wenn die Gesellschaft in mehreren Ländern Geschäftsaktivitäten entfaltet. In einem solchen Fall ist der Schwerpunkt der Tätigkeit zu ermitteln, was eine Darlegung der gesamten geschäftlichen Aktivitäten der Gesellschaft verlangt. Für das Grundbuch und das Handelsregister ist dieser Nachweis in öffentlich beglaubigter Form schwer zu führen. Die Rechtssprechung[19] behilft sich durch einen Anscheinsbeweis: Der tatsächliche Sitz der Hauptverwaltung befindet sich in dem Staat, nach dessen Recht die Gesellschaft erkennbar organisiert ist. Die Sitztheorie gilt nach der Rechtssprechung des EuGH und der Rechtssprechung des BGH nur noch für solche Gesellschaften, die ihren Satzungssitz außerhalb des EU-bzw. EWR-Auslandes

---

12 AnwKomm-BGB/*Hoffmann*, Anhang zu Art. 12 EGBGB Rn. 63.
13 BGHZ 154, 185.
14 BGH DNotZ 2006, 143 mit Anm. *Thölke*.
15 Vgl. z.B. BGHZ 25, 134; BGHZ 118, 151, 167; BGHZ 151, 204, 206.
16 *Eidenmüller*, Ausländische Kapitalgesellschaft mit ausländischen Recht, S. 4.
17 *Sandrock*, FS Beitzke, S. 669, 683; ihm folgend BGHZ 97, 269, 272.
18 OLG Brandenburg RIW 2000, 798.
19 OLG München NJW 1986, 2197, 2198; OLG Hamm DB 1995, 137.

haben, beispielsweise in der Schweiz.[20] Zu den Besonderheiten für US-amerikanische Gesellschaften siehe oben Rdn. 3 ff.

4. Ausblick

Das BMJ hat am 7. Januar 2008 einen Referentenentwurf vorgelegt, der u.a. die Einfügung eines neuen Art. 10 EGBGB vorsieht, nach dem für Gesellschaften das Recht des Staates anzuwenden ist, in dem sie in ein öffentliches Register eingetragen sind. Dies entspräche einer gänzlichen Aufgabe der Sitztheorie und der Einführung der Gründungstheorie und zwar im Verhältnis zu allen anderen Staaten. Wann dieser Referentenentwurf Gesetz wird, ist aber bislang unklar. **12**

5. Gesamtverweisung, Rück- und Weiterverweisung

Bei der Verweisung des internationalen Gesellschaftskollisionsrechts handelt es sich um eine Gesamtverweisung, d.h., dass nicht nur auf das fremde Sachrecht, sondern auch auf das fremde Kollisionsrecht verwiesen wird.[21] Selbstverständlich ist daher auch eine Rück- und Weiterverweisung nach Artikel 4 Abs. 1 S. 2 EGBGB zu beachten. Eine solche kommt insbesondere dann in Betracht, wenn das deutsche Recht auf das Recht eines ausländischen Staates verweist, in dem eine in Deutschland oder eine in einem Drittstaat gegründete Gesellschaft ihren Verwaltungssitz hat, wenn dieses Recht die Gesellschaft dem Gründungsrecht unterstellt. **13**

II. Anwendungsbereich des Gesellschaftsstatuts

Das Gesellschaftsstatut regelt sämtliche Innen- und Außenbeziehungen der Gesellschaft. Es bestimmt, unter welchen Voraussetzungen die Gesellschaft »entsteht, lebt und vergeht«.[22] Insbesondere regelt das Gesellschaftsstatut, ob und in welchem Umfang die Gesellschaft rechtsfähig ist[23] (siehe dazu auch Rdn. 35 ff.). Es regelt weiter die Partei- und Prozeßfähigkeit, die Geschäftsfähigkeit, die Rechtsstellung der Organe (insbesondere deren Haftung und Vertretungsbefugnis), die Stellung der Mitglieder und die Zulässigkeit der Übertragung von Mitgliedschaftsrechten sowie das Konzernrecht. **14**

III. Internationale Sitzverlegung und Zweigniederlassungen von Gesellschaften

Bei der internationalen Sitzverlegung ist, wie auch bei der Sitzverlegung im Inland, zu unterscheiden zwischen der Verlegung des satzungsmäßigen Sitzes und der Verlegung des Verwaltungssitzes. **15**

1. Sitzverlegung einer deutschen Gesellschaft ins Ausland

Die Verlegung des **Verwaltungssitzes** einer deutschen GmbH oder Aktiengesellschaft ins Ausland ist nach dem Inkrafttreten des Gesetzes zur Modernisierung des GmbH-Rechts und zur Bekämpfung von Missbräuchen vom 23.10.2008 (MoMiG) möglich. Zuvor sahen die durch das MoMiG gestrichenen Bestimmungen des § 4a Abs. 2 GmbHG und des § 5 Abs. 2 AktG vor, dass die Satzung als Sitz denjenigen Ort zu bestimmen hat, wo sich die **16**

---

20 BGH ZIP 2008, 2411; OLG Hamburg DB 2007, 1247.
21 Z.B. OLG Hamm NJW 2001, 2183.
22 BGHZ 25, 137, 144.
23 BGH IPRaX 1981, 130.

6. Kapitel Internationales Gesellschaftsrecht

Geschäftsleitung, die Verwaltung oder wenigstens ein Betrieb der Gesellschaft befindet. Daraus wurde früher überwiegend geschlossen, dass bei Verlegung des Sitzes ins Ausland aus deutscher, materiell-rechtlicher Sicht die Auflösung der Gesellschaft folgt.[24] Nach der nach Inkrafttreten des MoMiG geltenden Rechtslage hat sich dieser Befund jedoch geändert. Gem. § 4 GmbHG bzw. § 5 AktG ist «Sitz der Gesellschaft der Ort im Inland, den der Gesellschaftsvertrag bestimmt». Der Gesetzgeber wollte es deutschen GmbHs und Aktiengesellschaften ermöglichen, bei Beibehaltung des inländischen Satzungssitzes, den tatsächlichen Verwaltungssitz ins Ausland zu verlegen. Damit sollte die nach der Rechtsprechung des EuGH für ausländische Gesellschaften bestehende Möglichkeit, ihre gesamte Geschäfts- und Verwaltungstätigkeit in Deutschland aufzunehmen oder dorthin zu verlagern, spiegelbildlich auch für deutsche Gesellschaften geschaffen werden, etwa in Form der Gründung von im Inland eingetragenen Töchtern deutscher Konzernmütter.[25] In der praktischen Handhabung ist zu beachten, dass trotz der Verlagerung des Verwaltungssitzes ins Ausland die Gesellschaft weiterhin eine inländische Geschäftsanschrift beibehalten muss (§ 8 Abs. 4 Nr. 1, § 10 Abs. 1 S. 1 GmbHG). Der ausländische Verwaltungssitz ist dann dort als Zweigniederlassung zu registrieren.[26]

17 Die Verlegung des **satzungsmäßigen Sitzes** einer deutschen GmbH oder Aktiengesellschaft ins Ausland führt hingegen – wie schon zuvor nach alter Rechtslage[27] – auch nach neuer Rechtslage zur Auflösung der Gesellschaft und kann nicht in das deutsche Handelsregister eingetragen werden.[28] Daran hat sich auch durch die neuere Rechtsprechung des EuGH[29] zur Niederlassungsfreiheit nichts geändert, da diese sich nur auf die Verlegung des Verwaltungssitzes bezieht.[30] Zwar ist die grenzüberschreitende Verlegung des statutarischen Verwaltungssitzes Gegenstand der geplanten Vierzehnten Gesellschaftsrechtlichen Richtlinie der EG-Kommission (Sitzverlegungsrichtlinie). Die Umsetzungsarbeiten an dieser Richtlinie wurden jedoch nach Einführung der Zehnten Gesellschaftsrechtlichen Richtlinie zur Verschmelzung eingestellt, weil kein praktisches Bedürfnis mehr gesehen wird. Ob diese Annahme richtig ist, darf bezweifelt werden. Bis zum Inkrafttreten einer entsprechenden Regelung bleibt jedoch als Alternative nur die Möglichkeit der grenzüberschreitenden Umwandlung (§§ 122 ff. UmwG).

2. Sitzverlegung einer ausländischen Gesellschaft nach Deutschland

18 Die Verlegung des **statutarischen Sitzes** einer ausländischen Gesellschaft nach Deutschland ist aus deutscher Sicht ebenso wenig möglich, wie die oben beschriebene Verlegung des Satzungssitzes einer deutschen Gesellschaft ins Ausland. Die Verlegung des statutarischen Sitzes scheitert daran, dass der Gründungsstaat den Fortbestand zulassen und zudem die Gesellschaft alle Erfordernisse des deutschen Rechts erfüllen müsste.[31] Demnach wäre hier eine faktische Neugründung erforderlich, samt entsprechender Registeranmeldung und Eintragung im Handelsregister wie bei Neugründung,[32] und zwar unabhängig davon, ob es sich um eine EU-Gesellschaft oder eine Nicht-EU-Gesellschaft handelt.[33]

---

24 OLG Hamm MittRhNotK 1997, 365; BayObLG MittRhNotK 1992, 195.
25 Baumbach/Hueck/*Hueck/Fastrich*, § 4a Rn. 2.
26 Baumbach/Hueck/*Hueck/Fastrich*, § 4a Rn. 11.
27 BayObLG DNotZ 2004, 725; BayObLG MittRhNotK 1992, 195.
28 OLG München DNotZ 2008, S. 397; Hirte/Bücker/*Forsthoff*, Grenzüberschreitende Gesellschaften, S. 75; Baumbach/Hueck/*Hueck/Fastrich*, § 4a Rn. 2 m.w.N.
29 Vgl. zuletzt EuGH, 11. März 2004, C-9/02 (de Lasteyrie du Saillant), DB 2004, 686, und EuGH, 13. Dezember 2005, C-411/03 – Sevic Systems AG, DB 2005, 2804.
30 OLG München DNotZ 2008, S. 397.
31 BGHZ 153, 353; Baumbach/Hueck/*Hueck/Fastrich*, § 4a Rn. 14.
32 BGHZ 97, 269, 272; Baumbach/Hueck/*Hueck/Fastrich*, § 4a Rn. 14 m.w.N.
33 Baumbach/Hueck/*Hueck/Fastrich*, § 4a Rn. 14 m.w.N.

Gesellschaften aus der **EU oder dem EWR-Raum** können hingegen ihren **Verwaltungssitz** nach Deutschland verlegen und werden hier anerkannt. Dies ergibt sich aus der Rechtsprechung des EuGH zur Niederlassungsfreiheit (siehe oben Rdn. 5 ff.) und jedenfalls dann, wenn das Heimatrecht der Gesellschaft eine solche Sitzverlegung zulässt.[34] Gleiches gilt für US-amerikanische Gesellschaften. Aufgrund des Freundschafts-, Handels- und Schiffahrtsvertrages zwischen der Bundesrepublik Deutschland und den Vereinigten Staaten von Amerika vom 29. Oktober 1954 (BGBl. II 1956, S. 487 f.) ist eine in den Vereinigten Staaten von Amerika wirksam gegründete und noch bestehende Kapitalgesellschaft in der Bundesrepublik Deutschland rechtsfähig, gleichgültig, wo ihr effektiver Verwaltungssitz liegt.[35] Demnach ist auch die Verlegung des Verwaltungssitzes z.B. einer in den USA gegründeten Corporation nach Deutschland anzuerkennen. In jedem Fall ist bei der Verlegung des Verwaltungssitzes einer ausländische Gesellschaft ins Inland eine Zweigniederlassung anzumelden[36] (siehe dazu unten Rdn. 21 ff.). 19

Verlegt eine Gesellschaft aus einem **Staat außerhalb der EU oder des EWR** (Anwendbarkeit der Sitztheorie), ihren **Verwaltungssitz** nach Deutschland, führt dies nicht zwingend dazu, dass diese hier keine Rechte und Pflichten begründen kann. Sie verliert allerdings ihre vom ausländischen Recht verliehene Rechtsfähigkeit und wird umqualifiziert in eine in Deutschland bekannte Rechtsform, allerdings mit der Folge der unbeschränkten persönlichen Haftung der Gesellschafter.[37] Eine ausländische Mehrpersonengesellschaft wird damit zur GbR bzw. zur OHG, eine ausländische Ein-Personen-Gesellschaft wird – da eine Gesellschaft zwingend mehrere Personen voraussetzt – so behandelt, als würden alle Rechte und Pflichten bei dem Gesellschafter selbst bestehen;[38] die Einpersonengesellschaft erlischt. 20

3. Errichtung von Zweigniederlassungen außerhalb des Gründungsstaates

a) Zweigniederlassungen ausländischer Gesellschaften in Deutschland

Ausländische Gesellschaften, die ihre wirtschaftlichen Aktivitäten[39] in Deutschland im Rahmen einer Zweigniederlassung[40] entfalten, müssen diese im deutschen Handelsregister registrieren.[41] Dies gilt sowohl für den Fall, dass unter Beibehaltung eines ausländischen Verwaltungssitzes eine »echte« Zweigniederlassung im Inland begründet wird, als auch für den Fall, dass eine Gesellschaft mit statutarischem Sitz im Ausland ihren Verwaltungssitz nach Deutschland verlegt (und im Ausland lediglich ihren statutarischen Sitz behält). Auch diese Verlegung (lediglich) des Verwaltungssitzes begründet die Pflicht zur Registrierung einer Zweigniederlassung,[42] und zwar auch dann, wenn die Zweignieder- 21

---

34 EuGH NZG 2002, 1164 (Überseering – hier ließ das Heimatrecht eines Sitzverlegung zu) EuGH, NJW 2009, 569 (Cartesio – hier ließ das Heimatrecht eine Sitzverlegung nicht zu).
35 BGHZ 153, 353.
36 Baumbach/Hueck/*Hueck/Fastrich*, § 4a Rn. 14.
37 BGHZ 151, 204, 206.
38 *Binz/Mayer*, GmbHR 2003, 252 ff.
39 Die Übernahme der Komplementärstellung in einer nach deutschem Recht gegründeten KG durch eine nach englischem Recht wirksam gegründeten und registrierten Limited begründet keine nach § 14 HGB mit Zwangsgeld durchsetzbare rechtliche Verpflichtung zur Anmeldung und Eintragung dieser Limited nach §§ 13d und 13e GmbHG zu dem deutschen Handelsregister des Sitzes der Limited & Co. KG, vgl. OLG Frankfurt a.M. GmbHR 2008, 707.
40 Die Zweigniederlassung setzt voraus: wirtschaftlich eigenständiger, aber rechtlich unselbständiger Teil eines Unternehmens mit gleichem Geschäftsgegenstand, gewisser Dauer, eigenem Geschäftslokal, eigener Buchführung etc.
41 Die Registrierungspflicht kann notfalls mit Zwangsgeld durchgesetzt werden, § 14 HGB.
42 OLG Zweibrücken RIW 2003, 542; Süß/Wachter/*Wachter*, Handbuch des internationalen GmbH-Rechts, S. 53, 68; *Süß*, DNotZ 2005, 180 ff. (speziell zur englischen Limited).

6. Kapitel Internationales Gesellschaftsrecht

lassung die Hauptniederlassung darstellt. Denn nach der Rechtsprechung des EuGH[43] sind die Bestimmungen der Zweigniederlassungsrichtlinie auch in diesem Fall zu beachten, um eine einheitliche Geltung der europarechtlich vorgesehenen Offenlegungspflichten für alle Niederlassungen zu erreichen.[44] Im Übrigen sind auch Gesellschaften, die in einem Land außerhalb des EU- bzw. EWR-Raumes (und außerhalb der USA)[45] ansässig sind, gem. § 13d ff. HGB als Zweigniederlassung zu registrieren, wenn es sich um eine »echte« Zweigniederlassung handelt. Sollten diese Gesellschaften ihren Verwaltungssitz nach Deutschland verlegen, so träte aus deutscher Sicht ein Statutenwechsel ein; sie würden im Zweifel als OHG behandelt und wären als solche ebenfalls eintragungspflichtig, allerdings nicht in Form einer Zweigniederlassung.

22 Der Inhalt der gem. § 12 HGB öffentlich zu beglaubigenden Anmeldung der Zweigniederlassung ergibt sich aus den §§ 13d ff. HGB.[46] Die Anmeldung ist am Registergericht, in dessen Bezirk die Zweigniederlassung liegt, in deutscher Sprache (§ 488 FamFG i.V.m. § 184 GVG) anzumelden und von den Organen der ausländischen Gesellschaft in vertretungsberechtigter Zahl zu unterzeichnen. Die Registeranmeldung der Zweigniederlassung einer ausländischen Kapitalgesellschaft muss enthalten:

aa) Angaben zur ausländischen Gesellschaft:

23 Firma und Sitz (§ 13g Abs. 3 HGB i.V.m. § 10 Abs. 1 GmbHG), Rechtsform (§ 13e Abs. 2 S. 5 Nr. 2 HGB), Angaben zum Register und zur Registernummer (§ 13e Abs. 2 S. 5 Nr. 1 HGB), Höhe des Stammkapitals (§ 13g Abs. 3 HGB i.V.m. § 10 Abs. 1 GmbHG), ggf. Angaben zu Sacheinlagen (§ 13g Abs. 2 S. 3 HGB i.V.m. § 5 Abs. 4 GmbHG), Tag, an dem der Gesellschaftsvertrag abgeschlossen wurde (§ 13g Abs. 3 HGB i.V.m. § 10 Abs. 1 GmbHG), ggf. Angaben über die Zeitdauer der Gesellschaft (§ 13g Abs. 3 HGB i.V.m. § 10 Abs. 2 GmbHG), Vertretungsorgane und Vertretungsbefugnisse (§ 13g Abs. 3 HGB i.V.m. § 10 Abs. 1 GmbHG), ggf. das Recht des Staates, dem die Gesellschaft unterliegt (aber nur für Gesellschaften außerhalb der EU oder der EWR, § 13e Abs. 2 S. 5 Nr. 4 HGB).

bb) Angaben zur Zweigniederlassung:

24 Firma der Zweigniederlassung (§ 13d Abs. 2 HGB), Anschrift der Zweigniederlassung (§ 13e Abs. 2 S. 3 HGB), Gegenstand der Zweigniederlassung (§ 13e Abs. 2 S. 3, str., ob auch der Gegenstand der Gesellschaft einzutragen ist, s. dazu unten Rdn. 26), gegebenenfalls Angaben zum ständigen Vertreter und dessen Vertretungsbefugnissen (§ 13e Abs. 2 S. 5 Nr. 3 HGB).

cc) Anlagen zur Registeranmeldung

25 Existenznachweis der ausländischen Gesellschaft in öffentlich beglaubigter Form (§ 13e Abs. 2 S. 2 HGB, gegebenenfalls nebst beglaubigter Übersetzung in die deutsche Sprache), Gesellschaftsvertrag in öffentlich beglaubigter Abschrift (§ 13g Abs. 2 S. 1 HGB, gegebenenfalls nebst beglaubigter Übersetzung in die deutsche Sprache), Vertretungsnachweise für die Vertreter der ausländischen Gesellschaft (§ 13g Abs. 2 S. 2 HGB i.V.m. § 8 Abs. 1 Nr. 2).

---

43 »Inspire Art«, NJW 2003, 3331.
44 Süß/*Wachter*, Handbuch des internationalen GmbH-Rechts, S. 68.
45 Hier gilt ebenfalls Gründungsrecht, s.o. Rdn. 3 f..
46 Diese Bestimmungen wurden nach Maßgabe der Zweigniederlassungsrichtlinie der EG vom 21.12.1989 eingefügt.

dd) Einzelfragen

Es ist streitig, ob neben dem Gegenstand der Zweigniederlassung (§ 13e Abs. 2 S. 3 HGB) auch der **Gegenstand der Gesellschaft** einzutragen ist. Dies legt § 13g Abs. 3 HGB i.V.m. § 10 Abs. 1 S. 1 GmbHG nahe. Demnach ist auch der »Gegenstand des Unternehmens« einzutragen. Da aber die Zweigniederlassungsrichtlinie die Anforderungen an die Registrierung von Zweigniederlassungen abschließend aufzählt, wird überwiegend angenommen, dass das deutsche Recht keine zusätzlichen Anforderungen aufstellen dürfe und daher die Formulierung in § 19 GmbHG (»Gegenstand des Unternehmens«) richtlinienkonform so gelesen werden müsse, dass darunter »Gegenstand der Zweigniederlassung« zu verstehen sei.[47] Der Gegenstand der ausländischen Gesellschaft ist daher nach zutreffender Ansicht nicht mit anzumelden. Da dies von den Registergerichten aber teilweise anders gesehen wird,[48] empfiehlt es sich, den Gegenstand des Unternehmens (und nicht nur den der Zweigniederlassung) dennoch aufzunehmen, um Verzögerungen bei der Eintragung zu vermeiden. Im Hinblick auf den Gegenstand der Zweigniederlassung wird überwiegend angenommen, dass diese nicht in allen Punkten mit dem gesamten Unternehmensgegenstand der Hauptniederlassung übereinstimmen muss.[49] 26

Eine **Versicherung der Vertretungsorgane** gem. § 8 Abs. 3 GmbHG bzw. § 37 Abs. 2 AktG ist nach Inkrafttreten des MoMiG, mit dem § 13e Abs. 3 S. 2 eingefügt wurde, erforderlich. 27

Die **Firma** der Zweigniederlassung einer ausländischen Gesellschaft muss mit dem deutschen Firmenrecht vereinbar sein.[50] 28

Muster: Anmeldung einer Zweigniederlassung einer englischen Limited[51] 29 M
Zur Ersteintragung in das Handelregister melden wir, die unterzeichnenden directors der [Firma einschließlich Rechtsformzusatz Limited oder Ldt.] mit satzungsmäßigem Sitz in [Ort], Großbritannien, gegründet am [Datum], eingetragen im Handelsregister Companies House Cardiff zu [Zahl] an:
Die [Firma], eine Gesellschaft britischen Rechts mit beschränkter Haftung, Rechtsbereich England und Wales (private limited company by shares) hat eine Zweigniederlassung in [Ort] errichtet.
Die Firma der Zweigniederlassung lautet [Firma einschließlich Rechtformzusatz Limited oder Ltd., ggf. Zusatz].
Der Gegenstand der Gesellschaft lautet gemäß Ziffer 1 (A) des Memorandum of Association: (Beispiel »Die Ausführung sämtlicher Geschäfte einer allgemeinen Handelsgesellschaft«)
Gegenstand der Zweigniederlassung ist: [konkrete Beschreibung der Tätigkeit am Ort der Zweigniederlassung].
Die Geschäftsräume der Zweigniederlassung befinden sich in [PLZ, Ort und Straße]; dies ist auch die inländische Geschäftsanschrift i.s.v. § 10 Abs. 1 Satz 1 GmbHG. (Ggf. zusätzlich: Empfangsberechtigte Person für Willenserklärungen und Zustellungen i.S.v. § 13e Abs. 2 Satz 4 HGB ist [Name, Vorname, inländische postalische Adresse])
Die abstrakte Vertretungsbefugnis der Gesellschaft lautet wie folgt: Ist nur ein director bestellt, vertritt dieser die Gesellschaft allein, sind mehrere directors bestellt, wird die Gesellschaft durch diese gemeinsam vertreten. (Einzelvertretungs-

---

47 OLG Hamm GmbHR 2005, 1130 mit zust. Anm. *Wachter*; Würzburger Notarhandbuch/*Süß*, S. 3524 m.w.N.
48 So auch *Gustavus*, Handelsregisteranmeldungen, Muster A 113.
49 OLG Hamm GmbHR 2005, 1130 mit zust. Anm. *Wachter*; Kersten/Bühling/*Langhein*, Formularbuch und Praxis der Freiwilligen Gerichtsbarkeit, § 158 Rn. 48.
50 Kersten/Bühling/*Langhein*, § 158 Rn. 51; Gustavus, Handelsregisteranmeldungen, Muster A 113.
51 Nach *Gustavus*, Handelsregisteranmeldungen, Muster A 113.

befugnis kann erteilt werden)
Die konkrete Vertretungsbefugnis ist wie folgt festgelegt:
Der director [Name, Vorname, Geburtsdatum, Wohnort] vertritt die Gesellschaft allein. Er wurde durch Beschluss der Gesellschafterversammlung vom [Datum] hierzu ermächtigt.
Der director [Name, Vorname, Geburtsdatum, Wohnort] vertritt die Gesellschaft gemeinsam mit den übrigen bestellten directors.
Nach Belehrung des Notars über die unbeschränkte Auskunftspflicht gegenüber dem Gericht gem. § 53 Abs. 2 BZRG und die Strafbarkeit einer falschen Versicherung wird versichert, dass

a) keine Umstände vorliegen, aufgrund der director nach § 6 Abs. 2 Satz 2 Nr. 2 und 3 sowie Satz 3 GmbHG von dem Amt als director ausgeschlossen wäre: Während der letzten fünf Jahre erfolgte im Inland (bzw. im Ausland wegen mit nachstehenden Taten vergleichbare Straftaten) keine Verurteilung wegen einer oder mehrerer vorsätzlich begangener Straftaten
   – des Unterlassens der Stellung des Antrags auf Eröffnung des Insolvenzverfahren (Insolvenzverschleppung, § 15 Abs. 4 InsO).
   – nach §§ 283 bis 283d Strafgesetzbuch (wegen Bankrotts, schweren Bankrotts, Verletzung der Buchführungspflicht, Schuldner- oder Gläubigerbegünstigung)
   – der falschen Angaben nach § 82 GmbHG oder § 399 AktG,
   – der unrichtigen Darstellung nach § 400 AktG, § 331 HGB, § 313 UmwG oder § 17 des Publizitätsgesetzes oder
   – nach den §§ 263 bis 264a oder den § 265b bis 266a StGB (Betrug, Computerbetrug, Subventionsbetrug, Kapitalanlagebetrug, Kreditbetrug, Untreue, Vorenthalten und Veruntreuen von Arbeitsentgelt) zu einer Freiheitsstrafe von mindestens einem Jahr.
b) Der director versichert weiter, dass ihm weder durch gerichtliches Urteil noch durch vollziehbare Entscheidung einer Verwaltungsbehörde die Ausübung eines Berufs, Berufszweiges, Gewerbes oder Gewerbezweiges untersagt wurde, sofern der Unternehmensgegenstand ganz oder teilweise mit dem Gegenstand des Verbots übereinstimmt, ferner dass er nicht bei der Besorgung seiner Vermögensangelegenheiten ganz oder teilweise einem Einwilligungsvorbehalt (§ 1903 BGB) unterliegt und dass er noch nie aufgrund einer behördlichen Anordnung in einer Anstalt verwahrt wurde (Amtsunfähigkeit),
Ständiger Vertreter für die Geschäfte der Zweigniederlassung gemäß § 13e Abs. 2 Satz 5 Nr. 3 HGB ist [Name, Vorname, Geburtsdatum, Wohnort]. Er hat Einzelvertretungsbefugnis und darf Rechtsgeschäfte mit sich selbst oder als Vertreter Dritter abschließen (Befreiung von den Beschränkungen des § 181 BGB).

Wir erklären gemäß § 13g HGB:
Die Dauer der Gesellschaft ist nicht beschränkt.
Das ausgegebene Stammkapital (issued share-capital) der Gesellschaft beträgt 100,00 englische Pfund.
Wir fügen dieser Anmeldung bei in elektronisch beglaubigter Abschrift:
Certificate of Incorporation, ausgestellt von Companies House, Cardiff am [Datum] in öffentlich beglaubigter Abschrift nebst beglaubigter Übersetzung in die deutsche Sprache,
Memorandum und Articles of Association vom [Datum] in öffentlich beglaubigter Abschrift nebst beglaubigter Übersetzung in die deutsche Sprache,
Beschluss der Gesellschafterversammlung vom [Datum], der die Bestellung der directors und die Festlegung ihrer Vertretungsbefugnis zum Gegenstand hat.

b) Zweigniederlassungen deutscher Gesellschaften im Ausland

Die Anmeldung der ausländischen Zweigniederlassung eines deutschen Unternehmens **30** ist an die zuständige Behörde im Ausland zu richten. Anmeldungen und Eintragungen, welche die Zweigniederlassung deutscher Unternehmen im Ausland betreffen, sind im deutschen Handelsregister nicht möglich.[52] Dies ergibt sich bereits aus dem eindeutigen Wortlaut des § 13 HGB.

IV. Formstatut

Vom Gesellschaftsstatut ist das Formstatut zu unterscheiden. Während das Gesellschafts- **31** statut sämtliche Innen- und Außenbeziehungen der Gesellschaft regelt (siehe oben Rdn. 14), bestimmt das Formstatut lediglich, ob ein Rechtsgeschäft formgültig ist. Nach dem hierfür maßgeblichen Art. 11 EGBGB bzw. dem insofern nahezu gleichlautenden Art. 11 der Rom I-VO[53] ist ein Rechtsgeschäft formgültig, wenn entweder die Formvorschriften des Ortsrechts (Art. 11 Abs. 1 2. Alternative) oder die Formvorschriften des Geschäftsrechts (Art. 11 Abs. 1 1. Alternative) eingehalten sind. Da das Geschäftsrecht bei gesellschaftsrechtlichen Vorgängen das Gesellschaftsstatut ist, ist dieses also auch für Formfragen heranzuziehen. Rechtsgeschäfte, die den Formvorschriften des Gesellschaftsstatuts entsprechen, sind damit formgültig. Die Frage stellt sich aus deutscher Sicht regelmäßig, wenn das Gesellschaftsstatut deutsches Recht ist und eine Beurkundung im Ausland vorgenommen wird (siehe dazu unten unter Rdn. 147 ff.).

---

[52] LG Köln DB 1979, 984; Beck'sches Notarhandbuch/*Zimmermann*, Abschn. H Rn. 194 f. S. 1518.
[53] EG-VO Nr. 593, ABl. C 318 v. 13.12.2006, S. 56.

C. Gründung von Gesellschaften mit ausländischen Gesellschaftern

I. Ausländische natürliche Personen als Gesellschafter

32 Gegen die Beteiligung ausländischer natürlicher Personen als Gesellschafter bestehen grundsätzlich keine Bedenken, sofern diesen die Erwerbstätigkeit nicht untersagt ist. Ist hingegen im Pass des Ausländers ein Erwerbstätigkeitsverbot eingetragen (sog. »Sperrvermerk«), verstößt der Gesellschaftsvertrag gegen § 134 BGB und die Eintragung in das Handelsregister ist nicht möglich.[54] Dies gilt jedenfalls dann, wenn dieser Gesellschafter die Gesellschaft beherrschen könnte.

II. Ausländische Gesellschaften als Gesellschafter

33 Eine besondere Rechtsfähigkeit (siehe zur Rechtsfähigkeit unten Rdn. 35 ff.) ist die Fähigkeit der Gesellschaft (Erwerbergesellschaft), **Beteiligungen an einer, einem anderen Gesellschaftsstatut unterstehenden Gesellschaft** (Zielgesellschaft) zu erwerben. Hier ist zunächst das Gesellschaftsstatut der Zielgesellschaft zu befragen, ob der Erwerb überhaupt zulässig ist. Sollte dieser zulässig sein, ist das Gesellschaftsstatut der Erwerbergesellschaft zu befragen, ob der Erwerb der Beteiligung an der Zielgesellschaft möglich ist.[55] Beispielsweise untersagt es Art. 552, 594 Abs. 2 des Schweizerischen Obligationenrechtes juristischen Personen, sich als Komplementär an einer Kommanditgesellschaft (schweizerischen Rechts) zu beteiligen.

34 Die Frage, ob eine, einem ausländischen Gesellschaftsstatut unterstehende (Kapital-)Gesellschaft Komplementärin einer deutschen Kommanditgesellschaft sein kann, bestimmt sich nach deutschem Recht als Gesellschaftsstatut der Kommanditgesellschaft. Die Frage ist umstritten; als zulässig wird eine solche grenzüberschreitende Typenvermischung aber dann angesehen, wenn die ausländische Gesellschaft nach dem EG-Vertrag niederlassungsberechtigt ist, und zwar auch dann, wenn die Komplementärin ihren effektiven Verwaltungssitz im Inland hat.[56] Zu beachten ist, dass der ausländische Rechtsformzusatz in die Firma der deutschen KG zu übernehmen ist.[57] Ausdrücklich entschieden wurde beispielsweise, dass eine englische private limited company[58] oder eine schweizerische AG[59] Komplementärin einer deutschen Kommanditgesellschaft sein kann. Allein durch den Erwerb der Komplementärstellung wird die ausländische Gesellschaft nicht verpflichtet, sich im deutschen Handelsregister zu registrieren.[60]

---

54 So für die GmbH das OLG Stuttgart GmbHR 1984, 156; KG GmbHR 1997, 412; Beck'sches Notarhandbuch/*Mayer/Weiler*, Abschn. D. III. 6.
55 MünchKommBGB/Kindler, IntGesR, Rn. 551.
56 *Zimmer*, NJW 2003, 3585; *Werner*, GmbHR 2005, 288; MünchKommBGB/*Kindler*, IntGesR, Rn. 553.
57 Beck'sches Notarhandbuch/*Zimmermann*, Abschn. H Rn. 182.
58 LG Bielefeld NZG 2006, 504.
59 OLG Saarbrücken DNotZ 1990, 194.
60 OLG Frankfurt a.M. GmbHR 2008, 707.

D. Außenbeziehungen der Gesellschaft, insbesondere Vertretungsfragen

I. Rechtsfähigkeit

Tritt die Gesellschaft außerhalb desjenigen Landes auf, dessen Recht Gesellschaftsstatut ist, stellt sich zunächst die Frage, ob die Gesellschaft rechtsfähig ist, ob diese also wirksam Rechte und Pflichten begründen kann. Grundsätzlich entscheidet das Gesellschaftsstatut über die Rechtsfähigkeit, also darüber, ob und gegebenenfalls wie weit das Vermögen der Gesellschaft durch Rechtsgeschäfte wirksam verpflichtet werden kann.[61] Eine nach dem anwendbaren Gesellschaftsstatut rechtsfähige Gesellschaft ist im Inland als rechtsfähig «anzuerkennen». Zur Frage, ob die Gesellschaft die Fähigkeit hat, sich an einer anderen (deutschen) Gesellschaft zu beteiligen, siehe oben Rdn. 33 f.

35

Handelt ein Organ der Gesellschaft außerhalb des Staates des Gesellschaftsstatuts, und ist die Gesellschaft nach dem Handlungsstaat, nicht aber nach dem Gesellschaftsstatut rechtsfähig, kommt für Verträge eine analoge Anwendung von Art. 12 EGBGB bzw. Art. 13 Rom I-VO in Betracht.[62] Demnach wird die Rechtsfähigkeit der Gesellschaft angenommen, wenn (a.) eine vergleichbare Gesellschaftsform im Handlungsstaat rechtsfähig wäre, (b.) sich beide handelnden Personen in diesem Staat befinden und (c.) der Vertragspartner die mangelnde Rechtsfähigkeit weder kannte, noch kennen musste. Bedeutung erlangt die entsprechende Anwendung von Art. 12 EGBGB im Wesentlichen bei Gesellschaften aus dem anglo-amerikanischen Rechtskreis, bei denen nach der sog. ultra-vires-Lehre Rechtsgeschäfte nichtig sind, die außerhalb der satzungsmäßigen Bestimmung des Geschäftsgegenstandes liegen. Für EU-Gesellschaften spielt dies in der Regel wegen Art. 9 der Publizitätsrichtlinie, die Rechtsfähigkeitsbeschränkungen weitgehend beseitigt hat, keine Rolle.[63] Bestehen doch einmal Zweifel, empfiehlt es sich, die Satzung der Gesellschaft einzusehen.

36

II. Organschaftliche Vertretung

Das Gesellschaftsstatut (siehe oben Rdn. 2 ff.) regelt auch die **organschaftliche Vertretung**,[64] insbesondere die Frage, wer überhaupt Organ sein darf, wie das Organ bestellt wird, welches Organ und in welcher Form (Einzel- oder Gesamtvertretung) ein solches handeln darf, welchen Umfang die Vertretungsmacht hat, wo deren Grenzen liegen und welche Folgen ein Überschreiten dieser Grenzen hat.[65] Ebenfalls nach dem Gesellschaftsstatut richtet sich der registerrechtliche Schutz von Vertragspartnern der Gesellschaft, die auf das Fortbestehen einer organschaftlichen Vertretungsmacht vertrauen.[66]

37

1. Organfähigkeit

Die **Organfähigkeit** richtet sich nach dem Gesellschaftsstatut.

38

a) Das Gesellschaftsstatut bestimmt, ob eine Gesellschaft eine **ausländische natürliche Person** zum Organ bestellen kann.[67] Für EU-Ausländer und Ausländer aus Staaten, für die keine Visumpflicht für die Einreise nach Deutschland besteht, wird dies nach deutschem

39

---

61 AnwKomm-BGB/*Hoffmann*, Anh. zu Art 12 EGBGB Rn. 14.
62 OLG Düsseldorf IPRspr. 1964/65 Nr. 21; Art. 12 Rn. 48; Staudinger/*Großfeld*, Rn. 268, 276; Palandt/*Heldrich*, Art. 12 Anh. Rn. 7; AnwKomm-EGBGB/*Hoffmann*, Anh. zu Art. 12 EGBGB Rn. 14 m.w.N.
63 MünchKommBGB/*Kindler*, IntGesR, Rn. 543.
64 BGH, DNotZ 1994, 485, 487.
65 BGH NJW 1995, 1032; BGH NJW 2001, 305, 306; BGH NJW 1992, 628; Süß/Wachter/*Süß*, Handbuch des internationalen GmbH-Rechts, S. 26.
66 BGH NJW 1995, 1032; *Spahlinger/Wegen*, Internationales Gesellschaftsrecht in der Praxis, S. 76.
67 Vgl. ausführlich dazu *Bohlscheid*, RNotZ 2005, 505 ff.

6. Kapitel Internationales Gesellschaftsrecht

Recht einhellig als zulässig angesehen.[68] Aber auch für Ausländer aus anderen Staaten wird die Organfähigkeit überwiegend bejaht und zwar selbst dann, wenn eine jederzeitige Möglichkeit zur Einreise nicht besteht.[69] Demnach steht beispielsweise der Bestellung eines Ausländers, der die Staatsangehörigkeit eines Landes hat, das nicht der EU angehört und der außerhalb der EU wohnt, zum Geschäftsführer einer GmbH nicht entgegen, dass er lediglich über ein »Besuchs-/Geschäftsvisum« verfügt, das ihm jederzeit die Einreise für eine Aufenthaltsdauer von bis zu 90 Tagen gestattet und die Beschränkung enthält »Erwerbstätigkeit nicht gestattet«. Die Geschäftsführertätigkeit für eine juristische Person gilt nicht als Erwerbstätigkeit, sofern sie im Inland innerhalb von zwölf Monaten insgesamt nicht länger als drei Monate ausgeübt wird.[70] Die neueste Rechtsprechung[71] geht davon aus, dass nach der Neufassung des §4a GmbHG, der es erlaubt, dass eine deutsche GmbH ihren Verwaltungssitz an jeden beliebigen Ort im Ausland verlegt, nicht anzunehmen ist, dass ein Geschäftsführer mit Staatsangehörigkeit und Wohnsitz eines Nicht-EU-Staates seine gesetzlichen Aufgaben bei fehlender Einreisemöglichkeit typischerweise nicht erfüllen kann.

40 b) Wird ein Ausländer zum Geschäftsführer einer GmbH oder zum Vorstand einer AG bestellt, hat das neue Organ in der Handelsregisteranmeldung zu **versichern**, dass keine Bestellungshindernisse entgegenstehen. Die in öffentlich beglaubigter Form einzureichende Registeranmeldung nebst der entsprechenden Versicherung muss nicht zwingend von einem deutschen Notar beglaubigt werden, es genügt die Beglaubigung der Unterschrift vor einem ausländischen Notar (Legalisation bzw. Apostille beachten, siehe dazu unten Rdn. 133 ff.), sofern – was in fast allen Fällen zu bejahen ist[72] – die Gleichwertigkeit dieser Beglaubigung zu bejahen ist. Die beglaubigte Registeranmeldung ist dem Unterzeichnenden nicht entsprechend den Regeln über Niederschriften durch einen Dolmetscher zu übersetzen;[73] es ist jedoch sicherzustellen, dass sich der Anmeldende der Bedeutung der abgegebenen Erklärungen bewusst ist, insbesondere dass er die Tragweite der von ihm abgegebenen Versicherungen erkennt. Darüber ist der Vorstand/Geschäftsführer vor Abgabe der Versicherung über seine unbeschränkte Auskunftspflicht gem. § 52 Abs. 2 BZRG gegenüber dem Registergericht zu belehren (§37 Abs. 2 AktG, §8 Abs. 3 GmbHG). Diese Belehrung kann neben dem Registergericht auch durch einen deutschen Notar erfolgen (was in der Praxis der Regelfall ist); möglich ist aber auch die Belehrung durch einen im Ausland bestellten Notar, durch einen Berater eines vergleichbaren rechtsberatenden Berufs oder einen Konsularbeamten (§8 Abs. 3 S. 2 GmbHG, §37 Abs. 2 S. 3 AktG).[74] Die Belehrung ist auch in einer Fremdsprache zulässig, es handelt sich dann aber nicht um eine Beurkundung in einer Fremdsprache; §50 BeurkG ist nicht anwendbar.[75] Die Belehrung in einer Fremdsprache kann sogar zwingend sein, weil sichergestellt werden muss, dass der zu Belehrende den Belehrungstext auch verstanden hat. Die Belehrung kann auch schriftlich erfolgen (§8 Abs. 3 S. 2 GmbHG, §37 Abs. 2 S. 2 AktG). In diesem Fall muss der belehrende Notar (oder die sonstige »Belehrungsperson«) aber sicherstellen, dass der Empfänger die tatsächliche Möglichkeit der Kenntnisnahme des Belehrungstextes erhält.

---

68 So z.B. für USA-Bürger OLG Frankfurt a.M. NZG 2001, 757; *Erdmann*, NZG 2002, 503; *Wachter*, ZIP 1999, 1577; *ders.*, NotBZ 2001, 233; zur Zulässigkeit der Geschäftsführerbestellung eines EU-Ausländers im Inland s. EuGH NZG 1998, 809.
69 OLG Dresden GmbHR 2003, 537; OLG Frankfurt a.M. NJW 1977, 1595; OLG Düsseldorf GmbHR 1978, 110; a.A. OLG Köln DB 1999, 48; OLG Zweibrücken GmbHR 2001, 435; OLG Köln GmbHR 1999, 182; OLG Hamm ZIP 1999, 1919: OLG Celle DNotZ 2007, 867.
70 OLG Stuttgart NZG 2006, 789.
71 OLG Düsseldorf RNotZ 2009, 607 mit Anm. *Lohr*; OLG München DNotZ 2010, 156.
72 Weitere Nachw. in AnwKomm-BGB/*Bischoff*, Art. 11 EGBGB Rn. 28.
73 OLG Karlsruhe NJW-RR 2003, 101.
74 Das Rundschreiben der BNotK Nr. 39/98 (DNotZ 1998, 913 ff.) ist aufgrund des Gesetzeswortlautes insoweit überholt.
75 BNotK-Rundschreiben Nr. 39/98, DNotZ 1998, 913 ff.

Es bietet sich daher an, dem Belehrungstext ein Rücklaufexemplar beizufügen, welches der Geschäftsführer/Vorstand unterzeichnet zurücksendet.[76] Auch wenn das Registergericht nicht zu überprüfen hat, ob die Belehrung stattgefunden, hat sondern nur, ob die Versicherung korrekt abgegeben wurde,[77] kann das von dem Geschäftsführer unterschriebene Exemplar eingereicht werden, um das Verfahren nicht zu verzögern.

Muster einer schriftlichen Belehrung eines GmbH-Geschäftsführers in englischer Sprache   **41 M**

Written special instructions provided to the managing director of a German private limited company for the purpose of submission to the German Commercial Register
    Cologne, the _____
    Company name _____ with registered seat in _____
    address: _____
    Local Court _____ Commercial Register No. HRB _____
    Written special instructions provided to the Managing Director
    Mr/Ms_____, born on_____,
    resident in_____,
    by
    Mr Notary Dr._____,
    Address: _____,
    Dear Mr ____, Dear Ms ____,

Due to a resolution adopted by the company meeting of _____ you have been appointed to act as new managing director of the company.

According to German law, the appointment of a new managing director and the managing director's power of representation must be filed for registration with the Commercial Register. In connection with such filing for registration with the Commercial Register, you must affirm that there are no circumstances opposing to your appointment as managing director and that you have been informed about your unlimited duty to give information to wards the Registry Court (section 8 paragraph 3 of the Law on German Private Limited Companies).

On the basis of the German Federal Central Register of Previous Convictions a central register is kept in Berlin which contains any previous convictions imposed by any criminal court including any prohibitions to carry out any profession or trade imposed by any court. The Registry Court is entitled to obtain unlimited information from the German Central Register of Previous Convictions, provided that the person concerned has been informed about it (section 53 paragraph 2 of the Law on the German Federal Central Register of Previous Convictions).

Due to the fact that you cannot be instructed personally, the special instructions required under law are hereby provided to you in writing.

A person shall not become managing director of a German private limited company (under section 6 paragraph 2 of the Law on German Private Limited Companies), if such person

1. is subject to a any partial or complete reservation of acceptance (section 1903 of the German Civil Code) when handling his property affairs as person being taken care of,
2. is prohibited from carrying out any profession, vocation, trade or branch of trade due to a court judgment or any enforceable decision passed by any administrative authority, provided that the objects of the business are completely or partially subject of the objects of such prohibition,

---

76 So auch die Empfehlung des BNotK-Rundschreibens Nr. 39/98, DNotZ 1998, 913, 924.
77 BNotK-Rundschreiben Nr. 39/98, DNotZ 1998, 913, 923.

3. has been convicted for having intentionally and willfully committed one or several offences
   a) of failure to file a petition in insolvency (insolvency protraction, section 15 a paragraph 4 of the Insolvency Code)
   b) under sections 283 to 283d of the German Criminal Code (insolvency offences),
   c) of providing false information under section 82 of the Law on German Private Limited Companies or section 399 of the Corporation Act,
   d) of providing false representation under section 400 of the Corporation Act, section 331 of the Commercial Code, section 313 of the Merger Act, or § 17 of the Public Disclosure Act, or
   e) under §§ 263 of the German Criminal Code(fraud), § 263a of the German Criminal Code (computer fraud), § 264 of the German Criminal Code (fraudulently obtaining subsidies), § 264a (Capital Investment Fraud), § 265b of the German Criminal Code (credit fraud), § 266 of the German Criminal Code (criminal breach of trust), or § 266a of the German Criminal Code (withholding and misappropriation of employment remuneration)

to serve a prison sentence of at least one year. This ban shall expire after a period of five years upon the date on which such judgment had become final and absolute, without taking the period into consideration during which the offender had been detained on official order.

The bans on appointment referred to under no. 3 shall apply accordingly, if a person has been convicted for having committed a comparable offense abroad.

Whoever – while acting in his/her capacity of managing director of a German private limited company or as Manager of a foreign legal entity – provides false information in a declaration required to be submitted to the Registry Court, shall be sentenced to serve a prison sentence of up to three years or to pay a fine (section 82 paragraph 1 no. 5 of the Law on German Private Limited Companies).

If you have any questions left or if you need further explanations, please do not hesitate to contact me at any time.

Sincerely yours

_____

(Dr. _____, Notary)
Affirmation for submission to the German Commercial Register
I hereby affirm that I have completely read and understood the foregoing special instructions.

_____

(Place, date)

_____

(name of the managing director)

42 c) Das Gesellschaftsstatut regelt auch die Frage, ob neben natürlichen Personen auch **juristische Personen** Organ sein können. So kann beispielsweise nach deutschem Recht eine englische private limited company nicht Geschäftsführerin einer deutschen GmbH sein; umgekehrt wäre es aber möglich, dass eine deutsche GmbH director einer private limited company wird.[78]

43 d) Gelegentlich wird versucht, die sich aus deutschem Recht ergebenden **Bestellungsverbote** nach §§ 6 Abs. 2 GmbHG, 76 Abs. 3 AktG, die an bestimmte Vorstrafen sowie Berufs- bzw. Gewerbeverbote anknüpfen, dadurch zu umgehen, dass man eine einem ausländischen Recht unterliegende Gesellschaft gründet. Auch wenn sich die Bestellungsvoraussetzungen- und Hindernisse nach dem (dann ausländischen) Gesellschaftsstatut

---

78 Süß/Wachter/*Süß*, Handbuch des internationalen GmbH-Rechts, S. 42.

bestimmen, wird in der Literatur angenommen, dass eine derartige Position in einer entsprechenden Gesellschaft des ausländischen Rechts auf Grund der genannten Vorschriften nicht eingenommen werden kann.[79] Nach Inkrafttreten des MoMiG und der Neufassung des § 13e Abs. 3 HGB ist nunmehr sichergestellt, dass auch bei der Eintragung von Zweigniederlassungen ausländischer Gesellschaften deren Vertretungsorgane eine Versicherung gem. §§ 6 Abs. 2 GmbHG, 76 Abs. 3 AktG abgeben müssen.

2. Selbstkontrahieren, Mehrfachvertretung und Vertretung ohne Vertretungsmacht

a) Bei der Frage, ob die Organe zum **Selbstkontrahieren oder zur Mehrfachvertretung** berechtigt sind, ist zu unterscheiden: Für die Zulässigkeit des Selbstkontrahierens im Rahmen der organschaftlichen Vertretung gilt das Gesellschaftsstatut, für die Zulässigkeit des Selbstkontrahierens im Rahmen einer rechtsgeschäftlich erteilten Vertretungsmacht gilt das Vollmachtsstatut.[80] Ist jedoch das Organ selbst nicht vom Selbstkontrahieren befugt, kann es auch nicht in einer rechtsgeschäftlich erteilten Vollmacht davon befreien. **44**

b) Die Folgen eines **Handelns ohne Vertretungsmacht** richtet sich bei organschaftlicher Vertretung, ebenso wie bei der rechtsgeschäftlichen Vertretung, (siehe unten Rdn. 104 ff.) nach dem Recht des Vornahmeortes. In der Literatur wird zudem gefordert, dass der Vertragspartner sich auch auf das Gesellschaftsstatut berufen sollte, wenn dieses für ihn günstigere Regelungen bereithält.[81] **45**

3. Register und Vertreterbescheinigungen für deutsche Gesellschaften zur Verwendung im Ausland

Zur Verwendung im Ausland wird häufig verlangt, dass ein deutscher Notar die Vertretungsverhältnisse einer Gesellschaft bescheinigt oder eine Aussage über deren Bestehen, Sitz, Firmenänderung, Umwandlung oder sonstige rechtserhebliche Umstände trifft. Der Notar kann auf der Grundlage der Einsicht in öffentliche Register diese Bescheinigung oder Bestätigung i.S.v. § 21 BNotO in Vermerkform (§ 39 ff. BeurkG) und auch in der Form der Niederschrift (§ 43 BeurkG) abgeben.[82] Darüber hinaus kann der Notar eine gutachterliche Stellungnahme i.S.v. § 24 BNotO zu Rechtsfragen abgeben. **46**

Im Folgenden sind einige Muster von Unterschriftsbeglaubigungen mit Register- bzw. Vertreterbescheinigungen in englischer Sprache abgedruckt.[83] **47**

[GmbH – Unterschrift – vollzogen – persönlich bekannt – Beglaubigungsvermerk umseitig – Vertreterbescheinigung aufgrund Einsicht – kurze Registerbescheinigung] **48 M**
I hereby certify that the document overleaf was signed in my presence by Mr. Karl Mustermann, born on 30th of June 1971 in Neustadt, residing at Neustraße 1, 10000 Neustadt, personally known to me, acting on behalf of XY GmbH, Neustraße 2, 10000 Neustadt, as this company's director (Geschäftsführer).
Upon my inspection of the commercial register on ..., I further certify that XY GmbH is registered with the Municipal Court of Neustadt – Commercial Register – under No. HRB 12345 and that Mr. Mustermann is entitled to act individually as this company's legal representative.

---

79 *Eidenmüller/Rehberg* § 7 Rn. 24; *Knapp*, DNotZ 2003, 85, 89; MünchKommBGB/*Kindler*, IntGesR Rn. 558.
80 MünchKommBGB/*Kindler*, IntGesR Rn. 557.
81 *Spahlinger/Wegen*, Int. Gesellschaftsrecht in der Praxis, S. 78; MünchKommBGB/*Kindler*, IntGesR Rn. 561.
82 Beck'sches Notarhandbuch/*Zimmermann*, Abschn. H Rn. 12.
83 Nach *Schervier*, MittBayNot 1989, 198 f.

And I do hereby further certify, that the aforesaid corporation is duly incorporated; that it is in good standing under the laws of the Federal Republic of Germany; that it has a legal corporate existence; that its registered corporate domicile is Neustadt; so far as the Commercial Register shows.

49 M [Aktiengesellschaft – 2 Unterschriften (unechte Gesamtvertretung) – persönlich bekannt – Beglaubigungsvermerk auf angeheftetem Blatt – Vertretungsbescheinigung aufgrund Handelsregisterauszugs]

I hereby certify that the document affixed and sealed hereto was signed in my presence by Mr. Karl Mustermann, born on 30th of June 1971 in Neustadt, residing at Neustraße 1, 10000 Neustadt and Mrs Martha Musterfrau, born on 30th of January 1975 in Neustadt, residing at Neustraße 5, 10000 Neustadt, both personally known to me, both acting on behalf of XY Aktiengesellschaft, Hauptstraße 1, 10000 Neustadt, as this company's member of the board of directors (Mitglied des Vorstands) and authorized manager (Prokurist), respectively.

Upon my inspection of a certified excerpt of the Commercial Register, dated ..., I further certify that XY Aktiengesellschaft is registered with the Municipal Court of Neustadt – Commercial Register – under No. HRB 1234 and that Mr. Max Mustermann and Mrs. Martha Musterfrau are entitled to act jointly as this companyś legal representative.

50 M [Kommanditgesellschaft (GmbH & Co. KG) – 1 Unterschrift – vollzogen – Pass – Vertretungsbescheinigung aufgrund Registereinsicht]

I hereby certify that this document was signed in my presence by Mr. Karl Mustermann, born on 30th of June 1971 in Neustadt, residing at Neustraße 1, 10000 Neustadt, identified by his German passport, acting on behalf of XY GmbH Verwaltungsgesellschaft, Altstraße 10, 10000 Neustadt, as this company's director (Geschäftsführer), the latter acting as general partner of XY GmbH & Co. KG (same adress).

Upon my inspection of the Commercial Register on ..., I further certify that XY Verwaltungsgesellschaft mbH and XY GmbH & Co. Kommanditgesellschaft are registered with the Municipal Court of Neustadt – Commercial Register – under nos. HRB 1000 and HRA 150, respectively, and that Mr. Max Mustermann is entitled to act individually as legal representative of XY Verwaltungsgesellschaft mbH as well as the latter is entitled to act individually as legal representative of XY GmbH & Co. Kommanditgesellschaft.

51 Weitere standardisierte Muster, auch in anderen Sprachen, finden sich im internen Bereich der Homepage der Bundesnotarkammer (unter www.bnotk.de), der für Notare zugänglich ist.

4. Nachweis der Vertretungsmacht von Organen und der Existenz ausländischer Gesellschaften

a) Einführung

52 Das Gesellschaftsstatut regelt nicht nur die organschaftliche Vertretung, sondern es bestimmt auch, in welcher Form der Nachweis der organschaftlichen Vertretungsmacht erfolgen kann.[84] Davon zu unterscheiden ist jedoch, welche Anforderungen das deutsche Handelsregister oder deutsche Grundbuch, das eine Eintragung vornimmt, stellt. Diese Frage bestimmt sich nach der **lex fori**, also dem Recht des Registerortes. Gründet beispielsweise eine ausländische Gesellschaft eine deutsche GmbH, sind zwar die Art und Weise des Nachweises der Vertretungsmacht der Organe der Auslandsgesellschaft dem

---

84 *Spahlinger/Wegen*, Int. Gesellschaftsrecht in der Praxis, S. 77.

ausländischen Gesellschaftsstatut zu entnehmen, das Registergericht kann aber zusätzliche oder abweichende Anforderungen stellen, beispielsweise den Nachweis in öffentlich beglaubigter Form (§ 29 GBO, § 12 HGB) fordern.

Da sich sowohl die organschaftliche Vertretung als auch die Art und Weise, wie der Nachweis der ordnungsgemäßen Vertretung zu erbringen ist, bei einer ausländischen Gesellschaft nach ausländischem Gesellschaftsstatut richtet, ist es für den deutschen Notar bzw. das deutsche Register, der bzw. das die ordnungsgemäße Vertretung zu prüfen hat, naturgemäß schwierig, sich von der ordnungsgemäßen Vertretung zu überzeugen. Dies ist nicht nur rein faktisch so, weil etwa eine Registereinsicht nicht ausreichend ist. Der Nachweis gestaltet sich auch bereits deshalb schwierig, weil der Verweis auf das ausländische Gesellschaftsstatut nicht zwingend bedeutet, dass dieses auch zur Anwendung kommt. Denn die Verweisung des deutschen Kollisionsrechts ist stets eine Gesamtverweisung (siehe oben Rdn. 13); es ist daher nicht auszuschließen, dass die Verweisung von dem ausländischen Kollisionsrecht nicht angenommen, sondern entweder auf das deutsche Recht zurück- oder auf eine dritte Rechtsordnung weiter verwiesen wird. Der Nachweis der Existenz und der Vertretungsbefugnis ausländischer Gesellschaften bewegt sich daher immer im Spannungsfeld zwischen (fast nie zu erlangender) absoluter Rechtssicherheit einerseits und der Gewährung von Handlungsfreiheit dieser Gesellschaften im Inland andererseits. Der Notar sollte daher eine entsprechende Belehrung vornehmen (siehe dazu Rdn. 157 f.). 53

b) Anforderungen von Grundbuchamt und Handelsregister

aa) Der Nachweis der Existenz und der ordnungsgemäßen Vertretung von Auslandsgesellschaften unterliegt im **Grundbuchverfahren** dem sog. Strengbeweis: Sämtliche Nachweise sind durch öffentliche oder öffentlich beglaubigte Urkunden zu erbringen (§ 29 GBO). Sollen Gesellschaften in das Grundbuch eingetragen werden, so sind stets auch die Existenz sowie die Vertretungsberechtigung des für die Gesellschaft Handelnden in öffentlicher Form nachzuweisen.[85] Für inländische Gesellschaften kann der Nachweis der Vertretungsberechtigung durch eine Vertretungsbescheinigung eines deutschen Notars gem. § 21 BNotO sowie über einen amtlichen Registerausdruck oder eine beglaubigte Registerabschrift geführt werden (§ 32 GBO). Diese Erleichterung gilt jedoch nicht für den Nachweis der Vertretungsberechtigung von Organen ausländischer Gesellschaften.[86] Es reicht daher nicht aus, ein einfaches Zeugnis eines ausländischen (Register-)Gerichts beizubringen, aus dem sich die Vertretungsberechtigung ergibt. Der Nachweis muss in öffentlicher Form erbracht werden (siehe dazu Rdn. 57). Dieses Ergebnis ist angesichts der zunehmenden grenzüberschreitenden Aktivitäten von Gesellschaften sicherlich hinterfragenswert,[87] allerdings dem hohen Stellenwert des öffentlichen Glaubens, mit dem das Grundbuch ausgestattet ist, geschuldet und daher nachvollziehbar. Ist eine Zweigniederlassung eingetragen und wird für diese gehandelt, findet § 32 GBO dagegen Anwendung.[88] 54

bb) Hingegen gilt im **Handelsregisterverfahren** der Freibeweis: Das Handelsregister hat die zur Feststellung der Tatsachen erforderlichen Ermittlungen zu veranlassen und die geeignet erscheinenden Beweise aufzunehmen (§ 26 FamFG). Es liegt daher im Ermessen des Handelsregisters, die Vorlegung öffentlicher Urkunden zu verlangen. Allerdings kann das Handelsregister – jedenfalls bei der Anmeldung einer Geschäftsführerbestellung aufgrund eines Beschlusses, an dem eine ausländische Gesellschaft mitgewirkt hat- nur bei begründeten Zweifeln im Einzelfall den Nachweis der Ordnungsmäßigkeit der Beschluss- 55

---

85 BayObLG FGPrax 2003, 59; *Demharter*, § 32 Rn. 8.
86 BayObLG DNotZ 2003, 295; *Demharter*, § 32 Rn. 8; Meikel/*Roth*, § 32 Rn. 59.
87 Hirte/Bücker/*Mankowski/Knöfel*, Grenzüberschreitende Gesellschaften, § 13 Rn. 104.
88 BeckOK/*Hügel/Zeiser*, GBO, Internationale Bezüge Rn. 98 ff.

fassung (samt mit Apostille versehenen Vertretungsnachweises) verlangen.[89]

56 cc) Angesichts der Abwicklungsprobleme, insbesondere im Grundbuchverkehr, muss über **Vermeidungsstrategien** nachgedacht werden. Ein Ansatzpunkt ist es, sich die unterschiedlich hohen Anforderungen, die Grundbuchamt und Handelsregister stellen, zu Nutze zu machen und vor dem Erwerb eines deutschen Grundstücks zunächst eine deutsche Gesellschaft zu gründen oder zu erwerben, die dann ihrerseits das Grundstück erwirbt. Alternativ könnte zuvor eine Zweigniederlassung in Deutschland eingetragen werden. Es ist in jedem Fall ratsam, sich schon vor der Einreichung des Antrags bzw. am besten schon vor der Beurkundung mit dem Registerrichter abzustimmen, um in Erfahrung zu bringen, welche Nachweise akzeptiert werden. Eine weitere Möglichkeit ist es, die natürlichen Personen, die hinter einer ausländischen Gesellschaft stehen, in Deutschland als Käufer eines Grundstücks auftreten zu lassen und zugleich zu vereinbaren, dass diese das Grundstück treuhänderisch für die ausländische Gesellschaft halten.

c) Wie kann der Nachweis erbracht werden?

57 Für die Erbringung des Nachweises der Existenz von Gesellschaften und deren Vertretungsberechtigung ist zwischen Grundbuchverfahren und Handelsregisterverfahren zu unterscheiden:

aa) Der **einfache Registerausdruck** über die Eintragung der Auslandsgesellschaft reicht im Grundbuchverfahren nicht aus, da § 32 GBO im Grundbuch für ausländische Gesellschaften nicht anwendbar ist (s.o. Rdn. 54), es gilt ausschließlich § 29 GBO.[90] Im Handelsregisterverfahren kann dies anders beurteilt werden. Hier werden Auszüge aus öffentlichen Registern teilweise dann zugelassen, wenn diesen Registern eine in etwa vergleichbare Funktion zukommt wie dem deutschen Handelsregister (so z.B. in der Schweiz, siehe unten Rdn. 88 ff.). Allerdings werden einfache Internetausdrucke vielfach nicht akzeptiert.[91]

bb) Ausländischen Gesellschaften bleibt jedoch die Möglichkeit, der Nachweisführung durch **öffentliche Urkunden** i.S.d. § 29 Abs 1 S. 2 GBO mit Erleichterungsmöglichkeit, wenn der Nachweis in dieser Form praktisch unmöglich ist.[92] Der im Eintragungsverfahren für das Grundbuch zu erbringende Nachweis muss sich auf alle Voraussetzungen erstrecken, von denen die Anerkennung der Rechtsfähigkeit der ausländischen juristischen Person im Inland abhängig ist.[93] Die Registerauskunft sollte beglaubigt sein, damit sie den Anforderungen einer öffentlichen Urkunde genügt.[94] In einem vom OLG Hamm im Jahr 2005 entschiedenen Fall wurde einem Grundstückskaufvertrag eine von dem Urkundsnotar beglaubigte Ablichtung eines beglaubigten Auszuges aus dem Handelsregister des Fürstentums Liechtenstein in Vaduz beigefügt. Das OLG hat festgestellt, dass, soweit es sich um ausländische Urkunden handele, diese als öffentliche Urkunden i.S. des § 29 Abs. 1 S. 2 GBO angesehen würden, sofern sie den Erfordernissen des § 415 ZPO entsprächen. Bei ausländischen öffentlichen Urkunden kann jedoch das Grundbuchamt zum Nachweis ihrer Echtheit eine Legalisation oder eine Apostille verlangen (siehe dazu Rdn. 133 ff.). Im Ergebnis kann der Nachweis also durch beglaubigte ausländische Han-

---

89 LG Hamburg notar, 2009, 356.
90 *Langhein*, ZNotP 1999, 218, 220.
91 Z.B. LG Sigmaringen, Rpfleger, 2005, 318, 329; *Herchen*, RIW 2005, 529, 532.
92 OLG Hamm NJW-RR 1995, 469. Zur Nachweisführung durch ausländische Urkunden s. BeckOK/*Hügel/Otto*, § 29 GBO Rn. 121 ff. sowie BeckOK/*Hügel/Zeiser*, GBO, Internationale Bezüge Rn. 99 sowie Rn. 105 ff.; *Langhein*, Rpfleger 1996, 45; *Reithmann*, DNotZ 1995, 360.
93 OLG Hamm NJW-RR 1995, 469.
94 OLG Hamm RNotZ 2006, 250, 252; *Mödl*, RNotZ 2008, 1, 11.

delsregisterauszüge, sofern das jeweilige Recht solche kennt,[95] geführt werden.[96] Dies gilt selbstverständlich auch für das Handelsregister. Die Verwendung ausländischer Urkunden liegt deshalb wegen seiner Akzeptanz besonders nahe. Ist in einem dem deutschen Handelsregister vergleichbaren Register eine Person als »vertretungsberechtigt« eingetragen, so kann das deutsche Gerichtergericht grundsätzlich davon ausgehen, dass diese alleinvertretungsberechtigt ist.[97]

cc) Umstritten ist, ob ein deutscher Notar eine **Vertretungsbescheinigung mit den Rechtswirkungen des § 21 BNotO** für eine ausländische Gesellschaft (nach Auszug aus einem ausländischen Handelsregister) erstellen kann.[98] Von der herrschenden Meinung wird dies bejaht, teilweise mit der Einschränkung, dass das ausländische Register seiner rechtlichen Bedeutung nach dem deutschen Handelsregister entsprechen muss.[99] Allerdings bestehen gewisse Zweifel, ob diese Auffassung vom Wortlaut des § 21 BNotO gedeckt ist, nach dem sich die »Umstände«, die der Notar bescheinigt, aus einer »Eintragung im Handelsregister oder einem ähnlichen Register« ergeben. Offen ist, was ein ähnliches Register ist. Unbestritten ist dies das deutsche Vereinsregister (§ 69 BGB) und das Genossenschaftsregister. Ob auch ausländische Register dazugehören, ist offen. Allerdings ergibt sich aufgrund der zunehmenden wirtschaftliche Verflechtungen und der damit verbundenen grenzüberschreitenden Aktivitäten ausländischer Gesellschaften ein starkes Bedürfnis für eine entsprechende Anwendung des § 21 BNotO. Allerdings sollte in jedem Fall eine vorherige Abstimmung mit dem Grundbuchamt bzw. Registergericht erfolgen.

Ist hingegen die ausländische Gesellschaft mit einer Zweigniederlassung in das deutsche Handelsregister eingetragen, so wird der deutsche Notar eine Vertretungsbescheinigung auch aufgrund der in dem Register der Zweigniederlassungen vorgenommenen Eintragungen erstellen können, ohne zusätzlich weitere Nachweise einholen zu müssen. Denn der Schutz des § 15 HGB bezieht sich in vollem Umfang auch auf sämtliche Eintragungen im Zweigniederlassungsregister.

dd) Ein **ausländischer Notar** kann eine solche Bescheinigung erteilen, die von deutschen Gerichten (jedenfalls den Handelsregistern und häufig auch von den Grundbuchämtern) vielfach anerkannt werden. Die Form des § 21 BNotO muss hierzu nicht eingehalten sein, solange die Bescheinigung dem jeweiligen Recht entspricht, welches das Gericht von Amts wegen zu prüfen hat.[100] Die hinsichtlich der Legalisation (bzw. Apostille) formgerechte Vorlage impliziert dabei zugleich die Einhaltung der Bestimmungen des jeweiligen Rechts.

ee) Der (deutsche) Notar kann gem. § 24 BNotO ein **Gutachten** (ohne die Beweiskraft des § 21 BNotO) erstellen und dies in die Form einer »Bestätigung« bringen. Auch ein solches Gutachten genießt im Rechtsverkehr weithin Vertrauen.[101] Eine entsprechende gutachterliche Stellungnahme sollte ein deutscher Notar aber nur abgeben, wenn er das ausländische Gesellschaftsrecht hinreichend kennt. Zudem sollte vorab abgeklärt werden, ob eine derartige gutachterliche Äußerung im Registerverfahren anerkannt wird.

---

95 Die Handwerkskammer München hat unter www.hwk-muenchen.de/webview74/viewDocument?onr=74&id=118 eine Auflistung der europäischen Register ins Netz gestellt.
96 *Schöner/Stöber*, Rn. 3636b; Meikel/*Roth*, § 32 Rn. 59.
97 OLG München RNotZ 2010, 350.
98 OLG Schleswig FGPrax 2008, 217 mit Anm. *Apfelbaum*, DNotZ 2008, 711; LG Wiesbaden GmbHR 2005, 1134; LG Aachen MittBayNot 1990, 125; *Süß*, DNotZ 2005, 180, 184; Hirte/Bücker/*Mankowski/Knöfel*, Grenzüberschreitende Gesellschaften, § 13 Rn. 78; Arndt/Lerch/*Sandkühler*, § 21 Rn. 13; *Huhn/von Schuckmann*, § 12 Rn. 29; *Schöner/Stöber*, Rn. 3636b; *Mödl*, RNotZ 2008, 1, 12; a.A. OLG Hamm NJW-RR 1995, 469; Meikel/*Roth*, § 32 Rn. 59.
99 So das OLG Schleswig FGPrax 2008, 217, für das schwedische Handelsregister; weitere Nachweise in der vorangegangenen Fn.
100 OLG Köln Rpfleger 1989, 66; LG Wiesbaden, Beschl. v. 8.6.2005, GmbHR 2005, 1134; *Schöner/Stöber*, Rn. 3636b; *Reithmann*, DNotZ 360, 367; LG Kleve RNotZ 2008, 30 (jedenfalls für Notare aus dem Bereich des lateinischen Notariats); *Schöner/Stöber*, Rn. 3636b m.w.N.
101 *Süß*, DNotZ 2005, 180, 184.

58 Ein solches Gutachten könnte wie folgt aussehen:[102]

Formulierungsmuster zur gutachterlichen Äußerung im Registerverfahren:
Aufgrund Einsichtnahme in das elektronische Handelsregister von...... vom heutigen Tag und der mir von diesem Handelsregister übermittelten elektronischen Daten bestätige ich, dass in dem vorgenannten Register folgende Eintragungen registriert sind:
  Gesellschaft
  Registernummer
  Rechtsform
  Tag der Eintragung
  Geschäftsanschrift
  Geschäftsführer
  (ggfls.)Secretary
Zur Vertretungsbefugnis enthält das Register keine Angaben. Gesellschaften der vorstehenden Rechtsform werden grundsätzlich gemeinsam durch das Board of Directors gemeinsam vertreten.
  Unterschrift und Siegel

59 ff) Das Gleiche gilt auch für entsprechende **gutachterliche Mitteilungen ausländischer Notare**, gleich, ob diese auf Eintragung in ausländischen Registern oder auf sonstigen Erkenntnisquellen beruhen.[103]

gg) Bei **nichtregistrierten ausländischen Gesellschaften** ist ein Nachweis durch einen öffentlich beglaubigten Registerauszug nicht möglich. Es verbleibt dann nur die Vertretungsbescheinigung des deutschen Notars in Anwendung des § 24 BNotO und die entsprechende Bescheinigung eines ausländischen Notars. Grundlage einer solchen Bescheinigung kann dann beispielsweise die VAT-Nummer (Umsatzsteuernummer) und/oder die Gründungsurkunde sein.[104] Eine Bescheinigung eines deutschen Notars nach § 21 BNotO ist nicht möglich, da dieser keine Einnahme in ein Register nehmen kann.[105] Eine entsprechende gutachterliche Stellungnahme sollte ein deutscher Notar aber nur abgeben, wenn er das ausländische Gesellschaftsrecht hinreichend kennt.

d) Nachweis der Existenz und der Vertretungsmacht bei Gesellschaften ausgewählter Staaten

60 Im Folgenden wird dargestellt, wie die Existenz und die Vertretungsberechtigung für Gesellschaften aus den wichtigsten Handelspartnern Deutschlands (Frankreich, Vereinigte Staaten von Amerika, England, Italien, Niederlande, Österreich, Belgien, Spanien, Schweiz) nachgewiesen werden. Die alphabetisch sortierte Darstellung beschränkt sich dabei auf die wichtigsten Rechtsformen des Kapitalgesellschaftsrechts.

aa) Belgien:
(1) Häufigste Rechtsformen und deren Vertretung

61 In Belgien gibt es eine der deutschen Aktiengesellschaft vergleichbare Rechtsform (Société Anonyme (S.A.)/Naamloze Vennootschap (N.V.)). Die S.A. wird durch den Verwaltungsrat (Conseil dÁdministration) vertreten, der aus mindestens 3 Mitgliedern besteht. Der

---
102 Angelehnt an Kersten/Bühling/*Langhein*, § 158 Rn. 83M.
103 *Reithmann*, DNotZ 1995, 360.
104 Hirte/Bücker/*Mankowski/Knöfel*, Grenzüberschreitende Gesellschaften, § 13 Rn. 84.
105 *Süß*, DNotZ 2005, 180, 185; *Melchior/Schulte*, NotBZ 2003, 344, 346; Hirte/Bücker/*Mankowski/Knöfel*, Grenzüberschreitende Gesellschaften, § 13 Rn. 86.

Verwaltungsrat ist grundsätzlich gesamtvertretungsberechtigt, allerdings kann im Einklang mit der Satzung einzelnen oder mehreren Mitgliedern Alleinvertretungsbefugnis erteilt werden. Darüber hinaus kann auch Personen, die nicht dem Verwaltungsrat angehören, für die täglichen Verwaltungsaufgaben die Vertretungsbefugnis übertragen werden.[106] Eine gesetzliche Regelung betr. das Selbstkontrahieren besteht nicht, die Rechtsprechung sieht jedoch solche Geschäfte – ohne Heilungsmöglichkeit – als unwirksam an.[107]

Neben der S.A. gibt es auch noch eine der deutschen GmbH vergleichbare Rechtsform (Société Privé à Responsabilité Limitée (S.P.R.L)). Wie im deutschen Recht kann im Einklang mit der Satzung einer oder mehreren Personen die Vertretungsbefugnis als Einzelvertretungsbefugnis bzw. Gesamtvertretungsbefugnis erteilt werden. Wenn keine abweichende Vertretungsregelung im Handelsregister eingetragen ist, besteht Einzelvertretungsbefugnis.[108] Wird den Geschäftsführern lediglich Gesamtvertretungsbefugnis erteilt, kann eine derartige Einschränkung der Vertretungsbefugnis nur bei einer Veröffentlichung Dritten entgegengehalten werden.

62

(2) Nachweis von Existenz und Vertretungsbefugnis

Seit 2003 gibt es statt des Handelsregisters in Belgien ein Unternehmensregister, das in der »Zentralen Datenbank der Unternehmen« geführt wird. Für Informationen aus dem Unternehmensregister muss über die so genannten »Unternehmensschalter« eine Anfrage erfolgen. Bei diesen handelt es sich um Organisationen in der Rechtform von Vereinen, die mit der Verwaltung der Daten im Unternehmensregister betraut wurden. Der Zugang via Internet ist nur dem öffentlichen Dienst vorbehalten.[109] Aufgrund der negativen Publizität wird man das Unternehmensregister mit dem deutschen Handelsregister vergleichen können, womit den deutschen Notaren die Möglichkeit eröffnet ist, Vertretungsbescheinigungen aufgrund Einsichtnahme in das Unternehmensregister zu erteilen. Möglich ist aber auch der Existenz- und Vertretungsnachweis durch einen beglaubigten Auszug aus dem Unternehmensregister. Dieser Auszug enthält Angaben darüber, welche Personen bei einer Aktiengesellschaft dem Verwaltungsrat angehören, wer der Vorsitzende des Verwaltungsrates ist und welche Mitglieder des Verwaltungsrates in welcher Form zur Vertretung der Gesellschaft befugt sind. Die Auszüge aus dem Unternehmensregister bedürfen aufgrund eines bilateralen Abkommens weder der Legalisation noch der Apostille (siehe unten Rdn. 145).

63

Möglich ist natürlich auch eine Existenz- und Vertretungsbescheinigung eines belgischen Notars. Dieser bedient sich in der Regel zum Nachweis der Veröffentlichung der Bestellung der Organe, die im Anhang zum belgischen Amtsblatt veröffentlicht sind.[110]

64

bb) England

(1) Wichtigste Rechtsformen und deren Vertretungsorgane

Die wesentliche Rechtsform für Gesellschaften mit beschränkter Haftung ist die Private Limited Company (im Folgenden Limited genannt). Für börsennotierte Limiteds gelten Sonderregeln.

65

Die Limited wird vertreten durch das Board of Directors. Das Board einer Private Limited Company besteht aus mindestens einer Person (die dann allein vertretungsbefugt ist),

66

---

106 DNotI-Gutachten Nr. 66630 vom 10. April 2006.
107 Beck'sches Notarhandbuch/*Süß*, Abschn. E. Rn. 18 m.w.N.
108 *Süß/Wachter/Kocks/Hennes*, Handbuch des internationalen Gesellschaftsrechts, S. 399.
109 Allerdings gibt es eine kommerzielle Seite mit Firmeninformationen (auch auf englisch), die aber für den Vertretungsnachweis nicht ausreicht (www.eurodb.be).
110 Würzburger Notarhandbuch/*Süß*, S. 3495.

6. Kapitel Internationales Gesellschaftsrecht

bei sonstigen Limiteds bedarf es mindestens zweier Mitglieder (die dann Gesamtvertretungsbefugnis haben). Sofern das Board aus mehreren Mitgliedern (=Directors) besteht, wird in der Regel ein Director durch Satzung oder Gesellschafterbeschluss ermächtigt, für die Gesellschaft alleine zu handeln. Dies ergibt sich aber nicht aus dem Handelsregister (Registrar of Companies), sondern muss vom Secretary bestätigt werden. Der Secretary der Gesellschaft führt das Protokollbuch (minute book) der Gesellschaft und ist dafür zuständig, Auskunft über den Inhalt des Protokollbuches, insbesondere über Beschlüsse betreffend die Vertretungsmacht, zu geben.[111] Ein Verbot des Selbstkontrahierens oder der Mehrfachvertretung kennt das englische Recht nicht.[112]

(2) Nachweis von Existenz und Vertretungsmacht

67 Die Existenz der Gesellschaft kann durch ein sog. »Certificate of incorporation« oder ein »Certificate of good standing« nachgewiesen werden. (Apostille erforderlich, siehe dazu Rdn. 133 ff.).[113] Dieses Certificate wird ausgestellt durch das Companies House,[114] eine Exekutivbehörde des Department of Trade and Industry und Zweigstelle des Registrar of Companies.[115] Aus diesem Auszug aus dem Registrar of Companies kann die Vertretungsbefugnis jedoch nur dann abgeleitet werden, wenn nur ein einziger Director bestellt ist oder sämtliche in dem Auszug genannten Directors gehandelt haben. Sind hingegen mehrere Directors bestellt und handelt nur einer, so ist nachzuweisen, dass dieser zur Alleinvertretung ermächtigt ist. Ein solcher Nachweis kann erbracht werden durch eine Bescheinigung des Secretary der Gesellschaft, der einen entsprechenden Beschluss des Boards, nach der einem bestimmten Director die Vertretungsmacht übertragen wird, bescheinigt. Aus dem Register selbst ergibt sich die Vertretungsregelung nämlich nicht. Die Bestätigung des Secretary bedarf zur Anerkennung in Deutschland dann der Beglaubigung durch einen englischen (Scrivener) Notar (Apostille erforderlich), um das Erfordernis der öffentlichen Form zu erfüllen.

68 Vorzuziehen ist in der Regel jedoch im Auslandsrechtsverkehr eine von einem englischen Scrivener Notary erstellte notarielle Existenz- und Vertretungsbescheinigung (Apostille erforderlich). Diese kann in der Regel auch relativ unkompliziert beigebracht werden. Die Registergerichte und Grundbuchämter erkennen eine solche Bestätigung häufig an, wenn der englische Notar, der z.B. eine Bevollmächtigung des allein auftretenden Director beglaubigt, zusätzlich bescheinigt, dass der Aussteller der Vollmacht bzw. Genehmigung vertretungsberechtigt ist, ggf. auch, dass der unterschreibende Secretary tatsächlich Secretary der Gesellschaft ist. Eine solche Existenz- und Vertretungsbescheinigung wäre dann mit einer Bescheinigung nach § 21 BNotO vergleichbar, sie könnte wie folgt lauten:

69 M **Formulierungsvorschlag zur Existenz- und Vertretungsbescheinigung:**
TO ALL TO WHOM THESE PRESENTS SHALL COME, I ... of the City of London, England NOTARY PUBLIC by royal authority duly admitted, sworn and holding a faculty to practise throughout England and Wales, DO HEREBY CERTIFY that the above are the true signatures of ... and ..., whose identities I have verified;

---

111 Kersten/Bühling/*Langhein*, § 158 Rn. 69.
112 Beck'sches Notarhandbuch/*Süß*, Abschn. E. Rn. 32 m.w.N.
113 Hirte/Bücker/*Mankowski/Knöfel*, Grenzüberschreitende Gesellschaften, § 13 Rn. 77.
114 Auszüge können über das Internet (nachvorheriger Eingabe einer Registrierungsnummer) bestellt werden unter www.companieshouse.gov.uk. Unter dieser Adresse findet sich auch eine deutschsprachige Anleitung und eine Telefonnummer, in der man zu einem deutschsprachigen Mitarbeiter verbunden werden kann.
115 Siehe dazu *Langhein*, Notarieller Rechtsverkehr mit englischen Gesellschaften, NZG 2001, 1123, 1125.

Furthermore, I DO HEREBY CERTIFY AND ATTEST that I have this day in London aforesaid examined books and records concerning the company with the name ..., incorporated under the companies Act ... on the ... with the Company Number ..., including but not limited to a true copy of the Memorandum and Articles of Association of the said company and the Certificate of Incorporation of the said company and, as a result of and in reliance upon such books and records, I HEREBY FURTHER CERTIFY AND ATTEST that:

The said ... is existing and has been duly incorporated on ... with the Company Number ...;

the said ... and ..., in their respective capacities as a director an the secretary, are duly authorised to represent the said ... in the granting of the said power of attorney and to sign and deliver the same as a deed as signatories on its behalf.

IN FAITH AND TESTIMONY WHEREOF I, the said notary, have subscribed my name and set and affixed my seal of office in London, England this ....

Eine **Registerbescheinigung eines deutschen Notars** in entsprechender Anwendung des § 21 BNotO (siehe oben Rdn. 57) ist deshalb nicht ohne weiteres möglich, weil dass Companies House mit dem deutschen Handelsregister nicht vergleichbar ist, insbesondere kein vergleichbarer Gutglaubensschutz besteht und keine Rechtsprüfung der angemeldeten Tatsachen stattfindet.[116] Anerkannt wird teilweise jedoch auch eine **gutachterliche Stellungnahme** eines deutschen Notars nach § 24 BNotO,[117] wobei hier Vorsicht geboten ist. Der Notar müsste, um eine entsprechende Bescheinigung abgeben zu können, in Protokolle und Unterlagen selbst einsehen und zudem Kenntnis des englischen Gesellschaftsrechts haben. 70

cc) Frankreich

(1) Wichtigste Rechtsformen und deren Vertretungsorgane

Die in Frankreich geläufigsten Rechtsformen sind die Sociète à responsabilité limité (S.A.R.L.), die der deutschen GmbH entspricht, sowie die Société anonyme (S.A. bzw. Société par actions simplifiée = S.A.S.), die der Aktiengesellschaft nahe kommt. 71

Die S.A.R.L. wird vertreten durch den oder die Geschäftsführer (Gérant), denen grundsätzlich Alleinvertretungsbefugnis zukommt. Die Satzung kann zwar Geamtvertretungsbefugnis anordnen, diese Einschränkung ist jedoch, ebenso wie die Begrenzung der Vertretungsmacht auf den Gesellschaftszweck, Dritten gegenüber wirkungslos (Art. L. 223-18 Abs. 6 C. Com.). 72

Die S.A. wird vertreten durch den Generaldirektor (Président Directeur Général), der dem Verwaltungsrat (Conseil d'administration) vorsteht. Dieser ist grundsätzlich alleinvertretungsberechtigt. Zusätzlich können weitere vertretungsberechtigte Vorstände (Directeur Gènéral) ernannt werden, die ebenfalls alleinvertretungsberechtigt sind. Statt diesem monistischen System (nur einen Verwaltungsrat, kein Nebeneinander von Vorstand und Aufsichtsrat) kann die Aktiengesellschaft auch ein dualistisches System wählen. Die für das monistische System skizzierten Grundsätze gelten dann entsprechend für den Vorstand (Directoire). 73

Ein allgemeines Verbot des Selbstkontrahierens gibt es nicht. Allerdings sind Verträge nichtig, mit denen die Gesellschaft einem Verwalter ein Darlehen oder eine sonstige Sicherheit gewährt (Art. L. 225-43 C.Com). Sonstige Verträge, die einem Drittvergleich standhalten, sind hingegen zulässig (Art. L. 225-39 C.Com.). Verträge zwischen der Gesellschaft und einem Gesellschafter, der mehr als 5% hält, sind zwar wirksam, aber anfecht- 74

---

116 *Heckschen*, NotBZ 2005, 24, 25; *Wachter*, DB 2004, 2795, 2799; *Mödl*, RNotZ 2008, 1, 12.
117 *Heckschen*, NotBZ 2005, 24, 26; *Mödl*, RNotZ 2008, 1, 12.

6. Kapitel Internationales Gesellschaftsrecht

bar, wenn die Gesellschafterversammlung nicht zuvor eingewilligt hat (Art. L. 225-42 C.Com.).[118]

(2) Nachweis von Existenz und Vertretungsmacht

75 Der Nachweis der Existenz und der Vertretungsbefugnis kann über einen beglaubigten Handelsregisterauszug (Extrait KBIS)[119] erfolgen. Das französische Handelsregister (Registre de Commerce et des Socieétés) entspricht seinen Wirkungen nach dem deutschen Handelsregister. Daneben ist die Vertretungsbescheinigung eines französischen Notars denkbar, auch wenn dafür keine gesetzliche Grundlage besteht. Da aber die Vorstände stets alleinvertretungsberechtigt sind, kommt es in der Praxis eher auf den Nachweis der Existenz der Gesellschaft und der Vorstandseigenschaft denn auf den Nachweis der Ausgestaltung der Vertretung an. Legalisation oder Apostille sind nicht erforderlich (siehe Rdn. 145).[120]

dd) Italien

(1) Wichtigste Rechtsformen und deren Vertretungsorgane

76 Für die Vertretung einer der deutschen Aktiengesellschaft vergleichbaren Sociéta per Azioni (S.p.A.) gibt es insgesamt drei Möglichkeiten:

(1) Für die Gesellschaften, die nach dem traditionellen System organisiert sind, wird ein Verwaltungsrat (Consiglio di Amministrazione) bestellt, dem auch die Vertretung obliegt. Es ist auch möglich, dass auch nur ein einziger Verwalter bestellt wird.
(2) Seit dem 1. Januar 2004 ist es für italienische Gesellschaften möglich, sich mit einem Vorstand (Consiglio di Gestione) und einem Aufsichtsrat (Consiglio di Sorveglianza) auszustatten. Wird dieses System gewählt, obliegt die Vertretung den Vorstandsmitgliedern nach Maßgabe der Satzung. Die Vertretungsbefugnis ist zum Handelsregister anzumelden.
(3) Wählt die Gesellschaft das monistische System, wird die Gesellschaft – wie in den Ländern des angloamerikanischen Rechtskreises – von bestimmten Direktoren vertreten. Die Vertretung ist in der Satzung zu regeln und zum Handelsregister anzumelden.

77 Selbstkontrahieren oder Mehrfachvertretung sind zwar wirksam, können jedoch auf Antrag der Gesellschaft für nichtig erklärt werden, wenn a) nicht der gesamte Verwaltungsrat gehandelt hat, oder b) der Verwalter nicht zum Abschluss gesondert ermächtigt war bzw. dem Rechtsgeschäft ein Beschluss des Verwaltungsrates zugrunde lag, oder c) nicht die Möglichkeit eines Interessenkonflikts ausgeschlossen werden kann (Artt. 1395 und 2391 C.C.).[121]

78 Die Vertretung einer der deutschen GmbH vergleichbaren Sociéta à Responsabilita Limitata (S.R.L.) obliegt den Geschäftsführern (Amministratori). Die Ernennung der Geschäftsführer erfolgt in der Gründungsurkunde. Änderungen in der Person des Geschäftsführers können durch Gesellschafterversammlungen, oder, wenn die Satzung dies vorsieht, in anderer Form, erfolgen (Artikel 2475 c.c.)[122]. Gemäß Artikel 2383 Abs. 4 und 5 c.c. sind die Geschäftsführer zum Handelsregister anzumelden.[123] Sofern die

---

118 Beck'sches Notarhandbuch/*Süß*, Abschn. E. Rn. 41 m.w.N.
119 Ein »Extrait K-BIS« kann auf der Website http://www.extrait-k-bis.com angefordert werden (keine offizielle Seite des Handelsregisters).
120 Abkommen zwischen Deutschland und Frankreich vom 13.9.1971, BGBl. II 1974, S. 1100.
121 Beck'sches Notarhandbuch/*Süß*, Abschn. E. Rn. 51 m.w.N.
122 Zitiert nach Süß/Wachter/*Bauer/Pasaresi*, Handbuch des internationalen GmbH-Rechtes, S. 910.
123 *Bauer/Pesaresi*, a.a.O.

Geschäftsführung aus mehreren Personen besteht, können diese einen so genannten Verwaltungsrat (Consiglio di Amministrazione) bilden, wobei in der Gründungsurkunde festgelegt werden kann, ob seine Mitglieder gemeinsam oder einzeln vertreten können.[124]

(2) Nachweis von Existenz und Vertretungsmacht

Existenz- und Vertretungsverhältnisse können durch in das von den Handelskammern geführte Unternehmensregister nachgewiesen werden. Das Register ist aufgrund seiner Öffentlichkeit und dem Schutz des guten Glaubens mit dem deutschen Handelsregister vergleichbar. Daher kann die Existenz und die Vertretung nachgewiesen werden durch einen beglaubigten Auszug aus dem Handelsregister, der dort angefordert werden kann. Es sind weder Legalisation noch Apostille erforderlich (siehe Rdn. 145). Praktischer ist es jedoch, über die italienische Handelskammer in Deutschland einen Registerauszug anzufordern. Dieser wird innerhalb von 5 Werktagen versandt.[125] Darüber hinaus besteht auch die Möglichkeit, dass ein deutscher Notar eine Vertretungsbescheinigung gemäß § 21 BNotO aufgrund Einsichtnahme in das Handelsregister erstellt. Schließlich ist auch eine Vertretungsbescheinigung eines italienischen Notars denkbar. Legalisation und Apostille entfallen auch in diesem Fall. 79

ee) Niederlande

(1) Wichtigste Rechtsformen und deren Vertretungsorgane

Die niederländische B.V. (Besloten Vennootschap met beperkte Aansprakelijkheid) entspricht der deutschen GmbH. Sie wird durch den Geschäftsführer (Bestuurder) vertreten (Art. 2:240 Abs. 1 des niederländischen Bürgerlichen Gesetzbuches), der grundsätzlich alleinvertretungsberechtigt ist.[126] Eine Einschränkung durch die Satzung ist nur zulässig, wenn sie im Handelsregister eingetragen ist. 80

Die niederländische N.V. (Naamloze Vennotschap) entspricht der deutschen Aktiengesellschaft, die für sie geltenden Regelungen sind mit denen für die B.V. vergleichbar. Allerdings ist die Bedeutung im Vergleich zur B.V. gering.[127] 81

Der Geschäftsführer einer Kapitalgesellschaft ist gem. Art. 2:256 B.W. von der Vertretung ausgeschlossen, wenn eine Interessenkollision zwischen der Gesellschaft und dem Geschäftsführer besteht und der Gesellschaftsvertrag nicht von dem Verbot befreit.[128] Kann der Geschäftsführer nicht tätig werden, so wird die Gesellschaft durch den Aufsichtsrat vertreten. 82

(2) Nachweis von Existenz und Vertretungsmacht

Ein Nachweis der Vertretung erfolgt regelmäßig durch einen beglaubigten Auszug aus dem Handelsregister. Das Handelsregister wird in den Niederlanden durch die Industrie- und Handelskammer (*Kamer van Kophandel*) geführt. Da es sich bei dem Handelsregister in den Niederlanden um eine öffentlich-rechtliche Einrichtung handelt,[129] stellt der von der niederländischen Handelskammer ausgestellte Auszug aus dem Handelsregister eine öffentliche Urkunde dar, die den Formerfordernissen des § 12 HGB bzw. § 29 GBO gerecht wird. Dem Auszug lässt sich nicht nur entnehmen, wer zum Geschäftsführer der Gesell- 83

---

124 *Bauer/Pesaresi*, a.a.O., S. 912.
125 Informationen unter www.itkam.org.
126 Süß/Wachter/*Rademakers/de Vries*, Handbuch der internationalen GmbH-Rechts, S. 1142.
127 Im Jahr 2003 gab es in den Niederlanden ca. 175.000 B.V.s und nur ca. 1.000 N.V.s; vgl. Süß/Wachter/*Rademakers/de Vries*, Handbuch der internationalen GmbH-Rechts, S. 1103.
128 OLG Düsseldorf MittRhNotK 1995, 113; Beck'sches Notarhandbuch/*Süß*, Abschn. E. Rn. 70.
129 *Limmer*, Notarius International 1997, 31, 35.

6. Kapitel Internationales Gesellschaftsrecht

schaft bestellt ist, sondern auch, in welcher Weise dieser zur Vertretung der Gesellschaft befugt ist, insbesondere, ob er allein vertretungsbefugt ist oder (ausnahmsweise) mit anderen Personen gemeinschaftlich handeln muss. In dem Handelsregisterauszug sind ausschließlich die aktuellen Verhältnisse der Gesellschaft dargelegt. Der Auszug kann über das Internet bestellt werden.[130] Apostille ist erforderlich (siehe Rdn. 143).

84 Nicht abschließend geklärt ist, ob auch eine Vertretungsbescheinigung eines niederländischen Notars ausreichend ist. In der Praxis stellen niederländische Notare derartige Vertretungs-bescheinigungen aus, obwohl das niederländische Beurkundungsrecht die Ausstellung derartiger Bescheinigungen nicht ausdrücklich vorsieht. Vorteil einer solchen Bescheinigung gegenüber dem bloßen Handelsregisterauszug ist, dass der Handelsregisterauszug aufgrund der rein deklaratorischen Wirkung der Handelsregistereintragungen nicht zwingend mit den tatsächlichen Verhältnissen in Einklang stehen muss. Die notarielle Vertretungsbescheinigung kann sich hingegen zusätzlich auf den Gesellschaftsvertrag und auf die Gesellschafterversammlungen berufen und daher zusätzliche Sicherheit schaffen.[131]

ff) Österreich

(1) Häufigste Rechtsformen und deren Vertretung

85 Das österreichische Gesellschaftsrecht ähnelt in vielen Punkten dem deutschen Gesellschaftsrecht. Eine österreichische AG wird durch seinen Vorstand vertreten, wobei einem einzelnen Vorstandsmitglied Einzelvertretungsberechtigung zukommt. Bei einem Vorstand, der aus mehreren Personen besteht, besteht grundsätzlich Gesamtvertretungsbefugnis, sofern nicht in der Satzung etwas anderes vorgesehen ist oder ein entsprechender Beschluss auf der Grundlage der Satzung ergangen ist.

86 Bei einer GmbH (Ges.m.b.H.) wird die Gesellschaft durch die Geschäftsführer vertreten. Auch hier besteht sowohl die Möglichkeit der Gesamtvertretungsbefugnis oder der (durch die Satzung legitimierten) Einzelvertretungsbefugnis. Insichgeschäfte sind nur zulässig, wenn eine Interessenkollision ausgeschlossen ist. Ansonsten kann der Geschäftsführer die Gesellschaft nur vertreten, wenn eine Einwilligung bzw. Genehmigung der Gesellschafter vorliegt. Diese kann auch im Gesellschaftsvertrag erteilt werden. Hat die Gesellschaft nur einen Gesellschafter und ist dieser zugleich Geschäftsführer, so gilt das Verbot des Selbstkontrahierens und der Mehrfachvertretung nicht, wenn dieser hierüber eine »Urkunde« errichtet hat, die das Geschäft für zulässig erklärt.[132]

(2) Nachweis von Existenz der Vertretungsbefugnis

87 Das österreichische Handelsregister (Firmenbuch) entspricht in seinem Gutglaubensschutz dem deutschen Handelsregister. Aus diesem Grund kann der Nachweis der Existenz- und Vertretungsmacht auch durch einen Auszug aus dem Firmenbuch erfolgen. Auszüge aus dem Firmenbuch können online[133] bestellt werden. Legalisation und Apostille sind nicht erforderlich (siehe unten Rdn. 145). Aufgrund Einsichtnahme in das Firmenbuch können auch deutsche Notare Vertretungsbescheinigungen gemäß § 21 BNotO erteilen. Gleiches gilt für österreichische Notare.

---

130 Siehe www.kvk.nl/handelsregister/zoekenframeset.asp?register=1.
131 Süß/Wachter/*Rademakers/de Vries*, Handbuch der internationalen GmbH-Rechts, S. 1127.
132 Beck'sches Notarhandbuch/*Süß*, Abschn. E. Rn. 77, 78 m.w.N.
133 Siehe www.jusline.at.

gg) Schweiz

(1) Wichtigste Rechtsformen und deren Vertretungsorgane

In der Schweiz sind die häufigsten Rechtsformen die Aktiengesellschaft und die GmbH, wobei – anders als in Deutschland – die AG weit verbreiteter ist als hierzulande. Die AG wird von ihrem Verwaltungsrat, der insoweit mit dem Vorstand der deutschen AG vergleichbar ist, vertreten (ohne abweichende Satzungsbestimmung Einzelvertretungsbefugnis, Art. 718 OR). Der Verwaltungsrat kann, soweit die Satzung es zulässt, die Geschäftsführung auf Dritte (= Direktoren) oder einzelne Verwaltungsratsmitglieder (= Delegierte) übertragen (Art. 718 OR). 88

Die GmbH wird von ihren Gesellschaftern gemeinschaftlich vertreten, es sei denn, in der Satzung wird die Vertretungsbefugnis auf einen Dritten oder auf einen einzelnen Gesellschafter als Geschäftsführer übertragen (Art. 809 OR). Der Geschäftsführer ist grundsätzlich alleinvertretungsberechtigt, es sei denn, die Satzung bestimmt etwas anderes (Art. 814 OR). 89

Selbstkontrahieren und Mehrfachvertretung sind gesetzlich nicht geregelt, werden aber von Literatur und Rechtsprechung als unzulässig angesehen, sofern nicht die Natur des Rechtsgeschäfts eine Benachteiligung der Gesellschaft ausschließt oder eine Ermächtigung vorliegt. Die nachträgliche Genehmigung des unzulässigen In-sich-Geschäftes durch die Generalversammlung ist möglich.[134] 90

(2) Nachweis von Existenz und Vertretungsmacht

Die schweizerischen Kantone führen Handelsregister, die in ihrer Funktion dem deutschen Handelsregister gleichen. Die Eintragung in das öffentliche Handelsregister ist konstitutiv für die Entstehung der Gesellschaft, Dritte genießen den Schutz einer negativen Publizität (Art. 930 OR). Gem. Art. 937 OR müssen alle Änderungen von eintragungspflichtigen Tatsachen im Handelsregister eingetragen werden, sodass man auf die Eintragungen vertrauen kann. Es bieten sich daher mehrere Möglichkeiten des Existenz- und Vertretungsnachweises an: 91

a) Zum einen ist eine Vertretungsbescheinigung eines deutschen Notars gem. § 21 BNotO denkbar. Da inzwischen weitgehend anerkannt ist, dass ein deutscher Notar auch über die gesetzliche Vertretung einer ausländischen Gesellschaft aufgrund Einsichtnahme in ein ausländisches Register oder auf der Basis eines ausländischen Handelsregisterauszugs eine Vertretungsbescheinigung erstellen kann (siehe oben Rdn. 57), wenn das ausländische Handelsregister dem deutschen vergleichbar ist, stellt diese Nachweisform – auch aufgrund der Sprache – die einfachste Variante dar, zumal die Einsicht auch online möglich ist.[135] Aus dem Register ergibt sich, dass die Gesellschaft existent ist und wer in welcher Form (einzel- oder gesamt-)vertretungsberechtigt ist. Die online eingesehenen Registerdaten enthalten bisweilen den Zusatz »*Die obenstehenden Informationen erfolgen ohne Gewähr und haben keinerlei Rechtswirkung*«. Damit soll wohl ausgedrückt werden, dass die technische Wiedergabe der Daten fehlerhaft sein kann. Will man dies ausschließen, besteht die Möglichkeit, einen beglaubigten Registerauszug zu bestellen, der in der Regel auch schnell zugeschickt wird. Erforderlich für die Bescheinigung des deutschen Notars ist der beglaubigte Ausdruck aber wohl nicht.[136]

b) Der Existenz- und Vertretungsnachweis kann auch über die Vorlage eines beglaubigten Registerauszuges aus dem schweizerischen Handelsregister erfolgen. Dieser kann

---

134 Beck'sches Notarhandbuch/*Süß*, Abschn. E. Rn. 94 m.w.N.
135 Den Zugang der Handelsregister sämtlicher Schweizer Kantone findet sich unter www.zefix.ch oder www.powernet.ch/hrweb/ger/info.htm.
136 So auch das DNotI-Gutachten Nr. 96659 vom 18.8.2009 (n.v.).

online gegen eine Gebühr bestellt werden. Allerdings ist dieser mit einer Apostille zu versehen (siehe Rdn. 143), sodass die Registerbescheinigung des deutschen Notars der schnellere Weg ist.

c) Schließlich ist auch die Vertretungsbescheinigung eines schweizerischen Notars[137] denkbar. Diese Vertretungsbescheinigung wird von den schweizerischen Notaren auch unproblematisch erstellt. Sie ist mit einer Apostille zu versehen.

hh) Spanien

(1) Wichtigste Rechtsformen und deren Vertretungsorgane

92 Das spanische Recht hält als Rechtsformen für Kapitalgesellschaften die Sociedad Anonima (SA), die in etwa der deutschen AG entspricht, und die Sociedad de Responsabilidad Limitada (S.L. bzw. S.R.L.), die der deutschen GmbH entspricht, bereit. Die SA wird vertreten durch den Verwaltungsrat (Consejo de Administracion), der aus einer Person (dann Alleinvertretungsbefugnis) oder mehreren Personen (dann grundsätzlich Gesamtvertretungsbefugnis) besteht.[138] Sofern die Satzung dies zulässt, kann der Verwaltungsrat die Vertretungsbefugnis auf eine entweder dem Verwaltungsrat angehörende oder auf eine dritte Person übertragen (Art. 141 des spanischen Aktiengesetzes). Diese Übertragung der Vertretungsbefugnis wird erst mit der Eintragung in das Handelsregister wirksam.[139] Für die Vertretung der S.L. gibt es nach Art. 57 LSL (spanisches GmbH-Gesetz) mehrere Möglichkeiten: Mit dieser können betraut werden (1) ein Alleingeschäftsführer (Administrador unico), (2) zwei oder mehrere alleinvertretungsberechtigte Geschäftsführer (Adm. Solidarios), (3) zwei oder mehrere gesamtvertretungsberechtigte Geschäftsführer (adm. mancommunados), (4) der Verwaltungsrat (consejo de administracion) als Kollegialorgan.[140]

93 Selbstkontrahieren und Mehrfachvertretung sind unzulässig, sofern nicht ein Interessenkonflikt ausgeschlossen ist oder eine – auch allgemein gehaltene – Ermächtigung vorliegt.[141]

(2) Nachweis von Existenz und Vertretungsmacht

94 In Spanien existiert ein Handelsregister, das in seiner Funktion dem deutschen Handelsregister vergleichbar ist. Der gute Glaube wird geschützt. Aufgrund des Grundsatzes der materiellen Publizität gilt der Inhalt des Handelsregisters als exakt und gültig.[142] Registerauszüge sind für jedermann online abrufbar und bestellbar.[143] Auf den Internetseiten werden auch Telefonnummern für eine Kontaktaufnahme mit dem Handelsregister angegeben. Aufgrund der Vergleichbarkeit des spanischen mit dem deutschen Handelsregister ist als Existenz- und Vertretungsnachweis eine Vertretungsbescheinigung eines deutschen Notars gem. § 21 BNotO denkbar. Der Notar müsste dann in das Register (online) einsehen und aufgrund eigener Rechtskenntnis die Existenz und Vertretungsbefugnis bescheinigen.

---

137 Eine Übersicht über die Beurkundungszuständigkeiten in den einzelnen Kantonen befindet sich auf der Homepage des Instituts für Notariatsrecht und notarielle Praxis bei der Universität Bern (Lehrstuhl Prof. Dr. Wolf). Dort sind nicht nur die Gesetze verlinkt, sondern es wird auch jeweils eine Kurzdarstellung des Systems in jedem einzelnen der Kantone gegeben (im Internet unter: http://www.inr.unibe.ch/lenya/inr/live/Notariatswesen.html).
138 Würzburger Notarhandbuch/*Süß*, Teil 7 Kapitel 6 Rn. 100.
139 Würzburger Notarhandbuch/*Süß*, a.a.O.
140 Süß/Wachter/*Löber/Kozano/Steinmetz*, Handbuch des internationalen GmbH-Rechts, S. 1584.
141 Beck'sches Notarhandbuch/*Süß*, Abschn. E. Rn. 101 m.w.N.
142 Süß/Wachter/*Löber/Kozano/Steinmetz*, Handbuch des internationalen GmbH-Rechts, S. 1587.
143 Internetadresse der Lokalen Register: www.registradores.org (dort teilweise auch in deutscher Sprache) Internetadresse des Zentralen Handelsregisters: www.rmc.es (dort auch in englischer Sprache).

Möglich ist es auch, eine Bescheinigung des Registerführers über den Inhalt des Handelsregisters einzuholen. Nach Art. 23.1 Ccom ist diese Bescheinigung über den Inhalt des Handelsregisters »das einzige Mittel, das den Inhalt der Registereintragung glaubhaft nachweisen kann«.[144] Die Bescheinigung muss schriftlich angefordert werden und ist ein öffentliches Dokument. Apostille ist erforderlich (siehe Rdn. 143). Denkbar ist schließlich auch eine (mit Apostille versehene) Vertretungbescheinigung eines spanischen Notars. Von dieser wird jedoch in der Praxis aufgrund der einfach zu erlangenden Registerbescheinigung wenig Gebrauch gemacht.

ii) Vereinigte Staaten von Amerika

(1) Wichtigste Rechtsform und deren Vertretungsorgane

In den USA besteht kein einheitliches Zivil- und damit auch kein einheitliches Gesellschaftsrecht. Vielmehr liegt die Gesetzgebungszuständigkeit für diesen Bereich bei den einzelnen Bundesstaaten. Gleichwohl haben sich in den einzelnen Bundesstaaten ähnliche Gesellschaftsformen herausgebildet. Wichtigste Gesellschaftsform ist die (Business) Corporation, die sowohl in der Form der Close Corporation (ähnelt entfernt der deutschen GmbH) und in der Form der Public Corporation (ähnelt entfernt der deutschen AG) existiert. Bei Gründung hat die Corporation in der Regel der jeweils zuständigen Behörde, dem Secretary of State, die Articles of Incorporation (in deutscher Terminologie: Gesellschaftsvertrag) einzureichen. Mit Erteilung des »Certificate of Incorporation« durch den Secretary of State erlangt die Gesellschaft Rechtsfähigkeit. **95**

Die **Verwaltung und Vertretung einer Corporation** unterliegt nach den insoweit weitgehend übereinstimmenden Rechten der US-Staaten dem Board of Directors.[145] Den Directors steht, sofern es – wie regelmäßig – aus mehreren Personen besetzt ist, grundsätzlich Gesamtvertretungsbefugnis zu. In vielen Staaten kann das Board of Directors auch mit einem einzigen, dann alleinvertretungsbefugten Director besetzt werden. Beschränkungen können sich in jedem Fall aus der Satzung der Gesellschaft (Articles of Incorporation) ergeben. **96**

Das Board of Directors tritt als Kollegialorgan i.d.R. nur wenige Male im Jahr zusammen und bestimmt daher für die Führung der laufenden Geschäfte mehrere oder einen Executive Officer, der auch dem Board of Directors angehören kann.[146] Diesen bzw. diesem kommt dann die Vertretungsbefugnis zu, die sich vom Board of Directors ableitet und die sich auf die in den Bylaws (= Geschäftsordnung der Gesellschaft) explizit übertragenen Befugnisse stützt. In letzteren kann auch direkt, wie auch in den Articles of Incorporation, explizit bestimmten Personen Vertretungsmacht erteilt werden. Für den President einer Gesellschaft besteht hingegen eine Anscheinsvollmacht dahingehend, dass er die Gesellschaft im Rahmen des gewöhnlichen Geschäftsgangs (ordinary business transactions) vertreten kann.[147] Die Vertretungsbefugnisse sind in allen Fällen auf den Gesellschaftszweckes beschränkt (Ultra-Vires-Doktrin), wobei die praktischen Auswirkungen eines Verstoßes gegen diesen Grundsatz beschränkt sind. Jede Corporation hat zudem einen Secretary. Dieser ist der oberste Verwaltungsangestellte und »Schriftführer« der Gesellschaft, der für die Gesellschaft Bescheinigungen erteilt, das Protokollbuch führt und das Siegel der Gesellschaft verwahrt. In kleineren Gesellschaften wird das Amt oft von einem der Directors wahrgenommen. **97**

---

144 Zitiert nach Süß/Wachter/*Löber/Kozano/Steinmetz*, Handbuch des internationalen GmbH-Rechts, S. 1570.
145 Ausführlich dazu *Jacob/Steinorth*, DNotZ 1958, 361 ff.
146 *Merkt/Göthel*, US-amerikanisches Gesellschaftsrecht, Rn. 605 f.
147 *Merkt*, a.a.O., Rn. 609.

(2) Nachweis von Existenz- und Vertretungsmacht

98 Eine dem deutschen Handelsregister vergleichbare Einrichtung existiert in den US-amerikanischen Bundesstaaten nicht. Da die Gründungsunterlagen dem Secretary of State einzureichen sind, steht es in seiner Kompetenz, die Gründung der Gesellschaft durch ein Certificate of Incorporation zu bestätigen.[148] Liegt die Gründung der Gesellschaft zeitlich etwas weiter zurück, sollte vom Secretary of State zusätzlich ein sog. Certificate of Good Standing angefordert werden, da das Certificate of Incorporation keinen Nachweis darüber erbringt, dass die Gesellschaft inzwischen nicht wieder erloschen ist.[149] Beide Bestätigungen können in einem Dokument erfolgen. Eine notarielle Beglaubigung ist, da das Certificate von einer öffentlichen Behörde ausgestellt wurde und somit § 29 GBO und § 12 HGB genügt, nicht erforderlich.[150] Allerdings ist eine Apostille erforderlich (siehe Rdn. 143).

99 Der Nachweis der Vertretungsbefugnis ist aufwendiger. Da sich die Vertretungsmacht von dem Board of Directors ableitet, ist in einem Vertretungsnachweis auch dessen Legitimät nachzuweisen. Dies ist durch eine Bescheinigung des Secretary of State, aus dem sich auch die dem Secretary of State gemeldeten Gründungsdirektoren der Gesellschaft ergeben, nur dann möglich, wenn die Gesellschaft frisch gegründet wurde. Denn spätere Wechsel in der Geschäftsführung sind dem Secretary of State nicht zu melden. Somit kommt eine Bescheinigung des Secretary of State als Vertretungsnachweis für das Board of Directors außer in den Ausnahmefällen der Neugründung nicht in Betracht. Der Nachweis der Vertretungsbefugnis des Board of Directors bzw. des eines von diesem bestellten Executive Officer kann jedoch durch eine Bescheinigung des Secretary der Gesellschaft geführt werden. Dieser fertigt in der Regel eine mit dem Gesellschaftssiegel versehene Abschrift des Beschlusses des Board of Directors an, aus dem sich die Bestellung des Executive Officer ergibt. Möglich ist auch, dass mit Beschluss des Board of Directors einer bestimmten Person Vollmacht zum Abschluss des betroffenen Rechtsgeschäfts erteilt oder dieses Rechtsgeschäft genehmigt wird. Diese Abschrift ist dann von ihm und gegebenenfalls von einem weiteren Officer bzw. Director der Gesellschaft zu unterschreiben. Im praktischen Rechtsverkehr erklärt dann der Secretary vor einem Notary Public ein sog. Acknowledgement, wodurch die Erklärungen den Charakter einer öffentlichen Urkunde i.S.v. § 29 GBO erhalten. Apostille ist erforderlich (siehe Rdn. 143). Eine solche Erklärung könnte wie folgt lauten:[151]

100 M **Formulierungsbeispiel zur Existenz- und Vertretungserklärung:**
I, ..., Secretary of ... Company, do hereby certify that at a legal meeting of the Board of Directors of said Company regularly called, notice of which was duly given to each Director, which meeting was held at the office of the Company at ... on the ... day of ... 2009, a majority of the directors were present, and a resolution of which the following is a copy was adopted by the said Board as follows:
Resolved: ...
Seal of corporation Signature Secretary of X Company«
On this ... day of ..., 2009, before me appeared ..., to me personally known, who, being by me duly sworn did say that he is Secretary (or other officer or agent of the corporation or association) of ..., and that the seal affixed to said instrument is the corporate seal of said corporation and that said instrument was signed and sealed on behalf of said corporation by authority of its Board of Directors and said ... acknowledged said instrument to be the free act and deed of said corporation.
Notarial Seal

---

148 Beck'sches Notarhandbuch/*Zimmermann*, Abschn. H Rn. 227; *Kau/Wiehe*, RIW 1991, 32, 33; *Bungert*, DB 1995, 963, 967 f.
149 OLG Hamm IPRax 1998, 358, 360; *Bungert*, IPRax 1998, 339, 347.
150 *Fischer*, ZNotP 1999, 352, 356 (dort findet sich auch ein Muster).
151 Nach *Jacob/Steinorth*, DNotZ 1958, 361, 367 und Kersten/*Bühling/Langhein*, § 158 Rn. 77.

Eine Vertretungsbescheinigung durch einen US-amerikanischen Notary Public scheidet in der Regel aus. Ein Notary Public hat kaum Rechtskenntnisse und ist daher mit der Prüfung und Bestätigung der Vertretungsverhältnisse überfordert.[152] Zudem ist für die Erteilung solcher Bescheinigungen nach dem Recht der US-Bundesstaaten nicht zuständig.   101

Vertretungsbescheinigungen eines deutschen Notars gem. § 21 BNotO sind mangels Handelsregister nicht möglich. Der Notar kann aber gem. § 24 BNotO ein Gutachten (ohne die Beweiskraft des § 21 BNotO) abgeben und dies in die Form einer »Bestätigung« fassen. Eine entsprechende gutachterliche Stellungnahme sollte ein deutscher Notar aber nur abgeben, wenn er das ausländische Gesellschaftsrecht hinreichend kennt. Vorzuziehen wäre allein schon aus Haftungsgründen ein Gutachten eines US-amerikanischen Anwalts. Ein solches Gutachten entbehrt jedoch der öffentlichen Form.   102

jj) Internetinformationen

Soweit sich zu den vorgenannten Ländern Informationen im Internet finden lassen, wurde dies an der jeweiligen Stelle in den Fußnoten angegeben. Im Folgenden sind die Fundstellen tabellarisch zusammengefasst: 103

Belgien	www.eurodb.be
England	www.companieshouse.gov.uk
Frankreich	www.extrait-k-bis.com
Italien	www.itkam.org
Niederlande	www.kvk.nl/handelsregister/zoekenframeset.asp?register=1
Österreich	www.jusline.at
Schweiz	www.zefix.ch oder www.powernet.ch/hrweb/ger/info.htm
Spanien	www.registradores.org oder www.rmc.es

III. Rechtsgeschäftliche Vertretung – Vollmachten

Wird im internationalen Rechtsverkehr von Vollmachten Gebrauch gemacht, stellt sich die Frage, nach welchem Recht sich Wirksamkeit und Wirkung der verwandten Vollmacht richten (unter 1.) Diese Frage stellt sich zum einen, wenn ausländische Vollmachten in Deutschland verwendet werden (unter 2.), zum anderen, wenn in Deutschland errichtete Vollmachten im Ausland verwendet werden sollen (unter 3.).   104

1. Die kollisionsrechtliche Behandlung der Vollmacht

Im EGBGB findet sich keine ausdrückliche Regelung für die Anknüpfung der Vollmacht, auch staatsvertragliche Regelungen bzgl. der Vollmacht gelten für Deutschland nicht. Das Haager Abkommen über das auf die Stellvertretung anwendbare Recht vom 14.3.1978[153] ist für Deutschland (noch) nicht in Kraft. Lediglich Art. 37 S. 1 Nr. 3 EGBGB stellt klar, dass die Regeln des internationalen Schuldvertragsrechts nicht für die Vertretungsmacht gelten.   105

a) Da die Vollmacht nach deutschem (Sach-)Recht abstrakt ist (§ 168 BGB), muss zwischen dem Grundverhältnis (Verhältnis zwischen Geschäftsherr und Bevollmächtigten,   106

---

152 Für die in einigen Bundesstaaten vor kurzem eingeführten Civil Law Notary, die über eine Anwaltszulassung verfügen, kann sich dies anders darstellen.
153 Abgedruckt in RabelsZ 43 (1979) 176.

6. Kapitel Internationales Gesellschaftsrecht

z.B. Auftrag) einerseits und der Vollmacht(-serteilung) andererseits unterschieden werden. Im Verhältnis zwischen Vertagspartner und Vollmachtgeber kommt durch Ausübung der Vollmacht das Hauptgeschäftsverhältnis zustande. Dieses bestimmt beispielsweise, ob eine Stellvertretung überhaupt zulässig ist. Die vorgenannte Differenzierung findet sich auch im Kollisionsrecht wieder. Die Vollmacht unterliegt im deutschen Kollisionsrecht nach gesicherter Rechtsprechung[154] einer Sonderanknüpfung. Das so gewonnene Recht wird als **Vollmachtsstatut** bezeichnet (zu den Ausnahmen siehe unten Rdn. 113 ff.). Die Anknüpfung der Vollmacht richtet sich demnach weder nach dem Grundverhältnis noch nach dem Hauptgeschäftsverhältnis.

107 b) Die Rechtsprechung[155] beurteilt die Vollmacht grundsätzlich nach dem **Recht des Wirkungs- bzw. Gebrauchslandes**. Was unter dem Wirkungsland zu verstehen ist, wird nicht immer einheitlich definiert. Teilweise wird darauf abgestellt, in welchem Land die Vollmacht tatsächlich Wirkung entfaltet.[156] Teilweise wird darauf abgestellt, wo die Vollmacht nach dem Willen des Vollmachtgebers Wirkung entfalten soll.[157] Die begrifflichen Differenzen sind dann unerheblich, wenn der tatsächliche Gebrauchsort dem Willen des Vollmachtgebers entspricht. Die Verweisung auf das Recht des Wirkungslandes ist eine **Sachnormverweisung**. Ein Renvoi widerspräche dem Sinn der Verweisung (Art. 4 Abs. 1 S. 1 Hs. 2 EGBGB), weil der Verkehrsschutz dadurch beeinträchtigt werden könnte. Er ist damit unbeachtlich.

108 c) Das Wirkungsland ist das Land, in dem die Vollmacht gebraucht wird, also das Land, in dem die **Erklärung durch den Bevollmächtigten abgegeben** wird,[158] sei es schriftlich, mündlich oder in der sonstiger Weise. Bei einer schriftlichen Erklärung ist also das Recht des Absendeortes und nicht das Recht des Zugangsortes entscheidend. Tritt der Bevollmächtigte als Empfangsbevollmächtigter auf, so ist das Recht desjenigen Landes maßgeblich, in dem der Bevollmächtigte die Erklärung empfangen hat.

109 d) Das Vollmachtsstatut regelt nur die Befugnis des Bevollmächtigten, den Vollmachtgeber gegenüber dem Vertragspartner wirksam zu verpflichten. Die Frage, ob eine rechtsgeschäftliche Vertretung für das Hauptgeschäft überhaupt zulässig ist, richtet sich hingegen nach dem Geschäftsstatut (Recht des Hauptgeschäftsverhältnisses). Das Vollmachtsstatut entscheidet darüber, unter welchen Voraussetzungen eine Vollmacht wirksam erteilt werden kann und wie lange sie Bestand hat.[159] Es entscheidet weiter über den inhaltlichen Umfang der Vollmacht (»ist das Vertretergeschäft von der Vollmacht gedeckt?«)[160] und deren Auslegung. Zum Umfang gehört auch die Fähigkeit des Vertreters zum Selbstkontrahieren[161] (zu der Frage, ob ein Organ überhaupt von § 181 BGB befreien kann, siehe oben Rdn. 60 ff.) sowie die Frage, ob bei mehreren Vertretern Gesamt- oder Einzelvertretung vorliegt.[162]

110 e) Die **Form der Vollmacht** ist materiellrechtlich unabhängig von der Form des Vertretergeschäfts, § 167 Abs. 2 BGB. Daher ist die Frage, ob die Vollmacht formgültig ist, ob also die Formerfordernisse eingehalten wurden, auch kollisionsrechtlich gesondert nach Art. 11 Abs. 1 EGBGB (bzw. Rom I-VO) zu beurteilen. Es kommt daher auf die Formvorschriften des für die Vollmacht geltenden Geschäftsrechts (Vollmachtsstatuts) oder auf die Formvor-

---

154 BGHZ 43, 21, 26; BGHZ 64, 183, 192; BGH NJW 1982, 2733; BGH NJW 1990, 3088; BGHZ 128, 41, 47; OLG München NJW-RR 1989, 663; OLG Köln NJW-RR 1996, 411.
155 BGH NJW 1954, 1561; BGHZ 43, 21; BGH NJW 1990, 3088; BGHZ 64, 183, 192; BGH DNotZ 1994, 485, 487; BGH NJW 1982, 2733.
156 BGH NJW 1965, 487; BGH NJW 1990, 308.
157 BGHZ 64, 183, 192; BGH DNotZ 1994, 485, 487.; BGH NJW 1982, 2733.
158 OLG Saarbrücken IPRspr. 1968/69 Nr. 19a.
159 BGH JZ 1963, 167, 168; OLG München WM 1969, 731.
160 BayObLG NJW-RR 1988, 873 (Anmeldung einer Kapitalerhöhung); LG Karlsruhe RIW 2002, 153, 155 (Befugnis zur Erteilung einer Untervollmacht).
161 BGH NJW 1992, 618; OLG Düsseldorf IPRax 1996, 423, 425.
162 *Reithmann/Martiny/Hausmann*, Internationales Vertragsrecht, 6. Teil B Rn. 246.

schriften desjenigen Ortes an, an dem die Vollmacht erteilt wird (Ortsstatut). Die Vollmacht ist also jedenfalls dann formwirksam, wenn sie den Formvorschriften des Wirkungs- bzw. Gebrauchslandes entspricht.[163] Beide Alternativen stehen gleichberechtigt nebeneinander. Art. 11 Abs. 1 EGBGB (bzw. Rom I-VO) gilt auch für die Form von **Zustimmungen und Genehmigungen** von Privaten,[164] auch wenn sich deren Erfordernis aus dem Geschäftsstatut ergibt.

Wird eine **GmbH-Gründung** aufgrund Vollmacht beurkundet, so bedarf diese Vollmacht gem. §2 Abs. 2 GmbHG einer notariellen Beurkundung oder Beglaubigung. Diese Anordnung ist abweichend von §167 Abs. 2 BGB zu beachten. Eine im Ausland errichtete, privatschriftliche Vollmacht bedarf daher selbst dann der nach §2 Abs. 2 GmbHG vorgeschriebenen Form, wenn die Erteilung der Gründungsvollmacht nach ausländischem Recht privatschriftlich möglich ist. Sinn und Zweck dieser Vorschrift ist, spätere Streitigkeiten über die Vertretungsmacht des Vertreters zu vermeiden.[165] Daher handelt es sich bei §2 Abs. 2 GmbHG nicht nur um eine Ordnungsvorschrift, sondern um ein Wirksamkeitserfordernis für die Vollmachtserteilung.[166] Neben der Beurkundung oder Beglaubigung durch einen deutschen Notar reicht auch diejenige eines deutschen Konsuls oder die Beglaubigung durch einen ausländischen Notar aus, sofern – was in den allermeisten Fällen zu bejahen ist – Gleichwertigkeit gegeben ist. Die durch einen ausländischen Notar beglaubigte Vollmacht bedarf dann aber gegebenenfalls einer Legalisation oder Apostille (siehe dazu Rdn. 133 ff.).

111

Soll eine ausländische Vollmacht in Deutschland verwendet werden, um **Eintragungen im Handelsregister** vorzunehmen, ist Folgendes zu beachten: §12 Abs. 2 HGB verlangt die Vorlage einer öffentlichen oder öffentlich beglaubigten Urkunde. Ausländische Urkunden, und damit auch Vollmachten, werden in Deutschland grundsätzlich als öffentlich anerkannt, wenn sie die äußeren Merkmale einer öffentlichen Urkunde enthalten. Zum Echtheitsnachweis bedarf die ausländische öffentliche Urkunde grundsätzlich der Legalisation, vgl. §438 Abs. 2 ZPO (s. dazu Rdn. 136 ff.). Von dem teilweise aufwendigen Verfahren der Legalisation kann abgesehen werden, wenn die Apostille ausreicht (s. dazu Rdn. 140 ff.) oder wenn ein befreiender Staatsvertrag vorliegt. Selbst wenn eine Legalisation oder eine Apostille erforderlich sind, steht es im Ermessen des Grundbuchamtes oder Registergerichts, ob diese auch tatsächlich verlangt wird (vgl. §438 Abs. 1 ZPO)[167].

112

f) Fallgruppen mit abweichendem Schwerpunkt:

Die Vollmacht zur **Verfügung über Grundstücke** oder grundstücksgleiche Rechte (Immobiliarsachenrechte) wird der lex rei sitae, also dem Recht unterstellt, in dem die Grundstücke belegen sind.[168] Das gilt auch, wenn von der Vollmacht außerhalb des Belegenheitsstaates Gebrauch gemacht wird.

113

Unterhält ein Vertreter eine eigene **feste geschäftliche Niederlassung**, so beurteilt sich die Vollmacht nach dem Recht des Landes, in dem die Niederlassung belegen ist.[169] Dies gilt auch, wenn er in einem anderen (dritten) Land handelt,[170] es sei denn, das Handeln von der Niederlassung aus ist für den Vertragspartner nicht erkennbar.[171] Dann gilt wieder das Recht des Gebrauchsortes.

114

---

163 BGH WM 1965, 868; OLG Zweibrücken FGPrax 1999, 86.
164 KG IPRax 1994, 217; *Lorenz*, IPRax 1994, 193 f.
165 Michalski/*Michalski*, §2 Rn. 28.
166 *Michalski*, a.a.O. m.w.N.
167 *Reithmann*, DNotZ 1956, 469, 475 f. m.w.N.
168 RGZ 149, 93, 94; OLG München IPRax 1990, 320 mit Anm. *Spellenberg*, 295; OLG Stuttgart DNotZ 1981, 746.
169 BGHZ 43, 21, 26; BGH NJW 1990, 3088.
170 BGH BGHZ 64, 183, 192.
171 BGH NJW 1990, 3088.

115 Für **Prokuristen, Handlungsbevollmächtigte und sonstige Firmenvertreter** ergibt sich eine Abweichung vom Wirkungslandprinzip aus der Überlegung, dass die Vollmacht (oder Prokura) ihren Schwerpunkt eher in dem Recht desjenigen Landes hat, in dem die Gesellschaft ihren Sitz hat.[172] Da nach der nunmehr in vielen Fällen geltenden Gründungstheorie das Gesellschaftsstatut von dem Sitzstatut abweichen kann, kann das auf die Prokura und die Handlungsbevollmächtigten etc. anwendbare Recht gegebenenfalls vom Gesellschaftsstatut abweichen.[173] Da die Abgrenzung von Prokuristen, Handlungsbevollmächtigten zu sonstigen Firmenvertretern – nicht zuletzt auf Grund der denkbar vielfältigen ausländischen Vertretungsformen – schwer fällt, sollten auch letztere dem Sitzstatut unterstellt werden.

116 Die **Prozessvollmacht** unterliegt dem Recht des Prozessortes (lex fori).[174]

117 Bei einer **Vollmacht zur Ausübung von Stimmrechten** in Gesellschaften ist zu unterscheiden: Die Zulässigkeit einer Bevollmächtigung richtet sich nach dem Geschäftsstatut, hier also nach dem Gesellschaftsstatut.[175] Sonstige Fragen betreffend Umfang, Erteilung, Erlöschen und Missbrauch der Vollmacht beurteilen sich hingegen nach dem Vollmachtsstatut.

2. Verwendung ausländischer Vollmachten in Deutschland

118 Nach den oben genannten Grundsätzen gilt für die notarielle Praxis: Die Wirksamkeit und der Umfang einer in Deutschland ausgeübten Vollmacht bestimmen sich **grundsätzlich nach deutschem Recht** (Statut des Wirkungslandes).

119 Eine vorgelegte schriftliche Vollmacht sollte dahin überprüft werden, ob sie eine **Rechtswahl** oder eine Beschränkung auf den Gebrauch in einem bestimmten Land enthält. Weicht das Bestimmungsland vom Gebrauchsland (Deutschland) ab, oder wird ein anderes als das Recht des Gebrauchslandes gewählt, sollte der Notar darüber belehren, dass sich die Vollmacht nach ausländischem Recht beurteilt. Falls ihm die Prüfung ausländischen Rechts nicht möglich ist, sollte er darüber belehren, dass er das Vollmachtsstatut nicht kennt und er über die Wirksamkeit der Vollmacht keine Aussage machen kann.

120 M **Formulierungsvorschlag:**
Der Notar wies die Beteiligten darauf hin, dass auf die von dem Beteiligten XY vorgelegte Vollmacht das Recht des Staates xy zur Anwendung kommt, dieses Recht ihm unbekannt sei und deshalb Zweifel an der Gültigkeit des Rechtsgeschäfts bestünden. Der Notar hat die Beteiligten darauf hingewiesen, dass eine verbindliche Auskunft zu diesen Fragen von einem ausländischen Juristen oder mittels eines Universitätsgutachtens gegeben werden kann. Die Beteiligten wünschten gleichwohl die sofortige Beurkundung.

121 Ist die Vollmacht in einer ausländischen Sprache abgefasst, so stellt sich die Frage, ob es einer *Übersetzung* bedarf. Hier ist zu differenzieren:
a) Ist der Notar selbst der Vollmachtssprache mächtig, so bedarf es keiner Übersetzung. Schließlich kann der Notar auch in ausländischer Sprache beurkunden (§ 5 Abs. 2 BeurkG). Die Vollmacht muss auch nicht für die Beifügung zur Urkunde gem. § 12 S. 1 BeurkG übersetzt werden. Denn es obliegt alleine dem Notar, die Wirksamkeit der Bevollmächtigung zu prüfen. Aus diesem Grund muss die in ausländischer Sprache abgefasste Vollmacht auch nicht für den dieser Sprache unkundigen Vertragspartner übersetzt werden. § 16 BeurkG gilt nach dem Wortlaut nicht, denn die Vollmacht ist nicht Teil der Niederschrift.

---

172 BGH NJW 1992, 618 (Prokura); OLG Frankfurt a.M. IPRax 1986, 37, 375 mit Anm. *Ahrens*, 355.
173 Süß/Wachter/*Süß*, Handbuch des internationalen GmbH-Rechts, S. 27.
174 BGH MDR 1958, 319.
175 *Dorsel*, MittRhNotK 1997, 6, 8.

Sollte allerdings die Urkunde dem Gericht (Handelsregister) vorgelegt werden, so kann dieses eine Übersetzung verlangen. Denn die Gerichtssprache ist deutsch (§§ 8, 9 FGG, 184 GVG). In den gängigen Sprachen, zumindest in Englisch, ist dies allerdings selten der Fall.

Umfangreiche Handelsregistervollmacht eines Kommanditisten (deutsch/englisch)   **122**

Ich, der/die Unterzeichnende	I, the undersigned
... Name	... Vorname/First name
... Geburtsdatum/Date of Birth	
... Wohnort/City	... Straße/Street
... Telefon/Telephone	... Beruf/Profession
erteile hiermit	hereby authorise
Herrn ... und/and Herrn ...	
und zwar jedem einzeln	each of them having sole power of representation
VOLLMACHT	POWER OF ATTORNEY
1. mich bei der Aufnahme und dem Ausscheiden von Gesellschaftern bei der ... sowie hinsichtlich sämtlicher die Gesellschaftsanteile von Kommanditisten betreffenden Vereinbarungen umfassend in Übereinstimmung mit dem Gesellschaftsvertrag und den entsprechenden Gesellschafterversammlungsbeschlüssen zu vertreten und alle damit im Zusammenhang stehenden notwendigen Erklärungen und Versicherungen gegenüber dem Handelsregister abzugeben, insbesondere auch die Versicherung, dass dem ausscheidenden Kommanditisten aus Anlass seines Ausscheidens eine Entschädigung aus dem Gesellschaftsvermögen weder gewährt noch versprochen worden ist.	1. to represent me regarding the entry and the exit of partners of ... as well as with regard to the conclusion of all agreements relating to the shares of limited partners which are met in accordance with the articles of association and the shareholders´ resolutions. The representatives are entitled to execute all declarations and give all affirmations to the commercial register; they are especially authorised to assure that a limited partner who exits the company did neither receive a compensation on the occasion of his exit nor was such compensation promised to him.

6. Kapitel Internationales Gesellschaftsrecht

2. sämtliche Anmeldungen zum Handelsregister vorzunehmen, für die die Mitwirkung eines Kommanditisten gesetzlich erforderlich ist. Hierzu gehören u.a. die Anmeldung aus Anlass der Aufnahme von Kommanditisten, die Abtretung von Gesellschaftsanteilen sowie das Ausscheiden von Kommanditisten einschließlich meiner selbst.	2. execute all filings with the commercial register for which the cooperation of a limited partner is required by law including inter alia filings in connection with the entry of limited partners, the transfer of shares and the exit of limited partners inclusive of my exit of the company.
Die Vollmacht ist unwiderruflich und erlischt nicht durch meinen Tod. Die in dieser Urkunde bevollmächtigten Personen dürfen gleichzeitig auch in Vollmacht der übrigen Gesellschafter der vorbezeichneten Kommanditgesellschaft handeln. Sie sind von den Beschränkungen des § 181 BGB befreit. Sie dürfen Unter- und Nachvollmacht, ggf. unter Befreiung von den Beschränkungen des § 181 BGB, erteilen.	This power of attorney is irrevocable and does not expire upon my death. The representatives are entitled to act upon this power of attorney and upon the power of attorney of other partners at the same time. They are released from the restrictions of Sec. 181 of the German Civil Code. They are entitled to transfer this power of attorney to other parties if necessary under release from the restrictions of Sec. 181 of the German Civil Code.
Im Falle von Unterschieden zwischen der maßgebenden deutschen Fassung und der englischen Übersetzung ist der deutsche Text dieser Vollmacht maßgeblich.	In case of discrepancies between the binding German version and this convenience translation the German version shall prevail.
_____ (Ort/Place)	_____ (Datum/Date)
_____ Unterschrift mit notarieller Beglaubigung/ Signature with certification by a notary public	

123 b) Ist der Notar der Vollmachtssprache nicht hinreichend mächtig, so ist zur Prüfung der Bevollmächtigung eine Übersetzung unabdingbar. Hier ist die Übersetzung eines vereidigten Übersetzers zusammen mit der Urkunde vorzulegen und der Urschrift beizufügen. Wird die Übersetzung nicht vorgelegt bzw. erst nach der Beurkundung nachgereicht, so muss der Notar darüber belehren, dass er eine wirksame Bevollmächtigung nicht prüfen kann. Beurkunden kann er aber trotzdem.

124 M **Formulierungsvorschlag:**
Der Notar wies die Beteiligten darauf hin, dass auf die von dem Beteiligten XY vorgelegte Vollmacht in einer fremden Sprache errichtet ist, deren der Notar nicht kundig ist. Es bestehen deshalb Zweifel an der Gültigkeit des Rechtsgeschäfts. Der Notar hat die Beteiligten darauf hingewiesen, dass der Notar den Inhalt der Vollmacht prüfen kann, wenn ihm eine Übersetzung eines vereidigten Übersetzers vorliegt. Die Beteiligten wünschten gleichwohl die sofortige Beurkundung.

125 Eine weitere Problematik ergibt sich für den Notar, wenn ein **ausländischer Firmenvertreter** für eine Gesellschaft mit Sitz im Ausland handelt. Da nach ausländischem Recht u.U. die Grenzen zwischen organschaftlicher und gewillkürter Stellvertretung nicht immer präzise gezogen werden, herrscht häufig Unklarheit über den Umfang der Vertretungsbefugnis (z.B. ob Gesamtvertretung oder Einzelvertretung vorliegt). In diesem Fall helfen ausländische Registerauszüge nicht immer weiter, da diese gegebenenfalls keine Regelung über die Vertretungsbefugnis enthalten. Hier kann der deutsche Notar nur eine Bestätigung des Notars des Sitzlandes anfordern.[176]

3. Verwendung deutscher Vollmachten im Ausland

Bei Vollmachten zum Gebrauch im Ausland sollte die Gestaltung so erfolgen, dass sie nach dem Recht des Gebrauchslandes gültig sind. Im Zweifel (etwa wenn unklar ist, ob eine notarielle Beurkundung oder nur eine Beglaubigung erforderlich ist) sollte der sichere Weg gewählt werden, auch wenn die Gefahr besteht, etwas Überflüssiges zu veranlassen. Die Befugnisse des Vertreters sollten genau beschrieben werden. Dies gilt auch für die Befreiung vom Selbstkontrahierungsverbot, das nicht in allen Ländern bekannt ist. Im Zweifel kann auch eine Rechtswahl (auf deutsches Recht) vorgenommen werden.[177] Grundstücksvollmachten sollten immer auf der Basis des Belegenheitsrechts erstellt werden. **126**

Beurkundet der Notar eine Vollmacht, so sollte er erfragen, in welchem Land diese gebraucht werden soll und ob eine Beschränkung auf das Inland oder auf ein bestimmtes Land erwünscht ist. Ist dies der Fall, so sollte er in die Urkunde aufnehmen, dass die Vollmacht »nur wirksam bei Anwendung in dem Bestimmungsland ist«. Eine Einschränkung, nach der von der Vollmacht nur Gebrauch gemacht werden »kann« stellt i.d.R. eine Beschränkung im Innenverhältnis dar, die aber – jedenfalls nach deutschem Recht – im Außenverhältnis keine Wirkung entfaltet. Wird keine Beschränkung auf ein bestimmtes Land aufgenommen, sollte darüber belehrt werden, dass die Vollmacht bei Gebrauch im Ausland ausländischem Recht unterstehen kann und aus deutscher (kollisionsrechtlicher) Sicht jedenfalls nicht nur deutschem Recht unterstehen kann. **127**

Wird die Vollmacht nach ihrem Inhalt (z.B. Durchsetzung von Ansprüchen in mehreren Ländern; Vollmacht zur Verwaltung von Vermögen in mehreren Ländern) in unterschiedlichen Ländern gebraucht (z.B. eine Generalvollmacht), so kann es zu einer Aufspaltung des Vollmachtsstatuts kommen. Je nach (konkretem) Wirkungsland kann ein und dieselbe Vollmacht nach unterschiedlichen Rechten beurteilt werden. **128**

Hinsichtlich der Form gilt, dass bei Erteilung der Vollmacht unter Einhaltung der deutschen Formvorschriften diese auch im Ausland als wirksam anzuerkennen ist, vorausgesetzt, das ausländische Kollisionsrecht knüpft ebenfalls (wenigstens auch) an die Ortsform an. In jedem Fall sollte vorher ermittelt werden, wie das Kollisionsrecht des jeweiligen Landes die Form anknüpft. Besteht darüber Unklarheit oder möchte man die Akzeptanz der Vollmacht im Ausland sicherstellen, so sollte die Form gewählt werden, die das ausländische materielle Recht vorsieht. Ist man unsicher, sollte die Vollmacht beurkundet und anschließend legalisiert bzw. mit einer Apostille versehen werden. **129**

Da die Auslegung der Vollmacht dem Vollmachtsstatut – bei Gebrauch im Ausland also dem dort geltenden Recht – unterliegt, sollte die Vollmacht möglichst klar und unmissverständlich formuliert werden. Dies gilt insbesondere deshalb, weil Vollmachten in anderen Rechtsordnungen häufig eng ausgelegt werden. **130**

Die Internationale Union des Notariats (U.I.N.L.) gibt eine Sammlung internationaler Vollmachten heraus. Im Folgenden wird die die Vollmacht für die Gründung einer Kapitalgesellschaft abgedruckt. **131**

---

176 *Reithmann*, EWiR 1990, 1087 (zu BGH v. 26.4.1990); *Dorsel*, MittRhNotK 1997, 6, 16; vgl. hierzu auch die Reihe »Vertretungs- und Existenznachweise ausländischer Kapitalgesellschaften« von *Langhein/Fischer/Heinz*, ZNotP 1999, 218 ff. (Teil I), 352 ff. (Teil II), 410 und ZNotP 2000, 410 (Teil III).
177 *Dorsel*, MittRhNotK 1997, 6, 19.

6. Kapitel Internationales Gesellschaftsrecht

132 M **Formulierungsvorschlag zur Vollmacht für die Gründung einer Kapitalgesellschaft der U.N.I.L.:**
Vor mir, Notar ...
erschien:
Herr ...
Der Vollmachtgeber ... erklärt, hierdurch zu seinem Sonderbevollmächtigten zu bestellen, ..., dem er die Befugnis überträgt, in seinem Namen und für seine Rechnung folgende Rechtsgeschäfte und Handlungen vorzunehmen:

- Teilnahme an dem Gründungsakt einer Kapitalgesellschaft, über deren Gesellschaftsform, Firma, Gegenstand, Sitz, Dauer und Kapital ebenso wie über alle nötigen oder für die Wirksamkeit der Gründung erforderlichen Festlegungen der Bevollmächtigte befindet;
- Übernahme einer Beteiligung an dem Gesellschaftskapital, in Form von Aktien oder in Form eines Kapitalanteils, in der Höhe, die der Bevollmächtigte für gut befindet, Erbringung dieser Beteiligung, ganz oder teilweise, in Geld oder Sacheinlagen, dies alles in der gesetzlich vorgeschriebenen Weise;
- Eingehung von Verpflichtungen hinsichtlich der Fälligkeit sowie der Art und Weise der Erbringung der übernommenen Beteiligung;
- Feststellung der für die Gesellschaft geltenden Satzung;
- Bestellung der Geschäftsführungs- und Aufsichtsorgane und Festsetzung ihrer Bezüge;
- Festlegung von Vorzugsrechten der Gründungsgesellschafter oder bestimmter Kategorien von Gesellschaftern bei der Gewinnverteilung oder bei der Verteilung des Gesellschaftsvermögens im Falle der Liquidation, im Rahmen des gesetzlich Zulässigen;
- Festlegung von Einschränkungen der Übertragbarkeit von Aktien oder Kapitalanteilen, im Rahmen des gesetzlich Zulässigen;
- Erfüllung aller formalen Erfordernisse der Gründung der Gesellschaft, gleichviel welcher Art;
- Eingehung aller anderen Übereinkünfte, Bestimmungen und Vertragsbedingungen nach Gutdünken des Bevollmächtigten;
- Alles Erforderliche bei öffentlichen Ämtern einschließlich den Steuerbehörden einzuleiten.

Die vorstehende Aufzählung der Befugnisse des Bevollmächtigten ist beispielhaft, nicht abschließend. Das Fehlen oder die ungenaue Bezeichnung von Befugnissen können dem Bevollmächtigten nicht entgegen gehalten werden. Der Bevollmächtigte ist berechtigt, Untervollmacht zu erteilen.
Diese Niederschrift wurde dem Vollmachtgeber vor dem Notar vorgelesen, vom Vollmachtgeber genehmigt und unterschrieben zusammen mit dem Notar wie folgt unterschrieben:
..., Notar

IV. Legalisation und Apostille

133 Sollen in Deutschland errichtete Urkunden im Ausland verwandt werden oder werden ausländische Urkunden in Deutschland vorgelegt, stellt sich die Frage, ob eine Anerkennung als öffentliche Urkunde möglich ist. Im Bereich des Gesellschaftsrechts ist dies insbesondere relevant, wenn ausländische Vollmachten, die von einem ausländischen Notar beurkundet oder beglaubigt wurden, vorgelegt werden. Eine Anerkennung als öffentliche Urkunde ist grundsätzlich, wenn sie die äußeren Merkmale einer öffentlichen Urkunde enthalten. Deren Echtheit muss jedoch häufig nachgewiesen werden, insbesondere wenn die Urkunde bei einem öffentlichen Register (z.B. Handelsregister, § 12 HGB) vorgelegt wird. Ist eine ausländische öffentliche Urkunde hiernach als echt anzusehen, begründet sie ebenso wie eine in Deutschland errichtete öffentliche Urkunde vollen Beweis des beurkundeten Vorgangs bzw. der bezeugten Tatsachen (§§ 415 Abs. 1, 418 Abs. 1 ZPO), solange nicht die Unrichtigkeit der Beurkundung nachgewiesen wird.

In manchen Ländern gibt es so viele Urkundenfälschungen, dass die deutschen Auslandsvertretungen bis auf Weiteres keine Legalisationen mehr vornehmen. Eine Liste findet sich auf der Internetseite des Auswärtigen Amtes (http://www.konsularinfo.diplo.de/Vertretung/konsularinfo/de/05/Urkundenverkehr.html). Müssen Urkunden in einem dieser Staaten aufgenommen und in Deutschland verwendet werden, empfiehlt sich die Beurkundung bei einem deutschen Konsulat. **134**

Der Gebrauch öffentlicher Urkunden außerhalb des Errichtungsstaates beurteilt sich nicht nach dem Formstatut (Art. 11 EGBGB). Die Frage stellt sich sowohl für ausländische öffentliche Urkunden, die im Inland gebraucht werden, als auch für inländische öffentliche Urkunden, die im Ausland gebraucht werden sollen. Die Urkunde kann nur dann außerhalb des Errichtungsstaates verwandt werden, wenn ein Echtheitsnachweis beigebracht wird. Dieser kann durch Legalisation (unter 1.), durch Apostille (unter 2.) erbracht werden, oder ist aufgrund bilateraler Abkommen gänzlich entbehrlich (unter 3.). **135**

1. Legalisation

Zum Echtheitsnachweis bedarf die im Ausland verwandte öffentliche Urkunde grundsätzlich der Legalisation, vgl. § 438 Abs. 2 ZPO, es sei denn, dass ein zweiseitiger Staatsvertrag geschlossen ist, der die Legalisation unnötig macht, oder dass die Urkunde in einem der Vertragsstaaten des Haager Übereinkommens vom 5.10.1961 zur Befreiung ausländischer öffentlicher Urkunden von der Legalisation[178] Verwendung finden soll. Dies bedeutet, dass die Echtheit der Urkunde durch die Auslandsvertretung (für Deutschland die Konsulate, vgl. § 13 KonsularG) desjenigen Staates bestätigt wird, in dem die Urkunde verwandt werden soll. Zuständig für die Legalisation ausländischer öffentlicher Urkunden und Beglaubigungen ist der Konsularbeamte der Bundesrepublik Deutschland, in dessen Amtsbezirk jeweils die Urkunde errichtet bzw. beglaubigt ist (§ 13 Abs. 1 KonsG). Die von ihm vorgenommene Legalisation beinhaltet im allgemeinen nur eine Legalisation i.e.S., begründet also nur den (widerleglichen) Beweis der Echtheit der Unterschrift der ausländischen Urkundsperson sowie des beigefügten Siegels und die Vermutung, dass derjenige, der die öffentliche Urkunde errichtet hat, in der von ihm angegebenen amtlichen Eigenschaft gehandelt hat (§ 13 Abs. 2 KonsG). Die Befugnis der Urkundsperson zur Aufnahme der Urkunde und die Beachtung der Formvorschriften des Errichtungsortes wird also durch die Legalisation nicht nachgewiesen, sofern dies nicht auf Antrag durch einen Zusatzvermerk ausdrücklich bestätigt wird (§ 13 Abs. 4 KonsG). Es entspricht jedoch einem allgemeinen Erfahrungssatz des internationalen Rechtsverkehrs, dass ausländische öffentliche Urkunden, deren Echtheit durch den Legalisationsvermerk nachgewiesen ist, auch von der nach dem Recht des Errichtungsstaates zuständigen Urkundsperson und entsprechend den dortigen Formvorschriften errichtet worden sind. **136**

Ein Verzeichnis der diplomatischen und konsularischen Vertretungen in der Bundesrepublik Deutschland findet sich auf der Homepage des Auswärtigen Amtes[179] unter der Rubrik »Auslandsvertretungen«. **137**

---

178 BGBl. 1965 II, S. 876.
179 Siehe www.auswaertiges-amt.de.

6. Kapitel — Internationales Gesellschaftsrecht

138 Der Legalisation durch den konsularischen Vertreter des Verwendungsstaates muss nach dem Recht vieler Staaten[180] eine **Zwischenbeglaubigung** der Echtheit durch eine Behörde des Errichtungsstaates vorausgehen. Diese Zwischenbeglaubigung – unrichtigerweise oft Legalisation genannt – erfolgt nach Maßgabe landesrechtlicher Vorschriften (§ 61 Abs. 1 Nr. 11 BeurkG) durch den Landgerichtspräsidenten (Antragsmuster vgl. unten Rn. 81 M). Aufgrund des ihm über die Notare zustehenden Dienstaufsichtsrechts kann der Landgerichtspräsident die ihm zur Zwischenbeglaubigung vorgelegten notariellen Urkunden prüfen und die Zwischenbeglaubigung ablehnen, wenn die Urkunde Mängel aufweist, die dienstrechtlich zu beanstanden sind. Nur ganz wenige Staaten verlangen außerdem noch eine **Endbeglaubigung**, die dann das Bundesverwaltungsamt vornimmt.[181]

139 M Antrag auf Zwischenbeglaubigung
An den Präsidenten des Landgerichts in ...
In der Anlage überreiche ich Vollmacht vom ... Nr..../... meiner Urkundenrolle mit der Bitte um Zwischenbeglaubigung.
Die Urkunde soll in Algerien verwendet werden.
EURO... füge ich in Gerichtskostenmarken bei.
..., Notar

2. Vereinfachte Legalisation nach dem Haager Abkommen vom 5.10.1961 (Apostille)

140 a) Das Haager Übereinkommen vom 5.10.1961 zur Befreiung ausländischer öffentlicher Urkunden von der Legalisation[182] befreit die öffentlichen Urkunden im Rechtsverkehr zwischen den Mitgliedstaaten von der häufig zeitraubenden und kostspieligen Förmlichkeit der Legalisation. Im Interesse der Rechtssicherheit darf jedoch verlangt werden, dass die Urkunden, die in einem Vertragsstaat errichtet werden und in einem anderen Vertragsstaat Verwendung finden sollen, mit einer Echtheitsbescheinigung, wenn auch in der wesentlich vereinfachten und einheitlichen Form der sogenannten Apostille versehen sind (Art. 3 Abs. 1).

141 M Muster der Apostille
[Die Apostille soll die Form eines Quadrats mit Seiten von mindestens 9 Zentimetern haben]
APOSTILLE
(Convention de La Haye du 5 octobre 1961)
1. Land: ....
Diese öffentliche Urkunde
2. ist unterschrieben von ....
3. in seiner Eigenschaft als ....
4. sie ist versehen mit dem Siegel/Stempel des (der) ....
Bestätigt
5. in ....
6. am ....
7. durch
8. unter Nr. ....
9. Siegel/Stempel: 10. Unterschrift:
....

---

180 Vgl. die Übersicht bei *Armbrüster/Preuß/Renner*, BeurkG Anh. III.
181 Vgl. *Armbrüster/Preuß/Renner*, a.a.O.
182 BGBl. 1965 II, S. 876.

Außenbeziehungen der Gesellschaft, insbesondere Vertretungsfragen D

Die Apostille wird von einer Behörde des Staates, in dem die Urkunde aufgenommen ist, erteilt. Zuständige Behörde für die Erteilung der Apostille für notarielle Urkunden – einschließlich der Beglaubigungsvermerke auf Privaturkunden – ist in Deutschland der Präsident des Landgerichts, in dessen Bezirk der Notar seinen Amtssitz hat, in Hessen und Rheinland-Pfalz neben dem Präsidenten des Landgerichts auch das Justizministerium. Nach Erteilung der Apostille kann die notarielle Urkunde ohne weiteres in einem der Vertragsstaaten vorgelegt und verwendet werden. Die Erteilung der Apostille erfolgt auf Antrag des Notars oder des Inhabers der Urkunde. **142**

b) Eine aktualisierte Liste der Vertragsstaaten des Haager Übereinkommens findet sich auf der Homepage des DNotI[183] unter der Rubrik Arbeitshilfen/IPR. Nach dem Stand dieser Liste vom 22. April 2010 sind dem Abkommen folgende Staaten beigetreten: **143**

Staat	Formerfordernis	Haager Abkommen zur Befreiung vom Erfordernis der Legalisation	
		Inkrafttreten	Fundstelle
A			
Afghanistan	Legalisation – z.Z. legalisieren deutsche Auslandsvertretungen aber keine Urkunden aus Afghanistan.		
Ägypten	Legalisation		
Albanien	Legalisation		*Haager Übereinkommen seit 9.5.2004, aber nicht im Verhältnis zu Deutschland* [184] BGBl. 2008 II, S. 224
Algerien	Legalisation		
Andorra	Apostille	seit 31.12.1996	BGBl. 1996 II, S. 2802
Angola	Legalisation		
Antigua und Barbuda	Apostille	seit 1.11.1981	BGBl. 1986 II, S. 542
Äquatorialguinea	Legalisation – z.Z. legalisieren deutsche Auslandsvertretungen aber keine Urkunden aus Äquatorialguinea.		
Argentinien	Apostille	seit 18.2.1988	BGBl. 1988 II, S. 235
Armenien	Apostille	seit 14.8.1994	BGBl. 1994 II, S. 2532

---

183 Siehe www.dnoti.de.
184 Deutschland, Belgien, Griechenland, Italien und Spanien haben einen Einspruch nach Art. 12 Abs. 2 des Abkommens eingelegt. Im Verhältnis zu Albanien ist damit weiterhin eine Legalisation erforderlich (DNotI-Report 2004, 107).

6. Kapitel Internationales Gesellschaftsrecht

Staat	Formerfordernis	Haager Abkommen zur Befreiung vom Erfordernis der Legalisation	
		Inkrafttreten	Fundstelle
Aserbaidschan	Legalisation – z.Z. legalisieren deutsche Auslandsvertretungen aber keine Urkunden aus Aserbaidschan.		*Haager Übereinkommen seit 2.3.2005, aber nicht im Verhältnis zu Deutschland* [185] BGBl. 2008 II, S. 224
Äthiopien	Legalisation		
Australien	Apostille	seit 16.3.1995	BGBl. 1995 II, S. 222
B			
Bahamas	Apostille	seit 10.7.1973	BGBl. 1977 II, S. 20
Bahrein	Legalisation – für deutsche Urkunden zuvor Endbeglaubigung.		
Bangladesch	Legalisation – für deutsche Urkunden zuvor Endbeglaubigung; z.Z. legalisieren deutsche Auslandsvertretungen aber keine Urkunden aus Bangladesch.		
Barbados	Apostille	seit 30.11.1966	BGBl. 1996 II, S. 934
Belarus sh. Weißrussland			
Belgien	Zur Verwendung deutscher Urkunden in Belgien empfiehlt sich, vorsichtshalber eine **Apostille** einzuholen, da das bilaterale Abkommen offenbar z.T. in Belgien nicht anerkannt wird.[186] Umgekehrt ist für die Verwendung belgischer Urkunden in Deutschland keine Apostille erforderlich.	Vertrag zwischen der Bundesrepublik Deutschland und dem Königreich Belgien über die Befreiung öffentlicher Urkunden von der Legalisation vom 13. Mai 1975 (BGBl. 1980 II, 815) (daneben Haager Abkommen seit 9.2.1976, BGBl. 1976 II, S. 199)	
Belize	Apostille	seit 11.4.1993	BGBl. 1993 II, S. 1005

---

[185] Deutschland und die Niederlande haben einen Einspruch nach Art. 12 Abs. 2 des Abkommens eingelegt. Im Verhältnis zwischen diesen Staaten und Aserbaidschan genügt daher die Apostille nicht. (Belgien hat einen verspäteten und damit wirkungslosen Einspruch eingelegt.)

[186] Vgl. Beck'sches Notarhandbuch/*Zimmermann*, Abschn. G Rn. 241.

Staat	Formerfordernis	Haager Abkommen zur Befreiung vom Erfordernis der Legalisation	
		Inkrafttreten	Fundstelle
Benin	Legalisation – z.Z. legalisieren deutsche Auslandsvertretungen aber keine Urkunden aus Benin.		
Bermuda sh. Großbritannien			
Birma (Burma) sh. Myanmar			
Bolivien	Legalisation		
Bosnien und Herzegowina	Apostille	seit 6.3.1992	BGBl. 1994 II, S. 82
Botsuana	Apostille	seit 30.9.1966	BGBl. 1970 II, S. 121
Britische Jungferninseln (British Virgin Islands) sh. Großbritannien			
Brasilien	Legalisation		
Brunei Darussalam	Apostille	seit 3.12.1987	BGBl. 1988 II, S. 154
Bulgarien	Apostille	seit 29.4.2001	BGBl. 2001 II, S. 801
Burkina Faso	Legalisation		
Burundi	Legalisation		
C			
Chile	Legalisation		
China (Volksrepublik)	Legalisation – für deutsche Urkunden zuvor Endbeglaubigung;		
	(Apostille genügt für Hongkong und Macao – sh. dort)		
Cookinseln	Apostille	seit 30.4.2005	BGBl. 2005 II, S. 752
Costa Rica	Legalisation		
Côte d'Ivoire sh. Elfenbeinküste			

6. Kapitel Internationales Gesellschaftsrecht

Staat	Formerfordernis	Haager Abkommen zur Befreiung vom Erfordernis der Legalisation	
		Inkrafttreten	Fundstelle
D			
Dänemark (nicht für Grönland und Faröer)	keinerlei Echtheitsnachweis erforderlich	Deutsch-Dänisches Beglaubigungsabkommen vom 17. Juni 1936 (RGBl. 1936 II, S. 213) (daneben Haager Abkommen seit 26.12.2006, BGBl. 2008 II, S. 224)	
Dominikanische Republik	Legalisation – z.Z. legalisieren deutsche Auslandsvertretungen aber keine Urkunden aus der Dom. Republik.		Haager Übereinkommen seit 30.8.2009, aber nicht im Verhältnis zu Deutschland[187]
Dominica	Apostille	seit 3.11.1978	BGBl. 2003 II, S. 734
Dschibuti	Legalisation – z.Z. legalisieren deutsche Auslandsvertretungen aber keine Urkunden aus Dschibuti.		
E			
Ecuador	Apostille	seit 2.4.2005	BGBl. 2005 II, S. 752
El Salvador	Apostille	seit 31.5.1996	BGBl. 1996 II, S. 934
Elfenbeinküste (Côte d'Ivoire)	Legalisation – z.Z. legalisieren deutsche Auslandsvertretungen aber keine Urkunden aus der Elfenbeinküste.		
Eritrea	Legalisation – z.Z. legalisieren deutsche Auslandsvertretungen aber keine Urkunden aus Eritrea.		
Estland	Apostille	seit 30.9.2001	BGBl. 2002 II, S. 626
F			
Fidschi	Apostille	seit 10.10.1970	BGBl. 1971 II, S. 1016
Finnland	Apostille	seit 26.8.1985	BGBl. 1985 II, S. 1006

---

187 Deutschland hat einen Einspruch nach Art. 12 Abs. 2 des Abkommens eingelegt. Im Verhältnis zwischen Deutschland und der Dominikanischen Republik genügt daher die Apostille nicht; ebenso im Verhältnis zu Belgien, den Niederlanden und Österreich.

Staat	Formerfordernis	Haager Abkommen zur Befreiung vom Erfordernis der Legalisation	
		Inkrafttreten	Fundstelle
Frankreich	keinerlei Echtheitsnachweis erforderlich	Abkommen zwischen der Bundesrepublik Deutschland und der Französischen Republik über die Befreiung öffentlicher Urkunden von der Legalisation vom 13. September 1971 (BGBl. 1974 II, S. 1100) (daneben auch Haager Übereinkommen seit 13.2.1966 BGBl. 1966 II, S. 106)	
G			
Gabun	Legalisation		
Gambia	Legalisation – z.Z. legalisieren deutsche Auslandsvertretungen aber keine Urkunden aus Gambia.		
Georgien	Apostille	seit 3.2.2010[188]	*Haager Übereinkommen seit 21.8.2006, aber nicht im Verhältnis zu Deutschland*[189] BGBl. 2008 II, S. 224
Ghana	Legalisation – z.Z. legalisieren deutsche Auslandsvertretungen aber keine Urkunden aus Ghana.		
Gibraltar sh. Großbritannien			
Grenada	Apostille	seit 7.2.1974	BGBl. 1975 II, S. 366

---

188 Deutschland und Griechenland haben einen Einspruch nach Art. 12 Abs. 2 des Abkommens eingelegt. Deutschland hat diesen Einspruch allerdings mit Schreiben vom 2.2.2010 mit Wirkung zum 3.2.2010 wieder zurückgenommen.
189 Deutschland und Griechenland haben einen Einspruch nach Art. 12 Abs. 2 des Abkommens eingelegt. Zur Anerkennung georgischer Urkunden in Deutschland ist daher weiterhin eine Legalisation erforderlich.

6. Kapitel Internationales Gesellschaftsrecht

Staat	Formerfordernis	Haager Abkommen zur Befreiung vom Erfordernis der Legalisation	
		Inkrafttreten	Fundstelle
Griechenland	für bestimmte **gerichtliche** Urkunden (Landgericht oder höheres Gericht keinerlei Echtheitsnachweis erforderlich; hingegen für Urkunden von Amtsgerichten, **Notaren**, Grundbuchämtern etc. Überbeglaubigung durch den Präsidenten des jeweiligen Gerichtshofs erster Instanz in Griechenland (bzw. für deutsche Urkunden Überbeglaubigung durch den Landgerichtspräsidenten) erforderlich – in der Praxis durch Apostille ersetzt	Deutsch-griechisches Abkommen über die gegenseitige Rechtshilfe in Angelegenheiten des bürgerlichen und Handelsrechts vom 11. Mai 1938 (RGBl. 1939, S. 848) (daneben auch Haager Übereinkommen seit 18.5.1985 BGBl. 1985 II, S. 1108)	
Großbritannien (Vereinigtes Königreich von Großbritannien und Nordirland)	Apostille (ebenso für folgende britische Kron- bzw. Überseegebiete: Anguilla, Bermuda, Caymaninseln = Kaimaninseln, Falklandinseln, Gibraltar, Guernsey, Isle of Man, Jersey, Britische Jungferninseln = British Virgin Islands, Montserrat, St. Helena, Turks- und Caicosinseln)	seit 13.2.1966	BGBl. 1966 II, S. 106
Guatemala	Legalisation		
Guinea	Legalisation – z.Z. legalisieren deutsche Auslandsvertretungen aber keine Urkunden aus Guinea.		
Guinea-Bissau	Legalisation – z.Z. legalisieren deutsche Auslandsvertretungen aber keine Urkunden aus Guinea-Bissau.		
Guyana	Legalisation		

Staat	Formerfordernis	Haager Abkommen zur Befreiung vom Erfordernis der Legalisation	
		Inkrafttreten	Fundstelle
H			
Haiti	Legalisation – z.Z. legalisieren deutsche Auslandsvertretungen aber keine Urkunden aus Haiti.		
Honduras	Apostille	seit 30.9.2004	BGBl. 2005 II, S. 64
Hongkong (China)	Apostille	seit 25.4.1965	
I			
Indien	Legalisation – z.Z. legalisieren deutsche Auslandsvertretungen aber keine Urkunden aus Indien.		*Haager Übereinkommen seit 14.7.2005, aber nicht im Verhältnis zu Deutschland*[190] BGBl. 2008 II, S. 224
Indonesien	Legalisation		
Irak	Legalisation – für deutsche Urkunden zuvor Endbeglaubigung; z.Z. legalisieren deutsche Auslandsvertretungen aber keine Urkunden aus dem Irak.		
Iran	Legalisation – deutsche Urkunden zuvor Endbeglaubigung (Ausn. Hochschulzeugnisse)		
Irland	Apostille	seit 9.3.1999	BGBl. 1999 II, S. 142
Island	Apostille	seit 27.11.2004	BGBl. 2005 II, S. 64
Isle of Man sh. Großbritannien			
Israel	Apostille	seit 14.8.1978	BGBl. 1978 II, S. 1198
Italien	keinerlei Echtheitsnachweis erforderlich	Vertrag zwischen der Bundesrepublik Deutschland und der Italienischen Republik über den Verzicht auf die Legalisation von Urkunden vom 7. Juni 1969 (BGBl. 1974 II, S. 1069) (daneben Haager Abkommen seit 11.2.1978 BGBl. 1978 II, S. 153)	

---

[190] Deutschland hat einen Einspruch nach Art. 12 Abs. 2 des Abkommens eingelegt. Im Verhältnis zwischen Deutschland und Indien genügt daher die Apostille nicht.

6. Kapitel Internationales Gesellschaftsrecht

Staat	Formerfordernis	Haager Abkommen zur Befreiung vom Erfordernis der Legalisation	
		Inkrafttreten	Fundstelle
J			
Jamaika	Legalisation		
Japan	Apostille	seit 27.7.1970	BGBl. 1970 II, S. 752
Jemen	Legalisation		
Jordanien	Legalisation – für deutsche Urkunden zuvor Endbeglaubigung.		
K			
Kap Verde	Apostille	Seit 13.2.2010	
Kaimaninseln	Apostille wie Großbritannien (Vereinigtes Königreich)		
Kambodscha	Legalisation – für deutsche Urkunden zuvor Endbeglaubigung; z.Z. legalisieren deutsche Auslandsvertretungen aber keine Urkunden aus Kambodscha.		
Kamerun	Legalisation – z.Z. legalisieren deutsche Auslandsvertretungen aber keine Urkunden aus Kamerun.		
Kanada	Legalisation		
Kap. Verde	Legalisation	Beitritt zum 10.2.2010	Die Einspruchsfrist läuft noch bis zum 15.12.2009.
Kasachstan	Apostille	seit 30.1.2001	BGBl. 2001 II, S. 298
Katar	Legalisation		
Kenia	Legalisation – z.Z. legalisieren deutsche Auslandsvertretungen aber keine Urkunden aus Kenia.		
Kirgisistan	Legalisation		

Staat	Formerfordernis	Haager Abkommen zur Befreiung vom Erfordernis der Legalisation	
		Inkrafttreten	Fundstelle
Kolumbien	Apostille (Kolumbien erklärte Anfang 2005, eine gegenüber der im Haager Übereinkommen festgelegten etwas abgewandelte Form der Apostille zu verwenden und diese nicht in Form eines Aufklebers, sondern mechanisch mittels Metallklammer zu verbinden).	seit 30.1.2001	BGBl. 2001 II, S. 298; BGBl. 2005 II, S. 752
Kongo, Republik (Brazzaville)	Legalisation – z.Z. legalisieren deutsche Auslandsvertretungen aber keine Urkunden aus der Republik Kongo.		
Kongo, Demokrat. Republik (Zaire)	Legalisation – z.Z. legalisieren deutsche Auslandsvertretungen aber keine Urkunden aus der Dem. Rep. Kongo.		
Korea (Republik)	Apostille	seit 14.7.2007	BGBl. 2008 II, S. 224
Korea, Volksrepublik (Nord)	Legalisation		
Kroatien	Apostille	seit 8.10.1991[191]	BGBl. 1994 II, S. 82
Kuba	Legalisation		
Kuwait	Legalisation		
L			
Laos	Legalisation – z.Z. legalisieren deutsche Auslandsvertretungen aber keine Urkunden aus Laos.		
Lesotho	Apostille	seit 4.10.1966	BGBl. 1972 II, S. 1466
Lettland	Apostille	seit 30.1.1996	BGBl. 1996 II, S. 223

---

191 Als einer der Nachfolgestaaten der Sozialistischen Föderativen Republik Jugoslawien (Nachfolgeerklärung BGBl. 1993 II, S. 1962).

6. Kapitel   Internationales Gesellschaftsrecht

Staat	Formerfordernis	Haager Abkommen zur Befreiung vom Erfordernis der Legalisation	
		Inkrafttreten	Fundstelle
Libanon	Legalisation – für deutsche Schul- und Hochschulzeugnisse zuvor Endbeglaubigung erforderlich.		
Libyen	Legalisation		
Liberia	Legalisation – z.Z. legalisieren deutsche Auslandsvertretungen aber keine Urkunden aus Liberia.		*Haager Übereinkommen seit 8.2.1996, aber nicht im Verhältnis zu Deutschland* [192] BGBl. 2008 II, S. 224
Liechtenstein	Apostille	seit 17.9.1972	BGBl. 1972 II, S. 1466
Litauen	Apostille	seit 19.7.1997	BGBl. 1997 II, S. 1400
Luxemburg	Apostille	seit 3.6.1979	BGBl. 1979 II, S. 684
M			
Macao (China)	Apostille	seit 4.2.1969	BGBl. 1969 II, S. 120[193]
Madagaskar	Legalisation		
Malawi	Apostille	seit 2.12.1967	BGBl. 1968 II, S. 76
Malaysia	Legalisation		
Malediven	Legalisation		
Mali	Legalisation – für deutsche Urkunden zuvor Endbeglaubigung.		
Malta	Apostille	seit 2.3.1968	BGBl. 1968 II, S. 131
Marokko	Legalisation – z.Z. legalisieren deutsche Auslandsvertretungen aber keine Urkunden aus Marokko (ausgenommen Auszüge aus Personenstandsregistern).		
Marschallinseln	Apostille	seit 14.8.1992	BGBl. 1992 II, S. 948
Mauretanien	Legalisation		
Mauritius	Apostille	seit 12.3.1968	BGBl. 1970 II, S. 121

---

192 Deutschland, Belgien und die USA haben einen Einspruch nach Art. 12 Abs. 2 des Abkommens eingelegt. Im Verhältnis zwischen Liberia und diesen Ländern genügt daher die Apostille nicht.
193 Das Übereinkommen trat mit dem Beitritt Portugals auch für Macao in Kraft. Es gilt auch nach der Übergabe Macaos an die Volksrepublik China fort.

Staat	Formerfordernis	Haager Abkommen zur Befreiung vom Erfordernis der Legalisation	
		Inkrafttreten	Fundstelle
Mazedonien (FYROM)	Apostille	seit 17.9.1991	BGBl. 1994 II, S. 1191
Mexiko	Apostille	seit 14.8.1995	BGBl. 1995 II, S. 694
Republik Moldau	Legalisation		*Haager Übereinkommen seit 16.3.2007, aber nicht im Verhältnis zu Deutschland* [194] BGBl. 2008 II, S. 224
Monaco	Apostille	seit 31.12.2002	BGBl. 2003 II, S. 63
Mongolei	Legalisation – z.Z. legalisieren deutsche Auslandsvertretungen aber keine Urkunden aus der Mongolei.		Haager Übereinkommen seit 31.12.2009, *aber nicht im Verhältnis zu Deutschland*[195]
Montenegro	Apostille	seit der Unabhängigkeit (3.6.2006)	Notifikation Den Haag 30.1.2007 (für Jugoslawien vgl. BGBl. 1966 II, S. 106) BGBl. 2008 II, S. 224
Mozambik	Legalisation		
Myanmar (Birma)	Legalisation – für deutsche Urkunden zuvor Endbeglaubigung; z.Z. legalisieren deutsche Auslandsvertretungen aber keine Urkunden aus Myanmar.		
N			
Namibia	Apostille	seit 30.1.2001	BGBl. 2001 II, S. 298
Nauru	Legalisation		
Nepal	Legalisation – für deutsche Urkunden zuvor Endbeglaubigung; z.Z. legalisieren deutsche Auslandsvertretungen aber keine Urkunden aus Nepal.		

---

194 Deutschland hat einen Einspruch nach Art. 12 Abs. 2 des Abkommens eingelegt. Im Verhältnis zwischen Deutschland und der Republik Moldau ist damit weiterhin eine Legalisation erforderlich.
195 Deutschland hat einen Einspruch nach Art. 12 Abs. 2 des Abkommens eingelegt. Im Verhältnis zwischen Deutschland und der Mongolei ist damit weiterhin eine Legalisation erforderlich; ebenso im Verhältnis zu Belgien, Finnland, Griechenland und Österreich.

6. Kapitel Internationales Gesellschaftsrecht

Staat	Formerfordernis	Haager Abkommen zur Befreiung vom Erfordernis der Legalisation	
		Inkrafttreten	Fundstelle
Neuseeland	Apostille	seit 22.11.2001	BGBl. 2002 II, S. 626
Nicaragua	Legalisation		
Niederlande	Apostille	seit 13.2.1966	BGBl. 1966 II, S. 106
Niger	Legalisation		
Nigeria	Legalisation – z.Z. legalisieren deutsche Auslandsvertretungen aber keine Urkunden aus Nigeria.		
Niue	Apostille	seit 2.3.1999	BGBl. 1999 II, S. 142
Norwegen	Apostille	seit 29.7.1983	BGBl. 1983 II, S. 478
O			
Obervolta sh. Burkina Faso			
Oman	Legalisation		
Österreich	keinerlei Echtheitsnachweis erforderlich	Deutsch-österreichischer Beglaubigungsvertrag vom 21. Juni 1923 (RGBl. 1924 II, S. 61) (daneben auch Haager Abkommen seit 13.1.1968, BGBl. 1968 II, S. 76)	
P			
Pakistan	Legalisation – z.Z. legalisieren deutsche Auslandsvertretungen aber keine Urkunden aus Pakistan.		
Panama	Apostille	seit 4.8.1991	BGBl. 1991 II, S. 998
Papua Neuguinea	Legalisation		
Paraguay	Legalisation		
Peru	Legalisation	Beitritt zum Haager Abkommen Zum 1.8.2010	*Einspruchsfrist läuft noch bis 1.8.2010*
Philippinen	Legalisation – z.Z. legalisieren deutsche Auslandsvertretungen aber keine Urkunden aus den Philippinen.		

Staat	Formerfordernis	Haager Abkommen zur Befreiung vom Erfordernis der Legalisation	
		Inkrafttreten	Fundstelle
Polen	Apostille[196]	seit 14.8.2005	BGBl. 2006 II, S. 132
Portugal	Apostille	seit 4.2.1969	BGBl. 1969 II, S. 120
Puerto Rico	Apostille	seit 15.10.1981	sh. USA, BGBl. 1981 II, S. 903
R			
Ruanda	Legalisation – für deutsche Urkunden zuvor Endbeglaubigung; z.Z. legalisieren deutsche Auslandsvertretungen aber keine Urkunden aus Ruanda.		
Rumänien	Apostille	seit 16.3.2001	BGBl. 2001 II, S. 801
Russland	Apostille	seit 31.5.1992	BGBl. 1992 II, S. 948
S.			
Salomonen	Legalisation		
Samoa	Apostille	seit 13.9.1999	BGBl. 1999 II, S. 794
Sambia	Legalisation		
San Marino	Apostille	seit 13.2.1995	BGBl. 1995 II, S. 222
São Thomé und Principe	Apostille	ab 13.9.2008	noch nicht im BGBl. II veröffentlicht
Saudi-Arabien	Legalisation - für deutsche Urkunden zuvor Endbeglaubigung.		
Schweden	Apostille	seit 1.5.1999	BGBl. 1999 II, S. 420
Schweiz	Apostille [197]	seit 11.3.1973	BGBl. 1973 II, S. 176
Senegal	Legalisation – z.Z. legalisieren deutsche Auslandsvertretungen aber keine Urkunden aus dem Senegal.		
Serbien	Apostille	seit 24.1.1965	BGBl. 1966 II, S. 106; BGBl. 2008 II, S. 224.

---

196 In der Weimarer Zeit schlossen Polen und das Deutsche Reich ein bilaterales Abkommen zur Befreiung vom Legalisationserfordernis ab (RGBl. 1925 II, S. 139). Das Abkommen wird aber infolge des Zweiten Weltkrieges und der damaligen Besetzung Polens durch Deutschland nicht mehr angewandt.

197 Der deutsch-schweizerische Vertrag über die Beglaubigung öffentlicher Urkunden vom 14. Februar 1907 (RGBl. 1907, S. 411) gilt nicht füsr notarielle Urkunden. Füsr notarielle Urkunden ist daher eine Apostille erforderlich.

6. Kapitel Internationales Gesellschaftsrecht

Staat	Formerfordernis	Haager Abkommen zur Befreiung vom Erfordernis der Legalisation	
		Inkrafttreten	Fundstelle
Seychellen	Apostille	seit 31.3.1979	BGBl. 1979 II, S. 417
Sierra Leone	Legalisation – z.Z. legalisieren deutsche Auslandsvertretungen aber keine Urkunden aus Sierra Leone.		
Simbabwe	Legalisation		
Singapur	Legalisation		
Slowakei	Apostille	seit 18.2.2002	BGBl. 2002 II, S. 626
Slowenien	Apostille	seit 25.6.1991	BGBl. 1993 II, S. 1005
Somalia	Legalisation – für deutsche Urkunden zuvor Endbeglaubigung; z.Z. legalisieren deutsche Auslandsvertretungen aber keine Urkunden aus Somalia.		
Spanien	Apostille	seit 25.9.1978	BGBl. 1978 II, S. 1330
Sudan	Legalisation – für deutsche Urkunden zuvor Endbeglaubigung.		
Südafrika	Apostille	seit 30.4.1995	BGBl. 1995 II, S. 326
Sri Lanka	Legalisation – z.Z. legalisieren deutsche Auslandsvertretungen aber keine Urkunden aus Sri Lanka.		
St. Kitts und Nevis	Apostille	seit 14.12.1994	BGBl. 1994 II, S. 3765
St. Lucia	Apostille	seit 1.6.2002	BGBl. 2002 II, S. 2503
St. Vincent und die Grenadinen	Apostille	seit 27.10.1979	BGBl. 2003 II, S. 698
Suriname	Apostille	seit 25.11.1975	BGBl. 1977 II, S. 593
Syrien	Legalisation – für deutsche Urkunden zuvor Endbeglaubigung.		
Swasiland	Apostille	seit 6.9.1968	BGBl. 1979 II, S. 417

Staat	Formerfordernis	Haager Abkommen zur Befreiung vom Erfordernis der Legalisation	
		Inkrafttreten	Fundstelle
T			
Tadschikistan	Legalisation – z.Z. legalisieren deutsche Auslandsvertretungen aber keine Urkunden aus Tadschikistan.		
Taiwan (Republik China)	Legalisation		
Tansania	Legalisation		
Thailand	Legalisation		
Togo	Legalisation – für deutsche Urkunden zuvor Endbeglaubigung; z.Z. legalisieren deutsche Auslandsvertretungen aber keine Urkunden aus Togo.		
Tonga	Apostille	seit 4.6.1970	BGBl. 1972 II, S. 254
Trinidad und Tobago	Apostille	seit 14.7.2000	BGBl. 2000 II, S. 34
Tschad	Legalisation – z.Z. legalisieren deutsche Auslandsvertretungen aber keine Urkunden aus Tschad.		
Tschechische Republik	Apostille	seit 16.3.1999	BGBl. 1999 II, S. 142
Tunesien	Legalisation		
Türkei	Apostille	seit 29.9.1985	BGBl. 1985 II, S. 1108
Turkmenistan	Legalisation		
U			
Uganda	Legalisation – z.Z. legalisieren deutsche Auslandsvertretungen aber keine Urkunden aus Uganda.		

6. Kapitel Internationales Gesellschaftsrecht

Staat	Formerfordernis	Haager Abkommen zur Befreiung vom Erfordernis der Legalisation	
		Inkrafttreten	Fundstelle
Ukraine	Legalisation		*Haager Übereinkommen seit 22.12.2003, aber nicht im Verhältnis zu Deutschland* [198] BGBl. 2008 II, S. 224
Ungarn	Apostille	seit 18.1.1973	BGBl. 1973 II, S. 65
Uruguay	Legalisation		
USA	Apostille	seit 15.10.1981	BGBl. 1981 II, S. 903
Usbekistan	Legalisation		
V			
Vanuatu	Apostille	seit 30.7.1980	Notifikation vom 16.3.2009
Venezuela	Apostille	seit 16.3.1999	BGBl. 1999 II, S. 142
Vereinigte Arabische Emirate	Legalisation		
Vereinigtes Königreich sh. Großbritannien			
Vereinigte Staaten sh. USA			
Vietnam	Legalisation – z.Z. legalisieren deutsche Auslandsvertretungen aber keine Urkunden aus Vietnam.		
W			
Weißrussland (Belarus)	Apostille	seit 31.5.1992	BGBl. 1993 II, S. 1005
Z			
Zentralafrikanische Republik	Legalisation – z.Z. legalisieren deutsche Auslandsvertretungen aber keine Urkunden aus der Zentralafrikan. Rep.		
Zypern	Apostille	seit 30.4.1973	BGBl. 1973 II, S. 391

---

[198] Deutschland und Belgien haben einen Einspruch nach Art. 12 Abs. 2 des Abkommens eingelegt. Im Verhältnis zur Ukraine ist damit weiterhin eine Legalisation erforderlich (vgl. DNotI-Report 2004, 39).

Formulierungsvorschlag zum Antrag auf Erteilung einer Apostille: **144 M**
Antrag auf Erteilung der Apostille
  An den Präsidenten des Landgerichts in ...
  In der Anlage überreiche ich Verhandlung vom ... Nr. .../... meiner Urkundenrolle mit der Bitte um Erteilung der Apostille.
  Die Urkunde soll in Japan verwendet werden.
  EURO ... füge ich in Gerichtskostenmarken bei.
  ..., Notar

3. Bilaterale Abkommen

Ganz von dem Erfordernis der Echtheitsbestätigung befreit sind Urkunden für den Rechtsverkehr zwischen Deutschland und Staaten, mit denen ein entsprechendes bilaterales Abkommen besteht. So ist es – teils mit großen Einschränkungen – im Verhältnis zu Belgien,[199] Dänemark,[200] Frankreich,[201] Griechenland,[202] Italien,[203] Österreich[204] und der Schweiz.[205] Des Weiteren sind Befreiungen vorgesehen für Urkunden von Konsuln,[206] Auszüge aus Personenstandsbüchern[207] und Personenstandsurkunden.[208]

145

---

[199] Abk. v. 13.5.1975 (BGBl. II 1980, S. 813). Deutschland sieht das Überabkommen als verbindlich an, Belgien wegen eines Fehlers im Ratifikationsverfahren hingegen nicht.
[200] Abk. v. 17.6.1936 (BGBl. II 1953, S. 186).
[201] Abk. v. 13.9.1971 (BGBl. II 1974, S. 1074); dazu auch *Arnold*, DNotZ 1975, 581 ff.
[202] Abk. v. 11.5.1938 (RGBl. II 1939, S. 848).
[203] Abk. v. 7.6.1969, (BGBl. II 1974, S. 1069).
[204] Abk. v. 21.6.1923 (RGBl. II 1924, S. 61).
[205] Abk. v. 14.2.1907 (RGBl. II S. 411); gilt allerdings nicht für notarielle Urkunden, daher ist eine Apostille notwendig.
[206] Europäisches Übereinkommen v. 7.6.1968 (BGBl. II 1971, S. 86).
[207] Abk. v. 27.9.1956 (BGBl. II 1961, S. 1056).
[208] Abk. v. 3.6.1982 (BGBl. II 1983, S. 699) und Abk. v. 26.9.1957 (BGBl. II 1961, S. 1067).

E. Anteilsabtretungen und Satzungsmaßnahmen, insbesondere Formfragen

I. Anwendbares Recht bei Anteilsabtretungen und Satzungsmaßnahmen

146 Für die Rechtsverhältnisse einer Gesellschaft und damit auch für den Erwerb und den Verlust der Mitgliedschaft in ihr ist nach deutschem Internationalen Privatrecht an das Gesellschaftsstatut anzuknüpfen.[209] Demnach bestimmen sich die Voraussetzungen für die Anteilsübertragung (etwa ob Zustimmungserfordernisse bestehen) nach dem auf die Gesellschaft anwendbaren Recht. Gleiches gilt für Satzungsmaßnahmen und andere statusrelevanten Vorgänge. Allerdings gilt bei Anteilsübertragungen für das schuldrechtliche Geschäft das nach Art. 27 f. EGBGB ermittelte Vertragsstatut,[210] sofern sich die Verpflichtung zur Übertragung nicht aus dem Gesellschaftsvertrag ergibt.[211] Nach Art. 27 Abs. 1 EGBGB ist vorrangig auf eine Rechtswahl abzustellen. Fehlt eine solche, stellt Art. 28 EGBGB – mangels anderer engerer Verbindungen – auf das Recht desjenigen Staates ab, in dem der Verkäufer seinen gewöhnlichen Aufenthalt hat. Für die Frage der Formgültigkeit siehe unten Rdn. 147 ff.

II. Einhaltung von Formerfordernissen bei Beurkundungen betr. deutsche Gesellschaften im Ausland?

147 Aus deutscher Sicht stellt sich regelmäßig die Frage, ob bei Gesellschaften, die dem deutschen Gesellschaftsstatut unterliegen, die erforderliche notarielle Beurkundung eines Rechtsgeschäfts auch durch einen entsprechenden Rechtsvorgang im Ausland vorgenommen werden kann.

1. Maßgeblichkeit des Geschäftsrechts für Formfragen

148 Sofern Geschäftsrecht i.S.v. Art. 11 Abs. 1 EGBGB (bzw. Rom I-VO) (zu Art. 11 EGBGB siehe auch oben Rdn. 31) das deutsche Gesellschaftsrecht ist, kann das Formerfordernis der notariellen Beurkundung (z.B. §§ 15 Abs. 3, 4, § 2 Abs. 1 GmbHG, § 23 Abs. 1 AktG, § 6 UmwG) im Ausland erfüllt werden, wenn die Erfüllung dieser Formerfordernisse im Wege der Substitution stattfindet.[212] Die Substitution einer nach dem Geschäftsrecht geforderten (inländischen) Beurkundung ist aber nur dann möglich, wenn der Tatbestand, durch den das Formerfordernis im Ausland erfüllt wird, der deutschen Beurkundung gleichwertig ist. Für Auslandsbeurkundungen bedeutet dies, dass sowohl die Urkundsperson als auch das Beurkundungsverfahren den Anforderungen des (deutschen) Geschäftsstatuts entsprechen müssen.[213] Ob eine Substitution überhaupt zulässig ist, wird für das Gesellschaftsrecht differenziert gesehen:

---

209 RG IPRspr 1934 Nr. 11; BGHZ 78, 318, 334; BGH NJW 1994, 940.
210 *Süß/Wachter*, Handbuch des Internationalen GmbH-Rechts, S. 37.
211 Beck'sches Notarhandbuch/*Zimmermann*, Abschn. H Rn. 986, S. 1516.
212 Davon zu unterscheiden sind Urkunden, die von deutschen Konsularbeamten im Ausland aufgenommen werden. Diese stehen gem. § 10 Abs. 2 KonsularG inländischen Urkunden gleich.
213 Z.B. BGHZ 80, 76, 78 = DNotZ 1981, 451, 452; OLG Hamm NJW 1974, 1057; OLG Düsseldorf RIW 1989, 225; OLG München RIW 1998, 147; OLG Bamberg FamRZ 2002, 1120.

a) Bei **Beurkundungen, die die Gesellschaft in ihrem Bestand und ihrer Verfassung selbst betreffen**, ist die Substitution durch eine ausländische Beurkundung nach wohl überwiegender Ansicht nicht möglich.[214] Zweck der Beurkundung nach deutschem Recht ist u.a. die materielle Richtigkeitsgewähr, die auch Personen schützt, die nicht unmittelbar an der Urkunde beteiligt sind.[215] Diese Richtigkeitsgewähr kann hier nicht gewährleistet werden, da der beurkundende Auslandsnotar keine fundierten Rechtskenntnisse im deutschen Gesellschaftsrecht hat. Diese Rechtskenntnisse sind aber zur Gewährung der Richtigkeit der Urkunde notwendig.[216] Zu den beurkundungspflichtigen und nicht substituierbaren Vorgängen gehören beispielsweise die Gründung, Satzungsänderung[217] und Auflösung einer GmbH oder Aktiengesellschaft mit Sitz in Deutschland.[218] Des Weiteren sind alle Umwandlungsvorgänge bei deutschen Gesellschaften beurkundungspflichtig (§§ 13 Abs. 2, 125, 176, 193 Abs. 3 UmwG) und nicht substituierbar.[219] Für das Substitutionsverbot bei Vorgängen, die den Bestand der Gesellschaft betreffen, spricht das öffentliche Interesse an der Rechtssicherheit, soweit es um den Bestand und die Verfassung der Gesellschaft geht. Dafür spricht weiter, dass es die Aufgabe des deutschen Notars auf dem Gebiet der vorsorgenden Rechtspflege ist, die Handelsregister zu entlasten; ihm kommt die Rolle einer Vorprüfungsinstanz zu.[220]

b) In weit größerem Maße umstritten ist die Frage, ob die **Abtretung bzw. Verpfändung von GmbH-Geschäftsanteilen**, die gem. §§ 15 Abs. 3 und 4 GmbHG der notariellen Form bedarf, vor einem ausländischen Notar beurkundet und diese das Formerfordernis durch die Auslandsbeurkundung substituiert werden kann. Während einige Stimmen[221] die Substitution durch Auslandsbeurkundung auch in diesem Fall nicht zulassen wollen, sieht sie der überwiegende Teil der Rechtsprechung[222] – jedenfalls bisher – als möglich an, wenn die notarielle Beurkundung im Ausland gleichwertig ist. Zu Recht wird eine generelle Unzulässigkeit der Substitution im Gesellschaftsrecht verneint.[223] Die Anteilsabtretung greift selbst nicht in den Bestand und die Verfassung der

---

214 So deutlich auch *Goette*, MittRhNotK 1991, 1, 5; LG Augsburg NJW-RR 1997, 42 mit zust. Anm. *Wilken*, EWiR 1996, 1666; Staudinger/*Großfeld*, IntGesR, Rn. 467 ff. und 497; *Knoche*, FS Rheinisches Notariat, 1998, S. 297, 302 ff.; *Geimer*, DNotZ 1981, 406 ff.; in diese Richtung geht auch das Urteil des OLG Hamburg (NJW-RR 1993, 1317), nachdem eine Satzungsbestimmung, nach der die Abhaltung der Hauptversammlung einer AG auch im Ausland möglich sein soll, unzulässig ist. Der BGH hat zwar in seiner vom 16. Februar 1981 (BGHZ 80, 76) die Möglichkeit der Substitution auch in diesen Fällen bejaht. Ob diese Auffassung aber bei einer erneuten Entscheidungen immer noch vertreten würde, sit aufgrund der Ausführungen von *Götte* (s.o.) fraglich.
215 BGHZ 105, 324, 338; OLG Karlsruhe RIW 1979, 567, 568; LG Augsburg DB 1996, 1666.
216 OLG Karlsruhe RIW 1979, 567, 568; a.A. Staudinger/*Winkler von Mohrenfels*, Art. 11 Rn. 313.
217 Bei Aktiengesellschaften kommt hinzu, dass gem. § 121 Abs. 4 AktG die Hauptversammlung nur am Sitz der Aktiengesellschaft stattfinden soll. Zwar kann durch eine Satzungsbestimmung auch ein anderer Ort bestimmt werden, doch wird die Auswahl des Ortes von der h.M. auf das Inland beschränkt (OLG Hamm NJW 1974, 1057; OLG Hamburg IPRax 1994, 291 = NJW-RR 1993, 1317, 1318; LG Augsburg DB 1996, 1666; KK-AktG/*Zöllner*, § 121 Rn. 34; *Wilhelmi*, BB 1987, 1331; kritisch MünchKommBGB/*Spellenberg*, Art. 11 EGBGB Rn. 45 b.
218 OLG Hamm NJW 1974, 1057; OLG Karlsruhe RIW 1979, 567 (Sitzverlegung); LG Augsburg NJW-RR 1997, 420; LG Mannheim IPRspr 99 Nr. 23 (Kapitalherabsetzung); AG Köln RIW 1989, 990 (Gewinnabführungsvertrag); *Goette*, MittRhNotK 1997, 1, 4; *Knoche*, FS Rheinische Notariat, 1998, 297, 302.
219 LG Augsburg DB 1996, 1666 (Verschmelzungen); a.A. LG Nürnberg-Fürth NJW 1992, 633; OLG Köln RIW 1989, 990.
220 Scholz/*Priester*, § 53 Rn. 75a; *Bredthauer*, BB 1986, 1864, 1868.
221 LG München DNotZ 1976, 501; *Knoche*, FS Rheinisches Notariat 1998, S. 297, 306 ff.
222 BGHZ 80, 76, 78 = NJW 1981, 1160; BGH RIW 1989, 649.
223 OLG Köln WM 1988, 1749 f.; LG Köln RIW 1989, 990; LG Kiel DB 1997, 1223; *Loritz*, DNotZ 2000, 90, 108; *Bungert*, AG 1995, 26, 29 f.; *Ettinger/Wolff*, GmbHR 2002, 890, 893; *Kröll*, ZGR 2000, 111, 125; *Reuter*, BB 1998, 116 ff.; *Sick/Schwarz*, NZG 1998, 540 ff.; Palandt/*Heldrich*, Art. 11 EGBGB Rn. 8.

6. Kapitel Internationales Gesellschaftsrecht

Gesellschaft ein und betrifft damit nicht Interessen von Personen, die an der Beurkundung nicht beteiligt sind. Sie kann daher anders als die oben unter (1) behandelten Beurkundungen beurteilt werden. Von der Rechtsprechung wurde explizit die Gleichwertigkeit der Urkundsperson bejaht bei einem österreichischen Notar,[224] bei einem spanischen Notar[225] und – in der Vergangenheit – teilweise bei schweizerischen Notaren. Bei schweizerischen Notaren ist zu beachten, dass das Notariatswesen von Kanton zu Kanton unterschiedlich ausgestaltet ist.[226] Eine Gleichwertigkeit wurde in der Vergangenheit explizit für die Notare der Kantone Basel,[227] Bern,[228] Zürich,[229] Zug[230] und Luzern[231] bejaht.[232] Explizit abgelehnt wurde die Gleichwertigkeit (für Beurkundungen) bei einem US-amerikanischen notary public.[233] Dieser hat lediglich die Funktion eines offiziellen Zeugen. Dies gilt auch für den dänischen Notar.[234]

2. Maßgeblichkeit des Ortsrechts?

149 Ob die im Gesellschaftsrecht vorgesehenen Formerfordernisse auch gewahrt sind, wenn die Ortsform eingehalten ist, ist bei weitem stärker umstritten.[235] Die ablehnenden Stimmen begründen dies überwiegend mit einer Analogie zu den sachenrechtlichen Verfügungen (vgl. Art. 11 Abs. 5 EGBGB).[236] Einige Stimmen schränken diesen Grundsatz wiederum dahingehend ein, dass nur bei eintragungspflichtigen Vorgängen, also solchen, die die Verfassung der

---

224 LG Kiel DB 1997, 1223; dazu tendierend BayObLG NJW 1978, 500.
225 *Löber*, RIW 1989, 94 mit Hinweis auf AG Groß-Gerau, Urt. v. 13.4.1988 – 6 AR 25/1988 – (n.v.).
226 Vgl. dazu *Santschi*, DNotZ 1962, 626 ff.; *Carlen*, Das Notariatsrecht der Schweiz 1976.
227 OLG München NJW-RR 1998, 758; LG Nürnberg NJW 1992, 633.
228 OLG Hamburg IPRspr 1979 Nr. 9.
229 Z.B. RGZ 88, 227; BGHZ 80, 76, 78 = NJW 1981, 1160; OLG Frankfurt a.M. WM 1981, 946, 947; OLG Frankfurt a.M. IPRax 1983, 79, 80; LG Köln RIW 1989, 990; a.A. LG Augsburg DB 1996, 1666; *Geimer*, DNotZ 1981, 406, 410; *Heckschen*, DB 1990, 161 ff.; *Bredthauer*, BB 1986, 1864 ff.; Staudinger/*Winkler von Mohrenfels*, Art. 11 EGBGB Rn. 321 bezweifelt die Gleichwertigkeit der Urkundsperson.
230 LG Stuttgart IPRspr 1976 Nr. 5a.
231 LG Koblenz IPRspr 1970 Nr. 144; diese ist Entscheidung ist jedoch kritisch zu sehen, da der Kanton Luzern nicht zum Bereich des lateinischen Notariats gehört.
232 LG München RIW 1998, 147, 148 (Basel); für eine Gleichwertigkeit Genfer Notare: Staudinger/*Winkler von Mohrenfels*, Art. 11 EGBGB Rn. 319; kritisch *Schervier*, NJW 1992, 593, 596; *Knoche*, FS Rheinisches Notariat, 1998, S. 297, 313 ff.
233 OLG Stuttgart DB 2000, 1218, 1219, dazu *Biehler*, NJW 2000, 1243, 1245; Bamberger/Roth/*Mäsch*, Art. 11 EGBGB Rn. 36; die ältere Rechtsprechung hat zwar die Beurkundung einer eidesstattlichen Versicherung im Rahmen eines Erbscheinsantrags (LG Mainz NJW 1958, 1496) und die Beurkundung einer unwiderruflichen Grundstücksvollmacht (LG Berlin IPRspr 1960/61 Nr. 144) vor einem notary public für zulässig erachtet. Dies ist jedoch im Hinblick auf die neue Rechtsprechung zur Gleichwertigkeit (z.B. BGHZ 80, 76, 78) abzulehnen, so auch MünchKommBGB/*Spellenberg*, Art. 11 EGBGB Rn. 49. Etwas anderes kann für Notare des Staates Louisiana gelten, die denjenigen des lateinischen Notariates entsprechen, vgl. MünchKommBGB/*Spellenberg*, Art. 11 EGBGB Rn. 48 (m.w.N.).
234 *Randszus*, DNotZ 1977, 516, 527; *Cornelius*, DNotZ 1996, 352 ff.
235 Dagegen OLG Hamm NJW 1974, 1057; OLG Karlsruhe RIW 1979, 567, 568; LG Ausburg NJW-RR 1997, 420; LG Mannheim IPRspr 1999 Nr. 23.; dafür OLG Frankfurt a.M. DNotZ 1982, 186 ff.; BayObLG DB 1977, 2320; (für GmbH-Anteilsabtretung); OLG Düsseldorf GmbHR 1990, 169 (für Satzungsänderung).
236 MünchKommBGB/*Spellenberg*, Art. 11 EGBGB Rn. 92; *Schervier*, NJW 1992, 593, 598; *Kindler*, BB 2010, 74, 77.

Gesellschaft betreffen,[237] die Ortsform nicht möglich sein soll.[238] Unabhängig davon, ob die Ortsform zulässig ist oder nicht, bleibt immer noch die Möglichkeit der Formwirksamkeit durch Substitution (siehe oben Rdn. 148). Dieser Option hat sich die Rechtsprechung in der Vergangenheit häufig bedient und, wenn die ausländische Beurkundung gleichwertig war, die Frage, ob auch die Ortsform ausreichend ist, offen gelassen.

3. Neue Entwicklungen

Die jahrzehntelange Diskussion, ob auch die Ortsform für gesellschaftsrechtliche Beurkundungen überhaupt möglich ist und unter welchen Voraussetzungen die Gleichwertigkeit einer Auslandsbeurkundung für die Erfüllung der Geschäftsform überhaupt gegeben ist, wurde jüngst durch zwei parallele Entwicklungen wiederbelebt. So hat zum einen der Gesetzgeber mit dem MoMiG das Beurkundungserfordernis aufgewertet, weil er hieran die Einreichung einer notariell bescheinigten Gesellschafterliste geknüpft hat (§ 40 Abs. 2 GmbHG), die Grundlage für den gutgläubigen Erwerb von GmbH-Geschäftsanteilen und Legitimationsbasis für die Ausübung der Gesellschafterrechte ist.[239] Zum anderen hat die Schweiz im Jahr 2007 ihr in Art. 772 ff. OR kodifiziertes GmbH-Recht grundlegend reformiert und für die GmbH, die in der Schweiz als »schwachbrüstige Schwester der AG« angesehen wird,[240] das Beurkundungserfordernis zugunsten einer privatschriftlich möglichen Anteilsabtretung aufgegeben (Art. 785 OR).

150

Die Aufhebung des Beurkundungserfordernisses in der Schweiz bedeutet, dass – würde man die **Ortsform** als ausreichend erachten – die Abtretung von Anteilen an einer deutschen GmbH künftig privatschriftlich in der Schweiz erfolgen könnte, was eine erhebliche Missbrauchsgefahr mit sich brächte. Dieser Befund stände diametral der vom Gesetzgeber vorgenommenen erheblichen Aufwertung der Gesellschafterliste mit Blick auf deren Legitimationsfunktion für die Ausübung der Gesellschafterrechte und den gutgläubigen Erwerb entgegen.[241] Aufgrund dieser Aufwertung muss aus Sicht des Gesetzgebers,[242] aber auch bereits aus verfassungsrechtlichen Gründen[243] eine erhöhte Richtigkeitsgewähr gegeben sein.[244] Diese Richtigkeitsgewähr wird nach dem Konzept des GmbH-Gesetzes dadurch gewährleistet, dass bei der Darstellung und Einreichung gem. § 40 Abs. 2 GmbHG der Notar für den Regelfall mit eingebunden wird und die Übereinstimmung der beurkundeten Änderungen zu bescheinigen hat. Würde nun die Ortsform als zulässig erachtet, stände das Beurkundungserfordernis in internationalen Fällen letztlich zur Disposition der Parteien.[245] Diese würden zur missbräuchlichen Umgehung des § 15 Abs. 3 GmbHG geradezu eingeladen, da sie etwa in den Abtretungsvertrag unkontrolliert den ausländischen Abschlussort einsetzen können und überdies auch den Zeitpunkt der Abtretung nach Belieben noch vor- oder rückdatieren könnten.[246] Dies ist aber gerade vor dem Hintergrund der durch das MoMiG erfolgten Aufwertung des in § 15 Abs. 3 GmbHG statuierten Beurkundungserfordernisses nicht mit in Einklang zu bringen. Das Beurkun-

151

---

237 *Goette*, MittRhNotK 1997, 1, 3 f.
238 *Kropholler*, ZHR 140 (1976), 394, 402 f.; *Mann*, ZHR 138 (1974), 448, 452 f.; *Bredthauer*, BB 1986, 1864 f.; Scholz/*Westermann*, Einl. Rn. 94; Hachenburg/*Behrens*, Einl. Rn. 162; GroßkommAktG/*Röhricht*, § 23 Rn. 48; *Goette*, MittRhNotK 1997, 1, 3; *Wolff*, ZIP 1995, 1489, 1491; *Geyrhalter*, RIW 2002, 386, 389; *Kröll*, ZGR 2000, 111, 122 ff.
239 *Mauch*, EWiR 2010, 79.
240 Es gab Ende 2005 nur halb so viele GmbHs wie Aktiengesellschaften, vgl. *Forstmoser/Peyer/Schott*, Das neue Recht der GmbH, 2006, S. 19 Fn. 5.
241 *Mauch*, EWiR 2010, 79.
242 BT-Drucks. 16/140, S. 44.
243 *Omlor*, WM 2009, 2105, 2107 f.
244 *König/Bormann*, DNotZ 2008, 652, 667; *Mauch*, EWiR 2010, 79.
245 *Kindler*, BB 2010, 74, 75.
246 *Gerber*, GmbHR 2010, 97, 98.

dungserfordernis unterfällt daher nicht dem Form,- sondern dem Gesellschaftsstatut, § 15 Abs. 3, 4 GmbHG findet stets Anwendung.[247]

152 Geht man nun davon aus, dass auf Anteilsabtretung zwingend das **Geschäftsrecht**, und damit für deutsche Gesellschaften § 15 Abs. 3, 4 GmbHG Anwendung findet, stellt sich die Frage, ob auch nach Inkrafttreten des MoMiG eine Gleichwertigkeit der Beurkundung durch ausländische (i.d.R. Schweizer) Notare weiterhin angenommen und damit die Tatbestandsvoraussetzung dieser Norm (die Beurkundung) substituiert werden kann. Die Substituierbarkeit, die in der Vergangenheit für Anteilsabtretungen überwiegend als möglich angesehen wurde (siehe oben Rdn. 148), wird durch das MoMiG entschieden in Frage gestellt. Bereits die Gesetzesbegründung wirft Zweifel an der Wirksamkeit von Auslandsbeurkundungen überhaupt auf.[248] Deutlicher wird der Zweifel an der Gleichwertigkeit, wenn man die dem Notar zugedachte Rolle bei Anteilsabtretungen betrachtet. Ihm wird in § 40 Abs. 2 GmbHG die Pflicht auferlegt, dem Handelsregister eine Gesellschafterliste einzureichen, die die Bescheinigung enthält, dass die geänderten Eintragungen den Veränderungen entsprechen, an denen er mitgewirkt hat. Die Einrichtung einer solchen Liste ist ausländischen Notaren nicht möglich, denn § 40 Abs. 2 GmbHG stellt eine öffentlich-rechtliche Amtspflicht dar, deren Adressat nur ein inländischer Notars sein kann.[249] Ein ausländischer Notar kann diese Pflicht, da nicht erfasst, nicht erfüllen. Da somit der ausländische Notar nicht das leisten kann, was einer deutscher Notar zu leisten im Stande und verpflichtet ist, bestehen erhebliche Zweifel an der Gleichwertigkeit der Urkundsperson und – wenn man das Einreichen der Gesellschafterliste als Teil des Beurkundungsverfahren ansieht – auch erhebliche Zweifel an der Gleichwertigkeit des Beurkundungsverfahrens. Dem wird man auch nicht mit dem Argument, die Pflicht zur Einreichung der Gesellschafterliste stände zur Disposition der Parteien und sei verzichtbar, entgegentreten können, da § 40 Abs. 2 GmbHG ja gerade den späteren gutgläubigen Erwerb durch eine andere Partei schützen möchte. Im Verhältnis zur Schweiz, die neuerdings Schriftform ausreichen lässt, ist zudem festzustellen, dass die Gleichwertigkeit des Urkundsverfahrens bereits deshalb nicht gegeben ist, weil die Anteilsabtretung lediglich durch Vereinbarung der Parteien in Schriftform möglich ist. Damit wäre der Kernpunkt der Gleichwertigkeit, nämlich das die ausländische Urkundsperson ein Verfahren, dass dem deutschen Beurkundungsverfahren entspricht, (zwingend) zu beachten hat,[250] nicht erfüllt.[251] Im Ergebnis wird man daher mit dem Landgericht Frankfurt[252] davon ausgehen müssen, dass unter Geltung der jetzigen Fassung des § 40 Abs. 2 GmbHG ein Mangel an Gleichwertigkeit nicht nur möglich, sondern sogar wahrscheinlich ist.

III. Anteilsübertragungen ausländischer Gesellschaften im Inland

153 Bei der (dinglichen) Übertragung von Geschäftsanteilen an ausländischen Gesellschaften, die mit der GmbH vergleichbar sind, stellt sich die Frage, ob das in § 15 Abs. 4 GmbH vorgesehene Beurkundungserfordernis auch solche Übertragungsvorgänge umfasst. Diese Frage stellt sich immer dann, wenn sich der Kauf- und Abtretungsvertrag nach deutschem

---

247 *Kindler*, BB 2010, 74, 75; MünchKommBGB/*Kindler*, IntGesR, (5. Aufl., im Erscheinen) Rn. 558f ff. (zitiert nach *Kindler*, BB 2010, a.a.O.); Staudinger/*Großfeld*, IntGesR, Rn. 497; *König/Götte/Bormann*, NZG 2009, 881, 993; *Mauch*, EWiR 3/2010; ebenso *Böttcher*, ZNotP 2010, 6 ff.; *Gerber*, GmbHR 2010, 97 ff.; *Bayer*, DNotZ 2009, 887 ff.
248 In BT-Drucks. 16/6140 heißt es auf Seite 37: »Die Bestimmungen zur Gesellschafterliste sind bereits durch das Handelsrechtsreformgesetz ... nachgebessert und verschärft worden. Es bestehen noch weitere Lücken, z.B. bei der Auslandsbeurkundung, die nunmehr geschlossen werden.«
249 *Bayer*, DNotZ 2009, 887, 888; *Rodewald*, GmbHR 2009, 196, 197; *Böttcher*, ZNotP 2010, 6, 9.
250 BGHZ 80, 76, 78.
251 *Hermanns*, RNotZ 2010, 38, 41.
252 GmbHR 2010, 96, 97.

Recht richtet. Hier wird die Auffassung vertreten, dass die nach deutschem Recht bestehende Beurkundungspflicht jedenfalls dann besteht, wenn die ausländische Gesellschaft im Wesentlichen der deutschen GmbH entspricht.[253] Der durch § 15 Abs. 4 GmbHG bezweckte Schutz der Anleger vor einem leichtfertigen und spekulativen Handel mit Geschäftsanteilen müsse auch für ausländische Gesellschaften gelten. Die Gegenmeinung[254] will den Anwendungsbereich des § 15 Abs. 4 GmbHG auf deutsche Gesellschaften beschränken. Der BGH hat die Frage noch nicht endgültig entschieden, deutet jedoch in einer Entscheidung an, dass auf einen deutschem Orts- und Geschäftsrecht unterliegenden Treuhandvertrag über einen polnischen GmbH-Geschäftsanteil § 15 Abs. 4 GmbH anwendbar sein könnte.[255]

Eine Beurkundungspflicht ergibt sich jedenfalls dann, wenn die Parteien für die Übertragung von Geschäftsanteilen ausländischer Gesellschaften deutsches Rechts gewählt haben. Zwar können die Parteien die Geltung deutschen Rechts unter Ausschluss der deutschen Formvorschriften wählen. Allerdings führt eine pauschale Rechtswahl zur Anwendbarkeit von § 15 Abs. 3, 4 GmbHG.[256]

154

---

253 OLG Celle NJW-RR 1992, 1126, 1127; Soergel/*Kegel*, Art. 11 EGBGB Rn. 17; Bamberger/Roth/*Mäsch*, Art. 11 EGBGB Rn. 40.
254 OLG München NJW-RR 1993, 998, 998; *Gärtner/Rosenbauer*, DB 2002, 1981 ff.; *Dutta*, RIW 2005, 101 ff.
255 BGH GmbHR 2005, 53.
256 *Schotten/Schmellenkamp*, Das Internationale Privatrecht in der notariellen Praxis, II. a.E., so auch für Grundstückskaufverträge über ausländische Grundstücke, bei der die Parteien ausländisches Recht gewählt haben: BGH NJW 1972, 385.

6. Kapitel Internationales Gesellschaftsrecht

F. Europäische Gesellschaftsformen: SE und EWIV

155 Die **Europäische Gesellschaft** (Societas Europea, kurz: SE)[257] basiert auf einer EG-Verordnung[258] sowie auf einer ergänzenden Richtlinie.[259] In Deutschland wurde sie durch das Gesetz zur Einführung der Europäischen Gesellschaft vom 22.12.2004[260] implementiert. Die SE ist eine eigenständige Rechtsform, deren Rechtsgrundlage in allen EU-Staaten gleich ist. Mit ihr wurde eine Rechtsform für europaweit tätige Kapitalgesellschaften geschaffen, die es ermöglicht, zur Einsparung von Organisationskosten die bisher in zahlreichen Mitgliedsstaaten der EU unterhaltene Tochtergesellschaften künftig als schlichte Niederlassungen einer SE zu führen; sie erleichtert ferner grenzüberschreitende Fusionen mit Sitzverlegungen.[261] Die Gründung ist nur zulässig durch die in dem Anhang zur SE-Verordnung genannten Gesellschaften (in Deutschland die AG und die GmbH). Das besondere der SE ist, dass sie nur in festgelegten Formen gegründet werden kann, nämlich (1) durch die Verschmelzung von Aktiengesellschaften, die ihren Sitz in unterschiedlichen Mitgliedsstaaten haben (Art. 2 Abs. 1 SE-VO), (2) durch die Gründung einer Holding-SE durch AGs und GmbHs, sofern sie entweder dem Recht unterschiedlicher Mitgliedsstaaten unterliegen oder sie seit mindestens zwei Jahren eine dem Recht eines anderen Mitgliedstaates unterliegende Tochtergesellschaft oder Zweigniederlassung in einem anderen Mitgliedsstaat haben (Art. 2 Abs. 2 SE-VO), (3) durch die Gründung einer Tochter-SE durch Gesellschaften i.S.v. Art. 48 EG-Vertrag (Art. 2 Abs. 3 SE-VO), (4) durch Umwandlung einer AG, wenn sie seit mindestens zwei Jahren eine dem Recht eines anderen Mitgliedstaates unterliegende Tochtergesellschaft hat (Art. 2 Abs. 4 SE-VO). Die Gründer einer SE mit Sitz in Deutschland können wählen zwischen einer dualistischen Leitungsstruktur und einer monistischen Struktur.

156 Die **Europäische wirtschaftliche Interessenvereinigung**[262] beruht auf einer europäischen VO (nachfolgend die EWIV-VO genannt),[263] die durch ein Ausführungsgesetz flankiert wurde.[264] Eine EWIV kann gegründet werden (1) von mindestens zwei (natürlichen oder juristischen) Personen, (2) von denen mindestens zwei ihre Haupttätigkeit oder Hauptverwaltung in verschiedenen Mitgliedssaaten der EG haben müssen, (3) zu dem Zweck, die wirtschaftliche Tätigkeit ihrer Mitglieder zu erleichtern oder zu entwickeln sowie die Ergebnisse dieser Tätigkeit zu verbessern, also nicht zu dem Zweck, Gewinne für sich selbst zu erzielen (Art. 3 EWIV-VO). Die EWIV ähnelt der deutschen OHG mit Fremdgeschäftsführung.[265]

---

257 Siehe dazu eingehend z.B.: *Van Hulle/Maul/Drinhausen*, Handbuch zur Europäischen Gesellschaft; *Barnert/Dolezel/Egermann/Illigasch*, Societas Europaea; *Jannott/Frodermann*, Handbuch der Europäischen Aktiengesellschaft.
258 EG-Verordnung Nr. 2157/2001 des Rates vom 8.10.2001 über das Statut der Europäischen Gesellschaft (ABl. EG Nr. L 294 vom 10.11.2001, S. 1 ff.).
259 Richtlinie 2001/86/EG vom 8.10.2001 zur Ergänzung des Statuts der Europäischen Gesellschaft hinsichtlich der Beteiligung der Arbeitnehmer (ABl. EG Nr. L 294 vom 10.11.2001, S. 22 ff.).
260 BGBl. I 2004, S. 3675.
261 Kersten/Bühling/*Wachter*, § 151 Rn. 5.
262 Ausführlich dazu: Müller-Gugenberger/*Schotthöfer*, Die EWIV in Europa.
263 Verordnung vom 25.7.1985 (ABl. EG Nr. L 199, S. 1 vom 31.7.1985).
264 BGBl. I 1988, S. 514.
265 Beck'sches Notarhandbuch/*Zimmermann*, Abschn. H Rn. 202.

G. Beurkundungsrechtliche Fragen

I. Besondere Hinweispflichten des Notars

Der Notar ist bei der Beteiligung ausländischer Gesellschaften dazu verpflichtet, auf die (mögliche) Anwendbarkeit ausländischen Rechts hinzuweisen (§ 17 Abs. 3 S. 1 BeurkG). Gegebenenfalls soll er über die Risiken, die sich aus der Beteiligung der Auslandsgesellschaft ergeben, aufklären, etwa wenn eine zugunsten einer ausländischen Gesellschaft eine Vormerkung bewilligt wird und die Löschung dieser Vormerkung aufgrund der Auslandsbeteiligung problematisch sein kann.[266] Es empfiehlt sich daher, bei der Beteiligung ausländischer Gesellschaften einen entsprechenden Belehrungsvermerk in die Urkunde aufnehmen, der wie folgt lauten könnte:

Formulierungsvorschlag zum Belehrungsvermerk bei Beteiligung ausländischer Gesellschaften:
Der Notar wies die Beteiligten darauf hin, dass für den Abschluss dieses Geschäftes und für die grundbuchliche Abwicklung der Nachweis der Existenz und der Vertretungsbefugnisse der Beteiligten in öffentlicher Form zu führen ist und dass hierauf ggfls. ausl. Recht zur Anwendung kommen kann. Er wies weiter darauf hin, dass aufgrund der Beteiligung einer ausländischen Gesellschaft möglicherweise ausländisches Rechts zur Anwendung kommen kann. Der Notar hat die Beteiligten darauf hingewiesen, dass eine verbindliche Auskunft zu diesen Fragen von einem ausländischen Juristen oder mittels eines Universitätsgutachtens gegeben werden kann. Die Beteiligten wünschten gleichwohl die sofortige Beurkundung.

II. Beurkundungen in einer Fremdsprache und Übersetzung

Gem. § 5 Abs. 1 BeurkG werden Urkunden in deutscher Sprache errichtet. Ist ein Ausländer der deutschen Sprache nicht hinreichend kundig, bestehen zwei Möglichkeiten: Zum einen kann der Notar gem. § 5 Abs. 2 BeurkG auf Verlangen die Urkunde auch in einer fremden Sprache errichten, wenn er dieser hinreichend kundig ist. Zum anderen kann er die er die Urkunde in deutscher Sprache errichten und diese gem. § 16 BeurkG übersetzen oder übersetzen lassen.

Der Ausländer ist der deutschen Sprache hinreichend kundig, wenn er den Inhalt der Urkunde passiv versteht und in der Lage ist, seine Genehmigung des Inhalts zum Ausdruck zu bringen.[267] Der BGH, der in einer älteren Entscheidung[268] eine aktive Sprachkenntnis verlangt hat, verkennt, dass es § 16 BeurkG nur um Kenntnisvermittlung geht, nicht um die aktive Wiedergabemöglichkeit des Inhalts. Im Zweifel sollte der Notar jedoch auf eine Übersetzung hinwirken.

Die Sprachunkundigkeit muss entweder nach Überzeugung des Notars oder nach Angaben der Beteiligten bestehen. Sie ist auch dann gegeben, wenn der Notar von der Sprachunkundigkeit überzeugt ist, der Beteiligte aber etwas anderes behauptet, oder umgekehrt. Besteht Sprachunkundigkeit, soll der Notar dies in der Niederschrift feststellen, § 16 Abs. 1 BeurkG.

1) Ist ein Beteiligter der deutschen Sprache nicht hinreichend kundig – aber auch in anderen Fällen –, kann der Notar die Urkunde in einer fremden Sprache errichten, wenn er selbst dieser hinreichend kundig ist. Erforderlich ist nicht, dass er die Sprache perfekt

---

266 BGH NJW 1993, 2744.
267 BayObLG MittRhNotK 2000, 178; Eylmann/Vaasen/*Limmer*, § 16 Rn. 4 m.w.N.
268 BGH DNotZ 1964, 174.

beherrscht. Er muss jedoch den fremdsprachigen Text vollständig verstehen.[269] Dabei steht es in seinem Ermessen, ob er sich kundig fühlt. Letztlich wird die Entscheidung auch von der Art und Komplexität des Textes abhängen. Er darf die Urkunde nur auf Verlangen aller Beteiligten in einer Fremdsprache beurkunden. Es empfiehlt sich, dieses Verlangen in der Urkunde zu vermerken.

163 Gem. § 50 BeurkG kann ein Notar die deutsche Übersetzung einer fremdsprachigen Urkunde mit der Bescheinigung der Richtigkeit und der Vollständigkeit versehen, wenn er die Urkunde selbst in einer fremden Sprache errichtet hat oder er für die Erteilung einer Ausfertigung zuständig ist.

164 Auch *zweisprachige Urkunden* sind zulässig, es sollte aber klargestellt werden, welche Sprache im Zweifel maßgeblich ist[270]. Ist die deutsche Sprache maßgeblich, hat der Notar diese Fassung zu übersetzen, wenn einer der Beteiligten der deutschen Sprache nicht hinreichend mächtig ist. Die Übersetzung entspricht dann dem fremdsprachigen Text. Als Alternative dazu bietet es sich an, die Urkunde in der Fremdsprache zu errichten und gem. § 50 BeurkG eine deutsche Übersetzung beizufügen.

Sind die Urkundsbeteiligten der deutschen Sprache mächtig, und dient der englische Text lediglich Informationszwecken, sollte folgender Passus aufgenommen werden:

165 M Der für diese Urkunde maßgebliche Text ist derjenige in deutscher Sprache. Die beigefügte englische Fassung dient lediglich Informationszwecken und ist nicht Bestandteil des Rechtsgeschäfts. Im Falle von Widersprüchen zwischen der deutschen und der englischen Fassung hat daher die deutsche Fassung Vorrang.

For the document the German wording shall be decisive. The English Version of this text serves only for information and is not part of the legal transaction. In case of any inconsistencies between the German and the English wording, the German wording shall therefore prevail.

166 2) Ist eine Übersetzung der (in der Regel, aber nicht notwendigerweise in der deutschen Sprache abgefassten Urkunde) erforderlich, weil ein Beteiligter die Urkundssprache nicht versteht, ist die Urkunde zu übersetzen. Dabei kann die **Übersetzung** entweder von dem Notar selbst, oder von einem Dolmetscher vorgenommen werden, § 16 BeurkG. Auf Unterschriftsbeglaubigungen findet § 16 BeurkG keine Anwendung.[271]

167 Der Verfahrensablauf stellt sich wie folgt dar: Ist an der Beurkundung auch ein Sprachkundiger anwesend, so liest der Notar die Urkunde zunächst vor; anschließend übersetzt der Dolmetscher oder der Notar diese dann vollständig in die Fremdsprache. Die Übersetzung kann abschnittsweise oder nach vollständiger Verlesung erfolgen. Sind alle Beteiligte sprachunkundig, muss die Niederschrift anstelle des Vorlesens übersetzt werden, § 16 Abs. 2 BeurkG.

168 Erfolgt die Übersetzung durch einen Dolmetscher, so ist zu prüfen, ob dieser selbst beider Sprachen kundig und nicht gem. §§ 6, 7 BeurkG von der Übersetzung ausgeschlossen ist. Er ist – sofern er nicht allgemein vereidigt ist – zu vereidigen (§ 189 Abs. 2 GVG). Hiervon kann abgesehen werden, wenn alle Beteiligten darauf verzichten. Diese Tatsachen sollen in der Niederschrift festgestellt werden, die Niederschrift soll von dem Dolmetscher unterschrieben werden, § 16 Abs. 3 BeurkG.

169 Der Sprachunkundige kann zusätzlich eine schriftliche Übersetzung verlangen, die ihm zur Durchsicht vorgelegt wird und die der Urkunde beizufügen ist, § 16 Abs. 2 S. 2 BeurkG. Der Notar soll den Beteiligten auf die Möglichkeit der schriftlichen Übersetzung hinweisen und dies in der Niederschrift festhalten. Der Hinweis sollte, wenn möglich, vor dem Beurkundungstermin erfolgen, da nur dann genügend Zeit besteht, eine schriftliche

---

269 Eylmann/Vaasen/*Eylmann*, § 5 Rn. 3.
270 Armbrüster/Preuß/Renner, § 8 Rn. 5; Beck'sches Notarhandbuch/*Zimmermann*, Abschn. H Rn. 21.
271 OLG Karlsruhe DNotZ 2003, 296.

Übersetzung einzuholen. Bei letztwilligen Verfügungen gilt die Besonderheit, dass eine schriftliche Übersetzung angefertigt werden muss, es sei denn, der Erblasser verzichtet hierauf, was ebenfalls in der Urkunde zu vermerken ist.

Formulierungsvorschlag zum Verzicht des Erblassers auf schriftliche Übersetzung: 170 M
Der Erschienene ist nach Überzeugung des Notars und seiner eigenen Bekundung der deutschen Sprache nicht hinreichend kundig; er spricht englisch. Der Notar zog deshalb
    Herrn XY, geboren am ..., wohnhaft ...
der sowohl der deutschen als auch der englischen Sprache kundig ist, als Dolmetscher zu, in dessen Person Ausschließungsgründe nicht vorliegen. Der Beteiligte verzichtete auf eine Vereidigung des Dolmetschers; dieser wies sich aus durch Vorlage seines Personalausweises.
    Der Notar wies den Erschienenen darauf hin, dass er eine schriftliche Übersetzung verlangen kann (bei einer Verfügung von Todes wegen: dass eine schriftliche Übersetzung erforderlich ist, sofern hierauf nicht verzichtet wird); dieser verzichtete darauf.

Stichwortverzeichnis

Zahl in Fettdruck = Kapitel
Zahl in Normaldruck = Randziffer

"@"-Zeichen
- Firmenbestandteil **2** 173

Abfindung
- Aktionäre **5** 10
- des ausgeschiedenen Gesellschafters einer Personenhandelsgesellschaft **1** 479

Abfindung bei GmbH
- Beschränkung, Gläubigerdiskriminierung **2** 414
- Fälligkeit **2** 421
- Regelung, Checkliste **2** 420
- Stuttgarter Verfahren **2** 412

Abfindung nach Verschmelzungsvertrag
- Abfindungsangebot **4** 89
- Ausgestaltung des Angebots **4** 97
- Prüfung des Angebots **4** 104
- Widerspruch gegen Abfindungsangebot **4** 95

Abfindungsbeschränkungen **1** 158
Abfindungsklausel **1** 485 M
- Meinungsstand **1** 481

Abfindungsregelung
- Sittenwidrigkeit **1** 480

Abfindungsregelungen
- GmbH **2** 615

Abfindungsversicherung
- Abgabe **1** 435

Abschlussprüfer **3** 168
Abspaltung **4** 932
- Anteilsgewährungspflicht **4** 978
- bare Zuzahlungen **4** 987
- von Gesellschafterrechten Personenhandelsgesellschaft **1** 349
- von GmbH & Co. KG auf GmbH & Co. KG zur Aufnahme **4** 1208 M
- GmbH als übertragender Rechtsträger bei Kapitalerhöhungsverbot **4** 1242
- von GmbH zur Aufnahme auf GmbH & Co. KG **4** 1251 M, 1251 M
- Registereintragung **4** 1191
- spaltungsfähige Rechtsträger **4** 945
- Spaltungsprüfung **4** 1142
- Veräußerungsbeschränkungen **4** 1123
- Verzicht auf Anteilsgewährung **4** 982

Abspaltungsverbot **1** 129
- GbR **1** 129
- Personenhandelsgesellschaft **1** 344

Abtretung
- Beurkundungsbedürftigkeit **2** 875

Abtretung von GmbH-Anteilen
- Einreichung einer neuen Gesellschafterliste **2** 1019
- steuerliche Anzeigepflichten **2** 1048
- Teilgeschäftsanteile **2** 901

- Vollzug der dinglichen Übertragung **2** 1018

AG
- Aktiengattungen **3** 72
- Amortisation **3** 627
- Amtszeit eines Vorstandsmitglieds **3** 176
- Änderungen der Satzungsfassung **3** 118
- Angaben zu Zeit und Ort der Hauptversammlung **3** 371
- Anmeldung der Spaltung **4** 1272
- Anmeldung und Wirksamwerden der Kapitalerhöhung **3** 520
- Anmeldung und Wirksamwerden des Squeeze-Out **3** 660
- Anmeldung zum Handelsregister **3** 180
- Aufsichtsrat **3** 84
- Ausländer als Vorstand **3** 175; **6** 40
- Bar-/Sachkapitalerhöhung **3** 517
- Bargründung s. dort
- bedingte Kapitalerhöhung **3** 539
- Beherrschungsvertrag **3** 629
- Bekanntmachung des Verschmelzungsvertrags **4** 374
- Bekanntmachung über die Zusammensetzung des Aufsichtsrats **3** 304
- Beschlussfähigkeit des Aufsichtsrats **3** 107
- Bestellung des Abschlussprüfers **3** 168
- Bestellung des ersten Aufsichtsrats **3** 169
- Bestellung des ersten Vorstands **3** 171
- Betriebsüberlassungsvertrag **3** 629
- Bezugsrechte **3** 514
- Bildung von Ausschüssen **3** 98
- Change of Control Klausel **3** 64
- Delisting **3** 665
- Dividendenabschlag **3** 154
- Einlage-Bestätigung des Kreditinstituts **3** 216
- Einlageleistung s. dort
- Einlageleistung, Zahlung an einen Treuhänder **3** 184
- Eintragung in das Handelsregister **3** 238
- Einzahlungsbetrag auf das Grundkapital **3** 21
- Einziehung von Aktien **3** 159
- Ergebnisabführungsvertrag **3** 630
- erste Sitzung des Aufsichtsrats **3** 171
- Erteilung einer Stimmrechtsvollmacht in der Hauptversammlung **3** 134
- Fantasiefirma **3** 36
- Firma **3** 36
- Formwechsel, unbekannte Aktionäre **4** 530
- freiwillige Bekanntmachungen **3** 48
- Gegenstand der Sacheinlage bzw. Sachübernahme **3** 249
- Gegenstand des Unternehmens **3** 45
- genehmigtes Kapital **3** 524

Stichwortverzeichnis

- Gesamtprokura 3 83
- Geschäftsjahr 3 44
- Geschäftsordnung des Aufsichtsrats 3 117
- Geschäftsordnung des Vorstands 3 80
- Gewinnabführungsvertrag 3 629
- Gewinngemeinschaftsvertrag 3 629
- Gewinnverwendung 3 154
- Gründung s. dort
- Gründungsurkunde 3 16
- Haftung s. dort
- Haftung der Gründer 3 332
- Haftung im Gründungsstadium 3 326
- Handelsregisteranmeldung s. dort
- Hauptversammlung s. dort 3 363
- Höhe des Grundkapitals 3 49
- Inhaberaktien 3 54
- Kapitalerhöhung aus Gesellschaftsmitteln 3 556
- Kapitalherabsetzung 3 581
- Kapitalherabsetzung durch Einziehung von Aktien 3 621
- Liste der Aufsichtsratsmitglieder 3 218
- Mehrfachvertretung 3 83
- Mischeinlage 3 309
- Mitteilung nach § 20 AktG 3 239
- Mitteilung nach § 42 AktG 3 240
- Nachgründung s. dort
- Namensaktien 3 54
- Notar und Hauptversammlung 3 394
- notarielles Hauptversammlungsprotokoll 3 404, 406
- Notarkosten bei Sachgründung 3 305
- Notwendigkeit eines Einbringungsvertrags 3 267
- Online-Hauptversammlung 3 138
- Optionsschuldverschreibung 3 541
- Ort der Hauptversammlung 3 121
- Personenfirma 3 36
- Pflichtbekanntmachungen 3 48
- Prüfungspflicht bei Sachgründungen ohne Gründungsprüfer 3 303
- Qualifikationsvoraussetzungen für Vorstandsmitglieder 3 79
- Rechnungslegung 3 154
- Regeln für übernehmende ~ zur Verschmelzung durch Aufnahme 4 392
- Sachfirma 3 36
- Sachgründung s. dort
- Sachgründungsprotokoll 3 253
- Sachübernahme 3 247
- Satzung s. dort
- satzungsergänzende Nebenabreden 3 166
- Satzungssitz 3 43
- Selbstkontrahierung 3 83
- Sitz 3 40
- Sitzung des Aufsichtsrats s. dort
- Sitzverlegung ins Ausland 6 17
- Spaltung s. dort 4 1256
- Spaltung unter Beteiligung von ~ 4 1256
- spaltungsbedingte Kapitalerhöhung 4 1274
- Spaltungsbericht 4 1258
- Spaltungsprüfung 4 1259
- Spaltungsprüfungsbericht 4 1260
- Spaltungsvertrag 4 1257
- Squeeze-Out 3 647
- Stock-Options 3 541
- Teilnahme an der Hauptversammlung 3 125
- Übermittlung der Handelsregisteranmeldung an das Handelsregister 3 235
- übertragende ~, Verschmelzung durch Aufnahme 4 421
- Unterbilanzhaftung 3 333
- Unternehmensvertrag 5 2
- Unternehmensverträge 3 629; 5 2
- Verbriefung der Aktien 3 69
- verdeckte Sachgründung 3 189
- Verschmelzung s. dort
- Verschmelzungsprüfung 4 373
- Verschmelzungsvertrag s. dort
- Vertretung 3 82
- Vertretung im Gründungsstadium 3 326
- Verwaltungssitz 3 43
- Vorbelastungshaftung 3 333
- Vorgründergesellschaft 3 326
- Vorratsgründung 3 311
- Vorstandsregelungen in der Satzung 3 77
- Wandelschuldverschreibung 3 541
- wirtschaftliche Neugründung 3 310, 315
- wirtschaftliche Neugründung, Anwendung der Gründungsvorschriften 3 318
- Zerlegung des Grundkapitals 3 50

AG & Co. KG 1 271

Agio 3 22

Aktien
- angeordnete Zwangseinziehung 3 160
- Aufgeld/Agio 3 22
- gestattete Zwangseinziehung 3 160
- Vinkulierung 3 62

Aktiengesellschaft s. AG

Aktienoptionen
- Vergütung der Aufsichtsratsmitglieder 3 114

Aktienrecht
- Grundsatz der Satzungsstrenge 3 27

Aktienregister
- Eintragung 3 59

Aktienübernahmeerklärung 3 15

Akzessorietätstheorie
- GbR 1 7

Altschulden
- Haftung 1 415, 415

Amortisation 3 627

Änderung des GmbH-Vertrags
- Anmeldung zum Handelsregister 2 659
- bei im vereinfachten Verfahren gegründeten Gesellschaft 2 676
- Mehrheits- und Zustimmungserfordernisse 2 655
- Prüfungsumfang des Registergerichts 2 673
- Registersperre 2 670

Stichwortverzeichnis

Anmeldung
- der AG zum Handelsregister 3 180
- Anlagen 2 463
- Anmeldung, inländische Geschäftsanschrift 2 447
- Einzahlungsversicherung der Geschäftsführer 2 452
- Gesellschafterliste anlässlich Gründung 2 465
- GmbH & Co. KG 1 536
- zum Handelsregister 2 441
- zum Handelsregister bei Hin- und Herzahlung 2 559
- der Kapitalerhöhung 3 520
- Kapitalerhöhung, Gesellschafterliste 2 737
- KG 1 532
- OHG 1 526
- Partnerschaftsgesellschaft 1 540
- Sachgründung einer GmbH zum Handelsregister 2 515
- der Spaltung 4 1272
- Spaltung zur Neugründung 4 1023
- des Squeeze-Out 3 660
- UG (haftungsbeschränkt) 2 455
- Versicherung über Nichtvorliegen von Bestellungshindernissen 2 459
- Vertretungsbefugnis 2 448
- Zuständigkeit und anmeldepflichtige Personen 2 443

Anmeldung der GmbH
- Form 2 445

Anmeldung der Verschmelzung
- GmbH 4 349

Anmeldung zum Handelsregister
- Änderung des GmbH-Vertrags 2 659

Anteilsabtretung
- anwendbares Recht 6 146

Anteilsgewährung
- Verschmelzungsvertrag 4 42

Anteilsgewährungspflicht bei Abspaltung 4 978

Anteilskaufvertrag
- Art der Erbringung des Kaufpreises 2 941
- feste Kaufpreisklausel 2 936
- Garantiebedingungen 2 965
- Gewährleistungs- und Garantieregelungen 2 954
- Gewinnabgrenzung 2 945
- Grundbesitz, Umweltrisiken 2 959
- Handlungen beim Closing 2 972
- Management-Buy-Outs 2 976
- Methoden zur Bestimmung des Kaufpreises 2 934
- Regelungen zum Closing 2 969
- Schiedsklausel 2 974
- umfassende Steuerklausel 2 958 M
- variable Kaufpreisklausel 2 936
- Verkäufergarantien für gesellschaftsrechtliche Umstände 2 956 M
- wirtschaftlicher Übergang 2 945
- wirtschaftlicher Übergang der Geschäftsanteile 2 950
- Zuordnung noch nicht ausgeschütteter Gewinne 2 946

Anteilsübertragung
- ausländischer Gesellschaften im Inland 6 153
- GbR 1 130

Anwachsung 4 3

Apostille 6 140, 140
- Antrag auf Erteilung 6 144 M

Aufgeld 3 22

Auflösung
- GbR 1 165, 187
- Personenhandelsgesellschaft 1 514

Auflösung der GmbH 2 822
- durch Beschluss der Gesellschafterversammlung 2 824
- Handelsregisteranmeldung 2 830

Aufsichtsrat der AG
- Regelungen in der Satzung 3 84

Aufsichtsrat der GmbH 2 423
- Minimalkompetenz 2 427

Aufspaltung 4 931
- Anteilsgewährungspflicht 4 978
- bare Zuzahlungen 4 987
- einer GmbH zur Neugründung auf zwei GmbHs 4 1249 M
- GmbH als übertragender Rechtsträger, Besonderheiten bei Eingreifen eines Kapitalerhöhungsverbotes 4 1242
- einer GmbH zur Neugründung auf zwei GmbHs 4 1249 M
- Registereintragung, Folgen 4 1190
- spaltungsfähige Rechtsträger 4 945
- Spaltungsprüfung 4 1142
- Veräußerungsbeschränkungen 4 1123
- Verzicht auf Anteilsgewährung 4 982

Auschluss eines GbR-Gesellschafters
- Abfindungsbeschränkungen 1 158
- Zulässigkeit 1 154

Auseinandersetzung
- Personenhandelsgesellschaft 1 476

Auseinandersetzungsverfahren 1 206

Ausgliederung 4 933
- Anteilsgewährungspflicht 4 988
- arbeitsrechtliche Probleme 4 1334
- beamtenrechtliche Probleme 4 1334
- Gebietskörperschaft s. dort
- Registereintragung, Folgen 4 1191
- Spaltung 4 948
- spaltungsfähige Rechtsträger 4 948
- Sperre bei Überschuldung 4 1309
- von öffentlichen Unternehmen 4 1325
- zur Neugründung, Einmanngesellschaft 4 1318

Ausgliederungsbericht
- Einzelkaufmann 4 1314

Ausgliederungsbeschluss
- Einzelkaufmann 4 1316

Stichwortverzeichnis

Ausgliederungsplan
- Einzelkaufmann 4 1313

Ausgliederungsprüfung
- Einzelkaufmann 4 1315

Ausgliederungsvertrag
- Einzelkaufmann 4 1313

Ausland
- Sitzverlegung einer deutschen Gesellschaft ins ~ 6 16
- Zweigniederlassung einer deutschen Gesellschaft im ~ 6 30

Ausländer
- als GmbH-Geschäftsführer 2 145; 6 40
- als Gründer 2 66
- Sperrvermerk 2 66

Ausländische Gesellschaft
- Anteilsübertragung im Inland 6 153
- ausländische 6 2
- besondere Hinweispflichten des Notars 6 157
- Beurkundungen in einer Fremdsprache und Übersetzung 6 159
- Nachweis der Vertretungsmacht von Organen und der Existenz 6 52
- Vertretungsbescheinigung mit den Rechtswirkungen des § 21 BNotO 6 57

Auslandsbeurkundung
- Verschmelzungsvertrag 4 129

Auslandsgesellschaft
- Anforderungen von Grundbuchamt und Handelsregister 6 54
- Nachweis der Vertretungsmacht von Organen und der Existenz 6 52
- Nachweisführung 6 57
- Vertretungsbescheinigung mit den Rechtswirkungen des § 21 BNotO 6 57

Ausschließungsklage
- in Zwei-Personen-Gesellschaft 1 471
- Personenhandelsgesellschaft 1 469

Ausschluss
- eines Gesellschafters einer Personenhandelsgesellschaft 1 469

Ausschuss
- Publikumsgesellschaft 1 597

Außen-GbR 1 2

Außengesellschaft 1 3
- gesamthänderisch gebundenes Gesellschaftsvermögen 1 4

Bargründung
- GmbH 2 223

Bargründung der AG 3 3
- Änderung der Gründungssatzung 3 32
- Einlageleistung an die Vorgründergesellschaft 3 188
- Feststellung der Satzung 3 6, 26
- Gründungsprotokoll 3 4
- Inhalt des Gründungsprotokolls 3 14
- Mindesteinlage 3 186
- Mitarbeitervollmacht 3 32
- notwendiger Inhalt der Satzung 3 28
- Vertretung bei der Erstellung des Gründungsprotokolls 3 11

Barleistungen
- GbR 1 60

Baschlussfassung
- Änderung des Gesellschaftsvertrags der GmbH 2 637
- außerhalb Gesellschafterversammlung der GmbH 2 355

Beendigung der GmbH 2 822

Beherrschungs- und Gewinnabführungsvertrag
- Änderung 5 62
- Aufhebung 5 63
- Beendigungsgründe 5 46
- Berichtspflichten 5 59
- Beurkundungspflicht 2 870
- Dauer 5 12
- erstmaliger Eintritt außenstehender Gesellschafter 5 65
- Form 5 15
- Formulierungsbeispiel 5 14 M
- fristlose Kündigung aus wichtigem Grund 5 44
- Handelsregisteranmeldung 5 32
- Informationspflichten 5 26
- Inhalt 5 54
- Kündigung 5 13, 64
- mit einer abhängigen GmbH 5 52
- ordentliche Kündigung 5 43
- Prüfungspflichten 5 26, 59
- Rechtsfolgen der Vertragsbeendigung 5 48
- Rückwirkung 5 11
- Schriftform 5 53
- Sicherheitsleistung 5 66
- Vertragsabschluss 5 15
- Vertragsänderung 5 38
- Vertragsbeendigung 5 40
- Vertragsbeendigung zur Sicherung außenstehender Aktionäre 5 46
- Zuständigkeit 5 15
- Zustimmung aller Gesellschafter 5 56
- Zustimmung der Gesellschafterversammlung der herrschenden Gesellschaft 5 24
- Zustimmung der Hauptversammlung der abhängigen Gesellschaft 5 18

Beherrschungsvertrag *s. Beherrschungs- und Gewinnabführungsvertrag* 3 629; 5 1, 5
- mit einer abhängigen AG 5 5

Beirat 2 423

Beitrittsvereinbarung zur Publikumsgesellschaft 1 600

Bekanntmachung
- des Verschmelzungsvertrags 4 374
- des Vorstands über die Zusammensetzung des Aufsichtsrats 3 304

Beschluss
- Änderung des Gesellschaftsvertrags der GmbH 2 642
- Barkapitalerhöhung der GmbH 2 707 M

Stichwortverzeichnis

- Kapitalerhöhung bei GmbH aus Gesellschaftsmitteln 2 772 M
- Kapitalerhöhung der GmbH 2 765

Beschlussfähigkeit
- des Aufsichtsrats 3 107

Beschlussfassung
- Personenhandelsgesellschaft 1 399

Beschlussquorum
- Gesellschafterversammlung der GbR 1 101

Beschränkt persönliche Dienstbarkeiten
- Spaltung 4 1087

Besitzgesellschaft 1 275

Bestellung
- des Abschlussprüfers 3 168
- des ersten Aufsichtsrats 3 169
- des ersten Vorstands 3 171

Bestimmtheitsgrundsatz 1 87

Besuchs-/Geschäftsvisum 6 39

Beteiligung am Gesellschaftsvermögen
- GbR 1 63

Beteiligung Minderjähriger
- GbR 1 23

Beteiligungsgleichlauf 1 576

Betriebspachtvertrag 5 1

Betriebsüberlassungsvertrag 3 629; 5 1

Beurkundung
- Verschmelzungsbeschluss 4 187

Beurkundungserleichterung
- nach § 14 BeurkG 2 882

Beurkundungspflicht
- Beherrschungs- und Gewinnabführungsvertrag 2 870

Bilanz
- UG (haftungsbeschränkt) 2 576

Bilanz der GmbH
- Gewinnrücklagen 2 766
- Kapitalrücklagen 2 766

Buchwertklauseln 2 408

Cash-Pooling 2 533
Centros-Entscheidung 6 6
Change of Control Klausel 3 64, 64
Closing 2 969
- Handlungen beim ~ 2 972
- Regelungen beim ~ 2 969

D & O - Versicherungen 3 115
Darlehenskonten
- GbR 1 65

DAT / Altana-Entscheidung 4 91
Dauergesellschaft 1 2
Dauertestamentsvollstreckung
- an einer Kommanditbeteiligung 1 380
- hinsichtlich Kommanditanteilen 1 513 M

Delisting 3 665, 665
- kaltes ~ 4 91

Deutsches Umwandlungsrecht
- europarechtliche Vorgaben 4 7

Deutschland
- Sitzverlegung einer ausländischen Gesellschaft nach ~ 6 18

- Zweigniederlassung einer ausländischen Gesellschaft in ~ 6 21

Dienstleistungen
- GbR 1 61

Differenzhaftung 4 684
- GmbH 2 504

Dingliche Abtretung eines GmbH-Geschäftsanteils 2 981
- Abtretungsbeschränkungen 2 982
- Ausschluss des gutgläubigen Erwerbs 2 994, 999
- gutgläubiger Erwerb durch den Käufer 2 992

Dingliche Baulasten
- Bestellung durch GmbH 2 265

Dingliche Vorkaufsrechte
- Spaltung 4 1087

Discounted-Cash-Flow-Methode 2 934
Doppelverpflichtungstheorie 1 7
- GbR 1 7

Down-stream-merger 4 52
Drag along-Regelung 2 289
Drei-Konten-Modell
- GbR 1 64

Drittes Gesetz zur Änderung des Umwandlungsgesetzes 4 153
Due-Diligence 2 942

EBIT 2 935
EBITDA 2 935
eG
- Formwechsel s. dort

Ehegattengesellschaft
- Berliner Testament 1 179

Einberufung
- Gesellschafterversammlung der GbR 1 98

Einbringungsvertrag 2 506
Einbuchungsfälle 2 125
Ein-Euro-GmbH 2 568
Einfache Nachfolgeklausel 1 176, 496 M
Einheitsgesellschaft 1 549, 579
- Gründung 1 579

Einheits-GmbH & Co. KG
- Willensbildung 1 581

Einkommensteuer
- Personenhandelsgesellschaft 1 278

Einlageleistung
- AG 3 180
- Zahlung an Treuhänder 3 184

Einlagen
- GbR 1 55

Einmann-Personengesellschaft 1 386
Einpersonen-GmbH
- Voraussetzungen für eine wirksame Befreiung vom Verbot des § 181 BGB 2 321

Einpersonen-Vor-GmbH 2 54
Eintragung
- der AG in das Handelsregister 3 238
- Verschmelzung durch Neugründung 4 240

Eintrittklausel
- GbR 1 173

1045

Stichwortverzeichnis

Eintrittsklausel
- Formulierungsbeispiel 1 494 M
- Personenhandelsgesellschaft 1 492

Einzahlungsbetrag
- auf das Grundkapital 3 21

Einzelkaufmann 4 1302
- Ausgliederungsbericht 4 1314
- Ausgliederungsbeschluss 4 1316
- Ausgliederungsplan 4 1313
- Ausgliederungsprüfung 4 1315
- Ausgliederungsvertrag 4 1313
- Unternehmen, Gegenstand der Ausgliederung 4 1308

Einzelrechtsübertragung 4 1032

Einziehung von Aktien 3 159

Einziehung von GmbH-Geschäftsanteilen 2 382
- Abfindung 2 401
- Gesellschaftererstellung 2 398
- Nennbetragsanpassung des Stammkapitals 2 397
- Regelung in der Satzung 2 385

Enthaftungsfrist 1 416

Entherrschungsklausel 5 71 M

Entherrschungsvertrag 5 67, 68
- Inhalt 5 70
- Zulässigkeit 5 68

Entnahmerecht
- Personenhandelsgesellschaft 1 402

Entstehung
- Personenhandelsgesellschaft 1 294
- Vor-GmbH 2 24

Entstehung der GbR
- aus einer anderen Personengesellschaft 1 37
- durch Abschluss eines Gesellschaftsvertrages 1 17
- durch Formwechsel nach UmwG 1 36
- durch Wechsel der Rechtsform 1 35

Erben
- Haftung für Gesellschaftsverbindlichkeiten 1 502

Erbengemeinschaft
- Personenhandelsgesellschaft 1 291

Ergebnisabführungsvertrag 3 630

Ergebnisverteilung
- GbR 1 123

Ergebnisverwendung
- GmbH 2 370, 373

Errichtung
- GmbH 2 56
- GmbH & Co. KG 1 551

Erstanmeldung
- der KG 1 535 M

Erster Aufsichtsrat 3 169

Erster Vorstand 3 171

Ertragswertklauseln 2 413

Erwerbstreuhand 2 918

EU-Gesellschaft
- Anwendung des Gründungsrechts 6 5

Europäische Gesellschaft
- Gründung 6 155
- Rechtsform 6 155

Europäische Wirtschaftliche Interessenvereinigung s. EWIV

Euro-Umstellung 2 810

Euro-Umstellung des Stammkapitals 2 810; 4 790
- Beschluss 2 815 M
- Glättung 2 817
- Glättung durch eine Kapitalerhöhung 2 820

EWIV 1 271; 6 156
- Verschmelzung 4 18

Fakultativer Aufsichtsrat 2 428 M

Firma
- "@"-Zeichen 2 173
- AG 3 36
- GmbH 2 164

Firma der GmbH 2 164
- Doktortitel 2 183
- Gattungs- oder Branchenbezeichnung 2 174
- geografische Bezeichnung 2 181
- Institut 2 182
- Internet-Domain 2 176
- Irreführungsverbot 2 177
- Namensfunktion 2 170

Firma der Personengesellschaft 1 325
- Rechtsformzusatz 1 336

Firma der Personenhandelsgesellschaft
- Unterscheidungskraft 1 338

Firmenbildung
- KG 1 562; 2 186
- Komplementär-GmbH 2 185
- OHG 2 186
- Personenhandelsgesellschaft 1 340

Firmenfortführung 1 443

Formstatut 6 31
- öffentliche Urkunde außerhalb des Errichtungsstaates 6 135

Formwechsel 4 464, 469
- Abfindungsangebot 4 483
- allgemeine Vorbereitungsmaßnahmen 4 481
- Anfechtung des Beschlusses 4 599
- anmeldepflichtige Organe oder Personen 4 635
- Anmeldung durch das Vertretungsorgan des formwechselnden Rechtsträgers 4 638
- Anmeldung zur Registereintragung 4 644
- Anspruch auf Sicherheitsleistung 4 680
- von Anstalten des öffentlichen Rechts 4 927
- aufgelöste Rechtsträger 4 473
- Aufhebung eines satzungsändernden Gesellschafterbeschlusses 4 598
- aus der Personengesellschaft in die Kapitalgesellschaft, Aufteilung des Vermögens auf die Gesellschafter 4 701

Stichwortverzeichnis

- Ausgangsrechtsträger 4 470
- Beitrittserklärung künftiger Komplementäre 4 632
- Bekanntmachung der Eintragung 4 497
- Beschluss, Zustimmung Dritter 4 591
- Beschlussverfahren 4 565
- besondere Zustimmungserfordernisse in der AG 4 614
- Besonderheiten für die KGaA 4 730
- Bestandskraft 4 676
- Bestellung der ersten Organe 4 547
- Bestellung des ersten Geschäftsführungsorgans 4 547
- Beteiligung eines stillen Gesellschafters 4 662
- Betriebsratszuleitung 4 485
- Buchwertaufstockung 4 665
- Differenzhaftung 4 684
- Durchführung der Versammlung 4 567
- Eigenkapital der Personengesellschaft 4 694
- von eingetragenen Vereinen 4 570
- Einladung und Ankündigung 4 481
- Eintragung und Rechtsfolgen 4 652
- Erfordernis der Zustimmung vinkulierungsbegünstigter Anteilsinhaber 4 604
- Form der Zustimmungserklärung 4 629
- Fortbestand der Rechte Dritter 4 671
- Fortdauer der Haftung 4 683
- Genehmigungen und Erlaubnisse öffentlich-rechtlicher Natur 4 660
- Gläubigerschutz 4 679
- der GmbH, Anpassung des Nennkapitals 4 784
- der GmbH, Kapitalanpassung zur Beseitigung einer Unterbilanz 4 785
- GmbH in AG, Formulierungsbeispiel 4 534 M
- Gründerhaftung 4 684
- Haftung der Organe 4 682
- Handelsregisteranmeldung 4 634
- Heilung von Beurkundungsmängeln 4 675
- in AG 4 550, 588
- in AG oder KGaA, Anlagen zur Registeranmeldung 4 649
- in GmbH 4 588
- in KGaA 4 548
- in Personengesellschaft 4 469, 548
- in Personengesellschaft/PartG, Anlagen zur Registeranmeldung 4 647
- in SE 4 478
- Inhalt der Registeranmeldung 4 640
- inhaltliche Beschlusskontrolle 4 600
- Kapitalgesellschaft *s. dort*
- von Körperschaften 4 927
- Kontinuität der Beteiligung 4 519
- Motive 4 468
- nicht proportional beteiligte Anteilsinhaber, Zustimmungserfordernis 4 628
- nicht verhältniswahrender (quotenabweichender) 4 528
- Nießbrauchsrecht 4 592
- nach öffentlichem Recht 4 479
- Organisation 4 481
- Organisation der Gesellschafterversammlung 4 495
- der Personengesellschaft 4 476
- Prokura 4 657
- Rechtsstreitigkeiten 4 659
- Regelung im Umwandlungsgesetz 4 463
- Reihenfolge der Eintragungen 4 652
- schuldrechtliche Beziehung 4 656
- Sonderbetriebsvermögen 4 700
- Statusverfahren 4 494
- Titelumschreibung 4 659
- UG (haftungsbeschränkt) in GmbH 4 477
- Unternehmensverträge 4 661
- Vollmachten 4 657
- Vollzug, Anlagen zur Registeranmeldung 4 496
- von Versicherungsvereinen auf Gegenseitigkeit 4 927
- Vorbereitung der Bestellung des ersten Aufsichtsrats 4 489
- eines VVaG 4 570
- Ziel 4 468
- Zielrechtsform 4 470
- zu Null 4 513
- Zuordnung der Beteiligung am formwechselnden Rechtsträger zu derjenigen am Rechtsträger neuer Rechtsform 4 525
- Zustimmung *s. dort*
- Zustimmung sowie ggf. Beitritt künftiger Komplementäre 4 619
- zwischen Kapitalgesellschaften, Besonderheiten für den Beschlussinhalt 4 780
- zwischen Kapitalgesellschaften, Kapitalumstellung 4 778

Formwechsel der AG 4 530

Formwechsel eG 4 570
- Barabfindungsangebot 4 866
- Beschlussverfahren 4 871
- Besonderheiten für den Beschlussinhalt 4 854
- Durchführung der Versammlung 4 845
- Einladungen 4 845
- Folgen für die Arbeitnehmer und ihre Vertretungen 4 867
- Haftung 4 888
- Handelsregisteranmeldung 4 882
- Satzung 4 870
- vorbereitende Maßnahmen 4 845
- Wahl der ersten Organe 4 868
- Zustimmung Dritter 4 879
- Zustimmung einzelner Gesellschafter 4 880

Formwechsel Gesellschafterbeschluss
- gesetzliche Vertretung 4 585
- Testamentsvollstreckung 4 585

Formwechsel GmbH
- in GmbH & Co. KG 4 512, 513

Stichwortverzeichnis

- in Personengesellschaft, Zustimmung anderer Sonderrechtsinhaber 4 613
Formwechsel GmbH & Co. KG
- in eG 4 513
- in GmbH 4 512
Formwechsel in eG 4 551
- Anlagen zur Registeranmeldung 4 650
Formwechsel in GmbH 4 469, 549
- Anlagen zur Registeranmeldung 4 648
Formwechsel in Kapitalgesellschaft anderer Rechtsform
- Zustimmung anderer Sonderrechtsinhaber 4 613
Formwechsel Kapitalgesellschaft 4 570, 729
- Beschlussverfahren 4 815
- Einberufung und Durchführung der Versammlung 4 815
- Haftung 4 835
- Handelsregisteranmeldung 4 830
- Satzung 4 809
- Zustimmung Dritter 4 823
- Zustimmung einzelner Gesellschafter 4 825
Formwechsel Kapitalgesellschaft in eG
- Fortsetzung der Beteiligung an der eG 4 837
- Handelsregisteranmeldung 4 840
Formwechsel Kapitalgesellschaft in Personengesellschaft 4 737
- Beschlussverfahren 4 754
- Besonderheiten für den Beschlussinhalt 4 739
- Haftung 4 777
- Handelsregisteranmeldung 4 770
- Satzung 4 752
- Zustimmung Dritter 4 763
- Zustimmung einzelner Gesellschafter 4 765
Formwechsel Personengesellschaft in Kapitalgesellschaft,
- (Sach-)Gründungsbericht und -prüfung 4 486
Formwechsel Personenhandelsgesellschaften und PartGen 4 570
- Ablauf des Formwechsels 4 687
- Beschlussverfahren 4 711
- Besonderheiten für den Beschlussinhalt 4 691
- Einladung 4 687
- Handelsregisteranmeldung 4 720
- Satzung 4 706
- Zustimmung einzelner Gesellschafter 4 717
Formwechsel rechtsfähiger Verein
- Barabfindungsangebot 4 904
- Beschlussverfahren 4 910
- Besonderheiten für den Beschlussinhalt 4 896
- Beurkundung des Beschlusses 4 915
- Durchführung der Versammlung 4 891
- Einladung 4 891
- Folgen für die Arbeitnehmer und deren Vertretung 4 906
- Haftung 4 926

- Handelsregisteranmeldung 4 921
- Satzung 4 909
- Vertretung 4 916
- vorbereitende Maßnahmen 4 891
- Wahl der ersten Organe 4 907
- Zustimmung Dritter 4 917
- Zustimmung einzelner Gesellschafter 4 918
Formwechselbeschluss
- Ermittlung der Stimmen 4 573
Formwechselmöglichkeiten 4 470
Formwechselstichtag 4 546
Fortsetzungsklausel 1 173
Freie Berufe
- in der Rechtsform der GmbH 2 215
Freundschafts-, Handels- und Schifffahrtsvertrag 6 3
Fusionskontrolle 1 463

Garantiebedingungen bei Anteilskauf 2 965
GbR 1 1
- Abgrenzung zwischen Eigenkapital- und Fremdkapitalkonten 1 63
- Abspaltungsverbot 1 129
- Abstimmungsverhalten, Vertreterklauseln 1 107
- Akzessorietätstheorie 1 7
- Änderungen des Gesellschaftsvertrages 1 33
- Anstellungsverhältnis 1 61
- Anteilsübertragung 1 130
- Aufbau eines Gesellschaftsvertrages 1 39
- Auflösung 1 165, 187
- Auseinandersetzungsverfahren 1 206
- Ausschluss eines Gesellschafters s. dort
- außerordentliche Kündigung 1 190
- Barleistungen 1 60
- Beendigung 1 187
- Beendigung der Vertretungsmacht 1 83
- Beendigung des Nießbrauchs 1 144
- Befugnis zur Einzelgeschäftsführung 1 71
- Beglaubigung der Unterschriften der Gesellschafter bei Abschluss des Gesellschaftsvertrags 1 306
- Beiträge 1 55, 55
- Beschlussmängelrecht 1 111
- Beschränkungen des Stimmrechts 1 109
- Bestimmtheitsgrundsatz, Beitragserhöhungen 1 88
- Beteiligung am Gesellschaftsvermögen 1 63
- Beteiligung Minderjähriger 1 23
- Darlehenskonten 1 65
- Dienstleistungen 1 61
- Doppelverpflichtungstheorie 1 7
- Drei-Konten-Modell 1 64
- Durchführung der Gesellschafterversammlung 1 99
- Einlagen 1 55
- Eintrittsklausel 1 173
- Entlastung von Geschäftsführern 1 94
- Entstehung s. dort

Stichwortverzeichnis

- erforderliche Kennzeichnungskraft 1 43
- Ergebnisverteilung 1 123
- Ergebnisverteilung nach Köpfen 1 123
- Eröffnung des Insolvenzverfahrens über das Vermögen der Gesellschaft 1 200
- Erscheinungsformen 1 6
- Erwerb von Grundbesitz 1 219
- Erwerb von Grundbesitz, Unterschiede zwischen § 19 GBO und § 20 GBO 1 220
- Form des Gesellschaftsvertrages 1 29
- Fortsetzungsklausel 1 173
- funktionell beschränkte Einzelgeschäftsführung 1 71
- Gegenstände von Gesellschafterbeschlüssen 1 86
- Geldleistungen 1 60
- Gesamtrechtsnachfolge 1 208
- Geschäftsführung 1 67
- Geschäftsführungsmaßnahmen 1 93
- Geschäftsführungsverpflichtung 1 61
- Gesellschafter s. GbR-Gesellschafter
- Gesellschafterausschluss 1 154
- Gesellschafterbeschlüsse 1 84
- Gesellschafterfähigkeit 1 21
- Gesellschafterinsolvenz 1 204
- Gesellschafterversammlung s. dort 1 95
- Gesellschaftsname 1 41
- gesellschaftsrechtliche Treuepflicht 1 115
- Gestaltung des Gesellschaftsvertrages durch den Notar 1 38
- Gestaltung von Erbteilskaufverträgen 1 257
- grundbesitzverwaltende 1 209
- Grundlagenbeschlüsse 1 87
- Grundsatz der Einheitlichkeit 1 24
- Haftung s. dort
- Haftungsverhältnisse 1 7
- Irreführungsverbot 1 44
- Kapitalanteil 1 63
- Kapitalkonto 1 63
- keine Einpersonengesellschaft 1 18
- keine Prüfungskompetenz des Grundbuchamts hinsichtlich Gesellschaftsnamens 1 49
- Kernbereichslehre 1 90
- Kontenführung bei Anteilsübertragung 1 65
- Kündigung durch einen Gesellschafter 1 189
- Kündigung durch einen Pfändungsgläubiger 1 196
- Kündigungserklärung unter Bedingung 1 191
- Liquidation 1 187
- Liquidationsverfahren 1 206
- mehrheitliche Geschäftsführung 1 70
- Nachfolgeklausel 1 173
- Nachhaftung des ausscheidenden Gesellschafters 1 13
- nichtige Abfindung bei Gesellschafterausschluss 1 161
- Nießbrauch an einem Wohnungseigentum 1 147
- Nießbrauchsbestellung 1 142
- Notgeschäftsführung 1 69
- offene Treuhand 1 19
- ordentliche Kündigung 1 190
- organschaftliche Vertreter 1 81
- Personenhandelsgesellschaft 1 290
- Prinzip der Selbstorganschaft 1 68
- Rechtsfolgen der Auflösung 1 206
- Rechtsnachfolge von Todes wegen 1 165
- Rechtswidrigkeit eines Gesellschafterbeschlusses 1 111
- Regelungen über Gesellschafterversammlungen 1 97
- Sachen und Rechte als Beitrag 1 57
- Sitz der Gesellschaft 1 53
- Stimmbindungsvereinbarungen 1 106
- Stimmbindungsverträge 1 108
- Stimmrechte 1 105
- Testamentsvollstreckung 1 19
- Testamentsvollstreckung an einem Gesellschaftsanteil 1 182
- Übertragung eines Gesellschaftsanteils 1 137
- Umfang der Vertretungsmacht 1 78
- Umwandlung werbende Gesellschaft in Abwicklungsgesellschaft 1 167
- Unteilbarkeit der Beteiligung 1 24
- Veräußerung von Gesellschaftsanteilen an einer grundbesitzverwaltenden ~ 1 246
- Veräußerung von Grundbesitz 1 231
- Verfügungen über die Mitgliedschaft unter Lebenden 1 129
- Verpfändung eines Gesellschaftsanteils 1 149
- Verteilung der Mitwirkungsrechte zwischen Gesellschafter und Nießbraucher 1 147
- Verteilung nach festen Prozentsätzen 1 124
- Vertretung s. dort
- Verwendung eines unzulässigen Gesellschaftsnamens 1 46
- Vorhandensein mindestens zweier Gesellschafter 1 18
- Wettbewerbsverbot 1 115, 119
- Zwei-Konten-Modell 1 64

GbR mbH
- unzulässige Bezeichnung 1 11

GbR-Gesellschafter
- auf Probe 1 157
- Gesellschafterausschluss, angemessene Abfindung 1 164
- kraft Mitarbeit 1 157
- kraft Zuwendung 1 157
- als Vorerbe 1 19

Gebietskörperschaft
- Ausgliederung von öffentlichen Unternehmen aus dem Vermögen einer ~ 4 1325
- Ausgliederung, Registeranmeldung 4 1333
- Ausgliederungsbericht 4 1330
- Ausgliederungsbeschluss 4 1329
- ausgliederungsfähige Rechtsträger 4 1326
- Ausgliederungsplan 4 1328

Stichwortverzeichnis

- Ausgliederungsprüfung 4 1330
- Ausgliederungsvertrag 4 1328
- Gegenstand der Ausgliederung 4 1327
- Registereintragung 4 1333

Geldleistungen
- GbR 1 60

Gelegenheitsgesellschaft 1 2
Gemeinnützige GmbH 2 216
Gemischte Sacheinlage 2 500
Genehmigtes Kapital
- AG 3 524
- GmbH 2 777

Genossenschaft
- Besonderheiten bei der Spaltung unter Beteiligung von ~ 4 1287
- Formwechsel 4 488
- Informationen der Genossen nach erfolgter Spaltung 4 1295
- Spaltung s. dort 4 1287
- Spaltungsbericht 4 1291
- Spaltungsprüfung 4 1291
- Spaltungsvertrag 4 1290

Genuine link 6 4
Gerichtsstand der GmbH 2 429
Gesamtprokura 3 83
Gesamtrechtsnachfolge 4 2
- GbR 1 208
- partielle 4 928

Gesamtvertretung
- GmbH 2 306

Gesamtvertretung der GmbH
- Modell 2 304
- modifizierte ~ 2 306

Gesamtverweisung 6 13
Geschäftsanteil
- Bestellung von Nießbrauchsrechten 2 1074
- Kaufvertrag 2 930
- UG (haftungsbeschränkt) 1 586
- Verpfändung 2 1067

Geschäftsanteil der GmbH
- Anbietungspflichten 2 285
- Ankaufsrechte 2 285
- drag along-Regelung 2 289
- Nießbrauchsbestellung 2 1065
- Pfandrechtsbestellung 2 1065
- Russian Roulette-Regelung 2 294
- tag along-Regelung 2 289
- Texan-shoot-out-Regelung 2 294
- Todesfallrisiko 2 389
- Vorkaufsrechte 2 285
- Zwangsabtretung 2 396

Geschäftsanteilskauf- und -abtretungsvertrag
- Änderungen, Form 2 873

Geschäftsanteilskaufvertrag
- Beurkundung 2 880

Geschäftsanteilsübertragungsvertrag
- Beteiligte 2 851

Geschäftsführung 1 67
- GbR 1 67
- Geschäftsführung 1 564
- Personenhandelsgesellschaft 1 392

- Vor-GmbH 2 31
- Vorgründungsgesellschaft 2 15

Geschäftsführungsbefugnis
- Personenhandelsgesellschaft 1 393

Geschäftsführungsvertrag 5 1
Geschäftsjahr 3 44
Geschäftsordnung
- des Aufsichtsrats der AG 3 117
- des Vorstands der AG 3 80

Geschlossener Immobilienfonds 1 209
Gesellschaft
- ausländische s. dort
- Außenbeziehungen 6 35
- deutsche ~ im Ausland, Einhaltung von Formerfordernissen bei Beurkundungen 6 147
- deutsche, Register und Vertreterbescheinigungen zur Verwendung im Ausland 6 46
- einer deutschen Gesellschaft im Ausland 6 30
- mit ausländischen Gesellschaftern, Gründung 6 32
- Personalstatus 6 2
- Sitzverlegung s. dort
- Vertretungsorgane 6 88
- Zweigniederlassung s. dort

Gesellschaft (Belgien)
- Rechtsformen 6 61
- Vertretung 6 61

Gesellschaft bürgerlichen Rechts s. GbR
Gesellschaft (England)
- Rechtsformen 6 65
- Vertretungsorgane 6 65

Gesellschaft (Frankreich)
- Rechtsformen 6 71
- Vertretungsorgane 6 71

Gesellschaft (Italien)
- Rechtsformen 6 76
- Vertretungsorgane 6 76

Gesellschaft mit beschränkter Haftung s. GmbH

Gesellschaft (Niederlande)
- Niederlande, Rechtsformen 6 80
- Niederlande, Vertretungsorgane 6 80

Gesellschaft (Österreich)
- Rechtsformen 6 85
- Vertretungsorgane 6 85

Gesellschaft (Schweiz)
- Rechtsformen 6 88

Gesellschaft (Spanien)
- Rechtsformen 6 92
- Vertretungsorgane 6 92

Gesellschaft (USA)
- Rechtsformen 6 95
- Vertretungsorgane 6 95

Gesellschafter
- ausländische Gesellschaften als ~ 6 33
- ausländische natürliche Personen als ~ 6 32
- Enthaftungsfrist 1 416
- gewerbliche Einkünfte 1 280

Stichwortverzeichnis

- Haftung 1 412
- Haftung für Altschulden 1 415
- Nachhaftung 1 415

Gesellschafter der Personenhandelsgesellschaft 1 288
- Ausschließungsbeschluss 1 473
- Austrittsvereinbarung 1 468

Gesellschafterausschluss 1 154
- Gesellschafterbeschluss 2 384
- GmbH 2 382

Gesellschafterbeschlüsse 1 84
Gesellschafterfähigkeit 1 21
Gesellschafterhaftung
- Erfüllung 1 9
- Haftung in Geld 1 9

Gesellschafterinsolvenz 1 204
Gesellschafterkonten 1 402
Gesellschafterliste
- Aufnahme dinglicher Belastungen 2 1043
- Inhalt 2 1021
- mit dinglichen Belastungen, Formulierungsbeispiel 2 1045 M
- neue, Zeitpunkt der Einreichung 2 1036
- rechtliche Bedeutung nach § 16 Abs. 1 GmbHG 2 1046
- Verpflichtung zur Einreichung 2 1027

Gesellschaftervereinbarung 1 6
Gesellschafterversammlung
- Regelungen 1 97

Gesellschafterversammlung der GbR
- Anwendbarkeit von § 181 BGB auf Gesellschafterbeschlüsse 1 103
- Ausübung des Stimmrechts 1 100
- Beschlussquorum 1 101
- Einberufung 1 98
- Form der Stimmabgabe 1 102

Gesellschafterversammlung der GmbH 2 327
- Einberufung durch eine Gesellschafterminderheit 2 336
- Einberufungsform 2 332
- Einberufungsfrist 2 332
- Einberufungsmängel 2 338
- kombinierte Beschlussfassung 2 358
- Rechtsfolgen fehlerhafter Einberufung 2 634
- Stimmrecht 2 360
- Stimmrechtsvertreter 2 353
- Stimmrechtsvollmacht 2 353, 648
- Tagesordnung 2 334
- Tagungsort 2 334
- Teilnahmerecht 2 345
- Versammlungsleiter 2 351

Gesellschaftsanteil
- Übertragung, Vinkulierung kraft Gesetzes 1 454

Gesellschaftsform
- europäische 6 155

Gesellschaftskollisionsrecht
- Gesamtverweisung 6 13
- Rückverweisung 6 13
- Weiterverweisung 6 13

Gesellschaftsname
- GbR 1 41

Gesellschaftsrecht
- ausländische Vollmachten 6 133
- internationales 6 1

Gesellschaftsstatut 6 2
- Anwendungsbereich 6 14
- juristische Personen als Organ 6 42
- Organfähigkeit 6 38
- organschaftliche Vertretung 6 37

Gesellschaftsvertrag
- GbR 1 29
- One Way Sell Russian Roulette 2 294
- der Personenhandelsgesellschaft 1 296
- Russian Roulette 2 294
- Spaltung zur Neugründung 4 1011
- Texan-shoot-out-Verfahren 2 294

Gesellschaftsvertrag der Personenhandelsgesellschaft 1 282
- fakultativer Inhalt 1 299
- Formbedürftigkeit in Sonderfällen 1 302
- Formfreiheit 1 301
- Gesellschaftsvertrag 1 294
- Vertragsfreiheit 1 298

Gewerbebetrieb
- Einkünfte aus 1 279

Gewinnabführungsvertrag s. *Beherrschungs- und Gewinnabführungsvertrag* 3 629; 5 1, 6
- mit einer abhängigen AG 5 6

Gewinnbeteiligung
- KG 1 407 M

Gewinngemeinschaft 5 1
Gewinngemeinschaftsvertrag 3 629
Gewinnrücklagen 2 766
Gewinnverwendung 3 154
gGmbH 2 165
Gläubigerdiskriminierung 2 414
GmbH
- § 181 BGB bei der Gründung 2 150
- Abfindung s. *dort*
- Abfindungsbeschränkung 2 414
- Abschluss des Gesellschaftsvertrags 2 117
- Abspaltung von einer ~ zur Aufnahme auf GmbH & Co. KG 4 1251 M
- Abtretung von Geschäftsanteilen s. *dort*
- Änderung des Gesellschaftsvertrags s. *dort*
- Anfechtung von Gesellschafterbeschlüssen 2 366
- Anmeldung s. *dort* 2 442
- Antrag auf Nachtragsliquidation 2 848 M
- Aufbringung und Erhaltung des Stammkapitals 2 473
- Auflösung s. *dort*
- Aufsichtsrat s. *dort*
- Aufspaltung einer ~ zur Neugründung auf zwei GmbHs 4 1249 M
- Ausländer s. *dort*
- Ausscheiden eines Gesellschafters aus einem bestehenden Organ- oder Anstellungsverhältnis 2 390

1051

Stichwortverzeichnis

- Ausschluss eines Gesellschafters 2 382
- Ausschluss eines Gesellschafters ohne Satzungsregelung 2 383
- Austrittsrecht 2 237
- Bargründung 2 223
- Beendigung der Gesellschaft 2 822
- Befreiung der Liquidatoren von § 181 BGB 2 323
- Befreiung und Ermächtigung zur Befreiung von § 181 BGB 2 316
- Befreiung von der Einlageschuld 2 549
- Beirat 2 423
- Bekanntmachung der Auflösung 2 833
- Bekanntmachungen 2 437
- Belehrung des Geschäftsführers 2 149
- Beschlussfähigkeit der Gesellschafterversammlung 2 341
- Beschlussmängelstreitigkeiten 2 433
- Bestellung von dinglichen Belastungen 2 265
- Betrag des Stammkapitals 2 217
- Bewertung des tatsächlichen Werts des Einlagegegenstands 2 502
- Bilanz s. dort
- Buchwertklauseln 2 408
- Dauer 2 235
- deutsche, Verlegung des satzungsmäßigen Sitzes ins Ausland 6 17
- Differenzhaftung 2 504
- dingliche Abtretung eines Geschäftsanteils s. dort
- Einberufung der Gesellschafterversammlung 2 328, 621
- Einbringung von Geschäftsanteilen in andere Gesellschaften 2 928
- Einbringungsvertrag 2 506
- Einbuchungsfälle 2 125
- Einlageverpflichtung, Barbetrag 2 478
- Einschränkung der Veräußerung und Belastung von Geschäftsanteilen 2 263
- Einzahlung der Einlageleistung auf Konto der Vorgesellschaft 2 482
- Einzelvertretungsmacht 2 310
- Einziehung von Geschäftsanteilen s. dort
- Entstehen der konkreten Nachschusspflicht 2 247
- Erbengemeinschaft als Gründer 2 83
- Erbringung von Architektenleistungen 2 214
- erforderliche Angaben im Gesellschaftsvertrag bei Sachgründung, Checkliste 2 505
- Erfüllung der Mindesteinlagepflicht 2 477
- Erfüllung der Sacheinlageverpflichtung 2 506
- Ergebnisverwendung 2 370, 373
- Errichtung 2 56
- Ertragswertklauseln 2 413
- Europäische Wirtschaftliche Interessenvereinigung als Gründer 2 82
- Eventualeinberufung einer Gesellschafterversammlung 2 633
- fakultativer Aufsichtsrat 2 428 M
- Fälligkeit der Stammeinlagen 2 226
- Firma s. dort
- Firmenbildung 2 167
- Form der Anmeldung 2 445
- Form des Gesellschaftsvertrags 2 117
- Fortsetzung einer aufgelösten Gesellschaft 2 841
- Freiberufler, Standesrecht 2 67
- GbR als Gründer 2 73
- Gegenstand des Unternehmens 2 200
- gemeinnützige ~ 2 216
- gemischte Sacheinlage 2 500
- genehmigtes Kapital 2 777
- Gerichtsstand 2 429
- Gesamtvertretung 2 306
- Geschäftsanteil s. dort
- Geschäftsführer s. dort
- Gesellschafter 2 57
- Gesellschafterbeschlüsse, Anfechtungsfrist 2 367
- Gesellschafterdarlehen 2 500
- Gesellschafterliste bei Untergang des Geschäftsanteils 2 399
- Gesellschafterversammlung s. dort s. dort
- Gestaltung von Abfindungsregelungen 2 417
- Gründer 2 57
- Gründung s. dort
- Gründungsprotokoll mit Satzung als Anlage 2 132 M
- Gütergemeinschaft als Gründer 2 83
- Güterstand der Gründer 2 58
- Handelsregisteranmeldung 2 467 M
- Hin- und Herzahlen der Bareinlage 2 520
- Hin- und Herzahlen gemäß § 19 Abs. 5 GmbHG n. F. 2 544
- Hinauskündigungsklauseln 2 390
- individuell gestalteter Gesellschaftsvertrag 2 130
- Inhalt der Anmeldung 2 446
- Inhalt einer Schiedsvereinbarung 2 432
- inhaltliche Anforderungen an den Sachgründungsbericht 2 513
- Jahresabschluss 2 370
- juristische Personen als Gründer 2 69
- Kapitalaufbringung für Kapitalerhöhung 2 719
- Kapitalerhöhung s. dort
- Kapitalerhöhung aus Gesellschaftsmitteln 2 760
- Kapitalerhöhungsbeschluss, Übernahmeerklärung 2 710
- Kapitalschnitt 2 804
- Kauf von Geschäftsanteilen 2 930
- kein Verbot von Vorabausschüttungen auf den erwarteten Gewinn 2 375
- keine Befreiung von der Einlagepflicht gemäß § 19 Abs. 2 S. 1 GmbHG n. F. 2 564
- Kündigung des Gesellschafters, Regelung der Rechtsfolgen 2 378

Stichwortverzeichnis

- Kündigung durch den Gesellschafter 2 376
- Kündigungsrecht für die Gesellschafter 2 238
- Liquidation 2 836
- Methoden zur Bestimmung des Kaufpreises 2 934
- Minderjährige und unter Betreuung stehende Person als Gründer und Gesellschafter 2 61
- Mindestanforderungen an Schiedsklausel 2 434
- Mitteilungspflichten gegenüber dem Finanzamt und anderen Behörden 2 469
- Modell der Gesamtvertretung 2 304
- modifizierte Gesamtvertretung 2 306
- Nachschussklausel für beschränkte Nachschusspflicht 2 252 M
- Nachschusspflicht 2 241
- nachträgliche Vinkulierung 2 280
- Nachtragsliquidation 2 844
- natürlich Personen als Gründer 2 58
- Nebenleistungspflichten der Gesellschafter 2 249
- Nennwertklauseln 2 410
- nichtrechtsfähiger Verein als Gründer 2 81
- notarielle Gründung 2 23
- Notarkosten bei Gründung im vereinfachten Verfahren 2 613
- Öffnungsklausel 2 261 M
- ordentliche Kapitalherabsetzung s. dort
- Partnerschaftsgesellschaft als Gründer 2 81
- Personenhandelsgesellschaften als Gründer 2 72
- Protokollierung von Gesellschafterbeschlüssen 2 368
- Publizität 2 370
- Rechtsfolgen der verdeckten Sacheinlage nach MoMiG 2 541
- Rechtsfolgen des ordnungsgemäßen Hin- und Herzahlens 2 563
- Rechtslage verdeckte Sachgründung nach MoMiG 2 523
- Rechtslage verdeckte Sachgründung vor MoMiG 2 521
- Rechtsnatur 2 7
- Regelung des Ausschlusses eines Gesellschafters in der Satzung 2 385
- Regelung von vertraglichen Wettbewerbsverboten 2 253
- Reichweite der Vertretungsmacht 2 301
- Sacheinlage 2 489
- Sacheinlagefähigkeit 2 494
- Sacheinlagevereinbarung 2 492 M
- Sachfirma 2 184
- Sachgründung 2 223, 487
- Sachgründung bei vereinfachtem Verfahren 2 519
- Sachgründungsbericht 2 509
- Sachübernahme 2 489
- Sachübernahme mit Verrechnungsabrede 2 518
- salvatorische Klausel in Satzung 2 439
- Satzung 2 157
- Satzungsänderung 2 616
- Satzungsänderung bei wirtschaftlicher Neugründung 2 687
- Satzungsbereinigung 2 617
- Satzungsdurchbrechung 2 680
- Satzungsgestaltung bei fakultativen Satzungsbestandteilen 2 241
- schenkweise Zuwendung eines Geschäftsanteils 2 907
- Schiedsgericht 2 429
- Schiedsgericht, Zuständigkeitskonzentration 2 434
- Schiedsvereinbarung 2 432
- Schiedsvereinbarung, Form 2 430
- schuldrechtliche Nebenabreden 2 157
- Sicherungsmaßnahmen bei aufschiebend bedingter Abtretung eines Geschäftsanteils 2 1007
- Sitz 2 189
- Spaltung s. dort
- Spaltung unter Beteiligung einer ~ 4 1219
- Spaltungsbericht 4 1220
- Spaltungsbeschluss 4 1223
- Spaltungsprüfung 4 1221
- Stammkapital 2 218
- steuerliche Folgen der Abfindungsregelung 2 419
- stimmrechtslose Geschäftsanteile 2 363
- Stimmverbote 2 365
- Teilung eines Geschäftsanteils 2 902
- Teilung von Geschäftsanteilen 2 297
- treuhänderische Übertragung von Geschäftsanteilen 2 914
- Überpariemission 2 225, 500
- Übertragung von Geschäftsanteilen s. dort
- Umstellung des Satzungstextes auf die neue Rechtschreibung 2 618
- Umstellung des Stammkapitals auf Euro 2 810
- Umwandlung 2 3
- unechte Gesamtvertretung 2 308
- Untergang eines Geschäftsanteils 2 382
- Unternehmen als Sacheinlage 2 503
- Unternehmensvertrag 5 3, 3
- Unversehrtheitsgrundsatz 2 40
- Verbot der Unterpariemission 2 225
- verdeckte Sacheinlage nach MoMiG 2 528
- Vereinbarung einer unbeschränkten Nachschusspflicht 2 244
- vereinfachte Kapitalherabsetzung 2 801
- Vermeidung eines Verstoßes gegen Wettbewerbsverbot 2 259
- Verschmelzung s. dort
- Verschmelzung durch Neugründung 4 352
- Verschmelzung, Anmeldung der Verschmelzung 4 349
- verschmelzungsbedingter Erwerb der Anteile an der übernehmenden ~ 4 321

Stichwortverzeichnis

- Verstoß gegen ein Wettbewerbsverbot 2 259
- Vertretung 2 300
- Vertretung in der Liquidation 2 312
- Vertretung natürlicher Personen bei der Gründung 2 88
- Vertretung von Gesellschaftern bei der Gründung 2 87
- Verwaltungssitz im Ausland 2 196
- Vinkulierung s. dort
- Vinkulierungklausel, satzungsmäßige Festlegung des Zustimmungserfordernisses 2 270
- Vinkulierungklauseln 2 276
- Vollbeendigung der Gesellschaft 2 836
- völliger Ausschluss der Abfindung 2 407
- Vollmacht zur Gründung einer GmbH in Beglaubigungsform 2 94 M
- Vollversammlung 2 339
- Vorbereitungshandlungen 2 14
- Vorgründungsgesellschaft 2 10
- Wert der Sacheinlage 2 498
- Wettbewerbsverbot s. dort
- wirksame Befreiung vom Verbot des § 181 BGB 2 318
- Wirksamkeit der Beschränkung des Abfindungsrechts eines GmbH-Gesellschafters 2 406
- Zahl und Nennbetrag der Geschäftsanteile im Gesellschaftsvertrag 2 222
- Zahlungsmodalitäten für die Abfindung 2 421
- Zeitpunkt für die Erbringung der Einlageleistung 2 475
- Zulässigkeit der Firma, Praxisempfehlung 2 187
- zusätzliche besondere Qualifikationen der Gründer 2 85
- Zustandekommen eines Übertragungsvertrags über Geschäftsanteile 2 849
- Zwangsvollstreckungsmaßnahmen in ein Geschäftsanteil 2 388
- zwingende Satzungsbestandteile 2 159

GmbH & Co. KG 1 271
- Abspaltung aus dem Vermögen einer ~ auf eine GmbH & Co. KG zur Aufnahme 4 1208 M
- als Mischform 1 548
- Anmeldung 1 536
- Befreiung von § 181 BGB 2 325
- Besonderheiten der Gesellschaftsverträge 1 560
- Beteiligungsgleichlauf 1 576
- Beurkundungsbedürftigkeit des Gesellschaftsvertrags 1 308
- doppelstöckige 1 549
- Einheitsgesellschaft 1 579
- Errichtung 1 551
- Erstanmeldung 1 539 M
- Geschäftsführung 1 564
- gesetzliche Vinkulierung 1 576

- GmbH-Vertrag 1 560
- Gründung der GmbH 1 552
- Gründung, Form 1 556
- Haftung 1 569
- Haftung der GmbH 1 570
- Haftung der KG 1 572
- Kapitalaufbringung 1 558
- KG-Vertrag 1 562
- Komplementärin 1 563
- Spaltung 4 1196
- Übertragung 1 452
- Übertragung von Beteiligungen 1 576
- Übertragung von GmbH-Geschäftsanteilen und Kommanditanteilen 2 878
- Vertretung 1 564
- Verzahnung der Gesellschaftsverträge von GmbH und KG 1 568
- Wettbewerbsverbot 1 567

GmbH & Co. KG-Vertrag
- Form 2 119

GmbH-Geschäftsführer 2 300
- Anstellungsvertrag 2 139
- bedingte Bestellung 2 140
- befristete Bestellung 2 140
- Bestellung 2 134
- Bestellung durch Gesellschafterbeschluss 2 134
- Bestellung im Gesellschaftsvertrag 2 134
- Bestellungshindernisse 2 143
- Geschäftsführungsbefugnis 2 301
- Muster einer schriftlichen Belehrung in englischer Sprache 6 41 M
- Wechsel vor Eintragung der Gesellschaft 2 462

GmbH-Gesellschafter
- gesetzliches Austrittsrecht 2 376

GmbH-Gesellschafterversammlung
- Einberufung 2 328, 621

GmbH-Gesellschaftvertrag
- Abfindungsregelung 2 403
- Änderung 2 615

GmbH-GmbH-Verschmelzung
- besondere Vorgaben 4 342

GmbH-Gründung 4 810
- Ablauf 2 8
- Einzelkaufmann 2 68
- Erteilung der Vollmacht im Ausland 2 101
- Gründung 2 2
- Kosten 2 228
- Mangel der Vollmacht 2 97
- Mehrfachvertretung 2 96
- Musterprotokolle 2 133
- Selbstkontrahieren 2 96
- Vertretung s. dort
- vollmachtlose Vertretung 2 97

GmbH-Gründung im vereinfachten Verfahren 2 577
- Änderungen des Musterprotokolls nach Beurkundung 2 602
- Belehrungshinweise des Notars 2 601
- Bestellung des Geschäftsführers 2 593

Stichwortverzeichnis

- Eignung als Gesellschafter 2 585
- Firmenbildung 2 586
- Gründungskosten 2 599
- Handelsregisteranmeldung 2 603
- Notarkosten bei Gründung 2 604
- Stammkapital 2 588
- steuerliche Mitteilungspflichten 2 600
- Unternehmensgegenstand 2 587
- Vervollständigung des Musterprotokolls 2 584

Goodwill 1 479

Grundbesitz
- Veräußerung durch Namens-GbR 1 240

Grundbesitzgesellschaft 1 6, 209
- flexible Beteiligung der Gesellschafter am Gesellschaftsvermögen entsprechend der Finanzierungsbeiträge 1 214
- Grunderwerbsteuerfreiheit bei GbR-Anteilsübertragungen 1 213
- Möglichkeit der formfreien Übertragung von Gesellschaftsanteilen 1 216
- Veräußerlichkeit von Gesellschaftsanteilen 1 212

Grundbuch
- Beteiligungshöhe eines Gesellschafters nicht eintragungsfähig 1 251
- Eintragung einer GbR, positive Vermutung 1 232
- Eintragungsfähigkeit von Belastungen und Verfügungsbeschränkungen hinsichtlich Gesellschaftsanteil nach dem ERVGBG 1 243
- Personenhandelsgesellschaft und ~ 1 286

Grundbuchvollzug 1 263

Gründerhaftung 4 684
- Formwechsel 4 684

Grundpfandrechte
- bei Spaltung 4 1088

Grundstücks-GbR
- Garantien 1 261
- Grundbuchvollzug 1 263
- Sicherung der Kaufpreiszahlung 1 255
- Sicherung der Zug-um-Zug-Abwicklung 1 255
- Veräußerung von Gesellschaftsanteilen 1 247

Grundstücksgeschäft
- Beurkundungsbedürftigkeit des Gesellschaftsvertrags im Zusammenhang mit einem ~ 1 307

Gründung
- Europäische Gesellschaft 6 155
- UG (haftungsbeschränkt) 2 567, 612

Gründung der AG 3 1
- Gründungsbericht der Gründer 3 205
- Gründungsprüfung, Erforderlichkeit 3 210
- Gründungsprüfungsbericht des Gründungsprüfers 3 210
- Gründungsprüfungsbericht des Vorstands und des Aufsichtsrats 3 207
- Notarkosten 3 241

- steuerliche Mitteilungspflichten 3 246

Gründungsprotokoll 2 132 M

Gründungsprüfung 3 210

Gründungsprüfungsbericht
- des Gründungsprüfers 3 210
- des Vorstands und des Aufsichtsrats 3 207

Gründungstheorie 6 5

Haager Übereinkommen
- beigetretene Staaten 6 143

Haftung 1 412
- Altschulden 1 415, 415
- der Bank im Gründungsstadium 3 343
- bei Gesellschafterwechsel in GbR 1 13
- des neu eintretenden Gesellschafters der GbR für Altverbindlichkeiten 1 15
- Formwechsel Kapitalgesellschaft 4 835
- der Gesellschafter im Außenverhältnis 1 427
- der GmbH 1 569
- des Gründungsprüfers 3 342
- Kommanditist 1 418
- Publikumsgesellschaft 1 12
- von Veräußerer und Erwerber der GbR für Gesellschaftserbindlichkeiten 1 138
- Vor-GmbH 2 37
- Vorgründungsgesellschaft *s. dort*
- des Vorstands und des Aufsichtsrats im Gründungsstadium 3 340

Haftung der Organe
- Formwechsel 4 682

Haftung des Kommanditisten 1 418
- bei Eintritt in eine bestehende Handelsgesellschaft 1 423
- doppelte ~ 1 426
- mit Privatvermögen 1 421
- Vermeidung der doppelten ~ 1 434
- Wiederaufleben 1 422

Haftungsausschluss
- Handelsregister 1 445

Haftungsverhältnisse
- Vor-GmbH 2 36

Haftungsvermeidung
- Handelsregisteranmeldung zur ~ 1 447 M

Handelndenhaftung
- gemäß § 11 Abs. 2 GmbHG 2 47
- gemäß § 41 Abs. 1 S. 2 AktG 3 341
- Vor-GmbH 2 47

Handelsregister
- Abspaltung 4 1191
- Haftungsausschluss 1 445, 445

Handelsregisteranmeldung
- Auflösung der GmbH 2 830
- Beherrschungs- und Gewinnabführungsvertrag 5 32
- Formwechsel 4 634
- Formwechsel Kapitalgesellschaft 4 830
- GmbH 2 467 M
- Personenhandelsgesellschaft 1 285
- zur Haftungsvermeidung 1 447 M

Stichwortverzeichnis

Handelsregisteranmeldung der AG 3 219
- Anlagen 3 234
- Berechnung Gründungsaufwand 3 217
- Inhalt 3 221

Handelsregistervollmacht
- eines Kommanditisten (deutsch/englisch) 6 122

Hauptversamlung der AG 3 363
- Änderungen des Protokolls 3 465
- Angabe der Einberufenden 3 392
- Angabe der Teilnahmebedingungen 3 388
- Anlagen zur Niederschrift 3 460
- Art der Abstimmung 3 423
- Auskunftsverweigerung 3 442
- besondere Vorkommnisse 3 457
- Bestellung des Abschlussprüfers 3 483
- Bild- und Tonübertragungen 3 150
- Einberufungsfrist 3 365
- Einberufungsmedium 3 366
- Einpersonengesellschaft 3 474
- Entlastung von Vorstand und Aufsichtsrat 3 487
- Ergebnis der Abstimmung 3 428
- Feststellung des Jahresabschlusses 3 477
- Gewinnverwendung 3 480
- Hilfspersonen bei der Protokollierung 3 452
- Minderheitsverlangen 3 435
- Mitteilungen nach § 125 AktG 3 144
- offensichtliche Rechtsverstöße 3 403
- ohne Notar 3 470
- Ordnungsentscheidungen 3 457
- Ordnungsgemäßheit der Einberufung 3 398
- Protokollierung der Beschlüsse 3 418
- Rede- und Fragerecht 3 152
- reguläre Kapitalerhöhung 3 508
- Stimmrecht der Aktionäre 3 125
- Tagesordnung 3 378
- Übermittlung des Protokolls zum Handelsregister 3 469
- Versamlungsleiter 3 136
- Wahlen zum Aufsichtsrat 3 503
- Widersprüche gegen einen Beschluss 3 436

Hauptversamlung der AG
- Ort 3 121

Hin- und Herzahlen 2 520, 544, 563
Hinauskündigungsklauseln 2 390
Höhe des Grundkapitals 3 49
Holdinggesellschaft 1 275

Identitätskonzept 4 466
Immobilienfonds
- geschlossener 1 209

Informationsrecht
- Einschränkungen im Gesellschaftsvertrag 1 411
- höchstpersönliches Recht des Gesellschafters 1 410
- Personenhandelsgesellschaft 1 409

Inhaberaktien 3 54
- Legitimationsregeln 3 127

Innen-GbR 1 2
Innengesellschaft 1 3
Inspire Art-Entscheidung 6 8
Internationaler Rechtsverkehr
- Firmenvertreter 6 115

Internationales Gesellschaftsrecht 6 1
Irreführungsverbot
- GbR 1 44
- Personenhandelsgesellschaft 1 334

Kapitalanteil
- GbR 1 63

Kapitalaufbringung
- Spaltung zur Neugründung 4 1020

Kapitaldeckungserklärung
- Spaltung 4 961, 961

Kapitalerhöhung
- aus Gesellschaftsmitteln 3 556
- bedingte ~ 3 539
- spaltungsbedingte ~ 4 1274
- Übernahme eines Geschäftsanteils durch einen Minderjährigen 2 716
- verschmelzungsbedingte 4 317

Kapitalerhöhung der GmbH 2 474
- Anzeigepflicht gegenüber dem Finanzamt 2 742
- gegen Bareinlage 2 694
- Beschluss der Gesellschafterversammlung 2 696
- Einzahlung zur freien Verfügung 2 721
- aus Gesellschaftsmitteln 2 757
- aus Gesellschaftsmitteln, Handelsregisteranmeldung 2 773
- aus Gesellschaftsmitteln, verhältniswahrend 2 763
- Handelsregisteranmeldung 2 728
- verdeckte Sacheinlage 2 727
- Voreinzahlung 2 724
- Zulassungsbeschluss 2 708

Kapitalerhöhung der GmbH gegen Sacheinlage 2 743
- Beschluss der Gesellschafterversammlung 2 743
- Handelsregisteranmeldung 2 751
- Übernahmeerklärung 2 748

Kapitalerhöhungsbeschluss 2 710
Kapitalerhöhungsverbot
- Spaltung 4 997

Kapitalgesellschaft
- Besteuerung 1 278
- europaweit tätige ~ 6 155
- Registeranmeldung der Zweigniederlassung einer ausländischen ~ 6 22

Kapitalherabsetzung 3 581
- durch Einziehung von Aktien 3 621
- spaltungsbedingte 4 967

Kapitalkonto
- GbR 1 63

Kapitalrücklagen 2 766

Stichwortverzeichnis

Kapitalschnitt 2 804
Kartellverbot 1 119
Kaufvertrag
– Geschäftsanteil 2 930
Kennzeichnungskraft 1 43
Kernbereichslehre 1 90, 90
Kernbereichsrelevanz 1 390
Kettenverschmelzung 4 113
KG 1 271, 276
– Anmeldung 1 532
– Entnahmen 1 408 M
– Erstanmeldung 1 535 M
– Firmenbildung 1 562; 2 186
– Gestaltungsfreiheit 1 550
– Gewinnbeteiligung 1 407 M
– Konten 1 406 M
– Rücklagen 1 408 M
– Spaltung 4 1196
– Verlustbeteiligung 1 407 M
– Wegfall des einzigen persönlich haftenden Gesellschafters 1 466
Kollisionsrecht 6 2
Kommanditanteil
– formunwirksam geschlossener Übertragungsvertrag 1 453
Kommanditbeteiligung
– Anmeldung der Sonderrechtsnachfolge in eine ~ 1 436 M
Kommanditbeteiligungen
– Personenhandelsgesellschaft 1 433
Kommanditist
– Einlage bei Eintritt in bestehende Handelsgesellschaft 1 425
– Einlagenrückgewähr 1 422
– Haftung s. dort 1 418
– keine organschaftliche Vertretungsmacht 1 397
– Tod 1 486
– Wiederaufleben der Haftung 1 422
Komplementärfähigkeit
– UG (haftungsbeschränkt) 1 587; 2 576
Komplementär-GmbH
– Angabe des Unternehmensgegenstands der KG 2 208
– Bareinlage 1 558
– Firmenbildung 2 185
Konfusion 1 466
Konten
– KG 1 406 M
Kontrollrecht
– Einschränkungen im Gesellschaftsvertrag 1 411
Konzernausgliederung
– Entbehrlichkeit des Spaltungsberichts 4 1132
Konzernverschmelzung 4 48
– unter Beteiligung einer AG 4 392
– Verschmelzungsbericht 4 134, 138
Kündigung
– durch einen Gesellschafter der GbR 1 189

– durch einen Pfändungsgläubiger der GbR 1 196
– GmbH-Gesellschafter 2 238, 376
Kündigung
– Beherrschungs- und Gewinnabführungsvertrag 5 13, 64

Leaver-Klausel 2 978
Legalisation
– im Ausland verwandte öffentliche Urkunde 6 136
Leveraged-Management-Buy-Out 2 976
Leverage-Effekt 2 976
Limited & Co. KG
– Certificate of Good Standing des Registrars of Companies 1 592
– Certificate of Incorporation des Registrars of Companies 1 592
– Handelsregister 1 592
– Vertretungsbescheinigungen 1 592
– Zweigniederlassung 1 591
Liquidation
– Beendigung 2 839
– GbR 1 187
– GmbH 2 836
– Personenhandelsgesellschaft 1 402, 514
Liquidationsgesellschaft
– werbende Gesellschaft 4 22
Liquidator
– Aufgaben 2 836
Lock-up-Periode 2 942
Ltd. & Co. KG 1 271

MAC-Klausel 2 953
Macrotron-Entscheidung 4 91
Management-Buy-Out 2 976
Manager-Modell 2 391
Mängel
– Personenhandelsgesellschaftsanteilen 1 439
Mantelkauf 2 1062
– Beurkundung 2 1062
Mehrfachverschmelzung 4 318, 326
Mehrfachvertretung 3 83
Mehrheitsklausel
– Personenhandelsgesellschaft 1 401
Mehrpersonen-GmbH
– Gründung 2 11
– Voraussetzungen für eine wirksame Befreiung vom Verbot des § 181 BGB 2 318
Mindesteinlagepflicht bei GmbH 2 477
Mini-GmbH 2 568
Mischeinlage 3 309
Mischeinlagen 3 309
Mischspaltung 4 935
Mischverschmelzung 4 70
Mischverschmelzungen
– Verschmelzungsprüfung 4 162
Mitarbeiter-Modell 2 392
Mitunternehmerinitiative 1 365
Mitunternehmerrisiko 1 365

Stichwortverzeichnis

MoMiG
- verdeckte Sachgründung 2 521, 523

Multiplikatorverfahren 2 935
Musterprotokolle 2 133

Nachfolgeklausel 1 175
- einfache ~ s. dort
- GbR 1 173
- Personenhandelsgesellschaft 1 489
- qualifizierte ~ s. dort

Nachgründung der AG 3 344
- Rechtslage vor und nach Eintragung im Handelsregister 3 362
- Registerverfahren 3 360
- Voraussetzungen 3 345
- Wirksamkeitsvoraussetzungen 3 352

Nachhaftung 1 415, 415, 477
- Verschmelzung einer Personenhandelsgesellschaft 4 276

Nachschuss 2 241
Nachschussklausel
- GmbH 2 252 M

Nachschusspflicht
- GmbH 2 241, 247

Nachträgliche Vinkulierung
- GmbH 2 280

Nachtragsliquidation 2 844, 848 M
- GmbH 2 844

Namensaktien 3 54
- Legitimationsregeln 3 131

Negativerklärung
- Registeranmeldung der Verschmelzung 4 199

Nennbetragsaktien 3 18
Nennwertklausel 2 410
Nichtverhältniswahrende Spaltung 4 994, 1148

Nießbrauch
- der GbR an einem Wohnungseigentum 1 147
- Personenhandelsgesellschaft 1 358
- Spaltung 4 1087

Nießbrauch an einem GbR-Geschäftsanteil
- Zulässigkeit 1 142

Nießbrauch an einem Gesellschaftsanteil 1 358
- Eintrag in das Handelsregister 1 368
- steuerliche Ziele, Checkliste 1 369

Nießbraucher
- Haftung 1 362

Nießbrauchsbestellung
- GbR 1 142
- Geschäftsanteil der GmbH 2 1065
- steuerliche Ziele 1 364

Nießbrauchsvorbehalt
- an Kommanditanteil bei vorweggenommener Erbfolge 1 370 M

Notarkosten
- Besonderheiten bei der Ausgliederung 4 1339
- Registeranmeldung der Verschmelzung 4 456
- Spaltungsvertrag 4 1335
- Verschmelzung durch Aufnahme 4 449
- Verschmelzung durch Neugründung 4 461

Notarkosten der Spaltung
- Erklärungen 4 1344
- Grundbuchberichtigungsantrag 4 1349
- zur Neugründung 4 1338
- Registeranmeldungen 4 1345
- Spaltungsvertrag 4 1335
- Zustimmungsbeschlüsse 4 1340

Notgeschäftsführung
- GbR 1 69

Objektgesellschaft 1 275
Objektsteuern 1 281
Öffentliche Urkunde
- Legalisation 6 136

Öffnungsklausel
- GmbH 2 261 M

OHG 1 271, 273
- Anmeldung 1 526
- Erstanmeldung 1 531 M
- Firmenbildung 2 186
- Pflicht zur Eintragung in das Handelsregister 1 273
- Spaltung 4 1196

One Way Sell Russian Roulette 2 294
Online-Hauptversammlung 3 138, 138
Optionsschuldverschreibung 3 541
Ordentliche Kapitalherabsetzung bei GmbH 2 783
- Beschluss der Gesellschafterversammlung 2 786
- Handelsregisteranmeldung 2 797
- Sicherstellung der Gläubiger 2 792

Organfähigkeit 6 38
Organschaft
- körperschaftsteuerliche ~ 5 4
- steuerliche ~ 5 4

Ortsform
- für gesellschaftsrechtliche Beurkundungen 6 150

Partenreederei 1 271
Partnerschaft von Trägern eines Freien Berufes
- Ersteintragung 1 546 M

Partnerschaftsgesellschaft
- Anmeldung 1 540
- nach dem PartGG 1 271, 341
- Spaltung unter Beteiligung von ~ 4 1213

Personenfirma
- AG 3 36

Personengesellschaft
- Firma s. dort
- Funktion des Namens 1 328
- identitätswahrender Formwechsel 4 476
- Objektsteuern 1 281
- Umgestaltung 4 480

Stichwortverzeichnis

- Verkehrssteuern **1** 281
- Verschmelzungsbericht **4** 139

Personenhandelsgesellschaft
- Abfindung des ausgeschiedenen Gesellschafters **1** 479
- Abspaltung von Gesellschafterrechten, Stimmrechtsvollmacht **1** 349
- Abspaltungsverbot **1** 344
- allgemeine Mehrheitsklauseln **1** 401
- Anmeldung zur Eintragung in das Handelsregister **1** 520
- Auflösung **1** 514
- Auflösung wegen Zeitablaufs **1** 516
- Auseinandersetzung **1** 476
- ausländische Gesellschafter **1** 292
- Ausscheiden eines Gesellschafters unter Lebenden **1** 464
- Ausschließungsklage **1** 469
- Ausschluss eines Gesellschafters **1** 469
- Ausübung der Mitgliedschaftsrechte von minderjährigen Gesellschaftern **1** 391
- Beschlussfassung **1** 399
- Besteuerung **1** 278
- Durchbrechung des Abspaltungsverbots **1** 346
- einfache Nachfolgeklausel **1** 495
- Einheitlichkeit der Beteiligung **1** 382
- Einheitlichkeit der Beteiligung, Durchbrechung bei Testamentsvollstreckung **1** 384
- Einkommensteuer **1** 278
- Einmann-Personengesellschaft **1** 386
- Eintrittsklausel **1** 492
- Entnahmerecht **1** 402
- Entstehung **1** 294
- Erbengemeinschaft **1** 291
- Eröffnung des Insolvenzverfahrens über das Vermögen der Gesellschaft **1** 516
- Ertragsteuern **1** 278
- familiengerichtliche Genehmigung **1** 317
- Firma **1** 338
- Firmenbildung **1** 340
- Form bei Übertragung von Beteiligungen **1** 578
- freies Ausschließungsrecht ohne wichtigen Grund **1** 474
- GbR **1** 290
- Genehmigungserfordernisse **1** 310
- Geschäftsführung **1** 392
- Geschäftsführungsbefugnis **1** 393
- Gesellschafter *s. dort*
- Gesellschafterkonten **1** 402
- Gesellschaftsvertrag *s. dort*
- Gewinnverwendung **1** 402
- und Grundbuch **1** 286
- Grundsatz der Unternehmenskontinuität **1** 464
- Gründung **1** 282
- Haftung **1** 412, 415
- Haftung des Erben für Gesellschaftsverbindlichkeiten **1** 502
- Handelsregisteranmeldung **1** 285
- Informationsrecht **1** 409
- Inhalt des Gesellschaftsvertrags **1** 296
- Irreführungsverbot **1** 334
- kartellrechtliche Freigabe bei bestimmten Rechtsgeschäften **1** 324
- kennzeichnende Merkmale **1** 266
- Kernbereichsrelevanz **1** 390
- Kernbestand von Mitgliedschaftsrechten **1** 389
- Kommanditbeteiligungen **1** 433
- Kommanditist, keine organschaftliche Vertretungsmacht **1** 397
- Kontrollrecht **1** 409
- Kündigungsrecht des Gesellschafters **1** 467
- Liquidation **1** 402, 514
- Minderjährige **1** 312
- Mindestinhalt des Gesellschaftsvertrags **1** 296
- Mitgliedschaft **1** 342
- Mitgliedschaftsrechte **1** 342
- Nachfolgeklausel **1** 489
- Nachfolgeklausel, Wahlrecht der Erben **1** 500
- Nießbrauch **1** 358
- Nießbrauchsvorbehalt in der Praxis **1** 387
- Partnerschaft **1** 341
- Prägung **1** 266
- qualifizierte Nachfolgeklausel **1** 497
- Rechtsfähigkeit **1** 269
- Rechtsformen **1** 271
- Sonderrechtsnachfolge **1** 428
- Spaltung *s. dort*
- Stimmrecht **1** 399
- Testamentsvollstreckung **1** 504
- Testamentsvollstreckung hinsichtlich eines Gesellschaftsanteils **1** 375
- Tod eines Gesellschafters **1** 376, 486
- Treuhandlösung **1** 507
- Treuhandvereinbarungen über Gesellschaftsbeteiligungen **1** 354
- Übernahme des gesamten Vermögens durch einen Gesellschafter **1** 518
- Übertragung von Gesellschaftsanteilen *s. dort*
- Veränderungen der Gesellschaft und der Gesellschafter **1** 547
- Vermögenslosigkeit **1** 518
- Vermögensverfügung eines Gesellschafters, Zustimmung des Ehegatten **1** 322
- Verpfändung eines Gesellschaftsanteils **1** 371
- Vertreterklauseln **1** 353
- Vertretung *s. dort*
- Vertretungsmacht im Außenverhältnis **1** 395
- Verwaltungs-, Dauertestamentsvollstreckung **1** 379, 505
- Vollmacht **1** 310
- Vollmachtslösung **1** 508

Personenhandelsgesellschft **1** 290

Phantom stocks **3** 114

1059

Stichwortverzeichnis

Private Company Limited by Shares 1 590
Prokuren
- Spaltungsvertrag 4 1112

Prüfungsbericht
- Verschmelzungsprüfer 4 174

Prüfungspflichten
- Beherrschungs- und Gewinnabführungsvertrag 5 26, 59

Pseudo-Foreign-Corporation 6 4
Publikumsgesellschaft 1 593
- Ausschuss 1 597
- Beirat 1 597
- Beitrittsvereinbarung 1 600
- Erwerb der Beteiligungen 1 597
- Gesellschaftsvertrag 1 600
- Haftung der Gesellschafter 1 12
- kennzeichnende Merkmale 1 597
- Sonderrecht 1 599
- steuerliche Motive 1 594
- Treuhandkonstruktionen 1 597

Publizität
- GmbH 2 370

Qualifikation
- der GmbH-Gründer 2 85

Qualifizierte Nachfolgeklausel 1 177, 497, 499 M
- Personenhandelsgesellschaft 1 497

Quotennießbrauch
- Geschäftsanteil 2 1074

Rechtsanwalts-GmbH
- Zulässigkeit 2 212

Rechtsfähiger Verein
- Formwechsel s. dort

Rechtsverkehr
- bilaterale Abkommen 6 145
- Handlungsbevollmächtigte 6 115
- internationaler ~ s. dort
- kollisionsrechtliche Behandlung der Vollmacht 6 105
- Prokuristen 6 115
- Vollmacht zur Verfügung über Grundstücke oder grundstücksgleiche Rechte 6 113

Rechtswidrigkeit eines Gesellschafterbeschlusses
- GbR 1 111

Registeranmeldung
- Spaltung 4 1174, 1179
- Zweigniederlassung ausländischer Kapitalgesellschaft 6 22

Registeranmeldung der Spaltung 4 1163
- Abfolge der Eintragungen 4 1186
- Anlagen 4 1171
- Besonderheiten der Spaltungsbilanz 4 1184
- vereinfachte Kapitalherabsetzung 4 1173

Registeranmeldung der Verschmelzung 4 195
- Anlagen 4 211
- Art der Übermittlung 4 219
- Beifügung der Schlussbilanz 4 214

- Entbehrlichkeit der Negativerklärung wegen Verzichts 4 208
- Folgen fehlender Anlagen 4 218
- Inhalt, Zeitpunkt und Formalien der Negativerklärung 4 205
- Negativerklärung 4 199
- Notarkosten 4 456
- Registersperre 4 200
- Unbedenklichkeitsverfahren 4 209

Registereintragung der Abspaltung
- Folgen 4 1191

Registereintragung der Spaltung
- Eintragungsfolgen 4 1190
- Folgen eines Verstoßes gegen Eintragungsreihenfolge 4 1189
- Heilung von Beurkundungsmängeln 4 1195

Registersperre 2 670
- Registeranmeldung der Verschmelzung 4 200

Rücklagen
- KG 1 408 M

Rückverweisung 6 13
Russian Roulette 2 294
Russian Roulette-Regelung 2 294

Sacheinlage 1 421
- Gegenstand 3 249
- GmbH 2 489

Sacheinlagevereinbarung 3 266
Sacheinlageverpflichtung GmbH 2 506
Sachfirma
- AG 3 36
- GmbH 2 184

Sachgründung
- verdeckte ~ 2 520; 3 69

Sachgründung der AG 3 247
- Aufgeld/Agio 3 258
- Aufsichtsrat 3 265
- Ausgabebetrag 3 257
- Bewertung 3 251
- Einbringungsvertrag 3 266
- Gründungsbericht der Gründer 3 275
- Gründungsprüfungsbericht des Gründungsprüfers 3 286
- Gründungsprüfungsbericht des Vorstands und des Aufsichtsrats 3 282
- Handelsregisteranmeldung 3 295
- Leistungszeitpunkt der Sacheinlagen 3 273
- Nichterbringung der Sacheinlage 3 263
- ohne externe Gründungsprüfung 3 299
- Sacheinlageverpflichtung 3 264
- Satzung 3 253
- Unterbewertung der Sacheinlage 3 260

Sachgründung einer GmbH 2 223
- bei vereinfachtem Verfahren 2 519

Sachgründungsbericht 2 517
Sachgründungsprotokoll 3 253
Sachübernahme 3 247
- Gegenstand 3 249
- GmbH 2 489

Stichwortverzeichnis

Salvatorische Klausel
- in GmbH-Satzung 2 439
Sandrock'sche-Formel 6 11
Sanierungsverschmelzung 4 22, 26
- Minderheitenschutz 4 29
- ordnungsgemäße Kapitalaufbringung 4 27
- überschuldete übernehmende Rechtsträger 4 31
- Verschmelzung ohne Kapitalerhöhung 4 29
Satzung
- Formwechsel Kapitalgesellschaft 4 809
- GmbH s. dort
- Umwandlungsbeschluss 4 553
Satzung der AG 3 35
- Abberufung Aufsichtsrat 3 94
- Amtszeit der Aufsichtsratsmitglieder 3 90
- Angabe von Sondervorteilen gemäß § 26 Abs. 1 AktG 3 164
- Anzahl der Aufsichtsratsmitglieder 3 85
- Anzahl und Form der Aufsichtsratssitzungen 3 100
- Aufsichtsratsmitglied, besondere Qualifikationen 3 89
- Aufsichtsratsmitglied, Entsenderechte 3 87
- Ersatzmitglieder Aufsichtsrat 3 90
- Hauptversammlung 3 120
- Legitimationsregeln bei Inhaberaktien 3 127
- Legitimationsregeln bei Namensaktien 3 131
- Niederlegung Aufsichtsrat 3 94
- Regelungen zum Gründungsaufwand 3 165
- Vergütung der Aufsichtsratsmitglieder 3 111
- Wahl des Vorsitzenden des Aufsichtsrats und des Stellvertreters 3 99
Satzungsänderung 2 616
- Spaltungsvertrag 4 1104
Satzungsbereinigung 2 617
Satzungsbestandteile
- GmbH 2 159
Satzungsdurchbrechung 2 680
Satzungsmaßnahmen
- anwendbares Recht 6 146
Satzungssitz der AG 3 43
Scheinauslandsgesellschaft 6 4
Schiedsgericht
- GmbH 2 429
Schiedsklausel
- Anteilskaufvertrag 2 974
Schlussbilanz
- Verschmelzung 4 77
Selbstkontrahieren
- GmbH-Gründung 2 96
Selbstorganschaft 1 68
Sitz
- GbR 1 53
Sitztheorie 6 10
Sitzung des Aufsichtsrats der AG
- Bekanntgabe der Tagesordnung 3 104
- Formen und Fristen der Einberufung 3 103
- Teilnahmerecht 3 106
Sitzverlegung
- einer ausländischen Gesellschaft nach Deutschland 6 18
- einer deutschen Gesellschaft ins Ausland 6 16
Sitzverlegung einer Gesellschaft
- einer ausländischen ~ nach Deutschland 6 18
- einer deutschen ~ ins Ausland 6 16
Sitzverlegung ins Ausland 6 16
Societas Europea
- Gründung 6 155
- Rechtsform 6 155
Sonderrechtsnachfolge
- Anmeldung der ~ in eine Kommanditbeteiligung 1 436 M
- Übertragung von Kommanditbeteiligungen 1 433
Spaltung
- Ablauf 4 1035
- Anlagen 4 1171
- Anmeldung zum Register des neu gegründeten Rechtsträgers 4 1179
- Anmeldung zum Register des übernehmenden Rechtsträgers 4 1174
- Anteilsgewährung beim übernehmenden Rechtsträger 4 976
- Anteilsgewährungspflicht, Umtauschverhältnis 4 990
- Arten 4 930
- zur Aufnahme 4 995
- Aufteilung von Vertragsverhältnissen 4 1091
- Ausgliederung aus dem Vermögen eines Einzelkaufmanns 4 1300
- beschränkt persönliche Dienstbarkeiten 4 1087
- Besonderheiten der Ausgliederung 4 948
- Besonderheiten für übernehmende AG 4 1273
- Besonderheiten für übertragende AG 4 1263
- Beteiligung aufgelöster Rechtsträger 4 956
- Beteiligung Dritter 4 957
- unter Beteiligung einer AG 4 1256, 1256
- unter Beteiligung einer Genossenschaft 4 1287
- unter Beteiligung einer UG 4 951
- unter Beteiligung einer Vorgesellschaft 4 955
- unter Beteiligung eines Vereines 4 1298
- bewegliche Sachen 4 1089
- Bilanzaufstellung 4 1036
- dingliche Vorkaufsrechte 4 1087
- Durchführung der Kapitalerhöhung 4 996
- Einzelheiten zur Anmeldung hinsichtlich des übertragenden Rechtsträgers 4 1168
- Erfüllung der Anteilsgewährung 4 995
- Genehmigungen 4 1040

Stichwortverzeichnis

- gesamtschuldnerische Haftung der beteiligten Rechtsträger 4 1001
- GmbH & Co. KG 4 1196
- GmbH als übernehmender Rechtsträger 4 1236
- GmbH als übertragender Rechtsträger 4 1226
- grenzüberschreitende ~ 4 1028
- grunderwerbsteuerliche Unbedenklichkeitsbescheinigung 4 1083
- Grundpfandrechte 4 1088
- Kapitaldeckungserklärung 4 961
- Kapitalerhaltung und Kapitalherabsetzung beim übertragenden Rechtsträger 4 960
- Kapitalerhöhungsverbot 4 997
- KG 4 1196
- neu gegründete GmbH 4 1244
- zur Neugründung auf eine AG 4 1282
- nichtverhältniswahrende ~ 4 994, 1148
- Nießbrauchsrechte 4 1087
- öffentlich-rechtliche Genehmigungen 4 1092
- OHG 4 1196
- Partnerschaftsgesellschaft als übernehmender Rechtsträger 4 1218
- Partnerschaftsgesellschaft als übertragender Rechtsträger 4 1217
- Personenhandelsgesellschaft als übernehmender Rechtsträger 4 1204
- Personenhandelsgesellschaft als übertragender Rechtsträger 4 1200
- von Personenhandelsgesellschaften 4 1196
- Prüfung der Kapitalaufbringung 4 999
- Registeranmeldung s. dort
- Registereintragung s. dort
- Spaltungsvorgänge außerhalb des Umwandlungsrechts 4 1032
- Unterbewertung 4 993
- Verbindlichkeiten 4 1090
- vereinfachte Kapitalherabsetzung 4 967
- vergessene Aktiva und Passiva 4 1094
- Verzichtsmöglichkeiten hinsichtlich Vorschriften 4 1159
- von Rechtsträgern 4 928
- Vorbereitung 4 1035
- zur Neugründung 4 1008
- Zustimmung einzelner Gesellschafter 4 1155
- Zustimmungserfordernisse 4 1155

Spaltung der AG
- Bekanntmachung 4 1257
- Kapitalherabsetzung 4 1266
- Kapitalherabsetzungsbeschluss 4 1267
- Vorbereitung der Hauptversammlung 4 1261
- Zustimmungsbeschluss 4 1262

Spaltung der GmbH
- Anmeldung und Eintragung der Kapitalerhöhung 4 1239
- Handelsregisteranmeldung 4 1225
- Kapitalerhöhung 4 1236
- Kapitalherabsetzung 4 1227
- Vorbereitung der Gesellschafterversammlung 4 1222
- Zustimmung von Sonderrechtsinhabern 4 1223

Spaltung der Personenhandelsgesellschaft 4 1196
- Spaltungsbericht 4 1198
- Spaltungsbeschluss 4 1199
- Spaltungsprüfung 4 1198
- Spaltungsvertrag 4 1197
- Unterrichtung der Gesellschafter 4 1198

Spaltung einer Genossenschaft
- Anmeldeverfahren 4 1297
- besonderes Ausschlagungsrecht 4 1294
- Durchführung der Generalversammlung 4 1293
- Fortdauer der Nachschusspflicht 4 1296
- Spaltungsbericht 4 1291
- Spaltungsprüfung 4 1291
- Spaltungsvertrag 4 1290
- Vorbereitung der Generalversammlung 4 1292

Spaltung einer Partnerschaftsgesellschaft 4 1213
- Spaltungsbericht 4 1215
- Spaltungsbeschluss 4 1216
- Spaltungsprüfung 4 1215
- Spaltungsvertrag 4 1214
- Unterrichtung der Gesellschafter 4 1215

Spaltung zur Neugründung 4 995
- Anmeldung 4 1023
- auf eine AG 4 1282
- Gesellschaftsvertrag 4 1011
- Kapitalaufbringung 4 1020
- Sachgründungsbericht bei Kapitalgesellschaften 4 1026
- Spaltungsplan 4 1011
- Vorgesellschaft 4 1027

Spaltungsbericht 4 1258
- Angaben zum Spaltungsvorhaben 4 1137
- Angaben zum Umtauschverhältnis 4 1138
- Entbehrlichkeit 4 1132
- Entfallen bei bestimmten Ausgliederungsvorgängen 4 1134
- fehlerhafter ~ 4 1141
- Genossenschaft 4 1291
- GmbH 4 1220
- Grenzen der Berichtspflicht 4 1141
- Informationen der Anteilshaber 4 1140
- Partnerschaftsgesellschaft 4 1215
- Personengesellschaften 4 1135
- Verzicht 4 1133
- Zuständigkeit für die Erstattung 4 1131

Spaltungsbeschluss 4 1145
- Form 4 1158
- GmbH 4 1223
- Modalitäten der Beschlussfassung 4 1146
- Partnerschaftsgesellschaft 4 1216
- Vorbereitung der Beschlussfassung 4 1146

Spaltungsbilanz 4 1184, 1184

Stichwortverzeichnis

Spaltungsplan
- arbeitsrechtliche Folgen 4 1099
- Entwurf 4 1037
- Form 4 1127
- Spaltung zur Neugründung 4 1011
- Zuleitung an den Betriebsrat 4 1039, 1126

Spaltungsprüfung 4 1142, 1142, 1142, 1259
- Entbehrlichkeit 4 1143
- Genossenschaft 4 1291
- GmbH 4 1221
- Partnerschaftsgesellschaft 4 1215

Spaltungsprüfungsbericht 4 1260
Spaltungsstichtag 4 1063
Spaltungsvertrag 4 1257
- Abfindungsangebot 4 1101
- Abschluss 4 1046
- arbeitsrechtliche Folgen 4 1099
- Aufteilung der Haftung der an der Spaltung beteiligten Rechtsträger 4 1113
- Aufteilungsfreiheit 4 1071
- Auslandsvermögen 4 1119
- bare Zuzahlungen 4 1056
- Bedingungen 4 1116
- Befristungen 4 1116
- Beginn der Bilanzgewinnteilhabe 4 1061
- Bestellung von Organen 4 1105
- Beteiligtenangabe 4 1052
- Bezeichnung und Aufteilung der Aktiven und Passiven 4 1070
- Einzelheiten für die Übertragung der Anteile 4 1058
- Entwurf 4 1037
- fakultativer Inhalt 4 1103
- Form 4 1127
- Genossenschaft 4 1290
- Gewährleistungen 4 1121
- Grundstücke 4 1079
- grundstücksbezogene Rechte 4 1079
- Inhalt 4 1051
- kartellrechtliche Regelungen 4 1124
- Kostentragung 4 1118
- Notarkosten 4 1335
- Partnerschaftsgesellschaft 4 1214
- Prokuren 4 1112
- Regelungen über Zweigniederlassungen 4 1112
- Satzungsänderung 4 1104
- Sonderrechte 4 1066
- Sondervorteile für Amtsträger und Prüfer 4 1068
- Spaltungsstichtag 4 1063
- Surrogationsregelung für Änderungen und Zusammensetzungen des übergehenden Vermögens 4 1108
- Übergang der Arbeitsverhältnisse 4 1106
- Umtauschverhältnis 4 1055
- Vereinbarung des Vermögensübergangs gegen Anteilsgewährung 4 1053
- Verpflichtung zur Abberufung 4 1105
- Zuleitung an den Betriebsrat 4 1039, 1126
- zwingender Inhalt 4 1102

Spartenaktien 3 74
Sperrvermerk 2 66
Squeeze-Out 3 647, 647
Stammkapital
- Euro-Umstellung s. dort
- GmbH 2 218

Stand-alone-Prinzip 4 165
Steuerberatungsgesellschaft
- als GmbH 2 213

Stille Gesellschaft 1 271
Stimmbindungsgemeinschaft 1 6
Stimmbindungsvereinbarungen
- GbR 1 106

Stimmbindungsverträge
- GbR 1 108

Stimmrechte 2 360
- GbR 1 105

Stimmrechtsvertreter 2 353
Stimmrechtsvollmacht 2 353, 648
Stock appreciation rights 3 114
Stock-Options 3 541
Stückaktien 3 19
Stufengründung 4 1032

Tag along-Regelung 2 289
Teilgewinnabführungsvertrag 5 1
Testamentsvollstreckervermerk 1 511
Testamentsvollstreckung
- an GbR-Geschäftsanteil 1 182
- hinsichtlich eines Gesellschaftsanteils 1 375
- an Kommanditbeteiligungen, Checkliste 1 512
- Personenhandelsgesellschaft 1 379, 504, 505
- an voll haftenden Beteiligungen 1 381

Texan-shoot-out-Verfahren 2 294
Tochter-Mutter-Verschmelzung 4 66
Todesfallrisiko
- Geschäftsanteil der GmbH 2 389

Tracking Stocks 3 74
Treuhand
- offene ~ 1 356

Treuhandlösung
- Personenhandelsgesellschaft 1 507

Treuhandvereinbarung
- über Gesellschaftsbeteiligungen 1 354

Treuhandverhältnis
- wirksame Begründung 2 920

Treuhandvertrag
- Abschluss, Form 2 872
- typischer Inhalt 2 921

Überentnahme 1 422
Überpariemission
- GmbH 2 225, 500

Überseering-Entscheidung 6 7
Übertragung von GmbH-Geschäftsanteilen 2 849
- Anwendung und Handhabung von § 181 BGB 2 857

Stichwortverzeichnis

- Auslandsbeurkundungen 2 894
- Beurkundungsmängel, Heilung 2 887
- bevollmächtigter Vertreter 2 859
- Formerfordernis des § 15 GmbHG 2 866
- Formulierungsbeispiel Erbausgleichungsanordnung 2 911 M
- Inhalt des schuldrechtlichen Verpflichtungsgeschäfts 2 898
- Minderjährigenbeteiligung 2 854
- ordnungsgemäße Mitwirkung der Vertragsbeteiligten 2 850
- organschaftlicher Vertreter 2 863
- vertretene Vertragsbeteiligte 2 857
- Voraussetzungen der Beurkundungsbedürftigkeit 2 867

Übertragung von Personenhandelsgesellschaftsanteilen 1 428
- Ehegatten 1 461
- Form 1 448
- Formbedürftigkeit in Sonderfällen 1 450
- Haftung aufgrund Firmenfortführung 1 441
- Handelsregisteranmeldung 1 449
- Mängelhaftung 1 439
- Minderjährige 1 458
- Zustimmungserfordernisse 1 454

Übertragungstreuhand 2 916

UG
- Unterform der GmbH 4 21
- Verschmelzung 4 21

UG (haftungsbeschränkt) 2 166
- Anmeldung 2 455
- Bilanz 2 576
- Form des Gesellschaftsvertrags 2 117
- Formwechsel in GmbH 4 477
- Geschäftsanteil 1 586
- gesetzliche Rücklage 2 576
- Grundsätze zum Hin- und Herzahlen 2 575
- Gründung 2 567
- Gründung, Notarkosten 2 612
- Komplementärfähigkeit 1 587; 2 576
- Mindeststammkapital 2 570
- Spaltung 4 951
- Stammkapital 1 586
- Variante der GmbH 1 587
- Vereinbarung von Sacheinlagen 2 572

UG (haftungsbeschränkt) & Co. KG 1 271, 585

Umwandlung
- öffentlich-rechtliche 4 1034

Umwandlungsarten 4 2

Umwandlungsbericht 4 482
- Aufstellungsverpflichtete 4 499
- Entbehrlichkeit 4 503
- gesetzliche Regelung 4 499
- Inhalt 4 501
- Rechtsfolgen bei Mängeln 4 504
- Schutzzweck 4 499
- Verzicht 4 503

Umwandlungsbeschluss
- Abweichungen von Gesellschaftsvertrag oder Satzung des formwechselnden Rechtsträgers 4 557
- Änderungen gegenüber Betriebsratsvorlage 4 575
- Barabfindungsangebot 4 536
- besondere Rechte für einzelne Anteilsinhaber 4 532
- Beurkundung 4 576
- Firma des Rechtsträgers 4 510
- Folgen für die Arbeitnehmer 4 541
- Identität der Anteilsinhaber 4 511
- Inhalt 4 506
- Satzung 4 553
- Umfang der Anteile 4 521
- Vertretung 4 582
- Zahl der Anteile 4 521
- Zielrechtsform 4 509

Umwandlungsgesetz
- Gesetzesaufbau 4 5
- Schutzziele 4 10

Umwandlungsprüfung 4 484

Umwandlungsrecht
- deutsches ~ s. dort
- Reform 4 1
- Umsetzung der Richtlinie vom 16.9.2009 4 7

Unbedenklichkeitsverfahren 4 209

Unterbewertung bei Spaltung 4 993

Unterbilanzhaftung 2 38; 3 333

Unternehmensbewertung
- Bewertungsstichtag 4 167
- Gebot der Methodengleichheit 4 170

Unternehmensvertrag 5 1
- AG 5 2
- GmbH 5 3
- Vertragsänderung 5 38

Unternehmensverträge 3 629; 5 2

Unternehmer
- Erwerb, Zusammenschluss i.S.d. GWB oder der EG-Fusionskontrollverordnung 1 463

Unternehmergesellschaft s. UG

Unterrichtung der Gesellschafter
- Verschmelzung einer Personenhandelsgesellschaft 4 269

Urkunde
- Echtheitsbestätigung 6 145
- öffentliche ~ s. dort
- vereinfachte Legalisation (Apostille) 6 140
- Zwischenbeglaubigung 6 138

Venture-Capital-Gesellschaft
- Mitveräußerungspflichten 2 289
- Mitveräußerungsrechte 2 289

Veräußerer-Nießbraucher 1 366

Veräußerung von Gesellschaftsanteilen
- GbR 1 246

Veräußerung von Grundbesitz
- GbR 1 231

Veräußerungsbeschränkungen 4 1123

Stichwortverzeichnis

Verbriefung der Aktien 3 69
Verdeckte Sacheinlage
- bei der GmbH nach MoMiG 2 528
- nach MoMiG 2 541

Verdeckte Sachgründung 2 520; 3 189
- Hin- und Herzahlen 3 201

Verein
- Besonderheiten bei Spaltung unter Beteiligung von ~ 4 1298
- Formwechsel in eine Kapitalgesellschaft 4 488
- Spaltung 4 1298
- Spaltungsverfahren 4 1299

Vereinbarung
- völkerrechtliche ~ 6 3

Vereinbarungstreuhand 2 917
Verkehrssteuern 1 281
Verlustbeteiligung
- KG 1 407 M

Verlustdeckungshaftung 2 43
- Vor-AG 3 332

Verlustübernahme
- durch das herrschende Unternehmen 5 8

Vermögenslosigkeit der Personenhandelsgesellschaft 1 518

Verpfändung
- eines oHG-Gesellschaftsanteils 1 374 M
- Geschäftsanteil 2 1067

Verschmelzung
- Ablauf 4 13
- AG als übertragender Rechtsträger 4 429
- Angemessenheit des Umtauschverhältnisses 4 164
- auf eine übernehmende AG, Verschmelzung mit Kapitalerhöhung 4 405
- auf eine übernehmende AG, Verschmelzung ohne Kapitalerhöhung 4 402
- aufgelöste Gesellschaft 4 22, 249
- Barabfindungsprüfung 4 163
- bei Beteiligung einer Partnerschaftsgesellschaft, Checkliste 4 287
- Beschlussphase 4 13
- Beteiligung einer AG 4 371
- Beteiligung einer AG, Nachgründungsrecht 4 397
- Beteiligung einer GmbH 4 288
- Beteiligung einer KGaA 4 444
- Beteiligung von Europäischen Gesellschaften (SE) 4 447
- Beteiligung von Partnerschaftsgesellschaften 4 278
- Beteiligung von Personenhandelsgesellschaften 4 245
- börsennotierte Unternehmen 4 168
- Dogma der Anteilsgewährungspflicht 4 11
- durch Aufnahme 4 11
- durch Neugründung 4 11
- einer 100 %-igen Tochtergesellschaft auf ihre Mutter 4 73
- Eintragbarkeit 4 150
- Eintragungsfolgen 4 223
- Eintragungsreihenfolge 4 222
- Erlöschen der übertragenden Rechtsträger bei Gesamtrechtsnachfolge 4 225
- EWIV 4 18
- Folgen für Arbeitnehmer und ihre Vertretungen 4 86
- Gesamtrechtsnachfolge 4 223
- gesellschaftsvertragliche Vinkulierungsbestimmungen 4 92
- Gleichbehandlungsgebot 4 81
- GmbH-Gesellschafterversammlung 4 298
- Information vorhandener Betriebsräte 4 86
- Inhalt der Anmeldung 4 198
- Kapitalerhöhung bei der übernehmenden GmbH 4 304
- künftiges Recht 4 153
- Mängel, Bestandskraft 4 233
- mehrere AGs 4 59
- Mitwirkung von Prokuristen bei der Anmeldung 4 195
- nur für übernehmende GmbH anwendbare Regeln zur ~ durch Aufnahme 4 303
- nur für übertragende GmbH geltende Vorgaben für die ~ durch Aufnahme 4 337
- offene Einlagen bei der übernehmenden GmbH 4 334
- Registeranmeldung s. dort
- Schlussbilanz 4 77
- Schutz der unbeschränkt haftenden Gesellschafter der übernehmenden Personenhandelsgesellschaft 4 267
- steuerlicher Übertragungsstichtag 4 77
- übernehmende GmbH, Absicherung der Eintragung der Kapitalerhöhung 4 323
- übernehmende GmbH, Anmeldung der Kapitalerhöhung 4 344
- UG 4 21
- uneingeschränkte Verschmelzungsfähigkeit 4 16
- unter Beteiligung einer Personenhandelsgesellschaft, Checkliste 4 277
- verschmelzungsfähige Rechtsträger 4 15
- Vollzugsphase 4 13
- von Rechtsträgern unterschiedlicher Rechtsform 4 70
- Vorbereitungsphase 4 13
- Vorgesellschaft 4 19
- Wechsel der Rechnungslegung 4 75

Verschmelzung der AG
- Mehrheitserfordernisse 4 386
- Vorbereitung der Hauptversammlung 4 377

Verschmelzung durch Aufnahme 4 11
- Notarkosten 4 449
- unter Beteiligung einer AG, Checkliste 4 442
- unter Beteiligung einer GmbH, Checkliste 4 369

Verschmelzung durch Neugründung 4 11, 107, 234
- AG als Zielgesellschaft 4 432

Stichwortverzeichnis

- Anmeldung 4 240
- Beteiligung Dritter 4 243
- unter Beteiligung einer AG 4 427
- unter Beteiligung einer AG, Checkliste 4 443
- Eintragung 4 240
- GmbH 4 352
- Notarkosten 4 461
- Sachgründungsbericht 4 359
- unter Beteiligung einer GmbH, Checkliste 4 370
- Verschmelzungsbericht 4 239
- Verschmelzungsbeschluss 4 239
- Verschmelzungsprüfung 4 239
- Verschmelzungsvertrag 4 236
- Verweis auf Gründungsrecht 4 243

Verschmelzung einer Personenhandelsgesellschaft
- Nachhaftung 4 276
- Unterrichtung der Gesellschafter 4 269
- Verschmelzungsbericht 4 269
- Verschmelzungsbeschluss 4 270
- Verschmelzungsprüfung 4 269
- Verschmelzungsvertrag 4 250

Verschmelzung von AGs
- bare Zuzahlung 4 67

Verschmelzungbericht 4 138

Verschmelzungbeschluss
- Verschmelzung durch Neugründung 4 239

Verschmelzungsbericht
- fehlerhafte Berichte 4 143
- Grenzen der Berichtspflicht 4 142
- Heilung von Mängeln 4 143
- Information der Anteilsinhaber 4 141
- Inhalt 4 134
- Konzernverschmelzung 4 138
- Personengesellschaften 4 139
- Verschmelzung durch Neugründung 4 239
- Verschmelzung einer Personenhandelsgesellschaft 4 269
- Verzicht 4 137
- Zuständigkeit für die Erstattung des Berichts 4 136

Verschmelzungsbeschluss
- Beurkundung 4 187
- Gegenstand 4 181
- Mehrheitserfordernisse 4 180
- Versammlungserfordernis 4 177
- Verschmelzung einer Personenhandelsgesellschaft 4 270
- Vertretung durch Bevollmächtigte 4 182
- Vinkulierungen 4 191
- Vollmacht zur Stimmabgabe 4 186
- Zweck des Zustimmungserfordernisses 4 176

Verschmelzungsprüfer
- Bestellung 4 173
- Prüfungsbericht 4 174

Verschmelzungsprüfung 4 154
- Beteiligung einer AG oder KGaA 4 161
- Beteiligung einer GmbH an Verschmelzung 4 160
- Beteiligung von Personengesellschaften an Verschmelzung 4 157
- Erforderlichkeit 4 155
- Gegenstand 4 164
- Minderheitsschutz 4 158
- Mischverschmelzungen 4 162
- Prüfungsbericht 4 155
- Umfang 4 164
- Verschmelzung durch Neugründung 4 239
- Verschmelzung einer Personenhandelsgesellschaft 4 269
- Ziel 4 164

Verschmelzungsstichtag 4 71, 74

Verschmelzungsvertrag
- Abfindung *s. dort*
- Abschlusskompetenz 4 33
- Absehen von der Gewährung von Geschäftsanteilen 4 54
- Änderungen durch den Betriebsrat 4 123
- Angaben über die Mitgliedschaft bei dem übernehmenden Rechtsträger 4 58
- Anteilsgewährung 4 42
- Auslandsbeurkundung 4 129
- bare Zuzahlung 4 419
- Beginn der Gewinnberechtigung 4 71
- bei der Verschmelzung auf eine übernehmende GmbH 4 324
- Beschränkungen in § 181 BGB 4 37
- Besonderheit des Gewinnanspruchs 4 79
- Beteiligungsangaben 4 40
- Beurkundung 4 124
- Einzelheiten der Übertragung 4 69
- fakultative Bestandteile 4 109
- Form 4 124
- GmbH & Co. KG mit Komplementärin ohne Vermögensbeteiligung 4 56
- Grundlagengeschäft 4 33
- Grundsatz der Einheitlichkeit der Beteiligung an einer Personengesellschaft 4 57
- Heilung von Formmängeln 4 133
- Höhe der baren Zuzahlung 4 58
- Inhalt 4 39
- maßgebliche Unterlagen bei Zuleitung an den Betriebsrat 4 117
- Minderheitenschutz 4 89
- Ortsform 4 130
- Prüfung der Vollständigkeit 4 164
- Rechtsfolgen bei Missachtung von Vorgaben 4 106
- rechtsformspezifische Bestandteile 4 108
- rechtsgeschäftliche Vertretung 4 34
- Sonderrechte 4 81
- Sondervorteile für Amtsträger 4 85
- Sondervorteile für Prüfer 4 85
- Treuhänderbestellung 4 420
- Umtauschverhältnis der Anteile 4 58
- unechte Gesamtvertretung 4 33
- unter einer auflösenden Bedingung 4 115

Stichwortverzeichnis

- unter einer aufschiebenden Bedingung 4 113
- Verbot der Mehrfachbeteiligung bei Personenhandelsgesellschaften 4 57
- Verfahren und Umfang der Beurkundung 4 125
- Vermögensübertragung 4 42
- Verschmelzung durch Neugründung 4 236
- Verschmelzung einer Personenhandelsgesellschaft 4 250
- Verschmelzungsstichtag 4 71
- Vertragsparteien 4 32
- Verzicht auf die Zuleitung an den Betriebsrat 4 122
- vollmachtslos handelnde Vertreter 4 37
- Zuleitung an den Betriebsrat 4 116
- zwingender Inhalt 4 107

Verschmelzungswertrelation 4 165
Vertragskonzern 5 1
Vertretung
- der GmbH in der Liquidation 2 312
- natürlicher Personen bei GmbH-Gründung 2 88
- von Gesellschaften bei der GmbH Gründung 2 87
- der Vor-AG 3 329
- Vorgründungsgesellschaft 2 15

Vertretung bei der GmbH-Gründung
- ausländische Gesellschaften 2 109
- organschaftliche Vertreter 2 106
- Personengesellschaften und juristische Personen 2 105
- rechtsgeschäftliche Vertreter 2 108

Vertretung der GbR 1 74
- keine Registerpublizität 1 81

Vertretung der GmbH 2 300
Vertretung der Personenhandelsgesellschaft 1 310, 392
- Beschleunigung des gerichtlichen Genehmigungsverfahrens 1 321

Vertretungsmacht
- GbR 1 78
- GmbH 2 301

Verwaltungs-, Dauertestamentsvollstreckung
- Personenhandelsgesellschaft 1 379, 505

Verwaltungsgesellschaft 1 275
Verwaltungssitz 3 43
Vinkulierung
- von Aktien 3 62
- GmbH & Co. KG 1 576
- Verschmelzungsbeschluss 4 191

Vinkulierung der GmbH 2 263
- Change of Control-Fälle 2 282
- Treuhand- und Sicherungsabtretungen 2 282

Vinkulierungsklauseln
- GmbH 2 270, 276

Vollmacht
- ausländische ~, Verwendung in Deutschland 6 118
- deutsche ~, Verwendung im Ausland 6 126

- Personenhandelsgesellschaft 1 310

Vollmachtslösung
- Personenhandelsgesellschaft 1 508

Vollversammlung der GmbH 2 339
Vor-AG
- Rechtsnatur 3 327
- Verlustdeckungshaftung 3 332
- Vertretung durch Vorstand 3 329

Vorbehaltsnießbrauch 1 366
- Geschäftsanteilsübertragung 2 1074

Vorbelastungshaftung 3 333
Vorgesellschaft
- Spaltung 4 955
- Spaltung zur Neugründung 4 1027
- Verschmelzung 4 19

Vor-GmbH
- Ende 2 30
- Entstehung 2 24
- Geschäftsführung 2 31
- Haftung 2 37
- Haftungsverhältnisse 2 36
- Handelndenhaftung 2 47
- interne Verlustdeckungshaftung der Gesellschafter 2 39
- persönliche Haftung der Gesellschafter 2 38
- Rechtsnatur 2 24
- Teilrechtsfähigkeit 2 27
- Umfang und Vertretungsbefugnis der Geschäftsführer 2 34
- unechte 2 26, 44
- Verpflichtung zur Rechnungslegung 2 29
- Vertretung 2 31

Vorgründergesellschaft 3 326
Vorgründungsgesellschaft 2 10, 10
- Ende der Haftung 2 20
- Entstehung 2 11
- Form 2 13
- Geschäftsführung 2 15
- Haftung, Vereinbarung mit dem Gläubiger 2 21
- Haftungsbeschränkung 2 19
- Haftungsverhältnisse 2 17
- Rechtsnatur 2 11
- Verjährungsregelung 2 22
- Vertretung 2 15

Vorkaufsrechte
- Geschäftsanteil der GmbH 2 285

Vorratsgesellschaft 2 209
Vorrats-GmbH 2 4
- Erwerb 2 1058

Vorratsgründung
- AG 2 311

Vorzugsaktien 3 74
VVaG
- Formwechsel in eine AG 4 488

Weiterverweisung 6 13
Wettbewerbskontrolle 1 463
Wettbewerbsverbot 1 115, 119
- für GmbH-Geschäftsführer 2 254

Stichwortverzeichnis

- für GmbH-Gesellschafter 2 257
- GmbH & Co. KG 1 567

wirtschaftliche Neugründung
- AG 3 310
- Anwendung der Gründungsvorschriften 3 318

Wirtschaftsprüfungsgesellschaft
- als GmbH 2 213

Zahnärzte-GmbH 2 215

Zustimmung zum Formwechsel
- besonders verpflichtete Gesellschafter 4 615
- bisherige Komplementäre 4 624
- Ehepartner 4 593
- einzelne Gesellschafter 4 603
- Erklärung 4 631
- Familien- oder Betreuungsgericht 4 595

Zuwendungsnießbrauch 1 367
- Geschäftsanteilsübertragung 2 1074

Zwangseinziehung von Aktien
- angeordnete 3 160
- gestattete 3 160

Zweigniederlassung
- Anmeldung der ~ einer englischen Limited 6 29 M
- einer ausländischen Gesellschaft in Deutschland 6 21
- einer deutschen Gesellschaft im Ausland 6 30
- Limited & Co. KG 1 591

Zweigniederlassung im Ausland 6 30

Zweigniederlassungen
- Spaltungsvertrag 4 1112

Zwei-Konten-Modell 1 64

Zwischenbeglaubigung 6 138